刑法全厚细

· 第七版 ·

Comprehensive Content
Weighty Volume
Elaborate Interpretation

冯江 ◎ 编著

中国法制出版社
CHINA LEGAL PUBLISHING HOUSE

第七版前言

《刑法全厚细》凭藉"收录全面、内容厚实、注解细致"的一贯品质,被各地司法机关和律师事务所选为必备的办案参考资料。有关统计数据显示,第六版的销售规模已经遥遥领先于同类书籍,这激励着我们更加努力地做好本书。

在第七版的修订中,我们更新了100多件司法文件、200多条脚注、近100处条文注释,全书修订500多处,修订量35多万字,涉及刑法条文300多条。除了常规的法规更新和注解完善,第七版还进行了以下修订工作:

一、为了便于办案查阅,将书中的目录索引方式进行了改进,并对正文页眉的标题细化至具体的刑法条文序号。

二、为了便于阅读和查找,将全书表示数量、时间、序号等的汉字(一,二,三……)统一替换成阿拉伯数字(1,2,3……)。这可能会招致"不忠于原文"之诟,但不会影响对文义的理解,符合工具书的定位。

三、为了便于理解和适用,参照《刑事诉讼法全厚细》的格式,对修订的司法解释尝试进行了创新标注。具体做法为:针对新旧规定的不同部分(重要、实质性的修改),新增的内容标以下划线、删除的内容标以删除线并用不同字体表示,修改的内容标以波浪线、并用括号注明原内容。

四、应多位读者建议,增加了罪名索引,涵盖了所有的新旧罪名、章节罪名,并作了容错设计,以便于读者检索。

另外,由于不便说明的无法抗力因素,在本次修订时,部分内容虽经极力争取仍未能保留,请读者涵谅。往后,我们将争取通过其他方式或渠道向读者提供更丰富的内容。

为了便于读者携带和查阅,本书这次修订将部分程序法相关内容移至新出版的《刑事诉讼法全厚细》书中,并将原附录三(已被废止的司法解释)和附录四(指导案例详情)移至"刑法库"微信公众号(请读者们及时关注、置顶)。为保持内容的时效性,本书会在重印时进行局部审修;每次修订的内容也会在公众号上公布,以便老读者自行更新。

法规资讯　　疑难解析　　案例研究　　业务指导

本号原则上只为《全厚细》读者提供增值服务。群策群力求以下稿源:

一、两高及相关部委的涉刑规定、业务答复文件

二、规范汇编、实务解惑、案例分析、热点评述

三、其他对刑事实务人员和法学师生有用的资料

投稿:Knight.F@139.com　　微信:daydaygoogoo

非《全厚细》读者请勿关注

正如前版所述,本书的每一次修订和完善,都离不开众人的支持。他们有(按姓氏笔画为序):丁琪(上海市检)、于立(大连公安)、王迎庆(南京律所)、王高燕(西部战区一检)、王盈(随州公安)、王鑫来(宁晋县检)、石泉(长春双阳法院)、冯雪松(军检一厅)、田春晖(上海律所)、江歌(西安交大)、孙飞(兴安盟检)、任远(淮安市检)、刘松柏(苏州吴中区检)、刘莹莹(郯城县检)、邢成(吉林公安)、朱天伟(鸡西公安)、吴茜(四川高院)、吴桂祥(福安市检)、杜纪密(馆陶县检)、李壮(岳阳市检)、李良(徐州律所)、李赣逢(赣州市司法局)、李吏芹(辽源市检)、苏春妹(湛江律所)、肖景华(沈阳大东区检)、沈岐红(福州台江区检)、宋伯言(商丘公安)、范冬明(最高法刑五庭)、张玉峰(兴安盟公安)、张生贵(北京律所)、张庆发(龙岩律所)、张贤么(广州律所)、张博(西安公安)、尚洪涛

（最高检一厅）、杨凤双（松原中院）、杨金华（阳江江城区检）、郑伟（大连律所）、邱祖芳（福州律所）、陈征（天津武清区检）、周民廷（大连经开区检）、胡杨（中国政法大学）、姚海华（舟山监委）、赵宏（中国法制出版社）、俞露露（滁州公安）、钱红英（四平中院）、袁笋冰（中国法制出版社）、唐红卫（商洛森警）、高强（保定市检）、夏天（南充律所）、徐清（淮安监委）、徐荣贵（大田县检）、常和（军委政法委）、黄会丽（中国法制出版社）、黄辛（无锡中院）、黄柏超（福州律所）、黄硕（嘉兴南湖区检）、黄寒（浙江高院）、梅元松（宜都市检）、戚鹏志（沧州监委）、戚建文（绍兴监委）、崔贞平（荆州公安）、崔巍（承德公安）、喻海松（最高法研究室）、葛鹏起（昆明律所）等。本次修订，冯宗元做了较多的辅助工作。在此一并表示诚挚的谢意！

作者（微信号 daydaygoogoo）
2022 年 11 月 12 日于和兴大院

前　　言

　　无论是专业的法律人还是涉刑的当事人，都可能会有以下深切体会和苦恼：

　　（1）法律条文抽象难懂，或者内容泛泛而谈。如什么是极端主义，什么是会道门，怎样为防卫过当，怎样为情节严重等，必须结合法律解释才能准确理解和适用。

　　（2）各种法律解释和司法规定源出多门，有全国人大常委会的立法解释，也有最高法、最高检的司法解释，还有公安部、司法部等部门的司法文件，但这些法律规定没有集中统一的查询之处，相关专业网站或书籍的内容也鲜有集成，或者效力不明，鱼目混珠。

　　（3）在正式的司法解释之外，还有各种司法通知、规定、电话答复、会议纪要等规范性文件，无一例外都会对司法实务产生实质性的影响，"两高"也自称其为"司法解释性质文件"，让人难以全面、及时掌握。

　　（4）司法解释和规定有的严重滞后，有的却频频更新，无法直观地辨别其法律效力。如：全国人大常委会法制工作委员会、最高人民法院、最高人民检察院、公安部、司法部、民政部于1984年3月24日发布的《关于正在服刑的罪犯和被羁押的人的选举权问题的联合通知》至今仍然发挥着法律效力，而最高人民法院、最高人民检察院、公安部于2014年9月5日发布的《关于办理邻氯苯基环戊酮等三种制毒物品犯罪案件定罪量刑数量标准的通知》已经实际失效。

（5）众多法律规定之间经常互相冲突，条文竞合的现象更是屡见不鲜，纵使专业人士有时也难以适从。比如，已满14周岁未满16周岁的人绑架后杀害被绑架人的，《最高人民检察院法律政策研究室关于相对刑事责任年龄的人承担刑事责任范围有关问题的答复》（高检研发〔2003〕第13号）认为应该认定为绑架罪；但《最高人民法院关于审理未成年人刑事案件具体应用法律若干问题的解释》（法释〔2006〕1号）认为应该认定为故意杀人罪。①

（6）大量法律规定和部门规章，对刑事责任的认定具有决定性的作用。如对恐怖活动、间谍活动的认定，主要依据《反恐怖主义法》《反间谍法》的界定；再如交通肇事罪、虚报注册资本罪等，都可能随着《道路交通安全法》《公司法》等法律规定的变化而影响其定罪和量刑。

（7）有的行政法规还会直接衍生出新的刑事责任行为。如根据《反家庭暴力法》第34条的规定，违反人民法院以裁定形式作出的人身安全保护令，情节严重的，也可以构成拒不执行判决、裁定罪。《国际海运条例》（国务院令第666号）第50条规定，非法从事进出中国港口的国际海上运输经营活动以及与国际海上运输相关的辅助性经营活动，扰乱国际海上运输市场秩序的，依照刑法关于非法经营罪的规定，依法追究刑事责任。

（8）地方性的司法文件和规定，同样影响着对相关案件的定罪和量刑，并且地域性差异明显，甚至互相冲突。比如，《公安部关于对同性之间以钱财为媒介的性行为定性处理问题的批复》（公复字〔2001〕4号）规定：不特定的异性之间或者同性之间以金钱、财物为媒介发生不正当性关系的行为，包括口淫、手淫、鸡奸等行为，都属于卖淫嫖娼行为。但《广东省高级人民法院关于被告人朱××

---

① 类似这样的法规冲突情形，本书中有大量的研讨和标注。

介绍、容留妇女卖淫案适用法律问题的批复》①（粤高法刑四他字〔2007〕2号）认为：介绍、容留妇女为他人提供手淫服务的行为，刑法未明文规定为犯罪行为，不宜以介绍、容留妇女卖淫罪论。

　　正是基于上述切身的感触，笔者对数千件涉刑司法文件进行了逐一的校审，辨析其时效性和适用性，历时年余，数易其稿，终于完成了集条文注释、相关规定、立案标准、量刑指导于一体的《刑法解释与适用全书》（中国法制出版社2014年版），并借此机会强烈呼吁有关机构在制定新的法律、规定时，应该：①明确其适用范围和有效期限，超过有效期限的，必须经修订重颁才能继续适用；②明确废止或修改已经不适用的旧法律规定，而不能笼统地规定"若有冲突则以本规定为准"②；③对于未被宣布废止的法律文件，若与上位法或新法规相冲突，法院不得据以判案，相关单位和公民也可以提请立法监督机构审查其合法性。

　　该书由于资料全面、内容新颖、辨析准确、注解详细，并且编排科学、查阅方便，在市场上获得了极大的欢迎，在业界也得到了高度的评价，这是对作者的认可和鼓励，更体现了人们对刑法适用书籍的需求和期待。

　　在过去的两年里，随着社会的发展、转型与变革，我国对《刑法》进行了第十一次修改，"两高"和相关部委也更新了许多法律规定。比如，《公安部法制司对麻黄草收购有关问题的请示批复》（公法〔1998〕7号）曾在征求国家禁毒委办公室、卫生部、国家中

---

① 参考陈旭均、蒋小美：《提供手淫"服务"不构成介绍、容留卖淫罪》，载《人民司法》2008年第16期。
② 2015年12月16日最高人民检察院第12届检察委员会第45次会议修订了《最高人民检察院司法解释工作规定》（高检发研〔2015〕13号，2015年12月31日印发，2016年1月12日起施行）。2015年《工作规定》第24条第2款规定：制定新的司法解释，以往司法解释不再适用或者部分不再适用的，应当在新的司法解释中予以明确规定。但在此后发布的司法解释中，类似的现象仍然比比皆是，未见明显改观。

医药管理局、国家工商行政管理局意见后明确答复青海省公安厅："（一）麻黄草既是生产麻黄素的主要原料，也是应用比较广泛的中草药，不能视为毒品原植物。（二）国家现有的法律、法规或规章，对跨省、区收购麻黄草没有限制性规定；对于国家定点生产麻黄素的生产厂家能否委托单位或个人异地收购麻黄草也没有限制性规定。"——但随着社会形势的变化，国家对麻黄草的挖采、贩购已经实行了严格的许可证制度，并规定对以制造毒品为目的的采挖、收购麻黄草的行为，无论涉案数量多少，都以制造毒品罪定罪处罚，等等。可见，一本好的法律书籍，必须常备常新，不断修订和完善，才能适应快速发展的社会生活，真正发挥法律适用指导的作用。

为此，本书针对刑事立法和司法情况的变化，在《刑法解释与适用全书》的基础上进行了全面的修订，对已经废止或实际失效的司法文件进行了全面梳理、仔细甄别和详细标注，并根据读者的建议，大量补充收录了最高人民法院研究室、公安部以及其他相关部委针对刑法适用问题的相关意见和司法文件，同时增加了相关的行政处罚规定，以及"两高"发布的指导性案例。

本书修订后，正文顺序依然与《刑法》一致（为便于阐述，个别条文的顺序有调整）；附录中则收录了刑法历次被修改的情况、1979年刑法、已被废止的刑事司法解释，以及所有刑事指导性案例，以供读者查阅。全书体例如下：

【××罪】在刑法条文的序号之后、正文之前，说明条文内容的要旨或对应的罪名；如果条文内容有修改或罪名有变化，则在脚注中说明。

【条文注释】对刑法条文内容的基本释义和必要说明，包括术语的释义、构成犯罪的基本要素以及需要注意的事项等，置于条文的正文之下。注释内容主要以立法解释、司法解释以及相关法律规定为依据，同时参考了全国人民代表大会常务委员会法制工作委员会编写的《刑法释义》（法律出版社第五版）和全国人大常委会法制工作委员会刑法室编写的《刑法解读》（中国法制出版社第四版）的相关内容，并对书中的陈旧观点进行了甄别和更新。

【配套规定】现行有效的、与刑法条文配套的立法解释、司法解释和其他司法文件，原则上按发布的时间顺序，将其相关规定拆解、分别嵌入至对应的条文下面，并标明其制定机关、发文字号、文件名称、发布与施行时间等内容。

【立案标准】最高人民检察院（或者联合公安部或解放军总政治部）制定的对各刑事案件进行立案侦查和追诉的标准。

【量刑指导】最高人民法院发布的对常见法定和酌定量刑情节的调节幅度和常见犯罪量刑的指导性意见（包括量刑的步骤和量刑情节的适用等）。

【指导案例】最高人民法院或最高人民检察院发布的指导性案例。根据"两高"分别发布的《关于案例指导工作的规定》，指导性案例对各级司法机关的审判和检察工作都有指导作用。

另外，本书除在常规内容上做了许多分类集成和阐述注释等技术性工作外，还做了以下三项艰难、烦琐，而又有必要、有意义的工作，这也是本书的特色所在：

1. 对现行有效的数百件司法文件进行了仔细辨析，甄别其实际法律效力，同时研讨、论证了各司法规定之间可能存在的冲突，并进行了专业的注解。

2. 详细标注了刑法条文的历次修改情况，以及罪名和立案标准、量刑标准的变化情况，让读者更好地理解和适用刑法。

3. 在条文注释或配套规定中，嵌入了《反恐怖主义法》《反间谍法》《反家庭暴力法》《治安管理处罚法》《海关法》《文物进出境审核管理办法》《国家重点保护野生动物名录》等各种相关规定

（同时标注其更新与废止情况），以便读者准确理解和把握刑事责任的认定。

本书由江西理工大学冯江担任主编，李贤春、苏雄华担任副主编，全书由仙妍统稿。法律书籍的编写是一项复杂、谨慎的工作，离不开大家的支持和帮助。在本书编写的过程中，得到了许多法律专家学者、专业网站、博客论坛和微信公众号的关心和指导，在此一并致以诚挚的感谢！

为给读者呈献一本实用、超值的刑法实务用书，本书作者挑灯伴月、夜以继日，对全书进行了反复修改，力求内容准确、全面，便于读者查阅、理解与适用。但由于时间紧促，加之作者水平有限，并且各种司法性文件零散繁多、更新较快，书中内容虽经仔细审校，但仍可能存在疏漏或纰误，恳望读者多多涵谅和指正。读者们也可以加入本书的 QQ 交流群 481962722 研讨法务，并免费享受法规更新与增值服务。

作者（Email：Knight.F@139.com）
2016 年 4 月 17 日于赣州书香阁

目 录[①]

第一编 总 则

第一章 刑法的任务、基本原则和适用范围

第 1 条　【立法目的】 …………………………………………… 1
第 2 条　【刑法任务】 …………………………………………… 1
第 3 条　【罪刑法定】 …………………………………………… 2
第 4 条　【司法公平】 …………………………………………… 6
第 5 条　【刑责相称】 …………………………………………… 7
第 6 条　【属地管辖权】 ………………………………………… 7
第 7 条　【属人管辖权】 ………………………………………… 7
第 8 条　【保护管辖权】 ………………………………………… 9
第 9 条　【普遍管辖权】 ………………………………………… 9
第 10 条　【对外国刑事判决处理】 …………………………… 10
第 11 条　【刑事管辖豁免】 …………………………………… 10
第 12 条　【溯及力】 …………………………………………… 13

第二章 犯 罪

第一节 犯罪和刑事责任

第 13 条　【犯罪概念】 ………………………………………… 21
第 14 条　【故意犯罪】 ………………………………………… 24
第 15 条　【过失犯罪】 ………………………………………… 24
第 16 条　【不可抗力和意外事件】 …………………………… 25
第 17 条　【未成年人犯罪】 …………………………………… 27

[①] 本书正文中解读《刑法》条文的顺序与《刑法》基本一致，但是为便于阐述，个别条文的顺序略有调整。本目录中，左侧刑法条文序号顺延，右侧页码未顺延。

第 17 条之一　【已满七十五周岁的人的刑事责任】 …………………… 36
第 18 条　【精神病人和醉酒的人的犯罪】 ……………… 37
第 19 条　【又聋又哑的人或盲人犯罪的刑事责任】 …………… 37
第 20 条　【正当防卫】 ……………………………… 42
　　　　　【防卫过当】 ……………………………… 42
　　　　　【无限防卫】 ……………………………… 42
第 21 条　【紧急避险】 ……………………………… 48
　　　　　【避险过当】 ……………………………… 48

第二节　犯罪的预备、未遂和中止

第 22 条　【犯罪预备】 ……………………………… 52
第 23 条　【犯罪未遂】 ……………………………… 52
第 24 条　【犯罪中止】 ……………………………… 52

第三节　共同犯罪

第 25 条　【共同犯罪】 ……………………………… 54
第 26 条　【主犯】 …………………………………… 54
第 27 条　【从犯】 …………………………………… 55
第 28 条　【胁从犯】 ………………………………… 55
第 29 条　【教唆犯】 ………………………………… 55

第四节　单位犯罪

第 30 条　【单位刑事责任】 ………………………… 58
第 31 条　【单位犯罪处罚】 ………………………… 58

第三章　刑　　罚

第一节　刑罚的种类

第 32 条　【刑罚类别】 ……………………………… 72
第 33 条　【主刑种类】 ……………………………… 72
第 34 条　【附加刑种类】 …………………………… 72
第 35 条　【驱逐出境】 ……………………………… 72
第 36 条　【民事赔偿优先原则】 …………………… 79

第37条　【非刑事处罚】………………………………………… 88
第37条之一　【从业禁止】……………………………………… 93

第二节　管　制

第38条　【管制的期限与执行】………………………………… 98
第39条　【管制守则】…………………………………………… 98
第40条　【管制期满解除】……………………………………… 107
第41条　【管制刑期折算】……………………………………… 107

第三节　拘　役

第42条　【拘役的期限】………………………………………… 108
第43条　【拘役的执行】………………………………………… 108
第44条　【拘役刑期折算】……………………………………… 108

第四节　有期徒刑、无期徒刑

第45条　【有期徒刑的期限】…………………………………… 110
第46条　【有期徒刑与无期徒刑的执行】……………………… 110
第47条　【有期徒刑刑期折算】………………………………… 110

第五节　死　刑

第48条　【死刑的判决与核准】………………………………… 114
第49条　【死刑限制】…………………………………………… 118
第50条　【死缓变更与减刑限制】……………………………… 120
第51条　【死缓及变更后的刑期计算】………………………… 125

第六节　罚　金

第52条　【罚金数额的裁量】…………………………………… 126
第53条　【罚金的缴纳】………………………………………… 126

第七节　剥夺政治权利

第54条　【剥夺政治权利的范围】……………………………… 132
第55条　【剥夺政治权利的期限】……………………………… 138
第56条　【剥夺政治权利的适用】……………………………… 132

| 第 57 条 | 【对死刑、无期徒刑犯罪分子剥夺政治权利的适用】 | 138 |
| 第 58 条 | 【剥夺政治权利的刑期计算、效力与执行】 | 138 |

第八节 没收财产

| 第 59 条 | 【没收财产的范围】 | 140 |
| 第 60 条 | 【债务偿还】 | 140 |

第四章 刑罚的具体运用

第一节 量刑

第 61 条	【量刑依据】	143
第 62 条	【从重处罚与从轻处罚】	153
第 63 条	【减轻处罚】	153
第 64 条	【犯罪财物的处理】	168

第二节 累犯

| 第 65 条 | 【一般累犯】 | 177 |
| 第 66 条 | 【特别累犯】 | 177 |

第三节 自首和立功

| 第 67 条 | 【自首】 | 181 |
| 第 68 条 | 【立功】 | 191 |

第四节 数罪并罚

第 69 条	【判前数罪并罚】	202
第 70 条	【判后漏罪并罚】	205
第 71 条	【判后新罪并罚】	205

第五节 缓刑

第 72 条	【缓刑适用条件】	211
第 73 条	【缓刑考验期限】	212
第 74 条	【不适用缓刑】	212
第 75 条	【缓刑守则】	224

| 第76条 | 【缓刑考验】 | 224 |
| 第77条 | 【缓刑撤销】 | 224 |

第六节 减 刑

第78条	【减刑条件与限度】	228
第79条	【减刑程序】	229
第80条	【无期徒刑减刑的刑期计算】	229

第七节 假 释

第81条	【假释适用条件】	242
第82条	【假释程序】	243
第83条	【假释考验期限】	250
第84条	【假释守则】	250
第85条	【假释考验】	251
第86条	【假释撤销】	251

第八节 时 效

第87条	【追诉期限】	254
第88条	【无限追诉期限】	255
第89条	【追诉期限的计算】	255

第五章 其他规定

第90条	【民族自治地方的变通】	261
第91条	【公共财产】	262
第92条	【私有财产】	262
第93条	【国家工作人员的范围】	267
第94条	【司法工作人员的范围】	267
第95条	【重伤】	280
第96条	【违反国家规定】	282
第97条	【首要分子】	285
第98条	【告诉才处理】	286
第99条	【以上、以下、以内的界定】	287
第100条	【前科报告制度】	288
第101条	【总则适用范围】	290

第二编 分　　则

第一章　危害国家安全罪

第 102 条	【背叛国家罪】	291
第 103 条	【分裂国家罪】	291
	【煽动分裂国家罪】	291
第 104 条	【武装叛乱、暴乱罪】	291
第 105 条	【颠覆国家政权罪】	292
	【煽动颠覆国家政权罪】	292
第 106 条	【与境外勾结的处罚规定】	292
第 107 条	【资助危害国家安全犯罪活动罪】	292
第 108 条	【投敌叛变罪】	298
第 109 条	【叛逃罪】	298
第 110 条	【间谍罪】	299
第 111 条	【为境外窃取、刺探、收买、非法提供国家秘密、情报罪】	299
第 112 条	【资敌罪】	305
第 113 条	【危害国家安全罪适用死刑、没收财产的规定】	305

第二章　危害公共安全罪

第 114 条	【放火罪；决水罪；爆炸罪；投放危险物质罪；以危险方法危害公共安全罪】	306
第 115 条	【放火罪；决水罪；爆炸罪；投放危险物质罪；以危险方法危害公共安全罪】	306
	【失火罪；过失决水罪；过失爆炸罪；过失投放危险物质罪；过失以危险方法危害公共安全罪】	306
第 116 条	【破坏交通工具罪】	315
第 117 条	【破坏交通设施罪】	315
第 118 条	【破坏电力设备罪；破坏易燃易爆设备罪】	315
第 119 条	【破坏交通工具罪；破坏交通设施罪；破坏电力设备罪；破坏易燃易爆设备罪】	315
	【过失损坏交通工具罪；过失损坏交通设施罪；过失损坏电力设备罪；过失损坏易燃易爆设备罪】	315

第 120 条	【组织、领导、参加恐怖组织罪】	321
第 120 条之一	【帮助恐怖活动罪】	321
第 120 条之二	【准备实施恐怖活动罪】	322
第 120 条之三	【宣扬恐怖主义、极端主义、煽动实施恐怖活动罪】	332
第 120 条之四	【利用极端主义破坏法律实施罪】	332
第 120 条之五	【强制穿戴宣扬恐怖主义、极端主义服饰、标志罪】	332
第 120 条之六	【非法持有宣扬恐怖主义、极端主义物品罪】	332
第 121 条	【劫持航空器罪】	338
第 122 条	【劫持船只、汽车罪】	338
第 123 条	【暴力危及飞行安全罪】	338
第 124 条	【破坏广播电视设施、公用电信设施罪】	339
	【过失损坏广播电视设施、公用电信设施罪】	339
第 125 条	【非法制造、买卖、运输、邮寄、储存枪支、弹药、爆炸物罪】	346
	【非法制造、买卖、运输、储存危险物质罪】	346
第 126 条	【违规制造、销售枪支罪】	347
第 127 条	【盗窃、抢夺枪支、弹药、爆炸物、危险物质罪】	372
	【抢劫枪支、弹药、爆炸物、危险物质罪；盗窃、抢夺枪支、弹药、爆炸物、危险物质罪】	372
第 128 条	【非法持有、私藏枪支、弹药罪】	375
	【非法出租、出借枪支罪】	376
	【非法出租、出借枪支罪】	376
第 129 条	【丢失枪支不报罪】	387
第 130 条	【非法携带枪支、弹药、管制刀具、危险物品危及公共安全罪】	376
第 131 条	【重大飞行事故罪】	389
第 132 条	【铁路运营安全事故罪】	389
第 133 条	【交通肇事罪】	390
第 133 条之一	【危险驾驶罪】	400
第 133 条之二	【妨害安全驾驶罪】	412
第 134 条	【重大责任事故罪】	414
	【强令、组织他人违章冒险作业罪】	415
第 134 条之一	【危险作业罪】	415

第 135 条	【重大劳动安全事故罪】	416
第 135 条之一	【大型群众性活动重大安全事故罪】	427
第 136 条	【危险物品肇事罪】	429
第 137 条	【工程重大安全事故罪】	432
第 138 条	【教育设施重大安全事故罪】	435
第 139 条	【消防责任事故罪】	437
第 139 条之一	【不报、谎报安全事故罪】	440

第三章 破坏社会主义市场经济秩序罪

第一节 生产、销售伪劣商品罪

第 140 条	【生产、销售伪劣产品罪】	444
第 141 条	【生产、销售、提供假药罪】	455
第 142 条	【生产、销售、提供劣药罪】	455
第 142 条之一	【妨害药品管理罪】	456
第 143 条	【生产、销售不符合安全标准的食品罪】	469
第 144 条	【生产、销售有毒、有害食品罪】	469
第 145 条	【生产、销售不符合标准的医用器材罪】	485
第 146 条	【生产、销售不符合安全标准的产品罪】	489
第 147 条	【生产、销售伪劣农药、兽药、化肥、种子罪】	492
第 148 条	【生产、销售不符合卫生标准的化妆品罪】	495
第 149 条	【对生产销售伪劣商品行为的法条适用】	496
第 150 条	【单位犯本节规定之罪的处理】	497

第二节 走私罪

第 151 条	【走私武器、弹药罪；走私核材料罪；走私假币罪】	500
	【走私文物罪；走私贵重金属罪；走私珍贵动物、珍贵动物制品罪】	501
	【走私国家禁止进出口的货物、物品罪】	501
第 152 条	【走私淫秽物品罪】	519
	【走私废物罪】	519
第 153 条	【走私普通货物、物品罪】	524

第154条	【走私普通货物、物品罪的特殊形式】	524
第155条	【以走私犯罪论处的间接走私行为】	533
第156条	【走私共犯】	540
第157条	【武装掩护走私、抗拒缉私的规定】	541

第三节 妨害对公司、企业的管理秩序罪

第158条	【虚报注册资本罪】	545
第159条	【虚假出资、抽逃出资罪】	546
第160条	【欺诈发行证券罪】	551
第161条	【违规披露、不披露重要信息罪】	553
第162条	【妨害清算罪】	562
第162条之一	【隐匿、故意销毁会计凭证、会计账簿、财务会计报告罪】	566
第162条之二	【虚假破产罪】	562
第163条	【非国家工作人员受贿罪】	568
第164条	【对非国家工作人员行贿罪】	569
	【对外国公职人员、国际公共组织官员行贿罪】	569
第165条	【非法经营同类营业罪】	578
第166条	【为亲友非法牟利罪】	578
第167条	【签订、履行合同失职被骗罪】	579
第168条	【国有公司、企业、事业单位人员失职罪；国有公司、企业、事业单位人员滥用职权罪】	580
第169条	【徇私舞弊低价折股、出售国有资产罪】	580
第169条之一	【背信损害上市公司利益罪】	586

第四节 破坏金融管理秩序罪

第170条	【伪造货币罪】	589
第171条	【出售、购买、运输假币罪】	589
	【金融工作人员购买假币、以假币换取货币罪】	589
第172条	【持有、使用假币罪】	590
第173条	【变造货币罪】	590
第174条	【擅自设立金融机构罪】	601
	【伪造、变造、转让金融机构经营许可证、批准文件罪】	601

第 175 条	【高利转贷罪】	606
第 175 条之一	【骗取贷款、票据承兑、金融票证罪】	607
第 176 条	【非法吸收公众存款罪】	611
第 177 条	【伪造、变造金融票证罪】	625
第 177 条之一	【妨害信用卡管理罪】	625
	【窃取、收买、非法提供信用卡信息罪】	625
第 178 条	【伪造、变造国家有价证券罪】	634
	【伪造、变造股票、公司、企业债券罪】	634
第 179 条	【擅自发行股票、公司、企业债券罪】	635
第 180 条	【内幕交易、泄露内幕信息罪】	638
	【利用未公开信息交易罪】	639
第 181 条	【编造并传播证券、期货交易虚假信息罪】	651
	【诱骗投资者买卖证券、期货合约罪】	651
第 182 条	【操纵证券、期货市场罪】	654
第 183 条	【职务侵占罪】	661
	【贪污罪】	662
第 184 条	【非国家工作人员受贿罪】	662
	【受贿罪】	662
第 185 条	【挪用资金罪】	662
	【挪用公款罪】	662
第 185 条之一	【背信运用受托财产罪】	663
	【违法运用资金罪】	664
第 186 条	【违法发放贷款罪】	665
第 187 条	【吸收客户资金不入账罪】	666
第 188 条	【违规出具金融票证罪】	672
第 189 条	【对违法票据承兑、付款、保证罪】	672
第 190 条	【逃汇罪】	677
(单行刑法第 1 条)	【骗购外汇罪】	678
第 191 条	【洗钱罪】	682

第五节 金融诈骗罪

第 192 条	【集资诈骗罪】	688
第 193 条	【贷款诈骗罪】	698

第194条	【票据诈骗罪】	702
	【金融凭证诈骗罪】	703
第195条	【信用证诈骗罪】	706
第196条	【信用卡诈骗罪】	708
第197条	【有价证券诈骗罪】	715
第198条	【保险诈骗罪】	716
第199条	（已删除）	719
第200条	【单位犯本节之罪】	719

第六节 危害税收征管罪

第201条	【逃税罪】	721
第202条	【抗税罪】	732
第203条	【逃避追缴欠税罪】	721
第204条	【骗取出口退税罪】	734
第205条	【虚开增值税专用发票、用于骗取出口退税、抵扣税款发票罪】	738
第205条之一	【虚开发票罪】	739
第206条	【伪造、出售伪造的增值税专用发票罪】	748
第207条	【非法出售增值税专用发票罪】	748
第208条	【非法购买增值税专用发票、购买伪造的增值税专用发票罪】	748
第209条	【非法制造、出售非法制造的用于骗取出口退税、抵扣税款发票罪】	755
	【非法制造、出售非法制造的发票罪】	755
	【非法出售用于骗取出口退税、抵扣税款发票罪】	755
	【非法出售发票罪】	755
第210条	【盗窃罪】	762
	【诈骗罪】	762
第210条之一	【持有伪造的发票罪】	763
第211条	【单位犯危害税收征管罪的处罚规定】	765
第212条	【税收征缴优先原则】	765

第七节 侵犯知识产权罪

第 213 条 【假冒注册商标罪】 ················· 769
第 214 条 【销售假冒注册商标的商品罪】 ········· 769
第 215 条 【非法制造、销售非法制造的注册商标标识罪】 ··· 770
第 216 条 【假冒专利罪】 ··················· 783
第 217 条 【侵犯著作权罪】 ·················· 785
第 218 条 【销售侵权复制品罪】 ··············· 786
第 219 条 【侵犯商业秘密罪】 ················· 797
第 219 条之一 【为境外窃取、刺探、收买、非法提供商业
　　　　　　　秘密罪】 ··················· 798
第 220 条 【单位犯本节之罪】 ················· 807

第八节 扰乱市场秩序罪

第 221 条 【损害商业信誉、商品声誉罪】 ·········· 809
第 222 条 【虚假广告罪】 ··················· 810
第 223 条 【串通投标罪】 ··················· 813
第 224 条 【合同诈骗罪】 ··················· 815
第 224 条之一 【组织、领导传销活动罪】 ········· 821
第 225 条 【非法经营罪】 ··················· 827
第 226 条 【强迫交易罪】 ··················· 876
第 227 条 【伪造、倒卖伪造的有价票证罪】 ········ 884
　　　　　【倒卖车票、船票罪】 ··············· 884
第 228 条 【非法转让、倒卖土地使用权罪】 ········ 886
第 229 条 【提供虚假证明文件罪】 ·············· 889
　　　　　【出具证明文件重大失实罪】 ········· 890
第 230 条 【逃避商检罪】 ··················· 893
第 231 条 【单位犯扰乱市场秩序罪的处罚规定】 ····· 894

第四章 侵犯公民人身权利、民主权利罪

第 232 条 【故意杀人罪】 ··················· 895
第 233 条 【过失致人死亡罪】 ················· 920
第 234 条 【故意伤害罪】 ··················· 895

第 234 条之一	【组织出卖人体器官罪】	918
第 235 条	【过失致人重伤罪】	920
第 236 条	【强奸罪】	923
第 236 条之一	【负有照护职责人员性侵罪】	923
第 237 条	【强制猥亵、侮辱罪】	935
	【猥亵儿童罪】	935
第 238 条	【非法拘禁罪】	939
第 239 条	【绑架罪】	945
第 240 条	【拐卖妇女、儿童罪】	947
第 241 条	【收买被拐卖的妇女、儿童罪】	948
第 242 条	【妨害公务罪】	948
	【聚众阻碍解救被收买的妇女、儿童罪】	948
第 243 条	【诬告陷害罪】	961
第 244 条	【强迫劳动罪】	963
第 244 条之一	【雇用童工从事危重劳动罪】	963
第 245 条	【非法搜查罪;非法侵入住宅罪】	966
第 246 条	【侮辱罪;诽谤罪】	969
第 247 条	【刑讯逼供罪;暴力取证罪】	976
第 248 条	【虐待被监管人罪】	978
第 249 条	【煽动民族仇恨、民族歧视罪】	981
第 250 条	【出版歧视、侮辱少数民族作品罪】	981
第 251 条	【非法剥夺公民宗教信仰自由罪;侵犯少数民族风俗习惯罪】	981
第 252 条	【侵犯通信自由罪】	984
第 253 条	【私自开拆、隐匿、毁弃邮件、电报罪】	984
第 253 条之一	【侵犯公民个人信息罪】	986
第 254 条	【报复陷害罪】	1001
第 255 条	【打击报复会计、统计人员罪】	1003
第 256 条	【破坏选举罪】	1004
第 257 条	【暴力干涉婚姻自由罪】	1007
第 258 条	【重婚罪】	1008
第 259 条	【破坏军婚罪】	1011
第 260 条	【虐待罪】	1012

第 260 条之一 【虐待被监护、看护人罪】 …………………… 1013
第 261 条 【遗弃罪】 …………………………………………… 1013
第 262 条 【拐骗儿童罪】 ……………………………………… 1022
第 262 条之一 【组织残疾人、儿童乞讨罪】 ………………… 1022
第 262 条之二 【组织未成年人进行违反治安管理活动罪】 …… 1023

第五章 侵犯财产罪

第 263 条 【抢劫罪】 …………………………………………… 1026
第 264 条 【盗窃罪】 …………………………………………… 1042
第 265 条 【盗窃罪】 …………………………………………… 1042
第 266 条 【诈骗罪】 …………………………………………… 1060
第 267 条 【抢夺罪】 …………………………………………… 1092
第 268 条 【聚众哄抢罪】 ……………………………………… 1098
第 269 条 【转化的抢劫罪】 …………………………………… 1100
第 270 条 【侵占罪】 …………………………………………… 1104
第 271 条 【职务侵占罪】 ……………………………………… 1105
第 272 条 【挪用资金罪】 ……………………………………… 1117
第 273 条 【挪用特定款物罪】 ………………………………… 1125
第 274 条 【敲诈勒索罪】 ……………………………………… 1129
第 275 条 【故意毁坏财物罪】 ………………………………… 1138
第 276 条 【破坏生产经营罪】 ………………………………… 1141
第 276 条之一 【拒不支付劳动报酬罪】 ……………………… 1142

第六章 妨害社会管理秩序罪

第一节 扰乱公共秩序罪

第 277 条 【妨害公务罪】 ……………………………………… 1148
　　　　　【袭警罪】 …………………………………………… 1148
第 278 条 【煽动暴力抗拒法律实施罪】 ……………………… 1158
第 279 条 【招摇撞骗罪】 ……………………………………… 1160
第 280 条 【伪造、变造、买卖国家机关公文、证件、印章罪；
　　　　　盗窃、抢夺、毁灭国家机关公文、证件、印章罪】 ……… 1162
　　　　　【伪造公司、企业、事业单位、人民团体印章罪】 …… 1162
　　　　　【伪造、变造、买卖身份证件罪】 ………………… 1162
第 280 条之一 【使用虚假身份证件、盗用身份证件罪】 …… 1163

第 280 条之二	【冒名顶替罪】	1163
第 281 条	【非法生产、买卖警用装备罪】	1170
第 282 条	【非法获取国家秘密罪】	1172
	【非法持有国家绝密、机密文件、资料、物品罪】	1172
第 283 条	【非法生产、销售专用间谍器材、窃听、窃照专用器材罪】	1174
第 284 条	【非法使用窃听、窃照专用器材罪】	1174
第 284 条之一	【组织考试作弊罪】	1178
	【非法出售、提供试题、答案罪】	1178
	【代替考试罪】	1178
第 285 条	【非法侵入计算机信息系统罪】	1187
	【非法获取计算机信息系统数据、非法控制计算机信息系统罪】	1187
	【提供侵入、非法控制计算机信息系统程序、工具罪】	1187
第 286 条	【破坏计算机信息系统罪】	1187
第 286 条之一	【拒不履行信息网络安全管理义务罪】	1188
第 287 条	【利用计算机实施其他犯罪】	1203
第 287 条之一	【非法利用信息网络罪】	1203
第 287 条之二	【帮助信息网络犯罪活动罪】	1203
第 288 条	【扰乱无线电通讯管理秩序罪】	1218
第 289 条	【故意伤害罪、故意杀人罪、抢劫罪】	1223
第 290 条	【聚众扰乱社会秩序罪】	1224
	【聚众冲击国家机关罪】	1224
	【扰乱国家机关工作秩序罪】	1224
	【组织、资助非法聚集罪】	1224
第 291 条	【聚众扰乱公共场所秩序、交通秩序罪】	1224
第 291 条之一	【投放虚假危险物质罪；编造、故意传播虚假恐怖信息罪】	1232
	【编造、故意传播虚假信息罪】	1232
第 291 条之二	【高空抛物罪】	1238
第 292 条	【聚众斗殴罪】	1240
第 293 条	【寻衅滋事罪】	1242
第 293 条之一	【催收非法债务罪】	1253

第 294 条	【组织、领导、参加黑社会性质组织罪】 ················ 1256
	【入境发展黑社会组织罪】 ································ 1256
	【包庇、纵容黑社会性质组织罪】 ························ 1256
第 295 条	【传授犯罪方法罪】 ······································ 1304
第 296 条	【非法集会、游行、示威罪】 ····························· 1305
第 297 条	【非法携带武器、管制刀具、爆炸物参加集会、游行、示威罪】 ·· 1306
第 298 条	【破坏集会、游行、示威罪】 ····························· 1306
第 299 条	【侮辱国旗、国徽、国歌罪】 ····························· 1309
第 299 条之一	【侵害英雄烈士名誉、荣誉罪】 ························ 1310
第 300 条	【组织、利用会道门、邪教组织、利用迷信破坏法律实施罪】 ·· 1313
	【组织、利用会道门、邪教组织、利用迷信致人重伤、死亡罪】 ·· 1313
第 301 条	【聚众淫乱罪】 ·· 1322
	【引诱未成年人聚众淫乱罪】 ····························· 1322
第 302 条	【盗窃、侮辱、故意毁坏尸体、尸骨、骨灰罪】 ········ 1323
第 303 条	【赌博罪】 ·· 1324
	【开设赌场罪】 ·· 1325
	【组织参与国（境）外赌博罪】 ························ 1325
第 304 条	【故意延误投递邮件罪】 ·································· 1342

第二节 妨害司法罪

第 305 条	【伪证罪】 ·· 1344
第 306 条	【辩护人、诉讼代理人毁灭证据、伪造证据、妨害作证罪】 ·· 1344
第 307 条	【妨害作证罪】 ·· 1344
	【帮助毁灭、伪造证据罪】 ······························· 1344
第 307 条之一	【虚假诉讼罪】 ··· 1349
第 308 条	【打击报复证人罪】 ······································ 1344
第 308 条之一	【泄露不应公开的案件信息罪】 ························ 1361
	【披露、报道不应公开的案件信息罪】 ·················· 1361
第 309 条	【扰乱法庭秩序罪】 ······································ 1363

第310条	【窝藏、包庇罪】	1365
第311条	【拒绝提供间谍犯罪、恐怖主义犯罪、极端主义犯罪证据罪】	1371
第312条	【掩饰、隐瞒犯罪所得、犯罪所得收益罪】	1374
第313条	【拒不执行判决、裁定罪】	1390
第314条	【非法处置查封、扣押、冻结的财产罪】	1397
第315条	【破坏监管秩序罪】	1398
第316条	【脱逃罪】	1399
	【劫夺被押解人员罪】	1399
第317条	【组织越狱罪】	1399
	【暴动越狱罪；聚众持械劫狱罪】	1399

第三节 妨害国（边）境管理罪

第318条	【组织他人偷越国（边）境罪】	1402
第319条	【骗取出境证件罪】	1412
第320条	【提供伪造、变造的出入境证件罪；出售出入境证件罪】	1412
第321条	【运送他人偷越国（边）境罪】	1403
第322条	【偷越国（边）境罪】	1403
第323条	【破坏界碑、界桩罪；破坏永久性测量标志罪】	1416

第四节 妨害文物管理罪

第324条	【故意损毁文物罪】	1421
	【故意损毁名胜古迹罪】	1422
	【过失损毁文物罪】	1422
第325条	【非法向外国人出售、赠送珍贵文物罪】	1427
第326条	【倒卖文物罪】	1427
第327条	【非法出售、私赠文物藏品罪】	1427
第328条	【盗掘古文化遗址、古墓葬罪】	1431
	【盗掘古人类化石、古脊椎动物化石罪】	1431
第329条	【抢夺、窃取国有档案罪】	1436
	【擅自出卖、转让国有档案罪】	1436

第五节　危害公共卫生罪

第 330 条　【妨害传染病防治罪】 …………………………… 1437
第 331 条　【传染病菌种、毒种扩散罪】 …………………… 1442
第 332 条　【妨害国境卫生检疫罪】 ………………………… 1444
第 333 条　【非法组织卖血罪；强迫卖血罪】 ……………… 1446
第 334 条　【非法采集、供应血液、制作、供应血液制品罪】 … 1446
　　　　　【采集、供应血液、制作、供应血液制品事故罪】 … 1446
第 334 条之一　【非法采集人类遗传资源、走私人类遗传资源
　　　　　　　材料罪】 …………………………………… 1453
第 335 条　【医疗事故罪】 …………………………………… 1455
第 336 条　【非法行医罪】 …………………………………… 1455
　　　　　【非法进行节育手术罪】 …………………………… 1455
第 336 条之一　【非法植入基因编辑、克隆胚胎罪】 ……… 1468
第 337 条　【妨害动植物防疫、检疫罪】 …………………… 1469

第六节　破坏环境资源保护罪

第 338 条　【污染环境罪】 …………………………………… 1471
第 339 条　【非法处置进口的固体废物罪】 ………………… 1472
　　　　　【擅自进口固体废物罪】 …………………………… 1472
第 340 条　【非法捕捞水产品罪】 …………………………… 1490
第 341 条　【危害珍贵、濒危野生动物罪】 ………………… 1511
　　　　　【非法狩猎罪】 ……………………………………… 1511
　　　　　【非法猎捕、收购、运输、出售陆生野生动物罪】 … 1511
第 342 条　【非法占用农用地罪】 …………………………… 1557
第 342 条之一　【破坏自然保护地罪】 ……………………… 1565
第 343 条　【非法采矿罪】 …………………………………… 1567
　　　　　【破坏性采矿罪】 …………………………………… 1567
第 344 条　【危害国家重点保护植物罪】 …………………… 1574
第 344 条之一　【非法引进、释放、丢弃外来入侵物种罪】 … 1582
第 345 条　【盗伐林木罪】 …………………………………… 1585
　　　　　【滥伐林木罪】 ……………………………………… 1585
　　　　　【非法收购、运输盗伐、滥伐的林木罪】 ………… 1585

第 346 条　【单位犯破坏环境资源保护罪的处罚规定】 …………… 1591

第七节　走私、贩卖、运输、制造毒品罪

第 347 条　【走私、贩卖、运输、制造毒品罪】 ……………… 1591
第 348 条　【非法持有毒品罪】 ………………………………… 1592
第 349 条　【包庇毒品犯罪分子罪；窝藏、转移、隐瞒毒品、
　　　　　　毒赃罪】 …………………………………………… 1645
第 350 条　【非法生产、买卖、运输制毒物品、走私制毒物品罪】 …… 1650
第 351 条　【非法种植毒品原植物罪】 ………………………… 1663
第 352 条　【非法买卖、运输、携带、持有毒品原植物种子、
　　　　　　幼苗罪】 …………………………………………… 1663
第 353 条　【引诱、教唆、欺骗他人吸毒罪】 ………………… 1668
　　　　　　【强迫他人吸毒罪】 ………………………………… 1668
第 354 条　【容留他人吸毒罪】 ………………………………… 1668
第 355 条　【非法提供麻醉药品、精神药品罪】 ……………… 1673
第 355 条之一　【妨害兴奋剂管理罪】 ………………………… 1697
第 356 条　【毒品犯罪的再犯】 ………………………………… 1699
第 357 条　【毒品犯罪及毒品数量的计算】 …………………… 1710

第八节　组织、强迫、引诱、容留、介绍卖淫罪

第 358 条　【组织卖淫罪；强迫卖淫罪】 ……………………… 1723
　　　　　　【协助组织卖淫罪】 ………………………………… 1723
第 359 条　【引诱、容留、介绍卖淫罪】 ……………………… 1724
　　　　　　【引诱幼女卖淫罪】 ………………………………… 1724
第 360 条　【传播性病罪】 ……………………………………… 1733
第 361 条　【其他入罪规定】 …………………………………… 1736
第 362 条　【包庇罪】 …………………………………………… 1737

第九节　制作、贩卖、传播淫秽物品罪

第 363 条　【制作、复制、出版、贩卖、传播淫秽物品牟利罪】 ……… 1738
　　　　　　【为他人提供书号出版淫秽书刊罪】 ……………… 1738
第 364 条　【传播淫秽物品罪】 ………………………………… 1748
　　　　　　【组织播放淫秽音像制品罪】 ……………………… 1748

第 365 条	【组织淫秽表演罪】	1754
第 366 条	【单位犯本节罪的处罚】	1756
第 367 条	【淫秽物品的界定】	1756

第七章 危害国防利益罪

第 368 条	【阻碍军人执行职务罪】	1761
	【阻碍军事行动罪】	1761
第 369 条	【破坏武器装备、军事设施、军事通信罪】	1762
	【过失损坏武器装备、军事设施、军事通信罪】	1763
第 370 条	【故意提供不合格武器装备、军事设施罪】	1766
	【过失提供不合格武器装备、军事设施罪】	1766
第 371 条	【聚众冲击军事禁区罪】	1767
	【聚众扰乱军事管理区秩序罪】	1767
第 372 条	【冒充军人招摇撞骗罪】	1769
第 373 条	【煽动军人逃离部队罪;雇用逃离部队军人罪】	1770
第 374 条	【接送不合格兵员罪】	1771
第 375 条	【伪造、变造、买卖武装部队公文、证件、印章罪; 盗窃、抢夺武装部队公文、证件、印章罪】	1772
	【非法生产、买卖武装部队制式服装罪】	1773
	【伪造、盗窃、买卖、非法提供、非法使用武装部队专用标志罪】	1773
第 376 条	【战时拒绝、逃避征召、军事训练罪】	1778
	【战时拒绝、逃避服役罪】	1778
第 377 条	【战时故意提供虚假敌情罪】	1779
第 378 条	【战时造谣扰乱军心罪】	1779
第 379 条	【战时窝藏逃离部队军人罪】	1780
第 380 条	【战时拒绝、故意延误军事订货罪】	1781
第 381 条	【战时拒绝军事征收、征用罪】	1781

第八章 贪污贿赂罪

第 382 条	【贪污罪】	1783
第 383 条	【贪污罪的处罚】	1783
第 384 条	【挪用公款罪】	1799

第 385 条	【受贿罪】	1811
第 386 条	【受贿罪的处罚】	1811
第 387 条	【单位受贿罪】	1811
第 388 条	【受贿罪】	1811
第 388 条之一	【利用影响力受贿罪】	1830
第 389 条	【行贿罪】	1832
第 390 条	【行贿罪的处罚】	1832
第 390 条之一	【对有影响力的人行贿罪】	1833
第 391 条	【对单位行贿罪】	1833
第 392 条	【介绍贿赂罪】	1844
第 393 条	【单位行贿罪】	1833
第 394 条	【贪污罪】	1784
第 395 条	【巨额财产来源不明罪】	1846
	【隐瞒境外存款罪】	1846
第 396 条	【私分国有资产罪】	1848
	【私分罚没财物罪】	1848

第九章 渎职罪

第 397 条	【滥用职权罪；玩忽职守罪】	1856
第 398 条	【故意泄露国家秘密罪；过失泄露国家秘密罪】	1871
第 399 条	【徇私枉法罪】	1881
	【民事、行政枉法裁判罪】	1881
	【执行判决、裁定失职罪；执行判决、裁定滥用职权罪】	1881
第 399 条之一	【枉法仲裁罪】	1888
第 400 条	【私放在押人员罪】	1891
	【失职致使在押人员脱逃罪】	1891
第 401 条	【徇私舞弊减刑、假释、暂予监外执行罪】	1893
第 402 条	【徇私舞弊不移交刑事案件罪】	1896
第 403 条	【滥用管理公司、证券职权罪】	1905
第 404 条	【徇私舞弊不征、少征税款罪】	1908
第 405 条	【徇私舞弊发售发票、抵扣税款、出口退税罪】	1908
	【违法提供出口退税凭证罪】	1908

第406条	【国家机关工作人员签订、履行合同失职被骗罪】	1912
第407条	【违法发放林木采伐许可证罪】	1914
第408条	【环境监管失职罪】	1917
第408条之一	【食品、药品监管渎职罪】	1921
第409条	【传染病防治失职罪】	1924
第410条	【非法批准征收、征用、占用土地罪；非法低价出让国有土地使用权罪】	1927
第411条	【放纵走私罪】	1938
第412条	【商检徇私舞弊罪】	1940
	【商检失职罪】	1940
第413条	【动植物检疫徇私舞弊罪】	1940
	【动植物检疫失职罪】	1940
第414条	【放纵制售伪劣商品犯罪行为罪】	1945
第415条	【办理偷越国（边）境人员出入境证件罪；放行偷越国（边）境人员罪】	1948
第416条	【不解救被拐卖、绑架妇女、儿童罪】	1950
	【阻碍解救被拐卖、绑架妇女、儿童罪】	1950
第417条	【帮助犯罪分子逃避处罚罪】	1952
第418条	【招收公务员、学生徇私舞弊罪】	1954
第419条	【失职造成珍贵文物损毁、流失罪】	1956

第十章 军人违反职责罪

第420条	【军人违反职责罪】	1958
第421条	【战时违抗命令罪】	1959
第422条	【隐瞒、谎报军情罪；拒传、假传军令罪】	1960
第423条	【投降罪】	1962
第424条	【战时临阵脱逃罪】	1962
第425条	【擅离、玩忽军事职守罪】	1963
第426条	【阻碍执行军事职务罪】	1965
第427条	【指使部属违反职责罪】	1966
第428条	【违令作战消极罪】	1968
第429条	【拒不救援友邻部队罪】	1969
第430条	【军人叛逃罪】	1971

第 431 条	【非法获取军事秘密罪】	1972
	【为境外窃取、刺探、收买、非法提供军事秘密罪】	1972
第 432 条	【故意泄露军事秘密罪；过失泄露军事秘密罪】	1973
第 433 条	【战时造谣惑众罪】	1976
第 434 条	【战时自伤罪】	1978
第 435 条	【逃离部队罪】	1978
第 436 条	【武器装备肇事罪】	1981
第 437 条	【擅自改变武器装备编配用途罪】	1981
第 438 条	【盗窃、抢夺武器装备、军用物资罪】	1984
第 439 条	【非法出卖、转让武器装备罪】	1987
第 440 条	【遗弃武器装备罪】	1989
第 441 条	【遗失武器装备罪】	1989
第 442 条	【擅自出卖、转让军队房地产罪】	1991
第 443 条	【虐待部属罪】	1993
第 444 条	【遗弃伤病军人罪】	1994
第 445 条	【战时拒不救治伤病军人罪】	1994
第 446 条	【战时残害居民、掠夺居民财物罪】	1996
第 447 条	【私放俘虏罪】	1997
第 448 条	【虐待俘虏罪】	1997
第 449 条	【战时缓刑】	1998
第 450 条	【本章适用的主体范围】	1999
第 451 条	【战时的概念】	2000

附　　则

第 452 条	【施行日期】	2001

附件一	2004
附件二	2005

附　　录[①]

中华人民共和国刑法（1979 年版）	2006

---

① 注：历次刑法修正案及单行刑法、已被废止的司法解释、"两高"发布的指导性案例（全文），请查阅"刑法库"微信公众号首页底部菜单栏。

罪名索引[①]

B

办理偷越国（边）境人员出入境证件罪 …………… 1948
帮助犯罪分子逃避处罚罪 …………………………… 1952
帮助毁灭、伪造证据罪 ……………………………… 1344
帮助恐怖活动罪（原"资助恐怖活动罪"）………… 321
帮助信息网络犯罪活动罪 …………………………… 1203
绑架罪 …………………………………………………… 945
包庇、纵容黑社会性质组织罪 ……………………… 1256
包庇毒品犯罪分子罪 ………………………………… 1645
包庇罪（见"窝藏、包庇罪"）……………………… 1365
保险诈骗罪 ……………………………………………… 716
报道不应公开的案件信息罪（见"披露、报道不应公开的案件信息罪"）………………………………… 1361
报复陷害罪 …………………………………………… 1001
暴动越狱罪 …………………………………………… 1399
暴力干涉婚姻自由罪 ………………………………… 1007
暴力抗拒法律实施罪（应为"妨害公务罪""煽动暴力抗拒法律实施罪"）………………………… 948/1158
暴力取证罪 ……………………………………………… 976
暴力危及飞行安全罪 …………………………………… 338
暴乱罪（应为"武装叛乱、暴乱罪"）………………… 291
爆炸罪 …………………………………………………… 306
背叛国家罪 ……………………………………………… 291

[①] [ ] 为章节罪名。( ) 内，"原""现"表示罪名的变化，若原罪名与现罪名拼音首字母相同，仅保留一处数据；"见"表示为方便索引而拆解的选择性罪名；"应为"表示其前列名称并非法定标准罪名；"另有"表示相近的罪名。本索引按罪名首字母音序排列。

背信损害上市公司利益罪 ………………………………… 586
背信运用受托财产罪 ……………………………………… 663
编造、故意传播虚假恐怖信息罪 ………………………… 1232
编造、故意传播虚假信息罪 ……………………………… 1232
编造并传播证券、期货交易虚假信息罪 ………………… 651
变造货币罪 ………………………………………………… 590
辩护人、诉讼代理人毁灭证据、伪造证据、妨害作证罪 …… 1344
播放淫秽音像制品罪（应为"组织播放淫秽音像制品罪"）…… 1748
不报、谎报安全事故罪 …………………………………… 440
不解救被拐卖、绑架妇女、儿童罪 ……………………… 1950
不披露重要信息罪（见"违规披露、不披露重要信息罪"）…… 553
不移交刑事案件罪（应为"徇私舞弊不移交刑事案件罪"）…… 1896
不征、少征税款罪（应为"徇私舞弊不征、少征税款罪"）…… 1908

C

采集、供应血液、制作、供应血液制品事故罪 ………… 1446
参加黑社会性质组织罪（见"组织、领导、参加黑社会性质组织罪"）…… 1256
参加恐怖组织罪（见"组织、领导、参加恐怖组织罪"）…… 321
残害居民、掠夺居民财物罪（应为"战时残害居民、掠夺居民财物罪"）………………………………………… 1996
操纵证券、期货市场罪 …………………………………… 654
持有、使用假币罪 ………………………………………… 590
持有毒品原植物种子、幼苗罪（应为"非法买卖、运输、携带、持有毒品原植物种子、幼苗罪"）………………… 1663
持有伪造的发票罪 ………………………………………… 763
冲击国家机关罪（应为"聚众冲击国家机关罪"）………… 1224
冲击军事禁区罪（应为"聚众冲击军事禁区罪"）………… 1767
抽逃出资罪（见"虚假出资、抽逃出资罪"）……………… 546
出版歧视、侮辱少数民族作品罪 ………………………… 981
出版淫秽物品牟利罪（见"制作、复制、出版、贩卖、传播淫秽物品牟利罪"）………………………………… 1738
出具证明文件重大失实罪（原"中介组织人员出具证明文件重大失实罪"）…………………………………… 890

出售、非法提供公民个人信息罪（现"侵犯公民个人信息罪"）·········· 986
出售、购买、运输假币罪 ··· 589
出售出入境证件罪 ··· 1412
出售非法制造的发票罪（见"非法制造、出售非法制造的发票罪"）······· 755
出售非法制造的用于骗取出口退税、抵扣税款发票罪（见"非法
　制造、出售非法制造的用于骗取出口退税、抵扣税款发票罪"）········ 755
出售伪造的增值税专用发票罪（见"伪造、出售伪造的增值税专
　用发票罪"）·· 748
传播性病罪 ·· 1733
传播淫秽物品牟利罪（见"制作、复制、出版、贩卖、传播淫秽
　物品牟利罪"）·· 1738
传播淫秽物品罪 ·· 1748
传染病防治失职罪 ··· 1924
传染病菌种、毒种扩散罪 ··· 1442
传授犯罪方法罪 ·· 1304
串通投标罪 ··· 813
刺探军事秘密罪（应为"为境外窃取、刺探、收买、非法提供军
　事秘密罪"）·· 1972
催收非法债务罪 ·· 1253
重婚罪 ··· 1008

D

打击报复会计、统计人员罪 ······································· 1003
打击报复证人罪 ·· 1344
大型群众性活动重大安全事故罪 ···································· 427
贷款诈骗罪 ··· 698
代替考试罪 ·· 1178
单位受贿罪 ·· 1811
单位行贿罪 ·· 1833
倒卖车票、船票罪 ··· 884
倒卖土地使用权罪（见"非法转让、倒卖土地使用权罪"）··············· 886
倒卖伪造的有价票证罪（见"伪造、倒卖伪造的有价票证罪"）············ 884
倒卖文物罪 ·· 1427

盗伐林木罪 ··· 1585
盗掘古人类化石、古脊椎动物化石罪 ············· 1431
盗掘古文化遗址、古墓葬罪 ························· 1431
盗窃、抢夺、毁灭国家机关公文、证件、印章罪 ··· 1162
盗窃国有档案罪（应为"抢夺、窃取国有档案罪"） ··· 1436
盗窃、抢夺枪支、弹药、爆炸物、危险物质罪（原"盗窃、抢夺枪支、弹药、爆炸物罪"） ········· 372
盗窃、抢夺武器装备、军用物资罪 ················· 1984
盗窃、抢夺武装部队公文、证件、印章罪 ········· 1772
盗窃、侮辱、故意毁坏尸体、尸骨、骨灰罪（原"盗窃、侮辱尸体罪"） ······························· 1323
盗窃武装部队专用标志罪（见"伪造、盗窃、买卖、非法提供、非法使用武装部队专用标志罪"） ··· 1773
盗窃罪 ··· 762/1042
盗用身份证件罪（见"使用虚假身份证件、盗用身份证件罪"） ··· 1163
低价出让国有土地使用权罪（应为"非法低价出让国有土地使用权罪"） ······························· 1927
颠覆国家政权罪 ·· 292
丢失枪支不报罪 ·· 387
动植物检疫失职罪 ······································ 1940
动植物检疫徇私舞弊罪 ································ 1940
[渎职罪] ·· 1856
赌博罪 ·· 1324
对单位行贿罪 ·· 1833
对非国家工作人员行贿罪（原"对公司、企业人员行贿罪"） ··· 569
对公司、企业人员行贿罪（现"对非国家工作人员行贿罪"） ··· 569
对外国公职人员、国际公共组织官员行贿罪 ······· 569
对违法票据承兑、付款、保证罪 ······················· 672
对有影响力的人行贿罪 ································ 1832

F

发展黑社会组织罪（应为"入境发展黑社会组织罪"） ··· 1256
贩卖毒品罪（见"走私、贩卖、运输、制造毒品罪"） ··· 1591

贩卖淫秽物品牟利罪（见"制作、复制、出版、贩卖、传播淫秽
　　物品牟利罪"） ··· 1738
妨害安全驾驶罪 ··· 412
妨害传染病防治罪 ··· 1437
妨害动植物防疫、检疫罪（原"逃避动植物检疫罪"） ·········· 1469
[妨害对公司、企业的管理秩序罪] ·································· 545
妨害公务罪 ·· 948/1148
[妨害国（边）境管理罪] ·· 1402
妨害国境卫生检疫罪 ··· 1444
妨害解救被拐卖、绑架妇女儿童罪（应为"阻碍解救被拐卖、绑
　　架妇女、儿童罪"） ·· 1950
妨害军人执行职务罪（应为"阻碍军人执行职务罪"） ·········· 1761
妨害军事行动罪（应为"阻碍军事行动罪"） ····················· 1761
妨害清算罪 ·· 562
[妨害社会管理秩序罪] ··· 1148
[妨害司法罪] ·· 1344
[妨害文物管理罪] ·· 1421
妨害信用卡管理罪 ·· 625
妨害兴奋剂管理罪 ·· 1697
妨害药品管理罪 ·· 456
妨害执行军事职务罪（应为"阻碍执行军事职务罪"） ·········· 1965
妨害作证罪 ··· 1344
放火罪 ·· 306
放行偷越国（边）境人员罪 ·· 1948
放纵制售伪劣商品犯罪行为罪 ······································· 1945
放纵走私罪 ··· 1938
非法剥夺公民宗教信仰自由罪 ··· 981
非法捕捞水产品罪 ·· 1490
非法采伐、毁坏国家重点保护植物罪（现"危害国家重点保护植
　　物罪"） ··· 1574
非法采伐、毁坏珍贵树木罪（现"危害国家重点保护植物罪"） ····· 1574
非法采集、供应血液、制作、供应血液制品罪 ···················· 1446
非法采集人类遗传资源、走私人类遗传资源材料罪 ·············· 1453

罪名	页码
非法采矿罪	1567
非法持有、私藏枪支、弹药罪	375
非法持有毒品罪	1592
非法持有国家绝密、机密文件、资料、物品罪	1172
非法持有宣扬恐怖主义、极端主义物品罪	332
非法出具金融票证罪（现"违规出具金融票证罪"）	672
非法出卖、转让武器装备罪	1987
非法出售、私赠文物藏品罪	1427
非法出售、提供试题、答案罪	1178
非法出售发票罪	755
非法出售用于骗取出口退税、抵扣税款发票罪	755
非法出售增值税专用发票罪	748
非法出租、出借枪支罪	376
非法处置查封、扣押、冻结的财产罪	1397
非法处置进口的固体废物罪	1472
非法催收债务罪（应为"催收非法债务罪"）	1253
非法低价出让国有土地使用权罪	1927
非法发放林木采伐许可证罪（应为"违法发放林木采伐许可证罪"）	1914
非法改变武器装备编配用途罪（应为"擅自改变武器装备编配用途罪"）	1981
非法购买增值税专用发票、购买伪造的增值税专用发票罪	748
非法获取公民个人信息罪（现"侵犯公民个人信息罪"）	986
非法获取国家秘密罪	1172
非法获取计算机信息系统数据、非法控制计算机信息系统罪	1187
非法获取军事秘密罪	1972
非法集会、游行、示威罪	1305
非法进行节育手术罪	1455
非法经营同类营业罪	578
非法经营罪	827
非法拘禁罪	939
非法克隆胚胎罪（见"非法植入基因编辑、克隆胚胎罪"）	1468
非法控制计算机信息系统罪（见"非法获取计算机信息系统数据、非法控制计算机信息系统罪"）	1187

非法利用信息网络罪 ·· 1203
非法猎捕、杀害珍贵、濒危野生动物罪（现"危害珍贵、濒危野
　生动物罪"）·· 1511
非法猎捕、收购、运输、出售陆生野生动物罪 ·················· 1511
非法买卖、运输、携带、持有毒品原植物种子、幼苗罪 ······ 1663
非法买卖制毒物品罪（现"非法生产、买卖、运输制毒物品、走
　私制毒物品罪"）··· 1650
非法批准征收、征用、占用土地罪（原"非法批准征用、占用土
　地罪"）·· 1927
非法侵入计算机信息系统罪 ·· 1187
非法侵入住宅罪 ·· 966
非法生产、买卖、运输制毒物品、走私制毒物品罪（原"走私制
　毒物品罪""非法买卖制毒物品罪"）······························ 1650
非法生产、买卖警用装备罪 ·· 1170
非法生产、买卖武装部队制式服装罪 ······························ 1773
非法生产、销售专用间谍器材、窃听、窃照专用器材罪（原"非
　法生产、销售间谍专用器材罪"）·································· 1174
非法使用窃听、窃照专用器材罪 ···································· 1174
非法使用武装部队专用标志罪（见"伪造、盗窃、买卖、非法提
　供、非法使用武装部队专用标志罪"）···························· 1773
非法收购、运输、出售珍贵、濒危野生动物、珍贵、濒危野生动
　物制品罪（现"危害珍贵、濒危野生动物罪"）················· 1511
非法收购、运输、加工、出售国家重点保护植物、国家重点保护
　植物制品罪（现"危害国家重点保护植物罪"）················· 1574
非法收购、运输盗伐、滥伐的林木罪（原"非法收购盗伐、滥伐
　的林木罪"）·· 1585
非法狩猎罪 ·· 1511
非法搜查罪 ··· 966
非法提供出口退税凭证罪（应为"违法提供出口退税凭证罪"）··· 1908
非法提供公民个人信息罪（现"侵犯公民个人信息罪"）······· 986
非法提供军事秘密罪（应为"为境外窃取、刺探、收买、非法提
　供军事秘密罪"）··· 1972
非法提供麻醉药品、精神药品罪 ···································· 1673

非法提供武装部队专用标志罪（见"伪造、盗窃、买卖、非法提供、非法使用武装部队专用标志罪"） ………………………… 1773
非法提供信用卡信息罪（见"窃取、收买、非法提供信用卡信息罪"） …… 625
非法吸收公众存款罪 ………………………………………………………… 611
非法向外国人出售、赠送珍贵文物罪 ……………………………………… 1427
非法携带枪支、弹药、管制刀具、危险物品危及公共安全罪 …………… 376
非法携带武器、管制刀具、爆炸物参加集会、游行、示威罪 …………… 1306
非法行医罪 …………………………………………………………………… 1455
非法引进、释放、丢弃外来入侵物种罪 …………………………………… 1582
非法游行罪（见"非法集会、游行、示威罪"） ………………………… 1305
非法占用农用地罪（原"非法占用耕地罪"） …………………………… 1557
非法植入基因编辑、克隆胚胎罪 …………………………………………… 1468
非法制造、出售非法制造的发票罪 ………………………………………… 755
非法制造、出售非法制造的用于骗取出口退税、抵扣税款发票罪 ……… 755
非法制造、买卖、运输、储存危险物质罪（原"非法买卖、运输核材料罪"） ……………………………………………………………………… 346
非法制造、买卖、运输、邮寄、储存枪支、弹药、爆炸物罪 …………… 346
非法制造、销售非法制造的注册商标标识罪 ……………………………… 770
非法制作、供应血液制品罪（见"非法采集、供应血液、制作、供应血液制品罪"） ……………………………………………………… 1446
非法种植毒品原植物罪 ……………………………………………………… 1663
非法转让、倒卖土地使用权罪 ……………………………………………… 886
非法转让武器装备罪（见"非法出卖、转让武器装备罪"） …………… 1987
非法组织卖血罪 ……………………………………………………………… 1446
非国家工作人员受贿罪（原"公司、企业人员受贿罪"） …………… 568/662
诽谤罪 ………………………………………………………………………… 969
分裂国家罪 …………………………………………………………………… 291
负有照护职责人员性侵罪 …………………………………………………… 923
复制淫秽物品牟利罪（见"制作、复制、出版、贩卖、传播淫秽物品牟利罪"） ……………………………………………………………… 1738

G

高空抛物罪 …………………………………………………………………… 1238

高利转贷罪 …………………………………………………… 606
工程重大安全事故罪 …………………………………………… 432
公司、企业人员受贿罪（现"非国家工作人员受贿罪"）…… 568
供应血液、制作、供应血液制品事故罪（见"采集、供应血液、
　制作、供应血液制品事故罪"）………………………………… 1446
购买假币罪（见"出售、购买、运输假币罪"）………………… 589
购买伪造的增值税专用发票罪（见"非法购买增值税专用发票、
　购买伪造的增值税专用发票罪"）……………………………… 748
故意传播虚假恐怖信息罪（见"编造、故意传播虚假恐怖信息罪"）…… 1232
故意传播虚假信息罪（见"编造、故意传播虚假信息罪"）…… 1232
故意毁坏财物罪 ………………………………………………… 1138
故意毁坏尸体、尸骨、骨灰罪（见"盗窃、侮辱、故意毁坏尸体、
　尸骨、骨灰罪"）………………………………………………… 1323
故意杀人罪 ……………………………………………… 895/1223
故意伤害罪 ……………………………………………… 895/1223
故意损毁名胜古迹罪 …………………………………………… 1422
故意损毁文物罪 ………………………………………………… 1421
故意提供不合格武器装备、军事设施罪 ……………………… 1766
故意提供虚假敌情罪（应为"战时故意提供虚假敌情罪"）…… 1779
故意销毁会计凭证、会计账簿、财务会计报告罪（见"隐匿、故
　意销毁会计凭证、会计账簿、财务会计报告罪"）…………… 566
故意泄露国家秘密罪 …………………………………………… 1871
故意泄露军事秘密罪 …………………………………………… 1973
故意延误军事订货罪（应为"战时拒绝、故意延误军事订货罪"）…… 1781
故意延误投递邮件罪 …………………………………………… 1342
雇用逃离部队军人罪 …………………………………………… 1770
雇用童工从事危重劳动罪 ……………………………………… 963
拐卖妇女、儿童罪 ……………………………………………… 947
拐骗儿童罪 ……………………………………………………… 1022
国家机关工作人员签订、履行合同失职被骗罪（原"国家机关工
　作人员签订、履行合同失职罪"）……………………………… 1912
国有公司、企业、事业单位人员滥用职权罪（原"徇私舞弊造成
　破产、亏损罪"）………………………………………………… 580

国有公司、企业、事业单位人员失职罪（原"徇私舞弊造成破产、
　亏损罪"） ·· 580
过失爆炸罪 ·· 306
过失决水罪 ·· 306
过失损坏电力设备罪 ··· 315
过失损坏广播电视设施、公用电信设施罪 ··· 339
过失损坏交通工具罪 ··· 315
过失损坏交通设施罪 ··· 315
过失损坏武器装备、军事设施、军事通信罪 ····································· 1763
过失损坏易燃易爆设备罪 ·· 315
过失损毁文物罪 ·· 1422
过失提供不合格武器装备、军事设施罪 ··· 1766
过失投放危险物质罪（原"过失投毒罪"） ··· 306
过失泄露国家秘密罪 ·· 1871
过失泄露军事秘密罪 ·· 1973
过失以危险方法危害公共安全罪 ·· 306
过失致人死亡罪 ·· 920
过失致人重伤罪 ·· 920

H

合同诈骗罪 ·· 815
环境监管失职罪 ·· 1917
环境污染罪（应为"污染环境罪"） ··· 1471
谎报安全事故罪（见"不报、谎报安全事故罪"） ······························· 440
谎报军情罪（见"隐瞒、谎报军情罪"） ·· 1960
毁灭国家机关公文、证件、印章罪（见"盗窃、抢夺、毁灭国家
　机关公文、证件、印章罪"） ··· 1162

J

集资诈骗罪 ·· 688
假传军令罪（见"拒传、假传军令罪"） ·· 1960
假冒注册商标罪 ·· 769
假冒专利罪 ·· 783

间谍罪 ································· 299
交通肇事罪 ······························ 390
教唆他人吸毒罪（见"引诱、教唆、欺骗他人吸毒罪"） ······ 1668
教育设施重大安全事故罪 ······················ 435
接送不合格兵员罪 ·························· 1771
劫持船只、汽车罪 ·························· 338
劫持航空器罪 ···························· 338
劫夺被押解人员罪 ·························· 1399
劫狱罪（应为"劫夺被押解人员罪""聚众持械劫狱罪"）···· 1399
介绍贿赂罪 ······························ 1844
介绍卖淫罪（见"引诱、容留、介绍卖淫罪"） ·········· 1724
金融工作人员购买假币、以假币换取货币罪 ············ 589
金融凭证诈骗罪 ··························· 703
[金融诈骗罪] ····························· 688
巨额财产来源不明罪 ························ 1846
拒不救援友邻部队罪 ························ 1969
拒不救治伤病军人罪（应为"战时拒不救治伤病军人罪"） ·· 1994
拒不履行信息网络安全管理义务罪 ················· 1188
拒不支付劳动报酬罪 ························ 1142
拒不执行判决、裁定罪 ······················· 1390
拒传、假传军令罪 ·························· 1960
拒绝、故意延误军事订货罪（应为"战时拒绝、故意延误军事订
　货罪"） ······························ 1781
拒绝、逃避服役罪（应为"战时拒绝、逃避服役罪"） ······ 1778
拒绝、逃避征召、军事训练罪（应为"战时拒绝、逃避征召、军
　事训练罪"） ··························· 1778
拒绝军事征收、征用罪（应为"战时拒绝军事征收、征用罪"） ·· 1781
拒绝提供间谍犯罪、恐怖主义犯罪、极端主义犯罪证据罪（原
　"拒绝提供间谍犯罪证据罪"）···················· 1371
聚众持械劫狱罪 ··························· 1399
聚众冲击国家机关罪 ························ 1224
聚众冲击军事禁区罪 ························ 1767
聚众斗殴罪 ······························ 1240

聚众哄抢罪 ………………………………………………… 1098
聚众扰乱公共场所秩序、交通秩序罪 …………………… 1224
聚众扰乱军事管理区秩序罪 ……………………………… 1767
聚众扰乱社会秩序罪 ……………………………………… 1224
聚众淫乱罪 ………………………………………………… 1322
聚众阻碍解救被收买的妇女、儿童罪 …………………… 948
决水罪 ……………………………………………………… 306
军人叛逃罪 ………………………………………………… 1971
[军人违反职责罪] ………………………………………… 1958
军事装备肇事罪（应为"武器装备肇事罪"）…………… 1981

K

开设赌场罪 ………………………………………………… 1325
抗税罪 ……………………………………………………… 732
考试作弊罪（应为"组织考试作弊罪"）………………… 1178

L

滥伐林木罪 ………………………………………………… 1585
滥用管理公司、证券职权罪 ……………………………… 1905
滥用职权罪 ………………………………………………… 1856
勒索罪（应为"敲诈勒索罪"）…………………………… 1129
利用极端主义破坏法律实施罪 …………………………… 332
利用迷信破坏法律实施罪（见"组织、利用会道门、邪教组织、
　利用迷信破坏法律实施罪"）…………………………… 1313
利用迷信致人重伤、死亡罪（见"组织、利用会道门、邪教组织、
　利用迷信致人重伤、死亡罪"）………………………… 1313
利用未公开信息交易罪 …………………………………… 639
利用影响力受贿罪 ………………………………………… 1830
临阵脱逃罪（应为"战时临阵脱逃罪"）………………… 1962
履行合同失职被骗罪（见"签订、履行合同失职被骗罪"）… 579
履行合同失职被骗罪（应为"国家机关工作人员签订、履行合同
　失职被骗罪"）…………………………………………… 1912

M

买卖国家机关公文、证件、印章罪（见"伪造、变造、买卖国家机关公文、证件、印章罪"） ……………………………… 1162
买卖警用装备罪（应为"非法生产、买卖警用装备罪"） ……… 1170
买卖身份证件罪（见"伪造、变造、买卖身份证件罪"） ……… 1162
买卖武装部队公文、证件、印章罪（见"伪造、变造、买卖武装部队公文、证件、印章罪"） ……………………………… 1772
买卖武装部队制式服装罪（应为"非法生产、买卖武装部队制式服装罪"） ……………………………………………… 1773
买卖武装部队专用标志罪（见"伪造、盗窃、买卖、非法提供、非法使用武装部队专用标志罪"） ……………………… 1773
冒充军人招摇撞骗罪 …………………………………………… 1769
冒名顶替罪 ……………………………………………………… 1163
民事、行政枉法裁判罪 ………………………………………… 1881

N

内幕交易、泄露内幕信息罪 …………………………………… 638
虐待被监管人罪 ………………………………………………… 978
虐待被监护、看护人罪 ………………………………………… 1013
虐待部属罪 ……………………………………………………… 1993
虐待俘虏罪 ……………………………………………………… 1997
虐待罪 …………………………………………………………… 1012
挪用公款罪 ………………………………………………… 1799/662
挪用特定款物罪 ………………………………………………… 1125
挪用资金罪 ………………………………………………… 1117/662

P

叛变罪（应为"投敌叛变罪"） ………………………………… 298
叛乱罪（应为"武装叛乱、暴乱罪"） ………………………… 291
叛逃罪 …………………………………………………………… 298
披露、报道不应公开的案件信息罪 …………………………… 1361
骗购外汇罪 ……………………………………………………… 678
骗取出境证件罪 ………………………………………………… 1412

骗取出口退税罪 ………………………………………… 734
骗取贷款、票据承兑、金融票证罪 …………………… 607
嫖宿幼女罪（已废除；并入"强奸罪"） ……………… 923
票据诈骗罪 ……………………………………………… 702
破坏电力设备罪 ………………………………………… 315
破坏广播电视设施、公用电信设施罪 ………………… 339
[破坏环境资源保护罪] ………………………………… 1471
破坏集会、游行、示威罪 ……………………………… 1306
破坏计算机信息系统罪 ………………………………… 1187
破坏监管秩序罪 ………………………………………… 1398
破坏交通工具罪 ………………………………………… 315
破坏交通设施罪 ………………………………………… 315
破坏界碑、界桩罪 ……………………………………… 1416
[破坏金融管理秩序罪] ………………………………… 589
破坏军婚罪 ……………………………………………… 1011
[破坏社会主义市场经济秩序罪] ……………………… 444
破坏生产经营罪 ………………………………………… 1141
破坏武器装备、军事设施、军事通信罪 ……………… 1762
破坏性采矿罪 …………………………………………… 1567
破坏选举罪 ……………………………………………… 1004
破坏易燃易爆设备罪 …………………………………… 315
破坏永久性测量标志罪 ………………………………… 1416
破坏自然保护地罪 ……………………………………… 1565

Q

欺骗他人吸毒罪（见"引诱、教唆、欺骗他人吸毒罪"） ……… 1668
欺诈发行证券罪（原"欺诈发行股票、债券罪"） …………… 551
签订、履行合同失职被骗罪（另有"国家机关工作人员签订、履
　行合同失职被骗罪"） ……………………………………… 579
欠薪罪（应为"拒不支付劳动报酬罪"） …………………… 1142
强奸罪 …………………………………………………… 923
强令、组织他人违章冒险作业罪（原"强令违章冒险作业罪"） … 415
强迫交易罪 ……………………………………………… 876

强迫劳动罪（原"强迫职工劳动罪"）	963
强迫卖血罪	1446
强迫卖淫罪	1723
强迫他人吸毒罪	1668
强制穿戴宣扬恐怖主义、极端主义服饰、标志罪	332
强制猥亵、侮辱罪	935
抢夺国家机关公文、证件、印章罪（见"盗窃、抢夺、毁灭国家机关公文、证件、印章罪"）	1162
抢夺枪支、弹药、爆炸物、危险物质罪（见"盗窃、抢夺枪支、弹药、爆炸物、危险物质罪"）	372
抢夺、窃取国有档案罪	1436
抢夺武器装备、军用物资罪（见"盗窃、抢夺武器装备、军用物资罪"）	1984
抢夺武装部队公文、证件、印章罪（见"盗窃、抢夺武装部队公文、证件、印章罪"）	1772
抢夺罪	1092
抢劫枪支、弹药、爆炸物、危险物质罪（原"抢劫枪支、弹药、爆炸物罪"）	372
抢劫罪	1026/1223
窃取国有档案罪（见"抢夺、窃取国有档案罪"）	1436
敲诈勒索罪	1129
窃取、收买、非法提供信用卡信息罪	625
窃取军事秘密罪（应为"为境外窃取、刺探、收买、非法提供军事秘密罪"）	1972
[侵犯财产罪]	1026
侵犯公民个人信息罪（原"出售、非法提供公民个人信息罪""非法获取公民个人信息罪"）	986
[侵犯公民人身权利、民主权利罪]	895
侵犯商业秘密罪	797
侵犯少数民族风俗习惯罪	981
侵犯通信自由罪	984
[侵犯知识产权罪]	769
侵犯著作权罪	785

侵害英雄烈士名誉、荣誉罪 ························· 1310
侵占罪 ······································· 1104

R

扰乱法庭秩序罪 ································· 1363
[扰乱公共秩序罪] ······························· 1148
扰乱国家机关工作秩序罪 ··························· 1224
扰乱军事管理区秩序罪（应为"聚众扰乱军事管理区秩序罪"）··· 1767
扰乱社会秩序罪（应为"聚众扰乱社会秩序罪"）············ 1224
[扰乱市场秩序罪] ······························· 809
扰乱无线电通讯管理秩序罪 ························· 1218
容留卖淫罪（见"引诱、容留、介绍卖淫罪"）············· 1724
容留他人吸毒罪 ································· 1668
入境发展黑社会组织罪 ····························· 1256

S

煽动暴力抗拒法律实施罪 ··························· 1158
煽动颠覆国家政权罪 ······························ 292
煽动分裂国家罪 ································· 291
煽动军人逃离部队罪 ······························ 1770
煽动民族仇恨、民族歧视罪 ························· 981
煽动实施恐怖活动罪（见"宣扬恐怖主义、极端主义、煽动实施
　恐怖活动罪"）······························· 332
擅离、玩忽军事职守罪 ····························· 1963
擅自出卖、转让国有档案罪 ························· 1436
擅自出卖、转让军队房地产罪 ························ 1991
擅自发行股票、公司、企业债券罪 ····················· 635
擅自改变武器装备编配用途罪 ························ 1981
擅自进口固体废物罪 ······························ 1472
擅自设立金融机构罪 ······························ 601
擅自转让军队房地产罪（见"擅自出卖、转让军队房地产罪"）··· 1991
商检失职罪 ···································· 1940
商检徇私舞弊罪 ································· 1940

少征税款罪（应为"徇私舞弊不征、少征税款罪"） 1908
生产、销售、提供假药罪（原"生产、销售假药罪"） 455
生产、销售、提供劣药罪（原"生产、销售劣药罪"） 455
生产、销售不符合安全标准的产品罪 489
生产、销售不符合安全标准的食品罪（原"生产、销售不符合卫
　生标准的食品罪"） 469
生产、销售不符合标准的医用器材罪 485
生产、销售不符合卫生标准的化妆品罪 495
生产、销售伪劣产品罪 444
生产、销售伪劣农药、兽药、化肥、种子罪 492
[生产、销售伪劣商品罪] 444
生产、销售有毒、有害食品罪 469
失火罪 306
失职造成珍贵文物损毁、流失罪 1956
失职致使在押人员脱逃罪 1891
食品、药品监管渎职罪（原"食品监管渎职罪"） 1921
使用假币罪（见"持有、使用假币罪"） 590
使用虚假身份证件、盗用身份证件罪 1163
收买被拐卖的妇女、儿童罪 948
收买军事秘密罪（应为"为境外窃取、刺探、收买、非法提供军
　事秘密罪"） 1972
收买信用卡信息罪（见"窃取、收买、非法提供信用卡信息罪"） 625
受贿罪 1811/662
私藏枪支、弹药罪（见"非法持有、私藏枪支、弹药罪"） 375
私放俘虏罪 1997
私放在押人员罪 1891
私分罚没财物罪 1848
私分国有资产罪 1848
私赠文物藏品罪（见"非法出售、私赠文物藏品罪"） 1427
私自开拆、隐匿、毁弃邮件、电报罪 984
诉讼代理人毁灭证据、伪造证据、妨害作证罪（见"辩护人、诉
　讼代理人毁灭证据、伪造证据、妨害作证罪"） 1344
损害商业信誉、商品声誉罪 809

损毁名胜古迹罪（应为"故意损毁名胜古迹罪"）……………… 1422
损毁文物罪（应为"故意损毁文物罪"）…………………… 1421

T

[贪污贿赂罪] ……………………………………………… 1783
贪污罪……………………………………………… 1783/662/1784
逃避动植物检疫罪（现"妨害动植物防疫、检疫罪"）…… 1469
逃避服役罪（应为"战时拒绝、逃避服役罪"）………… 1778
逃避商检罪 ………………………………………………… 893
逃避征召、军事训练罪（应为"战时拒绝、逃避征召、军事训练罪"）……………………………………………………… 1778
逃避追缴欠税罪 …………………………………………… 721
逃汇罪 ……………………………………………………… 677
逃离部队罪 ………………………………………………… 1978
逃税罪（原"偷税罪"）…………………………………… 721
提供不合格武器装备、军事设施罪（应为"故意提供不合格武器装备、军事设施罪"）………………………………………… 1766
提供假药罪（见"生产、销售、提供假药罪"）………… 455
提供劣药罪（见"生产、销售、提供劣药罪"）………… 455
提供侵入、非法控制计算机信息系统程序、工具罪 …… 1187
提供书号出版淫秽书刊罪（应为"为他人提供书号出版淫秽书刊罪"）… 1738
提供伪造、变造的出入境证件罪 ………………………… 1412
提供虚假财会报告罪（现"违规披露、不披露重要信息罪"）… 553
提供虚假证明文件罪（原"中介组织人员提供虚假证明文件罪"）… 889
铁路运营安全事故罪 ……………………………………… 389
偷渡罪（应为"偷越国（边）境罪"）…………………… 1403
偷税罪（现"逃税罪"）…………………………………… 721
偷越国（边）境罪 ………………………………………… 1403
投敌叛变罪 ………………………………………………… 298
投放危险物质罪（原"投毒罪"）………………………… 306
投放虚假危险物质罪 ……………………………………… 1232
投降罪 ……………………………………………………… 1962
脱逃罪 ……………………………………………………… 1399

W

玩忽军事职守罪（见"擅离、玩忽军事职守罪"） ……… 1963
玩忽职守罪 ……… 1856
枉法仲裁罪 ……… 1888
枉法追诉、裁判罪（现"徇私枉法罪"） ……… 1881
[危害公共安全罪] ……… 306
[危害公共卫生罪] ……… 1437
[危害国防利益罪] ……… 1761
[危害国家安全罪] ……… 291
危害国家重点保护植物罪（原"非法采伐、毁坏珍贵树木罪""非法采伐、毁坏国家重点保护植物罪""非法收购、运输、加工、出售国家重点保护植物、国家重点保护植物制品罪"） ……… 1574
[危害税收征管罪] ……… 721
危害珍贵、濒危野生动物罪（原"非法猎捕、杀害珍贵、濒危野生动物罪""非法收购、运输、出售珍贵、濒危野生动物、珍贵、濒危野生动物制品罪"） ……… 1511
危险驾驶罪 ……… 400
危险物品肇事罪 ……… 429
危险作业罪 ……… 415
违法发放贷款罪（原"违法向关系人发放贷款罪"） ……… 665
违法发放林木采伐许可证罪 ……… 1914
违法提供出口退税凭证罪 ……… 1908
违法运用资金罪 ……… 664
违规出具金融票证罪（原"非法出具金融票证罪"） ……… 672
违规披露、不披露重要信息罪（原"提供虚假财会报告罪"） ……… 553
违规制造、销售枪支罪 ……… 347
违抗命令罪（应为"战时违抗命令罪"） ……… 1959
违令作战消极罪 ……… 1968
伪造、变造、买卖国家机关公文、证件、印章罪 ……… 1162
伪造、变造、买卖身份证件罪（原"伪造、变造居民身份证罪"） ……… 1162
伪造、变造、买卖武装部队公文、证件、印章罪 ……… 1772

伪造、变造、转让金融机构经营许可证、批准文件罪（原"伪造、
　变造、转让金融机构经营许可证罪"） ····················· 601
伪造、变造股票、公司、企业债券罪 ························ 634
伪造、变造国家有价证券罪 ······························· 634
伪造、变造金融票证罪 ·································· 625
伪造、出售伪造的增值税专用发票罪 ························· 748
伪造、倒卖伪造的有价票证罪 ····························· 884
伪造、盗窃、买卖、非法提供、非法使用武装部队专用标志罪 ·········· 1773
伪造公司、企业、事业单位、人民团体印章罪 ··················· 1162
伪造货币罪 ··· 589
伪造证据罪（见"帮助毁灭、伪造证据罪"） ···················· 1344
伪证罪 ·· 1344
猥亵儿童罪 ··· 935
为境外窃取、刺探、收买、非法提供国家秘密、情报罪 ·············· 299
为境外窃取、刺探、收买、非法提供军事秘密罪 ··················· 1972
为境外窃取、刺探、收买、非法提供商业秘密罪 ··················· 798
为亲友非法牟利罪 ······································ 578
为他人提供书号出版淫秽书刊罪 ···························· 1738
窝藏、包庇罪 ··· 1365
窝藏、转移、隐瞒毒品、毒赃罪 ···························· 1645
窝藏逃离部队军人罪（应为"战时窝藏逃离部队军人罪"） ············ 1780
斡旋受贿罪（应为"利用影响力受贿罪"） ······················ 1830
诬告陷害罪 ··· 961
污染环境罪（原"重大环境污染事故罪"） ······················ 1471
武器装备肇事罪 ······································ 1981
武装叛乱、暴乱罪 ···································· 291
侮辱国旗、国徽、国歌罪 ································· 1309
侮辱尸体、尸骨、骨灰罪（见"盗窃、侮辱、故意毁坏尸体、尸
　骨、骨灰罪"） ···································· 1323
侮辱罪 ·· 969

X

袭警罪 ·· 1148

吸收客户资金不入账罪	666
洗钱罪	682
陷害罪（应为"诬告陷害罪""报复陷害罪"）	961/1001
向外国人出售、赠送珍贵文物罪（应为"非法向外国人出售、赠送珍贵文物罪"）	1427
消防责任事故罪	437
消极作战罪（应为"违令作战消极罪"）	1968
销售不符合安全标准的产品罪（见"生产、销售不符合安全标准的产品罪"）	489
销售不符合安全标准的食品罪（见"生产、销售不符合安全标准的食品罪"）	469
销售不符合标准的医用器材罪（见"生产、销售不符合标准的医用器材罪"）	485
销售不符合卫生标准的化妆品罪（见"生产、销售不符合卫生标准的化妆品罪"）	495
销售非法制造的注册商标标识罪（见"非法制造、销售非法制造的注册商标标识罪"）	770
销售假冒注册商标的商品罪	769
销售假药罪（见"生产、销售、提供假药罪"）	455
销售劣药罪（见"生产、销售、提供劣药罪"）	455
销售侵权复制品罪	786
销售伪劣产品罪（见"生产、销售伪劣产品罪"）	444
销售伪劣农药、兽药、化肥、种子罪（见"生产、销售伪劣农药、兽药、化肥、种子罪"）	492
销售有毒、有害食品罪（见"生产、销售有毒、有害食品罪"）	469
销售专用间谍器材、窃听、窃照专用器材罪（应为"非法生产、销售专用间谍器材、窃听、窃照专用器材罪"）	1174
协助组织卖淫罪	1723
携带毒品原植物种子、幼苗罪（应为"非法买卖、运输、携带、持有毒品原植物种子、幼苗罪"）	1663
泄露不应公开的案件信息罪	1361
泄露国家秘密罪（应为"故意泄露国家秘密罪"）	1871
泄露军事秘密罪（应为"故意泄露军事秘密罪"）	1973

泄露内幕信息罪（见"内幕交易、泄露内幕信息罪"） …………… 638
信用卡诈骗罪 ………………………………………………………… 708
信用证诈骗罪 ………………………………………………………… 706
刑讯逼供罪 …………………………………………………………… 976
行贿罪 ………………………………………………………………… 1832
行政枉法裁判罪（见"民事、行政枉法裁判罪"） ………………… 1881
虚报注册资本罪 ……………………………………………………… 545
虚假出资、抽逃出资罪 ……………………………………………… 546
虚假广告罪 …………………………………………………………… 810
虚假破产罪 …………………………………………………………… 562
虚假诉讼罪 …………………………………………………………… 1349
虚开发票罪 …………………………………………………………… 739
虚开增值税专用发票、用于骗取出口退税、抵扣税款发票罪 …… 738
宣扬恐怖主义、极端主义、煽动实施恐怖活动罪 ………………… 332
寻衅滋事罪 …………………………………………………………… 1242
徇私枉法罪（原"枉法追诉、裁判罪"） …………………………… 1881
徇私舞弊不移交刑事案件罪 ………………………………………… 1896
徇私舞弊不征、少征税款罪 ………………………………………… 1908
徇私舞弊低价折股、出售国有资产罪 ……………………………… 580
徇私舞弊发售发票、抵扣税款、出口退税罪 ……………………… 1908
徇私舞弊减刑、假释、暂予监外执行罪 …………………………… 1893
徇私舞弊造成破产、亏损罪（现"国有公司、企业、事业单位人
　员失职罪""国有公司、企业、事业单位人员滥用职权罪"） … 580
徇私舞弊招收公务员、学生罪（应为"招收公务员、学生徇私舞
　弊罪"） ……………………………………………………………… 1954

Y

延误投递邮件罪（应为"故意延误投递邮件罪"） ………………… 1342
掩饰、隐瞒犯罪所得、犯罪所得收益罪 …………………………… 1374
药品监管渎职罪（见"食品、药品监管渎职罪"） ………………… 1921
医疗事故罪 …………………………………………………………… 1455
遗弃伤病军人罪 ……………………………………………………… 1994
遗弃武器装备罪 ……………………………………………………… 1989

遗弃罪 ··· 1013
遗失武器装备罪 ······································· 1989
以危险方法危害公共安全罪 ························ 306
淫秽表演罪（应为"组织淫秽表演罪"）········ 1754
引诱、教唆、欺骗他人吸毒罪 ···················· 1668
引诱、容留、介绍卖淫罪 ·························· 1724
引诱未成年人聚众淫乱罪 ·························· 1322
引诱幼女卖淫罪 ······································· 1724
隐瞒犯罪所得、犯罪所得收益罪（见"掩饰、隐瞒犯罪所得、犯罪所得收益罪"）······································· 1374
隐瞒、谎报军情罪 ···································· 1960
隐瞒境外存款罪 ······································· 1846
隐匿、故意销毁会计凭证、会计账簿、财务会计报告罪 ······ 566
有价证券诈骗罪 ······································· 715
诱骗投资者买卖证券、期货合约罪 ·············· 651
越境罪（应为"偷越国（边）境罪"）············ 1403
越狱罪（应为"脱逃罪""暴动越狱罪"）········ 1399
运输毒品原植物种子、幼苗罪（应为"非法买卖、运输、携带、持有毒品原植物种子、幼苗罪"）········· 1663
运输毒品罪（见"走私、贩卖、运输、制造毒品罪"）······ 1591
运输假币罪（见"出售、购买、运输假币罪"）········ 589
运送不合格兵员罪（应为"接送不合格兵员罪"）···· 1771
运送他人偷越国（边）境罪 ······················· 1403

Z

造谣惑众罪（应为"战时造谣惑众罪"）········ 1976
造谣扰乱军心罪（应为"战时造谣扰乱军心罪"）···· 1779
诈骗罪 ··· 1060/762
战时残害居民、掠夺居民财物罪 ················· 1996
战时故意提供虚假敌情罪 ·························· 1779
战时拒不救治伤病军人罪 ·························· 1994
战时拒绝、故意延误军事订货罪 ················· 1781
战时拒绝、逃避服役罪 ····························· 1778

战时拒绝、逃避征召、军事训练罪 …………………………………… 1778
战时拒绝军事征收、征用罪 …………………………………………… 1781
战时临阵脱逃罪 ………………………………………………………… 1962
战时掠夺居民财物罪（见"战时残害居民、掠夺居民财物罪"）…… 1996
战时违抗命令罪 ………………………………………………………… 1959
战时窝藏逃离部队军人罪 ……………………………………………… 1780
战时造谣惑众罪 ………………………………………………………… 1976
战时造谣扰乱军心罪 …………………………………………………… 1779
战时自伤罪 ……………………………………………………………… 1978
招收公务员、学生徇私舞弊罪 ………………………………………… 1954
招摇撞骗罪（另有"冒充军人招摇撞骗罪"）………………………… 1160
执行判决、裁定滥用职权罪 …………………………………………… 1881
执行判决、裁定失职罪 ………………………………………………… 1881
职务侵占罪 ………………………………………………………… 661/1105
指使部属违反职责罪 …………………………………………………… 1966
制造毒品罪（见"走私、贩卖、运输、制造毒品罪"）……………… 1591
[制作、贩卖、传播淫秽物品罪] ……………………………………… 1738
制作、复制、出版、贩卖、传播淫秽物品牟利罪 …………………… 1738
制作、供应血液制品事故罪（见"采集、供应血液、制作、供应
　血液制品事故罪"）………………………………………………… 1446
中介组织人员出具证明文件重大失实罪（现"出具证明文件重大
　失实罪"）…………………………………………………………… 890
中介组织人员提供虚假证明文件罪（现"提供虚假证明文件罪"）… 889
重大安全事故罪（应为"工程重大安全事故罪""教育设施重大安
　全事故罪""大型群众性活动重大安全事故罪"）……… 432/435/427
重大飞行事故罪 ………………………………………………………… 389
重大环境污染事故罪（现"污染环境罪"）…………………………… 1471
重大劳动安全事故罪 …………………………………………………… 416
重大责任事故罪 ………………………………………………………… 414
转让国有档案罪（应为"擅自出卖、转让国有档案罪"）…………… 1436
转让金融机构经营许可证、批准文件罪（见"伪造、变造、转让
　金融机构经营许可证、批准文件罪"）………………………… 601
转让军队房地产罪（见"擅自出卖、转让军队房地产罪"）………… 1991

转让武器装备罪（见"非法出卖、转让武器装备罪"） …………… 1987
准备实施恐怖活动罪 ………………………………………………… 322
资敌罪 ………………………………………………………………… 305
资助非法聚集罪（见"组织、资助非法聚集罪"） ………………… 1224
资助危害国家安全犯罪活动罪 ……………………………………… 292
资助恐怖活动罪（现"帮助恐怖活动罪"） ………………………… 321
自伤罪（应为"战时自伤罪"） ……………………………………… 1978
纵容黑社会性质组织罪（见"包庇、纵容黑社会性质组织罪"） … 1256
走私、贩卖、运输、制造毒品罪 …………………………………… 1591
走私废物罪（原"走私固体废物罪"） ……………………………… 519
走私贵重金属罪 ……………………………………………………… 501
走私国家禁止进出口的货物、物品罪 ……………………………… 501
走私核材料罪 ………………………………………………………… 500
走私假币罪 …………………………………………………………… 500
走私普通货物、物品罪 ……………………………………………… 524
走私人类遗传资源材料罪（见"非法采集人类遗传资源、走私人
　类遗传资源材料罪"） …………………………………………… 1453
走私文物罪 …………………………………………………………… 501
走私武器、弹药罪 …………………………………………………… 500
走私淫秽物品罪 ……………………………………………………… 519
走私珍贵动物、珍贵动物制品罪 …………………………………… 501
走私制毒物品罪（现"非法生产、买卖、运输制毒物品、走私制
　毒物品罪"） ……………………………………………………… 1650
[走私罪] …………………………………………………………… 500
阻碍解救被拐卖、绑架妇女、儿童罪 ……………………………… 1950
阻碍解救被收买的妇女、儿童罪（应为"聚众阻碍解救被收买的
　妇女、儿童罪"） ………………………………………………… 948
阻碍军人执行职务罪 ………………………………………………… 1761
阻碍军事行动罪 ……………………………………………………… 1761
阻碍执行军事职务罪 ………………………………………………… 1965
组织、利用会道门、邪教组织、利用迷信破坏法律实施罪 ……… 1313
组织、利用会道门、邪教组织、利用迷信致人重伤、死亡罪 …… 1313
组织、领导、参加黑社会性质组织罪 ……………………………… 1256

组织、领导、参加恐怖组织罪 …………………………………… 321
组织、领导传销活动罪 ………………………………………… 821
[**组织、强迫、引诱、容留、介绍卖淫罪**] ………………… 1723
组织、资助非法聚集罪 ………………………………………… 1224
组织播放淫秽音像制品罪 ……………………………………… 1748
组织参与国（境）外赌博罪 …………………………………… 1325
组织残疾人、儿童乞讨罪 ……………………………………… 1022
组织出卖人体器官罪 …………………………………………… 918
组织考试作弊罪 ………………………………………………… 1178
组织卖淫罪 ……………………………………………………… 1723
组织他人偷越国（边）境罪 …………………………………… 1402
组织他人违章冒险作业罪（见"强令、组织他人违章冒险作业罪"）……… 415
组织未成年人进行违反治安管理活动罪 ……………………… 1023
组织淫秽表演罪 ………………………………………………… 1754
组织越狱罪 ……………………………………………………… 1399

第一编 总 则

第一章 刑法的任务、基本原则和适用范围

> **第1条 【立法目的】** 为了惩罚犯罪，保护人民，根据宪法，结合我国同犯罪作斗争的具体经验及实际情况，制定本法。
>
> **第2条 【刑法任务】** 中华人民共和国刑法的任务，是用刑罚同一切犯罪行为作斗争，以保卫国家安全，保卫人民民主专政的政权和社会主义制度，保护国有财产和劳动群众集体所有的财产，保护公民私人所有的财产，保护公民的人身权利、民主权利和其他权利，维护社会秩序、经济秩序，保障社会主义建设事业的顺利进行。

● **条文注释** 第1条和第2条阐明了我国刑法的立法目的和任务，是为了惩罚犯罪，保护人民，用刑罚同一切犯罪行为作斗争。从中也可以看出，刑法的上位法是宪法。对刑法的制定和修订，通常都是由全国人民代表大会（而不是全国人民代表大会常务委员会）审议的。根据宪法，全国人大常委会对全国人民代表大会制定的法律拥有法律解释权和修改权，但这种修改一般仅限于小范围的调整和修正（如全国人大常委会先后颁布的11个刑法修正案）。

● **相关规定** 【主席令〔2020〕49号】 **中华人民共和国香港特别行政区维护国家安全法**（2020年6月30日第13届全国人大常委会第20次会议通过，主席令第49号公布施行；可供刑法适用参考）

第4条 香港特别行政区维护国家安全应当尊重和保障人权，依法保护香港特别行政区居民根据香港特别行政区基本法和《公民权利和政治权利国际公约》、《经济、社会与文化权利的国际公约》[①] 适用于香港的有关规定享有的包

[①] 这是我国刑事立法首次将两大国际公约明确列于条文内容中，可以以作为刑法适用参考。

括言论、新闻、出版的自由，结社、集会、游行、示威的自由在内的权利和自由。

> **第 3 条　【罪刑法定】** 法律明文规定为犯罪行为的，依照法律定罪处刑；法律没有明文规定为犯罪行为的，不得定罪处刑。

● **条文注释**　《刑法》第 3 条阐述了我国刑法的罪刑法定原则。

在 1979 年刑法中，分则只有 103 条，规定的犯罪较少，为了有利于同犯罪行为作斗争，刑法保留了严格控制的类推制度；1997 年修订刑法时，一些新的犯罪已经充分暴露，因此分则扩充至 350 条，涵盖了这些犯罪行为，因此取消了类推制度，明确了罪刑法定的原则。它包括以下几点含义：（1）不溯及既往；（2）取消类推；（3）罪罚有据；（4）司法准确（防止法官自由裁量权滥用）；（5）司法解释不能超越法律。刑事司法人员应当正确认识到：证据确实充分条件下的有罪判决、无罪宣告以及有罪指控存疑时的疑罪从无，都是刑事案件经过公正审判后的正常处理方式，都能从不同方面推动实现刑事诉讼的目的，绝不可以认为诉讼的进行，非要法院最终作出有罪判决才是实现了"案结事了"。

● **相关规定**　**【法研字〔55〕11298 号】　最高人民法院关于在刑事判决中不宜援引宪法作论罪科刑的依据的复函**（1955 年 7 月 30 日答复新疆高院"（55）刑二字第 336 号"报告）①

中华人民共和国宪法是我国国家的根本法，也是一切法律的"母法"。刘少奇委员长在关于中华人民共和国宪法草案的报告中指出："它在我国国家生活的最重要的问题上，规定了什么样的事是合法的，或者是法定必须执行的，又规定了什么样的事是非法的，必须禁止的。"对刑事方面，它并不规定如何论罪科刑的问题，据此，我们同意你院的意见，在刑事判决中，宪法不宜引为论罪科刑的依据。

【法（办）发〔1985〕14 号】　最高人民法院关于本院发出的内部文件凡与《中华人民共和国最高人民法院公报》不一致的均以公报为准的通知（1985 年 7 月 2 日）

---

① 注：该《复函》已被《最高人民法院关于废止 1979 年底以前发布的部分司法解释和司法解释性质文件（第 8 批）的决定》（法释〔2012〕13 号，2012 年 9 月 29 日施行）宣布废止。废止理由：定罪科刑以刑法为依据，复函不再适用。

……《中华人民共和国最高人民法院公报》是我院公开的正式的文件,我院发出的内部文件凡是与公报不一致的,均以公报为准。

最高人民法院办公厅关于重申本院发出的内部文件凡与《最高人民法院公报》公布的内容不一致的均以公报为准的通知(1988年6月4日)

最高人民法院创办《中华人民共和国最高人民法院公报》,目的在于指导地方各级人民法院的审判工作,进一步加强社会主义法制建设。

公报上公布的最高人民法院文件、批复和案例,为了做到更准确、更具有权威性,在发稿之前,均经院审判委员会再次进行认真讨论,并可能对其中有的文件,在文字上内容上作必要的修改。如公报1988年第2号刊登的《关于贯彻执行〈中华人民共和国民法通则〉若干问题的意见(试行)》、《关于海关扣留走私罪嫌疑人的时间可否折抵刑期的批复》,经院审判委员会再次讨论后,在个别内容上作了重要修改。对于像类似以下发的内部文件与公报上公布的同一文件,内容不一致之处,本院"法(办)发〔1985〕14号"和"法办〔1987〕65号"通知均指出:"《中华人民共和国最高人民法院公报》是我院公开的正式文件。我院发出的内部文件凡与公报不一致的,均以公报为准"。

……重申"法(办)发〔1985〕14号"、"法办〔1987〕65号"通知的精神:最高人民法院发出的内部文件,包括已刊登在《司法文件选编》上的文件,凡与公报公布的文件不一致的,均以公报为准。……

【法发〔2012〕2号】 最高人民法院、最高人民检察院关于地方人民法院、人民检察院不得制定司法解释性质文件的通知(2012年1月18日)

一、根据全国人大常委会《关于加强法律解释工作的决议》的有关规定,人民法院在审判工作中具体应用法律的问题,由最高人民法院作出解释;人民检察院在检察工作中具体应用法律的问题,由最高人民检察院作出解释。自本通知下发之日起,地方人民法院、人民检察院一律不得制定在本辖区普遍适用的、涉及具体应用法律问题的"指导意见"、"规定"等司法解释性质文件,制定的其他规范性文件不得在法律文书中援引。

二、地方人民法院、人民检察院对于制定的带有司法解释性质的文件,应当自行清理。凡是与法律、法规及司法解释的规定相抵触以及不适应经济社会发展要求的司法解释性质文件,应当予以废止;对于司法实践中迫切需要、符合法律精神又无相应的司法解释规定的,参照本通知第三条的规定办理。

地方人民法院、人民检察院应当自本通知下发之日起,分别对单独制定的司法解释性质文件进行清理;对法、检两家制定或者与其他部门联合制定的,由原牵头部门负责清理并做好沟通协调工作;对不属于地方人民法院、人民检察院牵头制定的,要主动会同相关牵头部门研究处理。

清理工作应当于2012年3月底以前完成,由高级人民法院、省级人民检察院分别向最高人民法院、最高人民检察院报告清理结果。

【高检发〔2016〕2号】　最高人民检察院关于充分发挥检察职能依法保障和促进非公有制经济健康发展的意见(2016年2月19日)

8.……注重研究创新发展中出现的新兴产业、新兴业态、新型商业模式、新型投资模式和新型经营管理模式等新变化,慎重对待创新融资、成果资本化、转化收益等不断出现的新问题,坚持"法无明文规定不为罪"。对法律规定不明确、法律政策界限不清晰的,要及时向上级人民检察院请示报告。

【法发〔2016〕27号】　最高人民法院关于充分发挥审判职能作用切实加强产权司法保护的意见(2016年11月28日)

5.客观看待企业经营的不规范问题,对定罪依据不足的依法宣告无罪。……对虽属违法违规、但不构成犯罪,或者罪与非罪不清的,应当宣告无罪。对在生产、经营、融资等活动中的经济行为,除法律、行政法规明确禁止的,不得以犯罪论处。

【法发〔2016〕28号】　最高人民法院关于依法妥善处理历史形成的产权案件工作实施意见(2016年11月28日)

13.……对于在生产、经营、融资等活动中的经济行为,当时法律、行政法规没有明确禁止而以犯罪论处的,或者虽属违法违规但不构成犯罪而以犯罪论处的,均应依法纠正。

【高检发〔2017〕1号】　最高人民检察院关于充分履行检察职能加强产权司法保护的意见(2017年1月6日)

3.严格把握产权案件罪与非罪的界限标准。各级检察机关办理有关产权刑事案件,要严格区分经济纠纷与经济犯罪的界限,企业正当融资与非法集资的界限,民营企业参与国有企业兼并重组中涉及的产权纠纷与恶意侵占国有资产的界限,执行和利用国家政策谋发展中的偏差与钻改革空子实施犯罪的界限。坚持主客观相一致原则,避免客观归罪。对民营企业生产、经营、融资等经济行为,除法律、行政法规明确禁止外,不以违法犯罪对待。对于正在办理的涉产权刑事案件,法律和司法解释规定不明确、法律界限不明、罪与非罪界限不清的,不作为犯罪处理。

4. 依法妥善处理历史形成的产权案件。以发展眼光客观看待和依法妥善处理改革开放以来各类企业，特别是民营企业经营发展过程中存在的不规范问题。办案中坚持罪刑法定、法不溯及既往、从旧兼从轻、疑罪从无原则，对于确属事实不清、证据不足、适用法律错误的错案冤案，坚决予以纠正。对于没有犯罪事实或者具有《刑事诉讼法》第15条（现第16条）规定的情形之一的，或者犯罪情节轻微不需要判处刑罚的，或者经过补充侦查仍达不到起诉证据标准的，依法不起诉。对于构成犯罪但认罪认罚的，依法从宽处理。……

【高检发办字〔2019〕55号】 最高人民检察院司法解释工作规定（2019年3月20日最高检第13届检委会第16次会议第2次修订，2019年5月13日印发施行）

第3条 司法解释应当主要针对具体的法律条文，并符合立法的目的、原则和原意。

第5条 最高人民检察院制定并发布的司法解释具有法律效力。人民检察院在起诉书、抗诉书、检察建议书等法律文书中，需要引用法律和司法解释的，应当先援引法律，后援引司法解释。

第23条 司法解释以最高人民检察院发布公告的日期为生效时间。司法解释另有规定的除外。

第26条 法律制定、修改、废止后，相关司法解释与现行法律规定相矛盾的内容自动失效；最高人民检察院对相关司法解释应当及时予以修改或者废止。

【法发〔2021〕20号】 最高人民法院关于司法解释工作的规定（2021年6月8日最高法审委会第1841次会议修改，2021年6月9日印发，2021年6月16日施行）

第4条 最高人民法院发布的司法解释，应当经审判委员会讨论通过。

第5条 最高人民法院发布的司法解释，具有法律效力。

第25条（第3款） 司法解释自公告发布之日施行，但司法解释另有规定的除外。

第27条 司法解释施行后，人民法院作为裁判依据的，应当在司法文书中援引。

人民法院同时引用法律和司法解释作为裁判依据的，应当先援引法律，后援引司法解释。

【法〔2020〕311号】 最高人民法院关于规范高级人民法院制定审判业务文件编发参考性案例工作的通知（2020年12月1日）（略）

检答网使用管理办法（最高检 2020 年 5 月印发；高检发研字〔2018〕11 号《办法》同时废止）（略）

> **第 4 条** 【司法公平】对任何人犯罪，在适用法律上一律平等。不允许任何人有超越法律的特权。

● 条文注释　《刑法》第 4 条阐述了我国刑法的司法公平原则。在法律面前人人平等，是宪法确定的法制原则。它包括两层含义：（1）刑事司法公正，即定罪公正、量刑公正、执行公正。（2）不允许任何人有超越法律的特权，坚决反对以言代法、恃权压法、因人执法。

● 相关规定　**【高检发〔2019〕13 号】　最高人民法院、最高人民检察院、公安部、国家安全部、司法部关于适用认罪认罚从宽制度的指导意见**（2019 年 10 月 11 日）

4. 坚持公检法三机关配合制约原则。办理认罪认罚案件，公、检、法三机关应当分工负责、互相配合、互相制约，保证犯罪嫌疑人、被告人自愿认罪认罚，依法推进从宽落实。要严格执法、公正司法，强化对自身执法司法办案活动的监督，防止产生"权权交易"、"权钱交易"等司法腐败问题。

【法发〔2019〕23 号】　最高人民法院关于建立法律适用分歧解决机制的实施办法（2019 年 9 月 9 日最高法审委会第 1776 次会议通过，2019 年 10 月 11 日印发，2019 年 10 月 28 日施行）

第 2 条　最高人民法院各业务部门、各高级人民法院、各专门人民法院在案件审理与执行过程中，发现存在以下情形的，应当向审管办提出法律适用分歧解决申请：（一）最高人民法院生效裁判之间存在法律适用分歧的；（二）在审案件作出的裁判结果可能与最高人民法院生效裁判确定的法律适用原则或者标准存在分歧的。

第 3 条　法研所在组织人民法院类案同判专项研究中，发现最高人民法院生效裁判之间存在法律适用分歧的，应当向审管办提出法律适用分歧解决申请。

第 10 条　审委会对法律适用分歧问题进行讨论，作出决定后，审管办应当及时将决定反馈给法律适用分歧解决申请报送单位，并按照该法律适用分歧问题及决定的性质提出发布形式与发布范围的意见，报经批准后予以落实。

第 11 条　审委会关于法律适用分歧作出的决定，最高人民法院各业务部门、地方各级人民法院、各专门人民法院在审判执行工作中应当参照执行。

第 5 条　【刑责相称】刑罚的轻重，应当与犯罪分子所犯罪行和承担的刑事责任相适应。

● **条文注释**　《刑法》第 5 条阐述了我国刑法的罪责相称原则，即对犯罪分子定罪量刑时，应根据其所犯罪行的性质、情节和对社会的危害程度来决定，使罪刑相适应，罚当其罪。

在刑事诉讼中，对犯罪分子的定罪，必须有充分的证据。但要特别注意的是："CPS 多道心理测试"（俗称测谎）鉴定意见与刑事诉讼法规定的鉴定意见不同，不属于刑事诉讼法规定的证据种类。（详见《刑事诉讼法全厚细》第 50 条相关规定）

● **相关规定**　【高检发〔2019〕13 号】　最高人民法院、最高人民检察院、公安部、国家安全部、司法部关于适用认罪认罚从宽制度的指导意见（2019 年 10 月 11 日印发施行）

2. 坚持罪责刑相适应原则。办理认罪认罚案件，既要考虑体现认罪认罚从宽，又要考虑其所犯罪行的轻重、应负刑事责任和人身危险性的大小，依照法律规定提出量刑建议，准确裁量刑罚，确保罚当其罪，避免罪刑失衡。特别是对于共同犯罪案件，主犯认罪认罚，从犯不认罪认罚的，人民法院、人民检察院应当注意两者之间的量刑平衡，防止因量刑失当严重偏离一般的司法认知。

第 6 条　【属地管辖权】凡在中华人民共和国领域内犯罪的，除法律有特别规定的以外，都适用本法。

凡在中华人民共和国船舶或者航空器内犯罪的，也适用本法。

犯罪的行为或者结果有一项发生在中华人民共和国领域内的，就认为是在中华人民共和国领域内犯罪。

第 7 条　【属人管辖权】中华人民共和国公民在中华人民共和国领域外犯本法规定之罪的，适用本法，但是按本法规定的最高刑为三年以下有期徒刑的，可以不予追究。

中华人民共和国国家工作人员和军人在中华人民共和国领域外犯本法规定之罪的，适用本法。

● **条文注释** 关于刑法适用的空间效力，我国刑法规定有国土适用原则、国民适用原则、外国人适用条件和国际公约适用范围，分别由《刑法》第6条至第11条所规定。第6条所规定的内容即"国土适用原则"，这是我国刑法空间效力的基础；第7条至第11条所规定的内容是对其的补充。"法律有特别规定"，是指以下的特别规定：(1)《刑法》第11条关于"享有外交特权和豁免权的外国人"在我国境内犯罪的规定；(2)《刑法》第90条关于"民族自治地方"制定的变通或补充规定。

第6条第2款是我国领土的自然延伸，船舶与航空器既包括民用的，也包括军用的。但需注意的是：本款并未规定"国际列车"也在范围之内，具体解决方法应参照《最高人民法院关于适用〈中华人民共和国刑事诉讼法〉的解释》第6条的规定：在国际列车上的犯罪，根据我国与相关国家签订的协定确定管辖；没有协定的，由该列车始发或者前方停靠的中国车站所在地负责审判铁路运输刑事案件的人民法院管辖。

第6条第3款所规定的"犯罪的行为"不仅包括犯罪的实施行为，还包括犯罪的预备行为。

第7条规定是刑法效力适用的"国民适用原则"。凡属于中国公民，不管其在国外何地，基于国家主权原则，其犯罪行为都应适用我国刑法。但是，普通公民在国外犯罪较轻时（按本法最高刑3年以下），可以不追究刑事责任；而对于国家工作人员与军人则是一律适用我国刑法追究其刑事责任。这里的"国家工作人员"的范围，适用《刑法》第93条的规定。"军人"的范围，参见《刑法》第450条的规定。

● **相关规定** 【主席令〔1990〕26号】 **中华人民共和国香港特别行政区基本法**（1990年4月4日第7届全国人民代表大会第3次会议通过，主席令第26号公布，1997年7月1日起实施）

第18条（第1款） 在香港特别行政区实行的法律为本法以及本法第8条规定的香港原有法律和香港特别行政区立法机关制定的法律。

（第2款） 全国性法律除列于本法附件三者外，不在香港特别行政区实施。凡列于本法附件三之法律，由香港特别行政区在当地公布或立法实施。

【主席令〔1993〕3号】 **中华人民共和国澳门特别行政区基本法**（1993年3月31日第8届全国人民代表大会第1次会议通过，主席令第3号公布，1999年12月20日起实施）

第18条（第1款） 在澳门特别行政区实行的法律为本法以及本法第8条

规定的澳门原有法律和澳门特别行政区立法机关制定的法律。

（第2款） 全国性法律除列于本法附件三者外，不在澳门特别行政区实施。凡列于本法附件三的法律，由澳门特别行政区在当地公布或立法实施。

【主席令〔2018〕10号】 中华人民共和国刑事诉讼法（2018年10月26日第13届全国人大常委会第6次会议修正，主席令第10号公布施行）

第17条（第2款） 对于享有外交特权和豁免权的外国人犯罪应当追究刑事责任的，通过外交途径解决。

【主席令〔2018〕13号】 中华人民共和国国际刑事司法协助法（2018年10月26日第13届全国人大常委会第6次会议通过，主席令第13号公布施行）

第33条 来中华人民共和国作证或者协助调查的证人、鉴定人在离境前，其入境前实施的犯罪不受追诉；除因入境后实施违法犯罪而被采取强制措施的以外，其人身自由不受限制。

证人、鉴定人在条约规定的期限内或者被通知无需继续停留后15日内没有离境的，前款规定不再适用，但是由于不可抗力或者其他特殊原因未能离境的除外。

【公安部令〔2020〕159号】 公安机关办理刑事案件程序规定（2020年7月4日第3次部务会议修订，2020年7月20日公布，2020年9月1日起施行）

第359条 外国籍犯罪嫌疑人的国籍，以其在入境时持用的有效证件予以确认；国籍不明的，由出入境管理部门协助予以查明。国籍确实无法查明的，以无国籍人对待。

第360条 确认外国籍犯罪嫌疑人身份，可以依照有关国际条约或者通过国际刑事警察组织、警务合作渠道办理。确实无法查明的，可以按其自报的姓名移送人民检察院审查起诉。

第8条 【保护管辖权】 外国人在中华人民共和国领域外对中华人民共和国国家或者公民犯罪，而按本法规定的最低刑为三年以上有期徒刑的，可以适用本法，但是按照犯罪地的法律不受处罚的除外。

第9条 【普遍管辖权】 对于中华人民共和国缔结或者参加的国际条约所规定的罪行，中华人民共和国在所承担条约义务的范围内行使刑事管辖权的，适用本法。

> **第 10 条　【对外国刑事判决处理】** 凡在中华人民共和国领域外犯罪，依照本法应当负刑事责任的，虽然经过外国审判，仍然可以依照本法追究，但是在外国已经受过刑罚处罚的，可以免除或者减轻处罚。
>
> **第 11 条　【刑事管辖豁免】** 享有外交特权和豁免权的外国人的刑事责任，通过外交途径解决。

● **条文注释**　第 8 条所规定的内容即"外国人适用条件"，它必须同时满足以下几个条件：(1) 行为主体必须是外国人，包括无国籍的人；(2) 行为地必须是我国领域外；(3) 行为针对的对象必须是我国国家或者公民的合法利益；(4) 行为性质比较严重（刑法最低法定刑为 3 年以上有期徒刑）；(5) 行为符合"双重犯罪"，即行为地的法律与我国刑法都将该行为规定为犯罪。否则，不适用第 8 条规定。

第 9 条是 1997 年刑法新增的内容，其立法背景是：我国于 1980 年加入了《海牙公约》《蒙特利尔公约》等一系列旨在加强国际合作、有效防止和惩处恐怖主义行为的国际条约。这些条约均规定，各缔约国应将非法劫持航空器、危害国际民用航空安全、侵害应受国际保护人员等行为定为国内法上的罪行，予以惩处（后来增加了海盗罪、贩毒罪等国际罪行）；有关缔约国应采取必要措施，对任何这类危害人类生命财产安全、损害国际关系的罪行确立和行使普遍管辖权，而不论罪犯是否其本国人、罪行是否发生于其国内。因此，我国刑法规定：中华人民共和国对于其缔结或者加入的国际条约所规定的犯罪行为，将视为国内法上的犯罪，并在承担条约义务的范围内，对上述犯罪行为行使刑事管辖权。根据第 9 条规定，对于在我国境外针对其他国家应受条约保护的对象，犯有条约所规定的罪行之后，进入我国境内的外国人，司法机关有义务行使刑事管辖权，包括侦查权、起诉权、审判权等。

第 10 条的规定是国家主权原则和保护原则在我国刑法中的体现，即我国对外国的刑事审判是持有限的承认态度，可以不受外国审判的约束。

第 11 条规定的人员在我国领域内犯罪，我国不能按照司法程序对他们进行搜查、拘留、逮捕、起诉以及定罪、判刑和执行刑罚，而只能通过外交途径解决。例如，要求派遣国召回、建议派遣国依法处理或者宣布其为不受欢迎人员或不能接受。享有外交特权和豁免权的人员范围有：

1. 根据《维也纳外交关系公约》和《外交特权与豁免条例》，享有外交特权和豁免权的人员有：(1) 来访的外国的国家元首（皇帝、国王、共和国主席、总统等）、政府首脑（总理、首相、部长会议主席等）、外交部部长以及其他具有同等身份的官员。(2) 充任使馆馆长（大使、公使、代办）和具有外交官衔的使馆外交人员（秘书、随员、专员、参赞、陆海空武官等），包括与其共同生活的配偶和未成年子女（要求非中国公民）；外交代表若是中国公民或获得中国永久居留资格的外国人，则仅在执行公务时享有管辖豁免权。(3) 使馆行政技术人员和与其共同生活的配偶及未成年子女（要求非中国公民并且不在中国永居）。(4) 执行公务的外交使差和使馆服务人员（要求非中国公民并且不在中国永居）。(5) 依照我国与各国所订条约、协定应享受若干特权和豁免权的商务代表。

2. 根据国际惯例，或者经我国外交部核定享受若干特权和豁免的以下人员：(1) 途经或者临时在我国境内逗留的各国驻第三国的外交官和与其共同生活的配偶及未成年子女。(2) 各国派来中国参加会议的代表，或者各国政府派来中国的高级官员。(3) 持有中国外交签证或者持有外交护照（仅限互免签证的国家）来中国的外国官员。(4) 依照国际公约应享受外交特权与豁免的其他人员，如按照联合国宪章规定享有特权和豁免的有关人员。

3. 根据《维也纳领事关系公约》和《领事特权与豁免条例》，领事代表（总领事、领事、副领事、领事代理人以及名誉领事和其他领事馆人员）也享有低于外交人员的司法豁免权。领事官员不受逮捕或者拘留，但有严重犯罪情形，依照法定程序予以逮捕或者拘留的不在此限。

● **相关规定　全国人民代表大会常务委员会关于对中华人民共和国缔结或者参加的国际条约所规定的罪行行使刑事管辖权的决定**（1987年6月23日第6届全国人民代表大会常务委员会第21次会议通过）

第6届全国人民代表大会常务委员会第21次会议决定：对于中华人民共和国缔结或者参加的国际条约所规定的罪行，中华人民共和国在所承担条约义务的范围内，行使刑事管辖权。

附件：几个公约的有关条款

一、《关于防止和惩处侵害应受国际保护人员包括外交代表的罪行的公约》

第3条第2款："每一缔约国应同样采取必要措施，于嫌疑犯在本国领土内，而本国不依第八条规定将该犯引渡至本条第1款所指明的国家时，对这些罪行确定其管辖权。"

第7条："缔约国于嫌疑犯在其领土内时，如不予以引渡，则应毫无例外，并不得不当稽延，将案件交付主管当局，以便依照本国法律规定的程序提起刑事诉讼。"

二、《海牙公约》

第 4 条第 2 款:"当被指称的罪犯在缔约国领土内,而该国未按第 8 条的规定将此人引渡给本条第一款所指的任一国家时,该缔约国应同样采取必要措施,对这种罪行实施管辖权。"

第 7 条:"在其境内发现被指称的罪犯的缔约国,如不将此人引渡,则不论罪行是否在其境内发生,应无例外地将此案件提交其主管当局以便起诉。该当局按照本国法律以对待任何严重性质的普通罪行案件的同样方式作出决定。"

三、《蒙特利尔公约》

第 5 条第 2 款:"当被指称的罪犯在缔约国领土内,而该国未按第 8 条的规定将此人引渡给本条第 1 款所指的任一国家时,该缔约国应同样采取必要措施,对第 1 条第 1 款(甲)、(乙)和(丙)项所指的罪行,以及对第 1 条第 2 款所列与这些款项有关的罪行实施管辖权。"

第 7 条与《海牙公约》第 7 条相同。

四、《核材料实体保护公约》

第 8 条第 2 款:"每一缔约国应同样采取必要措施,以便在被控犯人在该国领土内未按第 11 条规定将其引渡给第 1 款所述任何国家时,对这些罪行确立其管辖权。"

五、《反对劫持人质国际公约》

第 5 条第 2 款:"每一缔约国于嫌疑犯在本国领土内,而不将该嫌疑犯引渡至本条第 1 款所指国家时,也应采取必要措施,对第 1 条所称的罪行确立其管辖权。"

第 8 条第 1 款:"领土内发现嫌疑犯的缔约国,如不将该人引渡,应毫无例外地而且不论罪行是否在其领土内发生,通过该国法律规定的程序,将案件送交该国主管机关,以便提起公诉。此等机关应按该国法律处理任何普通严重罪行案件的方式作出判决。"

【主席令〔2015〕36 号】 中华人民共和国反恐怖主义法(2015 年 12 月 27 日第 12 届全国人大常委会第 18 次会议通过,2016 年 1 月 1 日起施行;2011 年 10 月 29 日《全国人民代表大会常务委员会关于加强反恐怖工作有关问题的决定》同时废止;根据 2018 年 4 月 27 日第 13 届全国人民代表大会常务委员会第 2 次会议通过、主席令第 6 号公布、公布之日起施行的《关于修改〈中华人民共和国国境卫生检疫法〉等六部法律的决定》修正)

第 11 条 对在中华人民共和国领域外对中华人民共和国国家、公民或者机构实施的恐怖活动犯罪，或者实施的中华人民共和国缔结、参加的国际条约所规定的恐怖活动犯罪，中华人民共和国行使刑事管辖权，依法追究刑事责任。

【公安部令〔2020〕159号】 公安机关办理刑事案件程序规定（2020年7月4日第3次部务会议修订，2020年7月20日公布，2020年9月1日起施行）

第361条 犯罪嫌疑人享有外交或者领事特权和豁免权的外国人的，应当层报公安部，同时通报同级人民政府外事办公室，由公安部商请外交部通过外交途径办理。

第12条 【溯及力】 中华人民共和国成立以后本法施行以前的行为，如果当时的法律不认为是犯罪的，适用当时的法律；如果当时的法律认为是犯罪的，依照本法总则第四章第八节的规定应当追诉的，按照当时的法律追究刑事责任，但是如果本法不认为是犯罪或者处刑较轻的，适用本法。

本法施行以前，依照当时的法律已经作出的生效判决，继续有效。

● **条文注释** 本条规定的是刑法适用溯及力问题——"从旧兼从轻"原则：（1）一般情况下，新法不溯及既往，即首先要考虑适用旧法（行为时的法律规定）；（2）刑法溯及力适用的对象只能是未决犯，对于已决犯则不适用（本条第2款）；（3）新旧法规定不同时，如果按新法处刑较轻或不认为是犯罪则适用新法。

"处刑较轻"是指新法对某种犯罪行为规定的法定最高刑较轻；如果法定最高刑相同，则指法定最低刑较轻。只有新法处刑较轻或不认为是犯罪时，才能溯及既往。

刑法修订后，全国人大常委会先后颁布了1个"单行刑法"和多个刑法修正案。对于修改和补充的规定，根据其生效日期，同样适用本条关于刑法溯及力的规定。

● **相关规定 【法发〔1997〕3号】** 最高人民法院关于认真学习宣传贯彻修订的《中华人民共和国刑法》的通知（1997年3月25日）

三、修订的刑法实施后，各级人民法院必须坚决贯彻执行。对于修订的刑法实施前发生的行为，10月1日实施后尚未处理或者正在处理的案件，依照修订的刑法第12条的规定办理；对于修订的刑法施行前，人民法院已审结的案件，实施后人民法院按照审判监督程序重新审理的，适用原审结时的有关法律规定。

【法释〔1997〕5号】 最高人民法院关于适用刑法时间效力规定若干问题的解释（1997年9月25日最高人民法院审判委员会第937次会议通过）

第1条 对于行为人1997年9月30日以前实施的犯罪行为，在人民检察院、公安机关、国家安全机关立案侦查或者在人民法院受理案件以后，行为人逃避侦查或者审判，超过追诉期限或者被害人在追诉期限内提出控告，人民法院、人民检察院、公安机关应当立案而不予立案，超过追诉期限的，是否追究行为人的刑事责任，适用修订前的刑法第77条①的规定。

第2条 犯罪分子1997年9月30日以前犯罪，不具有法定减轻处罚情节，但是根据案件的具体情况需要在法定刑以下判处刑罚的，适用修订前的刑法第59条第2款②的规定。

第3条 前罪判处的刑罚已经执行完毕或者赦免，在1997年9月30日以前又犯应当判处有期徒刑以上刑罚之罪，是否构成累犯，适用修订前的刑法第61条③的规定；1997年10月1日以后又犯应当判处有期徒刑以上刑罚之罪的，是否构成累犯，适用刑法第65条的规定。

第4条 1997年9月30日以前被采取强制措施的犯罪嫌疑人、被告人或者1997年9月30日以前犯罪，1997年10月1日以后仍在服刑的罪犯，如实供述司法机关还未掌握的本人其他罪行的，适用刑法第67条第2款的规定。

第5条 1997年9月30日以前犯罪的犯罪分子，有揭发他人犯罪行为，或者提供重要线索，从而得以侦破其他案件等立功表现的，适用刑法第68条的规定。

第6条 1997年9月30日以前犯罪被宣告缓刑的犯罪分子，在1997年10月1日以后的缓刑考验期间又犯新罪、被发现漏罪或者违反法律、行政法规或者国务院公安部门有关缓刑的监督管理规定，情节严重的，适用刑法第77条的规定，撤销缓刑。

第7条 1997年9月30日以前犯罪，1997年10月1日以后仍在服刑的犯罪分子，因特殊情况，需要不受执行刑期限制假释的，适用刑法第81条第1款的规定，报经最高人民法院核准。

第8条 1997年9月30日以前犯罪，1997年10月1日以后仍在服刑的累

---

① 注：修订前的《刑法》第77条的相关内容对应现行《刑法》第88条。
② 注：修订前的《刑法》第59条第2款的相关内容对应现行《刑法》第63条第2款。
③ 注：修订前的《刑法》第61条的相关内容对应现行《刑法》第65条。

犯以及因杀人、爆炸、抢劫、强奸、绑架等暴力性犯罪被判处 10 年以上有期徒刑、无期徒刑的犯罪分子，适用修订前的刑法第 73 条①的规定，可以假释。

第 9 条 1997 年 9 月 30 日以前被假释的犯罪分子，在 1997 年 10 月 1 日以后的假释考验期内，又犯新罪、被发现漏罪或者违反法律、行政法规或者国务院公安部门有关假释的监督管理规定的，适用刑法第 86 条的规定，撤销假释。

第十条 按照审判监督程序重新审判的案件，适用行为时的法律。

【高检发释字〔1997〕4 号】 最高人民检察院关于检察工作中具体适用修订刑法第十二条若干问题的通知（1997 年 10 月 6 日最高人民检察院第 8 届检察委员会第 74 次会议通过）

根据修订刑法第 12 条的规定，现对发生在 1997 年 9 月 30 日以前，1997 年 10 月 1 日后尚未处理或者正在处理的行为如何适用法律的若干问题通知如下：

一、如果当时的法律（包括 1979 年刑法，中华人民共和国惩治军人违反职责罪暂行条例②，全国人大常委会关于刑事法律的决定、补充规定，民事、经济、行政法律中"依照"、"比照"刑法有关条款追究刑事责任的法律条文，下同），司法解释认为是犯罪的，修订刑法不认为是犯罪的，依法不再追究刑事责任。已经立案、侦查的，撤销案件；审查起诉的，作出不起诉决定；已经起诉的，建议人民法院退回案件，予以撤销；已经抗诉的，撤回抗诉。

二、如果当时的法律认为是犯罪的，修订刑法也认为是犯罪的，按从旧兼从轻的原则依法追究刑事责任：

1. 罪名、构成要件、情节以及法定刑没有变化的，适用当时的法律追究刑事责任。

2. 罪名、构成要件、情节以及法定刑已经变化的，根据从轻的原则，确定适用当时的法律或者修订刑法追究刑事责任。

三、如果当时的法律不认为是犯罪的，修订刑法认为是犯罪的，适用当时的法律；但行为连续或者继续到 1997 年 10 月 1 日以后的，对 10 月 1 日以后构成犯罪的行为适用修订刑法追究刑事责任。

【法释〔1997〕12 号】 最高人民法院关于适用刑法第十二条几个问题的解释（1997 年 12 月 23 日最高人民法院审判委员会第 952 次会议通过，1998 年 1 月 13 日公布施行）

---

① 注：修订前的《刑法》第 73 条的相关内容对应现行《刑法》第 81 条。
② 现已失效，失效依据为《中华人民共和国刑法》（1997 年修订）。

第1条 刑法第12条规定的"处刑较轻",是指刑法对某种犯罪规定的刑罚即法定刑比修订前刑法轻。法定刑较轻是指法定最高刑较轻;如果法定最高刑相同,则指法定最低刑较轻。

第2条 如果刑法规定的某一犯罪只有一个法定刑幅度,法定最高刑或者最低刑是指该法定刑幅度的最高刑或者最低刑;如果刑法规定的某一犯罪有两个以上的法定刑幅度,法定最高刑或者最低刑是指具体犯罪行为应当适用的法定刑幅度的最高刑或者最低刑。

第3条 1997年10月1日以后审理1997年9月30日以前发生的刑事案件,如果刑法规定的定罪处刑标准、法定刑与修订前刑法相同的,应当适用修订前的刑法。

【高检发释字〔1998〕6号】 最高人民检察院关于对跨越修订刑法施行日期的继续犯罪、连续犯罪以及其他同种数罪应如何具体适用刑法问题的批复(1998年12月最高人民检察院第9届检察委员会第20次会议通过,1998年12月2日答复四川省人民检察院"川检发研〔1998〕10号"请示)

一、对于开始于1997年9月30日以前,继续到1997年10月1日以后终了的继续犯罪,应当适用修订刑法一并进行追诉。

二、对于开始于1997年9月30日以前,连续到1997年10月1日以后的连续犯罪,或者在1997年10月1日前后分别实施同种类数罪,其中罪名、构成要件、情节以及法定刑均没有变化的,应当适用修订刑法,一并进行追诉;罪名、构成要件、情节以及法定刑已经变化的,也应当适用修订刑法,一并进行追诉,但是修订刑法比原刑法所规定的构成要件和情节较为严格,或者法定刑较重的,在提起公诉时应当提出酌情从轻处理意见。

【高检发释字〔2001〕5号】 最高人民法院、最高人民检察院关于适用刑事司法解释时间效力问题的规定(2001年9月18日最高人民法院审判委员会第1193次会议、2001年6月18日最高人民检察院第9届检察委员会第90次会议通过,2001年12月17日公布并施行)

一、司法解释是最高人民法院对审判工作中具体应用法律问题和最高人民检察院对检察工作中具体应用法律问题所作的具有法律效力的解释,自发布或者规定之日起施行,效力适用于法律的施行期间。

二、对于司法解释实施前发生的行为,行为时没有相关司法解释,司法解释施行后尚未处理或者正在处理的案件,依照司法解释的规定办理。

三、对于新的司法解释实施前发生的行为,行为时已有相关司法解释,依照行为时的司法解释办理,但适用新的司法解释对犯罪嫌疑人、被告人有利的,适用新的司法解释。

四、对于在司法解释施行前已办结的案件,按照当时的法律和司法解释,认定事实和适用法律没有错误的,不再变动。

【高检发研字〔2002〕2号】 最高人民检察院关于认真贯彻执行《中华人民共和国刑法修正案(三)》的通知(2002年1月25日)

三、……对于《刑法修正案(三)》公布实施前发生,正在办理或者尚未办理的案件,要依照刑法第12条规定的原则正确适用法律。……

【高检发研字〔2003〕1号】 最高人民检察院关于认真贯彻执行《中华人民共和国刑法修正案(四)》和《全国人大常委会关于〈中华人民共和国刑法〉第九章渎职罪主体适用问题的解释》的通知(2003年1月14日)

三、……对于1997年修订刑法施行以后、《刑法修正案(四)》施行以前发生的枉法执行判决、裁定犯罪行为,应当依照《刑法》第397条的规定追究刑事责任。根据《立法法》第47条的规定,法律解释的时间效力与它所解释的法律的时间效力相同。对于在1997年修订刑法施行以后、《解释》施行以前发生的行为,在《解释》施行以后尚未处理或者正在处理的案件,应当依照《解释》的规定办理。对于在《解释》施行前已经办结的案件,不再变动。

【法办〔2007〕396号】 最高人民法院办公厅关于规范司法解释施行日期有关问题的通知(2007年8月23日印发)

一、今后各部门起草的司法解释对施行日期没有特别要求的,司法解释条文中不再规定"本解释(规定)自公布之日起施行"的条款,施行时间一律以发布司法解释的最高人民法院公告中明确的日期为准。

二、司法解释对施行日期有特别要求的,应当在司法解释条文中规定相应条款,明确具体施行时间,我院公告的施行日期应当与司法解释的规定相一致。

【法释〔2011〕9号】 最高人民法院关于《中华人民共和国刑法修正案(八)》时间效力问题的解释(2011年4月20日最高人民法院审判委员会第1519次会议通过,2011年4月25日公布,2011年5月1日起施行)

为正确适用《中华人民共和国刑法修正案(八)》,根据刑法有关规定,现就人民法院2011年5月1日以后审理的刑事案件,具体适用刑法的有关问题规定如下:

第 1 条　对于 2011 年 4 月 30 日以前犯罪，依法应当判处管制或者宣告缓刑的，人民法院根据犯罪情况，认为确有必要同时禁止犯罪分子在管制期间或者缓刑考验期内从事特定活动，进入特定区域、场所，接触特定人的，适用修正后刑法第 38 条第 2 款或者第 72 条第 2 款的规定。①

犯罪分子在管制期间或者缓刑考验期内，违反人民法院判决中的禁止令的，适用修正后刑法第 38 条第 4 款或者第 77 条第 2 款的规定。

第 2 条　2011 年 4 月 30 日以前犯罪，判处死刑缓期执行的，适用修正前刑法第 50 条的规定。

被告人具有累犯情节，或者所犯之罪是故意杀人、强奸、抢劫、绑架、放火、爆炸、投放危险物质或者有组织的暴力性犯罪，罪行极其严重，根据修正前刑法判处死刑缓期执行不能体现罪刑相适应原则，而根据修正后刑法判处死刑缓期执行同时决定限制减刑可以罚当其罪的，适用修正后刑法第 50 条第 2 款的规定。②

第 3 条　被判处有期徒刑以上刑罚，刑罚执行完毕或者赦免以后，在 2011 年 4 月 30 日以前再犯应当判处有期徒刑以上刑罚之罪的，是否构成累犯，适用修正前刑法第 65 条的规定；但是，前罪实施时不满 18 周岁的，是否构成累犯，适用修正后刑法第 65 条的规定。

曾犯危害国家安全犯罪，刑罚执行完毕或者赦免以后，在 2011 年 4 月 30 日以前再犯危害国家安全犯罪的，是否构成累犯，适用修正前刑法第 66 条的规定。

曾被判处有期徒刑以上刑罚，或者曾犯危害国家安全犯罪、恐怖活动犯罪、黑社会性质的组织犯罪，在 2011 年 5 月 1 日以后再犯罪的，是否构成累犯，适用修正后刑法第 65 条、第 66 条的规定。

第 4 条　2011 年 4 月 30 日以前犯罪，虽不具有自首情节，但是如实供述自己罪行的，适用修正后刑法第 67 条第 3 款的规定。

第 5 条　2011 年 4 月 30 日以前犯罪，犯罪后自首又有重大立功表现的，适用修正前刑法第 68 条第 2 款的规定。

第 6 条　2011 年 4 月 30 日以前一人犯数罪，应当数罪并罚的，适用修正前

---

① 注：本条规定了《刑法修正案（八）》之前犯罪适用《刑法修正案（八）》修正后的法律追究刑事责任（禁止令），与《刑法》第 12 条规定的"按照当时的法律追究刑事责任"相冲突。

② 注：本条规定了《刑法修正案（八）》之前犯罪适用《刑法修正案（八）》修正后的法律追究刑事责任（限制减刑），与《刑法》第 12 条规定的"按照当时的法律追究刑事责任"相冲突。

刑法第69条的规定；2011年4月30日前后1人犯数罪，其中一罪发生在2011年5月1日以后的，适用修正后刑法第69条的规定。

第7条 2011年4月30日以前犯罪，被判处无期徒刑的罪犯，减刑以后或者假释前实际执行的刑期，适用修正前刑法第78条第2款、第81条第1款的规定。

第8条 2011年4月30日以前犯罪，因具有累犯情节或者系故意杀人、强奸、抢劫、绑架、放火、爆炸、投放危险物质或者有组织的暴力性犯罪并被判处10年以上有期徒刑、无期徒刑的犯罪分子，2011年5月1日以后仍在服刑的，能否假释，适用修正前刑法第81条第2款的规定；2011年4月30日以前犯罪，因其他暴力性犯罪被判处10年以上有期徒刑、无期徒刑的犯罪分子，2011年5月1日以后仍在服刑的，能否假释，适用修正后刑法第81条第2款、第3款的规定。

【法研〔2011〕97号】 最高人民法院研究室关于假释时间效力法律适用问题的答复（2011年7月15日答复安徽高院"皖刑他字〔2011〕10号"请示）

一、根据刑法第12条的规定，应当以行为实施时，而不是审判时，作为新旧法选择适用的判断基础。故《最高人民法院关于适用刑法时间效力规定若干问题的解释》第8条规定的"1997年9月30日以前犯罪，1997年10月1日以后仍在服刑的累犯以及因杀人、爆炸、抢劫、强奸、绑架等暴力性犯罪被判处10年以上有期徒刑、无期徒刑的犯罪分子"，包括1997年9月30日以前犯罪，已被羁押尚未判决的犯罪分子。

【法释〔2015〕19号】 最高人民法院关于《中华人民共和国刑法修正案（九）》时间效力问题的解释（2015年10月19日最高人民法院审判委员会第1664次会议通过，2015年10月29日最高人民法院公告公布，自2015年11月1日起施行）

为正确适用《中华人民共和国刑法修正案（九）》，根据《中华人民共和国刑法》第12条规定，现就人民法院2015年11月1日以后审理的刑事案件，具体适用修正前后刑法的有关问题规定如下：

第1条 对于2015年10月31日以前因利用职业便利实施犯罪，或者实施违背职业要求的特定义务的犯罪的，不适用修正后刑法第37条之一第1款的规定。其他法律、行政法规另有规定的，从其规定。

第2条 对于被判处死刑缓期执行的犯罪分子，在死刑缓期执行期间，且在2015年10月31日以前故意犯罪的，适用修正后刑法第50条第1款的规定。

第3条 对于2015年10月31日以前一人犯数罪，数罪中有判处有期徒刑和拘役，有期徒刑和管制，或者拘役和管制，予以数罪并罚的，适用修正后刑法第69条第2款的规定。①

第4条 对于2015年10月31日以前通过信息网络实施的刑法第246条第1款规定的侮辱、诽谤行为，被害人向人民法院告诉，但提供证据确有困难的，适用修正后刑法第246条第3款的规定。

第5条 对于2015年10月31日以前实施的刑法第260条第1款规定的虐待行为，被害人没有能力告诉，或者因受到强制、威吓无法告诉的，适用修正后刑法第260条第3款的规定。

第6条 对于2015年10月31日以前组织考试作弊，为他人组织考试作弊提供作弊器材或者其他帮助，以及非法向他人出售或者提供考试试题、答案，根据修正前刑法应当以非法获取国家秘密罪、非法生产、销售间谍专用器材罪或者故意泄露国家秘密罪等追究刑事责任的，适用修正前刑法的有关规定。但是，根据修正后刑法第284条之一的规定处刑较轻的，适用修正后刑法的有关规定。

第7条 对于2015年10月31日以前以捏造的事实提起民事诉讼，妨害司法秩序或者严重侵害他人合法权益，根据修正前刑法应当以伪造公司、企业、事业单位、人民团体印章罪或者妨害作证罪等追究刑事责任的，适用修正前刑法的有关规定。但是，根据修正后刑法第307条之一的规定处刑较轻的，适用修正后刑法的有关规定。

实施第1款行为，非法占有他人财产或者逃避合法债务，根据修正前刑法应当以诈骗罪、职务侵占罪或者贪污罪等追究刑事责任的，适用修正前刑法的有关规定。

第8条 对于2015年10月31日以前实施贪污、受贿行为，罪行极其严重，根据修正前刑法判处死刑缓期执行不能体现罪刑相适应原则，而根据修正后刑法判处死刑缓期执行同时决定在其死刑缓期执行2年期满依法减为无期徒刑后，终身监禁，不得减刑、假释可以罚当其罪的，适用修正后刑法第383条第4款的规定。② 根据修正前刑法判处死刑缓期执行足以罚当其罪的，不适用修正后刑法第383条第4款的规定。

第9条 本解释自2015年11月1日起施行。

---

① 注：本条规定了《刑法修正案（九）》之前犯罪适用《刑法修正案（九）》修正后的法律追究刑事责任（数罪并罚），与《刑法》第12条规定的"按照当时的法律追究刑事责任"相冲突。

② 注：本条规定了《刑法修正案（九）》之前犯罪适用《刑法修正案（九）》修正后的法律追究刑事责任（终身监禁），与《刑法》第12条规定的"按照当时的法律追究刑事责任"相冲突。

【法研〔2019〕52号】 最高人民法院研究室关于如何理解和适用1997年刑法第12条第1款规定有关问题征求意见的复函（2019年6月4日答复最高人民检察院法律政策研究室"高检办字〔2018〕235号"函）①

一、1997年刑法施行以前实施的犯罪行为，1997年刑法施行以后仍在追诉时效期限内，具有"在人民检察院、公安机关、国家安全机关立案侦查或者在人民法院受理案件以后，逃避侦查或者审判"或者"被害人在追诉期限内提出控告，人民法院、人民检察院、公安机关应当立案而不予立案"情形的，适用1997年刑法第88条的规定，不受追诉期限的限制。

二、1997年刑法施行以前实施的犯罪行为，1997年刑法施行时已超过期限的，是否追究行为人的刑事责任，应当适用1979年刑法第77条的规定。

【法二巡（会）〔2020〕20号】 从旧兼从轻原则是否适用于前置性规范（最高法第二巡回法庭2020年第9次法官会议纪要）②

从旧兼从轻原则应适用于前置性规范。

第二章 犯 罪

第一节 犯罪和刑事责任

第13条 【犯罪概念】一切危害国家主权、领土完整和安全，分裂国家、颠覆人民民主专政的政权和推翻社会主义制度，破坏社会秩序和经济秩序，侵犯国有财产或者劳动群众集体所有的财产，侵犯公民私人所有的财产，侵犯公民的人身权利、民主权利和其他权利，以及其他危害社会的行为，依照法律应当受刑罚处罚的，都是犯罪，但是情节显著轻微危害不大的，不认为是犯罪。

---

① 注：本《复函》参考了《全国人大常委会法制工作委员会对如何理解和适用1997年刑法第12条第1款规定有关问题的意见》（2018年10月10日）。

② 注：本意见的案情背景见《刑法》第141条。未被法官会议采纳的两种意见为：（1）从旧兼从轻原则适用于空白罪状的前置性规范，但不适用于非空白罪状的前置性规范。（2）从旧兼从轻原则不适用于前置性规范。

● **条文注释** 本条规定明确了犯罪的3个构成要素：（1）必须实施了刑法禁止的行为；（2）必须具有社会危害性，如危害国家主权、侵犯公民的人身权利等；（3）依法应当受到刑事处罚。

本条还规定了不认为是犯罪的"十三字但书"，即行为人实施了刑法禁止的行为，且该行为也具有一定的社会危害性，但如果其社会危害性显著轻微，未达到应当受到刑罚的程度，则不认为是犯罪。

● **相关规定** 【公通字〔2005〕98号】 公安机关办理伤害案件规定（公安部2005年12月27日印发）

第29条 根据《中华人民共和国刑法》第13条及《中华人民共和国刑事诉讼法》第15条第1项规定，对故意伤害他人致轻伤，情节显著轻微、危害不大，不认为是犯罪的，以及被害人伤情达不到轻伤的，应当依法予以治安管理处罚。

【高检诉发〔2007〕63号】 人民检察院办理不起诉案件质量标准（试行）（最高人民检察院公诉厅2007年6月19日印发）

一、符合下列条件的，属于达到不起诉案件质量标准

（三）根据刑事诉讼法第142条第2款决定不起诉的案件

人民检察院对于犯罪情节轻微，依照刑法规定不需要判处刑罚或者免除刑罚的，经检察委员会讨论决定，可以作出不起诉决定。

对符合上述条件，同时具有下列情形之一的，依法决定不起诉：

1. 未成年犯罪嫌疑人、老年犯罪嫌疑人，主观恶性较小、社会危害不大的；
2. 因亲友、邻里及同学同事之间纠纷引发的轻微犯罪中的犯罪嫌疑人，认罪悔过、赔礼道歉、积极赔偿损失并得到被害人谅解或者双方达成和解并切实履行，社会危害不大的；
3. 初次实施轻微犯罪的犯罪嫌疑人，主观恶性较小的；
4. 因生活无着偶然实施盗窃等轻微犯罪的犯罪嫌疑人，人身危险性不大的；
5. 群体性事件引起的刑事犯罪中的犯罪嫌疑人，属于一般参与者的。

【法发〔2010〕9号】 最高人民法院关于贯彻宽严相济刑事政策的若干意见（2010年2月8日印发）

三、准确把握和正确适用依法从"宽"的政策要求

14. 宽严相济刑事政策中的从"宽"，主要是指对于情节较轻、社会危害性较小的犯罪，或者罪行虽然严重，但具有法定、酌定从宽处罚情节，以及主

观恶性相对较小、人身危险性不大的被告人，可以依法从轻、减轻或者免除处罚；对于具有一定社会危害性，但情节显著轻微危害不大的行为，不作为犯罪处理；对于依法可不监禁的，尽量适用缓刑或者判处管制、单处罚金等非监禁刑。

【高检发〔2016〕9号】 最高人民检察院关于充分发挥检察职能依法保障和促进科技创新的意见（2016年7月7日印发）

8. 切实贯彻宽严相济刑事政策。对于锐意创新探索，但出现决策失误、偏差，造成一定损失的行为，要区分情况慎重对待。没有徇私舞弊、中饱私囊，或者没有造成严重后果的，不作为犯罪处理。在科研项目实施中突破现有制度，但有利于实现创新预期成果的，应当予以宽容。在创新过程中发生轻微犯罪、过失犯罪但已完成重大科研创新任务的，应当依法从宽处理……

【主席令〔2020〕64号】 中华人民共和国预防未成年人犯罪法（2020年12月26日第13届全国人大常委会第24次会议修订，2021年6月1日起施行）

第31条 学校对有不良行为的未成年学生，应当加强管理教育，不得歧视；对拒不改正或者情节严重的，学校可以根据情况予以处分或者采取以下管理教育措施：

（一）予以训导；
（二）要求遵守特定的行为规范；
（三）要求参加特定的专题教育；
（四）要求参加校内服务活动；
（五）要求接受社会工作者或者其他专业人员的心理辅导和行为干预；
（六）其他适当的管理教育措施。

第33条 未成年学生有偷窃少量财物，或者有殴打、辱骂、恐吓、强行索要财物等学生欺凌行为，情节轻微的，可以由学校依照本法第31条规定采取相应的管理教育措施。

【主席令〔2012〕67号】 中华人民共和国治安管理处罚法（2012年10月26日第11届全国人大常委会第29次会议修正，2013年1月1日起施行）

第2条 扰乱公共秩序，妨害公共安全，侵犯人身权利、财产权利，妨害社会管理，具有社会危害性，依照《中华人民共和国刑法》的规定构成犯罪的，依法追究刑事责任；尚不够刑事处罚的，由公安机关依照本法给予治安管理处罚。

第9条 对于因民间纠纷引起的打架斗殴或者损毁他人财物等违反治安管

理行为，情节较轻的，公安机关可以调解处理。经公安机关调解，当事人达成协议的，不予处罚。经调解未达成协议或者达成协议后不履行的，公安机关应当依照本法的规定对违反治安管理行为人给予处罚，并告知当事人可以就民事争议依法向人民法院提起民事诉讼。

【公通字〔2006〕12号】 公安机关执行《中华人民共和国治安管理处罚法》有关问题的解释（2006年1月23日印发）

一、关于治安案件的调解问题。根据《治安管理处罚法》第9条的规定，对因民间纠纷引起的打架斗殴或者损毁他人财物以及其他违反治安管理行为，情节较轻的，公安机关应当本着化解矛盾纠纷、维护社会稳定、构建和谐社会的要求，依法尽量予以调解处理。特别是对因家庭、邻里、同事之间纠纷引起的违反治安管理行为，情节较轻，双方当事人愿意和解的，如制造噪声、发送信息、饲养动物干扰他人正常生活，放任动物恐吓他人、侮辱、诽谤、诬告陷害、侵犯隐私、偷开机动车等治安案件，公安机关都可以调解处理。同时，为确保调解取得良好效果，调解前应当及时依法做深入细致的调查取证工作，以查明事实、收集证据、分清责任。调解达成协议的，应当制作调解书，交双方当事人签字。

● **指导案例** **【法〔2014〕337号】 最高人民法院关于发布第9批指导性案例的通知**（2014年12月24日印发）

（指导案例42号）朱红蔚申请无罪逮捕赔偿案

裁判要点：1. 国家机关及其工作人员行使职权时侵犯公民人身自由权，严重影响受害人正常的工作、生活，导致其精神极度痛苦，属于造成精神损害严重后果。

2. 赔偿义务机关支付精神损害抚慰金的数额，应当根据侵权行为的手段、场合、方式等具体情节，侵权行为造成的影响、后果，以及当地平均生活水平等综合因素确定。

第14条 【故意犯罪】 明知自己的行为会发生危害社会的结果，并且希望或者放任这种结果发生，因而构成犯罪的，是故意犯罪。

故意犯罪，应当负刑事责任。

第15条 【过失犯罪】 应当预见自己的行为可能发生危害社会的结果，因为疏忽大意而没有预见，或者已经预见而轻信能够避免，以致发生这种结果的,是过失犯罪。

过失犯罪,法律有规定的才负刑事责任。

第 16 条 【不可抗力和意外事件】行为在客观上虽然造成了损害结果,但是不是出于故意或者过失,而是由于不能抗拒或者不能预见的原因所引起的,不是犯罪。

● **条文注释** 第 14 条规定的是犯罪故意的内容:(1)认识因素方面,行为人对自己的危害行为及其结果有无认识和认识的程度;(2)意志因素方面,行为人对危害社会结果的态度。犯罪故意又分为直接故意与间接故意。其中,直接故意是第 22 条至第 24 条规定的犯罪预备、犯罪未遂、犯罪中止存在的前提条件,其他罪过形式(包括间接故意)都不存在这些未完成犯罪形态问题。间接故意的问题主要在于其与过于自信过失的区别。

明确直接故意与间接故意的区别是掌握第 14 条的关键。二者的区别在于:(1)在认识因素方面,对行为导致危害结果发生虽然都有认识,但认识的程度不同。直接故意一般是行为人明知自己的行为必然发生危害结果,但也可以是明知其行为可能发生危害社会的结果;而间接故意只能是行为人明知自己的行为可能发生危害结果。(2)在意志因素方面,即二者对危害结果发生的心理态度显然不同。直接故意是希望即积极追求危害结果的发生;而间接故意则对危害结果的发生持放任即无所谓、听之任之的心理态度。

特定结果的发生与否,对这两种故意支配下的危害行为定罪是不同的:对于直接故意而言,法定的特定结果发生与否是其既遂的标志,而间接故意而言,则是成立何种罪行或构成犯罪与否的标志。例如,同样是开枪射击他人的行为:如果是出于直接故意,则不论是否导致他人死亡或受伤,都构成故意杀人罪(只不过在未死亡的情形下属于故意杀人未遂而已);如果是出于放任的间接故意,则定性问题应具体分析(若击中他人并导致死亡的,成立故意杀人罪;若击中他人但未导致死亡而仅是受伤的,则可能成立故意伤害罪,若未击中则不构成犯罪)。

第 15 条规定的过失行为构成犯罪必须同时具备两个条件:(1)该行为必须造成了严重的危害结果;(2)法律明确规定了该行为应构成犯罪。犯罪过失有两个基本类型:过于自信的过失和疏忽大意的过失。二者的区别关键在于对"危害结果的可能发生"的认识因素方面:过于自信的过失已经有所预见(认识),而疏忽大意的过失根本没有预见(认识)。

掌握过于自信的过失关键在于其与间接故意的区别：（1）在认识因素方面，二者虽然都预见到行为发生危害结果的可能性，但对这种可能性是否会转化为现实性，即实际上发生危害结果的主观估计有所不同。过于自信的过失者主观上认为由于其自身能力、技术、经验或某些外界条件等，实施行为时，危害结果发生的可能性不会转化为现实性，即对可能转化为现实的客观事实发生了错误认识；而间接故意则不存在这种错误认识。（2）在意志因素方面，二者对危害结果的态度不同。间接故意者对结果的发生虽然不是积极追求，但也不反对、不排斥结果的发生，而是听之任之、有意放任，而过于自信的过失者不仅不追求结果的发生，而且希望避免结果的发生，即反对、排斥危害结果的发生，其之所以实施该危害行为，必然是凭借了一定的自认为能够避免危害结果发生的因素和条件（如其自身能力、技术、经验、自然力方面的有利因素或他人预防措施等）。

掌握疏忽大意的过失关键在于明确其与第16条规定的意外事件的区别。二者虽然都是行为人对危害结果的发生没有预见，并因此而发生了这种结果，但二者仍存在原则性的区别：根据行为人的实际认识能力和行为时的具体情况，意外事件是行为人对危害结果的发生不可能预见也不应当预见（没有注意能力与注意义务），而疏忽大意的过失中行为人对危害结果发生的可能性能够预见、应当预见（具有注意能力与注意义务），仅仅是由于其疏忽大意的心理而导致未能实际预见。

● 相关规定　【法发〔2010〕9号】　最高人民法院关于贯彻宽严相济刑事政策的若干意见（2010年2月8日印发）

四、准确把握和正确适用宽严"相济"的政策要求

32. 对于过失犯罪，如安全责任事故犯罪等，主要应当根据犯罪造成危害后果的严重程度、被告人主观罪过的大小以及被告人案发后的表现等，综合掌握处罚的宽严尺度。对于过失犯罪后积极抢救、挽回损失或者有效防止损失进一步扩大的，要依法从宽。对于造成的危害后果虽然不是特别严重，但情节特别恶劣或案发后故意隐瞒案情，甚至逃逸，给及时查明事故原因和迅速组织抢救造成贻误的，则要依法从重处罚。

第 17 条① 【未成年人犯罪】已满十六周岁的人犯罪,应当负刑事责任。

已满十四周岁不满十六周岁的人,犯故意杀人、故意伤害致人重伤或者死亡、强奸、抢劫、贩卖毒品、放火、爆炸、投放危险物质罪的,应当负刑事责任。

已满十二周岁不满十四周岁的人,犯故意杀人、故意伤害罪,致人死亡或者以特别残忍手段致人重伤造成严重残疾,情节恶劣,经最高人民检察院核准追诉的,应当负刑事责任。

对依照前三款规定追究刑事责任的不满十八周岁的人,应当从轻或者减轻处罚。

因不满十六周岁不予刑事处罚的,责令其父母或其他监护人加以管教;在必要的时候,依法进行专门矫治教育。

● **条文注释** 本条规定了未成年人应负刑事责任的年龄范围和处罚方式。其中,第 1 款规定了满 16 周岁的未成年人必须负完全刑事责任(与成年人相同);同时,根据第 4 款的规定,未成年人犯罪即使情节严重,也应当从轻或减轻处罚。对于不满 16 周岁的未成年人,其所有过失行为(不论危害程度如何)都不负刑事责任;故意犯罪而承担刑事责任的,一般不判处无期徒刑。②

需要说明的是:刑法规定的年龄,均指行为人实施犯罪行为时(而非犯罪结果出现时)的实足年龄,按照公历的年、月、日计算,从周岁生日的第 2 天起为已满××周岁。对于没有充分证据证明被告人实施被指控的犯罪时已经达到法定刑事责任年龄且确实无法查明的,应推定其未达到相应年龄。相关证据

---

① 原第 17 条内容为:"已满十六周岁的人犯罪,应当负刑事责任。// 已满十四周岁不满十六周岁的人,犯故意杀人、故意伤害致人重伤或者死亡、强奸、抢劫、贩卖毒品、放火、爆炸、投毒罪的,应当负刑事责任。// 已满十四周岁不满十八周岁的人犯罪,应当从轻或者减轻处罚。// 因不满十六周岁不予刑事处罚的,责令他的家长或者监护人加以管教;在必要的时候,也可以由政府收容教养。"2020 年 12 月 26 日第 13 届全国人大常委会第 24 次会议通过的《刑法修正案(十一)》(主席令第 66 号公布,2021 年 3 月 1 日起施行)增加了第 3 款(已满 12 周岁不满 14 周岁的人犯罪),并将原第 2 款中的"投毒罪"改为"投放危险物质罪",将原第 4 款中的"也可以由政府收容教养"改为"依法进行专门矫治教育"。

脚注中"//"此标志代表分款。余同。

② 《最高人民法院关于贯彻宽严相济刑事政策的若干意见》(法发〔2010〕9 号,2010 年 2 月 8 日)第 20 条。

足以证明被告人实施被指控的犯罪时已经达到法定刑事责任年龄，但是无法准确查明被告人具体出生日期的，应当认定其达到相应年龄。[1]

需要注意的是，本条第2款规定的8种犯罪和第3款规定的"犯故意杀人、故意伤害罪"，是指具体犯罪行为而不是确切罪名。比如，《刑法》第239条规定的绑架罪，涵盖了故意杀人（绑架撕票）行为。

对于已满14周岁不满16周岁的人，只要实施了故意杀人行为（即使未遂），或者实施故意伤害行为并且致人重伤或死亡，就应当负刑事责任。对于已满12周岁不满14周岁的人，实施故意杀人或伤害行为，则要求同时满足以下3个条件才负刑事责任：（1）致人死亡或者以特别残忍手段致人重伤造成严重残疾；（2）情节恶劣；（3）经最高人民检察院核准追诉。这里的"特别残忍手段""严重残疾"详见《刑法》第234条。

同样地，本条第2款规定的强奸不仅指《刑法》第236条规定的强奸罪，还包括在拐卖妇女、儿童时实施的强奸行为；抢劫不仅包括《刑法》第263条所规定的典型抢劫行为，还包括《刑法》第267条第2款、第269条规定的"视同抢劫"行为。但在毒品犯罪中，已满14周岁不满16周岁的人只对贩卖毒品的行为负刑事责任，对基本性质相同、危害程度相等的走私、制造、运输毒品的行为（《刑法》第347条）则不负刑事责任。与这一特征极为类似的还有《刑法》第114条所规定的几种以危险方法危害公共安全的犯罪行为中，仅对放火、爆炸、投放危险物质行为负刑事责任，而对决水或者以其他危险方法危害公共安全的行为不负刑事责任。

对于不满16周岁不予刑事处罚的（包括不负刑事责任和"定罪免罚"），1997年修订刑法时延续了1979年刑法的规定，在必要的时候"由政府收容教养"；2021年3月1日起施行的《刑法修正案（十一）》将其改为"依法进行专门矫治教育"。具体的矫治教育措施详见配套修订的《预防未成年人犯罪法》。

● **相关规定** 【法工委复字〔2002〕12号】 全国人民代表大会常务委员会法制工作委员会关于已满十四周岁不满十六周岁的人承担刑事责任范围问题的答复意见（2002年7月24日答复最高人民检察院；最高人民检察院2002年8月9日以"高检发研字〔2002〕17号"转发答复四川省人民检察院）

刑法第17条第2款规定的8种犯罪，是指具体犯罪行为而不是具体罪名。

---

[1] 《最高人民法院关于审理未成年人刑事案件具体应用法律若干问题的解释》（法释〔2006〕1号，2006年1月23日起施行）第4条。

对于刑法第17条中规定的"犯故意杀人、故意伤害致人重伤或者死亡",是指只要故意实施了杀人、伤害行为并且造成了致人重伤、死亡后果的,都应负刑事责任。而不是指只有犯故意杀人、故意伤害罪的,才负刑事责任,绑架撕票的,不负刑事责任。对司法实践中出现的已满14周岁不满16周岁的人绑架人质后杀害被绑架人、拐卖妇女、儿童而故意造成被拐卖妇女、儿童重伤或死亡的行为,依据刑法是应当追究其刑事责任的。

【公法〔1997〕125号】　公安部法制司关于如何确定无户籍登记的犯罪嫌疑人年龄的答复（1997年11月24日答复广东省公安厅"广公发传〔1997〕82号"请示）

鉴于黄某的年龄在户籍资料中没有任何记载,户口登记机关无法提供准确的依据。因此,公安机关应进行司法鉴定,以确定诸如黄某等无户籍登记的犯罪嫌疑人的实际年龄。

根据目前的技术水平,还无法对犯罪嫌疑人的年龄作出精确的鉴定,对25岁以内青少年的年龄鉴定结论误差范围通常在±2岁以内,只能反映犯罪嫌疑人的年龄段（如14岁以上18岁以下）。从保护青少年的合法权益和"教育、感化、挽救"的刑事政策出发,在实际认定时,应将鉴定反映的该犯罪嫌疑人年龄段的下限即可能的最低年龄视为犯罪嫌疑人的年龄。

【高检发研字〔2000〕6号】　最高人民检察院关于"骨龄鉴定"能否作为确定刑事责任年龄证据使用的批复（2000年2月21日答复宁夏回族自治区人民检察院）

犯罪嫌疑人不讲真实姓名、住址,年龄不明的,可以委托进行骨龄鉴定或其他科学鉴定,经审查,鉴定结论能够准确确定犯罪嫌疑人实施犯罪行为时的年龄的,可以作为判断犯罪嫌疑人年龄的证据使用。如果鉴定结论不能准确确定犯罪嫌疑人实施犯罪行为时的年龄,而且鉴定结论又表明犯罪嫌疑人年龄在刑法规定的应负刑事责任年龄上下的,应当依法慎重处理。

【高检研发〔2003〕第13号】　最高人民检察院法律政策研究室关于相对刑事责任年龄的人承担刑事责任范围有关问题的答复（2003年4月18日答复四川省人民检察院研究室"川检发办〔2002〕47号"请示）

一、相对刑事责任年龄的人实施了刑法第17条第2款规定的行为,应追究刑事责任的,其罪名应当根据所触犯的刑法分则具体条文认定。对于绑架后杀害被绑架人的，其罪名应认定为绑架罪。①

二、相对刑事责任年龄的人实施了刑法第 269 条规定的行为的，应当依照刑法第 263 条的规定，以抢劫罪追究刑事责任。但对情节显著轻微，危害不大的，可以根据刑法第 13 条的规定，不予追究刑事责任。

【行他字〔2004〕10 号】　最高人民法院关于胡起立不服甘肃省公安厅少年收容教养决定上诉一案的答复（2004 年 7 月 15 日答复甘肃高院"〔2003〕甘行终字第 98 号"请示）

《刑法》第 17 条第 4 款关于"因不满 16 周岁不予刑事处罚的……；在必要的时候，也可以由政府收容教养②"的规定，适用于因不满 14 周岁不予刑事处罚的情形。

【法释〔2006〕1 号】　最高人民法院关于审理未成年人刑事案件具体应用法律若干问题的解释（2005 年 12 月 12 日最高人民法院审判委员会第 1373 次会议通过，2006 年 1 月 11 日公布，2006 年 1 月 23 日起施行）

第 1 条　本解释所称未成年人刑事案件，是指被告人实施被指控的犯罪时已满 14 周岁不满 18 周岁的案件。

第 2 条　刑法第 17 条规定的"周岁"，按照公历的年、月、日计算，从周岁生日的第 2 天起算。

第 3 条　审理未成年人刑事案件，应当查明被告人实施被指控的犯罪时的年龄。裁判文书中应当写明被告人出生的年、月、日。

第 4 条　对于没有充分证据证明被告人实施被指控的犯罪时已经达到法定刑事责任年龄且确实无法查明的，应当推定其没有达到相应法定刑事责任年龄。

相关证据足以证明被告人实施被指控的犯罪时已经达到法定刑事责任年龄，但是无法准确查明被告人具体出生日期的，应当认定其达到相应法定刑事责任年龄。

第 5 条　已满 14 周岁不满 16 周岁的人实施刑法第 17 条第 2 款规定以外的

---

① 注：关于已满 14 周岁不满 16 周岁的人触犯《刑法》第 17 条第 2 款规定的罪行应该如何确定罪名的问题，最高人民检察院"高检研发〔2003〕第 13 号"《答复》第 1 条的规定与最高人民法院"法释〔2006〕1 号"《解释》第 5 条的规定是不一致的。根据《最高人民法院关于适用〈中华人民共和国刑事诉讼法〉的解释》（法释〔2021〕1 号）第 295 条第 2 项规定："起诉指控的事实清楚，证据确实、充分，但指控的罪名不当的，应当依据法律和审理认定的事实作出有罪判决"，所以这里应该适用"法释〔2006〕1 号"《解释》第 5 条的规定。

② 注：《刑法修正案（十一）》已经将"也可以由政府收容教养"修改为"依法进行专门矫治教育"，2022 年 3 月 1 日起施行。

行为，如果同时触犯了刑法第 17 条第 2 款规定的，应当依照刑法第 17 条第 2 款的规定确定罪名，定罪处罚。

第 6 条 已满 14 周岁不满 16 周岁的人偶尔与幼女发生性行为，情节轻微、未造成严重后果的，不认为是犯罪。

第 7 条 已满 14 周岁不满 16 周岁的人使用轻微暴力或者威胁，强行索要其他未成年人随身携带的生活、学习用品或者钱财数量不大，且未造成被害人轻微伤以上或者不敢正常到校学习、生活等危害后果的，不认为是犯罪。

已满 16 周岁不满 18 周岁的人具有前款规定情形的，一般也不认为是犯罪。

第 8 条 已满 16 周岁不满 18 周岁的人出于以大欺小、以强凌弱或者寻求精神刺激，随意殴打其他未成年人、多次对其他未成年人强拿硬要或者任意损毁公私财物，扰乱学校及其他公共场所秩序，情节严重的，以寻衅滋事罪定罪处罚。

第 9 条 已满 16 周岁不满 18 周岁的人实施盗窃行为未超过 3 次，盗窃数额虽已达到"数额较大"标准，但案发后能如实供述全部盗窃事实并积极退赃，且具有下列情形之一的，可以认定为"情节显著轻微危害不大"，不认为是犯罪：

（一）系又聋又哑的人或者盲人；
（二）在共同盗窃中起次要或者辅助作用，或者被胁迫；
（三）具有其他轻微情节的。

已满 16 周岁不满 18 周岁的人盗窃未遂或者中止的，可不认为是犯罪。

已满 16 周岁不满 18 周岁的人盗窃自己家庭或者近亲属财物，或者盗窃其他亲属财物但其他亲属要求不予追究的，可不按犯罪处理。

第 10 条 已满 14 周岁不满 16 周岁的人盗窃、诈骗、抢夺他人财物，为窝藏赃物、抗拒抓捕或者毁灭罪证，当场使用暴力，故意伤害致人重伤或者死亡，或者故意杀人的，应当分别以故意伤害罪或者故意杀人罪定罪处罚。

已满 16 周岁不满 18 周岁的人犯盗窃、诈骗、抢夺罪，为窝藏赃物、抗拒抓捕或者毁灭罪证而当场使用暴力或者以暴力相威胁的，应当依照刑法第 269 条的规定定罪处罚；情节轻微的，可不以抢劫罪定罪处罚。

第 11 条 对未成年罪犯适用刑罚应当充分考虑是否有利于未成年罪犯的教育和矫正。

对未成年罪犯量刑应当依照刑法第 61 条的规定，并充分考虑未成年人实施犯罪行为的动机和目的、犯罪时的年龄、是否初次犯罪、犯罪后的悔罪表现、个人成长经历和一贯表现等因素。对符合管制、缓刑、单处罚金或者免予刑事处罚适用条件的未成年罪犯，应当依法适用管制、缓刑、单处罚金或者免予刑事处罚。

第12条　行为人在达到法定刑事责任年龄前后均实施了犯罪行为，只能依法追究其达到法定刑事责任年龄后实施的犯罪行为的刑事责任。

行为人在年满18周岁前后实施了不同种犯罪行为，对其年满18周岁以前实施的犯罪应当依法从轻或者减轻处罚。行为人在年满18周岁前后实施了同种犯罪行为，在量刑时应当考虑对年满18周岁以前实施的犯罪，适当给予从轻或者减轻处罚。

第20条　本解释自公布之日施行。①

《最高人民法院关于办理未成年人刑事案件适用法律的若干问题的解释》（法发〔1995〕9号）自本解释公布之日起不再执行。

【法发〔2010〕20号】　最高人民法院、最高人民检察院、公安部、国家安全部、司法部关于办理死刑案件审查判断证据若干问题的规定（2010年6月13日印发，2010年7月1日施行；同文号印发《关于办理刑事案件排除非法证据若干问题的规定》，2010年7月1日施行）②

第40条　审查被告人实施犯罪时是否已满18周岁，一般应当以户籍证明为依据；对户籍证明有异议，并有经查证属实的出生证明文件、无利害关系人的证言等证据证明被告人不满18周岁的，应认定被告人不满18周岁；没有户籍证明以及出生证明文件的，应当根据人口普查登记、无利害关系人的证言等证据综合进行判断，必要时，可以进行骨龄鉴定，并将结果作为判断被告人年龄的参考。

未排除证据之间的矛盾，无充分证据证明被告人实施被指控的犯罪时已满18周岁且确实无法查明的，不能认定其已满18周岁。

---

①　注：《最高人民法院公告》上注明"现予公布，自2006年1月23日施行"，落款（公布）日期是2006年1月11日（实际发布日期是2006年1月23日）。这与本款规定"自公布之日起施行"相矛盾，暴露出最高人民法院发文的一个混乱之处。

为此，最高法办公厅于2007年8月23日印发"法办〔2007〕396号"《通知》，规定今后各部门起草的司法解释对施行日期没有特别要求的，司法解释条文中不再规定"本解释（规定）自公布之日施行"的条款，施行时间一律以公告中明确的日期为准……但《通知》印发后，在实践中仍然屡被违反。2019年2月15日，最高法办公厅重新印发"法办发〔2019〕2号"《通知》，要求在司法解释主文中明确规定施行日期。（详见《刑事诉讼法全厚细》"司法解释与案例指导工作"专辑）

②　根据"法发〔2010〕20号"《通知》，办理其他刑事案件，参照《关于办理死刑案件审查判断证据若干问题的规定》执行。同理，认定犯罪嫌疑人是否年满14周岁、16周岁时，也可以参照该《规定》。

【高检发研字〔2013〕7号】 人民检察院办理未成年人刑事案件的规定（2013年12月27日）

第5条 人民检察院办理未成年人刑事案件，应当依法保护涉案未成年人的名誉，尊重其人格尊严，不得公开或者传播涉案未成年人的姓名、住所、照片、图像及可能推断出该未成年人的资料。

人民检察院办理刑事案件，应当依法保护未成年被害人、证人以及其他与案件有关的未成年人的合法权益。

第14条 审查逮捕未成年犯罪嫌疑人，应当重点审查其是否已满14、16、18周岁。

对犯罪嫌疑人实际年龄难以判断，影响对该犯罪嫌疑人是否应当负刑事责任认定的，应当不批准逮捕。需要补充侦查的，同时通知公安机关。

第79条 本规定所称未成年人刑事案件，是指犯罪嫌疑人、被告人实施涉嫌犯罪行为时已满14周岁、未满18周岁的刑事案件，但在有关未成年人诉讼权利和体现对未成年人程序上特殊保护的条文中所称的未成年人，是指在诉讼过程中未满18周岁的人。犯罪嫌疑人实施涉嫌犯罪行为时未满18周岁，在诉讼过程中已满18周岁的，人民检察院可以根据案件的具体情况适用本规定。

第80条 实施犯罪行为的年龄，一律按公历的年、月、日计算。从周岁生日的第2天起，为已满××周岁。

【高检发未检字〔2017〕1号】 未成年人刑事检察工作指引（试行）（最高人民检察院2017年3月2日印发试行）

第152条 【年龄审查】人民检察院审查未成年人刑事案件，应当注重对未成年人年龄证据的审查，重点审查是否已满14、16、18周岁。

对于未成年人年龄证据，一般应当以公安机关加盖公章、附有未成年人照片的户籍证明为准。当户籍证明与其他证据存在矛盾时，应当遵循以下原则：

（一）可以调取医院的分娩记录、出生证明、户口簿、户籍登记底卡、居民身份证、临时居住证、护照、入境证明、港澳居民来往内地通行证、台湾居民来往大陆通行证、中华人民共和国旅行证、学籍卡、计生台帐、防疫证、（家）族谱等证明文件，收集接生人员、邻居、同学等其他无利害关系人的证言，综合审查判断，排除合理怀疑，采纳各证据共同证实的相对一致的年龄。

（二）犯罪嫌疑人不讲真实姓名、住址，年龄不明的，可以委托进行骨龄鉴定或者其他科学鉴定。经审查，鉴定意见能够准确确定犯罪嫌疑人实施犯罪行为时的年龄的，可以作为判断犯罪嫌疑人年龄的证据参考。若鉴定意见不能准确确定犯罪嫌疑人实施犯罪行为时的年龄，而且显示犯罪嫌疑人年龄在法定应负刑事责任年龄上下，但无法查清真实年龄的，应当作出有利于犯罪嫌疑人的认定。

【法发〔2010〕9号】　最高人民法院关于贯彻宽严相济刑事政策的若干意见（2010年2月8日印发）

三、准确把握和正确适用依法从"宽"的政策要求

20. 对于未成年人犯罪，在具体考虑其实施犯罪的动机和目的、犯罪性质、情节和社会危害程度的同时，还要充分考虑其是否属于初犯，归案后是否悔罪，以及个人成长经历和一贯表现等因素，坚持"教育为主、惩罚为辅"的原则和"教育、感化、挽救"的方针进行处理。对于偶尔盗窃、抢夺、诈骗，数额刚达到较大的标准，案发后能如实交代并积极退赃的，可以认定为情节显著轻微，不作为犯罪处理。对于罪行较轻的，可以依法适当多适用缓刑或者判处管制、单处罚金等非监禁刑；依法可免予刑事处罚的，应当免予刑事处罚。对于犯罪情节严重的未成年人，也应当依照刑法第17条第3款的规定予以从轻或者减轻处罚。对于已满14周岁不满16周岁的未成年犯罪人，一般不判处无期徒刑。

【高检发释字〔2011〕1号】　最高人民检察院关于对涉嫌盗窃的不满十六周岁未成年人采取刑事拘留强制措施是否违法问题的批复（2011年1月10日最高人民检察院第11届检察委员会第54次会议通过，2011年1月25日公布，答复北京市人民检察院"京检字〔2010〕107号"请示）

根据刑法、刑事诉讼法、未成年人保护法等有关法律规定，对于实施犯罪时未满16周岁的未成年人，且未犯刑法第17条第2款规定之罪的，公安机关查明犯罪嫌疑人实施犯罪时年龄确系未满16周岁依法不负刑事责任后仍予以刑事拘留的，检察机关应当及时提出纠正意见。

【公通字〔2014〕33号】　公安机关讯问犯罪嫌疑人录音录像工作规定（公安部2014年9月5日印发，2014年10月1日起施行）

第3条　对讯问过程进行录音录像，应当对每一次讯问全程不间断进行，保持完整性，不得选择性地录制，不得剪接、删改。

第6条　对具有下列情形之一的案件，应当对讯问过程进行录音录像：

（一）犯罪嫌疑人是盲、聋、哑人，未成年人或者尚未完全丧失辨认或者控制自己行为能力的精神病人，以及不通晓当地通用的语言文字的。

【主席令〔2012〕67号】 中华人民共和国治安管理处罚法（2012年10月26日第11届全国人大常委会第29次会议修正，2013年1月1日起施行）

第2条 扰乱公共秩序，妨害公共安全，侵犯人身权利、财产权利，妨害社会管理，具有社会危害性，依照《中华人民共和国刑法》的规定构成犯罪的，依法追究刑事责任；尚不够刑事处罚的，由公安机关依照本法给予治安管理处罚。

第12条 已满14周岁不满18周岁的人违反治安管理的，从轻或者减轻处罚；不满14周岁的人违反治安管理的，不予处罚，但是应当责令其监护人严加管教。

【公通字〔2007〕1号】 公安机关执行《中华人民共和国治安管理处罚法》有关问题的解释（二）（2007年1月26日印发）

三、关于未达到刑事责任年龄不予刑事处罚的，能否予以治安管理处罚问题

对已满14周岁不满16周岁不予刑事处罚的，应当责令其家长或者监护人加以管教；必要时，可以依照《治安管理处罚法》的相关规定予以治安管理处罚，或者依照《中华人民共和国刑法》第17条的规定予以收容教养[①]。

● 量刑指导 **【法发〔2021〕21号】** 最高人民法院、最高人民检察院关于常见犯罪的量刑指导意见（2021年6月16日印发，2021年7月1日试行；法发〔2017〕7号《指导意见》同时废止。删除线、下划线部分分别为2021年删除、修改）[②]

三、常见量刑情节的适用

（一）对于未成年犯罪，应当综合考虑未成年人对犯罪的认知能力、实施犯罪行为的动机和目的、犯罪时的年龄、是否初犯、偶犯、悔罪表现、个人成长经历和一贯表现等情况，<u>应当予以从宽处罚</u>。

1. 已满<u>12周岁</u>（原为"14周岁"）不满16周岁的未成年人犯罪，减少基准刑的30%-60%；

2. 已满16周岁不满18周岁的未成年人犯罪，减少基准刑的10%-50%。

---

① 注：《刑法修正案（十一）》（2021年3月1日起施行）将《刑法》第17条规定的收容教养改为专门矫治教育。

② 注：《意见》要求各省高院、检察院应当总结司法实践经验，按照规范、实用、符合司法实际的原则共同研制"实施细则"，经审委会、检委会通过后，分别报最高法、最高检备案审查，与《意见》同步实施。

其他判处有期徒刑的案件，可以参照量刑的指导原则、基本方法和常见量刑情节的适用规范量刑。

● **指导案例** 【高检发研字〔2014〕4号】 最高人民检察院关于印发第5批指导性案例的通知（2014年8月28日最高人民检察院第12届检察委员会第26次会议讨论通过，2014年9月10日印发）

（检例第19号）张某、沈某某等7人抢劫案

要旨：1. 办理未成年人与成年人共同犯罪案件，一般应当将未成年人与成年人分案起诉，但对于未成年人系犯罪集团的组织者或者其他共同犯罪中的主犯，或者具有其他不宜分案起诉情形的，可以不分案起诉。

2. 办理未成年人与成年人共同犯罪案件，应当根据未成年人在共同犯罪中的地位、作用，综合考量未成年人实施犯罪行为的动机和目的、犯罪时的年龄、是否属于初犯、偶犯、犯罪后的悔罪表现、个人成长经历和一贯表现等因素，依法从轻或者减轻处罚。

3. 未成年人犯罪不构成累犯。

第17条之一[①] 【已满七十五周岁的人的刑事责任】已满七十五周岁的人故意犯罪的，可以从轻或者减轻处罚；过失犯罪的，应当从轻或者减轻处罚。

● **条文注释** 对于75周岁以上的老年人故意犯罪，应当根据其犯罪动机、情节背景、社会危害性等多方面综合决定是否从轻或减轻处罚，对于主观恶性较大的老年人故意犯罪，从宽的尺度较严。这里的"故意犯罪"是指《刑法》第14条规定的情形。

● **相关规定** 【法发〔2010〕9号】 最高人民法院关于贯彻宽严相济刑事政策的若干意见（2010年2月8日印发）

三、准确把握和正确适用依法从"宽"的政策要求

21. 对于老年人犯罪，要充分考虑其犯罪的动机、目的、情节、后果以及悔罪表现等，并结合其人身危险性和再犯可能性，酌情予以从宽处罚。

● **量刑指导** 【法发〔2021〕21号】 最高人民法院、最高人民检察院关于常见犯罪的量刑指导意见（2021年6月16日印发，2021年7月1日试行；法发〔2017〕

[①] 第17条之一是根据2011年2月25日第11届全国人民代表大会常务委员会第19次会议通过的《刑法修正案（八）》（主席令第41号公布，2011年5月1日起施行）而增设。

7号《指导意见》同时废止。)①

三、常见量刑情节的适用

(二) 对于已满75周岁的老年人故意犯罪，综合考虑犯罪的性质、情节、后果等情况，可以减少基准刑的40%以下；过失犯罪的，减少基准刑的20%－50%。(本条新增)

第18条 【精神病人和醉酒的人的犯罪】精神病人在不能辨认或者不能控制自己行为的时候造成危害结果，经法定程序鉴定确认的，不负刑事责任，但是应当责令他的家属或者监护人严加看管和医疗；在必要的时候，由政府强制医疗。

间歇性的精神病人在精神正常的时候犯罪，应当负刑事责任。

尚未完全丧失辨认或者控制自己行为能力的精神病人犯罪的，应当负刑事责任，但是可以从轻或者减轻处罚。

醉酒的人犯罪，应当负刑事责任。

第19条 【又聋又哑的人或盲人犯罪的刑事责任】又聋又哑的人或者盲人犯罪，可以从轻、减轻或者免除处罚。

● **条文注释** 第18条、第19条规定了特殊人群（精神病人、醉酒人、残疾人）犯罪的特殊处理方法，这是因为构成犯罪主体，除要达到刑事责任年龄外，刑法还要求行为人具有刑事责任能力，即能够理解自己行为的性质、后果，并且能够控制自己行为的能力。无刑事责任能力的人，即使实施了危害社会的行为，也不负刑事责任。

第18条第1款规定的对精神病人进行鉴定的"法定程序"，参见《司法鉴定程序通则》以及《精神卫生法》关于"精神障碍的诊断和治疗"的规定②。

---

① 注：《意见》要求各省高院、检察院应当总结司法实践经验，按照规范、实用、符合司法实际的原则共同研制"实施细则"，经审委会、检委会通过后，分别报最高法、最高检备案审查，与《意见》同步实施。

其他判处有期徒刑的案件，可以参照量刑的指导原则、基本方法和常见量刑情节的适用规范量刑。

② 注：1996年版《刑事诉讼法》曾经规定"对精神病的医学鉴定，由省级人民政府指定的医院进行"；2012年版《刑事诉讼法》将此规定删除。最高人民法院关于刑事诉讼的解释也未再对此作出明确规定。目前可以参鉴《中央军委关于军队执行〈中华人民共和国刑事诉讼法〉若干问题的暂行规定》(1998年7月21日发布)第15条，"对精神病的医学鉴定，由省级人民政府或者大军区级以上单位指定的医院进行"。

"必要的时候"主要是指：（1）精神病人无家属或监护人看管；（2）家属或监护人无能力看管和医疗；（3）家属或监护人的看管不足以防止其继续危害社会。《刑事诉讼法》也专门规定了"依法不负刑事责任的精神病人的强制医疗程序"。

第18条第4款规定的"醉酒的人"，其在某种程度上可能减弱对自己行为的控制能力，但并未丧失辨认和控制自己行为的能力；并且这种控制能力的减弱是人为因素造成的，是在醉酒前应当能够预见的。因此，醉酒的人属于具备刑事责任能力的人。

第19条包含两层意思：（1）又聋又哑的人或者盲人虽然在生理上有缺陷，但并未丧失辨认和控制自己行为的能力，属于具备刑事责任能力的人。（2）他们由于生理上的缺陷，在社会生活中，接受事物和了解事物都会受到一定的限制和影响，辨认事物的能力也会低于正常人，因此对他们的处罚轻于正常人。但在司法实践中是否"从轻、减轻或者免除处罚"，则应当根据行为人的犯罪动机和原因、背景、社会危害程度以及他们自身的身体状况而综合考虑。

需要注意的是：

（1）根据《残疾人保障法》的相关规定，残疾人分为视力残疾、听力残疾、言语残疾、肢体残疾、智力残疾和精神残疾等六类残疾；也就是说，精神病人也是属于残疾人的一种。

（2）依照《残疾人残疾分类和分级》，各类残疾按残疾程度由重到轻共分为四级，分别为残疾一级（极重度）、残疾二级（重度）、残疾三级（中度）和残疾四级（轻度）。

● **相关规定** 【卫医字〔1989〕第17号】 精神疾病司法鉴定暂行规定（最高人民法院、最高人民检察院、公安部、司法部、卫生部1989年7月11日颁发，1989年8月1日起施行）

第9条 刑事案件中，精神疾病司法鉴定包括：

（一）确定被鉴定人是否患有精神疾病，患何种精神疾病，实施危害行为时的精神状态，精神疾病和所实施的危害行为之间的关系，以及有无刑事责任能力。

（二）确定被鉴定人在诉讼过程中的精神状态以及有无诉讼能力。

（三）确定被鉴定人在服刑期间的精神状态以及对应当采取的法律措施的建议。

第13条 具有下列资格之一的，可以担任鉴定人：

（一）具有5年以上精神科临床经验并具有司法精神病学知识的主治医师以

上人员。

（二）具有司法精神病学知识、经验和工作能力的主检法医师以上人员。

第19条　刑事案件被鉴定人责任能力的评定：

被鉴定人实施危害行为时，经鉴定患有精神疾病，由于严重的精神活动障碍，致使不能辨认或者不能控制自己行为的，为无刑事责任能力。

被鉴定人实施危害行为时，经鉴定属于下列情况之一的，为具有责任能力：

1. 具有精神疾病的既往史，但实施危害行为时并无精神异常；

2. 精神疾病的间歇期，精神症状已经完全消失。

第21条　诉讼过程中有关法定能力的评定：

（一）被鉴定人为刑事案件的被告人，在诉讼过程中，经鉴定患有精神疾病，致使不能行使诉讼权利的，为无诉讼能力。

第22条　其他有关法定能力的评定：

（二）被鉴定人在服刑、劳动教养或者被裁决受治安处罚中，经鉴定患有精神疾病，由于严重的精神活动障碍，致使其无辨认能力或控制能力，为无服刑、受劳动教养能力或者无受处罚能力。

【公通字〔2014〕33号】　公安机关讯问犯罪嫌疑人录音录像工作规定（公安部2014年9月5日印发，2014年10月1日起施行）

第3条　对讯问过程进行录音录像，应当对每一次讯问全程不间断进行，保持完整性，不得选择性地录制，不得剪接、删改。

第6条　对具有下列情形之一的案件，应当对讯问过程进行录音录像：

（一）犯罪嫌疑人是盲、聋、哑人，未成年人或者尚未完全丧失辨认或者控制自己行为能力的精神病人，以及不通晓当地通用的语言文字的。

【主席令〔2018〕10号】　中华人民共和国刑事诉讼法（2018年10月26日第13届全国人大常委会第6次会议修正，主席令第10号公布施行。其余详见《刑事诉讼法全厚细》）

第35条（第2款）　犯罪嫌疑人、被告人是盲、聋、哑人，或者是尚未完全丧失辨认或者控制自己行为能力的精神病人，没有委托辩护人的，人民法院、人民检察院和公安机关应当通知法律援助机构指派律师为其提供辩护。

【主席令〔2021〕70号】　中华人民共和国行政处罚法（2021年1月22日第13届全国人大常委会第25次会议修订，2021年7月15日施行）

第31条　精神病人、智力残疾人在不能辨认或者不能控制自己行为时有违法行为的，不予行政处罚，但应当责令其监护人严加看管和治疗。间歇性精神病人在精神正常时有违法行为的，应当给予行政处罚。尚未完全丧失辨认或者控制自己行为能力的精神病人、智力残疾人有违法行为的，可以从轻或者减轻行政处罚。

【主席令〔2012〕67号】 中华人民共和国治安管理处罚法（2012年10月26日第11届全国人大常委会第29次会议修正，2013年1月1日起施行）

第2条 扰乱公共秩序，妨害公共安全，侵犯人身权利、财产权利，妨害社会管理，具有社会危害性，依照《中华人民共和国刑法》的规定构成犯罪的，依法追究刑事责任；尚不够刑事处罚的，由公安机关依照本法给予治安管理处罚。

第13条 精神病人在不能辨认或者不能控制自己行为的时候违反治安管理的，不予处罚，但是应当责令其监护人严加看管和治疗。间歇性的精神病人在精神正常的时候违反治安管理的，应当给予处罚。

第14条 盲人或者又聋又哑的人违反治安管理的，可以从轻、减轻或者不予处罚。

第15条 醉酒的人违反治安管理的，应当给予处罚。

醉酒的人在醉酒状态中，对本人有危险或者对他人的人身、财产或者公共安全有威胁的，应当对其采取保护性措施约束至酒醒。

【主席令〔2012〕68号】 中华人民共和国国家赔偿法（2012年10月26日第11届全国人大常委会第29次会议修正，2013年1月1日施行）

第19条 属于下列情形之一的，国家不承担赔偿责任：

（二）依照刑法第17条、第18条规定不负刑事责任的人被羁押的；

【法释〔2015〕24号】 最高人民法院、最高人民检察院关于办理刑事赔偿案件适用法律若干问题的解释（2015年12月14日最高法审委会第1671次会议、2015年12月21日最高检第12届检委会第46次会议通过，2015年12月28日公布，2016年1月1日施行）

第7条 根据国家赔偿法第19条第二项、第三项的规定，依照刑法第17条、第18条规定不负刑事责任的人和依照刑事诉讼法第15条、第173条第2款规定①不追究刑事责任的人被羁押，国家不承担赔偿责任。但是，对起诉后经人民法院错判拘役、有期徒刑、无期徒刑并已执行的，人民法院应当对该判决确定后继续监禁期间侵犯公民人身自由权的情形予以赔偿。

---

① 注：该条、款规定的内容分别对应现《刑事诉讼法》（2018年版）第16条、第177条第2款。

● 量刑指导 【法发〔2021〕21 号】 最高人民法院、最高人民检察院关于常见犯罪的量刑指导意见（2021 年 6 月 16 日印发，2021 年 7 月 1 日试行；法发〔2017〕7 号《指导意见》同时废止）[①]

三、常见量刑情节的适用

（三）对于又聋又哑的人或者盲人犯罪，综合考虑犯罪性质、情节、后果以及聋哑人或者盲人犯罪时的控制能力等情况，可以减少基准刑的 50% 以下；犯罪较轻的，可以减少基准刑的 50% 以上或者依法免除处罚。（本条新增）

● 指导案例 【法〔2016〕214 号】 最高人民法院关于发布第 13 批指导性案例的通知（2016 年 6 月 30 日印发）

（指导案例 63 号）徐加富强制医疗案

裁判要点：审理强制医疗案件，对被申请人或者被告人是否"有继续危害社会可能"，应当综合被申请人或者被告人所患精神病的种类、症状、案件审理时其病情是否已经好转，以及其家属或者监护人有无严加看管和自行送医治疗的意愿和能力等情况予以判定。必要时，可以委托相关机构或者专家进行评估。

司法部发布关于司法鉴定指导案例的通知（2018 年 4 月 12 日公布）

（指导案例 09 号）马某法医精神病鉴定案

鉴定要点：目前法医精神病鉴定的启动权主要由侦查机关、检察机关和人民法院等办案机关掌握，当事人或其委托的律师认为有必要的，可以提出鉴定申请。

从事法医精神病鉴定的鉴定机构，应当具备法律规定的设立条件。

对被鉴定人进行法医精神病鉴定的，应当通知委托人或者被鉴定人的近亲属到场见证。

接受委托的鉴定机构应当指定本机构 2 名以上鉴定人进行鉴定。对于疑难复杂的鉴定，可以指定多名鉴定人进行；重新鉴定，则应当至少有 1 名鉴定人具有高级技术职称。

[①] 注：《意见》要求各省高院、检察院应当总结司法实践经验，按照规范、实用、符合司法实际的原则共同研制"实施细则"，经审委会、检委会通过后，分别报最高法、最高检备案审查，与《意见》同步实施。

其他判处有期徒刑的案件，可以参照量刑的指导原则、基本方法和常见量刑情节的适用规范量刑。

> **第20条** 【正当防卫】为了使国家、公共利益、本人或者他人的人身、财产和其他权利免受正在进行的不法侵害，而采取的制止不法侵害的行为，对不法侵害人造成损害的，属于正当防卫，不负刑事责任。
>
> 【防卫过当】正当防卫明显超过必要限度造成重大损害的，应当负刑事责任，但是应当减轻或者免除处罚。
>
> 【无限防卫】对正在进行行凶、杀人、抢劫、强奸、绑架以及其他严重危及人身安全的暴力犯罪，采取防卫行为，造成不法侵害人伤亡的，不属于防卫过当，不负刑事责任。

● 条文注释　第20条应当注意正当防卫的基本条件：（1）防卫起因是国家或个人权益等受到不法侵害；对依法执行职务的合法行为则不能实行正当防卫。（2）防卫意图（主观条件）是制止不法侵害。（3）防卫客体（打击对象）是不法侵害人；如果行为人对自己行为的实际性质产生了认识错误，对没有实施不法侵害的第三人实施进行所谓的"假想防卫"，造成他人损害的，应当按照过失犯罪追究刑事责任。（4）防卫时间（时间条件）是不法侵害正在进行的时候；若侵害行为已经结束或尚未开始，则不能实施正当防卫权。（5）防卫限度（限度条件）以第20条第2款的规定为限。

第20条第2款的"防卫过当"本身并不是一个独立的罪名，应明确如何对"防卫过当"进行定性与处罚：定性上应根据行为人明显超过必要限度造成重大损害时的主观罪过与客观后果，适用相应的刑法分则条文，如故意伤害罪、过失致人死亡罪等；处罚原则是"应当减轻或者免除处罚。"所谓必要限度应以制止不法侵害、保护法益的合理需要为标准。一方面要分析不法侵害行为的危险程度、主观的心理状态以及双方的手段、强度、人员多少与强弱、在现场所处的客观环境与形势等；另一方面应权衡防卫行为所保护的权益与所损害的利益之间不能过大，不能为了保护微小权益而造成不法侵害者重伤或者死亡，即使是非杀死侵害人不能保护微小法益的情况下，也不能认为杀死不法侵害人是必需的。

第20条第3款关于"无限防卫权"的规定，其实质包含防卫范围无限制和防卫强度无限制两方面内容，适用条件在于：（1）起因条件必须是危及人身安全的暴力犯罪；（2）防卫行为保护的利益仅限人身安全而不包括其他合法权益，如财产权利；（3）"行凶"应理解为故意重伤害以上的伤害行为，而不包括轻伤害。

认定正当防卫，应该划清与防卫挑拨的界限。前者是为了维护公共利益或个人的合法权益免遭不法侵害；后者是为了加害他人，故意挑逗对方先向自己进行侵害，然后以正当防卫为借口损害对方。防卫挑拨的行为，不能认定为正当防卫。

● **相关规定** 【法发〔2015〕4号】 **最高人民法院、最高人民检察院、公安部、司法部关于依法办理家庭暴力犯罪案件的意见**（2015年3月2日印发）

19. 准确认定对家庭暴力的正当防卫。为了使本人或者他人的人身权利免受不法侵害，对正在进行的家庭暴力采取制止行为，只要符合刑法规定的条件，就应当依法认定为正当防卫，不负刑事责任。防卫行为造成施暴人重伤、死亡，且明显超过必要限度，属于防卫过当，应当负刑事责任，但是应当减轻或者免除处罚。

认定防卫行为是否"明显超过必要限度"，应当以足以制止并使防卫人免受家庭暴力不法侵害的需要为标准，根据施暴人正在实施家庭暴力的严重程度、手段的残忍程度、防卫人所处的环境、面临的危险程度、采取的制止暴力的手段、造成施暴人重大损害的程度，以及既往家庭暴力的严重程度等进行综合判断。

【公通字〔2019〕1号】 **最高人民法院、最高人民检察院、公安部关于依法惩治妨害公共交通工具安全驾驶违法犯罪行为的指导意见**（2019年1月8日印发）

一、准确认定行为性质，依法从严惩处妨害安全驾驶犯罪

（四）对正在进行的妨害安全驾驶的违法犯罪行为，乘客等人员有权采取措施予以制止。制止行为造成违法犯罪行为人损害，符合法定条件的，应当认定为正当防卫。

【公通字〔2007〕1号】 **公安机关执行《中华人民共和国治安管理处罚法》有关问题的解释（二）**（2007年1月8日印发）

一、关于制止违反治安管理行为的法律责任问题

为了免受正在进行的违反治安管理行为的侵害而采取的制止违法侵害行为，不属于违反治安管理行为。但对事先挑拨、故意挑逗他人对自己进行侵害，然后以制止违法侵害为名对他人加以侵害的行为，以及互相斗殴的行为，应当予以治安管理处罚。

【法发〔2020〕31号】 **最高人民法院、最高人民检察院、公安部关于依法适用正当防卫制度的指导意见**（2020年8月28日印发）

一、总体要求

1. 把握立法精神，严格公正办案。正当防卫是法律赋予公民的权利。要准确理解和把握正当防卫的法律规定和立法精神，对于符合正当防卫成立条件的，

坚决依法认定。要切实防止"谁能闹谁有理""谁死伤谁有理"的错误做法，坚决捍卫"法不能向不法让步"的法治精神。

2. 立足具体案情，依法准确认定。要立足防卫人防卫时的具体情境，综合考虑案件发生的整体经过，结合一般人在类似情境下的可能反应，依法准确把握防卫的时间、限度等条件。要充分考虑防卫人面临不法侵害时的紧迫状态和紧张心理，防止在事后以正常情况下冷静理性、客观精确的标准去评判防卫人。

3. 坚持法理情统一，维护公平正义。认定是否构成正当防卫、是否防卫过当以及对防卫过当裁量刑罚时，要注重查明前因后果，分清是非曲直，确保案件处理于法有据、于理应当、于情相容，符合人民群众的公平正义观念，实现法律效果与社会效果的有机统一。

4. 准确把握界限，防止不当认定。对于以防卫为名行不法侵害之实的违法犯罪行为，要坚决避免认定为正当防卫或者防卫过当。对于虽具有防卫性质，但防卫行为明显超过必要限度造成重大损害的，应当依法认定为防卫过当。

二、正当防卫的具体适用

5. 准确把握正当防卫的起因条件。正当防卫的前提是存在不法侵害。不法侵害既包括侵犯生命、健康权利的行为，也包括侵犯人身自由、公私财产等权利的行为；既包括犯罪行为，也包括违法行为。不应将不法侵害不当限缩为暴力侵害或者犯罪行为。对于非法限制他人人身自由、非法侵入他人住宅等不法侵害，可以实行防卫。不法侵害既包括针对本人的不法侵害，也包括危害国家、公共利益或者针对他人的不法侵害。对于正在进行的拉拽方向盘、殴打司机等妨害安全驾驶、危害公共安全的违法犯罪行为，可以实行防卫。成年人对于未成年人正在实施的针对其他未成年人的不法侵害，应当劝阻、制止；劝阻、制止无效的，可以实行防卫。

6. 准确把握正当防卫的时间条件。正当防卫必须是针对正在进行的不法侵害。对于不法侵害已经形成现实、紧迫危险的，应当认定为不法侵害已经开始；对于不法侵害虽然暂时中断或者被暂时制止，但不法侵害人仍有继续实施侵害的现实可能性的，应当认定为不法侵害仍在进行；在财产犯罪中，不法侵害人虽已取得财物，但通过追赶、阻击等措施能够追回财物的，可以视为不法侵害仍在进行；对于不法侵害人确已失去侵害能力或者确已放弃侵害的，应当认定为不法侵害已经结束。对于不法侵害是否已经开始或者结束，应当立足防卫人在防卫时所处情境，按照社会公众的一般认知，依法作出合乎情理的判断，不能苛求防卫人。对于防卫人因为恐慌、紧张等心理，对不法侵害是否已经开始或者结束产生错误认识的,应当根据主客观相统一原则,依法作出妥当处理。

7. 准确把握正当防卫的对象条件。正当防卫必须针对不法侵害人进行。对于多人共同实施不法侵害的,既可以针对直接实施不法侵害的人进行防卫,也可以针对在现场共同实施不法侵害的人进行防卫。明知侵害人是无刑事责任能力人或者限制刑事责任能力人的,应当尽量使用其他方式避免或者制止侵害;没有其他方式可以避免、制止不法侵害,或者不法侵害严重危及人身安全的,可以进行反击。

8. 准确把握正当防卫的意图条件。正当防卫必须是为了使国家、公共利益、本人或者他人的人身、财产和其他权利免受不法侵害。对于故意以语言、行为等挑动对方侵害自己再予以反击的防卫挑拨,不应认定为防卫行为。

9. 准确界分防卫行为与相互斗殴。防卫行为与相互斗殴具有外观上的相似性,准确区分两者要坚持主客观相统一原则,通过综合考量案发起因、对冲突升级是否有过错、是否使用或者准备使用凶器、是否采用明显不相当的暴力、是否纠集他人参与打斗等客观情节,准确判断行为人的主观意图和行为性质。

因琐事发生争执,双方均不能保持克制而引发打斗,对于有过错的一方先动手且手段明显过激,或者一方先动手,在对方努力避免冲突的情况下仍继续侵害的,还击一方的行为一般应当认定为防卫行为。

双方因琐事发生冲突,冲突结束后,一方又实施不法侵害,对方还击,包括使用工具还击的,一般应当认定为防卫行为。不能仅因行为人事先进行防卫准备,就影响对其防卫意图的认定。

10. 防止将滥用防卫权的行为认定为防卫行为。对于显著轻微的不法侵害,行为人在可以辨识的情况下,直接使用足以致人重伤或者死亡的方式进行制止的,不应认定为防卫行为。不法侵害系因行为人的重大过错引发,行为人在可以使用其他手段避免侵害的情况下,仍故意使用足以致人重伤或者死亡的方式还击的,不应认定为防卫行为。

三、防卫过当的具体适用

11. 准确把握防卫过当的认定条件。根据刑法第20条第2款的规定,认定防卫过当应当同时具备"明显超过必要限度"和"造成重大损害"两个条件,缺一不可。

12. 准确认定"明显超过必要限度"。防卫是否"明显超过必要限度",应当综合不法侵害的性质、手段、强度、危害程度和防卫的时机、手段、强度、损害后果等情节,考虑双方力量对比,立足防卫人防卫时所处情境,结合社会公众的一般认知作出判断。在判断不法侵害的危害程度时，不仅要考虑已经造成的损害，还要考虑造成进一步损害的紧迫危险性和现实可能性。不应当苛求防卫人必须采取与不法侵害基本相当的反击方式和强度。通过综合考量，对于防卫行为与不法侵害相差悬殊、明显过激的，应当认定防卫明显超过必要限度。

13. 准确认定"造成重大损害"。"造成重大损害"是指造成不法侵害人重伤、死亡。造成轻伤及以下损害的，不属于重大损害。防卫行为虽然明显超过必要限度但没有造成重大损害的，不应认定为防卫过当。

14. 准确把握防卫过当的刑罚裁量。防卫过当应当负刑事责任，但是应当减轻或者免除处罚。要综合考虑案件情况，特别是不法侵害人的过错程度、不法侵害的严重程度以及防卫人面对不法侵害的恐慌、紧张等心理，确保刑罚裁量适当、公正。对于因侵害人实施严重贬损他人人格尊严、严重违反伦理道德的不法侵害，或者多次、长期实施不法侵害所引发的防卫过当行为，在量刑时应当充分考虑，以确保案件处理既经得起法律检验，又符合社会公平正义观念。

四、特殊防卫的具体适用

15. 准确理解和把握"行凶"。根据刑法第20条第3款的规定，下列行为应当认定为"行凶"：（1）使用致命性凶器，严重危及他人人身安全的；（2）未使用凶器或者未使用致命性凶器，但是根据不法侵害的人数、打击部位和力度等情况，确已严重危及他人人身安全的。虽然尚未造成实际损害，但已对人身安全造成严重、紧迫危险的，可以认定为"行凶"。

16. 准确理解和把握"杀人、抢劫、强奸、绑架"。刑法第20条第3款规定的"杀人、抢劫、强奸、绑架"，是指具体犯罪行为而不是具体罪名。在实施不法侵害过程中存在杀人、抢劫、强奸、绑架等严重危及人身安全的暴力犯罪行为的，如以暴力手段抢劫枪支、弹药、爆炸物或者以绑架手段拐卖妇女、儿童的，可以实行特殊防卫。有关行为没有严重危及人身安全的，应当适用一般防卫的法律规定。

17. 准确理解和把握"其他严重危及人身安全的暴力犯罪"。刑法第20条第3款规定的"其他严重危及人身安全的暴力犯罪"，应当是与杀人、抢劫、强奸、绑架行为相当，并具有致人重伤或者死亡的紧迫危险和现实可能的暴力犯罪。

18. 准确把握一般防卫与特殊防卫的关系。对于不符合特殊防卫起因条件的防卫行为，致不法侵害人伤亡的，如果没有明显超过必要限度，也应当认定为正当防卫，不负刑事责任。

【高检发办字〔2022〕167号】 最高人民检察院、公安部关于依法妥善办理轻伤害案件的指导意见（主文见《刑法》第234条）（第二次重印增补内容，余文见本书末尾。）

● 指导案例 **【法〔2018〕164号】** 最高人民法院关于发布第18批指导性案例的通知（2018年6月20日印发）

（指导案例93号）于某故意伤害案

裁判要点：1. 对正在进行的非法限制他人人身自由的行为，应当认定为《刑法》第20条第1款规定的"不法侵害"，可以进行正当防卫。

2. 对非法限制他人人身自由并伴有侮辱、轻微殴打的行为，不应当认定为《刑法》第20条第3款规定的"严重危及人身安全的暴力犯罪"。

3. 判断防卫是否过当，应当综合考虑不法侵害的性质、手段、强度、危害程度，以及防卫行为的性质、时机、手段、强度、所处环境和损害后果等情节。对非法限制他人人身自由并伴有侮辱、轻微殴打，且并不十分紧迫的不法侵害，进行防卫致人死亡重伤的，应当认定为《刑法》第20条第2款规定的"明显超过必要限度造成重大损害"。

4. 防卫过当案件，如系因被害人实施严重贬损他人人格尊严或者亵渎人伦的不法侵害引发的，量刑时对此应予充分考虑，以确保司法裁判既经得起法律检验，也符合社会公平正义观念。

【高检发办字〔2018〕42号】 关于印发最高人民检察院第12批指导性案例的通知（2018年12月12日最高人民检察院第13届检察委员会第11次会议讨论通过，2018年12月18日印发）

（检例第45号）陈某正当防卫案

要旨：在被人殴打、人身权利受到不法侵害的情况下，防卫行为虽然造成了重大损害的客观后果，但是防卫措施并未明显超过必要限度的，不属于防卫过当，依法不负刑事责任。

（检例第46号）朱凤山故意伤害（防卫过当）案

要旨：在民间矛盾激化过程中，对正在进行的非法侵入住宅、轻微人身侵害行为，可以进行正当防卫，但防卫行为的强度不具有必要性并致不法侵害人重伤、死亡的，属于明显超过必要限度造成重大损害，应当负刑事责任，但是应当减轻或者免除处罚。

（检例第47号）于海明正当防卫案

要旨：对于犯罪故意的具体内容虽不确定，但足以严重危及人身安全的暴力侵害行为,应当认定为《刑法》第20条第3款规定的"行凶"。行凶已经造成严重危及人身安全的紧迫危险,即使没有发生严重的实害后果,也不影响正当防卫的成立。

(检例第48号)侯雨秋正当防卫案

要旨: 单方聚众斗殴的,属于不法侵害,没有斗殴故意的一方可以进行正当防卫。单方持械聚众斗殴,对他人的人身安全造成严重危险的,应当认定为《刑法》第20条第3款规定的"其他严重危及人身安全的暴力犯罪"。

【法〔2020〕352号】 最高人民法院关于发布第26批指导性案例的通知(2020年12月31日)

(指导案例144号)张那木拉正当防卫案

裁判要点: 1.对于使用致命性凶器攻击他人要害部位,严重危及他人人身安全的行为,应当认定为《刑法》第20条第3款规定的"行凶",可以适用特殊防卫的有关规定。

2.对于多人共同实施不法侵害,部分不法侵害人已被制伏,但其他不法侵害人仍在继续实施侵害的,仍然可以进行防卫。

第21条 【紧急避险】 为了使国家、公共利益、本人或者他人的人身、财产和其他权利免受正在发生的危险,不得已采取的紧急避险行为,造成损害的,不负刑事责任。

【避险过当】 紧急避险超过必要限度造成不应有的损害的,应当负刑事责任,但是应当减轻或者免除处罚。

第一款中关于避免本人危险的规定,不适用于职务上、业务上负有特定责任的人。

● **条文注释** 本条规定的紧急避险是指行为人遇到正在发生的某种紧急危险时,为了国家利益、公共利益或者个人的合法权益免遭损害,被迫侵犯另一个较小的合法权益,以保护较大的合法权益。只有当被迫损害的合法权益小于被保全的合法权益时,紧急避险行为才是对社会有益的,这种紧急避险才不负刑事责任;否则,构成本条第2款规定的避险过当。

本条第3款规定的"职务上、业务上负有特定责任的人",是指其所担任的职务或从事的业务要求其对一定的危险有义务进行排除的人。例如,公安人员遇到持枪犯罪行为,不能为了使自己免受枪击而逃离现场;民航驾驶员遇到飞机故障有坠机危险，不能不顾乘客的安危而自己跳伞逃生。如果不履行职责义务，造成严重后果的，可以依法追究刑事责任。

同正当防卫一样，本条紧急避险不仅仅是为了保护行为人本人的利益，也可以是为了保护他人的乃至国家、社会的利益，所保护的合法权益不仅仅是人身权利，还包括财产权利以及其他权利。本条第3款之规定为紧急避险制度适用的例外，是对于职务上、业务上负有特定责任的人，如消防队员等而言的，其前提在于当"避免本人危险"的时候。

第20条规定的"正当防卫"与第21条规定的"紧急避险"不要相混淆，二者的区别主要有：（1）起因条件。正当防卫的起因条件是他人的不法侵害；而紧急避险的起因条件是一种危险，包括自然灾害等非人为的损害。（2）限度条件。正当防卫所造成的损害可以大于或等于所要保护的利益；而紧急避险所造成的损害不能等于更不能大于所要保护的利益。（3）限制条件。紧急避险必须是不得已的，没有其他更好的办法而采取的；而正当防卫则无此要求。（4）对象条件。正当防卫要求打击的对象只能是不法侵害者本人；而紧急避险则可以是无辜的第三者，二者损害的对象是有原则区别的。（5）正当防卫没有类似第21条第3款的限制（主体条件的限制）。

需要注意的是：紧急避险中的"造成损害"应当不包括直接对他人性命的剥夺。因为人的生命权属于最高层级、最重要的权益，没有数量上的大小之分（不能认为多数人的生命权高于少数人的生命权）。

● 相关规定　【主席令〔2012〕69号】　**中华人民共和国人民警察法**（2012年10月26日第11届全国人大常委会第29次会议修正，2013年1月1日施行）

第10条　遇有拒捕、暴乱、越狱、抢夺枪支或者其他暴力行为的紧急情况，公安机关的人民警察依照国家有关规定可以使用武器。

第11条　为制止严重违法犯罪活动的需要，公安机关的人民警察依照国家有关规定可以使用警械。

【国务院令〔1996〕191号】　**人民警察使用警械和武器条例**（1996年1月8日国务院第41次常务会议通过，1996年1月16日发布施行）

第9条　人民警察判明有下列暴力犯罪行为的紧急情形之一，经警告无效的，可以使用武器：

（一）放火、决水、爆炸等严重危害公共安全的；

（二）劫持航空器、船舰、火车、机动车或者驾驶车、船等机动交通工具，故意危害公共安全的；

（三）抢夺、抢劫枪支弹药、爆炸、剧毒等危险物品，严重危害公共安全的；

（四）使用枪支、爆炸、剧毒等危险物品实施犯罪或者以使用枪支、爆炸、剧毒等危险物品相威胁实施犯罪的；

（五）破坏军事、通讯、交通、能源、防险等重要设施，足以对公共安全造成严重、紧迫危险的；

（六）实施凶杀、劫持人质等暴力行为，危及公民生命安全的；

（七）国家规定的警卫、守卫、警戒的对象和目标受到暴力袭击、破坏或者有受到暴力袭击、破坏的紧迫危险的；

（八）结伙抢劫或者持械抢劫公私财物的；

（九）聚众械斗、暴乱等严重破坏社会治安秩序，用其他方法不能制止的；

（十）以暴力方法抗拒或者阻碍人民警察依法履行职责或者暴力袭击人民警察，危及人民警察生命安全的；

（十一）在押人犯、罪犯聚众骚乱、暴乱、行凶或者脱逃的；

（十二）劫夺在押人犯、罪犯的；

（十三）实施放火、决水、爆炸、凶杀、抢劫或者其他严重暴力犯罪行为后拒捕、逃跑的；

（十四）犯罪分子携带枪支、爆炸、剧毒等危险物品拒捕、逃跑的；

（十五）法律、行政法规规定可以使用武器的其他情形。

人民警察依照前款规定使用武器，来不及警告或者警告后可能导致更严重危害后果的，可以直接使用武器。

第10条　人民警察遇有下列情形之一的，不得使用武器：

（一）发现实施犯罪的人为怀孕妇女、儿童的，但是使用枪支、爆炸等危险物品实施暴力犯罪的除外；

（二）犯罪分子处于群众聚集的场所或者存放大量易燃、易爆、剧毒、放射性等危险物品的场所的，但是不使用武器予以制止，将发生更为严重危害后果的除外。

第11条　人民警察遇有下列情形之一的，应当立即停止使用武器：

（一）犯罪分子停止实施犯罪，服从人民警察命令的；

（二）犯罪分子失去继续实施犯罪能力的。

【国务院令〔2002〕356号】　专职守护押运人员枪支使用管理条例（2002年7月27日公布施行）

第6条　专职守护、押运人员执行守护、押运任务时，遇有下列紧急情形之一，不使用枪支不足以制止暴力犯罪行为的，可以使用枪支：

（一）守护目标、押运物品受到暴力袭击或者有受到暴力袭击的紧迫危险的；

（二）专职守护、押运人员受到暴力袭击危及生命安全或者所携带的枪支弹药受到抢夺、抢劫的。

第7条 专职守护、押运人员在存放大量易燃、易爆、剧毒、放射性等危险物品的场所，不得使用枪支；但是，不使用枪支制止犯罪行为将会直接导致严重危害后果发生的除外。

第8条 专职守护、押运人员遇有下列情形之一的，应当立即停止使用枪支：

（一）有关行为人停止实施暴力犯罪行为的；

（二）有关行为人失去继续实施暴力犯罪行为能力的。

【公通字〔2015〕2号】 公安机关人民警察佩带使用枪支规范（公安部2015年1月16日印发）（略）

【公通字〔2019〕1号】 最高人民法院、最高人民检察院、公安部关于依法惩治妨害公共交通工具安全驾驶违法犯罪行为的指导意见（2019年1月8日印发）

一、准确认定行为性质，依法从严惩处妨害安全驾驶犯罪

（五）正在驾驶公共交通工具的驾驶人员遭到妨害安全驾驶行为侵害时，为避免公共交通工具倾覆或者人员伤亡等危害后果发生，采取紧急制动或者躲避措施，造成公共交通工具、交通设施损坏或者人身损害，符合法定条件的，应当认定为紧急避险。

（七）本意见所称公共交通工具，是指公共汽车、公路客运车，大、中型出租车等车辆。

【主席令〔2021〕71号】 中华人民共和国海警法（2021年1月22日第13届全国人大常委会第25次会议通过，2021年2月1日施行）

第22条 国家主权、主权权利和管辖权在海上正在受到外国组织和个人的不法侵害或者面临不法侵害的紧迫危险时，海警机构有权依照本法和其他相关法律、法规，采取包括使用武器在内的一切必要措施制止侵害、排除危险。

第49条 海警机构工作人员依法使用武器，来不及警告或者警告后可能导致更为严重危害后果的，可以直接使用武器。

第50条 海警机构工作人员应当根据违法犯罪行为和违法犯罪行为人的危险性质、程度和紧迫性，合理判断使用武器的必要限度，尽量避免或者减少不必要的人员伤亡、财产损失。

第二节 犯罪的预备、未遂和中止

> **第 22 条** 【犯罪预备】为了犯罪,准备工具、制造条件的,是犯罪预备。
> 对于预备犯,可以比照既遂犯从轻、减轻处罚或者免除处罚。
> **第 23 条** 【犯罪未遂】已经着手实行犯罪,由于犯罪分子意志以外的原因而未得逞的,是犯罪未遂。
> 对于未遂犯,可以比照既遂犯从轻或者减轻处罚。
> **第 24 条** 【犯罪中止】在犯罪过程中,自动放弃犯罪或者自动有效地防止犯罪结果发生的,是犯罪中止。
> 对于中止犯,没有造成损害的,应当免除处罚;造成损害的,应当减轻处罚。

● **条文注释** 犯罪预备行为是为分则具体犯罪构成行为的实行和犯罪的完成创造便利条件,为其实现创造可能性;而犯罪实施行为则是要直接完成犯罪,变预备阶段实行和完成犯罪的现实可能性为直接的现实性。从时空阶段上看,犯罪预备只存在于预备阶段,犯罪未遂只存在于实行阶段,而犯罪中止则既可以存在于预备阶段,也可以存在于实行阶段。

"犯罪未遂"具有的 3 个构成要件(特征)为:(1)行为人已经着手实行犯罪,这与犯罪预备相区别;(2)犯罪未完成(未得逞)而停止下来,这与犯罪既遂相区别;(3)犯罪停止在未完成形态是犯罪分子意志以外的原因所导致的,这与犯罪中止相区别。所谓已经着手实行犯罪,是指行为人已经开始实施刑法分则具体犯罪构成要件中的犯罪行为,如《刑法》第 236 条强奸罪的着手实施行为就是对被害妇女实施暴力、威胁等手段,以达到强行奸淫的目的。

犯罪未遂的类型有两种:(1)实行终了的未遂与未实行终了的未遂;(2)能犯未遂与不能犯未遂(其中,不能犯未遂又可分为工具不能犯未遂与对象不能犯未遂)。前者以犯罪实施行为是否实行终了为标准,后者以行为的实行能否实际构成犯罪既遂为标准。

犯罪中止的一个最基本特征就是"自动性",即行为人出于自己的意志而放弃自认为当时本可以继续实施和完成的犯罪,这是犯罪中止与犯罪预备、犯罪未遂相区别的关键所在。犯罪中止有两种形式:(1)自动放弃犯罪;(2)自动有效地防止结果发生(仅仅以不作为的方式消极地停止犯罪的继续实施还不够,还必须积极地预防和阻止既遂的犯罪结果发生,且这种防止行为必须奏效)。前者为消极中止,后者即为积极中止。中止犯的处罚原则也较为特殊,首先,明确是"应当"从宽处罚而非如同预备犯、未遂犯那样"可以"从宽处罚;其次,注意对中止犯的处罚也不同于预备犯、未遂犯那样比照既遂犯进行处罚;最后,明确对中止犯的处罚关键看是否造成损害结果,对于造成损害结果的,应当减轻处罚,未造成损害结果的,应当免除处罚。

值得注意的是,故意犯罪的几种形态——预备、中止、未遂与既遂都是犯罪的停止形态,它们之间是一种彼此独立存在的关系,而不可能发生相互转化,如一旦达到犯罪既遂形态就不可能再转化为犯罪未遂、中止形态(如盗窃犯把盗得的财物又主动送回原处,由于其犯罪已经完成即达既遂,不存在中止犯罪的时空条件,因而不属于中止)。

根据刑法理论,犯罪既遂的类型包括4种:行为犯、结果犯、危险犯和举动犯。前三者也称为情节犯。"行为犯"是指行为人只要完成了刑法规定的犯罪行为,不管其犯罪的结果和情节如何,一律构成犯罪。"结果犯"是指根据行为人所实施的危害行为及其危害结果(情节是否严重等),综合判断是否构成犯罪。"危险犯"是指行为人实施的危害行为虽然没有造成实际后果,但足以造成法律规定的危险结果,也作为犯罪既遂。"举动犯"是指按照法律规定,只要行为人一着手实施犯罪行为,即构成犯罪(只有犯罪既遂,不存在犯罪未遂的问题),例如我国刑法规定的传授犯罪方法罪等。

关于情节犯是否存在犯罪未遂的问题,目前理论界对此看法不一。有的观点认为,对于情节犯而言,如果在具备实行行为的基础上又具备了法定情节,则不但构成犯罪,也符合犯罪构成的全部要件,即达到既遂状态,故情节犯不存在既遂与未遂之分;有的观点则认为情节是否具备并不直接决定具体犯罪既遂的成立,情节犯也有可能成立犯罪未遂。本书认为,对于情节犯是否存在未遂的问题,不能一概而论,而要根据案件所属的具体犯罪类型(行为犯、结果犯、危险犯)以及刑法条文规定的既遂标准来判断。

● **相关规定** 最高人民检察院、公安部关于公安机关管辖的刑事案件立案追诉标准的规定(二)(公通字〔2022〕8号,2022年4月6日印发,2022年5月

15日施行；公通字〔2010〕23号《规定》、公通字〔2011〕47号《补充规定》同时废止）

第82条 对于预备犯、未遂犯、中止犯，需要追究刑事责任的，应予立案追诉。

● **量刑指导** 【法发〔2021〕21号】 最高人民法院、最高人民检察院关于常见犯罪的量刑指导意见（2021年6月16日印发，2021年7月1日试行；法发〔2017〕7号《指导意见》同时废止）①

三、常见量刑情节的适用

（四）对于未遂犯，综合考虑犯罪行为的实行程度、造成损害的大小、犯罪未得逞的原因等情况，可以比照既遂犯减少基准刑的50%以下。（本条未变化）

● **指导案例** 【法〔2016〕214号】 最高人民法院关于发布第13批指导性案例的通知（2016年6月30日印发）

（指导案例62号）王新明合同诈骗案

裁判要点：在数额犯中，犯罪既遂部分与未遂部分分别对应不同法定刑幅度的，应当先决定对未遂部分是否减轻处罚，确定未遂部分对应的法定刑幅度，再与既遂部分对应的法定刑幅度进行比较，选择适用处罚较重的法定刑幅度，并酌情从重处罚；二者在同一量刑幅度的，以犯罪既遂酌情从重处罚。

第三节 共同犯罪

第25条 【共同犯罪】共同犯罪是指二人以上共同故意犯罪。

二人以上共同过失犯罪，不以共同犯罪论处；应当负刑事责任的，按照他们所犯的罪分别处罚。

第26条 【主犯】组织、领导犯罪集团进行犯罪活动的或者在共同犯罪中起主要作用的，是主犯。

---

① 注：《意见》要求各省高院、检察院应当总结司法实践经验，按照规范、实用、符合司法实际的原则共同研制"实施细则"，经审委会、检委会通过后，分别报最高法、最高检备案审查，与《意见》同步实施。

其他判处有期徒刑的案件，可以参照量刑的指导原则、基本方法和常见量刑情节的适用规范量刑。

三人以上为共同实施犯罪而组成的较为固定的犯罪组织，是犯罪集团。

对组织、领导犯罪集团的首要分子，按照集团所犯的全部罪行处罚。

对于第三款规定以外的主犯，应当按照其所参与的或者组织、指挥的全部犯罪处罚。

第27条　【从犯】在共同犯罪中起次要或者辅助作用的，是从犯。

对于从犯，应当从轻、减轻处罚或者免除处罚。

第28条　【胁从犯】对于被胁迫参加犯罪的，应当按照他的犯罪情节减轻处罚或者免除处罚。

第29条　【教唆犯】教唆他人犯罪的，应当按照他在共同犯罪中所起的作用处罚。教唆不满十八周岁的人犯罪的，应当从重处罚。

如果被教唆的人没有犯被教唆的罪，对于教唆犯，可以从轻或者减轻处罚。

● **条文注释**　第26条规定的主犯有几种形式：（1）组织、领导犯罪集团的首要分子；（2）在聚众犯罪中起组织、策划、指挥作用的犯罪分子（即聚众犯罪中的首要分子）；（3）其他在共同犯罪中起主要作用的犯罪分子（主要的实行犯）。应注意的是"主犯"不是法定加重量刑情节，如无特殊规定，应直接依照具体罪行所对应的法定刑处罚。

第28条规定的胁从犯对主犯的犯罪行为可能没有认识，被诱骗参加犯罪，也可能有所认识，但被暴力胁迫而不情愿地实施犯罪。胁从犯在主观上的基本特征在于虽然是非主动、非自愿的，但却并没有失去或完全失去意志自由。由于这一主观特点，在多数情况下，胁从犯的主观方面通常表现为间接故意。如果行为人在身体受到强制的情况下完全失去了意志自由，则失去了与胁迫者的犯意联络，不具有与胁迫者的共同犯罪故意，属于《刑法》第16条所规定的"非犯罪行为"。

需要注意的是：在行为人受到的胁迫是直接威胁到本人或者他人人身权利、财产权利安全，或者公共利益安全的危险时，如果行为人造成的实际损害小于他所保护的利益，则行为人的行为应认定为紧急避险，而不应作为胁从犯追究其刑事责任。如果是因为受人胁迫，为了保护自己的某种利益，而对第三者的利益造成损害，且这种损害大于其所欲保护的利益时，则属于胁从犯。另外，有些犯罪人参加共同犯罪虽然是被胁迫的，但一旦参加犯罪后，在以后的共同犯罪中发挥越来越大的作用，取代了原先的主犯甚至是首要分子。对于这种犯罪分子，不能因为其第 1 次犯罪是被胁迫而实施的，就认定其为胁从犯，而应当按照其在共同犯罪中实际的作用，认定为主犯或者从犯。

第 29 条规定的教唆犯既可能是主犯，也有可能是从犯，但不可能是胁从犯。要注意的是教唆犯没有独立的教唆罪，而应根据所教唆的具体犯罪内容定性，如教唆他人盗窃的应定盗窃罪，教唆他人强奸的应定强奸罪。教唆犯可以单独构成犯罪，即如果被教唆的人没有犯罪或犯了其他的罪，教唆犯仍可以按照其教唆的犯罪定罪（未遂）。如果教唆的对象是不满 18 周岁的人，应当从重处罚；如果被教唆者没有犯被教唆之罪（教唆未遂）的，可以从轻或减轻处罚。

需要注意的是，《刑法》第 295 条"传授犯罪方法罪"与教唆犯罪的区别。教唆犯仅仅是起意犯，而传授犯罪方法行为则是将具体的实施某种犯罪的方法、技巧传授给他人，至于是否有唆使他人去实施犯罪的目的在所不问。不要把法律明确规定的以教唆的方法实行的犯罪当作教唆犯。如《刑法》第 353 条规定，"引诱、教唆、欺骗他人吸食、注射毒品的"，因《刑法》已将其规定为独立的犯罪即引诱、教唆、欺骗他人吸毒罪并规定了相应的法定刑，因而这种教唆行为不同于教唆犯。

● **相关规定** 【法释〔2000〕31 号】 **最高人民法院关于审理单位犯罪案件对其直接负责的主管人员和其他直接责任人员是否区分主犯、从犯问题的批复**（2000 年 9 月 28 日最高人民法院审判委员会第 1132 次会议通过，2000 年 9 月 30 日公布，答复湖北省高级人民法院"鄂高法〔1999〕374 号"请示，2000 年 10 月 10 日起施行）

在审理单位故意犯罪案件时，对其直接负责的主管人员和其他直接责任人员，可不区分主犯、从犯，按照其在单位犯罪中所起的作用判处刑罚。

【法发〔2010〕9 号】 **最高人民法院关于贯彻宽严相济刑事政策的若干意见**（2010 年 2 月 8 日印发）

四、准确把握和正确适用宽严"相济"的政策要求

31. 对于一般共同犯罪案件，应当充分考虑各被告人在共同犯罪中的地位和作用，以及在主观恶性和人身危险性方面的不同，根据事实和证据能分清主从

犯的，都应当认定主从犯。有多名主犯的，应在主犯中进一步区分出罪行最为严重者。对于多名被告人共同致死一名被害人的案件，要进一步分清各被告人的作用，准确确定各被告人的罪责，以做到区别对待；不能以分不清主次为由，简单地一律判处重刑。

33. 在共同犯罪案件中，对于主犯或首要分子检举、揭发同案地位、作用较次犯罪分子构成立功的，从轻或者减轻处罚应当从严掌握，如果从轻处罚可能导致全案量刑失衡的，一般不予从轻处罚；如果检举、揭发的是其他犯罪案件中罪行同样严重的犯罪分子，或者协助抓获的是同案中的其他主犯、首要分子的，原则上应予依法从轻或者减轻处罚。对于从犯或犯罪集团中的一般成员立功，特别是协助抓获主犯、首要分子的，应当充分体现政策，依法从轻、减轻或者免除处罚。

【法发〔2014〕5号】 最高人民法院、最高人民检察院、公安部、司法部、国家卫生和计划生育委员会关于依法惩处涉医违法犯罪维护正常医疗秩序的意见（2014年4月22日印发）

二、严格依法惩处涉医违法犯罪

（六）对于故意扩大事态，教唆他人实施针对医疗机构或者医务人员的违法犯罪行为，或者以受他人委托处理医疗纠纷为名实施敲诈勒索、寻衅滋事等行为的，依照治安管理处罚法和刑法的有关规定从严惩处。

【主席令〔2012〕67号】 中华人民共和国治安管理处罚法（2012年10月26日第11届全国人大常委会第29次会议修正，2013年1月1日起施行）

第2条 扰乱公共秩序，妨害公共安全，侵犯人身权利、财产权利，妨害社会管理，具有社会危害性，依照《中华人民共和国刑法》的规定构成犯罪的，依法追究刑事责任；尚不够刑事处罚的，由公安机关依照本法给予治安管理处罚。

第17条 共同违反治安管理的，根据违反治安管理行为人在违反治安管理行为中所起的作用，分别处罚。

教唆、胁迫、诱骗他人违反治安管理的，按照其教唆、胁迫、诱骗的行为处罚。

● 量刑指导 **【法发〔2021〕21号】** 最高人民法院、最高人民检察院关于常见犯罪的量刑指导意见（2021年6月16日印发，2021年7月1日试行；法发〔2017〕7号《指导意见》同时废止。删除线、下划线部分内容为2021年删除、

增加)①

三、常见量刑情节的适用

（五）对于从犯，应当综合考虑其在共同犯罪中的地位、作用等情况，<u>应当予以从宽处罚</u>，减少基准刑的 20% - 50%；犯罪较轻的，<u>可以减少基准刑的 50% 以上或者依法免除处罚</u>。

第四节　单位犯罪

> **第 30 条　【单位刑事责任】**公司、企业、事业单位、机关、团体实施的危害社会的行为，法律规定为单位犯罪的，应当负刑事责任。
>
> **第 31 条　【单位犯罪处罚】**单位犯罪的，对单位判处罚金，并对其直接负责的主管人员和其他直接责任人员判处刑罚。本法分则和其他法律另有规定的，依照规定。

● **条文注释**　关于单位犯罪，首先应明确并非所有犯罪都可以成立单位犯罪。单位犯罪必须具有法定性，只有法律明文规定单位可以成为犯罪主体的犯罪行为，才存在单位犯罪及单位承担刑事责任问题。但我国刑法中规定的"单位犯罪"不同于国外的"法人犯罪"。在司法实践中，单位的内设部门、分公司，或者有些社会团体，虽然不具有《民法典》规定的法人资格，但同样可以成为犯罪的主体。

根据"法释〔1999〕14 号"《解释》，以下 2 种不以单位犯罪论处，而是处罚承担法律责任的自然人：（1）个人为进行违法犯罪活动而设立的公司、企业、事业单位实施犯罪的，或者该单位设立后，以实施犯罪为主要活动的。（2）盗用单位名义实施犯罪，违法所得由实施犯罪的个人私分的。根据法研〔2003〕153 号《答复》，"单位"的概念延伸到外国公司、企业、事业单位。

对单位犯罪的处罚方式以双罚制为原则、以单罚制为例外。双罚制，即对单位判处罚金，同时对单位直接负责的主管人员和其他直接责任人员判处刑罚；

---

① 注：《意见》要求各省高院、检察院应当总结司法实践经验，按照规范、实用、符合司法实际的原则共同研制"实施细则"，经审委会、检委会通过后，分别报最高法、最高检备案审查，与《意见》同步实施。

其他判处有期徒刑的案件，可以参照量刑的指导原则、基本方法和常见量刑情节的适用规范量刑。

而单罚制是刑法分则中少数几种单位犯罪采取的，即仅处罚直接责任人员（如刑法第137条的工程重大安全事故罪，第161条的违规披露、不披露重要信息罪①，第162条的妨害清算罪，第162条之2的虚假破产罪，第185条之1第2款的违法运用资金罪，第244条的强迫劳动罪，第396条的私分国有资产罪和私分罚没财物罪）。

需要注意的是：

（1）单位犯罪与自然人犯罪是2种不同的犯罪类型，并不是包容关系。对单位犯罪"双罚制"中的2种处罚内容（对单位罚金，对责任人科刑），都应理解为对单位的处罚。其中，对责任人科刑，是因为其作为单位（犯罪）的决策者或组织实施者，代表单位接受刑罚。这与自然人直接犯罪是有本质区别的。因此，即便对于刑法规定的单位犯罪"单罚制"情形，也应当对单位立案侦查、提起公诉，而不能对个人立案、起诉。同理，审判时，应当只是判决单位犯××罪（对单位判处罚金，并处或单处责任人刑罚），而不应当对个人定谳罪名。否则，从个人的前科罪名上，无法分辨自然人犯罪与单位犯罪（单位犯罪专属罪名除外）。②

（2）在我国现行法律中，并非只有《刑法》规定了单位犯罪。比如，《铁路法》《民用航空法》都直接规定了单位犯罪及其刑罚（详见《刑法》第130条相关规定）。③

● **立法解释　全国人民代表大会常务委员会关于《中华人民共和国刑法》第三十条的解释**（2014年4月24日第12届全国人民代表大会常务委员会第8次会议通过）

公司、企业、事业单位、机关、团体等单位实施刑法规定的危害社会的行为，刑法分则和其他法律未规定追究单位的刑事责任的，对组织、策划、实施该危害社会行为的人依法追究刑事责任。④

---

① 注：《刑法修正案（十一）》2021年3月1日施行后，实施《刑法》第161条规定行为的控股股东为单位时，对该单位实行"双罚制"。

② 注：本观点与"两高"当前的意见和做法相左，在司法时请注意。

③ 注：1987年《海关法》第47条第4款规定："企业事业单位、国家机关、社会团体犯走私罪的，由司法机关对其主管人员和直接责任人员依法追究刑事责任；对该单位判处罚金，判处没收走私货物、物品、走私运输工具和违法所得。"2000年7月8日第9届全国人大常委会第16次会议修订海关法时，该规定被删除。

④ 实践中需注意：尽管根据《解释》，可追究组织者、指使者、直接实施者的刑事责任，但还应当注意区分不同情况，贯彻体现宽严相济刑事政策。应当重点惩治组织者、指使者，积极主动的实施者。对囿于情势被迫、被动参与的，一般不宜追究其刑事责任；有多人参与组织、策划、实施，而行为人所处地位、所起作用又有明显差异的，则应依法区分主、从犯。

● **相关规定** 【公法〔1994〕27号】 **公安部关于如何理解走私罪中"直接负责的主管人员"和"直接责任人员"的答复**（1994年3月3日答复辽宁省公安厅）①

所谓"直接负责的主管人员"，是指在企业事业单位、机关、团体中，对本单位实施走私犯罪起决定作用的、负有组织、决策、指挥责任的领导人员。单位的领导人如果没有参与单位走私的组织、决策、指挥，或者仅是一般参与，并不起决定作用的，则不应对单位的走私罪负刑事责任。

所谓"直接责任人员"，是指直接实施本单位走私犯罪行为或者虽对单位走私犯罪负有部分组织责任，但对本单位走私犯罪行为不起决定作用，只是具体执行、积极参与的该单位的部门负责人或者一般工作人员。

对涉及两个或两个以上企事业单位、机关、团体联合走私的，认定"直接负责的主管人员"和"直接责任人员"，按上述原则办理。

最高人民法院研究室关于企业犯罪后被合并应当如何追究刑事责任问题的答复（1998年11月18日）

人民检察院起诉时该犯罪企业已被合并到一个新企业的，仍应依法追究原犯罪企业及其直接负责的主管人员和其他直接人员的刑事责任。人民法院审判时，对被告单位应列原犯罪企业名称，但注明已被并入新的企业，对被告单位所判处的罚金数额以其并入新的企业的财产及收益为限。

【法释〔1998〕7号】 **最高人民法院关于在审理经济纠纷案件中涉及经济犯罪嫌疑若干问题的规定**（1998年4月9日最高人民法院审判委员会第974次会议通过，1998年4月21日公布，1998年4月29日起施行；根据法释〔2020〕17号修正，2021年1月1日起施行）

第2条 单位直接负责的主管人员和其他直接责任人员，以为单位骗取财物为目的，采取欺骗手段对外签订经济合同，骗取的财物被该单位占有、使用或处分构成犯罪的，除依法追究有关人员的刑事责任，责令该单位返还骗取的财物外，如给被害人造成经济损失的，单位应当承担赔偿责任。

第3条 单位直接负责的主管人员和其他直接责任人员，以该单位的名义对外签订经济合同，将取得的财物部分或全部占为己有构成犯罪的，除依法追究行为人的刑事责任外，该单位对行为人因签订、履行该经济合同造成的后果，

---

① 注：该《答复》的内容出自《最高人民法院研究室关于如何理解"直接负责的主管人员"和"直接责任人员"问题的复函》（1994年1月27日答复公安部法制司）。

依法应当承担民事责任。

第 4 条　个人借用单位的业务介绍信、合同专用章或者盖有公章的空白合同书，以出借单位名义签订经济合同，骗取财物归个人占有、使用、处分或者进行其他犯罪活动，给对方造成经济损失构成犯罪的，除依法追究借用人的刑事责任外，出借业务介绍信、合同专用章或者盖有公章的空白合同书的单位，依法应当承担赔偿责任。但是，有证据证明被害人明知签订合同对方当事人是借用行为，仍与之签订合同的除外。

第 5 条　行为人盗窃、盗用单位的公章、业务介绍信、盖有公章的空白合同书，或者私刻单位的公章签订经济合同，骗取财物归个人占有、使用、处分或者进行其他犯罪活动构成犯罪的，单位对行为人该犯罪行为所造成的经济损失不承担民事责任。

行为人私刻单位公章或者擅自使用单位公章、业务介绍信、盖有公章的空白合同书以签订经济合同的方法进行的犯罪行为，单位有明显过错，且该过错行为与被害人的经济损失之间具有因果关系的，单位对该犯罪行为所造成的经济损失，依法应当承担赔偿责任。

第 6 条　企业承包、租赁经营合同期满后，企业按规定办理了企业法定代表人的变更登记，而企业法人未采取有效措施收回其公章、业务介绍信、盖有公章的空白合同书，或者没有及时采取措施通知相对人，致原企业承包人、租赁人得以用原承包、租赁企业的名义签订经济合同，骗取财物占为己有构成犯罪的，该企业对被害人的经济损失，依法应当承担赔偿责任。但是，原承包人、承租人利用擅自保留的公章、业务介绍信、盖有公章的空白合同书以原承包、租赁企业的名义签订经济合同，骗取财物占为己有构成犯罪的，企业一般不承担民事责任。

单位聘用的人员被解聘后，或者受单位委托保管公章的人员被解除委托后，单位未及时收回其公章，行为人擅自利用保留的原单位公章签订经济合同，骗取财物占为己有构成犯罪，如给被害人造成经济损失的，单位应当承担赔偿责任。

第 7 条　单位直接负责的主管人员和其他直接责任人员，将单位进行走私或其他犯罪活动所得财物以签订经济合同的方法予以销售，买方明知或者应当知道的，如因此造成经济损失，其损失由买方自负。但是，如果买方不知该经济合同的标的物是犯罪行为所得财物而购买的，卖方对买方所造成的经济损失应当承担民事责任。

第 8 条　根据《中华人民共和国刑事诉讼法》第 101 条第 1 款的规定，被害人或其法定代理人、近亲属对本规定第 2 条因单位犯罪行为造成经济损失的，对第 4 条、第 5 条第 1 款、第 6 条应当承担刑事责任的被告人未能返还财物而遭受经济损失提起附带民事诉讼的，受理刑事案件的人民法院应当依法一并审理。被害人或其法定代理人、近亲属因被害人遭受经济损失也有权对单位另行提起民事诉讼。若被害人或其法定代理人、近亲属另行提起民事诉讼的，有管辖权的人民法院应当依法受理。

【法释〔1999〕14 号】 最高人民法院关于审理单位犯罪案件具体应用法律有关问题的解释（1999 年 6 月 18 日最高人民法院审判委员会第 1069 次会议通过，1999 年 6 月 25 日公布，1999 年 7 月 3 日起施行）

第 1 条 刑法第 30 条规定的"公司、企业、事业单位"，既包括国有、集体所有的公司、企业、事业单位，也包括依法设立的合资经营、合作经营企业和具有法人资格的独资、私营等公司、企业、事业单位。

第 2 条 个人为进行违法犯罪活动而设立的公司、企业、事业单位实施犯罪的，或者公司、企业、事业单位设立后，以实施犯罪为主要活动的，不以单位犯罪论处。

第 3 条 盗用单位名义实施犯罪，违法所得由实施犯罪的个人私分的，依照刑法有关自然人犯罪的规定定罪处罚。

【法释〔2000〕31 号】 最高人民法院关于审理单位犯罪案件对其直接负责的主管人员和其他直接责任人员是否区分主犯、从犯问题的批复（2000 年 9 月 28 日最高人民法院审判委员会第 1132 次会议通过，2000 年 9 月 30 日公布，答复湖北省高级人民法院"鄂高法〔1999〕374 号"请示，2000 年 10 月 10 日起施行）

在审理单位故意犯罪案件时，对其直接负责的主管人员和其他直接责任人员，可不区分主犯、从犯，按照其在单位犯罪中所起的作用判处刑罚。

【法〔2001〕8 号】 全国法院审理金融犯罪案件工作座谈会纪要（最高人民法院 2001 年 1 月 21 日印发）

（一）关于单位犯罪问题

根据刑法和《最高人民法院关于审理单位犯罪案件具体应用法律有关问题的解释》的规定，以单位名义实施犯罪，违法所得归单位所有的，是单位犯罪。

1. 单位的分支机构或者内设机构、部门实施犯罪行为的处理。以单位的分支机构或者内设机构、部门的名义实施犯罪，违法所得亦归分支机构或者内设机构、部门所有的，应认定为单位犯罪。不能因为单位的分支机构或者内设机构、部门没有可供执行罚金的财产,就不将其认定为单位犯罪,而按照个人犯罪处理。

2. 单位犯罪直接负责的主管人员和其他直接责任人员的认定:直接负责的主管人员,是在单位实施的犯罪中起决定、批准、授意、纵容、指挥等作用的人员,一般是单位的主管负责人,包括法定代表人。其他直接责任人员,是在单位犯罪中具体实施犯罪并起较大作用的人员,既可以是单位的经营管理人员,也可以是单位的职工,包括聘任、雇佣的人员。应当注意的是,在单位犯罪中,对于受单位领导指派或奉命而参与实施了一定犯罪行为的人员,一般不宜作为直接责任人员追究刑事责任。对单位犯罪中的直接负责的主管人员和其他直接责任人员,应根据其在单位犯罪中的地位、作用和犯罪情节,分别处以相应的刑罚,主管人员与直接责任人员,在个案中,不是当然的主、从犯关系,有的案件,主管人员与直接责任人员在实施犯罪行为的主从关系不明显的,可不分主、从犯。但具体案件可以分清主、从犯,且不分清主、从犯,在同一法定刑档次、幅度内量刑无法做到罪刑相适应的,应当分清主、从犯,依法处罚。

3. 对未作为单位犯罪起诉的单位犯罪案件的处理。对于应当认定为单位犯罪的案件,检察机关只作为自然人犯罪案件起诉的,人民法院应及时与检察机关协商,建议检察机关对犯罪单位补充起诉。如检察机关不补充起诉的,人民法院仍应依法审理,对被起诉的自然人根据指控的犯罪事实、证据及庭审查明的事实,依法按单位犯罪中的直接负责的主管人员或者其他直接责任人员追究刑事责任,并应引用刑罚分则关于单位犯罪追究直接负责的主管人员和其他直接责任人员刑事责任的有关条款。

4. 单位共同犯罪的处理。两个以上单位以共同故意实施的犯罪,应根据各单位在共同犯罪中的地位、作用大小,确定犯罪单位的主、从犯。

【法办〔2001〕155号】 最高人民法院办公厅关于实施《法院刑事诉讼文书样式》若干问题的解答(2001年6月15日)

24. 问:单位犯罪案件,检察机关起诉到法院后,单位被注销或者被宣告破产的,在裁判文书中如何表述?

答:在首部应当列被告单位的名称,并用括号注明单位已被有关部门注销或者被人民法院宣告破产;在事实部分应当简要写明单位被注销或者被宣告破产的情况;在理由部分应当阐明对被告单位终止审理的理由;在判决结果的第一项先写:"对被告单位×××终止审理";第二项再写对被告人(即直接负责的主管人员和其他直接责任人员)作出的判决。

25. 问：被告单位犯罪后变更名称的，被告单位如何列，判决结果如何表述？

答：一般应当列变更后的单位名称，但需括注单位的原名称。在判决结果中，应当根据庭审查明的事实和法律的有关规定，对变更后的单位定罪判刑（判处罚金），或者宣告无罪。

【高检发释字〔2002〕4 号】　最高人民检察院关于涉嫌犯罪单位被撤销、注销、吊销营业执照或者宣告破产的应如何进行追诉问题的批复（2002 年 7 月 4 日由最高人民检察院第 9 届检察委员会第 111 次会议通过，2002 年 7 月 9 日公布，答复四川省人民检察院"川检发研〔2001〕25 号"请示，2002 年 7 月 15 日起施行）

涉嫌犯罪的单位被撤销、注销、吊销营业执照或者宣告破产的，应当根据刑法关于单位犯罪的相关规定，对实施犯罪行为的该单位直接负责的主管人员和其他直接责任人员追究刑事责任，对该单位不再追诉。

【高检发释字〔2002〕5 号】　最高人民检察院关于单位有关人员组织实施盗窃行为如何适用法律问题的批复（2002 年 7 月 8 日最高人民检察院第 9 届检察委员会第 112 次会议通过，2002 年 8 月 9 日公布，2002 年 8 月 13 日起施行）[①]

单位有关人员为谋取单位利益组织实施盗窃行为，情节严重的，应当依照刑法第 264 条的规定以盗窃罪追究直接责任人员的刑事责任。

【法〔2002〕139 号】　最高人民法院、最高人民检察院、海关总署关于办理走私刑事案件适用法律若干问题的意见（2002 年 7 月 8 日印发）

十七、关于单位走私犯罪案件诉讼代表人的确定及其相关问题

单位走私犯罪案件的诉讼代表人，应当是单位的法定代表人或者主要负责人。单位的法定代表人或者主要负责人被依法追究刑事责任或者因其他原因无法参与刑事诉讼的，人民检察院应当另行确定被告单位的其他负责人作为诉讼代表人参加诉讼。

接到出庭通知的被告单位的诉讼代表人应当出庭应诉。拒不出庭的，人民法院在必要的时候，可以拘传到庭。

对直接负责的主管人员和其他直接责任人员均无法归案的单位走私犯罪案件，只要单位走私犯罪的事实清楚、证据确实充分，且能够确定诉讼代表人代表单位参与刑事诉讼活动的，可以先行追究该单位的刑事责任。

[①] 注：对该类情形，全国人大常委会已于 2014 年 4 月 24 日公布了《立法解释》予以规范。详见本书关于《刑法》第 30 条的相关内容。

被告单位没有合适人选作为诉讼代表人出庭的，因不具备追究该单位刑事责任的诉讼条件，可按照单位犯罪的条款先行追究单位犯罪中直接负责的主管人员或者其他直接责任人员的刑事责任。人民法院在对单位犯罪中直接负责的主管人员或者直接责任人员进行判决时，对于扣押、冻结的走私货物、物品、违法所得以及属于犯罪单位所有的走私犯罪工具，应当一并判决予以追缴、没收。

十八、关于单位走私犯罪及其直接负责的主管人员和直接责任人员的认定问题

具备下列特征的，可以认定为单位走私犯罪：

（1）以单位的名义实施走私犯罪，即由单位集体研究决定，或者由单位的负责人或者被授权的其他人员决定、同意；

（2）为单位谋取不正当利益或者违法所得大部分归单位所有。

依照《最高人民法院关于审理单位犯罪案件具体应用法律有关问题的解释》第2条的规定，个人为进行违法犯罪活动而设立的公司、企业、事业单位实施犯罪的，或者个人设立公司、企业、事业单位后，以实施犯罪为主要活动的，不以单位犯罪论处。单位是否以实施犯罪为主要活动，应根据单位实施走私行为的次数、频度、持续时间、单位进行合法经营的状况等因素综合考虑认定。

根据单位人员在单位走私犯罪活动中所发挥的不同作用，对其直接负责的主管人员和其他直接责任人员，可以确定为一人或者数人。对于受单位领导指派而积极参与实施走私犯罪行为的人员，如果其行为在走私犯罪的主要环节起重要作用的，可以认定为单位犯罪的直接责任人员。

十九、关于单位走私犯罪后发生分立、合并或者其他资产重组情形以及单位被依法注销、宣告破产等情况下，如何追究刑事责任的问题

单位走私犯罪后，单位发生分立、合并或者其他资产重组等情况的，只要承受该单位权利义务的单位存在，应当追究单位走私犯罪的刑事责任。走私单位发生分立、合并或者其他资产重组后，原单位名称发生更改的，仍以原单位（名称）作为被告单位。承受原单位权利义务的单位法定代表人或者负责人为诉讼代表人。

单位走私犯罪后，发生分立、合并或者其他资产重组情形，以及被依法注销、宣告破产等情况的，无论承受该单位权利义务的单位是否存在，均应追究原单位直接负责的主管人员和其他直接责任人员的刑事责任。

人民法院对原走私单位判处罚金的，应当将承受原单位权利义务的单位作为被执行人。罚金超出新单位所承受的财产的，可在执行中予以减除。

【法研〔2003〕153号】　最高人民法院研究室关于外国公司、企业、事业单位在我国领域内犯罪如何适用法律问题的答复（2003年10月15日答复天津市高级人民法院"津高法〔2003〕30号"请示）

符合我国法人资格条件的外国公司、企业、事业单位，在我国领域内实施危害社会的行为，依照我国《刑法》构成犯罪的，应当依照我国《刑法》关于单位犯罪的规定追究刑事责任。

个人为在我国领域内进行违法犯罪活动而设立的外国公司、企业、事业单位实施犯罪的，或者外国公司、企业、事业单位设立后在我国领域内以实施违法犯罪为主要活动的，不以单位犯罪论处。

【公复字〔2007〕1号】　公安部关于村民委员会可否构成单位犯罪主体问题的批复（2007年3月1日答复内蒙古自治区公安厅"内公字〔2006〕164号"请示）

根据《刑法》第30条的规定，单位犯罪主体包括公司、企业、事业单位、机关、团体。按照《村民委员会组织法》第2条的规定，村民委员会是村民自我管理、自我教育、自我服务的基层群众性自治组织，不属于《刑法》第30条列举的范围。因此，对以村民委员会名义实施犯罪的，不应以单位犯罪论，可以依法追究直接负责的主管人员和其他直接责任人员的刑事责任。①

刑事公诉案件证据审查指引（经最高检检委会各委员审核，最高检公诉厅2015年7月公布；关于犯罪主体的证据审查部分）

三、单位犯罪主体证据特殊规定

1. 我国刑法中规定的单位，包括国有、集体所有的公司、企业、事业单

---

① 注：最高人民检察院公诉厅编写的《刑事公诉案件证据审查指引》（中国检察出版社，2015年8月）"关于犯罪主体的证据审查"认为，单位犯罪主体还包括村民委员会、居民委员会、村民小组等常设性组织，以及为组织体育赛事、文艺演出或者其他正当活动而成立的组委会、筹委会、工程承包队等非常设性组织。

本书认为，这一观点属于对单位犯罪主体的扩大理解，没有法律依据。

需要注意的是：《最高人民法院、最高人民检察院关于办理商业贿赂刑事案件适用法律若干问题的意见》（法发〔2008〕33号，2008年11月20日印发）将上述常设性组织和非常设性组织认定为《刑法》第163条、第164条规定的"其他单位"，对这一规定应当仅限于对《刑法》第163条、第164条（以及类似规定的《刑法》第271条、第272条）的适用，不宜扩大至对所有单位犯罪主体的认定。《最高人民法院研究室关于个人独资企业员工能否成为职务侵占罪主体问题的复函》（法研〔2011〕20号，2011年2月15日答复公安部经侦局"公经商贸〔2011〕13号"请示函）也认为：《刑法》第30条规定的单位犯罪的"单位"与《刑法》第271条第1款职务侵占罪的单位概念不尽一致，前者是指作为犯罪主体应当追究刑事责任的"单位"，后者是指财产被侵害需要刑法保护的"单位"，责任追究针对的是该"单位"中的个人。

位,依法设立的合资经营、合作经营企业和具有法人资格的独资、私营等公司、企业、事业单位,还包括社会团体、村民委员会、居民委员会、村民小组等常设性的组织,以及为组织体育赛事、文艺演出或者其他正当活动而成立的组委会、筹委会、工程承包队等非常设性的组织。以单位的分支机构或者内设机构、部门的名义实施犯罪,违法所得亦归分支机构或者内设机构、部门所有的,应认定为单位犯罪。

2. 个人为进行违法犯罪活动而设立的公司、企业、事业单位实施犯罪的,或者公司、企业、事业单位设立后,以实施犯罪为主要活动的,以自然人犯罪论处。

3. 公司、企业、事业单位、机关、团体等单位实施刑法规定的危害社会的行为,刑法分则和其他法律未规定追究单位的刑事责任的,对组织、策划、实施该危害社会行为的人依法追究刑事责任。

【高检诉〔2017〕14 号】 最高人民检察院关于办理涉互联网金融犯罪案件有关问题座谈会纪要(2017 年 6 月 1 日印发)

三、依法认定单位犯罪及其责任人员

20. 涉互联网金融犯罪案件多以单位形式组织实施,所涉单位数量众多、层级复杂,其中还包括大量分支机构和关联单位,集团化特征明显。有的涉互联网金融犯罪案件中分支机构遍布全国,既有具备法人资格的,又有不具备法人资格的;既有受总公司直接领导的,又有受总公司的下属单位领导的。公安机关在立案时做法不一,有的对单位立案,有的不对单位立案,有的被立案的单位不具有独立法人资格,有的仅对最上层的单位立案而不对分支机构立案。对此,检察机关公诉部门在审查起诉时,应当从能够全面揭示犯罪行为基本特征、全面覆盖犯罪活动、准确界定区分各层级人员的地位作用、有利于有力指控犯罪、有利于追缴违法所得等方面依法具体把握,确定是否以单位犯罪追究。

21. 涉互联网金融犯罪所涉罪名中,刑法规定应当追究单位刑事责任的,对同时具备以下情形且具有独立法人资格的单位,可以以单位犯罪追究:

(1) 犯罪活动经单位决策实施;

(2) 单位的员工主要按照单位的决策实施具体犯罪活动;

(3) 违法所得归单位所有,经单位决策使用,收益亦归单位所有。

但是,单位设立后专门从事违法犯罪活动的,应当以自然人犯罪追究刑事责任。

22. 对参与涉互联网金融犯罪,但不具有独立法人资格的分支机构,是否追究其刑事责任，可以区分两种情形处理：

（1）全部或部分违法所得归分支机构所有并支配，分支机构作为单位犯罪主体追究刑事责任；

（2）违法所得完全归分支机构上级单位所有并支配的，不能对分支机构作为单位犯罪主体追究刑事责任，而是应当对分支机构的上级单位（符合单位犯罪主体资格）追究刑事责任。

23. 分支机构认定为单位犯罪主体的，该分支机构相关涉案人员应当作为该分支机构的"直接负责的主管人员"或者"其他直接责任人员"追究刑事责任。仅将分支机构的上级单位认定为单位犯罪主体的，该分支机构相关涉案人员可以作为该上级单位的"其他直接责任人员"追究刑事责任。

24. 对符合追诉条件的分支机构（包括具有独立法人资格的和不具有独立法人资格）及其所属单位，公安机关均没有作为犯罪嫌疑单位移送审查起诉，仅将其所属单位的上级单位作为犯罪嫌疑单位移送审查起诉的，对相关分支机构涉案人员可以区分以下情形处理：

（1）有证据证明被立案的上级单位（比如总公司）在业务、财务、人事等方面对下属单位及其分支机构进行实际控制，下属单位及其分支机构涉案人员可以作为被移送审查起诉的上级单位的"其他直接责任人员"追究刑事责任。在证明实际控制关系时，应当收集、运用公司决策、管理、考核等相关文件，OA系统等电子数据，资金往来记录等证据。对不同地区同一单位的分支机构涉案人员起诉时，证明实际控制关系的证据体系、证明标准应基本一致。

（2）据现有证据无法证明被立案的上级单位与下属单位及其分支机构之间存在实际控制关系的，对符合单位犯罪构成要件的下属单位或分支机构应当补充起诉，下属单位及其分支机构已不具备补充起诉条件的，可以将下属单位及其分支机构的涉案犯罪嫌疑人直接起诉。

四、综合运用定罪量刑情节

26. 单位犯罪中，直接负责的主管人员和其他直接责任人员在涉互联网金融犯罪案件中的地位、作用存在明显差别的，可以区分主犯和从犯。对起组织领导作用的总公司的直接负责的主管人员和发挥主要作用的其他直接责任人员，可以认定为全案的主犯，其他人员可以认定为从犯。

【国监发〔2018〕2号】 国家监察委员会移送最高人民检察院职务犯罪案件证据收集审查基本要求与案件材料移送清单（国监委、最高检2018年5月11日印发）（略）

【湘高法〔2020〕21号】　湖南省高级人民法院关于贪污贿赂案件审判适用法律若干问题的解答（2020年9月24日湖南高院以线上新闻发布会形式公布）

问题9：如何区分单位行贿罪与行贿罪？

答：要结合单位意志尤其是单位利益来把握。单位负责人或受单位委托的人为单位利益实施行贿的，应认定为单位行贿行为。在单位负责人个人决策已经形成惯例的，将单位负责人个人决策认定为单位意志应特别慎重，但在使用单位资金行贿的情况下，一般可以认定为单位意志。

一人有限公司可以成为单位行贿罪的主体。公司财产与个人财产、家庭财产混同，不能有效区分，其以公司名义从事的犯罪应认定为自然人犯罪，不宜认定为单位犯罪。

利益归属作为区别单位行贿罪与行贿罪的标准之一，对于因行贿所获利益归属于单位的，属于单位行贿罪；利益归属于个人的属于行贿罪；单位从中获取利益、代表单位行贿的个人也因行贿行为获利的，一般以行贿罪定罪处罚。

问题35：贪污贿赂案件中，对未作为单位犯罪起诉的单位犯罪案件以及以单位犯罪起诉的自然人犯罪案件如何处理？

答：对于应当认定为单位犯罪的案件，检察机关只作为自然人犯罪案件起诉的，人民法院应及时与检察机关协商，建议检察机关对犯罪单位补充起诉。如检察机关不补充起诉的，人民法院仍应依法审理，对被起诉的自然人根据指控的犯罪事实、证据及庭审查明的事实，依法按单位犯罪中的直接负责的主管人员或者其他直接责任人员追究刑事责任，并应引用刑法分则关于单位犯罪追究直接负责的主管人员和其他直接责任人员刑事责任的有关条款。对于应当认定为自然人犯罪的案件，检察机关作为单位犯罪起诉的，因单位被列为被告人的同时自然人也被列为被告人，以及人民法院作出判决所依据的事实能够被检察机关起诉书载明的事实涵盖，应当按照自然人犯罪作出判决，但在判决前应听取控辩双方的意见，保障被告人、辩护人充分行使辩护权。必要时，可以重新开庭，组织控辩双方进行辩论。

【高检会〔2019〕2号】　最高人民法院、最高人民检察院、公安部关于办理非法集资刑事案件若干问题的意见（2019年1月30日）

二、关于单位犯罪的认定问题

单位实施非法集资犯罪活动，全部或者大部分违法所得归单位所有的，应当认定为单位犯罪。

个人为进行非法集资犯罪活动而设立的单位实施犯罪的，或者单位设立后，以实施非法集资犯罪活动为主要活动的,不以单位犯罪论处,对单位中组织、策划、实施非法集资犯罪活动的人员应当以自然人犯罪依法追究刑事责任。

判断单位是否以实施非法集资犯罪活动为主要活动,应当根据单位实施非法集资的次数、频度、持续时间、资金规模、资金流向、投入人力物力情况、单位进行正当经营的状况以及犯罪活动的影响、后果等因素综合考虑认定。

三、关于涉案下属单位的处理问题

办理非法集资刑事案件中,人民法院、人民检察院、公安机关应当全面查清涉案单位,包括上级单位(总公司、母公司)和下属单位(分公司、子公司)的主体资格、层级、关系、地位、作用、资金流向等,区分情况依法作出处理。

上级单位已被认定为单位犯罪,下属单位实施非法集资犯罪活动,且全部或者大部分违法所得归下属单位所有的,对该下属单位也应当认定为单位犯罪。上级单位和下属单位构成共同犯罪的,应当根据犯罪单位的地位、作用,确定犯罪单位的刑事责任。

上级单位已被认定为单位犯罪,下属单位实施非法集资犯罪活动,但全部或者大部分违法所得归上级单位所有的,对下属单位不单独认定为单位犯罪。下属单位中涉嫌犯罪的人员,可以作为上级单位的其他直接责任人员依法追究刑事责任。

上级单位未被认定为单位犯罪,下属单位被认定为单位犯罪的,对上级单位中组织、策划、实施非法集资犯罪的人员,一般可以与下属单位按照自然人与单位共同犯罪处理。

上级单位与下属单位均未被认定为单位犯罪的,一般以上级单位与下属单位中承担组织、领导、管理、协调职责的主管人员和发挥主要作用的人员作为主犯,以其他积极参加非法集资犯罪的人员作为从犯,按照自然人共同犯罪处理。

【法释〔2021〕1号】 最高人民法院关于适用《中华人民共和国刑事诉讼法》的解释(2020年12月7日最高人民法院审判委员会第1820次会议修订,2021年1月26日公布,2021年3月1日施行)

第340条 对应当认定为单位犯罪的案件,人民检察院只作为自然人犯罪起诉的,人民法院应当建议人民检察院对犯罪单位追加起诉。人民检察院仍以自然人犯罪起诉的,人民法院应当依法审理,按照单位犯罪中的直接负责的主管人员或者其他直接责任人员追究刑事责任,并援引刑法分则关于追究单位犯罪中直接负责的主管人员和其他直接责任人员刑事责任的条款。(删除线部分内容2021年删除)

第 344 条 审判期间，被告单位被吊销营业执照、宣告破产但尚未完成清算、注销登记的，应当继续审理；被告单位被撤销、注销的，对单位犯罪直接负责的主管人员和其他直接责任人员应当继续审理。①

第 345 条 审判期间，被告单位合并、分立的，应当将原单位列为被告单位，并注明合并、分立情况。对被告单位所判处的罚金以其在新单位的财产及收益为限。

【主席令〔2020〕49 号】 中华人民共和国香港特别行政区维护国家安全法（2020 年 6 月 30 日第 13 届全国人大常委会第 20 次会议通过，主席令第 49 号公布施行；可供刑法适用参考）

第 31 条 公司、团体等法人或者非法人组织实施本法规定的犯罪的，对该组织判处罚金。

公司、团体等法人或者非法人组织因犯本法规定的罪行受到刑事处罚的，应责令其暂停运作或者吊销其执照或者营业许可证。

第 64 条 香港特别行政区适用本法时，本法规定的"有期徒刑""无期徒刑""没收财产"和"罚金"分别指"监禁""终身监禁""充公犯罪所得"和"罚款"，"拘役"参照适用香港特别行政区相关法律规定的"监禁""入劳役中心""入教导所"，"管制"参照适用香港特别行政区相关法律规定的"社会服务令""入感化院"，"吊销执照或者营业许可证"指香港特别行政区相关法律规定的"取消注册或者注册豁免，或者取消牌照"。

【主席令〔2012〕67 号】 中华人民共和国治安管理处罚法（2012 年 10 月 26 日第 11 届全国人大常委会第 29 次会议修正，2013 年 1 月 1 日起施行）

第 2 条 扰乱公共秩序，妨害公共安全，侵犯人身权利、财产权利，妨害社会管理，具有社会危害性，依照《中华人民共和国刑法》的规定构成犯罪的，依法追究刑事责任；尚不够刑事处罚的，由公安机关依照本法给予治安管理处罚。

第 18 条 单位违反治安管理的，对其直接负责的主管人员和其他直接责任人员依照本法的规定处罚。其他法律、行政法规对同一行为规定给予单位处罚的，依照其规定处罚。

---

① 注：2012 年《解释》（2013 年 1 月 1 日施行）第 286 条规定为："审判期间，被告单位被撤销、注销、吊销营业执照或者宣告破产的，对单位犯罪直接负责的主管人员和其他直接责任人员应当继续审理。"

● 指导案例　【高检发办字〔2020〕44 号】　最高人民检察院第 20 批指导性案例（2020 年 7 月 6 日最高人民检察院第 13 届检察委员会第 42 次会议通过，2020 年 7 月 16 日印发）

（检例第 73 号）浙江省某县图书馆及赵某、徐某某单位受贿、私分国有资产、贪污案

要旨：人民检察院在对职务犯罪案件审查起诉时，如果认为相关单位亦涉嫌犯罪，且单位犯罪事实清楚、证据确实充分，经与监察机关沟通，可以依法对犯罪单位提起公诉。检察机关在审查起诉中发现遗漏同案犯或犯罪事实的，应当及时与监察机关沟通，依法处理。

第三章　刑　罚

第一节　刑罚的种类

第 32 条　【刑罚类别】刑罚分为主刑和附加刑。

第 33 条　【主刑种类】主刑的种类如下：

（一）管制；

（二）拘役；

（三）有期徒刑；

（四）无期徒刑；

（五）死刑。

第 34 条　【附加刑种类】附加刑的种类如下：

（一）罚金；

（二）剥夺政治权利；

（三）没收财产。

附加刑也可以独立适用。

第 35 条　【驱逐出境】对于犯罪的外国人，可以独立适用或者附加适用驱逐出境。

● **条文注释**　第 32 条至第 35 条规定了我国现行刑法的刑罚种类。

所谓"主刑"即对犯罪分子进行惩罚的主要刑种，它只能独立适用，而不能相互附加适用。即对于一个犯罪行为，只能判处一个主刑。各类主刑的含义如下：

（1）管制，即对罪犯不关押，但限制其一定自由，依法实行社区矫正（刑期 3 个月至两年，数罪并罚不超过 3 年）。

（2）拘役（适用于罪行较轻的罪犯），即对罪犯短期（刑期 1 个月至 6 个月，数罪并罚不超过 1 年）剥夺人身自由，就近关押改造。

（3）有期徒刑，即对罪犯剥夺较长期限（刑期半年至 15 年，数罪并罚最高 25 年）的人身自由，并进行教育改造。

（4）无期徒刑（适用于罪行较重的罪犯），即对罪犯终身监禁。

（5）死刑（适用于罪行极重的罪犯），即剥夺罪犯的生命，包括死刑立即执行和死刑缓期执行两种方式。

"附加刑"是主刑的补充，既能附加于主刑适用，又可以单独适用。各类附加刑的含义如下：

（1）罚金（一般适用于经济类或非法牟利类罪犯），即对罪犯进行经济制裁，强制其向国库缴纳款额。

（2）剥夺政治权利（主要适用于政治类和严重危害社会的罪犯），即剥夺罪犯参与国家管理和政治活动的权利。

（3）没收财产（主要适用于罪行较重的政治类、经济类、治安类罪犯），即将罪犯的个人财产无偿地收归国有。

"驱逐出境"其实质上也是一种附加刑，只不过它只适用于在我国犯罪的外国人。

从广义上说，凡是可以与刑罚主刑附加适用的，都可以看作附加刑，包括刑法规定的上述"3+1"种，也包括在其他法律中规定的附加于刑罚的处罚种类，如军官犯罪由法院判决剥夺其军衔。

● **相关规定**　【主席令〔1994〕26 号】　**中国人民解放军军官军衔条例**
（1988 年 7 月 1 日第 7 届全国人民代表大会常务委员会第 2 次会议通过，1994 年 5 月 12 日第 8 届全国人民代表大会常务委员会第 7 次会议修正）

第 28 条（第 1 款）　军官犯罪，被依法判处剥夺政治权利或者 3 年以上有期徒刑的，由法院判决剥夺其军衔。

【政法字〔1991〕003 号】 最高人民法院、最高人民检察院、公安部、司法部、民政部、总政治部关于处理移交政府管理的军队离休干部犯罪案件若干问题的规定（1991 年 10 月 17 日发布）

二、开除军籍、取消军队离休干部资格、剥夺功勋荣誉章和剥夺军官军衔的批办

军队离休干部受刑事处罚需开除军籍、取消军队离休干部资格、剥夺中国人民解放军功勋荣誉章和剥夺军官军衔的，由军队办理。

（一）被依法判处反革命罪的一律开除军籍，并取消军队离休干部资格；其他刑事犯罪被依法判处 5 年以上有期徒刑的，一般也应开除军籍，并取消军队离休干部资格。凡被取消军队离休干部资格的，均剥夺其中国人民解放军功勋荣誉章。被依法判处 3 年以上有期徒刑或者单处剥夺政治权利的，应剥夺其军官军衔（含 1955 年至 1965 年期间授予的军官军衔）。①

【公发〔1992〕18 号】 最高人民法院、最高人民检察院、公安部、外交部、司法部、财政部关于强制外国人出境的执行办法的规定（1992 年 7 月 31 日发布）

一、适用范围

有下列情形之一需要强制出境的外国人，均按本规定执行：

（一）依据我国刑法的规定，由人民法院对犯罪的外国人判处独立适用或者附加适用驱逐出境刑罚的；

（二）依据《中华人民共和国外国人入境出境管理法》的规定，由公安部对违法的外国人处以限期出境或者驱逐出境的；

（三）依据《中华人民共和国外国人入境出境管理法》以及其他有关法律的规定，由公安机关决定遣送出境或者缩短停留期限、取消居留资格的外国人，未在指定的期限内自动离境，需强制出境的；

（四）我国政府已按照国际条约或《中华人民共和国外交特权与豁免条例》的规定，对享有外交或领事特权和豁免的外国人宣布为不受欢迎的人或者不可接受并拒绝承认其外交或领事人员身份，责令限期出境的人，无正当理由逾期不自动出境的。

二、执行机关

执行和监视强制外国人出境的工作，由公安机关依据有关法律文书或者公

---

① 注：在 1997 年修订《刑法》时已取消反革命罪。但该《规定》一直未被废止；它相当于增加了刑罚附加刑的种类，即剥夺军官军衔。如果剥夺中国人民解放军功勋荣誉章也由法院判处，那么也可以将其视为一种附加刑。

文进行：

（一）对判处独立适用驱逐出境刑罚的外国人，人民法院应当自该判决生效之日起15日内，将对该犯的刑事判决书、执行通知书的副本交付所在地省级公安机关，由省级公安机关指定的公安机关执行。

（二）被判处徒刑的外国人，其主刑执行期满后应执行驱逐出境附加刑的应在主刑刑期届满的1个月前，由原羁押监狱的主管部门将该犯的原判决书、执行通知书副本或者复印本送交所在地省级公安机关，由省级公安机关指定的公安机关执行。

（三）被公安部处以驱逐出境、限期出境的外国人，凭公安部出入境管理处罚裁决书，由当地的公安机关执行。

（四）被公安机关决定遣送出境、缩短停留期限或者取消居留资格的外国人，由当地公安机关凭决定书执行。

被缩短停留期限或者取消居留资格的外国人，也可由接待单位安排出境，公安机关凭决定书负责监督。

（五）我国政府已按照国际条约或《中华人民共和国外交特权与豁免条例》的规定，对享有外交或领事特权和豁免的外国人宣布为不受欢迎的人或者不可接受并拒绝承认其外交或领事人员身份，责令限期出境的人，无正当理由逾期不自动出境的，凭外交部公文由公安指定的公安机关负责执行或者监督执行。

三、执行前的准备工作

（一）对被强制出境的外国人持有的准予在我国居留的证件，一律收缴。对护照上的签证应当缩短有效期，加盖不准延期章，或者予以注销。

（二）凡被驱逐出境的外国人，均须列入不准入境者名单，具体办法按照公安部制订的《关于通报不准外籍人入境者名单的具体办法》（〔1989〕公境字87号）执行。对其他强制出境的外国人，需要列入不准入境者名单的，按规定报批。

凡被列入不准入境者名单的外国人，执行的公安机关应当在执行前向其宣布不准入境年限。

（三）对被强制出境的外国人，执行机关必须查验其本人的有效护照或者其他替代护照的身份证件，以及过境国家或者地区的有效签证。

不具备上述签证或者证件的，应事先同其本国驻华使、领馆联系，由使、领馆负责办理。在华有接待单位的，由接待单位同使、领馆联系。没有接待单位的，由公安部出入境管理局或者领馆所在地公安机关同使、领馆联系。在华大使、领馆或者使、领馆不予配合的，应层报外交部或公安部，通过外交途径解决。

对与我毗邻国家的公民从边境口岸或者通道出境的，可以不办理对方的证件或者签证。

（四）被强制出境的外国人应当办妥离境的机票、车票、船票，费用由本人负担。本人负担不了的，也不属于按协议由我有关单位提供旅费的，须由其本国使、领馆负责解决（同使、领馆联系解决的办法，与前项相同。）对使、领馆拒绝承担费用或者在华无使、领馆的，由我国政府承担。

（五）对已被决定强制出境的外国人，事由和日期是否需要通知其驻华使、领馆，可由当地外事部门请示外交部决定。

（六）对有可能引起外交交涉或者纷争的案件，主管机关应及时将有关案情和商定的对外表态的口径等通知当地外事部门。需对外报道的，须经公安部、外交部批准。

四、执行期限

负责具体执行的公安机关，应当按照交付机关确定的期限立即执行。如有特殊情况，需要延期执行的，报省、自治区、直辖市公安厅、局核准。

五、出境口岸

（一）对被强制出境的外国人，其出境的口岸，应事先确定，就近安排。

（二）如果被强制出境的外国人前往与我国接壤的国家，也可以安排从边境口岸出境。

（三）执行机关应当事先与出境口岸公安机关和边防检查站联系，通报被强制出境人员的情况，抵达口岸时间、交通工具班次，出境乘用的航班号、车次、时间，以及其他与协助执行有关的事项。出境口岸公安机关和边防检查站应当协助安排有关出境事项。

（四）出境时间应当尽可能安排在抵达口岸的当天。无法在当天出境的，口岸所在地公安机关应当协助采取必要的监护措施。

六、执行方式及有关事项

（一）被人民法院判决独立适用驱逐出境和被公安部处以驱逐出境的外国人，由公安机关看守所武警和外事民警共同押送；对主刑执行期满后再驱逐出境的外国人由原羁押监狱的管教干警、看守武警和公安机关外事民警共同押送。对上述两类人员押送途中确有必要时，可以使用手铐。对其他被责令出境的外国人，需要押送的，由执行机关派外事民警押送；不需要押送的，可以在离境时派出外事民警，临场监督。

（二）执行人员的数量视具体情况而定，原则上应不少于2人。

（三）押送人员应提高警惕，保障安全，防止发生逃逸、行凶、自杀、自伤等事故。

（四）边防检查站凭对外国人强制出境的执行通知书、决定书或者裁决书以及被强制出境人的护照、证件安排放行。

（五）执行人员要监督被强制出境的外国人登上交通工具并离境后方可离开。从边境通道出境的，要监督其离开我国国境后方可离开。

（六）对被驱逐出境的外国人入出境交通工具等具体情况，应拍照，有条件的也可录像存查。

七、经费

执行强制外国人出境所需的费用（包括押送人员食宿、交通费，以及其本人无力承担费用而驻华使、领馆拒不承担或者在华没有使、领馆的外国人在中国境内的食宿、交通费、临时看押场所的租赁费、国际旅费等），应当按照现行财政体制，由办案地财政部门负责解决。

八、执行强制出境任务的人民警察和工作人员，要仪表庄重，严于职守，讲究文明，遵守外事纪律。

今后有关强制外国人出境的执行工作，统一遵照本规定执行。

【主席令〔2014〕16号】　　中华人民共和国反间谍法（已被2023年4月26日全国人大常委会〔14届2次〕修订，2023年7月1日起施行；更新内容见本书第八版）

第34条　境外人员违反本法的，可以限期离境或者驱逐出境。

【国务院令〔2017〕692号】　　反间谍法实施细则（2017年11月22日公布施行，1994年6月4日国务院令第157号《国家安全法实施细则》同时废止）

第3条　《反间谍法》……所称"境外个人"包括居住在中华人民共和国境内不具有中华人民共和国国籍的人。

第24条　对涉嫌间谍行为的人员，国家安全机关可以决定其在一定期限内不得出境。对违反《反间谍法》的境外个人，国务院国家安全主管部门可以决定限期离境或者驱逐出境，并决定其不得入境的期限。被驱逐出境的境外个人，自被驱逐出境之日起10年内不得入境。

【公安部令〔2020〕159号】　　公安机关办理刑事案件程序规定（2020年7月4日第3次部务会议修订，2020年7月20日公布，2020年9月1日起施行）

第371条　对判处独立适用驱逐出境刑罚的外国人，省级公安机关在收到人民法院的刑事判决书、执行通知书的副本后，应当指定该外国人所在地的设区的市一级公安机关执行。

被判处徒刑的外国人，主刑执行期满后应当执行驱逐出境附加刑的，省级公安机关在收到执行监狱的上级主管部门转交的刑事判决书、执行通知书副本或者复印件后,应当通知该外国人所在地的设区的市一级公安机关或者指定有关公安机关执行。

我国政府已按照国际条约或者《中华人民共和国外交特权与豁免条例》的规定,对实施犯罪,但享有外交或者领事特权和豁免权的外国人宣布为不受欢迎的人,或者不可接受并拒绝承认其外交或者领事人员身份,责令限期出境的人,无正当理由逾期不自动出境的,由公安部凭外交部公文指定该外国人所在地的省级公安机关负责执行或者监督执行。

第373条 办理无国籍人犯罪案件,适用本章的规定。

【法发〔2013〕12号】 最高人民法院、最高人民检察院、公安部、司法部关于依法惩治性侵害未成年人犯罪的意见(2013年10月23日印发施行;2023年6月1日起被"法发〔2023〕4号"《意见》替代、废止,详见本书第八版更新)

四、其他事项

29. 外国人在我国领域内实施强奸、猥亵未成年人等犯罪的,应当依法判处,在判处刑罚时,可以独立适用或者附加适用驱逐出境。对于尚不构成犯罪但构成违反治安管理行为的,或者因实施性侵害未成年人犯罪不适宜在中国境内继续停留居留的,公安机关可以依法适用限期出境或者驱逐出境。

【主席令〔2020〕49号】 中华人民共和国香港特别行政区维护国家安全法(2020年6月30日第13届全国人大常委会第20次会议通过,主席令第49号公布施行;可供《刑法》适用参考)

第34条 不具有香港特别行政区永久性居民身份的人实施本法规定的犯罪的,可以独立适用或者附加适用驱逐出境。

不具有香港特别行政区永久性居民身份的人违反本法规定,因任何原因不对其追究刑事责任的,也可以驱逐出境。

【主席令〔2012〕67号】 中华人民共和国治安管理处罚法(2012年10月26日第11届全国人大常委会第29次会议修正,2013年1月1日起施行)

第10条(第2款) 对违反治安管理的外国人,可以附加适用限期出境或者驱逐出境。

【主席令〔2012〕57号】 中华人民共和国出境入境管理法(2012年6月30日第11届全国人大常委会第27次会议通过,主席令第57号公布,2013年7月1日起施行)

第81条 外国人从事与停留居留事由不相符的活动,或者有其他违反中国法律、法规规定,不适宜在中国境内继续停留居留情形的,可以处限期出境。

外国人违反本法规定,情节严重,尚不构成犯罪的,公安部可以处驱逐出境。公安部的处罚决定为最终决定。

被驱逐出境的外国人,自被驱逐出境之日起10年内不准入境。

> **第36条 【民事赔偿优先原则】** 由于犯罪行为而使被害人遭受经济损失的,对犯罪分子除依法给予刑事处罚外,并应根据情况判处赔偿经济损失。
>
> 承担民事赔偿责任的犯罪分子,同时被判处罚金,其财产不足以全部支付的,或者被判处没收财产的,应当先承担对被害人的民事赔偿责任。

● **条文注释** 本条适用的范围,不仅仅在于民事责任与刑事责任的竞合,关键在于犯罪分子的刑事责任包括财产刑责任,而其财产不足以全部支付罚金刑数额或直接被判处没收财产之时,"先民后刑",目的在于保障被害人的合法权益。这里的"经济损失",不仅包括直接的财物损失,还包括由于犯罪行为而造成的间接损失,如误工损失、医疗费用等。

刑事附带民事诉讼所要解决的因犯罪行为而引起的损害赔偿问题,在本质上仍属于民事诉讼,故附带民事部分的法律适用,在实体法上仍应适用民事法律规范。[①]《最高人民法院关于适用〈中华人民共和国刑事诉讼法〉的解释》(法释〔2021〕1号)第201条明确规定:"人民法院审理附带民事诉讼案件,除刑法、刑事诉讼法以及刑事司法解释已有规定的以外,适用民事法律的有关规定。"在责任认定上,则应适用《最高人民法院关于审理人身损害赔偿案件适用法律若干问题的解释》(法释〔2022〕14号)。

● **相关规定** 【法释〔1998〕7号】 最高人民法院关于在审理经济纠纷案件中涉及经济犯罪嫌疑若干问题的规定(1998年4月9日最高人民法院审判委员

[①] 《最高人民法院关于刑事附带民事诉讼范围问题的规定》(法释〔2000〕47号,2000年12月19日施行)曾规定:"因人身权利受到犯罪侵犯而遭受物质损失或者财物被犯罪分子毁坏而遭受物质损失的,可以提起附带民事诉讼。对于被害人因犯罪行为遭受精神损失而提起附带民事诉讼的,人民法院不予受理。"该《规定》已经被《最高人民法院关于废止部分司法解释和司法解释性质文件(第11批)的决定》(法释〔2015〕2号,2015年1月19日公布)正式废止。

会第 974 次会议通过，1998 年 4 月 21 日公布，1998 年 4 月 29 日起施行；根据法释〔2020〕17 号修正，2021 年 1 月 1 日起施行）

第 2 条　单位直接负责的主管人员和其他直接责任人员，以为单位骗取财物为目的，采取欺骗手段对外签订经济合同，骗取的财物被该单位占有、使用或处分构成犯罪的，除依法追究有关人员的刑事责任，责令该单位返还骗取的财物外，如给被害人造成经济损失的，单位应当承担赔偿责任。

第 8 条　根据《中华人民共和国刑事诉讼法》第 101 条第 1 款的规定，被害人或其法定代理人、近亲属对本规定第 2 条因单位犯罪行为造成经济损失的，对第 4 条、第 5 条第 1 款、第 6 条应当承担刑事责任的被告人未能返还财物而遭受经济损失提起附带民事诉讼的，受理刑事案件的人民法院应当依法一并审理。被害人或其法定代理人、近亲属因被害人遭受经济损失也有权对单位另行提起民事诉讼。若被害人或其法定代理人、近亲属另行提起民事诉讼的，有管辖权的人民法院应当依法受理。

【法〔1999〕217 号】　全国法院维护农村稳定刑事审判工作座谈会纪要（最高法 1999 年 10 月 27 日印发。详见《刑事诉讼法全厚细》第 101 条）

【法释〔2001〕7 号】　最高人民法院关于确定民事侵权精神损害赔偿责任若干问题的解释（2020 年 12 月 29 日法释〔2020〕17 号修正，2021 年 1 月 1 日施行。详见《刑事诉讼法全厚细》第 104 条）

【法释〔2002〕28 号】　最高人民法院关于行政机关工作人员执行职务致人伤亡构成犯罪的赔偿诉讼程序问题的批复（2002 年 8 月 5 日最高法审委会第 1236 次会议通过，2002 年 8 月 23 日公布，答复山东高院"鲁高法函〔1998〕132 号"请示，2002 年 8 月 30 日施行）

一、行政机关工作人员在执行职务中致人伤、亡已构成犯罪，受害人或其亲属提起刑事附带民事赔偿诉讼的，人民法院对民事赔偿诉讼请求不予受理。但应当告知其可以依据《中华人民共和国国家赔偿法》的有关规定向人民法院提起行政赔偿诉讼。

二、本批复公布以前发生的此类案件，人民法院已作刑事附带民事赔偿处理，受害人或其亲属再提起行政赔偿诉讼的，人民法院不予受理。

【法释〔2003〕20 号】　最高人民法院关于审理人身损害赔偿案件适用法律若干问题的解释（本《解释》已被修订，详见《刑事诉讼法全厚细》第 104 条"法释〔2022〕14 号"。）

【法研〔2004〕179 号】 最高人民法院研究室关于对参加聚众斗殴受重伤或者死亡的人及其家属提出的民事赔偿请求能否予以支持问题的答复（2004 年 11 月 11 日答复江苏省高级人民法院"苏高法〔2004〕296 号"请示）

根据《刑法》第 292 条第 1 款的规定，聚众斗殴的参加者，无论是否首要分子，均明知自己的行为有可能产生伤害他人以及自己被他人的行为伤害的后果，其仍然参加聚众斗殴的，应当自行承担相应的刑事和民事责任。根据《刑法》第 292 条第 2 款的规定，对于参加聚众斗殴，造成他人重伤或者死亡的，行为性质发生变化，应认定为故意伤害罪或者故意杀人罪。聚众斗殴中受重伤或者死亡的人，既是故意伤害罪或者故意杀人罪的受害人，又是聚众斗殴犯罪的行为人。对于参加聚众斗殴受重伤或者死亡的人或其家属提出的民事赔偿请求，依法应予支持，并适用混合过错责任原则。

【刑监他字〔2005〕12 号】 最高人民法院关于陈文海交通肇事刑事附带民事诉讼一案的答复（2005 年答复福建高院请示）

本案附带民事被告人赖永棋、黄金章未办理过户登记手续出售机动车的违法行为，不是导致或促使被告人陈文海发生交通肇事致他人损伤的原因之一，不构成致害他人的共同侵权行为。原一、二审再审判决附带民事被告人赖永棋、黄金章负赔偿连带责任不当，应予纠正。

附带民事被告人赖永棋未办理过户手续而出售机动车，依法仍为该机动车的所有人。其对该车发生的交通肇事致人损害的后果，应依照国务院 1991 年 9 月 22 日颁布的《道路交通事故处理办法》第 31 条[①]的规定承担责任，即在被告人陈文海暂无赔偿能力的情况下，负垫付责任。

【法释〔2006〕1 号】 最高人民法院关于审理未成年人刑事案件具体应用法律若干问题的解释（2005 年 12 月 12 日最高人民法院审判委员会第 1373 次会议通过，2006 年 1 月 11 日公布，2006 年 1 月 23 日起施行）

第 19 条　刑事附带民事案件的未成年被告人有个人财产的，应当由本人承担民事赔偿责任，不足部分由监护人予以赔偿，但单位担任监护人的除外。

被告人对被害人物质损失的赔偿情况，可以作为量刑情节予以考虑。

---

① 注：《道路交通事故处理办法》（国务院令第 89 号）已被《道路交通安全法实施条例》（国务院令第 405 号，2004 年 5 月 1 日起施行）废止、取代；原《办法》第 31 条的内容已经被《民法典》（主席令〔2020〕45 号，2021 年 1 月 1 日起施行）第 7 编"侵权责任"第 5 章"机动车交通事故责任"的相关规定取代。

【法发〔2010〕9号】　最高人民法院关于贯彻宽严相济刑事政策的若干意见（2010年2月8日印发）

五、完善贯彻宽严相济刑事政策的工作机制

41. 要尽可能把握一切有利于附带民事诉讼调解结案的积极因素，多做促进当事人双方和解的辨法析理工作，以更好地落实宽严相济刑事政策，努力做到案结事了。要充分发挥被告人、被害人所在单位、社区基层组织、辩护人、诉讼代理人和近亲属在附带民事诉讼调解工作中的积极作用，协调各方共同做好促进调解工作，尽可能通过调解达成民事赔偿协议并以此取得被害人及其家属对被告人的谅解，化解矛盾，促进社会和谐。

42. 对于因受到犯罪行为侵害、无法及时获得有效赔偿、存在特殊生活困难的被害人及其亲属，由有关方面给予适当的资金救助，有利于化解矛盾纠纷，促进社会和谐稳定。各地法院要结合当地实际，在党委、政府的统筹协调和具体指导下，落实好、执行好刑事被害人救助制度，确保此项工作顺利开展，取得实效。

【法发〔2010〕63号】　最高人民法院关于充分发挥刑事审判职能作用深入推进社会矛盾化解的若干意见（2010年12月31日印发）

三、进一步做好附带民事诉讼审理工作

9. 附带民事诉讼制度的功能作用。审理附带民事诉讼案件，要在依法妥善解决损害赔偿问题，弥补被害人物质损失的同时，借助附带民事诉讼提供的对话平台，积极做好法律政策的宣传解释工作，充分听取被害人的民事诉求和对刑事裁判的意见，促使被告人认罪悔罪、争取被害人及其亲属谅解，从而有效化解矛盾，促进社会和谐。

10. 注重运用调解手段化解矛盾纠纷。将调解作为审理附带民事诉讼案件的必经程序，贯穿于案件审理的整个过程，力争把矛盾化解在基层，化解在一审，化解在裁判生效前。充分发挥被告人、被害人所在单位、社区基层组织、辩护人、诉讼代理人及当事人亲属、朋友在促进调解、化解矛盾方面的积极作用，形成做好调解疏导工作的合力。

11. 审理附带民事诉讼案件，应当依照刑法的有关规定，根据情况判处赔偿经济损失。确定赔偿数额，要根据被害人因犯罪行为遭受的物质损失并适当考虑被告人的赔偿能力。附带民事诉讼当事人就民事赔偿问题达成的调解协议，只要不违反法律规定，应当予以确认，以有利社会矛盾化解，更好慰藉被害人一方。

12. 妥善处理附带民事赔偿与量刑的关系。被告人案发后对被害人积极赔偿，并认罪、悔罪的，依法可以作为酌定量刑情节予以考虑，对轻微刑事案件的被告人，应当考虑适用非监禁刑。被告人认罪、悔罪、赔礼道歉、积极赔偿，取得被害人谅解的，依法可以从宽处理。对于严重危害社会治安、人民群众反映强烈、依法应当从严惩处的犯罪，不能仅以经济赔偿作为决定从轻处罚的条件。

【法办〔2011〕159号】　最高人民法院办公厅对11届全国人大4次会议第6039号建议的答复（摘录，2011年5月28日答复全国人大代表孙晓梅《关于修改最高人民法院"法释〔2000〕47号"与"法释〔2002〕17号"的建议》）①

关于刑事附带民事诉讼赔偿范围问题，我院的倾向性意见是：附带民事诉讼案件依法只应赔偿直接物质损失，即按照犯罪行为给被害人造成的实际损害赔偿，一般不包括死亡赔偿金和残疾赔偿金，但经过调解，被告人有赔偿能力且愿意赔偿更大数额的，人民法院应当支持；调解不成，被告人确实不具备赔偿能力，而被害人或者其近亲属坚持在物质损失赔偿之外要求赔偿金的，人民法院不予支持；对于确有困难的被害人，给予必要的国家救助。主要理由是：

(1) 根据刑事诉讼法第99条"被害人由于被告人的犯罪行为而遭受物质损失的，在刑事诉讼过程中，有权提起附带民事诉讼"和刑法第36条第1款"由于犯罪行为而使被害人遭受经济损失的，对犯罪分子除依法给予刑事处罚外，并应根据情况判处经济损失"的规定，这里的"物质损失"和"经济损失"仅指物质财产损失，不包括精神损失。同时，刑事犯罪造成财产损失与单纯民事侵权行为造成损失在应当赔偿、能够赔偿以及法理上存在明显不同。依据法律规定，对附带民事案件与单纯民事案件不应适用同样赔偿标准。

(2) 司法实践中，刑事案件被告人绝大多数是农民、无业人员和进城务工人员，非常贫穷，几乎没有什么财产可供赔偿，如果超出法律规定的范围判其高额赔偿，必定要打法律"白条"。由于无法得到实际执行，既影响裁判的权威，更常常引发被害方上访、闹访问题，法律与社会效果均无法保障。

(3) 简单套用《关于审理人身损害赔偿案件适用法律若干问题的解释》，赔偿的数额标准高达十几万、二三十万元，常常使被害方对巨额赔偿抱有不切实际的期待，一旦被告人不能足额赔偿，就认为其没有悔罪诚意和表现，导致民事调解根本无法进行，并进而在刑罚诉求方面坚决要求对被告人判处重刑乃至死刑，甚至以缠讼、闹访相威胁、要挟，严重影响宽严相济刑事政策和"保留

---

① 注：文号"法办〔2011〕159号"与"法〔2011〕159号"是两份不同的文件。后者对应的文件为最高人民法院2011年4月21日印发的《第一次全国民事再审审查工作会议纪要》。

死刑,严格控制,慎重适用死刑"政策的贯彻落实,严重影响社会矛盾的有效化解和和谐社会的建设。

(4) 高额赔偿表面上看似乎有利于保护被害人的合法权益,这是有的学者和部门认为附带民事诉讼应与单纯民事赔偿执行统一标准的主要考虑,但由于刑事案件被告方实际赔偿能力很低,甚至没有,而被害方"要价"又太高,导致实践中许多被告人亲属认为,与其东借西凑代赔几万元被害方也不满意,索性不再凑钱赔偿,结果造成被害方反倒得不到任何赔偿。命案中这种情况尤为普遍,直接导致的结果是被害方的境遇更加悲惨,既不利于被害方权益的切实维护,也不利于社会关系的及时修复。

(5) 解决这一问题应当立足实际,充分考虑我国的现实国情,严格依法审判,并着眼于案件裁判的实际效果,促进社会和谐。

【法发〔2013〕12 号】 最高人民法院、最高人民检察院、公安部、司法部关于依法惩治性侵害未成年人犯罪的意见(2013 年 10 月 23 日印发施行;2023 年 6 月 1 日起被"法发〔2023〕4 号"《意见》替代、废止,详见本书第八版更新)

一、基本要求

1. 本意见所称性侵害未成年人犯罪,包括刑法第 236 条、第 237 条、第 358 条、第 359 条、第 360 条第 2 款规定的针对未成年人实施的强奸罪,强制猥亵、侮辱妇女罪,猥亵儿童罪,组织卖淫罪,强迫卖淫罪,引诱、容留、介绍卖淫罪,引诱幼女卖淫罪,嫖宿幼女罪等。[①]

四、其他事项

31. 对于未成年人因被性侵害而造成的人身损害,为进行康复治疗所支付的医疗费、护理费、交通费、误工费等合理费用,未成年被害人及其法定代理人、近亲属提出赔偿请求的,人民法院依法予以支持。

32. 未成年人在幼儿园、学校或者其他教育机构学习、生活期间被性侵害而造成人身损害,被害人及其法定代理人、近亲属据此向人民法院起诉要求上述单位承担赔偿责任的,人民法院依法予以支持。

34. 对未成年被害人因性侵害犯罪而造成人身损害,不能及时获得有效赔

[①] 注:根据 2015 年 8 月 29 日第 12 届全国人民代表大会常务委员会第 16 次会议通过的《刑法修正案(九)》(主席令第 30 号公布,2015 年 11 月 1 日起施行),原《刑法》第 237 条第 1 款规定的"强制猥亵、侮辱妇女罪"已经被改为"强制猥亵、侮辱罪";原《刑法》第 360 条第 2 款被删除,对应的"嫖宿幼女罪"自然随之被废除。

偿，生活困难的，各级人民法院、人民检察院、公安机关可会同有关部门，优先考虑予以司法救助。

【主席令〔2020〕45号】 中华人民共和国民法典（2020年5月28日第13届全国人大第3次会议通过，2021年1月1日施行）

第191条 未成年人遭受性侵害的损害赔偿请求权的诉讼时效期间，自受害人年满18周岁之日起计算。

【法发〔2022〕2号】 最高人民法院关于充分发挥司法职能作用助力中小微企业发展的指导意见（2022年1月13日）

8.……切实贯彻民法典第187条的规定，债务人因同一行为应当承担民事责任、行政责任和刑事责任，其财产不足以支付的，依法保障中小微企业等市场主体的民事债权优先于罚款、罚金、没收财产等行政、刑事处罚受偿。……

【法释〔2014〕13号】 最高人民法院关于刑事裁判涉财产部分执行的若干规定（2014年9月1日最高人民法院审判委员会第1625次会议通过，2014年10月30日公布，2014年11月6日起施行；代替《最高人民法院关于财产刑执行问题的若干规定》（法释〔2010〕4号））

第6条（第3款） 判处追缴或者责令退赔的，应当明确追缴或者退赔的金额或财物的名称、数量等相关情况。

第10条（第4款） 对于被害人的损失，应当按照刑事裁判认定的实际损失予以发还或者赔偿。

第13条 被执行人在执行中同时承担刑事责任、民事责任，其财产不足以支付的，按照下列顺序执行：

（一）人身损害赔偿中的医疗费用；

（二）退赔被害人的损失；

（三）其他民事债务；

（四）罚金；

（五）没收财产。

债权人对执行标的依法享有优先受偿权，其主张优先受偿的，人民法院应当在前款第（一）项规定的医疗费用受偿后，予以支持。

【法办函〔2017〕19号】 最高人民法院办公厅关于刑事裁判涉财产部分执行可否收取诉讼费意见的复函（2017年1月11日答复发展改革委办公厅《关于商请人民法院可否收取刑事案件涉财产执行诉讼费有关问题的函》）

刑事裁判涉财产部分执行不同于民事执行，人民法院办理刑事涉财产部分执行案件，不应收取诉讼费。

【主席令〔2017〕77 号】 中华人民共和国反不正当竞争法（2017 年 11 月 4 日第 12 届全国人大常委会第 30 次会议修订，主席令第 77 号公布，2018 年 1 月 1 日起施行；2019 年 4 月 23 日第 13 届全国人大常委会第 10 次会议批量修正）

第 27 条 经营者违反本法规定，应当承担民事责任、行政责任和刑事责任，其财产不足以支付的，优先用于承担民事责任。

【法释〔2018〕6 号】 最高人民法院、最高人民检察院关于检察公益诉讼案件适用法律若干问题的解释（2018 年 2 月 23 日最高人民法院审判委员会第 1734 次会议、2018 年 2 月 11 日最高人民检察院第 12 届检察委员会第 73 次会议通过，2018 年 3 月 1 日公布，2018 年 3 月 2 日起施行；2020 年 12 月 23 日最高人民法院审判委员会第 1823 次会议、2020 年 12 月 28 日最高人民检察院第 13 届检察委员会第 58 次会议修正）

第 20 条 人民检察院对破坏生态环境和资源保护、食品药品安全领域侵害众多消费者合法权益，侵害英雄烈士等的姓名、肖像、名誉、荣誉等损害社会公共利益的犯罪行为提起刑事公诉时，可以向人民法院一并提起附带民事公益诉讼，由人民法院同一审判组织审理。

人民检察院提起的刑事附带民事公益诉讼案件由审理刑事案件的人民法院管辖。

【法〔2019〕254 号】 全国法院民商事审判工作会议纪要（2019 年 9 月 11 日最高人民法院审判委员会民事行政专业委员会第 319 次会议原则通过，最高人民法院 2019 年 11 月 8 日印发）

十二、关于民刑交叉案件的程序处理

128. 同一当事人因不同事实分别发生民商事纠纷和涉嫌刑事犯罪，民商事案件与刑事案件应当分别审理，主要有下列情形：

（1）主合同的债务人涉嫌刑事犯罪或者刑事裁判认定其构成犯罪，债权人请求担保人承担民事责任的；

（2）行为人以法人、非法人组织或者他人名义订立合同的行为涉嫌刑事犯罪或者刑事裁判认定其构成犯罪，合同相对人请求该法人、非法人组织或者他人承担民事责任的；

（3）法人或者非法人组织的法定代表人、负责人或者其他工作人员的职务行为涉嫌刑事犯罪或者刑事裁判认定其构成犯罪，受害人请求该法人或者非法

人组织承担民事责任的;

（4）侵权行为人涉嫌刑事犯罪或者刑事裁判认定其构成犯罪,被保险人、受益人或者其他赔偿权利人请求保险人支付保险金的;

（5）受害人请求涉嫌刑事犯罪的行为人之外的其他主体承担民事责任的。

审判实践中出现的问题是,在上述情形下,有的人民法院仍然以民商事案件涉嫌刑事犯罪为由不予受理,已经受理的,裁定驳回起诉。对此,应予纠正。

129. 2014年颁布实施的《最高人民法院最高人民检察院公安部关于办理非法集资刑事案件适用法律若干问题的意见》和2019年1月颁布实施的《最高人民法院最高人民检察院公安部关于办理非法集资刑事案件若干问题的意见》规定的涉嫌集资诈骗、非法吸收公众存款等涉众型经济犯罪,所涉人数众多、当事人分布地域广、标的额特别巨大、影响范围广,严重影响社会稳定,对于受害人就同一事实提起的以犯罪嫌疑人或者刑事被告人为被告的民事诉讼,人民法院应当裁定不予受理,并将有关材料移送侦查机关、检察机关或者正在审理该刑事案件的人民法院。受害人的民事权利保护应当通过刑事追赃、退赔的方式解决。正在审理民商事案件的人民法院发现有上述涉众型经济犯罪线索的,应当及时将犯罪线索和有关材料移送侦查机关。侦查机关作出立案决定前,人民法院应当中止审理;作出立案决定后,应当裁定驳回起诉;侦查机关未及时立案的,人民法院必要时可以将案件报请党委政法委协调处理。除上述情形人民法院不予受理外,要防止通过刑事手段干预民商事审判,搞地方保护,影响营商环境。

当事人因租赁、买卖、金融借款等与上述涉众型经济犯罪无关的民事纠纷,请求上述主体承担民事责任的,人民法院应予受理。

130. 人民法院在审理民商事案件时,如果民商事案件必须以相关刑事案件的审理结果为依据,而刑事案件尚未审结的,应当根据《民事诉讼法》第150条第5项的规定裁定中止诉讼。待刑事案件审结后,再恢复民商事案件的审理。如果民商事案件不是必须以相关的刑事案件的审理结果为依据,则民商事案件应当继续审理。

【法释〔2019〕18号】 最高人民法院、最高人民检察院关于人民检察院提起刑事附带民事公益诉讼应否履行诉前公告程序问题的批复（2019年9月9日最高人民法院审判委员会第1776次会议、2019年9月12日最高人民检察院第13届检察委员会第24次会议通过,2019年11月25日公布,2019年12月6日起施行）

人民检察院提起刑事附带民事公益诉讼,应履行诉前公告程序。对于未履行诉前公告程序的,人民法院应当进行释明,告知人民检察院公告后再行提起诉讼。

因人民检察院履行诉前公告程序,可能影响相关刑事案件审理期限的,人民检察院可以另行提起民事公益诉讼。

● **量刑指导** 【法发〔2021〕21 号】 最高人民法院、最高人民检察院关于常见犯罪的量刑指导意见(2021 年 6 月 16 日印发,2021 年 7 月 1 日试行;法发〔2017〕7 号《指导意见》同时废止)①

三、常见量刑情节的适用

(十一)对于积极赔偿被害人经济损失并取得谅解的,综合考虑犯罪性质、赔偿数额、赔偿能力以及认罪悔罪表现(原为"程度")等情况,可以减少基准刑的 40% 以下;积极赔偿但没有取得谅解的,可以减少基准刑的 30% 以下;尽管没有赔偿,但取得谅解的,可以减少基准刑的 20% 以下。对抢劫、强奸等严重危害社会治安犯罪的,应当从严掌握。

第 37 条 【非刑事处罚】对于犯罪情节轻微不需要判处刑罚的,可以免予刑事处罚,但是可以根据案件的不同情况,予以训诫或者责令具结悔过、赔礼道歉、赔偿损失,或者由主管部门予以行政处罚或者行政处分。

● **条文注释** 非刑事处罚的目的是节约司法资源、体现罪刑相称的司法原则,其前提条件是对犯罪分子实行非刑事处罚同样可以达到刑罚的目的。它要求满足两个条件:(1)犯罪情节轻微,即已经构成了犯罪,但犯罪的性质、情节和社会危害后果都很轻。(2)不需要判处刑罚,即不判处刑罚也可以达到教育目的,如犯罪行为人已经认罪、悔罪等。

这里的"行政处罚",是指公安等行政执法机关依法对免予刑事处罚的犯罪分子予以经济处罚或者限制人身自由,如罚款、行政拘留等。"行政处分",是指犯罪分子所在的单位或基层组织依照规章制度对免予刑事处罚的犯罪分子予以行政纪律处分,如警告、记过、开除等。

---

① 注:《意见》要求各省高院、检察院应当总结司法实践经验,按照规范、实用、符合司法实际的原则共同研制"实施细则",经审委会、检委会通过后,分别报最高法、最高检备案审查,与《意见》同步实施。

其他判处有期徒刑的案件,可以参照量刑的指导原则、基本方法和常见量刑情节的适用规范量刑。

● **相关规定** 　【法释〔2006〕1号】　最高人民法院关于审理未成年人刑事案件具体应用法律若干问题的解释（2005年12月12日最高人民法院审判委员会第1373次会议通过，2006年1月11日公布，2006年1月23日起施行）

第17条　未成年罪犯根据其所犯罪行，可能被判处拘役、3年以下有期徒刑，如果悔罪表现好，并具有下列情形之一的，应当依照刑法第37条的规定免予刑事处罚：

（一）系又聋又哑的人或者盲人；
（二）防卫过当或者避险过当；
（三）犯罪预备、中止或者未遂；
（四）共同犯罪中从犯、胁从犯；
（五）犯罪后自首或者有立功表现；
（六）其他犯罪情节轻微不需要判处刑罚的。

【法发〔2010〕9号】　最高人民法院关于贯彻宽严相济刑事政策的若干意见（2010年2月8日印发）

三、准确把握和正确适用依法从"宽"的政策要求

14. 宽严相济刑事政策中的从"宽"，主要是指对于情节较轻、社会危害性较小的犯罪，或者罪行虽然严重，但具有法定、酌定从宽处罚情节，以及主观恶性相对较小、人身危险性不大的被告人，可以依法从轻、减轻或者免除处罚；对于具有一定社会危害性，但情节显著轻微危害不大的行为，不作为犯罪处理；对于依法可不监禁的，尽量适用缓刑或者判处管制、单处罚金等非监禁刑。

15. 被告人的行为已经构成犯罪，但犯罪情节轻微，或者未成年人、在校学生实施的较轻犯罪，或者被告人具有犯罪预备、犯罪中止、从犯、胁从犯、防卫过当、避险过当等情节，依法不需要判处刑罚的，可以免予刑事处罚。对免予刑事处罚的，应当根据刑法第37条规定，做好善后、帮教工作或者交由有关部门进行处理，争取更好的社会效果。

16. 对于所犯罪行不重、主观恶性不深、人身危险性较小、有悔改表现、不致再危害社会的犯罪分子，要依法从宽处理。对其中具备条件的，应当依法适用缓刑或者管制、单处罚金等非监禁刑。同时配合做好社区矫正，加强教育、感化、帮教、挽救工作。

19. 对于较轻犯罪的初犯、偶犯，应当综合考虑其犯罪的动机、手段、情节、后果和犯罪时的主观状态，酌情予以从宽处罚。对于犯罪情节轻微的初犯、

偶犯，可以免予刑事处罚；依法应当予以刑事处罚的，也应当尽量适用缓刑或者判处管制、单处罚金等非监禁刑。

22. 对于因恋爱、婚姻、家庭、邻里纠纷等民间矛盾激化引发的犯罪，因劳动纠纷、管理失当等原因引发、犯罪动机不属恶劣的犯罪，因被害方过错或者基于义愤引发的或者具有防卫因素的突发性犯罪，应酌情从宽处罚。

23. 被告人案发后对被害人积极进行赔偿，并认罪、悔罪的，依法可以作为酌定量刑情节予以考虑。因婚姻家庭等民间纠纷激化引发的犯罪，被害人及其家属对被告人表示谅解的，应当作为酌定量刑情节予以考虑。犯罪情节轻微，取得被害人谅解的，可以依法从宽处理，不需判处刑罚的，可以免予刑事处罚。

【法发〔2012〕17号】 最高人民法院、最高人民检察院关于办理职务犯罪案件严格适用缓刑、免予刑事处罚若干问题的意见（2012年8月8日印发）

二、具有下列情形之一的职务犯罪分子，一般不适用缓刑或者免予刑事处罚：

（一）不如实供述罪行的；

（二）不予退缴赃款赃物或者将赃款赃物用于非法活动的；

（三）属于共同犯罪中情节严重的主犯的；

（四）犯有数个职务犯罪依法实行并罚或者以一罪处理的；

（五）曾因职务违纪违法行为受过行政处分的；

（六）犯罪涉及的财物属于救灾、抢险、防汛、优抚、扶贫、移民、救济、防疫等特定款物的；

（七）受贿犯罪中具有索贿情节的；

（八）渎职犯罪中徇私舞弊情节或者滥用职权情节恶劣的；

（九）其他不应适用缓刑、免予刑事处罚的情形。

四、人民法院审理职务犯罪案件时应当注意听取检察机关、被告人、辩护人提出的量刑意见，分析影响性案件案发前后的社会反映，必要时可以征求案件查办等机关的意见。对于情节恶劣、社会反映强烈的职务犯罪案件，不得适用缓刑、免予刑事处罚。

五、对于具有本意见第2条规定的情形之一，但根据全案事实和量刑情节，检察机关认为确有必要适用缓刑或者免予刑事处罚并据此提出量刑建议的，应经检察委员会讨论决定；审理法院认为确有必要适用缓刑或者免予刑事处罚的，应经审判委员会讨论决定。

【高检发研字〔2013〕7号】　人民检察院办理未成年人刑事案件的规定
(2013年12月19日最高人民检察院第12届检察委员会第14次会议通过，2013年12月27日印发施行)

第26条　对于犯罪情节轻微，具有下列情形之一，依照刑法规定不需要判处刑罚或者免除刑罚的未成年犯罪嫌疑人，一般应当依法作出不起诉决定：

（一）被胁迫参与犯罪的；

（二）犯罪预备、中止、未遂的；

（三）在共同犯罪中起次要或者辅助作用的；

（四）系又聋又哑的人或者盲人的；

（五）因防卫过当或者紧急避险过当构成犯罪的；

（六）有自首或者立功表现的；

（七）其他依照刑法规定不需要判处刑罚或者免除刑罚的情形。

第27条　对于未成年人实施的轻伤害案件、初次犯罪、过失犯罪、犯罪未遂的案件以及被诱骗或者被教唆实施的犯罪案件等，情节轻微，犯罪嫌疑人确有悔罪表现，当事人双方自愿就民事赔偿达成协议并切实履行或者经被害人同意并提供有效担保，符合刑法第37条规定的，人民检察院可以依照刑事诉讼法第137条第2款的规定作出不起诉决定，并可以根据案件的不同情况，予以训诫或者责令具结悔过、赔礼道歉、赔偿损失，或者由主管部门予以行政处罚。

第29条　对于犯罪时已满14周岁不满18周岁的未成年人，同时符合下列条件的，人民检察院可以作出附条件不起诉决定：

（一）涉嫌刑法分则第4章、第5章、第6章规定的犯罪；

（二）根据具体犯罪事实、情节，可能被判处1年有期徒刑以下刑罚；

（三）犯罪事实清楚，证据确实、充分，符合起诉条件；

（四）具有悔罪表现。

【法发〔2021〕35号】　最高人民法院、最高人民检察院、公安部、工业和信息化部、住房和城乡建设部、交通运输部、应急管理部、国家铁路局、中国民用航空局、国家邮政局关于依法惩治涉枪支、弹药、爆炸物、易燃易爆危险物品犯罪的意见（2021年12月28日印发，2021年12月31日施行）

22.（第2款）　对于人民检察院依法决定不起诉或者人民法院依法免予刑事处罚的案件，需要给予行政处罚的，由有关行政执法机关依法给予行政处罚。

24. 本意见所称有关行政执法机关,包括民用爆炸物品行业主管部门、燃气管理部门、交通运输主管部门、应急管理部门、铁路监管部门、民用航空主管部门和邮政管理部门等。

【主席令〔2021〕101 号】 中华人民共和国反有组织犯罪法(2021 年 12 月 24 日第 13 届全国人大常委会第 32 次会议通过,主席令第 101 号公布,2022 年 5 月 1 日施行)

第 33 条(第 2 款) 对参加有组织犯罪组织的犯罪嫌疑人、被告人不起诉或者免予刑事处罚的,可以根据案件的不同情况,依法予以训诫、责令具结悔过、赔礼道歉、赔偿损失,或者由主管部门予以行政处罚或者处分。

【主席令〔2012〕67 号】 中华人民共和国治安管理处罚法(2012 年 10 月 26 日第 11 届全国人大常委会第 29 次会议修正,2013 年 1 月 1 日起施行)

第 2 条 扰乱公共秩序,妨害公共安全,侵犯人身权利、财产权利,妨害社会管理,具有社会危害性,依照《中华人民共和国刑法》的规定构成犯罪的,依法追究刑事责任;尚不够刑事处罚的,由公安机关依照本法给予治安管理处罚。

第 21 条 违反治安管理行为人有下列情形之一,依照本法应当给予行政拘留处罚的,不执行行政拘留处罚:
(一)已满 14 周岁不满 16 周岁的;
(二)已满 16 周岁不满 18 周岁,初次违反治安管理的;
(三)70 周岁以上的;
(四)怀孕或者哺乳自己不满 1 周岁婴儿的。

第 22 条 违反治安管理行为在 6 个月内没有被公安机关发现的,不再处罚。

前款规定的期限,从违反治安管理行为发生之日起计算;违反治安管理行为有连续或者继续状态的,从行为终了之日起计算。

【公通字〔2006〕12 号】 公安机关执行《中华人民共和国治安管理处罚法》有关问题的解释(2006 年 1 月 23 日印发)

三、关于不予处罚问题。《治安管理处罚法》第 12 条、第 13 条、第 14 条、第 19 条对不予处罚的情形作了明确规定,公安机关对依法不予处罚的违反治安管理行为人,有违法所得的,应当依法予以追缴;有非法财物的,应当依法予以收缴。

《治安管理处罚法》第 22 条对违反治安管理行为的追究时效作了明确规定,公安机关对超过追究时效的违反治安管理行为不再处罚,但有违禁品的,应当依法予以收缴。

五、关于不执行行政拘留处罚问题。根据《治安管理处罚法》第 21 条的规定，对"已满 14 周岁不满 16 周岁的"，"已满 16 周岁不满 18 周岁，初次违反治安管理的"，"70 周岁以上的"，"怀孕或者哺乳自己不满 1 周岁婴儿的"违反治安管理行为人，可以依法作出行政拘留处罚决定，但不投送拘留所执行。被处罚人居住地公安派出所应当会同被处罚人所在单位、学校、家庭、居（村）民委员会、未成年人保护组织和有关社会团体进行帮教。上述未成年人、老年人的年龄、怀孕或者哺乳自己不满 1 周岁婴儿的妇女的情况，以其实施违反治安管理行为或者正要执行行政拘留时的实际情况确定，即违反治安管理行为人在实施违反治安管理行为时具有上述情形之一的，或者执行行政拘留时符合上述情形之一的，均不再投送拘留所执行行政拘留。

【公通字〔2007〕1 号】 公安机关执行《中华人民共和国治安管理处罚法》有关问题的解释（二）（2007 年 1 月 8 日印发）

五、关于"初次违反治安管理"的认定问题

《治安管理处罚法》第 21 条第 2 项规定的"初次违反治安管理"，是指行为人的违反治安管理行为第一次被公安机关发现或者查处。但具有下列情形之一的，不属于"初次违反治安管理"：

（一）曾违反治安管理，虽未被公安机关发现或者查处，但仍在法定追究时效内的；

（二）曾因不满 16 周岁违反治安管理，不执行行政拘留的；

（三）曾违反治安管理，经公安机关调解结案的；

（四）曾被收容教养、劳动教养的；

（五）曾因实施扰乱公共秩序，妨害公共安全，侵犯人身权利、财产权利，妨害社会管理的行为被人民法院判处刑罚或者免除刑事处罚的。

第 37 条之一[①] **【从业禁止】**因利用职业便利实施犯罪，或者实施违背职业要求的特定义务的犯罪被判处刑罚的，人民法院可以根据犯罪情况和预防再犯罪的需要，禁止其自刑罚执行完毕之日或者假释之日起从事相关职业，期限为三年至五年。

---

① 第 37 条之一是根据 2015 年 8 月 29 日第 12 届全国人民代表大会常务委员会第 16 次会议通过的《刑法修正案（九）》（主席令第 30 号公布，2015 年 11 月 1 日起施行）而增设。

> 被禁止从事相关职业的人违反人民法院依照前款规定作出的决定的，由公安机关依法给予处罚；情节严重的，依照本法第三百一十三条的规定定罪处罚。
>
> 其他法律、行政法规对其从事相关职业另有禁止或者限制性规定的，从其规定。

● **条文注释** 第37条之一是对职务相关犯罪的行为人禁止其从事相同或相关职业的规定，这主要是预防其再次进行类似职务犯罪，或者惩戒其对职业特定义务的违背。这里的"职业便利"，是指行为人从事该职业所形成的管理或经手某一事项或款物的便利条件，或者行为人的职务权力、地位等所带来的影响力。这里的"特定义务"，包括遵守相关行业、领域的法律法规、职业制度和道德操守，维护该行业、领域和职业的正当利益和信誉等。

需要注意的是：

1. 这种从业禁止决定的适用对象只能是实施上述犯罪并被判处刑罚的罪犯。这种刑罚既包括《刑法》第33条规定的5种主刑，也包括《刑法》第34条规定的3种附加刑（可以单独适用）；对于被人民法院依法判定有罪，但依照《刑法》第37条的规定而免予刑事处罚的犯罪行为人，不能适用本条规定的从业禁止决定。

2. 对于实施上述犯罪的外国人同时适用《刑法》第35条所规定的"驱逐出境"时，能否同时对其作出从业禁止决定，目前法律并未明确规定，这是从司法效果方面而考虑的。

3. 对实施职务犯罪的行为人是否适用从业禁止决定，主要是根据犯罪的性质、情节、社会危害程度和社会影响大小，以及行为人的主观恶性、再次犯罪的可能性等因素而决定，并由人民法院在对罪犯判处刑罚的同时作出；在判决书中应当明确禁止从业的具体内容和禁止的期限（至少3年，最多5年）。对于主观恶性较小、犯罪情节较轻、再次犯罪的可能性较低的犯罪行为人，一般可以不适用从业禁止决定。

4. 从业禁止决定具有强制性的法律效力。如果违反并且情节严重，还可以构成《刑法》第313条规定的"拒不执行判决、裁定罪"，这是与违反《刑法》第38条所规定的"禁止令"所不同的。这里的"情节严重"主要包括以下情形：（1）经有关方面劝告、纠正仍拒不改正的；（2）因违反从业禁止决定受到行政处罚后，再次违反的；（3）违反从业禁止决定，并在从业过程中又有违法行为的。①

另，根据本条第 3 款的规定，当其他法律、行政法规对犯罪行为人从事相关职业另有禁止或者限制性规定时，不再适用本条的从业禁止规定，而应当适用相关的法律和行政法规。

● 相关规定 　【主席令〔2021〕101 号】　中华人民共和国反有组织犯罪法（2021 年 12 月 24 日第 13 届全国人大常委会第 32 次会议通过，主席令第 101 号公布，2022 年 5 月 1 日施行）

第 68 条　对有组织犯罪的罪犯，人民法院可以依照《中华人民共和国刑法》有关从业禁止的规定，禁止其从事相关职业，并通报相关行业主管部门。

【法释〔2015〕19 号】　最高人民法院关于《中华人民共和国刑法修正案（九）》时间效力问题的解释（2015 年 10 月 19 日最高人民法院审判委员会第 1664 次会议通过，2015 年 10 月 29 日公布，2015 年 11 月 1 日起施行）

第 1 条　对于 2015 年 10 月 31 日以前因利用职业便利实施犯罪，或者实施违背职业要求的特定义务的犯罪的，不适用修正后刑法第 37 条之一第 1 款的规定。其他法律、行政法规另有规定的，从其规定。

【法释〔2015〕22 号】　最高人民法院、最高人民检察院关于办理危害生产安全刑事案件适用法律若干问题的解释（2015 年 11 月 9 日最高人民法院审判委员会第 1665 次会议、2015 年 12 月 9 日最高人民检察院第 12 届检察委员会第 44 次会议通过，2015 年 12 月 14 日公布，2015 年 12 月 16 日起施行）

第 16 条　对于实施危害生产安全犯罪适用缓刑的犯罪分子，可以根据犯罪情况，禁止其在缓刑考验期限内从事与安全生产相关联的特定活动；对于被判处刑罚的犯罪分子，可以根据犯罪情况和预防再犯罪的需要，禁止其自刑罚执行完毕之日或者假释之日起 3 年至 5 年内从事与安全生产相关的职业。

【法工办复〔2017〕2 号】　全国人大常委会法制工作委员会关于对被告人在罚金刑执行完毕前又犯新罪的罚金应否与未执行完毕的罚金适用数罪并罚问题的答复意见（2017 年 11 月 26 日答复最高人民检察院办公厅"高检办字

---

① 全国人大常委会法制工作委员会刑法室：《中华人民共和国刑法解读》，中国法制出版社 2015 年版，第 51 页。

注：如果行为人违反从业禁止决定，并在从业过程中又实施了相关的职务犯罪行为，则应当依照《刑法》第 313 条的规定和关于该职务犯罪的具体规定，择一重罪而定罪处罚。但在定罪量刑时，该再次实施职务犯罪的情形是否适用《刑法》第 313 条规定的"特别严重"情节，目前法律尚无明确界定。

〔2017〕281号"请示）

刑法第71条中的"刑罚执行完毕以前"应是指主刑执行完毕以前。如果被告人主刑已执行完毕，只是罚金尚未执行完毕的，根据刑法第53条的规定，人民法院在任何时候发现有可以执行的财产，应当随时追缴。因此，被告人前罪主刑已执行完毕，罚金尚未执行完毕的，应当由人民法院继续执行尚未执行完毕的罚金，不必与新罪判处的罚金数罪并罚。

【法发〔2020〕38号】　最高人民法院、最高人民检察院、公安部、国家安全部、司法部关于规范量刑程序若干问题的意见（2020年11月5日印发，2020年11月6日起施行；法发〔2010〕35号同名《意见（试行）》同时废止）

第4条　侦查机关在移送审查起诉时，可以根据犯罪嫌疑人涉嫌犯罪的情况，就宣告禁止令和从业禁止向人民检察院提出意见。

人民检察院在提起公诉时，可以提出宣告禁止令和从业禁止的建议。被告人及其辩护人、被害人及其诉讼代理人可以就是否对被告人宣告禁止令和从业禁止提出意见，并说明理由。

人民法院宣告禁止令和从业禁止，应当根据被告人的犯罪原因、犯罪性质、犯罪手段、悔罪表现、个人一贯表现等，充分考虑与被告人所犯罪行的关联程度，有针对性地决定禁止从事特定的职业、活动，进入特定区域、场所，接触特定的人等。

【法发〔2022〕32号】　最高人民法院、最高人民检察院、教育部关于落实从业禁止制度的意见（2022年11月10日印发，2022年11月15日起施行）

一、依照《刑法》第37条之一的规定，教职员工利用职业便利实施犯罪，或者实施违背职业要求的特定义务的犯罪被判处刑罚的，人民法院可以根据犯罪情况和预防再犯罪的需要，禁止其在一定期限内从事相关职业。其他法律、行政法规对其从事相关职业另有禁止或者限制性规定的，从其规定。

《未成年人保护法》、《教师法》属于前款规定的法律，《教师资格条例》属于前款规定的行政法规。

二、依照《未成年人保护法》第62条的规定，实施性侵害、虐待、拐卖、暴力伤害等违法犯罪的人员，禁止从事密切接触未成年人的工作。

依照《教师法》第14条、《教师资格条例》第18条规定，受到剥夺政治权利或者故意犯罪受到有期徒刑以上刑罚的，不能取得教师资格；已经取得教师资格的，丧失教师资格，且不能重新取得教师资格。

三、教职员工实施性侵害、虐待、拐卖、暴力伤害等犯罪的，人民法院应当依照《未成年人保护法》第62条的规定，判决禁止其从事密切接触未成年人的工作。

教职员工实施前款规定以外的其他犯罪，人民法院可以根据犯罪情况和预防再犯罪的需要，依照《刑法》第37条之一第1款的规定，判决禁止其自刑罚执行完毕之日或者假释之日起从事相关职业，期限为3年至5年；或者依照《刑法》第38条第2款、第72条第2款的规定，对其适用禁止令。

四、对有必要禁止教职员工从事相关职业或者适用禁止令的，人民检察院在提起公诉时，应当提出相应建议。

五、教职员工犯罪的刑事案件，判决生效后，人民法院应当在30日内将裁判文书送达被告人单位所在地的教育行政部门；必要时，教育行政部门应当将裁判文书转送有关主管部门。

因涉及未成年人隐私等原因，不宜送达裁判文书的，可以送达载明被告人的自然情况、罪名及刑期的相关证明材料。

六、教职员工犯罪，人民法院作出的判决生效后，所在单位、教育行政部门或者有关主管部门可以依照《未成年人保护法》、《教师法》、《教师资格条例》等法律法规给予相应处理、处分和处罚。

符合丧失教师资格或者撤销教师资格情形的，教育行政部门应当及时收缴其教师资格证书。

九、本意见所称教职员工，是指在学校、幼儿园等教育机构工作的教师、教育教学辅助人员、行政人员、勤杂人员、安保人员，以及校外培训机构的相关工作人员。

学校、幼儿园等教育机构、校外培训机构的举办者、实际控制人犯罪，参照本意见执行。

● **指导案例　【高检发办字〔2021〕5号】　关于印发最高人民检察院第25批指导性案例的通知**（2020年12月4日最高人民检察院第13届检察委员会第56次会议通过，2021年1月20日印发）

（检例第95号）宋某某等人重大责任事故案

指导意义：……对于不予追究刑事责任的涉案人员，相关部门也未进行处理的，发现需要追究党政纪责任，禁止其从事相关行业，或者应对其作出行政处罚的，要及时向有关部门移送线索，提出意见和建议。确保多层次的追责方式能起到惩戒犯罪、预防再犯、促进安全生产的作用。

第二节 管 制

第 38 条 【管制的期限与执行】管制的期限,为三个月以上二年以下。

判处管制,可以根据犯罪情况,同时禁止犯罪分子在执行期间从事特定活动,进入特定区域、场所,接触特定的人。[①]

对判处管制的犯罪分子,依法实行社区矫正。[②]

违反第二款规定的禁止令的,由公安机关依照《中华人民共和国治安管理处罚法》的规定处罚。[③]

第 39 条 【管制守则】被判处管制的犯罪分子,在执行期间,应当遵守下列规定:

(一)遵守法律、行政法规,服从监督;

(二)未经执行机关批准,不得行使言论、出版、集会、结社、游行、示威自由的权利;

(三)按照执行机关规定报告自己的活动情况;

(四)遵守执行机关关于会客的规定;

(五)离开所居住的市、县或者迁居,应当报经执行机关批准。

对于被判处管制的犯罪分子,在劳动中应当同工同酬。

● **条文注释** 第 38 条规定管制的期限为 3 个月以上 2 年以下;但根据《刑法》第 69 条,在数罪并罚时,合并执行刑期最高不超过 3 年。对被判处管制的犯罪分子实行社区矫正,并可以同时对其宣告禁止令。在禁止令中,法律没有对三

---

① 第 38 条第 2 款是根据 2011 年 2 月 25 日第 11 届全国人民代表大会常务委员会第 19 次会议通过的《刑法修正案(八)》(主席令第 41 号公布,2011 年 5 月 1 日起施行)而增设。

② 第 38 条第 3 款是原第 38 条第 2 款,并根据 2011 年 2 月 25 日第 11 届全国人民代表大会常务委员会第 19 次会议通过的《刑法修正案(八)》(主席令第 41 号公布,2011 年 5 月 1 日起施行)而修改;原第 38 条第 2 款内容为:"被判处管制的犯罪分子,由公安机关执行。"

③ 第 38 条第 4 款是根据 2011 年 2 月 25 日第 11 届全国人民代表大会常务委员会第 19 次会议通过的《刑法修正案(八)》(主席令第 41 号公布,2011 年 5 月 1 日起施行)而增设。

个"特定"作出具体规定，这是因为实际中的情况比较复杂，难以穷举详规，需要法院根据案件的具体情况（如犯罪背景、动机、情节等）而作出具体的禁止性规定，目的是维护社会秩序、保护被害人免遭再次侵害、预防犯罪分子再次犯罪等。条文中的三个"特定"，可以单选，也可以多选。

根据《刑法修正案（八）》对第38条第3款（原第2款）的修改，被判处管制的犯罪分子的刑罚执行机关由公安机关改为依法设置的社区矫正机构；存在违反禁止令等违法行为的，再由公安机关处以治安处罚。

被管制人员应当遵守《刑法》第39条规定的管制守则。若被判处管制的犯罪分子在管制执行期间实施违法行为（尚未构成犯罪）的，由负责执行禁止令的社区矫正机构所在地的公安机关依照《治安管理处罚法》第60条，对其处以拘留或罚款。依法予以治安拘留的，应当在治安拘留执行期满后继续执行管制，治安拘留时间不计入管制期限。

需要注意的是：切勿混淆第39条规定的管制守则与第75条规定的缓刑守则、第84条规定的假释守则，因为管制犯、缓刑犯、假释犯都是有一定人身自由的不在监执行刑罚的罪犯，其在行刑期间所应遵守的法定义务具有极大的相似性，主要的不同在于第39条第1款的第2项是后两条所没有的，也就是说，言论等"六大自由权"是否被剥夺是管制犯与缓刑犯、假释犯义务相区别的地方。另外，注意管制犯与拘役犯在参加劳动时劳动报酬上的权利有所不同：前者是"同工同酬"，而后者是"可以酌量发给报酬"。

● 相关规定 　【高检会（三）字〔1986〕2号】　最高人民法院、最高人民检察院、公安部、劳动人事部关于被判处管制、剥夺政治权利和宣告缓刑、假释的犯罪分子能否外出经商等问题的通知（1986年11月8日）

一、对被判处管制、剥夺政治权利和宣告缓刑、假释的犯罪分子，公安机关和有关单位要依法对其实行经常性的监督改造或考察。被管制、假释的犯罪分子，不能外出经商；被剥夺政治权利和宣告缓刑的犯罪分子，按现行规定，属于允许经商范围之内的，如外出经商，需事先经公安机关允许。

二、犯罪分子在被管制、剥夺政治权利、缓刑、假释期间，若原所在单位确有特殊情况不能安排工作的，在不影响对其实行监督考察的情况下，经工商管理部门批准，可以在常住户口所在地自谋生计；家在农村的，亦可就地从事或承包一些农副业生产。

三、犯罪分子在被管制、剥夺政治权利、缓刑、假释期间，不能担任国营或集体企事业单位的领导职务。①

【法〔2000〕41号】　全国法院审理涉外、涉侨、涉港澳台刑事案件工作座谈会纪要（2000年3月31日印发）（略）

【法发〔2010〕63号】　最高人民法院关于充分发挥刑事审判职能作用深入推进社会矛盾化解的若干意见（2010年12月31日印发）

六、依法正确适用非监禁刑

19. 重视依法适用非监禁刑。充分发挥非监禁刑轻缓、经济、执行多样的优势，使罪行较轻者避免因被监禁与其他罪犯"交叉感染"，尽可能减少对其家庭、社会关系的影响，减少社会对立面。

20. 依法正确把握非监禁刑适用的对象。对于犯罪性质恶劣、罪行严重、主观恶性深、人身危险性大，或者具有法定、酌定从重处罚情节，以及依法大幅度减轻处罚后的被告人，一般不适用非监禁刑。对于依法减轻处罚后判处3年有期徒刑以下刑罚的职务犯罪案件，严格控制缓刑适用。

21. 确保非监禁刑执行效果。配合有关部门积极推动社区矫正工作，充分利用社会力量帮助罪犯顺利回归社会。适用非监禁刑时，除考虑案件本身的性质、情节、社会危害等因素外，应注意当地非监禁刑的执行条件、实施社区矫正的可行性，保证非监禁刑执行到位，避免脱管、漏管。

【法释〔2011〕9号】　最高人民法院关于《中华人民共和国刑法修正案（八）》时间效力问题的解释（2011年4月20日最高人民法院审判委员会第1519次会议通过，2011年4月25日公布，2011年5月1日起施行）

第1条　对于2011年4月30日以前犯罪，依法应当判处管制或者宣告缓刑的，人民法院根据犯罪情况，认为确有必要同时禁止犯罪分子在管制期间或者缓刑考验期内从事特定活动，进入特定区域、场所，接触特定人的，适用修正后刑法第38条第2款或者第72条第2款的规定。

犯罪分子在管制期间或者缓刑考验期内，违反人民法院判决中的禁止令的，适用修正后刑法第38条第4款或者第77条第2款的规定。

---

① 注：《最高人民检察院关于被判处管制、剥夺政治权利和宣告缓刑、假释的犯罪分子能否担任中外合资合作经营企业领导职务问题的答复》（1991年9月25日答复四川省人民检察院"川检研〔1991〕18号"请示）规定，本条原则可适用于中外合资、中外合作企业（包括我方与港、澳、台客商合资、合作企业）。

【法发〔2011〕9号】　最高人民法院、最高人民检察院、公安部、司法部关于对判处管制、宣告缓刑的犯罪分子适用禁止令有关问题的规定（试行）
(2011年4月28日发布，2011年5月1日生效)

第1条　对判处管制、宣告缓刑的犯罪分子，人民法院根据犯罪情况，认为从促进犯罪分子教育矫正、有效维护社会秩序的需要出发，确有必要禁止其在管制执行期间、缓刑考验期限内从事特定活动，进入特定区域、场所，接触特定人的，可以根据刑法第38条第2款、第72条第2款的规定，同时宣告禁止令。

第2条　人民法院宣告禁止令，应当根据犯罪分子的犯罪原因、犯罪性质、犯罪手段、犯罪后的悔罪表现、个人一贯表现等情况，充分考虑与犯罪分子所犯罪行的关联程度，有针对性地决定禁止其在管制执行期间、缓刑考验期限内"从事特定活动，进入特定区域、场所，接触特定的人"的一项或者几项内容。

第3条　人民法院可以根据犯罪情况，禁止判处管制、宣告缓刑的犯罪分子在管制执行期间、缓刑考验期限内从事以下一项或者几项活动：

（一）个人为进行违法犯罪活动而设立公司、企业、事业单位或者在设立公司、企业、事业单位后以实施犯罪为主要活动的，禁止设立公司、企业、事业单位；

（二）实施证券犯罪、贷款犯罪、票据犯罪、信用卡犯罪等金融犯罪的，禁止从事证券交易、申领贷款、使用票据或者申领、使用信用卡等金融活动；

（三）利用从事特定生产经营活动实施犯罪的，禁止从事相关生产经营活动；

（四）附带民事赔偿义务未履行完毕，违法所得未追缴、退赔到位，或者罚金尚未足额缴纳的，禁止从事高消费活动；

（五）其他确有必要禁止从事的活动。

第4条　人民法院可以根据犯罪情况，禁止判处管制、宣告缓刑的犯罪分子在管制执行期间、缓刑考验期限内进入以下一类或者几类区域、场所：

（一）禁止进入夜总会、酒吧、迪厅、网吧等娱乐场所；

（二）未经执行机关批准，禁止进入举办大型群众性活动的场所；

（三）禁止进入中小学校区、幼儿园园区及周边地区，确因本人就学、居住等原因，经执行机关批准的除外；

（四）其他确有必要禁止进入的区域、场所。

第5条　人民法院可以根据犯罪情况，禁止判处管制、宣告缓刑的犯罪分子在管制执行期间、缓刑考验期限内接触以下一类或者几类人员：

（一）未经对方同意，禁止接触被害人及其法定代理人、近亲属；

（二）未经对方同意，禁止接触证人及其法定代理人、近亲属；

（三）未经对方同意，禁止接触控告人、批评人、举报人及其法定代理人、

近亲属;

（四）禁止接触同案犯;

（五）禁止接触其他可能遭受其侵害、滋扰的人或者可能诱发其再次危害社会的人。

第7条　人民检察院在提起公诉时，对可能判处管制、宣告缓刑的被告人可以提出宣告禁止令的建议。当事人、辩护人、诉讼代理人可以就应否对被告人宣告禁止令提出意见，并说明理由。

公安机关在移送审查起诉时，可以根据犯罪嫌疑人涉嫌犯罪的情况，就应否宣告禁止令及宣告何种禁止令，向人民检察院提出意见。

第8条　人民法院对判处管制、宣告缓刑的被告人宣告禁止令的，应当在裁判文书主文部分单独作为一项予以宣告。

第9条　禁止令由司法行政机关指导管理的社区矫正机构负责执行。

第10条　人民检察院对社区矫正机构执行禁止令的活动实行监督。发现有违反法律规定的情况，应当通知社区矫正机构纠正。

第11条　判处管制的犯罪分子违反禁止令，或者被宣告缓刑的犯罪分子违反禁止令尚不属情节严重的，由负责执行禁止令的社区矫正机构所在地的公安机关依照《中华人民共和国治安管理处罚法》第60条的规定处罚。

第13条　被宣告禁止令的犯罪分子被依法减刑时，禁止令的期限可以相应缩短，由人民法院在减刑裁定中确定新的禁止令期限。

【法刊文摘】　正确适用禁止令相关规定　确保非监禁刑执行效果（2011年5月3日最高法、最高检、公安部、司法部有关负责人就《关于对判处管制、宣告缓刑的犯罪分子适用禁止令有关问题的规定（试行）》答记者问）[①]

问：如何确定禁止令的具体内容？

答：……适用中应注意把握以下几点：

一是禁止令应当具有针对性。……例如，犯罪分子是因长期在网吧上网，形成网瘾，进而走上犯罪道路的，可作出禁止其进入网吧的决定；如果犯罪分子是因为在夜总会、酒吧沾染恶习实施犯罪的，则可作出禁止其进入夜总会、酒吧的决定；犯罪分子在犯罪前后有滋扰证人行为的，可作出禁止其接触证人的决定；犯罪分子是在酒后犯罪，且有酗酒习性的，可作出禁止其饮酒的决定，等等。

二是禁止令应当具有可行性。禁止令的内容必须具有可行性，不能根本无

[①]　刊于《人民法院报》2011年5月4日第3版。

从执行，也不能妨害犯罪分子的正常生活。例如，不能作出"禁止进入公共场所"等决定。

三是对于有关法律法规已经明确禁止的内容，不能再通过禁止令的形式予以禁止。例如，根据有关法律规定，任何人均不得吸食毒品，因此，不能作出"禁止吸食毒品"的禁止令；又如，相关法律已经规定，违反道路交通安全法律、法规的规定，发生重大交通事故，构成犯罪的，依法追究刑事责任，并由公安机关交通管理部门吊销机动车驾驶证，因此，对因犯相关罪行被判处管制、宣告缓刑的犯罪分子，也不能作出"禁止驾驶机动车"的禁止令。

问：如何把握适用禁止令的裁判文书格式？

答：……对此，要注意把握如下几点：一是宣告禁止令的，不能在裁判文书之外另行制作禁止令文书，而是应当作为裁判文书主文部分的单独一项内容，具体表述应采取以下方式……（详见《刑事诉讼法全厚细》"裁判文书要求"专辑）

【法发〔2015〕4号】　最高人民法院、最高人民检察院、公安部、司法部关于依法办理家庭暴力犯罪案件的意见（2015年3月2日印发）

21. 充分运用禁止令措施。人民法院对实施家庭暴力构成犯罪被判处管制或者宣告缓刑的犯罪分子，为了确保被害人及其子女和特定亲属的人身安全，可以依照刑法第38条第2款、第72条第2款的规定，同时禁止犯罪分子再次实施家庭暴力，侵扰被害人的生活、工作、学习，进行酗酒、赌博等活动；经被害人申请且有必要的，禁止接近被害人及其未成年子女。

【高检发未检字〔2017〕1号】　未成年人刑事检察工作指引（试行）（最高人民检察院2017年3月2日印发试行）

第215条　**【建议适用禁止令】**人民检察院根据未成年被告人的犯罪原因、犯罪性质、犯罪手段、犯罪后的认罪悔罪表现、个人一贯表现等情况，充分考虑与未成年被告人所犯罪行的关联程度，可以有针对性地建议人民法院判处未成年被告人在管制执行期间、缓刑考验期限内适用禁止令：

（一）禁止从事以下一项或者几项活动：（1）因无监护人监管或监护人监管不力，经常夜不归宿的，禁止在未经社区矫正机构批准的情况下在外留宿过夜；（2）因沉迷暴力、色情等网络游戏诱发犯罪的，禁止接触网络游戏；（3）附带民事赔偿义务未履行完毕、违法所得未追缴、退赔到位，或者罚金尚未足额缴纳的，禁止进行高消费活动。高消费的标准可根据当地居民人均收入和支出水平确定；（4）其他确有必要禁止从事的活动。

（二）禁止进入以下一类或者几类区域、场所：（1）因出入未成年人不宜进入的场所导致犯罪的，禁止进入夜总会、歌舞厅、酒吧、迪厅、营业性网吧、游戏机房、溜冰场等场所；（2）经常以大欺小、以强凌弱进行寻衅滋事，在学校周边实施违法犯罪行为的，禁止进入中小学校区、幼儿园园区及周边地区。确因本人就学、居住等原因的除外；（3）其他确有必要禁止进入的区域、场所。

（三）禁止接触以下一类或者几类人员：（1）因受同案犯不良影响导致犯罪的，禁止除正常工作、学习外接触同案犯；（2）为保护特定人员，禁止在未经对方同意的情况下接触被害人、证人、控告人、举报人及其近亲属；（3）禁止接触其他可能遭受其侵害、滋扰的人或者可能诱发其再次危害社会的人。

建议适用禁止令，应当把握好禁止令的针对性、可行性和预防性，并向未成年被告人及其法定代理人阐明适用禁止令的理由，督促法定代理人协助司法机关加强监管，促进未成年被告人接受矫治和回归社会。

【司发通〔2020〕59号】 中华人民共和国社区矫正法实施办法（2020年6月18日最高人民法院、最高人民检察院、公安部、司法部印发，2020年7月1日施行；2012年1月10日司发通〔2012〕12号《社区矫正实施办法》同时废止）

第17条（第1款） 被判处管制、宣告缓刑、裁定假释的社区矫正对象到执行地县级社区矫正机构报到时，社区矫正机构应当核对法律文书、核实身份，办理登记接收手续。对社区矫正对象存在因行动不便、自行报到确有困难等特殊情况的，社区矫正机构可以派员到其居住地等场所办理登记接收手续。

第24条（第1款） 社区矫正对象应当按照有关规定和社区矫正机构的要求，定期报告遵纪守法、接受监督管理、参加教育学习、公益活动和社会活动等情况。发生居所变化、工作变动、家庭重大变故以及接触对其矫正可能产生不利影响人员等情况时，应当及时报告。被宣告禁止令的社区矫正对象应当定期报告遵守禁止令的情况。

第25条 未经执行地县级社区矫正机构批准，社区矫正对象不得接触其犯罪案件中的被害人、控告人、举报人，不得接触同案犯等可能诱发其再犯罪的人。

第26条 社区矫正对象未经批准不得离开所居住市、县。确有正当理由需要离开的，应当经执行地县级社区矫正机构或者受委托的司法所批准。

社区矫正对象外出的正当理由是指就医、就学、参与诉讼、处理家庭或者工作重要事务等。

前款规定的市是指直辖市的城市市区、设区的市的城市市区和县级市的辖区。在设区的同一市内跨区活动的，不属于离开所居住的市、县。

第 27 条　社区矫正对象确需离开所居住的市、县的，一般应当提前 3 日提交书面申请，并如实提供诊断证明、单位证明、入学证明、法律文书等材料。

申请外出时间在 7 日内的，经执行地县级社区矫正机构委托，可以由司法所批准，并报执行地县级社区矫正机构备案；超过 7 日的，由执行地县级社区矫正机构批准。执行地县级社区矫正机构每次批准外出的时间不超过 30 日。

因特殊情况确需外出超过 30 日的，或者两个月内外出时间累计超过 30 日的，应报上一级社区矫正机构审批。上一级社区矫正机构批准社区矫正对象外出的，执行地县级社区矫正机构应当及时通报同级人民检察院。

第 28 条　在社区矫正对象外出期间，执行地县级社区矫正机构、受委托的司法所应当通过电话通讯、实时视频等方式实施监督管理。

执行地县级社区矫正机构根据需要，可以协商外出目的地社区矫正机构协助监督管理，并要求社区矫正对象在到达和离开时向当地社区矫正机构报告，接受监督管理。外出目的地社区矫正机构在社区矫正对象报告后，可以通过电话通讯、实地查访等方式协助监督管理。

社区矫正对象应在外出期限届满前返回居住地，并向执行地县级社区矫正机构或者司法所报告，办理手续。因特殊原因无法按期返回的，应及时向社区矫正机构或者司法所报告情况。发现社区矫正对象违反外出管理规定的，社区矫正机构应当责令其立即返回，并视情节依法予以处理。

第 29 条　社区矫正对象确因正常工作和生活需要经常性跨市、县活动的，应当由本人提出书面申请，写明理由、经常性去往市县名称、时间、频次等，同时提供相应证明，由执行地县级社区矫正机构批准，批准一次的有效期为 6 个月。在批准的期限内，社区矫正对象到批准市、县活动的，可以通过电话、微信等方式报告活动情况。到期后，社区矫正对象仍需要经常性跨市、县活动的，应当重新提出申请。

第 30 条（第 1 款）　社区矫正对象因工作、居所变化等原因需要变更执行地的，一般应当提前 1 个月提出书面申请，并提供相应证明材料，由受委托的司法所签署意见后报执行地县级社区矫正机构审批。

第 31 条（第 2 款）　同意变更执行地的，社区矫正对象应当自收到变更执行地决定之日起 7 日内，到新执行地县级社区矫正机构报到。新执行地县级社区矫正机构应当核实身份、办理登记接收手续。发现社区矫正对象未按规定时间报到的，新执行地县级社区矫正机构应当立即通知原执行地县级社区矫正机构，由原执行地县级社区矫正机构组织查找。未及时办理交付接收，造成社区矫正对象脱管漏管的，原执行地社区矫正机构会同新执行地社区矫正机构妥善处置。

第34条 社区矫正对象具有下列情形之一的，执行地县级社区矫正机构应当给予训诫：

（一）不按规定时间报到或者接受社区矫正期间脱离监管，未超过10日的；

（二）违反关于报告、会客、外出、迁居等规定，情节轻微的；

（三）不按规定参加教育学习等活动，经教育仍不改正的；

（四）其他违反监督管理规定，情节轻微的。

第35条 社区矫正对象具有下列情形之一的，执行地县级社区矫正机构应当给予警告：

（一）违反人民法院禁止令，情节轻微的；

（二）不按规定时间报到或者接受社区矫正期间脱离监管，超过10日的；

（三）违反关于报告、会客、外出、迁居等规定，情节较重的；

（四）保外就医的社区矫正对象无正当理由不按时提交病情复查情况，经教育仍不改正的；

（五）受到社区矫正机构两次训诫，仍不改正的；

（六）其他违反监督管理规定，情节较重的。

第36条 社区矫正对象违反监督管理规定或者人民法院禁止令，依法应予治安管理处罚的，执行地县级社区矫正机构应当及时提请同级公安机关依法给予处罚，并向执行地同级人民检察院抄送治安管理处罚建议书副本，及时通知处理结果。

【法发〔2022〕32号】 最高人民法院、最高人民检察院、教育部关于落实从业禁止制度的意见（2022年11月10日印发，2022年11月15日起施行）

三、教职员工实施性侵害、虐待、拐卖、暴力伤害等犯罪的，人民法院应当依照《未成年人保护法》第62条的规定，判决禁止其从事密切接触未成年人的工作。

教职员工实施前款规定以外的其他犯罪，人民法院可以根据犯罪情况和预防再犯罪的需要，依照《刑法》第37条之1第1款的规定……；或者依照《刑法》第38条第2款、第72条第2款的规定，对其适用禁止令。

【主席令〔2012〕67号】 中华人民共和国治安管理处罚法（2012年10月26日第11届全国人大常委会第29次会议修正，2013年1月1日起施行）

第2条 扰乱公共秩序，妨害公共安全，侵犯人身权利、财产权利，妨害社会管理，具有社会危害性，依照《中华人民共和国刑法》的规定构成犯罪的，依法追究刑事责任；尚不够刑事处罚的，由公安机关依照本法给予治安管理处罚。

第 60 条　有下列行为之一的，处 5 日以上 10 日以下拘留，并处 200 元以上 500 元以下罚款：

（四）被依法执行管制、剥夺政治权利或者在缓刑、暂予监外执行中的罪犯或者被依法采取刑事强制措施的人，有违反法律、行政法规或者国务院有关部门的监督管理规定的行为。

> **第 40 条　【管制期满解除】** 被判处管制的犯罪分子，管制期满，执行机关应即向本人和其所在单位或者居住地的群众宣布解除管制。
>
> **第 41 条　【管制刑期折算】** 管制的刑期，从判决执行之日起计算；判决执行以前先行羁押的，羁押一日折抵刑期二日。

● **条文注释**　第 41 条规定中的"先行羁押"，是指判决开始执行以前，针对同一犯罪行为而实行的关押。因为羁押剥夺了行为人的人身自由，所以羁押 1 日折抵管制刑期 2 日。一旦管制期满，则应当立即向被管制人员本人和其所在单位或者居住地的群众宣布解除管制。

另外，根据《刑事诉讼法》《监察法》的相关规定，指定居所监视居住 1 日，留置 1 日，分别折抵管制刑期 1 日、2 日。

● **相关规定**　**【法发〔2011〕9 号】**　最高人民法院、最高人民检察院、公安部、司法部关于对判处管制、宣告缓刑的犯罪分子适用禁止令有关问题的规定（试行）（2011 年 4 月 28 日发布，2011 年 5 月 1 日实施）

第 6 条　禁止令的期限，既可以与管制执行、缓刑考验的期限相同，也可以短于管制执行、缓刑考验的期限，但判处管制的，禁止令的期限不得少于 3 个月，宣告缓刑的，禁止令的期限不得少于 2 个月。

判处管制的犯罪分子在判决执行以前先行羁押以致管制执行的期限少于 3 个月的，禁止令的期限不受前款规定的最短期限的限制。

禁止令的执行期限，从管制、缓刑执行之日起计算。

第三节 拘 役

> **第42条 【拘役的期限】** 拘役的期限,为一个月以上六个月以下。
> **第43条 【拘役的执行】** 被判处拘役的犯罪分子,由公安机关就近执行。
> 在执行期间,被判处拘役的犯罪分子每月可以回家一天至两天;参加劳动的,可以酌量发给报酬。
> **第44条 【拘役刑期折算】** 拘役的刑期,从判决执行之日起计算;判决执行以前先行羁押的,羁押一日折抵刑期一日。

● **条文注释** 拘役是剥夺罪犯人身自由的刑罚中最轻的处罚,刑期为1个月以上6个月以下;但根据《刑法》第69条,在数罪并罚时,合并执行刑期最高不超过1年。拘役的正常上限为6个月,与有期徒刑的刑期下限相衔接。但判处拘役6个月与判处有期徒刑6个月的后果却是大大不同的:(1) 拘役由公安机关就近执行;有期徒刑一般由监狱执行(余刑3个月以下的由看守所代为执行)。(2) 拘役每月可以回家1~2天;有期徒刑除缓刑、假释、保外就医外,必须收监。(3) 拘役不作为"累犯"评价;有期徒刑可以构成累犯。

这里的"就近执行"是指在罪犯所在地的县级行政区域的看守所执行。执行期间回家的天数也应当计算在刑期之内。但劳动报酬是"可以""酌量"发放,而不是"应当"发放,即根据罪犯的表现、技术水平和劳动效益等情况而决定发或不发、发多少。这点与被判处管制的人员"同工同酬"是有区别的。

另外,根据《刑事诉讼法》《监察法》《行政处罚法》等相关规定,指定居所监视居住2日,留置1日,行政拘留1日,分别折抵拘役刑期1日。

● **相关规定** **【公发〔1995〕14号】 公安部关于公安机关执行《人民警察法》有关问题的解释**(1995年7月15日印发)

一、如何理解、执行关于盘问、检查的规定

(第7款) 对被盘问人依法采取刑事拘留或者治安拘留的,其留置时间不予折抵。

【公复字〔2001〕2号】　公安部关于对被判处拘役的罪犯在执行期间回家问题的批复（2001年1月31日答复北京市公安局"京公法字〔2001〕24号"请示）

《刑法》第43条第2款规定："在执行期间，被判处拘役的犯罪分子每月可以回家一天至两天。"根据上述规定，是否准许被判处拘役的罪犯回家，应当根据其在服刑期间表现以及准许其回家是否会影响剩余刑期的继续执行等情况综合考虑，由负责执行的拘役所、看守所提出建议，报其所属的县级以上公安机关决定。被判处拘役的外国籍罪犯提出回家申请的，由地市级以上公安机关决定，并由决定机关将有关情况报上级公安机关备案。对于准许回家的，应当发给回家证明，告知其应当按时返回监管场所和不按时返回将要承担的法律责任，并将准许回家的决定送同级人民检察院。被判处拘役的罪犯在决定机关辖区内有固定住处的，可允许其回固定住处，没有固定住处的，可在决定机关为其指定的居所每月与其家人团聚1天至两天。拘役所、看守所根据被判处拘役的罪犯在服刑及回家期间表现，认为不宜继续准许其回家的，应当提出建议，报原决定机关决定。对于被判处拘役的罪犯在回家期间逃跑的，应当按照《刑法》第316条的规定以脱逃罪追究其刑事责任。

【法工委复字〔2004〕2号】　全国人大常委会法制工作委员会关于刑事拘留时间可否折抵行政拘留时间的问题的答复意见（2004年2月23日答复公安部请示）[①]

行为人被刑事拘留的行为与被行政拘留的行为系同一行为的，如果该行为不构成犯罪，而属于应处以行政拘留的行为，应依法裁定给予行政拘留，并应将其被刑事拘留的时间折抵行政拘留时间。

对没有犯罪事实或者没有事实证明有犯罪重大嫌疑的人实行刑事拘留的，应当依照国家赔偿法的规定依法给予国家赔偿。但是，如果经依法裁定给予行

[①] 公安部依据"法工委复字〔2004〕2号"《答复意见》，于2004年3月4日印发了《公安部关于刑事拘留时间可否折抵行政拘留时间问题的批复》（答复安徽省公安厅"公办〔2003〕384号"请示），内容如下：

如果行为人依法被刑事拘留的行为与依法被行政拘留的行为系同一行为，公安机关在依法对其裁决行政拘留时，应当将其刑事拘留的时间折抵行政拘留时间。如果行为人依法被刑事拘留的时间已超过依法被裁决的行政拘留时间的，则其行政拘留不再执行，但必须将行政拘留裁决书送达被处罚人。

对没有犯罪事实或者没有事实证明有犯罪重大嫌疑的人错误刑事拘留的，应当依法给予国家赔偿。但是，如果因同一行为依法被裁决行政拘留，且刑事拘留时间已经折抵行政拘留时间的，已经折抵的刑事拘留时间不再给予国家赔偿。

自本批复下发之日起，《公安部关于对刑事拘留时间可否折抵治安拘留时间有关问题的批复》（公复字〔1997〕9号，1997年12月25日答复江西省公安厅"赣公明发〔1997〕1924号"请示）同时废止。

政拘留，且刑事拘留时间已经折抵行政拘留时间的，不再给予国家赔偿；未折抵的刑事拘留时间应当给予国家赔偿。

【主席令〔2021〕70号】 中华人民共和国行政处罚法（2021年1月22日第13届全国人大常委会第25次会议修订，2021年7月15日施行）

第35条（第1款） 违法行为构成犯罪，人民法院判处拘役或者有期徒刑时，行政机关已经给予当事人行政拘留的，应当依法折抵相应刑期。

【法发〔2021〕10号】 最高人民法院、最高人民检察院、公安部、司法部关于进一步加强虚假诉讼犯罪惩治工作的意见（2021年3月4日印发，2021年3月10日施行）

第22条（第3款） 对虚假诉讼刑事案件被告人判处罚金、有期徒刑或者拘役的，人民法院已经依照民事诉讼法的规定给予的罚款、拘留，应当依法折抵相应罚金或者刑期。

【法发〔2021〕35号】 最高人民法院、最高人民检察院、公安部、工业和信息化部、住房和城乡建设部、交通运输部、应急管理部、国家铁路局、中国民用航空局、国家邮政局关于依法惩治涉枪支、弹药、爆炸物、易燃易爆危险物品犯罪的意见（2021年12月28日印发，2021年12月31日施行）

22.（第1款） 人民法院对涉枪支、弹药、爆炸物、易燃易爆危险物品犯罪案件被告人判处罚金、有期徒刑或者拘役的，有关行政执法机关已经依法给予的罚款、行政拘留，应当依法折抵相应罚金或者刑期。……

第四节 有期徒刑、无期徒刑

第45条 【有期徒刑的期限】有期徒刑的期限，除本法第五十条、第六十九条规定外，为六个月以上十五年以下。

第46条 【有期徒刑与无期徒刑的执行】被判处有期徒刑、无期徒刑的犯罪分子，在监狱或者其他执行场所执行；凡有劳动能力的，都应当参加劳动，接受教育和改造。

第47条 【有期徒刑刑期折算】有期徒刑的刑期，从判决执行之日起计算；判决执行以前先行羁押的，羁押一日折抵刑期一日。

● **条文注释** 有期徒刑的正常刑期为 6 个月以上 15 年以下；但在以下 4 种情况下，其刑期上限会突破 15 年：

（1）《刑法》第 50 条规定的死刑缓期执行期间因重大立功，而在 2 年期满后减为 25 年有期徒刑。

（2）《刑法》第 69 条规定的数罪并罚，总和刑期不满 35 年的，判处不超过 20 年；总和刑期在 35 年以上的，判处不超过 25 年。

（3）由无期徒刑减为有期徒刑的，视其悔改和立功表现，可以酌情减为 19 年以上 22 年以下。[①]

（4）由死缓减为无期徒刑后，再减为有期徒刑的，视其悔改和立功表现，可以酌情减为 22 年以上 25 年以下。[②]

有期徒刑和无期徒刑通常在监狱执行，但以下 3 种情况在"其他执行场所"执行：1. 根据《刑事诉讼法》第 265 条，对被判处有期徒刑或者拘役的罪犯，有下列情形之一的，可以暂予监外执行：（1）有严重疾病需要保外就医的；（2）怀孕或者正在哺乳自己婴儿的妇女；（3）生活不能自理，适用暂予监外执行不致危害社会的。对被判处无期徒刑的罪犯，有上述规定情形（2）的，也可以暂予监外执行。2. 根据《监狱法》第 15 条第 2 款，罪犯在被交付执行刑罚前，剩余刑期在 3 个月以下的，由看守所代为执行。3. 根据《监狱法》第 74 条，对未成年犯应当在未成年犯管教所执行刑罚。

另外，根据《刑事诉讼法》《监察法》《行政处罚法》《社区矫正法》《国际刑事司法协助法》等相关规定，指定居所监视居住 2 日，留置 1 日，行政拘留 1 日，撤销缓刑、假释前被逮捕 1 日，被判刑人回国服刑前被羁押 1 日，分别折抵有期徒刑刑期 1 日。

● **相关规定** **最高人民法院研究室关于因错判在服刑期"脱逃"后确有犯罪其错判服刑期限可否与后判刑期折抵问题的电话答复**（1983 年 8 月 31 日答复湖北高院"鄂法研字〔83〕19 号"请示）

我们同意你院报告中所提出的意见，即：对被错判徒刑的在服刑期间"脱逃"的行为，可不以脱逃论罪判刑；但在脱逃期间犯罪的，应依法定罪判刑；对被错判已服刑的日期与后来犯罪所判处的刑期不宜折抵，可在量刑时酌情考虑从轻或减轻处罚。

---

① 注：详见本书关于《刑法》第 78 条至第 80 条的相关规定《最高人民法院关于办理减刑、假释案件具体应用法律的规定》（法释〔2016〕23 号，2017 年 1 月 1 日起施行）第 8 条。

② 注：详见本书关于《刑法》第 78 条至第 80 条的相关规定《最高人民法院关于办理减刑、假释案件具体应用法律的规定》（法释〔2016〕23 号，2017 年 1 月 1 日起施行）第 10 条。

【法办〔2001〕155号】　最高人民法院办公厅关于实施《法院刑事诉讼文书样式》若干问题的解答（2001年6月15日）

21. 问：对同一被告人既判处有期徒刑又并处罚金刑的，其刑期起止日期和缴纳罚金的期限应当如何表述？

答：对同一被告人既被判处有期徒刑又并处罚金的，应当在判处的有期徒刑和罚金刑之后，分别用括号注明有期徒刑刑期起止的日期和缴纳罚金的期限。

51. 问：被判处死刑缓期2年执行的罪犯，在缓期2年执行期满后被减为有期徒刑，后又经再审将原判死缓改判为有期徒刑的，其刑期折抵在再审刑事判决书中应当如何表述？

答：刑期折抵的起始日仍应从被告人犯罪后被羁押之日起计算。

【法释〔2006〕1号】　最高人民法院关于审理未成年人刑事案件具体应用法律若干问题的解释（2005年12月12日最高人民法院审判委员会第1373次会议通过，2006年1月11日公布，2006年1月23日起施行）

第13条　未成年人犯罪只有罪行极其严重的，才可以适用无期徒刑。对已满14周岁不满16周岁的人犯罪一般不判处无期徒刑。

【法刊文摘】　最高人民法院研究室关于原判有期徒刑的罪犯被再审改判无期徒刑应如何计算实际执行刑期问题的研究意见[①]

原判有期徒刑的罪犯经再审改判为无期徒刑的，无期徒刑的执行期间从再审判决确定之日起计算。但是，改判前原判确定之日起已经执行的刑期，在决定假释时应当计算为无期徒刑实际执行的刑期。原判有期徒刑判决执行以前先行羁押的期间不应计算在改判后无期徒刑的实际执行刑期之内。

【法释〔2016〕11号】　最高人民法院关于人民法院办理接收在台湾地区服刑的大陆居民回大陆服刑案件的规定（2015年6月2日最高法审委会第1653次会议通过，2016年4月27日公布，2016年5月1日起施行）

第5条（第2款）　人民法院裁定准予接收的，应当依据台湾地区法院判决认定的事实并参考其所定罪名，根据刑法就相同或者最相似犯罪行为规定的法定刑，按照下列原则对台湾地区法院确定的无期徒刑或者有期徒刑予以转换：

（一）原判处刑罚未超过刑法规定的最高刑，包括原判处刑罚低于刑法规定的最低刑的，以原判处刑罚作为转换后的刑罚；

---

① 最高人民法院研究室编：《司法研究与指导》（总第2辑），人民法院出版社2012年版，第158页。

（二）原判处刑罚超过刑法规定的最高刑的，以刑法规定的最高刑作为转换后的刑罚；

（三）转换后的刑罚不附加适用剥夺政治权利。

（第3款）　前款所称的最高刑，如台湾地区法院认定的事实依据刑法应当认定为一个犯罪的，是指刑法对该犯罪规定的最高刑；如应当认定为多个犯罪的，是指刑法对数罪并罚规定的最高刑。

（第4款）　对人民法院立案前，台湾地区有关业务主管部门对被判刑人在服刑期间作出的减轻刑罚决定，人民法院应当一并予以转换，并就最终应当执行的刑罚作出裁定。

第6条　被判刑人被接收回大陆服刑前被实际羁押的期间，应当以1日折抵转换后的刑期1日。

【主席令〔2018〕13号】　中华人民共和国国际刑事司法协助法（2018年10月26日第13届全国人大常委会第6次会议通过，主席令第13号公布施行）

第38条（第2款）　在押人员在外国被羁押的期限，应当折抵其在中华人民共和国被判处的刑期。

第64条（第3款）　被判刑人回国服刑前被羁押的，羁押1日折抵转换后的刑期1日。

【主席令〔2021〕70号】　中华人民共和国行政处罚法（2021年1月22日第13届全国人大常委会第25次会议修订，2021年7月15日施行）

第35条（第1款）　违法行为构成犯罪，人民法院判处拘役或者有期徒刑时，行政机关已经给予当事人行政拘留的，应当依法折抵相应刑期。

【法发〔2021〕10号】　最高人民法院、最高人民检察院、公安部、司法部关于进一步加强虚假诉讼犯罪惩治工作的意见（2021年3月4日印发，2021年3月10日施行）

第22条（第3款）　对虚假诉讼刑事案件被告人判处罚金、有期徒刑或者拘役的，人民法院已经依照民事诉讼法的规定给予的罚款、拘留，应当依法折抵相应罚金或者刑期。

【法发〔2021〕22号】　最高人民法院、最高人民检察院、公安部关于办理电信网络诈骗等刑事案件适用法律若干问题的意见（二）（2021年6月17日签发，2021年6月22日新闻发布）

十五、对境外司法机关抓获并羁押的电信网络诈骗犯罪嫌疑人，在境内接受审判的，境外的羁押期限可以折抵刑期。

【法发〔2021〕35号】 最高人民法院、最高人民检察院、公安部、工业和信息化部、住房和城乡建设部、交通运输部、应急管理部、国家铁路局、中国民用航空局、国家邮政局关于依法惩治涉枪支、弹药、爆炸物、易燃易爆危险物品犯罪的意见（2021年12月28日印发，2021年12月31日施行）

22.（第1款） 人民法院对涉枪支、弹药、爆炸物、易燃易爆危险物品犯罪案件被告人判处罚金、有期徒刑或者拘役的，有关行政执法机关已经依法给予的罚款、行政拘留，应当依法折抵相应罚金或者刑期。……

第五节 死 刑

第48条 【死刑的判决与核准】 死刑只适用于罪行极其严重的犯罪分子。对于应当判处死刑的犯罪分子，如果不是必须立即执行的，可以判处死刑同时宣告缓期二年执行。

死刑除依法由最高人民法院判决的以外，都应当报请最高人民法院核准。死刑缓期执行的，可以由高级人民法院判决或者核准。①

---

① 注："死刑核准权"下放简史（详见《刑事诉讼法全厚细》第246~248条）：
1954年9月21日第1届全国人大第1次会议通过的《人民法院组织法》规定，死刑由高级人民法院核准后执行。1957年7月15日第1届全国人大第4次会议决议，死刑都由最高人民法院判决或者核准。1979年7月7日颁布、1980年1月1日起施行的《刑法》《刑事诉讼法》亦均循此规定。
1980年2月12日第5届全国人大常委会第13次会议根据"两高"的建议，发布了〔80〕人大常委会字第10号"《通知》：在1980年内，对现行的杀人、强奸、抢劫、放火等严重罪行，最高人民法院可以授权高级人民法院核准死刑。两高随即于1980年3月11日印发"〔80〕法办字第10号、高检办字〔1980〕第5号"联合通知，转发人大常委会通知并授权各高级人民法院核准死刑。
1981年6月10日第5届全国人大常委会第19次会议决定，除反革命和贪污等判处死刑的案件由最高人民法院核准外，在1981~1983年之间对杀人、抢劫、强奸、放火、投毒、决水和破坏交通、电力设备等罪行，由高级法院判处死刑或者中级法院一审判处死刑，被告人不上诉的，不必报最高人民法院核准。
1983年9月2日第6届全国人大常委会第2次会议修改了《人民法院组织法》，规定"杀人、强奸、抢劫、爆炸以及其他严重危害公共安全和社会治安判处死刑案件的核准权，最高人民法院在必要的时候，得授权省、自治区、直辖市的高级人民法院行使。"最高人民法院随即于1983年9月7日据此授予各高级人民法院及解放军军事法院行使上述案件的死刑核准权。这次授权没有规定终止期限。
此后，最高人民法院又分别4次印发通知授权部分高级人民法院行使对部分毒品犯罪死刑案件的死刑核准权（1991年6月6日授云南省，1993年8月18日授广东省，1996年3月19日授广西壮族自治区、四川省、甘肃省，1997年6月23日授贵州省）。
1996年3月、1997年3月全国人民代表大会先后修改《刑事诉讼法》《刑法》，仍然明确规定死刑核准权由最高人民法院行使。但最高法仍然依据1983年修改的《人民法院组织法》，于1997年9月26日印发"法发〔1997〕24号"《规定》，授权各高级人民法院和解放军军事法院继续行使其已获得的死刑核准权。
2006年10月31日第10届全国人大常委会第24次会议修改《人民法院组织法》（2007年1月1日施行），明确规定死刑由最高人民法院核准。2006年12月28日最高人民法院公布《关于统一行使死刑案件核准权有关问题的决定》（法释〔2006〕12号，2007年1月1日施行），彻底收回了死刑核准权。

● **条文注释** 被判处"死刑立即执行"的，由最高人民法院核准；被判处死刑同时宣告缓期2年执行的，可以由高级人民法院核准（包括自判自核）。在实际执行中，被判处死缓的罪犯基本上都被依法减为无期徒刑或有期徒刑，没有被实际执行死刑，体现了我国对死刑"适当保留、严格控制、慎重适用"的一贯方针。

死刑的执行程序参见《刑事诉讼法》第261条至第263条的规定。在死刑交付执行时，应当对罪犯验明正身，采用枪决或者注射等方式执行。

"死刑缓期二年执行"并不是一种独立的刑种，而是对"不是必须立即执行"死刑的一种执行方式。至于什么是"不是必须立即执行"，法律没有作出具体规定。在司法实践中，一般有以下几种情况：（1）虽然罪行极其严重，但民愤并不特别大。（2）行为人有投案自首或者立功情节。（3）共同犯罪中的首要分子已经被判处死刑立即执行，其他主犯不具有立即执行必要的。（4）被害者在罪行发生之前或发生过程中有明显过错。

● **相关规定** 【法释〔2006〕12号】 最高人民法院关于统一行使死刑案件核准权有关问题的决定（2006年12月13日最高人民法院审判委员会第1409次会议通过，2006年12月28日公布，2007年1月1日起施行）

第10届全国人大常委会第24次会议通过了《关于修改〈中华人民共和国人民法院组织法〉的决定》，将人民法院组织法原第13条修改为第12条："死刑除依法由最高人民法院判决的以外，应当报请最高人民法院核准。"修改人民法院组织法的决定自2007年1月1日施行。根据修改后的人民法院组织法第12条的规定，现就有关问题决定如下：

（一）自2007年1月1日起，最高人民法院根据全国人民代表大会常务委员会有关决定和人民法院组织法原第13条的规定发布的关于授权高级人民法院和解放军军事法院核准部分死刑案件的通知（见附件，详见《刑事诉讼法全厚细》第246条），一律予以废止。

（二）自2007年1月1日起，死刑除依法由最高人民法院判决的以外，各高级人民法院和解放军军事法院依法判决和裁定的，应当报请最高人民法院核准。

（三）2006年12月31日以前，各高级人民法院和解放军军事法院已经核准的死刑立即执行的判决、裁定，依法仍由各高级人民法院、解放军军事法院院长签发执行死刑的命令。

【法发〔2010〕9 号】　最高人民法院关于贯彻宽严相济刑事政策的若干意见（2010 年 2 月 8 日印发）

四、准确把握和正确适用宽严"相济"的政策要求

29. 要准确理解和严格执行"保留死刑，严格控制和慎重适用死刑"的政策。对于罪行极其严重的犯罪分子，论罪应当判处死刑的，要坚决依法判处死刑。要依法严格控制死刑的适用，统一死刑案件的裁判标准，确保死刑只适用于极少数罪行极其严重的犯罪分子。拟判处死刑的具体案件定罪或者量刑的证据必须确实、充分，得出唯一结论。对于罪行极其严重，但只要是依法可不立即执行的，就不应当判处死刑立即执行。

【法发〔2010〕20 号】　最高人民法院、最高人民检察院、公安部、国家安全部、司法部关于办理死刑案件审查判断证据若干问题的规定（2010 年 6 月 13 日印发，2010 年 7 月 1 日起施行；同时，同文号印发《关于办理刑事案件排除非法证据若干问题的规定》，2010 年 7 月 1 日起施行）[①]

第 5 条　办理死刑案件，对被告人犯罪事实的认定，必须达到证据确实、充分。

证据确实、充分是指：

（一）定罪量刑的事实都有证据证明；

（二）每一个定案的证据均已经法定程序查证属实；

（三）证据与证据之间、证据与案件事实之间不存在矛盾或者矛盾得以合理排除；

（四）共同犯罪案件中，被告人的地位、作用均已查清；

（五）根据证据认定案件事实的过程符合逻辑和经验规则，由证据得出的结论为唯一结论。

办理死刑案件，对于以下事实的证明必须达到证据确实、充分：

（一）被指控的犯罪事实的发生；

（二）被告人实施了犯罪行为与被告人实施犯罪行为的时间、地点、手段、后果以及其他情节；

（三）影响被告人定罪的身份情况；

（四）被告人有刑事责任能力；

（五）被告人的罪过；

---

① 根据"法发〔2010〕20 号"《通知》，办理其他刑事案件，参照《关于办理死刑案件审查判断证据若干问题的规定》执行。

（六）是否共同犯罪及被告人在共同犯罪中的地位、作用；

（七）对被告人从重处罚的事实。

【公通字〔2014〕33 号】　公安机关讯问犯罪嫌疑人录音录像工作规定（公安部 2014 年 9 月 5 日印发，2014 年 10 月 1 日起施行）

第 3 条　对讯问过程进行录音录像，应当对每一次讯问全程不间断进行，保持完整性，不得选择性地录制，不得剪接、删改。

第 4 条　对下列重大犯罪案件，应当对讯问过程进行录音录像：

（一）可能判处无期徒刑、死刑的案件；

前款规定的"讯问"，既包括在执法办案场所进行的讯问，也包括对不需要拘留、逮捕的犯罪嫌疑人在指定地点或者其住处进行的讯问，以及紧急情况下在现场进行的讯问。

本条第 1 款规定的"可能判处无期徒刑、死刑的案件"和"可能判处 10 年以上有期徒刑的案件"，是指应当适用的法定刑或者量刑档次包含无期徒刑、死刑、10 年以上有期徒刑的案件。

【法办〔2001〕155 号】　最高人民法院办公厅关于实施《法院刑事诉讼文书样式》若干问题的解答（2001 年 6 月 15 日）

46. 问：核准死刑缓期 2 年执行的裁判文书，是否需要写明死刑缓期 2 年执行期间的起止时间？

答：不需要。死刑缓期 2 年执行的期限，只是对死缓犯是否执行死刑的考验期限，且对该犯是否执行死刑尚属不确定状态。

47. 问：数罪并罚案件，既有判处死刑（死缓），又有判处其他刑罚或者没收财产、罚金等财产附加刑的，在核准死刑的裁判文书中，裁判结果可否只表述"核准×××中级（或高级）人民法院（20××）…刑初（或终）××号以××罪判处被告人×××死刑（死缓），剥夺政治权利终身的刑事判决"？

答：不可以。分别定罪量刑是数罪并罚的科学方法。人民法院核准死刑判决时，对数罪并罚案件而言，是在分别定罪量刑、然后决定执行刑罚的基础上进行的。因此，它不是只核准数罪中有死刑的判决，而是对原审法院整个判决（包括其他刑罚和没收财产、罚金财产附加刑）的核准。对犯一罪而被判处死刑并被判处财产附加刑的，也应当在裁判结果中一并写明。

● **指导案例**　**【高检发研字〔2010〕12 号】　最高人民检察院关于印发第 1 批指导性案例的通知**（2010 年 12 月 15 日最高人民检察院第 11 届检察委员会第 53 次会议讨论通过，2010 年 12 月 31 日印发）

（检例第 2 号）忻某龙绑架案

要旨：[①] 对于死刑案件的抗诉，要正确把握适用死刑的条件，严格证明标准，依法履行刑事审判法律监督职责。

【高检发研字〔2014〕4 号】 最高人民检察院关于印发第 5 批指导性案例的通知（2014 年 8 月 28 日最高人民检察院第 12 届检察委员会第 26 次会议讨论通过，2014 年 9 月 10 日印发）

（检例第 18 号）郭明先参加黑社会性质组织、故意杀人、故意伤害案

要旨：死刑依法只适用于罪行极其严重的犯罪分子。对故意杀人、故意伤害、绑架、爆炸等涉黑、涉恐、涉暴刑事案件中罪行极其严重，严重危害国家安全和公共安全、严重危害公民生命权，或者严重危害社会秩序的被告人，依法应当判处死刑，人民法院未判处死刑的，人民检察院应当依法提出抗诉。

第 49 条 【死刑限制】 犯罪的时候不满十八周岁的人和审判的时候怀孕的妇女，不适用死刑。

审判的时候已满七十五周岁的人，不适用死刑，但以特别残忍手段致人死亡的除外。[②]

● **条文注释** "老人死刑限制"（第 49 条第 2 款）以及"死缓减刑限制"（第 50 条第 2 款）是 2011 年 2 月 25 日第 11 届全国人大常委会第 19 次会议通过的《刑法修正案（八）》新增的。同时还取消了 13 个经济性非暴力犯罪的死刑，使得现行刑法的死刑罪名总数由 68 个下降到 55 个。

未成年人不适用死刑是以犯罪时为准的，而不是以审判时为准，因此，行为人被审判时即使已成年，但只要其犯罪行为是在 18 周岁生日之前（包括生日当天）实施的，就不得适用死刑（包括死刑缓期执行），最高刑只能是无期徒刑

[①] 宁波市中级人民法院一审判处被告人忻某死刑，浙江省高级人民法院二审改判忻某死刑缓期 2 年执行。最高人民检察院抗诉理由认为：一、忻某绑架犯罪事实清楚，证据确实、充分。本案定案的物证、书证、证人证言、被告人供述、鉴定结论、现场勘查笔录等证据能够形成完整的证据体系。二、浙江省高级人民法院二审改判认为的本案证据存在的两个疑点均能够排除。三、忻某为实施绑架犯罪进行了精心预谋，主观恶性极深；在实施绑架犯罪后，当天就将年仅 9 岁的杨某杀害，并且毁灭罪证；归案后还极力编造谎言隐瞒案情；被害人家属和当地群众对二审改判忻某死刑缓期 2 年执行难以接受。

[②] 第 49 条第 2 款（老人死刑限制）是根据 2011 年 2 月 25 日第 11 届全国人民代表大会常务委员会第 19 次会议通过的《刑法修正案（八）》（主席令第 41 号公布，2011 年 5 月 1 日起施行）而增设。

（对已满14周岁不满16周岁的人犯罪一般不判处无期徒刑，最高只是有期徒刑）。

而"怀孕的妇女"不适用死刑，是以审判时为准。这里"审判的时候"具体是指从羁押到执行的整个刑事诉讼过程，而不仅仅是指法院审理阶段。在审判期间，即使"怀孕的妇女"实施人工流产的，也不能适用死刑；在审判期间自然流产的，根据《最高人民法院关于对怀孕的妇女在羁押期间自然流产审判时是否适用死刑问题的批复》则以起诉、审判的犯罪事实，与被依法羁押的犯罪事实是否为"同一事实"为标准来判断自然流产的妇女是否视为"审判时怀孕的妇女"。

《刑法修正案（八）》增加第49条第2款规定75岁以上的老年人不适用死刑（只要在判决前已满75周岁，就适用本款规定），主要是从以下几方面考虑：（1）在近年来的司法实践中基本上没有对这部分老年人适用过死刑。（2）对于罪行极其严重的老年罪犯，虽然不适用死刑，但可以判处无期徒刑，这样其实际执行期限最少15年，出狱后就最少也90岁了，惩罚的力度已经足够达到刑罚的目的。（3）与我国已经签署的《公民权利和政治权利公约》相一致。（4）为了体现罪刑相称的原则、维护社会公正、安抚被害人家属、减少社会矛盾，第49条第2款同时规定了对老年人"以特别残忍手段致人死亡"的情形保留死刑的例外情况。

● **相关规定** **最高人民法院研究室关于如何理解"审判的时候怀孕的妇女不适用死刑"问题的电话答复**（1991年3月18日答复广东省高级人民法院"〔1990〕粤法刑一文字第16号"请示）①

在羁押期间已是孕妇的被告人，无论其怀孕是否属于违反国家计划生育政策，也不论其是否自然流产或者经人工流产以及流产后移送起诉或审判期间的长短，仍应执行我院〔83〕法研字第18号《关于人民法院审判严重刑事犯罪案件中具体应用法律的若干问题的答复》② 中对第3个问题的答复："对于这类案件，应当按照刑法第44条和刑事诉讼法第154条③的规定办理，即：人民法院

---

① 注：该《电话答复》一直未被宣布废止；但其规定的内容却是合理的。因此，它可以被看作一个道理上应该有效、法理上已经失效、实际上一直未被废止的司法解释性文件。

② 注："〔83〕法研字第18号"《答复》已被《最高人民法院关于废止1980年1月1日至1997年6月30日期间发布的部分司法解释和司法解释性质文件（第九批）的决定（法释〔2013〕2号，2013年1月14日发布，2013年1月18日起施行）》所废止。

③ 注：此处应该都是指1979年的《刑法》与《刑事诉讼法》。原《刑法》第44条的相关内容对应现行《刑法》第49条；原《刑事诉讼法》第154条的相关内容对应2012年3月14日第11届全国人民代表大会第5次会议修正的《刑事诉讼法》（主席令第55号公布，2013年1月1日起施行）第251条。

对'审判的时候怀孕的妇女,不适用死刑'。如果人民法院在审判时发现,在羁押受审时已是孕妇的,仍应依照上述法律规定,不适用死刑。"

【法释〔1998〕18 号】 最高人民法院关于对怀孕妇女在羁押期间自然流产审判时是否可以适用死刑问题的批复(1998 年 8 月 4 日最高人民法院审判委员会第 1010 次会议通过,1998 年 8 月 7 日公布,答复河北省高级人民法院"冀高法〔1998〕40 号",1998 年 8 月 13 日起施行)

怀孕妇女因涉嫌犯罪在羁押期间自然流产后,又因同一事实被起诉、交付审判的,应当视为"审判的时候怀孕的妇女",依法不适用死刑。

第 50 条[①]　**【死缓变更与减刑限制】**　判处死刑缓期执行的,在死刑缓期执行期间,如果没有故意犯罪,二年期满以后,减为无期徒刑;如果确有重大立功表现,二年期满以后,减为二十五年有期徒刑;如果故意犯罪,情节恶劣的,报请最高人民法院核准后执行死刑;对于故意犯罪未执行死刑的,死刑缓期执行的期间重新计算,并报最高人民法院备案。

对被判处死刑缓期执行的累犯以及因故意杀人、强奸、抢劫、绑架、放火、爆炸、投放危险物质或者有组织的暴力性犯罪被判处死刑缓期执行的犯罪分子,人民法院根据犯罪情节等情况可以同时决定对其限制减刑。

● **条文注释**　"死刑缓期执行"不是独立的刑种,而是死刑的一种执行方式。死缓的考验结果有 3 种:或不再执行死刑而获减刑,或重新计算考验期,或执行死刑。获得减刑又分为两种情况:死缓犯如果在死缓考验期限内没有再故意犯罪,考验期满后减为无期徒刑;如果不仅没有再故意犯罪,而且还有重大立

[①] 原第 50 条只有 1 款,内容为:"判处死刑缓期执行的,在死刑缓期执行期间,如果没有故意犯罪,二年期满以后,减为无期徒刑;如果确有重大立功表现,二年期满以后,减为十五年以上二十年以下有期徒刑;如果故意犯罪,查证属实的,由最高人民法院核准,执行死刑。"2011 年 2 月 25 日第 11 届全国人民代表大会常务委员会第 19 次会议通过的《刑法修正案(八)》(主席令第 41 号公布,2011 年 5 月 1 日起施行)对第 50 条进行了第一次修改,增加了死缓期间因重大立功而减为有期徒刑的期限,并增加了第 2 款关于限制减刑的规定;本着"少杀慎杀"的刑法精神,2015 年 8 月 29 日第 12 届全国人民代表大会常务委员会第 16 次会议通过的《刑法修正案(九)》(主席令第 30 号公布,2015 年 11 月 1 日起施行)对第 50 条第 1 款进行了第二次修改,对死缓期间故意犯罪的情形,视其犯罪情节的恶劣程度从而决定执行死刑或重新计算死刑考验期。

功表现，则要减为有期徒刑。这里的"重大立功表现"，是指《刑法》第78条第1款所列的6种情形。

如果死缓犯在考验期限内有过失犯罪，仍然应减为无期徒刑。如果死缓犯在考验期限内又故意犯罪，根据刑事诉讼法的有关规定，由监狱进行侦查，由服刑地人民检察院提起公诉、人民法院依法审判，认定行为人构成故意犯罪。对于其中情节恶劣的，在上述判决、裁定发生法律效力后，不必等到死缓考验2年期满，就可以在报请最高人民法院依法核准后，由中级人民法院对死缓犯执行死刑；对于情节不恶劣或者未被核准死刑的，则重新计算死刑考验期。所谓"情节恶劣"，应当结合犯罪的背景、动机、手段、社会危害程度、造成的后果等犯罪情节，以及罪犯在死缓考验期间的改造、悔罪表现等多方面因素综合确定。

第50条第2款是《刑法修正案（八）》增设的规定，它对死缓减刑作出了限制性的规定，同时也对死缓限制减刑适用对象作出了明确规定，即仅适用于累犯以及故意杀人、强奸、抢劫、绑架、放火、爆炸、投放危险物质或者有组织的暴力性犯罪；因其他犯罪被判处死刑缓期执行的，一律不得限制减刑。需要注意的是：本条第2款列举的7种具体犯罪中，没有故意伤害罪。这意味着对于单独或者共同犯故意伤害罪，即使"致人死亡或者以特别残忍手段致人重伤造成严重残疾"而被判处死刑缓期执行的，也不得对其限制减刑，这应该说是立法上的一个疏忽。但如果行为人系累犯或者故意伤害行为属于有组织的暴力性犯罪，则可以对该罪犯同时决定限制减刑。

"限制减刑"是指对犯罪分子虽然可以适用减刑，但其实际执行刑期比其他死缓犯被减刑后的实际执行刑期更长。被限制减刑的罪犯，其实际执行刑期见《刑法》第78条第2款规定。

根据《刑事诉讼法》第250条的规定，被判处死刑缓期2年执行的罪犯，在死缓考验期间如果没有故意犯罪，则在死刑缓期执行期满时，由服刑地省级监狱管理机关书面报请服刑地高级人民法院裁定予以减刑；如果故意犯罪，则由服刑地高级人民法院报请最高人民法院核准，由最高人民法院院长签发命令执行死刑。

需要注意的是，罪犯在死刑缓期执行期满之后、裁定减刑之前又犯罪的，根据《最高人民法院关于适用〈中华人民共和国刑事诉讼法〉的解释》（法释〔2021〕1号）第533条的规定，应当先依法对其减刑，然后对其所犯新罪另行审判，并根据刑法第71条规定进行"判后新罪并罚"。这样，如果新罪被判处有期徒刑，则无论原死缓是依法减为无期徒刑，还是因为重大立功被减为25年有期徒刑，与新罪数罪并罚后的结果仍然是无期徒刑或者25年有期徒刑。这时，唯一的影响是根据《最高人民法院关于办理减刑、假释案件具体应用法律的规定》（法释〔2016〕23号）① 第21条，在一定时间内对其不予以减刑。

● **相关规定** 【法明传〔1998〕287号】 最高人民法院关于1997年9月30日以前判处死刑缓期2年执行的盗窃罪犯，在1997年10月1日后死刑缓期执行期间故意犯罪是否执行死刑问题的答复（答复新疆高院"新高法明传〔1998〕116号"请示）

对于1997年9月30日以前判处死刑缓期2年执行的盗窃罪犯，依照刑法第264条的规定不适用死刑的，如果在1997年10月1日以后死刑缓期2年执行期间又故意犯罪，除犯新罪应判处死刑且必须立即执行的外，不予核准执行死刑，而应当根据刑法第71条的规定，数罪并罚，决定执行的刑罚。

【法释〔2011〕8号】 最高人民法院关于死刑缓期执行限制减刑案件审理程序若干问题的规定（2011年4月20日最高人民法院审判委员会第1519次会议通过，2011年4月25日公布，2011年5月1日起施行）

第1条 根据刑法第50条第2款的规定，对被判处死刑缓期执行的累犯以及因故意杀人、强奸、抢劫、绑架、放火、爆炸、投放危险物质或者有组织的暴力性犯罪被判处死刑缓期执行的犯罪分子，人民法院根据犯罪情节、人身危险性等情况，可以在作出裁判的同时决定对其限制减刑。

第2条 被告人对第一审人民法院作出的限制减刑判决不服的，可以提出上诉。被告人的辩护人和近亲属，经被告人同意，也可以提出上诉。

第3条 高级人民法院审理或者复核判处死刑缓期执行并限制减刑的案件，认为原判对被告人判处死刑缓期执行适当，但判决限制减刑不当的，应当改判，撤销限制减刑。

第4条 高级人民法院审理判处死刑缓期执行没有限制减刑的上诉案件，认为原判事实清楚、证据充分，但应当限制减刑的，不得直接改判，也不得发回重新审判。确有必要限制减刑的，应当在第二审判决、裁定生效后，按照审判监督程序重新审判。

高级人民法院复核判处死刑缓期执行没有限制减刑的案件，认为应当限制减刑的，不得以提高审级等方式对被告人限制减刑。

第5条 高级人民法院审理判处死刑的第二审案件，对被告人改判死刑缓

---

① 详见本书关于刑法总则第4章第6节"减刑"以及《刑法》第81条、第82条的注释。

期执行的，如果符合刑法第 50 条第 2 款的规定，可以同时决定对其限制减刑。

高级人民法院复核判处死刑后没有上诉、抗诉的案件，认为应当改判死刑缓期执行并限制减刑的，可以提审或者发回重新审判。

第 6 条　最高人民法院复核死刑案件，认为对被告人可以判处死刑缓期执行并限制减刑的，应当裁定不予核准，并撤销原判，发回重新审判。

一案中两名以上被告人被判处死刑，最高人民法院复核后，对其中部分被告人改判死刑缓期执行的，如果符合刑法第 50 条第 2 款的规定，可以同时决定对其限制减刑。

第 7 条　人民法院对被判处死刑缓期执行的被告人所作的限制减刑决定，应当在判决书主文部分单独作为一项予以宣告。

第 8 条　死刑缓期执行限制减刑案件审理程序的其他事项，依照刑事诉讼法和有关司法解释的规定执行。

【法释〔2011〕9 号】　最高人民法院关于《中华人民共和国刑法修正案（八）》时间效力问题的解释（2011 年 4 月 20 日最高人民法院审判委员会第 1519 次会议通过，2011 年 4 月 25 日公布，2011 年 5 月 1 日起施行）

第 2 条　2011 年 4 月 30 日以前犯罪，判处死刑缓期执行的，适用修正前刑法第 50 条的规定。

被告人具有累犯情节，或者所犯之罪是故意杀人、强奸、抢劫、绑架、放火、爆炸、投放危险物质或者有组织的暴力性犯罪，罪行极其严重，根据修正前刑法判处死刑缓期执行不能体现罪刑相适应原则，而根据修正后刑法判处死刑缓期执行同时决定限制减刑可以罚当其罪的，适用修正后刑法第 50 条第 2 款的规定。

【法释〔2015〕19 号】　最高人民法院关于《中华人民共和国刑法修正案（九）》时间效力问题的解释（2015 年 10 月 19 日最高人民法院审判委员会第 1664 次会议通过，2015 年 10 月 29 日公布，2015 年 11 月 1 日起施行）

第 2 条　对于被判处死刑缓期执行的犯罪分子，在死刑缓期执行期间，且在 2015 年 10 月 31 日以前故意犯罪的，适用修正后刑法第 50 条第 1 款的规定。

【法〔2016〕318 号】　最高人民法院关于对死刑缓期执行期间故意犯罪未执行死刑案件进行备案的通知（2016 年 9 月 26 日印发。详见《刑事诉讼法全厚细》第 261 条相关规定）

● 指导案例 【法发〔2009〕47号】 最高人民法院关于印发醉酒驾车犯罪法律适用问题指导意见及相关典型案例的通知（2009年9月11日印发）

（指导案例1号）被告人黎景全以危险方法危害公共安全案

裁判理由： 最高人民法院复核认为，黎景全是在严重醉酒状态下犯罪，属间接故意犯罪，与蓄意危害公共安全的直接故意犯罪有所不同；且其归案后认罪、悔罪态度较好，依法可不判处死刑。

（指导案例2号）被告人孙伟铭以危险方法危害公共安全案

裁判理由： 四川省高级人民法院审理认为，被告人孙伟铭无视交通法规和公共安全，在未取得驾驶证的情况下，长期驾驶机动车辆，多次违反交通法规，且在醉酒驾车发生交通事故后，继续驾车超限速行驶，冲撞多辆车辆，造成数人伤亡的严重后果，说明其主观上对危害结果的发生持放任态度，具有危害公共安全的间接故意，其行为已构成以危险方法危害公共安全罪，并且犯罪情节恶劣，后果严重。但鉴于孙伟铭是间接故意犯罪，不希望、也不积极追求危害后果发生，与直接故意驾车撞击车辆、行人的犯罪相比，主观恶性不是很深，人身危险性不是很大；犯罪时处于严重醉酒状态，其对自己行为的辨认和控制能力有所减弱；案发后，真诚悔罪，并通过亲属积极筹款赔偿被害方的经济损失，依法可从轻处罚。

【法〔2011〕354号】 最高人民法院关于发布第1批指导性案例的通知（2011年12月20日印发）

（指导案例4号）王志才故意杀人案

裁判要点： 因恋爱、婚姻矛盾激化引发的故意杀人案件，被告人犯罪手段残忍，论罪应当判处死刑，但被告人具有坦白悔罪、积极赔偿等从轻处罚情节，同时被害人亲属要求严惩的，人民法院根据案件性质、犯罪情节、危害后果和被告人的主观恶性及人身危险性，可以依法判处被告人死刑，缓期2年执行，同时决定限制减刑，以有效化解社会矛盾，促进社会和谐。

【法〔2012〕227号】 最高人民法院关于发布第3批指导性案例的通知（2012年9月18日印发）

（指导案例12号）李飞故意杀人案

裁判要点： 对于因民间矛盾引发的故意杀人案件，被告人犯罪手段残忍，且系累犯，论罪应当判处死刑，但被告人亲属主动协助公安机关将其抓捕归案，并积极赔偿的，人民法院根据案件具体情节，从尽量化解社会矛盾角度考虑，可以依法判处被告人死刑，缓期2年执行，同时决定限制减刑。

> **第 51 条　【死缓及变更后的刑期计算】** 死刑缓期执行的期间，从判决确定之日起计算。死刑缓期执行减为有期徒刑的刑期，从死刑缓期执行期满之日起计算。

● **条文注释**　这里的"判决确定之日"是指判决生效之日。根据 2004 年 7 月 26 日最高人民法院公布的《关于刑事案件终审判决和裁定何时发生法律效力问题的批复》（法释〔2004〕7 号）[①]，终审的判决和裁定自宣告之日起发生法律效力。判决生效之后，即使尚未送监执行，也计入 2 年考验期内；但在判决生效之前先行羁押的时间不能折抵死缓考验期限。

死缓减为有期徒刑的，其刑期包括死缓期满之后、减刑裁定生效之前的时间；但不包括死缓判决生效之前的羁押时间和死缓的 2 年考验期。

需要注意的是：2002 年 11 月 5 日最高人民法院公布的《关于死刑缓期执行的期间如何确定问题的批复》（法释〔2002〕34 号）因与法释〔2004〕7 号《批复》相冲突，已在 2013 年 2 月 26 日发布的《最高人民法院关于废止 1997 年 7 月 1 日至 2011 年 12 月 31 日期间发布的部分司法解释和司法解释性质文件（第十批）的决定》（法释〔2013〕7 号，2013 年 4 月 8 日起施行）中被宣布废止。

● **相关规定　【法释〔2016〕23 号】　最高人民法院关于办理减刑、假释案件具体应用法律的规定**（2016 年 9 月 19 日最高人民法院审判委员会第 1693 次会议通过，2016 年 11 月 14 日公布，2017 年 1 月 1 日起施行；替代 2012 年 7 月 1 日起施行的《最高人民法院关于办理减刑、假释案件具体应用法律若干问题的规定》[②]"法释〔2012〕2 号"）

第 35 条　被判处死刑缓期执行的罪犯，在死刑缓期执行期内被发现漏罪，依据刑法第 70 条规定数罪并罚，决定执行死刑缓期执行的，死刑缓期执行期间自新判决确定之日起计算，已经执行的死刑缓期执行期间计入新判决的死刑缓

[①] 详见《刑法》第 452 条的注释。
[②] 注：最高人民法院还先后发布了另外两个同名文件，发文文号分别为"法（刑二）发〔1991〕28 号"（1991 年 10 月 10 日印发，于 2013 年 1 月 18 日被废止）和"法释〔1997〕6 号"（1997 年 10 月 29 日印发，于 2013 年 4 月 8 日被废止）。这 3 个《若干问题的规定》均为同名文件，文中也没注明修正或废止关系。这种情况较为少见，注意不要混淆。另，1997 年 10 月 29 日《最高人民法院印发〈关于办理减刑、假释案件具体应用法律若干问题的规定〉的通知》的发文文号为"法发〔1997〕25 号"。

期执行期间内,但漏罪被判处死刑缓期执行的除外。

第 36 条(第 1 款) 被判处死刑缓期执行的罪犯,在死刑缓期执行期满后被发现漏罪,依据刑法第 70 条规定数罪并罚,决定执行死刑缓期执行的,交付执行时对罪犯实际执行无期徒刑,死缓考验期不再执行,但漏罪被判处死刑缓期执行的除外。

第 42 条 本规定自 2017 年 1 月 1 日起施行。以前发布的司法解释与本规定不一致的,以本规定为准。

第六节 罚 金

第 52 条 【罚金数额的裁量】 判处罚金,应当根据犯罪情节决定罚金数额。

第 53 条[①] **【罚金的缴纳】** 罚金在判决指定的期限内一次或者分期缴纳。期满不缴纳的,强制缴纳。对于不能全部缴纳罚金的,人民法院在任何时候发现被执行人有可以执行的财产,应当随时追缴。

由于遭遇不能抗拒的灾祸等原因缴纳确实有困难的,经人民法院裁定,可以延期缴纳、酌情减少或者免除。

● **条文注释** 罚金主要适用于经济类或非法牟利类罪犯,对其科以罚金的目的是让犯罪分子在经济上占不到便宜。罚金数额的多少,主要应该根据犯罪情节,按照罪刑相称的原则确定。这里的"犯罪情节",包括犯罪分子的主观恶性、犯罪方法手段、危害后果、违法所得的数额等因素,也包括社会影响和犯罪分子的经济负担能力等因素。

第 53 条规定了罚金缴纳执行的 4 种情况:(1) 主动缴纳:即犯罪人在判决

[①] 原第 53 条只有 1 款,内容为:"罚金在判决指定的期限内一次或者分期缴纳。期满不缴纳的,强制缴纳。对于不能全部缴纳罚金的,人民法院在任何时候发现被执行人有可以执行的财产,应当随时追缴。如果由于遭遇不能抗拒的灾祸缴纳确实有困难的,可以酌情减少或者免除。"2015 年 8 月 29 日第 12 届全国人民代表大会常务委员会第 16 次会议通过的《刑法修正案(九)》(主席令第 30 号公布,2015 年 11 月 1 日起施行)将该条规定的最后一句内容进行了修改并增设为第 2 款。

指定的期限内一次缴纳或者分期缴纳罚金。(2)犯罪人在判决指定的期限内有能力缴纳而不缴纳罚金，由人民法院强制缴纳，即人民法院采取查封、拍卖犯罪分子的财产，冻结存款，扣留、收缴工资或其他收入等办法，迫使犯罪分子缴纳罚金。(3)对于犯罪人隐匿、转移财产而使罚金不能全部缴纳的，人民法院可以随时追缴。上述第(2)、(3)种情况是对犯罪人的强制缴纳。(4)延期或减免缴纳：在罚金缴纳期间，犯罪人由于遭遇无法抗拒的灾祸，缴纳确实有困难的，经申请，人民法院可以裁定对原判决确定的罚金延期缴纳、酌情减少或免除。其中，"不能抗拒的灾祸"，主要是指火灾、水灾、地震等自然灾害或者罪犯及其家属重病、伤残等。延期的具体期限或减免的具体额度，由人民法院根据犯罪行为人的犯罪情节、经济状况、缴纳困难的预计时间等因素而裁定。

需要注意的是：

（1）我国刑法不允许用罚金替代徒刑、拘役，同样也不允许用徒刑、拘役代替罚金。

（2）罚金通常附加于徒刑、拘役等主刑，但也可以单独适用。

（3）延期缴纳、酌情减少或者免除罚金，都涉及对原判决的变更，所以应当严格遵守法定的程序。①

（4）对于符合本条规定条件的确实缴纳困难的犯罪人，人民法院也可以依职权主动作出延期缴纳、酌情减少或者免除罚金的裁定。

● **相关规定**　**【法〔1999〕217号】**　**全国法院维护农村稳定刑事审判工作座谈会纪要**（1999年9月8日至10日在济南召开，各高院刑事主管副院长、刑庭庭长出席，解放军军事法院和新疆高院生产建设兵团分院派代表参加；最高法1999年10月27日印发）

三、会议在认真分析了农村中犯罪、农民犯罪的原因和特点的基础上，结合我国农村基层组织的作用和现状，对处理农村中犯罪案件和农民犯罪案件应当把握的政策界限进行了研究；对正确处理以下问题取得了一致意见：

（四）关于财产刑问题

凡法律规定并处罚金或者没收财产的，均应当依法并处，被告人的执行能

---

① 《最高人民法院关于适用〈中华人民共和国刑事诉讼法〉的解释》（法释〔2021〕1号）第524条规定：因遭遇不能抗拒的灾祸等原因缴纳罚金确有困难，被执行人申请延期缴纳、酌情减少或者免除罚金的，应当提交相关证明材料。人民法院应当在收到申请后1个月内作出裁定。符合法定减免条件的，应当准许；不符合条件的，驳回申请。

力不能作为是否判处财产刑的依据。确实无法执行或不能执行的，可以依法执行终结或者减免。对法律规定主刑有死刑、无期徒刑和有期徒刑，同时并处没收财产或罚金的，如决定判处死刑，只能并处没收财产；判处无期徒刑的，可以并处没收财产，也可以并处罚金；判处有期徒刑的，只能并处罚金。

对于法律规定有罚金刑的犯罪，罚金的具体数额应根据犯罪的情节确定。刑法和司法解释有明确规定的，按规定判处；没有规定的，各地可依照法律规定的原则和具体情况，在总结审判经验的基础上统一规定参照执行的数额标准。

对自由刑与罚金刑均可选择适用的案件，如盗窃罪，在决定刑罚时，既要避免以罚金刑代替自由刑，又要克服机械执法只判处自由刑的倾向。对于可执行财产刑且罪行又不严重的初犯、偶犯、从犯等，可单处罚金刑。对于应当并处罚金刑的犯罪，如被告人能积极缴纳罚金，认罪态度较好，且判处的罚金数量较大，自由刑可适当从轻，或考虑宣告缓刑。这符合罪刑相适应原则，因为罚金刑也是刑罚。

被告人犯数罪的，应避免判处罚金刑的同时，判处没收部分财产。对于判处没收全部财产，同时判处罚金刑的，应决定执行没收全部财产，不再执行罚金刑。①

【法释〔2000〕45号】　最高人民法院关于适用财产刑若干问题的规定
(2000年11月15日最高人民法院审判委员会第1139次会议通过，2000年12月13日公布，2000年12月19日起施行)

第1条　刑法规定"并处"没收财产或者罚金的犯罪，人民法院在对犯罪分子判处主刑的同时，必须依法判处相应的财产刑；刑法规定"可以并处"没收财产或者罚金的犯罪，人民法院应当根据案件具体情况及犯罪分子的财产状况，决定是否适用财产刑。

第2条　人民法院应当根据犯罪情节，如违法所得数额、造成损失的大小等，并综合考虑犯罪分子缴纳罚金的能力，依法判处罚金。刑法没有明确规定罚金数额标准的，罚金的最低数额不能少于1000元。

对未成年人犯罪应当从轻或者减轻判处罚金，但罚金的最低数额不能少于500元。

---

①　根据《刑法修正案（八）》(2011年5月1日起施行)、《刑法修正案（九）》(2015年11月1日起施行)修正后的《刑法》第69条第3款规定，附加刑种类不同的，分别执行。因此，严格地说，如果遇有同时判处没收全部财产和罚金的，应当按照《最高人民法院关于刑事裁判涉财产部分执行的若干规定》(法释〔2014〕13号)第13条的规定，先执行罚金刑，然后执行没收财产。

第 3 条　依法对犯罪分子所犯数罪分别判处罚金的，应当实行并罚，将所判处的罚金数额相加，执行总和数额。

一人犯数罪依法同时并处罚金和没收财产的，应当合并执行；但并处没收全部财产的，只执行没收财产刑。①

第 4 条　犯罪情节较轻，适用单处罚金不致再危害社会并具有下列情形之一的，可以依法单处罚金：

（一）偶犯或者初犯；

（二）自首或者有立功表现的；

（三）犯罪时不满 18 周岁的；

（四）犯罪预备、中止或者未遂的；

（五）被胁迫参加犯罪的；

（六）全部退赃并有悔罪表现的；

（七）其他可以依法单处罚金的情形。

第 5 条　刑法第 53 条规定的"判决指定的期限"应当在判决书中予以确定；"判决指定的期限"应为从判决发生法律效力第 2 日起最长不超过 3 个月。

第 6 条　刑法第 53 条规定的"由于遭遇不能抗拒的灾祸缴纳确实有困难的"，主要是指因遭受火灾、水灾、地震等灾祸而丧失财产；罪犯因重病、伤残等而丧失劳动能力，或者需要罪犯抚养的近亲属患有重病，需支付巨额医药费等，确实没有财产可供执行的情形。

具有刑法第 53 条规定"可以酌情减少或者免除"事由的，由罪犯本人、亲属或者犯罪单位向负责执行的人民法院提出书面申请，并提供相应的证明材料。人民法院审查以后，根据实际情况，裁定减少或者免除应当缴纳的罚金数额。

第 8 条　罚金刑的数额应当以人民币为计算单位。

第 9 条　人民法院认为依法应当判处被告人财产刑的，可以在案件审理过程中，决定扣押或者冻结被告人的财产。

第 10 条　财产刑由第一审人民法院执行。

犯罪分子的财产在异地的，第一审人民法院可以委托财产所在地人民法院代为执行。

---

① 根据《刑法修正案（八）》（2011 年 5 月 1 日起施行）、《刑法修正案（九）》（2015 年 11 月 1 日起施行）修正后的《刑法》第 69 条第 3 款规定，附加刑种类不同的，分别执行。因此，严格地说，如果遇有同时判处没收全部财产和罚金的，应当按照《最高人民法院关于刑事裁判涉财产部分执行的若干规定》（法释〔2014〕13 号）第 13 条的规定，先执行罚金刑，然后执行没收财产。

第 11 条 自判决指定的期限届满第 2 日起，人民法院对于没有法定减免事由不缴纳罚金的，应当强制其缴纳。

对于隐藏、转移、变卖、损毁已被扣押、冻结财产情节严重的，依照刑法第 314 条的规定追究刑事责任。

【法〔2001〕8 号】 全国法院审理金融犯罪案件工作座谈会纪要（最高人民法院 2001 年 1 月 21 日印发）

（五）财产刑的适用

金融犯罪是图利型犯罪，惩罚和预防此类犯罪，应当注重同时从经济上制裁犯罪分子。刑法对金融犯罪都规定了财产刑，人民法院应当严格依法判处。罚金的数额，应当根据被告人的犯罪情节，在法律规定的数额幅度内确定。对于具有从轻、减轻或者免除处罚情节的被告人，对于本应并处的罚金刑原则上也应当从轻、减轻或者免除。

单位金融犯罪中直接负责的主管人员和其他直接责任人员，是否适用罚金刑，应当根据刑法的具体规定。刑法分则条文规定有罚金刑，并规定对单位犯罪中直接负责的主管人员和其他直接责任人员依照自然人犯罪条款处罚的，应当判处罚金刑，但是对直接负责的主管人员和其他直接责任人员判处罚金的数额，应当低于对单位判处罚金的数额；刑法分则条文明确规定对单位犯罪中直接负责的主管人员和其他直接责任人员只判处自由刑的，不能附加判处罚金刑。

【法〔2002〕139 号】 最高人民法院、最高人民检察院、海关总署关于办理走私刑事案件适用法律若干问题的意见（2002 年 7 月 8 日印发）

二十二、关于共同走私犯罪案件如何判处罚金刑问题

审理共同走私犯罪案件时，对各共同犯罪人判处罚金的总额应掌握在共同走私行为偷逃应缴税额的 1 倍以上 5 倍以下。

【法释〔2006〕1 号】 最高人民法院关于审理未成年人刑事案件具体应用法律若干问题的解释（2005 年 12 月 12 日最高人民法院审判委员会第 1373 次会议通过，2006 年 1 月 11 日公布，2006 年 1 月 23 日起施行）

第 15 条 对未成年罪犯实施刑法规定的"并处"没收财产或者罚金的犯罪，应当依法判处相应的财产刑；对未成年罪犯实施刑法规定的"可以并处"没收财产或者罚金的犯罪，一般不判处财产刑。

对未成年罪犯判处罚金刑时，应当依法从轻或者减轻判处，并根据犯罪情节，综合考虑其缴纳罚金的能力，确定罚金数额。但罚金的最低数额不得少于

500元人民币。

对被判处罚金刑的未成年罪犯，其监护人或者其他人自愿代为垫付罚金的，人民法院应当允许。

【法发〔2010〕9号】　最高人民法院关于贯彻宽严相济刑事政策的若干意见（2010年2月8日印发）

二、准确把握和正确适用依法从"严"的政策要求

12. 要注重综合运用多种刑罚手段，特别是要重视依法适用财产刑，有效惩治犯罪。对于法律规定有附加财产刑的，要依法适用。对于侵财型和贪利型犯罪，更要注重通过依法适用财产刑使犯罪分子受到经济上的惩罚，剥夺其重新犯罪的能力和条件。要切实加大财产刑的执行力度，确保刑罚的严厉性和惩罚功能得以实现。被告人非法占有、处置被害人财产不能退赃的，在决定刑罚时，应作为重要情节予以考虑，体现从严处罚的精神。

【主席令〔2021〕70号】　中华人民共和国行政处罚法（2021年1月22日第13届全国人大常委会第25次会议修订，2021年7月15日施行）

第35条（第2款）　违法行为构成犯罪，人民法院判处罚金时，行政机关已经给予当事人罚款的，应当折抵相应罚金；行政机关尚未给予当事人罚款的，不再给予罚款。

【法发〔2021〕10号】　最高人民法院、最高人民检察院、公安部、司法部关于进一步加强虚假诉讼犯罪惩治工作的意见（2021年3月4日印发，2021年3月10日施行）

第22条（第3款）　对虚假诉讼刑事案件被告人判处罚金、有期徒刑或者拘役的，人民法院已经依照民事诉讼法的规定给予的罚款、拘留，应当依法折抵相应罚金或者刑期。

【法发〔2021〕35号】　最高人民法院、最高人民检察院、公安部、工业和信息化部、住房和城乡建设部、交通运输部、应急管理部、国家铁路局、中国民用航空局、国家邮政局关于依法惩治涉枪支、弹药、爆炸物、易燃易爆危险物品犯罪的意见（2021年12月28日印发，2021年12月31日施行）

22. （第1款）　人民法院对涉枪支、弹药、爆炸物、易燃易爆危险物品犯罪案件被告人判处罚金、有期徒刑或者拘役的，有关行政执法机关已经依法给予的罚款、行政拘留，应当依法折抵相应罚金或者刑期。有关行政执法机关尚未给予罚款的，不再给予罚款。

● 量刑指导　【法发〔2021〕21号】　最高人民法院、最高人民检察院关于常见犯罪的量刑指导意见（2021年6月16日印发，2021年7月1日试行；法发〔2017〕7号《指导意见》同时废止）①

三、常见量刑情节的适用

（四）判处罚金刑，应当以犯罪情节为根据，并综合考虑被告人缴纳罚金的能力，依法决定罚金数额。

第七节　剥夺政治权利

第54条　【剥夺政治权利的范围】剥夺政治权利是剥夺下列权利：

（一）选举权和被选举权；

（二）言论、出版、集会、结社、游行、示威自由的权利；

（三）担任国家机关职务的权利；

（四）担任国有公司、企业、事业单位和人民团体领导职务的权利。

第55条　【剥夺政治权利的期限】（见第138页）

第56条　【剥夺政治权利的适用】对于危害国家安全的犯罪分子应当附加剥夺政治权利；对于故意杀人、强奸、放火、爆炸、投毒、抢劫等严重破坏社会秩序的犯罪分子，可以附加剥夺政治权利。

独立适用剥夺政治权利的，依照本法分则的规定。

● 条文注释　第54条、第56条规定了政治权利的范围和适用对象。

其中，第54条规定了剥夺政治权利的范围：

第1项规定的"选举权"和"被选举权"是指根据《全国人民代表大会和地方各级人民代表大会选举法》《全国人民代表大会组织法》和《地方各级人民

---

① 注：《意见》要求各省高院、检察院应当总结司法实践经验，按照规范、实用、符合司法实际的原则共同研制"实施细则"，经审委会、检委会通过后，分别报最高法、最高检备案审查，与《意见》同步实施。

其他判处有期徒刑的案件，可以参照量刑的指导原则、基本方法和常见量刑情节的适用规范量刑。

代表大会和地方各级人民政府组织法》等法律法规的规定，选举或被选举为各级人民代表的权利。另外，根据《村民委员会组织法》第13条和《城市居民委员会组织法》第8条，被剥夺政治权利的人，也丧失了村民委员会和居民委员会的主任、副主任和委员的选举权与被选举权。

第2项规定的6项自由，是我国宪法规定的公民的基本政治权利，在被依法剥夺政治权利期间，行为人不能再行使这些权利。需要说明的是：这6项自由权利都是指政治权利，也就是说，被剥夺的只是6项自由中具有政治属性的权利，如发表政治观点、表达政治诉求、宣扬政治主张等；而对于公民非政治属性的言论、出版、集会、结社、游行等权利，并未在被剥夺之列，如发表学术见解、出版学术书籍、参加学术研讨会和纯学术性的团体、参加民间志愿者协会、参加春节游园活动等。但是，示威活动具有高度的政治属性，无法继续行使。

第3项规定的"国家机关职务"，是指国家各级立法机关、行政机关、司法机关和军事机关中的领导职务和非领导职务，如机关内设部门的负责人、审判人员、检察人员、侦查人员、书记员，或者其他行政职务。根据《人民法院组织法》第33条的规定，只要曾经被剥夺过政治权利，就将不再享有人民法院院长、副院长、庭长、副庭长、审判员和助理审判员的任职权。另外，根据《兵役法》第3条的规定，依法被剥夺政治权利的人，也不能服兵役。

第4项只规定被剥夺政治权利的人不能在国有公司、企业、事业单位和人民团体中担任领导职务，但可以担任非领导职务，也可以在非国有（如集体、私营）企事业单位或社会团体中担任领导职务。

另外，根据1983年3月5日第5届全国人民代表大会常务委员会第26次会议通过的《关于县级以下人民代表大会代表直接选举的若干规定》和1984年3月24日全国人大常委会法制工作委员会、最高人民法院、最高人民检察院、公安部、司法部、民政部《关于正在服刑的罪犯和被羁押的人的选举权问题的联合通知》，因严重破坏社会秩序或者其他严重刑事犯罪案被羁押，正在受侦查、起诉、审判的人，经人民检察院或者人民法院决定，在被羁押期间停止行使选举权利。①

---

① 上述《若干规定》和《联合通知》具有明显的时代特征和立法背景，内容中所涉及和依据的刑法、刑事诉讼法都已经被多次修订和修正，所涉及的"反革命罪"也已经在1997年刑法中被取消，这两个文件却一直没有被宣布废止，并且至今仍发挥着现实的法律效力。并且，在《最高人民检察院关于废止部分司法解释和司法解释性文件的决定》（高检发释字〔2010〕1号）中，上述《若干规定》和《联合通知》不仅没被废止，而且还被引用，再次宣示了它们的现行有效性。

第56条则规定了剥夺政治权利的适用对象主要有两类：（1）对刑法分则第1章规定的危害国家安全的犯罪分子，应当剥夺政治权利。其中第103条、第104条、第105条规定了可以独立适用剥夺政治权利的情形。（2）对严重破坏社会秩序的犯罪分子，可以剥夺政治权利。第56条列举了6种严重破坏社会秩序的犯罪类型，但不仅限于这6种犯罪，只要是严重破坏社会秩序的故意犯罪，如故意伤害、盗窃（严重）等，都可以对其附加剥夺政治权利。但如果这些犯罪被判处死刑（含死缓）或无期徒刑，则必须附加剥夺政治权利终身。另，第56条所列举的6种犯罪类型，其中的"投毒"是依照刑法原第114条、第115条而表述；根据《刑法修正案（三）》，刑法原第114条、第115条中的"投毒"已经被修改为"投放毒害性、放射性、传染病病原体等物质"。

● **相关规定** 全国人大常委会关于县级以下人民代表大会代表直接选举的若干规定（1983年3月5日第5届全国人民代表大会常务委员会第26次会议通过）

三、精神病患者不能行使选举权利的，经选举委员会确认，不行使选举权利。

四、因反革命案或者其他严重刑事犯罪案被羁押，正在受侦查、起诉、审判的人，经人民检察院或者人民法院决定，在被羁押期间停止行使选举权利。

五、下列人员准予行使选举权利：

（一）被判处有期徒刑、拘役、管制而没有附加剥夺政治权利的；

（二）被羁押，正在受侦查、起诉、审判，人民检察院或者人民法院没有决定停止行使选举权利的；

（三）正在取保候审或者被监视居住的；

（四）正在被劳动教养的；①

（五）正在受拘留处罚的。

以上所列人员参加选举，由选举委员会和执行监禁、羁押、拘留或者劳动教养的机关共同决定，可以在流动票箱投票，或者委托有选举权的亲属或者其他选民代为投票。被判处拘役、受拘留处罚或者被劳动教养的人也可以在选举日回原选区参加选举。

---

① 1957年8月1日第1届全国人大常委会第78次会议批准颁布的《国务院关于劳动教养问题的决定》和1979年11月29日第5届全国人大常委会第12次会议批准颁布的《国务院关于劳动教养的补充规定》，已经被2013年11月12日中国共产党第18届中央委员会第3次全体会议通过的《中共中央关于全面深化改革若干重大问题的决定》和2013年12月28日第12届全国人大常委会第6次会议通过的《全国人民代表大会常务委员会关于废止有关劳动教养法律规定的决定》宣布废止。

【法工委联字〔84〕1号】　全国人大常委会法制工作委员会、最高人民法院、最高人民检察院、公安部、司法部、民政部关于正在服刑的罪犯和被羁押的人的选举权问题的联合通知（1984年3月24日印发）①

一、1983年3月全国人大常委会通过的《关于县级以下人民代表大会代表直接选举的若干规定》，对于已被判刑的罪犯和被羁押正在受侦查、起诉、审判的人的选举权问题已经作了规定。这一规定是根据宪法关于公民的选举权、被选举权的规定的原则确定的，是适当的，在这次县、乡直接选举工作中，仍应贯彻执行。

二、对这次严厉打击严重危害社会治安的刑事犯罪活动中因反革命案或者严重破坏社会秩序案被羁押正在侦查、起诉、审判的人，应当依照法律规定经人民检察院或者人民法院决定，在被羁押期间停止行使选举权利；其他未经人民检察院或者人民法院决定停止行使选举权利的，应准予行使选举权利。

三、对正在服刑的反革命罪犯和被判处死刑、无期徒刑的其他罪犯，凡是没有附加剥夺政治权利的，应当由人民法院依照审判监督程序，判处附加剥夺政治权利；被判处有期徒刑（包括原判死缓、无期徒刑后减为有期徒刑的）、现正在服刑的故意杀人、强奸、放火、爆炸、投毒、抢劫、流氓、盗窃（重大）等严重破坏社会秩序的罪犯，凡是需要剥夺选举权利的，也可由人民法院依照审判监督程序，判处附加剥夺政治权利。如果原来是第一审生效的案件，应当由上一级人民法院提审；如果原来是第二审生效的案件，应当由第二审人民法院再审。根据刑事诉讼法第150条②的规定，依照上述程序所做的判决、裁定，是终审的判决、裁定，不得上诉。

四、今后对于反革命罪犯和判处死刑、无期徒刑的其他罪犯，各级人民法院在审判时，应当依照刑法第52条、第53条③的规定，一律同时判处附加剥夺政治权利；对于严重破坏社会秩序的罪犯，需要剥夺政治权利的，也应依照刑

---

① 第6届全国人大常委会第4次会议后，时任全国人大常委会副委员长彭冲同志于1984年3月13日主持召开了各省、自治区、直辖市人大常委会负责人座谈会，时任全国人大常委会秘书长、法制工作委员会主任王汉斌同志发表了"有关县级以下人大代表直接选举工作的几个法律问题的意见"，并由全国人大常委会办公厅于1984年4月7日以《全国人民代表大会常务委员会办公厅关于印发王汉斌同志有关县级以下人大代表直接选举工作的几个法律问题的意见的通知》印发至各省、自治区、直辖市人大常委会。本《联合通知》即根据上述"意见"而制定。《联合通知》中所述的刑法、刑事诉讼法，都是指1979年的《刑法》和《刑事诉讼法》。

② 注：此处是指1979年《刑事诉讼法》第150条；其相关内容对应2012年3月14日第11届全国人民代表大会第5次会议修正的《刑事诉讼法》（主席令第55号公布，2013年1月1日起施行）第245条。

③ 注：此处是指1979年《刑法》第52条、第53条；其相关内容对应现行《刑法》第56条、第57条。

法第52条的规定，同时判处附加剥夺政治权利。

五、对准予行使选举权利的被羁押的人和正在服刑的罪犯，经选举委员会和执行羁押、监禁的机关共同决定，可以在原户口所在地参加选举，也可以在劳改场所参加选举；可以在流动票箱投票，也可以委托有选举权的亲属或者其他选民代为投票。

【高检会（三）字〔1986〕2号】 最高人民法院、最高人民检察院、公安部、劳动人事部关于被判处管制、剥夺政治权利和宣告缓刑、假释的犯罪分子能否外出经商等问题的通知（1986年11月8日；详见《刑法》第39条相关规定）

最高人民法院研究室关于剥夺政治权利期间是否可以获准出国定居的电话答复（1987年12月1日答复公安部出入境管理局电话咨询）

依照《中华人民共和国公民出境入境管理法》第8条的规定，被判处刑罚正在服刑的，不批准出境。剥夺政治权利虽属附加刑，仍是我国刑法规定的一种刑罚。该人虽已服完主刑，现对他开始执行附加刑，即执行剥夺政治权利2年的刑罚。因此，该人仍在服刑。请你们依照上述法律规定办理。

【法释〔1997〕11号】 最高人民法院关于对故意伤害、盗窃等严重破坏社会秩序的犯罪分子能否附加剥夺政治权利问题的批复（1997年12月23日最高人民法院审判委员会第952次会议通过，1998年1月13日公布，答复福建省高级人民法院）

根据刑法第56条规定，对于故意杀人、强奸、放火、爆炸、投毒、抢劫等严重破坏社会秩序的犯罪分子，可以附加剥夺政治权利。对故意伤害、盗窃等其他严重破坏社会秩序的犯罪，犯罪分子主观恶性较深、犯罪情节恶劣、罪行严重的，也可以依法附加剥夺政治权利。

【司狱字〔2000〕121号】 司法部监狱管理局关于《关于罪犯李邦福撰写"怎样办工厂"书稿的处理问题的请示》的复函（2000年7月20日答复安徽省监狱管理局）

根据《刑法》第54条规定，已被剥夺政治权利的罪犯，在其主刑和剥夺政治权利附加刑执行期间，不得公开发表、出版其所写的稿件和著作。鉴于李邦福系被判处死刑缓期2年执行、剥夺政治权利终身的罪犯，其书稿应当按照法律的规定办理。如果该书稿确属对科学技术有较大价值的，监狱可以在征求李邦福同意后，将其书稿作为资料送交有关部门参考，并综合书稿的学术价值、本人改造的表现，酌情予以奖励。①

【司狱字〔2002〕081 号】 司法部监狱管理局关于《处理未被剥夺政治权利的罪犯向社会发表文学作品的请示》的批复（2002 年 4 月 16 日）

罪犯是否享有"出版"的权利，关键取决于其是否被判处剥夺政治权利的附加刑。由于罪犯赵志源未被判处剥夺政治权利的附加刑，其"出版"的权利属于《中华人民共和国监狱法》第 7 条规定的"其他未被剥夺或者限制的权利"，不受限制。因此，同意你局意见，允许该犯投寄其文学作品。至于该犯的作品最终是否出版及出版后所发生的该犯与出版部门的权利义务关系，由出版部门根据国家的有关法律规定处理。

【法释〔2006〕1 号】 最高人民法院关于审理未成年人刑事案件具体应用法律若干问题的解释（2005 年 12 月 12 日最高人民法院审判委员会第 1373 次会议通过，2006 年 1 月 11 日公布，2006 年 1 月 23 日起施行）

第 14 条 除刑法规定"应当"附加剥夺政治权利外，对未成年罪犯一般不判处附加剥夺政治权利。

如果对未成年罪犯判处附加剥夺政治权利的，应当依法从轻判处。

对实施被指控犯罪时未成年、审判时已成年的罪犯判处附加剥夺政治权利，适用前款的规定。

【公安部令〔2020〕159 号】 公安机关办理刑事案件程序规定（2020 年 7 月 4 日第 3 次部务会议修订，2020 年 7 月 20 日公布，2020 年 9 月 1 日起施行）

第 312 条 被剥夺政治权利的罪犯在执行期间应当遵守下列规定：

（一）遵守国家法律、行政法规和公安部制定的有关规定，服从监督管理；

（二）不得享有选举权和被选举权；

（三）不得组织或者参加集会、游行、示威、结社活动；

（四）不得出版、制作、发行书籍、音像制品；

（五）不得接受采访，发表演说；

（六）不得在境内外发表有损国家荣誉、利益或者其他具有社会危害性的言论；

（七）不得担任国家机关职务；

（八）不得担任国有公司、企业、事业单位和人民团体的领导职务。

---

① 注：本书认为，该《复函》混淆了"出版"的政治属性与非政治属性。作为政治权利的"出版"，应当是指出版涉及政治内容的作品（如表达政治观点等），而不包括纯学术性的出版活动。否则，既不必要，也不利于社会经济和科学技术的进步。

第313条　被剥夺政治权利的罪犯违反本规定第312条的规定，尚未构成新的犯罪的，公安机关依法可以给予治安管理处罚。

【主席令〔1989〕20号】 中华人民共和国集会游行示威法（1989年10月31日第7届全国人大常委会第10次会议通过，主席令第20号公布施行；2009年8月27日第11届全国人大常委会第10次会议修正）

第2条　在中华人民共和国境内举行集会、游行、示威，均适用本法。

本法所称集会，是指聚集于露天公共场所，发表意见、表达意愿的活动。

本法所称游行，是指在公共道路、露天公共场所列队行进、表达共同意愿的活动。

本法所称示威，是指在露天公共场所或者公共道路上以集会、游行、静坐等方式，表达要求、抗议或者支持、声援等共同意愿的活动。

文娱、体育活动，正常的宗教活动，传统的民间习俗活动，不适用本法。

（插）第55条　**【剥夺政治权利的期限】** 剥夺政治权利的期限，除本法第五十七条规定外，为一年以上五年以下。

判处管制附加剥夺政治权利的，剥夺政治权利的期限与管制的期限相等，同时执行。

第57条　**【对死刑、无期徒刑犯罪分子剥夺政治权利的适用】** 对于被判处死刑、无期徒刑的犯罪分子，应当剥夺政治权利终身。

在死刑缓期执行减为有期徒刑或者无期徒刑减为有期徒刑的时候，应当把附加剥夺政治权利的期限改为三年以上十年以下。

第58条　**【剥夺政治权利的刑期计算、效力与执行】** 附加剥夺政治权利的刑期，从徒刑、拘役执行完毕之日或者从假释之日起计算；剥夺政治权利的效力当然施用于主刑执行期间。

被剥夺政治权利的犯罪分子，在执行期间，应当遵守法律、行政法规和国务院公安部门有关监督管理的规定，服从监督；不得行使本法第五十四条规定的各项权利。

● **条文注释**　第55条、第57条和第58条规定了剥夺政治权利的期限与执行方法。

根据第55条、第57条的规定，剥夺政治权利的期限分为4种情况：

(1) 被判处管制的，剥夺政治权利与管制的刑期相等（3个月以上2年以下),并同步执行。

(2) 被判处死刑(含死缓)、无期徒刑的,剥夺政治权利终身。

(3) 由死缓或无期徒刑减为有期徒刑的,剥夺政治权利3年以上10年以下。

(4) 被直接判处有期徒刑、拘役或者单处剥夺政治权利的,剥夺政治权利1年以上5年以下。

对于上述第(1)种情况,根据《刑法》第41条,剥夺政治权利从判决执行之日起计算。因为先行羁押而折抵的管制刑期也计入剥夺政治权利的刑期。对于第(2)种情况,不存在刑期起算问题,终身被剥夺政治权利。对于第(3)、(4)种情况,剥夺政治权利的刑期从犯罪分子被刑满释放(或被假释)之日起算,[①] 但在其服刑(在监执行)时,政治权利依然被剥夺。其中,被单处剥夺政治权利的,剥夺政治权利的刑期应当从判决执行之日起计算。

根据2013年1月1日起施行的《刑事诉讼法》第259条,对被判处附加剥夺政治权利的罪犯,在其主刑执行完毕(或被假释)后,由罪犯居住地的县级公安机关对其执行剥夺政治权利。

需要注意的是,如果犯罪分子可以(不是应当)被剥夺政治权利,但是法院没有对其剥夺政治权利,那么他们在服刑时,仍应享有一定的政治权利(参见《全国人民代表大会常务委员会关于县级以下人民代表大会代表直接选举的若干规定》第5条)。

● 相关规定 【法释〔2009〕10号】 最高人民法院关于在执行附加刑剥夺政治权利期间犯新罪应如何处理的批复(2009年3月30日最高人民法院审判委员会第1465次会议通过,2009年5月25日公布,答复上海市高级人民法院"沪高法〔2008〕24号"请示,2009年6月10日起施行)

二、前罪尚未执行完毕的附加刑剥夺政治权利的刑期从新罪的主刑有期徒刑执行之日起停止计算,并依照刑法第58条规定从新罪的主刑有期徒刑执行完毕之日或者假释之日起继续计算;附加刑剥夺政治权利的效力施于新罪的主刑执行期间。

三、对判处有期徒刑的罪犯,主刑已执行完毕,在执行附加刑剥夺政治权

[①] 注:如果犯罪分子在假释考验期内,又因为新罪、漏罪或者其他违法违规行为而被撤销假释(《刑法》第86条),那么在他刑满释放、开始执行剥夺政治权利刑时,之前假释的那段时间是否算已经执行过剥夺政治权利的期限?法律对此没有明确规定。

利期间又犯新罪,如果所犯新罪也剥夺政治权利的,依照刑法第55条、第57条、第71条的规定并罚。

【主席令〔2012〕67号】 **中华人民共和国治安管理处罚法**(2012年10月26日第11届全国人大常委会第29次会议修正,2013年1月1日起施行)

第2条 扰乱公共秩序,妨害公共安全,侵犯人身权利、财产权利,妨害社会管理,具有社会危害性,依照《中华人民共和国刑法》的规定构成犯罪的,依法追究刑事责任;尚不够刑事处罚的,由公安机关依照本法给予治安管理处罚。

第60条 有下列行为之一的,处5日以上10日以下拘留,并处200元以上500元以下罚款:

(四)被依法执行管制、剥夺政治权利或者在缓刑、暂予监外执行中的罪犯或者被依法采取刑事强制措施的人,有违反法律、行政法规或者国务院有关部门的监督管理规定的行为。

第八节 没收财产

第59条 【没收财产的范围】没收财产是没收犯罪分子个人所有财产的一部或者全部。没收全部财产的,应当对犯罪分子个人及其扶养的家属保留必需的生活费用。

在判处没收财产的时候,不得没收属于犯罪分子家属所有或者应有的财产。

第60条 【债务偿还】没收财产以前犯罪分子所负的正当债务,需要以没收的财产偿还的,经债权人请求,应当偿还。

● **条文注释** 没收财产一般适用于严重的犯罪,只有刑法分则中有明确规定的,如危害国家安全罪、破坏金融秩序罪、金融诈骗罪,生产、销售伪劣商品罪、危害税收征管罪、绑架罪、贪污罪、受贿罪等才能适用这种刑罚,并且根据犯罪的性质、情节、社会危害程度等具体情况,决定对犯罪分子没收财产的数额。无论是没收多少财产,都应该在判决书上写明没收的财产名称、数量等情况,而不能笼统地只写没收一部分或者全部财产。

没收财产的范围仅限于犯罪分子个人现有的合法财产，这不同于罚金，后者对此并没有限制。如果是犯罪分子与他人共有，或者犯罪分子家属的财产，则不能没收，以体现我国刑法罪责自负、不株连无辜的原则；如果是犯罪分子违法所得，则属于依法追缴的问题。没收全部财产时，还必须给犯罪分子个人及其扶养的家属保留必要的生活费用。这里的"扶养的家属"，包括由其抚养的配偶、子女和赡养的老人。

这里应该注意区分没收财产与《刑法》第64条规定的追缴"犯罪分子违法所得的一切财物"、没收"违禁品和供犯罪所用的本人财物"的区别。本条规定的没收财产是一种刑罚；而第64条规定的是对特定财物的一种处理方法，不属于刑罚，它适用于所有犯罪，并且必须执行。

如果用没收的财产偿还罪犯的债务，必须满足3个基本前提条件：（1）在判决生效前所负他人的合法债务（见法释〔2000〕45号）；（2）需要以没收的财产偿还（表明一般是没收全部财产或者虽然没收部分财产但剩余财产不足以清偿正当债务）；（3）经债权人本人的请求。凡是同时符合上述3项基本条件的，司法机关都应当准许偿还，而非"可以"偿还，即法律并未赋予司法机关批准是否偿还的权利。

● 相关规定 　【法释〔2000〕45号】　最高人民法院关于适用财产刑若干问题的规定（2000年11月15日最高人民法院审判委员会第1139次会议通过，2000年12月13日公布，2000年12月19日起施行）

第1条　刑法规定"并处"没收财产或者罚金的犯罪，人民法院在对犯罪分子判处主刑的同时，必须依法判处相应的财产刑；刑法规定"可以并处"没收财产或者罚金的犯罪，人民法院应当根据案件具体情况及犯罪分子的财产状况，决定是否适用财产刑。

第3条　依法对犯罪分子所犯数罪分别判处罚金的，应当实行并罚，将所判处的罚金数额相加，执行总和数额。

一人犯数罪依法同时并处罚金和没收财产的，应当合并执行；但并处没收全部财产的，只执行没收财产刑。[①]

第7条　刑法第60条规定的"没收财产以前犯罪分子所负的正当债务"，

[①] 根据《刑法修正案（八）》（2011年5月1日起施行）、《刑法修正案（九）》（2015年11月1日起施行）修正后的《刑法》第69条第3款规定，附加刑种类不同的，分别执行。因此，严格地说，如果遇有同时判处没收全部财产和罚金的，应当按照《最高人民法院关于刑事裁判涉财产部分执行的若干规定》（法释〔2014〕13号）第13条的规定，先执行罚金刑，然后执行没收财产。

是指犯罪分子在判决生效前所负他人的合法债务。

第9条 人民法院认为依法应当判处被告人财产刑的，可以在案件审理过程中，决定扣押或者冻结被告人的财产。

第10条 财产刑由第一审人民法院执行。

犯罪分子的财产在异地的，第一审人民法院可以委托财产所在地人民法院代为执行。

第11条 自判决指定的期限届满第2日起，人民法院对于没有法定减免事由不缴纳罚金的，应当强制其缴纳。

对于隐藏、转移、变卖、损毁已被扣押、冻结财产情节严重的，依照刑法第314条的规定追究刑事责任。

【法刊文摘】 最高人民法院研究室关于如何执行没收个人全部财产问题的研究意见[1]

作为附加刑的没收个人全部财产，应当是没收犯罪分子个人合法所有的全部财产。如相关财产属于违法所得，应通过追缴、退赔程序予以追回；如相关财产确属犯罪分子家属所有或者应有的财产，也不得作为没收对象。在没收财产前，如犯罪分子的财产与其他家庭成员的财产处于共有状态，应当从中分割出属于犯罪分子个人所有的财产后予以没收。

对于能够认定为违法所得的，应当根据刑法第64条的规定裁定予以追缴；对于有证据证明确系国家工作人员来源不明的巨额财产，而没有依法追诉和判决的，应当建议检察机关依法追诉，人民法院依法作出判决后根据刑法第395条的规定予以追缴。

【法释〔2014〕13号】 最高人民法院关于刑事裁判涉财产部分执行的若干规定〔2014年9月1日最高人民法院审判委员会第1625次会议通过，2014年10月30日公布，2014年11月6日起施行；代替《最高人民法院关于财产刑执行问题的若干规定》（法释〔2010〕4号）〕

第6条（第2款） 判处没收部分财产的，应当明确没收的具体财物或者金额。

---

[1] 最高人民法院研究室编：《司法研究与指导》（总第1辑），人民法院出版社2012年版，第170页。

第四章　刑罚的具体运用

第一节　量　刑

> **第 61 条　【量刑依据】**对于犯罪分子决定刑罚的时候，应当根据犯罪的事实、犯罪的性质、情节和对于社会的危害程度，依照本法的有关规定判处。

● **条文注释**　第 61 条实际上是《刑法》第 5 条"罪刑相适应原则"的具体体现，要求人民法院在量刑时必须坚持以事实为根据、以法律为准绳的原则，严格依法审判、准确量刑，做到罚当其罪，罪刑相称，不枉不纵。

"犯罪的事实"是指犯罪构成要件的全部事实，包括 3 个方面内容：(1) 犯罪的主体是否为具有完全刑事责任能力的人；(2) 犯罪的主观方面，是故意还是过失，犯罪的动机和目的；(3) 犯罪的客观方面，危害社会的行为和手段、危害社会的后果、行为与后果之间的因果关系、犯罪的时间和地点等。

"犯罪的性质"是指属于哪一种犯罪（罪名），这是准确量刑的前提。

犯罪的"情节"包括两种：

(1) 法定情节，也即法律规定的从重、从轻、减轻或免予刑罚的情节。如：犯罪的预备、既遂、未遂和中止，共同犯罪中的首犯、从犯、胁从犯和教唆犯，累犯、自首和立功等。

(2) 酌定情节，也即法院在量刑时，根据案情实际和司法实践予以考虑的情节，如犯罪的动机、背景、行为人的一贯表现、认罪态度、社会影响等。

犯罪行为"对于社会的危害程度"既包括已经造成的直接危害后果，也包括潜在的社会危害，如：第 116 条规定的"足以使火车……发生倾覆"、第 143 条规定的"足以造成严重食物中毒事故"、第 321 条规定的"足以造成严重后果"等。

另，根据 2018 年 10 月 26 日第十三届全国人民代表大会常务委员会第六次会议修正的《刑事诉讼法》第 288 条的规定，对两类犯罪可以适用"刑事和解"

制度：(1) 因民间纠纷引起，涉嫌刑法分则第 4 章、第 5 章规定的犯罪案件，可能判处 3 年有期徒刑以下刑罚的；(2) 除渎职犯罪以外的可能判处七年有期徒刑以下刑罚的过失犯罪案件。

适用"刑事和解"制度有两个前提条件：(1) 行为人真诚悔罪，通过向被害人赔偿损失、赔礼道歉等方式获得被害人谅解（被害人自愿和解）；(2) 行为人在过去 5 年内没有故意犯罪的前科。如果双方当事人达成刑事和解协议（通常由公安机关主持制作和解协议书），公安机关可以向人民检察院提出从宽处理的建议；人民检察院对于犯罪情节轻微、不需要判处刑罚的，可以作出不起诉的决定，也可以向人民法院提出从宽处罚的建议；人民法院可以依法对被告人从宽处罚。

● 相关规定　【法发〔2010〕9 号】　最高人民法院关于贯彻宽严相济刑事政策的若干意见（2010 年 2 月 8 日印发）

一、贯彻宽严相济刑事政策的总体要求

1. 贯彻宽严相济刑事政策，要根据犯罪的具体情况，实行区别对待，做到该宽则宽，当严则严，宽严相济，罚当其罪，打击和孤立极少数，教育、感化和挽救大多数，最大限度地减少社会对立面，促进社会和谐稳定，维护国家长治久安。

2. 要正确把握宽与严的关系，切实做到宽严并用。既要注意克服重刑主义思想影响，防止片面从严，也要避免受轻刑化思想影响，一味从宽。

3. 贯彻宽严相济刑事政策，必须坚持严格依法办案，切实贯彻落实罪刑法定原则、罪刑相适应原则和法律面前人人平等原则，依照法律规定准确定罪量刑。从宽和从严都必须依照法律规定进行，做到宽严有据，罚当其罪。

4. 要根据经济社会的发展和治安形势的变化，尤其要根据犯罪情况的变化，在法律规定的范围内，适时调整从宽和从严的对象、范围和力度。要全面、客观把握不同时期不同地区的经济社会状况和社会治安形势，充分考虑人民群众的安全感以及惩治犯罪的实际需要，注重从严打击严重危害国家安全、社会治安和人民群众利益的犯罪。对于犯罪性质尚不严重，情节较轻和社会危害性较小的犯罪，以及被告人认罪、悔罪，从宽处罚更有利于社会和谐稳定的，依法可以从宽处理。

5. 贯彻宽严相济刑事政策，必须严格依法进行，维护法律的统一和权威，确保良好的法律效果。同时，必须充分考虑案件的处理是否有利于赢得广大人民群众的支持和社会稳定，是否有利于瓦解犯罪，化解矛盾，是否有利于罪犯的教育改造和回归社会，是否有利于减少社会对抗，促进社会和谐，争取更好的社会效果。要注意在裁判文书中充分说明裁判理由,尤其是从宽或从严的理由,促使被告人认罪服法,注重教育群众,实现案件裁判法律效果和社会效果的有机统一。

【法发〔2010〕47号】　最高人民法院、最高人民检察院、公安部、国家安全部、司法部关于加强协调配合积极推进量刑规范化改革的通知(2010年11月6日印发)

二、更新执法理念,加强协作配合,深入推进量刑规范化改革

3. 要高度重视调查取证工作。侦查机关、检察机关不但要注重收集各种证明犯罪嫌疑人、被告人有罪、罪重的证据,而且要注重收集各种证明犯罪嫌疑人、被告人无罪、罪轻的证据;不但要注重收集各种法定量刑情节,而且要注重查明各种酌定量刑情节,比如案件起因、被害人过错、退赃退赔、民事赔偿、犯罪嫌疑人、被告人一贯表现等,确保定罪量刑事实清楚,证据确实充分。为量刑规范化和公正量刑,以及做好调解工作、化解社会矛盾奠定基础。

4. 要进一步强化审查起诉工作。人民检察院审查案件,要客观全面审查案件证据,既要注重审查定罪证据,也要注重审查量刑证据;既要注重审查法定量刑情节,也要注重审查酌定量刑情节;既要注重审查从重量刑情节,也要注重审查从轻、减轻、免除处罚量刑情节。在审查案件过程中,可以要求侦查机关提供法庭审判所必需的与量刑有关的各种证据材料。对于量刑证据材料的移送,依照有关规定进行。

5. 要全面执行刑事诉讼法规定的各种强制措施。在侦查活动中,对于罪行较轻,社会危害性较小的犯罪嫌疑人,如果符合取保候审、监视居住条件,要尽量适用取保候审、监视居住等强制措施,减少羁押性强制措施的适用;人民检察院、人民法院在审查起诉、审判过程中,发现羁押期限可能超过所应判处刑罚的,可以根据案件情况变更强制措施,避免羁押期超过判处的刑期,切实保障被告人的合法权益。

6. 要继续完善量刑建议制度。检察机关要坚持积极、慎重、稳妥的原则,由易到难、边实践边总结,逐步扩大案件适用范围。要依法规范提出量刑建议,注重量刑建议的质量和效果。提出量刑建议,一般应当制作量刑建议书。对于人民检察院不派员出席法庭的简易程序案件,应当制作量刑建议书。量刑建议一般应当具有一定的幅度,但对于敏感复杂的案件、社会关注的案件、涉及国家安全和严重影响局部地区稳定的案件等,可以不提出具体的量刑建议,而仅提出依法从重、从轻、减轻处罚等概括性建议。

7. 要加强律师辩护工作指导,加大法律援助工作力度。各级司法行政机关、律师协会要加强对律师辩护工作的指导,完善律师办理刑事案件业务规则,规范律师执业行为。律师办理刑事案件,要依法履行辩护职责,切实维护犯罪嫌疑人、被告人的合法权益。司法机关应当充分保障律师执业权利,重视辩护律师提出的量刑证据和量刑意见。司法行政机关要进一步扩大法律援助范围,加大法律援助投入,壮大法律援助队伍,尽可能地为那些不认罪或者对量刑建议有争议、因经济困难或者其他原因没有委托辩护人的被告人提供法律援助,更好地保护被告人的辩护权。

8. 要进一步提高法庭审理的质量和水平。在法庭审理中,应当保障量刑程序的相对独立性,要合理安排定罪量刑事实调查顺序和辩论重点,对于被告人对指控的犯罪事实和罪名没有异议的案件,可以主要围绕量刑和其他有争议的问题进行调查和辩论;对于被告人不认罪或者辩护人作无罪辩护的案件,应当先查明定罪事实和量刑事实,再围绕定罪和量刑问题进行辩论。公诉人、辩护人要积极参与法庭调查和法庭辩论。审判人员对量刑证据有疑问的,可以对证据进行调查核实,必要时也可以要求人民检察院补充调查核实。人民检察院应当补充调查核实有关证据,必要时可以要求侦查机关提供协助。

【法发〔2012〕7号】 最高人民法院关于在审判执行工作中切实规范自由裁量权行使保障法律统一适用的指导意见(2012年2月28日印发)

一、正确认识自由裁量权。自由裁量权是人民法院在审理案件过程中,根据法律规定和立法精神,秉持正确司法理念,运用科学方法,对案件事实认定、法律适用以及程序处理等问题进行分析和判断,并最终作出依法有据、公平公正、合情合理裁判的权力。

二、自由裁量权的行使条件。人民法院在审理案件过程中,对下列情形依法行使自由裁量权:(一)法律规定由人民法院根据案件具体情况进行裁量的;(二)法律规定由人民法院从几种法定情形中选择其一进行裁量,或者在法定的范围、幅度内进行裁量的;(三)根据案件具体情况需要对法律精神、规则或者条文进行阐释的;(四)根据案件具体情况需要对证据规则进行阐释或者对案件涉及的争议事实进行裁量认定的;(五)根据案件具体情况需要行使自由裁量权的其他情形。

三、自由裁量权的行使原则。(一)合法原则。要严格依据法律规定,遵循法定程序和正确裁判方法,符合法律、法规和司法解释的精神以及基本法理的要求,行使自由裁量权。不能违反法律明确、具体的规定。(二)合理原则。要从维护社会公平正义的价值观出发，充分考虑公共政策、社会主流价值观念、社会发展的阶段性、社会公众的认同度等因素，坚持正确的裁判理念，努力增强行使自由裁量权的确定性和可预测性，确保裁判结果符合社会发展方向。（三）公正原则。要秉持司法良知，恪守职业道德，坚持实体公正与程序公正并重。坚持法律面前人人平等，排除干扰，保持中立，避免偏颇。注重裁量结果与社会公众对公平正义普遍理解的契合性，确保裁判结果符合司法公平正义的要求。（四）审慎原则。要严把案件事实关、程序关和法律适用关，在充分理解法律精神、依法认定案件事实的基础上，审慎衡量、仔细求证，同时注意司法行为的适当性和必要性，努力实现办案的法律效果和社会效果的有机统一。

四、正确运用证据规则。行使自由裁量权，要正确运用证据规则，从保护当事人合法权益、有利查明事实和程序正当的角度，合理分配举证责任，全面、客观、准确认定证据的证明力，严格依证据认定案件事实，努力实现法律事实与客观事实的统一。

五、正确运用法律适用方法。行使自由裁量权，要处理好上位法与下位法、新法与旧法、特别法与一般法的关系，正确选择所应适用的法律；难以确定如何适用法律的，应按照立法的规定报请有关机关裁决，以维护社会主义法制的统一。对同一事项同一法律存在一般规定和特别规定的，应优先适用特别规定。要正确把握法律、法规和司法解释中除明确列举之外的概括性条款规定，确保适用结果符合立法原意。

六、正确运用法律解释方法。行使自由裁量权，要结合立法宗旨和立法原意、法律原则、国家政策、司法政策等因素，综合运用各种解释方法，对法律条文作出最能实现社会公平正义、最具现实合理性的解释。

七、正确运用利益衡量方法。行使自由裁量权，要综合考量案件所涉各种利益关系，对相互冲突的权利或利益进行权衡与取舍，正确处理好公共利益与个人利益、人身利益与财产利益、生存利益与商业利益的关系，保护合法利益，抑制非法利益，努力实现利益最大化、损害最小化。

八、强化诉讼程序规范。行使自由裁量权，要严格依照程序法的规定，充分保障各方当事人的诉讼权利。要充分尊重当事人的处分权，依法保障当事人的辩论权，对可能影响当事人实体性权利或程序性权利的自由裁量事项，应将其作为案件争议焦点，充分听取当事人的意见；要完善相对独立的量刑程序，将量刑纳入庭审过程；要充分保障当事人的知情权，并根据当事人的要求，向当事人释明行使自由裁量权的依据、考量因素等事项。

九、强化审判组织规范。要进一步强化合议庭审判职责，确保全体成员对案件审理、评议、裁判过程的平等参与，充分发挥自由裁量权行使的集体把关机制。自由裁量权的行使涉及对法律条文的阐释、对不确定概念的理解、对证据规则的把握以及其他可能影响当事人重大实体性权利或程序性权利事项，且有重大争议的，可报请审判委员会讨论决定，确保法律适用的统一。

十、强化裁判文书规范。要加强裁判文书中对案件事实认定理由的论证，使当事人和社会公众知悉法院对证据材料的认定及采信理由。要公开援引和适用的法律条文，并结合案件事实阐明法律适用的理由，充分论述自由裁量结果的正当性和合理性，提高司法裁判的公信力和权威性。

十一、强化审判管理。要加强院长、庭长对审判活动的管理。要将自由裁量权的行使纳入案件质量评查范围，建立健全长效机制，完善评查标准。对自由裁量内容不合法、违反法定程序、结果显失公正以及其他不当行使自由裁量权的情形，要结合审判质量考核的相关规定予以处理；裁判确有错误，符合再审条件的，要按照审判监督程序进行再审。

十二、合理规范审级监督。要正确处理依法改判与维护司法裁判稳定性的关系，不断总结和规范二审、再审纠错原则，努力实现裁判标准的统一。下级人民法院依法正当行使自由裁量权作出的裁判结果，上级人民法院应当依法予以维持；下级人民法院行使自由裁量权明显不当的，上级人民法院可以予以撤销或变更；原审人民法院行使自由裁量权显著不当的，要按照审判监督程序予以撤销或变更。

十三、加强司法解释。最高人民法院要针对审判实践中的新情况、新问题，及时开展有针对性的司法调研。通过司法解释或司法政策，细化立法中的原则性条款和幅度过宽条款，规范选择性条款和授权条款，统一法律适用标准。要进一步提高司法解释和司法政策的质量，及时清理已过时或与新法产生冲突的司法解释，避免引起歧义或规则冲突。

十四、加强案例指导。各级人民法院要及时收集、整理涉及自由裁量权行使的典型案例，逐级上报最高人民法院。最高人民法院在公布的指导性案例中，要有针对性地筛选出在诉讼程序展开、案件事实认定和法律适用中涉及自由裁量事项的案例，对考量因素和裁量标准进行类型化。上级人民法院要及时掌握辖区内自由裁量权的行使情况，不断总结审判经验，提高自由裁量权行使的质量。

十五、不断统一裁判标准。各级人民法院内部对同一类型案件行使自由裁量权的，要严格、准确适用法律、司法解释，参照指导性案例，努力做到类似案件类似处理。下级人民法院对所审理的案件，认为存在需要统一裁量标准的，要书面报告上级人民法院。在案件审理中，发现不同人民法院对同类案件的处理存在明显不同裁量标准的，要及时将情况逐级上报共同的上级人民法院予以协调解决。自由裁量权的行使涉及具有普遍法律适用意义的新型、疑难问题的，要逐级书面报告最高人民法院。

十六、加强法官职业保障。要严格执行宪法、法官法的规定，增强法官职业荣誉感，保障法官正当行使自由裁量权。要大力建设学习型法院，全面提升司法能力。要加强法制宣传，引导社会和公众正确认识自由裁量权在司法审判中的必要性、正当性，不断提高社会公众对依法行使自由裁量权的认同程度。

十七、防止权力滥用。要进一步拓展司法公开的广度和深度，自觉接受人大、政协、检察机关和社会各界的监督。要深入开展廉洁司法教育，建立健全执法过错责任追究和防止利益冲突等制度规定，积极推进人民法院廉政风险防控机制建设，切实加强对自由裁量权行使的监督，对滥用自由裁量权并构成违纪违法的人员，要依据有关法律法规及纪律规定进行严肃处理。

【法发〔2013〕11号】　最高人民法院关于建立健全防范刑事冤假错案工作机制的意见（2013年10月9日印发，2013年11月21日公布）

二、严格执行法定证明标准，强化证据审查机制

6. 定罪证据不足的案件，应当坚持疑罪从无原则，依法宣告被告人无罪，不得降格作出"留有余地"的判决。

定罪证据确实、充分，但影响量刑的证据存疑的，应当在量刑时作出有利于被告人的处理。

死刑案件，认定对被告人适用死刑的事实证据不足的，不得判处死刑。

7. 重证据，重调查研究，切实改变"口供至上"的观念和做法，注重实物证据的审查和运用。只有被告人供述，没有其他证据的，不能认定被告人有罪。

8. 采用刑讯逼供或者冻、饿、晒、烤、疲劳审讯等非法方法收集的被告人供述，应当排除。

除情况紧急必须现场讯问以外，在规定的办案场所外讯问取得的供述，未依法对讯问进行全程录音像取得的供述，以及不能排除以非法方法取得的供述，应当排除。

9. 现场遗留的可能与犯罪有关的指纹、血迹、精斑、毛发等证据，未通过指纹鉴定、DNA鉴定等方式与被告人、被害人的相应样本作同一认定的，不得作为定案的根据。涉案物品、作案工具等未通过辨认、鉴定等方式确定来源的，不得作为定案的根据。

【法发〔2016〕18号】　最高人民法院、最高人民检察院、公安部、国家安全部、司法部关于推进以审判为中心的刑事诉讼制度改革的意见（2016年7月20日印发）

二、（第3款）　人民法院作出有罪判决，对于证明犯罪构成要件的事实，应当综合全案证据排除合理怀疑，对于量刑证据存疑的，应当作出有利于被告人的认定。

【国监发〔2018〕2号】　国家监察委员会移送最高人民检察院职务犯罪案件证据收集审查基本要求与案件材料移送清单（国监委、最高检2018年5月11日印发）（略）

【主席令〔2018〕13号】　中华人民共和国国际刑事司法协助法（2018年10月26日第13届全国人大常委会第6次会议通过，主席令第13号公布施行）

第11条　被请求国就执行刑事司法协助请求提出附加条件，不损害中华人民共和国的主权、安全和社会公共利益的，可以由外交部作出承诺。被请求国明确表示对外联系机关作出的承诺充分有效的，也可以由对外联系机关作出承诺。对于限制追诉的承诺，由最高人民检察院决定；对于量刑的承诺，由最高人民法院决定。

在对涉案人员追究刑事责任时，有关机关应当受所作出的承诺的约束。

【法发〔2020〕38号】　最高人民法院、最高人民检察院、公安部、国家安全部、司法部关于规范量刑程序若干问题的意见（2020年11月5日印发，2020年11月6日起施行；法发〔2010〕35号同名《意见（试行）》同时废止。全文详见《刑事诉讼法全厚细》）

第5条　符合下列条件的案件，人民检察院提起公诉时可以提出量刑建议；被告人认罪认罚的，人民检察院应当提出量刑建议：

（一）犯罪事实清楚，证据确实、充分；

（二）提出量刑建议所依据的法定从重、从轻、减轻或者免除处罚等量刑情节已查清；

（三）提出量刑建议所依据的酌定从重、从轻处罚等量刑情节已查清。

第6条　量刑建议包括主刑、附加刑、是否适用缓刑等。主刑可以具有一定的幅度，也可以根据案件具体情况，提出确定刑期的量刑建议。建议判处财产刑的，可以提出确定的数额。

第10条　在刑事诉讼中，自诉人、被告人及其辩护人、被害人及其诉讼代理人可以提出量刑意见，并说明理由，人民检察院、人民法院应当记录在案并附卷。

● 量刑指导 　【高检诉发〔2010〕21号】　人民检察院开展量刑建议工作的指导意见（试行）（最高人民检察院公诉厅2010年2月23日印发）

第5条　除有减轻处罚情节外，量刑建议应当在法定量刑幅度内提出，不得兼跨两种以上主刑。

（一）建议判处死刑、无期徒刑的，应当慎重。

（二）建议判处有期徒刑的，一般应当提出一个相对明确的量刑幅度，法定刑的幅度小于3年（含3年）的，建议幅度一般不超过1年；法定刑的幅度大于3年小于5年（含5年）的，建议幅度一般不超过2年；法定刑的幅度大于5年的，建议幅度一般不超过3年。根据案件具体情况，如确有必要，也可以提出确定刑期的建议。

（三）建议判处管制的，幅度一般不超过3个月。

（四）建议判处拘役的，幅度一般不超过1个月。

（五）建议适用缓刑的，应当明确提出。

（六）建议判处附加刑的，可以只提出适用刑种的建议。

对不宜提出具体量刑建议的特殊案件，可以提出依法从重、从轻、减轻处罚等概括性建议。

第6条　人民检察院指控被告人犯有数罪的，应当对指控的各罪分别提出量刑建议，可以不再提出总的建议。

第7条　对于共同犯罪案件，人民检察院应当根据各被告人在共同犯罪中的地位、作用以及应当承担的刑事责任分别提出量刑建议。

【法发〔2021〕21号】　最高人民法院、最高人民检察院关于常见犯罪的量刑指导意见（2021年6月16日印发，2021年7月1日试行；法发〔2017〕7号《指导意见》同时废止。下划线部分内容为2021年增加）[①]

一、量刑的指导原则

（一）量刑应当以事实为根据，以法律为准绳，根据犯罪的事实、性质、情节和对于社会的危害程度，决定判处的刑罚。

（二）量刑既要考虑被告人所犯罪行的轻重，又要考虑被告人应负刑事责任的大小，做到罪责刑相适应，实现惩罚和预防犯罪的目的。

---

① 注：《意见》要求各省高院、检察院应当总结司法实践经验，按照规范、实用、符合司法实际的原则共同研制"实施细则"，经审委会、检委会通过后，分别报最高法、最高检备案审查，与《意见》同步实施。

其他判处有期徒刑的案件，可以参照量刑的指导原则、基本方法和常见量刑情节的适用规范量刑。

（三）量刑应当贯彻宽严相济的刑事政策，做到该宽则宽，当严则严，宽严相济，罚当其罪，确保裁判政治效果、法律效果和社会效果的统一。

（四）量刑要客观、全面把握不同时期不同地区的经济社会发展和治安形势的变化，确保刑法任务的实现；对于同一地区同一时期案情相似的案件，所判处的刑罚应当基本均衡。

二、量刑的基本方法

量刑时，应当以定性分析为主，定量分析为辅，依次确定量刑起点、基准刑和宣告刑。

（一）量刑步骤

1. 根据基本犯罪构成事实在相应的法定刑幅度内确定量刑起点。

2. 根据其他影响犯罪构成的犯罪数额、犯罪次数、犯罪后果等犯罪事实，在量刑起点的基础上增加刑罚量确定基准刑。

3. 根据量刑情节调节基准刑，并综合考虑全案情况，依法确定宣告刑。

（二）调节基准刑的方法

1. 具有单个量刑情节的，根据量刑情节的调节比例直接调节基准刑。

2. 具有多个量刑情节的，一般根据各个量刑情节的调节比例，采用同向相加、逆向相减的方法调节基准刑；具有未成年人犯罪、老年人犯罪、限制行为能力的精神病人犯罪、又聋又哑的人或者盲人犯罪、防卫过当、避险过当、犯罪预备、犯罪未遂、犯罪中止、从犯、胁从犯和教唆犯等量刑情节的，先适用该量刑情节对基准刑进行调节，在此基础上，再适用其他量刑情节进行调节。

3. 被告人犯数罪，同时具有适用于各个罪的立功、累犯等量刑情节的，先适用该量刑情节调节个罪的基准刑，确定个罪所应判处的刑罚，再依法实行数罪并罚，决定执行的刑罚。

（三）确定宣告刑的方法

1. 量刑情节对基准刑的调节结果在法定刑幅度内，且罪责刑相适应的，可以直接确定为宣告刑；具有应当减轻处罚情节的，应当依法在法定最低刑以下确定宣告刑。

2. 量刑情节对基准刑的调节结果在法定最低刑以下，具有法定减轻处罚情节，且罪责刑相适应的，可以直接确定为宣告刑；只有从轻处罚情节的，可以依法确定法定最低刑为宣告刑；但是根据案件的特殊情况，经最高人民法院核准，也可以在法定刑以下判处刑罚。

3. 量刑情节对基准刑的调节结果在法定最高刑以上的，可以依法确定法定最高刑为宣告刑。

4. 综合考虑全案情况，独任审判员或合议庭可以在 20% 的幅度内对调节结果进行调整，确定宣告刑。当调节后的结果仍不符合罪责刑相适应原则的，应当提交审判委员会讨论，依法确定宣告刑。

5. 综合全案犯罪事实和量刑情节，依法应当判处无期徒刑以上刑罚、拘役、管制或者单处附加刑、缓刑、免予刑事处罚的，应当依法适用。

三、常见量刑情节的适用①

量刑时应当（原为"要"）充分考虑各种法定和酌定量刑情节，根据案件的全部犯罪事实以及量刑情节的不同情形，依法确定量刑情节的适用及其调节比例。对黑恶势力犯罪、严重暴力犯罪、毒品犯罪、性侵未成年人犯罪等危害严重的犯罪，在确定从宽的幅度时，应当从严掌握；对犯罪情节较轻的犯罪，应当充分体现从宽。具体确定各个量刑情节的调节比例时，应当综合平衡调节幅度与实际增减刑罚量的关系，确保罪责刑相适应。

第 62 条　【从重处罚与从轻处罚】 犯罪分子具有本法规定的从重处罚、从轻处罚情节的，应当在法定刑的限度以内判处刑罚。

第 63 条　【减轻处罚】 犯罪分子具有本法规定的减轻处罚情节的，应当在法定刑以下判处刑罚；本法规定有数个量刑幅度的，应当在法定量刑幅度的下一个量刑幅度内判处刑罚。②

犯罪分子虽然不具有本法规定的减轻处罚情节，但是根据案件的特殊情况，经最高人民法院核准，也可以在法定刑以下判处刑罚。③

● **条文注释**　刑法关于"从重处罚"的规定，在刑法总则和分则中都有相关内容。例如，《刑法》第 29 条规定的"教唆不满 18 周岁的人犯罪"、第 65 条规定

---

① 需要注意的是：本《量刑指导意见》只适用于判处有期徒刑、拘役的案件；对于依法应当判处无期徒刑以上刑罚、共同犯罪的主犯依法应当判处无期徒刑以上刑罚的案件，以及故意伤害、强奸、抢劫等故意犯罪致人死亡的案件，则不适用本《意见》。

② 第 63 条第 1 款是根据 2011 年 2 月 25 日第 11 届全国人民代表大会常务委员会第 19 次会议通过的《刑法修正案（八）》（主席令第 41 号公布，2011 年 5 月 1 日起施行）而修改；原第 63 条第 1 款内容为："犯罪分子具有本法规定的减轻处罚情节的，应当在法定刑以下判处刑罚。"

③ 按照第 63 条第 2 款规定的表述，地方各级法院在适用本款规定时，应当先报最高人民法院核准，然后才能"在法定刑以下判处刑罚"。这样实际上相当于是最高人民法院直接判处刑罚。因此，本书认为这句话应该表述为："……但是根据案件的特殊情况，也可以在法定刑以下判处刑罚，该判决经最高人民法院核准后生效。"

的"累犯";《刑法》第157条规定的"武装掩护走私"、第236条规定的"奸淫不满14周岁的幼女"、第279条规定的"冒充人民警察招摇撞骗"、第386条规定的"索贿"等。

刑法关于"从轻处罚"或"减轻处罚"的规定,又分为"应当从轻(减轻)处罚"和"可以从轻(减轻)处罚"两种类别。其中"应当从轻处罚"的情形只有3种:(1)第17条规定的未成年人犯罪;(2)第17条之一规定的老年人过失犯罪;(3)第27条规定的从犯。"应当减轻处罚"的情形,则除了上述3种之外,还有:(4)第20条规定的防卫过当;(5)第21条规定的紧急避险;(6)第24条规定的犯罪中止;(7)第28条规定的胁从犯。"可以从轻或者减轻处罚"的情形也多在刑法总则中有规定,如第17条之一规定的老年人故意犯罪、第19条规定的残疾人犯罪、第22条规定的预备犯、第23条规定的未遂犯、第67条规定的自首、第68条规定的立功,等等。另外,《刑法》第10条、第164条、第276条、第383条、第390条、第392条还规定了"可以减轻或者免除处罚"的情形。

从重(从轻)处罚,也并非一味地判处该量刑幅度的最高(最低)刑罚,而是应该根据行为人的犯罪情节和危害后果,相对于没有从重(从轻)情况下所应判处的刑罚,适当地从重(从轻)量刑。如果刑法分则规定的某种犯罪包含多个刑罚幅度,则首先应该依法确定行为人应适用的幅度,然后在该幅度范围内从重(从轻)量刑。如果行为人同时具有从重处罚和从轻处罚的情节,则应该综合全案情况,根据罪刑相称的原则,在法定刑罚幅度范围内合理量刑。

对于"减轻处罚"的情节,刑法的规定还较含糊,主要表现在:(1)很多相关规定都是以类似"应当从轻、减轻或者免除处罚"的形式表述。这就要求法院在量刑时要综合全案情况,首先决定对行为人到底是从轻处罚还是减轻处罚,然后才能决定从轻或者减轻处罚的具体幅度。(2)对于法定量刑幅度已经是最轻的一个量刑幅度,或者法律本身只规定了一个量刑幅度的,应该怎么适用"减轻处罚"没有明确规定。《中华人民共和国刑法释义》(第5版)[①]认为,这种情况只能在该量刑幅度范围内判处较轻或最轻的刑罚。但本书认为,根据第63条第1款的规定,应当"在法定刑以下"判处刑罚;如果还是在原量刑幅度范围内量刑,则实际取消了"减轻处罚"的规定,这样有违刑法

[①] 《中华人民共和国刑法释义》属于"中华人民共和国法律释义丛书"中的一本,由全国人大常务委员会法制工作委员会编写,法制工作委员会副主任郎胜主编,法律出版社2011年版。

的立法本意。①

第 63 条第 2 款规定的"特殊情况",主要是指案件本身的特殊性,如涉及政治、国防、外交等国家利益,或者案件特殊的环境背景、社会影响等。地方各级法院在这种情况下判处法定刑以下刑罚的,必须报最高人民法院核准。这主要是为了防止"在法定刑以下判处刑罚"的扩大适用范围和滥用。

● 相关规定 **【法释〔1997〕5 号】 最高人民法院关于适用刑法时间效力规定若干问题的解释**(1997 年 9 月 25 日最高人民法院审判委员会第 937 次会议通过)

第 2 条 犯罪分子 1997 年 9 月 30 日以前犯罪,不具有法定减轻处罚情节,但是根据案件的具体情况需要在法定刑以下判处刑罚的,适用修订前的刑法第 59 条第 2 款②的规定。

【法研〔2012〕67 号】 最高人民法院研究室关于如何理解"在法定刑以下判处刑罚"问题的答复(2012 年 5 月 30 日答复广东省高级人民法院"粤高法〔2012〕120 号"请示)

刑法第 63 条第 1 款规定的"在法定刑以下判处刑罚",是指在法定量刑幅度的最低刑以下判处刑罚。刑法分则中规定的"处 10 年以上有期徒刑、无期徒刑或者死刑",是一个量刑幅度,而不是"10 年以上有期徒刑"、"无期徒刑"和"死刑"三个量刑幅度。

---

① 《最高人民法院研究室关于如何理解和掌握"在法定刑以下减轻"处罚问题的电话答复》(1990 年 4 月 27 日答复广东省高级人民法院,已失效)中指出,减轻处罚是指"应当在法定刑以下判处刑罚"。这里所说的"法定刑",是指根据被告人所犯罪行的轻重,应当分别适用的刑法(包括全国人大常委会的有关"决定"和"补充规定")规定的不同条款或者相应的量刑幅度。具体来说,如果所犯罪行的刑罚,分别规定有几条或几款时,以其罪行应当适用的条或款作为"法定刑";如果是同一条文中,有几个量刑幅度时,即以其罪行应当适用的量刑幅度作为"法定刑";如果只有单一的量刑幅度,即以此为"法定刑"。除正确理解"法定刑"外,还应注意,"减轻"与"从轻"是有区别的,在同一法定刑幅度中适用较轻的刑种或者较低的刑期,是"从轻处罚",不是"减轻处罚"。在法定刑以下减轻处罚,应是指低于法定刑幅度中的最低刑处罚。

该《电话答复》的内容已被 2011 年 2 月 25 日第 11 届全国人民代表大会常务委员会第 19 次会议通过的《刑法修正案(八)》所吸收,所以该《电话答复》在最高人民法院 2013 年 1 月 14 日发布的《关于废止 1980 年 1 月 1 日至 1997 年 6 月 30 日期间发布的部分司法解释和司法解释性质文件(第九批)的决定》(法释〔2013〕2 号,2013 年 1 月 18 日起施行)中,被以"已被刑法代替"为由宣布废止。因此,在正式的法律文书中不应该再援引该电话答复,但其关于"减轻处罚"与"从轻处罚"的理解是正确的。

② 注:"修订前的刑法第 59 条第 2 款"的内容为:犯罪分子虽然不具有本法规定的减轻处罚情节,如果根据案件的具体情况,判处法定刑的最低刑还是过重的,经人民法院审判委员会决定,也可以在法定刑以下判处刑罚。

【法二巡（会）〔2019〕26 号】　减轻处罚应当同时适用于附加刑（最高人民法院第二巡回法庭 2019 年第 15 次法官会议纪要）

《刑法》第 63 条第 1 款规定："犯罪分子具有本法规定的减轻处罚情节的，应当在法定刑以下判处刑罚"。当刑法分则所规定的某一量刑幅度既有主刑也有附加刑时，附加刑无疑也属于"法定刑"的组成部分。当犯罪分子具有减轻处罚情节，需要在法定刑以下判处刑罚时，显然既要在主刑适用上体现减轻，也要在附加刑适用上体现减轻。如果减轻后的量刑幅度未规定附加刑的，不再适用附加刑。①

刑法解释应严格遵循条文用语本身可能具有的含义范围，既然现行刑法关于"减轻处罚"明确了"应当在法定刑幅度的下一个幅度内判处刑罚"，就不应逾越至"下下一个幅度"即跨档减刑，否则属于法外用刑。且我国刑法规定的法定刑是一个幅度，总体较为宽泛，理论上说，数个减轻处罚情节并存与仅有一个减轻处罚情节，在具体刑罚适用上是可以做到差别处理的。

【法刊文摘】　刑法第六十三条减轻处罚的正确适用②

刑法第 63 条第 1 款是对减轻处罚的释义，应适用于一个减轻处罚情节。根据罪刑相适应原则，对被告人具有法定减轻或免除处罚情节，或者具有 2 个以上减轻处罚情节的，可不受在法定量刑幅度的下一个量刑幅度内判处刑罚的限制，可以在法定刑以下两个量刑幅度内判处刑罚。该条第 2 款特殊减轻处罚适用于没有刑法规定的减轻处罚情节的情况，对于依法可以在法定刑以下多档减轻处罚情节的案件，无须逐级报请最高人民法院核准。

【法发〔2009〕13 号】　最高人民法院、最高人民检察院关于办理职务犯罪案件认定自首、立功等量刑情节若干问题的意见（2019 年 10 月 11 日印发施行）

四、关于赃款赃物追缴等情形的处理

贪污案件中赃款赃物全部或者大部分追缴的，一般应当考虑从轻处罚。

受贿案件中赃款赃物全部或者大部分追缴的，视具体情况可以酌定从轻处罚。

---

① 未被法官会议采纳的意见为：减轻处罚时可以只减主刑、不减附加刑。《刑法》第 63 条规定的法定刑是指基础犯罪行为所对应的具体刑罚幅度。人民法院根据犯罪整体事实确定主刑和附加刑，再考虑减轻处罚，这个量刑顺序更为合理，也符合法律基本原理，在这种情况下仅减轻主刑、不减轻附加刑并无不当。

② 刊于《人民司法》2020 年第 26 期，第 33 页。

犯罪分子及其亲友主动退赃或者在办案机关追缴赃款赃物过程中积极配合的，在量刑时应当与办案机关查办案件过程中依职权追缴赃款赃物的有所区别。

职务犯罪案件立案后，犯罪分子及其亲友自行挽回的经济损失，司法机关或者犯罪分子所在单位及其上级主管部门挽回的经济损失，或者因客观原因减少的经济损失，不予扣减，但可以作为酌情从轻处罚的情节。

【法发〔2010〕9号】　最高人民法院关于贯彻宽严相济刑事政策的若干意见（2010年2月8日印发）

二、准确把握和正确适用依法从"严"的政策要求

7. 贯彻宽严相济刑事政策，必须毫不动摇地坚持依法严惩严重刑事犯罪的方针。对于危害国家安全犯罪、恐怖组织犯罪、邪教组织犯罪、黑社会性质组织犯罪、恶势力犯罪、故意危害公共安全犯罪等严重危害国家政权稳固和社会治安的犯罪，故意杀人、故意伤害致人死亡、强奸、绑架、拐卖妇女儿童、抢劫、重大抢夺、重大盗窃等严重暴力犯罪和严重影响人民群众安全感的犯罪，走私、贩卖、运输、制造毒品等毒害人民健康的犯罪，要作为严惩的重点，依法从重处罚。尤其对于极端仇视国家和社会，以不特定人为侵害对象，所犯罪行特别严重的犯罪分子，该重判的要坚决依法重判，该判处死刑的要坚决依法判处死刑。

8. 对于国家工作人员贪污贿赂、滥用职权、失职渎职的严重犯罪，黑恶势力犯罪、重大安全责任事故、制售伪劣食品药品所涉及的国家工作人员职务犯罪，发生在社会保障、征地拆迁、灾后重建、企业改制、医疗、教育、就业等领域严重损害群众利益、社会影响恶劣、群众反映强烈的国家工作人员职务犯罪，发生在经济社会建设重点领域、重点行业的严重商业贿赂犯罪等，要依法从严惩处。

对于国家工作人员职务犯罪和商业贿赂犯罪中性质恶劣、情节严重、涉案范围广、影响面大的，或者案发后隐瞒犯罪事实、毁灭证据、订立攻守同盟、负案潜逃等拒不认罪悔罪的，要坚决依法从严惩处。

对于被告人犯罪所得数额不大，但对国家财产和人民群众利益造成重大损失、社会影响极其恶劣的职务犯罪和商业贿赂犯罪案件，也应依法从严惩处。

要严格掌握职务犯罪法定减轻处罚情节的认定标准与减轻处罚的幅度，严格控制依法减轻处罚后判处3年以下有期徒刑适用缓刑的范围，切实规范职务犯罪缓刑、免予刑事处罚的适用。

9. 当前和今后一段时期，对于集资诈骗、贷款诈骗、制贩假币以及扰乱、操纵证券、期货市场等严重危害金融秩序的犯罪，生产、销售假药、劣药、有毒有害食品等严重危害食品药品安全的犯罪，走私等严重侵害国家经济利益的

犯罪、造成严重后果的重大安全责任事故犯罪、重大环境污染、非法采矿、盗伐林木等各种严重破坏环境资源的犯罪等，要依法从严惩处，维护国家的经济秩序，保护广大人民群众的生命健康安全。

10. 严惩严重刑事犯罪，必须充分考虑被告人的主观恶性和人身危险性。对于事先精心预谋、策划犯罪的被告人，具有惯犯、职业犯等情节的被告人，或者因故意犯罪受过刑事处罚、在缓刑、假释考验期内又犯罪的被告人，要依法严惩，以实现刑罚特殊预防的功能。

11. 要依法从严惩处累犯和毒品再犯。凡是依法构成累犯和毒品再犯的，即使犯罪情节较轻，也要体现从严惩处的精神。尤其是对于前罪为暴力犯罪或被判处重刑的累犯，更要依法从严惩处。

12. 要注重综合运用多种刑罚手段，特别是要重视依法适用财产刑，有效惩治犯罪。对于法律规定有附加财产刑的，要依法适用。对于侵财型和贪利型犯罪，更要注重通过依法适用财产刑使犯罪分子受到经济上的惩罚，剥夺其重新犯罪的能力和条件。要切实加大财产刑的执行力度，确保刑罚的严厉性和惩罚功能得以实现。被告人非法占有、处置被害人财产不能退赃的，在决定刑罚时，应作为重要情节予以考虑，体现从严处罚的精神。

13. 对于刑事案件被告人，要严格依法追究刑事责任，切实做到不枉不纵。要在确保司法公正的前提下，努力提高司法效率。特别是对于那些严重危害社会治安、引起社会关注的刑事案件，要在确保案件质量的前提下，抓紧审理，及时宣判。

三、准确把握和正确适用依法从"宽"的政策要求

15. 被告人的行为已经构成犯罪，但犯罪情节轻微，或者未成年人、在校学生实施的较轻犯罪，或者被告人具有犯罪预备、犯罪中止、从犯、胁从犯、防卫过当、避险过当等情节，依法不需要判处刑罚的，可以免予刑事处罚。对免予刑事处罚的，应当根据刑法第 37 条规定，做好善后、帮教工作或者交由有关部门进行处理，争取更好的社会效果。

16. 对于所犯罪行不重、主观恶性不深、人身危险性较小、有悔改表现、不致再危害社会的犯罪分子，要依法从宽处理。对于其中具备条件的，应当依法适用缓刑或者管制、单处罚金等非监禁刑。同时配合做好社区矫正，加强教育、感化、帮教、挽救工作。

17. 对于自首的被告人，除了罪行极其严重、主观恶性极深、人身危险性极大，或者恶意地利用自首规避法律制裁者以外，一般均应当依法从宽处罚。

对于亲属以不同形式送被告人归案或协助司法机关抓获被告人而认定为自首的，原则上都应当依法从宽处罚；有的虽然不能认定为自首，但考虑到被告

人亲属支持司法机关工作，促使被告人到案、认罪、悔罪，在决定对被告人具体处罚时，也应当予以充分考虑。

18. 对于被告人检举揭发他人犯罪构成立功的，一般均应当依法从宽处罚。对于犯罪情节不是十分恶劣，犯罪后果不是十分严重的被告人立功的，从宽处罚的幅度应当更大。

19. 对于较轻犯罪的初犯、偶犯，应当综合考虑其犯罪的动机、手段、情节、后果和犯罪时的主观状态，酌情予以从宽处罚。对于犯罪情节轻微的初犯、偶犯，可以免予刑事处罚；依法应当予以刑事处罚的，也应当尽量适用缓刑或者判处管制、单处罚金等非监禁刑。

20. 对于未成年人犯罪，在具体考虑其实施犯罪的动机和目的、犯罪性质、情节和社会危害程度的同时，还要充分考虑其是否属于初犯，归案后是否悔罪，以及个人成长经历和一贯表现等因素，坚持"教育为主、惩罚为辅"的原则和"教育、感化、挽救"的方针进行处理。对于偶尔盗窃、抢夺、诈骗，数额刚达到较大的标准，案发后能如实交代并积极退赃的，可以认定为情节显著轻微，不作为犯罪处理。对于罪行较轻的，可以依法适当多适用缓刑或者判处管制、单处罚金等非监禁刑；依法可免予刑事处罚的，应当免予刑事处罚。对于犯罪情节严重的未成年人，也应当依照刑法第17条第3款的规定予以从轻或者减轻处罚。对于已满14周岁不满16周岁的未成年犯罪人，一般不判处无期徒刑。

21. 对于老年人犯罪，要充分考虑其犯罪的动机、目的、情节、后果以及悔罪表现等，并结合其人身危险性和再犯可能性，酌情予以从宽处罚。

22. 对于因恋爱、婚姻、家庭、邻里纠纷等民间矛盾激化引发的犯罪，因劳动纠纷、管理失当等原因引发、犯罪动机不属恶劣的犯罪，因被害方过错或者基于义愤引发的或者具有防卫因素的突发性犯罪，应酌情从宽处罚。

23. 被告人案发后对被害人积极进行赔偿，并认罪、悔罪的，依法可以作为酌定量刑情节予以考虑。因婚姻家庭等民间纠纷激化引发的犯罪，被害人及其家属对被告人表示谅解的，应当作为酌定量刑情节予以考虑。犯罪情节轻微，取得被害人谅解的，可以依法从宽处理，不需判处刑罚的，可以免予刑事处罚。

24. 对于刑事被告人，如果采取取保候审、监视居住等非羁押性强制措施足以防止发生社会危险性，且不影响刑事诉讼正常进行的，一般可不采取羁押措施。对人民检察院提起公诉而被告人未被采取逮捕措施的，除存在被告人逃跑、串供、重新犯罪等具有人身危险性或者可能影响刑事诉讼正常进行的情形外，人民法院一般可不决定逮捕被告人。

四、准确把握和正确适用宽严"相济"的政策要求

27. 在对较轻刑事犯罪依法从轻处罚的同时，要注意严以济宽，充分考虑被告人是否具有屡教不改、严重滋扰社会、群众反映强烈等酌定从严处罚的情况，对于不从严不足以有效惩戒者，也应当在量刑上有所体现，做到济之以严，使犯罪分子受到应有处罚，切实增强改造效果。

28. 对于被告人同时具有法定、酌定从严和法定、酌定从宽处罚情节的案件，要在全面考察犯罪的事实、性质、情节和对社会危害程度的基础上，结合被告人的主观恶性、人身危险性、社会治安状况等因素，综合作出分析判断，总体从严，或者总体从宽。

30. 对于恐怖组织犯罪、邪教组织犯罪、黑社会性质组织犯罪和进行走私、诈骗、贩毒等犯罪活动的犯罪集团，在处理时要分别情况，区别对待：对犯罪组织或集团中的为首组织、指挥、策划者和骨干分子，要依法从严惩处，该判处重刑或死刑的要坚决判处重刑或死刑；对受欺骗、胁迫参加犯罪组织、犯罪集团或只是一般参加者，在犯罪中起次要、辅助作用的从犯，依法应当从轻或减轻处罚，符合缓刑条件的，可以适用缓刑。

对于群体性事件中发生的杀人、放火、抢劫、伤害等犯罪案件，要注意重点打击其中的组织、指挥、策划者和直接实施犯罪行为的积极参与者；对因被煽动、欺骗、裹胁而参加，情节较轻，经教育确有悔改表现的，应当依法从宽处理。

31. 对于一般共同犯罪案件，应当充分考虑各被告人在共同犯罪中的地位和作用，以及在主观恶性和人身危险性方面的不同，根据事实和证据能分清主从犯的，都应当认定主从犯。有多名主犯的，应在主犯中进一步区分出罪行最为严重者。对于多名被告人共同致死一名被害人的案件，要进一步分清各被告人的作用，准确确定各被告人的罪责，以做到区别对待；不能以分不清主次为由，简单地一律判处重刑。

32. 对于过失犯罪，如安全责任事故犯罪等，主要应当根据犯罪造成危害后果的严重程度、被告人主观罪过的大小以及被告人案发后的表现等，综合掌握处罚的宽严尺度。对于过失犯罪后积极抢救、挽回损失或者有效防止损失进一步扩大的，要依法从宽。对于造成的危害后果虽然不是特别严重，但情节特别恶劣或案发后故意隐瞒案情，甚至逃逸，给及时查明事故原因和迅速组织抢救造成贻误的，则要依法从重处罚。

33. 在共同犯罪案件中，对于主犯或首要分子检举、揭发同案地位、作用较次犯罪分子构成立功的，从轻或者减轻处罚应当从严掌握，如果从轻处罚可能导致全案量刑失衡的，一般不予从轻处罚；如果检举、揭发的是其他犯罪案件

中罪行同样严重的犯罪分子，或者协助抓获的是同案中的其他主犯、首要分子的，原则上应予依法从轻或者减轻处罚。对于从犯或犯罪集团中的一般成员立功，特别是协助抓获主犯、首要分子的，应当充分体现政策，依法从轻、减轻或者免除处罚。

34. 对于危害国家安全犯罪、故意危害公共安全犯罪、严重暴力犯罪、涉众型经济犯罪等严重犯罪；恐怖组织犯罪、邪教组织犯罪、黑恶势力犯罪等有组织犯罪的领导者、组织者和骨干分子；毒品犯罪再犯的严重犯罪者；确有执行能力而拒不依法积极主动缴付财产执行财产刑或确有履行能力而不积极主动履行附带民事赔偿责任的，在依法减刑、假释时，应当从严掌握。对累犯减刑时，应当从严掌握。拒不交代真实身份或对减刑、假释材料弄虚作假，不符合减刑、假释条件的，不得减刑、假释。

对于因犯故意杀人、爆炸、抢劫、强奸、绑架等暴力犯罪，致人死亡或严重残疾而被判处死刑缓期2年执行或无期徒刑的罪犯，要严格控制减刑的频度和每次减刑的幅度，要保证其相对较长的实际服刑期限，维护公平正义，确保改造效果。

对于未成年犯、老年犯、残疾罪犯、过失犯、中止犯、胁从犯、积极主动缴付财产执行财产刑或履行民事赔偿责任的罪犯、因防卫过当或避险过当而判处徒刑的罪犯以及其他主观恶性不深、人身危险性不大的罪犯，在依法减刑、假释时，应当根据悔改表现予以从宽掌握。对认罪服法，遵守监规，积极参加学习、劳动，确有悔改表现的，依法予以减刑，减刑的幅度可以适当放宽，间隔的时间可以相应缩短。符合刑法第81条第1款规定的假释条件的，应当依法多适用假释。

【法发〔2015〕4号】 最高人民法院、最高人民检察院、公安部、司法部关于依法办理家庭暴力犯罪案件的意见（2015年3月2日印发）

3. 尊重被害人意愿。办理家庭暴力犯罪案件，既要严格依法进行，也要尊重被害人的意愿。在立案、采取刑事强制措施、提起公诉、判处刑罚、减刑、假释时，应当充分听取被害人意见，在法律规定的范围内作出合情、合理的处理。对法律规定可以调解、和解的案件，应当在当事人双方自愿的基础上进行调解、和解。

16. 依法准确定罪处罚。对故意杀人、故意伤害、强奸、猥亵儿童、非法拘禁、侮辱、暴力干涉婚姻自由、虐待、遗弃等侵害公民人身权利的家庭暴力犯罪，应当根据犯罪的事实、犯罪的性质、情节和对社会的危害程度，严格依照刑法的有关规定判处。对于同一行为同时触犯多个罪名的，依照处罚较重的规定定罪处罚。

18.（第1款）切实贯彻宽严相济刑事政策。对于实施家庭暴力构成犯罪的，应当根据罪刑法定、罪刑相适应原则，兼顾维护家庭稳定、尊重被害人意愿等因素综合考虑，宽严并用，区别对待。根据司法实践，对于实施家庭暴力手段残忍或者造成严重后果；出于恶意侵占财产等卑劣动机实施家庭暴力；因酗酒、吸毒、赌博等恶习而长期或者多次实施家庭暴力；曾因实施家庭暴力受到刑事处罚、行政处罚；或者具有其他恶劣情形的，可以酌情从重处罚。对于实施家庭暴力犯罪情节较轻，或者被告人真诚悔罪，获得被害人谅解，从轻处罚有利于被扶养人的，可以酌情从轻处罚；对于情节轻微不需要判处刑罚的，人民检察院可以不起诉，人民法院可以判处免予刑事处罚。

【高检发〔2019〕13号】 最高人民法院、最高人民检察院、公安部、国家安全部、司法部关于适用认罪认罚从宽制度的指导意见（2019年10月11日印发施行）

5. 适用阶段和适用案件范围。认罪认罚从宽制度贯穿刑事诉讼全过程，适用于侦查、起诉、审判各个阶段。

认罪认罚从宽制度没有适用罪名和可能判处刑罚的限定，所有刑事案件都可以适用，不能因罪轻、罪重或者罪名特殊等原因而剥夺犯罪嫌疑人、被告人自愿认罪认罚获得从宽处理的机会。但"可以"适用不是一律适用，犯罪嫌疑人、被告人认罪认罚后是否从宽，由司法机关根据案件具体情况决定。

6. "认罪"的把握。认罪认罚从宽制度中的"认罪"，是指犯罪嫌疑人、被告人自愿如实供述自己的罪行，对指控的犯罪事实没有异议。承认指控的主要犯罪事实，仅对个别事实情节提出异议，或者虽然对行为性质提出辩解但表示接受司法机关认定意见的，不影响"认罪"的认定。犯罪嫌疑人、被告人犯数罪，仅如实供述其中一罪或部分罪名事实的，全案不作"认罪"的认定，不适用认罪认罚从宽制度，但对如实供述的部分，人民检察院可以提出从宽处罚的建议，人民法院可以从宽处罚。

7. "认罚"的把握。认罪认罚从宽制度中的"认罚"，是指犯罪嫌疑人、被告人真诚悔罪，愿意接受处罚。"认罚"，在侦查阶段表现为表示愿意接受处罚；在审查起诉阶段表现为接受人民检察院拟作出的起诉或不起诉决定，认可人民检察院的量刑建议，签署认罪认罚具结书；在审判阶段表现为当庭确认自愿签署具结书，愿意接受刑罚处罚。

"认罚"考察的重点是犯罪嫌疑人、被告人的悔罪态度和悔罪表现，应当结合退赃退赔、赔偿损失、赔礼道歉等因素来考量。犯罪嫌疑人、被告人虽然表示"认罚"，却暗中串供、干扰证人作证、毁灭、伪造证据或者隐匿、转移财产，有赔偿能力而不赔偿损失，则不能适用认罪认罚从宽制度。犯罪嫌疑人、被告人享有程序选择权，不同意适用速裁程序、简易程序的，不影响"认罚"的认定。

三、认罪认罚后"从宽"的把握

8. "从宽"的理解。从宽处理既包括实体上从宽处罚，也包括程序上从简处理。"可以从宽"，是指一般应当体现法律规定和政策精神，予以从宽处理。但可以从宽不是一律从宽，对犯罪性质和危害后果特别严重、犯罪手段特别残忍、社会影响特别恶劣的犯罪嫌疑人、被告人，认罪认罚不足以从轻处罚的，依法不予从宽处罚。

办理认罪认罚案件，应当依照刑法、刑事诉讼法的基本原则，根据犯罪的事实、性质、情节和对社会的危害程度，结合法定、酌定的量刑情节，综合考虑认罪认罚的具体情况，依法决定是否从宽、如何从宽。对于减轻、免除处罚，应当于法有据；不具备减轻处罚情节的，应当在法定幅度以内提出从轻处罚的量刑建议和量刑；对其中犯罪情节轻微不需要判处刑罚的，可以依法作出不起诉决定或者判决免予刑事处罚。

9. 从宽幅度的把握。办理认罪认罚案件，应当区别认罪认罚的不同诉讼阶段、对查明案件事实的价值和意义、是否确有悔罪表现，以及罪行严重程度等，综合考量确定从宽的限度和幅度。在刑罚评价上，主动认罪优于被动认罪，早认罪优于晚认罪，彻底认罪优于不彻底认罪，稳定认罪优于不稳定认罪。

认罪认罚的从宽幅度一般应当大于仅有坦白，或者虽认罪但不认罚的从宽幅度。对犯罪嫌疑人、被告人具有自首、坦白情节，同时认罪认罚的，应当在法定刑幅度内给予相对更大的从宽幅度。认罪认罚与自首、坦白不作重复评价。

对罪行较轻、人身危险性较小的，特别是初犯、偶犯，从宽幅度可以大一些；罪行较重、人身危险性较大的，以及累犯、再犯，从宽幅度应当从严把握。

五、被害方权益保障

16. 听取意见。办理认罪认罚案件，应当听取被害人及其诉讼代理人的意见，并将犯罪嫌疑人、被告人是否与被害方达成和解协议、调解协议或者赔偿被害方损失，取得被害方谅解，作为从宽处罚的重要考虑因素。人民检察院、公安机关听取意见情况应当记录在案并随案移送。

18. 被害方异议的处理。被害人及其诉讼代理人不同意对认罪认罚的犯罪嫌疑人、被告人从宽处理的，不影响认罪认罚从宽制度的适用。犯罪嫌疑人、被告人认罪认罚，但没有退赃退赔、赔偿损失，未能与被害方达成调解或者和解协议的，从宽时应当予以酌减。犯罪嫌疑人、被告人自愿认罪并且愿意积极赔偿损失，但由于被害方赔偿请求明显不合理，未能达成调解或者和解协议的，一般不影响对犯罪嫌疑人、被告人从宽处理。

八、审查起诉阶段人民检察院的职责

33. 量刑建议的提出。犯罪嫌疑人认罪认罚的，人民检察院应当就主刑、附加刑、是否适用缓刑等提出量刑建议。人民检察院提出量刑建议前，应当充分听取犯罪嫌疑人、辩护人或者值班律师的意见，尽量协商一致。

办理认罪认罚案件，人民检察院一般应当提出确定刑量刑建议。对新类型、不常见犯罪案件，量刑情节复杂的重罪案件等，也可以提出幅度刑量刑建议。提出量刑建议，应当说明理由和依据。

犯罪嫌疑人认罪认罚没有其他法定量刑情节的，人民检察院可以根据犯罪的事实、性质等，在基准刑基础上适当减让提出确定刑量刑建议。有其他法定量刑情节的，人民检察院应当综合认罪认罚和其他法定量刑情节，参照相关量刑规范提出确定刑量刑建议。

犯罪嫌疑人在侦查阶段认罪认罚的，主刑从宽的幅度可以在前款基础上适当放宽；被告人在审判阶段认罪认罚的，在前款基础上可以适当缩减。建议判处罚金刑的，参照主刑的从宽幅度提出确定的数额。

十、审判程序和人民法院的职责

40.（第1款） 量刑建议的采纳。对于人民检察院提出的量刑建议，人民法院应当依法进行审查。对于事实清楚，证据确实、充分，指控的罪名准确，量刑建议适当的，人民法院应当采纳。具有下列情形之一的，不予采纳：

（一）被告人的行为不构成犯罪或者不应当追究刑事责任的；

（二）被告人违背意愿认罪认罚的；

（三）被告人否认指控的犯罪事实的；

（四）起诉指控的罪名与审理认定的罪名不一致的；

（五）其他可能影响公正审判的情形。

41.（第1款） 量刑建议的调整。人民法院经审理，认为量刑建议明显不当，或者被告人、辩护人对量刑建议有异议且有理有据的，人民法院应当告知人民检察院，人民检察院可以调整量刑建议。人民法院认为调整后的量刑建议适当的，应当予以采纳；人民检察院不调整量刑建议或者调整后仍然明显不当的，人民法院应当依法作出判决。

【法释〔2021〕1 号】　最高人民法院关于适用《中华人民共和国刑事诉讼法》的解释（2020 年 12 月 7 日最高法审委会第 1820 次会议修订，2021 年 1 月 26 日公布，2021 年 3 月 1 日施行）

第 414 条　报请最高人民法院核准在法定刑以下判处刑罚的案件，应当按照下列情形分别处理：

（一）被告人未上诉、人民检察院未抗诉的，在上诉、抗诉期满后 3 日以内报请上一级人民法院复核。上级人民法院同意原判的，应当书面层报最高人民法院核准；不同意的，应当裁定发回重新审判，或者按照第二审程序提审①；

（二）被告人上诉或者人民检察院抗诉的，上一级人民法院维持原判②，或者改判后仍在法定刑以下判处刑罚的，应当依照前项规定层报最高人民法院核准。

第 415 条　对符合刑法第 63 条第 2 款规定的案件，第一审人民法院未在法定刑以下判处刑罚的，第二审人民法院可以在法定刑以下判处刑罚，并层报最高人民法院核准。（本条为 2021 年新增）

【主席令〔2019〕30 号】　中华人民共和国疫苗管理法（2019 年 6 月 29 日第 13 届全国人大常委会第 11 次会议通过，主席令第 30 号公布，2019 年 12 月 1 日起施行）

第 2 条　在中华人民共和国境内从事疫苗研制、生产、流通和预防接种及其监督管理活动，适用本法。本法未作规定的，适用《中华人民共和国药品管理法》、《中华人民共和国传染病防治法》等法律、行政法规的规定。

本法所称疫苗，是指为预防、控制疾病的发生、流行，用于人体免疫接种的预防性生物制品，包括免疫规划疫苗和非免疫规划疫苗。

第 79 条　违反本法规定，构成犯罪的，依法从重追究刑事责任。③

【主席令〔2020〕49 号】　中华人民共和国香港特别行政区维护国家安全法（2020 年 6 月 30 日第 13 届全国人大常委会第 20 次会议通过，主席令第 49 号公布施行；可供刑法适用参考）

第 33 条　有以下情形的，对有关犯罪行为人、犯罪嫌疑人、被告人可以从

---

① 注：本部分内容 2012 年《解释》（2013 年 1 月 1 日施行）规定为"或者改变管辖按照第一审程序重新审理。原判是基层人民法院作出的，高级人民法院可以指定中级人民法院按照第一审程序重新审理"。

② 注：本部分内容 2012 年《解释》（2013 年 1 月 1 日施行）规定为"应当依照第二审程序审理。第二审维持原判"。

③ 注：本条规定直接明确了量刑规则，这在当前立法中比较少见。

轻、减轻处罚；犯罪较轻的，可以免除处罚：

（一）在犯罪过程中，自动放弃犯罪或者自动有效地防止犯罪结果发生的；

（二）自动投案，如实供述自己的罪行的；

（三）揭发他人犯罪行为，查证属实，或者提供重要线索得以侦破其他案件的。

被采取强制措施的犯罪嫌疑人、被告人如实供述执法、司法机关未掌握的本人犯有本法规定的其他罪行的，按前款第2项规定处理。

【主席令〔2021〕101号】　中华人民共和国反有组织犯罪法（2021年12月24日第13届全国人大常委会第32次会议通过，主席令第101号公布，2022年5月1日施行）

第33条（第1款）　犯罪嫌疑人、被告人积极配合有组织犯罪案件的侦查、起诉、审判等工作，有下列情形之一的，可以依法从宽处理，但对有组织犯罪的组织者、领导者应当严格适用：（一）为查明犯罪组织的组织结构及其组织者、领导者、首要分子的地位、作用提供重要线索或者证据的；（二）为查明犯罪组织实施的重大犯罪提供重要线索或者证据的；（三）为查处国家工作人员涉有组织犯罪提供重要线索或者证据的；（四）协助追缴、没收尚未掌握的赃款赃物的；（五）其他为查办有组织犯罪案件提供重要线索或者证据的情形。

【公安部令〔2022〕165号】　公安机关反有组织犯罪工作规定（2022年8月10日第9次公安部部务会议通过，2022年8月26日公布，2022年10月1日施行）

第44条（第1款）　犯罪嫌疑人、被告人有《中华人民共和国反有组织犯罪法》第33条第1款所列情形之一的，经县级以上公安机关主要负责人批准，公安机关可以向人民检察院提出从宽处理的意见，并说明理由。

【主席令〔2012〕67号】　中华人民共和国治安管理处罚法（2012年10月26日第11届全国人大常委会第29次会议修正，2013年1月1日起施行）

第2条　扰乱公共秩序，妨害公共安全，侵犯人身权利、财产权利，妨害社会管理，具有社会危害性，依照《中华人民共和国刑法》的规定构成犯罪的，依法追究刑事责任；尚不够刑事处罚的，由公安机关依照本法给予治安管理处罚。

第19条　违反治安管理有下列情形之一的，减轻处罚或者不予处罚：

（一）情节特别轻微的；

（二）主动消除或者减轻违法后果，并取得被侵害人谅解的；

（三）出于他人胁迫或者诱骗的；

（四）主动投案，向公安机关如实陈述自己的违法行为的；

（五）有立功表现的。

第20条　违反治安管理有下列情形之一的，从重处罚：

（一）有较严重后果的；

（二）教唆、胁迫、诱骗他人违反治安管理的；

（三）对报案人、控告人、举报人、证人打击报复的；

（四）6个月内曾受过治安管理处罚的。

【公通字〔2006〕12号】　公安机关执行《中华人民共和国治安管理处罚法》有关问题的解释（2006年1月23日印发）

三、关于不予处罚问题。《治安管理处罚法》第12条、第13条、第14条、第19条对不予处罚的情形作了明确规定，公安机关对依法不予处罚的违反治安管理行为人，有违法所得的，应当依法予以追缴；有非法财物的，应当依法予以收缴。

● **量刑指导**　**【法发〔2021〕21号】**　最高人民法院、最高人民检察院关于常见犯罪的量刑指导意见（2021年6月16日印发，2021年7月1日试行；法发〔2017〕7号《指导意见》同时废止）[①]

二、量刑的基本方法

（三）确定宣告刑的方法（本条未变化）

1. 量刑情节对基准刑的调节结果在法定刑幅度内，且罪责刑相适应的，可以直接确定为宣告刑；具有应当减轻处罚情节的，应当依法在法定最低刑以下确定宣告刑。

2. 量刑情节对基准刑的调节结果在法定最低刑以下，具有法定减轻处罚情节，且罪责刑相适应的，可以直接确定为宣告刑；只有从轻处罚情节的，可以依法确定法定最低刑为宣告刑；但是根据案件的特殊情况，经最高人民法院核准，也可以在法定刑以下判处刑罚。

[①] 注：《意见》要求各省高院、检察院应当总结司法实践经验，按照规范、实用、符合司法实际的原则共同研制"实施细则"，经审委会、检委会通过后，分别报最高法、最高检备案审查，与《意见》同步实施。

其他判处有期徒刑的案件，可以参照量刑的指导原则、基本方法和常见量刑情节的适用规范量刑。

三、常见量刑情节的适用

（十三）对于被告人在羁押期间表现好的，可以减少基准刑的10%以下。（本条新增）

（十四）对于被告人认罪认罚的，综合考虑犯罪的性质、罪行的轻重、认罪认罚的阶段、程度、价值、悔罪表现等情况，可以减少基准刑的30%以下；具有自首、重大坦白、退赃退赔、赔偿谅解、刑事和解等情节的，可以减少基准刑的60%以下，犯罪较轻的，可以减少基准刑的60%以上或者依法免除处罚。认罪认罚与自首、坦白、当庭自愿认罪、退赃退赔、赔偿谅解、刑事和解、羁押期间表现好等量刑情节不作重复评价。（本条新增）

（十七）对于犯罪对象为未成年人、老年人、残疾人、孕妇等弱势人员的，综合考虑犯罪的性质、犯罪的严重程度等情况，可以增加基准刑的20%以下。（本条未变化）

（十八）对于在重大自然灾害、预防、控制突发传染病疫情等灾害期间故意犯罪的，根据案件的具体情况，可以增加基准刑的20%以下。（本条未变化）

第64条 【犯罪财物的处理】 犯罪分子违法所得的一切财物，应当予以追缴或者责令退赔；对被害人的合法财产，应当及时返还；违禁品和供犯罪所用的本人财物，应当予以没收。没收的财物和罚金，一律上缴国库，不得挪用和自行处理。

● **条文注释** 本条所说的"追缴"，是指强制将犯罪分子的违法所得收归国有；"责令退赔"是指犯罪分子已经将违法所得使用、挥霍或毁坏的，也要责令其按原价值退赔。追缴或者退赔的违法所得，应该及时返还给受害单位或个人。这样是为了保护公私财产，不让犯罪分子在经济上占便宜。

本条所说的"违禁品"，是指依照国家法律法规，公民不得私自留存、使用的物品，如：枪支、弹药、毒品、淫秽品等。对于违禁品，无论属于谁所有，都应该被依法没收。"供犯罪所用的本人财物"，相当于犯罪工具的作用，所以应该予以没收。但这仅限于是犯罪分子本人的财物；如果使用的是他人的财物，而他人事前并不知道是供犯罪使用，则应该返还给财物所有人（被司法机关作为证据扣押的，则应当等案件审理结束后，再发还给财物所有人）。

● 相关规定　【法（研）复〔1987〕32号】　最高人民法院关于被告人亲属主动为被告人退缴赃款应如何处理的批复（1987年8月26日答复广东省高级人民法院"〔1986〕粤法刑经文字第42号"请示）

一、被告人是成年人，其违法所得都由自己挥霍，无法追缴的，应责令被告人退赔，其家属没有代为退赔的义务。

被告人在家庭共同财产中有其个人应有部分的，只能在其个人应有部分的范围内，责令被告人退赔。

二、如果被告人的违法所得有一部分用于家庭日常生活，对这部分违法所得，被告人和家属均有退赔义务。

三、如果被告人对责令其本人退赔的违法所得已无实际上的退赔能力，但其亲属应被告人的请求，或者主动提出并征得被告人的同意，自愿代被告人退赔部分或者全部违法所得的，法院也可考虑具体情况，收下其亲属自愿代被告人退赔的款项，并视为被告人主动退赔的款项。

四、属于以上3种情况，已作了退赔的，均可视为被告人退赃较好，可以酌情从宽处罚。

五、如果被告人的罪行应当判处死刑，并必须执行，属于以上第一、二两种情况的，法院可以接收退赔的款项；属于以上第3种情况的，其亲属自愿代为退赔的款项，法院不应接收。

最高人民法院经济审判庭关于云南省玉溪汽车总站运销服务部收到的云南邮电劳动服务公司正大服务部退还的联营投资款应否作为赃款返还原主问题的电话答复（1989年3月29日答复云南高院"法经字〔1988〕18号"请示。请示原文见《刑事诉讼法全厚细》第245条）

诈骗犯卢鼎虽是正大服务部的经理，但正大服务部退还运销服务部96000元联营投资款，则是根据双方的还款协议。依据该协议退款，是正大服务部正常的经营活动，并非卢的个人行为，与卢诈骗云南省景洪县民族家具厂300000元货款的犯罪行为是两回事。因此，同意你院意见，即正大服务部退还运销服务部的96000元联营投资款，不应作为赃款处理。

【公通字〔1998〕31号】　最高人民法院、最高人民检察院、公安部、国家工商行政管理局关于依法查处盗窃、抢劫机动车案件的规定（1998年5月8日印发）

十一、对犯罪分子盗窃、抢劫所得的机动车辆及其变卖价款，应当依照《刑法》第64条的规定予以追缴。

【法〔1999〕217号】　全国法院维护农村稳定刑事审判工作座谈会纪要（1999年9月8日至10日在济南召开，最高法1999年10月30日印发）

……人民法院审理附带民事诉讼案件的受案范围，应只限于被害人因人身权利受到犯罪行为侵犯和财物被犯罪行为毁损而遭受的物质损失，不包括因犯罪分子非法占有、处置被害人财产而使其遭受的物质损失。对因犯罪分子非法占有、处置被害人财产而使其遭受的物质损失，应当根据刑法第64条的规定处理，即应通过追缴赃款赃物、责令退赔的途径解决。如赃款赃物尚在的，应一律追缴；已被用掉、毁坏或挥霍的，应责令退赔。无法退赔的，在决定刑罚时，应作为酌定从重处罚的情节予以考虑。

【公复字〔2001〕17号】　公安部关于公安机关在办理刑事案件中可否查封冻结不动产或投资权益问题的批复（经征最高法、最高检，2001年10月22日答复广东省公安厅"粤公（请）字〔2001〕40号"请示）

根据《中华人民共和国刑事诉讼法》第114条和最高人民法院、最高人民检察院、公安部、司法部、国家安全部、全国人大常委会法制工作委员会《关于刑事诉讼法实施中若干问题的规定》① 第48条的规定，公安机关在办理刑事案件中有权依法查封、冻结犯罪嫌疑人以违法所得购买的不动产、获取的投资权益或股权。但由于投资权益或股权具有一定的风险性，对其采取冻结等侦查措施应严格依照法定的适用条件和程序，慎重使用。

【公法〔2001〕286号】　公安部法制局关于对伪造机动车发动机号、车架号、合格证、车辆档案和交易发票的车辆如何处理的答复（2001年12月15日）

如果查实标的物车辆是占有人盗抢的或者明知是赃车而购买的，应将车辆无偿追缴，并及时退还失主；对确实找不到失主的，应当上缴国库。是否"明知"，可根据《关于依法查处盗窃、抢劫机动车案件的规定》（公通字〔1998〕31号）第17条的规定认定。就请示的案件来讲，由于标的物车辆车架号、发动机号及相关手续均系伪造，如果售车人王洪不能到案或根本没有此人，将无法查实车辆的合法所有人。所以，在一定期限内仍不能查获王洪的情况，可将此车追缴，上缴国库。如日后破案并查到合法所有人，可再返还所有人。

---

① 该《规定》已经被2012年12月26日最高法、最高检、公安部、国家安全部、司法部、全国人大常委会法工委《关于实施刑事诉讼法若干问题的规定》（2013年1月1日施行）替代、废止。

【法〔2002〕139号】　最高人民法院、最高人民检察院、海关总署关于办理走私刑事案件适用法律若干问题的意见（2002年7月8日印发）

二十三、关于走私货物、物品、走私违法所得以及走私犯罪工具的处理问题

在办理走私犯罪案件过程中，对发现的走私货物、物品、走私违法所得以及属于走私犯罪分子所有的犯罪工具，走私犯罪侦查机关应当及时追缴，依法予以查扣、冻结。在移送审查起诉时应当将扣押物品文件清单、冻结存款证明文件等材料随案移送，对于扣押的危险品或者鲜活、易腐、易失效、易贬值等不宜长期保存的货物、物品，已经依法先行变卖、拍卖的，应当随案移送变卖、拍卖物品清单以及原物的照片或者录像资料；人民检察院在提起公诉时应当将上述扣押物品文件清单、冻结存款证明和变卖、拍卖物品清单一并移送；人民法院在判决走私罪案件时，应当对随案清单、证明文件中载明的款、物审查确认并依法判决予以追缴、没收；海关根据人民法院的判决和海关法的有关规定予以处理，上缴中央国库。

二十四、关于走私货物、物品无法扣押或者不便扣押情况下走私违法所得的追缴问题

在办理走私普通货物、物品犯罪案件中，对于走私货物、物品因流入国内市场或者投入使用，致使走私货物、物品无法扣押或者不便扣押的，应当按照走私货物、物品的进出口完税价格认定违法所得予以追缴；走私货物、物品实际销售价格高于进出口完税价格的，应当按照实际销售价格认定违法所得予以追缴。

【署缉发〔2021〕141号】　最高人民法院、最高人民检察院、海关总署、公安部、中国海警局关于打击粤港澳海上跨境走私犯罪适用法律若干问题的指导意见（2020年12月18日印发施行）

四、对用于运输走私冻品等货物的船舶、车辆，按照以下原则处置：

（一）对"三无"船舶，无法提供有效证书的船舶、车辆，依法予以没收、收缴或者移交主管机关依法处置；

（二）对走私犯罪分子自有的船舶、车辆或者假挂靠、长期不作登记、虚假登记等实为走私分子所有的船舶、车辆，作为犯罪工具依法没收；

（三）对所有人明知或者应当知道他人实施走私冻品等犯罪而出租、出借的船舶、车辆，依法予以没收。

具有下列情形之一的，可以认定船舶、车辆出租人、出借人明知或者应当知道他人实施违法犯罪，但有证据证明确属被蒙骗或者有其他相反证据的除外：

（一）出租人、出借人未经有关部门批准，擅自将船舶改装为可运载冻品等

货物用的船舶，或者进行伪装的；

（二）出租人、出借人默许实际承运人将船舶改装为可运载冻品等货物用船舶，或者进行伪装的；

（三）因出租、出借船舶、车辆用于走私受过行政处罚，又出租、出借给同一走私人或者同一走私团伙使用的；

（四）出租人、出借人拒不提供真实的实际承运人信息，或者提供虚假的实际承运人信息的；

（五）其他可以认定明知或者应当知道的情形。

是否属于"三无"船舶，按照《"三无"船舶联合认定办法》（署缉发〔2021〕88号印发）规定认定。

五、对查封、扣押的未取得国家检验检疫准入证书的冻品，走私犯罪事实已基本查清的，在做好拍照、录像、称量、勘验、检查等证据固定工作和保留样本后，依照《罚没走私冻品处置办法（试行）》（署缉发〔2015〕289号印发）和《海关总署、财政部关于查获走私冻品由地方归口处置的通知》（署财函〔2019〕300号）规定，先行移交有关部门作无害化处理。

六、办理粤港澳海上以外其他地区非设关地走私刑事案件，可以参照本意见的精神依法处理。

【法释〔2012〕22号】 最高人民法院、最高人民检察院关于办理行贿刑事案件具体应用法律若干问题的解释（2012年5月14日最高人民法院审判委员会第1547次会议、2012年8月21日最高人民检察院第11届检察委员会第77次会议通过，2012年12月26日公布，2013年1月1日起施行）

第11条　行贿犯罪取得的不正当财产性利益应当依照刑法第64条的规定予以追缴、责令退赔或者返还被害人。

因行贿犯罪取得财产性利益以外的经营资格、资质或者职务晋升等其他不正当利益，建议有关部门依照相关规定予以处理。

【法刊文摘】 最高人民法院研究室关于如何执行没收个人全部财产问题的研究意见[①]

作为附加刑的没收个人全部财产，应当是没收犯罪分子个人合法所有的全部财产。如相关财产属于违法所得，应通过追缴、退赔程序予以追回；如相关财产确属犯罪分子家属所有或者应有的财产，也不得作为没收对象。在没收财

[①] 最高人民法院研究室编：《司法研究与指导》，人民法院出版社2012年版，第170页。

产前，如犯罪分子的财产与其他家庭成员的财产处于共有状态，应当从中分割出属于犯罪分子个人所有的财产后予以没收。

对于能够认定为违法所得的，应当根据刑法第 64 条的规定裁定予以追缴；对于有证据证明确系国家工作人员来源不明的巨额财产，而没有依法追诉和判决的，应当建议检察机关依法追诉，人民法院依法作出判决后根据刑法第 395 条的规定予以追缴。

【法〔2013〕229 号】　最高人民法院关于适用刑法第 64 条有关问题的批复（2013 年 10 月 21 日答复河南省高级人民法院）①

根据刑法第 64 条和《最高人民法院关于适用〈中华人民共和国刑事诉讼法〉的解释》第 138 条、第 139 条的规定，被告人非法占有、处置被害人财产的，应当依法予以追缴或者责令退赔。据此，追缴或者责令退赔的具体内容，应当在判决主文中写明；其中，判决前已经发还被害人的财产，应当注明。被害人提起附带民事诉讼，或者另行提起民事诉讼请求返还被非法占有、处置的财产的，人民法院不予受理。

---

① 最高人民法院研究室撰文的《〈最高人民法院关于适用刑法第 64 条有关问题的批复〉的解读》说明：该《批复》未经审判委员会讨论，也未使用法释号，不是司法解释，属于具有司法解释性质的规范性文件。

在实践中，刑事审判部门往往因难以查清赃物持有人，或者难以查清是否属于善意取得，一般笼统判决继续追缴赃物发还被害人；而执行部门反映，如果没有具体写明向谁追缴，就无法执行，等于空判。因此，如果部分赃款赃物尚在部分赃款赃物已经不在的，判决主文可以不作区分，只要责令退赔；如果赃物虽然尚在但已被毁坏，或者不能排除第三方属于善意取得的，宜判决责令退赔。

本《批复》也明确在刑事判决主文中应当写明追缴或者责令退赔的具体内容，故被害人无须通过附带民事诉讼主张并维护其权利，若提起附带民事诉讼的，人民法院不予受理。同时，在被告人非法占有、处置被害人财产的案件中，被害人提起附带民事诉讼主张利息、折旧等损失的，人民法院也不予受理。

对于经过追缴或者退赔仍不能弥补损失，被害人向人民法院民事审判庭另行提起民事诉讼的，人民法院是否受理？一般而言，经过追缴或者退赔仍不能弥补损失的，主要有两种情况：

1. 经过追缴或者退赔，赃物（原物）没有全部追缴，赃款（本金）没有全部退赔，或者兼而有之，被害人的损失仍未得到弥补。此种情形，一般表明赃物已无法追缴，被告人也无退赔能力，类似于无法执行的情况。但是，由于已经在刑事判决中判决继续追缴或者责令退赔，任何时候，只要发现被告人有财产，司法机关均可依法追缴或者强制执行。被害人另行提起民事诉讼的，应当不予受理，否则就会造成刑事判决和民事判决的重复、冲突。即使以前的刑事判决中没有继续追缴或者责令退赔的内容，也应当继续通过刑事诉讼途径予以弥补和解决，不宜通过民事诉讼程序解决。

2. 原物已经全部追缴，本金已经全部退赔，但被害人的损失仍未得到弥补。比如，虽然原物已追缴，但原物已有损坏、贬值；虽然本金已经退赔，但还有利息损失等等。此时，被害人的损失仍是直接的物质损失。最高人民法院 2000 年 12 月颁布的《关于刑事附带民事诉讼范围问题的规定》曾规定："经过追缴或者退赔仍不能弥补损失，被害人向人民法院民事审判庭另行提起民事诉讼的，人民法院可以受理。"但是，2013 年 1 月实施的刑事诉讼法司法解释并未沿用上述规定。《批复》也只是明确：被害人另行提起民事诉讼请求返还被非法占有、处置的财产的，人民法院不予受理。

【法释〔2014〕13 号】 最高人民法院关于刑事裁判涉财产部分执行的若干规定（2014 年 11 月 6 日起施行。详见《刑事诉讼法全厚细》第 272 条相关规定）

【法〔2016〕401 号】 最高人民法院关于在执行工作中规范执行行为切实保护各方当事人财产权益的通知（2016 年 11 月 22 日）

二、依法准确甄别被执行人财产。……在财产刑案件执行中，要依法严格区分违法所得和合法财产，对于经过审理不能确认为违法所得的，不得判决追缴或者责令退赔；严格区分个人财产和企业法人财产，处理股东、企业经营管理者等自然人犯罪不得任意牵连企业法人财产，处理企业犯罪不得任意牵连股东、企业经营管理者个人合法财产；严格区分涉案人员个人财产和家庭成员财产，处理涉案人员犯罪不得牵连其家庭成员合法财产。

【法发〔2016〕32 号】 最高人民法院、最高人民检察院、公安部关于办理电信网络诈骗等刑事案件适用法律若干问题的意见（2016 年 12 月 19 日签发，2016 年 12 月 20 日新闻发布）

七、涉案财物的处理

（一）公安机关侦办电信网络诈骗案件，应当随案移送涉案赃款赃物，并附清单。人民检察院提起公诉时，应一并移交受理案件的人民法院，同时就涉案赃款赃物的处理提出意见。

（二）涉案银行账户或者涉案第三方支付账户内的款项，对权属明确的被害人的合法财产，应当及时返还。确因客观原因无法查实全部被害人，但有证据证明该账户系用于电信网络诈骗犯罪，且被告人无法说明款项合法来源的，根据刑法第 64 条的规定，应认定为违法所得，予以追缴。

（三）被告人已将诈骗财物用于清偿债务或者转让给他人，具有下列情形之一的，应当依法追缴：（1）对方明知是诈骗财物而收取的；（2）对方无偿取得诈骗财物的；（3）对方以明显低于市场的价格取得诈骗财物的；（4）对方取得诈骗财物系源于非法债务或者违法犯罪活动的。

他人善意取得诈骗财物的，不予追缴。

【法（纪）〔2019〕19 号】 刑事追赃与民事责任的协调与衔接（最高人民法院第二巡回法庭 2019 年第 17 次法官会议纪要）

刑事诉讼中的追赃和责令退赔程序仅解决受害人与被告人之间的财产返还和赔偿问题，并不影响受害人通过民事诉讼程序向被告人之外的其他民事主体主张民事权利。如被告人在实施犯罪行为过程中以其他法人名义所实施的民事行为构成表见代理或表见代表，在民事诉讼中，被告人行为的法律后果应当由被代表法人承担。若刑事判决所认定被害人暨出借人的损失范围未包括利息等其他费用，民事案件的审理仍应按照借款合同的履行情况确定还款责任范围。为避免被害人获得双重赔偿，在相关民事判决执行程序中应当查明刑事判决所确定的退赔义务是否已执行到位，并抵扣相应金额。

【高检发释字〔2019〕4号】 人民检察院刑事诉讼规则（2019年12月2日最高人民检察院第13届检察委员会第28次会议通过，2019年12月30日公布施行；《人民检察院刑事诉讼规则（试行）》同时废止）

第352条 追缴的财物中，属于被害人的合法财产，不需要在法庭出示的，应当及时返还被害人，并由被害人在发还款物清单上签名或者盖章，注明返还的理由，并将清单、照片附卷。

第353条 追缴的财物中，属于违禁品或者不宜长期保存的物品，应当依照国家有关规定处理，并将清单、照片、处理结果附卷。

【主席令〔2020〕49号】 中华人民共和国香港特别行政区维护国家安全法（2020年6月30日第13届全国人大常委会第20次会议通过，主席令第49号公布施行；可供刑法适用参考）

第32条 因实施本法规定的犯罪而获得的资助、收益、报酬等违法所得以及用于或者意图用于犯罪的资金和工具，应当予以追缴、没收。

【主席令〔2021〕101号】 中华人民共和国反有组织犯罪法（2021年12月24日第13届全国人大常委会第32次会议通过，主席令第101号公布，2022年5月1日施行）

第44条 公安机关、人民检察院应当对涉案财产审查甄别。在移送审查起诉、提起公诉时，应当对涉案财产提出处理意见。

在审理有组织犯罪案件过程中，应当对与涉案财产的性质、权属有关的事实、证据进行法庭调查、辩论。人民法院应当依法作出判决，对涉案财产作出处理。

第45条 有组织犯罪组织及其成员违法所得的一切财物及其孳息、收益，违禁品和供犯罪所用的本人财物，应当依法予以追缴、没收或者责令退赔。

依法应当追缴、没收的涉案财产无法找到、灭失或者与其他合法财产混合且不可分割的，可以追缴、没收其他等值财产或者混合财产中的等值部分。

被告人实施黑社会性质组织犯罪的定罪量刑事实已经查清，有证据证明其在犯罪期间获得的财产高度可能属于黑社会性质组织犯罪的违法所得及其孳息、收益，被告人不能说明财产合法来源的，应当依法予以追缴、没收。

第46条　涉案财产符合下列情形之一的，应当依法予以追缴、没收：（一）为支持或者资助有组织犯罪活动而提供给有组织犯罪组织及其成员的财产；（二）有组织犯罪组织成员的家庭财产中实际用于支持有组织犯罪活动的部分；（三）利用有组织犯罪组织及其成员的违法犯罪活动获得的财产及其孳息、收益。

【高检发办字〔2022〕162号】　最高人民检察院关于加强行贿犯罪案件办理工作的指导意见（第二次重印增补内容，余文见本书末尾）。

● 量刑指导　【法发〔2021〕21号】　最高人民法院、最高人民检察院关于常见犯罪的量刑指导意见（2021年6月16日印发，2021年7月1日试行；法发〔2017〕7号《指导意见》同时废止）①

三、常见量刑情节的适用

（十）对于退赃、退赔的，综合考虑犯罪性质、退赃、退赔行为对损害结果所能弥补的程度，退赃、退赔的数额及主动程度等情况，可以减少基准刑的30%以下；对抢劫等严重危害社会治安犯罪的，应当从严掌握。（本条未变化）

● 指导案例　【法〔2014〕337号】　最高人民法院关于发布第9批指导性案例的通知（2014年12月24日印发）

（指导案例44号）卜新光申请刑事违法追缴赔偿案

裁判要点：公安机关根据人民法院生效刑事判决将判令追缴的赃物发还被害单位，并未侵犯赔偿请求人的合法权益，不属于《中华人民共和国国家赔偿法》第18条第1项规定的情形，不应承担国家赔偿责任。

【高检发办字〔2022〕85号】　最高人民检察院第37批指导性案例（2022年6月16日最高检第13届检委会第101次会议通过，2022年6月21日印发）

（检例第150号）王某贩卖、制造毒品案②

要旨：……对于毒品犯罪所得的财物及其孳息、收益和供犯罪所用的本人财物，应当依法予以追缴、没收。

---

① 注：《意见》要求各省高院、检察院应当总结司法实践经验，按照规范、实用、符合司法实际的原则共同研制"实施细则"，经审委会、检委会通过后，分别报最高法、最高检备案审查，与《意见》同步实施。

其他判处有期徒刑的案件，可以参照量刑的指导原则、基本方法和常见量刑情节的适用规范量刑。

② 该案，被扣押的两套房产及违法所得、收益、孳息人民币643万余元，其中有的房产登记在他人名下，部分资产存于他人账户，但均系王某的毒品犯罪所得，被依法判决没收。

第二节 累　犯

> **第65条**　【一般累犯】被判处有期徒刑以上刑罚的犯罪分子，刑罚执行完毕或者赦免以后，在五年以内再犯应当判处有期徒刑以上刑罚之罪的，是累犯，应当从重处罚，但是过失犯罪和不满十八周岁的人犯罪的除外。①
>
> 前款规定的期限，对于被假释的犯罪分子，从假释期满之日起计算。
>
> **第66条**②　【特别累犯】危害国家安全犯罪、恐怖活动犯罪、黑社会性质的组织犯罪的犯罪分子，在刑罚执行完毕或者赦免以后，在任何时候再犯上述任一类罪的，都以累犯论处。

● **条文注释**　一般累犯的构成条件有4个：（1）主观条件，前后两罪都是故意犯罪；（2）主体条件，前后两罪的犯罪分子都应该是18周岁以上的成年人；（3）刑度条件，前后两罪都是有期徒刑以上刑罚的犯罪；（4）时间条件，前后两罪相隔5年之内。如果前罪是因适用假释而执行完毕的，5年的期间应当从假释期满之日（原有期徒刑期满之日，而非假释之日）起计算，可见，这点显然不同于被假释后附加剥夺政治权利的刑期计算，后者从假释之日（而非假释期满之日）起计算。如果假释尚未期满，就又犯罪，则应按照《刑法》第86条和第71条的规定，撤销假释、数罪并罚。

特别累犯有3个"特别"之处：（1）取消了前后两罪的"五年"间隔期

---

①　第65条第1款根据2011年2月25日第11届全国人民代表大会常务委员会第19次会议通过的《刑法修正案（八）》（主席令第41号公布，2011年5月1日起施行）而修改；原条文内容为："被判处有期徒刑以上刑罚的犯罪分子，刑罚执行完毕或者赦免以后，在五年以内再犯应当判处有期徒刑以上刑罚之罪的，是累犯，应当从重处罚，但是过失犯罪除外。"即增加排除了未成年人的累犯认定。

②　第66条是根据2011年2月25日第11届全国人民代表大会常务委员会第19次会议通过的《刑法修正案（八）》（主席令第41号公布，2011年5月1日起施行）而修改；原条文内容为："危害国家安全的犯罪分子在刑罚执行完毕或者赦免以后，在任何时候再犯危害国家安全罪的，都以累犯论处。"即增加了特别累犯的犯罪类型。

限,犯前罪后,"在任何时候再犯"后罪,都构成特别累犯。(2) 前后两罪不要求完全一致,只要都是第 66 条所规定的 3 种犯罪之一,即构成累犯。例如,如果犯过危害国家安全犯罪,则无论什么时候再犯黑社会性质的组织犯罪,都构成累犯。(3) 取消了前后两罪的刑度限制,不再要求必须是有期徒刑以上刑罚,只要前罪被判处刑罚、后罪构成犯罪,即构成累犯。

需要注意的是,第 65 条规定的"刑罚执行完毕"是仅指主刑执行完毕,还是也包括罚金、剥夺政治权利等附加刑执行完毕,法律没有明确界定,在司法实践中也存在不同的认识(对第 66 条规定的"刑罚执行完毕"的理解则不影响累犯的认定)。考虑到被判处有期徒刑以上刑罚的犯罪分子才有可能构成累犯,因此这里的"刑罚执行完毕"是指有期徒刑以上的刑罚(主刑)执行完毕。对于有期徒刑以上的主刑已经执行完毕,但附加刑尚未执行完毕的,构成累犯的起算时间应当以主刑执行完毕之日起算。①

根据《刑法》第 65 条、第 74 条和第 81 条,累犯的法律后果有 3 个:(1) 应当从重处罚;(2) 不能适用缓刑;(3) 不能适用假释。

● **相关规定**　【法释〔1997〕5 号】　**最高人民法院关于适用刑法时间效力规定若干问题的解释**(1997 年 9 月 25 日最高人民法院审判委员会第 937 次会议通过)

第 3 条　前罪判处的刑罚已经执行完毕或者赦免,在 1997 年 9 月 30 日以前又犯应当判处有期徒刑以上刑罚之罪,是否构成累犯,适用修订前的刑法第 61 条②的规定;1997 年 10 月 1 日以后又犯应当判处有期徒刑以上刑罚之罪,是否构成累犯,适用刑法第 65 条的规定。

【法发〔2010〕9 号】　**最高人民法院关于贯彻宽严相济刑事政策的若干意见**(2010 年 2 月 8 日印发)

二、准确把握和正确适用依法从"严"的政策要求

11. 要依法从严惩处累犯和毒品再犯。凡是依法构成累犯和毒品再犯的,即使犯罪情节较轻,也要体现从严惩处的精神。尤其是对于前罪为暴力犯罪或被判处重刑的累犯,更要依法从严惩处。

---

① 全国人民代表大会常务委员会法制工作委员会编:《中华人民共和国刑法释义》,法律出版社 2011 年版,第 73 - 74 页。

② 注:"修订前的刑法第 61 条"的内容为:"被判处有期徒刑以上刑罚的犯罪分子,刑罚执行完毕或者赦免以后,在五年以内再犯应当判处有期徒刑以上刑罚之罪的,是累犯,应当从重处罚;但是过失犯罪除外。// 前款规定的期限,对于被假释的犯罪分子,从假释期满之日起计算。"

【法释〔2011〕9 号】　最高人民法院关于《中华人民共和国刑法修正案（八）》时间效力问题的解释（2011 年 4 月 20 日最高人民法院审判委员会第 1519 次会议通过，2011 年 4 月 25 日公布，2011 年 5 月 1 日起施行）

第 3 条　被判处有期徒刑以上刑罚，刑罚执行完毕或者赦免以后，在 2011 年 4 月 30 日以前再犯应当判处有期徒刑以上刑罚之罪的，是否构成累犯，适用修正前刑法第 65 条的规定；但是，前罪实施时不满 18 周岁的，是否构成累犯，适用修正后刑法第 65 条的规定。

曾犯危害国家安全犯罪，刑罚执行完毕或者赦免以后，在 2011 年 4 月 30 日以前再犯危害国家安全犯罪的，是否构成累犯，适用修正前刑法第 66 条的规定。

曾被判处有期徒刑以上刑罚，或者曾犯危害国家安全犯罪、恐怖活动犯罪、黑社会性质的组织犯罪，在 2011 年 5 月 1 日以后再犯罪的，是否构成累犯，适用修正后刑法第 65 条、第 66 条的规定。

【法研〔2013〕84 号】　最高人民法院研究室关于适用刑法第六十五条第一款有关问题的答复（2013 年答复北京高院"京高法〔2013〕19 号"请示）

行为人在 18 周岁前后实施数罪或者数个行为，如果其已满 18 周岁以后的犯罪为故意犯罪且被判处或者明显应当被判处有期徒刑以上刑罚，在刑罚执行完毕或者赦免后 5 年内，又故意再犯应当判处有期徒刑以上刑罚之罪的，应当认定为累犯。

【高检发释字〔2018〕2 号】　最高人民检察院关于认定累犯如何确定刑罚执行完毕以后"5 年以内"起始日期的批复（2018 年 12 月 25 日最高人民检察院第 13 届检察委员会第 12 次会议通过，2018 年 12 月 28 日公布答复北京市人民检察院请示，2018 年 12 月 30 日起施行）

刑法第 65 条第 1 款规定的"刑罚执行完毕"，是指刑罚执行到期应予释放之日。认定累犯，确定刑罚执行完毕以后"5 年以内"的起始日期，应当从刑满释放之日起计算。

【高检发释字〔2020〕1 号】　最高人民法院、最高人民检察院关于缓刑犯在考验期满后五年内再犯应当判处有期徒刑以上刑罚之罪应否认定为累犯问题的批复（2019 年 11 月 19 日最高人民法院审判委员会第 1783 次会议、2019 年 9 月 12 日最高人民检察院第 13 届检察委员会第 24 次会议通过，2020 年 1 月 17 日公布，2020 年 1 月 20 日起施行）

被判处有期徒刑宣告缓刑的犯罪分子，在缓刑考验期满后 5 年内再犯应当判处有期徒刑以上刑罚之罪的，因前罪判处的有期徒刑并未执行，不具备刑法

第 65 条规定的"刑罚执行完毕"的要件，故不应认定为累犯，但可作为对新罪确定刑罚的酌定从重情节予以考虑。①

● **量刑指导** 【法发〔2021〕21 号】 最高人民法院、最高人民检察院关于常见犯罪的量刑指导意见（2021 年 6 月 16 日印发，2021 年 7 月 1 日试行；法发〔2017〕7 号《指导意见》同时废止）②

三、常见量刑情节的适用

（十五）对于累犯，综合考虑前后罪的性质、刑罚执行完毕或赦免以后至再犯罪时间的长短以及前后罪罪行轻重等情况，<u>应当</u>（2021 年增加）增加基准刑的 10% – 40%，一般不少于 3 个月。

（十六）对于有前科的，综合考虑前科的性质、时间间隔长短、次数、处罚轻重等情况，可以增加基准刑的 10% 以下。前科犯罪为过失犯罪和未成年人犯罪的除外。

● **指导案例** 【高检发研字〔2014〕4 号】 最高人民检察院关于印发第 5 批指导性案例的通知（2014 年 8 月 28 日最高人民检察院第 12 届检察委员会第 26 次会议讨论通过，2014 年 9 月 10 日印发）

（检例第 19 号）张某、沈某某等 7 人抢劫案

要旨：未成年人犯罪不构成累犯。

---

① 注：1989 年 10 月 25 日《最高人民法院研究室关于缓刑考验期满 3 年内又犯应判处有期徒刑以上刑罚之罪的是否构成累犯的电话答复》（答复宁夏回族自治区高级人民法院"〔89〕法研字第 8 号"请示）曾经明确："根据刑法规定，缓刑是在一定考验期限内，暂缓执行原判刑罚的制度。如果犯罪分子在缓刑考验期内没有再犯新罪，实际上并没有执行过原判的有期徒刑刑罚；加之被判处有期徒刑缓刑的犯罪分子，一般犯罪情节较轻和有悔罪表现，因其不致再危害社会才适用缓刑。所以，对被判处有期徒刑缓刑的犯罪分子，在缓刑考验期满 3 年内又犯应判处有期徒刑以上刑罚之罪的，可不作累犯对待。"

该《电话答复》已经被《最高人民法院关于废止 1980 年 1 月 1 日至 1997 年 6 月 30 日期间发布的部分司法解释和司法解释性质文件（第 9 批）的决定》（法释〔2013〕2 号，2013 年 1 月 18 日起施行）宣布废止。废止理由是"刑法已有明确规定"。

但是根据《最高人民法院关于常见犯罪的量刑指导意见》，对于有前科（过失犯罪和未成年人犯罪的除外）的，综合考虑前科的性质、时间间隔长短、次数、处罚轻重等情况，可以增加基准刑的 10% 以下。另外，根据《刑事诉讼法》第 288 条的规定，在 5 年以内曾经故意犯罪的，不适用"刑事和解"。

② 注：《意见》要求各省高院、检察院应当总结司法实践经验，按照规范、实用、符合司法实际的原则共同研制"实施细则"，经审委会、检委会通过后，分别报最高法、最高检备案审查，与《意见》同步实施。

其他判处有期徒刑的案件，可以参照量刑的指导原则、基本方法和常见量刑情节的适用规范量刑。

第三节　自首和立功

> **第67条** 【自首】犯罪以后自动投案，如实供述自己的罪行的，是自首。对于自首的犯罪分子，可以从轻或者减轻处罚。其中，犯罪较轻的，可以免除处罚。
>
> 被采取强制措施的犯罪嫌疑人、被告人和正在服刑的罪犯，如实供述司法机关还未掌握的本人其他罪行的，以自首论。
>
> 犯罪嫌疑人虽不具有前两款规定的自首情节，但是如实供述自己罪行的，可以从轻处罚；因其如实供述自己罪行，避免特别严重后果发生的，可以减轻处罚。①

● **条文注释**　有关自首的规定中"自动投案"和"如实供述自己的罪行"的认定，详见"法释〔1998〕8号"第1条的规定。其中，犯罪分子对基本的犯罪事实和主要情节都已经如实交代清楚，但对有些细节或情节记不清楚或确实无法说清楚的，也应当认为属于"如实供述自己的罪行"；但如果只是避重就轻或只供述一部分而保留一部分，企图蒙混过关，则不能认定为如实供述自己的罪行。② 被告人有自首行为，但对自己行为的性质进行辩解（不认为是犯罪，或认为罪行较轻）的，不影响自首的成立。

第67条第2款规定的"强制措施"，是指我国刑事诉讼法规定的拘传、拘留、取保候审、监视居住、逮捕等措施。在被采取强制措施时如实供述司法机关还未掌握的本人其他罪行的，对该"其他罪行"构成自首，对司法机关已掌握的罪行不构成自首。

根据第67条第3款的规定，仅仅是如实供述自己罪行的，并不是自首；但可以从轻处罚，避免特别严重后果发生的，可以减轻处罚。这也就是我们平常所说的"坦白从宽"。

---

① 第67条第3款是根据2011年2月25日第11届全国人民代表大会常务委员会第19次会议通过的《刑法修正案（八）》（主席令第41号公布，2011年5月1日起施行）而增设。
② 全国人民代表大会常务委员会法制工作委员会编：《中华人民共和国刑法释义》，法律出版社2011年版，第77页。

● 相关规定　【法释〔1997〕5号】　最高人民法院关于适用刑法时间效力规定若干问题的解释（1997年9月25日最高人民法院审判委员会第937次会议通过）

第4条　1997年9月30日以前被采取强制措施的犯罪嫌疑人、被告人或者1997年9月30日以前犯罪，1997年10月1日以后仍在服刑的罪犯，如实供述司法机关还未掌握的本人其他罪行的，适用刑法第67条第2款的规定。

【法释〔1998〕8号】　最高人民法院关于处理自首和立功具体应用法律若干问题的解释（1998年4月6日最高人民法院审判委员会第972次会议通过，1998年5月9日公布施行）

第1条　根据刑法第67条第1款的规定，犯罪以后自动投案，如实供述自己的罪行的，是自首。

（一）自动投案，是指犯罪事实或者犯罪嫌疑人未被司法机关发觉，或者虽被发觉，但犯罪嫌疑人尚未受到讯问、未被采取强制措施时，主动、直接向公安机关、人民检察院或者人民法院投案。

犯罪嫌疑人向其所在单位、城乡基层组织或者其他有关负责人员投案的；犯罪嫌疑人因病、伤或者为了减轻犯罪后果，委托他人先代为投案，或者先以信电投案的；罪行尚未被司法机关发觉，仅因形迹可疑，被有关组织或司法机关盘问、教育后，主动交代自己的罪行的；犯罪后逃跑，在被通缉、追捕过程中，主动投案的；经查实确已准备去投案，或者正在投案途中，被公安机关捕获的，应当视为自动投案。①

并非出于犯罪嫌疑人主动，而是经亲友规劝、陪同投案的；公安机关通知犯罪嫌疑人的亲友，或者亲友主动报案后，将犯罪嫌疑人送去投案的，也应当视为自动投案。

犯罪嫌疑人自动投案后又逃跑的，不能认定为自首。

（二）如实供述自己的罪行，是指犯罪嫌疑人自动投案后，如实交代自己的主要犯罪事实。

犯有数罪的犯罪嫌疑人仅如实供述所犯数罪中部分犯罪的，只对如实供述部分犯罪的行为，认定为自首。

共同犯罪案件中的犯罪嫌疑人，除如实供述自己的罪行，还应当供述所知的同案犯，主犯则应当供述所知其他同案犯的共同犯罪事实，才能认定为自首。

---

① 注："法释〔1998〕8号"《解释》第1条第（一）项第3款的规定与"法发〔2010〕60号"《意见》第1条第4款的规定不一致，应当注意其适用情形上的差别。

犯罪嫌疑人自动投案并如实供述自己的罪行后又翻供的,不能认定为自首;但在一审判决前又能如实供述的,应当认定为自首。

第 2 条 根据刑法第 67 条第 2 款的规定,被采取强制措施的犯罪嫌疑人、被告人和已宣判的罪犯,如实供述司法机关尚未掌握的罪行,与司法机关已掌握的或者判决确定的罪行属不同种罪行的,以自首论。

第 3 条 根据刑法第 67 条第 1 款的规定,对于自首的犯罪分子,可以从轻或者减轻处罚;对于犯罪较轻的,可以免除处罚。具体确定从轻、减轻还是免除处罚,应当根据犯罪轻重,并考虑自首的具体情节。

第 4 条 被采取强制措施的犯罪嫌疑人、被告人和已宣判的罪犯,如实供述司法机关尚未掌握的罪行,与司法机关已掌握的或者判决确定的罪行属同种罪行的,可以酌情从轻处罚;如实供述的同种罪行较重的,一般应当从轻处罚。

【法〔2002〕139 号】 最高人民法院、最高人民检察院、海关总署关于办理走私刑事案件适用法律若干问题的意见(2002 年 7 月 8 日印发)

二十一、关于单位走私犯罪案件自首的认定问题

在办理单位走私犯罪案件中,对单位集体决定自首的,或者单位直接负责的主管人员自首的,应当认定单位自首。认定单位自首后,如实交代主要犯罪事实的单位负责的其他主管人员和其他直接责任人员,可视为自首,但对拒不交代主要犯罪事实或逃避法律追究的人员,不以自首论。

【法释〔2004〕2 号】 最高人民法院关于被告人对行为性质的辩解是否影响自首成立问题的批复(2004 年 3 月 23 日最高人民法院审判委员会第 1312 次会议通过,2004 年 3 月 26 日答复广西壮族自治区高级人民法院,2004 年 4 月 1 日起施行)

根据刑法第 67 条第 1 款和最高人民法院《关于处理自首和立功具体应用法律若干问题的解释》第 1 条的规定,犯罪以后自动投案,如实供述自己的罪行的,是自首。被告人对行为性质的辩解不影响自首的成立。

【法发〔2009〕13 号】 最高人民法院、最高人民检察院关于办理职务犯罪案件认定自首、立功等量刑情节若干问题的意见(2019 年 10 月 11 日印发施行)

一、关于自首的认定和处理

根据刑法第 67 条第 1 款的规定,成立自首需同时具备自动投案和如实供述自己的罪行两个要件。犯罪事实或者犯罪分子未被办案机关掌握,或者虽被掌握,但犯罪分子尚未受到调查谈话、讯问,或者未被宣布采取调查措施或者强

制措施时，向办案机关投案的，是自动投案。在此期间如实交代自己的主要犯罪事实的，应当认定为自首。

犯罪分子向所在单位等办案机关以外的单位、组织或者有关负责人员投案的，应当视为自动投案。

没有自动投案，在办案机关调查谈话、讯问、采取调查措施或者强制措施期间，犯罪分子如实交代办案机关掌握的线索所针对的事实的，不能认定为自首。[1]

没有自动投案，但具有以下情形之一的，以自首论：（1）犯罪分子如实交代办案机关未掌握的罪行，与办案机关已掌握的罪行属不同种罪行的；（2）办案机关所掌握线索针对的犯罪事实不成立，在此范围外犯罪分子交代同种罪行的。

单位犯罪案件中，单位集体决定或者单位负责人决定而自动投案，如实交代单位犯罪事实的，或者单位直接负责的主管人员自动投案，如实交代单位犯罪事实的，应当认定为单位自首。单位自首的，直接负责的主管人员和直接责任人员未自动投案，但如实交代自己知道的犯罪事实的，可以视为自首；拒不交代自己知道的犯罪事实或者逃避法律追究的，不应当认定为自首。单位没有自首，直接责任人员自动投案并如实交代自己知道的犯罪事实的，对该直接责任人员应当认定为自首。

对于具有自首情节的犯罪分子，办案机关移送案件时应当予以说明并移交相关证据材料。

对于具有自首情节的犯罪分子，应当根据犯罪的事实、性质、情节和对于社会的危害程度，结合自动投案的动机、阶段、客观环境，交代犯罪事实的完整性、稳定性以及悔罪表现等具体情节，依法决定是否从轻、减轻或者免除处罚以及从轻、减轻处罚的幅度。

三、关于如实交代犯罪事实的认定和处理

犯罪分子依法不成立自首，但如实交代犯罪事实，有下列情形之一的，可以酌情从轻处罚：（1）办案机关掌握部分犯罪事实，犯罪分子交代了同种其他犯罪事实的；（2）办案机关掌握的证据不充分，犯罪分子如实交代有助于收集定案证据的。

犯罪分子如实交代犯罪事实，有下列情形之一的，一般应当从轻处罚：

---

[1] 注：根据《"两高"有关部门负责人就〈关于办理职务犯罪案件认定自首、立功等量刑情节若干问题的意见〉答记者问》（中国法院网 http://old.chinacourt.org/public/detail.php?id=349237），这里的"办案机关"仅限定为纪检、监察、公安、检察等法定职能部门；在纪检监察机关采取"两规""两指"措施期间交代罪行能否认定为自首，取决于是否同时满足"自动投案"和"如实供述自己的罪行"这两个法定要件。故如果行为人没有自动投案，在纪检监察机关调查谈话、讯问、采取调查措施或者强制措施期间，犯罪分子如实交代纪检监察机关掌握的线索所针对的事实的，不能认定为自首。

（1）办案机关仅掌握小部分犯罪事实，犯罪分子交代了大部分未被掌握的同种犯罪事实的；（2）如实交代对于定案证据的收集有重要作用的。

【法发〔2009〕44号】 最高人民法院关于审理故意杀人、故意伤害案件正确适用死刑问题的指导意见（2009年8月3日）

五、关于被告人有自首、立功情节的死刑适用

自首和立功是刑法明确规定的、司法实践中适用较多的2种法定从轻或减轻处罚情节。对于具备这2种情节之一的，一般都应依法从轻处罚。对于具有自首、立功情节，同时又有累犯、前科等法定、酌定从重处罚情节的，要综合分析从重因素和从轻因素哪方面更突出一些，依法体现宽严相济的基本刑事政策。

对于被告人未自首，但被告人亲属协助抓获被告人，或者提供被告人犯罪的主要证据对定案起到重要作用等情况的，应作为酌定从宽情节，予以充分考虑。

对于具有犯罪后果特别严重、犯罪动机特别卑劣或者被告人为规避法律而自首等情形的，对被告人是否从轻处罚，要从严掌握。

【法发〔2010〕9号】 最高人民法院关于贯彻宽严相济刑事政策的若干意见（2010年2月8日印发）

三、准确把握和正确适用依法从"宽"的政策要求

17. 对于自首的被告人，除了罪行极其严重、主观恶性极深、人身危险性极大，或者恶意地利用自首规避法律制裁者以外，一般均应当依法从宽处罚。

对于亲属以不同形式送被告人归案或协助司法机关抓获被告人而认定为自首的，原则上都应当依法从宽处罚；有的虽然不能认定为自首，但考虑到被告人亲属支持司法机关工作，促使被告人到案、认罪、悔罪，在决定对被告人具体处罚时，也应当予以充分考虑。

四、准确把握和正确适用宽严"相济"的政策要求

26. 在对严重刑事犯罪依法从严惩处的同时，对被告人具有自首、立功、从犯等法定或酌定从宽处罚情节的，还要注意宽以济严，根据犯罪的具体情况，依法应当或可以从宽的，都应当在量刑上予以充分考虑。

【法发〔2010〕60号】 最高人民法院关于处理自首和立功若干具体问题的意见（2010年12月22日印发；替代废止2003年8月27日最高人民法院研究室公布的《关于如何理解犯罪嫌疑人自动投案的有关问题的答复》"法研〔2003〕132号"）

为规范司法实践中对自首和立功制度的运用，更好地贯彻落实宽严相济刑事政策，根据刑法、刑事诉讼法和《最高人民法院关于处理自首和立功具体应

用法律若干问题的解释》（以下简称《解释》）等规定[1]，对自首和立功若干具体问题提出如下处理意见：

一、关于"自动投案"的具体认定

《解释》第1条第（一）项规定七种应当视为自动投案的情形，体现了犯罪嫌疑人投案的主动性和自愿性。根据《解释》第1条第（一）项的规定，犯罪嫌疑人具有以下情形之一的，也应当视为自动投案：1. 犯罪后主动报案，虽未表明自己是作案人，但没有逃离现场，在司法机关询问时交代自己罪行的；2. 明知他人报案而在现场等待，抓捕时无拒捕行为，供认犯罪事实的；3. 在司法机关未确定犯罪嫌疑人，尚在一般性排查询问时主动交代自己罪行的；4. 因特定违法行为被采取劳动教养[2]、行政拘留、司法拘留、强制隔离戒毒等行政、司法强制措施期间，主动向执行机关交代尚未被掌握的犯罪行为的；5. 其他符合立法本意，应当视为自动投案的情形。

罪行未被有关部门、司法机关发觉，仅因形迹可疑被盘问、教育后，主动交代了犯罪事实的，应当视为自动投案，但有关部门、司法机关在其身上、随身携带的物品、驾乘的交通工具等处发现与犯罪有关的物品的，不能认定为自动投案。

交通肇事后保护现场、抢救伤员，并向公安机关报告的，应认定为自动投案，构成自首的，因上述行为同时系犯罪嫌疑人的法定义务，对其是否从宽、从宽幅度要适当从严掌握。交通肇事逃逸后自动投案，如实供述自己罪行的，应认定为自首，但应依法以较重法定刑为基准，视情决定对其是否从宽处罚以及从宽处罚的幅度。

犯罪嫌疑人被亲友采用捆绑等手段送到司法机关，或者在亲友带领侦查人员前来抓捕时无拒捕行为，并如实供认犯罪事实的，虽然不能认定为自动投案，但可以参照法律对自首的有关规定酌情从轻处罚。[3]

---

[1] 注：据此可以明确判定，法发〔2010〕60号《意见》的法律效力应当低于法释〔1998〕8号《解释》。

[2] 1957年8月1日第1届全国人大常委会第78次会议批准颁布的《国务院关于劳动教养问题的决定》和1979年11月29日第5届全国人大常委会第12次会议批准颁布的《国务院关于劳动教养的补充规定》，已经被2013年11月12日中国共产党第18届中央委员会第3次全体会议通过的《中共中央关于全面深化改革若干重大问题的决定》和2013年12月28日第12届全国人大常委会第6次会议通过的《全国人民代表大会常务委员会关于废止有关劳动教养法律规定的决定》宣布废止。

[3] 注："法释〔1998〕8号"《解释》第1条第（一）项第3款的规定与"法发〔2010〕60号"《意见》第1条第4款的规定不一致，应当注意其适用情形上的差别。主要是考虑这种情形不能体现案犯主动投案的自愿性，不符合自首的概念；但为了鼓励这种大义灭亲之举，降低刑事诉讼成本，故在量刑时照顾亲属的意愿，酌情从轻。

二、关于"如实供述自己的罪行"的具体认定

《解释》第1条第（二）项规定如实供述自己的罪行，除供述自己的主要犯罪事实外，还应包括姓名、年龄、职业、住址、前科等情况。犯罪嫌疑人供述的身份等情况与真实情况虽有差别，但不影响定罪量刑的，应认定为如实供述自己的罪行。犯罪嫌疑人自动投案后隐瞒自己的真实身份等情况，影响对其定罪量刑的，不能认定为如实供述自己的罪行。

犯罪嫌疑人多次实施同种罪行的，应当综合考虑已交代的犯罪事实与未交代的犯罪事实的危害程度，决定是否认定为如实供述主要犯罪事实。虽然投案后没有交代全部犯罪事实，但如实交代的犯罪情节重于未交代的犯罪情节，或者如实交代的犯罪数额多于未交代的犯罪数额，一般应认定为如实供述自己的主要犯罪事实。无法区分已交代的与未交代的犯罪情节的严重程度，或者已交代的犯罪数额与未交代的犯罪数额相当，一般不认定为如实供述自己的主要犯罪事实。

犯罪嫌疑人自动投案时虽然没有交代自己的主要犯罪事实，但在司法机关掌握其主要犯罪事实之前主动交代的，应认定为如实供述自己的罪行。

三、关于"司法机关还未掌握的本人其他罪行"和"不同种罪行"的具体认定

犯罪嫌疑人、被告人在被采取强制措施期间，向司法机关主动如实供述本人的其他罪行，该罪行能否认定为司法机关已掌握，应根据不同情形区别对待。如果该罪行已被通缉，一般应以该司法机关是否在通缉令发布范围内作出判断，不在通缉令发布范围内的，应认定为还未掌握，在通缉令发布范围内的，应视为已掌握；如果该罪行已录入全国公安信息网络在逃人员信息数据库，应视为已掌握。如果该罪行未被通缉、也未录入全国公安信息网络在逃人员信息数据库，应以该司法机关是否已实际掌握该罪行为标准。

犯罪嫌疑人、被告人在被采取强制措施期间如实供述本人其他罪行，该罪行与司法机关已掌握的罪行属同种罪行还是不同种罪行，一般应以罪名区分。虽然如实供述的其他罪行的罪名与司法机关已掌握犯罪的罪名不同，但如实供述的其他犯罪与司法机关已掌握的犯罪属选择性罪名或者在法律、事实上密切关联，如因受贿被采取强制措施后，又交代因受贿为他人谋取利益行为，构成滥用职权罪的，应认定为同种罪行。

七、关于自首、立功证据材料的审查

（第1款） 人民法院审查的自首证据材料，应当包括被告人投案经过、有罪供述以及能够证明其投案情况的其他材料。投案经过的内容一般应包括被告人投案时间、地点、方式等。证据材料应加盖接受被告人投案的单位的印章，并有接受人员签名。

（第3款） 人民法院经审查认为证明被告人自首、立功的材料不规范、不全面的，应当由检察机关、侦查机关予以完善或者提供补充材料。

（第4款） 上述证据材料在被告人被指控的犯罪一、二审审理时已形成的，应当经庭审质证。

八、关于对自首、立功的被告人的处罚

对具有自首、立功情节的被告人是否从宽处罚、从宽处罚的幅度，应当考虑其犯罪事实、犯罪性质、犯罪情节、危害后果、社会影响、被告人的主观恶性和人身危险性等。自首的还应考虑投案的主动性、供述的及时性和稳定性等。立功的还应考虑检举揭发罪行的轻重、被检举揭发的人可能或者已经被判处的刑罚、提供的线索对侦破案件或者协助抓捕其他犯罪嫌疑人所起作用的大小等。

具有自首或者立功情节的，一般应依法从轻、减轻处罚；犯罪情节较轻的，可以免除处罚。类似情况下，对具有自首情节的被告人的从宽幅度要适当宽于具有立功情节的被告人。

虽然具有自首或者立功情节，但犯罪情节特别恶劣、犯罪后果特别严重、被告人主观恶性深、人身危险性大，或者在犯罪前即为规避法律、逃避处罚而准备自首、立功的，可以不从宽处罚。

对于被告人具有自首、立功情节，同时又有累犯、毒品再犯等法定从重处罚情节的，既要考虑自首、立功的具体情节，又要考虑被告人的主观恶性、人身危险性等因素，综合分析判断，确定从宽或者从严处罚。累犯的前罪为非暴力犯罪的，一般可以从宽处罚，前罪为暴力犯罪或者前、后罪为同类犯罪的，可以不从宽处罚。

在共同犯罪案件中，对具有自首、立功情节的被告人的处罚，应注意共同犯罪人以及首要分子、主犯、从犯之间的量刑平衡。犯罪集团的首要分子、共同犯罪的主犯检举揭发或者协助司法机关抓捕同案地位、作用较次的犯罪分子的，从宽处罚与否应当从严掌握，如果从轻处罚可能导致全案量刑失衡的，一般不从轻处罚；如果检举揭发或者协助司法机关抓捕的是其他案件中罪行同样严重的犯罪分子，一般应依法从宽处罚。对于犯罪集团的一般成员、共同犯罪的从犯立功的，特别是协助抓捕首要分子、主犯的，应当充分体现政策，依法从宽处罚。

【法释〔2011〕9号】 最高人民法院关于《中华人民共和国刑法修正案(八)》时间效力问题的解释（2011年4月20日最高人民法院审判委员会第1519次会议通过，2011年4月25日公布，2011年5月1日起施行）

第4条 2011年4月30日以前犯罪，虽不具有自首情节，但是如实供述自己罪行的，适用修正后刑法第67条第3款的规定。

【法释〔2012〕22号】　最高人民法院、最高人民检察院关于办理行贿刑事案件具体应用法律若干问题的解释（2012年5月14日最高人民法院审判委员会第1547次会议、2012年8月21日最高人民检察院第11届检察委员会第77次会议通过，2012年12月26日公布，2013年1月1日起施行）

第8条　行贿人被追诉后如实供述自己罪行的，依照刑法第67条第3款的规定，可以从轻处罚；因其如实供述自己罪行，避免特别严重后果发生的，可以减轻处罚。

【法研〔2013〕10号】　最高人民法院研究室关于自动投案法律适用问题的答复（2013年1月20日答复江苏高院）

对于行为人原不具有自动投案情节，在被取保候审期间逃跑后主动归案的情形，不能认定为自动投案。

【主席令〔2014〕16号】　中华人民共和国反间谍法（已被2023年4月26日全国人大常委会〔14届2次〕修订，2023年7月1日起施行；更新内容见本书第八版）

第27条（第2款）　实施间谍行为，有自首或者立功表现的，可以从轻、减轻或者免除处罚；有重大立功表现的，给予奖励。[①]

【高检发〔2016〕2号】　最高人民检察院关于充分发挥检察职能依法保障和促进非公有制经济健康发展的意见（2016年2月19日印发）

9.……对于有自首、立功表现，认罪态度较好，社会危险性不高、积极配合的非公有制企业涉案人员，一般不采取拘留、逮捕措施。……

【湘高法〔2020〕21号】　湖南省高级人民法院关于贪污贿赂案件审判适用法律若干问题的解答（2020年9月24日湖南高院以线上新闻发布会形式公布）

问题31：如何审查贪污贿赂案件的自首材料？

答：犯罪事实虽被纪检监察机关掌握，但犯罪分子尚未受到调查谈话、讯问、未被宣布采取调查措施，犯罪分子主动到纪检监察机关交代自己的犯罪事实的；或者犯罪分子虽受到调查谈话、讯问、被宣布采取调查措施，但纪检监察机关掌握的线索经审查调查不属实的情况下交代未掌握的犯罪事实的，均应认定为自首。犯罪分子在交代了被掌握的犯罪事实以外，又交代了未掌握的不属于同种罪行的其他犯罪事实的，对该不同种罪行以自首论；属同种罪行的，不能认定为自首。

---

① 注：本条规定直接明确了"自首"的量刑规则，这在当前立法中比较少见。在司法实践中应当注意把握该规定与《刑法》第67条第1款规定的衔接适用。

自首的认定，不能仅凭办案机关出具的说明材料，还要审查行为人交代犯罪事实之前办案机关掌握的线索、证据等相关材料。

重庆市高级人民法院、重庆市人民检察院、重庆市公安局2016年刑事工作座谈会综述（2016年6月16日召开，2016年7月13日印发）

【国监发〔2018〕2号】　国家监察委员会移送最高人民检察院职务犯罪案件证据收集审查基本要求与案件材料移送清单（国监委、最高检2018年5月11日印发）（略）

【法发〔2019〕13号】　最高人民法院、最高人民检察院、公安部关于办理毒品犯罪案件收集与审查证据若干问题的意见（2019年4月30日印发，2019年5月1日起施行）（略）

中共中央纪律检查委员会办公厅关于纪检监察机关处理主动投案问题的规定（2019年7月10日印发试行）（略）

国家监察委员会、最高人民法院、最高人民检察院、公安部、外交部关于敦促职务犯罪案件境外在逃人员投案自首的公告（2018年8月23日）

二、职务犯罪案件境外在逃人员委托他人代为表达自动投案意思，或者以书信、电报、电话、邮件等方式表达自动投案意思，后本人回国到案接受办案机关处理的，视为自动投案。

三、鼓励职务犯罪案件境外在逃人员的亲友积极规劝其尽快投案自首。经亲友规劝投案的，或者亲友主动报案后将职务犯罪案件境外在逃人员送去投案的，视为自动投案。

七、境外在逃经济犯罪嫌疑人、被告人、罪犯参照适用本公告。

最高人民法院、最高人民检察院、公安部、司法部关于敦促涉黑涉恶在逃人员投案自首的通告（2019年11月4日发布）

一、在逃人员自本通告发布之日起至2020年1月31日前自动投案，如实供述自己的罪行的，是自首。可以依法从轻或者减轻处罚；犯罪情节较轻的，可以依法免除处罚。

二、由于客观原因，本人不能在规定期限内到司法机关投案的，可以委托他人代为投案。犯罪后逃跑，在被通缉、追捕过程中，主动投案的；经查实确已准备去投案，或者正在投案途中，被公安机关抓获的，视为自动投案。

三、在逃人员的亲友应当积极规劝其尽快投案自首。经亲友规劝、陪同投案的，或者亲友主动报案后将在逃人员送去投案的，视为自动投案。

● 量刑指导　【法发〔2021〕21号】　最高人民法院、最高人民检察院关于常见犯罪的量刑指导意见（2021年6月16日印发，2021年7月1日试行；法发〔2017〕7号《指导意见》同时废止）①

三、常见量刑情节的适用（本部分内容未变化）

（六）对于自首情节，综合考虑自首的动机、时间、方式、罪行轻重、如实供述罪行的程度以及悔罪表现等情况，可以减少基准刑的40%以下；犯罪较轻的，可以减少基准刑的40%以上或者依法免除处罚。恶意利用自首规避法律制裁等不足以从宽处罚的除外。

（七）对于坦白情节，综合考虑如实供述罪行的阶段、程度、罪行轻重以及悔罪表现等情况，确定从宽的幅度。

1. 如实供述自己罪行的，可以减少基准刑的20%以下；
2. 如实供述司法机关尚未掌握的同种较重罪行的，可以减少基准刑的10%－30%；
3. 因如实供述自己罪行，避免特别严重后果发生的，可以减少基准刑的30%－50%。

（八）对于当庭自愿认罪的，根据犯罪的性质、罪行的轻重、认罪程度以及悔罪表现等情况，可以减少基准刑的10%以下。依法认定自首、坦白的除外。

第68条②　【立功】犯罪分子有揭发他人犯罪行为，查证属实的，或者提供重要线索，从而得以侦破其他案件等立功表现的，可以从轻或者减轻处罚；有重大立功表现的，可以减轻或者免除处罚。

● 条文注释　立功的主体是在案件侦查、审查起诉和庭审（包括一审和二审）阶段的犯罪分子。如果犯罪分子所揭发的事项经查不属实或者不属于犯罪行为，则不能算作立功。在司法实践中，除了第68条所列的两种立功情形之外，有的犯罪分子还有其他有利于国家和社会的突出表现，如阻止他人的犯罪活动、协

---

① 注：《意见》要求各省高院、检察院应当总结司法实践经验，按照规范、实用、符合司法实际的原则共同研制"实施细则"，经审委会、检委会通过后，分别报最高法、最高检备案审查，与《意见》同步实施。
其他判处有期徒刑的案件，可以参照量刑的指导原则、基本方法和常见量刑情节的适用规范量刑。
② 1997年刑法第68条原有第2款，内容为："犯罪后自首又有重大立功表现的，应当减轻或者免除处罚。"在2011年2月25日第11届全国人民代表大会常务委员会第19次会议通过的《刑法修正案（八）》（主席令第41号公布，2011年5月1日起施行）中，第2款被删除。

助司法机关抓捕其他犯罪分子（包括同案犯）等，也被视为有立功表现。"重大立功表现"则是指犯罪分子有检举、揭发他人重大犯罪行为（如犯罪集团或犯罪团伙），经查证属实；或者提供侦破其他重大案件的重要线索，经查证属实；或者阻止他人重大犯罪活动；或者协助司法机关抓捕其他重大犯罪嫌疑人（包括同案犯）；或者对国家和社会有其他重大贡献等表现。

对于自首后又有重大立功表现的犯罪分子，《刑法修正案（八）》虽然删除了"应当减轻或者免除处罚"的规定，但考虑到这些犯罪分子具有明显的悔罪意识，人身危险性有所降低，原则上还是应当结合案件的具体情况减轻或者免除处罚，其中，对于罪该判处死刑立即执行的，可以根据案件情节判处死刑缓期执行或者无期徒刑。①

● **相关规定**　最高人民法院关于揭发或协助司法机关缉捕其他犯罪分子所指"其他犯罪分子"是否包括共同犯罪中同案犯问题的答复（1987年3月3日答复广东高院"粤法〔1986〕41号"请示）

我院〔1984〕法研字第6号《解答》第4个问题讲了"立功通常是指犯罪分子揭发检举其他犯罪分子的重大罪行得到证实的"。这里所说的"其他犯罪分子的重大罪行"，是指犯罪分子检举揭发了其他案件的犯罪分子的重大罪行或者同案犯中的其他犯罪分子并作它案所犯的重大罪行，至于犯罪分子在交代中检举揭发了其他同案犯罪分子与自己共同作案的罪行，是否作为立功看待，要对具体情况作具体分析。一般视为坦白交代，但有的从犯交代了共同作案的主犯，对破获查清全案起了重大作用的，也可根据情节视为立功。关于协助司法机关缉捕其他罪犯所指的范围，既包括其他案件的罪犯，也包括同案的罪犯。例如同案犯畏罪潜逃，犯罪分子协助司法机关将同案犯缉捕归案的，亦应认为是立功。

最高人民法院关于两罪均应判处死刑而有重大立功表现的能否对两罪从宽处罚的答复（1990年6月20日答复广东高院关于苏国华犯抢劫罪、盗窃罪一案的请示）

根据最高人民法院、最高人民检察院、公安部《关于当前处理自首和有关问题具体应用法律的解答》第4个问题的精神，苏有立功表现，应体现政策，如果只改判苏抢劫一罪死缓，没有实际意义，同意你们第二种意见，对苏两罪均改判死缓。

---

① 全国人民代表大会常务委员会法制工作委员会编：《中华人民共和国刑法释义》，法律出版社2011年版，第81页。

最高人民法院关于指认同案被告人的住址后由公安人员将其抓获的行为是否属立功的批复①（1992年7月2日答复广东高院请示）

经研究，我们同意你院审判委员会讨论中的第一种意见，即被告人李春龙协助公安机关缉捕同案被告人的行为应视为立功。

【法释〔1997〕5号】 最高人民法院关于适用刑法时间效力规定若干问题的解释（1997年9月25日最高人民法院审判委员会第937次会议通过）

第5条 1997年9月30日以前犯罪的犯罪分子，有揭发他人犯罪行为，或者提供重要线索，从而得以侦破其他案件等立功表现的，适用刑法第68条的规定。

【法释〔1998〕8号】 最高人民法院关于处理自首和立功具体应用法律若干问题的解释（1998年4月6日最高人民法院审判委员会第972次会议通过，1998年5月9日公布施行）

第5条 根据刑法第68条第1款的规定，犯罪分子到案后有检举、揭发他人犯罪行为，包括共同犯罪案件中的犯罪分子揭发同案犯共同犯罪以外的其他犯罪，经查证属实；提供侦破其他案件的重要线索，经查证属实；阻止他人犯罪活动；协助司法机关抓捕其他犯罪嫌疑人（包括同案犯）；具有其他有利于国家和社会的突出表现的，应当认定为有立功表现。

第6条 共同犯罪案件的犯罪分子到案后，揭发同案犯共同犯罪事实的，可以酌情予以从轻处罚。

第7条 根据刑法第68条第1款的规定，犯罪分子有检举、揭发他人重大犯罪行为，经查证属实；提供侦破其他重大案件的重要线索，经查证属实；阻止他人重大犯罪活动；协助司法机关抓捕其他重大犯罪嫌疑人（包括同案犯）；对国家和社会有其他重大贡献等表现的，应当认定为有重大立功表现。

前款所称"重大犯罪"、"重大案件"、"重大犯罪嫌疑人"的标准，一般是指犯罪嫌疑人、被告人可能被判处无期徒刑以上刑罚或者案件在本省、自治区、直辖市或者全国范围内有较大影响等情形。

【法〔2008〕324号】 全国部分法院审理毒品犯罪案件工作座谈会纪要（2008年9月23日至24日在大连召开，最高法2008年12月1日印发；替代法〔2000〕42号《全国法院审理毒品犯罪案件工作座谈会纪要》）

七、毒品案件的立功问题

共同犯罪中同案犯的基本情况，包括同案犯姓名、住址、体貌特征、联络

---

① 该批复精神实际上已经被法〔2008〕324号《纪要》和法发〔2010〕60号《意见》否定。

方式等信息，属于被告人应当供述的范围。公安机关根据被告人供述抓获同案犯的，不应认定其有立功表现。被告人在公安机关抓获同案犯过程中确实起到协助作用的，例如，经被告人现场指认、辨认抓获了同案犯；被告人带领公安人员抓获了同案犯；被告人提供了不为有关机关掌握或者有关机关按照正常工作程序无法掌握的同案犯藏匿的线索，有关机关据此抓获了同案犯；被告人交代了与同案犯的联系方式，又按要求与对方联络，积极协助公安机关抓获了同案犯等，属于协助司法机关抓获同案犯，应认定为立功。

关于立功从宽处罚的把握，应以功是否足以抵罪为标准。在毒品共同犯罪案件中，毒枭、毒品犯罪集团首要分子、共同犯罪的主犯、职业毒犯、毒品惯犯等，由于掌握同案犯、从犯、马仔的犯罪情况和个人信息，被抓获后往往能协助抓捕同案犯，获得立功或者重大立功。对其是否从宽处罚以及从宽幅度的大小，应当主要看功是否足以抵罪，即应结合被告人罪行的严重程度、立功大小综合考虑。要充分注意毒品共同犯罪人以及上、下家之间的量刑平衡。对于毒枭等严重毒品犯罪分子立功的，从轻或者减轻处罚应当从严掌握。如果其罪行极其严重，只有一般立功表现，功不足以抵罪的，可不予从轻处罚；如果其检举、揭发的是其他犯罪案件中罪行同样严重的犯罪分子，或者协助抓获的是同案中的其他首要分子、主犯，功足以抵罪的，原则上可以从轻或者减轻处罚；如果协助抓获的只是同案中的从犯或者马仔，功不足以抵罪，或者从轻处罚后全案处刑明显失衡的，不予从轻处罚。相反，对于从犯、马仔立功，特别是协助抓获毒枭、首要分子、主犯的，应当从轻处罚，直至依法减轻或者免除处罚。

被告人亲属为了使被告人得到从轻处罚，检举、揭发他人犯罪或者协助司法机关抓捕其他犯罪人的，不能视为被告人立功。同监犯将本人或者他人尚未被司法机关掌握的犯罪事实告知被告人，由被告人检举揭发的，如经查证属实，虽可认定被告人立功，但是否从宽处罚、从宽幅度大小，应与通常的立功有所区别。通过非法手段或者非法途径获取他人犯罪信息，如从国家工作人员处贿买他人犯罪信息，通过律师、看守人员等非法途径获取他人犯罪信息，由被告人检举揭发的，不能认定为立功，也不能作为酌情从轻处罚情节。

【法发〔2009〕13 号】　最高人民法院、最高人民检察院关于办理职务犯罪案件认定自首、立功等量刑情节若干问题的意见（2019 年 10 月 11 日印发施行）

二、关于立功的认定和处理

立功必须是犯罪分子本人实施的行为。为使犯罪分子得到从轻处理，犯罪分子的亲友直接向有关机关揭发他人犯罪行为，提供侦破其他案件的重要线索，或者协助司法机关抓捕其他犯罪嫌疑人的，不应当认定为犯罪分子的立功表现。

据以立功的他人罪行材料应当指明具体犯罪事实；据以立功的线索或者协助行为对于侦破案件或者抓捕犯罪嫌疑人要有实际作用。犯罪分子揭发他人犯罪行为时没有指明具体犯罪事实的；揭发的犯罪事实与查实的犯罪事实不具有关联性的；提供的线索或者协助行为对于其他案件的侦破或者其他犯罪嫌疑人的抓捕不具有实际作用的，不能认定为立功表现。

犯罪分子揭发他人犯罪行为，提供侦破其他案件重要线索的，必须经查证属实，才能认定为立功。审查是否构成立功，不仅要审查办案机关的说明材料，还要审查有关事实和证据以及与案件定性处罚相关的法律文书，如立案决定书、逮捕决定书、侦查终结报告、起诉意见书、起诉书或者判决书等。

据以立功的线索、材料来源有下列情形之一的，不能认定为立功：（1）本人通过非法手段或者非法途径获取的；（2）本人因原担任的查禁犯罪等职务获取的；（3）他人违反监管规定向犯罪分子提供的；（4）负有查禁犯罪活动职责的国家机关工作人员或者其他国家工作人员利用职务便利提供的。

犯罪分子检举、揭发的他人犯罪，提供侦破其他案件的重要线索，阻止他人的犯罪活动，或者协助司法机关抓捕的其他犯罪嫌疑人，犯罪嫌疑人、被告人依法可能被判处无期徒刑以上刑罚的，应当认定为有重大立功表现。其中，可能被判处无期徒刑以上刑罚，是指根据犯罪行为的事实、情节可能判处无期徒刑以上刑罚。案件已经判决的，以实际判处的刑罚为准。但是，根据犯罪行为的事实、情节应当判处无期徒刑以上刑罚，因被判刑人有法定情节经依法从轻、减轻处罚后判处有期徒刑的，应当认定为重大立功。

对于具有立功情节的犯罪分子，应当根据犯罪的事实、性质、情节和对于社会的危害程度，结合立功表现所起作用的大小、所破获案件的罪行轻重、所抓获犯罪嫌疑人可能判处的法定刑以及立功的时机等具体情节，依法决定是否从轻、减轻或者免除处罚以及从轻、减轻处罚的幅度。

【法发〔2009〕44号】　最高人民法院关于审理故意杀人、故意伤害案件正确适用死刑问题的指导意见（2009年8月3日）

五、关于被告人有自首、立功情节的死刑适用

自首和立功是刑法明确规定的、司法实践中适用较多的2种法定从轻或减轻处罚情节。对于具备这2种情节之一的，一般都应依法从轻处罚。对于具有自首、立功情节，同时又有累犯、前科等法定、酌定从重处罚情节的，要综合分析从重因素和从轻因素哪方面更突出一些，依法体现宽严相济的基本刑事政策。

……对于罪该判处死刑的被告人具有立功表现的,是否从轻处罚,应当以立功是否足以抵罪为标准。被告人确有重大立功表现的,一般应当考虑从轻处罚;被告人有一般立功表现,经综合考虑足以从轻的,也可以考虑对被告人从轻处罚;被告人亲属为使被告人得到从轻处罚,检举、揭发他人犯罪或者协助司法机关抓捕其他犯罪嫌疑人的,虽不能视为被告人立功,也可以作为酌情从宽情节考虑。对于黑社会性质组织犯罪的首要分子、犯罪集团的首要分子等,犯罪主体的特殊性决定了其有可能掌握他人较多的犯罪线索,即使其检举揭发与其犯罪有关联的人或是构成重大立功的,从轻处罚也要从严掌握。如果被告人罪行极其严重,只有一般立功表现,经综合考虑不足以从轻的,可予从轻处罚。

【法发〔2010〕9 号】 最高人民法院关于贯彻宽严相济刑事政策的若干意见(2010 年 2 月 8 日印发)

三、准确把握和正确适用依法从"宽"的政策要求

18. 对于被告人检举揭发他人犯罪构成立功的,一般均应当依法从宽处罚。对于犯罪情节不是十分恶劣,犯罪后果不是十分严重的被告人立功的,从宽处罚的幅度应当更大。

四、准确把握和正确适用宽严"相济"的政策要求

26. 在对严重刑事犯罪依法从严惩处的同时,对被告人具有自首、立功、从犯等法定或酌定从宽处罚情节的,还要注意宽以济严,根据犯罪的具体情况,依法应当或可以从宽的,都应当在量刑上予以充分考虑。

33. 在共同犯罪案件中,对于主犯或首要分子检举、揭发同案地位、作用较次犯罪分子构成立功的,从轻或者减轻处罚应当从严掌握,如果从轻处罚可能导致全案量刑失衡的,一般不予从轻处罚;如果检举、揭发的是其他犯罪案件中罪行同样严重的犯罪分子,或者协助抓获的是同案中的其他主犯、首要分子的,原则上应予依法从轻或者减轻处罚。对于从犯或犯罪集团中的一般成员立功,特别是协助抓获主犯、首要分子的,应当充分体现政策,依法从轻、减轻或者免除处罚。

【法刊文摘】 宽严相济刑事政策在职务犯罪案件审判中的具体贯彻[①]

(三)关于自首、立功等量刑情节的运用。自首、立功是法定的从宽情节。实践中要注意依照《意见》第 17 条、第 18 条等规定,结合"两高"《关于办理职务犯罪案件认定自首、立功等量刑情节若干问题的意见》的规定,做好职务犯罪案件审判工作中宽严相济刑事政策与法律规定的有机结合,具体如下:(1)要

---

① 刊于《人民法院报》2010 年 4 月 7 日第 6 版。

严格掌握自首、立功等量刑情节的法定标准和认定程序，确保自首、立功等量刑情节认定的严肃性和规范性的。(3) 对于具有立功情节的犯罪分子，应当根据犯罪事实并结合立功表现所起作用的大小、所破获案件的罪行轻重、所抓获犯罪嫌疑人可能判处的法定刑以及立功的时机等具体情节，依法决定是否从轻、减轻或者免除处罚以及从轻、减轻处罚的幅度。

【法研〔2010〕2号】　最高人民法院研究室关于带领被害方抓捕同案犯能否认定为有立功表现的复函[①]

共同犯罪嫌疑人带领被害方抓捕同案犯的行为，在同案犯被抓捕并被扭送司法机关的情况下，可以认定为有立功表现。

【法发〔2010〕60号】　最高人民法院关于处理自首和立功若干具体问题的意见（2010年12月22日印发；替代废止2003年8月27日最高人民法院研究室公布的《关于如何理解犯罪嫌疑人自动投案的有关问题的答复》"法研〔2003〕132号"）

为规范司法实践中对自首和立功制度的运用，更好地贯彻落实宽严相济刑事政策，根据刑法、刑事诉讼法和《最高人民法院关于处理自首和立功具体应用法律若干问题的解释》（以下简称《解释》）等规定，对自首和立功若干具体问题提出如下处理意见：

四、关于立功线索来源的具体认定

犯罪分子通过贿买、暴力、胁迫等非法手段，或者被羁押后与律师、亲友会见过程中违反监管规定，获取他人犯罪线索并"检举揭发"的，不能认定为有立功表现。

犯罪分子将本人以往查办犯罪职务活动中掌握的，或者从负有查办犯罪、监管职责的国家工作人员处获取的他人犯罪线索予以检举揭发的，不能认定为有立功表现。

犯罪分子亲友为使犯罪分子"立功"，向司法机关提供他人犯罪线索、协助抓捕犯罪嫌疑人的，不能认定为犯罪分子有立功表现。

五、关于"协助抓捕其他犯罪嫌疑人"的具体认定

犯罪分子具有下列行为之一，使司法机关抓获其他犯罪嫌疑人的，属于《解释》第5条规定的"协助司法机关抓捕其他犯罪嫌疑人"：1. 按照司法机关的安排，以打电话、发信息等方式将其他犯罪嫌疑人（包括同案犯）约至指定

---

① 刊于《司法研究与指导》（总第1辑），人民法院出版社2012年版，第182页。

地点的；2. 按照司法机关的安排，当场指认、辨认其他犯罪嫌疑人（包括同案犯）的；3. 带领侦查人员抓获其他犯罪嫌疑人（包括同案犯）的；4. 提供司法机关尚未掌握的其他案件犯罪嫌疑人的联络方式、藏匿地址，等等。

犯罪分子提供同案犯姓名、住址、体貌特征等基本情况，或者提供犯罪前、犯罪中掌握、使用的同案犯联络方式、藏匿地址，司法机关据此抓捕同案犯的，不能认定为协助司法机关抓捕同案犯。

六、关于立功线索的查证程序和具体认定

被告人在一、二审审理期间检举揭发他人犯罪行为或者提供侦破其他案件的重要线索，人民法院经审查认为该线索内容具体、指向明确的，应及时移交有关人民检察院或者公安机关依法处理。

侦查机关出具材料，表明在3个月内还不能查证并抓获被检举揭发的人，或者不能查实的，人民法院审理案件可不再等待查证结果。

被告人检举揭发他人犯罪行为或者提供侦破其他案件的重要线索经查证不属实，又重复提供同一线索，且没有提出新的证据材料的，可以不再查证。

根据被告人检举揭发破获的他人犯罪案件，如果已有审判结果，应当依据判决确认的事实认定是否查证属实；如果被检举揭发的他人犯罪案件尚未进入审判程序，可以依据侦查机关提供的书面查证情况认定是否查证属实。检举揭发的线索经查确有犯罪发生，或者确定了犯罪嫌疑人，可能构成重大立功，只是未能将犯罪嫌疑人抓获归案的，对可能判处死刑的被告人一般要留有余地，对其他被告人原则上应酌情从轻处罚。

被告人检举揭发或者协助抓获的人的行为构成犯罪，但因法定事由不追究刑事责任、不起诉、终止审理的，不影响对被告人立功表现的认定；被告人检举揭发或者协助抓获的人的行为应判处无期徒刑以上刑罚，但因具有法定、酌定从宽情节，宣告刑为有期徒刑或者更轻刑罚的，不影响对被告人重大立功表现的认定。

七、关于自首、立功证据材料的审查

（第2款） 人民法院审查的立功证据材料，一般应包括被告人检举揭发材料及证明其来源的材料、司法机关的调查核实材料、被检举揭发人的供述等。被检举揭发案件已立案、侦破，被检举揭发人被采取强制措施、公诉或者审判的，还应审查相关的法律文书。证据材料应加盖接收被告人检举揭发材料的单位的印章，并有接收人员签名。

（第3款） 人民法院经审查认为证明被告人自首、立功的材料不规范、不全面的，应当由检察机关、侦查机关予以完善或者提供补充材料。

（第4款） 上述证据材料在被告人被指控的犯罪一、二审审理时已形成的，应当经庭审质证。

八、关于对自首、立功的被告人的处罚

对具有自首、立功情节的被告人是否从宽处罚、从宽处罚的幅度，应当考虑其犯罪事实、犯罪性质、犯罪情节、危害后果、社会影响、被告人的主观恶性和人身危险性等。自首的还应考虑投案的主动性、供述的及时性和稳定性等。立功的还应考虑检举揭发罪行的轻重、被检举揭发的人可能或者已经被判处的刑罚、提供的线索对侦破案件或者协助抓捕其他犯罪嫌疑人所起作用的大小等。

具有自首或者立功情节的，一般应依法从轻、减轻处罚；犯罪情节较轻的，可以免除处罚。类似情况下，对具有自首情节的被告人的从宽幅度要适当宽于具有立功情节的被告人。

虽然具有自首或者立功情节，但犯罪情节特别恶劣、犯罪后果特别严重、被告人主观恶性深、人身危险性大，或者在犯罪前即为规避法律、逃避处罚而准备自首、立功的，可以不从宽处罚。

对于被告人具有自首、立功情节，同时又有累犯、毒品再犯等法定从重处罚情节的，既要考虑自首、立功的具体情节，又要考虑被告人的主观恶性、人身危险性等因素，综合分析判断，确定从宽或者从严处罚。累犯的前罪为非暴力犯罪的，一般可以从宽处罚，前罪为暴力犯罪或者前、后罪为同类犯罪的，可以不从宽处罚。

在共同犯罪案件中，对具有自首、立功情节的被告人的处罚，应注意共同犯罪人以及首要分子、主犯、从犯之间的量刑平衡。犯罪集团的首要分子、共同犯罪的主犯检举揭发或者协助司法机关抓捕同案地位、作用较次的犯罪分子的，从宽处罚与否应当从严掌握，如果从轻处罚可能导致全案量刑失衡的，一般不从轻处罚；如果检举揭发或者协助司法机关抓捕的是其他案件中罪行同样严重的犯罪分子，一般应依法从宽处罚。对于犯罪集团的一般成员、共同犯罪的从犯立功的，特别是协助抓捕首要分子、主犯的，应当充分体现政策，依法从宽处罚。

【法释〔2011〕9号】 最高人民法院关于《中华人民共和国刑法修正案（八）》时间效力问题的解释（2011年4月20日最高法审委会第1519次会议通过，2011年4月25日公布，2011年5月1日起施行）

第5条 2011年4月30日以前犯罪，犯罪后自首又有重大立功表现的，适用修正前刑法第68条第2款的规定。

【法释〔2012〕22号】 最高人民法院、最高人民检察院关于办理行贿刑事案件具体应用法律若干问题的解释（2012年5月14日最高法审委会第1547次会议、2012年8月21日最高检第11届检委会第77次会议通过，2012年12

月26日公布，2013年1月1日起施行）

第7条　因行贿人在被追诉前主动交待行贿行为而破获相关受贿案件的，对行贿人不适用刑法第68条关于立功的规定，依照刑法第390条第2款的规定，可以减轻或者免除处罚。

单位行贿的，在被追诉前，单位集体决定或者单位负责人决定主动交待单位行贿行为的，依照刑法第390条第2款的规定，对单位及相关责任人员可以减轻处罚或者免除处罚；受委托直接办理单位行贿事项的直接责任人员在被追诉前主动交待自己知道的单位行贿行为的，对该直接责任人员可以依照刑法第390条第2款的规定减轻处罚或者免除处罚。

第9条　行贿人揭发受贿人与其行贿无关的其他犯罪行为，查证属实的，依照刑法第68条关于立功的规定，可以从轻、减轻或者免除处罚。

【高检发〔2016〕2号】　最高人民检察院关于充分发挥检察职能依法保障和促进非公有制经济健康发展的意见（2016年2月19日）

9.……对于有自首、立功表现，认罪态度较好，社会危险性不高、积极配合的非公有制企业涉案人员，一般不采取拘留、逮捕措施。……

被告人具有重大立功表现，不宜减轻或者免除处罚时，可否从轻处罚（2017年2月28日最高法刑四庭审判长联席会议研究意见，刊于《刑事审判参考》总第125期第194页，法律出版社2020年12月）

在一般情况下，犯罪分子具有重大立功表现，又不宜减轻或者免除处罚时，可以给予从轻处罚。

【主席令〔2014〕16号】　中华人民共和国反间谍法（已被2023年4月26日全国人大常委会〔14届2次〕修订，2023年7月1日起施行；更新内容见本书第八版）

第27条（第2款）　实施间谍行为，有自首或者立功表现的，可以从轻、减轻或者免除处罚；有重大立功表现的，给予奖励。①

【国务院令〔2017〕692号】　反间谍法实施细则（2017年11月22日公布施行；1994年6月4日国务院令第157号《国家安全法实施细则》同时废止）

第20条　下列情形属于《反间谍法》第27条所称"立功表现"：（一）揭发、检举危害国家安全的其他犯罪分子，情况属实的；（二）提供重要线索、证据，使危害国家安全的行为得以发现和制止的；（三）协助国家安全机关、司法

---

① 注：本款规定改变了刑法关于"立功"的量刑规则，属于"特别刑法"，这在当前立法中比较罕见。

机关捕获其他危害国家安全的犯罪分子的;(四)对协助国家安全机关维护国家安全有重要作用的其他行为。

"重大立功表现",是指在前款所列立功表现的范围内对国家安全工作有特别重要作用的。

【国监发〔2018〕2号】 **国家监察委员会移送最高人民检察院职务犯罪案件证据收集审查基本要求与案件材料移送清单**(国监委、最高检2018年5月11日印发)(略)

国家监察委员会、最高人民法院、最高人民检察院、公安部、外交部关于敦促职务犯罪案件境外在逃人员投案自首的公告(2018年8月23日)

四、职务犯罪案件境外在逃人员具有揭发他人犯罪行为,查证属实的,或者提供重要线索,从而得以侦破其他案件的,或者有积极协助抓捕其他在逃人员等立功表现的,可以依法从轻或者减轻处罚;有重大立功表现的,可以依法减轻或者免除处罚。

七、境外在逃经济犯罪嫌疑人、被告人、罪犯参照适用本公告。

最高人民法院、最高人民检察院、公安部、司法部关于敦促涉黑涉恶在逃人员投案自首的通告(2019年11月4日发布)

四、在逃人员有检举、揭发他人犯罪行为,经查证属实的,以及提供重要线索,从而得以侦破其他案件,或者有积极协助司法机关抓获其他在逃人员等立功表现的,可以依法从轻或者减轻处罚;有重大立功表现的,可以依法减轻或者免除处罚。

【法发〔2019〕13号】 **最高人民法院、最高人民检察院、公安部关于办理毒品犯罪案件收集与审查证据若干问题的意见**(2019年4月30日印发,2019年5月1日起施行;之前发布的有关规范性文件的规定与本意见不一致的,适用本意见)(略)

【湘高法〔2020〕21号】 **湖南省高级人民法院关于贪污贿赂案件审判适用法律若干问题的解答**(2020年9月24日湖南高院以线上新闻发布会形式公布)

问题32:如何审查贪污贿赂案件的立功材料?

答:不仅要审查办案机关的说明材料,还要审查有关事实和证据以及与案件定性处罚相关的法律文书。对本人通过非法手段或者非法途径获取的、本人因原担任的查禁犯罪等职务获取的、他人违反监管规定向犯罪分子提供的、负有查禁犯罪活动职责的国家机关工作人员或者其他国家工作人员利用职务便利提供的,不能认定为立功。

● **量刑指导** 　**【法发〔2021〕21号】**　最高人民法院、最高人民检察院关于常见犯罪的量刑指导意见（2021年6月16日印发，2021年7月1日试行；法发〔2017〕7号《指导意见》同时废止。）①

三、常见量刑情节的适用（本部分内容未变化）

（九）对于立功情节，综合考虑立功的大小、次数、内容、来源、效果以及罪行轻重等情况，确定从宽的幅度。

1. 一般立功的，可以减少基准刑的20%以下；

2. 重大立功的，可以减少基准刑的20%－50%；犯罪较轻的，减少基准刑的50%以上或者依法免除处罚。

第四节　数罪并罚

> **第69条**②　**【判前数罪并罚】**判决宣告以前一人犯数罪的，除判处死刑和无期徒刑的以外，应当在总和刑期以下、数刑中最高刑期以上，酌情决定执行的刑期，但是管制最高不能超过三年，拘役最高不能超过一年，有期徒刑总和刑期不满三十五年的，最高不能超过二十年，总和刑期在三十五年以上的，最高不能超过二十五年。
>
> 数罪中有判处有期徒刑和拘役的，执行有期徒刑。数罪中有判处有期徒刑和管制，或者拘役和管制的，有期徒刑、拘役执行完毕后，管制仍须执行。
>
> 数罪中有判处附加刑的，附加刑仍须执行，其中附加刑种类相同的，合并执行，种类不同的，分别执行。

---

① 注：《意见》要求各省高院、检察院应当总结司法实践经验，按照规范、实用、符合司法实际的原则共同研制"实施细则"，经审委会、检委会通过后，分别报最高法、最高检备案审查，与《意见》同步实施。

其他判处有期徒刑的案件，可以参照量刑的指导原则、基本方法和常见量刑情节的适用规范量刑。

② 第69条是根据2011年2月25日第11届全国人民代表大会常务委员会第19次会议通过的《刑法修正案（八）》（主席令第41号公布，2011年5月1日起施行）而修改；其中第2款是根据2015年8月29日第12届全国人民代表大会常务委员会第16次会议通过的《刑法修正案（九）》（主席令第30号公布，2015年11月1日起施行）而增加。原条文内容为："判决宣告以前一人犯数罪的，除判处死刑和无期徒刑的以外，应当在总和刑期以下、数刑中最高刑期以上，酌情决定执行的刑期，但是管制最高不能超过三年，拘役最高不能超过一年，有期徒刑最高不能超过二十年。"

● **条文注释** 第 69 条对宣判之前行为人犯下数罪的并罚方法作了详细规定，包括主刑的合并和附加刑的合并。在数罪并罚时，首先应该对各罪分别作出准确判决，然后以"合并同类项"的方式，分别对主刑和附加刑计算合并执行刑期：

1. 各罪中最高有被判处死刑（或者死缓、或者无期徒刑）的，全案合并执行死刑（或者死缓、或者无期徒刑）。

2. 各罪都被判处有期徒刑（或者拘役、或者管制）的，全案合并执行有期徒刑（或者拘役、或者管制），合并刑期按照第 69 条规定的方法计算。

3. 各罪中同时有被判处有期徒刑、拘役、管制（但没有死刑、死缓、无期徒刑）的，其拘役刑期被有期徒刑吸收，但各罪的管制刑期仍然累加计算，在刑满释放或者假释后执行。①

4. 各罪中有被并处或单处附加刑的，各附加刑直接"同类相加，同时执行"，各附加刑都要执行，并且合并刑期没有最高限值。

需要注意的是，在实行数罪并罚时，应当区分"竞合犯"与"牵连犯"中一罪或数罪的认定和处理：

1. 竞合犯，又称犯罪的竞合，简单地说，是指一个犯罪行为同时触犯了两个以上的罪名。它又分为多种情形，在我国，目前刑法理论对竞合犯的研究仅限于想象竞合犯、法条竞合犯两个问题：

（1）想象竞合犯，亦称想象数罪，是指一个犯罪行为（一个犯罪意图），造成了两个以上的危害结果（数个罪过），从而触犯了两个以上异种罪。对于想象竞合犯，适用从一重罪处断原则，即按处罚较重的规定定罪量刑。

（2）法条竞合犯，一般是指实施一个犯罪行为，造成一个危害结果（一个罪过），但是由于法条的交叉或包含规定（如一般法与特别法），从而触犯了数个罪名。对于法条竞合犯，适用特别法优于一般法处断原则（即使特别法的处罚比一般法轻，也要按特别法处罚）。

2. 牵连犯，是指行为人基于一个犯罪意图而其犯罪所用的方法（或手段）行为又触犯了其他罪名；或者为了达到某一犯罪目的，在实施某一犯罪行为时，其犯罪结果又触犯了其他罪名的情况。构成牵连犯必须具有两个以上、相对独立且均完全符合相关罪名构罪要件的行为。分为以下两种情况：

（1）客观行为的牵连，即方法（或手段）行为和目的行为之间，或者原因行为与结果行为之间有牵连。当构成方法牵连时，方法行为是目的行为的条件；

---

① 注：该规定根据 2015 年 8 月 29 日第 12 届全国人民代表大会常务委员会第 16 次会议通过的《刑法修正案（九）》（主席令第 30 号公布，2015 年 11 月 1 日起施行）而补充。

当构成结果牵连时,原因行为是结果行为的条件。

(2)主观意图的牵连,即数个犯罪行为是围绕一个犯罪目的而实施,行为人自觉地认识到这些犯罪行为之间所存在的方法与目的、原因与结果的密切关系,并主观上意图借助这些密切关系来达到其犯罪目的。

对于牵连犯罪,我国刑法中并未作出明确的统一处罚规定,分则条文只对某些牵连犯的处罚作了规定,分为以下几种情形(除法律明文规定外,其处理原则应当是从一重罪定罪处罚):

(1)从一重罪处罚。如《刑法》第399条规定,司法工作人员贪赃枉法,有前两款行为(徇私枉法、枉法裁判)的,同时又构成本法第385条(受贿罪)规定之罪的,依照处罚较重的规定定罪处罚。

(2)从一重罪并从重处罚。如《刑法》第171条规定,伪造货币并出售或者运输伪造的货币的,依照本法第170条的规定定罪从重处罚。

(3)数罪并罚。如《刑法》第157条第2款规定,以暴力、威胁方法抗拒缉私的,以走私罪和本法第277条规定的阻碍国家机关工作人员依法执行职务罪,依照数罪并罚的规定处罚;第198条规定,投保人、被保险人故意造成财产损失的保险事故……投保人、受益人故意造成被保险人死亡、伤残或者疾病,骗取保险金的,……同时构成其他犯罪的,依照数罪并罚的规定处罚。

● **相关规定** 【法研〔2006〕145号】 最高人民法院研究室关于罪犯在拘役缓刑考验期内又犯新罪被判处有期徒刑应如何执行问题的答复(经征求全国人大常委会法工委刑法室意见,2006年8月16日答复上海高院请示)[①]

【法释〔2011〕9号】 最高人民法院关于《中华人民共和国刑法修正案(八)》时间效力问题的解释(2011年4月20日最高人民法院审判委员会第1519次会议通过,2011年4月25日公布,2011年5月1日施行)

第6条 2011年4月30日以前一人犯数罪,应当数罪并罚的,适用修正前刑法第69条的规定;2011年4月30日前后一人犯数罪,其中一罪发生在2011年5月1日以后的,适用修正后刑法第69条的规定。

【法释〔2015〕19号】 最高人民法院关于《中华人民共和国刑法修正案(九)》时间效力问题的解释(2015年10月19日最高人民法院审判委员会第1664次会议通过,2015年10月29日公布,2015年11月1日起施行)

---

① 注:该《答复》一直未被明确废止,但《刑法修正案(九)》对有期徒刑和拘役的并罚已经作出规定。本书存目备查。

第 3 条　对于 2015 年 10 月 31 日以前一人犯数罪，数罪中有判处有期徒刑和拘役，有期徒刑和管制，或者拘役和管制，予以数罪并罚的，适用修正后刑法第 69 条第 2 款的规定。

最高人民检察院刑事执行检察厅关于对《山东省人民检察院刑事执行检察处关于〈刑法修正案（九）〉实施前被法院判处有期徒刑、拘役如何执行的请示》的答复（2016 年 3 月 4 日）

根据刑法第 12 条和第 69 条的规定，对于在 2015 年 11 月 1 日《中华人民共和国刑法修正案（九）》实施前，人民法院在判决中对被告人数罪并罚，决定执行的刑罚既有有期徒刑，也有拘役的，有期徒刑和拘役均应当执行。同时，人民检察院应当依法监督刑罚执行机关严格执行人民法院的生效判决。

● **指导案例**　【高检发研字〔2014〕4 号】　**最高人民检察院关于印发第 5 批指导性案例的通知**（2014 年 8 月 28 日最高人民检察院第 12 届检察委员会第 26 次会议讨论通过，2014 年 9 月 10 日印发）

（检例第 17 号）陈邓昌抢劫、盗窃，付志强盗窃案

要旨：在人民法院宣告判决前，人民检察院发现被告人有遗漏的罪行可以一并起诉和审理的，可以补充起诉。

第 70 条　【判后漏罪并罚】判决宣告以后，刑罚执行完毕以前，发现被判刑的犯罪分子在判决宣告以前还有其他罪没有判决的，应当对新发现的罪作出判决，把前后两个判决所判处的刑罚，依照本法第六十九条的规定，决定执行的刑罚。已经执行的刑期，应当计算在新判决决定的刑期以内。

第 71 条　【判后新罪并罚】判决宣告以后，刑罚执行完毕以前，被判刑的犯罪分子又犯罪的，应当对新犯的罪作出判决，把前罪没有执行的刑罚和后罪所判处的刑罚，依照本法第六十九条的规定，决定执行的刑罚。

● **条文注释**　第 70 条、第 71 条是对判后漏罪、新罪的数罪并罚方法的规定。它要求满足以下两点：

（1）在宣判以后发现漏罪或新罪（包括司法机关主动发现、他人揭发或者犯罪分子自首）。这里的宣判以后，是指判决发生法律效力、交付执行以后。如果是在判决发生法律效力之前（如二审期间）发现漏罪或者又发现新罪，则应

该撤销原判决,重新审判,并依照《刑法》第 69 条数罪并罚。

(2) 在刑罚执行完毕之前发现漏罪或新罪。如果是在刑罚执行完毕之后发生新罪,毫无疑问是另案审判并单独定罪量刑。如果是在刑罚执行完毕之后发现漏罪,法律没有明确规定处理方法;对于这种情况,在司法实践中一般也是另案审判(考虑追诉期限)并单独定罪量刑,而不是与之前的判决数罪并罚。①

对判后漏罪的并罚,是对漏罪另行审判并作出判决后,再依照《刑法》第 69 条的规定,与之前的判决所判处的刑罚进行合并计算,再减去已经执行的刑期。即"先并再减"。对判后新罪的并罚,是对新罪另行审判并作出判决后,再依照《刑法》第 69 条的规定,与之前的判决(减去已经执行的刑期)所剩下的刑期进行合并计算。即"先减再并"。

需要注意的是:

(1) 如果在刑罚执行完毕之前发现漏罪,但在宣判时,刑罚已经执行完毕的,仍然应当按照《刑法》第 70 条的规定数罪并罚。因为刑法规定的时间节点是"发现",而不是"宣判"。

(2) 上述之前、之后的"两个判决",都应该先分别按照《刑法》第 69 条的规定数罪并罚,确定执行的刑罚,然后再对这两个刑罚进行并罚。而不是将之前判决各罪的刑罚与之后判决各罪的刑罚直接进行并罚。也即两个判决先分别并罚定刑,再一总并罚,确定最终的执行刑罚。②

● **相关规定** 最高人民法院研究室关于对再审改判前因犯新罪被加刑的罪犯再审时如何确定执行的刑罚问题的电话答复(1989 年 5 月 24 日答复湖北高院"鄂法研〔1988〕33 号"请示)

原则上同意你院意见,即对于再审改判前因犯新罪被加刑的罪犯,在对其前罪再审时,应当将罪犯犯新罪时的判决中关于前罪与新罪并罚的内容撤销,并把经再审改判后的前罪没有执行完的刑罚和新罪已判处的刑罚,按照刑法第

---

① 注:对刑罚执行完毕以后的漏罪另案审判并单独定刑,其总刑罚要比数罪并罚严重。但考虑到这种情况是犯罪分子自己不坦白、不悔罪而造成的,因此也在合理之内。

② 注:如果前后两罪是同种罪,最终执行的刑罚可能会比前后各罪直接并罚的执行刑罚更重。比如:前罪被判抢劫罪 10 年、盗窃罪 4 年、强奸罪 3 年,执行刑期 15 年;后罪被判抢劫罪 10 年、盗窃罪 5 年、强奸罪 3 年,执行刑期 15 年;前后并罚后总执行刑期 20 年。如果前后各罪直接并罚,则可能被判抢劫罪 10 年、盗窃罪 5 年、强奸罪 5 年,并罚执行刑期 18 年。

但如果前后两罪是不同种罪,最终执行的刑罚则可能会比前后各罪直接并罚的执行刑罚更轻。比如:上述案例中,如果后罪被判抢夺罪 10 年、诈骗罪 5 年、强制猥亵妇女罪 3 年,执行刑期 15 年,则前后并罚后总执行刑期同样为 20 年。而如果前后各罪直接并罚,则总和刑期为 35 年,执行刑期 25 年。

66 条的规定依法数罪并罚。关于原前罪与新罪并罚的判决由哪个法院撤销,应视具体情况确定:如果再审法院是对新罪作出判决的法院的上级法院,或者是对新罪作出判决的同一法院,可以由再审法院撤销;否则,应由对新罪作出判决的法院撤销。对于前罪经再审改判为无罪或者免予刑事处分的,其已执行的刑期可以折抵新罪的刑期。

最高人民法院研究室关于罪犯在服刑期间又犯罪被服刑地法院以数罪并罚论处的现前罪改判应当由哪一个法院决定执行刑罚问题的电话答复(1991 年 6 月 18 日答复福建高院"闽法刑二字〔1991〕79 号"请示)

这类问题,我们曾于 1989 年答复过湖北省高级人民法院,答复意见是:对于再审改判前因犯新罪被加刑的罪犯,在对其前罪再审时,应当将罪犯犯后罪时判决中关于前罪与后罪并罚的内容撤销,并把经再审改判后的前罪没有执行完的刑罚和后罪已判处的刑罚,按照刑法第 66 条的规定实行数罪并罚。关于原前罪与后罪并罚的判决由哪个法院撤销,应当视具体情况确定:如果再审法院是对后罪作出判决的法院的上级法院,或者是对后罪作出判决的同一法院,可以由再审法院撤销,否则,应当由对后罪作出判决的法院撤销。

请你们按照上述意见办理。

【法复〔1993〕3 号】 最高人民法院关于判决宣告后又发现被判刑的犯罪分子的同种漏罪是否实行数罪并罚问题的批复(1993 年 4 月 16 日答复江西省高级人民法院"赣高法〔1992〕39 号"请示)①

人民法院的判决宣告并已发生法律效力以后,刑罚还没有执行完毕以前,发现被判刑的犯罪分子在判决宣告以前还有其他罪没有判决的,不论新发现的罪与原判决的罪是否属于同种罪,都应当依照刑法第 65 条②的规定实行数罪并罚。但如果在第一审人民法院的判决宣告以后,被告人提出上诉或者人民检察院提出抗诉,判决尚未发生法律效力的,第二审人民法院在审理期间,发现原审被告人在第一审判决宣告以前还有同种漏罪没有判决的,第二审人民法院应当依照刑事诉讼法第 136 条③第 3 项的规定,裁定撤销原判,发回原审人民法院重新审判,第一审人民法院重新审判时,不适用刑法关于数罪并罚的规定。

---

① 注:该《批复》所涉的《刑法》和《刑事诉讼法》是指 1979 年的《刑法》和《刑事诉讼法》;但该《批复》所规定的内容是合理的,并且一直未被宣布废止,应视为至今有效。
② 注:此处是指 1979 年《刑法》第 65 条;其相关内容对应现行《刑法》第 70 条。
③ 注:此处是指 1979 年《刑事诉讼法》第 136 条;其相关内容对应 2012 年 3 月 14 日第 11 届全国人民代表大会第 5 次会议修正的《刑事诉讼法》(主席令第 55 号公布,2013 年 1 月 1 日起施行)第 225 条。

最高人民法院研究室关于罪犯在保外就医期间又犯罪，事隔一段时间后被抓获，对前罪的余刑，应当如何计算的答复（1993年1月28日答复北京市高级人民法院"京高法〔1992〕244号"请示）

罪犯在保外就医期间又犯罪，应当依照刑法第66条的规定，对前罪没有执行完的刑罚和后罪判处的刑罚，按刑法第64条规定决定执行的刑罚。对于前罪余刑的计算，应当从新罪判决确定之日计算。①

【法明传〔1998〕287号】　最高人民法院关于1997年9月30日以前判处死刑缓期二年执行的盗窃罪犯，在1997年10月1日后死刑缓期执行期间故意犯罪是否执行死刑问题的答复（答复新疆高院"新高法明传〔1998〕116号"请示）

对于1997年9月30日以前判处死刑缓期2年执行的盗窃罪犯，依照刑法第264条的规定不适用死刑的，如果在1997年10月1日以后死刑缓期2年执行期间又故意犯罪，除犯新罪应判处死刑且必须立即执行的外，不予核准执行死刑，而应当根据刑法第71条的规定，数罪并罚，决定执行的刑罚。

【法办〔2001〕155号】　最高人民法院办公厅关于实施《法院刑事诉讼文书样式》若干问题的解答（2001年6月15日）

22. 问：适用数罪并罚"先减后并"的案件，对前罪"余刑"从何日起算？在裁判文书中如何表述？

答：前罪"余刑"的起算日期，可以从犯新罪之日起算。判决结果的刑期起止日期可表述为："刑期从判决执行之日起计算。判决执行以前先行羁押的，羁押1日折抵刑期1日，即自×年×月×日（犯新罪之日）起至×年×月×日止。"

【法研〔2002〕105号】　最高人民法院研究室关于对刑罚已执行完毕，由于发现新的证据，又因同一事实被以新的罪名重新起诉的案件，应适用何种程序进行审理等问题的答复（2002年7月31日答复安徽省高级人民法院"皖刑终字〔2001〕610号"请示）

你院《请示》中涉及的案件是共同犯罪案件，因此，对于先行判决且刑罚已经执行完毕，由于同案犯归案发现新的证据，又因同一事实被以新的罪名重

---

① 注：此处是指1979年《刑法》第64条、第66条；其相关内容分别对应现行《刑法》第69条、第71条。

本书认为：该《答复》适用于罪犯因新罪被抓获时保外就医期限尚未届满的情形。如果被抓获时保外就医期限已经届满，但是罪犯因为外逃而未归监，那么这一段逾期的时间不应当视作"已经执行的刑罚"。

新起诉的被告人，原判人民法院应当按照审判监督程序撤销原判决、裁定，并将案件移送有管辖权的人民法院，按照第一审程序与其他同案被告人并案审理。

该被告人已经执行完毕的刑罚，由收案的人民法院在对被指控的新罪作出判决时依法折抵，被判处有期徒刑的，原执行完毕的刑期可以折抵刑期。

【法释〔2009〕10 号】 最高人民法院关于在执行附加刑剥夺政治权利期间犯新罪应如何处理的批复（2009 年 3 月 30 日最高人民法院审判委员会第 1465 次会议通过，2009 年 5 月 25 日公布，答复上海市高级人民法院"沪高法〔2008〕24 号"请示，2009 年 6 月 10 日起施行）

一、对判处有期徒刑并处剥夺政治权利的罪犯，主刑已执行完毕，在执行附加刑剥夺政治权利期间又犯新罪，如果所犯新罪无须附加剥夺政治权利的，依照刑法第 71 条的规定数罪并罚。

三、对判处有期徒刑的罪犯，主刑已执行完毕，在执行附加刑剥夺政治权利期间又犯新罪，如果所犯新罪也剥夺政治权利的，依照刑法第 55 条、第 57 条、第 71 条的规定并罚。

【法研〔2011〕79 号】 最高人民法院研究室关于罪犯在刑罚执行期间的发明创造能否按照重大立功表现作为对其漏罪审判时的量刑情节问题的答复（2011 年 6 月 14 日答复青海省高级人民法院"青刑终字〔2010〕62 号"请示）

罪犯在服刑期间的发明创造构成立功或者重大立功的，可以作为依法减刑的条件予以考虑，但不能作为追诉漏罪的法定量刑情节考虑。

【法〔2012〕44 号】 最高人民法院关于罪犯因漏罪、新罪数罪并罚时原减刑裁定应如何处理的意见（2012 年 1 月 18 日印发）

罪犯被裁定减刑后，因被发现漏罪或者又犯新罪而依法进行数罪并罚时，经减刑裁定减去的刑期不计入已经执行的刑期。

在此后对因漏罪数罪并罚的罪犯依法减刑，决定减刑的频次、幅度时，应当对其原经减刑裁定减去的刑期酌予考虑。

【法释〔2016〕23 号】 最高人民法院关于办理减刑、假释案件具体应用法律的规定（2016 年 9 月 19 日最高人民法院审判委员会第 1693 次会议通过，2016 年 11 月 14 日公布，2017 年 1 月 1 日起施行；替代 2012 年 7 月 1 日起施行的《最高人民法院关于办理减刑、假释案件具体应用法律若干问题的规定》[①]（法释〔2012〕2号）：

第33条 罪犯被裁定减刑后，刑罚执行期间因故意犯罪而数罪并罚时，经减刑裁定减去的刑期不计入已经执行的刑期。原判死刑缓期执行减为无期徒刑、有期徒刑，或者无期徒刑减为有期徒刑的裁定继续有效。

第34条 罪犯被裁定减刑后，刑罚执行期间因发现漏罪而数罪并罚的，原减刑裁定自动失效。如漏罪系罪犯主动交代的，对其原减去的刑期，由执行机关报请有管辖权的人民法院重新作出减刑裁定，予以确认；如漏罪系有关机关发现或者他人检举揭发的，由执行机关报请有管辖权的人民法院，在原减刑裁定减去的刑期总和之内，酌情重新裁定。

第35条 被判处死刑缓期执行的罪犯，在死刑缓期执行期内被发现漏罪，依据刑法第70条规定数罪并罚，决定执行死刑缓期执行的，死刑缓期执行期间自新判决确定之日起计算，已经执行的死刑缓期执行期间计入新判决的死刑缓期执行期间内，但漏罪被判处死刑缓期执行的除外。

第36条 被判处死刑缓期执行的罪犯，在死刑缓期执行期满后被发现漏罪，依据刑法第70条规定数罪并罚，决定执行死刑缓期执行的，交付执行时对罪犯实际执行无期徒刑，死缓考验期不再执行，但漏罪被判处死刑缓期执行的除外。

在无期徒刑减为有期徒刑时，前罪死刑缓期执行减为无期徒刑之日起至新判决生效之日止已经实际执行的刑期，应当计算在减刑裁定决定执行的刑期以内。

原减刑裁定减去的刑期依照本规定第34条处理。

第37条 被判处无期徒刑的罪犯在减为有期徒刑后因发现漏罪，依据刑法第70条规定数罪并罚，决定执行无期徒刑的，前罪无期徒刑生效之日起至新判决生效之日止已经实际执行的刑期，应当在新判决的无期徒刑减为有期徒刑时，在减刑裁定决定执行的刑期内扣减。

无期徒刑罪犯减为有期徒刑后因发现漏罪判处3年有期徒刑以下刑罚，数

[①] 注：最高人民法院还先后发布了另外两个同名文件，发文文号分别为"法（刑二）发〔1991〕28号"（1991年10月10日印发，于2013年1月18日被废止）和"法释〔1997〕6号"（1997年10月29日印发，于2013年4月8日被废止）。这三个《若干问题的规定》均为同名文件，文中也没注明修正或废止关系。这种情况较为少见，注意不要混淆。另，1997年10月29日《最高人民法院印发〈关于办理减刑、假释案件具体应用法律若干问题的规定〉的通知》的发文文号为"法发〔1997〕25号"。

罪并罚决定执行无期徒刑的,在新判决生效后执行1年以上,符合减刑条件的,可以减为有期徒刑,减刑幅度依照本规定第8条、第9条的规定执行。

原减刑裁定减去的刑期依照本规定第34条处理。

第42条　本规定自2017年1月1日起施行。以前发布的司法解释与本规定不一致的,以本规定为准。

【法工办复〔2017〕2号】　全国人大常委会法制工作委员会关于对被告人在罚金刑执行完毕前又犯新罪的罚金应否与未执行完毕的罚金适用数罪并罚问题的答复意见(2017年11月26日答复最高人民检察院办公厅"高检办字〔2017〕281号"请示)

刑法第71条中的"刑罚执行完毕以前"应是指主刑执行完毕以前[①]。如果被告人主刑已执行完毕,只是罚金尚未执行完毕的,根据刑法第53条的规定,人民法院在任何时候发现有可以执行的财产,应当随时追缴。因此,被告人前罪主刑已执行完毕,罚金尚未执行完毕的,应当由人民法院继续执行尚未执行完毕的罚金,不必与新罪判处的罚金数罪并罚。

第五节　缓　刑

第72条[②]　【缓刑适用条件】对于被判处拘役、三年以下有期徒刑的犯罪分子,同时符合下列条件的,可以宣告缓刑,对其中不满十八周岁的人、怀孕的妇女和已满七十五周岁的人,应当宣告缓刑:

(一)犯罪情节较轻;

(二)有悔罪表现;

(三)没有再犯罪的危险;

(四)宣告缓刑对所居住社区没有重大不良影响。

[①] 注:该《答复》内容与"法释〔2009〕10号"《批复》相冲突。

[②] 第72条是根据2011年2月25日第11届全国人民代表大会常务委员会第19次会议通过的《刑法修正案(八)》(主席令第41号公布,2011年5月1日起施行)而修改;原条文内容为:"对于被判处拘役、三年以下有期徒刑的犯罪分子,根据犯罪分子的犯罪情节和悔罪表现,适用缓刑确实不致再危害社会的,可以宣告缓刑。// 被宣告缓刑的犯罪分子,如果被判处附加刑,附加刑仍须执行。"也即明确了缓刑的适用条件,并增加了禁止令。

宣告缓刑，可以根据犯罪情况，同时禁止犯罪分子在缓刑考验期限内从事特定活动，进入特定区域、场所，接触特定的人。

被宣告缓刑的犯罪分子，如果被判处附加刑，附加刑仍须执行。

第 73 条　【缓刑考验期限】 拘役的缓刑考验期限为原判刑期以上一年以下，但是不能少于二个月。

有期徒刑的缓刑考验期限为原判刑期以上五年以下，但是不能少于一年。

缓刑考验期限，从判决确定之日起计算。

第 74 条① 　**【不适用缓刑】** 对于累犯和犯罪集团的首要分子，不适用缓刑。

● **条文注释**　缓刑其实也就是"附条件的不执行刑罚"，它与死刑缓期执行一样，是一种刑罚执行制度，而不是一种刑罚。

适用缓刑的基本要求是犯罪情节较轻，犯罪人不再具有社会危害性。对于犯罪人是否仍具有社会危害性，并没有绝对客观、确定性的判断标准，只能由法官根据个案情况判断。法官根据案件和犯罪人的具体情况，综合各方面因素，如果认为犯罪人的人身危害性低，认罪态度好，有悔罪表现，不具有再犯罪的动机或可能性，则可以认为"没有再犯罪的危险"。如果犯罪人有可能再次侵害被害人，或者由于生活条件、环境的影响而可能再次犯罪，或者犯罪人有前科、是惯犯等，则不能对其适用缓刑。②

犯罪人具备第 72 条所规定的 4 项法定条件后，由法官根据案件情况决定是否宣告缓刑。但如果犯罪人是不满 18 周岁的人、怀孕的妇女或已满 75 周岁的人，则应当宣告缓刑。如果宣告缓刑对所居住社区会造成一般的影响，也可以适用缓刑。但如果犯罪分子有可能危害社会，或者是第 74 条规定的累犯或犯罪集团的首要分子，即使是被判处拘役或 3 年以下有期徒刑，也不能适用缓刑。有关"累犯"的规定见《刑法》第 65 条、第 66 条；有关"犯罪集团"的规定，见《刑法》第 26 条。

---

①　第 74 条是根据 2011 年 2 月 25 日第 11 届全国人民代表大会常务委员会第 19 次会议通过的《刑法修正案（八）》（主席令第 41 号公布，2011 年 5 月 1 日起施行）而修改；原条文内容为："对于累犯，不适用缓刑。"

②　全国人民代表大会常务委员会法制工作委员会编：《中华人民共和国刑法释义》，法律出版社 2011 年版，第 87 – 88 页。

第 72 条第 2 款规定的"犯罪情况",主要是指犯罪分子的犯罪情节、生活环境、是否有不良癖好等,据此以确定对其宣布禁止令的内容。禁止令限定的内容应该是与原犯罪有关联,有正当理由或基于合理推断,防止其再次犯罪,并确保犯罪分子遵守非监禁刑所要求的相关义务。

● 相关规定　【〔1998〕高检研发第 16 号】　最高人民检察院法律政策研究室关于对数罪并罚决定执行刑期为三年以下有期徒刑的犯罪分子能否适用缓刑问题的复函（1998 年 9 月 17 日答复山东省人民检察院研究室"鲁检发研字〔1998〕第 10 号"请示）

根据刑法第 72 条的规定,可以适用缓刑的对象是被判处拘役、3 年以下有期徒刑的犯罪分子;条件是根据犯罪分子的犯罪情节和悔罪表现,适用缓刑确实不致再危害社会。对于判决宣告以前犯数罪的犯罪分子,只要判决执行的刑罚为拘役、3 年以下有期徒刑,且符合根据犯罪分子的犯罪情节和悔罪表现,适用缓刑确实不致再危害社会的案件,依法可以适用缓刑。

【法〔1999〕217 号】　全国法院维护农村稳定刑事审判工作座谈会纪要（1999 年 9 月 8 日至 10 日在济南召开,各高院刑事主管副院长、刑庭庭长出席,解放军军事法院和新疆高院生产建设兵团分院派代表参加;最高法 1999 年 10 月 27 日印发）

三、会议在认真分析了农村中犯罪、农民犯罪的原因和特点的基础上,结合我国农村基层组织的作用和现状,对处理农村中犯罪案件和农民犯罪案件应当把握的政策界限进行了研究;对正确处理以下问题取得了一致意见:

(二) 关于对农民被告人依法判处缓刑、管制、免予刑事处罚问题

对农民被告人适用刑罚,既要严格遵循罪刑相适应的原则,又要充分考虑到农民犯罪主体的特殊性。要依靠当地党委做好相关部门的工作,依法适当多适用非监禁刑罚。对于已经构成犯罪,但不需要判处刑罚的,或者法律规定有管制刑的,应当依法免予刑事处罚或判处管制刑。对于罪行较轻且认罪态度好,符合宣告缓刑条件的,应当依法适用缓刑。

要努力配合有关部门落实非监禁刑的监管措施。在监管措施落实问题上可以探索多种有效的方式,如在城市应加强与适用缓刑的犯罪人原籍的政府和基层组织联系落实帮教措施;在农村应通过基层组织和被告人亲属、家属、好友做好帮教工作等等。

【法释〔2006〕1号】 最高人民法院关于审理未成年人刑事案件具体应用法律若干问题的解释（2005年12月12日最高人民法院审判委员会第1373次会议通过，2006年1月11日发布，2006年1月23日起施行）

第16条 对未成年罪犯符合刑法第72条第1款规定的，可以宣告缓刑。如果同时具有下列情形之一，对其适用缓刑确实不致再危害社会的，应当宣告缓刑：

（一）初次犯罪；

（二）积极退赃或赔偿被害人经济损失；

（三）具备监护、帮教条件。

【高检发研字〔2013〕7号】 最高人民检察院关于人民检察院办理未成年人刑事案件的规定（2013年12月27日印发）

第59条 对于具有下列情形之一，依法可能判处拘役、3年以下有期徒刑，有悔罪表现，宣告缓刑对所居住社区没有重大不良影响，具备有效监护条件或者社会帮教措施、适用缓刑确实不致再危害社会的未成年被告人，人民检察院应当建议人民法院适用缓刑：

（一）犯罪情节较轻，未造成严重后果的；

（二）主观恶性不大的初犯或者胁从犯、从犯；

（三）被害人同意和解或者被害人有明显过错的；

（四）其他可以适用缓刑的情节。

建议宣告缓刑，可以根据犯罪情况，同时建议禁止未成年被告人在缓刑考验期限内从事特定活动，进入特定区域、场所，接触特定的人。

人民检察院提出对未成年被告人适用缓刑建议的，应当将未成年被告人能够获得有效监护、帮教的书面材料于判决前移送人民法院。

【法释〔2007〕6号】 最高人民法院、最高人民检察院关于办理侵犯知识产权刑事案件具体应用法律若干问题的解释（二）（2007年4月4日最高人民法院审判委员会第1422次会议、最高人民检察院第10届检察委员会第75次会议通过，2007年4月5日印发并公布施行）

第3条 侵犯知识产权犯罪，符合刑法规定的缓刑条件的，依法适用缓刑。有下列情形之一的，一般不适用缓刑：

（一）因侵犯知识产权被刑事处罚或者行政处罚后，再次侵犯知识产权构成犯罪的；

（二）不具有悔罪表现的；

（三）拒不交出违法所得的；

（四）其他不宜适用缓刑的情形。

第 7 条 以前发布的司法解释与本解释不一致的，以本解释为准。

【法发〔2010〕9 号】 最高人民法院关于贯彻宽严相济刑事政策的若干意见（2010 年 2 月 8 日印发）

三、准确把握和正确适用依法从"宽"的政策要求

16. 对于所犯罪行不重、主观恶性不深、人身危险性较小、有悔改表现、不致再危害社会的犯罪分子，要依法从宽处理。对于其中具备条件的，应当依法适用缓刑或者管制、单处罚金等非监禁刑。同时配合做好社区矫正，加强教育、感化、帮教、挽救工作。

【法释〔2011〕9 号】 最高人民法院关于《中华人民共和国刑法修正案（八）》时间效力问题的解释（2011 年 4 月 20 日最高人民法院审判委员会第 1519 次会议通过，2011 年 4 月 25 日公布，2011 年 5 月 1 日起施行）

第 1 条 对于 2011 年 4 月 30 日以前犯罪，依法应当判处管制或者宣告缓刑的，人民法院根据犯罪情况，认为确有必要同时禁止犯罪分子在管制期间或者缓刑考验期内从事特定活动，进入特定区域、场所，接触特定人的，适用修正后刑法第 38 条第 2 款或者第 72 条第 2 款的规定。

犯罪分子在管制期间或者缓刑考验期内，违反人民法院判决中的禁止令的，适用修正后刑法第 38 条第 4 款或者第 77 条第 2 款的规定。

【法发〔2011〕20 号】 最高人民法院关于进一步加强危害生产安全刑事案件审判工作的意见（最高人民法院 2011 年 12 月 30 日印发）

14. 造成《关于办理危害矿山生产安全刑事案件具体应用法律若干问题的解释》第 4 条规定的"重大伤亡事故或者其他严重后果"，同时具有下列情形之一的，也可以认定为刑法第 134 条、第 135 条规定的"情节特别恶劣"：

（一）非法、违法生产的；

（二）无基本劳动安全设施或未向生产、作业人员提供必要的劳动防护用品，生产、作业人员劳动安全无保障的；

（三）曾因安全生产设施或者安全生产条件不符合国家规定，被监督管理部门处罚或责令改正，1 年内再次违规生产致使发生重大生产安全事故的；

（四）关闭、故意破坏必要安全警示设备的；

（五）已发现事故隐患，未采取有效措施，导致发生重大事故的；

（六）事故发生后不积极抢救人员，或者毁灭、伪造、隐藏影响事故调查的证据，或者转移财产逃避责任的；

（七）其他特别恶劣的情节。

15. 相关犯罪中，具有以下情形之一的，依法从重处罚：

（一）国家工作人员违反规定投资入股生产经营企业，构成危害生产安全犯罪的；

（二）贪污贿赂行为与事故发生存在关联性的；

（三）国家工作人员的职务犯罪与事故存在直接因果关系的；

（四）以行贿方式逃避安全生产监督管理，或者非法、违法生产、作业的；

（五）生产安全事故发生后，负有报告职责的国家工作人员不报或者谎报事故情况，贻误事故抢救，尚未构成不报、谎报安全事故罪的；

（六）事故发生后，采取转移、藏匿、毁灭遇难人员尸体，或者毁灭、伪造、隐藏影响事故调查的证据，或者转移财产，逃避责任的；

（七）曾因安全生产设施或者安全生产条件不符合国家规定，被监督管理部门处罚或责令改正，1年内再次违规生产致使发生重大生产安全事故的。

18. 对于具有下列情形的被告人，原则上不适用缓刑：

（一）具有本意见第14条、第15条所规定的情形的；

（二）数罪并罚的。

19. 宣告缓刑，可以根据犯罪情况，同时禁止犯罪分子在缓刑考验期限内从事与安全生产有关的特定活动。

【法发〔2011〕9号】 最高人民法院、最高人民检察院、公安部、司法部关于对判处管制、宣告缓刑的犯罪分子适用禁止令有关问题的规定（试行）

（2011年4月28日发布施行）

第1条 对判处管制、宣告缓刑的犯罪分子，人民法院根据犯罪情况，认为从促进犯罪分子教育矫正、有效维护社会秩序的需要出发，确有必要禁止其在管制执行期间、缓刑考验期限内从事特定活动，进入特定区域、场所，接触特定人的，可以根据刑法第38条第2款、第72条第2款的规定，同时宣告禁止令。

第2条 人民法院宣告禁止令，应当根据犯罪分子的犯罪原因、犯罪性质、犯罪手段、犯罪后的悔罪表现、个人一贯表现等情况，充分考虑与犯罪分子所犯罪行的关联程度，有针对性地决定禁止其在管制执行期间、缓刑考验期限内"从事特定活动，进入特定区域、场所，接触特定的人"的一项或者几项内容。

第3条 人民法院可以根据犯罪情况，禁止判处管制、宣告缓刑的犯罪分子在管制执行期间、缓刑考验期限内从事以下一项或者几项活动：

（一）个人为进行违法犯罪活动而设立公司、企业、事业单位或者在设立公

司、企业、事业单位后以实施犯罪为主要活动的,禁止设立公司、企业、事业单位;

(二) 实施证券犯罪、贷款犯罪、票据犯罪、信用卡犯罪等金融犯罪的,禁止从事证券交易、申领贷款、使用票据或者申领、使用信用卡等金融活动;

(三) 利用从事特定生产经营活动实施犯罪的,禁止从事相关生产经营活动;

(四) 附带民事赔偿义务未履行完毕,违法所得未追缴、退赔到位,或者罚金尚未足额缴纳的,禁止从事高消费活动;

(五) 其他确有必要禁止从事的活动。

第4条 人民法院可以根据犯罪情况,禁止判处管制、宣告缓刑的犯罪分子在管制执行期间、缓刑考验期限内进入以下一类或者几类区域、场所:

(一) 禁止进入夜总会、酒吧、迪厅、网吧等娱乐场所;

(二) 未经执行机关批准,禁止进入举办大型群众性活动的场所;

(三) 禁止进入中小学校区、幼儿园园区及周边地区,确因本人就学、居住等原因,经执行机关批准的除外;

(四) 其他确有必要禁止进入的区域、场所。

第5条 人民法院可以根据犯罪情况,禁止判处管制、宣告缓刑的犯罪分子在管制执行期间、缓刑考验期限内接触以下一类或者几类人员:

(一) 未经对方同意,禁止接触被害人及其法定代理人、近亲属;

(二) 未经对方同意,禁止接触证人及其法定代理人、近亲属;

(三) 未经对方同意,禁止接触控告人、批评人、举报人及其法定代理人、近亲属;

(四) 禁止接触同案犯;

(五) 禁止接触其他可能遭受其侵害、滋扰的人或者可能诱发其再次危害社会的人。

第6条 禁止令的期限,既可以与管制执行、缓刑考验的期限相同,也可以短于管制执行、缓刑考验的期限,但判处管制的,禁止令的期限不得少于3个月,宣告缓刑的,禁止令的期限不得少于2个月。

判处管制的犯罪分子在判决执行以前先行羁押以致管制执行的期限少于3个月的,禁止令的期限不受前款规定的最短期限的限制。

禁止令的执行期限,从管制、缓刑执行之日起计算。

第7条 人民检察院在提起公诉时,对可能判处管制、宣告缓刑的被告人可以提出宣告禁止令的建议。当事人、辩护人、诉讼代理人可以就应否对被告人宣告禁止令提出意见,并说明理由。

公安机关在移送审查起诉时,可以根据犯罪嫌疑人涉嫌犯罪的情况,就应否宣告禁止令及宣告何种禁止令,向人民检察院提出意见。

第8条 人民法院对判处管制、宣告缓刑的被告人宣告禁止令的，应当在裁判文书主文部分单独作为一项予以宣告。

第9条 禁止令由司法行政机关指导管理的社区矫正机构负责执行。

第10条 人民检察院对社区矫正机构执行禁止令的活动实行监督。发现有违反法律规定的情况，应当通知社区矫正机构纠正。

第11条 判处管制的犯罪分子违反禁止令，或者被宣告缓刑的犯罪分子违反禁止令尚不属情节严重的，由负责执行禁止令的社区矫正机构所在地的公安机关依照《中华人民共和国治安管理处罚法》第60条的规定处罚。

第12条 被宣告缓刑的犯罪分子违反禁止令，情节严重的，应当撤销缓刑，执行原判刑罚。原作出缓刑裁判的人民法院应当自收到当地社区矫正机构提出的撤销缓刑建议书之日起1个月内依法作出裁定。人民法院撤销缓刑的裁定一经作出，立即生效。

违反禁止令，具有下列情形之一的，应当认定为"情节严重"：

（一）三次以上违反禁止令的；

（二）因违反禁止令被治安管理处罚后，再次违反禁止令的；

（三）违反禁止令，发生较为严重危害后果的；

（四）其他情节严重的情形。

第13条 被宣告禁止令的犯罪分子被依法减刑时，禁止令的期限可以相应缩短，由人民法院在减刑裁定中确定新的禁止令期限。

【法发〔2012〕17号】 最高人民法院、最高人民检察院关于办理职务犯罪案件严格适用缓刑、免予刑事处罚若干问题的意见（2012年8月8日印发）

二、具有下列情形之一的职务犯罪分子，一般不适用缓刑或者免予刑事处罚：

（一）不如实供述罪行的；

（二）不予退缴赃款赃物或者将赃款赃物用于非法活动的；

（三）属于共同犯罪中情节严重的主犯的；

（四）犯有数个职务犯罪依法实行并罚或者以一罪处理的；

（五）曾因职务违纪违法行为受过行政处分的；

（六）犯罪涉及的财物属于救灾、抢险、防汛、优抚、扶贫、移民、救济、防疫等特定款物的；

（七）受贿犯罪中具有索贿情节的；

（八）渎职犯罪中徇私舞弊情节或者滥用职权情节恶劣的；

（九）其他不应适用缓刑、免予刑事处罚的情形。

四、人民法院审理职务犯罪案件时应当注意听取检察机关、被告人、辩护人提出的量刑意见，分析影响性案件案发前后的社会反映，必要时可以征求案件查办等机关的意见。对于情节恶劣、社会反映强烈的职务犯罪案件，不得适用缓刑、免予刑事处罚。

五、对于具有本意见第2条规定的情形之一，但根据全案事实和量刑情节，检察机关认为确有必要适用缓刑或者免予刑事处罚并据此提出量刑建议的，应经检察委员会讨论决定；审理法院认为确有必要适用缓刑或者免予刑事处罚的，应经审判委员会讨论决定。

【法释〔2012〕22号】 最高人民法院、最高人民检察院关于办理行贿刑事案件具体应用法律若干问题的解释（2012年5月14日最高人民法院审判委员会第1547次会议、2012年8月21日最高人民检察院第11届检察委员会第77次会议通过，2012年12月26日公布，2013年1月1日起施行）

第10条 实施行贿犯罪，具有下列情形之一的，一般不适用缓刑和免予刑事处罚：

（一）向三人以上行贿的；
（二）因行贿受过行政处罚或者刑事处罚的；
（三）为实施违法犯罪活动而行贿的；
（四）造成严重危害后果的；
（五）其他不适用缓刑和免予刑事处罚的情形。

具有刑法第390条第2款规定的情形的，不受前款规定的限制。

【法发〔2013〕12号】 最高人民法院、最高人民检察院、公安部、司法部关于依法惩治性侵害未成年人犯罪的意见（2013年10月23日印发施行；2023年6月1日起被"法发〔2023〕4号"《意见》替代、废止，详见本书第八版更新）

一、基本要求

1. 本意见所称性侵害未成年人犯罪，包括刑法第236条、第237条、第358条、第359条、第360条第2款规定的针对未成年人实施的强奸罪、强制猥亵、侮辱妇女罪，猥亵儿童罪，组织卖淫罪，强迫卖淫罪，引诱、容留、介绍卖淫罪，引诱幼女卖淫罪，嫖宿幼女罪等。①

---

① 注：根据2015年8月29日第12届全国人民代表大会常务委员会第16次会议通过的《中华人民共和国刑法修正案（九）》（主席令第30号公布，2015年11月1日起施行），原《刑法》第237条第1款规定的"强制猥亵、侮辱妇女罪"已经被改为"强制猥亵、侮辱罪"；原《刑法》第360条第2款被删除，对应的"嫖宿幼女罪"自然随之被废除。

四、其他事项

28. 对于强奸未成年人的成年犯罪分子判处刑罚时，一般不适用缓刑。

对于性侵害未成年人的犯罪分子确定是否适用缓刑，人民法院、人民检察院可以委托犯罪分子居住地的社区矫正机构，就对其宣告缓刑对所居住社区是否有重大不良影响进行调查。受委托的社区矫正机构应当及时组织调查，在规定的期限内将调查评估意见提交委托机关。

对于判处刑罚同时宣告缓刑的，可以根据犯罪情况，同时宣告禁止令，禁止犯罪分子在缓刑考验期内从事与未成年人有关的工作、活动，禁止其进入中小学校区、幼儿园园区及其他未成年人集中的场所，确因本人就学、居住等原因，经执行机关批准的除外。

【法发〔2015〕4 号】 最高人民法院、最高人民检察院、公安部、司法部关于依法办理家庭暴力犯罪案件的意见（2015 年 3 月 2 日印发）

21. 充分运用禁止令措施。人民法院对实施家庭暴力构成犯罪被判处管制或者宣告缓刑的犯罪分子，为了确保被害人及其子女和特定亲属的人身安全，可以依照刑法第 38 条第 2 款、第 72 条第 2 款的规定，同时禁止犯罪分子再次实施家庭暴力，侵扰被害人的生活、工作、学习，进行酗酒、赌博等活动；经被害人申请且有必要的，禁止接近被害人及其未成年子女。

【法释〔2015〕22 号】 最高人民法院、最高人民检察院关于办理危害生产安全刑事案件适用法律若干问题的解释（2015 年 11 月 9 日最高人民法院审判委员会第 1665 次会议、2015 年 12 月 9 日最高人民检察院第 12 届检察委员会第 44 次会议通过，2015 年 12 月 14 日公布，2015 年 12 月 16 日起施行）

第 16 条 对于实施危害生产安全犯罪适用缓刑的犯罪分子，可以根据犯罪情况，禁止其在缓刑考验期限内从事与安全生产相关联的特定活动；对于被判处刑罚的犯罪分子，可以根据犯罪情况和预防再犯罪的需要，禁止其自刑罚执行完毕之日或者假释之日起 3 年至 5 年内从事与安全生产相关的职业。

【法发〔2016〕33 号】 最高人民法院、最高人民检察院、公安部、司法部关于对因犯罪在大陆受审的台湾居民依法适用缓刑实行社区矫正有关问题的意见（2016 年 7 月 26 日印发，2017 年 1 月 1 日起施行）

第 1 条 对因犯罪被判处拘役、3 年以下有期徒刑的台湾居民，如果其犯罪情节较轻、有悔罪表现、没有再犯罪的危险且宣告缓刑对所居住社区没有重大不良影响的，人民法院可以宣告缓刑，对其中不满 18 周岁的人、怀孕的妇女和已满 75 周岁的人，应当宣告缓刑。

第 2 条　人民检察院建议对被告人宣告缓刑的，应当说明依据和理由。

被告人及其法定代理人、辩护人提出宣告缓刑的请求，应当说明理由，必要时需提交经过台湾地区公证机关公证的被告人在台湾地区无犯罪记录证明等相关材料。

第 3 条　公安机关、人民检察院、人民法院需要委托司法行政机关调查评估宣告缓刑对社区影响的，可以委托犯罪嫌疑人、被告人在大陆居住地的县级司法行政机关，也可以委托适合协助社区矫正的下列单位或者人员所在地的县级司法行政机关：

（一）犯罪嫌疑人、被告人在大陆的工作单位或者就读学校；

（二）台湾同胞投资企业协会、台湾同胞投资企业；

（三）其他愿意且有能力协助社区矫正的单位或者人员。

已经建立涉台社区矫正专门机构的地方，可以委托该机构所在地的县级司法行政机关调查评估。

根据前两款规定仍无法确定接受委托的调查评估机关的，可以委托办理案件的公安机关、人民检察院、人民法院所在地的县级司法行政机关。

第 4 条　司法行政机关收到委托后，一般应当在 10 个工作日内向委托机关提交调查评估报告；对提交调查评估报告的时间另有规定的，从其规定。

司法行政机关开展调查评估，可以请当地台湾同胞投资企业协会、台湾同胞投资企业以及犯罪嫌疑人、被告人在大陆的监护人、亲友等协助提供有关材料。

第 11 条　对因犯罪在大陆受审、执行刑罚的台湾居民判处管制、裁定假释、决定或者批准暂予监外执行，实行社区矫正的，可以参照适用本意见的有关规定。

【高检发〔2016〕12 号】　最高人民检察院关于全面履行检察职能为推进健康中国建设提供有力司法保障的意见（2016 年 9 月 29 日印发，2016 年 10 月 21 日公布）

8.……重点打击、从严惩处在医疗机构进行寻衅滋事、敲诈勒索、扰乱医疗秩序等犯罪行为的职业"医闹"，专门捏造、寻找、介入他人医患矛盾，故意扩大事态，挑动、教唆他人实施违法犯罪的首要分子和积极参加者，从事非法行医、组织出卖人体器官、非法采供血液违法犯罪活动的游医、假医、"黑诊所""血头"，以及具有幕后组织、网络策划、涉黑涉恶、内外勾结等恶劣情节的犯罪分子或者团伙。对上述重点打击对象，应当依法提出从严处理、不适用缓刑、适用禁止令等量刑建议。

【高检发未检字〔2017〕1号】 未成年人刑事检察工作指引（试行）（最高人民检察院2017年3月2日印发试行）

第214条 【建议适用缓刑】对于具有下列情形之一，依法可能判处拘役、3年以下有期徒刑，有悔罪表现，宣告缓刑对所居住社区没有重大不良影响，具备有效监护条件或者社会帮教措施，适用缓刑确实不致再危害社会的未成年被告人，人民检察院应当建议人民法院适用缓刑：

（一）犯罪情节较轻，未造成严重后果的；

（二）主观恶性不大的初犯或者胁从犯、从犯；

（三）被害人同意和解或者被害人有明显过错的；

（四）其他可以适用缓刑的情形。

人民检察院提出对未成年被告人适用缓刑建议的，应当将未成年被告人能够获得有效监管、帮教的书面材料于判决前移送人民法院。

第215条 【建议适用禁止令】人民检察院根据未成年被告人的犯罪原因、犯罪性质、犯罪手段、犯罪后的认罪悔罪表现、个人一贯表现等情况，充分考虑与未成年被告人所犯罪行的关联程度，可以有针对性地建议人民法院判处未成年被告人在管制执行期间、缓刑考验期限内适用禁止令：

（一）禁止从事以下一项或者几项活动：

1. 因无监护人监管或监护人监管不力，经常夜不归宿的，禁止在未经社区矫正机构批准的情况下在外留宿过夜；

2. 因沉迷暴力、色情等网络游戏诱发犯罪的，禁止接触网络游戏；

3. 附带民事赔偿义务未履行完毕，违法所得未追缴、退赔到位，或者罚金尚未足额缴纳的，禁止进行高消费活动。高消费的标准可根据当地居民人均收入和支出水平确定；

4. 其他确有必要禁止从事的活动。

（二）禁止进入以下一类或者几类区域、场所：

1. 因出入未成年人不宜进入的场所导致犯罪的，禁止进入夜总会、歌舞厅、酒吧、迪厅、营业性网吧、游戏机房、溜冰场等场所；

2. 经常以大欺小、以强凌弱进行寻衅滋事，在学校周边实施违法犯罪行为的，禁止进入中小学校区、幼儿园园区及周边地区。确因本人就学、居住等原因的除外；

3. 其他确有必要禁止进入的区域、场所。

（三）禁止接触以下一类或者几类人员：

1. 因受同案犯不良影响导致犯罪的，禁止除正常工作、学习外接触同案犯；

2. 为保护特定人员，禁止在未经对方同意的情况下接触被害人、证人、控告人、举报人及其近亲属；

3. 禁止接触其他可能遭受其侵害、滋扰的人或者可能诱发其再次危害社会的人。

建议适用禁止令，应当把握好禁止令的针对性、可行性和预防性，并向未成年被告人及其法定代理人阐明适用禁止令的理由，督促法定代理人协助司法机关加强监管，促进未成年被告人接受矫治和回归社会。

【法发〔2022〕32号】 最高人民法院、最高人民检察院、教育部关于落实从业禁止制度的意见（2022年11月10日印发，2022年11月15日起施行）

三、教职员工实施性侵害、虐待、拐卖、暴力伤害等犯罪的，人民法院应当依照《未成年人保护法》第62条的规定，判决禁止其从事密切接触未成年人的工作。

教职员工实施前款规定以外的其他犯罪，人民法院可以根据犯罪情况和预防再犯罪的需要，依照《刑法》第37条之一第1款的规定……；或者依照《刑法》第38条第2款、第72条第2款的规定，对其适用禁止令。

● 量刑指导 **【法发〔2021〕21号】 最高人民法院、最高人民检察院关于常见犯罪的量刑指导意见**（2021年6月16日印发，2021年7月1日试行；法发〔2017〕7号《指导意见》同时废止。本部分内容为2021年新增）[①]

三、常见量刑情节的适用

（五）适用缓刑，应当综合考虑被告人的犯罪情节、悔罪表现、再犯罪的危险以及宣告缓刑对所居住社区的影响，依法作出决定。

● 指导案例 **【法〔2013〕24号】 最高人民法院关于发布第4批指导性案例的通知**（2013年1月31日印发）

（指导案例14号）董某某、宋某某抢劫案

裁判要点：对判处管制或者宣告缓刑的未成年被告人，可以根据其犯罪的具体情况以及禁止事项与所犯罪行的关联程度，对其适用"禁止令"。对于未成年人因上网诱发犯罪的，可以禁止其在一定期限内进入网吧等特定场所。

[①] 注：《意见》要求各省高院、检察院应当总结司法实践经验，按照规范、实用、符合司法实际的原则共同研制"实施细则"，经审委会、检委会通过后，分别报最高法、最高检备案审查，与《意见》同步实施。

其他判处有期徒刑的案件，可以参照量刑的指导原则、基本方法和常见量刑情节的适用规范量刑。

第75条　【缓刑守则】被宣告缓刑的犯罪分子,应当遵守下列规定:

(一)遵守法律、行政法规,服从监督;

(二)按照考察机关的规定报告自己的活动情况;

(三)遵守考察机关关于会客的规定;

(四)离开所居住的市、县或者迁居,应当报经考察机关批准。

第76条[①]　**【缓刑考验】**对宣告缓刑的犯罪分子,在缓刑考验期限内,依法实行社区矫正,如果没有本法第七十七条规定的情形,缓刑考验期满,原判的刑罚就不再执行,并公开予以宣告。

第77条　【缓刑撤销】被宣告缓刑的犯罪分子,在缓刑考验期限内犯新罪或者发现判决宣告以前还有其他罪没有判决的,应当撤销缓刑,对新犯的罪或者新发现的罪作出判决,把前罪和后罪所判处的刑罚,依照本法第六十九条的规定,决定执行的刑罚。

被宣告缓刑的犯罪分子,在缓刑考验期限内,违反法律、行政法规或者国务院有关部门关于缓刑的监督管理规定,或者违反人民法院判决中的禁止令,情节严重的,应当撤销缓刑,执行原判刑罚。[②]

● **条文注释**　缓刑只适用于主刑被判处拘役或3年以下有期徒刑的刑罚,缓刑考验期也对应分为两种:

(1)对于拘役,缓刑考验期为2个月至1年,但不能低于拘役刑期。根据《刑法》第42条,拘役期限一般为1个月以上6个月以下;但根据《刑法》第69条,数罪并罚时拘役最高可以被判处1年。因此,被判处拘役时,宣告缓刑最轻的情形为拘役1个月、缓刑2个月;最重的情形为拘役1年、缓刑1年。

---

① 第76条是根据2011年2月25日第11届全国人民代表大会常务委员会第19次会议通过的《刑法修正案(八)》(主席令第41号公布,2011年5月1日起施行)而修改;原条文内容为:"被宣告缓刑的犯罪分子,在缓刑考验期限内,由公安机关考察,所在单位或者基层组织予以配合,如果没有本法第七十七条规定的情形,缓刑考验期满,原判的刑罚就不再执行,并公开予以宣告。"

② 第77条第2款是根据2011年2月25日第11届全国人民代表大会常务委员会第19次会议通过的《刑法修正案(八)》(主席令第41号公布,2011年5月1日起施行)而修改;原条文内容为:"被宣告缓刑的犯罪分子,在缓刑考验期限内,违反法律、行政法规或者国务院公安部门有关缓刑的监督管理规定,情节严重的,应当撤销缓刑,执行原判刑罚。"

（2）对于有期徒刑，缓刑考验期为1年至5年，但不能低于所判刑期。根据《刑法》第45条，有期徒刑最低为6个月，而适用于缓刑的有期徒刑最高为3年，因此，被判处有期徒刑时，宣告缓刑最轻的情形为被判6个月、缓刑1年；最重的情形为被判3年、缓刑5年。

根据第73条第3款，缓刑从判决确定之日（发生法律效力之日）起计算。先行羁押的时间不折抵缓刑考验期；在缓刑考验期内，必须遵守第75条规定的缓刑守则、社区矫正监督管理规定以及法院宣布的禁止令，否则将被依据第77条的规定撤销缓刑、执行原判刑罚（此时，先行羁押的时间可以依法折抵刑期）。

需要注意的是：在缓刑期间发现新罪或漏罪，都应当撤销缓刑，将新罪或漏罪与之前的判决数罪并罚。因漏罪而撤销缓刑、数罪并罚后，根据《最高人民检察院法律政策研究室关于对数罪并罚决定执行刑期为三年以下有期徒刑的犯罪分子能否适用缓刑问题的复函》（高检研发〔1998〕16号），仍然可以适用缓刑；但因新罪而撤销缓刑、数罪并罚后，不宜再适用缓刑。这是因为：《刑法》第72条明确规定了缓刑的适用条件之一是"没有再犯罪的危险"，缓刑期间犯新罪的行为直接证明了这种危险的现实存在。另外，根据《刑法》第77条第2款的规定，缓刑期间违反监管规定的，应撤销缓刑、执行原刑罚；举轻明重，缓刑期间犯新罪的，更应当执行原刑罚。

如果缓刑期满后才发现缓刑期间的新罪，仍应当撤销缓刑、执行原刑罚；是否与新罪并罚，视新罪的追诉时效而定。若缓刑期满后才发现缓刑之前的漏罪，因为此时"前罪"已经视作执行完毕，故直接根据时效规定追诉漏罪即可，不宜按照《刑法》第70条的规定数罪并罚。

● **相关规定** 　【法（研）发〔1985〕18号】**最高人民法院关于人民法院审判严重刑事犯罪案件中具体应用法律的若干问题的答复（三）**（1985年8月21日印发）①

36. 答：根据我国刑法第70条的规定，对被宣告缓刑的犯罪分子不再执行原判的刑罚，是以罪犯在缓刑考验期限内不再犯新罪为条件的；如果罪犯在缓刑考验期限内再犯新罪，就应当撤销缓刑，把前罪和后罪所判处的刑罚，依照刑法第64条的规定，决定执行的刑罚。即使是在缓刑考验期满后，才发现该罪犯在缓刑考验期限内所犯的新罪，如未超过追诉时效期限的，也应当按照刑法

---

① 注：该《答复》已被《最高人民法院关于废止1980年1月1日至1997年6月30日期间发布的部分司法解释和司法解释性质文件（第9批）的决定（法释〔2013〕2号，2013年1月18日起施行）》宣布废止，废止理由是"答复依据已被废止，不再适用"；但该答复内容仍具有参鉴价值，本书予以收录。

第 70 条的有关规定执行。

37. 答：被宣告缓刑的犯罪分子，在缓刑考验期限内再犯新罪需撤销缓刑的，依照我国刑事诉讼法有关管辖的规定，并考虑到我院 1956 年 11 月 24 日《关于宣告假释或缓刑的罪犯另犯新罪，应由哪一个法院撤销假释或缓刑等问题的批复》的精神，应当由审判新罪的人民法院，在审判新罪时，对前罪判决宣告的缓刑予以撤销。如果原来是上级法院宣告缓刑的，审判新罪的下级法院也可以撤销原判宣告的缓刑，并将前罪和后罪所判处的刑罚，依照刑法第 70 条的规定，决定执行的刑罚；但是，不能改变原判的刑罚，也不能撤销原判决。

38. 答：根据我国刑法第 67 条第 1 款和第 70 条的规定，对于被判处拘役或有期徒刑，宣告缓刑的犯罪分子，在缓刑考验期限内，是放在社会上予以考察的。因此，第一审人民法院宣告缓刑后，对于犯罪分子已无须再予关押。但是，依照我国刑事诉讼法第 151 条第 1 款、第 2 款第 1 项的规定，已过法定期限没有上诉、抗诉的判决和裁定，即发生法律效力的判决和裁定，才能交付执行。据此，第一审人民法院宣告缓刑后，尚未发生法律效力的判决，还不能立即交付执行。如果被宣告缓刑的犯罪分子在押，第一审人民法院可以先作出变更强制措施的决定改为监视居住或者取保候审，并即通知有关的公安机关。待判决发生法律效力后，再依照刑事诉讼法第 158 条第 1 款的规定，由公安机关将犯罪分子交所在单位或者基层组织予以考察。

【高检会（三）字〔1986〕2 号】 最高人民法院、最高人民检察院、公安部、劳动人事部关于被判处管制、剥夺政治权利和宣告缓刑、假释的犯罪分子能否外出经商等问题的通知（1986 年 11 月 8 日；详见《刑法》第 39 条相关规定）

【法释〔1997〕5 号】 最高人民法院关于适用刑法时间效力规定若干问题的解释（1997 年 9 月 25 日最高人民法院审判委员会第 937 次会议通过）

第 6 条 1997 年 9 月 30 日以前犯罪被宣告缓刑的犯罪分子，在 1997 年 10 月 1 日以后的缓刑考验期间又犯新罪、被发现漏罪或者违反法律、行政法规或者国务院公安部门有关缓刑的监督管理规定，情节严重的，适用刑法第 77 条的规定，撤销缓刑。

【法释〔2002〕11 号】 最高人民法院关于撤销缓刑时罪犯在宣告缓刑前羁押的时间能否折抵刑期问题的批复（2002 年 4 月 8 日最高人民法院审判委员会第 1220 次会议通过，2002 年 4 月 10 日公布，2002 年 4 月 18 日起施行）

根据刑法第 77 条的规定，对被宣告缓刑的犯罪分子撤销缓刑执行原判刑罚的，对其在宣告缓刑前羁押的时间应当折抵刑期。

【高检会〔2009〕3 号】　中央社会治安综合治理委员会办公室、最高人民法院、最高人民检察院、公安部、司法部关于加强和规范监外执行工作的意见（2009 年 6 月 25 日印发）

15. 被宣告缓刑、假释的罪犯在缓刑、假释考验期间有下列情形之一的，由与原裁判人民法院同级的执行地公安机关提出撤销缓刑、假释的建议：

（1）人民法院、监狱、看守所已书面告知罪犯应当按时到执行地公安机关报到，罪犯未在规定的时间内报到，脱离监管 3 个月以上的；

（2）未经执行地公安机关批准擅自离开所居住的市、县或者迁居，脱离监管 3 个月以上的；

（3）未按照执行地公安机关的规定报告自己的活动情况或者不遵守执行机关关于会客等规定，经过 3 次教育仍然拒不改正的；

（4）有其他违反法律、行政法规或者国务院公安部门有关缓刑、假释的监督管理规定行为，情节严重的。

16. 人民法院裁定撤销缓刑、假释后，执行地公安机关应当及时将罪犯送交监狱或者看守所收监执行。被撤销缓刑、假释并决定收监执行的罪犯下落不明的，公安机关可以按照有关程序上网追逃。

公安机关撤销缓刑、假释的建议书副本和人民法院撤销缓刑、假释的裁定书副本应当抄送罪犯居住地人民检察院监所检察部门。

【法发〔2016〕33 号】　最高人民法院、最高人民检察院、公安部、司法部关于对因犯罪在大陆受审的台湾居民依法适用缓刑实行社区矫正有关问题的意见（2016 年 7 月 26 日印发，2017 年 1 月 1 日起施行；本书存目备查，内容详见《刑事诉讼法全厚细》）

【司发通〔2020〕59 号】　中华人民共和国社区矫正法实施办法（2020 年 6 月 18 日最高人民法院、最高人民检察院、公安部、司法部印发，2020 年 7 月 1 日施行；2012 年 1 月 10 日司发通〔2012〕12 号《社区矫正实施办法》同时废止）

第 46 条　社区矫正对象在缓刑考验期内，有下列情形之一的，由执行地同级社区矫正机构提出撤销缓刑建议：

（一）违反禁止令，情节严重的；

（二）无正当理由不按规定时间报到或者接受社区矫正期间脱离监管，超过 1 个月的；

（三）因违反监督管理规定受到治安管理处罚，仍不改正的；

（四）受到社区矫正机构两次警告，仍不改正的；

（五）其他违反有关法律、行政法规和监督管理规定，情节严重的情形。

社区矫正机构一般向原审人民法院提出撤销缓刑建议。如果原审人民法院与执行地同级社区矫正机构不在同一省、自治区、直辖市的，可以向执行地人民法院提出建议，执行地人民法院作出裁定的，裁定书同时抄送原审人民法院。

社区矫正机构撤销缓刑建议书和人民法院的裁定书副本同时抄送社区矫正执行地同级人民检察院。

【主席令〔2012〕67号】 中华人民共和国治安管理处罚法（2012年10月26日第11届全国人大常委会第29次会议修正，2013年1月1日起施行）

第2条 扰乱公共秩序，妨害公共安全，侵犯人身权利、财产权利，妨害社会管理，具有社会危害性，依照《中华人民共和国刑法》的规定构成犯罪的，依法追究刑事责任；尚不够刑事处罚的，由公安机关依照本法给予治安管理处罚。

第60条 有下列行为之一的，处5日以上10日以下拘留，并处200元以上500元以下罚款：

（四）被依法执行管制、剥夺政治权利或者在缓刑、暂予监外执行中的罪犯或者被依法采取刑事强制措施的人，有违反法律、行政法规或者国务院有关部门的监督管理规定的行为。

第六节 减 刑

第78条 **【减刑条件与限度】** 被判处管制、拘役、有期徒刑、无期徒刑的犯罪分子，在执行期间，如果认真遵守监规，接受教育改造，确有悔改表现的，或者有立功表现的，可以减刑；有下列重大立功表现之一的，应当减刑：

（一）阻止他人重大犯罪活动的；

（二）检举监狱内外重大犯罪活动，经查证属实的；

（三）有发明创造或者重大技术革新的；

（四）在日常生产、生活中舍己救人的；

（五）在抗御自然灾害或者排除重大事故中，有突出表现的；

（六）对国家和社会有其他重大贡献的。

减刑以后实际执行的刑期不能少于下列期限：①

（一）判处管制、拘役、有期徒刑的，不能少于原判刑期的二分之一；

（二）判处无期徒刑的，不能少于十三年；

（三）人民法院依照本法第五十条第二款规定限制减刑的死刑缓期执行的犯罪分子，缓期执行期满后依法减为无期徒刑的，不能少于二十五年，缓期执行期满后依法减为二十五年有期徒刑的，不能少于二十年。

第79条 【减刑程序】对于犯罪分子的减刑，由执行机关向中级以上人民法院提出减刑建议书。人民法院应当组成合议庭进行审理，对确有悔改或者立功事实的，裁定予以减刑。非经法定程序不得减刑。

第80条 【无期徒刑减刑的刑期计算】无期徒刑减为有期徒刑的刑期，从裁定减刑之日起计算。

● **条文注释** 所有的犯罪分子，只要不是被判处死刑立即执行，都可以依法获得减刑。这样有利于犯罪分子认罪服法，接受改造。减刑的条件分为两类：

（1）确有悔改表现的，或者有立功表现的，可以减刑。"确有悔改表现"是指在服刑期间遵守监规，积极参加政治、文化、技术学习和生产劳动，完成或超额完成生产任务，认罪服法等。"立功表现"的认定参见"法释〔2016〕23号"第4条。

（2）有重大立功表现的，应当减刑。"重大立功表现"根据第78条第1款所列的6项内容进行认定；此外，协助司法机关抓捕其他重大犯罪嫌疑人（包括同案犯）的，也属于有"重大立功表现"。

---

① 第78条第2款是根据2011年2月25日第11届全国人民代表大会常务委员会第19次会议通过的《刑法修正案（八）》（主席令第41号公布，2011年5月1日起施行）而修改；原条文内容为："减刑以后实际执行的刑期，判处管制、拘役、有期徒刑的，不能少于原判刑期的二分之一；判处无期徒刑的，不能少于十年。"

第78条第2款对减刑以后的主刑实际执行刑期作了明确规定：

（1）被判处有期徒刑以下的，实际执行刑期至少要在二分之一以上。

（2）被判处无期徒刑的，实际执行刑期至少要13年以上。

（3）被判处死缓并被限制减刑，后被减为无期徒刑的，实际执行刑期至少要25年以上。

（4）被判处死缓并被限制减刑，后被减为25年有期徒刑的，实际执行刑期至少20年以上。

（5）被判处死缓、没被限制减刑的，实际执行刑期至少要15年以上。

需要注意的是：

（1）无期徒刑的实际执行刑期从判决确定之日起计算；死缓的实际执行刑期从裁定减为无期徒刑或有期徒刑之日起计算（死刑缓期执行期间不包括在内）。

（2）附加刑不能单独减刑；但有期徒刑罪犯减刑时，可以酌减附加的剥夺政治权利的期限（实际剥夺政治权利不能少于1年）。

（3）同时宣告缓刑的罪犯，一般不适用减刑；但有重大立功的，可以同时减刑并减少缓刑考验期。

（4）减刑的幅度和时间间隔见"法释〔2016〕23号"的相关规定。

执行机关制作的减刑建议书是法院受理减刑案件的依据，否则，法院不能审理减刑案件，也不能制作减刑裁定书。这里的"执行机关"，是指依法执行拘役的公安机关和依法执行徒刑的监狱、少年管教所等。这里的"审理"一般是开庭审理与书面审理相结合（对于职务犯罪案件和严重犯罪案件一般要开庭审理），主要是审查执行机关的申报程序是否合法、手续是否完备、犯罪分子是否有悔改或立功表现等，符合法定减刑条件的，应当裁定减刑。减刑的具体程序见《刑事诉讼法》和最高人民法院关于适用《刑事诉讼法》的解释。

● 相关规定 【法释〔2006〕1号】 最高人民法院关于审理未成年人刑事案件具体应用法律若干问题的解释（2005年12月12日最高人民法院审判委员会第1373次会议通过，2006年1月11日公布，2006年1月23日起施行）

第18条 对未成年罪犯的减刑、假释，在掌握标准上可以比照成年罪犯依法适度放宽。

未成年罪犯能认罪服法，遵守监规，积极参加学习、劳动的，即可视为"确有悔改表现"予以减刑，其减刑的幅度可以适当放宽，间隔的时间可以相应缩短。符合刑法第81条第1款规定的，可以假释。

未成年罪犯在服刑期间已经成年的，对其减刑、假释可以适用上述规定。

【法发〔2010〕9号】　最高人民法院关于贯彻宽严相济刑事政策的若干意见（2010年2月8日印发）

四、准确把握和正确适用宽严"相济"的政策要求

34.对于危害国家安全犯罪、故意危害公共安全犯罪、严重暴力犯罪、涉众型经济犯罪等严重犯罪；恐怖组织犯罪、邪教组织犯罪、黑恶势力犯罪等有组织犯罪的领导者、组织者和骨干分子；毒品犯罪再犯的严重犯罪者；确有执行能力而拒不依法积极主动缴付财产执行财产刑或确有履行能力而不积极主动履行附带民事赔偿责任的，在依法减刑、假释时，应当从严掌握。对累犯减刑时，应当从严掌握。拒不交代真实身份或对减刑、假释材料弄虚作假，不符合减刑、假释条件的，不得减刑、假释。

对于因犯故意杀人、爆炸、抢劫、强奸、绑架等暴力犯罪，致人死亡或严重残疾而被判处死刑缓期2年执行或无期徒刑的罪犯，要严格控制减刑的频度和每次减刑的幅度，要保证其相对较长的实际服刑期限，维护公平正义，确保改造效果。

对于未成年犯、老年犯、残疾罪犯、过失犯、中止犯、胁从犯、积极主动缴付财产执行财产刑或履行民事赔偿责任的罪犯、因防卫过当或避险过当而判处徒刑的罪犯以及其他主观恶性不深、人身危险性不大的罪犯，在依法减刑、假释时，应当根据悔改表现予以从宽掌握。对认罪服法，遵守监规，积极参加学习、劳动，确有悔改表现的，依法予以减刑，减刑的幅度可以适当放宽，间隔的时间可以相应缩短。符合刑法第81条第1款规定的假释条件的，应当依法多适用假释。

五、完善贯彻宽严相济刑事政策的工作机制

43.对减刑、假释案件，要采取开庭审理与书面审理相结合的方式。对于职务犯罪案件，尤其是原为县处级以上领导干部罪犯的减刑、假释案件，要一律开庭审理。对于故意杀人、抢劫、故意伤害等严重危害社会治安的暴力犯罪分子，有组织犯罪案件中的首要分子和其他主犯以及其他重大、有影响案件罪犯的减刑、假释，原则上也要开庭审理。书面审理的案件，拟裁定减刑、假释的，要在羁押场所公示拟减刑、假释人员名单，接受其他在押罪犯的广泛监督。

【法释〔2011〕9号】　最高人民法院关于《中华人民共和国刑法修正案（八）》时间效力问题的解释（2011年4月20日最高人民法院审判委员会第1519次会议通过，2011年4月25日公布，2011年5月1日起施行）

第7条　2011年4月30日以前犯罪，被判处无期徒刑的罪犯，减刑以后或者假释前实际执行的刑期，适用修正前刑法第78条第2款、第81条第1款的规定。

【法发〔2011〕20号】　最高人民法院关于进一步加强危害生产安全刑事案件审判工作的意见（最高人民法院2011年12月30日印发）

20. 办理与危害生产安全犯罪相关的减刑、假释案件，要严格执行刑法、刑事诉讼法和有关司法解释规定。是否决定减刑、假释，既要看罪犯服刑期间的悔改表现，还要充分考虑原判认定的犯罪事实、性质、情节、社会危害程度等情况。

【法〔2012〕44号】　最高人民法院关于罪犯因漏罪、新罪数罪并罚时原减刑裁定应如何处理的意见（2012年1月18日印发）

罪犯被裁定减刑后，因被发现漏罪或者又犯新罪而依法进行数罪并罚时，经减刑裁定减去的刑期不计入已经执行的刑期。

在此后对因漏罪数罪并罚的罪犯依法减刑，决定减刑的频次、幅度时，应当对其原经减刑裁定减去的刑期酌予考虑。

【法释〔2016〕23号】　最高人民法院关于办理减刑、假释案件具体应用法律的规定（2016年9月19日最高人民法院审判委员会第1693次会议通过，2016年11月14日公布，2017年1月1日起施行；替代2012年7月1日起施行的"法释〔2012〕2号"《最高人民法院关于办理减刑、假释案件具体应用法律若干问题的规定》）[①]

第1条　减刑、假释是激励罪犯改造的刑罚制度，减刑、假释的适用应当贯彻宽严相济刑事政策，最大限度地发挥刑罚的功能，实现刑罚的目的。

第2条　对于罪犯符合刑法第78条第1款规定"可以减刑"条件的案件，在办理时应当综合考察罪犯犯罪的性质和具体情节、社会危害程度、原判刑罚及生效裁判中财产性判项的履行情况、交付执行后的一贯表现等因素。

第3条　"确有悔改表现"是指同时具备以下条件：

（一）认罪悔罪；

（二）遵守法律法规及监规，接受教育改造；

（三）积极参加思想、文化、职业技术教育；

（四）积极参加劳动，努力完成劳动任务。

[①] 注：最高人民法院还先后发布了另外两个同名文件，发文文号分别为"法（刑二）发〔1991〕28号"（1991年10月10日印发，于2013年1月18日被废止）和"法释〔1997〕6号"（1997年10月29日印发，于2013年4月8日被废止）。这3个《若干问题的规定》均为同名文件，文中也没注明修正或废止关系。这种情况较为少见，注意不要混淆。另，1997年10月29日《最高人民法院印发〈关于办理减刑、假释案件具体应用法律若干问题的规定〉的通知》的发文文号为"法发〔1997〕25号"。

对职务犯罪、破坏金融管理秩序和金融诈骗犯罪、组织（领导、参加、包庇、纵容）黑社会性质组织犯罪等罪犯，不积极退赃、协助追缴赃款赃物、赔偿损失，或者服刑期间利用个人影响力和社会关系等不正当手段意图获得减刑、假释的，不认定其"确有悔改表现"。

罪犯在刑罚执行期间的申诉权利应当依法保护，对其正当申诉不能不加分析地认为是不认罪悔罪。

第 4 条　具有下列情形之一的，可以认定为有"立功表现"：
（一）阻止他人实施犯罪活动的；
（二）检举、揭发监狱内外犯罪活动，或者提供重要的破案线索，经查证属实的；
（三）协助司法机关抓捕其他犯罪嫌疑人的；
（四）在生产、科研中进行技术革新，成绩突出的；
（五）在抗御自然灾害或者排除重大事故中，表现积极的；
（六）对国家和社会有其他较大贡献的。

第（四）项、第（六）项中的技术革新或者其他较大贡献应当由罪犯在刑罚执行期间独立或者为主完成，并经省级主管部门确认。

第 5 条　具有下列情形之一的，应当认定为有"重大立功表现"：
（一）阻止他人实施重大犯罪活动的；
（二）检举监狱内外重大犯罪活动，经查证属实的；
（三）协助司法机关抓捕其他重大犯罪嫌疑人的；
（四）有发明创造或者重大技术革新的；
（五）在日常生产、生活中舍己救人的；
（六）在抗御自然灾害或者排除重大事故中，有突出表现的；
（七）对国家和社会有其他重大贡献的。

第（四）项中的发明创造或者重大技术革新应当是罪犯在刑罚执行期间独立或者为主完成并经国家主管部门确认的发明专利，且不包括实用新型专利和外观设计专利；第（七）项中的其他重大贡献应当由罪犯在刑罚执行期间独立或者为主完成，并经国家主管部门确认。

第 6 条　被判处有期徒刑的罪犯减刑起始时间为：不满 5 年有期徒刑的，应当执行 1 年以上方可减刑；5 年以上不满 10 年有期徒刑的，应当执行 1 年 6 个月以上方可减刑；10 年以上有期徒刑的，应当执行 2 年以上方可减刑。有期徒刑减刑的起始时间自判决执行之日起计算。

确有悔改表现或者有立功表现的，一次减刑不超过 9 个月有期徒刑；确有悔改表现并有立功表现的,一次减刑不超过1年有期徒刑;有重大立功表现的,一次减刑不超过1年6个月有期徒刑;确有悔改表现并有重大立功表现的,一次减刑不超过2年有期徒刑。

被判处不满10年有期徒刑的罪犯,2次减刑间隔时间不得少于1年;被判处10年以上有期徒刑的罪犯,2次减刑间隔时间不得少于1年6个月。减刑间隔时间不得低于上次减刑减去的刑期。

罪犯有重大立功表现的,可以不受上述减刑起始时间和间隔时间的限制。

第7条 对符合减刑条件的职务犯罪罪犯,破坏金融管理秩序和金融诈骗犯罪罪犯,组织、领导、参加、包庇、纵容黑社会性质组织犯罪罪犯,危害国家安全犯罪罪犯,恐怖活动犯罪罪犯,毒品犯罪集团的首要分子及毒品再犯,累犯,确有履行能力而不履行或者不全部履行生效裁判中财产性判项的罪犯,被判处10年以下有期徒刑的,执行2年以上方可减刑,减刑幅度应当比照本规定第6条从严掌握,一次减刑不超过1年有期徒刑,两次减刑之间应当间隔1年以上。

对被判处10年以上有期徒刑的前款罪犯,以及因故意杀人、强奸、抢劫、绑架、放火、爆炸、投放危险物质或者有组织的暴力性犯罪被判处10年以上有期徒刑的罪犯,数罪并罚且其中两罪以上被判处10年以上有期徒刑的罪犯,执行2年以上方可减刑,减刑幅度应当比照本规定第6条从严掌握,一次减刑不超过1年有期徒刑,两次减刑之间应当间隔1年6个月以上。

罪犯有重大立功表现的,可以不受上述减刑起始时间和间隔时间的限制。

第8条 被判处无期徒刑的罪犯在刑罚执行期间,符合减刑条件的,执行2年以上,可以减刑。减刑幅度为:确有悔改表现或者有立功表现的,可以减为22年有期徒刑;确有悔改表现并有立功表现的,可以减为21年以上22年以下有期徒刑;有重大立功表现的,可以减为20年以上21年以下有期徒刑;确有悔改表现并有重大立功表现的,可以减为19年以上20年以下有期徒刑。无期徒刑罪犯减为有期徒刑后再减刑时,减刑幅度依照本规定第6条的规定执行。两次减刑间隔时间不得少于2年。

罪犯有重大立功表现的,可以不受上述减刑起始时间和间隔时间的限制。

第9条 对被判处无期徒刑的职务犯罪罪犯,破坏金融管理秩序和金融诈骗犯罪罪犯,组织、领导、参加、包庇、纵容黑社会性质组织犯罪罪犯,危害国家安全犯罪罪犯,恐怖活动犯罪罪犯,毒品犯罪集团的首要分子及毒品再犯,累犯以及因故意杀人、强奸、抢劫、绑架、放火、爆炸、投放危险物质或者有组织的暴力性犯罪的罪犯,确有履行能力而不履行或者不全部履行生效裁判中财产性判项的罪犯，数罪并罚被判处无期徒刑的罪犯，符合减刑条件的，执行3年以上方可减刑，减刑幅度应当比照本规定第8条从严掌握，减刑后的刑期最低不得少于20年有期徒刑；减为有期徒刑后再减刑时，减刑幅度比照本规定第6条从严掌握，一次不超过1年有期徒刑，两次减刑之间应当间隔2年以上。

罪犯有重大立功表现的，可以不受上述减刑起始时间和间隔时间的限制。

第10条　被判处死刑缓期执行的罪犯减为无期徒刑后，符合减刑条件的，执行3年以上方可减刑。减刑幅度为：确有悔改表现或者有立功表现的，可以减为25年有期徒刑；确有悔改表现并有立功表现的，可以减为24年以上25年以下有期徒刑；有重大立功表现的，可以减为23年以上24年以下有期徒刑；确有悔改表现并有重大立功表现的，可以减为22年以上23年以下有期徒刑。

被判处死刑缓期执行的罪犯减为有期徒刑后再减刑时，比照本规定第8条的规定办理。

第11条　对被判处死刑缓期执行的职务犯罪罪犯，破坏金融管理秩序和金融诈骗犯罪罪犯，组织、领导、参加、包庇、纵容黑社会性质组织犯罪罪犯，危害国家安全犯罪罪犯，恐怖活动犯罪罪犯，毒品犯罪集团的首要分子及毒品再犯，累犯以及因故意杀人、强奸、抢劫、绑架、放火、爆炸、投放危险物质或者有组织的暴力性犯罪的罪犯，确有履行能力而不履行或者不全部履行生效裁判中财产性判项的罪犯，数罪并罚被判处死刑缓期执行的罪犯，减为无期徒刑后，符合减刑条件的，执行3年以上方可减刑，一般减为25年有期徒刑，有立功表现或者重大立功表现的，可以比照本规定第10条减为23年以上25年以下有期徒刑；减为有期徒刑后再减刑时，减刑幅度比照本规定第6条从严掌握，一次不超过1年有期徒刑，两次减刑之间应当间隔2年以上。

第12条　被判处死刑缓期执行的罪犯经过一次或者几次减刑后，其实际执行的刑期不得少于15年，死刑缓期执行期间不包括在内。

死刑缓期执行罪犯在缓期执行期间不服从监管、抗拒改造，尚未构成犯罪的，在减为无期徒刑后再减刑时应当适当从严。

第13条　被限制减刑的死刑缓期执行罪犯，减为无期徒刑后，符合减刑条件的，执行5年以上方可减刑。减刑间隔时间和减刑幅度依照本规定第11条①的规定执行。

第14条　被限制减刑的死刑缓期执行罪犯，减为有期徒刑后再减刑时，一

---

① 注：本规定第13条的网络版内容为"依照本规定第9条"，但《最高人民法院公报》的内容为"依照本规定第11条"。应当以《最高人民法院公报》内容为准。

次减刑不超过 6 个月有期徒刑，2 次减刑间隔时间不得少于 2 年。有重大立功表现的，间隔时间可以适当缩短，但一次减刑不超过 1 年有期徒刑。

第 15 条　对被判处终身监禁的罪犯，在死刑缓期执行期满依法减为无期徒刑的裁定中，应当明确终身监禁，不得再减刑或者假释。

第 16 条　被判处管制、拘役的罪犯，以及判决生效后剩余刑期不满 2 年有期徒刑的罪犯，符合减刑条件的，可以酌情减刑，减刑起始时间可以适当缩短，但实际执行的刑期不得少于原判刑期的二分之一。

第 17 条　被判处有期徒刑罪犯减刑时，对附加剥夺政治权利的期限可以酌减。酌减后剥夺政治权利的期限，不得少于 1 年。

被判处死刑缓期执行、无期徒刑的罪犯减为有期徒刑时，应当将附加剥夺政治权利的期限减为 7 年以上 10 年以下，经过一次或者几次减刑后，最终剥夺政治权利的期限不得少于 3 年。

第 18 条　被判处拘役或者 3 年以下有期徒刑，并宣告缓刑的罪犯，一般不适用减刑。

前款规定的罪犯在缓刑考验期内有重大立功表现的，可以参照刑法第 78 条的规定予以减刑，同时应当依法缩减其缓刑考验期。缩减后，拘役的缓刑考验期限不得少于 2 个月，有期徒刑的缓刑考验期限不得少于 1 年。

第 19 条　对在报请减刑前的服刑期间不满 18 周岁，且所犯罪行不属于刑法第 81 条第 2 款规定情形的罪犯，认罪悔罪，遵守法律法规及监规，积极参加学习、劳动，应当视为确有悔改表现。

对上述罪犯减刑时，减刑幅度可以适当放宽，或者减刑起始时间、间隔时间可以适当缩短，但放宽的幅度和缩短的时间不得超过本规定中相应幅度、时间的三分之一。

第 20 条　老年罪犯、患严重疾病罪犯或者身体残疾罪犯减刑时，应当主要考察其认罪悔罪的实际表现。

对基本丧失劳动能力，生活难以自理的上述罪犯减刑时，减刑幅度可以适当放宽，或者减刑起始时间、间隔时间可以适当缩短，但放宽的幅度和缩短的时间不得超过本规定中相应幅度、时间的三分之一。

第 21 条　被判处有期徒刑、无期徒刑的罪犯在刑罚执行期间又故意犯罪，新罪被判处有期徒刑的，自新罪判决确定之日起 3 年内不予减刑；新罪被判处无期徒刑的，自新罪判决确定之日起 4 年内不予减刑。

罪犯在死刑缓期执行期间又故意犯罪，未被执行死刑的，死刑缓期执行的期间重新计算，减为无期徒刑后，5 年内不予减刑。

被判处死刑缓期执行罪犯减刑后,在刑罚执行期间又故意犯罪的,依照第一款规定处理。

第 26 条(第 2 款) 罪犯既符合法定减刑条件,又符合法定假释条件的,可以优先适用假释。

第 30 条(第 2 款) 被撤销假释的罪犯,收监后符合减刑条件的,可以减刑,但减刑起始时间自收监之日起计算。

第 31 条 年满 80 周岁、身患疾病或者生活难以自理、没有再犯罪危险的罪犯,既符合减刑条件,又符合假释条件的,优先适用假释;不符合假释条件的,参照本规定第 20 条有关的规定从宽处理。

第 32 条 人民法院按照审判监督程序重新审理的案件,裁定维持原判决、裁定的,原减刑、假释裁定继续有效。

再审裁判改变原判决、裁定的,原减刑、假释裁定自动失效,执行机关应当及时报请有管辖权的人民法院重新作出是否减刑、假释的裁定。重新作出减刑裁定时,不受本规定有关减刑起始时间、间隔时间和减刑幅度的限制。重新裁定时应综合考虑各方面因素,减刑幅度不得超过原裁定减去的刑期总和。

再审改判为死刑缓期执行或者无期徒刑的,在新判决减为有期徒刑之时,原判决已经实际执行的刑期一并扣减。

再审裁判宣告无罪的,原减刑、假释裁定自动失效。

第 33 条 罪犯被裁定减刑后,刑罚执行期间因故意犯罪而数罪并罚时,经减刑裁定减去的刑期不计入已经执行的刑期。原判死刑缓期执行减为无期徒刑、有期徒刑,或者无期徒刑减为有期徒刑的裁定继续有效。

第 34 条 罪犯被裁定减刑后,刑罚执行期间因发现漏罪而数罪并罚的,原减刑裁定自动失效。如漏罪系罪犯主动交代的,对其原减去的刑期,由执行机关报请有管辖权的人民法院重新作出减刑裁定,予以确认;如漏罪系有关机关发现或者他人检举揭发的,由执行机关报请有管辖权的人民法院,在原减刑裁定减去的刑期总和之内,酌情重新裁定。

第 35 条 被判处死刑缓期执行的罪犯,在死刑缓期执行期内被发现漏罪,依据刑法第 70 条规定数罪并罚,决定执行死刑缓期执行的,死刑缓期执行期间自新判决确定之日起计算,已经执行的死刑缓期执行期间计入新判决的死刑缓期执行期间内,但漏罪被判处死刑缓期执行的除外。

第 36 条 被判处死刑缓期执行的罪犯,在死刑缓期执行期满后被发现漏罪,依据刑法第 70 条规定数罪并罚,决定执行死刑缓期执行的,交付执行时对罪犯实际执行无期徒刑,死缓考验期不再执行,但漏罪被判处死刑缓期执行的除外。

在无期徒刑减为有期徒刑时,前罪死刑缓期执行减为无期徒刑之日起至新判决生效之日止已经实际执行的刑期,应当计算在减刑裁定决定执行的刑期以内。

原减刑裁定减去的刑期依照本规定第34条处理。

第37条 被判处无期徒刑的罪犯在减为有期徒刑后因发现漏罪,依据刑法第70条规定数罪并罚,决定执行无期徒刑的,前罪无期徒刑生效之日起至新判决生效之日止已经实际执行的刑期,应当在新判决的无期徒刑减为有期徒刑时,在减刑裁定决定执行的刑期内扣减。

无期徒刑罪犯减为有期徒刑后因发现漏罪判处3年有期徒刑以下刑罚,数罪并罚决定执行无期徒刑的,在新判决生效后执行1年以上,符合减刑条件的,可以减为有期徒刑,减刑幅度依照本规定第8条、第9条的规定执行。

原减刑裁定减去的刑期依照本规定第34条处理。

第38条 人民法院作出的刑事判决、裁定发生法律效力后,在依照刑事诉讼法第253条、第254条的规定将罪犯交付执行刑罚时,如果生效裁判中有财产性判项,人民法院应当将反映财产性判项执行、履行情况的有关材料一并随案移送刑罚执行机关。罪犯在服刑期间本人履行或者其亲属代为履行生效裁判中财产性判项的,应当及时向刑罚执行机关报告。刑罚执行机关报请减刑时应随案移送以上材料。

人民法院办理减刑、假释案件时,可以向原一审人民法院核实罪犯履行财产性判项的情况。原一审人民法院应当出具相关证明。

刑罚执行期间,负责办理减刑、假释案件的人民法院可以协助原一审人民法院执行生效裁判中的财产性判项。

第39条 本规定所称"老年罪犯",是指报请减刑、假释时年满65周岁的罪犯。

本规定所称"患严重疾病罪犯",是指因患有重病,久治不愈,而不能正常生活、学习、劳动的罪犯。

本规定所称"身体残疾罪犯",是指因身体有肢体或者器官残缺、功能不全或者丧失功能,而基本丧失生活、学习、劳动能力的罪犯,但是罪犯犯罪后自伤致残的除外。

对刑罚执行机关提供的证明罪犯患有严重疾病或者有身体残疾的证明文件,人民法院应当审查,必要时可以委托有关单位重新诊断、鉴定。

第40条 本规定所称"判决执行之日",是指罪犯实际送交刑罚执行机关之日。

本规定所称"减刑间隔时间",是指前一次减刑裁定送达之日起至本次减刑报请之日止的期间。

第41条 本规定所称"财产性判项"是指判决罪犯承担的附带民事赔偿义务判项,以及追缴、责令退赔、罚金、没收财产等判项。

第42条 本规定自2017年1月1日起施行。以前发布的司法解释与本规定不一致的,以本规定为准。

【法释〔2019〕6号】 最高人民法院关于办理减刑、假释案件具体应用法律的补充规定(2019年3月25日最高人民法院审判委员会第1763次会议通过,2019年4月24日公布,2019年6月1日起施行)

为准确把握宽严相济刑事政策,严格执行《最高人民法院关于办理减刑、假释案件具体应用法律的规定》,现对《中华人民共和国刑法修正案(九)》施行后,依照刑法分则第八章贪污贿赂罪判处刑罚的原具有国家工作人员身份的罪犯的减刑、假释补充规定如下:

第1条 对拒不认罪悔罪的,或者确有履行能力而不履行或者不全部履行生效裁判中财产性判项的,不予假释,一般不予减刑。

第2条 被判处10年以上有期徒刑,符合减刑条件的,执行3年以上方可减刑;被判处不满10年有期徒刑,符合减刑条件的,执行2年以上方可减刑。

确有悔改表现或者有立功表现的,一次减刑不超过6个月有期徒刑;确有悔改表现并有立功表现的,一次减刑不超过9个月有期徒刑;有重大立功表现的,一次减刑不超过1年有期徒刑。

被判处10年以上有期徒刑的,两次减刑之间应当间隔2年以上;被判处不满10年有期徒刑的,两次减刑之间应当间隔1年6个月以上。

第3条 被判处无期徒刑,符合减刑条件的,执行4年以上方可减刑。

确有悔改表现或者有立功表现的,可以减为23年有期徒刑;确有悔改表现并有立功表现的,可以减为22年以上23年以下有期徒刑;有重大立功表现的,可以减为21年以上22年以下有期徒刑。

无期徒刑减为有期徒刑后再减刑时,减刑幅度比照本规定第2条的规定执行。两次减刑之间应当间隔2年以上。

第4条 被判处死刑缓期执行的,减为无期徒刑后,符合减刑条件的,执行4年以上方可减刑。

确有悔改表现或者有立功表现的,可以减为25年有期徒刑;确有悔改表现并有立功表现的,可以减为 24 年 6 个月以上 25 年以下有期徒刑;有重大立功表现的,可以减为 24 年以上 24 年 6 个月以下有期徒刑。

减为有期徒刑后再减刑时,减刑幅度比照本规定第 2 条的规定执行。两次减刑之间应当间隔 2 年以上。

第 5 条 罪犯有重大立功表现的,减刑时可以不受上述起始时间和间隔时间的限制。

第 7 条 本规定自 2019 年 6 月 1 日起施行。此前发布的司法解释与本规定不一致的,以本规定为准。

【司发〔2019〕5 号】 最高人民法院、最高人民检察院、公安部、司法部关于跨省异地执行刑罚的黑恶势力罪犯坦白检举构成自首立功若干问题的意见(2019 年 10 月 21 日印发)

10. 跨省异地执行刑罚的黑恶势力罪犯在服刑期间,检举揭发他人犯罪、提供重要线索,或者协助司法机关抓捕其他犯罪嫌疑人的,办案侦查机关应当在人民法院判决生效后 10 日内根据人民法院判决对罪犯是否构成立功或重大立功提出书面意见,与案件相关材料一并送交监狱。

11. 跨省异地执行刑罚的黑恶势力罪犯在原审判决生效前,检举揭发他人犯罪活动、提供重要线索,或者协助司法机关抓捕其他犯罪嫌疑人的,在原审判决生效后才被查证属实的,参照本意见第 10 条情形办理。

12. 跨省异地执行刑罚的黑恶势力罪犯检举揭发他人犯罪,构成立功或者重大立功的,监狱依法向人民法院提请减刑。对于检举他人犯罪行为基本属实,但未构成立功或者重大立功,监狱可以根据有关规定给予日常考核奖励或者物质奖励。

15. 本意见所称"办案侦查机关",是指依法对案件行使侦查权的公安机关、人民检察院。

【司发通〔2020〕59 号】 中华人民共和国社区矫正法实施办法(2020 年 6 月 18 日最高人民法院、最高人民检察院、公安部、司法部印发,2020 年 7 月 1 日施行;2012 年 1 月 10 日司发通〔2012〕12 号《社区矫正实施办法》同时废止)

第 33 条 社区矫正对象认罪悔罪、遵守法律法规、服从监督管理、接受教育表现突出的,应当给予表扬。

社区矫正对象接受社区矫正 6 个月以上并且同时符合下列条件的,执行地县级社区矫正机构可以给予表扬:

（一）服从人民法院判决，认罪悔罪；
（二）遵守法律法规；
（三）遵守关于报告、会客、外出、迁居等规定，服从社区矫正机构的管理；
（四）积极参加教育学习等活动，接受教育矫正的。

社区矫正对象接受社区矫正期间，有见义勇为、抢险救灾等突出表现，或者帮助他人、服务社会等突出事迹的，执行地县级社区矫正机构可以给予表扬。对于符合法定减刑条件的，由执行地县级社区矫正机构依照本办法第42条的规定，提出减刑建议。

第42条（第1款） 社区矫正对象符合法定减刑条件的，由执行地县级社区矫正机构提出减刑建议书并附相关证据材料，报经地（市）社区矫正机构审核同意后，由地（市）社区矫正机构提请执行地的中级人民法院裁定。

（第2款） 依法应由高级人民法院裁定的减刑案件，由执行地县级社区矫正机构提出减刑建议书并附相关证据材料，逐级上报省级社区矫正机构审核同意后，由省级社区矫正机构提请执行地的高级人民法院裁定。

中共中央政法委关于严格规范减刑、假释、暂予监外执行切实防止司法腐败的意见（2014年1月21日印发）

职务犯罪、破坏金融管理秩序和金融诈骗犯罪、组织（领导、参加、包庇、纵容）黑社会性质组织犯罪等罪犯中，违法违规减刑、假释、暂予监外执行相对突出。为了从严把握上述三类罪犯减刑、假释的实体条件，指导意见在要求从严把握法律规定的"立功表现""重大立功表现"标准的同时，针对"确有悔改表现"这一刑法规定的减刑、假释的关键条件，明确规定，严格对三类罪犯"确有悔改表现"的认定，要求除考察所有罪犯减刑都必须具备的一般条件外，应着重考察三类罪犯是否通过主动退赃、积极协助追缴境外赃款赃物、主动赔偿损失等方式，积极消除犯罪行为所产生的社会影响。并强调，对服刑期间利用个人影响力和社会关系等不正当手段，企图获得减刑、假释机会的，即使客观上具备减刑、假释的条件，也不得认定其"确有悔改表现"。

针对三类罪犯中有的减刑次数多、两次减刑之间间隔时间短问题，指导意见明确规定，对依法可以减刑的三类罪犯，适当延长减刑的起始时间、间隔时间，从严把握减刑幅度。比如，对被判处无期徒刑的三类罪犯，确有悔改表现或者立功表现的，由过去"执行二年以上方可减刑"延长到现在"执行三年以上方可减刑"，而且增加规定"减为有期徒刑后，一次减刑不超过一年有期徒刑，两次减刑之间应当间隔二年以上"。

【法研〔2011〕79号】　最高人民法院研究室关于罪犯在刑罚执行期间的发明创造能否按照重大立功表现作为对其漏罪审判时的量刑情节问题的答复（2011年6月14日答复青海省高级人民法院"（2010）青刑终字第62号"请示）

罪犯在服刑期间的发明创造构成立功或者重大立功的，可以作为依法减刑的条件予以考虑，但不能作为追诉漏罪的法定量刑情节考虑。

● 指导案例　【高检发办字〔2020〕24号】　关于印发最高人民检察院第19批指导性案例的通知（2019年12月31日最高人民检察院第13届检察委员会第30次会议通过，2020年2月28日印发，2020年6月3日公布）

（检例第70号）宣告缓刑罪犯蔡某等12人减刑监督案

要旨：对于判处拘役或者3年以下有期徒刑并宣告缓刑的罪犯，在缓刑考验期内确有悔改表现或者有一般立功表现，一般不适用减刑。在缓刑考验期内有重大立功表现的，可以参照《刑法》第78条的规定予以减刑。人民法院对宣告缓刑罪犯裁定减刑适用法律错误的，人民检察院应当依法提出纠正意见。人民法院裁定维持原减刑裁定的，人民检察院应当继续予以监督。①

第七节　假　释

第81条②　【假释适用条件】被判处有期徒刑的犯罪分子，执行原判刑期二分之一以上，被判处无期徒刑的犯罪分子，实际执行十三年以上，如果认真遵守监规，接受教育改造，确有悔改表现，没

---

① 注：该案，南京市人民检察院认为南京市中级人民法院减刑不当，南京市中级人民法院以适用地方性规范为由，裁定维持减刑；南京市人民检察院再次监督，南京市中级人民法院再次再审，撤销了原减刑裁定。

② 第81条是根据2011年2月25日第11届全国人民代表大会常务委员会第19次会议通过的《刑法修正案（八）》（主席令第41号公布，2011年5月1日起施行）而修改；原第81条只有两款，内容为："被判处有期徒刑的犯罪分子，执行原判刑期二分之一以上，被判处无期徒刑的犯罪分子，实际执行十年以上，如果认真遵守监规，接受教育改造，确有悔改表现，假释后不致再危害社会的，可以假释。如果有特殊情况，经最高人民法院核准，可以不受上述执行刑期的限制。//　对累犯以及因杀人、爆炸、抢劫、强奸、绑架等暴力性犯罪被判处十年以上有期徒刑、无期徒刑的犯罪分子，不得假释。"

有再犯罪的危险的，可以假释。如果有特殊情况，经最高人民法院核准，可以不受上述执行刑期的限制。

对累犯以及因故意杀人、强奸、抢劫、绑架、放火、爆炸、投放危险物质或者有组织的暴力性犯罪被判处十年以上有期徒刑、无期徒刑的犯罪分子，不得假释。

对犯罪分子决定假释时，应当考虑其假释后对所居住社区的影响。

第82条　【假释程序】对于犯罪分子的假释，依照本法第七十九条规定的程序进行。非经法定程序不得假释。

● 条文注释　假释是指对确有悔改表现、不致再危害社会的犯罪分子，在执行一定的刑期（原判刑期二分之一以上，无期犯实际执行13年以上）[①]后，依照《刑法》第79条规定的程序，附条件地提前释放。这里的"确有悔改表现"与《刑法》第78条（关于减刑）规定中的一样，是指在服刑期间遵守监规，积极教育改造和生产劳动，认罪服法，真诚悔改等。应当注意的是，如果罪犯在服刑时提出申诉，不能一概地认为其没有悔改、不认罪服法。

但有三种例外情况：

（1）如果有涉及政治或外交等国家整体利益或社会重大利益的特殊情况，经最高人民法院核准，可以不受第81条第1款规定的执行刑期的限制。

（2）对累犯和第81条第2款所列的八种严重犯罪分子，如果被判处10年以上有期徒刑或者无期徒刑（包括死缓减为无期徒刑或有期徒刑），则一律不得假释。

（3）如果犯罪分子假释后会对所居住的社区产生重大不良影响，在司法实践中一般也不会将其假释。

● 相关规定　【法释〔1997〕5号】　最高人民法院关于适用刑法时间效力规定若干问题的解释（1997年9月25日最高人民法院审判委员会第937次会议通过）

第7条　1997年9月30日以前犯罪，1997年10月1日以后仍在服刑的犯

---

① 注：这里的被判处无期徒刑的犯罪分子，是指假释时仍执行无期徒刑。但这在司法实践中没有实际意义，因为假释的条件之一是"确有悔改表现"，而若符合这一条件，可能早就被减为有期徒刑了，根本无须等到"实际执行十三年以上"。

罪分子，因特殊情况，需要不受执行刑期限制假释的，适用刑法第81条第1款的规定，报经最高人民法院核准。

第8条　1997年9月30日以前犯罪，1997年10月1日以后仍在服刑的累犯以及因杀人、爆炸、抢劫、强奸、绑架等暴力性犯罪被判处10年以上有期徒刑、无期徒刑的犯罪分子，适用修订前的刑法第73条①的规定，可以假释。

【司办通〔2002〕89号】　外国籍罪犯管理工作研讨会纪要（2002年4月25～27日司法部监狱管理局在上海召开，京、冀、辽、吉、沪、闽、粤、桂、云、疆等10个省级监狱管理局外国籍罪犯主管处长和部分关押外国籍罪犯监狱的主管监狱长参会，外交部领事司、条约法律司，司法部司法协助外事司，上海市司法局外事办公室的有关负责同志应邀出席；司法部办公厅2002年10月29日印发）

三、……会议认为：

（二）在法律问题解决之前，仍坚持个案处理原则。对外交、领事上有特殊需要的案例，在有关国家承诺负责监管、对中方类似要求给予互惠并负担有关费用的情况下，可以对外国籍罪犯进行假释或暂予监外执行。

（三）办理外国籍罪犯假释，由外交部向最高人民法院和司法部提出建议，最高人民法院商司法部取得一致后指示各相关部门按法定程序办理。对依法判处危害国家安全罪的外国籍罪犯的减刑、假释应严格掌握，在呈报减刑、假释建议前要通报司法部监狱管理局。

【法释〔2006〕1号】　最高人民法院关于审理未成年人刑事案件具体应用法律若干问题的解释（2005年12月12日最高人民法院审判委员会第1373次会议通过，2006年1月11日公布，2006年1月23日起施行）

第18条　对未成年罪犯的减刑、假释，在掌握标准上可以比照成年罪犯依法适度放宽。

未成年罪犯能认罪服法，遵守监规，积极参加学习、劳动的，即可视为"确有悔改表现"予以减刑，其减刑的幅度可以适当放宽，间隔的时间可以相应缩短。符合刑法第81条第1款规定的，可以假释。

未成年罪犯在服刑期间已经成年的，对其减刑、假释可以适用上述规定。

---

①　注："修订前的刑法第73条"是指1979年《刑法》，其内容为：被判处有期徒刑的犯罪分子，执行原判刑期二分之一以上，被判处无期徒刑的犯罪分子，实际执行十年以上，如果确有悔改表现，不致再危害社会，可以假释。如果有特殊情节，可以不受上述执行刑期的限制。

【法发〔2010〕9号】　最高人民法院关于贯彻宽严相济刑事政策的若干意见（2010年2月8日印发）

四、准确把握和正确适用宽严"相济"的政策要求

34. 对于危害国家安全犯罪、故意危害公共安全犯罪、严重暴力犯罪、涉众型经济犯罪等严重犯罪；恐怖组织犯罪、邪教组织犯罪、黑恶势力犯罪等有组织犯罪的领导者、组织者和骨干分子；毒品犯罪再犯的严重犯罪者；确有执行能力而拒不依法积极主动缴付财产执行财产刑或确有履行能力而不积极主动履行附带民事赔偿责任的，在依法减刑、假释时，应当从严掌握。对累犯减刑时，应当从严掌握。拒不交代真实身份或对减刑、假释材料弄虚作假，不符合减刑、假释条件的，不得减刑、假释。

对于因犯故意杀人、爆炸、抢劫、强奸、绑架等暴力犯罪，致人死亡或严重残疾而被判处死刑缓期2年执行或无期徒刑的罪犯，要严格控制减刑的频度和每次减刑的幅度，要保证其相对较长的实际服刑期限，维护公平正义，确保改造效果。

对于未成年犯、老年犯、残疾罪犯、过失犯、中止犯、胁从犯、积极主动缴付财产执行财产刑或履行民事赔偿责任的罪犯、因防卫不当或避险过当而判处徒刑的罪犯以及其他主观恶性不深、人身危险性不大的罪犯，在依法减刑、假释时，应当根据悔改表现予以从宽掌握。对认罪服法，遵守监规，积极参加学习、劳动，确有悔改表现的，依法予以减刑，减刑的幅度可以适当放宽，间隔的时间可以相应缩短。符合刑法第81条第1款规定的假释条件的，应当依法多适用假释。

五、完善贯彻宽严相济刑事政策的工作机制

43. 对减刑、假释案件，要采取开庭审理与书面审理相结合的方式。对于职务犯罪案件，尤其是原为县处级以上领导干部罪犯的减刑、假释案件，要一律开庭审理。对于故意杀人、抢劫、故意伤害等严重危害社会治安的暴力犯罪分子，有组织犯罪案件中的首要分子和其他主犯以及其他重大、有影响案件罪犯的减刑、假释，原则上也要开庭审理。书面审理的案件，拟裁定减刑、假释的，要在羁押场所公示拟减刑、假释人员名单，接受其他在押罪犯的广泛监督。

【法释〔2011〕9号】　最高人民法院关于《中华人民共和国刑法修正案（八）》时间效力问题的解释（2011年4月20日最高人民法院审判委员会第1519次会议通过，2011年4月25日公布，2011年5月1日起施行）

第7条　2011年4月30日以前犯罪，被判处无期徒刑的罪犯，减刑以后或

者假释前实际执行的刑期,适用修正前刑法第78条第2款、第81条第1款的规定。

第8条 2011年4月30日以前犯罪,因具有累犯情节或者系故意杀人、强奸、抢劫、绑架、放火、爆炸、投放危险物质或者有组织的暴力性犯罪并被判处10年以上有期徒刑、无期徒刑的犯罪分子,2011年5月1日以后仍在服刑的,能否假释,适用修正前刑法第81条第2款的规定;2011年4月30日以前犯罪,因其他暴力性犯罪被判处10年以上有期徒刑、无期徒刑的犯罪分子,2011年5月1日以后仍在服刑的,能否假释,适用修正后刑法第81条第2款、第3款的规定。

【法研〔2011〕97号】 最高人民法院研究室关于假释时间效力法律适用问题的答复(2011年7月15日答复安徽高院"皖刑他字〔2011〕10号"请示)

一、根据刑法第12条的规定,应当以行为实施时,而不是审判时,作为新旧法选择适用的判断基础。故《最高人民法院关于适用刑法时间效力规定若干问题的解释》第8条规定的"1997年9月30日以前犯罪,1997年10月1日以后仍在服刑的累犯以及因杀人、爆炸、抢劫、强奸、绑架等暴力性犯罪被判处10年以上有期徒刑、无期徒刑的犯罪分子",包括1997年9月30日以前犯罪,已被羁押尚未判决的犯罪分子。

二、经《中华人民共和国刑法修正案(八)》修正前刑法第81条第2款规定的"暴力性犯罪",不仅包括杀人、爆炸、抢劫、强奸、绑架5种,也包括故意伤害等其他暴力性犯罪。

【法发〔2011〕20号】 最高人民法院关于进一步加强危害生产安全刑事案件审判工作的意见(最高人民法院2011年12月30日印发)

20.办理与危害生产安全犯罪相关的减刑、假释案件,要严格执行刑法、刑事诉讼法和有关司法解释规定。是否决定减刑、假释,既要看罪犯服刑期间的悔改表现,还要充分考虑原判认定的犯罪事实、性质、情节、社会危害程度等情况。

【公通字〔2012〕45号】 最高人民法院、最高人民检察院、公安部、司法部关于办理黑社会性质组织犯罪案件若干问题的规定(2012年9月11日印发)

八、刑罚执行

第27条(第3款) 对因犯组织、领导黑社会性质组织罪被判处10年以上有期徒刑、无期徒刑的罪犯,不得假释。

【法释〔2016〕23 号】　最高人民法院关于办理减刑、假释案件具体应用法律的规定（2016 年 9 月 19 日最高人民法院审判委员会第 1693 次会议通过，2016 年 11 月 14 日公布，2017 年 1 月 1 日起施行；替代 2012 年 7 月 1 日起施行的《最高人民法院关于办理减刑、假释案件具体应用法律若干问题的规定》①"法释〔2012〕2 号"）

第 1 条　减刑、假释是激励罪犯改造的刑罚制度，减刑、假释的适用应当贯彻宽严相济刑事政策，最大限度地发挥刑罚的功能，实现刑罚的目的。

第 3 条　"确有悔改表现"是指同时具备以下条件：

（一）认罪悔罪；

（二）遵守法律法规及监规，接受教育改造；

（三）积极参加思想、文化、职业技术教育；

（四）积极参加劳动，努力完成劳动任务。

对职务犯罪、破坏金融管理秩序和金融诈骗犯罪、组织（领导、参加、包庇、纵容）黑社会性质组织犯罪等罪犯，不积极退赃、协助追缴赃款赃物、赔偿损失，或者服刑期间利用个人影响力和社会关系等不正当手段意图获得减刑、假释的，不认定其"确有悔改表现"。

罪犯在刑罚执行期间的申诉权利应当依法保护，对其正当申诉不能不加分析地认为是不认罪悔罪。

第 22 条　办理假释案件，认定"没有再犯罪的危险"，除符合刑法第 81 条规定的情形外，还应当根据犯罪的具体情节、原判刑罚情况，在刑罚执行中的一贯表现，罪犯的年龄、身体状况、性格特征，假释后生活来源以及监管条件等因素综合考虑。

第 23 条　被判处有期徒刑的罪犯假释时，执行原判刑期二分之一的时间，应当从判决执行之日起计算，判决执行以前先行羁押的，羁押 1 日折抵刑期 1 日。

被判处无期徒刑的罪犯假释时，刑法中关于实际执行刑期不得少于 13 年的时间，应当从判决生效之日起计算。判决生效以前先行羁押的时间不予折抵。

---

① 注：最高人民法院还先后发布了另外两个同名文件，发文文号分别为"法（刑二）发〔1991〕28 号"（1991 年 10 月 10 日印发，于 2013 年 1 月 18 日被废止）和"法释〔1997〕6 号"（1997 年 10 月 29 日印发，于 2013 年 4 月 8 日被废止）。这三个《若干问题的规定》均为同名文件，文中也没注明修正或废止关系。这种情况较为少见，注意不要混淆。另，1997 年 10 月 29 日《最高人民法院印发〈关于办理减刑、假释案件具体应用法律若干问题的规定〉的通知》的发文文号为"法发〔1997〕25 号"。

被判处死刑缓期执行的罪犯减为无期徒刑或者有期徒刑后，实际执行15年以上，方可假释，该实际执行时间应当从死刑缓期执行期满之日起计算。死刑缓期执行期间不包括在内，判决确定以前先行羁押的时间不予折抵。

第24条 刑法第81条第1款规定的"特殊情况"，是指有国家政治、国防、外交等方面特殊需要的情况。

第25条 对累犯以及因故意杀人、强奸、抢劫、绑架、放火、爆炸、投放危险物质或者有组织的暴力性犯罪被判处10年以上有期徒刑、无期徒刑的罪犯，不得假释。

因前款情形和犯罪被判处死刑缓期执行的罪犯，被减为无期徒刑、有期徒刑后，也不得假释。

第26条 对下列罪犯适用假释时可以依法从宽掌握：

（一）过失犯罪的罪犯、中止犯罪的罪犯、被胁迫参加犯罪的罪犯；

（二）因防卫过当或者紧急避险过当而被判处有期徒刑以上刑罚的罪犯；

（三）犯罪时未满18周岁的罪犯；

（四）基本丧失劳动能力、生活难以自理，假释后生活确有着落的老年罪犯、患严重疾病罪犯或者身体残疾罪犯；

（五）服刑期间改造表现特别突出的罪犯；

（六）具有其他可以从宽假释情形的罪犯。

罪犯既符合法定减刑条件，又符合法定假释条件的，可以优先适用假释。

第27条 对于生效裁判中有财产性判项，罪犯确有履行能力而不履行或者不全部履行的，不予假释。

第28条 罪犯减刑后又假释的，间隔时间不得少于1年；对一次减去1年以上有期徒刑后，决定假释的，间隔时间不得少于1年6个月。

罪犯减刑后余刑不足2年，决定假释的，可以适当缩短间隔时间。

第30条 依照刑法第86条规定被撤销假释的罪犯，一般不得再假释。但依照该条第2款被撤销假释的罪犯，如果罪犯对漏罪曾作如实供述但原判未予认定，或者漏罪系其自首，符合假释条件的，可以再假释。

被撤销假释的罪犯，收监后符合减刑条件的，可以减刑，但减刑起始时间自收监之日起计算。

第31条 年满80周岁、身患疾病或者生活难以自理、没有再犯罪危险的罪犯，既符合减刑条件，又符合假释条件的，优先适用假释；不符合假释条件的，参照本规定第20条有关的规定从宽处理。

第32条 人民法院按照审判监督程序重新审理的案件，裁定维持原判决、裁定的，原减刑、假释裁定继续有效。

再审裁判改变原判决、裁定的，原减刑、假释裁定自动失效，执行机关应当及时报请有管辖权的人民法院重新作出是否减刑、假释的裁定。重新作出减刑裁定时，不受本规定有关减刑起始时间、间隔时间和减刑幅度的限制。重新裁定时应综合考虑各方面因素，减刑幅度不得超过原裁定减去的刑期总和。

再审改判为死刑缓期执行或者无期徒刑的，在新判决减为有期徒刑之时，原判决已经实际执行的刑期一并扣减。

再审裁判宣告无罪的，原减刑、假释裁定自动失效。

第38条（第2款）　人民法院办理减刑、假释案件时，可以向原一审人民法院核实罪犯履行财产性判项的情况。原一审人民法院应当出具相关证明。

（第3款）　刑罚执行期间，负责办理减刑、假释案件的人民法院可以协助原一审人民法院执行生效裁判中的财产性判项。

第39条　本规定所称"老年罪犯"，是指报请减刑、假释时年满65周岁的罪犯。

本规定所称"患严重疾病罪犯"，是指因患有重病，久治不愈，而不能正常生活、学习、劳动的罪犯。

本规定所称"身体残疾罪犯"，是指因身体有肢体或者器官残缺、功能不全或者丧失功能，而基本丧失生活、学习、劳动能力的罪犯，但是罪犯犯罪后自伤致残的除外。

对刑罚执行机关提供的证明罪犯患有严重疾病或者有身体残疾的证明文件，人民法院应当审查，必要时可以委托有关单位重新诊断、鉴定。

第40条（第1款）　本规定所称"判决执行之日"，是指罪犯实际送交刑罚执行机关之日。

第41条　本规定所称"财产性判项"是指判决罪犯承担的附带民事赔偿义务判项，以及追缴、责令退赔、罚金、没收财产等判项。

第42条　本规定自2017年1月1日起施行。以前发布的司法解释与本规定不一致的，以本规定为准。

【法释〔2019〕6号】　最高人民法院关于办理减刑、假释案件具体应用法律的补充规定（2019年3月25日最高人民法院审判委员会第1763次会议通过，2019年4月24日公布，2019年6月1日起施行）

为准确把握宽严相济刑事政策，严格执行《最高人民法院关于办理减刑、假释案件具体应用法律的规定》，现对《中华人民共和国刑法修正案（九）》施行后，依照刑法分则第8章贪污贿赂罪判处刑罚的原具有国家工作人员身份的罪犯的减刑、假释补充规定如下：

第1条　对拒不认罪悔罪的，或者确有履行能力而不履行或者不全部履行生效裁判中财产性判项的，不予假释，一般不予减刑。

第6条　对本规定所指贪污贿赂罪犯适用假释时，应当从严掌握。

第7条　本规定自2019年6月1日起施行。此前发布的司法解释与本规定不一致的，以本规定为准。

【法释〔2021〕1号】　最高人民法院关于适用《中华人民共和国刑事诉讼法》的解释（2020年12月7日最高法审委会第1820次会议修订，2021年1月26日公布，2021年3月1日施行）

第420条　报请最高人民法院核准因罪犯具有特殊情况，不受执行刑期限制的假释案件，应当按照下列情形分别处理：

（一）中级人民法院依法作出假释裁定后，应当报请高级人民法院复核。高级人民法院同意的，应当书面报请最高人民法院核准；不同意的，应当裁定撤销中级人民法院的假释裁定；

（二）高级人民法院依法作出假释裁定的，应当报请最高人民法院核准。

● 指导案例　【高检发办字〔2020〕24号】　关于印发最高人民检察院第19批指导性案例的通知（2019年12月31日最高人民检察院第13届检察委员会第30次会议通过，2020年2月28日印发，2020年6月3日公布）

（检例第71号）罪犯康某假释监督案

要旨：人民检察院办理未成年罪犯减刑、假释监督案件，应当比照成年罪犯依法适当从宽把握假释条件。对既符合法定减刑条件又符合法定假释条件的，可以建议刑罚执行机关优先适用假释。审查未成年罪犯是否符合假释条件时，应当结合犯罪的具体情节、原判刑罚情况、刑罚执行中的表现、家庭帮教能力和条件等因素综合认定。

第83条　【假释考验期限】有期徒刑的假释考验期限，为没有执行完毕的刑期；无期徒刑的假释考验期限为十年。

假释考验期限，从假释之日起计算。

第84条　【假释守则】被宣告假释的犯罪分子，应当遵守下列规定：

（一）遵守法律、行政法规，服从监督；
（二）按照监督机关的规定报告自己的活动情况；
（三）遵守监督机关关于会客的规定；
（四）离开所居住的市、县或者迁居，应当报经监督机关批准。

第 85 条[①] 【假释考验】对假释的犯罪分子，在假释考验期限内，依法实行社区矫正，如果没有本法第八十六条规定的情形，假释考验期满，就认为原判刑罚已经执行完毕，并公开予以宣告。

第 86 条 【假释撤销】被假释的犯罪分子，在假释考验期限内犯新罪，应当撤销假释，依照本法第七十一条的规定实行数罪并罚。

在假释考验期限内，发现被假释的犯罪分子在判决宣告以前还有其他罪没有判决的，应当撤销假释，依照本法第七十条的规定实行数罪并罚。

被假释的犯罪分子，在假释考验期限内，有违反法律、行政法规或者国务院有关部门关于假释的监督管理规定的行为，尚未构成新的犯罪的，应当依照法定程序撤销假释，收监执行未执行完毕的刑罚。[②]

● **条文注释** 被假释的犯罪分子，在第 83 条规定的假释考验期内，如果遵守第 84 条规定的假释守则和社区矫正规定，就不再执行原刑罚；否则，将被撤销假释，收监执行原未执行完的刑罚。如果在假释期间发现漏罪或发生新罪，也要撤销假释，并依照《刑法》第 70 条、第 71 条的规定进行数罪并罚。

需要注意的是，如果假释犯只是一般违法，并且与假释的监督管理规定无关，则不应该成为撤销假释的条件。[③]

---

① 第 85 条是根据 2011 年 2 月 25 日第 11 届全国人民代表大会常务委员会第 19 次会议通过的《刑法修正案（八）》（主席令第 41 号公布，2011 年 5 月 1 日起施行）而修改；原条文内容为："被假释的犯罪分子，在假释考验期限内，由公安机关予以监督，如果没有本法第八十六条规定的情形，假释考验期满，就认为原判刑罚已经执行完毕，并公开予以宣告。"

② 第 86 条第 3 款是根据 2011 年 2 月 25 日第 11 届全国人民代表大会常务委员会第 19 次会议通过的《刑法修正案（八）》（主席令第 41 号公布，2011 年 5 月 1 日起施行）而修改；原条文内容为："被假释的犯罪分子，在假释考验期限内，有违反法律、行政法规或者国务院公安部门有关假释的监督管理规定的行为，尚未构成新的犯罪的，应当依照法定程序撤销假释，收监执行未执行完毕的刑罚。"

③ 全国人民代表大会常务委员会法制工作委员会编：《中华人民共和国刑法释义》，法律出版社 2011 年版，第 106 页。

● 相关规定　【法(研)发〔1985〕18号】　最高人民法院关于人民法院审判严重刑事犯罪案件中具体应用法律的若干问题的答复(三)（1985年8月21日印发）①

36. 答：（第2段）对于被假释的犯罪分子，如果在假释考验期满后，才发现该罪犯在假释考验期限内又犯新罪，对尚未超过追诉时效期限的，也应当依照刑法第75条的有关规定，撤销假释，把前罪没有执行的刑罚和后罪所判处的刑罚，按照刑法第64条的规定，决定执行的刑罚。

【高检会(三)字〔1986〕2号】　最高人民法院、最高人民检察院、公安部、劳动人事部关于被判处管制、剥夺政治权利和宣告缓刑、假释的犯罪分子能否外出经商等问题的通知（1986年11月8日；详见《刑法》第39条相关规定）

【法释〔1997〕5号】　最高人民法院关于适用刑法时间效力规定若干问题的解释（1997年9月25日最高人民法院审判委员会第937次会议通过）

第9条　1997年9月30日以前被假释的犯罪分子，在1997年10月1日以后的假释考验期内，又犯新罪、被发现漏罪或者违反法律、行政法规或者国务院公安部门有关假释的监督管理规定的，适用刑法第86条的规定，撤销假释。

【高检监发〔1999〕29号】　最高人民检察院监所检察厅关于对江苏省人民检察院监所检察处《关于如何理解和确定刑法第八十六条第三款"未执行完毕的刑罚"的请示》的答复意见（1999年6月9日）

我厅经研究并征求最高人民法院有关部门的意见，认为罪犯陈健被撤销假释后，应根据刑法第86条第3款的规定，收监执行从假释之日起未执行完毕的剩余刑期。

【高检会〔2009〕3号】　中央社会治安综合治理委员会办公室、最高人民法院、最高人民检察院、公安部、司法部关于加强和规范监外执行工作的意见（2009年6月25日印发）

15. 被宣告缓刑、假释的罪犯在缓刑、假释考验期间有下列情形之一的，由与原裁判人民法院同级的执行地公安机关提出撤销缓刑、假释的建议：

（1）人民法院、监狱、看守所已书面告知罪犯应当按时到执行地公安机关

---

① 注：该《答复》已被《最高人民法院关于废止1980年1月1日至1997年6月30日期间发布的部分司法解释和司法解释性质文件（第9批）的决定（法释〔2013〕2号，2013年1月18日起施行)》宣布废止，废止理由是"答复依据已被废止，不再适用"；但该答复内容仍具有参鉴价值，本书予以收录。

报到，罪犯未在规定的时间内报到，脱离监管3个月以上的；

（2）未经执行地公安机关批准擅自离开所居住的市、县或者迁居，脱离监管3个月以上的；

（3）未按照执行地公安机关的规定报告自己的活动情况或者不遵守执行机关关于会客等规定，经过3次教育仍然拒不改正的；

（4）有其他违反法律、行政法规或者国务院公安部门有关缓刑、假释的监督管理规定行为，情节严重的。

16. 人民法院裁定撤销缓刑、假释后，执行地公安机关应当及时将罪犯送交监狱或者看守所收监执行。被撤销缓刑、假释并决定收监执行的罪犯下落不明的，公安机关可以按照有关程序上网追逃。

公安机关撤销缓刑、假释的建议书副本和人民法院撤销缓刑、假释的裁定书副本应当抄送罪犯居住地人民检察院监所检察部门。

【法释〔2016〕23号】 最高人民法院关于办理减刑、假释案件具体应用法律的规定（2016年9月19日最高人民法院审判委员会第1693次会议通过，2016年11月14日公布，2017年1月1日起施行；替代2012年7月1日起施行的《最高人民法院关于办理减刑、假释案件具体应用法律若干问题的规定》[①]"法释〔2012〕2号"）

第29条 罪犯在假释考验期内违反法律、行政法规或者国务院有关部门关于假释的监督管理规定的，作出假释裁定的人民法院，应当在收到报请机关或者检察机关撤销假释建议书后及时审查，作出是否撤销假释的裁定，并送达报请机关，同时抄送人民检察院、公安机关和原刑罚执行机关。

罪犯在逃的，撤销假释裁定书可以作为对罪犯进行追捕的依据。

第30条 依照刑法第86条规定被撤销假释的罪犯，一般不得再假释。但依照该条第2款被撤销假释的罪犯，如果罪犯对漏罪作如实供述但原判未予认定，或者漏罪系其自首，符合假释条件的，可以再假释。

被撤销假释的罪犯，收监后符合减刑条件的，可以减刑，但减刑起始时间自收监之日起计算。

[①] 注：最高人民法院还先后发布了另外两个同名文件，发文文号分别为"法（刑二）发〔1991〕28号"（1991年10月10日印发，于2013年1月18日被废止）和"法释〔1997〕6号"（1997年10月29日印发，于2013年4月8日被废止）。这三个《若干问题的规定》均为同名文件，文中也没注明修正或废止关系。这种情况较为少见，注意不要混淆。另，1997年10月29日《最高人民法院印发〈关于办理减刑、假释案件具体应用法律若干问题的规定〉的通知》的发文文号为"法发〔1997〕25号"。

第 42 条　本规定自 2017 年 1 月 1 日起施行。以前发布的司法解释与本规定不一致的，以本规定为准。

【司发通〔2020〕59 号】　中华人民共和国社区矫正法实施办法（2020 年 6 月 18 日最高人民法院、最高人民检察院、公安部、司法部印发，2020 年 7 月 1 日施行；2012 年 1 月 10 日司发通〔2012〕12 号《社区矫正实施办法》同时废止）

第 47 条　社区矫正对象在假释考验期内，有下列情形之一的，由执行地同级社区矫正机构提出撤销假释建议：

（一）无正当理由不按规定时间报到或者接受社区矫正期间脱离监管，超过 1 个月的；

（二）受到社区矫正机构两次警告，仍不改正的；

（三）其他违反有关法律、行政法规和监督管理规定，尚未构成新的犯罪的。

社区矫正机构一般向原审人民法院提出撤销假释建议。如果原审人民法院与执行地同级社区矫正机构不在同一省、自治区、直辖市的，可以向执行地人民法院提出建议，执行地人民法院作出裁定的，裁定书同时抄送原审人民法院。

社区矫正机构撤销假释的建议书和人民法院的裁定书副本同时抄送社区矫正执行地同级人民检察院、公安机关、罪犯原服刑或者接收其档案的监狱。

第八节　时　效

第 87 条　【追诉期限】犯罪经过下列期限不再追诉：

（一）法定最高刑为不满五年有期徒刑的，经过五年；

（二）法定最高刑为五年以上不满十年有期徒刑的，经过十年；

（三）法定最高刑为十年以上有期徒刑的，经过十五年；

（四）法定最高刑为无期徒刑、死刑的，经过二十年。如果二十年以后认为必须追诉的，须报请最高人民检察院核准。

第 88 条[①] 【无限追诉期限】在人民检察院、公安机关、国家安全机关立案侦查或者在人民法院受理案件以后,逃避侦查或者审判的,不受追诉期限的限制。

被害人在追诉期限内提出控告,人民法院、人民检察院、公安机关应当立案而不予立案的,不受追诉期限的限制。

第 89 条 【追诉期限的计算】追诉期限从犯罪之日起计算;犯罪行为有连续或者继续状态的,从犯罪行为终了之日起计算。

在追诉期限以内又犯罪的,前罪追诉的期限从犯后罪之日起计算。

● 条文注释 刑事追诉时效制度的设立,是为了约束刑事司法权力和刑事自诉人的刑事诉权,防止刑事案件久拖不办,保障刑事诉讼相对人的合法权利,也激励和敦促其改过自新、不再犯罪。

对第 87 条规定的追诉期限的理解,需注意以下几点:

(1) 对于法定最高刑为有期徒刑的,其相应的追诉期限是绝对性规定。如果超过了追诉期限,即使最高人民检察院也无权核准追诉[②];已经追诉的,应当撤销案件,或者不起诉,或者终止审理。

(2) 对于法定最高刑为拘役的,如第 133 条之 1 规定的危险驾驶罪、第 280 条之 1 规定的使用虚假身份证件、盗用身份证件罪、第 284 条之 1 规定的代替考试罪等,其追诉期限应当适用 5 年。

(3) 对于法定最高刑为罚金的,如第 190 条规定的逃汇罪以及其他单位犯罪,其追诉期限应当适用 5 年。

(4) 对于法定最高刑为"5 年以下有期徒刑……"的,其追诉期限为 10 年;对于法定最高刑为"5 年以上有期徒刑"的(如第 103 条第 2 款规定的煽动分裂国家罪等),其追诉期限为 15 年。

(5) 对于法定有数个量刑幅度的,应根据犯罪情节确定适用的量刑幅度,再适用对应的追诉期限。

---

① 注:1979 年《刑法》第 77 条规定:"在人民法院、人民检察院、公安机关采取强制措施以后,逃避侦查或者审判的,不受追诉期限的限制。"现行《刑法》第 88 条对此作了重大修改,增加了"国家安全机关",并且将"采取强制措施以后"修改为"立案侦查"或"受理案件以后";同时增加了第 2 款规定。

② 关于核准追诉的程序性规定见《刑事诉讼法全厚细》第二编第三章(提起公诉)的"核准追诉"专辑。

（6）对于2人以上的共同犯罪，如果各犯涉及的具体案情、罪名不同，或者涉及刑事责任年龄问题，则各犯适用的追诉期限也可能各不相同。

对第88条规定的无限追诉期限的理解，需注意以下几点：

（1）从立法原意上理解，第88条第1款规定的"人民法院受理案件"应当是指刑事自诉案件的受理；第88条第2款规定的"人民法院、人民检察院、公安机关应当立案"分别是指刑事自诉案件、检察院自侦案件、其他刑事案件的立案。

（2）监察体制改革后，刑事诉讼法刻意排除了监察活动的适用。但对于监察机关立案调查的情形，实践中往往会比照适用第88条第1款、第2款，虽然（严格地说）不符合法律规定。

（3）从文字表述上看，第88条第2款规定排除了国家安全机关、军队、海警、监狱机关的适用；但这样理解不符合立法宗旨。

（4）第88条第1款规定的"逃避侦查或者审判"应当是一种主动故意的行为，由办案机关负责举证。如果犯罪分子作案后仍在原地生活，或者公开地外出务工或经商等，没有隐名、易容等隐匿身份的行为，不应当视作"逃避侦查或者审判"。

（5）立案后因为证据不足等原因撤销案件的，应当视作未立案；但行为人故意给办案机关提供虚假证据导致销案的除外（这种情形可以理解为"逃避侦查"或者"应当立案而不予立案"）。

（6）立案后，行为人并未逃避侦查，由于办案机关工作疏漏或怠于职责等原因而导致长期"挂案"或不能继续追诉等情形的，理论上应当受追诉时效的限制。①

（7）第88条第1款并未规定"逃避审查起诉"的情形。对此，可以根据刑事诉讼法关于补充侦查的规定："人民检察院审查案件，对于需要补充侦查的，可以退回公安机关补充侦查，也可以自行侦查"，迂回到"逃避侦查"的情形。

（8）第88条第2款的规定只适用于被害人提出控告的情形，不包括第三方举报或移交案件等情形。这里的"控告"应当包括直接报案行为。如果被害人年幼、死亡或者丧失行为能力，可以由其法定监护人或近亲属代为控告。

对第89条规定的追诉期限的计算，需注意以下几点：

（1）追诉期限的起始日期是"犯罪之日""犯罪行为终了之日"，而不是其次日。这与上诉、抗诉等其他刑事诉讼活动的期限"从第二日起算"是不一样的。

---

① 注：但如果追诉时效继续计算，会导致许多正常侦办的案件也很容易超过追诉时效。为此，本书认为，解决这一矛盾的最佳途径是通过修法或立法解释，明确立案侦查后的追诉时效重新计算。

(2) 第 89 条第 1 款规定的"连续状态",是指在一定时期内,以一个故意连续实施数个独立的犯罪行为触犯同一罪名(例如:在春节期间流窜多地实施入室抢劫)。"继续状态"也即持续状态,是指同一犯罪行为在一定时间内处于接连不断的状态(例如:非法拘禁他人)。

(3) 第 89 条第 2 款规定的"在追诉期限以内又犯罪"并未限定后罪与前罪为同一罪名,但要求后罪必须能够单独地构成犯罪;不论前后 2 次犯罪是否同一罪名,都应当各自单独计算追诉期限。如果前后 2 次犯罪是同一罪名,则应当一并追诉,不能数罪并罚;此时,如果该罪是数额犯,应当将前后 2 次犯罪的数额累加,再适用相应的追诉期限。

(4) 第 89 条第 2 款规定的"后罪"犯罪行为如果有连续或者继续状态,"犯后罪之日"同样应当指犯罪行为终了之日。

(5) 在前罪(重罪)追诉期限内又犯轻罪,由于前罪追诉期限的中断,并且大于后罪的追诉期限,则会出现后罪已过追诉期限、而前罪仍可追诉的情形。但如果"后罪"因证据不足而未被追诉,或被法院宣告无罪,则不能中断前罪的追诉时效。

(6) 对于 2 人以上的共同犯罪,如果其中 1 人在追诉期限内又犯新罪,则对该犯重新计算追诉期限,但不影响其他共犯的追诉期限。

特别要注意的是,第 89 条并未规定追诉时效的截止日期,由此出现多种不同的理解:

(1) 应当以刑事立案日为追诉截止日期。理由:①刑事追诉活动涵盖了立案、侦查、起诉、审判等各个环节,刑事立案就已经开启了追诉活动。②立案以后,各诉讼环节的办案期限可以依法延长、中止、中断,若追诉期限仍在继续计算,则在依法办案过程中就可能"过了追诉期限",不利于打击犯罪活动。③《最高人民检察院关于贪污罪追诉时效问题的复函》(高检经函字〔82〕5 号)[①] 曾规定:检察机关决定立案时未过追诉期限的贪污犯罪,在立案以后的侦查、起诉或者判时超过追诉期限的,不得认为是超过追诉时效的犯罪,应当继续依法追究。④《最高人民法院、最高人民检察院关于办理行贿刑事案件具体应用法律若干问题的解释》(法释〔2012〕22 号)第 13 条规定:"被追诉前",是指检察机关对行贿人的行贿行为刑事立案前。⑤《最高人民法院关于被

[①] 注:该《复函》已被《最高人民检察院关于废止部分司法解释和规范性文件的决定》(高检发释字〔2002〕2 号,2002 年 2 月 25 日公布施行)宣布废止。废止理由:该复函中的相关内容与《刑法》第 87 条、第 382 条、第 383 条的规定不一致,不再适用。

告人林少钦受贿请示一案的答复》（刑他字〔2016〕5934号）规定：依据立案侦查时的法律规定未过时效，且已经进入诉讼程序的案件，在新的法律规定生效后应当继续审理。

（2）应当以提起公诉（刑事自诉）日为追诉截止日期。理由：①《现代汉语词典》中追诉的含义是"司法机关或有告诉权的人对有犯罪行为的人在其犯罪后一定期限内，依法提起诉讼，追究刑事责任"。②第87条第（四）项规定，"……20年以后认为必须追诉的，须报请……"，说明最高人民检察院核准时，已经属于启动了刑事追诉活动。③《人民检察院刑事诉讼规则》（高检发释字〔2019〕4号）第321条第1款规定：须报请最高人民检察院核准追诉的案件，公安机关在核准之前可以依法对犯罪嫌疑人采取强制措施。说明公安机关在立案侦查时并不涉及追诉核准问题，即不属于启动了追诉活动。④《人民检察院刑事诉讼规则》（高检发释字〔2019〕4号）第321条第3款规定：未经最高人民检察院核准（追诉），不得对案件提起公诉。说明提起公诉即属于启动追诉活动。

（3）应当以一审判决日为追诉截止日期。理由：①根据第88条第1款的规定，在人民检察院、公安机关、国家安全机关立案侦查或者在人民法院受理案件以后，如果行为人没有逃避侦查或者审判，则仍然受追诉期限的限制。这说明：立案侦查或受理案件，并没有导致追诉期限的截止。②以一审判决日为追诉截止日期，可以督促办案机关积极作为，提高办案效率。

本书认为：对犯罪分子的追诉活动涵盖了立案侦查、提起公诉（或刑事自诉）以及审判等全部环节，因此以终审判决之日作为追诉截止日期较为合理；但应当通过修法或立法解释，规定刑事立案侦查、提起公诉（自诉）、一审判决等活动均产生时效中断，即重新计算追诉时效[①]（各具体环节的办案期限不变）。这样可以解决《刑法》第88条"未逃避侦查或者审判"情形的适用问题，也可以避免超期羁押或长期"挂案"。

● 相关规定 【法释〔1997〕5号】 最高人民法院关于适用刑法时间效力规定若干问题的解释（1997年9月25日最高人民法院审判委员会第937次会议通过）

第1条 对于行为人1997年9月30日以前实施的犯罪行为，在人民检察院、公安机关、国家安全机关立案侦查或者在人民法院受理案件以后，行为人逃避侦查或者审判，超过追诉期限或者被害人在追诉期限内提出控告，人民法

---

① 注：如果时效直接中断而导致的追诉期限太长，也可以规定时效中断后的追诉期限固定为5年。

院、人民检察院、公安机关应当立案而不予立案,超过追诉期限的,是否追究行为人的刑事责任,适用修订前的刑法第77条①的规定。

【公复字〔2000〕11号】 公安部关于刑事追诉期限有关问题的批复(2000年10月25日答复陕西省公安厅"陕公法发〔2000〕29号"请示)

根据从旧兼从轻原则,对1997年9月30日以前实施的犯罪行为,追诉期限问题应当适用1979年刑法第77条的规定,即在人民法院、人民检察院、公安机关采取强制措施以后逃避侦查或者审判的,不受追诉期限的限制。

【法释〔2003〕16号】 最高人民法院关于挪用公款犯罪如何计算追诉期限问题的批复(2003年9月18日最高人民法院审判委员会第1290次会议通过,2003年9月22日公布,答复天津市高级人民法院"津高法〔2003〕4号"请示,2003年10月10日起施行)

根据刑法第89条、第384条的规定,挪用公款归个人使用,进行非法活动的,或者挪用公款数额较大、进行营利活动的,犯罪的追诉期限从挪用行为实施完毕之日起计算;挪用公款数额较大、超过3个月未还的,犯罪的追诉期限从挪用公款罪成立之日起计算。挪用公款行为有连续状态的,犯罪的追诉期限应当从最后一次挪用行为实施完毕之日或者犯罪成立之日起计算。

最高人民法院刑事审判第二庭关于国有公司人员滥用职权犯罪追诉期限等问题的答复(2005年1月13日答复公安部经济犯罪侦查局"公经〔2004〕1914号"征询函)

二、国有公司人员滥用职权或失职罪的追诉期限应从损失结果发生之日起计算。就本案而言,追诉期限应以法律意义上的损失发生为标准,即以人民法院民事终审判决之日起计算。

【高检发侦监字〔2012〕21号】 最高人民检察院关于办理核准追诉案件若干问题的规定(2012年10月9日印发施行;详见《刑事诉讼法全厚细》第二编第3章"核准追诉"专辑)

【法工办发〔2014〕277号】 全国人民代表大会常务委员会法制工作委员会对刑法追诉时效制度有关规定如何理解适用的答复意见(2014年7月17日答复最高检办公厅"高检办字〔2014〕107号"征求意见函)

---

① 注:"修订前的刑法第77条"的内容为:在人民法院、人民检察院、公安机关采取强制措施以后,逃避侦查或者审判的,不受追诉期限的限制。

一、关于1979年刑法第77条规定的"采取强制措施"如何理解的问题

1979年刑法第77条规定,在人民法院、人民检察院、公安机关采取强制措施以后,逃避侦查或者审判的,不受诉讼时效的限制。该条规定的"采取强制措施"包括已经批准对犯罪嫌疑人采取强制措施,但因犯罪嫌疑人逃匿,致使强制措施不能执行的情况。

二、关于1997年刑法生效前的案件,被害人家属于刑法生效后提出控告,公安机关应当立案而不立案,是否适用刑法第88条第2款的规定

1997年刑法修订后的刑法第12条第1款规定:中华人民共和国成立以后本法施行以前的行为,如果当时的法律不认为是犯罪的,适用当时的法律;如果当时的法律认为是犯罪的,依照本法总则第四章第八节的规定应当追诉的,按照当时的法律追究刑事责任,但是如果本法不认为是犯罪或者处刑较轻的,适用本法。根据上述规定,对1997年前发生的行为,被害人及其家属在1997年后刑法规定的时效内提出控告的,应当适用刑法第88条第2款的规定,不受追诉时效的限制。

【刑他字〔2016〕5934号】 最高人民法院关于被告人林少钦受贿请示一案的答复(2017年2月13日答复福建省高级人民法院"闽高法〔2016〕250号"《关于立案追诉后因法律司法解释修改导致追诉时效发生变化的案件法律适用问题的请示》)

追诉时效是依照法律规定对犯罪分子追究刑事责任的期限,在追诉时效期限内,司法机关应当依法追究犯罪分子刑事责任。对于法院正在审理的贪污贿赂案件,应当依据司法机关立案侦查时的法律规定认定追诉时效。依据立案侦查时的法律规定未过时效,且已经进入诉讼程序的案件,在新的法律规定生效后应当继续审理。

【法工办发〔2018〕257号】 全国人大常委会法制工作委员会对如何理解和适用1997年刑法第12条第1款规定有关问题的意见(2018年10月10日答复最高检法律政策研究室)

……对1997年刑法施行以前的犯罪行为,1997年刑法施行后在追诉时效期限内,具有"在人民检察院、公安机关、国家安全机关立案侦查或者在人民法院受理案件以后,逃避侦查或者审判"或者"被害人在追诉期限内提出控告,人民法院、人民检察院、公安机关应当立案而不予立案"情形的,适用1997年刑法第88条的规定,不受追诉期限的限制。

【法研〔2018〕90号】 最高人民法院研究室关于1979年法第77条规定的"采取强制措施"有关问题的答复》（2018年9月5日答复吉林高院请示）

1979年刑法第77条规定："在人民法院、人民检察院、公安机关采取强制措施以后，逃避侦查或者审判的，不受追诉期限的限制。"该条规定的"采取强制措施"，包括已经批准、决定对犯罪嫌疑人、被告人采取强制措施，但因犯罪嫌疑人、被告人逃匿，致使强制措施不能实际执行的情形。

【法研〔2019〕52号】 最高人民法院研究室关于如何理解和适用1997年刑法第十二条第一款规定有关问题征求意见的复函（2019年6月4日答复最高人民检察院法律政策研究室"高检办字〔2018〕235号"函）[1]

一、1997年刑法施行以前实施的犯罪行为，1997年刑法施行以后仍在追诉时效期限内，具有"在人民检察院、公安机关、国家安全机关立案侦查或者在人民法院受理案件以后，逃避侦查或者审判"或者"被害人在追诉期限内提出控告，人民法院、人民检察院、公安机关应当立案而不予立案"情形的，适用1997年刑法第88条的规定，不受追诉期限的限制。

二、1997年刑法施行以前实施的犯罪行为，1997年刑法施行时已超过期限的，是否追究行为人的刑事责任，应当适用1979年刑法第77条的规定。

● 指导案例　**【高检发研字〔2015〕3号】** 最高人民检察院第6批指导性案例（2015年7月1日最高检第12届检委会第37次会议通过，2015年7月3日）[2]

第五章　其他规定

> **第90条　【民族自治地方的变通】** 民族自治地方不能全部适用本法规定的，可以由自治区或者省的人民代表大会根据当地民族的政治、经济、文化的特点和本法规定的基本原则，制定变通或者补充的规定，报请全国人民代表大会常务委员会批准施行。

---

[1] 注：本《复函》参考了《全国人大常委会法制工作委员会对如何理解和适用1997年刑法第十二条第一款规定有关问题的意见》（2018年10月10日）。

[2] 注：第6批印发了4个指导性案例（检例第20～23号），分别为：马世龙（抢劫）核准追诉案，丁国山等（故意伤害）核准追诉案，杨菊云（故意杀人）不核准追诉案，蔡金星、陈国辉等（抢劫）不核准追诉案。详见《刑事诉讼法全厚细》第二编第3章"核准追诉"专辑。

● **条文注释** 第90条规定的对刑法适用的民族自治变通有3个条件：

（1）在我国设立的民族自治县、自治州或自治区，因为传统文化或风俗习惯无法完全适用本法。

（2）由所在的省级人民代表大会根据当地民族的特殊传统和刑法的基本原则，制定变通或补充规定。

（3）报全国人民代表大会常务委员会批准。

第91条 【公共财产】本法所称公共财产，是指下列财产：

（一）国有财产；

（二）劳动群众集体所有的财产；

（三）用于扶贫和其他公益事业的社会捐助或者专项基金的财产。

在国家机关、国有公司、企业、集体企业和人民团体管理、使用或者运输中的私人财产，以公共财产论。

第92条 【私有财产】本法所称公民私人所有的财产，是指下列财产：

（一）公民的合法收入、储蓄、房屋和其他生活资料；

（二）依法归个人、家庭所有的生产资料；

（三）个体户和私营企业的合法财产；

（四）依法归个人所有的股份、股票、债券和其他财产。

● **条文注释** 第91条、第92条对财产在法律意义上的公有或私有进行了界定。其中"国有财产"主要包括国家机关、国有企事业单位和人民团体中的财产。"集体所有的财产"主要包括集体所有制的企事业单位、经济组织中的财产。注意，公民合伙经营积累的财产属于合伙人共有，不属于集体所有的财产。"公益事业"主要是指服务于社会公益的学校、残疾人康复中心、养老院、希望工程等。

公民的"合法收入"主要包括公民的工资收入和其他各种劳动所得；"房屋"是指公民私人所有的住宅和其他建筑物；"生活资料"主要是指公民的家具、交通工具等各种生活用品。"生产资料"包括各种劳动工具和劳动对象，如劳动机械、生产设备、庄稼、牲畜、家禽、种植的农林作物以及用于生产的原料等。"个体户"包括个体工商户和农村承包经营户。依法归个人所有的"其他财产"包括受继承、受馈赠等而获得的财产。

根据《关于清产核资中全民所有制企业资产清查登记有关问题的暂行规定》《部分省市城镇集体企业清产核资产权界定座谈会会议纪要》《劳动就业服务企业产权界定规定》《国家国有资产管理局关于用国有资产开办的集体企业或经营单位产权归属问题的通知》《关于清产核资中全民所有制企业、单位对外投资的清理和界定的暂行规定》等相关规定,国有资产的范围如下:

1. 全民所有制企业的各项资产,包括国家直接投入和核准留用利润形成的积累及其他权益均属国有资产。

2. 全民所有制企业因接受馈赠或其他收益形成的各项账外资产,均属于法人资产的一部分,资产的国有性质不得改变,都必须按规定进行清查登记,没有入账的应按规定相应作价入账。

3. 全民所有制企业从成本中提取的工资基金、福利基金、奖励基金等消费性质资金结余可作"视同负债"处理,但用于购建集体福利设施的,应视为国有资产,从留利中形成的职工福利基金的奖励基金,暂作为国有资产进行清查登记。

4. 全民所有制中党、团、工会组织等使用的财产,除以个人缴纳党费、会费等结余购建的资产外,其余均属于国有资产。

5. 全民所有制企业用集资或筹资等形成的资产,在资产清查登记工作中按照以下规定进行处理:(1)企业向个人集资或筹资凡实行还本付息的,其资产所有权归国家所有并按债权性质登记,不得分股到个人。(2)对未经批准自己决定实行内部职工入股的,应补办有关批准手续。凡没有合法手续的均视同为借款性质处理,由集资单位负责清理并逐步偿还。

6. 以全民所有制企业和行政事业单位担保,完全用国内外借入资金创办的或完全由其他单位借款创办的全民所有制企业,其收益积累的净资产,界定为国有资产。

7. 集体企业依据国家规定享受税前还贷形成的资产,其中属于国家税收应收未收税款部分,界定为国有资产,依据国家规定享受减免税形成的资产,其中列为"国家扶持基金"等投资性的减免税部分界定为国家国有资产。

8. 供销、手工业、信用等合作社中由国家拨入的资本金(含资金或者实物)界定为国有资产,经国有资产管理部门会同有关部门核定数额后,继续留给合作社使用,由国家收取资产占用费。上述国有资产的增值部分由于历史原因无法核定的,可以不再追溯产权。

9. 集体的合作社改组为股份制企业时,国有土地折价部分形成的国家股份或其他所有者权益,界定为国家资产。

10. 国家对集体企业的投资及其收益形成的所有者权益，其产权归国家所有。

11. 社团管理的资产如属行业性机构管理的社团资产，其形成资产完全属于国家投入，应界定为国有资产；一些群众性民间社团组织的资产，属于国家投入的应界定为国有资产。

12. 对集体企业主管部门管理的全民事业单位及其再投资举办的集体企业的产权界定应本着"尊重历史、尊重事实"的原则进行。对于属于全民性质，纳入预算管理的事业单位的资产应界定为国有资产；对于上述事业单位投资举办的集体企业的界定政策，与国有企业举办的集体企业的产权界定工作政策相同。

13. 城镇集体企业在创办初期和发展过程中，国有企业（单位）投入的资金，实物以及无形资产，当时未约定的，在符合国家政策的前提下应按约定办理；当时未约定投资或债权关系的，如集体企业确实无法偿还的，经双方协商转作为投资，其投资额及其收益形成的所有者权益界定为国家所有；如双方协商作为借款，应由双方签定按期偿还协议，借款单位（国有企业、单位）保留、追索清偿国有资产权益的权利。

14. 劳服企业资产中界定为国有资产的，原主办或扶持单位不得无故抽回，该劳服企业继续有偿使用。

15. 完全用国有资产开办登记注册为集体所有制性质的企业或经营单位，由国家投资及投资的经营收益新形成的资产属国家所有。

16. 全民企业、单位在举办和支持有关企业发展过程中采取下列办法转移全民企业利润，有关企业、单位从中获益形成的资产为国有资产。（1）全民企业将重要生产资料供应业务和紧缺商品批发业务，划归有关企业、单位经营的；（2）全民企业自身经营微利或亏损产品，而将高利产品交给有关企业、单位经营的；（3）全民企业让有关企业、单位经营其产品或者供应原料，双方拨交价格和等级未按正常市场价格或国家规定价格核算的。

17. 新建的企业、单位，开办和建设资金完全以全民企业、单位名义贷款筹措的，其经营积累形成的资产属于国有资产。

18. 全民所有制企、事业单位，将本企业、单位的生产车间、部门无偿划归其他企业、单位经营，其资产及其相应的增值部分属国有资产。

19. 全民企业、单位对其他企业、单位投资，按照投资应取得的资产收益留用于继续发展的，均属于再投入性质，其留用的收益及其应分得的增值属于国有资产。

20. 其他企业、单位财产由全民企业、单位实际使用，凡全民企业、单位已经补偿过的，其所有权属于国有资产。

21. 各级工会举办集体企业投入的资产、资金及形成的权益，属于国家投入的，应界定为国有资产。

● **相关规定** 　【国资法规发〔1993〕68号】　**国有资产产权界定和产权纠纷处理暂行办法**（国家国有资产管理局1993年11月21日发布）

第4条　产权界定应遵循"谁投资、谁拥有产权"的原则进行。在界定过程中，既要维护国有资产所有者及经营使用者的合法权益，又不得侵犯其他财产所有者的合法权益。

第7条　国家机关及其所属事业单位占有、使用的资产以及政党、人民团体中由国家拨款等形成的资产，界定为国有资产。

第8条　全民所有制企业中的产权界定依下列办法处理：

1. 有权代表国家投资的部门和机构以货币、实物和所有权属于国家的土地使用权、知识产权等向企业投资、形成的国家资本金，界定为国有资产；

2. 全民所有制企业运用国家资本金及经营中借入的资金等所形成的税后利润经国家批准留给企业作为增加投资的部分以及税后利润中提取的盈余公积金、公益金和未分配利润等，界定为国有资产；

3. 以全民所有制企业和行政事业单位（以下统称全民单位）担保，完全用国内外借入资金投资创办的或完全由其他单位借款创办的全民所有制企业，其收益积累的净资产，界定为国有资产；

4. 全民所有制企业接受馈赠形成的资产，界定为国有资产。

5. 在实行《企业财务通则》、《企业会计准则》以前，全民所有制企业从留利中提取的职工福利基金、职工奖励基金和"两则"实行后用公益金购建的集体福利设施而相应增加的所有者权益，界定为国有资产；

6. 全民所有制企业中党、团、工会组织等占用企业的财产，不包括以个人缴纳党费、团费、会费以及按国家规定由企业拨付的活动经费等结余购建的资产，界定为国有资产。

第9条　集体所有制企业中国有资产所有权界定依下列办法处理：

1. 全民单位以货币、实物和所有权属于国家的土地使用权、知识产权等独资（包括几个全民单位合资，下同）创办的以集体所有制名义注册登记的企业单位，其资产所有权界定按照本办法第8条的规定办理，但依国家法律、法规规定或协议约定并经国有资产管理部门认定的属于无偿资助的除外；

2. 全民单位用国有资产在非全民单位独资创办的集体企业（以下简称集体企业）中的投资以及按照投资份额应取得的资产收益留给集体发展生产的资本

金及其权益,界定为国有资产;

3. 集体企业依据国家规定享受税前还贷形成的资产,其中属于国家税收应收未收的税款部分,界定为国有资产;集体企业依据国家规定享受减免税形成的资产,其中列为"国家扶持基金"等投资性的减免税部分界定为国有资产。经国有资产管理部门会同有关部门核定数额后,继续留给集体企业使用,由国家收取资产占用费。上述国有资产的增值部分由于历史原因无法核定的,可以不再追溯产权。

集体企业改组为股份制企业时,改组前税前还贷形成的资产中国家税收应收未收的税款部分和各种减免税形成的资产中列为"国家扶持基金"等投资性的减免税部分界定为国家股,其他减免税部分界定为企业资本公积金。

4. 集体企业使用银行贷款、国家借款等借贷资金形成的资产,全民单位只提供担保的,不界定为国家资产;但履行了连带责任的,全民单位应予追索清偿或经协商转为投资。

第10条 供销、手工业、信用等合作社中由国家拨入的资本金(含资金或者实物)界定为国有资产,经国有资产管理部门会同有关部门核定数额后,继续留给合作社使用。由国家收取资产占用费。上述国有资产增值部分由于历史原因无法核定的,可以不再追溯产权。

第11条 集体企业和合作社无偿占用国有土地的,应由国有资产管理部门会同土地管理部门核定其占用土地的面积和价值量,并依法收取土地占用费。

集体企业和合作社改组为股份制企业时,国有土地折价部分,形成的国家股份或其他所有者权益,界定为国家资产。

第12条 中外合资经营企业中国有资产所有权界定依下列办法处理:

1. 中方以国有资产出资投入的资本总额,包括现金、厂房建筑物、机器设备、场地使用权、无形资产等形成的资产,界定为国有资产。

2. 企业注册资本增加,按双方协议,中方以分得利润向企业再投资或优先购买另一方股份的投资活动中所形成的资产,界定为国有资产;

3. 可分配利润及从税后利润中提取的各项基金中中方按投资比例所占的相应份额,不包括已提取用于职工奖励、福利等分配给个人消费的基金,界定为国有资产;

4. 中方职工的工资差额,界定为国有资产;

5. 企业根据中国法律和有关规定按中方工资总额一定比例提取的中方职工的住房补贴基金,界定为国有资产;

6. 企业清算或完全解散时,馈赠或无偿留给中方继续使用的各项资产,界定为国有资产；

第 13 条　中外合作经营企业中国有资产所有权界定参照第 12 条规定的原则办理。

第 14 条　股份制企业中国有资产所有权界定依下列办法处理：

1. 国家机关或其授权单位向股份制企业投资形成的股份，包括现有已投入企业的国有资产折成的股份，构成股份制企业中的国家股，界定为国有资产；

2. 全民所有制企业向股份制企业投资形成的股份，构成国有法人股，界定为国有资产；

3. 股份制企业公积金、公益金中，全民单位按照投资应占有的份额，界定为国有资产；

4. 股份制企业未分配利润中，全民单位按照投资比例所占的相应份额，界定为国有资产。

第 15 条　联营企业中国有资产所有权界定参照第 14 条规定的原则办理。

【法工委发函〔2005〕105 号】　全国人大常委会法制工作委员会对《关于公司人员利用职务上的便利采取欺骗等手段非法占有股东股权的行为如何定性处理的批复》的意见（2005 年 12 月 1 日答复最高人民检察院法律政策研究室 2005 年 8 月 26 日函）

根据刑法第 92 条的规定，股份属于财产。采取各种非法手段侵吞、占有他人依法享有的股份，构成犯罪的，适用刑法有关非法侵犯他人财产的犯罪规定。

第 93 条　【国家工作人员的范围】本法所称国家工作人员，是指国家机关中从事公务的人员。

国有公司、企业、事业单位、人民团体中从事公务的人员和国家机关、国有公司、企业、事业单位委派到非国有公司、企业、事业单位、社会团体从事公务的人员，以及其他依照法律从事公务的人员，以国家工作人员论。

第 94 条　【司法工作人员的范围】本法所称司法工作人员，是指有侦查、检察、审判、监管职责的工作人员。

● 条文注释　第 93 条规定的"国家机关"是指依据宪法和法律设立的、依法承担一定的国家和社会公共事务的管理职责和权力的组织，包括国家立法机关、行政机关、司法机关、军事机关等。至于组织人事部门在编制上对其是按照行

政编制还是事业编制进行管理，不影响其作为国家机关的性质。在司法实践中，中国共产党机关和人民政协机关视同国家机关。

"从事公务的人员"是指在国家机关、国有企事业单位、人民团体中，或者被上述单位委派到非国有企事业单位、社会团体中，代表国家从事组织、领导、监督、管理各种国家事务和社会公共事务的人员，与这些人员本身的身份编制性质无关。这里的"委派"，包括委任、派遣、指派、提名、批准等各种形式，目的是代表国家机关或国有企事业单位从事组织、领导、监督、管理等工作。若国家工作人员自行到非国有企事业单位或社会团体中兼职，并从事与国家工作人员身份无关的管理工作，不以国家工作人员论。国有企业改为股份制以后，原工作人员除代表国有方行使监督、管理职权的人外，也不以国家工作人员论。需要注意的是，在上述单位中从事劳务性工作的人员，如司机、门卫、炊事员、清洁工等勤杂人员，以及解放军和武警部队的战士等，不属于刑法意义上"从事公务的人员"，不能以"国家工作人员"论。①

依法履行职责的各级人民代表大会代表、人民陪审员、交通协管员，以及在村民委员会、居民委员会等农村和城市基层组织中协助国家机关从事行政管理工作的人员，属于第93条规定的"其他依照法律从事公务的人员"。

"司法工作人员"主要包括以下几种人员：

（1）在公安机关、国家安全机关、检察机关、监狱中，依照《刑事诉讼法》规定的管辖分工，对案件进行侦查的人员。

（2）在检察机关中担任批准逮捕、审查起诉、出庭支持公诉、法律监督等工作职责的人员。

（3）在人民法院担任与审判工作有关的人员，如正副院长、正副庭长、审判委员会委员、审判员、书记员等。人民陪审员、仲裁委员会工作人员等是否属于刑法规定的司法工作人员，法律没有明确规定。

（4）在公安机关、国家安全机关、监狱、看守所和拘留所、未成年犯管教所、社区矫正机构中担任监管职责的人员。

（5）军队在刑事诉讼活动中负责侦查、检察、审判、监管等工作的人员，也属于司法工作人员。

（6）在其他司法或准司法（如纪检监察部门）机关单位中实际行使刑事案

---

① 全国人民代表大会常务委员会法制工作委员会编：《中华人民共和国刑法释义》，法律出版社2011年版，第114页。

本书认为，解放军和武警部队的战士在依法执行职务时，属于国家机关工作人员的范畴。

件侦查权的人员，也应当视作司法工作人员。①

（7）在上述机关中负责侦查、检察、审判、监管工作的领导人员，也属于司法工作人员。

● **立法解释** 全国人民代表大会常务委员会关于《中华人民共和国刑法》第九十三条第二款的解释（2000年4月29日第9届全国人大常委会第15次会议通过；2009年8月27日第11届全国人大常委会第10次会议修正，主席令第18号公布施行）

村民委员会等村基层组织人员协助人民政府从事下列行政管理工作，属于刑法第93条第2款规定的"其他依照法律从事公务的人员"：②

（一）救灾、抢险、防汛、优抚、扶贫、移民、救济款物的管理；

（二）社会捐助公益事业款物的管理；

（三）国有土地的经营和管理；

（四）土地征收、征用补偿费用的管理；③

（五）代征、代缴税款；

（六）有关计划生育、户籍、征兵工作；

（七）协助人民政府从事的其他行政管理工作。

村民委员会等村基层组织人员从事前款规定的公务，利用职务上的便利，非法占有公共财物、挪用公款、索取他人财物或者非法收受他人财物，构成犯罪的，适用刑法第382条和第383条贪污罪、第384条挪用公款罪、第385条和第386条受贿罪的规定。

注：在处理涉及村民委员会等村基层组织人员利用职务之便实施的违法犯罪活动如何正确适用刑法有关规定的问题上，要注意把握以下几点：④

---

① 最高人民法院应用法学所《人民法院案例选》（2007年第2辑）第9号典型案例"赵宏生刑讯逼供案"的裁判理由：从法理上分析，对本案中非严格意义上的司法工作人员视为本罪主体的做法，实际上是对刑法中"司法工作人员"的一种扩大解释，虽然会扩大刑法的处罚范围，不利于保障行为人的自由，但是，如果不进行扩大解释就不足以保护法益，而且扩大解释无损国民的预测可能性时，理所当然应当进行扩大解释。

② 注：我国农村的基层组织比较多，除村民委员会外，还有村党支部、团支部、妇联、村经联社、村经济合作社、农工商联合企业、治保会、民兵排、村民小组和各种协会等。

③ 注：第4项的原文为"土地征用补偿费用的管理"；根据2009年8月27日第11届全国人民代表大会常务委员会第10次会议通过的《关于修改部分法律的决定》（主席令第18号公布施行），将"征用"修改为"征收、征用"。

④ 本说明来源于中国人大网"全国人民代表大会常务委员会关于《中华人民共和国刑法》第九十三条第二款的解释释义"，http://www.npc.gov.cn/npc/flsyywd/xingfa/2004-10/20/content_337786.htm，最后访问日期：2021年10月1日。

第一，村委会等村基层组织人员的含义。根据宪法和村民委员会组织法的规定，村民委员会是村民自我管理、自我教育、自我服务的基层群众性自治组织。村民委员会办理本村的公共事务和公益事业，调解民间纠纷，协助维护社会治安，向人民政府反映村民的意见、要求和提出建议。我国农村的基层组织比较多，除村委会外，还有村党支部、村经联社、经济合作社、农工商联合企业、治保会、妇联、团支部、民兵排、村民小组和各种协会等。从目前出现的情况看，发生在村党支部、村委会和村经联社、经济合作社、农工商联合企业等掌管村经济活动的人身上的问题比较多。《解释》中所说的"村委会等村基层组织人员"，主要是指村党支部、村委会和村经联社、经济合作社、农工商联合企业等掌管村经济活动的组织的人员。因为他们是农村中最主要的可能协助政府从事行政管理工作的人员。

第二，应当以行为人是否从事公务作为是否应当将其以国家工作人员论的标准。关于村委会等村基层组织人员与国家工作人员的关系，实践中存在不同认识。有一种观点认为，国家工作人员是依法行使国家赋予的公共管理职权的人员。根据宪法和村民委员会组织法的规定，村民委员会是村民自我管理、自我教育、自我服务的基层群众性自治组织，村委会主任、副主任等村基层组织组成人员由村民直接选举产生，而不是依法任命；村委会成员不脱离生产，也不享受国家工作人员的工资福利待遇。对村委会等村基层组织人员以国家工作人员论，既与其实际享有的职权不符，也与其实际享有的待遇不相称，权利义务不对等。应当说上述观点是有一定道理的，村委会等村基层组织人员从其产生、任命、管理和实际承担的职责来看，均与一般国家工作人员有所不同，因此确实不能简单地说村委会等农村基层组织的人员就是国家工作人员。那么，究竟应当以什么标准来确定刑法第93条规定的国家工作人员的范围呢？既不应当简单地以行为人形式上所具有的身份，如是否经过有关机关任命来判断，也要防止随意扩大范围。根据刑法第93条的规定，国家工作人员分为3类：一类是国家机关中从事公务的人员；一类是国有公司、企业、事业单位、人民团体中从事公务的人员和国有公司、企业、事业单位委派到非国有公司、企业、事业单位、社会团体从事公务的人员；还有一类就是其他依照法律从事公务的人员。第一类国家工作人员即国家机关中从事公务的人员是本来意义上的国家工作人员，其内涵和外延是比较清楚的。后两类按照法律规定是以国家工作人员论的。但是不论是哪一类国家工作人员，其共同点都是"从事公务"。即使是在国家机关中工作的人员，如果其所承担的具体工作不属于公务活动，仍然不能作为国家工作人员。比如各级各类国家机关中的工勤人员等。当然，如果这些人员临时受指派从事公务活动或者虽然在内部编制上属于工勤人员，但是实际上承担从事公务活动的职责的，也属于国家工作人员。比如，一些国家机关中"以工代干"的人员。

同样，对于刑法第93条第1款规定的国家机关工作人员以外的，以国家工作人员论的人员来说，也应当以是否从事公务作为能否将其以国家工作人员论的标准，而不能随意扩大范围。根据村委会组织法的规定，乡镇基层人民政府对村民委员会的工作给予指导、支持和帮助，村委会协助基层人民政府开展工作。从实践中的情况来看，村委会与乡镇基层人民政府之间的关系是非常密切的，村委会的很多工作需要乡镇基层人民政府的指导与支持，乡镇基层人民政府的很多工作也离不开村委会等村基层组织的支持和协助，有一些具体工作也常常委托村委会等村基层组织来开展。因此村委会等村基层组织的人员依法协助基层人民政府开展工作或者受基层人民政府委托办理一些行政管理事项时，就属于刑法第93条第2款规定的"其他依照法律从事公务的人员"之一，应当以国家工作人员论。

第三，应当注意准确理解"依照法律从事公务"的含义。根据刑法第93条第2款的规定，村委会等村基层组织的人员依照法律从事公务时，应当以国家工作人员论。因此准确理解"依照法律从事公务"的含义，对于正确适用刑法的有关规定至关重要。"公务"按照一般理解是指公共事务，按照其性质可以分为国家事务和集体事务。国家事务是指为了实现国家的政治、军事、经济、文化等职能而进行的组织、领导、监督、管理活动。集体事务是指集体组织内部的事务的组织、领导、监督、管理活动。刑法第93条规定的公务显然是指国家事务，而不包括集体事务。由于村委会等村基层组织担负着从事大量的村集体事务的职责，同时又要协助乡镇基层人民政府的工作。这些基层组织的人员在从事国家事务或者本集体内部事务的过程中，都存在利用职务之便实施违法犯罪活动的可能性，但是其所构成的犯罪的性质又可能完全不同，因此在认定其所从事的公务的性质时，要注意具体问题具体分析，防止任意扩大公务范围的倾向。实践中在处理涉及村委会等村基层组织人员利用职务之便的违法犯罪活动时所产生的不同认识，往往就是因为对其所从事的公务活动的性质理解不一。

为了明确村委会等村基层组织人员从事哪些活动时属于依法从事公务，以便于正确理解和适用刑法的有关规定，本解释明确规定上述人员协助人民政府从事救灾、抢险、防汛、优抚、扶贫、移民、救济款物的管理，社会捐助公益事业款物的管理，国有土地的经营和管理，土地征用补偿费用的管理，代征、代缴税款，有关计划生育、户籍、征兵工作，以及协助人民政府从事其他行政管理工作时，属于依照法律从事公务。

救灾、抢险、防汛、优抚，是国家维护社会稳定和经济发展、保护人民生命财产安全而采取的重要措施，是政府的一项重要工作。实践中在农村的很多救灾、抢险、防汛、扶贫、移民、救济工作需要村委会等村基层组织来发动、组织村民积极参与，有的相关款物需要委托村委会等村基层组织管理。这种管理活动本身属于国家救灾、抢险、防汛工作的组成部分，村委会等村基层组织人员管理这些款物就是在从事国家公务。这些人员在管理上述特定款物的过程中侵吞、挪用或者索取、收受他人财物，构成犯罪的，应当依照刑法关于国家工作人员贪污罪、挪用公款罪、受贿罪的规定追究刑事责任。

这里的社会捐助公益事业款物的管理是指村委会等村基层组织人员协助人民政府实施的对社会捐助公益事业的款物的管理。如地方政府根据情况安排社会捐助公益事业的款物给某村用于村公益事业，并且委托村委会进行管理的，就属于从事公务。就是说这里的对社会捐助公益事业的款物的管理必须是带有政府公务性的，实践中有的自发的、零散的社会捐助并不一定通过政府部门管理和发放，比如公民或者单位自发向某村特定或不特定的村民捐助款物，村委会人员在参与这些款物的管理时不属于从事政府性的公务。如果发生侵吞、挪用或者索要、收受财物行为的，不能按照贪污罪、挪用公款罪、受贿罪追究，而应根据情况，分别按照民事侵权行为或者刑法关于侵占、挪用资金罪等规定处理。

上述事务的共同特征就是都已经超出了村集体事务的范围，属于应当由政府从事管理的事务的范畴。除此之外，国有土地的经营和管理，土地征用补偿费用的管理，代征、代缴税款，有关计划生育、户籍、征兵工作也都属于这一范畴，这里不作赘述。协助人民政府从事其他行政管理工作，是指除上述几项工作以外的其他属于从事公务的情形。由于基层政府与村委会等村基层组织之间的关系非常紧密，村委会等村基层组织人员受基层人民政府依法委托从事上述公务以外的其他公务活动时，也应当以国家工作人员论。实践中在认定这类情形时，要注意从行为人所从事的公务性质、内容、来源进行区分，防止把这些人员从事的本村的公共事务的管理认定为协助政府从事公务，从而不当地扩大公务的范围。

● **相关规定** 中共中央纪委法规室对《关于村委会主任（党员）利用职务之便收受财物行为如何处理的请示》的答复（2005年11月3日答复中共安徽省纪委"皖纪〔2005〕37号"请示）

……根据《中华人民共和国村民委员会组织法》等法律规定，你省该村支委会和村委会研究决定，将出售属于村林场木材所得款项30万元用于维修村级公路（未报乡政府审批）的活动，是村民自治范围内的经营、管理活动，不属于《党纪处分条例》第 95 条所列协助人民政府从事行政管理工作和依照党内法规从事党的纪检、组织（人事）、宣传等公务活动。……

【高检发法字〔2000〕7 号】 最高人民检察院对《关于中国证监会主体认定的请示》的答复函（2000 年 4 月 30 日答复北京市人民检察院"京检字〔2000〕41 号"请示）

经我院发函向中央机构编制委员会办公室查询核定，中央机构编制委员会办公室正式复函，答复如下："中国证券监督管理委员会为国务院直属事业单位，是全国证券期货市场的主管部门。其主要职责是统一管理证券期货市场，按规定对证券期货监管机构实行垂直领导，所以，它是具有行政职责的事业单位。据此，北京证券监督管理委员会干部应视同为国家机关工作人员。"请你们按中编办答复意见办。

【高检发法字〔2000〕17 号】 最高人民检察院对《关于中国保险监督管理委员会主体认定的请示》的答复（2000 年 10 月 8 日答复北京市人民检察院"京检字法〔2000〕1 号"请示）

经我院函（本书注：高检发法字〔2000〕13 号）请中央机构编制委员会办公室核定，中编办答复如下：中国保险监督管理委员会为国务院直属事业单位，是全国商业保险的主管部门。根据国务院授权履行行政管理职能，依法对全国保险市场实行集中统一的监督管理，对中国保险监督管理委员会的派出机构实行垂直领导。所以，对于中国保险监督管理委员会可参照对国家机关的办法进行管理。据此，中国保险监督管理委员会干部应视同国家机关工作人员。

【高检发研字〔2000〕9 号】 最高人民检察院关于镇财政所所长是否适用国家机关工作人员的批复（2000 年 5 月 4 日答复上海市人民检察院"沪检发〔2000〕30 号"请示）

对于属行政执法事业单位的镇财政所中按国家机关在编干部管理的工作人员，在履行政府行政公务活动中，滥用职权或玩忽职守构成犯罪的，应以国家机关工作人员论。

【高检发研字〔2000〕12 号】 最高人民检察院关于贯彻执行《全国人民代表大会常务委员会关于〈中华人民共和国刑法〉第九十三条第二款的解释》的通知（2000 年 6 月 5 日印发）

三、各级检察机关在依法查处村民委员会等村基层组织人员贪污、受贿、挪用公款犯罪案件过程中，要根据《解释》和其他有关法律的规定，严格把握界限，准确认定村民委员会等村基层组织人员的职务活动是否属于协助人民政府从事《解释》所规定的行政管理工作，并正确把握刑法第382条、第383条贪污罪、第384条挪用公款罪和第385条、第386条受贿罪的构成要件。对村民委员会等村基层组织人员从事属于村民自治范围的经营、管理活动不能适用《解释》的规定。

【高检发研字〔2000〕15号】 最高人民检察院关于《全国人民代表大会常务委员会关于〈中华人民共和国刑法〉第九十三条第二款的解释》的时间效力的批复（2000年6月29日答复天津市人民检察院）

《全国人民代表大会常务委员会关于〈中华人民共和国刑法〉第九十三条第二款的解释》是对刑法第93条第2款关于"其他依照法律从事公务的人员"规定的进一步明确，并不是对刑法的修改。因此，该《解释》的效力适用于修订刑法的实施日期，其溯及力适用修订刑法第12条的规定。

【法（研）明传〔2000〕12号】 最高人民法院研究室关于国家工作人员在农村合作基金会兼职从事管理工作如何认定身份问题的答复（2000年6月29日答复四川省高级人民法院"川高法〔2000〕105号"请示）

国家工作人员自行到农村合作基金会兼职从事管理工作的，因其兼职工作与国家工作人员身份无关，应认定为农村合作基金会一般从业人员；国家机关、国有公司、企业、事业单位委派到农村合作基金会兼职从事管理工作的人员，以国家工作人员论。

【高检发研字〔2000〕20号】 最高人民检察院关于合同制民警能否成为玩忽职守罪主体问题的批复（2000年10月9日答复辽宁省人民检察院"辽检发诉字〔1999〕76号"请示）

根据刑法第93条第2款的规定，合同制民警在依法执行公务期间，属其他依照法律从事公务的人员，应以国家机关工作人员论。对合同制民警在依法执行公务活动中的玩忽职守行为，符合刑法第397条规定的玩忽职守罪构成条件的，依法以玩忽职守罪追究刑事责任。

【高检发研字〔2000〕23号】 最高人民检察院关于属工人编制的乡（镇）工商所所长能否依照刑法第三百九十七条的规定追究刑事责任问题的批复（2000年10月31日答复江西省检"赣检研发〔2000〕3号"请示）

根据刑法第93条第2款的规定，经人事部门任命，但为工人编制的乡（镇）工商所所长，依法履行工商行政管理职责时，属其他依照法律从事公务的人员，应以国家机关工作人员论。如果玩忽职守，致使公共财产、国家和人民利益遭受重大损失，可适用刑法第397条的规定，以玩忽职守罪追究刑事责任。

【高检研发〔2003〕1号】 最高人民检察院法律政策研究室关于对海事局工作人员如何适用法律问题的答复（2003年1月13日答复辽宁省人民检察院研究室"辽检发渎检字〔2002〕1号"请示）

根据国办发〔1999〕90号、中编办函〔2000〕184号等文件的规定，海事局负责行使国家水上安全监督和防止船舶污染及海上设施检验、航海保障的管理职权，是国家执法监督机构。海事局及其分支机构工作人员在从事上述公务活动中，滥用职权或者玩忽职守，致使公共财产、国家和人民利益遭受重大损失的，应当依照刑法第397条的规定，以滥用职权罪或者玩忽职守罪追究刑事责任。

【高检研发〔2003〕2号】 最高人民检察院法律政策研究室关于佛教协会工作人员能否构成受贿罪或者公司、企业人员受贿罪主体问题的答复（2003年1月13日答复浙江省检研究室"检研请〔2002〕9号"请示）

佛教协会属于社会团体，其工作人员除符合刑法第93条第2款的规定属于受委托从事公务的人员外，既不属于国家工作人员，也不属于公司、企业人员[①]。根据刑法的规定，对非受委托从事公务的佛教协会的工作人员利用职务之便收受他人财物，为他人谋取利益的行为，不能按受贿罪或者公司、企业人员受贿罪追究刑事责任。

【高检研发〔2003〕9号】 最高人民检察院法律政策研究室关于集体性质的乡镇卫生院院长利用职务之便收受他人财物的行为如何适用法律问题的答复（函）（2003年4月2日答复山东省人民检察院研究室"鲁检发研字〔2001〕第10号"请示）

经过乡镇政府或者主管行政机关任命的乡镇卫生院院长，在依法从事本区域卫生工作的管理与业务技术指导，承担医疗预防保健服务工作等公务活动时，属于刑法第93条第2款规定的其他依照法律从事公务的人员。对其利用职务上的便利，索取他人财物的，或者非法收受他人财物，为他人谋取利益的，应当依照刑法第385条、第386条的规定，以受贿罪追究刑事责任。

[①] 注：2006年6月29日《刑法修正案（六）》扩大了刑法第163条的犯罪主体，佛教协会工作人员可以适用该条规定的"其他单位的工作人员"。另，2007年11月6日施行的《罪名补充规定（三）》（法释〔2007〕16号）将该条对应的"公司、企业人员受贿罪"修改为"非国家工作人员受贿罪"。

【高检研发〔2004〕17号】 最高人民检察院法律政策研究室关于国家机关、国有公司、企业委派到非国有公司、企业从事公务但尚未依照规定程序获取该单位职务的人员是否适用刑法第九十三条第二款问题的答复（2004年11月3日答复重庆市人民检察院法律政策研究室"渝检（研）〔2003〕6号"请示）

对于国家机关、国有公司、企业委派到非国有公司、企业从事公务但尚未依照规定程序获取该单位职务的人员，涉嫌职务犯罪的，可以依照刑法第93条第2款关于"国家机关、国有公司、企业委派到非国有公司、企业、事业单位、社会团体从事公务的人员"，"以国家工作人员论"的规定追究刑事责任。

【法〔2003〕167号】 全国法院审理经济犯罪案件工作座谈会纪要（2002年6月4日至6日在重庆市召开，各省、自治区、直辖市高级人民法院和解放军军事法院主管刑事审判工作的副院长和刑庭庭长参加，全国人大常委会法制工作委员会、最高人民检察院、公安部应邀派员参加；2003年11月13日印发）

一、关于贪污贿赂犯罪和渎职犯罪的主体

（一）国家机关工作人员的认定

刑法中所称的国家机关工作人员，是指在国家机关中从事公务的人员，包括在各级国家权力机关、行政机关、司法机关和军事机关中从事公务的人员。

根据有关立法解释的规定，在依照法律、法规规定行使国家行政管理职权的组织中从事公务的人员，或者在受国家机关委托代表国家行使职权的组织中从事公务的人员，或者虽未列入国家机关人员编制但在国家机关中从事公务的人员，视为国家机关工作人员。在乡（镇）以上中国共产党机关、人民政协机关中从事公务的人员，司法实践中也应当视为国家机关工作人员。

（二）国家机关、国有公司、企业、事业单位委派到非国有公司、企业、事业单位、社会团体从事公务的人员的认定

所谓委派，即委任、派遣，其形式多种多样，如任命、指派、提名、批准等。不论被委派的人身份如何，只要是接受国家机关、国有公司、企业、事业单位委派，代表国家机关、国有公司、企业、事业单位在非国有公司、企业、事业单位、社会团体中从事组织、领导、监督、管理等工作，都可以认定为国家机关、国有公司、企业、事业单位委派到非国有公司、企业、事业单位、社会团体从事公务的人员。如国家机关、国有公司、企业、事业单位委派在国有控股或者参股的股份有限公司从事组织、领导、监督、管理等工作的人员，应当以国家工作人员论。国有公司、企业改制为股份有限公司后，原国有公司、企业的工作人员和股份有限公司新任命的人员中，除代表国有投资主体行使监

督、管理职权的人外，不以国家工作人员论。

（三）"其他依照法律从事公务的人员"的认定

刑法第93条第2款规定的"其他依照法律从事公务的人员"应当具有两个特征：一是在特定条件下行使国家管理职能；二是依照法律规定从事公务。具体包括：

（1）依法履行职责的各级人民代表大会代表；

（2）依法履行审判职责的人民陪审员；

（3）协助乡镇人民政府、街道办事处从事行政管理工作的村民委员会、居民委员会等农村和城市基层组织人员；

（4）其他由法律授权从事公务的人员。

（四）关于"从事公务"的理解

从事公务，是指代表国家机关、国有公司、企业、事业单位、人民团体等履行组织、领导、监督、管理等职责。公务主要表现为与职权相联系的公共事务以及监督、管理国有财产的职务活动。如国家机关工作人员依法履行职责，国有公司的董事、经理、监事、会计、出纳人员等管理、监督国有财产等活动，属于从事公务。那些不具备职权内容的劳务活动、技术服务工作，如售货员、售票员等所从事的工作，一般不认为是公务。

【法发〔2010〕49号】　最高人民法院、最高人民检察院关于办理国家出资企业中职务犯罪案件具体应用法律若干问题的意见（2010年11月26日印发）

六、关于国家出资企业中国家工作人员的认定

经国家机关、国有公司、企业、事业单位提名、推荐、任命、批准等，在国有控股、参股公司及其分支机构中从事公务的人员，应当认定为国家工作人员。具体的任命机构和程序，不影响国家工作人员的认定。

经国家出资企业中负有管理、监督国有资产职责的组织批准或者研究决定，代表其在国有控股、参股公司及其分支机构中从事组织、领导、监督、经营、管理工作的人员，应当认定为国家工作人员。①

国家出资企业中的国家工作人员，在国家出资企业中持有个人股份或者同时接受非国有股东委托的，不影响其国家工作人员身份的认定。

---

① 注：在《意见》颁布之前，只有国家机关、国有独资公司、事业单位等委派到国有控股、参股公司从事公务的人员才属于国家工作人员。而本款规定将被委派单位内部的部分任命也认定为委派，有条件地认可国有控股、参股公司内部已被委托监督、管理国有资产的组织再次任命（"二次委派"）其他工作人员的委派性质，这是对国家工作人员范围的扩大解释。

【法刊文摘】 国家出资企业人员职务犯罪研讨会综述（2012年12月8日最高人民法院刑二庭会同山东省高级人民法院、东营市中级人民法院在东营市组织召开研讨会，研讨了《最高人民法院、最高人民检察院关于办理国家出资企业中职务犯罪案件具体应用法律若干问题的意见》的理解适用问题）[①]

一、关于《意见》的溯及力

多数意见认为，《意见》将"国家出资企业中负有管理、监督国有资产职责的组织"有条件地纳入了委派主体，与之前司法解释并不矛盾。《意见》虽然不是正式意义上的司法解释，但是在结合近年来反腐工作实践，根据相关政策精神和特定历史条件，并充分考虑国家出资企业人员职务犯罪新情况、新问题的前提下，制定的一个重要司法文件，司法实践中应当原则遵照执行。

二、关于国家出资企业的概念

多数意见认为，无论国家直接投资还是间接投资，只要企业中含有国有资本成分，不管份额大小，都应当认定为国家出资企业。如果仅将国家直接投资的企业认定为国家出资企业，这种做法既不符合刑法第93条的精神，也不利于国有资产的保护。此外，国家出资企业的认定与国家工作人员的认定是两个层面的问题，国家出资企业概念的扩大并不必然导致对国家工作人员打击范围的扩大。

三、国家工作人员的认定

（一）关于"负有管理、监督国有资产职责的组织"范围。

多数意见认为，"负有管理、监督国有资产职责的组织"，除国家资产监督管理机构，国有公司、企业、事业单位外，主要是指上级或者本级国家出资企业内部的党委、党政联席会。国家出资企业中的董事会、监事会不能认定是适格的委派主体。

（二）关于经国家出资企业上级或者本级党委任命、具有一定管理职责的人员，是否都认定为国家工作人员。

多数意见认为，关于国家出资企业人员的认定，特别是在被委派情形中的认定，不能仅依据国家机关，国有公司、企业、事业单位的提名、推荐、任命、批准或者国家出资企业中负有管理、监督国有资产职责的组织批准或者研究决定，还应当严格审查行为人所从事的工作是否具有公务性质。对于公务的理解要从严把握。公务首先是管理性的事务，而不是一般的技术性、业务性的活动，2003年《全国法院审理经济犯罪案件工作座谈会纪要》之所以将公务与劳务对

[①] 刊于最高人民法院刑事审判第一、二、三、四、五庭主办：《刑事审判参考》（2012年第6集）（总第89集），法律出版社2013年版。

应,在于更有针对性地强调公务与职权的关联性,突出公务的管理特征。在国家出资企业中,中层以上管理人员可被视为代表管理,监督国家资产职责的组织从事公务,中层以下管理人员如果主要从事的是事务性、技术性、业务性工作,一般不宜认定为从事公务。

(三)关于国有成分比例对国家工作人员的认定是否产生影响。

多数意见认为,将控股或者参股比例作为认定国家工作人员身份的依据,既不客观,也无法操作。在参股比例较低的企业中,国家工作人员身份的认定,关键要看企业人员从事的工作是否具有公务的性质。

(四)关于受国家出资企业委派,在不含有任何国有成分的公司、企业中从事管理工作人员身份的认定。

多数意见认为,应当根据被委派人员具体从事的活动是否具有公务性质认定其是否属于国家工作人员。通常情况下,不能认定该类人员为国家工作人员;但在特殊情况下,如在整改阶段,主管部门出于公共管理需要向非国有出资企业委派人员的,应当认定该被委派人员为从事公务。

刑事公诉案件证据审查指引(经最高检检委会各委员审核,最高检公诉厅2015年7月公布;关于犯罪主体的证据审查部分)

四、证明国家工作人员主体身份的证据(详见《刑事诉讼法全厚细》第50条)

(二)职务身份证据

1. 国家机关工作人员

证明国家机关工作人员主体身份,主要审查下列证据证实犯罪嫌疑人、被告人是否属于以下5类人员:①在各级国家权力机关行政机关、司法机关和军事机关中从事公务的人员;②在依照法律、法规规定行使国家行政管理职权的组织中从事公务的人员(例如保监会、银监会等);③在受国家机关委托代表国家行使职权的组织中从事公务的人员;④虽未列入国家机关人员编制但在国家机关中从事公务且代表国家机关行使职权的人员;⑤在乡(镇)以上中国共产党机关、人民政协机关中从事公务的人员。

2. 国有公司、企业、事业单位、人民团体中从事公务的人员

3. 国家机关、国有公司、企业、事业单位委派到非国有公司企业、事业单位、社会团体从事公务的人员

4. 其他依照法律从事公务的人员

主要通过审查以下证据,查明犯罪嫌疑人、被告人是否属于其他依照法律

从事公务的人员，包括：（1）依法履行职责的各级人民代表大会代表。（2）依法履行审判职责的人民陪审员。（3）协助乡镇人民政府、街道办事处从事行政管理工作的村民委员会、居民委员会等农村和城市基层组织人员，他们从事下列行政管理工作时属于其他依照法律从事公务的人员：①救灾、抢险、防汛、优抚、移民、救济款物的管理；②社会捐助公益事业捐助款物的管理；③国有土地的经营和管理；④土地征收、征用补偿费用的管理；⑤代征、代缴税款；⑥有关计划生育、户籍、征兵工作；⑦协助人民政府从事的其他行政管理工作。（4）其他由法律授权从事公务的人员，司法解释确认的有3种情形：①经过乡镇政府或者主管行政机关任命的乡镇卫生院院长，在依法从事本区域卫生工作的管理与业务技术指导，承担医疗预防保健服务工作等公务活动时；②经人事部门任命的工人编制的乡镇工商所长，履行工商行政管理职能时；③合同制民警在依法执行公务时。

【国监发〔2018〕2号】　国家监察委员会移送最高人民检察院职务犯罪案件证据收集审查基本要求与案件材料移送清单（国监委、最高检2018年5月11日印发）（略）

第95条　【重伤】 本法所称重伤，是指有下列情形之一的伤害：
（一）使人肢体残废或者毁人容貌的；
（二）使人丧失听觉、视觉或者其他器官机能的；
（三）其他对于人身健康有重大伤害的。

● **条文注释**　"肢体残废"是指肢体缺失或丧失功能，如双脚缺失5个以上的脚趾，肢体重要血管损伤严重影响肢体功能等。"毁人容貌"是指使他人的面容变形、丑陋或功能障碍，如眼球萎缩、面肌瘫痪、眼睑闭合不全等。

"丧失听觉"是指单耳听力减退90分贝以上或者双耳听力减退60分贝以上。"丧失视觉"是指单眼失明，或者双眼低视力，其中一眼低视力为二级，或者视野缺损半径小于10度。"丧失其他器官机能"是指其他器官缺失或者功能严重障碍，如女性乳房丧失哺乳能力、肾功能衰竭等。

"其他对于人身健康有重大伤害的"主要是指在受伤当时危及生命或者在损伤过程中可能引起威胁生命的并发症，以及其他严重影响人体健康的损伤，主要包括脑部、颈部、胸部、腹部、骨盆部损伤、脊柱或脊髓损伤以及烧伤、烫伤、冻伤、电击损伤、物理、化学或者生物等因素造成的损伤等。

需要注意的是：

（1）有多处损伤的，必须至少有一处符合重伤鉴定标准的规定才构成重伤，而不能够以多处轻伤相加视同为重伤。

（2）在以前的司法实践中，对"重伤"的鉴定主要是依据1990年3月29日司法部、最高人民法院、最高人民检察院、公安部联合印发的《人体重伤鉴定标准》（司发〔1990〕070号）；自2014年1月1日起，应当适用最高人民法院、最高人民检察院、公安部、国家安全部、司法部于2013年8月30日联合发布的《人体损伤程度鉴定标准》（详见《刑事诉讼法全厚细》第二编第2章第7节"鉴定"）。

● 相关规定 　【司鉴〔2014〕1号】　司法部司法鉴定管理局关于适用《人体损伤程度鉴定标准》问题的通知（经与最高法等有关部门协商，2014年1月6日印发。详见《刑事诉讼法全厚细》第二编第2章第7节"鉴定"）

【公通字〔2014〕33号】　公安机关讯问犯罪嫌疑人录音录像工作规定（公安部2014年9月5日印发，2014年10月1日起施行）

第3条　对讯问过程进行录音录像，应当对每一次讯问全程不间断进行，保持完整性，不得选择性地录制，不得剪接、删改。

第4条　对下列重大犯罪案件，应当对讯问过程进行录音录像：

（二）致人重伤、死亡的严重危害公共安全犯罪、严重侵犯公民人身权利犯罪案件。

前款规定的"讯问"，既包括在执法办案场所进行的讯问，也包括对不需要拘留、逮捕的犯罪嫌疑人在指定地点或者其住处进行的讯问，以及紧急情况下在现场进行的讯问。

【刑他字〔2010〕43号】　最高人民法院关于审理刑事案件中涉及人体损伤残疾程度鉴定如何适用鉴定标准问题的请示的批复的通知（2010年5月5日答复北京市高级人民法院"京高法〔2010〕43号"请示）

对于你市法院审理刑事案件中涉及人体损伤残疾程度的鉴定标准，在新的国家统一标准出台之前[①]，除职工工伤与职业病致残程度鉴定、道路交通事故受

[①] 注：最高人民法院、最高人民检察院、公安部、国家安全部、司法部于2016年4月18日联合公告发布了《人体损伤致残程度分级》，2017年1月1日起施行。该《分级》保留认可《劳动能力鉴定——职工工伤与职业病致残等级》（GB/T 16180-2014），但取代了《道路交通事故受伤人员伤残评定》（GB/T 18667-2002）。

伤人员伤残评定等有国家标准的鉴定外，其他情况下可由你院酌情确定统一适用的鉴定标准。

【法释〔2017〕13号】 最高人民法院、最高人民检察院关于办理组织、强迫、引诱、容留、介绍卖淫刑事案件适用法律若干问题的解释（2017年5月8日最高人民法院审判委员会第1716次会议、2017年7月4日最高人民检察院第12届检察委员会第66次会议通过，2017年7月21日公布，2017年7月25日起施行）

第12条（第2款） 具有下列情形之一，致使他人感染艾滋病病毒的，认定为刑法第95条第3项"其他对于人身健康有重大伤害"所指的"重伤"，依照刑法第234条第2款的规定，以故意伤害罪定罪处罚：

（一）明知自己感染艾滋病病毒而卖淫、嫖娼的；

（二）明知自己感染艾滋病病毒，故意不采取防范措施而与他人发生性关系的。

【公通字〔2019〕23号】 最高人民法院、最高人民检察院、公安部、司法部关于依法严厉打击传播艾滋病病毒等违法犯罪行为的指导意见（2019年5月19日）

四、健全完善工作机制

（三）……有确实、充分的证据证明致人感染艾滋病病毒的，应当认定为刑法第95条第3项"其他对于人身健康有重大伤害"规定的"重伤"，无需另行证明艾滋病病毒的具体危害。

第96条 【违反国家规定】 本法所称违反国家规定，是指违反全国人民代表大会及其常务委员会制定的法律和决定，国务院制定的行政法规、规定的行政措施、发布的决定和命令。

● **条文注释** 第96条界定了"国家规定"的范畴，包括两个方面：

（1）全国人民代表大会制定的宪法和法律，以及全国人大常委会制定的各种法律、法律修改与解释和各种决定。

（2）国务院制定（包括国务院直属部委制定、以国务院名义发布）的各种行政法规、行政措施、发布的决定和命令。

需要注意的是，地方各级人民代表大会及其常务委员会制定的地方性法规，以及国务院各部委制定和发布的其他行政规章、决定和命令，都不属于刑法规定的"国家规定"。①

● 相关规定　【法发〔2011〕155号】　最高人民法院关于准确理解和适用刑法中"国家规定"的有关问题的通知（2011年4月8日印发）

　　日前，国务院法制办就国务院办公厅文件的有关规定是否可以认定为刑法中的"国家规定"予以统一、规范。为切实做好相关刑事案件审判工作，准确把握刑法有关条文规定的"违反国家规定"的认定标准，依法惩治犯罪，统一法律适用，现就有关问题通知如下：

　　一、根据刑法第96条的规定，刑法中的"国家规定"是指，全国人民代表大会及其常务委员会制定的法律和决定，国务院制定的行政法规、规定的行政措施、发布的决定和命令。其中，"国务院规定的行政措施"应当由国务院决定，通常以行政法规或者国务院制发文件的形式加以规定。以国务院办公厅名义制发的文件，符合以下条件的，亦应视为刑法中的"国家规定"：（1）有明确的法律依据或者同相关行政法规不相抵触；（2）经国务院常务会议讨论通过或者经国务院批准；（3）在国务院公报上公开发布。

　　二、各级人民法院在刑事审判工作中，对有关案件所涉及的"违反国家规定"的认定，要依照相关法律、行政法规及司法解释的规定准确把握。对于规定不明确的，要按照本通知的要求审慎认定。对于违反地方性法规、部门规章的行为，不得认定为"违反国家规定"。对被告人的行为是否"违反国家规定"存在争议的，应当作为法律适用问题，逐级向最高人民法院请示。

【法研〔2012〕59号】　最高人民法院研究室关于违反经行政法规授权制定的规范一般纳税人资格的文件应否认定为"违反法律、行政法规的规定"问题的答复（2012年5月3日答复宁夏高院"宁高法〔2012〕33号"请示）

　　国家税务总局《关于加强新办商贸企业增值税征收管理有关问题的紧急通知》（国税发明电〔2004〕37号）和《关于加强新办商贸企业增值税征收管理有关问题的补充通知》（国税发明电〔2004〕62号），是根据1993年制定的《中华人民共和国增值税暂行条例》的规定对一般纳税人资格认定的细化，且2008年修订后的《中华人民共和国增值税暂行条例》第13条明确规定："小规模纳税人以外的纳税人应当向主管税务机关申请资格认定。具体认定办法由国务院主管部门制定。"因此，违反上述两个通知关于一般纳税人资格的认定标准

---

① 全国人民代表大会常务委员会法制工作委员会编：《中华人民共和国刑法释义》，法律出版社2011年版，第118页。

及相关规定，授予不合格单位一般纳税人资格的，相应违反了《中华人民共和国增值税暂行条例》的有关规定，应当认定为刑法第405条第1款规定的"违反法律、行政法规的规定"。①

【高检研〔2017〕9号】 最高人民检察院法律政策研究室关于对刑法第410条"违反土地管理法规"如何理解问题的答复（2017年3月14日答复贵州省检法律政策研究室请示）

1. 根据全国人大常委会有关立法解释，刑法第410条规定的"违反土地管理法规"是指违反土地管理法、森林法、草原法等法律以及有关行政法规中关于土地管理的规定。农业部《草原征占用审核审批管理办法》是有关行政主管部门为执行草原法所作出的细化规定，属部门规章，不属于刑法第410条规定的"土地管理法规"。

【主席令〔2015〕20号】 中华人民共和国立法法（2000年3月15日第9届全国人大第3次会议通过，2000年7月1日施行；2015年3月15日第12届全国人大第3次会议修正）

第25条　全国人民代表大会通过的法律由国家主席签署主席令予以公布。

第44条　常务委员会通过的法律由国家主席签署主席令予以公布。

第70条　行政法规由总理签署国务院令公布。

有关国防建设的行政法规，可以由国务院总理、中央军事委员会主席共同签署国务院、中央军事委员会令公布。

【国务院令〔2017〕694号】 行政法规制定程序条例（2001年11月16日国务院令第321号公布，2002年1月1日施行；2017年12月22日修改，2018年5月1日施行）

第5条　行政法规的名称一般称"条例"，也可以称"规定"、"办法"等②。国务院根据全国人民代表大会及其常务委员会的授权决定制定的行政法规，称"暂行条例"或者"暂行规定"。

---

① 注：根据《立法法》的规定，行政法规由国务院根据宪法和法律制定，由国务院总理签署国务院令公布。国家税务总局颁发的37号和62号文件不属于行政法规。但是该两个文件是根据《增值税暂行条例》的明确授权而制定的细化规定，违反了它，必然也违反了《增值税暂行条例》的相关规定。

② 原《行政法规制定程序暂行条例》规定：行政法规的名称为条例、规定和办法。对某一方面的行政工作作比较全面、系统的规定，称"条例"；对某一方面的行政工作作部分的规定，称"规定"；对某一项行政工作作比较具体的规定，称"办法"。

国务院各部门和地方人民政府制定的规章不得称"条例"。

第27条（第1款） 国务院法制机构应当根据国务院对行政法规草案的审议意见，对行政法规草案进行修改，形成草案修改稿，报请总理签署国务院令公布施行。①

【法〔2004〕96号】 **最高人民法院关于审理行政案件适用法律规范问题的座谈会纪要**（2003年10月上海召开；2004年5月18日印发）

一、关于行政案件的审判依据……考虑建国后我国立法程序的沿革情况，现行有效的行政法规有以下3种类型：一是国务院制定并公布的行政法规；二是立法法施行以前，按照当时有效的行政法规制定程序，经国务院批准、由国务院部门公布的行政法规。但在立法法施行以后，经国务院批准、由国务院部门公布的规范性文件，不再属于行政法规②；三是在清理行政法规时由国务院确认的其他行政法规。

第97条 【首要分子】本法所称首要分子，是指在犯罪集团或者聚众犯罪中起组织、策划、指挥作用的犯罪分子。

● **条文注释** 根据《刑法》第26条的规定，"犯罪集团"是指3人以上为共同实施犯罪而组成的较为固定的犯罪组织，它主要有以下特征：③

（1）3人以上，主要成员基本固定；

（2）经常纠集在一起，有预谋地进行犯罪活动；

（3）在纠集开始或纠集过程中有明显的首要分子；

（4）不论作案次数多少，都造成较严重的社会危害或具有较大的社会危险性。

---

① 原《行政法规制定程序暂行条例》规定：经国务院常务会议审议通过或者经国务院总理审定的行政法规，由国务院发布，或者由国务院批准、国务院主管部门发布。这就是说：在《暂行条例》施行期间（1987年4月21日～2001年12月31日），国务院批准、国务院主管部门发布的规定，也属于行政法规。

② 注：《行政诉讼法》规定：人民法院审理行政案件，以法律和行政法规、地方性法规为依据。1987年4月21日国务院制定颁布的《行政法规制定程序暂行条例》规定：经国务院常务会议审议通过或者经国务院总理审定的行政法规，由国务院发布，或者由国务院批准、国务院主管部门发布。这就是说：在《暂行条例》施行期间（1987年4月21日～2001年12月31日），国务院批准、国务院主管部门发布的规定，也属于行政法规。因此，本书认为："法〔2004〕96号"《纪要》将此种情形的行政法规的界定，限定于《立法法》施行（2000年7月1日）之前，有待商榷。

③ 全国人民代表大会常务委员会法制工作委员会编：《中华人民共和国刑法释义》，法律出版社2011年版，第119页。

"聚众犯罪"与"犯罪集团"不同，它不具有较固定的犯罪组织和成员，只是因为犯罪活动而临时地将各犯罪分子聚集起来。

第98条 【告诉才处理】 本法所称告诉才处理，是指被害人告诉才处理。如果被害人因受强制、威吓无法告诉的，人民检察院和被害人的近亲属也可以告诉。

● **条文注释** "告诉才处理"，是指只有被害人向司法机关提出控告，要求追究犯罪人的刑事责任时，司法机关才能受理。这主要是因为一些特殊的案件，如果对犯罪人追究刑事责任时，往往会涉及被害人的利益，所以法律允许被害人权衡利弊，作出是否提起刑事诉讼的决定。根据刑法分则，这类案件主要有：

（1）《刑法》第246条规定的侮辱、诽谤罪（但严重危害社会秩序和国家利益的除外）；

（2）《刑法》第257条第1款规定的暴力干涉婚姻自由罪；

（3）《刑法》第260条第1款规定的虐待罪；

（4）《刑法》第270条规定的侵占罪。

在被害人因受强制（如被捆绑、拘禁等）、威吓无法告诉的，人民检察院和被害人的近亲属也可以代为告诉。根据《刑事诉讼法》（2018年10月26日修正）第108条第6项的规定，这里的"近亲属"包括父母、子女、配偶、同胞兄弟姐妹。[①]

● **相关规定** 　**【法〔1999〕217号】　全国法院维护农村稳定刑事审判工作座谈会纪要**（1999年9月8日至10日在济南召开，各高院刑事主管副院长、刑庭庭长出席，解放军军事法院和新疆高院生产建设兵团分院派代表参加；最高法1999年10月27日印发）

三、会议在认真分析了农村中犯罪、农民犯罪的原因和特点的基础上，结合我国农村基层组织的作用和现状，对处理农村中犯罪案件和农民犯罪案件应当把握的政策界限进行了研究；对正确处理以下问题取得了一致意见：

（六）关于刑事自诉案件问题

要把自诉案件的立案关。有的地方为了便于具体操作，制定了具体立案标

---

① 在刑事诉讼、民事诉讼和行政诉讼中，"近亲属"的范围各不相同，在适用时请参考相关法律法规。

准，也有的地方实行"立案听证"，让合议庭听取有关方面的意见，审查证据材料，决定是否立案。这些做法可以进一步总结，效果好的，可逐步推广。

要注重指导和协助双方当事人自行取证举证。由于广大农民群众法律水平尚不高，个人取证有相当难度，一般情况下很难达到法律规定的证据要求。如果因证据不足而简单、轻率地决定对自诉案件不予受理，就有可能使矛盾激化，引发新的刑事案件。因此，对于当事人所举证据不充分的，在指导自诉人取证的基础上，对于确有困难的，人民法院应当依法调查取证。

要正确适用调解。调解应查清事实、分清责任，在双方自愿的基础上依法进行，不能强迫调解，更不能违法调解。

要正确适用强制措施和刑罚。自诉案件经审查初步认定构成犯罪且较为严重的，对有可能逃避刑事责任和民事责任的被告人，要依法及时采取强制措施。对可能判处管制、拘役或者独立适用附加刑或者能及时到案，不致发生社会危险的被告人，不应当决定逮捕。在处刑上，对自诉案件被告人更应当注意尽量依法多适用非监禁刑罚。

【法发〔2010〕9号】　最高人民法院关于贯彻宽严相济刑事政策的若干意见（2010年2月8日印发）

五、完善贯彻宽严相济刑事政策的工作机制

40. 对于刑事自诉案件，要尽可能多做化解矛盾的调解工作，促进双方自行和解。对于经过司法机关做工作，被告人认罪悔过，愿意赔偿被害人损失，取得被害人谅解，从而达成和解协议的，可以由自诉人撤回起诉，或者对被告人依法从轻或免予刑事处罚。对于可公诉、也可自诉的刑事案件，检察机关提起公诉的，人民法院应当依法进行审理，依法定罪处罚。对民间纠纷引发的轻伤害等轻微刑事案件，诉至法院后当事人自行和解的，应当予以准许并记录在案。人民法院也可以在不违反法律规定的前提下，对此类案件尝试做一些促进和解的工作。

第99条　【以上、以下、以内的界定】本法所称以上、以下、以内，包括本数。

● **条文注释**　第99条对《刑法》中的"以上""以下""以内"作出了规定，即均包括本数；但对"以外""以前""以后"并没有作出规定，一般情况下都不包括本数。如："除法律有特别规定的以外，都适用本法"，"对于第3款规定以外的主犯""判决宣告以前""刑罚执行完毕以前""如果 20 年以后认为必须追诉",等等。

> **第 100 条 【前科报告制度】**依法受过刑事处罚的人,在入伍、就业的时候,应当如实向有关单位报告自己曾受过刑事处罚,不得隐瞒。
>
> 犯罪的时候不满十八周岁被判处五年有期徒刑以下刑罚的人,免除前款规定的报告义务。①

● **条文注释** 本条所规定的前科报告制度,是为了使用人单位掌握本单位职工的个人情况,以便于对其安排合适的工作,并对其开展帮助和教育。② 这里的"依法受过刑事处罚"是指行为人因为犯罪被人民法院判处任何主刑或者附加刑(包括被宣告缓刑、在缓刑考验期满后原刑罚不再执行的情况);若人民法院决定对行为人免予刑事处罚的,则不在其列。

但如实报告仅限于入伍、就业的时候。"入伍"是加入中国人民解放军或者中国人民武装警察部队;"就业"包括参加任何种类的工作,如进入党政机关或各种企事业单位、各种团体。这里的"有关单位"是指行为人入伍或就业的单位,而不是指非就业的政法部门或街道、社区组织。

第 100 条第 2 款对犯罪情节较轻(被判处 5 年有期徒刑以下刑罚)的未成年人报告义务的免除,是考虑未成年人的成长和发展,防止其被"标签化",以利于他们摆脱犯罪记录的影响,重新回归社会。但要注意的是:虽然免除了该行为人的报告义务,但司法机关仍然会保留其犯罪记录(封存);征兵部门和招

---

① 第 100 条第 2 款是根据 2011 年 2 月 25 日第 11 届全国人民代表大会常务委员会第 19 次会议通过的《刑法修正案(八)》(主席令第 41 号公布,2011 年 5 月 1 日起施行)而增设。

② 注:《刑事诉讼法》第 202 条第 2 款中规定,判决书应当送达当事人和提起公诉的人民检察院,同时送达辩护人、诉讼代理人。《最高人民法院关于适用〈中华人民共和国刑事诉讼法〉的解释》(法释〔2021〕1 号)第 303 条第 1 款规定,判决书应当送达人民检察院、当事人、法定代理人、辩护人、诉讼代理人,以及被告人的所在单位或者原户籍地的公安派出所,或者被告单位的注册登记机关,并可以送达被告人的近亲属。

另,《最高人民法院关于将刑事案件判决书抄送当事人所在单位的通知》(法(研)发〔1991〕43号,1991 年 12 月 20 日)曾经规定:如当事人原无工作单位,可抄送其原户籍所在地的乡(镇)政府或者街道办事处。该《通知》被《最高人民法院关于废止 1980 年 1 月 1 日至 1997 年 6 月 30 日期间发布的部分司法解释和司法解释性质文件(第 9 批)的决定》(法释〔2013〕2 号,2013 年 1 月 18 日施行)宣布废止。

录单位依照有关规定仍可以对其进行前科审查和考察。如,《刑事诉讼法》第286条第2款规定,未成年人犯罪记录被封存的,不得向任何单位和个人提供,但司法机关为办案需要或者有关单位根据国家规定进行查询的除外。

● **相关规定** 【主席令〔2018〕10号】 **中华人民共和国刑事诉讼法**(2018年10月26日第13届全国人大常委会第6次会议修正,主席令第10号公布施行)

第286条 犯罪的时候不满18周岁,被判处5年有期徒刑以下刑罚的,应当对相关犯罪记录予以封存。

犯罪记录被封存的,不得向任何单位和个人提供,但司法机关为办案需要或者有关单位根据国家规定进行查询的除外。依法进行查询的单位,应当对被封存的犯罪记录的情况予以保密。

【主席令〔2021〕101号】 **中华人民共和国反有组织犯罪法**(2021年12月24日第13届全国人大常委会第32次会议通过,主席令第101号公布,2022年5月1日施行)

第19条 对因组织、领导黑社会性质组织被判处刑罚的人员,设区的市级以上公安机关可以决定其自刑罚执行完毕之日起,按照国家有关规定向公安机关报告个人财产及日常活动。报告期限不超过5年。

第70条 违反本法第19条规定,不按照公安机关的决定如实报告个人财产及日常活动的,由公安机关给予警告,并责令改正;拒不改正的,处5日以上10日以下拘留,并处3万元以下罚款。

【公安部令〔2022〕165号】 **公安机关反有组织犯罪工作规定**(2022年8月10日第9次公安部部务会议通过,2022年8月26日公布,2022年10月1日施行。详见《刑法》第294条)

【公通字〔2021〕19号】 **公安机关办理犯罪记录查询工作规定**(公安部2021年12月3日印发,2021年12月31日施行)

第2条 本规定所称的犯罪记录,是指我国国家专门机关对犯罪人员的客观记载。除人民法院生效裁判文书确认有罪外,其他情况均应当视为无罪。

有关人员涉嫌犯罪,但人民法院尚未作出生效判决、裁定,或者人民检察院作出不起诉决定,或者办案单位撤销案件、撤回起诉、对其终止侦查的,属于无犯罪记录人员。

第4条 个人可以查询本人犯罪记录,也可以委托他人代为查询,受托人应当具有完全民事行为能力。

单位可以查询本单位在职人员或者拟招录人员的犯罪记录，但应当符合法律、行政法规关于从业禁止的规定。

行政机关实施行政许可、授予职业资格，公证处办理犯罪记录公证时，可以依法查询相关人员的犯罪记录。有关查询程序参照单位查询的相关规定。

第9条　对于个人查询，未发现申请人有犯罪记录的，应当出具《无犯罪记录证明》；发现申请人有犯罪记录，应当出具《不予出具无犯罪记录证明通知书》。

对于单位查询，查询结果以《查询告知函》的形式告知查询单位。

第19条　国家有关单位对特定事项的犯罪记录工作有专门查询规定的，从其规定。

第101条　【总则适用范围】 本法总则适用于其他有刑罚规定的法律，但是其他法律有特别规定的除外。

● **条文注释**　本条规定了总则的效力，它包括两个方面的含义：

（1）刑法总则规定的原则对于其他有定罪处刑规定的法律也适用，在依照其他法律规定对犯罪人判处刑罚时，也要依照刑法总则的规定。

"其他有刑罚规定的法律"，是指除刑法以外的其他有定罪处刑规定的法律，包括全国人大常委会通过的对刑法所作的决定或者修改补充规定，在民事、经济、行政等法律中对刑法所补充规定的犯罪行为及其刑罚的规定，等等。例如，在1979年的《刑法》中，刑法规定生产销售伪劣商品罪的主体为自然人，1993年的《产品质量法》第38条则将此罪的犯罪主体扩大为自然人和单位。1997年《刑法》修订后，第9届全国人民代表大会常务委员会第6次会议又于1998年12月29日发布了"关于惩治骗购外汇、逃汇和非法买卖外汇犯罪的决定"，增设了"骗购外汇罪"。

在1999年以后的法律制定中，我国立法机关实际上已经很少采用这种发布单行刑法或在非刑事法律中补充刑罚内容的方式，而是集中、统一、直接地对现行《刑法》进行系统修正。

（2）但是如果在其他有刑罚规定的法律中，对于刑法总则的有关规定又作出了特殊规定，即在一定范围、一定限度内对刑法总则的有关规定作出修改补充时，那么，这时刑法总则的有关规定在法律规定的限度内不再适用，而依照该法律的特别规定执行。

第二编 分 则

第一章 危害国家安全罪

第 102 条 【背叛国家罪】勾结外国，危害中华人民共和国的主权、领土完整和安全的，处无期徒刑或者十年以上有期徒刑。

与境外机构、组织、个人相勾结，犯前款罪的，依照前款的规定处罚。

第 103 条 【分裂国家罪】组织、策划、实施分裂国家、破坏国家统一的，对首要分子或者罪行重大的，处无期徒刑或者十年以上有期徒刑；对积极参加的，处三年以上十年以下有期徒刑；对其他参加的，处三年以下有期徒刑、拘役、管制或者剥夺政治权利。

【煽动分裂国家罪】煽动分裂国家、破坏国家统一的，处五年以下有期徒刑、拘役、管制或者剥夺政治权利；首要分子或者罪行重大的，处五年以上有期徒刑。

第 104 条 【武装叛乱、暴乱罪】组织、策划、实施武装叛乱或者武装暴乱的，对首要分子或者罪行重大的，处无期徒刑或者十年以上有期徒刑；对积极参加的，处三年以上十年以下有期徒刑；对其他参加的，处三年以下有期徒刑、拘役、管制或者剥夺政治权利。

策动、胁迫、勾引、收买国家机关工作人员、武装部队人员、人民警察、民兵进行武装叛乱或者武装暴乱的，依照前款的规定从重处罚。

> **第 105 条** 【颠覆国家政权罪】组织、策划、实施颠覆国家政权、推翻社会主义制度的,对首要分子或者罪行重大的,处无期徒刑或者十年以上有期徒刑;对积极参加的,处三年以上十年以下有期徒刑;对其他参加的,处三年以下有期徒刑、拘役、管制或者剥夺政治权利。
>
> 【煽动颠覆国家政权罪】以造谣、诽谤或者其他方式煽动颠覆国家政权、推翻社会主义制度的,处五年以下有期徒刑、拘役、管制或者剥夺政治权利;首要分子或者罪行重大的,处五年以上有期徒刑。
>
> **第 106 条** 【与境外勾结的处罚规定】与境外机构、组织、个人相勾结,实施本章第一百零三条、第一百零四条、第一百零五条规定之罪的,依照各该条的规定从重处罚。
>
> **第 107 条**① 【资助危害国家安全犯罪活动罪】境内外机构、组织或者个人资助实施本章第一百零二条、第一百零三条、第一百零四条、第一百零五条规定之罪的,对直接责任人员,处五年以下有期徒刑、拘役、管制或者剥夺政治权利;情节严重的,处五年以上有期徒刑。

● **条文注释** 除了构成第 102 条规定的背叛国家罪,其犯罪主体必须是中国公民(具有中华人民共和国国籍)以外,构成第 103 条至第 107 条所规定之罪,其犯罪主体都是一般主体。构成上述各罪,都可以并处没收财产;构成背叛国家罪、分裂国家罪、武装叛乱、暴乱罪,情节特别严重的,还可以被判处死刑。

在上述各罪中,"首要分子"的界定参见《刑法》第 97 条的规定。"罪行重大"是指在犯罪活动中起到了十分恶劣的作用,并直接参与了杀人、放火、爆炸等其他特别严重的犯罪活动。"积极参加"是指主动参加犯罪集团,并多次(3 次以上)参与犯罪活动。"其他参加的"是指一般参加者;但对于这类参加人数较多的聚众犯罪,要注意把那些受欺骗蒙蔽、不明真相的群众与犯罪分子

---

① 第 107 条是根据 2011 年 2 月 25 日第 11 届全国人民代表大会常务委员会第 19 次会议通过的《刑法修正案(八)》(主席令第 41 号公布,2011 年 5 月 1 日起施行)而修改。原条文内容为:"境内外机构、组织或者个人资助境内组织或者个人实施本章第一百零二条、第一百零三条、第一百零四条、第一百零五条规定之罪的,对直接责任人员,处五年以下有期徒刑、拘役、管制或者剥夺政治权利;情节严重的,处五年以上有期徒刑。"

区别开来。"煽动"是指以语言、文字、图像等方式对他人进行鼓动、宣传，意图使他人相信其所煽动的内容或去实施其所煽动的行为。

构成第 102 条规定的背叛国家罪，必须是中国公民通过各种方式与外国政府、政党、政治集团或境外机构、社会性团体以及他们的代表人物联络、组织、策划并实施了危害国家主权、领土完整和安全的行为，就构成本罪。无论是在暗中策划、信电往来秘密接触的阴谋阶段，还是已经将形成的计划付诸实施，以及行为造成的实际后果如何，都不影响本罪的构成。①

第 103 条规定的"分裂国家、破坏国家统一"，是指以任何手段和方式，企图将我国的一部分领土分离出去，另立政府，制造割据局面，或者破坏民族团结，制造民族分裂的行为。需要注意的是：目前我国的《反分裂国家法》② 只是为了反对和遏制"台独"分裂势力，维护台湾海峡地区和平稳定；但实际上我国面临的分裂势力还有"疆独"分裂势力、"藏独"分裂势力等。

第 104 条规定的"武装叛乱""武装暴乱"，是指叛乱者或暴乱者在实施犯罪行为时，携带或使用了枪、炮等武器，与国家和政府进行对抗。如果只使用了一般性的暴力（如扔石块等）则不构成武装叛乱、暴乱罪。"叛乱"与"暴乱"的主要区别，在于行为人是否以投靠境外组织或境外敌对势力为目的，是则叛乱，否则暴乱。即使犯罪分子与境外的敌对势力有勾结，但如果其犯罪行为主要是针对政府，仍然属于暴乱。第 104 条第 2 款规定的"国家机关工作人员"，参照《刑法》第 93 条第 1 款的规定，是指在国家立法机关、行政机关、司法机关、军事机关从事公务的人员。

第 105 条规定的"颠覆国家政权、推翻社会主义制度"是指以除武装暴动外的各种非法手段推翻国家政权，改变人民民主专制的政权性质和社会主义制度。如果是以武装暴乱的形式颠覆国家政权，则适用《刑法》第 104 条的规定。第 105 条第 2 款规定的"造谣、诽谤"，主要是指无中生有，编造不存在的事情或者对事实进行严重歪曲，以达到诋毁国家政权和社会主义制度的目的（主观上故意）。

在上述犯罪活动中，犯罪行为所造成的实际后果如何，不影响相应各罪的构成。与境外机构、组织、个人相勾结，实施上述各罪的，除背叛国家罪外，

---

① 全国人民代表大会常务委员会法制工作委员会编：《中华人民共和国刑法释义》，法律出版社 2011 年版，第 124 页。

② 《反分裂国家法》由 2005 年 3 月 14 日第 10 届全国人民代表大会第 3 次会议通过，主席令第 34 号公布施行。

对其他各罪一律从重处罚。这里的"境外机构、组织"也包括境外机构、组织在我国境内设立的分支（代表）机构和分支组织，如外国驻我国的使馆、领事馆、办事处等，以及社会团体、经济组织（如跨国企业）和宣传组织；"境外人员"是指外国公民、无国籍人员和外籍华人等，也包括在我国境内的非中国公民。

对上述各罪实施资助的，则构成第107条规定的"资助危害国家安全犯罪活动罪"。这里的"资助"，是指明知他人在进行危害国家安全的犯罪活动，而仍向其提供资金、场所，以及通信器材、交通工具等物质上的帮助。如果仅仅是在精神或宣传舆论等方面给予支持和帮助，则不能适用本条罪。第107条规定的"直接责任人员"包括资助行为的决策人员以及实际实施的人员。

● **相关规定**　**【人大〔2000〕19次】**　全国人民代表大会常务委员会关于维护互联网安全的决定（2000年12月28日第9届全国人大常委会第19次会议通过；2009年8月27日第11届全国人大常委会第10次会议修正）

二、为了维护国家安全和社会稳定，对有下列行为之一，构成犯罪的，依照刑法有关规定追究刑事责任：

（一）利用互联网造谣、诽谤或者发表、传播其他有害信息，煽动颠覆国家政权、推翻社会主义制度，或者煽动分裂国家、破坏国家统一。

【法释〔1998〕30号】　最高人民法院关于审理非法出版物刑事案件具体应用法律若干问题的解释（1998年12月11日最高人民法院审判委员会第1032次会议通过，1998年12月17日公布，1998年12月23日起施行）

第1条　明知出版物中载有煽动分裂国家、破坏国家统一或者煽动颠覆国家政权、推翻社会主义制度的内容，而予以出版、印刷、复制、发行、传播的，依照刑法第103条第2款或者第105条第2款的规定，以煽动分裂国家罪或者煽动颠覆国家政权罪定罪处罚。

【法释〔2017〕3号】最高人民法院、最高人民检察院关于办理组织、利用邪教组织破坏法律实施等刑事案件适用法律若干问题的解释（2017年1月4日最高人民法院审判委员会第1706次会议、2016年12月8日最高人民检察院第12届检察委员会第58次会议通过，2017年1月25日公布，2017年2月1日起施行）

第10条　组织、利用邪教组织破坏国家法律、行政法规实施过程中，又有煽动分裂国家、煽动颠覆国家政权或者侮辱、诽谤他人等犯罪行为的，依照数罪并罚的规定定罪处罚。[①]

第 16 条　本解释自 2017 年 2 月 1 日起施行。《最高人民法院、最高人民检察院关于办理组织和利用邪教组织犯罪案件具体应用法律若干问题的解释》（法释〔1999〕18 号），《最高人民法院、最高人民检察院关于办理组织和利用邪教组织犯罪案件具体应用法律若干问题的解释（二）》（法释〔2001〕19 号），以及《最高人民法院、最高人民检察院关于办理组织和利用邪教组织犯罪案件具体应用法律若干问题的解答》（法发〔2002〕7 号）同时废止。

【法释〔2003〕8 号】　最高人民法院、最高人民检察院关于办理妨害预防、控制突发传染病疫情等灾害的刑事案件具体应用法律若干问题的解释（2003 年 5 月 13 日最高人民法院审判委员会第 1269 次会议、2003 年 5 月 13 日最高人民检察院第 10 届检察委员会第 3 次会议通过，2003 年 5 月 14 日公布，2003 年 5 月 15 日起施行）

第 10 条（第 2 款）　利用突发传染病疫情等灾害，制造、传播谣言，煽动分裂国家、破坏国家统一，或者煽动颠覆国家政权、推翻社会主义制度的，依照刑法第 103 条第 2 款、第 105 条第 2 款的规定，以煽动分裂国家罪或者煽动颠覆国家政权罪定罪处罚。

第 18 条　本解释所称"突发传染病疫情等灾害"，是指突然发生，造成或者可能造成社会公众健康严重损害的重大传染病疫情、群体性不明原因疾病以及其他严重影响公众健康的灾害。

【法发〔2020〕7 号】　最高人民法院、最高人民检察院、公安部、司法部关于依法惩治妨害新型冠状病毒感染肺炎疫情防控违法犯罪的意见（2020 年 2 月 6 日印发）

二、准确适用法律，依法严惩妨害疫情防控的各类违法犯罪

（六）依法严惩造谣传谣犯罪。……

（第 3 款）　利用新型冠状病毒感染肺炎疫情，制造、传播谣言，煽动分裂国家、破坏国家统一，或者煽动颠覆国家政权、推翻社会主义制度的，依照刑法第 103 条第 2 款、第 105 条第 2 款的规定，以煽动分裂国家罪或者煽动颠覆国家政权罪定罪处罚。

[①] 注："法释〔1999〕18 号"《解释》曾规定"组织和利用邪教组织，组织、策划、实施、煽动分裂国家、破坏国家统一或者颠覆国家政权、推翻社会主义制度的，分别依照《刑法》第 103 条、第 105 条、第 113 条的规定定罪处罚"，"法释〔2001〕19 号"《解释》也有类似规定；新《解释》对该情形规定为数罪并罚。

（第 5 款）　对虚假疫情信息案件，要依法、精准、恰当处置。对恶意编造虚假疫情信息，制造社会恐慌，挑动社会情绪，扰乱公共秩序，特别是恶意攻击党和政府，借机煽动颠覆国家政权、推翻社会主义制度的，要依法严惩。对于因轻信而传播虚假信息，危害不大的，不以犯罪论处。

【法发〔2010〕9号】　最高人民法院关于贯彻宽严相济刑事政策的若干意见（2010年2月8日印发）

二、准确把握和正确适用依法从"严"的政策要求

7. 贯彻宽严相济刑事政策，必须毫不动摇地坚持依法严惩严重刑事犯罪的方针。对于危害国家安全犯罪、恐怖组织犯罪、邪教组织犯罪、黑社会性质组织犯罪、恶势力犯罪、故意危害公共安全犯罪等严重危害国家政权稳固和社会治安的犯罪，故意杀人、故意伤害致人死亡、强奸、绑架、拐卖妇女儿童、抢劫、重大抢夺、重大盗窃等严重暴力犯罪和严重影响人民群众安全感的犯罪，走私、贩卖、运输、制造毒品等毒害人民健康的犯罪，要作为严惩的重点，依法从重处罚。尤其对于极端仇视国家和社会，以不特定人为侵害对象，所犯罪行特别严重的犯罪分子，该重判的要坚决依法重判，该判处死刑的要坚决依法判处死刑。

【主席令〔2020〕49号】　中华人民共和国香港特别行政区维护国家安全法（2020年6月30日第13届全国人大常委会第20次会议通过，主席令第49号公布施行；可供刑法适用参考）

（第3章第1节　分裂国家罪）

第20条　任何人组织、策划、实施或者参与实施以下旨在分裂国家、破坏国家统一行为之一的，不论是否使用武力或者以武力相威胁，即属犯罪：

（一）将香港特别行政区或者中华人民共和国其他任何部分从中华人民共和国分离出去；

（二）非法改变香港特别行政区或者中华人民共和国其他任何部分的法律地位；

（三）将香港特别行政区或者中华人民共和国其他任何部分转归外国统治。

犯前款罪，对首要分子或者罪行重大的，处无期徒刑或者10年以上有期徒刑；对积极参加的，处3年以上10年以下有期徒刑；对其他参加的，处3年以下有期徒刑、拘役或者管制。

第21条　任何人煽动、协助、教唆、以金钱或者其他财物资助他人实施本法第20条规定的犯罪的，即属犯罪。情节严重的，处5年以上10年以下有期徒

刑；情节较轻的，处 5 年以下有期徒刑、拘役或者管制。

（第 3 章第 2 节　颠覆国家政权罪）

第 22 条　任何人组织、策划、实施或者参与实施以下以武力、威胁使用武力或者其他非法手段旨在颠覆国家政权行为之一的，即属犯罪：

（一）推翻、破坏中华人民共和国宪法所确立的中华人民共和国根本制度；

（二）推翻中华人民共和国中央政权机关或者香港特别行政区政权机关；

（三）严重干扰、阻挠、破坏中华人民共和国中央政权机关或者香港特别行政区政权机关依法履行职能；

（四）攻击、破坏香港特别行政区政权机关履职场所及其设施，致使其无法正常履行职能。

犯前款罪，对首要分子或者罪行重大的，处无期徒刑或者 10 年以上有期徒刑；对积极参加的，处 3 年以上 10 年以下有期徒刑；对其他参加的，处 3 年以下有期徒刑、拘役或者管制。

第 23 条　任何人煽动、协助、教唆、以金钱或者其他财物资助他人实施本法第 20 条规定的犯罪的，即属犯罪。情节严重的，处 5 年以上 10 年以下有期徒刑；情节较轻的，处 5 年以下有期徒刑、拘役或者管制。

（第 6 章　附则）

第 64 条　香港特别行政区适用本法时，本法规定的"有期徒刑""无期徒刑""没收财产"和"罚金"分别指"监禁""终身监禁""充公犯罪所得"和"罚款"，"拘役"参照适用香港特别行政区相关法律规定的"监禁""入劳役中心""入教导所"，"管制"参照适用香港特别行政区相关法律规定的"社会服务令""入感化院"，"吊销执照或者营业许可证"指香港特别行政区相关法律规定的"取消注册或者注册豁免，或者取消牌照"。

● **立案标准　狱内刑事案件立案标准**（司法部令〔2001〕64 号，2001 年 3 月 2 日司法部部长办公会议通过，2001 年 3 月 9 日发布施行）

第 2 条　监狱发现罪犯有下列犯罪情形的，应当立案侦查：

（一）煽动分裂国家、破坏国家统一的（煽动分裂国家案）。

（二）以造谣、诽谤或其他方式煽动颠覆国家政权、推翻社会主义制度的（煽动颠覆国家政权案）。

第 3 条　情节、后果严重的下列案件，列为重大案件：

（一）组织从事危害国家安全活动的犯罪集团，情节严重的。

第 4 条　情节恶劣、后果特别严重的下列案件，列为特别重大案件：

（一）组织从事危害国家安全活动的犯罪集团，或进行其他危害国家安全的犯罪活动，影响恶劣，情节特别严重的。

> **第 108 条** 【投敌叛变罪】投敌叛变的，处三年以上十年以下有期徒刑；情节严重或者带领武装部队人员、人民警察、民兵投敌叛变的，处十年以上有期徒刑或者无期徒刑。
>
> **第 109 条**[①] 【叛逃罪】国家机关工作人员在履行公务期间，擅离岗位，叛逃境外或者在境外叛逃的，处五年以下有期徒刑、拘役、管制或者剥夺政治权利；情节严重的，处五年以上十年以下有期徒刑。
>
> 掌握国家秘密的国家工作人员叛逃境外或者在境外叛逃的，依照前款的规定从重处罚。

● **条文注释** 第 108 条规定的"投敌叛变罪"的犯罪主体是具有中华人民共和国国籍的中国公民。这里的"投敌叛变"是指背叛国家，投靠敌国、敌方，出卖国家和人民利益的变节行为。在战时，"敌"的概念非常明确，是指与我国正式交战的国家，行为人只要投奔或投靠敌方，就构成本罪；但在和平时期，确定"敌"的范围应该非常慎重，一般是指公然敌视我国政权和制度的敌对营垒[②]。第 108 条规定的"情节严重"主要是指带领众人投敌叛变的手段特别恶劣，给国家和人民的利益造成严重损失或造成恶劣的政治影响等情况。"带领武装部队人员、人民警察、民兵投敌叛变"，是指带领成建制的武装部队（如一个班、排或分队）或者人数较多的人民警察或民兵投敌叛变。

第 109 条规定的"叛逃罪"的犯罪主体有两类人员：

（1）第 109 条第 1 款规定的犯罪主体是国家机关工作人员，即在国家立法机关、行政机关、司法机关、军事机关从事公务的人员。他们必须在履行公务期间叛逃才构成叛逃罪。这里的"履行公务"，主要是指在职的国家机关工作

[①] 第 109 条是根据 2011 年 2 月 25 日第 11 届全国人民代表大会常务委员会第 19 次会议通过的《刑法修正案（八）》（主席令第 41 号公布，2011 年 5 月 1 日起施行）而修改；原条文内容为："国家机关工作人员在履行公务期间，擅离岗位，叛逃境外或者在境外叛逃，危害中华人民共和国国家安全的，处五年以下有期徒刑、拘役、管制或者剥夺政治权利；情节严重的，处五年以上十年以下有期徒刑。// 掌握国家秘密的国家工作人员犯前款罪的，依照前款的规定从重处罚。"

[②] 全国人民代表大会常务委员会法制工作委员会编：《中华人民共和国刑法释义》，法律出版社 2011 年版，第 132 页。

人员依照岗位职责而执行公务（如公派出国交流访问、派驻国外执行任务、驻外的使领馆的工作人员履行职务等）；如果是国家机关工作人员离职到境外学习或探亲，则不属于履行公务期间。"在境外叛逃"是指国家机关工作人员在境外履行公务期间擅自不归国，投靠或投奔境外的机构、组织，背叛国家的行为。

（2）第109条第2款规定的犯罪主体是掌握国家秘密的"国家工作人员"，其界定依照《刑法》第93条的规定。实施本款犯罪行为也没有"履行公务期间"的限制，而是只要有叛逃行为，即构成叛逃罪。这里的"国家秘密"，是指关系国家安全和利益，依照法定程序确定，在一定时间内只限一定范围的人员知悉的事项。涉及国家安全和利益的事项，泄露后可能损害国家在政治、经济、国防、外交等领域的安全和利益的，应当确定为国家秘密，其具体范围参见《保守国家秘密法》的相关规定。

构成投敌叛变罪或者叛逃罪，都可以并处没收财产；构成投敌叛变罪情节特别严重的，还可以被判处死刑。

第110条 【间谍罪】 有下列间谍行为之一，危害国家安全的，处十年以上有期徒刑或者无期徒刑；情节较轻的，处三年以上十年以下有期徒刑：

（一）参加间谍组织或者接受间谍组织及其代理人的任务的；

（二）为敌人指示轰击目标的。

第111条 【为境外窃取、刺探、收买、非法提供国家秘密、情报罪】 为境外的机构、组织、人员窃取、刺探、收买、非法提供国家秘密或者情报的，处五年以上十年以下有期徒刑；情节特别严重的，处十年以上有期徒刑或者无期徒刑；情节较轻的，处五年以下有期徒刑、拘役、管制或者剥夺政治权利。

● **条文注释** 第110条规定的"间谍组织"，是指外国政府或敌对势力建立的旨在收集我国情报、危害我国国家安全和利益的组织。"接受间谍组织及其代理人的任务"是指受间谍组织的命令、派遣、指使、委托为间谍组织服务，进行危害我国国家安全的活动。第2项的"敌人"主要是指战时与我方交战的敌国或敌方，也包括平时对我国领土进行轰击的敌国、敌方。这里的"轰击"包括武器轰炸、炮击、爆炸以及导弹袭击等。"指示"是指通过信报、火堆、信号弹等方式向敌人明示所要轰击的目标。

第 111 条规定的"境外的机构、组织"也包括外国驻我国的使馆、领事馆、办事处等，以及社会团体、经济组织（如跨国企业）和宣传组织；"境外人员"是指外国公民、无国籍人员和外籍华人等。"国家秘密"的界定依照《保守国家秘密法》的规定，具体分为秘密、机密和绝密 3 个密级；"情报"是指除国家秘密之外的关系国家安全和利益、尚未公开或者依照有关规定不应公开的事项。应当注意的是，法律并没有对"情报"的范围作出具体界定。在司法实践中应该根据案情具体分析，从严把握，不能把所有未公开的内部信息都视作"情报"，并且要与正常的信息情报交流区别开来。①

构成间谍罪和为境外窃取、刺探、收买、非法提供国家秘密、情报罪的犯罪主体都为一般主体。构成上述两罪的，都可以并处没收财产；情节特别严重的，还可以被判处死刑。

● **相关规定** 　**【人大〔2000〕19 次】**　全国人民代表大会常务委员会关于维护互联网安全的决定（2000 年 12 月 28 日第 9 届全国人大常委会第 19 次会议通过；2009 年 8 月 27 日第 11 届全国人大常委会第 10 次会议修正）

二、为了维护国家安全和社会稳定，对有下列行为之一，构成犯罪的，依照刑法有关规定追究刑事责任：

（二）通过互联网窃取、泄露国家秘密、情报或者军事秘密。

【主席令〔2014〕16 号】　中华人民共和国反间谍法（已被 2023 年 4 月 26 日全国人大常委会〔14 届 2 次〕修订，2023 年 7 月 1 日起施行；更新内容见本书第八版）

第 27 条　境外机构、组织、个人实施或者指使、资助他人实施，或者境内机构、组织、个人与境外机构、组织、个人相勾结实施间谍行为，构成犯罪的，依法追究刑事责任。

实施间谍行为，有自首或者立功表现的，可以从轻、减轻或者免除处罚；有重大立功表现的，给予奖励。②

第 28 条　在境外受胁迫或者受诱骗参加敌对组织、间谍组织，从事危害中

---

① 全国人民代表大会常务委员会法制工作委员会编：《中华人民共和国刑法释义》，法律出版社 2011 年版，第 136 页。

② 注：本款规定改变了《刑法》第 68 条关于"立功"的量刑规则，属于"特别刑法"，这在当前立法中比较罕见。

华人民共和国国家安全的活动，及时向中华人民共和国驻外机构如实说明情况，或者入境后直接或者通过所在单位及时向国家安全机关、公安机关如实说明情况，并有悔改表现的，可以不予追究。①

第 38 条　本法所称间谍行为，是指下列行为：

（一）间谍组织及其代理人实施或者指使、资助他人实施，或者境内外机构、组织、个人与其相勾结实施的危害中华人民共和国国家安全的活动；

（二）参加间谍组织或者接受间谍组织及其代理人的任务的；

（三）间谍组织及其代理人以外的其他境外机构、组织、个人实施或者指使、资助他人实施，或者境内机构、组织、个人与其相勾结实施的窃取、刺探、收买或者非法提供国家秘密或者情报，或者策动、引诱、收买国家工作人员叛变的活动；

（四）为敌人指示攻击目标的；

（五）进行其他间谍活动的。

【国务院令〔2017〕692号】　反间谍法实施细则（2017年11月22日公布施行，1994年6月4日国务院令第157号《国家安全法实施细则》同时废止）

第 3 条　《反间谍法》所称"境外机构、组织"包括境外机构、组织在中华人民共和国境内设立的分支（代表）机构和分支组织；所称"境外个人"包括居住在中华人民共和国境内不具有中华人民共和国国籍的人。

第 4 条　《反间谍法》所称"间谍组织代理人"，是指受间谍组织或者其成员的指使、委托、资助，进行或者授意、指使他人进行危害中华人民共和国国家安全活动的人。

间谍组织和间谍组织代理人由国务院国家安全主管部门确认。

第 5 条　《反间谍法》所称"敌对组织"，是指敌视中华人民共和国人民民主专政的政权和社会主义制度，危害国家安全的组织。

敌对组织由国务院国家安全主管部门或者国务院公安部门确认。

第 6 条　《反间谍法》所称"资助"实施危害中华人民共和国国家安全的间谍行为，是指境内外机构、组织、个人的下列行为：

（一）向实施间谍行为的组织、个人提供经费、场所和物资的；

（二）向组织、个人提供用于实施间谍行为的经费、场所和物资的。

第 7 条　《反间谍法》所称"勾结"实施危害中华人民共和国国家安全的间谍行为，是指境内外组织、个人的下列行为：

---

① 注：本条规定直接规制了《刑法》第 28 条关于"胁从犯"的适用，这在当前立法中比较少见。

（一）与境外机构、组织、个人共同策划或者进行危害国家安全的间谍活动的；

（二）接受境外机构、组织、个人的资助或者指使，进行危害国家安全的间谍活动的；

（三）与境外机构、组织、个人建立联系，取得支持、帮助，进行危害国家安全的间谍活动的。

【法释〔2001〕4号】　最高人民法院关于审理为境外窃取、刺探、收买、非法提供国家秘密、情报案件具体应用法律若干问题的解释（2000年11月20日由最高人民法院审判委员会第1142次会议通过，2001年1月17日公布，2001年1月22日起施行）

第1条　刑法第111条规定的"国家秘密"，是指《中华人民共和国保守国家秘密法》第2条、第8条[①]以及《中华人民共和国保守国家秘密法实施办法》[②]第4条确定的事项。

刑法第111条规定的"情报"，是指关系国家安全和利益、尚未公开或者依照有关规定不应公开的事项。

对为境外机构、组织、人员窃取、刺探、收买、非法提供国家秘密之外的情报的行为，以为境外窃取、刺探、收买、非法提供情报罪定罪处罚。

第2条　为境外窃取、刺探、收买、非法提供国家秘密或者情报，具有下列情形之一的，属于"情节特别严重"，处10年以上有期徒刑、无期徒刑，可以并处没收财产：

（一）为境外窃取、刺探、收买、非法提供绝密级国家秘密的；

（二）为境外窃取、刺探、收买、非法提供3项以上机密级国家秘密的；

（三）为境外窃取、刺探、收买、非法提供国家秘密或者情报，对国家安全和利益造成其他特别严重损害的。

实施前款行为，对国家和人民危害特别严重、情节特别恶劣的，可以判处死刑，并处没收财产。

第3条　为境外窃取、刺探、收买、非法提供国家秘密或者情报，具有下

[①] 注：《中华人民共和国保守国家秘密法》已由2010年4月29日第11届全国人民代表大会常务委员会第14次会议修订，主席令第28号公布，自2010年10月1日起施行。原第8条已被修改为现第9条。

[②] 1990年4月25日国务院批准、1990年5月25日国家保密局第1号令发布的《中华人民共和国保守国家秘密法实施办法》，已经被2014年1月17日国务院令第646号公布、2014年3月1日起施行的《中华人民共和国保守国家秘密法实施条例》宣布废止。《实施条例》未再对保密范围作出具体界定。

列情形之一的，处 5 年以上 10 年以下有期徒刑，可以并处没收财产：

（一）为境外窃取、刺探、收买、非法提供机密级国家秘密的；

（二）为境外窃取、刺探、收买、非法提供 3 项以上秘密级国家秘密的；

（三）为境外窃取、刺探、收买、非法提供国家秘密或者情报，对国家安全和利益造成其他严重损害的。

第 4 条　为境外窃取、刺探、收买、非法提供秘密级国家秘密或者情报，属于"情节较轻"，处 5 年以下有期徒刑、拘役、管制或者剥夺政治权利，可以并处没收财产。

第 5 条　行为人知道或者应当知道没有标明密级的事项关系国家安全和利益，而为境外窃取、刺探、收买、非法提供的，依照刑法第 111 条的规定以为境外窃取、刺探、收买、非法提供国家秘密罪定罪处罚。

第 6 条　通过互联网将国家秘密或者情报非法发送给境外的机构、组织、个人的，依照刑法第 111 条的规定定罪处罚；将国家秘密通过互联网予以发布，情节严重的，依照刑法第 398 条的规定定罪处罚。

第 7 条　审理为境外窃取、刺探、收买、非法提供国家秘密案件，需要对有关事项是否属于国家秘密以及属于何种密级进行鉴定的，由国家保密工作部门或者省、自治区、直辖市保密工作部门鉴定。

【法发〔2001〕117 号】　最高人民法院、国家保密局关于执行《关于审理为境外窃取刺探收买非法提供国家秘密情报案件具体应用法律若干问题的解释》有关问题的通知（2001 年 8 月 22 日印发）

人民法院审理为境外窃取、刺探、收买、非法提供情报案件，需要对有关事项是否属于情报进行鉴定的，由国家保密工作部门或者省、自治区、直辖市保密工作部门鉴定。[①]

【国保发〔2013〕5 号】　密级鉴定工作规定（国家保密局 2013 年 7 月 15 日发布施行；1998 年 12 月 30 日"国保发〔1998〕8 号"《查处泄露国家秘密案件中密级鉴定工作的规定》同时废止）[②]

第 22 条　对审判、检察、公安、国家安全等机关提起的有关事项是否属于

[①] 注：具体鉴定规定见本书关于《刑法》第 398 条的相关规定《密级鉴定工作规定》（国保发〔2013〕5 号，国家保密局 2013 年 7 月 15 日发布施行）；国家保密局 1998 年 12 月 30 日发布的《查处泄露国家秘密案件中密级鉴定工作的规定》（国保发〔1998〕8 号）同时废止。

[②] 注：本《规定》被《国家秘密鉴定工作规定》（国家保密局令 2021 年第 1 号，2021 年 9 月 1 日施行）替代、废止。新《规定》删除了本部分内容。

刑法第111条规定涉及的"情报"进行鉴定的，参照本规定执行。（详见刑法第398条）

【主席令〔2020〕49号】　中华人民共和国香港特别行政区维护国家安全法（2020年6月30日第13届全国人大常委会第20次会议通过，主席令第49号公布施行；可供刑法适用参考）

（第3章第4节　勾结外国或者境外势力危害国家安全罪）

第29条　为外国或者境外机构、组织、人员窃取、刺探、收买、非法提供涉及国家安全的国家秘密或者情报的；请求外国或者境外机构、组织、人员实施，与外国或者境外机构、组织、人员串谋实施，或者直接或者间接接受外国或者境外机构、组织、人员的指使、控制、资助或者其他形式的支援实施以下行为之一的，均属犯罪：

（一）对中华人民共和国发动战争，或者以武力或者武力相威胁，对中华人民共和国主权、统一和领土完整造成严重危害；

（二）对香港特别行政区政府或者中央人民政府制定和执行法律、政策进行严重阻挠并可能造成严重后果；

（三）对香港特别行政区选举进行操控、破坏并可能造成严重后果；

（四）对香港特别行政区或者中华人民共和国进行制裁、封锁或者采取其他敌对行动；

（五）通过各种非法方式引发香港特别行政区居民对中央人民政府或者香港特别行政区政府的憎恨并可能造成严重后果。

犯前款罪，处3年以上10年以下有期徒刑；罪行重大的，处无期徒刑或者10年以上有期徒刑。

本条第1款规定涉及的境外机构、组织、人员，按共同犯罪定罪处刑。

第30条　为实施本法第20条、第22条规定的犯罪，与外国或者境外机构、组织、人员串谋，或者直接或者间接接受外国或者境外机构、组织、人员的指使、控制、资助或者其他形式的支援的，依照本法第20条、第22条的规定从重处罚。

（第6章　附则）

第64条　香港特别行政区适用本法时，本法规定的"有期徒刑""无期徒刑""没收财产"和"罚金"分别指"监禁""终身监禁""充公犯罪所得"和"罚款"，"拘役"参照适用香港特别行政区相关法律规定的"监禁""入劳役中心""入教导所"，"管制"参照适用香港特别行政区相关法律规定的"社会服务令""入感化院"、"吊销执照或者营业许可证"指香港特别行政区相关法律规定的"取消注册或者注册豁免,或者取消牌照"。

第112条 【资敌罪】 战时供给敌人武器装备、军用物资资敌的,处十年以上有期徒刑或者无期徒刑;情节较轻的,处三年以上十年以下有期徒刑。

● **条文注释** 第112条规定的"资敌罪"只适用于战时。所谓"战时",是指国家宣布进入战争状态、部队接受作战任务或者遭受敌人突然袭击时。根据我国宪法,是否进入战争状态,由全国人民代表大会或者其常务委员会决定并宣布;如果遭受突然袭击,全国人民代表大会及其常务委员会来不及宣布,则国家自然进入战争状态。

第112条规定的"供给"是指非法向敌人提供,包括非法出售或无偿提供。"武器装备"主要是指各种武器、弹药、军用装备、通信设备、工程设备等;"军用物资"主要是指除武器装备外的其他军用物品,如医疗用品、食宿用品、被装和日用品等。

构成资敌罪的犯罪主体为一般主体。构成本罪,可以并处没收财产;情节特别严重的,还可以被判处死刑。

第113条 【危害国家安全罪适用死刑、没收财产的规定】 本章上述危害国家安全罪行中,除第一百零三条第二款、第一百零五条、第一百零七条、第一百零九条外,对国家和人民危害特别严重、情节特别恶劣的,可以判处死刑。

犯本章之罪的,可以并处没收财产。

● **条文注释** 第113条的规定已经全部分解到相应的各条文注释中。

根据第113条第1款的规定,危害国家安全罪行中,可以判处死刑的有:背叛国家罪,分裂国家罪,武装叛乱、暴乱罪,投敌叛变罪,间谍罪,为境外窃取、刺探、收买、非法提供国家秘密、情报罪,资敌罪;不能判处死刑的有:煽动分裂国家罪、颠覆国家政权罪、煽动颠覆国家政权罪、资助危害国家安全犯罪活动罪、叛逃罪。其中"颠覆国家政权罪"之所以没有规定死刑,是因为该罪所针对的主要是以非暴力形式进行的犯罪行为(对于以武装暴乱的形式颠覆国家政权的行为,应当以"武装暴乱罪"定罪处罚,而该罪已经有死刑规定)。

根据第113条第2款的规定，对于危害国家安全的犯罪者，可以（而不是应当）并处（而不是单处）没收全部或部分财产。

第二章　危害公共安全罪

第114条[1]　【放火罪；决水罪；爆炸罪；投放危险物质罪；以危险方法危害公共安全罪】放火、决水、爆炸以及投放毒害性、放射性、传染病病原体等物质或者以其他危险方法危害公共安全，尚未造成严重后果的，处三年以上十年以下有期徒刑。

第115条[2]　【放火罪；决水罪；爆炸罪；投放危险物质罪；以危险方法危害公共安全罪】放火、决水、爆炸以及投放毒害性、放射性、传染病病原体等物质或者以其他危险方法致人重伤、死亡或者使公私财产遭受重大损失的，处十年以上有期徒刑、无期徒刑或者死刑。

【失火罪；过失决水罪；过失爆炸罪；过失投放危险物质罪；过失以危险方法危害公共安全罪】过失犯前款罪的，处三年以上七年以下有期徒刑；情节较轻的，处三年以下有期徒刑或者拘役。

● **条文注释**　第114条、第115条规定的"危害公共安全"，是指危害不特定的多数人的生命、健康以及重大财产的安全。"放火"是指故意纵火焚烧公私财物，严重危害公共安全的行为；"决水"是指故意破坏堤防、大坝、防水排水设施，制造水患危害公共安全的行为；"爆炸"是指故意引爆爆炸物，危害公共安全的行为；"投放毒害性、放射性、传染病病原体等物质"是指向公共饮用水

---

[1] 第114条是根据2001年12月29日第9届全国人民代表大会常务委员会第25次会议通过的《刑法修正案（三）》（主席令第64号公布，2001年12月29日起施行）而修改，原条文内容为："放火、决水、爆炸、投毒或者以其他危险方法破坏工厂、矿场、油田、港口、河流、水源、仓库、住宅、森林、农场、谷场、牧场、重要管道、公共建筑物或者其他公私财产，危害公共安全，尚未造成严重后果的，处三年以上十年以下有期徒刑。"

[2] 第115条是根据2001年12月29日第9届全国人民代表大会常务委员会第25次会议通过的《刑法修正案（三）》（主席令第64号公布，2001年12月29日起施行）而修改，原条文内容为："放火、决水、爆炸、投毒或者以其他危险方法致人重伤、死亡或者使公私财产遭受重大损失的，处十年以上有期徒刑、无期徒刑或者死刑。//　过失犯前款罪的，处三年以上七年以下有期徒刑；情节较轻的，处三年以下有期徒刑或者拘役。"

源、食品或公共场所、设施投放能够致人死亡或严重危害人体健康的上述几种物质。其中"毒害性、放射性"物质是指能危害人体或动物健康的化学性毒物、生物性毒物、微生物类毒物和放射性物质;"传染病病原体"是指能在人体或动物体内生长、繁殖,通过空气、饮食、接触等方式传播,危害人体健康的传染病菌种和毒种。"其他危险方法"是指除上述方法外的任何能够造成不特定的多数人的伤亡或者公私财物重大损失的行为。

第115条所规定的犯罪内容与第114条是一样的,之所以分成两条叙述,是为了明确"过失犯罪"的追究范围。即对于过失行为,只有致人重伤、死亡或者使公私财产遭受重大损失的,才构成犯罪。

● 相关规定　【军法发字〔1988〕34号】　中国人民解放军军事法院关于审理军人违反职责罪案件中几个具体问题的处理意见（1988年10月19日印发）[①]

一、关于军职人员玩弄枪支、弹药走火或者爆炸,致人重伤、死亡或者造成其他严重后果的案件,是否一概以武器装备肇事罪论处的问题[②]

军职人员在执勤、训练、作战时使用、操作武器装备,或者在管理、维修、保养武器装备的过程中,违反武器装备使用规定和操作规程,情节严重,因而发生重大责任事故,致人重伤、死亡或者造成其他严重后果的,依照《条例》第3条的规定,以武器装备肇事罪论处;凡违反枪支、弹药管理使用规定,私自携带枪支、弹药外出,因玩弄而造成走火或者爆炸,致人重伤、死亡或者使公私财产遭受重大损失的,分别依照《刑法》第135条、第133条、第106条的规定,以过失重伤罪、过失杀人罪或者过失爆炸罪论处。

【法释〔2017〕3号】　最高人民法院、最高人民检察院关于办理组织、利用邪教组织破坏法律实施等刑事案件适用法律若干问题的解释（2017年1月4日最高人民法院审判委员会第1706次会议、2016年12月8日最高人民检察院第12届检察委员会第58次会议通过,2017年1月25日公布,2017年2月1日起施行）

---

① 该《意见》由中国人民解放军军事法院根据1979年刑法和《惩治军人违反职责罪暂行条例》而制定。在征求了总政保卫部、解放军军事检察院的意见后,报请最高人民法院同意,于1988年10月19日印发给各军区、海军、空军、总直属队军事法院。1997年修订刑法后,《惩治军人违反职责罪暂行条例》被废止,其内容全部被吸收纳入现《刑法》分则第10章"军人违反职责罪";但该《意见》一直未被废止或修订。本书认为:该《意见》除了其中引用的原刑法和《条例》的条目编号需要更新之外,其实质性内容应当仍然有效;但是现《刑法》有新规定或者新设置罪名的,应当适用现行《刑法》的规定。

② 注:《条例》第3条和《刑法》第135条、第133条、第106条分别对应现《刑法》第436条和第235条、第233条、第115条。其中,"过失重伤罪""过失杀人罪"分别改为"过失致人重伤罪""过失致人死亡罪"。

第12条 邪教组织人员以自焚、自爆或者其他危险方法危害公共安全的，依照刑法第114条、第115条的规定，以放火罪、爆炸罪、以危险方法危害公共安全罪等定罪处罚。

第16条 本解释自2017年2月1日起施行。《最高人民法院、最高人民检察院关于办理组织和利用邪教组织犯罪案件具体应用法律若干问题的解释》（法释〔1999〕18号），《最高人民法院、最高人民检察院关于办理组织和利用邪教组织犯罪案件具体应用法律若干问题的解释（二）》（法释〔2001〕19号），以及《最高人民法院、最高人民检察院关于办理组织和利用邪教组织犯罪案件具体应用法律若干问题的解答》（法发〔2002〕7号）同时废止。

【法释〔2003〕8号】 最高人民法院、最高人民检察院关于办理妨害预防、控制突发传染病疫情等灾害的刑事案件具体应用法律若干问题的解释（2003年5月13日最高人民法院审判委员会第1269次会议、2003年5月13日最高人民检察院第10届检察委员会第3次会议通过，2003年5月14日公布，2003年5月15日起施行）

第1条 故意传播突发传染病病原体，危害公共安全的，依照刑法第114条、第115条第1款的规定，按照以危险方法危害公共安全罪定罪处罚。

患有突发传染病或者疑似突发传染病而拒绝接受检疫、强制隔离或者治疗，过失造成传染病传播，情节严重，危害公共安全的，依照刑法第115条第2款的规定，按照过失以危险方法危害公共安全罪定罪处罚。

【法发〔2020〕7号】 最高人民法院、最高人民检察院、公安部、司法部关于依法惩治妨害新型冠状病毒感染肺炎疫情防控违法犯罪的意见（2020年2月6日印发）①

二、准确适用法律，依法严惩妨害疫情防控的各类违法犯罪

（一）依法严惩抗拒疫情防控措施犯罪。故意传播新型冠状病毒感染肺炎病原体，具有下列情形之一，危害公共安全的，依照刑法第114条、第115条第1款的规定，以以危险方法危害公共安全罪定罪处罚：②

---

① 注：2022年12月26日国家卫健委公告（2022年第7号）将新型冠状病毒肺炎更名为新型冠状病毒感染，并自2023年1月8日起解除按照甲类传染病管理，实行"乙类乙管"。因此，本《意见》已经失去了实施背景和法律依据。

② 注：根据最高法、最高检、公安部、司法部、海关总署《关于适应新阶段疫情防控政策调整依法妥善办理相关刑事案件的通知》（高检发〔2023〕2号），本条规定自2023年1月8日起不再适用。

1. 已经确诊的新型冠状病毒感染肺炎病人、病原携带者,拒绝隔离治疗或者隔离期未满擅自脱离隔离治疗,并进入公共场所或者公共交通工具的;

2. 新型冠状病毒感染肺炎疑似病人拒绝隔离治疗或者隔离期未满擅自脱离隔离治疗,并进入公共场所或者公共交通工具,造成新型冠状病毒传播的。

【公通字〔2013〕25号】 关于公安机关处置信访活动中违法犯罪行为适用法律的指导意见(2013年7月9日印发)

1. 为制造社会影响、发泄不满情绪、实现个人诉求,驾驶机动车在公共场所任意冲闯,危害公共安全,符合《刑法》第114条、第115条第1款规定的,以以危险方法危害公共安全罪追究刑事责任。

4. 采取放火、爆炸或者以其他危险方法自伤、自残、自杀,危害公共安全,符合《刑法》第114条和第115条第1款规定的,以放火罪、爆炸罪、以危险方法危害公共安全罪追究刑事责任。

【公通字〔2019〕1号】 最高人民法院、最高人民检察院、公安部关于依法惩治妨害公共交通工具安全驾驶违法犯罪行为的指导意见(2019年1月8日印发)

一、准确认定行为性质,依法从严惩处妨害安全驾驶犯罪

(一)乘客在公共交通工具行驶过程中,抢夺方向盘、变速杆等操纵装置,殴打、拉拽驾驶人员,或者有其他妨害安全驾驶行为,危害公共安全,尚未造成严重后果的,依照刑法第114条的规定,以以危险方法危害公共安全罪定罪处罚;致人重伤、死亡或者使公私财产遭受重大损失的,依照刑法第115条第1款的规定,以以危险方法危害公共安全罪定罪处罚。

实施前款规定的行为,具有以下情形之一的,从重处罚:

1. 在夜间行驶或者恶劣天气条件下行驶的公共交通工具上实施的;
2. 在临水、临崖、急弯、陡坡、高速公路、高架道路、桥隧路段及其他易发生危险的路段实施的;
3. 在人员、车辆密集路段实施的;
4. 在实际载客10人以上或者时速60公里以上的公共交通工具上实施的;
5. 经他人劝告、阻拦后仍然继续实施的;
6. 持械袭击驾驶人员的;
7. 其他严重妨害安全驾驶的行为。

实施上述行为,即使尚未造成严重后果,一般也不得适用缓刑。

(二)乘客在公共交通工具行驶过程中,随意殴打其他乘客,追逐、辱骂他人,或者起哄闹事,妨害公共交通工具运营秩序,符合刑法第293条规定的,以

寻衅滋事罪定罪处罚;妨害公共交通工具安全行驶,危害公共安全的,依照刑法第114条、第115条第1款的规定,以以危险方法危害公共安全罪定罪处罚。

(三)驾驶人员在公共交通工具行驶过程中,与乘客发生纠纷后违规操作或者擅离职守,与乘客厮打、互殴,危害公共安全,尚未造成严重后果的,依照刑法第114条的规定,以以危险方法危害公共安全罪定罪处罚;致人重伤、死亡或者使公私财产遭受重大损失的,依照刑法第115条第1款的规定,以以危险方法危害公共安全罪定罪处罚。

(七)本意见所称公共交通工具,是指公共汽车、公路客运车,大、中型出租车等车辆。

【公通字〔2019〕23号】 最高人民法院、最高人民检察院、公安部、司法部关于依法严厉打击传播艾滋病病毒等违法犯罪行为的指导意见(2019年5月19日)

(八)以危险方法危害公共安全罪。采用危险方法,意图使不特定多数人感染艾滋病病毒,危害公共安全,尚未造成严重后果的,依照刑法第114条的规定,以以危险方法危害公共安全罪定罪处罚;致人重伤、死亡或者使公私财产遭受重大损失的,依照刑法第115条的规定定罪处罚。

【法发〔2019〕25号】 最高人民法院关于依法妥善审理高空抛物、坠物案件的意见(2019年10月21日印发)

5.准确认定高空抛物犯罪。对于高空抛物行为,应当根据行为人的动机、抛物场所、抛掷物的情况以及造成的后果等因素,全面考量行为的社会危害程度,准确判断行为性质,正确适用罪名,准确裁量刑罚。

故意从高空抛弃物品,尚未造成严重后果,但足以危害公共安全的,依照刑法第114条规定的以危险方法危害公共安全罪定罪处罚;致人重伤、死亡或者使公私财产遭受重大损失的,依照刑法第115条第1款的规定处罚。为伤害、杀害特定人员实施上述行为的,依照故意伤害罪、故意杀人罪定罪处罚。

6.依法从重惩治高空抛物犯罪。具有下列情形之一的,应当从重处罚,一般不得适用缓刑:(1)多次实施的;(2)经劝阻仍继续实施的;(3)受过刑事处罚或者行政处罚后又实施的;(4)在人员密集场所实施的;(5)其他情节严重的情形。

7.准确认定高空坠物犯罪。过失导致物品从高空坠落,致人死亡、重伤,符合刑法第233条、第235条规定的,依照过失致人死亡罪、过失致人重伤罪定罪处罚。在生产、作业中违反有关安全管理规定,从高空坠落物品,发生重大伤亡事故或者造成其他严重后果的，依照刑法第 134 条第 1 款的规定，以重大责任事故罪定罪处罚。

【公通字〔2019〕32 号】 最高人民法院、最高人民检察院、公安部关于依法惩治袭警违法犯罪行为的指导意见（2019 年 12 月 27 日印发，2020 年 1 月 10 日公布）

三、（第 1 款）驾车冲撞、碾轧、拖拽、刮蹭民警，或者挤别、碰撞正在执行职务的警用车辆，危害公共安全或者民警生命、健康安全，符合刑法第 114 条、第 115 条、第 232 条、第 234 条规定的，应当以以危险方法危害公共安全罪、故意杀人罪或者故意伤害罪定罪，酌情从重处罚。

五、民警在非工作时间，依照《中华人民共和国人民警察法》等法律履行职责的，应当视为执行职务。

【法发〔2021〕16 号】 最高人民法院、最高人民检察院、公安部、司法部关于适用《中华人民共和国刑法修正案（十一）》有关问题的通知（2021 年 5 月 20 日施行）（略）

【高检发〔2020〕3 号】 最高人民法院、最高人民检察院、公安部关于办理涉窨井盖相关刑事案件的指导意见（2020 年 2 月 19 日最高人民检察院第 13 届检察委员会第 33 次会议通过，2020 年 3 月 16 日印发施行）

二、盗窃、破坏人员密集往来的非机动车道、人行道以及车站、码头、公园、广场、学校、商业中心、厂区、社区、院落等生产生活、人员聚集场所的窨井盖，足以危害公共安全，尚未造成严重后果的，依照刑法第 114 条的规定，以以危险方法危害公共安全罪定罪处罚；致人重伤、死亡或者使公私财产遭受重大损失的，依照刑法第 115 条第 1 款的规定处罚。

过失致人重伤、死亡或者使公私财产遭受重大损失的，依照刑法第 115 条第 2 款的规定，以过失以危险方法危害公共安全罪定罪处罚。

十二、本意见所称的"窨井盖"，包括城市、城乡结合部和乡村等地的窨井盖以及其他井盖。

【署缉发〔2021〕141 号】 最高人民法院、最高人民检察院、海关总署、公安部、中国海警局关于打击粤港澳海上跨境走私犯罪适用法律若干问题的指导意见（2020 年 12 月 18 日印发施行）

二、走私犯罪分子在实施走私犯罪或者逃避追缉过程中，实施碰撞、挤别、抛撒障碍物、超高速行驶、强光照射驾驶人员等危险行为，危害公共安全的，以走私罪和以危险方法危害公共安全罪数罪并罚。……

【法发〔2021〕35 号】 最高人民法院、最高人民检察院、公安部、工业和信息化部、住房和城乡建设部、交通运输部、应急管理部、国家铁路局、中国民用航空局、国家邮政局关于依法惩治涉枪支、弹药、爆炸物、易燃易爆危险物品犯罪的意见（2021 年 12 月 28 日印发，2021 年 12 月 31 日施行）

8.（第 1 款） 在水路、铁路、航空易燃易爆危险物品运输生产作业活动中违反有关安全管理的规定，有下列情形之一，明知存在重大事故隐患而不排除，足以危害公共安全的，依照刑法第 114 条的规定，以以危险方法危害公共安全罪定罪处罚；致人重伤、死亡或者使公私财产遭受重大损失的，依照刑法第 115 条第 1 款的规定处罚：（1）未经依法批准或者许可，擅自从事易燃易爆危险物品运输的；（2）委托无资质企业或者个人承运易燃易爆危险物品的；（3）在托运的普通货物中夹带易燃易爆危险物品的；（4）将易燃易爆危险物品谎报或者匿报为普通货物托运的；（5）其他在水路、铁路、航空易燃易爆危险物品运输活动中违反有关安全管理规定的情形。

9. 通过邮件、快件夹带易燃易爆危险物品，或者将易燃易爆危险物品谎报为普通物品交寄，符合本意见第 5 条至第 8 条规定的，依照各该条的规定定罪处罚。

【军训〔2022〕181 号】 最高人民法院、最高人民检察院、公安部、商务部、国家市场监督管理总局、中央军委后勤保障部、中央军委装备发展部、中央军委训练管理部、中央军委国防动员部关于军地共同加强部队训练场未爆弹药安全风险防控的意见（2022 年 10 月 22 日）

（十三）打击违法犯罪。……因敲击、拆解未爆弹药等行为引发爆炸，符合刑法第 115 条第 2 款、第 233 条、第 235 条规定的，分别以过失爆炸罪、过失致人死亡罪、过失致人重伤罪定罪处罚。……

【高检发〔2023〕2 号】 最高人民法院、最高人民检察院、公安部、司法部、海关总署关于适应新阶段疫情防控政策调整依法妥善办理相关刑事案件的通知（第二次重印增补内容，余文见本书末尾。）

【法发〔2009〕47 号】 最高人民法院关于印发醉酒驾车犯罪法律适用问题指导意见及相关典型案例的通知（2009 年 9 月 11 日印发）①

---

① 注：2011 年 2 月 25 日第 11 届全国人民代表大会常务委员会第 19 次会议通过的《刑法修正案（八）》增设了"危险驾驶罪"（《刑法》第 133 条之一），因此，对于醉酒驾车的行为，未造成人员伤亡和其他严重后果的，应该首先适用《刑法》第 133 条之一的规定，以"危险驾驶罪"定罪处罚；造成人员伤亡或其他严重后果的，应该适用《刑法》第 133 条的规定，以"交通肇事罪"定罪处罚；造成重大伤亡的，应该适用《刑法》第 115 条的规定，以"以危险方法危害公共安全罪"定罪处罚。

一、准确适用法律，依法严惩醉酒驾车犯罪

刑法规定，醉酒的人犯罪，应当负刑事责任。行为人明知酒后驾车违法、醉酒驾车会危害公共安全，却无视法律醉酒驾车，特别是在肇事后继续驾车冲撞，造成重大伤亡，说明行为人主观上对持续发生的危害结果持放任态度，具有危害公共安全的故意。对此类醉酒驾车造成重大伤亡的，应依法以以危险方法危害公共安全罪定罪。

二、贯彻宽严相济刑事政策，适当裁量刑罚

根据刑法第115条第1款的规定，醉酒驾车，放任危害结果发生，造成重大伤亡事故，构成以危险方法危害公共安全罪的，应处以10年以上有期徒刑、无期徒刑或者死刑。具体决定对被告人的刑罚时，要综合考虑此类犯罪的性质、被告人的犯罪情节、危害后果及其主观恶性、人身危险性。一般情况下，醉酒驾车构成本罪的，行为人在主观上并不希望、也不追求危害结果的发生，属于间接故意犯罪，行为的主观恶性与以制造事端为目的而恶意驾车撞人并造成重大伤亡后果的直接故意犯罪有所不同，因此，在决定刑罚时，也应当有所区别。此外，醉酒状态下驾车，行为人的辨认和控制能力实际有所减弱，量刑时也应酌情考虑。

三、统一法律适用，充分发挥司法审判职能作用

为依法严肃处理醉酒驾车犯罪案件，遏制酒后和醉酒驾车对公共安全造成的严重危害，警示、教育潜在违规驾驶人员，今后，对醉酒驾车，放任危害结果的发生，造成重大伤亡的，一律按照本意见规定，并参照附发的典型案例，依法以以危险方法危害公共安全罪定罪量刑。

【高检发〔2016〕12号】　最高人民检察院关于全面履行检察职能为推进健康中国建设提供有力司法保障的意见（2016年9月29日印发，2016年10月21日公布）

三、依法惩治破坏生态环境等犯罪，打造绿色安全健康环境

6.……从严惩处……擅自闲置拆除污染防治设施、非法排放有毒有害污染物危害公共安全等恶劣情形的犯罪。……行为人主动采取补救措施，消除污染，积极赔偿，防止损失扩大的，依法从宽处理。

【法释〔2016〕29号】　最高人民法院、最高人民检察院关于办理环境污染刑事案件适用法律若干问题的解释（2016年11月7日最高人民法院审判委员会第1698次会议、2016年12月8日最高人民检察院第12届检察委员会第58次会议通过，2016年12月23日公布，2017年1月1日起施行；2013年6月19日施行的同名文件"法释〔2013〕15号"同时废止）

第8条　违反国家规定，排放、倾倒、处置含有毒害性、放射性、传染病病原体等物质的污染物，同时构成污染环境罪、非法处置进口的固体废物罪、投放危险物质罪等犯罪的，依照处罚较重的规定定罪处罚。

第18条　本解释自2017年1月1日起施行。本解释施行后，《最高人民法院、最高人民检察院关于办理环境污染刑事案件适用法律若干问题的解释》（法释〔2013〕15号）同时废止；之前发布的司法解释与本解释不一致的，以本解释为准。

● **立案标准**　最高人民检察院、公安部关于公安机关管辖的刑事案件立案追诉标准的规定（一）（公通字〔2008〕36号，2008年6月25日公布施行）

第1条［失火案（刑法第115条第2款）］　过失引起火灾，涉嫌下列情形之一的，应予立案追诉：

（一）造成死亡1人以上，或者重伤3人以上的；

（二）造成公共财产或者他人财产直接经济损失50万元以上的；

（三）造成10户以上家庭的房屋以及其他基本生活资料烧毁的；

（四）造成森林火灾，过火有林地面积2公顷以上，或者过火疏林地、灌木林地、未成林地、苗圃地面积4公顷以上的；

（五）其他造成严重后果的情形。

本条和本规定第15条规定的"有林地"、"疏林地"、"灌木林地"、"未成林地"、"苗圃地"，按照国家林业主管部门的有关规定确定。①

第101条　本规定中的"以上"，包括本数。

---

①　根据国家林业局2003年4月制定的《森林资源规划设计调查主要技术规定》（林资发〔2003〕号，2004年5月30日印发）和2022年1月1日起实施的林业行业标准《林地分类》（LY/T1812－2021），林地的一级分类及其技术标准如下：

1. 乔木林地：乔木郁闭度≥0.20的林地，不包括森林沼泽。
2. 竹林地：生长竹类植物，郁闭度≥0.20的林地。
3. 疏林地：乔木郁闭度在0.10~0.19之间的林地。
4. 灌木林地：灌木覆盖度≥40%的林地，不包括灌丛沼泽。
5. 未成林造林地：人工造林（包括直播、植苗）、飞播造林和封山（沙）育林后在成林年限前分别达到人工造林（GB/T15776）、飞播造林（GB/T15162）、封山/沙育林（GB/T15163）合格标准的林地。
6. 迹地：乔木林地、灌木林地在采伐、火灾、平茬、割灌等作业活动后，分别达不到疏林地、灌木林地标准、尚未人工更新的林地。
7. 苗圃地：固定的林木和木本花卉育苗用地，不包括母树林、种子园、采穗圃、种质基地等种子、种条生产用地以及种子加工、储藏等设施用地。

2009年10月1日实施的《林业分类标准》（LY/T1812－2009）另外分类有"宜林地"（经县级以上人民政府规划为林地的土地）和"辅助生产林地"（直接为林业生产服务的工程设施与配套设施用地和其它有林地权属证明的土地），在新标准中被删除。

狱内刑事案件立案标准（司法部令〔2001〕64号，2001年3月2日司法部部长办公会议通过，2001年3月9日发布施行）

第2条 监狱发现罪犯有下列犯罪情形的，应当立案侦查：

（三）故意放火破坏监狱监管设施、生产设施、生活设施，危害监狱安全的（放火案）。

（四）爆炸破坏监狱监管设施、生产设施、生活设施，危害监狱安全的（爆炸案）。

（五）投毒破坏生活设施，危害监狱安全的（投毒案）。

第116条 【破坏交通工具罪】 破坏火车、汽车、电车、船只、航空器，足以使火车、汽车、电车、船只、航空器发生倾覆、毁坏危险，尚未造成严重后果的，处三年以上十年以下有期徒刑。

第117条 【破坏交通设施罪】 破坏轨道、桥梁、隧道、公路、机场、航道、灯塔、标志或者进行其他破坏活动，足以使火车、汽车、电车、船只、航空器发生倾覆、毁坏危险，尚未造成严重后果的，处三年以上十年以下有期徒刑。

第118条 【破坏电力设备罪；破坏易燃易爆设备罪】 破坏电力、燃气或者其他易燃易爆设备，危害公共安全，尚未造成严重后果的，处三年以上十年以下有期徒刑。

第119条 【破坏交通工具罪；破坏交通设施罪；破坏电力设备罪；破坏易燃易爆设备罪】 破坏交通工具、交通设施、电力设备、燃气设备、易燃易爆设备，造成严重后果的，处十年以上有期徒刑、无期徒刑或者死刑。

【过失损坏交通工具罪；过失损坏交通设施罪；过失损坏电力设备罪；过失损坏易燃易爆设备罪】 过失犯前款罪的，处三年以上七年以下有期徒刑；情节较轻的，处三年以下有期徒刑或者拘役。

● **条文注释** 构成第116条、第117条所规定的"破坏交通工具罪""破坏交通设施罪"，要求犯罪行为出于主观故意，并威胁到5种特定交通工具的运行安全，即足以使火车、汽车、电车、船只、航空器发生倾覆、毁坏危险。这里的"倾覆"是指火车出轨、颠覆，汽车、电车翻车，船只翻沉，航空器坠毁等情况。"毁坏"是指上述交通工具遭到人为破坏而不能正常运行，并危及运载的

人、物品或交通工具自身的安全。"其他破坏活动"是指虽然没有直接破坏第117条规定的交通设施，但足以使上述交通工具发生倾覆、毁坏危险的犯罪活动，如乱发交通指示信号、干扰无线电通信或导航、在铁轨、道路或航线上设置障碍等。判断是否"足以使……发生倾覆、毁坏危险"，是以该行为是否危及公共安全为标准。如果破坏的是非运行状态中的交通工具（如在停运或维修期间）或交通设施（如被停用或废弃），或者仅破坏交通工具的座椅、卫生设备或其他不影响安全行驶的辅助设备，因为这类行为不会危及公共安全，所以不构成上述两罪。

第118条规定的"破坏电力设备罪""破坏易燃易爆设备罪"要求行为人主观上具有破坏的故意，并能够危害公共安全。这里的"电力设备"是指用来发电或供电的公用设备，不包括私人家用的照明线路等。"易燃易爆设备"是指生产、储存、输送各种燃气或易燃易爆物品的设备，如煤气管道、天然气管道、液化气站等燃气设备，石油管道、加油站、火药生产设备等。

故意实施上述犯罪行为，尚未造成严重后果的，依照第116条、第117条、第118条定罪处罚；造成严重后果的，依照第119条第1款定罪处罚。过失实施上述犯罪行为，造成严重后果的，依照第119条第2款定罪处罚。这里的"过失"，是指行为人主观上疏忽大意或者轻信能够避免，但实际上造成了严重后果。这里的"严重后果"，主要是指造成了人员伤亡或公私财产重大损毁，如上述交通设备发生颠覆、毁坏，或者电力设备失火、毁坏，或者易燃易爆设备发生爆炸、重大火灾等。

需要注意的是：《刑法》第118条、第119条规定的"电力设备"，不同于行政法中的"电力设施"。《电力设施保护条例》规定，电力设施包括发电设施、变电设施和电力线路设施及其他电力设施；而"法释〔2007〕15号"《解释》对电力设备作了专门界定。

● 相关规定 【法释〔2007〕3号】 最高人民法院、最高人民检察院关于办理盗窃油气、破坏油气设备等刑事案件具体应用法律若干问题的解释（2006年11月20日最高人民法院审判委员会第1406次会议、2006年12月11日最高人民检察院第10届检察委员会第66次会议通过，2007年1月15日公布，2007年1月19日起施行；替代废止2002年4月10日《最高人民法院关于对采用破坏性手段盗窃正在使用的油田输油管道中油品的行为如何适用法律问题的批复》"法释〔2002〕10号"）

第1条 在实施盗窃油气等行为过程中，采用切割、打孔、撬砸、拆卸、开关等手段破坏正在使用的油气设备的，属于刑法第118条规定的"破坏燃气或者其他易燃易爆设备"的行为；危害公共安全，尚未造成严重后果的，依照刑法第118条的规定定罪处罚。

第2条　实施本解释第1条规定的行为，具有下列情形之一的，属于刑法第119条第1款规定的"造成严重后果"，依照刑法第119条第1款的规定定罪处罚：

（一）造成1人以上死亡、3人以上重伤或者10人以上轻伤的；

（二）造成井喷或者重大环境污染事故的；

（三）造成直接经济损失数额在50万元以上的；

（四）造成其他严重后果的。

第4条　盗窃油气同时构成盗窃罪和破坏易燃易爆设备罪的，依照刑法处罚较重的规定定罪处罚。

第8条　本解释所称的"油气"，是指石油、天然气。其中，石油包括原油、成品油；天然气包括煤层气。

本解释所称"油气设备"，是指用于石油、天然气生产、储存、运输等易燃易爆设备。

【法发〔2018〕18号】　最高人民法院、最高人民检察院、公安部关于办理盗窃油气、破坏油气设备等刑事案件适用法律若干问题的意见（2018年9月28日印发）

一、关于危害公共安全的认定

在实施盗窃油气等行为过程中，破坏正在使用的油气设备，具有下列情形之一的，应当认定为刑法第118条规定的"危害公共安全"：

（一）采用切割、打孔、撬砸、拆卸手段的，但是明显未危害公共安全的除外；①

（二）采用开、关等手段，足以引发火灾、爆炸等危险的。②

---

① 注：采用上述破坏性手段的，在盗放和装运的过程中油气会与外界空气、土壤、水体等直接接触，特别是与石油伴生的可燃性气体会直接挥发到空气中，不仅严重污染周边环境，而且一旦遇到火星或者静电，极易引发火灾或者爆炸，已经使公共安全处于危险状态。

② 注：输油输气管道、油气井等油气设备输送的是高压、易燃、易爆油气，有严格的操作规程，不得随意开关。如果违反操作规程擅自打开油气设备的阀门等，或者擅自关闭油气设备造成"憋罐"，可能引火灾、爆炸等危险，危害公共安全。实践中，盗窃油气的"开、关"行为，主要有3种类型：（1）与盗窃油气人员勾结在一起的油田技术人员按照操作规程开、关正规阀门；（2）盗窃油气人员自行开、关正规阀门；（3）盗窃油气人员开、关"打孔栽阀"的阀门（即在管道上打孔后安装的非正规阀门）。这3种行为可能引起的危险大小不一样，只有在足以引发火灾、爆炸等危险，使不特定多数人的生命、健康或者重大公私财产处于危险状态时，才能认定为"危害公共安全"。

三、关于共犯的认定

在共同盗窃油气、破坏油气设备等犯罪中,实际控制、为主出资或者组织、策划、纠集、雇佣、指使他人参与犯罪的,应当依法认定为主犯;对于其他人员,在共同犯罪中起主要作用的,也应当依法认定为主犯。

在输油输气管道投入使用前擅自安装阀门,在管道投入使用后将该阀门提供给他人盗窃油气的,以盗窃罪、破坏易燃易爆设备罪等有关犯罪的共同犯罪论处。

四、关于内外勾结盗窃油气行为的处理

行为人与油气企业人员勾结共同盗窃油气,没有利用油气企业人员职务便利,仅仅是利用其易于接近油气设备、熟悉环境等方便条件的,以盗窃罪的共同犯罪论处。①

实施上述行为,同时构成破坏易燃易爆设备罪的,依照处罚较重的规定定罪处罚。

六、关于直接经济损失的认定

《最高人民法院、最高人民检察院关于办理盗窃油气、破坏油气设备等刑事案件具体应用法律若干问题的解释》第 2 条第 3 项规定的"直接经济损失"包括因实施盗窃油气等行为直接造成的油气损失以及采取抢修堵漏等措施所产生的费用。②

对于直接经济损失数额,综合油气企业提供的证据材料、犯罪嫌疑人、被告人及其辩护人所提辩解、辩护意见等认定;难以确定的,依据价格认证机构出具的报告,结合其他证据认定。

油气企业提供的证据材料,应当有工作人员签名和企业公章。

七、关于专门性问题的认定

对于油气的质量、标准等专门性问题,综合油气企业提供的证据材料、犯

---

① 注:关于身份犯与非身份犯的共犯如何认定,理论上有主犯说、身份犯说、实行犯说、分别说,各种学说均有争议,操作起来都有难度。《最高人民法院关于审理贪污、职务侵占案件如何认定共同犯罪几个问题的解释》(法释〔2000〕15 号)体现的基本立场是:一方有身份、一方无身份的,采取"身份犯说";双方均有身份的,采取"主犯说"。自从贪污罪、职务侵占罪的定罪量刑标准作出调整以后,按照"身份犯说",内外勾结,达到盗窃罪数额标准但是未能达到贪污罪、职务侵占罪数额标准的,反而不能定罪。有的地方甚至出现油田企业员工争当主犯来让全体涉案人员逃避刑事处罚的情况。针对上述现象,《意见》着重强调对于"利用职务便利"的理解应当严格把握。

② 注:因实施盗窃油气等行为直接造成的油气损失,不仅包括被盗油气的价值,还包括虽未被窃走,但是因盗窃油气行为造成的脱离油气设备而损失的油气价值;采取抢修堵漏等措施所产生的费用,即油气企业因维修被损坏油气设备支付的各项费用,含人工费、材料费等。需要注意的是:对于管输费损失(在打孔等破坏行为发生后,管道企业在紧急停输抢修期间造成的运输费用损失)和污染处置费用(油气企业为处置由于油气泄漏引发的土壤、水体等污染而向专门的污染处理公司支付的费用),《意见》没有将其纳入"直接经济损失"的范围。

罪嫌疑人、被告人及其辩护人所提辩解、辩护意见等认定；难以确定的，依据司法鉴定机构出具的鉴定意见或者国务院公安部门指定的机构出具的报告，结合其他证据认定。

油气企业提供的证据材料，应当有工作人员签名和企业公章。

【法释〔2007〕15 号】　最高人民法院关于审理破坏电力设备刑事案件具体应用法律若干问题的解释（2007 年 8 月 13 日最高人民法院审判委员会第 1435 次会议通过，2007 年 8 月 15 日公布，2007 年 8 月 21 日起施行）

第 1 条　破坏电力设备，具有下列情形之一的，属于刑法第 119 条第 1 款规定的"造成严重后果"，以破坏电力设备罪判处 10 年以上有期徒刑、无期徒刑或者死刑：

（一）造成 1 人以上死亡、3 人以上重伤或者 10 人以上轻伤的；

（二）造成 1 万以上用户电力供应中断 6 小时以上，致使生产、生活受到严重影响的；

（三）造成直接经济损失 100 万元以上的；

（四）造成其他危害公共安全严重后果的。

第 2 条　过失损坏电力设备，造成本解释第 1 条规定的严重后果的，依照刑法第 119 条第 2 款的规定，以过失损坏电力设备罪判处 3 年以上 7 年以下有期徒刑；情节较轻的，处 3 年以下有期徒刑或者拘役。

第 3 条　盗窃电力设备，危害公共安全，但不构成盗窃罪的，以破坏电力设备罪定罪处罚；同时构成盗窃罪和破坏电力设备罪的，依照刑法处罚较重的规定定罪处罚。

盗窃电力设备，没有危及公共安全，但应当追究刑事责任的，可以根据案件的不同情况，按照盗窃罪等犯罪处理。

第 4 条　本解释所称电力设备，是指处于运行、应急等使用中的电力设备；已经通电使用，只是由于枯水季节或电力不足等原因暂停使用的电力设备；已经交付使用但尚未通电的电力设备。不包括尚未安装完毕，或者已经安装完毕但尚未交付使用的电力设备。

本解释中直接经济损失的计算范围，包括电量损失金额，被毁损设备材料的购置、更换、修复费用，以及因停电给用户造成的直接经济损失等。

【法发〔2020〕7 号】　最高人民法院、最高人民检察院、公安部、司法部关于依法惩治妨害新型冠状病毒感染肺炎疫情防控违法犯罪的意见（2020 年 2 月 6 日印发）

二、准确适用法律,依法严惩妨害疫情防控的各类违法犯罪

(八)依法严惩破坏交通设施犯罪。在疫情防控期间,破坏轨道、桥梁、隧道、公路、机场、航道、灯塔、标志或者进行其他破坏活动,足以使火车、汽车、电车、船只、航空器发生倾覆、毁坏危险的,依照刑法第117条、第119条第1款的规定,以破坏交通设施罪定罪处罚。

办理破坏交通设施案件,要区分具体情况,依法审慎处理。对于为了防止疫情蔓延,未经批准擅自封路阻碍交通,未造成严重后果的,一般不以犯罪论处,由主管部门予以纠正。

【高检发〔2020〕3号】 **最高人民法院、最高人民检察院、公安部关于办理涉窨井盖相关刑事案件的指导意见**(2020年2月19日最高人民检察院第13届检察委员会第33次会议通过,2020年3月16日印发施行)

一、盗窃、破坏正在使用中的社会机动车通行道路上的窨井盖,足以使汽车、电车发生倾覆、毁坏危险,尚未造成严重后果的,依照刑法第117条的规定,以破坏交通设施罪定罪处罚;造成严重后果的,依照刑法第119条第1款的规定处罚。

过失造成严重后果的,依照刑法第119条第2款的规定,以过失损坏交通设施罪定罪处罚。

十二、本意见所称的"窨井盖",包括城市、城乡结合部和乡村等地的窨井盖以及其他井盖。

【主席令〔2012〕67号】 **中华人民共和国治安管理处罚法**(2012年10月26日第11届全国人大常委会第29次会议修正,2013年1月1日起施行)

第2条 扰乱公共秩序,妨害公共安全,侵犯人身权利、财产权利,妨害社会管理,具有社会危害性,依照《中华人民共和国刑法》的规定构成犯罪的,依法追究刑事责任;尚不够刑事处罚的,由公安机关依照本法给予治安管理处罚。

第33条 有下列行为之一的,处10日以上15日以下拘留:

(一)盗窃、损毁油气管道设施、电力电信设施、广播电视设施、水利防汛工程设施或者水文监测、测量、气象测报、环境监测、地质监测、地震监测等公共设施的。

第34条 盗窃、损坏、擅自移动使用中的航空设施,或者强行进入航空器驾驶舱的,处10日以上15日以下拘留。

在使用中的航空器上使用可能影响导航系统正常功能的器具、工具,不听劝阻的,处5日以下拘留或者500元以下罚款。

第35条 有下列行为之一的,处5日以上10日以下拘留,可以并处500元

以下罚款;情节较轻的,处 5 日以下拘留或者 500 元以下罚款:

(一) 盗窃、损毁或者擅自移动铁路设施、设备、机车车辆配件或者安全标志的;

(二) 在铁路线路上放置障碍物,或者故意向列车投掷物品的;

(三) 在铁路线路、桥梁、涵洞处挖掘坑穴、采石取沙的;

(四) 在铁路线路上私设道口或者平交过道的。

第 120 条 【组织、领导、参加恐怖组织罪】组织、领导恐怖活动组织的,处十年以上有期徒刑或者无期徒刑,并处没收财产;积极参加的,处三年以上十年以下有期徒刑,并处罚金;其他参加的,处三年以下有期徒刑、拘役、管制或者剥夺政治权利,可以并处罚金。①

犯前款罪并实施杀人、爆炸、绑架等犯罪的,依照数罪并罚的规定处罚。

第 120 条之一② 【帮助恐怖活动罪③】资助恐怖活动组织、实施恐怖活动的个人的,或者资助恐怖活动培训的,处五年以下有期徒刑、拘役、管制或者剥夺政治权利,并处罚金;情节严重的,处五年以上有期徒刑,并处罚金或者没收财产。

---

① 原第 120 条第 1 款内容为:"组织、领导和积极参加恐怖活动组织的,处三年以上十年以下有期徒刑;其他参加的,处三年以下有期徒刑、拘役或者管制。" 2001 年 12 月 29 日第 9 届全国人民代表大会常务委员会第 25 次会议通过的《刑法修正案(三)》(主席令第 64 号公布,2001 年 12 月 29 日起施行) 对第 120 条第 1 款进行了第一次修改,加重了刑罚力度;2015 年 8 月 29 日第 12 届全国人民代表大会常务委员会第 16 次会议通过的《刑法修正案(九)》(主席令第 30 号公布,2015 年 11 月 1 日起施行) 对第 120 条第 1 款进行了第二次修改,增加了相应的财产刑处罚。

② 注:在美国纽约世界贸易中心遭受"9·11"恐怖袭击的背景下,联合国安理会于 2001 年 9 月 29 日召开第 4385 次会议,并通过了第 1373 号决议,要求各国迅速采取有效措施以防止和制止资助恐怖主义行为。为此,我国第 9 届全国人民代表大会常务委员会第 25 次会议于 2001 年 12 月 29 日通过了《刑法修正案(三)》(主席令第 64 号公布,2001 年 12 月 29 日起施行),增设了《刑法》第 120 条之一;2015 年 8 月 29 日第 12 届全国人民代表大会常务委员会第 16 次会议通过了《刑法修正案(九)》(主席令第 30 号公布,2015 年 11 月 1 日起施行),对《刑法》第 120 条之一进行了修改。

③ 注:本罪名原为"资助恐怖活动罪",是因为《刑法修正案(三)》对条文的增加,根据《最高人民法院、最高人民检察院关于执行〈中华人民共和国刑法〉确定罪名的补充规定》(法释〔2002〕7 号,最高人民法院审判委员会第 1193 次会议、最高人民检察院第 9 届检察委员会第 100 次会议通过,2002 年 3 月 26 日起执行) 而增设;《刑法修正案(九)》对条文修改后,根据《最高人民法院、最高人民检察院关于执行〈中华人民共和国刑法〉确定罪名的补充规定(六)》(法释〔2015〕20 号,最高人民法院审判委员会第 1664 次会议、最高人民检察院第 12 届检察委员会第 42 次会议通过,2015 年 11 月 1 日起执行) 而改为现名。

> 为恐怖活动组织、实施恐怖活动或者恐怖活动培训招募、运送人员的，依照前款的规定处罚。
>
> 单位犯前两款罪的，对单位判处罚金，并对其直接负责的主管人员和其他直接责任人员，依照第一款的规定处罚。
>
> **第120条之二**[①] 【准备实施恐怖活动罪】有下列情形之一的，处五年以下有期徒刑、拘役、管制或者剥夺政治权利，并处罚金；情节严重的，处五年以上有期徒刑，并处罚金或者没收财产：
>
> （一）为实施恐怖活动准备凶器、危险物品或者其他工具的；
>
> （二）组织恐怖活动培训或者积极参加恐怖活动培训的；
>
> （三）为实施恐怖活动与境外恐怖活动组织或者人员联络的；
>
> （四）为实施恐怖活动进行策划或者其他准备的。
>
> 有前款行为，同时构成其他犯罪的，依照处罚较重的规定定罪处罚。

● **条文注释** 《刑法》第120条至第120条之二是关于涉及恐怖活动的定罪规定。这里的"恐怖活动"是指通过暴力、破坏、恐吓等手段，制造社会恐慌、危害公共安全、侵犯人身财产，或者胁迫国家机关、国际组织，以实现其政治、意识形态等目的的主张和行为，具体包括下列行为[②]：（1）组织、策划、准备实施、实施造成或者意图造成人员伤亡、重大财产损失、公共设施损坏、社会秩序混乱等严重社会危害的活动的；（2）宣扬恐怖主义，煽动实施恐怖活动，或者非法持有宣扬恐怖主义的物品，强制他人在公共场所穿戴宣扬恐怖主义的服饰、标志的；（3）组织、领导、参加恐怖活动组织的；（4）为恐怖活动组织、恐怖活动人员、实施恐怖活动或者恐怖活动培训提供信息、资金、物资、劳务、技术、场所等支持、协助、便利的；（5）其他恐怖活动。

第120条规定的"恐怖活动组织"是指3人以上为实施恐怖活动而组成的犯罪组织。恐怖活动组织和人员，由国家反恐怖主义工作领导机构依法进行认定并予以公告。"组织、领导"是指鼓动、召集他人建立犯罪集团，或者在犯罪

[①] 第120条之二是根据2015年8月29日第12届全国人民代表大会常务委员会第16次会议通过的《刑法修正案（九）》（主席令第30号公布，2015年11月1日起施行）而增设。

[②] 见2015年12月27日第12届全国人民代表大会常务委员会第18次会议通过的《反恐怖主义法》（主席令第36号公布，2016年1月1日起施行，2018年4月27日修正）第3条。

集团的恐怖活动中起指挥、决策作用;"积极参加"是指对恐怖活动态度积极,并起主要作用;"其他参加的"是指恐怖组织中的一般成员。对组织、领导或参加恐怖组织后,又实施了杀人、爆炸、绑架等犯罪的,应该分别依照第120条、第232条、第114条、第115条、第239条的规定定罪量刑,然后依照《刑法》第69条的规定实行数罪并罚。

第120条之一规定的"实施恐怖活动",包括预谋实施、准备实施和实际实施恐怖活动;"资助恐怖活动培训",包括资助培训活动本身,也包括资助去参加或接受培训的行为。[①] 构成第120条之一规定的"资助恐怖活动罪",必须符合以下3个条件:

(1) 具有主观上的故意性,即明知对方是实施恐怖活动的组织或个人,或者在进行恐怖活动培训,仍然予以资助,或为其招募、运送人员。如果不明知(如受欺骗等),则不构成本罪。至于资助的目的和动机如何,不影响本罪的构成。

(2) 客观上对境内或境外的实施恐怖活动的组织或个人或者恐怖活动培训实施了资助行为,即为其提供了资金、财物、场所或者其他便利条件,如为其招募、运送了人员等。

(3) 这种"资助"是以有形的物质性利益进行帮助,如提供活动经费、活动场所、训练基地、各种宣传通讯设备、设施等。如果行为人仅仅是在精神上、舆论宣传等方面给予支持帮助,不构成本罪。[②]

在实践中还应当注意区分"帮助恐怖活动罪"与共同犯罪:前者的主观故意只是资助实施恐怖活动的组织或个人或者恐怖活动培训,而不是直接资助其所实施的恐怖活动,即"资人不资事";如果行为人与其资助对象通谋,为其提供物资、资金、账号、证明,或者为其提供运输、保管或其他方便,则属于共同犯罪,应当根据刑法总则第2章第3节关于共同犯罪的有关规定进行惩处。

第120条之一、第120条之二规定中的"恐怖活动培训",既包括当面讲授、组建训练营、开办论坛,也包括组织收听观看音频视频材料,或在网上建立交流指导平台等;培训的内容既可以是思想、意识上的,也可以是体能、技能上的。

---

① 全国人民代表大会常务委员会法制工作委员会编:《中华人民共和国刑法释义》,法律出版社2011年版,第174页。

② 全国人大常委会法制工作委员会刑法室编:《中华人民共和国刑法解读》,中国法制出版社2015年版,第190页。

● 相关规定　【法释〔2009〕15号】　最高人民法院关于审理洗钱等刑事案件具体应用法律若干问题的解释（2009年9月21日最高人民法院审判委员会第1474次会议通过，2009年11月4日公布，2009年11月11日起施行）

第5条　刑法第120条之一规定的"资助"，是指为恐怖活动组织或者实施恐怖活动的个人筹集、提供经费、物资或者提供场所以及其他物质便利的行为。

刑法第120条之一规定的"实施恐怖活动的个人"，包括预谋实施、准备实施和实际实施恐怖活动的个人。

【法发〔2010〕9号】　最高人民法院关于贯彻宽严相济刑事政策的若干意见（2010年2月8日印发）

二、准确把握和正确适用依法从"严"的政策要求

7.贯彻宽严相济刑事政策，必须毫不动摇地坚持依法严惩严重刑事犯罪的方针。对于危害国家安全犯罪、恐怖组织犯罪、邪教组织犯罪、黑社会性质组织犯罪、恶势力犯罪、故意危害公共安全犯罪等严重危害国家政权稳固和社会治安的犯罪，故意杀人、故意伤害致人死亡、强奸、绑架、拐卖妇女儿童、抢劫、重大抢夺、重大盗窃等严重暴力犯罪和严重影响人民群众安全感的犯罪，走私、贩卖、运输、制造毒品等毒害人民健康的犯罪，要作为严惩的重点，依法从重处罚。尤其对于极端仇视国家和社会，以不特定人为侵害对象，所犯罪行特别严重的犯罪分子，该重判的要坚决依法重判，该判处死刑的要坚决依法判处死刑。

【高检会〔2018〕1号】　最高人民法院、最高人民检察院、公安部、司法部关于办理恐怖活动和极端主义犯罪案件适用法律若干问题的意见（2018年5月8日印发，同时废止2014年9月9日印发的"公通字〔2014〕34号"《最高人民法院、最高人民检察院、公安部关于办理暴力恐怖和宗教极端刑事案件适用法律若干问题的意见》）

一、准确认定犯罪

（一）具有下列情形之一的，应当认定为刑法第120条规定的"组织、领导恐怖活动组织"，以组织、领导恐怖组织罪定罪处罚：

1.发起、建立恐怖活动组织的；
2.恐怖活动组织成立后，对组织及其日常运行负责决策、指挥、管理的；
3.恐怖活动组织成立后，组织、策划、指挥该组织成员进行恐怖活动的；
4.其他组织、领导恐怖活动组织的情形。

具有下列情形之一的，应当认定为刑法第120条规定的"积极参加"，以参加恐怖组织罪定罪处罚：

1. 纠集他人共同参加恐怖活动组织的；
2. 多次参加恐怖活动组织的；
3. 曾因参加恐怖活动组织、实施恐怖活动被追究刑事责任或者2年内受过行政处罚，又参加恐怖活动组织的；
4. 在恐怖活动组织中实施恐怖活动且作用突出的；
5. 在恐怖活动组织中积极协助组织、领导者实施组织、领导行为的；
6. 其他积极参加恐怖活动组织的情形。

参加恐怖活动组织，但不具有前两款规定情形的，应当认定为刑法第120条规定的"其他参加"，以参加恐怖组织罪定罪处罚。

犯刑法第120条规定的犯罪，又实施杀人、放火、爆炸、绑架、抢劫等犯罪[①]的，依照数罪并罚的规定定罪处罚。

（二）具有下列情形之一的，依照刑法第120条之一的规定，以帮助恐怖活动罪定罪处罚：

1. 以募捐、变卖房产、转移资金等方式为恐怖活动组织、实施恐怖活动的个人、恐怖活动培训筹集、提供经费，或者提供器材、设备、交通工具、武器装备等物资，或者提供其他物质便利的；
2. 以宣传、招收、介绍、输送等方式为恐怖活动组织、实施恐怖活动、恐怖活动培训招募人员的；
3. 以帮助非法出入境，或者为非法出入境提供中介服务、中转运送、停留住宿、伪造身份证明材料等便利，或者充当向导、帮助探查偷越国（边）境路线等方式，为恐怖活动组织、实施恐怖活动、恐怖活动培训运送人员的；
4. 其他资助恐怖活动组织、实施恐怖活动的个人、恐怖活动培训，或者为恐怖活动组织、实施恐怖活动、恐怖活动培训招募运送人员的情形。

实施恐怖活动的个人，包括已经实施恐怖活动的个人，也包括准备实施、正在实施恐怖活动的个人。包括在我国领域内实施恐怖活动的个人，也包括在我国领域外实施恐怖活动的个人。包括我国公民，也包括外国公民和无国籍人。

帮助恐怖活动罪的主观故意，应当根据案件具体情况，结合行为人的具体行为、认知能力、一贯表现和职业等综合认定。

明知是恐怖活动犯罪所得及其产生的收益，为掩饰、隐瞒其来源和性质，

---

① 注：在2014年9月9日印发的《最高人民法院、最高人民检察院、公安部关于办理暴力恐怖和宗教极端刑事案件适用法律若干问题的意见》（公通字〔2014〕34号）中，还列举了"非法制造爆炸物"犯罪，但"高检会〔2018〕1号"《意见》将其删除。

而提供资金账户，协助将财产转换为现金、金融票据、有价证券，通过转账或者其他结算方式协助资金转移，协助将资金汇往境外的，以洗钱罪定罪处罚。事先通谋的，以相关恐怖活动犯罪的共同犯罪论处。

（三）具有下列情形之一的，依照刑法第120条之二的规定，以准备实施恐怖活动罪定罪处罚：

1. 为实施恐怖活动制造、购买、储存、运输凶器，易燃易爆、易制爆品，腐蚀性、放射性、传染性、毒害性物品等危险物品，或者其他工具的；

2. 以当面传授、开办培训班、组建训练营、开办论坛、组织收听收看音频视频资料等方式，或者利用网站、网页、论坛、博客、微博客、网盘、即时通信、通讯群组、聊天室等网络平台、网络应用服务组织恐怖活动培训的，或者积极参加恐怖活动心理体能培训，传授、学习犯罪技能方法或者进行恐怖活动训练的；

3. 为实施恐怖活动，通过拨打电话、发送短信、电子邮件等方式，或者利用网站、网页、论坛、博客、微博客、网盘、即时通信、通讯群组、聊天室等网络平台、网络应用服务与境外恐怖活动组织、人员联络的；

4. 为实施恐怖活动出入境或者组织、策划、煽动、拉拢他人出入境的；

5. 为实施恐怖活动进行策划或者其他准备的情形。

（八）犯刑法第120条规定的犯罪，同时构成刑法第120条之一至之六规定的犯罪的，依照处罚较重的规定定罪处罚。

犯刑法第120条之一至之六规定的犯罪，同时构成其他犯罪的，依照处罚较重的规定定罪处罚。

（九）恐怖主义、极端主义，恐怖活动，恐怖活动组织，根据《中华人民共和国反恐怖主义法》等法律法规认定。

二、正确适用程序

（一）组织、领导、参加恐怖组织罪，帮助恐怖活动罪，准备实施恐怖活动罪，宣扬恐怖主义、煽动实施恐怖活动罪，强制穿戴宣扬恐怖主义服饰、标志罪，非法持有宣扬恐怖主义物品罪的第一审刑事案件由中级人民法院管辖；宣扬极端主义罪，利用极端主义破坏法律实施罪，强制穿戴宣扬极端主义服饰、标志罪，非法持有宣扬极端主义物品罪的第一审刑事案件由基层人民法院管辖。高级人民法院可以根据级别管辖的规定，结合本地区社会治安状况、案件数量等情况，决定实行相对集中管辖，指定辖区内特定的中级人民法院集中审理恐怖活动和极端主义犯罪第一审刑事案件，或者指定辖区内特定的基层人民法院集中审理极端主义犯罪第一审刑事案件，并将指定法院名单报最高人民法院备案。

（二）国家反恐怖主义工作领导机构对恐怖活动组织和恐怖活动人员作出认

定并予以公告的，人民法院可以在办案中根据公告直接认定。国家反恐怖主义工作领导机构没有公告的，人民法院应当严格依照《中华人民共和国反恐怖主义法》有关恐怖活动组织和恐怖活动人员的定义认定，必要时，可以商地市级以上公安机关出具意见作为参考。

（三）宣扬恐怖主义、极端主义的图书、音频视频资料，服饰、标志或者其他物品的认定，应当根据《中华人民共和国反恐怖主义法》有关恐怖主义、极端主义的规定，从其记载的内容、外观特征等分析判断。公安机关应当对涉案物品全面审查并逐一标注或者摘录，提出审读意见，与扣押、移交物品清单及涉案物品原件一并移送人民检察院审查。人民检察院、人民法院可以结合在案证据、案件情况、办案经验等综合审查判断。

（四）恐怖活动和极端主义犯罪案件初查过程中收集提取的电子数据，以及通过网络在线提取的电子数据，可以作为证据使用。对于原始存储介质位于境外或者远程计算机信息系统上的恐怖活动和极端主义犯罪电子数据，可以通过网络在线提取。必要时，可以对远程计算机信息系统进行网络远程勘验。立案后，经设区的市一级以上公安机关负责人批准，可以采取技术侦查措施。对于恐怖活动和极端主义犯罪电子数据量大或者提取时间长等需要冻结的，经县级以上公安机关负责人或者检察长批准，可以进行冻结。对于电子数据涉及的专门性问题难以确定的，由具备资格的司法鉴定机构出具鉴定意见，或者由公安部指定的机构出具报告。

三、完善工作机制

（一）人民法院、人民检察院和公安机关办理恐怖活动和极端主义犯罪案件，应当互相配合，互相制约，确保法律有效执行。对于主要犯罪事实、关键证据和法律适用等可能产生分歧或者重大、疑难、复杂的恐怖活动和极端主义犯罪案件，公安机关商请听取有管辖权的人民检察院意见和建议的，人民检察院可以提出意见和建议。

（二）恐怖活动和极端主义犯罪案件一般由犯罪地公安机关管辖，犯罪嫌疑人居住地公安机关管辖更为适宜的，也可以由犯罪嫌疑人居住地公安机关管辖。移送案件应当一案一卷，将案件卷宗、提取物证和扣押物品等全部随案移交。移送案件的公安机关应当指派专人配合接收案件的公安机关开展后续案件办理工作。

（三）……对被教唆、胁迫、引诱参与恐怖活动、极端主义活动，或者参与恐怖活动、极端主义活动情节轻微，尚不构成犯罪的人员，公安机关应当组织有关部门、村民委员会、居民委员会、所在单位、就读学校、家庭和监护人对其进行帮教。对被判处有期徒刑以上刑罚的恐怖活动罪犯和极端主义罪犯，服刑地的中级人民法院应当根据其社会危险性评估结果和安置教育建议，在其刑满释放前作出是否安置教育的决定①。人民检察院依法对安置教育进行监督，对于实施安置教育过程中存在违法行为的，应当及时提出纠正意见或者检察建议。

【法释〔2019〕1号】 最高人民法院、最高人民检察院关于办理非法从事资金支付结算业务、非法买卖外汇刑事案件适用法律若干问题的解释（2018年9月17日最高人民法院审判委员会第1749次会议、2018年12月12日最高人民检察院第13届检察委员会第11次会议通过，2019年1月31日公布，2019年2月1日起施行）

第5条 非法从事资金支付结算业务或者非法买卖外汇，构成非法经营罪，同时又构成刑法第120条之一规定的帮助恐怖活动罪或者第191条规定的洗钱罪的，依照处罚较重的规定定罪处罚。

【主席令〔2015〕36号】 中华人民共和国反恐怖主义法（2015年12月27日第12届全国人大常委会第18次会议通过，2016年1月1日起施行；2018年4月27日第13届全国人大常委会第2次会议修正）

第3条 本法所称恐怖主义，是指通过暴力、破坏、恐吓等手段，制造社会恐慌、危害公共安全、侵犯人身财产，或者胁迫国家机关、国际组织，以实现其政治、意识形态等目的的主张和行为。

本法所称恐怖活动，是指恐怖主义性质的下列行为：

（一）组织、策划、准备实施、实施造成或者意图造成人员伤亡、重大财产损失、公共设施损坏、社会秩序混乱等严重社会危害的活动的；

（二）宣扬恐怖主义，煽动实施恐怖活动，或者非法持有宣扬恐怖主义的物品，强制他人在公共场所穿戴宣扬恐怖主义的服饰、标志的；

（三）组织、领导、参加恐怖活动组织的；

（四）为恐怖活动组织、恐怖活动人员、实施恐怖活动或者恐怖活动培训提供信息、资金、物资、劳务、技术、场所等支持、协助、便利的；

（五）其他恐怖活动。

本法所称恐怖活动组织，是指3人以上为实施恐怖活动而组成的犯罪组织。

本法所称恐怖活动人员，是指实施恐怖活动的人和恐怖活动组织的成员。

---

① 注："安置教育"是《中华人民共和国反恐怖主义法》针对恐怖活动罪犯和极端主义罪犯（被判处徒刑以上刑罚）而创设的一种全新的犯罪防范制度。它由监狱、看守所在罪犯刑满释放前进行社会危险性评估，并据此向罪犯服刑地的中级人民法院提出安置教育建议。中级人民法院作出责令罪犯在刑满释放后接受安置教育的决定后，由省级人民政府组织实施。

本法所称恐怖事件，是指正在发生或者已经发生的造成或者可能造成重大社会危害的恐怖活动。

第12条　国家反恐怖主义工作领导机构根据本法第3条的规定，认定恐怖活动组织和人员，由国家反恐怖主义工作领导机构的办事机构予以公告。

第16条　根据刑事诉讼法的规定，有管辖权的中级以上人民法院在审判刑事案件的过程中，可以依法认定恐怖活动组织和人员。对于在判决生效后需要由国家反恐怖主义工作领导机构的办事机构予以公告的，适用本章的有关规定。

第30条　对恐怖活动罪犯和极端主义罪犯被判处徒刑以上刑罚的，监狱、看守所应当在刑满释放前根据其犯罪性质、情节和社会危害程度，服刑期间的表现，释放后对所居住社区的影响等进行社会危险性评估。进行社会危险性评估，应当听取有关基层组织和原办案机关的意见。经评估具有社会危险性的，监狱、看守所应当向罪犯服刑地的中级人民法院提出安置教育建议，并将建议书副本抄送同级人民检察院。

罪犯服刑地的中级人民法院对于确有社会危险性的，应当在罪犯刑满释放前作出责令其刑满释放后接受安置教育的决定。决定书副本应当抄送同级人民检察院。被决定安置教育的人员对决定不服的，可以向上一级人民法院申请复议。

安置教育由省级人民政府组织实施。安置教育机构应当每年对被安置教育人员进行评估，对于确有悔改表现，不致再危害社会的，应当及时提出解除安置教育的意见，报决定安置教育的中级人民法院作出决定。被安置教育人员有权申请解除安置教育。

人民检察院对安置教育的决定和执行实行监督。

第97条　本法自2016年1月1日起施行。2011年10月29日第11届全国人民代表大会常务委员会第23次会议通过的《全国人民代表大会常务委员会关于加强反恐怖工作有关问题的决定》同时废止。

【新疆人大公告〔2016〕25号】　新疆维吾尔自治区实施《中华人民共和国反恐怖主义法》办法（新疆自治区第13届人大常委会第5次会议修正，2018年10月9日第6号公告公布施行）

第6条　根据《中华人民共和国反恐怖主义法》第3条规定，出于恐怖主义目的，实施下列行为之一的，认定为恐怖活动：

（一）与境内外恐怖活动组织、个人勾连或者接受境外恐怖活动组织、个人指使、派遣、资助，实施或者准备实施恐怖活动的；

（二）为组建恐怖活动组织、发展成员或者组织、策划、实施恐怖活动，而组织、纠集他人宣扬、传播恐怖主义、极端主义的；

（三）为实施恐怖活动，建立训练场所或者组织、纠集他人进行体能、技能训练的；

（四）为恐怖活动组织、实施恐怖活动或者恐怖活动培训招募、运送人员的；

（五）为参加恐怖活动组织、接受恐怖活动培训或者实施恐怖活动，组织、煽动他人偷越国（边）境的；

（六）利用手机、互联网、移动存储介质或者音频视频资料、电子文稿、音像制品、印刷品等，宣扬、传播恐怖主义、极端主义或者传授恐怖犯罪方法的；

（七）其他恐怖活动。

第49条　对因履行反恐怖主义、反极端主义职责或者报告、制止、协助调查恐怖主义、极端主义活动以及在恐怖主义、极端主义案件中出庭作证、鉴定、翻译或者提供其他协助的人员，所支出的费用或者造成的损失，按有关规定给予补助或补偿；造成本人或者其近亲属的人身安全面临危险的，经本人或者其近亲属申请，公安机关、有关部门应当采取相应的保护措施；导致伤残或者死亡的，应当按照相关规定给予优抚、照顾。

任何组织和个人不得干扰、阻挠、威胁、侮辱、排斥、歧视、打击报复前款所列人员。

【主席令〔2018〕10号】　中华人民共和国刑事诉讼法（2018年10月26日第13届全国人大常委会第6次会议修正，同日公布施行）

第21条　中级人民法院管辖下列第一审刑事案件：（一）危害国家安全、恐怖活动案件……

第39条（第3款）　危害国家安全犯罪、恐怖活动犯罪案件，在侦查期间辩护律师会见在押的犯罪嫌疑人，应当经侦查机关许可。上述案件，侦查机关应当事先通知看守所。

【主席令〔2020〕49号】　中华人民共和国香港特别行政区维护国家安全法（2020年6月30日第13届全国人大常委会第20次会议通过，主席令第49号公布施行；可供刑法适用参考）

（第3章第3节　恐怖活动罪）

第24条　为胁迫中央人民政府、香港特别行政区政府或者国际组织或者威吓公众以图实现政治主张，组织、策划、实施、参与实施或者威胁实施以下造成或者意图造成严重社会危害的恐怖活动之一的，即属犯罪：

（一）针对人的严重暴力；

（二）爆炸、纵火或者投放毒害性、放射性、传染病病原体等物质；

（三）破坏交通工具、交通设施、电力设备、燃气设备或者其他易燃易爆设备；

（四）严重干扰、破坏水、电、燃气、交通、通讯、网络等公共服务和管理的电子控制系统；

（五）以其他危险方法严重危害公众健康或者安全。

犯前款罪，致人重伤、死亡或者使公私财产遭受重大损失的，处无期徒刑或者10年以上有期徒刑；其他情形，处3年以上10年以下有期徒刑。

第25条 组织、领导恐怖活动组织的，即属犯罪，处无期徒刑或者10年以上有期徒刑，并处没收财产；积极参加的，处3年以上10年以下有期徒刑，并处罚金；其他参加的，处3年以下有期徒刑、拘役或者管制，可以并处罚金。

本法所指的恐怖活动组织，是指实施或者意图实施本法第24条规定的恐怖活动罪行或者参与或者协助实施本法第24条规定的恐怖活动罪行的组织。

第26条 为恐怖活动组织、恐怖活动人员、恐怖活动实施提供培训、武器、信息、资金、物资、劳务、运输、技术或者场所等支持、协助、便利，或者制造、非法管有爆炸性、毒害性、放射性、传染病病原体等物质以及以其他形式准备实施恐怖活动的，即属犯罪。情节严重的，处5年以上10年以下有期徒刑，并处罚金或者没收财产；其他情形，处5年以下有期徒刑、拘役或者管制，并处罚金。

有前款行为，同时构成其他犯罪的，依照处罚较重的规定定罪处罚。

第28条 本节规定不影响依据香港特别行政区法律对其他形式的恐怖活动犯罪追究刑事责任并采取冻结财产等措施。

（第6章 附则）

第64条 香港特别行政区适用本法时，本法规定的"有期徒刑""无期徒刑""没收财产"和"罚金"分别指"监禁""终身监禁""充公犯罪所得"和"罚款"，"拘役"参照适用香港特别行政区相关法律规定的"监禁""入劳役中心""入教导所"，"管制"参照适用香港特别行政区相关法律规定的"社会服务令""入感化院"，"吊销执照或者营业许可证"指香港特别行政区相关法律规定的"取消注册或者注册豁免，或者取消牌照"。

● **立案标准** 最高人民检察院、公安部关于公安机关管辖的刑事案件立案追诉标准的规定（二）（公通字〔2022〕8号，2022年4月6日印发，2022年5月15日施行；公通字〔2010〕23号《规定》、公通字〔2011〕47号《补充规定》同时废止）

第1条 [帮助恐怖活动案（刑法第120条之1第1款）] 资助恐怖活动组织、实施恐怖活动的个人的，或者资助恐怖活动培训的，应予立案追诉。

第83条 本规定中的立案追诉标准，除法律、司法解释、本规定中另有规定的以外，适用于相应的单位犯罪。

第120条之三① 【宣扬恐怖主义、极端主义、煽动实施恐怖活动罪】以制作、散发宣扬恐怖主义、极端主义的图书、音频视频资料或者其他物品，或者通过讲授、发布信息等方式宣扬恐怖主义、极端主义的，或者煽动实施恐怖活动的，处五年以下有期徒刑、拘役、管制或者剥夺政治权利，并处罚金；情节严重的，处五年以上有期徒刑，并处罚金或者没收财产。

第120条之四② 【利用极端主义破坏法律实施罪】利用极端主义煽动、胁迫群众破坏国家法律确立的婚姻、司法、教育、社会管理等制度实施的，处三年以下有期徒刑、拘役或者管制，并处罚金；情节严重的，处三年以上七年以下有期徒刑，并处罚金；情节特别严重的，处七年以上有期徒刑，并处罚金或者没收财产。

第120条之五③ 【强制穿戴宣扬恐怖主义、极端主义服饰、标志罪】以暴力、胁迫等方式强制他人在公共场所穿着、佩戴宣扬恐怖主义、极端主义服饰、标志的，处三年以下有期徒刑、拘役或者管制，并处罚金。

第120条之六④ 【非法持有宣扬恐怖主义、极端主义物品罪】明知是宣扬恐怖主义、极端主义的图书、音频视频资料或者其他物品而非法持有，情节严重的，处三年以下有期徒刑、拘役或者管制，并处或者单处罚金。

---

① 第120条之三是根据2015年8月29日第12届全国人民代表大会常务委员会第16次会议通过的《刑法修正案（九）》（主席令第30号公布，2015年11月1日起施行）而增设。

② 第120条之四是根据2015年8月29日第12届全国人民代表大会常务委员会第16次会议通过的《刑法修正案（九）》（主席令第30号公布，2015年11月1日起施行）而增设。

③ 第120条之五是根据2015年8月29日第12届全国人民代表大会常务委员会第16次会议通过的《刑法修正案（九）》（主席令第30号公布，2015年11月1日起施行）而增设。

④ 第120条之六是根据2015年8月29日第12届全国人民代表大会常务委员会第16次会议通过的《刑法修正案（九）》（主席令第30号公布，2015年11月1日起施行）而增设。

● **条文注释** 《刑法》第120条之三至第120条之六都是在当前恐怖主义和极端主义犯罪日益增多、形式多样化的形势下,根据《上海合作组织反恐怖主义公约》①等国际公约,分别对宣扬恐怖主义、极端主义或煽动实施恐怖活动的行为、利用极端主义破坏国家法律制度实施的行为、强制他人穿戴宣扬恐怖主义、极端主义服饰、标志的行为以及故意非法持有宣扬恐怖主义、极端主义的物品的行为作出了惩处规定。

这里的"恐怖主义",是指通过暴力、破坏、恐吓等手段,制造社会恐慌、危害公共安全、侵犯人身财产,或者胁迫国家机关、国际组织,以实现其政治、意识形态等目的的主张和行为②;"极端主义",是指通过歪曲宗教教义或者以"保护民族文化"等为借口,煽动民族歧视和民族仇恨,主张民族排斥和民族隔离,并崇尚以不惜后果的暴力手段抗拒现有的法律秩序。

第120条之三规定中的"讲授",包括讲解、传授恐怖主义、极端主义的思想观念和政治主张,其目的在于宣扬恐怖主义、极端主义;讲授的对象可以是特定的一个人或多个人,也可以是一定范围内的不特定的人。"发布信息"包括在新闻媒体、网络平台上向不特定的人发布,也包括利用手机短信、微博、微信或电子邮件等通信方式向特定或不特定的人发布。

第120条之三、第120条之四规定中的"煽动",是指概括性地鼓动、怂恿他人实施恐怖活动或者破坏国家法律法制的实施;如果明确要求、怂恿他人参加或实施特定的恐怖活动,则应当依照《刑法》第29条关于教唆犯罪的规定定罪处罚。同时满足"煽动"情形和"教唆"情形的,则依照处罚较重的规定定罪科刑。

需要注意的是:

(1) 只要行为人实施了上述煽动行为,即使未煽动成功,也构成本罪。

(2) 行为人"利用极端主义"是构成第120条之四规定犯罪的必要条件;如果行为人是利用会道门、邪教组织或封建迷信破坏国家法律的实施,则应当依照《刑法》第300条的规定定罪处罚。

---

① 《上海合作组织反恐怖主义公约》是在上海合作组织2009年6月卡捷琳堡峰会时,由各成员国元首共同签署的,旨在进一步加强上海合作组织框架内反恐合作的法律基础,提高各成员国打击恐怖主义的协调能力和效率。公约规定,任何公开支持和煽动恐怖活动、招募人员、筹划恐怖袭击、参加恐怖组织、资助恐怖主义势力等行为,一律被视为恐怖主义行径。2009年6月16日时任国家主席胡锦涛代表中华人民共和国签署了该《公约》,并经2014年12月28日第12届全国人民代表大会常务委员会第12次会议批准生效。

② 见2015年12月27日第12届全国人民代表大会常务委员会第18次会议通过的《反恐怖主义法》(主席令第36号公布,2016年1月1日起施行)第3条。

第120条之五规定中的"强制",是指通过对他人的直接人身伤害或精神强制,迫使被害人就范,不能或不敢抗拒。本条规定中的"公共场所",包括群众公开活动的场所和公共的交通工具,也包括国家机关、团体和企事业单位的办公场所,以及企业的生产经营场所。

第120条之六规定中的"明知",包括知道和应当知道;认定行为人是否"明知",应当根据其具体行为、手段、事后表现以及其文化程度、年龄、职业、认知水平等因素综合判断。本条规定中的"持有",包括随身携带,也包括在其住所、个人办公场所或交通工具中存放,还包括在电脑、手机、其他存储介质或网络空间中存放;但为了学术研究等合法活动而持有少量单一的宣扬恐怖主义、极端主义的物品,不能认定为犯罪。

● **相关规定** 【高检会〔2018〕1号】 **最高人民法院、最高人民检察院、公安部、司法部关于办理恐怖活动和极端主义犯罪案件适用法律若干问题的意见**(2018年5月8日印发,同时废止2014年9月9日印发的"公通字〔2014〕34号"《最高人民法院、最高人民检察院、公安部关于办理暴力恐怖和宗教极端刑事案件适用法律若干问题的意见》)

一、准确认定犯罪

(四)实施下列行为之一,宣扬恐怖主义、极端主义或者煽动实施恐怖活动的,依照刑法第120条之三的规定,以宣扬恐怖主义、极端主义、煽动实施恐怖活动罪定罪处罚:

1. 编写、出版、印刷、复制、发行、散发、播放载有宣扬恐怖主义、极端主义内容的图书、报刊、文稿、图片或者音频视频资料的;

2. 设计、生产、制作、销售、租赁、运输、托运、寄递、散发、展示带有宣扬恐怖主义、极端主义内容的标识、标志、服饰、旗帜、徽章、器物、纪念品等物品的;

3. 利用网站、网页、论坛、博客、微博客、网盘、即时通信、通讯群组、聊天室等网络平台、网络应用服务等登载、张贴、复制、发送、播放、演示载有恐怖主义、极端主义内容的图书、报刊、文稿、图片或者音频视频资料的;

4. 网站、网页、论坛、博客、微博客、网盘、即时通信、通讯群组、聊天室等网络平台、网络应用服务的建立、开办、经营、管理者,明知他人利用网络平台、网络应用服务散布、宣扬恐怖主义、极端主义内容,经相关行政主管部门处罚后仍允许或者放任他人发布的;

5. 利用教经、讲经、解经、学经、婚礼、葬礼、纪念、聚会和文体活动等宣扬恐怖主义、极端主义、煽动实施恐怖活动的；

6. 其他宣扬恐怖主义、极端主义、煽动实施恐怖活动的行为。

（五）利用极端主义，实施下列行为之一的，依照刑法第120条之四的规定，以利用极端主义破坏法律实施罪定罪处罚：

1. 煽动、胁迫群众以宗教仪式取代结婚、离婚登记，或者干涉婚姻自由的；
2. 煽动、胁迫群众破坏国家法律确立的司法制度实施的；
3. 煽动、胁迫群众干涉未成年人接受义务教育，或者破坏学校教育制度、国家教育考试制度等国家法律规定的教育制度的；
4. 煽动、胁迫群众抵制人民政府依法管理，或者阻碍国家机关工作人员依法执行职务的；
5. 煽动、胁迫群众损毁居民身份证、居民户口簿等国家法定证件以及人民币的；
6. 煽动、胁迫群众驱赶其他民族、有其他信仰的人员离开居住地，或者干涉他人生活和生产经营的；
7. 其他煽动、胁迫群众破坏国家法律制度实施的行为。

（六）具有下列情形之一的，依照刑法第120条之五的规定，以强制穿戴宣扬恐怖主义、极端主义服饰、标志罪定罪处罚：

1. 以暴力、胁迫等方式强制他人在公共场所穿着、佩戴宣扬恐怖主义、极端主义服饰的；
2. 以暴力、胁迫等方式强制他人在公共场所穿着、佩戴含有恐怖主义、极端主义的文字、符号、图形、口号、徽章的服饰、标志的；
3. 其他强制他人穿戴宣扬恐怖主义、极端主义服饰、标志的情形。

（七）明知是载有宣扬恐怖主义、极端主义内容的图书、报刊、文稿、图片、音频视频资料、服饰、标志或者其他物品而非法持有，达到下列数量标准之一的，依照刑法第120条之六的规定，以非法持有宣扬恐怖主义、极端主义物品罪定罪处罚：

1. 图书、刊物20册以上，或者电子图书、刊物5册以上的；
2. 报纸100份（张）以上，或者电子报纸20份（张）以上的；
3. 文稿、图片100篇（张）以上，或者电子文稿、图片20篇（张）以上，或者电子文档50万字符以上的；
4. 录音带、录像带等音像制品20个以上，或者电子音频视频资料5个以上，或者电子音频视频资料20分钟以上的；
5. 服饰、标志20件以上的。

非法持有宣扬恐怖主义、极端主义的物品，虽未达到前款规定的数量标准，但具有多次持有，持有多类物品，造成严重后果或者恶劣社会影响，曾因实施恐怖活动、极端主义违法犯罪被追究刑事责任或者2年内受过行政处罚等情形之一的，也可以定罪处罚。

多次非法持有宣扬恐怖主义、极端主义的物品，未经处理的，数量应当累计计算。非法持有宣扬恐怖主义、极端主义的物品，涉及不同种类或者形式的，可以根据本条规定的不同数量标准的相应比例折算后累计计算。

非法持有宣扬恐怖主义、极端主义物品罪主观故意中的"明知"，应当根据案件具体情况，以行为人实施的客观行为为基础，结合其一贯表现，具体行为、程度、手段、事后态度，以及年龄、认知和受教育程度、所从事的职业等综合审查判断。

具有下列情形之一，行为人不能做出合理解释的，可以认定其"明知"，但有证据证明确属被蒙骗的除外：

1. 曾因实施恐怖活动、极端主义违法犯罪被追究刑事责任，或者2年内受过行政处罚，或者被责令改正后又实施的；

2. 在执法人员检查时，有逃跑、丢弃携带物品或者逃避、抗拒检查等行为，在其携带、藏匿或者丢弃的物品中查获宣扬恐怖主义、极端主义的物品的；

3. 采用伪装、隐匿、暗语、手势、代号等隐蔽方式制作、散发、持有宣扬恐怖主义、极端主义的物品的；

4. 以虚假身份、地址或者其他虚假方式办理托运、寄递手续，在托运、寄递的物品中查获宣扬恐怖主义、极端主义的物品的；

5. 有其他证据足以证明行为人应当知道的情形。

（八）犯刑法第120条规定的犯罪，同时构成刑法第120条之一至之六规定的犯罪，依照处罚较重的规定定罪处罚。

犯刑法第120条之一至之六规定的犯罪，同时构成其他犯罪的，依照处罚较重的规定定罪处罚。

（九）恐怖主义、极端主义，恐怖活动，恐怖活动组织，根据《中华人民共和国反恐怖主义法》等法律法规认定。

二、正确适用程序（略）①

---

① 详见本书关于《刑法》第120条、第120条之一、第120条之二的"高检会〔2018〕1号"。

【主席令〔2015〕36 号】 中华人民共和国反恐怖主义法（2015 年 12 月 27 日第 12 届全国人大常委会第 18 次会议通过，2016 年 1 月 1 日起施行；2011 年 10 月 29 日《全国人民代表大会常务委员会关于加强反恐怖工作有关问题的决定》同时废止；根据 2018 年 4 月 27 日第 13 届全国人民代表大会常务委员会第 2 次会议通过、主席令第 6 号公布、公布之日起施行的《关于修改〈中华人民共和国国境卫生检疫法〉等六部法律的决定》修正）

第 80 条 参与下列活动之一，情节轻微，尚不构成犯罪的，由公安机关处 10 日以上 15 日以下拘留，可以并处 1 万元以下罚款：

（一）宣扬恐怖主义、极端主义或者煽动实施恐怖活动、极端主义活动的；

（二）制作、传播、非法持有宣扬恐怖主义、极端主义的物品的；

（三）强制他人在公共场所穿戴宣扬恐怖主义、极端主义的服饰、标志的；

（四）为宣扬恐怖主义、极端主义或者实施恐怖主义、极端主义活动提供信息、资金、物资、劳务、技术、场所等支持、协助、便利的。

第 81 条 利用极端主义，实施下列行为之一，情节轻微，尚不构成犯罪的，由公安机关处 5 日以上 15 日以下拘留，可以并处 1 万元以下罚款：

（一）强迫他人参加宗教活动，或者强迫他人向宗教活动场所、宗教教职人员提供财物或者劳务的；

（二）以恐吓、骚扰等方式驱赶其他民族或者有其他信仰的人员离开居住地的；

（三）以恐吓、骚扰等方式干涉他人与其他民族或者有其他信仰的人员交往、共同生活的；

（四）以恐吓、骚扰等方式干涉他人生活习俗、方式和生产经营的；

（五）阻碍国家机关工作人员依法执行职务的；

（六）歪曲、诋毁国家政策、法律、行政法规，煽动、教唆抵制人民政府依法管理的；

（七）煽动、胁迫群众损毁或者故意损毁居民身份证、户口簿等国家法定证件以及人民币的；

（八）煽动、胁迫他人以宗教仪式取代结婚、离婚登记的；

（九）煽动、胁迫未成年人不接受义务教育的；

（十）其他利用极端主义破坏国家法律制度实施的。

第 82 条 明知他人有恐怖活动犯罪、极端主义犯罪行为，窝藏、包庇，情节轻微，尚不构成犯罪的，或者在司法机关向其调查有关情况、收集有关证据时，拒绝提供的，由公安机关处 10 日以上 15 日以下拘留，可以并处 1 万元以下罚款。

【主席令〔2020〕49 号】　中华人民共和国香港特别行政区维护国家安全法（2020 年 6 月 30 日第 13 届全国人大常委会第 20 次会议通过，主席令第 49 号公布施行；可供刑法适用参考）

（第 3 章第 3 节　恐怖活动罪）

第 27 条　宣扬恐怖主义、煽动实施恐怖活动的，即属犯罪。情节严重的，处 5 年以上 10 年以下有期徒刑，并处罚金或者没收财产；其他情形，处 5 年以下有期徒刑、拘役或者管制，并处罚金。

第 28 条　本节规定不影响依据香港特别行政区法律对其他形式的恐怖活动犯罪追究刑事责任并采取冻结财产等措施。

（第 6 章　附则）

第 64 条　香港特别行政区适用本法时，本法规定的"有期徒刑""无期徒刑""没收财产"和"罚金"分别指"监禁""终身监禁""充公犯罪所得"和"罚款"，"拘役"参照适用香港特别行政区相关法律规定的"监禁""入劳役中心""入教导所"，"管制"参照适用香港特别行政区相关法律规定的"社会服务令""入感化院"，"吊销执照或者营业许可证"指香港特别行政区相关法律规定的"取消注册或者注册豁免，或者取消牌照"。

第 121 条　【劫持航空器罪】以暴力、胁迫或者其他方法劫持航空器的，处十年以上有期徒刑或者无期徒刑；致人重伤、死亡或者使航空器遭受严重破坏的，处死刑。

第 122 条　【劫持船只、汽车罪】以暴力、胁迫或者其他方法劫持船只、汽车的，处五年以上十年以下有期徒刑；造成严重后果的，处十年以上有期徒刑或者无期徒刑。

第 123 条　【暴力危及飞行安全罪】对飞行中的航空器上的人员使用暴力，危及飞行安全，尚未造成严重后果的，处五年以下有期徒刑或者拘役；造成严重后果的，处五年以上有期徒刑。

● 条文注释　第 121 条、第 122 条规定的"其他方法"是指犯罪分子采用非暴力或胁迫的方法劫持车船或航空器，如使用精神类药物控制驾驶员的意识，或改变交通指示、控制信号误导驾驶员，或者驾驶人员利用自身的便利条件，直接驾驶车船或航空器非法出境等。这里的车船主要是指运送旅客或物资的公共交通工具，如轮船、公共汽车、电车等。

需要注意的是，行为人"劫持"车船或航空器不是像海盗一样为了抢劫，而是为了逃避法律制裁，将车船或航空器非法驾驶到别的地点，或者以此为要挟手段，要求政府答应其提出的某项条件。

第121条的"致人重伤、死亡"和第123条的"航空器上的人员"，均包括驾驶员、乘务人员和旅客等车船或航空器上的所有人员。第122条、第123条的"造成严重后果"，主要是指造成人员伤亡或公私财产遭受重大损失，或者致使航空器无法正常飞行，以至于迫降或坠毁。

另外要注意的是，在飞行中的航空器上，任何使用暴力的情况都会危及飞行安全。这里的"飞行中"，是指航空器从装载完毕、全部机舱门关闭时起，直至正常着陆后、开启任何一机舱门以便卸载时为止。

第124条　【破坏广播电视设施、公用电信设施罪】 破坏广播电视设施、公用电信设施，危害公共安全的，处三年以上七年以下有期徒刑；造成严重后果的，处七年以上有期徒刑。

【过失损坏广播电视设施、公用电信设施罪】 过失犯前款罪的，处三年以上七年以下有期徒刑；情节较轻的，处三年以下有期徒刑或者拘役。

● **条文注释**　第124条规定的"广播电视设施"主要是指传播新闻信息的有线广播站、无线广播发射台、电视发射台、转播台等。"公用电信设施"主要是指用于社会公用事业的通信设施、设备及其组成部分，如国家电信部门的无线电发报设施、国家重要部门的电话交换台、无线电通信网络、导航设施等。判断是否"危害公共安全"或"造成严重后果"，依照"法释〔2004〕21号"第1条、第2条的规定进行界定。

在实践中需要注意以下两点：

（1）破坏交通设施中的无线电通信或导航设施，构成破坏公用电信设施罪；但如果没对设施进行破坏，而是干扰其无线电通信或导航信号，危害交通工具安全的，则属于《刑法》第117条规定的"其他破坏活动"，构成破坏交通设施罪。

（2）构成破坏公用电信设施罪的条件之一，是犯罪行为对公共安全造成了危害。如果是破坏路边的公用电话亭或私人的家庭电话，则不属于第124条规定的"公用电信设施"。

● **相关规定** 　**【法释〔2004〕21号】** 　最高人民法院关于审理破坏公用电信设施刑事案件具体应用法律若干问题的解释（2004年8月26日最高人民法院审判委员会第1322次会议通过，2004年12月30日公布，2005年1月11日起施行）

第1条　采用截断通信线路、损毁通信设备或者删除、修改、增加电信网计算机信息系统中存储、处理或者传输的数据和应用程序等手段，故意破坏正在使用的公用电信设施，具有下列情形之一的，属于刑法第124条规定的"危害公共安全"，依照刑法第124条第1款规定，以破坏公用电信设施罪处3年以上7年以下有期徒刑：

（一）造成火警、匪警、医疗急救、交通事故报警、救灾、抢险、防汛等通信中断或者严重障碍，并因此贻误救助、救治、救灾、抢险等，致使人员死亡1人、重伤3人以上或者造成财产损失30万元以上的；

（二）造成2000以上不满1万用户通信中断1小时以上，或者1万以上用户通信中断不满1小时的；

（三）在一个本地网范围内，网间通信全阻、关口局至某一局向全部中断或网间某一业务全部中断不满2小时或者直接影响范围不满5万（用户×小时）的；

（四）造成网间通信严重障碍，1日内累计2小时以上不满12小时的；

（五）其他危害公共安全的情形。

第2条　实施本解释第1条规定的行为，具有下列情形之一的，属于刑法第124条第1款规定的"严重后果"，以破坏公用电信设施罪处7年以上有期徒刑：

（一）造成火警、匪警、医疗急救、交通事故报警、救灾、抢险、防汛等通信中断或者严重障碍，并因此贻误救助、救治、救灾、抢险等，致使人员死亡2人以上、重伤6人以上或者造成财产损失60万元以上的；

（二）造成1万以上用户通信中断1小时以上的；

（三）在一个本地网范围内，网间通信全阻、关口局至某一局向全部中断或网间某一业务全部中断2小时以上或者直接影响范围5万（用户×小时）以上的；

（四）造成网间通信严重障碍，1日内累计12小时以上的；

（五）造成其他严重后果的。

第3条　故意破坏正在使用的公用电信设施尚未危害公共安全，或者故意毁坏尚未投入使用的公用电信设施，造成财物损失，构成犯罪的，依照刑法第275条规定，以故意毁坏财物罪定罪处罚。

盗窃公用电信设施价值数额不大，但是构成危害公共安全犯罪的，依照刑法第124条的规定定罪处罚；盗窃公用电信设施同时构成盗窃罪和破坏公用电信设施罪的，依照处罚较重的规定定罪处罚。

第4条　指使、组织、教唆他人实施本解释规定的故意犯罪行为的，按照共犯定罪处罚。

第5条　本解释中规定的公用电信设施的范围、用户数、通信中断和严重障碍的标准和时间长度，依据国家电信行业主管部门的有关规定确定。

【法释〔2007〕13号】　最高人民法院关于审理危害军事通信刑事案件具体应用法律若干问题的解释（2007年6月18日最高人民法院审判委员会第1430次会议通过，2007年6月26日公布，2007年6月29日起施行）

第6条　破坏、过失损坏军事通信，并造成公用电信设施损毁，危害公共安全，同时构成刑法第124条和第369条规定的犯罪的，依照处罚较重的规定定罪处罚。

盗窃军事通信线路、设备，不构成盗窃罪，但破坏军事通信的，依照刑法第369条第1款的规定定罪处罚；同时构成刑法第124条、第264条和第369条第1款规定的犯罪的，依照处罚较重的规定定罪处罚。

第7条（第2款）　本解释所称军事通信的具体范围、通信中断和严重障碍的标准，参照中国人民解放军通信主管部门的有关规定确定。

【工信部联电管〔2014〕372号】　公用电信设施损坏经济损失计算方法（最高人民法院、最高人民检察院、工业和信息化部、公安部2014年8月28日印发实施）

第1条　为保障公用电信设施安全稳定运行，规范公用电信设施损坏经济损失计算，制定本方法。

第2条　中华人民共和国境内由于盗窃、破坏等因素造成公用电信设施损坏所带来的经济损失，根据本方法计算。

第3条　本方法中公用电信设施主要包括：

（一）通信线路类：包括光（电）缆、电力电缆等；交接箱、分（配）线盒等；管道、槽道、人井（手孔）；电杆、拉线、吊线、挂钩等支撑加固和保护装置；标石、标志标牌、井盖等附属配套设施。

（二）通信设备类：包括基站、中继站、微波站、直放站、室内分布系统、无线局域网（WLAN）系统、有线接入设备、公用电话终端等。

（三）其他配套设备类：包括通信铁塔、收发信天（馈）线；公用电话亭；用于维系通信设备正常运转的通信机房、空调、蓄电池、开关电源、不间断电源（UPS）、太阳能电池板、油机、变压器、接地铜排、消防设备、安防设备、动力环境设备等附属配套设施。

（四）电信主管部门认定的其他电信设施。

第4条　公用电信设施损坏经济损失，主要包括公用电信设施修复损失、阻断通信业务损失和阻断通信其他损失。

公用电信设施修复损失，是指公用电信设施损坏后临时抢修、正式恢复所需各种修复费用总和，包括人工费、机具使用费、仪表使用费、调遣费、赔补费、更换设施设备费用等。

阻断通信业务损失，是指公用电信设施损坏造成通信中断所带来的业务损失的总和，包括干线光传送网阻断通信损失、城域/本地光传送网阻断通信损失和接入网阻断通信损失。

阻断通信其他损失，是指公用电信设施损坏造成通信中断所带来的除通信业务损失以外的其他损失的总和，包括基础电信企业依法向电信用户支付的赔偿费用等损失。

第5条　公用电信设施修复损失计算

公用电信设施损坏后临时抢修、正式修复所需费用按照《关于发布〈通信建设工程概算、预算编制办法及相关定额〉的通知》（工信部规〔2008〕75号）核实确定。

公用电信设施损坏后通过设置应急通信设备、使用备份设备或迂回路由等方式临时抢修产生的费用，可由当地通信管理局确定。

第6条　阻断通信业务损失计算

阻断通信业务损失＝阻断通信时间×单位时间通信业务价值。

阻断通信时间，是指自该类业务通信阻断发生时始，至该类业务修复后经测试验证后通信可用时止的时间长度。

单位时间通信业务价值，是指阻断通信时间段前30天对应时段内的平均业务量与业务单价的乘积。

类业务单价可在该类业务标价和套餐折合最低价之间取值，具体由当地通信管理局根据当地实际情况确定。

（一）干线光传送网阻断通信损失

干线光传送网，按照阻断通信的使用带宽进行计算，即：

干线光传送网阻断通信损失＝阻断通信时间（分钟）×前30天对应时段内平均使用带宽（Mbps）×单位带宽价格（元/Mbps/分钟）。

单位带宽价格按基础电信企业向当地通信管理局资费备案的互联网100Mbps专线接入（当地静态路由接入方式）价格的1%计算。

（二）城域/本地光传送网阻断通信损失

城域/本地光传送网阻断通信损失参照干线光传送网阻断通信损失计算。

（三）接入网阻断通信损失

接入网可明确区分不同业务类型，应分别计算该网络内不同业务实际阻断通信时间内的损失，并将不同业务类型损失进行叠加。

接入网阻断通信损失包括固定和移动语音业务损失、固定数据业务损失、移动数据业务损失、固定和移动专线出租电路损失、短信业务损失和增值电信业务损失。

固定和移动语音业务损失包括国际长途、国内长途和本地通话3类业务损失，每类业务损失计算公式为：固定和移动语音业务损失＝前30天对应时段内平均通话时长（分钟）×单价（元/分钟）。

固定数据业务损失计算公式为：固定数据业务损失＝阻断通信时间（分钟）×月均固定数据业务资费/当月分钟数（元/分钟）。

移动数据业务损失计算公式为：移动数据业务损失＝前30天对应时段内平均数据流量（MB/秒）×阻断时长（秒）×单价（元/MB）。

固定和移动专线出租电路损失根据基础电信企业和党、政、军机关、事业单位、企业等签订的专线电路租用合同相关条款进行计算。

短信业务损失计算公式为：短信业务阻断损失＝前30天对应时段内平均短信量（条）×单价（元/条）。

增值电信业务损失可由当地通信管理局确定。

第7条 专用电信设施损坏经济损失计算可参照本方法执行。

第8条 各省、自治区、直辖市通信管理局可根据本规定，结合具体情况制定适合本行政区域内的公用电信设施损坏经济损失计算方法。

第9条 本方法由工业和信息化部负责解释。

【法释〔2011〕13号】 最高人民法院关于审理破坏广播电视设施等刑事案件具体应用法律若干问题的解释（2011年5月23日最高人民法院审判委员会第1523次会议通过，2011年6月7日公布，2011年6月13日起施行）

第1条 采取拆卸、毁坏设备，剪割缆线，删除、修改、增加广播电视设备系统中存储、处理、传输的数据和应用程序，非法占用频率等手段，破坏正在使用的广播电视设施，具有下列情形之一的，依照刑法第124条第1款的规定，以破坏广播电视设施罪处3年以上7年以下有期徒刑：

（一）造成救灾、抢险、防汛和灾害预警等重大公共信息无法发布的；

（二）造成县级、地市（设区的市）级广播电视台中直接关系节目播出的设施无法使用，信号无法播出的；

（三）造成省级以上广播电视传输网内的设施无法使用，地市（设区的市）级广播电视传输网内的设施无法使用3小时以上，县级广播电视传输网内的设施无法使用12小时以上，信号无法传输的；

（四）其他危害公共安全的情形。

第2条　实施本解释第1条规定的行为，具有下列情形之一的，应当认定为刑法第124条第1款规定的"造成严重后果"，以破坏广播电视设施罪处7年以上有期徒刑：

（一）造成救灾、抢险、防汛和灾害预警等重大公共信息无法发布，因此贻误排除险情或者疏导群众，致使1人以上死亡、3人以上重伤或者财产损失50万元以上，或者引起严重社会恐慌、社会秩序混乱的；

（二）造成省级以上广播电视台中直接关系节目播出的设施无法使用，信号无法播出的；

（三）造成省级以上广播电视传输网内的设施无法使用3小时以上，地市（设区的市）级广播电视传输网内的设施无法使用12小时以上，县级广播电视传输网内的设施无法使用48小时以上，信号无法传输的；

（四）造成其他严重后果的。

第3条　过失损坏正在使用的广播电视设施，造成本解释第2条规定的严重后果的，依照刑法第124条第2款的规定，以过失损坏广播电视设施罪处3年以上7年以下有期徒刑；情节较轻的，处3年以下有期徒刑或者拘役。

过失损坏广播电视设施构成犯罪，但能主动向有关部门报告、积极赔偿损失或者修复被损坏设施的，可以酌情从宽处罚。

第4条　建设、施工单位的管理人员、施工人员，在建设、施工过程中，违反广播电视设施保护规定，故意或者过失损毁正在使用的广播电视设施，构成犯罪的，以破坏广播电视设施罪或者过失损坏广播电视设施罪定罪处罚。其定罪量刑标准适用本解释第1至3条的规定。

第5条　盗窃正在使用的广播电视设施，尚未构成盗窃罪，但具有本解释第1条、第2条规定情形的，以破坏广播电视设施罪定罪处罚；同时构成盗窃罪和破坏广播电视设施罪的，依照处罚较重的规定定罪处罚。

第6条　破坏正在使用的广播电视设施未危及公共安全，或者故意毁坏尚未投入使用的广播电视设施，造成财物损失数额较大或者有其他严重情节的，以故意毁坏财物罪定罪处罚。

第7条 实施破坏广播电视设施犯罪,并利用广播电视设施实施煽动分裂国家、煽动颠覆国家政权、煽动民族仇恨、民族歧视或者宣扬邪教等行为,同时构成其他犯罪的,依照处罚较重的规定定罪处罚。

第8条 本解释所称广播电视台中直接关系节目播出的设施、广播电视传输网内的设施,参照国家广播电视行政主管部门和其他相关部门的有关规定确定。

【公通字〔2014〕13号】 最高人民法院、最高人民检察院、公安部、国家安全部关于依法办理非法生产销售使用"伪基站"设备案件的意见(2014年3月14日印发)

一、准确认定行为性质

(二)非法使用"伪基站"设备干扰公用电信网络信号,危害公共安全的,依照《刑法》第124条第1款的规定,以破坏公用电信设施罪追究刑事责任;同时构成虚假广告罪、非法获取公民个人信息罪、破坏计算机信息系统罪、扰乱无线电通讯管理秩序罪的,依照处罚较重的规定追究刑事责任。

除法律、司法解释另有规定外,利用"伪基站"设备实施诈骗等其他犯罪行为,同时构成破坏公用电信设施罪的,依照处罚较重的规定追究刑事责任。

(三)明知他人实施非法生产、销售"伪基站"设备,或者非法使用"伪基站"设备干扰公用电信网络信号等犯罪,为其提供资金、场所、技术、设备等帮助的,以共同犯罪论处。

【法研〔2013〕88号】 最高人民法院研究室关于使用"伪基站"设备群发短信行为定性问题的研究意见[①]

行为人利用"伪基站"设备,以非法占用电信频率的方式,破坏正在使用中的公用无线通信网络,在较大范围内较长时间造成用户通信中断,严重危害公共安全的,可以以破坏公用电信设施罪定罪处罚。

【工信厅政函〔2013〕189号】 工业和信息化部关于"11.23"伪基站专案问题的复函[②]

通信基站与手机客户端的无线联系属于《最高人民法院关于审理破坏公用电信设施刑事案件具体应用法律若干问题的解释》(法释〔2004〕21号)中的"通信线路"。

---

① 最高人民法院研究室编:《司法研究与指导》(总第5辑),人民法院出版社2014年版。
② 来源于中国移动通信集团广东有限公司袁强撰写的《关于"伪基站"犯罪相关刑事责任的分析报告》,刊于《法制与社会》2014年第31期。

【工商总局令〔2014〕72号】　禁止非法生产销售使用窃听窃照专用器材和"伪基站"设备的规定（国家工商行政管理总局局务会审议通过，经公安部、国家质量监督检验检疫总局同意，2014年12月23日公布，公布之日起30日后施行）

第5条　本规定所称"伪基站"设备，是指未取得电信设备进网许可和无线电发射设备型号核准，具有搜取手机用户信息，强行向不特定用户手机发送短信息等功能，使用过程中会非法占用公众移动通信频率，局部阻断公众移动通信网络信号，经公安机关依法认定的非法无线电通信设备。

第7条（第1款）　公安机关负责对窃听窃照专用器材、"伪基站"设备的认定工作。

【主席令〔2012〕67号】　中华人民共和国治安管理处罚法（2012年10月26日第11届全国人大常委会第29次会议修正，2013年1月1日起施行）

第2条　扰乱公共秩序，妨害公共安全，侵犯人身权利、财产权利，妨害社会管理，具有社会危害性，依照《中华人民共和国刑法》的规定构成犯罪的，依法追究刑事责任；尚不够刑事处罚的，由公安机关依照本法给予治安管理处罚。

第33条　有下列行为之一的，处10日以上15日以下拘留：

（一）盗窃、损毁油气管道设施、电力电信设施、广播电视设施、水利防汛工程设施或者水文监测、测量、气象测报、环境监测、地质监测、地震监测等公共设施的。

第125条　【非法制造、买卖、运输、邮寄、储存枪支、弹药、爆炸物罪】 非法制造、买卖、运输、邮寄、储存枪支、弹药、爆炸物的，处三年以上十年以下有期徒刑；情节严重的，处十年以上有期徒刑、无期徒刑或者死刑。

【非法制造、买卖、运输、储存危险物质罪】 非法制造、买卖、运输、储存毒害性、放射性、传染病病原体等物质，危害公共安全的，依照前款的规定处罚。①

---

① 第125条第2款是根据2001年12月29日第9届全国人民代表大会常务委员会第25次会议通过的《刑法修正案（三）》（主席令第64号公布，2001年12月29日起施行）而修改；原条文内容为："非法买卖、运输核材料的，依照前款的规定处罚。"

单位犯前两款罪的，对单位判处罚金，并对其直接负责的主管人员和其他直接责任人员，依照第一款的规定处罚。

第 126 条 【**违规制造、销售枪支罪**】依法被指定、确定的枪支制造企业、销售企业，违反枪支管理规定，有下列行为之一的，对单位判处罚金，并对其直接负责的主管人员和其他直接责任人员，处五年以下有期徒刑；情节严重的，处五年以上十年以下有期徒刑；情节特别严重的，处十年以上有期徒刑或者无期徒刑：

（一）以非法销售为目的，超过限额或者不按照规定的品种制造、配售枪支的；

（二）以非法销售为目的，制造无号、重号、假号的枪支的；

（三）非法销售枪支或者在境内销售为出口制造的枪支的。

● **条文注释** 第 125 条、第 126 条是关于非法制造、买卖、运输、邮寄、储存枪支、弹药、爆炸物以及其他危险物质的处罚规定。

根据《枪支管理法》第 46 条的规定，"枪支"是指以火药或压缩气体等为动力，利用管状器具发射金属弹丸或其他物质，足以致人伤亡或丧失知觉的各种枪支，包括军用枪支、体育运动枪支、麻醉注射枪和狩猎枪支等；"弹药"是指上述枪支所使用的子弹、火药等。其中，对于仿真枪的鉴定依照公安部于 2008 年 2 月 22 日印发的《仿真枪认定标准》。

"爆炸性"物品是指能对人体造成杀伤的具有爆炸性能的物品，如手榴弹、炸药、爆破剂、电雷管、非电导爆系统以及黑火药、信号弹、烟花爆竹等；"易燃性"物品是指各种燃油、酒精、丙酮、橡胶水以及其他易燃的物品或液剂；"毒害性、放射性"物品是指对人体或动物能造成严重毒害或损害的化学性毒物、生物性毒物、微生物类毒物和放射性物质等；"腐蚀性"物品是指强酸、强碱等对人体、动物或其他物品能造成严重毁坏或腐蚀的物质；"传染病病原体"是指能在人体或动物体内生长、繁殖，并通过空气、饮食、接触等方式传播，危害人体健康的传染病菌种和毒种。

我国对上述物品（尤其是枪支弹药）历来实行非常严格的管制。对于枪支、弹药、爆炸物，只要实施了非法制造、买卖、运输、储存或者盗窃、抢夺、抢劫等行为，就可以构成犯罪；对于毒害性、放射性、传染病病原体等物质，则要实施了上述行为，并且危害公共安全，才可能构成犯罪。构成犯罪的具体界定标准依照"法释〔2009〕18 号"解释的相关规定。

第 125 条规定的"非法",既包括违反法律、法规,也包括违反国家有关部门发布的规章、通告等规范性文件。第 126 条规定的"依法",是指依据《枪支管理法》和有关部门据此制定的相关规定。"以非法销售为目的"是指以非法出售枪支、获取非法利润为目的;"非法销售枪支"是指违反枪支管理法的规定出售枪支,既包括没有销售资格的,也包括超过限额和品种销售枪支的行为。

● 相关规定 【法释〔2003〕14 号】 最高人民法院、最高人民检察院关于办理非法制造、买卖、运输、储存毒鼠强等禁用剧毒化学品刑事案件具体应用法律若干问题的解释(2003 年 8 月 29 日最高人民法院审判委员会第 1287 次会议、2003 年 2 月 13 日最高人民检察院第 9 届检察委员会第 119 次会议通过,2003 年 9 月 4 日公布,2003 年 10 月 1 日起施行)

为依法惩办非法制造、买卖、运输、储存毒鼠强等禁用剧毒化学品的犯罪活动,维护公共安全,根据刑法有关规定,现就办理这类刑事案件具体应用法律的若干问题解释如下:

第 1 条 非法制造、买卖、运输、储存毒鼠强等禁用剧毒化学品,危害公共安全,具有下列情形之一的,依据刑法第 125 条的规定,以非法制造、买卖、运输、储存危险物质罪,处 3 年以上 10 年以下有期徒刑:

(一)非法制造、买卖、运输、储存原粉、原液、制剂 50 克以上,或者饵料 2 千克以上的;

(二)在非法制造、买卖、运输、储存过程中致人重伤、死亡或者造成公私财产损失 10 万元以上的。

第 2 条 非法制造、买卖、运输、储存毒鼠强等禁用剧毒化学品,具有下列情形之一的,属于刑法第 125 条规定的"情节严重",处 10 年以上有期徒刑、无期徒刑或者死刑:

(一)非法制造、买卖、运输、储存原粉、原液、制剂 500 克以上,或者饵料 20 千克以上的;

(二)在非法制造、买卖、运输、储存过程中致 3 人以上重伤、死亡,或者造成公私财产损失 20 万元以上的;

(三)非法制造、买卖、运输、储存原粉、原药、制剂 50 克以上不满 500 克,或者饵料 2 千克以上不满 20 千克,并具有其他严重情节的。

第 3 条 单位非法制造、买卖、运输、储存毒鼠强等禁用剧毒化学品的,依照本解释第 1 条、第 2 条规定的定罪量刑标准执行。

第 5 条 本解释施行以前,确因生产、生活需要而非法制造、买卖、运输、储存毒鼠强等禁用剧毒化学品饵料自用,没有造成严重社会危害的,可以依照刑法第13条的规定,不作为犯罪处理。

本解释施行以后,确因生产、生活需要而非法制造、买卖、运输、储存毒鼠强等禁用剧毒化学品饵料自用,构成犯罪,但没有造成严重社会危害,经教育确有悔改表现的,可以依法从轻、减轻或者免除处罚。

第6条 本解释所称"毒鼠强等禁用剧毒化学品",是指国家明令禁止的毒鼠强、氟乙酰胺①、氟乙酸钠、毒鼠硅、甘氟(见附表②)。

序号	通用名称	化学名	别名	分子式	CAS 号
1	毒鼠强	2,6-二硫-1,3,5,7-四氮三环[3,3,1,1,3,7]癸烷-2,2,6,6-四氧化物	四亚甲基二砜四胺	$C_4H_9N_4O_4S_2$	80-12-6
2	氟乙酰胺	氟乙酰胺	敌蚜胺	C_2H_4FNO	640-19-7
3	氟乙酸钠	氟乙酸钠	一氟乙酸钠	$C_2H_2FNaO_2$	62-74-8
4	毒鼠硅	1-(对氯苯基)-2,8,9-三氧-5氮-1-硅双环(3,3,3)十二烷	氯硅宁、硅灭鼠	$C_{12}H_6ClNO_3Si$	29025-67-0
5	甘氟	1,3-二氟丙醇-2和1-氯-3氟丙醇-2混合物	伏鼠酸、鼠甘伏	$C_3H_6F_2O$,C_3H_6ClFO	

① 注:《最高人民法院公报》原文为"氟乙酰氨",这是最高人民法院行文时的笔误。本书已作更正。
② 1. 本表略去了其英文名称。
2. 有观点认为,《刑法》第125条规定的毒害性危险物质,应仅限于本表所列的五类剧毒化学品;但最高人民法院研究室的意见对此作了扩大解释,认为根据全国人大常委会法制工作委员会刑法室编著的《中华人民共和国刑法条文说明、立法理由及相关规定》,我国刑法中规定的毒害性物质是指从社会危害性角度出发,能对人或者动物产生毒害的有毒物质,包括化学性毒物、生物性毒物和微生物类毒物等。所以一切可能对公共安全造成危害的毒害性物品,甚至包括国家安全生产监督管理局、公安部、国家环境保护总局、卫生部、国家质量监督检验检疫总局、铁道部、交通部和中国民用航空总局确定的《剧毒化学品目录》(2002年版,2003年6月24日公告,2003年12月30日安监管危化字〔2003〕196号补充和修正)中没有被列入的有毒化学品(如磷化铝等),都属于《刑法》第125条规定的毒害性危险物质。[见最高人民法院研究室编撰的《司法研究与指导》(总第1辑),人民法院出版社2012年版,第194页。]

2015年2月27日国家安全生产监督管理总局、工业和信息化部、公安部、环境保护部、交通运输部、农业部、国家卫生和计划生育委员会、国家质量监督检验检疫总局、国家铁路局、中国民用航空局2015年第5号联合公告发布了《危险化学品目录(2015版)》,原国家安全生产监督管理局公告2003年第1号发布的《危险化学品名录(2002版)》、原国家安全生产监督管理局等8部门公告2003年第2号发布的《剧毒化学品目录(2002年版)》已被同时废止。自此,刑法中的"毒害性物质"的界定,在没有专门规定之前,可以参照《危险化学品目录(2015版)》。另,根据应急管理部等10部委联合公告(2022年第8号),自2023年1月1日起,柴油全部列入《危险化学品目录》(原要求闭杯闪点≤60℃)。

【法刊文摘】 最高人民法院研究室关于磷化铝是否属于刑法规定的毒害性物质的研究意见[1]

磷化铝片剂属于刑法中规定的毒害性物质，但是结合磷化铝在粮食储存中被广泛使用以及案件的具体情况，可以对被告人从宽处理。

【公治〔2002〕82号】 公安部关于对彩弹枪按照枪支进行管理的通知（2002年6月17日印发）

彩弹枪射击运动，是一项利用彩弹枪进行对抗射击的娱乐活动。目前彩弹枪正逐步向小口径化方向发展，所发射的彩弹也由软质向硬质转化，且初速越来越快，威力越来越大，近距离射击可对人体构成伤害。为加强对彩弹枪的管理，特通知如下：

彩弹枪的结构符合《中华人民共和国枪支管理法》第46条有关枪支定义规定的要件，且其发射彩弹时枪口动能平均值达到93焦耳，已超过国家军用标准规定的对人体致伤动能的标准（78焦耳）。各地要按照《中华人民共和国枪支管理法》的有关规定对彩弹枪进行管理，以维护社会治安秩序，保障公共安全。

【高检研发〔2004〕18号】 最高人民检察院法律政策研究室关于非法制造、买卖、运输、储存以火药为动力发射弹药的大口径武器的行为如何适用法律问题的答复（2004年11月3日答复河北省人民检察院法律政策研究室请示）

对于非法制造、买卖、运输、储存以火药为动力发射弹药的大口径武器的行为，应当依照刑法第125条第1款的规定，以非法制造、买卖、运输、储存枪支罪追究刑事责任。

【公复字〔2006〕2号】 公安部关于涉弩违法犯罪行为的处理及性能鉴定问题的批复（2006年5月25日答复天津市公安局"津公法指〔2006〕14号"请示）

一、弩是一种具有一定杀伤能力的运动器材，但其结构和性能不符合《中华人民共和国枪支管理法》对枪支的定义，不属于枪支范畴。因此，不能按照《最高人民法院关于审理非法制造、买卖、运输枪支、弹药、爆炸物等刑事案件具体应用法律若干问题的解释》（法释〔2001〕15号）[2]追究刑事责任，仍应按

---

[1] 最高人民法院研究室：《司法研究与指导》（总第1辑），人民法院出版社2012年版，第194页。

[2] 该《解释》由2001年5月10日最高人民法院审委会第1174次会议通过，原文号为"法释〔2001〕15号"；2009年11月9日最高人民法院审委会第1476次会议修正，新文号为"法释〔2009〕18号"，2010年1月1日起施行。

照《公安部、国家工商行政管理局关于加强弩管理的通知》(公治〔1999〕1646号)的规定，对非法制造、销售、运输、持有弩的登记收缴，消除社会治安隐患。

二、对弩的鉴定工作，不能参照公安部《公安机关涉案枪支弹药性能鉴定工作规定》(公通字〔2001〕68号)[①]进行。鉴于目前社会上非法制造、销售、运输、持有的弩均为制式产品，不存在非制式弩的情况，因此不需要进行技术鉴定。

【公复字〔2006〕5号】 公安部关于对以气体等为动力发射金属弹丸或者其他物质的仿真枪认定问题的批复（2006年10月11日答复天津市公安局"津公治〔2006〕382号"请示）

依据《中华人民共和国枪支管理法》第46条的规定，利用气瓶、弹簧、电机等形成压缩气体为动力、发射金属弹丸或者其他物质并具有杀伤力的"仿真枪"，具备制式气枪的本质特征，应认定为枪支，并按气枪进行管制处理。对非法制造、买卖、运输、储存、邮寄、持有、携带和走私此类枪支的，应当依照《中华人民共和国枪支管理法》、《中华人民共和国刑法》、《中华人民共和国治安管理处罚法》的有关规定追究当事人的法律责任。对不具有杀伤力但符合仿真枪认定规定的，应认定为仿真枪；对非法制造、销售此类仿真枪的，应当依照《中华人民共和国枪支管理法》的有关规定，予以处罚。

【公通字〔2008〕8号】 仿真枪认定标准（公安部2008年2月22日印发；同时废止公安部于2001年11月30日印发的《关于认定仿真枪有关问题的通知》"公通字〔2001〕90号"）

一、凡符合以下条件之一的，可以认定为仿真枪：

1. 符合《中华人民共和国枪支管理法》规定的枪支构成要件，所发射金属弹丸或其他物质的枪口比动能小于1.8焦耳/平方厘米（不含本数）、大于0.16焦耳/平方厘米（不含本数）的；

2. 具备枪支外形特征，并且具有与制式枪支材质和功能相似的枪管、枪机、机匣或者击发等机构之一的；

3. 外形、颜色与制式枪支相同或者近似，并且外形长度尺寸介于相应制式枪支全枪长度尺寸的二分之一与1倍之间的。

---

① 注：现为《公安机关涉案枪支弹药鉴定工作规定》(公通字〔2019〕30号，2019年12月9日印发)。

二、枪口比动能的计算，按照《枪支致伤力的法庭科学鉴定判据》[①] 规定的计算方法执行。

三、术语解释

1. 制式枪支：国内制造的制式枪支是指已完成定型试验，并且经军队或国家有关主管部门批准投入装备、使用（含外贸出口）的各类枪支。国外制造的制式枪支是指制造商已完成定型试验，并且装备、使用或投入市场销售的各类枪支。

2. 全枪长：是指从枪管口部至枪托或枪机框（适用于无枪托的枪支）底部的长度。

注：仿真枪的认定工作由县级或者县级以上公安机关负责，对能够发射弹丸需要进行鉴定的，由县级以上公安机关刑事技术部门负责按照《枪支致伤力的法庭科学鉴定判据》，参照《公安机关涉案枪支弹药性能鉴定工作规定》（公通字〔2001〕68 号）[②]，从其所发射弹丸的能量进行鉴定是否属于枪支。当事人或办案机关对仿真枪的认定提出异议的，由上一级公安机关重新认定。

【公复字〔2011〕1 号】 公安部关于仿真枪认定标准有关问题的批复

(2011 年 1 月 8 日答复北京市公安局"京公治字〔2011〕号"请示)

一、关于仿真枪与制式枪支的比例问题

公安部《仿真枪认定标准》第 1 条第 3 项规定的"外形长度尺寸介于相应制式枪支全枪长度尺寸的二分之一与 1 倍之间"，其中的"1 倍"是指比相应制式枪支全枪长度尺寸长出 1 倍；其中的二分之一与 1 倍均不包含本数。

二、关于仿真枪仿制式枪支年代问题

鉴于转轮手枪等一些手动、半自动枪械均属于第一次世界大战以前就已问世的产品。因此，制式枪支的概念不能以第一次世界大战来划定，仍应当按照《仿真枪认定标准》的有关规定执行。但绳线、燧发枪等古代前装枪不属于制式枪支的范畴。

[①] 《枪支致伤力的法庭科学鉴定判据》（GA/T 718-2007）是中华人民共和国公安部于 2007 年 10 月 29 日发布、2008 年 3 月 1 日起施行的公共安全行业标准，规定了枪支致伤力的法庭科学鉴定判据阈值。该标准由全国刑事技术标准化技术委员会（SAC/TC 179）提出，由南京市公安局刑事科学技术研究所、南京理工大学、公安部物证鉴定中心起草。

[②] 注：现为《公安机关涉案枪支弹药鉴定工作规定》（公通字〔2019〕30 号，2019 年 12 月 9 日印发）。

【公复字〔2011〕3 号】 公安部关于对空包弹管理有关问题的批复（2011年9月22日答复北京市公安局"京公治字〔2011〕235 号"请示）

空包弹是一种能够被枪支击发的无弹头特种枪弹。鉴于空包弹易被犯罪分子改制成枪弹，并且发射时其枪口冲击波在一定距离内，仍能够对人员造成伤害。因此，应当依据《中华人民共和国枪支管理法》将空包弹纳入枪支弹药管理范畴。其中，对中国人民解放军、武装警察部队需要配备使用的各类空包弹，纳入军队、武警部队装备枪支弹药管理范畴予以管理；对公务用枪配备单位需要使用的各类空包弹，纳入公务用枪管理范畴予以管理；对民用枪支配置、影视制作等单位需要配置使用的各类空包弹，纳入民用枪支弹药管理范畴予以管理。

对于射钉弹、发令弹的口径与制式枪支口径相同的，应当作为民用枪支弹药进行管理；口径与制式枪支口径不同的，对制造企业应当作为民用爆炸物品使用单位进行管理，其销售、购买应当实行实名登记管理。

【法〔2003〕8 号】 最高人民法院关于处理涉枪、涉爆申诉案件有关问题的通知（2003 年 1 月 15 日）[①]

【刑立他字〔2003〕8 号】 最高人民法院关于九七刑法实施后发生的非法买卖枪支案件，审理时新的司法解释尚未作出，是否可以参照 1995 年 9 月 20 日最高人民法院《关于办理非法制造、买卖、运输非军用枪支、弹药刑事案件适用法律问题的解释》的规定审理案件请示的复函（2003 年 7 月 29 日答复安徽高院"皖刑监字〔2003〕1 号"请示）[②]

【法释〔2009〕18 号】 最高人民法院关于审理非法制造、买卖、运输枪支、弹药、爆炸物等刑事案件具体应用法律若干问题的解释（2001 年 5 月 10 日最高人民法院审判委员会第 1174 次会议通过，原文号为"法释〔2001〕15 号"；2009 年 11 月 9 日最高人民法院审判委员会第 1476 次会议修正，2010 年 1 月 1 日起施行）

第 1 条　个人或者单位非法制造、买卖、运输、邮寄、储存枪支、弹药、爆炸物，具有下列情形之一的，依照刑法第 125 条第 1 款的规定，以非法制造、

---

① 注：法〔2003〕8 号《通知》中所依据的 2001 年 9 月 17 日《通知》（法〔2001〕129 号）已被废止，但本《通知》一直未被明确宣布废止，这应当是最高人民法院梳理司法文件时的疏漏。本书存目备查。

② 注：《复函》中所述的 1995 年 9 月 20 日《解释》（法发〔1995〕20 号）已经失效（被"法释〔2001〕15 号"《解释》替代，后者又被"法释〔2009〕18 号"《解释》修改），但本《复函》一直未被明确宣布废止，这应当是最高人民法院梳理司法文件时的疏漏。本书存目备查。

买卖、运输、邮寄、储存枪支、弹药、爆炸物罪定罪处罚：

（一）非法制造、买卖、运输、邮寄、储存军用枪支1支以上的；

（二）非法制造、买卖、运输、邮寄、储存以火药为动力发射枪弹的非军用枪支1支以上或者以压缩气体等为动力的其他非军用枪支2支以上的；

（三）非法制造、买卖、运输、邮寄、储存军用子弹10发以上、气枪铅弹500发以上或者其他非军用子弹100发以上的；

（四）非法制造、买卖、运输、邮寄、储存手榴弹1枚以上的；

（五）非法制造、买卖、运输、邮寄、储存爆炸装置的；

（六）非法制造、买卖、运输、邮寄、储存炸药、发射药、黑火药1000克以上或者烟火药3000克以上，雷管30枚以上或者导火索、导爆索30米以上的；

（七）具有生产爆炸物品资格的单位不按照规定的品种制造，或者具有销售、使用爆炸物品资格的单位超过限额买卖炸药、发射药、黑火药10千克以上或者烟火药30千克以上，雷管300枚以上或者导火索、导爆索300米以上的；

（八）多次非法制造、买卖、运输、邮寄、储存弹药、爆炸物的；

（九）虽未达到上述最低数量标准，但具有造成严重后果等其他恶劣情节的。

介绍买卖枪支、弹药、爆炸物的，以买卖枪支、弹药、爆炸物罪的共犯论处。

第2条　非法制造、买卖、运输、邮寄、储存枪支、弹药、爆炸物，具有下列情形之一的，属于刑法第125条第1款规定的"情节严重"：

（一）非法制造、买卖、运输、邮寄、储存枪支、弹药、爆炸物的数量达到本解释第1条第（一）、（二）、（三）、（六）、（七）项规定的最低数量标准5倍以上的；

（二）非法制造、买卖、运输、邮寄、储存手榴弹3枚以上的；

（三）非法制造、买卖、运输、邮寄、储存爆炸装置，危害严重的；

（四）达到本解释第1条规定的最低数量标准，并具有造成严重后果等其他恶劣情节的。

第3条　依法被指定或者确定的枪支制造、销售企业，实施刑法第126条规定的行为，具有下列情形之一的，以违规制造、销售枪支罪定罪处罚：

（一）违规制造枪支5支以上的；

（二）违规销售枪支2支以上的；

（三）虽未达到上述最低数量标准，但具有造成严重后果等其他恶劣情节的。

具有下列情形之一的，属于刑法第 126 条规定的"情节严重"：

（一）违规制造枪支 20 支以上的；

（二）违规销售枪支 10 支以上的；

（三）达到本条第 1 款规定的最低数量标准，并具有造成严重后果等其他恶劣情节的。

具有下列情形之一的，属于刑法第 126 条规定的"情节特别严重"：

（一）违规制造枪支 50 支以上的；

（二）违规销售枪支 30 支以上的；

（三）达到本条第 2 款规定的最低数量标准，并具有造成严重后果等其他恶劣情节的。

第 7 条　非法制造、买卖、运输、邮寄、储存、盗窃、抢夺、持有、私藏、携带成套枪支散件的，以相应数量的枪支计；非成套枪支散件以每 30 件为一成套枪支散件计。

第 8 条第 1 款　刑法第 125 条第 1 款规定的"非法储存"，是指明知是他人非法制造、买卖、运输、邮寄的枪支、弹药而为其存放的行为，或者非法存放爆炸物的行为。

第 9 条　因筑路、建房、打井、整修宅基地和土地等正常生产、生活需要，或者因从事合法的生产经营活动而非法制造、买卖、运输、邮寄、储存爆炸物，数量达到本解释第 1 条规定标准，没有造成严重社会危害，并确有悔改表现的，可依法从轻处罚；情节轻微的，可以免除处罚。

具有前款情形，数量虽达到本解释第 2 条规定标准的，也可以不认定为刑法第 125 条第 1 款规定的"情节严重"。

在公共场所、居民区等人员集中区域非法制造、买卖、运输、邮寄、储存爆炸物，或者因非法制造、买卖、运输、邮寄、储存爆炸物 3 年内受到两次以上行政处罚又实施上述行为，数量达到本解释规定标准的，不适用前两款量刑的规定。

最高人民法院研究室关于非法买卖气枪铅弹行为是否构成犯罪的研究意见[①]

非法买卖气枪铅弹，数量达到《最高人民法院关于审理非法制造、买卖、运输枪支、弹药、爆炸物等刑事案件具体应用法律若干问题的解释》规定的定罪量刑标准，应当以非法买卖弹药罪定罪处罚。但考虑到社会上非法买卖气枪

[①] 刊于《司法研究与指导》（总第 1 辑），人民法院出版社 2012 年版，第 190 页。

铅弹的行为主要是为了娱乐或者供他人娱乐，如果没有造成严重危害后果，行为人主观恶性不深，具有悔罪表现，可结合案情对被告人从宽处理。

【公治〔2014〕110号】 公安部关于枪支主要零部件管理有关问题的批复（2014年3月6日答复江苏省公安厅"苏公通〔2013〕399号"请示）

枪支主要零部件是指组成枪支的主要零件和部件，其中，枪支主要零件是指对枪支性能具有较大影响而且不可拆分的单个制件，如枪管、击针、扳机等；枪支部件是指由若干枪支零件组成具有一定功能的集合体，如击发机构部件、枪机部件等。《最高人民法院关于审理非法制造、买卖、运输枪支、弹药、爆炸物等刑事案件具体应用法律若干问题的解释》（法释〔2009〕18号）中的枪支散件和《公安机关涉案枪支弹药性能鉴定工作规定》（公通字〔2010〕67号）[①]中的枪支专用散件等同于枪支主要零件。

枪支主要零部件的生产加工应当委托具有枪支制造资质的企业进行。对枪支主要零部件的鉴定工作，应当按照《公安机关涉案枪支弹药性能鉴定工作规定》进行，对国外生产的枪支或者自制枪支的主要零部件，可以采取判别是否具有枪支零部件主要性能特征的方式进行鉴定。

附件：枪支主要零件及性能特征明细表[②]

序号	零件名称	主要性能特征
1	枪管	枪管分为线膛和滑膛两种类型，枪管的主要特征：1、线膛枪管具有右旋膛线。2、滑膛枪管具有容纳子弹的弹膛。3、枪管内孔直径具有符合4.5、5.56、5.6、5.8、6、7.62、9、11、11.43、18.4毫米等常用制式枪支口径标准尺寸特征。
2	套筒（手枪）	具有完成后座、复进和装填子弹功能的枪支零件。
3	套筒座（手枪）	具有固定并确定套筒运动轨迹、安放枪管、枪击部件、击发机构、击锤、保险机构和弹匣等枪支零部件功能的枪支零件。注：其中，枪管、击锤为零件，其余为部件。
4	机匣（猎枪、运动步枪等）	具有连接枪管、枪击部件、击发机构、击锤、保险机构和弹匣等枪支零部件，并确定枪击部件后作、复进运动轨迹功能的枪支零件。注：其中，枪管、击锤为零件，其余为部件。

---

① 注：现为《公安机关涉案枪支弹药鉴定工作规定》（公通字〔2019〕30号，2019年12月9日印发）。

② 注：本表以个案批复附件的形式印发，有失妥当。

续表

序号	零件名称	主要性能特征
5	枪机	具有安放击针、拉壳钩、击针簧,并能完成推弹入膛、闭锁枪膛和击发枪弹功能的枪支零件。
6	枪栓	具有完成推弹入膛、闭锁枪膛和击发枪弹功能的枪支零件。
7	复进簧	用于推动枪击进行复进运动的枪支零件
8	复进簧导杆	用于固定复进簧的枪支零件
9	击针	用于打击枪弹底火的枪支零件
10	击针簧	赋予击针打击底火能量的枪支零件
11	击锤	用于打击击针击发枪弹的枪支零件
12	击锤簧	为击锤打击击针提供能量的枪支零件
13	扳机	控制击锤打击击针的枪支零件
14	扳机簧	为扳机复位提供能量的枪支零件
15	阻铁	枪击后座到位后,控制枪击位置的枪支零件
16	阻铁簧	为阻铁复位提供能量的枪支零件
17	弹匣	容纳子弹的枪支部件
18	弹匣壳体	组成弹匣的枪支零件
19	托弹板	组成弹匣的枪支零件
20	托弹簧	组成弹匣的枪支零件
21	弹匣卡笋	控制弹匣位置的枪支零件
22	准星	为枪支提供瞄准功能的枪支零件
23	照门	为枪支提供瞄准功能的枪支零件
24	准星座	用于安放准星的枪支零件
25	导轨（皮卡汀尼导轨）	用于在枪支上连接瞄准镜和战术灯等枪支附件的枪支零件
26	握把	用于握持枪支的枪支零件
27	握把护板	封闭枪支握把的枪支零件
28	机匣盖	封闭枪支机匣的枪支零件
29	活塞	用于推动枪击后座、复进运动的枪支零件
30	气室	气枪中用于储存高压气体的枪支零件

续表

序号	零件名称	主要性能特征
31	气门	气枪中用于控制气室完成击发的枪支零件
32	气瓶	气枪中用于储存高压气体的枪支零件
33	泵体	气枪中用于压缩形成高压气体的枪支部件
34	护木	用于防止枪管灼伤的枪支零件
35	枪托	使枪支能够抵肩射击的枪支零件

【法释〔2018〕8号】 最高人民法院、最高人民检察院关于涉以压缩气体为动力的枪支、气枪铅弹刑事案件定罪量刑问题的批复（2018年1月25日最高人民法院审判委员会第1732次会议、2018年3月2日最高人民检察院第12届检察委员会第74次会议通过，2018年3月8日公布，2018年3月30日起施行）

近来，部分高级人民法院、省级人民检察院就如何对非法制造、买卖、运输、邮寄、储存、持有、私藏、走私以压缩气体为动力的枪支、气枪铅弹（用铅、铅合金或者其他金属加工的气枪弹）行为定罪量刑的问题提出请示。经研究，批复如下：

一、对于非法制造、买卖、运输、邮寄、储存、持有、私藏、走私以压缩气体为动力且枪口比动能较低的枪支的行为，在决定是否追究刑事责任以及如何裁量刑罚时，不仅应当考虑涉案枪支的数量，而且应当充分考虑涉案枪支的外观、材质、发射物、购买场所和渠道、价格、用途、致伤力大小、是否易于通过改制提升致伤力，以及行为人的主观认知、动机目的、一贯表现、违法所得、是否规避调查等情节，综合评估社会危害性，坚持主客观相统一，确保罪责刑相适应。

二、对于非法制造、买卖、运输、邮寄、储存、持有、私藏、走私气枪铅弹的行为，在决定是否追究刑事责任以及如何裁量刑罚时，应当综合考虑气枪铅弹的数量、用途以及行为人的动机目的、一贯表现、违法所得、是否规避调查等情节，综合评估社会危害性，确保罪责刑相适应。

【浙高法〔2018〕189号】 浙江省高级人民法院、浙江省人民检察院关于办理涉以压缩气体为动力的枪支刑事案件的会议纪要（经征求浙江省公安厅意见，2018年11月12日印发，并抄送"两高"办公厅）[①]

[①] 注：该《纪要》为地方性司法规定。因为涉枪规定对社会公众的影响较大，故本书对其予以收录。

1. 涉案气枪枪口比动能在 16 焦耳/平方厘米以上的，应严格适用《最高人民法院关于审理非法制造、买卖、运输枪支、弹药、爆炸物等刑事案件具体应用法律若干问题的解释》《最高人民法院、最高人民检察院关于办理走刑事案件适用法律若干问题的解释》等司法解释规定。

2. 涉案气枪枪口比动能在 1.8 焦耳/平方厘米以上、不足 16 焦耳/平方厘米的，不唯枪支数量论，一般情况下不认定为情节严重。其中：

（1）涉案气枪枪口比动能在 1.8 焦耳/平方厘米以上、不足 5.4 焦耳/平方厘米的，公安机关可以予以行政处罚，检察机关一般可以依法不起诉，已经起诉的，人民法院可以认定为情节轻微，免予刑事处罚；

（2）涉案气枪枪口比动能在 5.4 焦耳/平方厘米以上、不足 10.8 焦耳/平方厘米的，应予较大幅度的从宽处罚，符合条件的，检察机关可以依法不起诉，人民法院可以判处缓刑或者免予刑事处罚；

（3）涉案气枪枪口比动能在 10.8 焦耳/平方厘米以上，不足 16 焦耳/平方厘米的，符合条件的，可以判处缓刑。

3. 涉气枪枪口比动能在 1.8 焦耳/平方厘米以上、不足 16 焦耳/平方厘米的，但具有以下情形之一的，不适用前条相关规定：

（1）涉案气枪枪口比动能虽然较低，但经鉴定易于改制提升致伤力的；

（2）以实施其他犯罪为目的的；

（3）行为人具有涉枪前科的；

（4）行为人实施非法制造、买卖、运输、邮寄、储存、持有、私藏、走私气枪，并有逃避、对抗调查行为的。

【公通字〔2019〕30 号】 公安机关涉案枪支弹药鉴定工作规定（公安部 2019 年 12 月 9 日印发；替代 2010 年 12 月 7 日"公通字〔2010〕67 号"《公安机关涉案枪支弹药性能鉴定工作规定》）

一、鉴定范围

公安机关在依法办理案件中需要鉴定涉案枪支、弹药及其散件的，适用本规定。

本规定所称枪支，是指符合《中华人民共和国枪支管理法》第 46 条之规定，以火药或者压缩气体等为动力，利用管状器具发射金属弹丸或者其他物质，足以致人伤亡或者丧失知觉的各种枪支。枪支一般应具备枪身、枪管、击发机构、发射机构等。

本规定所称弹药，一般应具备弹头（弹丸）、弹壳、底火、发射药 4 部分结构。气枪弹虽不具备上述结构,但属于本规定所称弹药。

本规定所称枪支散件,是指专门用于组成枪支的主要零部件。

本规定所称弹药散件,是指组成弹药的弹头、弹壳、底火等。

本规定所称制式枪支、弹药,是指按照国家标准或者公安部、军队下达的战术技术指标要求,经国家有关部门或者军队批准定型,由合法企业生产的各类枪支、弹药,以及境外合法企业制造的枪支、弹药和历史遗留的各类旧杂式枪支、弹药。

本规定所称非制式枪支、弹药,是指未经有关部门批准定型或者不符合国家标准的各类枪支、弹药,包括自制、改制的枪支、弹药和枪支、弹药生产企业研制工作中的中间产品。

二、鉴定机关

涉案枪支、弹药的鉴定工作由地(市)级及以上公安机关鉴定机构负责。

三、鉴定标准

(一)制式枪支、弹药及其散件的鉴定标准

与制式枪支、弹药及其散件的实物或者资料相符,或者具备制式枪支、弹药及其散件特征的,应认定为枪支、弹药及其散件。

制式枪支、弹药,无论能否击发,均应认定为枪支、弹药。

(二)非制式枪支、弹药及其散件的鉴定标准

1、以火药为动力的非制式枪支、弹药的鉴定标准[①]

对以火药为动力的非制式枪支,能发射制式或者非制式弹药的,应认定为枪支。对火铳类枪支,其枪管、传火孔贯通,且能实现发射功能的,应认定为枪支。

对以火药为动力的非制式枪支,因缺少个别零件或者锈蚀不能完成击发动作,经加装相关零件或者除锈后具备发射功能的,应认定为枪支。

对以火药为动力的非制式弹药,具备弹药组成结构,且各部分具备相应功能或者能够发射的,应认定为弹药。

2、以压缩气体等为动力的非制式枪支、弹药的鉴定标准

对以压缩气体等为动力的非制式枪支,所发射弹丸的枪口比动能大于等于1.8焦耳/平方厘米的,应认定为枪支。因缺少个别零件或者锈蚀不能完成击发动作,经加装相关零件或者除锈后具备发射功能,且枪口比动能大于等于1.8焦

[①] 注:对于非制式枪支,公通字〔2010〕67号《规定》枪支认定标准为:能发射制式弹药;否则要求枪口比动能≥1.8 J/CM^2。新标准对于以火药为动力的非制式枪支,能发射制式或非制式弹药都认定为枪支。

耳/平方厘米的，应认定为枪支。①

对非制式气枪弹，与境内外生产的制式气枪弹外形、规格相符或者相近的，应认定为气枪弹。

3、非制式枪支、弹药散件的鉴定标准

对非制式枪支散件，与制式或者非制式枪支散件的实物、资料相符或者相近，或者具备枪支散件相同功能的，应认定为枪支散件。

对非制式弹药散件，与制式弹药散件的实物、资料相符或者相近的，应认定为弹药散件。

四、附则

（一）对同一类型的枪支、弹药及其散件，因数量较大等原因无法进行全部检验的，可按照有关规定进行抽样检验。

（二）涉案枪支、弹药的鉴定程序，按照《公安机关鉴定规则》执行。

【法发〔2021〕35号】 最高人民法院、最高人民检察院、公安部、工业和信息化部、住房和城乡建设部、交通运输部、应急管理部、国家铁路局、中国民用航空局、国家邮政局关于依法惩治涉枪支、弹药、爆炸物、易燃易爆危险物品犯罪的意见（2021年12月28日印发，2021年12月31日施行）

4. 非法制造、买卖、运输、邮寄、储存、盗窃、抢夺、抢劫、持有、私藏、走私枪支、弹药、爆炸物，并利用该枪支、弹药、爆炸物实施故意杀人、故意伤害、抢劫、绑架等犯罪的，依照数罪并罚的规定处罚。

10. 对于非法制造、买卖、运输、邮寄、储存、持有、私藏、走私枪支、弹药，以及非法制造、买卖、运输、邮寄、储存爆炸物的行为，应当依照刑法和《最高人民法院关于审理非法制造、买卖、运输枪支、弹药、爆炸物等刑事案件具体应用法律若干问题的解释》《最高人民法院、最高人民检察院关于办理走私刑事案件适用法律若干问题的解释》等规定，从严追究刑事责任。

11. 对于非法制造、买卖、运输、邮寄、储存、持有、私藏、走私以压缩气体为动力且枪口比动能较低的枪支以及气枪铅弹的行为，应当依照刑法和《最

---

① 注：理论与实务对枪支认定的共识是"能够对人体造成轻伤以上的伤害"；但人体各部位所能承受的最低比动能并不均匀。经测定，枪口比动能≥10~15 J/CM² 可以击穿人体皮肤；≥1.8 J/CM² 可以对人体裸露的眼睛（人体最脆弱的部位）造成轻伤以上伤害。因此，公通字〔2010〕67号《规定》采用 1.8 焦耳比动能这一标准（约为公通字〔2001〕68号《规定》标准的 1/10）。本处沿用了该标准。

对于不能发射制式（含军用、民用）弹药的非制式枪支，公通字〔2001〕68号《规定》鉴定标准为：将枪口置于距厚度为 25.4mm 的干燥松木板 1 米处射击，若弹头穿透该松木板，即可认为足以致人死亡；若弹头或弹片卡在松木板上，即可认为足以致人伤害。具有以上情形之一的，即可认定为枪支。

高人民法院、最高人民检察院关于涉以压缩气体为动力的枪支、气枪铅弹刑事案件定罪量刑问题的批复》的规定，综合考虑案件情节，综合评估社会危害性，坚持主客观相统一，决定是否追究刑事责任以及如何裁量刑罚，确保罪责刑相适应。

12. 利用信息网络非法买卖枪支、弹药、爆炸物、易燃易爆危险物品，或者利用寄递渠道非法运输枪支、弹药、爆炸物、易燃易爆危险物品，依法构成犯罪的，从严追究刑事责任。

13. 确因正常生产、生活需要，以及因从事合法的生产经营活动而非法生产、储存、使用、经营、运输易燃易爆危险物品，依法构成犯罪，没有造成严重社会危害，并确有悔改表现的，可以从轻处罚。

14. 将非法枪支、弹药、爆炸物主动上交公安机关，或者将未经依法批准或者许可生产、储存、使用、经营、运输的易燃易爆危险物品主动上交行政执法机关处置的，可以从轻处罚；未造成实际危害后果，犯罪情节轻微不需要判处刑罚的，可以依法不起诉或者免予刑事处罚；成立自首的，可以依法从轻、减轻或者免除处罚。

有揭发他人涉枪支、弹药、爆炸物、易燃易爆危险物品犯罪行为，查证属实的，或者提供重要线索，从而得以侦破其他涉枪支、弹药、爆炸物、易燃易爆危险物品案件等立功表现的，可以依法从轻或者减轻处罚；有重大立功表现的，可以依法减轻或者免除处罚。

15. 有关行政执法机关在查处违法行为过程中发现涉嫌枪支、弹药、爆炸物、易燃易爆危险物品犯罪的，应当立即指定2名或者2名以上行政执法人员组成专案组专门负责，核实情况后提出移送涉嫌犯罪案件的书面报告，报本机关正职负责人或者主持工作的负责人审批。

有关行政执法机关正职负责人或者主持工作的负责人应当自接到报告之日起3日内作出批准移送或者不批准移送的决定。决定批准移送的，应当在24小时内向同级公安机关移送，并将案件移送书抄送同级人民检察院；决定不批准移送的，应当将不予批准的理由记录在案。

16. 有关行政执法机关向公安机关移送涉嫌枪支、弹药、爆炸物、易燃易爆危险物品犯罪案件，应当附下列材料：(1) 涉嫌犯罪案件移送书，载明移送案件的行政执法机关名称、涉嫌犯罪的罪名、案件主办人和联系电话，并应当附移送材料清单和回执，加盖公章；(2) 涉嫌犯罪案件情况的调查报告，载明案件来源、查获枪支、弹药、爆炸物、易燃易爆危险物品情况、犯罪嫌疑人基本情况、涉嫌犯罪的主要事实、证据和法律依据、处理建议等；(3) 涉案物品清单，载明涉案枪支、弹药、爆炸物、易燃易爆危险物品的具体类别和名称、数量、特征、存放地点等,并附采取行政强制措施、现场笔录等表明涉案枪支、弹药、爆炸物、易燃易爆危险物品来源的材料;(4)有关检验报告或者鉴定意见,并附鉴定机构和鉴定人资质证明;没有资质证明的,应当附其他证明文件;(5)现场照片、询问笔录、视听资料、电子数据、责令整改通知书等其他与案件有关的证据材料。

有关行政执法机关对违法行为已经作出行政处罚决定的,还应当附行政处罚决定书及执行情况说明。

17. 公安机关对有关行政执法机关移送的涉嫌枪支、弹药、爆炸物、易燃易爆危险物品犯罪案件,应当在案件移送书的回执上签字或者出具接受案件回执,并依照有关规定及时进行审查处理。不得以材料不全为由不接受移送案件。

18. 人民检察院应当依照《行政执法机关移送涉嫌犯罪案件的规定》《最高人民检察院关于推进行政执法与刑事司法衔接工作的规定》《安全生产行政执法与刑事司法衔接工作办法》等规定,对有关行政执法机关移送涉嫌枪支、弹药、爆炸物、易燃易爆危险物品犯罪案件,以及公安机关的立案活动,依法进行法律监督。

有关行政执法机关对公安机关的不予立案决定有异议的,可以建议人民检察院进行立案监督。

19. 公安机关、有关行政执法机关在办理涉枪支、弹药、爆炸物、易燃易爆危险物品违法犯罪案件过程中,发现公职人员有贪污贿赂、失职渎职或者利用职权侵犯公民人身权利和民主权利等违法行为,涉嫌构成职务犯罪的,应当依法及时移送监察机关或者人民检察院处理。

20. 有关行政执法机关在行政执法和查办涉枪支、弹药、爆炸物、易燃易爆危险物品案件过程中收集的物证、书证、视听资料、电子数据以及对事故进行调查形成的报告,在刑事诉讼中可以作为证据使用。

21. 有关行政执法机关对应当向公安机关移送的涉嫌枪支、弹药、爆炸物、易燃易爆危险物品犯罪案件,不得以行政处罚代替案件移送。

有关行政执法机关向公安机关移送涉嫌枪支、弹药、爆炸物、易燃易爆危险物品犯罪案件的,已经作出的警告、责令停产停业、暂扣或者吊销许可证、暂扣或者吊销执照的行政处罚决定,不停止执行。

22. 人民法院对涉枪支、弹药、爆炸物、易燃易爆危险物品犯罪案件被告人判处罚金、有期徒刑或者拘役的,有关行政执法机关已经依法给予的罚款、行政拘留,应当依法折抵相应罚金或者刑期。有关行政执法机关尚未给予罚款的,不再给予罚款。

对于人民检察院依法决定不起诉或者人民法院依法免予刑事处罚的案件,需要给予行政处罚的,由有关行政执法机关依法给予行政处罚。

23.本意见所称易燃易爆危险物品,是指具有爆炸、易燃性质的危险化学品、危险货物等,具体范围依照相关法律、行政法规、部门规章和国家标准确定。依照有关规定属于爆炸物的除外。

24.本意见所称有关行政执法机关,包括民用爆炸物品行业主管部门、燃气管理部门、交通运输主管部门、应急管理部门、铁路监管部门、民用航空主管部门和邮政管理部门等。

【军训〔2022〕181号】　最高人民法院、最高人民检察院、公安部、商务部、国家市场监督管理总局、中央军委后勤保障部、中央军委装备发展部、中央军委训练管理部、中央军委国防动员部关于军地共同加强部队训练场未爆弹药安全风险防控的意见(2022年10月22日)

(十三)打击违法犯罪。……挖捡、非法买卖未爆弹药,符合刑法第127条第1款、第125条第1款规定的,分别以盗窃弹药、爆炸物罪和非法买卖弹药、爆炸物罪定罪处罚。非法买卖未爆弹药拆解的炮弹引信、火炸药,符合刑法第125条第1款规定的,以非法买卖弹药、爆炸物罪定罪处罚。……有非法挖捡买卖行为,经教育后确有悔改表现,上交未爆弹药、炮弹残片或者销售炮弹残片违法所得的,可以依法从宽处罚;情节显著轻微危害不大不构成犯罪、构成违反治安管理行为的,依法给予治安管理处罚。

【法研〔2009〕85号】　最高人民法院研究室关于生产烟花爆竹配制烟火药行为是否构成非法制造、买卖爆炸物罪的答复(2009年5月6日)

将1984年的《民用爆炸物管理条例》理解为由2006年颁布的《民用爆炸物品安全管理条例》和《烟花爆竹安全管理条例》共同取代的观点是有道理的,烟花爆竹具有爆炸性、危险性,这是一般人都能够认识和好理解的。但是,由于烟花爆竹的普遍被接受性、娱乐性、爆炸力被分散性等特点,将烟花爆竹认定为爆炸物会夸大打击面,也与普通民众的认识观念、传统习俗不符,因此,最高人民法院的司法解释没有将烟花爆竹认定为爆炸物。

【安监总管三〔2012〕116号】　最高人民法院、最高人民检察院、公安部、国家安全监管总局关于依法加强对涉嫌犯罪的非法生产经营烟花爆竹行为刑事责任追究的通知(2012年9月6日印发)

一、非法生产、经营烟花爆竹及相关行为涉及非法制造、买卖、运输、邮寄、储存黑火药、烟火药,构成非法制造、买卖、运输、邮寄、储存爆炸物罪的,应当依照刑法第125条的规定定罪处罚;非法生产、经营烟花爆竹及相关行为涉及生产、销售伪劣产品或不符合安全标准产品,构成生产、销售伪劣产品罪或生产、销售不符合安全标准产品罪的，应当依照刑法第 140 条、第 146 条的规定定罪处罚；非法生产、经营烟花爆竹及相关行为构成非法经营罪的，应当依照刑法第 225 条的规定定罪处罚。上述非法生产经营烟花爆竹行为的定罪量刑和立案追诉标准，分别按照《最高人民法院关于审理非法制造、买卖、运输枪支、弹药、爆炸物等刑事案件具体应用法律若干问题的解释》（法释〔2009〕18 号）、《最高人民法院最高人民检察院关于办理生产、销售伪劣商品刑事案件具体应用法律若干问题的解释》（法释〔2001〕10 号）、《最高人民检察院、公安部关于公安机关管辖的刑事案件立案追诉标准的规定（一）》（公通字〔2008〕36 号）、《最高人民检察院、公安部关于公安机关管辖的刑事案件立案追诉标准的规定（二）》（公通字〔2010〕23 号）等有关规定执行。

二、各相关行政执法部门在查处非法生产、经营烟花爆竹行为过程中，发现涉嫌犯罪，依法需要追究刑事责任的，应当依照《行政执法机关移送涉嫌犯罪案件的规定》（国务院令第 310 号）向公安机关移送，并配合公安机关做好立案侦查工作。公安机关应当依法对相关行政执法部门移送的涉嫌犯罪案件进行审查，认为有犯罪事实，需要追究刑事责任的，应当依法立案，并书面通知移送案件的部门；认为不需要追究刑事责任的，应当说明理由，并书面通知移送案件的部门。公安机关在治安管理工作中，发现非法生产、经营烟花爆竹行为涉嫌犯罪的，应当依法立案侦查。

三、检察机关对于公安机关提请批准逮捕、移送审查起诉的上述涉嫌犯罪的案件，对符合逮捕和提起公诉法定条件的，要依法予以批捕、起诉；要加强对移送、立案案件的监督，对应当移送而不移送、应当立案而不立案的，要及时监督。人民法院对于起诉到法院的上述涉嫌犯罪的案件，要按照宽严相济的政策，依法从快审判，对同时构成多项犯罪或屡次违法犯罪的，要从重处罚；上级人民法院要加强对下级人民法院审判工作的指导，保障依法及时审判。要坚持"以事实为根据，以法律为准绳"的原则，严把案件的事实关、证据关、程序关和适用法律关，切实做到事实清楚，证据确凿，定性准确，量刑适当。人民法院、人民检察院、公安机关、安全生产监督管理部门要积极沟通、相互配合，充分发挥联动机制功能，加大对相关犯罪案件查处、审判情况的宣传，充分发挥刑事审判和处罚的震慑作用，教育群众自觉抵制、检举揭发相关违法犯罪活动。

【公明发〔2000〕1186 号】　公安部关于加强爆炸案件和爆炸物品丢失被盗案件倒查责任追究工作的通知（2000 年 5 月 9 日）

三、……对故意向作案犯罪分子提供爆炸物品的，依照《刑法》有关规定，以共同犯罪论处；对非法制造、买卖、运输、储存爆炸物品的，依照《刑法》第125条的规定，追究责任人的刑事责任，属于单位犯罪的，一并追究单位主管负责人的刑事责任；……

【国办发〔2002〕52号】 国务院办公厅关于进一步加强民用爆炸物品安全管理的通知（2002年9月30日）

一、将硝酸铵、氯酸钾纳入民用爆炸物品管理[①]

今后，硝酸铵只允许销售给民爆器材定点生产企业和制药、制冷剂等生产企业及有关的教学、科研单位。氯酸钾只允许销售给制药、印染等生产企业及有关的教学、科研单位。严禁将硝酸铵、氯酸钾出售或者以其他方式转让给个人和其他单位。购买硝酸铵、氯酸钾必须经所在地省级或者设区的市级人民政府民爆器材生产流通主管部门批准（民用炸药定点生产企业仍可实行购销合同鉴证做法），凭批准文件向所在地的县级人民政府公安机关申领《爆炸物品购买证》。硝酸铵、氯酸钾的生产、经营企业出售硝酸铵、氯酸钾，必须收验《爆炸物品购买证》或者经过鉴证的购销合同，严格按照购买证或者经过鉴证的购销合同上载明的品种、数量销售。对无证或者无合同销售、购买硝酸铵、氯酸钾的，或者将硝酸铵、氯酸钾销售给个人的，由公安机关依照《民用爆炸物品管理条例》的有关规定，没收涉案硝酸铵、氯酸钾，并依法给予其他处罚；情节严重、构成犯罪的，按照《刑法》第125条的规定，依法追究刑事责任。

二、严格执行雷管编码打号制度

对雷管实行编码打号，是落实民用爆炸物品安全管理措施、预防和打击涉爆违法犯罪活动的重要手段。雷管生产企业必须按照公安部、国防科工委确定的雷管编码规则及技术要求，对雷管逐枚编码打号。自本通知发布之日起，没有编码打号的雷管不得出厂。对库存的未编码打号雷管，民爆器材生产、经营、使用单位不得销售、使用。有条件补号的可以补号后销售、使用；没有条件补号的，要有组织地予以销毁。民爆器材生产流通主管部门和公安机关要进一步督促生产企业抓紧完成雷管编码打号的试生产，完善编码打号工序的安全质量管理，严格按照规定的刻痕深度编码打号，确保雷管编码打号清晰，易于识读登记。所有雷管生产企业为实行雷管编码打号对生产线进行的改造，必须在2002年12月31日前通过由所在地省级人民政府民爆器材生产流通主管部门组织的验收。对民爆器材生产、经营企业违反上述规定生产、销售、使用未编码

[①] 注：2006年11月9日国防科工委、公安部联合公告的《民用爆炸物品品名表》未列入氯酸钾。

打号的雷管的，由公安机关依照《民用爆炸物品管理条例》的有关规定，没收无号雷管并依法给予其他处罚；情节严重、构成犯罪的，按照《刑法》第125条的规定，依法追究刑事责任。

【国务院令〔2006〕466号】　民用爆炸物品安全管理条例（2006年4月26日国务院第134次常务会议通过，2006年5月10日公布，2006年9月1日施行；2014年7月29日国务院令第653号修正）

第2条（第2款）　本条例所称民用爆炸物品，是指用于非军事目的、列入民用爆炸物品品名表的各类火药、炸药及其制品和雷管、导火索等点火、起爆器材。

（第3款）　民用爆炸物品品名表，由国务院民用爆炸物品行业主管部门会同国务院公安部门制订、公布。

【联合公告〔2006〕1号】　民用爆炸物品品名表（国防科学技术工业委员会、公安部2006年11月9日公布。标★为根据2022年5月23日《工业和信息化部、公安部关于调整〈民用爆炸物品品名表〉品名的通知》（工信部联安全〔2022〕60号）增补）[①]

民用爆炸物品品名表

序号	名　称	英文名称	备　注
一、	工业炸药		
1	硝化甘油炸药	Nitroglycerine，NG	甘油三硝酸酯类混合炸药
2	铵梯类炸药	Ammonite	含铵梯油炸药
3	多孔粒状铵油炸药		
4	改性铵油炸药		
5	膨化硝铵炸药	Expanded AN explosive	
6	其他铵油类炸药		含粉状铵油、铵松蜡、铵沥蜡炸药等
7	水胶炸药	Water gel explosive	
8	乳化炸药（胶状）	Emulsion	
9	粉状乳化炸药	Powdery emulsive	

[①] 注：经与兵器工业部研究确定，公安部1984年2月13日印发《爆炸物品名称》（〔84〕公发（治）23号），一直未见废止。

续表

序号	名称	英文名称	备注
10	乳化粒状铵油炸药		重铵油炸药
11	粘性炸药		
★	黑梯炸药（含退役、拆解回收）		限于购买、销售、运输管理
12	含退役火药炸药		含退役火药的乳化、浆状、粉状炸药
13	其他工业炸药		
14	震源药柱	Seismic charge	
15	震源弹		
16	人工影响天气用燃爆器材		含炮弹、火箭弹等限生产、购买、销售、运输管理
17	矿岩破碎器材		
18	中继起爆具	Primer	
19	爆炸加工器材		
20	油气井用起爆器		
21	聚能射孔弹	Perforating charge	
22	复合射孔器	Perforator	
23	聚能切割弹		
24	高能气体压裂弹		
25	点火药盒		
26	其它油气井用爆破器材		
27	其它炸药制品		
二、	工业雷管		
28	工业火雷管	Flash detonator	
29	工业电雷管	Electric detonator	含普通电雷管和煤矿许用电雷管
30	导爆管雷管	Detonator with shock-conducting tube	
31	半导体桥电雷管		

续表

序号	名称	英文名称	备注
32	电子雷管	Electron – delay detonator	
33	磁电雷管	Magnetoelectric detonator	
34	油气井用电雷管		
35	地震勘探电雷管		
36	继爆管		
37	其它工业雷管		
三、	工业索类火工品		
38	工业导火索	Industrial blasting fuse	
39	工业导爆索	Industrial Detonating fuse	
40	切割索	Linear shaped charge	
41	塑料导爆管	Shock – conducting tube	
42	引火线		
四、	其它民用爆炸物品		
43	安全气囊用点火具		
44	其它特殊用途点火具		
45	特殊用途烟火制品		
46	其它点火器材		
47	海上救生烟火信号		
五、	原材料		
48	梯恩梯（TNT）/2，4，6-三硝基甲苯★（含退役、拆解回收）	Trinitrotoluene, TNT	限于购买、销售、运输管理
49	工业黑索今（RDX）/环三亚甲基三硝胺★（含退役、拆解回收）	Hexogen, RDX	限于购买、销售、运输管理
50	苦味酸/2，4，6-三硝基苯酚	Picric acib	限于购买、销售、运输管理
51	民用推进剂★（含退役、拆解回收）		限于购买、销售、运输管理

续表

序号	名称	英文名称	备注
52	太安（PETN）/季戊四醇四硝酸酯	Pentaerythritol tetranitrate，PETN	限于购买、销售、运输管理
53	奥克托今（HMX）	Octogen，HMX	限于购买、销售、运输管理
54	其它单质猛炸药	Explosive compound	限于购买、销售、运输管理
55	黑火药	Black power	用于生产烟花爆竹的黑火药除外，限于购买、销售、运输管理
★	单基/双基发射药（含退役、拆解回收）		用于生产烟花爆竹除外，限于购买、销售、运输管理
56	起爆药	Initiating explosive	
57	延期器材		
58	硝酸铵	Ammonium nitrate，AN	限于购买、销售审批管理
59	国防科工委、公安部认为需要管理的其他民用爆炸物品		

【公复字〔2008〕1号】　公安部关于对办理涉及硝酸铵案件有关问题的批复（2008年1月10日答复广东省公安厅"粤公请字〔2007〕183号"请示）

对非法销售、购买未达到抗爆性能指标的农用硝酸铵、硝酸铵复混肥的，应当依照《民用爆炸物品安全管理条例》第44条的规定处理。对没收的硝酸铵和未达到抗爆性能指标的农用硝酸铵、硝酸铵复混肥，根据《国务院办公厅关于进一步加强民用爆炸物品安全管理的通知》（国办发〔2002〕52号）精神，可以转让有关生产企业回收利用。

【公通字〔2019〕23号】　最高人民法院、最高人民检察院、公安部、司法部关于依法严厉打击传播艾滋病病毒等违法犯罪行为的指导意见（2019年5月19日）

（九）非法买卖危险物质罪。非法买卖含有艾滋病病毒的血液，危害公共安全的，依照刑法第125条第2款的规定，以非法买卖危险物质罪定罪处罚。

【主席令〔2012〕67号】　中华人民共和国治安管理处罚法（2012年10月26日第11届全国人大常委会第29次会议修正，2013年1月1日起施行）

第2条　扰乱公共秩序，妨害公共安全，侵犯人身权利、财产权利，妨害社会管理，具有社会危害性，依照《中华人民共和国刑法》的规定构成犯罪的，依法追究刑事责任；尚不够刑事处罚的，由公安机关依照本法给予治安管理处罚。

第30条 违反国家规定，制造、买卖、储存、运输、邮寄、携带、使用、提供、处置爆炸性、毒害性、放射性、腐蚀性物质或者传染病病原体等危险物质的，处10日以上15日以下拘留；情节较轻的，处5日以上10日以下拘留。

● 立案标准 最高人民检察院、公安部关于公安机关管辖的刑事案件立案追诉标准的规定（一）（公通字〔2008〕36号，2008年6月25日公布施行）

第2条 [非法制造、买卖、运输、储存危险物质案（刑法第125条第2款）] 非法制造、买卖、运输、储存毒害性、放射性、传染病病原体等物质，危害公共安全，涉嫌下列情形之一的，应予立案追诉：

（一）造成人员重伤或者死亡的；

（二）造成直接经济损失10万元以上的；

（三）非法制造、买卖、运输、储存毒鼠强、氟乙酰胺、氟乙酸钠、毒鼠硅、甘氟原粉、原液、制剂50克以上，或者饵料2000克以上的；

（四）造成急性中毒、放射性疾病或者造成传染病流行、暴发的；

（五）造成严重环境污染的；

（六）造成毒害性、放射性、传染病病原体等危险物质丢失、被盗、被抢或者被他人利用进行违法犯罪活动的；

（七）其他危害公共安全的情形。

第3条 [违规制造、销售枪支案（刑法第126条）] 依法被指定、确定的枪支制造企业、销售企业，违反枪支管理规定，以非法销售为目的，超过限额或者不按照规定的品种制造、配售枪支，或者以非法销售为目的，制造无号、重号、假号的枪支，或者非法销售枪支或者在境内销售为出口制造的枪支，涉嫌下列情形之一的，应予立案追诉：

（一）违规制造枪支5支以上的；

（二）违规销售枪支2支以上的；

（三）虽未达到上述数量标准，但具有造成严重后果等其他恶劣情节的。

本条和本规定第4条、第7条规定的"枪支"，包括枪支散件。成套枪支散件，以相应数量的枪支计；非成套枪支散件，以每30件为一成套枪支散件计。

第101条 本规定中的"以上"，包括本数。

狱内刑事案件立案标准（司法部令〔2001〕64号，2001年3月2日司法部部长办公会议通过，2001年3月9日发布施行）

第2条 监狱发现罪犯有下列犯罪情形的，应当立案侦查：

（六）非法制作、储存或藏匿枪支的（非法制造、储存枪支案）。

第3条 情节、后果严重的下列案件，列为重大案件：

（三）非法制造、储存枪支、弹药、爆炸物的。

● **指导案例** 【法〔2013〕24号】 最高人民法院关于发布第4批指导性案例的通知（2013年1月31日印发）

（指导案例13号）王召成等非法买卖、储存危险物质案

裁判要点：1. 国家严格监督管理的氰化钠等剧毒化学品，易致人中毒或者死亡，对人体、环境具有极大的毒害性和危险性，属于《刑法》第125条第2款规定的"毒害性"物质。

2. "非法买卖"毒害性物质，是指违反法律和国家主管部门规定，未经有关主管部门批准许可，擅自购买或者出售毒害性物质的行为，并不需要兼有买进和卖出的行为。

第127条[①] **【盗窃、抢夺枪支、弹药、爆炸物、危险物质罪】** 盗窃、抢夺枪支、弹药、爆炸物的，或者盗窃、抢夺毒害性、放射性、传染病病原体等物质，危害公共安全的，处三年以上十年以下有期徒刑；情节严重的，处十年以上有期徒刑、无期徒刑或者死刑。

【抢劫枪支、弹药、爆炸物、危险物质罪；盗窃、抢夺枪支、弹药、爆炸物、危险物质罪】 抢劫枪支、弹药、爆炸物的，或者抢劫毒害性、放射性、传染病病原体等物质，危害公共安全的，或者盗窃、抢夺国家机关、军警人员、民兵的枪支、弹药、爆炸物的，处十年以上有期徒刑、无期徒刑或者死刑。

---

① 第127条是根据2001年12月29日第9届全国人民代表大会常务委员会第25次会议通过的《刑法修正案（三）》（主席令第64号公布，2001年12月29日起施行）而修改，原条文内容为："盗窃、抢夺枪支、弹药、爆炸物的，处三年以上十年以下有期徒刑；情节严重的，处十年以上有期徒刑、无期徒刑或者死刑。// 抢劫枪支、弹药、爆炸物或者盗窃、抢夺国家机关、军警人员、民兵的枪支、弹药、爆炸物的，处十年以上有期徒刑、无期徒刑或者死刑。"

● **条文注释** 第127条是关于盗窃、抢夺、抢劫枪支、弹药、爆炸物以及其他危险物质的处罚规定。

根据《枪支管理法》第46条的规定,"枪支"是指以火药或压缩气体等为动力,利用管状器具发射金属弹丸或其他物质,足以致人伤亡或丧失知觉的各种枪支,包括军用枪支、体育运动枪支、麻醉注射枪和狩猎枪支等;"弹药"是指上述枪支所使用的子弹、火药等。

"爆炸性"物品是指能对人体造成杀伤的具有爆炸性能的物品,如手榴弹、炸药、爆破剂、电雷管、非电导爆系统以及黑火药、信号弹、烟花爆竹等;"易燃性"物品是指各种燃油、酒精、丙酮、橡胶水以及其他易燃的物品或液剂;"毒害性、放射性"物品是指对人体或动物能造成严重毒害或损害的化学性毒物、生物性毒物、微生物类毒物和放射性物质等;"腐蚀性"物品是指强酸、强碱等对人体、动物或其他物品能造成严重毁坏或腐蚀的物质;"传染病病原体"是指能在人体或动物体内生长、繁殖,并通过空气、饮食、接触等方式传播,危害人体健康的传染病菌种和毒种。

我国对上述物品(尤其是枪支弹药)历来实行非常严格的管制。对于枪支、弹药、爆炸物,只要实施了非法制造、买卖、运输、储存或者盗窃、抢夺、抢劫等行为,就可以构成犯罪;对于毒害性、放射性、传染病病原体等物质,则要实施了上述行为,并且危害公共安全,才可能构成犯罪。构成犯罪的具体界定标准依照"法释〔2009〕18号"解释的相关规定。

第127条规定的"国家机关"特指依法允许配备、使用枪支的国家机关,如军事部门、政法部门、金融部门、林业部门、体育部门等。

需要注意的是:如果是军人盗窃、抢夺其保管或使用的枪支、弹药,仍然依照第127条第1款的规定量刑处罚,但是罪名应当依照《刑法》第438条的规定,以"盗窃、抢夺武器装备罪"定罪。

● **相关规定** 【法释〔2009〕18号】 最高人民法院关于审理非法制造、买卖、运输枪支、弹药、爆炸物等刑事案件具体应用法律若干问题的解释(2001年5月10日最高人民法院审判委员会第1174次会议通过,原文号为"法释〔2001〕15号";2009年11月9日最高人民法院审判委员会第1476次会议修正,2010年1月1日起施行)

第4条 盗窃、抢夺枪支、弹药、爆炸物,具有下列情形之一的,依照刑法第127条第1款的规定,以盗窃、抢夺枪支、弹药、爆炸物罪定罪处罚:

(一)盗窃、抢夺以火药为动力的发射枪弹非军用枪支1支以上或者以压缩气体等为动力的其他非军用枪支 2 支以上的；

（二）盗窃、抢夺军用子弹 10 发以上、气枪铅弹 500 发以上或者其他非军用子弹 100 发以上的；

（三）盗窃、抢夺爆炸装置的；

（四）盗窃、抢夺炸药、发射药、黑火药 1000 克以上或者烟火药 3000 克以上，雷管 30 枚以上或者导火索、导爆索 30 米以上的；

（五）虽未达到上述最低数量标准，但具有造成严重后果等其他恶劣情节的。

具有下列情形之一的，属于刑法第 127 条第 1 款规定的"情节严重"：

（一）盗窃、抢夺枪支、弹药、爆炸物的数量达到本条第 1 款规定的最低数量标准 5 倍以上的；

（二）盗窃、抢夺军用枪支的；

（三）盗窃、抢夺手榴弹的；

（四）盗窃、抢夺爆炸装置，危害严重的；

（五）达到本条第 1 款规定的最低数量标准，并具有造成严重后果等其他恶劣情节的。

第 7 条 非法制造、买卖、运输、邮寄、储存、盗窃、抢夺、持有、私藏、携带成套枪支散件的，以相应数量的枪支计；非成套枪支散件以每 30 件为一成套枪支散件计。

【公通字〔2019〕32 号】 最高人民法院、最高人民检察院、公安部关于依法惩治袭警违法犯罪行为的指导意见（2019 年 12 月 27 日印发，2020 年 1 月 10 日公布）

四、抢劫、抢夺民警枪支，符合刑法第 127 条第 2 款规定的，应当以抢劫枪支罪、抢夺枪支罪定罪。

【法发〔2021〕35 号】 最高人民法院、最高人民检察院、公安部、工业和信息化部、住房和城乡建设部、交通运输部、应急管理部、国家铁路局、中国民用航空局、国家邮政局关于依法惩治涉枪支、弹药、爆炸物、易燃易爆危险物品犯罪的意见（2021 年 12 月 28 日印发，2021 年 12 月 31 日施行）

4. 非法制造、买卖、运输、邮寄、储存、盗窃、抢夺、抢劫、持有、私藏、走私枪支、弹药、爆炸物，并利用该枪支、弹药、爆炸物实施故意杀人、故意伤害、抢劫、绑架等犯罪的，依照数罪并罚的规定处罚。

【军训〔2022〕181号】 最高人民法院、最高人民检察院、公安部、商务部、国家市场监督管理总局、中央军委后勤保障部、中央军委装备发展部、中央军委训练管理部、中央军委国防动员部关于军地共同加强部队训练场未爆弹药安全风险防控的意见（2022年10月22日）

（十三）打击违法犯罪。……挖捡、非法买卖未爆弹药，符合刑法第127条第1款、第125条第1款规定的，分别以盗窃弹药、爆炸物罪和非法买卖弹药、爆炸物罪定罪处罚。……有非法挖捡买卖行为，经教育后确有悔改表现，上交未爆弹药、炮弹残片或者销售炮弹残片违法所得的，可以依法从宽处罚；情节显著轻微危害不大不构成犯罪、构成违反治安管理行为的，依法给予治安管理处罚。

【主席令〔2012〕67号】 中华人民共和国治安管理处罚法（2012年10月26日第11届全国人大常委会第29次会议修正，2013年1月1日起施行）

第2条 扰乱公共秩序，妨害公共安全，侵犯人身权利、财产权利，妨害社会管理，具有社会危害性，依照《中华人民共和国刑法》的规定构成犯罪的，依法追究刑事责任；尚不够刑事处罚的，由公安机关依照本法给予治安管理处罚。

第31条 爆炸性、毒害性、放射性、腐蚀性物质或者传染病病原体等危险物质被盗、被抢或者丢失，未按规定报告的，处5日以下拘留；故意隐瞒不报的，处5日以上10日以下拘留。

● 立案标准　狱内刑事案件立案标准（司法部令〔2001〕64号，2001年3月2日司法部部长办公会议通过，2001年3月9日发布施行）

第2条 监狱发现罪犯有下列犯罪情形的，应当立案侦查：

（七）以各种手段窃取枪支、弹药、爆炸物的（盗窃枪支、弹药、爆炸物案）。

（八）抢夺枪支、弹药、爆炸物的（抢夺枪支、弹药、爆炸物案）。

第4条 情节恶劣、后果特别严重的下列案件，列为特别重大案件：

（四）盗窃、抢夺、抢劫枪支弹药的。

第128条 【非法持有、私藏枪支、弹药罪】违反枪支管理规定，非法持有、私藏枪支、弹药的，处三年以下有期徒刑、拘役或者管制；情节严重的，处三年以上七年以下有期徒刑。

【非法出租、出借枪支罪】依法配备公务用枪的人员，非法出租、出借枪支的，依照前款的规定处罚。

【非法出租、出借枪支罪】依法配置枪支的人员，非法出租、出借枪支，造成严重后果的，依照第一款的规定处罚。

单位犯第二款、第三款罪的，对单位判处罚金，并对其直接负责的主管人员和其他直接责任人员，依照第一款的规定处罚。

第129条　【丢失枪支不报罪】（见第387页）

第130条　【非法携带枪支、弹药、管制刀具、危险物品危及公共安全罪】非法携带枪支、弹药、管制刀具或者爆炸性、易燃性、放射性、毒害性、腐蚀性物品，进入公共场所或者公共交通工具，危及公共安全，情节严重的，处三年以下有期徒刑、拘役或者管制。

● 条文注释　第128条、第130条是关于非法持有、私藏、出租、出借或携带枪支、弹药、爆炸物以及管制刀具和其他危险物品的处罚规定。

根据《枪支管理法》第46条的规定，"枪支"是指以火药或压缩气体等为动力，利用管状器具发射金属弹丸或其他物质，足以致人伤亡或丧失知觉的各种枪支，包括军用枪支、体育运动枪支、麻醉注射枪和狩猎枪支等；"弹药"是指上述枪支所使用的子弹、火药等。根据公安部《对部分刀具实行管制的暂行规定》第2条的规定，"管制刀具"是指匕首、三棱刮刀（包括机械加工用的三棱刮刀）、带有自锁装置的弹簧刀（跳刀）以及其他相类似的单刃、双刃、三棱尖刀，其界定标准依照公安部发布的《管制刀具认定标准》的规定。

"爆炸性"物品是指能对人体造成杀伤的具有爆炸性能的物品，如手榴弹、炸药、爆破剂、电雷管、非电导爆系统以及黑火药、信号弹、烟花爆竹等；"易燃性"物品是指各种燃油、酒精、丙酮、橡胶水以及其他易燃的物品或液剂；"毒害性、放射性"物品是指对人体或动物能造成严重毒害或损害的化学性毒物、生物性毒物、微生物类毒物和放射性物质等；"腐蚀性"物品是指强酸、强碱等对人体、动物或其他物品能造成严重毁坏或腐蚀的物质；"传染病病原体"是指能在人体或动物体内生长、繁殖，并通过空气、饮食、接触等方式传播，危害人体健康的传染病菌种和毒种。

我国对上述物品历来实行非常严格的管制。尤其是对于枪支、弹药，即使是非法持有、私藏、出租、出借、携带等，也可能构成犯罪。其具体的界定标准依照"法释〔2009〕18号"解释的相关规定。

第128条第1款规定的"非法持有"是指不符合枪支弹药配备、配置条件的人员擅自持有枪支弹药的行为;"私藏"是指依法配备、配置了枪支弹药的人员,在配枪(弹)条件消失后,私自藏匿枪支弹药并且拒不交出的行为。第2款规定的"公务用枪"是指因公务需要而配备的枪支,主要是指各种军用枪支,如手枪、冲锋枪、机枪等。第3款规定的"配置枪支"主要是指依法配置的各种民用枪支,如猎枪、麻醉注射枪、射击运动枪等。

第130条规定的"管制刀具"是指国家依法进行管制,只能由特定人员持有、使用,禁止私自生产、买卖、持有的刀具,如匕首、三棱刮刀、弹簧刀以及类似的单刃刀、双刃刀、三棱尖刀等。"公共场所"主要是指大众进行公开活动的场所,如车站、街道、商店、影剧院、体育场所等;"公共交通工具"一般是指火车、轮船、公共汽车、电车、民航客机等。①

需要注意的是:《刑法》未对第130条规定单位犯罪;但依照《铁路法》第60条和《民用航空法》第193条的规定,单位实施《刑法》第130条所规定的行为的,可以对单位处以罚金,并对其直接负责的主管人员和直接责任人员依法追究刑事责任。

另外需要注意的是:

(1) 对于公务用枪,只要有出租或出借的行为,就可以构成犯罪;对于出租或出借所配置的民用枪支,则需要在造成严重后果时才构成犯罪。这里的"严重后果"主要是指该枪造成了人员伤亡。公务用枪的配备范围和民用枪支的配置条件由《枪支管理法》第2章"枪支的配备和配置"规定。

(2) 如果是军人出售或出租、出借其保管或使用的枪支、弹药,则应当依照《刑法》第439条的规定,以"非法出卖、转让武器装备罪"定罪处罚。

● 相关规定 【军法发字〔1988〕34号】 中国人民解放军军事法院关于审理军人违反职责罪案件中几个具体问题的处理意见(1988年10月19日印发)②

二、关于军职人员擅自将自己保管、使用的枪支、弹药借给他人,因而造

---

① 注:对于出租车是否算作第130条规定的"公共交通工具",法律没有明确界定。
② 该《意见》由中国人民解放军军事法院根据1979年刑法和《惩治军人违反职责罪暂行条例》而制定,在征求了总政保卫部、解放军军事检察院的意见后,报请最高人民法院同意,于1988年10月19日印发给各军区、海军、空军、总直属队军事法院。1997年修订刑法后,《惩治军人违反职责罪暂行条例》被废止,其内容全部被吸收纳入现《刑法》分则第10章"军人违反职责罪";但该《意见》一直未被废止或修订。
本书认为:该《意见》除了其中引用的原刑法和《条例》的条目编号需要更新之外,其实质性内容应当仍然有效;但是现《刑法》有新规定或者新设置罪名的,应当适用现行《刑法》的规定。

成严重后果的,应当如何定性和适用法律问题①

军职人员确实不知他人借用枪支、弹药是为实施犯罪,私自将自己保管、使用的枪支、弹药借给他人,致使公共财产、国家和人民利益遭受重大损失的,以《刑法》第187条规定的玩忽职守罪论处;如果在值班、值勤等执行职务时,擅自将自己使用、保管的枪支、弹药借给他人,因而造成严重后果的,以《条例》第5条规定的玩忽职守罪论处。

如果明知他人借用枪支、弹药是为了实施犯罪,仍将枪支、弹药借给他人的,以共同犯罪论处。

【主席令〔1990〕32号】 中华人民共和国铁路法(1990年9月7日第7届全国人大常委会第15次会议通过,主席令第32号公布,1991年5月1日施行;2009年8月27日主席令第18号、2015年4月24日主席令第25号修正)

第60条 违反本法规定,携带危险品进站上车或者以非危险品品名托运危险品,导致发生重大事故的,依照刑法有关规定追究刑事责任。企业事业单位、国家机关、社会团体犯本款罪的,处以罚金,对其主管人员和直接责任人员依法追究刑事责任。②

携带炸药、雷管或者非法携带枪支子弹、管制刀具进站上车的,依照刑法有关规定追究刑事责任。

最高人民法院研究室对《关于执行〈中华人民共和国铁路法〉中刑事罚则若干问题的解释》中两个具体问题的复函(1995年8月3日答复铁道部公安局"公法〔1995〕59号"请示)③

一、最高人民法院《关于执行〈中华人民共和国铁路法〉中刑事罚则若干问题的解释》(以下简称《解释》)中的"爆炸装置",是指为实施爆炸而将炸药和引火器具组装在一起的物体。

---

① 注:现行刑法已经设置了"非法出租、出借枪支罪"(第128条第2款)和"擅自改变武器装备编配用途罪"(第437条),因此,《意见》第2条第1款规定的内容应当适用新刑法的规定;但《意见》第2条第2款规定的内容可以继续适用。

② 注:本条规定在刑法之外设置了对单位犯罪的"罚金"刑罚,铁路法历经2009年、2015年2次修正也未对此作出修改,比较罕见。

③ 注:该《复函》所针对的《解释》(法发〔1993〕28号)已经于2013年1月18日被《最高人民法院关于废止1980年1月1日至1997年6月30日期间发布的部分司法解释和司法解释性质文件(第9批)的决定》(法释〔2013〕2号)废止,但该《复函》一直未被明确宣布废止,这应当是最高人民法院梳理司法文件时的疏漏。

二、关于《解释》中的"进站"一词，同意你们的理解。①

【主席令〔1995〕56 号】 中华人民共和国民用航空法（1995 年 10 月 30 日第 8 届全国人大常委会第 16 次会议通过，主席令第 56 号公布，1996 年 3 月 1 日施行；2009 年 8 月 27 日主席令第 18 号、2015 年 4 月 24 日主席令第 25 号、2016 年 11 月 7 日主席令第 57 号、2017 年 11 月 4 日主席令第 81 号、2018 年 12 月 29 日主席令第 24 号、2021 年 4 月 29 日主席令第 81 号修正）

第 193 条 违反本法规定，隐匿携带炸药、雷管或者其他危险品乘坐民用航空器，或者以非危险品品名托运危险品的，依照刑法有关规定追究刑事责任。

企业事业单位犯前款罪的，判处罚金，并对直接负责的主管人员和其他直接责任人员依照前款规定追究刑事责任。②

隐匿携带枪支子弹、管制刀具乘坐民用航空器的，依照刑法有关规定追究刑事责任。

【高检发释字〔1998〕4 号】 最高人民检察院关于将公务用枪用作借债质押的行为如何适用法律问题的批复（1998 年 11 月最高人民检察院第 9 届检察委员会第 15 次会议通过，1998 年 11 月 3 日答复重庆市人民检察院"渝检（研）〔1998〕8 号"请示）

依法配备公务用枪的人员，违反法律规定，将公务用枪用作借债质押物，使枪支处于非依法持枪人的控制、使用之下，严重危害公共安全，是刑法第 128 条第 2 款所规定的非法出借枪支行为的一种形式，应以非法出借枪支罪追究刑事责任；对接受枪支质押的人员，构成犯罪的，根据刑法第 128 条第 1 款的规定，应以非法持有枪支罪追究其刑事责任。

【公复字〔2001〕6 号】 公安部关于对少数民族人员佩带刀具乘坐火车如何处理问题的批复（2001 年 4 月 28 日答复四川省公安厅"川公明发〔2001〕323 号"请示）

---

① 注：《铁道部公安局关于商请明确"〈铁路法〉司法解释"中两个具体问题的函》（公法〔1995〕59 号）对"进站"的理解为："进站"一词，在不同的规范文件中具有不同的含义。《铁路旅客意外伤害强制保险条例》中规定，"进站"是指车票加剪进入检票口，"出站"是指缴销车票出检票口；而在《铁路法》有关铁路安全保护的规定和"司法解释"中，我们认为"进站"是指进入铁路车站管辖区，包括车站站舍、作为车站组成部分的售票、行包托运、寄存场所、车站站舍外划定的候车区、加入检票进入站台的行列以及检票口内的通道、站台等场所。上述场所都是旅客聚集的地方，一旦发生爆炸等重大事故，将对旅客生命财产安全和铁路运输造成严重危害，应当予以特别保护。

② 注：本款规定在刑法之外设置了对单位犯罪的"罚金"刑罚，民用航空法历经多次修正也未对此作出修改，比较罕见。

根据国务院批准、公安部发布的《对部分刀具实行管制的暂行规定》(〔83〕公发(治)31号)的规定，管制刀具是指匕首、三棱刀（包括机械加工用的三棱刮刀）、带有自锁装置的弹簧刀（跳刀）以及其他相类似的单刃、双刃、三棱尖刀。任何人不得非法制造、销售、携带和私自保存管制刀具。少数民族人员只能在民族自治地区佩带、销售和使用藏刀、腰刀、靴刀等民族刀具；在非民族自治地区，只要少数民族人员所携带的刀具属于管制刀具范围，公安机关就应当严格按照相应规定予以管理。凡公安工作中涉及的此类有关少数民族的政策、法律规定，各级公安机关应当积极采取多种形式广泛宣传，特别是要加大在车站等人员稠密的公共场所及公共交通工具上的宣传力度。

少数民族人员违反《铁路法》和《铁路运输安全保护条例》携带管制刀具进入车站、乘坐火车的，由公安机关依法予以没收，但在本少数民族自治地区携带具有特殊纪念意义或者比较珍贵的民族刀具进入车站的，可以由携带人交其亲友带回或者交由车站派出所暂时保存并出具相应手续，携带人返回时领回；对不服从管理，构成违反治安管理行为的，依法予以治安处罚；构成犯罪的，依法追究其刑事责任。

【公通字〔2007〕2号】　　管制刀具认定标准（公安部2007年1月14日）[①]

一、凡符合下列标准之一的，可以认定为管制刀具：

1. 匕首：带有刀柄、刀格和血槽，刀尖角度小于60度的单刃、双刃或多刃尖刀（见图1）。

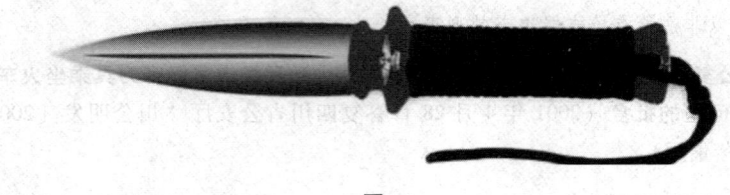

2. 三棱刮刀：具有三个刀刃的机械加工用刀具（见图2）。

图一

---

① 注：经公安部三局同意，2007年3月6日江苏省公安厅转发该《标准》时，对管制刀具的认定标准作了如下补充：一、除《标准》第二条规定的情形不属于管制刀具范畴外，未开刀刃且无刀尖或平头的各类武术、工艺、礼品等刀具也不属于管制刀具范畴；二、对《标准》第三条规定的少数民族使用的藏刀、腰刀、靴刀、马刀等刀具，凡符合《标准》第1条第二条规定的，一律列为管制刀具实施管理，不得在江苏省范围内销售、携带和使用；三、虽不在《标准》规定的范围，但为实施违法犯罪活动而准备或携带，明显非生产、生活所需的刀具，也可以认定为管制刀具；四、《标准》中所指的管制刀具既可以是各种金属材质，也可以是陶瓷等其他非金属材质；五、《标准》中"小于"不包括本数，"大于"、"超过"包括本数，"刀尖角度大于60度"包括无刀尖或平头的刀具。

图二

3. 带有自锁装置的弹簧刀（跳刀）：刀身展开或弹出后，可被刀柄内的弹簧或卡锁固定自锁的折叠刀具（见图3）。

4. 其他相类似的单刃、双刃、三棱尖刀：刀尖角度小于60度，刀身长度超过150毫米的各类单刃、双刃和多刃刀具（见图4）。

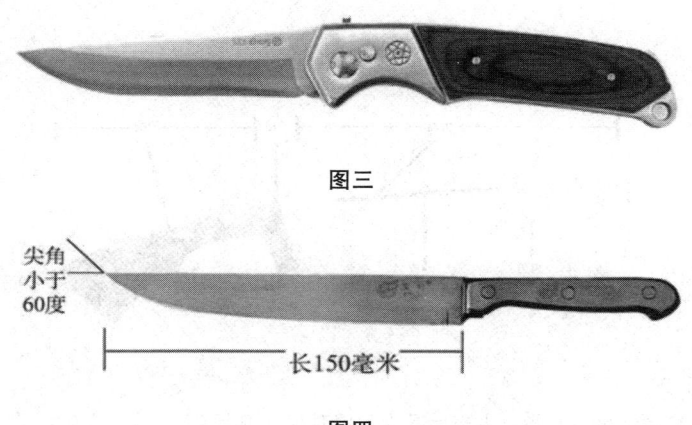

图三

图四

5. 其他刀尖角度大于60度，刀身长度超过220毫米的各类单刃、双刃和多刃刀具（见图5）。

二、未开刀刃且刀尖倒角半径R大于2.5毫米的各类武术、工艺、礼品等刀具不属于管制刀具范畴。

三、少数民族使用的藏刀、腰刀、靴刀、马刀等刀具的管制范围认定标准，由少数民族自治区（自治州、自治县）人民政府公安机关参照本标准制定。

四、述语说明：

1. 刀柄：是指刀上被用来握持的部分（见图6）。
2. 刀格（挡手）：是指刀上用来隔离刀柄与刀身的部分（见图6）。
3. 刀身：是指刀上用来完成切、削、刺等功能的部分（见图6）。
4. 血槽：是指刀身上的专用刻槽（见图6）。

5. 刀尖角度：是指刀刃与刀背（或另一侧刀刃）上距离刀尖顶点 10 毫米的点与刀尖顶点形成的角度（见图6）。

6. 刀刃（刃口）：是指刀身上用来切、削、砍的一边，一般情况下刃口厚度小于 0.5 毫米（见图6）。

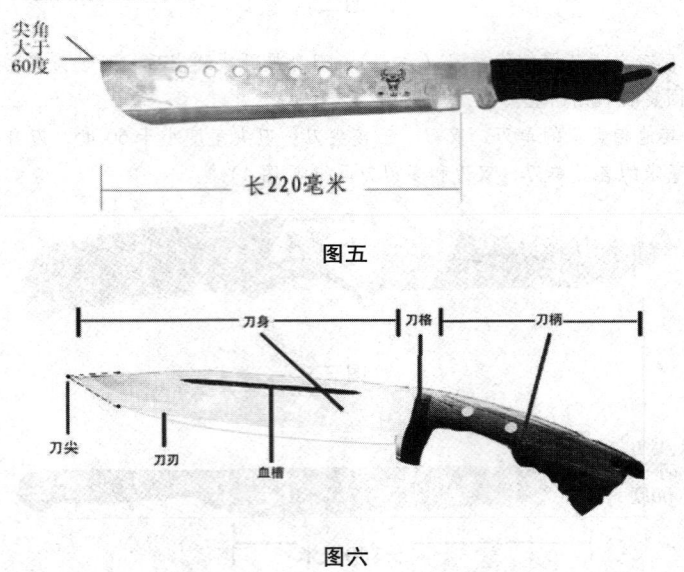

图五

图六

7. 刀尖倒角：是指刀尖部所具有的圆弧度（见图7）。

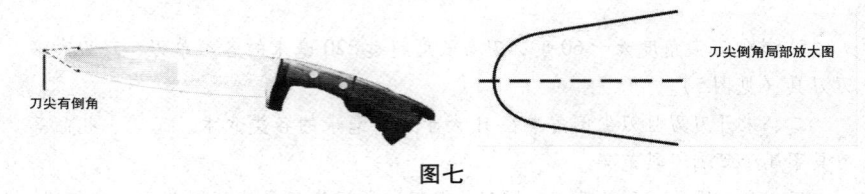

图七

【公复字〔2010〕1 号】　公安部关于将陶瓷类刀具纳入管制刀具管理问题的批复（2010 年 4 月 7 日答复北京市公安局"京公治字〔2010〕282 号"请示）

陶瓷类刀具具有超高硬度、超高耐磨、刃口锋利等特点，其技术特性已达到或超过了部分金属刀具的性能，对符合《管制刀具认定标准》（公通字〔2007〕2 号）规定的刀具类型、刀刃长度和刀尖角度等条件的陶瓷类刀具，应当作为管制刀具管理。

【公通字〔2013〕25 号】　关于公安机关处置信访活动中违法犯罪行为适用法律的指导意见（2013 年 7 月 9 日印发）

二、对危害公共安全违法犯罪行为的处理

3. 在信访接待场所、其他国家机关或者公共场所、公共交通工具上非法携带枪支、弹药、弓弩、匕首等管制器具，或者爆炸性、毒害性、放射性、腐蚀性等危险物质，应当及时制止，收缴枪支、弹药、管制器具、危险物质；符合《治安管理处罚法》第 32 条、第 30 条规定的，以非法携带枪支、弹药、管制器具、非法携带危险物质依法予以治安管理处罚；情节严重，符合《刑法》第 130 条规定的，以非法携带枪支、弹药、管制刀具、危险物品危及公共安全罪追究刑事责任。

【法释〔2009〕18 号】　最高人民法院关于审理非法制造、买卖、运输枪支、弹药、爆炸物等刑事案件具体应用法律若干问题的解释（2001 年 5 月 10 日最高人民法院审判委员会第 1174 次会议通过，原文号为"法释〔2001〕15 号"；2009 年 11 月 9 日最高人民法院审判委员会第 1476 次会议修正，2010 年 1 月 1 日起施行）

第 5 条　具有下列情形之一的，依照刑法第 128 条第 1 款的规定，以非法持有、私藏枪支、弹药罪定罪处罚：

（一）非法持有、私藏军用枪支 1 支的；

（二）非法持有、私藏以火药为动力发射枪弹的非军用枪支 1 支或者以压缩气体等为动力的其他非军用枪支 2 支以上的；

（三）非法持有、私藏军用子弹 20 发以上，气枪铅弹 1000 发以上或者其他非军用子弹 200 发以上的；

（四）非法持有、私藏手榴弹 1 枚以上的；

（五）非法持有、私藏的弹药造成人员伤亡、财产损失的。

具有下列情形之一的，属于刑法第 128 条第 1 款规定的"情节严重"：

（一）非法持有、私藏军用枪支 2 支以上的；

（二）非法持有、私藏以火药为动力发射枪弹的非军用枪支 2 支以上或者以压缩气体等为动力的其他非军用枪支 5 支以上的；

（三）非法持有、私藏军用子弹 100 发以上，气枪铅弹 5000 发以上或者其他非军用子弹 1000 发以上的；

（四）非法持有、私藏手榴弹 3 枚以上的；

（五）达到本条第 1 款规定的最低数量标准，并具有造成严重后果等其他恶劣情节的。

第6条 非法携带枪支、弹药、爆炸物进入公共场所或者公共交通工具，危及公共安全，具有下列情形之一的，属于刑法第130条规定的"情节严重"：

（一）携带枪支或者手榴弹的；

（二）携带爆炸装置的；

（三）携带炸药、发射药、黑火药500克以上或者烟火药1000克以上、雷管20枚以上或者导火索、导爆索20米以上的；

（四）携带的弹药、爆炸物在公共场所或者公共交通工具上发生爆炸或者燃烧，尚未造成严重后果的；

（五）具有其他严重情节的。

行为人非法携带本条第1款第（三）项规定的爆炸物进入公共场所或者公共交通工具，虽未达到上述数量标准，但拒不交出的，依照刑法第130条的规定定罪处罚；携带的数量达到最低数量标准，能够主动、全部交出的，可不以犯罪论处。

第7条 非法制造、买卖、运输、邮寄、储存、盗窃、抢夺、持有、私藏、携带成套枪支散件的，以相应数量的枪支计；非成套枪支散件以每30件为一成套枪支散件计。

第八条（第2款） 刑法第128条第1款规定的"非法持有"，是指不符合配备、配置枪支、弹药条件的人员，违反枪支管理法律、法规的规定，擅自持有枪支、弹药的行为。

（第3款） 刑法第128条第1款规定的"私藏"，是指依法配备、配置枪支、弹药的人员，在配备、配置枪支、弹药的条件消除后，违反枪支管理法律、法规的规定，私自藏匿所配备、配置的枪支、弹药且拒不交出的行为。

【法发〔2014〕5号】 最高人民法院、最高人民检察院、公安部、司法部、国家卫生和计划生育委员会关于依法惩处涉医违法犯罪维护正常医疗秩序的意见（2014年4月22日印发）

二、严格依法惩处涉医违法犯罪

（五）非法携带枪支、弹药、管制器具或者爆炸性、放射性、毒害性、腐蚀性物品进入医疗机构的，依照治安管理处罚法第30条、第32条的规定处罚；危及公共安全情节严重，构成非法携带枪支、弹药、管制刀具、危险物品危及公共安全罪的，依照刑法的有关规定定罪处罚。

【法发〔2021〕35号】　最高人民法院、最高人民检察院、公安部、工业和信息化部、住房和城乡建设部、交通运输部、应急管理部、国家铁路局、中国民用航空局、国家邮政局关于依法惩治涉枪支、弹药、爆炸物、易燃易爆危险物品犯罪的意见（2021年12月28日印发，2021年12月31日施行）

4. 非法制造、买卖、运输、邮寄、储存、盗窃、抢夺、抢劫、持有、私藏、走私枪支、弹药、爆炸物，并利用该枪支、弹药、爆炸物实施故意杀人、故意伤害、抢劫、绑架等犯罪的，依照数罪并罚的规定处罚。

5. 违反危险化学品安全管理规定，未经依法批准或者许可擅自从事易燃易爆危险物品道路运输活动，或者实施其他违反危险化学品安全管理规定通过道路运输易燃易爆危险物品的行为，危及公共安全的，依照刑法第133条之1第1款第四项的规定，以危险驾驶罪定罪处罚。

在易燃易爆危险物品生产、经营、储存等高度危险的生产作业活动中违反有关安全管理的规定，有下列情形之一，具有发生重大伤亡事故或者其他严重后果的现实危险的，依照刑法第134条之1第三项的规定，以危险作业罪定罪处罚：（1）委托无资质企业或者个人储存易燃易爆危险物品的；（2）在储存的普通货物中夹带易燃易爆危险物品的；（3）将易燃易爆危险物品谎报或者匿报为普通货物申报、储存的；（4）其他涉及安全生产的事项未经依法批准或者许可，擅自从事易燃易爆危险物品生产、经营、储存等活动的情形。

实施前2款行为，同时构成刑法第130条规定之罪等其他犯罪的，依照处罚较重的规定定罪处罚；导致发生重大伤亡事故或者其他严重后果，符合刑法第134条、第135条、第136条等规定的，依照各该条的规定定罪从重处罚。

8.（第2款）　非法携带易燃易爆危险物品进入水路、铁路、航空公共交通工具或者有关公共场所，危及公共安全，情节严重的，依照刑法第130条的规定，以非法携带危险物品危及公共安全罪定罪处罚。

9. 通过邮件、快件夹带易燃易爆危险物品，或者将易燃易爆危险物品谎报为普通物品交寄，符合本意见第5条至第8条规定的，依照各该条的规定定罪处罚。

【主席令〔2012〕67号】　中华人民共和国治安管理处罚法（2012年10月26日第11届全国人大常委会第29次会议修正，2013年1月1日起施行）

第2条　扰乱公共秩序，妨害公共安全，侵犯人身权利、财产权利，妨害社会管理，具有社会危害性，依照《中华人民共和国刑法》的规定构成犯罪的，依法追究刑事责任；尚不够刑事处罚的，由公安机关依照本法给予治安管理处罚。

第 30 条　违反国家规定，制造、买卖、储存、运输、邮寄、携带、使用、提供、处置爆炸性、毒害性、放射性、腐蚀性物质或者传染病病原体等危险物质的，处 10 日以上 15 日以下拘留；情节较轻的，处 5 日以上 10 日以下拘留。

第 32 条　非法携带枪支、弹药或者弩、匕首等国家规定的管制器具的，处 5 日以下拘留，可以并处 500 元以下罚款；情节较轻的，处警告或者 200 元以下罚款。

非法携带枪支、弹药或者弩、匕首等国家规定的管制器具进入公共场所或者公共交通工具的，处 5 日以上 10 日以下拘留，可以并处 500 元以下罚款。

● 立案标准　最高人民检察院、公安部关于公安机关管辖的刑事案件立案追诉标准的规定（一）（公通字〔2008〕36 号，2008 年 6 月 25 日公布施行）

第 4 条　[非法持有、私藏枪支、弹药案（刑法第 128 条第 1 款）]　违反枪支管理规定，非法持有、私藏枪支、弹药，涉嫌下列情形之一的，应予立案追诉：

（一）非法持有、私藏军用枪支 1 支以上的；

（二）非法持有、私藏以火药为动力发射枪弹的非军用枪支 1 支以上，或者以压缩气体等为动力的其他非军用枪支 2 支以上的；

（三）非法持有、私藏军用子弹 20 发以上、气枪铅弹 1000 发以上或者其他非军用子弹 200 发以上的；

（四）非法持有、私藏手榴弹、炸弹、地雷、手雷等具有杀伤性弹药 1 枚以上的；

（五）非法持有、私藏的弹药造成人员伤亡、财产损失的。

本条规定的"非法持有"，是指不符合配备、配置枪支、弹药条件的人员，擅自持有枪支、弹药的行为；"私藏"，是指依法配备、配置枪支、弹药的人员，在配备、配置枪支、弹药的条件消除后，私自藏匿所配备、配置的枪支、弹药且拒不交出的行为。

第 5 条　[非法出租、出借枪支案（刑法第 128 条第 2、3、4 款）]　依法配备公务用枪的人员或单位，非法将枪支出租、出借给未取得公务用枪配备资格的人员或单位，或者将公务用枪用作借债质押物的，应予立案追诉。

依法配备公务用枪的人员或单位，非法将枪支出租、出借给具有公务用枪配备资格的人员或单位，以及依法配置民用枪支的人员或单位，非法出租、出借民用枪支，涉嫌下列情形之一的，应予立案追诉：

（一）造成人员轻伤以上伤亡事故的；

（二）造成枪支丢失、被盗、被抢的；

（三）枪支被他人利用进行违法犯罪活动的；

（四）其他造成严重后果的情形。

第7条 [非法携带枪支、弹药、管制刀具、危险物品危及公共安全案（刑法第130条）] 非法携带枪支、弹药、管制刀具或者爆炸性、易燃性、放射性、毒害性、腐蚀性物品，进入公共场所或者公共交通工具，危及公共安全，涉嫌下列情形之一的，应予立案追诉：

（一）携带枪支1支以上或者手榴弹、炸弹、地雷、手雷等具有杀伤性弹药1枚以上的；

（二）携带爆炸装置一套以上的；

（三）携带炸药、发射药、黑火药500克以上或者烟火药1000克以上、雷管20枚以上或者导火索、导爆索20米以上，或者虽未达到上述数量标准，但拒不交出的；

（四）携带的弹药、爆炸物在公共场所或者公共交通工具上发生爆炸或者燃烧，尚未造成严重后果的；

（五）携带管制刀具20把以上，或者虽未达到上述数量标准，但拒不交出，或者用来进行违法活动尚未构成其他犯罪的；

（六）携带的爆炸性、易燃性、放射性、毒害性、腐蚀性物品在公共场所或者公共交通工具上发生泄漏、遗洒，尚未造成严重后果的；

（七）其他情节严重的情形。

第101条 本规定中的"以上"，包括本数。

（插）第129条 【丢失枪支不报罪】依法配备公务用枪的人员，丢失枪支不及时报告，造成严重后果的，处三年以下有期徒刑或者拘役。

● **条文注释** 构成第129条规定之罪，必须具备以下条件：(1) 犯罪主体是依法配备公务用枪的人员；(2) 行为人丢失了所配备的枪支，并且没有及时报告；(3) 造成了严重后果。

这里的"枪支"，根据《枪支管理法》第46条的规定，是指以火药或压缩气体等为动力，利用管状器具发射金属弹丸或其他物质，足以致人伤亡或者丧失知觉的各种枪支，包括军用枪支、体育运动枪支、麻醉注射枪和狩猎枪支等。"公务用枪"是指因公务需要而配备的枪支，主要是指各种军用枪支，如手枪、冲锋枪、机枪等。依照《枪支管理法》第5条的规定，公务用枪的配备范围及人员有：（1）公安机关、国家安全机关、监狱、劳动教养①机关的人民警察；（2）人民法院和人民检察院的司法警察；（3）依法担负案件侦查任务的检察人员；（4）海关的缉私人员；（5）国家重要的军工、金融、仓储、科研等单位的专职守护人员以及押运人员。配备公务用枪，由国务院公安部门统一审批，由国务院公安部门或省级人民政府公安机关发给公务用枪持枪证件。

行为人丢失公务用枪的具体原因，以及行为人在丢失枪支事件中是否存在过错，均不影响"丢失枪支不报罪"的成立；只要行为人丢失了所配备的枪支，并且没有及时报告，而且造成了严重后果，就可构成本罪。"及时报告"的时间期限，法律没有明确规定，应根据实际情况把握。"严重后果"主要是指该枪支造成了人员伤亡，或被用于犯罪活动，具体界定标准依照"公通字〔2008〕36号"《立案标准》第6条的规定。

需要注意的是：

（1）《枪支管理法》第6条还规定了可以配置民用枪支的单位和个人（猎民或牧民）。他们不属于构成本罪的犯罪主体；对于他们丢失枪支的行为，刑法没有规定为犯罪。

（2）如果军人丢失了枪支没有及时报告，应当依照《刑法》第441条的规定，以"遗失武器装备罪"定罪处罚。

● **相关规定** 【主席令〔2012〕67号】 **中华人民共和国治安管理处罚法**（2012年10月26日第11届全国人大常委会第29次会议修正，2013年1月1日起施行）

第2条 扰乱公共秩序，妨害公共安全，侵犯人身权利、财产权利，妨害社会管理，具有社会危害性，依照《中华人民共和国刑法》的规定构成犯罪的，依法追究刑事责任；尚不够刑事处罚的，由公安机关依照本法给予治安管理处罚。

第31条 爆炸性、毒害性、放射性、腐蚀性物质或者传染病病原体等危险物质被盗、被抢或者丢失，未按规定报告的，处5日以下拘留；故意隐瞒不报的，处5日以上10日以下拘留。

● **立案标准** **最高人民检察院、公安部关于公安机关管辖的刑事案件立案追诉标准的规定（一）**（公通字〔2008〕36号，2008年6月25日公布施行）

---

① 根据2013年11月12日中国共产党第18届中央委员会第三次全体会议通过的《中共中央关于全面深化改革若干重大问题的决定》和2013年12月28日第12届全国人大常委会第6次会议通过的《全国人民代表大会常务委员会关于废止有关劳动教养法律规定的决定》，我国已经废除劳动教养制度。

第 6 条 [丢失枪支不报案（刑法第 129 条）] 依法配备公务用枪的人员，丢失枪支不及时报告，涉嫌下列情形之一的，应予立案追诉：

（一）丢失的枪支被他人使用造成人员轻伤以上伤亡事故的；

（二）丢失的枪支被他人利用进行违法犯罪活动的；

（三）其他造成严重后果的情形。

第 101 条 本规定中的"以上"，包括本数。

> **第 131 条** 【重大飞行事故罪】航空人员违反规章制度，致使发生重大飞行事故，造成严重后果的，处三年以下有期徒刑或者拘役；造成飞机坠毁或者人员死亡的，处三年以上七年以下有期徒刑。
>
> **第 132 条** 【铁路运营安全事故罪】铁路职工违反规章制度，致使发生铁路运营安全事故，造成严重后果的，处三年以下有期徒刑或者拘役；造成特别严重后果的，处三年以上七年以下有期徒刑。

● **条文注释** 第 131 条规定的"航空人员"，是指从事民用航空活动的空勤人员和地面人员，包括驾驶员、领航员、飞行机械人员、飞行通信员、乘务员、航空指挥人员、航空器维修人员、空中交通管制员、飞行签派员、航空电台通信员等。第 132 条规定的"铁路职工"，是指从事铁路管理、运输、维修等工作的人员，既包括铁路工人，也包括铁路管理人员。

第 131 条、第 132 条的"规章制度"，是指有关主管部门制定的保证民用航空和铁路运输安全的各种规定，包括对民用航空器和铁路、机车的维修及技术操作规程，运输管理，空域管理及安全飞行管理等方面的规章和制度，如《民用航空法》《民用航空危险品运输管理规定》《铁路法》《铁路安全管理条例》等。"严重后果"是指造成人员重伤或者航空器或铁路、机车等严重损坏（包括飞机迫降或不能正常起飞，火车颠覆、出轨或撞车等），或者所承载的货物遭受重大损失等情形。"特别严重后果"包括多人重伤或有人死亡，或者公私财物遭受特别重大的损失等情形。

● **相关规定** 【法释〔2015〕22 号】 最高人民法院、最高人民检察院关于办理危害生产安全刑事案件适用法律若干问题的解释（2015 年 11 月 9 日最高人民法院审判委员会第 1665 次会议、2015 年 12 月 9 日最高人民检察院第 12 届检察委员会第 44 次会议通过，2015 年 12 月 14 日公布，2015 年 12 月 16 日起施行）

第 6 条 实施刑法第 132 条、第 134 条第 1 款、第 135 条、第 135 条之一、

第 136 条、第 139 条规定的行为,因而发生安全事故,具有下列情形之一的,应当认定为"造成严重后果"或者"发生重大伤亡事故或者造成其他严重后果",对相关责任人员,处 3 年以下有期徒刑或者拘役:

(一)造成死亡 1 人以上,或者重伤 3 人以上的;
(二)造成直接经济损失 100 万元以上的;
(三)其他造成严重后果或者重大安全事故的情形。

第 7 条　实施刑法第 132 条、第 134 条第 1 款、第 135 条、第 135 条之一、第 136 条、第 139 条规定的行为,因而发生安全事故,具有下列情形之一的,对相关责任人员,处 3 年以上 7 年以下有期徒刑:

(一)造成死亡 3 人以上或者重伤 10 人以上,负事故主要责任的;
(二)造成直接经济损失 500 万元以上,负事故主要责任的;
(三)其他造成特别严重后果、情节特别恶劣或者后果特别严重的情形。

第 12 条　实施刑法第 132 条、第 134 条至第 139 条之一规定的犯罪行为,具有下列情形之一的,从重处罚:

(一)未依法取得安全许可证件或者安全许可证件过期、被暂扣、吊销、注销后从事生产经营活动的;
(二)关闭、破坏必要的安全监控和报警设备的;
(三)已经发现事故隐患,经有关部门或者个人提出后,仍不采取措施的;
(四)1 年内曾因危害生产安全违法犯罪活动受过行政处罚或者刑事处罚的;
(五)采取弄虚作假、行贿等手段,故意逃避、阻挠负有安全监督管理职责的部门实施监督检查的;
(六)安全事故发生后转移财产意图逃避承担责任的;
(七)其他从重处罚的情形。

第 13 条　实施刑法第 132 条、第 134 条至第 139 条之一规定的犯罪行为,在安全事故发生后积极组织、参与事故抢救,或者积极配合调查、主动赔偿损失的,可以酌情从轻处罚。

第 133 条　【交通肇事罪】违反交通运输管理法规,因而发生重大事故,致人重伤、死亡或者使公私财产遭受重大损失的,处三年以下有期徒刑或者拘役;交通运输肇事后逃逸或者有其他特别恶劣情节的,处三年以上七年以下有期徒刑;因逃逸致人死亡的,处七年以上有期徒刑。

● **条文注释** 第133条的犯罪主体为一般主体,任何人因违反交通运输管理法规而造成重大事故都可以构成本罪,包括道路交通和水上交通,但不包括航空交通和铁路交通(后者分别适用于第131条、第132条的规定)。构成本罪的主观条件是行为人因为过失而造成重大事故;如果是出于故意,则适用于《刑法》第232条或第234条的规定。构成本罪的客观条件是行为人实施了违反交通运输管理法规的行为,并且造成了重大事故。这里的"交通运输管理法规"是指《道路交通安全法》《道路运输条例》《海上交通安全法》《内河交通安全管理条例》《国内水路运输管理条例》以及其他有关交通运输管理等方面的法律法规。

是否造成重大事故,是区分交通肇事罪与一般交通事故的主要标准。重大事故有两种情形:(1)致人重伤或死亡;(2)造成公私财产重大损失。这里的"重伤"适用《刑法》第95条的规定;具体的鉴定标准依照2014年1月1日起实施的《人体损伤程度鉴定标准》(详见《刑事诉讼法全厚细》第二编第2章第7节"鉴定")。

需要注意的是:

(1)如果行为人没有造成重大事故而逃逸,则不适用本条规定;但可以作为行政处罚的从重情节。

(2)如果行为人在交通肇事后将被害人转移隐藏或者遗弃,致使被害人无法得到救助而死亡或者严重残疾的,则以故意杀人罪或者故意伤害罪定罪处罚。

(3)"法释〔2000〕33号"《解释》第6条规定的"严重残疾",以前主要根据《道路交通事故受伤人员伤残评定》进行鉴定,2017年1月1日起统一适用《人体损伤致残程度分级》(详见《刑事诉讼法全厚细》第二编第2章第7节"鉴定"),在司法实践中一般以六级伤残以上视为"严重残疾"。

● **相关规定** 【军法发字〔1988〕34号】 中国人民解放军军事法院关于审理军人违反职责罪案件中几个具体问题的处理意见(1988年10月19日印发)[①]

四、关于军职人员驾驶军用装备车辆肇事的,是定交通肇事罪还是定武器

[①] 该《意见》由中国人民解放军军事法院根据1979年刑法和《惩治军人违反职责罪暂行条例》而制定,在征求了总政保卫部、解放军军事检察院的意见后,报请最高人民法院同意,于1988年10月19日印发给各军区、海军、空军、总直属队军事法院。1997年修订刑法后,《惩治军人违反职责罪暂行条例》被废止,其内容全部被吸收纳入现《刑法》分则第10章"军人违反职责罪";但该《意见》一直未被废止或修订。

本书认为:该《意见》除了其中引用的原刑法和《条例》的条目编号需要更新之外,其实质性内容应当仍然有效;但是现《刑法》有新规定或者新设置罪名的,应当适用现《刑法》的规定。

装备肇事罪的问题①

军职人员驾驶军用装备车辆，违反武器装备使用规定和操作规程，情节严重，因而发生重大责任事故，致人重伤、死亡或者造成其他严重后果的，即使同时违反交通运输规章制度，也应当依照《条例》第3条的规定，以武器装备肇事罪论处；如果仅因违反交通运输规章制度而发生重大事故，致人重伤、死亡或者使公私财产遭受重大损失的，则依照《刑法》第113条的规定，以交通肇事罪论处。

最高人民法院研究室关于遇害者下落不明的水上交通肇事案件应如何适用法律问题的电话答复（1992年10月30日答复四川高院"川高法研〔1992〕15号"请示）

……在水上交通肇事案件中，如有遇害者下落不明的，不能推定其已经死亡，而应根据被告人的行为造成被害人下落不明的案件事实，依照刑法定罪处刑，民事诉讼应另行提起，并经过宣告失踪人死亡程序后，根据法律和事实处理赔偿等民事纠纷。

【法释〔2000〕33号】 最高人民法院关于审理交通肇事刑事案件具体应用法律若干问题的解释（2000年11月10日最高人民法院审判委员会第1136次会议通过，2000年11月15日公布）

第1条 从事交通运输人员或者非交通运输人员，违反交通运输管理法规发生重大交通事故，在分清事故责任的基础上，对于构成犯罪的，依照刑法第133条的规定定罪处罚。

第2条 交通肇事具有下列情形之一的，处3年以下有期徒刑或者拘役：

（一）死亡1人或者重伤3人以上，负事故全部或者主要责任的；

（二）死亡3人以上，负事故同等责任的；

（三）造成公共财产或者他人财产直接损失，负事故全部或者主要责任，无能力赔偿数额在30万元以上的。

交通肇事致1人以上重伤，负事故全部或者主要责任，并具有下列情形之一的，以交通肇事罪定罪处罚：

（一）酒后、吸食毒品后驾驶机动车辆的；②

---

① 注：《意见》中的"《条例》第3条""《刑法》第113条"分别对应现《刑法》第436条、第133条。

② 根据2011年5月1日起施行的《刑法修正案（八）》，在道路上醉酒驾驶机动车的，适用于《刑法》第133条之一；同时构成其他犯罪的，依照处罚较重的规定定罪处罚。

（二）无驾驶资格驾驶机动车辆的；
（三）明知是安全装置不全或者安全机件失灵的机动车辆而驾驶的；
（四）明知是无牌证或者已报废的机动车辆而驾驶的；
（五）严重超载驾驶的；
（六）为逃避法律追究逃离事故现场的。

第3条　"交通运输肇事后逃逸"，是指行为人具有本解释第2条第1款规定和第2款第（一）至（五）项规定的情形之一，在发生交通事故后，为逃避法律追究而逃跑的行为。

第4条　交通肇事具有下列情形之一的，属于"有其他特别恶劣情节"，处3年以上7年以下有期徒刑：
（一）死亡2人以上或者重伤5人以上，负事故全部或者主要责任的；
（二）死亡6人以上，负事故同等责任的；
（三）造成公共财产或者他人财产直接损失，负事故全部或者主要责任，无能力赔偿数额在60万元以上的。

第5条　"因逃逸致人死亡"，是指行为人在交通肇事后为逃避法律追究而逃跑，致使被害人因得不到救助而死亡的情形。

交通肇事后，单位主管人员、机动车辆所有人、承包人或者乘车人指使肇事人逃逸，致使被害人因得不到救助而死亡的，以交通肇事罪的共犯论处。①

第6条　行为人在交通肇事后为逃避法律追究，将被害人带离事故现场后隐藏或者遗弃，致使被害人无法得到救助而死亡或者严重残疾的，应当分别依照刑法第232条、第234条第2款的规定，以故意杀人罪或者故意伤害罪定罪处罚。

第7条　单位主管人员、机动车辆所有人或者机动车辆承包人指使、强令他人违章驾驶造成重大交通事故，具有本解释第2条规定情形之一的，以交通肇事罪定罪处罚。

第8条　在实行公共交通管理的范围内发生重大交通事故的，依照刑法第133条和本解释的有关规定办理。

在公共交通管理的范围外，驾驶机动车辆或者使用其他交通工具致人伤亡或者致使公共财产或者他人财产遭受重大损失，构成犯罪的，分别依照刑法第134条、第135条、第233条等规定定罪处罚。

第9条　各省、自治区、直辖市高级人民法院可以根据本地实际情况，在

---

① 注：本条规定了交通肇事罪（过失犯罪）的共犯认定，这与《刑法》第25条规定的共犯规则（2人以上共同过失犯罪，不以共同犯罪论处）相冲突。

30万元至60万元、60万元至100万元的幅度内，确定本地区执行本解释第2条第1款第（三）项、第4条第（三）项的起点数额标准，并报最高人民法院备案。

公安部边防管理局司令部关于海上交通事故案件管辖问题的批复（2008年3月11日答复广东省公安边防总队"粤公边明发〔2008〕171号"请示）

根据《中华人民共和国海上交通安全法》和《中华人民共和国渔港水域交通安全管理条例》规定，海上交通事故应当按照事故发生海域分别由国家港务监督机构、渔政渔港监督管理机构依法调查处理。如果相关主管机构认为涉嫌犯罪并移交公安机关，公安机关应当受理并进行审查，对于有犯罪事实需要追究刑事责任的，应当立案侦查。案件发生在公安边防海警管辖海域的，由公安边防海警管辖；如果案件发生在其他海（港、水）域的，由有关公安机关管辖。

【法刊文摘】 最高人民法院研究室关于纵容他人醉酒驾驶造成重大交通事故定性问题的研究意见[①]

对"纵容他人在道路上醉酒驾驶机动车造成重大交通事故"的，不宜以交通肇事罪追究刑事责任。主要考虑：将机动车交由醉酒者驾驶与指使、强令他人违章驾驶相比，行为人的主观故意明显不同，以交通肇事罪追究将机动车交由醉酒者驾驶的人的刑事责任，不符合共同犯罪原理，当事人之间对危害后果不存在共同罪过。

纵容他人酒后驾驶是违反道路交通安全法的行为，但是，对此行为能否构成犯罪，刑事法律和相关解释均未明确规定。从行为性质看，"纵容"是一种放任行为，应由民法、行政法调整，有别于纳入刑法调整的"指使、强令他人违章驾驶"的积极行为。

【法刊文摘】 最高人民法院研究室关于对严重超载货车自行滑坡造成他人死亡如何定性处理问题的研究意见[②]

如果行为人严重超载与事故发生之间有因果关系，那么行为人的行为符合交通肇事罪的构成；但考虑到本案发生具有一定的偶发性，如通过民事赔偿能够化解矛盾，被害方不坚持追诉，也可不追究行为人的刑事责任。如果无法查实严重超载与事故之间有因果关系，则根据"疑义有利被告"的法理，应认定本案属于意外事故，不能按犯罪处理。

[①] 最高人民法院研究室编：《司法研究与指导》（总第2辑），人民法院出版社2012年版，第99页。
[②] 最高人民法院研究室编：《司法研究与指导》（总第2辑），人民法院出版社2012年版，第102页。

【法发〔2010〕63 号】　最高人民法院关于充分发挥刑事审判职能作用深入推进社会矛盾化解的若干意见（2010 年 12 月 31 日印发）

四、积极探索和开展刑事和解工作

13. 重视发挥刑事和解在化解社会矛盾方面的积极作用。人民法院审理轻微刑事案件，通过当事人双方充分交流、协商，自愿达成和解协议并履行到位，有助于切实保护被害人合法权益，有效化解双方仇怨，避免产生新的矛盾，应当积极推进。

14. 积极探索、推进刑事和解工作。适用刑事和解，既要考虑当事人双方的意愿，也要考虑案件的性质和社会公众的接受能力。现阶段，对自诉案件和可能判处 3 年有期徒刑以下刑罚的侵犯公民个人权利案件、交通肇事案件，应当积极适用刑事和解，同时注重发挥刑事和解对化解当事人的矛盾、减少社会对抗、促进被告人改造的普遍功能。

15. 注重发挥司法能动作用促进和解。对符合和解条件的案件，做好法律、政策释明工作，在征得双方同意后，调动一切有利于矛盾化解的因素促进和解，引导双方以赔礼道歉、赔偿物质损失、履行特定义务等多种形式达成谅解，及时审查、确认和解协议效力，监督协议履行情况，确保被害人权益得到切实保护。

【法研〔2014〕30 号】　最高人民法院研究室关于交通肇事刑事案件附带民事赔偿范围问题的答复（2014 年 2 月 24 日答复湖北省高级人民法院"鄂高法〔2013〕280 号"请示）

根据刑事诉讼法第 99 条、第 101 条和《最高人民法院关于适用〈中华人民共和国刑事诉讼法〉的解释》第 155 条的规定，交通肇事刑事案件的附带民事诉讼当事人未能就民事赔偿问题达成调解、和解协议的，无论附带民事诉讼被告人是否投保机动车第三者强制责任保险，均可将死亡赔偿金、残疾赔偿金纳入判决赔偿的范围。

【浙高法〔2009〕282 号】　浙江省高级人民法院关于审理交通肇事刑事案件的若干意见（2009 年 8 月 21 日印发）

一、关于缓刑的适用

要坚持宽严相济的刑事政策。对后果不是特别严重，赔偿积极，符合适用缓刑条件的被告人可以适用缓刑，同时又要避免出现适用缓刑过多过滥的情况。

下列情形，一律不适用缓刑：（1）醉酒驾驶机动车致死亡 1 人或者重伤 3 人以上的；（2）有出于追逐取乐、竞技、寻求刺激等动机，在道路上超速行驶 50% 以上情节的；（3）致死亡 1 人或者重伤 3 人以上后逃逸的；（4）斑马线上致行人死亡1人或者重伤3人以上的；(5) 具有《最高人民法院关于审理交通肇事刑事案件具体应用法律若干问题的解释》第4条规定的"其他特别恶劣情节"的；(6) 造成恶劣社会影响的。

下列情形，一般不适用缓刑：(1) 酒后、吸食毒品后驾驶机动车致死亡1人或者重伤3人以上的；(2) 无驾驶资格的人驾驶机动车致死亡1人或者重伤3人以上的；(3) 曾因违反交通安全法律法规被追究刑事责任或者受到过吊销机动车驾驶证、拘留行政处罚的；(4) 交通肇事后让人顶替的；(5) 明知是无牌证的机动车、已报废的机动车、安全设施、机件不符合技术标准等有安全隐患的机动车、非法改装的机动车而驾驶，或者严重超载等，致死亡1人或者重伤3人以上的。

二、关于自首的认定

（第2款） 交通肇事逃逸后向有关机关投案，并如实供述犯罪事实的，可以认定自首，依法在3年以上7年以下有期徒刑的幅度内从轻处罚，一般不予减轻处罚。对于有致死亡1人或者重伤3人以上情节的，不适用缓刑。

三、关于人身损害赔偿与量刑

交通肇事致人死亡或者重伤案件民事部分的及时足额赔偿，有利于安抚被害人或者被害人亲属。因此，对民事赔偿积极，取得被害人或者被害人亲属谅解的，一般应该在量刑时有所体现，酌情予以从轻处罚，以最大限度地化解矛盾，促进和谐。但要防止产生"以钱抵刑"的负面影响，对那些犯罪情节恶劣、影响极坏、造成后果特别严重的被告人，从轻幅度要小一些，甚至可以不予从轻处罚。

对于基本未赔偿的，或者隐匿财产逃避赔偿的，要酌情从重处罚。

人民法院应当加强交通肇事刑事附带民事赔偿案件的执行力度，并对符合司法救助条件的被害人或者被害人亲属给予司法救助。

四、关于无能力赔偿数额的确定

交通肇事造成公共财产或者他人财产直接损失，负事故全部或者主要责任，无能力赔偿数额在40万元以上的，构成交通肇事罪，处3年以下有期徒刑或者拘役；造成公共财产或者他人财产直接损失，负事故全部或者主要责任，无能力赔偿数额在80万元以上的，属交通肇事罪"有其他特别恶劣情节"，处3年以上7年以下有期徒刑。

【浙高法〔2011〕65号】 浙江省高级人民法院关于在审理交通肇事刑事案件中正确认定逃逸等问题的会议纪要（2011年3月4日印发）

一、关于交通肇事后逃逸的构成

刑法第133条规定的交通肇事后逃逸，是指发生重大交通事故后，肇事者为了逃避法律追究，驾驶肇事车辆或者遗弃肇事车辆后逃跑的行为。

刑法规定对逃逸加重处罚，根本目的有二：一是为了及时抢救伤者，防止事故损失的扩大；二是便于尽快查清事故责任，处理事故善后。道路交通安全法第70条规定，肇事者发生交通事故后必须立即停车，保护现场；造成人身伤亡的，应当立即抢救受伤人员，并迅速报告执勤的交通警察或者公安机关交通管理部门。因此，保护事故现场，抢救伤员，报警并接受公安机关的处理，是肇事者必须履行的法定义务。交通肇事后逃逸行为的本质特征就是为了逃避法律追究不履行上述法定义务，正确认定逃逸也应当围绕肇事者在肇事后是否履行了法定义务去考察。审判实践中，应当把握好主观和客观两个方面的要件。

一是主观要件，即为了逃避法律追究。包括为了逃避行政责任、民事责任和刑事责任的追究。如果没有法定事由或者正当理由离开事故现场，应当推定为逃避法律追究。

二是客观要件，即在接受公安机关处理前，驾驶肇事车辆或者遗弃肇事车辆后逃跑。以逃离事故现场为一般情形。这里的事故现场，不仅包括交通事故发生现场，还包括与事故发生现场具有紧密联系的空间，如按警察指定等候处理的地点等。在认定是否属于逃离事故现场时，要特别注意逃逸行为与肇事行为在时空上的连贯性。履行了道路交通安全法上设定的肇事者必须履行的法定义务后逃跑，不宜认定为交通肇事后逃逸。

二、关于几种常见情形的认定和处理

肇事者被殴打或者面临被殴打的实际危险而逃离事故现场，然后立即报警并接受公安机关处理的，可以不认定为逃逸。此种情形需要有足够的事实依据和证据存在，才能采信被告人的辩解。逃离事故现场后具备报警条件不及时报警，具备投案条件而不及时投案，应当认定为逃逸。如果是因为出了事故内心恐惧而逃离事故现场的，或者为了逃避酒精检测等而逃离事故现场的，均应认定为逃逸。

肇事者接受公安机关处理后，在侦查、起诉、审判阶段为躲避责任经传唤不到案，取保候审或者监视居住期间逃跑，实质是一种逃避侦查、起诉、审判的违反刑事诉讼程序的行为，均不宜认定为逃逸，但应当酌情从重处罚。

肇事者离开事故现场迳直去公安机关投案，不影响事故责任的认定，且事故损失没有明显扩大的，可以不作为逃逸处理。肇事者逃逸后，途中害怕被加重追究刑事责任而到公安机关投案的，仍然应当认定为逃逸，其中如实交代罪行的，可以认定为自首。认定是否直接去公安机关投案，不能仅以被告人辩解为依据，应当根据离开现场后的行走线路、时间长短以及是否具备报案条件等因素综合判定。无法认定直接去公安机关投案的，以逃逸论。

肇事者肇事后虽然采用打电话等方式报警，然后逃离事故现场的，或者逃离事故现场后打电话报警的，仍然应当认定为逃逸。但因为有报警行为，可对其酌情从轻处罚。

造成人身伤亡的，肇事者应当立即抢救受伤人员。如果是为了抢救伤员而离开现场，不认定为逃离事故现场。但是如果肇事者将伤者送到医院后，没有报警并接受公安机关处理，而是为逃避法律追究逃离的，应当认定为逃逸，可以酌情从轻处罚。

肇事者具有《最高人民法院关于审理交通肇事刑事案件具体应用法律若干问题的解释》（以下简称"解释"）第2条第2款第（一）至（五）项情形之一，又有逃逸行为的，逃逸行为应作为法定加重情节，对肇事者在刑法第133条第二个量刑档次，即3年以上7年以下有期徒刑的幅度内量刑。但根据《解释》第2条第2款第（六）项规定因交通肇事后逃逸而构成犯罪的，由于逃逸已成为构成犯罪的要件，不能重复评价为加重情节，故对肇事者只能在刑法第133条第一个量刑档次，即3年以下有期徒刑或者拘役的幅度内量刑。

三、关于对交通肇事后让人顶替案件的处理

当前，交通肇事后肇事者让他人顶替，以逃避法律追究的情况多发，给交通事故责任的正确认定带来困难，容易使肇事者逃避法律的追究，也易使被害方的利益造成损害，且严重妨害司法机关的正常活动，应予从严惩治。

让人顶替的情形有多种。有的肇事者让同车人顶替或者打电话让人来现场顶替；有的肇事者逃离现场后叫顶替者到现场或者去公安机关投案等等，根本目的就是使自己逃避法律的追究。因此，肇事者让人顶替的行为从本质上说仍是一种交通肇事后的"逃跑"行为，而且还是一种指使他人向司法机关作伪证的行为，妨害了司法机关的正常诉讼活动，社会危害比一般逃逸更大，应认定为交通肇事逃逸并从重处罚。处理这类案件，还要区分肇事者是否逃离了事故现场。对肇事者让人顶替但自己没有逃离现场的，可酌情从轻处罚。对顶替者，构成犯罪的，以刑法第310条包庇罪追究刑事责任。

四、关于因逃逸致人死亡的认定

刑法第133条中"因逃逸致人死亡"，是指肇事者在交通肇事后为逃避法律追究而逃跑，致使被害人因得不到救助而死亡的情形。

因逃逸致人死亡，既包括被害人受重伤后得不到救助而死亡的情形，也包括被害人因伤无法离开现场而发生的其他车辆再次辗压致死的情形。

因逃逸致人死亡，只适用于肇事者因逃逸过失致人死亡的情况，不包括故意致人死亡的情况。如果发生事故后，肇事者为逃避法律追究，故意将被害人隐藏、抛弃或者移动至危险地段等积极行为，使其得不到救助而死亡或者发生再次辗压等事故死亡的，应按刑法第232条故意杀人罪定罪处罚。

肇事者将伤者送到医院接受救治后，没有报警也没有接受公安机关处理就逃跑而被认定为逃逸，但此后被害人经抢救无效死亡的，不宜再认定为"因逃逸致人死亡"。

是否因逃逸致使被害人得不到救助而死亡，须根据司法鉴定及在案其他证据综合判定。

五、关于交通事故认定书的性质和逃逸后的责任承担

交通肇事刑事案件中的交通事故认定书，是公安机关交通管理部门根据交通事故现场勘验、检查、调查情况和有关的检验、鉴定结果制作的一种法律文书，本质上具有证据性质。人民法院应当结合全案的其它证据综合分析，从而正确认定肇事者的责任，公正处理案件。

根据我国道路交通安全法及其实施条例第92条规定，对肇事者不履行法定义务而逃逸的，应当推定为承担事故的全部责任。但是，有证据证明对方当事人也有过错的，可以减轻肇事者的责任。人民法院审理此类案件时，也应按此原则处理。

【公通字〔2020〕12号】 最高人民法院、最高人民检察院、公安部关于依法办理"碰瓷"违法犯罪案件的指导意见（2020年9月22日印发）

……所谓"碰瓷"，是指行为人通过故意制造或者编造其被害假象，采取诈骗、敲诈勒索等方式非法索取财物的行为。……

六、实施"碰瓷"，驾驶机动车对其他机动车进行追逐、冲撞、挤别、拦截或者突然加减速、急刹车等可能影响交通安全的行为，因而发生重大事故，致人重伤、死亡或者使公私财物遭受重大损失，符合刑法第133条规定的，以交通肇事罪定罪处罚。

● **量刑指导** **【法发〔2021〕21号】** 最高人民法院、最高人民检察院关于常见犯罪的量刑指导意见（2021年6月16日印发，2021年7月1日试行；法发〔2017〕7号《指导意见》同时废止。删除线部分内容为2021年删除）①

---

① 注：《意见》要求各省高院、检察院应当总结司法实践经验，按照规范、实用、符合司法实际的原则共同研制"实施细则"，经审委会、检委会通过后，分别报最高法、最高检备案审查，与《意见》同步实施。

其他判处有期徒刑的案件，可以参照量刑的指导原则、基本方法和常见量刑情节的适用规范量刑。

四、常见犯罪的量刑

（一）交通肇事罪

1. 构成交通肇事罪的，可以根据下列不同情形在相应的幅度内确定量刑起点：

（1）致人重伤、死亡或者使公私财产遭受重大损失的，可以在2年以下有期徒刑、拘役幅度内确定量刑起点。

（2）交通运输肇事后逃逸或者有其他特别恶劣情节的，可以在3年至5年有期徒刑幅度内确定量刑起点。

（3）因逃逸致1人死亡的，可以在7年至10年有期徒刑幅度内确定量刑起点。

2. 在量刑起点的基础上，可以根据事故责任、致人重伤、死亡的人数或者财产损失的数额以及逃逸等其他影响犯罪构成的犯罪事实增加刑罚量，确定基准刑。

3. 构成交通肇事罪的，综合考虑事故责任、危害后果、赔偿谅解等犯罪事实、量刑情节，以及被告人的主观恶性、人身危险性、认罪悔罪表现等因素，决定缓刑的适用。

第133条之一[①] 【**危险驾驶罪**】在道路上驾驶机动车，有下列情形之一的，处拘役，并处罚金：

（一）追逐竞驶，情节恶劣的；

（二）醉酒驾驶机动车的；

（三）从事校车业务或者旅客运输，严重超过额定乘员载客，或者严重超过规定时速行驶的；

（四）违反危险化学品安全管理规定运输危险化学品，危及公共安全的。

机动车所有人、管理人对前款第三项、第四项行为负有直接责任的，依照前款的规定处罚。

有前两款行为，同时构成其他犯罪的，依照处罚较重的规定定罪处罚。

[①] 第133条之一是根据2011年2月25日第11届全国人民代表大会常务委员会第19次会议通过的《刑法修正案（八）》（主席令第41号公布，2011年5月1日起施行）而增设；其中第1款的第3项和第4项内容以及第2款规定，是根据2015年8月29日第12届全国人民代表大会常务委员会第16次会议通过的《刑法修正案（九）》（主席令第30号公布，2015年11月1日起施行）而增设。

● **条文注释** 根据《道路交通安全法》第119条的规定,"道路"是指公路、城市道路和虽在单位管辖范围但允许社会机动车通行的地方,包括广场、公共停车场等用于公众通行的场所;"机动车"是指以动力装置驱动或者牵引,上道路行驶的供人员乘用或者用于运送物品以及进行工程专项作业的轮式车辆。因此,对于机关、企事业单位、厂矿、校园、住宅小区等单位管辖范围内的路段、停车场,若相关单位允许社会机动车通行,亦属于"道路"范围;在这些地方驾驶机动车违反《刑法》第133条之一规定的,也可以构成危险驾驶罪。

第133条之一规定的"追逐竞驶",是指在道路上以同行的其他车辆为竞争目标而追逐行驶(平常所说的"飙车"),包括若干车辆同时互相追赶,也包括各车辆分开竞驶的"计时赛"。参加追逐竞驶的车辆有没有超过该道路限定的时速,不影响本罪的构成;但情节轻微的,不构成本罪。

根据国家强制性标准《车辆驾驶人员血液、呼气酒精含量阈值与检验》(GB19522-2010),饮酒驾车是指车辆驾驶人员血液中的酒精含量大于或者等于20mg/100mL,小于80mg/100mL的驾驶行为;醉酒驾车是指车辆驾驶人员血液中的酒精含量大于或者等于80mg/100mL的驾驶行为。

第133条之一第1款第3项规定的"校车",是指学校或道路旅客运输经营企业、城市公共交通企业以及专门运营等单位用于接送学生上下学或进行其他教学活动的(7座以上)载客汽车①;"旅客运输",是指道路旅客运输经营企业或城市公共交通企业(有偿或无偿地)在道路上运送旅客。需要注意的是:(1)是否依照《校车安全管理条例》《道路运输条例》等规定取得相关许可或者具备相关的经营或驾驶资质,是否造成严重后果,都不影响本罪的成立;只要实际在从事校车业务或旅客运输,并且严重超员或超速,就可以构成本罪。(2)校车接送的对象是学生;如果校车被挪作他用,接送其他人员,则不适用本条规定(挪作旅客运输车除外)。(3)高校或其他教育机构用以免费接送职工上下班的车辆,属于单位自用车,不属于本条规定的校车范畴;其接送师生的行为,不属于旅客运输。(4)火车、地铁、轮船、摆渡等公共交通工具运送旅客,也应当属于本条规定的"旅客运输"。

---

① 《校车安全管理条例》(国务院令第617号)规定:"校车"是指已依法取得许可,用于接送接受义务教育的学生上下学的7座以上的载客汽车。而国家标准《机动车运行安全技术条件》(GB7258-2017)规定:"校车"指用于有组织地接送3周岁以上学龄前幼儿或接受义务教育的学生上下学的7座以上的载客汽车。

第 133 条之一第 1 款第 4 项规定的"危险化学品",是指具有毒害、腐蚀、爆炸、燃烧、助燃等性质,对人体、设施、环境具有危害的剧毒化学品和其他化学品[①],其名录由国务院安全生产监督管理部门会同国务院工业和信息化、公安、环境保护、卫生、质量监督检验检疫、交通运输、铁路、民用航空、农业主管部门,根据化学品危险特性的鉴别和分类标准确定、公布,并适时调整。构成本项规定之罪,应当满足以下条件:(1)行为人在道路上运输危险化学品;(2)违反了危险化学品安全管理规定;(3)危及公共安全,但尚未造成交通事故。

应该注意的是:根据第 133 条之一第 3 款的规定,需要注意区分和处理危险驾驶罪与交通肇事罪(《刑法》第 133 条)、以危险方法危害公共安全罪(《刑法》第 115 条)的关系:

(1)如果行为人实施了第 133 条之一规定的行为,致人重伤、死亡或者使公私财产遭受重大损失,符合交通肇事罪构成要件的,应当以"交通肇事罪"定罪处罚;而此时行为人危险驾驶的行为,则作为量刑情节予以考虑。

(2)由于"以危险方法危害公共安全罪"属于严重犯罪,最高可以判处死刑,所以在入罪时应该严格把握,并适当量刑,做到罚当其罪。

● 相关规定　【公交管〔2011〕190 号】　公安部关于公安机关办理醉酒驾驶机动车犯罪案件的指导意见(2011 年 8 月 11 日印发)

一、进一步规范现场调查

1. 严格血样提取条件。交通民警要严格按照《交通警察道路执勤执法工作规范》的要求检查酒后驾驶机动车行为,检查中发现机动车驾驶人有酒后驾驶机动车嫌疑的,立即进行呼气酒精测试,对涉嫌醉酒驾驶机动车、当事人对呼气酒精测试结果有异议,或者拒绝配合呼气酒精测试等方法测试以及涉嫌饮酒后、醉酒驾驶机动车发生交通事故的,应当立即提取血样检验血液酒精含量。

2. 及时固定犯罪证据。对查获醉酒驾驶机动车嫌疑人的经过、呼气酒精测试和提取血样过程应当及时制作现场调查记录;有条件的,还应当通过拍照或者录音、录像等方式记录;现场有见证人的,应当及时收集证人证言。发现当事人涉嫌饮酒后或者醉酒驾驶机动车的,依法扣留机动车驾驶证,对当事人驾驶的机动车,需要作为证据的,可以依法扣押。

3. 完善醒酒约束措施。当事人在醉酒状态下,应当先采取保护性约束措施,

---

① 见《危险化学品安全管理条例》。

并进行人身安全检查,由2名以上交通民警或者1名交通民警带领2名以上交通协管员将当事人带至醒酒约束场所,约束至酒醒。对行为举止失控的当事人,可以使用约束带或者警绳,但不得使用手铐、脚镣等警械。醒酒约束场所应当配备醒酒设施和安全防护设施。约束过程中,要加强监护,确认当事人酒醒后,要立即解除约束,并进行询问。

4. 改进执勤检查方式。交通民警在道路上检查酒后驾驶机动车时,应当采取有效措施科学组织疏导交通,根据车流量合理控制拦车数量。车流量较大时,应当采取减少检查车辆数量或者暂时停止拦截等方式,确保现场安全有序。要求驾驶人接受呼气酒精测试时,应当使用规范用语,严格按照工作规程操作,每测试1人更换一次新的吹嘴。当事人违反测试要求的,应当当场重新测试。

二、进一步规范办案期限

5. 规范血样提取送检。交通民警对当事人血样提取过程应当全程监控,保证收集证据合法、有效。提取的血样要当场登记封装,并立即送县级以上公安机关检验鉴定机构或者经公安机关认可的其他具备资格的检验鉴定机构进行血液酒精含量检验。因特殊原因不能立即送检的,应当按照规范低温保存,经上级公安机关交通管理部门负责人批准,可以在3日内送检。

6. 提高检验鉴定效率。要加快血液酒精检验鉴定机构建设,加强检验鉴定技术人员的培养。市、县公安机关尚未建立检验鉴定机构的,要尽快建立具有血液酒精检验职能的检验鉴定机构,并建立24小时值班制度。要切实提高血液酒精检验鉴定效率,对送检的血样,检验鉴定机构应当在3日内出具检验报告。当事人对检验结果有异议的,应当告知其在接到检验报告后3日内提出重新检验申请。

7. 严格办案时限。要建立醉酒驾驶机动车案件快侦快办工作制度,加强内部办案协作,严格办案时限要求。为提高办案效率,对现场发现的饮酒后或者醉酒驾驶机动车的嫌疑人,尚未立刑事案件的,可以口头传唤其到指定地点接受调查;有条件的,对当事人可以现场调查询问;对犯罪嫌疑人采取强制措施的,应当及时进行讯问。对案件事实清楚、证据确实充分的,应当在查获犯罪嫌疑人之日起7日内侦查终结案件并移送人民检察院审查起诉;情况特殊的,经县级公安机关负责人批准,可以适当延长办案时限。

三、进一步规范立案侦查

8. 从严掌握立案标准。经检验驾驶人血液酒精含量达到醉酒驾驶机动车标准的,一律以涉嫌危险驾驶罪立案侦查;未达到醉酒驾驶机动车标准的,按照道路交通安全法有关规定给予行政处罚。当事人被查获后,为逃避法律追究,在呼气酒精测试或者提取血样前又饮酒,经检验其血液酒精含量达到醉酒驾驶机动车标准的,应当立案侦查。当事人经呼气酒精测试达到醉酒驾驶机动车标准,在提取血样前脱逃的,应当以呼气酒精含量为依据立案侦查。

9. 全面客观收集证据。 对已经立案的醉酒驾驶机动车案件,应当全面、客观地收集、调取犯罪证据材料,并严格审查、核实。要及时检查、核实车辆和人员基本情况及机动车驾驶人违法犯罪信息,详细记录现场查获醉酒驾驶机动车的过程、人员车辆基本特征以及现场采取呼气酒精测试、实施强制措施、提取血样、口头传唤、固定证据等情况。讯问犯罪嫌疑人时,应当对犯罪嫌疑人是否有罪以及情节轻重等情况作重点讯问,并听取无罪辩解。要及时收集能够证明犯罪嫌疑人是否醉酒驾驶机动车的证人证言、视听资料等其他证据材料。

10. 规范强制措施适用。 要根据案件实际情况,对涉嫌醉酒驾驶机动车的犯罪嫌疑人依法合理适用拘传、取保候审、监视居住、拘留等强制措施,确保办案工作顺利进行。对犯罪嫌疑人企图自杀或者逃跑、在逃的,或者不讲真实姓名、住址,身份不明的,以及确需对犯罪嫌疑人实施羁押的,可以依法采取拘留措施。拘留期限内未能查清犯罪事实的,应当依法办理取保候审或者监视居住手续。发现不应当追究犯罪嫌疑人刑事责任或者强制措施期限届满的,应当及时解除强制措施。

11. 做好办案衔接。 案件侦查终结后,对醉酒驾驶机动车犯罪事实清楚、证据确实、充分的,应当在案件移送人民检察院审查起诉前,依法吊销犯罪嫌疑人的机动车驾驶证。对其他道路交通违法行为应当依法给予行政处罚。案件移送审查起诉后,要及时了解掌握案件起诉和判决情况,收到法院的判决书或者有关的司法建议函后,应当及时归档。对检察机关决定不起诉或者法院判决无罪但醉酒驾驶机动车事实清楚、证据确实、充分的,应当依法给予行政处罚。

12. 加强执法办案管理。 要进一步明确办案要求,细化呼气酒精测试、血样提取和保管、立案撤案、强制措施适用、物品扣押等重点环节的办案标准和办案流程。要严格落实案件审核制度,进一步规范案件审核范围、审核内容和核标准,对与案件质量有关的事项必须经法制员和法制部门审核把关,确保案件质量。要提高办案工作信息化水平,大力推行网上办案,严格办案信息网上录入的标准和时限,逐步实现案件受理、立案、侦查、制作法律文书、法制审核、审批等全过程网上运行,加强网上监控和考核,杜绝"人情案"、"关系案"。

四、进一步规范安全防护措施

13. 配备执法装备。交通民警在道路上检查酒后驾驶机动车时，必须配齐呼气酒精含量检测仪、约束带、警绳、摄像机、照相机、执法记录仪、反光指挥棒、停车示意牌等装备。执勤车辆还应配备灭火器材、急救包等急救装备，根据需要可以配备简易破拆工具、拦车破胎器、测速仪等装备。

14. 完善查处程序。交通民警在道路上检查酒后驾驶机动车时，应当根据道路条件和交通状况，合理选择安全、不妨碍车辆通行的地点进行，检查工作要由2名以上交通民警进行。要保证民警人身安全，明确民警检查动作和查处规程，落实安全防护措施，防止发生民警受伤害案件。

【法发〔2013〕15号】 最高人民法院、最高人民检察院、公安部关于办理醉酒驾驶机动车刑事案件适用法律若干问题的意见（2013年12月18日印发）

一、在道路上驾驶机动车，血液酒精含量达到80毫克/100毫升以上的，属于醉酒驾驶机动车，依照刑法第133条之一第1款的规定，以危险驾驶罪定罪处罚。

前款规定的"道路""机动车"，适用道路交通安全法的有关规定。

二、醉酒驾驶机动车，具有下列情形之一的，依照刑法第133条之一第1款的规定，从重处罚：

（一）造成交通事故且负事故全部或者主要责任，或者造成交通事故后逃逸，尚未构成其他犯罪的；

（二）血液酒精含量达到200毫克/100毫升以上的；

（三）在高速公路、城市快速路上驾驶的；

（四）驾驶载有乘客的营运机动车的；

（五）有严重超员、超载或者超速驾驶，无驾驶资格驾驶机动车，使用伪造或者变造的机动车牌证等严重违反道路交通安全法的行为的；

（六）逃避公安机关依法检查，或者拒绝、阻碍公安机关依法检查尚未构成其他犯罪的；

（七）曾因酒后驾驶机动车受过行政处罚或者刑事追究的；

（八）其他可以从重处罚的情形。

三、醉酒驾驶机动车，以暴力、威胁方法阻碍公安机关依法检查，又构成妨害公务罪等其他犯罪的，依照数罪并罚的规定处罚。

四、对醉酒驾驶机动车的被告人判处罚金，应当根据被告人的醉酒程度、是否造成实际损害、认罪悔罪态度等情况，确定与主刑相适应的罚金数额。

五、公安机关在查处醉酒驾驶机动车的犯罪嫌疑人时,对查获经过、呼气酒精含量检验和抽取血样过程应当制作记录;有条件的,应当拍照、录音或者录像;有证人的,应当收集证人证言。

六、血液酒精含量检验鉴定意见是认定犯罪嫌疑人是否醉酒的依据。犯罪嫌疑人经呼气酒精含量检验达到本意见第1条规定的醉酒标准,在抽取血样之前脱逃的,可以以呼气酒精含量检验结果作为认定其醉酒的依据。

犯罪嫌疑人在公安机关依法检查时,为逃避法律追究,在呼气酒精含量检验或者抽取血样前又饮酒,经检验其血液酒精含量达到本意见第1条规定的醉酒标准的,应当认定为醉酒。

七、办理醉酒驾驶机动车刑事案件,应当严格执行刑事诉讼法的有关规定,切实保障犯罪嫌疑人、被告人的诉讼权利,在法定诉讼期限内及时侦查、起诉、审判。

对醉酒驾驶机动车的犯罪嫌疑人、被告人,根据案件情况,可以拘留或者取保候审。对符合取保候审条件,但犯罪嫌疑人、被告人不能提出保证人,也不交纳保证金的,可以监视居住。对违反取保候审、监视居住规定的犯罪嫌疑人、被告人,情节严重的,可以予以逮捕。①

【法发〔2021〕35号】 最高人民法院、最高人民检察院、公安部、工业和信息化部、住房和城乡建设部、交通运输部、应急管理部、国家铁路局、中国民用航空局、国家邮政局关于依法惩治涉枪支、弹药、爆炸物、易燃易爆危险物品犯罪的意见(2021年12月28日印发,2021年12月31日施行)

5.(第1款) 违反危险化学品安全管理规定,未经依法批准或者许可擅自从事易燃易爆危险物品道路运输活动,或者实施其他违反危险化学品安全管理规定通过道路运输易燃易爆危险物品的行为,危及公共安全的,依照刑法第133条之1第1款第四项的规定,以危险驾驶罪定罪处罚。

9.通过邮件、快件夹带易燃易爆危险物品,或者将易燃易爆危险物品谎报为普通物品交寄,符合本意见第5条至第8条规定的,依照各该条的规定定罪处罚。

---

① 注:根据刑事诉讼法的有关规定,对可能判处徒刑以上刑罚的犯罪嫌疑人、被告人,采取取保候审尚不足以防止社会危险性的,才予以逮捕。而危险驾驶罪的法定刑为拘役,故对醉酒驾驶机动车的犯罪嫌疑人、被告人可以采取拘留或者取保候审措施,但不得直接采取逮捕措施。只有犯罪嫌疑人、被告人违反取保候审、监视居住规定,情节严重的,才可依法予以逮捕。如果犯罪嫌疑人、被告人脱逃,可以按照有关程序进行追逃抓捕。

【标准 GB19522-2010】 车辆驾驶人员血液、呼气酒精含量阈值与检验（国家质量监督检验检疫总局、国家标准化管理委员会 2011 年 1 月 14 日发布，2011 年 7 月 1 日起实施，公安部"公交管〔2011〕51 号"《通知》印发全国执行；2017 年 2 月 28 日国家标准委〔2017〕第 3 号公告（国家标准第 1 号修改单）修正）

4 酒精含量值

4.1 酒精含量阈值

车辆驾驶人员饮酒后或者醉酒后驾车血液中的酒精含量阈值见表 1。

表 1 车辆驾驶人员血液酒精含量阈值

驾驶行为类别	阈值（mg/100ml）
饮酒后驾车	≥20，<80
醉酒后驾车	≥80

4.2 血液与呼气酒精含量换算

车辆驾驶人员呼气酒精含量按 1：2200 的比例关系换算成血液酒精含量，即呼气酒精含量值乘以 2200 等于血液酒精含量值。

5 检验方法

5.1 一般规定

车辆驾驶人员饮酒后或者醉酒后驾车时的酒精含量检验应进行呼气酒精含量检验或者血液酒精含量检验。对不具备呼气或者血液酒精含量检验条件的，应进行唾液酒精定性检测或者人体平衡试验评价驾驶能力。

5.2 呼气酒精含量检验

5.2.1 呼气酒精含量采用呼出气体酒精含量检测仪进行检验。检验结果应记录并签字。

5.2.2 呼出气体酒精含量检测仪的技术指标和性能应符合 GB/T21254 规定。

5.2.3 呼气酒精含量检验的具体操作步骤，按照呼出气体酒精含量检测仪的操作要求进行。

5.3 血液酒精含量检验

5.3.1 对需要检验血液中酒精含量的，应及时抽取血样。抽取血样应由专业人员按要求进行，不应采用醇类药品对皮肤进行消毒；抽出血样中应添加抗凝剂，防止血液凝固；装血样的容器应洁净、干燥，按检验规范封装，低温保存，及时送检。检验结果应当出具书面报告。

5.3.2 血液酒精含量检验方法按照 GA/T105 或者 GA/T842 规定。①

5.4 唾液酒精检测

5.4.1 唾液酒精检测采用唾液酒精检测试纸条进行定性检测。检测结果应记录并签字。

5.4.2 唾液酒精检测试纸条的技术指标、性能应符合 GA/T843 的规定。

5.4.3 唾液酒精检测的具体操作步骤按照唾液酒精检测试纸条的操作要求进行。

5.5 人体平衡试验（略）

【司鉴函〔2018〕5 号】　　司法部司法鉴定管理局关于车辆驾驶人员血液中酒精含量测定适用标准有关意见的函（2018 年 5 月 3 日印发执行）

根据国家标准《车辆驾驶人员血液、呼气酒精含量阈值与检验（GB19522－2010）》（国家质检总局、国家标准委 2011 年 1 月 14 日发布，2011 年 7 月 1 日起实施）和《关于批准发布 GB19522－2010〈车辆驾驶人员血液、呼气酒精含量阈值与检验〉国家标准第 1 号修改单的公告》（国家标准委 2017 年 2 月 28 日印发）的规定，车辆驾驶人员血液中酒精含量检验方法按照 GA/T1073 或者 GA/T842 的规定，强制执行。

《生物样品血液、尿液中乙醇、甲醇、正丙醇、乙醛、丙酮、异丙醇和正丁醇的顶空－气相色谱检验方法》（GA/T1073－2013）和《血液中乙醇的测定 顶空气相色谱法》（SF/ZJD0107001－2016）②均为司法部司法鉴定科学研究院

---

① 注：本条规定排除了司法部司法鉴定管理局发布实施的司法技术鉴定规范《血液中乙醇的测定 顶空气相色谱法》（SF/Z JD0107001）在"酒驾"血液酒精含量鉴定中的适用。

又，本条下划线部分原规定为"GA/T105 或者 GA/T842－2009"（2011 年 7 月 1 日起实施），2017 年 2 月 28 日修改为现规定。2013 年 5 月 6 日《公安部关于废止 440 项公共安全行业标准的公告》宣布废止 GA/T105 血液酒精含量鉴定标准（原因：技术方法不可用）。因此，在 2013 年 5 月 6 日－2017 年 2 月 28 日，"酒驾"血液酒精含量鉴定只有一个可适用标准，即《血液酒精含量的检验方法》（GA/T842－2009）。

另 1，公安部技术监督委员会 2019 年 4 月 19 日印发"公技监〔2019〕31 号""公技监〔2019〕32 号"《通知》，自 2019 年 5 月 1 日起实施《道路交通执法人体血液采集技术规范》（GA/T1556－2019）、《血液酒精含量的检验方法》（GA/T842－2019，代替 GA/T842－2009）。公安部交通管理局 2019 年 7 月 12 日印发"公交管〔2019〕396 号"《通知》，实施上述 2 项行业标准；该提示性《通知》不影响标准的实施日期。

另 2，在办案过程中要特别注意的是："醉酒驾车"构成危险驾驶罪的关键证据是血液酒精含量的鉴定，这首先要求鉴定过程符合法定程序。其次鉴定结论有赖于行为当时的血样抽取，而抽取血样的行为属于行政强制措施，必须遵守《行政强制法》规定的执法程序。

② 注：《血液中乙醇的测定 顶空气相色谱法》（SF/Z JD0107001）由司法部司法鉴定管理局 2010 年 4 月 7 日发布实施，2016 年 9 月 22 日修订版实施；于 2018 年 11 月 8 日被《司法部办公厅关于颁布和废止部分司法鉴定技术规范的通知》（司办通〔2018〕139 号）宣布废止。

（原司法部司法鉴定科学技术研究所）起草制定，在对人体血液中酒精含量进行测定时，两种方法具有同一性。

司法鉴定机构接受委托对车辆驾驶人员血液中酒精含量进行检测，是司法鉴定机构服务诉讼和行政执法活动的一项重要职责任务。为正确适用标准，保障诉讼和行政执法活动顺利进行，司法鉴定机构对车辆驾驶人员血液中酒精含量进行检测时，应当按照国家标准 GB19522 的要求，采用 GA/T1073 或者 GA/T842 的规定。

【标准 GA/T1556 - 2019】 道路交通执法人体血液采集技术规范（公安部 2019 年 4 月 19 日发布，2019 年 5 月 1 日实施）①

2.1 活体血液提取

2.1.4 提取血液样本时，皮肤消毒剂宜使用不含醇类的聚维酮碘、0.1% 苯扎氯铵溶液、0.1% 苯扎溴铵溶液、1.0% 醋酸氯己定溶液、双氧水（20%）及不含乙醇的碘伏溶液，不应使用含醇类或其他挥发性有机物的消毒剂。

2.1.6 血液样本宜提取上肢外周静脉血液。提取的血液样本应分为 A 管和 B 管，其中一管用于检测，一管用于复核备用，每管中采血量应不少于 2mL。提取到具塞干试管中的血液样本，应轻轻摇动，与抗凝剂进行充分接触后，当场装入物证密封袋，并封存。

2.3 血液样本的保存

提取的血液样本应放置冰箱冷藏室保存，冷藏温度应保持在低温 2℃ ~ 8℃ 之间。检测完毕后，复核样本应放置低温冰箱冷冻保存，冷冻温度应当保持在 -10℃ ~ -18℃ 之间，保存期限不低于 3 个月。检测样本余样和复核样本经协商一致，可由检测机构或具备样品保存条件的办案单位保存。

【标准 GB17761 - 2018】 电动自行车安全技术规范（国家市场监管总局、国家标准化管委会 2018 年 5 月 15 日发布，2019 年 4 月 15 日实施；代替 GB17761 - 1999《电动自行车通用技术条件》）

4.1 电动自行车应当符合下列要求：

a) 具有脚踏骑行能力；（原要求 30min 的脚踏行驶距离应不小于 7km）

b) 具有电驱动或/和电助动功能；

---

① 注：本标准由公安部道路交通管理标准化技术委员会提出并归口，适用于道路交通执法活动中涉嫌饮酒、醉酒人员的血液采集，涉嫌吸食、注射毒品或服用国家管制其他精神、麻醉药品人员的血液采集可参照执行。公安机关办理其他案事件需要采集血液的亦可参照执行。

c) 电驱动行驶时,最高设计车速不超过25km/h;电助动行驶时,车速超过25km/h,电动机不得提供动力输出;(原为20km/h)

d) 装配完整的电动自行车的整车质量小于或等于55kg;(原为40kg)

e) 蓄电池标称电压小于或等于48V;

f) 电动机额定连续输出功率小于或等于400W。(原为240W)

● 立案标准　【公传发〔2015〕708号】　**严重超员、严重超速危险驾驶刑事案件立案标准(试行)**(公安部2015年11月20日)[①]

第1条　在道路上驾驶机动车从事校车业务或者公路客运、旅游客运、包车客运,有下列严重超过额定乘员载客情形之一的,可以立案侦查:

(一)驾驶大型载客汽车,载客超过额定乘员50%以上或者超过额定乘员15人以上的;

(二)驾驶中型载客汽车,载客超过额定乘员80%以上或者超过额定乘员10人以上的;

(三)驾驶小型、微型载客汽车,载客超过额定乘员100%以上或者超过额定乘员7人以上的。

第2条　在道路上驾驶机动车从事校车业务或者公路客运、旅游客运、包车客运,有下列严重超过规定时速行驶情形之一的,可以立案侦查:

(一)在高速公路、城市快速路上行驶,超过规定时速50%以上,且行驶时速达到90公里以上的;

(二)在高速公路、城市快速路以外的道路上行驶,超过规定时速100%以上,且行驶时速达到60公里以上的;

(三)通过铁路道口、急弯路、窄路、窄桥或者在冰雪、泥泞的道路上行驶,或者掉头、转弯、下陡坡,以及遇有雾、雨、雪、沙尘、冰雹等低能见度气象条件时,超过规定时速50%以上,且行驶时速达到30公里以上的;

(四)通过傍山险路、连续下坡、连续急弯等事故易发路段,超过规定时速50%以上,且行驶时速达到30公里以上的。

第3条　机动车所有人、管理人强迫、指使机动车驾驶人实施本标准第1条、第2条所列行为或者有其他负有直接责任情形的,可以立案侦查。

[①] 参见鹤壁市公安局官网:http://www.hebi.gov.cn/hbsgaj/zfxxgk44/xxgkml5636/zcfgl/xszf/3207145/index.html,最后访问日期:2022年10月25日。

● **量刑指导** 【法发〔2021〕21号】 最高人民法院、最高人民检察院关于常见犯罪的量刑指导意见（2021年6月16日印发，2021年7月1日试行；法发〔2017〕7号《指导意见》同时废止）①

四、常见犯罪的量刑

（二）危险驾驶罪（本条为全部新规；删除线部分为原"法〔2017〕74号"《指导意见（二）》的内容）

1. 构成危险驾驶罪的，可以在1个月至2个月拘役幅度内确定量刑起点。

2. 在量刑起点的基础上，可以根据危险驾驶行为等其他影响犯罪构成的犯罪事实增加刑罚量，确定基准刑。

3. 对于醉酒驾驶机动车的被告人，应当综合考虑被告人的醉酒程度、机动车类型、车辆行驶道路、行车速度、是否造成实际损害以及认罪悔罪等情况，准确定罪量刑。对于情节显著轻微危害不大的，不予定罪处罚；犯罪情节轻微不需要判处刑罚的，可以免予刑事处罚。

1. 构成危险驾驶罪的，依法在1个月至6个月拘役幅度内确定宣告刑。

2. 构成危险驾驶罪的，根据危险驾驶行为、实际损害后果等犯罪情节，综合考虑被告人缴纳罚金的能力，决定罚金数额。

3. 构成危险驾驶罪的，综合考虑危险驾驶行为、危害后果及犯罪事实、量刑情节，以及被告人主观恶性、人身危险性、认罪悔罪表现等因素，决定缓刑的适用。

● **指导案例** 【法〔2014〕327号】 最高人民法院关于发布第8批指导性案例的通知（2014年12月18日印发）

（**指导案例32号**）张某某、金某危险驾驶案

裁判要点：1. 机动车驾驶人员出于竞技、追求刺激、斗气或者其他动机，在道路上曲折穿行、快速追赶行驶的，属于《中华人民共和国刑法》第133条之一规定的"追逐竞驶"。

2. 追逐竞驶虽未造成人员伤亡或财产损失，但综合考虑超过限速、闯红灯、

---

① 注：《意见》要求各省高院、检察院应当总结司法实践经验，按照规范、实用、符合司法实际的原则共同研制"实施细则"，经审委会、检委会通过后，分别报最高法、最高检备案审查，与《意见》同步实施。

其他判处有期徒刑的案件，可以参照量刑的指导原则、基本方法和常见量刑情节的适用规范量刑。

另，本《意见》实际替代了2017年3月9日印发，2017年5月1日起在指定法院试行的《最高人民法院关于常见犯罪的量刑指导意见（二）（试行）》（法〔2017〕74号）。

强行超车、抗拒交通执法等严重违反道路交通安全法的行为,足以威胁他人生命、财产安全的,属于危险驾驶罪中"情节恶劣"的情形。

第 133 条之二[①] 【妨害安全驾驶罪[②]】对行驶中的公共交通工具的驾驶人员使用暴力或者抢控驾驶操纵装置,干扰公共交通工具正常行驶,危及公共安全的,处一年以下有期徒刑、拘役或者管制,并处或者单处罚金。

前款规定的驾驶人员在行驶的公共交通工具上擅离职守,与他人互殴或者殴打他人,危及公共安全的,依照前款的规定处罚。

有前两款行为,同时构成其他犯罪的,依照处罚较重的规定定罪处罚。

● **条文注释**　《刑法》第 133 条之二规定了妨害驾驶、危害公共安全行为的定罪与量刑。

对于非驾驶人员,构成本罪需满足 4 个条件:(1)公共交通工具在行驶中;(2)对驾驶人员使用了暴力,或者抢控了驾驶操纵装置;(3)干扰了公共交通工具的正常行驶;(4)危及公共安全。这里的"操纵装置",包括方向盘、变速杆、油门、离合器、制动装置等。这里的"暴力",包括对驾驶员直接进行殴打,或者拉拽、推搡、扳扭等。没有实际使用暴力,但以使用暴力为威胁,如使用器械威胁驾驶员,或虚作击打动作,足以妨害安全驾驶的,应当视为对驾驶人员使用了暴力。仅使用"语言暴力"的,如辱骂、言语威胁等,不能认定为本条规定的"暴力"。

对于驾驶人员,构成本罪需满足 4 个条件:(1)公共交通工具在行驶中;(2)擅离职守;(3)与他人互殴,或者殴打他人;(4)危及公共安全。这里的"擅离职守"是指去做与安全驾驶无关的事,包括离开驾驶席,也包括双手或单手离开方向盘。

参照《最高人民法院关于审理抢劫案件具体应用法律若干问题的解释》(法

[①] 第 133 条之二由《刑法修正案(十一)》(2020 年 12 月 26 日第 13 届全国人大常委会第 24 次会议通过,主席令第 66 号公布)增设,2021 年 3 月 1 日起施行。

[②] 注:本罪罪名由《最高人民法院、最高人民检察院关于执行〈中华人民共和国刑法〉确定罪名的补充规定(七)》(法释〔2021〕2 号,最高人民法院审判委员会第 1832 次会议、最高人民检察院第 13 届检察委员会第 63 次会议通过)增设,2021 年 3 月 1 日执行。

释〔2000〕35号）针对《刑法》第263条第2项"公共交通工具"的解释，第133条之二规定的"公共交通工具"主要是指运输旅客的公共汽车、公路客运车、大、中型出租车、火车、地铁、轮渡班船等，但不包括飞机。对飞行中的航空器上的人员使用暴力，危及飞行安全的，应当依照《刑法》第123条的规定，以暴力危及飞行安全罪定罪处罚。

是否"危及公共安全"，应当考察实施的暴力程度、当时的车速、行驶中的路况、路上行人和车辆的多少等情形，综合评价。

需要注意的是：（1）对飞机、船只、车辆等进行劫持的，依照《刑法》第121条、第122条的规定定罪处罚。（2）应当把驾驶人员与他人互殴或殴打他人，与遭受暴力袭击后的正当防卫行为区分开来。

● 相关规定 【公通字〔2019〕1号】 最高人民法院、最高人民检察院、公安部关于依法惩治妨害公共交通工具安全驾驶违法犯罪行为的指导意见（2019年1月8日）

一、准确认定行为性质，依法从严惩处妨害安全驾驶犯罪

（一）乘客在公共交通工具行驶过程中，抢夺方向盘、变速杆等操纵装置，殴打、拉拽驾驶人员，或者有其他妨害安全驾驶行为，危害公共安全，尚未造成严重后果的，依照刑法第114条的规定，以以危险方法危害公共安全罪定罪处罚；致人重伤、死亡或者使公私财产遭受重大损失的，依照刑法第115条第1款的规定，以以危险方法危害公共安全罪定罪处罚。

实施前款规定的行为，具有以下情形之一的，从重处罚：

1. 在夜间行驶或者恶劣天气条件下行驶的公共交通工具上实施的；

2. 在临水、临崖、急弯、陡坡、高速公路、高架道路、桥隧路段及其他易发生危险的路段实施的；

3. 在人员、车辆密集路段实施的；

4. 在实际载客10人以上或者时速60公里以上的公共交通工具上实施的；

5. 经他人劝告、阻拦后仍然继续实施的；

6. 持械袭击驾驶人员的；

7. 其他严重妨害安全驾驶的行为。

实施上述行为，即使尚未造成严重后果，一般也不得适用缓刑。

（二）乘客在公共交通工具行驶过程中，随意殴打其他乘客，追逐、辱骂他人，或者起哄闹事，妨害公共交通工具运营秩序，符合刑法第293条规定的，以寻衅滋事罪定罪处罚；妨害公共交通工具安全行驶，危害公共安全的，依照刑

法第 114 条、第 115 条第 1 款的规定,以以危险方法危害公共安全罪定罪处罚。

（三）驾驶人员在公共交通工具行驶过程中,与乘客发生纷争后违规操作或者擅离职守,与乘客厮打、互殴,危害公共安全,尚未造成严重后果的,依照刑法第 114 条的规定,以以危险方法危害公共安全罪定罪处罚;致人重伤、死亡或者使公私财产遭受重大损失的,依照刑法第 115 条第 1 款的规定,以以危险方法危害公共安全罪定罪处罚。

（四）对正在进行的妨害安全驾驶的违法犯罪行为,乘客等人员有权采取措施予以制止。制止行为造成违法犯罪行为人损害,符合法定条件的,应当认定为正当防卫。

（五）正在驾驶公共交通工具的驾驶人员遭到妨害安全驾驶行为侵害时,为避免公共交通工具倾覆或者人员伤亡等危害后果发生,采取紧急制动或者躲避措施,造成公共交通工具、交通设施损坏或者人身损害,符合法定条件的,应当认定为紧急避险。

（六）以暴力、威胁方法阻碍国家机关工作人员依法处置妨害安全驾驶违法犯罪行为、维护公共交通秩序的,依照刑法第 277 条的规定,以妨害公务罪定罪处罚;暴力袭击正在依法执行职务的人民警察的,从重处罚。

（七）本意见所称公共交通工具,是指公共汽车、公路客运车,大、中型出租车等车辆。

【法发〔2021〕16 号】 最高人民法院、最高人民检察院、公安部、司法部关于适用《中华人民共和国刑法修正案（十一）》有关问题的通知（2021 年 5 月 20 日施行）（略）

第 134 条[①] **【重大责任事故罪】** 在生产、作业中违反有关安全管理的规定,因而发生重大伤亡事故或者造成其他严重后果的,处三年以下有期徒刑或者拘役;情节特别恶劣的,处三年以上七年以下有期徒刑。

[①] 第 134 条是根据 2006 年 6 月 29 日第 10 届全国人民代表大会常务委员会第 22 次会议通过的《刑法修正案（六）》（主席令第 51 号公布,2006 年 6 月 29 日起施行）而修改;原第 134 条内容为:"工厂、矿山、林场、建筑企业或者其他企业、事业单位的职工,由于不服管理、违反规章制度,或者强令工人违章冒险作业,因而发生重大伤亡事故或者造成其他严重后果的,处三年以下有期徒刑或者拘役;情节特别恶劣的,处三年以上七年以下有期徒刑。"

【强令、组织他人违章冒险作业罪[①]**】** 强令他人违章冒险作业，或者明知存在重大事故隐患而不排除，仍冒险组织作业，因而发生重大伤亡事故或者造成其他严重后果的，处五年以下有期徒刑或者拘役；情节特别恶劣的，处五年以上有期徒刑。[②]

第 134 条之一[③] **【危险作业罪**[④]**】** 在生产、作业中违反有关安全管理的规定，有下列情形之一，具有发生重大伤亡事故或者其他严重后果的现实危险的，处一年以下有期徒刑、拘役或者管制：

（一）关闭、破坏直接关系生产安全的监控、报警、防护、救生设备、设施，或者篡改、隐瞒、销毁其相关数据、信息的；

（二）因存在重大事故隐患被依法责令停产停业、停止施工、停止使用有关设备、设施、场所或者立即采取排除危险的整改措施，而拒不执行的；

（三）涉及安全生产的事项未经依法批准或者许可，擅自从事矿山开采、金属冶炼、建筑施工，以及危险物品生产、经营、储存等高度危险的生产作业活动的。

---

① 注：本罪名原为"强令违章冒险作业罪"，由《最高人民法院、最高人民检察院关于执行〈中华人民共和国刑法〉确定罪名的补充规定（三）》（法释〔2007〕16 号，最高人民法院审判委员会第 1436 次会议、最高人民检察院第 10 届检察委员会第 82 次会议通过）增设，2007 年 11 月 6 日施行；《最高人民法院、最高人民检察院关于执行〈中华人民共和国刑法〉确定罪名的补充规定（七）》（法释〔2021〕2 号，最高人民法院审判委员会第 1832 次会议、最高人民检察院第 13 届检察委员会第 63 次会议通过）改为现罪名，2021 年 3 月 1 日执行。

② 本款由《刑法修正案（十一）》（2020 年 12 月 26 日第 13 届全国人大常委会第 24 次会议通过，主席令第 66 号公布）修改，2021 年 3 月 1 日起施行；增加了"或者明知存在重大事故隐患而不排除，仍冒险组织作业"的规定。

③ 第 134 条之一由《刑法修正案（十一）》（2020 年 12 月 26 日第 13 届全国人大常委会第 24 次会议通过，主席令第 66 号公布）增设，2021 年 3 月 1 日起施行。

④ 注：本罪名由《最高人民法院、最高人民检察院关于执行〈中华人民共和国刑法〉确定罪名的补充规定（七）》（法释〔2021〕2 号，最高人民法院审判委员会第 1832 次会议、最高人民检察院第 13 届检察委员会第 63 次会议通过）增设，2021 年 3 月 1 日执行。

第 135 条① 　【**重大劳动安全事故罪**】安全生产设施或者安全生产条件不符合国家规定，因而发生重大伤亡事故或者造成其他严重后果的，对直接负责的主管人员和其他直接责任人员，处三年以下有期徒刑或者拘役；情节特别恶劣的，处三年以上七年以下有期徒刑。

● **条文注释**　第 134 条、第 135 条原来规定的犯罪主体是企事业单位的职工（或单位本身），《刑法修正案（六）》将它扩大为所有实施该行为的人或单位。

第 134 条第 1 款的"有关安全管理的规定"，既包括国家制定的相关法律法规，也包括行业或管理部门制定的相关规章制度和操作章程，如《安全生产法》《突发事件应对法》《危险化学品安全管理条例》《特种设备安全监察条例》等。不同身份的人员违反有关安全管理规定的行为往往有不同的表现形式：普通职工表现为不服从管理、不遵守操作规程、不符合工艺设计要求或者盲目蛮干、擅离职守等；生产管理人员则主要表现为违背客观规律在现场瞎指挥，或做出不符合安全生产和作业要求的工作安排等。关于"重大伤亡"或者"其他严重后果"的认定标准，由于生产领域、地域、时间等情况的不同，一般由相关领域的管理规定作出规范②。"情节特别恶劣"是指造成特别多的伤亡人数，或特别大的直接经济损失，或者违反安全管理规定的情形非常恶劣（如经常违反、屡教不改，不听劝阻、一意孤行，有过前车之鉴但不引以为鉴，恶意掩盖安全生产隐患或出现险情后仍指挥工人继续作业等）。

需要注意的是：

（1）行为人在主观上是过失或者故意违反有关安全管理的规定，不影响重大责任事故罪的构成（但在量刑时可以作为一个情节予以考虑）；但行为人对于危害后果的发生，是出于主观上的过失，即由于疏忽大意没有预见，或虽然预见但轻信可以避免而没有采取相应的措施。

（2）在生产实践中，一些生产、作业人员由于缺乏必要的技术培训和安全

---

① 第 135 条是根据 2006 年 6 月 29 日第 10 届全国人民代表大会常务委员会第 22 次会议通过的《刑法修正案（六）》（主席令第 51 号公布，2006 年 6 月 29 日起施行）而修改；原第 135 条内容为："工厂、矿山、林场、建筑企业或者其他企业、事业单位的劳动安全设施不符合国家规定，经有关部门或者单位职工提出后，对事故隐患仍不采取措施，因而发生重大伤亡事故或者造成其他严重后果的，对直接责任人员，处三年以下有期徒刑或者拘役；情节特别恶劣的，处三年以上七年以下有期徒刑。"

② 关于职工工伤伤情的鉴定，参见《劳动能力鉴定——职工工伤与职业病致残等级》（国家标准 GB/T16180-2014）和《职工非因工伤残或因病丧失劳动能力程度鉴定标准（试行）》（劳社部发〔2002〕8 号，劳动和社会保障部 2002 年 4 月 5 日印发）。

教育，而实施第 134 条第 1 款规定的行为（违反有关安全管理的规定，并造成重大伤亡事故或者其他严重后果），对于生产、作业人员不宜认定为犯罪；但对于事故发生单位及其直接责任人员，则应当按照本罪定罪处罚。①

（3）应当注意区分重大责任事故、技术事故（由于技术手段或设备条件所限而无法避免的人员伤亡或经济损失）、自然事故（不以人的意志为转移的自然原因造成的事故，如雷电风雨等引发的电路故障）的界限，后两者不构成犯罪。但如果凭借现有的科技和设备条件，经过努力本来可以避免事故的发生，由于疏忽大意或过于自信而未能避免，则可能构成重大责任事故罪。

第 134 条第 2 款规定的"强令"，是指生产、作业指挥管理人员利用职权或其他手段（未必表现为恶劣的态度、强硬的语言或行动，只要能对工人产生精神强制，使其不敢违抗命令）强迫工人违章冒险作业。本款规定的"明知"包括明知和应当明知；"重大事故"包括重大伤亡事故和重大财产损失；"不排除"包括不作为和拒不排除。

第 134 条之一由《刑法修正案（十一）》增设，旨在将生产安全事故的预防警戒线前移，更好地保障人民群众的生命财产安全。这里的"重大伤亡事故""其他严重后果"的界定标准与《刑法》第 134 条相同。

需要注意的是，第 134 条之一第 3 项规定"涉及安全生产的事项未经依法批准或者许可，擅自从事……危险物品生产、经营、储存等高度危险的生产作业活动的"（如汽油等危险化学品），可能会与《刑法》第 225 条第 1 项的规定发生竞合。另外，根据应急管理部等 10 部委联合公告（2022 年第 8 号），自 2023 年 1 月 1 日起，柴油全部列入《危险化学品目录》（原要求闭杯闪点≤60℃）。

第 135 条规定的"安全生产设施"包括用于安全生产的各种设施和设备，如厂房、机器设备、隔离栏、防护栏、危险标志、用于逃生的安全通道等。"安全生产条件"是指保护劳动者安全作业的环境条件、安全防用品和防护措施，如防毒、防火、防雷、防爆、绝缘设备、高空安全防护用具等。"不符合国家规定"主要是指劳动生产设施或生产条件不符合国家的安全技术标准或其他有关安全的要求，包括生产设施未经国家有关部门依法审查批准而擅自投入生产，或被行政执法机关依法责令停产、停业或取缔、关闭后仍强行生产经营，或没有依法为工人提供必要的劳动保护用品等。"其他严重后果"是指造成公私财物严重损失或者国家重要工程或生产计划不能如期完工等情形。

---

① 全国人民代表大会常务委员会法制工作委员会编：《中华人民共和国刑法释义》，法律出版社 2011 年版，第 168 页。

● **相关规定**　【法释〔2000〕33号】　最高人民法院关于审理交通肇事刑事案件具体应用法律若干问题的解释（2000年11月10日最高人民法院审判委员会第1136次会议通过，2000年11月15日公布）

第8条（第2款）　在公共交通管理的范围外，驾驶机动车辆或者使用其他交通工具致人伤亡或者致使公共财产或者他人财产遭受重大损失，构成犯罪的，分别依照刑法第134条、第135条、第233条等规定定罪处罚。

【法研〔2009〕228号】　最高人民法院研究室关于被告人阮某重大劳动安全事故案有关法律适用问题的答复（2009年12月25日答复陕西省高级人民法院"陕高法〔2009〕288号"请示）①

用人单位违反职业病防治法的规定，职业病危害预防设施不符合国家规定，因而发生重大伤亡事故或者造成其他严重后果的，对直接负责的主管人员和其他直接责任人员，可以依照刑法第135条的规定，以重大劳动安全事故罪定罪处罚。

【法发〔2011〕20号】　最高人民法院关于进一步加强危害生产安全刑事案件审判工作的意见（最高人民法院2011年12月30日印发）

二、危害生产安全刑事案件审判工作的原则

3. 严格依法，从严惩处。对严重危害生产安全犯罪，尤其是相关职务犯罪，必须始终坚持严格依法、从严惩处。对于人民群众广泛关注、社会反映强烈的案件要及时审结，回应人民群众关切，维护社会和谐稳定。

4. 区分责任，均衡量刑。危害生产安全犯罪，往往涉案人员较多，犯罪主体复杂，既包括直接从事生产、作业的人员，也包括对生产、作业负有组织、指挥或者管理职责的负责人、管理人员、实际控制人、投资人等，有的还涉及国家机关工作人员渎职犯罪。对相关责任人的处理，要根据事故原因、危害后果、主体职责、过错大小等因素，综合考虑全案，正确划分责任，做到罪责刑相适应。

5. 主体平等，确保公正。审理危害生产安全刑事案件，对于所有责任主体，都必须严格落实法律面前人人平等的刑法原则，确保刑罚适用公正，确保裁判效果良好。

---

① 注：对于所涉及的重大劳动安全事故罪的入罪标准和"情节特别恶劣"的界定标准问题，由于非常复杂，答复未予涉及。目前，司法实践中重大劳动安全事故罪主要适用于造成直接死亡事故的情形，较少适用于引发职业病的案件。职业病危害预防设施不符合国家规定构成重大责任事故罪的案件，与危害矿山生产安全刑事案件相比，在社会危害性方面有所不同，前者的社会危害性明显轻于后者。而且，两类案件中在表现形式、鉴定程序等方面也有明显的不同。因此，对前者的定罪量刑也无法适用法释〔2015〕22号《解释》的相关规定；但可以考虑适当高于该《解释》的相关入罪标准和"情节特别恶劣"的界定标准。

三、正确确定责任

6. 审理危害生产安全刑事案件，政府或相关职能部门依法对事故原因、损失大小、责任划分作出的调查认定，经庭审质证后，结合其他证据，可作为责任认定的依据。

7. 认定相关人员是否违反有关安全管理规定，应当根据相关法律、行政法规，参照地方性法规、规章及国家标准、行业标准，必要时可参考公认的惯例和生产经营单位制定的安全生产规章制度、操作规程。

8. 多个原因行为导致生产安全事故发生的，在区分直接原因与间接原因的同时，应当根据原因行为在引发事故中所具作用的大小，分清主要原因与次要原因，确认主要责任和次要责任，合理确定罪责。

一般情况下，对生产、作业负有组织、指挥或者管理职责的负责人、管理人员、实际控制人、投资人，违反有关安全生产管理规定，对重大生产安全事故的发生起决定性、关键性作用的，应当承担主要责任。

对于直接从事生产、作业的人员违反安全管理规定，发生重大生产安全事故的，要综合考虑行为人的从业资格、从业时间、接受安全生产教育培训情况、现场条件、是否受到他人强令作业、生产经营单位执行安全生产规章制度的情况等因素认定责任，不能将直接责任简单等同于主要责任。

对于负有安全生产管理、监督职责的工作人员，应根据其岗位职责、履职依据、履职时间等，综合考察工作职责、监管条件、履职能力、履职情况等，合理确定罪责。

四、准确适用法律

9. 严格把握危害生产安全犯罪与以其他危险方法危害公共安全罪的界限，不应将生产经营中违章违规的故意不加区别地视为对危害后果发生的故意。

10. 以行贿方式逃避安全生产监督管理，或者非法、违法生产、作业，导致发生重大生产安全事故，构成数罪的，依照数罪并罚的规定处罚。

违反安全生产管理规定，非法采矿、破坏性采矿或排放、倾倒、处置有害物质严重污染环境，造成重大伤亡事故或者其他严重后果，同时构成危害生产安全犯罪和破坏环境资源保护犯罪的，依照数罪并罚的规定处罚。

11. 安全事故发生后，负有报告职责的国家工作人员不报或者谎报事故情况，贻误事故抢救，情节严重，构成不报、谎报安全事故罪，同时构成职务犯罪或其他危害生产安全犯罪的，依照数罪并罚的规定处罚。

12. 非矿山生产安全事故中，认定"直接负责的主管人员和其他直接责任人员"、"负有报告职责的人员"的主体资格，认定构成"重大伤亡事故或者其他严重后果"、"情节特别恶劣",不报、谎报事故情况,贻误事故抢救,"情节严重"、"情节特别严重"等,可参照最高人民法院、最高人民检察院《关于办理危害矿山生产安全刑事案件具体应用法律若干问题的解释》①的相关规定。

五、准确把握宽严相济刑事政策

13. 审理危害生产安全刑事案件,应综合考虑生产安全事故所造成的伤亡人数、经济损失、环境污染、社会影响、事故原因与被告人职责的关联程度、被告人主观过错大小、事故发生后被告人的施救表现、履行赔偿责任情况等,正确适用刑罚,确保裁判法律效果和社会效果相统一。

14. 造成《关于办理危害矿山生产安全刑事案件具体应用法律若干问题的解释》第4条规定的"重大伤亡事故或者其他严重后果",同时具有下列情形之一的,也可以认定为刑法第134条、第135条规定的"情节特别恶劣"②:

(一)非法、违法生产的;

(二)无基本劳动安全设施或未向生产、作业人员提供必要的劳动防护用品,生产、作业人员劳动安全无保障的;

(三)曾因安全生产设施或者安全生产条件不符合国家规定,被监督管理部门处罚或责令改正,1年内再次违规生产致使发生重大生产安全事故的;

(四)关闭、故意破坏必要安全警示设备的;

(五)已发现事故隐患,未采取有效措施,导致发生重大事故的;

(六)事故发生后不积极抢救人员,或者毁灭、伪造、隐藏影响事故调查的证据,或者转移财产逃避责任的;

(七)其他特别恶劣的情节。

15. 相关犯罪中,具有以下情形之一的,依法从重处罚:

(一)国家工作人员违反规定投资入股生产经营企业,构成危害生产安全犯罪的;

(二)贪污贿赂行为与事故发生存在关联性的;

(三)国家工作人员的职务犯罪与事故存在直接因果关系的;

(四)以行贿方式逃避安全生产监督管理,或者非法、违法生产、作业的;

(五)生产安全事故发生后,负有报告职责的国家工作人员不报或者谎报事

---

① 注:《最高人民法院、最高人民检察院关于办理危害矿山生产安全刑事案件具体应用法律若干问题的解释》(法释〔2007〕5号)已经于2015年12月16日被《最高人民法院、最高人民检察院关于办理危害生产安全刑事案件适用法律若干问题的解释》(法释〔2015〕22号)废止、替代。

② 注:本条规定与《最高人民法院、最高人民检察院关于办理危害生产安全刑事案件适用法律若干问题的解释》(法释〔2015〕22号,2015年12月16日起施行)第12条的规定不一致,应当以后者为准。

故情况，贻误事故抢救，尚未构成不报、谎报安全事故罪的；

（六）事故发生后，采取转移、藏匿、毁灭遇难人员尸体，或者毁灭、伪造、隐藏影响事故调查的证据，或者转移财产，逃避责任的；

（七）曾因安全生产设施或者安全生产条件不符合国家规定，被监督管理部门处罚或责令改正，1年内再次违规生产致使发生重大生产安全事故的。

16. 对于事故发生后，积极施救，努力挽回事故损失，有效避免损失扩大；积极配合调查，赔偿受害人损失的，可依法从宽处罚。

六、依法正确适用缓刑和减刑、假释

17. 对于危害后果较轻，在责任事故中不负主要责任，符合法律有关缓刑适用条件的，可以依法适用缓刑，但应注意根据案件具体情况，区别对待，严格控制，避免适用不当造成的负面影响。

18. 对于具有下列情形的被告人，原则上不适用缓刑：

（一）具有本意见第14条、第15条所规定的情形的；

（二）数罪并罚的。

19. 宣告缓刑，可以根据犯罪情况，同时禁止犯罪分子在缓刑考验期限内从事与安全生产有关的特定活动。

20. 办理与危害生产安全犯罪相关的减刑、假释案件，要严格执行刑法、刑事诉讼法和有关司法解释规定。是否决定减刑、假释，既要看罪犯服刑期间的悔改表现，还要充分考虑原判认定的犯罪事实、性质、情节、社会危害程度等情况。

【法释〔2015〕22号】　最高人民法院、最高人民检察院关于办理危害生产安全刑事案件适用法律若干问题的解释（2015年11月9日最高人民法院审判委员会第1665次会议、2015年12月9日最高人民检察院第12届检察委员会第44次会议通过，2015年12月14日公布，2015年12月16日起施行）

第1条　刑法第134条第1款规定的犯罪主体，包括对生产、作业负有组织、指挥或者管理职责的负责人、管理人员、实际控制人、投资人等人员，以及直接从事生产、作业的人员。

第2条　刑法第134条第2款规定的犯罪主体，包括对生产、作业负有组织、指挥或者管理职责的负责人、管理人员、实际控制人、投资人等人员。

第3条　刑法第135条规定的"直接负责的主管人员和其他直接责任人员"，是指对安全生产设施或者安全生产条件不符合国家规定负有直接责任的生产经营单位负责人、管理人员、实际控制人、投资人，以及其他对安全生产设施或者安全生产条件负有管理、维护职责的人员。

第5条　明知存在事故隐患、继续作业存在危险，仍然违反有关安全管理的规定，实施下列行为之一的，应当认定为刑法第134条第2款规定的"强令他人违章冒险作业"：

（一）利用组织、指挥、管理职权，强制他人违章作业的；

（二）采取威逼、胁迫、恐吓等手段，强制他人违章作业的；

（三）故意掩盖事故隐患，组织他人违章作业的；①

（四）其他强令他人违章作业的行为。

第6条（第1款）　实施刑法第132条、第134条第1款、第135条、第135条之一、第136条、第139条规定的行为，因而发生安全事故，具有下列情形之一的，应当认定为"造成严重后果"或者"发生重大伤亡事故或者造成其他严重后果"，对相关责任人员，处3年以下有期徒刑或者拘役：

（一）造成死亡1人以上，或者重伤3人以上的；

（二）造成直接经济损失100万元以上的；

（三）其他造成严重后果或者重大安全事故的情形。

（第2款）　实施刑法第134条第2款规定的行为，因而发生安全事故，具有本条第1款规定情形的，应当认定为"发生重大伤亡事故或者造成其他严重后果"，对相关责任人员，处5年以下有期徒刑或者拘役。

第7条（第1款）　实施刑法第132条、第134条第1款、第135条、第135条之一、第136条、第139条规定的行为，因而发生安全事故，具有下列情形之一的，对相关责任人员，处3年以上7年以下有期徒刑：

（一）造成死亡3人以上或者重伤10人以上，负事故主要责任的；

（二）造成直接经济损失500万元以上，负事故主要责任的；

（三）其他造成特别严重后果、情节特别恶劣或者后果特别严重的情形。

（第2款）　实施刑法第134条第2款规定的行为，因而发生安全事故，具有本条第1款规定情形的，对相关责任人员，处5年以上有期徒刑。

第12条　实施刑法第132条、第134条至第139条之一规定的犯罪行为，具有下列情形之一的，从重处罚：

（一）未依法取得安全许可证件或者安全许可证件过期、被暂扣、吊销、注销后从事生产经营活动的；

（二）关闭、破坏必要的安全监控和报警设备的；

（三）已经发现事故隐患，经有关部门或者个人提出后，仍不采取措施的；

---

① 注：2021年3月1日起施行刑法修正案十一后，本项行为应当定性为"组织他人违章冒险作业罪"。

（四）1年内曾因危害生产安全违法犯罪活动受过行政处罚或者刑事处罚的；

（五）采取弄虚作假、行贿等手段，故意逃避、阻挠负有安全监督管理职责的部门实施监督检查的；

（六）安全事故发生后转移财产意图逃避承担责任的；

（七）其他从重处罚的情形。

实施前款第5项规定的行为，同时构成刑法第389条规定的犯罪的，依照数罪并罚的规定处罚。

第13条 实施刑法第132条、第134条至第139条之一规定的犯罪行为，在安全事故发生后积极组织、参与事故抢救，或者积极配合调查、主动赔偿损失的，可以酌情从轻处罚。

第14条 国家工作人员违反规定投资入股生产经营，构成本解释规定的有关犯罪的，或者国家工作人员的贪污、受贿犯罪行为与安全事故发生存在关联性的，从重处罚；同时构成贪污、受贿犯罪和危害生产安全犯罪的，依照数罪并罚的规定处罚。

第16条 对于实施危害生产安全犯罪适用缓刑的犯罪分子，可以根据犯罪情况，禁止其在缓刑考验期限内从事与安全生产相关联的特定活动；对于被判处刑罚的犯罪分子，可以根据犯罪情况和预防再犯罪的需要，禁止其自刑罚执行完毕之日或者假释之日起3年至5年内从事与安全生产相关的职业。

第17条 本解释自2015年12月16日起施行。本解释施行后，《最高人民法院、最高人民检察院关于办理危害矿山生产安全刑事案件具体应用法律若干问题的解释》（法释〔2007〕5号）同时废止。最高人民法院、最高人民检察院此前发布的司法解释和规范性文件与本解释不一致的，以本解释为准。

【高检发〔2020〕3号】 最高人民法院、最高人民检察院、公安部关于办理涉窨井盖相关刑事案件的指导意见（2020年2月19日最高人民检察院第13届检察委员会第33次会议通过，2020年3月16日印发施行）

五、（第1款） 在生产、作业中违反有关安全管理的规定，擅自移动窨井盖或者未做好安全防护措施等，发生重大伤亡事故或者造成其他严重后果的，依照刑法第134条第1款的规定，以重大责任事故罪定罪处罚。

十二、本意见所称的"窨井盖"，包括城市、城乡结合部和乡村等地的窨井盖以及其他井盖。

【法发〔2021〕35号】 最高人民法院、最高人民检察院、公安部、工业和信息化部、住房和城乡建设部、交通运输部、应急管理部、国家铁路局、中国民用航空局、国家邮政局关于依法惩治涉枪支、弹药、爆炸物、易燃易爆危险物品犯罪的意见（2021年12月28日印发，2021年12月31日施行）

5. 违反危险化学品安全管理规定，未经依法批准或者许可擅自从事易燃易爆危险物品道路运输活动，或者实施其他违反危险化学品安全管理规定通过道路运输易燃易爆危险物品的行为，危及公共安全的，依照刑法第133条之1第1款第四项的规定，以危险驾驶罪定罪处罚。

在易燃易爆危险物品生产、经营、储存等高度危险的生产作业活动中违反有关安全管理的规定，有下列情形之一，具有发生重大伤亡事故或者其他严重后果的现实危险的，依照刑法第134条之1第三项的规定，以危险作业罪定罪处罚：（1）委托无资质企业或者个人储存易燃易爆危险物品的；（2）在储存的普通货物中夹带易燃易爆危险物品的；（3）将易燃易爆危险物品谎报或者匿报为普通货物申报、储存的；（4）其他涉及安全生产的事项未经依法批准或者许可，擅自从事易燃易爆危险物品生产、经营、储存等活动的情形。

实施前2款行为，同时构成刑法第130条规定之罪等其他犯罪的，依照处罚较重的规定定罪处罚；导致发生重大伤亡事故或者其他严重后果，符合刑法第134条、第135条、第136条等规定的，依照各该条的规定定罪从重处罚。

9. 通过邮件、快件夹带易燃易爆危险物品，或者将易燃易爆危险物品谎报为普通物品交寄，符合本意见第5条至第8条规定的，依照各该条的规定定罪处罚。

【法释〔2022〕19号】 最高人民法院、最高人民检察院关于办理危害生产安全刑事案件适用法律若干问题的解释（二）（第二次重印增补内容，余文见本书末尾）。

● **立案标准** 最高人民检察院、公安部关于公安机关管辖的刑事案件立案追诉标准的规定（一）（公通字〔2008〕36号，2008年6月25日公布施行）

第8条 [重大责任事故案（刑法第134条第1款）] 在生产、作业中违反有关安全管理的规定，涉嫌下列情形之一的，应予立案追诉：

（一）造成死亡1人以上，或者重伤3人以上；
（二）造成直接经济损失50万元以上的；①
（三）发生矿山生产安全事故，造成直接经济损失100万元以上的；
（四）其他造成严重后果的情形。

第9条 [强令违章冒险作业案（刑法第134条第2款）] 强令他人违章冒险作业，涉嫌下列情形之一的，应予立案追诉：

---

① 注：《最高人民法院、最高人民检察院关于办理危害生产安全刑事案件适用法律若干问题的解释》（法释〔2015〕22号）施行以后，造成直接经济损失的数额应该改为100万元以上。

（一）造成死亡 1 人以上，或者重伤 3 人以上；
（二）造成直接经济损失 50 万元以上的；①
（三）发生矿山生产安全事故，造成直接经济损失 100 万元以上的；
（四）其他造成严重后果的情形。

第 10 条 ［重大劳动安全事故案（刑法第 135 条）］ 安全生产设施或者安全生产条件不符合国家规定，涉嫌下列情形之一的，应予立案追诉：
（一）造成死亡 1 人以上，或者重伤 3 人以上；
（二）造成直接经济损失 50 万元以上的；②
（三）发生矿山生产安全事故，造成直接经济损失 100 万元以上的；
（四）其他造成严重后果的情形。

第 101 条 本规定中的"以上"，包括本数。

● 指导案例 【高检发办字〔2021〕5 号】 关于印发最高人民检察院第 25 批指导性案例的通知（2020 年 12 月 4 日最高人民检察院第 13 届检察委员会第 56 次会议通过，2021 年 1 月 20 日印发）

（检例第 94 号）余某某等人重大劳动安全事故、重大责任事故案③

要旨：办理危害生产安全刑事案件，要根据案发原因及涉案人员的职责和行为，准确适用重大责任事故罪和重大劳动安全事故罪。要全面审查案件事实证据，依法追诉漏罪漏犯，准确认定责任主体和相关人员责任，并及时移交职务违法犯罪线索。针对事故中暴露出的相关单位安全管理漏洞和监管问题，要

---

① 注：《最高人民法院、最高人民检察院关于办理危害生产安全刑事案件适用法律若干问题的解释》（法释〔2015〕22 号）施行以后，造成直接经济损失的数额应该改为 100 万元以上。
② 注：《最高人民法院、最高人民检察院关于办理危害生产安全刑事案件适用法律若干问题的解释》（法释〔2015〕22 号）施行以后，造成直接经济损失的数额应该改为 100 万元以上。
③ 本案指导意义：（一）准确适用重大责任事故罪与重大劳动安全事故罪。……应当根据相关涉案人员的工作职责和具体行为来认定其罪名。具体而言，对企业安全生产负有责任的人员，在生产、作业过程中违反安全管理规定的，应认定为重大责任事故罪；对企业安全生产设施或者安全生产条件不符合国家规定负有责任的人员，应认定为重大劳动安全事故罪；如果行为人的行为同时包括在生产、作业中违反有关安全管理的规定和提供安全生产设施或条件不符合国家规定，为全面评价其行为，应认定为重大责任事故罪。（二）准确界定人员和责任单位的罪名，依法追诉漏罪漏犯，向相关部门移交职务违法犯罪线索。安全生产刑事案件，中的涉案人员较多，既有一线的直接责任人员，也有管理层的实际控制人，还有负责审批监管的国家工作人员；有的罪名较广，包括生产、销售不符合安全标准的产品罪、玩忽职守罪、受贿罪、帮助毁灭证据罪等；除了自然人犯罪，有的还包括单位犯罪。检察机关办案中，要注重深挖线索，准确界定相关人员责任，发现漏罪漏犯要及时追诉。对负有监管职责的国家工作人员，涉嫌渎职犯罪或者违纪违法的，及时将线索移交相关部门处理。（三）充分发挥检察建议作用，以办案促安全生产治理。……

及时制发检察建议，督促落实整改。

（检例第 95 号）宋某某等人重大责任事故案①

要旨： 对相关部门出具的安全生产事故调查报告，要综合全案证据进行审查，准确认定案件事实和相关人员责任。要正确区分相关涉案人员的责任和追责方式，发现漏犯及时追诉，对不符合起诉条件的，依法作出不起诉处理。

（检例第 96 号）黄某某等人重大责任事故、谎报安全事故案②

要旨： ……对同时构成重大责任事故罪和谎报安全事故罪的，应当数罪并罚。

（检例第 97 号）夏某某等人重大责任事故案③

要旨： 内河运输中发生的船舶交通事故，相关责任人员可能同时涉嫌交通肇

---

① 本案指导意义：对涉案人员身份多样的案件，要按照各涉案人员在事故中有无主观过错、违反了哪方面职责和规定、具体行为表现及对事故发生所起的作用等，确定其是否需要承担刑事责任。

② 本案指导意义详见《刑法》第 139 条之一及《刑事诉讼法全厚细》第 113 条的相关内容。

③ 本案指导意义：（一）准确适用交通肇事罪与重大责任事故罪。两罪均属危害公共安全犯罪，前罪违反的是"交通运输法规"，后罪违反的是"有关安全管理的规定"。一般情况下，在航道、公路等公共交通领域，违反交通运输法规驾驶机动车辆或者其他交通工具，致人伤亡或者造成其他重大财产损失，构成犯罪的，应认定为交通肇事罪；在停车场、修理厂、进行农耕生产的田地等非公共交通领域，驾驶机动车辆或者其他交通工具，造成人员伤亡或者财产损失，构成犯罪的，应区分情况，分别认定为重大责任事故罪、重大劳动安全事故罪、过失致人死亡罪等罪名。需要指出的是，对于从事营运活动的交通运输组织来说，航道、公路既是公共交通领域，也是其生产经营场所，"交通运输法规"同时亦属交通运输组织的"安全管理的规定"，交通运输活动的负责人、投资人、驾驶人员等违反有关规定导致在航道、公路上发生交通事故，造成人员伤亡或者财产损失的，可能同时触犯交通肇事罪与重大责任事故罪。鉴于两罪前两档法定刑均为 7 年以下有期徒刑（交通肇事罪有因逃逸致人死亡判处 7 年以上有期徒刑的第 3 档法定刑），要综合考虑行为人对交通运输活动是否负有安全管理职责、对事故发生是否负有直接责任、所实施行为违反的主要是交通运输法规还是其他安全管理的法规等，准确选择适用罪名。具有营运性质的交通运输活动中，行为人既违反交通运输法规，也违反其他安全管理规定（如未取得安全许可证、经营资质、不配备安全设施等），发生重大事故的，由于该类运输活动主要是一种生产经营活动，并非单纯的交通运输行为，为全面准确评价行为人的行为，一般可按照重大责任事故罪认定。交通运输活动的负责人、投资人等负有安全监管职责的人员违反有关安全管理规定，造成重大事故发生，应认定为重大责任事故罪；驾驶人员等一线运输人员违反交通运输法规造成事故发生的，应认定为交通肇事罪。（二）准确界定因果关系，依法认定投资人、实际控制人等涉案人员及相关行政监管人员的刑事责任。危害生产安全案件往往多因一果，涉案人员较多，既有直接从事生产、作业的人员，又有投资人、实际控制人等，还可能涉及相关负有监管职责的国家工作人员。投资人、实际控制人等一般并非现场作业人员，确定其行为与事故后果之间是否存在刑法意义上的因果关系是个难点。如果投资人、实际控制人等实施了未取得经营资质和安全生产许可证、未制定安全生产管理规定或规章制度、不提供安全生产条件和必要设施等不履行安全监管职责的行为，在此情况下进行生产、作业，导致发生重大伤亡事故或者造成其他严重后果的，不论事故发生是否介入第三人违规行为或者其他因素，均不影响认定其行为与事故后果之间存在刑法上的因果关系，应当依法追究其刑事责任。对发案单位的生产、作业负有安全监管、查处等职责的国家工作人员，不履行或者不正确履行工作职责，致使发案单位违规生产、作业或者危险状态下生产、作业，发生重大安全事故的，其行为也是造成危害结果发生的重要原因，应以渎职犯罪追究其刑事责任。

事罪和重大责任事故罪,要根据运输活动是否具有营运性质以及相关人员的具体职责和行为,准确适用罪名。重大责任事故往往涉案人员较多,因果关系复杂,要准确认定涉案单位投资人、管理人员及相关国家工作人员等涉案人员的刑事责任。

> **第 135 条之一**① 　**【大型群众性活动重大安全事故罪】** 举办大型群众性活动违反安全管理规定,因而发生重大伤亡事故或者造成其他严重后果的,对直接负责的主管人员和其他直接责任人员,处三年以下有期徒刑或者拘役;情节特别恶劣的,处三年以上七年以下有期徒刑。

● **条文注释**　第 135 条之一规定的"大型群众性活动"是指法人或者其他组织面向社会公众举办的每场次预计参加人数在 1000 人以上的各种群众活动,如各类文体比赛、文艺演出、游园、灯会、焰火晚会、人才招聘会、展览展销、现场开奖的彩票销售等活动。"安全管理规定"不仅包括对各种安全防范设施的要求和管理规定,还包括对所涉及的人员的各种安全管理规定(如人员超出场地承载容量、应急疏散预案等),相关的规定参见《大型群众性活动安全管理条例》和《营业性演出管理条例》。

● **相关规定**　**【法释〔2015〕22 号】**　最高人民法院、最高人民检察院关于办理危害生产安全刑事案件适用法律若干问题的解释(2015 年 11 月 9 日最高人民法院审判委员会第 1665 次会议、2015 年 12 月 9 日最高人民检察院第 12 届检察委员会第 44 次会议通过,2015 年 12 月 14 日公布,2015 年 12 月 16 日起施行)

　　第 6 条(第 1 款)　实施刑法第 132 条、第 134 条第 1 款、第 135 条、第 135 条之一、第 136 条、第 139 条规定的行为,因而发生安全事故,具有下列情形之一的,应当认定为"造成严重后果"或者"发生重大伤亡事故或者造成其他严重后果",对相关责任人员,处 3 年以下有期徒刑或者拘役:

　　(一)造成死亡 1 人以上,或者重伤 3 人以上的;

　　(二)造成直接经济损失 100 万元以上的;

　　(三)其他造成严重后果或者重大安全事故的情形。

---

① 第 135 条之一是根据 2006 年 6 月 29 日第 10 届全国人民代表大会常务委员会第 22 次会议通过的《刑法修正案(六)》(主席令第 51 号公布,2006 年 6 月 29 日起施行)而增设。

第 7 条（第 1 款） 实施刑法第 132 条、第 134 条第 1 款、第 135 条、135 条之一、第 136 条、第 139 条规定的行为，因而发生安全事故，具有下列情形之一的，对相关责任人员，处 3 年以上 7 年以下有期徒刑：

（一）造成死亡 3 人以上或者重伤 10 人以上，负事故主要责任的；

（二）造成直接经济损失 500 万元以上，负事故主要责任的；

（三）其他造成特别严重后果、情节特别恶劣或者后果特别严重的情形。

第 12 条 实施刑法第 132 条、第 134 条至第 139 条之一规定的犯罪行为，具有下列情形之一的，从重处罚：

（一）未依法取得安全许可证件或者安全许可证件过期、被暂扣、吊销、注销后从事生产经营活动的；

（二）关闭、破坏必要的安全监控和报警设备的；

（三）已经发现事故隐患，经有关部门或者个人提出后，仍不采取措施的；

（四）1 年内曾因危害生产安全违法犯罪活动受过行政处罚或者刑事处罚的；

（五）采取弄虚作假、行贿等手段，故意逃避、阻挠负有安全监督管理职责的部门实施监督检查的；

（六）安全事故发生后转移财产意图逃避承担责任的；

（七）其他从重处罚的情形。

实施前款第 5 项规定的行为，同时构成刑法第 389 条规定的犯罪的，依照数罪并罚的规定处罚。

第 13 条 实施刑法第 132 条、第 134 条至第 139 条之一规定的犯罪行为，在安全事故发生后积极组织、参与事故抢救，或者积极配合调查、主动赔偿损失的，可以酌情从轻处罚。

第 14 条 国家工作人员违反规定投资入股生产经营，构成本解释规定的有关犯罪的，或者国家工作人员的贪污、受贿犯罪行为与安全事故发生存在关联性的，从重处罚；同时构成贪污、受贿犯罪和危害生产安全犯罪的，依照数罪并罚的规定处罚。

【主席令〔2012〕67 号】 中华人民共和国治安管理处罚法（2012 年 10 月 26 日第 11 届全国人大常委会第 29 次会议修正，2013 年 1 月 1 日起施行）

第 2 条 扰乱公共秩序，妨害公共安全，侵犯人身权利、财产权利，妨害社会管理，具有社会危害性，依照《中华人民共和国刑法》的规定构成犯罪的，依法追究刑事责任；尚不够刑事处罚的，由公安机关依照本法给予治安管理处罚。

第 38 条 举办文化、体育等大型群众性活动，违反有关规定，有发生安全事故危险的，责令停止活动，立即疏散；对组织者处 5 日以上 10 日以下拘留，并处 200 元以上 500 元以下罚款；情节较轻的，处 5 日以下拘留或者 500 元以下罚款。

第 39 条　旅馆、饭店、影剧院、娱乐场、运动场、展览馆或者其他供社会公众活动的场所的经营管理人员，违反安全规定，致使该场所有发生安全事故危险，经公安机关责令改正，拒不改正的，处 5 日以下拘留。

● **立案标准**　最高人民检察院、公安部关于公安机关管辖的刑事案件立案追诉标准的规定（一）（公安部公通字〔2008〕36 号，2008 年 6 月 25 日公布施行）

第 11 条　［大型群众性活动重大安全事故案（刑法第 135 条之一）］举办大型群众性活动违反安全管理规定，涉嫌下列情形之一的，应予立案追诉：

（一）造成死亡 1 人以上，或者重伤 3 人以上；
（二）造成直接经济损失 50 万元以上的；①
（三）其他造成严重后果的情形。

第 101 条　本规定中的"以上"，包括本数。

第 136 条　【危险物品肇事罪】违反爆炸性、易燃性、放射性、毒害性、腐蚀性物品的管理规定，在生产、储存、运输、使用中发生重大事故，造成严重后果的，处三年以下有期徒刑或者拘役；后果特别严重的，处三年以上七年以下有期徒刑。

● **条文注释**　构成本罪，要求主体是生产、储存、运输或使用危险物品的人员，并且具有违反危险物品管理规定的行为，而且造成严重后果。如果行为人出于主观上的故意或过失，则不适用本条定罪处刑，而应该根据其造成的后果，适用《刑法》第 114 条、第 115 条或其他条款。

这里的"危险物品"（爆炸性、易燃性、放射性、毒害性、腐蚀性物品）与《刑法》第 125 条、第 127 条、第 130 条的危险物品（危险物质）的定义是一致的。"严重后果"是指造成人员伤亡或使公私财产遭受重大损失。

● **相关规定**　【公明发〔2000〕1186 号】　公安部关于加强爆炸案件和爆炸物品丢失被盗案件倒查责任追究工作的通知（2000 年 5 月 9 日）

三、……对因安全管理制度不落实、仓储设施不符合安全要求、守卫看护

---

① 注：《最高人民法院、最高人民检察院关于办理危害生产安全刑事案件适用法律若干问题的解释》（法释〔2015〕22 号）施行以后，造成直接经济损失的数额应该改为 100 万元以上。

人员擅离职守等导致爆炸物品被私拿、私藏或丢失、被盗，或者非法转借、转送等被犯罪分子获取作案的，依照《刑法》第136条的规定，追究责任人的刑事责任；……

【公通字〔2004〕83号】 公安部、中央社会治安综合治理委员会办公室、民政部、建设部、国家税务总局、国家工商行政管理总局关于进一步加强和改进出租房屋管理工作有关问题的通知（2004年11月12日）

三、……对房主违反出租房屋管理规定的行为，按照下列规定严肃查处：

（五）明知承租人违反爆炸、剧毒、易燃、放射性等危险物品管理规定，利用出租房屋生产、销售、储存、使用危险物品，不及时制止、报告，尚未造成严重后果的，由公安部门依照《租赁房屋治安管理规定》第9条第（三）项的规定予以处罚；构成犯罪的，依照《中华人民共和国刑法》第136条的规定追究刑事责任。

【法释〔2015〕22号】 最高人民法院、最高人民检察院关于办理危害生产安全刑事案件适用法律若干问题的解释（2015年11月9日最高人民法院审判委员会第1665次会议、2015年12月9日最高人民检察院第12届检察委员会第44次会议通过，2015年12月14日公布，2015年12月16日起施行）

第6条（第1款） 实施刑法第132条、第134条第1款、第135条、第135条之一、第136条、第139条规定的行为，因而发生安全事故，具有下列情形之一的，应当认定为"造成严重后果"或者"发生重大伤亡事故或者造成其他严重后果"，对相关责任人员，处3年以下有期徒刑或者拘役：

（一）造成死亡1人以上，或者重伤3人以上的；

（二）造成直接经济损失100万元以上的；

（三）其他造成严重后果或者重大安全事故的情形。

第7条（第1款） 实施刑法第132条、第134条第1款、第135条、第135条之一、第136条、第139条规定的行为，因而发生安全事故，具有下列情形之一的，对相关责任人员，处3年以上7年以下有期徒刑：

（一）造成死亡3人以上或者重伤10人以上，负事故主要责任的；

（二）造成直接经济损失500万元以上，负事故主要责任的；

（三）其他造成特别严重后果、情节特别恶劣或者后果特别严重的情形。

第12条 实施刑法第132条、第134条至第139条之一规定的犯罪行为，具有下列情形之一的，从重处罚：

（一）未依法取得安全许可证件或者安全许可证件过期、被暂扣、吊销、注销后从事生产经营活动的；

（二）关闭、破坏必要的安全监控和报警设备的；

（三）已经发现事故隐患，经有关部门或者个人提出后，仍不采取措施的；

（四）1年内曾因危害生产安全违法犯罪活动受过行政处罚或者刑事处罚的；

（五）采取弄虚作假、行贿等手段，故意逃避、阻挠负有安全监督管理职责的部门实施监督检查的；

（六）安全事故发生后转移财产意图逃避承担责任的；

（七）其他从重处罚的情形。

实施前款第5项规定的行为，同时构成刑法第389条规定的犯罪的，依照数罪并罚的规定处罚。

第13条 实施刑法第132条、第134条至第139条之一规定的犯罪行为，在安全事故发生后积极组织、参与事故抢救，或者积极配合调查、主动赔偿损失的，可以酌情从轻处罚。

第14条 国家工作人员违反规定投资入股生产经营，构成本解释规定的有关犯罪的，或者国家工作人员的贪污、受贿犯罪行为与安全事故发生存在关联性的，从重处罚；同时构成贪污、受贿犯罪和危害生产安全犯罪的，依照数罪并罚的规定处罚。

【法发〔2021〕35号】 最高人民法院、最高人民检察院、公安部、工业和信息化部、住房和城乡建设部、交通运输部、应急管理部、国家铁路局、中国民用航空局、国家邮政局关于依法惩治涉枪支、弹药、爆炸物、易燃易爆危险物品犯罪的意见（2021年12月28日印发，2021年12月31日施行）

5. 违反危险化学品安全管理规定，未经依法批准或者许可擅自从事易燃易爆危险物品道路运输活动，或者实施其他违反危险化学品安全管理规定通过道路运输易燃易爆危险物品的行为，危及公共安全的，依照刑法第133条之1第1款第四项的规定，以危险驾驶罪定罪处罚。

在易燃易爆危险物品生产、经营、储存等高度危险的生产作业活动中违反有关安全管理的规定，有下列情形之一，具有发生重大伤亡事故或者其他严重后果的现实危险的，依照刑法第134条之1第三项的规定，以危险作业罪定罪处罚：（1）委托无资质企业或者个人储存易燃易爆危险物品的；（2）在储存的普通货物中夹带易燃易爆危险物品的；（3）将易燃易爆危险物品谎报或者匿报为普通货物申报、储存的；（4）其他涉及安全生产的事项未经依法批准或者许可，擅自从事易燃易爆危险物品生产、经营、储存等活动的情形。

实施前2款行为，同时构成刑法第130条规定之罪等其他犯罪的，依照处罚较重的规定定罪处罚；导致发生重大伤亡事故或者其他严重后果，符合刑法第134条、第135条、第136条等规定的，依照各该条的规定定罪从重处罚。

6. 在易燃易爆危险物品生产、储存、运输、使用中违反有关安全管理的规定，实施本意见第5条前2款规定以外的其他行为，导致发生重大事故，造成严重后果，符合刑法第136条等规定的，以危险物品肇事罪等罪名定罪处罚。

7. 实施刑法第136条规定等行为，向负有安全生产监督管理职责的部门不报、谎报或者迟报相关情况的，从重处罚；同时构成刑法第139条之1规定之罪的，依照数罪并罚的规定处罚。

9. 通过邮件、快件夹带易燃易爆危险物品，或者将易燃易爆危险物品谎报为普通物品交寄，符合本意见第5条至第8条规定的，依照各该条的规定定罪处罚。

【法释〔2022〕19号】 最高人民法院、最高人民检察院关于办理危害生产安全刑事案件适用法律若干问题的解释（二）（第二次重印增补内容，余文见本书末尾。）

● **立案标准** 最高人民检察院、公安部关于公安机关管辖的刑事案件立案追诉标准的规定（一）（公通字〔2008〕36号，2008年6月25日公布施行）

第12条 [危险物品肇事案（刑法第136条）] 违反爆炸性、易燃性、放射性、毒害性、腐蚀性物品的管理规定，在生产、储存、运输、使用中发生重大事故，涉嫌下列情形之一的，应予立案追诉：

（一）造成死亡1人以上，或者重伤3人以上；

（二）造成直接经济损失50万元以上的；①

（三）其他造成严重后果的情形。

第101条 本规定中的"以上"，包括本数。

第137条 **【工程重大安全事故罪】** 建设单位、设计单位、施工单位、工程监理单位违反国家规定，降低工程质量标准，造成重大安全事故的，对直接责任人员，处五年以下有期徒刑或者拘役，并处罚金；后果特别严重的，处五年以上十年以下有期徒刑，并处罚金。

---

① 注：《最高人民法院、最高人民检察院关于办理危害生产安全刑事案件适用法律若干问题的解释》（法释〔2015〕22号）施行以后，造成直接经济损失的数额应该改为100万元以上。

● **条文注释** 构成本罪，要求主体是相关的单位，即建设工程的所有权（或使用权）单位、设计单位、施工单位和工程监理单位，并且在客观方面实施了违反国家规定，降低工程质量标准的行为，如设计存在缺陷，或降低材料规格、使用不合格的材料等，并造成了重大安全事故。

这里的"重大安全事故"是指发生楼房倒塌、桥梁断裂、铁路塌陷等事故，造成人员伤亡或交通工具倾覆等后果；"后果特别严重"是指造成多人伤亡或使公私财产遭受特别重大的损失。

● **相关规定** 【法发〔2010〕9号】 **最高人民法院关于贯彻宽严相济刑事政策的若干意见**（2010年2月8日印发）

四、准确把握和正确适用宽严"相济"的政策要求

32. 对于过失犯罪，如安全责任事故犯罪等，主要应当根据犯罪造成危害后果的严重程度、被告人主观罪过的大小以及被告人案发后的表现等，综合掌握处罚的宽严尺度。对于过失犯罪后积极抢救、挽回损失或者有效防止损失进一步扩大的，要依法从宽。对于造成的危害后果虽然不是特别严重，但情节特别恶劣或案发后故意隐瞒案情，甚至逃逸，给及时查明事故原因和迅速组织抢救造成贻误的，则要依法从重处罚。

【法释〔2015〕22号】 **最高人民法院、最高人民检察院关于办理危害生产安全刑事案件适用法律若干问题的解释**（2015年11月9日最高人民法院审判委员会第1665次会议、2015年12月9日最高人民检察院第12届检察委员会第44次会议通过，2015年12月14日公布，2015年12月16日起施行）

第6条（第1款） 实施刑法第132条、第134条第1款、第135条、第135条之一、第136条、第139条规定的行为，因而发生安全事故，具有下列情形之一的，应当认定为"造成严重后果"或者"发生重大伤亡事故或者造成其他严重后果"，对相关责任人员，处3年以下有期徒刑或者拘役：

（一）造成死亡1人以上，或者重伤3人以上的；

（二）造成直接经济损失100万元以上的；

（三）其他造成严重后果或者重大安全事故的情形。

（第3款） 实施刑法第137条规定的行为，因而发生安全事故，具有本条第1款规定情形的，应当认定为"造成重大安全事故"，对直接责任人员，处5年以下有期徒刑或者拘役，并处罚金。

第7条（第1款） 实施刑法第132条、第134条第1款、第135条、第135条之一、第136条、第139条规定的行为，因而发生安全事故，具有下列情

形之一的，对相关责任人员，处3年以上7年以下有期徒刑：

（一）造成死亡3人以上或者重伤10人以上，负事故主要责任的；

（二）造成直接经济损失500万元以上，负事故主要责任的；

（三）其他造成特别严重后果、情节特别恶劣或者后果特别严重的情形。

（第3款）实施刑法第137条规定的行为，因而发生安全事故，具有本条第1款规定情形的，对直接责任人员，处5年以上10年以下有期徒刑，并处罚金。

第12条 实施刑法第132条、第134条至第139条之一规定的犯罪行为，具有下列情形之一的，从重处罚：

（一）未依法取得安全许可证件或者安全许可证件过期、被暂扣、吊销、注销后从事生产经营活动的；

（二）关闭、破坏必要的安全监控和报警设备的；

（三）已经发现事故隐患，经有关部门或者个人提出后，仍不采取措施的；

（四）1年内曾因危害生产安全违法犯罪活动受过行政处罚或者刑事处罚的；

（五）采取弄虚作假、行贿等手段，故意逃避、阻挠负有安全监督管理职责的部门实施监督检查的；

（六）安全事故发生后转移财产意图逃避承担责任的；

（七）其他从重处罚的情形。

实施前款第5项规定的行为，同时构成刑法第389条规定的犯罪的，依照数罪并罚的规定处罚。

第13条 实施刑法第132条、第134条至第139条之一规定的犯罪行为，在安全事故发生后积极组织、参与事故抢救，或者积极配合调查、主动赔偿损失的，可以酌情从轻处罚。

第14条 国家工作人员违反规定投资入股生产经营，构成本解释规定的有关犯罪的，或者国家工作人员的贪污、受贿犯罪行为与安全事故发生存在关联性的，从重处罚；同时构成贪污、受贿犯罪和危害生产安全犯罪的，依照数罪并罚的规定处罚。

【高检发〔2020〕3号】 最高人民法院、最高人民检察院、公安部关于办理涉窨井盖相关刑事案件的指导意见（2020年2月19日最高人民检察院第13届检察委员会第33次会议通过，2020年3月16日印发施行）

五、（第2款）窨井盖建设、设计、施工、工程监理单位违反国家规定，降低工程质量标准，造成重大安全事故的，依照刑法第137条的规定，以工程重大安全事故罪定罪处罚。

十二、本意见所称的"窨井盖",包括城市、城乡结合部和乡村等地的窨井盖以及其他井盖。

【法释〔2022〕19号】 最高人民法院、最高人民检察院关于办理危害生产安全刑事案件适用法律若干问题的解释(二)(第二次重印增补内容,余文见本书末尾。)

● 立案标准 最高人民检察院、公安部关于公安机关管辖的刑事案件立案追诉标准的规定(一)(公通字〔2008〕36号,2008年6月25日公布施行)

第13条[工程重大安全事故案(刑法第137条)] 建设单位、设计单位、施工单位、工程监理单位违反国家规定,降低工程质量标准,涉嫌下列情形之一的,应予立案追诉:

(一)造成死亡1人以上,或者重伤3人以上;

(二)造成直接经济损失50万元以上的;①

(三)其他造成严重后果的情形。

第101条 本规定中的"以上",包括本数。

第138条 【教育设施重大安全事故罪】 明知校舍或者教育教学设施有危险,而不采取措施或者不及时报告,致使发生重大伤亡事故的,对直接责任人员,处三年以下有期徒刑或者拘役;后果特别严重的,处三年以上七年以下有期徒刑。

● 条文注释 构成本罪,必须具备以下条件:(1)构成本罪的主体主要是学校的校长、学校上级机关和有关房管部门的主管人员,以及其他对教育教学设施的安全负有责任的人员。(2)行为人在主观上是出于过失。(3)明知危险而没采取措施或及时报告,并导致重大伤亡事故。

这里的"校舍"主要是指各类学校及教育机构、社会培训机构用于教学、教辅、办公、食宿、生活等用途的各种楼房,包括租用的其他民用建筑;"教育教学设施"是指用于教育、教学的各种设施和设备,如体育场所、实验器材等。

在司法实践中,应该注意以下几点:(1)应该知道校舍或教育教学设施存

---

① 注:《最高人民法院、最高人民检察院关于办理危害生产安全刑事案件适用法律若干问题的解释》(法释〔2015〕22号)施行以后,造成直接经济损失的数额应该改为100万元以上。

在危险,但由于疏忽或过分自信而认为没有危险,也属于本条规定的"明知"。(2) 由于资金等原因自己不能解决危险,但只是向上级报告,而没有采取其他有效防范措施,也适用于本条规定。(3) 如果只是发生校舍倒塌、设备仪器爆炸或教育教学设施遭受破坏等情形,而没有造成人员伤亡,则不构成本罪[①]。

● 相关规定 **【法释〔2015〕22 号】 最高人民法院、最高人民检察院关于办理危害生产安全刑事案件适用法律若干问题的解释**(2015 年 11 月 9 日最高人民法院审判委员会第 1665 次会议、2015 年 12 月 9 日最高人民检察院第 12 届检察委员会第 44 次会议通过,2015 年 12 月 14 日公布,2015 年 12 月 16 日起施行)

第 6 条(第 1 款) 实施刑法第 132 条、第 134 条第 1 款、第 135 条、第 135 条之一、第 136 条、第 139 条规定的行为,因而发生安全事故,具有下列情形之一的,应当认定为"造成严重后果"或者"发生重大伤亡事故或者造成其他严重后果",对相关责任人员,处 3 年以下有期徒刑或者拘役:

(一)造成死亡 1 人以上,或者重伤 3 人以上的;

(二)造成直接经济损失 100 万元以上的;

(三)其他造成严重后果或者重大安全事故的情形。

(第 4 款) 实施刑法第 138 条规定的行为,因而发生安全事故,具有本条第 1 款第 1 项规定情形的,应当认定为"发生重大伤亡事故",对直接责任人员,处 3 年以下有期徒刑或者拘役。

第 7 条(第 4 款) 实施刑法第 138 条规定的行为,因而发生安全事故,具有下列情形之一的,对直接责任人员,处 3 年以上 7 年以下有期徒刑:

(一)造成死亡 3 人以上或者重伤 10 人以上,负事故主要责任的;

(二)具有本解释第 6 条第 1 款第 1 项规定情形,同时造成直接经济损失 500 万元以上并负事故主要责任的,或者同时造成恶劣社会影响的。

第 12 条 实施刑法第 132 条、第 134 条至第 139 条之一规定的犯罪行为,具有下列情形之一的,从重处罚:

(一)未依法取得安全许可证件或者安全许可证件过期、被暂扣、吊销、注销后从事生产经营活动的;

(二)关闭、破坏必要的安全监控和报警设备的;

(三)已经发现事故隐患,经有关部门或者个人提出后,仍不采取措施的;

[①] 全国人民代表大会常务委员会法制工作委员会编:《中华人民共和国刑法释义》,法律出版社 2011 年版,第 177 页。

（四）1年内曾因危害生产安全违法犯罪活动受过行政处罚或者刑事处罚的；

（五）采取弄虚作假、行贿等手段，故意逃避、阻挠负有安全监督管理职责的部门实施监督检查的；

（六）安全事故发生后转移财产意图逃避承担责任的；

（七）其他从重处罚的情形。

实施前款第5项规定的行为，同时构成刑法第389条规定的犯罪的，依照数罪并罚的规定处罚。

第13条 实施刑法第132条、第134条至第139条之一规定的犯罪行为，在安全事故发生后积极组织、参与事故抢救，或者积极配合调查、主动赔偿损失的，可以酌情从轻处罚。

第14条 国家工作人员违反规定投资入股生产经营，构成本解释规定的有关犯罪的，或者国家工作人员的贪污、受贿犯罪行为与安全事故发生存在关联性的，从重处罚；同时构成贪污、受贿犯罪和危害生产安全犯罪的，依照数罪并罚的规定处罚。

● 立案标准　最高人民检察院、公安部关于公安机关管辖的刑事案件立案追诉标准的规定（一）（公通字〔2008〕36号，2008年6月25日公布施行）

第14条 [教育设施重大安全事故案（刑法第138条）]　明知校舍或者教育教学设施有危险，而不采取措施或者不及时报告，涉嫌下列情形之一的，应予立案追诉：

（一）造成死亡1人以上、重伤3人以上或者轻伤10人以上的；[1]

（二）其他致使发生重大伤亡事故的情形。

第101条　本规定中的"以上"，包括本数。

> **第139条　【消防责任事故罪】** 违反消防管理法规，经消防监督机构通知采取改正措施而拒绝执行，造成严重后果的，对直接责任人员，处三年以下有期徒刑或者拘役；后果特别严重的，处三年以上七年以下有期徒刑。

---

[1] 注：《最高人民法院、最高人民检察院关于办理危害生产安全刑事案件适用法律若干问题的解释》（法释〔2015〕22号）对"发生重大伤亡事故"的界定标准取消了对轻伤人数的评价，但"造成轻伤10人以上"依然可以酌情视为"发生重大伤亡事故"。

● **条文注释** 构成本罪，必须具备以下条件：(1) 构成本罪的主体是一般主体，但主要是指对防火安全负有职责的单位负责人员。(2) 行为人具有违反消防管理法规的行为，并在主观上是出于过失。(3) 消防监督机构已经口头或书面通知改正，但行为人没有采取措施消除火灾隐患，并造成严重后果。

这里的"消防管理法规"既包括国家关于消防方面的法律法规，也包括地方各级人民政府和有关主管部门为保障消防安全而发布的规章制度，如《消防法》《城市消防规划建设管理规定》《建设工程消防监督管理规定》《建筑设计防火规范》《城镇燃气设计规范》《火灾自动报警系统设计规范》等。

● **相关规定** 【法释〔2015〕22号】 **最高人民法院、最高人民检察院关于办理危害生产安全刑事案件适用法律若干问题的解释**（2015年11月9日最高人民法院审判委员会第1665次会议、2015年12月9日最高人民检察院第12届检察委员会第44次会议通过，2015年12月14日公布，2015年12月16日起施行）

第6条（第1款） 实施刑法第132条、第134条第1款、第135条、第135条之一、第136条、第139条规定的行为，因而发生安全事故，具有下列情形之一的，应当认定为"造成严重后果"或者"发生重大伤亡事故或者造成其他严重后果"，对相关责任人员，处3年以下有期徒刑或者拘役：

（一）造成死亡1人以上，或者重伤3人以上的；

（二）造成直接经济损失100万元以上的；

（三）其他造成严重后果或者重大安全事故的情形。

第7条（第1款） 实施刑法第132条、第134条第1款、第135条、第135条之一、第136条、第139条规定的行为，因而发生安全事故，具有下列情形之一的，对相关责任人员，处3年以上7年以下有期徒刑：

（一）造成死亡3人以上或者重伤10人以上，负事故主要责任的；

（二）造成直接经济损失500万元以上，负事故主要责任的；

（三）其他造成特别严重后果、情节特别恶劣或者后果特别严重的情形。

第12条 实施刑法第132条、第134条至第139条之一规定的犯罪行为，具有下列情形之一的，从重处罚：

（一）未依法取得安全许可证或者安全许可证过期、被暂扣、吊销、注销后从事生产经营活动的；

（二）关闭、破坏必要的安全监控和报警设备的；

（三）已经发现事故隐患，经有关部门或者个人提出后，仍不采取措施的；

（四）1年内曾因危害生产安全违法犯罪活动受过行政处罚或者刑事处罚的；

（五）采取弄虚作假、行贿等手段，故意逃避、阻挠负有安全监督管理职责的部门实施监督检查的；

（六）安全事故发生后转移财产意图逃避承担责任的；

（七）其他从重处罚的情形。

实施前款第5项规定的行为，同时构成刑法第389条规定的犯罪的，依照数罪并罚的规定处罚。

第13条　实施刑法第132条、第134条至第139条之一规定的犯罪行为，在安全事故发生后积极组织、参与事故抢救，或者积极配合调查、主动赔偿损失的，可以酌情从轻处罚。

第14条　国家工作人员违反规定投资入股生产经营，构成本解释规定的有关犯罪的，或者国家工作人员的贪污、受贿犯罪行为与安全事故发生存在关联性的，从重处罚；同时构成贪污、受贿犯罪和危害生产安全犯罪的，依照数罪并罚的规定处罚。

● 立案标准　最高人民检察院、公安部关于公安机关管辖的刑事案件立案追诉标准的规定（一）（公通字〔2008〕36号，2008年6月25日公布施行）

第15条［消防责任事故案（刑法第139条）］　违反消防管理法规，经消防监督机构通知采取改正措施而拒绝执行，涉嫌下列情形之一的，应予立案追诉：

（一）造成死亡1人以上，或者重伤3人以上；

（二）造成直接经济损失50万元以上的；[①]

（三）造成森林火灾，过火有林地面积2公顷以上，或者过火疏林地、灌木林地、未成林地、苗圃地面积4公顷以上的；

（四）其他造成严重后果的情形。

第101条　本规定中的"以上"，包括本数。

[①] 注：《最高人民法院、最高人民检察院关于办理危害生产安全刑事案件适用法律若干问题的解释》（法释〔2015〕22号）施行以后，造成直接经济损失的数额应该改为100万元以上。

第139条之一① 　**【不报、谎报安全事故罪】** 在安全事故发生后，负有报告职责的人员不报或者谎报事故情况，贻误事故抢救，情节严重的，处三年以下有期徒刑或者拘役；情节特别严重的，处三年以上七年以下有期徒刑。

● **条文注释**　构成本罪，必须具备以下条件：1. 构成本罪的主体是特殊主体，即对安全事故负有报告职责的人，通常包括以下三类人员：（1）生产经营单位的主要负责人、雇主；（2）对安全生产和作业负有组织、监督、管理职责的部门的监督检查人员；（3）造成安全事故的直接责任人员。2. 行为人对安全事故没有按规定及时报告，或在报告中避重就轻，隐瞒了事故的真实情况（如人员伤亡、财产损失、事故原因等），从而贻误了对受伤人员和财产的抢救，并且情节严重。

　　这里的"安全事故"是指环境污染、楼房倒塌、水灾、火灾、爆炸、矿难，以及在大型群众性活动中发生的重大伤亡事故等各种安全事故；"报告"包括口头报告和书面报告，但要求在第一时间、采用最及时有效的报告方式。"情节严重"是指由于行为人的不报或谎报，使得有关部门没能采取及时有效的救助措施，从而贻误了事故抢救的最佳时机，造成伤亡人数增加或财产损失扩大；"情节特别严重"是指行为人不仅自己不报或谎报，还指使、授意他人不报或谎报，甚至阻止他人报告，或者逃匿，或伪造、破坏事故现场，转移、藏匿、销毁有关证据，不仅贻误了事故抢救，而且给事故调查处理设置了障碍等情况。

● **相关规定**　**【法发〔2011〕20号】** 最高人民法院关于进一步加强危害生产安全刑事案件审判工作的意见（最高人民法院2011年12月30日印发）

　　11. 安全事故发生后，负有报告职责的国家工作人员不报或者谎报事故情况，贻误事故抢救，情节严重，构成不报、谎报安全事故罪，同时构成职务犯罪或其他危害生产安全犯罪的，依照数罪并罚的规定处罚。

　　12. 非矿山生产安全事故中，认定"直接负责的主管人员和其他直接责任人员"、"负有报告职责的人员"的主体资格，认定构成"重大伤亡事故或者其他严重后果"、"情节特别恶劣"，不报、谎报事故情况，贻误事故抢救，"情节严

---

① 第139条之一是根据2006年6月29日第10届全国人民代表大会常务委员会第22次会议通过的《刑法修正案（六）》（主席令第51号公布，2006年6月29日起施行）而增设。

重"、"情节特别严重"等，可参照最高人民法院、最高人民检察院《关于办理危害矿山生产安全刑事案件具体应用法律若干问题的解释》①的相关规定。

【法释〔2015〕22号】　最高人民法院、最高人民检察院关于办理危害生产安全刑事案件适用法律若干问题的解释（2015年11月9日最高人民法院审判委员会第1665次会议、2015年12月9日最高人民检察院第12届检察委员会第44次会议通过，2015年12月14日公布，2015年12月16日起施行）

第4条　刑法第139条之一规定的"负有报告职责的人员"，是指负有组织、指挥或者管理职责的负责人、管理人员、实际控制人、投资人，以及其他负有报告职责的人员。

第8条　在安全事故发生后，负有报告职责的人员不报或者谎报事故情况，贻误事故抢救，具有下列情形之一的，应当认定为刑法第139条之一规定的"情节严重"：

（一）导致事故后果扩大，增加死亡1人以上，或者增加重伤3人以上，或者增加直接经济损失100万元以上的；

（二）实施下列行为之一，致使不能及时有效开展事故抢救的：

1. 决定不报、迟报、谎报事故情况或者指使、串通有关人员不报、迟报、谎报事故情况的；

2. 在事故抢救期间擅离职守或者逃匿的；

3. 伪造、破坏事故现场，或者转移、藏匿、毁灭遇难人员尸体，或者转移、藏匿受伤人员的；

4. 毁灭、伪造、隐匿与事故有关的图纸、记录、计算机数据等资料以及其他证据的；

（三）其他情节严重的情形。

具有下列情形之一的，应当认定为刑法第139条之一规定的"情节特别严重"：

（一）导致事故后果扩大，增加死亡3人以上，或者增加重伤10人以上，或者增加直接经济损失500万元以上的；

（二）采用暴力、胁迫、命令等方式阻止他人报告事故情况，导致事故后果扩大的；

（三）其他情节特别严重的情形。

---

① 现已失效。

第 9 条　在安全事故发生后，与负有报告职责的人员串通，不报或者谎报事故情况，贻误事故抢救，情节严重的，依照刑法第 139 条之一的规定，以共犯论处。

第 12 条　实施刑法第 132 条、第 134 条至第 139 条之一规定的犯罪行为，具有下列情形之一的，从重处罚：

（一）未依法取得安全许可证件或者安全许可证件过期、被暂扣、吊销、注销后从事生产经营活动的；

（二）关闭、破坏必要的安全监控和报警设备的；

（三）已经发现事故隐患，经有关部门或者个人提出后，仍不采取措施的；

（四）1 年内曾因危害生产安全违法犯罪活动受过行政处罚或者刑事处罚的；

（五）采取弄虚作假、行贿等手段，故意逃避、阻挠负有安全监督管理职责的部门实施监督检查的；

（六）安全事故发生后转移财产意图逃避承担责任的；

（七）其他从重处罚的情形。

实施前款第 5 项规定的行为，同时构成刑法第 389 条规定的犯罪的，依照数罪并罚的规定处罚。

第 13 条　实施刑法第 132 条、第 134 条至第 139 条之一规定的犯罪行为，在安全事故发生后积极组织、参与事故抢救，或者积极配合调查、主动赔偿损失的，可以酌情从轻处罚。

第 14 条　国家工作人员违反规定投资入股生产经营，构成本解释规定的有关犯罪的，或者国家工作人员的贪污、受贿犯罪行为与安全事故发生存在关联性的，从重处罚；同时构成贪污、受贿犯罪和危害生产安全犯罪的，依照数罪并罚的规定处罚。

第 17 条　本解释自 2015 年 12 月 16 日起施行。本解释施行后，《最高人民法院、最高人民检察院关于办理危害矿山生产安全刑事案件具体应用法律若干问题的解释》（法释〔2007〕5 号）同时废止。最高人民法院、最高人民检察院此前发布的司法解释和规范性文件与本解释不一致的，以本解释为准。

【法发〔2021〕35 号】　最高人民法院、最高人民检察院、公安部、工业和信息化部、住房和城乡建设部、交通运输部、应急管理部、国家铁路局、中国民用航空局、国家邮政局关于依法惩治涉枪支、弹药、爆炸物、易燃易爆危险物品犯罪的意见（2021 年 12 月 28 日印发，2021 年 12 月 31 日施行）

7. 实施刑法第 136 条规定等行为，向负有安全生产监督管理职责的部门不报、谎报或者迟报相关情况的，从重处罚；同时构成刑法第 139 条之 1 规定之罪的，依照数罪并罚的规定处罚。

9. 通过邮寄、快件夹带易燃易爆危险物品，或者将易燃易爆危险物品谎报为普通物品交寄，符合本意见第 5 条至第 8 条规定的，依照各该条的规定定罪处罚。

● 立案标准 最高人民检察院、公安部关于公安机关管辖的刑事案件立案追诉标准的规定（一）的补充规定（公通字〔2017〕12 号，2017 年 4 月 27 日公布施行）

第 15 条之一 ［不报、谎报安全事故案（刑法第 139 条之一）］① 在安全事故发生后，负有报告职责的人员不报或者谎报事故情况，贻误事故抢救，涉嫌下列情形之一的，应予立案追诉：

（1）导致事故后果扩大，增加死亡 1 人以上，或者增加重伤 3 人以上，或者增加直接经济损失 100 万元以上的；

（2）实施下列行为之一，致使不能及时有效开展事故抢救的：

1. 决定不报、迟报、谎报事故情况或者指使、串通有关人员不报、迟报、谎报事故情况的；

2. 在事故抢救期间擅离职守或者逃匿的；

3. 伪造、破坏事故现场，或者转移、藏匿、毁灭遇难人员尸体，或者转移、藏匿受伤人员的；

4. 毁灭、伪造、隐匿与事故有关的图纸、记录、计算机数据等资料以及其他证据的；

（3）其他不报、谎报安全事故情节严重的情形。

本条规定的"负有报告职责的人员"，是指负有组织、指挥或者管理职责的负责人、管理人员、实际控制人、投资人，以及其他负有报告职责的人员。

● 指导案例 【高检发办字〔2021〕5 号】 关于印发最高人民检察院第 25 批指导性案例的通知（2020 年 12 月 4 日最高人民检察院第 13 届检察委员会第 56 次会议通过，2021 年 1 月 20 日印发）

（检例第 96 号）黄某某等人重大责任事故、谎报安全事故案

指导意义：准确认定谎报安全事故罪。一是本罪主体为特殊主体，是指对

---

① 注：本条规定其实是对《最高人民法院、最高人民检察院关于办理危害生产安全刑事案件适用法律若干问题的解释》（法释〔2015〕22 号）第 4 条、第 8 条第 1 款内容的重复叙述。

安全事故负有报告职责的人员，一般为发生安全事故的单位中负有组织、指挥或者管理职责的负责人、管理人员、实际控制人、投资人以及其他负有报告职责的人员，不包括没有法定或者职务要求报告义务的普通工人。二是认定本罪，应重点审查谎报事故的行为与贻误事故抢救结果之间是否存在刑法上的因果关系。只有谎报事故的行为造成贻误事故抢救的后果，即造成事故后果扩大或致使不能及时有效开展事故抢救，才可能构成本罪。如果事故已经完成抢救，或者没有抢救时机（危害结果不可能加重或扩大），则不构成本罪。构成重大责任事故罪，同时又构成谎报安全事故罪的，应当数罪并罚。

第三章　破坏社会主义市场经济秩序罪

第一节　生产、销售伪劣商品罪

> **第140条　【生产、销售伪劣产品罪】**生产者、销售者在产品中掺杂、掺假，以假充真，以次充好或者以不合格产品冒充合格产品，销售金额五万元以上不满二十万元的，处二年以下有期徒刑或者拘役，并处或者单处销售金额百分之五十以上二倍以下罚金；销售金额二十万元以上不满五十万元的，处二年以上七年以下有期徒刑，并处销售金额百分之五十以上二倍以下罚金；销售金额五十万元以上不满二百万元的，处七年以上有期徒刑，并处销售金额百分之五十以上二倍以下罚金；销售金额二百万元以上的，处十五年有期徒刑或者无期徒刑，并处销售金额百分之五十以上二倍以下罚金或者没收财产。

● **条文注释**　构成本罪，必须具备以下条件：（1）行为人应具有生产、销售伪劣产品的主观故意，并在客观上实施了该行为。如果行为人将伪劣产品误作正品而生产或销售，则应承担民事责任，而不构成本罪。（2）销售金额在5万元以上。

这里的"掺杂、掺假"是指在产品中掺入杂质或其他成分，导致产品质量不符合国家法律法规或产品自身明示的质量要求，使产品降低或失去了应有的使用性能;"以假充真"既包括生产、销售假冒产品,也包括虚构产品的使用性能;"以次充好"既包括以低等级、低档次、低价的产品冒充高等级、高档次、高价的产品,也包括以残次、废旧的零配件组合、拼装后冒充正品或新产品的行为;"不合格产品"是指不符合《产品质量法》规定的质量要求的产品。"销售金额"是指销售伪劣产品后所得和应得的全部违法收入,包括产品本身的成本和销售所得的利润;多次生产或销售伪劣产品,未经处理的,其销售金额累计计算。

● 相关规定　【法释〔2001〕10号】　最高人民法院、最高人民检察院关于办理生产、销售伪劣商品刑事案件具体应用法律若干问题的解释(2001年4月5日最高人民法院审判委员会第1168次会议、2001年3月30日最高人民检察院第9届检察委员会第84次会议通过,2001年4月9日公布,2001年4月10日起施行)

第1条　刑法第140条规定的"在产品中掺杂、掺假",是指在产品中掺入杂质或者异物,致使产品质量不符合国家法律、法规或者产品明示质量标准规定的质量要求,降低、失去应有使用性能的行为。

刑法第140条规定的"以假充真",是指以不具有某种使用性能的产品冒充具有该种使用性能的产品的行为。

刑法第140条规定的"以次充好",是指以低等级、低档次产品冒充高等级、高档次产品,或者以残次、废旧零配件组合、拼装后冒充正品或者新产品的行为。

刑法第140条规定的"不合格产品",是指不符合《中华人民共和国产品质量法》第26条第2款规定的质量要求的产品。

对本条规定的上述行为难以确定的,应当委托法律、行政法规规定的产品质量检验机构进行鉴定。

第2条　刑法第140条、第149条规定的"销售金额",是指生产者、销售者出售伪劣产品后所得和应得的全部违法收入。

伪劣产品尚未销售,货值金额达到刑法第140条规定的销售金额3倍以上的,以生产、销售伪劣产品罪(未遂)定罪处罚。

货值金额以违法生产、销售的伪劣产品的标价计算;没有标价的,按照同类合格产品的市场中间价格计算。货值金额难以确定的,按照国家计划委员会、最高人民法院、最高人民检察院、公安部1997年4月22日联合发布的《扣押、追缴、没收物品估价管理办法》的规定,委托指定的估价机构确定。

多次实施生产、销售伪劣产品行为,未经处理的,伪劣产品的销售金额或者货值金额累计计算。

第 10 条　实施生产、销售伪劣商品犯罪，同时构成侵犯知识产权、非法经营等其他犯罪的，依照处罚较重的规定定罪处罚。

【法〔2001〕70 号】　最高人民法院关于审理生产、销售伪劣商品刑事案件有关鉴定问题的通知（最高人民法院 2001 年 5 月 21 日印发）

自全国开展整顿和规范市场经济秩序工作以来，各地人民法院陆续受理了一批生产、销售伪劣产品、假冒商标和非法经营等严重破坏社会主义市场经济秩序的犯罪案件。此类案件中涉及的生产、销售的产品，有的纯属伪劣产品，有的则只是侵犯知识产权的产品。由于涉案产品是否"以假充真"、"以次充好"、"以不合格产品冒充合格产品"，直接影响到对被告人的定罪及处刑，为准确适用刑法和《最高人民法院、最高人民检察院关于办理生产、销售伪劣商品刑事案件具体应用法律若干问题的解释》（以下简称《解释》），严惩假冒伪劣商品犯罪，不放纵和轻纵犯罪分子，现就审理生产、销售伪劣商品、假冒商标和非法经营等严重破坏社会主义市场经济秩序的犯罪案件中可能涉及的假冒伪劣商品的有关鉴定问题通知如下：

一、对于提起公诉的生产、销售伪劣产品、假冒商标、非法经营等严重破坏社会主义市场经济秩序的犯罪案件，所涉生产、销售的产品是否属于"以假充真"、"以次充好"、"以不合格产品冒充合格产品"难以确定的，应当根据《解释》第 1 条第 5 款的规定，由公诉机关委托法律、行政法规规定的产品质量检验机构进行鉴定。

三、经鉴定确系伪劣商品，被告人的行为既构成生产、销售伪劣产品罪，又构成生产、销售假药罪或者生产、销售不符合卫生标准的食品罪，或者同时构成侵犯知识产权、非法经营等其他犯罪的，根据刑法第 149 条第 2 款和《解释》第 10 条的规定，应当依照处罚较重的规定定罪处罚。

【法释〔2003〕8 号】　最高人民法院、最高人民检察院关于办理妨害预防、控制突发传染病疫情等灾害的刑事案件具体应用法律若干问题的解释（2003 年 5 月 13 日最高人民法院审判委员会第 1269 次会议、2003 年 5 月 13 日最高人民检察院第 10 届检察委员会第 3 次会议通过，2003 年 5 月 14 日公布，2003 年 5 月 15 日起施行）

第 2 条　在预防、控制突发传染病疫情等灾害期间，生产、销售伪劣的防治、防护产品、物资，或者生产、销售用于防治传染病的假药、劣药，构成犯罪的，分别依照刑法第 140 条、第 141 条、第 142 条的规定，以生产、销售伪劣产品罪，生产、销售假药罪或者生产、销售劣药罪定罪，依法从重处罚。

第 18 条　本解释所称"突发传染病疫情等灾害"，是指突然发生，造成或者可能造成社会公众健康严重损害的重大传染病疫情、群体性不明原因疾病以及其他严重影响公众健康的灾害。

【法发〔2020〕7 号】　最高人民法院、最高人民检察院、公安部、司法部关于依法惩治妨害新型冠状病毒感染肺炎疫情防控违法犯罪的意见（2020 年 2 月 6 日印发）

二、准确适用法律，依法严惩妨害疫情防控的各类违法犯罪

（三）依法严惩制假售假犯罪。在疫情防控期间，生产、销售伪劣的防治、防护产品、物资，或者生产、销售用于防治新型冠状病毒感染肺炎的假药、劣药，符合刑法第 140 条、第 141 条、第 142 条规定的，以生产、销售伪劣产品罪，生产、销售假药罪或者生产、销售劣药罪定罪处罚。

【高检会〔2003〕4 号】　最高人民法院、最高人民检察院、公安部、国家烟草专卖局关于办理假冒伪劣烟草制品等刑事案件适用法律问题座谈会纪要（2003 年 8 月 4 日至 6 日在昆明召开，2003 年 12 月 23 日印发）

一、关于生产、销售伪劣烟草制品行为适用法律问题

（一）关于生产伪劣烟草制品尚未销售或者尚未完全销售行为定罪量刑问题

根据刑法第 140 条的规定，生产、销售伪劣烟草制品，销售金额在 5 万元以上的，构成生产、销售伪劣产品罪。

根据《最高人民法院、最高人民检察院关于办理生产、销售伪劣商品刑事案件具体应用法律若干问题的解释》的有关规定，销售金额是指生产者、销售者出售伪劣烟草制品后所得和应得的全部违法收入。伪劣烟草制品尚未销售，货值金额达到刑法第 140 条规定的销售金额 3 倍（15 万元）以上的，以生产、销售伪劣产品罪（未遂）定罪处罚。货值金额以违法生产、销售的伪劣产品的标价计算；没有标价的，按照同类合格产品的市场中间价格计算。货值金额难以确定的，按照国家计划委员会、最高人民法院、最高人民检察院、公安部 1997 年 4 月 22 日联合发布的《扣押、追缴、没收物品估价管理办法》①　的规定，委托指定的估价机构确定。②

伪劣烟草制品尚未销售，货值金额分别达到 15 万元以上不满 20 万元、20 万元以上不满 50 万元、50 万元以上不满 200 万元、200 万元以上的，分别依照

---

① 该《办法》详见《刑事诉讼法全厚细》第 147 条。
② 注：本款规定与"法释〔2010〕7 号"《解释》第 2 条第 3 款规定不一致，应当以后者为准。

刑法第140条规定的各量刑档次定罪处罚。

伪劣烟草制品的销售金额不满5万元，但与尚未销售的伪劣烟草制品的货值金额合计达到15万元以上的，以生产、销售伪劣产品罪（未遂）定罪处罚。

生产伪劣烟草制品尚未销售，无法计算货值金额，有下列情形之一的，以生产、销售伪劣产品罪（未遂）定罪处罚：

1. 生产伪劣烟用烟丝数量在1000公斤以上的；
2. 生产伪劣烟用烟叶数量在1500公斤以上的。

（二）关于非法生产、拼装、销售烟草专用机械行为定罪处罚问题

非法生产、拼装、销售烟草专用机械行为，依照刑法第140条的规定，以生产、销售伪劣产品罪追究刑事责任。

四、关于共犯问题

知道或者应当知道他人实施本纪要第1条至第3条规定的犯罪行为，仍实施下列行为之一的，应认定为共犯，依法追究刑事责任：

1. 直接参与生产、销售假冒伪劣烟草制品或者销售假冒烟用注册商标的烟草制品或者直接参与非法经营烟草制品并在其中起主要作用的；
2. 提供房屋、场地、设备、车辆、贷款、资金、账号、发票、证明、技术等设施和条件，用于帮助生产、销售、储存、运输假冒伪劣烟草制品、非法经营烟草制品的；
3. 运输假冒伪劣烟草制品的。

上述人员中有检举他人犯罪经查证属实，或者提供重要线索，有立功表现的，可以从轻或减轻处罚；有重大立功表现的，可以减轻或者免除处罚。

五、国家机关工作人员参与实施本纪要第1条至第3条规定的犯罪行为的处罚问题

根据《最高人民法院、最高人民检察院关于办理生产、销售伪劣商品刑事案件具体应用法律若干问题的解释》的规定，国家机关工作人员参与实施本纪要第1条至第3条规定的犯罪行为的，从重处罚。

六、关于一罪与数罪问题

行为人的犯罪行为同时构成生产、销售伪劣产品罪、销售假冒注册商标的商品罪、非法经营罪等罪的，依照处罚较重的规定定罪处罚。

十、关于鉴定问题[①]

假冒伪劣烟草制品的鉴定工作，由国家烟草专卖行政主管部门授权的省级

---

① 注：本条规定与"法释〔2010〕7号"《解释》第7条规定不一致，应当以后者为准。

以上烟草产品质量监督检验机构,按照国家烟草专卖局制定的假冒伪劣卷烟鉴别检验管理办法和假冒伪劣卷烟鉴别检验规程等有关规定进行。

假冒伪劣烟草专用机械的鉴定由国家质量监督部门,或其委托的国家烟草质量监督检验中心,根据烟草行业的有关技术标准进行。

十一、关于烟草制品、卷烟的范围

本纪要所称烟草制品指卷烟、雪茄烟、烟丝、复烤烟叶、烟叶、卷烟纸、滤嘴棒、烟用丝束。

本纪要所称卷烟包括散支烟和成品烟。

【法释〔2010〕7号】 最高人民法院、最高人民检察院关于办理非法生产、销售烟草专卖品等刑事案件具体应用法律若干问题的解释(2009年12月28日最高人民法院审判委员会第1481次会议、2010年2月4日最高人民检察院第11届检察委员会第29次会议通过,2010年3月2日公布,2010年3月26日起施行)

第1条(第1款) 生产、销售伪劣卷烟、雪茄烟等烟草专卖品,销售金额在5万元以上的,依照刑法第140条的规定,以生产、销售伪劣产品罪定罪处罚。

第2条 伪劣卷烟、雪茄烟等烟草专卖品尚未销售,货值金额达到刑法第140条规定的销售金额定罪起点数额标准的3倍以上的,或者销售金额未达到5万元,但与未销售货值金额合计达到15万元以上的,以生产、销售伪劣产品罪(未遂)定罪处罚。

销售金额和未销售货值金额分别达到不同的法定刑幅度或者均达到同一法定刑幅度的,在处罚较重的法定刑幅度内酌情从重处罚。

查获的未销售的伪劣卷烟、雪茄烟,能够查清销售价格的,按照实际销售价格计算。无法查清实际销售价格,有品牌的,按照该品牌卷烟、雪茄烟的查获地省级烟草专卖行政主管部门出具的零售价格计算;无品牌的,按照查获地省级烟草专卖行政主管部门出具的上年度卷烟平均零售价格计算。

第4条 非法经营烟草专卖品,能够查清销售或者购买价格的,按照其销售或者购买的价格计算非法经营数额。无法查清销售或者购买价格的,按照下列方法计算非法经营数额:

(一)查获的卷烟、雪茄烟的价格,有品牌的,按照该品牌卷烟、雪茄烟的查获地省级烟草专卖行政主管部门出具的零售价格计算;无品牌的,按照查获地省级烟草专卖行政主管部门出具的上年度卷烟平均零售价格计算;

(二)查获的复烤烟叶、烟叶的价格按照查获地省级烟草专卖行政主管部门出具的上年度烤烟调拨平均基准价格计算；

（三）烟丝的价格按照第（二）项规定价格计算标准的1.5倍计算；

（四）卷烟辅料的价格，有品牌的，按照该品牌辅料的查获地省级烟草专卖行政主管部门出具的价格计算；无品牌的，按照查获地省级烟草专卖行政主管部门出具的上年度烟草行业生产卷烟所需该类卷烟辅料的平均价格计算；

（五）非法生产、销售、购买烟草专用机械的价格按照国务院烟草专卖行政主管部门下发的全国烟草专用机械产品指导价格目录进行计算；目录中没有该烟草专用机械的，按照省级以上烟草专卖行政主管部门出具的目录中同类烟草专用机械的平均价格计算。

第5条　行为人实施非法生产、销售烟草专卖品犯罪，同时构成生产、销售伪劣产品罪、侵犯知识产权犯罪、非法经营罪的，依照处罚较重的规定定罪处罚。

第6条　明知他人实施本解释第1条所列犯罪，而为其提供贷款、资金、账号、发票、证明、许可证件，或者提供生产、经营场所、设备、运输、仓储、保管、邮寄、代理进出口等便利条件，或者提供生产技术、卷烟配方的，应当按照共犯追究刑事责任。

第7条　办理非法生产、销售烟草专卖品等刑事案件，需要对伪劣烟草专卖品鉴定的，应当委托国务院产品质量监督管理部门和省、自治区、直辖市人民政府产品质量监督管理部门指定的烟草质量检测机构进行。

第9条　本解释所称"烟草专卖品"，是指卷烟、雪茄烟、烟丝、复烤烟叶、烟叶、卷烟纸、滤嘴棒、烟用丝束、烟草专用机械。

本解释所称"卷烟辅料"，是指卷烟纸、滤嘴棒、烟用丝束。

本解释所称"烟草专用机械"，是指由国务院烟草专卖行政主管部门烟草专用机械名录所公布的，在卷烟、雪茄烟、烟丝、复烤烟叶、烟叶、卷烟纸、滤嘴棒、烟用丝束的生产加工过程中，能够完成一项或者多项特定加工工序，可以独立操作的机械设备。

本解释所称"同类烟草专用机械"，是指在卷烟、雪茄烟、烟丝、复烤烟叶、烟叶、卷烟纸、滤嘴棒、烟用丝束的生产加工过程中，能够完成相同加工工序的机械设备。

【高检研〔2015〕19号】　最高人民法律政策研究室对《关于具有药品经营资质的企业通过非法渠道从私人手中购进药品后销售的如何适用法律问题的请示》的答复（2015年10月26日答复北京市人民检察院法律政策研究室"京检字〔2015〕76号"请示）

司法机关应当根据《中华人民共和国药品管理法》的有关规定，对具有药品经营资质的企业通过非法渠道从私人手中购销的药品的性质进行认定，区分不同情况，分别定性处理：

二是对于经认定属于劣药，但尚未达到《药品解释》规定的销售劣药罪的定罪量刑标准的，可以依据刑法第 149 条、第 140 条的规定，以销售伪劣产品罪追究刑事责任。

【法释〔2016〕29 号】　最高人民法院、最高人民检察院关于办理环境污染刑事案件适用法律若干问题的解释（2016 年 11 月 7 日最高人民法院审判委员会第 1698 次会议、2016 年 12 月 8 日最高人民检察院第 12 届检察委员会第 58 次会议通过，2016 年 12 月 23 日公布，2017 年 1 月 1 日起施行；2013 年 6 月 19 日施行的同名文件"法释〔2013〕15 号"同时废止）

第 6 条　无危险废物经营许可证从事收集、贮存、利用、处置危险废物经营活动，严重污染环境的，按照污染环境罪定罪处罚；同时构成非法经营罪的，依照处罚较重的规定定罪处罚。

实施前款规定的行为，不具有超标排放污染物、非法倾倒污染物或者其他违法造成环境污染的情形的，可以认定为非法经营情节显著轻微危害不大，不认为是犯罪；构成生产、销售伪劣产品等其他犯罪的，以其他犯罪论处。

第 17 条（第 6 款）　本解释所称"无危险废物经营许可证"，是指未取得危险废物经营许可证，或者超出危险废物经营许可证的经营范围。

第 18 条　本解释自 2017 年 1 月 1 日起施行。本解释施行后，《最高人民法院、最高人民检察院关于办理环境污染刑事案件适用法律若干问题的解释》（法释〔2013〕15 号）同时废止；之前发布的司法解释与本解释不一致的，以本解释为准。

【高检发〔2020〕10 号】　最高人民检察院关于充分发挥检察职能服务保障"六稳""六保"的意见（2020 年 7 月 21 日第 13 届最高人民检察院党组第 119 次会议通过，2020 年 7 月 22 日印发）①

3. 依法保护企业正常生产经营活动。深刻认识"六稳""六保"最重要的是稳就业、保就业，关键在于保企业，努力落实让企业"活下来""留得住""经营得好"的目标。……四是严格把握涉企业生产经营、创新创业的新类型案

---

① 本《意见》（司法解释性质的检察业务文件）由最高人民检察院党组（而非检委会）讨论通过，较罕见。

件的法律政策界限。对于企业创新产品与现有国家标准难以对应的，应当深入调查，进行实质性评估，加强请示报告，准确认定产品属性和质量，防止简单化"对号入座"，以生产、销售伪劣产品定罪处罚。

【高检办发〔2021〕1号】 检察机关办理长江流域非法捕捞案件有关法律政策问题的解答（最高检办公厅根据公通字〔2020〕17号《意见》解答，2021年2月24日印发）①

六、办理长江流域非法捕捞案件，如何准确把握非法捕捞水产品罪与其他关联犯罪的界限？

……制造、销售禁用渔具，情节严重，符合刑法第140条或者第146条规定的，以生产、销售伪劣产品罪或者生产、销售不符合安全标准的产品罪定罪处罚。……

【法释〔2021〕24号】 最高人民法院、最高人民检察院关于办理危害食品安全刑事案件适用法律若干问题的解释（2021年12月13日最高法审委会第1856次会议、2021年12月29日最高检第13届检委会第84次会议通过，2021年12月30日公布，2022年1月1日施行；法释〔2013〕12号《解释》同时废止）

第13条（第2款） 生产、销售不符合食品安全标准的食品，无证据证明足以造成严重食物中毒事故或者其他严重食源性疾病，不构成生产、销售不符合安全标准的食品罪，但构成生产、销售伪劣产品罪，妨害动植物防疫、检疫罪等其他犯罪的，依照该其他犯罪定罪处罚。

第15条 生产、销售不符合食品安全标准的食品添加剂，用于食品的包装材料、容器、洗涤剂、消毒剂，或者用于食品生产经营的工具、设备等，符合刑法第140条规定的，以生产、销售伪劣产品罪定罪处罚。

生产、销售用超过保质期的食品原料、超过保质期的食品、回收食品作为原料的食品，或者以更改生产日期、保质期、改换包装等方式销售超过保质期的食品、回收食品，适用前款的规定定罪处罚。

实施前2款行为，同时构成生产、销售不符合安全标准的食品罪，生产、销售不符合安全标准的产品罪等其他犯罪的，依照处罚较重的规定定罪处罚。

第17条（第2款） 在畜禽屠宰相关环节，……对畜禽注水或者注入其他物质，……虽不足以造成严重食物中毒事故或者其他严重食源性疾病，但符合

---

① 参见 https://mp.weixin.qq.com/s/feePmOCyTmrjf_7mcYKeLQ，最后访问日期：2022年10月25日。

刑法第140条规定的,以生产、销售伪劣产品罪定罪处罚。

第18条(第2款) 实施本解释规定的非法经营行为,同时构成生产、销售伪劣产品罪,生产、销售不符合安全标准的食品罪,生产、销售有毒、有害食品罪,生产、销售伪劣农药、兽药罪等其他犯罪的,依照处罚较重的规定定罪处罚。

第19条 违反国家规定,利用广告对保健食品或者其他食品作虚假宣传,符合刑法第222条规定的,以虚假广告罪定罪处罚;以非法占有为目的,利用销售保健食品或者其他食品诈骗财物,符合刑法第266条规定的,以诈骗罪定罪处罚。同时构成生产、销售伪劣产品罪等其他犯罪的,依照处罚较重的规定定罪处罚。

【高检发释字〔2022〕1号】 最高人民法院、最高人民检察院关于办理危害药品安全刑事案件适用法律若干问题的解释(法释〔2014〕14号《解释》2014年12月1日施行;2022年2月28日最高法审委会第1865次会议、2022年2月25日最高检第13届检委会第92次会议修改,2022年3月3日公布,2022年3月6日施行;同时废止"法释〔2017〕15号"《解释》)

第11条 以提供给他人生产、销售、提供药品为目的,违反国家规定,生产、销售不符合药用要求的原料、辅料,情节严重的,依照刑法第225条的规定以非法经营罪定罪处罚。符合刑法第140条规定的,以生产、销售伪劣产品罪从重处罚;同时构成以危险方法危害公共安全罪等其他犯罪的,依照处罚较重的规定定罪处罚。

【法〔2022〕66号】 最高人民法院关于进一步加强涉种子刑事审判工作的指导意见(2022年3月2日)

三、(第2款)对实施生产、销售伪劣种子行为,因无法认定使生产遭受较大损失等原因,不构成生产、销售伪劣种子罪,但是销售金额在5万元以上的,依照刑法第140条的规定以生产、销售伪劣产品罪定罪处罚。同时构成假冒注册商标罪等其他犯罪的,依照处罚较重的规定定罪处罚。

● 立案标准 最高人民检察院、公安部关于公安机关管辖的刑事案件立案追诉标准的规定(一)(公通字〔2008〕36号,2008年6月25日公布施行)

第16条[生产、销售伪劣产品案(刑法第140条)] 生产者、销售者在产品中掺杂、掺假,以假充真,以次充好或者以不合格产品冒充合格产品,涉嫌下列情形之一的,应予立案追诉:

(一)伪劣产品销售金额5万元以上的;

（二）伪劣产品尚未销售，货值金额15万元以上的；

（三）伪劣产品销售金额不满5万元，但将已销售金额乘以3倍后，与尚未销售的伪劣产品货值金额合计15万元以上的。

本条规定的"掺杂、掺假"，是指在产品中掺入杂质或者异物，致使产品质量不符合国家法律、法规或者产品明示质量标准规定的质量要求，降低、失去应有使用性能的行为；"以假充真"，是指以不具有某种使用性能的产品冒充具有该种使用性能的产品的行为；"以次充好"，是指以低等级、低档次产品冒充高等级、高档次产品，或者以残次、废旧零配件组合、拼装后冒充正品或者新产品的行为；"不合格产品"，是指不符合《中华人民共和国产品质量法》规定的质量要求的产品。

对本条规定的上述行为难以确定的，应当委托法律、行政法规规定的产品质量检验机构进行鉴定。本条规定的"销售金额"，是指生产者、销售者出售伪劣产品后所得和应得的全部违法收入；"货值金额"，以违法生产、销售的伪劣产品的标价计算；没有标价的，按照同类合格产品的市场中间价格计算。货值金额难以确定的，按照《扣押、追缴、没收物品估价管理办法》的规定，委托估价机构进行确定。

第101条 本规定中的"以上"，包括本数。

● **指导案例** 　【高检发研字〔2014〕2号】最高人民检察院关于印发第4批指导性案例的通知（2014年2月19日最高人民检察院第12届检察委员会第17次会议讨论通过，2014年2月20日印发）

（检例第12号）柳立国等人生产、销售有毒、有害食品，生产、销售伪劣产品案

要旨：明知对方是食用油经销者，仍将用餐厨废弃油（俗称"地沟油"）加工而成的劣质油脂销售给对方，导致劣质油脂流入食用油市场供人食用的，构成生产、销售有毒、有害食品罪；明知油脂经销者向饲料生产企业和药品生产企业等单位销售豆油等食用油，仍将用餐厨废弃油加工而成的劣质油脂销售给对方，导致劣质油脂流向饲料生产企业和药品生产企业等单位的，构成生产、销售伪劣产品罪。

【高检发办字〔2020〕68号】　关于印发最高人民检察院第23批指导性案例的通知（2020年11月6日最高人民检察院第13届检察委员会第54次会议通过，2020年12月13日印发）

（检例第85号）刘远鹏涉嫌生产、销售"伪劣产品"（不起诉）案

要旨：检察机关办理涉企案件，应当注意保护企业创新发展。对涉及创新

的争议案件，可以通过听证方式开展审查。对专业性问题，应当加强与行业主管部门沟通，充分听取行业意见和专家意见，促进完善相关行业领域标准。①

第 141 条　【生产、销售、提供假药罪②】生产、销售假药的，处三年以下有期徒刑或者拘役，并处罚金；对人体健康造成严重危害或者有其他严重情节的，处三年以上十年以下有期徒刑，并处罚金；致人死亡或者有其他特别严重情节的，处十年以上有期徒刑、无期徒刑或者死刑，并处罚金或者没收财产。③

本条所称假药，是指依照《中华人民共和国药品管理法》的规定属于假药和按假药处理的药品、非药品。④

药品使用单位的人员明知是假药而提供给他人使用的，依照前款的规定处罚。⑤

第 142 条　【生产、销售、提供劣药罪⑥】生产、销售劣药，对人体健康造成严重危害的，处三年以上十年以下有期徒刑，并处罚金；后果特别严重的，处十年以上有期徒刑或者无期徒刑，并处罚金

---

① 本案指导意义：《刑法》第 140 条规定的"不合格产品"，以违反《产品质量法》规定的相关质量要求为前提。对于已有国家标准、行业标准的传统产品，只有符合标准的才能认定为合格产品；对于尚无国家标准、行业标准的创新产品，在使用性能方面与传统产品存在实质性差别的，不宜简单化套用传统产品的标准认定是否"合格"。创新产品不存在危及人身、财产安全隐患，且具备应有使用性能的，不应当认定为伪劣产品。相关质量检验机构作出鉴定意见的，检察机关应当进行实质审查。

② 注：本罪名原为"生产、销售假药罪"；《最高人民法院、最高人民检察院关于执行〈中华人民共和国刑法〉确定罪名的补充规定（七）》（法释〔2021〕2 号，最高人民法院审判委员会第 1832 次会议、最高人民检察院第 13 届检察委员会第 63 次会议通过）改为现罪名，2021 年 3 月 1 日执行。

③ 本款规定由《刑法修正案（八）》（2011 年 2 月 25 日第 11 届全国人大常委会第 19 次会议通过，主席令第 41 号公布）修改，2011 年 5 月 1 日起施行；原第 141 条第 1 款内容为："生产、销售假药，足以严重危害人体健康的，处三年以下有期徒刑或者拘役，并处或者单处销售金额百分之五十以上二倍以下罚金；对人体健康造成严重危害的，处三年以上十年以下有期徒刑，并处销售金额百分之五十以上二倍以下罚金；致人死亡或者对人体健康造成特别严重危害的，处十年以上有期徒刑、无期徒刑或者死刑，并处销售金额百分之五十以上二倍以下罚金或者没收财产。"

④ 本款规定被《刑法修正案（十一）》（2020 年 12 月 26 日第 13 届全国人大常委会第 24 次会议通过，主席令第 66 号公布）删除，2021 年 3 月 1 日起施行。

⑤ 本款规定由《刑法修正案（十一）》（2020 年 12 月 26 日第 13 届全国人大常委会第 24 次会议通过，主席令第 66 号公布）增设，2021 年 3 月 1 日起施行。

⑥ 注：本罪名原为"生产、销售劣药罪"；《最高人民法院、最高人民检察院关于执行〈中华人民共和国刑法〉确定罪名的补充规定（七）》（法释〔2021〕2 号，最高人民法院审判委员会第 1832 次会议、最高人民检察院第 13 届检察委员会第 63 次会议通过）改为现罪名，2021 年 3 月 1 日执行。

或者没收财产。①

本条所称劣药，是指依照《中华人民共和国药品管理法》的规定属于劣药的药品。②

药品使用单位的人员明知是劣药而提供给他人使用的，依照前款的规定处罚。③

第142条之一④ 【**妨害药品管理罪**⑤】违反药品管理法规，有下列情形之一，足以严重危害人体健康的，处三年以下有期徒刑或者拘役，并处或者单处罚金；对人体健康造成严重危害或者有其他严重情节的，处三年以上七年以下有期徒刑，并处罚金：

（一）生产、销售国务院药品监督管理部门禁止使用的药品的；

（二）未取得药品相关批准证明文件生产、进口药品或者明知是上述药品而销售的；⑥

（三）药品申请注册中提供虚假的证明、数据、资料、样品或者采取其他欺骗手段的；

（四）编造生产、检验记录的。

有前款行为，同时又构成本法第一百四十一条、第一百四十二条规定之罪或者其他犯罪的，依照处罚较重的规定定罪处罚。

● **条文注释** 构成第141条、第142条规定之罪，必须具备以下条件：（1）行为人具有生产、销售假药或劣药的主观故意，并在客观上实施了该行为。如果行

---

① 本款规定由《刑法修正案（十一）》（2020年12月26日第13届全国人大常委会第24次会议通过，主席令66号公布）修改，2021年3月1日起施行；条文中的两处"并处罚金"原规定为"并处销售金额百分之五十以上二倍以下罚金"。

② 本款规定被《刑法修正案（十一）》（2020年12月26日第13届全国人大常委会第24次会议通过，主席令66号公布）删除，2021年3月1日起施行。

③ 本款规定由《刑法修正案（十一）》（2020年12月26日第13届全国人大常委会第24次会议通过，主席令66号公布）增设，2021年3月1日起施行。

④ 第142条之一由《刑法修正案（十一）》（2020年12月26日第13届全国人大常委会第24次会议通过，主席令66号公布）增设，2021年3月1日起施行。

⑤ 注：本罪名由《最高人民法院、最高人民检察院关于执行〈中华人民共和国刑法〉确定罪名的补充规定（七）》（法释〔2021〕2号，最高人民法院审判委员会第1832次会议、最高人民检察院第13届检察委员会第63次会议通过）增设，2021年3月1日执行。

⑥ 《刑法修正案（十一）》（二审稿）曾规定"违反国家规定，未取得批准证明文件生产药品或者明知是上述药品而销售的"，依照《刑法》第141条第1款的规定处罚。该规定被修改并作为本项内容。

为人将假药或劣药误作真药而销售，则应承担民事责任，而不构成本罪。（2）构成第 142 条规定之罪，还要求对人体健康造成了严重危害。而对于第 141 条规定之罪，"对人体健康造成严重危害"是一个加重情节。

第 142 条之一规定之罪属于危险犯，只要行为人实施了本条第 1 款所列的 4 种行为①，足以严重危害人体健康，就可以构成本罪。

上述"严重危害"是指对人体造成轻伤、重伤或其他严重后果。"其他严重情节""其他特别严重情节"和"后果特别严重"主要应当根据行为人生产、销售、提供假药或劣药的数量、被害人的人数以及其他严重危害人体健康的情节进行认定。

需要注意的是：1. 生产假药或劣药，也包括配制假药或劣药的行为。2. 医疗机构知道或者应当知道是假药或劣药而使用的，按销售假药或劣药论处，适用于第 141 条、第 142 条定罪处刑。3. 明知或应当明知他人生产、销售假药或劣药，而有以下四种情形之一的，以生产、销售假药或劣药犯罪的共犯论处：（1）提供资金、贷款、账号、发票、证明、许可证件的；（2）提供生产、经营场所、设备或者运输、仓储、保管、邮寄等便利条件的；（3）提供生产技术，或者提供原料、辅料、包装材料的；（4）提供广告等宣传的。

在司法实践中，还应当注意：（1）如果行为人利用迷信手段，把根本不具备药品效能和外观、包装的物品当作药品进行诈骗财物，则不适用于《刑法》第 141 条、第 142 条，而适用于第 266 条定罪。因为其所利用的不是人们认为药品可以治病的科学心理，而是人们的愚昧、迷信心理。（2）如果行为人实施《刑法》第 141 条、第 142 条规定的行为，同时触犯了其他罪名，则按处刑较重的罪处罚。比如，生产或销售劣药没有对人体造成严重危害，但销售金额在 5 万元以上，则不构成生产、销售劣药罪，但可构成生产、销售伪劣产品罪。

● **相关规定**　【**法释〔2001〕10 号**】　**最高人民法院、最高人民检察院关于办理生产、销售伪劣商品刑事案件具体应用法律若干问题的解释**（2001 年 4 月 5 日最高人民法院审判委员会第 1168 次会议、2001 年 3 月 30 日最高人民检察院第 9 届检察委员会第 84 次会议通过，2001 年 4 月 9 日公布，2001 年 4 月 10 日起施行）

第 3 条　经省级以上药品监督管理部门设置或者确定的药品检验机构鉴定，生产、销售的假药具有下列情形之一的，应认定为刑法第 141 条规定的"足以

---

① 在《刑法修正案（十一）》（二审稿）中，还列有 1 种行为"依法应当检验而未经检验即销售药品的"，在正式表决通过时被删掉了。

严重危害人体健康"：①
　　（一）含有超标准的有毒有害物质的；
　　（二）不含所标明的有效成份，可能贻误诊治的；
　　（三）所标明的适应症或者功能主治超出规定范围，可能造成贻误诊治的；
　　（四）缺乏所标明的急救必需的有效成分的。
　　生产、销售的假药被使用后，造成轻伤、重伤或者其他严重后果的，应认定为"对人体健康造成严重危害"。
　　生产、销售的假药被使用后，致人严重残疾、3人以上重伤、10人以上轻伤或者造成其他特别严重后果的，应认定为"对人体健康造成特别严重危害"。

【法〔2001〕70号】　最高人民法院关于审理生产、销售伪劣商品刑事案件有关鉴定问题的通知（最高人民法院2001年5月21日印发）

　　自全国开展整顿和规范市场经济秩序工作以来，各地人民法院陆续受理了一批生产、销售伪劣产品、假冒商标和非法经营等严重破坏社会主义市场经济秩序的犯罪案件。此类案件中涉及的生产、销售的产品，有的纯属伪劣产品，有的则只是侵犯知识产权的产品。由于涉案产品是否"以假充真"、"以次充好"、"以不合格产品冒充合格产品"，直接影响到对被告人的定罪及处刑，为准确适用刑法和《最高人民法院、最高人民检察院关于办理生产、销售伪劣商品刑事案件具体应用法律若干问题的解释》（以下简称《解释》），严惩假冒伪劣商品犯罪，不放纵和轻纵犯罪分子，现就审理生产、销售伪劣商品、假冒商标和非法经营等严重破坏社会主义市场经济秩序的犯罪案件中可能涉及的假冒伪劣商品的有关鉴定问题通知如下：
　　二、根据《解释》第3条和第4条的规定，人民法院受理的生产、销售假药犯罪案件和生产、销售不符合卫生标准的食品犯罪案件，均需有"省级以上药品监督管理部门设置或者确定的药品检验机构"和"省级以上卫生行政部门确定的机构"出具的鉴定结论。②
　　三、经鉴定确系伪劣商品，被告人的行为既构成生产、销售伪劣产品罪，又构成生产、销售假药罪或者生产、销售不符合卫生标准的食品罪，或者同时

---

　　① 注：第141条已经被2011年2月25日第11届全国人大常委会第19次会议通过的《刑法修正案（八）》（主席令第41号公布，2011年5月1日起施行）修改，"法释〔2001〕10号"第3条实际上已经失效。
　　② 注：根据《最高人民法院、最高人民检察院关于办理危害食品安全刑事案件适用法律若干问题的解释》（法释〔2021〕24号）第24条的规定，认定"足以造成严重食物中毒事故或者其他严重食源性疾患"不再要求必须"经省级以上卫生行政部门确定的机构鉴定"。

构成侵犯知识产权、非法经营等其他犯罪的,根据刑法第 149 条第 2 款和《解释》第 10 条的规定,应当依照处罚较重的规定定罪处罚。

【法释〔2003〕8 号】 最高人民法院、最高人民检察院关于办理妨害预防、控制突发传染病疫情等灾害的刑事案件具体应用法律若干问题的解释(2003 年 5 月 13 日最高人民法院审判委员会第 1269 次会议、2003 年 5 月 13 日最高人民检察院第 10 届检察委员会第 3 次会议通过,2003 年 5 月 14 日公布,2003 年 5 月 15 日起施行)

第 2 条 在预防、控制突发传染病疫情等灾害期间,生产、销售伪劣的防治、防护产品、物资,或者生产、销售用于防治传染病的假药、劣药,构成犯罪的,分别依照刑法第 140 条、第 141 条、第 142 条的规定,以生产、销售伪劣产品罪,生产、销售假药罪或者生产、销售劣药罪定罪,依法从重处罚。

第 18 条 本解释所称"突发传染病疫情等灾害",是指突然发生,造成或者可能造成社会公众健康严重损害的重大传染病疫情、群体性不明原因疾病以及其他严重影响公众健康的灾害。

【法发〔2020〕7 号】 最高人民法院、最高人民检察院、公安部、司法部关于依法惩治妨害新型冠状病毒感染肺炎疫情防控违法犯罪的意见(2020 年 2 月 6 日印发)

二、准确适用法律,依法严惩妨害疫情防控的各类违法犯罪

(三)依法严惩制假售假犯罪。在疫情防控期间,生产、销售伪劣的防治、防护产品、物资,或者生产、销售用于防治新型冠状病毒感染肺炎的假药、劣药,符合刑法第 140 条、第 141 条、第 142 条规定的,以生产、销售伪劣产品罪,生产、销售假药罪或者生产、销售劣药罪定罪处罚。

【食药监稽〔2015〕271 号】 食品药品行政执法与刑事司法衔接工作办法(食药监总局、公安部、最高人民法院、最高人民检察院、国务院食品安全办 2015 年 12 月 22 日印发)

第 23 条 对于符合《中华人民共和国药品管理法》第 48 条第 3 款第 1、2、5、6 项规定情形的涉案药品,地市级以上食品药品监管部门可以直接出具认定意见并说明理由;确有必要的,应当载明检测结果。

第 24 条(第 2 款) 对药品的检验检测按照《中华人民共和国药品管理法》及其实施条例等有关规定执行。

第 25 条 食品药品监管部门依据检验检测报告、结合专家意见等相关材料得出认定意见的,应当按照以下格式出具结论:

（一）假药案件，结论中应写明"经认定，……属于假药（或者按假药论处）"；

（二）劣药案件，结论中应写明"经认定，……属于劣药（或者按劣药论处）"；……

（五）其他案件也均应写明认定涉嫌犯罪应当具备的结论性意见。

第38条　各省、自治区、直辖市的食品药品监管部门、公安机关、人民检察院、人民法院可以根据本办法制定本行政区域的实施细则。

【高检研〔2015〕19号】　**最高人民检察院法律政策研究室关于具有药品经营资质的企业通过非法渠道从私人手中购进药品后销售的如何适用法律问题的答复**（2015年10月26日答复北京市人民检察院法律政策研究室"京检字〔2015〕76号"请示）

司法机关应当根据《中华人民共和国药品管理法》的有关规定，对具有药品经营资质的企业通过非法渠道从私人手中购销的药品的性质进行认定，区分不同情况，分别定性处理：

一是对于经认定属于假药、劣药，且达到"两高"《关于办理危害药品安全刑事案件适用法律若干问题的解释》（以下称《药品解释》）规定的销售假药罪、销售劣药罪的定罪量刑标准的，应当以销售假药罪、销售劣药罪依法追究刑事责任。

【高检发〔2016〕12号】　**最高人民检察院关于全面履行检察职能为推进健康中国建设提供有力司法保障的意见**（2016年9月29日印发，2016年10月21日公布）

二、依法惩治食品药品领域犯罪，维护人民群众身体健康和生命安全

4.……办案中要严格落实罪刑法定原则，贯彻宽严相济刑事政策，对于销售少量根据民间传统配方私自加工的药品，或者销售少量未经批准进口的国外、境外药品，没有造成他人伤害后果或者延误诊治的行为，以及病患者实施的不以营利为目的带有自救、互助性质的制售药品行为，不作为犯罪处理。……

【法二巡（会）〔2020〕20号】　**从旧兼从轻原则是否适用于前置性规范**（最高法第二巡回法庭2020年第9次法官会议纪要）①

从旧兼从轻原则应适用于前置性规范。

---

① 注：本意见的案情背景为：2019年《药品管理法》修改了对假药的定义，那么此时在认定销售假药罪时，从旧兼从轻原则是否适用于前置性规范？未被法官会议采纳的2种意见为：（1）从旧兼从轻原则适用于空白罪状的前置性规范，但不适用于非空白罪状的前置性规范。（2）从旧兼从轻原则不适用于前置性规范。

【高检发释字〔2022〕1号】　最高人民法院、最高人民检察院关于办理危害药品安全刑事案件适用法律若干问题的解释（法释〔2014〕14号《解释》2014年12月1日施行；2022年2月28日最高法审委会第1865次会议、2022年2月25日最高检第13届检委会第92次会议修改，2022年3月3日公布，2022年3月6日施行；同时废止"法释〔2017〕15号"《解释》)

第1条　生产、销售、提供假药，具有下列情形之一的，应当酌情从重处罚：（一）涉案药品（生产、销售的假药）以孕产妇、婴幼儿、儿童或者危重病人为主要使用对象的；（二）涉案药品（生产、销售的假药）属于麻醉药品、精神药品、医疗用毒性药品、放射性药品、避孕药品、血液制品、疫苗、生物制品，或者以药品类易制毒化学品冒充其他药品的；（三）涉案药品（生产、销售的假药）属于注射剂药品、急救药品的；（四）涉案药品系用于应对在自然灾害、事故灾难、公共卫生事件、社会安全事件等突发事件期间，生产、销售用于应对突发事件的假药的；（五）药品使用单位及其（医疗机构、医疗机构）工作人员生产、销售假药的；（六）两年内曾因危害药品安全违法犯罪活动受过行政处罚或者刑事处罚的；（六）其他应当酌情从重处罚的情形。

第2条　生产、销售、提供假药，具有下列情形之一的，应当认定为刑法第141条规定的"对人体健康造成严重危害"：（一）造成轻伤或者重伤的；（二）造成轻度残疾或者中度残疾的；（三）造成器官组织损伤导致一般功能障碍或者严重功能障碍的；（四）其他对人体健康造成严重危害的情形。

第3条　生产、销售、提供假药，具有下列情形之一的，应当认定为刑法第141条规定的"其他严重情节"：（一）引发（造成）较大突发公共卫生事件的；（二）生产、销售、提供假药的金额20万元以上不满50万元的；（三）生产、销售、提供假药的金额10万元以上不满20万元，并具有本解释第1条规定情形之一的；（四）根据生产、销售、提供的时间、数量、假药种类、对人体健康危害程度等，应当认定为情节严重的。

第4条　生产、销售、提供假药，具有下列情形之一的，应当认定为刑法第141条规定的"其他特别严重情节"：（一）致人重度残疾以上的；（二）造成3人以上重伤、中度残疾或者器官组织损伤导致严重功能障碍的；（三）造成5人以上轻度残疾或者器官组织损伤导致一般功能障碍的；（四）造成10人以上轻伤的；（五）引发（造成）重大、特别重大突发公共卫生事件的；（六）生产、销售、提供假药的金额50万元以上的；（七）生产、销售、提供假药的金额20万元以上不满50万元，并具有本解释第1条规定情形之一的；（八）根据生产、销售、提供的时间、数量、假药种类、对人体健康危害程度等，应当认定为情节特别严重的。

第 5 条 生产、销售、提供劣药，具有本解释第 1 条规定情形之一的，应当酌情从重处罚。

生产、销售、提供劣药，具有本解释第 2 条规定情形之一的，应当认定为刑法第 142 条规定的"对人体健康造成严重危害"。

生产、销售、提供劣药，致人死亡，或者具有本解释第 4 条第一项至第五项规定情形之一的，应当认定为刑法第 142 条规定的"后果特别严重"。

第 6 条 以生产、销售、提供假药、劣药为目的，合成、精制、提取、储存、加工炮制药品原料，或者在将药品原料、辅料、包装材料制成成品过程中，进行配料、混合、制剂、储存、包装，或者印制包装材料、标签、说明书的，应当认定为刑法第 141 条、第 142 条规定的"生产"。

药品使用单位及其（医疗机构、医疗机构）工作人员明知是假药、劣药而有偿提供给他人使用的，或者为出售而购买、储存的行为，应当认定为刑法第 141 条、第 142 条规定的"销售"；无偿提供给他人使用的，应当认定为刑法第 141 条、第 142 条规定的"提供"。

第 7 条（本条新增） 实施妨害药品管理的行为，具有下列情形之一的，应当认定为刑法第 142 条之 1 规定的"足以严重危害人体健康"：（一）生产、销售国务院药品监督管理部门禁止使用的药品，综合生产、销售的时间、数量、禁止使用原因等情节，认为具有严重危害人体健康的现实危险的；（二）未取得药品相关批准证明文件生产药品或者明知是上述药品而销售，涉案药品属于本解释第 1 条第一项至第三项规定情形的；（三）未取得药品相关批准证明文件生产药品或者明知是上述药品而销售，涉案药品的适应症、功能主治或者成分不明的；（四）未取得药品相关批准证明文件生产药品或者明知是上述药品而销售，涉案药品没有国家药品标准，且无核准的药品质量标准，但检出化学药成分的；（五）未取得药品相关批准证明文件进口药品或者明知是上述药品而销售，涉案药品在境外也未合法上市的；（六）在药物非临床研究或者药物临床试验过程中故意使用虚假试验用药品，或者瞒报与药物临床试验用药品相关的严重不良事件的；（七）故意损毁原始药物非临床研究数据或者药物临床试验数据，或者编造受试动物信息、受试者信息、主要试验过程记录、研究数据、检测数据等药物非临床研究数据或者药物临床试验数据，影响药品的安全性、有效性和质量可控性的；（八）编造生产、检验记录，影响药品的安全性、有效性和质量可控性的；（九）其他足以严重危害人体健康的情形。

对于涉案药品是否在境外合法上市，应当根据境外药品监督管理部门或者权利人的证明等证据,结合犯罪嫌疑人、被告人及其辩护人提供的证据材料综合审查,依法作出认定。

对于"足以严重危害人体健康"难以确定的,根据地市级以上药品监督管理部门出具的认定意见,结合其他证据作出认定。

第8条(**本条新增**) 实施妨害药品管理的行为,具有本解释第2条规定情形之一的,应当认定为刑法第142条之1规定的"对人体健康造成严重危害"。

实施妨害药品管理的行为,足以严重危害人体健康,并具有下列情形之一的,应当认定为刑法第142条之1规定的"有其他严重情节":(一)生产、销售国务院药品监督管理部门禁止使用的药品,生产、销售的金额50万元以上的;(二)未取得药品相关批准证明文件生产、进口药品或者明知是上述药品而销售,生产、销售的金额50万元以上的;(三)药品申请注册中提供虚假的证明、数据、资料、样品或者采取其他欺骗手段,造成严重后果的;(四)编造生产、检验记录,造成严重后果的;(五)造成恶劣社会影响或者具有其他严重情节的情形。

实施刑法第142条之1规定的行为,同时又构成生产、销售、提供假药罪、生产、销售、提供劣药罪或者其他犯罪的,依照处罚较重的规定定罪处罚。

第9条 明知他人实施危害药品安全犯罪(**生产、销售假药、劣药**),而有下列情形之一的,以共同犯罪论处:(一)提供资金、贷款、账号、发票、证明、许可证件的;(二)提供生产、经营场所、设备或者运输、储存、保管、邮寄、**网络**销售渠道等便利条件的;(三)提供生产技术或者原料、辅料、包装材料、标签、说明书的;(四)(**新增**)提供虚假药物非临床研究报告、药物临床试验报告及相关材料的;(五)提供广告宣传**等帮助行为**的;(六)(**新增**)提供其他帮助的。

第10条(**本条新增**) 办理生产、销售、提供假药、生产、销售、提供劣药、妨害药品管理等刑事案件,应当结合行为人的从业经历、认知能力、药品质量、进货渠道和价格、销售渠道和价格以及生产、销售方式等事实综合判断认定行为人的主观故意。具有下列情形之一的,可以认定行为人有实施相关犯罪的主观故意,但有证据证明确实不具有故意的除外:(一)药品价格明显异于市场价格的;(二)向不具有资质的生产者、销售者购买药品,且不能提供合法有效的来历证明的;(三)逃避、抗拒监督检查的;(四)转移、隐匿、销毁涉案药品、进销货记录的;(五)曾因实施危害药品安全违法犯罪行为受过处罚,又实施同类行为的;(六)其他足以认定行为人主观故意的情形。

第11条　以提供给他人生产、销售、提供药品为目的，违反国家规定，生产、销售不符合药用要求的原料、辅料，情节严重的，依照刑法第225条的规定以非法经营罪定罪处罚。符合刑法第140条规定的，以生产、销售伪劣产品罪从重处罚；同时构成以危险方法危害公共安全罪等其他犯罪的，依照处罚较重的规定定罪处罚。①

第15条　对于犯生产、销售、提供假药罪、生产、销售、提供劣药罪、妨害药品管理罪的，应当结合被告人的犯罪数额、违法所得，综合考虑被告人缴纳罚金的能力，依法判处罚金。罚金一般应当在生产、销售、提供的药品金额2倍以上；共同犯罪的，对各共同犯罪人合计判处的罚金一般应当在生产、销售、提供的药品金额2倍以上。

第16条　对于犯生产、销售、提供假药罪、生产、销售、提供劣药罪、妨害药品管理罪的，应当依照刑法规定的条件，严格缓刑、免予刑事处罚的适用。对于被判处刑罚的，可以根据犯罪情况和预防再犯罪的需要，依法宣告职业禁止或者禁止令（对于适用缓刑的，应当同时宣告禁止令，禁止犯罪分子在缓刑考验期内从事药品生产、销售及相关活动）。《中华人民共和国药品管理法》等法律、行政法规另有规定的，从其规定。

（本款新增）对于被不起诉或者免予刑事处罚的行为人，需要给予行政处罚、政务处分或者其他处分的，依法移送有关主管机关处理。

第17条　单位犯生产、销售、提供假药罪、生产、销售、提供劣药罪、妨害药品管理罪的，对单位判处罚金，并对直接负责的主管人员和其他直接责任人员，依照本解释规定的自然人犯罪的定罪量刑标准处罚。

（本款新增）单位犯罪的，对被告单位及其直接负责的主管人员、其他直接责任人员合计判处的罚金一般应当在生产、销售、提供的药品金额2倍以上。

第18条　根据民间传统配方私自加工药品或者销售上述药品或者未经批准进口的国外、境外药品，数量不大，且未造成他人伤害后果或者延误诊治的，或者不以营利为目的实施带有自救、互助性质的生产、进口、销售药品的行为，情节显著轻微危害不大的，不应当认定为犯罪。

（本款新增）对于是否属于民间传统配方难以确定的，根据地市级以上药品

---

①　注：新《解释》删除了"违反国家药品管理法律法规，未取得或者使用伪造、变造的药品经营许可证，非法经营药品，情节严重的，依照刑法第225条的规定以非法经营罪定罪处罚"以及"实施生产、销售假药、劣药犯罪，同时构成生产、销售伪劣产品、侵犯知识产权、非法经营、非法行医、非法采供血等犯罪的，依照处罚较重的规定定罪处罚"的规定。

监督管理部门或者有关部门出具的认定意见,结合其他证据作出认定。

第 19 条① 刑法第 141 条、第 142 条规定的"假药""劣药",依照《中华人民共和国药品管理法》的规定认定。

对于《中华人民共和国药品管理法》第 98 条第 2 款第 2 项、第 4 项及第 3 款第 3 项至第 6 项规定的假药、劣药,能够根据现场查获的原料、包装,结合犯罪嫌疑人、被告人供述等证据材料作出判断的,可以由地市级以上药品监督管理部门出具认定意见。对于依据《中华人民共和国药品管理法》第 98 条第 2 款、第 3 款的其他规定认定假药、劣药,或者是否属于第 98 条第 2 款第 2 项、第 3 款第 6 项规定的假药、劣药存在争议的,应当由省级以上药品监督管理部门设置或者确定的药品检验机构进行检验,出具质量检验结论。司法机关根据认定意见、检验结论,结合其他证据作出认定。

第 20 条 对于生产、提供药品的金额,以药品的货值金额计算;销售药品的金额,以所得和可得的全部违法收入计算。

(原第 16 条) 本解释规定的"轻伤"、"重伤"按照《人体损伤程度鉴定标准》进行鉴定。

本解释规定的"轻度残疾"、"中度残疾"、"重度残疾"按照相关伤残等级评定标准进行评定。

【主席令〔2019〕31 号】 中华人民共和国药品管理法(2019 年 8 月 26 日第 13 届全国人大常委会第 12 次会议修订,主席令第 31 号公布,2019 年 12 月 1 日起施行)

第 2 条(第 2 款) 本法所称药品,是指用于预防、治疗、诊断人的疾病,有目的地调节人的生理机能并规定有适应症或者功能主治、用法和用量的物质,包括中药、化学药和生物制品等②。

第 28 条(第 1 款) 药品应当符合国家药品标准。经国务院药品监督管理部门核准的药品质量标准高于国家药品标准的,按照经核准的药品质量标准执行;没有国家药品标准的,应当符合经核准的药品质量标准。

(第 2 款) 国务院药品监督管理部门颁布的《中华人民共和国药典》和药

---

① 本条内容原规定为:"是否属于刑法第 141 条、第 142 条规定的'假药'、'劣药'难以确定的,司法机关可以根据地市级以上药品监督管理部门出具的认定意见等相关材料进行认定。必要时,可以委托省级以上药品监督管理部门设置或者确定的药品检验机构进行检验。"

② 注:在 2019 年修订前,《药品管理法》对药品列举了以下种类,包括:中药材、中药饮片、中成药、化学原料药及其制剂、抗生素、生化药品、放射性药品、血清、疫苗、血液制品和诊断药品等。

品标准为国家药品标准。

第98条　禁止生产（包括配制，下同）、销售、使用假药、劣药。

有下列情形之一的，为假药：

（一）药品所含成份与国家药品标准规定的成份不符；

（二）以非药品冒充药品或者以他种药品冒充此种药品；

（三）变质的药品；

（四）药品所标明的适应症或者功能主治超出规定范围。①

有下列情形之一的，为劣药：

（一）药品成份的含量不符合国家药品标准；

（二）被污染的药品；

（三）未标明或者更改有效期的药品；

（四）未注明或者更改产品批号的药品；

（五）超过有效期的药品；

（六）擅自添加防腐剂、辅料的药品；

（七）其他不符合药品标准的药品。②

禁止未取得药品批准证明文件生产、进口药品；禁止使用未按照规定审评、审批的原料药、包装材料和容器生产药品。

第137条　有下列行为之一的，在本法规定的处罚幅度内从重处罚：

（一）以麻醉药品、精神药品、医疗用毒性药品、放射性药品、药品类易制毒化学品冒充其他药品，或者以其他药品冒充上述药品；

（二）生产、销售以孕产妇、儿童为主要使用对象的假药、劣药；

（三）生产、销售的生物制品属于假药、劣药；

（四）生产、销售假药、劣药，造成人身伤害后果；

（五）生产、销售假药、劣药，经处理后再犯；

（六）拒绝、逃避监督检查，伪造、销毁、隐匿有关证据材料，或者擅自动用查封、扣押物品。

---

① 注：在2019年修订前，《药品管理法》规定："有下列情形之一的药品，按假药论处：（一）国务院药品监督管理部门规定禁止使用的；（二）依照本法必须批准而未经批准生产、进口，或者依照本法必须检验而未经检验即销售的；（三）变质的；（四）被污染的；（五）使用依照本法必须取得批准文号而未取得批准文号的原料药生产的；（六）所标明的适应症或者功能主治超出规定范围的。"

② 注：在2019年修订前，《药品管理法》规定："有下列情形之一的药品，按劣药论处：（一）未标明有效期或者更改有效期的；（二）不注明或者更改生产批号的；（三）超过有效期的；（四）直接接触药品的包装材料和容器未经批准的；（五）擅自添加着色剂、防腐剂、香料、矫味剂及辅料的；（六）其他不符合药品标准规定的。"

第 152 条 中药材种植、采集和饲养的管理，依照有关法律、法规的规定执行。

第 153 条 地区性民间习用药材的管理办法，由国务院药品监督管理部门会同国务院中医药主管部门制定。

【药监综法函〔2020〕431 号】 国家药监局综合司关于假药劣药认定有关问题的复函（经商全国人大法工委，2020 年 7 月 10 日答复贵州省药品监督管理局"黔药监呈〔2020〕20 号"请示）

对假药、劣药的处罚决定，有的无需载明药品检验机构的质量检验结论。根据《药品管理法》第 98 条第 2 款第四项"药品所标明的适应症或者功能主治超出规定范围"认定为假药，以及根据《药品管理法》第 98 条第 3 款第三项至第七项认定为劣药，只需要事实认定，不需要对涉案药品进行检验，处罚决定亦无需载明药品检验机构的质量检验结论。关于假药、劣药的认定，按照《最高人民法院最高人民检察院关于办理危害药品安全刑事案件适用法律若干问题的解释》（法释〔2014〕14 号）第 14 条规定处理，即是否属于假药、劣药难以确定的，司法机关可以根据地市级以上药品监督管理部门出具的认定意见等相关材料进行认定。必要时，可以委托省级以上药品监督管理部门设置或者确定的药品检验机构进行检验。总之，对违法行为的事实认定，应当以合法、有效、充分的证据为基础，药品质量检验结论并非为认定违法行为的必要证据，除非法律、法规、规章等明确规定对涉案药品依法进行检验并根据质量检验结论才能认定违法事实，或者不对涉案药品依法进行检验就无法对案件所涉事实予以认定。如对黑窝点生产的药品，是否需要进行质量检验，应当根据案件调查取证的情况具体案件具体分析。

【主席令〔2016〕59 号】 中华人民共和国中医药法（2016 年 12 月 25 日第 12 届全国人大常委会第 25 次会议通过，主席令第 59 号公布，2017 年 7 月 1 日起施行）

第 2 条 本法所称中医药，是包括汉族和少数民族医药在内的我国各民族医药的统称，是反映中华民族对生命、健康和疾病的认识，具有悠久历史传统和独特理论及技术方法的医药学体系。

第 26 条 在村医疗机构执业的中医医师、具备中药材知识和识别能力的乡村医生，按照国家有关规定可以自种、自采地产中药材并在其执业活动中使用。

第 28 条 对市场上没有供应的中药饮片，医疗机构可以根据本医疗机构医师处方的需要，在本医疗机构内炮制、使用。医疗机构应当遵守中药饮片炮制的有关规定，对其炮制的中药饮片的质量负责，保证药品安全。医疗机构炮制中药饮片，应当向所在地设区的市级人民政府药品监督管理部门备案。

根据临床用药需要，医疗机构可以凭本医疗机构医师的处方对中药饮片进行再加工。

第32条（第1款）　医疗机构配制的中药制剂品种，应当依法取得制剂批准文号。但是，仅应用传统工艺配制的中药制剂品种，向医疗机构所在地省、自治区、直辖市人民政府药品监督管理部门备案后即可配制，不需要取得制剂批准文号。

【主席令〔2019〕30号】　中华人民共和国疫苗管理法（2019年6月29日第13届全国人大常委会第11次会议通过，主席令第30号公布，2019年12月1日起施行）

第2条（第2款）　本法所称疫苗，是指为预防、控制疾病的发生、流行，用于人体免疫接种的预防性生物制品，包括免疫规划疫苗和非免疫规划疫苗。

第79条　违反本法规定，构成犯罪的，依法从重追究刑事责任。①

● 立案标准　最高人民检察院、公安部关于公安机关管辖的刑事案件立案追诉标准的规定（一）（公通字〔2008〕36号，2008年6月25日公布施行）

第17条［生产、销售假药案（刑法第141条）］②　生产、销售假药的，应予立案追诉。但销售少量根据民间传统配方私自加工的药品，或者销售少量未经批准进口的国外、境外药品，没有造成他人伤害后果或者延误诊治，情节显著轻微危害不大的除外。

以生产、销售假药为目的，具有下列情形之一的，属于本条规定的"生产"：

（一）合成、精制、提取、储存、加工炮制药品原料的；

（二）将药品原料、辅料、包装材料制成成品过程中，进行配料、混合、制剂、储存、包装的；

（三）印制包装材料、标签、说明书的。

医疗机构、医疗机构工作人员明知是假药而有偿提供给他人使用，或者为出售而购买、储存的，属于本条规定的"销售"。

本条规定的"假药"，是指依照《中华人民共和国药品管理法》的规定属于假药和按假药处理的药品、非药品。是否属于假药难以确定的，可以根据地市

---

① 注：本条规定直接规制了刑事量刑规则，属于"特别刑法"，这在当前立法中比较罕见。

② 注：根据《最高人民检察院、公安部关于公安机关管辖的刑事案件立案追诉标准的规定（一）的补充规定》（公通字〔2017〕12号，2017年4月27日公布施行）修订。

级以上药品监督管理部门出具的认定意见等相关材料进行认定。必要时,可以委托省级以上药品监督管理部门设置或者确定的药品检验机构进行检验。

第 18 条 [生产、销售劣药案(刑法第 142 条)] 生产(包括配制)、销售劣药,涉嫌下列情形之一的,应予立案追诉:

(一)造成人员轻伤、重伤或者死亡的;

(二)其他对人体健康造成严重危害的情形。

本条规定的"劣药",是指依照《中华人民共和国药品管理法》的规定,药品成份的含量不符合国家药品标准的药品和按劣药论处的药品。

> **第 143 条**[①] 【生产、销售不符合安全标准的食品罪】生产、销售不符合食品安全标准的食品,足以造成严重食物中毒事故或者其他严重食源性疾病的,处三年以下有期徒刑或者拘役,并处罚金;对人体健康造成严重危害或者有其他严重情节的,处三年以上七年以下有期徒刑,并处罚金;后果特别严重的,处七年以上有期徒刑或者无期徒刑,并处罚金或者没收财产。
>
> **第 144 条**[②] 【生产、销售有毒、有害食品罪】在生产、销售的食品中掺入有毒、有害的非食品原料的,或者销售明知掺有有毒、有害的非食品原料的食品的,处五年以下有期徒刑,并处罚金;对人体健康造成严重危害或者有其他严重情节的,处五年以上十年以下有期徒刑,并处罚金;致人死亡或者有其他特别严重情节的,依照本法第一百四十一条的规定处罚。

[①] 第 143 条是根据 2011 年 2 月 25 日第 11 届全国人民代表大会常务委员会第 19 次会议通过的《刑法修正案(八)》(主席令第 41 号公布,2011 年 5 月 1 日起施行)而修改;原第 143 条内容为:"生产、销售不符合卫生标准的食品,足以造成严重食物中毒事故或者其他严重食源性疾患的,处三年以下有期徒刑或者拘役,并处或者单处销售金额百分之五十以上二倍以下罚金;对人体健康造成严重危害的,处三年以上七年以下有期徒刑,并处销售金额百分之五十以上二倍以下罚金;后果特别严重的,处七年以上有期徒刑或者无期徒刑,并处销售金额百分之五十以上二倍以下罚金或者没收财产。"

[②] 第 144 条是根据 2011 年 2 月 25 日第 11 届全国人民代表大会常务委员会第 19 次会议通过的《刑法修正案(八)》(主席令第 41 号公布,2011 年 5 月 1 日起施行)而修改;原第 144 条内容为:"在生产、销售的食品中掺入有毒、有害的非食品原料的,或者销售明知掺有有毒、有害的非食品原料的食品的,处五年以下有期徒刑或者拘役,并处或者单处销售金额百分之五十以上二倍以下罚金;造成严重食物中毒事故或者其他严重食源性疾患,对人体健康造成严重危害的,处五年以上十年以下有期徒刑,并处销售金额百分之五十以上二倍以下罚金;致人死亡或者对人体健康造成特别严重危害的,依照本法第一百四十一条的规定处罚。"

● 条文注释　构成第143条、第144条规定之罪，必须具备以下条件：（1）行为人具有生产、销售不符合安全标准的食品或有毒、有害的食品的主观故意，并在客观上实施了该行为。（2）构成第143条规定之罪，还要求生产、销售的食品足以造成严重食物中毒事故或者其他严重食源性疾病（但构成第144条规定之罪无此要求）。

这里的"食品"既包括通常供人食用或饮用的成品及其原料，也包括按传统既是食品又是药品的食物，但不包括以治疗为主要目的的食物。这里的"食品安全标准"分为国家标准、行业标准和地方标准，根据《食品安全法》第19条，它们都属于强制执行的标准，并且是唯一的食品强制性标准（其中食品安全国家标准由卫生部负责制定和发布，国家标准化委员会提供国家标准编号）。根据《食品安全法》第99条，"食物中毒"是指食用了含有毒害物质（或被其污染）的食品后出现的急性、亚急性疾病；"食源性疾病"是指食品中致病因素进入人体引起的感染性、中毒性等疾病。

这里的"对人体健康造成严重危害"是指对人体器官造成严重损伤以及其他严重损害人体健康的情节；"其他严重情节"是指大量生产、销售不符合安全标准的食品或有毒、有害的食品等情节；"后果特别严重""特别严重情节"是指致人死亡、严重残疾、多人重伤或者社会影响特别恶劣等情节。

需要注意的是：

（1）在食品中掺入由于污染、腐败变质而具有了毒害性的食品原料，并不构成第144条规定之罪，但可以构成第143条规定之罪。

（2）在食品中掺入有毒害性的非食品原料物质，如果是为了获取生产、销售的非法利润，则构成第144条规定之罪；如果是为了造成不特定多数人的伤亡，则构成《刑法》第114条、第115条规定的投放危险物质罪；如果因为疏忽大意而造成了不特定人员的重伤或死亡，则构成《刑法》第115条规定的过失投放危险物质罪；如果是为了故意伤害某个或几个特定人员，则构成《刑法》第232条、第234条规定的故意杀人罪、故意伤害罪。

● 相关规定　【法释〔2001〕10号】　最高人民法院、最高人民检察院关于办理生产、销售伪劣商品刑事案件具体应用法律若干问题的解释（2001年4月5日最高人民法院审判委员会第1168次会议、2001年3月30日最高人民检察院第9届检察委员会第84次会议通过，2001年4月9日公布，2001年4月10日起施行）

第4条　经省级以上卫生行政部门确定的机构鉴定，食品中含有可能导致严重食物中毒事故或者其他严重食源性疾患的超标准的有害细菌或者其他污物的,应认定为刑法第 143 条规定的"足以造成严重食物中毒事故或者其他严重食源性疾患"。①

生产、销售不符合卫生标准的食品被食用后,造成轻伤、重伤或者其他严重后果的,应认定为"对人体健康造成严重危害"。

生产、销售不符合卫生标准的食品被食用后,致人死亡、严重残疾、3 人以上重伤、10 人以上轻伤或者造成其他特别严重后果的,应认定为"后果特别严重"。

第 5 条 生产、销售的有毒、有害食品被食用后,造成轻伤、重伤或者其他严重后果的,应认定为刑法第 144 条规定的"对人体健康造成严重危害"。

生产、销售的有毒、有害食品被食用后,致人严重残疾、3 人以上重伤、10 人以上轻伤或者造成其他特别严重后果的,应认定为"对人体健康造成特别严重危害"。

【法〔2001〕70 号】 最高人民法院关于审理生产、销售伪劣商品刑事案件有关鉴定问题的通知(最高人民法院 2001 年 5 月 21 日印发)

自全国开展整顿和规范市场经济秩序工作以来,各地人民法院陆续受理了一批生产、销售伪劣产品、假冒商标和非法经营等严重破坏社会主义市场经济秩序的犯罪案件。此类案件中涉及的生产、销售的产品,有的纯属伪劣产品,有的则只是侵犯知识产权的产品。由于涉案产品是否"以假充真"、"以次充好"、"以不合格产品冒充合格产品",直接影响到对被告人的定罪及处刑,为准确适用刑法和《最高人民法院、最高人民检察院关于办理生产、销售伪劣商品刑事案件具体应用法律若干问题的解释》(以下简称《解释》),严惩假冒伪劣商品犯罪,不放纵和轻纵犯罪分子,现就审理生产、销售伪劣商品、假冒商标和非法经营等严重破坏社会主义市场经济秩序的犯罪案件中可能涉及的假冒伪劣商品的有关鉴定问题通知如下:

二、根据《解释》第 3 条和第 4 条的规定,人民法院受理的生产、销售假药犯罪案件和生产、销售不符合卫生标准的食品犯罪案件,均需有"省级以上药品监督管理部门设置或者确定的药品检验机构"和"省级以上卫生行政部门确定的机构"出具的鉴定结论。②

---

① 注:根据《最高人民法院、最高人民检察院关于办理危害食品安全刑事案件适用法律若干问题的解释》(法释〔2021〕24 号)第 24 条的规定,认定"足以造成严重食物中毒事故或者其他食源性疾患"不再要求必须"经省级以上卫生行政部门确定的机构鉴定"。

② 注:根据《最高人民法院、最高人民检察院关于办理危害食品安全刑事案件适用法律若干问题的解释》(法释〔2021〕24 号)第 24 条的规定,认定"足以造成严重食物中毒事故或者其他食源性疾患"不再要求必须"经省级以上卫生行政部门确定的机构鉴定"。

三、经鉴定确系伪劣商品，被告人的行为既构成生产、销售伪劣产品罪，又构成生产、销售假药罪或者生产、销售不符合卫生标准的食品罪，或者同时构成侵犯知识产权、非法经营等其他犯罪的，根据刑法第149条第2款和《解释》第10条的规定，应当依照处罚较重的规定定罪处罚。

【法释〔2002〕26号】　最高人民法院、最高人民检察院关于办理非法生产、销售、使用禁止在饲料和动物饮用水中使用的药品等刑事案件具体应用法律若干问题的解释（最高人民法院审判委员会第1237次会议、最高人民检察院第9届检察委员会第109次会议通过。2002年8月16日公布，2002年8月23日起施行）

为依法惩治非法生产、销售、使用盐酸克仑特罗（ClenbuterolHydrochloride，俗称"瘦肉精"）等禁止在饲料和动物饮用水中使用的药品等犯罪活动，维护社会主义市场经济秩序，保护公民身体健康，根据刑法有关规定，现就办理这类刑事案件具体应用法律的若干问题解释如下：

第3条　使用盐酸克仑特罗等禁止在饲料和动物饮用水中使用的药品或者含有该类药品的饲料养殖供人食用的动物，或者销售明知是使用该类药品或者含有该类药品的饲料养殖的供人食用的动物的，依照刑法第144条的规定，以生产、销售有毒、有害食品罪追究刑事责任。

第4条　明知是使用盐酸克仑特罗等禁止在饲料和动物饮用水中使用的药品或者含有该类药品的饲料养殖的供人食用的动物，而提供屠宰等加工服务，或者销售其制品的，依照刑法第144条的规定，以生产、销售有毒、有害食品罪追究刑事责任。

第5条　实施本解释规定的行为，同时触犯刑法规定的两种以上犯罪的，依照处罚较重的规定追究刑事责任。

第6条　禁止在饲料和动物饮用水中使用的药品，依照国家有关部门公告的禁止在饲料和动物饮用水中使用的药物品种目录确定。

附：农业部、卫生部、国家药品监督管理局公告的《禁止在饲料和动物饮用水中使用的药物品种目录》

【法发〔2010〕38号】　最高人民法院、最高人民检察院、公安部、司法部关于依法严惩危害食品安全犯罪活动的通知（2010年9月15日印发）

（第3段）人民法院要准确理解、严格适用法律。对危害食品安全犯罪分子的定罪量刑，不仅要考虑犯罪数额、人身伤亡情况，还要充分考虑犯罪分子的主观恶性、犯罪手段、犯罪行为对市场秩序的破坏程度、恶劣影响等。对于危害食品安全犯罪的累犯、惯犯、共同犯罪中的主犯、对人体健康造成严重危害以及销售金额巨大的犯罪分子，要坚决依法严惩，罪当判处死刑的，要坚决依法判处死刑；要加大财产刑的适用，彻底剥夺犯罪分子非法获利和再次犯罪的资本；要从严控制对危害食品安全犯罪分子适用缓刑和免予刑事处罚。

最高人民法院关于进一步加大力度，依法严惩危害食品安全及相关职务犯罪的通知（2011年5月27日印发）

（第2段）各级人民法院……要把危害食品安全及相关职务犯罪案件审判工作摆在更加突出的位置抓紧抓好。要坚决贯彻中央部署，认真落实《最高人民法院、最高人民检察院、公安部、司法部关于依法严惩危害食品安全犯罪活动的通知》的各项要求，对危害食品安全犯罪及相关职务犯罪务必依法严惩，特别是对影响恶劣、社会关注的重大危害食品安全犯罪案件，必须依法从重、从快判处。

（第3段）各级人民法院要准确适用法律，依法严惩犯罪分子。《刑法修正案（八）》对危害食品安全及相关职务犯罪作了修改完善，各级人民法院要认真研究疑难案件的法律适用问题，准确适用罪名。被告人实施危害食品安全的行为同时构成危害食品安全犯罪和生产、销售伪劣产品、侵犯知识产权、非法经营等犯罪的，依照处罚较重的规定定罪处罚。对于致人死亡或者有其他特别严重情节，罪当判处死刑的，要坚决依法判处死刑。要加大财产刑的判处力度，用足、用好罚金、没收财产等刑罚手段，剥夺犯罪分子再次犯罪的能力。要从严把握对危害食品安全的犯罪分子及相关职务犯罪分子适用缓免刑的条件。对依法必须适用缓刑的犯罪分子，可以同时宣告禁止令，禁止其在缓刑考验期内从事与食品生产、销售等有关的活动。

【公通字〔2012〕1号】 最高人民法院、最高人民检察院、公安部关于依法严惩"地沟油"犯罪活动的通知（2012年1月9日印发）

一、依法严惩"地沟油"犯罪，切实维护人民群众食品安全

"地沟油"犯罪，是指用餐厨垃圾、废弃油脂、各类肉及肉制品加工废弃物等非食品原料，生产、加工"食用油"，以及明知是利用"地沟油"生产、加工的油脂而作为食用油销售的行为。"地沟油"犯罪严重危害人民群众身体健康和生命安全，严重影响国家形象，损害党和政府的公信力。各级公安机关、检察机关、人民法院要认真贯彻《刑法修正案（八）》对危害食品安全犯罪从严打击的精神，依法严惩"地沟油"犯罪，坚决打击"地沟油"进入食用领域的各种犯罪行为，坚决保护人民群众切身利益。对于涉及多地区的"地沟油"犯罪案

件,各地公安机关、检察机关、人民法院要在案件管辖、调查取证等方面通力合作,形成打击合力,切实维护人民群众食品安全。

二、准确理解法律规定,严格区分犯罪界限

(一)对于利用"地沟油"生产"食用油"的,依照刑法第144条生产有毒、有害食品罪的规定追究刑事责任。

(二)明知是利用"地沟油"生产的"食用油"而予以销售的,依照刑法第144条销售有毒、有害食品罪的规定追究刑事责任。认定是否"明知",应当结合犯罪嫌疑人、被告人的认知能力,犯罪嫌疑人、被告人及其同案人的供述和辩解,证人证言,产品质量,进货渠道及进货价格、销售渠道及销售价格等主、客观因素予以综合判断。

(三)对于利用"地沟油"生产的"食用油",已经销售出去没有实物,但是有证据证明系已被查实生产、销售有毒、有害食品犯罪事实的上线提供的,依照刑法第144条销售有毒、有害食品罪的规定追究刑事责任。

(四)虽无法查明"食用油"是否系利用"地沟油"生产、加工,但犯罪嫌疑人、被告人明知该"食用油"来源可疑而予以销售的,应分别情形处理:经鉴定,检出有毒、有害成分的,依照刑法第144条销售有毒、有害食品罪的规定追究刑事责任;属于不符合安全标准的食品的,依照刑法第143条销售不符合安全标准的食品罪追究刑事责任;属于以假充真、以次充好、以不合格产品冒充合格产品或者假冒注册商标,构成犯罪的,依照刑法第140条销售伪劣产品罪或者第213条假冒注册商标罪、第214条销售假冒注册商标的商品罪追究刑事责任。

(五)知道或应当知道他人实施以上第(一)、(二)、(三)款犯罪行为,而为其掏捞、加工、贩运"地沟油",或者提供贷款、资金、账号、发票、证明、许可证件,或者提供技术、生产、经营场所、运输、仓储、保管等便利条件的,依照本条第(一)、(二)、(三)款犯罪的共犯论处。

(六)对违反有关规定,掏捞、加工、贩运"地沟油",没有证据证明用于生产"食用油"的,交由行政部门处理。

(七)对于国家工作人员在食用油安全监管和查处"地沟油"违法犯罪活动中滥用职权、玩忽职守、徇私枉法,构成犯罪的,依照刑法有关规定追究刑事责任。

三、准确把握宽严相济刑事政策在食品安全领域的适用

在对"地沟油"犯罪定罪量刑时,要充分考虑犯罪数额、犯罪分子主观恶性及其犯罪手段、犯罪行为对人民群众生命安全和身体健康的危害、对市场经济秩序的破坏程度、恶劣影响等。对于具有累犯、前科、共同犯罪的主犯、集团犯罪

的首要分子等情节，以及犯罪数额巨大、情节恶劣、危害严重，群众反映强烈，给国家和人民利益造成重大损失的犯罪分子，依法严惩，罪当判处死刑的，要坚决依法判处死刑。对在同一条生产销售链上的犯罪分子，要在法定刑幅度内体现严惩源头犯罪的精神，确保生产环节与销售环节量刑的整体平衡。对于明知是"地沟油"而非法销售的公司、企业，要依法从严追究有关单位和直接责任人员的责任。对于具有自首、立功、从犯等法定情节的犯罪分子，可以依法从宽处理。要严格把握适用缓刑、免予刑事处罚的条件。对依法必须适用缓刑的，一般同时宣告禁止令，禁止其在缓刑考验期内从事与食品生产、销售等有关的活动。

【食药监稽〔2015〕271号】　食品药品行政执法与刑事司法衔接工作办法
（食药监总局、公安部、最高人民法院、最高人民检察院、国务院食品安全办 2015年12月22日印发）

第22条　对于符合《最高人民法院最高人民检察院关于办理危害食品安全刑事案件适用法律若干问题的解释》（法释〔2013〕12号①）第1条第2项中属于病死、死因不明的畜、禽、兽、水产动物及其肉类、肉类制品和第3项规定情形的涉案食品，食品药品监管部门可以直接出具认定意见并说明理由。

第24条（第1款）　根据食品药品监管部门或者公安机关、人民检察院的委托，对尚未建立食品安全标准检验方法的，相关检验检测机构可以采用非食品安全标准等规定的检验项目和检验方法对涉案食品进行检验，检验结果可以作为定罪量刑的参考。通过上述办法仍不能得出明确结论的，根据公安机关、人民检察院的委托，地市级以上的食品药品监管部门可以组织专家对涉案食品进行评估认定，该评估认定意见可作为定罪量刑的参考。

第25条　食品药品监管部门依据检验检测报告、结合专家意见等相关材料得出认定意见的，应当按照以下格式出具结论：

……

（三）生产、销售不符合食品安全标准的案件，符合《最高人民法院最高人民检察院关于办理危害食品安全刑事案件适用法律若干问题的解释》（法释〔2013〕12号②）第1条相关情形的，结论中应写明"经认定，某食品……不符合食品安全标准，足以造成严重食物中毒事故（或者其他严重食源性疾病）"；

……

（五）其他案件也均应写明认定涉嫌犯罪应当具备的结论性意见。

---

① 注：2022年1月1日起适用法释〔2021〕24号《解释》。
② 注：2022年1月1日起适用法释〔2021〕24号《解释》。

第38条　各省、自治区、直辖市的食品药品监管部门、公安机关、人民检察院、人民法院可以根据本办法制定本行政区域的实施细则。

【高检发〔2016〕12号】　最高人民检察院关于全面履行检察职能为推进健康中国建设提供有力司法保障的意见（2016年9月29日印发，2016年10月21日公布）

二、依法惩治食品药品领域犯罪，维护人民群众身体健康和生命安全

3.依法惩治危害食品安全犯罪，保障人民群众"舌尖上的安全"。深入贯彻新修订的食品安全法，依法惩治制售含有严重超标致病性微生物、农药兽药残留、生物毒素、重金属等污染物质的食品，病死或者死因不明的禽、畜、兽、水产动物肉类及其制品，国家为防病等特殊需要明令禁止生产经营的食品，以及超范围、超限量滥用食品添加剂、农药兽药等生产、销售不符合安全标准食品的犯罪；依法惩治使用有毒、有害的非食品原料加工食品，使用禁用农药兽药种植、养殖食用农产品，在食品中非法添加国家禁用药物等生产、销售有毒、有害食品的犯罪；……

【法释〔2019〕16号】　最高人民法院关于审理走私、非法经营、非法使用兴奋剂刑事案件适用法律若干问题的解释（2019年11月12日最高人民法院审判委员会第1781次会议通过，2019年11月18日公布，2020年1月1日起施行）

第5条　生产、销售含有兴奋剂目录所列物质的食品，符合刑法第143条、第144条规定的，以生产、销售不符合安全标准的食品罪、生产、销售有毒、有害食品罪定罪处罚。

第7条　实施本解释规定的行为，涉案物质属于毒品、制毒物品等，构成有关犯罪的，依照相应犯罪定罪处罚。

第8条　对于是否属于本解释规定的"兴奋剂""兴奋剂目录所列物质""体育运动""国内、国际重大体育竞赛"等专门性问题，应当依据《中华人民共和国体育法》《反兴奋剂条例》等法律法规，结合国务院体育主管部门出具的认定意见等证据材料作出认定。

【法释〔2021〕24号】　最高人民法院、最高人民检察院关于办理危害食品安全刑事案件适用法律若干问题的解释（2021年12月13日最高法审委会第1856次会议、2021年12月29日最高检第13届检委会第84次会议通过，2021年12月30日公布，2022年1月1日施行；法释〔2013〕12号《解释》同时废止）

第1条　生产、销售不符合食品安全标准的食品，具有下列情形之一的，

应当认定为刑法第 143 条规定的"足以造成严重食物中毒事故或者其他严重食源性疾病":

(一) 含有严重超出标准限量的致病性微生物、农药残留、兽药残留、生物毒素、重金属等（~）污染物质以及其他严重危害人体健康的物质的;

(二) 属于病死、死因不明或者检验检疫不合格的畜、禽、兽、水产动物肉类及其制品（及其肉类、肉类制品）的;

(三) 属于国家为防控疾病等特殊需要明令禁止生产、销售的;

(四) 特殊医学用途配方食品、专供婴幼儿的主辅食品中生长发育所需营养成分严重不符合食品安全标准的;

(五) 其他足以造成严重食物中毒事故或者严重食源性疾病的情形。

第 2 条 生产、销售不符合食品安全标准的食品，具有下列情形之一的，应当认定为刑法第 143 条规定的"对人体健康造成严重危害":

(一) 造成轻伤以上伤害的;

(二) 造成轻度残疾或者中度残疾的;

(三) 造成器官组织损伤导致一般功能障碍或者严重功能障碍的;

(四) 造成 10 人以上严重食物中毒或者其他严重食源性疾病的;

(五) 其他对人体健康造成严重危害的情形。

第 3 条 生产、销售不符合食品安全标准的食品，具有下列情形之一的，应当认定为刑法第 143 条规定的"其他严重情节":

(一) 生产、销售金额 20 万元以上的;

(二) 生产、销售金额 10 万元以上不满 20 万元，不符合食品安全标准的食品数量较大或者生产、销售持续时间 6 个月以上（较长）的;

(三) 生产、销售金额 10 万元以上不满 20 万元，属于特殊医学用途配方食品、专供婴幼儿的主辅食品的;

(四) (新增) 生产、销售金额 10 万元以上不满 20 万元，且在中小学校园、托幼机构、养老机构及周边面向未成年人、老年人销售的;

(五) 生产、销售金额 10 万元以上不满 20 万元，1 年内曾因危害食品安全犯罪受过刑事处罚或者 2 年内因危害食品安全违法行为（违法犯罪活动）受过行政处罚或者刑事处罚的;

(六) 其他情节严重的情形。

第 4 条 生产、销售不符合食品安全标准的食品，具有下列情形之一的，应当认定为刑法第 143 条规定的"后果特别严重":

(一) 致人死亡的;

（二）造成重度残疾以上的；

（三）造成3人以上重伤、中度残疾或者器官组织损伤导致严重功能障碍的；

（四）造成10人以上轻伤、5人以上轻度残疾或者器官组织损伤导致一般功能障碍的；

（五）造成30人以上严重食物中毒或者其他严重食源性疾病的；

（六）其他特别严重的后果。

第5条　在食品生产、销售、运输、贮存等过程中，违反食品安全标准，超限量或者超范围滥用食品添加剂，足以造成严重食物中毒事故或者其他严重食源性疾病的，依照刑法第143条的规定以生产、销售不符合安全标准的食品罪定罪处罚。

在食用农产品种植、养殖、销售、运输、贮存等过程中，违反食品安全标准，超限量或者超范围滥用添加剂、农药、兽药等，足以造成严重食物中毒事故或者其他严重食源性疾病的，适用前款的规定定罪处罚。

第6条　生产、销售有毒、有害食品，具有本解释第2条规定情形之一的，应当认定为刑法第144条规定的"对人体健康造成严重危害"。

第7条　生产、销售有毒、有害食品，具有下列情形之一的，应当认定为刑法第144条规定的"其他严重情节"：

（一）生产、销售金额20万元以上不满50万元的；

（二）生产、销售金额10万元以上不满20万元，有毒、有害食品数量较大或者生产、销售持续时间6个月以上（较长）的；

（三）生产、销售金额10万元以上不满20万元，属于特殊医学用途配方食品、专供婴幼儿的主辅食品的；

（四）生产、销售金额10万元以上不满20万元，且在中小学校园、托幼机构、养老机构及周边面向未成年人、老年人销售的；

（五）生产、销售金额10万元以上不满20万元，1年内曾因危害食品安全犯罪受过刑事处罚或者2年内因危害食品安全违法行为（违法犯罪活动）受过行政处罚或者刑事处罚的；

（六）有毒、有害的非食品原料毒害性强或者含量高的；

（七）其他情节严重的情形。

第8条　生产、销售有毒、有害食品，生产、销售金额50万元以上，或者具有本解释第4条第二项至第六项规定的情形之一的，应当认定为刑法第144条规定的"其他特别严重情节"。

第9条 下列物质应当认定为刑法第144条规定的"有毒、有害的非食品原料"：

（一）<u>因危害人体健康</u>，被法律、法规禁止在食品生产经营活动中添加、使用的物质；

（二）<u>因危害人体健康</u>，被国务院有关部门列入《食品中可能违法添加的非食用物质名单》《保健食品中可能非法添加的物质名单》和国务院有关部门公告的<u>禁用农药</u>（**公告禁止使用的农药、兽药**）、《食品动物中禁止使用的药品及其他化合物清单》等名单上的物质；

（三）其他有毒、有害的物质。

~~（四）其他危害人体健康的物质。~~

第10条（**本条新增**） 刑法第144条规定的"明知"，应当综合行为人的认知能力、食品质量、进货或者销售的渠道及价格等主、客观因素进行认定。

具有下列情形之一的，可以认定为刑法第144条规定的"明知"，但存在相反证据并经查证属实的除外：

（一）长期从事相关食品、食用农产品生产、种植、养殖、销售、运输、贮存行业，不依法履行保障食品安全义务的；

（二）没有合法有效的购货凭证，且不能提供或者拒不提供销售的相关食品来源的；

（三）以明显低于市场价格进货或者销售且无合理原因的；

（四）在有关部门发出禁令或者食品安全预警的情况下继续销售的；

（五）因实施危害食品安全行为受过行政处罚或者刑事处罚，又实施同种行为的；

（六）其他足以认定行为人明知的情形。

第11条 在食品<u>生产</u>（**加工**）、销售、运输、贮存等过程中，掺入有毒、有害的非食品原料，或者使用有毒、有害的非食品原料生产食品的，依照刑法第144条的规定以生产、销售有毒、有害食品罪定罪处罚。

在食用农产品种植、养殖、销售、运输、贮存等过程中，使用禁用农药、<u>食品动物中禁止使用的药品及其他化合物等有毒、有害的非食品原料</u>（**兽药等禁用物质或者其他有毒、有害物质**）的，适用前款的规定定罪处罚。

在保健食品或者其他食品中非法添加国家禁用药物等<u>有毒、有害的非食品原料</u>（**有毒、有害物质**）的，适用第1款的规定定罪处罚。

第12条（**本条新增**） 在食品生产、销售、运输、贮存等过程中，使用不符合食品安全标准的食品包装材料、容器、洗涤剂、消毒剂，或者用于食品生产经营的工具、设备等，造成食品被污染，符合刑法第 143 条、第 144 条规定的，以生产、销售不符合安全标准的食品罪或者生产、销售有毒、有害食品罪定罪处罚。

第 13 条　生产、销售不符合食品安全标准的食品，有毒、有害食品，符合刑法第 143 条、第 144 条规定的，以生产、销售不符合安全标准的食品罪或者生产、销售有毒、有害食品罪定罪处罚。同时构成其他犯罪的，依照处罚较重的规定定罪处罚。

生产、销售不符合食品安全标准的食品，无证据证明足以造成严重食物中毒事故或者其他严重食源性疾病，不构成生产、销售不符合安全标准的食品罪，但构成生产、销售伪劣产品罪，<u>妨害动植物防疫、检疫罪</u>等其他犯罪的，依照该其他犯罪定罪处罚。

第 14 条　明知他人生产、销售不符合食品安全标准的食品，有毒、有害食品，具有下列情形之一的，以生产、销售不符合安全标准的食品罪或者生产、销售有毒、有害食品罪的共犯论处：

（一）提供资金、贷款、账号、发票、证明、许可证件的；

（二）提供生产、经营场所或者运输、贮存、保管、邮寄、**网络销售渠道**等便利条件的；

（三）提供生产技术或者食品原料、食品添加剂、食品相关产品<u>或者有毒、有害的非食品原料</u>的；

（四）提供广告等宣传的；

（五）（新增）提供其他帮助行为的。

第 15 条　生产、销售不符合食品安全标准的食品添加剂，用于食品的包装材料、容器、洗涤剂、消毒剂，或者用于食品生产经营的工具、设备等，<u>符合刑法第 140 条规定</u>（**构成犯罪**）的，以生产、销售伪劣产品罪定罪处罚。

（**本款新增**）生产、销售用超过保质期的食品原料、超过保质期的食品、回收食品作为原料的食品，或者以更改生产日期、保质期、改换包装等方式销售超过保质期的食品、回收食品，适用前款的规定定罪处罚。

（**本款新增**）实施前 2 款行为，同时构成生产、销售不符合安全标准的食品罪，生产、销售不符合安全标准的产品罪等其他犯罪的，依照处罚较重的规定定罪处罚。

第 16 条　以提供给他人生产、销售食品为目的，违反国家规定，生产、销售国家禁止用于食品生产、销售的非食品原料，情节严重的，依照刑法第 225 条的规定以非法经营罪定罪处罚。

以提供给他人生产、销售食用农产品为目的，违反国家规定，生产、销售国家禁用农药、食品动物中禁止使用的药品及其他化合物等有毒、有害的非食品原料，或者生产、销售添加上述有毒、有害的非食品原料的（国家禁止生产、销售、使用的）农药、兽药、饲料、饲料添加剂、饲料原料、饲料添加剂原料，情节严重的，依照前款的规定定罪处罚。

实施前2款行为，同时又构成生产、销售伪劣产品罪，生产、销售伪劣农药、兽药罪等其他犯罪的，依照处罚较重的规定定罪处罚。

第17条 违反国家规定，私设生猪屠宰厂（场），从事生猪屠宰、销售等经营活动，情节严重的，依照刑法第225条的规定以非法经营罪定罪处罚。

（本款新增）在畜禽屠宰相关环节，对畜禽使用食品动物中禁止使用的药品及其他化合物等有毒、有害的非食品原料，依照刑法第144条的规定以生产、销售有毒、有害食品罪定罪处罚；对畜禽注水或者注入其他物质，足以造成严重食物中毒事故或者其他严重食源性疾病的，依照刑法第143条的规定以生产、销售不符合安全标准的食品罪定罪处罚；虽不足以造成严重食物中毒事故或者其他严重食源性疾病，但符合刑法第140条规定的，以生产、销售伪劣产品罪定罪处罚。

实施前款行为，同时又构成生产、销售不符合安全标准的食品罪，生产、销售有毒、有害食品罪等其他犯罪的，依照处罚较重的规定定罪处罚。

第18条（本条新增） 实施本解释规定的非法经营行为，非法经营数额在10万元以上，或者违法所得数额在5万元以上的，应当认定为刑法第225条规定的"情节严重"；非法经营数额在50万元以上，或者违法所得数额在25万元以上的，应当认定为刑法第225条规定的"情节特别严重"。

实施本解释规定的非法经营行为，同时构成生产、销售伪劣产品罪，生产、销售不符合安全标准的食品罪，生产、销售有毒、有害食品罪，生产、销售伪劣农药、兽药罪等其他犯罪的，依照处罚较重的规定定罪处罚。

第19条 广告主、广告经营者、广告发布者违反国家规定，利用广告对保健食品或者其他食品作虚假宣传，符合刑法第222条规定（情节严重）的，以虚假广告罪定罪处罚；以非法占有为目的，利用销售保健食品或者其他食品诈骗财物，符合刑法第266条规定的，以诈骗罪定罪处罚。同时构成生产、销售伪劣产品罪等其他犯罪的，依照处罚较重的规定定罪处罚。

第20条 负有食品安全监督管理职责的国家机关工作人员，滥用职权或者玩忽职守，导致发生重大食品安全事故或者造成其他严重后果的，构成食品监管渎职罪，同时构成徇私舞弊不移交刑事案件罪、商检徇私舞弊罪、动植物检疫徇私舞弊罪、放纵制售伪劣商品犯罪行为罪等其他渎职犯罪的，依照处罚较重的规定定罪处罚。

负有食品安全监督管理职责的国家机关工作人员滥用职权或者玩忽职守，不构成食品监管渎职罪，但构成前款规定的其他渎职犯罪的，依照该其他犯罪定罪处罚。

负有食品安全监督管理职责的国家机关工作人员与他人共谋，利用其职务行为帮助他人实施危害食品安全犯罪行为，同时构成渎职犯罪和危害食品安全犯罪共犯的，依照处罚较重的规定定罪从重处罚。

第21条　犯生产、销售不符合安全标准的食品罪，生产、销售有毒、有害食品罪，一般应当依法判处生产、销售金额2倍以上的罚金。

（本款新增）共同犯罪的，对各共同犯罪人合计判处的罚金一般应当在生产、销售金额的2倍以上。

第22条　对实施本解释规定之犯罪的犯罪分子，应当依照刑法规定的条件，严格适用缓刑、免予刑事处罚。根据犯罪事实、情节和悔罪表现，对于<u>依法适用（符合刑法规定的缓刑适用条件的犯罪分子，可以适用）</u>缓刑的，<u>可以根据犯罪情况，但是应当同时宣告禁止令，禁止其在缓刑考验期限内从事食品生产、销售及相关活动</u>。

（本款新增）对于被不起诉或者免予刑事处罚的行为人，需要给予行政处罚、政务处分或者其他处分的，依法移送有关主管机关处理。

第23条　单位实施本解释规定的犯罪的，<u>对单位判处罚金，并对直接负责的主管人员和其他直接责任人员</u>，依照本解释规定的定罪量刑标准处罚。

第24条　"足以造成严重食物中毒事故或者其他严重食源性疾病""有毒、有害的非食品原料"等专门性问题难以确定的，司法机关可以依据<u>鉴定意见、检验报告、地市级以上相关行政主管部门组织出具的书面意见</u>，结合其他证据（专家意见等相关材料）作出认定。必要时，<u>专门性问题由省级以上相关行政主管部门组织出具书面意见</u>（人民法院可以依法通知有关专家出庭作出说明）。

第25条（本条新增）　本解释所称"2年内"，以第一次违法行为受到行政处罚的生效之日与又实施相应行为之日的时间间隔计算确定。

● **立案标准**　最高人民检察院、公安部关于公安机关管辖的刑事案件立案追诉标准的规定（一）的补充规定（公通字〔2017〕12号，2017年4月27日公布施行）

第19条［生产、销售不符合安全标准的食品案（刑法第143条）］　生产、销售不符合食品安全标准的食品，涉嫌下列情形之一的，应予立案追诉：

（一）食品含有严重超出标准限量的致病性微生物、农药残留、兽药残留、重金属、污染物质以及其他危害人体健康的物质的；

（二）属于病死、死因不明或者检验检疫不合格的畜、禽、兽、水产动物及其肉类、肉类制品的；

（三）属于国家为防控疾病等特殊需要明令禁止生产、销售的食品的；

（四）婴幼儿食品中生长发育所需营养成分严重不符合食品安全标准的；

（五）其他足以造成严重食物中毒事故或者严重食源性疾病的情形。

在食品加工、销售、运输、贮存等过程中，违反食品安全标准，超限量或者超范围滥用食品添加剂，足以造成严重食物中毒事故或者其他严重食源性疾病的，应予立案追诉。

在食用农产品种植、养殖、销售、运输、贮存等过程中，违反食品安全标准，超限量或者超范围滥用添加剂、农药、兽药等，足以造成严重食物中毒事故或者其他严重食源性疾病的，应予立案追诉。

第20条 [生产、销售有毒、有害食品案（刑法第144条）] 在生产、销售的食品中掺入有毒、有害的非食品原料的，或者销售明知掺有有毒、有害的非食品原料的食品的，应予立案追诉。

在食品加工、销售、运输、贮存等过程中，掺入有毒、有害的非食品原料，或者使用有毒、有害的非食品原料加工食品的，应予立案追诉。

在食用农产品种植、养殖、销售、运输、贮存等过程中，使用禁用农药、兽药等禁用物质或者其他有毒、有害物质的，应予立案追诉。

在保健食品或者其他食品中非法添加国家禁用药物等有毒、有害物质的，应予立案追诉。

下列物质应当认定为本条规定的"有毒、有害的非食品原料"：

（一）法律、法规禁止在食品生产经营活动中添加、使用的物质；

（二）国务院有关部门公布的《食品中可能违法添加的非食用物质名单》《保健食品中可能非法添加的物质名单》中所列物质；

（三）国务院有关部门公告禁止使用的农药、兽药以及其他有毒、有害物质；

（四）其他危害人体健康的物质。

● **指导案例** 【**高检发研字〔2014〕2号**】最高人民检察院关于印发第4批指导性案例的通知（2014年2月19日最高人民检察院第12届检察委员会第17次会议讨论通过，2014年2月20日印发）

(检例第 12 号) 柳立国等人生产、销售有毒、有害食品,生产、销售伪劣产品案

要旨:明知对方是食用油经销者,仍将用餐厨废弃油(俗称"地沟油")加工而成的劣质油脂销售给对方,导致劣质油脂流入食用油市场供人食用的,构成生产、销售有毒、有害食品罪;明知油脂经销者向饲料生产企业和药品生产企业等单位销售豆油等食用油,仍将用餐厨废弃油加工而成的劣质油脂销售给对方,导致劣质油脂流向饲料生产企业和药品生产企业等单位的,构成生产、销售伪劣产品罪。

(检例第 13 号) 徐孝伦等人生产、销售有害食品案

要旨:在食品加工过程中,使用有毒、有害的非食品原料加工食品并出售的,应当认定为生产、销售有毒、有害食品罪;明知是他人使用有毒、有害的非食品原料加工出的食品仍然购买并出售的,应当认定为销售有毒、有害食品罪。

(检例第 14 号) 孙建亮等人生产、销售有毒、有害食品案

要旨:明知盐酸克伦特罗(俗称"瘦肉精")是国家禁止在饲料和动物饮用水中使用的药品,而用以养殖供人食用的动物并出售的,应当认定为生产、销售有毒、有害食品罪。明知盐酸克伦特罗是国家禁止在饲料和动物饮用水中使用的药品,而买卖和代买盐酸克伦特罗片,供他人用以养殖供人食用的动物的,应当认定为生产、销售有毒、有害食品罪的共犯。

(检例第 15 号) 胡林贵等人生产、销售有毒、有害食品,行贿;骆梅等人销售伪劣产品;朱伟全等人生产、销售伪劣产品;黎达文等人受贿,食品监管渎职案

要旨:实施生产、销售有毒、有害食品犯罪,为逃避查处向负有食品安全监管职责的国家工作人员行贿的,应当以生产、销售有毒、有害食品罪和行贿罪实行数罪并罚。

【法〔2016〕449 号】最高人民法院关于发布第 15 批指导性案例的通知(2016 年 12 月 28 日印发)

(指导案例 70 号) 北京阳光一佰生物技术开发有限公司、习文有等生产、销售有毒、有害食品案

裁判要点:行为人在食品生产经营中添加的虽然不是国务院有关部门公布的《食品中可能违法添加的非食用物质名单》和《保健食品中可能非法添加的物质名单》中的物质,但如果该物质与上述名单中所列物质具有同等属性,并且根据检验报告和专家意见等相关材料能够确定该物质对人体具有同等危害的,应当认定为《中华人民共和国刑法》第 144 条规定的"有毒、有害的非食品原料"。

第 145 条[①] 　**【生产、销售不符合标准的医用器材罪】**生产不符合保障人体健康的国家标准、行业标准的医疗器械、医用卫生材料，或者销售明知是不符合保障人体健康的国家标准、行业标准的医疗器械、医用卫生材料，足以严重危害人体健康的[②]，处三年以下有期徒刑或者拘役，并处销售金额百分之五十以上二倍以下罚金；对人体健康造成严重危害的，处三年以上十年以下有期徒刑，并处销售金额百分之五十以上二倍以下罚金；后果特别严重的，处十年以上有期徒刑或者无期徒刑，并处销售金额百分之五十以上二倍以下罚金或者没收财产。

● **条文注释**　构成本罪，必须具备以下条件：（1）行为人具有生产、销售不符合标准的卫生器材的主观故意，并在客观上实施了该行为。（2）足以严重危害人体健康。

这里的"医疗器械"是指用于人体疾病诊断、治疗、预防，或者调节人体生理功能或替代人体器官的仪器、设备、材料、植入物和相关物品，如 CT 机、人工关节、血管支架、医用可吸收缝线等[③]；"医用卫生材料"是指用于人体疾病诊断、治疗、预防或者调节人体生理功能的辅助材料，如医用纱布、药棉、创可贴等。"足以严重危害人体健康"并不要求实际产生危害后果，相比于《刑法修正案（四）》施行之前，降低了入罪标准。"对人体健康造成严重危害"是指对人体造成轻伤以上或其他严重损害人体健康的情节；"后果特别严重"是指

[①] 第 145 条是根据 2002 年 12 月 28 日第 9 届全国人民代表大会常务委员会第 31 次会议通过的《刑法修正案（四）》（主席令第 83 号公布，2002 年 12 月 28 日起施行）而修改，原条文内容为："生产不符合保障人体健康的国家标准、行业标准的医疗器械、医用卫生材料，或者销售明知是不符合保障人体健康的国家标准、行业标准的医疗器械、医用卫生材料，对人体健康造成严重危害的，处五年以下有期徒刑，并处销售金额百分之五十以上二倍以下罚金；后果特别严重的，处五年以上十年以下有期徒刑，并处销售金额百分之五十以上二倍以下罚金，其中情节特别恶劣的，处十年以上有期徒刑或者无期徒刑，并处销售金额百分之五十以上二倍以下罚金或者没收财产。"

[②] 《刑法修正案（四）》（主席令第 83 号公布，2002 年 12 月 28 日起施行）对《刑法》第 145 条进行了修改，将入罪门槛由"对人体健康造成严重危害"降低为"足以严重危害人体健康"。但对于"足以严重危害人体健康"的界定标准，目前尚没有法律法规或司法解释进行统一的规定。

[③] 注：目前对"医疗器械"的界定主要依照国家食品药品监督管理总局《医疗器械分类目录》（2017 年 8 月 31 日第 104 号公告发布，2018 年 8 月 1 日起施行）和《6840 体外诊断试剂分类子目录（2013 版）》（2020 年 10 月 20 日第 112 号公告调整），以及组合包产品。依照上述目录，"医疗器械"包含医用卫生材料。

致人死亡、重伤、严重残疾、多人以上轻伤或者感染难以治愈的疾病等情节。

需要注意的是：

(1) 这里的"国家标准""行业标准"应当指强制性标准或其中的强制性条款，而非推荐性标准。但"法释〔2001〕10号"解释特别规定，没有国家标准和行业标准的医疗器械（未包括医用卫生材料），以其注册产品标准代替。

(2) 生产企业应当清楚相关产品的生产要求和相关标准，因此不再另行要求"明知"条件。

(3) 产品销售方有审查该产品是否符合相关标准的法定义务。但这种审查仅限于形式上的审查，如是否为"三无"产品，是否标明执行标准等。如果销售方已尽形式审查义务，将伪劣产品误作正品而销售，则应承担民事责任，而不构成本罪。

(4) "足以严重危害人体健康"可以表现在特殊时期或特殊情形下。如：在新型冠状病毒肺炎等流行病疫情防控期间生产、销售没有防护功能的医用口罩，给艾滋病患者售卖不合格的避孕套等。

● 相关规定　【法释〔2001〕10号】　最高人民法院、最高人民检察院关于办理生产、销售伪劣商品刑事案件具体应用法律若干问题的解释（2001年4月5日最高人民法院审判委员会第1168次会议、2001年3月30日最高人民检察院第9届检察委员会第84次会议通过，2001年4月9日公布，2001年4月10日起施行）

第6条　生产、销售不符合标准的医疗器械、医用卫生材料，致人轻伤或者其他严重后果的，应认定为刑法第145条规定的"对人体健康造成严重危害"。

生产、销售不符合标准的医疗器械、医用卫生材料，造成感染病毒性肝炎等难以治愈的疾病、1人以上重伤、3人以上轻伤或者其他严重后果的，应认定为"后果特别严重"。

生产、销售不符合标准的医疗器械、医用卫生材料，致人死亡、严重残疾、感染艾滋病、3人以上重伤、10人以上轻伤或者造成其他特别严重后果的，应认定为"情节特别恶劣"。[1]

医疗机构或者个人，知道或者应当知道是不符合保障人体健康的国家标准、

---

[1] 《刑法修正案（四）》（主席令第83号公布，2002年12月28日起施行）对《刑法》第145条进行了修改，删除了"情节特别恶劣"的量刑档次，因此，"法释〔2001〕10号"第6条第3款实际上已经失效。

行业标准的医疗器械、医用卫生材料而购买、使用,对人体健康造成严重危害的,以销售不符合标准的医用器材罪定罪处罚。

没有国家标准、行业标准的医疗器械,注册产品标准可视为"保障人体健康的行业标准"。

【法释〔2003〕8号】　最高人民法院、最高人民检察院关于办理妨害预防、控制突发传染病疫情等灾害的刑事案件具体应用法律若干问题的解释（2003年5月13日最高人民法院审判委员会第1269次会议、2003年5月13日最高人民检察院第10届检察委员会第3次会议通过,2003年5月14日公布,2003年5月15日起施行）

第3条　在预防、控制突发传染病疫情等灾害期间,生产用于防治传染病的不符合保障人体健康的国家标准、行业标准的医疗器械、医用卫生材料,或者销售明知是用于防治传染病的不符合保障人体健康的国家标准、行业标准的医疗器械、医用卫生材料,不具有防护、救治功能,足以严重危害人体健康的,依照刑法第145条的规定,以生产、销售不符合标准的医用器材罪定罪,依法从重处罚。

医疗机构或者个人,知道或者应当知道系前款规定的不符合保障人体健康的国家标准、行业标准的医疗器械、医用卫生材料而购买并有偿使用的,以销售不符合标准的医用器材罪定罪,依法从重处罚。

第18条　本解释所称"突发传染病疫情等灾害",是指突然发生,造成或者可能造成社会公众健康严重损害的重大传染病疫情、群体性不明原因疾病以及其他严重影响公众健康的灾害。

【法发〔2020〕7号】　最高人民法院、最高人民检察院、公安部、司法部关于依法惩治妨害新型冠状病毒感染肺炎疫情防控违法犯罪的意见（2020年2月6日印发）

二、准确适用法律,依法严惩妨害疫情防控的各类违法犯罪

（三）依法严惩制假售假犯罪。……

（第2款）　在疫情防控期间,生产不符合保障人体健康的国家标准、行业标准的医用口罩、护目镜、防护服等医用器材,或者销售明知是不符合标准的医用器材,足以严重危害人体健康的,依照刑法第145条的规定,以生产、销售不符合标准的医用器材罪定罪处罚。

中共中央政法委员会、最高人民法院、最高人民检察院、公安部、司法部关于政法机关依法保障疫情防控期间复工复产的意见（2020年2月25日印发）

五、准确把握法律政策界限,营造良好司法环境。对于疫情防控期间,超

出经营范围生产经营疫情防控产品、商品，或因疫情防控需要，为赶工期导致产品标注不符合相关规定，生产销售的产品经鉴定符合国家相关卫生、质量标准，未造成实质危害的，依法妥善处理。……在涉企业案件办理中，积极推进认罪认罚从宽制度适用，落实少捕慎诉司法理念。

【食药监稽〔2015〕271号】　食品药品行政执法与刑事司法衔接工作办法（食药监总局、公安部、最高人民法院、最高人民检察院、国务院食品安全办，2015年12月22日印发）

第24条（第3款）　对医疗器械的检测按照《医疗器械监督管理条例》有关规定执行。

第25条　食品药品监管部门依据检验检测报告、结合专家意见等相关材料得出认定意见的，应当按照以下格式出具结论：

（四）生产、销售不符合保障人体健康的国家标准、行业标准的医疗器械案件，符合最高人民检察院、公安部联合印发的《关于公安机关管辖的刑事案件立案追诉标准的规定（一）》（公通字〔2008〕36号）第21条相关情形的，结论中应写明"经认定，某医疗器械……不符合国家标准、行业标准，足以严重危害人体健康"；

（五）其他案件也均应写明认定涉嫌犯罪应当具备的结论性意见。

第38条　各省、自治区、直辖市的食品药品监管部门、公安机关、人民检察院、人民法院可以根据本办法制定本行政区域的实施细则。

● **立案标准　最高人民检察院、公安部关于公安机关管辖的刑事案件立案追诉标准的规定（一）**（公通字〔2008〕36号，2008年6月25日公布施行）

第21条［生产、销售不符合标准的医用器材案（刑法第145条）］　生产不符合保障人体健康的国家标准、行业标准的医疗器械、医用卫生材料，或者销售明知是不符合保障人体健康的国家标准、行业标准的医疗器械、医用卫生材料，涉嫌下列情形之一的，应予立案追诉：

（一）进入人体的医疗器械的材料中含有超过标准的有毒有害物质的；

（二）进入人体的医疗器械的有效性指标不符合标准要求，导致治疗、替代、调节、补偿功能部分或者全部丧失，可能造成贻误诊治或者人体严重损伤的；

（三）用于诊断、监护、治疗的有源医疗器械的安全指标不符合强制性标准要求，可能对人体构成伤害或者潜在危害的；

（四）用于诊断、监护、治疗的有源医疗器械的主要性能指标不合格，可能造成贻误诊治或者人体严重损伤的；

（五）未经批准，擅自增加功能或者适用范围，可能造成贻误诊治或者人体严重损伤的；

（六）其他足以严重危害人体健康或者对人体健康造成严重危害的情形。

医疗机构或者个人知道或者应当知道是不符合保障人体健康的国家标准、行业标准的医疗器械、医用卫生材料而购买并有偿使用的，视为本条规定的"销售"。

> **第 146 条　【生产、销售不符合安全标准的产品罪】** 生产不符合保障人身、财产安全的国家标准、行业标准的电器、压力容器、易燃易爆产品或者其他不符合保障人身、财产安全的国家标准、行业标准的产品，或者销售明知是以上不符合保障人身、财产安全的国家标准、行业标准的产品，造成严重后果的，处五年以下有期徒刑，并处销售金额百分之五十以上二倍以下罚金；后果特别严重的，处五年以上有期徒刑，并处销售金额百分之五十以上二倍以下罚金。

● **条文注释**　构成本罪，必须具备以下条件：（1）行为人具有生产、销售不符合安全标准的产品的主观故意，并在客观上实施了该行为。如果行为人将不合格产品误作合格产品而销售，则应承担民事责任，而不构成本罪。（2）造成严重后果。

这里的"电器"既包括家用电器，也包括非家用电器；"压力容器"是指锅炉、氧气瓶、燃气罐、压力锅等高压容器；"易燃易爆产品"主要是指蜡烛、烟花爆竹、雷管、民用炸药等产品。根据《特种设备安全法》[①]的相关规定，锅炉、压力容器（含气瓶）、压力管道、电梯、起重机械、客运索道、大型游乐设施、场（厂）内专用机动车辆等对人身和财产安全有较大危险性的特种设备，其生产（包括设计、制造、安装、改造、修理）、经营、使用、检验、检测应当遵守由国务院负责特种设备安全监督管理的部门制定的有关特种设备安全技术规范及相关标准。

这里的"造成严重后果"是指造成人员重伤或死亡，或者造成直接经济损

[①]《特种设备安全法》由 2013 年 6 月 29 日第 12 届全国人民代表大会常务委员会第 3 次会议通过，主席令第 4 号公布，2014 年 1 月 1 日起施行。

失 10 万元以上；"后果特别严重"是指造成多人重伤或死亡，或者造成直接经济损失特别巨大（目前尚未出台具体的认定标准）。

需要注意的是：（1）构成本罪，如果同时触犯其他罪名，按处刑较重的定罪处罚。（2）生产、销售不符合安全标准的产品，如果没有造成严重后果，则不构成本罪；但如果销售金额在 5 万元以上，则可以适用《刑法》第 140 条，以生产、销售伪劣产品罪定罪处罚。

● 相关规定　【安监总管三〔2012〕116 号】最高人民法院、最高人民检察院、公安部、国家安全监管总局关于依法加强对涉嫌犯罪的非法生产经营烟花爆竹行为刑事责任追究的通知（2012 年 9 月 6 日印发）

一、非法生产、经营烟花爆竹及相关行为涉及非法制造、买卖、运输、邮寄、储存黑火药、烟火药，构成非法制造、买卖、运输、邮寄、储存爆炸物罪的，应当依照刑法第 125 条的规定定罪处罚；非法生产、经营烟花爆竹及相关行为涉及生产、销售伪劣产品或不符合安全标准产品，构成生产、销售伪劣产品罪或生产、销售不符合安全标准产品罪的，应当依照刑法第 140 条、第 146 条的规定定罪处罚；非法生产、经营烟花爆竹及相关行为构成非法经营罪的，应当依照刑法第 225 条的规定定罪处罚。上述非法生产经营烟花爆竹行为的定罪量刑和立案追诉标准，分别按照《最高人民法院关于审理非法制造、买卖、运输枪支、弹药、爆炸物等刑事案件具体应用法律若干问题的解释》（法释〔2009〕18 号）、《最高人民法院最高人民检察院关于办理生产、销售伪劣商品刑事案件具体应用法律若干问题的解释》（法释〔2001〕10 号）、《最高人民检察院、公安部关于公安机关管辖的刑事案件立案追诉标准的规定（一）》（公通字〔2008〕36 号）、《最高人民检察院、公安部关于公安机关管辖的刑事案件立案追诉标准的规定（二）》（公通字〔2010〕23 号）等有关规定执行。

二、各相关行政执法部门在查处非法生产、经营烟花爆竹行为过程中，发现涉嫌犯罪，依法需要追究刑事责任的，应当依照《行政执法机关移送涉嫌犯罪案件的规定》（国务院令第 310 号）向公安机关移送，并配合公安机关做好立案侦查工作。公安机关应当依法对相关行政执法部门移送的涉嫌犯罪案件进行审查，认为有犯罪事实，需要追究刑事责任的，应当依法立案，并书面通知移送案件的部门；认为不需要追究刑事责任的，应当说明理由，并书面通知移送案件的部门。公安机关在治安管理工作中，发现非法生产、经营烟花爆竹行为涉嫌犯罪的，应当依法立案侦查。

三、检察机关对于公安机关提请批准逮捕、移送审查起诉的上述涉嫌犯罪的案件，对符合逮捕和提起公诉法定条件的，要依法予以批捕、起诉；要加强对移送、立案案件的监督，对应当移送而不移送、应当立案而不立案的，要及时监督。人民法院对于起诉到法院的上述涉嫌犯罪的案件，要按照宽严相济的政策，依法从快审判，对同时构成多项犯罪或屡次违法犯罪的，要从重处罚；上级人民法院要加强对下级人民法院审判工作的指导，保障依法及时审判。……

【高检发〔2020〕3号】 最高人民法院、最高人民检察院、公安部关于办理涉窨井盖相关刑事案件的指导意见（2020年2月19日最高人民检察院第13届检察委员会第33次会议通过，2020年3月16日印发施行）

六、生产不符合保障人身、财产安全的国家标准、行业标准的窨井盖，或者销售明知是不符合保障人身、财产安全的国家标准、行业标准的窨井盖，造成严重后果的，依照刑法第146条的规定，以生产、销售不符合安全标准的产品罪定罪处罚。

十二、本意见所称的"窨井盖"，包括城市、城乡结合部和乡村等地的窨井盖以及其他井盖。

【高检办发〔2021〕1号】 检察机关办理长江流域非法捕捞案件有关法律政策问题的解答（最高检办公厅根据公通字〔2020〕17号《意见》解答，2021年2月24日印发）①

六、办理长江流域非法捕捞案件，如何准确把握非法捕捞水产品罪与其他关联犯罪的界限？

……制造、销售禁用渔具，情节严重，符合刑法第140条或者第146条规定的，以生产、销售伪劣产品罪或者生产、销售不符合安全标准的产品罪定罪处罚。……

【法释〔2021〕24号】 最高人民法院、最高人民检察院关于办理危害食品安全刑事案件适用法律若干问题的解释（2021年12月13日最高法审委会第1856次会议、2021年12月29日最高检第13届检委会第84次会议通过，2021年12月30日公布，2022年1月1日施行；法释〔2013〕12号《解释》同时废止）

第15条 生产、销售不符合食品安全标准的食品添加剂，用于食品的包装材料、容器、洗涤剂、消毒剂，或者用于食品生产经营的工具、设备等，符合刑法第140条规定的，以生产、销售伪劣产品罪定罪处罚。

---

① 参见 https://mp.weixin.qq.com/s/feePm0CyTmrjf_7mcYKeLQ，最后访问日期：2022年10月25日。

生产、销售用超过保质期的食品原料、超过保质期的食品、回收食品作为原料的食品，或者以更改生产日期、保质期、改换包装等方式销售超过保质期的食品、回收食品，适用前款的规定定罪处罚。

实施前2款行为，同时构成生产、销售不符合安全标准的食品罪，生产、销售不符合安全标准的产品罪等其他犯罪的，依照处罚较重的规定定罪处罚。

● **立案标准** 最高人民检察院、公安部关于公安机关管辖的刑事案件立案追诉标准的规定（一）（公通字〔2008〕36号，2008年6月25日公布施行）

第22条［生产、销售不符合安全标准的产品案（刑法第146条）］ 生产不符合保障人身、财产安全的国家标准、行业标准的电器、压力容器、易燃易爆或者其他不符合保障人身、财产安全的国家标准、行业标准的产品，或者销售明知是以上不符合保障人身、财产安全的国家标准、行业标准的产品，涉嫌下列情形之一的，应予立案追诉：

（一）造成人员重伤或者死亡的；
（二）造成直接经济损失10万元以上的；
（三）其他造成严重后果的情形。

第101条 本规定中的"以上"，包括本数。

第147条 【生产、销售伪劣农药、兽药、化肥、种子罪】生产假农药、假兽药、假化肥，销售明知是假的或者失去使用效能的农药、兽药、化肥、种子，或者生产者、销售者以不合格的农药、兽药、化肥、种子冒充合格的农药、兽药、化肥、种子，使生产遭受较大损失的，处三年以下有期徒刑或者拘役，并处或者单处销售金额百分之五十以上二倍以下罚金；使生产遭受重大损失的，处三年以上七年以下有期徒刑，并处销售金额百分之五十以上二倍以下罚金；使生产遭受特别重大损失的，处七年以上有期徒刑或者无期徒刑，并处销售金额百分之五十以上二倍以下罚金或者没收财产。

● **条文注释** 构成本罪，必须具备以下条件：（1）行为人具有生产、销售伪劣农药、兽药、化肥、种子的主观故意，并在客观上实施了该行为。如果行为人在销售时不具有明知条件，则不构成本罪，只需承担民事责任。（2）使生产遭受较大损失。

这里的"不合格"是指不具备本应具备的使用效能或达不到本应达到的质

量标准。"较大损失""重大损失""特别重大损失"一般分别是指经济损失 2 万元以上、10 万元以上、50 万元以上,但目前尚未出台具体的界定标准。

需要注意的是:(1)构成本罪,如果同时触犯其他罪名,则按处刑较重的定罪处罚。(2)行为人实施了第 147 条规定的行为,如果没有使生产遭受较大损失,则不构成本罪;但如果销售金额在 5 万元以上,则可以适用《刑法》第 140 条,以生产、销售伪劣产品罪定罪处罚。(3)本罪的目的是非法牟利;但如果行为人实施第 147 条规定的行为是为了泄愤报复或其他个人目的,则可适用《刑法》第 276 条规定中的"其他方法",构成破坏生产经营罪。

● 相关规定 【法释〔2001〕10 号】 最高人民法院、最高人民检察院关于办理生产、销售伪劣商品刑事案件具体应用法律若干问题的解释(2001 年 4 月 5 日最高人民法院审判委员会第 1168 次会议、2001 年 3 月 30 日最高人民检察院第 9 届检察委员会第 84 次会议通过,2001 年 4 月 9 日公布,2001 年 4 月 10 日起施行)

第 7 条 刑法第 147 条规定的生产、销售伪劣农药、兽药、化肥、种子罪中"使生产遭受较大损失",一般以 2 万元为起点;"重大损失",一般以 10 万元为起点;"特别重大损失",一般以 50 万元为起点。

【法释〔2021〕24 号】 最高人民法院、最高人民检察院关于办理危害食品安全刑事案件适用法律若干问题的解释(2021 年 12 月 13 日最高法审委会第 1856 次会议、2021 年 12 月 29 日最高检第 13 届检委会第 84 次会议通过,2021 年 12 月 30 日公布,2022 年 1 月 1 日施行;法释〔2013〕12 号《解释》同时废止)

第 18 条(第 2 款) 实施本解释规定的非法经营行为,同时构成生产、销售伪劣产品罪,生产、销售不符合安全标准的食品罪,生产、销售有毒、有害食品罪,生产、销售伪劣农药、兽药罪等其他犯罪的,依照处罚较重的规定定罪处罚。

【法〔2022〕66 号】 最高人民法院关于进一步加强涉种子刑事审判工作的指导意见(2022 年 3 月 2 日)

三、(第 2 款)对实施生产、销售伪劣种子行为,因无法认定使生产遭受较大损失等原因,不构成生产、销售伪劣种子罪,但是销售金额在 5 万元以上的,依照刑法第 140 条的规定以生产、销售伪劣产品罪定罪处罚。同时构成假冒注册商标罪等其他犯罪的,依照处罚较重的规定定罪处罚。

六、贯彻落实宽严相济的刑事政策，确保裁判效果。实施涉种子犯罪，具有下列情形之一的，应当酌情从重处罚：针对稻、小麦、玉米、棉花、大豆等主要农作物种子实施的，曾因涉种子犯罪受过刑事处罚的，2年内曾因涉种子违法行为受过行政处罚的，其他应当酌情从重处罚的情形。

对受雇佣或者受委托参与种子生产、繁殖的，要综合考虑社会危害程度、在共同犯罪中的地位作用、认罪悔罪表现等情节，准确适用刑罚。犯罪情节轻微的，可以依法免予刑事处罚；情节显著轻微危害不大的，不以犯罪论处。

七、依法解决鉴定难问题，准确认定伪劣种子。对是否属于假的、失去使用效能的或者不合格的种子，或者使生产遭受的损失难以确定的，可以依据具有法定资质的种子质量检验机构出具的鉴定意见、检验报告，农业农村、林业和草原主管部门出具的书面意见，农业农村主管部门所属的种子管理机构组织出具的田间现场鉴定书等，结合其他证据作出认定。

● **立案标准** 最高人民检察院、公安部关于公安机关管辖的刑事案件立案追诉标准的规定（一）（公通字〔2008〕36号，2008年6月25日公布施行）

第23条［生产、销售伪劣农药、兽药、化肥、种子案（刑法第147条）］

生产假农药、假兽药、假化肥，销售明知是假的或者失去使用效能的农药、兽药、化肥、种子，或者生产者、销售者以不合格的农药、兽药、化肥、种子冒充合格的农药、兽药、化肥、种子，涉嫌下列情形之一的，应予立案追诉：

（一）使生产遭受损失2万元以上的；

（二）其他使生产遭受较大损失的情形。

第101条 本规定中的"以上"，包括本数。

● **指导案例** 【高检发办字〔2019〕114号】 关于印发最高人民检察院第16批指导性案例的通知（最高人民检察院第13届检察委员会第28次会议讨论通过，2019年12月20日新闻发布会公布）

（检例第61号）王敏生产、销售伪劣种子案

要旨：以同一科属的此品种种子冒充彼品种种子，属于刑法上的"假种子"。行为人对假种子进行小包装分装销售，使农业生产遭受较大损失的，应当以生产、销售伪劣种子罪追究刑事责任。

（检例第62号）南京百分百公司等生产、销售伪劣农药案

要旨：1. 未取得农药登记证的企业或者个人，借用他人农药登记证、生产许可证、质量标准证等许可证明文件生产、销售农药，使生产遭受较大损失的，

以生产、销售伪劣农药罪追究刑事责任。

2. 对于使用伪劣农药造成的农业生产损失，可采取田间试验的方法确定受损原因，并以农作物绝收折损面积、受害地区前3年该类农作物的平均亩产量和平均销售价格为基准，综合计算认定损失金额。

第148条 【生产、销售不符合卫生标准的化妆品罪】生产不符合卫生标准的化妆品，或者销售明知是不符合卫生标准的化妆品，造成严重后果的，处三年以下有期徒刑或者拘役，并处或者单处销售金额百分之五十以上二倍以下罚金。

● **条文注释** 构成本罪，必须具备以下条件：（1）行为人具有生产、销售不符合卫生标准的化妆品的主观故意，并在客观上实施了该行为。如果行为人在销售时不具有明知条件，则不构成本罪，只需承担民事责任。（2）造成严重后果。

这里的"化妆品"是指以涂抹、喷洒、敷贴等方法，施用于人体表面的任何部位（皮肤、毛发、指甲、唇齿等），以达到美容、护肤、祛斑、除味、清洁或装饰等效果的化工用品或天然合成品，既包括沐浴露、洗发水、护肤霜、唇膏等日常化妆用品，也包括染发剂、脱毛剂、祛斑霜、保湿液等特殊用途化妆用品。"严重后果"主要是指致人毁容、严重皮肤损伤或其他器官严重损伤，或者受害人精神失常、自残自杀，或者受害人数多、受害地域广、社会影响恶劣等。

需要注意的是：（1）构成本罪，如果同时触犯其他罪名，按处刑较重的定罪处罚。（2）生产、销售不符合卫生标准的化妆品，如果没有造成严重后果，则不构成本罪；但如果销售金额在5万元以上，则可以适用《刑法》第140条，以生产、销售伪劣产品罪定罪处罚。

● **立案标准** 最高人民检察院、公安部关于公安机关管辖的刑事案件立案追诉标准的规定（一）（公通字〔2008〕36号，2008年6月25日公布施行）

第24条［生产、销售不符合卫生标准的化妆品案（刑法第148条）］ 生产不符合卫生标准的化妆品，或者销售明知是不符合卫生标准的化妆品，涉嫌下列情形之一的，应予立案追诉：

（一）造成他人容貌毁损或者皮肤严重损伤的；

（二）造成他人器官组织损伤导致严重功能障碍的；

（三）致使他人精神失常或者自杀、自残造成重伤、死亡的；

（四）其他造成严重后果的情形。

第 149 条 【对生产销售伪劣商品行为的法条适用】生产、销售本节第一百四十一条至第一百四十八条所列产品，不构成各该条规定的犯罪，但是销售金额在五万元以上的，依照本节第一百四十条的规定定罪处罚。

生产、销售本节第一百四十一条至第一百四十八条所列产品，构成各该条规定的犯罪，同时又构成本节第一百四十条规定之罪的，依照处罚较重的规定定罪处罚。

● **条文注释** 第 140 条是对生产、销售伪劣商品犯罪的一般规定，第 141 条至第 148 条是对一些直接危害人民生命健康或严重影响生产安全的特定假冒伪劣产品进行的特殊规定。因此，不构成特殊规定之罪名的，可以适用一般规定；同时触犯一般规定与特殊规定的，适用于特殊规定；但如果触犯的罪名处罚量刑不一样的，依照处罚较重的规定进行定罪处罚。

需要注意的是：《刑法》第 149 条并不是简单的提示性规定，而是直接规定了罪状与构罪条件，只是定罪（罪名）与量刑依照第 140 条的规定。也就是说，第 140 条与第 149 条的规定互为补充。生产、销售第 141～148 条所列产品，只要销售金额达到 5 万元以上，无须满足相应规定的"足以造成"或"造成"等情节条件，也无须进行"以假充真""以次充好"等相关性状鉴定，即可依照第 140 条的规定定罪量刑。

这里的"销售金额"是指销售伪劣产品后所得和应得的全部违法收入，包括产品本身的成本和销售所得的利润；多次生产或销售伪劣产品，未经处理的，其销售金额累计计算；生产或销售不同的伪劣产品，其销售金额累计计算。

● **相关规定** 【法释〔2001〕10 号】 最高人民法院、最高人民检察院关于办理生产、销售伪劣商品刑事案件具体应用法律若干问题的解释（2001 年 4 月 5 日最高人民法院审判委员会第 1168 次会议、2001 年 3 月 30 日最高人民检察院第 9 届检察委员会第 84 次会议通过，2001 年 4 月 9 日公布，2001 年 4 月 10 日起施行）

第 9 条 知道或者应当知道他人实施生产、销售伪劣商品犯罪，而为其提供贷款、资金、账号、发票、证明、许可证件，或者提供生产、经营场所或者运输、仓储、保管、邮寄等便利条件，或者提供制假生产技术的，以生产、销售伪劣商品犯罪的共犯论处。

第 10 条　实施生产、销售伪劣商品犯罪，同时构成侵犯知识产权、非法经营等其他犯罪的，依照处罚较重的规定定罪处罚。

第 11 条　实施刑法第 140 条至第 148 条规定的犯罪，又以暴力、威胁方法抗拒查处，构成其他犯罪的，依照数罪并罚的规定处罚。

第 12 条　国家机关工作人员参与生产、销售伪劣商品犯罪的，从重处罚。

第 150 条　【单位犯本节规定之罪的处理】 单位犯本节第一百四十条至第一百四十八条规定之罪的，对单位判处罚金，并对其直接负责的主管人员和其他直接责任人员，依照各该条的规定处罚。

● **条文注释**　根据《刑法》第 30 条，单位实施犯罪行为，只有法律规定为单位犯罪的，才能够定罪处刑。《刑法》第 31 条对单位犯罪规定了"双罚制"的处罚原则，即对单位判处罚金，并对其直接负责的主管人员和其他直接责任人员判处刑罚；同时也规定了"分则优先"的原则，即本法分则和其他法律另有规定的，依照规定。

本条规定明确了对单位犯生产、销售伪劣商品罪实行"双罚"，但没有明确对单位罚金的数额。在司法实践中，一般参照第 140 条至第 148 条规定的对个人犯罪的罚金数额进行处罚。

第二节　走私罪

● **相关规定**　**【法〔2002〕139 号】** 最高人民法院、最高人民检察院、海关总署关于办理走私刑事案件适用法律若干问题的意见（2002 年 7 月 8 日印发）

一、关于走私犯罪案件的管辖问题

根据刑事诉讼法的规定，走私犯罪案件由犯罪地的走私犯罪侦查机关立案侦查。走私犯罪案件复杂，环节多，其犯罪地可能涉及多个犯罪行为发生地，包括货物、物品的进口（境）地、出口（境）地、报关地、核销地等。如果发生刑法第 154 条、第 155 条规定的走私犯罪行为的，走私货物、物品的销售地、运输地、收购地和贩卖地均属于犯罪行为的发生地。对有多个走私犯罪行为发生地的，由最初受理的走私犯罪侦查机关或者由主要犯罪地的走私犯罪侦查机关管辖。对管辖有争议的，由共同的上级走私犯罪侦查机关指定管辖。

对发生在海（水）上的走私犯罪案件由该辖区的走私犯罪侦查机关管辖，但对走私船舶有跨辖区连续追缉情形的，由缉获走私船舶的走私犯罪侦查机关管辖。

人民检察院受理走私犯罪侦查机关提请批准逮捕、移送审查起诉的走私犯罪案件，人民法院审理人民检察院提起公诉的走私犯罪案件，按照《最高人民法院、最高人民检察院、公安部、司法部、海关总署关于走私犯罪侦查机关办理走私犯罪案件适用刑事诉讼程序若干问题的通知》（署侦〔1998〕742号）的有关规定执行。

二、关于电子数据证据的收集、保全问题

走私犯罪侦查机关对于能够证明走私犯罪案件真实情况的电子邮件、电子合同、电子账册、单位内部的电子信息资料等电子数据应当作为刑事证据予以收集、保全。

侦查人员应当对提取、复制电子数据的过程制作有关文字说明，记明案由、对象、内容、提取、复制的时间、地点，电子数据的规格、类别、文件格式等，并由提取、复制电子数据的制作人、电子数据的持有人和能够证明提取、复制过程的见证人签名或者盖章，附所提取、复制的电子数据一并随案移送。

电子数据的持有人不在案或者拒绝签字的，侦查人员应当记明情况；有条件的可将提取、复制有关电子数据的过程拍照或者录像。

四、关于走私犯罪嫌疑人的逮捕条件

对走私犯罪嫌疑人提请逮捕和审查批准逮捕，应当依照刑事诉讼法第60条①规定的逮捕条件来办理。一般按照下列标准掌握：

（一）有证据证明有走私犯罪事实

1. 有证据证明发生了走私犯罪事实

有证据证明发生了走私犯罪事实，须同时满足下列两项条件：（1）有证据证明发生了违反国家法律、法规，逃避海关监管的行为；（2）查扣的或者有证据证明的走私货物、物品的数量、价值或偷逃税额达到刑法及相关司法解释规定的起刑点。

2. 有证据证明走私犯罪事实系犯罪嫌疑人实施的

有下列情形之一，可认为走私犯罪事实系犯罪嫌疑人实施的：（1）现场查获犯罪嫌疑人实施走私犯罪的；（2）视听资料显示犯罪嫌疑人实施走私犯罪的；（3）犯罪嫌疑人供认的；（4）有证人证言指证的；（5）有同案的犯罪嫌疑人供述的；（6）其他证据能够证明犯罪嫌疑人实施走私犯罪的。

---

① 注：该条内容对应现《刑事诉讼法》（2018年版）第67条、第74条、第81条。

3. 证明犯罪嫌疑人实施走私犯罪行为的证据已经查证属实的

符合下列证据规格要求之一，属于证明犯罪嫌疑人实施走私犯罪行为的证据已经查证属实的：(1) 现场查获犯罪嫌疑人实施犯罪，有现场勘查笔录、留置盘问记录、海关扣留查问笔录或者海关查验（检查）记录等证据证实的；(2) 犯罪嫌疑人的供述有其他证据能够印证的；(3) 证人证言能够相互印证的；(4) 证人证言或者同案犯供述能够与其他证据相互印证的；(5) 证明犯罪嫌疑人实施走私犯罪的其他证据已经查证属实的。

（二）可能判处有期徒刑以上的刑罚

是指根据刑法第151条、第152条、第153条、第347条、第350条等规定和《最高人民法院关于审理走私刑事案件具体应用法律若干问题的解释》等有关司法解释的规定，结合已查明的走私犯罪事实，对走私犯罪嫌疑人可能判处有期徒刑以上的刑罚。

（三）采取取保候审、监视居住等方法，尚不足以防止发生社会危险性而有逮捕必要的

主要是指：走私犯罪嫌疑人可能逃跑、自杀、串供、干扰证人作证以及伪造、毁灭证据等妨碍刑事诉讼活动的正常进行的，或者存在行凶报复、继续作案可能的。

五、关于走私犯罪嫌疑人、被告人主观故意的认定问题

行为人明知自己的行为违反国家法律法规，逃避海关监管，偷逃进出境货物、物品的应缴税额，或者逃避国家有关进出境的禁止性管理，并且希望或者放任危害结果发生的，应认定为具有走私的主观故意。

走私主观故意中的"明知"是指行为人知道或者应当知道所从事的行为是走私行为。具有下列情形之一的，可以认定为"明知"，但有证据证明确属被蒙骗的除外：(1) 逃避海关监管，运输、携带、邮寄国家禁止进出境的货物、物品的；(2) 用特制的设备或者运输工具走私货物、物品的；(3) 未经海关同意，在非设关的码头、海（河）岸、陆路边境等地点，运输（驳载）、收购或者贩卖非法进出境货物、物品的；(4) 提供虚假的合同、发票、证明等商业单证委托他人办理通关手续的；(5) 以明显低于货物正常进（出）口的应缴税额委托他人代理进（出）口业务的；(6) 曾因同一种走私行为受过刑事处罚或者行政处罚的；(7) 其他有证据证明的情形。

六、关于行为人对其走私的具体对象不明确的案件的处理问题

走私犯罪嫌疑人主观上具有走私犯罪故意，但对其走私的具体对象不明确的，不影响走私犯罪构成，应当根据实际的走私对象定罪处罚。但是，确有证

据证明行为人因受蒙骗而对走私对象发生认识错误的,可以从轻处罚。

十一、关于伪报价格走私犯罪案件中实际成交价格的认定问题

走私犯罪案件中的伪报价格行为,是指犯罪嫌疑人、被告人在进出口货物、物品时,向海关申报进口或者出口的货物、物品的价格低于或者高于进出口货物的实际成交价格。

对实际成交价格的认定,在无法提取真、伪两套合同、发票等单证的情况下,可以根据犯罪嫌疑人、被告人的付汇渠道、资金流向、会计账册、境内外收发货人的真实交易方式,以及其他能够证明进出口货物实际成交价格的证据材料综合认定。

十二、关于出售走私货物已缴纳的增值税应否从走私偷逃应缴税额中扣除的问题

走私犯罪嫌疑人为出售走私货物而开具增值税专用发票并缴纳增值税,是其走私行为既遂后在流通领域获违法所得的一种手段,属于非法开具增值税专用发票。对走私犯罪嫌疑人因出售走私货物而实际缴纳走私货物增值税的,在核定走私货物偷逃应缴税额时,不应当将其已缴纳的增值税额从其走私偷逃应缴税额中扣除。

第 151 条[①] **【走私武器、弹药罪;走私核材料罪;走私假币罪】** 走私武器、弹药、核材料或者伪造的货币的,处七年以上有期徒刑,并处罚金或者没收财产;情节特别严重的,处无期徒刑,并处

[①] 第 151 条经历了 3 次修正。原 1997 年《刑法》第 151 条共有 5 款,内容为:"走私武器、弹药、核材料或者伪造的货币的,处七年以上有期徒刑,并处罚金或者没收财产;情节较轻的,处三年以上七年以下有期徒刑,并处罚金。// 走私国家禁止出口的文物、黄金、白银和其他贵重金属或者国家禁止进出口的珍贵动物及其制品的,处五年以上有期徒刑,并处罚金;情节较轻的,处五年以下有期徒刑,并处罚金。// 走私国家禁止进出口的珍稀植物及其制品的,处五年以下有期徒刑,并处或者单处罚金;情节严重的,处五年以上有期徒刑,并处罚金。// 犯第一款、第二款罪,情节特别严重的,处无期徒刑或者死刑,并处没收财产。// 单位犯本条规定之罪的,对单位判处罚金,并对其直接负责的主管人员和其他直接责任人员,依照本条各款的规定处罚。"

第 151 条第 1 次修正是根据 2009 年 2 月 28 日第 11 届全国人民代表大会常务委员会第 7 次会议通过的《刑法修正案(七)》(主席令第 10 号公布,2009 年 2 月 28 日起施行)而将第 3 款修改为:"走私珍稀植物及其制品等国家禁止进出口的其他货物、物品的,处五年以下有期徒刑或者拘役,并处或者单处罚金;情节严重的,处五年以上有期徒刑,并处罚金。"

第 151 条第 2 次修正是根据 2011 年 2 月 25 日第 11 届全国人民代表大会常务委员会第 19 次会议通过的《刑法修正案(八)》(主席令第 41 号公布,2011 年 5 月 1 日起施行)而全面修改。

第 151 条第 3 次修正是根据 2015 年 8 月 29 日第 12 届全国人民代表大会常务委员会第 16 次会议通过的《刑法修正案(九)》(主席令第 30 号公布,2015 年 11 月 1 日起施行)而删除了该罪的死刑规定。

没收财产；情节较轻的，处三年以上七年以下有期徒刑，并处罚金。

【走私文物罪；走私贵重金属罪；走私珍贵动物、珍贵动物制品罪】走私国家禁止出口的文物、黄金、白银和其他贵重金属或者国家禁止进出口的珍贵动物及其制品的，处五年以上十年以下有期徒刑，并处罚金；情节特别严重的，处十年以上有期徒刑或者无期徒刑，并处没收财产；情节较轻的，处五年以下有期徒刑，并处罚金。

【走私国家禁止进出口的货物、物品罪】走私珍稀植物及其制品等国家禁止进出口的其他货物、物品的，处五年以下有期徒刑或者拘役，并处或者单处罚金；情节严重的，处五年以上有期徒刑，并处罚金。

单位犯本条规定之罪的，对单位判处罚金，并对其直接负责的主管人员和其他直接责任人员，依照本条各款的规定处罚。

● **条文注释** 构成第151条各款规定之罪，必须具备以下条件：（1）行为人具有走私该物品的主观故意，并在客观上实施了该行为。如果行为人在实施该行为时不明知该物品的真正属性（例如不知道该物品属于文物），并且数量较少，则不构成本罪。（2）达到相应情节。

第151条第1款规定中的"武器、弹药"主要是指各种军用制式武器、弹药和爆炸品，也包括其他的武器（含警棍、催泪器等警用武器）、仿真武器、弹药和爆炸品，具体种类参照《海关法》《海关进出口税则》[①]和《禁止进出境物品表》[②]的有关规定确定。"核材料"主要是指铀、钚、氚（氢的同位素）等可以发生原子核裂变或聚变反应的放射性材料。"伪造的货币"是指伪造的正在流通或兑换的人民币、境外货币（如果伪造的是停止流通和兑换的货币，则按普通物品论处）。

第151条第2款规定中的"国家禁止出口的文物"主要是指国有文物（国家馆藏一、二、三级文物）、非国有文物中的珍贵文物和国家规定禁止出境的其他文物。根据《文物保护法》和《文物进出境审核管理办法》，应当经国务院文

[①] 《海关进出口税则》由中华人民共和国国务院关税税则委员会制定，包括进口关税征税率、出口退（免）税率、进出口监管证件对照速查表等，基本上每年都会有些调整，并重新发布。

[②] 2013年8月16日海关总署关于《禁止进出境物品表》和《限制进出境物品表》有关问题解释的公告（2013年第46号）对上述物品表中的"其他物品"进行了解释和补充。

物行政部门指定的文物进出境审核机构审核后才能出境的文物有：（1）1949年（含）以前的各类艺术品、工艺美术品、手稿、文献资料、图书资料，以及与各民族社会制度、社会生产、社会生活有关的实物；（2）1949年以后的与重大事件或著名人物有关的代表性实物，以及反映各民族生产活动、生活习俗、文化艺术和宗教信仰的代表性实物；（3）国家文物局公布限制出境的已故现代著名书画家、工艺美术家作品；（4）古猿化石、古人类化石，以及与人类活动有关的第四纪古脊椎动物化石。

第151条第2款规定中的"黄金、白银"包括金银饰品、器皿等金银工艺品以及含金银化工产品。"其他贵重金属"主要是指铂、铱、锇、钌、铑、钛、钯等金属，以及国家规定禁止出口的其他贵重金属。对于金银的出境携带限额，依照《金银管理条例》（国发〔1983〕95号）第28条和《金银管理条例施行细则》（银发字〔83〕381号）第18条、第20条的规定；但对于走私贵重金属犯罪的界定标准，目前尚无统一的法律法规或司法解释进行规范。①

第151条第2款规定中的"珍贵动物"是指列入《国家重点保护野生动物名录》②的国家一、二级保护野生动物和列入《濒危野生动植物种国际贸易公约》附录一、附录二的野生动物以及驯养繁殖的上述物种。珍贵动物的"制品"是指以珍贵动物的皮、毛、骨等为材料制作而成的各种用品或工艺品。

第151条第3款规定中的"珍稀植物"是指《珍稀濒危保护植物名录》和《国家重点保护野生植物名录》《国家重点保护野生药材物种名录》中所列的野生植物和药材。"国家禁止进出口的其他货物、物品"的具体种类参照《海关法》《海关进出口税则》和《禁止进出境物品表》的有关规定确定。

需要注意的是：

（1）本条规定中的"武器、弹药"包括可以组装的零散件、弹头和弹壳等；如果是报废或无法组装的零散件，则以"走私普通物品"论处。

（2）管制刀具、弓箭和仿真枪支，以及单独的军用望远镜、瞄准器等都不

---

① 注：1987年6月28日印发的《最高人民法院、最高人民检察院、公安部、司法部关于严厉打击倒卖走私黄金犯罪活动的通知》（〔87〕公发24号）曾规定：非法收购、倒买倒卖、走私黄金累计50克以上的，一般可视为数额较大；累计500克以上的，一般可视为数额巨大；累计2000克以上的，一般可视为数额特别巨大。国家机关、企事业单位非法进行倒买倒卖、走私黄金2000克以上的，应追究其主管人员和直接责任人员的刑事责任。上述〔87〕公发24号《通知》被2000年10月13日印发的《公安部关于废止部分联合会签文件的通知》（公通字〔2000〕90号）宣布废止。

② 《国家重点保护野生动物名录》于1988年12月10日获国务院批准，1989年1月14日林业部、农业部令第1号发布施行；国务院2021年1月4日批准修订，国家林业和草原局、农业农村部2021年2月1日公布施行。

属于本条规定中的"武器"。走私这些物品构成犯罪的，依照《刑法》第153条的规定以"走私普通物品罪"定罪处罚。

（3）如果走私的珍贵动物制品在购买地是合法交易，并且行为人是出于留作纪念或作为礼品而携带入境，不具有牟利目的，那么，其走私行为如果情节较轻，一般不以犯罪论处；情节严重或者特别严重的，也可以酌情相应降低一档量刑。

另外要特别注意的是：之前发布的一些司法解释已经不能适应司法实践的需要，有些规定在司法操作上存在困难，例如2000年最高人民法院发布了《关于审理走私刑事案件具体应用法律若干问题的解释》（法释〔2000〕30号），将走私武器、弹药罪中的枪支、子弹按照按军用和非军用进行分类并据此确定不同的定罪量刑标准，实践中反映，司法鉴定通常不涉及该方面内容，解释规定与鉴定意见不能做到有机衔接；有些规定所依据的经济社会状况已经发生了重大变化，例如，上述司法解释根据当时的经济社会状况规定单位走私普通货物、物品罪的定罪量刑标准按照自然人犯罪数额标准的5倍掌握，随着公司准入门槛的不断降低，小微企业的大量涌现以及单位走私犯罪数量的急剧攀升，实践中反映，该比例规定明显偏高，与单位走私犯罪的实际情况严重不符。因此，最高人民法院、最高人民检察院会同海关总署研究决定对"法释〔2000〕30号"司法解释和2006年最高人民法院发布的《关于办理走私刑事案件具体应用法律若干问题的解释（二）》（法释〔2006〕9号）进行重新梳理和废止，统一整合至新制定的"法释〔2014〕10号"司法解释（详见本书下附的相关规定）。

● **相关规定**　【国发〔1983〕95号】　**中华人民共和国金银管理条例**（1983年6月15日国务院发布；根据2011年1月8日国务院令第588号《国务院关于废止和修改部分行政法规的决定》修订）

第25条　携带金银进入中华人民共和国国境，数量不受限制，但是必须向入境地中华人民共和国海关申报登记。

第26条　携带或者复带金银出境，中华人民共和国海关凭中国人民银行出具的证明或者原入境时的申报单登记的数量查验放行；不能提供证明的或者超过原入境时申报登记数量的，不许出境。

第27条　携带在中华人民共和国境内供应旅游者购买的金银饰品（包括镶嵌饰品、工艺品、器皿等）出境，中华人民共和国海关凭国内经营金银制品的单位开具的特种发货票查验放行。无凭据的，不许出境。

第28条 在中华人民共和国境内的中国人、外国侨民和无国籍人出境定居，每人携带金银的限额为：黄金饰品1市两（31.25克）、白银饰品10市两（312.50克）、银质器皿20市两（625克）。经中华人民共和国海关查验符合规定限额的放行。

第29条 中华人民共和国境内的外资企业、中外合资企业，从国外进口金银作产品原料的，其数量不限；出口含金银量较高的产品，须经中国人民银行核准后放行。未经核准或者超过核准出口数量的，不许出境。

【银发字〔83〕381号】　中华人民共和国金银管理条例施行细则（中国人民银行1983年12月28日发布）

十七、根据《条例》第25条规定，携带金银进入中华人民共和国国境，数量不受限制，但是必须向入境地中华人民共和国海关申报登记金银品名、件数、重量等内容。凡入境时未向海关申报登记的，不许复带出境。

十八、根据《条例》第26条有关携带或者复带金银出境的规定：

1. 凡因探亲、旅游、出访、派出国外或港澳地区工作或学习的人员，携带金银及其制品出境时，必须向海关申报登记，注明回程时带回原物。每人携带金银的限额为：黄金饰品5市钱（16两制、下同，折合15.625克）、白银饰品5市两（156.25克）以下的，由海关查验放行。

2. 入境人员复带金银出境，海关凭原入境时申报登记的数量查验放行；超过原入境时申报登记数量的，不许携带出境。

3. 凡不属前两款规定又确有正当理由的，必须持有所在单位或城镇街道办事处、乡（农村公社）人民政府以上机关证明，经当地中国人民银行验明所带金银名称、数量，并开具批准出境证明（附式二，注：略），海关凭以登记查验放行。

4. 凡外贸部门以及侨资企业、外资企业、中外合资经营企业和外商，携带由中国人民银行供应金银所加工的金银制品出境时，由所在地中国人民银行开具证明，海关查验放行。

十九、《条例》第27条规定的"特种发货票"，由中国人民银行总行统一印制（附式三，注：略），经由有关分行发给指定的金银制品经营单位使用。

二十、根据《条例》第28条规定，出境定居的人员（包括到港澳定居），每人携带金银的限额为：黄金饰品1市两（31.25克）白银饰品10市两（312.5克）、银质器皿20市两（625克）。超过限额部分可退回国内亲友，或交当地中国人民银行收兑。在特殊情况下确有正当理由的必须持有所在单位或城镇街道办事处、乡（农村公社）人民政府以上机关证明，经当地中国人民银行验明所带金银名称、数量，并开具批准出境证明（附式二，注：略），海关凭以登记查验放行。

二十一、根据《条例》第29条的规定：

1. 中华人民共和国境内的侨资企业、外资企业、中外合资经营企业，从国外进口金银作产品原料的，必须向海关申报登记重量、成色和用途。

2. 前款所列企业必须将进口金银的申报单和加工合同报送所在地中国人民银行审查备案。

3. 加工的产品出境前，所在地中国人民银行应检查产品所含金银重量，并核对合同，逐次登记，开具证明。

4. 产品出境时，海关凭前款开具的证明查验放行。未经中国人民银行核准证明或超过核准数量的，不许出境。

5. 侨资企业、外资企业、中外合资企业经营从国外进口金银作产品原料加工金银饰品，未经中国人民银行批准，不能在国内销售。

【公复字〔1990〕3号】 公安部关于对走私倒卖金银饰品几个政策问题的批复（经与中国人民银行研究，1990年1月20日答复贵州省厅"黔公讯传〔89〕703号"请示）

一、对有经营黄金制品权的单位和商店，以盈利为目的，收购个人携带入境或转手的黄金制品加价倒卖的问题，《中华人民共和国金银管理条例》（国发〔1983〕93号）第8条明确规定"金银的收购，统一由中国人民银行办理。除经中国人民银行许可、委托的以外，任何单位和个人不得收购金银。"你省旅游服务公司金店和贵阳市百货大楼工艺首饰柜台违反国家规定，非法从个人手中大量收购黄金制品进行倒卖，从中牟取暴利，数额特别巨大，其行为已构成投机倒把犯罪，应按最高人民法院、最高人民检察院、公安部、司法部《关于严厉打击倒卖走私黄金犯罪活动的通知》（〔87〕公发24号）的规定处理。即："国家机关、企事业单位非法进行倒买倒卖、走私黄金2千克以上的，应追究其主管人员和直接责任人的刑事责任，如果主管人员和直接责任人员中饱私囊、情节严重的，应数罪并罚。"

工商银行、农业银行为奖售储蓄，用于开办贴水而从个人手中和单位收购黄金制品，虽然不是为了牟利，但数额巨大，根据《中华人民共和国金银管理条例》和国务院发布的《投机倒把行政处罚暂行条例》的有关规定，已构成投机倒把行为，应根据其情节轻重依法处理。

对个人承包的国家金店建议当地工商行政管理部门予以取缔。

二、对从香港、澳门和沙头角镇等地携带大量黄金饰品入境进行倒卖的，应根据不同情节依法处理。《中华人民共和国金银管理条例》第12条明确规定"个人出售金银，必须卖给中国人民银行"。《中华人民共和国海关法》第28条、第29条对个人携带出入境的物品（含黄金制品）作了明确规定。我们认为，对携带大量黄金入境，虽向海关申报登记，但入境后进行倒卖的，应按投机倒把犯罪处理；对以走私为目的，不向海关申报登记将大量黄金制品偷带入境倒卖的，应按走私罪论处。对其中的严重犯罪分子，特别是重大犯罪集团的首犯、主犯及以走私倒卖黄金为常业的犯罪分子，应按照全国人民代表大会常务委员会《关于严惩严重破坏经济的罪犯的决定》的规定依法从严惩处。

三、凡有黄金制品经营权的单位间相互买卖，加价销售或采取代销的形式销售金银制品的，必须经人民银行同意；对其货物来源渠道合法，经营中没有严重违反国家法律规定的行为，应视为合法经营。

【署监二〔1993〕50号】 海关总署、公安部关于将仿真武器列为禁止进出境物品的通知（1992年12月15日）

根据中华人民共和国海关总署和中华人民共和国公安部通知，为防止发生伤亡事故，维护公共安全，根据《中华人民共和国海关法》、《中华人民共和国海关法行政处罚实施细则》和《中华人民共和国枪支管理办法》的有关规定，现将仿真武器列为中华人民共和国禁止进出境物品。所称仿真武器系指具有攻击、防卫等性能的下列物品：（一）各种类型仿真手枪式电击、催泪器；（二）各种类型的仿真枪械及弹药；（三）具有攻击、防卫性能的其它仿真武器、弹药；（四）上述以外的其它类似械具。

运输、携带、邮寄仿真武器进出境主动向海关申报的，予以退运；未向海关申报的，予以没收，并按《中华人民共和国海关法》和《中华人民共和国海关法行政处罚实施细则》的有关规定处罚。走私仿真武器进出境，情节严重构成犯罪的，依法追究刑事责任。

【公治办〔2000〕1184号】 公安部治安管理局关于将"手枪式"打火机列为仿真枪问题的答复（2000年8月18日答复江苏省公安厅治安处请示）

此批工艺仿真玩具枪虽不能以火药或压缩气体发射金属弹丸等物质，但外形酷似真枪，很容易被犯罪分子利用从事犯罪活动，危害公共安全，应认定为仿真枪，按照《中华人民共和国枪支管理法》的有关规定禁止生产和销售。根据海关总署、公安部《关于将仿真武器列为禁止进出境物品的通知》规定，禁止仿真武器进出境。

【国务院令〔2001〕331号】　技术进出口管理条例（2001年10月31日国务院第46次常务会议通过，2001年12月10日公布，2002年1月1日施行；2011年1月8日、2019年3月2日、2020年11月29日修正）

第43条　进口或者出口属于禁止进出口的技术的，或者未经许可擅自进口或者出口属于限制进出口的技术的，依照刑法关于走私罪、非法经营罪、泄露国家秘密罪或者其他罪的规定，依法追究刑事责任；尚不够刑事处罚的，区别不同情况……

【林护通字〔1993〕48号】　林业部关于核准部分濒危野生动物为国家重点保护野生动物的通知（1993年4月14日印发）

我国是《濒危野生动植物种国际贸易公约》（以下简称《公约》）成员国。为加强对濒危野生动植物种的进出口管理，履行相应的国际义务，使国内野生动物的保护管理工作与世界濒危种保护相衔接，根据《中华人民共和国野生动物保护法》第40条①和《中华人民共和国陆生野生动物保护实施条例》第24条的规定，现决定将《公约》附录一和附录二所列非原产我国的所有野生动物（如犀牛、食蟹猴、袋鼠、鸵鸟、非洲象、斑马等），分别核准为国家一级和国家二级保护野生动物。对这些野生动物及其产品（包括任何可辨认部分或其衍生物）的管理，同原产我国的国家一级和国家二级保护野生动物一样，按照国家现行法律、法规和规章的规定实施管理；对违反有关规定的，同样依法查处。特此通知。

【林濒发〔2001〕234号】　国家林业局关于发布破坏野生动物资源刑事案件中涉及走私的象牙及其制品价值标准的通知（2001年6月13日印发）

亚洲象是国家一级保护野生动物，非洲象被依法核准为国家一级保护野生动物，国家禁止亚洲象和非洲象象牙及其制品的收购、运输、出售和进出口活动。近几年来，各地、各部门严格按照《濒危野生动植物种国际贸易公约》和我国野生动物保护法规的规定，严厉打击非法收购、运输、出售走私象牙及其制品违法犯罪活动，查获了大量非法收购、运输、出售和走私象牙及其制品案件。为确保各部门依法查处上述刑事案件，依据《林业部、财政部、国家物价局关于发布〈陆生野生动物资源保护管理费收费办法〉的通知》（林护字〔1992〕72号）、《林业部关于在野生动物案件中如何确定国家重点保护野生动物及其产品价值标准的通知》（林策通字〔1996〕8号）、《国家林业局、公安部

---

① 注：《野生动物保护法》规定的"因科学研究、驯养繁殖、展览或者其他特殊情况"已经被修改为"因科学研究、种群调控、疫源疫病监测或者其他特殊情况"。

关于印发森林和陆生野生动物刑事案件管辖及立案标准的通知》（林安发〔2001〕156号）和《最高人民法院关于审理破坏野生动物资源刑事案件具体应用法律若干问题的解释》（法释〔2000〕37号）的有关规定，现将破坏野生动物资源刑事案件中涉及走私的象牙及其制品的价值标准规定如下：1根未加工象牙的价值为25万元；由整根象雕刻而成的1件象牙制品，应视为1根象牙，其价值为25万元；由1根象牙切割成数段象牙块或者雕刻成数件象牙制品的，这些象牙块或者象牙制品总合，也应视为1根象牙，其价值为25万元；对于无法确定是否属1根象牙切割或者雕刻成的象牙块或象牙制品，应根据其重量来核定，单价为41667元/千克。按上述价值标准核定的象牙及其制品价格低于实际销售价的按实际销售价格执行。

凡过去的有关规定与本通知不一致的，按本通知执行。

【林护发〔2002〕130号】 国家林业局关于发布破坏野生动物资源刑事案件中涉及犀牛角价值标准的通知（2002年5月28日印发）

多年来，各地各部门在严厉打击涉及犀牛角的非法贸易活动中，查获了大量非法出售、收购、运输、走私的犀牛角。为确保各执法部门依法查处上述刑事案件，我局依据《林业部、财政部、国家物价局关于发布〈陆生野生动物资源保护管理费收费办法〉的通知》（林护字〔1992〕72号）、《林业部关于在野生动物案件中如何确定国家重点保护野生动物及其产品价值标准的通知》（林策通字〔1996〕8号）、《国家林业局、公安部关于印发森林和陆生野生动物刑事案件管辖及立案标准的通知》（林安发〔2001〕156号）、《最高人民法院关于审理破坏野生动物资源刑事案件具体应用法律若干问题的解释》（法释〔2000〕37号）的有关规定，将破坏野生动物资源刑事案件中涉及犀牛角的价值标准确定为：每千克犀牛角的价值为25万元，实际交易价高于上述价值的按实际交易价执行。

【法〔2002〕139号】 最高人民法院、最高人民检察院、海关总署关于办理走私刑事案件适用法律若干问题的意见（2002年7月8日印发）

七、关于走私珍贵动物制品行为的处罚问题（略）①

【公经〔2008〕214号】 公安部办公厅关于若干经济犯罪案件如何统计涉案总价值、挽回经济损失数额的批复（2008年11月5日答复云南省公安厅警令部"云公警令〔2008〕22号"请示）

---

① 注：本条规定与《最高人民法院、最高人民检察院关于办理走私刑事案件适用法律若干问题的解释》（法释〔2014〕10号，2014年9月10日起施行）第9条第4款的规定相冲突，本书予以删节。

三、走私假币案、伪造货币案、出售、购买、运输假币案、金融工作人员购买假币、以假币换取货币案、持有、使用假币案、变造货币案，按照已经查证属实的伪造、变造的货币的面值统计涉案总价值。

伪造、变造的外国货币以及香港、澳门、台湾地区货币的面值，按照立案时国家外汇管理机关公布的外汇牌价折算成人民币后统计。

五、挽回经济损失额按照实际追缴的赃款以及赃物折价统计。

【法发〔2010〕9 号】 最高人民法院关于贯彻宽严相济刑事政策的若干意见（2010 年 2 月 8 日印发）

二、准确把握和正确适用依法从"严"的政策要求

9. 当前和今后一段时期，对于集资诈骗、贷款诈骗、制贩假币以及扰乱操纵证券、期货市场等严重危害金融秩序的犯罪，生产、销售假药、劣药、有毒有害食品等严重危害食品药品安全的犯罪，走私等严重侵害国家经济利益的犯罪，造成严重后果的重大安全责任事故犯罪，重大环境污染、非法采矿、盗伐林木等各种严重破坏环境资源的犯罪等，要依法从严惩处，维护国家的经济秩序，保护广大人民群众的生命健康安全。

【法释〔2014〕10 号】 最高人民法院、最高人民检察院关于办理走私刑事案件适用法律若干问题的解释（2014 年 2 月 24 日由最高人民法院审判委员会第 1608 次会议、2014 年 6 月 13 日由最高人民检察院第 12 届检察委员会第 23 次会议通过，2014 年 8 月 12 日公布，2014 年 9 月 10 日起施行）

第 1 条 走私武器、弹药，具有下列情形之一的，可以认定为刑法第 151 条第 1 款规定的"情节较轻"：

（一）走私以压缩气体等非火药为动力发射枪弹的枪支 2 支以上不满 5 支的；

（二）走私气枪铅弹 500 发以上不满 2500 发，或者其他子弹 10 发以上不满 50 发的；

（三）未达到上述数量标准，但属于犯罪集团的首要分子，使用特种车辆从事走私活动，或者走私的武器、弹药被用于实施犯罪等情形的；

（四）走私各种口径在 60 毫米以下常规炮弹、手榴弹或者枪榴弹等分别或者合计不满 5 枚的。

具有下列情形之一的，依照刑法第 151 条第 1 款的规定处 7 年以上有期徒刑，并处罚金或者没收财产：

（一）走私以火药为动力发射枪弹的枪支 1 支，或者以压缩气体等非火药为动力发射枪弹的枪支 5 支以上不满 10 支的；

（二）走私第 1 款第 2 项规定的弹药，数量在该项规定的最高数量以上不满最高数量 5 倍的；

（三）走私各种口径在 60 毫米以下常规炮弹、手榴弹或者枪榴弹等分别或者合计达到 5 枚以上不满 10 枚，或者各种口径超过 60 毫米以上常规炮弹合计不满 5 枚的；

（四）达到第 1 款第 1、2、4 项规定的数量标准，且属于犯罪集团的首要分子，使用特种车辆从事走私活动，或者走私的武器、弹药被用于实施犯罪等情形的。

具有下列情形之一的，应当认定为刑法第 151 条第 1 款规定的"情节特别严重"：

（一）走私第 2 款第 1 项规定的枪支，数量超过该项规定的数量标准的；

（二）走私第 1 款第 2 项规定的弹药，数量在该项规定的最高数量标准 5 倍以上的；

（三）走私第 2 款第 3 项规定的弹药，数量超过该项规定的数量标准，或者走私具有巨大杀伤力的非常规炮弹 1 枚以上的；

（四）达到第 2 款第 1 项至第 3 项规定的数量标准，且属于犯罪集团的首要分子，使用特种车辆从事走私活动，或者走私的武器、弹药被用于实施犯罪等情形的。

走私其他武器、弹药，构成犯罪的，参照本条各款规定的标准处罚。

第 2 条　刑法第 151 条第 1 款规定的"武器、弹药"的种类，参照《中华人民共和国进口税则》及《中华人民共和国禁止进出境物品表》的有关规定确定。

第 3 条　走私枪支散件，构成犯罪的，依照刑法第 151 条第 1 款的规定，以走私武器罪定罪处罚。成套枪支散件以相应数量的枪支计，非成套枪支散件以每 30 件为一套枪支散件计。

第 4 条　走私各种弹药的弹头、弹壳，构成犯罪的，依照刑法第 151 条第 1 款的规定，以走私弹药罪定罪处罚。具体的定罪量刑标准，按照本解释第 1 条规定的数量标准的 5 倍执行。

走私报废或者无法组装并使用的各种弹药的弹头、弹壳，构成犯罪的，依照刑法第 153 条的规定，以走私普通货物、物品罪定罪处罚；属于废物的，依照刑法第 152 条第 2 款的规定，以走私废物罪定罪处罚。

弹头、弹壳是否属于前款规定的"报废或者无法组装并使用"或者"废物"，由国家有关技术部门进行鉴定。

第 5 条　走私国家禁止或者限制进出口的仿真枪、管制刀具，构成犯罪的，依照刑法第 151 条第 3 款的规定,以走私国家禁止进出口的货物、物品罪定罪处罚。具体的定罪量刑标准,适用本解释第 11 条第 1 款第 6、7 项和第 2 款的规定。

走私的仿真枪经鉴定为枪支,构成犯罪的,依照刑法第 151 条第 1 款的规定,以走私武器罪定罪处罚。不以牟利或者从事违法犯罪活动为目的,且无其他严重情节的,可以依法从轻处罚;情节轻微不需要判处刑罚的,可以免予刑事处罚。

第 6 条 走私伪造的货币,数额在 2000 元以上不满 20000 元,或者数量在 200 张(枚)以上不满 2000 张(枚)的,可以认定为刑法第 151 条第 1 款规定的"情节较轻"。

具有下列情形之一的,依照刑法第 151 条第 1 款的规定处 7 年以上有期徒刑,并处罚金或者没收财产:

(一)走私数额在 2 万元以上不满 20 万元,或者数量在 2000 张(枚)以上不满 20000 张(枚)的;

(二)走私数额或者数量达到第 1 款规定的标准,且具有走私的伪造货币流入市场等情节的。

具有下列情形之一的,应当认定为刑法第 151 条第 1 款规定的"情节特别严重":

(一)走私数额在 20 万元以上,或者数量在 2 万张(枚)以上的;

(二)走私数额或者数量达到第 2 款第 1 项规定的标准,且属于犯罪集团的首要分子,使用特种车辆从事走私活动,或者走私的伪造货币流入市场等情形的。

第 7 条 刑法第 151 条第 1 款规定的"货币",包括正在流通的人民币和境外货币。伪造的境外货币数额,折合成人民币计算。

第 8 条 (本条规定与法释〔2015〕23 号《解释》第 1 条规定不一致,应当以后者为准;本处略)

第 9 条(第 4 款)[①] 不以牟利为目的,为留作纪念而走私珍贵动物制品进境,数额不满 10 万元的,可以免予刑事处罚;情节显著轻微的,不作为犯罪处理。

第 10 条 刑法第 151 条第 2 款规定的"珍贵动物",包括列入《国家重点保护野生动物名录》中的国家一、二级保护野生动物,《濒危野生动植物种国际

[①] 注:本条第 1~3 款规定与法释〔2022〕12 号《解释》第 2 条规定不一致,应当以后者为准;本处略。

贸易公约》附录Ⅰ、附录Ⅱ中的野生动物，以及驯养繁殖的上述动物。①

走私本解释附表中未规定的珍贵动物的，参照附表中规定的同属或者同科动物的数量标准执行。

走私本解释附表中未规定珍贵动物的制品的，按照《最高人民法院、最高人民检察院、国家林业局、公安部、海关总署关于破坏野生动物资源刑事案件中涉及 CITES 附录Ⅰ和附录Ⅱ所列陆生野生动物制品价值核定问题的通知》（林濒发〔2012〕239 号）②的有关规定核定价值。

第 11 条　走私国家禁止进出口的货物、物品，具有下列情形之一的，依照刑法第 151 条第 3 款的规定处 5 年以下有期徒刑或者拘役，并处或者单处罚金：

（一）走私国家一级保护野生植物五株以上不满 25 株，国家二级保护野生植物 10 株以上不满 50 株，或者珍稀植物、珍稀植物制品数额在 20 万元以上不满 100 万元的；

（二）走私重点保护古生物化石或者未命名的古生物化石不满 10 件，或者一般保护古生物化石 10 件以上不满 50 件的；

（三）走私禁止进出口的有毒物质 1 吨以上不满 5 吨，或者数额在 2 万元以上不满 10 万元的；

（四）走私来自境外疫区的动植物及其产品 5 吨以上不满 25 吨，或者数额在 5 万元以上不满 25 万元的；

（五）走私木炭、硅砂等妨害环境、资源保护的货物、物品 10 吨以上不满 50 吨，或者数额在 10 万元以上不满 50 万元的；

（六）走私旧机动车、切割车、旧机电产品或者其他禁止进出口的货物、物品 20 吨以上不满 100 吨，或者数额在 20 万元以上不满 100 万元的；

（七）数量或者数额未达到本款第 1 项至第 6 项规定的标准，但属于犯罪集团的首要分子，使用特种车辆从事走私活动，造成环境严重污染，或者引起甲类传染病传播、重大动植物疫情等情形的。

具有下列情形之一的，应当认定为刑法第 151 条第 3 款规定的"情节严重"：

（一）走私数量或者数额超过前款第 1 项至第 6 项规定的标准的；

（二）达到前款第 1 项至第 6 项规定的标准，且属于犯罪集团的首要分子，

---

① 注：本款规定与《最高人民法院、最高人民检察院关于办理破坏野生动物资源刑事案件适用法律若干问题的解释》（法释〔2022〕12 号）第 4 条规定不一致，应当以后者为准。详见刑法第 341 条。
② 注："林濒发〔2012〕239 号"《通知》的内容见刑法第 341 条。

使用特种车辆从事走私活动，造成环境严重污染，或者引起甲类传染病传播、重大动植物疫情等情形的。

第12条　刑法第151条第3款规定的"珍稀植物"，包括列入《国家重点保护野生植物名录》《国家重点保护野生药材物种名录》《国家珍贵树种名录》中的国家一、二级保护野生植物、国家重点保护的野生药材、珍贵树木，《濒危野生动植物种国际贸易公约》附录Ⅰ、附录Ⅱ中的野生植物，以及人工培育的上述植物。

本解释规定的"古生物化石"，按照《古生物化石保护条例》的规定予以认定。走私具有科学价值的古脊椎动物化石、古人类化石，构成犯罪的，依照刑法第151条第2款的规定，以走私文物罪定罪处罚。

第21条　未经许可进出口国家限制进出口的货物、物品，构成犯罪的，应当依照刑法第151条、第152条的规定，以走私国家禁止进出口的货物、物品罪等罪名定罪处罚；偷逃应缴税额，同时又构成走私普通货物、物品罪的，依照处罚较重的规定定罪处罚。

取得许可，但超过许可数量进出口国家限制进出口的货物、物品，构成犯罪的，依照刑法第153条的规定，以走私普通货物、物品罪定罪处罚。

租用、借用或者使用购买的他人许可证，进出口国家限制进出口的货物、物品的，适用本条第1款的规定定罪处罚。

第22条　在走私的货物、物品中藏匿刑法第151条、第152条、第347条、第350条规定的货物、物品，构成犯罪的，以实际走私的货物、物品定罪处罚；构成数罪的，实行数罪并罚。

第23条　实施走私犯罪，具有下列情形之一的，应当认定为犯罪既遂：

（一）在海关监管现场被查获的；

（二）以虚假申报方式走私，申报行为实施完毕的；

（三）以保税货物或者特定减税、免税进口的货物、物品为对象走私，在境内销售的，或者申请核销行为实施完毕的。

第24条　单位犯刑法第151条、第152条规定之罪，依照本解释规定的标准定罪处罚。

单位犯走私普通货物、物品罪，偷逃应缴税额在20万元以上不满100万元的，应当依照刑法第153条第2款的规定，对单位判处罚金，并对其直接负责的主管人员和其他直接责任人员，处3年以下有期徒刑或者拘役；偷逃应缴税额在100万元以上不满500万元的，应当认定为"情节严重"；偷逃应缴税额在500万元以上的，应当认定为"情节特别严重"。

第 25 条　本解释发布实施后,《最高人民法院关于审理走私刑事案件具体应用法律若干问题的解释》(法释〔2000〕30 号)、《最高人民法院关于审理走私刑事案件具体应用法律若干问题的解释(二)》(法释〔2006〕9 号)同时废止。之前发布的司法解释与本解释不一致的,以本解释为准。

【法释〔2015〕23 号】　最高人民法院、最高人民检察院关于办理妨害文物管理等刑事案件适用法律若干问题的解释(2015 年 10 月 12 日最高人民法院审判委员会第 1663 次会议、2015 年 11 月 18 日最高人民检察院第 12 届检察委员会第 43 次会议通过,2015 年 12 月 30 日公布,2016 年 1 月 1 日起施行)

第 1 条　刑法第 151 条规定的"国家禁止出口的文物",依照《中华人民共和国文物保护法》规定的"国家禁止出境的文物"的范围认定。

走私国家禁止出口的二级文物的,应当依照刑法第 151 条第 2 款的规定,以走私文物罪处 5 年以上 10 年以下有期徒刑,并处罚金;走私国家禁止出口的一级文物的,应当认定为刑法第 151 条第 2 款规定的"情节特别严重";走私国家禁止出口的三级文物的,应当认定为刑法第 151 条第 2 款规定的"情节较轻"。

走私国家禁止出口的文物,无法确定文物等级,或者按照文物等级定罪量刑明显过轻或者过重的,可以按照走私的文物价值定罪量刑。走私的文物价值在 20 万元以上不满 100 万元的,应当依照刑法第 151 条第 2 款的规定,以走私文物罪处 5 年以上 10 年以下有期徒刑,并处罚金;文物价值在 100 万元以上的,应当认定为刑法第 151 条第 2 款规定的"情节特别严重";文物价值在 5 万元以上不满 20 万元的,应当认定为刑法第 151 条第 2 款规定的"情节较轻"。

第 11 条(第 1 款)　单位实施走私文物、倒卖文物等行为,构成犯罪的,依照本解释规定的相应自然人犯罪的定罪量刑标准,对直接负责的主管人员和其他直接责任人员定罪处罚,并对单位判处罚金。

第 12 条　针对不可移动文物整体实施走私、盗窃、倒卖等行为的,根据所属不可移动文物的等级,依照本解释第 1 条、第 2 条、第 6 条的规定定罪量刑:

(一)尚未被确定为文物保护单位的不可移动文物,适用一般文物的定罪量刑标准;

(二)市、县级文物保护单位,适用三级文物的定罪量刑标准;

(三)全国重点文物保护单位、省级文物保护单位,适用二级以上文物的定罪量刑标准。

针对不可移动文物中的建筑构件、壁画、雕塑、石刻等实施走私、盗窃、倒卖等行为的,根据建筑构件、壁画、雕塑、石刻等文物本身的等级或者价值,依照本解释第1条、第2条、第6条的规定定罪量刑。建筑构件、壁画、雕塑、石刻等所属不可移动文物的等级，应当作为量刑情节予以考虑。

第13条 案件涉及不同等级的文物的，按照高级别文物的量刑幅度量刑；有多件同级文物的，5件同级文物视为1件高一级文物，但是价值明显不相当的除外。

第14条 依照文物价值定罪量刑的，根据涉案文物的有效价格证明认定文物价值；无有效价格证明，或者根据价格证明认定明显不合理的，根据销赃数额认定，或者结合本解释第15条规定的鉴定意见、报告认定。

第15条 在行为人实施有关行为前，文物行政部门已对涉案文物及其等级作出认定的，可以直接对有关案件事实作出认定。

对案件涉及的有关文物鉴定、价值认定等专门性问题难以确定的，由司法鉴定机构出具鉴定意见，或者由国务院文物行政部门指定的机构出具报告。其中，对于文物价值，也可以由有关价格认证机构作出价格认证并出具报告。

第16条（第1款） 实施本解释第1条、第2条、第6条至第9条规定的行为，虽已达到应当追究刑事责任的标准，但行为人系初犯，积极退回或者协助追回文物，未造成文物损毁，并确有悔罪表现的，可以认定为犯罪情节轻微，不起诉或者免予刑事处罚。

第17条 走私、盗窃、损毁、倒卖、盗掘或者非法转让具有科学价值的古脊椎动物化石、古人类化石的，依照刑法和本解释的有关规定定罪量刑。

第18条 本解释自2016年1月1日起施行。本解释公布施行后，《最高人民法院、最高人民检察院关于办理盗窃、盗掘、非法经营和走私文物的案件具体应用法律的若干问题的解释》（法（研）发〔1987〕32号）同时废止；之前发布的司法解释与本解释不一致的，以本解释为准。

【法释〔2016〕17号】 最高人民法院关于审理发生在我国管辖海域相关案件若干问题的规定（二）（2016年5月9日最高人民法院审判委员会第1682次会议通过，2016年8月1日公布，2016年8月2日起施行）

第8条第2款 有破坏海洋资源犯罪行为，又实施走私、妨害公务等犯罪的，依照数罪并罚的规定处理。

【法释〔2019〕16号】 最高人民法院关于审理走私、非法经营、非法使用兴奋剂刑事案件适用法律若干问题的解释（2019年11月12日最高人民法院审判委员会第1781次会议通过，2019年11月18日公布，2020年1月1日起施行）

第1条　运动员、运动员辅助人员走私兴奋剂目录所列物质，或者其他人员以在体育竞赛中非法使用为目的走私兴奋剂目录所列物质，涉案物质属于国家禁止进出口的货物、物品，具有下列情形之一的，应当依照刑法第151条第3款的规定，以走私国家禁止进出口的货物、物品罪定罪处罚：

（一）1年内曾因走私被给予2次以上行政处罚后又走私的；

（二）用于或者准备用于未成年人运动员、残疾人运动员的；

（三）用于或者准备用于国内、国际重大体育竞赛的；

（四）其他造成严重恶劣社会影响的情形。

实施前款规定的行为，涉案物质不属于国家禁止进出口的货物、物品，但偷逃应缴税额1万元以上或者1年内曾因走私被给予2次以上行政处罚后又走私的，应当依照刑法第153条的规定，以走私普通货物、物品罪定罪处罚。

对于本条第1款、第2款规定以外的走私兴奋剂目录所列物质行为，适用《最高人民法院、最高人民检察院关于办理走私刑事案件适用法律若干问题的解释》（法释〔2014〕10号）规定的定罪量刑标准。

第7条　实施本解释规定的行为，涉案物质属于毒品、制毒物品等，构成有关犯罪的，依照相应犯罪定罪处罚。

第8条　对于是否属于本解释规定的"兴奋剂""兴奋剂目录所列物质""体育运动""国内、国际重大体育竞赛"等专门性问题，应当依据《中华人民共和国体育法》《反兴奋剂条例》等法律法规，结合国务院体育主管部门出具的认定意见等证据材料作出认定。

【公通字〔2020〕19号】 最高人民法院、最高人民检察院、公安部、司法部关于依法惩治非法野生动物交易犯罪的指导意见（2020年12月18日印发施行）

二、依法严厉打击非法收购、运输、出售、进出口野生动物及其制品的犯罪行为，切断非法野生动物交易的利益链条。

（第2款）　走私国家禁止进出口的珍贵动物及其制品，符合刑法第151条第2款规定的，以走私珍贵动物、珍贵动物制品罪定罪处罚。

四、2次以上实施本意见第1条至第3条规定的行为构成犯罪，依法应当追诉的，或者2年内2次以上实施本意见第1条至第3条规定的行为未经处理的，数量、数额累计计算。

（第5~9条详见《刑法》第341条的相关规定）

【署缉发〔2021〕141号】 最高人民法院、最高人民检察院、海关总署、公安部、中国海警局关于打击粤港澳海上跨境走私犯罪适用法律若干问题的指导意见（2020年12月18日印发施行）

一、非设关地走私进口未取得国家检验检疫准入证书的冻品，应认定为国家禁止进口的货物，构成犯罪的，按走私国家禁止进出口的货物罪定罪处罚。其中，对走私来自境外疫区的冻品，依据《最高人民法院、最高人民检察院关于办理走私刑事案件适用法律若干问题的解释》（法释〔2014〕10号，以下简称《解释》）第11条第1款第四项和第2款规定定罪处罚。对走私来自境外非疫区的冻品，或者无法查明是否来自境外疫区的冻品，依据《解释》第11条第1款第六项和第2款规定定罪处罚。

二、走私犯罪分子在实施走私犯罪或者逃避追缉过程中，实施碰撞、挤别、抛撒障碍物、超高速行驶、强光照射驾驶人员等危险行为，危害公共安全的，以走私罪和以危险方法危害公共安全罪数罪并罚。以暴力、威胁方法抗拒缉私执法，以走私罪和袭警罪或者妨害公务罪数罪并罚。武装掩护走私的，依照刑法第151条第1款规定从重处罚。

六、办理粤港澳海上以外其他地区非设关地走私刑事案件，可以参照本意见的精神依法处理。

【法发〔2021〕35号】 最高人民法院、最高人民检察院、公安部、工业和信息化部、住房和城乡建设部、交通运输部、应急管理部、国家铁路局、中国民用航空局、国家邮政局关于依法惩治涉枪支、弹药、爆炸物、易燃易爆危险物品犯罪的意见（2021年12月28日印发，2021年12月31日施行）

4. 非法制造、买卖、运输、邮寄、储存、盗窃、抢夺、抢劫、持有、私藏、走私枪支、弹药、爆炸物，并利用该枪支、弹药、爆炸物实施故意杀人、故意伤害、抢劫、绑架等犯罪的，依照数罪并罚的规定处罚。

【法释〔2022〕12号】 最高人民法院、最高人民检察院关于办理破坏野生动物资源刑事案件适用法律若干问题的解释（2021年12月13日最高法审委会第1856次会议、2022年2月9日最高检第13届检委会第89次会议通过，2022年4月9日施行；法释〔2000〕37号《最高人民法院关于审理破坏野生动物资源刑事案件具体应用法律若干问题的解释》同时废止）

第1条 具有下列情形之一的，应当认定为刑法第151条第2款规定的走私国家禁止进出口的珍贵动物及其制品：

（一）未经批准擅自进出口列入经国家濒危物种进出口管理机构公布的《濒

危野生动植物种国际贸易公约》附录一、附录二的野生动物及其制品；

（二）未经批准擅自出口列入《国家重点保护野生动物名录》的野生动物及其制品。

第2条 走私国家禁止进出口的珍贵动物及其制品，价值20万元以上不满200万元的，应当依照刑法第151条第2款的规定，以走私珍贵动物、珍贵动物制品罪处5年以上10年以下有期徒刑，并处罚金；价值200万元以上的，应当认定为"情节特别严重"，处10年以上有期徒刑或者无期徒刑，并处没收财产；价值2万元以上不满20万元的，应当认定为"情节较轻"，处5年以下有期徒刑，并处罚金。

实施前款规定的行为，具有下列情形之一的，从重处罚：（一）属于犯罪集团的首要分子的；（二）为逃避监管，使用特种交通工具实施的；（三）2年内曾因破坏野生动物资源受过行政处罚的。

实施第1款规定的行为，不具有第2款规定的情形，且未造成动物死亡或者动物、动物制品无法追回，行为人全部退赃退赔，确有悔罪表现的，按照下列规定处理：

（一）珍贵动物及其制品价值200万元以上的，可以处5年以上10年以下有期徒刑，并处罚金；

（二）珍贵动物及其制品价值20万元以上不满200万元的，可以认定为"情节较轻"，处5年以下有期徒刑，并处罚金；

（三）珍贵动物及其制品价值2万元以上不满20万元的，可以认定为犯罪情节轻微，不起诉或者免予刑事处罚；情节显著轻微危害不大的，不作为犯罪处理。

第15条 对于涉案动物及其制品的价值，应当根据下列方法确定：

（一）对于国家禁止进出口的珍贵动物及其制品、国家重点保护的珍贵、濒危野生动物及其制品的价值，根据国务院野生动物保护主管部门制定的评估标准和方法核算；

第16条 根据本解释第15条规定难以确定涉案动物及其制品价值的，依据司法鉴定机构出具的鉴定意见，或者下列机构出具的报告，结合其他证据作出认定：（一）价格认证机构出具的报告；（二）国务院野生动物保护主管部门、国家濒危物种进出口管理机构或者海关总署等指定的机构出具的报告；（三）地、市级以上人民政府野生动物保护主管部门、国家濒危物种进出口管理机构的派出机构或者直属海关等出具的报告。

● **立案标准**　最高人民检察院、公安部关于公安机关管辖的刑事案件立案追诉标准的规定（二）（公通字〔2022〕8号，2022年4月6日印发，2022年5月15日施行；公通字〔2010〕23号《规定》、公通字〔2011〕47号《补充规定》同时废止）

第2条［走私假币案（刑法第151条第1款）］　走私伪造的货币，涉嫌下列情形之一的，应予立案追诉：（一）总面额在2000元以上或者币量在200张（枚）以上的；（二）总面额在1000元以上或者币量在100张（枚）以上，2年内因走私假币受过行政处罚，又走私假币的；（三）其他走私假币应予追究刑事责任的情形。

第79条　本规定中的"货币"是指在境内外正在流通的以下货币：（一）人民币（含普通纪念币、贵金属纪念币）、港元、澳门元、新台币；（二）其他国家及地区的法定货币。

贵金属纪念币的面额以中国人民银行授权中国金币总公司的初始发售价格为准。

第83条　本规定中的立案追诉标准，除法律、司法解释、本规定中另有规定的以外，适用于相应的单位犯罪。

第84条　本规定中的"以上"，包括本数。

第152条　【走私淫秽物品罪】以牟利或者传播为目的，走私淫秽的影片、录像带、录音带、图片、书刊或者其他淫秽物品的，处三年以上十年以下有期徒刑，并处罚金；情节严重的，处十年以上有期徒刑或者无期徒刑，并处罚金或者没收财产；情节较轻的，处三年以下有期徒刑、拘役或者管制，并处罚金。

【走私废物罪】逃避海关监管将境外固体废物、液态废物和气态废物运输进境，情节严重的，处五年以下有期徒刑，并处或者单处罚金；情节特别严重的，处五年以上有期徒刑，并处罚金。①

单位犯前两款罪的，对单位判处罚金，并对其直接负责的主管人员和其他直接责任人员，依照前两款的规定处罚。

---

① 第152条第2款是根据2002年12月28日第9届全国人民代表大会常务委员会第31次会议通过的《刑法修正案（四）》（主席令第83号公布，2002年12月28日起施行）而增设。本条第3款是原第152条第2款，同时而修改；原第152条第2款内容为："单位犯前款罪的，对单位判处罚金，并对其直接负责的主管人员和其他直接责任人员，依照前款的规定处罚。"

● **条文注释** 构成第152条各款规定之罪，必须具备以下条件：（1）行为人具有走私该物品的主观故意，并在客观上实施了该行为。如果行为人在实施该行为时不明知该物品的真正属性（例如不知道该物品属于禁止入境的废物），并且数量较少，则不构成本罪。（2）达到相应情节（具体界定由"法释〔2014〕10号"作出规定）。（3）构成第152条第1款之罪，还要求行为人是以牟利或传播为目的（若只是为了满足个人私欲和兴趣，并且携带的物品数量较少，则不构成本罪，但可以适用《治安管理处罚法》予以收缴）；构成第152条第2款之罪，还要求行为人具有逃避海关监管的行为（如果是正常入境，由于海关监管疏忽而将废物带入境内，则不构成本罪，但可以适用《环境保护法》等相关法规予以行政处罚）。

这里的"牟利"是指通过出售、出租或其他方式牟取非法利润；"传播"是指在社会上流传、扩散等，包括在朋友或同事圈子中传阅、展示、讲解等。"淫秽物品"的界定，根据《刑法》第367条和司法解释"法释〔2004〕11号"，是指具体描绘性行为或露骨宣扬色情的诲淫性的文字材料、图像材料和音像材料，以及相应的电子信息资料和移动通讯终端电子信息、声讯台语音信息等，包括有形的传统载体和无形的电子载体；但有关人体生理、医学知识的科学著作和含有色情内容的有艺术价值的文学、艺术作品（以及他们的电子制品和声讯台语音信息）除外。

第152条第2款规定中的"固体废物"是指国家禁止或限制进口的固态废物①；"液态废物"是指液体形态（可以流动，有一定的体积但没有一定的形状）的废物；"气态废物"是指放置在容器中的气体形态的废物。

在司法实践中需要注意的是：

1. 是否"以牟利或者传播为目的"是区分走私淫秽物品犯罪与非罪的界限，不能只凭行为人的口供或辩解进行判断，而应该综合分析判断。如果行为人走私的淫秽物品数量较大，明显超出自用的范围，则可以认定为"以牟利或者传播为目的"。

2. 是否"逃避海关监管"也应该根据具体情形分析判断。行为人实施下列行为之一的，可以认定为"逃避海关监管"：（1）藏匿或隐蔽携带违禁物品的；（2）用特制的设备或工具运输物品的；（3）未经海关许可，在非设关的地点运输或交易非法进出境物品的；（4）提供虚假的通关材料或证明的。

3. 如果行为人经过国务院有关主管部门批准而进口国家限制进口的可用作

---

① 进口固体废物管理的具体分类详见本书关于《刑法》第339条的注释。

原料的废物，但偷逃应缴税额，构成犯罪的，则应当依照《刑法》第 153 条规定，以走私普通货物罪定罪处罚。

4. 如果行为人未经国务院有关主管部门批准，擅自进口固体废物用作原料，但行为人本身没有参与走私行为（比如通过中介代理公司进口），则适用《刑法》第 339 条第 2 款规定的擅自进口固体废物罪（是否能构成犯罪则根据其造成后果的严重程度判断）。

● 相关规定　【法释〔2014〕10 号】　最高人民法院、最高人民检察院关于办理走私刑事案件适用法律若干问题的解释（2014 年 2 月 24 日由最高人民法院审判委员会第 1608 次会议、2014 年 6 月 13 日由最高人民检察院第 12 届检察委员会第 23 次会议通过，2014 年 8 月 12 日公布，2014 年 9 月 10 日起施行）

第 13 条　以牟利或者传播为目的，走私淫秽物品，达到下列数量之一的，可以认定为刑法第 152 条第 1 款规定的"情节较轻"：

（一）走私淫秽录像带、影碟 50 盘（张）以上不满 100 盘（张）的；

（二）走私淫秽录音带、音碟 100 盘（张）以上不满 200 盘（张）的；

（三）走私淫秽扑克、书刊、画册 100 副（册）以上不满 200 副（册）的；

（四）走私淫秽照片、画片 500 张以上不满 1000 张的；

（五）走私其他淫秽物品相当于上述数量的。

走私淫秽物品在前款规定的最高数量以上不满最高数量 5 倍的，依照刑法第 152 条第 1 款的规定处 3 年以上 10 年以下有期徒刑，并处罚金。

走私淫秽物品在第 1 款规定的最高数量 5 倍以上，或者在第 1 款规定的最高数量以上不满 5 倍，但属于犯罪集团的首要分子，使用特种车辆从事走私活动等情形的，应当认定为刑法第 152 条第 1 款规定的"情节严重"。

第 14 条　走私国家禁止进口的废物或者国家限制进口的可用作原料的废物，具有下列情形之一的，应当认定为刑法第 152 条第 2 款规定的"情节严重"：

（一）走私国家禁止进口的危险性固体废物、液态废物分别或者合计达到 1 吨以上不满 5 吨的；

（二）走私国家禁止进口的非危险性固体废物、液态废物分别或者合计达到 5 吨以上不满 25 吨的；

（三）走私国家限制进口的可用作原料的固体废物、液态废物分别或者合计达到 20 吨以上不满 100 吨的；

（四）未达到上述数量标准，但属于犯罪集团的首要分子，使用特种车辆从事走私活动，或者造成环境严重污染等情形的。

具有下列情形之一的，应当认定为刑法第152条第2款规定的"情节特别严重"：

（一）走私数量超过前款规定的标准的；

（二）达到前款规定的标准，且属于犯罪集团的首要分子，使用特种车辆从事走私活动，或者造成环境严重污染等情形的；

（三）未达到前款规定的标准，但造成环境严重污染且后果特别严重的。

走私置于容器中的气态废物，构成犯罪的，参照前两款规定的标准处罚。

第15条 国家限制进口的可用作原料的废物的具体种类，参照国家有关部门的规定确定。

第20条 直接向走私人非法收购走私进口的货物、物品，在内海、领海、界河、界湖运输、收购、贩卖国家禁止进出口的物品，或者没有合法证明，在内海、领海、界河、界湖运输、收购、贩卖国家限制进出口的货物、物品，构成犯罪的，应当按照走私货物、物品的种类，分别依照刑法第151条、第152条、第153条、第347条、第350条的规定定罪处罚。

刑法第155条第2项规定的"内海"，包括内河的入海口水域。

第21条 未经许可进出口国家限制进出口的货物、物品，构成犯罪的，应当依照刑法第151条、第152条的规定，以走私国家禁止进出口的货物、物品罪等罪名定罪处罚；偷逃应缴税额，同时又构成走私普通货物、物品罪的，依照处罚较重的规定定罪处罚。

取得许可，但超过许可数量进出口国家限制进出口的货物、物品，构成犯罪的，依照刑法第153条的规定，以走私普通货物、物品罪定罪处罚。

租用、借用或者使用购买的他人许可证，进出口国家限制进出口的货物、物品，适用本条第1款的规定定罪处罚。

第22条 在走私的货物、物品中藏匿刑法第151条、第152条、第347条、第350条规定的货物、物品，构成犯罪的，以实际走私的货物、物品定罪处罚；构成数罪的，实行数罪并罚。

第23条 实施走私犯罪，具有下列情形之一的，应当认定为犯罪既遂：

（一）在海关监管现场被查获的；

（二）以虚假申报方式走私，申报行为实施完毕的；

（三）以保税货物或者特定减税、免税进口的货物、物品为对象走私，在境内销售的，或者申请核销行为实施完毕的。

第24条 单位犯刑法第151条、第152条规定之罪，依照本解释规定的标准定罪处罚。

单位犯走私普通货物、物品罪，偷逃应缴税额在20万元以上不满100万元的，应当依照刑法第153条第2款的规定，对单位判处罚金，并对其直接负责的主管人员和其他直接责任人员，处3年以下有期徒刑或者拘役；偷逃应缴税额在100万元以上不满500万元的，应当认定为"情节严重"；偷逃应缴税额在500万元以上的，应当认定为"情节特别严重"。

第25条　本解释发布实施后，《最高人民法院关于审理走私刑事案件具体应用法律若干问题的解释》（法释〔2000〕30号）、《最高人民法院关于审理走私刑事案件具体应用法律若干问题的解释（二）》（法释〔2006〕9号）同时废止。之前发布的司法解释与本解释不一致的，以本解释为准。

● 立案标准　最高人民检察院、公安部关于公安机关管辖的刑事案件立案追诉标准的规定（一）（公通字〔2008〕36号，2008年6月25日公布施行）

第25条　[走私淫秽物品案（刑法第152条第1款）]　以牟利或者传播为目的，走私淫秽的影片、录像带、录音带、图片、书刊或者其他通过文字、声音、形象等形式表现淫秽内容的影碟、音碟、电子出版物等物品，涉嫌下列情形之一的，应予立案追诉：

（一）走私淫秽录像带、影碟50盘（张）以上的；

（二）走私淫秽录音带、音碟100盘（张）以上的；

（三）走私淫秽扑克、书刊、画册100副（册）以上的；

（四）走私淫秽照片、画片500张以上的；

（五）走私其他淫秽物品相当于上述数量的；

（六）走私淫秽物品数量虽未达到本条第（一）项至第（四）项规定标准，但分别达到其中两项以上标准的50%以上的。①

第101条　本规定中的"以上"，包括本数。

---

① 注：本项情形在"法释〔2014〕10号"《解释》第13条未作规定。

第 153 条 【走私普通货物、物品罪】走私本法第一百五十一条、第一百五十二条、第三百四十七条规定以外的货物、物品的,根据情节轻重,分别依照下列规定处罚:①

(一) 走私货物、物品偷逃应缴税额较大或者一年内曾因走私被给予二次行政处罚后又走私的,处三年以下有期徒刑或者拘役,并处偷逃应缴税额一倍以上五倍以下罚金。

(二) 走私货物、物品偷逃应缴税额巨大或者有其他严重情节的,处三年以上十年以下有期徒刑,并处偷逃应缴税额一倍以上五倍以下罚金。

(三) 走私货物、物品偷逃应缴税额特别巨大或者有其他特别严重情节的,处十年以上有期徒刑或者无期徒刑,并处偷逃应缴税额一倍以上五倍以下罚金或者没收财产。

单位犯前款罪的,对单位判处罚金,并对其直接负责的主管人员和其他直接责任人员,处三年以下有期徒刑或者拘役;情节严重的,处三年以上十年以下有期徒刑;情节特别严重的,处十年以上有期徒刑。

对多次走私未经处理的,按照累计走私货物、物品的偷逃应缴税额处罚。

第 154 条 【走私普通货物、物品罪的特殊形式】下列走私行为,根据本节规定构成犯罪的,依照本法第一百五十三条的规定定罪处罚:

---

① 第 153 条第 1 款是根据 2011 年 2 月 25 日第 11 届全国人民代表大会常务委员会第 19 次会议通过的《刑法修正案(八)》(主席令第 41 号公布,2011 年 5 月 1 日起施行)而修改;原第 153 条第 1 款内容为:"走私本法第一百五十一条、第一百五十二条、第三百四十七条规定以外的货物、物品的,根据情节轻重,分别依照下列规定处罚:(一) 走私货物、物品偷逃应缴税额在五十万元以上的,处十年以上有期徒刑或者无期徒刑,并处偷逃应缴税额一倍以上五倍以下罚金或者没收财产;情节特别严重的,依照本法第一百五十一条第四款的规定处罚。(二) 走私货物、物品偷逃应缴税额在十五万元以上不满五十万元的,处三年以上十年以下有期徒刑,并处偷逃应缴税额一倍以上五倍以下罚金;情节特别严重的,处十年以上有期徒刑或者无期徒刑,并处偷逃应缴税额一倍以上五倍以下罚金或者没收财产。(三) 走私货物、物品偷逃应缴税额在五万元以上不满十五万元的,处三年以下有期徒刑或者拘役,并处偷逃应缴税额一倍以上五倍以下罚金。"

（一）未经海关许可并且未补缴应缴税额，擅自将批准进口的来料加工、来件装配、补偿贸易的原材料、零件、制成品、设备等保税货物，在境内销售牟利的；

（二）未经海关许可并且未补缴应缴税额，擅自将特定减税、免税进口的货物、物品，在境内销售牟利的。

● **条文注释**　构成第153条、第154条规定之罪，必须具备以下条件：（1）行为人应具有走私该物品的主观故意，并在客观上实施了逃避海关监管的行为。如果行为人对该行为不具有明知的条件，如受蒙骗利用，或者不知道该物品为保税货物，则不构成本罪。（2）应达到相应情节，如偷逃应缴税额、走私次数以及其他情节。（3）行为人实施第154条规定的行为，还要求具有在境内销售牟利的主观目的。

在实践中，走私第153条所规定的货物、物品主要有两类：（1）国家限制进出口（实行配额或许可证管理）的物品，如烟酒、贵重中药材及其成药、汽车、手机等；（2）进口或出口应缴纳关税的货物、物品。

第154条规定中的"保税货物"是指根据《海关法》的规定，对一些入境后在境内储存、加工、装配，然后复运出境的货物，经海关批准，可以不办理纳税手续入境，但它们不能在境内销售。主要包括通过加工贸易、补偿贸易等方式进口的货物，以及在保税区（仓库、工厂）或免税商店内等储存、加工、寄售的货物。"特定减税、免税进口的货物、物品"主要是指经济特区或三资企业进口的货物，以及为特定用途进口的货物等，其性质与"保税货物"类似，因此未经海关许可并补缴应缴税额，也不允许在境内销售。

这里的"应缴税额"包括应当缴纳的进出口关税，也包括在进口环节海关依法代征代扣的其他税款，以走私时所适用的税则、税率、汇率和海关审定的完税价格计算，并以海关出具的证明为准。如果之前有走私行为未经行政处罚或刑事处罚的，其应缴税额累计计算。应缴税额"较大""巨大""特别巨大"以及"其他严重情节"的认定标准，依据"法释〔2014〕10号"解释进行界定。

需要注意的是：

（1）经许可进口国家限制进口的可用作原料的废物时，不适用《刑法》第152条第2款规定的走私废物罪；但如果偷逃应缴税额，构成犯罪的，则应当依照《刑法》第153条规定，以走私普通货物罪定罪处罚。

（2）对于第153条第1项规定中"一年内曾因走私被给予二次行政处罚后

又走私"的情形,现行法律只规定其构成犯罪,而没规定具体的量刑标准;由各地人民法院结合案件具体情况和本地实际确定。

(3)第154条规定中的"销售牟利"是指行为人的主观意愿,实际上是否获利不影响罪名成立。

(4)有证据证明因不可抗力原因导致保税货物脱离海关监管,经营人无法办理正常手续而骗取海关核销的,不认定为走私犯罪。

● **相关规定**　【主席令〔2000〕35号】　中华人民共和国海关法(2000年7月8日第9届全国人大常委会第16次会议修订;2021年4月29日最新修正)

第23条　进口货物自进境起到办结海关手续止,出口货物自向海关申报起到出境止,过境、转运和通运货物自进境起到出境止,应当接受海关监管。

第82条(第1款)　违反本法及有关法律、行政法规,逃避海关监管,偷逃应纳税款、逃避国家有关进出境的禁止性或者限制性管理,有下列情形之一的,是走私行为:(一)运输、携带、邮寄国家禁止或者限制进出境货物、物品或者依法应当缴纳税款的货物、物品进出境的;(二)未经海关许可并且未缴纳应纳税款、交验有关许可证件,擅自将保税货物、特定减免税货物以及其他海关监管货物、物品、进境的境外运输工具,在境内销售的;(三)有逃避海关监管,构成走私的其他行为的。

第83条　有下列行为之一的,按走私行为论处,依照本法第82条的规定处罚:(一)直接向走私人非法收购走私进口的货物、物品的;(二)在内海、领海、界河、界湖,船舶及所载人员运输、收购、贩卖国家禁止或者限制进出境的货物、物品,或者运输、收购、贩卖依法应当缴纳税款的货物,没有合法证明的。

第100条　本法下列用语的含义:

(三)过境、转运和通运货物,是指由境外启运、通过中国境内继续运往境外的货物。其中,通过境内陆路运输的,称过境货物;在境内设立海关的地点换装运输工具,而不通过境内陆路运输的,称转运货物;由船舶、航空器载运进境并由原装运输工具载运出境的,称通运货物。

(四)海关监管货物,是指本法第23条所列的进出口货物、过境、转运、通运货物,特定减免税货物,以及暂时进出口货物、保税货物和其他尚未办结海关手续的进出境货物。

(五)保税货物,是指经海关批准未办理纳税手续进境,在境内储存、加工、装配后复运出境的货物。

(六)海关监管区,是指设立海关的港口、车站、机场、国界孔道、国际邮件互换局（交换站）和其他有海关监管业务的场所，以及虽未设立海关，但是经国务院批准的进出境地点。

【主席令〔1991〕46号】　　中华人民共和国烟草专卖法（1991年6月29日第7届全国人大常委会第20次会议通过，1992年1月1日施行；2009年、2013年、2015年修正）

第37条　走私烟草专卖品，构成走私罪的，依照刑法有关规定追究刑事责任；走私烟草专卖品，数额不大，不构成走私罪的，由海关没收走私货物、物品和违法所得，可以并处罚款。

烟草专卖行政主管部门和烟草公司工作人员利用职务上的便利犯前款罪的，依法从重处罚。①

【高检发释字〔2000〕3号】　　最高人民检察院关于擅自销售进料加工保税货物的行为法律适用问题的解释（2000年9月29日最高人民检察院第9届检察委员会第70次会议通过，2000年10月16日公布施行）

保税货物是指经海关批准未办理纳税手续进境，在境内储存、加工、装配后复运出境的货物。经海关批准进口的进料加工的货物属于保税货物。未经海关许可并且未补缴应缴税额，擅自将批准进口的进料加工的原材料、零件、制成品、设备等保税货物，在境内销售牟利，偷逃应缴税额在5万元以上②的，依照刑法第154条、第153条的规定，以走私普通货物、物品罪追究刑事责任。

【国务院令〔2001〕331号】　　技术进出口管理条例（2001年10月31日国务院第46次常务会议通过，2001年12月10日公布，2002年1月1日施行；2011年1月8日、2019年3月2日、2020年11月29日修正）

第44条　擅自超出许可的范围进口或者出口属于限制进出口的技术的，依照刑法关于非法经营罪或者其他罪的规定，依法追究刑事责任；尚不够刑事处罚的，区别不同情况……

【国务院令〔2001〕332号】　　货物进出口管理条例（2001年10月31日国务院第46次常务会议通过，2001年12月10日公布，2002年1月1日施行）

第65条　擅自超出批准、许可的范围进口或者出口属于限制进出口的货物

---

①　注：本条规定直接明确了量刑规则，这在当前立法中比较少见。
②　注：最高人民法院、最高人民检察院已经发布新的司法解释，入罪数额标准应当依照"法释〔2014〕10号"《解释》的规定。

的，依照刑法关于走私罪或者非法经营罪的规定，依法追究刑事责任；尚不够刑事处罚的，依照……

【法〔2002〕139号】　最高人民法院、最高人民检察院、海关总署关于办理走私刑事案件适用法律若干问题的意见（2002年7月8日印发）

三、关于办理走私普通货物、物品刑事案件偷逃应缴税额的核定问题

在办理走私普通货物、物品刑事案件中，对走私行为人涉嫌偷逃应缴税额的核定，应当由走私犯罪案件管辖地的海关出具《涉嫌走私的货物、物品偷逃税款海关核定证明书》（以下简称《核定证明书》）。海关出具的《核定证明书》，经走私犯罪侦查机关、人民检察院、人民法院审查确认，可以作为办案的依据和定罪量刑的证据。

走私犯罪侦查机关、人民检察院和人民法院对《核定证明书》提出异议或者因核定偷逃税额的事实发生变化，认为需要补充核定或者重新核定的，可以要求原出具《核定证明书》的海关补充核定或者重新核定。

走私犯罪嫌疑人、被告人或者辩护人对《核定证明书》有异议，向走私犯罪侦查机关、人民检察院或者人民法院提出重新核定申请的，经走私犯罪侦查机关、人民检察院或者人民法院同意，可以重新核定。重新核定应当另行指派专人进行。

八、关于走私旧汽车、切割车等货物、物品的行为的定罪问题

走私刑法第151条、第152条、第347条、第350条规定的货物、物品以外的，已被国家明令禁止进出口的货物、物品，例如旧汽车、切割车、侵犯知识产权的货物、来自疫区的动植物及其产品等，应当依照刑法第153条的规定，以走私普通货物、物品罪追究刑事责任。

九、关于利用购买的加工贸易登记手册、特定减免税批文等涉税单证进口货物行为的定性处理问题

加工贸易登记手册、特定减免税批文等涉税单证是海关根据国家法律法规以及有关政策性规定，给予特定企业用于保税货物经营管理和减免税优惠待遇的凭证。利用购买的加工贸易登记手册、特定减免税批文等涉税单证进口货物，实质是将一般贸易货物伪报为加工贸易保税货物或者特定减免税货物进口，以达到偷逃应缴税款的目的，应当适用刑法第153条以走私普通货物、物品罪定罪处罚。如果行为人与走私分子通谋出售上述涉税单证，或者在出卖批文后又以提供印章、向海关伪报保税货物、特定减免税货物等方式帮助买方办理进口通关手续的，对卖方依照刑法第156条以走私罪共犯定罪处罚。买卖上述涉税单证

情节严重尚未进口货物的,依照刑法第 280 条的规定定罪处罚。

十、关于在加工贸易活动中骗取海关核销行为的认定问题

在加工贸易经营活动中,以假出口、假结转或者利用虚假单证等方式骗取海关核销,致使保税货物、物品脱离海关监管,造成国家税款流失,情节严重的,依照刑法第 153 条的规定,以走私普通货物、物品罪追究刑事责任。但有证据证明因不可抗力原因导致保税货物脱离海关监管,经营人无法办理正常手续而骗取海关核销的,不认定为走私犯罪。

十三、关于刑法第 154 条规定的"销售牟利"的理解问题

刑法第 154 条第 (一)、(二) 项规定的"销售牟利",是指行为人主观上为了牟取非法利益而擅自销售海关监管的保税货物、特定减免税货物。该种行为是否构成犯罪,应当根据偷逃的应缴税额是否达到刑法第 153 条及相关司法解释规定的数额标准予以认定。实际获利与否或者获利多少并不影响其定罪。

二十、关于单位与个人共同走私普通货物、物品案件的处理问题①

单位和个人(不包括单位直接负责的主管人员和其他直接责任人员)共同走私的,单位和个人均应对共同走私所偷逃应缴税额负责。

对单位和个人共同走私偷逃应缴税额为 5 万元以上不满 25 万元的,应当根据其在案件中所起的作用,区分不同情况做出处理。单位起主要作用的,对单位和个人均不追究刑事责任,由海关予以行政处理;个人起主要作用的,对个人依照刑法有关规定追究刑事责任,对单位由海关予以行政处理。无法认定单位或个人起主要作用的,对个人和单位分别按个人犯罪和单位犯罪的标准处理。

单位和个人共同走私偷逃应缴税额超过 25 万元且能区分主、从犯的,应当按照刑法关于主、从犯的有关规定,对从犯从轻、减轻处罚或者免除处罚。

二十二、关于共同走私犯罪案件如何判处罚金刑问题

审理共同走私犯罪案件时,对各共同犯罪人判处罚金的总额应掌握在共同走私行为偷逃应缴税额的 1 倍以上 5 倍以下。

【法〔2006〕114 号】　最高人民法院关于严格执行有关走私案件涉案财物处理规定的通知(2006 年 4 月 30 日)

关于刑事案件赃款赃物的处理问题,相关法律司法解释已经规定得很明确。

---

① 注:本条规定的数额与"两高"发布的"法释〔2014〕10 号"《解释》不一致,但该规定的处理思想仍可适用。根据"法释〔2014〕10 号"《解释》第 16 条第 1 款、第 24 条第 2 款的规定,本条第 2 款、第 3 款规定的"5 万元""25 万元"应当相应变更为"10 万元""20 万元"。

《海关法》第92条规定，"海关依法扣留的货物、物品、运输工具，在人民法院判决或者海关处罚决定作出之前不得处理"；"人民法院判决没收或者海关决定没收的走私货物、物品、违法所得、走私运输工具、特制设备，由海关依法统一处理，所得价款和海关决定处以的罚款，全部上缴中央国库。"《最高人民法院、最高人民检察院、海关总署关于办理走私刑事案件适用法律若干问题的意见》第23条规定，"人民法院在判决走私罪案件时，应当对随案清单、证明文件中载明的款、物审查确认并依法判决予以追缴、没收；海关根据人民法院的判决和海关法的有关规定予以处理，上缴中央国库。"

据此，地方各级人民法院在审理走私犯罪案件时，对涉案的款、物等，应当严格遵循并切实执行上述法律、司法解释的规定，依法作出追缴、没收的判决。……

【公经〔2006〕1829号】　公安部经济犯罪侦查局关于应纳税总额是否包含海关等部门征收的其他税种问题的批复（经征求国家税务总局和最高人民法院研究室意见，2006年8月21日答复广东省公安厅经侦总队请示）

《刑法》第201条所规定的应纳税款及应纳税额不包含海关关税及海关代征增值税。《最高人民法院关于审理偷税抗税刑事案件具体应用法律若干问题的解释》第1条、第3条中"应纳税总额"不包含《刑法》第153条规定的"偷逃应缴税额"部分在内。

【法〔2011〕163号】　最高人民法院关于审理走私犯罪案件适用法律有关问题的通知（2011年4月26日印发）

一、《刑法修正案（八）》取消了走私普通货物、物品罪定罪量刑的数额标准，《刑法修正案（八）》施行后，新的司法解释出台前，各地人民法院在审理走私普通货物、物品犯罪案件时，可参照适用修正前的刑法及《最高人民法院关于审理走私刑事案件具体应用法律若干问题的解释》（法释〔2000〕30号）[①]规定的数额标准。

二、对于1年内曾因走私被给予2次行政处罚后又走私需要追究刑事责任的，具体的定罪量刑标准可由各地人民法院结合案件具体情况和本地实际确定。各地人民法院要依法审慎稳妥把握好案件的法律适用和政策适用，争取社会效果和法律效果的统一。

[①] 最高人民法院发布的"法释〔2000〕30号"司法解释已经被最高人民法院、最高人民检察院发布的"法释〔2014〕10号"司法解释所废止和替代。

【法释〔2014〕10号】　最高人民法院、最高人民检察院关于办理走私刑事案件适用法律若干问题的解释（2014年2月24日由最高人民法院审判委员会第1608次会议、2014年6月13日由最高人民检察院第12届检察委员会第23次会议通过，2014年8月12日公布，2014年9月10日起施行）

第16条　走私普通货物、物品，偷逃应缴税额在10万元以上不满50万元的，应当认定为刑法第153条第1款规定的"偷逃应缴税额较大"；偷逃应缴税额在50万元以上不满250万元的，应当认定为"偷逃应缴税额巨大"；偷逃应缴税额在250万元以上的，应当认定为"偷逃应缴税额特别巨大"。

走私普通货物、物品，具有下列情形之一，偷逃应缴税额在30万元以上不满50万元的，应当认定为刑法第153条第1款规定的"其他严重情节"；偷逃应缴税额在150万元以上不满250万元的，应当认定为"其他特别严重情节"：

（一）犯罪集团的首要分子；

（二）使用特种车辆从事走私活动的；

（三）为实施走私犯罪，向国家机关工作人员行贿的；

（四）教唆、利用未成年人、孕妇等特殊人群走私的；

（五）聚众阻挠缉私的。

第17条　刑法第153条第1款规定的"1年内曾因走私被给予2次行政处罚后又走私"中的"1年内"，以因走私第1次受到行政处罚的生效之日与"又走私"行为实施之日的时间间隔计算确定；"被给予2次行政处罚"的走私行为，包括走私普通货物、物品以及其他货物、物品；"又走私"行为仅指走私普通货物、物品。

第18条　刑法第153条规定的"应缴税额"，包括进出口货物、物品应当缴纳的进出口关税和进口环节海关代征税的税额。应缴税额以走私行为实施时的税则、税率、汇率和完税价格计算；多次走私的，以每次走私行为实施时的税则、税率、汇率和完税价格逐票计算；走私行为实施时间不能确定的，以案发时的税则、税率、汇率和完税价格计算。

刑法第153条第3款规定的"多次走私未经处理"，包括未经行政处理和刑事处理。

第19条　刑法第154条规定的"保税货物"，是指经海关批准，未办理纳税手续进境，在境内储存、加工、装配后应予复运出境的货物，包括通过加工贸易、补偿贸易等方式进口的货物，以及在保税仓库、保税工厂、保税区或者免税商店内等储存、加工、寄售的货物。

第20条　直接向走私人非法收购走私进口的货物、物品，在内海、领海、界河、界湖运输、收购、贩卖国家禁止进出口的物品，或者没有合法证明，在内海、领海、界河、界湖运输、收购、贩卖国家限制进出口的货物、物品，构成犯罪的，应当按照走私货物、物品的种类，分别依照刑法第151条、第152条、第153条、第347条、第350条的规定定罪处罚。

刑法第155条第2项规定的"内海"，包括内河的入海口水域。

第21条 未经许可进出口国家限制进出口的货物、物品，构成犯罪的，应当依照刑法第151条、第152条的规定，以走私国家禁止进出口的货物、物品罪等罪名定罪处罚；偷逃应缴税额，同时又构成走私普通货物、物品罪的，依照处罚较重的规定定罪处罚。

取得许可，但超过许可数量进出口国家限制进出口的货物、物品，构成犯罪的，依照刑法第153条的规定，以走私普通货物、物品罪定罪处罚。

租用、借用或者使用购买的他人许可证，进出口国家限制进出口的货物、物品的，适用本条第1款的规定定罪处罚。

第23条 实施走私犯罪，具有下列情形之一的，应当认定为犯罪既遂：

（一）在海关监管现场被查获的；

（二）以虚假申报方式走私，申报行为实施完毕的；

（三）以保税货物或者特定减税、免税进口的货物、物品为对象走私，在境内销售的，或者申请核销行为实施完毕的。

第24条 单位犯刑法第151条、第152条规定之罪，依照本解释规定的标准定罪处罚。

单位犯走私普通货物、物品罪，偷逃应缴税额在20万元以上不满100万元的，应当依照刑法第153条第2款的规定，对单位判处罚金，并对其直接负责的主管人员和其他直接责任人员，处3年以下有期徒刑或者拘役；偷逃应缴税额在100万元以上不满500万元的，应当认定为"情节严重"；偷逃应缴税额在500万元以上的，应当认定为"情节特别严重"。

第25条 本解释发布实施后，《最高人民法院关于审理走私刑事案件具体应用法律若干问题的解释》（法释〔2000〕30号）、《最高人民法院关于审理走私刑事案件具体应用法律若干问题的解释（二）》（法释〔2006〕9号）同时废止。之前发布的司法解释与本解释不一致的，以本解释为准。

【法释〔2019〕16号】 最高人民法院关于审理走私、非法经营、非法使用兴奋剂刑事案件适用法律若干问题的解释（2019年11月12日最高人民法院审判委员会第1781次会议通过，2019年11月18日公布，2020年1月1日起施行）

第 1 条 运动员、运动员辅助人员走私兴奋剂目录所列物质，或者其他人员以在体育竞赛中非法使用为目的走私兴奋剂目录所列物质，涉案物质属于国家禁止进出口的货物、物品，具有下列情形之一的，应当依照刑法第 151 条第 3 款的规定，以走私国家禁止进出口的货物、物品罪定罪处罚：

（一）1 年内曾因走私被给予 2 次以上行政处罚后又走私的；

（二）用于或者准备用于未成年人运动员、残疾人运动员的；

（三）用于或者准备用于国内、国际重大体育竞赛的；

（四）其他造成严重恶劣社会影响的情形。

实施前款规定的行为，涉案物质不属于国家禁止进出口的货物、物品，但偷逃应缴税额 1 万元以上或者 1 年内曾因走私被给予 2 次以上行政处罚后又走私的，应当依照刑法第 153 条的规定，以走私普通货物、物品罪定罪处罚。

对于本条第 1 款、第 2 款规定以外的走私兴奋剂目录所列物质行为，适用《最高人民法院、最高人民检察院关于办理走私刑事案件适用法律若干问题的解释》（法释〔2014〕10 号）规定的定罪量刑标准。

第 7 条 实施本解释规定的行为，涉案物质属于毒品、制毒物品等，构成有关犯罪的，依照相应犯罪定罪处罚。

第 8 条 对于是否属于本解释规定的"兴奋剂""兴奋剂目录所列物质""体育运动""国内、国际重大体育竞赛"等专门性问题，应当依据《中华人民共和国体育法》《反兴奋剂条例》等法律法规，结合国务院体育主管部门出具的认定意见等证据材料作出认定。

【法〔2022〕192 号】 最高人民法院、最高人民检察院、海关总署关于办理利用海南离岛旅客免税购物政策走私刑事案件有关问题的指导意见（2022 年 8 月 25 日）（略）

第 155 条[①] 【以走私犯罪论处的间接走私行为】下列行为，以走私罪论处，依照本节的有关规定处罚：

[①] 第 155 条是根据 2002 年 12 月 28 日第 9 届全国人民代表大会常务委员会第 31 次会议通过的《刑法修正案（四）》（主席令第 83 号公布，2002 年 12 月 28 日起施行）而修改，原条文内容为："下列行为，以走私罪论处，依照本节的有关规定处罚：（一）直接向走私人非法收购国家禁止进口物品的，或者直接向走私人非法收购走私进口的其他货物、物品，数额较大的；（二）在内海、领海运输、收购、贩卖国家禁止进出口物品的，或者运输、收购、贩卖国家限制进出口货物、物品，数额较大，没有合法证明的；（三）逃避海关监管将境外固体废物运输进境的。"原第 155 条第 3 项被修改成了现第 152 条第 2 款。

（一）直接向走私人非法收购国家禁止进口物品的，或者直接向走私人非法收购走私进口的其他货物、物品，数额较大的；

　　（二）在内海、领海、界河、界湖运输、收购、贩卖国家禁止进出口物品的，或者运输、收购、贩卖国家限制进出口货物、物品，数额较大，没有合法证明的。

● **条文注释**　　直接向走私人非法收购走私物品，或者在我国境内（内海、领海）或边界上（界河、界湖）非法交易或运输国家禁止或限制进出口的物品，不存在逃避海关监管的问题，不具有典型的走私罪特征；但这些行为为走私提供了货源或市场，所以《刑法》第155条规定将其"以走私罪论处"，根据走私的物品种类分别适用第151条至第154条相应的条款。

　　适用本条构成犯罪，必须具备以下条件：（1）行为人具有走私该物品的主观故意，并在客观上实施了非法交易或运输的行为。如果行为人并不明知其交易对象为走私人，或者不明知该物品为国家禁止或限制进出口的物品，并且情节轻微，则不构成本罪。（2）如果走私的物品不是国家禁止进出口的物品，还必须符合数额较大的标准。

　　需要注意的是：

　　（1）适用本条第1项规定时，必须满足"第一手交易"（直接向走私人非法收购走私物品）才能构成走私犯罪。如果行为人经过了"第二手""第三手"等环节，则即使明知是走私物品而收购，也不能以走私罪论处。

　　（2）适用本条第2项规定时，必须满足"边境条件"（内海、领海、界河、界湖）才能构成走私犯罪。如果行为人是在内地非法交易或运输国家禁止或限制进出口的物品，则不能以走私罪论处。

　　（3）行为人实施本条第1项和第2项规定的行为，如果走私的物品属于国家禁止进出口的物品，如枪支弹药、假币、淫秽物品等，则没有"数额较大"的限制。

　　（4）行为人实施本条第2项规定的行为，对运输人，一般追究运输工具的负责人或主要责任人的刑事责任。

　　这里的"走私人"包括个人和单位。"内海"是指我国领海基线与海岸之间的海域，包括海港、海峡，以及内河的入海口水域等；"领海"是指从领海基线量起向外延伸12海里宽度的海域；"界河、界湖"是指我国与邻国分界的河流、湖泊。"合法证明"是指有关主管部门颁发的进出口货物许可证、准运证等能证明其物品来源、用途合法的文件。

国家禁止或限制进出口的物品主要是依据海关总署发布的《禁止进出境物品表》和《限制进出境物品表》①；另外，相关部委联合发布了《禁止进口货物目录》（共7批）和《禁止出口货物目录》（共6批），列表如下：

目录名称	发布部门	公告号	发布日期	执行日期
《禁止进口货物目录》（第1批） 《禁止出口货物目录》（第1批）	对外贸易经济合作部	2001年第19号	2001年12月20日	2001年12月20日
《禁止进口货物目录》（第2批）	外贸部、海关总署、国家质检总局	2001年第37号	2001年12月31日	2002年1月1日
《禁止进口货物目录》（第3批）②	外贸部、海关总署、国家环保总局	2001年第36号	2001年12月23日	2002年1月1日
《禁止进口货物目录》（第3批）（调整）③	商务部、海关总署、国家林业局	2004年第73号	2004年11月24日	2005年1月1日
《禁止进口货物目录》（第4批、第5批）④	外贸部、海关总署、国家环保总局	2002年第25号	2002年7月3日	2002年8月15日
《禁止出口货物目录》（第2批）⑤	商务部、海关总署、国家林业局	2003年第27号	2003年7月1日	2003年8月1日
《禁止出口货物目录》（第2批）（重新发布）	同上	2004年第40号	2004年8月26日	2004年10月1日
《禁止进口货物目录》（第6批） 《禁止出口货物目录》（第3批）	商务部、海关总署、国家环保总局	2005年第116号	2005年12月31日	2006年1月1日
《禁止出口货物目录》（第4批）	商务部、海关总署	2006年第16号	2006年3月13日	2006年5月1日
《禁止出口货物目录》（第5批）	商务部、海关总署	2008年第96号	2008年12月11日	2009年1月1日
《禁止进口货物目录》（第7批） 《禁止出口货物目录》（第6批）	商务部、海关总署、生态环境部	2020年第73号	2020年12月30日	2021年1月1日

① 《中华人民共和国禁止进出境物品表》和《中华人民共和国限制进出境物品表》由海关总署于1987年11月1日发布；1993年2月26日重新修订，海关总署令第43号发布，1993年3月1日施行。2013年8月16日海关总署《关于〈中华人民共和国禁止进出境物品表〉和〈中华人民共和国限制进出境物品表〉有关问题解释的公告》（2013年第46号）对上述物品表中的"其他物品"进行了解释和补充。

② 注：该《目录》被国家环保总局、商务部、国家发改委、海关总署、国家质检总局《关于发布〈禁止进口固体废物目录〉、〈限制进口类可用作原料的固体废物目录〉和〈自动许可进口类可用作原料的固体废物目录〉的公告》（2008年第11号）宣布自2008年3月1日起停止执行。

③ 注：同上。

④ 注：同上。

⑤ 注：该《目录》被2004年8月26日商务部、海关总署、国家林业局2004年第40号公告废止。

● 相关规定 　【法释〔1998〕20号】　最高人民法院关于审理骗购外汇、非法买卖外汇刑事案件具体应用法律若干问题的解释（1998年8月28日最高人民法院审判委员会第1018次会议通过，1998年8月28日公布，1998年9月1日起施行）

第1条第1款　以进行走私、逃汇、洗钱、骗税等犯罪活动为目的，使用虚假、无效的凭证、商业单据或者采取其他手段向外汇指定银行骗购外汇的，应当分别按照刑法分则第3章第2节、第190条、第191条和第204条等规定定罪处罚。

【法〔2002〕139号】　最高人民法院、最高人民检察院、海关总署关于办理走私刑事案件适用法律若干问题的意见（2002年7月8日印发）

十四、关于海上走私犯罪案件如何追究运输人的刑事责任问题

对刑法第155条第（二）项规定的实施海上走私犯罪行为的运输人、收购人或者贩卖人应当追究刑事责任。对运输人，一般追究运输工具的负责人或者主要责任人的刑事责任，但对于事先通谋的、集资走私的、或者使用特殊的走私运输工具从事走私犯罪活动的，可以追究其他参与人员的刑事责任。

【法释〔2014〕10号】　最高人民法院、最高人民检察院关于办理走私刑事案件适用法律若干问题的解释（2014年2月24日由最高人民法院审判委员会第1608次会议、2014年6月13日由最高人民检察院第12届检察委员会第23次会议通过，2014年8月12日公布，2014年9月10日起施行）

第20条　直接向走私人非法收购走私进口的货物、物品，在内海、领海、界河、界湖运输、收购、贩卖国家禁止进出口的物品，或者没有合法证明，在内海、领海、界河、界湖运输、收购、贩卖国家限制进出口的货物、物品，构成犯罪的，应当按照走私货物、物品的种类，分别依照刑法第151条、第152条、第153条、第347条、第350条的规定定罪处罚。

刑法第155条第2项规定的"内海"，包括内河的入海口水域。

第25条　本解释发布实施后，《最高人民法院关于审理走私刑事案件具体应用法律若干问题的解释》（法释〔2000〕30号）、《最高人民法院关于审理走私刑事案件具体应用法律若干问题的解释（二）》（法释〔2006〕9号）同时废止。之前发布的司法解释与本解释不一致的，以本解释为准。

【署缉发〔2019〕210号】　最高人民法院、最高人民检察院、海关总署打击非设关地成品油走私专题研讨会会议纪要（2019年3月27日在江苏南京召开，2019年10月24日印发）

一、关于定罪处罚

走私成品油，构成犯罪的，依照刑法第153条的规定，以走私普通货物罪定罪处罚。

对不构成走私共犯的收购人，直接向走私人购买走私的成品油，数额较大的，依照刑法第155条第（一）项的规定，以走私罪论处；向非直接走私人购买走私的成品油的，根据其主观故意，分别依照刑法第191条规定的洗钱罪或者第312条规定的掩饰、隐瞒犯罪所得、犯罪所得收益罪定罪处罚。

在办理非设关地走私成品油刑事案件中，发现行为人在销售的成品油中掺杂、掺假，以假充真，以次充好或者以不合格油品冒充合格油品，构成犯罪的，依照刑法第140条的规定，对该行为以生产、销售伪劣产品罪定罪处罚。

行为人与他人事先通谋或者明知他人从事走私成品油犯罪活动，而在我国专属经济区或者公海向其贩卖、过驳成品油的，应当按照走私犯罪的共犯追究刑事责任。

明知他人从事走私成品油犯罪活动而为其提供资金、贷款、账号、发票、证明、许可文件，或者提供运输、仓储等其他便利条件的，应当按照走私犯罪的共犯追究刑事责任。

对成品油走私共同犯罪或者犯罪集团中的主要出资者、组织者，应当认定为主犯；对受雇用的联络员、船长等管理人员，可以认定为从犯，如其在走私犯罪中起重要作用的，应当认定为主犯；对其他参与人员，如船员、司机、"黑引水"、盯梢望风人员等，不以其职业、身份判断是否追究刑事责任，应当按照其在走私活动中的实际地位、作用、涉案金额、参与次数等确定是否追究刑事责任。

对在非设关地走私成品油的犯罪嫌疑人、被告人，人民检察院、人民法院应当依法严格把握不起诉、缓刑适用条件。

二、关于主观故意的认定

行为人没有合法证明，逃避监管，在非设关地运输、贩卖、收购、接卸成品油，有下列情形之一的，综合其他在案证据，可以认定具有走私犯罪故意，但有证据证明确属被蒙骗或者有其他相反证据的除外：

（一）使用"三无"船舶、虚假船名船舶、非法改装的船舶，或者使用虚假号牌车辆、非法改装、伪装的车辆的；

（二）虚假记录船舶航海日志、轮机日志，进出港未申报或者进行虚假申报的；

（三）故意关闭或者删除船载AIS系统、GPS及其他导航系统存储数据，销毁手机存储数据，或者销毁成品油交易、运输单证的；

（四）在明显不合理的隐蔽时间、偏僻地点过驳成品油的；

（五）使用无实名登记或者无法定位的手机卡、卫星电话卡等通讯工具的；

（六）使用暗号、信物进行联络、接头的；

（七）交易价格明显低于同类商品国内合规市场同期价格水平且无法作出合理解释的；

（八）使用控制的他人名下银行账户收付成品油交易款项的；

（九）逃避、抗拒执法机关检查，或者事前制定逃避执法机关检查预案的；

（十）其他可以认定具有走私犯罪故意情形的。

三、关于犯罪数额的认定

非设关地成品油走私活动属于非法的贸易活动，计核非设关地成品油走私刑事案件的偷逃应缴税额，一律按照成品油的普通税率核定，不适用最惠国税率或者暂定税率。[1]

查获部分走私成品油的，可以按照被查获的走私成品油标准核定应缴税额；全案没有查获成品油的，可以结合其他在案证据综合认定走私成品油的种类和数量，核定应缴税额。

办理非设关地成品油走私犯罪案件，除主要犯罪嫌疑人以外，对集团犯罪、共同犯罪中的其他犯罪嫌疑人，无法准确核定其参与走私的具体偷逃应缴税额的，可以结合在案相关证据，根据其参与走私的涉案金额、次数或者在走私活动中的地位、作用等情节决定是否追究刑事责任。

四、关于证据的收集（略）

五、关于涉案货物、财产及运输工具的处置

对查封、扣押的涉案成品油及易贬值、不易保管的涉案船舶、车辆，权利人明确的，经其本人书面同意或者申请，依法履行审批程序，并固定证据和留存样本后，可以依法先行变卖、拍卖，变卖、拍卖所得价款暂予保存，待诉讼终结后一并依法处理。

有证据证明依法应当追缴、没收的涉案财产被他人善意取得或者与其他合法财产混合且不可分割的，应当追缴、没收其他等值财产。

侦查机关查封、扣押的财物经审查后应当返还的，应当通知原主认领。无人认领的，应当公告通知，公告满3个月无人认领的，依法拍卖、变卖后所得价款上缴国库；上缴国库后有人认领，经查证属实的，应当申请退库予以返还。

---

[1] 注：不能再根据《海关总署关税征管司关于对原产地不明的涉嫌走私违规货物计核偷逃税款问题的复函》（税管函〔2007〕119号）适用最惠国税率计核偷逃税款。

对用于运输走私成品油的船舶、车辆，按照以下原则处置：

（一）对"三无"船舶、无法提供有效证书的船舶、车辆，依法予以没收、收缴或者移交主管机关依法处置；

（二）对走私犯罪分子自有的船舶、车辆或者假挂靠、长期不作登记、虚假登记等实为走私分子所有的船舶、车辆，作为犯罪工具依法没收；

（三）对所有人明知他人实施走私犯罪而出租、出借的船舶、车辆，依法予以没收。

具有下列情形之一的，可以认定船舶、车辆出租人、出借人明知他人实施违法犯罪，但有证据证明确属被蒙骗或者有其他相反证据的除外：

（一）出租人、出借人未经有关部门批准，擅自将船舶、车辆改装为可装载油料用的船舶、车辆，或者进行伪装的；

（二）出租人、出借人默许实际承租人将船舶、车辆改装为可装载油料用船舶、车辆，或者进行伪装的；

（三）因出租、出借船舶、车辆用于走私受过行政处罚，又出租、出借给同一走私人或者同一走私团伙使用的；

（四）出租人、出借人拒不提供真实的实际承运人信息，或者提供虚假的实际承运人信息的；

（五）其他可以认定明知的情形。

六、关于办案协作（略）

七、其他问题

本纪要中的成品油是指汽油、煤油、柴油以及其他具有相同用途的乙醇汽油和生物柴油等替代燃料（包括添加染色剂的"红油""白油""蓝油"等）。

办理非设关地走私白糖、冻品等刑事案件的相关问题，可以参照本纪要的精神依法处理。

【法〔2022〕192号】 最高人民法院、最高人民检察院、海关总署关于办理利用海南离岛旅客免税购物政策走私刑事案件有关问题的指导意见（2022年8月25日）

明知他人利用离岛免税政策走私免税商品仍直接向其收购，数额较大的，依照刑法第155条第（一）项的规定，以走私罪论处，但对于普通消费者利用离岛免税政策委托他人代购商品自用的，不作为犯罪处理。

> **第156条 【走私共犯】** 与走私罪犯通谋，为其提供贷款、资金、帐号、发票、证明，或者为其提供运输、保管、邮寄或者其他方便的，以走私罪的共犯论处。

● **条文注释** 适用本条构成犯罪，必须具备以下条件：（1）行为人具有协助走私犯罪的主观故意，并在事前与走私罪犯进行了通谋。（2）行为人在客观上为走私罪犯提供了协助或其他方便。如果行为人不明知对方是走私罪犯，而为其提供了方便，并且情节轻微，则不能以走私罪的共犯论处。

这里的"通谋"主要是指行为人事前与走私罪犯共同商议，制订走私计划或进行走私分工等活动。

需要注意的是："通谋"与否是区分罪与非罪的界限。如果行为人明知对方从事走私活动而仍然为其提供协助或其他方便，或者多次为同一走私罪犯的走私行为提供协助或其他方便，则可以认定为通谋。

● **相关规定** 【法〔2002〕139号】 最高人民法院、最高人民检察院、海关总署关于办理走私刑事案件适用法律若干问题的意见（2002年7月8日印发）

十五、关于刑法第156条规定的"与走私罪犯通谋"的理解问题

通谋是指犯罪行为人之间事先或者事中形成的共同的走私故意。下列情形可以认定为通谋：

（一）对明知他人从事走私活动而同意为其提供贷款、资金、账号、发票、证明、海关单证，提供运输、保管、邮寄或者其他方便的；

（二）多次为同一走私犯罪分子的走私行为提供前项帮助的。

【署缉发〔2019〕210号】 最高人民法院、最高人民检察院、海关总署打击非设关地成品油走私专题研讨会会议纪要（2019年3月27日在江苏南京召开，2019年10月24日印发）

一、关于定罪处罚

（第4款） 行为人与他人事先通谋或者明知他人从事走私成品油犯罪活动，而在我国专属经济区或者公海向其贩卖、过驳成品油的，应当按照走私犯罪的共犯追究刑事责任。

（第5款） 明知他人从事走私成品油犯罪活动而为其提供资金、贷款、账号、发票、证明、许可文件，或者提供运输、仓储等其他便利条件的，应当按照走私犯罪的共犯追究刑事责任。

（第6款） 对成品油走私共同犯罪或者犯罪集团中的主要出资者、组织者、

应当认定为主犯；对受雇用的联络员、船长等管理人员，可以认定为从犯，如其在走私犯罪中起重要作用的，应当认定为主犯；对其他参与人员，如船员、司机、"黑引水"、盯梢望风人员等，不以其职业、身份判断是否追究刑事责任，应当按照其在走私活动中的实际地位、作用、涉案金额、参与次数等确定是否追究刑事责任。

七、其他问题

本纪要中的成品油是指汽油、煤油、柴油以及其他具有相同用途的乙醇汽油和生物柴油等替代燃料（包括添加染色剂的"红油""白油""蓝油"等）。

办理非设关地走私白糖、冻品等刑事案件的相关问题，可以参照本纪要的精神依法处理。

> **第157条　【武装掩护走私、抗拒缉私的规定】** 武装掩护走私的，依照本法第一百五十一条第一款的规定从重处罚。①
>
> 以暴力、威胁方法抗拒缉私的，以走私罪和本法第二百七十七条规定的阻碍国家机关工作人员依法执行职务罪，依照数罪并罚的规定处罚。

● **条文注释**　武装掩护走私，是指行为人在实施走私犯罪活动时携带武器（用以保护走私活动）的行为。这是最严重的走私行为之一，社会危害性极大，所以必须从重处罚。只要犯罪分子在走私过程中携带了武器用于掩护走私活动，无论是否使用武器，都不影响本条的适用。

这里的"从重处罚"是指根据行为人实施武装掩护走私行为的情节轻重，在《刑法》第151条相应的量刑档次内从重处罚，而不是在该档次之外从重处罚。比如，武装掩护走私情节较轻的，应该在"处三年以上七年以下有期徒刑，并处罚金"量刑档次内从重处罚，而不能判处7年以上有期徒刑。

本条第2款规定中的"暴力"是指对缉私人员使用殴打、捆绑等有形的力量；"威胁"是指对缉私人员使用恐吓、胁迫等无形的力量，使对方在精神上形成压力，在心理上造成恐惧感。行为人以暴力、威胁方法抗拒缉私的，依照数罪并罚的规定处罚。

需要注意的是：根据《刑法》第69条的规定，"数罪并罚"是指对两个以

---

① 第157条第1款是根据2011年2月25日第11届全国人民代表大会常务委员会第19次会议通过的《刑法修正案（八）》（主席令第41号公布，2011年5月1日起施行）而修改；原第157条第1款内容为："武装掩护走私的，依照本法第一百五十一条第一款、第四款的规定从重处罚。"

上独立的犯罪实行并罚。因此，行为人必须首先已经构成走私犯罪，其次又有暴力抗缉的行为，才能依照数罪并罚的规定进行处罚；如果行为人不构成走私犯罪，则其以暴力、威胁方法抗拒缉私的行为只能依照《刑法》第 277 条以妨碍公务罪定罪处罚。

● **相关规定** 【法〔2002〕139 号】 最高人民法院、最高人民检察院、海关总署关于办理走私刑事案件适用法律若干问题的意见（2002 年 7 月 8 日印发）

一、关于走私犯罪案件的管辖问题

根据刑事诉讼法的规定，走私犯罪案件由犯罪地的走私犯罪侦查机关立案侦查。走私犯罪案件复杂，环节多，其犯罪地可能涉及多个犯罪行为发生地，包括货物、物品的进口（境）地、出口（境）地、报关地、核销地等。如果发生刑法第 154 条、第 155 条规定的走私犯罪行为的，走私货物、物品的销售地、运输地、收购地和贩卖地均属于犯罪行为的发生地。对有多个走私犯罪行为发生地的，由最初受理的走私犯罪侦查机关或者由主要犯罪地的走私犯罪侦查机关管辖。对管辖有争议的，由共同的上级走私犯罪侦查机关指定管辖。

对发生在海（水）上的走私犯罪案件由该辖区的走私犯罪侦查机关管辖，但对走私船舶有跨辖区连续追缉情形的，由缉获走私船舶的走私犯罪侦查机关管辖。

人民检察院受理走私犯罪侦查机关提请批准逮捕、移送审查起诉的走私犯罪案件，人民法院审理人民检察院提起公诉的走私犯罪案件，按照《最高人民法院、最高人民检察院、公安部、司法部、海关总署关于走私犯罪侦查机关办理走私犯罪案件适用刑事诉讼程序若干问题的通知》（署侦〔1998〕742 号）的有关规定执行。

二、关于电子数据证据的收集、保全问题

走私犯罪侦查机关对于能够证明走私犯罪案件真实情况的电子邮件、电子合同、电子账册、单位内部的电子信息资料等电子数据应当作为刑事证据予以收集、保全。

侦查人员应当对提取、复制电子数据的过程制作有关文字说明，记明案由、对象、内容、提取、复制的时间、地点，电子数据的规格、类别、文件格式等，并由提取、复制电子数据的制作人、电子数据的持有人和能够证明提取、复制过程的见证人签名或者盖章，附所提取、复制的电子数据一并随案移送。

电子数据的持有人不在案或者拒绝签字的，侦查人员应当记明情况；有条件的可将提取、复制有关电子数据的过程拍照或者录像。

三、关于办理走私普通货物、物品刑事案件偷逃应缴税额的核定问题在办理走私普通货物、物品刑事案件中，对走私行为人涉嫌偷逃应缴税额的核定，应当由走私犯罪案件管辖地的海关出具《涉嫌走私的货物、物品偷逃税款海关核定证明书》（以下简称《核定证明书》）。海关出具的《核定证明书》，经走私犯罪侦查机关、人民检察院、人民法院审查确认，可以作为办案的依据和定罪量刑的证据。

走私犯罪侦查机关、人民检察院和人民法院对《核定证明书》提出异议或者因核定偷逃税额的事实发生变化，认为需要补充核定或者重新核定的，可以要求原出具《核定证明书》的海关补充核定或者重新核定。

走私犯罪嫌疑人、被告人或者辩护人对《核定证明书》有异议，向走私犯罪侦查机关、人民检察院或者人民法院提出重新核定申请的，经走私犯罪侦查机关、人民检察院或者人民法院同意，可以重新核定。

重新核定应当另行指派专人进行。

四、关于走私犯罪嫌疑人的逮捕条件

对走私犯罪嫌疑人提请逮捕和审查批准逮捕，应当依照刑事诉讼法第60条[①]规定的逮捕条件来办理。一般按照下列标准掌握：

（一）有证据证明有走私犯罪事实

1. 有证据证明发生了走私犯罪事实

有证据证明发生了走私犯罪事实，须同时满足下列两项条件：

（1）有证据证明发生了违反国家法律、法规，逃避海关监管的行为；

（2）查扣的或者有证据证明的走私货物、物品的数量、价值或者偷逃税额达到刑法及相关司法解释规定的起刑点。

2. 有证据证明走私犯罪事实系犯罪嫌疑人实施的

有下列情形之一，可认为走私犯罪事实系犯罪嫌疑人实施的：

（1）现场查获犯罪嫌疑人实施走私犯罪的；

（2）视听资料显示犯罪嫌疑人实施走私犯罪的；

（3）犯罪嫌疑人供认的；

（4）有证人证言指证的；

（5）有同案的犯罪嫌疑人供述的；

（6）其他证据能够证明犯罪嫌疑人实施走私犯罪的。

3. 证明犯罪嫌疑人实施走私犯罪行为的证据已经查证属实的

[①] 注：《刑事诉讼法》已被2012年3月14日第11届全国人民代表大会第5次会议修正，原第60条的相关内容主要对应现在的第65条、第72条、第79条。

符合下列证据规格要求之一，属于证明犯罪嫌疑人实施走私犯罪行为的证据已经查证属实的：

（1）现场查获犯罪嫌疑人实施犯罪，有现场勘查笔录、留置盘问记录、海关扣留查问笔录或者海关查验（检查）记录等证据证实的；

（2）犯罪嫌疑人的供述有其他证据能够印证的；

（3）证人证言能够相互印证的；

（4）证人证言或者同案犯供述能够与其他证据相互印证的；

（5）证明犯罪嫌疑人实施走私犯罪的其他证据已经查证属实的。

（二）可能判处有期徒刑以上的刑罚

是指根据刑法第151条、第152条、第153条、第347条、第350条等规定和《最高人民法院关于审理走私刑事案件具体应用法律若干问题的解释》等有关司法解释的规定，结合已查明的走私犯罪事实，对走私犯罪嫌疑人可能判处有期徒刑以上的刑罚。

（三）采取取保候审、监视居住等方法，尚不足以防止发生社会危险性而有逮捕必要的

主要是指：走私犯罪嫌疑人可能逃跑、自杀、串供、干扰证人作证以及伪造、毁灭证据等妨碍刑事诉讼活动的正常进行的，或者存在行凶报复、继续作案可能的。

五、关于走私犯罪嫌疑人、被告人主观故意的认定问题

行为人明知自己的行为违反国家法律法规，逃避海关监管，偷逃进出境货物、物品的应缴税额，或者逃避国家有关进出境的禁止性管理，并且希望或者放任危害结果发生的，应认定为具有走私的主观故意。

走私主观故意中的"明知"是指行为人知道或者应当知道所从事的行为是走私行为。具有下列情形之一的，可以认定为"明知"，但有证据证明确属被蒙骗的除外：

（一）逃避海关监管，运输、携带、邮寄国家禁止进出境的货物、物品的；

（二）用特制的设备或者运输工具走私货物、物品的；

（三）未经海关同意，在非设关的码头、海（河）岸、陆路边境等地点，运输（驳载）、收购或者贩卖非法进出境货物、物品的；

（四）提供虚假的合同、发票、证明等商业单证委托他人办理通关手续的；

（五）以明显低于货物正常进（出）口的应缴税额委托他人代理进（出）口业务的；

（六）曾因同一种走私行为受过刑事处罚或者行政处罚的；

（七）其他有证据证明的情形。

六、关于行为人对其走私的具体对象不明确的案件的处理问题

走私犯罪嫌疑人主观上具有走私犯罪故意，但对其走私的具体对象不明确的，不影响走私犯罪构成，应当根据实际的走私对象定罪处罚。但是，确有证据证明行为人因受蒙骗而对走私对象发生认识错误的，可以从轻处罚。

十一、关于伪报价格走私犯罪案件中实际成交价格的认定问题

走私犯罪案件中的伪报价格行为，是指犯罪嫌疑人、被告人在进出口货物、物品时，向海关申报进口或者出口的货物、物品的价格低于或者高于进出口货物的实际成交价格。

对实际成交价格的认定，在无法提取真、伪两套合同、发票等单证的情况下，可以根据犯罪嫌疑人、被告人的付汇渠道、资金流向、会计账册、境内外收发货人的真实交易方式，以及其他能够证明进出口货物实际成交价格的证据材料综合认定。

十二、关于出售走私货物已缴纳的增值税应否从走私偷逃应缴税额中扣除的问题

走私犯罪嫌疑人为出售走私货物而开具增值税专用发票并缴纳增值税，是其走私行为既遂后在流通领域获违法所得的一种手段，属于非法开具增值税专用发票。对走私犯罪嫌疑人因出售走私货物而实际缴纳走私货物增值税的，在核定走私货物偷逃应缴税额时，不应当将其已缴纳的增值税额从其走私偷逃应缴税额中扣除。

第三节　妨害对公司、企业的管理秩序罪

第158条　【虚报注册资本罪】 申请公司登记使用虚假证明文件或者采取其他欺诈手段虚报注册资本，欺骗公司登记主管部门，取得公司登记，虚报注册资本数额巨大、后果严重或者有其他严重情节的，处三年以下有期徒刑或者拘役，并处或者单处虚报注册资本金额百分之一以上百分之五以下罚金。

单位犯前款罪的，对单位判处罚金，并对其直接负责的主管人员和其他直接责任人员，处三年以下有期徒刑或者拘役。

> **第159条** 【虚假出资、抽逃出资罪】公司发起人、股东违反公司法的规定未交付货币、实物或者未转移财产权，虚假出资，或者在公司成立后又抽逃其出资，数额巨大、后果严重或者有其他严重情节的，处五年以下有期徒刑或者拘役，并处或者单处虚假出资金额或者抽逃出资金额百分之二以上百分之十以下罚金。
>
> 单位犯前款罪的，对单位判处罚金，并对其直接负责的主管人员和其他直接责任人员，处五年以下有期徒刑或者拘役。

● **条文注释** 《刑法》第158条、第159条规定源于《全国人民代表大会常务委员会关于惩治违反公司法的犯罪的决定》[①]，主要是为了调整违反《公司法》的相关犯罪行为。随着公司法的修改和全国人大常委会立法解释的发布，《刑法》第158条、第159条的适用对象和适用条件发生了重大变化。

2013年修改公司法主要涉及3个方面：一是将注册资本实缴登记制改为认缴登记制，除对公司注册资本实缴有另行规定的外，取消了公司法定出资期限的规定，采取公司股东（发起人）自主约定认缴出资额、出资方式、出资期限等并记载于公司章程的规定。二是放宽注册资本登记条件，除对公司注册资本最低限额有另行规定外，取消了公司最低注册资本限制、公司设立时股东（发起人）的首次出资比例以及货币出资比例限制。三是简化登记事项和登记文件，有限责任公司股东认缴出资额、公司实收资本不再作为登记事项，公司登记时不需要提交验资报告。因此，《刑法》第158条、第159条的规定，只适用于依法实行注册资本实缴登记制的公司。

根据《国务院关于印发注册资本登记制度改革方案的通知》（国发〔2014〕7号，2014年2月7日），目前暂不实行注册资本认缴登记制的行业如下：

序号	行业名称	法定依据
1	采取募集方式设立的股份有限公司	《公司法》
2	商业银行	《商业银行法》
3	外资银行	《外资银行管理条例》

---

① 《全国人民代表大会常务委员会关于惩治违反公司法的犯罪的决定》由1995年2月28日第8届全国人民代表大会常务委员会第12次会议通过，主席令第41号公布施行；1997年刑法修订时，本《决定》被纳入刑法，同时宣布废止。

续表

序号	行业名称	法定依据
4	金融资产管理公司	《金融资产管理公司条例》
5~14	信托公司；财务公司；金融租赁公司；汽车金融公司；消费金融公司；货币经纪公司；村镇银行；贷款公司；农村信用合作联社；农村资金互助社	《银行业监督管理法》
15	证券公司	《证券法》
16	期货公司	《期货交易管理条例》
17	基金管理公司	《证券投资基金法》
18~19	保险公司；保险专业代理机构、保险经纪人	《保险法》
20	外资保险公司	《外资保险公司管理条例》
21	直销企业	《直销管理条例》
22	对外劳务合作企业	《对外劳务合作管理条例》
23	融资性担保公司	《融资性担保公司管理暂行办法》
24~27	劳务派遣企业；典当行；保险资产管理公司；小额贷款公司	2013年10月25日国务院第28次常务会议决定

构成第158条规定之罪，必须具备以下条件：(1)犯罪主体是申请公司登记的个人或单位。(2)行为人具有虚报注册资本、骗取公司登记的主观故意，并在客观上实施了使用虚假证明文件或其他欺诈手段虚报注册资本的行为。(3)成功取得了公司登记（包括公司设立登记、变更登记，或取得《企业法人营业执照》）。(4)达到相关情节标准（见"立案标准"）。

这里的"证明文件"主要是指法定验资机构（依法设立的注册会计师或审计师事务所等）出具的验资证明、验资报告、资产评估报告等材料；"其他欺诈手段"主要是指采取其他隐瞒事实真相的方法或用贿赂等非法手段收买相关工作人员的行为。

构成第159条规定之罪，必须具备以下条件：(1)犯罪主体是公司的发起人或股东。(2)行为人具有虚假出资或抽逃出资的主观故意，并在客观上实施了该行为。(3)达到相关情节标准（见"立案标准"）。

这里的"未交付货币、实物或者未转移财产权"主要是指股东违反《公司法》第28条的规定，未按照公司章程缴纳其所认缴的出资额（以货币出资的，应足额存入公司账户；以非货币财产出资的，应办理财产权转移），恶意拖欠出资的行为。

"虚假出资"包含两种情形：(1)上述恶意拖欠出资的行为；(2)以非货币财产出资时，故意高估或低估作价作为出资额。"抽逃出资"包含四种情形：(1)制作虚假财务会计报表虚增利润进行分配；(2)通过虚构债权债务关系将其出资转出；(3)利用关联交易将出资转出；(4)其他未经法定程序将出资抽回的行为。①

需要注意的是：

(1)如果行为人在申请公司登记时不明知相关资料的虚假性(如中介代理或有证据表明行为人被蒙骗)，并且没有使用其他欺诈手段，则不构成本罪。

(2)如果行为人使用虚假资料或其他欺诈手段是为了虚夸公司生产经营条件、虚构生产经营场所等，或者是为了与第三方当事人签订商务合同等，与"虚报注册资本骗取登记"无关，则不构成本罪(但可以适用刑法的其他条款)。

(3)在司法实践中，应注意抽逃出资与挪用资金以及转让、减少出资的区别：抽逃是"有去无回"，挪用是非法借用，而转让出资与减少出资都必须依法办理手续。

● **立法解释** 全国人民代表大会常务委员会关于《中华人民共和国刑法》第一百五十八条、第一百五十九条的解释(2014年4月24日第12届全国人民代表大会常务委员会第8次会议通过)

刑法第158条、第159条的规定，只适用于依法实行注册资本实缴登记制的公司。

● **相关规定** 【公经〔2008〕214号】 公安部办公厅关于若干经济犯罪案件如何统计涉案总价值、挽回经济损失数额的批复(2008年11月5日答复云南省公安厅警令部"云公警令〔2008〕22号"请示)

一、虚报注册资本案按照虚报数额统计涉案总价值；虚假出资、抽逃出资案按照虚假或抽逃的出资数额统计涉案总价值。

五、挽回经济损失额按照实际追缴的赃款以及赃物折价统计。

【公经〔2014〕247号】 最高人民检察院、公安部关于严格依法办理虚报注册资本和虚假出资抽逃出资刑事案件的通知(2014年5月20日印发)

二、严格把握罪与非罪的界限。根据新修改的公司法和全国人大常委会立

---

① 见修改后的《最高人民法院关于适用〈中华人民共和国公司法〉若干问题的规定(三)》。

法解释，自 2014 年 3 月 1 日起，除依法实行注册资本实缴登记制的公司（参见《国务院关于印发注册资本登记制度改革方案的通知》（国发〔2014〕7 号））以外，对申请公司登记的单位和个人不得以虚报注册资本罪追究刑事责任；对公司股东、发起人不得以虚假出资、抽逃出资罪追究刑事责任。对依法实行注册资本实缴登记制的公司涉嫌虚报注册资本和虚假出资、抽逃出资犯罪的，各级公安机关、检察机关依照刑法和《立案追诉标准（二）》的相关规定追究刑事责任时，应当认真研究行为性质和危害后果，确保执法办案的法律效果和社会效果。

三、依法妥善处理跨时限案件。各级公安机关、检察机关对发生在 2014 年 3 月 1 日以前尚未处理或者正在处理的虚报注册资本和虚假出资、抽逃出资刑事案件，应当按照刑法第 12 条规定的精神处理：除依法实行注册资本实缴登记制的公司以外，依照新修改的公司法不再符合犯罪构成要件的案件，公安机关已经立案侦查的，应当撤销案件；检察机关已经批准逮捕的，应当撤销批准逮捕决定，并监督公安机关撤销案件；检察机关审查起诉的，应当作出不起诉决定；检察机关已经起诉的，应当撤回起诉并作出不起诉决定；检察机关已经抗诉的，应当撤回抗诉。

【国务院令〔2021〕741 号】　中华人民共和国民办教育促进法实施条例（2004 年 3 月 5 日国务院令第 399 号公布，2004 年 4 月 1 日施行；2021 年 4 月 7 日国务院令第 741 号修订，2021 年 9 月 1 日施行）

第 10 条（第 1 款）　举办民办学校，应当按时、足额履行出资义务。民办学校存续期间，举办者不得抽逃出资，不得挪用办学经费。（本款无修改）

【法二巡（会）〔2020〕2 号】　形式上减资行为是否构成抽逃出资（最高法第二巡回法庭 2019 年第 27 次法官会议纪要）①

公司在减资过程中存在程序违法情形，与股东利用公司减资而抽逃出资是两个不同的问题，违法减资的责任主体是公司，抽逃出资的责任主体是股东，故不能仅因公司减资程序违法就认定股东抽逃出资。本案重点衡量股东在公司违法减资过程中是否存在抽逃出资行为。股东抽逃出资行为本质上是股东侵犯公司财产权的行为，导致公司责任财产减少。如果公司减资过程中股东并未实际抽回资金，则属于形式上的减资，即公司登记的注册资本虽然减少，但公司

---

① 未被法官会议采纳的意见为：公司减少注册资本应遵守严格的法律程序，包括通知债权人并按照债权人要求提供担保或者清偿债务。公司注册资本减少意味着公司责任财产减少、偿还债务能力降低，对公司债权人的债权实现具有不利影响。当公司未按法律规定进行减资且导致在减资之前形成的债务不能得到清偿时，公司股东应承担抽逃出资的责任。

责任财产并未发生变化。这种情形下，虽然公司减资存在违法行为，应由相关管理机关对其实施一定的处罚，但股东并未利用公司减资程序实际抽回出资、侵犯公司财产权，亦未损害债权人的利益，因此不能因公司减资程序不合法就认定股东构成抽逃出资。

● 立案标准　最高人民检察院、公安部关于公安机关管辖的刑事案件立案追诉标准的规定（二）（公通字〔2022〕8号，2022年4月6日印发，2022年5月15日施行；公通字〔2010〕23号《规定》、公通字〔2011〕47号《补充规定》同时废止）

第3条 ［虚报注册资本案（刑法第158条）］　申请公司登记使用虚假证明文件或者采取其他欺诈手段虚报注册资本，欺骗公司登记主管部门，取得公司登记，涉嫌下列情形之一的，应予立案追诉：

（一）法定注册资本最低限额在600万元以下，虚报数额占其应缴出资数额60%以上的；

（二）法定注册资本最低限额超过600万元，虚报数额占其应缴出资数额30%以上的；

（三）造成投资者或者其他债权人直接经济损失累计数额在50万元以上的；

（四）虽未达到上述数额标准，但具有下列情形之一的：1. 2年内因虚报注册资本受过2次以上行政处罚，又虚报注册资本的；2. 向公司登记主管人员行贿的；3. 为进行违法活动而注册的。

（五）其他后果严重或者有其他严重情节的情形。

本条只适用于依法实行注册资本实缴登记制的公司。

第4条 ［虚假出资、抽逃出资案（刑法第159条）］　公司发起人、股东违反公司法的规定未交付货币、实物或者未转移财产权，虚假出资，或者在公司成立后又抽逃其出资，涉嫌下列情形之一的，应予立案追诉：

（一）法定注册资本最低限额在600万元以下，虚假出资、抽逃出资数额占其应缴出资数额60%以上的；

（二）法定注册资本最低限额超过600万元，虚假出资、抽逃出资数额占其应缴出资数额30%以上的；

（三）造成公司、股东、债权人的直接经济损失累计数额在50万元以上的；

（四）虽未达到上述数额标准，但具有下列情形之一的：1. 致使公司资不抵债或者无法正常经营的；2. 公司发起人、股东合谋虚假出资、抽逃出资的；3. 2年内因虚假出资、抽逃出资受过2次以上行政处罚，又虚假出资、抽逃出资的；

4. 利用虚假出资、抽逃出资所得资金进行违法活动的。

（五）其他后果严重或者有其他严重情节的情形。

本条只适用于依法实行注册资本实缴登记制的公司。

第81条　本规定中的"虽未达到上述数额标准"，是指接近上述数额标准且已达到该数额的80%以上的。

第83条　本规定中的立案追诉标准，除法律、司法解释、本规定中另有规定的以外，适用于相应的单位犯罪。

第84条　本规定中的"以上"，包括本数。

第160条[1]　**【欺诈发行证券罪】**[2]　在招股说明书、认股书、公司、企业债券募集办法等发行文件中隐瞒重要事实或者编造重大虚假内容，发行股票或者公司、企业债券、存托凭证或者国务院依法认定的其他证券，数额巨大、后果严重或者有其他严重情节的，处五年以下有期徒刑或者拘役，并处或者单处罚金；数额特别巨大、后果特别严重或者有其他特别严重情节的，处五年以上有期徒刑，并处罚金。

控股股东、实际控制人组织、指使实施前款行为的，处五年以下有期徒刑或者拘役，并处或者单处非法募集资金金额百分之二十以上一倍以下罚金；数额特别巨大、后果特别严重或者有其他特别严重情节的，处五年以上有期徒刑，并处非法募集资金金额百分之二十以上一倍以下罚金。

单位犯前两款罪的，对单位判处非法募集资金金额百分之二十以上一倍以下罚金，并对其直接负责的主管人员和其他直接责任人员，依照第一款的规定处罚。

---

[1] 第160条由《刑法修正案（十一）》（2020年12月26日第13届全国人大常委会第24次会议通过，主席令第66号公布）修改，2021年3月1日起施行；原规定为："在招股说明书、认股书、公司、企业债券募集办法中隐瞒重要事实或者编造重大虚假内容，发行股票或者公司、企业债券，数额巨大、后果严重或者有其他严重情节的，处五年以下有期徒刑或者拘役，并处或者单处非法募集资金金额百分之一以上百分之五以下罚金。单位犯前款罪的，对单位判处罚金，并对其直接负责的主管人员和其他直接责任人员，处五年以下有期徒刑或者拘役。"

[2] 注：本罪名原为"欺诈发行股票、债券罪"；《最高人民法院、最高人民检察院关于执行〈中华人民共和国刑法〉确定罪名的补充规定（七）》（法释〔2021〕2号，最高人民法院审判委员会第1832次会议、最高人民检察院第13届检察委员会第63次会议通过）改为现罪名，2021年3月1日执行。

● **条文注释**　构成本罪，必须具备以下条件：（1）犯罪主体是股票、债券等证券的发行人（个人或单位，包括实际组织者或指使人）。（2）行为人具有隐瞒重要事实或编造重大虚假内容的主观故意，并在客观上实施了该行为。（3）已经实际发行了股票、债券等证券。（4）达到相关情节标准（数额巨大、后果严重或有其他严重情节）。

"招股说明书""认股书"和"债券募集办法"等发行文件的相关规定主要依据《公司法》《证券法》和《上市公司证券发行管理办法》（2020年2月14日证监会令第163号）等。办理证券期货违法犯罪案件的相关程序规定见本书关于《刑法》第180条的相关规定。

需要注意的是：在发行股票、债券等证券时，如果有伪造国家机关公文、有效证明文件或相关凭证的行为，同时构成本罪和《刑法》第280条规定之罪的，依照处罚较重的规定定罪处罚。

● **立案标准**　最高人民检察院、公安部关于公安机关管辖的刑事案件立案追诉标准的规定（二）（公通字〔2022〕8号，2022年4月6日印发，2022年5月15日施行；公通字〔2010〕23号《规定》、公通字〔2011〕47号《补充规定》同时废止）

第5条 [欺诈发行证券案（刑法第160条）]　在招股说明书、认股书、公司、企业债券募集办法等发行文件中隐瞒重要事实或者编造重大虚假内容，发行股票或者公司、企业债券、存托凭证或者国务院依法认定的其他证券，涉嫌下列情形之一的，应予立案追诉：（一）非法募集资金金额在1000万元以上的；（二）虚增或者虚减资产达到当期资产总额30%以上的；（三）虚增或者虚减营业收入达到当期营业收入总额30%以上的；（四）虚增或者虚减利润达到当期利润总额30%以上的；（五）隐瞒或者编造的重大诉讼、仲裁、担保、关联交易或者其他重大事项所涉及的数额或者连续12个月的累计数额达到最近一期披露的净资产50%以上的；（六）造成投资者直接经济损失数额累计在100万元以上的；（七）为欺诈发行证券而伪造、变造国家机关公文、有效证明文件或者相关凭证、单据的；（八）为欺诈发行证券向负有金融监督管理职责的单位或者人员行贿的；（九）募集的资金全部或者主要用于违法犯罪活动的；（十）其他后果严重或者有其他严重情节的情形。

第83条 本规定中的立案追诉标准，除法律、司法解释、本规定中另有规定的以外，适用于相应的单位犯罪。

第84条 本规定中的"以上"，包括本数。

第 161 条[①]　【**违规披露、不披露重要信息罪**[②]】依法负有信息披露义务的公司、企业向股东和社会公众提供虚假的或者隐瞒重要事实的财务会计报告，或者对依法应当披露的其他重要信息不按照规定披露，严重损害股东或者其他人利益，或者有其他严重情节的，对其直接负责的主管人员和其他直接责任人员，处五年以下有期徒刑或者拘役，并处或者单处罚金；情节特别严重的，处五年以上十年以下有期徒刑，并处罚金。

前款规定的公司、企业的控股股东、实际控制人实施或者组织、指使实施前款行为的，或者隐瞒相关事项导致前款规定的情形发生的，依照前款的规定处罚。

犯前款罪的控股股东、实际控制人是单位的，对单位判处罚金，并对其直接负责的主管人员和其他直接责任人员，依照第一款的规定处罚。

● **条文注释**　构成本罪，必须具备以下条件：（1）犯罪主体是依法应该披露信息的公司或企业，或者其控股股东、实际控制人。（2）行为人具有虚假披露或隐瞒重要事实、不披露的主观故意，并客观上实施了该行为。（3）严重损害股东或者其他人利益，或者具有其他严重情节。

依据《公司法》《证券法》《证券投资基金法》和《银行业监督管理法》等法律法规的相关规定，依法负有信息披露义务的公司、企业包括：（1）证券发行人；（2）上市公司或上市交易债券的公司；（3）银行；（4）基金管理人或托

[①] 第 161 条原规定为："公司向股东和社会公众提供虚假的或者隐瞒重要事实的财务会计报告，严重损害股东或者其他人利益的，对其直接负责的主管人员和其他直接责任人员，处三年以下有期徒刑或者拘役，并处或者单处二万元以上二十万元以下罚金。"2006 年 6 月 29 日第 10 届全国人大常委会第 22 次会议通过的《刑法修正案（六）》（主席令第 51 号公布，2006 年 6 月 29 日起施行）将其修改为："依法负有信息披露义务的公司、企业向股东和社会公众提供虚假的或者隐瞒重要事实的财务会计报告，或者对依法应当披露的其他重要信息不按照规定披露，严重损害股东或者其他人利益，或者有其他严重情节的，对其直接负责的主管人员和其他直接责任人员，处三年以下有期徒刑或者拘役，并处或者单处二万元以上二十万元以下罚金。"2020 年 12 月 26 日第 13 届全国人大常委会第 24 次会议通过的《刑法修正案（十一）》（主席令第 66 号公布）再次将其修改为现规定，2021 年 3 月 1 日起施行。

[②] 注：本罪名原为"提供虚假财会报告罪"；因为《刑法修正案（六）》对条文的修改，根据《最高人民法院、最高人民检察院关于执行〈中华人民共和国刑法〉确定罪名的补充规定（三）》（法释〔2007〕16 号，最高人民法院审判委员会第 1436 次会议、最高人民检察院第 10 届检察委员会第 82 次会议通过，2007 年 11 月 6 日起执行）而改为现罪名。

管人；(5) 依法应该披露信息的其他义务人。依据上述相关法律，公司和企业应当披露的重要信息包括：(1) 招股说明书和债券募集办法；(2) 财务会计报告和金融机构财务会计报告；(3) 上市报告；(4) 上市公司的中期报告、年度报告、临时报告；(5) 公司的重大举措、诉讼、仲裁、担保、关联交易等信息；(6) 风险管理状况；(7) 董事、大股东和高级管理人员的变更情况；(8) 基金信息；(9) 其他重要信息。

按照《证券法》的相关规定，"按照规定披露"是指：信息披露义务人披露的信息，应当真实、准确、完整，简明清晰，通俗易懂，不得有虚假记载、误导性陈述或者重大遗漏。证券同时在境内境外公开发行、交易的，其信息披露义务人在境外披露的信息，应当在境内同时披露。披露的信息应当同时向所有投资者披露，不得提前向任何单位和个人泄露，法律、行政法规另有规定的除外。

需要注意的是：

(1) 本罪原为单位犯罪，但是采用单罚制，只对直接负责的主管人员和其他直接责任人员判处刑罚。"通说"理由是，公司的违法行为已经损害了股东和投资者的利益，若再对公司判处罚金，会加重股东和投资者的损失。《刑法修正案（十一）》施行后，个人（控股股东、实际控制人）也可以成为本罪的犯罪主体；并且如果控股股东、实际控制人是单位的，则采用"双罚制"。这彻底颠覆了"通说"理论。

(2) 办理证券期货违法犯罪案件的相关程序规定见本书关于《刑法》第180条的相关规定。

● 相关规定　【主席令〔2019〕37号】　中华人民共和国证券法（2019年12月28日第13届全国人大常委会第15次会议修订，2020年3月1日施行）

第80条　发生可能对上市公司、股票在国务院批准的其他全国性证券交易场所交易的公司的股票交易价格产生较大影响的重大事件，投资者尚未得知时，公司应当立即将有关该重大事件的情况向国务院证券监督管理机构和证券交易场所报送临时报告，并予公告，说明事件的起因、目前的状态和可能产生的法律后果。

前款所称重大事件包括：

（一）公司的经营方针和经营范围的重大变化；

（二）公司的重大投资行为，公司在1年内购买、出售重大资产超过公司资产总额30%，或者公司营业用主要资产的抵押、质押、出售或者报废1次超过该资产的30%；

（三）公司订立重要合同、提供重大担保或者从事关联交易，可能对公司的资产、负债、权益和经营成果产生重要影响；

（四）公司发生重大债务和未能清偿到期重大债务的违约情况；

（五）公司发生重大亏损或者重大损失；

（六）公司生产经营的外部条件发生的重大变化；

（七）公司的董事、三分之一以上监事或者经理发生变动，董事长或者经理无法履行职责；

（八）持有公司5%以上股份的股东或者实际控制人持有股份或者控制公司的情况发生较大变化，公司的实际控制人及其控制的其他企业从事与公司相同或者相似业务的情况发生较大变化；

（九）公司分配股利、增资的计划，公司股权结构的重要变化，公司减资、合并、分立、解散及申请破产的决定，或者依法进入破产程序、被责令关闭；

（十）涉及公司的重大诉讼、仲裁，股东大会、董事会决议被依法撤销或者宣告无效；

（十一）公司涉嫌犯罪被依法立案调查，公司的控股股东、实际控制人、董事、监事、高级管理人员涉嫌犯罪被依法采取强制措施；

（十二）国务院证券监督管理机构规定的其他事项。

公司的控股股东或者实际控制人对重大事件的发生、进展产生较大影响的，应当及时将其知悉的有关情况书面告知公司，并配合公司履行信息披露义务。

第81条 发生可能对上市交易公司债券的交易价格产生较大影响的重大事件，投资者尚未得知时，公司应当立即将有关该重大事件的情况向国务院证券监督管理机构和证券交易场所报送临时报告，并予公告，说明事件的起因、目前的状态和可能产生的法律后果。

前款所称重大事件包括：

（一）公司股权结构或者生产经营状况发生重大变化；

（二）公司债券信用评级发生变化；

（三）公司重大资产抵押、质押、出售、转让、报废；

（四）公司发生未能清偿到期债务的情况；

（五）公司新增借款或者对外提供担保超过上年末净资产的20%；

（六）公司放弃债权或者财产超过上年末净资产的10%；

（七）公司发生超过上年末净资产10%的重大损失；

（八）公司分配股利，作出减资、合并、分立、解散及申请破产的决定，或者依法进入破产程序、被责令关闭；

（九）涉及公司的重大诉讼、仲裁；

（十）公司涉嫌犯罪被依法立案调查，公司的控股股东、实际控制人、董事、监事、高级管理人员涉嫌犯罪被依法采取强制措施；

（十一）国务院证券监督管理机构规定的其他事项。

第 86 条　依法披露的信息，应当在证券交易场所的网站和符合国务院证券监督管理机构规定条件的媒体发布，同时将其置备于公司住所、证券交易场所，供社会公众查阅。

第 197 条　信息披露义务人未按照本法规定报送有关报告或者履行信息披露义务的，责令改正，给予警告，并处以 50 万元以上 500 万元以下的罚款；对直接负责的主管人员和其他直接责任人员给予警告，并处以 20 万元以上 200 万元以下的罚款。发行人的控股股东、实际控制人组织、指使从事上述违法行为，或者隐瞒相关事项导致发生上述情形的，处以 50 万元以上 500 万元以下的罚款；对直接负责的主管人员和其他直接责任人员，处以 20 万元以上 200 万元以下的罚款。

信息披露义务人报送的报告或者披露的信息有虚假记载、误导性陈述或者重大遗漏的，责令改正，给予警告，并处以 100 万元以上 1000 万元以下的罚款；对直接负责的主管人员和其他直接责任人员给予警告，并处以 50 万元以上 500 万元以下的罚款。发行人的控股股东、实际控制人组织、指使从事上述违法行为，或者隐瞒相关事项导致发生上述情形的，处以 100 万元以上 1000 万元以下的罚款；对直接负责的主管人员和其他直接责任人员，处以 50 万元以上 500 万元以下的罚款。

【公经〔2002〕549 号】　公安部经济犯罪侦查局关于如何认定湖北××股份有限公司涉嫌提供虚假财会报告罪的批复（经征求最高人民检察院研究室同意，2002 年 5 月 9 日答复湖北省公安厅经侦总队请示）

一、关于直接经济损失的认定。如湖北××股份有限公司（现湖北生态农业股份有限公司）涉嫌提供虚假财会报告是中国证监会和公安机关对该公司进行调查的主要原因，则"涉嫌提供虚假财会报告"应认定为该公司股票下跌的直接原因，由此引起的该公司股票两次连续 3 天的下跌应计算为股东的经济损失。经济损失数额应包括该公司股票市值两次连续 3 天缩水的总额，即所有股东的整体损失。

二、对该公司股票临时停牌的认定。今年 1 月 21 日、22 日，该公司因"重大事项"未公告，其股票被上海证券交易所临时停牌。如果"重大事项"的主要内容是该公司涉嫌提供虚假财会报告，该公司股票被临时停牌符合最高人民检察院、公安部《关于经济犯罪案件追诉标准的规定》第5条规定的情形。

【公经〔2002〕697号】　**公安部经济犯罪侦查局关于认定烟台××电子信息产业股份有限公司涉嫌提供虚假财会报告罪犯罪结果的批复**（经征求最高人民法院刑二庭和最高人民检察院研究室同意，2002年6月13日答复山东省公安厅经侦总队请示）

烟台××电子信息产业股份有限公司因提供虚假财会报告被中国证监会调查后，该公司在2001年9月8日发布的风险提示报告、2002年4月17日及19日发布的较大会计差错报告，是导致该股在2001年9月8日、10日及2002年4月17日至22日连续数日股票大幅下跌的直接原因，在此期间该股市值缩水数额应计算为提供虚假财会报告给股东造成的经济损失，应认定为犯罪结果。

【公经〔2002〕771号】　**公安部经济犯罪侦查局关于对上市公司进行审计的注册会计师、事务所是否需要特殊资质问题的回复**（2002年6月28日答复山东省公安厅经侦总队"鲁公经〔2002〕365号"请示）

根据财政部、中国证券监督管理委员会《注册会计师执行证券、期货相关业务许可证管理规定》，注册会计师、会计师事务所执行证券、期货相关业务，必须取得证券、期货相关业务许可证。为保证公安机关在侦办案件工作中，注册会计师、会计师事务所对上市公司有关账目审计结果的准确性、权威性，你总队应聘请已经取得证券相关业务许可证的注册会计师、会计师事务所对上市公司有关账目进行审计并出具审计结论。

【证监会令〔2021〕182号】　**上市公司信息披露管理办法**（2021年3月4日中国证券监督管理委员会2021年第3次委务会议通过，2021年3月18日公布，2021年5月1日起施行）

第3条　信息披露义务人应当及时依法履行信息披露义务，披露的信息应当真实、准确、完整，简明清晰、通俗易懂，不得有虚假记载、误导性陈述或者重大遗漏。

信息披露义务人披露的信息应当同时向所有投资者披露，不得提前向任何单位和个人泄露。但是，法律、行政法规另有规定的除外。

在内幕信息依法披露前，内幕信息的知情人和非法获取内幕信息的人不得公开或者泄露该信息，不得利用该信息进行内幕交易。任何单位和个人不得非法要求信息披露义务人提供依法需要披露但尚未披露的信息。

证券及其衍生品种同时在境内境外公开发行、交易的，其信息披露义务人在境外市场披露的信息，应当同时在境内市场披露。

第 5 条　除依法需要披露的信息之外，信息披露义务人可以自愿披露与投资者作出价值判断和投资决策有关的信息，但不得与依法披露的信息相冲突，不得误导投资者。

信息披露义务人自愿披露的信息应当真实、准确、完整。自愿性信息披露应当遵守公平原则，保持信息披露的持续性和一致性，不得进行选择性披露。

信息披露义务人不得利用自愿披露的信息不当影响公司证券及其衍生品种交易价格，不得利用自愿性信息披露从事市场操纵等违法违规行为。

第 6 条　上市公司及其控股股东、实际控制人、董事、监事、高级管理人员等作出公开承诺的，应当披露。

第 7 条　信息披露文件包括定期报告、临时报告、招股说明书、募集说明书、上市公告书、收购报告书等。

第 12 条（第 1 款）　上市公司应当披露的定期报告包括年度报告、中期报告。凡是对投资者作出价值判断和投资决策有重大影响的信息，均应当披露。

第 16 条（第 1 款）　定期报告内容应当经上市公司董事会审议通过。未经董事会审议通过的定期报告不得披露。

第 22 条　发生可能对上市公司证券及其衍生品种交易价格产生较大影响的重大事件，投资者尚未得知时，上市公司应当立即披露，说明事件的起因、目前的状态和可能产生的影响。

前款所称重大事件包括：（一）《证券法》第 80 条第 2 款规定的重大事件；（二）公司发生大额赔偿责任；（三）公司计提大额资产减值准备；（四）公司出现股东权益为负值；（五）公司主要债务人出现资不抵债或者进入破产程序，公司对相应债权未提取足额坏账准备；（六）新公布的法律、行政法规、规章、行业政策可能对公司产生重大影响；（七）公司开展股权激励、回购股份、重大资产重组、资产分拆上市或者挂牌；（八）法院裁决禁止控股股东转让其所持股份；任一股东所持公司 5%以上股份被质押、冻结、司法拍卖、托管、设定信托或者被依法限制表决权等，或者出现被强制过户风险；（九）主要资产被查封、扣押或者冻结；主要银行账户被冻结；（十）上市公司预计经营业绩发生亏损或者发生大幅变动；（十一）主要或者全部业务陷入停顿；（十二）获得对当期损益产生重大影响的额外收益，可能对公司的资产、负债、权益或者经营成果产生重要影响；（十三）聘任或者解聘为公司审计的会计师事务所；（十四）会计政策、会计估计重大自主变更；（十五）因前期已披露的信息存在差错、未按规定披露或者虚假记载，被有关机关责令改正或者经董事会决定进行更正；（十六）公司或者其控股股东、实际控制人、董事、监事、高级管理人员受到刑事处罚，涉嫌违法违规被中国证监会立案调查或者受到中国证监会行政处罚，或者受到其他有权机关重大行政处罚；（十七）公司的控股股东、实际控制人、董事、监事、高级管理人员涉嫌严重违纪违法或者职务犯罪被纪检监察机关采取留置措施且影响其履行职责；（十八）除董事长或者经理外的公司其他董事、监事、高级管理人员因身体、工作安排等原因无法正常履行职责达到或者预计达到3个月以上，或者因涉嫌违法违规被有权机关采取强制措施且影响其履行职责；（十九）中国证监会规定的其他事项。

上市公司的控股股东或者实际控制人对重大事件的发生、进展产生较大影响的，应当及时将其知悉的有关情况书面告知上市公司，并配合上市公司履行信息披露义务。

第23条　上市公司变更公司名称、股票简称、公司章程、注册资本、注册地址、主要办公地址和联系电话等，应当立即披露。

第24条　上市公司应当在最先发生的以下任一时点，及时履行重大事件的信息披露义务：（一）董事会或者监事会就该重大事件形成决议时；（二）有关各方就该重大事件签署意向书或者协议时；（三）董事、监事或者高级管理人员知悉该重大事件发生时。

在前款规定的时点之前出现下列情形之一的，上市公司应当及时披露相关事项的现状、可能影响事件进展的风险因素：（一）该重大事件难以保密；（二）该重大事件已经泄露或者市场出现传闻；（三）公司证券及其衍生品种出现异常交易情况。

第25条　上市公司披露重大事件后，已披露的重大事件出现可能对上市公司证券及其衍生品种交易价格产生较大影响的进展或者变化的，上市公司应当及时披露进展或者变化情况、可能产生的影响。

第26条　上市公司控股子公司发生本办法第22条规定的重大事件，可能对上市公司证券及其衍生品种交易价格产生较大影响的，上市公司应当履行信息披露义务。

上市公司参股公司发生可能对上市公司证券及其衍生品种交易价格产生较大影响的事件的，上市公司应当履行信息披露义务。

第27条　涉及上市公司的收购、合并、分立、发行股份、回购股份等行为导致上市公司股本总额、股东、实际控制人等发生重大变化的，信息披露义务人应当依法履行报告、公告义务，披露权益变动情况。

第62条　本办法下列用语的含义：

(一)为信息披露义务人履行信息披露义务出具专项文件的证券公司、证券服务机构,是指为证券发行、上市、交易等证券业务活动制作、出具保荐书、审计报告、资产评估报告、估值报告、法律意见书、财务顾问报告、资信评级报告等文件的证券公司、会计师事务所、资产评估机构、律师事务所、财务顾问机构、资信评级机构等。

(二)信息披露义务人,是指上市公司及其董事、监事、高级管理人员、股东、实际控制人、收购人、重大资产重组、再融资、重大交易有关各方等自然人、单位及其相关人员,破产管理人及其成员,以及法律、行政法规和中国证监会规定的其他承担信息披露义务的主体。

(三)及时,是指自起算日起或者触及披露时点的2个交易日内。

(四)上市公司的关联交易,是指上市公司或者其控股子公司与上市公司关联人之间发生的转移资源或者义务的事项。

关联人包括关联法人(或者其他组织)和关联自然人。

具有以下情形之一的法人(或者其他组织),为上市公司的关联法人(或者其他组织):1. 直接或者间接地控制上市公司的法人(或者其他组织);2. 由前项所述法人(或者其他组织)直接或者间接控制的除上市公司及其控股子公司以外的法人(或者其他组织);3. 关联自然人直接或者间接控制的、或者担任董事、高级管理人员的,除上市公司及其控股子公司以外的法人(或者其他组织);4. 持有上市公司5%以上股份的法人(或者其他组织)及其一致行动人;5. 在过去12个月内或者根据相关协议安排在未来12月内,存在上述情形之一的;6. 中国证监会、证券交易所或者上市公司根据实质重于形式的原则认定的其他与上市公司有特殊关系,可能或者已经造成上市公司对其利益倾斜的法人(或者其他组织)。

具有以下情形之一的自然人,为上市公司的关联自然人:1. 直接或者间接持有上市公司5%以上股份的自然人;2. 上市公司董事、监事及高级管理人员;3. 直接或者间接地控制上市公司的法人的董事、监事及高级管理人员;4. 上述第1、2项所述人士的关系密切的家庭成员,包括配偶、父母、年满18周岁的子女及其配偶、兄弟姐妹及其配偶,配偶的父母、兄弟姐妹,子女配偶的父母;5. 在过去12个月内或者根据相关协议安排在未来12个月内,存在上述情形之一的;6. 中国证监会、证券交易所或者上市公司根据实质重于形式的原则认定的其他与上市公司有特殊关系,可能或者已经造成上市公司对其利益倾斜的自然人。

第63条 中国证监会可以对金融、房地产等特定行业上市公司的信息披露作出特别规定。

【国务院令〔2021〕741号】 中华人民共和国民办教育促进法实施条例（2004年3月5日国务院令第399号公布，2004年4月1日施行；2021年4月7日国务院令第741号修订，2021年9月1日施行）

第10条（第2款） 举办者可以依法募集资金举办营利性民办学校，所募集资金应当主要用于办学，不得擅自改变用途，并按规定履行信息披露义务。……

● 立案标准 最高人民检察院、公安部关于公安机关管辖的刑事案件立案追诉标准的规定（二）（公通字〔2022〕8号，2022年4月6日印发，2022年5月15日施行；公通字〔2010〕23号《规定》、公通字〔2011〕47号《补充规定》同时废止）

第6条［违规披露、不披露重要信息案（刑法第161条）］ 依法负有信息披露义务的公司、企业向股东和社会公众提供虚假的或者隐瞒重要事实的财务会计报告，或者对依法应当披露的其他重要信息不按照规定披露，涉嫌下列情形之一的，应予立案追诉：（一）造成股东、债权人或者其他人直接经济损失数额累计在100万元以上的；（二）虚增或者虚减资产达到当期披露的资产总额30%以上的；（三）虚增或者虚减营业收入达到当期披露的营业收入总额30%以上的；（四）虚增或者虚减利润达到当期披露的利润总额30%以上的；（五）未按照规定披露的重大诉讼、仲裁、担保、关联交易或者其他重大事项所涉及的数额或者连续12个月的累计数额达到最近一期披露的净资产50%以上的；（六）致使不符合发行条件的公司、企业骗取发行核准或者注册并且上市交易的；（七）致使公司、企业发行的股票或者公司、企业债券、存托凭证或者国务院依法认定的其他证券被终止上市交易的；（八）在公司财务会计报告中将亏损披露为盈利，或者将盈利披露为亏损的；（九）多次提供虚假的或者隐瞒重要事实的财务会计报告，或者多次对依法应当披露的其他重要信息不按照规定披露的；（十）其他严重损害股东、债权人或者其他人利益，或者有其他严重情节的情形。

第80条 本规定中的"多次"，是指3次以上。

第83条 本规定中的立案追诉标准，除法律、司法解释、本规定中另有规定的以外，适用于相应的单位犯罪。

第84条 本规定中的"以上"，包括本数。

● 指导案例 【高检发办字〔2020〕10号】 关于印发最高人民检察院第17批指导性案例的通知（2019年7月10日最高人民检察院第13届检察委员会第21次会议讨论通过，2020年2月5日印发）

（检例第 66 号）博元投资股份有限公司、余蒂妮等人违规披露、不披露重要信息案①

要旨：刑法规定违规披露、不披露重要信息罪只处罚单位直接负责的主管人员和其他直接责任人员，不处罚单位。公安机关以本罪将单位移送起诉的，检察机关应当对单位直接负责的主管人员及其他直接责任人员提起公诉，对单位依法作出不起诉决定。对单位需要给予行政处罚的，检察机关应当提出检察意见，移送证券监督管理部门依法处理。

第 162 条　【妨害清算罪】 公司、企业进行清算时，隐匿财产，对资产负债表或者财产清单作虚伪记载或者在未清偿债务前分配公司、企业财产，严重损害债权人或者其他人利益的，对其直接负责的主管人员和其他直接责任人员，处五年以下有期徒刑或者拘役，并处或者单处二万元以上二十万元以下罚金。

第 162 条之一　【隐匿、故意销毁会计凭证、会计账簿、财务会计报告罪】（见第 566 页）

第 162 条之二②　【虚假破产罪】 公司、企业通过隐匿财产、承担虚构的债务或者以其他方法转移、处分财产，实施虚假破产，严重损害债权人或者其他人利益的，对其直接负责的主管人员和其他直接责任人员，处五年以下有期徒刑或者拘役，并处或者单处二万元以上二十万元以下罚金。

● **条文注释**　构成第 162 条、第 162 条之二规定之罪，必须具备以下条件：（1）犯罪主体是进行清算或申请破产的公司或企业。（2）行为人具有隐匿财产或虚假破产的主观故意，并在客观上实施了相关行为。（3）达到相关的情节标准（见"立案标准"）。

这里的"清算"，是指根据《企业破产法》等法律规定，公司或企业在分立、合并、解散或破产时，依法清理公司或企业的债权债务的活动。"隐匿财产"既包括对公司或企业的资金、设备、货物等各种财物进行隐藏、转移或非

---

① 本案指导说明：鉴于刑事诉讼法没有规定与之对应的不起诉情形，检察机关可以根据刑事诉讼法规定的最相近的不起诉情形，对单位作出不起诉决定。

② 第 162 条之二是根据 2006 年 6 月 29 日第 10 届全国人民代表大会常务委员会第 22 次会议通过的《刑法修正案（六）》（主席令第 51 号公布，2006 年 6 月 29 日起施行）而增设。

法分配的行为,也包括隐瞒或虚报公司或企业的债权的行为。"承担虚构的债务"是指夸大企业的负债状况,以造成资不抵债的假象,损害股东、职工和实际债权人的利益。

需要注意的是:

1. 在企业申请破产或清算的过程中,如果隐匿企业的实际财产,毫无疑问会损害股东、职工和债权人的利益;如果虚报财产清单,夸大财产的实际价值,用以偿还债务,也会损害债权人的利益;如果夸大或虚构公司的债务,同样会使得实际债权人按比例分配而清偿的债权减少。

2. 妨碍清算罪、虚假破产罪与贪污罪、职务侵占罪都可能有隐匿公司或企业财产的行为,其区别为:妨碍清算罪、虚假破产罪的犯罪主体是单位,目的是逃避公司或企业的实际债务,损害债权人和他人的利益;贪污罪、职务侵占罪的犯罪主体一般是个人,目的是将公司或企业的财产非法占为己有。

3. 妨碍清算罪与虚假破产罪的区别在于:前者的犯罪行为发生在企业进入清算程序之后,而清算的原因是真实的;后者的犯罪行为发生在企业进入清算程序之前,目的是制造资不抵债、需要进行破产清算的假象。

4. 根据《企业破产法》,清算组属于企业破产清算的管理人,由人民法院指定,因此,清算组成员属于《刑法》第93条第2款规定的国家工作人员。因此:

(1) 如果清算组成员利用职务便利非法侵吞该企业的财产,依据最高人民检察院《关于人民检察院直接受理立案侦查案件立案标准的规定(试行)》[①] 第1条第4款,应以贪污罪追究刑事责任(而不是职务侵占罪)。

(2) 如果清算组成员与该企业人员相勾结,分别利用各自的职务便利,共同将该企业的财产非法侵占,则:如果清算组成员为主犯,则整个案件按贪污罪定罪处罚;如果该企业人员为主犯,则整个案件按职务侵占罪定罪处罚;如果难以区分主从犯的,可以贪污罪定罪处罚。[②]

(3) 在上述第(2)中,如果该企业为国有企业,则直接适用《刑法》第382条第2款,以贪污罪定罪处罚。

(4) 如果清算组成员与企业法人相勾结共同实施第162条或第162条之二规定的行为,则构成共同犯罪,以妨碍清算罪或虚假破产罪定罪处罚。

[①] 该《立案标准》由最高人民检察院第9届检察委员会第41次会议讨论通过,1999年9月9日高检发释字〔1999〕2号公布施行。

[②] 见最高人民法院2003年11月13日印发的《全国法院审理经济犯罪案件工作座谈会纪要》(法〔2003〕167号)第2条第3项"国家工作人员与非国家工作人员勾结共同非法占有单位财物行为的认定"。

● **相关规定** 【法发〔2010〕49号】 最高人民法院、最高人民检察院关于办理国家出资企业中职务犯罪案件具体应用法律若干问题的意见（2010年11月26日印发）

一、关于国家出资企业工作人员在改制过程中隐匿公司、企业财产归个人持股的改制后公司、企业所有的行为的处理

国家工作人员或者受国家机关、国有公司、企业、事业单位、人民团体委托管理、经营国有财产的人员利用职务上的便利，在国家出资企业改制过程中故意通过低估资产、隐瞒债权、虚设债务、虚构产权交易等方式隐匿公司、企业财产，转为本人持有股份的改制后公司、企业所有，应当依法追究刑事责任，依照刑法第382条、第383条的规定，以贪污罪定罪处罚。贪污数额一般应当以所隐匿财产全额计算；改制后公司、企业仍有国有股份的，按股份比例扣除归于国有的部分。

所隐匿财产在改制过程中已为行为人实际控制，或者国家出资企业改制已经完成的，以犯罪既遂处理。

第1款规定以外的人员实施该款行为的，依照刑法第271条的规定，以职务侵占罪定罪处罚；第1款规定以外的人员与第1款规定的人员共同实施该款行为的，以贪污罪的共犯论处。

在企业改制过程中未采取低估资产、隐瞒债权、虚设债务、虚构产权交易等方式故意隐匿公司、企业财产的，一般不应当认定为贪污；造成国有资产重大损失，依法构成刑法第168条或者第169条规定的犯罪的，依照该规定定罪处罚。

六、关于国家出资企业中国家工作人员的认定

经国家机关、国有公司、企业、事业单位提名、推荐、任命、批准等，在国有控股、参股公司及其分支机构中从事公务的人员，应当认定为国家工作人员。具体的任命机构和程序，不影响国家工作人员的认定。

经国家出资企业中负有管理、监督国有资产职责的组织批准或者研究决定，代表其在国有控股、参股公司及其分支机构中从事组织、领导、监督、经营、管理工作的人员，应当认定为国家工作人员。

国家出资企业中的国家工作人员，在国家出资企业中持有个人股份或者同时接受非国有股东委托的，不影响其国家工作人员身份的认定。

七、关于国家出资企业的界定

本意见所称"国家出资企业"，包括国家出资的国有独资公司、国有独资企业，以及国有资本控股公司、国有资本参股公司。

是否属于国家出资企业不清楚的，应遵循"谁投资、谁拥有产权"的原则进行界定。企业注册登记中的资金来源与实际出资不符的，应根据实际出资情况确定企业的性质。企业实际出资情况不清楚的，可以综合工商注册、分配形式、经营管理等因素确定企业的性质。

八、关于宽严相济刑事政策的具体贯彻

办理国家出资企业中的职务犯罪案件时，要综合考虑历史条件、企业发展、职工就业、社会稳定等因素，注意具体情况具体分析，严格把握犯罪与一般违规行为的区分界限。对于主观恶意明显、社会危害严重、群众反映强烈的严重犯罪，要坚决依法从严惩处；对于特定历史条件下、为了顺利完成企业改制而实施的违反国家政策法律规定的行为，行为人无主观恶意或者主观恶意不明显，情节较轻，危害不大的，可以不作为犯罪处理。

对于国家出资企业中的职务犯罪，要加大经济上的惩罚力度，充分重视财产刑的适用和执行，最大限度地挽回国家和人民利益遭受的损失。不能退赃的，在决定刑罚时，应当作为重要情节予以考虑。

● **立案标准** 最高人民检察院、公安部关于公安机关管辖的刑事案件立案追诉标准的规定（二）（公通字〔2022〕8号，2022年4月6日印发，2022年5月15日施行；公通字〔2010〕23号《规定》、公通字〔2011〕47号《补充规定》同时废止）

第7条 [妨害清算案（刑法第162条）] 公司、企业进行清算时，隐匿财产，对资产负债表或者财产清单作虚伪记载或者在未清偿债务前分配公司、企业财产，涉嫌下列情形之一的，应予立案追诉：

（一）隐匿财产价值在50万元以上的；

（二）对资产负债表或者财产清单作虚伪记载涉及金额在50万元以上的；

（三）在未清偿债务前分配公司、企业财产价值在50万元以上的；

（四）造成债权人或者其他人直接经济损失数额累计在10万元以上的；

（五）虽未达到上述数额标准，但应清偿的职工的工资、社会保险费用和法定补偿金得不到及时清偿，造成恶劣社会影响的；

（六）其他严重损害债权人或者其他人利益的情形。

第9条 [虚假破产案（刑法第162条之2）] 公司、企业通过隐匿财产、承担虚构的债务或者以其他方法转移、处分财产，实施虚假破产，涉嫌下列情形之一的，应予立案追诉：

（一）隐匿财产价值在50万元以上的；

(二) 承担虚构的债务涉及金额在 50 万元以上的;

(三) 以其他方法转移、处分财产价值在 50 万元以上的;

(四) 造成债权人或者其他人直接经济损失数额累计在 10 万元以上的;

(五) 虽未达到上述数额标准,但应清偿的职工的工资、社会保险费用和法定补偿金得不到及时清偿,造成恶劣社会影响的;

(六) 其他严重损害债权人或者其他人利益的情形。

第 81 条　本规定中的"虽未达到上述数额标准",是指接近上述数额标准且已达到该数额的 80% 以上的。

第 83 条　本规定中的立案追诉标准,除法律、司法解释、本规定中另有规定的以外,适用于相应的单位犯罪。

第 84 条　本规定中的"以上",包括本数。

(插) 第 162 条之一①　【隐匿、故意销毁会计凭证、会计账簿、财务会计报告罪】 隐匿或者故意销毁依法应当保存的会计凭证、会计帐簿、财务会计报告,情节严重的,处五年以下有期徒刑或者拘役,并处或者单处二万元以上二十万元以下罚金。

单位犯前款罪的,对单位判处罚金,并对其直接负责的主管人员和其他直接责任人员,依照前款的规定处罚。

● **条文注释**　构成本罪,必须具备以下条件:(1) 行为人具有隐匿或销毁相关会计资料(凭证、帐簿、财会报告)的主观故意,并在客观上实施了该行为。(2) 该会计资料属于依法应当保存的会计凭证、会计帐簿和财务会计报告。(3) 情节严重(见"立案标准")。

这里的"依法",是指依照《会计法》第 23 条规定:各单位对会计凭证、会计帐簿、财务会计报告和其他会计资料应当建立档案,妥善保管。会计档案的保管期限和销毁办法,由国务院财政部门会同有关部门制定。"会计凭证"包括原始凭证和记账凭证;"会计帐簿"包括总账、明细账、日记账和其他辅助性帐簿;"财务会计报告"包括会计报表、会计报表附注和财务情况说明书。

需要注意的是:

(1) 本条对犯罪主体未作特别规定。任何个人或单位只要实施了本条所规

---

① 第 162 条之一是根据 1999 年 12 月 25 日第 9 届全国人民代表大会常务委员会第 13 次会议通过的《刑法修正案》(主席令第 27 号公布,1999 年 12 月 25 日起施行)而增设。

定的行为,都构成本罪。

(2)无论行为人是出于何种目的而实施本条所规定的行为,都不影响本罪的构成。

● **相关规定** 【法工委复字〔2002〕3号】 **全国人大常委会法制工作委员会关于对"隐匿、销毁会计凭证、会计账簿、财务会计报告构成犯罪的主体范围"问题的答复意见**(2002年1月14日答复国家审计署"审函〔2001〕126号"请示)

根据全国人大常委会1999年12月25日刑法修正案第1条的规定,任何单位和个人在办理会计事务时对依法应当保存的会计凭证、会计账簿、财务会计报告,进行隐匿、销毁,情节严重的,构成犯罪,应当依法追究其刑事责任。

根据刑事诉讼法第18条①关于刑事案件侦查管辖的规定,除法律规定的特定案件由人民检察院立案侦查以外,其他刑事案件的侦查应由公安机关进行。隐匿、销毁会计凭证、会计账簿、财务会计报告,构成犯罪的,应当由公安机关立案侦查。

【公经〔2002〕1605号】 **公安部经济犯罪侦查局关于对隐匿销毁会计资料罪有关问题请示的答复**(2002年12月24日答复山东省公安厅经侦总队"鲁公经〔2002〕770号"请示)

一、根据2002年全国人大法制工作委员会对国家审计署有关请示的答复(法工委复字〔2002〕3号):隐匿、销毁会计凭证、会计账簿、财务会计报告,涉嫌犯罪的,应当由公安机关立案侦查。

二、根据《会计法》、《审计法》、《海关法》、《公司法》、《企业法》、《行政法》、《刑事诉讼法》等有关法律法规的规定,下列单位(人员)在执行公务中有权要求会计机构或会计人员提供会计资料:1.依法实施监督检查的财政、审计、税务、人民银行、证券监管、保险监管、监察、党的纪律检察机关等监督检查机关(部门);2.办理相关刑事案件的公安、司法机关;3.上级主管部门、人民政府及其授权机构;4.股东(大)会、董事会、监事会、职能监督部门或单位领导人、会计主管人员等;5.法律法规规定的其他部门。

● **立案标准** **最高人民检察院、公安部关于公安机关管辖的刑事案件立案追诉标准的规定(二)**(公通字〔2022〕8号,2022年4月6日印发,2022年5月15日施行;公通字〔2010〕23号《规定》、公通字〔2011〕47号《补充规定》同时废止)

---

① 注:该条内容对应现《刑事诉讼法》(2018年10月26日修正)第19条。

第8条［隐匿、故意销毁会计凭证、会计帐簿、财务会计报告案（刑法第162条之1）］ 隐匿或者故意销毁依法应当保存的会计凭证、会计帐簿、财务会计报告，涉嫌下列情形之一的，应予立案追诉：

（一）隐匿、故意销毁的会计凭证、会计帐簿、财务会计报告涉及金额在50万元以上的；

（二）依法应当向监察机关、司法机关、行政机关、有关主管部门等提供而隐匿、故意销毁或者拒不交出会计凭证、会计帐簿、财务会计报告的；

（三）其他情节严重的情形。

第83条 本规定中的立案追诉标准，除法律、司法解释、本规定中另有规定的以外，适用于相应的单位犯罪。

第84条 本规定中的"以上"，包括本数。

第163条[①] 【非国家工作人员受贿罪】公司、企业或者其他单位的工作人员，利用职务上的便利，索取他人财物或者非法收受他人财物，为他人谋取利益，数额较大的，处三年以下有期徒刑或者拘役，并处罚金；数额巨大或者有其他严重情节的，处三年以上十年以下有期徒刑，并处罚金；数额特别巨大或者有其他特别严重情节的，处十年以上有期徒刑或者无期徒刑，并处罚金。[②]

公司、企业或者其他单位的工作人员在经济往来中，利用职务上的便利，违反国家规定，收受各种名义的回扣、手续费，归个人所有的，依照前款的规定处罚。

[①] 第163条是根据2006年6月29日第10届全国人民代表大会常务委员会第22次会议通过的《刑法修正案（六）》（主席令第51号公布，2006年6月29日起施行）而修改；原第163条内容为："公司、企业的工作人员利用职务上的便利，索取他人财物或者非法收受他人财物，为他人谋取利益，数额较大的，处五年以下有期徒刑或者拘役；数额巨大的，处五年以上有期徒刑，可以并处没收财产。// 公司、企业的工作人员在经济往来中，违反国家规定，收受各种名义的回扣、手续费，归个人所有的，依照前款的规定处罚。// 国有公司、企业中从事公务的人员和国有公司、企业委派到非国有公司、企业从事公务的人员有前两款行为的，依照本法第三百八十五条、第三百八十六条的规定定罪处罚。"

[②] 本款由《刑法修正案（十一）》（2020年12月26日第13届全国人大常委会第24次会议通过，主席令第66号公布）修改，2021年3月1日起施行；原规定为："公司、企业或者其他单位的工作人员利用职务上的便利，索取他人财物或者非法收受他人财物，为他人谋取利益，数额较大的，处五年以下有期徒刑或者拘役；数额巨大的，处五年以上有期徒刑，可以并处没收财产。"

国有公司、企业或者其他国有单位中从事公务的人员和国有公司、企业或者其他国有单位委派到非国有公司、企业以及其他单位从事公务的人员有前两款行为的，依照本法第三百八十五条、第三百八十六条的规定定罪处罚。

第 164 条[①] 【对非国家工作人员行贿罪】为谋取不正当利益，给予公司、企业或者其他单位的工作人员以财物，数额较大的，处三年以下有期徒刑或者拘役，并处罚金；数额巨大的，处三年以上十年以下有期徒刑，并处罚金。

【对外国公职人员、国际公共组织官员行贿罪】为谋取不正当商业利益，给予外国公职人员或者国际公共组织官员以财物的，依照前款的规定处罚。

单位犯前两款罪的，对单位判处罚金，并对其直接负责的主管人员和其他直接责任人员，依照第一款的规定处罚。

行贿人在被追诉前主动交待行贿行为的，可以减轻处罚或者免除处罚。

● **条文注释** 第 163 条、第 164 条的调整对象是非国家工作人员。如果是国家工作人员受贿或者对国家工作人员行贿，则适用《刑法》第 8 章的相关规定。

构成第 163 条规定之罪，必须具备以下条件：（1）犯罪主体必须是非国家

[①] 第 164 条经历了 3 次修正。原 1997 年《刑法》第 164 条的内容为："为谋取不正当利益，给予公司、企业的工作人员以财物，数额较大的，处三年以下有期徒刑或者拘役；数额巨大的，处三年以上十年以下有期徒刑，并处罚金。// 单位犯前款罪的，对单位判处罚金，并对其直接负责的主管人员和其他直接责任人员，依照前款的规定处罚。// 行贿人在被追诉前主动交待行贿行为的，可以减轻处罚或者免除处罚。"

第 164 条第 1 次修正是根据 2006 年 6 月 29 日第 10 届全国人民代表大会常务委员会第 22 次会议通过的《刑法修正案（六）》（主席令第 51 号公布，2006 年 6 月 29 日起施行）而将第 164 条第 1 款修改为："为谋取不正当利益，给予公司、企业或者其他单位的工作人员以财物，数额较大的，处三年以下有期徒刑或者拘役；数额巨大的，处三年以上十年以下有期徒刑，并处罚金。"

第 164 条第 2 次修正是根据 2011 年 2 月 25 日第 11 届全国人民代表大会常务委员会第 19 次会议通过的《刑法修正案（八）》（主席令第 41 号公布，2011 年 5 月 1 日起施行），增加了第 2 款（原第 2 款、第 3 款分别变成第 3 款、第 4 款）。

第 164 条第 3 次修正是根据 2015 年 8 月 29 日第 12 届全国人民代表大会常务委员会第 16 次会议通过的《刑法修正案（九）》（主席令第 30 号公布，2015 年 11 月 1 日起施行）而对其第 1 款规定的各种罪行增设了财产刑。

工作人员（否则适用《刑法》第385条、第386条）。（2）行为人具有利用职务便利索贿或受贿的主观故意，并在客观上实施了该行为。（3）数额较大（参见"公通字〔2022〕12号"追诉标准）。

构成第164条规定之罪，必须具备以下条件：（1）行贿对象必须是非国家工作人员（否则适用《刑法》第389条至第391条、第393条）。（2）行为人具有为谋取不正当利益而行贿的主观故意（适用第164条第2款时，还要求谋取的不正当利益是商业利益），并在客观上实施了行贿行为。（3）数额较大（参见"公通字〔2022〕12号"追诉标准）。

这里的"非国家工作人员"包括3类：（1）非国有公司、企事业单位或者其他民间团体、社会组织的工作人员。（2）国有公司、企事业单位、人民团体或其他国有单位中的非国家工作人员（从事非公务的人员）①。（3）外国公职人员、国际公共组织官员（只适用于第164条第2款）。

第163条规定中的"索取他人财物或者非法收受他人财物"包括行为人主动索取或他人主动送予财物，也包括违规收受各种名义的回扣、手续费等（如信息费、顾问费、劳务费等）；但这些必须以利用职务上的便利为他人谋取利益为条件，如果没有利用职务便利，则不构成该罪。为他人谋取的利益，既包括他人应当得到的合法利益，也包括不应当得到的非法利益；但这个利益是否谋取成功，并不影响该罪的构成。而适用第164条时，则要求行为人是为了谋取不正当利益而行贿财物；适用第164条第2款时，还要求这个不正当利益属于商业利益。这里的"财物"既包括有形资产，也包括无形资产，以及证明这种资产产权或权益的法律文书或其他有效文件。

第164条第2款规定中的"外国公职人员"包括两类：（1）外国经任命或选举担任立法、司法、行政或行政管理职务的人员；（2）为外国国家及公共机构或公营企业行使公共职能的人员。"国际公共组织官员"是指国际组织的公务员或经国际组织授权代表该组织行事的人员。

第164条第4款规定中的"主动交待"必须是在被追诉之前，即在司法机关立案、开始追究刑事责任之前。因司法机关或其他有关部门（如纪检部门或单位内部的保卫部门等）调查而不得不交待的，或避重就轻不如实全部交待的，均不属于本款规定的"主动交待"。

---

① 根据《刑法》第93条第2款，国有公司、企业、事业单位、人民团体中从事公务的人员和国家机关、国有公司、企业、事业单位委派到非国有公司、企业、事业单位、社会团体从事公务的人员，以及其他依照法律从事公务的人员，以国家工作人员论。

需要注意的是：

(1) 非国家工作人员违规收受各种名义的回扣、手续费，只有归个人所有时，才适用第 163 条定罪。这里的"归个人所有"，既包括归行为人本人所有，也包括行为人赠送、安排给他人使用；如果上交给公司、单位或有关组织，则不构成犯罪。

(2) 行为人符合第 164 条第 4 款规定的，可以减轻处罚或免除处罚；但对于第 163 条没有类似规定，在司法实践中可以依据《刑法》第 67 条从轻、减轻或免除处罚。

(3) 根据《刑法修正案（十一）》体现的平等保护非公有制经济的立法精神，"公通字〔2022〕12 号"《追诉标准》调整了"法释〔2016〕9 号"《解释》规定的非国家工作人员受贿罪、对非国家工作人员行贿罪的入罪数额标准。

● **相关规定** 最高人民检察院研究室关于非国家工作人员涉嫌职务犯罪案件管辖问题的意见（2001 年 4 月 10 日答复公安部经济犯罪侦查局"公经〔2001〕248 号"请示）[①]

鉴于职务犯罪案件的特殊性，对于非国家工作人员涉嫌职务犯罪案件的侦查管辖问题，原则上以犯罪嫌疑人工作单位所在地的公安机关管辖为宜，如果由犯罪行为实施地或者犯罪嫌疑人居住地的公安机关管辖更为适宜的，也可以由犯罪行为实施地或者犯罪嫌疑人居住地的公安机关管辖。

【公经〔2002〕1299 号】 公安部经济犯罪侦查局关于对××商业贿赂案如何定性的批复（经征询最高人民检察院侦查监督厅的意见，2002 年 10 月 25 日答复江苏省公安厅经侦总队"苏公经〔2002〕146 号"请示）

认定对公司、企业人员行贿案的必要条件是为获取不正当利益。不正当利益是指获取的利益违反法律、法规、国家政策、规章制度。在推销药品过程中，采用宴请、送礼券、现金和实物等手段，扩大药品的市场销售量，由此获取的利益违反了《中华人民共和国反不正当竞争法》第 8 条和第 22 条的规定，属不正当利益。

【高检研发〔2003〕2 号】 最高人民检察院法律政策研究室关于佛教协会工作人员能否构成受贿罪或者公司、企业人员受贿罪主体问题的答复（2003 年

[①] 注：公安部经济犯罪侦查局于 2003 年 4 月 21 日以"公经〔2003〕436 号"文件将该意见在网上公布，要求各地公安机关参照执行。

1 月 13 日答复浙江省人民检察院研究室"检研请〔2002〕9 号"请示）①

佛教协会属于社会团体，其工作人员除符合刑法第 93 条第 2 款的规定属于受委托从事公务的人员外，既不属于国家工作人员，也不属于公司、企业人员。根据刑法的规定，对非受委托从事公务的佛教协会的工作人员利用职务之便收受他人财物，为他人谋取利益的行为，不能按受贿罪或者公司、企业人员受贿罪追究刑事责任。

【法释〔2005〕10 号】　最高人民法院关于如何认定国有控股、参股股份有限公司中的国有公司、企业人员的解释（2005 年 7 月 31 日最高法审委会第 1359 次会议通过，2005 年 8 月 1 日公布，2005 年 8 月 11 日施行）

为准确认定刑法分则第三章第三节中的国有公司、企业人员，现对国有控股、参股的股份有限公司中的国有公司、企业人员解释如下：

国有公司、企业委派到国有控股、参股公司从事公务的人员，以国有公司、企业人员论。

最高人民检察院法律政策研究室关于在房屋拆迁过程中利用职务便利索取贿赂如何定性的批复（2003 年 5 月 14 日）

国有资本控股的上海杨房拆迁综合服务有限公司受建设单位委托对政府决策改造的地块进行拆迁，是依法律规定进行市场运作的企业行为而非受政府委托的管理职能行为。犯罪人沈某作为国有资本控股公司的一般工作人员，既不属于在国有公司中从事公务的人员，也不是受委托在非国有公司中从事公务的人员。其利用在房屋拆迁过程中的职务便利索取贿赂，应依法认定为公司、企业人员受贿罪②。

【法发〔2008〕33 号】　最高人民法院、最高人民检察院关于办理商业贿赂刑事案件适用法律若干问题的意见（2008 年 11 月 20 日印发）

一、商业贿赂犯罪涉及刑法规定的以下八种罪名③：（1）非国家工作人员受

---

① 注：根据《刑法修正案（六）》（2006 年 6 月 29 日起施行），《刑法》第 163 条的犯罪主体已经由"公司、企业人员"扩大为"非国家工作人员"，涵盖了佛教协会工作人员。所以，本答复已经实际失效。

② 注：《刑法修正案（六）》施行后，两高《关于执行〈中华人民共和国刑法〉确定罪名的补充规定（三）》（法释〔2007〕16 号，2007 年 11 月 6 日执行）将"公司、企业人员受贿罪"改为"非国家工作人员受贿罪"。

③ 根据 2011 年 2 月 25 日第 11 届全国人民代表大会常务委员会第 19 次会议通过的《刑法修正案（八）》（主席令第 41 号公布，2011 年 5 月 1 日起施行），增加了"对外国公职人员、国际公共组织官员行贿罪"（第 164 条第 2 款）。

贿罪（刑法第163条）；（2）对非国家工作人员行贿罪（刑法第164条）；（3）受贿罪（刑法第385条）；（4）单位受贿罪（刑法第387条）；（5）行贿罪（刑法第389条）；（6）对单位行贿罪（刑法第391条）；（7）介绍贿赂罪（刑法第392条）；（8）单位行贿罪（刑法第393条）。

二、刑法第163条、第164条规定的"其他单位"，既包括事业单位、社会团体、村民委员会、居民委员会、村民小组等常设性的组织，也包括为组织体育赛事、文艺演出或者其他正当活动而成立的组委会、筹委会、工程承包队等非常设性的组织。①

三、刑法第163条、第164条规定的"公司、企业或者其他单位的工作人员"，包括国有公司、企业以及其他国有单位中的非国家工作人员。

四、医疗机构中的国家工作人员，在药品、医疗器械、医用卫生材料等医药产品采购活动中，利用职务上的便利，索取销售方财物，或者非法收受销售方财物，为销售方谋取利益，构成犯罪的，依照刑法第385条的规定，以受贿罪定罪处罚。

医疗机构中的非国家工作人员，有前款行为，数额较大的，依照刑法第163条的规定，以非国家工作人员受贿罪定罪处罚。

医疗机构中的医务人员，利用开处方的职务便利，以各种名义非法收受药品、医疗器械、医用卫生材料等医药产品销售方财物，为医药产品销售方谋取利益，数额较大的，依照刑法第163条的规定，以非国家工作人员受贿罪定罪处罚。

五、学校及其他教育机构中的国家工作人员，在教材、教具、校服或者其他物品的采购等活动中，利用职务上的便利，索取销售方财物，或者非法收受销售方财物，为销售方谋取利益，构成犯罪的，依照刑法第385条的规定，以受贿罪定罪处罚。

学校及其他教育机构中的非国家工作人员，有前款行为，数额较大的，依照刑法第163条的规定，以非国家工作人员受贿罪定罪处罚。

学校及其他教育机构中的教师，利用教学活动的职务便利，以各种名义非法收受教材、教具、校服或者其他物品销售方财物，为教材、教具、校服或者

---

① 根据《全国人民代表大会常务委员会关于〈中华人民共和国刑法〉第九十三条第二款的解释》（2000年4月29日第9届全国人民代表大会常务委员会第15次会议通过）的规定，居民委员会、村民委员会和村民小组等城市和农村基层组织中协助国家机关从事行政管理工作的人员，属于《刑法》第93条第2款规定的"其他依照法律从事公务的人员，以国家工作人员论"。

其他物品销售方谋取利益，数额较大的，依照刑法第163条的规定，以非国家工作人员受贿罪定罪处罚。

六、依法组建的评标委员会、竞争性谈判采购中谈判小组、询价采购中询价小组的组成人员，在招标、政府采购等事项的评标或者采购活动中，索取他人财物或者非法收受他人财物，为他人谋取利益，数额较大的，依照刑法第163条的规定，以非国家工作人员受贿罪定罪处罚。

依法组建的评标委员会、竞争性谈判采购中谈判小组、询价采购中询价小组中国家机关或者其他国有单位的代表有前款行为的，依照刑法第385条的规定，以受贿罪定罪处罚。

七、商业贿赂中的财物，既包括金钱和实物，也包括可以用金钱计算数额的财产性利益，如提供房屋装修、含有金额的会员卡、代币卡（券）、旅游费用等。具体数额以实际支付的资费为准。

八、收受银行卡的，不论受贿人是否实际取出或者消费，卡内的存款数额一般应全额认定为受贿数额。使用银行卡透支的，如果由给予银行卡的一方承担还款责任，透支数额也应当认定为受贿数额。

九、在行贿犯罪中，"谋取不正当利益"，是指行贿人谋取违反法律、法规、规章或者政策规定的利益，或者要求对方违反法律、法规、规章、政策、行业规范的规定提供帮助或者方便条件。

在招标投标、政府采购等商业活动中，违背公平原则，给予相关人员财物以谋取竞争优势的，属于"谋取不正当利益"。

十、办理商业贿赂犯罪案件，要注意区分贿赂与馈赠的界限。主要应当结合以下因素全面分析、综合判断：（1）发生财物往来的背景，如双方是否存在亲友关系及历史上交往的情形和程度；（2）往来财物的价值；（3）财物往来的缘由、时机和方式，提供财物方对于接受方有无职务上的请托；（4）接受方是否利用职务上的便利为提供方谋取利益。

十一、非国家工作人员与国家工作人员通谋，共同收受他人财物，构成共同犯罪的，根据双方利用职务便利的具体情形分别定罪追究刑事责任：

（1）利用国家工作人员的职务便利为他人谋取利益的，以受贿罪追究刑事责任。

（2）利用非国家工作人员的职务便利为他人谋取利益的，以非国家工作人员受贿罪追究刑事责任。

（3）分别利用各自的职务便利为他人谋取利益的，按照主犯的犯罪性质追究刑事责任，不能分清主从犯的，可以受贿罪追究刑事责任。

最高人民法院研究室关于向非国家工作人员介绍贿赂行为如何定性问题的研究意见①

对于向非国家工作人员介绍贿赂行为，根据罪刑法定原则，不宜定罪处罚。但对于确已明显构成行贿共犯或者受贿共犯的，予以定罪处罚，也依法有据，并不违反罪刑法定的原则。被告人接受行贿方请托后，积极疏通行贿渠道、物色行贿对象、转交贿赂款项，帮助行贿方谋取了不正当利益，自己也从中获得巨额非法利益，情节严重，社会危害性大，其行为构成对非国家工作人员行贿罪的共同犯罪。

【法释〔2016〕9号】 最高人民法院、最高人民检察院关于办理贪污贿赂刑事案件适用法律若干问题的解释（2016年3月28日最高人民法院审判委员会第1680次会议、2016年3月25日最高人民检察院第12届检察委员会第50次会议通过，2016年4月18日公布施行）

第11条（第1款） 刑法第163条规定的非国家工作人员受贿罪、第271条规定的职务侵占罪中的"数额较大""数额巨大"的数额起点，按照本解释关于受贿罪、贪污罪相对应的数额标准规定的2倍、5倍执行。②

（第3款） 刑法第164条第1款规定的对非国家工作人员行贿罪中的"数额较大""数额巨大"的数额起点，按照本解释第7条、第8条第1款关于行贿罪的数额标准规定的2倍执行。③

第12条 贿赂犯罪中的"财物"，包括货币、物品和财产性利益。财产性利益包括可以折算为货币的物质利益如房屋装修、债务免除等，以及需要支付货币的其他利益如会员服务、旅游等。后者的犯罪数额，以实际支付或者应当支付的数额计算。

---

① 刊于《司法研究与指导》（总第2辑），人民法院出版社2012年版，第155页。

② 注：根据刑法第383条"法释〔2016〕9号"《解释》第1条、第2条，受贿罪一般情形"数额较大""数额巨大"的数额起点是3万元、20万元；相应的非国家工作人员受贿罪数额起点分别为6万元、100万元。《刑法修正案（十一）》施行后，《立案追诉标准（二）》（公通字〔2022〕12号）根据平等保护非公有制经济的立法精神，将非国家工作人员受贿罪的立案追诉标准修改为3万元。

③ 注：根据刑法第390条"法释〔2016〕9号"《解释》第7条、第8条，行贿罪一般情形"数额较大""数额巨大"的数额起点是3万元、100万元；相应的对非国家工作人员行贿罪数额起点分别为6万元、200万元。《刑法修正案（十一）》施行后，《立案追诉标准（二）》（公通字〔2022〕12号）根据平等保护非公有制经济的立法精神，将对非国家工作人员行贿罪的立案追诉标准修改为3万元。

另，本款规定未涉及单位犯罪的情形，单位犯对非国家工作人员行贿罪的，适用《立案追诉标准（二）》（公通字〔2022〕12号）。

第13条（第1款）　具有下列情形之一的，应当认定为"为他人谋取利益"，构成犯罪的，应当依照刑法关于受贿犯罪的规定定罪处罚：

（一）实际或者承诺为他人谋取利益的；

（二）明知他人有具体请托事项的；

（三）履职时未被请托，但事后基于该履职事由收受他人财物的。

第15条（第1款）　对多次受贿未经处理的，累计计算受贿数额。

第18条　贪污贿赂犯罪分子违法所得的一切财物，应当依照刑法第64条的规定予以追缴或者责令退赔，对被害人的合法财产应当及时返还。对尚未追缴到案或者尚未足额退赔的违法所得，应当继续追缴或者责令退赔。

第19条　对贪污罪、受贿罪……

（第2款）　对刑法规定并处罚金的其他贪污贿赂犯罪，应当在10万元以上犯罪数额2倍以下判处罚金。①

第20条　本解释自2016年4月18日起施行。最高人民法院、最高人民检察院此前发布的司法解释与本解释不一致的，以本解释为准。

【高检发〔2020〕10号】　最高人民检察院关于充分发挥检察职能服务保障"六稳""六保"的意见（2020年7月21日第13届最高人民检察院党组第119次会议通过，2020年7月22日印发）②

3. 依法保护企业正常生产经营活动。深刻认识"六稳""六保"最重要的是稳就业、保就业，关键在于保企业，努力落实让企业"活下来""留得住""经营得好"的目标。一是加大力度惩治各类侵犯企业财产、损害企业利益的犯罪。依法严格追诉职务侵占、非国家工作人员受贿和挪用资金犯罪，根据犯罪数额和情节，综合考虑犯罪行为对民营企业经营发展、商业信誉、内部治理、外部环境的影响程度，精准提出量刑建议。对提起公诉前退还挪用资金或者具有其他情节轻微情形的，可以依法不起诉；对数额特别巨大拒不退还或者具有其他情节特别严重情形的，依法从严追诉。……

---

① 注：根据《最高人民检察院、公安部关于公安机关管辖的刑事案件立案追诉标准的规定（二）》（公通字〔2022〕12号）的规定，非国家工作人员受贿罪、对非国家工作人员行贿罪、对外国公职人员、国际公共组织官员行贿罪的追诉标准均为3万元，无法同时满足"10万元以上""犯罪数额2倍以下"。

② 本《意见》（司法解释性质的检察业务文件）由最高人民检察院党组（而非检委会）讨论通过，较罕见。

【主席令〔2017〕77号〕 　　中华人民共和国反不正当竞争法（2017年11月4日第12届全国人大常委会第30次会议修订，主席令第77号公布，2018年1月1日起施行；2019年4月23日第13届全国人大常委会第10次会议修正）

第2条（第3款）　　本法所称的经营者，是指从事商品生产、经营或者提供服务（以下所称商品包括服务）的自然人、法人和非法人组织。

第7条　　经营者不得采用财物或者其他手段贿赂下列单位或者个人，以谋取交易机会或者竞争优势：

（一）交易相对方的工作人员；

（二）受交易相对方委托办理相关事务的单位或者个人；

（三）利用职权或者影响力影响交易的单位或者个人。

经营者在交易活动中，可以以明示方式向交易相对方支付折扣，或者向中间人支付佣金。经营者向交易相对方支付折扣、向中间人支付佣金的，应当如实入账。接受折扣、佣金的经营者也应当如实入账。

经营者的工作人员进行贿赂的，应当认定为经营者的行为；但是，经营者有证据证明该工作人员的行为与为经营者谋取交易机会或者竞争优势无关的除外。

● **立案标准**　　最高人民检察院、公安部关于公安机关管辖的刑事案件立案追诉标准的规定（二）（公通字〔2022〕8号，2022年4月6日印发，2022年5月15日施行；公通字〔2010〕23号《规定》、公通字〔2011〕47号《补充规定》同时废止）

第10条　[非国家工作人员受贿案（刑法第163条）]　　公司、企业或者其他单位的工作人员利用职务上的便利，索取他人财物或者非法收受他人财物，为他人谋取利益，或者在经济往来中，利用职务上的便利，违反国家规定，收受各种名义的回扣、手续费，归个人所有，数额在3万元①以上的，应予立案追诉。

第11条　[对非国家工作人员行贿案（刑法第164条第1款）]　　为谋取不正当利益，给予公司、企业或者其他单位的工作人员以财物，个人行贿数额在3万元②以上的，单位行贿数额在20万元以上的，应予立案追诉。

第12条　[对外国公职人员、国际公共组织官员行贿案（刑法第164条第2

---

① 注：本处调整了"法释〔2016〕9号"《解释》第11条第1款规定的入罪数额标准。
② 注：本处调整了"法释〔2016〕9号"《解释》第11条第3款规定的入罪数额标准。

款)] 为谋取不正当商业利益,给予外国公职人员或者国际公共组织官员以财物,个人行贿数额在3万元以上的,单位行贿数额在20万元以上的,应予立案追诉。

第83条 本规定中的立案追诉标准,除法律、司法解释、本规定中另有规定的以外,适用于相应的单位犯罪。

第84条 本规定中的"以上",包括本数。

第165条 【非法经营同类营业罪】国有公司、企业的董事、经理利用职务便利,自己经营或者为他人经营与其所任职公司、企业同类的营业,获取非法利益,数额巨大的,处三年以下有期徒刑或者拘役,并处或者单处罚金;数额特别巨大的,处三年以上七年以下有期徒刑,并处罚金。

第166条 【为亲友非法牟利罪】国有公司、企业、事业单位的工作人员,利用职务便利,有下列情形之一,使国家利益遭受重大损失的,处三年以下有期徒刑或者拘役,并处或者单处罚金;致使国家利益遭受特别重大损失的,处三年以上七年以下有期徒刑,并处罚金。

(一)将本单位的盈利业务交由自己的亲友进行经营的;

(二)以明显高于市场的价格向自己的亲友经营管理的单位采购商品或者以明显低于市场的价格向自己的亲友经营管理的单位销售商品的;

(三)向自己的亲友经营管理的单位采购不合格商品的。

● 条文注释 第165条、第166条是针对国有企事业单位的工作人员利用职务便利为自己或他人的企业(或其他单位)谋取非法利益、损害国有公司或企事业单位利益的行为而作出的规定。如果自己或他人的企业与行为人所在的国有企事业单位经营同类的营业,则适用第165条;如果自己或他人的企业与行为人所在的国有企事业单位属于业务互补等情形,则适用第166条。

构成第165条规定之罪,必须具备以下条件:(1)犯罪主体是特殊主体,即必须是国有公司、企业的董事、经理。(2)行为人利用职务便利使别的企业"同类的营业"获取了非法利益。(3)数额巨大或特别巨大。

这里的"同类的营业"包括相同或相近、相似的业务。行为人利用其在本单位的人力、资金、物资、信息渠道和客户资源等职务便利条件为同类的营业谋取非法利益，必然会造成对国有企事业单位的不正当竞争，损害国有企事业单位的合法利益。

构成第 166 条规定之罪，必须具备以下条件：（1）犯罪主体必须是国有公司、企事业单位的工作人员。（2）行为人利用职务便利为亲友牟取了非法利益（实施了第 166 条规定的三种行为）。（3）使国家利益遭受重大损失或特别重大损失。

第 166 条第 1 项规定的"将本单位的盈利业务交由自己的亲友进行经营"是指行为人利用自己决定或参与经贸项目、掌握市场信息等职务便利，将明知是可以盈利的业务项目交给亲友去经营（包括交给由亲友投资、控股或管理的单位经营）。第 2 项规定的"明显高于""明显低于"是指与市场通常价格相比较（但目前尚无法律对此作出具体的界定标准）。第 3 项规定的"不合格产品"包括本身质量不合格的产品，也包括质次价高的产品。

● 相关规定　【法释〔2005〕10 号】　最高人民法院关于如何认定国有控股、参股股份有限公司中的国有公司、企业人员的解释（2005 年 7 月 31 日最高法审委会第 1359 次会议通过，2005 年 8 月 1 日公布，2005 年 8 月 11 日施行）

为准确认定刑法分则第三章第三节中的国有公司、企业人员，现对国有控股、参股的股份有限公司中的国有公司、企业人员解释如下：

国有公司、企业委派到国有控股、参股公司从事公务的人员，以国有公司、企业人员论。①

第 167 条　【签订、履行合同失职被骗罪】国有公司、企业、事业单位直接负责的主管人员，在签订、履行合同过程中，因严重不负责任被诈骗，致使国家利益遭受重大损失的，处三年以下有期徒刑或者拘役；致使国家利益遭受特别重大损失的，处三年以上七年以下有期徒刑。

---

① 注：本书认为，根据《公司法》规定，除了国有独资公司可以由国家委派管理人员之外，其它股份制公司和有限责任公司的管理人员都是由公司自主决定和聘用的。因此，无论是国有控股公司还是参股公司，国有股东可以提名、建议和推荐自己信任的人员参与公司管理，但必须符合《公司法》的规定，经过公司内部程序的确认，而无权直接委派。

第 168 条① 【国有公司、企业、事业单位人员失职罪；国有公司、企业、事业单位人员滥用职权罪】国有公司、企业的工作人员，由于严重不负责任或者滥用职权，造成国有公司、企业破产或者严重损失，致使国家利益遭受重大损失的，处三年以下有期徒刑或者拘役；致使国家利益遭受特别重大损失的，处三年以上七年以下有期徒刑。

国有事业单位的工作人员有前款行为，致使国家利益遭受重大损失的，依照前款的规定处罚。

国有公司、企业、事业单位的工作人员，徇私舞弊，犯前两款罪的，依照第一款的规定从重处罚。

第 169 条 【徇私舞弊低价折股、出售国有资产罪】国有公司、企业或者其上级主管部门直接负责的主管人员，徇私舞弊，将国有资产低价折股或者低价出售，致使国家利益遭受重大损失的，处三年以下有期徒刑或者拘役；致使国家利益遭受特别重大损失的，处三年以上七年以下有期徒刑。

● **条文注释** 第 167 条至第 169 条是针对国有企事业单位的工作人员因为失职或滥用职权、徇私舞弊而严重损害国家利益的行为而作出的规定。如果导致国有企事业单位遭受合同诈骗，则适用第 167 条；如果因合同诈骗之外的原因导致国有企事业单位遭受严重损失，则适用第 168 条；如果直接变卖国有资产，则适用第 169 条。

构成第 167 条规定之罪，必须具备以下条件：（1）犯罪主体是特殊主体，即必须是国有公司、企事业单位直接负责的主管人员。（2）行为人在签订、履行合同时有严重失职。（3）造成国有企事业单位被骗，使国家利益遭受重大损失或特别重大损失。

特别注意的是：根据 1998 年 12 月 29 日主席令第 14 号公布施行的《全国人大常委会关于惩治骗购外汇、逃汇和非法买卖外汇犯罪的决定》，金融机构或外

---

① 第 168 条是根据 1999 年 12 月 25 日第 9 届全国人民代表大会常务委员会第 13 次会议通过的《刑法修正案》（主席令第 27 号公布，1999 年 12 月 25 日起施行）而修改；原条文内容为："国有公司、企业直接负责的主管人员，徇私舞弊，造成国有公司、企业破产或者严重亏损，致使国家利益遭受重大损失的，处三年以下有期徒刑或者拘役。"

贸企业的工作人员因为失职导致大量外汇被骗购或逃汇的，也依照《刑法》第167条的规定定罪处罚。这一决定扩大了第167条的犯罪主体范围。这里的"金融机构"是指经外汇管理机关批准，有权经营外汇业务的商业银行和外汇交易中心；"外贸企业"包括国有外贸企业和非国有外贸企业。

构成第168条规定之罪，必须具备以下条件：（1）犯罪主体必须是国有企业的工作人员。（2）行为人存在严重失职行为或滥用职权行为。（3）使国家利益遭受重大损失或特别重大损失。

构成第169条规定之罪，必须具备以下条件：（1）犯罪主体是特殊主体，即必须是国有企业或其上级主管部门直接负责的主管人员。（2）行为人有徇私舞弊低价折股或出售国有资产的行为。（3）使国家利益遭受重大损失或特别重大损失。

第167条、第168条规定中的"严重不负责任"（严重失职）通常包括以下两种情形：（1）不履行或没有正确履行职责，对自己负责的工作撒手不管或敷衍了事。（2）违反国家法律法规、政策或企事业单位的管理规章制度，或者违背通常的经商原则或一般常识。"滥用职权"通常表现为超越职责权限或违反行使职权时应遵守的规定和程序。

第168条、第169条规定中的"徇私舞弊"是指行为人为了个人私情或私利而实施损害国家利益的行为。在司法实践中，只要行为人实施了相关规定的行为，就可以认定为徇私舞弊；除非行为人提供充足的证据表明自己的行为是为了公共利益或国家利益。

● 相关规定　【主席令〔1998〕14号】　全国人民代表大会常务委员会关于惩治骗购外汇、逃汇和非法买卖外汇犯罪的决定（1998年12月29日第9届全国人民代表大会常务委员会第6次会议通过，主席令第14号公布施行）

七、金融机构、从事对外贸易经营活动的公司、企业的工作人员严重不负责任，造成大量外汇被骗购或者逃汇，致使国家利益遭受重大损失的，依照刑法第167条的规定定罪处罚。

八、犯本决定规定之罪，依法被追缴、没收的财物和罚金，一律上缴国库。

【法释〔2000〕12号】　最高人民法院关于审理扰乱电信市场管理秩序案件具体应用法律若干问题的解释（2000年4月28日最高人民法院审判委员会第1113次会议通过，2000年5月12日公布，2000年5月24日起施行）

第6条　国有电信企业的工作人员，由于严重不负责任或者滥用职权，造成国有电信企业破产或者严重损失,致使国家利益遭受重大损失的,依照刑法第 168 条的规定定罪处罚。

最高人民法院刑事审判第二庭关于签订、履行合同失职被骗犯罪是否以对方当事人的行为构成诈骗犯罪为要件的意见(2001 年 4 月最高人民法院刑二庭专门召开审判长会议的研究意见)①

认定签订、履行合同失职被骗罪和国家机关工作人员签订、履行合同失职被骗罪,应当以对方当事人涉嫌诈骗,行为构成犯罪为前提。但司法机关在办理或者审判行为人被指控犯有上述两罪的案件过程中,不能以对方当事人已经被人民法院判决构成诈骗犯罪作为认定本案当事人构成签订、履行合同失职被骗罪或者国家机关工作人员签订、履行合同失职被骗罪的前提。也就是说,司法机关在办理案件过程中,只要认定对方当事人的行为已经涉嫌构成诈骗犯罪,就可依法认定行为人构成签订、履行合同失职被骗罪或者国家机关工作人员签订、履行合同失职被骗罪,而不需要搁置或者中止审理,直至对方当事人被人民法院审理并判决构成诈骗犯罪。

【公经〔2002〕446 号】 公安部经济犯罪侦查局关于能否对章××进行立案侦查的批复(2002 年 4 月 9 日答复江苏省公安厅经侦总队"苏公经〔2002〕71 号"请示)

国有企业人员失职罪的追诉标准,应按失职行为造成的直接经济损失计算,案发后司法机关追回的赃款和犯罪嫌疑人主动退回的赃款数额,只是量刑情节,不影响定罪。如果按照上述标准计算,符合追诉标准的,应予立案侦查。

【高检研发〔2002〕16 号】 最高人民检察院研究室关于中国农业发展银行及其分支机构的工作人员法律适用问题的答复(2002 年 9 月 23 日答复湖北省人民检察院研究室"鄂检文〔2001〕50 号"请示)

中国农业发展银行及其分支机构的工作人员严重不负责任或者滥用职权,构成犯罪的,应当依照刑法第 168 条的规定追究刑事责任。

【法释〔2003〕8 号】 最高人民法院、最高人民检察院关于办理妨害预防、控制突发传染病疫情等灾害的刑事案件具体应用法律若干问题的解释(2003 年 5 月 13 日最高人民法院审判委员会第 1269 次会议、2003 年 5 月 13 日最高人民检察院第 10 届检察委员会第 3 次会议通过,2003 年 5 月 14 日公布,

---

① 注:本文件源自最高法刑事审判第一、二庭主编:《刑事审判参考》(2001 年第 4 辑,总第 15 辑),法律出版社 2001 年版。

2003年5月15日起施行）

第4条 国有公司、企业、事业单位的工作人员，在预防、控制突发传染病疫情等灾害的工作中，由于严重不负责任或者滥用职权，造成国有公司、企业破产或者严重损失，致使国家利益遭受重大损失的，依照刑法第168条的规定，以国有公司、企业、事业单位人员失职罪或者国有公司、企业、事业单位人员滥用职权罪定罪处罚。

第18条 本解释所称"突发传染病疫情等灾害"，是指突然发生，造成或者可能造成社会公众健康严重损害的重大传染病疫情、群体性不明原因疾病以及其他严重影响公众健康的灾害。

最高人民法院刑事审判第二庭关于国有公司人员滥用职权犯罪追诉期限等问题的答复（2005年1月13日答复公安部经济犯罪侦查局"公经〔2004〕1914号"征询函）

一、对于本案行为人的行为应适用1999年12月25日《中华人民共和国刑法修正案（二）》的规定，以国有公司人员失职或滥用职权罪追究其刑事责任。

二、国有公司人员滥用职权或失职罪的追诉期限应从损失结果发生之日起计算。就本案而言，追诉期限应以法律意义上的损失发生为标准，即以人民法院民事终审判决之日起计算。

【法释〔2005〕10号】 最高人民法院关于如何认定国有控股、参股股份有限公司中的国有公司、企业人员的解释（2005年7月31日最高法审委会第1359次会议通过，2005年8月1日公布，2005年8月11日施行） 为准确认定刑法分则第三章第三节中的国有公司、企业人员，现对国有控股、参股的股份有限公司中的国有公司、企业人员解释如下：

国有公司、企业委派到国有控股、参股公司从事公务的人员，以国有公司、企业人员论。①

【法发〔2010〕49号】 最高人民法院、最高人民检察院关于办理国家出资企业中职务犯罪案件具体应用法律若干问题的意见（2010年11月26日印发）

一、关于国家出资企业工作人员在改制过程中隐匿公司、企业财产归个人

---

① 注：本书认为，根据《公司法》规定，除了国有独资公司可以由国家委派管理人员之外，其它股份制公司和有限责任公司的管理人员都是由公司自主决定和聘用的。因此，无论是国有控股公司还是参股公司，国有股东可以提名、建议和推荐自己信任的人员参与公司管理，但必须符合《公司法》的规定，经过公司内部程序的确认，而无权直接委派。

持股的改制后公司、企业所有的行为的处理

国家工作人员或者受国家机关、国有公司、企业、事业单位、人民团体委托管理、经营国有财产的人员利用职务上的便利，在国家出资企业改制过程中故意通过低估资产、隐瞒债权、虚设债务、虚构产权交易等方式隐匿公司、企业财产，转为本人持有股份的改制后公司、企业所有，应当依法追究刑事责任的，依照刑法第382条、第383条的规定，以贪污罪定罪处罚。贪污数额一般应当以所隐匿财产全额计算；改制后公司、企业仍有国有股份的，按股份比例扣除归于国有的部分。

所隐匿财产在改制过程中已为行为人实际控制，或者国家出资企业改制已经完成的，以犯罪既遂处理。

第1款规定以外的人员实施该款行为的，依照刑法第271条的规定，以职务侵占罪定罪处罚；第1款规定以外的人员与第1款规定的人员共同实施该款行为的，以贪污罪的共犯论处。

在企业改制过程中未采取低估资产、隐瞒债权、虚设债务、虚构产权交易等方式故意隐匿公司、企业财产的，一般不应当认定为贪污；造成国有资产重大损失，依法构成刑法第168条或者第169条规定的犯罪的，依照该规定定罪处罚。

四、关于国家工作人员在企业改制过程中的渎职行为的处理

国家出资企业中的国家工作人员在公司、企业改制或者国有资产处置过程中严重不负责任或者滥用职权，致使国家利益遭受重大损失的，依照刑法第168条的规定，以国有公司、企业人员失职罪或者国有公司、企业人员滥用职权罪定罪处罚。

国家出资企业中的国家工作人员在公司、企业改制或者国有资产处置过程中徇私舞弊，将国有资产低价折股或者低价出售给其本人未持有股份的公司、企业或者其他个人，致使国家利益遭受重大损失的，依照刑法第169条的规定，以徇私舞弊低价折股、出售国有资产罪定罪处罚。

国家出资企业中的国家工作人员在公司、企业改制或者国有资产处置过程中徇私舞弊，将国有资产低价折股或者低价出售给特定关系人持有股份或者本人实际控制的公司、企业，致使国家利益遭受重大损失的，依照刑法第382条、第383条的规定，以贪污罪定罪处罚。贪污数额以国有资产的损失数额计算。

国家出资企业中的国家工作人员因实施第1款、第2款行为收受贿赂，同时

又构成刑法第 385 条规定之罪的,依照处罚较重的规定定罪处罚。①

六、关于国家出资企业中国家工作人员的认定

经国家机关、国有公司、企业、事业单位提名、推荐、任命、批准等,在国有控股、参股公司及其分支机构中从事公务的人员,应当认定为国家工作人员。具体的任命机构和程序,不影响国家工作人员的认定。

经国家出资企业中负有管理、监督国有资产职责的组织批准或者研究决定,代表其在国有控股、参股公司及其分支机构中从事组织、领导、监督、经营、管理工作的人员,应当认定为国家工作人员。

国家出资企业中的国家工作人员,在国家出资企业中持有个人股份或者同时接受非国有股东委托的,不影响其国家工作人员身份的认定。

七、关于国家出资企业的界定

本意见所称"国家出资企业",包括国家出资的国有独资公司、国有独资企业,以及国有资本控股公司、国有资本参股公司。

是否属于国家出资企业不清楚的,应遵循"谁投资、谁拥有产权"的原则进行界定。企业注册登记中的资金来源与实际出资不符的,应根据实际出资情况确定企业的性质。企业实际出资情况不清楚的,可以综合工商注册、分配形式、经营管理等因素确定企业的性质。

八、关于宽严相济刑事政策的具体贯彻

办理国家出资企业中的职务犯罪案件时,要综合考虑历史条件、企业发展、职工就业、社会稳定等因素,注意具体情况具体分析,严格把握犯罪与一般违规行为的区分界限。对于主观恶意明显、社会危害严重、群众反映强烈的严重犯罪,要坚决依法从严惩处;对于特定历史条件下、为了顺利完成企业改制而实施的违反国家政策法律规定的行为,行为人无主观恶意或者主观恶意不明显,情节较轻,危害不大的,可以不作为犯罪处理。

对于国家出资企业中的职务犯罪,要加大经济上的惩罚力度,充分重视财产刑的适用和执行,最大限度地挽回国家和人民利益遭受的损失。不能退赃的,在决定刑罚时,应当作为重要情节予以考虑。

【公经〔2012〕269 号】 公安部经济犯罪侦查局关于对国有控股、参股的金融部门及其分支机构有关人员失职或者滥用职权可否适用《刑法》第一百六十八条的批复(2012 年 3 月 27 日答复内蒙古自治区公安厅经侦总队"内公经

---

① 注:根据《最高人民法院、最高人民检察院关于办理贪污贿赂刑事案件适用法律若干问题的解释》(法释〔2016〕9 号,2016 年 4 月 18 日公布施行)第 17 条的规定,此处应当适用数罪并罚。

[2012] 59 号"请示)

根据《中华人民共和国刑法》第93条的规定,国有公司、企业、事业单位、人民团体中从事公务的人员和国有公司、企业、事业单位委派到非国有公司、企业、事业单位、社会团体从事公务的人员,以及其他依照法律从事公务的人员,以国家工作人员论。根据《最高人民法院、最高人民检察院关于办理国家出资企业中职务犯罪案件具体应用法律若干问题的意见》(法发〔2010〕49号)规定,经国家机关、国有公司、企业、事业单位提名、推荐、任命、批准等,在国有控股、参股公司及其分支机构中从事公务的人员,应当认定为国家工作人员。经国家出资企业中负有管理、监督国有资产职责的组织批准或者研究决定,代表其在国有控股、参股公司及其分支机构中从事组织、领导、监督、经营、管理工作的人员,应当认定为国家工作人员。根据《最高人民法院关于如何认定国有控股、参股股份有限公司中的国有公司、企业人员的解释》(法释〔2005〕10号)规定,受委派在国有控股、参股公司、企业中从事公务的人员即国有控股、参股公司、企业中的国家工作人员应当认定为《刑法》第168条规定中的国有公司、企业的工作人员。根据上述规定,国有控股或参股的公司、企业,不属于《刑法》规定中的国有公司、企业,但国有控股、参股公司、企业的工作人员在一定条件下可以适用《刑法》第168条的规定。你总队请示的国有控股、参股的金融部门及其分支机构有关人员失职或者滥用职权可否适用《刑法》第168条的问题,请你总队根据案件事实及有关规定依法予以认定,必要时及时征求你区检察机关和审判机关工作意见。

第169条之一[①] 【背信损害上市公司利益罪】上市公司的董事、监事、高级管理人员违背对公司的忠实义务,利用职务便利,操纵上市公司从事下列行为之一,致使上市公司利益遭受重大损失的,处三年以下有期徒刑或者拘役,并处或者单处罚金;致使上市公司利益遭受特别重大损失的,处三年以上七年以下有期徒刑,并处罚金:

(一)无偿向其他单位或者个人提供资金、商品、服务或者其他资产的;

[①] 第169条之一是根据2006年6月29日第10届全国人民代表大会常务委员会第22次会议通过的《刑法修正案(六)》(主席令第51号公布,2006年6月29日起施行)而增设。

（二）以明显不公平的条件，提供或者接受资金、商品、服务或者其他资产的；

（三）向明显不具有清偿能力的单位或者个人提供资金、商品、服务或者其他资产的；

（四）为明显不具有清偿能力的单位或者个人提供担保，或者无正当理由为其他单位或者个人提供担保的；

（五）无正当理由放弃债权、承担债务的；

（六）采用其他方式损害上市公司利益的。

上市公司的控股股东或者实际控制人，指使上市公司董事、监事、高级管理人员实施前款行为的，依照前款的规定处罚。

犯前款罪的上市公司的控股股东或者实际控制人是单位的，对单位判处罚金，并对其直接负责的主管人员和其他直接责任人员，依照第一款的规定处罚。

● **条文注释** 本条规定的是上市公司的董事、监事、高级管理人员操纵公司作出损害自身利益的行为。这些行为往往是以履行相关经营管理职责的名义，代表公司从事决策、执行等"职务行为"，在形式上并不存在牟取私利的情况。这是与一般工作人员徇私舞弊损害公司利益的行为最大的区别。行为人的动机和目的不影响本罪的构成。

构成本罪，必须具备以下条件：（1）犯罪主体是公司的董事、监事、高级管理人员（根据《公司法》，上市公司的高级管理人员是指公司的经理、副经理、财务负责人、董事会秘书和公司章程规定的其他人员）。（2）行为人利用职务便利操纵上市公司（实施第169条之一第1款规定的六种行为）。（3）致使上市公司利益遭受重大损失或特别重大损失（见"立案标准"）。

本条第1款第1项规定的"无偿提供"行为，应当与企业正常的捐赠行为区别开。后者是对弱势群体和社会公益组织的一种慈善活动，有助于改善企业形象、提高知名度，有利于企业的长远利益；而前者是"掏空"上市公司的一种手段，无论是提供的数量、受供对象，还是对公司的影响，都与后者有显著区别。本条第1款第5项规定的行为，其性质和后果与第1项是一样的。

本条第1款第2项规定的实质上是一种显失公平的交易行为，高价购入或低价转出，或者对借出的资金或财产不设归还条件，从而达到非法利益输送。

本条第1款第3项、第4项规定的行为实质上是让公司承担不应有的风险，承受不该有的损失,从而让公司陷入绝境,损害上市公司和公众投资人的利益。

需要注意的是:上市公司的董事、监事、高级管理人员实施本条规定的"自杀性"行为,往往是受到上市公司的控股股东或实际控制人的唆使、控制,而后者往往是该犯罪行为的实际受益人。因此,对后者实施本条第2款规定的行为的,应当依照刑法总则有关"共同犯罪"的规定,确定主犯和首要分子并追究其刑事责任。

● 立案标准 最高人民检察院、公安部关于公安机关管辖的刑事案件立案追诉标准的规定(二)(公通字〔2022〕8号,2022年4月6日印发,2022年5月15日施行;公通字〔2010〕23号《规定》、公通字〔2011〕47号《补充规定》同时废止)

第13条 [背信损害上市公司利益案(刑法第169条之一)] 上市公司的董事、监事、高级管理人员违背对公司的忠实义务,利用职务便利,操纵上市公司从事损害上市公司利益的行为,以及上市公司的控股股东或者实际控制人,指使上市公司董事、监事、高级管理人员实施损害上市公司利益的行为,涉嫌下列情形之一的,应予立案追诉:

(一)无偿向其他单位或者个人提供资金、商品、服务或者其他资产,致使上市公司直接经济损失数额在150万元以上的;

(二)以明显不公平的条件,提供或者接受资金、商品、服务或者其他资产,致使上市公司直接经济损失数额在150万元以上的;

(三)向明显不具有清偿能力的单位或者个人提供资金、商品、服务或者其他资产,致使上市公司直接经济损失数额在150万元以上的;

(四)为明显不具有清偿能力的单位或者个人提供担保,或者无正当理由为其他单位或者个人提供担保,致使上市公司直接经济损失数额在150万元以上的;

(五)无正当理由放弃债权、承担债务,致使上市公司直接经济损失数额在150万元以上的;

(六)致使公司、企业发行的股票或者公司、企业债券、存托凭证或者国务院依法认定的其他证券被终止上市交易的;

(七)其他致使上市公司利益遭受重大损失的情形。

第83条 本规定中的立案追诉标准,除法律、司法解释、本规定中另有规定的以外,适用于相应的单位犯罪。

第84条 本规定中的"以上",包括本数。

第四节　破坏金融管理秩序罪

第 170 条① 【伪造货币罪】伪造货币的，处三年以上十年以下有期徒刑，并处罚金；有下列情形之一的，处十年以上有期徒刑或者无期徒刑，并处罚金或者没收财产：

（一）伪造货币集团的首要分子；

（二）伪造货币数额特别巨大的；

（三）有其他特别严重情节的。

第 171 条　【出售、购买、运输假币罪】出售、购买伪造的货币或者明知是伪造的货币而运输，数额较大的，处三年以下有期徒刑或者拘役，并处二万元以上二十万元以下罚金；数额巨大的，处三年以上十年以下有期徒刑，并处五万元以上五十万元以下罚金；数额特别巨大的，处十年以上有期徒刑或者无期徒刑，并处五万元以上五十万元以下罚金或者没收财产。

【金融工作人员购买假币、以假币换取货币罪】银行或者其他金融机构的工作人员购买伪造的货币或者利用职务上的便利，以伪造的货币换取货币的，处三年以上十年以下有期徒刑，并处二万元以上二十万元以下罚金；数额巨大或者有其他严重情节的，处十年以上有期徒刑或者无期徒刑，并处二万元以上二十万元以下罚金或者没收财产；情节较轻的，处三年以下有期徒刑或者拘役，并处或者单处一万元以上十万元以下罚金。

伪造货币并出售或者运输伪造的货币的，依照本法第一百七十条的规定定罪从重处罚。

---

① 第 170 条是根据 2015 年 8 月 29 日第 12 届全国人民代表大会常务委员会第 16 次会议通过的《刑法修正案（九）》（主席令第 30 号公布，2015 年 11 月 1 日起施行）而修改；原第 170 条内容为："伪造货币的，处三年以上十年以下有期徒刑，并处五万元以上五十万元以下罚金；有下列情形之一的，处十年以上有期徒刑、无期徒刑或者死刑，并处五万元以上五十万元以下罚金或者没收财产：（一）伪造货币集团的首要分子；（二）伪造货币数额特别巨大的；（三）有其他特别严重情节的。"

第 172 条 【持有、使用假币罪】 明知是伪造的货币而持有、使用,数额较大的,处三年以下有期徒刑或者拘役,并处或者单处一万元以上十万元以下罚金;数额巨大的,处三年以上十年以下有期徒刑,并处二万元以上二十万元以下罚金;数额特别巨大的,处十年以上有期徒刑,并处五万元以上五十万元以下罚金或者没收财产。

第 173 条 【变造货币罪】 变造货币,数额较大的,处三年以下有期徒刑或者拘役,并处或者单处一万元以上十万元以下罚金;数额巨大的,处三年以上十年以下有期徒刑,并处二万元以上二十万元以下罚金。

● **条文注释** 第 170 条至第 173 条是关于假币犯罪的规定。这里所说的假币,是指伪造(包括变造)的正在境内或境外流通(或可兑换)的人民币(包括纪念币)、港澳台货币和外国货币,但不包括代币票券和其他有价票券。

第 170 条规定的"伪造货币",是指仿照人民币或境外货币的外观,制造出逼真的假货币,并用以冒充真币使用的行为,包括伪造假币成品,也包括制造货币版样,或者与他人事前通谋,为他人伪造货币提供版样。非法制造印有人民币图样的儿童玩具或其他道具,不属于刑法规定的伪造货币行为;但根据《中国人民银行法》和《人民币管理条例》,这属于违法行为。

第 173 条规定的"变造货币",是指采用剪贴、挖补、揭层、涂改、移位、重印等方法,对真货币加工处理,改变真币形态、价值的行为。同时采用伪造和变造手段,制造真伪拼凑货币的行为,按"伪造货币"罪论处。

第 171 条第 2 款规定的"银行"包括商业银行和政策性银行[①];"其他金融机构"是指经国务院银行业监督管理机构批准设立的除银行之外的从事金融业

[①] "商业银行"是指经国务院银行业监督管理机构批准、按照《公司法》设立的吸收公众存款、发放贷款、办理结算等金融业务的企业法人。《商业银行法》由 1995 年 5 月 10 日第 8 届全国人民代表大会常务委员会第 13 次会议通过,主席令第 47 号公布,1995 年 7 月 1 日起施行;2003 年 12 月 27 日第 10 届全国人民代表大会常务委员会第 6 次会议修正,主席令第 13 号公布,2004 年 2 月 1 日起施行。

"政策性银行"是指由政府创立或担保、以贯彻国家产业政策和区域发展政策为目的、具有特殊的融资原则、不以营利为目的的金融机构。1994 年 3 月 17 日、7 月 1 日、11 月 8 日,我国先后组建了三家政策性银行,即国家开发银行、中国进出口银行、中国农业发展银行,均直属国务院领导,其金融业务受中国人民银行的指导和监督。2008 年 12 月 11 日,经国务院批准,国家开发银行整体改制为国家开发银行股份有限公司,成为第一家由政策性银行转型而来的商业银行;中国银行业监督管理委员会将中国进出口银行、中国农业发展银行列入政策性银行,将国家开发银行与政策性银行并列统计。

务的企业，如信用社、信托投资公司、证券公司、期货经纪公司、货币经纪公司、基金管理公司、保险公司、保险资产管理公司、金融资产管理公司、金融租赁公司、财务公司等。

构成第 170 条至第 173 条规定的各罪，都要求行为人具有犯罪的主观故意。但对于伪造货币罪、变造货币罪、出售假币罪、购买假币罪、金融工作人员购买假币罪，法律并没有明确规定行为人"明知"条件，这是因为根据常识，行为人实施这些相关行为时，其主观故意是不言而喻的。对于金融工作人员以假币换取货币罪，法律也没有明确规定行为人"明知"条件，这是因为识别假币是金融工作人员应该具备的基本业务素质。但如果有充分证据表明行为人确实是误将假币当作真币的，则不构成该罪。

构成第 171 条第 2 款规定的金融工作人员以假币换取货币罪，还要求行为人必须利用了职务上的便利。如果是在私下场合，利用他人的疏忽大意或对自己的信任等因素，将自己持有的假币换取别人的真币的，则不能构成本罪；情节严重构成犯罪的，应该依据刑法其他相关规定（如第 172 条持有假币罪、第 266 条诈骗罪等）对其定罪处罚。

需要注意的是：

(1) 第 170 条规定的伪造货币罪的起刑点直接为"3 年以上"有期徒刑；其构罪情节参见"公通字〔2022〕8 号"追诉标准。

(2) 对于假币犯罪的数额认定，均按假币面额计算（境外货币按发案时的外汇牌价换算成人民币）。但对于制造或提供货币版样，或者尚未制造出假币成品，或者其他无法计算假币面额的行为，只能根据情节轻重来定罪量刑；但目前尚没有法律对此作出具体界定。

(3) 数罪与并罚情形：对于同一宗假币，如果同时触犯选择性的多个罪名，则按实际数额分别定罪，不实行数罪并罚；如果同时触犯非选择性的多个罪名，则择一重罪从重处罚；对于不同宗假币，如果同时触犯选择性的多个罪名，则累计数额分别定罪，但不实行数罪并罚；如果同时触犯非选择性的多个罪名，则按各自数额分别定罪，数罪并罚。

● 相关规定　【法释〔2000〕26 号】　最高人民法院关于审理伪造货币等案件具体应用法律若干问题的解释（2000 年 4 月 20 日最高人民法院审判委员会第 1110 次会议通过，2000 年 9 月 8 日公布，2000 年 9 月 14 日起施行）

第 1 条　伪造货币的总面额在 2000 元以上不满 3 万元或者币量在 200 张（枚）以上不足 3000 张（枚）的，依照刑法第 170 条的规定，处 3 年以上 10 年以下有期徒刑，并处5万元以上50万元以下罚金。

伪造货币的总面额在3万元以上的，属于"伪造货币数额特别巨大"。

行为人制造货币版样或者与他人事前通谋，为他人伪造货币提供版样的，依照刑法第170条的规定定罪处罚。

第2条　行为人购买假币后使用，构成犯罪的，依照刑法第171条的规定，以购买假币罪定罪，从重处罚。

行为人出售、运输假币构成犯罪，同时有使用假币行为的，依照刑法第171条、第172条的规定，实行数罪并罚。①

第3条　出售、购买假币或者明知是假币而运输，总面额在4000元以上不满5万元的，属于"数额较大"；总面额在5万元以上不满20万元的，属于"数额巨大"；总面额在20万元以上的，属于"数额特别巨大"，依照刑法第171条第1款的规定定罪处罚。

第4条　银行或者其他金融机构的工作人员购买假币或者利用职务上的便利，以假币换取货币，总面额在4000元以上不满5万元或者币量在400张（枚）以上不足5000张（枚）的，处3年以上10年以下有期徒刑，并处2万元以上20万元以下罚金；总面额在5万元以上或者币量在5000张（枚）以上或者有其他严重情节的，处10年以上有期徒刑或者无期徒刑，并处2万元以上20万元以下罚金或者没收财产；总面额不满人民币4000元或者币量不足400张（枚）或者具有其他情节较轻情形的，处3年以下有期徒刑或者拘役，并处或者单处1万元以上10万元以下罚金。②

第5条　明知是假币而持有、使用，总面额在4000元以上不满5万元的，属于"数额较大"；总面额在5万元以上不满20万元的，属于"数额巨大"；总面额在20万元以上的，属于"数额特别巨大"，依照刑法第172条的规定定罪处罚。

第6条　变造货币的总面额在2000元以上不满3万元的，属于"数额较大"；总面额在3万元以上的，属于"数额巨大"，依照刑法第173条的规定定罪处罚。

---

① 根据最高人民法院2001年1月21日印发的《全国法院审理金融犯罪案件工作座谈会纪要》（法〔2001〕8号）第2条第2点第2款，对同一宗假币实施了非选择性罪名的数个犯罪行为，择一重罪从重处罚。

② 根据《最高人民检察院、公安部关于公安机关管辖的刑事案件立案追诉标准的规定（二）》，银行或者其他金融机构的工作人员购买伪造的货币或者利用职务上的便利，以伪造的货币换取货币，总面额在2000元以上或者币量在200张（枚）以上的，为情节较轻的情形。

第7条 本解释所称"货币"是指可在国内市场流通或者兑换的人民币和境外货币。①

货币面额应当以人民币计算,其他币种以案发时国家外汇管理机关公布的外汇牌价折算成人民币。

【法〔2001〕8号】 全国法院审理金融犯罪案件工作座谈会纪要(最高人民法院2001年1月21日印发)

(二)关于破坏金融管理秩序罪

2. 关于假币犯罪

假币犯罪的认定。假币犯罪是一种严重破坏金融管理秩序的犯罪。只要有证据证明行为人实施了出售、购买、运输、使用假币行为,且数额较大,就构成犯罪。伪造货币的,只要实施了伪造行为,不论是否完成全部印制工序,即构成伪造货币罪;对于尚未制造出成品,无法计算伪造、销售假币面额的,或者制造、销售用于伪造货币的版样的,不认定犯罪数额,依据犯罪情节决定刑罚。明知是伪造的货币而持有,数额较大,根据现有证据不能认定行为人是为了进行其他假币犯罪的,以持有假币罪定罪处罚;如果有证据证明其持有的假币已构成其他假币犯罪的,应当以其他假币犯罪定罪处罚。

假币犯罪罪名的确定。假币犯罪案件中犯罪分子实施数个相关行为的,在确定罪名时应把握以下原则:

(1)对同一宗假币实施了法律规定为选择性罪名的行为,应根据行为人所实施的数个行为,按相关罪名刑法规定的排列顺序并列确定罪名,数额不累计计算,不实行数罪并罚。

(2)对不同宗假币实施法律规定为选择性罪名的行为,并列确定罪名,数额按全部假币面额累计计算,不实行数罪并罚。

(3)对同一宗假币实施了刑法没有规定为选择性罪名的数个犯罪行为,择一重罪从重处罚。如伪造货币或者购买假币后使用的,以伪造货币罪或购买假币罪定罪,从重处罚。

(4)对不同宗假币实施了刑法没有规定为选择性罪名的数个犯罪行为,分别定罪,数罪并罚。

出售假币被查获部分的处理。在出售假币时被抓获的,除现场查获的假币应认定为出售假币的犯罪数额外,现场之外在行为人住所或者其他藏匿地查获

---

① 《最高人民法院关于审理伪造货币等案件具体应用法律若干问题的解释(二)》(法释〔2010〕14号)第3条,已经将伪造正在流通的境外货币全部纳入"假币犯罪"的调整范围。

的假币，亦应认定为出售假币的犯罪数额。但有证据证实后者是行为人有实施其他假币犯罪的除外。

制造或者出售伪造的台币行为的处理。对于伪造台币的，应当以伪造货币罪定罪处罚；出售伪造的台币的，应当以出售假币罪定罪处罚。

【公经〔2003〕660号】 公安部经济犯罪侦查局关于制造、销售用于伪造货币的版样的行为如何定性问题的批复（2003年6月19日答复广东省公安厅经侦总队"广公（经）字〔2003〕439号"请示）

根据《最高人民法院关于审理伪造货币等案件具体应用法律若干问题的解释》（法释〔2000〕26号）以及《全国法院审理金融犯罪案件工作座谈会纪要》的有关规定，对制造、销售用于伪造货币的版样的行为以伪造货币罪定罪处罚。

【公经〔2003〕1329号】 公安部经济犯罪侦查局关于马党权变造货币案中变造货币数额认定问题的批复（2003年11月12日答复江西省公安厅经侦总队"赣公传发〔2003〕569号"请示）

犯罪嫌疑人以货币为基本材料，采用挖补、撕揭、拼凑等方法，改变货币的外在形态，变造货币的数额应以实际变造出的货币的票面数额计算，包括被因挖补、撕揭而改变了外在形态的货币，但已灭失的货币除外。

【公经〔2007〕2548号】 公安部经济犯罪侦查局关于对制贩假贵金属纪念币行为性质认定问题的批复（经商最高人民法院刑二庭、最高人民检察院侦查监督厅和中国人民银行条法司研究同意，2007年11月2日答复北京市公安局经济犯罪侦查处"经侦办字〔2007〕310号"请示）

根据《中华人民共和国人民币管理条例》规定，贵金属纪念币是人民币的有机组成部分，是国家法定货币。制贩假贵金属纪念币的行为，应以《中华人民共和国刑法》第170条、第171条等规定的伪造货币罪，出售、购买、运输假货币罪等罪定罪处罚。其犯罪数额认定应以中国人民银行授权中国金币总公司初始发售价格为依据标准。

【公经〔2008〕214号】 公安部办公厅关于若干经济犯罪案件如何统计涉案总价值、挽回经济损失数额的批复（2008年11月5日答复云南省公安厅警令部"云公警令〔2008〕22号"请示）

三、走私假币案、伪造货币案、出售、购买、运输假币案、金融工作人员购买假币、以假币换取货币案、持有、使用假币案、变造货币案，按照已经查证属实的伪造、变造的货币的面值统计涉案总价值。

伪造、变造的外国货币以及香港、澳门、台湾地区货币的面值，按照立案时国家外汇管理机关公布的外汇牌价折算成人民币后统计。

五、挽回经济损失额按照实际追缴的赃款以及赃物折价统计。

【公经金融〔2009〕184号】 公安部经济犯罪侦查局关于对贩卖伪造的澳大利亚法定贵金属纪念币有关问题的批复（经与国务院反假币工作联席会议办公室函商，2009年6月15日答复北京市公安局经侦处"经侦办字〔2009〕48号"请示）

（一）澳大利亚法定货币（含贵金属纪念币）的官方造币厂只有澳大利亚皇家造币厂和澳大利亚珀斯造币厂，两造币厂均未生产过"五牛图"纯金纪念币。

（二）所谓"五牛图"纯金纪念币不是澳大利亚法定货币。澳大利亚金币控股有限公司（在澳名称为澳大利亚金币总公司）是在澳注册的私人公司，并不具有生产和发行澳大利亚法定货币资格。

（三）按照中国人民银行和海关总署《关于对进口黄金及其制品加强管理的通知》（银发〔1998〕363号）、《关于重申对进口金银及其制品加强管理的有关规定的通知》（银发〔1989〕244号）有关规定，国外金银纪念币进口须经中国人民银行审批。按照国务院有关取消第二批行政审批项目的决定，从2003年3月21日起，人民银行已停止审批白银进口（含银铸币），进口白银海关按照有关规定办理。目前，金质纪念币的进口仍须经中国人民银行审批。

（四）对北京××投资顾问有限公司仿制澳大利亚金币控股有限公司的商标、包装销售"五牛图"纯金纪念币的行为，有侵权的嫌疑，而澳大利亚金币控股有限公司本身也有混淆视听的行为，其如何处理，请你处依据已掌握的证据，征求有关部门意见后，予以处理。

【公通字〔2009〕45号】 最高人民法院、最高人民检察院、公安部关于严厉打击假币犯罪活动的通知（2009年9月15日印发）

三、严格依法，从严惩处。各地公安司法机关办理假币犯罪案件要始终坚持依法严惩的原则，坚决杜绝以罚代刑、以拘代刑、重罪轻判、降格处理，充分发挥刑罚的震慑力。公安机关对于涉嫌假币犯罪的，必须依法立案，认真查证；对有证据证明有犯罪事实，可能判处徒刑以上刑罚的犯罪嫌疑人，要尽快提请批准逮捕并抓紧侦办，及时移送审查起诉。检察机关对于公安机关提请批准逮捕、移送审查起诉的假币犯罪案件，符合批捕、起诉条件的，要依法尽快予以批捕、起诉。共同犯罪案件中虽然有同案犯在逃，但对于有证据证明有犯罪事实的已抓获的犯罪嫌疑人，要依法批捕、起诉；对于确实需要补充侦查的案件，要制作具体、详细的补充侦查提纲。人民法院对于假币犯罪要依法从严惩处，对于假币犯罪累犯、惯犯、涉案假币数额巨大或者全部流入社会的犯罪分子，要坚决重判；对于伪造货币集团的首要分子、骨干分子，伪造货币数额特别巨大或有其他特别严重情节，罪行极其严重的犯罪分子，应当判处死刑的，要坚决依法判处死刑①。上级法院要加强对下级法院审判工作的指导，保障依法及时正确审判假币犯罪案件。

【法释〔2010〕14号】　最高人民法院关于审理伪造货币等案件具体应用法律若干问题的解释（二）（2010年10月11日最高人民法院审判委员会1498次会议通过，2010年10月20日公布，2010年11月3日起施行）

第1条　仿按真货币的图案、形状、色彩等特征非法制造假币，冒充真币的行为，应当认定为刑法第170条规定的"伪造货币"。

对真货币采用剪贴、挖补、揭层、涂改、移位、重印等方法加工处理，改变真币形态、价值的行为，应当认定为刑法第173条规定的"变造货币"。

第2条　同时采用伪造和变造手段，制造真伪拼凑货币的行为，依照刑法第170条的规定，以伪造货币罪定罪处罚。

第3条　以正在流通的境外货币为对象的假币犯罪，依照刑法第170条至第173条的规定定罪处罚。

假境外货币犯罪的数额，按照案发当日中国外汇交易中心或者中国人民银行授权机构公布的人民币对该货币的中间价折合成人民币计算。中国外汇交易中心或者中国人民银行授权机构未公布汇率中间价的境外货币，按照案发当日境内银行人民币对该货币的中间价折算成人民币，或者该货币在境内银行、国际外汇市场对美元汇率，与人民币对美元汇率中间价进行套算。

第4条　以中国人民银行发行的普通纪念币和贵金属纪念币为对象的假币犯罪，依照刑法第170条至第173条的规定定罪处罚。

假普通纪念币犯罪的数额，以面额计算；假贵金属纪念币犯罪的数额，以贵金属纪念币的初始发售价格计算。

第5条　以使用为目的，伪造停止流通的货币，或者使用伪造的停止流通的货币的，依照刑法第266条的规定，以诈骗罪定罪处罚。

---

①注：《刑法修正案（九）》（2015年11月1日起施行）取消了对《刑法》第170条的死刑规定。

【法刊文摘】 最高人民法院研究室关于对外国残损、变形硬币进行加工修复是否属于"变造货币"问题的研究意见①

对从废旧金属、洋垃圾中分拣的外国残损、变形硬币进行加工修复行为所涉情形较为复杂,应当区分情况处理:对分拣出的外国硬币进行清洗、挑选,或者对扭曲变形的外国硬币进行敲打、压平,不应认定为"变造货币";对其中内芯、外圈分离的硬币进行重新拼装、加工修复的,改变了真货币的形态、价值,侵犯了这些外币发行国对货币的专属发行和修复权,危害了货币的公共信用,可以认定为"变造货币"。

【法发〔2010〕9号】 最高人民法院关于贯彻宽严相济刑事政策的若干意见(2010年2月8日印发)

二、准确把握和正确适用依法从"严"的政策要求

9. 当前和今后一段时期,对于集资诈骗、贷款诈骗、制贩假币以及扰乱、操纵证券、期货市场等严重危害金融秩序的犯罪,生产、销售假药、劣药、有毒有害食品等严重危害食品药品安全的犯罪,走私等严重侵害国家经济利益的犯罪,造成严重后果的重大安全责任事故犯罪,重大环境污染、非法采矿、盗伐林木等各种严重破坏环境资源的犯罪等,要依法从严惩处,维护国家的经济秩序,保护广大人民群众的生命健康安全。

【人民银行令〔2019〕3号】 中国人民银行货币鉴别及假币收缴、鉴定管理办法(2019年9月18日中国人民银行第1次行务会议通过,2019年10月16日发布,2020年4月1日起施行;中国人民银行令〔2003〕第4号《中国人民银行假币收缴、鉴定管理办法》同时废止)

第3条 本办法所称货币是指人民币和外币。人民币是指中国人民银行依法发行的货币,包括纸币和硬币。外币是指在中华人民共和国境内可存取、兑换的其他国家(地区)流通中的法定货币。

本办法所称假币是指不由国家(地区)货币当局发行,仿照货币外观或者理化特性,足以使公众误辨并可能行使货币职能的媒介。

假币包括伪造币和变造币。伪造币是指仿照真币的图案、形状、色彩等,采用各种手段制作的假币。变造币是指在真币的基础上,利用挖补、揭层、涂

---

① 最高人民法院研究室编:《司法研究与指导》(总第2辑),人民法院出版社2012年版,第105页。

2012年6月14日,公安部根据该研究意见,印发《关于对残损硬币进行加工修复是否属于"变造货币"问题的批复》(公经〔2012〕576号),对浙江省公安厅"浙公请〔2012〕5号"请示进行了答复。

改、拼凑、移位、重印等多种方法制作，改变真币原形态的假币。

第 7 条 对于贵金属纪念币的鉴定比照本办法实施，具体办法另行制定。

第 9 条 金融机构在履行货币鉴别义务时，应当采取以下措施：

（一）确保在用现金机具的鉴别能力符合国家和行业标准；

（二）按照中国人民银行有关规定，负责组织开展机构内反假货币知识与技能培训，对办理货币收付、清分业务人员的反假货币水平进行评估，确保其具备判断和挑剔假币的专业能力；

（三）按照中国人民银行有关规定，采集、存储人民币和主要外币冠字号码。

第 14 条 金融机构在办理存取款、货币兑换等业务时发现假币的，应当予以收缴。

第 16 条 金融机构在收缴假币过程中有下列情形之一的，应当立即报告当地中国人民银行分支机构和公安机关：

（一）一次性发现假币 5 张（枚）以上和当地中国人民银行分支机构和公安机关发文另有规定的两者较小者；

（二）利用新的造假手段制造假币的；

（三）获得制造、贩卖、运输、持有或者使用假币线索的；

（四）被收缴人不配合金融机构收缴行为的；

（五）中国人民银行规定的其他情形。

第 20 条 被收缴人对收缴单位作出的有关收缴具体行政行为有异议，可以在收到《假币收缴凭证》之日起 60 日内向直接监管该金融机构的中国人民银行分支机构申请行政复议，或者依法提起行政诉讼。

第 21 条 被收缴人对被收缴货币的真伪有异议的，可以自收缴之日起 3 个工作日内，持《假币收缴凭证》直接或者通过收缴单位向当地鉴定单位提出书面鉴定申请。鉴定单位应当即时回复能否受理鉴定申请，不得无故拒绝。

鉴定单位应当无偿提供鉴定服务，鉴定后应当出具按照中国人民银行统一规范制作的《货币真伪鉴定书》，并加盖货币鉴定专用章和鉴定人名章。

第 22 条 鉴定单位鉴定时，应当至少有 2 名具备货币真伪鉴定能力的专业人员参与，并作出鉴定结论。

第 23 条 鉴定单位应当自收到鉴定申请之日起 2 个工作日内，通知收缴单位报送待鉴定货币。

收缴单位应当自收到鉴定单位通知之日起 2 个工作日内，将待鉴定货币送达鉴定单位。

第 24 条 鉴定单位应当自受理鉴定之日起 15 个工作日内完成鉴定并出具

《货币真伪鉴定书》。因情况复杂不能在规定期限内完成的,可以延长至30个工作日,但应当以书面形式向收缴单位或者被收缴人说明原因。

第25条 对盖有"假币"字样戳记的人民币纸币,经鉴定为真币的,由鉴定单位交收缴单位按照面额兑换完整券退还被收缴人,并收回《假币收缴凭证》,盖有"假币"戳记的人民币按不宜流通人民币处理;经鉴定为假币的,由鉴定单位予以没收,并向收缴单位和被收缴人开具《货币真伪鉴定书》和《假人民币没收收据》。

对收缴的外币纸币和各种硬币,经鉴定为真币的,由鉴定单位交收缴单位退还被收缴人,并收回《假币收缴凭证》;经鉴定为假币的,由鉴定单位将假币退回收缴单位依法收缴,并向收缴单位和被收缴人出具《货币真伪鉴定书》。

第26条 鉴定单位应当具备以下条件:

(一)具有2名以上具备货币真伪鉴定能力的专业人员;
(二)满足鉴定需要的货币分析技术条件;
(三)具有固定的货币真伪鉴定场所;
(四)中国人民银行要求的其他条件。

第27条 鉴定单位应当公示鉴定业务范围。中国人民银行及其分支机构应当公示授权的鉴定机构名录。中国人民银行及其分支机构授权的鉴定机构应当公示授权证书。

第28条 被收缴人对中国人民银行及其分支机构授权的鉴定机构作出的鉴定结果有异议,可以在收到《货币真伪鉴定书》之日起60日内向鉴定机构所在地的中国人民银行分支机构申请再鉴定。

被收缴人对中国人民银行分支机构作出的鉴定结果有异议,可以在收到《货币真伪鉴定书》之日起60日内向中国人民银行分支机构的上一级机构申请再鉴定。

● **立案标准** 最高人民检察院、公安部关于公安机关管辖的刑事案件立案追诉标准的规定(二)(公通字〔2022〕8号,2022年4月6日印发,2022年5月15日施行;公通字〔2010〕23号《规定》、公通字〔2011〕47号《补充规定》同时废止)

第14条 [伪造货币案(刑法第170条)] 伪造货币,涉嫌下列情形之一的,应予立案追诉:

(一)总面额在2000元以上或者币量在200张(枚)以上的;
(二)总面额在1000元以上或者币量在100张(枚)以上,2年内因伪造

货币受过行政处罚,又伪造货币的;

(三)制造货币版样或者为他人伪造货币提供版样的;

(四)其他伪造货币应予追究刑事责任的情形。

第15条 [出售、购买、运输假币案(刑法第171条第1款)] 出售、购买伪造的货币或者明知是伪造的货币而运输,涉嫌下列情形之一的,应予立案追诉:

(一)总面额在4000元以上或者币量在400张(枚)以上的;

(二)总面额在2000元以上或者币量在200张(枚)以上,2年内因出售、购买、运输假币受过行政处罚,又出售、购买、运输假币的;

(三)其他出售、购买、运输假币应予追究刑事责任的情形。

在出售假币时被抓获的,除现场查获的假币应认定为出售假币的数额外,现场之外在行为人住所或者其他藏匿地查获的假币,也应认定为出售假币的数额。

第16条 [金融工作人员购买假币、以假币换取货币案(刑法第171条第2款)] 银行或者其他金融机构的工作人员购买伪造的货币或者利用职务上的便利,以伪造的货币换取货币,总面额在2000元以上或者币量在200张(枚)以上的,应予立案追诉。

第17条 [持有、使用假币案(刑法第172条)] 明知是伪造的货币而持有、使用,涉嫌下列情形之一的,应予立案追诉:

(一)总面额在4000元以上或者币量在400张(枚)以上的;

(二)总面额在2000元以上或者币量在200张(枚)以上,2年内因持有、使用假币受过行政处罚,又持有、使用假币的;

(三)其他持有、使用假币应予追究刑事责任的情形。

第18条 [变造货币案(刑法第173条)] 变造货币,涉嫌下列情形之一的,应予立案追诉:

(一)总面额在2000元以上或者币量在200张(枚)以上的;

(二)总面额在1000元以上或者币量在100张(枚)以上,2年内因变造货币受过行政处罚,又变造货币的;

(三)其他变造货币应予追究刑事责任的情形。

第79条 本规定中的"货币"是指在境内外正在流通的以下货币:

(一)人民币(含普通纪念币、贵金属纪念币)、港元、澳门元、新台币;

(二)其他国家及地区的法定货币。

贵金属纪念币的面额以中国人民银行授权中国金币总公司的初始发售价格

为准。

第83条 本规定中的立案追诉标准，除法律、司法解释、本规定中另有规定的以外，适用于相应的单位犯罪。

第84条 本规定中的"以上"，包括本数。

> 第174条[1] 【擅自设立金融机构罪】未经国家有关主管部门批准，擅自设立商业银行、证券交易所、期货交易所、证券公司、期货经纪公司、保险公司或者其他金融机构的，处三年以下有期徒刑或者拘役，并处或者单处二万元以上二十万元以下罚金；情节严重的，处三年以上十年以下有期徒刑，并处五万元以上五十万元以下罚金。
>
> 【伪造、变造、转让金融机构经营许可证、批准文件罪】伪造、变造、转让商业银行、证券交易所、期货交易所、证券公司、期货经纪公司、保险公司或者其他金融机构的经营许可证或者批准文件的，依照前款的规定处罚。
>
> 单位犯前两款罪的，对单位判处罚金，并对其直接负责的主管人员和其他直接责任人员，依照第一款的规定处罚。

● 条文注释　设立金融机构或从事金融业务，必须经由中国银行保险监督管理委员会、中国证券监督管理委员会等国家有关主管部门批准。根据本条的规定，行为人如果具有擅自设立金融机构或伪造（包括变造）、转让金融机构经营许可证或批准文件的主观故意，并在客观上实施了该行为，就可以构成本条各款规定之罪，而没有情节上的要求。

这里的"其他金融机构"主要包括以下几类：信用合作社、信托投资公司、融资租赁公司、企业集团财务公司等。"金融机构的经营许可证"主要是指《金

---

[1] 第174条是根据1999年12月25日第9届全国人民代表大会常务委员会第13次会议通过的《刑法修正案》（主席令第27号公布，1999年12月25日起施行）而修改；原条文内容为："未经中国人民银行批准，擅自设立商业银行或者其他金融机构的，处三年以下有期徒刑或者拘役，并处或者单处二万元以上二十万元以下罚金；情节严重的，处三年以上十年以下有期徒刑，并处五万元以上五十万元以下罚金。// 伪造、变造、转让商业银行或者其他金融机构经营许可证的，依照前款的规定处罚。// 单位犯前两款罪的，对单位判处罚金，并对其直接负责的主管人员和其他直接责任人员，依照第一款的规定处罚。"

融机构法人许可证》《金融机构营业许可证》和《经营外汇业务许可证》①。

需要注意的是：

(1) 擅自设立金融机构的筹备组织，或者伪造、转让金融机构筹备组织的批准文件的，也依照本条的规定定罪处罚。

(2) 在司法实践中，金融机构违规设立分支机构的，一般不以犯罪论处。

● **相关规定** 【法〔2001〕8号】 全国法院审理金融犯罪案件工作座谈会纪要（2000年9月20日至22日在湖南长沙召开，各省、自治区、直辖市高级人民法院和解放军军事法院主管刑事审判工作的副院长、刑事审判庭庭长以及中国人民银行的代表参加；最高人民法院2001年1月21日印发）

(二) 关于破坏金融管理秩序罪

1. 非金融机构非法从事金融活动案件的处理

1998年7月13日，国务院发布了《非法金融机构和非法金融业务活动取缔办法》。1998年8月11日，国务院办公厅转发了中国人民银行整顿乱集资、乱批设金融机构和乱办金融业务实施方案，对整顿金融"三乱"工作的政策措施等问题做出了规定。各地根据整顿金融"三乱"工作实施方案的规定，对于未经中国人民银行批准，但是根据地方政府或有关部门文件设立并从事或变相从事金融业务的各类基金会、互助会、储金会等机构和组织，由各地人民政府和各有关部门限期进行清理整顿。超过实施方案规定期限继续从事非法金融业务活动的，依法予以取缔；情节严重、构成犯罪的，依法追究刑事责任。因此，上述非法从事金融活动的机构和组织只要在实施方案规定期限之前停止非法金

---

① 根据中国人民银行发布的《金融机构管理规定》（银发〔1994〕198号）第21条，经批准设立的金融机构，应持相关的批准文件到工商部门办理注册登记，然后凭《营业执照》和原批文领取《金融机构法人许可证》（具有法人资格的金融机构领取）或《金融机构营业许可证》（非法人资格的金融机构领取），方可营业。需经营外汇业务的，还须另按规定向国家外汇管理局申领《经营外汇业务许可证》。

注：《金融机构管理规定》已被中国人民银行、中国银行业监督管理委员会2010年10月26日发布的《关于废止131件规范性文件、宣布失效76件规范性文件的公告》（公告〔2010〕第15号）宣布废止。

另，中国银行业监督管理委员会于2003年5月29日公布了《关于调整市场准入管理方式和程序的决定》（银监会令2003年第1号，2003年5月26日中国银行业监督管理委员会第1次主席会议通过，2003年7月1日起施行），对银行新设分支机构的审批权限进行了调整。

国务院于2006年11月11日颁布了《外资银行管理条例》（国务院令第478号，2006年11月8日国务院第155次常务会议通过），2006年12月11日起施行。

中国人民银行于2010年6月14日发布了《非金融机构支付服务管理办法》（中国人民银行令〔2010〕第2号，2010年5月19日第7次行长办公会议通过），2010年9月1日起施行。

融业务活动的，对有关单位和责任人员，不应以擅自设立金融机构罪处理；对其以前从事的非法金融活动，一般也不作犯罪处理；这些机构和组织的人员利用职务实施的个人犯罪，如贪污罪、职务侵占罪、挪用公款罪、挪用资金罪等，应当根据具体案情分别依法定罪处罚。

【央行令〔2010〕2号】 **非金融机构支付服务管理办法**（2010年5月19日中国人民银行第7次行长办公会议通过，2010年6月14日发布，2010年9月1日起施行；根据2020年4月29日《中国人民银行关于修改〈教育储蓄管理办法〉等规章的决定》修正）

第2条 本办法所称非金融机构支付服务，是指非金融机构在收付款人之间作为中介机构提供下列部分或全部货币资金转移服务：

（一）网络支付；

（二）预付卡的发行与受理；

（三）银行卡收单；

（四）中国人民银行确定的其他支付服务。

本办法所称网络支付，是指依托公共网络或专用网络在收付款人之间转移货币资金的行为，包括货币汇兑、互联网支付、移动电话支付、固定电话支付、数字电视支付等。

本办法所称预付卡，是指以营利为目的发行的、在发行机构之外购买商品或服务的预付价值，包括采取磁条、芯片等技术以卡片、密码等形式发行的预付卡。

本办法所称银行卡收单，是指通过销售点（POS）终端等为银行卡特约商户代收货币资金的行为。

第3条 非金融机构提供支付服务，应当依据本办法规定取得《支付业务许可证》，成为支付机构。

支付机构依法接受中国人民银行的监督管理。

未经中国人民银行批准，任何非金融机构和个人不得从事或变相从事支付业务。

第8条 《支付业务许可证》的申请人应当具备下列条件：

（一）在中华人民共和国境内依法设立的有限责任公司或股份有限公司，且为非金融机构法人；……

【公经金融〔2011〕153号】 **公安部经济犯罪侦查局关于小额贷款公司是否属于金融机构的批复**（经"公经金融〔2011〕94号"函询中国人民银行，2011年8月17日答复山西省公安厅经侦总队"晋公经〔2011〕195号"请示）

根据《中华人民共和国商业银行法》《非法金融机构和非法金融业务取缔办法》等法律、行政法规的规定，我国境内（不含港、澳、台地区）的金融机构必须是由金融监督管理机构批准设立并监管、领取金融业务牌照、从事特许金融业务活动的机构。根据《中国银行业监督管理委员会、中国人民银行关于小额贷款公司试点的指导意见》（银监发〔2008〕23号），小额贷款公司是由自然人、企业法人与其他社会组织依照《中华人民共和国公司法》投资设立、不吸收公众存款、经营小额贷款业务的有限责任公司或股份有限公司，省级人民政府承担小额贷款公司风险处置责任，并明确一个主管部门（金融办或相关机构）负责对小额贷款公司的监督管理。因此，从现行金融法律规定来看，小额贷款公司属于非持牌的工商企业，目前不宜界定为金融机构。

【国务院令〔2013〕636号】 外资保险公司管理条例（2001年12月12日国务院令第336号公布；2013年5月30日国务院令第636号修订，2013年8月1日施行）

第31条 违反本条例规定，擅自设立外资保险公司或者非法从事保险业务活动的，由中国保监会予以取缔；依照刑法关于擅自设立金融机构罪、非法经营罪或者其他罪的规定，依法追究刑事责任；尚不够刑事处罚的，……

最高人民法院关于小额贷款公司享受金融机构法律诉讼待遇的建议的答复（2016年9月19日答复第12届全国人民代表大会第4次会议代表提案）

目前法律、法规没有明确小额贷款公司的机构定性属于《最高人民法院关于审理民间借贷案件适用法律若干问题的规定》第1条规定所指的经金融监管部门批准设立的从事贷款业务的金融机构及其分支机构，我们在司法实践中对中小额贷款公司的借贷纠纷系以民间借贷纠纷案件立案审理，在诉讼保全时作为一般的法人主体按照相关规定要求提供担保。据了解，中国人民银行会同银监会正在起草制定《小额贷款公司管理办法》，对小额贷款公司的机构定性和法律诉讼待遇，尚有不同观点和认识，他们在制定完善相关法规过程中将做进一步研究论证。对于您提出的小额贷款公司享受金融机构法律诉讼待遇问题，待中国人民银行、银监会《小额贷款管理办法》或相关法律、法规出台后，根据新的法律、法规对小额贷款公司的机构定性，我们将及时研究解决小额贷款公司的法律诉讼待遇问题。

【法发〔2019〕24号】 最高人民法院、最高人民检察院、公安部、司法部关于办理非法放贷刑事案件若干问题的意见（2019年7月23日印发，2019年10月21日施行）

六、（第1款）　为从事非法放贷活动，实施擅自设立金融机构、套取金融机构资金高利转贷、骗取贷款、非法吸收公众存款等行为，构成犯罪的，应当择一重罪处罚。

（第4款）　以上规定的情形，刑法、司法解释另有规定的除外。

八、本意见自2019年10月21日起施行。对于本意见施行前发生的非法放贷行为，依照最高人民法院《关于准确理解和适用刑法中"国家规定"的有关问题的通知》（法发〔2011〕155号）的规定办理。

【法释〔2020〕27号】　最高人民法院关于新民间借贷司法解释适用范围问题的批复（2020年11月9日最高法审委会第1815次会议通过，2020年12月29日公布，答复广东高院"粤高法〔2020〕108号"请示，2021年1月1日起施行）

一、关于适用范围问题。经征求金融监管部门意见，由地方金融监管部门监管的小额贷款公司、融资担保公司、区域性股权市场、典当行、融资租赁公司、商业保理公司、地方资产管理公司等七类地方金融组织，属于经金融监管部门批准设立的金融机构，其因从事相关金融业务引发的纠纷，不适用新民间借贷司法解释。

● **立案标准　最高人民检察院、公安部关于公安机关管辖的刑事案件立案追诉标准的规定（二）**（公通字〔2022〕8号，2022年4月6日印发，2022年5月15日施行；公通字〔2010〕23号《规定》、公通字〔2011〕47号《补充规定》同时废止）

第19条　[擅自设立金融机构案（刑法第174条第1款）]　未经国家有关主管部门批准，擅自设立金融机构，涉嫌下列情形之一的，应予立案追诉：

（一）擅自设立商业银行、证券交易所、期货交易所、证券公司、期货公司、保险公司或者其他金融机构的；

（二）擅自设立金融机构筹备组织的。

第20条　[伪造、变造、转让金融机构经营许可证、批准文件案（刑法第174条第2款）]　伪造、变造、转让商业银行、证券交易所、期货交易所、证券公司、期货公司、保险公司或者其他金融机构的经营许可证或者批准文件的，应予立案追诉。

第83条　本规定中的立案追诉标准，除法律、司法解释、本规定中另有规定的以外，适用于相应的单位犯罪。

> **第 175 条** 【高利转贷罪】以转贷牟利为目的,套取金融机构信贷资金高利转贷他人,违法所得数额较大的,处三年以下有期徒刑或者拘役,并处违法所得一倍以上五倍以下罚金;数额巨大的,处三年以上七年以下有期徒刑,并处违法所得一倍以上五倍以下罚金。
>
> 单位犯前款罪的,对单位判处罚金,并对其直接负责的主管人员和其他直接责任人员,处三年以下有期徒刑或者拘役。

● **条文注释** 构成本罪,必须具备以下条件:(1)行为人具有高利转贷的主观故意。(2)行为人实施了套取金融机构信贷资金高利转贷他人的行为。(3)违法所得数额较大或巨大。

这里说的"套取",是指编造虚假理由从金融机构获得信贷资金;"高利转贷",是指将套取的资金转贷给他人,并且收取比金融机构贷款利率高出许多的利率。"违法所得数额较大",是指获利在 10 万元以上。

需要注意的是:根据"公通字〔2010〕23号"《立案标准》,两年内因高利转贷受过行政处罚 2 次以上,又实施高利转贷的,也按本条定罪处罚;2022 年 5 月 15 日施行的《立案标准》删除了该规定。

● **相关规定** 【法发〔2019〕24号】 **最高人民法院、最高人民检察院、公安部、司法部关于办理非法放贷刑事案件若干问题的意见**(2019 年 7 月 23 日印发,2019 年 10 月 21 日施行)

六、(第 1 款) 为从事非法放贷活动,实施擅自设立金融机构、套取金融机构资金高利转贷、骗取贷款、非法吸收公众存款等行为,构成犯罪的,应当择一重罪处罚。

(第 4 款) 以上规定的情形,刑法、司法解释另有规定的除外。

八、本意见自 2019 年 10 月 21 日起施行。对于本意见施行前发生的非法放贷行为,依照最高人民法院《关于准确理解和适用刑法中"国家规定"的有关问题的通知》(法发〔2011〕155 号)的规定办理。

【法〔2019〕254号】 **全国法院民商事审判工作会议纪要**(2019 年 9 月 11 日最高人民法院审判委员会民事行政专业委员会第 319 次会议原则通过,最高人民法院 2019 年 11 月 8 日印发)

52. 民间借贷中,出借人的资金必须是自有资金。出借人套取金融机构信贷资金又高利转贷给借款人的民间借贷行为，既增加了融资成本，又扰乱了信贷秩序，根据民间借贷司法解释第 14 条第 1 项的规定，应当认定此类民间借贷行为无效。人民法院在适用该条规定时，应当注意把握以下几点：一是要审查出借人的资金来源。借款人能够举证证明在签订借款合同时出借人尚欠银行贷款未还的，一般可以推定为出借人套取信贷资金，但出借人能够举反证予以推翻的除外；二是从宽认定"高利"转贷行为的标准，只要出借人通过转贷行为牟利的，就可以认定为是"高利"转贷行为；三是对该条规定的"借款人事先知道或者应当知道的"要件，不宜把握过苛。实践中，只要出借人在签订借款合同时存在尚欠银行贷款未还事实的，一般可以认为满足了该条规定的"借款人事先知道或者应当知道"这一要件。

● 立案标准　最高人民检察院、公安部关于公安机关管辖的刑事案件立案追诉标准的规定（二）（公通字〔2022〕8 号，2022 年 4 月 6 日印发，2022 年 5 月 15 日施行；公通字〔2010〕23 号《规定》、公通字〔2011〕47 号《补充规定》同时废止）

第 21 条　[高利转贷案（刑法第 175 条）]　以转贷牟利为目的，套取金融机构信贷资金高利转贷他人，违法所得数额在 50 万元以上的，应予立案追诉。[①]

第 83 条　本规定中的立案追诉标准，除法律、司法解释、本规定中另有规定的以外，适用于相应的单位犯罪。

第 84 条　本规定中的"以上"，包括本数。

第 175 条之一[②]　**【骗取贷款、票据承兑、金融票证罪】** 以欺骗手段取得银行或者其他金融机构贷款、票据承兑、信用证、保函等，给银行或者其他金融机构造成重大损失或者有其他严重情节[③]的，处三年以下有期徒刑或者拘役，并处或者单处罚金；给银行或者其他金融机构造成特别重大损失或者有其他特别严重情节的，处三年以上七年以下有期徒刑，并处罚金。

[①] 注：公通字〔2010〕23 号《规定》曾规定，"虽未达到上述数额标准，但 2 年内因高利转贷受过行政处罚 2 次以上，又高利转贷的"应予立案追诉。该规定被删除。

[②] 第 175 条之一是根据 2006 年 6 月 29 日第 10 届全国人民代表大会常务委员会第 22 次会议通过的《刑法修正案（六）》（主席令第 51 号公布，2006 年 6 月 29 日起施行）而增设。

[③] 本部分内容被《刑法修正案（十一）》（2020 年 12 月 26 日第 13 届全国人大常委会第 24 次会议通过，主席令第 66 号公布）删除，2021 年 3 月 1 日起施行。

> 单位犯前款罪的，对单位判处罚金，并对其直接负责的主管人员和其他直接责任人员，依照前款的规定处罚。

● **条文注释** 构成本罪，必须具备以下条件：（1）行为人具有欺骗金融机构的主观故意。（2）在客观上骗取了金融机构的贷款或金融票据。（3）给金融机构造成重大以上损失。

这里的"欺骗"，既包括在申请贷款或金融票据时虚构事实、隐瞒真相或提供虚假材料的行为，也包括将所取得的贷款资金擅自改变原申请用途。

需要注意的是：

（1）《刑法修正案（十一）》对本条第1款规定修改后，构成本罪只有唯一的标准，即给金融机构造成重大以上损失。比如，行为人骗取了银行100万元以上的票据承兑票证，尚未兑现的，不构成本罪。

（2）本罪与《刑法》第193条贷款诈骗罪的异同：两者都存在以欺骗手段取得金融机构贷款的行为；但是后者最高可以被判处无期徒刑，它要求行为人必须具备"非法占有"的目的，并且犯罪主体只能是个人。

● **相关规定** 最高人民法院刑事审判第二庭关于针对骗取贷款、票据承兑、金融票据和违法发放贷款罪立案追诉标准的意见（2009年6月24日答复公安部经济犯罪侦查局）

根据《贷款通则》第34条的规定，不良贷款是指呆账贷款、呆滞贷款、逾期贷款。《贷款分类指导原则》（试行）第3条规定，贷款分为正常、关注、次级、可疑和损失5类，后3类合称为不良贷款。因此，不良贷款根据不同的标准划分为不同级别、各个级别的风险程度也有差别，不宜一概以金融机构出具的"形成不良贷款"的结论来认定"造成重大损失"。例如达到"次级"的贷款，虽然借贷人的还贷能力出现明显问题，依靠其正常经营收入已无法保证足额偿还本息，但若有他人为之提供担保的，银行仍然可以通过民事诉讼实现债权。因此，"不良贷款"不等于"经济损失"，亦不能将"形成不良贷款数额"等同于"重大经济损失数额"。

【公经〔2009〕314号】 公安部经济犯罪侦查局关于骗取贷款罪和违法发放贷款罪的立案追诉标准问题的批复（经征求最高人民检察院公诉厅、最高人民法院刑事审判第二庭意见，2009年7月24日答复辽宁省公安厅经侦总队"辽公经办〔2009〕094号"、重庆市公安局经侦总队"渝公经侦文〔2009〕53

号"、陕西省公安厅经侦总队"陕公经〔2009〕184号"请示）

二、关于给银行或者其他金融机构"造成重大损失"的认定问题

如果银行或者其他金融机构仅仅出具"形成不良贷款数额"的结论，不宜认定为"重大经济损失数额"。根据目前国有独资银行、股份制商业银行实行的贷款五级分类制，商业贷款分为正常、关注、次级、可疑、损失五类，其中后三类统称为不良贷款。不良贷款尽管"不良"但不一定形成了既成的损失，因此"不良贷款"不等于"经济损失"，也不能将"形成不良贷款数额"等同于"重大经济损失数额"。

三、关于骗取贷款具有"其他严重情节"的认定问题①

骗取贷款是否具有"其他严重情节"，应当是其社会危害性与《立案追诉标准（二）》中已列明的各具体情节大体相当的情节，可根据此原则，结合案件具体情况分析，依法办理。例如，多次以欺骗手段取得银行或者其他金融机构贷款的行为，反映了行为人主观恶性程度，因此这种情形属于有"其他严重情节"。通过向银行等金融机构工作人员行贿骗取贷款、票据承兑、金融票证的行为，如果行贿行为不单独构成犯罪，可以认定为骗取贷款等行为的"其他严重情节"；如果行贿行为构成犯罪，则不应再作为其他行为的情节来认定。通过持续"借新还旧"以及民间借贷方式偿还贷款的行为，不能简单认定为"其他严重情节"。

【刑他字〔2011〕53号】 最高人民法院关于被告人陈岩骗取贷款请示一案的批复（2011年7月20日答复广东高院"粤高法〔2011〕111号"请示）

1. 骗取贷款罪，虽不要求行为人具有非法占有目的，但应以危害金融安全为要件。被告人陈岩虽然采用欺骗手段从银行获取贷款的数额特别巨大，但其提供了足额真实抵押未给银行造成损失，不会危及金融安全。因此，陈岩的行为不属于刑法第175条之一规定的"有其他严重情节"，不构成犯罪。

2. 关于如何正确理解和执行最高人民检察院、公安部《关于公安机关管辖的刑事案件立案追诉标准的规定（二）》的相关规定，请按照最高人民法院法发〔2010〕22号《关于在经济犯罪审判中参照适用〈最高人民检察院、公安部关

---

① 注：《刑法修正案（十一）》（2021年3月1日起施行）删除了《刑法》第175条之一第一档刑期的"其他严重情节"构罪条件，本条内容已失效；但可作为第二档刑期"其他特别严重情节"的评价参考。

于公安机关管辖的刑事案件立案追诉标准的规定（二）》的通知》① 的要求执行。

【法发〔2019〕24号】 最高人民法院、最高人民检察院、公安部、司法部关于办理非法放贷刑事案件若干问题的意见（2019年7月23日印发，2019年10月21日施行）

六、（第1款）　为从事非法放贷活动，实施擅自设立金融机构、套取金融机构资金高利转贷、骗取贷款、非法吸收公众存款等行为，构成犯罪的，应当择一重罪处罚。

（第4款）　以上规定的情形，刑法、司法解释另有规定的除外。

八、本意见自2019年10月21日起施行。对于本意见施行前发生的非法放贷行为，依照最高人民法院《关于准确理解和适用刑法中"国家规定"的有关问题的通知》（法发〔2011〕155号）的规定办理。

● **立案标准**　最高人民检察院、公安部关于公安机关管辖的刑事案件立案追诉标准的规定（二）（公通字〔2022〕8号，2022年4月6日印发，2022年5月15日施行；公通字〔2010〕23号《规定》、公通字〔2011〕47号《补充规定》同时废止）

第22条［骗取贷款、票据承兑、金融票证案（刑法第175条之1）］　以欺骗手段取得银行或者其他金融机构贷款、票据承兑、信用证、保函等，给银行或者其他金融机构造成直接经济损失数额在50万元以上的，应予立案追诉。②

第83条　本规定中的立案追诉标准，除法律、司法解释、本规定中另有规定的以外，适用于相应的单位犯罪。

第84条　本规定中的"以上"，包括本数。

---

① 注："法发〔2010〕22号"《通知》规定："一、最高人民法院对相关经济犯罪的定罪量刑标准没有规定的，人民法院在审理经济犯罪案件时，可以参照适用《标准二》的规定。二、各级人民法院在参照适用《标准二》的过程中，如认为《标准二》的有关规定不能适应案件审理需要的，要结合案件具体情况和本地实际，依法审慎稳妥处理好案件的法律适用和政策把握，争取更好的社会效果。"

② 注：公通字〔2010〕23号《规定》曾规定，"虽未达到上述数额标准，但多次以欺骗手段取得贷款、票据承兑、信用证、保函等的"、"骗取数额在100万元以上的"应予立案追诉。该规定被删除。

第 176 条 【非法吸收公众存款罪】非法吸收公众存款或者变相吸收公众存款，扰乱金融秩序的，处三年以下有期徒刑或者拘役，并处或者单处罚金；数额巨大或者有其他严重情节的，处三年以上十年以下有期徒刑，并处罚金；数额特别巨大或者有其他特别严重情节的，处十年以上有期徒刑，并处罚金。[①]

单位犯前款罪的，对单位判处罚金，并对其直接负责的主管人员和其他直接责任人员，依照前款的规定处罚。

有前两款行为，在提起公诉前积极退赃退赔，减少损害结果发生的，可以从轻或者减轻处罚。[②]

● **条文注释**　本罪打击的是不具备吸收公众存款主体资格的单位或个人非法募集社会公众资金的行为。如果行为人本身具有吸收公众存款的主体资格，但是违规设立金融品种项目，擅自高息揽储，恶意竞争，同样扰乱了金融秩序。对于这种行为，一般应当适用《商业银行法》予以行政处罚，不宜按本罪处理。

这里的"公众"应当理解为自然人，不包括企业、团体等单位组织。所募集的资金主要指正在流通的人民币或外币，也包括具有货币属性的贵金属和有价票证。

"吸收公众存款"是指对不特定人群进行集资借贷。如果集资对象是少数特定个人（如亲友）或特定范围内（如单位内部），则不具有"公众"属性，不能适用本条规定。这里的"亲友"应当限于存在密切交往关系的亲戚朋友，"单位内部"应当限于在我国合法注册或具有组织机构代码的组织内部（本区域）。如果将其概念扩大至跨区域的泛泛之交（如网友、校友等），或整个行业系统（如中石油、铁路职工等），或未经合法成立的民间组织（如合作社、俱乐部等），或特定条件的人群（如注册用户、加盟成员等），则仍可认为其具有公众属性。

[①] 本款规定由《刑法修正案（十一）》（2020年12月26日第13届全国人大常委会第24次会议通过，主席令第66号公布）修改，2021年3月1日起施行；原规定为："非法吸收公众存款或者变相吸收公众存款，扰乱金融秩序的，处三年以下有期徒刑或者拘役，并处或者单处二万元以上二十万元以下罚金；数额巨大或者有其他严重情节的，处三年以上十年以下有期徒刑，并处五万元以上五十万元以下罚金。"即删除了具体的罚金数额，并增加了第三档刑期。

[②] 本款规定由《刑法修正案（十一）》（2020年12月26日第13届全国人大常委会第24次会议通过，主席令第66号公布）增设，2021年3月1日起施行。

"变相吸收公众存款"是指行为人以"存款"之外的其他名义和形式（如资金借贷、投资经营、集资入股、融资理财、购物返本、合作互相、保健养生、养老服务等）非法募集公众资金的行为。这些行为，往往会炒作各种热点概念，并借以传销的形式进行"拉人头"推广；如果同时构成其他犯罪，择重处之。

《刑法修正案（十一）》施行后，非法吸收公众存款罪成为刑法中对经济犯罪规定"退赃"可以减轻处罚的3个罪名之一（另两个分别是第383条规定的贪污罪，第272条规定的挪用资金罪）。

需要注意的是：本罪与第192条规定的集资诈骗罪都存在非法集资的行为，其根本区别在于后者要求行为人必须以"非法占有"为目的，并且必须使用诈骗方法募集资金。

● **相关规定** 【法〔2001〕8号】 **全国法院审理金融犯罪案件工作座谈会纪要**（最高人民法院2001年1月21日印发）

（二）关于破坏金融管理秩序罪

4. 破坏金融管理秩序相关犯罪数额和情节的认定

最高人民法院先后颁行了《关于审理伪造货币等案件具体应用法律若干问题的解释》、《关于审理走私刑事案件具体应用法律若干问题的解释》，对伪造货币、走私、出售、购买、运输假币等犯罪的定罪处刑标准以及相关适用法律问题作出了明确规定。为正确执行刑法，在其他有关的司法解释出台之前，对假币犯罪以外的破坏金融管理秩序犯罪的数额和情节，可参照以下标准掌握：

（第1款）关于非法吸收公众存款罪。非法吸收或者变相吸收公众存款的，要从非法吸收公众存款的数额、范围以及给存款人造成的损失等方面来判定扰乱金融秩序造成危害的程度。根据司法实践，具有下列情形之一的，可以按非法吸收公众存款罪定罪处罚：

（1）个人非法吸收或者变相吸收公众存款20万元以上的，单位非法吸收或者变相吸收公众存款100万元以上的；

（2）个人非法吸收或者变相吸收公众存款30户以上的，单位非法吸收或者变相吸收公众存款150户以上的；

（3）个人非法吸收或者变相吸收公众存款给存款人造成损失10万元以上的，单位非法吸收或者变相吸收公众存款给存款人造成损失50万元以上的，或者造成其他严重后果的；个人非法吸收或者变相吸收公众存款100万元以上，单位非法吸收或者变相吸收公众存款500万元以上的，可以认定为"数额巨大"。

【刑二函字〔2001〕35号】 最高人民法院刑事审判第二庭关于刘××等人的行为如何认定罪名的复函（2001年7月11日答复公安部经济犯罪侦查局"公经〔2001〕630号"征询）

一、刘××等人系银行工作人员，不能构成非法吸收公众存款罪的犯罪主体。

最高人民法院刑事审判第二庭关于以投资林业为名向社会吸收资金行为定性的答复意见（2004年9月8日回复公安部经济犯罪侦查局）

在现有的刑事立法框架内，在刑事司法上将非法集资视同为变相吸存，以非法吸收公众存款罪定罪处罚，是必要的，也是可行的。国务院《非法金融机构和非法金融业务活动取缔办法》以及中国人民银行《关于取缔非法金融机构和非法金融业务活动中有关问题的通知》中，对非法吸存、变相吸存、非法集资的规定，除了具体手法有所不同，三者并无实质性区别。刑法未对非法集资专门规定罪名，在以往的司法实践中，以非法占有为目的的非法吸存是以集资诈骗罪处罚的。对于不具有非法占有目的的非法集资行为也有按非法吸收公众存款罪定罪处罚的先例。但是，对于以投资某些项目为名向社会公众非法吸收资金案件的违法性把握上应当慎重，除未经国家金融主管部门批准外，只有所涉及的项目及经营方式也违反了行政审批的有关规定，才作为犯罪论处。

【法研〔2001〕71号】 最高人民法院研究室关于认定非法吸收公众存款罪主体问题的复函（2001年9月10日答复公安部经济犯罪侦查局"公经〔2001〕630号"征求意见函）

金融机构及其工作人员不能构成非法吸收公众存款罪的犯罪主体。对于银行或者其他金融机构及其工作人员以牟利为目的，采用吸收客户资金不入账并将资金用于非法拆借、发放贷款，构成犯罪的，依照刑法有关规定定罪处罚。

【证监发〔2008〕1号】 最高人民法院、最高人民检察院、公安部、中国证券监督管理委员会关于整治非法证券活动有关问题的通知（2008年1月2日印发）

二、明确法律政策界限，依法打击非法证券活动

（二）关于擅自发行证券的责任追究。未经依法核准，擅自发行证券，涉嫌犯罪的，依照《刑法》第179条之规定，以擅自发行股票、公司、企业债券罪追究刑事责任。未经依法核准，以发行证券为幌子，实施非法证券活动，涉嫌犯罪的，依照《刑法》第176条、第192条等规定，以非法吸收公众存款罪、集资诈骗罪等罪名追究刑事责任。未构成犯罪的，依照《证券法》和有关法律的规定给予行政处罚。

【法〔2011〕262 号】　最高人民法院关于非法集资刑事案件性质认定问题的通知（2011 年 8 月 18 日印发）

一、行政部门对于非法集资的性质认定，不是非法集资案件进入刑事程序的必经程序。行政部门未对非法集资作出性质认定的，不影响非法集资刑事案件的审判。

二、人民法院应当依照刑法和《最高人民法院关于审理非法集资刑事案件具体应用法律若干问题的解释》等有关规定认定案件事实的性质，并认定相关行为是否构成犯罪。

三、对于案情复杂、性质认定疑难的案件，人民法院可以在有关部门关于是否符合行业技术标准的行政认定意见的基础上，根据案件事实和法律规定作出性质认定。

四、非法集资刑事案件的审判工作涉及领域广、专业性强，人民法院在审理此类案件当中要注意加强与有关行政主（监）管部门以及公安机关、人民检察院的配合。审判工作中遇到重大问题难以解决的，请及时报告最高人民法院。

【公通字〔2014〕16 号】　最高人民法院、最高人民检察院、公安部关于办理非法集资刑事案件适用法律若干问题的意见（2014 年 3 月 25 日印发）

一、关于行政认定的问题

行政部门对于非法集资的性质认定，不是非法集资刑事案件进入刑事诉讼程序的必经程序。行政部门未对非法集资作出性质认定的，不影响非法集资刑事案件的侦查、起诉和审判。

公安机关、人民检察院、人民法院应当依法认定案件事实的性质，对于案情复杂、性质认定疑难的案件，可参考有关部门的认定意见，根据案件事实和法律规定作出性质认定。

二、关于"向社会公开宣传"的认定问题

《最高人民法院关于审理非法集资刑事案件具体应用法律若干问题的解释》第 1 条第 1 款第 2 项中的"向社会公开宣传"，包括以各种途径向社会公众传播吸收资金的信息，以及明知吸收资金的信息向社会公众扩散而予以放任等情形。

三、关于"社会公众"的认定问题

下列情形不属于《最高人民法院关于审理非法集资刑事案件具体应用法律若干问题的解释》第 1 条第 2 款规定的"针对特定对象吸收资金"的行为，应当认定为向社会公众吸收资金：

（一）在向亲友或者单位内部人员吸收资金的过程中，明知亲友或者单位内部人员向不特定对象吸收资金而予以放任的；

（二）以吸收资金为目的，将社会人员吸收为单位内部人员，并向其吸收资金的。

四、关于共同犯罪的处理问题

为他人向社会公众非法吸收资金提供帮助，从中收取代理费、好处费、返点费、佣金、提成等费用，构成非法集资共同犯罪的，应当依法追究刑事责任。能够及时退缴上述费用的，可依法从轻处罚；其中情节轻微的，可以免除处罚；情节显著轻微、危害不大的，不作为犯罪处理。

五、关于涉案财物的追缴和处置问题

向社会公众非法吸收的资金属于违法所得。以吸收的资金向集资参与人支付的利息、分红等回报，以及向帮助吸收资金人员支付的代理费、好处费、返点费、佣金、提成等费用，应当依法追缴。集资参与人本金尚未归还的，所支付的回报可予折抵本金。

将非法吸收的资金及其转换财物用于清偿债务或者转让给他人，有下列情形之一的，应当依法追缴：

（一）他人明知是上述资金及财物而收取的；

（二）他人无偿取得上述资金及财物的；

（三）他人以明显低于市场的价格取得上述资金及财物的；

（四）他人取得上述资金及财物系源于非法债务或者违法犯罪活动的；

（五）其他依法应当追缴的情形。

查封、扣押、冻结的易贬值及保管、养护成本较高的涉案财物，可以在诉讼终结前依照有关规定变卖、拍卖。所得价款由查封、扣押、冻结机关予以保管，待诉讼终结后一并处置。

查封、扣押、冻结的涉案财物，一般应在诉讼终结后，返还集资参与人。涉案财物不足全部返还的，按照集资参与人的集资额比例返还。

六、关于证据的收集问题

办理非法集资刑事案件中，确因客观条件的限制无法逐一收集集资参与人的言词证据的，可结合已收集的集资参与人的言词证据和依法收集并查证属实的书面合同、银行账户交易记录、会计凭证及会计账簿、资金收付凭证、审计报告、互联网电子数据等证据，综合认定非法集资对象人数和吸收资金数额等犯罪事实。

【高检诉〔2017〕14 号】　最高人民检察院关于办理涉互联网金融犯罪案件有关问题座谈会纪要（2017 年 6 月 1 日印发）

二、准确界定涉互联网金融行为法律性质

（一）非法吸收公众存款行为的认定

6. 涉互联网金融活动在未经有关部门依法批准的情形下，公开宣传并向不特定公众吸收资金，承诺在一定期限内还本付息的，应当依法追究刑事责任①。其中，应重点审查互联网金融活动相关主体是否存在归集资金、沉淀资金，致使投资人资金存在被挪用、侵占等重大风险等情形。

7. 互联网金融的本质是金融，判断其是否属于"未经有关部门依法批准"，即行为是否具有非法性的主要法律依据是《商业银行法》、《非法金融机构和非法金融业务活动取缔办法》（国务院令第 247 号）等现行有效的金融管理法律规定。

8. 对以下网络借贷领域的非法吸收公众资金的行为，应当以非法吸收公众存款罪分别追究相关行为主体的刑事责任：

（1）中介机构以提供信息中介服务为名，实际从事直接或间接归集资金、甚至自融或变相自融等行为，应当依法追究中介机构的刑事责任。特别要注意识别变相自融行为，如中介机构通过拆分融资项目期限、实行债权转让等方式为自己吸收资金的，应当认定为非法吸收公众存款。

（2）中介机构与借款人存在以下情形之一的，应当依法追究刑事责任：①中介机构与借款人合谋或者明知借款人存在违规情形，仍为其非法吸收公众存款提供服务的；中介机构与借款人合谋，采取向出借人提供信用担保、通过电子渠道以外的物理场所开展借贷业务等违规方式向社会公众吸收资金的；②双方合谋通过拆分融资项目期限、实行债权转让等方式为借款人吸收资金的。在对中介机构、借款人进行追诉时，应根据各自在非法集资中的地位、作用确定其刑事责任。中介机构虽然没有直接吸收资金，但是通过大肆组织借款人开展非法集资并从中收取费用数额巨大、情节严重的，可以认定为主犯。

（3）借款人故意隐瞒事实，违反规定，以自己名义或借用他人名义利用多个网络借贷平台发布借款信息，借款总额超过规定的最高限额，或将吸收资金

---

① 注：本条规定只满足《最高人民法院关于审理非法集资刑事案件具体应用法律若干问题的解释》（法释〔2022〕5 号）第 1 条规定的"非法吸收公众存款或者变相吸收公众存款"的界定条件；原本还须具备《解释》第 2 条规定的 12 种情形之一，才能以非法吸收公众存款罪定罪处罚。但《纪要》直接规定"应当依法追究刑事责任"，相当于突破了《解释》的规定。

用于明确禁止的投资股票、场外配资、期货合约等高风险行业，造成重大损失和社会影响的，应当依法追究借款人的刑事责任。对于借款人将借款主要用于正常的生产经营活动，能够及时清退所吸收资金，不作为犯罪处理。

9. 在非法吸收公众存款罪中，原则上认定主观故意并不要求以明知法律的禁止性规定为要件。特别是具备一定涉金融活动相关从业经历、专业背景或在犯罪活动中担任一定管理职务的犯罪嫌疑人，应当知晓相关金融法律管理规定，如果有证据证明其实际从事的行为应当批准而未经批准，行为在客观上具有非法性，原则上就可以认定其具有非法吸收公众存款的主观故意。在证明犯罪嫌疑人的主观故意时，可以收集运用犯罪嫌疑人的任职情况、职业经历、专业背景、培训经历、此前任职单位或者其本人因从事同类行为受到处罚情况等证据，证明犯罪嫌疑人提出的"不知道相关行为被法律所禁止，故不具有非法吸收公众存款的主观故意"等辩解不能成立。除此之外，还可以收集运用以下证据进一步印证犯罪嫌疑人知道或应当知道其所从事行为具有非法性，比如犯罪嫌疑人故意规避法律以逃避监管的相关证据：自己或要求下属与投资人签订虚假的亲友关系确认书，频繁更换宣传用语逃避监管，实际推介内容与宣传用语、实际经营状况不一致，刻意向投资人夸大公司兑付能力，在培训课程中传授或接受规避法律的方法，等等。

10. 对于无相关职业经历、专业背景，且从业时间短暂，在单位犯罪中层级较低，纯属执行单位领导指令的犯罪嫌疑人提出辩解的，如确实无其他证据证明其具有主观故意的，可以不作为犯罪处理。另外，实践中还存在犯罪嫌疑人提出因信赖行政主管部门出具的相关意见而陷入错误认识的辩解。如果上述辩解确有证据证明，不作为犯罪处理，但应当对行政主管部门出具的相关意见及其出具过程进行查证，如存在以下情形之一，仍应认定犯罪嫌疑人具有非法吸收公众存款的主观故意：

（1）行政主管部门出具意见所涉及的行为与犯罪嫌疑人实际从事的行为不一致的；

（2）行政主管部门出具的意见未对是否存在非法吸收公众存款问题进行合法性审查，仅对其他合法性问题进行审查的；

（3）犯罪嫌疑人在行政主管部门出具意见时故意隐瞒事实、弄虚作假的；

（4）犯罪嫌疑人与出具意见的行政主管部门的工作人员存在利益输送行为的；

（5）犯罪嫌疑人存在其他影响和干扰行政主管部门出具意见公正性的情形的。

对于犯罪嫌疑人提出因信赖专家学者、律师等专业人士、主流新闻媒体宣传或有关行政主管部门工作人员的个人意见而陷入错误认识的辩解，不能作为犯罪嫌疑人判断自身行为合法性的根据和排除主观故意的理由。

11. 负责或从事吸收资金行为的犯罪嫌疑人非法吸收公众存款金额，根据其实际参与吸收的全部金额认定。但以下金额不应计入该犯罪嫌疑人的吸收金额：

（1）犯罪嫌疑人自身及其近亲属所投资的资金金额；

（2）记录在犯罪嫌疑人名下，但其未实际参与吸收且未从中收取任何形式好处的资金。

吸收金额经过司法会计鉴定的，可以将前述不计入部分直接扣除。但是，前述两项所涉金额仍应计入相对应的上一级负责人及所在单位的吸收金额。

12. 投资人在每期投资结束后，利用投资账户中的资金（包括每期投资结束后归还的本金、利息）进行反复投资的金额应当累计计算，但对反复投资的数额应当作出说明。对负责或从事行政管理、财务会计、技术服务等辅助工作的犯罪嫌疑人，应当按照其参与的犯罪事实，结合其在犯罪中的地位和作用，依法确定刑事责任范围。

13. 确定犯罪嫌疑人的吸收金额时，应当重点审查、运用以下证据：

（1）涉案主体自身的服务器或第三方服务器上存储的交易记录等电子数据；

（2）会计账簿和会计凭证；

（3）银行账户交易记录、POS机支付记录；

（4）资金收付凭证、书面合同等书证。仅凭投资人报案数据不能认定吸收金额。

【高检会〔2019〕2号】　最高人民法院、最高人民检察院、公安部关于办理非法集资刑事案件若干问题的意见（2019年1月30日印发）（略）①

【法发〔2019〕24号】　最高人民法院、最高人民检察院、公安部、司法部关于办理非法放贷刑事案件若干问题的意见（2019年7月23日印发，2019年10月21日施行）

六、（第1款）　为从事非法放贷活动，实施擅自设立金融机构、套取金融机构资金高利转贷、骗取贷款、非法吸收公众存款等行为，构成犯罪的，应当择一重罪处罚。

---

① 注：为节省篇幅，本《意见》内容详见《刑法》第192条的"相关规定"。

（第 4 款） 以上规定的情形，刑法、司法解释另有规定的除外。

八、本意见自 2019 年 10 月 21 日起施行。对于本意见施行前发生的非法放贷行为，依照最高人民法院《关于准确理解和适用刑法中"国家规定"的有关问题的通知》（法发〔2011〕155 号）的规定办理。

【法释〔2020〕6 号】 最高人民法院关于审理民间借贷案件适用法律若干问题的规定（2020 年 8 月 18 日最高人民法院审判委员会第 1809 次会议修订，2020 年 8 月 20 日公布施行；2020 年 12 月 23 日法释〔2020〕17 号修正，2021 年 1 月 1 日起施行）①

第 1 条　本规定所称的民间借贷，是指自然人、法人和非法人组织之间进行资金融通的行为。

经金融监管部门批准设立的从事贷款业务的金融机构及其分支机构，因发放贷款等相关金融业务引发的纠纷，不适用本规定。

第 5 条　人民法院立案后，发现民间借贷行为本身涉嫌非法集资等犯罪的，应当裁定驳回起诉，并将涉嫌非法集资等犯罪的线索、材料移送公安或者检察机关。

公安或者检察机关不予立案，或者立案侦查后撤销案件，或者检察机关作出不起诉决定，或者经人民法院生效判决认定不构成非法集资等犯罪，当事人又以同一事实向人民法院提起诉讼的，人民法院应当受理。

第 6 条　人民法院立案后，发现与民间借贷纠纷案件虽有关联但不是同一事实的涉嫌非法集资等犯罪的线索、材料的，人民法院应当继续审理民间借贷纠纷案件，并将涉嫌非法集资等犯罪的线索、材料移送公安或者检察机关。

第 7 条　民间借贷纠纷的基本案件事实必须以刑事案件的审理结果为依据，而该刑事案件尚未审结的，人民法院应当裁定中止诉讼。

第 8 条　借款人涉嫌犯罪或者生效判决认定其有罪，出借人起诉请求担保人承担民事责任的，人民法院应予受理。

第 12 条　借款人或者出借人的借贷行为涉嫌犯罪，或者已经生效的裁判认定构成犯罪，当事人提起民事诉讼的，民间借贷合同并不当然无效。人民法院

---

① 注：2020 年 12 月 29 日最高人民法院公布《关于新民间借贷司法解释适用范围问题的批复》（2020 年 11 月 9 日最高人民法院审判委员会第 1815 次会议通过，答复广东高院"粤高法〔2020〕108 号"请示，2021 年 1 月 1 日施行），关于适用范围问题：经征求金融监管部门意见，由地方金融监管部门监管的小额贷款公司、融资担保公司、区域性股权市场、典当行、融资租赁公司、商业保理公司、地方资产管理公司等 7 类地方金融组织，属于经金融监管部门批准设立的金融机构，其因从事相关金融业务引发的纠纷，不适用新民间借贷司法解释。

应当依据民法典第 144 条、第 146 条、第 153 条、第 154 条以及本规定第 13 条之规定，认定民间借贷合同的效力。

担保人以借款人或者出借人的借贷行为涉嫌犯罪或者已经生效的裁判认定构成犯罪为由，主张不承担民事责任的，人民法院应当依据民间借贷合同与担保合同的效力、当事人的过错程度，依法确定担保人的民事责任。

第 31 条　本规定施行后，人民法院新受理的一审民间借贷纠纷案件，适用本规定。

2020 年 8 月 20 日之后新受理的一审民间借贷案件，借贷合同成立于 2020 年 8 月 20 日之前，当事人请求适用当时的司法解释计算自合同成立到 2020 年 8 月 19 日的利息部分的，人民法院应予支持；对于自 2020 年 8 月 20 日到借款返还之日的利息部分，适用起诉时本规定的利率保护标准计算。

本规定施行后，最高人民法院以前作出的相关司法解释与本规定不一致的，以本规定为准。

【法发〔2022〕2 号】　最高人民法院关于充分发挥司法职能作用助力中小微企业发展的指导意见（2022 年 1 月 13 日）

7.……对于中小微企业非法吸收或者变相吸收公众存款，主要用于正常的生产经营活动，能够及时清退所吸收资金的，可以免予刑事处罚；情节显著轻微、危害不大的，不作为犯罪处理。

【法释〔2022〕5 号】　最高人民法院关于审理非法集资刑事案件具体应用法律若干问题的解释（法释〔2010〕18 号《解释》2011 年 1 月 4 日施行；2021 年 12 月 30 日最高法审委会第 1860 次会议修改，2022 年 2 月 23 日公布，2022 年 3 月 1 日施行）

第 1 条　违反国家金融管理法律规定，向社会公众（包括单位和个人）吸收资金的行为，同时具备下列 4 个条件的，除刑法另有规定的以外，应当认定为刑法第 176 条规定的"非法吸收公众存款或者变相吸收公众存款"：（一）未经有关部门依法许可（**批准**）或者借用合法经营的形式吸收资金；（二）通过**网络**、媒体、推介会、传单、手机信息（**短信**）等途径向社会公开宣传；（三）承诺在一定期限内以货币、实物、股权等方式还本付息或者给付回报；（四）向社会公众即社会不特定对象吸收资金。

未向社会公开宣传，在亲友或者单位内部针对特定对象吸收资金的，不属于非法吸收或者变相吸收公众存款。

第 2 条实施下列行为之一，符合本解释第 1 条第 1 款规定的条件的，应当依照刑法第 176 条的规定,以非法吸收公众存款罪定罪处罚:①(一)不具有房产销售的真实内容或者不以房产销售为主要目的,以返本销售、售后包租、约定回购、销售房产份额等方式非法吸收资金的;(二)以转让林权并代为管护等方式非法吸收资金的;(三)以代种植(养殖)、租种植(养殖)、联合种植(养殖)等方式非法吸收资金的;(四)不具有销售商品、提供服务的真实内容或者不以销售商品、提供服务为主要目的,以商品回购、寄存代售等方式非法吸收资金的;(五)不具有发行股票、债券的真实内容,以虚假转让股权、发售虚构债券等方式非法吸收资金的;(六)不具有募集基金的真实内容,以假借境外基金、发售虚构基金等方式非法吸收资金的;(七)不具有销售保险的真实内容,以假冒保险公司、伪造保险单据等方式非法吸收资金的;(八)以网络借贷、投资入股、虚拟币交易等方式非法吸收资金的;(九)以委托理财、融资租赁等方式非法吸收资金的;(十)(新增)以提供"养老服务"、投资"养老项目"、销售"老年产品"等方式非法吸收资金的;(十一)利用民间"会""社"等组织非法吸收资金的;(十二)其他非法吸收资金的行为。

第 3 条 非法吸收或者变相吸收公众存款,具有下列情形之一的,应当依法追究刑事责任:(一)个人非法吸收或者变相吸收公众存款,数额在 20 万元以上的,单位非法吸收或者变相吸收公众存款,数额在 100 万元以上的;(二)个人非法吸收或者变相吸收公众存款对象 30 人以上的,单位非法吸收或者变相吸收公众存款对象 150 人以上的;(三)个人非法吸收或者变相吸收公众存款,给存款人造成直接经济损失数额在 10 万元以上的,单位非法吸收或者变相吸收公众存款,给存款人造成直接经济损失数额在 50 万元以上的;(四)造成恶劣社会影响或者其他严重后果的。

(本款新增) 非法吸收或者变相吸收公众存款数额在 50 万元以上或者给存款人造成直接经济损失数额在 25 万元以上,同时具有下列情节之一的,应当依法追究刑事责任:(一)曾因非法集资受过刑事追究的;(二)2 年内曾因非法集资受过行政处罚的;(三)造成恶劣社会影响或者其他严重后果的。

第 4 条 非法吸收或者变相吸收公众存款,具有下列情形之一的,应当认定为刑法第 176 条规定的"数额巨大或者有其他严重情节":(一)个人非法吸收或者变相吸收公众存款,数额在 100 万元以上的,单位非法吸收或者变相吸收

---

① 本条规定的许多行为也具有欺骗的成分,但行为人不具备"以非法占有为目的"的主观恶意,所以并不适用刑法第 192 条规定的集资诈骗罪,而是属于刑法第 176 条规定的"变相吸收公众存款"的行为。

公众存款数额在500万元以上的；（二）个人非法吸收或者变相吸收公众存款对象100人以上的，单位非法吸收或者变相吸收公众存款对象500人以上的；（三）个人非法吸收或者变相吸收公众存款，给存款人造成直接经济损失数额在50万元以上的，单位非法吸收或者变相吸收公众存款，给存款人造成直接经济损失数额在250万元以上的；（四）造成特别恶劣社会影响或者其他特别严重后果的。

（本款新增）非法吸收或者变相吸收公众存款数额在250万元以上或者给存款人造成直接经济损失数额在150万元以上，同时具有本解释第3条第2款第三项情节的，应当认定为"其他严重情节"。

第5条（本条新增）非法吸收或者变相吸收公众存款，具有下列情形之一的，应当认定为刑法第176条规定的"数额特别巨大或者有其他特别严重情节"：（一）非法吸收或者变相吸收公众存款数额在5000万元以上的；（二）非法吸收或者变相吸收公众存款对象5000人以上的；（三）非法吸收或者变相吸收公众存款，给存款人造成直接经济损失数额在2500万元以上的。

非法吸收或者变相吸收公众存款数额在2500万元以上或者给存款人造成直接经济损失数额在1500万元以上，同时具有本解释第3条第2款第三项情节的，应当认定为"其他特别严重情节"。

第6条 非法吸收或者变相吸收公众存款的数额，以行为人所吸收的资金全额计算。在提起公诉前积极退赃退赔，减少损害结果发生的，可以从轻或者减轻处罚；在提起公诉后退赃退赔的（案发前后已归还的数额），可以作为量刑情节酌情考虑。

非法吸收或者变相吸收公众存款，主要用于正常的生产经营活动，能够在提起公诉前（及时）清退所吸收资金，可以免予刑事处罚；情节显著轻微危害不大的，不作为犯罪处理。

（本款新增）对依法不需要追究刑事责任或者免予刑事处罚的，应当依法将案件移送有关行政机关。

第9条（第1款）（本款新增）犯非法吸收公众存款罪，判处3年以下有期徒刑或者拘役的，并处或者单处罚金的，处5万元以上100万元以下罚金；判处3年以上10年以下有期徒刑的，并处10万元以上500万元以下罚金；判处10年以上有期徒刑的，并处50万元以上罚金。

第12条（第2款）明知他人从事欺诈发行证券（股票、债券），非法吸收公众存款，擅自发行股票、公司、企业债券，集资诈骗或者组织、领导传销活动等集资犯罪活动，为其提供广告等宣传的，以相关犯罪的共犯论处。

第13条（本条新增）通过传销手段向社会公众非法吸收资金，构成非法吸收公众存款罪或者集资诈骗罪，同时又构成组织、领导传销活动罪的，依照处罚较重的规定定罪处罚。

第 14 条（**本条新增**） 单位实施非法吸收公众存款、集资诈骗犯罪的，依照本解释规定的相应自然人犯罪的定罪量刑标准，对单位判处罚金，并对其直接负责的主管人员和其他直接责任人员定罪处罚。

● 立案标准　最高人民检察院、公安部关于公安机关管辖的刑事案件立案追诉标准的规定（二）（公通字〔2022〕8 号，2022 年 4 月 6 日印发，2022 年 5 月 15 日施行；公通字〔2010〕23 号《规定》、公通字〔2011〕47 号《补充规定》同时废止）

第 23 条 [非法吸收公众存款案（刑法第 176 条）]　非法吸收公众存款或者变相吸收公众存款，扰乱金融秩序，涉嫌下列情形之一的，应予立案追诉：（一）非法吸收或者变相吸收公众存款数额在 100 万元以上的；（二）非法吸收或者变相吸收公众存款对象 150 人以上的；（三）非法吸收或者变相吸收公众存款，给集资参与人造成直接经济损失数额在 50 万元以上的。

非法吸收或者变相吸收公众存款数额在 50 万元以上或者给集资参与人造成直接经济损失数额在 25 万元以上，同时涉嫌下列情形之一的，应予立案追诉：（一）因非法集资受过刑事追究的；（二）2 年内因非法集资受过行政处罚的；（三）造成恶劣社会影响或者其他严重后果的。

第 83 条　本规定中的立案追诉标准，除法律、司法解释、本规定中另有规定的以外，适用于相应的单位犯罪。

第 84 条　本规定中的"以上"，包括本数。

● 量刑指导　**【法发〔2021〕21 号】**　最高人民法院、最高人民检察院关于常见犯罪的量刑指导意见（2021 年 6 月 16 日印发，2021 年 7 月 1 日试行；法发〔2017〕7 号《指导意见》同时废止）①

四、常见犯罪的量刑

（三）非法吸收公众存款罪（删除线部分为原试行的"法〔2017〕74 号"

---

① 注：《意见》要求各省高院、检察院应当总结司法实践经验，按照规范、实用、符合司法实际的原则共同研制"实施细则"，经审委会、检委会通过后，分别报最高法、最高检备案审查，与《意见》同步实施。

其他判处有期徒刑的案件，可以参照量刑的指导原则、基本方法和常见量刑情节的适用规范量刑。

另，本《意见》实际替代了 2017 年 3 月 9 日印发、2017 年 5 月 1 日起在指定法院试行的《最高人民法院关于常见犯罪的量刑指导意见（二）（试行）》（法〔2017〕74 号）。

《指导意见（二）》的内容）

1. 构成非法吸收公众存款罪的，可以根据下列不同情形在相应的幅度内确定量刑起点：

（1）犯罪情节一般的，可以在1年以下有期徒刑、拘役幅度内确定量刑起点。

（2）达到数额巨大起点或者有其他严重情节的，可以在3年至4年有期徒刑幅度内确定量刑起点。

（3）达到数额特别巨大起点或者有其他特别严重情节的，在10年至12年有期徒刑幅度内确定量刑起点。（本项新增）

2. 在量刑起点的基础上，可以根据非法吸收存款数额等其他影响犯罪构成的犯罪事实增加刑罚量，确定基准刑。

3. 对于在提起公诉前积极退赃退赔，减少损害结果发生的，可以减少基准刑的40%以下；犯罪较轻的，可以减少基准刑的40%以上或者依法免除处罚。（本款新增）

4. 构成非法吸收公众存款罪的，根据非法吸收公众存款数额、存款人人数、给存款人造成的直接经济损失数额等犯罪情节，综合考虑被告人缴纳罚金的能力，决定罚金数额。（本款新增）

5. 构成非法吸收公众存款罪的，综合考虑非法吸收存款数额、存款人人数、给存款人造成的直接经济损失数额、清退资金数额等犯罪事实、量刑情节，以及被告人的主观恶性、人身危险性、认罪悔罪表现等因素，决定缓刑的适用。（本款新增）

● 指导案例 【高检发办字〔2020〕10号】 关于印发最高人民检察院第17批指导性案例的通知（2019年7月10日最高人民检察院第13届检察委员会第21次会议讨论通过，2020年2月5日印发）

（检例第64号）杨卫国等人非法吸收公众存款案

要旨：单位或个人假借开展网络借贷信息中介业务之名，未经依法批准，归集不特定公众的资金设立资金池，控制、支配资金池中的资金，并承诺还本付息的，构成非法吸收公众存款罪。

第 177 条 【伪造、变造金融票证罪】 有下列情形之一，伪造、变造金融票证的，处五年以下有期徒刑或者拘役，并处或者单处二万元以上二十万元以下罚金；情节严重的，处五年以上十年以下有期徒刑，并处五万元以上五十万元以下罚金；情节特别严重的，处十年以上有期徒刑或者无期徒刑，并处五万元以上五十万元以下罚金或者没收财产：

（一）伪造、变造汇票、本票、支票的；

（二）伪造、变造委托收款凭证、汇款凭证、银行存单等其他银行结算凭证的；

（三）伪造、变造信用证或者附随的单据、文件的；

（四）伪造信用卡的。

单位犯前款罪的，对单位判处罚金，并对其直接负责的主管人员和其他直接责任人员，依照前款的规定处罚。

第 177 条之一① **【妨害信用卡管理罪】** 有下列情形之一，妨害信用卡管理的，处三年以下有期徒刑或者拘役，并处或者单处一万元以上十万元以下罚金；数量巨大或者有其他严重情节的，处三年以上十年以下有期徒刑，并处二万元以上二十万元以下罚金：

（一）明知是伪造的信用卡而持有、运输的，或者明知是伪造的空白信用卡而持有、运输，数量较大的；

（二）非法持有他人信用卡，数量较大的；

（三）使用虚假的身份证明骗领信用卡的；

（四）出售、购买、为他人提供伪造的信用卡或者以虚假的身份证明骗领的信用卡的。

【窃取、收买、非法提供信用卡信息罪】 窃取、收买或者非法提供他人信用卡信息资料的，依照前款规定处罚。

银行或者其他金融机构的工作人员利用职务上的便利，犯第二款罪的，从重处罚。

---

① 第 177 条之一是根据 2005 年 2 月 28 日第 10 届全国人民代表大会常务委员会第 14 次会议通过的《刑法修正案（五）》（主席令第 32 号公布，2005 年 2 月 28 日起施行）而增设。

● **条文注释** 第177条、第177条之一是关于针对金融票证（特别是信用卡）犯罪行为的规定。

这里的"金融票证"包括汇票、本票、支票、存单、委托收款凭证、汇款凭证、现金缴款单、进账单等结算凭证，以及信用卡、信用证及其附随的单据、文件等信用凭证。"信用卡"包括银行卡和其他金融机构发行的电子支付卡，但不包括第三方支付机构发行的信用卡、储值卡以及各种商家发行的商业电子消费卡（亦称储值卡）。

"伪造""变造"都是指非法制造逼真的假金融票证，用以诈骗、冒领等非法犯罪活动；它们的区别在于："伪造"是完全仿造，而"变造"是在真实金融票证的基础上进行改造。但"伪造信用卡"既包括非法仿制信用卡（完全伪造），也包括在真卡（包括空白信用卡）的基础上篡改信息或输入虚假信息。

第177条之一规定中的"虚假的身份证明"，既包括虚构的身份证明，也包括擅自使用（冒用）的他人的真实身份证明。

需要注意的是：

（1）根据1999年1月5日中国人民银行发布的《银行卡业务管理办法》（银发〔1999〕17号，1999年3月1日起施行），银行卡包括信用卡和借记卡（不能透支）；信用卡按是否向发卡银行交存备用金分为贷记卡、准贷记卡，借记卡按功能不同分为转账卡（含储蓄卡）、专用卡、储值卡[①]。它们都具有"立法解释"规定的消费支付、信用贷款、转账结算、存取现金等全部或部分功能，因此都属于刑法意义上的"信用卡"。

（2）对于伪造信用卡，或者明知是伪造的信用卡而持有或运输，以及骗领信用卡，或者窃取、非法交易他人信用卡信息等情形，只要1张以上即可以构成犯罪。

● **立法解释** 全国人民代表大会常务委员会关于《中华人民共和国刑法》有关信用卡规定的解释（2004年12月29日第10届全国人民代表大会常务委员会第13次会议通过）

刑法规定的"信用卡"，是指由商业银行或者其他金融机构发行的具有消费支付、信用贷款、转账结算、存取现金等全部功能或者部分功能的电子支付卡。

---

① 2000年4月22日中国人民银行发布《关于停止发行各种储值纪念卡的紧急通知》（银发〔2000〕130号），2006年8月1日中国银行业监督监管委员会又发布《关于禁止银行与商业机构发放联名储值卡的通知》，据此，各金融机构已经停止发行无记名的储值卡。

● **相关规定** 最高人民检察院法律政策研究室关于对居间贩卖假金融票证行为如何认定问题的意见（2001年12月27日答复公安部经济犯罪侦查局"公经〔2001〕1317号"请示）①

对居间贩卖假金融票证的行为，首先应当考虑该行为是否构成伪造、变造金融票证或者金融诈骗犯罪的共犯；如果不能认定共同犯罪，也不构成其他犯罪，而只能以非法经营罪追究刑事责任的，应当依照《最高人民检察院、公安部关于经济犯罪案件追诉标准的规定》有关非法经营罪的规定办理，而不宜对此再掌握不同的追诉标准。

【法研〔2002〕21号】 最高人民法院研究室关于对贩卖假金融票证行为如何适用法律问题的复函（2002年2月21日答复公安部经济犯罪侦查局"公经〔2001〕1317号"请示）②

明知是伪造、变造的金融票证而贩卖，或者明知他人实施金融诈骗行为而为其提供伪造、变造的金融票证的，以伪造、变造金融票证罪或者金融诈骗犯罪的共犯论处。

【银办函〔2003〕192号】 中国人民银行办公厅关于单位取款凭条性质认定问题的意见（2003年5月21日答复公安部经济犯罪侦查局"公经〔2003〕428号"征求意见函）③

根据《支付结算办法》（银发〔1997〕393号）的有关规定，银行结算凭证是办理支付结算的工具，是银行、单位和个人凭以记载账务的会计凭证，是记载经济业务和明确经济责任的一种书面证明。单位取款凭条，是存款人开户银行根据存款人委托，从其账户中将款项支付给指定收款人的一种书面证明，应属银行结算凭证。

【银条法〔2006〕31号】 中国人民银行条法司关于银行现金缴款单性质认定事宜的复函（2006年11月10日答复公安部经济犯罪侦查局"公经〔2006〕2450号"征求意见函）④

---

① 注：2002年1月21日公安部经济犯罪侦查局以"公经〔2002〕85号"《批复》引用该《意见》的内容，答复广东省公安厅经侦总队请示。
② 注：2002年2月28日公安部经济犯罪侦查局以"公经〔2002〕251号"《通知》将该《复函》转发给广东省公安厅经侦总队，作为对2002年1月21日以"公经〔2002〕85号"《批复》答复其请示的补充。
③ 公安部经济犯罪侦查局于2003年5月29日以"公经〔2003〕575号"《通知》将该《意见》转发给安徽省公安厅经侦处，作为对其"公经侦〔2003〕第11号"请示的答复。
④ 公安部经济犯罪侦查局于2006年11月24日以"公经〔2006〕2697号"《批复》将该《复函》的内容引用给山东省公安厅经侦总队，作为对其"鲁经侦〔2006〕702号"请示的答复。

只要在经济活动中具有给付货币和资金清算作用，并表明银行与客户之间已受理或已办结相关支付结算业务的凭据，均认为是银行结算凭证，属于金融票证的范畴。

现金缴款单是客户到银行办理现金缴存业务的专用凭证，也是银行和客户凭以记账的依据。现金缴款单证明银行与客户之间发生了资金收付关系，代表相互间债权、债务关系的建立。它是银行结算凭证的一种，应属于《刑法》第 177 条所指的金融票证。

【公经〔2006〕2697 号】　公安部经济犯罪侦查局关于银行现金缴款单是否属于金融票证的批复（经征中国人民银行条法司，2006 年 11 月 24 日答复山东省公安厅经侦总队"鲁经侦〔2006〕702 号"请示）

现金缴款单是客户到银行办理现金缴款业务的专用凭证，证明银行与客户之间发生了资金收付关系，应为银行结算凭证的一种，属于金融票证的范畴。

【公经〔2006〕2769 号】　公安部经济犯罪侦查局关于伪造银行履约保函的行为是否构成伪造、变造金融票证罪的批复（2006 年 12 月 1 日答复浙江省公安厅经侦总队"浙公经〔2006〕448 号"请示）①

银行履约保函是保函的一种，属于《刑法》第 188 条所列的金融票证的范畴。但只有在经济活动中具有给付货币和资金清算作用，并表明银行与客户之间已受理或已办结相关支付结算业务的凭据，才能认定为银行结算凭证。因此，《刑法》第 177 条"伪造、变造金融票证罪"规定的金融票证种类中并未包括银行履约保函。

【公经〔2007〕1900 号】　公安部经济犯罪侦查局关于对伪造、变造金融凭证罪②法律适用问题的批复（经征求最高人民检察院侦查监督厅和中国人民银行条法司意见，2007 年 8 月 22 日答复福建省公安厅经侦总队"闽公经〔2007〕158 号"请示）

一、《刑法》意义上的伪造、变造金融票证行为，其核心是对金融票证的物理性状进行改变。本案中犯罪嫌疑人先将资金存入××信用社取得存单，再假

---

① 注：该《批复》是依据《中国人民银行条法司关于银行履约保函是否属于金融票证的意见》（银条法〔2006〕33 号，2006 年 11 月 14 日答复公安部经济犯罪侦查局"公经〔2006〕2381 号"征求意见函）而作出。

② 注：根据《最高人民法院关于执行〈中华人民共和国刑法〉确定罪名的规定》（法释〔1997〕9 号）和《最高人民检察院关于适用刑法分则规定的犯罪的罪名的意见》（高检发释字〔1997〕3 号），《刑法》第 177 条对应的罪名是"伪造、变造金融票证罪"，而不是"伪造、变造金融凭证罪"。此处是公安部经济犯罪侦查局在行文中的错误。

称存单丢失，通过办理存单挂失手续将存款提现的方法取得已挂失的存单，犯罪嫌疑人的行为不属于《刑法》规定的伪造、变造金融票证的范畴。

二、银行质押凭证止付通知书不属于《刑法》第 177 条中的金融票证。

【公经金融〔2008〕116 号】　公安部经济犯罪侦查局关于银行进账单、支票存根联、支付系统专用凭证、转账贷方传票是否属于银行结算凭证的批复（2008 年 7 月 22 日答复广东省公安厅经济犯罪侦查局"广公（经）字〔2008〕878 号"请示）

经研究，并征求人民银行意见，银行进账单、支付系统专用凭证、转账贷方传票属于银行结算凭证，而支票存根联是出票人自行留存、用于核对账务的内部凭证，不属于银行结算凭证。

【公经金融〔2009〕96 号】　公安部经济犯罪侦查局关于银行现金缴款单和进账单是否属于银行结算凭证的批复（2009 年 3 月 31 日答复河南省公安厅经侦总队"豫公经〔2009〕7 号"请示）

根据中国人民银行前期就此问题的相关复函，银行现金缴款单、进账单均属于《刑法》第 177 条所指的银行结算凭证。

【公经金融〔2012〕182 号】　公安部经济犯罪侦查局关于"12.24"票据诈骗案件有关法律问题的批复（2012 年 10 月 31 日答复贵州省公安厅经侦总队"黔公经〔2012〕141 号"请示）

一、涉案的 PROMISSORY NOTE（英译为本票）及附随英文确认书系商业本票。根据我国《票据法》第 73 条第 2 款"本票是指银行本票"之规定，该商业本票不符合我国票据法对本票的概念，也不属于《刑法》第 177 条、第 194 条关于本票的范畴。

二、涉案的商业承兑汇票（不可撤销）保证函、不可撤销的还款担保函属于银行履约保函的一种。根据我局 2006 年 12 月 1 日《关于伪造银行履约保函的行为是否构成伪造、变造金融票证罪的批复》（公经〔2006〕2769 号），银行履约保函是保函的一种……

【公经金融〔2013〕69 号】　公安部经济犯罪侦查局关于网上银行电子回单是否属于金融票证的批复（2013 年 7 月 30 日答复山东省公安厅经侦总队"鲁公经〔2013〕528 号"请示）[1]

---

[1] 注：该《批复》是依据《中国人民银行条法司关于网上银行电子回单是否属于金融票证的复函》（人银法〔2013〕425 号，2013 年 7 月 17 日答复公安部经济犯罪侦查局征求意见函）而作出。

根据《支付结算办法》（银发〔1997〕393号，以下简称《办法》）的规定，结算凭证是办理支付结算的工具，是办理支付结算和现金收付的重要依据，未按《办法》规定填写的结算凭证，银行有权不予受理。因而，结算凭证一般可理解为银行在办理支付结算活动中所使用的，据以执行客户支付指令、办理资金划转的凭证。根据《电子支付指引（第一号）》（中国人民银行公告〔2005〕第23号）第5条、第19条和《办法》第174条的规定，电子支付指令与纸质支付凭证具有同等效力，而网上银行电子回单（包括纸质形式）可理解为银行对电子支付指令进行确认后，向客户提供的用以证明银行受理了相关业务的单证，并非办理支付结算业务和资金划转的依据，也不能证明有关的货币给付或资金清算已经完成。综上，网上银行电子回单（包括纸质形式）不属于结算凭证，也不属于金融票证。

【公经金融〔2008〕107号】 公安部经济犯罪侦查局关于对以虚假的工作单位证明及收入证明骗领信用卡是否可以认定为妨害信用卡管理罪请示的批复
（2008年7月1日答复山东省公安厅经侦总队"鲁公经〔2008〕335号"请示）

经研究，并征求人民银行意见，以虚假的工作单位证明及收入证明骗领信用卡不能认定为妨害信用卡管理罪。

【法释〔2018〕19号】 最高人民法院、最高人民检察院关于办理妨害信用卡管理刑事案件具体应用法律若干问题的解释（2009年12月3日"法释〔2009〕19号"公布，2009年12月16日起施行；2018年7月30日最高人民法院审判委员会第1745次会议、2018年10月19日最高人民检察院第13届检察委员会第7次会议修改，2018年11月28日公布，2018年12月1日起施行）

第1条 复制他人信用卡、将他人信用卡信息资料写入磁条介质、芯片或者其他方法伪造信用卡1张以上的，应当认定为刑法第177条第1款第4项规定的"伪造信用卡"，以伪造金融票证罪定罪处罚。

伪造空白信用卡10张以上的，应当认定为刑法第177条第1款第4项规定的"伪造信用卡"，以伪造金融票证罪定罪处罚。

伪造信用卡，有下列情形之一的，应当认定为刑法第177条规定的"情节严重"：

（一）伪造信用卡五张以上不满25张的；

（二）伪造的信用卡内存款余额、透支额度单独或者合计数额在20万元以上不满100万元的；

（三）伪造空白信用卡50张以上不满250张的；

（四）其他情节严重的情形。

伪造信用卡，有下列情形之一的，应当认定为刑法第 177 条规定的"情节特别严重"：

（一）伪造信用卡 25 张以上的；

（二）伪造的信用卡内存款余额、透支额度单独或者合计数额在 100 万元以上的；

（三）伪造空白信用卡 250 张以上的；

（四）其他情节特别严重的情形。

本条所称"信用卡内存款余额、透支额度"，以信用卡被伪造后发卡行记录的最高存款余额、可透支额度计算。

第 2 条　明知是伪造的空白信用卡而持有、运输 10 张以上不满 100 张的，应当认定为刑法第 177 条之一第 1 款第 1 项规定的"数量较大"；非法持有他人信用卡 5 张以上不满 50 张的，应当认定为刑法第 177 条之一第 1 款第 2 项规定的"数量较大"。

有下列情形之一的，应当认定为刑法第 177 条之一第 1 款规定的"数量巨大"：

（一）明知是伪造的信用卡而持有、运输 10 张以上的；

（二）明知是伪造的空白信用卡而持有、运输 100 张以上的；

（三）非法持有他人信用卡 50 张以上的；

（四）使用虚假的身份证明骗领信用卡 10 张以上的；

（五）出售、购买、为他人提供伪造的信用卡或者以虚假的身份证明骗领的信用卡 10 张以上的。

违背他人意愿，使用其居民身份证、军官证、士兵证、港澳居民往来内地通行证、台湾居民来往大陆通行证、护照等身份证明申领信用卡的，或者使用伪造、变造的身份证明申领信用卡的，应当认定为刑法第 177 条之一第 1 款第 3 项规定的"使用虚假的身份证明骗领信用卡"。

第 3 条　窃取、收买、非法提供他人信用卡信息资料，足以伪造可进行交易的信用卡，或者足以使他人以信用卡持卡人名义进行交易，涉及信用卡 1 张以上不满 5 张的，依照刑法第 177 条之一第 2 款的规定，以窃取、收买、非法提供信用卡信息罪定罪处罚；涉及信用卡 5 张以上的，应当认定为刑法第 177 条之一第 1 款规定的"数量巨大"。

第 13 条　单位实施本解释规定的行为，适用本解释规定的相应自然人犯罪的定罪量刑标准。

【法发〔2016〕32号】 最高人民法院、最高人民检察院、公安部关于办理电信网络诈骗等刑事案件适用法律若干问题的意见（2016年12月19日签发，2016年12月20日新闻发布）

三、全面惩处关联犯罪

（四）非法持有他人信用卡，没有证据证明从事电信网络诈骗犯罪活动，符合刑法第177条之一第1款第（二）项规定的，以妨害信用卡管理罪追究刑事责任。

【法发〔2021〕22号】 最高人民法院、最高人民检察院、公安部关于办理电信网络诈骗等刑事案件适用法律若干问题的意见（二）（2021年6月17日签发，2021年6月22日发布）

四、无正当理由持有他人的单位结算卡的，属于刑法第177条之一第1款第（二）项规定的"非法持有他人信用卡"。

【公通字〔2020〕14号】 最高人民法院、最高人民检察院、公安部办理跨境赌博犯罪案件若干问题的意见（2020年10月16日印发）

四、关于跨境赌博关联犯罪的认定

（五）（第1款）为赌博犯罪提供资金、信用卡、资金结算等服务，构成赌博犯罪共犯，同时构成非法经营罪、妨害信用卡管理罪、窃取、收买、非法提供信用卡信息罪、掩饰、隐瞒犯罪所得、犯罪收益罪等罪的，依照处罚较重的规定定罪处罚。

最高人民法院刑事审判第三庭、最高人民检察院第四检察厅、公安部刑事侦查局关于"断卡"行动中有关法律适用问题的会议纪要（2021年11月26日、2022年1月7日召开，2022年3月22日印发）

七、关于收购、出售、出租信用卡的行为，可否以窃取、收买、非法提供信用卡信息罪追究刑事责任的问题。《刑法修正案（五）》设立了窃取、收买、非法提供信用卡信息罪，主要考虑是：利用信用卡信息资料复制磁条卡的问题在当时比较突出，严重危害持卡人的财产安全和国家金融安全，故设立本罪，相关司法解释将本罪入罪门槛规定为1张（套）信用卡。其中的"信用卡信息资料"，是指用于伪造信用卡的电子数据等基础信息，如有关发卡行代码、持卡人账户、密码等内容的加密电子数据。在"断卡"行动破获的此类案件中，行为人非法交易信用卡的主要目的在于直接使用信用卡，而非利用其中的信息资料伪造信用卡。故当前办理"断卡"行动中的此类案件，一般不以窃取、收买、非法提供信用卡信息罪追究刑事责任。

八、关于收购、出售、出租信用卡"4件套"行为的处理。行为人收购、出售、出租信用卡"4件套"（一般包括信用卡、身份信息、U盾、网银），数量较大的，可能同时构成帮助信息网络犯罪活动罪、妨害信用卡管理罪等。"断卡"行动中破获的此类案件，行为人收购、出售、出租的信用卡"4件套"，主要流向电信网络诈骗犯罪团伙或人员手中，用于非法接收、转移诈骗资金，一般以帮助信息网络犯罪活动罪论处。对于涉案信用卡"4件套"数量巨大，同时符合妨害信用卡管理罪构成要件的，择一重罪论。

● **立案标准　最高人民检察院、公安部关于公安机关管辖的刑事案件立案追诉标准的规定（二）**（公通字〔2022〕8号，2022年4月6日印发，2022年5月15日施行；公通字〔2010〕23号《规定》、公通字〔2011〕47号《补充规定》同时废止）

第24条 ［伪造、变造金融票证案（刑法第177条）］　伪造、变造金融票证，涉嫌下列情形之一的，应予立案追诉：

（一）伪造、变造汇票、本票、支票，或者伪造、变造委托收款凭证、汇款凭证、银行存单等其他银行结算凭证，或者伪造、变造信用证或者附随的单据、文件，总面额在1万元以上或者数量在10张以上的；

（二）伪造信用卡1张以上，或者伪造空白信用卡10张以上的。

第25条 ［妨害信用卡管理案（刑法第177条之一第1款）］　妨害信用卡管理，涉嫌下列情形之一的，应予立案追诉：（一）明知是伪造的信用卡而持有、运输的；（二）明知是伪造的空白信用卡而持有、运输，数量累计在10张以上的；（三）非法持有他人信用卡，数量累计在5张以上的；（四）使用虚假的身份证明骗领信用卡的；（五）出售、购买、为他人提供伪造的信用卡或者以虚假的身份证明骗领的信用卡的。

违背他人意愿，使用其居民身份证、军官证、士兵证、港澳居民往来内地通行证、台湾居民来往大陆通行证、护照等身份证明申领信用卡的，或者使用伪造、变造的身份证明申领信用卡的，应当认定为"使用虚假的身份证明骗领信用卡"。

第26条 ［窃取、收买、非法提供信用卡信息案（刑法第177条之1第2款）］　窃取、收买或者非法提供他人信用卡信息资料，足以伪造可进行交易的信用卡，或者足以使他人以信用卡持卡人名义进行交易，涉及信用卡1张以上的，应予立案追诉。

第83条 本规定中的立案追诉标准，除法律、司法解释、本规定中另有规定的以外，适用于相应的单位犯罪。

第 84 条 本规定中的"以上"，包括本数。

> **第 178 条** 【伪造、变造国家有价证券罪】伪造、变造国库券或者国家发行的其他有价证券，数额较大的，处三年以下有期徒刑或者拘役，并处或者单处二万元以上二十万元以下罚金；数额巨大的，处三年以上十年以下有期徒刑，并处五万元以上五十万元以下罚金；数额特别巨大的，处十年以上有期徒刑或者无期徒刑，并处五万元以上五十万元以下罚金或者没收财产。
>
> 【伪造、变造股票、公司、企业债券罪】伪造、变造股票或者公司、企业债券，数额较大的，处三年以下有期徒刑或者拘役，并处或者单处一万元以上十万元以下罚金；数额巨大的，处三年以上十年以下有期徒刑，并处二万元以上二十万元以下罚金。
>
> 单位犯前两款罪的，对单位判处罚金，并对其直接负责的主管人员和其他直接责任人员，依照前两款的规定处罚。

● **条文注释** 构成本罪，必须具备以下条件：（1）行为人实施了伪造（包括变造）国家或企业的有价证券的行为；（2）数额较大或巨大。[①]

这里的"国家有价证券"包括国库券、保值公债、财政债券、国家建设债券、国家银行金融债券等；"企业有价证券"包括股票、公司债券、企业债券等。"伪造""变造"都是指非法制造逼真的有价证券，用以牟取非法利益；它们的区别在于："伪造"是完全仿造，而"变造"是在真实票证的基础上进行改造。

需要注意的是：

（1）第 178 条规定中的"有价证券"，不包括车票、船票、机票和邮票等有价票证；伪造上述票证，构成犯罪的，应当依照《刑法》第 227 条的规定以"伪造有价票证罪"定罪处罚。

（2）第 178 条规定的股票、债券等各种有价证券，都必须依照《证券法》的有关规定发行，否则，构成犯罪的，应当依照《刑法》第 179 条的规定以"擅自发行股票、公司、企业债券罪"定罪处罚。

---

① 对于《刑法》第 178 条各款规定中"数额巨大"的具体认定，目前尚无法律法规或司法解释作出明确界定。

● **立案标准** 最高人民检察院、公安部关于公安机关管辖的刑事案件立案追诉标准的规定（二）（公通字〔2022〕8号，2022年4月6日印发，2022年5月15日施行；公通字〔2010〕23号《规定》、公通字〔2011〕47号《补充规定》同时废止）

第27条 ［伪造、变造国家有价证券案（刑法第178条第1款）］ 伪造、变造国库券或者国家发行的其他有价证券，总面额在2000元以上的，应予立案追诉。

第28条 ［伪造、变造股票、公司、企业债券案（刑法第178条第2款）］ 伪造、变造股票或者公司、企业债券，总面额在3万元以上的，应予立案追诉。

第83条 本规定中的立案追诉标准，除法律、司法解释、本规定中另有规定的以外，适用于相应的单位犯罪。

第84条 本规定中的"以上"，包括本数。

第179条 【擅自发行股票、公司、企业债券罪】 未经国家有关主管部门批准，擅自发行股票或者公司、企业债券，数额巨大、后果严重或者有其他严重情节的，处五年以下有期徒刑或者拘役，并处或者单处非法募集资金金额百分之一以上百分之五以下罚金。

单位犯前款罪的，对单位判处罚金，并对其直接负责的主管人员和其他直接责任人员，处五年以下有期徒刑或者拘役。

● **条文注释** 本罪的犯罪主体是一般主体，即自然人和单位。既包括没有资格发行股票或债券的单位或个人，也包括有资格发行、但没有依照《证券法》的相关规定（经国家有关主管部门批准）而擅自发行的单位或个人。

办理证券期货违法犯罪案件的相关程序规定见刑法第180条的相关规定"法发〔2012〕8号"。

● **相关规定** 【国办发〔2006〕99号】 国务院办公厅关于严厉打击非法发行股票和非法经营证券业务有关问题的通知（2006年12月12日印发）

三、明确政策界限，依法进行监管

（一）严禁擅自公开发行股票。向不特定对象发行股票或向特定对象发行股票后股东累计超过200人的，为公开发行，应依法报经证监会核准。未经核准擅自发行的，属于非法发行股票。

（二）严禁变相公开发行股票。向特定对象发行股票后股东累计不超过200

人的，为非公开发行。非公开发行股票及其股权转让，不得采用广告、公告、广播、电话、传真、信函、推介会、说明会、网络、短信、公开劝诱等公开方式或变相公开方式向社会公众发行。严禁任何公司股东自行或委托他人以公开方式向社会公众转让股票。向特定对象转让股票，未依法报经证监会核准的，转让后，公司股东累计不得超过200人。

【公经〔2006〕1789号】 公安部经济犯罪侦查局关于对四川××、陕西××等公司代理转让未上市公司股权行为定性的批复（经征求中国证监会法律部意见，2006年8月15日答复四川省公安厅经侦总队"公厅经发〔2006〕108号"请示）

二、"甲"、"乙"、"丙"、"丁"4家未上市公司通过其他公司向社会不特定公众转让股权的行为，属于未经中国证监会批准，擅自公开发行证券或变相公开发行证券，构成《证券法》第188条规定的擅自公开发行证券或变相公开发行证券的行为。如其非法发行数额达到刑事追诉标准，则涉嫌构成《刑法》第179条规定的擅自发行股票罪。

【证监发〔2008〕1号】 最高人民法院、最高人民检察院、公安部、中国证券监督管理委员会关于整治非法证券活动有关问题的通知（2008年1月2日印发）

二、明确法律政策界限，依法打击非法证券活动

（二）关于擅自发行证券的责任追究。未经依法核准，擅自发行证券，涉嫌犯罪的，依照《刑法》第179条之规定，以擅自发行股票、公司、企业债券罪追究刑事责任。未经依法核准，以发行证券为幌子，实施非法证券活动，涉嫌犯罪的，依照《刑法》第176条、第192条等规定，以非法吸收公众存款罪、集资诈骗罪等罪名追究刑事责任。未构成犯罪的，依照《证券法》和有关法律的规定给予行政处罚。

（三）关于非法经营证券业务的责任追究。任何单位和个人经营证券业务，必须经证监会批准。未经批准的，属于非法经营证券业务，应予以取缔；涉嫌犯罪的，依照《刑法》第225条之规定，以非法经营罪追究刑事责任。对于中介机构非法代理买卖非上市公司股票，涉嫌犯罪的，应当依照《刑法》第225条之规定，以非法经营罪追究刑事责任；所代理的非上市公司涉嫌擅自发行股票，构成犯罪的，应当依照《刑法》第179条之规定，以擅自发行股票罪追究刑事责任。非上市公司和中介机构共谋擅自发行股票，构成犯罪的，以擅自发行股票罪的共犯论处。未构成犯罪的，依照《证券法》和有关法律的规定给予行政处罚。

【法释〔2022〕5 号】 最高人民法院关于审理非法集资刑事案件具体应用法律若干问题的解释（法释〔2010〕18 号《解释》2011 年 1 月 4 日施行；2021 年 12 月 30 日最高法审委会第 1860 次会议修改，2022 年 2 月 23 日公布，2022 年 3 月 1 日施行）

第 10 条 未经国家有关主管部门批准，向社会不特定对象发行、以转让股权等方式变相发行股票或者公司、企业债券，或者向特定对象发行、变相发行股票或者公司、企业债券累计超过 200 人的，应当认定为刑法第 179 条规定的"擅自发行股票或者公司、企业债券"。构成犯罪的，以擅自发行股票、公司、企业债券罪定罪处罚。

第 12 条（第 2 款） 明知他人从事欺诈发行证券（股票、债券），非法吸收公众存款，擅自发行股票、公司、企业债券，集资诈骗或者组织、领导传销活动等集资犯罪活动，为其提供广告等宣传的，以相关犯罪的共犯论处。

【主席令〔2019〕37 号】 中华人民共和国证券法（2019 年 12 月 28 日第 13 届全国人大常委会第 15 次会议修订，2020 年 3 月 1 日施行）

第 9 条 公开发行证券，必须符合法律、行政法规规定的条件，并依法报经国务院证券监督管理机构或者国务院授权的部门注册。未经依法注册，任何单位和个人不得公开发行证券。证券发行注册制的具体范围、实施步骤，由国务院规定。

有下列情形之一的，为公开发行：

（一）向不特定对象发行证券的；

（二）向特定对象发行证券累计超过 200 人，但依法实施员工持股计划的员工人数不计算在内；

（三）法律、行政法规规定的其他发行行为。

非公开发行证券，不得采用广告、公开劝诱和变相公开方式。

第 180 条 违反本法第 9 条的规定，擅自公开或者变相公开发行证券的，责令停止发行，退还所募资金并加算银行同期存款利息，处以非法所募资金金额 5% 以上 50% 以下的罚款；对擅自公开或者变相公开发行证券设立的公司，由依法履行监督管理职责的机构或者部门会同县级以上地方人民政府予以取缔。对直接负责的主管人员和其他直接责任人员给予警告，并处以 50 万元以上 500 万元以下的罚款。

● **立案标准** 最高人民检察院、公安部关于公安机关管辖的刑事案件立案追诉标准的规定（二）（公通字〔2022〕8 号，2022 年 4 月 6 日印发，2022 年 5 月 15 日施行；公通字〔2010〕23 号《规定》、公通字〔2011〕47 号《补充规定》同时废止）

第 29 条 [擅自发行股票、公司、企业债券案（刑法第 179 条）] 未经国家有关主管部门批准或者注册，擅自发行股票或者公司、企业债券，涉嫌下列情形之一的，应予立案追诉：

（一）非法募集资金金额在 100 万元以上的；

（二）造成投资者直接经济损失数额累计在 50 万元以上的；

（三）募集的资金全部或者主要用于违法犯罪活动的；

（四）其他后果严重或者有其他严重情节的情形。

本条规定的"擅自发行股票或者公司、企业债券"，是指向社会不特定对象发行、以转让股权等方式变相发行股票或者公司、企业债券，或者向特定对象发行、变相发行股票或者公司、企业债券累计超过 200 人的行为。

第 83 条 本规定中的立案追诉标准，除法律、司法解释、本规定中另有规定的以外，适用于相应的单位犯罪。

第 84 条 本规定中的"以上"，包括本数。

第 180 条[①] 【内幕交易、泄露内幕信息罪】证券、期货交易内幕信息的知情人员或者非法获取证券、期货交易内幕信息的人员，在涉及证券的发行，证券、期货交易或者其他对证券、期货交易价格

[①] 第 180 条经历了两次修正。原 1997 年《刑法》第 180 条的内容为："证券交易内幕信息的知情人员或者非法获取证券交易内幕信息的人员，在涉及证券的发行、交易或者其他对证券的价格有重大影响的信息尚未公开前，买入或者卖出该证券，或者泄露该信息，情节严重的，处五年以下有期徒刑或者拘役，并处或者单处违法所得一倍以上五倍以下罚金；情节特别严重的，处五年以上十年以下有期徒刑，并处违法所得一倍以上五倍以下罚金。// 单位犯前款罪的，对单位判处罚金，并对其直接负责的主管人员和其他直接责任人员，处五年以下有期徒刑或者拘役。// 内幕信息的范围，依照法律、行政法规的规定确定。// 知情人员的范围，依照法律、行政法规的规定确定。"

第 180 条第 1 次修正是根据 1999 年 12 月 25 日第 9 届全国人民代表大会常务委员会第 13 次会议通过的《刑法修正案》（主席令第 27 号公布，1999 年 12 月 25 日起施行）而修改成："证券、期货交易内幕信息的知情人员或者非法获取证券、期货交易内幕信息的人员，在涉及证券的发行，证券、期货交易或者其他对证券、期货交易价格有重大影响的信息尚未公开前，买入或者卖出该证券，或者从事与该内幕信息有关的期货交易，或者泄露该信息，情节严重的，处五年以下有期徒刑或者拘役，并处或者单处违法所得一倍以上五倍以下罚金；情节特别严重的，处五年以上十年以下有期徒刑，并处违法所得一倍以上五倍以下罚金。// 单位犯前款罪的，对单位判处罚金，并对其直接负责的主管人员和其他直接责任人员，处五年以下有期徒刑或者拘役。// 内幕信息、知情人员的范围，依照法律、行政法规的规定确定。"

第 180 条第 2 次修正是根据 2009 年 2 月 28 日第 11 届全国人民代表大会常务委员会第 7 次会议通过的《刑法修正案（七）》（主席令第 10 号公布，2009 年 2 月 28 日起施行）而修改了第 1 款，并增加了第 4 款。

有重大影响的信息尚未公开前，买入或者卖出该证券，或者从事与该内幕信息有关的期货交易，或者泄露该信息，或者明示、暗示他人从事上述交易活动，情节严重的，处五年以下有期徒刑或者拘役，并处或者单处违法所得一倍以上五倍以下罚金；情节特别严重的，处五年以上十年以下有期徒刑，并处违法所得一倍以上五倍以下罚金。

单位犯前款罪的，对单位判处罚金，并对其直接负责的主管人员和其他直接责任人员，处五年以下有期徒刑或者拘役。

内幕信息、知情人员的范围，依照法律、行政法规的规定确定。

【利用未公开信息交易罪】证券交易所、期货交易所、证券公司、期货经纪公司、基金管理公司、商业银行、保险公司等金融机构的从业人员以及有关监管部门或者行业协会的工作人员，利用因职务便利获取的内幕信息以外的其他未公开的信息，违反规定，从事与该信息相关的证券、期货交易活动，或者明示、暗示他人从事相关交易活动，情节严重的，依照第一款的规定处罚。

● **条文注释** 第180条规定旨在抑制证券和期货市场中的利用内幕信息的不公平交易，打击通常所说的"老鼠仓"的行为。

构成第180条第1款规定之罪，必须具备以下条件：（1）犯罪主体为内幕信息的知情人员或非法获取内幕信息的人员；（2）行为人具有利用内幕信息非法牟利的主观故意；（3）行为人实施了与该内幕信息有关的证券或期货交易行为（包括自己交易，或者故意泄露该信息，明示、暗示他人交易）；（4）这些行为发生在内幕信息形成之后、正式公开之前；（5）情节严重（见"立案标准"）。

"非法获取"内幕信息是指通过窃取、骗取、套取、探听或私下交易等手段获取内幕信息。需要注意的是，在内幕信息形成之后、正式公开之前，内幕信息知情人员的近亲属或与之关系密切的人员，或者在此期间与之联络、接触过的人员，如果实施了第180条第1款规定的行为，并且相关交易行为明显异常而又无正当的理由或信息来源，则也会被认定为非法获取内幕信息的人员。这里的"相关交易行为明显异常"依照"法释〔2012〕6号"解释第3条的规定进行界定。

构成第180条第4款规定之罪，必须具备以下条件：1. 犯罪主体为特殊主体。(1) 金融机构的从业人员，(2) 有关监管部门或行业协会的工作人员。2. 行为人利用了内幕信息以外的其他未公开信息进行相关的证券或期货交易（包括自己交易，或明示、暗示他人交易）。3. 这些未公开信息是行为人利用职务便利获取。4. 情节严重（见"立案标准"）。

● **相关规定** 【主席令〔2019〕37号】 中华人民共和国证券法（2019年12月28日第13届全国人大常委会第15次会议修订，2020年3月1日施行）

第51条 证券交易内幕信息的知情人包括：

（一）发行人及其董事、监事、高级管理人员；

（二）持有公司5%以上股份的股东及其董事、监事、高级管理人员，公司的实际控制人及其董事、监事、高级管理人员；

（三）发行人控股或者实际控制的公司及其董事、监事、高级管理人员；

（四）由于所任公司职务或者因与公司业务往来可以获取公司有关内幕信息的人员；

（五）上市公司收购人或者重大资产交易方及其控股股东、实际控制人、董事、监事和高级管理人员；

（六）因职务、工作可以获取内幕信息的证券交易场所、证券公司、证券登记结算机构、证券服务机构的有关人员；

（七）因职责、工作可以获取内幕信息的证券监督管理机构工作人员；

（八）因法定职责对证券的发行、交易或者对上市公司及其收购、重大资产交易进行管理可以获取内幕信息的有关主管部门、监管机构的工作人员；

（九）国务院证券监督管理机构规定的可以获取内幕信息的其他人员。

第52条 证券交易活动中，涉及发行人的经营、财务或者对该发行人证券的市场价格有重大影响的尚未公开的信息，为内幕信息。

本法第80条第2款、第81条第2款所列重大事件属于内幕信息。

第53条 证券交易内幕信息的知情人和非法获取内幕信息的人，在内幕信息公开前，不得买卖该公司的证券，或者泄露该信息，或者建议他人买卖该证券。

持有或者通过协议、其他安排与他人共同持有公司5%以上股份的自然人、法人、非法人组织收购上市公司的股份，本法另有规定的，适用其规定。

内幕交易行为给投资者造成损失的，应当依法承担赔偿责任。

第54条 禁止证券交易场所、证券公司、证券登记结算机构、证券服务机构和其他金融机构的从业人员、有关监管部门或者行业协会的工作人员，利用因职务便利获取的内幕信息以外的其他未公开的信息,违反规定,从事与该信息相关的证券交易活动,或者明示、暗示他人从事相关交易活动。

利用未公开信息进行交易给投资者造成损失的,应当依法承担赔偿责任。

第191条　证券交易内幕信息的知情人或者非法获取内幕信息的人违反本法第53条的规定从事内幕交易的,责令依法处理非法持有的证券,没收违法所得,并处以违法所得1倍以上10倍以下的罚款;没有违法所得或者违法所得不足50万元的,处以50万元以上500万元以下的罚款。单位从事内幕交易的,还应当对直接负责的主管人员和其他直接责任人员给予警告,并处以20万元以上200万元以下的罚款。国务院证券监督管理机构工作人员从事内幕交易的,从重处罚。

违反本法第54条的规定,利用未公开信息进行交易的,依照前款的规定处罚。

【国务院令〔2012〕627号】　期货交易管理条例（2012年9月12日国务院第216次常务会议修订,2012年10月24日公布,2012年12月1日施行;2013年7月18日国务院令第638号、2016年2月6日国务院令第666号、2017年3月1日国务院令第676号修改）

第69条　期货交易内幕信息的知情人或者非法获取期货交易内幕信息的人,在对期货交易价格有重大影响的信息尚未公开前,利用内幕信息从事期货交易,或者向他人泄露内幕信息,使他人利用内幕信息进行期货交易的,没收违法所得,并处违法所得1倍以上5倍以下的罚款;没有违法所得或者违法所得不满10万元的,处10万元以上50万元以下的罚款。单位从事内幕交易的,还应当对直接负责的主管人员和其他直接责任人员给予警告,并处3万元以上30万元以下的罚款。

国务院期货监督管理机构、期货交易所和期货保证金安全存管监控机构的工作人员进行内幕交易的,从重处罚。

第81条　本条例下列用语的含义:

(十一)内幕信息,是指可能对期货交易价格产生重大影响的尚未公开的信息,包括:国务院期货监督管理机构以及其他相关部门制定的对期货交易价格可能发生重大影响的政策,期货交易所作出的可能对期货交易价格发生重大影响的决定,期货交易所会员、客户的资金和交易动向以及国务院期货监督管理机构认定的对期货交易价格有显著影响的其他重要信息。

(十二)内幕信息的知情人员,是指由于其管理地位、监督地位或者职业地位，或者作为雇员、专业顾问履行职务，能够接触或者获得内幕信息的人员，包括：期货交易所的管理人员以及其他由于任职可获取内幕信息的从业人员，国务院期货监督管理机构和其他有关部门的工作人员以及国务院期货监督管理机构规定的其他人员。

【国办发〔2010〕55号】 证监会、公安部、监察部、国资委、预防腐败局关于依法打击和防控资本市场内幕交易的意见（经国务院同意，国务院办公厅2010年11月16日转发）

一、统一思想，提高认识

内幕交易，是指上市公司高管人员、控股股东、实际控制人和行政审批部门等方面的知情人员，利用工作之便，在公司并购、业绩增长等重大信息公布之前，泄露信息或者利用内幕信息买卖证券谋取私利的行为。

二、完善制度，有效防控

内幕信息，是指上市公司经营、财务、分配、投融资、并购重组、重要人事变动等对证券价格有重大影响但尚未正式公开的信息。

所有涉及上市公司重大事项的决策程序，都要符合保密制度要求，简化决策流程，缩短决策时限，尽可能缩小内幕信息知情人范围。研究论证上市公司重大事项，原则上应在相关证券停牌后或非交易时间进行。

【证监函〔2010〕353号】 中国证券监督管理委员会关于韩×等人涉嫌利用未公开信息交易案有关问题的认定函（2010年8月24日答复公安部"公证券〔2010〕81号"征求认定函）

一、本案涉及的"未公开信息"，是指韩×担任××基金管理有限公司××证券投资基金（以下简称××基金）经理期间，因管理该基金而掌握的有关投资决策、交易等方面的重要信息，包括××基金投资股票的名称、数量、价格、盈利预期以及投资（买卖）时点等。

二、本案有关证券交易账户利用"未公开信息"所进行的股票交易与××基金投资的关联性，是指涉案账户和××基金在股票交易品种及交易时机上的关联，即涉案账户先于或同步于××基金买入或卖出同一只股票。

【证监发〔2011〕30号】 最高人民法院、最高人民检察院、公安部、中国证监会关于办理证券期货违法犯罪案件工作若干问题的意见（2011年4月27日印制，2011年12月印发）

为加强办理证券期货违法犯罪案件工作，完善行政执法与刑事司法的衔接机制，进一步依法有效惩治证券期货违法犯罪，提出如下意见：

一、证券监管机构依据行政机关移送涉嫌犯罪案件的有关规定，在办理可能移送公安机关查处的证券期货违法案件过程中，经履行批准程序，可商请公安机关协助查询、复制被调查对象的户籍、出入境信息等资料，对有关涉案人员按照相关规定采取边控、报备措施。证券监管机构向公安机关提出请求时，应当明确协助办理的具体事项，提供案件情况及相关材料。

二、证券监管机构办理证券期货违法案件，案情重大、复杂、疑难的，可商请公安机关就案件性质、证据等问题提出参考意见；对有证据表明可能涉嫌犯罪的行为人可能逃匿或者销毁证据的，证券监管机构应当及时通知公安机关；涉嫌犯罪的，公安机关应当及时立案侦查。

三、证券监管机构与公安机关建立和完善协调会商机制。证券监管机构依据行政机关移送涉嫌犯罪案件的有关规定，在向公安机关移送重大、复杂、疑难的涉嫌证券期货犯罪案件前，应当启动协调会商机制，就行为性质认定、案件罪名适用、案件管辖等问题进行会商。

四、公安机关、人民检察院和人民法院在办理涉嫌证券期货犯罪案件过程中，可商请证券监管机构指派专业人员配合开展工作，协助查阅、复制有关专业资料。证券监管机构可以根据司法机关办案需要，依法就案件涉及的证券期货专业问题向司法机关出具认定意见。

五、司法机关对证券监管机构随案移送的物证、书证、鉴定结论、视听资料、现场笔录等证据要及时审查，作出是否立案的决定；随案移送的证据，经法定程序查证属实的，可作为定案的根据。

六、证券监管机构依据行政机关移送涉嫌犯罪案件的有关规定向公安机关移交证据，应当制作证据移交清单，双方经办人员应当签字确认，加盖公章，相关证据随证据移交清单一并移交。

七、对涉众型证券期货犯罪案件，在已收集的证据能够充分证明基本犯罪事实的前提下，公安机关可在被调查对象范围内按一定比例收集和调取书证、被害人陈述、证人证言等相关证据。

八、以证券交易所、期货交易所、证券登记结算机构、期货保证金监控机构以及证券公司、期货公司留存的证券期货委托记录和交易记录、登记存管结算资料等电子数据作为证据的，数据提供单位应以电子光盘或者其他载体记录相关原始数据，并说明制作方法、制作时间及制作人等信息，并由复制件制作人和原始电子数据持有人签名或盖章。

九、发行人、上市公司或者其他信息披露义务人在证券监管机构指定的信息披露媒体、信息披露义务人或证券交易所网站发布的信息披露公告，其打印件或据此制作的电子光盘,经核对无误后,说明其来源、制作人、制作时间、制作地点等的,可作为刑事证据使用,但有其他证据证明打印件或光盘内容与公告信息不一致的除外。

十、涉嫌证券期货犯罪的第一审案件,由中级人民法院管辖,同级人民检察院负责提起公诉,地(市)级以上公安机关负责立案侦查。

【法发〔2012〕8号】 最高人民法院、最高人民检察院关于贯彻执行《关于办理证券期货违法犯罪案件工作若干问题的意见》有关问题的通知(2012年3月14日印发)

最高人民法院、最高人民检察院、公安部、中国证监会《关于办理证券期货违法犯罪案件工作若干问题的意见》(证监发〔2011〕30号,以下简称《意见》)已于2011年12月下发各地执行。为正确适用《意见》,做好证券期货犯罪案件起诉审判工作,现就贯彻执行《意见》的有关问题通知如下:

一、《意见》第10条中的"证券期货犯罪",是指刑法第160条、第161条、第169条之一、第178条第2款、第179条、第180条、第181条、第182条、第185条之一第1款规定的犯罪。

二、2012年1月1日以后,证券期货犯罪的第一审案件,适用《意见》第10条的规定,由中级人民法院管辖,同级人民检察院负责提起公诉。

三、2011年12月31日以前已经提起公诉的证券期货犯罪案件,不适用《意见》第10条关于级别管辖的规定。

四、各级人民法院、人民检察院在贯彻执行《意见》的过程中,应当注意总结办案经验,加强调查研究。对于贯彻执行过程中遇到的疑难问题,请及时报告最高人民法院、最高人民检察院。最高人民法院、最高人民检察院将在进一步总结司法审判经验的基础上,通过有关工作会议、司法文件、公布典型案例等方式,对证券期货犯罪案件司法审判工作加强指导,以更好地服务经济社会发展和依法惩处证券期货违法犯罪工作的需要。

【法释〔2012〕6号】 最高人民法院、最高人民检察院关于办理内幕交易、泄露内幕信息刑事案件具体应用法律若干问题的解释(2011年10月31日最高人民法院审判委员会第1529次会议、2012年2月27日最高人民检察院第11届检察委员会第72次会议通过,2012年3月29日公布,2012年6月1日起施行)

第1条 下列人员应当认定为刑法第180条第1款规定的"证券、期货交易内幕信息的知情人员":

（一）证券法第 74 条规定的人员；

（二）期货交易管理条例第 85 条第 12 项①规定的人员。

第 2 条　具有有下列行为的人员应当认定为刑法第 180 条第 1 款规定的"非法获取证券、期货交易内幕信息的人员"：

（一）利用窃取、骗取、套取、窃听、利诱、刺探或者私下交易等手段获取内幕信息的；

（二）内幕信息知情人员的近亲属或者其他与内幕信息知情人员关系密切的人员，在内幕信息敏感期内，从事或者明示、暗示他人从事，或者泄露内幕信息导致他人从事与该内幕信息有关的证券、期货交易，相关交易行为明显异常，且无正当理由或者正当信息来源的；

（三）在内幕信息敏感期内，与内幕信息知情人员联络、接触，从事或者明示、暗示他人从事，或者泄露内幕信息导致他人从事与该内幕信息有关的证券、期货交易，相关交易行为明显异常，且无正当理由或者正当信息来源的。

第 3 条　本解释第 2 条第 2 项、第 3 项规定的"相关交易行为明显异常"，要综合以下情形，从时间吻合程度、交易背离程度和利益关联程度等方面予以认定：

（一）开户、销户、激活资金账户或者指定交易（托管）、撤销指定交易（转托管）的时间与该内幕信息形成、变化、公开时间基本一致的；

（二）资金变化与该内幕信息形成、变化、公开时间基本一致的；

（三）买入或者卖出与内幕信息有关的证券、期货合约时间与内幕信息的形成、变化和公开时间基本一致的；

（四）买入或者卖出与内幕信息有关的证券、期货合约时间与获悉内幕信息的时间基本一致的；

（五）买入或者卖出证券、期货合约行为明显与平时交易习惯不同的；

（六）买入或者卖出证券、期货合约行为，或者集中持有证券、期货合约行为与该证券、期货公开信息反映的基本面明显背离的；

（七）账户交易资金进出与该内幕信息知情人员或者非法获取人员有关联或者利害关系的；

（八）其他交易行为明显异常情形。

第 4 条　具有下列情形之一的，不属于刑法第 180 条第 1 款规定的从事与内幕信息有关的证券、期货交易：

---

① 注：《期货交易管理条例》已经被修改。本条规定中的第 85 条第 12 项的内容，对应现条例第 81 条第 12 项。

（一）持有或者通过协议、其他安排与他人共同持有上市公司5%以上股份的自然人、法人或者其他组织收购该上市公司股份的；

（二）按照事先订立的书面合同、指令、计划从事相关证券、期货交易的；

（三）依据已被他人披露的信息而交易的；

（四）交易具有其他正当理由或者正当信息来源的。

第5条 本解释所称"内幕信息敏感期"是指内幕信息自形成至公开的期间。

证券法第67条第2款所列"重大事件"的发生时间，第75条规定的"计划"、"方案"以及期货交易管理条例第85条第11项①规定的"政策"、"决定"等的形成时间，应当认定为内幕信息的形成之时。

影响内幕信息形成的动议、筹划、决策或者执行人员，其动议、筹划、决策或者执行初始时间，应当认定为内幕信息的形成之时。

内幕信息的公开，是指内幕信息在国务院证券、期货监督管理机构指定的报刊、网站等媒体披露。

第6条 在内幕信息敏感期内从事或者明示、暗示他人从事或者泄露内幕信息导致他人从事与该内幕信息有关的证券、期货交易，具有下列情形之一的，应当认定为刑法第180条第1款规定的"情节严重"：

（一）证券交易成交额在50万元以上的；

（二）期货交易占用保证金数额在30万元以上的；

（三）获利或者避免损失数额在15万元以上的；

（四）3次以上的；

（五）具有其他严重情节的。②

第7条 在内幕信息敏感期内从事或者明示、暗示他人从事或者泄露内幕信息导致他人从事与该内幕信息有关的证券、期货交易，具有下列情形之一的，应当认定为刑法第180条第1款规定的"情节特别严重"：

（一）证券交易成交额在250万元以上的；

（二）期货交易占用保证金数额在150万元以上的；

（三）获利或者避免损失数额在75万元以上的；

（四）具有其他特别严重情节的。

---

① 注：《期货交易管理条例》已经被修改。本条规定中的第85条第11项的内容，对应现条例第81条第11项。

② 注：本条规定与"公通字〔2022〕12号"《追诉标准》第30条规定不一致，司法实务中可以后者为准。

第 8 条　2 次以上实施内幕交易或者泄露内幕信息行为，未经行政处理或者刑事处理的，应当对相关交易数额依法累计计算。

第 9 条　同一案件中，成交额、占用保证金额、获利或者避免损失额分别构成情节严重、情节特别严重的，按照处罚较重的数额定罪处罚。

构成共同犯罪的，按照共同犯罪行为人的成交总额、占用保证金总额、获利或者避免损失总额定罪处罚，但判处各被告人罚金的总额应掌握在获利或者避免损失总额的 1 倍以上 5 倍以下。

第 10 条　刑法第 180 条第 1 款规定的"违法所得"，是指通过内幕交易行为所获利益或者避免的损失。

内幕信息的泄露人员或者内幕交易的明示、暗示人员未实际从事内幕交易的，其罚金数额按照因泄露而获悉内幕信息人员或者被明示、暗示人员从事内幕交易的违法所得计算。

第 11 条　单位实施刑法第 180 条第 1 款规定的行为，具有本解释第 6 条规定情形之一的，按照刑法第 180 条第 2 款的规定定罪处罚。

【法释〔2019〕10 号】　最高人民法院关于办理利用未公开信息交易刑事案件适用法律若干问题的解释（2018 年 9 月 10 日最高人民法院审判委员会第 1748 次会议、2018 年 11 月 30 日最高人民检察院第 13 届检察委员会第 10 次会议通过，2019 年 6 月 28 日公布，2019 年 7 月 1 日起施行）

第 1 条　刑法第 180 条第 4 款规定的"内幕信息以外的其他未公开的信息"，包括下列信息：

（一）证券、期货的投资决策、交易执行信息；

（二）证券持仓数量及变化、资金数量及变化、交易动向信息；

（三）其他可能影响证券、期货交易活动的信息。

第 2 条　内幕信息以外的其他未公开的信息难以认定的，司法机关可以在有关行政主（监）管部门的认定意见的基础上，根据案件事实和法律规定作出认定。

第 3 条　刑法第 180 条第 4 款规定的"违反规定"，是指违反法律、行政法规、部门规章、全国性行业规范有关证券、期货未公开信息保护的规定，以及行为人所在的金融机构有关信息保密、禁止交易、禁止利益输送等规定。

第 4 条　刑法第 180 条第 4 款规定的行为人"明示、暗示他人从事相关交易活动"，应当综合以下方面进行认定：

（一）行为人具有获取未公开信息的职务便利；

（二）行为人获取未公开信息的初始时间与他人从事相关交易活动的初始时

间具有关联性;

（三）行为人与他人之间具有亲友关系、利益关联、交易终端关联等关联关系;

（四）他人从事相关交易的证券、期货品种、交易时间与未公开信息所涉证券、期货品种、交易时间等方面基本一致的;

（五）他人从事的相关交易活动明显不具有符合交易习惯、专业判断等正当理由;

（六）行为人对明示、暗示他人从事相关交易活动没有合理解释。

第5条　利用未公开信息交易，具有下列情形之一的，应当认定为刑法第180条第4款规定的"情节严重":

（一）违法所得数额在100万元以上的;

（二）2年内3次以上利用未公开信息交易的;

（三）明示、暗示3人以上从事相关交易活动的。

第6条　利用未公开信息交易，违法所得数额在50万元以上，或者证券交易成交额在500万元以上，或者期货交易占用保证金数额在100万元以上，具有下列情形之一的，应当认定为刑法第180条第4款规定的"情节严重":

（一）以出售或者变相出售未公开信息等方式，明示、暗示他人从事相关交易活动的;

（二）因证券、期货犯罪行为受过刑事追究的;

（三）2年内因证券、期货违法行为受过行政处罚的;

（四）造成恶劣社会影响或者其他严重后果的。

第7条　刑法第180条第4款规定的"依照第一款的规定处罚"，包括该条第1款关于"情节特别严重"的规定。[①]

利用未公开信息交易，违法所得数额在1000万元以上的，应当认定为"情节特别严重"。

违法所得数额在500万元以上，或者证券交易成交额在5000万元以上，或者期货交易占用保证金数额在1000万元以上，具有本解释第6条规定的4种情形之一的，应当认定为"情节特别严重"。

[①] 注:《刑法》第180条第4款明确规定"情节严重的，依照第1款的规定处罚"; 而第1款规定分为"情节严重""情节特别严重"2种情形。按照文义，第4款只能依照第1款规定中"情节严重"情形的规定。而本条规定（拟制）《刑法》第180条第4款规定的"情节严重"涵盖了第1款规定的"情节特别严重"情形，虽然有利于打击犯罪，但有越权解释之嫌。根据《立法法》（2015年修订）第45条和第104条的规定，遇有"法律的规定需要进一步明确具体含义的"，最高人民法院应当（只能）向全国人大常委会提出法律解释的要求或者提出制定、修改有关法律的议案。

第 8 条　2 次以上利用未公开信息交易，依法应予行政处理或者刑事处理而未经处理的，相关交易数额或者违法所得数额累计计算。

第 9 条　本解释所称"违法所得"，是指行为人利用未公开信息从事与该信息相关的证券、期货交易活动所获利益或者避免的损失。

行为人明示、暗示他人利用未公开信息从事相关交易活动，被明示、暗示人员从事相关交易活动所获利益或者避免的损失，应当认定为"违法所得"。

第 10 条　行为人未实际从事与未公开信息相关的证券、期货交易活动的，其罚金数额按照被明示、暗示人员从事相关交易活动的违法所得计算。

第 11 条　符合本解释第 5 条、第 6 条规定的标准，行为人如实供述犯罪事实，认罪悔罪，并积极配合调查，退缴违法所得的，可以从轻处罚；其中犯罪情节轻微的，可以依法不起诉或者免予刑事处罚。

符合刑事诉讼法规定的认罪认罚从宽适用范围和条件的，依照刑事诉讼法的规定处理。

● 立案标准　最高人民检察院、公安部关于公安机关管辖的刑事案件立案追诉标准的规定（二）（公通字〔2022〕8 号，2022 年 4 月 6 日印发，2022 年 5 月 15 日施行；公通字〔2010〕23 号《规定》、公通字〔2011〕47 号《补充规定》同时废止）

第 30 条 [内幕交易、泄露内幕信息案（刑法第 180 条第 1 款）]　证券、期货交易内幕信息的知情人员、单位或者非法获取证券、期货交易内幕信息的人员、单位，在涉及证券的发行，证券、期货交易或者其他对证券、期货交易价格有重大影响的信息尚未公开前，买入或者卖出该证券，或者从事与该内幕信息有关的期货交易，或者泄露该信息，或者明示、暗示他人从事上述交易活动，涉嫌下列情形之一的，应予立案追诉：（一）获利或者避免损失数额在 50 万元以上的；（二）证券交易成交额在 200 万元以上的；（三）期货交易占用保证金数额在 100 万元以上的；（四）2 年内 3 次以上实施内幕交易、泄露内幕信息行为的；（五）明示、暗示 3 人以上从事与内幕信息相关的证券、期货交易活动的；（六）具有其他严重情节的。①

内幕交易获利或者避免损失数额在 25 万元以上，或者证券交易成交额在 100 万元以上，或者期货交易占用保证金数额在 50 万元以上，同时涉嫌下列情形之一的，应予立案追诉：（一）证券法规定的证券交易内幕信息的知情人实施

---

① 注：本条规定提升了"法释〔2012〕6 号"《解释》第 6 条规定的入罪门槛。

或者与他人共同实施内幕交易行为的；（二）以出售或者变相出售内幕信息等方式，明示、暗示他人从事与该内幕信息相关的交易活动的；（三）因证券、期货犯罪行为受过刑事追究的；（四）2年内因证券、期货违法行为受过行政处罚的；（五）造成其他严重后果的。

第31条 ［利用未公开信息交易案（刑法第180条第4款）］ 证券交易所、期货交易所、证券公司、期货公司、基金管理公司、商业银行、保险公司等金融机构的从业人员以及有关监管部门或者行业协会的工作人员，利用因职务便利获取的内幕信息以外的其他未公开的信息，违反规定，从事与该信息相关的证券、期货交易活动，或者明示、暗示他人从事相关交易活动，涉嫌下列情形之一的，应予立案追诉：（一）获利或者避免损失数额在100万元以上的；（二）2年内3次以上利用未公开信息交易的；（三）明示、暗示3人以上从事相关交易活动的；（四）具有其他严重情节的。

利用未公开信息交易，获利或者避免损失数额在50万元以上，或者证券交易成交额在500万元以上，或者期货交易占用保证金数额在100万元以上，同时涉嫌下列情形之一的，应予立案追诉：（一）以出售或者变相出售未公开信息等方式，明示、暗示他人从事相关交易活动的；（二）因证券、期货犯罪行为受过刑事追究的；（三）2年内因证券、期货违法行为受过行政处罚的；（四）造成其他严重后果的。

第84条 本规定中的"以上"，包括本数。

● 指导案例 【法〔2016〕214号】 最高人民法院关于发布第13批指导性案例的通知（2016年6月30日印发）

（指导案例61号）马乐利用未公开信息交易案

裁判要点：《刑法》第180条第4款规定的利用未公开信息交易罪为援引法定刑的情形，应当是对第1款内幕交易、泄露内幕信息罪全部法定刑的援引，即利用未公开信息交易罪应有"情节严重""情节特别严重"两种情形和两个量刑档次。

【高检发研字〔2016〕7号】 关于印发最高人民检察院第7批指导性案例的通知（2016年5月13日最高人民检察院第12届检察委员会第51次会议讨论通过，2016年5月31日印发）

（检例第24号）马乐利用未公开信息交易案

要旨：《刑法》第180条第4款利用未公开信息交易罪为援引法定刑的情形，应当是对第1款法定刑的全部援引。其中，"情节严重"是入罪标准，在处罚上应当依照本条第 1 款内幕交易、泄露内幕信息罪的全部法定刑处罚，即区分不同情形分别依照第 1 款规定的"情节严重"和"情节特别严重"两个量刑档次处罚。

【高检发办字〔2020〕10 号】 关于印发最高人民检察院第 17 批指导性案例的通知（2019 年 7 月 10 日最高人民检察院第 13 届检察委员会第 21 次会议讨论通过，2020 年 2 月 5 日印发）

（检例第 65 号）王鹏等人利用未公开信息交易案

要旨：具有获取未公开信息职务便利条件的金融机构从业人员及其近亲属从事相关证券交易行为明显异常，且与未公开信息相关交易高度趋同，即使其拒不供述未公开信息传递过程等犯罪事实，但其他证据之间相互印证，能够形成证明利用未公开信息犯罪的完整证明体系，足以排除其他可能的，可以依法认定犯罪事实。

第 181 条[①]【编造并传播证券、期货交易虚假信息罪】编造并且传播影响证券、期货交易的虚假信息，扰乱证券、期货交易市场，造成严重后果的，处五年以下有期徒刑或者拘役，并处或者单处一万元以上十万元以下罚金。

【诱骗投资者买卖证券、期货合约罪】证券交易所、期货交易所、证券公司、期货经纪公司的从业人员，证券业协会、期货业协会或者证券期货监督管理部门的工作人员，故意提供虚假信息或者伪造、变造、销毁交易记录，诱骗投资者买卖证券、期货合约，造成严重后果的，处五年以下有期徒刑或者拘役，并处或者单处一万元以上十万元以下罚金；情节特别恶劣的，处五年以上十年以下有期徒刑，并处二万元以上二十万元以下罚金。

单位犯前两款罪的，对单位判处罚金，并对其直接负责的主管人员和其他直接责任人员，处五年以下有期徒刑或者拘役。

[①] 第 181 条是根据 1999 年 12 月 25 日第 9 届全国人民代表大会常务委员会第 13 次会议通过的《刑法修正案》（主席令第 27 号公布，1999 年 12 月 25 日起施行）而修改，原条文内容为："编造并且传播影响证券交易的虚假信息，扰乱证券交易市场，造成严重后果的，处五年以下有期徒刑或者拘役，并处或者单处一万元以上十万元以下罚金。// 证券交易所、证券公司的从业人员，证券业协会或者证券管理部门的工作人员，故意提供虚假信息或者伪造、变造、销毁交易记录，诱骗投资者买卖证券，造成严重后果的，处五年以下有期徒刑或者拘役，并处或者单处一万元以上十万元以下罚金；情节特别恶劣的，处五年以上十年以下有期徒刑，并处二万元以上二十万元以下罚金。// 单位犯前两款罪的，对单位判处罚金，并对其直接负责的主管人员和其他直接责任人员，处五年以下有期徒刑或者拘役。"

● **条文注释** 本条是关于证券、期货交易市场中的虚假信息的处罚规定。

构成第181条第1款规定之罪，必须具备以下条件：（1）行为人（一般犯罪主体）具有扰乱证券、期货交易市场的主观故意；（2）编造并且传播了虚假信息（必须同时满足）；（3）造成严重后果。

构成第181条第2款规定之罪，必须具备以下条件：（1）犯罪主体为特殊主体（证券、期货交易行业的从业人员或监管部门的工作人员）；（2）具有诱骗投资者买卖证券、期货合约的主观故意；（3）提供了虚假信息或虚假的交易记录（失实或不全）；（4）造成严重后果或情节特别恶劣。

本条规定中的"虚假信息"是指凭空捏造的、歪曲事实的或有误导性的，能影响市场行情变化或误导投资者交易决策的信息，如公司盈利状况、增减资计划、金融银根政策、市场整顿措施、大户动态等。

需要注意的是，在司法实践中应当正确区分"编造并且传播……虚假信息"与"市场行情分析失误"。前者是通过虚构事实、隐瞒真相等欺诈手段散布虚假信息，影响市场行情或误导投资者；而后者是依据现有数据和个人的经验、知识，对市场行情的分析和预测，判断失误在所难免。

● **相关规定** 【人大〔2000〕19次】 **全国人民代表大会常务委员会关于维护互联网安全的决定**（2000年12月28日第9届全国人大常委会第19次会议通过；2009年8月27日第11届全国人大常委会第10次会议修正）

三、为了维护社会主义市场经济秩序和社会管理秩序，对有下列行为之一，构成犯罪的，依照刑法有关规定追究刑事责任：

（四）利用互联网编造并传播影响证券、期货交易或者其他扰乱金融秩序的虚假信息。

【主席令〔2019〕37号】 **中华人民共和国证券法**（2019年12月28日第13届全国人大常委会第15次会议修订，2020年3月1日施行）

第56条 禁止任何单位和个人编造、传播虚假信息或者误导性信息，扰乱证券市场。

禁止证券交易场所、证券公司、证券登记结算机构、证券服务机构及其从业人员，证券业协会、证券监督管理机构及其工作人员，在证券交易活动中作出虚假陈述或者信息误导。

各种传播媒介传播证券市场信息必须真实、客观，禁止误导。传播媒介及其从事证券市场信息报道的工作人员不得从事与其工作职责发生利益冲突的证券买卖。

编造、传播虚假信息或者误导性信息，扰乱证券市场，给投资者造成损失的，应当依法承担赔偿责任。

第 193 条 违反本法第 56 条第 1 款、第 3 款的规定，编造、传播虚假信息或者误导性信息，扰乱证券市场的，没收违法所得，并处以违法所得 1 倍以上 10 倍以下的罚款；没有违法所得或者违法所得不足 20 万元的，处以 20 万元以上 200 万元以下的罚款。

违反本法第 56 条第 2 款的规定，在证券交易活动中作出虚假陈述或者信息误导的，责令改正，处以 20 万元以上 200 万元以下的罚款；属于国家工作人员的，还应当依法给予处分。

传播媒介及其从事证券市场信息报道的工作人员违反本法第 56 条第 3 款的规定，从事与其工作职责发生利益冲突的证券买卖的，没收违法所得，并处以买卖证券等值以下的罚款。

● **立案标准** 最高人民检察院、公安部关于公安机关管辖的刑事案件立案追诉标准的规定（二）（公通字〔2022〕8 号，2022 年 4 月 6 日印发，2022 年 5 月 15 日施行；公通字〔2010〕23 号《规定》、公通字〔2011〕47 号《补充规定》同时废止）

第 32 条 ［编造并传播证券、期货交易虚假信息案（刑法第 181 条第 1 款）］编造并且传播影响证券、期货交易的虚假信息，扰乱证券、期货交易市场，涉嫌下列情形之一的，应予立案追诉：（一）获利或者避免损失数额在 5 万元以上的；（二）造成投资者直接经济损失数额在 50 万元以上的；（三）虽未达到上述数额标准，但多次编造并且传播影响证券、期货交易的虚假信息的；（四）致使交易价格或者交易量异常波动的；（五）造成其他严重后果的。

第 33 条 ［诱骗投资者买卖证券、期货合约案（刑法第 181 条第 2 款）］证券交易所、期货交易所、证券公司、期货公司的从业人员，证券业协会、期货业协会或者证券期货监督管理部门的工作人员，故意提供虚假信息或者伪造、变造、销毁交易记录，诱骗投资者买卖证券、期货合约，涉嫌下列情形之一的，应予立案追诉：（一）获利或者避免损失数额在 5 万元以上的；（二）造成投资者直接经济损失数额在 50 万元以上的；（三）虽未达到上述数额标准，但多次诱骗投资者买卖证券、期货合约的；（四）致使交易价格或者交易量异常波动的；（五）造成其他严重后果的。

第 80 条 本规定中的"多次"，是指 3 次以上。

第 81 条 本规定中的"虽未达到上述数额标准"，是指接近上述数额标准且已达到该数额的80%以上的。

第84条 本规定中的"以上",包括本数。

第182条 【操纵证券、期货市场罪①】 有下列情形之一,操纵证券、期货市场,影响证券、期货交易价格或者证券、期货交易量,情节严重的,处五年以下有期徒刑或者拘役,并处或者单处罚金;情节特别严重的,处五年以上十年以下有期徒刑,并处罚金:②

---

① 注:本罪名原为"操纵证券交易价格罪";因为《刑法修正案》对条文的修改,根据《最高人民法院、最高人民检察院关于执行〈中华人民共和国刑法〉确定罪名的补充规定》(法释〔2002〕7号,最高人民法院审判委员会第1193次会议、最高人民检察院第9届检察委员会第100次会议通过,2002年3月26日起执行)而增设了"操纵期货交易价格罪"罪名;因为《刑法修正案(六)》对条文的修改,根据《最高人民法院、最高人民检察院关于执行〈中华人民共和国刑法〉确定罪名的补充规定(三)》(法释〔2007〕16号,最高人民法院审判委员会第1436次会议、最高人民检察院第10届检察委员会第82次会议通过,2007年11月6日起执行)而改为现罪名。

② 本款规定先后经历了3次修改。原1997年刑法本款规定为:"有下列情形之一,操纵证券交易价格,获取不正当利益或者转嫁风险,情节严重的,处五年以下有期徒刑或者拘役,并处或者单处违法所得一倍以上五倍以下罚金:(一)单独或者合谋,集中资金优势、持股优势或者利用信息优势联合或者连续买卖,操纵证券交易价格的;(二)与他人串通,以事先约定的时间、价格和方式相互进行证券交易或者相互买卖并不持有的证券,影响证券交易价格或者证券交易量的;(三)以自己为交易对象,进行不转移证券所有权的自买自卖,影响证券交易价格或者证券交易量的;(四)以其他方法操纵证券交易价格的。"

1999年12月25日第9届全国人大常委会第13次会议通过的《刑法修正案》(主席令第27号公布,1999年12月25日起施行)将其修改为:"有下列情形之一,操纵证券、期货交易价格,获取不正当利益或者转嫁风险,情节严重的,处五年以下有期徒刑或者拘役,并处或者单处违法所得一倍以上五倍以下罚金:(一)单独或者合谋,集中资金优势、持股或者持仓优势或者利用信息优势联合或者连续买卖,操纵证券、期货交易价格的;(二)与他人串通,以事先约定的时间、价格和方式相互进行证券、期货交易,或者相互买卖并不持有的证券,影响证券交易价格或者期货交易量的;(三)以自己为交易对象,进行不转移证券所有权的自买自卖,或者以自己为交易对象,自买自卖期货合约,影响证券、期货交易价格或者证券、期货交易量的;(四)以其他方法操纵证券、期货交易价格的。"

2006年6月29日第10届全国人大常委会第22次会议通过的《刑法修正案(六)》(主席令第51号公布,2006年6月29日起施行)再次将其修改为:"有下列情形之一,操纵证券、期货市场,情节严重的,处五年以下有期徒刑或者拘役,并处或者单处罚金;情节特别严重的,处五年以上十年以下有期徒刑,并处罚金:(一)单独或者合谋,集中资金优势、持股或者持仓优势或者利用信息优势联合或者连续买卖,操纵证券、期货交易价格或者证券、期货交易量的;(二)与他人串通,以事先约定的时间、价格和方式相互进行证券交易,或者期货交易,影响证券、期货交易价格或者证券、期货交易量的;(三)在自己实际控制的账户之间进行证券交易,或者以自己为交易对象,自买自卖期货合约,影响证券、期货交易价格或者证券、期货交易量的;(四)以其他方法操纵证券、期货市场的。"

2020年12月26日第13届全国人大常委会第24次会议通过的《刑法修正案(十一)》(主席令第66号公布)第3次将其修改为现规定,2021年3月1日起施行;即增设了第4项、第5项、第6项内容。

（一）单独或者合谋，集中资金优势、持股或者持仓优势或者利用信息优势联合或者连续买卖的；

（二）与他人串通，以事先约定的时间、价格和方式相互进行证券、期货交易的；

（三）在自己实际控制的帐户之间进行证券交易，或者以自己为交易对象，自买自卖期货合约的；

（四）不以成交为目的，频繁或者大量申报买入、卖出证券、期货合约并撤销申报的；

（五）利用虚假或者不确定的重大信息，诱导投资者进行证券、期货交易的；

（六）对证券、证券发行人、期货交易标的公开作出评价、预测或者投资建议，同时进行反向证券交易或者相关期货交易的；

（七）以其他方法操纵证券、期货市场的。

单位犯前款罪的，对单位判处罚金，并对其直接负责的主管人员和其他直接责任人员，依照前款的规定处罚。①

● **条文注释** 本条是关于操纵证券、期货市场（包括操纵交易价格或交易量）行为的处罚规定。构成本罪，必须具备以下条件：（1）行为人具有操纵证券、期货市场的主观故意；（2）实施了第182条规定的7种行为之一；（3）情节"严重"以上。

这里的"7种行为"手段各异，但都是通过对选定股票或期货品种的恶意炒作或虚假交易，从而操纵其交易价格或交易量，最终达到从中非法牟利的目的。

● **相关规定**　**【法释〔2019〕9号】**　**最高人民法院、最高人民检察院关于办理操纵证券、期货市场刑事案件适用法律若干问题的解释**（2018年9月3日最高人民法院审判委员会第1747次会议、2018年12月12日最高人民检察院第13届检察委员会第11次会议通过，2019年6月28日公布，2019年7月1日起施行）

第1条　行为人具有下列情形之一的，可以认定为刑法第182条第1款第4

---

① 本款规定由《刑法修正案（六）》（2006年6月29日第10届全国人大常委会第22次会议通过，主席令第51号公布，2006年6月29日施行）修改；原规定为："单位犯前款罪的，对单位判处罚金，并对其直接负责的主管人员和其他直接责任人员，处五年以下有期徒刑或者拘役。"

项规定的"以其他方法操纵证券、期货市场":①

（一）利用虚假或者不确定的重大信息，诱导投资者作出投资决策，影响证券、期货交易价格或者证券、期货交易量，并进行相关交易或者谋取相关利益的；

（二）通过对证券及其发行人、上市公司、期货交易标的公开作出评价、预测或者投资建议，误导投资者作出投资决策，影响证券、期货交易价格或者证券、期货交易量，并进行与其评价、预测、投资建议方向相反的证券交易或者相关期货交易的；

（三）通过策划、实施资产收购或者重组、投资新业务、股权转让、上市公司收购等虚假重大事项，误导投资者作出投资决策，影响证券交易价格或者证券交易量，并进行相关交易或者谋取相关利益的；

（四）通过控制发行人、上市公司信息的生成或者控制信息披露的内容、时点、节奏，误导投资者作出投资决策，影响证券交易价格或者证券交易量，并进行相关交易或者谋取相关利益的；

（五）不以成交为目的，频繁申报、撤单或者大额申报、撤单，误导投资者作出投资决策，影响证券、期货交易价格或者证券、期货交易量，并进行与申报相反的交易或者谋取相关利益的；

（六）通过囤积现货，影响特定期货品种市场行情，并进行相关期货交易的；

（七）以其他方法操纵证券、期货市场的。

第 2 条　操纵证券、期货市场，具有下列情形之一的，应当认定为刑法第 182 条第 1 款规定的"情节严重"：

（一）持有或者实际控制证券的流通股份数量达到该证券的实际流通股份总量 10% 以上，实施刑法第 182 条第 1 款第 1 项操纵证券市场行为，连续 10 个交易日的累计成交量达到同期该证券总成交量 20% 以上的；

（二）实施刑法第 182 条第 1 款第 2 项、第 3 项操纵证券市场行为，连续 10 个交易日的累计成交量达到同期该证券总成交量 20% 以上的；

（三）实施本解释第 1 条第 1 项至第 4 项操纵证券市场行为，证券交易成交额在 1000 万元以上的；

---

① 《刑法修正案（十一）》施行后，本条规定对应于《刑法》第 182 条第 1 款第 7 项。其中，本条规定中的第 5 项、第 1 项、第 2 项内容已经分别被吸收为《刑法》第 182 条第 1 款第 4 项、第 5 项、第 6 项。

（四）实施刑法第 182 条第 1 款第 1 项及本解释第 1 条第 6 项操纵期货市场行为，实际控制的账户合并持仓连续 10 个交易日的最高值超过期货交易所限仓标准的 2 倍，累计成交量达到同期该期货合约总成交量 20% 以上，且期货交易占用保证金数额在 500 万元以上的；

（五）实施刑法第 182 条第 1 款第 2 项、第 3 项及本解释第 1 条第 1 项、第 2 项操纵期货市场行为，实际控制的账户连续 10 个交易日的累计成交量达到同期该期货合约总成交量 20% 以上，且期货交易占用保证金数额在 500 万元以上的；

（六）实施本解释第 1 条第 5 项操纵证券、期货市场行为，当日累计撤回申报量达到同期该证券、期货合约总申报量 50% 以上，且证券撤回申报额在 1000 万元以上、撤回申报的期货合约占用保证金数额在 500 万元以上的；

（七）实施操纵证券、期货市场行为，违法所得数额在 100 万元以上的。

第 3 条　操纵证券、期货市场，违法所得数额在 50 万元以上，具有下列情形之一的，应当认定为刑法第 182 条第 1 款规定的"情节严重"：

（一）发行人、上市公司及其董事、监事、高级管理人员、控股股东或者实际控制人实施操纵证券、期货市场行为的；

（二）收购人、重大资产重组的交易对方及其董事、监事、高级管理人员、控股股东或者实际控制人实施操纵证券、期货市场行为的；

（三）行为人明知操纵证券、期货市场行为被有关部门调查，仍继续实施的；

（四）因操纵证券、期货市场行为受过刑事追究的；

（五）2 年内因操纵证券、期货市场行为受过行政处罚的；

（六）在市场出现重大异常波动等特定时段操纵证券、期货市场的；

（七）造成恶劣社会影响或者其他严重后果的。

第 4 条　具有下列情形之一的，应当认定为刑法第 182 条第 1 款规定的"情节特别严重"：

（一）持有或者实际控制证券的流通股份数量达到该证券的实际流通股份总量 10% 以上，实施刑法第 182 条第 1 款第 1 项操纵证券市场行为，连续 10 个交易日的累计成交量达到同期该证券总成交量 50% 以上的；

（二）实施刑法第 182 条第 1 款第 2 项、第 3 项操纵证券市场行为，连续 10 个交易日的累计成交量达到同期该证券总成交量 50% 以上的；

（三）实施本解释第 1 条第 1 项至第 4 项操纵证券市场行为，证券交易成交额在 5000 万元以上的；

（四）实施刑法第 182 条第 1 款第 1 项及本解释第 1 条第 6 项操纵期货市场行为，实际控制的账户合并持仓连续 10 个交易日的最高值超过期货交易所限仓标准的 5 倍，累计成交量达到同期该期货合约总成交量 50% 以上，且期货交易占用保证金数额在 2500 万元以上的；

（五）实施刑法第 182 条第 1 款第 2 项、第 3 项及本解释第 1 条第 1 项、第 2 项操纵期货市场行为，实际控制的账户连续 10 个交易日的累计成交量达到同期该期货合约总成交量 50% 以上，且期货交易占用保证金数额在 2500 万元以上的；

（六）实施操纵证券、期货市场行为，违法所得数额在 1000 万元以上的。

实施操纵证券、期货市场行为，违法所得数额在 500 万元以上，并具有本解释第 3 条规定的 7 种情形之一的，应当认定为"情节特别严重"。

第 5 条　下列账户应当认定为刑法第 182 条中规定的"自己实际控制的账户"：

（一）行为人以自己名义开户并使用的实名账户；

（二）行为人向账户转入或者从账户转出资金，并承担实际损益的他人账户；

（三）行为人通过第 1 项、第 2 项以外的方式管理、支配或者使用的他人账户；

（四）行为人通过投资关系、协议等方式对账户内资产行使交易决策权的他人账户；

（五）其他有证据证明行为人具有交易决策权的账户。

有证据证明行为人对前款第 1 项至第 3 项账户内资产没有交易决策权的除外。

第 6 条　2 次以上实施操纵证券、期货市场行为，依法应予行政处理或者刑事处理而未经处理的，相关交易数额或者违法所得数额累计计算。

第 7 条　符合本解释第 2 条、第 3 条规定的标准，行为人如实供述犯罪事实，认罪悔罪，并积极配合调查，退缴违法所得的，可以从轻处罚；其中犯罪情节轻微的，可以依法不起诉或者免予刑事处罚。

符合刑事诉讼法规定的认罪认罚从宽适用范围和条件的，依照刑事诉讼法的规定处理。

第 8 条　单位实施刑法第 182 条第 1 款行为的，依照本解释规定的定罪量刑标准，对其直接负责的主管人员和其他直接责任人员定罪处罚，并对单位判处罚金。

第 9 条　本解释所称"违法所得"，是指通过操纵证券、期货市场所获利益或者避免的损失。

本解释所称"连续10个交易日",是指证券、期货市场开市交易的连续10个交易日,并非指行为人连续交易的10个交易日。

第10条　对于在全国中小企业股份转让系统中实施操纵证券市场行为,社会危害性大,严重破坏公平公正的市场秩序的,比照本解释的规定执行,但本解释第2条第1项、第2项和第4条第1项、第2项除外。

【主席令〔2019〕37号】　**中华人民共和国证券法**(2019年12月28日第13届全国人大常委会第15次会议修订,2020年3月1日施行)

第55条　禁止任何人以下列手段操纵证券市场,影响或者意图影响证券交易价格或者证券交易量:

(一)单独或者通过合谋,集中资金优势、持股优势或者利用信息优势联合或者连续买卖;

(二)与他人串通,以事先约定的时间、价格和方式相互进行证券交易;

(三)在自己实际控制的账户之间进行证券交易;

(四)不以成交为目的,频繁或者大量申报并撤销申报;

(五)利用虚假或者不确定的重大信息,诱导投资者进行证券交易;

(六)对证券、发行人公开作出评价、预测或者投资建议,并进行反向证券交易;

(七)利用在其他相关市场的活动操纵证券市场;

(八)操纵证券市场的其他手段。

操纵证券市场行为给投资者造成损失的,应当依法承担赔偿责任。

第192条　违反本法第55条的规定,操纵证券市场的,责令依法处理其非法持有的证券,没收违法所得,并处以违法所得1倍以上10倍以下的罚款;没有违法所得或者违法所得不足100万元的,处以100万元以上1000万元以下的罚款。单位操纵证券市场的,还应当对直接负责的主管人员和其他直接责任人员给予警告,并处以50万元以上500万元以下的罚款。

● **立案标准**　**最高人民检察院、公安部关于公安机关管辖的刑事案件立案追诉标准的规定(二)**(公通字〔2022〕8号,2022年4月6日印发,2022年5月15日施行;公通字〔2010〕23号《规定》、公通字〔2011〕47号《补充规定》同时废止)

第34条　[操纵证券、期货市场案(刑法第182条)]　操纵证券、期货市场,影响证券、期货交易价格或者证券、期货交易量,涉嫌下列情形之一的,应予立案追诉：

（一）持有或者实际控制证券的流通股份数量达到该证券的实际流通股份总量10%以上，实施刑法第182条第1款第一项操纵证券市场行为，连续10个交易日的累计成交量达到同期该证券总成交量20%以上的；

（二）实施刑法第182条第1款第二项、第三项操纵证券市场行为，连续10个交易日的累计成交量达到同期该证券总成交量20%以上的；

（三）利用虚假或者不确定的重大信息，诱导投资者进行证券交易，行为人进行相关证券交易的成交额在1000万元以上的；

（四）对证券、证券发行人公开作出评价、预测或者投资建议，同时进行反向证券交易，证券交易成交额在1000万元以上的；

（五）通过策划、实施资产收购或者重组、投资新业务、股权转让、上市公司收购等虚假重大事项，误导投资者作出投资决策，并进行相关交易或者谋取相关利益，证券交易成交额在1000万元以上的；

（六）通过控制发行人、上市公司信息的生成或者控制信息披露的内容、时点、节奏，误导投资者作出投资决策，并进行相关交易或者谋取相关利益，证券交易成交额在1000万元以上的；

（七）实施刑法第182条第1款第1项操纵期货市场行为，实际控制的账户合并持仓连续10个交易日的最高值超过期货交易所限仓标准的2倍，累计成交量达到同期该期货合约总成交量20%以上，且期货交易占用保证金数额在500万元以上的；

（八）通过囤积现货，影响特定期货品种市场行情，并进行相关期货交易，实际控制的账户合并持仓连续10个交易日的最高值超过期货交易所限仓标准的2倍，累计成交量达到同期该期货合约总成交量20%以上，且期货交易占用保证金数额在500万元以上的；

（九）实施刑法第182条第1款第二项、第三项操纵期货市场行为，实际控制的账户连续10个交易日的累计成交量达到同期该期货合约总成交量20%以上，且期货交易占用保证金数额在500万元以上的；

（十）利用虚假或者不确定的重大信息，诱导投资者进行期货交易，行为人进行相关期货交易，实际控制的账户连续10个交易日的累计成交量达到同期该期货合约总成交量20%以上，且期货交易占用保证金数额在500万元以上的；

（十一）对期货交易标的公开作出评价、预测或者投资建议，同时进行相关期货交易，实际控制的账户连续10个交易日的累计成交量达到同期该期货合约总成交量的20%以上，且期货交易占用保证金数额在500万元以上的；

（十二）不以成交为目的，频繁或者大量申报买入、卖出证券、期货合约并撤销申报，当日累计撤回申报量达到同期该证券、期货合约总申报量50%以上，且证券撤回申报额在1000万元以上、撤回申报的期货合约占用保证金数额在500万元以上的；

（十三）实施操纵证券、期货市场行为，获利或者避免损失数额在100万元以上的。

操纵证券、期货市场，影响证券、期货交易价格或者证券、期货交易量，获利或者避免损失数额在50万元以上，同时涉嫌下列情形之一的，应予立案追诉：（一）发行人、上市公司及其董事、监事、高级管理人员、控股股东或者实际控制人实施操纵证券、期货市场行为的；（二）收购人、重大资产重组的交易对方及其董事、监事、高级管理人员、控股股东或者实际控制人实施操纵证券、期货市场行为的；（三）行为人明知操纵证券、期货市场行为被有关部门调查，仍继续实施的；（四）因操纵证券、期货市场行为受过刑事追究的；（五）2年内因操纵证券、期货市场行为受过行政处罚的；（六）在市场出现重大异常波动等特定时段操纵证券、期货市场的；（七）造成其他严重后果的。

对于在全国中小企业股份转让系统中实施操纵证券市场行为，社会危害性大，严重破坏公平公正的市场秩序的，比照本条的规定执行，但本条第1款第一项和第二项除外。

第84条 本规定中的"以上"，包括本数。

● 指导案例 【高检发研字〔2018〕10号】 关于印发最高人民检察院第10批指导性案例的通知（2018年6月13日最高人民检察院第13届检察委员会第2次会议讨论通过，2018年7月3日印发）

〔检例第39号〕朱炜明操纵证券市场案

要旨：证券公司、证券咨询机构、专业中介机构及其工作人员违背从业禁止规定，买卖或者持有证券，并在对相关证券作出公开评价、预测或者投资建议后，通过预期的市场波动反向操作，谋取利益，情节严重的，以操纵证券市场罪追究其刑事责任。

第183条 【职务侵占罪】保险公司的工作人员利用职务上的便利，故意编造未曾发生的保险事故进行虚假理赔，骗取保险金归自己所有的，依照本法第二百七十一条的规定定罪处罚。

【贪污罪】国有保险公司工作人员和国有保险公司委派到非国有保险公司从事公务的人员有前款行为的，依照本法第三百八十二条、第三百八十三条的规定定罪处罚。

第184条 【非国家工作人员受贿罪】银行或者其他金融机构的工作人员在金融业务活动中索取他人财物或者非法收受他人财物，为他人谋取利益的，或者违反国家规定，收受各种名义的回扣、手续费，归个人所有的，依照本法第一百六十三条的规定定罪处罚。

【受贿罪】国有金融机构工作人员和国有金融机构委派到非国有金融机构从事公务的人员有前款行为的，依照本法第三百八十五条、第三百八十六条的规定定罪处罚。

第185条[①] 【挪用资金罪】商业银行、证券交易所、期货交易所、证券公司、期货经纪公司、保险公司或者其他金融机构的工作人员利用职务上的便利，挪用本单位或者客户资金的，依照本法第二百七十二条的规定定罪处罚。

【挪用公款罪】国有商业银行、证券交易所、期货交易所、证券公司、期货经纪公司、保险公司或者其他国有金融机构的工作人员和国有商业银行、证券交易所、期货交易所、证券公司、期货经纪公司、保险公司或者其他国有金融机构委派到前款规定中的非国有机构从事公务的人员有前款行为的，依照本法第三百八十四条的规定定罪处罚。

● 条文注释　第183条至第185条是针对金融机构工作人员利用职务进行经济犯罪的行为的处罚规定。刑法对这些行为都没有规定新的罪名，而是根据行为人实施的不同行为，以及其是否具有国家工作人员的身份，分别依照其他的条文规定进行定罪处罚。

"国家工作人员"的认定，依照《刑法》第93条的规定。"金融机构"是

[①] 第185条是根据1999年12月25日第9届全国人民代表大会常务委员会第13次会议通过的《刑法修正案》（主席令第27号公布，1999年12月25日起施行）而修改，原条文内容为："银行或者其他金融机构的工作人员利用职务上的便利，挪用本单位或者客户资金的，依照本法第二百七十二条的规定定罪处罚。// 国有金融机构工作人员和国有金融机构委派到非国有金融机构从事公务的人员有前款行为的，依照本法第三百八十四条的规定定罪处罚。"

指经国务院银行业监督管理机构批准设立的从事金融业务的企业,如政策性银行、商业银行、信用社、信托投资公司、证券公司、期货经纪公司、货币经纪公司、基金管理公司、保险公司、保险资产管理公司、金融资产管理公司、金融租赁公司、财务公司等。

构成第183条规定之罪,必须具备以下条件:(1)犯罪主体必须是保险公司的工作人员(否则,适用《刑法》第198条规定的保险诈骗罪);(2)行为人具有虚假理赔、骗取保险金的主观故意,并且利用职务便利,实施了该行为;(3)满足相关的情节要求(依照《刑法》第271条或第383条的相关规定)。

构成第184条规定之罪,必须具备以下条件:(1)犯罪主体必须是金融机构的工作人员;(2)行为人具有索贿或受贿的主观故意,并且实施了该行为;(3)满足相关的情节要求(依照《刑法》第163条或第386条的相关规定)。

构成第185条规定之罪,必须具备以下条件:(1)犯罪主体必须是金融机构的工作人员;(2)行为人具有挪用单位或客户资金的主观故意,并且实施了该行为;(3)满足相关的情节要求(数额较大,并且超过3个月未还或进行营利活动,或者虽然数额不大,但进行非法活动)。

● 相关规定　【法释〔2000〕10号】　**最高人民法院关于农村合作基金会从业人员犯罪如何定性问题的批复**(2000年4月26日最高人民法院审判委员会第1111次会议通过,2000年5月8日公布,答复四川省高级人民法院"川高法〔1999〕376号"请示,2000年5月12日起施行)①

农村合作基金会从业人员,除具有金融机构现职工作人员身份的以外,不属于金融机构工作人员。对其实施的犯罪行为,应当依照刑法的有关规定定罪处罚。

第185条之一② 　【背信运用受托财产罪】商业银行、证券交易所、期货交易所、证券公司、期货经纪公司、保险公司或者其他金融机构,违背受托义务,擅自运用客户资金或者其他委托、信托的财产,情节严重的,对单位判处罚金,并对其直接负责的主管人员和

---

① 注:该《批复》已经被《最高人民法院关于废止部分司法解释(第13批)的决定》(法释〔2019〕11号,2019年7月20日起施行)宣布废止。废止理由:农村合作基金会已被国务院取消,不再适用。因其批复内容仍具有指导性,故本书予以保留。

② 第185条之一是根据2006年6月29日第10届全国人民代表大会常务委员会第22次会议通过的《刑法修正案(六)》(主席令第51号公布,2006年6月29日起施行)而增设。

其他直接责任人员，处三年以下有期徒刑或者拘役，并处三万元以上三十万元以下罚金；情节特别严重的，处三年以上十年以下有期徒刑，并处五万元以上五十万元以下罚金。

【违法运用资金罪】 社会保障基金管理机构、住房公积金管理机构等公众资金管理机构，以及保险公司、保险资产管理公司、证券投资基金管理公司，违反国家规定运用资金的，对其直接负责的主管人员和其他直接责任人员，依照前款的规定处罚。

● **条文注释** 第185条之一是针对金融机构擅自运用受委托的资金、财产，以及其他资金管理机构违规运用资金等单位犯罪行为的处罚规定。这里的"金融机构"是指经国务院银行业监督管理机构批准设立的从事金融业务的企业，如政策性银行、商业银行、信用社、信托投资公司、证券公司、期货经纪公司、货币经纪公司、基金管理公司、保险公司、保险资产管理公司、金融资产管理公司、金融租赁公司、财务公司等。

构成第185条之一第1款规定之罪，必须具备以下条件：（1）犯罪主体必须是金融机构；（2）行为人具有擅自运用客户资金或其他受托财产的主观故意，并且实施了该行为；（3）情节"严重"以上。

构成第185条之一第2款规定之罪，必须具备以下条件：1.犯罪主体是特殊主体：（1）公众资金管理机构；（2）保险公司或保险资产管理公司；（3）证券投资基金管理公司。2.行为人具有违反国家规定运用资金的主观故意，并且实施了该行为。3.情节"严重"以上。

本条规定中的"违背受托义务"，不仅包括违背客户（委托人）与金融机构（受托人）之间的具体约定义务，还包括违背法律法规或部门规章所规定的法定义务。比如，《信托法》《证券投资基金法》《证券公司客户资产管理业务管理办法》《保险资金运用管理暂行办法》《基金管理公司特定客户资产管理业务试点办法》等法规都对运用资金有相关规定。

● **立案标准** 最高人民检察院、公安部关于公安机关管辖的刑事案件立案追诉标准的规定（二）（公通字〔2022〕8号，2022年4月6日印发，2022年5月15日施行；公通字〔2010〕23号《规定》、公通字〔2011〕47号《补充规定》同时废止）

第35条［背信运用受托财产案（刑法第185条之1第1款）］ 商业银行、

证券交易所、期货交易所、证券公司、期货公司、保险公司或者其他金融机构，违背受托义务，擅自运用客户资金或者其他委托、信托的财产，涉嫌下列情形之一的，应予立案追诉：

（一）擅自运用客户资金或者其他委托、信托的财产数额在30万元以上的；

（二）虽未达到上述数额标准，但多次擅自运用客户资金或者其他委托、信托的财产，或者擅自运用多个客户资金或者其他委托、信托的财产的；

（三）其他情节严重的情形。

第36条 [违法运用资金案（刑法第185条之1第2款）] 社会保障基金管理机构、住房公积金管理机构等公众资金管理机构，以及保险公司、保险资产管理公司、证券投资基金管理公司，违反国家规定运用资金，涉嫌下列情形之一的，应予立案追诉：

（一）违反国家规定运用资金数额在30万元以上的；

（二）虽未达到上述数额标准，但多次违反国家规定运用资金的；

（三）其他情节严重的情形。

第80条 本规定中的"多次"，是指3次以上。

第81条 本规定中的"虽未达到上述数额标准"，是指接近上述数额标准且已达到该数额的80%以上的。

第83条 本规定中的立案追诉标准，除法律、司法解释、本规定中另有规定的以外，适用于相应的单位犯罪。

第84条 本规定中的"以上"，包括本数。

第186条[1] 【违法发放贷款罪】银行或者其他金融机构的工作人员违反国家规定发放贷款，数额巨大或者造成重大损失的，处五年以下有期徒刑或者拘役，并处一万元以上十万元以下罚金；数额特别巨大或者造成特别重大损失的，处五年以上有期徒刑，并处二

---

[1] 第186条第1款、第2款是根据2006年6月29日第10届全国人民代表大会常务委员会第22次会议通过的《刑法修正案（六）》（主席令第51号公布，2006年6月29日起施行）而修改。原第186条第1款、第2款的内容为："银行或者其他金融机构的工作人员违反法律、行政法规规定，向关系人发放信用贷款或者发放担保贷款的条件优于其他借款人同类贷款的条件，造成较大损失的，处五年以下有期徒刑或者拘役，并处一万元以上十万元以下罚金；造成重大损失的，处五年以上有期徒刑，并处二万元以上二十万元以下罚金。银行或者其他金融机构的工作人员违反法律、行政法规规定，向关系人以外的其他人发放贷款，造成重大损失的，处五年以下有期徒刑或者拘役，并处一万元以上十万元以下罚金；造成特别重大损失的，处五年以上有期徒刑，并处二万元以上二十万元以下罚金。"

万元以上二十万元以下罚金。

银行或者其他金融机构的工作人员违反国家规定，向关系人发放贷款的，依照前款的规定从重处罚。

单位犯前两款罪的，对单位判处罚金，并对其直接负责的主管人员和其他直接责任人员，依照前两款的规定处罚。

关系人的范围，依照《中华人民共和国商业银行法》和有关金融法规确定。

第187条　【吸收客户资金不入账罪】银行或者其他金融机构的工作人员吸收客户资金不入帐，数额巨大或者造成重大损失的，处五年以下有期徒刑或者拘役，并处二万元以上二十万元以下罚金；数额特别巨大或者造成特别重大损失的，处五年以上有期徒刑，并处五万元以上五十万元以下罚金。①

单位犯前款罪的，对单位判处罚金，并对其直接负责的主管人员和其他直接责任人员，依照前款的规定处罚。

● **条文注释**　第186条、第187条分别是针对金融机构工作人员在办理贷款、存款业务时违法犯罪行为的处罚规定。

构成第186条、第187条各条规定之罪，必须具备以下条件：（1）犯罪主体是金融机构的工作人员；（2）行为人实施了违法发放贷款或吸收客户资金不入帐的行为；（3）数额巨大或造成重大损失（见"立案标准"）。

这里的"金融机构"是指经国务院银行业监督管理机构批准设立的从事金融业务的企业，如政策性银行、商业银行、信用社、信托投资公司、证券公司、期货经纪公司、货币经纪公司、基金管理公司、保险公司、保险资产管理公司、金融资产管理公司、金融租赁公司、财务公司等。

第186条规定中的"国家规定"，主要是指《商业银行法》等法律法规；另外，根据《中国人民银行法》《银行业监督管理法》的授权，中国人民银行、中

---

① 第187条第1款是根据2006年6月29日第10届全国人民代表大会常务委员会第22次会议通过的《刑法修正案（六）》（主席令第51号公布，2006年6月29日起施行）而修改；原第187条第1款的内容为："银行或者其他金融机构的工作人员以牟利为目的，采取吸收客户资金不入帐的方式，将资金用于非法拆借、发放贷款，造成重大损失的，处五年以下有期徒刑或者拘役，并处二万元以上二十万元以下罚金；造成特别重大损失的，处五年以上有期徒刑，并处五万元以上五十万元以下罚金。"

国银行业监督管理委员会可以依法制定货币政策，发布与其职责有关的命令和规章。商业银行中的"关系人"是指：（1）商业银行的董事、监事、管理人员、信贷业务人员及其近亲属；（2）上述人员投资或者担任高级管理职务的公司、企业和其他经济组织。

第187条规定中的"吸收客户资金不入帐"是指金融机构违反国家有关法律法规，故意对收受客户的存款资金不记入或不如实记入金融机构的法定存款账目的行为。行为人实施该行为的目的以及该资金的用途如何，不影响该罪的构成。

需要注意的是：根据最高人民法院"法〔2001〕8号"《全国法院审理金融犯罪案件工作座谈会纪要》，金融机构及其工作人员利用职务上的便利，吸收客户资金不入账，却给客户开具银行存单，客户也认为将款已存入银行，该款却被行为人以个人名义借贷给他人的，应当根据行为人是否具有"国家工作人员"的身份，分别认定为挪用公款罪或挪用资金罪。该司法解释性文件目前仍为有效。

● 相关规定 　【国务院令〔1999〕260号】　金融违法行为处罚办法（1999年1月14日国务院第13次常务会议通过，1999年2月22日公布施行）

第18条　金融机构不得违反国家规定从事证券、期货或者其他衍生金融工具交易，不得为证券、期货或者其他衍生金融工具交易提供信贷资金或者担保……

金融机构违反前款规定的，给予警告，没收违法所得……构成非法经营罪、违法发放贷款罪或者其他罪的，依法追究刑事责任。

【法〔2001〕8号】　全国法院审理金融犯罪案件工作座谈会纪要（最高人民法院2001年1月21日印发）

（二）关于破坏金融管理秩序罪

3. 用账外客户资金非法拆借、发放贷款行为的认定和处罚

银行或者其他金融机构及其工作人员以牟利为目的，采取吸收客户资金不入账的方式，将客户资金用于非法拆借、发放贷款，造成重大损失的，构成用账外客户资金非法拆借、发放贷款罪。[①] 以牟利为目的，是指金融机构及其工作

[①] 注：根据《刑法修正案（六）》（主席令第51号公布，2006年6月29日起施行），《最高人民法院、最高人民检察院关于执行〈中华人民共和国刑法〉确定罪名的补充规定（三）》（法释〔2007〕16号，2007年11月6日起施行）已经将"用账外客户资金非法拆借、发放贷款罪"修改成"吸收客户资金不入账罪"。并且，根据修正后的刑法，"吸收客户资金不入账罪"已经不再要求行为人是否"以牟利为目的"。

人员为本单位或者个人牟利,不具有这种目的,不构成该罪。这里的"牟利",一般是指谋取用账外客户资金非法拆借、发放贷款所产生的非法收益,如利息、差价等。对于用款人为取得贷款而支付的回扣、手续费等,应根据具体情况分别处理:银行或者其他金融机构用账外客户资金非法拆借、发放贷款,收取的回扣、手续费等,应认定为"牟利";银行或者其他金融机构的工作人员利用职务上的便利,用账外客户资金非法拆借、发放贷款,收取回扣、手续费等,数额较小的,以"牟利"论处;银行或者其他金融机构的工作人员将用款人支付给单位的回扣、手续费秘密占为己有,数额较大的,以贪污罪定罪处罚;银行或者其他金融机构的工作人员利用职务便利,用账外客户资金非法拆借、发放贷款,索取用款人的财物,或者非法收受其他财物,或者收取回扣、手续费等,数额较大的,以受贿罪定罪处罚。吸收客户资金不入账,是指不记入金融机构的法定存款账目,以逃避国家金融监管,至于是否记入法定账目以外设立的账目,不影响该罪成立。

审理银行或者其他金融机构及其工作人员用账外客户资金非法拆借、发放贷款案件,要注意将用账外客户资金非法拆借、发放贷款的行为与挪用公款罪和挪用资金罪区别开来。对于利用职务上的便利,挪用已经记入金融机构法定存款账户的客户资金归个人使用的,或者吸收客户资金不入账,却给客户开具银行存单,客户也认为将款已存入银行,该款却被行为人以个人名义借贷给他人的,均应认定为挪用公款罪或者挪用资金罪。

4. 破坏金融管理秩序相关犯罪数额和情节的认定

最高人民法院先后颁行了《关于审理伪造货币等案件具体应用法律若干问题的解释》、《关于审理走私刑事案件具体应用法律若干问题的解释》,对伪造货币、走私、出售、购买、运输假币等犯罪的定罪处刑标准以及相关适用法律问题作出了明确规定。为正确执行刑法,在其他有关的司法解释出台之前,对假币犯罪以外的破坏金融管理秩序犯罪的数额和情节,可参照以下标准掌握:①

(第2款) 关于违法向关系人发放贷款罪。银行或者其他金融机构工作人员违反法律、行政法规规定,向关系人发放信用贷款或者发放担保贷款的条件优于其他借款人同类贷款条件,造成10—30万元以上损失的,可以认定为"造

---

① 注:根据《刑法修正案(六)》(主席令第51号公布,2006年6月29日起施行),相关刑法条文已经被修改。因此,《最高人民法院、最高人民检察院关于执行〈中华人民共和国刑法〉确定罪名的补充规定(三)》(法释〔2007〕16号,2007年11月6日起施行)已将"违法向关系人发放贷款罪"并入"违法发放贷款罪",将"用账外客户资金非法拆借、发放贷款罪"修改成"吸收客户资金不入账罪"。

成较大损失";造成50—100万元以上损失的,可以认定为"造成重大损失"。

(第3款) 关于违法发放贷款罪。银行或者其他金融机构工作人员违反法律、行政法规规定,向关系人以外的其他人发放贷款,造成50—100万元以上损失的,可以认定为"造成重大损失";造成300—500万元以上损失的,可以认定为"造成特别重大损失"。

(第4款) 关于用账外客户资金非法拆借、发放贷款罪。对于银行或者其他金融机构工作人员以牟利为目的,采取吸收客户资金不入账的方式,将资金用于非法拆借、发放贷款,造成50—100万元以上损失的,可以认定为"造成重大损失";造成300—500万元以上损失的,可以认定为"造成特别重大损失"。

对于单位实施违法发放贷款和用账外客户资金非法拆借、发放贷款造成损失构成犯罪的数额标准,可按个人实施上述犯罪的数额标准2至4倍掌握。

由于各地经济发展不平衡,各省、自治区、直辖市高级人民法院可参照上述数额标准或幅度,根据本地的具体情况,确定在本地区掌握的具体标准。

【公经〔2001〕1021号】 **公安部经济犯罪侦查局关于以信用卡透支协议的形式进行借款可否视为贷款问题的批复**(根据中国人民银行条法司1998年6月8日就此类问题函复最高人民检察院刑事检察厅的意见,2001年9月7日答复山东省公安厅经侦总队"鲁公经〔2001〕301号"请示)

根据中国人民银行《信用卡业务管理办法》的规定,信用卡只能在规定的限额为透支。信用卡超限额透支的金额,属于贷款性质。若该行为造成了重大损失,符合违法发放贷款罪的构成要件,则构成违法发放贷款罪。

【银办函〔2002〕377号】 **中国人民银行办公厅关于进出口押汇垫款认定事宜的复函**(2002年6月12日答复公安部办公厅"公经〔2002〕576号"征求认定函)①

进、出口押汇属于贸易融资业务。进口押汇是银行根据客户要求在进口结算业务中给予客户资金融通的业务活动。出口押汇是银行凭出口商提供的出口单据向出口商融通资金的业务活动。押汇垫款是贸易项下融资的一种方式,其性质应属于贷款。

---

① 公安部经济犯罪侦查局于2002年6月24日以"公经〔2002〕751号"《通知》转发该《复函》答复河南省公安厅经侦总队请示。

【刑二函字〔2006〕42号】　最高人民法院刑事审判第二庭关于对银行工作人员违规票据贴现行为如何适用法律问题的函（2006年7月5日答复公安部经济犯罪侦查局"公经〔2006〕1178号"征求意见函①）

根据我国法律规定②，票据贴现属于贷款的一种类型。违规票据贴现行为是否构成违法发放贷款罪，应当根据案件事实的刑法规定综合评判加以认定。与检察机关的分歧，建议你局商最高人民检察院相关部门妥善解决。

【公经〔2007〕1458号】　公安部经济犯罪侦查局关于对违法发放贷款案件中损失认定问题的批复（2007年7月27日答复福建省公安厅经侦总队"闽公经〔2007〕157号"请示）

在案件侦办过程中，如有证据证明犯罪嫌疑人实施了违法、违规发放贷款的行为，只要发生贷款已无法收回的情况且达到追诉标准的，就应视为《刑法》第186条所规定的造成损失。案中提及的未到期贷款及其利息，如确定不能追回，应视为犯罪损失。

【公经〔2009〕314号】　公安部经济犯罪侦查局关于骗取贷款罪和违法发放贷款罪的立案追诉标准问题的批复（经征求最高人民检察院公诉厅、最高人民法院刑事审判第二庭意见，2009年7月24日答复辽宁省公安厅经侦总队"辽公经办〔2009〕094号"、重庆市公安局经侦总队"渝公经侦文〔2009〕53号"、陕西省公安厅经侦总队"陕公经〔2009〕184号"请示）

二、关于给银行或者其他金融机构"造成重大损失"的认定问题

如果银行或者其他金融机构仅仅出具"形成不良贷款数额"的结论，不宜认定为"重大经济损失数额"。根据目前国有独资银行、股份制商业银行实行的贷款五级分类制，商业贷款分为正常、关注、次级、可疑、损失五类，其中后三类称为不良贷款。不良贷款尽管"不良"但不一定形成了既成的损失，因此

---

① 注：该"征求意见函"针对的案情为：2005年6月9日，中国银行德州市××支行行长潘×因轻信了中间人的承诺，在未取得相关银行开具的承兑汇票的情况下，违反法律法规规定，安排该行工作人员制作贴现凭证，办理贴现业务，将2000万元转入某公司账户，致使所贴现的资金无法追回，造成重大损失。

在征求两高相关部门以及公安部法制局的意见后，公安部经济犯罪侦查局于2006年8月1日印发《关于对中国银行××支行行长潘×等人行为如何适用法律问题的通知》（公经〔2006〕1655号），答复山东省公安厅经侦总队"鲁公经〔2006〕317号"请示，同意该省办案单位有关案件定性的意见，即：依据中国人民银行颁布的《贷款通则》，票据贴现应属贷款种类之一，潘×违反有关规定办理票据贴现业务，实则为发放贷款行为，触犯了刑法第186条第2款的规定，涉嫌违法发放贷款罪。

② 注：这里的"法律规定"，是指1996年6月28日中国人民银行令〔1996〕第2号发布《贷款通则》。

"不良贷款"不等于"经济损失",也不能将"形成不良贷款数额"等同于"重大经济损失数额"。

【高检侦监函〔2010〕32号】 最高人民检察院侦查监督厅关于对郭××涉嫌违法发放贷款犯罪性质认定的回复意见(2010年9月9日答复公安部经济犯罪侦查局"公经金融〔2010〕168号"征求意见函)①

银监会制定的《流动资金贷款管理暂行办法》和《个人贷款管理暂行办法》是对《中华人民共和国商业银行法》有关规定的细化,可以作为认定案件性质的依据。

【高检研函字〔2010〕74号】 最高人民检察院法律政策研究室关于吸收客户资金不入账犯罪法律适用问题的回复意见(2010年12月13日答复公安部经济犯罪侦查局"公经金融〔2010〕252号"征求意见函)②

保险费属于《刑法》第187条规定的客户资金,保险公司及其工作人员收到保险费不入账,数额巨大或者造成重大损失的,应按吸收客户资金不入账犯罪追究刑事责任。

● **立案标准** 最高人民检察院、公安部关于公安机关管辖的刑事案件立案追诉标准的规定(二)(公通字〔2022〕8号,2022年4月6日印发,2022年5月15日施行;公通字〔2010〕23号《规定》、公通字〔2011〕47号《补充规定》同时废止)

第37条 [违法发放贷款案(刑法第186条)] 银行或者其他金融机构及其工作人员违反国家规定发放贷款,涉嫌下列情形之一的,应予立案追诉:

---

① 注:该案,中国银监会法规部在2010年12月29日《关于对郭××违法发放贷款案征求意见的复函》中认为,《流动资金贷款管理暂行办法》、《个人贷款管理暂行办法》自2010年2月12日发布施行,而郭××的犯罪行为发生在前述两办法施行之前,根据溯及力的一般原则,不宜适用于郭××案。

但公安部经济犯罪侦查局根据最高检侦监厅《回复意见》的精神,于2011年1月4日印发《关于对郭××涉嫌违法发放贷款犯罪性质认定请示的批复》(公经金融〔2011〕4号)答复黑龙江省公安厅经侦总队"黑公经〔2010〕122号"请示:根据2004年7月16日银监会发布的《商业银行授信工作尽职指引》第15条、第16条、第27条、第28条、第29条、第51条的规定,我们认为,郭××作为原中国银行工作人员,在审查××化工有限公司贷款过程中,未按规定履行对该公司的贷款资料和担保单位的担保能力进行全面核实和实地审核的尽职调查义务即发放贷款,致使××化工有限公司利用虚假的贷款资料和伪造的担保合同取得贷款,并给银行造成巨额损失,其行为违反了国家有关规定,涉嫌违法发放贷款犯罪。

② 注:公安部经济犯罪侦查局于2010年12月17日将该回复意见的内容以"公经金融〔2010〕272号"批复答复黑龙江省公安厅经侦总队"黑公经〔2010〕183号"请示。

（一）违法发放贷款，数额在 200 万元以上的；

（二）违法发放贷款，造成直接经济损失数额在 50 万元以上的。

第 38 条 [吸收客户资金不入账案（刑法第 187 条）] 银行或者其他金融机构及其工作人员吸收客户资金不入账，涉嫌下列情形之一的，应予立案追诉：

（一）吸收客户资金不入账，数额在 200 万元以上的；

（二）吸收客户资金不入账，造成直接经济损失数额在 50 万元以上的。

第 84 条 本规定中的"以上"，包括本数。

第 188 条 【违规出具金融票证罪】 银行或者其他金融机构的工作人员违反规定，为他人出具信用证或者其他保函、票据、存单、资信证明，情节严重的，处五年以下有期徒刑或者拘役；情节特别严重的，处五年以上有期徒刑。[①]

单位犯前款罪的，对单位判处罚金，并对其直接负责的主管人员和其他直接责任人员，依照前款的规定处罚。

第 189 条 【对违法票据承兑、付款、保证罪】 银行或者其他金融机构的工作人员在票据业务中，对违反票据法规定的票据予以承兑、付款或者保证，造成重大损失的，处五年以下有期徒刑或者拘役；造成特别重大损失的，处五年以上有期徒刑。

单位犯前款罪的，对单位判处罚金，并对其直接负责的主管人员和其他直接责任人员，依照前款的规定处罚。

● **条文注释** 第 188 条、第 189 条分别是针对金融机构工作人员在办理资信业务、票据业务时违法犯罪行为的处罚规定。

这里的"金融机构"是指经国务院银行业监督管理机构批准设立的从事金融业务的企业，如政策性银行、商业银行、信用社、信托投资公司、证券公司、期货经纪公司、货币经纪公司、基金管理公司、保险公司、保险资产管理公司、金融资产管理公司、金融租赁公司、财务公司等。

[①] 第 188 条第 1 款是根据 2006 年 6 月 29 日第十届全国人民代表大会常务委员会第 22 次会议通过的《刑法修正案（六）》（主席令第 51 号公布，2006 年 6 月 29 日起施行）而修改；原第 188 条第 1 款的内容为："银行或者其他金融机构的工作人员违反规定，为他人出具信用证或者其他保函、票据、存单、资信证明，造成较大损失的，处五年以下有期徒刑或者拘役；造成重大损失的，处五年以上有期徒刑。"

第 188 条规定中的"违反规定",是指违反了有关金融法律法规、部门规章以及金融机构内部制定的一些重要业务规则和管理制度,如《中国人民银行法》《商业银行法》《票据法》《国内信用证结算办法》等,都对相关业务作了具体规定。"信用证"就是金融机构开具的有条件地向受益人付款的书面凭证;"保函"是指金融机构以其自身的信用为他人承担责任的担保文件,它是金融机构重要的资信文件。"资信证明",是指证明个人或单位经济实力的文件,广义的资信证明包括票据、银行存单、房契、地契以及其他各种产权证明等,此外,还包括由银行出具的有关财产方面的委托书、协议书等。

根据《票据法》第 2 条的规定,《刑法》第 188 条、第 189 条规定中的"票据"是指汇票、本票和支票。

需要注意的是:构成 189 条规定之罪,行为人在客观上主要表现为过失,即在办理票据业务时由于工作不负责,审查不严所致。

● 相关规定　【银条法〔1999〕27 号】　中国人民银行关于银行现金缴款单和进账单性质认定的复函(1999 年 3 月 30 日答复公安部经济犯罪侦查局)

一、现金缴款单、进账单是客户到银行办理资金收付业务的凭证。这两种凭证是银行和客户内部的记账依据,它们仅证明银行与客户之间发生了资金收付关系,对银行与客户之外的第三人没有证明作用。与客户进行商品交易的第三人不能凭现金缴款单和进账单作为发货的依据。

《中华人民共和国刑法》第 188 条规定的票证包括信用证、保函、票据、存单和资信证明,其中票据包括汇票、本票和支票,资信证明是指证明单位和个人资金实力和信誉的文件。现金缴款单和进账单不是资信证明文件,我们认为不应属于《中华人民共和国刑法》第 188 条规定的票证。

二、现金缴款单、进账单是同城范围使用的银行凭证,其有关具体操作规程由中国人民银行当地分行制订。

最高人民法院刑事审判第一庭关于银行内部机构的工作人员以本部门与他人合办的公司为受益人开具信用证是否属于"为他人出具信用证"问题的复函(2000 年 6 月 27 日答复公安部经济犯罪侦查局"公经〔2000〕481 号"征求意见函)[①]

刑法第 188 条非法出具金融票证罪规定的"为他人出具信用证"中的"他

[①] 注:公安部经济犯罪侦查局于 2000 年 7 月 4 日以"公经〔2000〕722 号"《答复》引用该《复函》的内容,作为对吉林省公安厅经侦总队请示的答复。

人"，是指银行或者其他金融机构以外的个人或者单位。银行内部机构的工作人员以本部门与他人合办的公司为受益人，违反规定开具信用证，属于为他人非法出具信用证。

【汇综函〔2001〕25号】 国家外汇管理局综合司关于贸易进口付汇核销管理有关问题的复函（2001年4月20日答复公安部经济犯罪侦查局征求意见函）[1]

根据1996年6月20日中国人民银行发布、1996年7月1日开始施行的《结汇、售汇及付汇管理暂行规定》第13条第1款的规定，境内机构用信用证方式结算的贸易进口，如需在开证时购汇，应当持进口合同、进口付汇核销单、开证申请书办理；如需在信用证规定的付款日期购汇，则应当提供进口合同、进口付汇核销单、信用证以及信用证结算方式要求的有效商业单据办理。因此，如果外汇指定银行负责在为进口单位开立信用证时，进口单位未申请购汇，外汇指定银行不审核进口付汇核销单，不违反外汇管理规定；如果进口单位在开立信用证时申请购汇，外汇指定银行未审核进口付汇核销单，则违反了《结汇、售汇及付汇管理暂行规定》的规定。

【银办函〔2002〕315号】 中国人民银行办公厅关于银行预付款保函认定事宜的复函（2002年6月5日回复公安部办公厅"公经〔2002〕502号"征求协助函）[2]

《中华人民共和国刑法》第188条和《最高人民法院关于执行〈中华人民共和国刑法〉确定罪名的规定》明确，非法出具信用证或者其他保函、票据、存单、资信证明，构成犯罪的，属于非法出具金融票证罪。预付款保函是银行保函的一种形式，属于刑法意义上的金融票证。

【公经〔2003〕88号】 公安部关于对涉嫌非法出具金融票证犯罪案件涉及的部分法律问题的批复（2003年1月27日答复四川省公安厅"公厅经发〔2002〕97号"请示）[3]

一、关于损失的认定问题

对于借款人有下列情形之一，其借款不能归还的，应认定为损失：

---

[1] 公安部经济犯罪侦查局于2001年4月28日以"公经〔2001〕443号"《通知》将该《复函》转发给湖北省公安厅经侦总队，作为对其请求报告的回复。

[2] 注：2002年6月24日，公安部经济犯罪侦查局印发"公经〔2002〕745号"《通知》，将该《复函》转发给福建省公安厅经侦总队，作为对其请示的答复。

[3] 注：随着《刑法修正案（六）》对《刑法》第188条第1款的修改，第188条对应的罪名由"非法出具金融票证罪"改为"违规出具金融票证罪"。

（一）法院宣布借款人破产，已清算完毕的；
（二）借款人被依法撤销、关闭、解散，并终止法人资格的；
（三）借款人虽未被依法终止法人资格，但生产经营活动已停止，借款人已名存实亡的；
（四）借款人的经营活动虽未停止，但公司、企业已亏损严重，资不抵债的；
（五）其他应认定为损失的情形。

关于损失的认定时间，应分为定罪损失和量刑损失两种情形来考虑：定罪损失是立案损失、成罪损失，应以公安机关立案时为标准；量刑损失是法院审理案件时的实际损失，以确定最终量刑幅度。

二、关于用资人行为的定性问题

在金融机构及其工作人员非法出具金融票证等破坏金融管理秩序犯罪活动中，用资人的行为能否被认定为金融诈骗犯罪，首先应当考察其主观上是否有非法占有的故意。对此，可参照最高人民法院2001年1月21日印发的《全国法院审理金融犯罪案件工作座谈会纪要》（法〔2001〕8号）中的有关内容，即对于行为人通过诈骗的方法非法获取资金，造成数额较大资金不能归还，并具有下列情形之一的，可以认定为具有非法占有的目的：

（一）明知没有归还能力而大量骗取资金的；
（二）非法获取资金后逃跑的；
（三）肆意挥霍骗取资金的；
（四）使用骗取的资金进行违法犯罪活动的；
（五）抽逃、转移资金、隐匿财产，以逃避返还资金的；
（六）隐匿、销毁账目，或者拒不说明资金去向，或者搞假破产、假倒闭，以逃避返还资金的；
（七）其他非法占有资金、拒不返还的行为。

【公经〔2006〕2769号】　公安部经济犯罪侦查局关于伪造银行履约保函的行为是否构成伪造、变造金融票证罪的批复（2006年12月1日答复浙江省公安厅经侦总队"浙公经〔2006〕448号"请示）[①]

银行履约保函是保函的一种，属于《刑法》第188条所列的金融票证的范畴。但只有在经济活动中具有给付货币和资金清算作用，并表明银行与客户之

[①] 注：该《批复》是依据《中国人民银行条法司关于银行履约保函是否属于金融票证的意见》（银条法〔2006〕33号，2006年11月14日答复公安部经济犯罪侦查局"公经〔2006〕2381号"《征求意见函》）而作出。

间已受理或已办结相关支付结算业务的凭据，才能认定为银行结算凭证。因此，《刑法》第177条"伪造、变造金融票证罪"规定的金融票证种类中并未包括银行履约保函。

【公经金融〔2009〕295号】 公安部经济犯罪侦查局关于民间借贷合同加盖金融机构公章能否视为保函有关问题的批复（经征求中国人民银行意见，2009年11月4日答复河南省公安厅经侦总队"豫公经〔2009〕32号"请示）

银行保函是指银行应委托人的申请而向受益人开立的有担保性质的书面承诺文件，一旦委托人未按其与受益人签订的合同的约定偿还债务或履行约定义务时，由银行按照与委托人签订的《保函委托书》履行担保责任。而本案中，犯罪嫌疑人杨××违反规定，利用其担任中国建设银行郑州市××支行行长便利，私自在河南××纸业股份有限公司向辛××个人借款1360万元的民间借贷合同上加盖本行印章，由于单纯公章印章本身不具备保函的形式要件，不能视为保函。同时，对杨××的行为应按照主客观相统一的原则，查明其是否存在职务犯罪等情况。

【公经金融〔2013〕69号】 公安部经济犯罪侦查局关于网上银行电子回单是否属于金融票证的批复（2013年7月30日答复山东省公安厅经侦总队"鲁公经〔2013〕528号"请示）[①]

根据《支付结算办法》（银发〔1997〕393号，以下简称《办法》）的规定，结算凭证是办理支付结算的工具，是办理支付结算和现金收付的重要依据，未按《办法》规定填写的结算凭证，银行有权不予受理。因而，结算凭证一般可理解为银行在办理支付结算活动中所使用的，据以执行客户支付指令、办理资金划转的凭证。根据《电子支付指引（第一号）》（中国人民银行公告〔2005〕第23号）第5条、第19条和《办法》第174条的规定，电子支付指令与纸质支付凭证具有同等效力，而网上银行电子回单（包括纸质形式）可理解为银行对电子支付指令进行确认后，向客户提供的用以证明银行受理了相关业务的单证，并非办理支付结算业务和资金划转的依据，也不能证明有关的货币给付或资金清算已经完成。综上，网上银行电子回单（包括纸质形式）不属于结算凭证，也不属于金融票证。

---

① 注：该《批复》是依据《中国人民银行条法司关于网上银行电子回单是否属于金融票证的复函》（人银法〔2013〕425号，2013年7月17日答复公安部经济犯罪侦查局征求意见函）而作出。

● 立案标准　最高人民检察院、公安部关于公安机关管辖的刑事案件立案追诉标准的规定（二）（公通字〔2022〕8号，2022年4月6日印发，2022年5月15日施行；公通字〔2010〕23号《规定》、公通字〔2011〕47号《补充规定》同时废止）

第39条［违规出具金融票证案（刑法第188条）］　银行或者其他金融机构及其工作人员违反规定，为他人出具信用证或者其他保函、票据、存单、资信证明，涉嫌下列情形之一的，应予立案追诉：

（一）违反规定为他人出具信用证或者其他保函、票据、存单、资信证明，数额在200万元以上的；

（二）违反规定为他人出具信用证或者其他保函、票据、存单、资信证明，造成直接经济损失数额在50万元以上的；

（三）多次违规出具信用证或者其他保函、票据、存单、资信证明的；

（四）接受贿赂违规出具信用证或者其他保函、票据、存单、资信证明的；

（五）其他情节严重的情形。

第40条［对违法票据承兑、付款、保证案（刑法第189条）］　银行或者其他金融机构及其工作人员在票据业务中，对违反票据法规定的票据予以承兑、付款或者保证，造成直接经济损失数额在50万元以上的，应予立案追诉。

第80条　本规定中的"多次"，是指3次以上。

第84条　本规定中的"以上"，包括本数。

第190条[①]　**【逃汇罪】**公司、企业或者其他单位，违反国家规定，擅自将外汇存放境外，或者将境内的外汇非法转移到境外，数额较大的，对单位判处逃汇数额百分之五以上百分之三十以下罚金，并对其直接负责的主管人员和其他直接责任人员，处五年以下有期徒刑或者拘役；数额巨大或者有其他严重情节的，对单位判处逃汇数额百分之五以上百分之三十以下罚金，并对其直接负责的主管人

---

① 第190条是根据1998年12月29日第9届全国人民代表大会常务委员会第6次会议通过的《关于惩治骗购外汇、逃汇和非法买卖外汇犯罪的决定》（主席令第14号公布施行）第3条而修改。原条文为："国有公司、企业或者其他国有单位，违反国家规定，擅自将外汇存放境外，或者将境内的外汇非法转移到境外，情节严重的，对单位判处罚金，并对其直接负责的主管人员和其他直接责任人员，处五年以下有期徒刑或者拘役。"也即扩大了本条的适用范围、明确了罚金标准，并加重了"逃汇罪"的刑责。

员和其他直接责任人员,处五年以上有期徒刑。

(单行刑法第 1 条)① 【骗购外汇罪】有下列情形之一,骗购外汇,数额较大的,处五年以下有期徒刑或者拘役,并处骗购外汇数额百分之五以上百分之三十以下罚金;数额巨大或者有其他严重情节的,处五年以上十年以下有期徒刑,并处骗购外汇数额百分之五以上百分之三十以下罚金;数额特别巨大或者有其他特别严重情节的,处十年以上有期徒刑或者无期徒刑,并处骗购外汇数额百分之五以上百分之三十以下罚金或者没收财产:

(一)使用伪造、变造的海关签发的报关单、进口证明、外汇管理部门核准件等凭证和单据的;

(二)重复使用海关签发的报关单、进口证明、外汇管理部门核准件等凭证和单据的;

(三)以其他方式骗购外汇的。

伪造、变造海关签发的报关单、进口证明、外汇管理部门核准件等凭证和单据,并用于骗购外汇的,依照前款的规定从重处罚。

明知用于骗购外汇而提供人民币资金的,以共犯论处。

单位犯前三款罪的,对单位依照第一款的规定判处罚金,并对其直接负责的主管人员和其他直接责任人员,处五年以下有期徒刑或者拘役;数额巨大或者有其他严重情节的,处五年以上十年以下有期徒刑;数额特别巨大或者有其他特别严重情节的,处十年以上有期徒刑或者无期徒刑。

● **条文注释** 第 190 条、《决定》第 1 条规定的"外汇"是指下列以外币表示的可以用作国际清偿的支付手段和资产:①外币现钞,包括纸币、铸币;②外币支付凭证或者支付工具,包括票据、银行存款凭证、银行卡等;③外币有价证券,包括债券、股票等;④特别提款权;⑤其他外汇资产。

---

① 此处的单行刑法是指 1998 年 12 月 29 日第 9 届全国人民代表大会常务委员会第 6 次会议通过的《关于惩治骗购外汇、逃汇和非法买卖外汇犯罪的决定》(主席令第 14 号公布施行),根据《最高人民法院、最高人民检察院关于执行〈中华人民共和国刑法〉确定罪名的补充规定》(法释〔2002〕7 号),该决定第 1 条确定罪名为骗购外汇罪。

根据《外汇管理条例》①的规定，境内机构、境内个人的外汇收入可以调回境内或者存放境外②；调回境内或者存放境外的条件、期限等，由国务院外汇管理部门根据国际收支状况和外汇管理的需要作出规定。对于个人携带大量外汇出境，逃避海关监管，符合走私条件的，应当按照国家有关规定处理。③

"骗购外汇"主要是指使用伪造、变造的或者已经用过的相关证单，虚构进口业务或夸大进口数量，利用人民币骗购国家外汇的行为。这些相关证单包括海关签发的报关单、进口证明，以及外汇管理部门的核准文件等凭证和单据。明知用于骗购外汇而提供人民币资金的，以共犯论处。

需要注意的是：（1）构成第190条规定之罪，犯罪主体是单位（个人不能构成本罪）。（2）单位犯逃汇罪，对其适用的最高刑为罚金，追诉期限应当为5年；但对其直接负责的主管人员和其他直接责任人员，追诉期限为10年（第1档刑期）或15年（第2档刑期）。（3）行为人在骗购外汇时，如果同时有伪造或变造相关凭证或单据的行为，以骗购外汇罪定罪（因为《决定》第1条规定的刑罚比第280条规定的刑罚更重），并且从重处罚。

● 相关规定 【主席令〔1998〕14号】 全国人民代表大会常务委员会关于惩治骗购外汇、逃汇和非法买卖外汇犯罪的决定（1998年12月29日第9届全国人民代表大会常务委员会第6次会议通过，主席令第14号公布施行）④

五、海关、外汇管理部门以及金融机构、从事对外贸易经营活动的公司、企业或者其他单位的工作人员与骗购外汇或者逃汇的行为人通谋，为其提供购买外汇的有关凭证或者其他便利的，或者明知是伪造、变造的凭证和单据而售

---

① 《中华人民共和国外汇管理条例》由1996年1月29日中华人民共和国国务院令第193号公布，1996年4月1日施行；1997年1月14日国务院令第211号修正，发布之日施行；2008年8月1日国务院第20次常务会议修订，2008年8月5日国务院令第532号公布施行。

② 注：2008年修订之前的《外汇管理条例》规定：境内机构的经常项目外汇收入必须调回境内，不得违反国家有关规定将外汇擅自存放在境外。这一规定已经被废止。

③ 根据1993年3月1日中华人民共和国海关总署令第43号发布的《中华人民共和国禁止进出境物品表》和《中华人民共和国限制进出境物品表》，外币及其有价证券属于"限制出境物品"。根据1996年12月31日国家外汇管理局、海关总署制订的《关于对携带外汇进出境管理的规定》（〔96〕汇管函字第324号，1997年1月8日），个人携带外币现钞、外币支付凭证出境，居民携出金额折合2000美元以上，或非居民携出金额折合5000美元以上的，应当按规定申领"携带外汇出境许可证"。

④ 该《决定》实际替代了1998年8月28日最高人民法院审判委员会第1018次会议通过的《最高人民法院关于审理骗购外汇、非法买卖外汇刑事案件具体应用法律若干问题的解释》（法释〔1998〕20号，1998年8月28日公布，1998年9月1日起施行），但后者一直未被废止。

汇、付汇的，以共犯论，依照本决定从重处罚。

八、犯本决定规定之罪，依法被追缴、没收的财物和罚金，一律上缴国库。

【法释〔1998〕20号】　最高人民法院关于审理骗购外汇、非法买卖外汇刑事案件具体应用法律若干问题的解释（1998年8月28日最高人民法院审判委员会第1018次会议通过，1998年8月28日公布，1998年9月1日起施行）

第1条　以进行走私、逃汇、洗钱、骗税等犯罪活动为目的，使用虚假、无效的凭证、商业单据或者采取其他手段向外汇指定银行骗购外汇的，应当分别按照刑法分则第3章第2节、第190条、第191条和第204条等规定定罪处罚。

非国有公司、企业或者其他单位，与国有公司、企业或者其他国有单位勾结逃汇的，以逃汇罪的共犯处罚。

第5条　海关、银行、外汇管理机关工作人员与骗购外汇的行为人通谋，为其提供购买外汇的有关凭证，或者明知是伪造、变造的凭证和商业单据而出售外汇，构成犯罪的，按照刑法的有关规定从重处罚。

第6条　实施本解释规定的行为，同时触犯2个以上罪名的，择一重罪从重处罚。

第7条　根据刑法第64条规定，骗购外汇、非法买卖外汇的，其违法所得予以追缴，用于骗购外汇、非法买卖外汇的资金予以没收，上缴国库。

第8条　骗购、非法买卖不同币种的外汇的，以案发时国家外汇管理机关制定的统一折算率折合后依照本解释处罚。

【公通字〔1999〕39号】　最高人民法院、最高人民检察院、公安部办理骗汇、逃汇犯罪案件联席会议纪要（1999年3月16日在北京昌平召开，中央政法委、最高人民法院、最高人民检察院、公安部、中国人民银行、国家外汇管理局、解放军军事法院、军事检察院、总政保卫部等有关部门参加；1999年3月16日印发）

二、全国人大常委会《关于惩治骗购外汇、逃汇和非法买卖外汇犯罪的决定》（以下简称《决定》）公布施行后发生的犯罪行为，应当依照《决定》办理；对于《决定》公布施行前发生的公布后尚未处理或者正在处理的行为，依照修订后的刑法第12条第1款规定的原则办理。

最高人民法院1998年8月28日发布的《关于审理骗购外汇、非法买卖外汇刑事案件具体应用法律若干问题的解释》（以下简称《解释》），是对具体应用修订后的刑法有关问题的司法解释，适用于依照修订后的刑法判处的案件。各执法部门对于《解释》应当准确理解，严格执行。

《解释》第4条规定："公司、企业或者其他单位，违反有关外贸代理业务的规定，采用非法手段、或者明知是伪造、变造的凭证、商业单据，为他人向外汇指定银行骗购外汇，数额在五百万美元以上或者违法所得五十万元人民币以上的，按照刑法第二百二十五条第（三）项①的规定定罪处罚；居间介绍骗购外汇一百万美元以上或者违法所得十万元人民币以上的，按照刑法第二百二十五条第（三）项的规定定罪处罚。"上述所称"采用非法手段"，是指有国家批准的进出口经营权的外贸代理企业在经营代理进口业务时，不按国家经济主管部门有关规定履行职责，放任被代理方自带客户、自带货源、自带汇票、自行报关，在不见进口产品、不见供货货主、不见外商的情况下代理进口业务，或者采取法律、行政法规和部门规章禁止的其他手段代理进口业务。

认定《解释》第4条所称的"明知"，要结合案件的具体情节予以综合考虑，不能仅仅因为行为人不供述就不予认定。报关行为先于签订外贸代理协议的，或者委托方提供的购汇凭证明显与真实凭证、商业单据不符的，应当认定为明知。

《解释》第4条所称"居间介绍骗购外汇"，是指收取他人人民币、以虚假购汇凭证委托外贸公司、企业骗购外汇，获取非法收益的行为。

四、……主犯在逃或者骗购外汇所需人民币资金的来源无法彻底查清，但证明在案的其他犯罪嫌疑人实施犯罪的基本证据确实充分的，为在法定时限内结案，可以对在案的其他犯罪嫌疑人先行处理。对于已收集到外汇指定银行汇出凭证和境外收汇银行收款凭证等证据，能够证明所骗购外汇确已汇至港澳台地区或国外的，应视为骗购外汇既遂。

● **立案标准**　**最高人民检察院、公安部关于公安机关管辖的刑事案件立案追诉标准的规定（二）**（公通字〔2022〕8号，2022年4月6日印发，2022年5月15日施行；公通字〔2010〕23号《规定》、公通字〔2011〕47号《补充规定》同时废止）

第41条［逃汇案（刑法第190条）］　公司、企业或者其他单位，违反国家规定，擅自将外汇存放境外，或者将境内的外汇非法转移到境外，单笔在200万美元以上或者累计数额在500万美元以上的，应予立案追诉。

---

① 注：《刑法》第225条已经被《刑法修正案》（主席令第27号公布，1999年12月25日起施行）修正，原第225条第3项改成了现在的刑法第225条第4项。

第42条［骗购外汇案《全国人民代表大会常务委员会关于惩治骗购外汇、逃汇和非法买卖外汇犯罪的决定》第1条）］ 骗购外汇,数额在50万美元以上的,应予立案追诉。

第84条 本规定中的"以上",包括本数。

第191条 【洗钱罪】 为掩饰、隐瞒毒品犯罪、黑社会性质的组织犯罪、恐怖活动犯罪、走私犯罪、贪污贿赂犯罪、破坏金融管理秩序犯罪、金融诈骗犯罪的所得及其产生的收益的来源和性质,有下列行为之一的,没收实施以上犯罪的所得及其产生的收益,处五年以下有期徒刑或者拘役,并处或者单处罚金;情节严重的,处五年以上十年以下有期徒刑,并处罚金:①

（一）提供资金帐户的;

（二）将财产转换为现金、金融票据、有价证券的;

（三）通过转帐或者其他支付结算方式转移资金的;

（四）跨境转移资产的;

（五）以其他方法掩饰、隐瞒犯罪所得及其收益的来源和性质的。

---

① 本款规定经历了3次修改。原1997年《刑法》本款规定为:"明知是毒品犯罪、黑社会性质的组织犯罪、走私犯罪的违法所得及其产生的收益,为掩饰、隐瞒其来源和性质,有下列行为之一的,没收实施以上犯罪的违法所得及其产生的收益,处五年以下有期徒刑或者拘役,并处或者单处洗钱数额百分之五以上百分之二十以下罚金;情节严重的,处五年以上十年以下有期徒刑,并处洗钱数额百分之五以上百分之二十以下罚金:(一)提供资金帐户的;(二)协助将财产转换为现金或者金融票据的;(三)通过转帐或者其他结算方式协助资金转移的;(四)协助将资金汇往境外的;(五)以其他方法掩饰、隐瞒犯罪的违法所得及其收益的性质和来源的。"

2001年12月29日第9届全国人大常委会第25次会议通过的《刑法修正案（三）》（主席令第64号公布,2001年12月29日起施行）首次将其修改,在"走私犯罪"之前增加了"恐怖活动犯罪"。

2006年6月29日第10届全国人大常委会第22次会议通过的《刑法修正案（六）》（主席令第51号公布,2006年6月29日起施行）再次将其修改,在"走私犯罪"之前增加了"贪污贿赂犯罪、破坏金融管理秩序犯罪、金融诈骗犯罪",并将第2项的"现金或者金融票据"修改为"现金、金融票据、有价证券"。

2020年12月26日第13届全国人大常委会第24次会议通过的《刑法修正案（十一）》（主席令第66号公布）第3次将其修改为现规定,2021年3月1日起施行。

单位犯前款罪的，对单位判处罚金，并对其直接负责的主管人员和其他直接责任人员，依照前款的规定处罚。①

● **条文注释** 所谓"洗钱"，是指通过各种手段掩饰或隐瞒犯罪所得的赃款、赃物及其收益，使之表面上的来源和性质合法化。本法所指的洗钱，是专门针对毒品犯罪、黑社会性质的组织犯罪、恐怖活动犯罪、走私犯罪、贪污贿赂犯罪、破坏金融管理秩序犯罪、金融诈骗犯罪特定的7类上游犯罪而言。

构成第191条规定的洗钱罪，必须具备以下条件：（1）行为人明知是上述7类上游犯罪的赃款、赃物或其收益；（2）行为人有"洗钱"的主观故意；（3）行为人实施了本条第1款规定的五种洗钱行为。在情节要求上，刑法没有对洗钱犯罪的数额或后果情节设置入罪门槛。

需要注意的是：

（1）构成洗钱罪，应以上游犯罪的事实成立为前提。至于该犯罪事实是否被追究刑事责任（比如因为行为人未满14周岁而依法不予以追究刑事责任），或者是否被依法判处其他罪名（比如因为罪名竞合而择重定罪处罚），均不影响洗钱罪的构成；但如果上游的"犯罪事实"依法不构成犯罪（比如因为不满足情节条件而不构成犯罪），则洗钱罪也不成立。

（2）构成洗钱罪，又同时构成《刑法》第312条规定的"掩饰、隐瞒犯罪所得、犯罪所得收益罪"，或者又同时构成《刑法》第349条规定的"窝藏、转移、隐瞒毒品、毒赃罪"的，依照处罚较重的规定定罪处罚。

（3）《刑法修正案（十一）》删除了本条规定中的"明知"，并非对行为人不再要求"明知"；反而，通过对条文表述的调整、删除洗钱行为中的"协助"字样，从理论上，将"自洗钱"纳入了本条规定的调节范畴。也即，行为人自己实施上述7类上游犯罪后，又实施洗钱行为，也可以构成洗钱罪。

---

① 本款规定经历了2次修改。原1997年《刑法》本款规定为："单位犯前款罪的，对单位判处罚金，并对其直接负责的主管人员和其他直接责任人员，处五年以下有期徒刑或者拘役。"2001年12月29日第9届全国人大常委会第25次会议通过的《刑法修正案（三）》（主席令第64号公布，2001年12月29日起施行）将其修改为："单位犯前款罪的，对单位判处罚金，并对其直接负责的主管人员和其他直接责任人员，处五年以下有期徒刑或者拘役；情节严重的，处五年以上十年以下有期徒刑。"即增加了第二档刑期。

2020年12月26日第13届全国人大常委会第24次会议通过的《刑法修正案（十一）》（主席令第66号公布）再次将其修改为现规定，2021年3月1日起施行。即对单位犯罪的责任人员增设罚金刑。

● 相关规定　【法释〔1998〕20号】　最高人民法院关于审理骗购外汇、非法买卖外汇刑事案件具体应用法律若干问题的解释（1998年8月28日最高人民法院审判委员会第1018次会议通过，1998年8月28日公布，1998年9月1日起施行）

第1条（第1款）　以进行走私、逃汇、洗钱、骗税等犯罪活动为目的，使用虚假、无效的凭证、商业单据或者采取其他手段向外汇指定银行骗购外汇的，应当分别按照刑法分则第3章第2节、第190条、第191条和第204条等规定定罪处罚。

【法释〔2009〕15号】　最高人民法院关于审理洗钱等刑事案件具体应用法律若干问题的解释（2009年9月21日最高人民法院审判委员会第1474次会议通过，2009年11月4日公布，2009年11月11日起施行）

第1条　刑法第191条、第312条规定的"明知"，应当结合被告人的认知能力，接触他人犯罪所得及其收益的情况，犯罪所得及其收益的种类、数额，犯罪所得及其收益的转换、转移方式以及被告人的供述等主、客观因素进行认定。

具有下列情形之一的，可以认定被告人明知系犯罪所得及其收益，但有证据证明确实不知道的除外：

（一）知道他人从事犯罪活动，协助转换或者转移财物的；

（二）没有正当理由，通过非法途径协助转换或者转移财物的；

（三）没有正当理由，以明显低于市场的价格收购财物的；

（四）没有正当理由，协助转换或者转移财物，收取明显高于市场的"手续费"的；

（五）没有正当理由，协助他人将巨额现金散存于多个银行账户或者在不同银行账户之间频繁划转的；

（六）协助近亲属或者其他关系密切的人转换或者转移与其职业或者财产状况明显不符的财物的；

（七）其他可以认定行为人明知的情形。

被告人将刑法第191条规定的某一上游犯罪的犯罪所得及其收益误认为刑法第191条规定的上游犯罪范围内的其他犯罪所得及其收益的，不影响刑法第191条规定的"明知"的认定。

第2条　具有下列情形之一的，可以认定为刑法第191条第1款第（五）项规定的"以其他方法掩饰、隐瞒犯罪所得及其收益的来源和性质"：

（一）通过典当、租赁、买卖、投资等方式，协助转移、转换犯罪所得及其收益的；

（二）通过与商场、饭店、娱乐场所等现金密集型场所的经营收入相混合的方式，协助转移、转换犯罪所得及其收益的；

（三）通过虚构交易、虚设债权债务、虚假担保、虚报收入等方式，协助将犯罪所得及其收益转换为"合法"财物的；

（四）通过买卖彩票、奖券等方式，协助转换犯罪所得及其收益的；

（五）通过赌博方式，协助将犯罪所得及其收益转换为赌博收益的；

（六）协助将犯罪所得及其收益携带、运输或者邮寄出入境的；

（七）通过前述规定以外的方式协助转移、转换犯罪所得及其收益的。

第3条　明知是犯罪所得及其产生的收益而予以掩饰、隐瞒，构成刑法第312条规定的犯罪，同时又构成刑法第191条或者第349条规定的犯罪的，依照处罚较重的规定定罪处罚。

第4条　刑法第191条、第312条、第349条规定的犯罪，应当以上游犯罪事实成立为认定前提。上游犯罪尚未依法裁判，但查证属实的，不影响刑法第191条、第312条、第349条规定的犯罪的审判。

上游犯罪事实可以确认，因行为人死亡等原因依法不予追究刑事责任的，不影响刑法第191条、第312条、第349条规定的犯罪的认定。

上游犯罪事实可以确认，依法以其他罪名定罪处罚的，不影响刑法第191条、第312条、第349条规定的犯罪的认定。

本条所称"上游犯罪"，是指产生刑法第191条、第312条、第349条规定的犯罪所得及其收益的各种犯罪行为。

【高检会〔2018〕1号】　最高人民法院、最高人民检察院、公安部、司法部关于办理恐怖活动和极端主义犯罪案件适用法律若干问题的意见（2018年5月8日印发，同时废止2014年9月9日印发的"公通字〔2014〕34号"《最高人民法院、最高人民检察院、公安部关于办理暴力恐怖和宗教极端刑事案件适用法律若干问题的意见》）

一、准确认定犯罪

（二）（第4款）明知是恐怖活动犯罪所得及其产生的收益，为掩饰、隐瞒其来源和性质，而提供资金账户，协助将财产转换为现金、金融票据、有价证券，通过转账或者其他结算方式协助资金转移，协助将资金汇往境外的，以洗钱罪定罪处罚。事先通谋的，以相关恐怖活动犯罪的共同犯罪论处。

【法释〔2019〕1号】 最高人民法院、最高人民检察院关于办理非法从事资金支付结算业务、非法买卖外汇刑事案件适用法律若干问题的解释（2018年9月17日最高人民法院审判委员会第1749次会议、2018年12月12日最高人民检察院第13届检察委员会第11次会议通过，2019年1月31日公布，2019年2月1日起施行）

第5条 非法从事资金支付结算业务或者非法买卖外汇，构成非法经营罪，同时又构成刑法第120条之一规定的帮助恐怖活动罪或者第191条规定的洗钱罪的，依照处罚较重的规定定罪处罚。

【署缉发〔2019〕210号】 最高人民法院、最高人民检察院、海关总署打击非设关地成品油走私专题研讨会会议纪要（2019年3月27日在江苏南京召开，2019年10月24日印发）

一、关于定罪处罚

（第2款） 对不构成走私共犯的收购人，直接向走私人购买走私的成品油，数额较大的，依照刑法第155条第（一）项的规定，以走私罪论处；向非直接走私人购买走私的成品油的，根据其主观故意，分别依照刑法第191条规定的洗钱罪或者第312条规定的掩饰、隐瞒犯罪所得、犯罪所得收益罪定罪处罚。

七、其他问题

本纪要中的成品油是指汽油、煤油、柴油以及其他具有相同用途的乙醇汽油和生物柴油等替代燃料（包括添加染色剂的"红油""白油""蓝油"等）。

办理非设关地走私白糖、冻品等刑事案件的相关问题，可以参照本纪要的精神依法处理。

【高检发〔2020〕10号】 最高人民检察院关于充分发挥检察职能服务保障"六稳""六保"的意见（2020年7月21日第13届最高人民检察院党组第119次会议通过，2020年7月22日印发）

5.……三是加大惩治洗钱犯罪的力度。切实转变"重上游犯罪、轻洗钱犯罪"的做法，办理上游犯罪案件时要同步审查是否涉嫌洗钱犯罪，上游犯罪共犯以及掩饰、隐瞒犯罪所得、非法经营地下钱庄等行为同时构成洗钱罪的，择一重罪依法从严追诉。

【法发〔2020〕41号】 最高人民法院、最高人民检察院、公安部关于办理洗钱刑事案件若干问题的意见（2020年11月6日）（略）

【法释〔2021〕16号】 最高人民法院、最高人民检察院关于办理窝藏、包庇刑事案件适用法律若干问题的解释（2020年3月2日最高法审委会第1794次会议、2020年12月28日最高检第13届检委会第58次会议通过，2021年8月9日公布，2021年8月11日施行）

第7条 为帮助同一个犯罪的人逃避刑事处罚，实施窝藏、包庇行为，又实施洗钱行为，或者掩饰、隐瞒犯罪所得及其收益行为，或者帮助毁灭证据行为，或者伪证行为的，依照处罚较重的犯罪定罪，并从重处罚，不实行数罪并罚。

● 立案标准 最高人民检察院、公安部关于公安机关管辖的刑事案件立案追诉标准的规定（二）（公通字〔2022〕8号，2022年4月6日印发，2022年5月15日施行；公通字〔2010〕23号《规定》、公通字〔2011〕47号《补充规定》同时废止）

第43条 ［洗钱案（刑法第191条）］ 为掩饰、隐瞒毒品犯罪、黑社会性质的组织犯罪、恐怖活动犯罪、走私犯罪、贪污贿赂犯罪、破坏金融管理秩序犯罪、金融诈骗犯罪的所得及其产生的收益的来源和性质，涉嫌下列情形之一的，应予立案追诉：（一）提供资金账户的；（二）将财产转换为现金、金融票据、有价证券的；（三）通过转账或者其他支付结算方式转移资金的；（四）跨境转移资产的；（五）以其他方法掩饰、隐瞒犯罪所得及其收益的来源和性质的。

第83条 本规定中的立案追诉标准，除法律、司法解释、本规定中另有规定的以外，适用于相应的单位犯罪。

第84条 本规定中的"以上"，包括本数。

● 指导案例 【高检发办字〔2021〕122号】 最高人民检察院第32批指导性案例（2021年12月7日最高检第13届检委会第81次会议通过，2021年12月9日印发）

（检例第128号）彭旭峰受贿，贾斯语受贿、洗钱违法所得没收案

指导意义：（一）依法加大对跨境转移贪污贿赂所得的洗钱犯罪打击力度。犯罪嫌疑人、被告人逃匿境外的贪污贿赂犯罪案件，一般均已先期将巨额资产转移至境外，我国刑法第191条明确规定此类跨境转移资产行为属于洗钱犯罪。……

第五节 金融诈骗罪

> **第192条**[①] 【集资诈骗罪】以非法占有为目的，使用诈骗方法非法集资，数额较大的，处三年以上七年以下有期徒刑，并处罚金；数额巨大或者有其他严重情节的，处七年以上有期徒刑或者无期徒刑，并处罚金或者没收财产。
>
> 单位犯前款罪的，对单位判处罚金，并对其直接负责的主管人员和其他直接责任人员，依照前款的规定处罚。

● **条文注释** 构成第192条规定之罪，必须具备以下条件：（1）以非法占有为目的；（2）使用了虚构事实、隐瞒真相等欺骗手段；（3）实施了非法集资行为；（4）数额较大、巨大或者情节严重。

对"以非法占有为目的"的界定，主要依据"法释〔2022〕5号"《解释》列举的8种表现形式；另，根据"法〔2001〕8号"会议纪要，以下2种集资诈骗行为也属于具有非法占有目的：①明知没有归还能力而骗取资金较大的；②其他非法占有资金较大、拒不返还的行为。但要特别注意的是，如果行为人有证据证明其不具有非法占有目的，则即使存在《解释》中所列举的情形，也不能单纯以财产不能归还就按集资诈骗罪处罚。另外，被告人提出反证，是行使自我辩护权，而非承担举证责任；只要提出可供调查的线索，司法机关即应进一步查证。

对于单位犯罪，之前是依照《刑法》第200条的规定处罚；《刑法修正案（十一）》增设了第192条第2款并修改第200条后，单位犯罪的责任人员与个

[①] 第192条原规定为："以非法占有为目的，使用诈骗方法非法集资，数额较大的，处五年以下有期徒刑或者拘役，并处二万元以上二十万元以下罚金；数额巨大或者有其他严重情节的，处五年以上十年以下有期徒刑，并处五万元以上五十万元以下罚金；数额特别巨大或者有其他特别严重情节的，处十年以上有期徒刑或者无期徒刑，并处五万元以上五十万元以下罚金或者没收财产。"2020年12月26日第13届全国人大常委会第24次会议通过的《刑法修正案（十一）》（主席令第66号公布）将其修改为现规定，2021年3月1日起施行。即将原3档刑期改为2档刑期，删除了罚款刑的具体数额，并修改了单位犯罪的刑罚。

人犯罪不再有区别。

还应当注意的是：

（1）集资诈骗数额应以行为人实际骗取的数额计算，在案发前已经主动返还的数额，应予以扣除。但行为人将诈骗所得用以支付中介费、手续费、回扣等，或者用以行贿、赠与的金额，应计入诈骗数额。

（2）第176条"非法吸收公众存款罪"与第192条"集资诈骗罪"的根本区别：前者在主观上没有非法占有目的，而后者以非法占有为目的。另，后者必须使用诈骗手段，其侵犯对象可以是公众资金，也可以是其他单位或组织的资金；而前者不以诈骗手段为构罪要件，其侵犯对象也只能是公众资金。

（3）《刑法修正案（十一）》施行后，数额巨大或有其他严重情节的最高刑期由"有期徒刑"变成"无期徒刑"，导致刑事追诉期限由15年变成20年。

● 相关规定　【法〔2001〕8号】　全国法院审理金融犯罪案件工作座谈会纪要（最高人民法院2001年1月21日印发）

（三）关于金融诈骗罪

1. 金融诈骗罪中非法占有目的的认定

金融诈骗犯罪都是以非法占有为目的的犯罪。在司法实践中，认定是否具有非法占有目的，应当坚持主客观相一致的原则，既要避免单纯根据损失结果客观归罪，也不能仅凭被告人自己的供述，而应当根据案件具体情况具体分析。根据司法实践，对于行为人通过诈骗的方法非法获取资金，造成数额较大资金不能归还，并具有下列情形之一的，可以认定为具有非法占有的目的：

（1）明知没有归还能力而大量骗取资金的；

（2）非法获取资金后逃跑的；

（3）肆意挥霍骗取资金的；

（4）使用骗取的资金进行违法犯罪活动的；

（5）抽逃、转移资金、隐匿财产，以逃避返还资金的；

（6）隐匿、销毁账目，或者搞假破产、假倒闭，以逃避返还资金的；

（7）其他非法占有资金、拒不返还的行为。但是，在处理具体案件的时候，对于有证据证明行为人不具有非法占有目的的，不能单纯以财产不能归还就按金融诈骗罪处罚。

3. 集资诈骗罪的认定和处理：集资诈骗罪和欺诈发行股票、债券罪、非法吸收公众存款罪在客观上均表现为向社会公众非法募集资金。区别的关键在于行为人是否具有非法占有的目的。对于以非法占有为目的而非法集资，或者在非法集资过程中产生了非法占有他人资金的故意,均构成集资诈骗罪。但是,在处理具体案件时要注意以下两点:一是不能仅凭较大数额的非法集资款不能返还的结果,推定行为人具有非法占有的目的;二是行为人将大部分资金用于投资或生产经营活动,而将少量资金用于个人消费或挥霍的,不应仅以此便认定具有非法占有的目的。

4. 金融诈骗犯罪定罪量刑的数额标准和犯罪数额的计算。……在具体认定金融诈骗犯罪的数额时,应当以行为人实际骗取的数额计算。对于行为人为实施金融诈骗活动而支付的中介费、手续费、回扣等,或者用于行贿、赠与等费用,均应计入金融诈骗的犯罪数额。但应当将案发前已归还的数额扣除。

(四)死刑的适用(略)[①]

【证监发〔2008〕1号】 最高人民法院、最高人民检察院、公安部、中国证券监督管理委员会关于整治非法证券活动有关问题的通知(2008年1月2日印发)

二、明确法律政策界限,依法打击非法证券活动

(二)关于擅自发行证券的责任追究。未经依法核准,擅自发行证券,涉嫌犯罪的,依照《刑法》第179条之规定,以擅自发行股票、公司、企业债券罪追究刑事责任。未经依法核准,以发行证券为幌子,实施非法证券活动,涉嫌犯罪的,依照《刑法》第176条、第192条等规定,以非法吸收公众存款罪、集资诈骗罪等罪名追究刑事责任。未构成犯罪的,依照《证券法》和有关法律的规定给予行政处罚。

【法〔2011〕262号】 最高人民法院关于非法集资刑事案件性质认定问题的通知(2011年8月18日印发)(略)[②]

【公通字〔2014〕16号】 最高人民法院、最高人民检察院、公安部关于办理非法集资刑事案件适用法律若干问题的意见(2014年3月25日印发)(略)[③]

【高检发〔2017〕1号】 最高人民检察院关于充分履行检察职能加强产权司法保护的意见(2017年1月6日印发)

3. 严格把握产权案件罪与非罪的界限标准。各级检察机关办理有关产权刑

---

① 注:《刑法修正案(八)》《刑法修正案(九)》施行之后,《刑法》分则第3章第5节"金融诈骗罪"已经全部废除了死刑规定,因此本部分内容已经失效,本书予以删节。

② 注:为节省篇幅,本部分内容详见本书关于《刑法》第176条的"法〔2011〕262号"《通知》。

③ 注:为节省篇幅,本部分内容详见本书关于《刑法》第176条的"公通字〔2014〕16号"《意见》。

事案件，要严格区分经济纠纷与经济犯罪的界限，企业正当融资与非法集资的界限，民营企业参与国有企业兼并重组中涉及的产权纠纷与恶意侵占国有资产的界限，执行和利用国家政策谋发展中的偏差与钻改革空子实施犯罪的界限。坚持主客观相一致原则，避免客观归罪。对民营企业生产、经营、融资等经济行为，除法律、行政法规明确禁止外，不以违法犯罪对待。对于正在办理的涉产权刑事案件，法律和司法解释规定不明确、法律界限不明、罪与非罪界限不清的，不作为犯罪处理。

【高检诉〔2017〕14号】　最高人民检察院关于办理涉互联网金融犯罪案件有关问题座谈会纪要（2017年6月1日印发）

二、准确界定涉互联网金融行为法律性质

（二）集资诈骗行为的认定

14. 以非法占有为目的，使用诈骗方法非法集资，是集资诈骗罪的本质特征。是否具有非法占有目的，是区分非法吸收公众存款罪和集资诈骗罪的关键要件，对此要重点围绕融资项目真实性、资金去向、归还能力等事实进行综合判断。犯罪嫌疑人存在以下情形之一的，原则上可以认定具有非法占有目的：[1]

（1）大部分资金未用于生产经营活动，或名义上投入生产经营但又通过各种方式抽逃转移资金的；

（2）资金使用成本过高，生产经营活动的盈利能力不具有支付全部本息的现实可能性的；

（3）对资金使用的决策极度不负责任或肆意挥霍造成资金缺口较大的；

（4）归还本息主要通过借新还旧来实现的；

（5）其他依照有关司法解释可以认定为非法占有目的的情形。

15. 对于共同犯罪或单位犯罪案件中，不同层级的犯罪嫌疑人之间存在犯罪目的发生转化或者犯罪目的明显不同的，应当根据犯罪嫌疑人的犯罪目的分别认定。

（1）注意区分犯罪目的发生转变的时间节点。犯罪嫌疑人在初始阶段仅具有非法吸收公众存款的故意，不具有非法占有目的，但在发生经营失败、资金链断裂等问题后，明知没有归还能力仍然继续吸收公众存款的，这一时间节点之后的行为应当认定为集资诈骗罪，此前的行为应当认定为非法吸收公众存款罪。

（2）注意区分犯罪嫌疑人的犯罪目的的差异。在共同犯罪或单位犯罪中，

---

[1] 注：对"具有非法占有目的"的界定，本条规定相比于《最高人民法院关于审理非法集资刑事案件具体应用法律若干问题的解释》（法释〔2022〕5号）第7条规定，作了扩大解释。

犯罪嫌疑人由于层级、职责分工、获取收益方式、对全部犯罪事实的知情程度等不同，其犯罪目的也存在不同。在非法集资犯罪中，有的犯罪嫌疑人具有非法占有的目的，有的则不具有非法占有目的，对此，应当分别认定为集资诈骗罪和非法吸收公众存款罪。

16. 证明主观上是否具有非法占有目的，可以重点收集、运用以下客观证据：

（1）与实施集资诈骗整体行为模式相关的证据：投资合同、宣传资料、培训内容等；

（2）与资金使用相关的证据：资金往来记录、会计账簿和会计凭证、资金使用成本（包括利息和佣金等）、资金决策使用过程、资金主要用途、财产转移情况等；

（3）与归还能力相关的证据：吸收资金所投资项目内容、投资实际经营情况、盈利能力、归还本息资金的主要来源、负债情况、是否存在虚构业绩等虚假宣传行为等；①

（4）其他涉及欺诈等方面的证据：虚构融资项目进行宣传、隐瞒资金实际用途、隐匿销毁账簿；等等。司法会计鉴定机构对相关数据进行鉴定时，办案部门可以根据查证犯罪事实的需要提出重点鉴定的项目，保证司法会计鉴定意见与待证的构成要件事实之间的关联性。

17. 集资诈骗的数额，应当以犯罪嫌疑人实际骗取的金额计算。犯罪嫌疑人为吸收公众资金制造还本付息的假象，在诈骗的同时对部分投资人还本付息的，集资诈骗的金额以案发时实际未兑付的金额计算。案发后，犯罪嫌疑人主动退还集资款项的，不能从集资诈骗的金额中扣除，但可以作为量刑情节考虑。

【高检会〔2019〕2号】 最高人民法院、最高人民检察院、公安部关于办理非法集资刑事案件若干问题的意见（2019年1月30日印发）

一、关于非法集资的"非法性"认定依据问题

人民法院、人民检察院、公安机关认定非法集资的"非法性"，应当以国家金融管理法律法规作为依据。对于国家金融管理法律法规仅作原则性规定的，可以根据法律规定的精神并参考中国人民银行、中国银行保险监督管理委员会、中国证券监督管理委员会等行政主管部门依照国家金融管理法律法规制定的部门规章或者国家有关金融管理的规定、办法、实施细则等规范性文件的规定予以认定。

---

① 注：本项规定相当于将"不具备归还能力"作为认定"具备非法占有目的"的一种情形。

二、关于单位犯罪的认定问题

单位实施非法集资犯罪活动,全部或者大部分违法所得归单位所有的,应当认定为单位犯罪。

个人为进行非法集资犯罪活动而设立的单位实施犯罪的,或者单位设立后,以实施非法集资犯罪活动为主要活动的,不以单位犯罪论处,对单位中组织、策划、实施非法集资犯罪活动的人员应当以自然人犯罪依法追究刑事责任。

判断单位是否以实施非法集资犯罪活动为主要活动,应当根据单位实施非法集资的次数、频度、持续时间、资金规模、资金流向、投入人力物力情况、单位进行正当经营的状况以及犯罪活动的影响、后果等因素综合考虑认定。

三、关于涉案下属单位的处理问题

办理非法集资刑事案件中,人民法院、人民检察院、公安机关应当全面查清涉案单位,包括上级单位(总公司、母公司)和下属单位(分公司、子公司)的主体资格、层级、关系、地位、作用、资金流向等,区分情况依法作出处理。

上级单位已被认定为单位犯罪,下属单位实施非法集资犯罪活动,且全部或者大部分违法所得归下属单位所有的,对该下属单位也应当认定为单位犯罪。上级单位和下属单位构成共同犯罪的,应当根据犯罪单位的地位、作用,确定犯罪单位的刑事责任。

上级单位已被认定为单位犯罪,下属单位实施非法集资犯罪活动,但全部或者大部分违法所得归上级单位所有的,对下属单位不单独认定为单位犯罪。下属单位中涉嫌犯罪的人员,可以作为上级单位的其他直接责任人员依法追究刑事责任。

上级单位未被认定为单位犯罪,下属单位被认定为单位犯罪的,对上级单位中组织、策划、实施非法集资犯罪的人员,一般可以与下属单位按照自然人与单位共同犯罪处理。

上级单位与下属单位均未被认定为单位犯罪的,一般以上级单位与下属单位中承担组织、领导、管理、协调职责的主管人员和发挥主要作用的人员作为主犯,以其他积极参加非法集资犯罪的人员作为从犯,按照自然人共同犯罪处理。

四、关于主观故意的认定问题

认定犯罪嫌疑人、被告人是否具有非法吸收公众存款的犯罪故意,应当依据犯罪嫌疑人、被告人的任职情况、职业经历、专业背景、培训经历、本人因同类行为受到行政处罚或者刑事追究情况以及吸收资金方式、宣传推广、合同资料、业务流程等证据,结合其供述,进行综合分析判断。

犯罪嫌疑人、被告人使用诈骗方法非法集资，符合《最高人民法院关于审理非法集资刑事案件具体应用法律若干问题的解释》第 4 条规定的，可以认定为集资诈骗罪中"以非法占有为目的"。

办案机关在办理非法集资刑事案件中，应当根据案件具体情况注意收集运用涉及犯罪嫌疑人、被告人的以下证据：是否使用虚假身份信息对外开展业务；是否虚假订立合同、协议；是否虚假宣传，明显超出经营范围或者夸大经营、投资、服务项目及盈利能力；是否吸收资金后隐匿、销毁合同、协议、账目；是否传授或者接受规避法律、逃避监管的方法，等等。

五、关于犯罪数额的认定问题

非法吸收或者变相吸收公众存款构成犯罪，具有下列情形之一的，向亲友或者单位内部人员吸收的资金应当与向不特定对象吸收的资金一并计入犯罪数额：

（一）在向亲友或者单位内部人员吸收资金的过程中，明知亲友或者单位内部人员向不特定对象吸收资金而予以放任的；

（二）以吸收资金为目的，将社会人员吸收为单位内部人员，并向其吸收资金的；

（三）向社会公开宣传，同时向不特定对象、亲友或者单位内部人员吸收资金的。

非法吸收或者变相吸收公众存款的数额，以行为人所吸收的资金全额计算。集资参与人收回本金或者获得回报后又重复投资的数额不予扣除，但可以作为量刑情节酌情考虑。

六、关于宽严相济刑事政策把握问题

办理非法集资刑事案件，应当贯彻宽严相济刑事政策，依法合理把握追究刑事责任的范围，综合运用刑事手段和行政手段处置和化解风险，做到惩处少数、教育挽救大多数。要根据行为人的客观行为、主观恶性、犯罪情节及其地位、作用、层级、职务等情况，综合判断行为人的责任轻重和刑事追究的必要性，按照区别对待原则分类处理涉案人员，做到罚当其罪、罪责刑相适应。

重点惩处非法集资犯罪活动的组织者、领导者和管理人员，包括单位犯罪中的上级单位（总公司、母公司）的核心层、管理层和骨干人员，下属单位（分公司、子公司）的管理层和骨干人员，以及其他发挥主要作用的人员。

对于涉案人员积极配合调查、主动退赃退赔、真诚认罪悔罪的，可以依法从轻处罚；其中情节轻微的，可以免除处罚；情节显著轻微、危害不大的，不作为犯罪处理。

七、关于管辖问题

跨区域非法集资刑事案件按照《国务院关于进一步做好防范和处置非法集资工作的意见》（国发〔2015〕59号）确定的工作原则办理。如果合并侦查、诉讼更为适宜的，可以合并办理。

办理跨区域非法集资刑事案件，如果多个公安机关都有权立案侦查的，一般由主要犯罪地公安机关作为案件主办地，对主要犯罪嫌疑人立案侦查和移送审查起诉；由其他犯罪地公安机关作为案件分办地根据案件具体情况，对本地区犯罪嫌疑人立案侦查和移送审查起诉。

管辖不明或者有争议的，按照有利于查清犯罪事实、有利于诉讼的原则，由其共同的上级公安机关协调确定或者指定有关公安机关作为案件主办地立案侦查。需要提请批准逮捕、移送审查起诉、提起公诉的，由分别立案侦查的公安机关所在地的人民检察院、人民法院受理。

对于重大、疑难、复杂的跨区域非法集资刑事案件，公安机关应当在协调确定或者指定案件主办地立案侦查的同时，通报同级人民检察院、人民法院。人民检察院、人民法院参照前款规定，确定主要犯罪地作为案件主办地，其他犯罪地作为案件分办地，由所在地的人民检察院、人民法院负责起诉、审判。

本条规定的"主要犯罪地"，包括非法集资活动的主要组织、策划、实施地，集资行为人的注册地、主要营业地、主要办事机构所在地，集资参与人的主要所在地等。

【法释〔2020〕6号】　最高人民法院关于审理民间借贷案件适用法律若干问题的规定（2020年8月18日最高人民法院审判委员会第1809次会议修订，2020年8月20日公布施行；2020年12月23日法释〔2020〕17号修正，2021年1月1日起施行。详见《刑法》第176条相关规定，本处略）

【法释〔2022〕5号】　最高人民法院关于审理非法集资刑事案件具体应用法律若干问题的解释（法释〔2010〕18号《解释》2011年1月4日施行；2021年12月30日最高法审委会第1860次会议修改，2022年2月23日公布，2022年3月1日施行）

第7条　以非法占有为目的，使用诈骗方法实施本解释第2条规定（详见刑法第176条）所列行为的，应当依照刑法第192条的规定，以集资诈骗罪定罪处罚。

使用诈骗方法非法集资，具有下列情形之一的，可以认定为"以非法占有为目的"：（一）集资后不用于生产经营活动或者用于生产经营活动与筹集资金规模明显不成比例，致使集资款不能返还的；（二）肆意挥霍集资款，致使集资款不能返还的；（三）携带集资款逃匿的；（四）将集资款用于违法犯罪活动的；（五）抽逃、转移资金、隐匿财产，逃避返还资金的；（六）隐匿、销毁账目，或者搞假破产、假倒闭，逃避返还资金的；（七）拒不交代资金去向，逃避返还资金的；（八）其他可以认定非法占有目的的情形。

集资诈骗罪中的非法占有目的，应当区分情形进行具体认定。行为人部分非法集资行为具有非法占有目的的，对该部分非法集资行为所涉集资款以集资诈骗罪定罪处罚；非法集资共同犯罪中部分行为人具有非法占有目的，其他行为人没有非法占有集资款的共同故意和行为的，对具有非法占有目的的行为人以集资诈骗罪定罪处罚。

第8条　个人进行集资诈骗数额在10万元以上的，应当认定为"数额较大"；数额在100（30）万元以上的，应当认定为"数额巨大"；数额在100万元以上的，应当认定为"数额特别巨大"。

单位进行集资诈骗，数额在50万元以上的，应当认定为"数额较大"；数额在150万元以上的，应当认定为"数额巨大"；数额在500万元以上的，应当认定为"数额特别巨大"。

（本款新增）集资诈骗数额在50万元以上，同时具有本解释第3条第2款第三项情节（详见刑法第176条）的，应当认定为刑法第192条规定的"其他严重情节"。

集资诈骗的数额以行为人实际骗取的数额计算，在案发前已归还的数额应予扣除。行为人为实施集资诈骗活动而支付的广告费、中介费、手续费、回扣，或者用于行贿、赠与等费用，不予扣除。行为人为实施集资诈骗活动而支付的利息，除本金未归还可予折抵本金以外，应当计入诈骗数额。

第9条（第2款）（本款新增）　犯集资诈骗罪，判处3年以上7年以下有期徒刑的，并处10万元以上500万元以下罚金；判处7年以上有期徒刑或者无期徒刑的，并处50万元以上罚金或者没收财产。

第12条（第2款）　明知他人从事欺诈发行证券（股票、债券），非法吸收公众存款，擅自发行股票、公司、企业债券，集资诈骗或者组织、领导传销活动等集资犯罪活动，为其提供广告等宣传的，以相关犯罪的共犯论处。

第13条（本条新增）　通过传销手段向社会公众非法吸收资金，构成非法吸收公众存款罪或者集资诈骗罪，同时又构成组织、领导传销活动罪的，依照处罚较重的规定定罪处罚。

第 14 条 （本条新增） 单位实施非法吸收公众存款、集资诈骗犯罪的，依照本解释规定的相应自然人犯罪的定罪量刑标准，对单位判处罚金，并对其直接负责的主管人员和其他直接责任人员定罪处罚。

● 立案标准 最高人民检察院、公安部关于公安机关管辖的刑事案件立案追诉标准的规定（二）（公通字〔2022〕8 号，2022 年 4 月 6 日印发，2022 年 5 月 15 日施行；公通字〔2010〕23 号《规定》、公通字〔2011〕47 号《补充规定》同时废止）

第 44 条 ［集资诈骗案（刑法第 192 条）］ 以非法占有为目的，使用诈骗方法非法集资，数额在 10 万元以上的，应予立案追诉。①

第 83 条 本规定中的立案追诉标准，除法律、司法解释、本规定中另有规定的以外，适用于相应的单位犯罪。

第 84 条 本规定中的"以上"，包括本数。

● 量刑指导 【法发〔2021〕21 号】 最高人民法院、最高人民检察院关于常见犯罪的量刑指导意见（2021 年 6 月 16 日印发，2021 年 7 月 1 日试行；法发〔2017〕7 号《指导意见》同时废止）②

四、常见犯罪的量刑

（四）集资诈骗罪（删除线部分为原试行的"法〔2017〕74 号"《指导意见（二）》的内容）

1. 构成集资诈骗罪的，可以根据下列不同情形在相应的幅度内确定量刑起点：

（1）达到数额较大起点的，可以在 3 年至 4 年（原为"2 年以下"）有期徒刑、拘役幅度内确定量刑起点。

（2）达到数额巨大起点或者有其他严重情节的，可以在 7 年至 9 年（原为"5 年至 6 年"）有期徒刑幅度内确定量刑起点。依法应当判处无期徒刑的除外。

（3）达到数额特别巨大起点或者有其他特别严重情节的，可以在 10 年至 12

---

① 注：公通字〔2010〕23 号《规定》原规定单位犯罪的追诉标准为 50 万元。
② 注：《意见》要求各省高院、检察院应当总结司法实践经验，按照规范、实用、符合司法实际的原则共同研制"实施细则"，经审委会、检委会通过后，分别报最高法、最高检备案审查，与《意见》同步实施。
其他判处有期徒刑的案件，可以参照量刑的指导原则、基本方法和常见量刑情节的适用规范量刑。
另，本《意见》实际替代了 2017 年 3 月 9 日印发、2017 年 5 月 1 日起在指定法院试行的《最高人民法院关于常见犯罪的量刑指导意见（二）（试行）》（法〔2017〕74 号）。

年有期徒刑幅度内确定量刑起点。依法应当判处无期徒刑的除外。

2. 在量刑起点的基础上,根据集资诈骗数额等其他影响犯罪构成的犯罪事实增加刑罚量,确定基准刑。

3. 构成集资诈骗罪的,根据犯罪数额、危害后果等犯罪情节,综合考虑被告人缴纳罚金的能力,决定罚金数额。(本款新增)

4. 构成集资诈骗罪的,综合考虑犯罪数额、诈骗对象、危害后果、退赃退赔等犯罪事实、量刑情节,以及被告人的主观恶性、人身危险性、认罪悔罪表现等因素,决定缓刑的适用。(本款新增)

● 指导案例　【高检发研字〔2018〕10号】　关于印发最高人民检察院第10批指导性案例的通知(2018年6月13日最高人民检察院第13届检察委员会第2次会议讨论通过,2018年7月3日印发)

(检例第40号)周辉集资诈骗案

要旨:网络借贷信息中介机构或其控制人,利用网络借贷平台发布虚假信息,非法建立资金池募集资金,所得资金大部分未用于生产经营活动,主要用于借新还旧和个人挥霍,无法归还所募资金数额巨大,应认定为具有非法占有目的,以集资诈骗罪追究刑事责任。

第193条　【贷款诈骗罪】 有下列情形之一,以非法占有为目的,诈骗银行或者其他金融机构的贷款,数额较大的,处五年以下有期徒刑或者拘役,并处二万元以上二十万元以下罚金;数额巨大或者有其他严重情节的,处五年以上十年以下有期徒刑,并处五万元以上五十万元以下罚金;数额特别巨大或者有其他特别严重情节的,处十年以上有期徒刑或者无期徒刑,并处五万元以上五十万元以下罚金或者没收财产。

(一)编造引进资金、项目等虚假理由的;

(二)使用虚假的经济合同的;

(三)使用虚假的证明文件的;

(四)使用虚假的产权证明作担保或者超出抵押物价值重复担保的;

(五)以其他方法诈骗贷款的。

● **条文注释** 构成第193条规定之罪，必须具备以下条件：（1）犯罪主体只能是自然人（单位不能构成本罪）；（2）行为人必须有贷款诈骗的主观故意，即以非法占有为目的；（3）行为人使用了虚构事实、隐瞒真相等欺诈手段骗取金融机构的贷款；（4）骗取的数额较大、巨大或特别巨大，或者情节严重或特别严重。

对"以非法占有为目的"的界定，主要依照"法〔2001〕8号"《全国法院审理金融犯罪案件工作座谈会纪要》的有关规定（列举了七种情形）。

需要注意的是：

（1）如果行为人虽然在申请贷款时使用了欺骗手段，但其目的是解决生产、经营或生活中的一时急需，并且案发时能够归还贷款，或者因为非主观原因而无法还贷（如因经营不善、被骗、市场风险等），则不应以贷款诈骗罪定罪处罚。

（2）如果合法取得贷款后，违规改变贷款用途，到期没有归还贷款的，不能以贷款诈骗罪定罪处罚。

（3）如果单位实施的贷款诈骗行为，不能构成贷款诈骗罪；根据《刑法》第266条"……本法另有规定的，依照规定"的规定，也不能构成《刑法》第266条规定的诈骗罪。但如果符合《刑法》第224条规定的合同诈骗罪构成要件的，可以以合同诈骗罪定罪处罚。

● **相关规定** 【法〔2001〕8号】 **全国法院审理金融犯罪案件工作座谈会纪要**（最高人民法院2001年1月21日印发）

（三）关于金融诈骗罪

1. 金融诈骗罪中非法占有目的的认定

金融诈骗犯罪都是以非法占有为目的的犯罪。在司法实践中，认定是否具有非法占有为目的，应当坚持主客观相一致的原则，既要避免单纯根据损失结果客观归罪，也不能仅凭被告人自己的供述，而应当根据案件具体情况具体分析。根据司法实践，对于行为人通过诈骗的方法非法获取资金，造成数额较大资金不能归还，并具有下列情形之一的，可以认定为具有非法占有的目的：

（1）明知没有归还能力而大量骗取资金的；

（2）非法获取资金后逃跑的；

（3）肆意挥霍骗取资金的；

（4）使用骗取的资金进行违法犯罪活动的；

（5）抽逃、转移资金、隐匿财产，以逃避返还资金的；

(6) 隐匿、销毁账目，或者搞假破产、假倒闭，以逃避返还资金的；

(7) 其他非法占有资金、拒不返还的行为。但是，在处理具体案件的时候，对于有证据证明行为人不具有非法占有目的的，不能单纯以财产不能归还就按金融诈骗罪处罚。

2. 贷款诈骗罪的认定和处理。贷款诈骗犯罪是目前案发较多的金融诈骗犯罪之一。审理贷款诈骗犯罪案件，应当注意以下两个问题：

一是单位不能构成贷款诈骗罪。根据刑法第 30 条和第 193 条的规定，单位不构成贷款诈骗罪。对于单位实施的贷款诈骗行为，不能以贷款诈骗罪定罪处罚，也不能以贷款诈骗罪追究直接负责的主管人员和其他直接责任人员的刑事责任①。但是，在司法实践中，对于单位十分明显地以非法占有为目的，利用签订、履行借款合同诈骗银行或其他金融机构贷款，符合刑法第 224 条规定的合同诈骗罪构成要件的，应当以合同诈骗罪定罪处罚。

二是要严格区分贷款诈骗与贷款纠纷的界限。对于合法取得贷款后，没有按规定的用途使用贷款，到期没有归还贷款的，不能以贷款诈骗罪定罪处罚；对于确有证据证明行为人不具有非法占有的目的，因不具备贷款的条件而采取了欺骗手段获取贷款，案发时有能力履行还贷义务，或者案发时不能归还贷款是因为意志以外的原因，如因经营不善、被骗、市场风险等，不应以贷款诈骗罪定罪处罚。

4. 金融诈骗犯罪定罪量刑的数额标准和犯罪数额的计算。金融诈骗的数额不仅是定罪的重要标准，也是量刑的主要依据。在没有新的司法解释之前，可参照 1996 年《最高人民法院关于审理诈骗案件具体应用法律的若干问题的解释》的规定执行。② 在具体认定金融诈骗犯罪的数额时，应当以行为人实际骗取的数额计算。对于行为人为实施金融诈骗活动而支付的中介费、手续费、回扣等，或者用于行贿、赠与等费用，均应计入金融诈骗的犯罪数额。但应当将案发前已归还的数额扣除。

---

① 注：2014 年 4 月 24 日第 12 届全国人民代表大会常务委员会第 8 次会议通过了《关于〈中华人民共和国刑法〉第三十条的解释》，规定：单位实施刑法规定的危害社会的行为，刑法分则和其他法律未规定追究单位的刑事责任的，对组织、策划、实施该危害社会行为的人依法追究刑事责任。

② 注：1996 年 12 月 16 日最高人民法院发布的《关于审理诈骗案件具体应用法律的若干问题的解释》（法发〔1996〕32 号）已经被 2013 年 1 月 14 日发布的《最高人民法院关于废止 1980 年 1 月 1 日至 1997 年 6 月 30 日期间发布的部分司法解释和司法解释性质文件（第九批）的决定》（法释〔2013〕2 号，2013 年 1 月 18 日起施行）宣布废止；替代的是 2011 年 3 月 1 日最高人民法院、最高人民检察院发布的《关于办理诈骗刑事案件具体应用法律若干问题的解释》（法释〔2011〕7 号，2011 年 4 月 8 日起施行）。

【银办函〔2002〕377号】　中国人民银行办公厅关于进出口押汇垫款认定事宜的复函（2002年6月12日答复公安部办公厅"公经〔2002〕576号"征求认定函）①

进、出口押汇属于贸易融资业务。进口押汇是银行根据客户要求在进口结算业务中给予客户资金融通的业务活动。出口押汇是银行凭出口商提供的出口单据向出口商融通资金的业务活动。押汇垫款是贸易项下融资的一种方式，其性质应属于贷款。

【法研〔2003〕110号】　最高人民法院研究室关于对《关于征求有关法律适用问题意见的函》的复函（2003年7月27日答复公安部经济犯罪侦查局"公经〔2003〕604号"征求意见函）②

对在1997年修订的刑法实施以前发生的单位涉嫌贷款诈骗的行为，应当参照1996年12月16日最高人民法院《关于审理诈骗案件具体应用法律的若干问题的解释》③第1条第4款的规定处理。

【公经〔2008〕214号】　公安部办公厅关于若干经济犯罪案件如何统计涉案总价值、挽回经济损失数额的批复（2008年11月5日答复云南省公安厅警令部"云公警令〔2008〕22号"请示）

二、贷款诈骗案按照诈骗的贷款数额统计涉案总价值。

五、挽回经济损失额按照实际追缴的赃款以及赃物折价统计。

【高检发〔2020〕10号】　最高人民检察院关于充分发挥检察职能服务保障"六稳""六保"的意见（2020年7月21日第13届最高人民检察院党组第119次会议通过，2020年7月22日印发）④

3. 依法保护企业正常生产经营活动。深刻认识"六稳""六保"最重要的

---

① 公安部经济犯罪侦查局于2002年6月24日以"公经〔2002〕751号"《通知》将该《复函》转发给河南省公安厅经侦总队，作为对其请示的答复。

② 公安部经济犯罪侦查局于2003年8月8日以"公经〔2003〕907号"《通知》将该《复函》转发给内蒙古自治区公安厅经侦总队，作为对其"内公经字〔2003〕14号"《请示》的答复。

③ 注：1996年12月16日最高人民法院发布的《关于审理诈骗案件具体应用法律的若干问题的解释（法发〔1996〕32号）》已经被2013年1月14日发布的《最高人民法院关于废止1980年1月1日至1997年6月30日期间发布的部分司法解释和司法解释性质文件（第九批）的决定》（法释〔2013〕2号，2013年1月18日起施行）宣布废止；替代的是2011年3月1日最高人民法院、最高人民检察院发布的《关于办理诈骗刑事案件具体应用法律若干问题的解释》（法释〔2011〕7号，2011年4月8日起施行）。

④ 本《意见》（司法解释性质的检察业务文件）由最高人民检察院党组（而非检委会）讨论通过，较罕见。

是稳就业、保就业，关键在于保企业，努力落实让企业"活下来""留得住""经营得好"的目标。……二是依法慎重处理贷款类犯罪案件。在办理骗取贷款等犯罪案件时，充分考虑企业"融资难""融资贵"的实际情况，注意从借款人采取的欺骗手段是否属于明显虚构事实或者隐瞒真相，是否与银行工作人员合谋、受其指使，是否非法影响银行放贷决策、危及信贷资金安全，是否造成重大损失等方面，合理判断其行为危害性，不苛求企业等借款人。对于借款人因生产经营需要，在贷款过程中虽有违规行为，但未造成实际损失的，一般不作为犯罪处理。对于借款人采取欺骗手段获取贷款，虽给银行造成损失，但证据不足以认定借款人有非法占有目的的，不能以贷款诈骗罪定性处理。……

● 立案标准　最高人民检察院、公安部关于公安机关管辖的刑事案件立案追诉标准的规定（二）（公通字〔2022〕8号，2022年4月6日印发，2022年5月15日施行；公通字〔2010〕23号《规定》、公通字〔2011〕47号《补充规定》同时废止）

第45条 [贷款诈骗案（刑法第193条）]　以非法占有为目的，诈骗银行或者其他金融机构的贷款，数额在5万元以上的，应予立案追诉。

第83条　本规定中的立案追诉标准，除法律、司法解释、本规定中另有规定的以外，适用于相应的单位犯罪。

第84条　本规定中的"以上"，包括本数。

第194条　【票据诈骗罪】有下列情形之一，进行金融票据诈骗活动，数额较大的，处五年以下有期徒刑或者拘役，并处二万元以上二十万元以下罚金；数额巨大或者有其他严重情节的，处五年以上十年以下有期徒刑，并处五万元以上五十万元以下罚金；数额特别巨大或者有其他特别严重情节的，处十年以上有期徒刑或者无期徒刑，并处五万元以上五十万元以下罚金或者没收财产：

（一）明知是伪造、变造的汇票、本票、支票而使用的；

（二）明知是作废的汇票、本票、支票而使用的；

（三）冒用他人的汇票、本票、支票的；

（四）签发空头支票或者与其预留印鉴不符的支票，骗取财物的；

（五）汇票、本票的出票人签发无资金保证的汇票、本票或者在出票时作虚假记载，骗取财物的。

【金融凭证诈骗罪】使用伪造、变造的委托收款凭证、汇款凭证、银行存单等其他银行结算凭证的，依照前款的规定处罚。

● **条文注释** 构成第194条规定之罪，必须具备以下条件：（1）行为人必须有利用金融票据或凭证进行诈骗的主观故意；（2）行为人使用了虚假或作废、无效的金融票据或凭证骗取财物；（3）诈骗数额较大、巨大或特别巨大，或者情节严重或特别严重。另，根据《刑法》第200条的规定，单位也可以成为本罪的犯罪主体。

这里的"金融票据"包括汇票、本票和支票；"金融凭证"包括委托收款凭证、汇款凭证、银行存单、现金缴款单、进账单等结算凭证，但不包括信用证、信用卡等信用凭证。这里的"作废"一词是广义的，既包括"过期"的票据，也包括依照《票据法》的相关规定而被认为无效的票据，以及被依法宣布作废的票据。这里的"冒用"包括两种情形：（1）行为人通过欺骗、盗窃、抢夺或胁迫等非法手段获取的票据；（2）明知是以非法手段取得的票据而使用，进行欺诈活动。

需要注意的是：

（1）第194条第1款第4项、第5项规定中的"签发"，是指行为人以骗取财物为目的的故意欺诈行为。如果行为人不知道账户里的资金不够，或由于工作疏忽而签发出无效金融票据，则不构成本罪。

（2）对于骗取金融票据或凭证，但并不是用于诈骗活动的行为，不能适用《刑法》第194条，而应当适用《刑法》第175条之一"骗取贷款、票据承兑、金融票证罪"。

（3）对于伪造金融票据或凭证的行为，不适用《刑法》第194条，而应当适用《刑法》第177条"伪造、变造金融票证罪"。

● **相关规定** **【公经〔2000〕1329号】** **公安部经济犯罪侦查局关于单位定期存款开户证实书性质的批复**（经商中国人民银行有关部门，2000年12月19日答复江苏省公安厅经侦总队《苏公经侦〔2000〕426号》请示）

"单位定期存款开户证实书"是接受存款的金融机构向存款单位开具的人民币定期存款权利凭证，其性质上是一种金融凭证，它与存单同样起到存款证明作用，只是不能作为质押的权利凭证。

【银办函〔2003〕192号】　中国人民银行办公厅关于单位取款凭条性质认定问题的意见（2003年5月21日答复公安部经济犯罪侦查局"公经〔2003〕428号"征求意见函）①

根据《支付结算办法》（银发〔1997〕393号）的有关规定，银行结算凭证是办理支付结算的工具，是银行、单位和个人凭以记载账务的会计凭证，是记载经济业务和明确经济责任的一种书面证明。单位取款凭条，是存款人开户银行根据存款人委托，从其账户中将款项支付给指定收款人的一种书面证明，应属银行结算凭证。

【银办函〔2003〕469号】　中国人民银行办公厅关于有关票据行为性质及票据效力问题的复函（2003年9月11日答复公安部办公厅"公经〔2003〕820号"咨询函）②

一、在来函所述的案件中，甲行行长先在票据上加盖私刻印章，事后又补盖了真章。对此，我们认为，甲行行长加盖私刻印章的行为属于伪造票据签章的行为。《中华人民共和国票据法》第14条规定："票据上有伪造、变造的签章的，不影响票据上其他真实签章的效力"，因此，即使票据上有伪造、变造的签章，只要票据的制作、签发和承兑真实有效，该票据仍属有效票据，而不是伪造的票据。

二、甲行行长事后补盖真章的行为属于对以前票据行为的追认，属于有效的票据行为。

【银条法〔2006〕31号】　中国人民银行条法司关于银行现金缴款单性质认定事宜的复函（2006年11月10日答复公安部经济犯罪侦查局"公经〔2006〕2450号"征求意见函）③

只要在经济活动中具有给付货币和资金清算作用，并表明银行与客户之间已受理或已办结相关支付结算业务的凭据，均认为是银行结算凭证，属于金融票证的范畴。

现金缴款单是客户到银行办理现金缴存业务的专用凭证，也是银行和客户凭以记账的依据。现金缴款单证明银行与客户之间发生了资金收付关系，代表

---

① 公安部经济犯罪侦查局于2003年5月29日以"公经〔2003〕575号"《通知》将该意见转发给安徽省公安厅经侦处，作为对其"公经侦〔2003〕第11号"《请示》的答复。
② 公安部经济犯罪侦查局于2003年9月23日以"公经〔2003〕1094号"《通知》将该《复函》转发给河北省公安厅经侦总队作为答复。
③ 公安部经济犯罪侦查局于2006年11月24日以"公经〔2006〕2697号"《批复》将该《复函》的内容引用于山东省公安厅经侦总队，作为对其"鲁经侦〔2006〕702号"《请示》的答复。

相互间债权、债务关系的建立。它是银行结算凭证的一种，应属于《刑法》第177条所指的金融票证。

【公经金融〔2008〕116号】 公安部经济犯罪侦查局关于银行进账单、支票存根联、支付系统专用凭证、转账贷方传票是否属于银行结算凭证的批复（2008年7月22日答复广东省公安厅经济犯罪侦查局"广公（经）字〔2008〕878号"请示）

经研究，并征求人民银行意见，银行进账单、支付系统专用凭证、转账贷方传票属于银行结算凭证，而支票存根联是出票人自行留存、用于核对账务的内部凭证，不属于银行结算凭证。

【公经金融〔2009〕96号】 公安部经济犯罪侦查局关于银行现金缴款单和进账单是否属于银行结算凭证的批复（2009年3月31日答复河南省公安厅经侦总队"豫公经〔2009〕7号"请示）

根据中国人民银行前期就此问题的相关复函，银行现金缴款单、进账单均属于《刑法》第177条所指的银行结算凭证。

【公经金融〔2012〕182号】 公安部经济犯罪侦查局关于"12.24"票据诈骗案件有关法律问题的批复（2012年10月31日答复贵州省公安厅经侦总队"黔公经〔2012〕141号"请示）

一、涉案的PROMISSORY NOTE（英译为本票）及附随英文确认书系商业本票。根据我国《票据法》第73条第2款"本票是指银行本票"之规定，该商业本票不符合我国票据法对本票的概念，也不属于《刑法》第177条、第194条关于本票的范畴。

【公经金融〔2013〕69号】 公安部经济犯罪侦查局关于网上银行电子回单是否属于金融票证的批复（2013年7月30日答复山东省公安厅经侦总队"鲁公经〔2013〕528号"请示）[1]

根据《支付结算办法》（银发〔1997〕393号，以下简称《办法》）的规定，结算凭证是办理支付结算的工具，是办理支付结算和现金收付的重要依据，未按《办法》规定填写的结算凭证，银行有权不予受理。因而，结算凭证一般可理解为银行在办理支付结算活动中所使用的，据以执行客户支付指令、办理资金划转的凭证。根据《电子支付指引（第一号）》（中国人民银行公告〔2005〕第23号

---

[1] 注：该《批复》是依据《中国人民银行条法司关于网上银行电子回单是否属于金融票证的复函》（人银法〔2013〕425号，2013年7月17日答复公安部经济犯罪侦查局征求意见函）而作出。

第 5 条、第 19 条和《办法》第 174 条的规定，电子支付指令与纸质支付凭证具有同等效力，而网上银行电子回单（包括纸质形式）可理解为银行对电子支付指令进行确认后，向客户提供的用以证明银行受理了相关业务的单证，并非办理支付结算业务和资金划转的依据，也不能证明有关的货币给付或资金清算已经完成。综上，网上银行电子回单（包括纸质形式）不属于结算凭证，也不属于金融票证。

● **立案标准**　最高人民检察院、公安部关于公安机关管辖的刑事案件立案追诉标准的规定（二）（公通字〔2022〕8 号，2022 年 4 月 6 日印发，2022 年 5 月 15 日施行；公通字〔2010〕23 号《规定》、公通字〔2011〕47 号《补充规定》同时废止）

第 46 条　[票据诈骗案（刑法第 194 条第 1 款）]　进行金融票据诈骗活动，数额在 5 万元以上的，应予立案追诉。

第 47 条　[金融凭证诈骗案（刑法第 194 条第 2 款）]　使用伪造、变造的委托收款凭证、汇款凭证、银行存单等其他银行结算凭证进行诈骗活动，数额在 5 万元以上的，应予立案追诉。

第 83 条　本规定中的立案追诉标准，除法律、司法解释、本规定中另有规定的以外，适用于相应的单位犯罪。

第 84 条　本规定中的"以上"，包括本数。

第 195 条　【信用证诈骗罪】有下列情形之一，进行信用证诈骗活动的，处五年以下有期徒刑或者拘役，并处二万元以上二十万元以下罚金；数额巨大或者有其他严重情节的，处五年以上十年以下有期徒刑，并处五万元以上五十万元以下罚金；数额特别巨大或者有其他特别严重情节的，处十年以上有期徒刑或者无期徒刑，并处五万元以上五十万元以下罚金或者没收财产：

（一）使用伪造、变造的信用证或者附随的单据、文件的；

（二）使用作废的信用证的；

（三）骗取信用证的；

（四）以其他方法进行信用证诈骗活动的。

● **条文注释**　构成第 195 条规定之罪，必须具备以下条件：（1）行为人必须有信用证诈骗的主观故意；（2）行为人实施了使用虚假的、作废的或骗取的信用证进行诈骗或以其他方法进行信用证诈骗活动的行为。另，根据《刑法》第 200

条的规定，单位也可以成为本罪的犯罪主体。

这里的"信用证"包括附随的单据和文件，但不包括信用卡（对于利用信用卡进行诈骗活动的行为，适用《刑法》第 196 条）。这里的"作废"一词是广义的，既包括"过期"的信用证，也包括依法被认为无效的或被宣布作废的信用证。

需要注意的是：

（1）构成第 195 条规定之罪，在"入罪门槛"上，刑法和司法解释并没有规定诈骗的数额限制，因此只要行为人故意实施了第 195 条规定的四种信用证诈骗行为，就可以构成本罪。如果诈骗的数额"巨大""特别巨大"，或者情节"严重""特别严重"，则构成该罪的处罚加重情节。①

（2）对于第 195 条第 3 项规定的"骗取信用证"的行为，必须是用于诈骗活动才能构成信用证诈骗罪；否则，应当适用《刑法》第 175 条之一"骗取贷款、票据承兑、金融票证罪"。

（3）对于伪造、变造信用证的行为，应当适用《刑法》第 177 条"伪造、变造金融票证罪"。

● 相关规定　【法函〔2003〕60 号】　最高人民法院关于对信用证诈骗案件有关问题的复函（2003 年 11 月 19 日答复中国银行业监督管理委员会、公安部"公经〔2003〕1081 号"建议函）

一、在办理信用证诈骗案件中，是否必须查明虚假议付单据、文件来源和议付款项的最终流向，不能一概而论，应当视案件的证据情况决定。对属于认定行为人主观上"是否明知"以及"是否具有非法占有目的"必不可少的证据的，则应当查清。

二、关于委托境外执法部门协助提供的证人证言可否作为证据使用的问题。根据刑事诉讼法第 17 条的规定，依照刑事司法协助的内容委托境外执法机构询问证人的情况可以作为证据使用。但如果境外执法部门所取得的证言上加盖有"不得作呈堂证供"的印章，应当经过适当形式的转换后使用。

---

① 对于《刑法》第 195 条规定中的数额"巨大""特别巨大"，以及情节"严重""特别严重"的界定标准，目前尚没有法律法规或司法解释作出明确规定；依照最高人民法院 2001 年 1 月 21 日印发的《全国法院审理金融犯罪案件工作座谈会纪要》（法〔2001〕8 号）的精神，在司法实践中可以参照《最高人民法院、最高人民检察院关于办理诈骗刑事案件具体应用法律若干问题的解释》（法释〔2011〕7 号，见《刑法》第 266 条）的相关规定对此进行界定。

● 立案标准　最高人民检察院、公安部关于公安机关管辖的刑事案件立案追诉标准的规定（二）（公通字〔2022〕8号，2022年4月6日印发，2022年5月15日施行；公通字〔2010〕23号《规定》、公通字〔2011〕47号《补充规定》同时废止）

第48条［信用证诈骗案（刑法第195条）］　进行信用证诈骗活动，涉嫌下列情形之一的，应予立案追诉：

（一）使用伪造、变造的信用证或者附随的单据、文件的；

（二）使用作废的信用证的；

（三）骗取信用证的；

（四）以其他方法进行信用证诈骗活动的。

第83条　本规定中的立案追诉标准，除法律、司法解释、本规定中另有规定的以外，适用于相应的单位犯罪。

第84条　本规定中的"以上"，包括本数。

> **第196条**① 【信用卡诈骗罪】有下列情形之一，进行信用卡诈骗活动，数额较大的，处五年以下有期徒刑或者拘役，并处二万元以上二十万元以下罚金；数额巨大或者有其他严重情节的，处五年以上十年以下有期徒刑，并处五万元以上五十万元以下罚金；数额特别巨大或者有其他特别严重情节的，处十年以上有期徒刑或者无期徒刑，并处五万元以上五十万元以下罚金或者没收财产：
>
> （一）使用伪造的信用卡，或者使用以虚假的身份证明骗领的信用卡的；
>
> （二）使用作废的信用卡的；

---

① 第196条是根据2005年2月28日第10届全国人民代表大会常务委员会第14次会议通过的《刑法修正案（五）》（主席令第32号公布，2005年2月28日起施行）而修改，原条文内容为："有下列情形之一，进行信用卡诈骗活动，数额较大的，处五年以下有期徒刑或者拘役，并处二万元以上二十万元以下罚金；数额巨大或者有其他严重情节的，处五年以上十年以下有期徒刑，并处五万元以上五十万元以下罚金；数额特别巨大或者有其他特别严重情节的，处十年以上有期徒刑或者无期徒刑，并处五万元以上五十万元以下罚金或者没收财产：（一）使用伪造的信用卡的；（二）使用作废的信用卡的；（三）冒用他人信用卡的；（四）恶意透支的。//　前款所称恶意透支，是指持卡人以非法占有为目的，超过规定限额或者规定期限透支，并且经发卡银行催收后仍不归还的行为。//　盗窃信用卡并使用的，依照本法第二百六十四条的规定定罪处罚。"修改后的第196条第1项增加了"或者使用以虚假的身份证明骗领的信用卡的"行为。

（三）冒用他人信用卡的；

（四）恶意透支的。

前款所称恶意透支，是指持卡人以非法占有为目的，超过规定限额或者规定期限透支，并且经发卡银行催收后仍不归还的行为。

盗窃信用卡并使用的，依照本法第二百六十四条的规定定罪处罚。

● **条文注释** 构成第 196 条规定之罪，必须具备以下条件：（1）本罪的犯罪主体只能是个人（单位不能构成本罪）；（2）行为人必须具有信用卡诈骗的主观故意；（3）行为人实施了使用虚假的、作废的信用卡或冒用他人的信用卡进行诈骗，或者具有恶意透支的行为；（4）数额较大、巨大或特别巨大，或者情节严重或特别严重（具体界定标准依照"法释〔2018〕19 号"解释的有关规定）。

根据"立法解释"，这里的"信用卡"是指金融机构发行的具有消费支付、信用贷款、转账结算、存取现金等全部或部分功能的电子支付卡，也就是说，包括全部的银行卡①。这里的"冒用"是指非持卡人盗用持卡人的名义使用信用卡骗取财物的行为。"他人信用卡"的来源包括四种情形：（1）行为人通过欺骗、抢夺或胁迫等非法手段获取的信用卡（但盗窃所得的信用卡除外）；（2）行为人拾得的信用卡；（3）行为人擅自使用代为保管的信用卡；（4）行为人趁持卡人疏忽，盗用其信用卡（如盗用插在 ATM 机上忘记取出的信用卡）。

根据相关的法律法规，对于第 196 条第 1 款第 4 项规定的"恶意透支"行为，构成犯罪的数额标准与第 1 项、第 2 项、第 3 项规定的行为构成犯罪的数额标准是不一样的，其具体数额标准以及对"以非法占有为目的"的界定，依照"法释〔2018〕19 号"解释的有关规定。

需要注意的是：

（1）以非法方式获取他人信用卡的信息资料，并通过互联网、通讯终端等使用的，也属于"冒用他人信用卡"的行为。

---

① 根据 1999 年 1 月 5 日中国人民银行发布的《银行卡业务管理办法》（银发〔1999〕17 号，1999 年 3 月 1 日起施行），银行卡包括信用卡和借记卡（不能透支）；信用卡按是否向发卡银行交存备用金分为贷记卡、准贷记卡，借记卡按功能不同分为转账卡（含储蓄卡）、专用卡、储值卡。2000 年 4 月 22 日中国人民银行发布《关于停止发行各种储值纪念卡的紧急通知》（银发〔2000〕130 号），2006 年 8 月 1 日中国银行业监督监管委员会又发布《关于禁止银行与商业机构发放联名储值卡的通知》，据此，各金融机构已经停止发行无记名的储值卡。

（2）对于盗窃信用卡并使用的，依照《刑法》第264条规定的"盗窃罪"定罪处罚；但对于其他冒用他人信用卡的行为（如使用拾得的信用卡），在刑法上并不按照盗窃论处，而是以信用卡诈骗论处。

（3）对于非法持有他人信用卡，即使没有冒用，也没有用以诈骗活动，如果持有数量较大，也构成犯罪（适用《刑法》第177条之一的"妨害信用卡管理罪"）。

（4）对于骗领信用卡的行为，应当适用《刑法》第177条之一的"妨害信用卡管理罪"。

（5）对于伪造、变造信用卡的行为，应当适用《刑法》第177条"伪造、变造金融票证罪"。

● **立法解释** 全国人民代表大会常务委员会关于《中华人民共和国刑法》有关信用卡规定的解释（2004年12月29日第10届全国人民代表大会常务委员会第13次会议通过）

刑法规定的"信用卡"，是指由商业银行或者其他金融机构发行的具有消费支付、信用贷款、转账结算、存取现金等全部功能或者部分功能的电子支付卡。

● **相关规定** 【高检发释字〔2008〕1号】 最高人民检察院关于拾得他人信用卡并在自动柜员机（ATM机）上使用的行为如何定性问题的批复（2008年2月19日由最高人民检察院第10届检察委员会第92次会议通过，2008年4月18日公布，答复浙江省人民检察院"浙检研〔2007〕227号"请示，2008年5月7日起施行）

拾得他人信用卡并在自动柜员机（ATM机）上使用的行为，属于刑法第196条第1款第3项规定的"冒用他人信用卡"的情形，构成犯罪的，以信用卡诈骗罪追究刑事责任。

【刑他字〔2017〕3371号】 最高人民法院关于被告人余淑妹利用他人遗忘在ATM机内已输好密码的信用卡取款的行为如何定性请示一案的批复（答复福建高院请示）①

被告人余淑妹利用他人遗忘在ATM机内已输好密码的信用卡取款的行为倾向于认定为信用卡诈骗罪。

---

① 福建高院2019年3月26日以"闽刑他〔2017〕37号"《答复函》将本《批复》内容转复莆田中院"（2016）闽03刑终329号"请示。

【法释〔2018〕19 号】 最高人民法院、最高人民检察院关于办理妨害信用卡管理刑事案件具体应用法律若干问题的解释（2009 年 12 月 3 日 "法释〔2009〕19 号"公布，2009 年 12 月 16 日起施行；2018 年 7 月 30 日最高人民法院审判委员会第 1745 次会议、2018 年 10 月 19 日最高人民检察院第 13 届检察委员会第 7 次会议修改，2018 年 11 月 28 日公布，2018 年 12 月 1 日起施行）

第 5 条 使用伪造的信用卡、以虚假的身份证明骗领的信用卡、作废的信用卡或者冒用他人信用卡，进行信用卡诈骗活动，数额在 5000 元以上不满 5 万元的，应当认定为刑法第 196 条规定的"数额较大"；数额在 5 万元以上不满 50 万元的，应当认定为刑法第 196 条规定的"数额巨大"；数额在 50 万元以上的，应当认定为刑法第 196 条规定的"数额特别巨大"。

刑法第 196 条第 1 款第 3 项所称"冒用他人信用卡"，包括以下情形：

（一）拾得他人信用卡并使用的；

（二）骗取他人信用卡并使用的；

（三）窃取、收买、骗取或者以其他非法方式获取他人信用卡信息资料，并通过互联网、通讯终端等使用的；

（四）其他冒用他人信用卡的情形。

第 6 条 持卡人以非法占有为目的，超过规定限额或者规定期限透支，经发卡银行 2 次有效催收后超过 3 个月仍不归还的，应当认定为刑法第 196 条规定的"恶意透支"。

对于是否以非法占有为目的，应当综合持卡人信用记录、还款能力和意愿、申领和透支信用卡的状况、透支资金的用途、透支后的表现、未按规定还款的原因等情节作出判断。不得单纯依据持卡人未按规定还款的事实认定非法占有目的。

具有以下情形之一的，应当认定为刑法第 196 条第 2 款规定的"以非法占有为目的"，但有证据证明持卡人确实不具有非法占有目的的除外：

（一）明知没有还款能力而大量透支，无法归还的；

（二）使用虚假资信证明申领信用卡后透支，无法归还的；①

（三）透支后通过逃匿、改变联系方式等手段，逃避银行催收的；

（四）抽逃、转移资金，隐匿财产，逃避还款的；

（五）使用透支的资金进行犯罪活动的；

（六）其他非法占有资金，拒不归还的情形。

---

① 注：在"法释〔2009〕19 号"《解释》中，该项规定原为"肆意挥霍透支的资金，无法归还的"。

第 7 条　催收同时符合下列条件的，应当认定为本解释第 6 条规定的 "有效催收"：

（一）在透支超过规定限额或者规定期限后进行；

（二）催收应当采用能够确认持卡人收悉的方式，但持卡人故意逃避催收的除外；

（三）2 次催收至少间隔 30 日；

（四）符合催收的有关规定或者约定。

对于是否属于有效催收，应当根据发卡银行提供的电话录音、信息送达记录、信函送达回执、电子邮件送达记录、持卡人或者其家属签字以及其他催收原始证据材料作出判断。

发卡银行提供的相关证据材料，应当有银行工作人员签名和银行公章。

第 8 条　恶意透支，数额在 5 万元以上不满 50 万元的，应当认定为刑法第 196 条规定的 "数额较大"；数额在 50 万元以上不满 500 万元的，应当认定为刑法第 196 条规定的 "数额巨大"；数额在 500 万元以上的，应当认定为刑法第 196 条规定的 "数额特别巨大"。

第 9 条　恶意透支的数额，是指公安机关刑事立案时尚未归还的实际透支的本金数额，不包括利息、复利、滞纳金、手续费等发卡银行收取的费用。归还或者支付的数额，应当认定为归还实际透支的本金。

检察机关在审查起诉、提起公诉时，应当根据发卡银行提供的交易明细、分类账单（透支账单、还款账单）等证据材料，结合犯罪嫌疑人、被告人及其辩护人所提辩解、辩护意见及相关证据材料，审查认定恶意透支的数额；恶意透支的数额难以确定的，应当依据司法会计、审计报告，结合其他证据材料审查认定。人民法院在审判过程中，应当在对上述证据材料查证属实的基础上，对恶意透支的数额作出认定。

发卡银行提供的相关证据材料，应当有银行工作人员签名和银行公章。

第 10 条　恶意透支数额较大，在提起公诉前全部归还或者具有其他情节轻微情形的，可以不起诉；在一审判决前全部归还或者具有其他情节轻微情形的，可以免予刑事处罚。但是，曾因信用卡诈骗受过 2 次以上处罚的除外。

第 11 条　发卡银行违规以信用卡透支形式变相发放贷款，持卡人未按规定归还的，不适用刑法第 196 条 "恶意透支" 的规定。构成其他犯罪的，以其他犯罪论处。

第 12 条　违反国家规定，使用销售点终端机具（POS 机）等方法，以虚构交易、虚开价格、现金退货等方式向信用卡持卡人直接支付现金，情节严重的，应当依据刑法第 225 条的规定，以非法经营罪定罪处罚。

实施前款行为，数额在 100 万元以上的，或者造成金融机构资金 20 万元以上逾期未还的，或者造成金融机构经济损失 10 万元以上的，应当认定为刑法第 225 条规定的"情节严重"；数额在 500 万元以上的，或者造成金融机构资金 100 万元以上逾期未还的，或者造成金融机构经济损失 50 万元以上的，应当认定为刑法第 225 条规定的"情节特别严重"。

持卡人以非法占有为目的，采用上述方式恶意透支，应当追究刑事责任的，依照刑法第 196 条的规定，以信用卡诈骗罪定罪处罚。

第 13 条 单位实施本解释规定的行为，适用本解释规定的相应自然人犯罪的定罪量刑标准。

【法研〔2010〕105 号】 最高人民法院研究室关于信用卡犯罪法律适用若干问题的复函（2010 年 7 月 5 日答复公安部经济犯罪侦查局"公经金融〔2010〕110 号"征求意见函）[①]

一、对于一人持有多张信用卡进行恶意透支，每张信用卡透支数额均未达到 1 万元的立案追诉标准的，原则上可以累计数额进行追诉。但考虑到一人办多张信用卡的情况复杂，如累计透支数额不大的，应分别不同情况慎重处理。

二、发卡银行的"催收"应有电话录音、持卡人或其家属签字等证据证明。"两次催收"一般应分别采用电话、信函、上门等两种以上催收形式。

三、若持卡人在透支大额款项后，仅向发卡行偿还远低于最低还款额的欠款，具有非法占有目的的，可以认定为"恶意透支"；行为人确实不具有非法占有目的的，不能认定为"恶意透支"。

【公通字〔2011〕29 号】 最高人民法院、最高人民检察院、公安部关于信用卡诈骗犯罪管辖有关问题的通知（2011 年 8 月 8 日印发）

对以窃取、收买等手段非法获取他人信用卡信息资料后在异地使用的信用卡诈骗犯罪案件，持卡人信用卡申领地的公安机关、人民检察院、人民法院可以依法立案侦查、起诉、审判。

[①] 公安部经济犯罪侦查局于 2010 年 7 月 12 日下发"公经金融〔2010〕139 号"《通知》，将该《复函》的内容印发给各省（自治区、直辖市）公安厅（局）的经侦总队（处）和新疆生产建设兵团公安局经侦处。

● **立案标准** 最高人民检察院、公安部关于公安机关管辖的刑事案件立案追诉标准的规定（二）（公通字〔2022〕8号，2022年4月6日印发，2022年5月15日施行；公通字〔2010〕23号《规定》、公通字〔2011〕47号《补充规定》同时废止）

第49条 ［信用卡诈骗案（刑法第196条）］ 进行信用卡诈骗活动，涉嫌下列情形之一的，应予立案追诉：

（一）使用伪造的信用卡、以虚假的身份证明骗领的信用卡、作废的信用卡或者冒用他人信用卡，进行诈骗活动，数额在5000元以上的；

（二）恶意透支，数额在5万元以上的。

本条规定的"恶意透支"，是指持卡人以非法占有为目的，超过规定限额或者规定期限透支，经发卡银行两次有效催收后超过3个月仍不归还的。

恶意透支的数额，是指公安机关刑事立案时尚未归还的实际透支的本金数额，不包括利息、复利、滞纳金、手续费等发卡银行收取的费用。归还或者支付的数额，应当认定为归还实际透支的本金。

恶意透支，数额在5万元以上不满50万元的，在提起公诉前全部归还或者具有其他情节轻微情形的，可以不起诉。但是，因信用卡诈骗受过2次以上处罚的除外。

第83条 本规定中的立案追诉标准，除法律、司法解释、本规定中另有规定的以外，适用于相应的单位犯罪。

第84条 本规定中的"以上"，包括本数。

● **量刑指导** 【法发〔2021〕21号】 最高人民法院、最高人民检察院关于常见犯罪的量刑指导意见（2021年6月16日印发，2021年7月1日试行；法发〔2017〕7号《指导意见》同时废止）①

四、常见犯罪的量刑

（五）信用卡诈骗罪（删除线部分为原试行的"法〔2017〕74号"《指导意见（二）》的内容

---

① 注：《意见》要求各省高院、检察院应当总结司法实践经验，按照规范、实用、符合司法实际的原则共同研制"实施细则"，经审委会、检委会通过后，分别报最高法、最高检备案审查，与《意见》同步实施。

其他判处有期徒刑的案件，可以参照量刑的指导原则、基本方法和常见量刑情节的适用规范量刑。

另，本《意见》实际替代了2017年3月9日印发，2017年5月1日起在指定法院试行的《最高人民法院关于常见犯罪的量刑指导意见（二）（试行）》（法〔2017〕74号）。

1. 构成信用卡诈骗罪的,可以根据下列不同情形在相应的幅度内确定量刑起点:
(1) 达到数额较大起点的,可以在 2 年以下有期徒刑、拘役幅度内确定量刑起点。
(2) 达到数额巨大起点或者有其他严重情节的,可以在 5 年至 6 年有期徒刑幅度内确定量刑起点。
(3) 达到数额特别巨大起点或者有其他特别严重情节的,可以在 10 年至 12 年有期徒刑幅度内确定量刑起点。依法应当判处无期徒刑的除外。
2. 在量刑起点的基础上,可以根据信用卡诈骗数额等其他影响犯罪构成的犯罪事实增加刑罚量,确定基准刑。
3. 构成信用卡诈骗罪的,根据诈骗手段、犯罪数额、危害后果等犯罪情节,综合考虑被告人缴纳罚金的能力,决定罚金数额。(本款新增)
4. 构成信用卡诈骗罪的,综合考虑诈骗手段、犯罪数额、危害后果、退赃退赔等犯罪事实、量刑情节,以及被告人主观恶性、人身危险性、认罪悔罪表现等因素,决定缓刑的适用。(本款新增)

第 197 条 【有价证券诈骗罪】使用伪造、变造的国库券或者国家发行的其他有价证券,进行诈骗活动,数额较大的,处五年以下有期徒刑或者拘役,并处二万元以上二十万元以下罚金;数额巨大或者有其他严重情节的,处五年以上十年以下有期徒刑,并处五万元以上五十万元以下罚金;数额特别巨大或者有其他特别严重情节的,处十年以上有期徒刑或者无期徒刑,并处五万元以上五十万元以下罚金或者没收财产。

● **条文注释** 构成第 197 条规定之罪,必须具备以下条件:(1) 本罪的犯罪主体只能是个人(单位不能构成本罪);(2) 行为人必须有使用有价证券进行诈骗的主观故意,并实施了该行为;(3) 数额较大、巨大或特别巨大,或者情节严重或特别严重。

这里的"有价证券"主要指国家发行的国库券、保值公债、财政债券、国家建设债券、国家银行金融债券等证券,包括地方政府依法发行的各种债券;但不包括企业发行的股票和债券,也不包括国家发行的邮票或者车船票、机票等有价票证。伪造企业股票和债券的,适用《刑法》第 178 条规定的伪造、变造股票、公司、企业债券罪；伪造邮票或车船票、机票等有价票证的，适用《刑法》第227条规定的伪造有价票证罪。

需要注意的是：如果行为人在使用伪造、变造的国库券或者国家发行的其他有价证券进行诈骗活动时被识破，诈骗没有得逞，或者只诈骗了少量财物，不宜作为犯罪处理。①

● **立案标准** 最高人民检察院、公安部关于公安机关管辖的刑事案件立案追诉标准的规定（二）（公通字〔2022〕8号，2022年4月6日印发，2022年5月15日施行；公通字〔2010〕23号《规定》、公通字〔2011〕47号《补充规定》同时废止）

第50条 [有价证券诈骗案（刑法第197条）] 使用伪造、变造的国库券或者国家发行的其他有价证券进行诈骗活动，数额在5万元以上的，应予立案追诉。

第83条 本规定中的立案追诉标准，除法律、司法解释、本规定中另有规定的以外，适用于相应的单位犯罪。

第84条 本规定中的"以上"，包括本数。

第198条 【保险诈骗罪】有下列情形之一，进行保险诈骗活动，数额较大的，处五年以下有期徒刑或者拘役，并处一万元以上十万元以下罚金；数额巨大或者有其他严重情节的，处五年以上十年以下有期徒刑，并处二万元以上二十万元以下罚金；数额特别巨大或者有其他特别严重情节的，处十年以上有期徒刑，并处二万元以上二十万元以下罚金或者没收财产：

（一）投保人故意虚构保险标的，骗取保险金的；

（二）投保人、被保险人或者受益人对发生的保险事故编造虚假的原因或者夸大损失的程度，骗取保险金的；

（三）投保人、被保险人或者受益人编造未曾发生的保险事故，骗取保险金的；

---

① 全国人民代表大会常务委员会法制工作委员会编：《中华人民共和国刑法释义》，法律出版社2011年版，第346-347页。

> （四）投保人、被保险人故意造成财产损失的保险事故，骗取保险金的；
>
> （五）投保人、受益人故意造成被保险人死亡、伤残或者疾病，骗取保险金的。
>
> 有前款第四项、第五项所列行为，同时构成其他犯罪的，依照数罪并罚的规定处罚。
>
> 单位犯第一款罪的，对单位判处罚金，并对其直接负责的主管人员和其他直接责任人员，处五年以下有期徒刑或者拘役；数额巨大或者有其他严重情节的，处五年以上十年以下有期徒刑；数额特别巨大或者有其他特别严重情节的，处十年以上有期徒刑。
>
> 保险事故的鉴定人、证明人、财产评估人故意提供虚假的证明文件，为他人诈骗提供条件的，以保险诈骗的共犯论处。

● **条文注释** 在保险活动中，通常会涉及4种人：（1）投保人，即与保险公司签订保险合同，并支付保险费用的人。（2）保险人，即承担保险责任的人，也就是保险公司。（3）被保险人，通俗地说，就是受保险合同保障的人；其受保障的财产、生命、身体健康或其他利益，就称为"保险标的"。（4）受益人，是指保险合同明确指定的或者依据法律规定有权取得保险金的人。本条规定的就是对在保险活动中进行诈骗活动行为的定罪处罚。

构成第198条规定之罪，必须具备以下条件：（1）行为人必须有进行保险诈骗的主观故意，并实施了本条第1款规定的五种行为；（2）数额较大、巨大或特别巨大，或者情节严重或特别严重。

需要注意的是：

（1）第198条第1款规定的5种犯罪行为中，其犯罪主体是不一样的。第1项的犯罪主体只能是投保人；第2项、第3项的犯罪主体可以是投保人、被保险人或受益人；第4项的犯罪主体排除了受益人；第5项的犯罪主体排除了被保险人。

（2）如果保险公司的工作人员具有虚构保险标的或虚假理赔、骗取保险金的行为，即使数额较大，也不能构成第198条规定的保险诈骗罪。而应当根据《刑法》第183条的规定：行为人具有国家工作人员身份的，依照《刑法》第383条的相关规定，以贪污罪定罪；行为人不具有国家工作人员身份的，依照《刑法》第271条的相关规定，以职务侵占罪定罪处罚。

（3）如果保险事故的鉴定人、证明人、财产评估人并非故意（如因为工作失职等）而提供了虚假的证明文件，则不能适用第198条第4款的规定。构成犯罪的，应当依照刑法其他相关规定进行定罪处罚。

● 相关规定 　【高检研发〔1998〕20号】　最高人民检察院法律政策研究室关于保险诈骗未遂能否按犯罪处理问题的答复（1998年11月27日答复河南省人民检察院"豫检捕〔1998〕11号"请示）

行为人已经着手实施保险诈骗行为，但由于其意志以外的原因未能获得保险赔偿的，是诈骗未遂，情节严重的，应依法追究刑事责任。①

【公经金融〔2009〕248号】　公安部经济犯罪侦查局关于对一起保险诈骗案件有关问题的批复（2009年9月14日答复河南省公安厅经侦总队"豫公经〔2009〕26号"请示）

1998年11月27日最高人民检察院《关于保险诈骗未遂能否按犯罪处理问题的答复》中指出："行为人已经着手实施保险诈骗行为，但由于其意志以外的原因未能获得保险赔偿的，是诈骗未遂，情节严重的，应依法追究刑事责任。"但目前对"情节严重"尚无具体司法解释。本案中，张某隐瞒其妻子已患癌症的事实，向中国人寿保险开封分公司和中国太平人寿保险开封分公司共投保43万元，并在其妻死亡后申请理赔，其行为已涉嫌保险诈骗罪，根据最高人民检察院、公安部《关于经济犯罪案件追诉标准的规定》第48条规定，应予追诉。

【公通字〔2020〕12号】　最高人民法院、最高人民检察院、公安部关于依法办理"碰瓷"违法犯罪案件的指导意见（2020年9月22日印发）

……所谓"碰瓷"，是指行为人通过故意制造或者编造其被害假象，采取诈骗、敲诈勒索等方式非法索取财物的行为。……

一、（第1款）实施"碰瓷"，虚构事实、隐瞒真相，骗取赔偿，符合刑法第266条规定的，以诈骗罪定罪处罚；骗取保险金，符合刑法第198条规定的，以保险诈骗罪定罪处罚。

九、共同故意实施"碰瓷"犯罪，起主要作用的，应当认定为主犯，对其参与或者组织、指挥的全部犯罪承担刑事责任；起次要或者辅助作用的，应当认定为从犯，依法予以从轻、减轻处罚或者免除处罚。

3人以上为共同故意实施"碰瓷"犯罪而组成的较为固定的犯罪组织，应

---

① 注：对于"高检研发〔1998〕20号"《答复》中"情节严重"的界定标准，应该比同于《刑法》第198条规定中的"情节严重"；但目前并没有法律法规或司法解释对此作出明确规定。

当认定为犯罪集团。对首要分子应当按照集团所犯全部罪行处罚。

符合黑恶势力认定标准的，应当按照黑社会性质组织、恶势力或者恶势力犯罪集团侦查、起诉、审判。

● **立案标准** 最高人民检察院、公安部关于公安机关管辖的刑事案件立案追诉标准的规定（二）（公通字〔2022〕8号，2022年4月6日印发，2022年5月15日施行；公通字〔2010〕23号《规定》、公通字〔2011〕47号《补充规定》同时废止）

第51条 [保险诈骗案（刑法第198条）] 进行保险诈骗活动，数额在5万元以上的，应予立案追诉。

第83条 本规定中的立案追诉标准，除法律、司法解释、本规定中另有规定的以外，适用于相应的单位犯罪。

第84条 本规定中的"以上"，包括本数。

第199条① 犯本节第一百九十二条、第一百九十四条、第一百九十五条规定之罪，数额特别巨大并且给国家和人民利益造成特别重大损失的，处无期徒刑或者死刑，并处没收财产。

第200条② 【单位犯本节之罪】单位犯本节第一百九十二条、③第一百九十四条、第一百九十五条规定之罪的，对单位判处罚金，并对其直接负责的主管人员和其他直接责任人员，处五年以下有期徒刑或者拘役，可以并处罚金；数额巨大或者有其他严重情节的，处五年以上十年以下有期徒刑，并处罚金；数额特别巨大或者有其他特别严重情节的，处十年以上有期徒刑或者无期徒刑，并处罚金。

---

① 第199条进行了两次修改。第一次修改是根据2011年2月25日第11届全国人民代表大会常务委员会第19次会议通过的《刑法修正案（八）》（主席令第41号公布，2011年5月1日起施行），删去了《刑法》第194条、第195条的死刑处罚；第二次修改是根据2015年8月29日第12届全国人民代表大会常务委员会第16次会议通过的《刑法修正案（九）》（主席令第30号公布，2015年11月1日起施行），删去了《刑法》第199条。自此，《刑法》分则第3章第5节规定的各种金融诈骗犯罪均被废除了死刑。

② 第200条原规定为："单位犯本节第一百九十二条、第一百九十四条、第一百九十五条规定之罪的，对单位判处罚金，并对其直接负责的主管人员和其他直接责任人员，处五年以下有期徒刑或者拘役；数额巨大或者有其他严重情节的，处五年以上十年以下有期徒刑；数额特别巨大或者有其他特别严重情节的，处十年以上有期徒刑或者无期徒刑。"2011年2月25日第11届全国人大常委会第19次会议通过的《刑法修正案（八）》（主席令第41号公布）增加了罚金刑，2011年5月1日起施行。

③ 本部分内容被《刑法修正案（十一）》（2020年12月26日第13届全国人大常委会第24次会议通过，主席令第66号公布）删除，2021年3月1日起施行。

● **条文注释** 根据《刑法》总则第 30 条的规定，单位行为必须由法律明确规定才能构成犯罪。因此，根据《刑法》第 192 条、第 198 条和第 200 条的规定，在金融诈骗案件中，只有集资诈骗罪、票据诈骗罪、金融凭证诈骗罪、信用证诈骗罪、保险诈骗罪存在单位犯罪；而贷款诈骗罪（第 193 条）、信用卡诈骗罪（第 196 条）、有价证券诈骗罪（第 197 条）的犯罪主体只能是自然人。

对于第 200 条规定的情节标准，没有相关司法解释的，依照最高人民法院"法〔2001〕8 号"座谈会纪要的精神，可以参照《最高人民法院、最高人民检察院关于办理诈骗刑事案件具体应用法律若干问题的解释》（法释〔2011〕7 号，见本书关于《刑法》第 266 条的相关内容）的相关规定进行界定。

● **相关规定** 【法〔2001〕8 号】 **全国法院审理金融犯罪案件工作座谈会纪要**（最高人民法院 2001 年 1 月 21 日印发）

（三）关于金融诈骗罪

4. 金融诈骗犯罪定罪量刑的数额标准和犯罪数额的计算。金融诈骗的数额不仅是定罪的重要标准，也是量刑的主要依据。在没有新的司法解释之前，可参照 1996 年《最高人民法院关于审理诈骗案件具体应用法律的若干问题的解释》的规定执行。[①] 在具体认定金融诈骗犯罪的数额时，应当以行为人实际骗取的数额计算。对于行为人为实施金融诈骗活动而支付的中介费、手续费、回扣等，或者用于行贿、赠与等费用，均应计入金融诈骗的犯罪数额。但应当将案发前已归还的数额扣除。

---

① 注：1996 年 12 月 16 日最高人民法院发布的《关于审理诈骗案件具体应用法律的若干问题的解释》（法发〔1996〕32 号）已经被 2013 年 1 月 14 日发布的《最高人民法院关于废止 1980 年 1 月 1 日至 1997 年 6 月 30 日期间发布的部分司法解释和司法解释性质文件（第九批）的决定》（法释〔2013〕2 号，2013 年 1 月 18 日起施行）宣布废止；替代的是 2011 年 3 月 1 日最高人民法院、最高人民检察院发布的《关于办理诈骗刑事案件具体应用法律若干问题的解释》（法释〔2011〕7 号，2011 年 4 月 8 日起施行）。

第六节　危害税收征管罪

第 201 条[①]　【逃税罪】纳税人采取欺骗、隐瞒手段进行虚假纳税申报或者不申报，逃避缴纳税款数额较大并且占应纳税额百分之十以上的，处三年以下有期徒刑或者拘役，并处罚金；数额巨大并且占应纳税额百分之三十以上的，处三年以上七年以下有期徒刑，并处罚金。

扣缴义务人采取前款所列手段，不缴或者少缴已扣、已收税款，数额较大的，依照前款的规定处罚。

对多次实施前两款行为，未经处理的，按照累计数额计算。

有第一款行为，经税务机关依法下达追缴通知后，补缴应纳税款，缴纳滞纳金，已受行政处罚的，不予追究刑事责任；但是，五年内因逃避缴纳税款受过刑事处罚或者被税务机关给予二次以上行政处罚的除外。

第 202 条　【抗税罪】（见第 732 页）

第 203 条　【逃避追缴欠税罪】纳税人欠缴应纳税款，采取转移或者隐匿财产的手段，致使税务机关无法追缴欠缴的税款，数额在一万元以上不满十万元的，处三年以下有期徒刑或者拘役，并处或者单处欠缴税款一倍以上五倍以下罚金；数额在十万元以上的，处三年以上七年以下有期徒刑，并处欠缴税款一倍以上五倍以下罚金。

[①] 第 201 条是根据 2009 年 2 月 28 日第 11 届全国人民代表大会常务委员会第 7 次会议通过的《刑法修正案（七）》（主席令第 10 号公布，2009 年 2 月 28 日起施行）而修改；原条文内容为："纳税人采取伪造、变造、隐匿、擅自销毁帐簿、记帐凭证，在帐簿上多列支出或者不列、少列收入，经税务机关通知申报而拒不申报或者进行虚假的纳税申报的手段，不缴或者少缴应纳税款，偷税数额占应纳税额的百分之十以上不满百分之三十并且偷税数额在一万元以上不满十万元的，或者因偷税被税务机关给予二次行政处罚又偷税的，处三年以下有期徒刑或者拘役，并处偷税数额一倍以上五倍以下罚金；偷税数额占应纳税额的百分之三十以上并且偷税数额在十万元以上的，处三年以上七年以下有期徒刑，并处偷税数额一倍以上五倍以下罚金。// 扣缴义务人采取前款所列手段，不缴或者少缴已扣、已收税款，数额占应缴税额的百分之十以上并且数额在一万元以上的，依照前款的规定处罚。// 对多次犯有前两款行为，未经处理的，按照累计数额计算。"

● **条文注释** 第201条、第203条是针对逃税、逃避追缴欠税等违反《税收征收管理法》的犯罪行为的处罚规定。

构成第201条规定之罪，必须具备以下条件：（1）犯罪主体是具有法定纳税或缴税义务的单位和个人；（2）行为人必须有逃税的主观故意；（3）行为人采用欺骗、隐瞒的手段实施了虚假纳税申报或不申报的行为；（4）逃税数额10%以上，并且数额较大或巨大。

构成第203条规定之罪，必须具备以下条件：（1）犯罪主体必须是纳税人，即有法定纳税义务的单位和个人；（2）行为人具有逃避追缴欠税的主观故意；（3）行为人采取转移或隐匿财产的手段实施了逃避追缴欠税的行为；（4）数额在1万元以上。

这里的"应纳税款"是指行为人在一个纳税期间（一个会计年度，从每年的1月1日至12月31日）应该缴纳的各种税的总额，包括国税和地税。"扣缴义务人"是指根据不同的税种，由有关法律、行政法规规定的，负有代扣代缴、代收代缴税收义务的单位和个人。"未经处理"是指既未经税务机关行政处罚，也未经司法机关刑事处罚。

根据第201条第4款的规定，如果纳税人、扣缴义务人初次（含受过1次行政处罚）实施了第201条第1款规定的行为，并不能直接追究其刑事责任，而是应当先经税务机关依法下达追缴通知（这样有利于纳税义务人纠正错误，也有利于税务机关追缴税款）；行为人拒绝配合的，再由税务机关依法移送至公安机关追究刑事责任。这里的"追缴通知"是指税务机关依法下达的书面通知，包括纳税（缴税）通知，也包括通知纳税人（扣缴义务人）依法办理税务登记（扣缴税款登记）。如果未经行政处置程序而直接追究行为人的刑事责任，则剥夺了其纠正纳税行为的权利，这不符合《刑法修正案（七）》的立法本意。

需要注意的是：

（1）纳税人（扣缴义务人）已经依法办理税务登记（扣缴税款登记）的，视为已"经税务机关依法下达追缴通知"。对于扣缴义务人不缴或少缴已扣、已收税款（实际上是一种截留国家税款的行为）的，不是按照贪污行为或职务侵占行为论处，而是作为逃税行为论处。扣缴义务人书面承诺代纳税人支付税款的，应当认定扣缴义务人"已扣、已收税款"。

（2）对于第201条第3款规定的"按照累计数额计算"逃税数额，如果跨年度的累计数额达到了定罪标准，那么只要其中有一个年度的逃税比例达到了10%，就可以构成犯罪。

（3）逃税罪与逃避追缴欠税罪最大的区别是两者的犯罪主体不一样，后者的主体不包括扣缴义务人；其次是两者的犯罪行为方式不同，前者主要表现为虚假申报，后者主要表现为隐匿财产。

● 相关规定　【公复字〔1999〕4号】　公安部关于如何理解《刑法》第二百零一条规定的"应纳税额"问题的批复（1999年11月23日答复河北省公安厅"冀公刑〔1999〕函字240号"请示）

《刑法》第201条规定的"应纳税额"是指某一法定纳税期限或者税务机关依法核定的纳税期间内应纳税额的总和。偷税行为涉及两个以上税种的，只要其中一个税种的偷税数额、比例达到法定标准的，即构成偷税罪，其他税种的偷税数额累计计算。

【公经〔2000〕656号】　公安部关于办理涉税犯罪案件有关问题的批复（2000年6月19日答复湖北省公安厅经侦总队请示）

一、根据《刑事诉讼法》第83条的规定，公安机关发现犯罪事实或者犯罪嫌疑人，应当按照管辖范围立案侦查。税务机关移送案件是公安机关发现涉税犯罪案件"犯罪事实或者犯罪嫌疑人"的渠道之一，但并非公安机关办理涉税犯罪案件的必经程序。公安机关对于群众举报或者执法过程中发现的涉税犯罪线索只要符合立案条件的，应当依法立案进行侦查，符合逮捕或者起诉条件的，应当依法移送人民检察院提请批准逮捕或者审查起诉。

二、公安机关侦办涉税犯罪案件，所聘请的具有执业资格的会计师事务所、审计师事务所、税务师事务所出具的审计、会计报告，可以作为证据在刑事诉讼中使用。

【法研〔2001〕24号】　最高人民法院研究室关于对既涉嫌非法经营又涉嫌偷税的经济犯罪案件如何适用法律问题的意见函（2001年3月14日答复公安部经济犯罪侦查局"公经〔2000〕1277号"请示）

行为人在实施非法经营犯罪过程中，又涉嫌偷税构成犯罪的，应以处罚较重的犯罪依法追究刑事责任，不实行数罪。

【法释〔2002〕33号】　最高人民法院关于审理偷税抗税刑事案件具体应用法律若干问题的解释（2002年11月4日最高人民法院审判委员会第1254次

会议通过，2002年11月5日公布，2002年11月7日起施行)①

第1条 纳税人实施下列行为之一，不缴或者少缴应纳税款，偷税数额占应纳税额的10%以上且偷税数额在1万元以上的，依照刑法第201条第1款的规定定罪处罚：

（一）伪造、变造、隐匿、擅自销毁账簿、记账凭证；

（二）在账簿上多列支出或者不列、少列收入；

（三）经税务机关通知申报而拒不申报纳税；

（四）进行虚假纳税申报；

（五）缴纳税款后，以假报出口或者其他欺骗手段，骗取所缴纳的税款。

扣缴义务人实施前款行为之一，不缴或者少缴已扣、已收税款，数额在1万元以上且占应缴税额10%以上的，依照刑法第201条第1款的规定定罪处罚。扣缴义务人书面承诺代纳税人支付税款的，应当认定扣缴义务人"已扣、已收税款"。

实施本条第1款、第2款规定的行为，偷税数额在5万元以下，纳税人或者扣缴义务人在公安机关立案侦查以前已经足额补缴应纳税款和滞纳金，犯罪情节轻微，不需要判处刑罚的，可以免予刑事处罚。

第2条 纳税人伪造、变造、隐匿、擅自销毁用于记账的发票等原始凭证的行为，应当认定为刑法第201条第1款规定的伪造、变造、隐匿、擅自销毁记账凭证的行为。

具有下列情形之一的，应当认定为刑法第201条第1款规定的"经税务机关通知申报"：②

（一）纳税人、扣缴义务人已经依法办理税务登记或者扣缴税款登记的；

（二）依法不需要办理税务登记的纳税人，经税务机关依法书面通知其申报的；

（三）尚未依法办理税务登记、扣缴税款登记的纳税人、扣缴义务人，经税务机关依法书面通知其申报的。

---

① 注：2009年2月28日第11届全国人民代表大会常务委员会第7次会议通过的《刑法修正案（七）》（主席令第10号公布，2009年2月28日起施行）对《刑法》第201条进行了修改后，"法释〔2002〕33号"（一直未被废止）已有多处与刑法相冲突，应视为无效。比如，原刑法条文表述为"经税务机关通知申报"，没有明确是否书面通知；也没有明确"未经处理"是单指刑事处罚还是包括行政处罚。在这种情况下，上述"法释〔2002〕33号"对其进行明确界定是必要的。但第201条被修改后，已经明确为"经税务机关依法下达追缴通知"，并且明确"已受行政处罚的，不予追究刑事责任"。

② 《刑法修正案（七）》（主席令第10号公布，2009年2月28日起施行）对《刑法》第201条进行了修改后，在第1款的条文中已经删除了"经税务机关通知申报"的规定。

刑法第 201 条第 1 款规定的"虚假的纳税申报",是指纳税人或者扣缴义务人向税务机关报送虚假的纳税申报表、财务报表、代扣代缴、代收代缴税款报告表或者其他纳税申报资料,如提供虚假申请,编造减税、免税、抵税、先征收后退还税款等虚假资料等。

刑法第 201 条第 3 款规定的"未经处理",是指纳税人或者扣缴义务人在五年内多次实施偷税行为,但每次偷税数额均未达到刑法第 201 条规定的构成犯罪的数额标准,且未受行政处罚的情形。

纳税人、扣缴义务人因同一偷税犯罪行为受到行政处罚,又被移送起诉的,人民法院应当依法受理。依法定罪并判处罚金的,行政罚款折抵罚金。

第 3 条 偷税数额,是指在确定的纳税期间,不缴或者少缴各税种税款的总额。

偷税数额占应纳税额的百分比,是指一个纳税年度中的各税种偷税总额与该纳税年度应纳税总额的比例。不按纳税年度确定纳税期的其他纳税人,偷税数额占应纳税额的百分比,按照行为人最后一次偷税行为发生之日前一年中各税种偷税总额与该年纳税总额的比例确定。纳税义务存续期间不足一个纳税年度的,偷税数额占应纳税额的百分比,按照各税种偷税总额与实际发生纳税义务期间应当缴纳税款总额的比例确定。

偷税行为跨越若干个纳税年度,只要其中一个纳税年度的偷税数额及百分比达到刑法第 201 条第 1 款规定的标准,即构成偷税罪。各纳税年度的偷税数额应当累计计算,偷税百分比应当按照最高的百分比确定。

第 4 条 两年内因偷税受过 2 次行政处罚,又偷税且数额在 1 万元以上的,应当以偷税罪定罪处罚。

【公经〔2003〕819 号】 公安部经济犯罪侦查局关于挂靠单位和个人是否符合偷税犯罪主体特征请示的答复(2003 年 7 月 22 日答复广东省公安厅经侦总队"广公(经)字〔2003〕731 号"请示)

虽然税法没有明确规定挂靠和承包两种经营形式的纳税主体,但是,税法的立法精神与原则以及其他有关规定已对该两种经营形式的纳税主体做了原则性的规定。

1. 偷税犯罪的主体是特殊主体,即必须是纳税人或扣缴义务人。纳税人,是税法中规定的直接负有纳税义务的单位和个人。每一种税都有关于纳税义务的规定,通过规定纳税人义务落实税收任务和法律责任。一般分为两种:一是自然人,依法享有民事权利,并承担民事义务的公民个人;二是法人,依法成立,能够独立地支配财产,并能以自己的名义享有民事权利并承担民事义务的社会组织。所需具备的资格条件：依法成立，有一定的财产和资金，有自己的名称、组织或机构；能够独立承担民事上的财产义务以及能以自己的名义参加民事活动和诉讼。扣缴义务人是指根据税法规定负有代扣代缴义务的单位和个人。不具有纳税义务或扣缴义务的单位和个人不能独立构成偷税罪主体。

2. 如果纳税企业单位改变经营方式，其全部或部分被个人、其他企业、单位实行承租经营的，确定其纳税人视情况处理：

（1）凡承租经营后，未改变被承租企业名称，未变更工商登记，仍以被承租企业名义对外从事生产经营活动，不论被承租企业与承租方如何分配经营成果，均以被承租企业为纳税义务人。

（2）承租经营后，承租方重新办理工商登记，并以承租方的名义对外从事生产经营活动的，以重新办理工商登记的企业、单位为纳税义务人。

（3）承租经营后，承租方虽重新办理工商登记，但是，仍然以被承租方的名义从事生产经营活动，且资金往来均以被承租方的名义进行，则要看承租双方是否有协议规定。如果有，按照协议规定确定纳税义务人；如果没有，则以被承租方为纳税义务人。如果承租方以被承租方名义从事生产经营活动，但是没有得到被承租方的认可，则由实际获得生产经营活动收益方为纳税义务人。

3. 如果单位和个人以挂靠其他单位的形式从事生产经营活动，确定其纳税人的原则同承租经营形式，视情况处理：

（1）凡挂靠方，未改变被挂靠企业名称，未变更工商登记，仍以被挂靠单位名义对外从事生产经营活动，不论挂靠双方如何分配经营成果，均以被挂靠方为纳税义务人。

（2）挂靠方办理工商登记，并以挂靠方的名义对外从事生产经营活动，以办理工商登记的挂靠方为纳税义务人。

（3）挂靠方虽办理工商登记，但是，仍然以被挂靠方的名义从事生产经营活动，且资金往来均以被挂靠方的名义进行，则要看挂靠双方是否有协议规定。如果有，按照协议规定确定纳税义务人；如果没有，则以被挂靠方为纳税义务人。如果挂靠方以被挂靠方名义从事生产经营活动，但是没有得到被挂靠方的认可，则由实际获得生产经营活动收益方为纳税义务人。

4. 营业税法规规定：建筑安装企业实行分包或转包的，以总承包人为扣缴义务人。非跨省工程的分包或转包，由扣缴人在工程所在地代扣代缴；跨省工程的分包或转包，由扣缴人向被扣缴人机构所在地税务机关交纳。

【法研〔2003〕175 号】 最高人民法院研究室关于对三种涉税行为法律适用问题意见的复函（2003 年 11 月 20 日答复公安部经济犯罪侦查局）

……行为人使用非法制造的发票的行为，应当具体情形具体分析。如果行为人不知道是非法制造的发票，主观上也没有偷逃税款的目的，即使客观上使用了该发票，也不能按照犯罪来处理。如果行为人明知是非法制造的发票而使用，且偷逃税款达到了法定数额、比例要求，根据刑法第 201 条和我院《关于审理偷税抗税刑事案件具体应用法律若干问题的解释》第 2 条的规定，应当以偷税罪追究刑事责任。①

【公经〔2004〕1244 号】 公安部经济犯罪侦查局关于兰州××房地产开发有限公司涉嫌偷税案有关法律问题的批复（2004 年 8 月 8 日答复甘肃省公安厅经侦总队"甘公经〔2004〕99 号"请示）②

根据《外商投资企业和外国企业所得税法实施细则》第 21 条③的规定，企业发生与生产、经营有关的合理的借款利息，应当提供借款付息的证明文件，经当地税务机关审核同意后，准予在计算应纳税所得额时扣除。合理的借款利息，是指按不高于一般商业贷款利率计算的利息。

对于合法的集资所发生的利息，如属股权性集资，应作为资本的利息，不得在所得税前扣除；如属借贷性集资，原则上可按有关限定条件和程序报经当地主管税务机关审核同意后在所得税前扣除。

兰州××房地产开发有限公司以销售"一平方米产权"方式进行的筹集资金活动，已被中国人民银行甘肃省分行认定为非法集资。因此，该种集资发生的利息支出属于非法经营活动而发生的损失，不符合税前扣除的合法性原则，不得在税前扣除。

---

① 注：2003 年 12 月 5 日公安部经济犯罪侦查局"公经〔2003〕1449 号"《批复》将该内容转复广东省公安厅经侦总队"广公（经）字〔2003〕1188 号"、"广公（经）字〔2003〕1191 号"请示。

② 注：该《批复》是依据《国家税务总局稽查局对非法集资利息能否列为成本费用和损失问题的函》（稽便函〔2004〕105 号，2004 年 7 月 27 日答复公安部经济犯罪侦查局"公经〔2004〕949 号"征求意见函）而作出。

③ 注：《外商投资企业和外国企业所得税法》已被《企业所得税法》（2007 年 3 月 16 日第 10 届全国人大第 5 次会议通过，主席令第 63 号公布，2008 年 1 月 1 日起施行）替代而废止；《外商投资企业和外国企业所得税法实施细则》已被《企业所得税法实施条例》（2007 年 11 月 28 日国务院第 197 次常务会议通过，2007 年 12 月 6 日国务院令第 512 号公布，2008 年 1 月 1 日起施行）替代废止。

《企业所得税法实施条例》第 38 条第 2 项规定，非金融企业在生产经营活动中，向非金融企业借款的利息支出，不超过按照金融企业同期同类贷款利率计算的数额的部分，准予在计算应纳税所得额时扣除。

【公通字〔2004〕12号】　公安机关办理危害税收征管刑事案件管辖若干问题的规定（公安部2004年2月19日印发）

一、偷税案、逃避追缴欠税案（刑法第201条、第203条）

纳税人未根据法律、行政法规规定应当向税务机关办理税务登记的，由税务登记机关所在地县级以上公安机关管辖。如果由纳税义务发生地公安机关管辖更为适宜的，可以由纳税义务发生地县级以上公安机关管辖；纳税人未根据法律、行政法规规定不需要向税务机关办理税务登记的，由纳税义务发生地或其他法定纳税地县级以上公安机关管辖。

扣缴义务人偷税案适用前款规定。

八、对于本规定第1条至第7条规定的案件，如果由犯罪嫌疑人居住地公安机关管辖更为适宜的，由犯罪嫌疑人居住地县级以上公安机关管辖。

九、对于本规定第1条至第7条规定的案件，凡是属于重大涉外犯罪、重大集团犯罪和下级公安机关侦破有困难的严重刑事案件，由地（市）级以上公安机关管辖。

十、对管辖不明确或者几个公安机关都有权管辖的案件，可以由有关公安机关协商确定管辖。对管辖有争议或者情况特殊的案件，可以由共同的上级公安机关指定管辖。

十一、上级公安机关可以指定下级公安机关立案侦查管辖不明确或者需要改变管辖的案件。下级公安机关认为案情重大、复杂，需要由上级公安机关侦查的案件，可以请求移送上级公安机关侦查。

【公经〔2005〕1040号】　公安部经济犯罪侦查局关于偷逃契税能否定性为偷税问题的批复（2005年6月21日答复甘肃省公安厅经侦总队"甘公经侦〔2005〕12号"请示）

纳税人采取《刑法》第201条所列举的手段，不缴或少缴契税，达到偷税罪追诉标准的，应以涉嫌偷税罪定罪处罚。

【公经〔2006〕1797号】　公安部经济犯罪侦查局关于对《关于如何认定涉嫌偷税案中"拒不申报"行为的请示》的批复（经征求国家税务总局稽查局意见，2006年8月16日答复湖北省公安厅经侦总队"厅经侦〔2006〕130号"请示）

根据你总队所述案件情况，并根据《中华人民共和国税收征收管理法》第12条和《中华人民共和国营业税暂行条例实施细则》第28条的有关规定，大冶市××房地产开发有限公司（以下简称××公司）对其取得的售房收入，自取得收入之日起负有法定的纳税义务（营业税）。2004年8月20日大冶市地税局对××公司送达限期整改通知书,并要求该公司于 2004 年 8 月 24 日前办理税务登记和纳税申报,符合《最高人民法院关于审理偷税抗税刑事案件具体应用法律若干问题的解释》(法释〔2002〕33 号)中规定的"经税务机关通知申报"的情形。××公司接到税务机关送达的限期整改通知书后,没有按照税务机关通知的限期履行申报义务,在无其他法律规定的不可抗力造成的免责情节的情况下,应当认为是"拒不申报"。

【公经〔2006〕1829 号】 公安部经济犯罪侦查局关于应纳税总额是否包含海关等部门征收的其他税种问题的批复(经征求国家税务总局和最高人民法院研究室意见,2006 年 8 月 21 日答复广东省公安厅经侦总队请示)

《刑法》第 201 条所规定的应纳税款及应纳税额不包含海关关税及海关代征增值税。《最高人民法院关于审理偷税抗税刑事案件具体应用法律若干问题的解释》第 1 条、第 3 条中"应纳税总额"不包含《刑法》第 153 条规定的"偷逃应缴税额"部分在内。

【公复字〔2007〕3 号】 公安部关于对未依法办理税务登记的纳税人能否成为偷税犯罪主体问题的批复(2007 年 5 月 23 日答复甘肃省公安厅"甘公(法)发〔2007〕17 号"请示)

根据《中华人民共和国税收管理法》第 4 条、第 37 条的规定,未按照规定办理税务登记的从事生产、经营的纳税人以及临时从事经营的纳税人,可以构成偷税罪的犯罪主体。其行为触犯《中华人民共和国刑法》第 201 条规定的,公安机关应当以偷税罪立案侦查,依法追究刑事责任。

2002 年 1 月 23 日公安部《关于无证经营的行为人能否成为偷税主体问题的批复》(公复字〔2002〕1 号)① 不再适用。

---

① 注:公安部"公复字〔2002〕1 号"《批复》(2002 年 1 月 23 日答复黑龙江省公安厅"黑公传发〔2002〕36 号"请示)的内容为:"根据《中华人民共和国税收征收管理法》第四条、第二十五条的规定,未取得营业执照从事经营的单位和个人是纳税人,可以构成偷税罪的犯罪主体。其行为触犯《刑法》第二百零一条规定的,公安机关应当以偷税罪立案侦查,依法追究其刑事责任。"
《税收征收管理法》于 1992 年 9 月 4 日第 7 届全国人大常委会第 27 次会议通过,根据 1995 年 2 月 28 日第 8 届全国人大常委会第 12 次会议《关于修改〈中华人民共和国税收征收管理法〉的决定》第一次修正,2001 年 4 月 28 日第 9 届全国人大常委会第 21 次会议修订,根据 2013 年 6 月 29 日第 12 届全国人大常委会第 3 次会议《关于修改〈中华人民共和国文物保护法〉等十二部法律的决定》第二次修正,根据 2015 年 4 月 24 日第 12 届全国人民代表大会常务委员会第 14 次会议通过的《关于修改〈中华人民共和国港口法〉等七部法律的决定》第三次修正;但公安部《批复》中所涉及的《税收征管法》相关条文并没有被修改。新的《批复》主要是变更了所依据的法律条文(由第 25 条改为第 37 条),并扩大了《批复》的适用对象。

【公经〔2007〕1459号】　公安部经济犯罪侦查局关于地方政府擅自制定的税收优惠不能作为纳税人不缴少缴税款依据的批复（2007年7月2日答复黑龙江省公安厅经侦总队"黑公经〔2007〕94号"请示）

根据《中华人民共和国税收征收管理法》第33条的规定，"减税、免税的申请须经法律、行政法规规定的减税、免税审查批准机关审批。地方各级人民政府、各级人民政府主管部门、单位和个人违反法律、行政法规规定，擅自作出的减税、免税决定无效，税务机关不得执行，并向上级税务机关报告"。① 因此，黑龙江省佳木斯市东风区政府于2003年10月以"常务会议纪要"的方式作出的给予黑龙江××路桥建筑有限责任公司2003年至2005年定额征税1000万元的税收优惠规定无效，对征纳双方不具有约束力，不能作为纳税人不按国家税收法律、法规缴纳税款的依据。因此如果其行为触犯《刑法》第201条规定的，公安机关应当以涉嫌偷税罪追究其刑事责任。

【公经〔2008〕214号】　公安部办公厅关于若干经济犯罪案件如何统计涉案总价值、挽回经济损失数额的批复（2008年11月5日答复云南省公安厅警令部"云公警令〔2008〕22号"请示）

四、危害税收征管案按照以下方法统计涉案总价值：

（一）偷税案按照偷税数额统计涉案总价值。

（三）逃避追缴欠税案按照欠缴税款额统计涉案总价值。

五、挽回经济损失额按照实际追缴的赃款以及赃物折价统计。

---

① 注：根据2015年4月24日第12届全国人民代表大会常务委员会第14次会议通过的《关于修改〈中华人民共和国港口法〉等七部法律的决定》（主席令第23号公布施行），《中华人民共和国税收征收管理法》第33条已经被修改为："纳税人依照法律、行政法规的规定办理减税、免税。地方各级人民政府、各级人民政府主管部门、单位和个人违反法律、行政法规规定，擅自作出的减税、免税决定无效，税务机关不得执行，并向上级税务机关报告。"

另，根据《国务院关于清理规范税收等优惠政策的通知》（国发〔2014〕62号，2014年11月27日印发），未经国务院批准，各地区、各部门不得对企业规定财政优惠政策。对违法违规制定与企业及其投资者（或管理者）缴纳税收或非税收入挂钩的财政支出优惠政策，包括先征后返、列收列支、财政奖励或补贴，以代缴或给予补贴等形式减免土地出让收入等，坚决予以取消。通过专项清理，违反国家法律法规的优惠政策一律停止执行，并发布文件予以废止；没有法律法规障碍，确需保留的优惠政策，由省级人民政府或有关部门报财政部审核汇总后专题请示国务院。

但是，2015年5月10日国务院又印发《关于税收等优惠政策相关事项的通知》（国发〔2015〕25号），规定：各地区、各部门已经出台的优惠政策，有规定期限的，按规定期限执行；各地与企业已签订合同中的优惠政策，继续有效；对已兑现的部分，不溯及既往。同时规定：《国务院关于清理规范税收等优惠政策的通知》（国发〔2014〕62号）规定的专项清理工作，待今后另行部署后再进行。——据此，相当于国家对地方政府之前制定的税收优惠政策进行了合法化追认。那么，公经〔2007〕1459号批复也随之失效。

【公经〔2010〕356号】 公安部经济犯罪侦查局关于两种完税凭证不属于发票问题的批复（2010年6月11日答复山东省公安厅经侦总队"鲁公经〔2010〕461号"请示）①

《中华人民共和国税收通用完税证》和《车辆购置税完税证明》不具备发票功能，不属于发票。对利用伪造的《税收通用完税证》进行虚假纳税申报，逃避缴纳税款，达到立案追诉标准的，应以逃税罪刑事责任。

【法研〔2010〕140号】 最高人民法院研究室关于税收通用完税证和车辆购置税完税证是否属于发票问题的回函（2010年8月17日回复公安部经济犯罪侦查局"公经财税〔2010〕102号"征求意见函）

对伪造税务机关征税专用章，非法制造税收通用完税证和车辆购置税完税证对外出售的，视情可以伪造国家机关印章罪论处；对非法购买上述两种伪造的完税证，逃避缴纳税款的，视情可以逃税罪论处。

【法释〔2011〕16号】 最高人民法院、最高人民检察院关于办理妨害武装部队制式服装、车辆号牌管理秩序等刑事案件具体应用法律若干问题的解释（2011年3月28日最高人民法院审判委员会第1516次会议、2011年4月13日最高人民检察院第11届检察委员会第60次会议通过，2011年7月20日公布，2011年8月1日起施行；替代废止2002年4月10日最高人民法院发布的《关于审理非法生产、买卖武装部队车辆号牌等刑事案件具体应用法律若干问题的解释》"法释〔2002〕9号"）

第6条 实施刑法第375条规定的犯罪行为，同时又构成逃税、诈骗、冒充军人招摇撞骗等犯罪的，依照处罚较重的规定定罪处罚。

● **立案标准** 最高人民检察院、公安部关于公安机关管辖的刑事案件立案追诉标准的规定（二）（公通字〔2022〕8号，2022年4月6日印发，2022年5月15日施行；公通字〔2010〕23号《规定》、公通字〔2011〕47号《补充规定》同时废止）

第52条 [逃税案（刑法第201条）] 逃避缴纳税款，涉嫌下列情形之一的，应予立案追诉：

（一）纳税人采取欺骗、隐瞒手段进行虚假纳税申报或者不申报，逃避缴纳税款，数额在10万元以上并且占各税种应纳税总额10%以上，经税务机关依法

---

① 注：该《批复》是依据《国家税务总局稽查局关于两种完税证不属于发票问题的复函》（稽便函〔2010〕32号，2010年6月3日答复公安部经济犯罪侦查局"公经财税〔2010〕102号"《征求意见函》）而作出。

下达追缴通知后,不补缴应纳税款、不缴纳滞纳金或者不接受行政处罚的;

(二)纳税人5年内因逃避缴纳税款受过刑事处罚或者被税务机关给予2次以上行政处罚,又逃避缴纳税款,数额在10万元以上并且占各税种应纳税总额10%以上的;

(三)扣缴义务人采取欺骗、隐瞒手段,不缴或者少缴已扣、已收税款,数额在10万元以上的。

纳税人在公安机关立案后再补缴应纳税款、缴纳滞纳金或者接受行政处罚的,不影响刑事责任的追究。

第54条 [逃避追缴欠税案(刑法第203条)] 纳税人欠缴应纳税款,采取转移或者隐匿财产的手段,致使税务机关无法追缴欠缴的税款,数额在一万元以上的,应予立案追诉。

第83条 本规定中的立案追诉标准,除法律、司法解释、本规定中另有规定的以外,适用于相应的单位犯罪。

第84条 本规定中的"以上",包括本数。

(插)第202条 【抗税罪】以暴力、威胁方法拒不缴纳税款的,处三年以下有期徒刑或者拘役,并处拒缴税款一倍以上五倍以下罚金;情节严重的,处三年以上七年以下有期徒刑,并处拒缴税款一倍以上五倍以下罚金。

● **条文注释** 构成第202条规定之罪,必须具备以下条件:(1)犯罪主体必须是纳税人,即有法定纳税义务的个人(单位不能构成本罪);(2)行为人具有抗税的主观故意;(3)行为人采用暴力、威胁方法实施了拒不缴纳税款的行为。

这里的"暴力"是指殴打、推搡、伤害等直接侵害人身安全的行为;"威胁"既包括当面直接的语言或行为威胁,也包括间接的电话或文字等威胁。

需要注意的是:虽然《刑法》第202条未对抗税行为的情节规定"入罪门槛",但并不意味着对所有的抗税行为不分具体情节,一律定罪处罚。在司法实践中,仍应当根据暴力程度、后果、威胁的内容,以及抗税数额等情节区分罪与非罪的界限问题。如果只是一般的争执、推搡,或情节较轻的威胁,或者抗税的数额较小,则不宜以抗税罪论处。[①]

[①] 全国人民代表大会常务委员会法制工作委员会编:《中华人民共和国刑法释义》,法律出版社2011年版,第358页。

● 相关规定　【法释〔2002〕33号】　最高人民法院关于审理偷税抗税刑事案件具体应用法律若干问题的解释（2002年11月4日最高人民法院审判委员会第1254次会议通过，2002年11月5日公布，2002年11月7日起施行）

第5条　实施抗税行为具有下列情形之一的，属于刑法第202条规定的"情节严重"：

（一）聚众抗税的首要分子；

（二）抗税数额在10万元以上的；

（三）多次抗税的；

（四）故意伤害致人轻伤的；

（五）具有其他严重情节。

第6条　实施抗税行为致人重伤、死亡，构成故意伤害罪、故意杀人罪的，分别依照刑法第234条第2款、第232条的规定定罪处罚。

与纳税人或者扣缴义务人共同实施抗税行为的，以抗税罪的共犯依法处罚。

【公通字〔2004〕12号】　公安机关办理危害税收征管刑事案件管辖若干问题的规定（公安部2004年2月19日印发）

二、抗税案（刑法第202条）

由抗税行为发生地县级以上公安机关管辖。

八、对于本规定第1条至第7条规定的案件，如果由犯罪嫌疑人居住地公安机关管辖更为适宜的，由犯罪嫌疑人居住地县级以上公安机关管辖。

九、对于本规定第1条至第7条规定的案件，凡是属于重大涉外犯罪、重大集团犯罪和下级公安机关侦破有困难的严重刑事案件，由地（市）级以上公安机关管辖。

十、对管辖不明确或者几个公安机关都有权管辖的案件，可以由有关公安机关协商确定管辖。对管辖有争议或者情况特殊的案件，可以由共同的上级公安机关指定管辖。

十一、上级公安机关可以指定下级公安机关立案侦查管辖不明确或者需要改变管辖的案件。下级公安机关认为案情重大、复杂，需要由上级公安机关侦查的案件，可以请求移送上级公安机关侦查。

【公经〔2008〕214号】　公安部办公厅关于若干经济犯罪案件如何统计涉案总价值、挽回经济损失数额的批复（2008年11月5日答复云南省公安厅警令部"云公警令〔2008〕22号"请示）

四、危害税收征管案按照以下方法统计涉案总价值：

（二）抗税案按照拒缴税款额统计涉案总价值。

五、挽回经济损失额按照实际追缴的赃款以及赃物折价统计。

● **立案标准** 最高人民检察院、公安部关于公安机关管辖的刑事案件立案追诉标准的规定（二）（公通字〔2022〕8号，2022年4月6日印发，2022年5月15日施行；公通字〔2010〕23号《规定》、公通字〔2011〕47号《补充规定》同时废止）

第53条〔抗税案（刑法第202条）〕 以暴力、威胁方法拒不缴纳税款，涉嫌下列情形之一的，应予立案追诉：

（一）造成税务工作人员轻微伤以上的；

（二）以给税务工作人员及其亲友的生命、健康、财产等造成损害为威胁，抗拒缴纳税款的；

（三）聚众抗拒缴纳税款的；

（四）以其他暴力、威胁方法拒不缴纳税款的。

第83条 本规定中的立案追诉标准，除法律、司法解释、本规定中另有规定的以外，适用于相应的单位犯罪。

第84条 本规定中的"以上"，包括本数。

第204条 【骗取出口退税罪】 以假报出口或者其他欺骗手段，骗取国家出口退税款，数额较大的，处五年以下有期徒刑或者拘役，并处骗取税款一倍以上五倍以下罚金；数额巨大或者有其他严重情节的，处五年以上十年以下有期徒刑，并处骗取税款一倍以上五倍以下罚金；数额特别巨大或者有其他特别严重情节的，处十年以上有期徒刑或者无期徒刑，并处骗取税款一倍以上五倍以下罚金或者没收财产。

纳税人缴纳税款后，采取前款规定的欺骗方法，骗取所缴纳的税款的，依照本法第二百零一条的规定定罪处罚；骗取税款超过所缴纳的税款部分，依照前款的规定处罚。

● **条文注释** 构成第204条规定之罪，必须具备以下条件：（1）犯罪主体可以是纳税人，也可以是其他行为人（第204条第2款规定的犯罪主体只能是纳税人）；（2）行为人具有骗取国家出口退税的主观故意，并实施了该行为；（3）数额较大、巨大或特别巨大，或者情节严重或特别严重（具体界定标准依照"法释〔2002〕30号"解释的相关规定）。另，根据《刑法》第211条的规定，单

位也可以成为本罪的犯罪主体。

出口退税（又称"出口货物退税"）是国际贸易中通常采用的并被世界各国普遍接受的税收制度，其理论依据来源于国际普遍实行的在商品消费地征收商品税的征税原则。也就是说，出口货物是在国外消费，其税负由国外消费者负担；因此，出口国对所出口的商品不征商品税，已征收的，则在出口时予以退还该商品在国内生产、流通环节已经缴纳的商品税。这就是出口退税制度。因此，针对"假报出口"等骗取出口退税的行为，第204条第2款区分了两种不同情形：

（1）通过假报出口等手段，将原已缴纳的税款又骗回去的，骗取的部分按"逃税"论处；

（2）如果骗取的税款超过原已缴纳的税款，那么，超过的部分按"骗税"论处。

● 相关规定　【法释〔1998〕20号】　最高人民法院关于审理骗购外汇、非法买卖外汇刑事案件具体应用法律若干问题的解释（1998年8月28日最高人民法院审判委员会第1018次会议通过，1998年8月28日公布，1998年9月1日起施行）

第1条（第1款）　以进行走私、逃汇、洗钱、骗税等犯罪活动为目的，使用虚假、无效的凭证、商业单据或者采取其他手段向外汇指定银行骗购外汇的，应当分别按照刑法分则第3章第2节、第190条、第191条和第204条等规定定罪处罚。

第6条　实施本解释规定的行为，同时触犯2个以上罪名的，择一重罪从重处罚。

第7条　根据刑法第64条规定，骗购外汇、非法买卖外汇的，其违法所得予以追缴，用于骗购外汇、非法买卖外汇的资金予以没收，上缴国库。

第8条　骗购、非法买卖不同币种的外汇的，以案发时国家外汇管理机关制定的统一折算率折合后依照本解释处罚。

【法释〔2002〕30号】　最高人民法院关于审理骗取出口退税刑事案件具体应用法律若干问题的解释（2002年9月9日最高人民法院审判委员会第1241次会议通过，2002年9月17日公布，2002年9月23日起施行）

第1条　刑法第204条规定的"假报出口"，是指以虚构已税货物出口事实为目的，具有下列情形之一的行为：

（一）伪造或者签订虚假的买卖合同；

（二）以伪造、变造或者其他非法手段取得出口货物报关单、出口收汇核销单、出口货物专用缴款书等有关出口退税单据、凭证；

（三）虚开、伪造、非法购买增值税专用发票或者其他可以用于出口退税的发票；

（四）其他虚构已税货物出口事实的行为。

第2条　具有下列情形之一的，应当认定为刑法第204条规定的"其他欺骗手段"：

（一）骗取出口货物退税资格的；

（二）将未纳税或者免税货物作为已税货物出口的；

（三）虽有货物出口，但虚构该出口货物的品名、数量、单价等要素，骗取未实际纳税部分出口退税款的；

（四）以其他手段骗取出口退税款的。

第3条　骗取国家出口退税款5万元以上的，为刑法第204条规定的"数额较大"；骗取国家出口退税款50元以上的，为刑法第204条规定的"数额巨大"；骗取国家出口退税款250万元以上的，为刑法第204条规定的"数额特别巨大"。

第4条　具有下列情形之一的，属于刑法第204条规定的"其他严重情节"：

（一）造成国家税款损失30万元以上并且在第一审判决宣告前无法追回的；

（二）因骗取国家出口退税行为受过行政处罚，两年内又骗取国家出口退税款数额在30万元以上的；

（三）情节严重的其他情形。

第5条　具有下列情形之一的，属于刑法第204条规定的"其他特别严重情节"：

（一）造成国家税款损失150万元以上并且在第一审判决宣告前无法追回的；

（二）因骗取国家出口退税行为受过行政处罚，两年内又骗取国家出口退税款数额在150万元以上的；

（三）情节特别严重的其他情形。

第6条　有进出口经营权的公司、企业，明知他人意欲骗取国家出口退税款，仍违反国家有关进出口经营的规定，允许他人自带客户、自带货源、自带汇票并自行报关，骗取国家出口退税款的，依照刑法第204条第1款、第211条的规定定罪处罚。

第7条　实施骗取国家出口退税行为，没有实际取得出口退税款的，可以比照既遂犯从轻或者减轻处罚。

第8条 国家工作人员参与实施骗取出口退税犯罪活动的,依照刑法第204条第1款的规定从重处罚。

第9条 实施骗取出口退税犯罪,同时构成虚开增值税专用发票罪等其他犯罪的,依照刑法处罚较重的规定定罪处罚。①

【公通字〔2004〕12号】 公安机关办理危害税收征管刑事案件管辖若干问题的规定（公安部2004年2月19日印发）

三、骗取出口退税案（刑法第204条第1款）

由骗取出口退税地县级以上公安机关管辖,其他涉案地公安机关予以配合。

八、对于本规定第1条至第7条规定的案件,如果由犯罪嫌疑人居住地公安机关管辖更为适宜的,由犯罪嫌疑人居住地县级以上公安机关管辖。

九、对于本规定第1条至第7条规定的案件,凡是属于重大涉外犯罪、重大集团犯罪和下级公安机关侦破有困难的严重刑事案件,由地（市）级以上公安机关管辖。

十、对管辖不明确或者几个公安机关都有权管辖的案件,可以由有关公安机关协商确定管辖。对管辖有争议或者情况特殊的案件,可以由共同的上级公安机关指定管辖。

十一、上级公安机关可以指定下级公安机关立案侦查管辖不明确或者需要改变管辖的案件。下级公安机关认为案情重大、复杂,需要由上级公安机关侦查的案件,可以请求移送上级公安机关侦查。

【公经〔2008〕214号】 公安部办公厅关于若干经济犯罪案件如何统计涉案总价值、挽回经济损失数额的批复（2008年11月5日答复云南省公安厅警令部"云公警令〔2008〕22号"请示）

四、危害税收征管案按照以下方法统计涉案总价值：

（四）骗取出口退税案按照骗取税款额统计涉案总价值。

五、挽回经济损失额按照实际追缴的赃款以及赃物折价统计。

---

① 注：有学者认为,这样规定是否漏掉了应当数罪并罚的情形。经研究认为,除根据《刑法》第204条第2款的规定,即"纳税人缴纳税款后,采取前款规定的欺骗方法,骗取所缴纳的税款的,依照本法第201条的规定定罪处罚"的情况下,可能存在数罪并罚的问题外,其他情况均应按一重罪处罚。而上述情况既然刑法已有明确规定,司法解释中就不必再重申,《解释》要明确的是刑法未明确的刑罚适用问题,与法律规定并不冲突。

● **立案标准** 最高人民检察院、公安部关于公安机关管辖的刑事案件立案追诉标准的规定（二）（公通字〔2022〕8号，2022年4月6日印发，2022年5月15日施行；公通字〔2010〕23号《规定》、公通字〔2011〕47号《补充规定》同时废止）

第55条 [骗取出口退税案（刑法第204条）] 以假报出口或者其他欺骗手段，骗取国家出口退税款，数额在10万元以上的，应予立案追诉。

第83条 本规定中的立案追诉标准，除法律、司法解释、本规定中另有规定的以外，适用于相应的单位犯罪。

第84条 本规定中的"以上"，包括本数。

第205条[①] 【虚开增值税专用发票、用于骗取出口退税、抵扣税款发票罪】虚开增值税专用发票或者虚开用于骗取出口退税、抵扣税款的其他发票的，处三年以下有期徒刑或者拘役，并处二万元以上二十万元以下罚金；虚开的税款数额较大或者有其他严重情节的，处三年以上十年以下有期徒刑，并处五万元以上五十万元以下罚金；虚开的税款数额巨大或者有其他特别严重情节的，处十年以上有期徒刑或者无期徒刑，并处五万元以上五十万元以下罚金或者没收财产。

单位犯本条规定之罪的，对单位判处罚金，并对其直接负责的主管人员和其他直接责任人员，处三年以下有期徒刑或者拘役；虚开的税款数额较大或者有其他严重情节的，处三年以上十年以下有期徒刑；虚开的税款数额巨大或者有其他特别严重情节的，处十年以上有期徒刑或者无期徒刑。

虚开增值税专用发票或者虚开用于骗取出口退税、抵扣税款的其他发票，是指有为他人虚开、为自己虚开、让他人为自己虚开、介绍他人虚开行为之一的。

---

① 第205条原有4款，根据2011年2月25日第11届全国人民代表大会常务委员会第19次会议通过的《刑法修正案（八）》（主席令第41号公布，2011年5月1日起施行）而删除了原第2款；原第205条第2款内容为："有前款行为骗取国家税款，数额特别巨大，情节特别严重，给国家利益造成特别重大损失的，处无期徒刑或者死刑，并处没收财产。"也即废除了本条罪的死刑。

第 205 条之一① 【虚开发票罪】虚开本法第二百零五条规定以外的其他发票,情节严重的,处二年以下有期徒刑、拘役或者管制,并处罚金;情节特别严重的,处二年以上七年以下有期徒刑,并处罚金。

单位犯前款罪的,对单位判处罚金,并对其直接负责的主管人员和其他直接责任人员,依照前款的规定处罚。

● **条文注释**　第 205 条、第 205 条之一是针对虚开发票(含特定发票和普通发票)犯罪行为的处罚规定。

构成第 205 条规定之罪,必须具备以下条件:(1)行为人具有虚开特定发票的主观故意,并实施了该行为;(2)数额较大或巨大,或者情节严重或特别严重。

构成第 205 条之一规定之罪,必须具备以下条件:(1)行为人具有虚开普通发票的主观故意,并实施了该行为;(2)情节"严重"以上。

这里所说的"特定发票"包括:(1)增值税专用发票;(2)具有出口退税、抵扣税款功能的收付款凭证或完税凭证,比如农林牧水产品收购发票、废旧物品收购发票、运输发票,以及捐赠发票、已征课消费税的产品出口所开具的发票等。"普通发票"是指除了特定发票之外的其他发票。"虚开"既包括虚构商品交易和税额,也包括虚报商品交易的税额;既包括自己参与虚开的行为,也包括介绍别人虚开的行为。

需要注意的是:虚开伪造的特定发票或普通发票,也分别依照第 205 条、第 205 条之一的规定定罪处罚。

第 205 条规定中的"数额较大"和第 205 条之一规定中的"情节严重"的界定标准依照"公通字〔2010〕23 号"立案标准的相关规定。但对于第 205 条、第 205 条之一规定中的其他情节界定,目前尚无法律法规或司法解释作出规定。

● **立法解释**　全国人民代表大会常务委员会关于《中华人民共和国刑法》有关出口退税、抵扣税款的其他发票规定的解释(2005 年 12 月 29 日第 10 届全国人民代表大会常务委员会第 19 次会议通过)

刑法规定的"出口退税、抵扣税款的其他发票",是指除增值税专用发票以外的,具有出口退税、抵扣税款功能的收付款凭证或者完税凭证。

---

① 第 205 条之一是根据 2011 年 2 月 25 日第 11 届全国人民代表大会常务委员会第 19 次会议通过的《刑法修正案(八)》(主席令第 41 号公布,2011 年 5 月 1 日起施行)而增设。

● 相关规定　【法发〔1996〕30号】　最高人民法院关于适用《全国人民代表大会常务委员会关于惩治虚开、伪造和非法出售增值税专用发票犯罪的决定》的若干问题的解释（最高人民法院审判委员会第446次会议讨论通过，1996年10月17日印发）①

一、根据《决定》第1条规定②，虚开增值税专用发票的，构成虚开增值税专用发票罪。

具有下列行为之一的，属于"虚开增值税专用发票"：（1）没有货物购销或者没有提供或接受应税劳务而为他人、为自己、让他人为自己、介绍他人开具增值税专用发票；（2）有货物购销或者提供或接受了应税劳务但为他人、为自己、让他人为自己、介绍他人开具数量或者金额不实的增值税专用发票；（3）进行了实际经营活动，但让他人为自己代开增值税专用发票。③

虚开增值税专用发票犯罪分子与骗取税款犯罪分子均应当对虚开的税款数额和实际骗取的国家税款数额承担刑事责任。

利用虚开的增值税专用发票抵扣税款或者骗取出口退税的，应当依照《决定》第1条的规定定罪处罚；以其他手段骗取国家税款的，仍应依照《全国人民代表大会常务委员会关于惩治偷税、抗税犯罪的补充规定》的有关规定定罪处罚。④

五、根据《决定》第5条规定，虚开用于骗取出口退税、抵扣税款的其他发票的，构成虚开专用发票罪，依照《决定》第1条的规定处罚。

"用于骗取出口退税、抵扣税款的其他发票"是指可以用于申请出口退税、抵扣税款的非增值税专用发票，如运输发票、废旧物品收购发票、农业产品收购发票等。

---

① 注：根据《刑法》附件二，《全国人民代表大会常务委员会关于惩治虚开、伪造和非法出售增值税专用发票犯罪的决定》有关刑事责任的规定已被纳入刑法，但该《决定》本身并未被废止；本《解释》（法发〔1996〕30号）也一直未被宣布废止。因此，本《解释》的有些内容可以继续参照适用；对其中已经明显不再适用的内容，本书予以直接删除。

② 注：《决定》第1条的规定与现《刑法》第205条的内容基本一致。

③ 注：原《解释》第1条第3款至第6款关于量刑标准的规定，已经被《最高人民法院关于虚开增值税专用发票定罪量刑标准有关问题的通知》（法〔2018〕226号，2018年8月22日印发）宣布停止适用，本书予以删略。

④ 注：根据《刑法》附件二，《全国人民代表大会常务委员会关于惩治偷税、抗税犯罪的补充规定》有关刑事责任的规定已被纳入刑法，相关内容对应《刑法》第201条至第204条。

【法研〔2014〕179 号】 最高人民法院研究室关于如何适用法发〔1996〕30 号司法解释数额标准问题的电话答复（2014 年 11 月 27 日答复西藏自治区高级人民法院"藏高法〔2014〕118 号"请示）（略）①

【法〔2018〕226 号】 最高人民法院关于虚开增值税专用发票定罪量刑标准有关问题的通知（2018 年 8 月 22 日印发）

一、自本通知下发之日起，人民法院在审判工作中不再参照执行《最高人民法院关于适用〈全国人民代表大会常务委员会关于惩治虚开、伪造和非法出售增值税专用发票犯罪的决定〉的若干问题的解释》（法发〔1996〕30 号）第 1 条规定的虚开增值税专用发票罪的定罪量刑标准。

二、在新的司法解释颁行前，对虚开增值税专用发票刑事案件定罪量刑的数额标准，可以参照《最高人民法院关于审理骗取出口退税刑事案件具体应用法律若干问题的解释》（法释〔2002〕30 号）②第 3 条的规定执行，即虚开的税款数额在 5 万元以上的，以虚开增值税专用发票罪处 3 年以下有期徒刑或者拘役，并处 2 万元以上 20 万元以下罚金；虚开的税款数额在 50 万元以上的，认定为刑法第 205 条规定的"数额较大"；虚开的税款数额在 250 万元以上的，认定为刑法第 205 条规定的"数额巨大"。

全国部分法院经济犯罪案件审判工作座谈会综述（2004 年 11 月 24 日至 27 日在江苏苏州召开，上海、吉林、陕西、广东、内蒙古、重庆、江苏等全国 20 个高级人民法院的刑二庭庭长，北京、南京、乌鲁木齐、苏州等 7 个中级法院分管经济犯罪审判工作的副院长和刑二庭庭长以及最高人民法院研究室的同志参加，全国人大法工委、最高人民检察院、公安部应邀派员参会）

三、关于虚开增值税专用发票犯罪的认定

……对于实践中下列几种虚开行为，一般不宜认定为虚开增值税专用发票犯罪：（1）为虚增营业额、扩大销售收入或者制造虚假繁荣，相互对开或环开增值税专用发票的行为；（2）在货物销售过程中，一般纳税人为夸大销售业绩，虚增货物的销售环节，虚开进项增值税专用发票和销项增值税专用发票，但依法缴纳增值税并未造成国家税款损失的行为；（3）为夸大企业经济实力，通过

---

① 注：该《电话答复》是最高人民法院研究室针对个案的研究意见，原则上不具有普遍的法律效力。2018 年 8 月 22 日，最高人民法院印发《关于虚开增值税专用发票定罪量刑标准有关问题的通知》（法〔2018〕226 号）将该《电话答复》的内容正式印发全国法院。为节省篇幅，本处略去正文，存目备查。

② 注：《最高人民法院关于审理骗取出口退税刑事案件具体应用法律若干问题的解释》的具体内容见本书关于《刑法》第 204 条的相关规定。

虚开进项增值税专用发票虚增企业的固定资产，但并未利用增值税专用发票抵扣税款，国家税款亦未受到损失的行为。

……多数代表倾向认为：骗取国家税款并且在法院判决之前仍无法追回的，应认定为给国家利益造成损失，法院判决之前追回的被骗税款，应当从损失数额中扣除。一审判决以后，二审或复核生效裁判作出之前追回的被骗税款，也应从一审认定的损失数额中扣除，并以扣除后的损失数额作为最终量刑的基础。

【法研〔2015〕58号】　最高人民法院研究室关于如何认定以"挂靠"有关公司名义实施经营活动并让有关公司为自己虚开增值税专用发票行为的性质的复函（2015年6月11日答复公安部经济犯罪侦查局"公经财税〔2015〕40号"征询）

一、挂靠方以挂靠形式向受票方实际销售货物，被挂靠方向受票方开具增值税专用发票的，不属于刑法第205条规定的"虚开增值税专用发票"。

二、行为人利用他人的名义从事经营活动，并以他人名义开具增值税专用发票的，即便行为人与该他人之间不存在挂靠关系，但如行为人进行了实际的经营活动，主观上并无骗取抵扣税款的故意，客观上也未造成国家增值税款损失的，不宜认定为刑法第205条规定的"虚开增值税专用发票"；符合逃税罪等其他犯罪构成条件的，可以其他犯罪论处。

【行他字〔2001〕36号】　最高人民法院关于湖北汽车商场虚开增值税专用发票一案的批复（经向全国人大常委会法工委和国家税务总局等有关部门征求意见，并召集部分刑法专家对本案有关适用法律问题进行论证后，最高人民法院审判委员会讨论形成一致意见，2002年4月16日答复湖北省高级人民法院"鄂高法〔2001〕49号"请示）

本案被告单位和被告人虽然实施了虚开增值税专用发票的行为，但主观上不具有偷骗税款的目的，客观上亦未实际造成国家税收损失，其行为不符合刑法规定的虚开增值税专用发票罪的犯罪构成，不构成犯罪。

【法函〔2001〕66号】　最高人民法院关于对《审计署关于咨询虚开增值税专用发票罪问题的函》的复函（2001年10月17日答复国家审计署"审函〔2001〕75号"咨询）

地方税务机关实施"高开低征"或者"开大征小"等违规开具增值税专用发票的行为，不属于刑法第205条规定的虚开增值税专用发票的犯罪行为，造成国家税款重大损失的，对有关主管部门的国家机关工作人员，应当根据刑法有关渎职罪的规定追究刑事责任。

【高检研发〔2004〕6号】　最高人民检察院法律政策研究室关于税务机关工作人员通过企业以"高开低征"的方法代开增值税专用发票的行为如何适用法律问题的答复（2004年3月17日答复江苏省人民检察院法律政策研究室"苏检研请字〔2003〕4号"请示）

税务机关及其工作人员将不具备条件的小规模纳税人虚报为一般纳税人，并让其采用"高开低征"的方法为他人代开增值税专用发票的行为，属于虚开增值税专用发票。对于造成国家税款损失，构成犯罪的，应当依照刑法第205条的规定追究刑事责任。

【国税函〔2002〕893号】　国家税务总局关于废旧物资回收经营业务有关税收问题的批复（2002年10月10日答复福建省国家税务局"闽国税发〔2002〕184号"请示）

一、关于开具增值税专用发票的定性问题

废旧物资收购人员（非本单位人员）在社会上收购废旧物资，直接运送到购货方（生产厂家），废旧物资经营单位根据上述双方实际发生的业务，向废旧物资收购人员开具废旧物资收购凭证，在财务上作购进处理，同时向购货方开具增值税专用发票或普通发票，在财务上作销售处理，将购货方支付的购货款以现金方式转付给废旧物资收购人员。鉴于此种经营方式是由目前废旧物资行业的经营特点决定的，且废旧物资经营单位在开具增值税专用发票时确实收取了同等金额的货款，并确有同等数量的货物销售，因此，废旧物资经营单位开具增值税专用发票的行为不违背有关税收规定，不应定性为虚开。

二、关于税款损失额的确定问题

鉴于废旧物资经营单位按照税收规定享受增值税先征后返70%的优惠政策，因此应将增值税不能返还的30%部分确定为税款损失额。

【国税函〔2005〕839号】　国家税务总局关于废旧物资回收经营企业增值税问题的批复（2005年8月30日答复湖南省国家税务局"湘国税发〔2005〕7号"请示）

一、对废旧物资经营企业经营方式与《国家税务总局关于废旧物资经营业务有关税收问题的批复》（国税函〔2002〕893号）所列情形一致的，可依照国税函〔2002〕893号文件办理。

二、国税函〔2002〕893号文件是针对废旧物资回收经营行业某一种特定经营方式的个案批复，不能作为判定该行业其他经营行为是否涉嫌虚开专用发票的政策依据。根据你局提供的有关情况，你省涉案企业的实际做法与该文件所列情形不尽一致，不应按该文件办理。

【公经〔2006〕3070号】　公安部经济犯罪侦查局关于在侦办虚开可抵扣税款发票案中如何适用"国税函〔2002〕893号"文件的批复（2006年12月31日答复湖北省公安厅经侦总队请示）

公安机关在办理虚开增值税和其他可抵扣税款发票案件中，应按照《刑法》和最高人民法院《关于适用〈全国人民代表大会常务委员会关于惩治虚开、伪造和非法出售增值税专用发票犯罪的决定〉的若干问题的解释》、《关于对为他人代开增值税专用发票的行为如何定性问题的答复》① 等司法解释的规定办理。对于"有货物购销或者提供或接受了应税劳务但为他人、为自己、让他人为自己、介绍他人开具数量或者金额不实的增值税专用发票"、"进行了实质经营活动，但让他人为自己代开增值税专用发票"、"自己未进行实际经营活动但为他人经营活动代开增值税专用发票"的行为，均属于"虚开增值税专用发票"，构成犯罪的应当依法处理。

国家税务总局《关于废旧物资回收经营企业增值税问题的批复》（国税函〔2002〕893号），属于税务部门在行政管理方面的规范性文件。其内容与《刑法》和最高人民法院上述司法解释的规定不一致的，依照《刑法》和相关司法解释的规定办理。

【公经财税〔2008〕67号】　公安部经济犯罪侦查局关于安徽省泗县××废旧物资回收公司案定性问题的批复（2008年11月12日答复安徽省公安厅经侦总队"皖公经侦〔2008〕494号"请示）②

---

① 注：该《答复》已被最高人民法院2013年1月14日发布的《关于废止1980年1月1日至1997年6月30日期间发布的部分司法解释和司法解释性质文件（第九批）的决定》（法释〔2013〕2号）宣布废止。

② 注：1. 公经财税〔2008〕67号《批复》主要依据以下三个部门的复函意见而作出：

（1）国家税务总局稽查局《关于在侦办虚开可抵扣税款发票案中适用国税函〔2002〕893号批复的函》（稽便函〔2007〕4号，2007年1月16日答复公安部经济犯罪侦查局"公经〔2006〕1796号"《征求意见函》）

（2）最高人民法院刑事审判第二庭《对〈关于征求对国税函〔2002〕893号文件适用暨××公司案定性问题意见的函〉的复函》（刑二函字〔2008〕第92号，2008年10月17日回复公安部经济犯罪侦查局"公经财税〔2008〕49号"《征求意见函》）。

（3）最高人民检察院公诉厅《〈关于征求对国税函〔2002〕893号文件适用暨××公司案定性问题意见的函〉的回复函》（2008年11月7日回复公安部经济犯罪侦查局"公经财税〔2008〕49号"《征求意见函》）。

2. 公经财税〔2008〕67号《批复》实际上是对2006年12月31日公经〔2006〕3070号《批复》的修正。根据上述文件精神，判断此类行为是否构成虚开增值税专用发票，重点应查清废旧物资收购人员与购货方（生产厂家）之间是否存在真实的货物交易。

一、国税函〔2002〕893 号文件是对税收征管法的补充说明，文件所规定的行为不宜以虚开犯罪论处；但国税函〔2002〕893 号文件的适用是有一定条件的，需同时满足以下条件："废旧物资收购人员（非本单位人员）在社会上收购废旧物资"，"直接运送到收货方（生产厂家）"，"废旧物资经营单位根据上述双方实际发生的业务，据实进行购销财务处理，资金流与物流相匹配"。

二、关于××公司行为的定性问题。能否适用国税函〔2002〕893 号文件，关键在于是否属于实际从事废旧物资经营的单位。如果能够证明××公司确系没有实际经营业务的开票公司，则其不符合国税函〔2002〕893 号文件规定的实质主体要件，不适用国税函〔2002〕893 号文件。其行为构成犯罪的，依照刑法及相关司法解释的有关规定处理。

【法研〔2003〕175 号】　最高人民法院研究室关于对三种涉税行为法律适用问题意见的复函（2003 年 11 月 20 日答复公安部经济犯罪侦查局）

行为人购买非法制造的用于抵扣税款的其他发票又虚开的行为，根据刑法第 205 条的规定，构成犯罪的，以虚开用于抵扣税款发票罪追究刑事责任。

行为人使用非法制造的发票的行为，应当具体情形具体分析。如果行为人不知道是非法制造的发票，主观上也没有偷逃税款的目的，即使客观上使用了该发票，也不能按照犯罪来处理。如果行为人明知是非法制造的发票而使用，且偷逃税款达到了法定数额、比例要求，根据刑法第 201 条和我院《关于审理偷税抗税刑事案件具体应用法律若干问题的解释》第 2 条的规定，应当以偷税罪追究刑事责任。①

【公经〔2003〕1448 号】　公安部经济犯罪侦查局关于对购买非法制造的用于抵扣税款的其他发票又虚开的行为适用法律问题的批复（经征求最高人民法院研究室的意见，2003 年 12 月 5 日答复江苏省公安厅经侦总队"苏公经〔2003〕333 号"请示）

行为人购买非法制造的用于抵扣税款的其他发票又虚开的行为，根据刑法第 205 条的规定，构成犯罪的，以虚开用于抵扣税款发票罪追究刑事责任。

【公通字〔2004〕12 号】　公安机关办理危害税收征管刑事案件管辖若干问题的规定（公安部 2004 年 2 月 19 日印发）

四、虚开增值税专用发票、用于骗取出口退税、抵扣税款发票案（刑法第

---

① 注：2003 年 12 月 5 日公安部经济犯罪侦查局"公经〔2003〕1449 号"《批复》将该内容转复广东省公安厅经侦总队"广公（经）字〔2003〕1188 号"、"广公（经）字〔2003〕1191 号"请示。

205条）

为他人虚开案件，由开票企业税务登记机关所在地县级以上公安机关管辖；为自己虚开案件、让他人为自己虚开案件，由受票企业税务登记机关所在地县级以上公安机关管辖；介绍他人虚开案件，可以与为他人虚开案件、让他人为自己虚开案件并案处理。

对于自然人实施的前款规定的虚开案件，由虚开地县级以上公安机关管辖。如果几个公安机关都有权管辖的，由最初受理的公安机关管辖；必要时，可以由主要犯罪地县级以上公安机关管辖。

对为他人虚开、为自己虚开、让他人为自己虚开、介绍他人虚开等几种情况交织在一起，且几个公安机关都有权管辖的，由最初受理的公安机关管辖；必要时，由票源集中地或虚开行为集中企业的税务登记机关所在地县级以上公安机关管辖。

八、对于本规定第1条至第7条规定的案件，如果由犯罪嫌疑人居住地公安机关管辖更为适宜的，由犯罪嫌疑人居住地县级以上公安机关管辖。

九、对于本规定第1条至第7条规定的案件，凡是属于重大涉外犯罪、重大集团犯罪和下级公安机关侦破有困难的严重刑事案件，由地（市）级以上公安机关管辖。

十、对管辖不明确或者几个公安机关都有权管辖的案件，可以由有关公安机关协商确定管辖。对管辖有争议或者情况特殊的案件，可以由共同的上级公安机关指定管辖。

十一、上级公安机关可以指定下级公安机关立案侦查管辖不明确或者需要改变管辖的案件。下级公安机关认为案情重大、复杂，需要由上级公安机关侦查的案件，可以请求移送上级公安机关侦查。

【公经〔2008〕214号】　公安部办公厅关于若干经济犯罪案件如何统计涉案总价值、挽回经济损失数额的批复（2008年11月5日答复云南省公安厅警令部"云公警令〔2008〕22号"请示）

四、危害税收征管案按照以下方法统计涉案总价值：

（五）虚开增值税专用发票、用于骗取出口退税、抵扣税款发票案按照价税合计额统计涉案总价值。

五、挽回经济损失额按照实际追缴的赃款以及赃物折价统计。

【高检发〔2020〕10号】 最高人民检察院关于充分发挥检察职能服务保障"六稳""六保"的意见（2020年7月21日第13届最高人民检察院党组第119次会议通过，2020年7月22日印发）①

6. 依法维护有利于对外开放的法治化营商环境。充分认识"稳外贸""稳外资""稳投资"对稳定宏观经济、扩大对外开放的重大意义，有效维护相关领域的市场秩序。……三是依法慎重处理企业涉税案件。注意把握一般涉税违法行为与以骗取国家税款为目的的涉税犯罪的界限，对于有实际生产经营活动的企业为虚增业绩、融资、贷款等非骗税目的且没有造成税款损失的虚开增值税专用发票行为，不以虚开增值税专用发票罪定性处理，依法作出不起诉决定的，移送税务机关给予行政处罚。

● 立案标准 最高人民检察院、公安部关于公安机关管辖的刑事案件立案追诉标准的规定（二）（公通字〔2022〕8号，2022年4月6日印发，2022年5月15日施行；公通字〔2010〕23号《规定》、公通字〔2011〕47号《补充规定》同时废止）

第56条 [虚开增值税专用发票、用于骗取出口退税、抵扣税款发票案（刑法第205条）] 虚开增值税专用发票或者虚开用于骗取出口退税、抵扣税款的其他发票，虚开的税款数额在10万元以上或者造成国家税款损失数额在5万元以上的，应予立案追诉。

第57条 [虚开发票案（刑法第205条之1）] 虚开刑法第205条规定以外的其他发票，涉嫌下列情形之一的，应予立案追诉：

（一）虚开发票金额累计在50万元以上的；

（二）虚开发票100份以上且票面金额在30万元以上的；

（三）5年内因虚开发票受过刑事处罚或者2次以上行政处罚，又虚开发票，数额达到第一、二项标准60%以上的。

第83条 本规定中的立案追诉标准，除法律、司法解释、本规定中另有规定的以外，适用于相应的单位犯罪。

第84条 本规定中的"以上"，包括本数。

---

① 本《意见》（司法解释性质的检察业务文件）由最高人民检察院党组（而非检委会）讨论通过，较罕见。

第 206 条[①] 【伪造、出售伪造的增值税专用发票罪】伪造或者出售伪造的增值税专用发票的，处三年以下有期徒刑、拘役或者管制，并处二万元以上二十万元以下罚金；数量较大或者有其他严重情节的，处三年以上十年以下有期徒刑，并处五万元以上五十万元以下罚金；数量巨大或者有其他特别严重情节的，处十年以上有期徒刑或者无期徒刑，并处五万元以上五十万元以下罚金或者没收财产。

单位犯本条规定之罪的，对单位判处罚金，并对其直接负责的主管人员和其他直接责任人员，处三年以下有期徒刑、拘役或者管制；数量较大或者有其他严重情节的，处三年以上十年以下有期徒刑；数量巨大或者有其他特别严重情节的，处十年以上有期徒刑或者无期徒刑。

第 207 条 【非法出售增值税专用发票罪】非法出售增值税专用发票的，处三年以下有期徒刑、拘役或者管制，并处二万元以上二十万元以下罚金；数量较大的，处三年以上十年以下有期徒刑，并处五万元以上五十万元以下罚金；数量巨大的，处十年以上有期徒刑或者无期徒刑，并处五万元以上五十万元以下罚金或者没收财产。

第 208 条 【非法购买增值税专用发票、购买伪造的增值税专用发票罪】非法购买增值税专用发票或者购买伪造的增值税专用发票的，处五年以下有期徒刑或者拘役，并处或者单处二万元以上二十万元以下罚金。

非法购买增值税专用发票或者购买伪造的增值税专用发票又虚开或者出售的，分别依照本法第二百零五条、第二百零六条、第二百零七条的规定定罪处罚。

● **条文注释** 第 206 条至第 208 条是针对伪造或非法买卖增值税专用发票犯罪行为的处罚规定。

构成第 206 条至第 208 条各条规定之罪，必须具备以下条件：（1）犯罪主

[①] 第 206 条原有 3 款，根据 2011 年 2 月 25 日第 11 届全国人民代表大会常务委员会第 19 次会议通过的《刑法修正案（八）》（主席令第 41 号公布，2011 年 5 月 1 日起施行）而删除了原第 2 款；原第 206 条第 2 款内容为："伪造并出售伪造的增值税专用发票，数量特别巨大，情节特别严重，严重破坏经济秩序的，处无期徒刑或者死刑，并处没收财产。"也即废除了本条罪的死刑。

体为一般主体；（2）行为人具有伪造或非法买卖增值税专用发票的主观故意，并实施了该行为；（3）发票数量在25份以上，或者发票面额累计在10万元以上。另，根据第206条和第211条的规定，单位也可以成为第206条至第208条各条规定之罪的犯罪主体。

其中，伪造或者出售伪造的增值税专用发票的，适用第206条；出售真实的增值税专用发票的，适用第207条；购买增值税专用发票（不论真伪）的，都适用第208条。第207条规定中的"出售"是广义的，既包括一般行为人非法出售的行为，也包括税务机关或其工作人员违规出售的行为。

购买（真的或假的）增值税专用发票，又用以虚开的，则适用《刑法》第205条虚开增值税专用发票罪；购买（真的或假的）增值税专用发票，又用以出售的，则分别适用第207条、第206条定罪量刑。

对于第206条、第207条规定中数量"较大"或"巨大"，以及情节"严重"或"特别严重"的界定，目前尚没有法律法规或司法解释作出规定。

● 相关规定　【法发〔1996〕30号】　最高人民法院关于适用《全国人民代表大会常务委员会关于惩治虚开、伪造和非法出售增值税专用发票犯罪的决定》的若干问题的解释（最高人民法院审判委员会第446次会议讨论通过，1996年10月17日印发）①

二、根据《决定》第2条规定，伪造或者出售伪造的增值税专用发票的，构成伪造、出售伪造的增值税专用发票罪。②

伪造或者出售伪造的增值税专用发票25份以上或者票面额（~~百元版以每份100元~~，千元版以每份1000元，万元版以每份1万元计算，以此类推。下同）累计10万元以上的应当依法定罪处罚。

伪造或者出售伪造的增值税专用发票100份以上或者票面额累计50万元以上的，属于"数量较大"。具有下列情形之一的，属于"有其他严重情节"：（1）违法所得数额在1万元以上的；（2）伪造并出售伪造的增值税专用发票60份以上或者票面额累计30万元以上的；（3）造成严重后果或者具有其他严重情节的。

伪造或者出售伪造的增值税专用发票500份以上或者票面额累计250万元以

---

① 注：根据《刑法》附件二，《全国人民代表大会常务委员会关于惩治虚开、伪造和非法出售增值税专用发票犯罪的决定》有关刑事责任的规定已被纳入刑法，但该决定本身并未被废止；本《解释》也一直未被宣布废止。因此，本《解释》的有些内容可以继续参照适用；对其中已经明显不再适用的内容，本书予以了直接剔除。

② 注：《决定》第2条的规定与现《刑法》第206条的内容基本一致。

上的，属于"数量巨大"。具有下列情形之一的，属于"有其他特别严重情节"：(1)违法所得数额在5万元以上的；(2)伪造并出售伪造的增值税专用发票300份以上或者票面额累计200万元以上的；(3)伪造或者出售伪造的增值税专用发票接近"数量巨大"并有其他严重情节的；(4)造成特别严重后果或者具有其他特别严重情节的。

伪造并出售伪造的增值税专用发票1000份以上或者票面额累计1000万元以上的，属于"伪造并出售伪造的增值税专用发票数量特别巨大"。具有下列情形之一的，属于"情节特别严重"：(1)违法所得数额在5万元以上的；(2)因伪造、出售伪造的增值税专用发票致使国家税款被骗取100万元以上的；(3)给国家税款造成实际损失50万元以上的；(4)具有其他特别严重情节的。对于伪造并出售伪造的增值税专用发票数量达到特别巨大，又具有特别严重情节，严重破坏经济秩序的，应当依照《决定》第2条第2款的规定处罚。①

伪造并出售同一宗增值税专用发票的，数量或者票面额不重复计算。

变造增值税专用发票的，按照伪造增值税专用发票行为处理。

三、根据《决定》第3条规定，非法出售增值税专用发票的，构成非法出售增值税专用发票罪。②

非法出售增值税专用发票案件的定罪量刑数量标准按照本解释第2条第2、3、4款的规定执行。

四、根据《决定》第4条规定，非法购买增值税专用发票或者购买伪造的增值税专用发票的，构成非法购买增值税专用发票、伪造的增值税专用发票罪。③

非法购买增值税专用发票或者购买伪造的增值税专用发票25份以上或者票面额累计10万元以上的，应当依法定罪处罚。

非法购买真、伪两种增值税专用发票的，数量累计计算，不实行数罪并罚。

【国税发〔1997〕134号】 国家税务总局关于纳税人取得虚开的增值税专用发票处理问题的通知（1997年8月8日）

一、受票方利用他人虚开的专用发票，向税务机关申报抵扣税款进行偷税的，应当依照《中华人民共和国税收征收管理法》及有关法规追缴税款，处以偷税数额5倍以下的罚款；进项税金大于销项税金的，还应当调减其留抵的进

---

① 注：该部分内容对应1997年《刑法》第207条第2款（原《决定》第2条第2款）的规定。该第2款规定在《刑法修正案（八）》中被删除。
② 注：《决定》第3条的规定与现《刑法》第207条的内容基本一致。
③ 注：《决定》第4条的规定与现《刑法》第208条的内容基本一致。

项税额。利用虚开的专用发票进行骗取出口退税的，应当依法追缴税款，处以骗税数额5倍以下的罚款。

二、在货物交易中，购货方从销售方取得第三方开具的专用发票，或者从销货地以外的地区取得专用发票，向税务机关申报抵扣税款或者申请出口退税的，应当按偷税、骗取出口退税处理，依照《中华人民共和国税收征收管理法》及有关法规追缴税款，处以偷税、骗税数额5倍以下的罚款。

三、纳税人以上述第1条、第2条所列的方式取得专用发票未申报抵扣税款，或者未申请出口退税的，应当依照《中华人民共和国发票管理办法》及有关法规，按所取得专用发票的份数，分别处以1万元以下的罚款；但知道或者应当知道取得的是虚开的专用发票，或者让他人为自己提供虚开的专用发票的，应当从重处罚。

四、利用虚开的专用发票进行偷税、骗税，构成犯罪的，税务机关依法进行追缴税款等行政处理，并移送司法机关追究刑事责任。

【国税发〔2000〕182号】 国家税务总局关于《国家税务总局关于纳税人取得虚开的增值税专用发票处理问题的通知》的补充通知（2000年11月6日）

有下列情形之一的，无论购货方（受票方）与销售方是否进行了实际的交易，增值税专用发票所注明的数量、金额与实际交易是否相符，购货方向税务机关申请抵扣进项税款或者出口退税的，对其均应按偷税或者骗取出口退税处理。

一、购货方取得的增值税专用发票所注明的销售方名称、印章与其进行实际交易的销售方不符的，即134号文件第2条法规的"购货方从销售方取得第三方开具的专用发票"的情况。

二、购货方取得的增值税专用发票为销售方所在省（自治区、直辖市和计划单列市）以外地区的，即134号文件第2条法规的"从销货地以外的地区取得专用发票"的情况。

三、其他有证据表明购货方明知取得的增值税专用发票系销售方以非法手段获得的，即134号文件第1条法规的"受票方利用他人虚开的专用发票，向税务机关申报抵扣税款进行偷税"的情况。

【国税发〔2000〕187号】 国家税务总局关于纳税人善意取得虚开的增值税专用发票处理问题的通知（2000年11月16日）

购货方与销售方存在真实的交易，销售方使用的是其所在省（自治区、直辖市和计划单列市）的专用发票，专用发票注明的销售方名称、印章、货物数量、金额及税额等全部内容与实际相符，且没有证据表明购货方知道销售方提供的专用发票是以非法手段获得的,对购货方不以偷税或者骗取出口退税论处。但应按有关规定不予抵扣进项税款或者不予出口退税;购货方已经抵扣的进项税款或者取得的出口退税,应依法追缴。

购货方能够重新从销售方取得防伪税控系统开出的合法、有效专用发票的,或者取得手工开出的合法、有效专用发票且取得了销售方所在地税务机关或者正在依法对销售方虚开专用发票行为进行查处证明的,购货方所在地税务机关应依法准予抵扣进项税款或者出口退税。

如有证据表明购货方在进项税款得到抵扣、或者获得出口退税前知道该专用发票是销售方以非法手段获得的,对购货方应按《国家税务总局关于纳税人取得虚开的增值税专用发票处理问题的通知》(国税发〔1997〕134 号)和《国家税务总局关于〈国家税务总局关于纳税人取得虚开的增值税专用发票处理问题的通知〉的补充通知》(国税发〔2000〕182 号)的规定处理。

【国税函〔2007〕1240 号】 国家税务总局关于纳税人善意取得虚开增值税专用发票已抵扣税款加收滞纳金问题的批复(2007 年 12 月 12 日答复广东省国家税务局"粤国税发〔2007〕188 号"请示)

根据《国家税务总局关于纳税人善意取得虚开的增值税专用发票处理问题的通知》(国税发〔2000〕187 号)规定,纳税人善意取得虚开的增值税专用发票指购货方与销售方存在真实交易,且购货方不知取得的增值税专用发票是以非法手段获得的。纳税人善意取得虚开的增值税专用发票,如能重新取得合法、有效的专用发票,准许其抵扣进项税款;如不能重新取得合法、有效的专用发票,不准其抵扣进项税款或追缴其已抵扣的进项税款。

纳税人善意取得虚开的增值税专用发票被依法追缴已抵扣税款的,不属于税收征收管理法第 32 条"纳税人未按照规定期限缴纳税款"的情形,不适用该条"税务机关除责令限期缴纳外,从滞纳税款之日起,按日加收滞纳税款万分之五的滞纳金"的规定。

【公经〔2003〕1449 号】 公安部经济犯罪侦查局关于对两种涉税违法行为适用法律问题的批复(经征最高人民法院研究室意见,2003 年 12 月 5 日答复广东省公安厅经侦总队"广公(经)字〔2003〕1188 号"、"广公(经)字〔2003〕1191 号"请示)

1. 行为人没有实施其他违法犯罪行为,仅仅持有非法制造的发票的行为,不宜按照犯罪处理。①

---

① 注:刑法第 210 条之 1 增设之后,本条批复内容应按照刑法第 12 条的规定进行适用。

2. 行为人使用非法制造的发票的行为，应视具体情况而定：如果行为人不知道是非法制造的发票，主观上也没有偷逃税款的目的，即使客观上使用了该发票，也不宜按照犯罪处理；如果行为人明知是非法制造的发票而使用，且偷逃税款达到了法定数额、比例要求，根据刑法第 201 条和最高人民法院《关于审理偷税抗税刑事案件具体应用法律若干问题的解释》第 2 条的规定，应当以偷税罪追究刑事责任。

【公通字〔2004〕12 号】 公安机关办理危害税收征管刑事案件管辖若干问题的规定（公安部 2004 年 2 月 19 日印发）

五、伪造增值税专用发票案、非法制造用于骗取出口退税、抵扣税款发票案、非法制造发票案（刑法第 206 条、第 209 条第 1 款、第 2 款）

由伪造地、非法制造地县级以上公安机关管辖。

六、出售伪造的增值税专用发票案、购买伪造的增值税专用发票案、出售非法制造的用于骗取出口退税、抵扣税款发票案、出售非法制造的发票案（刑法第 206 条、第 208 条第 1 款、第 209 条第 1 款、第 2 款）

由出售地、购买地县级以上公安机关管辖；在办理本条规定的案件过程中，发现伪造地、非法制造地的，由最初受理的公安机关管辖，伪造地、非法制造地公安机关予以配合；如果由伪造地、非法制造地公安机关管辖更为适宜的，可以将案件移交伪造地、非法制造地县级以上公安机关管辖。

七、非法出售增值税专用发票案、非法购买增值税专用发票案、非法出售用于骗取出口退税、抵扣税款发票案、非法出售发票案（刑法第 207 条、第 208 条第 1 款、第 209 条第 3 款、第 4 款）

由出售地、购买地县级以上公安机关管辖。如果由最初受理的公安机关管辖更为适宜的，由最初受理的公安机关管辖；必要时，可以将案件移交票源集中地县级以上公安机关管辖。

八、对于本规定第 1 条至第 7 条规定的案件，如果由犯罪嫌疑人居住地公安机关管辖更为适宜的，由犯罪嫌疑人居住地县级以上公安机关管辖。

九、对于本规定第 1 条至第 7 条规定的案件，凡是属于重大涉外犯罪、重大集团犯罪和下级公安机关侦破有困难的严重刑事案件，由地（市）级以上公安机关管辖。

十、对管辖不明确或者几个公安机关都有权管辖的案件，可以由有关公安机关协商确定管辖。对管辖有争议或者情况特殊的案件，可以由共同的上级公安机关指定管辖。

十一、上级公安机关可以指定下级公安机关立案侦查管辖不明确或者需要改变管辖的案件。下级公安机关认为案情重大、复杂，需要由上级公安机关侦查的案件，可以请求移送上级公安机关侦查。

【公经〔2008〕214号】 公安部办公厅关于若干经济犯罪案件如何统计涉案总价值、挽回经济损失数额的批复（2008年11月5日答复云南省公安厅警令部"云公警令〔2008〕22号"请示）

四、危害税收征管案按照以下方法统计涉案总价值：

（六）伪造、出售伪造的增值税专用发票案、非法出售增值税专用发票案、非法购买增值税专用发票、购买伪造的增值税专用发票案，发票已经填开或打印金额的，按照价税合计额统计涉案总价值；发票未填开或打印金额的，不统计涉案总价值。

五、挽回经济损失额按照实际追缴的赃款以及赃物折价统计。

● **立案标准** 最高人民检察院、公安部关于公安机关管辖的刑事案件立案追诉标准的规定（二）（公通字〔2022〕8号，2022年4月6日印发，2022年5月15日施行；公通字〔2010〕23号《规定》、公通字〔2011〕47号《补充规定》同时废止）

第58条［伪造、出售伪造的增值税专用发票案（刑法第206条）］ 伪造或者出售伪造的增值税专用发票，涉嫌下列情形之一的，应予立案追诉：

（一）票面税额累计在10万元以上的；

（二）伪造或者出售伪造的增值税专用发票10份以上且票面税额在6万元以上的；

（三）非法获利数额在1万元以上的。

第59条［非法出售增值税专用发票案（刑法第207条）］ 非法出售增值税专用发票，涉嫌下列情形之一的，应予立案追诉：

（一）票面税额累计在10万元以上的；

（二）非法出售增值税专用发票10份以上且票面税额在6万元以上的；

（三）非法获利数额在1万元以上的。

第60条［非法购买增值税专用发票、购买伪造的增值税专用发票案（刑法第208条第1款）］ 非法购买增值税专用发票或者购买伪造的增值税专用发票，涉嫌下列情形之一的，应予立案追诉：

（一）非法购买增值税专用发票或者购买伪造的增值税专用发票20份以上且票面税额在10万元以上的；

（二）票面税额累计在 20 万元以上的。

第 83 条　本规定中的立案追诉标准，除法律、司法解释、本规定中另有规定的以外，适用于相应的单位犯罪。

第 84 条　本规定中的"以上"，包括本数。

第 209 条　【非法制造、出售非法制造的用于骗取出口退税、抵扣税款发票罪】伪造、擅自制造或者出售伪造、擅自制造的可以用于骗取出口退税、抵扣税款的其他发票的，处三年以下有期徒刑、拘役或者管制，并处二万元以上二十万元以下罚金；数量巨大的，处三年以上七年以下有期徒刑，并处五万元以上五十万元以下罚金；数量特别巨大的，处七年以上有期徒刑，并处五万元以上五十万元以下罚金或者没收财产。

【非法制造、出售非法制造的发票罪】伪造、擅自制造或者出售伪造、擅自制造的前款规定以外的其他发票的，处二年以下有期徒刑、拘役或者管制，并处或者单处一万元以上五万元以下罚金；情节严重的，处二年以上七年以下有期徒刑，并处五万元以上五十万元以下罚金。

【非法出售用于骗取出口退税、抵扣税款发票罪】非法出售可以用于骗取出口退税、抵扣税款的其他发票的，依照第一款的规定处罚。

【非法出售发票罪】非法出售第三款规定以外的其他发票的，依照第二款的规定处罚。

● **条文注释**　第 209 条共有 4 款规定，分别针对不同的发票犯罪行为：伪造、自造抵税发票，或者出售上述特定发票的，适用第 1 款的规定；非法出售真实的抵税发票的，适用第 3 款的规定；伪造、自造普通发票，或出售上述普通发票的，适用第 2 款的规定；非法出售真实的普通发票的，适用第 4 款的规定。

这里所说的"抵税发票"，是指除增值税专用发票以外的可以用于骗取出口退税、抵扣税款的其他发票，也即具有出口退税、抵扣税款功能的收付款凭证或完税凭证，比如农林牧水产品收购发票、废旧物品收购发票、运输发票，以及捐赠发票、已征课消费税的产品出口所开具的发票等。"普通发票"是指不具有出口退税、抵扣税款功能的收付款凭证或完税凭证，也就是除了增值税专用发票和抵税发票之外的其他发票。这里的"出售"是广义的，包括一般行为人的非法出售行为，也包括税务机关或其工作人员的违规出售行为。

需要注意的是：（1）本条没有规定非法购买除增值税专用发票以外的其他发票（不论真伪）的犯罪行为。（2）根据第211条的规定，单位也可以成为第206条至第208条各条规定之罪的犯罪主体。

● **立法解释**　全国人民代表大会常务委员会关于《中华人民共和国刑法》有关出口退税、抵扣税款的其他发票规定的解释（2005年12月29日第10届全国人民代表大会常务委员会第19次会议通过）

刑法规定的"出口退税、抵扣税款的其他发票"，是指除增值税专用发票以外的，具有出口退税、抵扣税款功能的收付款凭证或者完税凭证。

● **相关规定**　**【刑发〔2005〕1号】**　全国人民代表大会常务委员会法制工作委员会刑法室关于对变造、出售变造普通发票行为的定性问题的意见（2005年1月17日答复公安部经济犯罪侦查局"公经〔2004〕1507号"请示）[①]

刑法第209条第2款规定的"伪造、擅自制造或者出售伪造、擅自制造的前款规定以外的其他发票"的行为，包括变造、出售变造的普通发票的行为。

【法发〔1996〕30号】　最高人民法院关于适用《全国人民代表大会常务委员会关于惩治虚开、伪造和非法出售增值税专用发票犯罪的决定》的若干问题的解释（最高人民法院审判委员会第446次会议讨论通过，1996年10月17日印发）[②]

六、根据《决定》第6条规定，伪造、擅自制造或者出售伪造、擅自制造的可以用于骗取出口退税、抵扣税款的其他发票的，构成非法制造专用发票罪或出售非法制造的专用发票罪。[③]

伪造、擅自制造或者出售伪造、擅自制造的可以用于骗取出口退税、抵扣税款的其他发票50份以上的，应当依法定罪处罚；伪造、擅自制造或者出售伪造、擅自制造的可以用于骗取出口退税、抵扣税款的其他发票200份以上的，属于"数量巨大"；伪造、擅自制造或者出售伪造、擅自制造的可以用于骗取出口退税、抵扣税款的其他发票1000份以上的，属于"数量特别巨大"。

[①] 公安部经济犯罪侦查局于2005年1月14日以"公经〔2005〕89号"《批复》引用该《意见》的内容答复江苏省公安厅经侦总队请示。

[②] 注：根据《刑法》附件二，《全国人民代表大会常务委员会关于惩治虚开、伪造和非法出售增值税专用发票犯罪的决定》有关刑事责任的规定已被纳入刑法，但该《决定》本身并未被废止；本《解释》也一直未被宣布废止。因此，本《解释》的有些内容可以继续参照适用；对其中已经明显不再适用的内容，本书予以了直接剔除。

[③] 注：《决定》第6条的规定与现《刑法》第209条的内容基本一致。

【公通字〔1998〕31号】　最高人民法院、最高人民检察院、公安部、国家工商行政管理局关于依法查处盗窃、抢劫机动车案件的规定（1998年5月8日印发）

六、非法出售机动车有关发票的，或者伪造、擅自制造或者出售伪造、擅自制造的机动车有关发票的，依照《刑法》第209条的规定处罚。

【公通字〔2004〕12号】　公安机关办理危害税收征管刑事案件管辖若干问题的规定（公安部2004年2月19日印发）

五、伪造增值税专用发票案、非法制造用于骗取出口退税、抵扣税款发票案、非法制造发票案（刑法第206条、第209条第1款、第2款）

由伪造地、非法制造地县级以上公安机关管辖。

六、出售伪造的增值税专用发票案、购买伪造的增值税专用发票案、出售非法制造的用于骗取出口退税、抵扣税款发票案、出售非法制造的发票案（刑法第206条、第208条第1款、第209条第1款、第2款）

由出售地、购买地县级以上公安机关管辖；在办理本条规定的案件过程中，发现伪造地、非法制造地的，由最初受理的公安机关管辖，伪造地、非法制造地公安机关予以配合；如果由伪造地、非法制造地公安机关管辖更为适宜的，可以将案件移交伪造地、非法制造地县级以上公安机关管辖。

七、非法出售增值税专用发票案、非法购买增值税专用发票案、非法出售用于骗取出口退税、抵扣税款发票案、非法出售发票案（刑法第207条、第208条第1款、第209条第3款、第4款）

由出售地、购买地县级以上公安机关管辖。如果由最初受理的公安机关管辖更为适宜的，由最初受理的公安机关管辖；必要时，可以将案件移交票源集中地县级以上公安机关管辖。

八、对于本规定第1条至第7条规定的案件，如果由犯罪嫌疑人居住地公安机关管辖更为适宜的，由犯罪嫌疑人居住地县级以上公安机关管辖。

九、对于本规定第1条至第7条规定的案件，凡是属于重大涉外犯罪、重大集团犯罪和下级公安机关侦破有困难的严重刑事案件，由地（市）级以上公安机关管辖。

十、对管辖不明确或者几个公安机关都有权管辖的案件，可以由有关公安机关协商确定管辖。对管辖有争议或者情况特殊的案件，可以由共同的上级公安机关指定管辖。

十一、上级公安机关可以指定下级公安机关立案侦查管辖不明确或者需要改变管辖的案件。下级公安机关认为案情重大、复杂，需要由上级公安机关侦查的案件，可以请求移送上级公安机关侦查。

【公法〔2004〕195 号】 公安部法制局关于对非法制造当场处罚罚款定额收据行为如何处理的意见的函（2004 年 10 月 21 日）

根据《中华人民共和国发票管理办法》第 3 条规定，发票是指在购销商品、提供或者接受服务以及从事其他经营活动中，开具、收取的收付款凭证。当场处罚罚款收据是行政执法机关按照《行政处罚法》的规定，实施行政处罚需要当场收缴罚款而使用的罚款票据，不属于发票。对于非法印制当场处罚罚款收据的，不能以非法制造发票罪追究刑事责任。上述行为构成其他犯罪的，应当根据所触犯的罪名追究刑事责任；不构成犯罪的，交由有关主管行政机关依法处理。

【公经〔2005〕89 号】 公安部经济犯罪侦查局关于对变造、出售变造普通发票的行为定性意见的批复（经征求全国人大法工委刑法室和最高人民法院刑二庭的意见，2005 年 1 月 14 日答复江苏省公安厅经侦总队）

刑法第 209 条第 2 款规定的"伪造、擅自制造或者出售伪造、擅自制造的前款规定以外的其他发票"的行为，包括变造、出售变造的普通发票的行为。

【公经〔2007〕2290 号】 公安部经济犯罪侦查局关于对非法出售过期普通发票行为定性问题的批复（经征求最高人民法院刑二庭、国家税务总局稽查局意见，2007 年 10 月 8 日答复江西省公安厅经侦总队"赣公经〔2007〕30 号"请示）

非法出售过期普通发票，属于《中华人民共和国发票管理办法》第 38 条规定的"私自倒卖发票"的行为。非法出售过期普通发票，达到刑事追诉标准的，公安机关应当按照《中华人民共和国刑法》第 209 条第 4 款的规定，依法追究其刑事责任。

【公经〔2008〕214 号】 公安部办公厅关于若干经济犯罪案件如何统计涉案总价值、挽回经济损失数额的批复（2008 年 11 月 5 日答复云南省公安厅警令部"云公警令〔2008〕22 号"请示）

四、危害税收征管案按照以下方法统计涉案总价值：

（七）非法制造、出售非法制造的用于骗取出口退税、抵扣税款发票案、非法出售用于骗取出口退税、抵扣税款发票案，发票已经填开或打印、印刷金额的，按照票面金额统计涉案总价值；票面既有价款额又有税款额的，按照价税合计额统计涉案总价值；发票未填开或打印、印刷金额的，不统计涉案总价值。

（八）非法制造、出售非法制造的发票案、非法出售发票案，发票已经填开或打印、印刷金额的，按照票面金额统计涉案总价值；发票未填开或打印、印刷金额的，不统计涉案总价值。

五、挽回经济损失额按照实际追缴的赃款以及赃物折价统计。

【公通字〔2010〕28号】 最高人民法院、最高人民检察院、公安部关于严厉打击发票违法犯罪活动的通知（2010年6月1日）

二、（第2款） 发票犯罪案件由犯罪地的公安机关管辖。发票犯罪案件中的犯罪地，包括伪造地、非法制造地、出售地、购买地，也包括运输假发票的途经地。几个公安机关都有管辖权的，由最初受理的公安机关管辖。必要时，可以由主要犯罪地的公安机关管辖。如果由犯罪嫌疑人居住地的公安机关管辖更为适宜的，可以由犯罪嫌疑人居住地的公安机关管辖。发票犯罪案件中的犯罪嫌疑人居住地，包括犯罪嫌疑人经常居住地、户籍所在地，也包括其临时居住地。对管辖有争议或者情况特殊的，可以由共同的上级公安机关指定管辖。如需人民检察院、人民法院指定管辖的，公安机关要及时提出相关建议。经审查需要指定管辖的，人民检察院、人民法院要依法指定管辖。普通发票的真伪鉴定，参照国家税务总局《关于普通发票真伪鉴定问题的通知》（国税函〔2008〕948号）的规定执行。

【公经财税〔2010〕31号】 公安部经济犯罪侦查局关于交通工具意外伤害保险单认定问题的批复（2010年2月9日答复重庆市公安局经侦总队"渝公经侦文〔2010〕2号"请示）①

保险行业开具发票方式是在提供保单之外另行开具单独的保险业发票。交通工具意外伤害保险单，虽然包含了缴纳保费的内容，但就其印制监制、主要用途和管理方式而言，仍然是作为保险单使用，不应认定为发票。

【公经财税〔2010〕55号】 公安部经济犯罪侦查局关于××公司私自印制的客运车票是否属于假发票问题的批复（2010年3月18日答复内蒙古自治区公安厅经侦总队"内公经〔2010〕14号"请示）②

内蒙古自治区通辽市开鲁镇××运输有限责任公司私自印制的客运车票，不具备全国统一发票监制章、发票代码、发票号码等发票基本要素，不属于发票范畴，不能认定为假发票。

---

① 注：该《批复》是依据《国家税务总局稽查局关于交通工具意外伤害保险单是否属于发票问题意见的函》（稽便函〔2010〕12号，2010年2月1日答复公安部经济犯罪侦查局"公经财税〔2010〕14号"《征求意见函》）而作出。

② 注：该《批复》是依据《国家税务总局稽查局关于虚假客运车票是否属于假发票问题的复函》（稽便函〔2010〕13号，2010年3月9日答复公安部经济犯罪侦查局"公经财税〔2009〕38号"《征求意见函》）而作出。

【公经财税〔2010〕137号】 公安部经济犯罪侦查局关于航空运输代理机构虚开、销售虚假航空行程单行为如何定性问题的批复（2010年6月23日答复四川省公安厅经侦总队"川公经侦传发〔2010〕18号"请示）①

航空行程单属于《税收征收管理法》和《发票管理办法》规定的发票。航空票务代理机构购买非法印制的空白航空行程单并出售的，或者购买非法印制的空白航空行程单后，为他人虚开并收取手续费的，其行为符合《刑法》第209条第2款的规定，构成犯罪的，应按照出售非法制造的发票罪追究相关机构和人员的刑事责任。航空票务代理机构的主管人员或直接责任人员与他人相互勾结，为他人利用虚开的航空行程单实施贪污、侵占等犯罪行为提供帮助的，应以相应犯罪的共犯论处。

航空票务代理机构购买非法印制的空白航空行程单，并在非法印制的航空行程单上按真实票价额填开后出具给乘机者的，属于使用不符合规定的发票的行为，应按照《税收征收管理法》和《发票管理办法》相关规定，由税务机关予以行政处罚。

【公经〔2010〕356号】 公安部经济犯罪侦查局关于两种完税凭证不属于发票问题的批复（2010年6月11日答复山东省公安厅经侦总队"鲁公经〔2010〕461号"请示）②

《中华人民共和国税收通用完税证》和《车辆购置税完税证明》不具备发票功能，不属于发票。对利用伪造的《税收通用完税证》进行虚假纳税申报，逃避缴纳税款，达到立案追诉标准的，应以逃税罪刑事责任。

【法研〔2010〕140号】 最高人民法院研究室关于税收通用完税证和车辆购置税完税证是否属于发票问题的回函（2010年8月17日回复公安部经济犯罪侦查局"公经财税〔2010〕102号"征求意见函）

---

① 注：该《批复》是依据以下两个部门的复函意见而作出。
（1）国家税务总局稽查局《关于航空运输代理机构销售虚假航空行程单行为定性问题的复函》（稽便函〔2010〕37号，2010年6月12日答复公安部经济犯罪侦查局"公经财税〔2010〕116号"《征求意见函》）。
（2）最高人民法院刑事审判第二庭《关于航空运输代理机构虚开、销售虚假航空行程单的行为如何定性问题的复函》（刑二函字〔2010〕第82号，2010年6月21日回复公安部经济犯罪侦查局"公经财税〔2010〕116号"《征求意见函》）。
② 注：该《批复》是依据《国家税务总局稽查局关于两种完税证不属于发票问题的复函》（稽便函〔2010〕32号，2010年6月3日答复公安部经济犯罪侦查局"公经财税〔2010〕102号"《征求意见函》）而作出。

完税证是税务机关或代征机关在收取税金时给纳税人开具的纳税证明，是证明纳税人缴纳税款情况的凭证。发票是指单位和个人在购销商品、提供或接受服务以及从事其他经营活动过程中，提供给对方的收付款的书面证明，是财务收支的法定凭证，是会计核算的原始依据。完税证与发票性质有所不同，完税证一般不能被认为发票。

根据《全国人民代表大会常务委员会关于〈中华人民共和国刑法〉有关出口退税、抵扣税款的其他发票规定的解释》，如果完税证具有出口退税、抵扣税款功能，则属于刑法中规定的出口退税、抵扣税款的其他发票。据此，税收通用完税证和车辆购置税完税证在具有出口退税、抵扣税款功能时，属于刑法中规定的出口退税、抵扣税款的其他发票；否则，不属于一般意义上的发票。

对伪造税务机关征税专用章，非法制造税收通用完税证和车辆购置税完税证对外出售的，视情可以伪造国家机关印章罪论处；对非法购买上述两种伪造的完税证，逃避缴纳税款的，视情可以逃税罪论处。

● **立案标准** 最高人民检察院、公安部关于公安机关管辖的刑事案件立案追诉标准的规定（二）（公通字〔2022〕8号，2022年4月6日印发，2022年5月15日施行；公通字〔2010〕23号《规定》、公通字〔2011〕47号《补充规定》同时废止）

第61条 [非法制造、出售非法制造的用于骗取出口退税、抵扣税款发票案（刑法第209条第1款）] 伪造、擅自制造或者出售伪造、擅自制造的用于骗取出口退税、抵扣税款的其他发票，涉嫌下列情形之一的，应予立案追诉：（一）票面可以退税、抵扣税额累计在10万元以上的；（二）伪造、擅自制造或者出售伪造、擅自制造的发票10份以上且票面可以退税、抵扣税额在6万元以上的；（三）非法获利数额在1万元以上的。

第62条 [非法制造、出售非法制造的发票案（刑法第209条第2款）] 伪造、擅自制造或者出售伪造、擅自制造的不具有骗取出口退税、抵扣税款功能的其他发票，涉嫌下列情形之一的，应予立案追诉：（一）伪造、擅自制造或者出售伪造、擅自制造的不具有骗取出口退税、抵扣税款功能的其他发票100份以上且票面金额累计在30万元以上的；（二）票面金额累计在50万元以上的；（三）非法获利数额在1万元以上的。

第63条 [非法出售用于骗取出口退税、抵扣税款发票案（刑法第209条第3款）] 非法出售可以用于骗取出口退税、抵扣税款的其他发票，涉嫌下列情形之一的，应予立案追诉：（一）票面可以退税、抵扣税额累计在10万元以上的；（二）非法出售用于骗取出口退税、抵扣税款的其他发票 10 份以上且票面可以退税、抵扣税额在 6 万元以上的；（三）非法获利数额在 1 万元以上的。

第 64 条 ［非法出售发票案（刑法第 209 条第 4 款）］ 非法出售增值税专用发票、用于骗取出口退税、抵扣税款的其他发票以外的发票，涉嫌下列情形之一的，应予立案追诉：（一）非法出售增值税专用发票、用于骗取出口退税、抵扣税款的其他发票以外的发票 100 份以上且票面金额累计在 30 万元以上的；（二）票面金额累计在 50 万元以上的；（三）非法获利数额在 1 万元以上的。

第 83 条 本规定中的立案追诉标准，除法律、司法解释、本规定中另有规定的以外，适用于相应的单位犯罪。

第 84 条 本规定中的"以上"，包括本数。

> 第 210 条 【盗窃罪】盗窃增值税专用发票或者可以用于骗取出口退税、抵扣税款的其他发票的，依照本法第二百六十四条的规定定罪处罚。
>
> 【诈骗罪】使用欺骗手段骗取增值税专用发票或者可以用于骗取出口退税、抵扣税款的其他发票的，依照本法第二百六十六条的规定定罪处罚。

● **条文注释** 第 210 条是针对盗窃、骗取特定发票行为的处罚规定。

这里所说的"特定发票"包括：(1) 增值税专用发票；(2) 具有出口退税、抵扣税款功能的收付款凭证或完税凭证，如农林牧水产品收购发票、废旧物品收购发票、运输发票，以及捐赠发票、已征课消费税的产品出口所开具的发票等。

根据第 210 条的规定，盗窃上述特定发票的，依照《刑法》第 264 条的规定，以盗窃罪定罪处罚；骗取上述特定发票的，依照《刑法》第 266 条的规定，以诈骗罪定罪处罚。但对于该犯罪行为的情节界定标准，目前尚没有法律法规或司法解释作出规定。

● **立法解释** 全国人民代表大会常务委员会关于《中华人民共和国刑法》有关出口退税、抵扣税款的其他发票规定的解释（2005 年 12 月 29 日第 10 届全国人民代表大会常务委员会第 19 次会议通过）

刑法规定的"出口退税、抵扣税款的其他发票"，是指除增值税专用发票以外的，具有出口退税、抵扣税款功能的收付款凭证或者完税凭证。

第 210 条之一[①]　**【持有伪造的发票罪】**明知是伪造的发票而持有，数量较大的，处二年以下有期徒刑、拘役或者管制，并处罚金；数量巨大的，处二年以上七年以下有期徒刑，并处罚金。

单位犯前款罪的，对单位判处罚金，并对其直接负责的主管人员和其他直接责任人员，依照前款的规定处罚。

● **条文注释**　构成第 210 条之一规定之罪，必须同时具备以下条件：（1）行为人具有持有伪造的发票的主观故意，即明知是伪造的发票而持有；（2）行为人实际持有了伪造的发票；（3）发票数量较大或巨大。

需要注意的是：

（1）行为人是否"明知"不能光听其本人的辩解，而要结合其他证据全面分析，综合判断。

（2）只有在伪造的发票的真正来源无法查清时，才能以"持有"行为对行为人进行定罪处罚。

● **相关规定**　**【公经〔2003〕1449号】**　**公安部经济犯罪侦查局关于对两种涉税违法行为适用法律问题的批复**（根据最高法研究室"法研〔2003〕175号"《复函》，2003年12月5日答复广东省公安厅经侦总队"广公（经）字〔2003〕1188号"、"广公（经）字〔2003〕1191号"请示）

1. 行为人没有实施其他违法犯罪行为，仅仅持有非法制造的发票的行为，不宜按照犯罪处理。[②]

【国税函〔2008〕948号】　**国家税务总局关于普通发票真伪鉴定问题的通知**（2008年11月21日）[③]

【公经财税〔2010〕31号】　**公安部经济犯罪侦查局关于交通工具意外伤害保险单认定问题的批复**（2010年2月9日答复重庆市公安局经侦总队"渝公经侦文〔2010〕2号"请示）[④]

[①] 第 210 条之一是根据 2011 年 2 月 25 日第 11 届全国人民代表大会常务委员会第 19 次会议通过的《刑法修正案（八）》（主席令第 41 号公布，2011 年 5 月 1 日起施行）而增设。

[②] 注：刑法第 210 条之 1 增设之后，本条批复内容应按照刑法第 12 条的规定进行适用。

[③] 注：《中华人民共和国发票管理办法实施细则》已对相关问题有更详细的规定，本处存目备查。

[④] 注：该《批复》是依据《国家税务总局稽查局关于交通工具意外伤害保险单是否属于发票问题意见的函》（稽便函〔2010〕12号，2010年2月1日答复公安部经济犯罪侦查局"公经财税〔2010〕14号"《征求意见函》）而作出。

保险行业开具发票方式是在提供保单之外另行开具单独的保险业发票。交通工具意外伤害保险单，虽然包含了缴纳保费的内容，但就其印制监制、主要用途和管理方式而言，仍然是作为保险单使用，不应认定为发票。

【公经〔2010〕356号】 公安部经济犯罪侦查局关于两种完税凭证不属于发票问题的批复（2010年6月11日答复山东省公安厅经侦总队"鲁公经〔2010〕461号"请示）①

《中华人民共和国税收通用完税证》和《车辆购置税完税证明》不具备发票功能，不属于发票。对利用伪造的《税收通用完税证》进行虚假纳税申报，逃避缴纳税款，达到立案追诉标准的，应以逃税罪刑事责任。

【法研〔2010〕140号】 最高人民法院研究室关于税收通用完税证和车辆购置税完税证是否属于发票问题的回函（2010年8月17日回复公安部经济犯罪侦查局"公经财税〔2010〕102号"征求意见函）

完税证是税务机关或代征机关在收取税金时给纳税人开具的纳税证明，是证明纳税人缴纳税款情况的凭证。发票是指单位和个人在购销商品、提供或接受服务以及从事其他经营活动过程中，提供给对方的收付款的书面证明，是财务收支的法定凭证，是会计核算的原始依据。完税证与发票性质有所不同，完税证一般不能被认定为发票。

根据《全国人民代表大会常务委员会关于〈中华人民共和国刑法〉有关出口退税、抵扣税款的其他发票规定的解释》，如果完税证具有出口退税、抵扣税款功能，则属于刑法中规定的出口退税、抵扣税款的其他发票。据此，税收通用完税证和车辆购置税完税证在具有出口退税、抵扣税款功能时，属于刑法中规定的出口退税、抵扣税款的其他发票；否则，不属于一般意义上的发票。

对伪造税务机关征税专用章，非法制造税收通用完税证和车辆购置税完税证对外出售的，视情可以伪造国家机关印章罪论处；对非法购买上述两种伪造的完税证，逃避缴纳税款的，视情可以逃税罪论处。

【国家税务总局令〔2011〕25号】 中华人民共和国发票管理办法实施细则（2011年1月27日国家税务总局第1次局务会议通过，2011年2月14日国家税务总局令第25号公布，2011年2月1日施行；国家税务总局令〔2014〕第

---

① 注：该《批复》是依据《国家税务总局稽查局关于两种完税证不属于发票问题的复函》（稽便函〔2010〕32号，2010年6月3日答复公安部经济犯罪侦查局"公经财税〔2010〕102号"《征求意见函》）而作出。

37号、〔2018〕第44号、〔2019〕第48号修改）

第33条 用票单位和个人有权申请税务机关对发票的真伪进行鉴别。收到申请的税务机关应当受理并负责鉴别发票的真伪；鉴别有困难的，可以提请发票监制税务机关协助鉴别。

在伪造、变造现场以及买卖地、存放地查获的发票，由当地税务机关鉴别。

● **立案标准** 最高人民检察院、公安部关于公安机关管辖的刑事案件立案追诉标准的规定（二）（公通字〔2022〕8号，2022年4月6日印发，2022年5月15日施行；公通字〔2010〕23号《规定》、公通字〔2011〕47号《补充规定》同时废止）

第65条 [持有伪造的发票案（刑法第210条之1）] 明知是伪造的发票而持有，涉嫌下列情形之一的，应予立案追诉：

（一）持有伪造的增值税专用发票或者可以用于骗取出口退税、抵扣税款的其他发票50份以上且票面税额累计在25万元以上的；

（二）持有伪造的增值税专用发票或者可以用于骗取出口退税、抵扣税款的其他发票票面税额累计在50万元以上的；

（三）持有伪造的第一项规定以外的其他发票100份以上且票面金额在50万元以上的；

（四）持有伪造的第一项规定以外的其他发票票面金额累计在100万元以上的。

第83条 本规定中的立案追诉标准，除法律、司法解释、本规定中另有规定的以外，适用于相应的单位犯罪。

第84条 本规定中的"以上"，包括本数。

第211条 【单位犯危害税收征管罪的处罚规定】 单位犯本节第二百零一条、第二百零三条、第二百零四条、第二百零七条、第二百零八条、第二百零九条规定之罪的，对单位判处罚金，并对其直接负责的主管人员和其他直接责任人员，依照各该条的规定处罚。

第212条 【税收征缴优先原则】 犯本节第二百零一条至第二百零五条规定之罪，被判处罚金、没收财产的，在执行前，应当先由税务机关追缴税款和所骗取的出口退税款。

● **条文注释** 根据《刑法》第30条的规定，单位实施的危害社会的各种行为，只有法律明确规定为单位犯罪的，才能构成犯罪。因此，根据本节的相关规定，

在危害税收征管犯罪案件中，只有第202条规定的抗税罪不存在单位犯罪，其犯罪主体只能是自然人。存在单位犯罪的各条中，都实行"双罚制"原则，即对单位判处罚金，并对其直接负责的主管人员和其他直接责任人员，依照各该条的规定处罚；但其中第205条、第206条规定，对其直接负责的主管人员和其他直接责任人员，依照各该条的规定处罚，但不包括对个人的罚金。

对于逃税、骗税、抗税，或虚开发票偷税漏税等行为（对应《刑法》第201条至第205条、第205条之一），如果被判处财产刑，在执行时应当先由税务机关追缴相关的税款，其余的罚没财产再上缴国库。

第七节 侵犯知识产权罪

● 相关规定　【法发〔2011〕3号】　最高人民法院、最高人民检察院、公安部关于办理侵犯知识产权刑事案件适用法律若干问题的意见（2011年1月10日印发）

一、关于侵犯知识产权犯罪案件的管辖问题

侵犯知识产权犯罪案件由犯罪地公安机关立案侦查。必要时，可以由犯罪嫌疑人居住地公安机关立案侦查。侵犯知识产权犯罪案件的犯罪地，包括侵权产品制造地、储存地、运输地、销售地，传播侵权作品、销售侵权产品的网站服务器所在地、网络接入地、网站建立者或者管理者所在地，侵权作品上传者所在地，权利人受到实际侵害的犯罪结果发生地。对有多个侵犯知识产权犯罪地的，由最初受理的公安机关或者主要犯罪地公安机关管辖。多个侵犯知识产权犯罪地的公安机关对管辖有争议的，由共同的上级公安机关指定管辖，需要提请批准逮捕、移送审查起诉、提起公诉的，由该公安机关所在地的同级人民检察院、人民法院受理。

对于不同犯罪嫌疑人、犯罪团伙跨地区实施的涉及同一批侵权产品的制造、储存、运输、销售等侵犯知识产权犯罪行为，符合并案处理要求的，有关公安机关可以一并立案侦查，需要提请批准逮捕、移送审查起诉、提起公诉的，由该公安机关所在地的同级人民检察院、人民法院受理。

二、关于办理侵犯知识产权刑事案件中行政执法部门收集、调取证据的效力问题

行政执法部门依法收集、调取、制作的物证、书证、视听资料、检验报告、

鉴定结论、勘验笔录、现场笔录，经公安机关、人民检察院审查，人民法院庭审质证确认，可以作为刑事证据使用。

行政执法部门制作的证人证言、当事人陈述等调查笔录，公安机关认为有必要作为刑事证据使用的，应当依法重新收集、制作。

三、关于办理侵犯知识产权刑事案件的抽样取证问题和委托鉴定问题

公安机关在办理侵犯知识产权刑事案件时，可以根据工作需要抽样取证，或者商请同级行政执法部门、有关检验机构协助抽样取证。法律、法规对抽样机构或者抽样方法有规定的，应当委托规定的机构并按照规定方法抽取样品。

公安机关、人民检察院、人民法院在办理侵犯知识产权刑事案件时，对于需要鉴定的事项，应当委托国家认可的有鉴定资质的鉴定机构进行鉴定。

公安机关、人民检察院、人民法院应当对鉴定结论进行审查，听取权利人、犯罪嫌疑人、被告人对鉴定结论的意见，可以要求鉴定机构作出相应说明。

四、关于侵犯知识产权犯罪自诉案件的证据收集问题

人民法院依法受理侵犯知识产权刑事自诉案件，对于当事人因客观原因不能取得的证据，在提起自诉时能够提供有关线索，申请人民法院调取的，人民法院应当依法调取。

十四、关于多次实施侵犯知识产权行为累计计算数额问题

依照《最高人民法院、最高人民检察院关于办理侵犯知识产权刑事案件具体应用法律若干问题的解释》第12条第2款的规定，多次实施侵犯知识产权行为，未经行政处理或者刑事处罚的，非法经营数额、违法所得数额或者销售金额累计计算。

2年内多次实施侵犯知识产权违法行为，未经行政处理，累计数额构成犯罪的，应当依法定罪处罚。实施侵犯知识产权犯罪行为的追诉期限，适用刑法的有关规定，不受前述2年的限制。

十五、关于为他人实施侵犯知识产权犯罪提供原材料、机械设备等行为的定性问题

明知他人实施侵犯知识产权犯罪，而为其提供生产、制造侵权产品的主要原材料、辅助材料、半成品、包装材料、机械设备、标签标识、生产技术、配方等帮助，或者提供互联网接入、服务器托管、网络存储空间、通讯传输通道、代收费、费用结算等服务的，以侵犯知识产权犯罪的共犯论处。

十六、关于侵犯知识产权犯罪竞合的处理问题

行为人实施侵犯知识产权犯罪，同时构成生产、销售伪劣商品犯罪的，依照侵犯知识产权犯罪与生产、销售伪劣商品犯罪中处罚较重的规定定罪处罚。

【打假办发〔2020〕3号】　全国打击侵犯知识产权和制售假冒伪劣商品工作领导小组办公室、中央宣传部、最高人民法院、最高人民检察院、公安部、生态环境部、文化和旅游部、海关总署、国家市场监督管理总局关于加强侵权假冒商品销毁工作的意见（2020年8月13日印发）

（节选）　侵犯知识产权刑事案件中，审判机关判决有罪的，除特殊情况外，应当对销毁事项作出判决。自判决生效之日起6个月内，司法办案单位应当对涉案侵权假冒商品和主要用于制造侵权假冒商品的材料和器具、模具等工具予以销毁；判决无罪、作出不起诉决定或者撤销案件，但构成行政违法的，应当将涉案侵权假冒物品移送行政执法办案单位，由行政执法办案单位按规定处置。

【法释〔2020〕10号】　最高人民法院、最高人民检察院关于办理侵犯知识产权刑事案件具体应用法律若干问题的解释（三）（2020年8月31日最高人民法院审判委员会第1811次会议、2020年8月21日最高人民检察院第13届检察委员会第48次会议通过，2020年9月12日公布，2020年9月14日起施行）

第8条　具有下列情形之一的，可以酌情从重处罚，一般不适用缓刑：

（一）主要以侵犯知识产权为业的；

（二）因侵犯知识产权被行政处罚后再次侵犯知识产权构成犯罪的；

（三）在重大自然灾害、事故灾难、公共卫生事件期间，假冒抢险救灾、防疫物资等商品的注册商标的；

（四）拒不交出违法所得的。

第9条　具有下列情形之一的，可以酌情从轻处罚：

（一）认罪认罚的；

（二）取得权利人谅解的；

（三）具有悔罪表现的；

（四）以不正当手段获取权利人的商业秘密后尚未披露、使用或者允许他人使用的。

第10条　对于侵犯知识产权犯罪的，应当综合考虑犯罪违法所得数额、非法经营数额、给权利人造成的损失数额、侵权假冒物品数量及社会危害性等情节，依法判处罚金。

罚金数额一般在违法所得数额的1倍以上5倍以下确定。违法所得数额无法查清的，罚金数额一般按照非法经营数额的50%以上1倍以下确定。违法所得数额和非法经营数额均无法查清，判处3年以下有期徒刑、拘役、管制或者单处罚金的，一般在 3 万元以上 100 万元以下确定罚金数额；判处 3 年以上有期徒刑的，一般在 15 万元以上 500 万元以下确定罚金数额。

【法发〔2020〕33号】　最高人民法院关于依法加大知识产权侵权行为惩治力度的意见（2020年9月14日印发）

四、加大刑事打击力度

14. 通过网络销售实施侵犯知识产权犯罪的非法经营数额、违法所得数额，应当综合考虑网络销售电子数据、银行账户往来记录、送货单、物流公司电脑系统记录、证人证言、被告人供述等证据认定。

15. 对于主要以侵犯知识产权为业、在特定期间假冒抢险救灾、防疫物资等商品的注册商标以及因侵犯知识产权受到行政处罚后再次侵犯知识产权构成犯罪的情形，依法从重处罚，一般不适用缓刑。

16. 依法严格追缴违法所得，加强罚金刑的适用，剥夺犯罪分子再次侵犯知识产权的能力和条件。

第213条① 　**【假冒注册商标罪】**未经注册商标所有人许可，在同一种商品、服务上使用与其注册商标相同的商标，情节严重的，处三年以下有期徒刑，并处或者单处罚金；情节特别严重的，处三年以上十年以下有期徒刑，并处罚金。

第214条② 　**【销售假冒注册商标的商品罪】**销售明知是假冒注册商标的商品，违法所得数额较大或者有其他严重情节的，处三年以下有期徒刑，并处或者单处罚金；违法所得数额巨大或者有其他特别严重情节的，处三年以上十年以下有期徒刑，并处罚金。

---

① 第213条原规定为："未经注册商标所有人许可，在同一种商品上使用与其注册商标相同的商标，情节严重的，处三年以下有期徒刑或者拘役，并处或者单处罚金；情节特别严重的，处三年以上七年以下有期徒刑，并处罚金。"2020年12月26日第13届全国人大常委会第24次会议通过的《刑法修正案（十一）》（主席令第66号公布，2021年3月1日起施行）增加了"服务"适用对象，并提高了量刑。

② 第214条原规定为："销售明知是假冒注册商标的商品，销售金额数额较大的，处三年以下有期徒刑或者拘役，并处或者单处罚金；销售金额数额巨大的，处三年以上七年以下有期徒刑，并处罚金。"2020年12月26日第13届全国人大常委会第24次会议通过的《刑法修正案（十一）》（主席令第66号公布，2021年3月1日起施行）将"销售金额"改为"违法所得"，增加了情节适用，并提高了量刑。

第 215 条[①] 　【非法制造、销售非法制造的注册商标标识罪】伪造、擅自制造他人注册商标标识或者销售伪造、擅自制造的注册商标标识，情节严重的，处三年以下有期徒刑，并处或者单处罚金；情节特别严重的，处三年以上十年以下有期徒刑，并处罚金。

● **条文注释**　第 213 条至第 215 条是对假冒注册商标及其相关犯罪行为的处罚规定。单纯假冒注册商标的行为，适用第 213 条的规定；非法制造注册商标标识，以及销售非法制造的注册商标标识的行为，适用第 215 条的规定；销售假冒注册商标的商品的行为，适用第 214 条的规定。其犯罪主体都是一般主体，包括个人和单位（根据《刑法》第 220 条的规定）。

这里的"商标"，是指某一产品、服务或组织的独特标志，用以区分其他相同或相类似的产品、服务或组织，并由商标注册人享有专用权。根据《商标法》的规定，我国的注册商标分为商品商标、服务商标和集体商标、证明商标，注册商标的内容包括文字、图形、字母、数字、三维标志、颜色组合和声音等。

构成第 213 条规定之罪，必须具备以下条件：（1）该商标已经在国务院工商行政管理部门注册登记；（2）行为人未经注册商标所有人许可，擅自使用其注册商标；（3）该注册商标被使用在"同一种商品、服务"上；（4）情节严重。

"同一种商品"包括两种情形：（1）名称相同的商品；（2）名称不同，但指同一事物的商品。这里的"名称"一般是指《商标注册用商品和服务国际分类》[②]中规定的商品名称；"同一事物"是指在功能、用途、主要原料、消费对象、销售渠道等方面相同或基本相同，相关公众一般认为是同一事物的商品。

"相同的商标"是指与被假冒的注册商标完全相同，或者与被假冒的注册商标在视觉上或听觉上基本无差别、足以对公众产生误导的商标，主要依照最高

---

① 第 215 条原规定为："伪造、擅自制造他人注册商标标识或者销售伪造、擅自制造的注册商标标识，情节严重的，处三年以下有期徒刑、拘役或者管制，并处或者单处罚金；情节特别严重的，处三年以上七年以下有期徒刑，并处罚金。"2020 年 12 月 26 日第 13 届全国人大常委会第 24 次会议通过的《刑法修正案（十一）》（主席令第 66 号公布，2021 年 3 月 1 日起施行）提高了量刑。

② 《商标注册用商品和服务国际分类》是 1957 年 6 月 15 日在法国尼斯外交会议上正式签订、1961 年 4 月 8 日生效的世界知识产权国际公约，又称为尼斯协定或尼斯分类。我国于 1988 年 11 月加入《巴黎公约》，于 1988 年 11 月 1 日起采用《尼斯分类》，并于 1994 年 8 月 9 日成为尼斯联盟成员国。根据世界知识产权组织的要求，尼斯联盟各成员国于 2013 年 1 月 1 日起正式使用经尼斯联盟第 22 次专家委员会会议修改的尼斯分类第十版（NCL 10-2013）。

人民法院、最高人民检察院、公安部2011年1月10日印发的"法发〔2011〕3号"意见的相关规定进行界定。

构成第214条规定之罪，必须具备以下条件：（1）行为人具有销售假冒注册商标的商品的主观故意，并实施了该行为；（2）违法所得数额较大或有其他严重情节。

第214条规定中的"明知"，不能仅凭行为人的口供。在司法实践中，一般认为如果具有以下几种情形之一，就可以界定行为人为"明知"：（1）注册商标被涂改、调换或者覆盖；（2）商标注册人授权文件被伪造或涂改；（3）进价或售价明显低于正常市场价格；（4）商品被发现后转移、销毁物证或提供虚假证明、虚假情况；（5）曾因销售假冒注册商标的商品受到过行政处罚或承担过民事责任，又销售同一种假冒注册商标的商品；（6）其他知道或应当知道是假冒注册商标的商品的情形。

构成第215条规定之罪，必须具备以下条件：（1）行为人具有非法制造注册商标标识的主观故意，并实施了该行为；（2）情节严重。

这里的"非法制造"包括两种情形：（1）伪造，即非法仿制注册商标标识的行为；（2）擅自制造，即商标印制单位在正常印制的数量之外，又私自加印注册商标标识的行为。

需要注意的是：

（1）"相同的商标"应该被用在"同一种商品、服务"上才能构成第213条规定的假冒注册商标罪。否则，如果行为人在同一种商品、服务上使用与他人注册商标近似的商标，或在类似商品、服务上使用与他人注册商标相同或近似的商标，均属于商标侵权行为，但不构成本罪。

（2）实践中，行为人假冒他人注册商标一般都是用来生产、销售伪劣商品。如果后者也构成犯罪，应按照刑法规定的处罚较重的规定处罚。

（3）《刑法修正案（十一）》提高了第213条、第214条、第215条的量刑，上述3种罪第二档的最高刑期均由7年改为10年，导致其刑事追诉期限都由10年变成了15年。

（4）《刑法修正案（十一）》将《刑法》第214条规定中的"销售金额"改为"违法所得+情节"后，并非摒弃以"销售金额"定罪，而是为了便于打击犯罪。销售金额数额"较大""巨大"的，可以分别视为"其他严重情节""其他特别严重情节"。

● 相关规定　【法释〔2001〕10 号】　最高人民法院、最高人民检察院关于办理生产、销售伪劣商品刑事案件具体应用法律若干问题的解释（2001 年 4 月 5 日最高人民法院审判委员会第 1168 次会议、2001 年 3 月 30 日最高人民检察院第 9 届检察委员会第 84 次会议通过，2001 年 4 月 9 日公布，2001 年 4 月 10 日起施行）

第 10 条　实施生产、销售伪劣商品犯罪，同时构成侵犯知识产权、非法经营等其他犯罪的，依照处罚较重的规定定罪处罚。

【公经〔2002〕108 号】　公安部经济犯罪侦查局关于重点商标是否等同于驰名商标问题的批复（经商请国家工商总局商标局，2002 年 1 月 21 日答复江苏省公安厅经侦总队"苏公经〔2002〕669 号"请示）

驰名商标并不等同于重点商标。驰名商标是由国家工商总局商标局依据法律而认定的商标；重点商标是由国家工商总局商标局根据工作需要，对一些有较高知名度且遭受跨省（市、区）严重侵权而确定的予以特别保护的商标。

【高检会〔2003〕4 号】　最高人民法院、最高人民检察院、公安部、国家烟草专卖局关于办理假冒伪劣烟草制品等刑事案件适用法律问题座谈会纪要（2003 年 8 月 4 日至 6 日在昆明召开，2003 年 12 月 23 日印发）

二、关于销售明知是假冒烟用注册商标的烟草制品行为中的"明知"问题

根据刑法第 214 条的规定，销售明知是假冒烟用注册商标的烟草制品，销售金额较大的，构成销售假冒注册商标的商品罪。

"明知"，是指知道或应当知道。有下列情形之一的，可以认定为"明知"：

1. 以明显低于市场价格进货的；

2. 以明显低于市场价格销售的；

3. 销售假冒烟用注册商标的烟草制品被发现后转移、销毁物证或者提供虚假证明、虚假情况的；

4. 其他可以认定为明知的情形。

四、关于共犯问题

知道或者应当知道他人实施本《纪要》第 1 条至第 3 条规定的犯罪行为，仍实施下列行为之一的，应认定为共犯，依法追究刑事责任：

1. 直接参与生产、销售假冒伪劣烟草制品或者销售假冒烟用注册商标的烟草制品或者直接参与非法经营烟草制品并在其中起主要作用的；

2. 提供房屋、场地、设备、车辆、贷款、资金、账号、发票、证明、技术等设施和条件，用于帮助生产、销售、储存、运输假冒伪劣烟草制品、非法经营烟草制品的；

3. 运输假冒伪劣烟草制品的。

上述人员中有检举他人犯罪经查证属实，或者提供重要线索，有立功表现的，可以从轻或减轻处罚；有重大立功表现的，可以减轻或者免除处罚。

五、国家机关工作人员参与实施本《纪要》第 1 条至第 3 条规定的犯罪行为的处罚问题

根据《最高人民法院、最高人民检察院关于办理生产、销售伪劣商品刑事案件具体应用法律若干问题的解释》的规定，国家机关工作人员参与实施本《纪要》第 1 条至第 3 条规定的犯罪行为的，从重处罚。

六、关于一罪与数罪问题

行为人的犯罪行为同时构成生产、销售伪劣产品罪、销售假冒注册商标的商品罪、非法经营罪等的，依照处罚较重的规定定罪处罚。

十、关于鉴定问题

假冒伪劣烟草制品的鉴定工作，由国家烟草专卖行政主管部门授权的省级以上烟草产品质量监督检验机构，按照国家烟草专卖局制定的假冒伪劣卷烟鉴别检验管理办法和假冒伪劣卷烟鉴别检验规程等有关规定进行。

假冒伪劣烟草专用机械的鉴定由国家质量监督部门，或其委托的国家烟草质量监督检验中心，根据烟草行业的有关技术标准进行。

十一、关于烟草制品、卷烟的范围

本纪要所称烟草制品指卷烟、雪茄烟、烟丝、复烤烟叶、烟叶、卷烟纸、滤嘴棒、烟用丝束。

本纪要所称卷烟包括散支烟和成品烟。

【法释〔2004〕19 号】 最高人民法院、最高人民检察院关于办理侵犯知识产权刑事案件具体应用法律若干问题的解释（2004 年 11 月 2 日最高人民法院审判委员会第 1331 次会议、2004 年 11 月 11 日最高人民检察院第 10 届检察委员会第 28 次会议通过，2004 年 12 月 8 日公布，2004 年 12 月 22 日起施行）[①]

第 1 条 未经注册商标所有人许可，在同一种商品上使用与其注册商标相同的商标，具有下列情形之一的，属于刑法第 213 条规定的"情节严重"，应当以假冒注册商标罪判处 3 年以下有期徒刑或者拘役，并处或者单处罚金：

（一）非法经营数额在 5 万元以上或者违法所得数额在 3 万元以上的；

（二）假冒两种以上注册商标，非法经营数额在 3 万元以上或者违法所得数

[①] 注：《刑法修正案（十一）》施行后，《刑法》第 213 条、第 214 条、第 215 条的量刑已经被修改。

额在2万元以上的；

（三）其他情节严重的情形。

具有下列情形之一的，属于刑法第213条规定的"情节特别严重"，应当以假冒注册商标罪判处3年以上7年以下有期徒刑，并处罚金：

（一）非法经营数额在25万元以上或者违法所得数额在15万元以上的；

（二）假冒两种以上注册商标，非法经营数额在15万元以上或者违法所得数额在10万元以上的；

（三）其他情节特别严重的情形。

第2条　销售明知是假冒注册商标的商品，销售金额在五万元以上的，属于刑法第214条规定的"数额较大"，应当以销售假冒注册商标的商品罪判处3年以下有期徒刑或者拘役，并处或者单处罚金。

销售金额在25万元以上的，属于刑法第214条规定的"数额巨大"，应当以销售假冒注册商标的商品罪判处3年以上7年以下有期徒刑，并处罚金。

第3条　伪造、擅自制造他人注册商标标识或者销售伪造、擅自制造的注册商标标识，具有下列情形之一的，属于刑法第215条规定的"情节严重"，应当以非法制造、销售非法制造的注册商标标识罪判处3年以下有期徒刑、拘役或者管制，并处或者单处罚金：

（一）伪造、擅自制造或者销售伪造、擅自制造的注册商标标识数量在2万件以上，或者非法经营数额在5万元以上，或者违法所得数额在3万元以上的；

（二）伪造、擅自制造或者销售伪造、擅自制造两种以上注册商标标识数量在1万件以上，或者非法经营数额在3万元以上，或者违法所得数额在2万元以上的；

（三）其他情节严重的情形。

具有下列情形之一的，属于刑法第215条规定的"情节特别严重"，应当以非法制造、销售非法制造的注册商标标识罪判处3年以上7年以下有期徒刑，并处罚金：

（一）伪造、擅自制造或者销售伪造、擅自制造的注册商标标识数量在10万件以上，或者非法经营数额在25万元以上，或者违法所得数额在15万元以上的；

（二）伪造、擅自制造或者销售伪造、擅自制造两种以上注册商标标识数量在5万件以上，或者非法经营数额在15万元以上，或者违法所得数额在10万元以上的；

（三）其他情节特别严重的情形。

第8条　刑法第213条规定的"相同的商标"，是指与被假冒的注册商标完全相同，或者与被假冒的注册商标在视觉上基本无差别、足以对公众产生误导的商标。

刑法第213条规定的"使用"，是指将注册商标或者假冒的注册商标用于商品、商品包装或者容器以及产品说明书、商品交易文书，或者将注册商标或者假冒的注册商标用于广告宣传、展览以及其他商业活动等行为。

第9条　刑法第214条规定的"销售金额"，是指销售假冒注册商标的商品后所得和应得的全部违法收入。

具有下列情形之一的，应当认定为属于刑法第214条规定的"明知"：

（一）知道自己销售的商品上的注册商标被涂改、调换或者覆盖的；

（二）因销售假冒注册商标的商品受到过行政处罚或者承担过民事责任、又销售同一种假冒注册商标的商品的；

（三）伪造、涂改商标注册人授权文件或者知道该文件被伪造、涂改的；

（四）其他知道或者应当知道是假冒注册商标的商品的情形。

第12条　本解释所称"非法经营数额"，是指行为人在实施侵犯知识产权行为过程中，制造、储存、运输、销售侵权产品的价值。已销售的侵权产品的价值，按照实际销售的价格计算。制造、储存、运输和未销售的侵权产品的价值，按照标价或者已经查清的侵权产品的实际销售平均价格计算。侵权产品没有标价或者无法查清其实际销售价格的，按照被侵权产品的市场中间价格计算。

多次实施侵犯知识产权行为，未经行政处理或者刑事处罚的，非法经营数额、违法所得数额或者销售金额累计计算。

本解释第3条所规定的"件"，是指标有完整商标图样的一份标识。

第13条　实施刑法第213条规定的假冒注册商标犯罪，又销售该假冒注册商标的商品，构成犯罪的，应当依照刑法第213条的规定，以假冒注册商标罪定罪处罚。

实施刑法第213条规定的假冒注册商标犯罪，又销售明知是他人的假冒注册商标的商品的，构成犯罪的，应当实行数罪并罚。

【刑二函字〔2009〕28号】　最高人民法院刑事审判第二庭关于集体商标是否属于我国刑法的保护范围问题的复函（2009年4月10日答复公安部经济犯罪侦查局"公经知产〔2009〕29号"征求意见函）

一、我国《商标法》第3条规定："经商标局核准注册的商标为注册商标，包括商品商标、服务商标和集体商标、证明商标；商标注册人享有商标专用权，受法律保护。"因此，刑法第213条至215条所规定的"注册商标"应当涵盖"集体商标"。

二、商标标识中注明了自己的注册商标的同时,又使用了他人注册为集体商标的地理名称,可以认定为刑法规定的"相同的商标"。

【高检侦监函〔2009〕12号】 最高人民检察院侦查监督厅关于对《关于就一起涉嫌假冒注册商标案征求意见的函》的答复函(2009年4月10日答复公安部经济犯罪侦查局"公经知产〔2009〕29号"征求意见函)

集体商标也属于注册商标,应属于刑法保护范围。关于××醋业有限公司的行为是否触犯刑法第213条至215条的规定,要看其侵权的情节是否严重,是否达到追诉的数额。

【法释〔2010〕7号】 最高人民法院、最高人民检察院关于办理非法生产、销售烟草专卖品等刑事案件具体应用法律若干问题的解释(2009年12月28日最高人民法院审判委员会第1481次会议、2010年2月4日最高人民检察院第11届检察委员会第29次会议通过,2010年3月2日公布,2010年3月26日起施行)

第1条(第2款) 未经卷烟、雪茄烟等烟草专卖品注册商标所有人许可,在卷烟、雪茄烟等烟草专卖品上使用与其注册商标相同的商标,情节严重的,依照刑法第213条的规定,以假冒注册商标罪定罪处罚。

(第3款) 销售明知是假冒他人注册商标的卷烟、雪茄烟等烟草专卖品,销售金额较大的,依照刑法第214条的规定,以销售假冒注册商标的商品罪定罪处罚。

(第4款) 伪造、擅自制造他人卷烟、雪茄烟注册商标标识或者销售伪造、擅自制造的卷烟、雪茄烟注册商标标识,情节严重的,依照刑法第215条的规定,以非法制造、销售非法制造的注册商标标识罪定罪处罚。

第4条 非法经营烟草专卖品,能够查清销售或者购买价格的,按照其销售或者购买的价格计算非法经营数额。无法查清销售或者购买价格的,按照下列方法计算非法经营数额:

(一)查获的卷烟、雪茄烟的价格,有品牌的,按照该品牌卷烟、雪茄烟的查获地省级烟草专卖行政主管部门出具的零售价格计算;无品牌的,按照查获地省级烟草专卖行政主管部门出具的上年度卷烟平均零售价格计算;

(二)查获的复烤烟叶、烟叶的价格按照查获地省级烟草专卖行政主管部门出具的上年度烤烟调拨平均基准价格计算;

(三)烟丝的价格按照第(二)项规定价格计算标准的1.5倍计算;

(四)卷烟辅料的价格,有品牌的,按照该品牌辅料的查获地省级烟草专卖行政主管部门出具的价格计算;无品牌的,按照查获地省级烟草专卖行政主管部门出具的上年度烟草行业生产卷烟所需该类卷烟辅料的平均价格计算;

（五）非法生产、销售、购买烟草专用机械的价格按照国务院烟草专卖行政主管部门下发的全国烟草专用机械产品指导价格目录进行计算；目录中没有该烟草专用机械的，按照省级以上烟草专卖行政主管部门出具的目录中同类烟草专用机械的平均价格计算。

第5条　行为人实施非法生产、销售烟草专卖品犯罪，同时构成生产、销售伪劣产品罪、侵犯知识产权犯罪、非法经营罪的，依照处罚较重的规定定罪处罚。

第6条　明知他人实施本解释第1条所列犯罪，而为其提供贷款、资金、账号、发票、证明、许可证件，或者提供生产、经营场所、设备、运输、仓储、保管、邮寄、代理进出口等便利条件，或者提供生产技术、卷烟配方的，应当按照共犯追究刑事责任。

第7条　办理非法生产、销售烟草专卖品等刑事案件，需要对伪劣烟草专卖品鉴定的，应当委托国务院产品质量监督管理部门和省、自治区、直辖市人民政府产品质量监督管理部门指定的烟草质量检测机构进行。

第9条　本解释所称"烟草专卖品"，是指卷烟、雪茄烟、烟丝、复烤烟叶、烟叶、卷烟纸、滤嘴棒、烟用丝束、烟草专用机械。

本解释所称"卷烟辅料"，是指卷烟纸、滤嘴棒、烟用丝束。

本解释所称"烟草专用机械"，是指由国务院烟草专卖行政主管部门烟草专用机械名录所公布的，在卷烟、雪茄烟、烟丝、复烤烟叶、烟叶、卷烟纸、滤嘴棒、烟用丝束的生产加工过程中，能够完成一项或者多项特定加工工序，可以独立操作的机械设备。

本解释所称"同类烟草专用机械"，是指在卷烟、雪茄烟、烟丝、复烤烟叶、烟叶、卷烟纸、滤嘴棒、烟用丝束的生产加工过程中，能够完成相同加工工序的机械设备。

【法发〔2011〕3号】　最高人民法院、最高人民检察院、公安部关于办理侵犯知识产权刑事案件适用法律若干问题的意见（2011年1月10日印发）

五、关于刑法第213条规定的"同一种商品"的认定问题

名称相同的商品以及名称不同但指同一事物的商品，可以认定为"同一种商品"。"名称"是指国家工商行政管理总局商标局在商标注册工作中对商品使用的名称，通常即《商标注册用商品和服务国际分类》中规定的商品名称。"名称不同但指同一事物的商品"是指在功能、用途、主要原料、消费对象、销售渠道等方面相同或者基本相同，相关公众一般认为是同一种事物的商品。

认定"同一种商品"，应当在权利人注册商标核定使用的商品和行为人实际

生产销售的商品之间进行比较。

六、关于刑法第213条规定的"与其注册商标相同的商标"的认定问题

具有下列情形之一，可以认定为"与其注册商标相同的商标"：

（一）改变注册商标的字体、字母大小写或者文字横竖排列，与注册商标之间仅有细微差别的；

（二）改变注册商标的文字、字母、数字等之间的间距，不影响体现注册商标显著特征的；

（三）改变注册商标颜色的；

（四）其他与注册商标在视觉上基本无差别、足以对公众产生误导的商标。

七、关于尚未附着或者尚未全部附着假冒注册商标标识的侵权产品价值是否计入非法经营数额的问题

在计算制造、储存、运输和未销售的假冒注册商标侵权产品价值时，对于已经制作完成但尚未附着（含加贴）或者尚未全部附着（含加贴）假冒注册商标标识的产品，如果有确实、充分证据证明该产品将假冒他人注册商标，其价值计入非法经营数额。

八、关于销售假冒注册商标的商品犯罪案件中尚未销售或者部分销售情形的定罪量刑问题

销售明知是假冒注册商标的商品，具有下列情形之一的，依照刑法第214条的规定，以销售假冒注册商标的商品罪（未遂）定罪处罚：

（一）假冒注册商标的商品尚未销售，货值金额在15万元以上的；

（二）假冒注册商标的商品部分销售，已销售金额不满5万元，但与尚未销售的假冒注册商标的商品的货值金额合计在15万元以上的。

假冒注册商标的商品尚未销售，货值金额分别达到15万元以上不满25万元、25万元以上的，分别依照刑法第214条规定的各法定刑幅度定罪处罚。

销售金额和未销售货值金额分别达到不同的法定刑幅度或者均达到同一法定刑幅度的，在处罚较重的法定刑或者同一法定刑幅度内酌情从重处罚。

九、关于销售他人非法制造的注册商标标识犯罪案件中尚未销售或者部分销售情形的定罪问题

销售他人伪造、擅自制造的注册商标标识，具有下列情形之一的，依照刑法第215条的规定，以销售非法制造的注册商标标识罪（未遂）定罪处罚：

（一）尚未销售他人伪造、擅自制造的注册商标标识数量在6万件以上的；

（二）尚未销售他人伪造、擅自制造的两种以上注册商标标识数量在3万件以上的；

（三）部分销售他人伪造、擅自制造的注册商标标识，已销售标识数量不满2万件，但与尚未销售标识数量合计在6万件以上的；

（四）部分销售他人伪造、擅自制造的两种以上注册商标标识，已销售标识数量不满1万件，但与尚未销售标识数量合计在3万件以上的。

【公经知产〔2012〕164号】　公安部经济犯罪侦查局关于对假冒"四季沐歌"商标案件的批复（经"公经知产〔2012〕122号"征求最高人民法院刑事审判第二庭、最高人民检察院侦查监督厅、国家工商总局商标局意见，2012年7月2日答复河北省公安厅经侦总队"冀公（经）〔2011〕680号"请示）

在办理侵犯商标权刑事案件中，对于犯罪嫌疑人所使用的商标是否与注册商标相同等问题，行政主管部门的认定意见不是刑事认定的必经程序。公安司法机关可依照《刑法》、《商标法》等法律、法规和司法解释的规定，并综合具体案件事实和各方面证据进行认定。必要时，公安司法机关可以就相关专业性问题咨询有关主管部门意见。对于确实需要进行鉴定的事项，应当委托国家认可的有鉴定资质的鉴定机构进行鉴定。

关于张××一案，根据你总队上报的材料，犯罪嫌疑人所使用的商标虽然与有关注册商标在字形、字体上存在差别，其中两个文字还有作其他理解的可能，但是，以相关公众的一般注意力为标准，其与有关注册商标在视觉上基本无差别，且足以对公众产生误导。因此，犯罪嫌疑人所使用的商标可以认定为与有关注册商标相同的商标。

【工商法字〔2012〕227号】　国家工商总局、公安部、最高人民检察院关于加强工商行政执法与刑事司法衔接配合工作若干问题的意见（2012年12月18日）

八、（第2款）公安机关在办理案件过程中，对涉案商标是否属于相同商标、涉案商品是否属于同一种商品、商标权利人出具的书面证明材料是否有效、涉案广告是否属于虚假广告等一般法律、事实问题，可以直接进行认定；对于重大、复杂、疑难的专业问题，需要向国家工商总局有关部门咨询的，各地公安机关应当通过公安部主管业务局向国家工商总局有关部门进行咨询，国家工商总局有关部门应当积极协助、及时反馈。

【法释〔2020〕10号】　最高人民法院、最高人民检察院关于办理侵犯知识产权刑事案件具体应用法律若干问题的解释（三）（2020年8月31日最高人民法院审判委员会第1811次会议、2020年8月21日最高人民检察院第13届检察委员会第48次会议通过，2020年9月12日公布，2020年9月14日起施行）

第1条　具有下列情形之一的，可以认定为刑法第213条规定的"与其注

册商标相同的商标":

（一）改变注册商标的字体、字母大小写或者文字横竖排列，与注册商标之间基本无差别的；

（二）改变注册商标的文字、字母、数字等之间的间距，与注册商标之间基本无差别的；

（三）改变注册商标颜色，不影响体现注册商标显著特征的；

（四）在注册商标上仅增加商品通用名称、型号等缺乏显著特征要素，不影响体现注册商标显著特征的；

（五）与立体注册商标的三维标志及平面要素基本无差别的；

（六）其他与注册商标基本无差别、足以对公众产生误导的商标。

第 7 条　除特殊情况外，假冒注册商标的商品、非法制造的注册商标标识、侵犯著作权的复制品、主要用于制造假冒注册商标的商品、注册商标标识或者侵权复制品的材料和工具，应当依法予以没收和销毁。

上述物品需要作为民事、行政案件的证据使用的，经权利人申请，可以在民事、行政案件终结后或者采取取样、拍照等方式对证据固定后予以销毁。

第 10 条　对于侵犯知识产权犯罪的，应当综合考虑犯罪违法所得数额、非法经营数额、给权利人造成的损失数额、侵权假冒物品数量及社会危害性等情节，依法判处罚金。

罚金数额一般在违法所得数额的 1 倍以上 5 倍以下确定。违法所得数额无法查清的，罚金数额一般按照非法经营数额的 50% 以上 1 倍以下确定。违法所得数额和非法经营数额均无法查清，判处 3 年以下有期徒刑、拘役、管制或者单处罚金的，一般在 3 万元以上 100 万元以下确定罚金数额；判处 3 年以上有期徒刑的，一般在 15 万元以上 500 万元以下确定罚金数额。

【法〔2022〕66 号】　最高人民法院关于进一步加强涉种子刑事审判工作的指导意见（2022 年 3 月 2 日）

三、（第 2 款）对实施生产、销售伪劣种子行为，因无法认定使生产遭受较大损失等原因，不构成生产、销售伪劣种子罪，但是销售金额在 5 万元以上的，依照刑法第 140 条的规定以生产、销售伪劣产品罪定罪处罚。同时构成假冒注册商标罪等其他犯罪的，依照处罚较重的规定定罪处罚。

四、立足现有罪名，依法严惩种子套牌侵权相关犯罪。假冒品种权以及未经许可或者超出委托规模生产、繁殖授权品种种子对外销售等种子套牌侵权行为，经常伴随假冒注册商标、侵犯商业秘密等其他犯罪行为。审理此类案件时要把握这一特点，立足刑法现有规定，通过依法适用与种子套牌侵权密切相关的假冒注册商标罪，销售假冒注册商标的商品罪，非法制造、销售非法制造的注册商标标识罪，侵犯商业秘密罪，为境外窃取、刺探、收买、非法提供商业秘密罪等罪名，实现对种子套牌侵权行为的依法惩处。同时，应当将种子套牌侵权行为作为从重处罚情节，加大对此类犯罪的惩处力度。

● **立案标准** 【公通字〔2010〕23号】 最高人民检察院、公安部关于公安机关管辖的刑事案件立案追诉标准的规定（二）（2010年5月7日印发施行；2022年5月15日被公通字〔2022〕8号同名《规定》废止）

第69条［假冒注册商标案（刑法第213条）］ 未经注册商标所有人许可，在同一种商品上使用与其注册商标相同的商标，涉嫌下列情形之一的，应予立案追诉：

（一）非法经营数额在5万元以上或者违法所得数额在3万元以上的；

（二）假冒两种以上注册商标，非法经营数额在3万元以上或者违法所得数额在2万元以上的；

（三）其他情节严重的情形。

第70条［销售假冒注册商标的商品案（刑法第214条）］ 销售明知是假冒注册商标的商品，涉嫌下列情形之一的，应予立案追诉：

（一）销售金额在5万元以上的；

（二）尚未销售，货值金额在15万元以上的；

（三）销售金额不满5万元，但已销售金额与尚未销售的货值金额合计在15万元以上的。

第71条［非法制造、销售非法制造的注册商标标识案（刑法第215条）］ 伪造、擅自制造他人注册商标标识或者销售伪造、擅自制造的注册商标标识，涉嫌下列情形之一的，应予立案追诉：

（一）伪造、擅自制造或者销售伪造、擅自制造的注册商标标识数量在2万件以上，或者非法经营数额在5万元以上，或者违法所得数额在3万元以上的；

（二）伪造、擅自制造或者销售伪造、擅自制造两种以上注册商标标识数量在1万件以上，或者非法经营数额在3万元以上，或者违法所得数额在2万元以上的；

（三）其他情节严重的情形。

第91条 本规定中的"以上"，包括本数。

● 指导案例　【法〔2017〕53号】　最高人民法院关于发布第16批指导性案例的通知（2017年3月6日印发）

（指导案例87号）郭明升、郭明锋、孙淑标假冒注册商标案

裁判要点：假冒注册商标犯罪的非法经营数额、违法所得数额，应当综合被告人供述、证人证言、被害人陈述、网络销售电子数据、被告人银行账户往来记录、送货单、快递公司电脑系统记录、被告人等所作记账等证据认定。被告人辩解称网络销售记录存在刷信誉的不真实交易，但无证据证实的，对其辩解不予采纳。

【高检发办字〔2020〕70号】　关于印发最高人民检察院第24批指导性案例的通知（2020年12月21日印发）

（检例第93号）丁某某、林某某等人假冒注册商标立案监督案

要旨：检察机关在办理售假犯罪案件时，应当注意审查发现制假犯罪事实，强化对人民群众切身利益和企业知识产权的保护力度。对于公安机关未立案侦查的制假犯罪与已立案侦查的售假犯罪不属于共同犯罪的，应当按照立案监督程序，监督公安机关立案侦查……①

【高检发办字〔2021〕7号】　关于印发最高人民检察院第26批指导性案例的通知（2021年2月8日）

（检例第98号）邓秋城、双善食品（厦门）有限公司等销售假冒注册商标的商品案

要旨：办理侵犯注册商标类犯罪案件，应注意结合被告人销售假冒商品数量、扩散范围、非法获利数额及在上下游犯罪中的地位、作用等因素，综合判断犯罪行为的社会危害性，确保罪责刑相适应。在认定犯罪的主观明知时，不仅考虑被告人供述，还应综合考虑交易场所、交易时间、交易价格等客观行为，坚持主客观相一致。对侵害众多消费者利益的情形，可以建议相关社会组织或自行提起公益诉讼。

（检例第99号）广州卡门实业有限公司涉嫌销售假冒注册商标的商品立案监督案

要旨：在办理注册商标类犯罪的立案监督案件时，对符合商标法规定的正

---

① 本案指导意义：对于实施《刑法》第213条规定的假冒注册商标行为，又销售该假冒注册商标的商品，构成犯罪的，以假冒注册商标罪予以追诉。如果同时构成刑法分则第3章第1节生产、销售伪劣商品罪各条规定之罪的，应当依照处罚较重的罪予以追诉。

当合理使用情形而未侵犯注册商标专用权的，应依法监督公安机关撤销案件，以保护涉案企业合法权益。必要时可组织听证，增强办案透明度和监督公信力。

（检例第 101 号） 姚常龙等 5 人假冒注册商标案

要旨： 凡在我国合法注册且在有效期内的商标，商标所有人享有的商标专用权依法受我国法律保护。未经商标所有人许可，无论假冒商品是否销往境外，情节严重构成犯罪的，依法应予追诉。判断侵犯注册商标犯罪案件是否构成共同犯罪，应重点审查假冒商品生产者和销售者之间的意思联络情况、对假冒违法性的认知程度、对销售价格与正品价格差价的认知情况等因素综合判断。

第 216 条　【假冒专利罪】假冒他人专利，情节严重的，处三年以下有期徒刑或者拘役，并处或者单处罚金。

● **条文注释**　构成第 216 条规定之罪，必须具备以下条件：（1）行为人具有假冒他人专利的主观故意，并实施了该行为；（2）情节严重（依照"法释〔2004〕19 号"解释的相关规定进行界定）。另，根据《刑法》第 220 条的规定，单位也可以成为本罪的犯罪主体。

"专利"就是指专利权，是国家专利行政部门依据《专利法》授予专利申请人或其他权利继承人，在法定期限内对某个发明创造享有制造、使用或销售的专有权利，包括发明专利权、实用新型专利权以及外观设计专利权。它一经授予，任何单位、个人未经专利权人许可都不得实施其专利，即不得为生产经营目的，将他人专利用于生产、制造产品。根据《专利法》的规定，这里"许可"不是一般的口头同意，而是要签订专利许可合同。

"假冒他人专利"是指侵权人在自己产品上加上他人的专利标记和专利号，或使其与专利产品相类似，使公众认为该产品是他人的专利产品，以假乱真，侵害他人合法权利的行为。

需要注意的是：

（1）伪造或变造他人的专利证书、专利文件或者专利申请文件的，也属于"假冒他人专利"的行为。

（2）在自己产品上加上不存在的专利号，或者伪造不存在的专利证书、专利文件的，不能构成本罪；构成犯罪的，可以依照刑法的其他相关规定进行定罪处罚（如第 266 条诈骗罪、第 280 条伪造国家机关公文、证件罪等）。

● 相关规定　【法释〔2004〕19号】　最高人民法院、最高人民检察院关于办理侵犯知识产权刑事案件具体应用法律若干问题的解释（2004年11月2日最高人民法院审判委员会第1331次会议、2004年11月11日最高人民检察院第10届检察委员会第28次会议通过，2004年12月8日公布，2004年12月22日起施行）

第4条　假冒他人专利，具有下列情形之一的，属于刑法第216条规定的"情节严重"，应当以假冒专利罪判处3年以下有期徒刑或者拘役，并处或者单处罚金：

（一）非法经营数额在20万元以上或者违法所得数额在10万元以上的；

（二）给专利权人造成直接经济损失50万元以上的；

（三）假冒两项以上他人专利，非法经营数额在10万元以上或者违法所得数额在5万元以上的；

（四）其他情节严重的情形。

第10条　实施下列行为之一的，属于刑法第216条规定的"假冒他人专利"的行为：

（一）未经许可，在其制造或者销售的产品、产品的包装上标注他人专利号的；

（二）未经许可，在广告或者其他宣传材料中使用他人的专利号，使人将所涉及的技术误认为是他人专利技术的；

（三）未经许可，在合同中使用他人的专利号，使人将合同涉及的技术误认为是他人专利技术的；

（四）伪造或者变造他人的专利证书、专利文件或者专利申请文件的。

第12条　本解释所称"非法经营数额"，是指行为人在实施侵犯知识产权行为过程中，制造、储存、运输、销售侵权产品的价值。已销售的侵权产品的价值，按照实际销售的价格计算。制造、储存、运输和未销售的侵权产品的价值，按照标价或者已经查清的侵权产品的实际销售平均价格计算。侵权产品没有标价或者无法查清其实际销售价格的，按照被侵权产品的市场中间价格计算。

多次实施侵犯知识产权行为，未经行政处理或者刑事处罚的，非法经营数额、违法所得数额或者销售金额累计计算。

● 立案标准　【公通字〔2010〕23号】　最高人民检察院、公安部关于公安机关管辖的刑事案件立案追诉标准的规定（二）（2010年5月7日印发施行；2022年5月15日被公通字〔2022〕8号同名《规定》废止）

第72条［假冒专利案（刑法第216条）］　假冒他人专利，涉嫌下列情形之一的，应予立案追诉：

（一）非法经营数额在 20 万元以上或者违法所得数额在 10 万元以上的；

（二）给专利权人造成直接经济损失在 50 万元以上的；

（三）假冒两项以上他人专利，非法经营数额在 10 万元以上或者违法所得数额在 5 万元以上的；

（四）其他情节严重的情形。

第 91 条　本规定中的"以上"，包括本数。

第 217 条① 　【侵犯著作权罪】以营利为目的，有下列侵犯著作权或者与著作权有关的权利的情形之一，违法所得数额较大或者有其他严重情节的，处三年以下有期徒刑，并处或者单处罚金；违法所得数额巨大或者有其他特别严重情节的，处三年以上十年以下有期徒刑，并处罚金。

（一）未经著作权人许可，复制发行、通过信息网络向公众传播其文字作品、音乐、美术、视听作品、计算机软件及法律、行政法规规定的其他作品的；

（二）出版他人享有专有出版权的图书的；

（三）未经录音录像制作者许可，复制发行、通过信息网络向公众传播其制作的录音录像的；

（四）未经表演者许可，复制发行录有其表演的录音录像制品，或者通过信息网络向公众传播其表演的；

（五）制作、出售假冒他人署名的美术作品的；

（六）未经著作权人或者与著作权有关的权利人许可，故意避开或者破坏权利人为其作品、录音录像制品等采取的保护著作权或者与著作权有关的权利的技术措施的。

---

① 第 217 条原规定为："以营利为目的，有下列侵犯著作权情形之一，违法所得数额较大或者有其他严重情节的，处三年以下有期徒刑或者拘役，并处或者单处罚金；违法所得数额巨大或者有其他特别严重情节的，处三年以上七年以下有期徒刑，并处罚金：（一）未经著作权人许可，复制发行其文字作品、音乐、电影、电视、录像作品、计算机软件及其他作品的；（二）出版他人享有专有出版权的图书的；（三）未经录音录像制作者许可，复制发行其制作的录音录像的；（四）制作、出售假冒他人署名的美术作品的。" 2020 年 12 月 26 日第 13 届全国人大常委会第 24 次会议通过的《刑法修正案（十一）》（主席令第 66 号公布，2021 年 3 月 1 日起施行）扩大了保护的权利范围，并提高了量刑。

> **第218条**[①] 【销售侵权复制品罪】以营利为目的,销售明知是本法第二百一十七条规定的侵权复制品,违法所得数额巨大或者有其他严重情节的,处五年以下有期徒刑,并处或者单处罚金。

● **条文注释** 第217条、第218条是针对侵犯著作权等相关犯罪行为的处罚规定。"著作权"是法律赋予作者因创作文学、艺术和科学作品而享有的专有权利。根据《著作权法》的规定,著作权包括人身权(发表权、署名权、保护作品完整权)和财产权(复制权、发行权、出租权、展览权、表演权、放映权、播放权、信息网络传播权、摄制权、改编权、翻译权、修改权、追续权,以及应当由著作权人享有的其他权利)。

构成第217条规定之罪必须具备以下条件:(1)行为人具有侵犯他人著作权的主观故意,并实施了第217条规定的6种行为;(2)行为人是以营利为目的;(3)违法所得数额较大,或者情节严重。另,根据《刑法》第220条的规定,单位也可以成为本罪的犯罪主体。

构成第218条规定之罪必须具备以下条件:(1)行为人具有销售侵权复制品的主观故意,并实施了该行为;(2)行为人是以营利为目的;(3)违法所得数额巨大或有其他严重情节。另,根据《刑法》第220条的规定,单位也可以成为本罪的犯罪主体。

这里的"作品"包括文字作品,口述作品,音乐、戏剧、曲艺、舞蹈、杂技艺术作品,美术、摄影作品,实用艺术作品,建筑作品、模型作品,电影、电视、录像等视听作品,地图、示意图、工程设计、产品设计图纸及其说明等图形作品,计算机程序作品以及其他文学、艺术和科学作品。"复制"是指以印刷、复印、临摹、拓印、录音、录像、翻录、翻拍等方式,将作品制作成一份或多份的行为;"发行"既包括通过批发、出售、出租、展销等方式提供作品的复制品,也包括通过广告、征订等方式推销作品的复制品,还包括总发行以及通过信息网络传播等活动。

"追续权"是指美术作品、摄影作品的原件或者作家、作曲家的手稿首次转让后,作者或者其继承人、受遗赠人对该原件或手稿的每一次转售享有分享收

[①] 第218条原规定为:"以营利为目的,销售明知是本法第二百一十七条规定的侵权复制品,违法所得数额巨大的,处三年以下有期徒刑或者拘役,并处或者单处罚金。" 2020年12月26日第13届全国人大常委会第24次会议通过的《刑法修正案(十一)》(主席令第66号公布,2021年3月1日起施行)增加了入罪的情节条件,并提高了量刑。

益的权利，追续权不得转让或放弃。"专有出版权"是指图书出版者依据其与著作权人之间订立的出版合同而享有独家出版权。"美术作品"是指绘画、书法、雕塑等以线条、色彩或其他方式构成的有审美意义的平面或立体的造型艺术作品。

需要注意的是：

（1）"以营利为目的"是区分罪与非罪的界限。如果复制他人作品供教学、科研之用，或供个人观赏、学习等，没有将其作为商品投入商品的流通领域，则不属于以营利为目的，不构成犯罪。

（2）非法出版、复制、发行他人作品，侵犯著作权构成犯罪的，应当依照第217条的规定，以"侵犯著作权罪"定罪处罚，而不依照《刑法》第225条的规定以"非法经营罪"定罪处罚。①

（3）对于第217条、第218条规定中有关情节的界定标准，"法释〔1998〕30号""法释〔2004〕19号""法释〔2007〕6号""法发〔2011〕3号"等许多司法解释和司法解释性文件中都有相关的规定，在司法实践中一定要仔细辨析，准确适用。

（4）《刑法修正案（十一）》施行后，第217条第二档刑期的最高刑由7年变为10年，相应的刑事追诉期限由10年变成15年；第218条的最高刑由3年变为5年，相应的刑事追诉期限由5年变成10年。

● 相关规定　【法释〔1998〕30号】　最高人民法院关于审理非法出版物刑事案件具体应用法律若干问题的解释（1998年12月11日最高人民法院审判委员会第1032次会议通过，1998年12月17日公布，1998年12月23日起施行）

第2条　以营利为目的，实施刑法第217条所列侵犯著作权行为之一，个人违法所得数额在5万元以上，单位违法所得数额在20万元以上的，属于"违法所得数额较大"；具有下列情形之一的，属于"有其他严重情节"：

（一）因侵犯著作权曾经两次以上被追究行政责任或者民事责任，两年内又实施刑法第217条所列侵犯著作权行为之一的；

（二）个人非法经营数额在20万元以上，单位非法经营数额在100万元以上的；

（三）造成其他严重后果的。

---

① 见最高人民法院、最高人民检察院、公安部2011年1月10日印发的《关于办理侵犯知识产权刑事案件适用法律若干问题的意见》（法发〔2011〕3号）第12条第2款。

以营利为目的，实施刑法第 217 条所列侵犯著作权行为之一，个人违法所得数额在 20 万元以上，单位违法所得数额在 100 万元以上的，属于"违法所得数额巨大"；具有下列情形之一的，属于"有其他特别严重情节"：

（一）个人非法经营数额在 100 万元以上，单位非法经营数额在 500 万元以上的；

（二）造成其他特别严重后果的。

第 3 条 刑法第 217 条第 1 项中规定的"复制发行"，是指行为人以营利为目的，未经著作权人许可而实施的复制、发行或者既复制又发行其文字作品、音乐、电影、电视、录像作品、计算机软件及其他作品的行为。

第 4 条 以营利为目的，实施刑法第 218 条规定的行为，个人违法所得数额在 10 万元以上，单位违法所得数额在 50 万元以上的，依照刑法第 218 条的规定，以销售侵权复制品罪定罪处罚。

第 5 条 实施刑法第 217 条规定的侵犯著作权行为，又销售该侵权复制品，违法所得数额巨大的，只定侵犯著作权罪，不实行数罪并罚。

实施刑法第 217 条规定的侵犯著作权的犯罪行为，又明知是他人的侵权复制品而予以销售，构成犯罪的，应当实行数罪并罚。

第 16 条 出版单位与他人事前通谋，向其出售、出租或者以其他形式转让该出版单位的名称、书号、刊号、版号，他人实施本解释第 2 条、第 4 条、第 8 条、第 9 条、第 10 条、第 11 条规定的行为，构成犯罪的，对该出版单位应当以共犯论处。

第 17 条 本解释所称"经营数额"，是指以非法出版物的定价数额乘以行为人经营的非法出版物数量所得的数额。

本解释所称"违法所得数额"，是指获利数额。

非法出版物没有定价或者以境外货币定价的，其单价数额应当按照行为人实际出售的价格认定。

【法释〔2004〕19 号】 最高人民法院、最高人民检察院关于办理侵犯知识产权刑事案件具体应用法律若干问题的解释（2004 年 11 月 2 日最高人民法院审判委员会第 1331 次会议、2004 年 11 月 11 日最高人民检察院第 10 届检察委员会第 28 次会议通过，2004 年 12 月 8 日公布，2004 年 12 月 22 日起施行）

第 5 条 以营利为目的，实施刑法第 217 条所列侵犯著作权行为之一，违法所得数额在 3 万元以上的，属于"违法所得数额较大"；具有下列情形之一的，属于"有其他严重情节"，应当以侵犯著作权罪判处 3 年以下有期徒刑或者拘

役，并处或者单处罚金：①

（一）非法经营数额在 5 万元以上的；

（二）未经著作权人许可，复制发行其文字作品、音乐、电影、电视、录像作品、计算机软件及其他作品，复制品数量合计在 1000 张（份）以上的；

（三）其他严重情节的情形。

以营利为目的，实施刑法第 217 条所列侵犯著作权行为之一，违法所得数额在 15 万元以上的，属于"违法所得数额巨大"；具有下列情形之一的，属于"有其他特别严重情节"，应当以侵犯著作权罪判处 3 年以上 7 年以下有期徒刑，并处罚金：

（一）非法经营数额在 25 万元以上的；

（二）未经著作权人许可，复制发行其文字作品、音乐、电影、电视、录像作品、计算机软件及其他作品，复制品数量合计在 5000 张（份）以上的；

（三）其他特别严重情节的情形。

第 6 条　以营利为目的，实施刑法第 218 条规定的行为，违法所得数额在 10 万元以上的，属于"违法所得数额巨大"，应当以销售侵权复制品罪判处 3 年以下有期徒刑或者拘役，并处或者单处罚金。

第 11 条　以刊登收费广告等方式直接或者间接收取费用的情形，属于刑法第 217 条规定的"以营利为目的"。刑法第 217 条规定的"未经著作权人许可"，是指没有得到著作权人授权或者伪造、涂改著作权人授权许可文件或者超出授权许可范围的情形。

通过信息网络向公众传播他人文字作品、音乐、电影、电视、录像作品、计算机软件及其他作品的行为，应当视为刑法第 217 条规定的"复制发行"。

第 12 条　本解释所称"非法经营数额"，是指行为人在实施侵犯知识产权行为过程中，制造、储存、运输、销售侵权产品的价值。已销售的侵权产品的价值，按照实际销售的价格计算。制造、储存、运输和未销售的侵权产品的价值，按照标价或者已经查清的侵权产品的实际销售平均价格计算。侵权产品没有标价或者无法查清其实际销售价格的，按照被侵权产品的市场中间价格计算。

多次实施侵犯知识产权行为，未经行政处理或者刑事处罚的，非法经营数额、违法所得数额或者销售金额累计计算。

第 14 条　实施刑法第 217 条规定的侵犯著作权犯罪，又销售该侵权复制品，

---

① 注：《最高人民法院、最高人民检察院关于办理侵犯知识产权刑事案件具体应用法律若干问题的解释（二）》对"法释〔2004〕19 号"的第 5 条第 1 款第 2 项、第 2 款第 2 项进行了修改。

构成犯罪的,应当依照刑法第217条的规定,以侵犯著作权罪定罪处罚。

实施刑法第217条规定的侵犯著作权犯罪,又销售明知是他人的侵权复制品,构成犯罪的,应当实行数罪并罚。

【法释〔2005〕12号】　最高人民法院、最高人民检察院关于办理侵犯著作权刑事案件中涉及录音录像制品有关问题的批复（2005年9月26日最高人民法院审判委员会第1365次会议、最高人民检察院第10届检察委员会第39次会议通过,2005年10月18日公布施行）

以营利为目的,未经录音录像制作者许可,复制发行其制作的录音录像制品的行为,复制品的数量标准分别适用《最高人民法院、最高人民检察院关于办理侵犯知识产权刑事案件具体应用法律若干问题的解释》第5条第1款第（二）项、第2款第（二）项的规定。①

未经录音录像制作者许可,通过信息网络传播其制作的录音录像制品的行为,应当视为刑法第217条第（三）项规定的"复制发行"。

【法释〔2007〕6号】　最高人民法院、最高人民检察院关于办理侵犯知识产权刑事案件具体应用法律若干问题的解释（二）（2007年4月4日最高人民法院审判委员会第1422次会议、最高人民检察院第10届检察委员会第75次会议通过,2007年4月5日公布施行）

第1条　以营利为目的,未经著作权人许可,复制发行其文字作品、音乐、电影、电视、录像作品、计算机软件及其他作品,复制品数量合计在500张（份）以上的,属于刑法第217条规定的"有其他严重情节";复制品数量在2500张（份）以上的,属于刑法第217条规定的"有其他特别严重情节"。

第2条　刑法第217条侵犯著作权罪中的"复制发行",包括复制、发行或者既复制又发行的行为。

侵权产品的持有人通过广告、征订等方式推销侵权产品的,属于刑法第217条规定的"发行"。

非法出版、复制、发行他人作品,侵犯著作权构成犯罪的,按照侵犯著作权罪定罪处罚。

第7条　以前发布的司法解释与本解释不一致的,以本解释为准。

---

① 注:《最高人民法院、最高人民检察院关于办理侵犯知识产权刑事案件具体应用法律若干问题的解释》第5条第1款第2项、第2款第2项的规定已经被《最高人民法院、最高人民检察院关于办理侵犯知识产权刑事案件具体应用法律若干问题的解释（二）》（法释〔2007〕6号,2007年4月5日公布施行）第1条所替代。

【权司〔2010〕145号】　国家版权局版权管理司关于就网上影视复制品数量计算问题征求意见的复函（2010年9月20日答复公安部经济犯罪侦查局"公经知产〔2010〕76号"征求意见函）

关于计算网络传播侵权电影、电视剧的数量，应当考虑电影作品和电视剧作品的不同性质。电影作品通常以一部为一独立作品，因此，一部电影作品以一部作品计算。一部电视剧通常由数十集组成，无论从作品的长度还是艺术创作形式以及生产方式上都不同于电影作品，因此不应按照电影作品计算作品数量，而应以每部可单独利用的单集电视剧作为一部作品计算。以上电影作品和电视剧作品的计算方法也适用于其他可独立利用的版权保护的作品。

【公经〔2010〕663号】　公安部经济犯罪侦查局关于对"××视频"网站涉嫌侵犯著作权案如何适用法律问题的批复（2010年11月2日答复北京市公安局经侦总队"经侦办字〔2010〕300号"请示）①

一、根据最高人民法院、最高人民检察院《关于办理侵犯知识产权刑事案件具体应用法律若干问题的解释（二）》（法释〔2007〕6号）、《关于办理侵犯著作权刑事案件中涉及录音录像制品有关问题的批复》（法释〔2005〕12号）等有关规定，以营利为目的，未经著作权人许可，通过信息网络向公众提供他人影视作品下载或在线观看，侵权影视作品数量合计在五百份以上的，以侵犯著作权罪定罪处罚。其中，包含一部及以上电影，或一集及以上电视剧的一个视频文件为一份。

二、根据最高人民法院、最高人民检察院《关于办理侵犯知识产权刑事案件具体应用法律若干问题的解释》（法释〔2004〕19号）等有关规定，通过信息网络向公众提供侵权影视作品下载或在线观看，以刊登收费广告等方式直接或间接收取的费用，应当计入违法所得数额、非法经营数额等犯罪数额。

有关广告在侵权影视作品及非侵权作品中均有刊登的，或者刊登广告的网页上同时提供侵权影视作品和其他非侵权作品的，应当根据广告刊登方式、刊登位置、收费方式等因素合理确定其犯罪数额。无法查清的，可以参照有关广告费用乘以广告在侵权影视作品中播放、显示的次数占全部广告播放、显示次

---

① 注：2010年10月18日，公安部经济犯罪侦查局发出"公经知产〔2010〕86号"函，就网上影视复制品数量计算等问题，向最高人民法院刑事审判第二庭、最高人民检察院侦查监督厅、公诉厅、研究室，以及公安部治安局、网安局、法制局等部门征求意见；2010年10月21日最高人民法院刑二庭回复"刑二函字〔2010〕第115号"《复函》、2010年10月25日最高人民检察院侦监厅、公诉厅分别回复《答复函》，同意公安部经侦局提出的意见。

数的比例所得之积计算；或者参照有关广告费用乘以侵权影视作品的实际被点击次数占有关作品、网页实际被点击总次数的比例所得之积计算。上述方法均无法计算的，对于以播放影视作品为主的视频网站，可以参照有关广告费用乘以侵权影视作品占网站所有影视作品的比例所得之积计算。

【法发〔2011〕3号】 最高人民法院、最高人民检察院、公安部关于办理侵犯知识产权刑事案件适用法律若干问题的意见（2011年1月10日印发）

十、关于侵犯著作权犯罪案件"以营利为目的"的认定问题

除销售外，具有下列情形之一的，可以认定为"以营利为目的"：

（一）以在他人作品中刊登收费广告、捆绑第三方作品等方式直接或者间接收取费用的；

（二）通过信息网络传播他人作品，或者利用他人上传的侵权作品，在网站或者网页上提供刊登收费广告服务，直接或者间接收取费用的；

（三）以会员制方式通过信息网络传播他人作品，收取会员注册费或者其他费用的；

（四）其他利用他人作品牟利的情形。

十一、关于侵犯著作权犯罪案件"未经著作权人许可"的认定问题

"未经著作权人许可"一般应当依据著作权人或者其授权的代理人、著作权集体管理组织、国家著作权行政管理部门指定的著作权认证机构出具的涉案作品版权认证文书，或者证明出版者、复制发行者伪造、涂改授权许可文件或者超出授权许可范围的证据，结合其他证据综合予以认定。

在涉案作品种类众多且权利人分散的案件中，上述证据确实难以一一取得，但有证据证明涉案复制品系非法出版、复制发行的，且出版者、复制发行者不能提供获得著作权人许可的相关证明材料的，可以认定为"未经著作权人许可"。但是，有证据证明权利人放弃权利、涉案作品的著作权不受我国著作权法保护，或者著作权保护期限已经届满的除外。

十二、关于刑法第217条规定的"发行"的认定及相关问题

"发行"，包括总发行、批发、零售、通过信息网络传播以及出租、展销等活动。①

非法出版、复制、发行他人作品，侵犯著作权构成犯罪的，按照侵犯著作

---

① 注：此《解释》导致第217条第（一）项中"复制发行"的内容涵盖了《刑法》第218条规定的内容，法条竞合的结果就是第218条规定名存实亡（侵犯著作权罪处于特别法地位，销售侵权复制品罪处于一般法地位）。因此，两高的该《解释》属于错误解释。

权罪定罪处罚，不认定为非法经营罪等其他犯罪。

十三、关于通过信息网络传播侵权作品行为的定罪处罚标准问题

以营利为目的，未经著作权人许可，通过信息网络向公众传播他人文字作品、音乐、电影、电视、美术、摄影、录像作品、录音录像制品、计算机软件及其他作品，具有下列情形之一的，属于刑法第217条规定的"其他严重情节"：

（一）非法经营数额在5万元以上的；

（二）传播他人作品的数量合计在500件（部）以上的；

（三）传播他人作品的实际被点击数达到5万次以上的；

（四）以会员制方式传播他人作品，注册会员达到1000人以上的；

（五）数额或者数量虽未达到第（一）项至第（四）项规定标准，但分别达到其中两项以上标准一半以上的；

（六）其他严重情节的情形。

实施前款规定的行为，数额或者数量达到前款第（一）项至第（五）项规定标准5倍以上的，属于刑法第217条规定的"其他特别严重情节"。

【法发〔2011〕18号】　最高人民法院关于充分发挥知识产权审判职能作用推动社会主义文化大发展大繁荣和促进经济自主协调发展若干问题的意见（2011年12月16日印发）

7. ……既不能把技术所带来的侵权后果无条件地归责于技术提供者，窒息技术创新和发展；也不能将技术中立绝对化，简单地把技术中立作为不适当免除侵权责任的挡箭牌。对于具有实质性非侵权商业用途的技术，严格把握技术提供者承担连带责任的条件，不能推定技术提供者应知具体的直接侵权行为的存在，其只在具备其他帮助或者教唆行为的条件下才与直接侵权人承担连带责任；对于除主要用于侵犯著作权外不具有其他实质性商业用途的技术，可以推定技术提供者应知具体的直接侵权行为的存在，其应与直接侵权人承担连带责任。

最高人民法院研究室关于制作、销售网络游戏外挂程序如何处理问题的研究意见[①]

网络游戏外挂程序本身并不破坏网络游戏运行系统，对于社会主义市场经济秩序和社会秩序的危害程度也有限。因此，对于制作、销售网络游戏外挂程序的行为，要全面综合判断行为的社会危害性，秉持刑法的谦抑性，慎用刑事

---

① 最高人民法院研究室编：《司法研究与指导》（总第2辑），人民法院出版社2012年版，第110页。

制裁手段。对于社会危险性严重、确需追究刑事责任的制作、销售互联网游戏外挂程序行为，也应妥善选择适用罪名。

制作、销售网络游戏外挂程序的行为基本符合侵犯著作权罪所规定的"复制发行"的要求，可以认定为侵犯著作权罪。外挂程序通过破坏网络游戏的技术保护措施进入游戏服务器系统，但未达到控制计算机信息系统的程度；虽然干扰了游戏系统的正常运行，但不会造成网络游戏系统自身不能正常运行，故不宜认定为非法控制计算机信息系统罪或破坏计算机信息系统罪。制作、销售网络游戏外挂程序的行为主要是影响了网络游戏经营者的利益，并没有严重扰乱市场秩序，因此不能以非法经营罪追究刑事责任，以避免非法经营罪的适用范围不当扩大，成为新的"口袋罪"。

【苏高法〔2013〕275号】 江苏省高级人民法院、江苏省人民检察院、江苏省公安厅关于知识产权刑事案件适用法律若干问题的讨论纪要（2012年11月22日至23日在淮安市召开，2013年10月18日印发）

十一、关于对"私服"、"外挂"行为罪名认定的理解

（一）私服的罪名认定。以牟利为目的，未经许可或授权，私自架设服务器，使用他人享有著作权的互联网游戏作品进行运营，同时符合刑法规定侵犯著作权罪其他构成要件的，一般认定为侵犯著作权罪。

明知是私服经营者，而为其提供互联网接入、服务器托管、网络存储空间、通讯传输通道、代收费、费用结算、私服架设、广告发布等服务的，以侵犯著作权罪共犯论处。

具有下列情形之一的，应当认定行为人"明知"，但是有证据证明确实不知道的除外：1. 行政主管机关书面告知后仍然实施上述行为的；2. 接到举报后仍然实施上述行为的；3. 为私服经营者提供互联网接入、服务器托管、网络存储空间、通讯传输通道、代收费、费用结算、私服架设、广告发布等服务，收取服务费明显高于市场价格的；4. 以开办专门网站、建立网络群组、发帖等形式，在互联网上宣称为私服经营者提供互联网接入、服务器托管、网络存储空间、通讯传输通道、代收费、费用结算、私服架设、广告发布等服务的；5. 其他能够认定行为人明知的情形。

（二）外挂的罪名认定。未经许可或授权，破坏互联网游戏作品的技术保护措施、修改作品数据进行挂接运营的，鉴于此种行为侵犯的是著作权人的作品修改权，一般不属于刑法所规定的侵犯著作权罪的调整范围，可以考虑是否构成非法经营罪等其他犯罪。

十二、关于对雇员参与侵犯知识产权犯罪的定罪处罚问题的理解

雇员在明知的情况下,参与雇主实施的知识产权犯罪的,应当认定为共犯,根据其在共同犯罪中所起的作用追究其刑事责任,情节轻微的可以依法不起诉或者免予刑事处罚。对于只是为了获取工资报酬,没有参与犯罪的主要活动,情节显著轻微、危害不大的,可以不作为犯罪处理。

【法释〔2020〕10号】 最高人民法院、最高人民检察院关于办理侵犯知识产权刑事案件具体应用法律若干问题的解释(三)(2020年8月31日最高人民法院审判委员会第1811次会议、2020年8月21日最高人民检察院第13届检察委员会第48次会议通过,2020年9月12日公布,2020年9月14日起施行)

第2条 在刑法第217条规定的作品、录音制品上以通常方式署名的自然人、法人或者非法人组织,应当推定为著作权人或者录音制作者,且该作品、录音制品上存在着相应权利,但有相反证明的除外。

在涉案作品、录音制品种类众多且权利人分散的案件中,有证据证明涉案复制品系非法出版、复制发行,且出版者、复制发行者不能提供获得著作权人、录音制作者许可的相关证据材料的,可以认定为刑法第217条规定的"未经著作权人许可""未经录音制作者许可"。但是,有证据证明权利人放弃权利、涉案作品的著作权或者录音制品的有关权利不受我国著作权法保护、权利保护期限已经届满的除外。

第10条 对于侵犯知识产权犯罪的,应当综合考虑犯罪违法所得数额、非法经营数额、给权利人造成的损失数额、侵权假冒物品数量及社会危害性等情节,依法判处罚金。

罚金数额一般在违法所得数额的1倍以上5倍以下确定。违法所得数额无法查清的,罚金数额一般按照非法经营数额的50%以上1倍以下确定。违法所得数额和非法经营数额均无法查清,判处3年以下有期徒刑、拘役、管制或者单处罚金的,一般在3万元以上100万元以下确定罚金数额;判处3年以上有期徒刑的,一般在15万元以上500万元以下确定罚金数额。

● 立案标准 最高人民检察院、公安部关于公安机关管辖的刑事案件立案追诉标准的规定(一)(公通字〔2008〕36号,2008年6月25日公布施行)

第26条 [侵犯著作权案(刑法第217条)] 以营利为目的,未经著作权人许可,复制发行其文字作品、音乐、电影、电视、录像作品、计算机软件及其他作品,或者出版他人享有专有出版权的图书,或者未经录音录像制作者许

可，复制发行其制作的录音录像，或者制作、出售假冒他人署名的美术作品，涉嫌下列情形之一的，应予立案追诉：

（一）违法所得数额 3 万元以上的；

（二）非法经营数额 5 万元以上的；

（三）未经著作权人许可，复制发行其文字作品、音乐、电影、电视、录像作品、计算机软件及其他作品，复制品数量合计 500 张（份）以上的；

（四）未经录音录像制作者许可，复制发行其制作的录音录像制品，复制品数量合计 500 张（份）以上的；

（五）其他情节严重的情形。

以刊登收费广告等方式直接或者间接收取费用的情形，属于本条规定的"以营利为目的"。

本条规定的"未经著作权人许可"，是指没有得到著作权人授权或者伪造、涂改著作权人授权许可文件或者超出授权许可范围的情形。

本条规定的"复制发行"，包括复制、发行或者既复制又发行的行为。

通过信息网络向公众传播他人文字作品、音乐、电影、电视、录像作品、计算机软件及其他作品，或者通过信息网络传播他人制作的录音录像制品的行为，应当视为本条规定的"复制发行"。

侵权产品的持有人通过广告、征订等方式推销侵权产品的，属于本条规定的"发行"。

本条规定的"非法经营数额"，是指行为人在实施侵犯知识产权行为过程中，制造、储存、运输、销售侵权产品的价值。已销售的侵权产品的价值，按照实际销售的价格计算。制造、储存、运输和未销售的侵权产品的价值，按照标价或者已经查清的侵权产品的实际销售平均价格计算。侵权产品没有标价或者无法查清其实际销售价格的，按照被侵权产品的市场中间价格计算。

第 27 条 [销售侵权复制品案（刑法第 218 条）] 以营利为目的，销售明知是刑法第 217 条规定的侵权复制品，涉嫌下列情形之一的，应予立案追诉：

（一）违法所得数额 10 万元以上的；

（二）违法所得数额虽未达到上述数额标准，但尚未销售的侵权复制品货值金额达到 30 万元以上的。

第 101 条 本规定中的"以上"，包括本数。

● 指导案例 【高检发办字〔2021〕7 号】 关于印发最高人民检察院第 26 批指导性案例的通知（2021 年 2 月 8 日）

（检例第 100 号）陈力等 8 人侵犯著作权案

要旨： 办理网络侵犯视听作品著作权犯罪案件，应注意及时提取、固定和保全相关电子数据，并围绕客观性、合法性、关联性要求对电子数据进行全面审查。对涉及众多作品的案件，在认定"未经著作权人许可"时，应围绕涉案复制品是否系非法出版、复制发行且被告人能否提供获得著作权人许可的相关证明材料进行审查。

第 219 条 【侵犯商业秘密罪】 有下列侵犯商业秘密行为之一，情节严重的，处三年以下有期徒刑，并处或者单处罚金；情节特别严重的，处三年以上十年以下有期徒刑，并处罚金：

（一）以盗窃、贿赂、欺诈、胁迫、电子侵入或者其他不正当手段获取权利人的商业秘密的；

（二）披露、使用或者允许他人使用以前项手段获取的权利人的商业秘密的；

（三）违反保密义务或者违反权利人有关保守商业秘密的要求，披露、使用或者允许他人使用其所掌握的商业秘密的。[①]

明知前款所列行为，获取、披露、使用或者允许他人使用该商业秘密的，以侵犯商业秘密论。[②]

本条所称商业秘密，是指不为公众所知悉，能为权利人带来经济利益，具有实用性并经权利人采取保密措施的技术信息和经营信息。[③]

本条所称权利人，是指商业秘密的所有人和经商业秘密所有人许可的商业秘密使用人。

[①] 本条规定原为："有下列侵犯商业秘密行为之一，给商业秘密的权利人造成重大损失的，处三年以下有期徒刑或者拘役，并处或者单处罚金；造成特别严重后果的，处三年以上七年以下有期徒刑，并处罚金：（一）以盗窃、利诱、胁迫或者其他不正当手段获取权利人的商业秘密的；（二）披露、使用或者允许他人使用以前项手段获取的权利人的商业秘密的；（三）违反约定或者违反权利人有关保守商业秘密的要求，披露、使用或者允许他人使用其所掌握的商业秘密的。" 2020 年 12 月 26 日第 13 届全国人大常委会第 24 次会议通过的《刑法修正案（十一）》（主席令第 66 号公布，2021 年 3 月 1 日起施行）修改了构罪条件，并提高了量刑。

[②] 本款规定由《刑法修正案（十一）》（2020 年 12 月 26 日第 13 届全国人大常委会第 24 次会议通过，主席令第 66 号公布）修改，2021 年 3 月 1 日起施行。原规定为："明知或者应知前款所列行为，获取、使用或者披露他人的商业秘密的，以侵犯商业秘密论。"

[③] 本款规定被《刑法修正案（十一）》（2020 年 12 月 26 日第 13 届全国人大常委会第 24 次会议通过，主席令第 66 号公布）删除，2021 年 3 月 1 日起施行。

> **第219条之一**[1] 【为境外窃取、刺探、收买、非法提供商业秘密罪】[2] 为境外的机构、组织、人员窃取、刺探、收买、非法提供商业秘密的,处五年以下有期徒刑,并处或者单处罚金;情节严重的,处五年以上有期徒刑,并处罚金。

● **条文注释** 构成第219条规定之罪,必须具备以下条件:(1)行为人具有侵犯商业秘密的主观故意;(2)行为人实施了第219条第1款、第2款规定的4种行为;(3)情节严重。

第219条第1款规定了3种侵犯商业秘密的行为:(1)以不正当手段获取商业秘密的行为;(2)对上述(以不正当手段获取的)商业秘密进行披露、使用或转授他人的行为;(3)对正当途径获取的商业秘密进行披露、使用或转授他人的行为。第2款规定了明知属于上述3种情形的商业秘密,仍然进行获取、披露、使用或转授他人的行为。根据《反不正当竞争法》的规定,以上4种行为都属于侵犯商业秘密的行为。

第219条之一规定了为境外单位和人员非法获取和提供商业秘密的行为。对境外"机构""组织"和"人员"的理解,参考本书关于《刑法》第111条的注释。

商业秘密包括技术信息(技术配方、技术诀窍、工艺流程等)和经营信息(采取何种经营方式等重大经营决策以及与自己有业务往来的客户情况等)。

需要注意的是,构成商业秘密应当满足3个条件:(1)权利人对其采取了保密措施,防止外人轻易获取;(2)该信息必须具有一定的经济价值,能给权利人带来经济效益;(3)该信息不为公众所知,只限于一部分人知道。如果通过其他资料就可以轻易获得的信息,则不能认为是商业秘密。

● **相关规定** 【高检办发〔2002〕14号】 **最高人民检察院办公厅关于对合同诈骗、侵犯知识产权等经济犯罪案件依法正确适用逮捕措施的通知**(2002年5月22日印发)

二、要严格区分经济犯罪与经济纠纷的界限。经济犯罪案件具有案情较复

---

[1] 第219条之一由《刑法修正案(十一)》(2020年12月26日第13届全国人大常委会第24次会议通过,主席令第66号公布)增设,2021年3月1日起施行。

[2] 注:本罪名由《最高人民法院、最高人民检察院关于执行〈中华人民共和国刑法〉确定罪名的补充规定(七)》(法释〔2021〕2号,最高人民法院审判委员会第1832次会议、最高人民检察院第13届检察委员会第63次会议通过)增设,2021年3月1日执行。

杂，犯罪与经济纠纷往往相互交织在一起，罪与非罪的界限不易区分的特点。认定经济犯罪，必须严格依照刑法规定的犯罪基本特征和犯罪构成要件，从行为的社会危害性、刑事违法性、应受惩罚性几个方面综合考虑。各级检察机关在审查批捕工作中，要严格区分经济犯罪与经济纠纷的界限，尤其要注意区分合同诈骗罪与合同违约、债务纠纷的界限，以及商业秘密与进入公知领域的技术信息、经营信息的界限，做到慎重稳妥，不枉不纵，依法打击犯罪者，保护无辜者，实现法律效果和社会效果的统一。不能把履行合同中发生的经济纠纷作为犯罪处理；对于造成本地企业利益受到损害的行为，要具体分析，不能一概作为犯罪处理，防止滥用逮捕权。对于合同和知识产权纠纷中，当事双方主体真实有效，行为客观存在，罪与非罪难以辨别，当事人可以行使民事诉讼权利的，更要慎用逮捕权。

【法释〔2004〕19号】　最高人民法院、最高人民检察院关于办理侵犯知识产权刑事案件具体应用法律若干问题的解释（2004年11月2日最高人民法院审判委员会第1331次会议、2004年11月11日最高人民检察院第10届检察委员会第28次会议通过，2004年12月8日公布，2004年12月22日起施行）

第7条①　实施刑法第219条规定的行为之一，给商业秘密的权利人造成损失数额在50万元以上的，属于"给商业秘密的权利人造成重大损失"，应当以侵犯商业秘密罪判处3年以下有期徒刑或者拘役，并处或者单处罚金。

给商业秘密的权利人造成损失数额在250万元以上的，属于刑法第219条规定的"造成特别严重后果"，应当以侵犯商业秘密罪判处3年以上7年以下有期徒刑，并处罚金。

【法发〔2011〕18号】　最高人民法院关于充分发挥知识产权审判职能作用推动社会主义文化大发展大繁荣和促进经济自主协调发展若干问题的意见（2011年12月16日印发）

25.……权利人提供了证明秘密性的优势证据或者对其主张的商业秘密信息与公有领域信息的区别点作出充分合理的解释或者说明的，可以认定秘密性成立。商业秘密权利人提供证据证明被诉当事人的信息与其商业秘密相同或者实质相同且被诉当事人具有接触或者非法获取该商业秘密的条件，根据案件具体情况或者已知事实以及日常生活经验，能够认定被诉当事人具有采取不正当手

---

① 注：知识产权刑事案件解释（三）（法释〔2020〕10号，2020年9月14日起施行）修改了本条规定。

段的较大可能性,可以推定被诉当事人采取不正当手段获取商业秘密的事实成立,但被诉当事人能够证明其通过合法手段获得该信息的除外……妥善处理商业秘密民事侵权诉讼程序与刑事诉讼程序的关系,既注意两种程序的关联性,又注意其相互独立性,在依法保护商业秘密的同时,也要防止经营者恶意启动刑事诉讼程序干扰和打压竞争对手。

26.……职工在工作中掌握和积累的知识、经验和技能,除属于单位的商业秘密的情形外,构成其人格的组成部分,职工离职后有自主利用的自由……妥善处理商业秘密保护和竞业限制协议的关系,竞业限制协议以可保护的商业秘密存在为前提,但两者具有不同的法律依据和行为表现,违反竞业限制义务不等于侵犯商业秘密,竞业限制的期限也不等于保密期限……

【公经知产〔2013〕299号】 公安部经济犯罪侦查局关于对侵犯商业秘密案件如何计算权利人损失问题的批复(经"公经知产〔2013〕268号"函征询最高人民法院刑事审判第二庭、最高人民检察院侦查监督厅的意见,2013年9月11日答复江苏省公安厅经侦总队"苏公经〔2013〕525号"请示)

对于侵犯技术信息的商业秘密刑事案件,行为人已将权利人商业秘密用于生产侵权产品的,在计算权利人损失数额时,可以参照商业秘密、专利民事司法解释中规定的损害赔偿额的计算方法进行。侵犯商业秘密的产品系另一产品的零部件的,应当根据该侵犯商业秘密的产品本身的价值及其在实现整个成品利润中的作用等因素合理确定权利人的损失数额。

【主席令〔2017〕77号】 中华人民共和国反不正当竞争法(2017年11月4日第12届全国人大常委会第30次会议修订,主席令第77号公布,2018年1月1日起施行;2019年4月23日第13届全国人大常委会第10次会议修正)

第9条 经营者不得实施下列侵犯商业秘密的行为:

(一)以盗窃、贿赂、欺诈、胁迫、电子侵入或者其他不正当手段获取权利人的商业秘密;

(二)披露、使用或者允许他人使用以前项手段获取的权利人的商业秘密;

(三)违反保密义务或者违反权利人有关保守商业秘密的要求,披露、使用或者允许他人使用其所掌握的商业秘密;

(四)教唆、引诱、帮助他人违反保密义务或者违反权利人有关保守商业秘密的要求,获取、披露、使用或者允许他人使用权利人的商业秘密。

经营者以外的其他自然人、法人和非法人组织实施前款所列违法行为的,视为侵犯商业秘密。

第三人明知或者应知商业秘密权利人的员工、前员工或者其他单位、个人实施本条第 1 款所列违法行为，仍获取、披露、使用或者允许他人使用该商业秘密的，视为侵犯商业秘密。

本法所称的商业秘密，是指不为公众所知悉、具有商业价值并经权利人采取相应保密措施的技术信息、经营信息等商业信息。

第 32 条　在侵犯商业秘密的民事审判程序中，商业秘密权利人提供初步证据，证明其已经对所主张的商业秘密采取保密措施，且合理表明商业秘密被侵犯，涉嫌侵权人应当证明权利人所主张的商业秘密不属于本法规定的商业秘密。

商业秘密权利人提供初步证据合理表明商业秘密被侵犯，且提供以下证据之一的，涉嫌侵权人应当证明其不存在侵犯商业秘密的行为：

（一）有证据表明涉嫌侵权人有渠道或者机会获取商业秘密，且其使用的信息与该商业秘密实质上相同；

（二）有证据表明商业秘密已经被涉嫌侵权人披露、使用或者有被披露、使用的风险；

（三）有其他证据表明商业秘密被涉嫌侵权人侵犯。

【法释〔2020〕7 号】　最高人民法院关于审理侵犯商业秘密民事案件适用法律若干问题的规定（2020 年 8 月 24 日最高人民法院审判委员会第 1810 次会议通过，2020 年 9 月 10 日公布，2020 年 9 月 12 日起施行）

第 3 条　权利人请求保护的信息在被诉侵权行为发生时不为所属领域的相关人员普遍知悉和容易获得的，人民法院应当认定为反不正当竞争法第 9 条第 4 款所称的不为公众所知悉。

第 4 条　具有下列情形之一的，人民法院可以认定有关信息为公众所知悉：

（一）该信息在所属领域属于一般常识或者行业惯例的；

（二）该信息仅涉及产品的尺寸、结构、材料、部件的简单组合等内容，所属领域的相关人员通过观察上市产品即可直接获得的；

（三）该信息已经在公开出版物或者其他媒体上公开披露的；

（四）该信息已通过公开的报告会、展览等方式公开的；

（五）所属领域的相关人员从其他公开渠道可以获得该信息的。

将为公众所知悉的信息进行整理、改进、加工后形成的新信息，符合本规定第 3 条规定的，应当认定该新信息不为公众所知悉。

第 5 条　权利人为防止商业秘密泄露，在被诉侵权行为发生以前所采取的合理保密措施，人民法院应当认定为反不正当竞争法第 9 条第 4 款所称的相应保密措施。

人民法院应当根据商业秘密及其载体的性质、商业秘密的商业价值、保密措施的可识别程度、保密措施与商业秘密的对应程度以及权利人的保密意愿等因素，认定权利人是否采取了相应保密措施。

第6条 具有下列情形之一，在正常情况下足以防止商业秘密泄露的，人民法院应当认定权利人采取了相应保密措施：

（一）签订保密协议或者在合同中约定保密义务的；

（二）通过章程、培训、规章制度、书面告知等方式，对能够接触、获取商业秘密的员工、前员工、供应商、客户、来访者等提出保密要求的；

（三）对涉密的厂房、车间等生产经营场所限制来访者或者进行区分管理的；

（四）以标记、分类、隔离、加密、封存、限制能够接触或者获取的人员范围等方式，对商业秘密及其载体进行区分和管理的；

（五）对能够接触、获取商业秘密的计算机设备、电子设备、网络设备、存储设备、软件等，采取禁止或者限制使用、访问、存储、复制等措施的；

（六）要求离职员工登记、返还、清除、销毁其接触或者获取的商业秘密及其载体，继续承担保密义务的；

（七）采取其他合理保密措施的。

第7条 权利人请求保护的信息因不为公众所知悉而具有现实的或者潜在的商业价值的，人民法院经审查可以认定为反不正当竞争法第9条第4款所称的具有商业价值。

生产经营活动中形成的阶段性成果符合前款规定的，人民法院经审查可以认定该成果具有商业价值。

第8条 被诉侵权人以违反法律规定或者公认的商业道德的方式获取权利人的商业秘密的，人民法院应当认定属于反不正当竞争法第9条第1款所称的以其他不正当手段获取权利人的商业秘密。

第9条 被诉侵权人在生产经营活动中直接使用商业秘密，或者对商业秘密进行修改、改进后使用，或者根据商业秘密调整、优化、改进有关生产经营活动的，人民法院应当认定属于反不正当竞争法第9条所称的使用商业秘密。

第10条 当事人根据法律规定或者合同约定所承担的保密义务，人民法院应当认定属于反不正当竞争法第9条第1款所称的保密义务。

当事人未在合同中约定保密义务，但根据诚信原则以及合同的性质、目的、缔约过程、交易习惯等，被诉侵权人知道或者应当知道其获取的信息属于权利人的商业秘密的，人民法院应当认定被诉侵权人对其获取的商业秘密承担保密义务。

第 11 条　法人、非法人组织的经营、管理人员以及具有劳动关系的其他人员，人民法院可以认定为反不正当竞争法第 9 条第 3 款所称的员工、前员工。

第 12 条　人民法院认定员工、前员工是否有渠道或者机会获取权利人的商业秘密，可以考虑与其有关的下列因素：

（一）职务、职责、权限；

（二）承担的本职工作或者单位分配的任务；

（三）参与和商业秘密有关的生产经营活动的具体情形；

（四）是否保管、使用、存储、复制、控制或者以其他方式接触、获取商业秘密及其载体；

（五）需要考虑的其他因素。

第 13 条　被诉侵权信息与商业秘密不存在实质性区别的，人民法院可以认定被诉侵权信息与商业秘密构成反不正当竞争法第 32 条第 2 款所称的实质上相同。

人民法院认定是否构成前款所称的实质上相同，可以考虑下列因素：

（一）被诉侵权信息与商业秘密的异同程度；

（二）所属领域的相关人员在被诉侵权行为发生时是否容易想到被诉侵权信息与商业秘密的区别；

（三）被诉侵权信息与商业秘密的用途、使用方式、目的、效果等是否具有实质性差异；

（四）公有领域中与商业秘密相关信息的情况；

（五）需要考虑的其他因素。

第 14 条　通过自行开发研制或者反向工程获得被诉侵权信息的，人民法院应当认定不属于反不正当竞争法第 9 条规定的侵犯商业秘密行为。

前款所称的反向工程，是指通过技术手段对从公开渠道取得的产品进行拆卸、测绘、分析等而获得该产品的有关技术信息。

被诉侵权人以不正当手段获取权利人的商业秘密后，又以反向工程为由主张未侵犯商业秘密的，人民法院不予支持。

【法释〔2020〕10 号】　最高人民法院、最高人民检察院关于办理侵犯知识产权刑事案件具体应用法律若干问题的解释（三）（2020 年 8 月 31 日最高人民法院审判委员会第 1811 次会议、2020 年 8 月 21 日最高人民检察院第 13 届检察委员会第 48 次会议通过，2020 年 9 月 12 日公布，2020 年 9 月 14 日起施行）

第 3 条　采取非法复制、未经授权或者超越授权使用计算机信息系统等方式窃取商业秘密的,应当认定为刑法第 219 条第 1 款第 1 项规定的"盗窃"。

以贿赂、欺诈、电子侵入等方式获取权利人的商业秘密的,应当认定为刑法第 219 条第 1 款第 1 项规定的"其他不正当手段"。

第 4 条 实施刑法第 219 条规定的行为,具有下列情形之一的,应当认定为"给商业秘密的权利人造成重大损失":

(一)给商业秘密的权利人造成损失数额或者因侵犯商业秘密违法所得数额在 30 万元以上的;

(二)直接导致商业秘密的权利人因重大经营困难而破产、倒闭的;

(三)造成商业秘密的权利人其他重大损失的。

给商业秘密的权利人造成损失数额或者因侵犯商业秘密违法所得数额在 250 万元以上的,应当认定为刑法第 219 条规定的"造成特别严重后果"。

第 5 条 实施刑法第 219 条规定的行为造成的损失数额或者违法所得数额,可以按照下列方式认定:

(一)以不正当手段获取权利人的商业秘密,尚未披露、使用或者允许他人使用的,损失数额可以根据该项商业秘密的合理许可使用费确定;

(二)以不正当手段获取权利人的商业秘密后,披露、使用或者允许他人使用的,损失数额可以根据权利人因被侵权造成销售利润的损失确定,但该损失数额低于商业秘密合理许可使用费的,根据合理许可使用费确定;

(三)违反约定、权利人有关保守商业秘密的要求,披露、使用或者允许他人使用其所掌握的商业秘密的,损失数额可以根据权利人因被侵权造成销售利润的损失确定;

(四)明知商业秘密是不正当手段获取或者是违反约定、权利人有关保守商业秘密的要求披露、使用、允许使用,仍获取、使用或者披露的,损失数额可以根据权利人因被侵权造成销售利润的损失确定;

(五)因侵犯商业秘密行为导致商业秘密已为公众所知悉或者灭失的,损失数额可以根据该项商业秘密的商业价值确定。商业秘密的商业价值,可以根据该项商业秘密的研究开发成本、实施该项商业秘密的收益综合确定;

(六)因披露或者允许他人使用商业秘密而获得的财物或者其他财产性利益,应当认定为违法所得。

前款第 2 项、第 3 项、第 4 项规定的权利人因被侵权造成销售利润的损失,可以根据权利人因被侵权造成销售量减少的总数乘以权利人每件产品的合理利润确定;销售量减少的总数无法确定的,可以根据侵权产品销售量乘以权利人每件产品的合理利润确定;权利人因被侵权造成销售量减少的总数和每件产品的合理利润均无法确定的，可以根据侵权产品销售量乘以每件侵权产品的合理利润确定。商业秘密系用于服务等其他经营活动的，损失数额可以根据权利人因被侵权而减少的合理利润确定。

商业秘密的权利人为减轻对商业运营、商业计划的损失或者重新恢复计算机信息系统安全、其他系统安全而支出的补救费用，应当计入给商业秘密的权利人造成的损失。

第6条 在刑事诉讼程序中，当事人、辩护人、诉讼代理人或者案外人书面申请对有关商业秘密或者其他需要保密的商业信息的证据、材料采取保密措施的，应当根据案件情况采取组织诉讼参与人签署保密承诺书等必要的保密措施。

违反前款有关保密措施的要求或者法律法规规定的保密义务的，依法承担相应责任。擅自披露、使用或者允许他人使用在刑事诉讼程序中接触、获取的商业秘密，符合刑法第219条规定的，依法追究刑事责任。

第10条 对于侵犯知识产权犯罪的，应当综合考虑犯罪违法所得数额、非法经营数额、给权利人造成的损失数额、侵权假冒物品数量及社会危害性等情节，依法判处罚金。

罚金数额一般在违法所得数额的1倍以上5倍以下确定。违法所得数额无法查清的，罚金数额一般按照非法经营数额的50%以上1倍以下确定。违法所得数额和非法经营数额均无法查清，判处3年以下有期徒刑、拘役、管制或者单处罚金的，一般在3万元以上100万元以下确定罚金数额；判处3年以上有期徒刑的，一般在15万元以上500万元以下确定罚金数额。

● **立案标准** 【公通字〔2010〕23号】 **最高人民检察院、公安部关于公安机关管辖的刑事案件立案追诉标准的规定（二）**（2010年5月7日印发施行；2022年5月15日被公通字〔2022〕8号同名《规定》废止）

第73条[1][侵犯商业秘密案（刑法第219条）] 侵犯商业秘密，涉嫌下列情形之一的，应予立案追诉：

（一）给商业秘密权利人造成损失数额在30万元以上的；
（二）因侵犯商业秘密违法所得数额在30万元以上的；
（三）直接导致商业秘密的权利人因重大经营困难而破产、倒闭的；
（四）其他给商业秘密权利人造成重大损失的情形。

---

[1] 注：本条内容已按《最高人民检察院、公安部关于修改侵犯商业秘密刑事案件立案追诉标准的决定》（2020年9月17日印发）修正。

前款规定的造成损失数额或者违法所得数额,可以按照下列方式认定:

(一)以不正当手段获取权利人的商业秘密,尚未披露、使用或者允许他人使用的,损失数额可以根据该项商业秘密的合理许可使用费确定;

(二)以不正当手段获取权利人的商业秘密后,披露、使用或者允许他人使用的,损失数额可以根据权利人因被侵权造成销售利润的损失确定,但该损失数额低于商业秘密合理许可使用费的,根据合理许可使用费确定;

(三)违反约定、权利人有关保守商业秘密的要求,披露、使用或者允许他人使用其所掌握的商业秘密的,损失数额可以根据权利人因被侵权造成销售利润的损失确定;

(四)明知商业秘密是不正当手段获取或者是违反约定、权利人有关保守商业秘密的要求披露、使用、允许使用,仍获取、使用或者披露的,损失数额可以根据权利人因被侵权造成销售利润的损失确定;

(五)因侵犯商业秘密行为导致商业秘密已为公众所知悉或者灭失的,损失数额可以根据该项商业秘密的商业价值确定。商业秘密的商业价值,可以根据该项商业秘密的研究开发成本、实施该项商业秘密的收益综合确定;

(六)因披露或者允许他人使用商业秘密而获得的财物或者其他财产性利益,应当认定为违法所得。

前款第2项、第3项、第4项规定的权利人因被侵权造成销售利润的损失,可以根据权利人因被侵权造成销售量减少的总数乘以权利人每件产品的合理利润确定;销售量减少的总数无法确定的,可以根据侵权产品销售量乘以权利人每件产品的合理利润确定;权利人因被侵权造成销售量减少的总数和每件产品的合理利润均无法确定的,可以根据侵权产品销售量乘以每件侵权产品的合理利润确定。商业秘密系用于服务等其他经营活动的,损失数额可以根据权利人因被侵权而减少的合理利润确定。

商业秘密的权利人为减轻对商业运营、商业计划的损失或者重新恢复计算机信息系统安全、其他系统安全而支出的补救费用,应当计入给商业秘密的权利人造成的损失。

第91条 本规定中的"以上",包括本数。

● 指导案例 【高检发办字〔2021〕7号】 关于印发最高人民检察院第26批指导性案例的通知(2021年2月8日)

(检例第102号) 金义盈侵犯商业秘密案

要旨:办理侵犯商业秘密犯罪案件,被告人作无罪辩解的,既要注意审查商业秘密的成立及侵犯商业秘密的证据,又要依法排除被告人取得商业秘密的合法来源,形成指控犯罪的证据链。对鉴定意见的审查,必要时可聘请或指派有专门知识的人辅助办案。

第 220 条① 【单位犯本节之罪】单位犯本节第二百一十三条至第二百一十九条之一规定之罪的,对单位判处罚金,并对其直接负责的主管人员和其他直接责任人员,依照本节各该条的规定处罚。

● **条文注释** 根据第 220 条的规定,本节所有的犯罪行为都存在单位犯罪,并且对单位犯罪行为都实行"双罚制"原则,即对单位判处罚金,并对其直接负责的主管人员和其他直接责任人员,依照各条的规定处罚。

根据本节各条的规定,个人犯第 213 条至第 219 条之一规定之罪,都会被判处罚金(视情节轻重,并处或单处罚金),罚金数额一般在违法所得的 1 倍以上 5 倍以下,或者按照非法经营数额的 50% 以上 1 倍以下。单位犯第 213 条至第 219 条之一规定之罪,对负责人按照上述各条的规定定罪量刑;对于单位的罚金数额,"法释〔2004〕19 号"解释中的规定是个人罚金数额的 3 倍,"法释〔2007〕6 号"解释(二)将其改为与个人犯罪相同的定罪量刑标准。

● **相关规定** 【法释〔2004〕19 号】 最高人民法院、最高人民检察院关于办理侵犯知识产权刑事案件具体应用法律若干问题的解释(2004 年 11 月 2 日最高人民法院审判委员会第 1331 次会议、2004 年 11 月 11 日最高人民检察院第 10 届检察委员会第 28 次会议通过,2004 年 12 月 8 日公布,2004 年 12 月 22 日起施行)

第 15 条 单位实施刑法第 213 条至第 219 条规定的行为,按照本解释规定的相应个人犯罪的定罪量刑标准的 3 倍定罪量刑。②

第 16 条 明知他人实施侵犯知识产权犯罪,而为其提供贷款、资金、账号、发票、证明、许可证件,或者提供生产、经营场所或者运输、储存、代理进出口等便利条件、帮助的,以侵犯知识产权犯罪的共犯论处。

---

① 第 220 条由《刑法修正案(十一)》(2020 年 12 月 26 日第 13 届全国人大常委会第 24 次会议通过,主席令第 66 号公布,2021 年 3 月 1 日起施行)修改,将"第 219 条"改为"第 219 条之一"。

② 注:"法释〔2007〕6 号"解释(二)第 6 条对本条规定作了修改,单位的量刑标准改为与个人标准一致。

【法释〔2007〕6号】　　最高人民法院、最高人民检察院关于办理侵犯知识产权刑事案件具体应用法律若干问题的解释（二）（2007年4月4日最高人民法院审判委员会第1422次会议、最高人民检察院第10届检察委员会第75次会议通过，2007年4月5日公布施行）

第4条　对于侵犯知识产权犯罪的，人民法院应当综合考虑犯罪的违法所得、非法经营数额、给权利人造成的损失、社会危害性等情节，依法判处罚金。罚金数额一般在违法所得的1倍以上5倍以下，或者按照非法经营数额的50%以上1倍以下确定。

第6条　单位实施刑法第213条至第219条规定的行为，按照《最高人民法院、最高人民检察院关于办理侵犯知识产权刑事案件具体应用法律若干问题的解释》和本解释规定的相应个人犯罪的定罪量刑标准定罪处罚。

第7条　以前发布的司法解释与本解释不一致的，以本解释为准。

【法发〔2011〕3号】　　最高人民法院、最高人民检察院、公安部关于办理侵犯知识产权刑事案件适用法律若干问题的意见（2011年1月10日印发）

十四、关于多次实施侵犯知识产权行为累计计算数额问题

依照《最高人民法院、最高人民检察院关于办理侵犯知识产权刑事案件具体应用法律若干问题的解释》第12条第2款的规定，多次实施侵犯知识产权行为，未经行政处理或者刑事处罚的，非法经营数额、违法所得数额或者销售金额累计计算。

2年内多次实施侵犯知识产权违法行为，未经行政处理，累计数额构成犯罪的，应当依法定罪处罚。实施侵犯知识产权犯罪行为的追诉期限，适用刑法的有关规定，不受前述2年的限制。

十五、关于为他人实施侵犯知识产权犯罪提供原材料、机械设备等行为的定性问题

明知他人实施侵犯知识产权犯罪，而为其提供生产、制造侵权产品的主要原材料、辅助材料、半成品、包装材料、机械设备、标签标识、生产技术、配方等帮助，或者提供互联网接入、服务器托管、网络存储空间、通讯传输通道、代收费、费用结算等服务的，以侵犯知识产权犯罪的共犯论处。

十六、关于侵犯知识产权犯罪竞合的处理问题

行为人实施侵犯知识产权犯罪，同时构成生产、销售伪劣商品犯罪的，依照侵犯知识产权犯罪与生产、销售伪劣商品犯罪中处罚较重的规定定罪处罚。

第八节 扰乱市场秩序罪

> **第221条** 【损害商业信誉、商品声誉罪】捏造并散布虚伪事实,损害他人的商业信誉、商品声誉,给他人造成重大损失或者有其他严重情节的,处二年以下有期徒刑或者拘役,并处或者单处罚金。

● **条文注释** 第221条规定的"捏造",既包括完全虚构,也包括在真实情况基础上的部分虚构,歪曲事实真相;"散布",既包括口头散布,也包括以宣传媒介、信函等书面方式散布,还包括在信息网络中进行散布。"他人的商业信誉"主要是指他人在从事商业活动中的信用程度和名誉等;"商品声誉"主要是指商品在质量等方面的可信赖程度和经过长期良好的生产、经营所形成的知名度等。

需要注意的是:(1)这里的"他人",并不一定局限于特定的商业(商品)经营者,也可以泛指某个行业或某类商品。(2)根据《刑法》第231条的规定,单位也可以成为本罪的犯罪主体。

● **相关规定** 【人大〔2000〕19次】 **全国人民代表大会常务委员会关于维护互联网安全的决定**(2000年12月28日第9届全国人大常委会第19次会议通过;2009年8月27日第11届全国人大常委会第10次会议修正)

三、为了维护社会主义市场经济秩序和社会管理秩序,对有下列行为之一,构成犯罪的,依照刑法有关规定追究刑事责任:

(二)利用互联网损坏他人商业信誉和商品声誉。

【法释〔2013〕21号】 **最高人民法院、最高人民检察院关于办理利用信息网络实施诽谤等刑事案件适用法律若干问题的解释**(2013年9月5日最高人民法院审判委员会第1589次会议、2013年9月2日最高人民检察院第12届检察委员会第9次会议通过,2013年9月6日公布,2013年9月10日起施行)

第9条 利用信息网络实施诽谤、寻衅滋事、敲诈勒索、非法经营犯罪,同时又构成刑法第221条规定的损害商业信誉、商品声誉罪,第278条规定的煽动暴力抗拒法律实施罪,第291条之一规定的编造、故意传播虚假恐怖信息罪等犯罪的,依照处罚较重的规定定罪处罚。

第 10 条 本解释所称信息网络,包括以计算机、电视机、固定电话机、移动电话机等电子设备为终端的计算机互联网、广播电视网、固定通信网、移动通信网等信息网络,以及向公众开放的局域网络。

● **立案标准** 最高人民检察院、公安部关于公安机关管辖的刑事案件立案追诉标准的规定(二)(公通字〔2022〕8 号,2022 年 4 月 6 日印发,2022 年 5 月 15 日施行;公通字〔2010〕23 号《规定》、公通字〔2011〕47 号《补充规定》同时废止)

第 66 条 [损害商业信誉、商品声誉案(刑法第 221 条)] 捏造并散布虚伪事实,损害他人的商业信誉、商品声誉,涉嫌下列情形之一的,应予立案追诉:

(一)给他人造成直接经济损失数额在 50 万元以上的;

(二)虽未达到上述数额标准,但造成公司、企业等单位停业、停产 6 个月以上,或者破产的;

(三)其他给他人造成重大损失或者有其他严重情节的情形。

第 81 条 本规定中的"虽未达到上述数额标准",是指接近上述数额标准且已达到该数额的 80% 以上的。

第 83 条 本规定中的立案追诉标准,除法律、司法解释、本规定中另有规定的以外,适用于相应的单位犯罪。

第 84 条 本规定中的"以上",包括本数。

第 222 条 【虚假广告罪】广告主、广告经营者、广告发布者违反国家规定,利用广告对商品或者服务作虚假宣传,情节严重的,处二年以下有期徒刑或者拘役,并处或者单处罚金。

● **条文注释** 第 222 条的"广告"是指商品经营者或服务提供者通过一定媒介(含传统媒介和网络媒介等)和形式,直接或间接地介绍自己所经营的商品或者所提供的服务。"广告主"是指为推销商品或提供服务,自行或委托他人设计、制作、发布广告的法人、其他经济组织或个人;"广告经营者"是指受委托提供广告设计、制作、代理服务的法人、其他经济组织或个人;"广告发布者"是为广告主或广告经营者发布广告的法人或其他经济组织。这里的"国家规定",主要指《广告法》《反不正当竞争法》等。

● 相关规定　【人大〔2000〕19 次】　全国人民代表大会常务委员会关于维护互联网安全的决定（2000 年 12 月 28 日第 9 届全国人大常委会第 19 次会议通过；2009 年 8 月 27 日第 11 届全国人大常委会第 10 次会议修正）

三、为了维护社会主义市场经济秩序和社会管理秩序，对有下列行为之一，构成犯罪的，依照刑法有关规定追究刑事责任：

（一）利用互联网销售伪劣产品或者对商品、服务作虚假宣传。

【法释〔2003〕8 号】　最高人民法院、最高人民检察院关于办理妨害预防、控制突发传染病疫情等灾害的刑事案件具体应用法律若干问题的解释（2003 年 5 月 13 日最高人民法院审判委员会第 1269 次会议、2003 年 5 月 13 日最高人民检察院第 10 届检察委员会第 3 次会议通过，2003 年 5 月 14 日公布，2003 年 5 月 15 日起施行）

第 5 条　广告主、广告经营者、广告发布者违反国家规定，假借预防、控制突发传染病疫情等灾害的名义，利用广告对所推销的商品或者服务作虚假宣传，致使多人上当受骗，违法所得数额较大或者有其他严重情节的，依照刑法第 222 条的规定，以虚假广告罪定罪处罚。

第 18 条　本解释所称"突发传染病疫情等灾害"，是指突然发生，造成或者可能造成社会公众健康严重损害的重大传染病疫情、群体性不明原因疾病以及其他严重影响公众健康的灾害。

【法发〔2020〕7 号】　最高人民法院、最高人民检察院、公安部、司法部关于依法惩治妨害新型冠状病毒感染肺炎疫情防控违法犯罪的意见（2020 年 2 月 6 日印发）

二、准确适用法律，依法严惩妨害疫情防控的各类违法犯罪

（五）依法严惩诈骗、聚众哄抢犯罪……

（第 2 款）在疫情防控期间，违反国家规定，假借疫情防控的名义，利用广告对所推销的商品或者服务作虚假宣传，致使多人上当受骗，违法所得数额较大或者有其他严重情节的，依照刑法第 222 条的规定，以虚假广告罪定罪处罚。

【工商法字〔2012〕227 号】　国家工商总局、公安部、最高人民检察院关于加强工商行政执法与刑事司法衔接配合工作若干问题的意见（2012 年 12 月 18 日）

八、（第 2 款）公安机关在办理案件过程中，对……涉案广告是否属于虚假广告等一般法律、事实问题，可以直接进行认定；对于重大、复杂、疑难的专

业问题，需要向国家工商总局有关部门咨询的，各地公安机关应当通过公安部主管业务局向国家工商总局有关部门进行咨询，国家工商总局有关部门应当积极协助、及时反馈。

【法释〔2021〕24号】　最高人民法院、最高人民检察院关于办理危害食品安全刑事案件适用法律若干问题的解释（2021年12月13日最高法审委会第1856次会议、2021年12月29日最高检第13届检委会第84次会议通过，2021年12月30日公布，2022年1月1日施行；法释〔2013〕12号《解释》同时废止）

第19条　广告主、广告经营者、广告发布者违反国家规定，利用广告对保健食品或者其他食品作虚假宣传，符合刑法第222条规定（情节严重）的，以虚假广告罪定罪处罚；……同时构成生产、销售伪劣产品罪等其他犯罪的，依照处罚较重的规定定罪处罚。

【高检发释字〔2022〕1号】　最高人民法院、最高人民检察院关于办理危害药品安全刑事案件适用法律若干问题的解释（法释〔2014〕14号《解释》2014年12月1日施行；2022年2月28日最高法审委会第1865次会议、2022年2月25日最高检第13届检委会第92次会议修改，2022年3月3日公布，2022年3月6日施行；同时废止"法释〔2017〕15号"《解释》）

第12条　广告主、广告经营者、广告发布者违反国家规定，利用广告对药品作虚假宣传，情节严重的，依照刑法第222条的规定，以虚假广告罪定罪处罚。

【法释〔2022〕5号】　最高人民法院关于审理非法集资刑事案件具体应用法律若干问题的解释（法释〔2010〕18号《解释》2011年1月4日施行；2021年12月30日最高法审委会第1860次会议修改，2022年2月23日公布，2022年3月1日施行）

第12条　广告经营者、广告发布者违反国家规定，利用广告为非法集资活动相关的商品或者服务作虚假宣传，具有下列情形之一的，依照刑法第222条的规定，以虚假广告罪定罪处罚：（一）违法所得数额在10万元以上的；（二）造成严重危害后果或者恶劣社会影响的；（三）2年内利用广告作虚假宣传，受过行政处罚2次以上的；（四）其他情节严重的情形。

明知他人从事欺诈发行证券（股票、债券），非法吸收公众存款，擅自发行股票、公司、企业债券，集资诈骗或者组织、领导传销活动等集资犯罪活动，为其提供广告等宣传的，以相关犯罪的共犯论处。

● **立案标准**　最高人民检察院、公安部关于公安机关管辖的刑事案件立案追诉标准的规定（二）（公通字〔2022〕8 号，2022 年 4 月 6 日印发，2022 年 5 月 15 日施行；公通字〔2010〕23 号《规定》、公通字〔2011〕47 号《补充规定》同时废止）

第 67 条 ［虚假广告案（刑法第 222 条）］　广告主、广告经营者、广告发布者违反国家规定，利用广告对商品或者服务作虚假宣传，涉嫌下列情形之一的，应予立案追诉：（一）违法所得数额在 10 万元以上的；（二）假借预防、控制突发事件、传染病防治的名义，利用广告作虚假宣传，致使多人上当受骗，违法所得数额在 3 万元以上的；（三）利用广告对食品、药品作虚假宣传，违法所得数额在 3 万元以上的；（四）虽未达到上述数额标准，但 2 年内因利用广告作虚假宣传受过 2 次以上行政处罚，又利用广告作虚假宣传的；（五）造成严重危害后果或者恶劣社会影响的；（六）其他情节严重的情形。

第 81 条　本规定中的"虽未达到上述数额标准"，是指接近上述数额标准且已达到该数额的 80% 以上的。

第 83 条　本规定中的立案追诉标准，除法律、司法解释、本规定中另有规定的以外，适用于相应的单位犯罪。

第 84 条　本规定中的"以上"，包括本数。

第 223 条　【串通投标罪】投标人相互串通投标报价，损害招标人或者其他投标人利益，情节严重的，处三年以下有期徒刑或者拘役，并处或者单处罚金。

投标人与招标人串通投标，损害国家、集体、公民的合法利益的，依照前款的规定处罚。

● **条文注释**　构成第 223 条规定之罪，必须具备以下条件：（1）犯罪主体是特殊主体，即投标人（包括个人和单位）；（2）行为人具有串通投标的主观故意，并实施了该行为；（3）损害了招标人或其他投标人的利益；（4）情节严重。

这里的"招标人"是指依照《招标投标法》的规定提出招标项目、进行招标的法人或者其他组织；"投标人"是指响应招标、参加投标竞争的法人或者其他组织。

这里的"损害招标人或者其他投标人利益"，是指由于投标人相互串通投标报价而使招标人无法达到最佳的竞标结果，或者使其他投标人无法在公平竞争的条件下参与投标竞争，而受到损害的情况。包括已经造成损害的和造成潜在的损害2种情形。

● **相关规定** 【国务院令〔2011〕613号】 中华人民共和国招标投标法实施条例（2011年11月30日国务院第183次常务会议通过，2011年12月20日公布，2012年2月1日施行；2017年3月1日国务院令第676号、2018年3月19日国务院令第698号、2019年3月2日国务院令第709号修正）

第39条（第2款） 有下列情形之一的，属于投标人相互串通投标：（一）投标人之间协商投标报价等投标文件的实质性内容；（二）投标人之间约定中标人；（三）投标人之间约定部分投标人放弃投标或者中标；（四）属于同一集团、协会、商会等组织成员的投标人按照该组织要求协同投标；（五）投标人之间为谋取中标或者排斥特定投标人而采取的其他联合行动。

第40条 有下列情形之一的，视为投标人相互串通投标：（一）不同投标人的投标文件由同一单位或者个人编制；（二）不同投标人委托同一单位或者个人办理投标事宜；（三）不同投标人的投标文件载明的项目管理成员为同一人；（四）不同投标人的投标文件异常一致或者投标报价呈规律性差异；（五）不同投标人的投标文件相互混装；（六）不同投标人的投标保证金从同一单位或者个人的账户转出。

第41条（第2款） 有下列情形之一的，属于招标人与投标人串通投标：（一）招标人在开标前开启投标文件并将有关信息泄露给其他投标人；（二）招标人直接或者间接向投标人泄露标底、评标委员会成员等信息；（三）招标人明示或者暗示投标人压低或者抬高投标报价；（四）招标人授意投标人撤换、修改投标文件；（五）招标人明示或者暗示投标人为特定投标人中标提供方便；（六）招标人与投标人为谋求特定投标人中标而采取的其他串通行为。

● **立案标准** 最高人民检察院、公安部关于公安机关管辖的刑事案件立案追诉标准的规定（二）（公通字〔2022〕8号，2022年4月6日印发，2022年5月15日施行；公通字〔2010〕23号《规定》、公通字〔2011〕47号《补充规定》同时废止）

第68条［串通投标案（刑法第223条）］ 投标人相互串通投标报价，或者投标人与招标人串通投标，涉嫌下列情形之一的，应予立案追诉：

（一）损害招标人、投标人或者国家、集体、公民的合法利益，造成直接经济损失数额在50万元以上的；

（二）违法所得数额在20万元以上的；
（三）中标项目金额在400万元以上的；
（四）采取威胁、欺骗或者贿赂等非法手段的；
（五）虽未达到上述数额标准，但2年内因串通投标受过2次以上行政处罚，又串通投标的；
（六）其他情节严重的情形。

第81条　本规定中的"虽未达到上述数额标准"，是指接近上述数额标准且已达到该数额的80%以上的。

第83条　本规定中的立案追诉标准，除法律、司法解释、本规定中另有规定的以外，适用于相应的单位犯罪。

第84条　本规定中的"以上"，包括本数。

● 指导案例　【高检发办字〔2020〕70号】　关于印发最高人民检察院第24批指导性案例的通知（2020年12月21日印发）

（检例第90号）许某某、包某某串通投标立案监督案[①]

要旨：刑法规定了串通投标罪，但未规定串通拍卖行为构成犯罪。对于串通拍卖行为，不能以串通投标罪予以追诉。公安机关对串通竞拍国有资产行为以涉嫌串通投标罪刑事立案的，检察机关应当通过立案监督，依法通知公安机关撤销案件。

第224条　【合同诈骗罪】 有下列情形之一，以非法占有为目的，在签订、履行合同过程中，骗取对方当事人财物，数额较大的，处三年以下有期徒刑或者拘役，并处或者单处罚金；数额巨大或者有其他严重情节的，处三年以上十年以下有期徒刑，并处罚金；数额特别巨大或者有其他特别严重情节的，处十年以上有期徒刑或者无期徒刑，并处罚金或者没收财产：

（一）以虚构的单位或者冒用他人名义签订合同的；

（二）以伪造、变造、作废的票据或者其他虚假的产权证明作担保的；

[①] 本案指导意义：刑法未规定串通拍卖行为构成犯罪，拍卖法亦未规定串通拍卖行为可以追究刑事责任，公安机关不能将串通拍卖行为类推为串通投标行为予以刑事立案。

（三）没有实际履行能力，以先履行小额合同或者部分履行合同的方法，诱骗对方当事人继续签订和履行合同的；

（四）收受对方当事人给付的货物、货款、预付款或者担保财产后逃匿的；

（五）以其他方法骗取对方当事人财物的。

● **条文注释** 构成第224条规定之罪，必须具备以下条件：（1）行为人具有合同诈骗的主观故意，即以非法占有为目的；（2）行为人实施了利用合同诈骗财物的行为；（3）数额较大（见"立案标准"）。另，根据第231条的规定，单位也可以成为本罪的犯罪主体。

根据法律规定，订立合同可以有书面形式、口头形式和其他形式。第224条所说的"合同"主要指受法律保护的各类经济合同，如供销合同、借贷合同等，通常要求以书面形式订立。

第224条第2项规定中的"票据"主要是指汇票、本票、支票等金融票据；"产权证明"包括土地使用证、房屋所有权证以及能证明动产、不动产权属的各种有效证明文件。

认定行为人在主观上是否具有"以非法占有为目的"，这是区分罪与非罪的界限。一般来说，这种目的是可以根据行为判断出来，如行为人自始就根本没有履行合同的条件，也没有去创造履行合同的条件或者无意履行或携款潜逃等。若没有非法占有目的（只是非法占用他人钱款），那么即使在客观上以虚构事实、隐瞒真相的手段骗得他人财物，也不能认定其行为构成合同诈骗罪；如果构成其他犯罪的，则应当以其他罪名论处。

● **相关规定** 【公通字〔1997〕6号】 公安部关于办理利用经济合同诈骗案件有关问题的通知（1997年1月9日）[①]

一、关于案件性质的认定利用经济合同诈骗，是指行为人以非法占有为目的，利用签订经济合同的手段，骗取公私财物数额较大的行为。

对利用经济合同进行诈骗案件的认定，应当严格依照1996年12月16日最高人民法院印发的《关于审理诈骗案件具体应用法律的若干问题的解释》第2条的规定办理。

[①] 注：1979年刑法尚未设立"合同诈骗罪"，本《通知》是针对"诈骗罪"的适用，一直未被废止；并且至今仍有参考价值，故本书予以收录。

二、关于案件的立案程序

公安机关接到利用经济合同诈骗案件的报案后,应当先进行初步调查以查明是否确有本规定第一条所规定的情形。对确有本规定第一条所规定之情形的,应当予以立案侦查。

对不予立案的,公安机关应当将不立案的原因通知控告人,并告知其依照经济合同法可以直接向人民法院起诉解决。

三、关于案件的管辖

利用经济合同诈骗案件由犯罪地的公安机关办理,犯罪地包括犯罪行为地和犯罪结果地。如果由犯罪嫌疑人居住地的公安机关办理更为适宜,可以由犯罪嫌疑人居住地的公安机关负责办理。几个地方的公安机关都有管辖权的案件,由上一级的公安机关办理。管辖权有争议的或者管辖不明的案件,由争议双方的上级公安机关办理。

四、关于采取强制措施

公安机关办理利用经济合同诈骗案件,在尚未立案前,不得采取任何强制措施。

在办案中需要到外地对犯罪嫌疑人采取强制措施的,应当严格依照刑事诉讼法和《公安部关于到外地对案犯采取人身强制措施几个问题的通知》(公通字〔1993〕40号)等有关规定,通知当地公安机关,不得自行执行拘留、逮捕,更不得以传唤、拘传为名将被传唤人或者被拘传人带离当地。凡没有法律手续擅自到外地抓人或者虽有法律手续但未通知当地公安机关的,当地公安机关一经发现,应当立即予以扣留,通知其所属的公安厅、局派人带回予以处理。没有法律手续,擅自到外地抓人情节严重的,依法追究刑事责任。当地公安机关接到外地公安机关执行拘留、逮捕的通知后应当无条件地积极予以配合,不得以任何借口进行刁难或阻挠。故意刁难或阻挠的,给予纪律处分,情节严重构成犯罪的,依法追究刑事责任。

执行中遇到问题可请上级公安机关协调解决。

五、关于追缴赃款赃物

公安机关办理利用经济合同诈骗案件,在尚未立案前,不得扣押物品或者冻结款项。行为人进行诈骗犯罪活动,案发后扣押、冻结在案的财物及其孳息,应当发还给被害人;如果权属不明确的,可按被害人被骗款物占扣押、冻结在案的财物及其孳息总额的比例发还被害人。

行为人将诈骗财物已用于归还债务、货款或者其他经济活动的,如果对方明知是诈骗财物而收取,属恶意取得,应当一律予以追缴;如确属善意取得,则不再追缴。被害人因此遭受损失的,可依法提起附带民事诉讼解决。

【高检办发〔2002〕14号】　最高人民检察院办公厅关于对合同诈骗、侵犯知识产权等经济犯罪案件依法正确适用逮捕措施的通知（2002年5月22日印发）

二、要严格区分经济犯罪与经济纠纷的界限。经济犯罪案件具有案情较复杂，犯罪与经济纠纷往往相互交织在一起，罪与非罪的界限不易区分的特点。认定经济犯罪，必须严格依照刑法规定的犯罪基本特征和犯罪构成要件，从行为的社会危害性、刑事违法性、应受惩罚性几个方面综合考虑。各级检察机关在审查批捕工作中，要严格区分经济犯罪与经济纠纷的界限，尤其要注意区分合同诈骗罪与合同违约、债务纠纷的界限，以及商业秘密与进入公知领域的技术信息、经营信息的界限，做到慎重稳妥，不枉不纵，依法打击犯罪者，保护无辜者，实现法律效果和社会效果的统一。不能把履行合同中发生的经济纠纷作为犯罪处理；对于造成本地企业利益受到损害的行为，要具体分析，不能一概作为犯罪处理，防止滥用逮捕权。对于合同和知识产权纠纷中，当事双方主体真实有效，行为客观存在，罪与非罪难以辨别，当事人可以行使民事诉讼权利的，更要慎用逮捕权。

【皖检会〔2014〕16号】　安徽省高级人民法院、安徽省人民检察院、安徽省公安厅关于办理合同诈骗等犯罪案件工作座谈会纪要（2014年12月31日印发）

一、合同诈骗案件

（一）关于非法占有目的

要从客观行为推定主观目的，即从事实、行为、手段、情形、后果等方面，全面收集对被告人有利和不利的证据。

要坚持主客观相一致。对仅有履约态度，没有履约行为的，或虽采取了欺骗的手段，但有真实履约行为的情形，认定非法占有目的时，应当考察签订、履行合同的全部客观行为，并结合行为人对主观故意的供述，慎重处理。

要注重基础事实真实。据以推定的基础事实必须是有证据予以证明的客观事实，且作为推定的基础事实和待证事实之间应当有紧密的常态联系。

合同诈骗罪与合同经济纠纷的本质区别，在于行为人是否具有非法占有的目的。要依次考察行为人签订合同时的履约能力和担保真伪，履行合同中有无实际履约行为、对财物的处置情况、未履行合同的原因以及违约后的表现等方面综合判定。

有下列行为之一，且行为人不能提出合理辩解，一般应当认定具有"非法

占有目的":

1. 以欺骗手段取得财物,用于非法经营或从事违法犯罪活动,导致财物不能返还的;2. 抽逃、转移资金、隐匿财产,以逃避返还资金的;3. 隐匿、销毁账目,以逃避返还资金的;4. 明知没有履行合同的条件,而骗取他人资金不返还的;5. 隐瞒合同标的已出卖或抵押的事实,与他人签订买卖合同,收取货款不返还的;6. 采用"借新债还旧债"方式循环骗取他人资金,导致资金不能归还的;7. 收到对方款物后,不履行合同义务,主要用于挥霍,高利贷等非法投资活动,导致资金不能归还的;8. 无正当理由,以明显低于市场的价格变卖货物,导致不能归还货款的;9. 其他非法占有款物,不能返还的行为。

(二)关于数额标准

个人涉嫌合同诈骗犯罪,数额在2万元以上的属于"数额较大";数额在10万元以上的属于"数额巨大";数额在100万元以上的属于"数额特别巨大"。

单位涉嫌合同诈骗犯罪,数额在10万元以上的属于"数额较大";数额在50万元以上的属于"数额巨大";数额在500万元以上的属于"数额特别巨大"。

合同诈骗犯罪的数额,一般应以行为人实际未还的数额来认定。对行为人骗取实物后变现的,犯罪数额以被骗物品实际鉴定价值来认定;如果变现后取得的数额高于鉴定价值的,以实际取得的数额认定。

对于多次行骗,并以后次诈骗财物归还前次诈骗财物,在计算诈骗数额时,应当将案发前已经归还的数额扣除,按实际未归还的数额认定;被害人的实际损失额或行为人多次行骗的总额可作为量刑情节予以考虑。行为人为实施犯罪所支付的好处费、车旅费等应当计入犯罪数额。

(三)关于刑民交叉案件

对于正在侦查、起诉、审判的合同诈骗刑事案件,有关单位或者个人就同一事实向人民法院提起民事诉讼或者申请执行涉案财物的,人民法院应当不予受理,并将有关材料移送公安机关或者检察机关。

人民法院在审理民事案件或者执行过程中,发现有合同诈骗犯罪嫌疑的,应当裁定驳回起诉或者中止执行,并及时将有关材料移送公安机关或者检察机关。

对于正在侦查、起诉、审理的合同诈骗刑事案件,发现与人民法院正在审理的民事案件属于同一事实,或者被申请执行的财物属于涉案财物的,应当及时通报相关人民法院。人民法院经审查属实的,应当依照上述规定处理。

● **立案标准**　最高人民检察院、公安部关于公安机关管辖的刑事案件立案追诉标准的规定（二）（公通字〔2022〕8号，2022年4月6日印发，2022年5月15日施行；公通字〔2010〕23号《规定》、公通字〔2011〕47号《补充规定》同时废止）

第69条　[合同诈骗案（刑法第224条）]　以非法占有为目的，在签订、履行合同过程中，骗取对方当事人财物，数额在2万元以上的，应予立案追诉。

第83条　本规定中的立案追诉标准，除法律、司法解释、本规定中另有规定的以外，适用于相应的单位犯罪。

第84条　本规定中的"以上"，包括本数。

● **量刑指导**　【法发〔2021〕21号】　最高人民法院、最高人民检察院关于常见犯罪的量刑指导意见（2021年6月16日印发，2021年7月1日试行；法发〔2017〕7号《指导意见》同时废止）①

四、常见犯罪的量刑

（六）合同诈骗罪（删除线部分为原试行的"法〔2017〕74号"《指导意见（二）》的内容）

1. 构成合同诈骗罪的，可以根据下列不同情形在相应的幅度内确定量刑起点：

（1）达到数额较大起点的，可以在1年以下有期徒刑、拘役幅度内确定量刑起点。

（2）达到数额巨大起点或者有其他严重情节的，可以在3年至4年有期徒刑幅度内确定量刑起点。

（3）达到数额特别巨大起点或者有其他特别严重情节的，可以在10年至12年有期徒刑幅度内确定量刑起点。依法应当判处无期徒刑的除外。

2. 在量刑起点的基础上，可以根据合同诈骗数额等其他影响犯罪构成的犯罪事实增加刑罚量，确定基准刑。

3. 构成合同诈骗罪的，根据诈骗手段、犯罪数额、损失数额、危害后果等犯罪情节，综合考虑被告人缴纳罚金的能力，决定罚金数额。（本款新增）

---

① 注：《意见》要求各省高院、检察院应当总结司法实践经验，按照规范、实用、符合司法实际的原则共同研制"实施细则"，经审委会、检委会通过后，分别报最高法、最高检备案审查，与《意见》同步实施。

其他判处有期徒刑的案件，可以参照量刑的指导原则、基本方法和常见量刑情节的适用规范量刑。

另，本《意见》实际替代了2017年3月9日印发、2017年5月1日起在指定法院试行的《最高人民法院关于常见犯罪的量刑指导意见（二）（试行）》（法〔2017〕74号）。

4. 构成合同诈骗罪的，综合考虑诈骗手段、犯罪数额、危害后果、退赃退赔等犯罪事实、量刑情节，以及被告人的主观恶性、人身危险性、认罪悔罪表现等因素，决定缓刑的适用。（本款新增）

● **指导案例**　【高检发办字〔2020〕70号】　关于印发最高人民检察院第24批指导性案例的通知（2020年12月21日印发）

（检例第91号）温某某合同诈骗立案监督案①

要旨：检察机关办理涉企业合同诈骗犯罪案件，应当严格区分合同诈骗与民事违约行为的界限。要注意审查涉案企业在签订、履行合同过程中是否具有非法占有目的和虚构事实、隐瞒真相的行为，准确认定是否具有诈骗故意……

> **第224条之一**②　【组织、领导传销活动罪】组织、领导以推销商品、提供服务等经营活动为名，要求参加者以缴纳费用或者购买商品、服务等方式获得加入资格，并按照一定顺序组成层级，直接或者间接以发展人员的数量作为计酬或者返利依据，引诱、胁迫参加者继续发展他人参加，骗取财物，扰乱经济社会秩序的传销活动的，处五年以下有期徒刑或者拘役，并处罚金；情节严重的，处五年以上有期徒刑，并处罚金。

● **条文注释**　构成第224条之一规定之罪，必须具备以下条件：（1）犯罪主体为特殊主体，即传销活动的组织者、领导者（一般参与者不构成本罪）；（2）行为人具有组织、领导传销活动的主观故意，并实施了该行为；（3）达到一定的情节标准。

---

① 本案指导意义：严格区分合同诈骗与民事违约行为的界限。注意审查涉案企业在签订、履行合同过程中是否具有虚构事实、隐瞒真相的行为，是否有《刑法》第224条规定的5种情形之一。注重从合同项目真实性、标的物用途、有无实际履约行为、是否有逃匿和转移资产的行为、资金去向、违约原因等方面，综合认定是否具有诈骗的故意，避免片面关注行为结果而忽略主观上是否具有非法占有的目的。对于签订合同时具有部分履约能力，其后完善履约能力并积极履约的，不能以合同诈骗罪追究刑事责任。

② 第224条之一是根据2009年2月28日第11届全国人民代表大会常务委员会第7次会议通过的《刑法修正案（七）》（主席令第10号公布，2009年2月28日起施行）而增设。

在刑法第224条之一增设之前，在司法实践中，打击传销犯罪活动主要是适用《刑法》第225条"非法经营罪"的规定；或者根据具体案情，依照《刑法》第192条"集资诈骗罪"、第266条"诈骗罪"或者刑法分则第3章第1节"生产、销售伪劣商品罪"等相关规定进行定罪处罚，没有统一的标准。

对于"传销活动"的认定，一般要求具有以下几个特征：（1）以各种名目诱骗参加者去"拉人头"，并虚假承诺高额回报；（2）以购买商品或服务为由，要求参加者缴纳一定的"入门费"；（3）按一定顺序组成"金字塔形"层级，直接或间接以发展人员的数量作为计酬或返利依据；（4）承诺给成员的回报主要来源于参加者缴纳的入门费，其本质是一种诈骗行为；（5）传销活动的组织者、领导者才是最终利益获得者。

这里所说的"传销活动的组织者、领导者"，是指在传销活动中起组织、领导作用的发起人、决策人、操纵人，以及在传销活动中担负策划、指挥、布置、协调等重要职责，或在传销活动实施中起到关键作用的人员。

需要注意的是：

（1）根据《刑法》第231条的规定，单位也可以成为组织、领导传销活动罪的犯罪主体。但根据最高人民法院1999年6月18日公布的《关于审理单位犯罪案件具体应用法律有关问题的解释》（法释〔1999〕14号）第2条规定："个人为进行违法犯罪活动而设立的公司、企业、事业单位实施犯罪的，或者公司、企业、事业单位设立后，以实施犯罪为主要活动的，不以单位犯罪论处。"所以，如果专门从事传销行为的公司实施《刑法》第224条之一规定的行为，不能以单位犯罪论处，而应当对其组织、领导者以自然人犯罪定罪处罚。

（2）《刑法》第224条之一与《禁止传销条例》对传销活动的规定是有差别的。前者规定的"传销"仅指拉人头、收取入门费型传销，并且要求同时具备收取入门费和拉人头这两个条件（也就是说，只把以发展人员的数量进行计酬或返利的行为作为传销）；而后者规定的"传销"除拉人头、收取入门费型传销外，还包括团队计酬型传销，并且只要具备收取入门费、拉人头、团队计酬这3种类型之一即可（按这个定义，直销企业即使是销售产品，只要发现有多层次销售，就涉嫌传销）。可见，《刑法》第224条之一规定的组织、领导传销活动罪中的"传销"在具体内容上不包括团队计酬型传销，并且在界定条件上要严格于国务院的《禁止传销条例》。①

（3）2001年4月10日最高人民法院公布的《关于情节严重的传销或者变相

---

① 2007年6月6日《国务院办公厅对〈禁止传销条例〉中传销查处认定部门解释的函》（国办函〔2007〕65号）也对此进行了说明：依照《禁止传销条例》规定，工商部门和公安机关在各自的职责范围内都应当对传销行为进行查处，并依照各自职责分别依法对传销行为予以认定。工商部门查处传销行为，对涉嫌犯罪的，应当依法移送公安机关立案侦查；公安机关立案侦查的涉嫌犯罪的传销案件，对经侦查认定不构成犯罪的，应当依法移交工商部门查处。

传销行为如何定性问题的批复》（法释〔2001〕11号）已经被《最高人民法院关于废止1997年7月1日至2011年12月31日期间发布的部分司法解释和司法解释性质文件（第十批）的决定》（法释〔2013〕7号，2013年2月18日最高人民法院审判委员会第1569次会议通过，2013年2月26日发布，2013年4月8日起施行）宣布废止。

● **相关规定**　【高检研发〔2003〕7号】　**最高人民检察院法律政策研究室关于1998年4月18日以前的传销或者变相传销行为如何处理的答复**（2003年3月21日答复湖南省人民检察院研究室"湘检发公请字〔2002〕02号"请示）

对1998年4月18日国务院发布《关于禁止传销经营活动的通知》以前的传销或者变相传销行为，不宜以非法经营罪追究刑事责任。行为人在传销或者变相传销活动中实施销售假冒伪劣产品、诈骗、非法集资、虚报注册资本、偷税等行为，构成犯罪的，应当依照刑法的相关规定追究刑事责任。

【刑他字〔2009〕130号】　**最高人民法院关于被告人杨红丽等38人组织、领导传销、非法经营请示一案的批复**（2009年12月16日印发）

刑法第224条之一所规定的"组织、领导"者，是指在传销活动中起组织、领导作用的发起人、决策人、策划、指挥、布置、协调人，以及其他在传销活动中担当重要职责，或者在传销活动的实施中起到关键作用的人员。具体而言，是指组织、领导的传销活动人数在30人以上且层级在3级以上的人员。

【公通字〔2013〕37号】　**最高人民法院、最高人民检察院、公安部关于办理组织领导传销活动刑事案件适用法律若干问题的意见**（2013年11月14日印发）

一、关于传销组织层级及人数的认定问题

以推销商品、提供服务等经营活动为名，要求参加者以缴纳费用或者购买商品、服务等方式获得加入资格，并按照一定顺序组成层级，直接或者间接以发展人员的数量作为计酬或者返利依据，引诱、胁迫参加者继续发展他人参加，骗取财物，扰乱经济社会秩序的传销组织，其组织内部参与传销活动人员在30人以上且层级在3级以上的，应当对组织者、领导者追究刑事责任。

组织、领导多个传销组织，单个或者多个组织中的层级已达3级以上的，可将在各个组织中发展的人数合并计算。

组织者、领导者形式上脱离原传销组织后，继续从原传销组织获取报酬或者返利的，原传销组织在其脱离后发展人员的层级数和人数，应当计算为其发展的层级数和人数。

办理组织、领导传销活动刑事案件中，确因客观条件的限制无法逐一收集参与传销活动人员的言词证据的，可以结合依法收集并查证属实的缴纳、支付费用及计酬、返利记录，视听资料，传销人员关系图，银行账户交易记录，互联网电子数据，鉴定意见等证据，综合认定参与传销的人数、层级数等犯罪事实。

二、关于传销活动有关人员的认定和处理问题

下列人员可以认定为传销活动的组织者、领导者：

（一）在传销活动中起发起、策划、操纵作用的人员；

（二）在传销活动中承担管理、协调等职责的人员；

（三）在传销活动中承担宣传、培训等职责的人员；

（四）曾因组织、领导传销活动受过刑事处罚，或者1年以内因组织、领导传销活动受过行政处罚，又直接或者间接发展参与传销活动人员在15人以上且层级在3级以上的人员；

（五）其他对传销活动的实施、传销组织的建立、扩大等起关键作用的人员。

以单位名义实施组织、领导传销活动犯罪的，对于受单位指派，仅从事劳务性工作的人员，一般不予追究刑事责任。

三、关于"骗取财物"的认定问题

传销活动的组织者、领导者采取编造、歪曲国家政策、虚构、夸大经营、投资、服务项目及盈利前景，掩饰计酬、返利真实来源或者其他欺诈手段，实施刑法第224条之一规定的行为，从参与传销活动人员缴纳的费用或者购买商品、服务的费用中非法获利的，应当认定为骗取财物。参与传销活动人员是否认为被骗，不影响骗取财物的认定。

四、关于"情节严重"的认定问题

对符合本意见第1条第1款规定的传销组织的组织者、领导者，具有下列情形之一的，应当认定为刑法第224条之一规定的"情节严重"：

（一）组织、领导的参与传销活动人员累计达120人以上的；

（二）直接或者间接收取参与传销活动人员缴纳的传销资金数额累计达250万元以上的；

（三）曾因组织、领导传销活动受过刑事处罚，或者1年以内因组织、领导传销活动受过行政处罚，又直接或者间接发展参与传销活动人员累计达60人以上的；

（四）造成参与传销活动人员精神失常、自杀等严重后果的；

（五）造成其他严重后果或者恶劣社会影响的。

五、关于"团队计酬"行为的处理问题

传销活动的组织者或者领导者通过发展人员，要求传销活动的被发展人员发展其他人员加入，形成上下线关系，并以下线的销售业绩为依据计算和给付上线报酬，牟取非法利益的，是"团队计酬"式传销活动。

以销售商品为目的、以销售业绩为计酬依据的单纯的"团队计酬"式传销活动，不作为犯罪处理。形式上采取"团队计酬"方式，但实质上属于"以发展人员的数量作为计酬或者返利依据"的传销活动，应当依照刑法第224条之一的规定，以组织、领导传销活动罪定罪处罚。

六、关于罪名的适用问题

以非法占有为目的，组织、领导传销活动，同时构成组织、领导传销活动罪和集资诈骗罪的，依照处罚较重的规定定罪处罚。

犯组织、领导传销活动罪，并实施故意伤害、非法拘禁、敲诈勒索、妨害公务、聚众扰乱社会秩序、聚众冲击国家机关、聚众扰乱公共场所秩序、交通秩序等行为，构成犯罪的，依照数罪并罚的规定处罚。

七、其他问题

本意见所称"以上"、"以内"，包括本数。

本意见所称"层级"和"级"，系指组织、领导者与参与传销活动人员之间的上下线关系层次，而非组织、领导者在传销组织中的身份等级。

对传销组织内部人数和层级数的计算，以及对组织者、领导者直接或者间接发展参与传销活动人员人数和层级数的计算，包括组织者、领导者本人及其本层级在内。

【法释〔2022〕5号】　最高人民法院关于审理非法集资刑事案件具体应用法律若干问题的解释（法释〔2010〕18号《解释》2011年1月4日施行；2021年12月30日最高法审委会第1860次会议修改，2022年2月23日公布，2022年3月1日施行）

第12条（第2款）　明知他人从事欺诈发行证券（**股票、债券**）、非法吸收公众存款、擅自发行股票、<u>公司、企业</u>债券、集资诈骗或者组织、领导传销活动等集资犯罪活动，为其提供广告等宣传的，以相关犯罪的共犯论处。

第13条（本条新增）　通过传销手段向社会公众非法吸收资金，构成非法吸收公众存款罪或者集资诈骗罪，同时又构成组织、领导传销活动罪的，依照处罚较重的规定定罪处罚。

● 立案标准　最高人民检察院、公安部关于公安机关管辖的刑事案件立案追诉标准的规定（二）（公通字〔2022〕8号，2022年4月6日印发，2022年5月15日施行；公通字〔2010〕23号《规定》、公通字〔2011〕47号《补充规定》同时废止）

第70条〔组织、领导传销活动案（刑法第224条之一）〕　组织、领导以推销商品、提供服务等经营活动为名，要求参加者以缴纳费用或者购买商品、服务等方式获得加入资格，并按照一定顺序组成层级，直接或者间接以发展人员的数量作为计酬或者返利依据，引诱、胁迫参加者继续发展他人参加，骗取财物，扰乱经济社会秩序的传销活动，涉嫌组织、领导的传销活动人员在30人以上且层级在3级以上的，对组织者、领导者，应予立案追诉。

下列人员可以认定为传销活动的组织者、领导者：（一）在传销活动中起发起、策划、操纵作用的人员；（二）在传销活动中承担管理、协调等职责的人员；（三）在传销活动中承担宣传、培训等职责的人员；（四）因组织、领导传销活动受过刑事追究，或者1年内因组织、领导传销活动受过行政处罚，又直接或者间接发展参与传销活动人员在15人以上且层级在3级以上的人员；（五）其他对传销活动的实施、传销组织的建立、扩大等起关键作用的人员。

第83条　本规定中的立案追诉标准，除法律、司法解释、本规定中另有规定的以外，适用于相应的单位犯罪。

第84条　本规定中的"以上"，包括本数。

● 指导案例　【高检发研字〔2018〕10号】　关于印发最高人民检察院第10批指导性案例的通知（2018年6月13日最高人民检察院第13届检察委员会第2次会议讨论通过，2018年7月3日印发）

（检例第41号）叶经生等组织、领导传销活动案

要旨：组织者或者经营者利用网络发展会员，要求被发展人员以缴纳或者变相缴纳"入门费"为条件，获得提成和发展下线的资格。通过发展人员组成层级关系，并以直接或者间接发展的人员数量作为计酬或者返利的依据，引诱被发展人员继续发展他人参加，骗取财物，扰乱经济社会秩序的，以组织、领导传销活动罪追究刑事责任。

第 225 条① 【非法经营罪】违反国家规定，有下列非法经营行为之一，扰乱市场秩序，情节严重的，处五年以下有期徒刑或者拘役，并处或者单处违法所得一倍以上五倍以下罚金；情节特别严重的，处五年以上有期徒刑，并处违法所得一倍以上五倍以下罚金或者没收财产：

（一）未经许可经营法律、行政法规规定的专营、专卖物品或者其他限制买卖的物品的；

（二）买卖进出口许可证、进出口原产地证明以及其他法律、行政法规规定的经营许可证或者批准文件的；

（三）未经国家有关主管部门批准非法经营证券、期货、保险业务的，或者非法从事资金支付结算业务的；

（四）其他严重扰乱市场秩序的非法经营行为。

● **条文注释** 构成第 225 条规定之罪，必须具备以下条件：（1）行为人具有违反国家规定，非法经营的主观故意；（2）行为人实施了第 225 条规定的 4 种行为；（3）情节"严重"以上。另，根据《刑法》第 231 条的规定，单位也可以成为本罪的犯罪主体。

根据《刑法》第 96 条的规定，这里的"违反国家规定"是指违反了全国人民代表大会及其常务委员会制定的法律和决定，以及国务院制定的行政法规、规定的行政措施、发布的决定和命令。"非法经营行为"应当符合以下几点：（1）发生在经营活动中，主要是生产、流通领域；（2）违反国家规定；（3）具有社会危害性，严重扰乱市场经济秩序。

第 225 条第 1 项中规定的"未经许可"是指未经国家有关主管部门的批准。"专营、专卖物品"是指由法律、行政法规明确规定由专门机构经营的专营、专

---

① 第 225 条经历了两次修正。原 1997 年《刑法》第 225 条只有 3 项，即现在的第 1 项、第 2 项、第 4 项。

第 225 条第一次修正是根据 1999 年 12 月 25 日第 9 届全国人民代表大会常务委员会第 13 次会议通过的《刑法修正案》（主席令第 27 号公布，1999 年 12 月 25 日起施行）增加了第 3 项，内容为："未经国家有关主管部门批准，非法经营证券、期货或者保险业务的"；原第 3 项改为现在的第 4 项。

第 225 条第二次修正是根据 2009 年 2 月 28 日第 11 届全国人民代表大会常务委员会第 7 次会议通过的《刑法修正案（七）》（主席令第 10 号公布，2009 年 2 月 28 日起施行）而再次对新增的第 3 项进行了修改。

卖的物品,如烟草(烟草专卖法)、彩票(彩票管理条例)等;"其他限制买卖的物品"是指国家根据经济发展和维护国家、社会和人民群众利益的需要,规定在一定时期实行限制性经营的物品,如外汇、化肥、农药①、种子、彩色电视机②、艺术品、音像制品、酒类③、成品油④等。

第 225 条第 2 项规定中的"进出口许可证"是指国家外贸主管部门对企业颁发的可以从事进出口业务的确认资格的文件;"进出口原产地证明"是在从事进出口经营活动中,由法律规定的,进出口产品时必须附带的由原产地有关主管机关出具的证明文件。其他"经营许可证或者批准文件"指的是法律、行政法规规定的所有的经营许可证或者批准文件,如森木采伐、矿产开采、野生动物狩猎等。

第 225 条第 3 项规定中的"非法经营证券、期货、保险业务"既包括非法设立业务场所,也包括擅自开展或超越经营权限开展相关业务。⑤

第 225 条第 4 项是一个兜底性的规定,也是一个"口袋"性的规定。目前,许多非法经营行为都是依照第 225 条第 4 项的规定以"非法经营罪"定罪处罚,如非法出版、擅自经营电信业务、擅自发行或销售彩票,以及"网络有偿删帖"和《刑法修正案(七)》公布之前的非法传销等行为。

另外,需要注意以下几点:

(1)随着社会主义市场经济的发展和法律法规的修订,专营、专卖物品和

---

① 《国务院关于化肥、农药、农膜实行专营的决定》(国发〔1988〕68 号,1989 年 1 月 1 日起施行)和《国务院关于完善化肥、农药、农膜专营办法的通知》(国发〔1989〕87 号,1990 年 1 月 1 日起施行)于 2016 年 6 月 25 日被《国务院关于宣布失效一批国务院文件的决定》(国发〔2016〕38 号)正式宣布失效。

② 《国务院关于对彩色电视机实行专营管理的通知》(国发〔1989〕12 号,1989 年 2 月 1 日起试行)于 2016 年 6 月 25 日被《国务院关于宣布失效一批国务院文件的决定》(国发〔2016〕38 号)正式宣布失效。

③ 《关于加强酒类专卖管理工作的通知》由 1963 年 8 月 22 日国务院印发;《商业部、国家计委、财政部关于加强酒类专卖管理工作的报告》由 1978 年 4 月 5 日国务院批复转发。

④ 《国务院对确需保留的行政审批项目设定行政许可的决定》(国务院令第 412 号,2004 年 7 月 1 日起施行)设立了石油成品油批发、仓储、零售经营资格审批;《国务院办公厅关于加快发展流通促进商业消费的意见》(国办发〔2019〕42 号,2019 年 8 月 16 日印发)取消了石油成品油批发、仓储经营资格审批。

⑤ "支付结算"是指单位、个人在经济活动中使用票据、信用卡和汇兑、托收承付收款等结算方式进行货币给付及资金清算的行为。这里的"非法资金支付结算业务"主要包括非法买卖外汇、信用卡套现、非法票据贴现,以及《刑法》第 191 条规定之外的地下钱庄洗钱等形式。

限制买卖的物品的范围可以出现变化。①

（2）非法出版、复制、发行他人作品，侵犯著作权构成犯罪的，应依照刑法第 217 条的规定以"侵犯著作权罪"定罪处罚，而不依照第 225 条的规定以"非法经营罪"定罪处罚。②

（3）不同的非法经营行为，其犯罪情节的界定标准是不一样的，具体见相关的司法解释。

● 相关规定　【主席令〔1998〕14 号】　全国人民代表大会常务委员会关于惩治骗购外汇、逃汇和非法买卖外汇犯罪的决定（1998 年 12 月 29 日第 9 届全国人民代表大会常务委员会第 6 次会议通过，主席令第 14 号公布施行）

四、在国家规定的交易场所以外非法买卖外汇，扰乱市场秩序，情节严重的，依照刑法第 225 条的规定定罪处罚。

单位犯前款罪的，依照刑法第 231 条的规定处罚。

八、犯本决定规定之罪，依法被追缴、没收的财物和罚金，一律上缴国库。

【法释〔1998〕20 号】　最高人民法院关于审理骗购外汇、非法买卖外汇刑事案件具体应用法律若干问题的解释（1998 年 8 月 28 日最高人民法院审判委员会第 1018 次会议通过，1998 年 8 月 28 日公布，1998 年 9 月 1 日起施行）③

第 3 条　在外汇指定银行和中国外汇交易中心及其分中心以外买卖外汇，扰乱金融市场秩序，具有下列情形之一的，按照刑法第 225 条第（三）项的规定定罪处罚：

（一）非法买卖外汇 20 万美元以上的；

（二）违法所得 5 万元人民币以上的。

第 4 条　公司、企业或者其他单位，违反有关外贸代理业务的规定，采用非法手段、或者明知是伪造、变造的凭证、商业单据，为他人向外汇指定银行

---

① 经国务院批准，国家计划委员会、国家经济贸易委员会于 1995 年 11 月 8 日印发《关于改进工业盐供销和价格管理办法的通知》（计价格〔1995〕1872 号），对《盐业管理条例》（1990 年 3 月 2 日国务院令第 51 号发布施行）第 20 条的规定作了重大改革，明确取消了工业盐准运证和准运章制度，工业盐已不再属于国家限制买卖的物品。

② 见最高人民法院、最高人民检察院、公安部 2011 年 1 月 10 日印发的《关于办理侵犯知识产权刑事案件适用法律若干问题的意见》（法发〔2011〕3 号）第 12 条第 2 款。

③ 本《解释》第 3 条、第 4 条规定中的"刑法第二百二十五条第三项"，对应现行刑法第 225 条第 4 项；本《解释》规定的入罪数额，已被《最高人民法院、最高人民检察院关于办理非法从事资金支付结算业务、非法买卖外汇刑事案件适用法律若干问题的解释》（法释〔2019〕1 号，2019 年 2 月 1 日起施行）替代。

骗购外汇，数额在500万美元以上或者违法所得50万元人民币以上的，按照刑法第225条第3项的规定定罪处罚。

居间介绍骗购外汇100万美元以上或者违法所得10万元人民币以上的，按照刑法第225条第4项的规定定罪处罚。

第6条 实施本解释规定的行为，同时触犯2个以上罪名的，择一重罪从重处罚。

第7条 根据刑法第64条规定，骗购外汇、非法买卖外汇的，其违法所得予以追缴，用于骗购外汇、非法买卖外汇的资金予以没收，上缴国库。

第8条 骗购、非法买卖不同币种的外汇的，以案发时国家外汇管理机关制定的统一折算率折合后依照本解释处罚。

【国务院令〔1999〕260号】 金融违法行为处罚办法（1999年1月14日国务院第13次常务会议通过，1999年2月22日公布施行）

第9条（第2款） 金融机构超出中国人民银行批准的业务范围从事金融业务活动……情节严重的，责令该金融机构停业整顿或者吊销经营金融业务许可证；构成非法经营罪或者其他罪的，依法追究刑事责任。

第18条 金融机构不得违反国家规定从事证券、期货或者其他衍生金融工具交易，不得为证券、期货或者其他衍生金融工具交易提供信贷资金或者担保，不得违反国家规定从事非自用不动产、股权、实业等投资活动。

金融机构违反前款规定的，给予警告，没收违法所得……情节严重的，责令该金融机构停业整顿或者吊销经营金融业务许可证；构成非法经营罪、违法发放贷款罪或者其他罪的，依法追究刑事责任。

【汇综函〔2005〕9号】 国家外汇管理局综合司关于非法买卖外汇问题认定有关意见的复函（2005年1月答复公安部办公厅）

据《最高人民法院关于审理骗购外汇、非法买卖外汇刑事案件具体应用法律若干问题的解释》（法释〔1998〕20号）第3条的规定，在外汇指定银行和中国外汇交易中心及其分中心以外买卖外汇构成非法买卖外汇行为。其中，外汇指定银行和中国外汇交易中心及其分中心不仅指场所，同时也指外汇交易系统。因此，买卖外汇应当以外汇指定银行或中国外汇交易中心及其分中心为交易对象和以外汇指定银行当日挂牌汇率通过外汇交易系统进行。

【法释〔1998〕30号】 最高人民法院关于审理非法出版物刑事案件具体应用法律若干问题的解释（1998年12月11日最高人民法院审判委员会第1032次会议通过，1998年12月17日公布，1998年12月23日起施行）

第 11 条 违反国家规定，出版、印刷、复制、发行本解释第 1 条至第 10 条规定以外的其他严重危害社会秩序和扰乱市场秩序的非法出版物，情节严重的，依照刑法第 225 条第 3 项的规定，以非法经营罪定罪处罚。①

第 12 条 个人实施本解释第 11 条规定的行为，具有下列情形之一的，属于非法经营行为"情节严重"：

（一）经营数额在 5 万元至 10 万元以上的；

（二）违法所得数额在 2 万元至 3 万元以上的；

（三）经营报纸 5000 份或者期刊 5000 本或者图书 2000 册或者音像制品、电子出版物 500 张（盒）以上的。

具有下列情形之一的，属于非法经营行为"情节特别严重"：

（一）经营数额在 15 万元至 30 万元以上的；

（二）违法所得数额在 5 万元至 10 万元以上的；

（三）经营报纸 15000 份或者期刊 15000 本或者图书 5000 册或者音像制品、电子出版物 1500 张（盒）以上的。

第 13 条 单位实施本解释第 11 条规定的行为，具有下列情形之一的，属于非法经营行为"情节严重"：

（一）经营数额在 15 万元至 30 万元以上的；

（二）违法所得数额在 5 万元至 10 万元以上的；

（三）经营报纸 15000 份或者期刊 15000 本或者图书 500 册或者音像制品、电子出版物 1500 张（盒）以上的。

具有下列情形之一的，属于非法经营行为"情节特别严重"：

（一）经营数额在 50 万元至 100 万元以上的；

（二）违法所得数额在 15 万元至 30 万元以上的；

（三）经营报纸 5 万份或者期刊 5 万本或者图书 15000 册或者音像制品、电子出版物 5000 张（盒）以上的。

第 14 条 实施本解释第 11 条规定的行为，经营数额、违法所得数额或者经营数量接近非法经营行为"情节严重"、"情节特别严重"的数额、数量起点标准，并具有下列情形之一的，可以认定为非法经营行为"情节严重"、"情节特别严重"：

（一）两年内因出版、印刷、复制、发行非法出版物受过行政处罚两次以上的；

（二）因出版、印刷、复制、发行非法出版物造成恶劣社会影响或者其他严

---

① 这里是指修改前的原第 225 条第 3 项，对应现在的第 225 条第 4 项。

重后果的。

第15条　非法从事出版物的出版、印刷、复制、发行业务，严重扰乱市场秩序，情节特别严重，构成犯罪的，可以依照刑法第225条第（四）项的规定，以非法经营罪定罪处罚。

第16条　出版单位与他人事前通谋，向其出售、出租或者以其他形式转让该出版单位的名称、书号、刊号、版号，他人实施本解释第2条、第4条、第8条、第9条、第10条、第11条规定的行为，构成犯罪的，对该出版单位应当以共犯论处。

第17条　本解释所称"经营数额"，是指以非法出版物的定价数额乘以行为人经营的非法出版物数量所得的数额。

本解释所称"违法所得数额"，是指获利数额。

非法出版物没有定价或者以境外货币定价的，其单价数额应当按照行为人实际出售的价格认定。

第18条　各省、自治区、直辖市高级人民法院可以根据本地的情况和社会治安状况，在本解释第8条、第10条、第12条、第13条规定的有关数额、数量标准的幅度内，确定本地执行的具体标准，并报最高人民法院备案。

【法释〔2000〕12号】　最高人民法院关于审理扰乱电信市场管理秩序案件具体应用法律若干问题的解释（2000年4月28日最高人民法院审判委员会第1113次会议通过，2000年5月12日公布，2000年5月24日起施行）

第1条　违反国家规定，采取租用国际专线、私设转接设备或者其他方法，擅自经营国际电信业务或者涉港澳台电信业务进行营利活动，扰乱电信市场管理秩序，情节严重的，依照刑法第225条第（四）项的规定，以非法经营罪定罪处罚。

第2条　实施本解释第1条规定的行为，具有下列情形之一的，属于非法经营行为"情节严重"：

（一）经营去话业务数额在100万元以上的；

（二）经营来话业务造成电信资费损失数额在100万元以上的。

具有下列情形之一的，属于非法经营行为"情节特别严重"：

（一）经营去话业务数额在500万元以上的；

（二）经营来话业务造成电信资费损失数额在500万元以上的。

第3条　实施本解释第1条规定的行为，经营数额或者造成电信资费损失数额接近非法经营行为"情节严重"、"情节特别严重"的数额起点标准，并具有下列情形之一的，可以分别认定为非法经营行为"情节严重"、"情节特别严重"：

（一）两年内因非法经营国际电信业务或者涉港澳台电信业务行为受过行政处罚两次以上的；

（二）因非法经营国际电信业务或者涉港澳台电信业务行为造成其他严重后果的。

第4条　单位实施本解释第1条规定的行为构成犯罪的，对单位判处罚金，并对其直接负责的主管人员和其他直接责任人员，依照本解释第2条、第3条的规定处罚。

第5条　违反国家规定，擅自设置、使用无线电台（站），或者擅自占用频率，非法经营国际电信业务或者涉港澳台电信业务进行营利活动，同时构成非法经营罪和刑法第288条规定的扰乱无线电通讯管理秩序罪的，依照处罚较重的规定定罪处罚。

第10条　本解释所称"经营去话业务数额"，是指以行为人非法经营国际电信业务或者涉港澳台电信业务的总时长（分钟数）乘以行为人每分钟收取的用户使用费所得的数额。

本解释所称"电信资费损失数额"，是指以行为人非法经营国际电信业务或者涉港澳台电信业务的总时长（分钟数）乘以在合法电信业务中我国应当得到的每分钟国际结算价格所得的数额。

【高检发释字〔2002〕1号】　最高人民检察院关于非法经营国际或港澳台地区电信业务行为法律适用问题的批复（2002年1月8日最高人民检察院第9届检察委员会第102次会议通过，2002年2月6日公布，答复福建省人民检察院"闽检〔2000〕65号"请示，2002年2月11日起施行）

违反《中华人民共和国电信条例》规定，采取租用电信国际专线、私设转接设备或者其他方法，擅自经营国际或者香港特别行政区、澳门特别行政区和台湾地区电信业务进行营利活动，扰乱电信市场管理秩序，情节严重的，应当依照《刑法》第225条第（四）项的规定，以非法经营罪追究刑事责任。

【信部联电〔2002〕528号】　信息产业部、公安部、国家工商行政管理总局关于严厉打击非法经营国际电信业务违法犯罪活动的通告（2002年11月6日印发）

二、在中华人民共和国境内，未经国家行政主管部门批准，未取得国际电信业务经营资格的任何组织或者个人不得以任何方式从事国际电信业务经营活动。否则，一律视为非法经营国际电信业务。

【公通字〔2003〕29号】　办理非法经营国际电信业务犯罪案件联席会议纪要（2002年11月20日最高人民法院、最高人民检察院、公安部、信息产业部等部门在北京召开联席会议，2003年4月22日印发）

二、《解释》第1条规定："违反国家规定，采取租用国际专线、私设转接设备或者其他方法，擅自经营国际电信业务或者涉港澳台电信业务进行营利活动，扰乱电信市场管理秩序，情节严重的，依照刑法第225条第（四）项的规定，以非法经营罪定罪处罚。"对于未取得国际电信业务（含涉港澳台电信业务，下同）经营许可证而经营，或被终止国际电信业务经营资格后继续经营，应认定为"擅自经营国际电信业务或者涉港澳台电信业务"；情节严重的，应按上述规定以非法经营罪追究刑事责任。

《解释》第1条所称"其他方法"，是指在边境地区私自架设跨境通信线路；利用互联网跨境传送IP话音并设立转接设备，将国际话务转接至我境内公用电话网或转接至其他国家或地区；在境内以租用、托管、代维等方式设立转接平台；私自设置国际通信出入口等方法。

三、获得国际电信业务经营许可的经营者（含涉港澳台电信业务经营者）明知他人非法从事国际电信业务，仍违反国家规定，采取出租、合作、授权等手段，为他人提供经营和技术条件，利用现有设备或另设国际话务转接设备并从中营利，情节严重的，应以非法经营罪的共犯追究刑事责任。

【法释〔2000〕36号】　最高人民法院关于审理破坏森林资源刑事案件具体应用法律若干问题的解释（2000年11月17日最高人民法院审判委员会第1141次会议通过，2000年11月22日公布，2000年12月11日起施行）

第13条第2款　对于买卖允许进出口证明书等经营许可证明，同时触犯刑法第225条、第280条规定之罪的，依照处罚较重的规定定罪处罚。

【公经〔2006〕2115号】　公安部经济犯罪侦查局关于对新疆××公司使用配额许可证行为性质的批复（2006年9月22日答复新疆自治区公安厅经侦处"新公五〔2006〕103号"请示）

2004年4月26日，新疆××国际经贸股份有限公司（以下简称新疆××公司）与山西省大同市煤焦化有限公司签订了出口10000吨焦炭的供货协议，之后新疆××公司又与××国际贸易股份有限公司签订了合作出口协议书及此后为履行上述两协议而进行的有关商品交易行为和通关、外汇收汇核销等手续，符合国家有关法律法规的规定，也是我国对外贸易企业从事出口经营的惯常做法，即不构成倒卖或变相倒卖出口配额许可证的行为。

【法释〔2001〕10号】 最高人民法院、最高人民检察院关于办理生产、销售伪劣商品刑事案件具体应用法律若干问题的解释（2001年4月5日最高人民法院审判委员会第1168次会议、2001年3月30日最高人民检察院第9届检察委员会第84次会议通过，2001年4月9日公布，2001年4月10日起施行）

第10条 实施生产、销售伪劣商品犯罪，同时构成侵犯知识产权、非法经营等其他犯罪的，依照处罚较重的规定定罪处罚。

【法研〔2001〕24号】 最高人民法院研究室关于对既涉嫌非法经营又涉嫌偷税的经济犯罪案件如何适用法律问题的意见函（2001年3月14日答复公安部经济犯罪侦查局"公经〔2000〕1277号"请示）

行为人在实施非法经营犯罪过程中，又涉嫌偷税构成犯罪的，应以处罚较重的犯罪依法追究刑事责任，不实行数罪。

【高检研发〔2002〕24号】 最高人民检察院法律政策研究室关于非法经营行为界定有关问题的复函（2002年10月25日答复文化部文化市场司"文市函〔2002〕1449号"请示）

一、关于经营违法音像制品行为的处理问题。对于经营违法音像制品行为，构成犯罪的，应当根据案件的具体情况，分别依照最高人民法院《关于审理非法出版物刑事案件具体应用法律若干问题的解释》和最高人民检察院、公安部《关于经济犯罪案件追诉标准的规定》等相关规定办理。

二、关于非法经营行为的界定问题，同意你部的意见，即：只要行为人明知是违法音像制品而进行经营即属于非法经营行为，其是否具有音像制品合法经营资格并不影响非法经营行为的认定；非法经营行为包括一系列环节，经营者购进违法音像制品并存放于仓库等场所的行为属于经营行为的中间环节，对此也可以认定为是非法经营行为。

【法释〔2002〕26号】 最高人民法院、最高人民检察院关于办理非法生产、销售、使用禁止在饲料和动物饮用水中使用的药品等刑事案件具体应用法律若干问题的解释（最高人民法院审判委员会第1237次会议、最高人民检察院第9届检察委员会第109次会议通过。2002年8月16日公布，2002年8月23日起施行）

为依法惩治非法生产、销售、使用盐酸克仑特罗（ClenbuterolHydrochloride，俗称"瘦肉精"）等禁止在饲料和动物饮用水中使用的药品等犯罪活动，维护社会主义市场经济秩序，保护公民身体健康，根据刑法有关规定，现就办理这类刑事案件具体应用法律的若干问题解释如下：

第 1 条　未取得药品生产、经营许可证件和批准文号,非法生产、销售盐酸克仑特罗等禁止在饲料和动物饮用水中使用的药品,扰乱药品市场秩序,情节严重的,依照刑法第 225 条第(一)项的规定,以非法经营罪追究刑事责任。

第 2 条　在生产、销售的饲料中添加盐酸克仑特罗等禁止在饲料和动物饮用水中使用的药品,或者销售明知是添加有该类药品的饲料,情节严重的,依照刑法第 225 条第(四)项的规定,以非法经营罪追究刑事责任。

【法释〔2003〕8 号】　最高人民法院、最高人民检察院关于办理妨害预防、控制突发传染病疫情等灾害的刑事案件具体应用法律若干问题的解释(2003 年 5 月 13 日最高人民法院审判委员会第 1269 次会议、2003 年 5 月 13 日最高人民检察院第 10 届检察委员会第 3 次会议通过,2003 年 5 月 14 日公布,2003 年 5 月 15 日起施行)

第 6 条　违反国家在预防、控制突发传染病疫情等灾害期间有关市场经营、价格管理等规定,哄抬物价、牟取暴利,严重扰乱市场秩序,违法所得数额较大或者有其他严重情节的,依照刑法第 225 条第(四)项的规定,以非法经营罪定罪,依法从重处罚。

第 18 条　本解释所称"突发传染病疫情等灾害",是指突然发生,造成或者可能造成社会公众健康严重损害的重大传染病疫情、群体性不明原因疾病以及其他严重影响公众健康的灾害。

【法发〔2020〕7 号】　最高人民法院、最高人民检察院、公安部、司法部关于依法惩治妨害新型冠状病毒感染肺炎疫情防控违法犯罪的意见(2020 年 2 月 6 日印发)

二、准确适用法律,依法严惩妨害疫情防控的各类违法犯罪

(四)依法严惩哄抬物价犯罪。在疫情防控期间,违反国家有关市场经营、价格管理等规定,囤积居奇,哄抬疫情防控急需的口罩、护目镜、防护服、消毒液等防护用品、药品或者其他涉及民生的物品价格,牟取暴利,违法所得数额较大或者有其他严重情节,严重扰乱市场秩序的,依照刑法第 225 条第 4 项的规定,以非法经营罪定罪处罚。

(九)依法严惩破坏野生动物资源犯罪……

(第 3 款)　违反国家规定,非法经营非国家重点保护野生动物及其制品(包括开办交易场所、进行网络销售、加工食品出售等),扰乱市场秩序,情节严重的,依照刑法第 225 条第 4 项的规定,以非法经营罪定罪处罚。

中共中央政法委员会、最高人民法院、最高人民检察院、公安部、司法部关于政法机关依法保障疫情防控期间复工复产的意见（2020年2月25日印发）

五、准确把握法律政策界限，营造良好司法环境。对于疫情防控期间，超出经营范围生产经营疫情防控产品、商品，或因疫情防控需要，为赶工期导致产品标注不符合相关规定，生产销售的产品经鉴定符合国家相关卫生、质量标准，未造成实质危害的，依法妥善处理……

【高检侦监发〔2003〕4号】 最高人民检察院侦查监督厅对非法倒卖陈化粮行为定性的意见（2003年1月13日答复公安部经济犯罪侦查局征求意见函）①

犯罪嫌疑人刘××、向××违反国家规定，非法倒卖陈化粮，违法所得数额巨大，其行为符合刑法第225条的规定，应以非法经营罪追究刑事责任。

【高检会〔2003〕4号】 最高人民法院、最高人民检察院、公安部、国家烟草专卖局关于办理假冒伪劣烟草制品等刑事案件适用法律问题座谈会纪要（2003年8月4日至6日在昆明召开，2003年12月23日印发）

三、关于非法经营烟草制品行为适用法律问题

未经烟草专卖行政主管部门许可，无生产许可证、批发许可证、零售许可证，而生产、批发、零售烟草制品，具有下列情形之一的，依照刑法第225条的规定定罪处罚：②

1. 个人非法经营数额在5万元以上的，或者违法所得数额在1万元以上的；

2. 单位非法经营数额在50万元以上的，或者违法所得数额在10万元以上的；

3. 曾因非法经营烟草制品行为受过2次以上行政处罚又非法经营的，非法经营数额在2万元以上的。

四、关于共犯问题

知道或者应当知道他人实施本纪要第1条至第3条规定的犯罪行为，仍实施下列行为之一的，应认定为共犯，依法追究刑事责任：

1. 直接参与生产、销售假冒伪劣烟草制品或者销售假冒烟用注册商标的烟

---

① 注：因国家对陈化粮的购买和销售政策已经改变，本书认为"高检侦监发〔2003〕4号"《意见》已无实际指导效力。

② 注："高检会〔2003〕4号"座谈会纪要第3条的规定与"法释〔2010〕7号"《解释》第3条规定相冲突，应该以后者为准。根据"法释〔2010〕7号"《解释》的规定，不再区分个人犯罪与单位犯罪的定罪数额标准，并且对"违法所得"的定罪数额标准也作了修改。

草制品或者直接参与非法经营烟草制品并在其中起主要作用的；

2. 提供房屋、场地、设备、车辆、贷款、资金、账号、发票、证明、技术等设施和条件，用于帮助生产、销售、储存、运输假冒伪劣烟草制品、非法经营烟草制品的；

3. 运输假冒伪劣烟草制品的。

上述人员中有检举他人犯罪经查证属实，或者提供重要线索，有立功表现的，可以从轻或减轻处罚；有重大立功表现的，可以减轻或者免除处罚。

五、国家机关工作人员参与实施本纪要第 1 条至第 3 条规定的犯罪行为的处罚问题

根据《最高人民法院、最高人民检察院关于办理生产、销售伪劣商品刑事案件具体应用法律若干问题的解释》的规定，国家机关工作人员参与实施本纪要第 1 条至第 3 条规定的犯罪行为的，从重处罚。

六、关于一罪与数罪问题

行为人的犯罪行为同时构成生产、销售伪劣产品罪、销售假冒注册商标的商品罪、非法经营罪等罪的，依照处罚较重的规定定罪处罚。

十、关于鉴定问题

假冒伪劣烟草制品的鉴定工作，由国家烟草专卖行政主管部门授权的省级以上烟草产品质量监督检验机构，按照国家烟草专卖局制定的假冒伪劣卷烟鉴别检验管理办法和假冒伪劣卷烟鉴别检验规程等有关规定进行。

假冒伪劣烟草专用机械的鉴定由国家质量监督部门，或其委托的国家烟草质量监督检验中心，根据烟草行业的有关技术标准进行。

十一、关于烟草制品、卷烟的范围

本纪要所称烟草制品指卷烟、雪茄烟、烟丝、复烤烟叶、烟叶、卷烟纸、滤嘴棒、烟用丝束。

本纪要所称卷烟包括散支烟和成品烟。

【公复字〔2003〕2 号】　公安部关于对侵犯著作权案件中尚未印制完成的侵权复制品如何计算非法经营数额问题的批复（2003 年 6 月 20 日答复辽宁省公安厅"辽公传发〔2003〕257 号"请示）

根据《最高人民法院关于审理非法出版物刑事案件具体应用法律若干问题的解释》（法释〔1998〕30 号）第 17 条的规定，侵犯著作权案件，应以非法出版物的定价数额乘以行为人经营的非法出版物数量所得的数额计算其经营数额。因此，对于行为人尚未印制完成侵权复制品的，应当以侵权复制品的定价数额

乘以承印数量所得的数额计算其经营数额。但由于上述行为属于犯罪未遂，对于需要追究刑事责任的，公安机关应当在起诉意见书中予以说明。

【公通字〔2004〕53号】 **最高人民法院、最高人民检察院、公安部关于依法开展打击淫秽色情网站专项行动有关工作的通知**（2004年7月16日印发）①

二、充分运用法律武器，突出打击重点

（第2款） 在专项行动中，要严格按照《刑法》、全国人民代表大会常务委员会《关于维护互联网安全的决定》和有关司法解释的规定，严格依法办案，正确把握罪与非罪的界限，保证办案质量。对于利用互联网从事犯罪活动的，应当根据其具体实施的行为，分别以制作、复制、出版、贩卖、传播淫秽物品牟利罪、传播淫秽物品罪、组织播放淫秽音像制品罪及刑法规定的其他有关罪名，依法追究刑事责任。对于违反国家规定，擅自设立互联网上网服务营业场所，或者擅自从事互联网上网服务经营活动，情节严重，构成犯罪的，以非法经营罪追究刑事责任。对于建立淫秽网站、网页，提供涉及未成年人淫秽信息、利用青少年教育网络从事淫秽色情活动以及顶风作案、罪行严重的犯罪分子，要坚决依法从重打击，严禁以罚代刑。要充分运用没收犯罪工具、追缴违法所得等措施，以及没收财产、罚金等财产刑，加大对犯罪分子的经济制裁力度，坚决铲除淫秽色情网站的生存基础，彻底剥夺犯罪分子非法获利和再次犯罪的资本。

【国务院令〔2001〕335号】 **中华人民共和国国际海运条例**（2001年12月5日国务院第49次常务会议通过，2001年12月11日公布，2002年1月1日起施行；同时废止1990年12月5日国务院发布、1998年4月18日国务院修订的《中华人民共和国海上国际集装箱运输管理规定》；根据2013年7月18日《国务院关于废止和修改部分行政法规的决定》第一次修订；根据2016年2月6日《国务院关于修改部分行政法规的决定》第二次修订；根据2019年3月2日《国务院关于修改部分行政法规的决定》第三次修订）

第50条 非法从事进出中国港口的国际海上运输经营活动以及与国际海上运输相关的辅助性经营活动，扰乱国际海上运输市场秩序的，依照刑法关于非法经营罪的规定，依法追究刑事责任。

---

① 该《通知》指出："为有效清除淫秽色情网站，坚决打击网上淫秽色情活动，创造健康的网络环境，维护社会治安秩序的稳定，从今年7月中旬至'十一'前，在全国范围内开展打击淫秽色情网站专项行动。"那么现在应该已经超过适用期，但是至今尚未被宣布废止。

【国务院令〔2004〕406号】 中华人民共和国道路运输条例（2004年4月14日国务院第48次常务会议通过，2004年4月30日国务院令第406号公布，2004年7月1日起施行；根据2012年11月9日国务院令第628号公布的《国务院关于修改和废止部分行政法规的决定》修正，2013年1月1日起施行；根据2013年7月18日《国务院关于废止和修改部分行政法规的决定》第一次修订；根据2016年2月6日《国务院关于修改部分行政法规的决定》第二次修订）

第63条 违反本条例的规定，未取得道路运输经营许可，擅自从事道路运输经营的，由县级以上道路运输管理机构责令停止经营；有违法所得的，没收违法所得，处违法所得2倍以上10倍以下的罚款；没有违法所得或者违法所得不足2万元的，处3万元以上10万元以下的罚款；构成犯罪的，依法追究刑事责任。

第64条 不符合本条例第9条、第22条规定条件的人员驾驶道路运输经营车辆的，由县级以上道路运输管理机构责令改正，处200元以上2000元以下的罚款；构成犯罪的，依法追究刑事责任。

第65条 违反本条例的规定，未经许可擅自从事道路运输站（场）经营、机动车维修经营、机动车驾驶员培训的，由县级以上道路运输管理机构责令停止经营；有违法所得的，没收违法所得，处违法所得2倍以上10倍以下的罚款；没有违法所得或者违法所得不足1万元的，处2万元以上5万元以下的罚款；构成犯罪的，依法追究刑事责任。

第72条 违反本条例的规定，机动车维修经营者使用假冒伪劣配件维修机动车，承修已报废的机动车或者擅自改装机动车的，由县级以上道路运输管理机构责令改正；有违法所得的，没收违法所得，处违法所得2倍以上10倍以下的罚款；没有违法所得或者违法所得不足1万元的，处2万元以上5万元以下的罚款，没收假冒伪劣配件及报废车辆；情节严重的，由原许可机关吊销其经营许可；构成犯罪的，依法追究刑事责任。

第73条 违反本条例的规定，机动车维修经营者签发虚假的机动车维修合格证，由县级以上道路运输管理机构责令改正；有违法所得的，没收违法所得，处违法所得2倍以上10倍以下的罚款；没有违法所得或者违法所得不足3000元的，处5000元以上2万元以下的罚款；情节严重的，由原许可机关吊销其经营许可；构成犯罪的，依法追究刑事责任。

【国务院令〔2005〕440号】 工业产品生产许可证管理条例（2005年6月29日国务院第97次常务会议通过，2005年7月9日国务院令第440号公布，2005年9月1日起施行）

第 3 条（第 1 款） 国家实行生产许可证制度的工业产品目录（以下简称目录）由国务院工业产品生产许可证主管部门会同国务院有关部门制定，并征求消费者协会和相关产品行业协会的意见，报国务院批准后向社会公布。

第 45 条 企业未依照本条例规定申请取得生产许可证而擅自生产列入目录产品的，由工业产品生产许可证主管部门责令停止生产，没收违法生产的产品，处违法生产产品货值金额等值以上 3 倍以下的罚款；有违法所得的，没收违法所得；构成犯罪的，依法追究刑事责任。

第 46 条（第 1 款） 取得生产许可证的企业生产条件、检验手段、生产技术或者工艺发生变化，未依照本条例规定办理重新审查手续的，责令停止生产、销售，没收违法生产、销售的产品，并限期办理相关手续；逾期仍未办理的，处违法生产、销售产品（包括已售出和未售出的产品，下同）货值金额 3 倍以下的罚款；有违法所得的，没收违法所得；构成犯罪的，依法追究刑事责任。

第 48 条 销售或者在经营活动中使用未取得生产许可证的列入目录产品的，责令改正，处 5 万元以上 20 万元以下的罚款；有违法所得的，没收违法所得；构成犯罪的，依法追究刑事责任。

第 49 条 取得生产许可证的企业出租、出借或者转让许可证证书、生产许可证标志和编号的，责令限期改正，处 20 万元以下的罚款；情节严重的，吊销生产许可证。违法接受并使用他人提供的许可证证书、生产许可证标志和编号的，责令停止生产、销售，没收违法生产、销售的产品，处违法生产、销售产品货值金额等值以上 3 倍以下的罚款；有违法所得的，没收违法所得；构成犯罪的，依法追究刑事责任。

【民航财发〔2002〕101 号】 民航总局关于坚决打击暗扣销售和非法经营销售国内机票行为，规范航空运输市场秩序的通知（2002 年 5 月 20 日）

一、准确界定暗扣销售和非法经营销售国内机票的行为

（一）暗扣销售国内机票的行为

暗扣销售国内机票是指航空公司或其销售代理人非法以低于经民航总局批准并公布的价格销售国内机票的行为。主要表现为：1. 实收票款低于票面标示的价格；2. 以现金、有价证券、支付凭证、代金（代币）券等形式给予购票人回扣或事后返还等。不包括经民航总局批准航空公司实施常旅客计划给予的里程奖励等。

（二）非法经营销售国内机票是指未经民航行业主管部门和工商行政管理部门批准登记，销售、代售国内机票的行为。

【公经〔2002〕928号】　公安部经济犯罪侦查局关于打击非法经营销售国内机票有关问题的批复（经商民航总局运输司，2002年8月9日答复北京市公安局经侦处"京经侦办字〔2002〕167号"请示）

一、《关于坚决打击暗扣销售和非法经营销售国内机票行为，规范航空运输市场秩序的通知》（民航财发〔2002〕101号）中的"国内机票"、"民航国内航班机票"是指"国内航空公司的国内航线机票"。

二、根据1993年8月3日经国务院批准发布施行的《民用航空运输销售代理业管理规定》（民航总局第37号令）第33条的规定，非法代理销售国内航空公司国际航线机票属于非法经营行为，情节严重的，应当根据刑法第225条的规定，以非法经营罪立案侦查。

三、非法经营销售国内航线机票和国际航线机票应予追诉的标准，应当根据2001年4月18日最高人民检察院、公安部《关于经济犯罪案件追诉标准的规定》第70条第5款的规定执行。

【法释〔2005〕3号】　最高人民法院、最高人民检察院关于办理赌博刑事案件具体应用法律若干问题的解释（2005年4月26日最高人民法院审判委员会第1349次会议通过，2005年5月8日最高人民检察院第10届检察委员会第34次会议通过，2005年5月11日公布，2005年5月13日起施行）

第6条　未经国家批准擅自发行、销售彩票，构成犯罪的，依照刑法第225条第（四）项的规定，以非法经营罪定罪处罚。

【法研〔2005〕80号】　最高人民法院研究室关于非法经营黄金案件移送起诉期间国务院出台《国务院关于取消第二批行政审批项目和改变一批行政审批项目管理方式的决定》如何适用法律问题的答复（2005年5月19日答复吉林省高级人民法院）

国务院（2003）5号文件发布后，个人收购、销售黄金的行为，不构成非法经营罪。对于该文件发布前个人收购、销售黄金的行为，应按照《中华人民共和国刑法》第12条的规定处理。

【国办发〔2006〕99号】　国务院办公厅关于严厉打击非法发行股票和非法经营证券业务有关问题的通知（2006年12月12日印发）

三、明确政策界限，依法进行监管

（三）严禁非法经营证券业务。股票承销、经纪（代理买卖）、证券投资咨询等证券业务由证监会依法批准设立的证券机构经营，未经证监会批准，其他任何机构和个人不得经营证券业务。

【公经〔2006〕1789号】　　公安部经济犯罪侦查局关于对四川××等公司代理转让未上市公司股权行为定性的批复（经征求中国证监会法律部意见，2006年8月15日答复四川省公安厅经侦总队"公厅经发〔2006〕108号"请示）

一、四川××等公司代理未上市公司股票向不特定社会公众转让的行为，属于《证券法》规定的证券业务。根据《证券法》第197条规定，未经中国证监会批准，其行为构成非法经营证券业务。如其非法经营数额达到刑事追诉标准，则涉嫌构成《刑法》第225条规定的非法经营罪。

三、西安××股权托管服务有限公司的行为，如其不提供股票转让交易服务，仅办理股东名册变更登记，则不属于非法经营证券业务。但如其提供股票转让交易服务，则构成《证券法》第196条规定的非法开设证券交易场所的行为。

【证监发〔2008〕1号】　　最高人民法院、最高人民检察院、公安部、中国证券监督管理委员会关于整治非法证券活动有关问题的通知（2008年1月2日印发）

二、明确法律政策界限，依法打击非法证券活动

（三）关于非法经营证券业务的责任追究。任何单位和个人经营证券业务，必须经证监会批准。未经批准的，属于非法经营证券业务，应予以取缔；涉嫌犯罪的，依照《刑法》第225条之规定，以非法经营罪追究刑事责任。对于中介机构非法代理买卖非上市公司股票，涉嫌犯罪的，应当依照《刑法》第225条之规定，以非法经营罪追究刑事责任；所代理的非上市公司涉嫌擅自发行股票，构成犯罪的，应当依照《刑法》第179条之规定，以擅自发行股票罪追究刑事责任。非上市公司和中介机构共谋擅自发行股票，构成犯罪的，以擅自发行股票罪的共犯论处。未构成犯罪的，依照《证券法》和有关法律的规定给予行政处罚。

【证监办函〔2007〕150号】　　中国证券监督管理委员会办公厅关于变相期货交易有关事宜的复函（2007年7月25日答复公安部办公厅"公经〔2007〕1270号"请求认定函）①

2007年4月15日开始实施的《期货交易管理条例》（以下简称条例）第89

---

① 注：本文件源自公安部经济犯罪侦查局编写的《公安机关办理经济犯罪案件相关法律适用问题批复汇编》（2015年版，中国人民公安大学出版社2015年1月在公安机关发行）第118页。

公安部经济犯罪侦查局于2007年8月2日以"公经〔2007〕1735号"《通知》转发该《复函》答复浙江省公安厅经侦总队《关于我省温州鹿城办理非法经营黄金期货案有关情况的报告》（浙公经〔2007〕198号）。

条对变相期货交易进行了明确规定：①

任何机构或者市场为买方和卖方提供交易平台，以集中报价、统一撮合方式进行不因买方和卖方的不同而变化、条款标准化的合约（或者合同）买卖行为，同时采用以下交易机制或者具备以下交易机制特征之一的，为变相期货交易：（一）以自身的资产或者信誉，承担买方的卖方、卖方的买方职责，保证参与集中交易的所有买方和卖方履行合约（或者合同）的交收责任；（二）每天根据合约（或者合同）当日的成交结果，按照一定标准计算买方和卖方的盈亏情况，据此为买方和卖方完成盈亏、税费等资金划转手续，并以低于合约（或者合同）标的额20%的比例向买方和卖方收取资金，用于结算和保证履约。

凡是具备上述特征，又未经我会批准的交易行为，均为变相期货交易。目前，经国务院同意并由我会批准的可以开展期货交易的场所只有上海期货交易所、郑州商品交易所、大连商品交易所和中国金融期货交易所。

【公经〔2008〕164号】 公安部经济犯罪侦查局关于刘××等人利用银行账户为他人转移资金行为定性问题的批复（经商中国银行业监督管理委员会，2008年9月1日答复江西省公安厅"赣公文〔2008〕29号"请示）

根据国务院1998年7月13日发布实施的《非法金融机构和非法金融业务活动取缔办法》第4条规定，刘××等犯罪嫌疑人未经国务院银行业监督管理机构及其派出机构批准，以营利为目的，大量使用虚假身份或冒用他人身份，注册成立无经营地址、无从业人员、无经营活动的"三无公司"，在银行开立单位基本账户并开通网上银行业务，在没真实交易的情况下接受性质不明的巨额资金，获取大量非法利益，该行为属于非法办理结算业务。刘××等犯罪嫌疑人的行为应认定为从事非法金融业务活动，并依法追究刑事责任。

---

① 注：《期货交易管理条例》由2007年2月7日国务院第168次常务会议通过，2012年9月12日国务院第216次常务会议修订，2013年5月31日国务院第10次常务会议修正。原第89条的内容已经被删除。

※经查核，《期货交易管理条例》（2007年版）第89条的相关内容如下：

任何机构或者市场，未经国务院期货监督管理机构批准，采用集中交易方式进行标准化合约交易，同时采用以下交易机制或者具备以下交易机制特征之一的，为变相期货交易：（一）为参与集中交易的所有买方和卖方提供履约担保的；（二）实行当日无负债结算制度和保证金制度，同时保证金收取比例低于合约（或者合同）标的额20%的。

——上述内容与"证监办函〔2007〕150号"所引用的内容并不一致。本书未查得后者的内容出自何处。

【公经反洗钱〔2008〕585号】　公安部经济犯罪侦查局关于对艾××等人有关行为定性问题的批复（经商国家外汇管理局，2008年11月24日答复江苏省公安厅经侦总队"苏公经〔2008〕368号"请示）

根据《外汇管理条例》（国务院令第532号）第45条规定，艾××等人，将委托人的外汇资金假借外商投资的名义汇入境内，骗取银行结汇后，按照委托人要求支付给指定的境内收款人，并依据汇入外汇资金数量向委托人收取报酬的行为，属于非法买卖外汇违法犯罪行为，应依法追究刑事责任。

【汇综复〔2008〕56号】　国家外汇管理局综合司关于非法网络炒汇行为有关问题认定的批复（2008年6月11日答复国家外汇管理局深圳市分局"深外管〔2008〕121号"请示）

根据《银行业监督管理法》《商业银行法》《外汇管理条例》（国务院令1996年第193号）《非法金融机构和非法金融业务活动取缔办法》（国务院令1998年第247号）《个人外汇管理办法》（中国人民银行令2006年第3号）《关于严查查处非法外汇期货和外汇按金交易活动的通知》（证监发字〔1994〕165号）等相关法律、法规及部门规章的规定，境内个人从事外汇按金等外汇买卖交易，应当通过依法取得相应业务资格的境内金融机构办理。未依法取得行业监管部门的批准或者备案同意，任何单位和个人一律不得擅自经营外汇按金交易。擅自从事外汇按金交易的双方权益不受法律保护，组织和参与这种交易，属于非法经营外汇业务和私自买卖外汇行为。

【汇管函〔2010〕4号】　国家外汇管理局关于闻××等人有关行为性质认定意见的复函（2010年3月3日答复公安部经济犯罪侦查局"公经反洗钱〔2009〕609号"征求意见函）①

根据《全国人民代表大会常务委员会关于惩治骗购外汇、逃汇和非法买卖外汇犯罪的决定》、《最高人民法院关于审理骗购外汇、非法买卖外汇刑事案件具体应用法律若干问题的解释》、《中华人民共和国外汇管理条例》及《国家外汇管理局综合司关于非法买卖外汇问题认定有关意见的复函》（汇综函〔2005〕9号）的相关规定，买卖外汇应当通过取得结售汇业务经营资格、特许兑换业务经营资格的境内机构或中国外汇交易中心等国家规定的交易场所进行。

任何机构或个人在境内收取客户的人民币资金，并按约定汇率在境外向客

---

① 公安部经济犯罪侦查局于2010年3月8日依据该《复函》的内容以"公经反洗钱〔2010〕84号"《批复》答复浙江省公安厅经侦总队"浙公经〔2010〕734号"《请示》。

户支付相应的外汇资金；或者任何机构或个人在境外收取客户的外汇资金，并按约定汇率在境内向客户支付相应的人民币资金的行为，数额较大并未通过前述国家规定的机构或场所进行，应认定为非法买卖外汇行为。

【公经反洗钱〔2010〕84号】 公安部经济犯罪侦查局关于对闻丽×等人有关行为定性问题的批复（依据《汇管函〔2010〕4号》《复函》，2010年3月8日答复浙江省公安厅经侦总队"浙公经〔2010〕734号"请示）

犯罪嫌疑人闻丽×等人按照新加坡"××快递汇款公司"（以下简称××公司）授意，在境内私设××公司办事处，由××公司在新加坡收取客户新加坡元，后指示闻丽×等人按照约定汇率在境内将相应人民币汇入指定的账户（或现金交易）。根据《中华人民共和国外汇管理条例》（国务院第532号令）第45条规定及相关证据，闻丽×等人的行为属于非法买卖外汇行为。

【汇综发〔2011〕135号】 国家外汇管理局综合司关于外商投资企业资本金结汇违规行为定性与处罚适用法规依据的通知（2011年12月5日印发）

根据《中华人民共和国外汇管理条例》（以下简称《条例》）和相关法规规定，现就上述违规行为定性与处罚适用法规依据通知如下：

一、以担保或保证金名义结汇。外商投资担保公司利用虚假、无效的担保项目以担保或保证金名义结汇的行为，违反了《条例》第23条、《国家外汇管理局综合司关于完善外商投资企业外汇资本金支付结汇管理有关业务操作问题的通知》（汇综发〔2008〕142号）（以下简称"142号文"）[①] 第4条的规定，属于非法结汇行为。

外商投资担保公司以担保或保证金名义办理结汇，但未实际履约的，结汇后人民币资金用于在政府审批部门批准的经营范围之外的行为，违反了《条例》第23条、"142号文"第3条、《国家外汇管理局关于改革外商投资项下资本金结汇管理方式的通知》（汇发〔2002〕59号）（以下简称"59号文"）第6条的规定，属于擅自改变结汇资金用途行为。

二、以土地保证金名义结汇。外商投资企业虚构"招挂拍"，以土地保证金名义结汇的行为，违反了《条例》第23条、"142号文"第4条的规定，属于非法结汇行为。

外商投资企业参加"招挂拍"并以土地保证金名义结汇，且在未中标后将

---

① 注："汇综发〔2008〕142号"《通知》已经被2015年3月30日《国家外汇管理局关于改革外商投资企业外汇资本金结汇管理方式的通知》（汇发〔2015〕142号）替代、废止。

结汇资金用于在政府审批部门批准的经营范围之外的行为,违反了《条例》第23条、"142号文"第3条、"59号文"第6条的规定,属于擅自改变结汇资金用途行为。

三、以支付或归还企业之间或企业与个人之间的贷款或垫款名义结汇。中国人民银行于1996年6月28日分布的《贷款通则》中明确"贷款"是指企业向银行等具有贷款经营业务资格的金融机构的贷款,不包括企业之间、企业与个人之间的借贷。"委托贷款"是指通过银行等具有贷款经营业务资格的金融机构进行的委托放贷,没有银行等参与的具有委托性质的借款不属于"委托贷款"范畴。

外商投资企业以归还企业或个人的借款或垫款结汇、以向企业或个人提供借款或垫款结汇、以替企业或个人归还借款、垫款或银行贷款等名义结汇的行为,违反了《条例》第23条、"142号文"第3条、"59号文"第6条的规定,属于非法结汇行为。

四、以归还已使用的自身银行贷款或银行委托贷款名义结汇。外商投资企业以归还已使用的自身银行贷款或银行委托贷款名义结汇,但贷款资金并未使用或并未用于自身正常生产经营范围之内的行为,违反了《条例》第23条、"142号文"第3条和第4条、"59号文"第6条的规定,属于非法结汇行为。

外商投资企业以归还已使用的自身银行贷款或银行委托贷款名义结汇,但未将结汇资金用于归还企业自身银行贷款或银行委托贷款的行为,违反了《条例》第23条、"142号文"第2条、"59号文"第6条的规定,属于擅自改变结汇资金用途行为。

五、以股权投资名义结汇。外商投资企业以股权投资名义结汇的行为,违反了《条例》第23条、"142号文"第2条的规定,属于非法结汇行为。

六、使用无效合同或虚假发票结汇、在结汇后作废发票。外商投资企业使用无效合同或虚假发票结汇的行为,违反了《条例》第23条、"142号文"第4条的规定,属于非法结汇行为。

外商投资企业在办理结汇后作废发票,将结汇资金改作他用或滞留人民币账户均行为,违反了《条例》第23条、"142号文"第3条、"59号文"第6条的规定,属于擅自改变结汇资金用途行为。

七、以备用金名义结汇。外商投资企业频繁以备用金名义结汇,将大量结汇资金滞留于人民币账户明显异常的行为,违反了《条例》第23条、"142号文"第3条、"59号文"第6条的规定,属于擅自改变结汇资金用途行为。

外商投资企业以备用金名义结汇,明显超出备用金用途使用结汇资金的行为,违反了《条例》第23条、"142号文"第3条、"59号文"第6条的规定,属于擅自改变结汇资金用途行为。

八、以预付款名义结汇。外商投资企业虚构交易背景以预付款名义结汇的行为，违反了《条例》第23条、"142号文"第4条的规定，属于非法结汇行为。

外商投资企业利用真实交易背景以预付款名义结汇，但未按申请用途使用结汇资金的行为，违反了《条例》第23条、"142号文"第2条、"59号文"第6条的规定，属于擅自改变结汇资金用途行为。

对于上述非法结汇行为，按《条例》第41条第2款进行处罚；对于上述擅自改变结汇资金用途行为，按《条例》第44条第1款进行处罚。

对于银行办理结汇业务中存在的违规行为，按照《条例》和相关规定予以处理。

【公经反洗钱〔2009〕188号】 公安部经济犯罪侦查局关于顾××等人有关行为性质认定意见的批复（2009年4月13日答复上海市公安局经侦总队"沪公经〔2009〕63号"请示）①

犯罪嫌疑人顾××等人为获取非法利益，注册成立空壳公司并在银行开立基本账户，在无任何实际贸易背景的情况下，专门从事为他人提供支票套现服务并收取手续费，非法获利数额巨大，其行为严重扰乱正常的金融管理秩序，根据《非法金融机构和非法金融业务活动取缔办法》（国务院令第247号）第4条第4项的规定，顾××等犯罪嫌疑人的行为可以认定为其他非法金融业务活动。

【高检研函字〔2013〕58号】 最高人民检察院法律政策研究室关于买卖银行承兑汇票行为如何适用法律问题的答复意见（2013年10月9日答复福建省人民检察院政策研究室"闽检〔2013〕25号"请示）②

根据票据行为的无因性以及票据法关于汇票可背书转让的规定，汇票买卖

---

① 注：该《批复》是依据《中国银行业监督管理委员会政策法规部关于对顾××等人有关行为性质认定意见的函》（2009年3月23日答复公安部经济犯罪侦查局"公经反洗钱〔2009〕115号"征求意见函）而作出。

② 注：公安部经济犯罪侦查局基于《中国银行业监督管理委员会政策法规部关于对李某等人倒卖银行承兑汇票行为性质认定意见的函》（2009年8月21日答复公安部经济犯罪侦查局"公经金融〔2009〕198号"《征求意见函》）的意见，曾经先后印发《关于对倒卖银行承兑汇票行为性质认定意见的批复》（公经金融〔2009〕253号，2009年9月18日答复河北省公安厅经侦总队"冀公（经）〔2009〕408号"、安徽省公安厅经侦总队"皖公经侦〔2009〕255号"《请示》）、《关于对徐×等人经营银行承兑汇票贴现业务定性问题的批复》（公经金融〔2010〕135号，2010年7月6日答复浙江省公安厅经侦总队"浙公经〔2010〕324号"《请示》），认为：倒卖银行承兑汇票数额巨大的行为，严重扰乱了正常的票据管理秩序，可以认定为《刑法》第225条第3项规定的"非法从事资金支付结算业务"。该观点与"高检研函字〔2013〕58号"《意见》相左，不应当再适用。

行为不同于支付结算行为,将二者等同可能会造成司法实践的混乱。实践中,买卖银行承兑汇票的情况比较复杂,对于单纯买卖银行承兑汇票的行为不宜以非法经营罪追究刑事责任。

【公经金融〔2009〕315号】 公安部经济犯罪侦查局关于南京××公司从事非法票据贴现业务认定意见的批复(2009年11月27日答复江苏省公安厅经侦总队"苏公经〔2009〕451号"请示)①

犯罪嫌疑人王×等人注册成立多家空壳公司,并雇人寻找需要贴现票据的企业,通过伪造购销合同和增值税发票等,以上述空壳公司的名义通过银行为企业进行票据贴现,收取手续费的行为,数额巨大,严重扰乱正常的票据管理秩序,可以认定为刑法修正案(七)第5条规定的"非法从事资金支付结算业务"的活动。

【法释〔2018〕19号】 最高人民法院、最高人民检察院关于办理妨害信用卡管理刑事案件具体应用法律若干问题的解释(2009年12月3日"法释〔2009〕19号"公布,2009年12月16日起施行;2018年7月30日最高人民法院审判委员会第1745次会议、2018年10月19日最高人民检察院第13届检察委员会第7次会议修改,2018年11月28日公布,2018年12月1日起施行)

第12条 违反国家规定,使用销售点终端机具(POS机)等方法,以虚构交易、虚开价格、现金退货等方式向信用卡持卡人直接支付现金,情节严重的,应当依据刑法第225条的规定,以非法经营罪定罪处罚。

实施前款行为,数额在100万元以上的,或者造成金融机构资金20万元以上逾期未还的,或者造成金融机构经济损失10万元以上的,应当认定为刑法第225条规定的"情节严重";数额在500万元以上的,或者造成金融机构资金100万元以上逾期未还的,或者造成金融机构经济损失50万元以上的,应当认定为刑法第225条规定的"情节特别严重"。

持卡人以非法占有为目的,采用上述方式恶意透支,应当追究刑事责任的,依照刑法第196条的规定,以信用卡诈骗罪定罪处罚。

第13条 单位实施本解释规定的行为,适用本解释规定的相应自然人犯罪的定罪量刑标准。

---

① 注:该批复是依据《中国银行业监督管理委员会政策法规部关于对王×等人行为性质认定意见的函》(2009年11月17日答复公安部经济犯罪侦查局"公经金融〔2009〕277号"《征求意见函》)而作出。

【法研〔2010〕70 号】　最高人民法院研究室关于《关于办理妨害信用卡管理刑事案件具体应用法律若干问题的解释》溯及力问题的复函（2010 年 4 月 16 日答复公安部经济犯罪侦查局"公经金融〔2010〕49 号"请示）①

对 1997 年刑法施行后、《关于办理妨害信用卡管理刑事案件具体应用法律若干问题的解释》施行前发生的利用信用卡非法套现行为，如未超过法定追诉时效，社会危害大的，可以依法追究。

【法研〔2010〕105 号】　最高人民法院研究室关于信用卡犯罪法律适用若干问题的复函（2010 年 7 月 5 日答复公安部经济犯罪侦查局"公经金融〔2010〕110 号"征求意见函）②

四、非法套现犯罪的证据规格，仍应遵循刑事诉讼法规定的证据确实、充分的证明标准。原则上应向各持卡人询问并制作笔录。如因持卡人数量众多、下落不明等客观原因导致无法取证，且其他证据已能确实、充分地证明使用信用卡非法套现的犯罪事实及套现数额的，则可以不向所有持卡人询问并制作笔录。

【银办函〔2001〕283 号】　中国人民银行办公厅关于以高利贷形式向社会不特定对象出借资金行为法律性质问题的批复（2001 年 4 月 26 日答复中国人民银行武汉分行"武银发〔2001〕70 号"请示）

一、民间个人借贷应是个人之间因生产、生活需要的一种资金调剂行为，即个人以其本人合法收入的自有资金出借给另一特定的个人，目的是帮助解决借入人一时的生产、生活需要，出借人为此获取一定利息回报，但出借人一般并不将此作为经常性的牟利手段。若利率超过最高人民法院《关于人民法院审理借贷案件的若干意见》中规定的银行同类贷款利率的 4 倍，超出部分的利息不予保护，但行为性质仍为民间个人借贷，而不是《非法金融机构和非法金融业务活动取缔办法》中所指的非法发放贷款。

二、《非法金融机构和非法金融业务活动取缔办法》中的非法发放贷款行为是指：未经金融监管部门批准，以营利为目的，向不特定的对象出借资金，以此牟取高额非法收入的行为。非法发放贷款的行为主体可以是单位亦可以是个人，其行为特点是未经有权部门批准、没有合法的经营金融业务资格，经常性

---

① 公安部经济犯罪侦查局于 2010 年 4 月 23 日以"公经〔2010〕70 号"《批复》引用该《复函》的内容答复上海市公安局经侦总队"沪公经侦〔2010〕158 号"《请示》。

② 公安部经济犯罪侦查局于 2010 年 7 月 12 日下发"公经金融〔2010〕139 号"《通知》，将该《复函》的内容印发给各省（自治区、直辖市）公安厅（局）的经侦总队（处）和新疆生产建设兵团公安局经侦处。

地向不特定的单位或个人出借资金，出借款项一般笔数多、累计金额大，多个借贷行为累计持续时间较长，客观上已形成的一种非法金融业务活动。

【银发〔2002〕30号】 中国人民银行关于取缔地下钱庄及打击高利贷行为的通知（2002年1月31日印发）

二、严格规范民间借贷行为。民间个人借贷活动必须严格遵守国家法律、行政法规的有关规定，遵循自愿互助、诚实信用的原则。民间个人借贷中，出借人的资金必须是属于其合法收入的自有货币资金，禁止吸收他人资金转手放款。民间个人借贷利率由借贷双方协商确定，但双方协商的利率不得超过中国人民银行公布的金融机构同期、同档次贷款利率（不含浮动）的4倍①。超过上述标准的，应界定为高利贷行为。

【银办函〔2002〕874号】 中国人民银行办公厅关于贺胜桥公司非法从事金融业务活动性质认定的复函（2002年12月20日答复公安部经济犯罪侦查局）

武汉市贺胜桥公司未经中国人民银行批准，以"武汉市某区工商联基金互助会"、"武汉市某区支行"以及"涂某"等名义，采取签订"借据"的形式，主要从事向单位或自然人发放高息贷款等金融业务活动。根据《非法金融机构和非法金融业务活动取缔办法》第3、4、5条规定，我行认为，该公司属于非法金融机构。涂某以个人名义高息发放贷款1亿多元②的行为，属于非法金融业务活动。

---

① 注："4倍"的标准源于《最高人民法院关于人民法院审理借贷案件的若干意见》（法〔民〕〔1991〕21号）第6条的规定："民间借贷的利率可以适当高于银行的利率，各地人民法院可根据本地区的实际情况具体掌握，但最高不得超过银行同类贷款利率的4倍（包含利率本数）。超出此限度的，超出部分的利息不予保护。"该《若干意见》已经被《最高人民法院关于审理民间借贷案件适用法律若干问题的规定》（法释〔2015〕18号，2015年9月1日起施行；2020年8月20日法释〔2020〕6号修订施行；2020年12月23日法释〔2020〕17号再次修正，2021年1月1日起施行）替代、废止。后者第25条规定：出借人请求借款人按照合同约定利率支付利息的，人民法院应予支持，但是双方约定的利率超过合同成立时1年期贷款市场报价利率4倍的除外。

② 注：湖北省武汉市江汉区人民法院（2003）汉刑初字第711号刑事判决书最终认定的事实是：1998年8月至2002年9月，被告人涂汉江、胡敏为了牟取非法利益，或以贺胜桥公司、被告人涂汉江的个人名义，或假借中国农业银行武汉市江汉支行及未经批准成立的武汉市江夏区工商联互助基金会的名义，采取签订借据的形式，按月息2.5%、超期按月息9%的利率，以贺胜桥公司、被告人涂汉江的个人资金、被告人胡敏的个人资金，先后向凌云水泥有限公司及庞达权21家单位及个人发放贷款共计人民币907万元，并从中牟取利益共计人民币114万余元。

最高人民法院刑事审判第二庭关于涂汉江非法从事金融业务行为性质认定的复函（2003年1月13日答复公安部经济犯罪侦查局）①

涂汉江向他人非法发放高息贷款的行为，属于从事非法金融活动。根据国务院《非法金融机构和非法金融业务活动取缔办法》第22条的规定，"设立非法金融机构或者从事非法金融业务活动，构成犯罪的，依法追究刑事责任"，涂汉江的行为属于《中华人民共和国刑法》第225条第（四）项所列的"其他严重扰乱市场秩序的非法经营行为"。

【刑他字〔2012〕136号】 最高人民法院关于被告人何伟光、张勇泉等非法经营案的批复（2012年12月26日答复广东省高级人民法院"粤高法刑二他字〔2011〕16号"请示）②

被告人何伟光、张勇泉等人高利放贷的行为具有一定的社会危害性，但此类行为是否属于刑法第225条规定的"其他严重扰乱市场秩序的非法经营行为"，相关立法解释和司法解释尚无明确规定，故对何伟光、张勇泉等人的行为不宜以非法经营罪定罪处罚。

【法发〔2019〕24号】 最高人民法院、最高人民检察院、公安部、司法部关于办理非法放贷刑事案件若干问题的意见（2019年7月23日印发，2019年10月21日施行）

一、违反国家规定，未经监管部门批准，或者超越经营范围，以营利为目的，经常性地向社会不特定对象发放贷款，扰乱金融市场秩序，情节严重的，依照刑法第225条第（四）项的规定，以非法经营罪定罪处罚。

前款规定中的"经常性地向社会不特定对象发放贷款"，是指2年内向不特定多人（包括单位和个人）以借款或其他名义出借资金10次以上。

贷款到期后延长还款期限的，发放贷款次数按照1次计算。

二、以超过36%的实际年利率实施符合本意见第1条规定的非法放贷行为，具有下列情形之一的，属于刑法第225条规定的"情节严重"，但单次非法放贷行为实际年利率未超过36%的，定罪量刑时不得计入：

---

① 注：公安部据此印发了《关于涂汉江等人从事非法金融业务行为性质认定问题的批复》（公经〔2003〕385号，2003年4月8日答复湖北省公安厅）；湖北省武汉市江汉区人民法院因此作出了〔2003〕汉刑初字第711号刑事判决书，判决被告人涂汉江构成非法经营罪；武汉市中级人民法院二审维持这一定性。

② 注：2019年10月21日《最高人民法院、最高人民检察院、公安部、司法部关于办理非法放贷刑事案件若干问题的意见》（法发〔2019〕24号）施行以后，刑他字〔2012〕136号《批复》应当不再适用。

（一）个人非法放贷数额累计在 200 万元以上的，单位非法放贷数额累计在 1000 万元以上的；

（二）个人违法所得数额累计在 80 万元以上的，单位违法所得数额累计在 400 万元以上的；

（三）个人非法放贷对象累计在 50 人以上的，单位非法放贷对象累计在 150 人以上的；

（四）造成借款人或者其近亲属自杀、死亡或者精神失常等严重后果的。

具有下列情形之一的，属于刑法第 225 条规定的"情节特别严重"：

（一）个人非法放贷数额累计在 1000 万元以上的，单位非法放贷数额累计在 5000 万元以上的；

（二）个人违法所得数额累计在 400 万元以上的，单位违法所得数额累计在 2000 万元以上的；

（三）个人非法放贷对象累计在 250 人以上的，单位非法放贷对象累计在 750 人以上的；

（四）造成多名借款人或者其近亲属自杀、死亡或者精神失常等特别严重后果的。

三、非法放贷数额、违法所得数额、非法放贷对象数量接近本意见第 2 条规定的"情节严重""情节特别严重"的数额、数量起点标准，并具有下列情形之一的，可以分别认定为"情节严重""情节特别严重"：

（一）2 年内因实施非法放贷行为受过行政处罚 2 次以上的；

（二）以超过 72% 的实际年利率实施非法放贷行为 10 次以上的。

前款规定中的"接近"，一般应当掌握在相应数额、数量标准的 80% 以上。

四、仅向亲友、单位内部人员等特定对象出借资金，不得适用本意见第 1 条的规定定罪处罚。但具有下列情形之一的，定罪量刑时应当与向不特定对象非法放贷的行为一并处理：

（一）通过亲友、单位内部人员等特定对象向不特定对象发放贷款的；

（二）以发放贷款为目的，将社会人员吸收为单位内部人员，并向其发放贷款的；

（三）向社会公开宣传，同时向不特定多人和亲友、单位内部人员等特定对象发放贷款的。

五、非法放贷数额应当以实际出借给借款人的本金金额认定。非法放贷行为人以介绍费、咨询费、管理费、逾期利息、违约金等名义和以从本金中预先扣除等方式收取利息的，相关数额在计算实际年利率时均应计入。

非法放贷行为人实际收取的除本金之外的全部财物，均应计入违法所得。

非法放贷行为未经处理的，非法放贷次数和数额、违法所得数额、非法放贷对象数量等应当累计计算。

六、为从事非法放贷活动，实施擅自设立金融机构、套取金融机构资金高利转贷、骗取贷款、非法吸收公众存款等行为，构成犯罪的，应当择一重罪处罚。

为强行索要因非法放贷而产生的债务，实施故意杀人、故意伤害、非法拘禁、故意毁坏财物、寻衅滋事等行为，构成犯罪的，应当数罪并罚。

纠集、指使、雇佣他人采用滋扰、纠缠、哄闹、聚众造势等手段强行索要债务，尚不单独构成犯罪，但实施非法放贷行为已构成非法经营罪的，应当按照非法经营罪的规定酌情从重处罚。

以上规定的情形，刑法、司法解释另有规定的除外。

七、有组织地非法放贷，同时又有其他违法犯罪活动，符合黑社会性质组织或者恶势力、恶势力犯罪集团认定标准的，应当分别按照黑社会性质组织或者恶势力、恶势力犯罪集团侦查、起诉、审判。

黑恶势力非法放贷的，据以认定"情节严重""情节特别严重"的非法放贷数额、违法所得数额、非法放贷对象数量起点标准，可以分别按照本意见第2条规定中相应数额、数量标准的50%确定；同时具有本意见第3条第1款规定情形的，可以分别按照相应数额、数量标准的40%确定。

八、本意见自2019年10月21日起施行。对于本意见施行前发生的非法放贷行为，依照最高人民法院《关于准确理解和适用刑法中"国家规定"的有关问题的通知》（法发〔2011〕155号）的规定办理。

【公经〔2014〕172号】 公安部经济犯罪侦查局关于利用转账支票为他人套现行为性质认定的批复（2014年4月9日答复福建省公安厅经侦总队"闽公经〔2013〕54号"请示）[①]

行为人在无真实贸易背景的情况下，为牟取不法利益，利用空壳公司账户等手段协助他人套取巨额现金的行为，违反了《人民币银行结算账户管理办法》（中国人民银行令〔2013〕第5号）第39条的规定，属于《中华人民共和国现金管理暂行条例》第21条第5项和第8项规定的"用转账凭证套取现金"、"利

---

① 注：该《批复》是依据以下两个部门的复函意见而作出：
《中国银行业监督管理委员会政策法规部关于利用转账支票为他人套现行为性质认定有关意见的函》（2013年8月23日答复公安部经济犯罪侦查局"公经〔2013〕247号"《征求意见函》）。

用账户替其他单位和个人套取现金"的违规情形，扰乱了市场秩序，具有明显的社会危害性，其行为构成非法从事资金支付结算业务。

【高检诉〔2017〕14号】 最高人民检察院关于办理涉互联网金融犯罪案件有关问题座谈会纪要（2017年6月1日印发）

二、准确界定涉互联网金融行为法律性质

（三）非法经营资金支付结算行为的认定

18. 支付结算业务（也称支付业务）是商业银行或者支付机构在收付款人之间提供的货币资金转移服务。非银行机构从事支付结算业务，应当经中国人民银行批准取得《支付业务许可证》，成为支付机构。未取得支付业务许可从事该业务的行为，违反《非法金融机构和非法金融业务活动取缔办法》第4条第1款第（三）、（四）项的规定，破坏了支付结算业务许可制度，危害支付市场秩序和安全，情节严重的，适用刑法第225条第（三）项，以非法经营罪追究刑事责任。具体情形：

（1）未取得支付业务许可经营基于客户支付账户的网络支付业务。无证网络支付机构为客户非法开立支付账户，客户先把资金支付到该支付账户，再由无证机构根据订单信息从支付账户平台将资金结算到收款人银行账户。

（2）未取得支付业务许可经营多用途预付卡业务。无证发卡机构非法发行可跨地区、跨行业、跨法人使用的多用途预付卡，聚集大量的预付卡销售资金，并根据客户订单信息向商户划转结算资金。

19. 在具体办案时，要深入剖析相关行为是否具备资金支付结算的实质特征，准确区分支付工具的正常商业流转与提供支付结算服务、区分单用途预付卡与多用途预付卡业务，充分考虑具体行为与"地下钱庄"等同类犯罪在社会危害方面的相当性以及刑事处罚的必要性，严格把握入罪和出罪标准。

【法释〔2019〕1号】 最高人民法院、最高人民检察院关于办理非法从事资金支付结算业务、非法买卖外汇刑事案件适用法律若干问题的解释（2018年9月17日最高人民法院审判委员会第1749次会议、2018年12月12日最高人民检察院第13届检察委员会第11次会议通过，2019年1月31日公布，2019年2月1日起施行）

第1条 违反国家规定，具有下列情形之一的，属于刑法第225条第3项规定的"非法从事资金支付结算业务"：

（一）使用受理终端或者网络支付接口等方法，以虚构交易、虚开价格、交易退款等非法方式向指定付款方支付货币资金的；

（二）非法为他人提供单位银行结算账户套现或者单位银行结算账户转个人账户服务的；

（三）非法为他人提供支票套现服务的；

（四）其他非法从事资金支付结算业务的情形。

第2条 违反国家规定，实施倒买倒卖外汇或者变相买卖外汇等非法买卖外汇行为，扰乱金融市场秩序，情节严重的，依照刑法第225条第4项的规定，以非法经营罪定罪处罚。

第3条 非法从事资金支付结算业务或者非法买卖外汇，具有下列情形之一的，应当认定为非法经营行为"情节严重"：①

（一）非法经营数额在500万元以上的；

（二）违法所得数额在10万元以上的。

非法经营数额在250万元以上，或者违法所得数额在5万元以上，且具有下列情形之一的，可以认定为非法经营行为"情节严重"：

（一）曾因非法从事资金支付结算业务或者非法买卖外汇犯罪行为受过刑事追究的；

（二）2年内因非法从事资金支付结算业务或者非法买卖外汇违法行为受过行政处罚的；

（三）拒不交代涉案资金去向或者拒不配合追缴工作，致使赃款无法追缴的；

（四）造成其他严重后果的。

第4条 非法从事资金支付结算业务或者非法买卖外汇，具有下列情形之一的，应当认定为非法经营行为"情节特别严重"：

（一）非法经营数额在2500万元以上的；

（二）违法所得数额在50万元以上的。

非法经营数额在1250万元以上，或者违法所得数额在25万元以上，且具有本解释第3条第2款规定的4种情形之一的，可以认定为非法经营行为"情节特别严重"。

第5条 非法从事资金支付结算业务或者非法买卖外汇，构成非法经营罪，同时又构成刑法第120条之一规定的帮助恐怖活动罪或者第191条规定的洗钱罪

---

① 注：对于"POS机套现"型的非法资金支付结算业务，应当适用《最高人民法院、最高人民检察院关于办理妨害信用卡管理刑事案件具体应用法律若干问题的解释》（法释〔2018〕19号，2018年12月1日起施行）第12条的专门规定：非法经营数额在100万元以上、500万元以上，分别认定为非法经营行为"情节严重""情节特别严重"

的，依照处罚较重的规定定罪处罚。

第 6 条 2 次以上非法从事资金支付结算业务或者非法买卖外汇，依法应予行政处理或者刑事处理而未经处理的，非法经营数额或者违法所得数额累计计算。

同一案件中，非法经营数额、违法所得数额分别构成情节严重、情节特别严重的，按照处罚较重的数额定罪处罚。

第 7 条 非法从事资金支付结算业务或者非法买卖外汇违法所得数额难以确定的，按非法经营数额的千分之一认定违法所得数额，依法并处或者单处违法所得 1 倍以上 5 倍以下罚金。

第 8 条 符合本解释第 3 条规定的标准，行为人如实供述犯罪事实，认罪悔罪，并积极配合调查，退缴违法所得的，可以从轻处罚；其中犯罪情节轻微的，可以依法不起诉或者免予刑事处罚。

符合刑事诉讼法规定的认罪认罚从宽适用范围和条件的，依照刑事诉讼法的规定处理。

第 9 条 单位实施本解释第 1 条、第 2 条规定的非法从事资金支付结算业务、非法买卖外汇行为的，依照本解释规定的定罪量刑标准，对单位判处罚金，并对其直接负责的主管人员和其他直接责任人员定罪处罚。

第 10 条 非法从事资金支付结算业务、非法买卖外汇刑事案件中的犯罪地，包括犯罪嫌疑人、被告人用于犯罪活动的账户开立地、资金接收地、资金过渡账户开立地、资金账户操作地，以及资金交易对手资金交付和汇出地等。

第 11 条 涉及外汇的犯罪数额，按照案发当日中国外汇交易中心或者中国人民银行授权机构公布的人民币对该货币的中间价折合成人民币计算。中国外汇交易中心或者中国人民银行授权机构未公布汇率中间价的境外货币，按照案发当日境内银行人民币对该货币的中间价折算成人民币，或者该货币在境内银行、国际外汇市场对美元汇率，与人民币对美元汇率中间价进行套算。

【公通字〔2020〕14 号】 最高人民法院、最高人民检察院、公安部办理跨境赌博犯罪案件若干问题的意见（2020 年 10 月 16 日印发）

四、关于跨境赌博关联犯罪的认定

（五）（第 1 款） 为赌博犯罪提供资金、信用卡、资金结算等服务，构成赌博犯罪共犯，同时构成非法经营罪、妨害信用卡管理罪、窃取、收买、非法提供信用卡信息罪、掩饰、隐瞒犯罪所得、犯罪收益罪等罪的，依照处罚较重的规定定罪处罚。

【法释〔2010〕7号】　最高人民法院、最高人民检察院关于办理非法生产、销售烟草专卖品等刑事案件具体应用法律若干问题的解释（2009年12月28日最高人民法院审判委员会第1481次会议、2010年2月4日最高人民检察院第11届检察委员会第29次会议通过，2010年3月2日公布，2010年3月26日起施行）

第1条（第5款）　违反国家烟草专卖管理法律法规，未经烟草专卖行政主管部门许可，无烟草专卖生产企业许可证、烟草专卖批发企业许可证、特种烟草专卖经营企业许可证①、烟草专卖零售许可证等许可证明，非法经营烟草专卖品，情节严重的，依照刑法第225条的规定，以非法经营罪定罪处罚。②

第3条　非法经营烟草专卖品，具有下列情形之一的，应当认定为刑法第225条规定的"情节严重"：

（一）非法经营数额在5万元以上的，或者违法所得数额在2万元以上的；

（二）非法经营卷烟20万支以上的；

（三）曾因非法经营烟草专卖品3年内受过2次以上行政处罚，又非法经营烟草专卖品且数额在3万元以上的。

具有下列情形之一的，应当认定为刑法第225条规定的"情节特别严重"：

（一）非法经营数额在25万元以上，或者违法所得数额在10万元以上的；

（二）非法经营卷烟100万支以上的。

第4条　非法经营烟草专卖品，能够查清销售或者购买价格的，按照其销售或者购买的价格计算非法经营数额。无法查清销售或者购买价格的，按照下列方法计算非法经营数额：

（一）查获的卷烟、雪茄烟的价格，有品牌的，按照该品牌卷烟、雪茄烟的查获地省级烟草专卖行政主管部门出具的零售价格计算；无品牌的，按照查获地省级烟草专卖行政主管部门出具的上年度卷烟平均零售价格计算；

（二）查获的复烤烟叶、烟叶的价格按照查获地省级烟草专卖行政主管部门出具的上年度烤烟调拨平均基准价格计算；

（三）烟丝的价格按照第（二）项规定价格计算标准的1.5倍计算；

（四）卷烟辅料的价格，有品牌的，按照该品牌辅料的查获地省级烟草专卖

---

① 注：1992年1月1日起施行的《烟草专卖法》第29条设立了"特种烟草专卖经营企业许可证"；2015年4月24日第12届全国人大常委会第14次会议已经取消了对"特种烟草"的专卖经营许可。

② 注：对持有零售许可证而从事批发业务的行为如何定性，参见最高人民法院"刑他字〔2011〕21号"《批复》。

行政主管部门出具的价格计算;无品牌的,按照查获地省级烟草专卖行政主管部门出具的上年度烟草行业生产卷烟所需该类卷烟辅料的平均价格计算;

(五)非法生产、销售、购买烟草专用机械的价格按照国务院烟草专卖行政主管部门下发的全国烟草专用机械产品指导价格目录进行计算;目录中没有该烟草专用机械的,按照省级以上烟草专卖行政主管部门出具的目录中同类烟草专用机械的平均价格计算。

第5条 行为人实施非法生产、销售烟草专卖品犯罪,同时构成生产、销售伪劣产品罪、侵犯知识产权犯罪、非法经营罪的,依照处罚较重的规定定罪处罚。

第6条 明知他人实施本解释第1条所列犯罪,而为其提供贷款、资金、账号、发票、证明、许可证件,或者提供生产、经营场所、设备、运输、仓储、保管、邮寄、代理进出口等便利条件,或者提供生产技术、卷烟配方的,应当按照共犯追究刑事责任。

第7条 办理非法生产、销售烟草专卖品等刑事案件,需要对伪劣烟草专卖品鉴定的,应当委托国务院产品质量监督管理部门和省、自治区、直辖市人民政府产品质量监督管理部门指定的烟草质量检测机构进行。

第9条 本解释所称"烟草专卖品",是指卷烟、雪茄烟、烟丝、复烤烟叶、烟叶、卷烟纸、滤嘴棒、烟用丝束、烟草专用机械。

本解释所称"卷烟辅料",是指卷烟纸、滤嘴棒、烟用丝束。

本解释所称"烟草专用机械",是指由国务院烟草专卖行政主管部门烟草专用机械名录所公布的,在卷烟、雪茄烟、烟丝、复烤烟叶、烟叶、卷烟2纸、滤嘴棒、烟用丝束的生产加工过程中,能够完成一项或者多项特定加工工序,可以独立操作的机械设备。

本解释所称"同类烟草专用机械",是指在卷烟、雪茄烟、烟丝、复烤烟叶、烟叶、卷烟纸、滤嘴棒、烟用丝束的生产加工过程中,能够完成相同加工工序的机械设备。

【刑他字〔2011〕21号】 最高人民法院关于被告人李明华非法经营请示一案的批复(2011年5月6日答复江苏省高级人民法院"苏刑二他字〔2010〕第0065号"请示)

被告人李明华持有烟草专卖零售许可证,但多次实施批发业务,而且从非指定烟草专卖部门进货的行为,属于超范围和地域经营的情形,不宜按照非法经营罪处理,应由相关主管部门进行处理。

【法发〔2011〕3号】　最高人民法院、最高人民检察院、公安部关于办理侵犯知识产权刑事案件适用法律若干问题的意见（2011年1月10日印发）

十二、关于刑法第217条规定的"发行"的认定及相关问题

（第2款）　非法出版、复制、发行他人作品，侵犯著作权构成犯罪的，按照侵犯著作权罪定罪处罚，不认定为非法经营罪等其他犯罪。

【公经法〔2008〕309号】　公安部经济犯罪侦查局关于未经行政许可审批经营成品油是否涉嫌非法经营罪的批复（2008年12月10日答复湖北省公安厅经侦总队"厅经侦〔2008〕185号"请示）①

珠海××石油化工有限公司违反了商务部制定的《成品油市场管理办法》，在未取得合法有效的《成品油批发经营批准证书》的情况下，非法经营成品油批发业务，属于违反国家规定，未经许可经营法律、行政法规规定限制买卖的物品的行为。对于扰乱市场秩序，情节严重的，可以非法经营罪追究刑事责任。

【公经〔2012〕106号】　公安部经济犯罪侦查局关于对未经行政许可零售经营成品油行为是否构成非法经营罪的批复（2012年1月30日答复山西省公安厅经侦总队"晋公经〔2011〕498号"请示）②

《国务院对确需保留的行政审批项目设定行政许可的决定》（国务院第412号令，以下简称《决定》）规定，石油成品油批发、仓储、零售经营资格审批由商务部、省级人民政府商务行政主管部门进行审批。违反《决定》规定，未经审批从事石油成品油批发、仓储、零售经营即构成"违反国家规定"，至于由什么级别的部门具体负责实施该项国家规定，不影响对该行为"违反国家规定"性质的认定。……

【国办发〔2019〕42号】　国务院办公厅关于加快发展流通促进商业消费的意见（2019年8月16日印发）

十七、扩大成品油市场准入。取消石油成品油批发仓储经营资格审批，将成品油零售经营资格审批下放至地市级人民政府，加强成品油流通事中事后监

---

① 注：该《批复》依据最高人民法院刑二庭《关于对未经行政许可审批经营成品油批发业务是否构成非法经营罪的意见》（刑二函字〔2008〕108号，2008年12月1日答复公安部经侦局"公经法〔2008〕267号"）而作出。

2020年7月1日，《商务部关于废止部分规章的决定》（商务部令〔2020〕第1号）废止了《成品油市场管理办法》《原油市场管理办法》。因此，"公经法〔2008〕309号"《批复》实际已经失效。

② 《国务院办公厅关于加快发展流通促进商业消费的意见》（国办发〔2019〕42号，2019年8月16日印发）取消了石油成品油批发、仓储经营资格审批。

管，强化安全保障措施落实。乡镇以下具备条件的地区建设加油站、加气站、充电站等可使用存量集体建设用地，扩大成品油市场消费。

【刑他字〔2008〕86号】　最高人民法院关于被告人缪绿伟非法经营一案的批复（2008年11月28日答复江苏省高级人民法院"苏刑二他字〔2008〕第0013号"请示）

《盐业管理条例》第20条虽然规定盐的批发业务由各级盐业公司统一经营，但并无相应法律责任的规定，1995年国家计委、国家经贸委下发的《关于改进工业盐供销和价格管理办法的通知》明确取消了工业盐准运证和准运章制度，工业盐已不再属于国家限制买卖的物品。因此，被告人缪绿伟经营工业盐的行为不构成非法经营犯罪。

【行他字〔2010〕82号】　最高人民法院关于经营工业用盐是否需要办理工业盐准运证等请示的答复（最高人民法院经研究并征求全国人大法工委及国务院法制办意见，2011年1月17日答复江苏省高级人民法院"苏行他字〔2009〕第0012号"《关于鲁潍（福建）盐业进出口有限公司苏州分公司诉苏州市盐务管理局盐业行政处罚及行政赔偿一案的请示报告》）

一、《行政许可法》第15条第1款规定："本法第十二条所列事项，尚未制定法律、行政法规的，地方性法规可以设定行政许可；尚未制定法律、行政法规和地方性法规的，因行政管理的需要，确需立即实施行政许可的，省、自治区、直辖市人民政府规章可以设定临时性的行政许可。临时性的行政许可实施满一年需要继续实施的，应当提请本级人民代表大会及其常务委员会制定地方性法规。"第16条第2款规定："地方性法规可以在法律、行政法规设定的行政许可事项范围内，对实施该行政许可作出具体规定。"第16条第3款规定："规章可以在上位法设定的行政许可事项范围内，对实施该行政许可作出具体规定。"据此，在已经制定法律、行政法规的情况下，地方性法规或者地方政府规章只能在法律、行政法规设定的行政许可事项范围内对实施该行政许可作出具体规定，不能设定新的行政许可。法律及《盐业管理条例》没有设定工业盐准运证这一行政许可，地方性法规或者地方政府规章不能设定工业盐准运证制度。

二、《行政处罚法》第13条①规定："省、自治区、直辖市人民政府和省、自治区人民政府所在地的市人民政府以及经国务院批准的较大的市人民政府制定的规章可以在法律、法规规定的给予行政处罚的行为、种类和幅度的范围内作出具体规定。""尚未制定法律、法规的，前款规定的人民政府制定的规章对违反行政管理秩序的行为，可以设定警告或者一定数量罚款的行政处罚。"据此，在已经制定行政法规的情况下，地方政府规章只能在行政法规规定的给予行政处罚的行为、种类和幅度的范围内作出具体规定。《盐业管理条例》对盐业公司之外的其他企业经营盐的批发业务没有规定行政处罚，地方政府规章不能对该行为规定行政处罚。

【高检发释字〔2020〕2号】 最高人民检察院关于废止《最高人民检察院关于办理非法经营食盐刑事案件具体应用法律若干问题的解释》的决定（2020年2月19日最高人民检察院第13届检察委员会第33次会议通过，2020年3月27日公布，2020年4月1日起施行）

为适应盐业体制改革，保证国家法律统一正确适用，根据《食盐专营办法》（国务院令696号）的规定，结合检察工作实际，最高人民检察院决定废止《最高人民检察院关于办理非法经营食盐刑事案件具体应用法律若干问题的解释》（高检发释字〔2002〕6号）。

该解释废止后，对以非碘盐充当碘盐或者以工业用盐等非食盐充当食盐等危害食盐安全的行为，人民检察院可以依据《最高人民法院、最高人民检察院关于办理生产、销售伪劣商品刑事案件具体应用法律若干问题的解释》（法释〔2001〕10号）、《最高人民法院、最高人民检察院关于办理危害食品安全刑事案件适用法律若干问题的解释》（法释〔2013〕12号②）的规定，分别不同情况，以生产、销售伪劣产品罪，或者生产、销售不符合安全标准的食品罪，或者生产、销售有毒、有害食品罪追究刑事责任。

【法刊文摘】 最高人民法院研究室关于经营彩票"优化"、"缩水"业务定性问题的研究意见③

---

① 注：2021年1月22日第13届全国人大常委会第25次会议修订的《行政处罚法》（2021年7月15日施行）第14条规定："地方政府规章可以在法律、法规规定的给予行政处罚的行为、种类和幅度的范围内作出具体规定。// 尚未制定法律、法规的，地方政府规章对违反行政管理秩序的行为，可以设定警告、通报批评或者一定数额罚款的行政处罚。罚款的限额由省、自治区、直辖市人民代表大会常务委员会规定。"
② 注：2022年1月1日起适用"法释〔2021〕24号"《解释》。
③ 最高人民法院研究室编：《司法研究与指导》（总第1辑），人民法院出版社2012年版，第152页。

经营彩票"优化"、"缩水"业务是为彩民提供咨询服务的营利活动，由于目前国家有关彩票经营的规定并未禁止此种经营行为，不宜认定为犯罪。如果此种行为属于未经许可的擅自经营行为，可由行政机关予以行政处罚。

【法释〔2022〕5号】 最高人民法院关于审理非法集资刑事案件具体应用法律若干问题的解释（法释〔2010〕18号《解释》2011年1月4日施行；2021年12月30日最高法审委会第1860次会议修改，2022年2月23日公布，2022年3月1日施行）

第11条 违反国家规定，未经依法核准擅自发行基金份额募集基金，情节严重的，依照刑法第225条的规定，以非法经营罪定罪处罚。

【安监总管三〔2012〕116号】 最高人民法院、最高人民检察院、公安部、国家安全监管总局关于依法加强对涉嫌犯罪的非法生产经营烟花爆竹行为刑事责任追究的通知（2012年9月6日印发）

一、非法生产、经营烟花爆竹及相关行为涉及非法制造、买卖、运输、邮寄、储存黑火药、烟火药，构成非法制造、买卖、运输、邮寄、储存爆炸物罪的，应当依照刑法第125条的规定定罪处罚；非法生产、经营烟花爆竹及相关行为涉及生产、销售伪劣产品或不符合安全标准产品，构成生产、销售伪劣产品罪或生产、销售不符合安全标准产品罪的，应当依照刑法第140条、第146条的规定定罪处罚；非法生产、经营烟花爆竹及相关行为构成非法经营罪的，应当依照刑法第225条的规定定罪处罚。上述非法生产经营烟花爆竹行为的定罪量刑和立案追诉标准，分别按照《最高人民法院关于审理非法制造、买卖、运输枪支、弹药、爆炸物等刑事案件具体应用法律若干问题的解释》（法释〔2009〕18号）、《最高人民法院最高人民检察院关于办理生产、销售伪劣商品刑事案件具体应用法律若干问题的解释》（法释〔2001〕10号》、《最高人民检察院、公安部关于公安机关管辖的刑事案件立案追诉标准的规定（一）》（公通字〔2008〕36号）、《最高人民检察院、公安部关于公安机关管辖的刑事案件立案追诉标准的规定（二）》（公通字〔2010〕23号）等有关规定执行。

【公禁毒传发〔2012〕188号】 公安部禁毒局关于非法滥用、买卖复方曲马多片处理意见的通知（2012年6月印发）

个人非法买卖复方曲马多片经营数额在5万元以上，或者违法所得数额在1万元以上的；或者单位非法买卖复方曲马多片经营数额在50万元以上，或者违法所得数额在10万元以上的；或者虽未达到上述数额标准，但两年内因同种非法经营行为受过2次以上行政处罚，又进行同种非法经营行为的，应按照《最高人民检察院、公安部关于公安机关管辖的刑事案件立案追诉标准的规定（二）》第79条第（八）项以"非法经营案"移交公安机关立案追诉。

【公通字〔2013〕16号】 最高人民法院、最高人民检察院、公安部、农业部、食品药品监管总局关于进一步加强麻黄草管理严厉打击非法买卖麻黄草等违法犯罪活动的通知（2013年5月21日印发）

一、严格落实麻黄草采集、收购许可证制度

麻黄草的采集、收购实行严格的许可证制度，未经许可，任何单位和个人不得采集、收购麻黄草，麻黄草收购单位只能将麻黄草销售给药品生产企业。农牧主管部门要从严核发麻黄草采集证，统筹确定各地麻黄草采挖量，禁止任何单位和个人无证采挖麻黄草；严格监督采挖单位和个人凭采集证销售麻黄草；严格控制麻黄草采挖量，严禁无证或超量采挖麻黄草。食品药品监管部门要督促相关药品生产企业严格按照《药品生产质量管理规范（2010年修订）》规定，建立和完善药品质量管理体系，特别是建立麻黄草收购、产品加工和销售台账，并保存2年备查。

二、切实加强对麻黄草采挖、买卖和运输的监督检查

农牧主管部门要认真调查麻黄草资源的分布和储量，加强对麻黄草资源的监管；要严肃查处非法采挖麻黄草和伪造、倒卖、转让采集证行为，上述行为一经发现，一律按最高限处罚。食品药品监管部门要加强对药品生产、经营企业的监督检查，对违反《药品管理法》及相关规定生产、经营麻黄草及其制品的，要依法处理。公安机关要会同农牧主管等部门，加强对麻黄草运输活动的检查，在重点公路、出入省通道要部署力量进行查缉，对没有采集证或者收购证以及不能说明合法用途运输麻黄草的，一律依法扣押审查。

三、依法查处非法采挖、买卖麻黄草等犯罪行为

各地人民法院、人民检察院、公安机关要依法查处非法采挖、买卖麻黄草等犯罪行为，区别情形予以处罚：

（四）违反国家规定采挖、销售、收购麻黄草，没有证据证明以制造毒品或者走私、非法买卖制毒物品为目的，依照刑法第225条的规定构成犯罪的，以非法经营罪定罪处罚。

【法释〔2013〕21号】 最高人民法院、最高人民检察院关于办理利用信息网络实施诽谤等刑事案件适用法律若干问题的解释（2013年9月5日最高人民法院审判委员会第1589次会议、2013年9月2日最高人民检察院第12届检察委员会第9次会议通过，2013年9月6日公布，2013年9月10日起施行）

第7条 违反国家规定，以营利为目的，通过信息网络有偿提供删除信息服务，或者明知是虚假信息，通过信息网络有偿提供发布信息等服务，扰乱市场秩序，具有下列情形之一的，属于非法经营行为"情节严重"，依照刑法第225条第（四）项的规定，以非法经营罪定罪处罚：

（一）个人非法经营数额在5万元以上，或者违法所得数额在2万元以上的；

（二）单位非法经营数额在15万元以上，或者违法所得数额在5万元以上的。

实施前款规定的行为，数额达到前款规定的数额五倍以上的，应当认定为刑法第225条规定的"情节特别严重"。

第8条 明知他人利用信息网络实施诽谤、寻衅滋事、敲诈勒索、非法经营等犯罪，为其提供资金、场所、技术支持等帮助的，以共同犯罪论处。

第9条 利用信息网络实施诽谤、寻衅滋事、敲诈勒索、非法经营犯罪，同时又构成刑法第221条规定的损害商业信誉、商品声誉罪，第278条规定的煽动暴力抗拒法律实施罪，第291条之一规定的编造、故意传播虚假恐怖信息罪等犯罪的，依照处罚较重的规定定罪处罚。

第10条 本解释所称信息网络，包括以计算机、电视机、固定电话机、移动电话机等电子设备为终端的计算机互联网、广播电视网、固定通信网、移动通信网等信息网络，以及向公众开放的局域网络。

【公通字〔2014〕13号】 最高人民法院、最高人民检察院、公安部、国家安全部关于依法办理非法生产销售使用"伪基站"设备案件的意见（2014年3月14日印发）

一、准确认定行为性质

（一）非法生产、销售"伪基站"设备，具有以下情形之一的，依照《刑法》第225条的规定，以非法经营罪追究刑事责任：①

1. 个人非法生产、销售"伪基站"设备3套以上，或者非法经营数额5万元以上，或者违法所得数额2万元以上的；

---

① 注：根据《无线电管理条例》的规定，研制、生产无线电发射设备须向国家无线电管理机构申请取得无线电发射设备型号核准。此外，《电信条例》第53条第1款规定："国家对电信终端设备、无线电通信设备和涉及网间互联的设备实行进网许可制度。"因此，"伪基站"设备的生产、销售未经国家有关部门许可，违反了有关国家规定，扰乱了电信市场秩序，应当以非法经营罪论处。

最高人民法院研究室编：《司法研究与指导》（总第5辑），人民法院出版社2014年版。

2. 单位非法生产、销售"伪基站"设备10套以上,或者非法经营数额15万元以上,或者违法所得数额5万元以上的;①

3. 虽未达到上述数额标准,但两年内曾因非法生产、销售"伪基站"设备受过两次以上行政处罚,又非法生产、销售"伪基站"设备的。

实施前款规定的行为,数量、数额达到前款规定的数量、数额5倍以上的,应当认定为《刑法》第225条规定的"情节特别严重"。

非法生产、销售"伪基站"设备,经鉴定为专用间谍器材的,依照《刑法》第283条的规定,以非法生产、销售间谍专用器材罪追究刑事责任;同时构成非法经营罪的,以非法经营罪追究刑事责任。

【法释〔2017〕11号】 最高人民法院、最高人民检察院关于办理扰乱无线电通讯管理秩序等刑事案件适用法律若干问题的解释(2017年4月17日最高人民法院审判委员会第1715次会议、2017年5月25日最高人民检察院第12届检察委员会第64次会议通过,2017年6月27日公布,2017年7月1日起施行)

第4条 非法生产、销售"黑广播""伪基站"、无线电干扰器等无线电设备,具有下列情形之一的,应当认定为刑法第225条规定的"情节严重":

(一)非法生产、销售无线电设备3套以上的;

(二)非法经营数额5万元以上的;

(三)其他情节严重的情形。②

实施前款规定的行为,数量或者数额达到前款第1项、第2项规定标准5倍以上,或者具有其他情节特别严重的情形的,应当认定为刑法第225条规定的"情节特别严重"。

在非法生产、销售无线电设备窝点查扣的零件,以组装完成的套数以及能够组装的套数认定;无法组装为成套设备的,每3套广播信号调制器(激励器)认定为一套"黑广播"设备,每3块主板认定为一套"伪基站"设备。

第5条 单位犯本解释规定之罪的,对单位判处罚金,并对直接负责的主管人员和其他直接责任人员,依照本解释规定的自然人犯罪的定罪量刑标准定

---

① 注:本条规定与《最高人民法院、最高人民检察院关于办理扰乱无线电通讯管理秩序等刑事案件适用法律若干问题的解释》(法释〔2017〕11号,2017年7月1日起施行)第5条的规定不一致,应当以后者为准。

② 注:根据《最高人民法院、最高人民检察院、公安部、国家安全部关于依法办理非法生产销售使用"伪基站"设备案件的意见》(公通字〔2014〕13号)第1条的规定,违法所得数额2万元以上,或者2年内曾因非法生产、销售"伪基站"设备受过2次以上行政处罚,又非法生产、销售"伪基站"设备的,可以认为具有"其他情节严重的情形"。

罪处罚。

第9条 对案件所涉的有关专门性问题难以确定的,依据司法鉴定机构出具的鉴定意见,或者下列机构出具的报告,结合其他证据作出认定:

(一)省级以上无线电管理机构、省级无线电管理机构依法设立的派出机构、地市级以上广播电视主管部门就是否系"伪基站""黑广播"出具的报告。

【法研〔2013〕88号】 最高人民法院研究室关于利用"伪基站"设备经营广告短信群发业务行为定性问题的研究意见[①]

三、利用"伪基站"设备经营广告短信群发业务的行为,属于未经许可从事电信业务经营活动的行为,但根据《电信条例》第67条、第68条的规定,只有利用电信网络制作、复制、发布、传播第57条所列含有法律、行政法规禁止的内容的信息,实施第58条所列危害电信网络安全和信息安全的行为,以及实施第59条第2、3、4项所列扰乱电信市场秩序的行为,构成犯罪的,才能追究刑事责任。利用"伪基站"经营广告短信群发业务,不在上述范围内,故依法不能以非法经营罪论处。

【广发社字〔1999〕166号】 国家广播电影电视总局、公安部、国家安全部关于坚决查处擅自接收、转播境外卫星电视的通知(1999年4月1日)

四、……对非法推销、买卖卫星地面接收设施,构成犯罪的,要依照《刑法》第225条的有关规定,追究行为人的刑事责任。

【新广电发〔2015〕229号】 最高人民法院、最高人民检察院、公安部、国家新闻出版广电总局关于依法严厉打击非法电视网络接收设备违法犯罪活动的通知(2015年9月18日印发)

二、正确把握法律政策界限,依法严厉打击非法电视网络接收设备违法犯罪活动

……非法电视网络接收设备主要包括三类:"电视棒"等网络共享设备;非法互联网电视接收设备,包括但不限于内置含有非法电视、非法广播等非法内容的定向接收软件或硬件模块的机顶盒、电视机、投影仪、显示器;用于收看非法电视、收听非法广播的网络软件、移动互联网客户端软件和互联网电视客户端软件。根据刑法和司法解释的规定,违反国家规定,从事生产、销售非法电视网络接收设备(含软件),以及为非法广播电视接收软件提供下载服务、为

---

① 最高人民法院研究室编:《司法研究与指导》(总第5辑),人民法院出版社2014年版。

非法广播电视节目频道接收提供链接服务等营利性活动，扰乱市场秩序，个人非法经营数额在5万元以上或违法所得数额在1万元以上，单位非法经营数额在50万元以上或违法所得数额在10万元以上，按照非法经营罪追究刑事责任。对于利用生产、销售、安装非法电视网络接收设备传播淫秽色情节目、实施危害国家安全等行为的，根据其行为的性质，依法追究刑事责任。对非法电视网络接收设备犯罪行为，涉及数个罪名的，按照相关原则，择一重罪处罚或数罪并罚。在追究犯罪分子刑事责任的同时，还要依法追缴违法所得，没收其犯罪所用的本人财物。对于实施上述行为尚不构成犯罪的，由新闻出版广电等相关行政主管部门依法给予行政处罚；构成违反治安管理行为的，依法给予治安管理处罚。

【公通字〔2014〕17号】 最高人民法院、最高人民检察院、公安部关于办理利用赌博机开设赌场案件适用法律若干问题的意见（2014年3月26日印发）

四、关于生产、销售赌博机的定罪量刑标准

以提供给他人开设赌场为目的，违反国家规定，非法生产、销售具有退币、退分、退钢珠等赌博功能的电子游戏设施设备或者其专用软件，情节严重的，依照刑法第225条的规定，以非法经营罪定罪处罚。

实施前款规定的行为，具有下列情形之一的，属于非法经营行为"情节严重"：

（一）个人非法经营数额在5万元以上，或者违法所得数额在1万元以上的；

（二）单位非法经营数额在50万元以上，或者违法所得数额在10万元以上的；

（三）虽未达到上述数额标准，但两年内因非法生产、销售赌博机行为受过2次以上行政处罚，又进行同种非法经营行为的；

（四）其他情节严重的情形。

具有下列情形之一的，属于非法经营行为"情节特别严重"：

（一）个人非法经营数额在25万元以上，或者违法所得数额在5万元以上的；

（二）单位非法经营数额在250万元以上，或者违法所得数额在50万元以上的。

【高检研〔2015〕19号】 最高人民检察院法律政策研究室关于具有药品经营资质的企业通过非法渠道从私人手中购进药品后销售的如何适用法律问题的答复（2015年10月26日答复北京市人民检察院法律政策研究室"京检字〔2015〕76号"请示）

司法机关应当根据《中华人民共和国药品管理法》的有关规定，对具有药品经营资质的企业通过非法渠道从私人手中购销的药品的性质进行认定，区分不同情况，分别定性处理：……三是对于无法认定属于假药、劣药的，可以由药品监督管理部门依照《中华人民共和国药品管理法》的规定给予行政处罚，不宜以非法经营罪追究刑事责任。

【法发〔2011〕155号】 最高人民法院关于准确理解和适用刑法中"国家规定"的有关问题的通知（2011年4月8日印发）

三、各级人民法院审理非法经营犯罪案件，要依法严格把握刑法第225条第（四）项的适用范围。对被告人的行为是否属于刑法第225条第（四）项规定的"其他严重扰乱市场秩序的非法经营行为"，有关司法解释未作明确规定的，应当作为法律适用问题，逐级向最高人民法院请示。

【法刊文摘】 最高人民法院研究室关于非法经营罪中"违法所得"认定问题的研究意见①

非法经营罪中的"违法所得"，应是指获利数额，即以行为人违法生产、销售商品或者提供服务所获得的全部收入（即非法经营数额），扣除其直接用于经营活动的合理支出部分后剩余的数额。

【国务院令〔2009〕554号】 彩票管理条例（2009年4月22日国务院第58次常务会议通过，2009年5月4日国务院令第554号公布，2009年7月1日起施行）

第38条 违反本条例规定，擅自发行、销售彩票，或者在中华人民共和国境内发行、销售境外彩票构成犯罪的，依法追究刑事责任；尚不构成犯罪的，由公安机关依法给予治安管理处罚；有违法所得的，没收违法所得。

【国务院〔2004〕407号】 粮食流通管理条例（2004年5月26日国务院令第407号公布；根据2013年7月18日《国务院关于废止和修改部分行政法规的决定》第一次修正；根据2016年2月6日《国务院关于修改部分行政法规的决定》第二次修正）

第40条 未经粮食行政管理部门许可擅自从事粮食收购活动的，由粮食行政管理部门没收非法收购的粮食；情节严重的，并处非法收购粮食价值1倍以上5倍以下的罚款；构成犯罪的，依法追究刑事责任。

第44条（第2款） 倒卖陈化粮或者不按照规定使用陈化粮的，由工商行政管理部门没收非法倒卖的粮食，并处非法倒卖粮食价值20%以下的罚款；情

---

① 刊于《司法研究与指导》（总第3辑），人民法院出版社2013年版，第155页。

节严重的,由工商行政管理部门并处非法倒卖粮食价值 1 倍以上 5 倍以下的罚款,吊销营业执照;构成犯罪的,依法追究刑事责任。

【国务院令〔2002〕第 367 号】 退耕还林条例(2002 年 12 月 6 日国务院第 66 次常务会议通过,2002 年 12 月 14 日国务院令第 367 号公布,2003 年 1 月 20 日起施行,根据 2016 年 2 月 6 日《国务院关于修改部分行政法规的决定》修订)

第 59 条 采用不正当手段垄断种苗市场,或者哄抬种苗价格的,依照刑法关于非法经营罪、强迫交易罪或者其他罪的规定,依法追究刑事责任;尚不够刑事处罚的,由工商行政管理机关依照反不正当竞争法的规定处理;反不正当竞争法未作规定的,由工商行政管理机关处以非法经营额 2 倍以上 5 倍以下的罚款。

【法〔2010〕395 号】 最高人民法院关于个人违法建房出售行为如何适用法律问题的答复(经征求并综合全国人大常委会法工委、国务院法制办、最高检、公安部、国土资源部、农业部、住建部等相关部门意见,2010 年 11 月 1 日答复贵州高院"黔高法研请字〔2010〕2 号"请示,2011 年 2 月 16 日以"法〔2011〕37 号"《通知》印发全国法院)

一、你院请示的在农村宅基地、责任田上违法建房出售如何处理的问题,涉及面广,法律、政策性强。据了解,有关部门正在研究制定政策意见和处理办法,在相关文件出台前,不宜以犯罪追究有关人员的刑事责任。[①]

[①] 关于《最高人民法院关于个人违法建房出售行为如何适用法律问题的答复》的解读(摘于《司法研究与指导》总第 1 辑,人民法院出版社 2012 年版):

(1)非法经营罪不是"口袋罪",犯罪对象应仅限于专营、专卖物品或者限制买卖的物品。在无司法解释明确规定的情况下,不能简单地将一种行为认定为非法经营犯罪。"黑中介"、"黑出租车"等违法经营行为,与此类行为具有相似之处,但是由于没有司法解释的明确规定,不能作为非法经营罪处罚。

(2)缴纳税款的主体都应当是经有关机关依法登记确认的适格主体,此类行为的主体不是适格的纳税主体,以逃税罪处理,等于变相承认了此类行为的合法性,如果缴纳了相应税款是否就应以合法行为对待?非法建筑能否相应转为合法建筑?以罚代批,只会助长非法建售房屋行为的泛滥。

(3)行为人与农民联合建造的房屋,一般是在农民自有的宅基地上,几乎不存在非法占用耕地、林地的情况。对此类行为,应当重点惩治与农民联合建房的城镇居民,而非农民,但是,此类人又多数不是宅基地、农用地的使用权人,不存在非法转让的问题;即便有非法转让、倒卖土地使用权、非法占用农用地行为,根据相关司法解释,非法转让、倒卖基本农田 5 亩以上的才可定罪处罚,由于此类行为非法转让、倒卖、占用的土地数量一般较小,达不到定罪处罚的标准,无法对相关人员予以刑事处罚。

另外,此类案件属于新类型案件,刑法只有原则规定,如何理解、适用尚缺乏先例的,认定犯罪要十分慎重。一般应看是否穷尽了社会管理其他手段,包括行政、经济手段等。是否已到了非刑罚处罚不足以制裁、警示。是,就可以考虑按犯罪处理;否,就尽量不要适用刑罚这一严厉的手段来解决尚有争议的违法问题。此类案件处理法律、政策性强,涉及利益主体多,争议问题复杂,社会各方高度关注,以刑罚追究此行为人刑事责任的案例几乎没有。因此,暂不宜适用刑罚处理此类案件。

二、从来函反映的情况看，此类案件在你省部分地区发案较多。案件处理更应当十分慎重。要积极争取在党委统一领导下，有效协调有关方面，切实做好案件处理的善后工作，确保法律效果与社会效果的有机统一。

三、办理案件中，发现负有监管职责的国家机关工作人员有渎职、受贿等涉嫌违法犯罪的，要依法移交相关部门处理；发现有关部门在履行监管职责方面存在问题的，要结合案件处理，提出司法建议，促进完善社会管理。

【法释〔2016〕29号】 最高人民法院、最高人民检察院关于办理环境污染刑事案件适用法律若干问题的解释（2016年11月7日最高人民法院审判委员会第1698次会议、2016年12月8日最高人民检察院第12届检察委员会第58次会议通过，2016年12月23日公布，2017年1月1日起施行；2013年6月19日施行的同名文件"法释〔2013〕15号"同时废止）

第6条（第1款） 无危险废物经营许可证从事收集、贮存、利用、处置危险废物经营活动，严重污染环境的，按照污染环境罪定罪处罚；同时构成非法经营罪的，依照处罚较重的规定定罪处罚。

第7条 明知他人无危险废物经营许可证，向其提供或者委托其收集、贮存、利用、处置危险废物，严重污染环境的，以共同犯罪论处。

第17条（第6款） 本解释所称"无危险废物经营许可证"，是指未取得危险废物经营许可证，或者超出危险废物经营许可证的经营范围。

第18条 本解释自2017年1月1日起施行。本解释施行后，《最高人民法院、最高人民检察院关于办理环境污染刑事案件适用法律若干问题的解释》（法释〔2013〕15号）同时废止；之前发布的司法解释与本解释不一致的，以本解释为准。

【法释〔2019〕16号】 最高人民法院关于审理走私、非法经营、非法使用兴奋剂刑事案件适用法律若干问题的解释（2019年11月12日最高人民法院审判委员会第1781次会议通过，2019年11月18日公布，2020年1月1日起施行）

第2条 违反国家规定，未经许可经营兴奋剂目录所列物质，涉案物质属于法律、行政法规规定的限制买卖的物品，扰乱市场秩序，情节严重的，应当依照刑法第225条的规定，以非法经营罪定罪处罚。

第7条 实施本解释规定的行为，涉案物质属于毒品、制毒物品等，构成有关犯罪的，依照相应犯罪定罪处罚。

第8条 对于是否属于本解释规定的"兴奋剂""兴奋剂目录所列物质""体育运动""国内、国际重大体育竞赛"等专门性问题，应当依据《中华人民共和国体育法》《反兴奋剂条例》等法律法规，结合国务院体育主管部门出具的认定意见等证据材料作出认定。

【法释〔2021〕24 号】 最高人民法院、最高人民检察院关于办理危害食品安全刑事案件适用法律若干问题的解释（2021 年 12 月 13 日最高法审委会第 1856 次会议、2021 年 12 月 29 日最高检第 13 届检委会第 84 次会议通过，2021 年 12 月 30 日公布，2022 年 1 月 1 日施行；法释〔2013〕12 号《解释》同时废止）

第 16 条 以提供给他人生产、销售食品为目的，违反国家规定，生产、销售国家禁止用于食品生产、销售的非食品原料，情节严重的，依照刑法第 225 条的规定以非法经营罪定罪处罚。

以提供给他人生产、销售食用农产品为目的，违反国家规定，生产、销售国家禁用农药、食品动物中禁止使用的药品及其他化合物等有毒、有害的非食品原料，或者生产、销售添加上述有毒、有害的非食品原料的农药、兽药、饲料、饲料添加剂、饲料原料，情节严重的，依照前款的规定定罪处罚。

第 17 条（第 1 款） 违反国家规定，私设生猪屠宰厂（场），从事生猪屠宰、销售等经营活动，情节严重的，依照刑法第 225 条的规定以非法经营罪定罪处罚。

第 18 条 实施本解释规定的非法经营行为，非法经营数额在 10 万元以上，或者违法所得数额在 5 万元以上的，应当认定为刑法第 225 条规定的"情节严重"；非法经营数额在 50 万元以上，或者违法所得数额在 25 万元以上的，应当认定为刑法第 225 条规定的"情节特别严重"。

实施本解释规定的非法经营行为，同时构成生产、销售伪劣产品罪，生产、销售不符合安全标准的食品罪，生产、销售有毒、有害食品罪，生产、销售伪劣农药、兽药罪等其他犯罪的，依照处罚较重的规定定罪处罚。

● **立案标准** 最高人民检察院、公安部关于公安机关管辖的刑事案件立案追诉标准的规定（二）（公通字〔2022〕8 号，2022 年 4 月 6 日印发，2022 年 5 月 15 日施行；公通字〔2010〕23 号《规定》、公通字〔2011〕47 号《补充规定》同时废止）

第 71 条［非法经营案（刑法第 225 条）］ 违反国家规定，进行非法经营活动，扰乱市场秩序，涉嫌下列情形之一的，应予立案追诉：

（一）违反国家烟草专卖管理法律法规，未经烟草专卖行政主管部门许可，无烟草专卖生产企业许可证、烟草专卖批发企业许可证、特种烟草专卖经营企业许可证、烟草专卖零售许可证等许可证明，非法经营烟草专卖品，具有下列情形之一的：1. 非法经营数额在 5 万元以上，或者违法所得数额在 2 万元以上的；2. 非法经营卷烟20万支以上的；3. 3年内因非法经营烟草专卖品受过2次以上行政处罚，又非法经营烟草专卖品且数额在3万元以上的。

（二）未经国家有关主管部门批准，非法经营证券、期货、保险业务，或者非法从事资金支付结算业务，具有下列情形之一的：1. 非法经营证券、期货、保险业务，数额在100万元以上，或者违法所得数额在10万元以上的；2. 非法从事资金支付结算业务，数额在500万元以上，或者违法所得数额在10万元以上的；3. 非法从事资金支付结算业务，数额在250万元以上不满500万元，或者违法所得数额在5万元以上不满10万元，且具有下列情形之一的：（1）因非法从事资金支付结算业务犯罪行为受过刑事追究的；（2）2年内因非法从事资金支付结算业务违法行为受过行政处罚的；（3）拒不交代涉案资金去向或者拒不配合追缴工作，致使赃款无法追缴的；（4）造成其他严重后果的。4. 使用销售点终端机具（POS机）等方法，以虚构交易、虚开价格、现金退货等方式向信用卡持卡人直接支付现金，数额在100万元以上的，或者造成金融机构资金20万元以上逾期未还的，或者造成金融机构经济损失10万元以上的。

（三）实施倒买倒卖外汇或者变相买卖外汇等非法买卖外汇行为，扰乱金融市场秩序，具有下列情形之一的：1. 非法经营数额在500万元以上的，或者违法所得数额在10万元以上的；2. 非法经营数额在250万元以上，或者违法所得数额在5万元以上，且具有下列情形之一的：（1）因非法买卖外汇犯罪行为受过刑事追究的；（2）2年内因非法买卖外汇违法行为受过行政处罚的；（3）拒不交代涉案资金去向或者拒不配合追缴工作，致使赃款无法追缴的；（4）造成其他严重后果的。3. 公司、企业或者其他单位违反有关外贸代理业务的规定，采用非法手段，或者明知是伪造、变造的凭证、商业单据，为他人向外汇指定银行骗购外汇，数额在500万美元以上或者违法所得数额在50万元以上的；4. 居间介绍骗购外汇，数额在100万美元以上或者违法所得数额在10万元以上的。

（四）出版、印刷、复制、发行严重危害社会秩序和扰乱市场秩序的非法出版物，具有下列情形之一的：1. 个人非法经营数额在5万元以上的，单位非法经营数额在15万元以上的；2. 个人违法所得数额在2万元以上的，单位违法所得数额在5万元以上的；3. 个人非法经营报纸5000份或者期刊5000本或者图书2000册或者音像制品、电子出版物500张（盒）以上的，单位非法经营报纸15000份或者期刊15000本或者图书5000册或者音像制品、电子出版物1500张（盒）以上的；4. 虽未达到上述数额标准，但具有下列情形之一的：（1）2年内因出版、印刷、复制、发行非法出版物受过2次以上行政处罚，又出版、印刷、复制、发行非法出版物的；（2）因出版、印刷、复制、发行非法出版物造成恶劣社会影响或者其他严重后果的。

（五）非法从事出版物的出版、印刷、复制、发行业务，严重扰乱市场秩序，具有下列情形之一的：1. 个人非法经营数额在15万元以上的，单位非法经营数额在50万元以上的；2. 个人违法所得数额在5万元以上的，单位违法所得数额在15万元以上的；3. 个人非法经营报纸15000份或者期刊15000本或者图书5000册或者音像制品、电子出版物1500张（盒）以上的，单位非法经营报纸5万份或者期刊5万本或者图书15000册或者音像制品、电子出版物5000张（盒）以上的；4. 虽未达到上述数额标准，2年内因非法从事出版物的出版、印刷、复制、发行业务受过2次以上行政处罚，又非法从事出版物的出版、印刷、复制、发行业务的。

（六）采取租用国际专线、私设转接设备或者其他方法，擅自经营国际电信业务或者涉港澳台电信业务进行营利活动，扰乱电信市场管理秩序，具有下列情形之一的：1. 经营去话业务数额在100万元以上的；2. 经营来话业务造成电信资费损失数额在100万元以上的；3. 虽未达到上述数额标准，但具有下列情形之一的：(1) 2年内因非法经营国际电信业务或者涉港澳台电信业务行为受过2次以上行政处罚，又非法经营国际电信业务或者涉港澳台电信业务的；(2) 因非法经营国际电信业务或者涉港澳台电信业务行为造成其他严重后果的。

（七）以营利为目的，通过信息网络有偿提供删除信息服务，或者明知是虚假信息，通过信息网络有偿提供发布信息等服务，扰乱市场秩序，具有下列情形之一的：1. 个人非法经营数额在5万元以上，或者违法所得数额在2万元以上的；2. 单位非法经营数额在15万元以上，或者违法所得数额在5万元以上的。

（八）非法生产、销售"黑广播""伪基站"、无线电干扰器等无线电设备，具有下列情形之一的：1. 非法生产、销售无线电设备3套以上的；2. 非法经营数额在5万元以上的；3. 虽未达到上述数额标准，但2年内因非法生产、销售无线电设备受过2次以上行政处罚，又非法生产、销售无线电设备的。

（九）以提供给他人开设赌场为目的，违反国家规定，非法生产、销售具有退币、退分、退钢珠等赌博功能的电子游戏设施设备或者其专用软件，具有下列情形之一的：1. 个人非法经营数额在5万元以上，或者违法所得数额在1万元以上的；2. 单位非法经营数额在50万元以上，或者违法所得数额在10万元以上的；3. 虽未达到上述数额标准，但2年内因非法生产、销售赌博机行为受过2次以上行政处罚，又进行同种非法经营行为的；4. 其他情节严重的情形。

（十）实施下列危害食品安全行为，非法经营数额在10万元以上，或者违法所得数额在5万元以上的：1. 以提供给他人生产、销售食品为目的，违反国家规定，生产、销售国家禁止用于食品生产、销售的非食品原料的；2. 以提供给他人生产、销售食用农产品为目的，违反国家规定，生产、销售国家禁用农药、食品动物中禁止使用的药品及其他化合物等有毒、有害的非食品原料，或者生产、销售添加上述有毒、有害的非食品原料的农药、兽药、饲料、饲料添加剂、饲料原料的；3. 违反国家规定，私设生猪屠宰厂（场），从事生猪屠宰、销售等经营活动的。

（十一）未经监管部门批准，或者超越经营范围，以营利为目的，以超过36%的实际年利率经常性地向社会不特定对象发放贷款，具有下列情形之一的：1. 个人非法放贷数额累计在200万元以上的，单位非法放贷数额累计在1000万元以上的；2. 个人违法所得数额累计在80万元以上的，单位违法所得数额累计在400万元以上的；3. 个人非法放贷对象累计在50人以上的，单位非法放贷对象累计在150人以上的；4. 造成借款人或者其近亲属自杀、死亡或者精神失常等严重后果的。5. 虽未达到上述数额标准，但具有下列情形之一的：（1）2年内因实施非法放贷行为受过2次以上行政处罚的；（2）以超过72%的实际年利率实施非法放贷行为10次以上的。

黑恶势力非法放贷的，按照第1、2、3项规定的相应数额、数量标准的50%确定。同时具有第5项规定情形的，按照相应数额、数量标准的40%确定。

（十二）从事其他非法经营活动，具有下列情形之一的：1. 个人非法经营数额在5万元以上，或者违法所得数额在1万元以上的；2. 单位非法经营数额在50万元以上，或者违法所得数额在10万元以上的；3. 虽未达到上述数额标准，但2年内因非法经营行为受过2次以上行政处罚，又从事同种非法经营行为的；4. 其他情节严重的情形。

法律、司法解释对非法经营罪的立案追诉标准另有规定的，依照其规定。

第81条　本规定中的"虽未达到上述数额标准"，是指接近上述数额标准且已达到该数额的80%以上的。

第83条　本规定中的立案追诉标准，除法律、司法解释、本规定中另有规定的以外，适用于相应的单位犯罪。

第84条　本规定中的"以上"，包括本数。

● **指导案例**　【法〔2018〕338号】　最高人民法院关于发布第19批指导性案例的通知（2018年12月19日印发）

（**指导案例97号**）王力军非法经营再审改判无罪案

裁判要点：1. 对于《刑法》第225条第4项规定的"其他严重扰乱市场秩序的非法经营行为"的适用，应当根据相关行为是否具有与《刑法》第225条前三项规定的非法经营行为相当的社会危害性、刑事违法性和刑事处罚必要性进行判断。

2. 判断违反行政管理有关规定的经营行为是否构成非法经营罪，应当考虑该经营行为是否属于严重扰乱市场秩序。对于虽然违反行政管理有关规定，但尚未严重扰乱市场秩序的经营行为，不应当认定为非法经营罪。

> **第 226 条**[①] 【强迫交易罪】以暴力、威胁手段，实施下列行为之一，情节严重的，处三年以下有期徒刑或者拘役，并处或者单处罚金；情节特别严重的，处三年以上七年以下有期徒刑，并处罚金：
> （一）强买强卖商品的；
> （二）强迫他人提供或者接受服务的；
> （三）强迫他人参与或者退出投标、拍卖的；
> （四）强迫他人转让或者收购公司、企业的股份、债券或者其他资产的；
> （五）强迫他人参与或者退出特定的经营活动的。

● **条文注释** 构成第 226 条规定之罪，必须具备以下条件：(1) 行为人实施了第 226 条规定的 5 种行为；(2) 采用了暴力、威胁手段；(3) 情节"严重"以上。另，根据《刑法》第 231 条的规定，单位也可以成为本罪的犯罪主体。

这里的"暴力"既包括殴打、伤害等直接侵害人身安全的行为，也包括阻拦等限制人身自由的方法；"威胁"既包括当面直接的语言或行为威胁，也包括间接的电话或文字等威胁。

第 226 条第 5 项规定中的"特定的经营活动"是指不法分子指定的经营活动或要求的经营范围、经营方式等。

对于第 226 条规定中的"情节严重"的界定标准，主要依照"公通字〔2017〕12 号"立案标准的相关规定；对于"情节特别严重"的界定标准，目前尚未有法律法规或司法解释作出具体规定，在司法实践中主要是指手段特别恶劣、非法牟利数额特别巨大、造成特别严重后果等。

[①] 第 226 条是根据 2011 年 2 月 25 日第 11 届全国人民代表大会常务委员会第 19 次会议通过的《刑法修正案（八）》（主席令第 41 号公布，2011 年 5 月 1 日起施行）而修改；原条文内容为："以暴力、威胁手段强买强卖商品、强迫他人提供服务或者强迫他人接受服务，情节严重的，处三年以下有期徒刑或者拘役，并处或者单处罚金。"

需要注意的是：

（1）对于从事正常商品交易或劳动服务的人，以暴力、胁迫手段迫使他人高价交易，情节严重的，以强迫交易罪定罪处罚；对于以买卖、交易、服务为幌子，以非法占有为目的，以暴力、胁迫手段迫使他人交出与合理价钱、费用悬殊的钱物的，以抢劫罪定罪处刑。在具体认定时，要同时考虑超出合理价钱、费用的绝对数额及其比例，综合判断。

（2）如果行为人在使用暴力过程中造成被害人伤亡，则应依照刑法的其他相关规定进行定罪处罚。

● 相关规定　【国务院令〔2002〕367号】　退耕还林条例（2002年12月6日国务院第66次常务会议通过，2002年12月14日公布，2003年1月20日施行；2016年2月6日国务院令第666号批量修正）

第59条　采用不正当手段垄断种苗市场，或者哄抬种苗价格的，依照刑法关于非法经营罪、强迫交易罪或者其他罪的规定，依法追究刑事责任；尚不够刑事处罚的，……

【法发〔2005〕8号】　最高人民法院关于审理抢劫、抢夺刑事案件适用法律若干问题的意见（2005年6月8日印发）

九、关于抢劫罪与相似犯罪的界限

2. 以暴力、胁迫手段索取超出正常交易价钱、费用的钱财的行为定性

从事正常商品买卖、交易或者劳动服务的人，以暴力、胁迫手段迫使他人交出与合理价钱、费用相差不大钱物，情节严重的，以强迫交易罪定罪处罚；以非法占有为目的，以买卖、交易、服务为幌子采用暴力、胁迫手段迫使他人交出与合理价钱、费用相差悬殊的钱物的，以抢劫罪定罪处刑。在具体认定时，既要考虑超出合理价钱、费用的绝对数额，还要考虑超出合理价钱、费用的比例，加以综合判断。

【高检发释字〔2014〕1号】　最高人民检察院关于强迫借贷行为适用法律问题的批复（2014年4月11日最高人民检察院第12届检察委员会第19次会议通过，2014年4月17日公布，答复广东省人民检察院"粤检发研字〔2014〕9号"请示，2014年4月17日起施行）

以暴力、胁迫手段强迫他人借贷，属于刑法第226条第2项规定的"强迫他人提供或者接受服务"，情节严重的，以强迫交易罪追究刑事责任；同时构成故意伤害罪等其他犯罪的，依照处罚较重的规定定罪处罚。以非法占有为目的，

以借贷为名采用暴力、胁迫手段获取他人财物，符合刑法第263条或者第274条规定的，以抢劫罪或者敲诈勒索罪追究刑事责任。

【法发〔2018〕1号】　最高人民法院、最高人民检察院、公安部、司法部关于办理黑恶势力犯罪案件若干问题的指导意见（2018年1月16日）

四、依法惩处利用"软暴力"实施的犯罪

17. 黑恶势力为谋取不法利益或形成非法影响，有组织地采用滋扰、纠缠、哄闹、聚众造势等手段侵犯人身权利、财产权利，破坏经济秩序、社会秩序，构成犯罪的，应当分别依照《刑法》相关规定处理：

（1）有组织地采用滋扰、纠缠、哄闹、聚众造势等手段扰乱正常的工作、生活秩序，使他人产生心理恐惧或者形成心理强制，分别属于《刑法》第293条第1款第（二）项规定的"恐吓"、《刑法》第226规定的"威胁"，同时符合其他犯罪构成条件的应分别以寻衅滋事罪、强迫交易罪定罪处罚。

（2）（第3款）　雇佣、指使他人有组织地采用上述手段强迫交易、敲诈勒索，构成强迫交易罪、敲诈勒索罪的，对雇佣者、指使者，一般应当以共同犯罪中的主犯论处。为强索不受法律保护的债务或者因其他非法目的，雇佣、指使他人有组织地采用上述手段寻衅滋事，构成寻衅滋事罪的，对雇佣者、指使者，一般应当以共同犯罪中的主犯论处；为追讨合法债务或者因婚恋、家庭、邻里纠纷等民间矛盾而雇佣、指使，没有造成严重后果的，一般不作为犯罪处理，但经有关部门批评制止或者处理处罚后仍继续实施的除外。

五、依法打击非法放贷讨债的犯罪活动

20. 对于以非法占有为目的，假借民间借贷之名，通过"虚增债务""签订虚假借款协议""制造资金走账流水""肆意认定违约""转单平账""虚假诉讼"等手段非法占有他人财产，或者使用暴力、威胁手段强立债权、强行索债的，应当根据案件具体事实，以诈骗、强迫交易、敲诈勒索、抢劫、虚假诉讼等罪名侦查、起诉、审判。对于非法占有的被害人实际所得借款以外的虚高"债务"和以"保证金""中介费""服务费"等各种名目扣除或收取的额外费用，均应计入违法所得。对于名义上为被害人所得、但在案证据能够证明实际上却为犯罪嫌疑人、被告人实施后续犯罪所使用的"借款"，应予以没收。

八、其他

36. 本意见颁布实施后，最高人民法院、最高人民检察院、公安部、司法部联合发布或者单独制定的其他相关规范性文件，内容如与本意见中有关规定不一致的，应当按照本意见执行。

【公通字〔2019〕15 号】 最高人民法院、最高人民检察院、公安部、司法部关于办理实施"软暴力"的刑事案件若干问题的意见（2019 年 4 月 9 日印发施行）

五、（第 1 款） 采用"软暴力"手段①，使他人产生心理恐惧或者形成心理强制，分别属于《刑法》第 226 条规定的"威胁"、《刑法》第 293 条第 1 款第（二）项规定的"恐吓"，同时符合其他犯罪构成要件的，应当分别以强迫交易罪、寻衅滋事罪定罪处罚。

九、采用"软暴力"手段，同时构成两种以上犯罪的，依法按照处罚较重的犯罪定罪处罚，法律另有规定的除外。

十一、（第 1 款） 雇佣、指使他人采用"软暴力"手段强迫交易、敲诈勒索，构成强迫交易罪、敲诈勒索罪的，对雇佣者、指使者，一般应当以共同犯罪中的主犯论处。

【法发〔2019〕11 号】 最高人民法院、最高人民检察院、公安部、司法部关于办理"套路贷"刑事案件若干问题的意见（2019 年 2 月 28 日印发施行）

一、准确把握"套路贷"与民间借贷的区别

1. "套路贷"，是对以非法占有为目的，假借民间借贷之名，诱使或迫使被害人签订"借贷"或变相"借贷""抵押""担保"等相关协议，通过虚增借贷金额、恶意制造违约、肆意认定违约、毁匿还款证据等方式形成虚假债权债务，并借助诉讼、仲裁、公证或者采用暴力、威胁以及其他手段非法占有被害人财物的相关违法犯罪活动的概括性称谓。

2. "套路贷"与平等主体之间基于意思自治而形成的民事借贷关系存在本质区别，民间借贷的出借人是为了到期按照协议约定的内容收回本金并获取利息，不具有非法占有他人财物的目的，也不会在签订、履行借贷协议过程中实施虚增借贷金额、制造虚假给付痕迹、恶意制造违约、肆意认定违约、毁匿还款证据等行为。

司法实践中，应当注意非法讨债引发的案件与"套路贷"案件的区别，犯罪嫌疑人、被告人不具有非法占有目的，也未使用"套路"与借款人形成虚假债权债务，不应视为"套路贷"。因使用暴力、威胁以及其他手段强行索债构成犯罪的，应当根据具体案件事实定罪处罚。

3. 实践中，"套路贷"的常见犯罪手法和步骤包括但不限于以下情形：

---

① 注："软暴力"的定义、表现形式及行为认定详见《刑法》第 294 条的相关规定：《最高人民法院、最高人民检察院、公安部、司法部关于办理实施"软暴力"的刑事案件若干问题的意见》（公通字〔2019〕15 号）。

(1) 制造民间借贷假象。犯罪嫌疑人、被告人往往以"小额贷款公司""投资公司""咨询公司""担保公司""网络借贷平台"等名义对外宣传，以低息、无抵押、无担保、快速放款等为诱饵吸引被害人借款，继而以"保证金""行规"等虚假理由诱使被害人基于错误认识签订金额虚高的"借贷"协议或相关协议。有的犯罪嫌疑人、被告人还会以被害人先前借贷违约等理由，迫使对方签订金额虚高的"借贷"协议或相关协议。

(2) 制造资金走账流水等虚假给付事实。犯罪嫌疑人、被告人按照虚高的"借贷"协议金额将资金转入被害人账户，制造已将全部借款交付被害人的银行流水痕迹，随后便采取各种手段将其中全部或者部分资金收回，被害人实际上并未取得或者完全取得"借贷"协议、银行流水上显示的钱款。

(3) 故意制造违约或者肆意认定违约。犯罪嫌疑人、被告人往往会以设置违约陷阱、制造还款障碍等方式，故意造成被害人违约，或者通过肆意认定违约，强行要求被害人偿还虚假债务。

(4) 恶意垒高借款金额。当被害人无力偿还时，有的犯罪嫌疑人、被告人会安排其所属公司或者指定的关联公司、关联人员为被害人偿还"借款"，继而与被害人签订金额更大的虚高"借贷"协议或相关协议，通过这种"转单平账""以贷还贷"的方式不断垒高"债务"。

(5) 软硬兼施"索债"。在被害人未偿还虚高"借款"的情况下，犯罪嫌疑人、被告人借助诉讼、仲裁、公证或者采用暴力、威胁以及其他手段向被害人或者被害人的特定关系人索取"债务"。

二、依法严惩"套路贷"犯罪

4. 实施"套路贷"过程中，未采用明显的暴力或者威胁手段，其行为特征从整体上表现为以非法占有为目的，通过虚构事实、隐瞒真相骗取被害人财物的，一般以诈骗罪定罪处罚；对于在实施"套路贷"过程中多种手段并用，构成诈骗、敲诈勒索、非法拘禁、虚假诉讼、寻衅滋事、强迫交易、抢劫、绑架等多种犯罪的，应当根据具体案件事实，区分不同情况，依照刑法及有关司法解释的规定数罪并罚或者择一重处。①

---

① 注：本书认为，在"套路贷"过程中，被害人通常并没有对"高利"产生认知错误，相反，其对虚增的还款金额一般是心知肚明、却又被迫无奈的，该情形与"强迫借贷"行为较相似。参照《最高人民检察院关于强迫借贷行为适用法律问题的批复》（高检发释字〔2014〕1号），对于未采用明显暴力或威胁手段的"套路贷"行为，在现行刑法下应当以强迫交易罪定罪为妥；但在"扫黑除恶"特定背景下，为加大打击力度，可以依照《关于办理"套路贷"刑事案件若干问题的意见》以诈骗罪定罪处罚。

5. 多人共同实施"套路贷"犯罪，犯罪嫌疑人、被告人在所参与的犯罪中起主要作用的，应当认定为主犯，对其参与或组织、指挥的全部犯罪承担刑事责任；起次要或辅助作用的，应当认定为从犯。

明知他人实施"套路贷"犯罪，具有以下情形之一的，以相关犯罪的共犯论处，但刑法和司法解释等另有规定的除外：

（1）组织发送"贷款"信息、广告，吸引、介绍被害人"借款"的；

（2）提供资金、场所、银行卡、账号、交通工具等帮助的；

（3）出售、提供、帮助获取公民个人信息的；

（4）协助制造走账记录等虚假给付事实的；

（5）协助办理公证的；

（6）协助以虚假事实提起诉讼或者仲裁的；

（7）协助套现、取现、办理动产或不动产过户等，转移犯罪所得及其产生的收益的；

（8）其他符合共同犯罪规定的情形。

上述规定中的"明知他人实施'套路贷'犯罪"，应当结合行为人的认知能力、既往经历、行为次数和手段、与同案人、被害人的关系、获利情况、是否曾因"套路贷"受过处罚、是否故意规避查处等主客观因素综合分析认定。

6. 在认定"套路贷"犯罪数额时，应当与民间借贷相区别，从整体上予以否定性评价，"虚高债务"和以"利息""保证金""中介费""服务费""违约金"等名目被犯罪嫌疑人、被告人非法占有的财物，均应计入犯罪数额。

犯罪嫌疑人、被告人实际给付被害人的本金数额，不计入犯罪数额。

已经着手实施"套路贷"，但因意志以外原因未得逞的，可以根据相关罪名所涉及的刑法、司法解释规定，按照已着手非法占有的财物数额认定犯罪未遂。既有既遂，又有未遂，犯罪既遂部分与未遂部分分别对应不同法定刑幅度的，应当先决定对未遂部分是否减轻处罚，确定未遂部分对应的法定刑幅度，再与既遂部分对应的法定刑幅度进行比较，选择处罚较重的法定刑幅度，并酌情从重处罚；二者在同一量刑幅度的，以犯罪既遂酌情从重处罚。

7. 犯罪嫌疑人、被告人实施"套路贷"违法所得的一切财物，应当予以追缴或者责令退赔；对被害人的合法财产，应当及时返还。有证据证明是犯罪嫌疑人、被告人为实施"套路贷"而交付给被害人的本金，赔偿被害人损失后如有剩余，应依法予以没收。

犯罪嫌疑人、被告人已将违法所得的财物用于清偿债务、转让或者设置其

他权利负担,具有下列情形之一的,应当依法追缴:

(1) 第三人明知是违法所得财物而接受的;

(2) 第三人无偿取得或者以明显低于市场的价格取得违法所得财物的;

(3) 第三人通过非法债务清偿或者违法犯罪活动取得违法所得财物的;

(4) 其他应当依法追缴的情形。

8. 以老年人、未成年人、在校学生、丧失劳动能力的人为对象实施"套路贷",或者因实施"套路贷"造成被害人或其特定关系人自杀、死亡、精神失常、为偿还"债务"而实施犯罪活动的,除刑法、司法解释另有规定的外,应当酌情从重处罚。

在坚持依法从严惩处的同时,对于认罪认罚、积极退赃、真诚悔罪或者具有其他法定、酌定从轻处罚情节的被告人,可以依法从宽处罚。

9. 对于"套路贷"犯罪分子,应当根据其所触犯的具体罪名,依法加大财产刑适用力度。符合刑法第37条之一规定的,可以依法禁止从事相关职业。

10. 3人以上为实施"套路贷"而组成的较为固定的犯罪组织,应当认定为犯罪集团。对首要分子应按照集团所犯全部罪行处罚。

符合黑恶势力认定标准的,应当按照黑社会性质组织、恶势力或者恶势力犯罪集团侦查、起诉、审判。

三、依法确定"套路贷"刑事案件管辖

11. "套路贷"犯罪案件一般由犯罪地公安机关侦查,如果由犯罪嫌疑人居住地公安机关立案侦查更为适宜的,可以由犯罪嫌疑人居住地公安机关立案侦查。犯罪地包括犯罪行为发生地和犯罪结果发生地。

"犯罪行为发生地"包括为实施"套路贷"所设立的公司所在地、"借贷"协议或相关协议签订地、非法讨债行为实施地、为实施"套路贷"而进行诉讼、仲裁、公证的受案法院、仲裁委员会、公证机构所在地,以及"套路贷"行为的预备地、开始地、途经地、结束地等。

"犯罪结果发生地"包括违法所得财物的支付地、实际取得地、藏匿地、转移地、使用地、销售地等。

除犯罪地、犯罪嫌疑人居住地外,其他地方公安机关对于公民扭送、报案、控告、举报或者犯罪嫌疑人自首的"套路贷"犯罪案件,都应当立即受理,经审查认为有犯罪事实的,移送有管辖权的公安机关处理。

黑恶势力实施的"套路贷"犯罪案件,由侦办黑社会性质组织、恶势力或者恶势力犯罪集团案件的公安机关进行侦查。

12. 具有下列情形之一的,有关公安机关可以在其职责范围内并案侦查:

（1）1人犯数罪的；
（2）共同犯罪的；
（3）共同犯罪的犯罪嫌疑人还实施其他犯罪的；
（4）多个犯罪嫌疑人实施的犯罪存在直接关联，并案处理有利于查明案件事实的。

【公通字〔2019〕28号】 最高人民法院、最高人民检察院、公安部、司法部关于办理利用信息网络实施黑恶势力犯罪刑事案件若干问题的意见（2019年7月23日印发，2019年10月21日施行）

5. 利用信息网络威胁他人，强迫交易，情节严重的，依照刑法第226条的规定，以强迫交易罪定罪处罚。

8. 侦办利用信息网络实施的强迫交易、敲诈勒索等非法敛财类案件，确因被害人人数众多等客观条件的限制，无法逐一收集被害人陈述的，可以结合已收集的被害人陈述，以及经查证属实的银行账户交易记录、第三方支付结算账户交易记录、通话记录、电子数据等证据，综合认定被害人人数以及涉案资金数额等。

【主席令〔2012〕67号】 中华人民共和国治安管理处罚法（2012年10月26日第11届全国人大常委会第29次会议修正，2013年1月1日起施行）

第2条 扰乱公共秩序，妨害公共安全，侵犯人身权利、财产权利，妨害社会管理，具有社会危害性，依照《中华人民共和国刑法》的规定构成犯罪的，依法追究刑事责任；尚不够刑事处罚的，由公安机关依照本法给予治安管理处罚。

第46条 强买强卖商品，强迫他人提供服务或者强迫他人接受服务的，处5日以上10日以下拘留，并处200元以上500元以下罚款；情节较轻的，处5日以下拘留或者500元以下罚款。

● **立案标准** 最高人民检察院、公安部关于公安机关管辖的刑事案件立案追诉标准的规定（一）（公通字〔2008〕36号，2008年6月25日公布施行）

第28条 ［强迫交易案（刑法第226条）］[①] 以暴力、威胁手段强买强卖商品，强迫他人提供服务或者接受服务，涉嫌下列情形之一的，应予立案追诉：
（1）造成被害人轻微伤的；

[①] 注：根据《最高人民检察院、公安部关于公安机关管辖的刑事案件立案追诉标准的规定（一）的补充规定》（公通字〔2017〕12号，2017年4月27日公布施行）修订。

（2）造成直接经济损失2000元以上的；

（3）强迫交易3次以上或者强迫3人以上交易的；

（4）强迫交易数额1万元以上，或者违法所得数额2000元以上的；

（5）强迫他人购买伪劣商品数额5000元以上，或者违法所得数额1000元以上的；

（6）其他情节严重的情形。

以暴力、威胁手段强迫他人参与或者退出投标、拍卖，强迫他人转让或者收购公司、企业的股份、债券或者其他资产，强迫他人参与或者退出特定的经营活动，具有多次实施、手段恶劣、造成严重后果或者恶劣社会影响等情形之一的，应予立案追诉。

第101条 本规定中的"以上"，包括本数。

第227条 【伪造、倒卖伪造的有价票证罪】 伪造或者倒卖伪造的车票、船票、邮票或者其他有价票证，数额较大的，处二年以下有期徒刑、拘役或者管制，并处或者单处票证价额一倍以上五倍以下罚金；数额巨大的，处二年以上七年以下有期徒刑，并处票证价额一倍以上五倍以下罚金。

【倒卖车票、船票罪】 倒卖车票、船票，情节严重的，处三年以下有期徒刑、拘役或者管制，并处或者单处票证价额一倍以上五倍以下罚金。

● **条文注释** 第227条是针对伪造或者倒卖车票、船票、邮票等有价票证的犯罪行为的处罚规定。构成本条各款规定之罪的犯罪主体为一般主体，包括个人和单位。

构成第227条第1款规定之罪，必须具备以下条件：（1）行为人实施了伪造或者倒卖伪造的有价票证的行为；（2）数额较大或巨大。

构成第227条第2款规定之罪，必须具备以下条件：（1）行为人实施了倒卖真实的车票或船票的行为；（2）情节严重。

有价票证的情况比较复杂，在不同时期有价票证的种类不同，且不同的有价票证其作用、价值也不同，法律很难列举全面。所以第227条对伪造或者倒卖伪造的其他有价票证的行为，只作了概括性的规定，以利于司法实践，并适应随着社会的发展变化而出现的新的票证，如IC卡、充值卡、加油票等。

这里的"伪造",包括利用真实的票证进行变造的行为。"车票、船票"既包括车票和船票本身,也包括坐席或卧铺的签字号,以及订票或取票的凭证等相关证明材料。"数额较大""情节严重"的具体界定标准依照"公安部公通字〔2008〕36号"立案标准的相关规定。

需要注意的是:第227条第2款只规定了车票、船票这两种票证。

● **相关规定**　【法释〔1999〕17号】　**最高人民法院关于审理倒卖车票刑事案件有关问题的解释**(1999年9月2日最高人民法院审判委员会第1074次会议通过,1999年9月6日公布,1999年9月14日起施行)

第1条　高价、变相加价倒卖车票或者倒卖坐席、卧铺签字号及订购车票凭证,票面数额在5000元以上,或者非法获利数额在2000元以上的,构成刑法第227条第2款规定的"倒卖车票情节严重"。

第2条　对于铁路职工倒卖车票或者与其他人员勾结倒卖车票;组织倒卖车票的首要分子;曾因倒卖车票受过治安处罚两次以上或者被劳动教养1次以上,两年内又倒卖车票,构成倒卖车票罪的,依法从重处罚。

【法释〔2000〕41号】　**最高人民法院关于对变造、倒卖变造邮票行为如何适用法律问题的解释**(2000年11月15日最高人民法院审判委员会第1139次会议通过,2000年12月5日公布,2000年12月9日起施行)

对变造或者倒卖变造的邮票数额较大的,应当依照刑法第227条第1款的规定定罪处罚。

【高检研发〔2003〕10号】　**最高人民检察院法律政策研究室关于非法制作、出售、使用IC电话卡行为如何适用法律问题的答复**(2003年4月2日答复辽宁省人民检察院研究室"辽检发研字〔2002〕8号"请示)

非法制作或者出售非法制作的IC电话卡,数额较大的,应当依照刑法第227条第1款的规定,以伪造、倒卖伪造的有价票证罪追究刑事责任,犯罪数额可以根据销售数额认定;明知是非法制作的IC电话卡而使用或者购买并使用,造成电信资费损失数额较大的,应当依照刑法第264条的规定,以盗窃罪追究刑事责任。

【主席令〔2012〕67号】　**中华人民共和国治安管理处罚法**(2012年10月26日第11届全国人大常委会第29次会议修正,2013年1月1日起施行)

第2条　扰乱公共秩序,妨害公共安全,侵犯人身权利、财产权利,妨害社会管理,具有社会危害性,依照《中华人民共和国刑法》的规定构成犯罪的,依法追究刑事责任;尚不够刑事处罚的,由公安机关依照本法给予治安管理处罚。

第52条 有下列行为之一的，处10日以上15日以下拘留，可以并处1000元以下罚款；情节较轻的，处5日以上10日以下拘留，可以并处500元以下罚款：

（三）伪造、变造、倒卖车票、船票、航空客票、文艺演出票、体育比赛入场券或者其他有价票证、凭证的。

● **立案标准** 最高人民检察院、公安部关于公安机关管辖的刑事案件立案追诉标准的规定（一）（公通字〔2008〕36号，2008年6月25日公布施行）

第29条 ［伪造、倒卖伪造的有价票证案（刑法第227条第1款）］ 伪造或者倒卖伪造的车票、船票、邮票或者其他有价票证，涉嫌下列情形之一的，应予立案追诉：

（一）车票、船票票面数额累计2000元以上，或者数量累计50张以上的；

（二）邮票票面数额累计5000元以上，或者数量累计1000枚以上的；

（三）其他有价票证价额累计5000元以上，或者数量累计100张以上的；

（四）非法获利累计1000元以上的；

（五）其他数额较大的情形。

第30条 ［倒卖车票、船票案（刑法第227条第2款）］ 倒卖车票、船票或者倒卖车票坐席、卧铺签字号以及订购车票、船票凭证，涉嫌下列情形之一的，应予立案追诉：

（一）票面数额累计5000元以上的；

（二）非法获利累计2000元以上的；

（三）其他情节严重的情形。

第101条 本规定中的"以上"，包括本数。

第228条 【非法转让、倒卖土地使用权罪】 以牟利为目的，违反土地管理法规，非法转让、倒卖土地使用权，情节严重的，处三年以下有期徒刑或者拘役，并处或者单处非法转让、倒卖土地使用权价额百分之五以上百分之二十以下罚金；情节特别严重的，处三年以上七年以下有期徒刑，并处非法转让、倒卖土地使用权价额百分之五以上百分之二十以下罚金。

● **条文注释** 根据我国土地管理法规，任何单位和个人不得侵占、买卖或者以其他形式非法转让土地；土地使用权可以依法转让。可见，土地使用权的享有

和转让是由国家法律、行政法规明确规定的，不能像商品一样随意买卖，而应依照有关法律、法规的规定和通过有关主管部门的审查和批准才能进行。

这里的"土地管理法规"主要是指《土地管理法》《城市房地产管理法》《森林法》《草原法》《矿产资源法》等法律以及有关行政法规中关于土地管理的规定。

构成第228条规定之罪，必须具备以下条件：（1）行为人实施了违反土地管理法规，非法转让、倒卖土地使用权的行为；（2）行为人是以牟利为目的；（3）情节"严重"以上（具体界定标准依照"法释〔2000〕14号"《解释》的相关规定）。另外，根据《刑法》第231条的规定，单位也可以成为本罪的犯罪主体。

需要注意的是：

（1）本条规定的"非法转让、倒卖土地使用权罪"与《刑法》第410条规定的"非法低价出让国有土地使用权罪"的区别：本条的犯罪主体是一般主体，其犯罪对象可以是国有土地或集体土地的使用权，也可以是私有土地的使用权，其犯罪行为导致的土地使用权的转移是非法的、无效的；而第410条的犯罪主体是国家机关工作人员，犯罪对象是国有土地的使用权，犯罪结果是国有土地使用权被以低价而又"合法"的形式转移，实质上造成了国有资产的流失。

（2）如果军队人员擅自出卖或转让军队的房地产，情节严重的，则应当依照《刑法》第442条的规定定罪处罚。

● **立法解释** **全国人民代表大会常务委员会关于《中华人民共和国刑法》第二百二十八条、第三百四十二条、第四百一十条的解释**（2001年8月31日第九届全国人民代表大会常务委员会第23次会议通过）

（第1款）　刑法第228条、第342条、第410条规定的"违反土地管理法规"是指违反土地管理法、森林法、草原法等法律以及有关行政法规中关于土地管理的规定。

● **相关规定** **【法释〔2000〕14号】　最高人民法院关于审理破坏土地资源刑事案件具体应用法律若干问题的解释**（2000年6月16日最高人民法院审判委员会第1119次会议通过，2000年6月19日公布，2000年6月22日起施行）

第1条　以牟利为目的，违反土地管理法规，非法转让、倒卖土地使用权，具有下列情形之一的，属于非法转让、倒卖土地使用权"情节严重"，依照刑法第228条的规定，以非法转让、倒卖土地使用权罪定罪处罚：

（一）非法转让、倒卖基本农田5亩以上的；

（二）非法转让、倒卖基本农田以外的耕地 10 亩以上的；

（三）非法转让、倒卖其他土地 20 亩以上的；

（四）非法获利 50 万元以上的；

（五）非法转让、倒卖土地接近上述数量标准并具有其他恶劣情节的，如曾因非法转让、倒卖土地使用权受过行政处罚或者造成严重后果等。

第 2 条　实施第 1 条规定的行为，具有下列情形之一的，属于非法转让、倒卖土地使用权"情节特别严重"：

（一）非法转让、倒卖基本农田 10 亩以上的；

（二）非法转让、倒卖基本农田以外的耕地 20 亩以上的；

（三）非法转让、倒卖其他土地 40 亩以上的；

（四）非法获利 100 万元以上的；

（五）非法转让、倒卖土地接近上述数量标准并具有其他恶劣情节，如造成严重后果等。

第 8 条　单位犯非法转让、倒卖土地使用权罪、非法占有耕地罪[①]的定罪量刑标准，依照本解释第 1 条、第 2 条、第 3 条的规定执行。

第 9 条　多次实施本解释规定的行为依法应当追诉的，或者 1 年内多次实施本解释规定的行为未经处理的，按照累计的数量、数额处罚。

【公经法〔2008〕29 号】　公安部经济犯罪侦查局关于对程××的行为是否涉嫌非法转让、倒卖土地使用权犯罪的批复（2008 年 1 月 25 日答复山东省公安厅经侦总队"鲁公经〔2006〕213 号"请示）

程××的行为是否涉嫌非法转让、倒卖土地使用权，关键是看甲公司和乙公司于 2000 年 2 月 1 日签订的合同的性质。从合同约定的权利义务关系以及合同的实际履行情况来看，所谓"买断"指的不是该土地的土地使用权，而是对该地块的开发经营收益权，即双方通过合作开发、销售房地产取得收益。从该块国有土地转移的过程看，是经人民政府批准将原划拨给××集团的土地使用权收回后出让给乙公司，而并非出让给甲公司后再转让给乙公司。因此，该合同的性质不是土地使用权买卖性质。

[①] 注：根据《最高人民法院关于执行〈中华人民共和国刑法〉确定罪名的规定》（法释〔1997〕9 号）和《最高人民检察院关于适用刑法分则规定的犯罪的罪名的意见》（高检发释字〔1997〕3 号），该罪名的正确名称是"非法占用耕地罪"。这是最高人民法院司法解释的一个行文纰误。

另，2001 年 8 月 31 日《刑法修正案（二）》施行后，"非法占用耕地罪"已经被修改为"非法占用农用地罪"。

● **立案标准** 最高人民检察院、公安部关于公安机关管辖的刑事案件立案追诉标准的规定（二）（公通字〔2022〕8号，2022年4月6日印发，2022年5月15日施行；公通字〔2010〕23号《规定》、公通字〔2011〕47号《补充规定》同时废止）

第72条 [非法转让、倒卖土地使用权案（刑法第228条）] 以牟利为目的，违反土地管理法规，非法转让、倒卖土地使用权，涉嫌下列情形之一的，应予立案追诉：（一）非法转让、倒卖永久基本农田5亩以上的；（二）非法转让、倒卖永久基本农田以外的耕地10亩以上的；（三）非法转让、倒卖其他土地20亩以上的；（四）违法所得数额在50万元以上的；（五）虽未达到上述数额标准，但因非法转让、倒卖土地使用权受过行政处罚，又非法转让、倒卖土地的；（六）其他情节严重的情形。

第81条 本规定中的"虽未达到上述数额标准"，是指接近上述数额标准且已达到该数额的80%以上的。

第83条 本规定中的立案追诉标准，除法律、司法解释、本规定中另有规定的以外，适用于相应的单位犯罪。

第84条 本规定中的"以上"，包括本数。

第229条 【提供虚假证明文件罪】承担资产评估、验资、验证、会计、审计、法律服务、保荐、安全评价、环境影响评价、环境监测等职责的中介组织的人员故意提供虚假证明文件，情节严重的，处五年以下有期徒刑或者拘役，并处罚金；有下列情形之一的，处五年以上十年以下有期徒刑，并处罚金：①

（一）提供与证券发行相关的虚假的资产评估、会计、审计、法律服务、保荐等证明文件，情节特别严重的；

（二）提供与重大资产交易相关的虚假的资产评估、会计、审计等证明文件，情节特别严重的；

---

① 本款规定原为："承担资产评估、验资、验证、会计、审计、法律服务等职责的中介组织的人员故意提供虚假证明文件，情节严重的，处五年以下有期徒刑或者拘役，并处罚金。"2020年12月26日第13届全国人大常委会第24次会议通过的《刑法修正案（十一）》（主席令第66号公布，2021年3月1日起施行）扩大了犯罪主体，并增设了第二档刑罚。

> （三）在涉及公共安全的重大工程、项目中提供虚假的安全评价、环境影响评价等证明文件，致使公共财产、国家和人民利益遭受特别重大损失的。
>
> 有前款行为，同时索取他人财物或者非法收受他人财物构成犯罪的，依照处罚较重的规定定罪处罚。①
>
> 【出具证明文件重大失实罪】第一款规定的人员，严重不负责任，出具的证明文件有重大失实，造成严重后果的，处三年以下有期徒刑或者拘役，并处或者单处罚金。

● **条文注释** 第229条是关于某些特定的中介组织的从业人员提供虚假证明文件行为的处罚的规定。

构成第229条第1款规定之罪，必须具备以下条件：（1）犯罪主体为特殊主体，即中介组织的从业人员；（2）行为人提供了虚假证明文件；（3）情节严重。

构成第229条第3款规定之罪，必须具备以下条件：（1）犯罪主体为特殊主体，即中介组织的从业人员；（2）行为人出具的证明文件有重大失实；（3）该失实由于严重不负责任而造成；（4）造成严重后果。

另外，根据《刑法》第231条的规定，单位也可以成为本罪的犯罪主体。

这里的"中介组织"，是指依法成立的资产评估事务所、会计师事务所、审计师事务所、律师事务所、保荐机构、安全评价机构、环境影响评价机构、生态环境监测机构、公证机构、鉴定机构等组织。"人员"是指在这些中介组织中，具有国家认可的专业资质的、负有职责的专业从业人员。"虚假证明文件"，既包括伪造的证明文件，也包括内容虚假的文件，主要是指有关资料、报表、数据和各种结果、结论方面的报告和材料等。"重大失实"是指在内容上存在重大的不符合实际的错误或者内容虚假。

需要注意的是：

（1）对于故意提供虚假证明文件，同时有索贿或受贿行为的，依照《刑法修正案（十一）》修正之前第229条第2款的规定，仍然构成提供虚假证明文件罪；《刑法修正案（十一）》施行后，择重罪而处之。

---

① 本款规定原为："前款规定的人员，索取他人财物或者非法收受他人财物，犯前款罪的，处五年以上十年以下有期徒刑，并处罚金。" 2020年12月26日第13届全国人大常委会第24次会议通过的《刑法修正案（十一）》（主席令第66号公布，2021年3月1日起施行）将其改为择重罪而处之。

(2) 根据《全国人大常委会关于司法鉴定管理问题的决定》第 13 条第 3 款的规定，鉴定人故意作虚假鉴定，构成犯罪的，依法追究刑事责任。这里的"刑事责任"，适用第 229 条第 1 款的规定。

● 相关规定　【高检发释字〔2009〕1 号】　最高人民检察院关于公证员出具公证书有重大失实行为如何适用法律问题的批复（2009 年 1 月 6 日由最高人民检察院第 11 届检察委员会第 7 次会议通过，2009 年 1 月 7 日公布，答复甘肃省人民检察院"甘检发研〔2008〕17 号"请示，2009 年 1 月 15 日起施行）

《中华人民共和国公证法》施行以后，公证员在履行公证职责过程中，严重不负责任，出具的公证书有重大失实，造成严重后果的，依照刑法 229 条第 3 款的规定，以出具证明文件重大失实罪追究刑事责任。

【法释〔2018〕19 号】　最高人民法院、最高人民检察院关于办理妨害信用卡管理刑事案件具体应用法律若干问题的解释（2009 年 12 月 3 日"法释〔2009〕19 号"公布，2009 年 12 月 16 日起施行；2018 年 7 月 30 日最高人民法院审判委员会第 1745 次会议、2018 年 10 月 19 日最高人民检察院第 13 届检察委员会第 7 次会议修改，2018 年 11 月 28 日公布，2018 年 12 月 1 日起施行）

第 4 条（第 2 款）　承担资产评估、验资、验证、会计、审计、法律服务等职责的中介组织或其人员，为信用卡申请人提供虚假的财产状况、收入、职务等资信证明材料，应当追究刑事责任的，依照刑法第 229 条的规定，分别以提供虚假证明文件罪和出具证明文件重大失实罪定罪处罚。

第 13 条　单位实施本解释规定的行为，适用本解释规定的相应自然人犯罪的定罪量刑标准。

【法释〔2022〕19 号】　最高人民法院、最高人民检察院关于办理危害生产安全刑事案件适用法律若干问题的解释（二）（第二次重印增补内容，余文见本书末尾）

【高检发释字〔2015〕4 号】　最高人民检察院关于地质工程勘测院和其他履行勘测职责的单位及其工作人员能否成为刑法第二百二十九条规定的有关犯罪主体的批复（2015 年 8 月 19 日最高人民检察院第 12 届检察委员会第 39 次会议通过，2015 年 10 月 27 日公布，答复重庆市人民检察院"渝检（研）〔2015〕8 号"请示，2015 年 11 月 12 日起施行）

地质工程勘测院和其他履行勘测职责的单位及其工作人员在履行勘察、勘查、测绘职责过程中，故意提供虚假工程地质勘察报告等证明文件，情节严重的，依照刑法第229条第1款和第231条的规定，以提供虚假证明文件罪追究刑事责任；地质工程勘测院和其他履行勘测职责的单位及其工作人员在履行勘察、勘查、测绘职责过程中，严重不负责任，出具的工程地质勘察报告等证明文件有重大失实，造成严重后果的，依照刑法第229条第3款和第231条的规定，以出具证明文件重大失实罪追究刑事责任。

【法释〔2016〕29号】 最高人民法院、最高人民检察院关于办理环境污染刑事案件适用法律若干问题的解释（2016年11月7日最高人民法院审判委员会第1698次会议、2016年12月8日最高人民检察院第12届检察委员会第58次会议通过，2016年12月23日公布，2017年1月1日起施行；2013年6月19日施行的同名文件"法释〔2013〕15号"同时废止）

第9条 环境影响评价机构或其人员，故意提供虚假环境影响评价文件，情节严重的，或者严重不负责任，出具的环境影响评价文件存在重大失实，造成严重后果的，应当依照刑法第229条、第231条的规定，以提供虚假证明文件罪或者出具证明文件重大失实罪定罪处罚。

第18条 本解释自2017年1月1日起施行。本解释施行后，《最高人民法院、最高人民检察院关于办理环境污染刑事案件适用法律若干问题的解释》（法释〔2013〕15号）同时废止；之前发布的司法解释与本解释不一致的，以本解释为准。

● **立案标准** 最高人民检察院、公安部关于公安机关管辖的刑事案件立案追诉标准的规定（二）（公通字〔2022〕8号，2022年4月6日印发，2022年5月15日施行；公通字〔2010〕23号《规定》、公通字〔2011〕47号《补充规定》同时废止）

第73条 [提供虚假证明文件案（刑法第229条第1款）] 承担资产评估、验资、验证、会计、审计、法律服务、保荐、安全评价、环境影响评价、环境监测等职责的中介组织的人员故意提供虚假证明文件，涉嫌下列情形之一的，应予立案追诉：（一）给国家、公众或者其他投资者造成直接经济损失数额在50万元以上的；（二）违法所得数额在10万元以上的；（三）虚假证明文件虚构数额在100万元以上且占实际数额30%以上的；（四）虽未达到上述数额标准，但2年内因提供虚假证明文件受过2次以上行政处罚，又提供虚假证明文件的；（五）其他情节严重的情形。

第74条 [出具证明文件重大失实案（刑法第229条第3款）] 承担资产评估、验资、验证、会计、审计、法律服务、保荐、安全评价、环境影响评价、环境监测等职责的中介组织的人员严重不负责任，出具的证明文件有重大失实，涉嫌下列情形之一的，应予立案追诉：（一）给国家、公众或者其他投资者造成直接经济损失数额在 100 万元以上的；（二）其他造成严重后果的情形。

第 81 条　本规定中的"虽未达到上述数额标准"，是指接近上述数额标准且已达到该数额的 80% 以上的。

第 83 条　本规定中的立案追诉标准，除法律、司法解释、本规定中另有规定的以外，适用于相应的单位犯罪。

第 84 条　本规定中的"以上"，包括本数。

第 230 条　【逃避商检罪】违反进出口商品检验法的规定，逃避商品检验，将必须经商检机构检验的进口商品未报经检验而擅自销售、使用，或者将必须经商检机构检验的出口商品未报经检验合格而擅自出口，情节严重的，处三年以下有期徒刑或者拘役，并处或者单处罚金。

● **条文注释**　根据《进出口商品检验法》等相关规定，对列入《出入境检验检疫机构实施检验检疫的进出境商品目录》①的进出口商品，由国家质量监督检验检疫总局实施检验。上述进口商品未经检验的，不准销售、使用；上述出口商品未经检验合格的，不准出口。

构成第 230 条规定之罪，必须具备以下条件：（1）行为人有逃避商检的主观故意；（2）行为人擅自销售、使用未经检验的上述进口商品，或出口未经检验合格的上述出口商品；（3）情节严重。另，根据《刑法》第 231 条的规定，单位也可以成为本罪的犯罪主体。

这里所说的"情节严重"，主要是指逃避商检的手段恶劣、造成严重后果，如未报经检验对不合格商品无法索赔，或者出口商品引起他人索赔、给国家造成严重后果的等情况（详见"立案标准"）。

● **立案标准**　最高人民检察院、公安部关于公安机关管辖的刑事案件立案追诉标准的规定（二）（公通字〔2022〕8 号，2022 年 4 月 6 日印发，2022 年 5 月 15 日施行；公通字〔2010〕23 号《规定》、公通字〔2011〕47 号《补充规定》

---

① 《出入境检验检疫机构实施检验检疫的进出境商品目录》的现行有效目录由 2013 年 1 月 22 日国家质量监督检验检疫总局、海关总署联合公告 2013 年第 16 号公布，2013 年 1 月 1 日起施行；每年随着《进出口税则》《商品名称及编码协调制度》和贸易管制目录调整情况而作相应调整。
其前身为 1989 年 8 月 1 日国家进出口商品检验局公布的《商检机构实施检验的进出口商品种类表》。

同时废止）

第 75 条 ［逃避商检案（刑法第 230 条）］ 违反进出口商品检验法的规定，逃避商品检验，将必须经商检机构检验的进口商品未报经检验而擅自销售、使用，或者将必须经商检机构检验的出口商品未报经检验合格而擅自出口，涉嫌下列情形之一的，应予立案追诉：（一）给国家、单位或者个人造成直接经济损失数额在 50 万元以上的；（二）逃避商检的进出口货物货值金额在 300 万元以上的；（三）导致病疫流行、灾害事故的；（四）多次逃避商检的；（五）引起国际经济贸易纠纷，严重影响国家对外贸易关系，或者严重损害国家声誉的；（六）其他情节严重的情形。

第 80 条 本规定中的"多次"，是指 3 次以上。

第 83 条 本规定中的立案追诉标准，除法律、司法解释、本规定中另有规定的以外，适用于相应的单位犯罪。

第 84 条 本规定中的"以上"，包括本数。

第 231 条 【单位犯扰乱市场秩序罪的处罚规定】单位犯本节第二百二十一条至第二百三十条规定之罪的，对单位判处罚金，并对其直接负责的主管人员和其他直接责任人员，依照本节各该条的规定处罚。

● 条文注释 根据第 231 条的规定，本节所有的犯罪行为都存在单位犯罪，并且对单位犯罪行为都实行"双罚制"原则，即对单位判处罚金，并对其直接负责的主管人员和其他直接责任人员，依照各条的规定处罚。

根据本节各条的规定，个人犯《刑法》第 213 条至第 219 条规定之罪，都会被判处罚金（视情节轻重，并处或单处罚金，有的还可以没收财产）。但对罚金的具体标准，目前尚没有法律法规或司法解释进行统一规定；在司法实践中，对个人的罚金数额一般在违法所得的 1 倍以上 5 倍以下，而对单位的罚金数额通常是个人罚金数额的 3 倍。

第四章　侵犯公民人身权利、民主权利罪

> 第232条　【故意杀人罪】故意杀人的，处死刑、无期徒刑或者十年以上有期徒刑；情节较轻的，处三年以上十年以下有期徒刑。
>
> 第233条　【过失致人死亡罪】（见第920页）
>
> 第234条　【故意伤害罪】故意伤害他人身体的，处三年以下有期徒刑、拘役或者管制。
>
> 犯前款罪，致人重伤的，处三年以上十年以下有期徒刑；致人死亡或者以特别残忍手段致人重伤造成严重残疾的，处十年以上有期徒刑、无期徒刑或者死刑。本法另有规定的，依照规定。

● 条文注释　第232条、第234条规定的是对故意杀人、故意伤害他人的行为的定罪与量刑。界定故意杀人或者故意伤害致人死亡的标准，在于行为人的主观故意是否以非法剥夺他人生命为目的。故意杀人或故意伤害他人的方法很多，行为人采用何种手段均不影响本罪的构成。根据我国司法实践，人的生命权是从胎儿脱离母体（是否要求能够独立呼吸尚有争议）开始。因此，第232条、第234条所规定的"人"，不包括尚在母体里的胎儿。

第232条、第234条中的"故意"包括直接故意和间接故意，前者具有明确剥夺他人生命或者伤害他人的目的，后者是对自己的行为可能造成他人伤亡的后果采取放任、不作为的态度。行为人采用何种方法，不影响本罪的成立。"本法另有规定"是指行为人虽然有伤害他人身体的直接故意或间接故意，但根据刑法规定，该行为应当适用另一罪名，如以危险方法致人重伤或死亡（《刑法》第115条）、暴力劫机致人重伤或死亡（《刑法》第121条）、强奸致使被害人重伤或死亡（《刑法》第236条）、非法拘禁致人重伤或死亡（《刑法》第238条）、故意伤害被绑架人致人重伤或死亡（《刑法》第239条）、抢劫致人重伤或死亡（《刑法》第263条）等。

对于故意杀人这种严重侵犯公民人身权利的犯罪，刑法作了比较特殊的表述，按照从重刑到轻刑的顺序列举，即其基准量刑为死刑、无期徒刑或10年以上有期

徒刑，情节较轻的处3年以上10年以下有期徒刑。这里的"情节较轻"，在司法实践中可以从犯罪的背景、动机、原因、手段、后果、被害人家属及周边群众的反应等方面加以考虑，如长期被欺压或被虐待而杀人、出于义愤而杀人等。

对于故意伤害他人的行为，根据对他人的伤害程度，分为四种情形进行处罚：

（1）造成他人轻微伤的，如果没有其他情节，则不构成犯罪，而是作为治安案件由当地公安部门依据《治安管理处罚法》进行行政处罚（警告、罚款、行政拘留等），或者责令其监护人严加管教或治疗。

（2）造成他人轻伤以上的，则作为刑事案件进行立案追诉①，可以处3年以下有期徒刑、拘役或管制。但以下几种情况例外：①《刑法》第17条规定的未成年人犯罪，分年龄段、分情形不负刑事责任。②《刑法》第17条之一规定的老年人犯罪，可以从轻或减轻处罚。③《刑法》第18条规定的精神病人犯罪，可以从轻或减轻处罚。④《刑法》第19条规定的残疾人犯罪，可以从轻、减轻或免除处罚。⑤《刑法》第20条规定的正当防卫情形。⑥《刑法》第21条规定的紧急避险情形。

（3）造成他人重伤的，则通常应处3年以上10年以下有期徒刑；并且根据《刑法》第72条的规定，一般不能适用缓刑。这里的"重伤"，适用《刑法》第95条的规定，是指使人肢体残废、毁人容貌、丧失听觉、丧失视觉、丧失其他器官功能或者其他对于人身健康有重大伤害的损伤。

（4）造成他人死亡（或以特别残忍手段致人严重残疾）的，则应当判处10年以上有期徒刑、无期徒刑，最高可判处死刑。这里的"特别残忍手段"是指为了故意造成他人严重伤害而采取的毁容、挖眼、剁手，或者击打人体要害部位（如头部、胸部、生殖器官等），或者水淹、火烧、窒息、冻饿等特别残酷的手段。"严重残疾"是指身体器官大部缺损，或器官明显畸形，或有中等功能障碍，或者造成严重并发症等。

对伤情的鉴定，以前分别依据《人体轻微伤鉴定标准》《人体轻伤鉴定标准（试行）》和《人体重伤鉴定标准》进行鉴定；自2014年1月1日起，应当统一适用《人体损伤程度鉴定标准》（详见《刑事诉讼法全厚细》第二编第2章第7节"鉴定"）。在鉴定过程中需要注意以下几点：

---

① 《公安机关办理伤害案件规定》（公通字〔2005〕98号，公安部2005年12月27日印发）第29条规定：根据《刑法》第13条及《刑事诉讼法》第15条（现为第16条）第1项规定，对故意伤害他人致轻伤，情节显著轻微、危害不大，不认为是犯罪的，以及被害人伤情达不到轻伤的，应当依法予以治安管理处罚。

(1) 对于以原发性损伤及其并发症作为鉴定依据的，鉴定时应以损伤当时的伤情为主，损伤的后果为辅，综合鉴定；对于以容貌损害或者组织器官功能障碍作为鉴定依据的，鉴定时应以损伤的后果为主，以损伤当时的伤情为辅，综合鉴定。

(2) 以原发性损伤为主要鉴定依据的，伤后即可进行鉴定；以损伤所致的并发症为主要鉴定依据的，在伤情稳定后进行鉴定；以容貌损害或者组织器官功能障碍为主要鉴定依据的，在损伤90日后进行鉴定；在特殊情况下可以根据原发性损伤及其并发症出具鉴定意见，但须对有可能出现的后遗症加以说明，必要时应进行复检并予以补充鉴定；疑难、复杂的损伤，在临床治疗终结或者伤情稳定后进行鉴定。

(3) 损伤为主要作用的，既往伤/病为次要或者轻微作用的，应依据该《人体损伤程度鉴定标准》相应条款进行鉴定；损伤与既往伤/病共同作用的，即二者作用相当的，应依据该《人体损伤程度鉴定标准》相应条款适度降低损伤程度等级，即原本等级为重伤一级和重伤二级的，可视具体情况鉴定为轻伤一级或轻伤二级，原本等级为轻伤一级和轻伤二级的，均鉴定为轻微伤；既往伤/病为主要作用的，即损伤为次要或轻微作用的，不宜进行损伤程度鉴定，只说明因果关系。

(4) 最高人民检察院在1999年10月11日答复河南省人民检察院"豫检研〔1999〕3号"请示时，曾作出批复：检察机关委托省级人民政府指定的医院进行刑事医学鉴定，其鉴定没有明确指明损伤程度等法医学问题的，检察机关的法医可以根据省级人民政府指定医院出具的医学鉴定，就伤情程度等问题提出法医学意见。该《批复》已经于2013年3月1日被宣布废止（详见本书附录三）。

对于"残疾等级"，由重到轻一般划分为一级至十级，其中一级至二级视为特别严重残疾，三级至六级视为严重残疾，七级至十级视为一般残疾。目前对残疾等级的鉴定主要有以下几个标准：

(1)《残疾人残疾分类和分级》（以下简称《残联标准》）：主要适用于先天性和普通因病、因伤致残的残疾人（包括精神、生理、人体结构上，某种组织、功能丧失或障碍，全部或部分丧失从事某种活动能力的人）的信息、统计、管理、服务和保障等社会工作。相关规定见《刑法》第19条。

(2)《劳动能力鉴定——职工工伤与职业病致残等级》（以下简称《工伤标准》）：主要是为了保障因工作遭受事故伤害或患职业病的劳动者获得医疗救治和经济补偿。相关规定见《刑法》第134条、第135条等。

(3)《道路交通事故受伤人员伤残评定》（以下简称《交通标准》）：主要适

用于道路交通事故受伤人员以及在道路交通事故中遭受各种暴力致伤的人员的伤残程度评定（包括精神的、生理功能的和解剖结构的异常及其导致的生活、工作和社会活动能力不同程度丧失）以及民事索赔。相关规定见《刑法》第133条。

（4）《医疗事故分级标准（试行）》（以下简称《医疗标准》）[①]：主要适用于医疗事故中对患者造成的人体损伤程度的鉴定，并为民事赔偿提供依据。相关规定见《刑法》第335条。

（5）《人体损伤残疾程度鉴定标准（试行）》（以下简称《高法标准》）：主要是为了适用于刑事、民事和行政案件中所涉及的"工作与职业病"和"道路交通事故"之外的原因而造成的人体伤残程度的鉴定，但一直没有正式发布。

（6）《人体损伤致残程度分级》（以下简称《司法标准》）：自2017年1月1日起，统一适用于司法鉴定机构和司法鉴定人的人体损伤致残程度鉴定。该标准保留认可《工伤标准》，但取代了《交通标准》。

另要注意的是：根据最高人民法院"法〔1999〕217号"《座谈会纪要》的相关规定，在有关司法解释出台之前，可以统一参照《工伤标准》（GB/T 16180-2006）确定的残疾等级，六级以上视为"严重残疾"；根据最高人民法院"刑他字〔2010〕43号"《批复》的通知精神（详见《刑法》第95条的注释），各高级人民法院也可以酌情确定该省（自治区、直辖市）统一适用的鉴定标准。在《司法标准》施行之后，上述《座谈会纪要》和《批复》应当已经失效。

● **相关规定**　**【法复〔1995〕8号】**　**最高人民法院关于对设置圈套诱骗他人参赌又向索还钱财的受骗者施以暴力或暴力威胁的行为应如何定罪问题的批复**
（1995年11月6日答复贵州省高级人民法院）

行为人设置圈套诱骗他人参赌获取钱财，属赌博行为，构成犯罪的，应当以赌博罪定罪处罚。参赌者识破骗局要求退还所输钱财，设赌者又使用暴力或者以暴力相威胁，拒绝退还的，应以赌博罪从重处罚；致参赌者伤害或者死亡的，应以赌博罪和故意伤害罪或者故意杀人罪，依法实行数罪并罚。

【法〔1999〕217号】　**全国法院维护农村稳定刑事审判工作座谈会纪要**
（1999年9月8日至10日在济南召开，各高院刑事主管副院长、刑庭庭长出席，解放军军事法院和新疆高院生产建设兵团分院派代表参加；最高法1999年10月

[①] 注：《医疗事故处理条例》由2002年2月20日国务院第55次常务会议通过，2002年4月4日国务院令第351号公布，2002年9月1日起施行；同时废止1987年6月29日国务院发布的《医疗事故处理办法》。

27日印发）

二、会议在认真学习《决定》（党的15届三中全会作出的《中共中央关于农业和农村工作若干重大问题的决定》）和"上海会议"（1999年8月最高人民法院在上海召开的全国高级法院院长座谈会）文件的基础上，结合执行刑法、刑事诉讼法的审判实践，对审理农村中犯罪案件、农民犯罪案件中的一些重要问题进行了研究、讨论。

（一）关于故意杀人、故意伤害案件

要准确把握故意杀人犯罪适用死刑的标准。对故意杀人犯罪是否判处死刑，不仅要看是否造成了被害人死亡结果，还要综合考虑案件的全部情况。对于因婚姻家庭、邻里纠纷等民间矛盾激化引发的故意杀人犯罪，适用死刑一定要十分慎重，应当与发生在社会上的严重危害社会治安的其他故意杀人犯罪案件有所区别。对于被害人一方有明显过错或对矛盾激化负有直接责任，或者被告人有法定从轻处罚情节的，一般不应判处死刑立即执行。

要注意严格区分故意杀人罪与故意伤害罪的界限。在直接故意杀人与间接故意杀人案件中，犯罪人的主观恶性程度是不同的，在处刑上也应有所区别。间接故意杀人与故意伤害致人死亡，虽然都造成了死亡后果，但行为人故意的性质和内容是截然不同的。不注意区分犯罪的性质和故意的内容，只要有死亡后果就判处死刑的做法是错误的，这在今后的工作中，应当予以纠正。对于故意伤害致人死亡，手段特别残忍，情节特别恶劣的，才可以判处死刑。

要准确把握故意伤害致人重伤造成"严重残疾"的标准。参照1996年国家技术监督局颁布的《职工工伤与职业病致残程度鉴定标准》①（以下简称"工伤标准"），刑法第234条第2款规定的"严重残疾"是指下列情形之一：被害人身体器官大部缺损、器官明显畸形、身体器官有中等功能障碍、造成严重并发症等。残疾程度可以分为一般残疾（十至七级）、严重残疾（六至三级）、特别严重残疾（二至一级），六级以上视为"严重残疾"。在有关司法解释出台前，可统一参照"工伤标准"确定残疾等级②。实践中，并不是只要达到"严重残疾"就判处死刑，还要根据伤害致人"严重残疾"的具体情况，综合考

---

① 注：国家技术监督局1996年3月14日颁布的《职工工伤与职业病致残程度鉴定标准》（GB/T16180-1996，1996年10月1日实施）已经被2014年9月3日国家标准化管理委员会批准颁布的《劳动能力鉴定——职工工伤与职业病致残等级》（GB/T16180-2014，2015年1月1日实施）代替。

② 注：2016年4月18日最高人民法院、最高人民检察院、公安部、国家安全部、司法部联合发布公告，自2017年1月1日起，司法鉴定机构和司法鉴定人进行人体损伤致残程度鉴定统一适用《人体损伤致残程度分级》。

虑犯罪情节和危害后果来决定刑罚。故意伤害致重伤造成严重残疾，只有犯罪手段特别残忍，后果特别严重的，才能考虑适用死刑（包括死刑，缓期2年执行）。

【法释〔2000〕33号】 最高人民法院关于审理交通肇事刑事案件具体应用法律若干问题的解释（2000年11月10日最高人民法院审判委员会第1136次会议通过，2000年11月15日公布，2000年11月21日施行）

第6条 行为人在交通肇事后为逃避法律追究，将被害人带离事故现场后隐藏或者遗弃，致使被害人无法得到救助而死亡或者严重残疾的，应当分别依照刑法第232条、第234条第2款的规定，以故意杀人罪或者故意伤害罪定罪处罚。

【法释〔2001〕16号】 最高人民法院关于抢劫过程中故意杀人案件如何定罪问题的批复（2001年5月22日最高人民法院审判委员会第1176次会议通过，2001年5月23日公布，答复上海市高级人民法院"沪高法〔2000〕117号"请示）

行为人为劫取财物而预谋故意杀人，或者在劫取财物过程中，为制服被害人反抗而故意杀人的，以抢劫罪定罪处罚。

行为人实施抢劫后，为灭口而故意杀人的，以抢劫罪和故意杀人罪定罪，实行数罪并罚。

【法释〔2017〕3号】 最高人民法院、最高人民检察院关于办理组织、利用邪教组织破坏法律实施等刑事案件适用法律若干问题的解释（2017年1月4日最高人民法院审判委员会第1706次会议、2016年12月8日最高人民检察院第12届检察委员会第58次会议通过，2017年1月25日公布，2017年2月1日起施行）

第11条 组织、利用邪教组织，制造、散布迷信邪说，组织、策划、煽动、胁迫、教唆、帮助其成员或者他人实施自杀、自伤的，依照刑法第232条、第234条的规定，以故意杀人罪或者故意伤害罪定罪处罚。

第16条 本解释自2017年2月1日起施行。《最高人民法院、最高人民检察院关于办理组织和利用邪教组织犯罪案件具体应用法律若干问题的解释》（法释〔1999〕18号）、《最高人民法院、最高人民检察院关于办理组织和利用邪教组织犯罪案件具体应用法律若干问题的解释（二）》（法释〔2001〕19号），以及《最高人民法院、最高人民检察院关于办理组织和利用邪教组织犯罪案件具体应用法律若干问题的解答》（法发〔2002〕7号）同时废止。

【法释〔2003〕8号】 最高人民法院、最高人民检察院关于办理妨害预防、控制突发传染病疫情等灾害的刑事案件具体应用法律若干问题的解释（2003年5月13日最高人民法院审判委员会第1269次会议、2003年5月13日最高人民检察院第10届检察委员会第3次会议通过，2003年5月14日公布，2003年5月15日起施行）

第9条 在预防、控制突发传染病疫情等灾害期间，聚众"打砸抢"，致人伤残、死亡的，依照刑法第289条、第234条、第232条的规定，以故意伤害罪或者故意杀人罪定罪，依法从重处罚。对毁坏或者抢走公私财物的首要分子，依照刑法第289条、第263条的规定，以抢劫罪定罪，依法从重处罚。

第18条 本解释所称"突发传染病疫情等灾害"，是指突然发生，造成或者可能造成社会公众健康严重损害的重大传染病疫情、群体性不明原因疾病以及其他严重影响公众健康的灾害。

【法发〔2020〕7号】 最高人民法院、最高人民检察院、公安部、司法部关于依法惩治妨害新型冠状病毒感染肺炎疫情防控违法犯罪的意见（2020年2月6日印发）[①]

二、准确适用法律，依法严惩妨害疫情防控的各类违法犯罪

（二）依法严惩暴力伤医犯罪。在疫情防控期间，故意伤害医务人员造成轻伤以上的严重后果，或者对医务人员实施撕扯防护装备、吐口水等行为，致使医务人员感染新型冠状病毒的，依照刑法第234条的规定，以故意伤害罪定罪处罚。[②]

【高检发〔2023〕2号】 最高人民法院、最高人民检察院、公安部、司法部、海关总署关于适应新阶段疫情防控政策调整依法妥善办理相关刑事案件的通知（第二次重印增补内容，余文见本书末尾。）

【法发〔2005〕8号】 最高人民法院关于审理抢劫、抢夺刑事案件适用法律若干问题的意见（2005年6月8日印发）

九、关于抢劫罪与相似犯罪的界限

5. 抢劫罪与故意伤害罪的界限

行为人为索取债务，使用暴力、暴力威胁等手段的，一般不以抢劫罪定罪

[①] 注：2022年12月26日国家卫健委公告（2022年第7号）将新型冠状病毒肺炎更名为新型冠状病毒感染，并自2023年1月8日起解除按照甲类传染病管理，实行"乙类乙管"。因此，本《意见》已经失去了实施背景和法律依据。

[②] 注：根据最高法、最高检、公安部、司法部、海关总署《关于适应新阶段疫情防控政策调整依法妥善办理相关刑事案件的通知》（高检发〔2023〕2号），本款规定自2023年1月8日起不再适用。

处罚。构成故意伤害等其他犯罪的，依照刑法第234条等规定处罚。

【法释〔2006〕1号】 最高人民法院关于审理未成年人刑事案件具体应用法律若干问题的解释（2005年12月12日最高人民法院审判委员会第1373次会议通过，2006年1月11日公布，2006年1月23日起施行）

第10条（第1款） 已满14周岁不满16周岁的人盗窃、诈骗、抢夺他人财物，为窝藏赃物、抗拒抓捕或者毁灭罪证，当场使用暴力，故意伤害致人重伤或者死亡，或者故意杀人的，应当分别以故意伤害罪或者故意杀人罪定罪处罚。

最高人民法院研究室关于醉酒后在公共场所持刀连续捅刺致多人死伤行为如何定性问题的研究意见[①]

醉酒后在公共场所持刀连续捅刺，致多人死伤的行为，宜认定为故意杀人罪（故意伤害罪被吸收）。……

【公通字〔2013〕25号】 公安部关于公安机关处置信访活动中违法犯罪行为适用法律的指导意见（2008年7月6日"公通字〔2008〕35号"初次印发；2013年7月19日修订后印发）

三、对侵犯人身权利、财产权利违法犯罪行为的处理

1. 殴打他人或者故意伤害他人身体，符合《治安管理处罚法》第43条规定的，以殴打他人、故意伤害依法予以治安管理处罚；符合《刑法》第234条规定的，以故意伤害罪追究刑事责任。明知患有艾滋病或者其他严重传染疾病，故意以撕咬、抓挠等方式伤害他人，符合《刑法》第234条规定的，以故意伤害罪追究刑事责任。

【法发〔2009〕44号】 最高人民法院关于审理故意杀人、故意伤害案件正确适用死刑问题的指导意见（2009年8月3日）

二、关于故意杀人罪的死刑适用

对于故意杀人犯罪案件是否适用死刑，要综合分析，区别对待，依法慎重决定。

一是要注意区分案件性质。对下列严重危害社会治安和严重影响人民群众安全感的犯罪，应当体现从严惩处的原则，依法判处被告人重刑直至死刑立即执行。如：暴力恐怖犯罪、黑社会性质组织犯罪、恶势力犯罪以及其他严重暴力犯罪中故意杀人的首要分子；雇凶杀人的；冒充军警、执法人员杀人的，等

[①] 刊于《司法研究与指导》（总第2辑），人民法院出版社2012年版，第116页。

等。但是，对于其中具有法定从轻处罚情节的，也要注意依法从宽处罚。

对于因婚姻家庭、邻里纠纷以及山林、水流、田地纠纷等民间矛盾激化引发的故意杀人案件，在适用死刑时要特别慎重。如：被害人一方有明显过错或者对矛盾激化负有直接责任的；被告人有法定从轻处罚情节的；被告人积极赔偿被害人经济损失、真诚悔罪的；被害方谅解的，等等，除犯罪情节特别恶劣、犯罪后果特别严重、人身危险性极大的被告人外，一般可考虑不判处死刑立即执行。

二是要注重区分犯罪情节。对于犯罪情节特别恶劣，又无从轻处罚情节的被告人，可以依法判处死刑立即执行。如：暴力抗法而杀害执法人员的；以特别残忍的手段杀人的；持枪杀人的；实施其他犯罪后杀人灭口的；杀人后为掩盖罪行或者出于其他卑劣动机分尸、碎尸、焚尸灭迹的，等等。

三是要注重区分犯罪后果。故意杀人罪的直接后果主要是致人死亡，但也要考虑对社会治安的影响等其他后果。对于被害人有明显过错，或者有其他从轻情节可以对被告人从宽处罚的，即造成了死亡的后果，一般也可不判处死刑立即执行。故意杀人未遂的，一般不判处被告人死刑。对于防卫过当致人死亡的，应当减轻或者免除处罚。虽不构成防卫过当，但带有防卫性质的故意杀人，即使造成了被害人死亡的结果，也不判处被告人死刑。

四是注重区分被告人的主观恶性及人身危险性。要从被告人的犯罪动机、犯罪预谋、犯罪过程中的具体情节以及被害人的过错等方面综合判断被告人的主观恶性。在直接故意杀人与间接故意杀人案件中，被告人的主观恶性程度是不同的，在处刑上也应有所区别。

对于犯罪动机卑劣而预谋杀人的，或者性情残暴动辄肆意杀人的被告人，可以依法判处死刑立即执行。对于坦白主要犯罪事实并对定案证据的收集有重要作用的；犯罪后自动归案但尚不构成自首的；被告人亲属协助司法机关抓获被告人后，被告人对自己的罪行供认不讳的；被告人及其亲属积极赔偿被害方经济损失并取得被害方谅解的；刚满18周岁或已满70周岁以上的人犯罪且情节不是特别恶劣的，等等，一般可不判处死刑立即执行。

要从被告人有无前科及平时表现、犯罪后的悔罪情况等方面综合判断被告人的人身危险性。对于累犯中前罪系暴力犯罪，或者曾因暴力犯罪被判重刑后又犯故意杀人罪的；杀人后毫无悔罪表现的，等等，如果没有法定从轻处罚情节，一般可依法判处死刑立即执行。对于犯罪后积极抢救被害人、减轻危害后果或者防止危害后果扩大的；虽具有累犯等法定从重处罚情节，但前罪较轻或者同时具有自首等法定、酌定从轻情节，经综合考虑不是必须判处死刑立即执行的，等等，一般可不判处被告人死刑立即执行。

三、关于故意伤害罪的死刑适用

相对于故意杀人犯罪而言,故意伤害犯罪的社会危害性和被告人的主观恶性程度不同,适用死刑应当比故意杀人犯罪更加慎重,标准更加严格。只有对于犯罪后果特别严重、手段特别残忍、情节特别恶劣的被告人,才可以适用死刑立即执行。

对故意伤害致人死亡的被告人决定是否适用死刑立即执行时,要将严重危害社会治安的案件与民间纠纷引发的案件有所区别;将手段特别残忍、情节特别恶劣的与手段、情节一般的有所区别;将预谋犯罪与激情犯罪有所区别,等等。

对于下列故意伤害致人死亡的被告人,如果没有从轻情节,可以适用死刑立即执行。如:暴力恐怖犯罪、黑社会性质组织犯罪、恶势力犯罪以及其他严重暴力犯罪中故意伤害他人的首要分子;起组织、策划作用或者为主实施伤害行为罪行最严重的主犯;聚众"打砸抢"伤害致人死亡的首要分子;动机卑劣而预谋伤害致人死亡的,等等。

对于故意伤害致人死亡的被告人,如果具有下列情形,一般不判处死刑立即执行。如:因婚姻家庭、邻里纠纷以及山林、水流、田地纠纷等民间矛盾激化引发的;被害人有过错,或者对引发案件负有直接责任的;犯罪手段、情节一般的;被告人犯罪后积极救治被害人,或者积极赔偿被害方经济损失并真诚悔罪的;被告人作案时刚满18周岁或已满70周岁以上,且情节不是特别恶劣的;其他经综合考虑所有量刑情节可不判处死刑立即执行的,等等。

以特别残忍手段致人重伤造成严重残疾的故意伤害案件,适用死刑时应当更加严格把握,并不是只要达到"严重残疾"的程度就必须判处被告人死刑。要根据致人"严重残疾"的具体情况,综合考虑犯罪情节和"严重残疾"的程度等情况,慎重决定。

故意伤害案件中"严重残疾"的标准,在有关司法解释出台前,可参照1996年国家技术监督局颁布的《职工工伤与职业病致残程度鉴定标准》确定残疾等级。即"严重残疾"是指下列情形之一:被害人身体器官大部缺损、器官明显畸形、身体器官中等功能障碍、造成严重并发症等。残疾程度可以分为一般残疾(十至七级)、严重残疾(六至三级)、特别严重残疾(二至一级)六级以上为"严重残疾"。

对于以特别残忍手段造成被害人重伤致特别严重残疾的被告人,可以适用死刑立即执行。但对于那些使用硫酸等化学物质严重毁容,或者采取砍掉手脚等极其残忍手段致使被害人承受极度肉体、精神痛苦的,虽未达到特别严重残疾的程度,但犯罪情节特别恶劣,造成被害人四级以上残疾程度的,也可以适用死刑立即执行。

四、关于故意杀人、故意伤害共同犯罪的死刑适用

对于故意杀人、故意伤害共同犯罪案件的死刑适用，要充分考虑各被告人在共同犯罪中的地位和作用、犯罪后果、被告人的主观恶性和人身危险性等情况，正确认定各被告人的罪责并适用刑罚。一案中有多名主犯的，要在主犯中区分出罪责最为严重者和较为严重者。

对于共同致1人死亡，依法应当判处被告人死刑立即执行的，原则上只判处1名被告人死刑立即执行。罪行极其严重的主犯因有立功、自首等法定从轻处罚情节而依法不判处死刑立即执行的，也不能对罪行相对较轻的主犯判处死刑立即执行。

对于被告人地位、作用相当，罪责相对分散，或者罪责确实难以分清的，一般不判处被告人死刑立即执行。确需判处被告人死刑立即执行的，要充分考虑被告人在主观恶性和人身危险性等方面的不同，审慎决定。

对于家庭成员共同犯罪案件，适用死刑要特别慎重，应尽量避免判处同一家庭2名以上成员死刑立即执行。

对于有同案犯在逃的案件，要分清罪责，慎重决定对在案的被告人判处死刑立即执行。

雇凶犯罪作为一种共同犯罪，其社会危害性比一般共同犯罪更大，应当依法从严惩处。雇凶者作为犯罪的"造意者"，其对案件的发生负有直接和更主要的责任，只有依法严惩雇凶者，才能有效遏制犯罪。但在具体量刑时，也要根据案件的不同情况，区别对待。

对于雇凶者与受雇者共同直接实施故意杀人、故意伤害犯罪行为的，应认定雇凶者为罪行最严重的主犯；雇凶者没有直接实施故意杀人、故意伤害犯罪行为，但参与了共同犯罪的策划，实施了具体组织、指挥行为的，对雇凶者也应认定为罪行最严重的主犯；雇凶者只是笼统提出犯意，没有实施具体组织、指挥行为，积极实施犯罪行为的受雇者可认定为罪行最严重的主犯；雇佣者雇佣未成年人实施故意杀人、故意伤害犯罪的，雇凶者为罪行最严重的主犯；对于多名受雇者地位、作用相当，责任相对分散，或者责任难以分清的，雇凶者应对全案负责，应认定雇凶者为罪行最严重的主犯。

受雇者明显超出雇凶者授意范围，实施故意杀人、故意伤害犯罪，因行为过限，造成更严重危害后果的，应当以实际实施的行为承担刑事责任。

对于雇凶杀人、伤害只致1人死亡的案件，一般不宜同时判处雇凶者与受雇者死刑立即执行。对于案情特别重大，后果特别严重，确需判处两名以上被

告人死刑立即执行的，要严格区分多名受雇者的地位、作用，根据其罪责和犯罪情节，一般可对雇凶者和其中罪行最严重的受雇者判处死刑立即执行。

五、关于被告人有自首、立功情节的死刑适用

自首和立功是刑法明确规定的、司法实践中适用较多的2种法定从轻或减轻处罚情节。对于具备这2种情节之一的，一般都应依法从轻处罚。对于具有自首、立功情节，同时又有累犯、前科等法定、酌定从重处罚情节的，要综合分析从重因素和从轻因素哪方面更突出一些，依法体现宽严相济的基本刑事政策。

对于被告人未自首，但被告人亲属协助抓获被告人，或者提供被告人犯罪的主要证据对定案起到重要作用等情况的，应作为酌定从宽情节，予以充分考虑。

对于具有犯罪后果特别严重、犯罪动机特别卑劣或者被告人为规避法律而自首等情形的，对被告人是否从轻处罚，要从严掌握。

对于罪该判处死刑的被告人具有立功表现的，是否从轻处罚，应当以立功是否足以抵罪为标准。被告人确有重大立功表现的，一般应当考虑从轻处罚；被告人有一般立功表现，经综合考虑足以从轻的，也可以考虑对被告人从轻处罚；被告人亲属为使被告人得到从轻处罚，检举、揭发他人犯罪或者协助司法机关抓捕其他犯罪嫌疑人的，虽不能视为被告人立功，也可以作为酌情从宽情节考虑。对于黑社会性质组织犯罪的首要分子、犯罪集团的首要分子等，犯罪主体的特殊性决定了其有可能掌握他人较多的犯罪线索，即使其检举揭发与其犯罪有关联的人或是构成重大立功的，从轻处罚也要从严掌握。如果被告人罪行极其严重，只有一般立功表现，经综合考虑不足以从轻的，可不予从轻处罚。

【法发〔2010〕9号】 最高人民法院关于贯彻宽严相济刑事政策的若干意见（2010年2月8日印发）

二、准确把握和正确适用依法从"严"的政策要求

7. 贯彻宽严相济刑事政策，必须毫不动摇地坚持依法严惩严重刑事犯罪的方针。对于危害国家安全犯罪、恐怖组织犯罪、邪教组织犯罪、黑社会性质组织犯罪、恶势力犯罪、故意危害公共安全犯罪等严重危害国家政权稳固和社会治安的犯罪，故意杀人、故意伤害致人死亡、强奸、绑架、拐卖妇女儿童、抢劫、重大抢夺、重大盗窃等严重暴力犯罪和严重影响人民群众安全感的犯罪，走私、贩卖、运输、制造毒品等危害人民健康的犯罪，要作为严惩的重点，依法从重处罚。尤其对于极端仇视国家和社会，以不特定人为侵害对象，所犯罪行特别严重的犯罪分子，该重判的要坚决依法重判，该判处死刑的要坚决依法判处死刑。

10. 严惩严重刑事犯罪，必须充分考虑被告人的主观恶性和人身危险性。对于事先精心预谋、策划犯罪的被告人，具有惯犯、职业犯等情节的被告人，或者因故意犯罪受过刑事处罚、在缓刑、假释考验期内又犯罪的被告人，要依法严惩，以实现刑罚特殊预防的功能。

三、准确把握和正确适用依法从"宽"的政策要求

22. 对于因恋爱、婚姻、家庭、邻里纠纷等民间矛盾激化引发的犯罪，因劳动纠纷、管理失当等原因引发、犯罪动机不属恶劣的犯罪，因被害方过错或者基于义愤引发的或者具有防卫因素的突发性犯罪，应酌情从宽处罚。

23. 被告人案发后对被害人积极进行赔偿，并认罪、悔罪的，依法可以作为酌定量刑情节予以考虑。因婚姻家庭等民间纠纷激化引发的犯罪，被害人及其家属对被告人表示谅解的，应当作为酌定量刑情节予以考虑。犯罪情节轻微，取得被害人谅解的，可以依法从宽处理，不需判处刑罚的，可以免予刑事处罚。

四、准确把握和正确适用宽严"相济"的政策要求

28. 对于被告人同时具有法定、酌定从严和法定、酌定从宽处罚情节的案件，要在全面考察犯罪的事实、性质、情节和对社会危害程度的基础上，结合被告人的主观恶性、人身危险性、社会治安状况等因素，综合作出分析判断，总体从严，或者总体从宽。

29. 要准确理解和严格执行"保留死刑，严格控制和慎重适用死刑"的政策。对于罪行极其严重的犯罪分子，论罪应当判处死刑的，要坚决依法判处死刑。要依法严格控制死刑的适用，统一死刑案件的裁判标准，确保死刑只适用于极少数罪行极其严重的犯罪分子。拟判处死刑的具体案件定罪或者量刑的证据必须确实、充分，得出唯一结论。对于罪行极其严重，但只要是依法可不立即执行的，就不应当判处死刑立即执行。

【法刊文摘】在审理故意杀人、伤害及黑社会性质组织犯罪案件中切实贯彻宽严相济刑事政策[①]

2010年2月8日印发的《最高人民法院关于贯彻宽严相济刑事政策的若干意见》（以下简称《意见》），对于有效打击犯罪，增强人民群众安全感，减少社会对立面，促进社会和谐稳定，维护国家长治久安具有重要意义，是人民法院刑事审判工作的重要指南。现结合审判实践，就故意杀人、伤害及黑社会性质组织犯罪案件审判中如何贯彻《意见》的精神作简要阐释。

[①] 来源于最高人民法院刑三庭，《人民法院报》2010年4月14日。

二、故意杀人、伤害案件审判中宽严相济的把握

1. 注意区分两类不同性质的案件。故意杀人、故意伤害侵犯的是人的生命和身体健康，社会危害大，直接影响到人民群众的安全感，《意见》第7条将故意杀人、故意伤害致人死亡犯罪作为严惩的重点是十分必要的。但是，实践中的故意杀人、伤害案件复杂多样，处理时要注意分别案件的不同性质，做到区别对待。

实践中，故意杀人、伤害案件从性质上通常可分为两类：一类是严重危害社会治安、严重影响人民群众安全感的案件，如极端仇视国家和社会，以不特定人为行凶对象的；一类是因婚姻家庭、邻里纠纷等民间矛盾激化引发的案件。对于前者应当作为严惩的重点，依法判处被告人重刑直至判处死刑。对于后者处理时应注意体现从严的精神，在判处重刑尤其是适用死刑时应特别慎重，除犯罪情节特别恶劣、犯罪后果特别严重、人身危险性极大的被告人外，一般不应当判处死刑。对于被害人在起因上存在过错，或者是被告人案发后积极赔偿，真诚悔罪，取得被害人或其家属谅解的，应依法从宽处罚，对同时有法定从轻、减轻处罚情节的，应考虑在无期徒刑以下裁量刑罚。同时应重视此类案件中的附带民事调解工作，努力化解双方矛盾，实现积极的"案结事了"，增进社会和谐，达成法律效果与社会效果的有机统一。《意见》第23条是对此审判经验的总结。

此外，实践中一些致人死亡的犯罪是故意杀人还是故意伤害往往难以区分，在认定时除从作案工具、打击的部位、力度等方面进行判断外，也要注意考虑犯罪的起因等因素。对于民间纠纷引发的案件，如果难以区分是故意杀人还是故意伤害时，一般可考虑定故意伤害罪。

2. 充分考虑各种犯罪情节。犯罪情节包括犯罪的动机、手段、对象、场所及造成的后果等，不同的犯罪情节反映不同的社会危害性。犯罪情节多属酌定量刑情节，法律往往未作明确的规定，但犯罪情节是适用刑罚的基础，是具体案件决定从严或从宽处罚的基本依据，需要在案件审理中进行仔细甄别，以准确判断犯罪的社会危害性。有的案件犯罪动机特别卑劣，比如为了铲除政治对手而雇凶杀人的，也有一些人犯罪是出于义愤，甚至是"大义灭亲"、"为民除害"的动机杀人。有的案件犯罪手段特别残忍，比如采取放火、泼硫酸等方法把人活活烧死的故意杀人行为。犯罪后果也可以分为一般、严重和特别严重几档。在实际中一般认为故意杀人、故意伤害一人死亡的为后果严重，致二人以上死亡的为犯罪后果特别严重。特定的犯罪对象和场所也反映社会危害性的不同，如针对妇女、儿童等弱势群体或在公共场所实施的杀人、伤害，就具有较大的社会危害性。以上犯罪动机卑劣，或者犯罪手段残忍，或者犯罪后果严重，或者针对妇女、儿童等弱势群体作案等情节恶劣的，又无其他法定或酌定从轻

情节应当依法从重判处。如果犯罪情节一般，被告人真诚悔罪，或有立功、自首等法定从轻情节的，一般应考虑从宽处罚。

实践中，故意杀人、伤害案件的被告人既有法定或酌定的从宽情节，又有法定或酌定从严情节的情形比较常见，此时，就应当根据《意见》第28条，在全面考察犯罪的事实、性质、情节和对社会危害程度的基础上，结合被告人的主观恶性、人身危险性、社会治安状况等因素，综合作出分析判断。

3. 充分考虑主观恶性和人身危险性。《意见》第10条、第16条明确了被告人的三观恶性和人身危险性是从严和从宽的重要依据，在适用刑罚时必须充分考虑。主观恶性是被告人对自己行为及社会危害性所抱的心理态度，在一定程度上反映了被告人的改造可能性。一般来说，经过精心策划的、有长时间计划的杀人、伤害，显示被告人的主观恶性深；激情犯罪，临时起意的犯罪，因被害人均过错行为引发的犯罪，显示的主观恶性较小。对主观恶性深的被告人要从严惩处，主观恶性较小的被告人则可考虑适用较轻的刑罚。

人身危险性即再犯可能性，可从被告人有无前科、平时表现及悔罪情况等方面综合判断。人身危险性大的被告人，要依法从重处罚。如累犯中前罪系暴力犯罪，或者曾因暴力犯罪被判重刑后又犯故意杀人、故意伤害致人死亡的；平时横行乡里，寻衅滋事杀人、伤害致人死亡的，应依法从重判处。人身危险性小的被告人，应依法体现从宽精神。如被告人平时表现较好，激情犯罪，系初犯、偶犯的；被告人杀人或伤人后有抢救被害人行为的，在量刑时应该酌情予以从宽处罚。

未成年人及老年人的故意杀人、伤害犯罪与一般人犯罪相比，主观恶性和人身危险性等方面有一定特殊性，在处理时应当依据《意见》的第20条、第21条考虑从宽。对犯故意杀人、伤害罪的未成年人，要坚持"教育为主，惩罚为辅"的原则和"教育、感化、挽救"的方针进行处罚。对于情节较轻、后果不重的伤害案件，可以依法适用缓刑、或者判处管制、单处罚金等非监禁刑。对于情节严重的未成年人，也应当从轻或减轻处罚。对于已满14周岁不满16周岁的未成年人，一般不判处无期徒刑。对于70周岁以上的老年人犯故意杀人、伤害罪的，由于其已没有再犯罪的可能，在综合考虑其犯罪情节和主观恶性、人身危险性的基础上，一般也应酌情从宽处罚。

4. 严格控制和慎重适用死刑。故意杀人和故意伤害犯罪在判处死刑的案件中所占比例最高，审判中要按照《意见》第29条的规定，准确理解和严格执行"保留死刑，严格控制和慎重适用死刑"的死刑政策，坚持统一的死刑适用标准，确保死刑只适用于极少数罪行极其严重的犯罪分子；坚持严格的证据标准，确保把每一起判处死刑的案件都办成铁案。对于罪行极其严重，但只要有法定、酌定从轻情节，依法可不立即执行的，就不应当判处死刑立即执行。

对于自首的故意杀人、故意伤害致人死亡的被告人，除犯罪情节特别恶劣、犯罪后果特别严重的，一般不应考虑判处死刑立即执行。对亲属送被告人归案或协助抓获被告人的，也应视为自首，原则上应当从宽处罚。对具有立功表现的故意杀人、故意伤害致死的被告人，一般也应当体现从宽，可考虑不判处死刑立即执行。但如果犯罪情节特别恶劣，犯罪后果特别严重的，即使有立功情节，也可以不予从轻处罚。

共同犯罪中，多名被告人共同致死1名被害人的，原则上只判处1人死刑。处理时，根据案件的事实和证据能分清主从犯的，都应当认定主从犯；有多名主犯的，应当在主犯中进一步区分出罪行最为严重者和较为严重者，不能以分不清主次为由，简单地一律判处死刑。

【法发〔2013〕12号】　最高人民法院、最高人民检察院、公安部、司法部关于依法惩治性侵害未成年大犯罪的意见（2013年10月23日印发施行；2023年6月1日起被"法发〔2023〕4号"《意见》替代、废止，详见本书第八版更新）

三、准确适用法律

22. 实施猥亵儿童犯罪，造成儿童轻伤以上后果，同时符合刑法第234条或者第232条的规定，构成故意伤害罪、故意杀人罪的，依照处罚较重的规定定罪处罚。

对已满14周岁的未成年男性实施猥亵，造成被害人轻伤以上后果，符合刑法第234条或者第232条规定的，以故意伤害罪或者故意杀人罪定罪处罚。

【高检发释字〔2014〕1号】　最高人民检察院关于强迫借贷行为适用法律问题的批复（2014年4月11日最高人民检察院第12届检察委员会第19次会议通过，2014年4月17日公布答复广东省人民检察院"粤检发研字〔2014〕9号"请示，2014年4月17日起施行）

以暴力、胁迫手段强迫他人借贷，属于刑法第226条第2项规定的"强迫他人提供或者接受服务"，情节严重的，以强迫交易罪追究刑事责任；同时构成故意伤害罪等其他犯罪的，依照处罚较重的规定定罪处罚。以非法占有为目的，以借贷为名采用暴力、胁迫手段获取他人财物，符合刑法第263条或者第274条规定的，以抢劫罪或者敲诈勒索罪追究刑事责任。

【法发〔2014〕5号】　最高人民法院、最高人民检察院、公安部、司法部、国家卫生和计划生育委员会关于依法惩处涉医违法犯罪维护正常医疗秩序的意见（2014年4月22日印发）

二、严格依法惩处涉医违法犯罪

（一）在医疗机构内殴打医务人员或者故意伤害医务人员身体、故意损毁公私财物，尚未造成严重后果的，分别依照治安管理处罚法第 43 条、第 49 条的规定处罚；故意杀害医务人员，或者故意伤害医务人员造成轻伤以上严重后果，或者随意殴打医务人员情节恶劣、任意损毁公私财物情节严重，构成故意杀人罪、故意伤害罪、故意毁坏财物罪、寻衅滋事罪的，依照刑法的有关规定定罪处罚。

【法发〔2015〕4 号】　最高人民法院、最高人民检察院、公安部、司法部关于依法办理家庭暴力犯罪案件的意见（2015 年 3 月 2 日印发）

20. 充分考虑案件中的防卫因素和过错责任。对于长期遭受家庭暴力后，在激愤、恐惧状态下为了防止再次遭受家庭暴力，或者为了摆脱家庭暴力而故意杀害、伤害施暴人，被告人的行为具有防卫因素，施暴人在案件起因上具有明显过错或者直接责任的，可以酌情从宽处罚。对于因遭受严重家庭暴力，身体、精神受到重大损害而故意杀害施暴人；或者因不堪忍受长期家庭暴力而故意杀害施暴人，犯罪情节不是特别恶劣，手段不是特别残忍的，可以认定为刑法第 232 条规定的故意杀人"情节较轻"。在服刑期间确有悔改表现的，可以根据其家庭情况，依法放宽减刑的幅度，缩短减刑的起始时间与间隔时间；符合假释条件的，应当假释。被杀害施暴人的近亲属表示谅解的，在量刑、减刑、假释时应当予以充分考虑。

【妇字〔2008〕28 号】　全国妇联、中央宣传部、最高人民检察院、公安部、民政部、司法部、卫生部关于预防和制止家庭暴力的若干意见（2008 年 7 月 31 日印发）

第 1 条　本意见所称"家庭暴力"，是指行为人以殴打、捆绑、残害、强行限制人身自由或者其他手段，给其家庭成员的身体、精神等方面造成一定伤害后果的行为。

【高检发释字〔2015〕2 号】　最高人民检察院关于强制隔离戒毒所工作人员能否成为虐待被监管人罪主体问题的批复（2015 年 1 月 29 日最高人民检察院第 12 届检察委员会第 34 次会议通过，2015 年 2 月 15 日公布施行，答复河北省人民检察院"冀检呈字〔2014〕46 号"请示）

（第 2 款）　对于强制隔离戒毒所监管人员殴打或者体罚虐待戒毒人员，或者指使戒毒人员殴打、体罚虐待其他戒毒人员，情节严重的，应当适用刑法第 248 条的规定，以虐待被监管人罪追究刑事责任；造成戒毒人员伤残、死亡后果的，应当依照刑法第 234 条、第 232 条的规定，以故意伤害罪、故意杀人罪从重处罚。

【法释〔2015〕22号】　最高人民法院、最高人民检察院关于办理危害生产安全刑事案件适用法律若干问题的解释（2015年11月9日最高人民法院审判委员会第1665次会议、2015年12月9日最高人民检察院第12届检察委员会第44次会议通过，2015年12月14日公布，2015年12月16日起施行）

第10条　在安全事故发生后，直接负责的主管人员和其他直接责任人员故意阻挠开展抢救，导致人员死亡或者重伤，或者为了逃避法律追究，对被害人进行隐藏、遗弃，致使被害人因无法得到救助而死亡或者重度残疾的，分别依照刑法第232条、第234条的规定，以故意杀人罪或者故意伤害罪定罪处罚。

【法释〔2017〕13号】　最高人民法院、最高人民检察院关于办理组织、强迫、引诱、容留、介绍卖淫刑事案件适用法律若干问题的解释（2017年5月8日最高人民法院审判委员会第1716次会议、2017年7月4日最高人民检察院第12届检察委员会第66次会议通过，2017年7月21日公布，2017年7月25日起施行）

第12条（第2款）　具有下列情形之一，致使他人感染艾滋病病毒的，认定为刑法第95条第3项"其他对于人身健康有重大伤害"所指的"重伤"，依照刑法第234条第2款的规定，以故意伤害罪定罪处罚：

（一）明知自己感染艾滋病病毒而卖淫、嫖娼的；

（二）明知自己感染艾滋病病毒，故意不采取防范措施而与他人发生性关系的。

【公通字〔2019〕23号】　最高人民法院、最高人民检察院、公安部、司法部关于依法严厉打击传播艾滋病病毒等违法犯罪行为的指导意见（2019年5月19日）

（一）故意伤害罪。明知自己感染艾滋病病毒或者患有艾滋病而卖淫、嫖娼或者故意不采取防范措施与他人发生性关系，致人感染艾滋病病毒的，依照刑法第234条第2款的规定，以故意伤害罪定罪处罚。

故意采取针刺等方法，致人感染艾滋病病毒的，依照刑法第234条第2款的规定，以故意伤害罪定罪处罚；未致人感染艾滋病病毒，但造成他人身体轻伤以上伤害的，依照刑法第234条的规定，以故意伤害罪定罪处罚。

明知他人感染艾滋病病毒或者患有艾滋病而隐瞒情况，介绍与其他人发生性关系，致人感染艾滋病病毒的，以故意伤害罪的共犯论处。

告知对方自己感染艾滋病病毒或者患有艾滋病，或者明知他人感染艾滋病病毒或者患有艾滋病，双方仍自愿发生性关系的，不作为犯罪处理。

（二）（第2款） 明知他人感染艾滋病病毒或者患有艾滋病，介绍其卖淫，同时构成介绍卖淫罪、故意伤害罪的，依照处罚较重的规定定罪处罚。

【公通字〔2019〕32号】 最高人民法院、最高人民检察院、公安部关于依法惩治袭警违法犯罪行为的指导意见（2019年12月27日印发，2020年1月10日公布）

三、驾车冲撞、碾轧、拖拽、刮蹭民警，或者挤别、碰撞正在执行职务的警用车辆，危害公共安全或者民警生命、健康安全，符合刑法第114条、第115条、第232条、第234条规定的，应当以以危险方法危害公共安全罪、故意杀人罪或者故意伤害罪定罪，酌情从重处罚。

暴力袭警，致使民警重伤、死亡，符合刑法第234条、第232条规定的，应当以故意伤害罪、故意杀人罪定罪，酌情从重处罚。

五、民警在非工作时间，依照《中华人民共和国人民警察法》等法律履行职责的，应当视为执行职务。

六、在民警非执行职务期间，因其职务行为对其实施暴力袭击、拦截、恐吓等行为，符合刑法第234条、第232条、第293条等规定的，应当以故意伤害罪、故意杀人罪、寻衅滋事罪等定罪，并根据袭警的具体情节酌情从重处罚。

【高检发〔2020〕3号】 最高人民法院、最高人民检察院、公安部关于办理涉窨井盖相关刑事案件的指导意见（2020年2月19日最高人民检察院第13届检察委员会第33次会议通过，2020年3月16日印发施行）

一、盗窃、破坏正在使用中的社会机动车通行道路上的窨井盖，足以使汽车、电车发生倾覆、毁坏危险，尚未造成严重后果的，依照刑法第117条的规定，以破坏交通设施罪定罪处罚；造成严重后果的，依照刑法第119条第1款的规定处罚。

过失造成严重后果的，依照刑法第119条第2款的规定，以过失损坏交通设施罪定罪处罚。

二、盗窃、破坏人员密集往来的非机动车道、人行道以及车站、码头、公园、广场、学校、商业中心、厂区、社区、院落等生产生活、人员聚集场所的窨井盖，足以危害公共安全，尚未造成严重后果的，依照刑法第114条的规定，以以危险方法危害公共安全罪定罪处罚；致人重伤、死亡或者使公私财产遭受重大损失的，依照刑法第115条第1款的规定处罚。

过失致人重伤、死亡或者使公私财产遭受重大损失的，依照刑法第115条第2款的规定，以过失以危险方法危害公共安全罪定罪处罚。

三、（第1款） 对于本意见第1条、第2条规定以外的其他场所的窨井盖，明知会造成人员伤亡后果而实施盗窃、破坏行为,致人受伤或者死亡的,依照刑法第 234 条、第 232 条的规定,分别以故意伤害罪、故意杀人罪定罪处罚。

十二、本意见所称的"窨井盖",包括城市、城乡结合部和乡村等地的窨井盖以及其他井盖。

【公通字〔2020〕14 号】 最高人民法院、最高人民检察院、公安部办理跨境赌博犯罪案件若干问题的意见(2020 年 10 月 16 日印发)

四、关于跨境赌博关联犯罪的认定

(四)实施赌博犯罪,为强行索要赌债,实施故意杀人、故意伤害、非法拘禁、故意毁坏财物、寻衅滋事等行为,构成犯罪的,应当依法数罪并罚。

【法发〔2021〕35 号】 最高人民法院、最高人民检察院、公安部、工业和信息化部、住房和城乡建设部、交通运输部、应急管理部、国家铁路局、中国民用航空局、国家邮政局关于依法惩治涉枪支、弹药、爆炸物、易燃易爆危险物品犯罪的意见(2021 年 12 月 28 日印发,2021 年 12 月 31 日施行)

4. 非法制造、买卖、运输、邮寄、储存、盗窃、抢夺、抢劫、持有、私藏、走私枪支、弹药、爆炸物,并利用该枪支、弹药、爆炸物实施故意杀人、故意伤害、抢劫、绑架等犯罪的,依照数罪并罚的规定处罚。

【公通字〔2020〕12 号】 最高人民法院、最高人民检察院、公安部关于依法办理"碰瓷"违法犯罪案件的指导意见(2020 年 9 月 22 日印发)

……所谓"碰瓷",是指行为人通过故意制造或者编造其被害假象,采取诈骗、敲诈勒索等方式非法索取财物的行为。……

七、为实施"碰瓷"而故意杀害、伤害他人或者过失致人重伤、死亡,符合刑法第 232 条、第 234 条、第 233 条、第 235 条规定的,分别以故意杀人罪、故意伤害罪、过失致人死亡罪、过失致人重伤罪定罪处罚。

九、共同故意实施"碰瓷"犯罪,起主要作用的,应当认定为主犯,对其参与或者组织、指挥的全部犯罪承担刑事责任;起次要或者辅助作用的,应当认定为从犯,依法予以从轻、减轻处罚或者免除处罚。

3 人以上为共同故意实施"碰瓷"犯罪而组成的较为固定的犯罪组织,应当认定为犯罪集团。对首要分子应当按照集团所犯全部罪行处罚。

符合黑恶势力认定标准的,应当按照黑社会性质组织、恶势力或者恶势力犯罪集团侦查、起诉、审判。

十、对实施"碰瓷",尚不构成犯罪,但构成违反治安管理行为的,依法给予治安管理处罚。

【主席令〔2012〕67 号】　中华人民共和国治安管理处罚法（2012 年 10 月 26 日第 11 届全国人大常委会第 29 次会议修正，2013 年 1 月 1 日起施行）

第 2 条　扰乱公共秩序，妨害公共安全，侵犯人身权利、财产权利，妨害社会管理，具有社会危害性，依照《中华人民共和国刑法》的规定构成犯罪的，依法追究刑事责任；尚不够刑事处罚的，由公安机关依照本法给予治安管理处罚。

第 42 条　有下列行为之一的，处 5 日以下拘留或者 500 元以下罚款；情节较重的，处 5 日以上 10 日以下拘留，可以并处 500 元以下罚款：

（一）写恐吓信或者以其他方法威胁他人人身安全的。

第 43 条　殴打他人的，或者故意伤害他人身体的，处 5 日以上 10 日以下拘留，并处 200 元以上 500 元以下罚款；情节较轻的，处 5 日以下拘留或者 500 元以下罚款。

有下列情形之一的，处 10 日以上 15 日以下拘留，并处 500 元以上 1000 元以下罚款：

（一）结伙殴打、伤害他人的；

（二）殴打、伤害残疾人、孕妇、不满 14 周岁的人或者 60 周岁以上的人的；

（三）多次殴打、伤害他人或者 1 次殴打、伤害多人的。

【公通字〔2007〕1 号】　公安机关执行《中华人民共和国治安管理处罚法》有关问题的解释（二）（2007 年 1 月 8 日印发）

七、关于殴打、伤害特定对象的处罚问题

对违反《治安管理处罚法》第 43 条第 2 款第 2 项规定行为的处罚，不要求行为人主观上必须明知殴打、伤害的对象为残疾人、孕妇、不满 14 周岁的人或者 60 周岁以上的人。

● 立案标准　狱内刑事案件立案标准（司法部令〔2001〕64 号，2001 年 3 月 2 日司法部部长办公会议通过，2001 年 3 月 9 日发布施行）

第 2 条　监狱发现罪犯有下列犯罪情形的，应当立案侦查：

（九）故意非法剥夺他人生命的（故意杀人案）。

（十一）故意伤害他人身体的（故意伤害案）。

第 3 条　情节、后果严重的下列案件，列为重大案件：

（四）故意杀人致死或致重伤的。

（五）故意伤害他人致死的。

第4条　情节恶劣、后果特别严重的下列案件，列为特别重大案件：

（二）案件中1次杀死2名以上罪犯，或者重伤4名以上罪犯，或者杀害监狱警察、武装警察、工人及其家属的。

（八）挟持人质，造成人质死亡的。

● 量刑指导　【法发〔2021〕21号】　最高人民法院、最高人民检察院关于常见犯罪的量刑指导意见（2021年6月16日印发，2021年7月1日试行；法发〔2017〕7号《指导意见》同时废止。删除线部分内容为2021年删除）①

四、常见犯罪的量刑

（七）故意伤害罪

1. 构成故意伤害罪的，可以根据下列不同情形在相应的幅度内确定量刑起点：

（1）故意伤害致1人轻伤的，可以在2年以下有期徒刑、拘役幅度内确定量刑起点。

（2）故意伤害致1人重伤的，可以在3年至5年有期徒刑幅度内确定量刑起点。

（3）以特别残忍手段故意伤害致1人重伤，造成六级严重残疾的，可以在10年至13年有期徒刑幅度内确定量刑起点。依法应当判处无期徒刑以上刑罚的除外。

2. 在量刑起点的基础上，可以根据伤害后果、伤残等级、手段残忍程度等其他影响犯罪构成的犯罪事实增加刑罚量，确定基准刑。

故意伤害致人轻伤的，伤残程度可在确定量刑起点时考虑，或者作为调节基准刑的量刑情节。

3. 构成故意伤害罪的，综合考虑故意伤害的起因、手段、危害后果、赔偿谅解等犯罪事实、量刑情节，以及被告人的主观恶性、人身危险性、认罪悔罪表现等因素，决定缓刑的适用。（本款新增）

● 指导案例　【高检发研字〔2016〕7号】　关于印发最高人民检察院第7批指导性案例的通知（2016年5月13日最高人民检察院第12届检察委员会第51次会议讨论通过，2016年5月31日印发）

---

① 注：《意见》要求各省高院、检察院应当总结司法实践经验，按照规范、实用、符合司法实际的原则共同研制"实施细则"，经审委会、检委会通过后，分别报最高法、最高检备案审查，与《意见》同步实施。

其他判处有期徒刑的案件，可以参照量刑的指导原则、基本方法和常见量刑情节的适用规范量刑。

（检例第 25 号）　于英生申诉案

要旨： 坚守防止冤假错案底线，是保障社会公平正义的重要方面。检察机关既要依法监督纠正确有错误的生效刑事裁判，又要注意在审查逮捕、审查起诉等环节有效发挥监督制约作用，努力从源头上防止冤假错案发生。在监督纠正冤错案件方面，要严格把握纠错标准，对于被告人供述反复，有罪供述前后矛盾，且有罪供述的关键情节与其他在案证据存在无法排除的重大矛盾，不能排除有其他人作案可能的，应当依法进行监督。

（检例第 26 号）　陈满申诉案

要旨： 证据是刑事诉讼的基石，认定案件事实，必须以证据为根据。证据未经当庭出示、辨认、质证等法庭调查程序查证属实，不能作为定案的根据。对于在案发现场提取的物证等实物证据，未经鉴定，且在诉讼过程中丢失或者毁灭，无法在庭审中出示、质证，有罪供述的主要情节又得不到其他证据印证，而原审裁判认定被告人有罪的，应当依法进行监督。

（检例第 27 号）　王玉雷不批准逮捕案

要旨： 检察机关办理审查逮捕案件，要严格坚持证据合法性原则，既要善于发现非法证据，又要坚决排除非法证据。非法证据排除后，其他在案证据不能证明犯罪嫌疑人实施犯罪行为的，应当依法对犯罪嫌疑人作出不批准逮捕的决定。要加强对审查逮捕案件的跟踪监督，引导侦查机关全面及时收集证据，促进侦查活动依法规范进行。

【案例指导】 最高人民法院案例指导工作办公室关于指导案例 12 号"李飞故意杀人案"的理解与参照[①]

故意杀人的犯罪手段，按照其残忍程度，可以分为犯罪手段极其残忍、犯罪手段残忍和犯罪手段一般。反复折磨被害人，致被害人面目全非，杀人后焚尸、肢解或碎尸，属于作案手段极其残忍；多次砍刺、击打被害人，在被害人逃跑或哀求的情况下仍追杀或不停止加害，杀人后又奸尸或猥亵尸体等情形，属于犯罪手段残忍；采取普通手段，致使被害人死亡的，属于犯罪手段一般。对于故意杀人手段极其残忍的，如无其他从轻情节，一般可以判处死刑立即执行。对于犯罪手段残忍，但综合考虑全案其他情节，判处死刑立即执行仍显偏重的，判处死缓偏轻的，可以判处死缓限制减刑。

[①] 最高人民法院研究室编：《司法研究与指导》（总第 4 辑），人民法院出版社 2014 年版。

第234条之一① 【组织出卖人体器官罪】组织他人出卖人体器官的，处五年以下有期徒刑，并处罚金；情节严重的，处五年以上有期徒刑，并处罚金或者没收财产。

未经本人同意摘取其器官，或者摘取不满十八周岁的人的器官，或者强迫、欺骗他人捐献器官的，依照本法第二百三十四条、第二百三十二条的规定定罪处罚。

违背本人生前意愿摘取其尸体器官，或者本人生前未表示同意，违反国家规定，违背其近亲属意愿摘取其尸体器官的，依照本法第三百零二条的规定定罪处罚。

● **条文注释** 人体中能够担任某种独立的生理机能（具有一定形态和功能）的多组织结构都称为器官。但第234条之一所指的"器官"，应当是指人体中具有医学移植价值或者其他特定功能的心脏、肺脏、肝脏、肾脏、胰腺、眼睛、耳朵等器官的全部或部分；一般不包括对人体正常机能影响不大的、没有医学移植价值的器官，如阑尾、智齿、扁桃体、男性包皮等。

《人体器官移植条例》第3条规定：任何组织或者个人不得以任何形式买卖人体器官，不得从事与买卖人体器官有关的活动。因为人体器官不是可再生资源，更不是随便买卖的商品，这涉及人的生命健康、伦理道德，所以即便买卖双方当事人都是自愿的，也不能允许这种交易进行。

但第234条之一规定只对"组织者"进行定罪处罚，对供体并不追究其刑事责任。如何对"情节严重"进行界定，目前还没有相关的司法解释，在司法实践中一般是指多次组织他人出卖人体器官，或获利数额较大，或造成人体伤害较严重，或造成社会影响较恶劣。

本条第2款的"摘取"是指违反国家规定，非医学治疗需要而摘取人体器官的行为，不包括出于医学治疗需要的摘取或切除。"未经本人同意摘取其器官"包括3种情形：（1）在本人不同意的情况下强制摘取其器官；（2）在本人不明真相的情况下摘取其器官；（3）在本人受暴力、威胁、恐吓等情况下被迫同意摘取其器官。摘取未成年人器官的（注意这里没有要求"明知"），则不论

---

① 第234条之一是根据2011年2月25日第11届全国人民代表大会常务委员会第19次会议通过的《刑法修正案（八）》（主席令第41号公布，2011年5月1日起施行）而增设。在本条罪名增设之前，组织他人出卖人体器官的行为是按照"非法经营罪"而定罪处罚的。

其本人或者其监护人是否同意，只要是非针对该未成年人的医学治疗需要而摘取的，就构成犯罪。这些情况的共同特点是违背了被摘取者的真实意愿（未成年人的"同意摘取"在法律上不具备效力），并且明知摘取他人器官可能对他人造成严重人体伤害甚至死亡，因此可以依照故意伤害罪、故意杀人罪定罪处罚（直至死刑）。

本条第 3 款规定了两种情况应当按照"侮辱尸体罪"定罪处罚：（1）违背本人生前意愿摘取其尸体器官，即指公民生前明确表示不愿意捐献器官，仍在其死后摘取其器官的行为。（2）本人生前未明确表示同意或不同意捐献器官的，违反国家规定和违背其近亲属意愿而摘取其尸体器官的行为。这里的"国家规定"是指《人体器官移植条例》第 8 条第 2 款的规定"……公民生前未表示不同意捐献其人体器官的，该公民死亡后，其配偶、成年子女、父母可以书面形式共同表示同意捐献该公民人体器官的意愿"。这两种行为都对死者尸体的完整性造成了破坏，因此属于《刑法》第 302 条规定的侮辱尸体行为。

● **相关规定　最高人民法院、最高人民检察院、公安部、司法部、卫生部、民政部关于利用死刑罪犯尸体或尸体器官的暂行规定**（1984 年 10 月 9 日发布）[①]

（三）以下几种死刑罪犯尸体或尸体器官可供利用：

1. 无人收殓或家属拒绝收殓的；
2. 死刑罪犯自愿将尸体交医疗卫生单位利用的；
3. 经家属同意利用的。

（四）利用死刑罪犯尸体或尸体器官，应按下列规定办理：

3. 死刑执行命令下达后，遇有可以直接利用的尸体，人民法院应提前通知市或地区卫生局，由卫生局转告利用单位，并发给利用单位利用尸体的证明，将副本抄送负责执行死刑的人民法院和负责临场监督的人民检察院。利用单位应主动同人民法院联系，不得延误人民法院执行死刑的法定时限。

对需征得家属同意方可利用的尸体，由人民法院通知卫生部门同家属协商，并就尸体利用范围、利用后的处理方法和处理费用以及经济补偿等问题达成书面协议。市或地区卫生局根据协议发给利用单位利用尸体的证明，并抄送有关单位。

[①] 注：本《暂行规定》一直未被废止。但在 2014 年 12 月 3 日召开的中国医院协会 OPO 联盟昆明研讨会上，原卫生部副部长、中国人体器官捐献与移植委员会主任委员、中国医院协会人体器官获取组织联盟主席黄洁夫正式宣布：从 2015 年 1 月 1 日起，全面停止使用死囚器官作为移植供体来源，公民逝世后自愿器官捐献将成为器官移植使用的唯一渠道。

死刑罪犯自愿将尸体交医疗单位利用的，应有由死刑罪犯签名的正式书面证明或记载存人民法院备查。

> **（插）第233条　【过失致人死亡罪】** 过失致人死亡的，处三年以上七年以下有期徒刑；情节较轻的，处三年以下有期徒刑。本法另有规定的，依照规定。
>
> **第235条　【过失致人重伤罪】** 过失伤害他人致人重伤的，处三年以下有期徒刑或者拘役。本法另有规定的，依照规定。

● **条文注释**　第233条、第235条规定的是因为行为人的过失而导致他人死亡或重伤的定罪与量刑。这里的"过失"包括疏忽大意和过于自信两种情况。前者是指行为人应当预见自己的行为可能造成他人死亡或重伤，由于疏忽大意而没有预见；后者是指行为人已经预见自己的行为可能造成他人死亡或重伤，由于轻信能够避免而没有采取积极措施。如果行为人主观上没有过失或过错，而是由于不可预见的原因造成他人死亡或重伤，则属于意外事故，行为人不承担刑事责任。

在司法实践中，应注意区分过于自信的过失致人死亡或重伤与间接故意杀人或伤害他人的区别。虽然两者的行为人都预见到可能造成他人死亡或重伤的后果，但前者行为人并不希望这种结果发生，而只是轻信能够避免；后者行为人则对这种结果漠不关心，采取放任、听之任之、不作为的态度。

第233条、第235条中的"本法另有规定的，依照规定"，是指刑法其他条款对致人死亡、重伤或轻伤有特别规定时，则根据特别规定优于一般规定的原则，适用于特别规定。如第115条第2款规定的失火罪、过失决水罪、过失爆炸罪、过失投放危险物质罪、过失以危险方法危害公共安全罪，第133条规定的交通肇事罪，第137条规定的工程重大安全事故罪等。

第235条中的"重伤"，适用《刑法》第95条的规定。在司法实践中，以前主要依据《人体重伤鉴定标准》（司发〔1990〕070号）进行鉴定；自2014年1月1日起，应当适用《人体损伤程度鉴定标准》（详见《刑事诉讼法全厚细》第二编第2章第7节"鉴定"）。

● **相关规定**　**【法释〔2000〕33号】** 最高人民法院关于审理交通肇事刑事案件具体应用法律若干问题的解释（2000年11月10日最高人民法院审判委员会第1136次会议通过，2000年11月15日公布，2000年11月21日施行）

第 8 条（第 2 款）　在公共交通管理的范围外，驾驶机动车辆或者使用其他交通工具致人伤亡或者致使公共财产或者他人财产遭受重大损失，构成犯罪的，分别依照刑法第 134 条、第 135 条、第 233 条等规定定罪处罚。

【高检发〔2020〕3 号】　最高人民法院、最高人民检察院、公安部关于办理涉窨井盖相关刑事案件的指导意见（2020 年 2 月 19 日最高人民检察院第 13 届检察委员会第 33 次会议通过，2020 年 3 月 16 日印发施行）

一、盗窃、破坏正在使用中的社会机动车通行道路上的窨井盖，足以使汽车、电车发生倾覆、毁坏危险，尚未造成严重后果的，依照刑法第 117 条的规定，以破坏交通设施罪定罪处罚；造成严重后果的，依照刑法第 119 条第 1 款的规定处罚。

过失造成严重后果的，依照刑法第 119 条第 2 款的规定，以过失损坏交通设施罪定罪处罚。

二、盗窃、破坏人员密集往来的非机动车道、人行道以及车站、码头、公园、广场、学校、商业中心、厂区、社区、院落等生产生活、人员聚集场所的窨井盖，足以危害公共安全，尚未造成严重后果的，依照刑法第 114 条的规定，以以危险方法危害公共安全罪定罪处罚；致人重伤、死亡或者使公私财产遭受重大损失的，依照刑法第 115 条第 1 款的规定处罚。

过失致人重伤、死亡或者使公私财产遭受重大损失的，依照刑法第 115 条第 2 款的规定，以过失以危险方法危害公共安全罪定罪处罚。

三、对于本意见第 1 条、第 2 条规定以外的其他场所的窨井盖，明知会造成人员伤亡后果而实施盗窃、破坏行为，致人受伤或者死亡的，依照刑法第 234 条、第 232 条的规定，分别以故意伤害罪、故意杀人罪定罪处罚。

过失致人重伤或者死亡的，依照刑法第 235 条、第 233 条的规定，分别以过失致人重伤罪、过失致人死亡罪定罪处罚。

十、对窨井盖负有管理职责的其他公司、企业、事业单位的工作人员，严重不负责任，导致人员坠井等事故，致人重伤或者死亡，符合刑法第 235 条、第 233 条规定的，分别以过失致人重伤罪、过失致人死亡罪定罪处罚。

十二、本意见所称的"窨井盖"，包括城市、城乡结合部和乡村等地的窨井盖以及其他井盖。

【公通字〔2020〕12 号】　最高人民法院、最高人民检察院、公安部关于依法办理"碰瓷"违法犯罪案件的指导意见（2020 年 9 月 22 日印发）

……所谓"碰瓷"，是指行为人通过故意制造或者编造其被害假象，采取诈骗、敲诈勒索等方式非法索取财物的行为……

七、为实施"碰瓷"而故意杀害、伤害他人或者过失致人重伤、死亡，符合刑法第232条、第234条、第233条、第235条规定的，分别以故意杀人罪、故意伤害罪、过失致人死亡罪、过失致人重伤罪定罪处罚。

九、共同故意实施"碰瓷"犯罪，起主要作用的，应当认定为主犯，对其参与或者组织、指挥的全部犯罪承担刑事责任；起次要或者辅助作用的，应当认定为从犯，依法予以从轻、减轻处罚或者免除处罚。

3人以上为共同故意实施"碰瓷"犯罪而组成的较为固定的犯罪组织，应当认定为犯罪集团。对首要分子应当按照集团所犯全部罪行处罚。

符合黑恶势力认定标准的，应当按照黑社会性质组织、恶势力或者恶势力犯罪集团侦查、起诉、审判。

十、对实施"碰瓷"，尚不构成犯罪，但构成违反治安管理行为的，依法给予治安管理处罚。

【军训〔2022〕181号】 最高人民法院、最高人民检察院、公安部、商务部、国家市场监督管理总局、中央军委后勤保障部、中央军委装备发展部、中央军委训练管理部、中央军委国防动员部关于军地共同加强部队训练场未爆弹药安全风险防控的意见（2022年10月22日）

（十三）打击违法犯罪。……因敲击、拆解未爆弹药等行为引发爆炸，符合刑法第115条第2款、第233条、第235条规定的，分别以过失爆炸罪、过失致人死亡罪、过失致人重伤罪定罪处罚。……

● **立案标准** 狱内刑事案件立案标准（司法部令〔2001〕64号，2001年3月2日司法部部长办公会议通过，2001年3月9日发布施行）

第2条 监狱发现罪犯有下列犯罪情形的，应当立案侦查：

（十）过失致人死亡的（过失致人死亡案）。

（十二）过失伤害他人致人重伤的（过失致人重伤案）。

第 236 条 【强奸罪】以暴力、胁迫或者其他手段强奸妇女的,处三年以上十年以下有期徒刑。

【奸淫幼女罪】① 奸淫不满十四周岁的幼女的,以强奸论,从重处罚。

强奸妇女、奸淫幼女,有下列情形之一的,处十年以上有期徒刑、无期徒刑或者死刑:

(一)强奸妇女、奸淫幼女情节恶劣的;
(二)强奸妇女、奸淫幼女多人的;
(三)在公共场所当众强奸妇女、奸淫幼女②的;
(四)二人以上轮奸的;
(五)奸淫不满十周岁的幼女或者造成幼女伤害的;③
(六)致使被害人重伤、死亡或者造成其他严重后果的。

第 236 条之一④ 【负有照护职责人员性侵罪⑤】对已满十四周岁不满十六周岁的未成年女性负有监护、收养、看护、教育、医疗等特殊职责的人员,与该未成年女性发生性关系的,处三年以下有期徒刑;情节恶劣的,处三年以上十年以下有期徒刑。

有前款行为,同时又构成本法第二百三十六条规定之罪的,依照处罚较重的规定定罪处罚。

---

① 注:《最高人民法院关于执行〈中华人民共和国刑法〉确定罪名的规定》(法释〔1997〕9号)和《最高人民检察院关于适用刑法分则规定的犯罪的罪名的意见》(高检发释字〔1997〕3号)原对第 236 条第 2 款单独设置为"奸淫幼女罪";最高人民法院审判委员会第 1193 次会议、最高人民检察院第 9 届检察委员会第 100 次会议通过的《最高人民法院、最高人民检察院关于执行〈中华人民共和国刑法〉确定罪名的补充规定》(法释〔2002〕7 号,2002 年 3 月 26 日起施行)取消了该罪名,并入"强奸罪"。

② 下划线部分由《刑法修正案(十一)》(2020 年 12 月 26 日第 13 届全国人大常委会第 24 次会议通过,主席令第 66 号公布)新增内容,2021 年 3 月 1 日起施行。

③ 本项内容由《刑法修正案(十一)》(2020 年 12 月 26 日第 13 届全国人大常委会第 24 次会议通过,主席令第 66 号公布)新增,2021 年 3 月 1 日起施行。

④ 第 236 条之一由《刑法修正案(十一)》(2020 年 12 月 26 日第 13 届全国人大常委会第 24 次会议通过,主席令第 66 号公布)增设,2021 年 3 月 1 日起施行。

⑤ 注:本罪名由《最高人民法院、最高人民检察院关于执行〈中华人民共和国刑法〉确定罪名的补充规定(七)》(法释〔2021〕2 号,最高人民法院审判委员会第 1832 次会议、最高人民检察院第 13 届检察委员会第 63 次会议通过)增设,2021 年 3 月 1 日执行。

● 条文注释　第 236 条、第 236 条之一规定了对妇女、幼女和特定未成年女性实施性侵行为的定罪处罚。强奸罪是指违背女性的意志，以暴力、胁迫或者其他手段强行与其发生性关系的行为①。判断是否违背女性的意志，要结合性关系发生的时间、背景环境、女性的年龄、性格和体质等多方面的因素进行综合分析。被害女性因害怕或受威胁等原因不敢反抗或者失去反抗能力的，也属于违背女性的真实意愿。与呆傻女性或精神病患者等无性防卫能力、无法正常表达自己真实意愿的女性发生性关系的，无论她们是否"同意"，通常都以强奸论处；但夫妻关系、双方自愿发生性关系的除外。

第 236 条规定的"暴力"是指对女性直接施以人身伤害或强行限制人身自由，使其面对强奸无法反抗；"胁迫"是指对女性施以精神恫吓或强制，迫使其不敢反抗，如威胁对被害人或其亲属进行人身伤害，或者利用隐私或职权、教养关系、从属关系以及女性孤立无援的环境等迫使其不敢反抗；"其他手段"是指使用暴力、胁迫之外的使女性不知反抗或无法反抗的手段，如利用封建迷信，或利用女性熟睡、醉酒或麻醉等机会而对女性进行奸淫。

"轮奸"是指 2 个以上男子在同一犯罪活动中对同一女性进行强奸或者对同一幼女进行奸淫的行为。轮奸不是一种犯罪形态，不存在既遂、未遂的问题，只存在构成与否的情形。在主观上有轮奸的故意，且共同实施了强制行为，但没实际实施轮流奸淫行为，则不能认为轮奸成立；只要 2 名以上男子出于轮流奸淫同一女性的共同故意，在一定时间内对一名女性实施控制，并分别奸淫的，即使时间间隔较长，甚至不在同一地点实施奸淫，都应当视为轮奸。

第 236 条之一规定的"监护"是指法定监护人（详见《民法典》第 27 条至第 33 条）；"收养"是指依法成立收养关系的人（详见《民法典》第 1093 条至第 1100 条）；"看护"是指有偿或无偿对生活起居进行辅助、照料的人，也包括家庭共同生活的其他非监护人、未依法办理收养手续的事实收养人等；"教育"包括学校教职工和其他教育培训机构的工作人员；"医疗"包括医院等卫生医疗机构人员和其他具有医疗关系的人。

---

①　关于夫妻之间能否成立"强奸"的问题。有观点认为，"奸"只适用于非夫妻之间，故"婚内无奸"。婚姻属于特殊的人身契约，包含了对性关系的授权。只要婚姻关系存在，丈夫就有权与妻子发生性关系。也有判例认为，离婚诉讼、分居期间，属于婚姻关系不稳定期，不再保护丈夫的性交权。还有观点认为，性关系是最为特殊的人身权利，必须合意而行。刑法并未授予丈夫"强奸豁免权"，只要违背女生意志，都属于强奸。本书认为，刑法中的"奸"，应当理解为不正当的男女关系。丈夫采用暴力、胁迫等手段强行与妻子发生性关系，同样属于不正当，归于"强奸"范畴；但妻子醉酒、熟睡等非暴力的情形除外。对于婚内的强奸行为，如果妻子不告诉或者撤回告诉，应当视为"情节显著轻微危害不大"。

需要注意的是，第 236 条之一规定的"发生性关系"是指该未成年女性自愿①，或者没有证据被强制、胁迫的情形。如果有证据表明是因为受到强制、胁迫等行为才发生性关系的，则应当适用第 236 条的规定。这里的"性关系"应当特指性交行为，不包括亲吻、抚摸等其他相关行为。

需要特别注意的是，幼女（不满 14 周岁）在法律上没有性承诺能力。因此，不管行为人采用什么手段、幼女是否同意，只要与幼女发生了性关系，就以强奸论处（原奸淫幼女罪），并从重处罚。但有一种例外情形：不满 16 周岁的人偶尔与幼女发生性行为，情节轻微、未造成严重后果的，不认为是犯罪。

关于"奸淫不满十四周岁的幼女"是否要求行为人应具备"明知"条件的问题，一直存在很大争议：最高人民法院于 2000 年 2 月 16 日发布的《关于审理强奸案件有关问题的解释》（法释〔2000〕4 号）② 曾规定"对于与幼女发生性关系，情节轻微、尚未造成严重后果的，不认为是犯罪"；2003 年 1 月 17 日法释〔2003〕4 号批复③ 中也曾规定"行为人确实不知对方是不满十四周岁的幼女，双方自愿发生性行为，未造成严重后果，情节显著轻微的，不认为是犯罪"。这两个司法解释因为与《刑法》第 236 条第 2 款的规定相冲突，在学术界和实务界引起了很大的争议。但，在 2013 年 2 月 26 日发布的法释〔2013〕7 号决定④ 中，上述两个司法解释都已经被宣布废止。这应当被理解成"要求明知"的观点已经失去了裁判依据。

然而，在 2013 年 10 月 23 日最高人民法院、最高人民检察院、公安部、司法部印发的《关于依法惩治性侵害未成年人犯罪的意见》（法发〔2013〕12 号）

---

① 本书认为，这里的"自愿"，应当是指表象上的未反抗、未拒绝，顺从、配合地完成性关系，而不是内心真实的意愿。为了更好地维护未成年女性的合法权益，解决强奸案件取证难的问题，《刑法修正案（十一）》特增设了《刑法》第 236 条之一的规定。但按照通行理论，年满 14 周岁的未成年女性已经具备了性承诺能力，因此如果确实是该未成年女性心甘情愿甚至主动要求发生性关系（通过非法手段促使女性产生性欲的除外），应当不适用第 236 条之一的规定（或者依照《刑法》第 13 条但书的规定，免除当事男性的刑事责任）。

② 《最高人民法院关于审理强奸案件有关问题的解释》（法释〔2000〕4 号）由 2000 年 2 月 13 日最高人民法院审判委员会第 1099 次会议通过，2000 年 2 月 24 日起施行；2013 年 4 月 8 日被正式废止，废止理由为"依据已被修改，不再适用"（但实际上刑法关于奸淫幼女的规定从未被修改过）。

③ 《最高人民法院关于行为人不明知是不满十四周岁的幼女双方自愿发生性关系是否构成强奸罪问题的批复》（法释〔2003〕4 号）于 2013 年 4 月 8 日被正式废止，废止理由为"与刑法的规定相冲突"。

④ 《最高人民法院关于废止 1997 年 7 月 1 日至 2011 年 12 月 31 日期间发布的部分司法解释和司法解释性质文件（第十批）的决定》（法释〔2013〕7 号）由 2013 年 2 月 18 日最高人民法院审判委员会第 1569 次会议通过，2013 年 4 月 8 日起施行。

中，又一再阐述对"明知"的认定标准，把不需要行为人具备"明知"条件界定在被害人不满12周岁的情形。①

另外，1984年4月26日印发的《最高人民法院、最高人民检察院、公安部关于当前办理强奸案件中具体应用法律的若干问题的解答》（〔84〕法研字第7号）中曾经规定："一般地说，不论行为人采用什么手段，也不问幼女是否同意，只要与幼女发生了性的行为，就构成犯罪；只要双方生殖器接触，即应视为奸淫既遂。"但同时又规定"14岁以上不满16岁的男少年，同不满14岁的幼女发生性的行为，情节显著轻微，危害不大的，依照《刑法》②第10条的规定，不认为是奸淫幼女罪，责成家长和学校严加管教"。对于强奸妇女的行为，该解答甚至规定："第一次性行为违背妇女的意志，但事后并未告发，后来女方又多次自愿与该男子发生性行为的，一般不宜以强奸罪论处。"目前这个解答业已被法释〔2013〕1号决定③宣布废止。但其中关于未成年人的保护性规定，在2006年1月11日公布的《最高人民法院关于审理未成年人刑事案件具体应用法律若干问题的解释》（法释〔2006〕1号）中被承续了下来。

综上，本书认为：

（1）对于奸淫幼女的行为，要求行为人具备"明知"的限制条件已经于法无据。从保护幼女的角度而言，行为人欲与疑似幼女发生性关系时，有义务先查实对方的生理年龄和精神状况。对于年满16周岁的行为人，只要与不满14周岁的幼女发生了性关系（奸淫既遂），不管是否"明知"，都成立故意或者过失犯罪④；除非有确切证据证明行为人已经尽了最大限度的查实义务，并且受到了故意欺骗。

（2）随着〔84〕法研字第7号司法解释被废止，原奸淫幼女的"接触论"（只要双方生殖器接触，即应视为奸淫既遂）也失去了裁判依据。对《刑法》第

---

① 本书认为：该《意见》关于"明知"的解释涉嫌与《刑法》第236条第2款规定的立法精神相佐。行为人在与未成年女性发生性关系时，有义务辨别对方是否为未满14岁的幼女；即使误判，也应该属于过于自信的间接故意。有证据表明幼女故意实施了年龄欺骗行为的除外。

② 注：指1979年《刑法》第10条，文中所指内容对应于现行《刑法》第13条"但书"。

③ 《最高人民法院、最高人民检察院关于废止1980年1月1日至1997年6月30日期间制发的部分司法解释和司法解释性质文件的决定》（法释〔2013〕1号）由2012年11月19日最高人民法院审判委员会第1560次会议、2012年12月19日最高人民检察院第11届检察委员会第83次会议通过，2013年1月18日起施行。

④ 注：强奸罪同样存在过失犯罪的情形。比如，香港某艺人在1990年执导电影《×××战场》时，为追求剧情效果，事先与女演员沟通将拍摄一段真实"强暴"床戏，女方犹豫后勉强同意。实拍时，女方临时反悔，激烈反抗，男方却以为女方表演投入，按原计划完成了强暴行为。按照我国刑法规定，该"过失"行为仍然构成强奸犯罪。

236 条第 2 款规定的本质理解应该是：与不满 14 周岁的幼女发生性关系，即使幼女自愿，也以强奸论、从重处罚。这里的"发生性关系"（奸淫）与"强行发生性关系"（强奸）的既遂标准应当是一致的，即男性的生殖器插入女性的生殖器内。如果行为人本身不想插入（只想在外表面摩擦）、事实上也没有插入，应当定性为猥亵行为；如果行为人本想插入，因故而未能插入，则应当定性为强奸（奸淫）未遂。定性是对犯罪事实的描述，必须准确；但不同的定性，均不影响对该行为的严惩或宽戒，这是量刑的问题。

另外需要注意的是：

（1）强奸罪的侵害对象（受害人）只能是女性。如果受害人是男性，则行为人不能构成强奸罪，但可以构成《刑法》第 237 条规定的强制猥亵罪（包括女性强奸男性的情形）。若该男性在受侵害时，身体受到轻伤以上伤害，应当视为《刑法》第 237 条第 2 款规定的"其他恶劣情节"①，适用 5 年以上 15 年以下的量刑。若造成严重残疾或死亡，则适用《刑法》第 234 条第 2 款的规定，以故意伤害罪定罪量刑（最高刑为死刑）。

（2）强奸罪的犯罪主体一般是男性。但女性教唆或帮助男性实施强奸犯罪的，共同构成强奸罪。

（3）"奸淫"一般是指怀着性满足、性报复、性羞辱等不正当目的的性行为。在双方自愿的情况下，按照民间传统风俗与未满 14 周岁的幼女"结婚"后发生性关系，不能一概地认定为"奸淫"。相同情形，与已满 14 周岁未满 16 周岁的未成年女性"结婚"后发生性关系，也不能一概地适用第 236 条之一。

（4）强奸致人重伤或死亡，应当是指强奸行为本身直接造成被害人的伤亡后果，如性器官严重损伤、感染艾滋病等。行为人造成自身伤亡的，刑法不作评价。在强奸过程中使被害人窒息致死或受到其他身体伤害的，应当同时适用《刑法》第 232 条至第 235 条的规定，与强奸罪数罪并罚。实施强奸行为致使被害人精神失常或自杀的，在我国司法实践中，通常认为强奸行为"造成其他严重后果"。

（5）在办理强奸案件时，处女膜检查的结果常常是弊多利少，因此处女膜

---

① 注：《刑法修正案（九）》施行后，刑法第 237 条（强制猥亵罪）的受害对象涵盖了男性。因此，无论被强奸的男性身体受到轻伤或重伤，均无法适用刑法第 234 条（故意伤害罪）。（1）轻伤：即使适用刑法第 237 条第 1 款规定（最高刑 5 年），也重于刑法第 234 条第 1 款规定（最高刑 3 年）；若视为 237 条第 2 款规定的"其他恶劣情节"，则最高刑为 15 年。（2）重伤：适用刑法第 237 条第 2 款规定（最高刑 15 年），重于刑法第 234 条第 2 款规定（最高刑 10 年）。

的状况不能作为认定或否定强奸罪行的依据①。实践中，未婚女性处女膜的检查应特别慎重，必须严格遵循以下几点：①严格按照法定程序进行；②被害人自愿或者征得其同意，而不能强制检查；③检查的结果只能作为证明参考，不可仅凭检查结果对案件作绝对的肯定或否定结论；④检查情况应对外保密，以防损害被害人名誉。

● **相关规定**　【卫医字〔1989〕第 17 号】　精神疾病司法鉴定暂行规定（最高人民法院、最高人民检察院、公安部、司法部、卫生部 1989 年 7 月 11 日颁发，1989 年 8 月 1 日起施行）

第 22 条　其他有关法定能力的评定

（一）被鉴定人是女性，经鉴定患有精神疾病，在她的性不可侵犯权遭到侵害时，对自身所受的侵害或严重后果缺乏实质性理解能力的，为无自我防卫能力。

【法释〔2006〕1 号】　最高人民法院关于审理未成年人刑事案件具体应用法律若干问题的解释（2005 年 12 月 12 日最高人民法院审判委员会第 1373 次会议通过，2006 年 1 月 11 日公布，2006 年 1 月 23 日起施行）

第 6 条　已满 14 周岁不满 16 周岁的人偶尔与幼女发生性行为，情节轻微、未造成严重后果的，不认为是犯罪。

【法发〔2013〕12 号】　最高人民法院、最高人民检察院、公安部、司法部关于依法惩治性侵害未成年人犯罪的意见（2013 年 10 月 23 日印发施行；2023 年 6 月 1 日起被"法发〔2023〕4 号"《意见》替代、废止，详见本书第八版更新）

一、基本要求

1. 本意见所称性侵害未成年人犯罪，包括刑法第 236 条、第 237 条、第 358

---

① 注：《最高人民法院、最高人民检察院、公安部转发湖南省政法三机关关于不准检查处女膜的通知》(〔65〕法研字 4 号、〔65〕高检发 2 号、〔65〕公发（治）159 号，1965 年 3 月 11 日）曾明确指出："为了防止胡乱检查处女膜的现象继续发生，今后办理强奸幼女案件，不准进行处女膜检查，不要这种'鉴定'作证据，主要靠深入细致的调查研究来定案。如果再有胡乱检查处女膜的，应以违法乱纪论处。"

另，《最高人民检察院关于在办理强奸案件中可否检查处女膜问题的批复》(〔81〕高检刑函第 137 号，1981 年 7 月 27 日答复安徽省人民检察院"皖检刑字〔81〕第 108 号"函）也再次强调："今后，在办理强奸案件时，不准对被害人进行处女膜的检查，也不准用检查处女膜的结论作为证据。"

目前，上述两件司法解释性文件已经先后被废止（详见附录三之十三、二十），主要是因为该《通知》和《批复》的精神已经被《刑事诉讼法》吸收。根据《刑事诉讼法》第 132 条的规定，不得对被害人（只能对犯罪嫌疑人）的某些特征、伤害情况或生理状态进行强制人身检查。

条、第 359 条、第 360 条第 2 款规定的针对未成年人实施的强奸罪、强制猥亵、侮辱妇女罪，猥亵儿童罪，组织卖淫罪，强迫卖淫罪，引诱、容留、介绍卖淫罪，引诱幼女卖淫罪，嫖宿幼女罪等。①

二、办案程序要求

14. 询问未成年被害人，审判人员、检察人员、侦查人员和律师应当坚持不伤害原则，选择未成年人住所或者其他让未成年人心理上感到安全的场所进行，并通知其法定代理人到场。无法通知、法定代理人不能到场或者法定代理人是性侵害犯罪嫌疑人、被告人的，也可以通知未成年被害人的其他成年亲属或者所在学校、居住地基层组织、未成年人保护组织的代表等有关人员到场，并将相关情况记录在案。

询问未成年被害人，应当考虑其身心特点，采取和缓的方式进行。对与性侵害犯罪有关的事实应当进行全面询问，以一次询问为原则，尽可能避免反复询问。

三、准确适用法律

19. 知道或者应当知道对方是不满 14 周岁的幼女，而实施奸淫等性侵害行为的，应当认定行为人"明知"对方是幼女。

对于不满 12 周岁的被害人实施奸淫等性侵害行为的，应当认定行为人"明知"对方是幼女。

对于已满 12 周岁不满 14 周岁的被害人，从其身体发育状况、言谈举止、衣着特征、生活作息规律等观察可能是幼女，而实施奸淫等性侵害行为的，应当认定行为人"明知"对方是幼女。

20. 以金钱财物等方式引诱幼女与自己发生性关系的；知道或者应当知道幼女被他人强迫卖淫而仍与其发生性关系的，均以强奸罪论处。

21. 对幼女负有特殊职责的人员与幼女发生性关系的，以强奸罪论处。

对已满 14 周岁的未成年女性负有特殊职责的人员，利用其优势地位或者被害人孤立无援的境地，迫使未成年被害人就范，而与其发生性关系的，以强奸罪定罪处罚。

23. 在校园、游泳馆、儿童游乐场等公共场所对未成年人实施强奸、猥亵犯罪，只要有其他多人在场，不论在场人员是否实际看到，均可以依照刑法第 236 条第 3 款、第 237 条的规定，认定为在公共场所"当众"强奸妇女，强制猥亵、

---

① 注：根据 2015 年 8 月 29 日第 12 届全国人民代表大会常务委员会第 16 次会议通过的《刑法修正案（九）》（主席令第 30 号公布，2015 年 11 月 1 日起施行），原《刑法》第 237 条第 1 款规定的"强制猥亵、侮辱妇女罪"已经被改为"强制猥亵、侮辱罪"；原《刑法》第 360 条第 2 款被删除，对应的"嫖宿幼女罪"自然随之被废除。

侮辱妇女，猥亵儿童。

24. 介绍、帮助他人奸淫幼女、猥亵儿童的，以强奸罪、猥亵儿童罪的共犯论处。

25. 针对未成年人实施强奸、猥亵犯罪的，应当从重处罚，具有下列情形之一的，更要依法从严惩处：

（1）对未成年人负有特殊职责的人员、与未成年人有共同家庭生活关系的人员、国家工作人员或者冒充国家工作人员，实施强奸、猥亵犯罪的；

（2）进入未成年人住所、学生集体宿舍实施强奸、猥亵犯罪的；

（3）采取暴力、胁迫、麻醉等强制手段实施奸淫幼女、猥亵儿童犯罪的；

（4）对不满12周岁的儿童、农村留守儿童、严重残疾或者精神智力发育迟滞的未成年人，实施强奸、猥亵犯罪的；

（5）猥亵多名未成年人，或者多次实施强奸、猥亵犯罪的；

（6）造成未成年被害人轻伤、怀孕、感染性病等后果的；

（7）有强奸、猥亵犯罪前科劣迹的。

27. 已满14周岁不满16周岁的人偶尔与幼女发生性关系，情节轻微、未造成严重后果的，不认为是犯罪。

四、其他事项

28.（第1款）对于强奸未成年人的成年犯罪分子判处刑罚时，一般不适用缓刑。

（第2款）对于性侵害未成年人的犯罪分子确定是否适用缓刑，人民法院、人民检察院可以委托犯罪分子居住地的社区矫正机构，就对其宣告缓刑对所居住社区是否有重大不良影响进行调查。受委托的社区矫正机构应当及时组织调查，在规定的期限内将调查评估意见提交委托机关。

29. 外国人在我国领域内实施强奸、猥亵未成年人等犯罪的，应当依法判处，在判处刑罚时，可以独立适用或者附加适用驱逐出境。对于尚不构成犯罪但构成违反治安管理行为的，或者因实施性侵害未成年人犯罪不适宜在中国境内继续停留居留的，公安机关可以依法适用限期出境或者驱逐出境。

【法刊文摘】《关于依法惩治性侵害未成年人犯罪的意见》有关问题的解读[①]

（一）关于奸淫幼女等性侵害犯罪中主观明知的认定

奸淫幼女、引诱幼女卖淫等性侵害犯罪，是否以行为人明知被害人系幼女为构成犯罪的必要要件，各国规定存在差异。……我国刑法实践及理论通说均坚持罪过责任原则，认为奸淫幼女等性侵害犯罪，"明知"被害人年龄是默示的

[①] 本文来源于最高人民法院刑一庭，《人民法院报》，2014年1月4日第4版。

犯罪构成必要要件。在司法实践中，相关规范性文件亦坚持此种立场。

……实践中，有些犯罪嫌疑人、被告人未使用暴力、胁迫或者其他强制手段与幼女发生性关系，而以各种理由辩解是与幼女正常交往，不明知被害人是幼女，给审查认定案件事实造成一定困难。……《意见》第19条第1款首先明确，知道或者应当知道对方是不满14周岁的幼女，而实施奸淫等性侵害行为的，应当认定行为人"明知"对方是幼女，这是认定奸淫幼女等性侵害犯罪主观明知问题的总原则。继之，第19条第2款、第3款以幼女年龄是否达到12周岁为标准，对如何认定"明知"，分别予以指导和规范。

其中，第2款规定，对于不满12周岁的被害人实施奸淫等性侵害行为的，应当认定行为人"明知"对方是幼女。也就是说，即使被害人身体发育、言谈举止等呈早熟特征，行为人亦辩称其误认被害人已满14周岁，也不应采信其辩解。如此规定主要考虑：经过对大量审结案例进行统计分析，并广泛征求各方意见，12周岁以下幼女基本都处在接受小学教育阶段，社会关系简单，外在幼女特征相对较为明显；即使极个别幼女身体发育早于同龄人，但一般人从其言谈举止、生活作息规律等其他方面通常也足以观察其可能是幼女，而且从对幼女进行特殊保护的立场考虑，也不应存在争议。故《意见》将对不满12周岁的被害人实施奸淫等性侵害行为，规定为"应当"认定行为人"明知"对方是幼女。

考虑到已满12周岁不满14周岁年龄段的幼女，其身心发育特点与已满14周岁的未成年少女较为接近，《意见》第19条第3款规定，从被害人身体发育状况、言谈举止、衣着特征、生活作息规律等观察可能是幼女，而实施奸淫等性侵害行为的，也应当认定行为人"明知"对方是幼女。

需要指出的是，有观点认为，《意见》人为降低了幼女的绝对保护年龄至12周岁，担忧会对已满12周岁幼女保护不力。应该说，这种观点是对"奸淫幼女明知认定问题"及《意见》的误读。笼统主张奸淫幼女构成强奸罪不需要明知被害人系幼女，目前来看，尚存在刑法制度与理论上的多重障碍。《意见》规定"对于不满十二周岁的被害人实施奸淫等性侵害行为的，应当认定行为人'明知'对方是幼女"，是在充分实证调研、总结司法实践经验的基础上，所实现的一个重大突破。但《意见》区分幼女是否已满12周岁，对明知问题予以分别规定，绝不是厚此薄彼，弱化对已满12周岁幼女的保护力度。第二、第三两款均属于对"明知"认定问题的规范指引，不同的是，第2款属于绝对确定的指引，第3款属于相对确定的指引。主要是考虑到司法实践情况的复杂性，不排除存在一般人、行为人根本不可能判断出接近12至14周岁年龄段中的某些被害人是否是幼女的特殊情形存在。换言之，对于已满12周岁的幼女实施奸淫等性侵害行为的,如无极其特殊的例外情况,一般均应当认定行为人明知被害人是幼女。这里的极其特殊的例外情况,具体可从以下3个方面把握:

一是客观上被害人身体发育状况、言谈举止、衣着、生活作息规律等特征确实接近成年人;二是必须确有证据或者合理依据证明行为人根本不可能知道被害人是幼女;三是行为人已经足够谨慎行事,仍然对幼女年龄产生了误认,即使其他正常人处在行为人的场合,也难以避免这种错误判断。比如,与发育较早、貌似成人、虚报年龄的已满12周岁不满14周岁的幼女,在谈恋爱和正常交往过程中,双方自愿发生了性行为,确有证据证实行为人不可能知道对方是幼女的,才可以采纳其不明知的辩解,但应特别严格掌握。相反,如果行为人采取引诱、欺骗等方式,或者根本不考虑被害人是否是幼女,而甘冒风险对被害人进行奸淫等性侵害的,一般都应当认定行为人明知被害人是幼女,以实现对幼女的特殊保护,堵塞惩治犯罪的漏洞。

(二)关于未成年人实施性侵害未成年人案件的政策把握

未成年人因身心发育尚未成熟,需要给予特殊保护。就刑法第236条关于性犯罪的规定来看,对儿童的特殊、优先保护体现在,构成强奸罪,一般要求以暴力、胁迫或者其他强制手段对妇女进行奸淫,而奸淫不满14周岁的幼女的,不论是否采取强制手段实施,即不论幼女是否自愿,均以强奸论,并从重处罚。由此可见,在我国,14周岁是法律认可的幼女可以做出同意发生性行为决定的法定年龄界限,行为人与不满14周岁的幼女发生性关系,即使幼女同意,也认定其同意无效,对行为人的行为仍视为强奸。由此带来的一个问题是,作为被害人的幼女与可能成为刑事被告人的未成年人,身心发育、认知能力均未成熟,均属于法律应予特殊保护的对象,那么,对于已满14周岁的未成年人与幼女自愿发生性关系,是否均应按照刑法第236条第2款的规定以强奸论,的确需要慎重对待。

《意见》第27条规定,已满14周岁不满16周岁的人偶尔与幼女发生性关系,情节轻微、未造成严重后果的,不认为是犯罪。该条系对2006年最高人民法院《关于审理未成年人刑事案件具体应用法律若干问题的解释》相关规定的重申,主要是针对已满14周岁不满16周岁的男少年,与年龄相近的幼女在正常交往、恋爱过程中自愿发生性关系,如何予以处理提出的指导意见。此处表述虽是"偶尔"发生性关系,但主要是为了与此前司法解释的规定保持一致,实践中并不能简单以次数论,双方是否自愿、情节是否轻微、后果是否严重,是区分罪与非罪的关键,应准确把握。需要指出的是,对"情节轻微及后果严重性"的判断,应综合考虑行为人与幼女是否存在恋爱关系,以及对于幼女的身心影响等因素综合判断;对于行为人采取利诱、欺骗甚至强制手段与幼女发生性关系的，或者导致幼女怀孕流产、严重伤害幼女身心健康等后果的，一般不宜认定为"情节轻微、未造成严重后果"。

上述规定亦是对我国司法机关处理青少年之间自愿发生性关系问题一贯所采取的刑事政策的延续。比如，最高人民法院1957年在《1955年以来奸淫幼女案件检查总结》中曾明确指出：至于个别幼女虽未满14周岁，但身心发育早熟，确系自愿与人发生性行为的，法院对被告人酌情从轻或减轻处理。如果男方年龄也很轻，双方确系在恋爱中自愿发生性行为的，则不追究刑事责任。此后多项司法解释或者司法政策文件亦一直采取这一立场，即在处理青少年之间自愿发生性关系问题上，坚持适度介入、慎重干预的刑事政策，这也是刑法谦抑性的体现。

（三）关于性侵害未成年被害人的精神康复治疗问题

《意见》明确了被告人应当承担的民事赔偿责任范围。《意见》第31条规定，对于未成年人因受性侵害而造成的人身损害，为进行康复治疗所支付的医疗费、护理费、交通费、误工费等合理费用，未成年被害人及其法定代理人、近亲属提出赔偿请求的，人民法院依法予以支持。其中，康复治疗费用包括进行身体医治和精神诊治所支出的费用。性侵害未成年人犯罪，对被害人最大的伤害往往是精神和心理上的伤害，被害人到医院进行精神康复治疗所支付的医疗费，不同于精神抚慰金，该部分医疗费用，被害人提出赔偿请求并提供就诊病历、收费票据等相应证据的，人民法院依法予以支持。在当前对普通刑事案件的被害人进行精神损害赔偿尚存在客观条件及制度障碍的情况下，《意见》规定性侵害未成年被害人进行精神康复治疗支出的费用可以得到支持，无疑是一大突破，有利于强化对未成年被害人的保护力度。

【高检发〔2020〕14号】 最高人民检察院、教育部、公安部关于建立教职员工准入查询性侵违法犯罪信息制度的意见（2020年8月20日印发；详见《刑事诉讼法全厚细》第287条之后）

【法释〔2023〕3号】 最高人民法院、最高人民检察院关于办理强奸、猥亵未成年人刑事案件适用法律若干问题的解释（第3次重印增补内容，见本书末尾）

【法发〔2023〕4号】 最高人民法院、最高人民检察院、公安部、司法部关于办理性侵害未成年人刑事案件的意见（2023年5月24日印发，2023年6月1日起施行；详见本书第八版更新）

● **立案标准** 狱内刑事案件立案标准（司法部令〔2001〕64号，2001年3月2日司法部部长办公会议通过，2001年3月9日发布施行）

第2条 监狱发现罪犯有下列犯罪情形的，应当立案侦查：

（十三）以暴力、胁迫或者其他手段强奸妇女的（强奸案）。

（十四）奸淫不满 14 周岁幼女的（奸淫幼女案）。

第 3 条 情节、后果严重的下列案件，列为重大案件：

（六）强奸妇女既遂，或者奸淫幼女的。

第 4 条 情节恶劣、后果特别严重的下列案件，列为特别重大案件：

（七）强奸妇女，致人重伤、死亡或者其他严重后果的，或者轮奸妇女的。

● **量刑指导**　【法发〔2021〕21 号】　最高人民法院、最高人民检察院关于常见犯罪的量刑指导意见（2021 年 6 月 16 日印发，2021 年 7 月 1 日试行；法发〔2017〕7 号《指导意见》同时废止。删除线、下划线部分内容为 2021 年删除、增加）①

四、常见犯罪的量刑

（八）强奸罪

1. 构成强奸罪的，可以根据下列不同情形在相应的幅度内确定量刑起点：

（1）强奸妇女 1 人的，可以在 3 年至 6 年有期徒刑幅度内确定量刑起点。

奸淫幼女 1 人的，可以在 4 年至 7 年有期徒刑幅度内确定量刑起点。

（2）有下列情形之一的，可以在 10 年至 13 年有期徒刑幅度内确定量刑起点：强奸妇女、奸淫幼女情节恶劣的；强奸妇女、奸淫幼女 3 人的；在公共场所当众强奸妇女、奸淫幼女的；2 人以上轮奸妇女的；奸淫不满 10 周岁的幼女或者造成幼女伤害的；强奸致被害人重伤或者造成其他严重后果的。依法应当判处无期徒刑以上刑罚的除外。

2. 在量刑起点的基础上，可以根据强奸妇女、奸淫幼女情节恶劣程度、强奸人数、致人伤害后果等其他影响犯罪构成的犯罪事实增加刑罚量，确定基准刑。

强奸多人多次的，以强奸人数作为增加刑罚量的事实，强奸次数作为调节基准刑的量刑情节。

3. 构成强奸罪的，综合考虑强奸的手段、危害后果等犯罪事实、量刑情节，以及被告人的主观恶性、人身危险性、认罪悔罪表现等因素，从严把握缓刑的适用。（本款新增）

● **指导案例**　【高检发研字〔2018〕27 号】　关于印发最高人民检察院第 11 批指导性案例的通知（2018 年 10 月 19 日最高人民检察院第 13 届检察委员会第 7 次会议讨论通过，2018 年 11 月 9 日印发）

---

① 注：《意见》要求各省高院、检察院应当总结司法实践经验，按照规范、实用、符合司法实际的原则共同研制"实施细则"，经审委会、检委会通过后，分别报最高法、最高检备案审查，与《意见》同步实施。

其他判处有期徒刑的案件，可以参照量刑的指导原则、基本方法和常见量刑情节的适用规范量刑。

（检例第 42 号）齐某强奸、猥亵儿童案

要旨：1. 性侵未成年人犯罪案件中，被害人陈述稳定自然，对于细节的描述符合正常记忆认知、表达能力，被告人辩解没有证据支持，结合生活经验对全案证据进行审查，能够形成完整证明体系的，可以认定案件事实。

2. 奸淫幼女具有《最高人民法院、最高人民检察院、公安部、司法部关于依法惩治性侵害未成年人犯罪的意见》规定的从严处罚情节，社会危害性与《刑法》第 236 条第 3 款第 2 项至第 4 项规定的情形相当的，可以认定为该款第 1 项规定的"情节恶劣"。

【高检发办字〔2023〕24 号】　最高人民检察院第 43 批指导性案例（第二次重印增补内容，余文见本书末尾。）

第 237 条① 【强制猥亵、侮辱罪②】以暴力、胁迫或者其他方法强制猥亵他人或者侮辱妇女的，处五年以下有期徒刑或者拘役。

聚众或者在公共场所当众犯前款罪的，或者有其他恶劣情节的，处五年以上有期徒刑。

【猥亵儿童罪】猥亵儿童的，处五年以下有期徒刑；有下列情形之一的，处五年以上有期徒刑：③

（一）猥亵儿童多人或者多次的；

（二）聚众猥亵儿童的，或者在公共场所当众猥亵儿童，情节恶劣的；

（三）造成儿童伤害或者其他严重后果的；

（四）猥亵手段恶劣或者有其他恶劣情节的。

---

① 第 237 条是根据 2015 年 8 月 29 日第 12 届全国人民代表大会常务委员会第 16 次会议通过的《刑法修正案（九）》（主席令第 30 号公布，2015 年 11 月 1 日起施行）而修改。其中第 1 款的规定由"强制猥亵妇女"修改为"强制猥亵他人"，扩大了犯罪对象的范畴；第 2 款规定增加了"有其他恶劣情节"的情形，完善了对犯罪行为的打击。

② 注：本罪名原为"强制猥亵、侮辱妇女罪"；《刑法修正案（九）》对条文修改后，根据《最高人民法院、最高人民检察院关于执行〈中华人民共和国刑法〉确定罪名的补充规定（六）》（法释〔2015〕20 号，最高人民法院审判委员会第 1664 次会议、最高人民检察院第 12 届检察委员会第 42 次会议通过，2015 年 11 月 1 日起执行）而改为现名。

③ 本款规定是 2020 年 12 月 26 日第 13 届全国人大常委会第 24 次会议通过的《刑法修正案（十一）》（主席令第 66 号公布）修改，2021 年 3 月 1 日起施行；原规定为："猥亵儿童的，依照前两款的规定从重处罚。"

● **条文注释** 本条是从1979年《刑法》第160条流氓罪中分解出来的一个单独罪名。本条规定的犯罪主体可以是男性，也可以是女性。这里的"暴力""胁迫""其他方法"与《刑法》第236条规定的"暴力""胁迫""其他手段"作同一理解。这里的"他人"，是指年满14周岁的男性或女性。

"强制猥亵"主要是指违背他人的意愿，以脱衣服、抠摸隐私部位或强行亲吻等淫秽下流的方法猥亵他人。"侮辱"主要是指违背妇女的意愿，强行剪除妇女的头发或衣服、暴露妇女的隐私部位，或者向妇女身上泼洒或涂抹污秽物、腐蚀物等，或者故意向妇女显露生殖器等。

对妇女进行猥亵与强奸都是违背妇女的意志，其区别在于是否以发生性关系为目的。猥亵妇女是通过性器官接触以外的猥亵行为来满足自己的感官享受；强奸要求行为人有强行性交的故意。在强奸案件中，行为人往往有先行强制猥亵的行为，后其语言或行为进一步流露出其强行发生性关系的目的，这时就发生了罪质的转变。

猥亵儿童罪，是指猥亵不满14周岁儿童的行为。这里所说的"猥亵"主要是指以抠摸、指奸、鸡奸等淫秽下流的方法猥亵儿童的行为。考虑到儿童对性的认识能力，构成猥亵儿童罪不要求以暴力、胁迫或其他强制方法，只要对儿童实施了猥亵行为，就构成本罪。

需要注意的是：

（1）《刑法修正案（九）》将第237条第1款规定中的"强制猥亵妇女"修改成"强制猥亵他人"，这意味着除了妇女之外，男性也可以成为"强制猥亵"犯罪的受害人。

（2）因为刑法未单独规定"侮辱儿童罪"，所以第237条第1款规定中的"妇女"应当理解为包括未成年女性、幼女。

（3）行为人在实施第237条规定的行为时，如果对被害人造成了轻伤以上的人身伤害，构成刑法规定的其他罪的，应当依照处罚较重的规定定罪处罚。

在司法实践中还应当注意：

（1）有"强制"行为的，才构成强制猥亵、侮辱罪；否则只是一般的猥亵、侮辱他人的违法行为。

（2）注意区分本罪与侮辱罪的区别：侮辱罪是以败坏他人名誉为目的，公然地针对特定人（不限于妇女）实施侮辱行为；而强制侮辱罪是为了满足行为人的变态心理，针对妇女人身而实施的淫秽下流行为。

（3）《刑法修正案（十一）》施行后，明确了对儿童进行猥亵不需要"强制"条件，减少了争议。但在公共场所当众猥亵儿童的，必须同时具有其他恶劣情节才能适用"五年以上有期徒刑"（这点与刑法修正之前相比，适用条件变苛刻了），并且还不如第 237 条第 2 款规定的处罚严厉（只要在公共场所当众对妇女强制猥亵，就能适用"五年以上有期徒刑"），这是本次刑法修改的一处败笔。

● 相关规定　【法发〔2013〕12 号】　最高人民法院、最高人民检察院、公安部、司法部关于依法惩治性侵害未成年人犯罪的意见（2013 年 10 月 23 日印发施行；2023 年 6 月 1 日起被"法发〔2023〕4 号"《意见》替代、废止，详见本书第八版更新）

一、基本要求

1. 本意见所称性侵害未成年人犯罪，包括刑法第 236 条、第 237 条、第 358 条、第 359 条、第 360 条第 2 款规定的针对未成年人实施的强奸罪、强制猥亵、侮辱妇女罪、猥亵儿童罪、组织卖淫罪、强迫卖淫罪、引诱、容留、介绍卖淫罪、引诱幼女卖淫罪、嫖宿幼女罪等。①

二、办案程序要求

14. 询问未成年被害人，审判人员、检察人员、侦查人员和律师应当坚持不伤害原则，选择未成年人住所或者其他让未成年人心理上感到安全的场所进行，并通知其法定代理人到场。无法通知、法定代理人不能到场或者法定代理人是性侵害犯罪嫌疑人、被告人的，也可以通知未成年被害人的其他成年亲属或者所在学校、居住地基层组织、未成年人保护组织的代表等有关人员到场，并将相关情况记录在案。

询问未成年被害人，应当考虑其身心特点，采取和缓的方式进行。对与性侵害犯罪有关的事实应当进行全面询问，以一次询问为原则，尽可能避免反复询问。

三、准确适用法律

22. 实施猥亵儿童犯罪，造成儿童轻伤以上后果，同时符合刑法第 234 条或者第 232 条的规定，构成故意伤害罪、故意杀人罪的，依照处罚较重的规定定罪处罚。

对已满 14 周岁的未成年男性实施猥亵，造成被害人轻伤以上后果，符合刑法第 234 条或者第 232 条规定的，以故意伤害罪或者故意杀人罪定罪处罚。②

23. 在校园、游泳馆、儿童游乐场等公共场所对未成年人实施强奸、猥亵犯

---

① 注：根据 2015 年 8 月 29 日第 12 届全国人民代表大会常务委员会第 16 次会议通过的《刑法修正案（九）》（主席令第 30 号公布，2015 年 11 月 1 日起施行），原《刑法》第 237 条第 1 款规定的"强制猥亵、侮辱妇女罪"已经被改为"强制猥亵、侮辱罪"；原《刑法》第 360 条第 2 款被删除，对应的"嫖宿幼女罪"自然被随之废除。

② 注：《刑法修正案（九）》于 2015 年 11 月 1 日施行后，扩大了《刑法》第 237 条的适用范围。本款规定的情形应当竞合"强制猥亵、侮辱罪"、"故意伤害罪"或"故意杀人罪"，依照处罚较重的规定定罪处罚。

罪，只要有其他多人在场，不论在场人员是否实际看到，均可以依照刑法第236条第3款、第237条的规定，认定为在公共场所"当众"强奸妇女、强制猥亵、侮辱妇女、猥亵儿童。

24. 介绍、帮助他人奸淫幼女、猥亵儿童的，以强奸罪、猥亵儿童罪的共犯论处。

25. 针对未成年人实施强奸、猥亵犯罪的，应当从重处罚，具有下列情形之一的，更要依法从严惩处：

（1）对未成年人负有特殊职责的人员、与未成年人有共同家庭生活关系的人员、国家工作人员或者冒充国家工作人员，实施强奸、猥亵犯罪的；

（2）进入未成年人住所、学生集体宿舍实施强奸、猥亵犯罪的；

（3）采取暴力、胁迫、麻醉等强制手段实施奸淫幼女、猥亵儿童犯罪的；

（4）对不满12周岁的儿童、农村留守儿童、严重残疾或者精神智力发育迟滞的未成年人，实施强奸、猥亵犯罪的；

（5）猥亵多名未成年人，或者多次实施强奸、猥亵犯罪的；

（6）造成未成年被害人轻伤、怀孕、感染性病等后果的；

（7）有强奸、猥亵犯罪前科劣迹的。

四、其他事项

28. （第2款）对于性侵害未成年人的犯罪分子确定是否适用缓刑，人民法院、人民检察院可以委托犯罪分子居住地的社区矫正机构，就对其宣告缓刑对所居住社区是否有重大不良影响进行调查。受委托的社区矫正机构应当及时组织调查，在规定的期限内将调查评估意见提交委托机关。

29. 外国人在我国领域内实施强奸、猥亵未成年人等犯罪的，应当依法判处，在判处刑罚时，可以独立适用或者附加适用驱逐出境。对于尚不构成犯罪但构成违反治安管理行为的，或者因实施性侵害未成年人犯罪不适宜在中国境内继续停留居留的，公安机关可以依法适用限期出境或者驱逐出境。

【主席令〔2012〕67号】 中华人民共和国治安管理处罚法（2012年10月26日第11届全国人大常委会第29次会议修正，2013年1月1日起施行）

第2条 扰乱公共秩序，妨害公共安全，侵犯人身权利、财产权利，妨害社会管理，具有社会危害性，依照《中华人民共和国刑法》的规定构成犯罪的，依法追究刑事责任；尚不够刑事处罚的，由公安机关依照本法给予治安管理处罚。

第44条 猥亵他人的，或者在公共场所故意裸露身体，情节恶劣的，处5日以上10日以下拘留；猥亵智力残疾人、精神病人、不满14周岁的人或者有其他严重情节的，处10日以上15日以下拘留。

【高检发〔2020〕14号】　最高人民检察院、教育部、公安部关于建立教职员工准入查询性侵违法犯罪信息制度的意见（2020年8月20日印发；详见《刑事诉讼法全厚细》第287条之后）

【法释〔2023〕3号】　最高人民法院、最高人民检察院关于办理强奸、猥亵未成年人刑事案件适用法律若干问题的解释（第3次重印增补内容，见本书末尾）

【法发〔2023〕4号】　最高人民法院、最高人民检察院、公安部、司法部关于办理性侵害未成年人刑事案件的意见（2023年5月24日印发，2023年6月1日起施行；详见本书第八版更新）

● 立案标准　狱内刑事案件立案标准（司法部令〔2001〕64号，2001年3月2日司法部部长办公会议通过，2001年3月9日发布施行）

第2条　监狱发现罪犯有下列犯罪情形的，应当立案侦查：

（十五）以暴力、胁迫或者其他方法强制猥亵妇女或者侮辱妇女的（强制猥亵、侮辱妇女案）。

● 指导案例　【高检发研字〔2018〕27号】　关于印发最高人民检察院第11批指导性案例的通知（2018年10月19日最高人民检察院第13届检察委员会第7次会议讨论通过，2018年11月9日印发）

（检例第42号）齐某强奸、猥亵儿童案

要旨：1. 性侵未成年人犯罪案件中，被害人陈述稳定自然，对于细节的描述符合正常记忆认知、表达能力，被告人辩解没有证据支持，结合生活经验对全案证据进行审查，能够形成完整证明体系的，可以认定案件事实。

2. 行为人在教室、集体宿舍等场所实施猥亵行为，只要当时有多人在场，即使在场人员未实际看到，也应当认定犯罪行为是在"公共场所当众"实施。

（检例第43号）骆某猥亵儿童案

要旨：行为人以满足性刺激为目的，以诱骗、强迫或者其他方法要求儿童拍摄裸体、敏感部位照片、视频等供其观看，严重侵害儿童人格尊严和心理健康的，构成猥亵儿童罪。

第238条　【非法拘禁罪】非法拘禁他人或者以其他方法非法剥夺他人人身自由的，处三年以下有期徒刑、拘役、管制或者剥夺政治权利。具有殴打、侮辱情节的，从重处罚。

犯前款罪，致人重伤的，处三年以上十年以下有期徒刑；致人死亡的，处十年以上有期徒刑。使用暴力致人伤残、死亡的，依照本法第二百三十四条、第二百三十二条的规定定罪处罚。

为索取债务非法扣押、拘禁他人的，依照前两款的规定处罚。

国家机关工作人员利用职权犯前三款罪的，依照前三款的规定从重处罚。

● **条文注释**　非法拘禁罪，是指以拘禁或者其他强制方法非法剥夺他人人身自由的行为。拘禁的行为包括捆绑、关押、扣留等，任何单位和个人不依法律规定及其程序而擅自拘禁他人都是非法的。"殴打、侮辱情节"包括打骂、游街示众、人格侮辱等行为。

根据刑事诉讼法和相关法规，对正在实行犯罪或犯罪后被及时发现的、通缉在案的、越狱逃跑的、正在被追捕的人，公民有权立即将其扭送至司法机关。这种扭送，包括途中实施的捆绑或短暂扣留等行为，不属于非法拘禁。此外，构成本罪要求主观上的故意，过失行为不构成本罪。

本条第 2 款的"致人重伤""致人死亡"，包括由于捆绑过紧、长期囚禁、虐待等导致被害人的身体受到重大伤害或由于窒息致死，也包括被害人在被非法拘禁期间不堪忍受，自伤自残，而导致身体受到重大伤害或自杀身亡。注意上述行为均不包括使用暴力的情形；使用暴力致人伤残、死亡的，则以故意伤害罪或故意杀人罪定罪。另外，实践中有的非法拘禁行为中由于被害人的抵抗而产生的轻微推搡、拉扯行为不能认为使用了暴力；是否使用暴力，应该根据当时的案发情况以及行为人是否存在伤害被害人的主观意志等因素而综合分析。需要注意的是，以非法拘禁为手段故意杀人的（如以拘禁的方法冻死、饿死他人），应当认定为故意杀人罪。

《刑法修正案（十一）》施行后，本条第 3 款的"债务"，应当理解为只限于合法债务。

● **相关规定**　【法释〔2000〕19 号】　最高人民法院关于对为索取法律不予保护的债务非法拘禁他人行为如何定罪问题的解释（2000 年 6 月 30 日由最高人民法院审判委员会第 1121 次会议通过，2000 年 7 月 13 日公布，2000 年 7 月 19 日起施行）

行为人为索取高利贷、赌债等法律不予保护的债务，非法扣押、拘禁他人的，依照刑法第 238 条的规定定罪处罚。[1]

---

[1] 注：《刑法修正案（十一）》施行后，实施本行为应当依照《刑法》第 293 条之一的规定定罪处罚。

【法发〔2014〕5号】 最高人民法院、最高人民检察院、公安部、司法部、国家卫生和计划生育委员会关于依法惩处涉医违法犯罪维护正常医疗秩序的意见（2014年4月22日印发）

二、严格依法惩处涉医违法犯罪

（三）以不准离开工作场所等方式非法限制医务人员人身自由的，依照治安管理处罚法第40条的规定处罚；构成非法拘禁罪的，依照刑法的有关规定定罪处罚。

【法发〔2018〕1号】 最高人民法院、最高人民检察院、公安部、司法部关于办理黑恶势力犯罪案件若干问题的指导意见（2018年1月16日）

四、依法惩处利用"软暴力"实施的犯罪

18. 黑恶势力有组织地多次短时间非法拘禁他人的，应当认定为《刑法》第238条规定的"以其他方法非法剥夺他人人身自由"。非法拘禁他人3次以上、每次持续时间在4小时以上，或者非法拘禁他人累计时间在12小时以上的，应以非法拘禁罪定罪处罚。

五、依法打击非法放贷讨债的犯罪活动

19. 在民间借贷活动中，如有擅自设立金融机构、非法吸收公众存款、骗取贷款、套取金融机构资金发放高利贷以及为强索债务而实施故意杀人、故意伤害、非法拘禁、故意毁坏财物等行为的，应当按照具体犯罪侦查、起诉、审判。依法符合数罪并罚条件的，应当并罚。

八、其他

36. 本意见颁布实施后，最高人民法院、最高人民检察院、公安部、司法部联合发布或者单独制定的其他相关规范性文件，内容如与本意见中有关规定不一致的，应当按照本意见执行。

【公通字〔2019〕15号】 最高人民法院、最高人民检察院、公安部、司法部关于办理实施"软暴力"的刑事案件若干问题的意见（2019年4月9日印发施行）

六、有组织地多次短时间非法拘禁他人的，应当认定为《刑法》第238条规定的"以其他方法非法剥夺他人人身自由"。非法拘禁他人3次以上、每次持续时间在4小时以上，或者非法拘禁他人累计时间在12小时以上的，应当以非法拘禁罪定罪处罚。

九、采用"软暴力"手段，同时构成两种以上犯罪的，依法按照处罚较重的犯罪定罪处罚，法律另有规定的除外。

十一、（第2款） 为强索不受法律保护的债务或者因其他非法目的，雇佣、指使他人采用"软暴力"手段①非法剥夺他人人身自由构成非法拘禁罪，或者非法侵入他人住宅、寻衅滋事，构成非法侵入住宅罪、寻衅滋事罪的，对雇佣者、指使者，一般应当以共同犯罪中的主犯论处；因本人及近亲属合法债务、婚恋、家庭、邻里纠纷等民间矛盾而雇佣、指使，没有造成严重后果的，一般不作为犯罪处理，但经有关部门批评制止或者处理处罚后仍继续实施的除外。

【法发〔2019〕24号】 最高人民法院、最高人民检察院、公安部、司法部关于办理非法放贷刑事案件若干问题的意见（2019年7月23日印发，2019年10月21日施行）

六、（第2款） 为强行索要因非法放贷而产生的债务，实施故意杀人、故意伤害、非法拘禁、故意毁坏财物、寻衅滋事等行为，构成犯罪的，应当数罪并罚。

（第4款） 以上规定的情形，刑法、司法解释另有规定的除外。

八、本意见自2019年10月21日起施行。对于本意见施行前发生的非法放贷行为，依照最高人民法院《关于准确理解和适用刑法中"国家规定"的有关问题的通知》（法发〔2011〕155号）的规定办理。

【法发〔2020〕7号】 最高人民法院、最高人民检察院、公安部、司法部关于依法惩治妨害新型冠状病毒感染肺炎疫情防控违法犯罪的意见（2020年2月6日印发）

二、准确适用法律，依法严惩妨害疫情防控的各类违法犯罪

（二）依法严惩暴力伤医犯罪……

（第4款） 以不准离开工作场所等方式非法限制医务人员人身自由，符合刑法第238条规定的，以非法拘禁罪定罪处罚。

【公通字〔2020〕12号】 最高人民法院、最高人民检察院、公安部关于依法办理"碰瓷"违法犯罪案件的指导意见（2020年9月22日印发）

……所谓"碰瓷"，是指行为人通过故意制造或者编造其被害假象，采取诈骗、敲诈勒索等方式非法索取财物的行为。……

八、实施"碰瓷"，为索取财物，采取非法拘禁等方法非法剥夺他人人身自由或者非法搜查他人身体，符合刑法第238条、第245条规定的，分别以非法拘禁罪、非法搜查罪定罪处罚。

九、共同故意实施"碰瓷"犯罪，起主要作用的，应当认定为主犯，对其

---

① 注："软暴力"的定义、表现形式及行为认定详见《刑法》第294条的相关规定：《最高人民法院、最高人民检察院、公安部、司法部关于办理实施"软暴力"的刑事案件若干问题的意见》（公通字〔2019〕15号）。

参与或者组织、指挥的全部犯罪承担刑事责任；起次要或者辅助作用的，应当认定为从犯，依法予以从轻、减轻处罚或者免除处罚。

3人以上为共同故意实施"碰瓷"犯罪而组成的较为固定的犯罪组织，应当认定为犯罪集团。对首要分子应当按照集团所犯全部罪行处罚。

符合黑恶势力认定标准的，应当按照黑社会性质组织、恶势力或者恶势力犯罪集团侦查、起诉、审判。

十、对实施"碰瓷"，尚不构成犯罪，但构成违反治安管理行为的，依法给予治安管理处罚。

【公通字〔2020〕14号】 最高人民法院、最高人民检察院、公安部办理跨境赌博犯罪案件若干问题的意见（2020年10月16日印发）

四、关于跨境赌博关联犯罪的认定

（四）实施赌博犯罪，为强行索要赌债，实施故意杀人、故意伤害、非法拘禁、故意毁坏财物、寻衅滋事等行为，构成犯罪的，应当依法数罪并罚。

● **立案标准 最高人民检察院关于渎职侵权犯罪案件立案标准的规定**（高检发释字〔2006〕2号，2005年12月29日最高人民检察院第10届检察委员会第49次会议通过，2006年7月26日公布施行）

二、国家机关工作人员利用职权实施的侵犯公民人身权利、民主权利犯罪案件

（一）国家机关工作人员利用职权实施的非法拘禁案（第238条）

非法拘禁罪是指以拘禁或者其他方法非法剥夺他人人身自由的行为。

国家机关工作人员利用职权非法拘禁，涉嫌下列情形之一的，应予立案：

1. 非法剥夺他人人身自由24小时以上的；

2. 非法剥夺他人人身自由，并使用械具或者捆绑等恶劣手段，或者实施殴打、侮辱、虐待行为的；

3. 非法拘禁，造成被拘禁人轻伤、重伤、死亡的；

4. 非法拘禁，情节严重，导致被拘禁人自杀、自残造成重伤、死亡，或者精神失常的；

5. 非法拘禁3人次以上的；

6. 司法工作人员对明知是没有违法犯罪事实的人而非法拘禁的；

7. 其他非法拘禁应予追究刑事责任的情形。

三、附则

（一）本规定中每个罪案名称后所注明的法律条款系《中华人民共和国刑法》的有关条款。

（二）本规定所称"以上"包括本数；有关犯罪数额"不满"，是指已达到该数额 80% 以上的。

（三）本规定中的"国家机关工作人员"，是指在国家机关中从事公务的人员，包括在各级国家权力机关、行政机关、司法机关和军事机关中从事公务的人员。在依照法律、法规规定行使国家行政管理职权的组织中从事公务的人员，或者在受国家机关委托代表国家行使职权的组织中从事公务的人员，或者虽未列入国家机关人员编制但在国家机关中从事公务的人员，在代表国家机关行使职权时，视为国家机关工作人员。在乡（镇）以上中国共产党机关、人民政协机关中从事公务的人员，视为国家机关工作人员。

● 量刑指导　【法发〔2021〕21 号】　最高人民法院、最高人民检察院关于常见犯罪的量刑指导意见（2021 年 6 月 16 日印发，2021 年 7 月 1 日试行；法发〔2017〕7 号《指导意见》同时废止。删除线部分内容为 2021 年删除）[①]

四、常见犯罪的量刑

（九）非法拘禁罪

1. 构成非法拘禁罪的，可以根据下列不同情形在相应的幅度内确定量刑起点：

（1）犯罪情节一般的，可以在 1 年以下有期徒刑、拘役幅度内确定量刑起点。

（2）致 1 人重伤的，可以在 3 年至 5 年有期徒刑幅度内确定量刑起点。

（3）致 1 人死亡的，可以在 10 年至 13 年有期徒刑幅度内确定量刑起点。

2. 在量刑起点的基础上，可以根据非法拘禁人数、拘禁时间、致人伤亡后果等其他影响犯罪构成的犯罪事实增加刑罚量，确定基准刑。

非法拘禁多人多次的，以非法拘禁人数作为增加刑罚量的事实，非法拘禁次数作为调节基准刑的量刑情节。

3. 有下列情节之一的，可以增加基准刑的 10% – 20%：

（1）具有殴打、侮辱情节的；

（2）国家机关工作人员利用职权非法扣押、拘禁他人的。

4. 构成非法拘禁罪的，综合考虑非法拘禁的起因、时间、危害后果等犯罪事实、量刑情节，以及被告人的主观恶性、人身危险性、认罪悔罪表现等因素，决定缓刑的适用。（本款新增）

[①] 注：《意见》要求各省高院、检察院应当总结司法实践经验，按照规范、实用、符合司法实际的原则共同研制"实施细则"，经审委会、检委会通过后，分别报最高法、最高检备案审查，与《意见》同步实施。

其他判处有期徒刑的案件，可以参照量刑的指导原则、基本方法和常见量刑情节的适用规范量刑。

第 239 条① 【绑架罪】以勒索财物为目的绑架他人的,或者绑架他人作为人质的,处十年以上有期徒刑或者无期徒刑,并处罚金或者没收财产;情节较轻的,处五年以上十年以下有期徒刑,并处罚金。

犯前款罪,杀害被绑架人的,或者故意伤害被绑架人,致人重伤、死亡的,处无期徒刑或者死刑,并处没收财产。

以勒索财物为目的偷盗婴幼儿的,依照前两款的规定处罚。

● **条文注释** 第239条第1款规定的"绑架他人作为人质"是指出于其他目的,如出于某种政治目的,或为了逃避追捕,或要求司法机关释放罪犯,而挟持他人作为人质的行为。但不包括以出卖为目的而绑架妇女儿童的行为(见《刑法》第240条第1款第5项)。"情节较轻"主要是指未造成被害人较大的人身伤害或较大的财产损失,并且主动释放被害人等具体情形。

第239条第2款原规定"致使被绑架人死亡",均处死刑,这包括在绑架过程中因使用暴力、捆绑过紧或进行虐待等原因导致被害人死亡,也包括被害人在被绑架过程中自杀身亡或在逃跑过程中意外身亡。《刑法修正案(九)》将此修正为"故意伤害被绑架人,致人重伤、死亡的",处无期徒刑或者死刑,即将被害人受伤害的原因限制为受到犯罪分子的"故意伤害",并且量刑不再一律适用死刑;但同时将故意伤害致人重伤、情节恶劣的行为,增加了死刑适用。

第239条第3款规定的"以勒索财物为目的偷盗婴幼儿"是指将婴幼儿劫持并扣作人质后,向其亲属或监护人索取财物的行为;向他人索取财物而交换婴幼儿的,则构成拐卖儿童罪。这里的"偷盗"主要是指趁婴幼儿的亲属或监护人不备,而将其抱走、带走的行为,也包括以利诱、拐骗等方法将婴幼儿哄

---

① 第239条经历了两次修改。其原条文内容为:"以勒索财物为目的绑架他人的,或者绑架他人作为人质的,处十年以上有期徒刑或者无期徒刑,并处罚金或者没收财产;致使被绑架人死亡或者杀害被绑架人的,处死刑,并处没收财产。//以勒索财物为目的偷盗婴幼儿的,依照前款的规定处罚。"

第一次修改是根据2009年2月28日第11届全国人民代表大会常务委员会第7次会议通过的《刑法修正案(七)》(主席令第10号公布,2009年2月28日起施行)而修正,增加了"情节较轻的"情形的惩处规定,并增加第2款,内容为:"犯前款罪,致使被绑架人死亡或者杀害被绑架人的,处死刑,并处没收财产。"

第二次修正是根据2015年8月29日第12届全国人民代表大会常务委员会第16次会议通过的《刑法修正案(九)》(主席令第30号公布,2015年11月1日起施行)而对其第2款规定进行了修正。

骗走，等等。"婴幼儿"的年龄可以参考《最高人民法院关于审理拐卖妇女儿童犯罪案件具体应用法律若干问题的解释》（法释〔2016〕28号）的规定，即不满1周岁的为婴儿，1周岁以上不满6周岁的为幼儿。

● **相关规定** 【法函〔2001〕68号】 最高人民法院关于对在绑架过程中以暴力、胁迫等手段当场劫取被害人财物的行为如何适用法律问题的答复（2001年11月8日答复福建省高级人民法院"闽高法〔2001〕128号"请示）

行为人在绑架过程中，又以暴力、胁迫等手段当场劫取被害人财物，构成犯罪的，择一重罪处罚。

【高检研发〔2003〕第13号】 最高人民检察院法律政策研究室关于相对刑事责任年龄的人承担刑事责任范围有关问题的答复（2003年4月18日答复四川省人民检察院研究室"川检发办〔2002〕47号"请示）

一、相对刑事责任年龄的人实施了刑法第17条第2款规定的行为，应追究刑事责任的，其罪名应当根据所触犯的刑法分则具体条文认定。对于绑架后杀害被绑架人的，其罪名应认定为绑架罪。[①]

【法发〔2005〕8号】 最高人民法院关于审理抢劫、抢夺刑事案件适用法律若干问题的意见（2005年6月8日印发）

九、关于抢劫罪与相似犯罪的界限

3. 抢劫罪与绑架罪的界限

绑架罪是侵害他人人身自由权利的犯罪，其与抢劫罪的区别在于：第一，主观方面不尽相同。抢劫罪中，行为人一般出于非法占有他人财物的故意实施抢劫行为，绑架罪中，行为人既可能为勒索他人财物而实施绑架行为，也可能出于其他非经济目的实施绑架行为；第二，行为手段不尽相同。抢劫罪表现为行为人劫取财物一般应在同一时间、同一地点，具有"当场性"；绑架罪表现为行为人以杀害、伤害等方式向被绑架人的亲属或其他人或单位发出威胁，索取赎金或提出其他非法要求，劫取财物一般不具有"当场性"。

绑架过程中又当场劫取被害人随身携带财物的，同时触犯绑架罪和抢劫罪两罪名，应择一重罪定罪处罚。

[①] 注：本《答复》与"法释〔2006〕1号"《解释》第5条的规定是不一致的。根据《最高人民法院关于适用〈中华人民共和国刑事诉讼法〉的解释》（法释〔2021〕1号）第295条第1款第2项规定："起诉指控的事实清楚，证据确实、充分，但指控的罪名不当的，应当依据法律和审理认定的事实作出有罪判决。"所以这里应该适用"法释〔2006〕1号"《解释》。

最高人民法院研究室关于第三方受到勒索是否属于绑架罪构成要件问题的研究意见①

构成绑架罪,无需以行为人自行或者通过被绑架人向被绑架人的亲友明确告知绑架事实为要件,只要以勒索财物为目的绑架他人的,均应以绑架罪论处。

【法发〔2021〕35号】 最高人民法院、最高人民检察院、公安部、工业和信息化部、住房和城乡建设部、交通运输部、应急管理部、国家铁路局、中国民用航空局、国家邮政局关于依法惩治涉枪支、弹药、爆炸物、易燃易爆危险物品犯罪的意见(2021年12月28日印发,2021年12月31日施行)

4. 非法制造、买卖、运输、邮寄、储存、盗窃、抢夺、抢劫、持有、私藏、走私枪支、弹药、爆炸物,并利用该枪支、弹药、爆炸物实施故意杀人、故意伤害、抢劫、绑架等犯罪的,依照数罪并罚的规定处罚。

第240条 【拐卖妇女、儿童罪】 拐卖妇女、儿童的,处五年以上十年以下有期徒刑,并处罚金;有下列情形之一的,处十年以上有期徒刑或者无期徒刑,并处罚金或者没收财产;情节特别严重的,处死刑,并处没收财产:

(一)拐卖妇女、儿童集团的首要分子;

(二)拐卖妇女、儿童三人以上的;

(三)奸淫被拐卖的妇女的;

(四)诱骗、强迫被拐卖的妇女卖淫或者将被拐卖的妇女卖给他人迫使其卖淫的;

(五)以出卖为目的,使用暴力、胁迫或者麻醉方法绑架妇女、儿童的;

(六)以出卖为目的,偷盗婴幼儿的;

(七)造成被拐卖的妇女、儿童或者其亲属重伤、死亡或者其他严重后果的;

(八)将妇女、儿童卖往境外的。

拐卖妇女、儿童是指以出卖为目的,有拐骗、绑架、收买、贩卖、接送、中转妇女、儿童的行为之一的。

---

① 刊于《司法研究与指导》(总第2辑),人民法院出版社2012年版,第124页。

第 241 条　【收买被拐卖的妇女、儿童罪】 收买被拐卖的妇女、儿童的，处三年以下有期徒刑、拘役或者管制。

收买被拐卖的妇女，强行与其发生性关系的，依照本法第二百三十六条的规定定罪处罚。

收买被拐卖的妇女、儿童，非法剥夺、限制其人身自由或者有伤害、侮辱等犯罪行为的，依照本法的有关规定定罪处罚。

收买被拐卖的妇女、儿童，并有第二款、第三款规定的犯罪行为的，依照数罪并罚的规定处罚。

收买被拐卖的妇女、儿童又出卖的，依照本法第二百四十条的规定定罪处罚。

收买被拐卖的妇女、儿童，对被买儿童没有虐待行为，不阻碍对其进行解救的，可以从轻处罚；按照被买妇女的意愿，不阻碍其返回原居住地的，可以从轻或者减轻处罚。[①]

第 242 条　【妨害公务罪】 以暴力、威胁方法阻碍国家机关工作人员解救被收买的妇女、儿童的，依照本法第二百七十七条的规定定罪处罚。

【聚众阻碍解救被收买的妇女、儿童罪】 聚众阻碍国家机关工作人员解救被收买的妇女、儿童的首要分子，处五年以下有期徒刑或者拘役；其他参与者使用暴力、威胁方法的，依照前款的规定处罚。

● **条文注释**　第240条至第242条是针对拐卖妇女、儿童及相关犯罪行为的处罚规定。

第240条第1款所列举的八种情形中，第1项的"拐卖妇女、儿童集团"是指有计划、有组织地进行拐卖妇女儿童的犯罪集团；其"首要分子"是指在犯罪集团中起组织、领导、指挥作用的犯罪分子，可能是1人或多人。第2项的"拐卖妇女、儿童三人以上"是指直接参与拐卖的累计人数，既包括以出卖为目

[①] 第241条第6款是根据2015年8月29日第12届全国人民代表大会常务委员会第16次会议通过的《刑法修正案（九）》（主席令第30号公布，2015年11月1日施行）而修正。原第241条第6款内容为："收买被拐卖的妇女、儿童，按照被买妇女的意愿，不阻碍其返回原居住地的，对被买儿童没有虐待行为，不阻碍对其进行解救的，可以不追究刑事责任。"

的的拐骗妇女儿童行为，也包括在拐卖妇女儿童犯罪活动中的中转、接送、收买、贩卖等行为。第3项的"奸淫被拐卖的妇女"既包括强奸行为，也包括利用被拐卖妇女处于孤立无援的境地和不敢反抗的心理而与其"自愿"发生性关系的行为。不管使用什么手段，也不论被害妇女是否反抗，只要奸淫既遂，就符合本项规定。第4项的"将被拐卖的妇女卖给他人迫使其卖淫"是指犯罪分子明知对方收买被拐卖的妇女后将迫使其卖淫，仍将该妇女出卖的行为。在第5项和第6项中，只要是"以出卖为目的"，卖出与否不影响按照本罪定罪处罚。第7项的情形包括因为犯罪分子的捆绑、殴打、虐待、侮辱等行为而造成被害人重伤或死亡，也包括被害人及其亲属因为犯罪分子的拐卖行为而自杀、精神失常或造成其他严重后果。不过，如果这种后果是发生在被拐卖妇女儿童被收买以后，则不符合本项规定；应该依法追究收买人的相应责任。如果犯罪分子对被拐卖妇女儿童故意伤害或杀害的，则应以故意伤害罪、故意杀人罪与拐卖妇女、儿童罪实行数罪并罚。第8项的"境外"，既包括国境外，也包括边境外，即我国的港、澳、台地区。

第240条第1款的"情节特别严重"，是指在上述八种情形的基础上，情节特别严重的犯罪行为。第2款规定"以出卖为目的"，主要是为了区别以收养或其他非营利目的而拐骗不满14周岁的儿童脱离家庭或监护人的行为（见《刑法》第262条"拐骗儿童罪"），以及以结婚、收养为目的而收买被拐卖的妇女儿童的行为（见《刑法》第241条"收买被拐卖的妇女、儿童罪"）。这里的"接送""中转"也包括人贩子寻找买主或人贩子在拐卖过程中窝藏被拐卖的妇女儿童的行为。

第241条第1款中，行为人收买被拐卖的妇女、儿童的目的，主要是"结婚""收养"等，而不是出卖营利。第3款所规定的行为，分别适用于第238条"非法拘禁罪"、第234条"故意伤害罪"和第246条"侮辱罪"。根据第241条第5款的规定，无论行为人收买（被拐卖的妇女儿童）时是出于什么目的，只要又将该妇女儿童出卖，即符合本款的规定，依照《刑法》第240条定罪处罚。卖出与否不影响定罪。

第241条第6款中"被买妇女的意愿"，是指被买妇女以各种方式向收买人提出的愿望或要求。"不阻碍其返回原居住地"是指收买人提供路费或交通工具，或者不提出任何附加条件而让被买妇女自行返回其原居住地。在按照被买妇女意愿的前提下，这里的"原居住地"包括原籍、"拐出地"或妇女的亲友家，也包括该妇女自愿留在当地（收买地）的情形。被拐卖妇女开始自愿留在当地，后来又反悔的，依然适用于本规定。"没有虐待行为"是指收买人对被拐卖儿童没有进行打骂、冻馁、禁闭等行为，也没有在精神和肉体上对被害儿童进行摧残。"不阻碍对其进行解救"是指当国家工作人员或被害人亲属对被拐卖的妇女、儿童进行解救时，收买人未采取任何方法对之进行阻止或妨碍。

需要注意的是：

根据第241条原第6款的规定，收买人实施第6款所规定的行为都可以不追究刑事责任，但《刑法修正案（九）》实施后，只要行为人有收买被拐卖的妇女儿童的行为，则一律构成犯罪，其差异在于不同的行为可以分别获得从轻或减轻处罚。

第242条的"暴力"是指对解救妇女儿童的国家工作人员进行人身打击、非法强制捆绑、扣留等；"威胁"是指以杀害、伤害、毁坏财物、破坏名誉等手段进行要挟，迫使国家工作人员放弃解救工作的行为。"聚众"一般是指聚集3人以上；"首要分子"是指其中起组织、策划、指挥、煽动等作用的犯罪分子，可以是1人或多人。注意：对于首要分子，不论其是否使用了暴力或威胁方法，都构成"聚众阻碍解救被收买的妇女、儿童罪"；对于其他参与者，则在使用了暴力、威胁方法时，才能依照《刑法》第277条"妨害公务罪"定罪处罚。

● 相关规定 　【高检研发〔1998〕21号】　最高人民检察院法律政策研究室关于以出卖为目的的倒卖外国妇女的行为是否构成拐卖妇女罪的答复（1998年12月24日答复吉林省人民检察院研究室"吉检发研字〔1998〕4号"请示）

刑法第240条明确规定："拐卖妇女、儿童是以出卖为目的，有拐骗、绑架、收买、贩卖、接送、中转妇女、儿童的行为之一的。"其中作为"收买"对象的妇女、儿童并不要求必须是"被拐骗、绑架的妇女、儿童"。因此，以出卖为目的，收买、贩卖外国妇女，从中牟取非法利益的，应以拐卖妇女罪追究刑事责任。但确属为他人介绍婚姻收取介绍费，而非以出卖为目的的，不能追究刑事责任。

【法〔1999〕217号】　全国法院维护农村稳定刑事审判工作座谈会纪要（1999年9月8日至10日在济南召开，各高院刑事主管副院长、刑庭庭长出席，解放军军事法院和新疆高院生产建设兵团分院派代表参加；最高法1999年10月27日印发）

二、会议在认真学习《决定》（党的15届三中全会作出的《中共中央关于农业和农村工作若干重大问题的决定》）和"上海会议"（1999年8月最高人民法院在上海召开的全国高级法院院长座谈会）文件的基础上，结合执行刑法、刑事诉讼法的审判实践，对审理农村中犯罪案件、农民犯罪案件中的一些重要问题进行了研究、讨论……

（六）关于拐卖妇女、儿童犯罪案件

要从严惩处拐卖妇女、儿童犯罪团伙的首要分子和以拐卖妇女、儿童为常业的"人贩子"。

要严格把握此类案件罪与非罪的界限。对于买卖至亲的案件，要区别对待：以贩卖牟利为目的"收养"子女的，应以拐卖儿童罪处理；对那些迫于生活困难、受重男轻女思想影响而出卖亲生子女或收养子女的，可不作为犯罪处理；对于出卖子女确属情节恶劣的，可按遗弃罪处罚；对于那些确属介绍婚姻，且被介绍的男女双方相互了解对方的基本情况，或者确属介绍收养，并经被收养人父母同意的，尽管介绍的人数较多，从中收取财物较多，也不应作犯罪处理。

【法释〔2000〕1号】 最高人民法院关于审理拐卖妇女案件适用法律有关问题的解释（1999年12月23日由最高人民法院审判委员会第1094次会议通过，2000年1月3日公布，2000年1月25日起施行）

第1条 刑法第240条规定的拐卖妇女罪中的"妇女"，既包括具有中国国籍的妇女，也包括具有外国国籍和无国籍的妇女。被拐卖的外国妇女没有身份证明的，不影响对犯罪分子的定罪处罚。①

第2条 外国人或者无国籍人拐卖外国妇女到我国境内被查获的，应当根据刑法第6条的规定，适用我国刑法定罪处罚。

第3条 对于外国籍被告人身份无法查明或者其国籍国拒绝提供有关身份证明，人民检察院根据刑事诉讼法第128条②第2款的规定起诉的案件，人民法院应当依法受理。

【公通字〔2000〕25号】 公安部关于打击拐卖妇女儿童犯罪适用法律和政策有关问题的意见（公安部2000年3月17日印发）

二、关于拐卖妇女、儿童犯罪

（一）要正确认定拐卖妇女、儿童罪。凡是拐卖妇女、儿童的，不论是哪个环节，只要是以出卖为目的，有拐骗、绑架、收买、贩卖、接送、中转妇女、儿童的行为之一的，均以拐卖妇女、儿童罪立案侦查。

（二）在办理拐卖妇女、儿童案件中，不论拐卖人数多少，是否获利，只要实施拐卖妇女、儿童行为的，均应当以拐卖妇女、儿童罪立案侦查。

---

① 注：拐卖儿童罪中的"儿童"，应该也包括外国儿童和无国籍儿童。
② 注：该条内容对应现《刑事诉讼法》（2018年10月26日修正）第160条。

（三）明知是拐卖妇女、儿童的犯罪分子而事先通谋，为其拐卖行为提供资助或者其他便利条件的，应当以拐卖妇女、儿童罪的共犯立案侦查。

（四）对拐卖过程中奸淫被拐卖妇女的；诱骗、强迫被拐卖的妇女卖淫或者将被拐卖的妇女卖给他人迫使其卖淫的；以出卖为目的使用暴力、胁迫、麻醉等方法绑架妇女、儿童的；以出卖为目的，偷盗婴幼儿的；造成被拐卖的妇女、儿童或者其亲属重伤、死亡或者其他严重后果的，均以拐卖妇女、儿童罪立案侦查。

（五）教唆他人实施拐卖妇女、儿童犯罪的，以拐卖妇女、儿童罪的共犯立案侦查。向他人传授拐卖妇女、儿童的犯罪方法的，以传授犯罪方法罪立案侦查。明知是拐卖妇女、儿童的犯罪分子，而在其实施犯罪后为其提供隐藏处所、财物、帮助其逃匿或者作假证明包庇的，以窝藏、包庇罪立案侦查。

（六）出卖亲生子女的，由公安机关依法没收非法所得，并处以罚款；以营利为目的，出卖不满14周岁子女，情节恶劣的，以拐卖儿童罪立案侦查。

（七）出卖14周岁以上女性亲属或者其他不满14周岁亲属的，以拐卖妇女、儿童罪立案侦查。

（八）借收养名义拐卖儿童的，出卖捡拾的儿童的，均以拐卖儿童罪立案侦查。

（九）以勒索财物为目的，偷盗婴幼儿的，以绑架罪立案侦查。

（十）犯组织他人偷越国（边）境罪，对被组织的妇女、儿童有拐卖犯罪行为的，以组织他人偷越国（边）境罪和拐卖妇女、儿童罪立案侦查。

（十一）非以出卖为目的，拐骗不满14周岁的未成年人脱离家庭或者监护人的，以拐骗儿童罪立案侦查。

（十二）教唆被拐卖、拐骗、收买的未成年人实施盗窃、诈骗等犯罪行为的，应当以盗窃罪、诈骗罪等犯罪的共犯立案侦查。

办案中，要正确区分罪与非罪、罪与罪的界限，特别是拐卖妇女罪与介绍婚姻收取钱物行为、拐卖儿童罪与收养中介行为、拐卖儿童罪与拐骗儿童罪，以及绑架儿童罪与拐卖儿童罪的界限，防止扩大打击面或者放纵犯罪。

三、关于收买被拐卖的妇女、儿童犯罪

（一）收买被拐卖的妇女、儿童的，以收买被拐卖的妇女、儿童罪立案侦查。

（二）收买被拐卖的妇女、儿童，并有下列犯罪行为的，同时以收买被拐卖的妇女、儿童罪和下列罪名立案侦查：

1. 违背被拐卖妇女的意志，强行与其发生性关系的，以强奸罪立案侦查。

2. 明知收买的妇女是精神病患者（间歇性精神病患者在发病期间）或者痴呆者（程度严重的）而与其发生性关系的，以强奸罪立案侦查。

3. 与收买的不满14周岁的幼女发生性关系的,不论被害人是否同意,均以奸淫幼女罪①立案侦查。

4. 非法剥夺、限制被拐卖的妇女、儿童人身自由的,或者对其实施伤害、侮辱、猥亵等犯罪行为的,以非法拘禁罪,或者伤害罪、侮辱罪、强制猥亵妇女罪、猥亵儿童罪等犯罪立案侦查。

5. 明知被拐卖的妇女是现役军人的妻子而与之同居或者结婚的,以破坏军婚罪立案侦查。

(三) 收买被拐卖的妇女、儿童后又出卖的,以拐卖妇女、儿童罪立案侦查。

(四) 凡是帮助买主实施强奸、伤害、非法拘禁被拐卖的妇女、儿童等犯罪行为的,应当分别以强奸罪、伤害罪、非法拘禁罪等犯罪的共犯立案侦查。

(五) 收买被拐卖的妇女、儿童,按照被买妇女的意愿,不阻碍其返回原居住地的,对被买儿童没有虐待行为,不阻碍对其进行解救的,可以不追究刑事责任。

八、关于办理涉外案件

(一) 外国人或者无国籍人拐卖外国妇女、儿童到我国境内被查获的,应当适用我国刑法,以拐卖妇女、儿童罪立案侦查。

(二) 拐卖妇女犯罪中的"妇女",既包括具有中国国籍的妇女,也包括具有外国国籍和无国籍的妇女。被拐卖的外国妇女没有身份证明的,不影响对犯罪分子的立案侦查。

【公通字〔2000〕26号】 关于打击拐卖妇女儿童犯罪有关问题的通知
(最高人民法院、最高人民检察院、公安部、民政部、司法部、全国妇女联合会2000年3月20日印发)

四、正确适用法律,依法严厉打击拐卖妇女、儿童的犯罪活动。这次"打拐"专项斗争的重点是打击拐卖妇女、儿童的人贩子。凡是拐卖妇女、儿童的,不论是哪个环节,只要是以出卖为目的,有拐骗、绑架、收买、贩卖、接送、中转、窝藏妇女、儿童的行为之一的,不论拐卖人数多少,是否获利,均应以拐卖妇女、儿童罪追究刑事责任。对收买被拐卖的妇女、儿童的,以及阻碍解救被拐卖妇女、儿童构成犯罪的,也要依法惩处。出卖亲生子女的,由公安机关依法没收非法所得,并处以罚款;以营利为目的,出卖不满14周岁子女,情

---

① 注:根据《最高人民法院、最高人民检察院关于执行〈中华人民共和国刑法〉确定罪名的补充规定》(最高人民法院审判委员会第1193次会议、最高人民检察院第9届检察委员会第100次会议通过,自2002年3月26日起施行),"奸淫幼女罪"罪名已被取消,奸淫幼女的行为以"强奸罪"论处。

节恶劣的,借收养名义拐卖儿童的,以及出卖捡拾的儿童的,均应以拐卖儿童罪追究刑事责任。出卖14周岁以上女性亲属或者其他不满14周岁亲属的,以拐卖妇女、儿童罪追究刑事责任。

办案中,要正确区分罪与非罪、罪与罪的界限,特别是拐卖妇女罪与介绍婚姻收取钱物行为、拐卖儿童罪与收养中介行为、拐卖儿童罪与拐骗儿童罪,以及绑架儿童罪与拐卖儿童罪的界限,防止扩大打击面或者放纵犯罪。

【法发〔2010〕7号】 关于依法惩治拐卖妇女儿童犯罪的意见(最高人民法院、最高人民检察院、公安部、司法部2010年3月15日印发)

二、管辖

4. 拐卖妇女、儿童犯罪案件依法由犯罪地的司法机关管辖。拐卖妇女、儿童犯罪的犯罪地包括拐出地、中转地、拐入地以及拐卖活动的途经地。如果由犯罪嫌疑人、被告人居住地的司法机关管辖更为适宜的,可以由犯罪嫌疑人、被告人居住地的司法机关管辖。

5. 几个地区的司法机关都有权管辖的,一般由最先受理的司法机关管辖。犯罪嫌疑人、被告人或者被拐卖的妇女、儿童人数较多,涉及多个犯罪地的,可以移送主要犯罪地或者主要犯罪嫌疑人、被告人居住地的司法机关管辖。

6. 相对固定的多名犯罪嫌疑人、被告人分别在拐出地、中转地、拐入地实施某一环节的犯罪行为,犯罪所跨地域较广,全案集中管辖有困难的,可以由拐出地、中转地、拐入地的司法机关对不同犯罪分子分别实施的拐出、中转和拐入犯罪行为分别管辖。

7. 对管辖权发生争议的,争议各方应当本着有利于迅速查清犯罪事实,及时解救被拐卖的妇女、儿童,以及便于起诉、审判的原则,在法定期间内尽快协商解决;协商不成的,报请共同的上级机关确定管辖。

正在侦查中的案件发生管辖权争议的,在上级机关作出管辖决定前,受案机关不得停止侦查工作。

三、立案

8. 具有下列情形之一,经审查,符合管辖规定的,公安机关应当立即以刑事案件立案,迅速开展侦查工作:

(1) 接到拐卖妇女、儿童的报案、控告、举报的;

(2) 接到儿童失踪或者已满14周岁不满18周岁的妇女失踪报案的;

(3) 接到已满18周岁的妇女失踪,可能被拐卖的报案的;

(4) 发现流浪、乞讨的儿童可能系被拐卖的;

（5）发现有收买被拐卖妇女、儿童行为，依法应当追究刑事责任的；

（6）表明可能有拐卖妇女、儿童犯罪事实发生的其他情形的。

9. 公安机关在工作中发现犯罪嫌疑人或者被拐卖的妇女、儿童，不论案件是否属于自己管辖，都应当首先采取紧急措施。经审查，属于自己管辖的，依法立案侦查；不属于自己管辖的，及时移送有管辖权的公安机关处理。

10. 人民检察院要加强对拐卖妇女、儿童犯罪案件的立案监督，确保有案必立、有案必查。

四、证据

11. 公安机关应当依照法定程序，全面收集能够证实犯罪嫌疑人有罪或者无罪、犯罪情节轻重的各种证据。

要特别重视收集、固定买卖妇女、儿童犯罪行为交易环节中钱款的存取证明、犯罪嫌疑人的通话清单、乘坐交通工具往来有关地方的票证、被拐卖儿童的DNA鉴定结论、有关监控录像、电子信息等客观性证据。

取证工作应当及时，防止时过境迁，难以弥补。

12. 公安机关应当高度重视并进一步加强DNA数据库的建设和完善。对失踪儿童的父母，或者疑似被拐卖的儿童，应当及时采集血样进行检验，通过全国DNA数据库，为查获犯罪，帮助被拐卖的儿童及时回归家庭提供科学依据。

13. 拐卖妇女、儿童犯罪所涉地区的办案单位应当加强协作配合。需要到异地调查取证的，相关司法机关应当密切配合；需要进一步补充查证的，应当积极支持。

五、定性

14. 犯罪嫌疑人、被告人参与拐卖妇女、儿童犯罪活动的多个环节，只有部分环节的犯罪事实查证清楚、证据确实、充分的，可以对该环节的犯罪事实依法予以认定。

15. 以出卖为目的强抢儿童，或者捡拾儿童后予以出卖，符合刑法第240条第2款规定的，应当以拐卖儿童罪论处。

以抚养为目的偷盗婴幼儿或者拐骗儿童，之后予以出卖的，以拐卖儿童罪论处。

16. 以非法获利为目的，出卖亲生子女的，应当以拐卖妇女、儿童罪论处。

17. 要严格区分借送养之名出卖亲生子女与民间送养行为的界限。区分的关键在于行为人是否具有非法获利的目的。应当通过审查将子女"送"人的背景和原因、有无收取钱财及收取钱财的多少、对方是否具有抚养目的及有无抚养能力等事实，综合判断行为人是否具有非法获利的目的。

具有下列情形之一的,可以认定属于出卖亲生子女,应当以拐卖妇女、儿童罪论处:

(1) 将生育作为非法获利手段,生育后即出卖子女的;

(2) 明知对方不具有抚养目的,或者根本不考虑对方是否具有抚养目的,为收取钱财将子女"送"给他人的;

(3) 为收取明显不属于"营养费"、"感谢费"的巨额钱财将子女"送"给他人的;

(4) 其他足以反映行为人具有非法获利目的的"送养"行为的。

不是出于非法获利目的,而是迫于生活困难,或者受重男轻女思想影响,私自将没有独立生活能力的子女送给他人抚养,包括收取少量"营养费"、"感谢费"的,属于民间送养行为,不能以拐卖妇女、儿童罪论处。对私自送养导致子女身心健康受到严重损害,或者具有其他恶劣情节,符合遗弃罪特征的,可以遗弃罪论处;情节显著轻微危害不大的,可由公安机关依法予以行政处罚。

18. 将妇女拐卖给有关场所,致使被拐卖的妇女被迫卖淫或者从事其他色情服务的,以拐卖妇女罪论处。

有关场所的经营管理人员事前与拐卖妇女的犯罪人通谋的,对该经营管理人员以拐卖妇女罪的共犯论处;同时构成拐卖妇女罪和组织卖淫罪的,择一重罪论处。

19. 医疗机构、社会福利机构等单位的工作人员以非法获利为目的,将所诊疗、护理、抚养的儿童贩卖给他人的,以拐卖儿童罪论处。

20. 明知是被拐卖的妇女、儿童而收买,具有下列情形之一的,以收买被拐卖的妇女、儿童罪论处;同时构成其他犯罪的,依照数罪并罚的规定处罚:

(1) 收买被拐卖的妇女后,违背被收买妇女的意愿,阻碍其返回原居住地的;

(2) 阻碍对被收买妇女、儿童进行解救的;

(3) 非法剥夺、限制被收买妇女、儿童的人身自由,情节严重,或者对被收买妇女、儿童有强奸、伤害、侮辱、虐待等行为的;

(4) 所收买的妇女、儿童被解救后又再次收买,或者收买多名被拐卖的妇女、儿童的;

(5) 组织、诱骗、强迫被收买的妇女、儿童从事乞讨、苦役,或者盗窃、传销、卖淫等违法犯罪活动的;

(6) 造成被收买妇女、儿童或者其亲属重伤、死亡以及其他严重后果的;

(7) 具有其他严重情节的。

被追诉前主动向公安机关报案或者向有关单位反映，愿意让被收买妇女返回原居住地，或者将被收买儿童送回其家庭，或者将被收买妇女、儿童交给公安、民政、妇联等机关、组织，没有其他严重情节的，可以不追究刑事责任。①

六、共同犯罪

21. 明知他人拐卖妇女、儿童，仍然向其提供被拐卖妇女、儿童的健康证明、出生证明或者其他帮助的，以拐卖妇女、儿童罪的共犯论处。

明知他人收买被拐卖的妇女、儿童，仍然向其提供被收买妇女、儿童的户籍证明、出生证明或者其他帮助的，以收买被拐卖的妇女、儿童罪的共犯论处，但是，收买人未被追究刑事责任的除外。

认定是否"明知"，应当根据证人证言、犯罪嫌疑人、被告人及其同案人供述和辩解，结合提供帮助的人次，以及是否明显违反相关规章制度、工作流程等，予以综合判断。

22. 明知他人系拐卖儿童的"人贩子"，仍然利用从事诊疗、福利救助等工作的便利或者了解被拐卖方情况的条件，居间介绍的，以拐卖儿童罪的共犯论处。

23. 对于拐卖妇女、儿童犯罪的共犯，应当根据各被告人在共同犯罪中的分工、地位、作用，参与拐卖的人数、次数，以及分赃数额等，准确区分主从犯。

对于组织、领导、指挥拐卖妇女、儿童的某一个或者某几个犯罪环节，或者积极参与实施拐骗、绑架、收买、贩卖、接送、中转妇女、儿童等犯罪行为，起主要作用的，应当认定为主犯。

对于仅提供被拐卖妇女、儿童信息或者相关证明文件，或者进行居间介绍，起辅助或者次要作用，没有获利或者获利较少的，一般可认定为从犯。

对于各被告人在共同犯罪中的地位、作用区别不明显的，可以不区分主从犯。

七、一罪与数罪

24. 拐卖妇女、儿童，又奸淫被拐卖的妇女、儿童，或者诱骗、强迫被拐卖的妇女、儿童卖淫的，以拐卖妇女、儿童罪处罚。

25. 拐卖妇女、儿童，又对被拐卖的妇女、儿童实施故意杀害、伤害、猥亵、侮辱等行为，构成其他犯罪的，依照数罪并罚的规定处罚。

26. 拐卖妇女、儿童或者收买被拐卖的妇女、儿童，又组织、教唆被拐卖、收买的妇女、儿童进行犯罪的，以拐卖妇女、儿童罪或者收买被拐卖的妇女、

---

① 注：《刑法修正案（九）》于2015年11月1日施行后，不再对收买被拐卖的妇女、儿童的行为免除其刑事责任。本款规定的情形应当以收买被拐卖的妇女、儿童罪论处，但在量刑时从轻或减轻处罚。

儿童罪与其所组织、教唆的罪数罪并罚。

27. 拐卖妇女、儿童或者收买被拐卖的妇女、儿童，又组织、教唆被拐卖、收买的未成年妇女、儿童进行盗窃、诈骗、抢夺、敲诈勒索等违反治安管理活动的，以拐卖妇女、儿童罪或者收买被拐卖的妇女、儿童罪与组织未成年人进行违反治安管理活动罪数罪并罚。

八、刑罚适用

28. 对于拐卖妇女、儿童犯罪集团的首要分子，情节严重的主犯，累犯，偷盗婴幼儿、强抢儿童情节严重，将妇女、儿童卖往境外情节严重，拐卖妇女、儿童多人多次、造成伤亡后果，或者具有其他严重情节的，依法从重处罚；情节特别严重的，依法判处死刑。

拐卖妇女、儿童，并对被拐卖的妇女、儿童实施故意杀害、伤害、猥亵、侮辱等行为，数罪并罚决定执行的刑罚应当依法体现从严。

29. 对于拐卖妇女、儿童的犯罪分子，应当注重依法适用财产刑，并切实加大执行力度，以强化刑罚的特殊预防与一般预防效果。

30. 犯收买被拐卖的妇女、儿童罪，对被收买妇女、儿童实施违法犯罪活动或者将其作为牟利工具的，处罚时应当依法体现从严。

收买被拐卖的妇女、儿童，对被收买妇女、儿童没有实施摧残、虐待行为或者与其已形成稳定的婚姻家庭关系，但仍应依法追究刑事责任的，一般应当从轻处罚；符合缓刑条件的，可以依法适用缓刑。

收买被拐卖的妇女、儿童，犯罪情节轻微的，可以依法免予刑事处罚。

31. 多名家庭成员或者亲友共同参与出卖亲生子女，或者"买人为妻"、"买人为子"构成收买被拐卖的妇女、儿童罪的，一般应当在综合考察犯意提起、各行为人在犯罪中所起作用等情节的基础上，依法追究其中罪责较重者的刑事责任。对于其他情节显著轻微危害不大，不认为是犯罪的，依法不追究刑事责任；必要时可以由公安机关予以行政处罚。

32. 具有从犯、自首、立功等法定从宽处罚情节的，依法从轻、减轻或者免除处罚。

对被拐卖的妇女、儿童没有实施摧残、虐待等违法犯罪行为，或者能够协助解救被拐卖的妇女、儿童，或者具有其他酌定从宽处罚情节的，可以依法酌情从轻处罚。

33. 同时具有从严和从宽处罚情节的，要在综合考察拐卖妇女、儿童的手段、拐卖妇女、儿童或者收买被拐卖妇女、儿童的人次、危害后果以及被告人主观恶性、人身危险性等因素的基础上，结合当地此类犯罪发案情况和社会治安状况，决定对被告人总体从严或者从宽处罚。

九、涉外犯罪

34. 要进一步加大对跨国、跨境拐卖妇女、儿童犯罪的打击力度。加强双边或者多边"反拐"国际交流与合作，加强对被跨国、跨境拐卖的妇女、儿童的救助工作。依照我国缔结或者参加的国际条约的规定，积极行使所享有的权利，履行所承担的义务，及时请求或者提供各项司法协助，有效遏制跨国、跨境拐卖妇女、儿童犯罪。

【公复字〔2011〕4 号】 公安部关于妥善处置自愿留在现住地生活的被拐外国籍妇女有关问题的批复（2011 年 10 月 27 日答复福建省公安厅"闽公综〔2010〕729 号"请示）

一、对于自愿继续留在现住地生活的被拐卖的成年外国籍妇女，可以尊重本人及与其共同生活的中国公民的意愿。对愿在现住地结婚且符合法定结婚条件，持有合法有效身份证件的外国籍妇女，应当告知其可以依法办理结婚登记手续和在华居留手续。但是，对无合法有效身份证件的外国籍妇女，应当告知其回国补办合法有效身份证件，申办来华签证入境后，才能依法办理结婚登记手续和在华居留手续。对不能回国补办合法有效身份证件的外国籍妇女，应当登记造册，纳入实有人口管理。

对被拐卖时不满 18 周岁，现已达到我国法定结婚年龄，本人又愿意与买主继续共同生活的外国籍妇女，可以告知其按上述第 1 款要求补办结婚登记手续和在华居留手续。

对被拐卖时不满 18 周岁，现已满 18 周岁但未达到我国法定结婚年龄的外国籍妇女，本人愿意与买主结合的，可以告知其按上述第 1 款要求办理在华居留手续，待其达到我国法定结婚年龄时，再依法补办结婚登记手续。

对被拐卖的外国籍未成年女性，被解救时仍不满 18 周岁的，必须送返其国籍国。

二、被拐卖的外国籍妇女系拐卖犯罪的受害者，在处理上应当区别于"非法入境、非法居留"的外国人，且不得羁押。

【公传发〔2016〕39 号】 公安部关于进一步加强打拐反拐工作的通知（2016 年 1 月 20 日）

一、……要认真贯彻《刑法修正案（九）》的规定，在严惩拐卖犯罪分子的同时加大对买方市场的打击整治力度，对于收买被拐妇女儿童的行为一律追究刑事责任。……

【法释〔2016〕28 号】 最高人民法院关于审理拐卖妇女儿童犯罪案件具体应用法律若干问题的解释（2016 年 11 月 14 日最高人民法院审判委员会第 1699 次会议通过，2016 年 12 月 21 日公布，2017 年 1 月 1 日起施行）

第 1 条 对婴幼儿采取欺骗、利诱等手段使其脱离监护人或者看护人的，视为刑法第 240 条第 1 款第（六）项规定的"偷盗婴幼儿"。

第 2 条 医疗机构、社会福利机构等单位的工作人员以非法获利为目的，将所诊疗、护理、抚养的儿童出卖给他人的，以拐卖儿童罪论处。

第 3 条（第 1 款） 以介绍婚姻为名，采取非法扣押身份证件、限制人身自由等方式，或者利用妇女人地生疏、语言不通、孤立无援等境况，违背妇女意志，将其出卖给他人的，应当以拐卖妇女罪追究刑事责任。

第 4 条 在国家机关工作人员排查来历不明儿童或者进行解救时，将所收买的儿童藏匿、转移或者实施其他妨碍解救行为，经说服教育仍不配合的，属于刑法第 241 条第 6 款规定的"阻碍对其进行解救"。

第 5 条 收买被拐卖的妇女，业已形成稳定的婚姻家庭关系，解救时被买妇女自愿继续留在当地共同生活的，可以视为"按照被买妇女的意愿，不阻碍其返回原居住地"。

第 6 条 收买被拐卖的妇女、儿童后又组织、强迫卖淫或者组织乞讨、进行违反治安管理活动等构成其他犯罪的，依照数罪并罚的规定处罚。

第 7 条 收买被拐卖的妇女、儿童，又以暴力、威胁方法阻碍国家机关工作人员解救被收买的妇女、儿童，或者聚众阻碍国家机关工作人员解救被收买的妇女、儿童，构成妨害公务罪、聚众阻碍解救被收买的妇女、儿童罪的，依照数罪并罚的规定处罚。

第 8 条 出于结婚目的收买被拐卖的妇女，或者出于抚养目的收买被拐卖的儿童，涉及多名家庭成员、亲友参与的，对其中起主要作用的人员应当依法追究刑事责任。

第 9 条 刑法第 240 条、第 241 条规定的儿童，是指不满 14 周岁的人。其中，不满 1 周岁的为婴儿，1 周岁以上不满 6 周岁的为幼儿。

第 10 条 本解释自 2017 年 1 月 1 日起施行。

【法刊文摘】 《关于审理拐卖妇女儿童犯罪案件具体应用法律若干问题的解释》的理解与适用[①]

---

① 刊于《人民司法（应用）》2017 年第 13 期，第 24 页。

2.……对妇女本有结婚意愿,在中介人员介绍、撮合下与男方见面、相识后,因对男方条件不满,而不愿与男方结婚或者生活,行为人以已经支付了女方及近亲属彩礼、支出了办理签证手续费用等为由,威胁妇女被迫同意,行为人在事前或事后索取、收受钱财的,也属违背妇女意志将其卖给他人,构成拐卖妇女罪。

4.……如果行为人在收买被拐卖妇女、儿童的环节虽不起主要作用,但积极参与殴打、拘禁被拐卖的妇女、儿童,甚至实施或者协助实施强奸、摧残等严重损害被拐卖的妇女、儿童身心健康行为的,亦应依法追究刑事责任,构成数罪的,还应依法予以并罚,切实保障妇女、儿童合法权益不受侵犯。

第 243 条 【诬告陷害罪】捏造事实诬告陷害他人,意图使他人受刑事追究,情节严重的,处三年以下有期徒刑、拘役或者管制;造成严重后果的,处三年以上十年以下有期徒刑。

国家机关工作人员犯前款罪的,从重处罚。

不是有意诬陷,而是错告,或者检举失实的,不适用前两款的规定。

● **条文注释** 构成第243条规定之罪,必须具备以下条件:(1)诬告陷害他人,必须是以使他人受刑事追究为目的(若是为了败坏他人名誉、阻止他人获奖或升职等而诬告他人,则不构成本罪);(2)捏造的必须是他人的犯罪行为(如果捏造他人违法或不道德等不足以使他人受到刑事追究的行为,则不构成本罪);(3)不仅捏造了他人的犯罪事实,而且将捏造的犯罪事实向有关机关进行了告发;(4)诬告陷害的行为必须有明确的对象(如果行为人只是捏造了某种犯罪事实,向有关机关告发,并没有具体的告发对象,这种行为虽然也侵犯了司法机关的正常活动,但并未直接侵犯他人的人身权利,因此也不构成本罪);(5)诬告陷害情节严重(主要是指捏造的犯罪事实情节严重、诬陷手段恶劣、严重影响了司法机关的正常工作、社会影响恶劣等)。

根据《刑法》第93条的规定,"国家机关工作人员"是指在国家立法机关、行政机关、司法机关、军事机关等国家机关中从事公务的人员。在依照法律、法规规定行使国家行政管理职权的组织中从事公务的人员,或者在受国家机关委托代表国家行使职权的组织中从事公务的人员,或者虽未列入国家机关人员编制但在国家机关中从事公务的人员,在代表国家机关行使职权时,视为国家机关工作人员。在乡（镇）以上中国共产党机关、人民政协机关中从事公务的人员，视为国家机关工作人员。

在司法实践中需要注意以下几点：

1. 诬告陷害罪的犯罪主体只能是自然人（单位不能构成本罪）。

2. 要正确区分诬告陷害与错告、检举失实的界限，以有利于打击犯罪，保护公民与违法犯罪作斗争的积极性。

3. 要注意诬告陷害罪与诽谤罪的区别：（1）目的不同：前者是为了使他人受刑事追究，而后者是为了损害他人的人格和名誉；（2）捏造的内容不同：前者捏造的必须是他人犯罪的事实，而后者捏造的未必是他人犯罪的事实；（3）手段不同：前者是向有关机关告发，而后者是散布其捏造的事实；（4）追究刑事责任的方式不同：前者属于国家公诉案件，而后者属于亲告罪，告诉的才处理（但是严重危害社会秩序和国家利益的除外）。

● 相关规定　【高检发〔1991〕21号】　**最高人民检察院关于保护公民举报权利的规定**（1991年5月13日）

第9条　公民应据实举报。凡捏造事实、制造伪证，利用举报诬告陷害他人构成犯罪的，依法追究刑事责任。

由于对事实了解不全面而发生误告、错告等检举失实的，不适用前款规定。

【公通字〔2013〕25号】　**公安部关于公安机关处置信访活动中违法犯罪行为适用法律的指导意见**（2008年7月6日"公通字〔2008〕35号"初次印发；2013年7月19日修订后印发）

5. 捏造、歪曲事实诬告陷害他人，企图使他人受到刑事追究或者受到治安管理处罚，符合《治安管理处罚法》第42条第三项规定的，以诬告陷害依法予以治安管理处罚；符合《刑法》第243条规定的，以诬告陷害罪追究刑事责任。

【主席令〔2021〕101号】　**中华人民共和国反有组织犯罪法**（2021年12月24日第13届全国人大常委会第32次会议通过，主席令第101号公布，2022年5月1日施行）

第53条　有关机关接到对从事反有组织犯罪工作的执法、司法工作人员的举报后，应当依法处理，防止犯罪嫌疑人、被告人等利用举报干扰办案、打击报复。

对利用举报等方式歪曲捏造事实，诬告陷害从事反有组织犯罪工作的执法、司法工作人员的，应当依法追究责任；造成不良影响的，应当按照规定及时澄清事实，恢复名誉，消除不良影响。

【主席令〔2012〕67号】 中华人民共和国治安管理处罚法（2012年10月26日第11届全国人大常委会第29次会议修正，2013年1月1日起施行）

第2条 扰乱公共秩序，妨害公共安全，侵犯人身权利、财产权利，妨害社会管理，具有社会危害性，依照《中华人民共和国刑法》的规定构成犯罪的，依法追究刑事责任；尚不够刑事处罚的，由公安机关依照本法给予治安管理处罚。

第42条 有下列行为之一的，处5日以下拘留或者500元以下罚款；情节较重的，处5日以上10日以下拘留，可以并处500元以下罚款：

（三）捏造事实诬告陷害他人，企图使他人受到刑事追究或者受到治安管理处罚的。

第244条① 【强迫劳动罪】以暴力、威胁或者限制人身自由的方法强迫他人劳动的，处三年以下有期徒刑或者拘役，并处罚金；情节严重的，处三年以上十年以下有期徒刑，并处罚金。

明知他人实施前款行为，为其招募、运送人员或者有其他协助强迫他人劳动行为的，依照前款的规定处罚。

单位犯前两款罪的，对单位判处罚金，并对其直接负责的主管人员和其他直接责任人员，依照第一款的规定处罚。

第244条之一② 【雇用童工从事危重劳动罪】违反劳动管理法规，雇用未满十六周岁的未成年人从事超强度体力劳动的，或者从事高空、井下作业的，或者在爆炸性、易燃性、放射性、毒害性等危险环境下从事劳动，情节严重的，对直接责任人员，处三年以下有期徒刑或者拘役，并处罚金；情节特别严重的，处三年以上七年以下有期徒刑，并处罚金。

有前款行为，造成事故，又构成其他犯罪的，依照数罪并罚的规定处罚。

---

① 第244条是根据2011年2月25日第11届全国人民代表大会常务委员会第19次会议通过的《刑法修正案（八）》（主席令第41号公布，2011年5月1日起施行）而修改，原条文内容为："用人单位违反劳动管理法规，以限制人身自由方法强迫职工劳动，情节严重的，对直接责任人员，处三年以下有期徒刑或者拘役，并处或者单处罚金。"

② 第244条之一是根据2002年12月28日第9届全国人民代表大会常务委员会第31次会议通过的《刑法修正案（四）》（主席令第83号公布，2002年12月28日起施行）而增设。

● **条文注释** 第244条、第244条之一是针对在用人和管理方面违反《劳动法》等法规的犯罪行为的处罚规定。该规定中的"情节严重"的界定标准，依照"公通字〔2008〕36号"立案标准和"公通字〔2017〕12号"补充规定等相关规定。

构成第244条规定之罪并没有情节或后果等方面的要求，只要行为人实施了以暴力、威胁或限制人身自由的方法强迫他人劳动的行为，就可以构成本罪。这里的"限制人身自由"既包括直接非法限制他人的人身自由，也包括采用扣发工资、扣留身份证件等手段限制他人的人身自由。

构成第244条之一规定之罪，必须具备以下条件：（1）行为人雇用了未满16周岁的未成年人从事劳动；（2）从事的是第244条之一规定的三种情形的劳动；（3）情节"严重"以上。

这里的"雇用"是指支付工资使他人为自己提供劳动的行为。雇用未满16周岁的未成年人从事劳动的，属于违法使用童工。但根据有关劳动管理法规的规定，文艺、体育单位经未成年人的监护人同意，可以招用不满16周岁的专业文艺工作者、运动员（但必须符合国家有关规定，并且要注意与一些单位或个人打着文艺、体育活动的招牌，非法雇用童工进行低俗、危险表演的行为相区别）；学校、其他教育机构以及职业培训机构按照国家有关规定组织不满16周岁的未成年人进行不影响其人身安全和身心健康的教育实践劳动、职业技能培训劳动的，不属于使用童工。另外，如果是父母让未成年子女在自己的工厂、作坊等从事劳动的，也不宜认定为雇佣关系。

所谓"超强度"是指超过劳动者正常体能所能合理承受的强度。在认定是否雇用童工从事超强度体力劳动时，应结合被雇用童工的年龄、身体发育状况等因素。比如，根据国家劳动管理法规，用人单位可以安排未成年工（已满16周岁未满18周岁）从事四级强度体力劳动[①]以下的劳动，那么用人单位安排未满18周岁的未成年人从事四级体力劳动强度的劳动的，应当属于超强度体力劳动。

需要注意的是：

（1）构成第244条、第244条之一规定之罪的犯罪主体是一般主体，既可以是个人，也可以是单位，抑或是没有办理合法手续的用人单位或个人。

（2）第244条第2款的规定与《刑法》第358条第2款的规定较为相像。

[①] 体力劳动强度的测算主要依据原劳动人事部委托中国医学科学院卫生研究所起草、国家标准局"国标发〔1983〕415号"文件批准的《体力劳动强度分级》国家标准（劳人护〔1984〕8号公布，原编号为GB 3869-83，修订后的编号为GB 3869-1996）。根据该分级标准，体力劳动强度的测定是通过测量某劳动工种平均劳动时间率和能量代谢率，并计算出其劳动强度指数，然后根据指数又将体力劳动按照强度由低至高分为四级，第四级强度的体力劳动属于强度最大的劳动。

但后者单独设置了罪名"协助组织卖淫罪",而前者的罪名被并入第 1 款,并没有单独设置"协助强迫劳动罪"。

(3)第 244 条之一第 2 款主要是规定对非法雇用童工和造成事故这两种情况同时发生时的处理原则,并非强调这两者之间一定要有直接的因果关系。

● **相关规定** 【主席令〔1994〕28 号】 **中华人民共和国劳动法**(1994 年 7 月 5 日第 8 届全国人大常委会第 8 次会议通过,1995 年 1 月 1 日施行;2009 年 8 月 27 日、2018 年 12 月 29 日修正)

第 96 条 用人单位有下列行为之一,由公安机关对责任人员处以 15 日以下拘留、罚款或者警告;构成犯罪的,对责任人员依法追究刑事责任:(一)以暴力、威胁或者非法限制人身自由的手段强迫劳动的;(二)侮辱、体罚、殴打、非法搜查和拘禁劳动者的。

【国务院令〔2002〕364 号】 **禁止使用童工规定**(2002 年 9 月 18 日国务院第 63 次常务会议通过,2002 年 10 月 1 日公布,2002 年 12 月 1 日施行;1991 年 4 月 15 日国务院令第 81 号《规定》同时废止)

第 2 条(第 1 款) 国家机关、社会团体、企业事业单位、民办非企业单位或者个体工商户(以下统称用人单位)均不得招用不满 16 周岁的未成年人(招用不满 16 周岁的未成年人,以下统称使用童工)。

第 11 条 拐骗童工,强迫童工劳动,使用童工从事高空、井下、放射性、高毒、易燃易爆以及国家规定的第四级体力劳动强度的劳动,使用不满 14 周岁的童工,或者造成童工死亡或者严重伤残的,依照刑法关于拐卖儿童罪、强迫劳动罪或者其他罪的规定,依法追究刑事责任。

【主席令〔2012〕67 号】 **中华人民共和国治安管理处罚法**(2012 年 10 月 26 日第 11 届全国人大常委会第 29 次会议修正,2013 年 1 月 1 日起施行)

第 2 条 扰乱公共秩序,妨害公共安全,侵犯人身权利、财产权利,妨害社会管理,具有社会危害性,依照《中华人民共和国刑法》的规定构成犯罪的,依法追究刑事责任;尚不够刑事处罚的,由公安机关依照本法给予治安管理处罚。

第 40 条 有下列行为之一的,处 10 日以上 15 日以下拘留,并处 500 元以上 1000 元以下罚款;情节较轻的,处 5 日以上 10 日以下拘留,并处 200 元以上 500 元以下罚款:

(一)组织、胁迫、诱骗不满 16 周岁的人或者残疾人进行恐怖、残忍表演的;

(二)以暴力、威胁或者其他手段强迫他人劳动的。

● **立案标准**　最高人民检察院、公安部关于公安机关管辖的刑事案件立案追诉标准的规定（一）（公通字〔2008〕36号，2008年6月25日公布施行）

第31条［强迫劳动案（刑法第244条）］① 　以暴力、威胁或者限制人身自由的方法强迫他人劳动的，应予立案追诉。

明知他人以暴力、威胁或者限制人身自由的方法强迫他人劳动，为其招募、运送人员或者有其他协助强迫他人劳动行为的，应予立案追诉。

第32条［雇用童工从事危重劳动案（刑法第244条之一）］ 违反劳动管理法规，雇用未满16周岁的未成年人从事国家规定的第四级体力劳动强度的劳动，或者从事高空、井下劳动，或者在爆炸性、易燃性、放射性、毒害性等危险环境下从事劳动，涉嫌下列情形之一的，应予立案追诉：

（一）造成未满16周岁的未成年人伤亡或者对其身体健康造成严重危害的；

（二）雇用未满16周岁的未成年人3人以上的；

（三）以强迫、欺骗等手段雇用未满16周岁的未成年人从事危重劳动的；

（四）其他情节严重的情形。

第101条　本规定中的"以上"，包括本数。

第245条　【非法搜查罪；非法侵入住宅罪】非法搜查他人身体、住宅，或者非法侵入他人住宅的，处三年以下有期徒刑或者拘役。

司法工作人员滥用职权，犯前款罪的，从重处罚。

● **条文注释**　第245条规定了两种罪行：非法搜查罪、非法侵入住宅罪。构成这两种罪，都要求行为人必须具有主观故意；如果是过失行为，则不构成犯罪。

根据《刑事诉讼法》及其他有关法律规定，搜查只能由人民检察院、公安机关、国家安全机关依照法律规定的程序进行。因此，这里的"非法搜查"包括两种情形：（1）无权进行搜查的机关、团体、单位的工作人员或者个人，非法对他人人身、住宅进行搜查；（2）有搜查权的国家机关工作人员，滥用职权，擅自决定非法对他人的人身、住宅进行搜查或者搜查的程序和手续不符合法律规定。"非法侵入他人住宅"是指无权或无理进入他人住宅而强行闯入或者拒不退出。

根据《刑法》第94条的规定，"司法工作人员"是指有侦查、检察、审判、

---

① 注：根据《最高人民检察院、公安部关于公安机关管辖的刑事案件立案追诉标准的规定（一）的补充规定》（公通字〔2017〕12号，2017年4月27日公布施行）修订。

监管职责的工作人员，如公安机关、检察机关、审判机关、监狱管理机关等司法机关的工作人员。"滥用职权"，是指司法工作人员超越职权或者违背职责的规定行使职权，而非法搜查他人身体、住宅，或者非法侵入他人住宅的行为。

根据"高检发释字〔2006〕2号"《立案标准》第二部分第2条的规定和相关的立法精神，非法搜查他人身体、住宅或非法侵入他人住宅，情节严重的才构成犯罪（否则应该适用《治安管理处罚法》的相关规定）。但对于"情节严重"的界定标准，目前并没有法律法规或司法解释作出规定；在司法实践中一般是指造成财物严重损坏、造成当事人伤亡或精神失常，或者对当事人实施了殴打、侮辱等行为。

● 相关规定　【公通字〔2019〕15号】　最高人民法院、最高人民检察院、公安部、司法部关于办理实施"软暴力"的刑事案件若干问题的意见（2019年4月9日印发施行）

七、以"软暴力"手段①非法进入或者滞留他人住宅的，应当认定为《刑法》第245条规定的"非法侵入他人住宅"，同时符合其他犯罪构成要件的，应当以非法侵入住宅罪定罪处罚。

九、采用"软暴力"手段，同时构成两种以上犯罪的，依法按照处罚较重的犯罪定罪处罚，法律另有规定的除外。

一一、（第2款）　为强索不受法律保护的债务或者因其他非法目的，雇佣、指使他人采用"软暴力"手段非法剥夺他人人身自由构成非法拘禁罪，或者非法侵入他人住宅、寻衅滋事，构成非法侵入住宅罪、寻衅滋事罪的，对雇佣者、指使者，一般应当以共同犯罪中的主犯论处；因本人及近亲属合法债务、婚恋、家庭、邻里纠纷等民间矛盾而雇佣、指使，没有造成严重后果的，一般不作为犯罪处理，但经有关部门批评制止或者处理处罚后仍继续实施的除外。

【公通字〔2020〕12号】　最高人民法院、最高人民检察院、公安部关于依法办理"碰瓷"违法犯罪案件的指导意见（2020年9月22日印发）

……所谓"碰瓷"，是指行为人通过故意制造或者编造其被害假象，采取诈骗、敲诈勒索等方式非法索取财物的行为……

八、实施"碰瓷"，为索取财物，采取非法拘禁等方法非法剥夺他人人身自

---

① 注："软暴力"的定义、表现形式及行为认定详见《刑法》第294条的相关规定：《最高人民法院、最高人民检察院、公安部、司法部关于办理实施"软暴力"的刑事案件若干问题的意见》（公通字〔2019〕15号）。

由或者非法搜查他人身体，符合刑法第238条、第245条规定的，分别以非法拘禁罪、非法搜查罪定罪处罚。

九、共同故意实施"碰瓷"犯罪，起主要作用的，应当认定为主犯，对其参与或者组织、指挥的全部犯罪承担刑事责任；起次要或者辅助作用的，应当认定为从犯，依法予以从轻、减轻处罚或者免除处罚。

3人以上为共同故意实施"碰瓷"犯罪而组成的较为固定的犯罪组织，应当认定为犯罪集团。对首要分子应当按照集团所犯全部罪行处罚。

符合黑恶势力认定标准的，应当按照黑社会性质组织、恶势力或者恶势力犯罪集团侦查、起诉、审判。

十、对实施"碰瓷"，尚不构成犯罪，但构成违反治安管理行为的，依法给予治安管理处罚。

【主席令〔2012〕67号】　中华人民共和国治安管理处罚法（2012年10月26日第11届全国人大常委会第29次会议修正，2013年1月1日起施行）

第40条　有下列行为之一的，处10日以上15日以下拘留，并处500元以上1000元以下罚款；情节较轻的，处5日以上10日以下拘留，并处200元以上500元以下罚款：

（三）非法限制他人人身自由、非法侵入他人住宅或者非法搜查他人身体的。

● **立案标准　最高人民检察院关于渎职侵权犯罪案件立案标准的规定**（高检发释字〔2006〕2号，2005年12月29日最高人民检察院第10届检察委员会第49次会议通过，2006年7月26日公布施行）

二、国家机关工作人员利用职权实施的侵犯公民人身权利、民主权利犯罪案件

（二）国家机关工作人员利用职权实施的非法搜查案（第245条）

非法搜查罪是指非法搜查他人身体、住宅的行为。

国家机关工作人员利用职权非法搜查，涉嫌下列情形之一的，应予立案：

1. 非法搜查他人身体、住宅，并实施殴打、侮辱等行为的；
2. 非法搜查，情节严重，导致被搜查人或者其近亲属自杀、自残造成重伤、死亡，或者精神失常的；
3. 非法搜查，造成财物严重损坏的；
4. 非法搜查3人（户）次以上的；
5. 司法工作人员对明知是与涉嫌犯罪无关的人身、住宅非法搜查的；

6. 其他非法搜查应予追究刑事责任的情形。

三、附则

（一）本规定中每个罪案名称后所注明的法律条款系《中华人民共和国刑法》的有关条款。

（二）本规定所称"以上"包括本数；有关犯罪数额"不满"，是指已达到该数额 80% 以上的。

（三）本规定中的"国家机关工作人员"，是指在国家机关中从事公务的人员，包括在各级国家权力机关、行政机关、司法机关和军事机关中从事公务的人员。在依照法律、法规规定行使国家行政管理职权的组织中从事公务的人员，或者在受国家机关委托代表国家行使职权的组织中从事公务的人员，或者虽未列入国家机关人员编制但在国家机关中从事公务的人员，在代表国家机关行使职权时，视为国家机关工作人员。在乡（镇）以上中国共产党机关、人民政协机关中从事公务的人员，视为国家机关工作人员。

第 246 条　【侮辱罪；诽谤罪】 以暴力或者其他方法公然侮辱他人或者捏造事实诽谤他人，情节严重的，处三年以下有期徒刑、拘役、管制或者剥夺政治权利。

前款罪，告诉的才处理，但是严重危害社会秩序和国家利益的除外。

通过信息网络实施第一款规定的行为，被害人向人民法院告诉，但提供证据确有困难的，人民法院可以要求公安机关提供协助。①

● **条文注释**　第 246 条规定了两种罪行：侮辱罪、诽谤罪。构成这两种罪，都要求行为人必须具有主观故意（如果是过失行为，则不构成犯罪），并且情节严重。

这里的"暴力"，是指以强制方法来损害他人人格和名誉，如强迫他人戴高帽或挂草鞋游行、当众撕剥他人衣服等；"其他方法"，是指以语言、文字等暴力以外的方法，如当众嘲笑、辱骂、贴传单或漫画等。所谓"公然"侮辱他人，是指当众或者利用能够使多人听到或看到的方式，对他人进行侮辱。所谓"捏

---

① 第 246 条第 3 款是根据 2015 年 8 月 29 日第 12 届全国人民代表大会常务委员会第 16 次会议通过的《刑法修正案（九）》（主席令第 30 号公布，2015 年 11 月 1 日起施行）而增设。

造事实",就是无中生有,凭空制造虚假的事实。

需要注意的是:

(1) 第246条所说的"暴力",其目的不是损害他人的身体健康,如果在实施暴力侮辱的过程中造成他人伤亡后果的,则构成故意杀人罪或者故意伤害罪。

(2) 第246条所说的"他人",在这里是指特定的人,即侮辱或诽谤他人的行为都必须是明确地针对某特定的人实施,如果不是针对特定的人,而是一般的谩骂等,不构成本罪。

(3) 捏造事实,必须同时有散播行为才构成第246条规定的诽谤罪。如果捏造了事实只是与个别亲友私下议论,没有散播,或者散播的不是捏造的虚假事实而是客观事实,都不构成本罪。这里的"散播"既包括在现实生活空间中散播,也包括在信息网络空间中传播。

(4) 对于利用信息网络侮辱、诽谤他人的行为,同样适用"告诉的才处理",但其取证可以由人民法院(而不是由当事人)要求公安机关协助。这里的"信息网络"包括以计算机、电视机、固定电话机、移动电话机等电子设备为终端的计算机互联网、广播电视网、固定通信网、移动通信网等信息网络,以及向公众开放的局域网络。

第246条第2款规定的"告诉的才处理",是指只有被侮辱人、被诽谤人亲自向人民法院控告的,人民法院才能受理。但也有两种例外情形:1.根据《刑法》第98条的规定,如果被害人受强制或威吓而无法告诉的,人民检察院和被害人的近亲属也可以告诉;2.依照本款的规定,对于严重危害社会秩序和国家利益的,可由人民检察院提起公诉。这里所说的"严重危害社会秩序和国家利益",主要是指以下几种情形:(1)诽谤多人,严重扰乱社会秩序或者引发公共秩序混乱;(2)给国家形象造成恶劣影响或造成恶劣国际影响(如侮辱、诽谤外交使节);(3)引发群体性事件或者引发民族、宗教冲突;(4)造成其他恶劣后果。

● 相关规定 【人大〔2000〕19次】 全国人民代表大会常务委员会关于维护互联网安全的决定(2000年12月28日第9届全国人大常委会第19次会议通过;2009年8月27日第11届全国人大常委会第10次会议修正)

四、为了保护个人、法人和其他组织的人身、财产等合法权利,对有下列行为之一,构成犯罪的,依照刑法有关规定追究刑事责任:

(一) 利用互联网侮辱他人或者捏造事实诽谤他人。

【法释〔1998〕30号】 **最高人民法院关于审理非法出版物刑事案件具体应用法律若干问题的解释**（1998年12月11日最高人民法院审判委员会第1032次会议通过，1998年12月17日公布，1998年12月23日起施行）

第6条 在出版物中公然侮辱他人或者捏造事实诽谤他人，情节严重的，依照刑法第246条的规定，分别以侮辱罪或者诽谤罪定罪处罚。

【公通字〔2013〕25号】 **公安部关于公安机关处置信访活动中违法犯罪行为适用法律的指导意见**（2008年7月6日"公通字〔2008〕35号"初次印发；2013年7月19日修订后印发）

三、对侵犯人身权利、财产权利违法犯罪行为的处理

2. 采取口头、书面等方式公然侮辱、诽谤他人，符合《治安管理处罚法》第42条第2项规定的，以侮辱、诽谤依法予以治安管理处罚；侮辱、诽谤情节严重，被害人要求公安机关立案侦查的，应当严格执行《公安部关于严格依法办理侮辱诽谤案件的通知》的规定，除严重危害社会秩序和国家利益的由公安机关立案侦查外，应当将有关案件材料移送人民法院，同时告知被害人自行向人民法院起诉。

【公通字〔2009〕16号】 **公安部关于严格依法办理侮辱诽谤案件的通知**（2009年4月3日印发）

一、切实提高对严格依法办理侮辱、诽谤案件重要意义的认识。一些地方公安机关不能正确办理侮辱、诽谤案件，直接原因是对有关法律理解不当、定性不准，深层次的原因是对新形势下人民内部矛盾缺乏清醒的认识。各级公安机关要清醒地认识到，随着国家民主法制建设的不断推进，人民群众的法制意识和政治参与意识不断增强，一些群众从不同角度提出批评、建议，是行使民主权利的表现。部分群众对一些社会消极现象发牢骚、吐怨气，甚至发表一些偏激言论，在所难免。如果将群众的批评、牢骚以及一些偏激言论视作侮辱、诽谤，使用刑罚或治安处罚的方式解决，不仅于法无据，而且可能激化矛盾，甚至被别有用心的人利用，借机攻击我国的社会制度和司法制度，影响党和政府的形象。各级公安机关要从维护社会和谐稳定的大局出发，深刻认识严格准确、依法办理好侮辱、诽谤案件的重要意义，始终坚持党的事业至上、人民利益至上、宪法法律至上，按照"最大限度地增加和谐因素，最大限度地减少不和谐因素"的要求，切实做到严格、公正、文明执法，努力化解矛盾，避免因执法不当而引发新的不安定因素。

二、准确把握侮辱、诽谤公诉案件的管辖范围及基本要件。根据《刑法》

第 246 条的规定，侮辱、诽谤案件一般属于自诉案件，应当由公民个人自行向人民法院提起诉讼，只有在侮辱、诽谤行为"严重危害社会秩序和国家利益"时，公安机关才能按照公诉程序立案侦查。公安机关在依照公诉程序办理侮辱、诽谤刑事案件时，必须准确把握犯罪构成要件。对于不具备"严重危害社会秩序和国家利益"这一基本要件的，公安机关不得作为公诉案件管辖。对于具有下列情形之一的侮辱、诽谤行为，应当认定为"严重危害社会秩序和国家利益"，以侮辱罪、诽谤罪立案侦查，作为公诉案件办理：（一）因侮辱、诽谤行为导致群体性事件，严重影响社会秩序的；（二）因侮辱、诽谤外交使节、来访的外国国家元首、政府首脑等人员，造成恶劣国际影响的；（三）因侮辱、诽谤行为给国家利益造成严重危害的其他情形。公安机关在接到公民对侮辱、诽谤行为的报案、控告或者举报后，首先要认真审查，判明是否属于公安机关管辖。对于符合上述情形，但通过公诉可能对国家利益和国家形象造成更大损害的，可以通过其他方式予以处理。对于经过审查认为不属于上述情形但涉嫌犯罪的侮辱、诽谤案件，公安机关应当问明情况，制作笔录，并将案件材料移交有管辖权的人民法院，同时向当事人说明此类案件依照法律规定属于自诉案件，不属公安机关管辖，告知其到人民法院自行提起诉讼。公安机关在立案前的审查过程中，不得对有关人员和财产采取强制性措施。对于不构成犯罪但违反《治安管理处罚法》的，要通过治安调解，最大限度地化解矛盾和纠纷；对于调解不成的，应依法给予治安管理处罚。公安机关在办理侮辱、诽谤案件时，要深入细致，辨法析理，努力争取让违法犯罪行为人和被侵害人心悦诚服地接受处理结果，化消极因素为积极因素，取得法律效果和社会效果的统一。

三、切实加强对办理侮辱、诽谤案件的执法监督。对于侮辱、诽谤案件，公安机关经过审查，认为具有严重危害社会秩序和国家利益的情形，需要追究刑事责任，应当报经上一级公安机关同意后立案侦查；立案后需要采取强制措施的，应当在采取强制措施前报经上一级公安机关同意。对于可能引起较大社会影响的侮辱、诽谤治安案件，在作出行政拘留处罚决定前，应当报经上一级公安机关同意。对于不按照规定报告上级公安机关，或者不服从上级公安机关命令，违反规定对应当自诉的和不构成犯罪的侮辱、诽谤案件立案侦查的，要严肃追究有关责任人员和主管人员的相应责任。

【法释〔2013〕21 号】　最高人民法院、最高人民检察院关于办理利用信息网络实施诽谤等刑事案件适用法律若干问题的解释（2013 年 9 月 5 日最高人民法院审判委员会第 1589 次会议、2013 年 9 月 2 日最高人民检察院第 12 届检察

委员会第9次会议通过,2013年9月6日公布,2013年9月10日起施行)

第1条　具有下列情形之一的,应当认定为刑法第246条第1款规定的"捏造事实诽谤他人":

(一)捏造损害他人名誉的事实,在信息网络上散布,或者组织、指使人员在信息网络上散布的;

(二)将信息网络上涉及他人的原始信息内容篡改为损害他人名誉的事实,在信息网络上散布,或者组织、指使人员在信息网络上散布的。

明知是捏造的损害他人名誉的事实,在信息网络上散布,情节恶劣的,以"捏造事实诽谤他人"论。

第2条　利用信息网络诽谤他人,具有下列情形之一的,应当认定为刑法第246条第1款规定的"情节严重":

(一)同一诽谤信息实际被点击、浏览次数达到5000次以上,或者被转发次数达到500次以上的;

(二)造成被害人或者其近亲属精神失常、自残、自杀等严重后果的;

(三)2年内曾因诽谤受过行政处罚,又诽谤他人的;

(四)其他情节严重的情形。

第3条　利用信息网络诽谤他人,具有下列情形之一的,应当认定为刑法第246条第2款规定的"严重危害社会秩序和国家利益":

(一)引发群体性事件的;

(二)引发公共秩序混乱的;

(三)引发民族、宗教冲突的;

(四)诽谤多人,造成恶劣社会影响的;

(五)损害国家形象,严重危害国家利益的;

(六)造成恶劣国际影响的;

(七)其他严重危害社会秩序和国家利益的情形。

第4条　1年内多次实施利用信息网络诽谤他人行为未经处理,诽谤信息实际被点击、浏览、转发次数累计计算构成犯罪的,应当依法定罪处罚。

第8条　明知他人利用信息网络实施诽谤、寻衅滋事、敲诈勒索、非法经营等犯罪,为其提供资金、场所、技术支持等帮助的,以共同犯罪论处。

第9条　利用信息网络实施诽谤、寻衅滋事、敲诈勒索、非法经营犯罪,同时又构成刑法第221条规定的损害商业信誉、商品声誉罪,第278条规定的煽动暴力抗拒法律实施罪,第291条之一规定的编造、故意传播虚假恐怖信息罪等犯罪的,依照处罚较重的规定定罪处罚。

第10条　本解释所称信息网络，包括以计算机、电视机、固定电话机、移动电话机等电子设备为终端的计算机互联网、广播电视网、固定通信网、移动通信网等信息网络，以及向公众开放的局域网络。

【法发〔2014〕5号】　最高人民法院、最高人民检察院、公安部、司法部、国家卫生和计划生育委员会关于依法惩处涉医违法犯罪维护正常医疗秩序的意见（2014年4月22日印发）

二、严格依法惩处涉医违法犯罪

（四）公然侮辱、恐吓医务人员的，依照治安管理处罚法第42条的规定处罚；采取暴力或者其他方法公然侮辱、恐吓医务人员情节严重（恶劣），构成侮辱罪、寻衅滋事罪的，依照刑法的有关规定定罪处罚。

【法释〔2015〕19号】　最高人民法院关于《中华人民共和国刑法修正案（九）》时间效力问题的解释（2015年10月19日最高人民法院审判委员会第1664次会议通过，2015年10月29日公布，2015年11月1日起施行）

第4条　对于2015年10月31日以前通过信息网络实施的刑法第246条第1款规定的侮辱、诽谤行为，被害人向人民法院告诉，但提供证据确有困难的，适用修正后刑法第246条第3款的规定。

【法释〔2017〕3号】　最高人民法院、最高人民检察院关于办理组织、利用邪教组织破坏法律实施等刑事案件适用法律若干问题的解释（2017年1月4日最高人民法院审判委员会第1706次会议、2016年12月8日最高人民检察院第12届检察委员会第58次会议通过，2017年1月25日公布，2017年2月1日起施行）

第10条　组织、利用邪教组织破坏国家法律、行政法规实施过程中，又有煽动分裂国家、煽动颠覆国家政权或者侮辱、诽谤他人等犯罪行为的，依照数罪并罚的规定定罪处罚。

第16条　本解释自2017年2月1日起施行。《最高人民法院、最高人民检察院关于办理组织和利用邪教组织犯罪案件具体应用法律若干问题的解释》（法释〔1999〕18号）、《最高人民法院、最高人民检察院关于办理组织和利用邪教组织犯罪案件具体应用法律若干问题的解释（二）》（法释〔2001〕19号），以及《最高人民法院、最高人民检察院关于办理组织和利用邪教组织犯罪案件具体应用法律若干问题的解答》（法发〔2002〕7号）同时废止。

【法发〔2020〕7号】 最高人民法院、最高人民检察院、公安部、司法部关于依法惩治妨害新型冠状病毒感染肺炎疫情防控违法犯罪的意见（2020年2月6日印发）

二、准确适用法律，依法严惩妨害疫情防控的各类违法犯罪

（二）依法严惩暴力伤医犯罪……

（第3款） 采取暴力或者其他方法公然侮辱、恐吓医务人员，符合刑法第246条、第293条规定的，以侮辱罪或者寻衅滋事罪定罪处罚。

【主席令〔2012〕67号】 中华人民共和国治安管理处罚法（2012年10月26日第11届全国人大常委会第29次会议修正，2013年1月1日起施行）

第2条 扰乱公共秩序，妨害公共安全，侵犯人身权利、财产权利，妨害社会管理，具有社会危害性，依照《中华人民共和国刑法》的规定构成犯罪的，依法追究刑事责任；尚不够刑事处罚的，由公安机关依照本法给予治安管理处罚。

第42条 有下列行为之一的，处5日以下拘留或者500元以下罚款；情节较重的，处5日以上10日以下拘留，可以并处500元以下罚款：

（二）公然侮辱他人或者捏造事实诽谤他人的。

● 指导案例 【高检发办字〔2022〕8号】 最高人民检察院第34批指导性案例（2021年12月14日最高检第13届检委会第82次会议通过，2022年1月26日印发）

（检例第137号）郎某、何某诽谤案（司法机关主动介入，由自诉转为公诉）

要旨：利用信息网络诽谤他人，破坏公众安全感，严重扰乱网络社会秩序，符合刑法第246条第2款"严重危害社会秩序"的，检察机关应当依法履行追诉职责，作为公诉案件办理。对公安机关未立案侦查，被害人已提出自诉的，检察机关应当处理好由自诉向公诉程序的转换。①

---

① 本案指导意义：1.……如果破坏了公序良俗和公众安全感，严重扰乱网络社会公共秩序的，应当认定为《最高人民法院、最高人民检察院关于办理利用信息网络实施诽谤等刑事案件适用法律若干问题的解释》第3条规定的"其他严重危害社会秩序的情形"。对此，可根据犯罪方式、对象、内容、主观目的、传播范围和造成后果等，综合全案事实、性质、情节和危害程度等予以评价。3.……对自诉人已经提起自诉的网络诽谤犯罪案件，检察机关审查认为属于"严重危害社会秩序"，应当适用公诉程序的，应当履行法律监督职责，建议公安机关立案侦查。在公安机关立案后，对自诉人提起的自诉案件，人民法院尚未受理的，检察机关可以征求自诉人意见，由其撤回起诉。人民法院对自诉人的自诉案件受理以后，公安机关又立案的，检察机关可以征求自诉人意见，由其撤回起诉，或者建议人民法院依法裁定终止自诉案件的审理，以公诉案件审理。

（检例第 138 号）岳某侮辱案

要旨：利用信息网络散布被害人的裸体视频、照片及带有侮辱性的文字，公然侮辱他人，贬损他人人格、破坏他人名誉，导致出现被害人自杀等后果，严重危害社会秩序的，应当按照公诉程序，以侮辱罪依法追究刑事责任。①

第247条【刑讯逼供罪；暴力取证罪】司法工作人员对犯罪嫌疑人、被告人实行刑讯逼供或者使用暴力逼取证人证言的，处三年以下有期徒刑或者拘役。致人伤残、死亡的，依照本法第二百三十四条、第二百三十二条的规定定罪从重处罚。

● **条文注释** 第247条规定了两种罪行：刑讯逼供罪、暴力取证罪。构成这两种罪，必须具备以下条件：（1）犯罪主体是特殊主体，即司法工作人员（根据《刑法》第94条的规定，"司法工作人员"是指有侦查、检察、审判、监管职责的工作人员，如公安机关、检察机关、审判机关、监狱管理机关等司法机关的工作人员）；（2）犯罪侵害的对象是特殊人群，即犯罪嫌疑人、被告人或证人；（3）行为人具有刑讯逼供或暴力取证的主观故意（如果是过失行为，则不构成本条规定的这两种罪；如果造成被害人伤残或死亡的，依照刑法其他的相关规定定罪处罚）；（4）满足一定的情节条件（具体定罪标准依照"高检发释字〔2006〕2号"立案标准的相关规定）。

"刑讯逼供"，是指司法工作人员对犯罪嫌疑人、被告人使用肉刑或变相肉

---

① 本案指导意义：1. ……行为人以破坏他人名誉、贬低他人人格为目的，故意在网络上对他人实施侮辱行为，如散布被害人的个人隐私、生理缺陷等，情节严重的，应当认定为侮辱罪。侮辱罪"情节严重"，包括行为恶劣、后果严重等情形，如当众撕光妇女衣服的，当众向被害人泼洒粪便、污物的，造成被害人或者其近亲属精神异常、自残、自杀，两年内曾因侮辱受过行政处罚又侮辱他人的，在网络上散布被害人隐私导致被广泛传播的，以及其他情节严重情形。2. ……行为人在网络上散布被害人裸照、视频等严重侵犯他人隐私的信息，造成恶劣社会影响的，或者在网络上散布侮辱他人的信息，导致对被害人产生大量负面评价，造成恶劣社会影响的，不仅侵害被害人人格权，而且严重扰乱社会秩序的，可以认定为"其他严重危害社会秩序的情形"，按照公诉程序依法追诉。3. 准确认定利用网络散布他人裸照、视频等隐私的行为性质。行为人在与被害人交往期间，获得了被害人的裸照、视频等，无论其获取行为是否合法，是否得到被害人授权，只要恶意对外散布，均应当承担相应法律责任，情节严重的，要依法追究刑事责任。对上述行为认定为侮辱罪还是强制侮辱罪，要结合行为人的主客观方面综合判断。如果行为人以破坏特定人名誉、贬低特定人人格为目的，故意在网络上对特定对象实施侮辱行为，情节严重的，应当认定为侮辱罪。如果行为人出于寻求精神刺激等动机，以暴力、胁迫或者其他方式，对妇女进行身体或者精神强制，使之不能反抗或者不敢反抗，进而实施侮辱的行为，应当认定为强制侮辱罪。

刑逼取口供的行为，如殴打、捆绑、违法使用械具，或者较长时间冻、饿、晒、烤等手段；"暴力取证"，是指司法工作人员对证人施以肉刑、伤害、殴打等危害证人人身的行为，以逼取证人的证言。至于行为人的动机如何，以及逼取的口供或证言是否被证实符合事实等，都不影响本条规定的刑讯逼供罪或暴力取证罪的构成。

需要注意的是：

（1）第247条规定中的"证人"，既包括知道案件情况而向司法机关作证的人，也包括不知道案情或知道案情但拒绝作证，被司法工作人员使用暴力逼取证言的人。

（2）纵容、授意、指使、强迫他人刑讯逼供或暴力取证的，同样构成刑讯逼供罪或暴力取证罪。

● 相关规定　【法发〔2017〕15号】　最高人民法院、最高人民检察院、公安部、国家安全部、司法部关于办理刑事案件严格排除非法证据若干问题的规定（2017年4月18日中央深改小组第34次会议通过，最高人民法院、最高人民检察院、公安部、国家安全部、司法部2017年6月20日印发，2017年6月27日公布施行）

第2条　采取殴打、违法使用戒具等暴力方法或者变相肉刑的恶劣手段，使犯罪嫌疑人、被告人遭受难以忍受的痛苦而违背意愿作出的供述，应当予以排除。

第3条　采用以暴力或者严重损害本人及其近亲属合法权益等进行威胁的方法，使犯罪嫌疑人、被告人遭受难以忍受的痛苦而违背意愿作出的供述，应当予以排除。

● 立案标准　最高人民检察院关于渎职侵权犯罪案件立案标准的规定（高检发释字〔2006〕2号，2005年12月29日最高人民检察院第10届检察委员会第49次会议通过，2006年7月26日公布施行）

二、国家机关工作人员利用职权实施的侵犯公民人身权利、民主权利犯罪案件

（三）刑讯逼供案（第247条）

刑讯逼供罪是指司法工作人员对犯罪嫌疑人、被告人使用肉刑或者变相肉刑逼取口供的行为。

涉嫌下列情形之一的，应予立案：

1. 以殴打、捆绑、违法使用械具等恶劣手段逼取口供的；
2. 以较长时间冻、饿、晒、烤等手段逼取口供，严重损害犯罪嫌疑人、被

告人身体健康的；

3. 刑讯逼供造成犯罪嫌疑人、被告人轻伤、重伤、死亡的；

4. 刑讯逼供，情节严重，导致犯罪嫌疑人、被告人自杀、自残造成重伤、死亡，或者精神失常的；

5. 刑讯逼供，造成错案的；

6. 刑讯逼供3人次以上的；

7. 纵容、授意、指使、强迫他人刑讯逼供，具有上述情形之一的；

8. 其他刑讯逼供应予追究刑事责任的情形。

（四）暴力取证案（第247条）

暴力取证罪是指司法工作人员以暴力逼取证人证言的行为。

涉嫌下列情形之一的，应予立案：

1. 以殴打、捆绑、违法使用械具等恶劣手段逼取证人证言的；

2. 暴力取证造成证人轻伤、重伤、死亡的；

3. 暴力取证，情节严重，导致证人自杀、自残造成重伤、死亡，或者精神失常的；

4. 暴力取证，造成错案的；

5. 暴力取证3人次以上的；

6. 纵容、授意、指使、强迫他人暴力取证，具有上述情形之一的；

7. 其他暴力取证应予追究刑事责任的情形。

三、附则

（一）本规定中每个罪案名称后所注明的法律条款系《中华人民共和国刑法》的有关条款。

（二）本规定所称"以上"包括本数；有关犯罪数额"不满"，是指已达到该数额80%以上的。

第248条 【虐待被监管人罪】 监狱、拘留所、看守所等监管机构的监管人员对被监管人进行殴打或者体罚虐待，情节严重的，处三年以下有期徒刑或者拘役；情节特别严重的，处三年以上十年以下有期徒刑。致人伤残、死亡的，依照本法第二百三十四条、第二百三十二条的规定定罪从重处罚。

监管人员指使被监管人殴打或者体罚虐待其他被监管人的，依照前款的规定处罚。

● **条文注释** 构成第248条规定之罪，必须具备以下条件：（1）犯罪主体是特殊主体，即监狱、拘留所、看守所、未成年犯管教所等监管机构的监管人员；（2）犯罪行为侵害的对象是特殊人群，即被监管人员；（3）行为人具有殴打或体罚虐待被监管人的主观故意，并实施了该行为；（4）情节"严重"以上。

根据《监狱法》《拘留所条例》《看守所条例》①《未成年犯管教所管理规定》等法律法规，被判处有期徒刑、无期徒刑和死刑缓期二年执行等刑罚的罪犯，在监狱里执行刑罚；其中未满18周岁的罪犯②在未成年犯管教所执行刑罚、接受教育改造（未成年犯年满18周岁时，剩余刑期不超过2年的，仍可以留在未成年犯管教所执行剩余刑期）。依法被逮捕、刑事拘留，或者被判处拘役刑罚的③，以及在被交付执行刑罚前，剩余刑期在3个月以下的罪犯，在看守所里执行刑罚。对于以下3类非犯罪人员，在拘留所里执行处罚：（1）被公安机关或国家安全机关依法给予拘留行政处罚的；（2）被人民法院依法决定拘留的；（3）被公安机关依法给予现场行政强制措施性质拘留的。另外，被公安机关依法决定拘留审查的人，以及被依法决定、判处驱逐出境或者被依法决定遣送出境但不能立即执行的人，可以在拘留所羁押。

这里的"情节严重"，主要是指经常殴打或体罚虐待被监管人屡教不改，或者殴打或体罚虐待被监管人手段恶劣，或者造成恶劣影响或造成严重后果等，具体界定标准依照"高检发释字〔2006〕2号"立案标准第二部分第5条的规定。"情节特别严重"，是指手段特别残忍、影响特别恶劣或者造成特别严重后果等。

需要注意的是：如果监管人员殴打或体罚虐待被监管人，致使被监管人身

---

① 《看守所条例》由1990年3月17日国务院令第52号公布施行。
《看守所条例实施办法（试行）》（公通字〔1991〕87号）由公安部1991年10月5日发布。在印发时明文通知：本实施办法暂在内部试行，待试行1年后由公安部修订发布。但至今未发布正式版本。2008年2月29日公安部发布了《看守所留所执行刑罚罪犯管理办法》（公安部令第98号，2008年2月14日公安部部长办公会议通过，2008年7月1日起施行）。2013年10月《看守所留所执行刑罚罪犯管理办法》被修订。
注：2012年10月26日《监狱法》被修改（主席令第63号公布，2013年1月1日起施行）后，上述有关看守所的条例、实施办法、管理办法的有些规定由于与《监狱法》相冲突，已经失效。如原规定"被判处有期徒刑的罪犯，在被交付执行前，剩余刑期在1年以下的，由看守所代为执行刑罚"，现已改为"剩余刑期在3个月以下"。

② 注：根据《刑法》第49条的规定，犯罪的时候不满18周岁的人不适用死刑。

③ 注：被判处拘役刑罚的罪犯，原是在拘役所里执行刑罚；2005年12月27日，公安部发布《关于做好撤销拘役所有关工作的通知》（公通字〔2005〕96号），决定撤销拘役所，对于被判处拘役的罪犯，由看守所执行刑罚。

体健康受到严重伤害、残疾或者死亡的,则依照《刑法》第234条或第232条的规定,以"故意伤害罪"或"故意杀人罪"定罪,并从重处罚。

● **相关规定** 【高检发释字〔2015〕2号】 最高人民检察院关于强制隔离戒毒所工作人员能否成为虐待被监管人罪主体问题的批复(2015年1月29日最高人民检察院第12届检察委员会第34次会议通过,2015年2月15日公布施行,答复河北省人民检察院"冀检呈字〔2014〕46号"请示)

根据有关法律规定,强制隔离戒毒所是对符合特定条件的吸毒成瘾人员限制人身自由,进行强制隔离戒毒的监管机构,其履行监管职责的工作人员属于刑法第248条规定的监管人员。

对于强制隔离戒毒所监管人员殴打或者体罚虐待戒毒人员,或者指使戒毒人员殴打、体罚虐待其他戒毒人员,情节严重的,应当适用刑法第248条的规定,以虐待被监管人罪追究刑事责任;造成戒毒人员伤残、死亡后果的,应当依照刑法第234条、第232条的规定,以故意伤害罪、故意杀人罪从重处罚。

● **立案标准** 最高人民检察院关于渎职侵权犯罪案件立案标准的规定(高检发释字〔2006〕2号,2005年12月29日最高人民检察院第10届检察委员会第49次会议通过,2006年7月26日公布施行)

二、国家机关工作人员利用职权实施的侵犯公民人身权利、民主权利犯罪案件

(五)虐待被监管人案(第248条)

虐待被监管人罪是指监狱、拘留所、看守所、拘役所、劳教所等监管机构的监管人员对被监管人进行殴打或者体罚虐待,情节严重的行为。

涉嫌下列情形之一的,应予立案:

1. 以殴打、捆绑、违法使用械具等恶劣手段虐待被监管人的;
2. 以较长时间冻、饿、晒、烤等手段虐待被监管人,严重损害其身体健康的;
3. 虐待造成被监管人轻伤、重伤、死亡的;
4. 虐待被监管人,情节严重,导致被监管人自杀、自残造成重伤、死亡,或者精神失常的;
5. 殴打或者体罚虐待3人次以上的;
6. 指使被监管人殴打、体罚虐待其他被监管人,具有上述情形之一的;
7. 其他情节严重的情形。

三、附则

（一）本规定中每个罪案名称后所注明的法律条款系《中华人民共和国刑法》的有关条款。

（二）本规定所称"以上"包括本数；有关犯罪数额"不满"，是指已达到该数额80%以上的。

第249条　【煽动民族仇恨、民族歧视罪】 煽动民族仇恨、民族歧视，情节严重的，处三年以下有期徒刑、拘役、管制或者剥夺政治权利；情节特别严重的，处三年以上十年以下有期徒刑。

第250条　【出版歧视、侮辱少数民族作品罪】 在出版物中刊载歧视、侮辱少数民族的内容，情节恶劣，造成严重后果的，对直接责任人员，处三年以下有期徒刑、拘役或者管制。

第251条　【非法剥夺公民宗教信仰自由罪；侵犯少数民族风俗习惯罪】 国家机关工作人员非法剥夺公民的宗教信仰自由和侵犯少数民族风俗习惯，情节严重的，处二年以下有期徒刑或者拘役。

● **条文注释**　第249条至第251条是针对危害民族团结犯罪行为的处罚规定。

构成第249条规定之罪，必须具备以下条件：（1）行为人具有煽动民族仇恨、民族歧视的主观故意，并实施了该行为；（2）情节"严重"以上。

构成第250条规定之罪，必须具备以下条件：（1）必须是在出版物中刊载歧视、侮辱少数民族的内容；（2）刊载的必须是歧视、侮辱少数民族的内容；（3）必须是情节恶劣的行为；（4）必须是造成严重后果；（5）本罪的犯罪主体是在出版物中刊载歧视、侮辱少数民族的内容的直接责任人员，包括作者、责任编辑以及其他对刊载上述内容负有直接责任的人员。

构成第251条规定之罪，必须具备以下条件：（1）犯罪主体是特殊主体，必须是国家立法机关、行政机关、司法机关、军事机关等国家机关的工作人员；（2）行为人具有非法剥夺公民宗教信仰自由或者侵犯少数民族风俗习惯的主观故意，并实施了该行为；（3）情节严重。

第249条规定中的"煽动"，是指以激起民族之间的仇恨、歧视为目的，公然以语言、文字等方式诱惑、鼓动群众的行为。"民族仇恨、民族歧视"是指基于民族的来源、历史、风俗习惯等的不同，民族间的相互敌对、仇视，或者相互排斥、限制、损害民族平等地位的状况。这里的"情节严重",是指煽动手段恶劣,如使用侮辱、造谣手段等,或者多次进行煽动,或者造成严重后果或影响恶劣等;"情节特别严重"主要是指煽动手段特别恶劣,或者长期进行煽动,或者引起民族纠纷、冲突,或者民族地区骚乱后果特别严重或影响特别恶劣等。

第250条规定中的"出版物"包括报纸、期刊、图书、音像制品和电子出版物等;"刊载",包括发表、制作、转载等。如果不是在出版物上刊载,而是口头表达的,则不构成本罪。"歧视、侮辱少数民族的内容"是指针对少数民族的来源、历史、风俗习惯等,对少数民族进行贬低、诬蔑、嘲讽、辱骂以及其他歧视、侮辱的内容。这里所说的"情节恶劣",主要是指刊载的内容歪曲历史或者是制造谣言的,内容污秽恶毒的以及多次刊载等;"造成严重后果的",主要是指造成恶劣的政治影响,引起民族骚乱、纠纷等。

第251条规定中的"非法剥夺"公民宗教信仰自由,是指采用强制等方法剥夺他人的宗教信仰自由,如非法干涉他人的合法宗教活动,强迫教徒退教或改变信仰,强迫公民信教或信某一教派,以及非法封闭或捣毁合法宗教场所、设施等。"少数民族风俗习惯"是指我国各少数民族具有本民族特色的风俗民情、伦理道德等。除那些与社会主义公共道德相违背和与我国法律相抵触的陈规陋习要摒弃外,根据宪法等法律规定,各少数民族有保持或改革本民族风俗习惯的自由。这里的"情节严重"主要是指非法剥夺公民宗教信仰自由或侵犯少数民族风俗习惯的行为手段恶劣,后果严重,或者政治影响很坏等。

需要注意的是:

(1) 对于利用民族问题,煽动民族仇恨,以达到煽动分裂国家、破坏国家统一的,仍然适用刑法分则第1章"危害国家安全罪"的有关规定定罪处罚。

(2) 行为人实施构成第250条规定之罪的行为,一般是出于民族偏见、取笑、猎奇或者炒作等目的。如果是以激起民族仇恨、民族歧视为目的而进行煽动的,应当依照第249条的规定定罪处罚。

(3) 如果非国家工作人员实施了《刑法》第251条规定的行为,不能构成非法剥夺公民宗教信仰自由罪或侵犯少数民族风俗习惯罪;如果其行为触犯了刑法其他条文的,可按刑法有关规定定罪处罚。

(4) 宗教信仰自由,必须是在不违反国家的法律,不危害国家利益和各民族团结的前提下进行宗教信仰活动。对于利用宗教信仰从事违法犯罪活动的行为,不属于宗教信仰自由的范围。

● 相关规定　【人大〔2000〕19次】　全国人民代表大会常务委员会关于维护互联网安全的决定（2000年12月28日第9届全国人大常委会第19次会议通过；2009年8月27日第11届全国人大常委会第10次会议修正）

二、为了维护国家安全和社会稳定，对有下列行为之一，构成犯罪的，依照刑法有关规定追究刑事责任：

（三）利用互联网煽动民族仇恨、民族歧视，破坏民族团结。

【法释〔1998〕30号】　最高人民法院关于审理非法出版物刑事案件具体应用法律若干问题的解释（1998年12月11日最高人民法院审判委员会第1032次会议通过，1998年12月17日公布，1998年12月23日起施行）

第7条　出版刊载歧视、侮辱少数民族内容的作品，情节恶劣，造成严重后果的，依照刑法第250条的规定，以出版歧视、侮辱少数民族作品罪定罪处罚。

【主席令〔2012〕67号】　中华人民共和国治安管理处罚法（2012年10月26日第11届全国人大常委会第29次会议修正，2013年1月1日起施行）

第2条　扰乱公共秩序，妨害公共安全，侵犯人身权利、财产权利，妨害社会管理，具有社会危害性，依照《中华人民共和国刑法》的规定构成犯罪的，依法追究刑事责任；尚不够刑事处罚的，由公安机关依照本法给予治安管理处罚。

第47条　煽动民族仇恨、民族歧视，或者在出版物、计算机信息网络中刊载民族歧视、侮辱内容的，处10日以上15日以下拘留，可以并处1000元以下罚款。

● 立案标准　狱内刑事案件立案标准（司法部令〔2001〕64号，2001年3月2日司法部部长办公会议通过，2001年3月9日发布施行）

第2条　监狱发现罪犯有下列犯罪情形的，应当立案侦查：

（十六）煽动民族分裂、民族歧视，情节严重的（煽动民族仇恨、民族歧视案）。

第3条　情节、后果严重的下列案件，列为重大案件：

（八）煽动民族仇恨、民族歧视，情节特别严重的。

> **第 252 条** 【侵犯通信自由罪】隐匿、毁弃或者非法开拆他人信件,侵犯公民通信自由权利,情节严重的,处一年以下有期徒刑或者拘役。
>
> **第 253 条** 【私自开拆、隐匿、毁弃邮件、电报罪】邮政工作人员私自开拆或者隐匿、毁弃邮件、电报的,处二年以下有期徒刑或者拘役。
>
> 犯前款罪而窃取财物的,依照本法第二百六十四条的规定定罪从重处罚。

● 条文注释 第 252 条、第 253 条是针对危害公民通信自由和通信安全的犯罪行为的处罚规定。其中,构成第 252 条规定之罪的犯罪主体是一般主体,要求有情节严重的情形;而构成第 253 条规定之罪的犯罪主体是特殊主体,即邮政工作人员,并且没有"情节严重"的要求。

我国《宪法》第 40 条明确规定:"中华人民共和国公民的通信自由和通信秘密受法律的保护……"因此,在我国,除公安机关、检察机关或者国家安全机关出于国家安全和追查犯罪分子的需要,严格按照法律规定的程序可以对公民的通信进行检查外,任何机关、团体、单位和个人都不得侵犯公民的通信自由和通信秘密。

第 252 条规定中的"情节严重",主要是指多次隐匿、毁弃、非法开拆他人信件,或隐匿、毁弃、非法开拆他人信件数量较多,或者造成严重后果等情形。这里的信件,包括电子邮件。

第 253 条规定中的"邮政工作人员",是指邮政部门的营业员、分拣员、投递员、押运员以及其他从事邮政工作的人员。"邮件",是指通过邮政部门递寄的信件、印刷品、包裹、汇票、报刊等;"电报",包括明码、密码电报等。

需要注意的是:

(1)构成第 252 条、第 253 条规定之罪,都要求行为人必须具有隐匿、毁弃或者非法开拆他人信件、邮件、电报的主观故意(如果是过失行为,则不构成该罪)。

(2)如果邮政工作人员实施第 253 条规定的行为不是利用职务之便的,则不构成"私自开拆、隐匿、毁弃邮件、电报罪";情节严重的,可以构成第 252 条规定的"侵犯通信自由罪"。

（3）行为人实施第252条、第253条规定的行为而窃取财物的，依照《刑法》第264条的规定以"盗窃罪"定罪并从重处罚。

● **相关规定**　【人大〔2000〕19次】　全国人民代表大会常务委员会关于维护互联网安全的决定（2000年12月28日第9届全国人大常委会第19次会议通过；2009年8月27日第11届全国人大常委会第10次会议修正）

四、为了保护个人、法人和其他组织的人身、财产等合法权利，对有下列行为之一，构成犯罪的，依照刑法有关规定追究刑事责任：

（二）非法截获、篡改、删除他人电子邮件或者其他数据资料，侵犯公民通信自由和通信秘密。

【主席令〔2012〕67号】　中华人民共和国治安管理处罚法（2012年10月26日第11届全国人大常委会第29次会议修正，2013年1月1日起施行）

第2条　扰乱公共秩序，妨害公共安全，侵犯人身权利、财产权利，妨害社会管理，具有社会危害性，依照《中华人民共和国刑法》的规定构成犯罪的，依法追究刑事责任；尚不够刑事处罚的，由公安机关依照本法给予治安管理处罚。

第48条　冒领、隐匿、毁弃、私自开拆或者非法检查他人邮件的，处5日以下拘留或者500元以下罚款。

【主席令〔2012〕70号】　中华人民共和国邮政法（1986年12月2日第6届全国人民代表大会常务委员会第18次会议通过；2009年4月24日第11届全国人民代表大会常务委员会第8次会议修订；2012年10月26日第11届全国人民代表大会常务委员会第29次会议第一次修正；根据2015年4月24日第12届全国人民代表大会常务委员会第14次会议《关于修改〈中华人民共和国义务教育法〉等五部法律的决定》第二次修正）

第84条　本法下列用语的含义：

邮件，是指邮政企业寄递的信件、包裹、汇款通知、报刊和其他印刷品等。

信件，是指信函、明信片。信函是指以套封形式按照名址递送给特定个人或者单位的缄封的信息载体，不包括书籍、报纸、期刊等。

第 253 条之一① 　【**侵犯公民个人信息罪**②】违反国家有关规定，向他人出售或者提供公民个人信息，情节严重的，处三年以下有期徒刑或者拘役，并处或者单处罚金；情节特别严重的，处三年以上七年以下有期徒刑，并处罚金。

违反国家有关规定，将在履行职责或者提供服务过程中获得的公民个人信息，出售或者提供给他人的，依照前款的规定从重处罚。

窃取或者以其他方法非法获取公民个人信息的，依照第一款的规定处罚。

单位犯前三款罪的，对单位判处罚金，并对其直接负责的主管人员和其他直接责任人员，依照各该款的规定处罚。

● **条文注释**　第 253 条之一是对危害公民个人信息安全的犯罪行为的处罚规定。这里的"公民个人信息"主要是指能识别公民个人身份等情况的信息，包括公民的姓名、性别、身份证件号码、住址、电话号码、银行账号、信用卡号、财产状况等。

构成第 253 条之一第 1 款、第 2 款规定之罪，必须具备以下条件：（1）犯罪主体是一般主体（包括个人和单位）；（2）行为人具有出售、非法提供公民个人信息的主观故意，并实施了该行为；（3）实施该行为违反了国家有关规定；

---

① 第 253 条之一是根据 2009 年 2 月 28 日第 11 届全国人民代表大会常务委员会第 7 次会议通过的《刑法修正案（七）》（主席令第 10 号公布，2009 年 2 月 28 日起施行）而增设，原共 3 款。原第 1 款内容为："国家机关或者金融、电信、交通、教育、医疗等单位的工作人员，违反国家规定，将本单位在履行职责或者提供服务过程中获得的公民个人信息，出售或者非法提供给他人，情节严重的，处三年以下有期徒刑或者拘役，并处或者单处罚金。"原第 2 款内容为："窃取或者以其他方法非法获取上述信息，情节严重的，依照前款的规定处罚。"

根据 2015 年 8 月 29 日第 12 届全国人民代表大会常务委员会第 16 次会议通过的《刑法修正案（九）》（主席令第 30 号公布，2015 年 11 月 1 日起施行），新增了第 1 款；原第 1 款内容修改为目前的第 2 款，并扩大了犯罪主体；原第 2 款、第 3 款的内容分别修改为目前的第 3 款、第 4 款。

② 注：第 253 条之一第 1 款、第 2 款的罪名原为"出售、非法提供公民个人信息罪"，第 3 款的罪名原为"非法获取公民个人信息罪"，是因为《刑法修正案（七）》对条文的增加，根据《最高人民法院、最高人民检察院关于执行〈中华人民共和国刑法〉确定罪名的补充规定（四）》（法释〔2009〕13 号，最高人民法院审判委员会第 1474 次会议、最高人民检察院第 11 届检察委员会第 20 次会议通过，2009 年 10 月 16 日起执行）而增设；《刑法修正案（九）》对条文修改后，《最高人民法院、最高人民检察院关于执行〈中华人民共和国刑法〉确定罪名的补充规定（六）》（法释〔2015〕20 号，最高人民法院审判委员会第 1664 次会议、最高人民检察院第 12 届检察委员会第 42 次会议通过，2015 年 11 月 1 日起执行）将第 253 条之一的罪名统一改为现名。

(4) 这些信息是否属于本单位在履行职责或提供服务过程中获得的,不影响本罪的构成,但影响量刑;(5) 情节严重。这里的"情节严重"主要是指出售或非法提供的次数较多或信息数量较大、获利数额较大,或者给公民造成较大的损失或严重影响公民的正常生活等情况。

构成第253条之一第3款规定之罪,必须具备以下条件:(1) 犯罪主体是一般主体(包括个人和单位);(2) 行为人具有非法获取公民个人信息的主观故意,并实施了该行为;(3) 情节严重。这里的"情节严重"一般是指非法获取的手段较恶劣,或者获取的次数较多或信息数量较大,或者获取后又出售他人等行为。非法获取的手段,包括窃取、骗取、非法购买或"合作",以及利用网络技术、跟踪等手段自行非法获取等方法。

需要注意的是:

(1) 刑法第253条之一规定中的"公民"应当不仅限于中国公民,还包括在中国居住生活或工作、学习、旅游的外国公民。[①]

(2) 根据原第253条之一的规定,构成侵犯公民个人信息罪的前提条件之一是"违反国家规定",根据刑法总则第96条,即指违反全国人民代表大会及其常务委员会制定的法律和决定,国务院制定的行政法规、规定的行政措施、发布的决定和命令。《刑法修正案(九)》将"违反国家规定"修改为"违反国家有关规定",则应当理解为扩大了"国家规定"的范畴,即包含所有的国家层面涉及公民个人信息管理方面的规定。[②]

(3) 在《刑法修正案(九)》施行之前,最高人民法院研究室认为,原《刑法》第253条之一第2款规定的"上述信息"是指国家机关、金融等相关单位在履行职责或者提供服务过程中获得的公民个人信息[③];但修正后的刑法明确将其表述为所有的公民个人信息,体现了国家对保护公民个人信息的立法意愿。

(4)《民法典》施行后,第1036条规定合理处理已经合法公开的公民个人信息,不承担民事责任。该规定将影响对本罪的认定。[④]

[①] 注:本观点来源于《最高人民法院研究室关于刑法253条之一第二款有关内容理解问题的研究意见》,最高人民法院研究室编:《司法研究与指导》(总第1辑),人民法院出版社2012年版,第185页。

[②] 注:本观点来源于全国人大常委会法制工作委员会刑法室编:《中华人民共和国刑法解读》,中国法制出版社2015年版,第582页。

[③] 注:见《最高人民法院研究室关于刑法253条之一第二款有关内容理解问题的研究意见》,刊于最高人民法院研究室编:《司法研究与指导》(总第1辑),人民法院出版社2012年版,第185页。

[④] 注:实务案例见《出卖公开的企业信息谋利 检察机关认定行为人不构成犯罪》,《检察日报》2021年1月20日,第1版。

● 相关规定 【人大11-30决定】 全国人民代表大会常务委员会关于加强网络信息保护的决定（2012年12月28日第11届全国人民代表大会常务委员会第30次会议通过，同日公布施行）

　　为了保护网络信息安全，保障公民、法人和其他组织的合法权益，维护国家安全和社会公共利益，特作如下决定：

　　一、国家保护能够识别公民个人身份和涉及公民个人隐私的电子信息。

　　任何组织和个人不得窃取或者以其他非法方式获取公民个人电子信息，不得出售或者非法向他人提供公民个人电子信息。

　　二、网络服务提供者和其他企业事业单位在业务活动中收集、使用公民个人电子信息，应当遵循合法、正当、必要的原则，明示收集、使用信息的目的、方式和范围，并经被收集者同意，不得违反法律、法规的规定和双方的约定收集、使用信息。

　　网络服务提供者和其他企业事业单位收集、使用公民个人电子信息，应当公开其收集、使用规则。

　　三、网络服务提供者和其他企业事业单位及其工作人员对在业务活动中收集的公民个人电子信息必须严格保密，不得泄露、篡改、毁损，不得出售或者非法向他人提供。

　　四、网络服务提供者和其他企业事业单位应当采取技术措施和其他必要措施，确保信息安全，防止在业务活动中收集的公民个人电子信息泄露、毁损、丢失。在发生或者可能发生信息泄露、毁损、丢失的情况时，应当立即采取补救措施。

　　八、公民发现泄露个人身份、散布个人隐私等侵害其合法权益的网络信息，或者受到商业性电子信息侵扰的，有权要求网络服务提供者删除有关信息或者采取其他必要措施予以制止。

　　九、任何组织和个人对窃取或者以其他非法方式获取、出售或者非法向他人提供公民个人电子信息的违法犯罪行为以及其他网络信息违法犯罪行为，有权向有关主管部门举报、控告；接到举报、控告的部门应当依法及时处理。被侵权人可以依法提起诉讼。

　　十、有关主管部门应当在各自职权范围内依法履行职责，采取技术措施和其他必要措施，防范、制止和查处窃取或者以其他非法方式获取、出售或者非法向他人提供公民个人电子信息的违法犯罪行为以及其他网络信息违法犯罪行为。有关主管部门依法履行职责时，网络服务提供者应当予以配合，提供技术支持。

　　国家机关及其工作人员对在履行职责中知悉的公民个人电子信息应当予以

保密，不得泄露、篡改、毁损，不得出售或者非法向他人提供。

十一、对有违反本决定行为的，依法给予警告、罚款、没收违法所得、吊销许可证或者取消备案、关闭网站、禁止有关责任人员从事网络服务业务等处罚，记入社会信用档案并予以公布；构成违反治安管理行为的，依法给予治安管理处罚。构成犯罪的，依法追究刑事责任。侵害他人民事权益的，依法承担民事责任。

最高人民法院研究室关于刑法二百五十三条之一第二款有关内容理解问题的研究意见①

1. 刑法253条之1第2款"窃取或者以其他方法非法获取上述信息，情节严重的，依照前款的规定处罚"中的"上述信息"，应当是指刑法253条之1第1款规定的国家机关、金融等相关单位"在履行职责或者提供服务过程中获得的公民个人信息"。

2. "非法获取公民个人信息罪"中的"公民"应当不限于中国公民。

【公通字〔2013〕12号】　　最高人民法院、最高人民检察院、公安部关于依法惩处侵害公民个人信息犯罪活动的通知（2013年4月23日印发）

二、正确适用法律，实现法律效果与社会效果的有机统一。

侵害公民个人信息犯罪是新型犯罪，各级公安机关、人民检察院、人民法院要从切实保护公民个人信息安全和维护社会和谐稳定的高度，借鉴以往的成功判例，综合考虑出售、非法提供或非法获取个人信息的次数、数量、手段和牟利数额、造成的损害后果等因素，依法加大打击力度，确保取得良好的法律效果和社会效果。出售、非法提供公民个人信息罪的犯罪主体，除国家机关或金融、电信、交通、教育、医疗单位的工作人员之外，还包括在履行职责或者提供服务过程中获得公民个人信息的商业、房地产业等服务业中其他企事业单位的工作人员。公民个人信息包括公民的姓名、年龄、有效证件号码、婚姻状况、工作单位、学历、履历、家庭住址、电话号码等能够识别公民个人身份或者涉及公民个人隐私的信息、数据资料。对于在履行职责或者提供服务过程中，将获得的公民个人信息出售或者非法提供给他人，被他人用以实施犯罪，造成受害人人身伤害或者死亡，或者造成重大经济损失、恶劣社会影响的，或者出售、非法提供公民个人信息数量较大的，或者违法所得数额较大的，均应当依法以出售、非法提供公民个人信息罪追究刑事责任。对于窃取或者以购买等方法非法获取公民个人信息数量

---

① 刊于《司法研究与指导》（总第1辑），人民法院出版社2012年版，第185页。

较大，或者违法所得数额较大，或者造成其他严重后果的，应当依法以非法获取公民个人信息罪追究刑事责任。对使用非法获取的个人信息，实施其他犯罪行为，构成数罪的，应当依法予以并罚。单位实施侵害公民个人信息犯罪的，应当追究直接负责的主管人员和其他直接责任人员的刑事责任。要依法加大对财产刑的适用力度，剥夺犯罪分子非法获利和再次犯罪的资本。

【公通字〔2013〕25号】 公安部关于公安机关处置信访活动中违法犯罪行为适用法律的指导意见（2008年7月6日"公通字〔2008〕35号"初次印发；2013年7月19日修订后印发）

三、对侵犯人身权利、财产权利违法犯罪行为的处理

4. 偷窥、偷拍、窃听、散布他人隐私，符合《治安管理处罚法》第42条第6项规定的，以侵犯隐私依法予以治安管理处罚；情节严重，符合《刑法》第253条之一第2款规定的，以非法获取公民个人信息罪追究刑事责任。

【公通字〔2014〕13号】 最高人民法院、最高人民检察院、公安部、国家安全部关于依法办理非法生产销售使用"伪基站"设备案件的意见（2014年3月14日印发）

一、准确认定行为性质

（二）非法使用"伪基站"设备干扰公用电信网络信号，危害公共安全的，依照《刑法》第124条第1款的规定，以破坏公用电信设施罪追究刑事责任；同时构成虚假广告罪、非法获取公民个人信息罪、破坏计算机信息系统罪、扰乱无线电通讯管理秩序罪的，依照处罚较重的规定追究刑事责任。

【法研〔2013〕88号】 最高人民法院研究室关于非法生产、销售、使用"伪基站"行为定性的研究意见

根据刑法第253条之一的规定，非法获取公民个人信息罪的行为对象为"国家机关或者金融、电信、交通、教育、医疗等单位在履行职责或者提供服务过程中获得的公民个人信息"。行为人利用"伪基站"设备，非法获取公民手机卡中的用户身份识别信息（IMSI）、手机号码等信息，不属于刑法第253条之一规定的"公民个人信息"，不宜以非法获取公民个人信息罪定罪处罚[①]。

[①] 注：根据《最高人民法院、最高人民检察院关于办理侵犯公民个人信息刑事案件适用法律若干问题的解释》（法释〔2017〕10号，2017年6月1日起施行），公民手机卡中的用户身份识别信息（IMSI）、手机号码等信息，都属于刑法第253条之一规定的"公民个人信息"。另，《刑法修正案（九）》于2015年11月1日施行之后，"非法获取公民个人信息罪"已经被改为"侵犯公民个人信息罪"。

【法工办发〔2015〕178号】 **全国人民代表大会常务委员会法制工作委员会办公室对能够识别公民个人身份的电子信息是否属于公民个人信息的意见**（2015年7月13日答复公安部办公厅2015年7月8日"公信安〔2015〕1903号"请示）（略）

【法发〔2016〕32号】 **最高人民法院、最高人民检察院、公安部关于办理电信网络诈骗等刑事案件适用法律若干问题的意见**（2016年12月19日签发，2016年12月20日新闻发布）

三、全面惩处关联犯罪

（二）违反国家有关规定，向他人出售或者提供公民个人信息，窃取或者以其他方法非法获取公民个人信息，符合刑法第253条之一规定的，以侵犯公民个人信息罪追究刑事责任。

使用非法获取的公民个人信息，实施电信网络诈骗犯罪行为，构成数罪的，应当依法予以并罚。

【法发〔2021〕22号】 **最高人民法院、最高人民检察院、公安部关于办理电信网络诈骗等刑事案件适用法律若干问题的意见（二）**（2021年6月17日签发，2021年6月22日新闻发布）

五、非法获取、出售、提供具有信息发布、即时通讯、支付结算等功能的互联网账号密码、个人生物识别信息，符合刑法第253条之一规定的，以侵犯公民个人信息罪追究刑事责任。

对批量前述互联网账号密码、个人生物识别信息的条数，根据查获的数量直接认定，但有证据证明信息不真实或者重复的除外。

【法释〔2017〕10号】 **最高人民法院、最高人民检察院关于办理侵犯公民个人信息刑事案件适用法律若干问题的解释**（2017年3月20日最高人民法院审判委员会第1712次会议、2017年4月26日最高人民检察院第12届检察委员会第63次会议通过，2017年5月8日印发，2017年6月1日起施行）

第1条 刑法第253条之一规定的"公民个人信息"，是指以电子或者其他方式记录的能够单独或者与其他信息结合识别特定自然人身份或者反映特定自然人活动情况的各种信息，包括姓名、身份证件号码、通信通讯联系方式、住址、账号密码、财产状况、行踪轨迹等。

第2条 违反法律、行政法规、部门规章有关公民个人信息保护的规定的，应当认定为刑法第253条之一规定的"违反国家有关规定"。

第3条 向特定人提供公民个人信息，以及通过信息网络或者其他途径发布公民个人信息的，应当认定为刑法第 253 条之一规定的"提供公民个人信息"。

未经被收集者同意，将合法收集的公民个人信息向他人提供的，属于刑法第 253 条之一规定的"提供公民个人信息"①，但是经过处理无法识别特定个人且不能复原的除外。

第 4 条 违反国家有关规定，通过购买、收受、交换等方式获取公民个人信息，或者在履行职责、提供服务过程中收集公民个人信息的，属于刑法第 253 条之一第 3 款规定的"以其他方法非法获取公民个人信息"。

第 5 条 非法获取、出售或者提供公民个人信息，具有下列情形之一的，应当认定为刑法第 253 条之一规定的"情节严重"：

（一）出售或者提供行踪轨迹信息，被他人用于犯罪的；

（二）知道或者应当知道他人利用公民个人信息实施犯罪，向其出售或者提供的；

（三）非法获取、出售或者提供行踪轨迹信息、通信内容、征信信息、财产信息 50 条以上的；

（四）非法获取、出售或者提供住宿信息、通信记录、健康生理信息、交易信息等其他可能影响人身、财产安全的公民个人信息 500 条以上的；

（五）非法获取、出售或者提供第 3 项、第 4 项规定以外的公民个人信息 5000 条以上的；

（六）数量未达到第 3 项至第 5 项规定标准，但是按相应比例合计达到有关数量标准的；

（七）违法所得 5000 元以上的；

（八）将在履行职责或者提供服务过程中获得的公民个人信息出售或者提供给他人，数量或者数额达到第 3 项至第 7 项规定标准一半以上的；

（九）曾因侵犯公民个人信息受过刑事处罚或者 2 年内受过行政处罚，又非法获取、出售或者提供公民个人信息的；

（十）其他情节严重的情形。

实施前款规定的行为，具有下列情形之一的，应当认定为刑法第 253 条之一第 1 款规定的"情节特别严重"：

（一）造成被害人死亡、重伤、精神失常或者被绑架等严重后果的；

---

① 注：《民法典》第 1036 条规定，合理处理已经合法公开的公民个人信息，不承担民事责任。该规定将影响对本罪的认定。实务案例见《出卖公开的企业信息谋利 检察机关认定行为人不构成犯罪》(检察日报 2021 年 1 月 20 日，第 1 版）。

（二）造成重大经济损失或者恶劣社会影响的；
（三）数量或者数额达到前款第3项至第8项规定标准10倍以上的；
（四）其他情节特别严重的情形。

第6条　为合法经营活动而非法购买、收受本解释第5条第1款第3项、第4项规定以外的公民个人信息，具有下列情形之一的，应当认定为刑法第253条之一规定的"情节严重"：
（一）利用非法购买、收受的公民个人信息获利5万元以上的；
（二）曾因侵犯公民个人信息受过刑事处罚或者2年内受过行政处罚，又非法购买、收受公民个人信息的；
（三）其他情节严重的情形。

实施前款规定的行为，将购买、收受的公民个人信息非法出售或者提供的，定罪量刑标准适用本解释第5条的规定。

第7条　单位犯刑法第253条之一规定之罪的，依照本解释规定的相应自然人犯罪的定罪量刑标准，对直接负责的主管人员和其他直接责任人员定罪处罚，并对单位判处罚金。

第8条　设立用于实施非法获取、出售或者提供公民个人信息违法犯罪活动的网站、通讯群组，情节严重的，应当依照刑法第287条之一的规定，以非法利用信息网络罪定罪处罚；同时构成侵犯公民个人信息罪的，依照侵犯公民个人信息罪定罪处罚。

第9条　网络服务提供者拒不履行法律、行政法规规定的信息网络安全管理义务，经监管部门责令采取改正措施而拒不改正，致使用户的公民个人信息泄露，造成严重后果的，应当依照刑法第286条之一的规定，以拒不履行信息网络安全管理义务罪定罪处罚。

第10条　实施侵犯公民个人信息犯罪，不属于"情节特别严重"，行为人系初犯，全部退赃，并确有悔罪表现的，可以认定为情节轻微，不起诉或者免予刑事处罚；确有必要判处刑罚的，应当从宽处罚。

第11条　非法获取公民个人信息后又出售或者提供的，公民个人信息的条数不重复计算。

向不同单位或者个人分别出售、提供同一公民个人信息的，公民个人信息的条数累计计算。

对批量公民个人信息的条数，根据查获的数量直接认定，但是有证据证明信息不真实或者重复的除外。

第12条　对于侵犯公民个人信息犯罪，应当综合考虑犯罪的危害程度、犯罪的违法所得数额以及被告人的前科情况、认罪悔罪态度等，依法判处罚金。罚金数额一般在违法所得的1倍以上5倍以下。

【法研〔2018〕11号】 最高人民法院研究室关于侵犯公民个人信息罪有关法律适用问题征求意见的复函（2018年月日回复最高检法律政策研究室"高检研函字〔2018〕1号"征求意见函）

经研究，原则赞同刑法第253条之1规定的"公民个人信息"，既包括中国公民的个人信息，也包括外国公民和其他无国籍人的个人信息。主要考虑：

（1）从刑法用语看，刑法第253条之1规定的是"公民个人信息"，并未限定为"中华人民共和国公民的个人信息"，因此不应将此处的"公民个人信息"限制为中国公民的个人信息。

（2）从立法精神看，外国人、无国籍人的信息应同中国公民的信息一样受到刑法的平等保护。

（3）从司法实践看，将外籍人、无国籍人个人信息排除在刑法保护之外，会放纵犯罪。特别是在侵犯公民个人信息犯罪案件所涉及的个人信息既有中国公民的个人信息，也有外国公民、无国籍人的个人信息时，只处罚涉及中国公民个人信息的部分，既不合理，也难操作。

【高检发侦监字〔2018〕13号】 检察机关办理侵犯公民个人信息案件指引（2018年8月24日最高人民检察院第13届检察委员会第5次会议通过，最高人民检察院2018年11月9日印发）

根据《中华人民共和国刑法》第253条之一的规定，侵犯公民个人信息罪是指违反国家有关规定，向他人出售、提供公民个人信息，或者通过窃取等方法非法获取公民个人信息，情节严重的行为。结合《最高人民法院、最高人民检察院关于办理侵犯公民个人信息刑事案件适用法律若干问题的解释》（法释〔2017〕10号）（以下简称《解释》），办理侵犯公民个人信息案件，应当特别注意以下问题：一是对"公民个人信息"的审查认定；二是对"违反国家有关规定"的审查认定；三是对"非法获取"的审查认定；四是对"情节严重"和"情节特别严重"的审查认定；五是对关联犯罪的审查认定。

二、需要特别注意的问题

在侵犯公民个人信息案件审查逮捕、审查起诉中，要根据相关法律、司法解释等规定，结合在案证据，重点注意以下问题：

（一）对"公民个人信息"的审查认定

根据《解释》的规定，公民个人信息是指以电子或者其他方式记录的能够单独或者与其他信息结合识别特定自然人身份或者反映特定自然人活动情况的各种信息，包括姓名、身份证件号码、通信通讯联系方式、住址、账号密码、财产状况、行踪轨迹等。经过处理无法识别特定自然人且不能复原的信息，虽然也可能反映自然人活动情况，但与特定自然人无直接关联，不属于公民个人信息的范畴。

对于企业工商登记等信息中所包含的手机、电话号码等信息，应当明确该号码的用途。对由公司购买、使用的手机、电话号码等信息，不属于个人信息的范畴，从而严格区分"手机、电话号码等由公司购买，归公司使用"与"公司经办人在工商登记等活动中登记个人电话、手机号码"两种不同情形。

（二）对"违反国家有关规定"的审查认定

《刑法修正案（九）》将原第253条之一的"违反国家规定"修改为"违反国家有关规定"，后者的范围明显更广。根据刑法第96条的规定，"国家规定"仅限于全国人大及其常委会制定的法律和决定，国务院制定的行政法规、规定的行政措施、发布的决定和命令。而"国家有关规定"还包括部门规章，这些规定散见于金融、电信、交通、教育、医疗、统计、邮政等领域的法律、行政法规或部门规章中。

（三）对"非法获取"的审查认定

在窃取或者以其他方法非法获取公民个人信息的行为中，需要着重把握"其他方法"的范围问题。"其他方法"，是指"窃取"以外，与窃取行为具有同等危害性的方法，其中，购买是最常见的非法获取手段。侵犯公民个人信息犯罪作为电信网络诈骗的上游犯罪，诈骗分子往往先通过网络向他人购买公民个人信息，然后自己直接用于诈骗或转发给其他同伙用于诈骗，诈骗分子购买公民个人信息的行为属于非法获取行为，其同伙接收公民个人信息的行为明显也属于非法获取行为。同时，一些房产中介、物业管理公司、保险公司、担保公司的业务员往往与同行通过QQ、微信群互相交换各自掌握的客户信息，这种交换行为也属于非法获取行为。此外，行为人在履行职责、提供服务过程中，违反国家有关规定，未经他人同意收集公民个人信息，或者收集与提供的服务无关的公民个人信息的，也属于非法获取公民个人信息的行为。

（四）对"情节严重"和"情节特别严重"的审查认定

1. 关于"情节严重"的具体认定标准，根据《解释》第5条第1款的规定，主要涉及5个方面：

（1）信息类型和数量。①行踪轨迹信息、通信内容、征信信息、财产信息，此类信息与公民人身、财产安全直接相关，数量标准为50条以上，且仅限于上述4类信息，不允许扩大范围。对于财产信息，既包括银行、第三方支付平台、证券期货等金融服务账户的身份认证信息（一组确认用户操作权限的数据，包括账号、口令、密码、数字证书等），也包括存款、房产、车辆等财产状况信息。②住宿信息、通信记录、健康生理信息、交易信息等可能影响公民人身、财产安全的信息，数量标准为500条以上，此类信息也与人身、财产安全直接相关，但重要程度要弱于行踪轨迹信息、通信内容、征信信息、财产信息。对"其他可能影响人身、财产安全的公民个人信息"的把握，应当确保所适用的公民个人信息涉及人身、财产安全，且与"住宿信息、通信记录、健康生理信息、交易信息"在重要程度上具有相当性。③除上述两类信息以外的其他公民个人信息，数量标准为5000条以上。

（2）违法所得数额。对于违法所得，可直接以犯罪嫌疑人出售公民个人信息的收入予以认定，不必扣减其购买信息的犯罪成本。同时，在审查认定违法所得数额过程中，应当以查获的银行交易记录、第三方支付平台交易记录、聊天记录、犯罪嫌疑人供述、证人证言综合予以认定，对于犯罪嫌疑人无法说明合法来源的用于专门实施侵犯公民个人信息犯罪的银行账户或第三方支付平台账户内资金收入，可综合全案证据认定为违法所得。

（3）信息用途。公民个人信息被他人用于违法犯罪活动的，不要求他人的行为必须构成犯罪，只要行为人明知他人非法获取公民个人信息用于违法犯罪活动即可。

（4）主体身份。如果行为人系将在履行职责或者提供服务过程中获得的公民个人信息出售或者提供给他人的，涉案信息数量、违法所得数额只要达到一般主体的一半，即可认为"情节严重"。

（5）主观恶性。曾因侵犯公民个人信息受过刑事处罚或者2年内受过行政处罚，又非法获取、出售或者提供公民个人信息的，即可认为"情节严重"。

2. 关于"情节特别严重"的认定标准，根据《解释》，主要分为两类：一是信息数量、违法所得数额标准。二是信息用途引发的严重后果，其中造成人身伤亡、经济损失、恶劣社会影响等后果，需要审查认定侵犯公民个人信息的行为与严重后果间存在因果关系。

对于涉案公民个人信息数量的认定，根据《解释》第11条，非法获取公民个人信息后又出售或者提供的，公民个人信息的条数不重复计算；向不同单位或者个人分别出售、提供同一公民个人信息的，公民个人信息的条数累计计算；对批量出售、提供公民个人信息的条数，根据查获的数量直接认定，但是有证据证明信息不真实或者重复的除外。在实践中，如犯罪嫌疑人多次获取同一条公民个人信息，一般认定为一条，不重复累计；但获取的该公民个人信息内容发生了变化的除外。

对于涉案公民个人信息的数量、社会危害性等因素的审查，应当结合刑法

第 253 条和《解释》的规定进行综合审查。涉案公民个人信息数量极少，但造成被害人死亡等严重后果的，应审查犯罪嫌疑人行为与该后果之间的因果关系，符合条件的，可以认定为实施《解释》第 5 条第 1 款第 10 项"其他情节严重的情形"的行为，造成被害人死亡等严重后果，从而认定为"情节特别严重"。如涉案公民个人信息数量较多，但犯罪嫌疑人仅仅获取而未向他人出售或提供，则可以在认定相关犯罪事实的基础上，审查该行为是否符合《解释》第 5 条第 1 款第 3、4、5、6、9 项及第 2 款第 3 项的情形，符合条件的，可以分别认定为"情节严重""情节特别严重"。

此外，针对为合法经营活动而购买、收受公民个人信息的行为，在适用《解释》第 6 条的定罪量刑标准时须满足 3 个条件：一是为了合法经营活动，对此可以综合全案证据认定，但主要应当由犯罪嫌疑人一方提供相关证据；二是限于普通公民个人信息，即不包括可能影响人身、财产安全的敏感信息；三是信息没有再流出扩散，即行为方式限于购买、收受。如果将购买、收受的公民个人信息非法出售或者提供的，定罪量刑标准应当适用《解释》第 5 条的规定。

（五）对关联犯罪的审查认定

对于侵犯公民个人信息犯罪与电信网络诈骗犯罪相交织的案件，应严格按照《最高人民法院、最高人民检察院、公安部关于办理电信网络诈骗等刑事案件适用法律若干问题的意见》（法发〔2016〕32 号）的规定进行审查认定，即通过认真审查非法获取、出售、提供公民个人信息的犯罪嫌疑人对电信网络诈骗犯罪的参与程度，结合能够证实其认知能力的学历文化、聊天记录、通话频率、获取固定报酬还是参与电信网络诈骗犯罪分成等证据，分析判断其是否属于诈骗共同犯罪、是否应该数罪并罚。

根据《解释》第 8 条的规定，设立用于实施出售、提供或者非法获取公民个人信息违法犯罪活动的网站、通讯群组，情节严重的，应当依照刑法第 287 条之一的规定，以非法利用信息网络罪定罪；同时构成侵犯公民个人信息罪的，应当认定为侵犯公民个人信息罪。

对于违反国家有关规定，采用技术手段非法侵入合法存储公民个人信息的单位数据库窃取公民个人信息的行为，也符合刑法第 285 条第 2 款非法获取计算机信息系统数据罪的客观特征，同时触犯侵犯公民个人信息罪和非法获取计算机信息系统数据罪的，应择一重罪论处。

此外，针对公安民警在履行职责过程中，违反国家有关规定，查询、提供公民个人信息的情形，应当认定为"违反国家有关规定，将在履行职责或者提供服务过程中以其他方法非法获取或提供公民个人信息"。但同时，应当审查犯罪嫌疑人除该行为之外有无其他行为侵害其他法益,从而对可能存在的其他犯罪予以准确认定。

【公通字〔2020〕14 号】 最高人民法院、最高人民检察院、公安部办理跨境赌博犯罪案件若干问题的意见(2020 年 10 月 16 日印发)

四、关于跨境赌博关联犯罪的认定

(五)(第 3 款) 为实施赌博犯罪,非法获取公民个人信息,或者向实施赌博犯罪者出售、提供公民个人信息,构成赌博犯罪共犯,同时构成侵犯公民个人信息罪的,依照处罚较重的规定定罪处罚。

【高检发办字〔2021〕3 号】 人民检察院办理网络犯罪案件规定(2020 年 12 月 14 日最高检第 13 届检委会第 57 次会议通过,2021 年 1 月 22 日印发)

第 62 条 本规定中下列用语的含义:

(六)生物识别信息,是指计算机利用人体所固有的生理特征(包括人脸、指纹、声纹、虹膜、DNA 等)或者行为特征(步态、击键习惯等)来进行个人身份识别的信息;……

【主席令〔2020〕45 号】 中华人民共和国民法典(2020 年 5 月 28 日第 13 届全国人大第 3 次会议通过,2021 年 1 月 1 日施行)

第 1034 条(第 2 款) 个人信息是以电子或者其他方式记录的能够单独或者与其他信息结合识别特定自然人的各种信息,包括自然人的姓名、出生日期、身份证件号码、生物识别信息、住址、电话号码、电子邮箱、健康信息、行踪信息等。

第 1035 条(第 2 款) 个人信息的处理包括个人信息的收集、存储、使用、加工、传输、提供、公开等。

第 1036 条 处理个人信息,有下列情形之一的,行为人不承担民事责任:

(一)在该自然人或者其监护人同意的范围内合理实施的行为;

(二)合理处理该自然人自行公开的或者其他已经合法公开的信息,但是该自然人明确拒绝或者处理该信息侵害其重大利益的除外;

(三)为维护公共利益或者该自然人合法权益,合理实施的其他行为。

【标准 GB/T35273-2020】 信息安全技术 个人信息安全规范(2020 年 3 月 6 日国家市场监督管理总局、国家标准化管理委员会发布,2020 年 10 月 1 日实施)

3.1 个人信息:以电子或者其他方式记录的能够单独或者与其他信息结合识别特定自然人身份或者反映特定自然人活动情况的各种信息。

注 1:个人信息包括姓名、出生日期、身份证件号码、个人生物识别信息、住址、通信通讯联系方式、通信记录和内容、账号密码、财产信息、征信信息、行踪轨迹、住宿信息、健康生理信息、交易信息等。

注2：关于个人信息的判定方法和类型可参见附录A。（本书略）

注3：个人信息控制者通过个人信息或其他信息加工处理后形成的信息，例如，用户画像或特征标签，能够单独或者与其他信息结合识别特定自然人身份或反映特定自然人活动情况的，属于个人信息。

5.6 征得授权同意的例外

以下情形中，个人信息控制者收集、使用个人信息不必征得个人信息主体的授权同意：

a) 与个人信息控制者履行法律法规规定的义务相关的；
b) 与国家安全、国防安全直接相关的；
c) 与公共安全、公共卫生、重大公共利益直接相关的；
d) 与刑事侦查、起诉、审判和判决执行等直接相关的；
e) 出于维护个人信息主体或其他个人的生命、财产等重大合法权益但又很难得到本人授权同意的；
f) 所涉及的个人信息是个人信息主体自行向社会公众公开的；
g) 根据个人信息主体要求签订和履行合同所必需的；

注：个人信息保护政策的主要功能为公开个人信息控制者收集、使用个人信息范围和规则，不宜将其视为合同。

h) 从合法公开披露的信息中收集个人信息的，如合法的新闻报道、政府信息公开等渠道；
i) 维护所提供产品和服务的安全稳定运行所必需的，如发现、处置产品或服务的故障；
j) 个人信息控制者为新闻单位，且其开展合法的新闻报道所必需的；
k) 个人信息控制者为学术研究机构，出于公共利益开展统计或学术研究所必要，且其对外提供学术研究或描述的结果时，对结果中所包含的个人信息进行去标识化处理的。

【主席令〔2012〕67号】　**中华人民共和国治安管理处罚法**（2012年10月26日第11届全国人大常委会第29次会议修正，2013年1月1日起施行）

第2条　扰乱公共秩序，妨害公共安全，侵犯人身权利、财产权利，妨害社会管理，具有社会危害性，依照《中华人民共和国刑法》的规定构成犯罪的，依法追究刑事责任；尚不够刑事处罚的，由公安机关依照本法给予治安管理处罚。

第 42 条　有下列行为之一的，处 5 日以下拘留或者 500 元以下罚款；情节较重的，处 5 日以上 10 日以下拘留，可以并处 500 元以下罚款：

（六）偷窥、偷拍、窃听、散布他人隐私的。

【主席令〔2022〕119 号】　中华人民共和国反电信网络诈骗法（2022 年 9 月 2 日第 13 届全国人大常委会第 36 次会议通过，2022 年 12 月 1 日施行）

第 29 条　个人信息处理者应当依照《中华人民共和国个人信息保护法》等法律规定，规范个人信息处理，加强个人信息保护，建立个人信息被用于电信网络诈骗的防范机制。

履行个人信息保护职责的部门、单位对可能被电信网络诈骗利用的物流信息、交易信息、贷款信息、医疗信息、婚介信息等实施重点保护。公安机关办理电信网络诈骗案件，应当同时查证犯罪所利用的个人信息来源，依法追究相关人员和单位责任。

● **指导案例**　**【高检发办字〔2022〕8 号】**　最高人民检察院第 34 批指导性案例（2021 年 12 月 14 日最高检第 13 届检委会第 82 次会议通过，2022 年 1 月 26 日印发）

（检例第 140 号）柯某侵犯公民个人信息案

要旨： 业主房源信息是房产交易信息和身份识别信息的组合，包含姓名、通信通讯联系方式、住址、交易价格等内容，属于法律保护的公民个人信息。未经信息主体另行授权，非法获取、出售限定使用范围的业主房源信息，系侵犯公民个人信息的行为，情节严重、构成犯罪的，应当依法追究刑事责任。检察机关办理案件时应当对涉案公民个人信息具体甄别、筛除模糊、无效及重复信息，准确认定侵犯公民个人信息数量。①

---

① 本案指导意义：1.……业主房源信息包括房产坐落区域、面积、售租价格等描述房产特征的信息，也包含门牌号码、业主电话、姓名等具有身份识别性的信息，上述信息组合，使业主房源信息符合公民个人信息 "识别特定自然人" 的规定。……2. 获取限定使用范围的信息需信息主体同意、授权。对生物识别、宗教信仰、特定身份、医疗健康、金融账户、行踪轨迹等敏感个人信息，进行信息处理须得到信息主体明确同意、授权。对非敏感个人信息，如上述业主电话、姓名等，应当根据具体情况作出不同处理。信息主体自愿、主动向社会完全公开的信息，可以认定同意他人获取，在不侵犯其合法利益的情况下可以合法、合理利用。但限定用途、范围的信息，如仅提供给中介供服务使用的，他人在未经另行授权的情况下，非法获取、出售，情节严重的，应当以侵犯公民个人信息罪追究刑事责任。3.……检察机关应当把握公民个人信息 "可识别特定自然人身份或者反映特定自然人活动情况" 的标准，准确提炼出关键性的识别要素，如家庭住址、电话号码、姓名等，对信息数据有效甄别。对包含上述信息的认定为有效的公民个人信息，以准确认定信息数量。

【法〔2022〕265号】 最高人民法院第35批指导性案例（第二次重印增补内容，余文见本书末尾。）

第254条 【报复陷害罪】国家机关工作人员滥用职权、假公济私，对控告人、申诉人、批评人、举报人实行报复陷害的，处二年以下有期徒刑或者拘役；情节严重的，处二年以上七年以下有期徒刑。

● **条文注释** 构成第254条规定之罪，必须具备以下条件：（1）犯罪主体是特殊主体，必须是国家立法机关、行政机关、司法机关或军事机关等国家机关的工作人员，并且只能是自然人（单位不能构成本罪）；（2）犯罪侵害的对象是特殊群体，即控告人、申诉人、批评人、举报人；（3）行为人具有报复陷害被侵害对象的主观故意，并实施了该行为；（4）行为人采取滥用职权或假公济私的方法实施这些报复陷害行为；（5）情节严重。

这里的"滥用职权"是指国家机关工作人员违背职责的规定而行使职权；"假公济私"，是指国家机关工作人员以工作为名，为徇私情或实现个人目的而利用职务上的便利。"报复陷害"，主要是指利用手中的权力，以种种借口进行政治上或者经济上的迫害，如降职、降级、调离岗位、经济处罚、开除公职、捏造事实诬陷当事人经济、生活作风上有问题等。

这里的"控告人"，是指由于受到侵害而向司法机关或其他机关、团体、单位告发他人违法犯罪或违纪违章活动的人。"申诉人"，是指对司法机关已经发生法律效力的判决、裁定或决定不服，对国家行政机关处罚的决定不服或对其他纪律处分的决定不服而提出申诉意见的人。"批评人"，是指对他人或国家机关的错误做法提出批评意见的人。"举报人"，是指向司法机关检举、揭发犯罪嫌疑人的犯罪事实或犯罪嫌疑人线索的行为。

这里的"情节严重"，主要是指多次或对多人进行报复陷害，或者报复陷害手段恶劣，或报复陷害造成严重后果等，具体的界定标准依照"高检发释字〔2006〕2号"立案标准第二部分第6条的规定。

需要注意的是：

（1）根据有关立法解释的规定，在依照法律法规规定行使国家行政管理职权的组织中从事公务的人员，或者在受国家机关委托代表国家行使职权的组织中从事公务的人员，或者虽未列入国家机关人员编制但在国家机关中从事公务的人员，视为国家机关工作人员。在乡（镇）以上中国共产党机关、人民政协机关中从事公务的人员，司法实践中也应当视为国家机关工作人员。

(2) 如果国家机关工作人员采取捏造犯罪事实的方法诬告陷害他人，意图使他人受刑事追究的，无论其是否滥用职权、假公济私，都应依照《刑法》第243条的规定，以诬告陷害罪论处，而不以本罪论处。

● 相关规定　【高检会〔2016〕6号】　最高人民检察院、公安部、财政部关于保护、奖励职务犯罪举报人的若干规定（经2016年1月11日中央全面深化改革领导小组第20次会议审议通过，2016年3月30日印发）

第7条　有下列情形之一的，属于对举报人实施打击报复行为：

（一）以暴力、威胁或者非法限制人身自由等方法侵犯举报人及其近亲属的人身安全的；

（二）非法占有或者损毁举报人及其近亲属财产的；

（三）栽赃陷害举报人及其近亲属的；

（四）侮辱、诽谤举报人及其近亲属的；

（五）违反规定解聘、辞退或者开除举报人及其近亲属的；

（六）克扣或者变相克扣举报人及其近亲属的工资、奖金或者其他福利待遇的；

（七）对举报人及其近亲属无故给予党纪、政纪处分或者故意违反规定加重处分的；

（八）在职务晋升、岗位安排、评级考核等方面对举报人及其近亲属进行刁难、压制的；

（九）对举报人及其近亲属提出的合理申请应当批准而不予批准或者拖延的；

（十）其他侵害举报人及其近亲属合法权益的行为。

第12条　打击报复或者指使他人打击报复举报人及其近亲属的，依纪依法给予处分；构成违反治安管理行为的，依法给予治安管理处罚；构成犯罪的，依法追究刑事责任。

被取保候审、监视居住的犯罪嫌疑人打击报复或者指使他人打击报复举报人及其近亲属的，人民检察院应当对犯罪嫌疑人依法予以逮捕。决定逮捕前，可以先行拘留。

第26条　具有下列情形之一，对直接负责的主管人员和其他直接责任人员，依纪依法给予处分；构成犯罪的，由司法机关依法追究刑事责任：

（一）故意或者过失泄露举报人姓名、地址、电话、举报内容等，或者将举报材料转给被举报人的；

（二）应当制作举报人保护预案、采取保护措施而未制定或采取，导致举报人及其近亲属受到严重人身伤害或者重大财产损失的；……

● **立案标准**　最高人民检察院关于渎职侵权犯罪案件立案标准的规定（高检发释字〔2006〕2号，2005年12月29日最高人民检察院第10届检察委员会第49次会议通过，2006年7月26日公布施行）

二、国家机关工作人员利用职权实施的侵犯公民人身权利、民主权利犯罪案件

（六）报复陷害案（第254条）

报复陷害罪是指国家机关工作人员滥用职权、假公济私，对控告人、申诉人、批评人、举报人实行打击报复、陷害的行为。

涉嫌下列情形之一的，应予立案：

1. 报复陷害，情节严重，导致控告人、申诉人、批评人、举报人或者其近亲属自杀、自残造成重伤、死亡，或者精神失常的；

2. 致使控告人、申诉人、批评人、举报人或者其近亲属的其他合法权利受到严重损害的；

3. 其他报复陷害应予追究刑事责任的情形。

三、附则

（三）本规定中的"国家机关工作人员"，是指在国家机关中从事公务的人员，包括在各级国家权力机关、行政机关、司法机关和军事机关中从事公务的人员。在依照法律、法规规定行使国家行政管理职权的组织中从事公务的人员，或者在受国家机关委托代表国家行使职权的组织中从事公务的人员，或者虽未列入国家机关人员编制但在国家机关中从事公务的人员，在代表国家机关行使职权时，视为国家机关工作人员。在乡（镇）以上中国共产党机关、人民政协机关中从事公务的人员，视为国家机关工作人员。

第255条　【打击报复会计、统计人员罪】公司、企业、事业单位、机关、团体的领导人，对依法履行职责、抵制违反会计法、统计法行为的会计、统计人员实行打击报复，情节恶劣的，处三年以下有期徒刑或者拘役。

● **条文注释**　构成第255条规定之罪，必须具备以下条件：（1）犯罪主体是特殊主体，必须是企业、事业单位或机关团体的领导人，并且只能是自然人（单位不能构成本罪）；（2）犯罪侵害的对象是特殊群体，即会计、统计人员；（3）该会计、统计人员在依法履行职责或者抵制违反《会计法》《统计法》行为；（4）行为人具有打击报复被侵害对象的主观故意，并实施了该行为；（5）情节恶劣。

这里的"违反会计法"行为，主要是指伪造、变造、隐匿、故意毁灭会计凭证、会计账簿、会计报表和其他会计资料，或者利用虚假的会计凭证、账簿、报表和其他会计资料偷税或损害国家、社会公众利益，或者受理不真实、不合法的原始凭证，或对违法的收支不提出书面意见或不报告等；"违反统计法"行为，主要是指虚报、瞒报统计资料，或者伪造、篡改统计资料，或者编造虚假数据，等。"打击报复"，主要是对依法履行职责，抵制违反会计法、统计法行为的会计、统计人员，通过调动其工作、撤换其职务、进行处罚以及其他方法进行打击报复的行为。

这里的"情节恶劣"，主要是指多次或对多人进行打击报复，或者打击报复手段恶劣、影响恶劣，或者造成严重后果等。

需要注意的是：

（1）如果企业、事业单位或机关团体的领导人采取捏造犯罪事实的方法诬告陷害会计、统计人员，意图使其受刑事追究，则应依照《刑法》第243条的规定，以诬告陷害罪论处，而不以报复陷害罪或打击报复会计、统计人员罪论处。

（2）如果企业、事业单位或机关团体的领导人在打击报复会计、统计人员时采取了其他伤害手段，构成犯罪的，应该依照刑法其他相关规定进行定罪处罚。

第256条　【破坏选举罪】在选举各级人民代表大会代表和国家机关领导人员时，以暴力、威胁、欺骗、贿赂、伪造选举文件、虚报选举票数等手段破坏选举或者妨害选民和代表自由行使选举权和被选举权，情节严重的，处三年以下有期徒刑、拘役或者剥夺政治权利。

● **条文注释**　构成第256条规定之罪，必须具备以下条件：（1）犯罪主体只能是自然人（单位不能构成本罪）；（2）破坏的选举活动必须是选举各级人民代表大会代表和国家机关领导人员的选举活动；（3）破坏选举必须是以暴力、威胁、欺骗、贿赂、伪造选举文件、虚报选举票数等手段进行；（4）必须是足以破坏选举或者妨害选民和代表自由行使选举权和被选举权；（5）情节严重。

这里所说的"选举各级人民代表大会代表和国家机关领导人员"，是指依照《全国人民代表大会和地方各级人民代表大会选举法》《全国人民代表大会和地方各级人民代表大会代表法》《全国人民代表大会组织法》《地方各级人民代大会和地方各级人民政府组织法》等有关法律选举各级人民代表大会代表和国家机关领导人员，包括选民登记、提出候选人、投票选举、补选、罢免等整个选举活动。"破坏选举"，是指破坏选举工作的正常进行；"妨害选民行使选举权和被选举权"，是指非法阻止选民参加登记或投票，或者迫使、诱骗选民违背自己的意志进行投票，以及使选民放弃自己的被选举权等。

第 256 条规定中的"暴力"，既包括对选举人或被选举人施以暴力，也包括以暴力手段破坏选举场所或选举设备，或者聚众冲击选举场所或故意扰乱选举场所秩序，致使选举无法正常进行；"欺骗"，是指捏造事实、颠倒是非，并加以散播、宣传，以虚假的事实扰乱正常的选举活动，影响选民、各级人民代表大会代表、候选人自由地行使选举权和被选举权。"情节严重"，主要是指致使选举无法正常地进行，或者选举无效，或者选举结果不真实，或者破坏选举手段恶劣、后果严重，或者造成恶劣影响等。

需要注意的是：

（1）第 256 条规定中的"欺骗"，必须是编造严重不符合事实的情况，或者捏造对选举有重大影响的情况等，对于在选举活动中介绍候选人或者候选人在介绍自己情况时对一些不是很重要的事实有所夸大或隐瞒，不致影响正常选举的行为，不能认定为以欺骗手段破坏选举。

（2）国家机关工作人员利用职权强行宣布合法选举无效或者非法选举有效的，也构成第 256 条规定的"破坏选举罪"。

● 相关规定　【主席令〔2012〕67 号】　中华人民共和国治安管理处罚法（2012 年 10 月 26 日第 11 届全国人大常委会第 29 次会议修正，2013 年 1 月 1 日起施行）

第 23 条　有下列行为之一的，处警告或者 200 元以下罚款；情节较重的，处 5 日以上 10 日以下拘留，可以并处 500 元以下罚款：

（五）破坏依法进行的选举秩序的。

聚众实施前款行为的，对首要分子处 10 日以上 15 日以下拘留，可以并处 1000 元以下罚款。

【公通字〔2007〕1 号】　公安机关执行《中华人民共和国治安管理处罚法》有关问题的解释（二）（2007 年 1 月 8 日印发）

六、关于扰乱居（村）民委员会秩序和破坏居（村）民委员会选举秩序行为的法律适用问题

对扰乱居（村）民委员会秩序的行为，应当根据其具体表现形式，如侮辱、

诽谤、殴打他人、故意伤害、故意损毁财物等，依照《治安管理处罚法》的相关规定予以处罚。

对破坏居（村）民委员会选举秩序的行为，应当依照《治安管理处罚法》第23条第1款第5项的规定予以处罚。

● **立案标准　最高人民检察院关于渎职侵权犯罪案件立案标准的规定**（高检发释字〔2006〕2号，2005年12月29日最高人民检察院第10届检察委员会第49次会议通过，2006年7月26日公布施行）

二、国家机关工作人员利用职权实施的侵犯公民人身权利、民主权利犯罪案件

（七）国家机关工作人员利用职权实施的破坏选举案（第256条）

破坏选举罪是指在选举各级人民代表大会代表和国家机关领导人员时，以暴力、威胁、欺骗、贿赂、伪造选举文件、虚报选举票数或者编造选举结果等手段破坏选举或者妨害选民和代表自由行使选举权和被选举权，情节严重的行为。

国家机关工作人员利用职权破坏选举，涉嫌下列情形之一的，应予立案：

1. 以暴力、威胁、欺骗、贿赂等手段，妨害选民、各级人民代表大会代表自由行使选举权和被选举权，致使选举无法正常进行，或者选举无效，或者选举结果不真实的；

2. 以暴力破坏选举场所或者选举设备，致使选举无法正常进行的；

3. 伪造选民证、选票等选举文件，虚报选举票数，产生不真实的选举结果或者强行宣布合法选举无效、非法选举有效的；

4. 聚众冲击选举场所或者故意扰乱选举场所秩序，使选举工作无法进行的；

5. 其他情节严重的情形。

三、附则

（三）本规定中的"国家机关工作人员"，是指在国家机关中从事公务的人员，包括在各级国家权力机关、行政机关、司法机关和军事机关中从事公务的人员。在依照法律、法规规定行使国家行政管理职权的组织中从事公务的人员，或者在受国家机关委托代表国家行使职权的组织中从事公务的人员，或者虽未列入国家机关人员编制但在国家机关中从事公务的人员，在代表国家机关行使职权时，视为国家机关工作人员。在乡（镇）以上中国共产党机关、人民政协机关中从事公务的人员，视为国家机关工作人员。

第 257 条 【暴力干涉婚姻自由罪】以暴力干涉他人婚姻自由的，处二年以下有期徒刑或者拘役。

犯前款罪，致使被害人死亡的，处二年以上七年以下有期徒刑。

第一款罪，告诉的才处理。

● **条文注释** 构成第257条规定之罪，必须具备以下几个条件：（1）犯罪主体只能是自然人（单位不能构成本罪）；（2）行为人具有干涉他人婚姻自由（包括结婚自由和离婚自由）的主观故意，并实施了该行为；（3）使用了暴力手段。

行为人是否"暴力干涉"，是区分罪与非罪的主要特征。这里的"暴力"，是指使用捆绑、吊打、禁闭、强抢等手段，使被干涉者不能行使婚姻自由的权利；如果行为人采取的暴力行为，不足以干涉被害人行使婚姻自由权利的，也不构成本罪。"致使被害人死亡"，主要是指行为人使用暴力干涉他人婚姻自由的犯罪行为致使被害人自杀身亡等；如果行为人在暴力干涉婚姻自由过程中实施了故意伤害或杀害行为，则应当依照《刑法》第234条或第232条的规定，以故意伤害罪或故意杀人罪追究刑事责任。

对于犯暴力干涉婚姻自由的行为，在没有致使被害人死亡的情况下，只有被害人亲自向司法机关提出控告的，司法机关才能处理；对于被害人不控告的，司法机关不能主动受理，追究行为人的刑事责任。但如果被害人受强制或威吓等原因而无法告诉的，人民检察院和被害人的"近亲属"也可以告诉。

需要注意的是：

（1）第257条第2款规定的"致使被害人死亡"的干涉婚姻自由的行为，行为人必须是使用了暴力；如果干涉行为未使用暴力，而是由于被害人自己心胸狭窄而轻生自杀或因为其他原因自杀的，则不应追究行为人的刑事责任。

（2）关于"近亲属"的概念（范围），在刑事、民事、行政法律中的规定是各不相同的：

①刑事诉讼中的近亲属是指夫、妻、父、母、子、女、同胞兄弟姊妹。①

②民事诉讼中的近亲属是指配偶、父母、子女、兄弟姐妹、祖父母、外祖父母、孙子女，外孙子女。②

---

① 见《刑事诉讼法》第108条。
② 见《民法典》第1045条。

③行政诉讼中的近亲属是指配偶、父母、子女、兄弟姐妹、祖父母、外祖父母、孙子女、外孙子女和其他具有扶养、赡养关系的亲属。①

> **第 258 条** 【重婚罪】有配偶而重婚的，或者明知他人有配偶而与之结婚的，处二年以下有期徒刑或者拘役。

● **条文注释** 构成重婚罪，必须具备下列条件之一：（1）行为人已经有配偶，又与他人结婚。（2）行为人明知他人已经有配偶，仍然与其结婚。

这里的"明知"是本罪的罪与非罪的重要界限，如果行为人是蒙受欺骗，不知道对方已有配偶而与之结婚的，则不构成重婚罪。

所谓有配偶，是指男人有妻、女人有夫，而且这种夫妻关系被法律承认。夫妻关系未经法律程序解除尚存续的，即为有配偶的人；如果夫妻关系已经解除，或因配偶一方死亡夫妻关系自然消失，即不再是有配偶的人。所谓"重婚"，是指同一个人有两个以上的婚姻关系发生重合，即一个男人同时与两个以上的女人存在婚姻关系，或者一个女人同时与两个以上的男人存在婚姻关系。这种行为侵犯了我国《民法典》婚姻家庭编规定的"一夫一妻"制。这里的婚姻关系，应当经法律程序确认，即被法律所承认。

对于没经过合法登记，但以夫妻名义共同生活（即所谓的"事实婚姻"）的情形，我国采取的是"限制承认主义"，即有条件地承认事实婚姻的法律效力（只有具有法律效力的婚姻，才能构成法律上的重婚）：（1）1994 年 2 月 1 日民政部《婚姻登记管理条例》公布实施以前，男女双方已经符合结婚实质要件的，按事实婚姻处理；（2）1994 年 2 月 1 日民政部《婚姻登记管理条例》公布实施以后，男女双方符合结婚实质要件的，人民法院应当告知其在案件受理前补办结婚登记；未补办结婚登记的，按解除同居关系处理。因此，自 1994 年 2 月 1 日起，没有配偶的男女，未经结婚登记即以夫妻名义同居生活的，其婚姻关系无效，不受法律保护。

特别需要注意的是：

1994 年 12 月 14 日最高人民法院公布《关于〈婚姻登记管理条例〉施行后发生的以夫妻名义非法同居的重婚案件是否以重婚罪定罪处罚的批复》（法复〔1994〕10 号，答复四川省高级人民法院"川高法〔1994〕135 号"请示）规定：新《婚姻登记管理条例》（1994 年 1 月 12 日国务院批准，1994 年 2 月 1 日

---

① 见《最高人民法院关于适用〈中华人民共和国行政诉讼法〉的解释》第 14 条。

民政部发布）发布施行后，有配偶的人与他人以夫妻名义同居生活的，或明知他人有配偶而与之以夫妻名义同居生活的，仍应按重婚罪定罪。该《批复》直接与《民法典》婚姻家庭编不承认"事实婚姻"的法律规定相冲突，也与最高人民法院之前发布的关于婚姻法的司法解释相矛盾，导致在司法实践中被迫将它们拆解为"民法解释"与"刑法解释"，即事实婚姻在民事行为中不被承认，只认为是同居关系；但在刑事法律关系中却被当作有效的婚姻关系，并据此追究刑事责任。

在2013年1月14日最高人民法院公布的《关于废止1980年1月1日至1997年6月30日期间发布的部分司法解释和司法解释性质文件（第九批）的决定》（法释〔2013〕2号，2012年11月19日最高人民法院审判委员会第1560次会议通过，2013年1月18日起施行）中，上述《批复》已被废止。

还需要注意的是：在实践中，重婚行为的情节和危害有轻重大小之分。根据《刑法》第13条的规定，"情节显著轻微危害不大的，不认为是犯罪"。所以，有重婚行为，并不一定就构成重婚罪。只有情节严重，危害较大的重婚行为，才构成犯罪。根据立法精神和实践经验，下面两种重婚行为不构成重婚罪：

（1）夫妻一方因不堪虐待外逃而重婚的。实践中，由于封建思想或者家庭矛盾等因素的影响，夫妻间虐待的现象时有发生。如果一方，尤其是妇女，因不堪虐待而外逃后，在外地又与他人结婚，由于这种重婚行为是为了摆脱虐待，社会危害性明显较小，所以不宜以重婚罪论处。

（2）因遭受灾害在原籍无法生活而外流谋生后，又与他人重婚的。一方知道对方还健在，有的甚至是双方一同外流谋生，但迫于生计，而不得不在原夫妻关系存续的情况下又与他人结婚。这种重婚行为尽管有重婚故意，但其社会危害性不大，也不宜以重婚罪论处。

在实践中，有的男人本来就有妻子，但却利用某种关系，采用暴力、胁迫等手段，长期与其他女性过性生活，对外也毫不顾忌，以夫妻关系自居，而女方却由于各种原因不得不屈从。对于这类案件，应按强奸罪论处，不应定重婚罪。

《民法典》第51条规定："被宣告死亡的人的婚姻关系，自死亡宣告之日起消除。死亡宣告被撤销的，婚姻关系自撤销死亡宣告之日起自行恢复。但是，其配偶再婚或者向婚姻登记机关书面声明不愿意恢复的除外。"这里涉及几个问题：

（1）其实并未死亡的人，如果在被宣告死亡期间与第三人结婚，因为其前一婚姻关系已经依法失效，所以不再产生刑法上的重婚责任（即使行为人并不知道自己"被宣告死亡"）。

（2）被宣告死亡的人重新出现后，如果其本人或利害关系人未向人民法院申请撤销死亡宣告，那么原婚姻关系将一直处于失效状态，不会自行恢复。此时，如果一方另行与他人结婚，不产生刑法上的重婚责任。

（3）死亡宣告被依法撤销后，如果其配偶不愿意恢复原婚姻关系，应当在多长期限之内向婚姻登记机关书面声明，目前法律没有明确，应当由司法解释作出合理规定。否则，如果"其配偶"在死亡宣告被依法撤销1年或多年后，径行向婚姻登记机关书面声明不愿意恢复原婚姻关系并另行与他人结婚，将遭遇民事和刑事法律适用的尴尬。

● **相关规定** 最高人民法院研究室关于重婚案件的被告人长期外逃法院能否中止审理和是否受追诉时效限制问题的电话答复（1989年8月16日答复陕西省高级人民法院"陕高法研〔1989〕35号"请示）①

同意你院意见，即胡应亭诉焦有枝、赵炳信重婚一案，在人民法院对焦有枝采取取保候审的强制措施后，焦有枝潜逃并和赵炳信一直在外流窜，下落不明的情况下，可参照最高人民法院法（研）复〔1988〕29号《关于刑事案件取保候审的被告人在法院审理期间潜逃应宣告中止审理的批复》的规定，中止审理，俟被告人追捕归案后，再恢复审理。

关于追诉时效问题，根据刑法第77条的规定，对焦有枝追究刑事责任不受追诉期限的限制。对于赵炳信，只要他同焦有枝的非法婚姻关系不解除，他们的重婚犯罪行为就处于一种继续状态，根据刑法第78条的规定，人民法院随时都可以对他追究刑事责任。此外，如果公安机关已对赵炳信发布了通缉令，也可以根据刑法第77条的规定，对他追究刑事责任，不受追诉期限的限制。②

最高人民法院研究室关于重婚案件中受骗的一方当事人能否作为被害人向法院提起诉讼问题的电话答复（1992年11月7日；详见《刑事诉讼法全厚细》第210条）

重婚案件中的被害人，既包括重婚者在原合法婚姻关系中的配偶，也包括后来受欺骗而与重婚者结婚的人。鉴于受骗一方当事人在主观上不具有重婚的故意，因此，根据你院《请示》中介绍的案情，陈若容可以作为本案的被害人。

---

① 注：该《电话答复》一直未被废止。文中的法（研）复〔1988〕29号《批复》已经被《最高人民法院关于废止1979年至1989年间发布的部分司法解释的通知》（法发〔1996〕34号，1996年12月31日公布施行）宣布废止。

② 本书认为，《刑法》第258条规定中的"重婚"与"结婚"都是一个动词（行为），而不是一个名词（状态）。也就是说，重婚罪应当属于行为犯，而不是持续犯（如非法拘禁罪、侵占罪）。重婚犯罪后，不管其重婚状态是一直持续还是中止（如解除重婚或解除原婚姻），其追诉时效均应当从重婚行为发生之日起计算。

根据最高人民法院、最高人民检察院1983年7月26日《关于重婚案件管辖问题的通知》① 中关于"由被害人提出控告的重婚案件……由人民法院直接受理"的规定，陈若容可以作为自诉人，直接向人民法院提起诉讼。

【主席令〔2020〕45号】 中华人民共和国民法典（2020年5月28日第13届全国人民代表大会第3次会议通过，2021年1月1日施行）

第1042条（第2款） 禁止重婚。禁止有配偶者与他人同居。

第1049条 要求结婚的男女双方应当亲自到婚姻登记机关申请结婚登记。符合本法规定的，予以登记，发给结婚证。完成结婚登记，即确立婚姻关系。未办理结婚登记的，应当补办登记。

【法释〔2020〕22号】 最高人民法院关于适用《中华人民共和国民法典》婚姻家庭编的解释（一）（2020年12月25日最高法审委会第1825次会议通过，2020年12月29日公布，2021年1月1日施行）

第2条 民法典第1042条、第1079条、第1091条规定的"与他人同居"的情形，是指有配偶者与婚外异性，不以夫妻名义，持续、稳定地共同居住。

第3条（第1款） 当事人提起诉讼仅请求解除同居关系的，人民法院不予受理；已经受理的，裁定驳回起诉。

第7条 未依据民法典第1049条规定办理结婚登记而以夫妻名义共同生活的男女，提起诉讼要求离婚的，应当区别对待：

（一）1994年2月1日民政部《婚姻登记管理条例》公布实施以前，男女双方已经符合结婚实质要件的，按事实婚姻处理。

（二）1994年2月1日民政部《婚姻登记管理条例》公布实施以后，男女双方符合结婚实质要件的，人民法院应当告知其补办结婚登记。未补办结婚登记的，依据本解释第3条规定处理。

第259条 【破坏军婚罪】 明知是现役军人的配偶而与之同居或者结婚的，处三年以下有期徒刑或者拘役。

利用职权、从属关系，以胁迫手段奸淫现役军人的妻子的，依照本法第二百三十六条的规定定罪处罚。

---

① 注：该《通知》已经被《最高人民法院、最高人民检察院关于废止部分司法解释和规范性文件的决定》（法释〔2010〕17号，2010年12月22日起施行）宣布废止；废止理由：该通知的内容与1997年修订的刑法及相关司法解释的规定不一致。

● **条文注释** 第259条是对军人婚姻的特别保护。如果行为人明知对方是现役军人的配偶，仍然与之同居或结婚，则构成破坏军婚罪。

"现役军人"，是指中国人民解放军或者人民武装警察部队的现役军官、文职干部、士兵及具有军籍的学员。在军事部门或人民武装警察部队中工作，但没有取得军籍的人员，如军队职工、文职人员等，以及复员退伍军人、转业军人等，都不属于现役军人。

第259条规定中的"明知"，是指行为人确切知道对方是现役军人的配偶。如果行为人不明知，甚至是受欺骗而与现役军人的配偶同居或结婚的，不构成犯罪。这里的"配偶"，是指经合法登记、法律所承认的夫或妻。"同居"是指虽然没有办理结婚登记手续，但以夫妻名义共同生活，或者在较长时间内共同生活；"结婚"是指在民政部门骗取合法的婚姻登记手续。

第259条第2款规定中的"胁迫"，是指犯罪分子对现役军人的妻子施以威胁、恫吓，迫使现役军人的妻子就范，不敢抗拒的手段。如以辞退、开除、经济处罚或者以揭发现役军人的妻子的隐私相威胁；利用现役军人的妻子孤立无援的环境相胁迫等，使其同意与自己发生性关系的行为。

需要注意的是：

（1）破坏军婚罪的犯罪主体只能是破坏军人婚姻的第三方人员，作为军人配偶的当事人并不构成破坏军婚罪；但如果当事双方都是军人配偶，则都可以构成破坏军婚罪。

（2）"共同生活"多长时间才算第259条规定中的"同居"，法律法规或司法解释并没有对此进行明确界定。在司法实践中，可以参考广东省高级人民法院2001年11月9日印发的《关于审理婚姻案件若干问题的指导意见》（粤高法发〔2001〕44号）第17条的规定，《婚姻法》所称的"有配偶者与他人同居"，是指有配偶者与婚外异性共同生活，关系相对稳定，且共同生活的时间达到3个月以上。

第260条 【虐待罪】 虐待家庭成员，情节恶劣的，处二年以下有期徒刑、拘役或者管制。

犯前款罪，致使被害人重伤、死亡的，处二年以上七年以下有期徒刑。

第一款罪，告诉的才处理，但被害人没有能力告诉，或者因受到强制、威吓无法告诉的除外。①

第 260 条之一② 【虐待被监护、看护人罪】对未成年人、老年人、患病的人、残疾人等负有监护、看护职责的人虐待被监护、看护的人，情节恶劣的，处三年以下有期徒刑或者拘役。

单位犯前款罪的，对单位判处罚金，并对其直接负责的主管人员和其他直接责任人员，依照前款的规定处罚。

有第一款行为，同时构成其他犯罪的，依照处罚较重的规定定罪处罚。

第 261 条 【遗弃罪】对于年老、年幼、患病或者其他没有独立生活能力的人，负有扶养义务而拒绝扶养，情节恶劣的，处五年以下有期徒刑、拘役或者管制。

● **条文注释** 第 260 条、第 260 条之一、第 261 条是关于对虐待或遗弃特定人群的犯罪行为的处罚规定。尊老爱幼是中华民族的优良传统，也是每位公民应尽的义务。对于虐待家庭成员或遗弃没有独立生活能力的家庭成员，情节恶劣的，分别构成虐待罪，虐待被监护、看护人罪，遗弃罪。

这里所说的"虐待"，是指经常以打骂、冻饿、捆绑、超强度体力劳动、限制自由、凌辱人格等方法，从肉体、精神上迫害、折磨、摧残共同生活的家庭成员的行为（非共同生活的家庭成员之间的虐待行为，不构成本罪）。所谓"超强度体力劳动"，是指超过劳动者正常体能所能合理承受的强度，具体参见《刑法》第 244 条之一的注释。虐待行为区别于偶尔打骂或偶尔体罚行为的明显特点是：虐待行为往往是经常甚至一贯进行的，具有相对连续性。这里的"情节恶劣"，是指虐待的动机卑鄙、手段凶残，或者虐待老、幼、病、残的家庭成员，或者长期虐待家庭成员屡教不改等，但尚未致使被害人重伤或死亡。关于"重伤"的界定标准，参照《刑法》第 234 条的注释。

第 260 条之一的犯罪主体，是指对未成年人、老年人、患病的人、残疾人等

---

① 第 260 条第 3 款是根据 2015 年 8 月 29 日第 12 届全国人民代表大会常务委员会第 16 次会议通过的《刑法修正案（九）》（主席令第 30 号公布，2015 年 11 月 1 日起施行）而增设。

② 第 260 条之一是根据 2015 年 8 月 29 日第 12 届全国人民代表大会常务委员会第 16 次会议通过的《刑法修正案（九）》（主席令第 30 号公布，2015 年 11 月 1 日起施行）而增设。

负有监护、看护职责的人，犯罪对象是行为人依职责所监护、看护的特定人群。这里的"情节恶劣"，是指虐待的动机卑鄙、手段凶残，或者长期虐待被监护、看护的特定人群屡教不改等，但尚未致使被害人重伤或死亡。如果造成被害人重伤或死亡，则应当依照《刑法》第232条或第234条的规定，以故意杀人罪或故意伤害罪定罪处罚。

第261条规定中的"负有扶养义务"，是指行为人对于年老、年幼、患病或其他没有独立生活能力的人，依法负有在经济、生活等方面予以供给、照顾、帮助，以维持其正常的生活的义务。扶养义务主要包括：（1）夫妻间的相互扶养；（2）父母对子女的抚养教育；（3）子女对父母的赡养扶助；（4）养父母与养子女、继父母与继子女之间的相互抚养；（5）有负担能力的祖父母、外祖父母对丧失父母的未成年的孙子女、外孙子女的扶养；（6）有负担能力的孙子女、外孙子女，对于子女已经死亡的祖父母、外祖父母的赡养；（7）有负担能力的兄姐对父母已经死亡或父母无力扶养的未成年弟妹的扶养等。这里的"情节恶劣"，是指造成被害人重伤、死亡等严重后果，或者有遗弃行为屡教不改，或遗弃手段、情节特别恶劣等。

需要注意的是：

（1）第260条与第261条规定中的"情节恶劣"的界定标准是不一样的。这主要体现在"致使被害人重伤、死亡"的情节上：对于虐待罪，刑法规定了两档刑罚，致使被害人重伤、死亡属于加重情节；对于遗弃罪，刑法只规定了一档刑罚，因此"情节恶劣"包含了致使被害人重伤、死亡的情形。但这两行为的"致使被害人重伤、死亡"，都是指被害人由于受到虐待或遗弃，身体和精神受到严重的损害或导致死亡，或者不堪忍受而自杀。如果行为人预见可能致使被害人重伤或死亡，故意采取长期虐待或遗弃、不作为的方式来实现其犯罪目的，则应依照《刑法》第234条或第232条的规定，以故意伤害罪或故意杀人罪定罪处罚。

（2）犯虐待罪，在没有致使被害人重伤、死亡的情况下，只有被害人向司法机关提出控告的才处理。对于被害人不控告的，司法机关不能主动受理，追究行为人的刑事责任。但如果被害人没有能力告诉或者受到强制或者威吓而无法告诉的，人民检察院和被害人的近亲属也可以告诉。"近亲属"的范围，参见《刑法》第257条的注释。

（3）行为人实施第260条之一规定的行为，"同时构成其他犯罪"是指与虐待行为性质相关的罪名，如过失致人重伤罪、过失致人死亡罪等，这时应当依照《刑法》第260条之一第3款的规定，择一重罪处罚；但如果行为人具有故意伤害或杀害被害人的主观恶意并实施了该行为,则应当根据情况择一重罪处罚或者与本罪实行数罪并罚。①

(4) 遗弃罪的犯罪主体,是指对上述对象负有扶养义务的人。否则,就不存在拒绝扶养的问题,也就不能构成本罪。

● 相关规定　【法发〔2014〕24号】　最高人民法院、最高人民检察院、公安部、民政部关于依法处理监护人侵害未成年人权益行为若干问题的意见 (2014年12月18日印发,2015年1月1日起施行)

一、一般规定

1. 本意见所称监护侵害行为,是指父母或者其他监护人(以下简称监护人)性侵害、出卖、遗弃、虐待、暴力伤害未成年人,教唆、利用未成年人实施违法犯罪行为,胁迫、诱骗、利用未成年人乞讨,以及不履行监护职责严重危害未成年人身心健康等行为。

2. 处理监护侵害行为,应当遵循未成年人最大利益原则,充分考虑未成年人身心特点和人格尊严,给予未成年人特殊、优先保护。

3. 对于监护侵害行为,任何组织和个人都有权劝阻、制止或者举报。

二、报告和处置

14. 监护侵害行为可能构成虐待罪的,公安机关应当告知未成年人及其近亲属有权告诉或者代为告诉,并通报所在地同级人民检察院。

未成年人及其近亲属没有告诉的,由人民检察院起诉。

【法发〔2015〕4号】　最高人民法院、最高人民检察院、公安部、司法部关于依法办理家庭暴力犯罪案件的意见 (2015年3月2日印发)

一、基本原则

3. 尊重被害人意愿。办理家庭暴力犯罪案件,既要严格依法进行,也要尊重被害人的意愿。在立案、采取刑事强制措施、提起公诉、判处刑罚、减刑、假释时,应当充分听取被害人意见,在法律规定的范围内作出合情、合理的处理。对法律规定可以调解、和解的案件,应当在当事人双方自愿的基础上进行调解、和解。

4. 对未成年人、老年人、残疾人、孕妇、哺乳期妇女、重病患者特殊保护。办理家庭暴力犯罪案件,应当根据法律规定和案件情况,通过代为告诉、法律

---

① 全国人大常委会法制工作委员会刑法室编:《中华人民共和国刑法解读》,中国法制出版社2015年版,第601页。

援助等措施，加大对未成年人、老年人、残疾人、孕妇、哺乳期妇女、重病患者的司法保护力度，切实保障他们的合法权益。

二、案件受理

5. 积极报案、控告和举报。依照刑事诉讼法第108条第1款"任何单位和个人发现有犯罪事实或者犯罪嫌疑人，有权利也有义务向公安机关、人民检察院或者人民法院报案或者举报"的规定，家庭暴力被害人及其亲属、朋友、邻居、同事，以及村（居）委会、人民调解委员会、妇联、共青团、残联、医院、学校、幼儿园等单位、组织，发现家庭暴力，有权利也有义务及时向公安机关、人民检察院、人民法院报案、控告或者举报。

公安机关、人民检察院、人民法院对于报案人、控告人和举报人不愿意公开自己的姓名和报案、控告、举报行为的，应当为其保守秘密，保护报案人、控告人和举报人的安全。

6. 迅速审查、立案和转处。公安机关、人民检察院、人民法院接到家庭暴力的报案、控告或者举报后，应当立即问明案件的初步情况，制作笔录，迅速进行审查，按照刑事诉讼法关于立案的规定，根据自己的管辖范围，决定是否立案。对于符合立案条件的，要及时立案。对于可能构成犯罪但不属于自己管辖的，应当移送主管机关处理，并且通知报案人、控告人或者举报人；对于不属于自己管辖而又必须采取紧急措施的，应当先采取紧急措施，然后移送主管机关。

经审查，对于家庭暴力行为尚未构成犯罪，但属于违反治安管理行为的，应当将案件移送公安机关，依照治安管理处罚法的规定进行处理，同时告知被害人可以向人民调解委员会提出申请，或者向人民法院提起民事诉讼，要求施暴人承担停止侵害、赔礼道歉、赔偿损失等民事责任。

7. 注意发现犯罪案件。公安机关在处理人身伤害、虐待、遗弃等行政案件过程中，人民法院在审理婚姻家庭、继承、侵权责任纠纷等民事案件过程中，应当注意发现可能涉及的家庭暴力犯罪。一旦发现家庭暴力犯罪线索，公安机关应当将案件转为刑事案件办理，人民法院应当将案件移送公安机关；属于自诉案件的，公安机关、人民法院应当告知被害人提起自诉。

8. 尊重被害人的程序选择权。对于被害人有证据证明的轻微家庭暴力犯罪案件，在立案审查时，应当尊重被害人选择公诉或者自诉的权利。被害人要求公安机关处理的，公安机关应当依法立案、侦查。在侦查过程中，被害人不再要求公安机关处理或者要求转为自诉案件的，应当告知被害人向公安机关提交书面申请。经审查确系被害人自愿提出的，公安机关应当依法撤销案件。被害人就这类案件向人民法院提起自诉的，人民法院应当依法受理。

9. 通过代为告诉充分保障被害人自诉权。对于家庭暴力犯罪自诉案件，被害人无法告诉或者不能亲自告诉的，其法定代理人、近亲属可以告诉或者代为告诉；被害人是无行为能力人、限制行为能力人，其法定代理人、近亲属没有告诉或者代为告诉的，人民检察院可以告诉；侮辱、暴力干涉婚姻自由等告诉才处理的案件，被害人因受强制、威吓无法告诉的，人民检察院也可以告诉。人民法院对告诉或者代为告诉的，应当依法受理。

10. 切实加强立案监督。人民检察院要切实加强对家庭暴力犯罪案件的立案监督，发现公安机关应当立案而不立案的，或者被害人及其法定代理人、近亲属，有关单位、组织就公安机关不予立案向人民检察院提出异议的，人民检察院应当要求公安机关说明不立案的理由。人民检察院认为不立案理由不成立的，应当通知公安机关立案，公安机关接到通知后应当立案；认为不立案理由成立的，应当将理由告知提出异议的被害人及其法定代理人、近亲属或者有关单位、组织。

11. 及时、全面收集证据。公安机关在办理家庭暴力案件时，要充分、全面地收集、固定证据，除了收集现场的物证、被害人陈述、证人证言等证据外，还应当注意及时向村（居）委会、人民调解委员会、妇联、共青团、残联、医院、学校、幼儿园等单位、组织的工作人员，以及被害人的亲属、邻居等收集涉及家庭暴力的处理记录、病历、照片、视频等证据。

12. 妥善救治、安置被害人。人民法院、人民检察院、公安机关等负有保护公民人身安全职责的单位和组织，对因家庭暴力受到严重伤害需要紧急救治的被害人，应当立即协助联系医疗机构救治；对面临家庭暴力严重威胁，或者处于无人照料等危险状态，需要临时安置的被害人或者相关未成年人，应当通知并协助有关部门进行安置。

13. 依法采取强制措施。人民法院、人民检察院、公安机关对实施家庭暴力的犯罪嫌疑人、被告人，符合拘留、逮捕条件的，可以依法拘留、逮捕；没有采取拘留、逮捕措施的，应当通过走访、打电话等方式与被害人或者其法定代理人、近亲属联系，了解被害人的人身安全状况。对于犯罪嫌疑人、被告人再次实施家庭暴力的，应当根据情况，依法采取必要的强制措施。

人民法院、人民检察院、公安机关决定对实施家庭暴力的犯罪嫌疑人、被告人取保候审的，为了确保被害人及其子女和特定亲属的安全，可以依照刑事诉讼法第69条第2款的规定，责令犯罪嫌疑人、被告人不得再次实施家庭暴力；不得侵扰被害人的生活、工作、学习；不得进行酗酒、赌博等活动；经被害人申请且有必要的，责令不得接近被害人及其未成年子女。

14. 加强自诉案件举证指导。家庭暴力犯罪案件具有案发周期较长、证据难以保存、被害人处于相对弱势、举证能力有限、相关事实难以认定等特点。有些特点在自诉案件中表现得更为突出。因此，人民法院在审理家庭暴力自诉案件时，对于因当事人举证能力不足等原因，难以达到法律规定的证据要求的，应当及时对当事人进行举证指导，告知需要收集的证据及收集证据的方法。对于因客观原因不能取得的证据，当事人申请人民法院调取的，人民法院应当认真审查，认为确有必要的，应当调取。

15. 加大对被害人的法律援助力度。人民检察院自收到移送审查起诉的案件材料之日起3日内，人民法院自受理案件之日起3日内，应当告知被害人及其法定代理人或者近亲属有权委托诉讼代理人，如果经济困难，可以向法律援助机构申请法律援助；对于被害人是未成年人、老年人、重病患者或者残疾人等，因经济困难没有委托诉讼代理人的，人民检察院、人民法院应当帮助其申请法律援助。

法律援助机构应当依法为符合条件的被害人提供法律援助，指派熟悉反家庭暴力法律法规的律师办理案件。

三、定罪处罚

16. 依法准确定罪处罚。对故意杀人、故意伤害、强奸、猥亵儿童、非法拘禁、侮辱、暴力干涉婚姻自由、虐待、遗弃等侵害公民人身权利的家庭暴力犯罪，应当根据犯罪的事实、犯罪的性质、情节和对社会的危害程度，严格依照刑法的有关规定判处。对于同一行为同时触犯多个罪名的，依照处罚较重的规定定罪处罚。

17. 依法惩处虐待犯罪。采取殴打、冻饿、强迫过度劳动、限制人身自由、恐吓、侮辱、谩骂等手段，对家庭成员的身体和精神进行摧残、折磨，是实践中较为多发的虐待性质的家庭暴力。根据司法实践，具有虐待持续时间较长、次数较多；虐待手段残忍；虐待造成被害人轻微伤或者患较严重疾病；对未成年人、老年人、残疾人、孕妇、哺乳期妇女、重病患者实施较为严重的虐待行为等情形，属于刑法第260条第1款规定的虐待"情节恶劣"，应当依法以虐待罪定罪处罚。

准确区分虐待犯罪致人重伤、死亡与故意伤害、故意杀人犯罪致人重伤、死亡的界限，要根据被告人的主观故意、所实施的暴力手段与方式、是否立即或者直接造成被害人伤亡后果等进行综合判断。对于被告人主观上不具有侵害被害人健康或者剥夺被害人生命的故意，而是出于追求被害人肉体和精神上的痛苦，长期或者多次实施虐待行为，逐渐造成被害人身体损害，过失导致被害人重伤或者死亡的；或者因虐待致使被害人不堪忍受而自残、自杀，导致重伤或者死亡的，属于刑法第260条第2款规定的虐待"致使被害人重伤、死亡"，应当以虐待罪定罪处罚。对于被告人虽然实施家庭暴力呈现出经常性、持续性、反复性的特点，但其主观上具有希望或者放任被害人重伤或者死亡的故意，持凶器实施暴力，暴力手段残忍，暴力程度较强，直接或者立即造成被害人重伤或者死亡的，应当以故意伤害罪或者故意杀人罪定罪处罚。

依法惩处遗弃犯罪。负有扶养义务且有扶养能力的人，拒绝扶养年幼、年老、患病或者其他没有独立生活能力的家庭成员，是危害严重的遗弃性质的家庭暴力。根据司法实践，具有对被害人长期不予照顾、不提供生活来源；驱赶、逼迫被害人离家，致使被害人流离失所或者生存困难；遗弃患严重疾病或者生活不能自理的被害人；遗弃致使被害人身体严重损害或者造成其他严重后果等情形，属于刑法第261条规定的遗弃"情节恶劣"，应当依法以遗弃罪定罪处罚。

准确区分遗弃罪与故意杀人罪的界限，要根据被告人的主观故意、所实施行为的时间与地点、是否立即造成被害人死亡，以及被害人对被告人的依赖程度等进行综合判断。对于只是为了逃避扶养义务，并不希望或者放任被害人死亡，将生活不能自理的被害人弃置在福利院、医院、派出所等单位或者广场、车站等行人较多的场所，希望被害人得到他人救助的，一般以遗弃罪定罪处罚。对于希望或者放任被害人死亡，不履行必要的扶养义务，致使被害人因缺乏生活照料而死亡，或者将生活不能自理的被害人带至荒山野岭等人迹罕至的场所扔弃，使被害人难以得到他人救助的，应当以故意杀人罪定罪处罚。

18. 切实贯彻宽严相济刑事政策。对于实施家庭暴力构成犯罪的，应当根据罪刑法定、罪刑相适应原则，兼顾维护家庭稳定、尊重被害人意愿等因素综合考虑，宽严并用，区别对待。根据司法实践，对于实施家庭暴力手段残忍或者造成严重后果；出于恶意侵占财产等卑劣动机实施家庭暴力；因酗酒、吸毒、赌博等恶习而长期或者多次实施家庭暴力；曾因实施家庭暴力受到刑事处罚、行政处罚；或者具有其他恶劣情形的，可以酌情从重处罚。对于实施家庭暴力犯罪情节较轻，或者被告人真诚悔罪，获得被害人谅解，从轻处罚有利于被扶养人的，可以酌情从轻处罚；对于情节轻微不需要判处刑罚的，人民检察院可以不起诉，人民法院可以判处免予刑事处罚。

对于实施家庭暴力情节显著轻微危害不大不构成犯罪的，应当撤销案件、不起诉，或者宣告无罪。

人民法院、人民检察院、公安机关应当充分运用训诫，责令施暴人保证不再实施家庭暴力，或者向被害人赔礼道歉、赔偿损失等非刑罚处罚措施，加强对施暴人的教育与惩戒。

19. 准确认定对家庭暴力的正当防卫。为了使本人或者他人的人身权利免受不法侵害，对正在进行的家庭暴力采取制止行为，只要符合刑法规定的条件，就应当依法认定为正当防卫，不负刑事责任。防卫行为造成施暴人重伤、死亡，且明显超过必要限度，属于防卫过当，应当负刑事责任，但是应当减轻或者免除处罚。

认定防卫行为是否"明显超过必要限度"，应当以足以制止并使防卫人免受家庭暴力不法侵害的需要为标准，根据施暴人正在实施家庭暴力的严重程度、手段的残忍程度、防卫人所处的环境、面临的危险程度、采取的制止暴力的手段、造成施暴人重大损害的程度，以及既往家庭暴力的严重程度等进行综合判断。

20. 充分考虑案件中的防卫因素和过错责任。对于长期遭受家庭暴力后，在激愤、恐惧状态下为了防止再次遭受家庭暴力，或者为了摆脱家庭暴力而故意杀害、伤害施暴人，被告人的行为具有防卫因素，施暴人在案件起因上具有明显过错或者直接责任的，可以酌情从宽处罚。对于因遭受严重家庭暴力，身体、精神受到重大损害而故意杀害施暴人；或者因不堪忍受长期家庭暴力而故意杀害施暴人，犯罪情节不是特别恶劣，手段不是特别残忍的，可以认定为刑法第232条规定的故意杀人"情节较轻"。在服刑期间确有悔改表现的，可以根据其家庭情况，依法放宽减刑的幅度，缩短减刑的起始时间与间隔时间；符合假释条件的，应当假释。被杀害施暴人的近亲属表示谅解的，在量刑、减刑、假释时应当予以充分考虑。

四、其他措施

21. 充分运用禁止令措施。人民法院对实施家庭暴力构成犯罪被判处管制或者宣告缓刑的犯罪分子，为了确保被害人及其子女和特定亲属的人身安全，可以依照刑法第38条第2款、第72条第2款的规定，同时禁止犯罪分子再次实施家庭暴力，侵扰被害人的生活、工作、学习，进行酗酒、赌博等活动；经被害人申请且有必要的，禁止接近被害人及其未成年子女。

22. 告知申请撤销施暴人的监护资格。人民法院、人民检察院、公安机关对于监护人实施家庭暴力，严重侵害被监护人合法权益的，在必要时可以告知被监护人及其他有监护资格的人员、单位，向人民法院提出申请，要求撤销监护人资格，依法另行指定监护人。

23. 充分运用人身安全保护措施。人民法院为了保护被害人的人身安全，避免其再次受到家庭暴力的侵害，可以根据申请，依照民事诉讼法等法律的相关规定，作出禁止施暴人再次实施家庭暴力、禁止接近被害人、迁出被害人的住所等内容的裁定。对于施暴人违反裁定的行为，如对被害人进行威胁、恐吓、殴打、伤害、杀害，或者未经被害人同意拒不迁出住所的，人民法院可以根据情节轻重予以罚款、拘留；构成犯罪的，应当依法追究刑事责任。

【法释〔2015〕19号】 最高人民法院关于《中华人民共和国刑法修正案（九）》时间效力问题的解释（2015年10月19日最高人民法院审判委员会第1664次会议通过，2015年10月29日公布，2015年11月1日起施行）（增加至相关规定的末尾、行政法规之前）

第5条 对于2015年10月31日以前实施的刑法第260条第1款规定的虐待行为，被害人没有能力告诉，或者因受到强制、威吓无法告诉的，适用修正后刑法第260条第3款的规定。

【法释〔2019〕16号】 最高人民法院关于审理走私、非法经营、非法使用兴奋剂刑事案件适用法律若干问题的解释（2019年11月12日最高人民法院审判委员会第1781次会议通过，2019年11月18日公布，2020年1月1日起施行）

第3条① 对未成年人、残疾人负有监护、看护职责的人组织未成年人、残疾人在体育运动中非法使用兴奋剂，具有下列情形之一的，应当认定为刑法第260条之一规定的"情节恶劣"，以虐待被监护、看护人罪定罪处罚：

（一）强迫未成年人、残疾人使用的；

（二）引诱、欺骗未成年人、残疾人长期使用的；

（三）其他严重损害未成年人、残疾人身心健康的情形。

第7条 实施本解释规定的行为，涉案物质属于毒品、制毒物品等，构成有关犯罪的，依照相应犯罪定罪处罚。

第8条 对于是否属于本解释规定的"兴奋剂""兴奋剂目录所列物质""体育运动""国内、国际重大体育竞赛"等专门性问题，应当依据《中华人民共和国体育法》《反兴奋剂条例》等法律法规，结合国务院体育主管部门出具的认定意见等证据材料作出认定。

【主席令〔2012〕67号】 中华人民共和国治安管理处罚法（2012年10月26日第11届全国人大常委会第29次会议修正，2013年1月1日起施行）

第2条 扰乱公共秩序，妨害公共安全，侵犯人身权利、财产权利，妨害社会管理，具有社会危害性，依照《中华人民共和国刑法》的规定构成犯罪的，依法追究刑事责任；尚不够刑事处罚的，由公安机关依照本法给予治安管理处罚。

第45条 有下列行为之一的，处5日以下拘留或者警告：

---

① 注：《刑法修正案（十一）》施行后，在国内外重大体育竞赛中实施本条所列行为，应当适用《刑法》第355条之一的规定。

（一）虐待家庭成员，被虐待人要求处理的；
（二）遗弃没有独立生活能力的被扶养人的。

【主席令〔2020〕45号】 中华人民共和国民法典（2020年5月28日第13届全国人大第3次会议通过，2021年1月1日施行）

第1042条（第3款） 禁止家庭暴力。禁止家庭成员间的虐待和遗弃。

【法释〔2020〕22号】 最高人民法院关于适用《中华人民共和国民法典》婚姻家庭编的解释（一）（2020年12月25日最高法审委会第1825次会议通过，2020年12月29日公布，2021年1月1日施行）

第1条 持续性、经常性的家庭暴力，可以认定为民法典第1042条、第1079条、第1091条所称的"虐待"。

● 指导案例 **【高检发研字〔2018〕27号】** 关于印发最高人民检察院第11批指导性案例的通知（2018年10月19日最高人民检察院第13届检察委员会第7次会议讨论通过，2018年11月9日印发）

（检例第44号）于某虐待案

要旨：1. 被虐待的未成年人，因年幼无法行使告诉权利的，属于《刑法》第260条第3款规定的"被害人没有能力告诉"的情形，应当按照公诉案件处理，由检察机关提起公诉，并可以依法提出适用禁止令的建议。

2. 抚养人对未成年人未尽抚养义务，实施虐待或者其他严重侵害未成年人合法权益的行为，不适宜继续担任抚养人的，检察机关可以支持未成年人或者其他监护人向人民法院提起变更抚养权诉讼。

第262条 **【拐骗儿童罪】** 拐骗不满十四周岁的未成年人，脱离家庭或者监护人的，处五年以下有期徒刑或者拘役。

第262条之一[①] **【组织残疾人、儿童乞讨罪】** 以暴力、胁迫手段组织残疾人或者不满十四周岁的未成年人乞讨的，处三年以下有期徒刑或者拘役，并处罚金；情节严重的，处三年以上七年以下有期徒刑，并处罚金。

---

① 第262条之一是根据2006年6月29日第10届全国人民代表大会常务委员会第22次会议通过的《刑法修正案（六）》（主席令第51号公布，2006年6月29日起施行）而增设。

> **第262条之二**[①] 　【组织未成年人进行违反治安管理活动罪】组织未成年人进行盗窃、诈骗、抢夺、敲诈勒索等违反治安管理活动的，处三年以下有期徒刑或者拘役，并处罚金；情节严重的，处三年以上七年以下有期徒刑，并处罚金。

● **条文注释**　第262条、第262条之一、第262条之二是关于针对未成年人、残疾人等特殊群体的犯罪行为的处罚规定。

第262条规定中的"拐骗"，是指用欺骗、利诱或者其他手段，将不满14周岁的未成年人带离家庭或其监护人，包括直接拐骗该未成年人本人，也包括骗取未成年人的家长等人的信任后，伺机把该未成年人带离。根据我国《民法典》等有关规定，这里所说的"监护人"，是指未成年人的父母以及其他依法履行监护职责，保护被监护人的人身、财产以及其他合法权益的人。

第262条之一规定中的"暴力"，是指可以给被害人直接带来生理上的痛苦、伤害或者行为限制的侵袭以及其他强制力，如伤害、殴打、体罚、冻饿、公开侮辱、限制人身自由等，以及因此而使被害人不敢或不能反抗；"胁迫"，是指行为人以要实施上述暴力行为或要揭露隐私等相要挟，对被害人实施心理强迫和精神强制，使其产生恐惧或顾虑而不敢反抗。按照目前的法律规定，如果行为人没实施暴力或胁迫等强迫行为，则不能构成组织残疾人、儿童乞讨罪。

第262条之二规定中的"未成年人"，是指所有不满18周岁的人（与第262条之一相比，扩大了保护的范围）。这里的"违反治安管理活动"，是指盗窃、诈骗、抢夺、敲诈勒索4种违反《治安管理处罚法》，但尚未构成犯罪的行为[②]；

---

① 第262条之二是根据2009年2月28日第11届全国人民代表大会常务委员会第7次会议通过的《刑法修正案（七）》（主席令第10号公布，2009年2月28日起施行）而增设。

② 注：《治安管理处罚法》第49条规定：盗窃、诈骗、哄抢、抢夺、敲诈勒索或者故意损毁公私财物的，处……但《刑法》第262条之二只列举（选取）上述5种行为中的4种，耐人寻味。根据《刑法》第3条规定的罪刑法定原则，本书认为《刑法》第262条之二应当仅适用于法定的4种行为；若认为所有违反治安管理活动的行为都适用，则《刑法》第262条之二完全没必要列举4种具体行为。扩大适用范围，虽有助于保护未成年人的身心健康成长，具有正义性，但不利于确定刑事打击的边界，甚至会与其他法律规定相冲突。比如：《治安管理处罚法》第40条规定，组织、胁迫、诱骗不满16周岁的人或者残疾人进行恐怖、残忍表演的，处10日以上15日以下拘留，并处500元以上1000元以下罚款；情节较轻的，处5日以上10日以下拘留，并处200元以上500元以下罚款。

但是最高检指导案例（检例第173号）"惩治组织未成年人进行违反治安管理活动犯罪综合司法保护案"从保护未成年人出发，将组织未成年人在娱乐场所有偿陪侍的行为归入《刑法》第262条之二规定的犯罪，本书对此持保留意见。

如果未成年人实施这些行为构成了犯罪①,则应依照刑法总则第2章第3节关于共同犯罪的规定,对该未成年人及其组织者进行定罪处罚。

第262条之一、第262条之二规定中的"组织",包括召集、策划,或予以"技术支持"与精神动员、指挥、部署、财物管理与分配等行为。"情节严重"主要包括以下情形:(1)多次或长期组织,或者组织未满14周岁的未成年人或严重残疾人实施第262条之一或第262条之二规定的行为。(2)造成或者可能会造成被害人伤害的(这里的伤害应当以轻伤为上限;如果造成被害人重伤或死亡,则应当依照《刑法》第234条或第232条的规定,以故意伤害罪或故意杀人罪定罪处罚)。(3)非法获利数额较大的。(4)严重扰乱社会秩序或造成恶劣影响的。

需要注意的是:

(1)拐骗不满14周岁的未成年人脱离家庭或监护人的行为,往往是出于收养或奴役等目的;如果是以出卖或勒索财物为目的而拐骗未成年人或偷盗婴幼儿的,则应当依照《刑法》第240条或者第239条的规定,以拐卖妇女、儿童罪或者绑架罪定罪处罚。

(2)组织残疾人、儿童乞讨罪只处罚组织者,即在乞讨团体中起组织、策划、指挥、领导作用的人,其本人可能参与乞讨行为,也可能不参与。但在司法实践中,对于父母、监护人或近亲属因为生计所迫,带领残疾亲属或未成年子女乞讨,以满足基本生活费或筹集医药费、学费的,不应按照犯罪处理。②

(3)根据《残疾人保障法》规定,残疾包括视力残疾、听力残疾、言语残疾、肢体残疾、智力残疾、精神残疾等;而对于其中的听力残疾、智力残疾与精神残疾具体判断起来是很难的,有时包括残疾人自己也未必知道自己是符合国家残疾标准的。我国并没有禁止公民乞讨,因此对于组织者确实不明知被组织者属于残疾人或者不满14周岁的,一般也不宜按照犯罪处理。

(4)只要行为人组织了未成年人进行第262条之二规定的4种违反治安管理的行为,不管该未成年人实际上有没有真正实施这些行为,以及对该未成年人处以何种治安处罚或者不予以处罚③,都不影响组织者构成"组织未成年人进

---

① 根据《刑法》第17条和其他相关条文的规定,未成年人实施第262条之二所述的四种行为,必须同时满足两个条件才能构成犯罪:(1)年满16周岁;(2)数额较大或多次实施该行为,或有其他严重情节。

② 全国人民代表大会常务委员会法制工作委员会编:《中华人民共和国刑法释义》,法律出版社2011年版,第469页。

③ 根据《治安管理处罚法》第12条、第21条的规定,对于违反了治安管理的未成年人:①不满14周岁的,不予处罚;②已满14周岁、不满16周岁的,或者已满16周岁但初次违反的,可给予但不执行行政拘留处罚。

行违反治安管理活动罪"。即使在未成年人实施这 4 种行为之前该组织者的行为被告发，根据《刑法》第 22 条的规定，该组织者也构成本罪（属于犯罪预备；可以比照既遂犯从轻、减轻或免除处罚）。

(5) 第 262 条之二规定的"组织未成年人进行违反治安管理活动罪"的犯罪主体未必一定是成年人。《未成年人保护法》第 2 条规定，未成年人是指未满 18 周岁的公民。而《刑法》第 17 条第 1 款规定，已满 16 周岁的人犯罪，应当负刑事责任。因此，已满 16 周岁的具有刑事责任能力的未成年人也可以成为本罪的犯罪主体。

● **相关规定**　【法释〔2016〕28 号】　**最高人民法院关于审理拐卖妇女儿童犯罪案件具体应用法律若干问题的解释**（2016 年 11 月 14 日最高人民法院审判委员会第 1699 次会议通过，2016 年 12 月 21 日公布，2017 年 1 月 1 日起施行）

第 1 条　对婴幼儿采取欺骗、利诱等手段使其脱离监护人或者看护人的，视为刑法第 240 条第 1 款第（六）项规定的"偷盗婴幼儿"。

第 6 条　收买被拐卖的妇女、儿童后又组织、强迫卖淫或者组织乞讨、进行违反治安管理活动等构成其他犯罪的，依照数罪并罚的规定处罚。

第 9 条　刑法第 240 条、第 241 条规定的儿童，是指不满 14 周岁的人。其中，不满 1 周岁的为婴儿，1 周岁以上不满 6 周岁的为幼儿。

第 10 条　本解释自 2017 年 1 月 1 日起施行。

【主席令〔2012〕67 号】　**中华人民共和国治安管理处罚法**（2012 年 10 月 26 日第 11 届全国人大常委会第 29 次会议修正，2013 年 1 月 1 日起施行）

第 2 条　扰乱公共秩序，妨害公共安全，侵犯人身权利、财产权利，妨害社会管理，具有社会危害性，依照《中华人民共和国刑法》的规定构成犯罪的，依法追究刑事责任；尚不够刑事处罚的，由公安机关依照本法给予治安管理处罚。

第 41 条　胁迫、诱骗或者利用他人乞讨的，处 10 日以上 15 日以下拘留，可以并处 1000 元以下罚款。

反复纠缠、强行讨要或者以其他滋扰他人的方式乞讨的，处 5 日以下拘留或者警告。

● **指导案例**　（第二次重印增补内容，余文见本书末尾。）

第五章 侵犯财产罪

> **第263条** 【抢劫罪】以暴力、胁迫或者其他方法抢劫公私财物的，处三年以上十年以下有期徒刑，并处罚金；有下列情形之一的，处十年以上有期徒刑、无期徒刑或者死刑，并处罚金或者没收财产：
> （一）入户抢劫的；
> （二）在公共交通工具上抢劫的；
> （三）抢劫银行或者其他金融机构的；
> （四）多次抢劫或者抢劫数额巨大的；
> （五）抢劫致人重伤、死亡的；
> （六）冒充军警人员抢劫的；
> （七）持枪抢劫的；
> （八）抢劫军用物资或者抢险、救灾、救济物资的。

● **条文注释** 抢劫，指以非法占有为目的，对财物所有人或者管理人、持有人当场使用暴力、胁迫或者其他方法，迫使被害人当场交出财物或将财物抢走的行为。本书认为，构成本罪，必须具备以下几个条件：（1）具有非法占有公私财物的目的；（2）对被害人当场实施了暴力、胁迫或者其他强力方法；（3）掠取财物时，被害人的感知意识尚存。

所谓"暴力"，是指犯罪人对财物的所有者、管理人员实施暴力侵袭或者其他强制力，包括捆绑、殴打、伤害直至杀害等使他人处于不能或者不敢反抗状态当即抢走财物或者交出财物的方法。所谓"胁迫"，是指以当场使用暴力相威胁，对被害人实行精神强制，使其产生恐惧，不敢反抗，被迫当场交出财物或者不敢阻止而由行为人强行劫走财物（如果不是以使用暴力相威胁，而是对被害人以将要揭露隐私、毁坏财产等相威胁，则构成敲诈勒索罪，而不是抢劫罪）。所谓"其他方法"，是指其他的使被害人处于不知反抗或者不能反抗的状态的方法（如用酒灌醉或用药物麻醉等方法，使被害人不能反抗）。需要注意的是，这种"不能反抗"状态必须是犯罪分子故意造成的，并且被害人的感知意识尚存（无论眼睛睁开与否），只是无法反抗，才能构成抢劫罪①；如果被害人已经睡熟或昏迷不醒，犯罪分子趁机取走被害人的财物，那么事前的灌酒或药物麻醉行为，应当理解为行为人为实施盗窃的手段。

对于第263条规定中的"入户抢劫""在公共交通工具上抢劫""抢劫银行或者其他金融机构"等加重情节的界定标准，依照"法释〔2000〕35号"解释和"法发〔2005〕8号"意见的相关规定。

另外需要注意的是：

（1）入户盗窃时，因被发现而当场使用暴力或以暴力相威胁的行为，应当认定为入户抢劫。

（2）基于同一犯意，在同一地点同时或连续对多人（或入户）实施抢劫的，一般应认定为1次犯罪。

（3）抢劫正在使用中的金融机构的运钞车，视为"抢劫银行或者其他金融机构"。

（4）为劫财而预谋杀人，或在劫财过程中因为搏斗而杀人的，以抢劫罪定罪处罚；抢劫后杀人灭口的，以抢劫罪和故意杀人罪定罪，数罪并罚。

（5）在聚众"打砸抢"中毁坏公私财物的，对首要分子以抢劫罪定罪，从重处罚。

（6）为个人使用，抢劫家庭成员或近亲属财产的，一般不以抢劫罪定罪处罚；但如果教唆或伙同他人共同抢劫家庭成员或近亲属财产的，则可以以抢劫罪定罪处罚。

（7）根据《刑法》第17条的规定，抢劫罪的犯罪主体为年满14周岁的自然人，无须年满16周岁。

● **相关规定** 最高人民法院研究室关于对在绑架勒索犯罪过程中对同一受害人又有抢劫行为应如何定罪问题的答复（1995年5月30日答复江西高院"赣高法〔1995〕54号"请示）

行为人在绑架勒索犯罪过程中，又抢劫同一人被害人财物的，应以绑架勒索罪定罪，从重处罚；同时又抢劫他人财物的，应分别以绑架勒索罪、抢劫罪定罪，实行数罪并罚。

---

① 参见全国人民代表大会常务委员会法制工作委员会编：《中华人民共和国刑法释义》，法律出版社2011年版，第474-475页。

最高人民法院研究室关于对非法占有强迫他人卖血所得款物案件如何定性问题的意见函（1995年10月23日答复最高检研究室征求意见函）

经研究，我们认为，被告人以非法占有为目的，强迫被害人卖血后占有卖血所得款物的行为，构成抢劫罪；其间实施的非法剥夺被害人人身自由的行为，应作为抢劫罪从重处罚酌情节予以考虑。

【法释〔2000〕35号】　最高人民法院关于审理抢劫案件具体应用法律若干问题的解释（2000年11月17日最高人民法院审判委员会第1141次会议通过，2000年11月22日公布，2000年11月28日起施行）

第1条　刑法第263条第（一）项规定的"入户抢劫"，是指为实施抢劫行为而进入他人生活的与外界相对隔离的住所，包括封闭的院落、牧民的帐篷、渔民作为家庭生活场所的渔船、为生活租用的房屋等进行抢劫的行为。

对于入户盗窃，因被发现而当场使用暴力或者以暴力相威胁的行为，应当认定为入户抢劫。

第2条　刑法第263条第（二）项规定的"在公共交通工具上抢劫"，既包括在从事旅客运输的各种公共汽车、大、中型出租车、火车、船只、飞机等正在运营中的机动公共交通工具上对旅客、司售、乘务人员实施的抢劫，也包括对运行途中的机动公共交通工具加以拦截后，对公共交通工具上的人员实施的抢劫。

第3条　刑法第263条第（三）项规定的"抢劫银行或者其他金融机构"，是指抢劫银行或者其他金融机构的经营资金、有价证券和客户的资金等。

抢劫正在使用中的银行或者其他金融机构的运钞车的，视为"抢劫银行或者其他金融机构"。

第4条　刑法第263条第（四）项规定的"抢劫数额巨大"的认定标准，参照各地确定的盗窃罪数额巨大的认定标准执行。

第5条　刑法第263条第（七）项规定的"持枪抢劫"，是指行为人使用枪支或者向被害人显示持有、佩带的枪支进行抢劫的行为。"枪支"的概念和范围，适用《中华人民共和国枪支管理法》的规定。

最高人民法院刑二庭审判长会议关于在小型出租车上抢劫能否认定为"在公共交通工具上抢劫"的问题（2000年11月28日，审判长会议纪要）[①]

《最高人民法院关于审理抢劫案件具体应用法律若干问题的解释》（法释

[①] 注：本"纪要"来源《刑事审判参考》（2001年第2辑，总第13辑），法律出版社2001年版，第85页，没找到其正式文号。

〔2000〕35号）第2条对刑法第263条第（二）项规定的"在公共交通工具上抢劫"的含义予以明确，规定了在"大、中型出租车"上抢劫属于"在公共交通工具上抢劫"，对在小型出租汽车上抢劫是否属于"在公共交通工具上抢劫"的问题，没有更具体的予以明确。在小型出租汽车上抢劫犯罪的情况，司法实践中发生较多，在处理上，争议颇大，一些地方法院不断有请示、询问，为此，最高人民法院刑二庭召开审判长会议，对此问题进行了研究，纪要如下：

实践中发生在小型出租汽车上的抢劫犯罪案件，大多是犯罪分子以租乘为名，骗司机将出租车开到偏僻无人的地方后，针对司机行抢，或者同时抢劫司机驾驶的出租汽车。这种抢劫犯罪不是针对众多乘客实施的，因此，不同于威胁众多乘客人身、财产安全的"在公共交通工具上抢劫"犯罪案件，故不能根据刑法第263条第（二）项规定，认定为"在公共交通工具上抢劫"。

【法释〔2001〕16号】 最高人民法院关于抢劫过程中故意杀人案件如何定罪问题的批复（2001年5月22日最高人民法院审判委员会第1176次会议通过，2001年5月23日公布，答复上海市高级人民法院"沪高法〔2000〕117号"请示）

行为人为劫取财物而预谋故意杀人，或者在劫取财物过程中，为制服被害人反抗而故意杀人的，以抢劫罪定罪处罚。①

行为人实施抢劫后，为灭口而故意杀人的，以抢劫罪和故意杀人罪定罪，实行数罪并罚。

【法函〔2001〕68号】 最高人民法院关于对在绑架过程中以暴力、胁迫等手段当场劫取被害人财物的行为如何适用法律问题的答复（2001年11月8日答复福建省高级人民法院"闽高法〔2001〕128号"请示）

行为人在绑架过程中，又以暴力、胁迫等手段当场劫取被害人财物，构成犯罪的，择一重罪处罚。②

---

① 注：本书认为，抢劫犯罪的对象，应当是迫于强力行为而无能或不知反抗但存在感知意识的被害人。如果被害人已经丧失意识或死亡，则失去了"抢劫"的应有之义，应当称为盗窃。为掠取财物而故意伤害或杀人，也应当以掠取财物时被害人是否存在感知意识为界点，区分该掠财行为属于抢劫还是盗窃，并与之前的伤害犯罪行为数罪并罚。

② 注：如果行为人已满14周岁未满16周岁，根据《刑法》第17条的规定，则只能以抢劫罪定罪处罚。

浙江省高级人民法院、浙江省人民检察院、浙江省公安厅关于抢劫、盗窃、诈骗、抢夺借据、欠条等借款凭证是否构成犯罪的意见（省公、检、法第3次刑事执法联席会议讨论，2002年1月9日印发）

经研究认为，债务人以消灭债务为目的，抢劫、盗窃、诈骗、抢夺合法、有效的借据、欠条等借款凭证，并且该借款凭证是确认债权债务关系存在的惟一证明的，可以抢劫罪、盗窃罪、诈骗罪、抢夺罪论处。债务人以外的人在债务人的教唆之下实施或者帮助债务人实施抢劫、盗窃、诈骗、抢夺借据、欠条等借款凭证，并且明知债务人是为了消灭债务的，以抢劫罪、盗窃罪、诈骗罪、抢夺罪的共犯论处。

【法释〔2003〕8号】　最高人民法院、最高人民检察院关于办理妨害预防、控制突发传染病疫情等灾害的刑事案件具体应用法律若干问题的解释（2003年5月13日最高人民法院审判委员会第1269次会议、2003年5月13日最高人民检察院第10届检察委员会第3次会议通过，2003年5月14日公布，2003年5月15日起施行）

第9条　在预防、控制突发传染病疫情等灾害期间，聚众"打砸抢"，致人伤残、死亡的，依照刑法第289条、第234条、第232条的规定，以故意伤害罪或者故意杀人罪定罪，依法从重处罚。对毁坏或者抢走公私财物的首要分子，依照刑法第289条、第263条的规定，以抢劫罪定罪，依法从重处罚。

第18条　本解释所称"突发传染病疫情等灾害"，是指突然发生，造成或者可能造成社会公众健康严重损害的重大传染病疫情、群体性不明原因疾病以及其他严重影响公众健康的灾害。

【法发〔2005〕8号】　最高人民法院关于审理抢劫、抢夺刑事案件适用法律若干问题的意见（2005年6月8日印发）

抢劫、抢夺是多发性的侵犯财产犯罪。1997年刑法修订后，为了更好地指导审判工作，最高人民法院先后发布了《关于审理抢劫案件具体应用法律若干问题的解释》（以下简称《抢劫解释》）和《关于审理抢夺刑事案件具体应用法律若干问题的解释》（以下简称《抢夺解释》）。但是，抢劫、抢夺犯罪案件的情况比较复杂，各地法院在审判过程中仍然遇到了不少新情况、新问题。为准确、统一适用法律，现对审理抢劫、抢夺犯罪案件中较为突出的几个法律适用问题，提出意见如下：

一、关于"入户抢劫"的认定

根据《抢劫解释》第1条规定，认定"入户抢劫"时，应当注意以下3个问题：一是"户"的范围。"户"在这里是指住所，其特征表现为供他人家庭生活和与外界相对隔离两个方面，前者为功能特征，后者为场所特征。一般情况下，集体宿舍、旅店宾馆、临时搭建工棚等不应认定为"户"，但在特定情况下，如果确实具有上述两个特征的，也可以认定为"户"。二是"入户"目的的非法性。进入他人住所须以实施抢劫等犯罪为目的。抢劫行为虽然发生在户内，但行为人不以实施抢劫等犯罪为目的进入他人住所，而是在户内临时起意实施抢劫的，不属于"入户抢劫"。三是暴力或者暴力胁迫行为必须发生在户内。入户实施盗窃被发现，行为人为窝藏赃物、抗拒抓捕或者毁灭罪证而当场使用暴力或者以暴力相威胁的，如果暴力或者暴力胁迫行为发生在户内，可以认定为"入户抢劫"；如果发生在户外，不能认定为"入户抢劫"。[①]

二、关于"在公共交通工具上抢劫"的认定

公共交通工具承载的旅客具有不特定多数人的特点。根据《抢劫解释》第2条规定，"在公共交通工具上抢劫"主要是指在从事旅客运输的各种公共汽车、大、中型出租车、火车、船只、飞机等正在运营中的机动公共交通工具上对旅客、司售、乘务人员实施的抢劫。在未运营中的大、中型公共交通工具上针对司售、乘务人员抢劫的，或者在小型出租车上抢劫的，不属于"在公共交通工具上抢劫"。[②]

三、关于"多次抢劫"的认定

刑法第263条第（四）项中的"多次抢劫"是指抢劫3次以上。

对于"多次"的认定，应以行为人实施的每一次抢劫行为均已构成犯罪为前提，综合考虑犯罪故意的产生、犯罪行为实施的时间、地点等因素，客观分析、认定。对于行为人基于一个犯意实施犯罪的，如在同一地点同时对在场的

[①] 注：有的意见认为，非法入户行为具有多样性特征，多数情况下表现出明显的暴力侵入性，如撬门、破窗等，但采用秘密潜入、欺骗等手段而入户，甚至是应被害人之邀而入户，只要行为人入户前即具抢劫等非法侵害目的，都属于非法入户。如卖淫女将嫖客带人家中嫖宿，后者在嫖宿过程中临时起意实施抢劫的，只能认定为一般抢劫罪，而不能认定为"入户抢劫"。有的意见认为，行为人以实施伤害、强奸等其他犯罪为目的而强行进入他人户内，在前罪行为实施过程中或实施完毕后又临时起意对被害人实施抢劫的，尽管其入户目的具有非法性，但却不宜认定为"入户抢劫"。

[②] 注：有的意见指出，拦截正在运行的单位班车、郊游的校车进而实施抢劫的，也应视为"在公共交通工具上抢劫"，而在公共交通工具的起点站或终点站实施抢劫的，则不宜认定。另认为，对于"在公共交通工具上抢劫"的认定，还应同时具备公然性特征，即公然藐视众多人的存在意见的，对不特定多数人的人身财产安全构成现实或潜在的威胁。因此，对于在火车等公共交通工具上采用对人体并无实际危害的轻微麻醉方法，致使被害人一时性地产生意识障碍，陷入难以事实上支配自己财物的状态，乘机取走其少量财物的抢劫行为，尽管地点发生在公共交通工具上，但其行为不符合公然性特征，社会危害性也不大，不宜认定为"在公共交通工具上抢劫"。

多人实施抢劫的;或基于同一犯意在同一地点实施连续抢劫犯罪的,如在同一地点连续地对途经此地的多人进行抢劫的;或在1次犯罪中对1栋居民楼房中的几户居民连续实施入户抢劫的,一般应认定为1次犯罪。

六、关于抢劫犯罪数额的计算

抢劫信用卡后使用、消费的,其实际使用、消费的数额为抢劫数额;抢劫信用卡后未实际使用、消费的,不计数额,根据情节轻重量刑。所抢信用卡数额巨大,但未实际使用、消费或者实际使用、消费的数额未达到巨大标准的,不适用"抢劫数额巨大"的法定刑。

为抢劫其他财物,劫取机动车辆当作犯罪工具或者逃跑工具使用的,被劫取机动车辆的价值计入抢劫数额;为实施抢劫以外的其他犯罪劫取机动车辆的,以抢劫罪和实施的其他犯罪实行数罪并罚。

抢劫存折、机动车辆的数额计算,参照执行《关于审理盗窃案件具体应用法律若干问题的解释》[①]的相关规定。

七、关于抢劫特定财物行为的定性

以毒品、假币、淫秽物品等违禁品为对象,实施抢劫的,以抢劫罪定罪;抢劫的违禁品数量作为量刑情节予以考虑。抢劫违禁品后又以违禁品实施其他犯罪的,应以抢劫罪与具体实施的其他犯罪实行数罪并罚。

抢劫赌资、犯罪所得的赃款赃物的,以抢劫罪定罪,但行为人仅以其所输赌资或所赢赌债为抢劫对象,一般不以抢劫罪定罪处罚。构成其他犯罪的,依照刑法的相关规定处罚。

为个人使用,以暴力、胁迫等手段取得家庭成员或近亲属财产的,一般不以抢劫罪定罪处罚,构成其他犯罪的,依照刑法的相关规定处理;教唆或者伙同他人采取暴力、胁迫等手段劫取家庭成员或近亲属财产的,可以抢劫罪定罪处罚。

八、关于抢劫罪数的认定

行为人实施伤害、强奸等犯罪行为,在被害人未失去知觉,利用被害人不能反抗、不敢反抗的处境,临时起意劫取他人财物的,应以此前所实施的具体犯罪与抢劫罪实行数罪并罚;在被害人失去知觉或者没有发觉的情形下,以及实施故意杀人犯罪行为之后,临时起意拿走他人财物的,应以此前所实施的具体犯罪与盗窃罪实行数罪并罚。

[①] 注:《最高人民法院关于审理盗窃案件具体应用法律若干问题的解释》(法释〔1998〕4号)已经被2013年4月4日起施行的《最高人民法院、最高人民检察院关于办理盗窃刑事案件适用法律若干问题的解释》(法释〔2013〕8号)所废止。详见《刑法》第264条的注释。

九、关于抢劫罪与相似犯罪的界限

1. 冒充正在执行公务的人民警察、联防人员,以抓卖淫嫖娼、赌博等违法行为为名非法占有财物的行为定性

行为人冒充正在执行公务的人民警察"抓赌"、"抓嫖",没收赌资或者罚款的行为,构成犯罪的,以招摇撞骗罪从重处罚;在实施上述行为中使用暴力或者暴力威胁的,以抢劫罪定罪处罚。行为人冒充治安联防队员"抓赌"、"抓嫖"、没收赌资或者罚款的行为,构成犯罪的,以敲诈勒索罪定罪处罚;在实施上述行为中使用暴力或者暴力威胁的,以抢劫罪定罪处罚。

2. 以暴力、胁迫手段索取超出正常交易价钱、费用的钱财的行为定性

从事正常商品买卖、交易或者劳动服务的人,以暴力、胁迫手段迫使他人交出与合理价钱、费用相差不大钱物,情节严重的,以强迫交易罪定罪处罚;以非法占有为目的,以买卖、交易、服务为幌子采用暴力、胁迫手段迫使他人交出与合理价钱、费用相差悬殊的钱物的,以抢劫罪定罪处刑。在具体认定时,既要考虑超出合理价钱、费用的绝对数额,还要考虑超出合理价钱、费用的比例,加以综合判断。

3. 抢劫罪与绑架罪的界限

绑架罪是侵害他人人身自由权利的犯罪,其与抢劫罪的区别在于:第一,主观方面不尽相同。抢劫罪中,行为人一般出于非法占有他人财物的故意实施抢劫行为,绑架罪中,行为人既可能为勒索他人财物而实施绑架行为,也可能出于其他非经济目的实施绑架行为;第二,行为手段不尽相同。抢劫罪表现为行为人劫取财物一般应在同一时间、同一地点,具有"当场性";绑架罪表现为行为人以杀害、伤害等方式向被绑架人的亲属或其他人或单位发出威胁,索取赎金或提出其他非法要求,劫取财物一般不具有"当场性"。

绑架过程中又当场劫取被害人随身携带财物的,同时触犯绑架罪和抢劫罪两罪名,应择一重罪定罪处罚。

4. 抢劫罪与寻衅滋事罪的界限

寻衅滋事罪是严重扰乱社会秩序的犯罪,行为人实施寻衅滋事的行为时,客观上也可能表现为强拿硬要公私财物的特征。这种强拿硬要的行为与抢劫罪的区别在于:前者行为人主观上还具有逞强好胜和通过强拿硬要来填补其精神空虚等目的,后者行为人一般只具有非法占有他人财物的目的;前者行为人客观上一般不以严重侵犯他人人身权利的方法强拿硬要财物,而后者行为人则以暴力、胁迫等方式作为劫取他人财物的手段。司法实践中,对于未成年人使用或威胁使用轻微暴力强抢少量财物的行为,一般不宜以抢劫罪定罪处罚。其行

为符合寻衅滋事罪特征的,可以寻衅滋事罪定罪处罚。

5. 抢劫罪与故意伤害罪的界限

行为人为索取债务,使用暴力、暴力威胁等手段的,一般不以抢劫罪定罪处罚。构成故意伤害等其他犯罪的,依照刑法第234条等规定处罚。

十、抢劫罪的既遂、未遂的认定

抢劫罪侵犯的是复杂客体,既侵犯财产权利又侵犯人身权利,具备劫取财物或者造成他人轻伤以上后果两者之一的,均属抢劫既遂;既未劫取财物,又未造成他人人身伤害后果的,属抢劫未遂。据此,刑法第263条规定的8种处罚情节中除"抢劫致人重伤、死亡的"这一结果加重情节之外,其余七种处罚情节同样存在既遂、未遂问题,其中属抢劫未遂的,应当根据刑法关于加重情节的法定刑规定,结合未遂犯的处理原则量刑。

十一、驾驶机动车、非机动车夺取他人财物行为的定性

对于驾驶机动车、非机动车(以下简称"驾驶车辆")夺取他人财物的,一般以抢夺罪从重处罚。但具有下列情形之一,应当以抢劫罪定罪处罚:

(1) 驾驶车辆,逼挤、撞击或强行逼倒他人以排除他人反抗,乘机夺取财物的;

(2) 驾驶车辆强抢财物时,因被害人不放手而采取强拉硬拽方法劫取财物的;

(3) 行为人明知其驾驶车辆强行夺取他人财物的手段会造成他人伤亡的后果,仍然强行夺取并放任造成财物持有人轻伤以上后果的。

【公法〔1995〕24号】 公安部法制司关于非法扣留他人车辆该如何定性处理的批复(1995年3月6日答复浙江省公安厅法制处"浙公法〔1995〕5号"请示及"关于浙公明发〔1995〕132号请示的补充情况")①

三、以暴力、胁迫方法扣押他人车辆的,按照《刑法》第150条②抢劫罪追究刑事责任。

【法释〔2006〕1号】 最高人民法院关于审理未成年人刑事案件具体应用法律若干问题的解释(2005年12月12日最高人民法院审判委员会第1373次会议通过,2006年1月11日公布,2006年1月23日起施行)

第7条 已满14周岁不满16周岁的人使用轻微暴力或者威胁,强行索要其

---

① 注:公安部法制局"法制在线"栏目专门针对该《批复》的效力问题作出解答:此答复未废止;但相关法律条文的内容已发生变化,你们可根据答复精神在具体案件办理中予以掌握。

② 注:原《刑法》第150条规定的内容对应现《刑法》第263条。

他未成年人随身携带的生活、学习用品或者钱财数量不大,且未造成被害人轻微伤以上或者不敢正常到校学习、生活等危害后果的,不认为是犯罪。

已满16周岁不满18周岁的人具有前款规定情形的,一般也不认为是犯罪。

【法发〔2010〕9号】 最高人民法院关于贯彻宽严相济刑事政策的若干意见(2010年2月8日印发)

二、准确把握和正确适用依法从"严"的政策要求

7. 贯彻宽严相济刑事政策,必须毫不动摇地坚持依法严惩严重刑事犯罪的方针。对于危害国家安全犯罪、恐怖组织犯罪、邪教组织犯罪、黑社会性质组织犯罪、恶势力犯罪、故意危害公共安全犯罪等严重危害国家政权稳固和社会治安的犯罪,故意杀人、故意伤害致人死亡、强奸、绑架、拐卖妇女儿童、抢劫、重大抢夺、重大盗窃等严重暴力犯罪和严重影响人民群众安全感的犯罪,走私、贩卖、运输、制造毒品等毒害人民健康的犯罪,要作为严惩的重点,依法从重处罚。尤其对于极端仇视国家和社会,以不特定人为侵害对象,所犯罪行特别严重的犯罪分子,该重判的要坚决依法重判,该判处死刑的要坚决依法判处死刑。

最高人民法院研究室关于持仿真玩具枪实施抢劫犯罪有关问题的研究意见[①]

持仿真玩具枪实施抢劫,不应认定为"持枪抢劫"。

虽然在客观上持假枪抢劫也会同持真枪抢劫一样给被害人的心理造成压力,使被害人产生恐惧,易于抢劫犯罪得逞,但二者的客观危害并不相同。持真枪抢劫的罪犯,往往具有为达到劫取他人财物的目的、不惜使用枪支射杀他人的主观心态,并在客观上有可能对被害人随时造成人身伤亡,将被害人置于现实的危险之中,因而具有严重的社会危害性,依法应予重罚;而持假枪抢劫并不具有这种严重的社会危害性,一般也没有致他人重伤、死亡的主观意图,与前者具有极大区别。

【高检发释字〔2014〕1号】 最高人民检察院关于强迫借贷行为适用法律问题的批复(2014年4月11日最高人民检察院第12届检察委员会第19次会议通过,2014年4月17日公布答复广东省人民检察院"粤检发研字〔2014〕9号"请示,2014年4月17日起施行)

以暴力、胁迫手段强迫他人借贷,属于刑法第226条第2项规定的"强迫他人提供或者接受服务",情节严重的,以强迫交易罪追究刑事责任;同时构成故意伤害罪等其他犯罪的,依照处罚较重的规定定罪处罚。以非法占有为目的,

---

[①] 刊于《司法研究与指导》(总第1辑),人民法院出版社2012年版,第178页。

以借贷为名采用暴力、胁迫手段获取他人财物,符合刑法第263条或者第274条规定的,以抢劫罪或者敲诈勒索罪追究刑事责任。

【法发〔2016〕2号】　最高人民法院关于审理抢劫刑事案件适用法律若干问题的指导意见（2016年1月6日印发）

抢劫犯罪是多发性的侵犯财产和侵犯公民人身权利的犯罪。1997年刑法修订后,最高人民法院先后发布了《关于审理抢劫案件具体应用法律若干问题的解释》(以下简称《抢劫解释》)和《关于审理抢劫、抢夺刑事案件适用法律问题的意见》(以下简称《两抢意见》)[①],对抢劫案件的法律适用作出了规范,发挥了重要的指导作用。但是,抢劫犯罪案件的情况越来越复杂,各级法院在审判过程中不断遇到新情况、新问题。为统一适用法律,根据刑法和司法解释的规定,结合近年来人民法院审理抢劫案件的经验,现对审理抢劫犯罪案件中较为突出的几个法律适用问题和刑事政策把握问题提出如下指导意见:

一、关于审理抢劫刑事案件的基本要求

坚持贯彻宽严相济刑事政策。对于多次结伙抢劫,针对农村留守妇女、儿童及老人等弱势群体实施抢劫,在抢劫中实施强奸等暴力犯罪的,要在法律规定的量刑幅度内从重判处。[②]

对于罪行严重或者具有累犯情节的抢劫犯罪分子,减刑、假释时应当从严掌握,严格控制减刑的幅度和频度。对因家庭成员就医等特定原因初次实施抢劫,主观恶性和犯罪情节相对较轻的,要与多次抢劫以及为了挥霍、赌博、吸毒等实施抢劫的案件在量刑上有所区分。对于犯罪情节较轻,或者具有法定、酌定从轻、减轻处罚情节的,坚持依法从宽处理。

确保案件审判质量。审理抢劫刑事案件,要严格遵守证据裁判原则,确保事实清楚,证据确实、充分。特别是对因抢劫可能判处死刑的案件,更要切实贯彻执行刑事诉讼法及相关司法解释、司法文件,严格依法审查判断和运用证据,坚决防止冤错案件的发生。

对抢劫刑事案件适用死刑,应当坚持"保留死刑,严格控制和慎重适用死刑"的刑事政策,以最严格的标准和最审慎的态度,确保死刑只适用于极少数

---

① 注:《两抢意见》的全称应当为《最高人民法院关于审理抢劫、抢夺刑事案件适用法律若干问题的意见》(法发〔2005〕8号,2005年6月8日印发),本文遗漏了"若干"二字,属于最高人民法院的行文纰误。

② 注:本书认为:对于多次抢劫的行为,《刑法》第263条本身已经规定有更高的量刑幅度;而对于在抢劫中实施强奸犯罪的行为,依法应当以抢劫罪和强奸罪数罪并罚。而本指导意见将这些情形均规定为"从重"处罚情节,于法无据,并且有重复评价之嫌。

罪行极其严重的犯罪分子。对被判处死刑缓期2年执行的抢劫犯罪分子，根据犯罪情节等情况，可以同时决定对其限制减刑。

二、关于抢劫犯罪部分加重处罚情节的认定

1. 认定"入户抢劫"，要注重审查行为人"入户"的目的，将"入户抢劫"与"在户内抢劫"区别开来。以侵害户内人员的人身、财产为目的，入户后实施抢劫，包括入户实施盗窃、诈骗等犯罪而转化为抢劫的，应当认定为"入户抢劫"。因访友办事等原因经户内人员允许入户后，临时起意实施抢劫，或者临时起意实施盗窃、诈骗等犯罪而转化为抢劫的，不应认定为"入户抢劫"①。

对于部分时间从事经营、部分时间用于生活起居的场所，行为人在非营业时间强行入内抢劫或者以购物等为名骗开房门入内抢劫的，应认定为"入户抢劫"。对于部分用于经营、部分用于生活且之间有明确隔离的场所，行为人进入生活场所实施抢劫的，应认定为"入户抢劫"；如场所之间没有明确隔离，行为人在营业时间入内实施抢劫的，不认定为"入户抢劫"，但在非营业时间入内实施抢劫的，应认定为"入户抢劫"。

2. "公共交通工具"，包括从事旅客运输的各种公共汽车，大、中型出租车，火车，地铁，轻轨，轮船，飞机等，不含小型出租车。对于虽不具有商业营运执照，但实际从事旅客运输的大、中型交通工具，可认定为"公共交通工具"。接送职工的单位班车、接送师生的校车等大、中型交通工具，视为"公共交通工具"。

"在公共交通工具上抢劫"，既包括在处于运营状态的公共交通工具上对旅客及司售、乘务人员实施抢劫，也包括拦截运营途中的公共交通工具对旅客及司售、乘务人员实施抢劫，但不包括在未运营的公共交通工具上针对司售、乘务人员实施抢劫。以暴力、胁迫或者麻醉等手段对公共交通工具上的特定人员实施抢劫的，一般应认定为"在公共交通工具上抢劫"。

3. 认定"抢劫数额巨大"，参照各地认定盗窃罪数额巨大的标准执行。抢劫数额以实际抢劫到的财物数额为依据。对以数额巨大的财物为明确目标，由于意志以外的原因，未能抢到财物或实际抢得的财物数额不大的，应同时认定"抢劫数额巨大"和犯罪未遂的情节，根据刑法有关规定，结合未遂犯的处理原则量刑。

根据《两抢意见》第6条第1款规定，抢劫信用卡后使用、消费的，以行为人实际使用、消费的数额为抢劫数额。由于行为人意志以外的原因无法实际使用、消费的部分，虽不计入抢劫数额，但应作为量刑情节考虑。通过银行转

---

① 注：相比于《最高人民法院关于审理抢劫案件具体应用法律若干问题的解释》（法释〔2000〕35号）第1条关于"入户抢劫"的认定，本处将入户目的扩大为"以侵害户内人员的人身、财产为目的"。

账或者电子支付、手机银行等支付平台获取抢劫财物的,以行为人实际获取的财物为抢劫数额①。

4. 认定"冒充军警人员抢劫",要注重对行为人是否穿着军警制服、携带枪支、是否出示军警证件等情节进行综合审查,判断是否足以使他人误以为是军警人员。对于行为人仅穿着类似军警的服装或仅以言语宣称系军警人员但未携带枪支、也未出示军警证件而实施抢劫的,要结合抢劫地点、时间、暴力或威胁的具体情形,依照常人判断标准,确定是否认定为"冒充军警人员抢劫"。

军警人员利用自身的真实身份实施抢劫的,不认定为"冒充军警人员抢劫",应依法从重处罚。

四、具有法定8种加重处罚情节的刑罚适用

1. 根据刑法第263条的规定,具有"抢劫致人重伤、死亡"等8种法定加重处罚情节的,处10年以上有期徒刑、无期徒刑或者死刑,并处罚金或者没收财产。应当根据抢劫的次数及数额、抢劫对人身的损害、对社会治安的危害等情况,结合被告人的主观恶性及人身危险程度,并根据量刑规范化的有关规定,确定具体的刑罚。判处无期徒刑以上刑罚的,一般应并处没收财产。

2. 具有下列情形之一的,可以判处无期徒刑以上刑罚:

(1) 抢劫致3人以上重伤,或者致人重伤造成严重残疾的;

(2) 在抢劫过程中故意杀害他人,或者故意伤害他人,致人死亡的;

(3) 具有除"抢劫致人重伤、死亡"外的两种以上加重处罚情节,或者抢劫次数特别多、抢劫数额特别巨大的。

3. 为劫取财物而预谋故意杀人,或者在劫取财物过程中为制服被害人反抗、抗拒抓捕而杀害被害人,且被告人无法定从宽处罚情节的,可依法判处死刑立即执行。对具有自首、立功等法定从轻处罚情节的,判处死刑立即执行应当慎重。对于采取故意杀人以外的其他手段实施抢劫并致人死亡的案件,要从犯罪的动机、预谋、实行行为等方面分析被告人主观恶性的大小,并从有无前科及平时表现、认罪悔罪情况等方面判断被告人的人身危险程度,不能不加区别,

---

① 注:根据《最高人民法院、最高人民检察院关于办理妨害信用卡管理刑事案件具体应用法律若干问题的解释》(法释〔2018〕19号,2018年12月1日起施行)第5条第2款第3项的规定,窃取、收买、骗领或者以其他非法方式获取他人信用卡信息资料,并通过互联网、通讯终端等使用的,属于《刑法》第196条规定的"冒用他人信用卡"的情形,应当以信用卡诈骗定罪处罚;而根据本《指导意见》的规定,以暴力、胁迫等方式获取他人信用卡信息资料,并通过银行转账或电子支付、手机银行等支付平台获取财物的,应当以抢劫罪定性论处。——这两处规定互相冲突。"法释〔2018〕19号"《解释》属于"新规定",并且是由"两高"联合发布的正式司法解释,其效力高于《指导意见》。

仅以出现被害人死亡的后果,一律判处死刑立即执行。

4. 抢劫致人重伤案件适用死刑,应当更加慎重、更加严格,除非具有采取极其残忍的手段造成被害人严重残疾等特别恶劣的情节或者造成特别严重后果的,一般不判处死刑立即执行。

5. 具有刑法第263条规定的"抢劫致人重伤、死亡"以外其他七种加重处罚情节,且犯罪情节特别恶劣、危害后果特别严重的,可依法判处死刑立即执行。认定"情节特别恶劣、危害后果特别严重",应当从严掌握,适用死刑必须非常慎重、非常严格。

五、抢劫共同犯罪的刑罚适用

1. 审理抢劫共同犯罪案件,应当充分考虑共同犯罪的情及后果、共同犯罪人在抢劫中的作用以及被告人的主观恶性、人身危险性等情节,做到准确认定主从犯,分清罪责,以责定刑,罚当其罪。一案中有两名以上主犯的,要从犯罪提意、预谋、准备、行为实施、赃物处理等方面区分出罪责最大者和较大者;有两名以上从犯的,要在从犯中区分出罪责相对更轻者和较轻者。对从犯的处罚,要根据案件的具体事实、从犯的罪责,确定从轻还是减轻处罚。对具有自首、立功或者未成年人且初次抢劫等情节的从犯,可以依法免除处罚。

2. 对于共同抢劫致1人死亡的案件,依法应当判处死刑的,除犯罪手段特别残忍、情节及后果特别严重、社会影响特别恶劣、严重危害社会治安的外,一般只对共同抢劫犯罪中作用最突出、罪行最严重的那名主犯判处死刑立即执行。罪行最严重的主犯如因系未成年人而不适用死刑,或者因具有自首、立功等法定从宽处罚情节而不判处死刑立即执行的,不能不加区别地对其他主犯判处死刑立即执行。

3. 在抢劫共同犯罪案件中,有同案犯在逃的,应当根据现有证据尽量分清在押犯与在逃犯的罪责,对在押犯应按其罪责处刑。罪责确实难以分清,或者不排除在押犯的罪责可能轻于在逃犯的,对在押犯适用刑罚应当留有余地,判处死刑立即执行要格外慎重。

六、累犯等情节的适用

根据刑法第65条第1款的规定,对累犯应当从重处罚。抢劫犯罪被告人具有累犯情节的,适用刑罚时要综合考虑犯罪的情节和后果,所犯前后罪的性质、间隔时间及判刑轻重等情况,决定从重处罚的力度。对于前罪系抢劫等严重暴力犯罪的累犯,应当依法加大从重处罚的力度。对于虽不构成累犯,但具有抢劫犯罪前科的,一般不适用减轻处罚和缓刑。对于可能判处死刑的罪犯具有累犯情节的也应慎重,不能只要是累犯就一律判处死刑立即执行;被告人同时具有累犯和法定从宽处罚情节的，判处死刑立即执行应当综合考虑，从严掌握。

七、关于抢劫案件附带民事赔偿的处理原则

要妥善处理抢劫案件附带民事赔偿工作。审理抢劫刑事案件，一般情况下人民法院不主动开展附带民事调解工作。但是，对于犯罪情节不是特别恶劣或者被害方生活、医疗陷入困境，被告人与被害方自行达成民事赔偿和解协议的，民事赔偿情况可作为评价被告人悔罪态度的依据之一，在量刑上酌情予以考虑。

【公通字〔2019〕23号】 最高人民法院、最高人民检察院、公安部、司法部关于依法严厉打击传播艾滋病病毒等违法犯罪行为的指导意见（2019年5月19日）

（六）抢劫罪。假冒或者利用艾滋病病毒感染者或者病人身份，以谎称含有或者含有艾滋病病毒的血液为工具，以暴力、胁迫或者其他方法抢劫公私财物的，依照刑法第263条的规定，以抢劫罪定罪处罚。

【公通字〔2020〕12号】 最高人民法院、最高人民检察院、公安部关于依法办理"碰瓷"违法犯罪案件的指导意见（2020年9月22日印发）

……所谓"碰瓷"，是指行为人通过故意制造或者编造其被害假象，采取诈骗、敲诈勒索等方式非法索取财物的行为。……

三、实施"碰瓷"，当场使用暴力、胁迫或者其他方法，当场劫取他人财物，符合刑法第263条规定的，以抢劫罪定罪处罚。

九、共同故意实施"碰瓷"犯罪，起主要作用的，应当认定为主犯，对其参与或者组织、指挥的全部犯罪承担刑事责任；起次要或者辅助作用的，应当认定为从犯，依法予以从轻、减轻处罚或者免除处罚。

3人以上为共同故意实施"碰瓷"犯罪而组成的较为固定的犯罪组织，应当认定为犯罪集团。对首要分子应当按照集团所犯全部罪行处罚。

符合黑恶势力认定标准的，应当按照黑社会性质组织、恶势力或者恶势力犯罪集团侦查、起诉、审判。

十、对实施"碰瓷"，尚不构成犯罪，但构成违反治安管理行为的，依法给予治安管理处罚。

【法二巡（会）〔2020〕21号】 多次抢劫中单次抢劫中止的，是否计入"多次抢劫"的次数（最高法第二巡回法庭2020年第9次法官会议纪要）

1. "多次抢劫"中的次数是否包括中止状态？

多次抢劫包括造成损害后果的犯罪中止，但不包括未造成损害后果的犯罪中止。

2. 轻微伤能否认定为刑法意义上的"造成损害后果"?

轻微伤不属于刑法意义上的损害后果。

【发改价认办〔2020〕97号】 **被盗财物价格认定规则**(国家发改委价格认证中心2020年11月5日印发,2021年1月1日执行;发改价证办〔2014〕235号《规则》同时废止)①

第16条 抢劫罪、抢夺罪、诈骗罪、聚众哄抢公私财物罪、侵占罪、职务侵占罪、挪用特定款物罪、敲诈勒索罪等侵犯财产罪案件涉案财物价格认定,可以参照本规则执行。

【法释〔2021〕8号】 **最高人民法院关于审理掩饰、隐瞒犯罪所得、犯罪所得收益刑事案件适用法律若干问题的解释**(2021年4月7日最高法审委会第1835次会议修正,2021年4月13日公布,2021年4月15日起施行)

第6条 对犯罪所得及其产生的收益实施盗窃、抢劫、诈骗、抢夺等行为,构成犯罪的,分别以盗窃罪、抢劫罪、诈骗罪、抢夺罪等定罪处罚。

【法发〔2021〕35号】 **最高人民法院、最高人民检察院、公安部、工业和信息化部、住房和城乡建设部、交通运输部、应急管理部、国家铁路局、中国民用航空局、国家邮政局关于依法惩治涉枪支、弹药、爆炸物、易燃易爆危险物品犯罪的意见**(2021年12月28日印发,2021年12月31日施行)

4. 非法制造、买卖、运输、邮寄、储存、盗窃、抢夺、抢劫、持有、私藏、走私枪支、弹药、爆炸物,并利用该枪支、弹药、爆炸物实施故意杀人、故意伤害、抢劫、绑架等犯罪的,依照数罪并罚的规定处罚。

● 量刑指导 【法发〔2021〕21号】 **最高人民法院、最高人民检察院关于常见犯罪的量刑指导意见**(2021年6月16日印发,2021年7月1日试行;法发〔2017〕7号《指导意见》同时废止。删除线部分内容为2021年删除)②

四、常见犯罪的量刑

(十)抢劫罪

1. 构成抢劫罪的,可以根据下列不同情形在相应的幅度内确定量刑起点:

---

① 详见本书关于刑法第264条"盗窃罪"的相关规定。为节减篇幅,本处存目。
② 注:《意见》要求各省高院、检察院应当总结司法实践经验,按照规范、实用、符合司法实际的原则共同研制"实施细则",经审委会、检委会通过后,分别报最高法、最高检备案审查,与《意见》同步实施。

其他判处有期徒刑的案件,可以参照量刑的指导原则、基本方法和常见量刑情节的适用规范量刑。

(1) 抢劫 1 次的，可以在 3 年至 6 年有期徒刑幅度内确定量刑起点。

(2) 有下列情形之一的，可以在 10 年至 13 年有期徒刑幅度内确定量刑起点：入户抢劫的；在公共交通工具上抢劫的；抢劫银行或者其他金融机构的；抢劫 3 次或者抢劫数额达到数额巨大起点的；抢劫致 1 人重伤的；冒充军警人员抢劫的；持枪抢劫的；抢劫军用物资或者抢险、救灾、救济物资的。依法应当判处无期徒刑以上刑罚的除外。

2. 在量刑起点的基础上，可以根据抢劫情节严重程度、抢劫数额、次数、致人伤害后果等其他影响犯罪构成的犯罪事实增加刑罚量，确定基准刑。

3. 构成抢劫罪的，根据抢劫的数额、次数、手段、危害后果等犯罪情节，综合考虑被告人缴纳罚金的能力，决定罚金数额。（本款新增）

4. 构成抢劫罪的，综合考虑抢劫的起因、手段、危害后果等犯罪事实、量刑情节，以及被告人的主观恶性、人身危险性、认罪悔罪表现等因素，从严把握缓刑的适用。（本款新增）

第 264 条[①] **【盗窃罪】** 盗窃公私财物，数额较大的，或者多次盗窃、入户盗窃、携带凶器盗窃、扒窃的，处三年以下有期徒刑、拘役或者管制，并处或者单处罚金；数额巨大或者有其他严重情节的，处三年以上十年以下有期徒刑，并处罚金；数额特别巨大或者有其他特别严重情节的，处十年以上有期徒刑或者无期徒刑，并处罚金或者没收财产。

第 265 条 **【盗窃罪】** 以牟利为目的，盗接他人通信线路、复制他人电信码号或者明知是盗接、复制的电信设备、设施而使用的，依照本法第二百六十四条的规定定罪处罚。

---

① 第 264 条是根据 2011 年 2 月 25 日第 11 届全国人民代表大会常务委员会第 19 次会议通过的《刑法修正案（八）》（主席令第 41 号公布，2011 年 5 月 1 日起施行）而修改，原第 264 条的内容为："盗窃公私财物，数额较大或者多次盗窃的，处三年以下有期徒刑、拘役或者管制，并处或者单处罚金；数额巨大或者有其他严重情节的，处三年以上十年以下有期徒刑，并处罚金；数额特别巨大或者有其他特别严重情节的，处十年以上有期徒刑或者无期徒刑，并处罚金或者没收财产；有下列情形之一的，处无期徒刑或者死刑，并处没收财产：（一）盗窃金融机构，数额特别巨大的；（二）盗窃珍贵文物，情节严重的。"也即增加了"入户盗窃、携带凶器盗窃、扒窃"的情形；删除了原第 264 条第 1 项、第 2 项的内容，废除了盗窃罪的死刑。

● **条文注释** 构成第264条规定的盗窃罪必须具备以下条件：（1）行为人具有非法占有公私财物的目的；（2）行为人实施了秘密窃取的行为（这是盗窃罪的重要特征，也是区别其他侵犯财产犯罪的主要标志），即采用不易被财物所有人、保管人或其他人发现的方法，将公私财物非法占有；（3）数额较大或多次盗窃，或者入户盗窃、携带凶器盗窃、扒窃。

这里的"非法占有"包括自用和出售、出租、转让等牟取经济利益的行为。比如，盗用他人通信资源或电信资费，也属于秘密占有他人财物、牟取私利的行为，如果数额较大，也构成盗窃罪。"多次盗窃"，是指在2年内盗窃3次以上。"户"，是指公民的与外界相对隔离的生活场所，包括封闭的院落、渔民生活的渔船、牧民的帐篷等，不包括办公场所。"凶器"包括枪支、爆炸物、管制刀具等可用于实施暴力的器具（对"枪支""管制刀具"的界定依据，参照《刑法》第130条的注释），还包括行为人为了实施违法犯罪活动而携带的其他足以危害他人人身安全的器械，如电击棒、棍棒、催泪器具等。"扒窃"，是指在公共场所或公共交通工具上窃取他人随身携带的财物的行为。

数额"较大""巨大""特别巨大"，情节"严重""特别严重"的界定标准，依照"法释〔2013〕8号"解释的相关规定。各省、自治区、直辖市的高级人民法院、人民检察院可以根据本地区的经济和治安状况，在上述标准的幅度内，确定本地区执行的具体数额标准。

需要注意的是：

（1）单位不能成为盗窃罪的犯罪主体。如果单位组织实施第264条规定的行为，情节严重的，应当对直接责任人员以盗窃罪定罪处罚。

（2）行为人实施第264条、第265条规定的行为时，如果为窝藏赃物、抗拒抓捕或者毁灭罪证而当场使用暴力或者以暴力相威胁的，依照刑法第263条的规定以抢劫罪定罪处罚。

（3）行为人实施盗窃行为同时触犯其他罪名的，依照处罚较重的规定定罪处罚。例如，盗窃公用电信设施时，可以同时触犯第264条规定的盗窃罪、第124条规定的破坏公用电信设施罪；盗窃军事通信线路、设备的，还可以同时触犯第369条规定的破坏军事设施、军事通信罪。

● **相关规定** 最高人民法院研究室关于盗用他人长话账号如何定性问题的复函（1991年9月14日答复公安部法制司函询）

经研究，我们认为，这类案件一般来说符合盗窃罪的特征。但是，由于这类案件情况比较复杂，是否都追究刑事责任，还要具体案件具体分析。

最高人民法院关于 2 次盗窃同一辆汽车应如何认定盗窃数额的电话答复

（1991 年 11 月 16 日答复广东高院）

姚志辉、冯建辉伙同他人 2 次盗窃的是同一辆汽车，应以 1 辆汽车的价值 14 万元认定盗窃数额。第一次盗窃行为，在处刑时可作为从重处罚的情节来考虑。

【法〔1999〕217 号】 全国法院维护农村稳定刑事审判工作座谈会纪要

（1999 年 9 月 8 日至 10 日在济南召开，各高院刑事主管副院长、刑庭庭长出席，解放军军事法院和新疆高院生产建设兵团分院派代表参加；最高法 1999 年 10 月 27 日印发）

二、会议在认真学习《决定》（党的 15 届三中全会作出的《中共中央关于农业和农村工作若干重大问题的决定》）和"上海会议"（1999 年 8 月最高人民法院在上海召开的全国高级法院院长座谈会）文件的基础上，结合执行刑法、刑事诉讼法的审判实践，对审理农村中犯罪案件、农民犯罪案件中的一些重要问题进行了研究、讨论……

（二）关于盗窃案件

要重点打击的是：盗窃农业生产资料和承包经营的山林、果林、渔塘产品等严重影响和破坏农村经济发展的犯罪；盗窃农民生活资料，严重影响农民生活和社会稳定的犯罪；结伙盗窃、盗窃集团和盗、运、销一条龙的犯罪；盗窃铁路、油田、重点工程物资的犯罪等。

对盗窃集团的首要分子、盗窃惯犯、累犯，盗窃活动造成特别严重后果的，要依法从严惩处。对于盗窃牛、马、骡、拖拉机等生产经营工具或者生产资料的，应当依法从重处罚。对盗窃犯罪的初犯、未成年犯，或者确因生活困难而实施盗窃犯罪，或积极退赃、赔偿损失的，应当注意体现政策，酌情从轻处罚。其中，具备判处管制、单处罚金或者宣告缓刑条件的，应区分不同情况尽可能适用管制、罚金或者缓刑。

最高人民法院《关于审理盗窃案件具体应用法律若干问题的解释》① 第 4 条中"入户盗窃"的"户"，是指家庭及其成员与外界相对隔离的生活场所，包括封闭的院落、为家庭生活租用的房屋、牧民的帐篷以及渔民作为家庭生活场所的渔船等。集生活、经营于一体的处所，在经营时间内一般不视为"户"。

---

① 注：1998 年 3 月 10 日发布的《最高人民法院关于审理盗窃案件具体应用法律若干问题的解释》（法释〔1998〕4 号）已经被 2013 年 4 月 4 日起施行的《最高人民法院、最高人民检察院关于办理盗窃刑事案件适用法律若干问题的解释》（法释〔2013〕8 号）废止。但"法〔1999〕217 号"《座谈会纪要》关于"户"的解释可以继续参考。

【法释〔2000〕12号】　最高人民法院关于审理扰乱电信市场管理秩序案件具体应用法律若干问题的解释（2000年4月28日最高人民法院审判委员会第1113次会议通过，2000年5月12日公布，2000年5月24日起施行）

第7条　将电信卡非法充值后使用，造成电信资费损失数额较大的，依照刑法第264条的规定，以盗窃罪定罪处罚。

第8条　盗用他人公共信息网络上网账号、密码上网，造成他人电信资费损失数额较大的，依照刑法第264条的规定，以盗窃罪定罪处罚。

第10条（第2款）　本解释所称"电信资费损失数额"，是指以行为人非法经营国际电信业务或者涉港澳台电信业务的总时长（分钟数）乘以在合法电信业务中我国应当得到的每分钟国际结算价格所得的数额。

【法释〔2000〕36号】　最高人民法院关于审理破坏森林资源刑事案件具体应用法律若干问题的解释（2000年11月17日最高人民法院审判委员会第1141次会议通过，2000年11月22日公布，2000年12月11日起施行）

第9条　将国家、集体、他人所有并已经伐倒的树木窃为己有，以及偷砍他人房前屋后、自留地种植的零星树木，数额较大的，依照刑法第264条的规定，以盗窃罪定罪处罚。

第15条　非法实施采种、采脂、挖笋、掘根、剥树皮等行为，牟取经济利益数额较大的，依照刑法第264条的规定，以盗窃罪定罪处罚。同时构成其他犯罪的，依照处罚较重的规定定罪处罚。

【高检发释字〔2002〕5号】　最高人民检察院关于单位有关人员组织实施盗窃行为如何适用法律问题的批复（2002年7月8日最高人民检察院第9届检察委员会第112次会议通过，2002年8月9日公布，2002年8月13日起施行）

单位有关人员为谋取单位利益组织实施盗窃行为，情节严重的，应当依照刑法第264条的规定以盗窃罪追究直接责任人员的刑事责任。

【法刊文摘】　国家出资企业人员职务犯罪研讨会综述[①]

四、关于共同盗窃本单位财物的定性

多数意见认为，对于国家出资企业中的国家工作人员利用职务便利，积极

[①] 2012年12月8日最高人民法院刑二庭会同山东省高级人民法院、东营市中级人民法院在东营市组织召开研讨会，研讨了《最高人民法院、最高人民检察院关于办理国家出资企业中职务犯罪案件具体应用法律若干问题的意见》的理解适用问题。刊于最高人民法院刑事审判第一、二、三、四、五庭主办：《刑事审判参考》（2012年第6集）（总第89集），法律出版社2013年版。

为外部不具有身份的人员盗窃财物创造条件或者便利的,应当认定为共同犯罪,按照贪污罪定罪处罚。对于国家出资企业中的国家工作人员未参与预谋、不知道盗窃财物的具体内容且不参与分赃,仅因收受贿赂而消极作为,从而客观上为外部人员盗窃财物提供条件或者便利的,不宜认定为共同犯罪,对国家出资企业的国家工作人员和外部人员应当分别按照受贿罪、盗窃罪定罪处罚;如果国家出资企业中的国家工作人员收受贿赂后还构成其他渎职犯罪的,应当数罪并罚。

【高检研发〔2003〕10号】 最高人民检察院法律政策研究室关于非法制作、出售、使用IC电话卡行为如何适用法律问题的答复(2003年4月2日答复辽宁省人民检察院研究室"辽检发研字〔2002〕8号"请示)

非法制作或者出售非法制作的IC电话卡,数额较大的,应当依照刑法第227条第1款的规定,以伪造、倒卖伪造的有价票证罪追究刑事责任,犯罪数额可以根据销售数额认定;明知是非法制作的IC电话卡而使用或者购买并使用,造成电信资费损失数额较大的,应当依照刑法第264条的规定,以盗窃罪追究刑事责任。

【法释〔2004〕21号】 最高人民法院关于审理破坏公用电信设施刑事案件具体应用法律若干问题的解释(2004年8月26日最高人民法院审判委员会第1322次会议通过,2004年12月30日公布,2005年1月11日起施行)

第3条(第2款) 盗窃公用电信设施价值数额不大,但是构成危害公共安全犯罪的,依照刑法第124条的规定定罪处罚;盗窃公用电信设施同时构成盗窃罪和破坏公用电信设施罪的,依照处罚较重的规定定罪处罚。

【法释〔2006〕1号】 最高人民法院关于审理未成年人刑事案件具体应用法律若干问题的解释(2005年12月12日最高人民法院审判委员会第1373次会议通过,2006年1月11日公布,2006年1月23日起施行)

第9条 已满16周岁不满18周岁的人实施盗窃行为未超过3次,盗窃数额虽已达到"数额较大"标准,但案发后能如实供述全部盗窃事实并积极退赃,且具有下列情形之一的,可以认定为"情节显著轻微危害不大",不认为是犯罪:

(一)系又聋又哑的人或者盲人;

(二)在共同盗窃中起次要或者辅助作用,或者被胁迫;

(三)具有其他轻微情节的。

已满16周岁不满18周岁的人盗窃未遂或者中止的,可不认为是犯罪。

已满16周岁不满18周岁的人盗窃自己家庭或者近亲属财物,或者盗窃其他亲属财物但其他亲属要求不予追究的,可不按犯罪处理。

【法释〔2007〕3 号】 最高人民法院、最高人民检察院关于办理盗窃油气、破坏油气设备等刑事案件具体应用法律若干问题的解释（2006 年 11 月 20 日最高人民法院审判委员会第 1406 次会议、2006 年 12 月 11 日最高人民检察院第 10 届检察委员会第 66 次会议通过，2007 年 1 月 15 日公布，2007 年 1 月 19 日起施行；替代废止 2002 年 4 月 10 日《最高人民法院关于对采用破坏性手段盗窃正在使用的油田输油管道中油品的行为如何适用法律问题的批复》"法释〔2002〕10 号"）

第 3 条　盗窃油气或者正在使用的油气设备，构成犯罪，但未危害公共安全的，依照刑法第 264 条的规定，以盗窃罪定罪处罚。

盗窃油气，数额巨大但尚未运离现场的，以盗窃未遂定罪处罚。

为他人盗窃油气而偷开油气井、油气管道等油气设备阀门排放油气或者提供其他帮助的，以盗窃罪的共犯定罪处罚。

第 4 条　盗窃油气同时构成盗窃罪和破坏易燃易爆设备罪的，依照刑法处罚较重的规定定罪处罚。

第 8 条　本解释所称的"油气"，是指石油、天然气。其中，石油包括原油、成品油；天然气包括煤层气。

本解释所称"油气设备"，是指用于石油、天然气生产、储存、运输等易燃易爆设备。

【法发〔2018〕18 号】 最高人民法院、最高人民检察院、公安部关于办理盗窃油气、破坏油气设备等刑事案件适用法律若干问题的意见（2018 年 9 月 28 日印发）

二、关于盗窃油气未遂的刑事责任

着手实施盗窃油气行为，由于意志以外的原因未得逞，具有下列情形之一的，以盗窃罪（未遂）追究刑事责任：

（一）以数额巨大的油气为盗窃目标的；[①]

（二）已将油气装入包装物或者运输工具，达到"数额较大"标准 3 倍以上的；[②]

[①] 注：在司法适用中，对于是否以数额巨大的油气为盗窃目标，一般应当根据包装物或者运输工具的容量，结合犯罪嫌疑人、被告人供述和辩解等作出准确判断。

[②] 注：这主要针对的是当场抓获，但无法证明行为人以数额巨大的油气为盗窃目标的情况。这种情况下，行为人已经将大量油气装载到自己的油气运输包装物或者运输工具上，其危害性已经达到应当予以刑事处罚的程度。因此，参考《最高人民法院、最高人民检察院关于办理非法生产、销售烟草专卖品等刑事案件具体应用法律若干问题的解释》（法释〔2010〕7 号）第 2 条第 1 款的规定，设置了一个"3 倍标准"（也即 3000 元 - 9000 元），达到该标准以上的，应当以盗窃罪未遂定罪处罚。

（三）携带盗油卡子、手摇钻、电钻、电焊枪等切割、打孔、撬砸、拆卸工具的；①

（四）其他情节严重的情形。

三、关于共犯的认定

在共同盗窃油气、破坏油气设备等犯罪中，实际控制、为主出资或者组织、策划、纠集、雇佣、指使他人参与犯罪的，应当依法认定为主犯；对于其他人员，在共同犯罪中起主要作用的，也应当依法认定为主犯。

在输油输气管道投入使用前擅自安装阀门，在管道投入使用后将该阀门提供给他人盗窃油气的，以盗窃罪、破坏易燃易爆设备罪等有关犯罪的共同犯罪论处。

四、关于内外勾结盗窃油气行为的处理

行为人与油气企业人员勾结共同盗窃油气，没有利用油气企业人员职务便利，仅仅是利用其易于接近油气设备、熟悉环境等方便条件的，以盗窃罪的共同犯罪论处。②

实施上述行为，同时构成破坏易燃易爆设备罪的，依照处罚较重的规定定罪处罚。

七、关于专门性问题的认定

对于油气的质量、标准等专门性问题，综合油气企业提供的证据材料、犯罪嫌疑人、被告人及其辩护人所提辩解、辩护意见等认定；难以确定的，依据司法鉴定机构出具的鉴定意见或者国务院公安部门指定的机构出具的报告，结合其他证据认定。

油气企业提供的证据材料，应当有工作人员签名和企业公章。

【法释〔2007〕13号】　最高人民法院关于审理危害军事通信刑事案件具体应用法律若干问题的解释（2007年6月18日最高人民法院审判委员会第1430次会议通过，2007年6月26日公布，2007年6月29日起施行）

---

① 注：这主要针对的是具有较大危险性的盗窃油气人员和盗窃油气惯犯，其携带专门工具，往往实际盗窃油气的数额很大。因此，即使查获的盗窃油气的数额未达到"数额巨大"或者"数额较大3倍以上"标准，但也应认定其盗窃未遂行为属于情节严重，依法应当追究刑事责任。

② 注：对于身份犯与非身份犯的共犯如何认定，理论上有主犯说、身份犯说、实行犯说、分别说，各种学说均有争议，操作起来都有难度。《最高人民法院关于审理贪污、职务侵占案件如何认定共同犯罪几个问题的解释》（法释〔2000〕15号）体现的基本立场是：一方有身份、另一方无身份的，采取"身份犯说"；双方均有身份的，采取"主犯说"。自从贪污罪、职务侵占罪的定罪量刑标准作出调整以后，按照"身份犯说"，内外勾结，达到盗窃罪数额标准但是未能达到贪污罪、职务侵占罪数额标准的，反而不能定罪。有的地方甚至出现油田企业员工争当主犯来让全体涉案人员逃避刑事处罚的情况。针对上述现象，《意见》着重强调对于"利用职务便利"的理解应当严格把握。

第6条（第2款） 盗窃军事通信线路、设备，不构成盗窃罪，但破坏军事通信的，依照刑法第369条第1款的规定定罪处罚；同时构成刑法第124条、第264条和第369条第1款规定的犯罪的，依照处罚较重的规定定罪处罚。

第7条（第2款） 本解释所称军事通信的具体范围、通信中断和严重障碍的标准，参照中国人民解放军通信主管部门的有关规定确定。

【法研〔2010〕48号】 最高人民法院研究室关于在审理盗窃案件中有关适用法律问题的答复（2010年3月15日答复青海高院"青刑再字〔2009〕7号"请示）

1. 判决生效后追回的被盗物品与原判认定的被盗物品属于同一次盗窃行为所得，原审判决却仅涉及部分被盗物品的，可以认定事实不清、适用法律不当为由启动审判监督程序。

【法释〔2013〕8号】 最高人民法院、最高人民检察院关于办理盗窃刑事案件适用法律若干问题的解释（2013年3月8日最高人民法院审判委员会第1571次会议、2013年3月18日最高人民检察院第12届检察委员会第1次会议通过，2013年4月2日公布，2013年4月4日起施行；同时废止1998年3月10日发布的《最高人民法院关于审理盗窃案件具体应用法律若干问题的解释》"法释〔1998〕4号，1998年11月4日最高人民法院审判委员会第942次会议通过，1998年3月17日起施行"）

第1条 盗窃公私财物价值1000元至3000元以上、3万元至10万元以上、30万元至50万元以上的，应当分别认定为刑法第264条规定的"数额较大"、"数额巨大"、"数额特别巨大"。

各省、自治区、直辖市高级人民法院、人民检察院可以根据本地区经济发展状况，并考虑社会治安状况，在前款规定的数额幅度内，确定本地区执行的具体数额标准，报最高人民法院、最高人民检察院批准。

在跨地区运行的公共交通工具上盗窃，盗窃地点无法查证的，盗窃数额是否达到"数额较大"、"数额巨大"、"数额特别巨大"，应当根据受理案件所在地省、自治区、直辖市高级人民法院、人民检察院确定的有关数额标准认定。

盗窃毒品等违禁品，应当按照盗窃罪处理的，根据情节轻重量刑。

第2条 盗窃公私财物，具有下列情形之一，"数额较大"的标准可以按照前条规定标准的50%确定：

（一）曾因盗窃受过刑事处罚的；

（二）1年内曾因盗窃受过行政处罚的；

（三）组织、控制未成年人盗窃的；

（四）自然灾害、事故灾害、社会安全事件等突发事件期间，在事件发生地盗窃的；

（五）盗窃残疾人、孤寡老人、丧失劳动能力人的财物的；

（六）在医院盗窃病人或者其亲友财物的；

（七）盗窃救灾、抢险、防汛、优抚、扶贫、移民、救济款物的；

（八）因盗窃造成严重后果的。

第3条　2年内盗窃3次以上的，应当认定为"多次盗窃"。

非法进入供他人家庭生活，与外界相对隔离的住所盗窃的，应当认定为"入户盗窃"。

携带枪支、爆炸物、管制刀具等国家禁止个人携带的器械盗窃，或者为了实施违法犯罪携带其他足以危害他人人身安全的器械盗窃的，应当认定为"携带凶器盗窃"。

在公共场所或者公共交通工具上盗窃他人随身携带的财物的，应当认定为"扒窃"。

第4条　盗窃的数额，按照下列方法认定：

（一）被盗财物有有效价格证明的，根据有效价格证明认定；无有效价格证明，或者根据价格证明认定盗窃数额明显不合理的，应当按照有关规定委托估价机构估价；

（二）盗窃外币的，按照盗窃时中国外汇交易中心或者中国人民银行授权机构公布的人民币对该货币的中间价折合成人民币计算；中国外汇交易中心或者中国人民银行授权机构未公布汇率中间价的外币，按照盗窃时境内银行人民币对该货币的中间价折算成人民币，或者该货币在境内银行、国际外汇市场对美元汇率，与人民币对美元汇率中间价进行套算；

（三）盗窃电力、燃气、自来水等财物，盗窃数量能够查实的，按照查实的数量计算盗窃数额；盗窃数量无法查实的，以盗窃前6个月月均正常用量减去盗窃后计量仪表显示的月均用量推算盗窃数额；盗窃前正常使用不足6个月的，按照正常使用期间的月均用量减去盗窃后计量仪表显示的月均用量推算盗窃数额；

（四）明知是盗接他人通信线路、复制他人电信码号的电信设备、设施而使用的，按照合法用户为其支付的费用认定盗窃数额；无法直接确认的，以合法用户的电信设备、设施被盗接、复制后的月缴费额减去盗接、复制前6个月的月均电话费推算盗窃数额；合法用户使用电信设备、设施不足6个月的，按照实际使用的月均电话费推算盗窃数额；

（五）盗接他人通信线路、复制他人电信码号出售的，按照销赃数额认定盗窃数额。

盗窃行为给失主造成的损失大于盗窃数额的，损失数额可以作为量刑情节考虑。

第5条　盗窃有价支付凭证、有价证券、有价票证的，按照下列方法认定盗窃数额：

（一）盗窃不记名、不挂失的有价支付凭证、有价证券、有价票证的，应当按票面数额和盗窃时应得的孳息、奖金或者奖品等可得收益一并计算盗窃数额；

（二）盗窃记名的有价支付凭证、有价证券、有价票证，已经兑现的，按照兑现部分的财物价值计算盗窃数额；没有兑现，但失主无法通过挂失、补领、补办手续等方式避免损失的，按照给失主造成的实际损失计算盗窃数额。

第6条　盗窃公私财物，具有本解释第2条第3项至第8项规定情形之一，或者入户盗窃、携带凶器盗窃，数额达到本解释第1条规定的"数额巨大"、"数额特别巨大"50%的，可以分别认定为刑法第264条规定的"其他严重情节"或者"其他特别严重情节"。

第7条　盗窃公私财物数额较大，行为人认罪、悔罪、退赃、退赔，且具有下列情形之一，情节轻微的，可以不起诉或者免予刑事处罚；必要时，由有关部门予以行政处罚：

（一）具有法定从宽处罚情节的；

（二）没有参与分赃或者获赃较少且不是主犯的；

（三）被害人谅解的；

（四）其他情节轻微、危害不大的。

第8条　偷拿家庭成员或者近亲属的财物，获得谅解的，一般可不认为是犯罪；追究刑事责任的，应当酌情从宽。

第9条①　盗窃国有馆藏一般文物、三级文物、二级以上文物的，应当分别认定为刑法第264条规定的"数额较大"、"数额巨大"、"数额特别巨大"。

盗窃多件不同等级国有馆藏文物的，3件同级文物可以视为1件高一级文物。

盗窃民间收藏的文物的，根据本解释第4条第1款第1项的规定认定盗窃数额。

---

①　注：本条规定虽然未被宣布废止，但它与2015年12月30日公布的《最高人民法院、最高人民检察院关于办理妨害文物管理等刑事案件适用法律若干问题的解释》（法释〔2015〕23号，2016年1月1日起施行）第2条、第13条的规定不一致，应当以后者为准，详见后列的【法释〔2015〕23号】。

第 10 条　偷开他人机动车的，按照下列规定处理：

（一）偷开机动车，导致车辆丢失的，以盗窃罪定罪处罚；

（二）为盗窃其他财物，偷开机动车作为犯罪工具使用后非法占有车辆，或者将车辆遗弃导致丢失的，被盗车辆的价值计入盗窃数额；

（三）为实施其他犯罪，偷开机动车作为犯罪工具使用后非法占有车辆，或者将车辆遗弃导致丢失的，以盗窃罪和其他犯罪数罪并罚；将车辆送回未造成丢失的，按照其所实施的其他犯罪从重处罚。

第 11 条　盗窃公私财物并造成财物损毁的，按照下列规定处理：

（一）采用破坏性手段盗窃公私财物，造成其他财物损毁的，以盗窃罪从重处罚；同时构成盗窃罪和其他犯罪的，择一重罪从重处罚；

（二）实施盗窃犯罪后，为掩盖罪行或者报复等，故意毁坏其他财物构成犯罪的，以盗窃罪和构成的其他犯罪数罪并罚；

（三）盗窃行为未构成犯罪，但损毁财物构成其他犯罪的，以其他犯罪定罪处罚。

第 12 条　盗窃未遂，具有下列情形之一的，应当依法追究刑事责任：

（一）以数额巨大的财物为盗窃目标的；

（二）以珍贵文物为盗窃目标的；

（三）其他情节严重的情形。

盗窃既有既遂，又有未遂，分别达到不同量刑幅度的，依照处罚较重的规定处罚；达到同一量刑幅度的，以盗窃罪既遂处罚。

第 13 条　单位组织、指使盗窃，符合刑法第 264 条及本解释有关规定的，以盗窃罪追究组织者、指使者、直接实施者的刑事责任。

第 14 条　因犯盗窃罪，依法判处罚金刑的，应当在 1000 元以上盗窃数额的 2 倍以下判处罚金；没有盗窃数额或者盗窃数额无法计算的，应当在 1000 元以上 10 万元以下判处罚金。

第 15 条　本解释发布实施后，《最高人民法院关于审理盗窃案件具体应用法律若干问题的解释》（法释〔1998〕4 号）同时废止；之前发布的司法解释和规范性文件与本解释不一致的，以本解释为准。①

---

① 注：1998 年 3 月 26 日最高人民法院、最高人民检察院、公安部印发的《关于盗窃罪数额认定标准问题的规定》（法发〔1998〕3 号）和 1999 年 2 月 4 日最高人民法院、最高人民检察院、公安部印发的《关于铁路运输过程中盗窃罪数额认定标准问题的规定》（公发〔1999〕4 号）虽然尚未被废止，但它们与"法释〔2013〕8 号"《解释》第 1 条的规定相冲突，所以已经实际失效。

最高人民法院研究室关于利用计算机窃取他人游戏币非法销售获利如何定性问题的研究意见[1]

……虚拟货币的价格由发行单位自行决定，不是市场交易所决定；它也不能用于自由流通交易，不具有财物的交换属性，故不属于财物的范畴。可见，包括虚拟货币在内的虚拟财产不是财物，不属于刑法中"公私财物"的范畴，目前也没有法律解释将其列入刑法第 92 条第（四）项规定的"其他财产"的范围，因此目前对于此类行为不宜以盗窃罪论处。……

最高人民法院研究室关于入户盗窃但未窃得财物应如何定性问题的研究意见[2]

对入户盗窃但未实际窃得任何财物的，应当以盗窃未遂论处。

最高人民法院研究室关于盗窃互联网上网流量如何认定盗窃数额的研究意见[3]

盗窃互联网上网流量的，可以按照销赃数额认定盗窃数额。

最高人民检察院法律政策研究室关于多次盗窃中"次"如何认定的法律适用问题电话答复（2016 年 3 月 18 日答复北京市人民检察院法律政策研究室请示）

多次盗窃中"次"的判断，可以参照 2005 年最高人民法院《关于审理抢劫、抢夺刑事案件适用法律若干问题的意见》中多次抢劫的规定认定。但多次盗窃与多次抢劫必定有所不同，实践中应结合具体案件的具体情况，从主观方面考量行为人是基于一个盗窃的故意，还是多个盗窃的故意；同时，更需要结合客观方面的行为方式，实施行为的条件，以及行为所造成的后果等来综合判断。

【法释〔2015〕23 号】 最高人民法院、最高人民检察院关于办理妨害文物管理等刑事案件适用法律若干问题的解释（2015 年 10 月 12 日最高人民法院审判委员会第 1663 次会议、2015 年 11 月 18 日最高人民检察院第 12 届检察委员会第 43 次会议通过，2015 年 12 月 30 日公布，2016 年 1 月 1 日起施行）

第 2 条　盗窃一般文物、三级文物、二级以上文物的，应当分别认定为刑法第 264 条规定的"数额较大""数额巨大""数额特别巨大"。

盗窃文物，无法确定文物等级，或者按照文物等级定罪量刑明显过轻或者过重的，按照盗窃的文物价值定罪量刑。

---

[1] 刊于《司法研究与指导》（总第 2 辑），人民法院出版社 2012 年版，第 127 页。
[2] 刊于《司法研究与指导》（总第 3 辑），人民法院出版社 2013 年版，第 151 页。
[3] 刊于《司法研究与指导》（总第 5 辑），人民法院出版社 2014 年版，第 180 页。

第8条（第3款） 采用破坏性手段盗窃古文化遗址、古墓葬以外的古建筑、石窟寺、石刻、壁画、近代现代重要史迹和代表性建筑等其他不可移动文物的，依照刑法第264条的规定，以盗窃罪追究刑事责任。

第11条（第2款） 公司、企业、事业单位、机关、团体等单位实施盗窃文物、故意损毁文物、名胜古迹、过失损毁文物、盗掘古文化遗址、古墓葬等行为的，依照本解释规定的相应定罪量刑标准，追究组织者、策划者、实施者的刑事责任。

第12条 针对不可移动文物整体实施走私、盗窃、倒卖等行为的，根据所属不可移动文物的等级，依照本解释第1条、第2条、第6条的规定定罪量刑：

（一）尚未被确定为文物保护单位的不可移动文物，适用一般文物的定罪量刑标准；

（二）市、县级文物保护单位，适用三级文物的定罪量刑标准；

（三）全国重点文物保护单位、省级文物保护单位，适用二级以上文物的定罪量刑标准。

针对不可移动文物中的建筑构件、壁画、雕塑、石刻等实施走私、盗窃、倒卖等行为的，根据建筑构件、壁画、雕塑、石刻等文物本身的等级或者价值，依照本解释第1条、第2条、第6条的规定定罪量刑。建筑构件、壁画、雕塑、石刻等所属不可移动文物的等级，应当作为量刑情节予以考虑。

第13条 案件涉及不同等级的文物的，按照高级别文物的量刑幅度量刑；有多件同级文物的，5件同级文物视为1件高一级文物，但是价值明显不相当的除外。

第14条 依照文物价值定罪量刑的，根据涉案文物的有效价格证明认定文物价值；无有效价格证明，或者根据价格证明认定明显不合理的，根据销赃数额认定，或者结合本解释第15条规定的鉴定意见、报告认定。

第15条 在行为人实施有关行为前，文物行政部门已对涉案文物及其等级作出认定的，可以直接对有关案件事实作出认定。

对案件涉及的有关文物鉴定、价值认定等专门性问题难以确定的，由司法鉴定机构出具鉴定意见，或者由国务院文物行政部门指定的机构出具报告。其中，对于文物价值，也可以由有关价格认证机构作出价格认证并出具报告。

第16条（第1款） 实施本解释第1条、第2条、第6条至第9条规定的行为，虽已达到应当追究刑事责任的标准，但行为人系初犯，积极退回或者协助追回文物，未造成文物损毁，并确有悔罪表现的，可以认定为犯罪情节轻微，不起诉或者免予刑事处罚。

第17条 走私、盗窃、损毁、倒卖、盗掘或者非法转让具有科学价值的古脊椎动物化石、古人类化石的，依照刑法和本解释的有关规定定罪量刑。

第18条 本解释自2016年1月1日起施行。本解释公布施行后,《最高人民法院、最高人民检察院关于办理盗窃、盗掘、非法经营和走私文物的案件具体应用法律的若干问题的解释》(法(研)发〔1987〕32号)同时废止;之前发布的司法解释与本解释不一致的,以本解释为准。

【高检发〔2020〕3号】 最高人民法院、最高人民检察院、公安部关于办理涉窨井盖相关刑事案件的指导意见(2020年2月19日最高人民检察院第13届检察委员会第33次会议通过,2020年3月16日印发施行)

一、盗窃、破坏正在使用中的社会机动车通行道路上的窨井盖,足以使汽车、电车发生倾覆、毁坏危险,尚未造成严重后果的,依照刑法第117条的规定,以破坏交通设施罪定罪处罚;造成严重后果的,依照刑法第119条第1款的规定处罚。

过失造成严重后果的,依照刑法第119条第2款的规定,以过失损坏交通设施罪定罪处罚。

二、盗窃、破坏人员密集往来的非机动车道、人行道以及车站、码头、公园、广场、学校、商业中心、厂区、社区、院落等生产生活、人员聚集场所的窨井盖,足以危害公共安全,尚未造成严重后果的,依照刑法第114条的规定,以以危险方法危害公共安全罪定罪处罚;致人重伤、死亡或者使公私财产遭受重大损失的,依照刑法第115条第1款的规定处罚。

过失致人重伤、死亡或者使公私财产遭受重大损失的,依照刑法第115条第2款的规定,以过失以危险方法危害公共安全罪定罪处罚。

三、对于本意见第1条、第2条规定以外的其他场所的窨井盖,明知会造成人员伤亡后果而实施盗窃、破坏行为,致人受伤或者死亡的,依照刑法第234条、第232条的规定,分别以故意伤害罪、故意杀人罪定罪处罚。

过失致人重伤或者死亡的,依照刑法第235条、第233条的规定,分别以过失致人重伤罪、过失致人死亡罪定罪处罚。

四、(第1款) 盗窃本意见第1条、第2条规定以外的其他场所的窨井盖,且不属于本意见第3条规定的情形,数额较大,或者多次盗窃的,依照刑法第264条的规定,以盗窃罪定罪处罚。

十二、本意见所称的"窨井盖",包括城市、城乡结合部和乡村等地的窨井盖以及其他井盖。

【公通字〔2020〕12号】 最高人民法院、最高人民检察院、公安部关于依法办理"碰瓷"违法犯罪案件的指导意见(2020年9月22日印发)

……所谓"碰瓷",是指行为人通过故意制造或者编造其被害假象,采取诈骗、敲诈勒索等方式非法索取财物的行为。……

四、实施"碰瓷",采取转移注意力、趁人不备等方式,窃取、夺取他人财物,符合刑法第264条、第267条规定的,分别以盗窃罪、抢夺罪定罪处罚。

九、共同故意实施"碰瓷"犯罪,起主要作用的,应当认定为主犯,对其参与或者组织、指挥的全部犯罪承担刑事责任;起次要或者辅助作用的,应当认定为从犯,依法予以从轻、减轻处罚或者免除处罚。

3人以上为共同故意实施"碰瓷"犯罪而组成的较为固定的犯罪组织,应当认定为犯罪集团。对首要分子应当按照集团所犯全部罪行处罚。

符合黑恶势力认定标准的,应当按照黑社会性质组织、恶势力或者恶势力犯罪集团侦查、起诉、审判。

十、对实施"碰瓷",尚不构成犯罪,但构成违反治安管理行为的,依法给予治安管理处罚。

【法释〔2021〕8号】　最高人民法院关于审理掩饰、隐瞒犯罪所得、犯罪所得收益刑事案件适用法律若干问题的解释（2021年4月7日最高法审委会第1835次会议修正,2021年4月13日公布,2021年4月15日起施行）

第6条　对犯罪所得及其产生的收益实施盗窃、抢劫、诈骗、抢夺等行为,构成犯罪的,分别以盗窃罪、抢劫罪、诈骗罪、抢夺罪等定罪处罚。

【军训〔2022〕181号】　最高人民法院、最高人民检察院、公安部、商务部、国家市场监督管理总局、中央军委后勤保障部、中央军委装备发展部、中央军委训练管理部、中央军委国防动员部关于军地共同加强部队训练场未爆弹药安全风险防控的意见（2022年10月22日）

（十三）打击违法犯罪。……非法进入训练场挖捡炮弹残片,符合刑法第264条规定的,以盗窃罪定罪处罚。……有非法挖捡买卖行为,经教育后确有悔改表现,上交未爆弹药、炮弹残片或者销售炮弹残片违法所得的,可以依法从宽处罚;情节显著轻微危害不大不构成犯罪、构成违反治安管理行为的,依法给予治安管理处罚。

【发改价认办〔2020〕97号】　被盗财物价格认定规则（国家发改委价格认证中心2020年11月5日印发,2021年1月1日执行;发改价证办〔2014〕235号《规则》同时废止）

第3条　本规则所称被盗财物价格认定,是指价格认定机构对公安机关、人民检察院、人民法院（以下简称"提出机关"）办理的涉嫌盗窃罪案件中无被盗财物有效价格证明或者根据价格证明认定盗窃数额明显不合理时,进行价格确认的行为。①

第 5 条　被盗财物具有下列情形之一的，可以按照灭失状况进行价格认定：

（一）实物因挥霍、丢弃、隐匿、毁坏、发回等原因导致提出机关无法提供的；

（二）查验日或者勘验日实物状况和基准日相比发生重大变化，无法确定基准日实物状况的；

（三）无法确定基准日实物状况的其他情形。

第 7 条　有下列情形之一的，价格认定机构可以不予受理：

（一）被盗财物为人民币、外币、有价支付凭证、有价证券、有价票证以及其他提出机关可以直接确认价格的财物；

（二）被盗财物为国有馆藏文物，珍贵、濒危动物及其制品，珍稀植物及其制品，毒品，淫秽物品，枪支、弹药、管制刀具、核材料等不以价格数额作为定罪量刑标准的物品；

（三）被盗财物已经灭失，且不能通过文字、照片等材料全面准确反映其名称、数量、规格型号、真伪质量、实物状况等影响价格重要因素的。

第 9 条　被盗财物已经灭失，无法进行实物查验或者勘验时，对于该财物属于某设备（设施）的组成部分的，可对设备（设施）剩余部分进行查验或者勘验，结合查验或者勘验情况确定被盗财物状况。

第 12 条　具备充分发育的交易市场，能够搜集相关交易实例和正常价格信息的，应当优先选用市场法。

在价格认定过程中，应当选择可以修正调整的、相同或者近似的实例作为参照；相关因素调整时，单项因素修正一般不应超过 20%，综合修正一般不应超过 30%。

第 13 条　具备可以采用的成本资料，能够取得被盗财物重置价格和实体性、功能性、经济性贬值或者成新率等指标的，可以采用成本法。

查验或者勘验确定的成新率与通过年限测算的成新率有差异时，应当综合分析确定成新率。接近经济使用年限上限，或者虽然超过经济使用年限但尚能正常使用的，成新率应当结合实际情况确定。

第 14 条　被盗财物属性特殊、专业性强，难以采用市场法和成本法进行价

---

① 注：国家发展改革委价格认证中心《关于在财产盗窃刑事案件价格鉴定中如何把握价格鉴定标准问题的复函》（发改价证函〔2005〕193 号）已经被 2015 年 8 月 31 日发改价证办〔2015〕200 号《国家发展和改革委价格认证中心关于废止部分规范性文件的通知》宣布废止，2015 年 9 月 16 日施行。

格认定时，可以采用专家咨询法。

在运用市场法和成本法过程中咨询有关专家的，不属于专家咨询法。

第15条　被盗财物价格认定一般按照市场价值标准，根据价格认定委托书、协助书内容和调查掌握的资料情况进行测算：

（一）生产领域的产品，产成品按照出厂价计算；在产品按完工程度比照产品的出厂价格折算；自制生产资料按照生产企业的合理生产成本测算；

（二）流通领域的商品，按照价格认定委托书、协助书载明的价格内涵，按照相同或者近似的同类商品的中等价格测算。其中：

1. 专供外销商品，国内无销售的，按照离岸价测算；

2. 进口商品，国内市场可以采集到同类物品相应价格的，按照该价格计算；无法采集国内市场价格但是可以采集到国外市场相应价格的，按照国外价格考虑基准日汇率及各项进口税费测算；国内外均无法采集同类物品相应价格的，可以通过比较质量、功能、性能和品牌等因素综合推算。

（三）农产品，根据价格认定委托书、协助书载明的价格内涵，按照同类同等级产品的中等价格测算；

（四）珠宝玉石和贵金属制品，根据工艺、品质、品牌等，按照与其相当的经销商店或者专业市场的中等价格测算；无销售的，可以采用成本法或者专家咨询法测算，不考虑新旧因素；

（五）民间收藏的文物，按照国有文物商店、文物市场的中等价格或者文物拍卖企业的拍卖价格，结合专家咨询意见测算；

（六）邮票、纪念币等收藏品、纪念品，按照市场销售价格测算；无销售的，根据原始销售金额、发行数量、发行年代、品相和近似的收藏品、纪念品市场行情，结合专家咨询意见测算；

（七）特殊用途的专用物品，根据相关机构、部门、行业协会或者专家提供的同类物品价格进行测算；

（八）残次品，有使用价值的，比照合格品价格折算；废品或者不具备原有使用价值但是可以回收利用的物品，可以按照废弃资源和废旧材料回收加工业的收购价格测算；既无残值又无使用价值、无法回收利用的，认定其价格为零；

（九）达到国家强制报废标准的被盗财物，按照规定的报废价格计算。

（十）被盗财物是伪劣商品或者侵犯知识产权商品时，按照其实际价值认定。

第16条　抢劫罪、抢夺罪、诈骗罪、聚众哄抢公私财物罪、侵占罪、职务侵占罪、挪用特定款物罪、敲诈勒索罪等侵犯财产罪案件涉案财物价格认定，可以参照本规则执行。

【主席令〔2012〕67 号】　中华人民共和国治安管理处罚法（2012 年 10 月 26 日第 11 届全国人大常委会第 29 次会议修正，2013 年 1 月 1 日起施行）

第 33 条　有下列行为之一的，处 10 日以上 15 日以下拘留：

（一）盗窃、损毁油气管道设施、电力电信设施、广播电视设施、水利防汛工程设施或者水文监测、测量、气象测报、环境监测、地质监测、地震监测等公共设施的。

第 34 条　盗窃、损坏、擅自移动使用中的航空设施，或者强行进入航空器驾驶舱的，处 10 日以上 15 日以下拘留。

第 35 条　有下列行为之一的，处 5 日以上 10 日以下拘留，可以并处 500 元以下罚款；情节较轻的，处 5 日以下拘留或者 500 元以下罚款：

（一）盗窃、损毁或者擅自移动铁路设施、设备、机车车辆配件或者安全标志的……

第 37 条　有下列行为之一的，处 5 日以下拘留或者 500 元以下罚款；情节严重的，处 5 日以上 10 日以下拘留，可以并处 500 元以下罚款：

（三）盗窃、损毁路面井盖、照明等公共设施的。

第 49 条　盗窃、诈骗、哄抢、抢夺、敲诈勒索或者故意损毁公私财物的，处 5 日以上 10 日以下拘留，可以并处 500 元以下罚款；情节较重的，处 10 日以上 15 日以下拘留，可以并处 1000 元以下罚款。

● 量刑指导　【法发〔2021〕21 号】　最高人民法院、最高人民检察院关于常见犯罪的量刑指导意见（2021 年 6 月 16 日印发，2021 年 7 月 1 日试行；法发〔2017〕7 号《指导意见》同时废止。删除线部分内容为 2021 年删除）①

四、常见犯罪的量刑

（十一）盗窃罪

1. 构成盗窃罪的，可以根据下列不同情形在相应的幅度内确定量刑起点：

（1）达到数额较大起点的，2 年内 3 次盗窃的，入户盗窃的，携带凶器盗窃的，或者扒窃的，可以在 1 年以下有期徒刑、拘役幅度内确定量刑起点。

（2）达到数额巨大起点或者有其他严重情节的，可以在 3 年至 4 年有期徒刑幅度内确定量刑起点。

---

① 注：《意见》要求各省高院、检察院应当总结司法实践经验，按照规范、实用、符合司法实际的原则共同研制"实施细则"，经审委会、检委会通过后，分别报最高法、最高检备案审查，与《意见》同步实施。

其他判处有期徒刑的案件，可以参照量刑的指导原则、基本方法和常见量刑情节的适用规范量刑。

(3) 达到数额特别巨大起点或者有其他特别严重情节的,可以在 10 年至 12 年有期徒刑幅度内确定量刑起点。依法应当判处无期徒刑的除外。

2. 在量刑起点的基础上,可以根据盗窃数额、次数、手段等其他影响犯罪构成的犯罪事实增加刑罚量,确定基准刑。

多次盗窃,数额达到较大以上的,以盗窃数额确定量刑起点,盗窃次数可作为调节基准刑的量刑情节;数额未达到较大的,以盗窃次数确定量刑起点,超过 3 次的次数作为增加刑罚量的事实。

3. 构成盗窃罪的,根据盗窃的数额、次数、手段、危害后果等犯罪情节,综合考虑被告人缴纳罚金的能力,在 1000 元以上盗窃数额 2 倍以下决定罚金数额;没有盗窃数额或者盗窃数额无法计算的,在 1000 元以上 10 万元以下判处罚金。(本款新增)

4. 构成盗窃罪的,综合考虑盗窃的起因、数额、次数、手段、退赃退赔等犯罪事实、量刑情节,以及被告人的主观恶性、人身危险性、认罪悔罪表现等因素,决定缓刑的适用。(本款新增)

● 指导案例 【法〔2014〕161 号】 最高人民法院关于发布第 7 批指导性案例的通知(2014 年 6 月 26 日印发)

(指导案例 27 号)臧进泉等盗窃、诈骗案

裁判要点:行为人利用信息网络,诱骗他人点击虚假链接而实际通过预先植入的计算机程序窃取财物构成犯罪的,以盗窃罪定罪处罚;虚构可供交易的商品或者服务,欺骗他人点击付款链接而骗取财物构成犯罪的,以诈骗罪定罪处罚。

【高检发研字〔2017〕10 号】 关于印发最高人民检察院第 9 批指导性案例的通知(2017 年 10 月 10 日最高人民检察院第 12 届检察委员会第 70 次会议讨论通过,2017 年 10 月 12 日印发)

(检例第 37 号)张四毛盗窃案

要旨:网络域名具备法律意义上的财产属性,盗窃网络域名可以认定为盗窃行为。

第 266 条 【诈骗罪】 诈骗公私财物,数额较大的,处三年以下有期徒刑、拘役或者管制,并处或者单处罚金;数额巨大或者有其他严重情节的,处三年以上十年以下有期徒刑,并处罚金;数额特别巨大或者有其他特别严重情节的,处十年以上有期徒刑或者无期徒刑,并处罚金或者没收财产。本法另有规定的,依照规定。

● **条文注释** 诈骗，是指虚构事实或隐瞒真相使被害人产生错误认识，并作出行为人所希望的财产处分。构成第 266 条规定的诈骗罪必须具备以下条件：（1）行为人具有非法占有公私财物（包括自用或转归他人）的主观故意；（2）行为人实施了诈骗行为；（3）数额较大。

数额"较大""巨大""特别巨大"，情节"严重""特别严重"的界定标准，依照"法释〔2011〕7 号"解释的相关规定。各省、自治区、直辖市的高级人民法院、人民检察院可以根据本地区的经济和治安状况，在上述标准的幅度内，确定本地区执行的具体数额标准。

第 266 条规定中所说的"本法另有规定"，是指本法或者其他法律对某些特定的诈骗犯罪专门作了具体规定，如金融诈骗、合同诈骗等，对这些诈骗犯罪应当适用这些专门的规定，不适用本条。

需要注意的是：

（1）单位不能成为诈骗罪的犯罪主体。如果单位组织实施第 266 条规定的行为，情节严重的，应当对直接责任人员以诈骗罪定罪处罚。

（2）行为人实施第 266 条规定的行为时，如果为窝藏赃物、抗拒抓捕或毁灭罪证而当场使用暴力或者以暴力相威胁，依照《刑法》第 263 条的规定以抢劫罪定罪处罚。

（3）诈骗近亲属的财物，近亲属谅解的，一般可不按犯罪处理。

（4）如果行为人实施犯罪活动时，既使用了欺骗手段，又使用了窃取手段，则以行为人非法占有财物起主要作用的手段定罪：如果起主要作用的手段是欺骗，就应定诈骗罪；否则，应以盗窃罪论处。

（5）以虚假或冒用的身份证件办理并使用的通信工具，造成电信部门损失较大的，以诈骗罪定罪处罚。

（6）通过伪造证据骗取法院民事裁判占有他人财物的行为，如果数额达不到诈骗罪的构罪标准，则此时应当主要考虑该行为对人民法院正常审判活动的妨害，以虚假诉讼罪追究行为人的刑事责任。

● **立法解释** 全国人民代表大会常务委员会关于《中华人民共和国刑法》第二百六十六条的解释（2014 年 4 月 24 日第 12 届全国人民代表大会常务委员会第 8 次会议通过）

以欺诈、伪造证明材料或者其他手段骗取养老、医疗、工伤、失业、生育等社会保险金或者其他社会保障待遇的，属于刑法第 266 条规定的诈骗公私财物的行为。

● **相关规定** 最高人民法院研究室关于申付强诈骗案如何认定诈骗数额问题的电话答复（1991年4月23日答复河南省高级人民法院"豫法（研）请〔1991〕15号"请示）①

同意你院的倾向性意见。即在具体认定诈骗犯罪数额时，应把案发前已被追回的被骗款额扣除，按最后实际诈骗所得数额计算。但在处罚时，对于这种情况应当做为从重情节予以考虑。

最高人民法院研究室关于共同诈骗犯罪案件以哪个数额作为量刑标准问题的批复（1993年5月17日答复广东高院"粤高法刑二〔1993〕4号"请示）

经研究，原则上同意你院的倾向性意见，即：诈骗犯罪定罪处刑的数额应是行为人实施诈骗行为已骗到手的公私财物的数额。在共同诈骗犯罪案件中，对诈骗集团的首要分子应以该集团实施诈骗犯罪已骗取的公、私财物的总数额作为定罪量刑的标准；对其他共同犯罪中的主犯、从犯，应以其参与共同诈骗犯罪已骗取的公、私财物的数额作为定罪量刑的标准，同时，参考其在共同诈骗犯罪活动中的地位、作用及参与诈骗尚未骗到手的数额和分赃数额等情节依法处刑。

【法释〔2000〕12号】 最高人民法院关于审理扰乱电信市场管理秩序案件具体应用法律若干问题的解释（2000年4月28日最高人民法院审判委员会第1113次会议通过，2000年5月12日公布，2000年5月24日起施行）

第9条 以虚假、冒用的身份证件办理入网手续并使用移动电话，造成电信资费损失数额较大的，依照刑法第266条的规定，以诈骗罪定罪处罚。

第10条第2款 本解释所称"电信资费损失数额"，是指以行为人非法经营国际电信业务或者涉港澳台电信业务的总时长（分钟数）乘以在合法电信业务中我国应当得到的每分钟国际结算价格所得的数额。

【公经〔2000〕83号】 公安部法制局关于对将已经仪器识别为不中奖的彩票出售的行为如何定性处理的答复（经征最高法、最高检意见，2000年5月23日答复广西公安厅法制处"桂公明发〔2000〕357号"请示）

行为人采用欺骗方法使发行彩票的工作人员回收已被识别为不中奖的彩票，数额较大的，应当依照刑法第266条的规定以诈骗罪追究刑事责任；行为人与发

---

① 注：该《电话答复》一直未被废止，且未与其他规定相冲突，应视为继续有效。河南省高级人民法院在请示中提出了两种意见（倾向于第一种意见）：一种意见认为，对申付强的诈骗数额，可把案发前被追回的6万余元扣除并作为从重情节在量刑时予以考虑，按下余的45000余元的数额予以认定；另一种意见认为，申付强已将价值10万余元的曲酒诈骗到手，诈骗数额应按合同总标的计算，属数额巨大，被追回的6万余元可作为从轻情节在量刑时予以考虑。

行彩票的工作人员共谋,发行彩票的工作人员明知是已被识别为不中奖的彩票而回收并向社会公众出售,且数额较大的,对行为人和发行彩票的工作人员,应当以共同犯罪依照刑法第 266 条的规定追究刑事责任;尚不构成犯罪的,依照《治安管理处罚条例》第 23 条的有关规定予以处罚。

【公复字〔2000〕10 号】 公安部关于受害人居住地公安机关可否对诈骗犯罪案件立案侦查问题的批复 (2000 年 10 月 16 日答复广西壮族自治区公安厅"桂公请〔2000〕77 号"请示)

《公安机关办理刑事案件程序规定》第 15 条规定:"刑事案件由犯罪地的公安机关管辖。如果由犯罪嫌疑人居住地的公安机关管辖更为适宜的,可以由犯罪嫌疑人居住地的公安机关管辖。"根据《中华人民共和国刑法》第 6 条第 3 款的规定,犯罪地包括犯罪行为地和犯罪结果地。根据上述规定,犯罪行为地、犯罪结果地以及犯罪嫌疑人居住地的公安机关可以依法对属于公安机关管辖的刑事案件立案侦查。诈骗犯罪案件的犯罪结果地是指犯罪嫌疑人实际取得财产地。因此,除诈骗行为地、犯罪嫌疑人实际取得财产的结果发生地和犯罪嫌疑人居住地外,其他地方公安机关不能对诈骗犯罪案件立案侦查,但对于公民扭送、报案、控告、举报或者犯罪嫌疑人自首的,都应当立即受理,经审查认为有犯罪事实的,移送有管辖权的公安机关处理。

【高检研发〔2002〕18 号】 最高人民检察院法律政策研究室关于通过伪造证据骗取法院民事裁判占有他人财物的行为如何适用法律问题的答复 (2002 年 10 月 24 日答复山东省人民检察院研究室"鲁检发研字〔2001〕第 11 号"请示)[①]

以非法占有为目的,通过伪造证据骗取法院民事裁判占有他人财物的行为所侵害的主要是人民法院正常的审判活动,可以由人民法院依照民事诉讼法的

[①] 注:《最高人民法院研究室关于伪造证据通过诉讼获取他人财物的行为如何适用法律问题的批复》(法研〔2006〕73 号,2006 年 4 月 18 日答复黑龙江省高级人民法院)明确指出:"该问题在最高人民检察院法律政策研究室 2002 年 10 月 24 日发布的《关于通过伪造证据骗取法院民事裁判占有他人财物的行为如何适用法律问题的答复》中已经明确。该答复在起草过程中已征求了我室意见。你院(人民法院)在审理此后发生的有关案件时可参酌适用该《答复》的规定。"
《公安部经济犯罪侦查局关于伪造证据骗取法院民事裁判占有他人财物的行为如何适用法律的批复》(公经〔2007〕526 号,2007 年 3 月 14 日答复海南省公安厅经侦总队"琼公京〔2007〕55 号"请示)对此也再次确认。
但是,自 2015 年 11 月 1 日《刑法修正案(九)》(2015 年 8 月 29 日主席令第 30 号公布)施行之后,《刑法》第 307 条之一第 3 款明确规定,虚假诉讼行为非法占有他人财产或逃避合法债务,又构成其他犯罪的,依照处罚较重的规定定罪从重处罚。

有关规定作出处理，不宜以诈骗罪追究行为人的刑事责任。如果行为人伪造证据时，实施了伪造公司、企业、事业单位、人民团体印章的行为，构成犯罪的，应当依照刑法第280条第2款的规定，以伪造公司、企业、事业单位、人民团体印章罪追究刑事责任；如果行为人有指使他人作伪证行为，构成犯罪的应当依照刑法第307条第1款的规定，以妨害作证罪追究刑事责任。

【公刑〔2002〕1046号】 公安部关于对伪造学生证及贩卖、使用伪造学生证的行为如何处理问题的批复（2002年6月26日答复铁道部公安局"公法〔2002〕4号"请示）

三、对使用伪造的学生证购买半价火车票，数额较大的，应当依照《中华人民共和国刑法》第266条的规定，以诈骗罪立案侦查；尚不够刑事处罚的，应当依照《中华人民共和国治安管理处罚条例》第23条第（一）项的规定以诈骗定性处罚。

【法释〔2003〕8号】 最高人民法院、最高人民检察院关于办理妨害预防、控制突发传染病疫情等灾害的刑事案件具体应用法律若干问题的解释（2003年5月13日最高人民法院审判委员会第1269次会议、2003年5月13日最高人民检察院第10届检察委员会第3次会议通过，2003年5月14日公布，2003年5月15日起施行）

第7条 在预防、控制突发传染病疫情等灾害期间，假借研制、生产或者销售用于预防、控制突发传染病疫情等灾害用品的名义，诈骗公私财物数额较大的，依照刑法有关诈骗罪的规定定罪，依法从重处罚。

第18条 本解释所称"突发传染病疫情等灾害"，是指突然发生，造成或者可能造成社会公众健康严重损害的重大传染病疫情、群体性不明原因疾病以及其他严重影响公众健康的灾害。

【法发〔2020〕7号】 最高人民法院、最高人民检察院、公安部、司法部关于依法惩治妨害新型冠状病毒感染肺炎疫情防控违法犯罪的意见（2020年2月6日印发）

二、准确适用法律，依法严惩妨害疫情防控的各类违法犯罪

（五）依法严惩诈骗、聚众哄抢犯罪。在疫情防控期间，假借研制、生产或者销售用于疫情防控的物品的名义骗取公私财物，或者捏造事实骗取公众捐赠款物，数额较大的，依照刑法第266条的规定，以诈骗罪定罪处罚。

【公通字〔2013〕25号】 公安部关于公安机关处置信访活动中违法犯罪行为适用法律的指导意见（2008年7月6日"公通字〔2008〕35号"初次印发；2013年7月19日修订后印发）

三、对侵犯人身权利、财产权利违法犯罪行为的处理

9. 以帮助信访为名骗取他人公私财物，符合《治安管理处罚法》第49条规定的，以诈骗依法予以治安管理处罚；符合《刑法》第266条规定的，以诈骗罪追究刑事责任。

公安部法制局关于办理赌博违法案件有关法律适用问题的电话答复（2005年9月5日答复河北、云南省公安厅法制处请示）

一、行为人诱使他人参与赌博，约定由行为人本人直接参赌，他人与其共同承担输赢责任，在行为人故意输给其他参赌人后，要求被诱骗人承担还款责任，骗取钱款数额巨大的，应以诈骗罪追究行为人的刑事责任。

【刑立他字〔2009〕59-1号】 最高人民法院关于远程操控类诈骗案件审判管辖问题的函（2010年2月5日答复北京高院2009年12月24日请示）

我院经研究认为，远程操控类诈骗犯罪的主要表现形式是犯罪嫌疑人利用电话、网络等技术手段虚构事实，使被害人陷入错误认识而"主动"将钱款汇至犯罪嫌疑人指定的外地银行帐户，以达到诈骗钱财的目的。从行为特征看，整个犯罪过程中犯罪嫌疑人与被害人处在两地，彼此不直接接触。但被害人所在地即是犯罪嫌疑人虚构信息的到达之地和被害人接受虚假信息之地。虚假信息是被告人诈骗行为不可分割的一部分，并不独立于诈骗行为，虚假信息所达之地是犯罪行为的延续之地，可视为犯罪行为发生地。因此，被害人所在地可以视为犯罪行为发生地。从危害结果看，被害人所在地为被害人失去财物控制之地，是诈骗犯罪的危害结果发生地，但与犯罪分子实际取得财产之地还是存在一定的区别。根据此类案件的特点，应当以确定款项进入犯罪嫌疑人指定帐户的地点为实际取得财产之地。而根据被害人汇款的不同情况，确定款项进入犯罪嫌疑人指定帐户的地点可能是被害人所在地、被告人所在地或第三地。综合而言，远程操控类诈骗案件中，被害人所在地可视为犯罪行为发生地，在一定的情况下也同时是犯罪分子实际取得财产的犯罪结果发生地。根据《中华人民共和国刑事诉讼法》第24条和《最高人民法院关于执行〈中华人民共和国刑事诉讼法〉若干问题的解释》第2条的规定，你市法院对被害人在你市的此类案件有管辖权。

【法释〔2010〕14号】 最高人民法院关于审理伪造货币等案件具体应用法律若干问题的解释（二）（2010年10月11日最高人民法院审判委员会1498次会议通过，2010年10月20日公布，2010年11月3日起施行）

第 5 条　以使用为目的，伪造停止流通的货币，或者使用伪造的停止流通的货币的，依照刑法第 266 条的规定，以诈骗罪定罪处罚。

【法释〔2011〕7 号】　最高人民法院、最高人民检察院关于办理诈骗刑事案件具体应用法律若干问题的解释（2011 年 2 月 21 日最高人民法院审判委员会第 1512 次会议、2010 年 11 月 24 日最高人民检察院第 11 届检察委员会第 49 次会议通过，2011 年 3 月 1 日公布，2011 年 4 月 8 日起施行）[①]

第 1 条　诈骗公私财物价值 3000 元至 10000 元以上、3 万元至 10 万元以上、50 万元以上的，应当分别认定为刑法第 266 条规定的"数额较大"、"数额巨大"、"数额特别巨大"。

各省、自治区、直辖市高级人民法院、人民检察院可以结合本地区经济社会发展状况，在前款规定的数额幅度内，共同研究确定本地区执行的具体数额标准，报最高人民法院、最高人民检察院备案。

第 2 条　诈骗公私财物达到本解释第 1 条规定的数额标准，具有下列情形之一的，可以依照刑法第 266 条的规定酌情从严惩处：

（一）通过发送短信、拨打电话或者利用互联网、广播电视、报刊杂志等发布虚假信息，对不特定多数人实施诈骗的；

（二）诈骗救灾、抢险、防汛、优抚、扶贫、移民、救济、医疗款物的；

（三）以赈灾募捐名义实施诈骗的；

（四）诈骗残疾人、老年人或者丧失劳动能力人的财物的；

（五）造成被害人自杀、精神失常或者其他严重后果的。

诈骗数额接近本解释第 1 条规定的"数额巨大"、"数额特别巨大"的标准，并具有前款规定的情形之一或者属于诈骗集团首要分子的，应当分别认定为刑法第 266 条规定的"其他严重情节"、"其他特别严重情节"。

第 3 条　诈骗公私财物虽已达到本解释第 1 条规定的"数额较大"的标准，但具有下列情形之一，且行为人认罪、悔罪的，可以根据刑法第 37 条、刑事诉讼法第 142 条[②]的规定不起诉或者免予刑事处罚：

（一）具有法定从宽处罚情节的；

[①]　注：1996 年 12 月 16 日最高人民法院发布的《关于审理诈骗案件具体应用法律的若干问题的解释》（法发〔1996〕32 号）被 2013 年 1 月 14 日发布的《最高人民法院关于废止 1980 年 1 月 1 日至 1997 年 6 月 30 日期间发布的部分司法解释和司法解释性质文件（第九批）的决定》（法释〔2013〕2 号，2012 年 11 月 19 日最高人民法院审判委员会第 1560 次会议通过，2013 年 1 月 18 日起施行）宣布废止。

[②]　注：该条内容对应现《刑事诉讼法》（2018 年 10 月 26 日修正）第 177 条。

（二）一审宣判前全部退赃、退赔的；
（三）没有参与分赃或者获赃较少且不是主犯的；
（四）被害人谅解的；
（五）其他情节轻微、危害不大的。

第4条 诈骗近亲属的财物，近亲属谅解的，一般可不按犯罪处理。

诈骗近亲属的财物，确有追究刑事责任必要的，具体处理也应酌情从宽。

第5条 诈骗未遂，以数额巨大的财物为诈骗目标的，或者具有其他严重情节的，应当定罪处罚。

利用发送短信、拨打电话、互联网等电信技术手段对不特定多数人实施诈骗，诈骗数额难以查证，但具有下列情形之一的，应当认定为刑法第266条规定的"其他严重情节"，以诈骗罪（未遂）定罪处罚：

（一）发送诈骗信息5000条以上的；
（二）拨打诈骗电话500人次以上的；
（三）诈骗手段恶劣、危害严重的。

实施前款规定行为，数量达到前款第（一）、（二）项规定标准10倍以上的，或者诈骗手段特别恶劣、危害特别严重的，应当认定为刑法第266条规定的"其他特别严重情节"，以诈骗罪（未遂）定罪处罚。

第6条 诈骗既有既遂，又有未遂，分别达到不同量刑幅度的，依照处罚较重的规定处罚；达到同一量刑幅度的，以诈骗罪既遂处罚。

第7条 明知他人实施诈骗犯罪，为其提供信用卡、手机卡、通讯工具、通讯传输通道、网络技术支持、费用结算等帮助的，以共同犯罪论处。

第8条 冒充国家机关工作人员进行诈骗，同时构成诈骗罪和招摇撞骗罪的，依照处罚较重的规定定罪处罚。

第9条 案发后查封、扣押、冻结在案的诈骗财物及其孳息，权属明确的，应当发还被害人；权属不明确的，可按被骗款物占查封、扣押、冻结在案的财物及其孳息总额的比例发还被害人，但已获退赔的应予扣除。

第10条 行为人已将诈骗财物用于清偿债务或者转让给他人，具有下列情形之一的，应当依法追缴：

（一）对方明知是诈骗财物而收取的；
（二）对方无偿取得诈骗财物的；
（三）对方以明显低于市场的价格取得诈骗财物的；
（四）对方取得诈骗财物系源于非法债务或者违法犯罪活动的。

他人善意取得诈骗财物的，不予追缴。

公安机关侦办电信诈骗案件工作机制（试行）（公安部办公厅 2016 年 3 月 14 日传发）（略）

【银发〔2016〕86 号】 中国人民银行、工业和信息化部、公安部、国家工商行政管理总局关于建立电信网络新型违法犯罪涉案账户紧急止付和快速冻结机制的通知（2016 年 3 月 18 日）

二、规范紧急止付、快速冻结业务流程

1. ……被害人向银行举报的，……银行应当告知被害人拨打当地 110 报警电话。公安机关 110 报警服务台应立即指定辖区内的公安机关受理并告知被害人。被害人将 110 指定的受案公安机关名称告知银行。银行应当立即将《紧急止付申请表》以及被害人身份证件扫描件，通过管理平台发送至受案公安机关。

2. 紧急止付。公安机关应将加盖电子签章的紧急止付指令，以报文形式通过管理平台发送至止付账户开户行总行或支付机构，止付账户开户行总行或支付机构通过本单位业务系统，对相关账户的户名、账号、汇款金额和交易时间进行核对。核对一致的，立即进行止付操作，止付期限为自止付时点起 48 小时；核对不一致的，不得进行止付操作。止付银行或支付机构完成相关操作后，立即通过管理平台发送"紧急止付结果反馈报文"。公安机关可根据办案需要对同一账户再次止付，但止付次数以两次为限。

3. 冻结账户。公安机关应当在止付期限内，对被害人报案事项的真实性进行审查。报案事项属实的，经公安机关负责人批准，予以立案，并通过管理平台向止付账户开户行总行或支付机构发送"协助冻结财产通知报文"。银行或支付机构收到"协助冻结财产通知报文"后，对相应账户进行冻结。在止付期限内，未收到公安机关"协助冻结财产通知报文"的，止付期满后账户自动解除止付。

4. 同一法人银行特殊情形处理。如被害人开户行和止付账户开户行属于同一法人银行的，在情况紧急时，止付账户开户行可先行采取紧急止付，同时告知被害人立即报案，公安机关应在 24 小时内将紧急止付指令通过管理平台补送到止付银行。

【银监发〔2016〕41 号】 电信网络新型违法犯罪案件冻结资金返还若干规定（中国银监会、公安部 2016 年 9 月 18 日印发施行）

第 2 条 本规定所称电信网络新型违法犯罪案件，是指不法分子利用电信、互联网等技术，通过发送短信、拨打电话、植入木马等手段，诱骗（盗取）被害人资金汇（存）入其控制的银行账户，实施的违法犯罪案件。

本规定所称冻结资金，是指公安机关依照法律规定对特定银行账户实施冻结措施，并由银行业金融机构协助执行的资金。本规定所称被害人，包括自然人、法人和其他组织。

第 4 条 公安机关负责查清被害人资金流向，及时通知被害人，并作出资金返还决定，实施返还。

银行业监督管理机构负责督促、检查辖区内银行业金融机构协助查询、冻结、返还工作，并就执行中的问题与公安机关进行协调。

银行业金融机构依法协助公安机关查清被害人资金流向，将所涉资金返还至公安机关指定的被害人账户。

【银监办发〔2016〕170 号】　电信网络新型违法犯罪案件冻结资金返还若干规定实施细则（中国银监会办公厅、公安部办公厅 2016 年 12 月 2 日）

第 2 条 《返还规定》目前仅适用于我国公安机关立案侦办的电信网络犯罪案件。外国通过有关国际条约、协议、规定的联系途径、外交途径，提出刑事司法协助请求的，由银监会和公安部批准后，可参照此规定执行。

第 3 条 《返还规定》第 2 条第 2 款所称的冻结资金不包括止付资金。

【法发〔2016〕32 号】　最高人民法院、最高人民检察院、公安部关于办理电信网络诈骗等刑事案件适用法律若干问题的意见（2016 年 12 月 19 日签发，2016 年 12 月 20 日新闻发布）

二、依法严惩电信网络诈骗犯罪

（一）根据《最高人民法院、最高人民检察院关于办理诈骗刑事案件具体应用法律若干问题的解释》第 1 条的规定，利用电信网络技术手段实施诈骗，诈骗公私财物价值 3 千元以上、3 万元以上、50 万元以上的，应当分别认定为刑法第 266 条规定的"数额较大""数额巨大""数额特别巨大"。

2 年内多次实施电信网络诈骗未经处理，诈骗数额累计计算构成犯罪的，应当依法定罪处罚。

（二）实施电信网络诈骗犯罪，达到相应数额标准，具有下列情形之一的，酌情从重处罚：

1. 造成被害人或其近亲属自杀、死亡或者精神失常等严重后果的；
2. 冒充司法机关等国家机关工作人员实施诈骗的；
3. 组织、指挥电信网络诈骗犯罪团伙的；
4. 在境外实施电信网络诈骗的；
5. 曾因电信网络诈骗犯罪受过刑事处罚或者 2 年内曾因电信网络诈骗受过行政处罚的；

6. 诈骗残疾人、老年人、未成年人、在校学生、丧失劳动能力人的财物，或者诈骗重病患者及其亲属财物的；

7. 诈骗救灾、抢险、防汛、优抚、扶贫、移民、救济、医疗等款物的；

8. 以赈灾、募捐等社会公益、慈善名义实施诈骗的；

9. 利用电话追呼系统等技术手段严重干扰公安机关等部门工作的；

10. 利用"钓鱼网站"链接、"木马"程序链接、网络渗透等隐蔽技术手段实施诈骗的。

（三）实施电信网络诈骗犯罪，诈骗数额接近"数额巨大""数额特别巨大"的标准，具有前述第（二）条规定的情形之一的，应当分别认定为刑法第266条规定的"其他严重情节""其他特别严重情节"。

上述规定的"接近"，一般应掌握在相应数额标准的80%以上。

（四）实施电信网络诈骗犯罪，犯罪嫌疑人、被告人实际骗得财物的，以诈骗罪（既遂）定罪处罚。诈骗数额难以查证，但具有下列情形之一的，应当认定为刑法第266条规定的"其他严重情节"，以诈骗罪（未遂）定罪处罚：

1. 发送诈骗信息5000条以上的，或者拨打诈骗电话500人次以上的；

2. 在互联网上发布诈骗信息，页面浏览量累计5000次以上的。

具有上述情形，数量达到相应标准10倍以上的，应当认定为刑法第266条规定的"其他特别严重情节"，以诈骗罪（未遂）定罪处罚。

上述"拨打诈骗电话"，包括拨出诈骗电话和接听被害人回拨电话。反复拨打、接听同一电话号码，以及反复向同一被害人发送诈骗信息的，拨打、接听电话次数、发送信息条数累计计算。

因犯罪嫌疑人、被告人故意隐匿、毁灭证据等原因，致拨打电话次数、发送信息条数的证据难以收集的，可以根据经查证属实的日拨打人次数、日发送信息条数，结合犯罪嫌疑人、被告人实施犯罪的时间、犯罪嫌疑人、被告人的供述等相关证据，综合予以认定。

（五）电信网络诈骗既有既遂，又有未遂，分别达到不同量刑幅度的，依照处罚较重的规定处罚；达到同一量刑幅度的，以诈骗罪既遂处罚。

（六）对实施电信网络诈骗犯罪的被告人裁量刑罚，在确定量刑起点、基准刑时，一般应就高选择。确定宣告刑时，应当综合全案事实情节，准确把握从重、从轻量刑情节的调节幅度，保证罪责刑相适应。

（七）对实施电信网络诈骗犯罪的被告人，应当严格控制适用缓刑的范围，严格掌握适用缓刑的条件。

（八）对实施电信网络诈骗犯罪的被告人，应当更加注重依法适用财产刑，加大经济上的惩罚力度，最大限度剥夺被告人再犯的能力。

三、全面惩处关联犯罪

（一）在实施电信网络诈骗活动中，非法使用"伪基站""黑广播"，干扰无线电通讯秩序，符合刑法第288条规定的，以扰乱无线电通讯管理秩序罪追究刑事责任。同时构成诈骗罪的，依照处罚较重的规定定罪处罚。

（二）（第2款）使用非法获取的公民个人信息，实施电信网络诈骗犯罪行为，构成数罪的，应当依法予以并罚。

（三）冒充国家机关工作人员实施电信网络诈骗犯罪，同时构成诈骗罪和招摇撞骗罪的，依照处罚较重的规定定罪处罚。

（六）网络服务提供者不履行法律、行政法规规定的信息网络安全管理义务，经监管部门责令采取改正措施而拒不改正，致使诈骗信息大量传播，或者用户信息泄露造成严重后果的，依照刑法第286条之一的规定，以拒不履行信息网络安全管理义务罪追究刑事责任。同时构成诈骗罪的，依照处罚较重的规定定罪处罚。

（七）实施刑法第287条之一、第287条之二规定之行为，构成非法利用信息网络罪、帮助信息网络犯罪活动罪，同时构成诈骗罪的，依照处罚较重的规定定罪处罚。

四、准确认定共同犯罪与主观故意

（一）3人以上为实施电信网络诈骗犯罪而组成的较为固定的犯罪组织，应依法认定为诈骗犯罪集团。对组织、领导犯罪集团的首要分子，按照集团所犯的全部罪行处罚。对犯罪集团中组织、指挥、策划者和骨干分子依法从严惩处。

对犯罪集团中起次要、辅助作用的从犯，特别是在规定期限内投案自首、积极协助抓获主犯、积极协助追赃的，依法从轻或减轻处罚。

对犯罪集团首要分子以外的主犯，应当按照其所参与的或者组织、指挥的全部犯罪处罚。全部犯罪包括能够查明具体诈骗数额的事实和能够查明发送诈骗信息条数、拨打诈骗电话人次数、诈骗信息网页浏览次数的事实。

（二）多人共同实施电信网络诈骗，犯罪嫌疑人、被告人应对其参与期间该诈骗团伙实施的全部诈骗行为承担责任。在其所参与的犯罪环节中起主要作用的，可以认定为主犯；起次要作用的，可以认定为从犯。

上述规定的"参与期间"，从犯罪嫌疑人、被告人着手实施诈骗行为开始起算。

（三）明知他人实施电信网络诈骗犯罪，具有下列情形之一的，以共同犯罪论处，但法律和司法解释另有规定的除外：

1. 提供信用卡、资金支付结算账户、手机卡、通讯工具的；
2. 非法获取、出售、提供公民个人信息的；
3. 制作、销售、提供"木马"程序和"钓鱼软件"等恶意程序的；
4. 提供"伪基站"设备或相关服务的；
5. 提供互联网接入、服务器托管、网络存储、通讯传输等技术支持，或者提供支付结算等帮助的；
6. 在提供改号软件、通话线路等技术服务时，发现主叫号码被修改为国内党政机关、司法机关、公共服务部门号码，或者境外用户改为境内号码，仍提供服务的；
7. 提供资金、场所、交通、生活保障等帮助的；
8. 帮助转移诈骗犯罪所得及其产生的收益，套现、取现的。

上述规定的"明知他人实施电信网络诈骗犯罪"，应当结合被告人的认知能力、既往经历、行为次数和手段，与他人关系，获利情况，是否曾因电信网络诈骗受过处罚，是否故意规避调查等主客观因素进行综合分析认定。

（四）负责招募他人实施电信网络诈骗犯罪活动，或者制作、提供诈骗方案、术语清单、语音包、信息等的，以诈骗共同犯罪论处。

（五）部分犯罪嫌疑人在逃，但不影响对已到案共同犯罪嫌疑人、被告人的犯罪事实认定的，可以依法先行追究已到案共同犯罪嫌疑人、被告人的刑事责任。

五、依法确定案件管辖

（一）电信网络诈骗犯罪案件一般由犯罪地公安机关立案侦查，如果由犯罪嫌疑人居住地公安机关立案侦查更为适宜的，可以由犯罪嫌疑人居住地公安机关立案侦查。犯罪地包括犯罪行为发生地和犯罪结果发生地。

"犯罪行为发生地"包括用于电信网络诈骗犯罪的网站服务器所在地，网站建立者、管理者所在地，被侵害的计算机信息系统或其管理者所在地，犯罪嫌疑人、被害人使用的计算机信息系统所在地，诈骗电话、短信息、电子邮件等的拨打地、发送地、到达地、接受地，以及诈骗行为持续发生的实施地、预备地、开始地、途经地、结束地。

"犯罪结果发生地"包括被害人被骗时所在地，以及诈骗所得财物的实际取得地、藏匿地、转移地、使用地、销售地等。

（二）电信网络诈骗最初发现地公安机关侦办的案件，诈骗数额当时未达到"数额较大"标准，但后续累计达到"数额较大"标准，可由最初发现地公安机关立案侦查。

（三）具有下列情形之一的，有关公安机关可以在其职责范围内并案侦查：

1. 1人犯数罪的；
2. 共同犯罪的；
3. 共同犯罪的犯罪嫌疑人还实施其他犯罪的；
4. 多个犯罪嫌疑人实施的犯罪存在直接关联，并案处理有利于查明案件事实的。

（四）对因网络交易、技术支持、资金支付结算等关系形成多层级链条、跨区域的电信网络诈骗等犯罪案件，可由共同上级公安机关按照有利于查清犯罪事实、有利于诉讼的原则，指定有关公安机关立案侦查。

（五）多个公安机关都有权立案侦查的电信网络诈骗等犯罪案件，由最初受理的公安机关或者主要犯罪地公安机关立案侦查。有争议的，按照有利于查清犯罪事实、有利于诉讼的原则，协商解决。经协商无法达成一致的，由共同上级公安机关指定有关公安机关立案侦查。

（六）在境外实施的电信网络诈骗等犯罪案件，可由公安部按照有利于查清犯罪事实、有利于诉讼的原则，指定有关公安机关立案侦查。

（七）公安机关立案、并案侦查，或因有争议，由共同上级公安机关指定立案侦查的案件，需要提请批准逮捕、移送审查起诉、提起公诉的，由该公安机关所在地的人民检察院、人民法院受理。

对重大疑难复杂案件和境外案件，公安机关应在指定立案侦查前，向同级人民检察院、人民法院通报。

（八）已确定管辖的电信诈骗共同犯罪案件，在逃的犯罪嫌疑人归案后，一般由原管辖的公安机关、人民检察院、人民法院管辖。

六、证据的收集和审查判断

（一）办理电信网络诈骗案件，确因被害人人数众多等客观条件的限制，无法逐一收集被害人陈述的，可以结合已收集的被害人陈述，以及经查证属实的银行账户交易记录、第三方支付结算账户交易记录、通话记录、电子数据等证据，综合认定被害人人数及诈骗资金数额等犯罪事实。

（二）公安机关采取技术侦查措施收集的案件证明材料，作为证据使用的，应当随案移送批准采取技术侦查措施的法律文书和所收集的证据材料，并对其来源等作出书面说明。

（三）依照国际条约、刑事司法协助、互助协议或平等互助原则，请求证据材料所在地司法机关收集，或通过国际警务合作机制、国际刑警组织启动合作取证程序收集的境外证据材料，经查证属实，可以作为定案的依据。公安机关应对其来源、提取人、提取时间或者提供人、提供时间以及保管移交的过程等作出说明。

对其他来自境外的证据材料,应当对其来源、提供人、提供时间以及提取人、提取时间进行审查。能够证明案件事实且符合刑事诉讼法规定的,可以作为证据使用。

七、涉案财物的处理

(一)公安机关侦办电信网络诈骗案件,应当随案移送涉案赃款赃物,并附清单。人民检察院提起公诉时,应一并移交受理案件的人民法院,同时就涉案赃款赃物的处理提出意见。

(二)涉案银行账户或者涉案第三方支付账户内的款项,对权属明确的被害人的合法财产,应当及时返还。确因客观原因无法查实全部被害人,但有证据证明该账户系用于电信网络诈骗犯罪,且被告人无法说明款项合法来源的,根据刑法第64条的规定,应认定为违法所得,予以追缴。

(三)被告人已将诈骗财物用于清偿债务或者转让给他人,具有下列情形之一的,应当依法追缴:

1. 对方明知是诈骗财物而收取的;
2. 对方无偿取得诈骗财物的;
3. 对方以明显低于市场的价格取得诈骗财物的;
4. 对方取得诈骗财物系源于非法债务或者违法犯罪活动的。

他人善意取得诈骗财物的,不予追缴。

【高检发侦监字〔2018〕12号】 检察机关办理电信网络诈骗案件指引

(2018年8月24日最高人民检察院第13届检察委员会第5次会议通过,2018年11月9日印发)

电信网络诈骗犯罪,是指以非法占有为目的,利用电话、短信、互联网等电信网络技术手段,虚构事实,设置骗局,实施远程、非接触式诈骗,骗取公私财物的犯罪行为。根据《中华人民共和国刑法》第266条、《最高人民法院、最高人民检察院关于办理诈骗刑事案件具体应用法律若干问题的解释》(法释〔2011〕7号)(以下简称《解释》)、《最高人民法院、最高人民检察院、公安部关于办理电信网络诈骗等刑事案件适用法律若干问题的意见》(法发〔2016〕32号)(以下简称《意见》),办理电信网络诈骗案件除了要把握普通诈骗案件的基本要求外,还要特别注意以下问题:一是电信网络诈骗犯罪的界定;二是犯罪形态的审查;三是诈骗数额及发送信息、拨打电话次数的认定;四是共同犯罪及主从犯责任的认定;五是关联犯罪事前通谋的审查;六是电子数据的审查；七是境外证据的审查。

二、需要特别注意的问题

在电信网络诈骗案件审查逮捕、审查起诉中，要根据相关法律、司法解释等规定，结合在案证据，重点注意以下问题：

（一）电信网络诈骗犯罪的界定

1. 此罪彼罪。在一些案件中，尤其是利用网络钓鱼、木马链接实施犯罪的案件中，既存在虚构事实、隐瞒真相的诈骗行为，又可能存在秘密窃取的行为，关键要审查犯罪嫌疑人取得财物是否基于被害人对财物的主动处分意识。如果行为人通过秘密窃取的行为获取他人财物，则应认定构成盗窃罪；如果窃取或者骗取的是他人信用卡资料，并通过互联网、通讯终端等使用的，根据《最高人民法院、最高人民检察院关于办理妨害信用卡管理刑事案件具体应用法律若干问题的解释》（法释〔2009〕19号），则可能构成信用卡诈骗罪；如果通过电信网络技术向不特定多数人发送诈骗信息后又转入接触式诈骗，或者为实现诈骗目的，线上线下并行同时进行接触式和非接触式诈骗，应当按照诈骗取财行为的本质定性，虽然使用电信网络技术但被害人基于接触被骗的，应当认定普通诈骗；如果出现电信网络诈骗和合同诈骗、保险诈骗等特殊诈骗罪名的竞合，应依据刑法有关规定定罪量刑。

2. 追诉标准低于普通诈骗犯罪且无地域差别。追诉标准直接决定了法律适用问题甚至罪与非罪的认定。《意见》规定，利用电信网络技术手段实施诈骗，诈骗公私财物价值3000元以上的，认定为刑法第266条规定的"数额较大"。而《解释》规定，诈骗公私财物价值3000元至1万元以上的，认定为刑法第266条规定的"数额较大"。因此，电信网络诈骗的追诉标准要低于普通诈骗的追诉标准，且全国统一无地域差别，即犯罪数额达到3000元以上、3万元以上、50万元以上的，应当分别认定为刑法第266条规定的"数额较大""数额巨大""数额特别巨大"。

（二）犯罪形态的审查

1. 可以查证诈骗数额的未遂。电信网络诈骗应以被害人失去对被骗钱款的实际控制为既遂认定标准。一般情形下，诈骗款项转出后即时到账构成既遂。但随着银行自助设备、第三方支付平台陆续推出"延时到账""撤销转账"等功能，被害人通过自助设备、第三方支付平台向犯罪嫌疑人指定账户转账，可在规定时间内撤销转账，资金并未实时转出。此种情形下被害人并未对被骗款项完全失去控制，而犯罪嫌疑人亦未取得实际控制，应当认定为未遂。

2. 无法查证诈骗数额的未遂。根据《意见》规定，对于诈骗数额难以查证的，犯罪嫌疑人发送诈骗信息5千条以上，或者拨打诈骗电话500人次以上，或者在互联网上发布诈骗信息的页面浏览量累计5千次以上，可以认定为诈骗罪中"其他严重情节"，以诈骗罪（未遂）定罪处罚。具有上述情形，数量达到相应标准10倍以上的，应当认定为刑法第266条规定的"其他特别严重情节"，以诈骗罪（未遂）定罪处罚。

（三）诈骗数额及发送信息、拨打电话次数的认定

1. 诈骗数额的认定

（1）根据犯罪集团诈骗账目登记表、犯罪嫌疑人提成表等书证，结合证人证言、犯罪嫌疑人供述和辩解等言词证据，认定犯罪嫌疑人的诈骗数额。

（2）根据经查证属实的银行账户交易记录、第三方支付结算账户交易记录、通话记录、电子数据等证据，结合已收集的被害人陈述，认定被害人人数及诈骗资金数额。

（3）对于确因客观原因无法查实全部被害人，尽管有证据证明该账户系用于电信网络诈骗犯罪，且犯罪嫌疑人无法说明款项合法来源的，也不能简单将账户内的款项全部推定为"犯罪数额"。要根据在案其他证据，认定犯罪集团是否有其他收入来源，"违法所得"有无其他可能性。如果证据足以证实"违法所得"的排他性，则可以将"违法所得"均认定为犯罪数额。

（4）犯罪嫌疑人为实施犯罪购买作案工具、伪装道具、租用场地、交通工具甚至雇佣他人等诈骗成本不能从诈骗数额中扣除。对通过向被害人交付一定货币，进而骗取其信任并实施诈骗的，由于货币具有流通性和经济价值，该部分货币可以从诈骗数额中扣除。

2. 发送信息、拨打电话次数的认定

（1）拨打电话包括拨出诈骗电话和接听被害人回拨电话。反复拨打、接听同一电话号码，以及反复向同一被害人发送诈骗信息的，拨打、接听电话次数、发送信息条数累计计算。

（2）被害人是否接听、接收到诈骗电话、信息不影响次数、条数计算。

（3）通过语音包发送的诈骗录音或通过网络等工具辅助拨出的电话，应当认定为拨打电话。

（4）发送信息条数、拨打电话次数的证据难以收集的，可以根据经查证属实的日发送信息条数、日拨打人次数，结合犯罪嫌疑人实施犯罪的时间、犯罪嫌疑人的供述等相关证据予以认定。

（5）发送信息条数和拨打电话次数在法律及司法解释未明确的情况下不宜换算累加。

（四）共同犯罪及主从犯责任的认定

1. 对于3人以上为实施电信网络诈骗而组成的较为固定的犯罪组织，应当依法认定为犯罪集团。对于犯罪集团的首要分子，按照集团所犯全部犯罪处罚，并且对犯罪集团中组织、指挥、策划者和骨干分子依法从严惩处。

2. 对于其余主犯，按照其所参与或者组织、指挥的全部犯罪处罚。多人共同实施电信网络诈骗，犯罪嫌疑人、被告人应对其参与期间该诈骗团伙实施的全部诈骗行为承担责任。

3. 对于部分被招募发送信息、拨打电话的犯罪嫌疑人，应当对其参与期间整个诈骗团伙的诈骗行为承担刑事责任，但可以考虑参与时间较短、诈骗数额较低、发送信息、拨打电话较少，认定为从犯，从宽处理。

4. 对于专门取款人，由于其可在短时间内将被骗款项异地转移，对诈骗既遂起到了至关重要的作用，也大大增加了侦查和追赃难度，因此应按其在共同犯罪中的具体作用进行认定，不宜一律认定为从犯。

（五）关联犯罪事前通谋的审查

根据《意见》规定，明知是电信网络诈骗犯罪所得及其产生的收益，通过使用销售点终端机具（POS机）刷卡套现等非法途径，协助转换或者转移财物等5种方式转账、套现、取现的，需要与直接实施电信网络诈骗犯罪嫌疑人事前通谋的才以共同犯罪论处。因此，应当重点审查帮助转换或者转移财物行为人是否在诈骗犯罪既遂之前与实施诈骗犯罪嫌疑人共谋或者虽无共谋但明知他人实施犯罪而提供帮助。对于帮助者明知的内容和程度，并不要求其明知被帮助者实施诈骗行为的具体细节，其只要认识到对方实施诈骗犯罪行为即可。审查时，要根据犯罪嫌疑人的认知能力、既往经历、行为次数和手段、与他人关系、获利情况、是否曾因电信网络诈骗受过处罚以及是否故意规避调查等主客观因素分析认定。

【浙高法〔2020〕44号】　浙江省高级人民法院、浙江省人民检察院、浙江省公安厅关于办理电信网络诈骗犯罪案件若干问题的解答（2020年4月24日印发）

一、关于电信网络诈骗犯罪的界定问题

1. 问：如何理解掌握电信网络诈骗犯罪的概念？

答：电信网络诈骗犯罪，是指以非法占有为目的，利用电信通讯、互联网等技术手段，向社会公众发布虚假信息或设置骗局，主要通过远程控制，非接触性地诱使被害人交付财物的犯罪行为。

2. 问：该类犯罪一般具有哪些特征？

答：除符合诈骗罪的特征以外，电信网络诈骗犯罪一般应同时具有技术性、非接触性、远程性的特征。其中，技术性是指该类犯罪主要利用电话、短信、互联网等信息交互工具的技术手段。利用广播电台、报刊杂志等方式实施诈骗，一般不认为具有技术性；非接触性是指该类犯罪中行为人与被害人无需面对面接触。实施"线上拉拢，线下骗取"行为的案件属于接触性犯罪，一般不认定为电信网络诈骗；远程性是指该类犯罪中行为人主要利用电信网络技术手段进行远程联系。

二、关于管辖权与分案处理

3. 问：如果多个公安机关对电信网络诈骗案件有管辖权，由何地公安机关管辖较为合适？

答：由最初受理案件的公安机关或者主要犯罪地公安机关立案侦查。有争议的，按照有利于查清犯罪事实、有利于诉讼的原则，由共同上级公安机关指定立案侦查。

4. 问：多个犯罪嫌疑人、被告人实施的犯罪存在关联，是否可并案处理？

答：多个犯罪嫌疑人、被告人实施的犯罪存在关联，并案处理有利于查明案件事实的，公安机关可在其职责范围内并案侦查，需要提请批准逮捕、移送审查起诉、提起公诉的，由该公安机关所在地的人民检察院、人民法院受理，不另行指定管辖。对并案侦查等可能存在管辖权争议的案件，按照指定管辖途径办理。

5. 问：对于人数众多的电信网络诈骗犯罪案件，如何提高办案质量、效率和效果，准确定罪量刑，保障当事人的合法权益？

答：为便于查清犯罪事实，准确定罪量刑，提高办案成效，公安机关和人民检察院在侦查或审查起诉阶段可以对人数众多的电信网络诈骗案件进行拆分。对于已经指定管辖，或者根据本解答管辖权规定不需另行指定管辖的，案件拆分后不再另行指定管辖。

案件拆分应根据案件的实际情况具体处理。可视情分成团伙首要分子、积极参加者以及其他参加者，也可按团队或者小组垂直关系等进行拆分。对可能判处无期徒刑的首要分子及同案审理有利于查明案件事实的积极参加者，需要移送地市级人民检察院审查起诉及中级人民法院审理的，一般应对主案人数有所限制。对涉嫌妨害信用卡管理罪、掩饰、隐瞒犯罪所得罪等轻罪名的其他犯罪嫌疑人、被告人，可不跟随主案移送。

三、与关联犯罪的区分

6. 问：电信网络诈骗犯罪分子经常利用"伪基站"群发短信，该行为构成诈骗罪、破坏公用电信设施罪还是扰乱无线电通讯管理秩序罪？

答：如果行为人通过"伪基站"群发的短信内容不属于诱骗他人处分财产的，一般不以诈骗罪定性。如果该行为，按照相关司法解释，造成"2千以上不满1万用户通信中断1小时以上"，或者"1万以上用户通信中断不满1小时的"，属于通讯线路"截断"，应认定为破坏公用电信设施罪；如果仅造成短暂的手机通讯停滞中断，应认定为扰乱无线电通讯管理秩序罪。

如果行为人通过"伪基站"群发的短信内容虚假，属于诱骗他人处分财产的，构成诈骗罪。如果行为人的行为构成诈骗罪，同时符合破坏公用电信设施罪或扰乱无线电通讯管理秩序罪构成要件的，择一重罪定罪处罚。

7. 问：在电信网络诈骗犯罪中，犯罪分子窃取被害人财物的行为构成诈骗罪、信用卡诈骗罪还是盗窃罪？

答：行为人利用信息网络，诱骗他人点击虚假链接而实际通过预先植入的计算机程序窃取财物构成犯罪的，以盗窃罪定罪处罚。行为人虚构可供交易的商品或者服务，欺骗他人点击付款链接而窃取财物构成犯罪的，以诈骗罪定罪处罚。

行为人窃取或骗取他人信用卡资料后通过互联网、通讯终端等使用的，应按照前述电信网络诈骗的"特征"有关规定，严格认定是否属于电信网络诈骗犯罪。

信用卡诈骗的本质在于非持卡人以持卡人名义使用持卡人的信用卡实施诈骗财物的行为。如果行为人使用木马程序病毒等方式窃取他人信用卡密码并登陆信用卡获取他人卡内数额较大的资金，可认定其行为构成盗窃罪。如果行为人未使用木马程序病毒等方式窃取信用卡密码，而是通过其他途径获知信用卡密码，冒用他人信用卡窃取数额较大的资金，可认定其行为构成信用卡诈骗罪。

8. 问：我国刑法修正案（九）增加了非法利用信息网络罪，如果犯罪分子在互联网上发布诈骗信息，应当认定为非法利用信息网络罪还是诈骗罪（未遂）？

答：行为人如果在信息网络上发布信息系为犯罪活动创造条件，情节严重的，应以非法利用信息网络罪认定。如果该行为同时符合破坏公用电信设施罪或扰乱无线电通讯管理秩序罪构成要件的，择一重罪定罪处罚。行为人如果在信息网络上发布诈骗信息，且达5000条以上，未骗取财物的，可认定为诈骗罪未遂；发布的信息在5000条以下，情节严重的，可认定为非法利用信息网络罪。

四、关于主观故意的认定

9. 问：司法实践中，如何判断和认定电信网络诈骗实行犯主观的"明知"？

答：应按照主客观相统一原则进行认定，根据犯罪嫌疑人、被告人实施犯罪事前、事中、事后的各种客观表现，结合犯罪嫌疑人和被告人的供述及辩解，证人证言、诈骗脚本、诈骗信息内容、账册、分赃记录及手机短信、微信、QQ、 skype等通讯工具聊天记录等，进行审查判断。

10. 问：对于提供帮助的犯罪分子，一般如何审查其主观是否具有"明知"？

答：应重点审查其与实施电信网络诈骗的犯罪嫌疑人之间是否存在共谋，或者虽无共谋但是否系明知他人实施犯罪等内容。对于帮助者明知的内容和程度，一般只要有证据能够印证其认识到对方可能实施诈骗犯罪行为即可，并不要求其认识到对方实施犯罪的具体情况。除前一款提到的证据外，还要综合考虑其认知能力、既往经历、行为次数和手段、与实行犯的关系、获利情况、是否曾因电信网络诈骗受过处罚以及是否故意规避调查等情况。

11. 问：最高人民法院、最高人民检察院、公安部《关于办理电信网络诈骗等刑事案件适用法律若干问题的意见》中规定，帮助电信网络诈骗犯罪分子转账、套现、取现的，如果事前通谋的，应以共同犯罪论处。司法实务中如何认定"事先通谋"？

答：取款人与电信网络诈骗犯罪团伙之间形成较长时间稳定的"销售"配合模式，可以认定为"事先通谋"。当取款行为与诈骗实行行为呈现交替重叠、循环往复的状态时，即应认定其具备了"对他人实施电信网络诈骗的明知"。

五、关于证据收集与犯罪事实认定

12. 问：电信网络诈骗犯罪往往涉案人数众多，涉及面广，证据收集难度大，司法实务中如何更好地固定和收集证据？

答：对于电信网络诈骗犯罪团伙使用的电脑、手机等工具，公安机关应及时扣押并进行数据分析，固定相关证据。对于被害人人数众多的电信网络诈骗案件，可采取远程取证等方式取证。确因客观条件的限制，无法逐一收集被害人陈述的，可以结合已收集的被害人陈述，银行账户交易记录，第三方支付结算账户交易记录等客观性证据，在审查犯罪嫌疑人、被告人及其辩护人所提的辩解辩护意见的基础上，综合认定被害人人数及诈骗数额等犯罪事实。确因客观原因无法联系上被害人，或被害人拒绝作证的，应当记录在案。

13. 问：对于被害人人数特别多的案件，如何有效地进行取证？是否可以采用抽样取证的方法？

答：如被害人人数在100人以上，可对被害人陈述采取抽样取证的方法。公安机关应该重点选取被骗资金量大、空间距离相对较近、被害对象特殊、涉案方法有代表性的被害人作为证据样本，并对抽样情况进行详细论证和说明。人民检察院、人民法院审查认为抽样情况不具有科学性、代表性或全面性的，可以要求公安机关进行补充取证，涉及案件定罪量刑的，公安机关应当补充取证。取证的证据应符合"事实清楚、证据确实、充分，已排除合理怀疑"的证明标准。

六、犯罪数额的认定

14. 问：在电信网络诈骗集团或团伙中，不同层级的人员如何把握和认定犯罪数额？

答：（1）诈骗集团或团伙的首要分子，以诈骗集团或团伙所犯罪行的全部数额认定；诈骗集团或团伙其他主犯，以其参与、组织、指挥的全部犯罪数额认定。

（2）普通业务组长，以其参与期间主管的小组成员诈骗数额总额认定，量刑时参考具体犯罪时间和作用。

（3）普通业务员，原则上认定为从犯并以个人参与的诈骗数额作为量刑依据，同时参考其具体犯罪时间和收入。

（4）被认定为从犯的行政等人员，按照其参与犯罪期间的数额认定，量刑时还应考虑得赃情况。

七、涉案财物的处置

15. 问：司法机关如何认定电信网络诈骗案件中的赃物赃款？赃物赃款应如何处置？处置时应注意哪些原则？

答：电信网络诈骗犯罪涉案财物包括犯罪分子的犯罪所得，犯罪分子用于犯罪的工具和其他具有经济价值的物品等。如果系赃物，以溯源返还为原则；如果系赃款，以统一分配为原则。涉案专门账户内无法说明合理来源的资金，应结合账户是否仅为被告人所控制和使用、涉案账户内资金流水是否发生于电信网络诈骗时间段、被告人是否有其他正当商业行为等综合认定。如确有证据证实涉案账户系被告人合法收入的，应予剔除。第三人善意取得诈骗财物的，不予追缴。

16. 问：侦查机关在查扣涉案资金时，应注意哪些事项？

答：异地进行资金冻结、划转的，公安机关、人民检察院、人民法院应积极协作配合。案件移送给有管辖权的公安机关时，应将相关款项随案移送。公安机关移交银行卡时，一般应同时说明账户信息、卡内余额等。

为查明案件事实、避免遗漏被害人、推进案款退赔，公安机关在侦查时应一并要求被害人提供返还资金申请表、本人身份证复印件、本人银行账号等必要资料信息，并结合电子数据等证据核对被害人的身份及损失金额，制作包括姓名、身份证号码、联系电话、住址、损失金额等信息的清单，附卷随案移送。对确实无法查明身份的人员，可予单列。被害人或资金来源明确的案件，人民法院以节约当事人领款成本为原则，在审查核实被害人身份后，可根据返还资金申请表、身份证复印件、银行账号等必要资料，依法予以发还。

17. 问：在电信网络诈骗共同犯罪中，主犯和从犯是否具有相同的退赔义务？一般应如何掌握？

答：主犯原则上具有共同的退赔义务。首要分子按照犯罪集团所犯罪行的全部数额进行退赃和退赔，其他主犯按其参与、组织、指挥的全部犯罪数额进行退赃和退赔。从犯一般按实际违法所得进行退赃和退赔。被告人主动退赔或其亲友代为退赔的数额超过实际违法所得的，可在量刑时予以酌情从宽处罚。

18. 问：司法机关办理电信网络诈骗案件，对未报案被害人的权益有无保护措施？

答：司法机关可根据被告人供述、银行交易明细以及相关人员电子数据等证据，认定未报案被害人的被骗事实、被骗金额和具体身份。未报案被害人可与其他已报案的被害人享有平等的返还资金的权利。

未报案或案件判决后报案，根据被告人供述、银行交易明细及相关电子数据等能够认定被害人被骗事实及被骗数额，可在案件判决后由被害人向人民法院申请分配查扣的赃款。人民法院依法审核，确认该被害人系交付被骗款项的当事人身份后，可参与分配。

人民法院判决未将未报案的被害人被骗的犯罪事实和被骗金额认定在内的，如案件尚在执行期间，报案数额不影响被告人定罪量刑的，由人民法院依法审核确认报案人是否可参与分配；如已执行终结，依法另行处理。

19. 问：如果被告人退赃数额或查扣钱款超过已查明的被害人被骗钱款总额的，如何处理？

答：该情形下，超过的数额不应冲抵被告人应缴的财产刑。人民法院可与财政等部门协调，设立单独账户接受此类资金留待本案其他被害人报案后，依据公安机关调查查明的事实向人民法院申请，参与专门账户内资金的发还。

八、严格贯彻宽严相济刑事司法政策

20. 问：在我省司法实践中，如何体现对电信网络诈骗犯罪从严惩处？

答：在司法实践中，对电信网络诈骗集团或团伙中股东、团伙核心成员，以及整个团伙中起到组织、管理职责的主管人员等，应当认定为主犯，依法从严惩处，原则上不得减轻处罚，并加大财产刑的惩罚力度。对诈骗工具研发者、诈骗话术编写者、诈骗模式培训者、诈骗业务骨干应结合其在共同犯罪中的地位、作用进行认定，一般不宜认定为从犯。

21. 问：我省在依法打击电信网络诈骗犯罪中，对于一些参与时间短、参与程度不高的犯罪分子如何体现宽严相济的刑事政策中从宽的一面？

答：对于虽明知本人实施的行为是诈骗行为，但系在校学生，毕业后参加工作不久或入职时间不足两个月，没有犯罪前科的人员，应依法从宽处理。

具有上款规定的情形之一，且主动认罪悔罪，退清所得赃款或者协助公安机关抓获其他同案犯的，可由公安机关进行行政处罚，不移送人民检察院审查起诉；已经移送审查起诉的，人民检察院可作不起诉处理；已经移送审判的，人民法院可免予刑事处罚。

对于明知他人实施电信网络诈骗犯罪而提供帮助行为的人员，如领取未明显高于正常固定薪资，情节轻微的，可比照前一款规定依法从宽处理。

22. 问：对于电信网络诈骗案件中犯罪地位明显较低、作用明显较小，仅从事辅助性工作的一些人员是否可以不作犯罪论处？

答：从事辅助性工作的人员以及其他层级较低的人员，直接获利（包括工资、奖金、提成等）金额较小且能积极清退的，可不作犯罪论处；主观上不确切明知电信网络诈骗行为的从事辅助性工作的人员不作犯罪论处。

【法发〔2021〕22号】　最高人民法院、最高人民检察院、公安部关于办理电信网络诈骗等刑事案件适用法律若干问题的意见（二）（2021年6月17日签发，2021年6月22日新闻发布）

一、电信网络诈骗犯罪地，除《最高人民法院、最高人民检察院、公安部关于办理电信网络诈骗等刑事案件适用法律若干问题的意见》规定的犯罪行为发生地和结果发生地外，还包括：

（一）用于犯罪活动的手机卡、流量卡、物联网卡的开立地、销售地、转移地、藏匿地；

（二）用于犯罪活动的信用卡的开立地、销售地、转移地、藏匿地、使用地以及资金交易对手资金交付和汇出地；

（三）用于犯罪活动的银行账户、非银行支付账户的开立地、销售地、使用地以及资金交易对手资金交付和汇出地；

（四）用于犯罪活动的即时通讯信息、广告推广信息的发送地、接受地、到达地；

（五）用于犯罪活动的"猫池"（Modem Pool）、GOIP设备、多卡宝等硬件设备的销售地、入网地、藏匿地；

（六）用于犯罪活动的互联网账号的销售地、登录地。

二、为电信网络诈骗犯罪提供作案工具、技术支持等帮助以及掩饰、隐瞒犯罪所得及其产生的收益，由此形成多层级犯罪链条的，或者利用同一网站、通讯群组、资金账户、作案窝点实施电信网络诈骗犯罪的，应当认定为多个犯罪嫌疑人、被告人实施的犯罪存在关联，人民法院、人民检察院、公安机关可以在其职责范围内并案处理。

三、有证据证实行为人参加境外诈骗犯罪集团或犯罪团伙，在境外针对境内居民实施电信网络诈骗犯罪行为，诈骗数额难以查证，但1年内出境赴境外诈骗犯罪窝点累计时间30日以上或多次出境赴境外诈骗犯罪窝点的，应当认定为刑法第266条规定的"其他严重情节"，以诈骗罪依法追究刑事责任。有证据证明其出境从事正当活动的除外。

十三、办案地公安机关可以通过公安机关信息化系统调取异地公安机关依法制作、收集的刑事案件受案登记表、立案决定书、被害人陈述等证据材料。调取时不得少于2名侦查人员，并应记载调取的时间、使用的信息化系统名称等相关信息，调取人签名并加盖办案地公安机关印章。经审核证明真实的，可以作为证据使用。

十四、通过国（区）际警务合作收集或者境外警方移交的境外证据材料，确因客观条件限制，境外警方未提供相关证据的发现、收集、保管、移交情况等材料的，公安机关应当对上述证据材料的来源、移交过程以及种类、数量、特征等作出书面说明，由2名以上侦查人员签名并加盖公安机关印章。经审核能够证明案件事实的，可以作为证据使用。

十五、对境外司法机关抓获并羁押的电信网络诈骗犯罪嫌疑人，在境内接受审判的，境外的羁押期限可以折抵刑期。

十六、办理电信网络诈骗犯罪案件，应当充分贯彻宽严相济刑事政策。在侦查、审查起诉、审判过程中，应当全面收集证据、准确甄别犯罪嫌疑人、被告人在共同犯罪中的层级地位及作用大小，结合其认罪态度和悔罪表现，区别对待，宽严并用，科学量刑，确保罚当其罪。

对于电信网络诈骗犯罪集团、犯罪团伙的组织者、策划者、指挥者和骨干分子，以及利用未成年人、在校学生、老年人、残疾人实施电信网络诈骗的，依法从严惩处。

对于电信网络诈骗犯罪集团、犯罪团伙中的从犯，特别是其中参与时间相对较短、诈骗数额相对较低或者从事辅助性工作并领取少量报酬，以及初犯、偶犯、未成年人、在校学生等，应当综合考虑其在共同犯罪中的地位作用、社会危害程度、主观恶性、人身危险性、认罪悔罪表现等情节，可以依法从轻、减轻处罚。犯罪情节轻微的，可以依法不起诉或者免予刑事处罚；情节显著轻微危害不大的，不以犯罪论处。

十七、查扣的涉案账户内资金，应当优先返还被害人，如不足以全额返还的，应当按照比例返还。

最高人民法院刑事审判第三庭、最高人民检察院第四检察厅、公安部刑事侦查局关于"断卡"行动中有关法律适用问题的会议纪要（2021年11月26日、2022年1月7日召开，2022年3月22日印发）

五、关于正确区分帮助信息网络犯罪活动罪、掩饰、隐瞒犯罪所得、犯罪所得收益罪与诈骗罪的界限。在办理涉"两卡"犯罪案件中，存在准确界定前述3个罪名之间界限的问题，应当根据行为人的主观明知内容和实施的具体犯罪行为，确定其行为性质。

以信用卡为例：（1）明知他人实施电信网络诈骗犯罪，参加诈骗团伙或者与诈骗团伙之间形成较为稳定的配合关系，长期为他人提供信用卡或者转账取现的，可以诈骗罪论处。（2）行为人向他人出租、出售信用卡后，在明知是犯罪所得及其收益的情况下，又代为转账、套现、取现等，或者为配合他人转账、套现、取现而提供刷脸等验证服务的，可以掩饰、隐瞒犯罪所得、犯罪所得收益罪论处。（3）明知他人利用信息网络实施犯罪，仅向他人出租、出售信用卡，未实施其他行为，达到情节严重标准的，可以帮助信息网络犯罪活动罪论处。

在司法实践中，应当具体案情具体分析，结合主客观证据重视行为人的辩解理由，确保准确定性。

六、关于《意见（二）》第3条的理解适用。为严厉打击跨境电信网络诈骗团伙犯罪，该条规定，有证据证实行为人参加境外诈骗犯罪集团或犯罪团伙，在境外针对境内居民实施电信网络诈骗犯罪行为，诈骗数额难以查证，但1年内出境赴境外诈骗犯罪窝点累计时间30日以上或多次出境赴境外诈骗犯罪窝点的，以诈骗罪依法追究刑事责任。在司法适用时，要注意把握以下3个要求：（1）有证据证明行为人参加了境外电信网络诈骗犯罪集团或犯罪团伙，且在境外针对境内居民实施了具体的诈骗犯罪行为；（2）行为人1年内出境赴境外诈骗犯罪窝点累计30日以上，应当从行为人实际加入境外诈骗犯罪窝点的日期开始计算时间；（3）诈骗数额难以查证，是指基于客观困难，确实无法查清行为人实施诈骗的具体数额。在办案中，应当首先全力查证具体诈骗数额；

在诈骗数额难以查清的情况下，根据《最高人民法院、最高人民检察院关于办理诈骗刑事案件具体应用法律若干问题的解释》和《最高人民法院、最高人民检察院、公安部关于办理电信网络诈骗等刑事案件适用法律若干问题的意见》的规定，还应当查证发送诈骗信息条数和拨打诈骗电话次数，如二者均无法查明，才适用该条规定。

九、关于重大电信网络诈骗及其关联犯罪案件的管辖。对于涉案人数超过

80人，以及在境外实施的电信网络诈骗及其关联犯罪案件，公安部根据工作需要指定异地管辖的，指定管辖前应当商最高人民检察院和最高人民法院。

【法释〔2017〕11 号】　最高人民法院、最高人民检察院关于办理扰乱无线电通讯管理秩序等刑事案件适用法律若干问题的解释（2017 年 4 月 17 日最高人民法院审判委员会第 1715 次会议、2017 年 5 月 25 日最高人民检察院第 12 届检察委员会第 64 次会议通过，2017 年 6 月 27 日公布，2017 年 7 月 1 日起施行）

第 6 条　擅自设置、使用无线电台（站），或者擅自使用无线电频率，同时构成其他犯罪的，按照处罚较重的规定定罪处罚。

明知他人实施诈骗等犯罪，使用"黑广播""伪基站"等无线电设备为其发送信息或者提供其他帮助，同时构成其他犯罪的，按照处罚较重的规定定罪处罚。

第 9 条　对案件所涉的有关专门性问题难以确定的，依据司法鉴定机构出具的鉴定意见，或者下列机构出具的报告，结合其他证据作出认定：

（一）省级以上无线电管理机构、省级无线电管理机构依法设立的派出机构、地市级以上广播电视主管部门就是否系"伪基站""黑广播"出具的报告。

【法释〔2015〕19 号】　最高人民法院关于《中华人民共和国刑法修正案（九）》时间效力问题的解释（2015 年 10 月 19 日最高法审委会第 1664 次会议通过，2015 年 10 月 29 日公布，2015 年 11 月 1 日施行）

第 7 条　对于 2015 年 10 月 31 日以前以捏造的事实提起民事诉讼，……

实施第 1 款行为，非法占有他人财产或者逃避合法债务，根据修正前刑法应当以诈骗罪[①]、职务侵占罪或者贪污罪等追究刑事责任的，适用修正前刑法的有关规定。

【法释〔2016〕28 号】　最高人民法院关于审理拐卖妇女儿童犯罪案件具体应用法律若干问题的解释（2016 年 11 月 14 日最高人民法院审判委员会第 1699 次会议通过，2016 年 12 月 21 日公布，2017 年 1 月 1 日起施行）

第 3 条（第 2 款）　以介绍婚姻为名，与被介绍妇女串通骗取他人钱财，数额较大的，应当以诈骗罪追究刑事责任。

---

① 注：本处规定与"高检研发〔2002〕18 号"《答复》相冲突。《人民司法》2015 年第 7 期刊发的《〈关于刑法修正案（九）时间效力问题的解释〉的理解与适用》对此解释道：鉴于诈骗罪、职务侵占罪、贪污罪的手段多样，通过虚假诉讼已经非法占有他人财产或者已经逃避合法债务的案例时有发生，给被害人造成重大损失，且社会影响恶劣，如果不依法惩治，并追缴违法所得，势将放纵犯罪。而且，在高检研究室的答复出台后，各地已有不少生效判例已经按诈骗罪定罪处罚，且裁判结果符合罪刑法定、罪刑相当原则，社会反应良好，理论界也普遍认同。故未采纳《答复》意见。

【法释〔2018〕17号】 最高人民法院、最高人民检察院关于办理虚假诉讼刑事案件适用法律若干问题的解释（2018年1月25日最高人民法院审判委员会第1732次会议、2018年6月13日最高人民检察院第13届检察委员会第2次会议通过，2018年9月26日公布，2018年10月1日起施行）

第4条 实施刑法第307条之一第1款行为，非法占有他人财产或者逃避合法债务，又构成诈骗罪，职务侵占罪，拒不执行判决、裁定罪，贪污罪等犯罪的，依照处罚较重的规定定罪从重处罚。

【公通字〔2019〕23号】 最高人民法院、最高人民检察院、公安部、司法部关于依法严厉打击传播艾滋病病毒等违法犯罪行为的指导意见（2019年5月19日）

（五）诈骗罪。出售谎称含有艾滋病病毒的血液，骗取他人财物，数额较大的，依照刑法第266条的规定，以诈骗罪定罪处罚。

【法发〔2019〕11号】 最高人民法院、最高人民检察院、公安部、司法部关于办理"套路贷"刑事案件若干问题的意见（2019年2月28日印发施行）①

4.实施"套路贷"过程中，未采用明显的暴力或者威胁手段，其行为特征从整体上表现为以非法占有为目的，通过虚构事实、隐瞒真相骗取被害人财物的，一般以诈骗罪定罪处罚；对于在实施"套路贷"过程中多种手段并用，构成诈骗、敲诈勒索、非法拘禁、虚假诉讼、寻衅滋事、强迫交易、抢劫、绑架等多种犯罪的，应当根据具体案件事实，区分不同情况，依照刑法及有关司法解释的规定数罪并罚或者择一重处。②

【法释〔2021〕8号】 最高人民法院关于审理掩饰、隐瞒犯罪所得、犯罪所得收益刑事案件适用法律若干问题的解释（2021年4月7日最高法审委会第1835次会议修正，2021年4月13日公布，2021年4月15日起施行）

第6条 对犯罪所得及其产生的收益实施盗窃、抢劫、诈骗、抢夺等行为，构成犯罪的，分别以盗窃罪、抢劫罪、诈骗罪、抢夺罪等定罪处罚。

【法〔2021〕281号】 最高人民法院关于深入开展虚假诉讼整治工作的意见（2021年11月4日印发，2021年11月10日施行）

---

① 本《意见》全文详见《刑法》第226条的相关规定。
② 注：本书认为，在"套路贷"过程中，被害人通常并没有对"高利"产生认知错误，相反，其对虚增的还款金额一般是心知肚明、却又被迫无奈，该情形与"强迫借贷"行为较相似。参照《最高人民检察院关于强迫借贷行为适用法律问题的批复》（高检发释字〔2014〕1号），对于未采用明显暴力或威胁手段的"套路贷"行为，在现行刑法下应当以强迫交易罪定罪为妥；但在"扫黑除恶"特定背景下，为加大打击力度，可以依照"法发〔2019〕11号"《意见》以诈骗罪定罪处罚。

十七、……实施虚假诉讼犯罪,非法占有他人财产或者逃避合法债务,又构成诈骗罪、职务侵占罪、拒不执行判决、裁定罪、贪污罪等犯罪的,依照处罚较重的罪名定罪并从重处罚。……

【公通字〔2021〕21号】 最高人民法院、最高人民检察院、公安部关于依法惩治招摇撞骗等违法犯罪行为的指导意见(第二次重印增补内容,余文见本书末尾。)

【法释〔2021〕24号】 最高人民法院、最高人民检察院关于办理危害食品安全刑事案件适用法律若干问题的解释(2021年12月13日最高法审委会第1856次会议、2021年12月29日最高检第13届检委会第84次会议通过,2021年12月30日公布,2022年1月1日施行;法释〔2013〕12号《解释》同时废止)

第19条 ……以非法占有为目的,利用销售保健食品或者其他食品诈骗财物,符合刑法第266条规定的,以诈骗罪定罪处罚。同时构成生产、销售伪劣产品罪等其他犯罪的,依照处罚较重的规定定罪处罚。

【高检发释字〔2022〕1号】 最高人民法院、最高人民检察院关于办理危害药品安全刑事案件适用法律若干问题的解释(2022年2月28日最高法审委会第1865次会议、2022年2月25日最高检第13届检委会第92次会议修改,2022年3月3日公布,2022年3月6日施行)

第13条(第1款) ……指使、教唆、授意他人利用医保骗保购买药品,进而非法收购、销售,符合刑法第266条规定的,以诈骗罪定罪处罚。

(第2款) 对于利用医保骗保购买药品的行为人是否追究刑事责任,应当综合骗取医保基金的数额、手段、认罪悔罪态度等案件具体情节,依法妥当决定。利用医保骗保购买药品的行为人是否被追究刑事责任,不影响对非法收购、销售有关药品的行为人定罪处罚。

【法发〔2022〕23号】 最高人民法院、最高人民检察院、公安部关于办理信息网络犯罪案件适用刑事诉讼程序若干问题的意见(2022年8月26日印发,2022年9月1日施行;2014年5月4日公通字〔2014〕10号《意见》同时废止)

1. 本意见所称信息网络犯罪案件包括:(1)危害计算机信息系统安全犯罪案件;(2)(本项新增)拒不履行信息网络安全管理义务、非法利用信息网络、帮助信息网络犯罪活动的犯罪案件;(3)主要行为通过信息网络(危害计算机信息系统安全)实施的盗窃、诈骗、赌博、侵犯公民个人信息、敲诈勒索等其他犯罪案件;(3)在网络上发布信息或者设立主要用于实施犯罪活动的网站、通讯群组，针对或者组织、教唆、帮助不特定多数大实施的犯罪案件；（4）主要犯罪行为在网络上实施的其他案件。

21.（本条新增）对于涉案人数特别众多的信息网络犯罪案件，确因客观条件限制无法收集证据逐一证明、逐人核实涉案账户的资金来源，但根据银行账户、非银行支付账户等交易记录和其他证据材料，足以认定有关账户主要用于接收、流转涉案资金的，可以按照该账户接收的资金数额认定犯罪数额，但犯罪嫌疑人、被告人能够作出合理说明的除外。案外人提出异议的，应当依法审查。

【主席令〔2022〕119号】　中华人民共和国反电信网络诈骗法（2022年9月2日第13届全国人大常委会第36次会议通过，2022年12月1日施行）

第2条　本法所称电信网络诈骗，是指以非法占有为目的，利用电信网络技术手段，通过远程、非接触等方式，诈骗公私财物的行为。

第3条　打击治理在中华人民共和国境内实施的电信网络诈骗活动或者中华人民共和国公民在境外实施的电信网络诈骗活动，适用本法。

境外的组织、个人针对中华人民共和国境内实施电信网络诈骗活动的，或者为他人针对境内实施电信网络诈骗活动提供产品、服务等帮助的，依照本法有关规定处理和追究责任。

第38条　组织、策划、实施、参与电信网络诈骗活动或者为电信网络诈骗活动提供帮助，构成犯罪的，依法追究刑事责任。

前款行为尚不构成犯罪的，由公安机关处10日以上15日以下拘留；没收违法所得，处违法所得1倍以上10倍以下罚款，没有违法所得或者违法所得不足1万元的，处10万元以下罚款。

【粤公通字〔2018〕100号】　广东省公安机关办理黑恶势力犯罪案件侦查取证执法指引（广东省公安厅2018年6月22日印发施行）（略）

【公通字〔2019〕25号】　最高人民法院、最高人民检察院、公安部关于依法惩治民族资产解冻类诈骗及相关犯罪的意见（2019年8月8日）（略）

【公通字〔2020〕12号】　最高人民法院、最高人民检察院、公安部关于依法办理"碰瓷"违法犯罪案件的指导意见（2020年9月22日印发）

……所谓"碰瓷"，是指行为人通过故意制造或者编造其被害假象，采取诈骗、敲诈勒索等方式非法索取财物的行为。……

一、（第1款）实施"碰瓷"，虚构事实、隐瞒真相，骗取赔偿，符合刑法第266条规定的，以诈骗罪定罪处罚；骗取保险金，符合刑法第198条规定的，以保险诈骗罪定罪处罚。

九、共同故意实施"碰瓷"犯罪，起主要作用的，应当认定为主犯，对其参与或者组织、指挥的全部犯罪承担刑事责任；起次要或者辅助作用的，应当认定为从犯，依法予以从轻、减轻处罚或者免除处罚。

3人以上为共同故意实施"碰瓷"犯罪而组成的较为固定的犯罪组织，应当认定为犯罪集团。对首要分子应当按照集团所犯全部罪行处罚。

符合黑恶势力认定标准的，应当按照黑社会性质组织、恶势力或者恶势力犯罪集团侦查、起诉、审判。

十、对实施"碰瓷"，尚不构成犯罪，但构成违反治安管理行为的，依法给予治安管理处罚。

【公通字〔2020〕14号】 最高人民法院、最高人民检察院、公安部办理跨境赌博犯罪案件若干问题的意见（2020年10月16日印发）

四、关于跨境赌博关联犯罪的认定

（一）使用专门工具、设备或者其他手段诱使他人参赌，人为控制赌局输赢，构成犯罪的，依照刑法关于诈骗犯罪的规定定罪处罚。

网上开设赌场，人为控制赌局输赢，或者无法实现提现，构成犯罪的，依照刑法关于诈骗犯罪的规定定罪处罚。部分参赌者赢利、提现不影响诈骗犯罪的认定。

【主席令〔2012〕67号】 中华人民共和国治安管理处罚法（2012年10月26日第11届全国人大常委会第29次会议修正，2013年1月1日起施行）

第2条 扰乱公共秩序，妨害公共安全，侵犯人身权利、财产权利，妨害社会管理，具有社会危害性，依照《中华人民共和国刑法》的规定构成犯罪的，依法追究刑事责任；尚不够刑事处罚的，由公安机关依照本法给予治安管理处罚。

第49条 盗窃、诈骗、哄抢、抢夺、敲诈勒索或者故意损毁公私财物的，处5日以上10日以下拘留，可以并处500元以下罚款；情节较重的，处10日以上15日以下拘留，可以并处1000元以下罚款。

● **量刑指导** **【法发〔2021〕21号】** 最高人民法院、最高人民检察院关于常见犯罪的量刑指导意见（2021年6月16日印发，2021年7月1日试行；法发〔2017〕7号《指导意见》同时废止。删除线部分内容为2021年删除）①

---

① 注：《意见》要求各省高院、检察院应当总结司法实践经验，按照规范、实用、符合司法实际的原则共同研制"实施细则"，经审委会、检委会通过后，分别报最高法、最高检备案审查，与《意见》同步实施。

其他判处有期徒刑的案件，可以参照量刑的指导原则、基本方法和常见量刑情节的适用规范量刑。

四、常见犯罪的量刑

（十二）诈骗罪

1. 构成诈骗罪的，可以根据下列不同情形在相应的幅度内确定量刑起点：

（1）达到数额较大起点的，可以在1年以下有期徒刑、拘役幅度内确定量刑起点。

（2）达到数额巨大起点或者有其他严重情节的，可以在3年至4年有期徒刑幅度内确定量刑起点。

（3）达到数额特别巨大起点或者有其他特别严重情节的，可以在10年至12年有期徒刑幅度内确定量刑起点。依法应当判处无期徒刑的除外。

2. 在量刑起点的基础上，可以根据诈骗数额等其他影响犯罪构成的犯罪事实增加刑罚量，确定基准刑。

3. 构成诈骗罪的，根据诈骗的数额、手段、危害后果等犯罪情节，综合考虑被告人缴纳罚金的能力，决定罚金数额。（本款新增）

4. 构成诈骗罪的，综合考虑诈骗的起因、手段、数额、危害后果、退赃退赔等犯罪事实、量刑情节，以及被告人的主观恶性、人身危险性、认罪悔罪表现等因素，决定缓刑的适用。对实施电信网络诈骗的，从严把握缓刑的适用。（本款新增）

● 指导案例 　【法〔2014〕161号】　最高人民法院关于发布第7批指导性案例的通知（2014年6月26日印发）

（指导案例27号）臧进泉等盗窃、诈骗案

裁判要点：行为人利用信息网络，诱骗他人点击虚假链接而实际通过预先植入的计算机程序窃取财物构成犯罪的，以盗窃罪定罪处罚；虚构可供交易的商品或者服务，欺骗他人点击付款链接而骗取财物构成犯罪的，以诈骗罪定罪处罚。

【高检发研字〔2017〕10号】　关于印发最高人民检察院第9批指导性案例的通知（2017年10月10日最高人民检察院第12届检察委员会第70次会议讨论通过，2017年10月12日印发）

（检例第38号）董亮等4人诈骗案

要旨：以非法占有为目的，采用自我交易方式，虚构提供服务事实，骗取互联网公司垫付费用及订单补贴，数额较大的行为，应认定为诈骗罪。

【高检发办字〔2020〕21号】 关于印发最高人民检察院第18批指导性案例的通知（最高人民检察院第13届检察委员会第31次会议通过，2020年3月28日新闻发布会公布）

（检例第67号）张凯闵等52人电信网络诈骗案

要旨：跨境电信网络诈骗犯罪往往涉及大量的境外证据和庞杂的电子数据。对境外获取的证据应着重审查合法性，对电子数据应着重审查客观性。主要成员固定，其他人员有一定流动性的电信网络诈骗犯罪组织，可认定为犯罪集团。

第267条 【抢夺罪】 抢夺公私财物，数额较大的，或者多次抢夺的，处三年以下有期徒刑、拘役或者管制，并处或者单处罚金；数额巨大或者有其他严重情节的，处三年以上十年以下有期徒刑，并处罚金；数额特别巨大或者有其他特别严重情节的，处十年以上有期徒刑或者无期徒刑，并处罚金或者没收财产。[①]

携带凶器抢夺的，依照本法第二百六十三条的规定定罪处罚。

● **条文注释** 抢夺是指乘人不备，出其不意，使财物所有人来不及抗拒便夺取他人财物。抢夺罪的犯罪对象为各种财物，但不包括特定财物，如枪支、弹药、爆炸物、公文、证件、印章等。抢夺这些物品的应依照刑法的有关规定论处，不构成本条规定的抢夺罪。客观表现上，行为人并未采取暴力、胁迫等强制方法。但在抢夺过程中，行为人也往往会使用强力，在此情况下，应当注意本罪和抢劫罪的区分。如果行为人使用的强力指向财物本身而在抢夺过程中伤及被害人人身的，仍然构成抢夺罪（但驾车抢夺，导致受害人伤亡的，应以抢劫罪论处）；如果将强力直接指向被害人本身，通过对被害人人身的强制而取得财物的，应构成抢劫罪。

数额"较大""巨大""特别巨大"，情节"严重""特别严重"的界定标准，依照"法释〔2013〕25号"解释的相关规定。各省、自治区、直辖市的高级人民法院、人民检察院可以根据本地区的经济和治安状况，在上述标准的幅度内，确定本地区执行的具体数额标准。

[①] 第267条第1款是根据2015年8月29日第12届全国人民代表大会常务委员会第16次会议通过的《刑法修正案（九）》（主席令第30号公布，2015年11月1日起施行）而修改，增加了"多次抢夺"的入罪情形。

关于抢夺转化为抢劫的情况有3种情形：

1. 根据第267条第2款的规定：行为人在实施抢夺时，只要携带凶器（并不要求使用），就可以按照抢劫罪定罪处罚；如果实际使用了凶器，那就直接构成抢劫罪。但根据"法发〔2005〕8号"意见，若有证据证明该器械确实不是为了实施犯罪准备的，不以抢劫罪定罪；行为人将随身携带的凶器有意加以显示、能为被害人察觉到的，直接适用《刑法》第263条的规定定罪处罚。根据"法释〔2000〕35号"解释，这里的"凶器"主要是指枪支、弹药、爆炸物、管制刀具等国家禁止个人携带的器械，但也包括行为人为了实施违法犯罪活动而携带的其他器械。

2. 根据第269条的规定：行为人实施第267条第1款规定的行为时，如果为窝藏赃物、抗拒抓捕或毁灭罪证而当场使用暴力或者以暴力相威胁的，依照《刑法》第263条的规定以抢劫罪定罪处罚。

3. 根据"法释〔2013〕25号"解释第6条的规定，驾车夺取他人财物，具有下列情形之一的，应以抢劫罪定罪处罚：（1）夺取他人财物时因被害人不放手而强行夺取的；（2）驾驶车辆逼挤、撞击或强行逼倒他人夺取财物的；（3）明知会致人伤亡仍然强行夺取并放任造成财物持有人轻伤以上后果的。

● 相关规定　【公法〔1995〕24号】　公安部法制司关于非法扣留他人车辆该如何定性处理的批复（1995年3月6日答复浙江省公安厅法制处"浙公法〔1995〕5号"请示及"关于浙公明发〔1995〕132号请示的补充情况"）[①]

二、采取欺骗手段，乘人不备扣押他人车辆，情节轻微，尚不够刑事处罚的，按照《治安管理处罚条例》第24条第五项的规定予以处罚。经公安机关责令拒不返还所扣车辆的，按照《刑法》第151条、第152条抢夺罪追究刑事责任。

【法释〔2000〕35号】　最高人民法院关于审理抢劫案件具体应用法律若干问题的解释（2000年11月17日最高人民法院审判委员会第1141次会议通过，2000年11月22日公布，2000年11月28日起施行）

第6条　刑法第267条第2款规定的"携带凶器抢夺"，是指行为人随身携带枪支、爆炸物、管制刀具等国家禁止个人携带的器械进行抢夺或者为了实施犯罪而携带其他器械进行抢夺的行为。

[①] 注：公安部法制局"法制在线"栏目专门针对该《批复》的效力问题作出解答：此答复未废止；但相关法律条文的内容已发生变化，你们可根据答复精神在具体案件办理中予以掌握。

【法发〔2005〕8号】　最高人民法院关于审理抢劫、抢夺刑事案件适用法律若干问题的意见（2005年6月8日印发）

抢劫、抢夺是多发性的侵犯财产犯罪。1997年刑法修订后，为了更好地指导审判工作，最高人民法院先后发布了《关于审理抢劫案件具体应用法律若干问题的解释》（以下简称《抢劫解释》）和《关于审理抢夺刑事案件具体应用法律若干问题的解释》（以下简称《抢夺解释》）。但是，抢劫、抢夺犯罪案件的情况比较复杂，各地法院在审判过程中仍然遇到了不少新情况、新问题。为准确、统一适用法律，现对审理抢劫、抢夺犯罪案件中较为突出的几个法律适用问题，提出意见如下：

四、关于"携带凶器抢夺"的认定

《抢劫解释》第6条规定，"携带凶器抢夺"，是指行为人随身携带枪支、爆炸物、管制刀具等国家禁止个人携带的器械进行抢夺或者为了实施犯罪而携带其他器械进行抢夺的行为。行为人随身携带国家禁止个人携带的器械以外的其他器械抢夺，但有证据证明该器械确实不是为了实施犯罪准备的，不以抢劫罪定罪；行为人将随身携带凶器有意加以显示、能为被害人察觉到的，直接适用刑法第263条的规定定罪处罚；行为人携带凶器抢夺后，在逃跑过程中为窝藏赃物、抗拒抓捕或者毁灭罪证而当场使用暴力或者以暴力相威胁，适用刑法第267条第2款的规定定罪处罚。

十一、驾驶机动车、非机动车夺取他人财物行为的定性

对于驾驶机动车、非机动车（以下简称"驾驶车辆"）夺取他人财物的，一般以抢夺罪从重处罚。但具有下列情形之一，应当以抢劫罪定罪处罚：

（1）驾驶车辆，逼挤、撞击或强行逼倒他人以排除他人反抗，乘机夺取财物的；

（2）驾驶车辆强抢财物时，因被害人不放手而采取强拉硬拽方法劫取财物的；

（3）行为人明知其驾驶车辆强行夺取他人财物的手段会造成他人伤亡的后果，仍然强行夺取并放任造成财物持有人轻伤以上后果的。

【法释〔2013〕25号】　最高人民法院、最高人民检察院关于办理抢夺刑事案件适用法律若干问题的解释（2013年9月30日由最高人民法院审判委员会第1592次会议、2013年10月22日由最高人民检察院第12届检察委员会第12次会议通过，2013年11月11日公布，2013年11月18日起施行；同时废止2002年7月16日公布的《最高人民法院关于审理抢夺刑事案件具体应用法律若

干问题的解释》"法释〔2002〕18号"）

第 1 条　抢夺公私财物价值 1000 元至 3000 元以上、3 万元至 8 万元以上、20 万元至 40 万元以上的，应当分别认定为刑法第 267 条规定的"数额较大""数额巨大""数额特别巨大"。

各省、自治区、直辖市高级人民法院、人民检察院可以根据本地区经济发展状况，并考虑社会治安状况，在前款规定的数额幅度内，确定本地区执行的具体数额标准，报最高人民法院、最高人民检察院批准。

第 2 条　抢夺公私财物，具有下列情形之一的，"数额较大"的标准按照前条规定标准的 50% 确定：

（一）曾因抢劫、抢夺或者聚众哄抢受过刑事处罚的；

（二）1 年内曾因抢夺或者哄抢受过行政处罚的；

（三）1 年内抢夺 3 次以上的；①

（四）驾驶机动车、非机动车抢夺的；

（五）组织、控制未成年人抢夺的；

（六）抢夺老年人、未成年人、孕妇、携带婴幼儿的人、残疾人、丧失劳动能力人的财物的；

（七）在医院抢夺病人或者其亲友财物的；

（八）抢夺救灾、抢险、防汛、优抚、扶贫、移民、救济款物的；

（九）自然灾害、事故灾害、社会安全事件等突发事件期间，在事件发生地抢夺的；

（十）导致他人轻伤或者精神失常等严重后果的。

第 3 条　抢夺公私财物，具有下列情形之一的，应当认定为刑法第 267 条规定的"其他严重情节"：

（一）导致他人重伤的；

（二）导致他人自杀的；

（三）具有本解释第 2 条第 3 项至第 10 项规定的情形之一，数额达到本解释第 1 条规定的"数额巨大"50% 的。

第 4 条　抢夺公私财物，具有下列情形之一的，应当认定为刑法第 267 条规定的"其他特别严重情节"：

（一）导致他人死亡的；

---

① 注：《刑法修正案（九）》于 2015 年 11 月 1 日施行之后，"多次抢夺"行为已经与"数额较大"情形一并列为入罪条件，本项规定不再适用。

（二）具有本解释第 2 条第 3 项至第 10 项规定的情形之一，数额达到本解释第 1 条规定的"数额特别巨大"50% 的。

第 5 条　抢夺公私财物数额较大，但未造成他人轻伤以上伤害，行为人系初犯，认罪、悔罪、退赃、退赔，且具有下列情形之一的，可以认定为犯罪情节轻微，不起诉或者免予刑事处罚；必要时，由有关部门依法予以行政处罚：

（一）具有法定从宽处罚情节的；

（二）没有参与分赃或者获赃较少，且不是主犯的；

（三）被害人谅解的；

（四）其他情节轻微、危害不大的。

第 6 条　驾驶机动车、非机动车夺取他人财物，具有下列情形之一的，应当以抢劫罪定罪处罚：

（一）夺取他人财物时因被害人不放手而强行夺取的；

（二）驾驶车辆逼挤、撞击或者强行逼倒他人夺取财物的；

（三）明知会致人伤亡仍然强行夺取并放任造成财物持有人轻伤以上后果的。

第 7 条　本解释公布施行后，《最高人民法院关于审理抢夺刑事案件具体应用法律若干问题的解释》（法释〔2002〕18 号）同时废止；之前发布的司法解释和规范性文件与本解释不一致的，以本解释为准。

【发改价认办〔2020〕97 号】　被盗财物价格认定规则（国家发改委价格认证中心 2020 年 11 月 5 日印发，2021 年 1 月 1 日执行；发改价证办〔2014〕235 号《规则》同时废止。详见本书关于《刑法》第 264 条"盗窃罪"的相关规定）

第 16 条　抢劫罪、抢夺罪、诈骗罪、聚众哄抢公私财物罪、侵占罪、职务侵占罪、挪用特定款物罪、敲诈勒索罪等侵犯财产罪案件涉案财物价格认定，可以参照本规则执行。

【法释〔2021〕8 号】　最高人民法院关于审理掩饰、隐瞒犯罪所得、犯罪所得收益刑事案件适用法律若干问题的解释（2021 年 4 月 7 日最高法审委会第 1835 次会议修正，2021 年 4 月 13 日公布，2021 年 4 月 15 日起施行）

第 6 条　对犯罪所得及其产生的收益实施盗窃、抢劫、诈骗、抢夺等行为，构成犯罪的，分别以盗窃罪、抢劫罪、诈骗罪、抢夺罪等定罪处罚。

【公通字〔2020〕12 号】　最高人民法院、最高人民检察院、公安部关于依法办理"碰瓷"违法犯罪案件的指导意见（2020 年 9 月 22 日印发）

……所谓"碰瓷"，是指行为人通过故意制造或者编造其被害假象，采取诈骗、敲诈勒索等方式非法索取财物的行为。……

四、实施"碰瓷",采取转移注意力、趁人不备等方式,窃取、夺取他人财物,符合刑法第 264 条、第 267 条规定的,分别以盗窃罪、抢夺罪定罪处罚。

九、共同故意实施"碰瓷"犯罪,起主要作用的,应当认定为主犯,对其参与或者组织、指挥的全部犯罪承担刑事责任;起次要或者辅助作用的,应当认定为从犯,依法予以从轻、减轻处罚或者免除处罚。

3 人以上为共同故意实施"碰瓷"犯罪而组成的较为固定的犯罪组织,应当认定为犯罪集团。对首要分子应当按照集团所犯全部罪行处罚。

符合黑恶势力认定标准的,应当按照黑社会性质组织、恶势力或者恶势力犯罪集团侦查、起诉、审判。

十、对实施"碰瓷",尚不构成犯罪,但构成违反治安管理行为的,依法给予治安管理处罚。

【主席令〔2012〕67 号】 中华人民共和国治安管理处罚法(2012 年 10 月 26 日第 11 届全国人大常委会第 29 次会议修正,2013 年 1 月 1 日起施行)

第 2 条 扰乱公共秩序,妨害公共安全,侵犯人身权利、财产权利,妨害社会管理,具有社会危害性,依照《中华人民共和国刑法》的规定构成犯罪的,依法追究刑事责任;尚不够刑事处罚的,由公安机关依照本法给予治安管理处罚。

第 49 条 盗窃、诈骗、哄抢、抢夺、敲诈勒索或者故意损毁公私财物的,处 5 日以上 10 日以下拘留,可以并处 500 元以下罚款;情节较重的,处 10 日以上 15 日以下拘留,可以并处 1000 元以下罚款。

● 量刑指导 【法发〔2021〕21 号】 最高人民法院、最高人民检察院关于常见犯罪的量刑指导意见(2021 年 6 月 16 日印发,2021 年 7 月 1 日试行;法发〔2017〕7 号《指导意见》同时废止。删除线部分内容为 2021 年删除)[①]

四、常见犯罪的量刑

(十三)抢夺罪

1. 构成抢夺罪的,可以根据下列不同情形在相应的幅度内确定量刑起点:

---

① 注:《意见》要求各省高院、检察院应当总结司法实践经验,按照规范、实用、符合司法实际的原则共同研制"实施细则",经审委会、检委会通过后,分别报最高法、最高检备案审查,与《意见》同步实施。

其他判处有期徒刑的案件,可以参照量刑的指导原则、基本方法和常见量刑情节的适用规范量刑。

（1）达到数额较大起点的或者 2 年内 3 次抢夺的，可以在 1 年以下有期徒刑、拘役幅度内确定量刑起点。

（2）达到数额巨大起点或者有其他严重情节的，可以在 3 年至 5 年有期徒刑幅度内确定量刑起点。

（3）达到数额特别巨大起点或者有其他特别严重情节的，可以在 10 年至 12 年有期徒刑幅度内确定量刑起点。依法应当判处无期徒刑的除外。

2. 在量刑起点的基础上，可以根据抢夺数额、次数等其他影响犯罪构成的犯罪事实增加刑罚量，确定基准刑。

多次抢夺，数额达到较大以上的，以抢夺数额确定量刑起点，抢夺次数可以作为调节基准刑的量刑情节；数额未达到较大的，以抢夺次数确定量刑起点，超过 3 次的次数作为增加刑罚量的事实。

3. 构成抢夺罪的，根据抢夺的数额、次数、手段、危害后果等犯罪情节，综合考虑被告人缴纳罚金的能力，决定罚金数额。（本款新增）

4. 构成抢夺罪的，综合考虑抢夺的起因、数额、手段、次数、危害后果、退赃退赔等犯罪事实、量刑情节，以及被告人的主观恶性、人身危险性、认罪悔罪表现等因素，决定缓刑的适用。（本款新增）

第 268 条　【聚众哄抢罪】聚众哄抢公私财物，数额较大或者有其他严重情节的，对首要分子和积极参加的，处三年以下有期徒刑、拘役或者管制，并处罚金；数额巨大或者有其他特别严重情节的，处三年以上十年以下有期徒刑，并处罚金。

● **条文注释**　这里所说的"聚众哄抢"，主要是指纠集多人，采取哄闹、滋扰或其他手段，公然夺取数额较大的公私财物的行为。聚众哄抢的行为不仅是侵犯了国家、集体、公民个人的财产所有权，而且侵犯了社会正常管理秩序。

构成第 267 条规定的聚众哄抢罪必须具备以下条件：（1）犯罪主体是聚众哄抢的首要分子和其他积极参加的人；（2）行为人具有非法占有公私财物（包括自用或转归他人）的主观故意；（3）行为人实施了聚众哄抢的行为；（4）数额较大或巨大。

这里的"首要分子"，是指在聚众哄抢中起组织、策划、指挥作用的人；"积极参加的"，是指主动参与哄抢，在哄抢中起主要作用以及哄抢财物较多的人。

● **相关规定**　【法释〔2000〕36号】　**最高人民法院关于审理破坏森林资源刑事案件具体应用法律若干问题的解释**（2000年11月17日最高人民法院审判委员会第1141次会议通过，2000年11月22日公布，2000年12月11日起施行）

第14条　聚众哄抢林木5立方米以上的，属于聚众哄抢"数额较大"；聚众哄抢林木20立方米以上的，属于聚众哄抢"数额巨大"，对首要分子和积极参加的，依照刑法第268条的规定，以聚众哄抢罪定罪处罚。

第17条（第1款）　本解释规定的林木数量以立木蓄积计算，计算方法为：原木材积除以该树种的出材率。

【法发〔2020〕7号】　**最高人民法院、最高人民检察院、公安部、司法部关于依法惩治妨害新型冠状病毒感染肺炎疫情防控违法犯罪的意见**（2020年2月6日印发）

二、准确适用法律，依法严惩妨害疫情防控的各类违法犯罪

（五）依法严惩诈骗、聚众哄抢犯罪……

（第3款）　在疫情防控期间，聚众哄抢公私财物特别是疫情防控和保障物资，数额较大或者有其他严重情节的，对首要分子和积极参加者，依照刑法第268条的规定，以聚众哄抢罪定罪处罚。

【发改价认办〔2020〕97号】　**被盗财物价格认定规则**（国家发改委价格认证中心2020年11月5日印发，2021年1月1日执行；发改价证办〔2014〕235号《规则》同时废止）①

第16条　抢劫罪、抢夺罪、诈骗罪、聚众哄抢公私财物罪、侵占罪、职务侵占罪、挪用特定款物罪、敲诈勒索罪等侵犯财产罪案件涉案财物价格认定，可以参照本规则执行。

【主席令〔2012〕67号】　**中华人民共和国治安管理处罚法**（2012年10月26日第11届全国人大常委会第29次会议修正，2013年1月1日起施行）

第49条　盗窃、诈骗、哄抢、抢夺、敲诈勒索或者故意损毁公私财物的，处5日以上10日以下拘留，可以并处500元以下罚款；情节较重的，处10日以上15日以下拘留，可以并处1000元以下罚款。

---

①　详见本书关于《刑法》第264条"盗窃罪"的相关规定。为节减篇幅，本处存目。

> **第 269 条　【转化的抢劫罪】** 犯盗窃、诈骗、抢夺罪，为窝藏赃物、抗拒抓捕或者毁灭罪证而当场使用暴力或者以暴力相威胁的，依照本法第二百六十三条的规定定罪处罚。

● **条文注释**　第 269 条是关于行为人犯盗窃、诈骗、抢夺罪，因使用暴力或以暴力相威胁而转化成抢劫罪的处罚规定。适用第 269 条，必须符合以下条件：

1. 必须实施了"盗窃、诈骗、抢夺"等行为。《刑法》第 269 条规定的"犯盗窃、诈骗、抢夺罪"，应当与《刑法》第 17 条第 2 款规定的"犯故意杀人、故意伤害致人重伤或者死亡、强奸、抢劫、贩卖毒品、放火、爆炸、投放危险物质罪"作一致性理解。参照《全国人民代表大会常务委员会法制工作委员会关于已满十四周岁不满十六周岁的人承担刑事责任范围问题的答复意见》（法工委复字〔2002〕12 号，详见本书关于《刑法》第 17 条的相关规定），这里的"罪"是指具体犯罪行为而不是具体罪名。

因此，构成转化的抢劫罪并不以其盗窃、诈骗、抢夺行为构成犯罪（数额较大）为必要条件，只要其行为的社会危害性足以纳入刑法评价的范围，即可构成犯罪。例如，(1) 数额接近"较大"标准的；(2) 入户或在公共交通工具上盗窃、诈骗、抢夺后在户外或交通工具外实施上述行为的；(3) 使用暴力致人轻微伤以上后果的；(4) 使用凶器或以凶器相威胁的；(5) 具有其他严重情节的。[①]

另外，"犯盗窃、诈骗、抢夺罪"，即使未遂，也可以适用第 269 条的规定。转化型抢劫罪同样存在未遂状态，其评价标准与一般抢劫既遂未遂的标准相同，即以是否抢得财物或造成他人轻伤以上伤害后果为准。

2. 必须具有"窝藏赃物、抗拒抓捕或者毁灭罪证"的目的。"窝藏赃物"，是指转移、隐匿盗窃、诈骗、抢夺所得到的公私财物；"抗拒抓捕"，是指犯罪分子抗拒司法机关依法对其采取的拘留、逮捕等强制措施，以及在犯罪时或犯罪后被及时发现，抗拒群众将其扭送到司法机关的行为；"毁灭罪证"，是指犯罪分子为逃避罪责，湮灭作案现场遗留的痕迹、物品以及销毁可以证明其罪行的各种证据。

3. 必须具有"当场使用暴力或者以暴力相威胁"的行为。这里的"当场"包括两种情形：(1) 行为人实施盗窃、诈骗、抢夺犯罪行为的作案现场；(2) 犯

[①] 见《最高人民法院关于审理抢劫、抢夺刑事案件适用法律若干问题的意见》（法发〔2005〕8 号，2005 年 6 月 8 日印发）。

罪分子在逃离现场时被及时发现,在受到追捕或围堵的过程中,也视为"当场"。如果犯罪分子作案时没有被及时发现,而是在其他的时间、地点被发现,在抓捕过程中行凶拒捕或者在事后为掩盖罪行杀人灭口的,则不适用本条规定,应依其行为所触犯的罪名定罪。所谓"使用暴力或者以暴力相威胁",是指犯罪分子对抓捕的人故意实施撞击、殴打、伤害等危及人体健康和生命安全的行为或者以要立即实施这些行为相威胁。

需要注意的是,已满14周岁不满16周岁的人实施第269条规定的行为,能否适用本条的规定,以抢劫罪定罪处罚?"两高"对此的规定并不一致。《最高人民检察院法律政策研究室关于相对刑事责任年龄的人承担刑事责任范围有关问题的答复》(高检研发〔2003〕13号)规定:相对刑事责任年龄的人实施《刑法》第269条规定的行为的,应当依照《刑法》第263条的规定,以抢劫罪追究刑事责任。《最高人民法院关于审理未成年人刑事案件具体应用法律若干问题的解释》(法释〔2006〕1号)则规定:已满14周岁不满16周岁的人盗窃、诈骗、抢夺他人财物,为窝藏赃物、抗拒抓捕或者毁灭罪证,当场使用暴力,故意伤害致人重伤或者死亡,或者故意杀人的,应当分别以故意伤害罪或者故意杀人罪定罪处罚。

基于"法释〔2006〕1号"《解释》的上述规定,有些司法工作者认为,已满14周岁不满16周岁的人实施第269条规定的行为,如果没有故意伤害(致死或重伤)或者故意杀人,就不构成犯罪。这其实是一种误解。《解释》规定了故意伤害(致死或重伤)或者故意杀人情形的定罪处罚,并未否定其他情形的定罪处罚。

当行为人实施第269条规定的行为,如果同时具有故意伤害(致死或重伤)或者故意杀人的情形,则构成了第269条与《刑法》第234条或第232条规定的想象竞合犯,在没有专门规定的情况下,原则上择一重罪而处之。"法释〔2006〕1号"《解释》则针对相对刑事责任年龄的人作出了明确的定罪处罚规定。

● 相关规定　【高检研发〔2003〕第13号】　最高人民检察院法律政策研究室关于相对刑事责任年龄的人承担刑事责任范围有关问题的答复(2003年4月18日答复四川省人民检察院研究室"川检发办〔2002〕47号"请示)

二、相对刑事责任年龄的人实施了刑法第269条规定的行为的,应当依照刑法第263条的规定,以抢劫罪追究刑事责任。但对情节显著轻微,危害不大的,可以根据刑法第13条的规定,不予追究刑事责任。

【法发〔2005〕8号】　最高人民法院关于审理抢劫、抢夺刑事案件适用法律若干问题的意见（2005年6月8日印发）

五、关于转化抢劫的认定

行为人实施盗窃、诈骗、抢夺行为，未达到"数额较大"，为窝藏赃物、抗拒抓捕或者毁灭罪证当场使用暴力或者以暴力相威胁，情节较轻、危害不大的，一般不以犯罪论处；但具有下列情节之一的，可依照刑法第269条的规定，以抢劫罪定罪处罚：

（1）盗窃、诈骗、抢夺接近"数额较大"标准的；

（2）入户或在公共交通工具上盗窃、诈骗、抢夺后在户外或交通工具外实施上述行为的；

（3）使用暴力致人轻微伤以上后果的；

（4）使用凶器或以凶器相威胁的；

（5）具有其他严重情节的。

【法释〔2006〕1号】　最高人民法院关于审理未成年人刑事案件具体应用法律若干问题的解释（2005年12月12日最高人民法院审判委员会第1373次会议通过，2006年1月11日公布，2006年1月23日起施行）

第10条　已满14周岁不满16周岁的人盗窃、诈骗、抢夺他人财物，为窝藏赃物、抗拒抓捕或者毁灭罪证，当场使用暴力，故意伤害致人重伤或者死亡，或者故意杀人的，应当分别以故意伤害罪或者故意杀人罪定罪处罚。

已满16周岁不满18周岁的人犯盗窃、诈骗、抢夺罪，为窝藏赃物、抗拒抓捕或者毁灭罪证而当场使用暴力或者以暴力相威胁的，应当依照刑法第269条的规定定罪处罚；情节轻微的，可以不以抢劫罪定罪处罚。

【法发〔2016〕2号】　最高人民法院关于审理抢劫刑事案件适用法律若干问题的指导意见（2016年1月6日印发）

抢劫犯罪是多发性的侵犯财产和侵犯公民人身权利的犯罪。1997年刑法修订后，最高人民法院先后发布了《关于审理抢劫案件具体应用法律若干问题的解释》（以下简称《抢劫解释》）和《关于审理抢劫、抢夺刑事案件适用法律问题的意见》（以下简称《两抢意见》），对抢劫案件的法律适用作出了规范，发挥了重要的指导作用。但是，抢劫犯罪案件的情况越来越复杂，各级法院在审判过程中不断遇到新情况、新问题。为统一适用法律，根据刑法和司法解释的规定，结合近年来人民法院审理抢劫案件的经验，现对审理抢劫犯罪案件中较为突出的几个法律适用问题和刑事政策把握问题提出如下指导意见：

三、关于转化型抢劫犯罪的认定

根据刑法第 269 条的规定,"犯盗窃、诈骗、抢夺罪,为窝藏赃物、抗拒抓捕或者毁灭罪证而当场使用暴力或者以暴力相威胁的",依照抢劫罪定罪处罚。"犯盗窃、诈骗、抢夺罪",主要是指行为人已经着手实施盗窃、诈骗、抢夺行为,一般不考察盗窃、诈骗、抢夺行为是否既遂。但是所涉财物数额明显低于"数额较大"的标准,又不具有《两抢意见》第 5 条所列 5 种情节之一的,不构成抢劫罪。"当场"是指在盗窃、诈骗、抢夺的现场以及行为人刚离开现场即被他人发现并抓捕的情形。

对于以摆脱的方式逃脱抓捕,暴力强度较小,未造成轻伤以上后果的,可不认定为"使用暴力",不以抢劫罪论处。

入户或者在公共交通工具上盗窃、诈骗、抢夺后,为了窝藏赃物、抗拒抓捕或者毁灭罪证,在户内或者公共交通工具上当场使用暴力或者以暴力相威胁的,构成"入户抢劫"或者"在公共交通工具上抢劫"。

两人以上共同实施盗窃、诈骗、抢夺犯罪,其中部分行为人为窝藏赃物、抗拒抓捕或者毁灭罪证而当场使用暴力或者以暴力相威胁的,对于其余行为人是否以抢劫罪共犯论处,主要看其对实施暴力或者以暴力相威胁的行为人是否形成共同犯意、提供帮助。基于一定意思联络,对实施暴力或者以暴力相威胁的行为人提供帮助或实际成为帮凶的,可以抢劫共犯论处。

● 指导案例 【高检发研字〔2014〕4 号】 最高人民检察院关于印发第 5 批指导性案例的通知(2014 年 8 月 28 日最高人民检察院第 12 届检察委员会第 26 次会议讨论通过,2014 年 9 月 10 日印发)

(检例第 17 号)陈邓昌抢劫、盗窃,付志强盗窃案

要旨:1. 对于入户盗窃,因被发现而当场使用暴力或者以暴力相威胁的行为,应当认定为"入户抢劫"。

2. 在人民法院宣告判决前,人民检察院发现被告人有遗漏的罪行可以一并起诉和审理的,可以补充起诉。

3. 人民检察院认为同级人民法院第一审判决重罪轻判,适用刑罚明显不当的,应当提出抗诉。

第 270 条 【侵占罪】将代为保管的他人财物非法占为己有,数额较大,拒不退还的,处二年以下有期徒刑、拘役或者罚金;数额巨大或有其他严重情节的,处二年以上五年以下有期徒刑,并处罚金。

将他人的遗忘物或者埋藏物非法占为己有,数额较大,拒不交出的,依照前款的规定处罚。

本条罪,告诉的才处理。

● **条文注释** 本罪的客观方面表现为行为人非法占有他人财物,数额较大,拒不退还或拒不交出的行为。构成侵占罪必须满足以下条件:1. 行为人已经正当、合法、善意地持有他人财物。这是构成侵占罪的前提基础。持有他人财物仅限于3种来源:(1) 自己代为保管的他人财物;(2) 他人的遗忘物,即由所有人、持有人不慎而暂时失去占有、控制的财物;(3) 埋藏物,即埋藏于地下时间较久,原所有人不明因而根据法律规定属于国家所有的财物。2. 行为人具有非法占有他人财物的故意行为。3. 侵占的财物数额较大。4. 拒不退还或拒不交出。

这里的"代为保管"包括三种情形:(1) 基于委托合同关系;(2) 根据事实上的管理;(3) 因习惯而成立的委托、信任关系,而拥有的对他人财物的持有和管理权。但是,因职务或工作上的关系而代为保管本单位财物的,不属于第270条规定中的代为保管。行为人如果将这种财物非法占有,则不属于侵占行为,而是属于贪污行为或职务侵占行为。

这里的"埋藏物",要求行为人是通过合法的渠道获得。如果其来源非法,如盗掘他人的坟墓而得到的财物,或明知他人将某物埋下而故意盗掘得到,就不属于第270条规定中的"埋藏物"的范畴。这种情形,如果行为人构成犯罪,应当依照《刑法》第264条的规定,以盗窃罪论处。

这里的"非法占有",是指将他人交给自己保管的财物、遗忘物或者埋藏物当成自己的财物,以所有人自居,擅自非法侵吞、占有,或加以处分、使用和收益,如将财物出售、转赠、出租、消费、充抵债务、设定抵押等,但不能包括故意毁坏的行为。具有后者这种行为,应依照《刑法》第275条的规定,以故意毁坏财物罪定罪处罚。如果行为人没有非法占为己有的主观恶意,而是由于比如对某一合同或事实的认识错误,则不能构成第270条规定的侵占罪。

这里的"拒不退还""拒不交出",是指依法、依约应当将他人的财物退回而拒不退回，或者因为财物已经被行为人擅自处分掉而无法交还。对于后者，如果行为人已经与原物主协商一致并实施了赔偿的，则不以犯罪论处。

侵占罪属于告诉才处理的犯罪，只有被害人亲自向人民法院控告的，人民法院才能受理。但根据《刑法》第98条的规定，如果被害人受强制或威吓而无法告诉的，人民检察院和被害人的近亲属也可以告诉，由司法机关主动追究行为人的刑事责任。

需要注意的是，"遗忘物"与"遗失物"是有区别的：遗忘物通常是指原物主明确知道自己遗忘在某处的物品；而遗失物则是原物主丢失的物品。对于拾得遗失物未交还失主的，不得按照"侵占罪"论处。①

● 相关规定 【发改价认办〔2020〕97号】 被盗财物价格认定规则（国家发改委价格认证中心2020年11月5日印发，2021年1月1日执行；发改价证办〔2014〕235号《规则》同时废止）②

第16条 抢劫罪、抢夺罪、诈骗罪、聚众哄抢公私财物罪、侵占罪、职务侵占罪、挪用特定款物罪、敲诈勒索罪等侵犯财产罪案件涉案财物价格认定，可以参照本规则执行。

第271条 【职务侵占罪】公司、企业或者其他单位的工作人员，利用职务上的便利，将本单位财物非法占为己有，数额较大的，处三年以下有期徒刑或者拘役，并处罚金；数额巨大的，处三年以上十年以下有期徒刑，并处罚金；数额特别巨大的，处十年以上有期徒刑或者无期徒刑，并处罚金。③

国有公司、企业或者其他国有单位中从事公务的人员和国有公司、企业或者其他国有单位委派到非国有公司、企业以及其他单位从事公务的人员有前款行为的，依照本法第三百八十二条、第三百八十三条的规定定罪处罚。

---

① 全国人民代表大会常务委员会法制工作委员会编：《中华人民共和国刑法释义》，法律出版社2011年版，第484页。
② 详见本书关于《刑法》第264条"盗窃罪"的相关规定。为节减篇幅，本处存目。
③ 本款规定原为："公司、企业或者其他单位的人员，利用职务上的便利，将本单位财物非法占为己有，数额较大的，处五年以下有期徒刑或者拘役；数额巨大的，处五年以上有期徒刑，可以并处没收财产。"2020年12月26日第13届全国人大常委会第24次会议通过的《刑法修正案（十一）》（主席令第66号公布，2021年3月1日起施行）缩小了犯罪主体，降低了徒刑标准，增设了罚金刑，并增设了第三档刑罚。

● **条文注释** 构成第 271 条第 1 款规定的职务侵占罪，必须满足以下条件：（1）犯罪主体是特殊主体，即企业或其他单位中的非国家工作人员；（2）行为人具有非法侵占本单位财物的主观故意，并实施了该行为；（3）实施侵占行为时利用了职务上的便利；（4）侵占的数额较大（参见"公通字〔2022〕12 号"追诉标准）。

需要注意的是：

1. 构成第 271 条第 1 款规定的职务侵占罪，其犯罪主体必须是企业和其他单位中的非国家工作人员（只能是自然人，单位不能构成职务侵占罪）。如果行为人具有国家工作人员的身份，实施第 271 条第 1 款规定的行为，则应当依照《刑法》第 382 条、第 383 条的规定，以"贪污罪"定罪处罚。

根据《刑法》第 93 条的规定，除国家机关工作人员外，具有国家工作人员身份的人员有：（1）国有公司、企业、事业单位、人民团体从事公务的人员；（2）被上述国有单位委派到非国有公司、企业、事业单位、社会团体中从事公务的人员；（3）其他依照法律从事公务的人员。

2. 如果国家工作人员与非国家工作人员勾结，分别利用各自的职务便利，共同非法侵占本单位财物，则作为共同犯罪，根据主犯的身份性质定罪处罚。

3. 《刑法修正案（十一）》施行后，由于刑期变化，导致本罪第一档刑期的刑事追诉期限由 10 年变为 5 年，第二档刑期的刑事追诉期限仍为 15 年。

（4）根据《刑法修正案（十一）》体现的平等保护非公有制经济的立法精神，"公通字〔2022〕12 号"《追诉标准》调整了"法释〔2016〕9 号"《解释》规定的职务侵占罪的入罪数额标准。

● **相关规定** 【法释〔1999〕12 号】 最高人民法院关于村民小组组长利用职务便利非法占有公共财物行为如何定性问题的批复（1999 年 6 月 18 日最高人民法院审判委员会第 1069 次会议通过，1999 年 6 月 25 日公布，答复四川省高级人民法院"川高法〔1998〕224 号"请示，1999 年 7 月 3 日起施行）

对村民小组组长利用职务上的便利，将村民小组集体财产非法占为己有，数额较大的行为，应当依照刑法第 271 条第 1 款的规定，以职务侵占罪定罪处罚。

【法刊文摘】 本刊编辑就《关于村民小组组长利用职务便利非法占有公共财物行为如何定性问题的批复》采访最高人民法院研究室有关负责人[①]

问：村民委员会成员利用职务上的便利，非法占有公共财物的行为，能否

---

① 刊于《中国刑事审判指导案例 4》（增订第 3 版），法律出版社 2017 年版。

适用该司法解释？

答：不能适用。本解释只针对村民小组组长。他们中有的可能是村委会成员，但批复中很明确是村民小组组长利用职务便利实施犯罪行为，而不是利用村委会成员的职务便利。村民委员会成员利用职务上的便利，将本单位财物非法占为己有的行为如何处理的问题，将来司法解释还要做出规定。

【法释〔2000〕15号】 最高人民法院关于审理贪污、职务侵占案件如何认定共同犯罪几个问题的解释（2000年6月27日最高人民法院审判委员会第1120次会议通过，2000年6月30日公布，2000年7月8日起施行）

第2条 行为人与公司、企业或者其他单位的人员勾结，利用公司、企业或者其他单位人员的职务便利，共同将该单位财物非法占为己有，数额较大的，以职务侵占罪共犯论处。

第3条 公司、企业或者其他单位中，不具有国家工作人员身份的人与国家工作人员勾结，分别利用各自的职务便利，共同将本单位财物非法占为己有的，按照主犯的犯罪性质定罪。

【法释〔2001〕17号】 最高人民法院关于在国有资本控股、参股的股份有限公司中从事管理工作的人员利用职务便利非法占有本公司财物如何定罪问题的批复（2001年5月23日答复重庆市高级人民法院"渝高法明传〔2000〕38号"请示，2001年5月26日起施行）

在国有资本控股、参股的股份有限公司中从事管理工作的人员，除受国家机关、国有公司、企业、事业单位委派从事公务的以外，不属于国家工作人员。对其利用职务上的便利，将本单位财物非法占为己有，数额较大的，应当依照刑法第271条第1款的规定，以职务侵占罪定罪处罚。

【法刊文摘】 国家出资企业人员职务犯罪研讨会综述[①]

四、关于共同盗窃本单位财物的定性

一种意见认为，根据《最高人民法院关于审理贪污、职务侵占案件如何认定共同犯罪几个问题的解释》第1、2条的规定，行为人与国家工作人员或者公司、企业人员勾结，利用国家工作人员或者公司、企业的职务便利，共同将该

[①] 2012年12月8日最高人民法院刑二庭会同山东省高级人民法院、东营市中级人民法院在东营市组织召开研讨会，研讨了《最高人民法院、最高人民检察院关于办理国家出资企业中职务犯罪案件具体应用法律若干问题的意见》的理解适用问题。刊于最高人民法院刑事审判第一、二、三、四、五庭主办：《刑事审判参考》（2012年第6集）（总第89集），法律出版社2013年版。

单位财产非法占为己有、数额较大的，应当根据工作人员的身份，按照贪污罪或者职务侵占罪定罪处罚。

另一种意见认为，在对上述犯罪行为定性时应当考察在共同犯罪中谁居于支配地位，从而确定共同犯罪的性质。若外部人员为主犯，应当以盗窃罪定罪处罚；若内部人员处于支配地位则应当以贪污罪或者职务侵占罪定罪处罚；在不能区分主从犯时，应当分别定罪处罚。

多数意见认为，对于国家出资企业中的国家工作人员利用职务便利，积极为外部不具有身份的人员盗窃财物创造条件或者便利的，应当认定为共同犯罪，按照贪污罪定罪处罚。对于国家出资企业中的国家工作人员未参与预谋、不知道盗窃财物的具体内容且不参与分赃，仅因收受贿赂而消极作为，从而客观上为外部人员盗窃财物提供条件或者便利的，不宜认定为共同犯罪，对国家出资企业的国家工作人员和外部人员应当分别按照受贿罪、盗窃罪定罪处罚；如果国家出资企业中的国家工作人员收受贿赂后还构成其他渎职犯罪的，应当数罪并罚。

最高人民检察院研究室关于非国家工作人员涉嫌职务犯罪案件管辖问题的意见（2001年4月10日答复公安部经济犯罪侦查局"公经〔2001〕248号"请示）①

鉴于职务犯罪案件的特殊性，对于非国家工作人员涉嫌职务犯罪案件的侦查管辖问题，原则上以犯罪嫌疑人工作单位所在地的公安机关管辖为宜，如果由犯罪行为实施地或者犯罪嫌疑人居住地的公安机关管辖更为适宜的，也可以由犯罪行为实施地或者犯罪嫌疑人居住地的公安机关管辖。

【法释〔2003〕8号】 最高人民法院、最高人民检察院关于办理妨害预防、控制突发传染病疫情等灾害的刑事案件具体应用法律若干问题的解释
（2003年5月13日最高人民法院审判委员会第1269次会议、2003年5月13日最高人民检察院第10届检察委员会第3次会议通过，2003年5月14日公布，2003年5月15日起施行）

第14条 贪污、侵占用于预防、控制突发传染病疫情等灾害的款物或者挪用归个人使用，构成犯罪的，分别依照刑法第382条、第383条、第271条、第384条、第272条的规定，以贪污罪、职务侵占罪、挪用公款罪、挪用资金罪定

---

① 注：公安部经济犯罪侦查局于2003年4月21日以"公经〔2003〕436号"文件将该《意见》在网上公布，要求各地公安机关参照执行。

罪，依法从重处罚。

第 18 条　本解释所称"突发传染病疫情等灾害"，是指突然发生，造成或者可能造成社会公众健康严重损害的重大传染病疫情、群体性不明原因疾病以及其他严重影响公众健康的灾害。

【法发〔2020〕7 号】　最高人民法院、最高人民检察院、公安部、司法部关于依法惩治妨害新型冠状病毒感染肺炎疫情防控违法犯罪的意见（2020 年 2 月 6 日印发）

二、准确适用法律，依法严惩妨害疫情防控的各类违法犯罪

（七）依法严惩疫情防控失职渎职、贪污挪用犯罪。……

（第 4 款）　国家工作人员，受委托管理国有财产的人员，公司、企业或者其他单位的人员，利用职务便利，侵吞、截留或者以其他手段非法占有用于防控新型冠状病毒感染肺炎的款物，或者挪用上述款物归个人使用，符合刑法第 382 条、第 383 条、第 271 条、第 384 条、第 272 条规定的，以贪污罪、职务侵占罪、挪用公款罪、挪用资金罪定罪处罚。挪用用于防控新型冠状病毒感染肺炎的救灾、优抚、救济等款物，符合刑法第 273 条规定的，对直接责任人员，以挪用特定款物罪定罪处罚。

【公经〔2004〕643 号】　公安部经济犯罪侦查局关于宗教活动场所工作人员能否构成职务侵占或挪用资金犯罪主体的批复（2004 年 4 月 30 日答复山西省公安厅经侦总队"晋公经〔2004〕034 号"请示）

根据《宗教活动场所管理条例》（国务院第 145 号令）等有关规定，宗教活动场所属于刑法第 271 条和第 272 条所规定的"其他单位"的范围。宗教活动场所的财产属于公共财产或信教公民共有财产，受法律保护，任何组织和个人不得侵占、哄抢、私分和非法处分宗教团体、宗教活动场所的合法财产。宗教活动场所的管理人员利用职务之便，侵占或挪用宗教活动场所公共财产的，可以构成职务侵占罪或挪用资金罪。

【公通字〔2005〕2 号】　最高人民法院、最高人民检察院、公安部关于开展集中打击赌博违法犯罪活动专项行动有关工作的通知（2005 年 1 月 10 日）

二、……对实施贪污、挪用公款、职务侵占、挪用单位资金、挪用特定款物、受贿等犯罪，并将犯罪所得的款物用于赌博的，分别依照刑法有关规定从重处罚；同时构成赌博罪的，应依照刑法规定实行数罪并罚。……

公安部经济犯罪侦查局关于对非法占有他人股权是否构成职务侵占罪问题的工作意见（2005年6月24日印发）①

近年来，许多地方公安机关就公司股东之间或者被委托人采用非法手段侵占股权，是否构成职务侵占罪问题请示我局。对此问题，我局多次召开座谈会并分别征求了高检、高法及人大法工委刑法室等有关部门的意见。近日，最高人民法院刑事审判第二庭书面答复我局：对于公司股东之间或者被委托人利用职务便利，非法占有公司股东股权的行为，如果能够认定行为人主观上具有非法占有他人财物的目的，则可对其利用职务便利，非法占有公司管理中的股东股权的行为以职务侵占罪论处。

【法工委发函〔2005〕105号】 全国人大常委会法制工作委员会对《关于公司人员利用职务上的便利采取欺骗等手段非法占有股东股权的行为如何定性处理的批复》的意见（2005年12月1日答复最高人民检察院法律政策研究室2005年8月26日函）

根据刑法第92条的规定，股份属于财产。采取各种非法手段侵吞、占有他人依法享有的股份，构成犯罪的，适用刑法有关非法侵犯他人财产的犯罪规定。

【法研〔2008〕79号】 最高人民法院研究室关于对通过虚假验资骗取工商营业执照的"三无"企业能否成为职务侵占罪客体问题征求意见的复函（2008年6月17日答复公安部经济犯罪侦查局征求意见函）

根据1999年7月3日施行的《最高人民法院关于审理单位犯罪案件具体应用法律有关问题的解释》第1条的规定，私营、独资等公司、企业、事业单位只有具有法人资格才属于我国刑法中所指的单位，其财产权才能成为职务侵占罪的客体。也就是说，是否具有法人资格是私营、独资等公司、企业、事业单位成为我国刑法中"单位"的关键。行为人通过虚假验资骗取工商营业执照成立的企业，即便为"三无"企业，只要该企业具有法人资格，并且不是为进行违法犯罪活动而设立的公司、企业、事业单位，或者公司、企业、事业单位设立后，不是以实施犯罪为主要活动的，应当视为刑法中的单位，能够成为刑法第271条第1款规定的"公司、企业或者其他单位"。这些单位中的人员，利用职务上的便利，将单位财物非法占为己有，数额较大的，构成职务侵占罪。

---

① 注：本文件源自公安部经济犯罪侦查局编写的《公安机关办理经济犯罪案件相关法律适用问题批复汇编》（2015年版，中国人民公安大学出版社2015年1月在公安机关发行）第137页。

公安部法制局关于对不够刑事立案标准的职务侵占行为如何处理问题的答复（2008年8月14日答复山西省公安厅法制处请示）

《治安管理处罚法》并没有将职务侵占行为界定为违反治安管理行为，因此，对达不到职务侵占罪追诉标准的职务侵占行为，不能予以治安管理处罚。

【公经商贸〔2010〕259号】 公安部经济犯罪侦查局关于对周××等人涉嫌职务侵占案适用法律问题的批复（2010年10月26日答复江西省公安厅经侦总队"赣公经〔2010〕14号"请示）

根据《刑法》第92条、第271条规定和参照最高人民法院研究室《关于对通过虚假验资骗取工商营业执照的"三无"企业能否成为职务侵占罪客体问题征求意见的复函》（法研〔2008〕79号），上海奉先××环保投资有限公司各股东以及对所属子公司的实际出资情况与公司有关人员是否涉嫌职务侵占罪无关。

【法发〔2010〕49号】 最高人民法院、最高人民检察院关于办理国家出资企业中职务犯罪案件具体应用法律若干问题的意见（2010年11月26日印发）

一、关于国家出资企业工作人员在改制过程中隐匿公司、企业财产归个人持股的改制后公司、企业所有的行为的处理

国家工作人员或者受国家机关、国有公司、企业、事业单位、人民团体委托管理、经营国有财产的人员利用职务上的便利，在国家出资企业改制过程中故意通过低估资产、隐瞒债权、虚设债务、虚构产权交易等方式隐匿公司、企业财产，转为本人持有股份的改制后公司、企业所有，应当依法追究刑事责任的，依照刑法第382条、第383条的规定，以贪污罪定罪处罚。贪污数额一般应当以所隐匿财产全额计算；改制后公司、企业仍有国有股份的，按股份比例扣除归于国有的部分。

所隐匿财产在改制过程中已为行为人实际控制，或者国家出资企业改制已经完成的，以犯罪既遂处理。

第1款规定以外的人员实施该款行为的，依照刑法第271条的规定，以职务侵占罪定罪处罚；第1款规定以外的人员与第1款规定的人员共同实施该款行为的，以贪污罪的共犯论处。

在企业改制过程中未采取低估资产、隐瞒债权、虚设债务、虚构产权交易等方式故意隐匿公司、企业财产的，一般不应当认定为贪污；造成国有资产重大损失，依法构成刑法第168条或者第169条规定的犯罪的，依照该规定定罪处罚。

六、关于国家出资企业中国家工作人员的认定

经国家机关、国有公司、企业、事业单位提名、推荐、任命、批准等，在国有控股、参股公司及其分支机构中从事公务的人员，应当认定为国家工作人员。具体的任命机构和程序，不影响国家工作人员的认定。

经国家出资企业中负有管理、监督国有资产职责的组织批准或者研究决定，代表其在国有控股、参股公司及其分支机构中从事组织、领导、监督、经营、管理工作的人员，应当认定为国家工作人员。

国家出资企业中的国家工作人员，在国家出资企业中持有个人股份或者同时接受非国有股东委托的，不影响其国家工作人员身份的认定。

七、关于国家出资企业的界定

本意见所称"国家出资企业"，包括国家出资的国有独资公司、国有独资企业，以及国有资本控股公司、国有资本参股公司。

是否属于国家出资企业不清楚的，应遵循"谁投资、谁拥有产权"的原则进行界定。企业注册登记中的资金来源与实际出资不符的，应根据实际出资情况确定企业的性质。企业实际出资情况不清楚的，可以综合工商注册、分配形式、经营管理等因素确定企业的性质。

八、关于宽严相济刑事政策的具体贯彻

办理国家出资企业中的职务犯罪案件时，要综合考虑历史条件、企业发展、职工就业、社会稳定等因素，注意具体情况具体分析，严格把握犯罪与一般违规行为的区分界限。对于主观恶意明显、社会危害严重、群众反映强烈的严重犯罪，要坚决依法从严惩处；对于特定历史条件下、为了顺利完成企业改制而实施的违反国家政策法律规定的行为，行为人无主观恶意或者主观恶意不明显，情节较轻，危害不大的，可以不作为犯罪处理。

对于国家出资企业中的职务犯罪，要加大经济上的惩罚力度，充分重视财产刑的适用和执行，最大限度地挽回国家和人民利益遭受的损失。不能退赃的，在决定刑罚时，应当作为重要情节予以考虑。

【法研〔2011〕20号】 最高人民法院研究室关于个人独资企业员工能否成为职务侵占罪主体问题的复函（2011年2月15日答复公安部经济犯罪侦查局"公经商贸〔2011〕13号"征求意见函）①

刑法第271条第1款规定中的"单位"，包括"个人独资企业"。主要理

---

① 注：2011年2月18日公安部经济犯罪侦查局以"公经商贸〔2011〕29号"《通知》转发该《复函》答复天津市公安局经侦总队"公济〔2010〕582号"《请示》。

由是：

刑法第 30 条规定的单位犯罪的"单位"与刑法第 271 条第 1 款职务侵占罪的单位概念不尽一致，前者是指作为犯罪主体应当追究刑事责任的"单位"，后者是指财产被侵害需要刑法保护的"单位"，责任追究针对的是该"单位"中的个人。有关司法解释之所以规定，不具有法人资格的独资企业不能成为单位犯罪的主体，主要是考虑此类企业因无独立财产、个人与企业行为的界限难以区分；不具备独立承担刑事责任的能力。刑法第 271 条第 1 款立法的目的基于保护单位财产，惩处单位内工作人员利用职务便利，侵占单位财产的行为，因此该款规定中的"单位"应当也包括独资企业。

《个人独资企业法》第 26 条规定，被依法吊销营业执照的个人独资企业应当解散。鉴于本案被害单位在 2007 年 12 月 11 日已被吊销营业执照，对于此后实施的相关行为的性质认定，需要进一步核实相关案件被害单位是否已经解散。

【公经〔2012〕898 号】 公安部经济犯罪侦查局关于范×涉嫌职务侵占案犯罪主体问题的批复（经"公经〔2012〕824 号"征求最高人民检察院法律政策研究室意见①，2012 年 10 月 26 日答复天津市公安局经侦总队"公济〔2012〕429 号"《关于业主委员会工作人员能否构成职务侵占犯罪主体的请示》）②

倾向于同意你总队意见，即范×构成职务侵占犯罪主体。

【法释〔2015〕19 号】 最高人民法院关于《中华人民共和国刑法修正案（九）》时间效力问题的解释（2015 年 10 月 19 日最高法审委会第 1664 次会议通过，2015 年 10 月 29 日公布，2015 年 11 月 1 日施行）

第 7 条 对于 2015 年 10 月 31 日以前以捏造的事实提起民事诉讼，……

实施第 1 款行为，非法占有他人财产或者逃避合法债务，根据修正前刑法应当以诈骗罪、职务侵占罪或者贪污罪等追究刑事责任的，适用修正前刑法的有关规定。

【法释〔2016〕9 号】 最高人民法院、最高人民检察院关于办理贪污贿赂刑事案件适用法律若干问题的解释（2016 年 3 月 28 日最高人民法院审判委员会第 1680 次会议、2016 年 3 月 25 日最高人民检察院第 12 届检察委员会第 50 次会

---

① 注：最高检法律政策研究室的回复意见为：倾向于同意你局意见，即范×构成职务侵占犯罪主体。

② 注：该案，范×利用其担任业主委员会主任的职务便利，将小区警卫室用房对外出租后的租金占为己有。公安部经侦局倾向于认为业主委员会属于刑法第 271 条规定的"其他单位"。

议通过，2016年4月18日公布施行）

第11条（第1款） 刑法第163条规定的非国家工作人员受贿罪、第271条规定的职务侵占罪中的"数额较大""数额巨大"的数额起点，按照本解释关于受贿罪、贪污罪相对应的数额标准规定的2倍、5倍执行。[①]

第20条 本解释自2016年4月18日起施行。最高人民法院、最高人民检察院此前发布的司法解释与本解释不一致的，以本解释为准。

【法释〔2018〕17号】 **最高人民法院、最高人民检察院关于办理虚假诉讼刑事案件适用法律若干问题的解释**（2018年1月25日最高人民法院审判委员会第1732次会议、2018年6月13日最高人民检察院第13届检察委员会第2次会议通过，2018年9月26日公布，2018年10月1日起施行）

第4条 实施刑法第307条之一第1款行为，非法占有他人财产或者逃避合法债务，又构成诈骗罪，职务侵占罪，拒不执行判决、裁定罪，贪污罪等犯罪的，依照处罚较重的规定定罪从重处罚。

【法发〔2018〕18号】 **最高人民法院、最高人民检察院、公安部关于办理盗窃油气、破坏油气设备等刑事案件适用法律若干问题的意见**（2018年9月28日印发）

四、关于内外勾结盗窃油气行为的处理

行为人与油气企业人员勾结共同盗窃油气，没有利用油气企业人员职务便利，仅仅是利用其易于接近油气设备、熟悉环境等方便条件的，以盗窃罪的共同犯罪论处。[②]

实施上述行为，同时构成破坏易燃易爆设备罪的，依照处罚较重的规定定罪处罚。

---

① 注：根据《刑法》第383条"法释〔2016〕9号"《解释》第1条、第2条，贪污罪一般情形"数额较大""数额巨大"的数额起点是3万元、20万元；相应的职务侵占罪数额起点分别为6万元、100万元。《刑法修正案（十一）》施行后，《立案追诉标准（二）》（公通字〔2022〕12号）根据平等保护非公有制经济的立法精神，将职务侵占罪的立案追诉标准修改为3万元。

② 注：关于身份犯与非身份犯的共犯如何认定，理论上有主犯说、身份说、实行犯说、分别说，各种学说均有争议，操作起来都有难度。《最高人民法院关于审理贪污、职务侵占案件如何认定共同犯罪几个问题的解释》（法释〔2000〕15号）体现的基本立场是：一方有身份、一方无身份的，采取"身份犯说"；双方均有身份的，采取"主犯说"。自从贪污罪、职务侵占罪的定罪量刑标准作出调整以后，按照"身份犯说"，内外勾结，达到盗窃罪数额标准但是未能达到贪污罪、职务侵占罪数额标准的，反而不能定罪。有的地方甚至出现油田企业员工亨当主犯来让全体涉案人员逃避刑事处罚的情况。针对上述现象，《意见》着重强调对于"利用职务便利"的理解应当严格把握。

【高检发〔2020〕10号】 最高人民检察院关于充分发挥检察职能服务保障"六稳""六保"的意见（2020年7月21日第13届最高人民检察院党组第119次会议通过，2020年7月22日印发）①

3. 依法保护企业正常生产经营活动。深刻认识"六稳""六保"最重要的是稳就业、保就业，关键在于保企业，努力落实让企业"活下来""留得住""经营得好"的目标。一是加大力度惩治各类侵犯企业财产、损害企业利益的犯罪。依法严格追诉职务侵占、非国家工作人员受贿和挪用资金犯罪，根据犯罪数额和情节，综合考虑犯罪行为对民营企业经营发展、商业信誉、内部治理、外部环境的影响程度，精准提出量刑建议。对提起公诉前退还挪用资金或者具有其他情节轻微情形的，可以依法不起诉；对数额特别巨大拒不退还或者具有其他情节特别严重情形的，依法从严追诉。……

【发改价认办〔2020〕97号】 被盗财物价格认定规则（国家发改委价格认证中心2020年11月5日印发，2021年1月1日执行；发改价证办〔2014〕235号《规则》同时废止。详见本书关于《刑法》第264条"盗窃罪"的相关规定。）

第16条 抢劫罪、抢夺罪、诈骗罪、聚众哄抢公私财物罪、侵占罪、职务侵占罪、挪用特定款物罪、敲诈勒索罪等侵犯财产罪案件涉案财物价格认定，可以参照本规则执行。

【法〔2021〕281号】 最高人民法院关于深入开展虚假诉讼整治工作的意见（2021年11月4日印发，2021年11月10日施行）

十七、……实施虚假诉讼犯罪，非法占有他人财产或者逃避合法债务，又构成诈骗罪、职务侵占罪、拒不执行判决、裁定罪、贪污罪等犯罪的，依照处罚较重的罪名定罪并从重处罚。……

● **立案标准** 最高人民检察院、公安部关于公安机关管辖的刑事案件立案追诉标准的规定（二）（公通字〔2022〕8号，2022年4月6日印发，2022年5月15日施行；公通字〔2010〕23号《规定》、公通字〔2011〕47号《补充规定》同时废止）

第76条［职务侵占案（刑法第271条第1款）］ 公司、企业或者其他单

---

① 本《意见》（司法解释性质的检察业务文件）由最高人民检察院党组（而非检委会）讨论通过，较罕见。

位的人员，利用职务上的便利，将本单位财物非法占为己有，数额在3万元①以上的，应予立案追诉。

第83条　本规定中的立案追诉标准，除法律、司法解释、本规定中另有规定的以外，适用于相应的单位犯罪。

第84条　本规定中的"以上"，包括本数。

● 量刑指导　【法发〔2021〕21号】　最高人民法院、最高人民检察院关于常见犯罪的量刑指导意见（2021年6月16日印发，2021年7月1日试行；法发〔2017〕7号《指导意见》同时废止。删除线部分内容为2021年删除）②

四、常见犯罪的量刑

（十四）职务侵占罪

1. 构成职务侵占罪的，可以根据下列不同情形在相应的幅度内确定量刑起点：

（1）达到数额较大起点的，可以在1年（原为"2年"）以下有期徒刑、拘役幅度内确定量刑起点。

（2）达到数额巨大起点的，可以在3年至4年（原为"5年至6年"）有期徒刑幅度内确定量刑起点。

（3）达到数额特别巨大起点的，在10年至11年有期徒刑幅度内确定量刑起点。依法应当判处无期徒刑的除外。（本项新增）

2. 在量刑起点的基础上，可以根据职务侵占数额等其他影响犯罪构成的犯罪事实增加刑罚量，确定基准刑。

3. 构成职务侵占罪的，根据职务侵占的数额、危害后果等犯罪情节，综合考虑被告人缴纳罚金的能力，决定罚金数额。（本款新增）

4. 构成职务侵占罪的，综合考虑职务侵占的数额、手段、危害后果、退赃退赔等犯罪事实、量刑情节，以及被告人的主观恶性、人身危险性、认罪悔罪表现等因素，决定缓刑的适用。（本款新增）

---

① 注：本处调整了"法释〔2016〕9号"《解释》第11条第1款规定的入罪数额标准。

② 注：《意见》要求各省高院、检察院应当总结司法实践经验，按照规范、实用、符合司法实际的原则共同研制"实施细则"，经审委会、检委会通过后，分别报最高法、最高检备案审查，与《意见》同步实施。

其他判处有期徒刑的案件，可以参照量刑的指导原则、基本方法和常见量刑情节的适用规范量刑。

第 272 条 【挪用资金罪】公司、企业或者其他单位的工作人员，利用职务上的便利，挪用本单位资金归个人使用或者借贷给他人，数额较大、超过三个月未还的，或者虽未超过三个月，但数额较大、进行营利活动的，或者进行非法活动的，处三年以下有期徒刑或者拘役；挪用本单位资金数额巨大的，处三年以上七年以下有期徒刑；数额特别巨大的，处七年以上有期徒刑。①

国有公司、企业或者其他国有单位中从事公务的人员和国有公司、企业或者其他国有单位委派到非国有公司、企业以及其他单位从事公务的人员有前款行为的，依照本法第三百八十四条的规定定罪处罚。

有第一款行为，在提起公诉前将挪用的资金退还的，可以从轻或者减轻处罚。其中，犯罪较轻的，可以减轻或者免除处罚。②

● **条文注释** 构成第 272 条第 1 款规定的挪用资金罪，必须满足以下条件：(1) 犯罪主体是特殊主体，即企业或其他单位中的非国家工作人员；(2) 行为人有非法挪用本单位资金的主观故意，并实施了该行为；(3) 实施挪用行为时利用了职务上的便利；(4) 数额较大、超过 3 个月未还，或者数额较大、进行营利活动，或者进行非法活动。

第 272 条规定中的"单位"，既包括正式成立的单位，也包括依照法律程序正在筹建的单位。"个人"，包括挪用人本人和其他人；"他人"，包括其他自然人和单位。"营利活动"包括经营活动和其他获取利润的行为；"非法活动"既包括行政违法行为，如赌博、嫖娼等，也包括犯罪活动，如走私、贩毒等。

《刑法修正案（十一）》增设本条第 3 款规定后，挪用资金罪成为现行刑法中第二个对经济犯罪规定"退赃"可以免除处罚的罪名（另一个是《刑法》第

---

① 本款规定原为："公司、企业或者其他单位的工作人员，利用职务上的便利，挪用本单位资金归个人使用或者借贷给他人，数额较大、超过三个月未还的，或者虽未超过三个月，但数额较大、进行营利活动的，或者进行非法活动的，处三年以下有期徒刑或者拘役；挪用本单位资金数额巨大的，或者数额较大不退还的，处三年以上十年以下有期徒刑。"2020 年 12 月 26 日第 13 届全国人大常委会第 24 次会议通过的《刑法修正案（十一）》（主席令第 66 号公布，2021 年 3 月 1 日起施行）降低了第二档刑罚的适用条件及刑期，并增设了第三档刑期。

② 本款规定由 2020 年 12 月 26 日第 13 届全国人大常委会第 24 次会议通过的《刑法修正案（十一）》（主席令第 66 号公布）增设，2021 年 3 月 1 日起施行。

383条对贪污罪的量刑规定)。

需要注意的是：

(1) 挪用资金罪的犯罪主体只能是特定的自然人，不能是单位。具有国家工作人员身份的人，实施第272条第1款规定的行为，则应当依照《刑法》第384条的规定，以"挪用公款罪"定罪处罚。

(2) 如果国家工作人员与非国家工作人员勾结，分别利用各自的职务便利，共同挪用本单位的资金，则作为共同犯罪，根据主犯的身份性质定罪处罚。

(3)《刑法修正案（十一）》施行后，挪用资金罪第二档刑期的刑事追诉期限由15年降至10年。

● **相关规定**　【法工委刑发〔2004〕28号】　全国人民代表大会常务委员会法制工作委员会刑法室关于挪用资金罪有关问题的答复（2004年9月8日答复公安部经济犯罪侦查局"公经〔2004〕141号"请示)[①]

刑法第272条规定的挪用资金罪中的"归个人使用"与刑法第384条规定的挪用公款罪中的"归个人使用"的含义基本相同。97年修改刑法时，针对当时挪用资金中比较突出的情况，在规定"归个人使用"的同时，进一步明确了"借贷给他人"属于挪用资金罪的一种表现形式。

【高检发释字〔1997〕5号】　最高人民检察院关于挪用国库券如何定性问题的批复（1997年10月13日答复宁夏回族自治区人民检察院"宁检发字〔1997〕43号"请示）

国家工作人员利用职务上的便利，挪用公有或本单位的国库券的行为以挪用公款论；符合刑法第384条、第272条第2款规定的情形构成犯罪的，按挪用公款罪追究刑事责任。

【法释〔2000〕5号】　最高人民法院关于对受委托管理、经营国有财产人员挪用国有资金行为如何定罪问题的批复（2000年2月13日最高人民法院审判委员会第1099次会议通过，2000年2月16日公布，答复江苏省高级人民法院"苏高法〔1999〕94号"请示，2000年2月24日起施行）

对于受国家机关、国有公司、企业、事业单位、人民团体委托，管理、经营国有财产的非国家工作人员，利用职务上的便利，挪用国有资金归个人使用构成犯罪的，应当依照刑法第272条第1款的规定定罪处罚。

[①] 公安部经济犯罪侦查局于2004年9月8日以"公经〔2004〕1455号"《批复》引用该《答复》中的内容答复湖北省公安厅经侦总队"厅经侦〔2004〕67号"《请示》。

【法释〔2000〕22号】 最高人民法院关于如何理解《刑法》第二百七十二条规定的"挪用本单位资金归个人使用或借贷给他人"问题的批复（2000年6月30日最高人民法院审判委员会第1121次会议通过，2000年7月20日公布，答复新疆维吾尔自治区高级人民法院"新高法〔1998〕193号"请示，2000年7月27日起施行）

公司、企业或者其他单位的非国家工作人员，利用职务上的便利，挪用本单位资金归本人或其他自然人使用，或者挪用人以个人名义将所挪用的资金借给其他自然人和单位，构成犯罪的，应当依照刑法第272条第1款的规定定罪处罚。

【高检发研字〔2000〕19号】 最高人民检察院关于挪用尚未注册成立公司资金的行为适用法律问题的批复（2000年10月9日答复江苏省人民检察院"苏检发研字〔1999〕第8号"请示）

筹建公司的工作人员在公司登记注册前，利用职务上的便利，挪用准备设立的公司在银行开设的临时账户上的资金，归个人使用或者借贷给他人，数额较大、超过3个月未还的，或者虽未超过3个月，但数额较大、进行营利活动的，或者进行非法活动的，应当根据刑法第272条的规定，追究刑事责任。

最高人民检察院研究室关于非国家工作人员涉嫌职务犯罪案件管辖问题的意见（2001年4月10日答复公安部经济犯罪侦查局"公经〔2001〕248号"请示）[①]

鉴于职务犯罪案件的特殊性，对于非国家工作人员涉嫌职务犯罪案件的侦查管辖问题，原则上以犯罪嫌疑人工作单位所在地的公安机关管辖为宜，如果由犯罪行为实施地或者犯罪嫌疑人居住地的公安机关管辖更为适宜的，也可以由犯罪行为实施地或者犯罪嫌疑人居住地的公安机关管辖。

【公法〔2001〕83号】 公安部关于村民小组组长以本组资金为他人担保贷款如何定性处理问题的批复（2001年4月26日答复陕西省公安厅请示）

村民小组组长利用职务上的便利，擅自将村民小组的集体财产为他人担保贷款，并以集体财产承担担保责任的，属于挪用本单位资金归个人使用的行为。构成犯罪的，应当依照刑法第272条第1款的规定，以挪用资金罪追究行为人的刑事责任。

---

① 注：公安部经济犯罪侦查局于2003年4月21日以"公经〔2003〕436号"文件将该《意见》在网上公布，要求各地公安机关参照执行。

【法刊文摘】　最高法研究室关于村民小组是否属于刑法第二百七十二条规定的"其他单位"问题的研究意见①

刑法第 272 条规定的"其他单位"包括村民小组，村民小组组长可以成为挪用资金罪的犯罪主体。村民小组组长利用职务上的便利，挪用本单位资金归个人使用或者借贷给他人，数额较大、超过 3 个月未还的，或者虽未超过 3 个月，但数额较大、进行营利活动的，或者进行非法活动的，应当依照刑法第 272 条第 1 款的规定，以挪用资金罪定罪处罚。

【公经〔2007〕938 号】　公安部经济犯罪侦查局关于对居民小组下设生产队认定问题的批复（2007 年 4 月 29 日答复福建省公安厅经侦总队"闽公经〔2007〕52 号"请示）

根据罪刑法定原则，不宜将最高法《关于村民小组组长利用职务便利非法占有公共财物行为如何定性问题的批复》（1999 年 6 月 25 日）类推适用于"居民小组"以及其下设的生产队。在法律、法规以及司法解释没有明确规定的情况下，不宜将"居民小组"以及其下设的生产队认定为刑法意义上的"其他单位"。

【法〔2001〕8 号】　全国法院审理金融犯罪案件工作座谈会纪要（最高人民法院 2001 年 1 月 21 日印发）

（二）关于破坏金融管理秩序罪

3. 用账外客户资金非法拆借、发放贷款行为的认定和处罚

第 2 款　审理银行或者其他金融机构及其工作人员用账外客户资金非法拆借、发放贷款案件，要注意将用账外客户资金非法拆借、发放贷款的行为与挪用公款罪和挪用资金罪区别开来。对于利用职务上的便利，挪用已经记入金融机构法定存款账户的客户资金归个人使用的，或者吸收客户资金不入账，却给客户开具银行存单，客户也认为将款已存入银行，该款却被行为人以个人名义借贷给他人的，均应认定为挪用公款罪或者挪用资金罪。

---

① 注：村民小组组长可以成为挪用资金罪的犯罪主体，其理由如下：

1. 村民小组为村民委员会的下设机构，因此，村民小组组长不属于国家工作人员的范畴，也不属于"其他依法从事公务的人员"。

2. 法释〔1999〕12 号司法解释已经将村民小组理解为《刑法》第 271 条第 1 款规定的"其他单位"；法发〔2008〕33 号《意见》第 2 条也明确规定《刑法》第 163 条、第 164 条规定的"其他单位"包括村民小组。根据司法解释和规范性文件的一贯立场，宜将"村民小组"归入《刑法》第 272 条规定的"其他单位"。

最高人民法院研究室编：《司法研究与指导》（总第 1 辑），人民法院出版社 2012 年版，第 160 页。

【公经〔2002〕1604号】　公安部经济犯罪侦查局关于对挪用资金罪有关问题请示的答复（2002年12月24日答复山东省公安厅经侦总队"鲁公经〔2002〕713号"请示）

对于在经济往来中所涉及的暂收、预收、暂存其他单位或个人的款项、物品，或者对方支付的货款、交付的货物等，如接收人已以单位名义履行接收手续的，所接收的财、物应视为该单位资产。

【法释〔2003〕8号】　最高人民法院、最高人民检察院关于办理妨害预防、控制突发传染病疫情等灾害的刑事案件具体应用法律若干问题的解释（2003年5月13日最高人民法院审判委员会第1269次会议、2003年5月13日最高人民检察院第10届检察委员会第3次会议通过，2003年5月14日公布，2003年5月15日起施行）

第14条（第1款）　贪污、侵占用于预防、控制突发传染病疫情等灾害的款物或者挪用归个人使用，构成犯罪的，分别依照刑法第382条、第383条、第271条、第384条、第272条的规定，以贪污罪、职务侵占罪、挪用公款罪、挪用资金罪定罪，依法从重处罚。

第18条　本解释所称"突发传染病疫情等灾害"，是指突然发生，造成或者可能造成社会公众健康严重损害的重大传染病疫情、群体性不明原因疾病以及其他严重影响公众健康的灾害。

【法发〔2020〕7号】　最高人民法院、最高人民检察院、公安部、司法部关于依法惩治妨害新型冠状病毒感染肺炎疫情防控违法犯罪的意见（2020年2月6日印发）

二、准确适用法律，依法严惩妨害疫情防控的各类违法犯罪

（七）依法严惩疫情防控失职渎职、贪污挪用犯罪。……

（第4款）　国家工作人员，受委托管理国有财产的人员，公司、企业或者其他单位的人员，利用职务便利，侵吞、截留或者以其他手段非法占有用于防控新型冠状病毒感染肺炎的款物，或者挪用上述款物归个人使用，符合刑法第382条、第383条、第271条、第384条、第272条规定的，以贪污罪、职务侵占罪、挪用公款罪、挪用资金罪定罪处罚。挪用用于防控新型冠状病毒感染肺炎的救灾、优抚、救济等款物，符合刑法第273条规定的，对直接责任人员，以挪用特定款物罪定罪处罚。

**【法研〔2004〕38号】　最高人民法院研究室关于对行为人通过伪造国家机关公文、证件担任国家工作人员职务并利用职务上的便利侵占本单位财物、

收受贿赂、挪用本单位资金等行为如何适用法律问题的答复（2004年3月20日答复北京市高级人民法院"京高法〔2004〕15号"请示）

行为人通过伪造国家机关公文、证件担任国家工作人员职务以后，又利用职务上的便利实施侵占本单位财物、收受贿赂、挪用本单位资金等行为，构成犯罪的，应当分别以伪造国家机关公文、证件罪和相应的贪污罪、受贿罪、挪用公款罪等追究刑事责任，实行数罪并罚。

【法研〔2004〕102号】　最高人民法院研究室关于挪用退休职工社会养老金行为如何适用法律问题的复函（2004年7月9日答复公安部经济犯罪侦查局"公经〔2004〕916号"请示）

退休职工养老保险金不属于我国刑法中的救灾、抢险、防汛、优抚、扶贫、移民、救济等特定款物的任何一种。因此，对于挪用退休职工养老保险金的行为，构成犯罪时，不能以挪用特定款物罪追究刑事责任，而应当按照行为人身份的不同，分别以挪用资金罪或者挪用公款罪追究刑事责任。

【公经〔2004〕643号】　公安部经济犯罪侦查局关于宗教活动场所工作人员能否构成职务侵占或挪用资金犯罪主体的批复（2004年4月30日答复山西省公安厅经侦总队"晋公经〔2004〕034号"请示）

根据《宗教活动场所管理条例》（国务院第145号令）等有关规定，宗教活动场所属于刑法第271条和第272条所规定的"其他单位"的范围。宗教活动场所的财产属于公共财产或信教公民共有财产，受法律保护，任何组织和个人不得侵占、哄抢、私分和非法处分宗教团体、宗教活动场所的合法财产。宗教活动场所的管理人员利用职务之便，侵占或挪用宗教活动场所公共财产的，可以构成职务侵占罪或挪用资金罪。

【公经〔2004〕1455号】　公安部经济犯罪侦查局关于对挪用资金罪中"归个人使用"有关问题的批复（经征求全国人大法工委刑法室意见，2004年9月8日答复湖北省公安厅经侦总队"厅经侦〔2004〕67号"请示）

《中华人民共和国刑法》第272条规定的挪用资金罪中的"归个人使用"与《中华人民共和国刑法》第384条规定的挪用公款罪中的"归个人使用"的含义基本相同。在理解时，可以参照2002年4月28日第9届全国人民代表大会常务委员会第27次会议通过的全国人大常委会关于《中华人民共和国刑法》第384条第1款的解释。

【公通字〔2005〕2号】 最高人民法院、最高人民检察院、公安部关于开展集中打击赌博违法犯罪活动专项行动有关工作的通知（2005年1月10日）

二、……对实施贪污、挪用公款、职务侵占、挪用单位资金、挪用特定款物、受贿等犯罪，并将犯罪所得的款物用于赌博的，分别依照刑法有关规定从重处罚；同时构成赌博罪的，应依照刑法规定实行数罪并罚。……

【法发〔2010〕49号】 最高人民法院、最高人民检察院关于办理国家出资企业中职务犯罪案件具体应用法律若干问题的意见（2010年11月26日印发）

三、关于国家出资企业工作人员使用改制公司、企业的资金担保个人贷款，用于购买改制公司、企业股份的行为的处理

国家出资企业的工作人员在公司、企业改制过程中为购买公司、企业股份，利用职务上的便利，将公司、企业的资金或者金融凭证、有价证券等用于个人贷款担保的，依照刑法第272条或者第384条的规定，以挪用资金罪或者挪用公款罪定罪处罚。①

行为人在改制前的国家出资企业持有股份的，不影响挪用数额的认定，但量刑时应当酌情考虑。

经有关主管部门批准或者按照有关政策规定，国家出资企业的工作人员为购买改制公司、企业股份实施前款行为的，可以视具体情况不作为犯罪处理。

六、关于国家出资企业中国家工作人员的认定

经国家机关、国有公司、企业、事业单位提名、推荐、任命、批准等，在国有控股、参股公司及其分支机构中从事公务的人员，应当认定为国家工作人员。具体的任命机构和程序，不影响国家工作人员的认定。

经国家出资企业中负有管理、监督国有资产职责的组织批准或者研究决定，代表其在国有控股、参股公司及其分支机构中从事组织、领导、监督、经营、管理工作的人员，应当认定为国家工作人员。

国家出资企业中的国家工作人员，在国家出资企业中持有个人股份或者同时接受非国有股东委托的，不影响其国家工作人员身份的认定。

七、关于国家出资企业的界定

本意见所称"国家出资企业"，包括国家出资的国有独资公司、国有独资企业，以及国有资本控股公司、国有资本参股公司。

---

① 注：如果行为人的身份属于国家工作人员，则依照《刑法》第384条的规定，以挪用公款罪定罪处罚；如果行为人的身份属于非国家工作人员，则依照《刑法》第272条的规定，以挪用资金罪定罪处罚。

是否属于国家出资企业不清楚的，应遵循"谁投资、谁拥有产权"的原则进行界定。企业注册登记中的资金来源与实际出资不符的，应根据实际出资情况确定企业的性质。企业实际出资情况不清楚的，可以综合工商注册、分配形式、经营管理等因素确定企业的性质。

八、关于宽严相济刑事政策的具体贯彻

办理国家出资企业中的职务犯罪案件时，要综合考虑历史条件、企业发展、职工就业、社会稳定等因素，注意具体情况具体分析，严格把握犯罪与一般违规行为的区分界限。对于主观恶意明显、社会危害严重、群众反映强烈的严重犯罪，要坚决依法从严惩处；对于特定历史条件下、为了顺利完成企业改制而实施的违反国家政策法律规定的行为，行为人无主观恶意或者主观恶意不明显，情节较轻，危害不大的，可以不作为犯罪处理。

对于国家出资企业中的职务犯罪，要加大经济上的惩罚力度，充分重视财产刑的适用和执行，最大限度地挽回国家和人民利益遭受的损失。不能退赃的，在决定刑罚时，应当作为重要情节予以考虑。

【法释〔2016〕9号】 最高人民法院、最高人民检察院关于办理贪污贿赂刑事案件适用法律若干问题的解释（2016年3月28日最高人民法院审判委员会第1680次会议、2016年3月25日最高人民检察院第12届检察委员会第50次会议通过，2016年4月18日公布施行）

第11条（第2款） 刑法第272条规定的挪用资金罪中的"数额较大""数额巨大"以及"进行非法活动"情形的数额起点，按照本解释关于挪用公款罪"数额较大""情节严重"以及"进行非法活动"的数额标准[1]规定的2倍执行。

第20条 本解释自2016年4月18日起施行。最高人民法院、最高人民检察院此前发布的司法解释与本解释不一致的，以本解释为准。

【高检发〔2020〕10号】 最高人民检察院关于充分发挥检察职能服务保障"六稳""六保"的意见（2020年7月21日第13届最高人民检察院党组第119次会议通过，2020年7月22日印发）[2]

3. 依法保护企业正常生产经营活动。深刻认识"六稳""六保"最重要的是稳就业、保就业，关键在于保企业，努力落实让企业"活下来""留得住"

---

[1] 注：挪用公款罪的数额标准详见本书关于《刑法》第384条的相关规定"法释〔2016〕9号"第5条、第6条。

[2] 本《意见》（司法解释性质的检察业务文件）由最高人民检察院党组（而非检委会）讨论通过，较罕见。

"经营得好"的目标。一是加大力度惩治各类侵犯企业财产、损害企业利益的犯罪。依法严格追诉职务侵占、非国家工作人员受贿和挪用资金犯罪，根据犯罪数额和情节，综合考虑犯罪行为对民营企业经营发展、商业信誉、内部治理、外部环境的影响程度，精准提出量刑建议。对提起公诉前退还挪用资金或者具有其他情节轻微情形的，可以依法不起诉；对数额特别巨大拒不退还或者具有其他情节特别严重情形的，依法从严追诉。……

● **立案标准** 最高人民检察院、公安部关于公安机关管辖的刑事案件立案追诉标准的规定（二）（公通字〔2022〕8号，2022年4月6日印发，2022年5月15日施行；公通字〔2010〕23号《规定》、公通字〔2011〕47号《补充规定》同时废止）

第77条　[挪用资金案（刑法第272条第1款）]　公司、企业或者其他单位的工作人员，利用职务上的便利，挪用本单位资金归个人使用或者借贷给他人，涉嫌下列情形之一的，应予立案追诉：（一）挪用本单位资金数额在5万元以上，超过3个月未还的；（二）挪用本单位资金数额在5万元以上，进行营利活动的；（三）挪用本单位资金数额在3万元以上，进行非法活动的。

具有下列情形之一的，属于本条规定的"归个人使用"：（一）将本单位资金供本人、亲友或者其他自然人使用的；（二）以个人名义将本单位资金供其他单位使用的；（三）个人决定以单位名义将本单位资金供其他单位使用，谋取个人利益的。

第83条　本规定中的立案追诉标准，除法律、司法解释、本规定中另有规定的以外，适用于相应的单位犯罪。

第84条　本规定中的"以上"，包括本数。

第273条　【挪用特定款物罪】 挪用用于救灾、抢险、防汛、优抚、扶贫、移民、救济款物，情节严重，致使国家和人民群众利益遭受重大损害的，对直接责任人员，处三年以下有期徒刑或者拘役；情节特别严重的，处三年以上七年以下有期徒刑。

● **条文注释**　构成第273条规定的挪用特定款物罪，必须满足以下条件：（1）犯罪主体是特殊主体，即对挪用行为负有责任的主管人员、直接实施挪用行为的人员，如会计人员、款物的发放人员、指使挪用的有关人员等；（2）行为人有非法挪用特定款物的主观故意，并实施了该行为；（3）情节"严重"以上，致

使国家和人民群众的利益遭受重大损害。

这里的"特定款物",专指用于救灾、抢险、防汛、优抚、扶贫、移民、救济的钱款和物资。

这里的"挪用",是指不经合法批准,擅自将自己经手、管理的特定款物调拨、使用到其他方面,如将失业保险基金或下岗职工基本生活保障资金挪作修建楼堂馆所、投资工业建设等。

"情节严重",主要是指挪用特定款物的数额较大,或给人民群众的生产和生活造成严重危害,或挪用特别重要紧急款物,或者挪用手段特别恶劣,造成极坏影响等。

需要注意的是:构成第273条规定的挪用特定款物罪,行为人挪用的目的必须是用于单位的其他项目。如果挪用上述特定款物归个人使用,构成犯罪的,应依照《刑法》第384条的规定,以挪用公款罪定罪处罚。

● **相关规定**　【高检发释字〔2000〕1号】　最高人民检察院关于国家工作人员挪用非特定公物能否定罪的请示的批复（2000年3月6日最高人民检察院第9届检察委员会第57次会议通过,2000年3月15日公布,答复山东省人民检察院"鲁检发研字〔1999〕第3号"请示）

……刑法第384条规定的挪用公款罪中未包括挪用非特定公物归个人使用的行为,对该行为不以挪用公款罪论处。如构成其他犯罪的,依照刑法的相关规定定罪处罚。

【高检发释字〔2003〕1号】　最高人民检察院关于挪用失业保险基金和下岗职工基本生活保障资金的行为适用法律问题的批复（2003年1月13日最高人民检察院第9届检察委员会第118次会议通过,2003年1月28日公布,答复辽宁省人民检察院"辽检发研字〔2002〕9号"请示,2003年1月30日起施行）

挪用失业保险基金和下岗职工基本生活保障资金属于挪用救济款物。挪用失业保险基金和下岗职工基本生活保障资金,情节严重,致使国家和人民群众利益遭受重大损害的,对直接责任人员,应当依照刑法第273条的规定,以挪用特定款物罪追究刑事责任;国家工作人员利用职务上的便利,挪用失业保险基金和下岗职工基本生活保障资金归个人使用,构成犯罪的,应当依照刑法第384条的规定,以挪用公款罪追究刑事责任。

最高人民检察院研究室关于非国家工作人员涉嫌职务犯罪案件管辖问题的意见（2001年4月10日答复公安部经济犯罪侦查局"公经〔2001〕248号"请示）①

鉴于职务犯罪案件的特殊性，对于非国家工作人员涉嫌职务犯罪案件的侦查管辖问题，原则上以犯罪嫌疑人工作单位所在地的公安机关管辖为宜，如果由犯罪行为实施地或者犯罪嫌疑人居住地的公安机关管辖更为适宜的，也可以由犯罪行为实施地或者犯罪嫌疑人居住地的公安机关管辖。

【法释〔2003〕8号】 最高人民法院、最高人民检察院关于办理妨害预防、控制突发传染病疫情等灾害的刑事案件具体应用法律若干问题的解释（2003年5月13日最高人民法院审判委员会第1269次会议、2003年5月13日最高人民检察院第10届检察委员会第3次会议通过，2003年5月14日公布，2003年5月15日起施行）

第14条（第2款） 挪用用于预防、控制突发传染病疫情等灾害的救灾、优抚、救济等款物，构成犯罪的，对直接责任人员，依照刑法第273条的规定，以挪用特定款物罪定罪处罚。

第18条 本解释所称"突发传染病疫情等灾害"，是指突然发生，造成或者可能造成社会公众健康严重损害的重大传染病疫情、群体性不明原因疾病以及其他严重影响公众健康的灾害。

【法研〔2003〕16号】 最高人民法院研究室关于挪用民族贸易和民族用品生产贷款利息补贴行为如何定性问题的复函（2003年2月24日答复公安部经济犯罪侦查局"公经〔2002〕1176号"请示）②

中国人民银行给予中国农业银行发放民族贸易和民族用品生产贷款的利息补贴，不属于刑法第273条规定的特定款物。

【法研〔2004〕102号】 最高人民法院研究室关于挪用退休职工社会养老金行为如何适用法律问题的复函（2004年7月9日答复公安部经济犯罪侦查局"公经〔2004〕916号"请示）

退休职工养老保险金不属于我国刑法中的救灾、抢险、防汛、优抚、扶贫、

---

① 注：公安部经济犯罪侦查局于2003年4月21日以"公经〔2003〕436号"文件将该《意见》在网上公布，要求各地公安机关参照执行。
② 注：公安部经济犯罪侦查局于2003年3月12日以"公经〔2003〕265号"文件将该《复函》转发，答复湖北省公安厅经侦总队《关于"民族优惠息"是否属特定款物的请示》。

移民、救济等特定款物的任何一种。因此，对于挪用退休职工养老保险金的行为，构成犯罪时，不能以挪用特定款物罪追究刑事责任，而应当按照行为人身份的不同，分别以挪用资金罪或者挪用公款罪追究刑事责任。

【公通字〔2005〕2号】 最高人民法院、最高人民检察院、公安部关于开展集中打击赌博违法犯罪活动专项行动有关工作的通知（2005年1月10日）

二、……对实施贪污、挪用公款、职务侵占、挪用单位资金、挪用特定款物、受贿等犯罪，并将犯罪所得的款物用于赌博的，分别依照刑法有关规定从重处罚；同时构成赌博罪的，应依照刑法规定实行数罪并罚。……

【发改价认办〔2020〕97号】 被盗财物价格认定规则（国家发改委价格认证中心2020年11月5日印发，2021年1月1日执行；发改价证办〔2014〕235号《规则》同时废止）①

第16条 抢劫罪、抢夺罪、诈骗罪、聚众哄抢公私财物罪、侵占罪、职务侵占罪、挪用特定款物罪、敲诈勒索罪等侵犯财产罪案件涉案财物价格认定，可以参照本规则执行。

● 立案标准 【公通字〔2010〕23号】 最高人民检察院、公安部关于公安机关管辖的刑事案件立案追诉标准的规定（二）（2010年5月7日印发施行；2022年5月15日被公通字〔2022〕8号同名《规定》废止）

第86条［挪用特定款物案（刑法第273条）］ 挪用用于救灾、抢险、防汛、优抚、扶贫、移民、救济款物，涉嫌下列情形之一的，应予立案追诉：

（一）挪用特定款物数额在5000元以上的；

（二）造成国家和人民群众直接经济损失数额在5万元以上的；

（三）虽未达到上述数额标准，但多次挪用特定款物的，或者造成人民群众的生产、生活严重困难的；

（四）严重损害国家声誉，或者造成恶劣社会影响的；

（五）其他致使国家和人民群众利益遭受重大损害的情形。

第88条 本规定中的"虽未达到上述数额标准"，是指接近上述数额标准且已达到该数额的80%以上的。

第91条 本规定中的"以上"，包括本数。

---

① 详见本书关于《刑法》第264条"盗窃罪"的相关规定。为节减篇幅，本处存目。

第 274 条[①] 【敲诈勒索罪】敲诈勒索公私财物,数额较大或者多次敲诈勒索的,处三年以下有期徒刑、拘役或者管制,并处或者单处罚金;数额巨大或者有其他严重情节的,处三年以上十年以下有期徒刑,并处罚金;数额特别巨大或者有其他特别严重情节的,处十年以上有期徒刑,并处罚金。

● **条文注释** 敲诈勒索,指行为人对被害人实施威胁或要挟的方法,迫使其交付数额较大的财物的行为。"威胁或要挟的方法",是指对公私财物所有者、保管者给予精神上的强制,造成其心理上一定程度的恐惧,以至于不敢反抗。威胁或要挟的内容可能涉及被害人的诸方面利益,包括合法与非法利益,通常表现为:(1)在一定时间或条件下,对被害人及其亲属的人身暴力的威胁;(2)以毁坏被害人的人格、名誉相威胁;(3)以毁坏财物相威胁;(4)以揭发被害人的隐私或弱点相威胁、要挟;(5)以在信息网络上发布、删除等方式处理网络信息为由,威胁、要挟他人;(6)以其他方法进行威胁,如利用栽赃陷害相威胁、要挟等。

构成第 274 条规定的敲诈勒索罪,必须具备以下条件:(1)行为人有非法占有他人财物的主观故意;(2)行为人实施了以威胁或要挟的方法迫使被害人交付财物的行为;(3)数额较大或多次敲诈勒索,或者有其他的加重情节(具体界定标准依照"法释〔2013〕10 号"解释的相关规定)。

在司法实践中需要注意的是:

(1)敲诈勒索应当是以实施非法行为作为威胁或要挟的手段。行为人如果以举报、投诉或者上访、诉讼等方式作为"威胁",也可能使对方产生心理畏惧;但法律不应当鼓励双方为了规避法律责任而采取私下交易的行为。例如,甲看见乙杀人,索要钱财,否则举报。如果甲行为有罪,那么乙只要记录该行为,或者先行给予一定的钱额,即可反向制约甲,从而使甲不敢再举报。如果甲行为无罪,那么乙可能要承受长期的甚至越来越多的勒索;其摆脱敲诈的唯一正确途径就是投案自首,争取依法宽大处理。

(2)要注意区分敲诈勒索罪与抢劫罪的界限:敲诈勒索罪的威胁行为仅使

[①] 第 274 条是根据 2011 年 2 月 25 日第 11 届全国人民代表大会常务委员会第 19 次会议通过的《刑法修正案(八)》(主席令第 41 号公布,2011 年 5 月 1 日起施行)而修改,原条文内容为:"敲诈勒索公私财物,数额较大的,处三年以下有期徒刑、拘役或者管制;数额巨大或者有其他严重情节的,处三年以上十年以下有期徒刑。"

被害人产生畏惧心理,并以交出公私财物为限,被害人尚有相当程度的意志自由和延缓的余地;在抢劫罪中,被害人的人身安全受到现实的威胁,已没有延缓的余地。

(3) 要注意区分敲诈勒索罪与绑架罪的界限:敲诈勒索罪是以威胁或要挟的方法迫使被害人交付财物;而绑架罪是绑架劫持人质限制其自由,并以杀害伤害被劫持人等威胁其家属或单位交付财物。另外,如果行为人虚假声称绑架了人质(但实际上并没有绑架),勒索他人财物的,应当属于敲诈勒索行为。

(4) 冒充人民警察抓卖淫嫖娼、赌博等违法行为,以罚款或没收赌资为名非法占有财物的,属于《刑法》第 279 条规定的招摇撞骗行为;但如果冒充联防人员实施上述行为,则属于第 274 条规定的敲诈勒索行为。在实施上述行为中使用暴力或者以使用暴力相威胁的,依照《刑法》第 263 条的规定,以抢劫罪定罪处罚。

(5) 政府部门同样可以成为敲诈勒索的犯罪对象。但政府机关为了息诉、息访,而主动或被动给付财物或者其他利益的,属于行政协议的范畴,一般不应当视为被敲诈勒索。

● **相关规定** 【公通字〔2013〕25 号】 公安部关于公安机关处置信访活动中违法犯罪行为适用法律的指导意见(2013 年 7 月 19 日印发)

三、对侵犯人身权利、财产权利违法犯罪行为的处理

8. 以制造社会影响、采取极端闹访行为、持续缠访闹访等威胁、要挟手段,敲诈勒索,符合《治安管理处罚法》第 49 条规定的,以敲诈勒索依法予以治安管理处罚;符合《刑法》第 274 条规定的,以敲诈勒索罪追究刑事责任。

【法释〔2013〕10 号】 最高人民法院、最高人民检察院关于办理敲诈勒索刑事案件适用法律若干问题的解释(2013 年 4 月 15 日最高法审委会第 1575 次会议、2013 年 4 月 1 日最高检第 12 届检委会第 2 次会议通过,2013 年 4 月 23 日公布,2013 年 4 月 27 日施行;2000 年 5 月 18 日施行的法释〔2000〕11 号《最高人民法院关于敲诈勒索罪数额认定标准问题的规定》同时废止)

第 1 条 敲诈勒索公私财物价值 2000 元至 5000 元以上、3 万元至 10 万元以上、30 万元至 50 万元以上的,应当分别认定为刑法第 274 条规定的"数额较

大"、"数额巨大"、"数额特别巨大"。①

各省、自治区、直辖市高级人民法院、人民检察院可以根据本地区经济发展状况和社会治安状况,在前款规定的数额幅度内,共同研究确定本地区执行的具体数额标准,报最高人民法院、最高人民检察院批准。

第 2 条　敲诈勒索公私财物,具有下列情形之一的,"数额较大"的标准可以按照本解释第 1 条规定标准的 50% 确定:②

(一) 曾因敲诈勒索受过刑事处罚的;

(二) 1 年内曾因敲诈勒索受过行政处罚的;③

(三) 对未成年人、残疾人、老年人或者丧失劳动能力人敲诈勒索的;④

(四) 以将要实施放火、爆炸等危害公共安全犯罪或者故意杀人、绑架等严重侵犯公民人身权利犯罪相威胁敲诈勒索的;

(五) 以黑恶势力名义敲诈勒索的;⑤

(六) 利用或者冒充国家机关工作人员、军人、新闻工作者等特殊身份敲诈勒索的;

(七) 造成其他严重后果的。⑥

第 3 条　2 年内敲诈勒索 3 次以上的,应当认定为刑法第 274 条规定的"多次敲诈勒索"。

第 4 条　敲诈勒索公私财物,具有本解释第 2 条第三项至第七项规定的情形

---

① 注:鉴于敲诈勒索案件的被害人往往有报案、寻求救济的时机,具有"半自愿性"地交付财物的特征,其社会危害性总体上居于诈骗罪和盗窃罪之间。因此,确定该罪的入罪门槛略高于盗窃罪,但又略低于诈骗罪,"数额巨大"、"数额特别巨大"的确定标准也基本遵循此原则。

[见《〈最高人民法院、最高人民检察院关于办理盗窃刑事案件适用法律若干问题的解释〉的理解与适用》,刊于最高法研究室编的《司法研究与指导》(总第 4 辑),人民法院出版社 2014 年版。下同]

② 注:需要特别指出的是,具有本条规定的七种情形之一的,只是"可以"而非"应当"降低入罪数额门槛。因此,如综合考虑全案情节,降低入罪数额门槛明显有失妥当的,也可例外地不适用本条规定。如冒充黑恶势力敲诈勒索,行为人只是随口一说,甚至带有玩笑色彩,明显不足信,对方也根本没有因此感到恐惧的,则不宜适用本条规定。(见《司法研究与指导》总第 4 辑)

③ 注:本项规定的"1 年内",应当从行政处罚执行完毕之日,而不是从行政处罚决定之日起计算。(见《司法研究与指导》总第 4 辑)

④ 注:适用本项规定,应坚持主客观相统一原则,以行为人明知盗窃对象是未成年人、残疾人、老年人或者丧失劳动能力人为条件。如以正常人的认知能力,无从知晓对方是上述特定人员的,不能适用本项规定。(见《司法研究与指导》总第 4 辑)

⑤ 注:"以黑恶势力名义",包括确实是黑恶势力和冒充黑恶势力两种情况。(见《司法研究与指导》总第 4 辑)

⑥ 注:该项为兜底项,主要是指因敲诈勒索引起被害人自杀、伤残、精神失常等严重后果的情形。(见《司法研究与指导》总第 4 辑)

之一，数额达到本解释第1条规定的"数额巨大"、"数额特别巨大"80%的，可以分别认定为刑法第274条规定的"其他严重情节"、"其他特别严重情节"。

第5条 敲诈勒索数额较大，行为人认罪、悔罪、退赃、退赔，并具有下列情形之一的，可以认定为犯罪情节轻微，不起诉或者免予刑事处罚，由有关部门依法予以行政处罚：（一）具有法定从宽处罚情节的；（二）没有参与分赃或者获赃较少且不是主犯的；（三）被害人谅解的；（四）其他情节轻微、危害不大的。

第6条 敲诈勒索近亲属的财物，获得谅解的，一般不认为是犯罪；认定为犯罪的，应当酌情从宽处理。

被害人对敲诈勒索的发生存在过错的，根据被害人过错程度和案件其他情况，可以对行为人酌情从宽处理①；情节显著轻微危害不大的，不认为是犯罪。

第7条 明知他人实施敲诈勒索犯罪，为其提供信用卡、手机卡、通讯工具、通讯传输通道、网络技术支持等帮助的，以共同犯罪论处。

第8条 对犯敲诈勒索罪的被告人，应当在2000元以上、敲诈勒索数额的2倍以下判处罚金；被告人没有获得财物的，应当在2000元以上10万元以下判处罚金。

【法释〔2013〕21号】 最高人民法院、最高人民检察院关于办理利用信息网络实施诽谤等刑事案件适用法律若干问题的解释（2013年9月5日最高人民法院审判委员会第1589次会议、2013年9月2日最高人民检察院第12届检察委员会第9次会议通过，2013年9月6日公布，2013年9月10日起施行）

第6条 以在信息网络上发布、删除等方式处理网络信息为由，威胁、要挟他人，索取公私财物，数额较大，或者多次实施上述行为的，依照刑法第274条的规定，以敲诈勒索罪定罪处罚。

第8条 明知他人利用信息网络实施诽谤、寻衅滋事、敲诈勒索、非法经营等犯罪，为其提供资金、场所、技术支持等帮助的，以共同犯罪论处。

第9条 利用信息网络实施诽谤、寻衅滋事、敲诈勒索、非法经营犯罪，同时又构成刑法第221条规定的损害商业信誉、商品声誉罪，第278条规定的煽

---

① 注：需要特别强调的是，本条使用"从宽处理"而不是"从轻处罚"的表述，意味着不仅量刑上可以从轻处罚，在定罪（即法定刑幅度）的认定上也可以从宽处理，即使符合本解释规定的数额加重或情节加重情形的，也可以根据本条规定不适用加重处罚。即：（1）敲诈勒索数额达到"数额较大"标准的，可以认定为犯罪情节轻微，不作为犯罪处理；（2）达到"数额巨大"或有"其他严重情节"标准的，可以参照"数额较大"情节量刑；（3）达到"数额特别巨大"或有"其他特别严重情节"的，可以参照"数额巨大"或有"其他严重情节"量刑。当然，适用本条规定应当严格限定条件、注重社会效果、实现罪刑相称。（见《司法研究与指导》总第4辑）

动暴力抗拒法律实施罪,第291条之一规定的编造、故意传播虚假恐怖信息罪等犯罪的,依照处罚较重的规定定罪处罚。

第10条 本解释所称信息网络,包括以计算机、电视机、固定电话机、移动电话机等电子设备为终端的计算机互联网、广播电视网、固定通信网、移动通信网等信息网络,以及向公众开放的局域网络。

【高检发释字〔2014〕1号】 最高人民检察院关于强迫借贷行为适用法律问题的批复(2014年4月11日最高人民检察院第12届检察委员会第19次会议通过,2014年4月17日公布答复广东省人民检察院"粤检发研字〔2014〕9号"请示,2014年4月17日起施行)

以暴力、胁迫手段强迫他人借贷,属于刑法第226条第2项规定的"强迫他人提供或者接受服务",情节严重的,以强迫交易罪追究刑事责任;同时构成故意伤害罪等其他犯罪的,依照处罚较重的规定定罪处罚。以非法占有为目的,以借贷为名采用暴力、胁迫手段获取他人财物,符合刑法第263条或者第274条规定的,以抢劫罪或者敲诈勒索罪追究刑事责任。

【法发〔2014〕5号】 最高人民法院、最高人民检察院、公安部、司法部、国家卫生和计划生育委员会关于依法惩处涉医违法犯罪维护正常医疗秩序的意见(2014年4月22日印发)

二、严格依法惩处涉医违法犯罪

(六)对于故意扩大事态,教唆他人实施针对医疗机构或者医务人员的违法犯罪行为,或者以受他人委托处理医疗纠纷为名实施敲诈勒索、寻衅滋事等行为的,依照治安管理处罚法和刑法的有关规定从严惩处。

【法发〔2018〕1号】 最高人民法院、最高人民检察院、公安部、司法部关于办理黑恶势力犯罪案件若干问题的指导意见(2018年1月16日)

四、依法惩处利用"软暴力"实施的犯罪

(2)以非法占有为目的强行索取公私财物,有组织地采用滋扰、纠缠、哄闹、聚众造势等手段扰乱正常的工作、生活秩序,同时符合《刑法》第274条规定的其他犯罪构成条件的,应当以敲诈勒索罪定罪处罚。同时由多人实施或者以统一着装、显露纹身、特殊标识以及其他明示或者暗示方式,足以使对方感知相关行为的有组织性的,应当认定为《关于办理敲诈勒索刑事案件适用法律若干问题的解释》第2条第(五)项规定的"以黑恶势力名义敲诈勒索"。

采用上述手段,同时又构成其他犯罪的,应当依法按照处罚较重的规定定罪处罚。

雇佣、指使他人有组织地采用上述手段强迫交易、敲诈勒索，构成强迫交易罪、敲诈勒索罪的，对雇佣者、指使者，一般应当以共同犯罪中的主犯论处。为强索不受法律保护的债务或者因其他非法目的，雇佣、指使他人有组织地采用上述手段寻衅滋事，构成寻衅滋事罪的，对雇佣者、指使者，一般应当以共同犯罪中的主犯论处；为追讨合法债务或者因婚恋、家庭、邻里纠纷等民间矛盾而雇佣、指使，没有造成严重后果的，一般不作为犯罪处理，但经有关部门批评制止或者处理处罚后仍继续实施的除外。

五、依法打击非法放贷讨债的犯罪活动

20. 对于以非法占有为目的，假借民间借贷之名，通过"虚增债务""签订虚假借款协议""制造资金走账流水""肆意认定违约""转单平账""虚假诉讼"等手段非法占有他人财产，或者使用暴力、威胁手段强立债权、强行索债的，应当根据案件具体事实，以诈骗、强迫交易、敲诈勒索、抢劫、虚假诉讼等罪名侦查、起诉、审判。对于非法占有的被害人实际所得借款以外的虚高"债务"和以"保证金""中介费""服务费"等各种名目扣除或收取的额外费用，均应计入违法所得。对于名义上为被害人所得、但在案证据能够证明实际上却为犯罪嫌疑人、被告人实施后续犯罪所使用的"借款"，应予以没收。

八、其他

36. 本意见颁布实施后，最高人民法院、最高人民检察院、公安部、司法部联合发布或者单独制定的其他相关规范性文件，内容如与本意见中有关规定不一致的，应当按照本意见执行。

【公通字〔2019〕15号】 最高人民法院、最高人民检察院、公安部、司法部关于办理实施"软暴力"的刑事案件若干问题的意见（2019年4月9日印发施行）

八、以非法占有为目的，采用"软暴力"手段[①]强行索取公私财物，同时符合《刑法》第274条规定的其他犯罪构成要件的，应当以敲诈勒索罪定罪处罚。《关于办理敲诈勒索刑事案件适用法律若干问题的解释》第3条中"2年内敲诈勒索3次以上"，包括已受行政处罚的行为。

九、采用"软暴力"手段，同时构成两种以上犯罪的，依法按照处罚较重的犯罪定罪处罚，法律另有规定的除外。

---

① 注："软暴力"的定义、表现形式及行为认定详见《刑法》第294条的相关规定：《最高人民法院、最高人民检察院、公安部、司法部关于办理实施"软暴力"的刑事案件若干问题的意见》（公通字〔2019〕15号）。

十、根据本意见第 5 条、第 8 条规定，对已受行政处罚的行为追究刑事责任的，行为人先前所受的行政拘留处罚应当折抵刑期，罚款应当抵扣罚金。

十一、（第 1 款） 雇佣、指使他人采用"软暴力"手段强迫交易、敲诈勒索，构成强迫交易罪、敲诈勒索罪的，对雇佣者、指使者，一般应当以共同犯罪中的主犯论处。

【公通字〔2019〕23 号】 最高人民法院、最高人民检察院、公安部、司法部关于依法严厉打击传播艾滋病病毒等违法犯罪行为的指导意见（2019 年 5 月 19 日）

（四）敲诈勒索罪。假冒或者利用艾滋病病毒感染者或者病人身份，以谎称含有或者含有艾滋病病毒的血液为工具，敲诈勒索公私财物较大或者多次敲诈勒索的，依照刑法第 274 条的规定，以敲诈勒索罪定罪处罚。

【法发〔2019〕11 号】 最高人民法院、最高人民检察院、公安部、司法部关于办理"套路贷"刑事案件若干问题的意见（2019 年 2 月 28 日印发施行）①

4. 实施"套路贷"过程中，未采用明显的暴力或者威胁手段，其行为特征从整体上表现为以非法占有为目的，通过虚构事实、隐瞒真相骗取被害人财物的，一般以诈骗罪定罪处罚；对于在实施"套路贷"过程中多种手段并用，构成诈骗、敲诈勒索、非法拘禁、虚假诉讼、寻衅滋事、强迫交易、抢劫、绑架等多种犯罪的，应当根据具体案件事实，区分不同情况，依照刑法及有关司法解释的规定数罪并罚或者择一重处。②

【公通字〔2019〕28 号】 最高人民法院、最高人民检察院、公安部、司法部关于办理利用信息网络实施黑恶势力犯罪刑事案件若干问题的意见（2019 年 7 月 23 日印发，2019 年 10 月 21 日施行）

6. 利用信息网络威胁、要挟他人，索取公私财物，数额较大，或者多次实施上述行为的，依照刑法第 274 条的规定，以敲诈勒索罪定罪处罚。

8. 侦办利用信息网络实施的强迫交易、敲诈勒索等非法敛财类案件，确因被害人人数众多等客观条件的限制，无法逐一收集被害人陈述的，可以结合已收集

---

① 本《意见》全文详见《刑法》第 226 条的相关规定。
② 注：本书认为，在"套路贷"过程中，被害人通常并没有对"高利"产生认知错误，相反，其对虚增的还款金额一般是心知肚明，却又被迫无奈，该情形与"强迫借贷"行为较相似。参照《最高人民检察院关于强迫借贷行为适用法律问题的批复》（高检发释字〔2014〕1 号），对于未采用明显暴力或威胁手段的"套路贷"行为，在现行刑法下应当以强迫交易定罪为妥；但在"扫黑除恶"特定背景下，为加大打击力度，可以依照"法发〔2019〕11 号"《意见》以诈骗罪定罪处罚。

的被害人陈述,以及经查证属实的银行账户交易记录、第三方支付结算账户交易记录、通话记录、电子数据等证据,综合认定被害人人数以及涉案资金数额等。

【公通字〔2020〕12号】 最高人民法院、最高人民检察院、公安部关于依法办理"碰瓷"违法犯罪案件的指导意见(2020年9月22日印发)

近年来,"碰瓷"现象时有发生。所谓"碰瓷",是指行为人通过故意制造或者编造其被害假象,采取诈骗、敲诈勒索等方式非法索取财物的行为。实践中,一些不法分子有的通过"设局"制造或者捏造他人对其人身、财产造成损害来实施;有的通过自伤、造成同伙受伤或者利用自身原有损伤,诬告系被害人所致来实施;有的故意制造交通事故,利用被害人违反道路通行规定或者酒后驾驶、无证驾驶、机动车手续不全等违法违规行为,通过被害人害怕被查处的心理来实施;有的在"碰瓷"行为被识破后,直接对被害人实施抢劫、抢夺、故意伤害等违法犯罪活动等。此类违法犯罪行为性质恶劣,危害后果严重,败坏社会风气,且易滋生黑恶势力,人民群众反响强烈。为依法惩治"碰瓷"违法犯罪活动,保障人民群众合法权益,维护社会秩序,根据刑法、刑事诉讼法、治安管理处罚法等法律的规定,制定本意见。

二、实施"碰瓷",具有下列行为之一,敲诈勒索他人财物,符合刑法第274条规定的,以敲诈勒索罪定罪处罚:

1. 实施撕扯、推搡等轻微暴力或者围困、阻拦、跟踪、贴靠、滋扰、纠缠、哄闹、聚众造势、扣留财物等软暴力行为的;

2. 故意制造交通事故,进而利用被害人违反道路通行规定或者其他违法违规行为相要挟的;

3. 以揭露现场掌握的当事人隐私相要挟的;

4. 扬言对被害人及其近亲属人身、财产实施侵害的。

九、共同故意实施"碰瓷"犯罪,起主要作用的,应当认定为主犯,对其参与或者组织、指挥的全部犯罪承担刑事责任;起次要或者辅助作用的,应当认定为从犯,依法予以从轻、减轻处罚或者免除处罚。

3人以上为共同故意实施"碰瓷"犯罪而组成的较为固定的犯罪组织,应当认定为犯罪集团。对首要分子应当按照集团所犯全部罪行处罚。

符合黑恶势力认定标准的,应当按照黑社会性质组织、恶势力或者恶势力犯罪集团侦查、起诉、审判。

十、对实施"碰瓷",尚不构成犯罪,但构成违反治安管理行为的,依法给予治安管理处罚。

【公法〔1995〕24号】　公安部法制司关于非法扣留他人车辆该如何定性处理的批复（1995年3月6日答复浙江省公安厅法制处"浙公法〔1995〕5号"请示及"关于浙公明发〔1995〕132号请示的补充情况"）①

四、非法扣押他人车辆并进行敲诈勒索的，按照《刑法》第154条敲诈勒索罪②追究刑事责任。

【主席令〔2012〕67号】　中华人民共和国治安管理处罚法（2012年10月26日第11届全国人大常委会第29次会议修正，2013年1月1日起施行）

第2条　扰乱公共秩序，妨害公共安全，侵犯人身权利、财产权利，妨害社会管理，具有社会危害性，依照《中华人民共和国刑法》的规定构成犯罪的，依法追究刑事责任；尚不够刑事处罚的，由公安机关依照本法给予治安管理处罚。

第49条　盗窃、诈骗、哄抢、抢夺、敲诈勒索或者故意损毁公私财物的，处5日以上10日以下拘留，可以并处500元以下罚款；情节较重的，处10日以上15日以下拘留，可以并处1000元以下罚款。

● 量刑指导　【法发〔2021〕21号】　最高人民法院、最高人民检察院关于常见犯罪的量刑指导意见（2021年6月16日印发，2021年7月1日试行；法发〔2017〕7号《指导意见》同时废止。删除线部分内容为2021年删除）③

四、常见犯罪的量刑

（十五）敲诈勒索罪

1. 构成敲诈勒索罪的，可以根据下列不同情形在相应的幅度内确定量刑起点：

（1）达到数额较大起点的，或者2年内3次敲诈勒索的，可以在1年以下有期徒刑、拘役幅度内确定量刑起点。

（2）达到数额巨大起点或者有其他严重情节的，可以在3年至5年有期徒刑幅度内确定量刑起点。

（3）达到数额特别巨大起点或者有其他特别严重情节的，可以在10年至12年有期徒刑幅度内确定量刑起点。

---

① 注：公安部法制局"法制在线"栏目专门针对该《批复》的效力问题作出解答：此答复未废止；但相关法律条文的内容已发生变化，你们可根据答复精神在具体案件办理中予以掌握。
② 注：原《刑法》第154条规定的内容对应现《刑法》第274条。
③ 注：《意见》要求各省高院、检察院应当总结司法实践经验，按照规范、实用、符合司法实际的原则共同研制"实施细则"，经审委会、检委会通过后，分别报最高法、最高检备案审查，与《意见》同步实施。
其他判处有期徒刑的案件，可以参照量刑的指导原则、基本方法和常见量刑情节的适用规范量刑。

2. 在量刑起点的基础上，可以根据敲诈勒索数额、次数、犯罪情节严重程度等其他影响犯罪构成的犯罪事实增加刑罚量，确定基准刑。

多次敲诈勒索，数额达到较大以上的，以敲诈勒索数额确定量刑起点，敲诈勒索次数可以作为调节基准刑的量刑情节；数额未达到较大的，以敲诈勒索次数确定量刑起点，超过3次的次数作为增加刑罚量的事实。

3. 构成敲诈勒索罪的，根据敲诈勒索的数额、手段、次数、危害后果等犯罪情节，综合考虑被告人缴纳罚金的能力，在2000元以上敲诈勒索数额的2倍以下决定罚金数额；被告人没有获得财物的，在2000元以上10万元以下判处罚金。（本款新增）

4. 构成敲诈勒索罪的，综合考虑敲诈勒索的手段、数额、次数、危害后果、退赃退赔等犯罪事实、量刑情节，以及被告人的主观恶性、人身危险性、认罪悔罪表现等因素，决定缓刑的适用。（本款新增）

● **指导案例**　【高检发研字〔2013〕3号】　最高人民检察院关于印发第3批指导性案例的通知（2013年5月27日最高人民检察院第12届检察委员会第6次会议讨论通过，2013年5月27日印发）

（检例第11号）袁才彦编造虚假恐怖信息案

要旨： 以编造虚假恐怖信息的方式，实施敲诈勒索等其他犯罪的，应当根据案件事实和证据情况，择一重罪处断。

第275条　【故意毁坏财物罪】 故意毁坏公私财物，数额较大或者有其他严重情节的，处三年以下有期徒刑、拘役或者罚金；数额巨大或者有其他特别严重情节的，处三年以上七年以下有期徒刑。

● **条文注释**　构成第275条规定的故意毁坏财物罪，必须具备以下条件：（1）行为人有毁坏财物的主观故意，并实施了该行为；（2）数额较大或情节严重，或者有其他的加重情节（具体界定标准依照"公通字〔2008〕36号"立案标准的相关规定）。

这里的"故意"，包括直接故意和间接故意；但过失毁坏公私财物的，不构成本罪。

需要注意的是：

（1）第275条规定的故意毁坏财物罪，其犯罪目的只是毁坏公私财物，而不具有非法占有的目的，这也是故意毁坏财物罪与其他侵犯财产犯罪的本质区别。

（2）如果行为人采用放火、爆炸等危险方法毁坏公私财物，而且足以危及公共安全的，则应依照《刑法》第114条、第115条的规定，以放火罪、爆炸罪等危害公共安全罪论处；如果行为人故意破坏交通设施、电力设施、军事通信设施或其他生产经营设备等特定的公私财物，则应依照刑法其他的相关规定定罪处罚。

● **相关规定** 　**【法释〔2004〕21号】** 　最高人民法院关于审理破坏公用电信设施刑事案件具体应用法律若干问题的解释（2004年8月26日最高人民法院审判委员会第1322次会议通过，2004年12月30日公布，2005年1月11日起施行）

第3条（第1款）　故意破坏正在使用的公用电信设施尚未危害公共安全，或者故意毁坏尚未投入使用的公用电信设施，造成财物损失，构成犯罪的，依照刑法第275条规定，以故意毁坏财物罪定罪处罚。

【公通字〔2013〕25号】 　公安部关于公安机关处置信访活动中违法犯罪行为适用法律的指导意见（2013年7月19日印发）

三、对侵犯人身权利、财产权利违法犯罪行为的处理

7. 故意损毁公私财物，符合《治安管理处罚法》第49条规定的，以故意损毁财物依法予以治安管理处罚；符合《刑法》第275条规定的，以故意毁坏财物罪追究刑事责任。

【法发〔2014〕5号】 　最高人民法院、最高人民检察院、公安部、司法部、国家卫生和计划生育委员会关于依法惩处涉医违法犯罪维护正常医疗秩序的意见（2014年4月22日印发）

二、严格依法惩处涉医违法犯罪

（一）在医疗机构内殴打医务人员或者故意伤害医务人员身体、故意损毁公私财物，尚未造成严重后果的，分别依照治安管理处罚法第43条、第49条的规定处罚；故意杀害医务人员，或者故意伤害医务人员造成轻伤以上严重后果，或者随意殴打医务人员情节恶劣、任意损毁公私财物情节严重，构成故意杀人罪、故意伤害罪、故意毁坏财物罪、寻衅滋事罪的，依照刑法的有关规定定罪处罚。

【高检发〔2020〕3号】 　最高人民法院、最高人民检察院、公安部关于办理涉窨井盖相关刑事案件的指导意见（2020年2月19日最高人民检察院第13届检察委员会第33次会议通过，2020年3月16日印发施行）

一、盗窃、破坏正在使用中的社会机动车通行道路上的窨井盖，足以使汽车、电车发生倾覆、毁坏危险，尚未造成严重后果的，依照刑法第117条的规

定,以破坏交通设施罪定罪处罚;造成严重后果的,依照刑法第119条第1款的规定处罚。

过失造成严重后果的,依照刑法第119条第2款的规定,以过失损坏交通设施罪定罪处罚。

二、盗窃、破坏人员密集往来的非机动车道、人行道以及车站、码头、公园、广场、学校、商业中心、厂区、社区、院落等生产生活、人员聚集场所的窨井盖,足以危害公共安全,尚未造成严重后果的,依照刑法第114条的规定,以以危险方法危害公共安全罪定罪处罚;致人重伤、死亡或者使公私财产遭受重大损失的,依照刑法第115条第1款的规定处罚。

过失致人重伤、死亡或者使公私财产遭受重大损失的,依照刑法第115条第2款的规定,以过失以危险方法危害公共安全罪定罪处罚。

三、对于本意见第1条、第2条规定以外的其他场所的窨井盖,明知会造成人员伤亡后果而实施盗窃、破坏行为,致人受伤或者死亡的,依照刑法第234条、第232条的规定,分别以故意伤害罪、故意杀人罪定罪处罚。

过失致人重伤或者死亡的,依照刑法第235条、第233条的规定,分别以过失致人重伤罪、过失致人死亡罪定罪处罚。

四、(第2款) 故意毁坏本意见第1条、第2条规定以外的其他场所的窨井盖,且不属于本意见第3条规定的情形,数额较大或者有其他严重情节的,依照刑法第275条的规定,以故意毁坏财物罪定罪处罚。

十二、本意见所称的"窨井盖",包括城市、城乡结合部和乡村等地的窨井盖以及其他井盖。

【公通字〔2020〕12号】 最高人民法院、最高人民检察院、公安部关于依法办理"碰瓷"违法犯罪案件的指导意见(2020年9月22日印发)

……所谓"碰瓷",是指行为人通过故意制造或者编造其被害假象,采取诈骗、敲诈勒索等方式非法索取财物的行为。……

五、实施"碰瓷",故意造成他人财物毁坏,符合刑法第275条规定的,以故意毁坏财物罪定罪处罚。

九、共同故意实施"碰瓷"犯罪,起主要作用的,应当认定为主犯,对其参与或者组织、指挥的全部犯罪承担刑事责任;起次要或者辅助作用的,应当认定为从犯,依法予以从轻、减轻处罚或者免除处罚。

3人以上为共同故意实施"碰瓷"犯罪而组成的较为固定的犯罪组织,应当认定为犯罪集团。对首要分子应当按照集团所犯全部罪行处罚。

符合黑恶势力认定标准的，应当按照黑社会性质组织、恶势力或者恶势力犯罪集团侦查、起诉、审判。

十、对实施"碰瓷"，尚不构成犯罪，但构成违反治安管理行为的，依法给予治安管理处罚。

【公通字〔2020〕14号】 最高人民法院、最高人民检察院、公安部办理跨境赌博犯罪案件若干问题的意见（2020年10月16日印发）

四、关于跨境赌博关联犯罪的认定

（四）实施赌博犯罪，为强行索要赌债，实施故意杀人、故意伤害、非法拘禁、故意毁坏财物、寻衅滋事等行为，构成犯罪的，应当依法数罪并罚。

【主席令〔2012〕67号】 中华人民共和国治安管理处罚法（2012年10月26日第11届全国人大常委会第29次会议修正，2013年1月1日起施行）

第49条 盗窃、诈骗、哄抢、抢夺、敲诈勒索或者故意损毁公私财物的，处5日以上10日以下拘留，可以并处500元以下罚款；情节较重的，处10日以上15日以下拘留，可以并处1000元以下罚款。

● **立案标准** 最高人民检察院、公安部关于公安机关管辖的刑事案件立案追诉标准的规定（一）（公通字〔2008〕36号，公安部2008年6月25日公布施行）

第33条 [故意毁坏财物案（刑法第275条）] 故意毁坏公私财物，涉嫌下列情形之一的，应予立案追诉：

（一）造成公私财物损失5000元以上的；

（二）毁坏公私财物3次以上的；

（三）纠集3人以上公然毁坏公私财物的；

（四）其他情节严重的情形。

第101条 本规定中的"以上"，包括本数。

第276条 【破坏生产经营罪】 由于泄愤报复或者其他个人目的，毁坏机器设备、残害耕畜或者以其他方法破坏生产经营的，处三年以下有期徒刑、拘役或者管制；情节严重的，处三年以上七年以下有期徒刑。

● **条文注释** 第276条规定的"其他个人目的"，主要是指为了称霸一方、打击竞争对手或者牟取其他不正当的利益，例如意图通过破坏设备而达到其怠工、

停工的目的。"其他方法"是指除毁坏机器设备、残害耕畜以外的其他任何能够破坏生产经营的方法，如切断生产设备运转所必需的水电气、破坏生产控制程序、毁坏生产经营产品、阻挠或阻碍生产经营等。这里的"生产经营"包括工业生产、农业种植和商品经营等。"情节严重"应当从行为手段、造成后果、经济损失、社会影响等方面综合评价。

需要注意的是：基于刑法的谦抑性，构成本罪，一般应当要求造成了停工、停产、停业的后果。单纯毁坏生产设备的行为，可以适用《刑法》第275条（故意毁坏财物罪），或者依照《刑法》第289条以抢劫罪论处。情节较轻的，可以适用治安管理处罚法的规定处理。

● **立案标准**　最高人民检察院、公安部关于公安机关管辖的刑事案件立案追诉标准的规定（一）（公通字〔2008〕36号，2008年6月25日公布施行）

第34条［破坏生产经营案（刑法第276条）］　由于泄愤报复或者其他个人目的，毁坏机器设备、残害耕畜或者以其他方法破坏生产经营，涉嫌下列情形之一的，应予立案追诉：

（一）造成公私财物损失5000元以上的；

（二）破坏生产经营3次以上的；

（三）纠集3人以上公然破坏生产经营的；

（四）其他破坏生产经营应予追究刑事责任的情形。

第101条　本规定中的"以上"，包括本数。

第276条之一[①]　**【拒不支付劳动报酬罪】**以转移财产、逃匿等方法逃避支付劳动者的劳动报酬或者有能力支付而不支付劳动者的劳动报酬，数额较大，经政府有关部门责令支付仍不支付的，处三年以下有期徒刑或者拘役，并处或者单处罚金；造成严重后果的，处三年以上七年以下有期徒刑，并处罚金。

单位犯前款罪的，对单位判处罚金，并对其直接负责的主管人员和其他直接责任人员，依照前款的规定处罚。

有前两款行为，尚未造成严重后果，在提起公诉前支付劳动者的劳动报酬，并依法承担相应赔偿责任的，可以减轻或者免除处罚。

[①] 第276条之一是根据2011年2月25日第11届全国人民代表大会常务委员会第19次会议通过的《刑法修正案（八）》（主席令第41号公布，2011年5月1日起施行）而增设。

● **条文注释** 第276条之一是针对逃避支付或不支付劳动报酬（即常说的"恶意欠薪"）行为的处罚规定。构成第276条之一规定的拒不支付劳动报酬罪，必须具备以下条件：（1）犯罪主体为一般主体（包括个人和单位）；（2）行为人具有恶意欠薪的主观故意，并实施了该行为；（3）经政府有关部门责令支付仍不支付；（4）数额较大（具体的界定标准依照"法释〔2013〕3号"解释的相关规定）。

根据《劳动法》和《劳动合同法》的有关规定，"劳动报酬"包括工资、奖金、津贴、补贴、延长工作时间的工资报酬及特殊情况下支付的工资等。用人单位有下列行为之一的，由劳动行政部门责令支付劳动者的工资报酬、经济补偿，并可以责令支付赔偿金：（1）克扣或者无故拖欠劳动者工资的；（2）拒不支付劳动者延长工作时间工资报酬的；（3）低于当地最低工资标准支付劳动者工资的；（4）解除劳动合同后，未依照本法规定给予劳动者经济补偿的。

第276条之一规定中的"转移财产"是指行为人将经营收益转移到他处，或采用恶意清偿、虚假破产等手段，使得被欠薪者和相关的职能部门无法查找可供支付劳动报酬的财产；"逃匿"，是指行为人欠薪后，以逃离或躲藏的方法躲避被欠薪者和相关职能部门追讨欠薪的行为。"有能力支付"，是指经调查，有事实证明该欠薪者（个人或单位）确有可供支付劳动报酬的资金或财产。"有关部门"主要是指地方政府的劳动行政部门（人力资源社会保障部门）。"造成严重后果"，主要是指：（1）严重影响到劳动者（或其被赡养人、被扶养人、被抚养人）的基本生活或重大疾病就治、上学；（2）造成劳动者自伤、自杀、精神失常或实施犯罪行为；（3）引发群体性事件。

第276条之一第3款规定的"依法承担相应赔偿责任"，主要是指依据《劳动合同法》第7章的规定向劳动者进行经济补偿或支付赔偿金。

需要注意的是：

1. 依照"法释〔2013〕3号"解释的相关规定，虚构债务或者拒不认账、恶意篡改账目等行为，也属于"以转移财产、逃匿等方法逃避支付劳动者的劳动报酬"；欠薪者对讨薪的劳动者使用暴力或进行暴力威胁的，也被认定为"造成严重后果"。

2. 要适用第276条之一第3款规定的"减轻或者免除处罚"，必须满足以下3个条件（缺一不可）：（1）在人民检察院向法院提起公诉之前付清所拖欠的全部劳动报酬；（2）在公诉之前依法承担相应的赔偿责任；（3）欠薪行为尚未造成严重后果。

3. 虽然《刑法》把第276条之一规定的拒不支付劳动报酬的情形规定为犯罪（由司法机关主动介入），但并不影响劳动者按照相关的劳动管理法律和法规，通过行政申诉或民事诉讼等合法途径追讨劳动报酬，维护自己的合法权益。

● 相关规定　【法释〔2013〕3号】　最高人民法院关于审理拒不支付劳动报酬刑事案件适用法律若干问题的解释（2013年1月14日最高人民法院审判委员会第1567次会议通过，2013年1月16日公布，2013年1月23日起施行）

第1条　劳动者依照《中华人民共和国劳动法》和《中华人民共和国劳动合同法》等法律的规定应得的劳动报酬，包括工资、奖金、津贴、补贴、延长工作时间的工资报酬及特殊情况下支付的工资等，应当认定为刑法第276条之一第1款规定的"劳动者的劳动报酬"。

第2条　以逃避支付劳动者的劳动报酬为目的，具有下列情形之一的，应当认定为刑法第276条之一第1款规定的"以转移财产、逃匿等方法逃避支付劳动者的劳动报酬"：

（一）隐匿财产、恶意清偿、虚构债务、虚假破产、虚假倒闭或者以其他方法转移、处分财产的；

（二）逃跑、藏匿的；

（三）隐匿、销毁或者篡改账目、职工名册、工资支付记录、考勤记录等与劳动报酬相关的材料的；

（四）以其他方法逃避支付劳动报酬的。

第3条　具有下列情形之一的，应当认定为刑法第276条之一第1款规定的"数额较大"：

（一）拒不支付1名劳动者3个月以上的劳动报酬且数额在5000元至2万元以上的；

（二）拒不支付10名以上劳动者的劳动报酬且数额累计在3万元至10万元以上的。

各省、自治区、直辖市高级人民法院可以根据本地区经济社会发展状况，在前款规定的数额幅度内，研究确定本地区执行的具体数额标准，报最高人民法院备案。

第4条　经人力资源社会保障部门或者政府其他有关部门依法以限期整改指令书、行政处理决定书等文书责令支付劳动者的劳动报酬后，在指定的期限内仍不支付的，应当认定为刑法第276条之一第1款规定的"经政府有关部门责令支付仍不支付",但有证据证明行为人有正当理由未知悉责令支付或者未及时支付劳动报酬的除外。

行为人逃匿,无法将责令支付文书送交其本人、同住成年家属或者所在单位负责收件的人的,如果有关部门已通过在行为人的住所地、生产经营场所等地张贴责令支付文书等方式责令支付,并采用拍照、录像等方式记录的,应当视为"经政府有关部门责令支付"。

第5条 拒不支付劳动者的劳动报酬,符合本解释第3条的规定,并具有下列情形之一的,应当认定为刑法第276条之一第1款规定的"造成严重后果":

(一)造成劳动者或者其被赡养人、被扶养人、被抚养人的基本生活受到严重影响、重大疾病无法及时医治或者失学的;

(二)对要求支付劳动报酬的劳动者使用暴力或者进行暴力威胁的;

(三)造成其他严重后果的。

第6条 拒不支付劳动者的劳动报酬,尚未造成严重后果,在刑事立案前支付劳动者的劳动报酬,并依法承担相应赔偿责任的,可以认定为情节显著轻微危害不大,不认为是犯罪;在提起公诉前支付劳动者的劳动报酬,并依法承担相应赔偿责任的,可以减轻或者免除刑事处罚;在一审宣判前支付劳动者的劳动报酬,并依法承担相应赔偿责任的,可以从轻处罚。

对于免除刑事处罚的,可以根据案件的不同情况,予以训诫、责令具结悔过或者赔礼道歉。

拒不支付劳动者的劳动报酬,造成严重后果,但在宣判前支付劳动者的劳动报酬,并依法承担相应赔偿责任的,可以酌情从宽处罚。

第7条 不具备用工主体资格的单位或者个人,违法用工且拒不支付劳动者的劳动报酬,数额较大,经政府有关部门责令支付仍不支付的,应当依照刑法第276条之一的规定,以拒不支付劳动报酬罪追究刑事责任。

第8条 用人单位的实际控制人实施拒不支付劳动报酬行为,构成犯罪的,应当依照刑法第276条之一的规定追究刑事责任。

第9条 单位拒不支付劳动报酬,构成犯罪的,依照本解释规定的相应个人犯罪的定罪量刑标准,对直接负责的主管人员和其他直接责任人员定罪处罚,并对单位判处罚金。

【人社部发〔2014〕100号】 最高人民法院、最高人民检察院、人力资源和社会保障部、公安部关于加强涉嫌拒不支付劳动报酬犯罪案件查处衔接工作的通知(2014年12月23日印发)

一、切实加强涉嫌拒不支付劳动报酬违法犯罪案件查处工作

（二）行为人拖欠劳动者劳动报酬后，人力资源社会保障部门通过书面、电话、短信等能够确认其收悉的方式，通知其在指定的时间内到指定的地点配合解决问题，但其在指定的时间内未到指定的地点配合解决问题或明确表示拒不支付劳动报酬的，视为刑法第276条之一第1款规定的"以逃匿方法逃避支付劳动者的劳动报酬"。但是，行为人有证据证明因自然灾害、突发重大疾病等非人力所能抗拒的原因造成其无法在指定的时间内到指定的地点配合解决问题的除外。

二、切实规范涉嫌拒不支付劳动报酬犯罪案件移送工作

（一）人力资源社会保障部门向公安机关移送涉嫌拒不支付劳动报酬犯罪案件应按照《行政执法机关移送涉嫌犯罪案件的规定》的要求，履行相关手续，并制作《涉嫌犯罪案件移送书》，在规定的期限内将案件移送公安机关。移送的案件卷宗中应当附有以下材料：

1. 涉嫌犯罪案件移送书；
2. 涉嫌拒不支付劳动报酬犯罪案件调查报告；
3. 涉嫌犯罪案件移送审批表；
4. 限期整改指令书或行政处理决定书等执法文书及送达证明材料；
5. 劳动者本人或劳动者委托代理人调查询问笔录；
6. 拖欠劳动者劳动报酬的单位或个人的基本信息；
7. 涉案的书证、物证等有关涉嫌拒不支付劳动报酬的证据材料。

人力资源社会保障部门向公安机关移送涉嫌犯罪案件应当移送与案件相关的全部材料，同时应将案件移送书及有关材料目录抄送同级人民检察院。在移送涉嫌犯罪案件时已经作出行政处罚决定的，应当将行政处罚决定书一并抄送公安机关、人民检察院。

【公治明发〔2018〕173号】 公安部三局关于进一步完善行政执法与刑事司法衔接机制加强拒不支付劳动报酬案件办理工作的通知（2018年5月11日）（略）

【高检发〔2020〕10号】 最高人民检察院关于充分发挥检察职能服务保障"六稳""六保"的意见（2020年7月21日第13届最高人民检察院党组第119次会议通过，2020年7月22日印发）①

3. 依法保护企业正常生产经营活动。深刻认识"六稳""六保"最重要的

---

① 本《意见》（司法解释性质的检察业务文件）由最高人民检察院党组（而非检委会）讨论通过，较罕见。

是稳就业、保就业，关键在于保企业，努力落实让企业"活下来""留得住""经营得好"的目标。……三是依法慎重处理拒不支付劳动报酬犯罪案件。充分考虑企业生产经营实际，注意把握企业因资金周转困难拖欠劳动报酬与恶意欠薪的界限，灵活采取检察建议、督促履行、协调追欠追赃垫付等形式，既有效维护劳动者权益，又保障企业生产经营。对恶意欠薪涉嫌犯罪，但在提起公诉前支付劳动报酬，并依法承担相应赔偿责任的，可以依法不起诉。……

● **立案标准** 最高人民检察院、公安部关于公安机关管辖的刑事案件立案追诉标准的规定（一）的补充规定（公通字〔2017〕12 号，2017 年 4 月 27 日公布施行）

第 34 条之一 ［拒不支付劳动报酬案（刑法第 276 条之一）］ 以转移财产、逃匿等方法逃避支付劳动者的劳动报酬或者有能力支付而不支付劳动者的劳动报酬，经政府有关部门责令支付仍不支付，涉嫌下列情形之一的，应予立案追诉：

（一）拒不支付 1 名劳动者 3 个月以上的劳动报酬且数额在 5000 元至 2 万元以上的；

（二）拒不支付 10 名以上劳动者的劳动报酬且数额累计在 3 万元至 10 万元以上的。

不支付劳动者的劳动报酬，尚未造成严重后果，在刑事立案前支付劳动者的劳动报酬，并依法承担相应赔偿责任的，可以不予立案追诉。

● **指导案例** 【法〔2014〕161 号】 最高人民法院关于发布第 7 批指导性案例的通知（2014 年 6 月 26 日印发）

（指导案例 28 号）胡克金拒不支付劳动报酬案

裁判要点：1. 不具备用工主体资格的单位或者个人（包工头），违法用工且拒不支付劳动者报酬，数额较大，经政府有关部门责令支付仍不支付的，应当以拒不支付劳动报酬罪追究刑事责任。

2. 不具备用工主体资格的单位或者个人（包工头）拒不支付劳动报酬，即使其他单位或者个人在刑事立案前为其垫付了劳动报酬的，也不影响追究该用工单位或者个人（包工头）拒不支付劳动报酬罪的刑事责任。

第六章　妨害社会管理秩序罪

第一节　扰乱公共秩序罪

第277条　【妨害公务罪】以暴力、威胁方法阻碍国家机关工作人员依法执行职务的，处三年以下有期徒刑、拘役、管制或者罚金。

以暴力、威胁方法阻碍全国人民代表大会和地方各级人民代表大会代表依法执行代表职务的，依照前款的规定处罚。

在自然灾害和突发事件中，以暴力、威胁方法阻碍红十字会工作人员依法履行职责的，依照第一款的规定处罚。

故意阻碍国家安全机关、公安机关依法执行国家安全工作任务，未使用暴力、威胁方法，造成严重后果的，依照第一款的规定处罚。

【袭警罪】[1]暴力袭击正在依法执行职务的人民警察的，处三年以下有期徒刑、拘役或者管制；使用枪支、管制刀具，或者以驾驶机动车撞击等手段，严重危及其人身安全的，处三年以上七年以下有期徒刑。[2]

● **条文注释**　"公务"，是指国家机关工作人员依法执行职务。另外，以下几类人员在依法执行职务时，也属于本条规定的"公务"：①各级人大代表，各级

---

[1] 注：本罪名由《最高人民法院、最高人民检察院关于执行〈中华人民共和国刑法〉确定罪名的补充规定（七）》（法释〔2021〕2号，最高人民法院审判委员会第1832次会议、最高人民检察院第13届检察委员会第63次会议通过）增设，2021年3月1日执行。

[2] 本款规定由2015年8月29日第12届全国人大常委会第16次会议通过的《刑法修正案（九）》（主席令第30号公布，2015年11月1日起施行）增设；原规定为："暴力袭击正在依法执行职务的人民警察的，依照第一款的规定从重处罚。"

2020年12月26日第13届全国人大常委会第24次会议通过的《刑法修正案（十一）》（主席令第66号公布，2021年3月1日起施行）改设了独立量刑，并增加了第二档刑期。

政协委员；②执行行政执法职务的事业单位工作人员；③国家机关中从事行政执法活动的事业编制人员；④在处置自然灾害和突发事件中的红十字会工作人员。

第277条第1款至第3款规定的"暴力"，是指对依法执行公务的人员进行故意伤害、非法强制捆绑、扣留等直接针对人身的行为；"威胁"是指以实施暴力为要挟，阻碍上述人员依法执行职务。

适用第277条第4款时，不要求行为人采用暴力、威胁方法，要求行为人具有阻碍公务的主观故意，并且造成了严重后果。

第277条第5款规定的"暴力"，是指以阻碍人民警察依法执行职务为目的，直接或间接地针对警察人身进行打击；"袭击"应当是指趁其不备而发起主动攻击行为，不包括为抗拒抓捕而实施的抵御性反抗行为（"枪支""管制刀具"的认定详见本书关于《刑法》第125条、第130条的注解；对"机动车"的认定见本书关于《刑法》第133条之一的注解）。根据《人民警察法》的规定，"人民警察"包括公安机关、国家安全机关、监狱机关的人民警察，以及人民法院、人民检察院的司法警察；但在司法解释明确之前，不宜包括辅警、协警等非法定的人民警察。

需要注意的是：

（1）从推进依法治国的角度，构成妨害公务罪或袭警罪的前提，是阻碍了正在"依法"执行的职务。如果该职务行为不具备合法性，或者合法性不明，则行为人为捍卫自身合法权益而实施的正常抗拒行为，不应当认定为妨害公务罪或袭警罪。这里的"合法性"，既包括实体性的合法，也包括程序性的合法。

（2）《刑法修正案（十一）》施行后，第277条第5款规定了独立量刑，一般的袭警犯罪行为不能再依照第1款的规定"从重处罚"。实际上，第5款的量刑幅度也已经删除了第1款规定中的"罚金"。

（3）结合第13条"但书"，构成袭警罪，一般要求对人民警察的袭击造成轻微伤以上的后果，或者事实上阻碍了警察职务的依法执行。

● 相关规定　　【广发社字〔1999〕166号】　　国家广播电影电视总局、公安部、国家安全部关于坚决查处擅自接收、转播境外卫星电视的通知（1999年4月1日）

三、……在检验中，对不符合维护国家安全要求的设备、设施，可由国家安全部门责令进行必要的技术处理；对拒绝或者没有能力进行技术处理的，予以封存、扣押。情节严重、构成犯罪的，要依照《刑法》第277条第4款的规定，追究行为人的刑事责任。

【高检发释字〔2000〕2号】 最高人民检察院关于以暴力威胁方法阻碍事业编制人员依法执行行政执法职务是否可对侵害人以妨害公务罪论处的批复（2000年3月21日最高人民检察院第9届检察委员会第58次会议通过，2000年4月24日公布，答复重庆市人民检察院）

对于以暴力、威胁方法阻碍国有事业单位人员依照法律、行政法规的规定执行行政执法职务的，或者以暴力、威胁方法阻碍国家机关中受委托从事行政执法活动的事业编制人员执行行政执法职务的，可以对侵害人以妨害公务罪追究刑事责任。

【法释〔2003〕8号】 最高人民法院、最高人民检察院关于办理妨害预防、控制突发传染病疫情等灾害的刑事案件具体应用法律若干问题的解释（2003年5月13日最高人民法院审判委员会第1269次会议、2003年5月13日最高人民检察院第10届检察委员会第3次会议通过，2003年5月14日公布，2003年5月15日起施行）

第8条 以暴力、威胁方法阻碍国家机关工作人员、红十字会工作人员依法履行为防治突发传染病疫情等灾害而采取的防疫、检疫、强制隔离、隔离治疗等预防、控制措施的，依照刑法第277条第1款、第3款的规定，以妨害公务罪定罪处罚。

第18条 本解释所称"突发传染病疫情等灾害"，是指突然发生，造成或者可能造成社会公众健康严重损害的重大传染病疫情、群体性不明原因疾病以及其他严重影响公众健康的灾害。

【法发〔2020〕7号】 最高人民法院、最高人民检察院、公安部、司法部关于依法惩治妨害新型冠状病毒感染肺炎疫情防控违法犯罪的意见（2020年2月6日印发）

二、准确适用法律，依法严惩妨害疫情防控的各类违法犯罪

（一）依法严惩抗拒疫情防控措施犯罪……

（第4款） 以暴力、威胁方法阻碍国家机关工作人员（含在依照法律、法规规定行使国家有关疫情防控行政管理职权的组织中从事公务的人员，在受国家机关委托代表国家机关行使疫情防控职权的组织中从事公务的人员，虽未列入国家机关人员编制但在国家机关中从事疫情防控公务的人员）依法履行为防控疫情而采取的防疫、检疫、强制隔离、隔离治疗等措施的，依照刑法第277条第1款、第3款的规定，以妨害公务罪定罪处罚。暴力袭击正在依法执行职务的人民警察的，以妨害公务罪定罪，从重处罚。

（十）依法严惩妨害疫情防控的违法行为。实施上述（一）至（九）规定的行为，不构成犯罪的，由公安机关根据治安管理处罚法有关……拒不执行紧急状态下的决定、命令，阻碍执行职务，冲闯警戒带、警戒区……等规定，予以治安管理处罚，或者由有关部门予以其他行政处罚。

【法刊文摘】 依法惩治妨害疫情防控违法犯罪，切实保障人民群众生命健康安全——最高人民法院研究室主任姜启波、最高人民检察院法律政策研究室主任高景峰联合答记者问（二）①

……各级政府依法决定采取紧急措施后，居（村）委会、社区等组织按照要求落实防控措施的，尽管并非基于政府的书面或者口头"委托"，但也应当认为是"受委托代表国家机关行使疫情防控职权"，其中从事公务的人员，属于妨害公务罪的对象。实践中，需要注意"再委托"的情形。我们认为，对于委托授权的把握不宜再扩大范围。比如，对于居（村）委会、社区为落实政府要求，"再委托"小区物业、志愿者等自行实施防控措施的，对相关人员则不宜认定为妨害公务罪的对象。如果以暴力、威胁方法阻碍相关人员实施防控措施，符合故意伤害、寻衅滋事等其他犯罪构成条件的，可以其他犯罪论处。

此外，根据刑法规定，以暴力、威胁方法阻碍国家机关工作人员"依法执行职务"的，才构成妨害公务罪。实践中，极个别地方采取的疫情防控措施法律依据不足，措施本身不当，有关人员又简单甚至过度执行的，则不应认定为是"依法执行职务"。

【高检会〔2003〕4号】 最高人民法院、最高人民检察院、公安部、国家烟草专卖局关于办理假冒伪劣烟草制品等刑事案件适用法律问题座谈会纪要（2003年8月4日至6日在昆明召开，2003年12月23日印发）

八、关于以暴力、威胁方法阻碍烟草专卖执法人员依法执行职务行为的定罪处罚问题

以暴力、威胁方法阻碍烟草专卖执法人员依法执行职务的，依照刑法第277条的规定，以妨害公务罪定罪处罚。

【法发〔2007〕29号】 最高人民法院、最高人民检察院、公安部关于依法严肃查处拒不执行判决、裁定和暴力抗拒法院执行犯罪行为有关问题的通知（2007年8月30日印发；替代废止1998年4月17日最高人民法院发布的《关于审理拒不执行判决、裁定案件具体应用法律若干问题的解释》"法释〔1998〕6号"）

---

① 刊于《检察日报》2020年3月25日第3版。

二、对下列暴力抗拒执行的行为，依照刑法第277条的规定，以妨害公务罪论处：

（一）聚众哄闹、冲击执行现场，围困、扣押、殴打执行人员，致使执行工作无法进行的；

（二）毁损、抢夺执行案件材料、执行公务车辆和其他执行器械、执行人员服装以及执行公务证件，造成严重后果的；

（三）其他以暴力、威胁方法妨害或者抗拒执行，致使执行工作无法进行的。①

三、负有执行人民法院判决、裁定义务的单位直接负责的主管人员和其他直接责任人员，为了本单位的利益实施本《通知》第1条、第2条所列行为之一的，对该主管人员和其他直接责任人员，依照刑法第313条和第277条的规定，分别以拒不执行判决、裁定和妨害公务罪论处。

【公通字〔2013〕25号】　公安部关于公安机关处置信访活动中违法犯罪行为适用法律的指导意见（2013年7月19日印发）

四、对妨害社会管理秩序违法犯罪行为的处理

9. 阻碍国家机关工作人员依法执行职务，强行冲闯公安机关设置的警戒带、警戒区，或者阻碍执行紧急任务的消防车、救护车、工程抢险车、警车等车辆通行，符合《治安管理处罚法》第50条第1款第2项、第3项、第4项规定的，以阻碍执行职务、阻碍特种车辆通行、冲闯警戒带、警戒区依法予以治安管理处罚；阻碍人民警察依法执行职务的，从重处罚；使用暴力、威胁方法阻碍国家机关工作人员依法执行职务，符合《刑法》第277条规定的，以妨害公务罪追究刑事责任。

【法释〔2010〕7号】　最高人民法院、最高人民检察院关于办理非法生产、销售烟草专卖品等刑事案件具体应用法律若干问题的解释（2009年12月28日最高人民法院审判委员会第1481次会议、2010年2月4日最高人民检察院第11届检察委员会第29次会议通过，2010年3月2日公布，2010年3月26日起施行）

第8条（第1款）　以暴力、威胁方法阻碍烟草专卖执法人员依法执行职务，构成犯罪的，以妨害公务罪追究刑事责任。

---

① 注：《最高人民法院关于审理拒不执行判决、裁定刑事案件适用法律若干问题的解释》（法释〔2015〕16号，2015年7月22日施行；2020年12月29日法释〔2020〕17号修正，2021年1月1日施行）第2条第5项、第6项、第7项规定对本条规定进行了修改，如果负有执行义务的人实施了本条规定的行为之一，应以拒不执行判决、裁定罪处罚。详见本书关于《刑法》第313条的相关规定。

【法释〔2012〕15 号】 最高人民法院关于审理破坏草原资源刑事案件应用法律若干问题的解释（2012 年 10 月 22 日最高人民法院审判委员会第 1558 次会议通过，2012 年 11 月 2 日公布，2012 年 11 月 22 日起施行）

第 4 条（第 1 款） 以暴力、威胁方法阻碍草原监督检查人员依法执行职务，构成犯罪的，依照刑法第 277 条的规定，以妨害公务罪追究刑事责任。

【法发〔2013〕15 号】 最高人民法院、最高人民检察院、公安部关于办理醉酒驾驶机动车刑事案件适用法律若干问题的意见（2013 年 12 月 18 日印发）

三、醉酒驾驶机动车，以暴力、威胁方法阻碍公安机关依法检查，又构成妨害公务罪等其他犯罪的，依照数罪并罚的规定处罚。

【主席令〔2014〕16 号】 中华人民共和国反间谍法（已被 2023 年 4 月 26 日全国人大常委会〔14 届 2 次〕修订，2023 年 7 月 1 日起施行；更新内容见本书第八版）

第 30 条 以暴力、威胁方法阻碍国家安全机关依法执行任务的，依法追究刑事责任。

故意阻碍国家安全机关依法执行任务，未使用暴力、威胁方法，造成严重后果的，依法追究刑事责任；情节较轻的，由国家安全机关处 15 日以下行政拘留。

【国务院令〔2017〕692 号】 反间谍法实施细则（2017 年 11 月 22 日公布施行，1994 年 6 月 4 日国务院令第 157 号《国家安全法实施细则》同时废止）

第 22 条 国家安全机关依法执行反间谍工作任务时，公民和组织依法有义务提供便利条件或者其他协助，拒不提供或者拒不协助，构成故意阻碍国家安全机关依法执行反间谍工作任务的，依照《反间谍法》第 30 条的规定处罚。

第 23 条 故意阻碍国家安全机关依法执行反间谍工作任务，造成国家安全机关工作人员人身伤害或者财物损失的，应当依法承担赔偿责任，并由司法机关或者国家安全机关依照《反间谍法》第 30 条的规定予以处罚。

【浙检发诉三字〔2015〕3 号】 浙江省高级人民法院、浙江省人民检察院、浙江省公安厅关于依法处理妨碍政法干警履行法定职责违法行为的指导意见（2015 年 3 月 2 日印发）

二、准确适用法律，及时查处妨碍、报复政法干警依法履行职务的违法犯罪行为

全省各级法院、检察、公安机关对下列妨碍、报复政法干警依法履行职务的行为，要准确认定行为性质，坚决依法予以查处：

（五）以暴力、威胁方法阻碍政法干警依法执行职务的，或者故意阻碍国家安全部门、公安机关干警依法执行国家安全任务，未使用暴力、威胁方法，造成严重后果的，以妨害公务定性，予以从重处罚。

具有下列情形之一的，认定为以暴力、威胁方法阻碍政法干警依法执行职务：

1. 聚众哄闹、冲击政法干警依法执行职务现场的；
2. 采取扣押、殴打、撕咬等暴力方式，危及政法干警人身安全的；
3. 采取拉扯、推搡等方式造成政法干警轻微伤的；
4. 使用刀具、棍棒等工具相威胁的；
5. 以伤害、杀害政法干警相威胁的；
6. 以自杀、自残或毁坏政法干警名誉等言语相威胁，造成群众围观或交通阻塞的；
7. 故意毁坏直接用于执法的装备、设备、配备的；
8. 为逃避政法干警依法执行职务，采取驾驶车辆拖、撞、碰擦政法干警，未造成严重后果的；
9. 以其他暴力、威胁方法阻碍政法干警依法执行职务的。

对依法不够追究刑事责任的，构成违反治安管理行为的，依法予以治安管理处罚。

本《意见》所称的"政法干警"是指法院、检察院、公安机关、国家安全机关、司法行政机关依法履行法定职责的国家机关工作人员。

【法释〔2016〕17号】 最高人民法院关于审理发生在我国管辖海域相关案件若干问题的规定（二）（2016年5月9日最高人民法院审判委员会第1682次会议通过，2016年8月1日公布，2016年8月2日起施行）

第8条（第2款） 有破坏海洋资源犯罪行为，又实施走私、妨害公务等犯罪的，依照数罪并罚的规定处理。

【法释〔2016〕28号】 最高人民法院关于审理拐卖妇女儿童犯罪案件具体应用法律若干问题的解释（2016年11月14日最高人民法院审判委员会第1699次会议通过，2016年12月21日公布，2017年1月1日起施行）

第7条 收买被拐卖的妇女、儿童，又以暴力、威胁方法阻碍国家机关工作人员解救被收买的妇女、儿童，或者聚众阻碍国家机关工作人员解救被收买的妇女、儿童，构成妨害公务罪、聚众阻碍解救被收买的妇女、儿童罪的，依照数罪并罚的规定处罚。

【法释〔2016〕29 号】　最高人民法院、最高人民检察院关于办理环境污染刑事案件适用法律若干问题的解释（2016 年 11 月 7 日最高人民法院审判委员会第 1698 次会议、2016 年 12 月 8 日最高人民检察院第 12 届检察委员会第 58 次会议通过，2016 年 12 月 23 日公布，2017 年 1 月 1 日起施行；2013 年 6 月 19 日施行的同名文件"法释〔2013〕15 号"同时废止）

第 4 条　实施刑法第 338 条、第 339 条规定的犯罪行为，具有下列情形之一的，应当从重处罚：

（一）阻挠环境监督检查或者突发环境事件调查，尚不构成妨害公务等犯罪的；① ……

第 18 条　本解释自 2017 年 1 月 1 日起施行。本解释施行后，《最高人民法院、最高人民检察院关于办理环境污染刑事案件适用法律若干问题的解释》（法释〔2013〕15 号）同时废止；之前发布的司法解释与本解释不一致的，以本解释为准。

【公通字〔2019〕1 号】　最高人民法院、最高人民检察院、公安部关于依法惩治妨害公共交通工具安全驾驶违法犯罪行为的指导意见（2019 年 1 月 8 日印发）

一、准确认定行为性质，依法从严惩处妨害安全驾驶犯罪

（六）以暴力、威胁方法阻碍国家机关工作人员依法处置妨害安全驾驶违法犯罪行为、维护公共交通秩序的，依照刑法第 277 条的规定，以妨害公务罪定罪处罚；暴力袭击正在依法执行职务的人民警察的，从重处罚。

【公通字〔2019〕32 号】　最高人民法院、最高人民检察院、公安部关于依法惩治袭警违法犯罪行为的指导意见（2019 年 12 月 27 日印发，2020 年 1 月 10 日公布）

一、对正在依法执行职务的民警实施下列行为的，属于刑法第 277 条第 5 款规定的"暴力袭击正在依法执行职务的人民警察"，应当以妨害公务罪定罪从重处罚：

1. 实施撕咬、踢打、抱摔、投掷等，对民警人身进行攻击的；

2. 实施打砸、毁坏、抢夺民警正在使用的警用车辆、警械等警用装备，对民警人身进行攻击的；

---

① 注："法释〔2013〕15 号"《解释》原规定：构成污染环境罪，同时阻挠环境监督检查或突发环境事件调查、构成妨害公务罪的，实行数罪并罚。"法释〔2016〕29 号"《解释》将该规定删除了。

对正在依法执行职务的民警虽未实施暴力袭击，但以实施暴力相威胁，符合刑法第 277 条第 1 款规定的，以妨害公务罪定罪处罚。

醉酒的人实施袭警犯罪行为，应当负刑事责任。

教唆、煽动他人实施袭警犯罪行为或者为他人实施袭警犯罪行为提供工具、帮助的，以共同犯罪论处。

对袭警情节轻微或者辱骂民警，尚不构成犯罪，但构成违反治安管理行为的，应当依法从重给予治安管理处罚。

二、实施暴力袭警行为，具有下列情形之一的，在第 1 条规定的基础上酌情从重处罚：

1. 使用凶器或者危险物品袭警、驾驶机动车袭警的；
2. 造成民警轻微伤或者警用装备严重毁损的；
3. 妨害民警依法执行职务，造成他人伤亡、公私财产损失或者造成犯罪嫌疑人脱逃、毁灭证据等严重后果的；
4. 造成多人围观、交通堵塞等恶劣社会影响的；
5. 纠集多人袭警或者袭击民警 2 人以上的；
6. 曾因袭警受过处罚，再次袭警的；
7. 实施其他严重袭警行为的。

实施上述行为，构成犯罪的，一般不得适用缓刑。

五、民警在非工作时间，依照《中华人民共和国人民警察法》等法律履行职责的，应当视为执行职务。

……人民法院、人民检察院和公安机关在办理此类案件时，要准确认识袭警行为对于国家法律秩序的严重危害，不能将袭警行为等同于一般的故意伤害行为，不能仅以造成民警身体伤害作为构成犯罪的标准，要综合考虑袭警行为的手段、方式以及对执行职务的影响程度等因素，准确认定犯罪性质，从严追究刑事责任。对袭警违法犯罪行为，依法不适用刑事和解和治安调解。对于构成犯罪，但具有初犯、偶犯、给予民事赔偿并取得被害人谅解等情节的，在酌情从宽时，应当从严把握从宽幅度。对犯罪性质和危害后果特别严重、犯罪手段特别残忍、社会影响特别恶劣的犯罪分子，虽具有上述酌定从宽情节但不足以从轻处罚的，依法不予从宽处罚。

检察机关办理长江流域非法捕捞水产品案件刑事检察工作座谈会纪要
（2020 年 11 月 13 日在重庆召开，最高检 2020 年 12 月 18 日印发长江流域 14 省市）（略）

【法发〔2021〕16号】 最高人民法院、最高人民检察院、公安部、司法部关于适用《中华人民共和国刑法修正案（十一）》有关问题的通知（2021年5月20日施行）（略）

【署缉发〔2021〕141号】 最高人民法院、最高人民检察院、海关总署、公安部、中国海警局关于打击粤港澳海上跨境走私犯罪适用法律若干问题的指导意见（2020年12月18日印发施行）

二、走私犯罪分子在实施走私犯罪或者逃避追缉过程中，……以暴力、威胁方法抗拒缉私执法，以走私罪和袭警罪或者妨害公务罪数罪并罚。……

【浙公通字〔2022〕16号】 浙江省高级人民法院、浙江省人民检察院、浙江省公安厅办理袭警犯罪案件的指导意见（2022年2月24日）（略）

【主席令〔2012〕67号】 中华人民共和国治安管理处罚法（2012年10月26日第11届全国人大常委会第29次会议修正，2013年1月1日起施行）

第2条 扰乱公共秩序，妨害公共安全，侵犯人身权利、财产权利，妨害社会管理，具有社会危害性，依照《中华人民共和国刑法》的规定构成犯罪的，依法追究刑事责任；尚不够刑事处罚的，由公安机关依照本法给予治安管理处罚。

第50条 有下列行为之一的，处警告或者200元以下罚款；情节严重的，处5日以上10日以下拘留，可以并处500元以下罚款：

（一）拒不执行人民政府在紧急状态情况下依法发布的决定、命令的；

（二）阻碍国家机关工作人员依法执行职务的；

（三）阻碍执行紧急任务的消防车、救护车、工程抢险车、警车等车辆通行的；

（四）强行冲闯公安机关设置的警戒带、警戒区的。

阻碍人民警察依法执行职务的，从重处罚。

● 量刑指导 【法发〔2021〕21号】 最高人民法院、最高人民检察院关于常见犯罪的量刑指导意见（2021年6月16日印发，2021年7月1日试行；法发〔2017〕7号《指导意见》同时废止。删除线部分内容为2021年删除）[①]

---

① 注：《意见》要求各省高院、检察院应当总结司法实践经验，按照规范、实用、符合司法实际的原则共同研制"实施细则"，经审委会、检委会通过后，分别报最高法、最高检备案审查，与《意见》同步实施。

其他判处有期徒刑的案件，可以参照量刑的指导原则、基本方法和常见量刑情节的适用规范量刑。

四、常见犯罪的量刑

（十六）妨害公务罪

1. 构成妨害公务罪的，可以在 2 年以下有期徒刑、拘役幅度内确定量刑起点。

2. 在量刑起点的基础上，可以根据妨害公务造成的后果、犯罪情节严重程度等其他影响犯罪构成的犯罪事实增加刑罚量，确定基准刑。

3. 暴力袭击正在依法执行职务的人民警察的，可以增加基准刑的10%~30%。

3. 构成妨害公务罪，依法单处罚金的，根据妨害公务的手段、危害后果、造成的人身伤害以及财物毁损情况等犯罪情节，综合考虑被告人缴纳罚金的能力，决定罚金数额。（本款新增）

4. 构成妨碍公务罪的，综合考虑妨害公务的手段、造成的人身伤害、财物的毁损及社会影响等犯罪事实、量刑情节，以及被告人的主观恶性、人身危险性、认罪悔罪表现等因素，决定缓刑的适用。（本款新增）

第 278 条　【煽动暴力抗拒法律实施罪】 煽动群众暴力抗拒国家法律、行政法规实施的，处三年以下有期徒刑、拘役、管制或者剥夺政治权利；造成严重后果的，处三年以上七年以下有期徒刑。

● **条文注释**　构成第 278 条规定的煽动暴力抗拒法律实施罪，必须具备以下条件：(1) 犯罪主体只能为自然人（单位不能构成本罪）；(2) 行为人具有抗拒国家法律、行政法规实施的主观故意；(3) 实施了煽动群众暴力抗拒法律实施的行为。

这里的"法律"，是指全国人民代表大会及其常务委员会制定的法律和法律性文件；"行政法规"，是指国务院制定的条例、细则、办法等行政法规。

需要注意的是：第 278 条没有规定"入罪情节门槛"，只要行为人煽动了群众暴力抗拒国家法律或行政法规实施，就可以构成本罪；至于群众是否听信煽动，是否造成了实际的危害后果，不影响本罪的构成。但如果煽动的内容不是鼓动群众使用暴力，则不构成本罪。

第 278 条规定的"造成严重后果"，主要包括以下几种情形：(1) 被煽动的群众使用了暴力；(2) 造成工作、生产、教学、科研等活动不能正常进行；(3) 造成了十分恶劣的影响或其他严重后果。

● 相关规定 　【高检会〔2003〕4号】　最高人民法院、最高人民检察院、公安部、国家烟草专卖局关于办理假冒伪劣烟草制品等刑事案件适用法律问题座谈会纪要（2003年8月4日至6日在昆明召开，最高人民法院、最高人民检察院、公安部、国家烟草专卖局以及部分省、自治区、直辖市法院、检察院、公安厅（局）、烟草专卖局等单位的有关人员参加，全国人大常委会法工委刑法室应邀派员参加，2003年12月23日印发）

九、关于煽动群众暴力抗拒烟草专卖法律实施行为的定罪处罚问题

煽动群众暴力抗拒烟草专卖法律实施的，依照刑法第278条的规定，以煽动暴力抗拒法律实施罪定罪处罚。

【公通字〔2013〕25号】　公安部关于公安机关处置信访活动中违法犯罪行为适用法律的指导意见（2013年7月19日印发）

四、对妨害社会管理秩序违法犯罪行为的处理

11.煽动群众暴力抗拒国家法律、行政法规实施，符合《刑法》第278条规定的，以煽动暴力抗拒法律实施罪追究刑事责任。

【法释〔2010〕7号】　最高人民法院、最高人民检察院关于办理非法生产、销售烟草专卖品等刑事案件具体应用法律若干问题的解释（2009年12月28日最高人民法院审判委员会第1481次会议、2010年2月4日最高人民检察院第11届检察委员会第29次会议通过，2010年3月2日公布，2010年3月26日起施行）

第8条（第2款）　煽动群众暴力抗拒烟草专卖法律实施，构成犯罪的，以煽动暴力抗拒法律实施罪追究刑事责任。

【法释〔2012〕15号】　最高人民法院关于审理破坏草原资源刑事案件应用法律若干问题的解释（2012年10月22日最高人民法院审判委员会第1558次会议通过，2012年11月2日公布，2012年11月22日起施行）

第4条（第2款）　煽动群众暴力抗拒草原法律、行政法规实施，构成犯罪的，依照刑法第278条的规定，以煽动暴力抗拒法律实施罪追究刑事责任。

【法释〔2013〕21号】　最高人民法院、最高人民检察院关于办理利用信息网络实施诽谤等刑事案件适用法律若干问题的解释（2013年9月5日最高人民法院审判委员会第1589次会议、2013年9月2日最高人民检察院第12届检察委员会第9次会议通过，2013年9月6日公布，2013年9月10日起施行）

第9条　利用信息网络实施诽谤、寻衅滋事、敲诈勒索、非法经营犯罪，

同时又构成刑法第221条规定的损害商业信誉、商品声誉罪，第278条规定的煽动暴力抗拒法律实施罪，第291条之一规定的编造、故意传播虚假恐怖信息罪等犯罪的，依照处罚较重的规定定罪处罚。

第10条 本解释所称信息网络，包括以计算机、电视机、固定电话机、移动电话机等电子设备为终端的计算机互联网、广播电视网、固定通信网、移动通信网等信息网络，以及向公众开放的局域网络。

第279条 【招摇撞骗罪】 冒充国家机关工作人员招摇撞骗的，处三年以下有期徒刑、拘役、管制或者剥夺政治权利；情节严重的，处三年以上十年以下有期徒刑。

冒充人民警察招摇撞骗的，依照前款的规定从重处罚。

● **条文注释** 构成第279条规定的招摇撞骗罪，必须具备以下条件：1. 犯罪主体只能为自然人（单位不能构成本罪）；2. 行为人具有招摇撞骗的主观故意，并实施了该行为；3. 行为人冒充了国家机关工作人员。本条没有规定招摇撞骗罪的"入罪情节门槛"；但结合《治安管理处罚法》第51条的规定，行为人冒充国家机关工作人员招摇撞骗的行为还可以适用治安处罚，因此，只有符合一定的情节条件的行为，才能构成本条规定的招摇撞骗罪。但目前尚没有法律法规或司法解释对此作出明确界定。

这里所说的"招摇撞骗"，是指行为人为了牟取非法利益（如骗取地位、荣誉、待遇、玩弄异性等），冒充国家机关工作人员进行诈骗活动，损害国家机关的形象、威信和正常的活动，扰乱社会秩序的行为。这里的"冒充"，是指行为人使用虚假的国家机关工作人员身份或职位；它通常有以下几种情形：（1）非国家机关工作人员冒充国家机关工作人员；（2）某一单位的国家机关工作人员冒充另一单位的国家机关工作人员；（3）某一职位的国家机关工作人员冒充另一职位的国家机关工作人员；（4）冒充虚构的国家机关工作人员。

这里的"国家机关工作人员"，主要是指在国家立法机关、行政机关、司法机关和军事机关中从事公务的人员。根据有关立法解释的规定，在依照法律、法规规定行使国家行政管理职权的组织中从事公务的人员，或者在受国家机关委托代表国家行使职权的组织中从事公务的人员，或者虽未列入国家机关人员编制但在国家机关中从事公务的人员，视为国家机关工作人员。在乡（镇）以上中国共产党机关、人民政协机关中从事公务的人员，司法实践中也应当视为国家机关工作人员。

根据《人民警察法》第 2 条第 2 款的规定，"人民警察"包括公安机关、国家安全机关、监狱、劳动教养管理机关①的人民警察，还包括人民法院、人民检察院的司法警察。对于冒充人民警察招摇撞骗的，以招摇撞骗罪从重处罚。

在司法实践中，应当注意区分第 279 条规定的招摇撞骗罪与《刑法》第 266 条规定的诈骗罪的界限：后者骗取的对象只限于公私财物，并且要求达到一定的数额才构成犯罪；而前者骗取的对象主要是财物之外的其他非法利益，如地位、待遇、荣誉等，侵害的主要是国家机关的威信和形象。如果行为人冒充国家机关工作人员的目的是骗取财物，则应当依照《刑法》第 266 条的规定，以诈骗罪定罪处罚。②

● 相关规定　【法发〔2005〕8 号】　最高人民法院关于审理抢劫、抢夺刑事案件适用法律若干问题的意见（2005 年 6 月 8 日印发）

九、关于抢劫罪与相似犯罪的界限

1. 冒充正在执行公务的人民警察、联防人员，以抓卖淫嫖娼、赌博等违法行为为名非法占有财物的行为定性

行为人冒充正在执行公务的人民警察"抓赌"、"抓嫖"，没收赌资或者罚款的行为，构成犯罪的，以招摇撞骗罪从重处罚；在实施上述行为中使用暴力或者暴力威胁的，以抢劫罪定罪处罚。行为人冒充治安联防队员"抓赌"、"抓嫖"、没收赌资或者罚款的行为，构成犯罪的，以敲诈勒索罪定罪处罚；在实施上述行为中使用暴力或者暴力威胁的，以抢劫罪定罪处罚。

【法发〔2016〕32 号】　最高人民法院、最高人民检察院、公安部关于办理电信网络诈骗等刑事案件适用法律若干问题的意见（2016 年 12 月 19 日签发，2016 年 12 月 20 日新闻发布）

三、全面惩处关联犯罪

（三）冒充国家机关工作人员实施电信网络诈骗犯罪，同时构成诈骗罪和招摇撞骗罪的，依照处罚较重的规定定罪处罚。

---

① 1957 年 8 月 1 日第 1 届全国人大常委会第 78 次会议批准颁布的《国务院关于劳动教养问题的决定》和 1979 年 11 月 29 日第 5 届全国人大常委会第 12 次会议批准颁布的《国务院关于劳动教养的补充规定》，已经被 2013 年 11 月 12 日中国共产党第 18 届中央委员会第三次全体会议通过的《中共中央关于全面深化改革若干重大问题的决定》和 2013 年 12 月 28 日第 12 届全国人大常委会第 6 次会议通过的《全国人民代表大会常务委员会关于废止有关劳动教养法律规定的决定》宣布废止。自此，我国不再有劳动教养机关。

② 全国人民代表大会常务委员会法制工作委员会编：《中华人民共和国刑法释义》，法律出版社 2011 年版，第 503 页。

【公通字〔2021〕21号】　最高人民法院、最高人民检察院、公安部关于依法惩治招摇撞骗等违法犯罪行为的指导意见（第二次重印增补内容，余文见本书末尾）。

【主席令〔2012〕67号】　中华人民共和国治安管理处罚法（2012年10月26日第11届全国人大常委会第29次会议修正，2013年1月1日起施行）

第2条　扰乱公共秩序，妨害公共安全，侵犯人身权利、财产权利，妨害社会管理，具有社会危害性，依照《中华人民共和国刑法》的规定构成犯罪的，依法追究刑事责任；尚不够刑事处罚的，由公安机关依照本法给予治安管理处罚。

第51条　冒充国家机关工作人员或者以其他虚假身份招摇撞骗的，处5日以上10日以下拘留，可以并处500元以下罚款；情节较轻的，处5日以下拘留或者500元以下罚款。

冒充军警人员招摇撞骗的，从重处罚。

第280条①　**【伪造、变造、买卖国家机关公文、证件、印章罪；盗窃、抢夺、毁灭国家机关公文、证件、印章罪】** 伪造、变造、买卖或者盗窃、抢夺、毁灭国家机关的公文、证件、印章的，处三年以下有期徒刑、拘役、管制或者剥夺政治权利，并处罚金；情节严重的，处三年以上十年以下有期徒刑，并处罚金。

【伪造公司、企业、事业单位、人民团体印章罪】 伪造公司、企业、事业单位、人民团体的印章的，处三年以下有期徒刑、拘役、管制或者剥夺政治权利，并处罚金。

【伪造、变造、买卖身份证件罪②】 伪造、变造、买卖居民身份证、护照、社会保障卡、驾驶证等依法可以用于证明身份的证件的，处三年以下有期徒刑、拘役、管制或者剥夺政治权利，并处罚金；情节严重的，处三年以上七年以下有期徒刑，并处罚金。

---

① 第280条是根据2015年8月29日第12届全国人大常委会第16次会议通过的《刑法修正案（九）》（主席令第30号公布，2015年11月1日起施行）而修改，增加了相应的财产刑，并将原第280条第3款规定的"伪造、变造居民身份证"修改为"伪造、变造、买卖居民身份证、护照、社会保障卡、驾驶证等依法可以用于证明身份的证件"。

② 本罪名原为"伪造、变造居民身份证罪"；《刑法修正案（九）》对条文内容进行了修改，根据《最高人民法院、最高人民检察院关于执行〈中华人民共和国刑法〉确定罪名的补充规定（六）》（法释〔2015〕20号）而改为现名。

> 第280条之一[1]【使用虚假身份证件、盗用身份证件罪[2]】在依照国家规定应当提供身份证明的活动中，使用伪造、变造的或者盗用他人的居民身份证、护照、社会保障卡、驾驶证等依法可以用于证明身份的证件，情节严重的，处拘役或者管制，并处或者单处罚金。
>
> 　　有前款行为，同时构成其他犯罪的，依照处罚较重的规定定罪处罚。
>
> 　　第280条之二[3]【冒名顶替罪[4]】盗用、冒用他人身份，顶替他人取得的高等学历教育入学资格、公务员录用资格、就业安置待遇的，处三年以下有期徒刑、拘役或者管制，并处罚金。
>
> 　　组织、指使他人实施前款行为的，依照前款的规定从重处罚。
>
> 　　国家工作人员有前两款行为，又构成其他犯罪的，依照数罪并罚的规定处罚。

● **条文注释**　构成第280条、第280条之一规定之罪，必须具备以下条件：(1)犯罪主体只能为自然人（单位不能构成本罪）。(2)行为人有妨碍印章、证件管理的犯罪故意。(3)行为人实施了相应的行为。其中，伪造、买卖或盗窃、抢夺国家机关的印章或公文、证件的，适用第280条第1款的规定；伪造企业或人民团体印章的，适用第280条第2款的规定；伪造居民身份证件的，适用第280条第3款的规定。

第280条规定的"国家机关"，是指各级国家立法机关、党政机关、司法机关和军事机关，也包括上述机关单位设立的临时性机构，但不包括企事业单位和人民团体。"公文"，是指国家机关在其职权内，以其名义制作的用以指示工作、

---

[1] 第280条之一是根据2015年8月29日第12届全国人大常委会第16次会议通过的《刑法修正案（九）》（主席令第30号公布，2015年11月1日起施行）而增设。

[2] 注：本罪罪名由《最高人民法院、最高人民检察院关于执行〈中华人民共和国刑法〉确定罪名的补充规定（六）》（法释〔2015〕20号，最高人民法院审判委员会第1664次会议、最高人民检察院第12届检委会第42次会议通过，2015年11月1日起执行）增设。
根据《公安部刑事案件管辖分工规定》（公通字〔2020〕9号，2020年9月1日），本罪由公安机关刑事侦查部门管辖。

[3] 第280条之二由《刑法修正案（十一）》（2020年12月26日第13届全国人大常委会第24次会议通过，主席令第66号公布）增设，2021年3月1日起施行。

[4] 注：本罪罪名由《最高人民法院、最高人民检察院关于执行〈中华人民共和国刑法〉确定罪名的补充规定（七）》（法释〔2021〕2号，最高人民法院审判委员会第1832次会议、最高人民检察院第13届检察委员会第63次会议通过）增设，2021年3月1日执行。

处理问题或者联系事务的各种书面文件,如决定、命令、决议、指示、通知、报告、信函、电文等;"证件",是指国家机关制作颁发的用以证明身份、权利义务关系或有关事实的凭证,包括证件和证书;"印章",是指刻有国家机关组织名称的公章或者某种特殊用途的专用章。"伪造",是指无制作权的个人,冒用相关单位的名义,非法制作虚假印章或公文、证件的行为;"变造",是指用涂改、擦消、拼接、复印、电脑修改等方法,对真实的公文、证件、印章进行改制,变更其原来真实内容的行为。"买卖国家机关公文、证件、印章",既包括买卖真实的国家机关公文、证件、印章,也包括买卖伪造或变造的国家机关公文、证件、印章。

第280条规定的"情节严重",主要是指多次或者大量伪造、变造、买卖、盗窃、抢夺、毁灭国家机关公文、证件(包括居民身份证件)、印章,或者妨害国家机关重要的公文、证件、印章的管理,或者造成政治影响很坏、经济损失很大等严重危害后果,或者动机、目的恶劣,如出于打击报复或者诬陷他人的,等等。

第280条之一规定的"国家规定",是指全国人民代表大会及其常务委员会制定的法律和决定,国务院制定的行政法规、规定的行政措施、发布的决定和命令。

需要注意的是:

(1)根据"法释〔2001〕22号"解释,对于伪造各种文凭(学历、学位证明)的行为,依照第280条第2款的规定,以"伪造事业单位印章罪"定罪处罚;贩卖上述文凭证件的,以共犯论处。

(2)买卖空白证件(尚未加盖发证机关的行政印章或专用章印鉴)的行为,不能认定为"买卖证件";但伪造或变造空白证件的行为,应当认定为"伪造或变造证件"的共犯。国家机关工作人员非法提供真实的空白证件,按滥用职权行为论处。

(3)第280条和第280条之一并没有规定具体的"入罪情节门槛";但根据《治安管理处罚法》第52条的规定,行为人实施第280条各款规定的行为还可以适用治安处罚,因此,只有符合一定的情节条件的行为,才能构成本条各款规定的犯罪。但目前尚没有法律法规或司法解释对此作出统一的界定。

构成第280条之二规定之罪,必须具备以下条件:(1)犯罪主体只能为自然人(单位不能构成本罪);(2)行为人có冒名顶替的犯罪故意;(3)实施的冒名顶替行为限于3种:高等学历教育入学资格、公务员录用资格、就业安置待遇。

第280条之二规定的"高等学历教育",是指经过国家教育考试或选拔,进入具有高等学历教育权的高等学校或其他科研机构,完成学业后获得国家承认的学历证书的高等教育,包括专科教育、本科教育和研究生教育。"公务员录用资格",是指经过公开考试、考查或其他测评方法,取得公务员身份。这里的

"公务员",包括《公务员法》规定的一级主任科员以下及其他相当职级层次的公务员,以及特殊职位的公务员。"就业安置待遇"是指军人(含武警)退役转业安置、消防救援人员以及其他人员的依法安置。这里的"待遇"包括就业安置资格,也包括其他安置待遇。

要特别注意的是:第 280 条之二第 1 款规定中有两个"的"字。这直接影响了冒名顶替罪的入罪条件:行为人顶替的是他人已经取得的资格、待遇;如果只是冒名,通过自己的参考参试等努力而获取相关资格、待遇,不构成本条规定之罪。也即,不仅要冒名,还要顶替相关资格待遇,才能构成冒名顶替罪。

● 相关规定　【主席令〔1998〕14 号】　全国人民代表大会常务委员会关于惩治骗购外汇、逃汇和非法买卖外汇犯罪的决定(1998 年 12 月 29 日第 9 届全国人民代表大会常务委员会第 6 次会议通过,主席令第 14 号公布施行)

二、买卖伪造、变造的海关签发的报关单、进口证明、外汇管理部门核准件等凭证和单据或者国家机关的其他公文、证件、印章的,依照刑法第 280 条的规定定罪处罚。

八、犯本决定规定之罪,依法被追缴、没收的财物和罚金,一律上缴国库。

【法释〔1998〕20 号】　最高人民法院关于审理骗购外汇、非法买卖外汇刑事案件具体应用法律若干问题的解释(1998 年 8 月 28 日最高人民法院审判委员会第 1018 次会议通过,1998 年 8 月 28 日公布,1998 年 9 月 1 日起施行)

第 2 条　伪造、变造、买卖海关签发的报关单、进口证明、外汇管理机关的核准件等凭证或者购买伪造、变造的上述凭证的,按照刑法第 280 条第 1 款的规定定罪处罚。

第 6 条　实施本解释规定的行为,同时触犯二个以上罪名的,择一重罪从重处罚。

【公通字〔1998〕31 号】　最高人民法院、最高人民检察院、公安部、国家工商行政管理局关于依法查处盗窃、抢劫机动车案件的规定(1998 年 5 月 8 日印发)

七、伪造、变造、买卖机动车牌证及机动车入户、过户、验证的有关证明文件的,依照《刑法》第 280 条第 1 款的规定处罚。

【高检研发〔1999〕5 号】　最高人民检察院法律政策研究室关于买卖伪造的国家机关证件行为是否构成犯罪问题的答复(1999 年 6 月 21 日答复辽宁省人民检察院研究室"辽检发研字〔1999〕3 号"请示)

对于买卖伪造的国家机关证件的行为，依法应当追究刑事责任的，可适用刑法第280条第1款的规定以买卖国家机关证件罪追究刑事责任。

【法释〔2000〕36号】 最高人民法院关于审理破坏森林资源刑事案件具体应用法律若干问题的解释（2000年11月17日最高人民法院审判委员会第1141次会议通过，2000年11月22日公布，2000年12月11日起施行）

第13条 对于伪造、变造、买卖林木采伐许可证、木材运输证件、森林、林木、林地权属证书，占用或者征用林地审核同意书、育林基金等缴费收据以及其他国家机关批准的林业证件构成犯罪的，依照刑法第280条第1款的规定，以伪造、变造、买卖国家机关公文、证件罪定罪处罚。

对于买卖允许进出口证明书等经营许可证明，同时触犯刑法第225条、第280条规定之罪的，依照处罚较重的规定定罪处罚。

【公境出〔2000〕881号】 公安部关于盗窃空白因私护照有关问题的批复（2000年5月16日答复辽宁省公安厅出入境管理处"辽公境外〔2000〕178号"请示）

一、某某等人所盗取的空白护照属于出入境证件。护照不同于一般的身份证件，它是公民国际旅行的身份证件和国籍证明。在我国，公民因私护照的设计、研制、印刷统一由公安部出入境管理局负责。护照上设计了多项防伪措施，每本护照（包括空白护照）都有一个统一编号，空白护照是签发护照的重要构成因素，对空白护照的发放、使用有严格的管理程序。空白护照丢失，与已签发的护照一样，也由公安部出入境管理局宣布作废，空白护照是作为出入境证件加以管理的。因此，空白护照既是国家机关的证件，也是出入境证件。

二、某某等人所盗护照不同于一般商品，在认定其盗窃情节时，不能简单依照护照本身的研制、印刷费用计算盗窃数额，而应依照所盗护照的本数计算。一次盗窃2000本护照，在建国以来是第一次，所造成的影响极其恶劣。应当认定为"情节严重"，不是一般的盗窃，而应按照刑法第280条规定处理。

上述意见请商当地人民检察院。

【法释〔2001〕22号】 最高人民法院、最高人民检察院关于办理伪造、贩卖伪造的高等院校学历、学位证明刑事案件如何适用法律问题的解释（2001年6月21日最高人民法院审判委员会第1181次会议、2001年7月2日最高人民检察院第9届检察委员会第91次会议通过，2001年7月3日公布，2001年7月5日起施行）

对于伪造高等院校印章制作学历、学位证明的行为，应当依照刑法第280条第 2 款的规定，以伪造事业单位印章罪定罪处罚。

明知是伪造高等院校印章制作的学历、学位证明而贩卖的，以伪造事业单位印章罪的共犯论处。

【法〔2002〕139 号】　最高人民法院、最高人民检察院、海关总署关于办理走私刑事案件适用法律若干问题的意见（2002 年 7 月 8 日印发）

九、关于利用购买的加工贸易登记手册、特定减免税批文等涉税单证进口货物行为的定性处理问题

加工贸易登记手册、特定减免税批文等涉税单证是海关根据国家法律法规以及有关政策性规定，给予特定企业用于保税货物经营管理和减免税优惠待遇的凭证。利用购买的加工贸易登记手册、特定减免税批文等涉税单证进口货物，实质是将一般贸易货物伪报为加工贸易保税货物或者特定减免税货物进口，以达到偷逃应缴税款的目的，应当适用刑法 153 条以走私普通货物、物品罪定罪处罚。如果行为人与走私分子通谋出售上述涉税单证，或者在出卖批文后又以提供印章、向海关伪报保税货物、特定减免税货物等方式帮助买方办理进口通关手续的，对卖方依照刑法第 156 条以走私罪共犯定罪处罚。买卖上述涉税单证情节严重尚未进口货物的，依照刑法第 280 条的规定定罪处罚。

【高检研发〔2002〕19 号】　最高人民检察院法律政策研究室关于买卖尚未加盖印章的空白《边境证》行为如何适用法律问题的答复（2002 年 9 月 25 日答复重庆市人民检察院研究室"渝检（研）〔2002〕11 号"请示）

对买卖尚未加盖发证机关的行政印章或者通行专用章印鉴的空白《中华人民共和国边境管理区通行证》的行为，不宜以买卖国家机关证件罪追究刑事责任。国家机关工作人员实施上述行为，构成犯罪的，可以按滥用职权等相关犯罪依法追究刑事责任。

【高检研发〔2003〕17 号】　最高人民检察院法律政策研究室关于伪造、变造、买卖政府设立的临时性机构的公文、证件、印章行为如何适用法律问题的答复（2003 年 6 月 3 日答复江苏省人民检察院研究室"苏检发研字〔2003〕4 号"请示）

伪造、变造、买卖各级人民政府设立的行使行政管理权的临时性机构的公文、证件、印章行为，构成犯罪的，应当依照刑法第 280 条第 1 款的规定，以伪造、变造、买卖国家机关公文、证件、印章罪追究刑事责任。

公安部经济犯罪侦查局关于房产证是否属于"国家机关证件"问题的研究意见（2003年6月26日印发）

我们在办理妨碍对公司、企业管理秩序犯罪案件过程中经常遇到犯罪嫌疑人"涂改房产证明"，用以达到公司、企业注册登记、验资等目的的情形，对于此种情形是否涉嫌构成"伪造、变造、买卖国家机关公文、证件、印章罪"的问题，存在分歧意见：一种意见认为，房产证属于政府房地产管理部门填发的房产证明，应该属于国家机关证件；另一种意见认为房产证仅是房产权属证明，不属于国家机关证件。我们同意第一种意见，最高人民检察院侦查监督厅也同意此意见。

【法研〔2004〕38号】 最高人民法院研究室关于对行为人通过伪造国家机关公文、证件担任国家工作人员职务并利用职务上的便利侵占本单位财物、收受贿赂、挪用本单位资金等行为如何适用法律问题的答复（2004年3月20日答复北京市高级人民法院"京高法〔2004〕15号"请示）

行为人通过伪造国家机关公文、证件担任国家工作人员职务以后，又利用职务上的便利实施侵占本单位财物、收受贿赂、挪用本单位资金等行为，构成犯罪的，应当分别以伪造国家机关公文、证件罪和相应的贪污罪、受贿罪、挪用公款罪等追究刑事责任，实行数罪并罚。

【法释〔2007〕11号】 最高人民法院、最高人民检察院关于办理与盗窃、抢劫、诈骗、抢夺机动车相关刑事案件具体应用法律若干问题的解释（2006年12月25日最高人民法院审判委员会第1411次会议、2007年2月14日最高人民检察院第10届检察委员会第71次会议通过，2007年5月9日公布，2007年5月11日起施行）

第2条 伪造、变造、买卖机动车行驶证、登记证书，累计3本以上的，依照刑法第280条第1款的规定，以伪造、变造、买卖国家机关证件罪定罪，处3年以下有期徒刑、拘役、管制或者剥夺政治权利。

伪造、变造、买卖机动车行驶证、登记证书，累计达到第1款规定数量标准5倍以上的，属于刑法第280条第1款规定中的"情节严重"，处3年以上10年以下有期徒刑。

第4条 实施本解释第1条、第2条、第3条第1款或者第3款规定的行为，事前与盗窃、抢劫、诈骗、抢夺机动车的犯罪分子通谋的，以盗窃罪、抢劫罪、诈骗罪、抢夺罪的共犯论处。

第5条 对跨地区实施的涉及同一机动车的盗窃、抢劫、诈骗、抢夺以及掩饰、隐瞒犯罪所得、犯罪所得收益行为，有关公安机关可以依照法律和有关规定一并立案侦查，需要提请批准逮捕、移送审查起诉、提起公诉的，由该公安机关所在地的同级人民检察院、人民法院受理。

【法释〔2018〕19号】　最高人民法院、最高人民检察院关于办理妨害信用卡管理刑事案件具体应用法律若干问题的解释（2009年12月3日"法释〔2009〕19号"公布，2009年12月16日起施行；2018年7月30日最高人民法院审判委员会第1745次会议、2018年10月19日最高人民检察院第13届检察委员会第7次会议修改，2018年11月28日公布，2018年12月1日起施行）

第4条（第1款）　为信用卡申请人制作、提供虚假的财产状况、收入、职务等资信证明材料，涉及伪造、变造、买卖国家机关公文、证件、印章，或者涉及伪造公司、企业、事业单位、人民团体印章，应当追究刑事责任的，依照刑法第280条的规定，分别以伪造、变造、买卖国家机关公文、证件、印章罪和伪造公司、企业、事业单位、人民团体印章罪定罪处罚。

第13条　单位实施本解释规定的行为，适用本解释规定的相应自然人犯罪的定罪量刑标准。

【法发〔2021〕22号】　最高人民法院、最高人民检察院、公安部关于办理电信网络诈骗等刑事案件适用法律若干问题的意见（二）（2021年6月17日签发，2021年6月22日新闻发布）

六、在网上注册办理手机卡、信用卡、银行账户、非银行支付账户时，为通过网上认证，使用他人身份证件信息并替换他人身份证件相片，属于伪造身份证件行为，符合刑法第280条第3款规定的，以伪造身份证件罪追究刑事责任。

使用伪造、变造的身份证件或者盗用他人身份证件办理手机卡、信用卡、银行账户、非银行支付账户，符合刑法第280条之一第1款规定的，以使用虚假身份证件、盗用身份证件罪追究刑事责任。

实施上述两款行为，同时构成其他犯罪的，依照处罚较重的规定定罪处罚。法律和司法解释另有规定的除外。

【法研〔2009〕68号】　最高人民法院研究室《关于伪造、变造、买卖民用机动车号牌行为能否以伪造、变造、买卖国家机关证件罪定罪处罚问题的请示》的答复（2009年1月1日答复广东省高级人民法院"粤高法〔2009〕108号"请示）

同意你院审委会讨论中的多数人意见，伪造、变造、买卖民用机动车号牌行为不能以伪造、变造、买卖国家机关证件罪定罪处罚。你院所请示问题的关键在于能否将机动车号牌认定为国家机关证件，从当前我国刑法的规定看，不能将机动车号牌认定为国家机关证件。

【法研〔2010〕140号】 最高人民法院研究室关于税收通用完税证和车辆购置税完税证是否属于发票问题的回函（2010年8月17日回复公安部经济犯罪侦查局"公经财税〔2010〕102号"征求意见函）

对伪造税务机关征税专用章，非法制造税收通用完税证和车辆购置税完税证对外出售的，视情可以伪造国家机关印章罪论处；对非法购买上述两种伪造的完税证，逃避缴纳税款的，视情可以逃税罪论处。

【法释〔2018〕17号】 最高人民法院、最高人民检察院关于办理虚假诉讼刑事案件适用法律若干问题的解释（2018年1月25日最高人民法院审判委员会第1732次会议、2018年6月13日最高人民检察院第13届检察委员会第2次会议通过，2018年9月26日公布，2018年10月1日起施行）

第7条　采取伪造证据等手段篡改案件事实，骗取人民法院裁判文书，构成犯罪的，依照刑法第280条、第307条等规定追究刑事责任。

第11条　本解释所称裁判文书，是指人民法院依照民事诉讼法、企业破产法等民事法律作出的判决、裁定、调解书、支付令等文书。

【主席令〔2012〕67号】 中华人民共和国治安管理处罚法（2012年10月26日第11届全国人大常委会第29次会议修正，2013年1月1日起施行）

第52条　有下列行为之一的，处10日以上15日以下拘留，可以并处1000元以下罚款；情节较轻的，处5日以上10日以下拘留，可以并处500元以下罚款：

（一）伪造、变造或者买卖国家机关、人民团体、企业、事业单位或者其他组织的公文、证件、证明文件、印章的；

（二）买卖或者使用伪造、变造的国家机关、人民团体、企业、事业单位或者其他组织的公文、证件、证明文件的。

第281条　**【非法生产、买卖警用装备罪】** 非法生产、买卖人民警察制式服装、车辆号牌等专用标志、警械，情节严重的，处三年以下有期徒刑、拘役或者管制，并处或者单处罚金。

单位犯前款罪的，对单位判处罚金，并对其直接负责的主管人员和其他直接责任人员，依照前款的规定处罚。

● **条文注释** 第281条规定的警用装备主要包括：（1）制式服装（包括各种制服、领带、领带夹、纽扣、专用色布等）；（2）车辆号牌；（3）各种警械（包括手铐、脚镣、警棍、警绳、警用抓捕网、警用催泪喷射器、警灯、警笛、警报器等）；（4）专用标志（包括警衔、警号、胸章、臂章、帽徽等）。"非法生产、买卖"，既包括无生产、经营、使用权的单位或个人擅自生产、销售、购买，也包括虽然有生产、经营权，但违反有关规定擅自进行生产、销售的行为。

这里的"情节严重"，主要是指多次实施第281条规定的行为，或者非法生产、买卖的数量较大，或者经有关部门责令停止生产、销售、购买但拒不听从，或者造成其他严重后果或影响恶劣等，具体界定标准依照"公通字〔2008〕36号"立案标准的相关规定。

● **立案标准** 最高人民检察院、公安部关于公安机关管辖的刑事案件立案追诉标准的规定（一）（公通字〔2008〕36号，2008年6月25日公布施行）

第35条［非法生产、买卖警用装备案（刑法第281条）］ 非法生产、买卖人民警察制式服装、车辆号牌等专用标志、警械，涉嫌下列情形之一的，应予立案追诉：

（一）成套制式服装30套以上，或者非成套制式服装100件以上的；

（二）手铐、脚镣、警用抓捕网、警用催泪喷射器、警灯、警报器单种或者合计10件以上的；

（三）警棍50根以上的；

（四）警衔、警号、胸章、臂章、帽徽等警用标志单种或者合计100件以上的；

（五）警用号牌、省级以上公安机关专段民用车辆号牌1副以上，或者其他公安机关专段民用车辆号牌3副以上的；

（六）非法经营数额5000元以上，或者非法获利1000元以上的；

（七）被他人利用进行违法犯罪活动的；

（八）其他情节严重的情形。

第101条 本规定中的"以上"，包括本数。

第282条 【非法获取国家秘密罪】以窃取、刺探、收买方法，非法获取国家秘密的，处三年以下有期徒刑、拘役、管制或者剥夺政治权利；情节严重的，处三年以上七年以下有期徒刑。

【非法持有国家绝密、机密文件、资料、物品罪】非法持有属于国家绝密、机密的文件、资料或者其他物品，拒不说明来源与用途的，处三年以下有期徒刑、拘役或者管制。

● **条文注释** 第282条规定的"国家秘密"，主要是指《保守国家秘密法》第9条和《保守国家秘密法实施办法》第4条等相关法规规定的涉及国家安全和利益的事项。根据法定程序，国家秘密分为三级：绝密、机密、秘密。"属于国家绝密、机密的文件、资料或者其他物品"是指依照法定程序确定并且标明为绝密、机密两个密级（不包括秘密一级）的文件、资料和物品，如被确定为国家绝密或机密的先进设备、高科技产品、军工产品等。

需要注意的是：

1. 目前法律法规和司法解释尚未对第282条规定之罪的情节界定标准作出统一规定，在司法实践中可以参照下列司法解释的相关规定：(1)《刑法》第111条注释中的"法释〔2001〕4号"解释；(2)《刑法》第398条的注释中的"高检发释字〔2006〕2号"立案标准；(3)《刑法》第432条注释中的立案标准。

2. 构成第282条第2款规定之罪，应该满足两个条件：(1)非法持有；(2)拒不说明来源与用途。对于说明来源与用途的，持有人不构成本罪，但必须依照第282条第1款规定追究行为人非法获取国家秘密的法律责任，或者依照《刑法》第398条或第432条的规定，追究泄密者的法律责任。

3. 如果行为人非法获取国家秘密的目的是给境外提供情报，则应当依照《刑法》第111条的规定，以"为境外窃取、刺探、收买、非法提供国家秘密、情报罪"定罪处罚。

● **相关规定**　【主席令〔2014〕16号】　**中华人民共和国反间谍法**（已被2023年4月26日全国人大常委会〔14届2次〕修订，2023年7月1日起施行；更新内容见本书第八版）

第24条　任何个人和组织都不得非法持有属于国家秘密的文件、资料和其他物品。

第32条　对非法持有属于国家秘密的文件、资料和其他物品的，以及非法持有、使用专用间谍器材的，国家安全机关可以依法对其人身、物品、住处和其他有关的地方进行搜查；对其非法持有的属于国家秘密的文件、资料和其他物品，以及非法持有、使用的专用间谍器材予以没收。非法持有属于国家秘密的文件、资料和其他物品，构成犯罪的，依法追究刑事责任；尚不构成犯罪的，由国家安全机关予以警告或者处15日以下行政拘留。

【国务院令〔2017〕692号】　反间谍法实施细则（2017年11月22日公布施行，1994年6月4日国务院令第157号《国家安全法实施细则》同时废止）

第17条　《反间谍法》第24条所称"非法持有属于国家秘密的文件、资料和其他物品"是指：

（一）不应知悉某项国家秘密的人员携带、存放属于该项国家秘密的文件、资料和其他物品的；

（二）可以知悉某项国家秘密的人员，未经办理手续，私自携带、留存属于该项国家秘密的文件、资料和其他物品的。

【法释〔2019〕13号】　最高人民法院、最高人民检察院关于办理组织考试作弊等刑事案件适用法律若干问题的解释（2019年4月8日最高人民法院审判委员会第1765次会议、2019年6月28日最高人民检察院第13届检察委员会第20次会议通过，2019年9月2日公布，2019年9月4日起施行）

第9条　以窃取、刺探、收买方法非法获取法律规定的国家考试的试题、答案，又组织考试作弊或者非法出售、提供试题、答案，分别符合刑法第282条和刑法第284条之一规定的，以非法获取国家秘密罪和组织考试作弊罪或者非法出售、提供试题、答案罪数罪并罚。

第10条　在法律规定的国家考试以外的其他考试中，组织作弊，为他人组织作弊提供作弊器材或者其他帮助，或者非法出售、提供试题、答案，符合非法获取国家秘密罪、非法生产、销售窃听、窃照专用器材罪、非法使用窃听、窃照专用器材罪、非法利用信息网络罪、扰乱无线电通讯管理秩序罪等犯罪构成要件的，依法追究刑事责任。

第11条　设立用于实施考试作弊的网站、通讯群组或者发布有关考试作弊的信息，情节严重的，应当依照刑法第287条之一的规定，以非法利用信息网络罪定罪处罚；同时构成组织考试作弊罪、非法出售、提供试题、答案罪、非法获取国家秘密罪等其他犯罪的，依照处罚较重的规定定罪处罚。

第12条　对于实施本解释规定的犯罪被判处刑罚的，可以根据犯罪情况和预防再犯罪的需要，依法宣告职业禁止；被判处管制、宣告缓刑的，可以根据犯罪情况，依法宣告禁止令。

第13条　对于实施本解释规定的行为构成犯罪的，应当综合考虑犯罪的危害程度、违法所得数额以及被告人的前科情况、认罪悔罪态度等，依法判处罚金。

> **第283条**[①]　**【非法生产、销售专用间谍器材、窃听、窃照专用器材罪】**[②] 非法生产、销售专用间谍器材或者窃听、窃照专用器材的，处三年以下有期徒刑、拘役或者管制，并处或者单处罚金；情节严重的，处三年以上七年以下有期徒刑，并处罚金。
>
> 单位犯前款罪的，对单位判处罚金，并对其直接负责的主管人员和其他直接责任人员，依照前款的规定处罚。
>
> **第284条**　**【非法使用窃听、窃照专用器材罪】** 非法使用窃听、窃照专用器材，造成严重后果的，处二年以下有期徒刑、拘役或者管制。

● **条文注释**　第283条、第284条是针对间谍器材和窃听、窃照等专用器材的管理规定。非法生产、销售的，适用第283条的规定；非法使用的，适用第284条的规定。

根据《反间谍法》等法律法规的相关规定，"专用间谍器材"的确认，由国家安全部负责；主要是指进行间谍活动特殊需要的下列器材：（1）暗藏式窃听、窃照器材；（2）突发式收发报机、一次性密码本、密写工具；（3）用于获取情报的电子监听、截收器材；（4）其他专用间谍器材。"窃听"，是指使用专用器材或设备对窃听对象的谈话或通话进行偷听或秘密录音的行为；"窃照"，是指使用专用器材或设备对窃照对象的形象或活动进行偷拍或秘密摄录的行为。

第283条规定的"非法生产、销售"，既包括无权生产、经营专用间谍器材的个人擅自制造、销售上述器材，也包括虽然具有生产、经营权，但是违规生

---

① 第283条是根据2015年8月29日第12届全国人民代表大会常务委员会第16次会议通过的《刑法修正案（九）》（主席令第30号公布，2015年11月1日起施行）而修改；原第283条只有一款，内容为："非法生产、销售窃听、窃照等专用间谍器材的，处三年以下有期徒刑、拘役或者管制。"

② 注：本罪名原为"非法生产、销售间谍专用器材罪"，《刑法修正案（九）》对条文修改后，根据《最高人民法院、最高人民检察院关于执行〈中华人民共和国刑法〉确定罪名的补充规定（六）》（法释〔2015〕20号，最高人民法院审判委员会第1664次会议、最高人民检察院第12届检察委员会第42次会议通过，2015年11月1日起执行）而改为现名。

产或销售的行为。

第284条规定的"非法使用",既包括无权使用专用间谍器材的人擅自使用上述器材,也包括虽然有权使用,但是违规使用的行为。"造成严重后果",是指造成他人自杀、精神失常,或者引发严重犯罪行为,或者造成重大经济损失等严重后果。

需要注意的是:根据《刑法》第30条的规定,第284条的犯罪主体只能是个人。如果单位实施了第284条规定的行为,不能对单位追究刑事责任,只能对其直接负责的主管人员和其他直接责任人员依照第284条的规定定罪处罚。

● 相关规定　【法研〔2013〕88号】　最高人民法院研究室关于非法生产、销售、使用"伪基站"行为定性的研究意见①

一、关于生产、销售"伪基站"设备行为的定性。如果"伪基站"设备经有关部门依法认定为"窃听、窃照等专用间谍器材"的,对于未经许可生产、销售"伪基站"设备行为,可以认定为刑法第283条规定的"非法生产、销售窃听、窃照等专用间谍器材"。

【公通字〔2014〕13号】　最高人民法院、最高人民检察院、公安部、国家安全部关于依法办理非法生产销售使用"伪基站"设备案件的意见(2014年3月14日印发)

一、准确认定行为性质

(一)非法生产、销售"伪基站"设备,具有以下情形之一的,依照《刑法》第225条的规定,以非法经营罪追究刑事责任:

1. 个人非法生产、销售"伪基站"设备3套以上,或者非法经营数额5万元以上,或者违法所得数额2万元以上的;

2. 单位非法生产、销售"伪基站"设备10套以上,或者非法经营数额15万元以上,或者违法所得数额5万元以上的;

3. 虽未达到上述数额标准,但两年内曾因非法生产、销售"伪基站"设备受过两次以上行政处罚,又非法生产、销售"伪基站"设备的。

实施前款规定的行为,数量、数额达到前款规定的数量、数额5倍以上的,应当认定为《刑法》第225条规定的"情节特别严重"。

非法生产、销售"伪基站"设备,经鉴定为专用间谍器材的,依照《刑法》

---

① 最高人民法院研究室编:《司法研究与指导》(总第5辑),人民法院出版社2014年版,第175页。

第283条的规定,以非法生产、销售间谍专用器材罪追究刑事责任;同时构成非法经营罪的,以非法经营罪追究刑事责任。

【工商总局、公安部、质检总局令第72号】 禁止非法生产销售使用窃听窃照专用器材和"伪基站"设备的规定(国家工商行政管理总局局务会审议通过,经公安部、国家质量监督检验检疫总局同意,2014年12月23日公布,公布之日起30日后施行)

第3条 本规定所称窃听专用器材,是指以伪装或者隐蔽方式使用,经公安机关依法进行技术检测后作出认定性结论,有以下情形之一的:

(一)具有无线发射、接收语音信号功能的发射、接收器材;

(二)微型语音信号拾取或者录制设备;

(三)能够获取无线通信信息的电子接收器材;

(四)利用搭接、感应等方式获取通讯线路信息的器材;

(五)利用固体传声、光纤、微波、激光、红外线等技术获取语音信息的器材;

(六)可遥控语音接收器件或者电子设备中的语音接收功能,获取相关语音信息,且无明显提示的器材(含软件);

(七)其他具有窃听功能的器材。

第4条 本规定所称窃照专用器材,是指以伪装或者隐蔽方式使用,经公安机关依法进行技术检测后作出认定性结论,有以下情形之一的:

(一)具有无线发射功能的照相、摄像器材;

(二)微型针孔式摄像装置以及使用微型针孔式摄像装置的照相、摄像器材;

(三)取消正常取景器和回放显示器的微小相机和摄像机;

(四)利用搭接、感应等方式获取图像信息的器材;

(五)可遥控照相、摄像器件或者电子设备中的照相、摄像功能,获取相关图像信息,且无明显提示的器材(含软件);

(六)其他具有窃照功能的器材。

第5条 本规定所称"伪基站"设备,是指未取得电信设备进网许可和无线电发射设备型号核准,具有搜取手机用户信息,强行向不特定用户手机发送短信息等功能,使用过程中会非法占用公众移动通信频率,局部阻断公众移动通信网络信号,经公安机关依法认定的非法无线电通信设备。

第7条(第1款) 公安机关负责对窃听窃照专用器材、"伪基站"设备的认定工作。

第8条 非法生产窃听窃照专用器材、"伪基站"设备,不构成犯罪的,由质量技术监督部门责令停止生产,处以 3 万元以下罚款。

第 9 条　非法销售窃听窃照专用器材、"伪基站"设备,不构成犯罪的,由工商行政管理部门责令停止销售,处以 3 万元以下罚款。

第 10 条　为非法销售窃听窃照专用器材、"伪基站"设备提供广告设计、制作、代理、发布,不构成犯罪的,由工商行政管理部门对广告经营者、广告发布者处以 3 万元以下罚款。

第 13 条　质量技术监督部门、工商行政管理部门对两年内因非法生产、销售窃听窃照专用器材、"伪基站"设备受过两次以上行政处罚,又涉嫌非法生产、销售的,直接移送公安机关。

【主席令〔2014〕16 号】　**中华人民共和国反间谍法**（已被 2023 年 4 月 26 日全国人大常委会〔14 届 2 次〕修订,2023 年 7 月 1 日起施行;更新内容见本书第八版）

第 25 条　任何个人和组织都不得非法持有、使用间谍活动特殊需要的专用间谍器材。专用间谍器材由国务院国家安全主管部门依照国家有关规定确认。

第 32 条　对非法持有属于国家秘密的文件、资料和其他物品的,以及非法持有、使用专用间谍器材的,国家安全机关可以依法对其人身、物品、住处和其他有关的地方进行搜查;对其非法持有的属于国家秘密的文件、资料和其他物品,以及非法持有、使用的专用间谍器材予以没收……

【国务院令〔2017〕692 号】　**反间谍法实施细则**（2017 年 11 月 22 日公布施行,1994 年 6 月 4 日国务院令第 157 号《国家安全法实施细则》同时废止）

第 18 条　《反间谍法》第 25 条所称"专用间谍器材",是指进行间谍活动特殊需要的下列器材:

（一）暗藏式窃听、窃照器材;

（二）突发式收发报机、一次性密码本、密写工具;

（三）用于获取情报的电子监听、截收器材;

（四）其他专用间谍器材。

专用间谍器材的确认,由国务院国家安全主管部门负责。

【法释〔2019〕13 号】　**最高人民法院、最高人民检察院关于办理组织考试作弊等刑事案件适用法律若干问题的解释**（2019 年 4 月 8 日最高人民法院审判委员会第 1765 次会议、2019 年 6 月 28 日最高人民检察院第 13 届检察委员会第 20 次会议通过,2019 年 9 月 2 日公布,2019 年 9 月 4 日起施行）

第 10 条　在法律规定的国家考试以外的其他考试中,组织作弊,为他人组织作弊提供作弊器材或者其他帮助,或者非法出售、提供试题、答案,符合非法获取国家秘密罪、非法生产、销售窃听、窃照专用器材罪、非法使用窃听、窃照专用器材罪、非法利用信息网络罪、扰乱无线电通讯管理秩序罪等犯罪构成要件的,依法追究刑事责任。

第12条 对于实施本解释规定的犯罪被判处刑罚的,可以根据犯罪情况和预防再犯罪的需要,依法宣告职业禁止;被判处管制、宣告缓刑的,可以根据犯罪情况,依法宣告禁止令。

第13条 对于实施本解释规定的行为构成犯罪的,应当综合考虑犯罪的危害程度、违法所得数额以及被告人的前科情况、认罪悔罪态度等,依法判处罚金。

第284条之一[①] 【组织考试作弊罪】在法律规定的国家考试中,组织作弊的,处三年以下有期徒刑或者拘役,并处或者单处罚金;情节严重的,处三年以上七年以下有期徒刑,并处罚金。

为他人实施前款犯罪提供作弊器材或者其他帮助的,依照前款的规定处罚。

【非法出售、提供试题、答案罪】为实施考试作弊行为,向他人非法出售或者提供第一款规定的考试的试题、答案的,依照第一款的规定处罚。

【代替考试罪】代替他人或者让他人代替自己参加第一款规定的考试的,处拘役或者管制,并处或者单处罚金。

● **条文注释** 第284条之一主要打击在国家考试中组织作弊或者为该行为提供作弊器材、试题或答案等帮助的犯罪行为;而"代考"的考试作弊行为大多属于个人行为,社会危害性相对较轻,故第284条之一对此规定了较轻的处罚力度。对于直接使用作弊器材的考生以及为该考生(而非为组织作弊者)提供作弊器材或其他帮助的人,目前法律并没有规定其刑事责任(符合第283条、第284条的除外)。

这里的"组织"作弊,是指在国家考试中组织、指挥、策划作弊行为;组织者可以是针对某一类考试专业作弊的犯罪集团,也可以是针对某一场考试临

[①] 第284条之一是根据2015年8月29日第12届全国人大常委会第16次会议通过的《刑法修正案(九)》(主席令第30号公布,2015年11月1日起施行)而增设。

时组合的多人或单人；被组织的作弊人数和范围不影响本罪的构成，但是影响量刑轻重。

需要注意的是，第 284 条之一规定的"法律规定的国家考试"包含了 2 重意思：（1）该考试根据法律（不包括行政法规和部门规章）规定而设立；（2）该考试属于"国家级"，也即由国家层面组织、在全国统一实施（或授权地方统一组织实施）、统一考题和评判标准的考试，而非依据法律设立的所有考试①。另外，"考试"与"考核"是两个不同的概念。一般认为，"考核"分为考试、考查、考评等多种方式；法律如果仅仅规定"考核"，不能等同于法律规定的考试。

因此，第 284 条之一规定的"国家考试"，主要有以下两类：②

（1）国家教育考试，如普通高等学校招生全国统一考试、成人高等学校招生全国统一考试、高等教育自学考试、研究生入学考试、同等学力人员申请硕士学位外国语水平和学科综合水平全国统一考试等。

（2）职业资格类考试，如：国家公务员（包括监察官、人民警察、海关工作人员）录用考试、国家统一法律职业资格考试（包含法官、检察官入职，律师、公证员、仲裁员执业，从事行政处罚决定审核、行政复议、行政裁决、法律顾问）、教师资格考试、医师资格考试、执业兽医资格考试、注册会计师全国统一考试、统计专业技术职务资格考试、评估师③（分为资产评估师④、土地估

---

① 比如，《学位条例》（主席令〔2004〕27 号）规定的学位课程考试，目前都是由各高校独立组织实施，不能认为是"国家考试"。同理，高校自主招生考试、研究生入学和国家公务员录用考试中的面试等，也不应当视为"国家考试"。

② 注：最高人民法院、最高人民检察院于 2019 年 9 月 2 日公布了《关于办理组织考试作弊等刑事案件适用法律若干问题的解释》（法释〔2019〕13 号，2019 年 9 月 4 日施行），其第 1 条所列的"法律规定的国家考试"种类与本书不同。本书坚持对法律的理解，对此持保留意见，并建议全国人大常委会对该《解释》进行审查（详见"刑法库"微信公众号 2019 年 9 月 5 日文章）。

③ 注：《资产评估法》规定，有关全国性评估行业协会按国家规定组织实施评估师资格全国统一考试。

④ 注：1995 年 5 月 10 日人事部、国家国有资产管理局《注册资产评估师执业资格制度暂行规定》（人职发〔1995〕54 号）建立了注册资产评估师执业资格全国统一考试制度；2014 年 7 月 22 日《国务院关于取消和调整一批行政审批项目等事项的决定》（国发〔2014〕27 号）取消了"注册资产评估师职业资格许可"，但并未取消该职业的资格考试（只是取消了注册许可）。2017 年 5 月 23 日财政部、人力资源和社会保障部关于修订印发《资产评估师职业资格制度暂行规定》和《资产评估师职业资格考试实施办法》的通知（人社部规〔2017〕7 号）规定，资产评估师职业资格增设珠宝评估专业，其资格名称为资产评估师（珠宝）；资产评估师（含珠宝评估专业）职业资格考试由中国资产评估协会组织实施。

价师、房地产估价师①、矿业权评估师②、保险公估师、旧机动车评估师、价格鉴证师③等）职业资格考试、证券从业资格考试、导游人员资格考试、机动车驾驶员考试（考驾照）等。

在上述考试之外的考试中作弊，并非一定不能追究作弊组织者及相关人员的刑事责任。根据其作弊的具体情况，还可以依照《刑法》第253条之一、第280条、第282条、第284条、第288条等规定追究其刑事责任；尚不构成犯罪的，也可以依照《治安管理处罚法》等相关规定对其进行行政处罚。

另外，下列"国家考试"不是依据法律规定而设立：

考试种类	考试设置依据
大学英语四六级考试	教育部文件（名称不详）。1987年9月开考四级；1989年1月开考6级。
全国专业技术人员职称外语等级统一考试	人事部关于专业技术人员职称外语等级统一考试的通知（人发〔1998〕54号，1998.7.28）
全国专业技术人员计算机应用能力考试	人事部关于全国专业技术人员计算机应用能力考试的通知（人发〔2001〕124号，2001.12.12）
全国计算机及信息高新技术考试	劳动部关于开展计算机及信息高新技术培训考核工作的通知（劳部发〔1996〕19号，1996.1.14）
计算机技术与软件专业技术资格（水平）④	计算机技术与软件专业技术资格（水平）考试暂行规定（国人部发〔2003〕39号，2003.10.18）

---

① 注：2021年10月15日住建部、自然资源部《房地产估价师职业资格制度规定》（建房规〔2021〕3号）规定，由住建部会同自然资源部组建"全国房地产估价师职业资格考试办公室"负责考试的组织实施工作。因此严格地说，这并不属于《资产评估法》规定的"有关全国性评估行业协会组织实施"的考试。

② 注：2000年8月4日人事部、国土资源部《矿业权评估师执业资格制度暂行规定》（人发〔2000〕82号）建立了由国土资源部组织的矿业权评估师执业资格全国统一考试制度；2014年7月22日《国务院关于取消和调整一批行政审批项目等事项的决定》（国发〔2014〕27号）取消了矿业权评估师职业资格许可。2015年7月6日人力资源社会保障部、国土资源部关于印发《矿业权评估专业技术人员职业资格制度暂行规定》和《助理矿业权评估师、矿业权评估师职业资格考试实施办法》的通知（人社部发〔2015〕65号）重新制定了矿业权评估师职业资格考试制度，由中国矿业权评估师协会组织实施。

③ 注：2019年4月29日，全国人大常委会法工委召集最高法、国家发改委、中国价格协会召开工作协调会，明确价格评估行业属于《资产评估法》调整范围，价格鉴证师属于《资产评估法》规定的评估师类别。根据《价格评估鉴证专业人员职业能力水平评价认定实施办法》（中价协〔2019〕3号），中国价格协会自2019年起每年组织"价格鉴证师职业能力水平评价考试"。

④ 注：本考试替代了"中国计算机软件专业技术资格和水平考试"（人职发〔1991〕6号）。

续表

考试种类	考试设置依据
通信专业技术人员职业水平考试	通信专业技术人员职业水平评价暂行规定（国人部发〔2006〕10号，2006.1.27）
出版专业技术人员职业资格	出版管理条例（国务院令第594号，2011年3月19日修订施行）
经济专业技术资格	经济专业技术资格规定（人社部规〔2020〕1号，2020.1.8）
会计专业技术资格	会计专业技术资格考试暂行规定（财会〔2000〕11号，2000.9.11）
卫生专业技术资格	人事部、卫生部关于加强卫生专业技术职务评聘工作的通知（人发〔2000〕114号，2000.12.3）
卫生事业单位新进人员招聘考试	中央组织部、人事部、卫生部关于深化卫生事业单位人事制度改革的实施意见（人发〔2000〕31号，2000.3.30）
执业药师资格	执业药师职业资格制度规定（国药监人〔2019〕12号，2019.3.5）
护士执业资格	护士条例（国务院令第517号，2020年3月27日修改）
母婴保健技术服务人员资格	母婴保健专项技术服务许可及人员资格管理办法（2021年1月8日卫健委令第7号修订）
税务师①	税务师职业资格制度暂行规定（人社部发〔2015〕90号，2015.11.2）
银行业专业人员职业资格	银行业专业人员职业资格制度暂行规定（人社部发〔2013〕101号，2013.12.23）
注册城乡规划师	注册城乡规划师职业资格制度规定（人社部规〔2017〕6号，2017.5.22）
注册测绘师	注册测绘师制度暂行规定（国人部发〔2007〕14号，2007.1.24）
注册建筑师	注册建筑师条例（2019年4月23日国务院令第714号修改）

---

① 注：人事部、国家税务总局1996年11月22日印发的《注册税务师资格制度暂行规定》（人发〔1996〕116号）建立了注册税务师资格全国统一考试制度；2014年7月22日，《国务院关于取消和调整一批行政审批项目等事项的决定》（国发〔2014〕27号）取消了"注册税务师职业资格许可和认定"，但并未取消资格考试（只是取消了注册许可）。2015年11月2日，人力资源社会保障部、国家税务总局重新制定了税务师职业资格全国统一考试制度。

续表

考试种类	考试设置依据
勘察设计注册工程师①	勘察设计注册工程师管理规定（2016年10月20日住建部令第32号修改）
建造师	建造师执业资格制度暂行规定（人发〔2002〕111号，2002.12.5）
造价工程师	注册造价工程师管理办法（建设部令150号，2007年3月1日施行）
监理工程师	监理工程师职业资格制度规定（建人规〔2020〕3号，2020.2.28）
注册安全工程师	注册安全工程师职业资格制度规定（应急〔2019〕8号，2019.1.25）
注册核安全工程师	注册核安全工程师执业资格制度暂行规定（人发〔2002〕106号，2002.11.19）
注册消防工程师②	注册消防工程师制度暂行规定（人社部发〔2012〕56号，2012.9.27）
注册计量师	注册计量师职业资格制度规定（国市监计量〔2019〕197号，2019.10.15）
船员专业外语考试（申请适任证书）	船员条例（国务院令第494号，2020年3月27日修改）
注册验船师	注册验船师制度暂行规定（国人部发〔2006〕8号，2006.1.26）
专利代理师	专利代理师资格考试办法（国家市监总局令第7号，2019.6.1施行）
拍卖师	拍卖师执业资格制度暂行规定（人发〔1996〕130号，1996.12.25）
中国委托公证人资格	中国委托公证人（香港）管理办法（司法部令第69号，2002年4月1日施行）

① 注：勘察设计注册工程师按专业类别分为注册结构工程师、注册土木工程师、注册化工工程师、注册电气工程师、注册公用设备工程师、注册环保工程师。
② 注：《消防法》并未直接规定消防工程师实行资格考试制度。

● 相关规定　【法释〔2015〕19号】　最高人民法院关于《中华人民共和国刑法修正案（九）》时间效力问题的解释（2015年10月19日最高人民法院审判委员会第1664次会议通过，2015年10月29日公布，2015年11月1日起施行）

第6条　对于2015年10月31日以前组织考试作弊，为他人组织考试作弊提供作弊器材或者其他帮助，以及非法向他人出售或者提供考试试题、答案，根据修正前刑法应当以非法获取国家秘密罪、非法生产、销售间谍专用器材罪或者故意泄露国家秘密罪等追究刑事责任的，适用修正前刑法的有关规定。但是，根据修正后刑法第284条之一的规定处刑较轻的，适用修正后刑法的有关规定。

【法研〔2018〕109号】　最高人民法院研究室关于护士执业资格考试是否属于"法律规定的国家考试"问题的答复（2018年答复陕西高院"〔2017〕陕刑他178号"请示）

一、刑法第284条之一规定的"法律规定的国家考试"，是指全国人大及其常委会制定的法律中规定的国家考试。目前，护士执业资格考试的设定依据是护士条例。护士条例属于国务院制定的行政法规，不属于法律。护士执业资格考试不属于"法律规定的国家考试"。对于在护士执业资格考试中组织作弊，非法出售、提供试题、答案等扰乱考试秩序的行为，符合非法获取国家秘密罪、非法生产、销售窃听、窃照专用器材罪、非法使用窃听、窃照专用器材罪、非法利用信息网络罪、扰乱无线电通讯管理秩序罪等犯罪构成要件的，依照相关犯罪追究刑事责任。

【法释〔2019〕13号】　最高人民法院、最高人民检察院关于办理组织考试作弊等刑事案件适用法律若干问题的解释（2019年4月8日最高人民法院审判委员会第1765次会议、2019年6月28日最高人民检察院第13届检察委员会第20次会议通过，2019年9月2日公布，2019年9月4日起施行）

第1条　刑法第284条之一规定的"法律规定的国家考试"，仅限于全国人民代表大会及其常务委员会制定的法律所规定的考试。

根据有关法律规定，下列考试属于"法律规定的国家考试"：

（一）普通高等学校招生考试、研究生招生考试、高等教育自学考试、成人高等学校招生考试等国家教育考试；

（二）中央和地方公务员录用考试；

（三）国家统一法律职业资格考试、国家教师资格考试、注册会计师全国统一考试、会计专业技术资格考试、资产评估师资格考试、医师资格考试、执业药师职业资格考试、注册建筑师考试、建造师执业资格考试等专业技术资格考试;①

（四）其他依照法律由中央或者地方主管部门以及行业组织的国家考试。

前款规定的考试涉及的特殊类型招生、特殊技能测试、面试等考试，属于"法律规定的国家考试"。

第2条　在法律规定的国家考试中，组织作弊，具有下列情形之一的，应当认定为刑法第284条之一第1款规定的"情节严重":

（一）在普通高等学校招生考试、研究生招生考试、公务员录用考试中组织考试作弊的;

（二）导致考试推迟、取消或者启用备用试题的;

（三）考试工作人员组织考试作弊的;

（四）组织考生跨省、自治区、直辖市作弊的;

（五）多次组织考试作弊的;

（六）组织30人次以上作弊的;

（七）提供作弊器材50件以上的;

（八）违法所得30万元以上的;

（九）其他情节严重的情形。

第3条　具有避开或者突破考场防范作弊的安全管理措施的功能的程序、工具，以及专门设计用于作弊的程序、工具，应当认定为刑法第284条之一第2款规定的"作弊器材"。

对于是否属于刑法第284条之一第2款规定的"作弊器材"难以确定的，依据省级以上公安机关或者考试主管部门出具的报告，结合其他证据作出认定;涉及专用间谍器材、窃听、窃照专用器材、"伪基站"等器材的，依照相关规定作出认定。

第4条　组织考试作弊，在考试开始之前被查获，但已经非法获取考试试题、答案或者具有其他严重扰乱考试秩序情形的，应当认定为组织考试作弊罪既遂。

第5条　为实施考试作弊行为，非法出售或者提供法律规定的国家考试的试题、答案，具有下列情形之一的，应当认定为刑法第284条之一第3款规定的

---

① 注：会计专业技术资格考试、执业药师职业资格考试、注册建筑师考试、建造师执业资格考试等均不是"法律规定的国家考试"（理由详见本文的"条文注释"）。

"情节严重"：

（一）非法出售或者提供普通高等学校招生考试、研究生招生考试、公务员录用考试的试题、答案的；

（二）导致考试推迟、取消或者启用备用试题的；

（三）考试工作人员非法出售或者提供试题、答案的；

（四）多次非法出售或者提供试题、答案的；

（五）向30人次以上非法出售或者提供试题、答案的；

（六）违法所得30万元以上的；

（七）其他情节严重的情形。

第6条　为实施考试作弊行为，向他人非法出售或者提供法律规定的国家考试的试题、答案，试题不完整或者答案与标准答案不完全一致的，不影响非法出售、提供试题、答案罪的认定。

第7条　代替他人或者让他人代替自己参加法律规定的国家考试的，应当依照刑法第284条之一第4款的规定，以代替考试罪定罪处罚。

对于行为人犯罪情节较轻，确有悔罪表现，综合考虑行为人替考情况以及考试类型等因素，认为符合缓刑适用条件的，可以宣告缓刑；犯罪情节轻微的，可以不起诉或者免予刑事处罚；情节显著轻微危害不大的，不以犯罪论处。

第8条　单位实施组织考试作弊、非法出售、提供试题、答案等行为的，依照本解释规定的相应定罪量刑标准，追究组织者、策划者、实施者的刑事责任。

第9条　以窃取、刺探、收买方法非法获取法律规定的国家考试的试题、答案，又组织考试作弊或者非法出售、提供试题、答案，分别符合刑法第282条和刑法第284条之一规定的，以非法获取国家秘密罪和组织考试作弊罪或者非法出售、提供试题、答案罪数罪并罚。

第10条　在法律规定的国家考试以外的其他考试中，组织作弊，为他人组织作弊提供作弊器材或者其他帮助，或者非法出售、提供试题、答案，符合非法获取国家秘密罪、非法生产、销售窃听、窃照专用器材罪、非法使用窃听、窃照专用器材罪、非法利用信息网络罪、扰乱无线电通讯管理秩序罪等犯罪构成要件的，依法追究刑事责任。

第11条　设立用于实施考试作弊的网站、通讯群组或者发布有关考试作弊的信息，情节严重的，应当依照刑法第287条之一的规定，以非法利用信息网络罪定罪处罚；同时构成组织考试作弊罪、非法出售、提供试题、答案罪、非法获取国家秘密罪等其他犯罪的，依照处罚较重的规定定罪处罚。

第12条 对于实施本解释规定的犯罪被判处刑罚的,可以根据犯罪情况和预防再犯罪的需要,依法宣告职业禁止;被判处管制、宣告缓刑的,可以根据犯罪情况,依法宣告禁止令。

第13条 对于实施本解释规定的行为构成犯罪的,应当综合考虑犯罪的危害程度、违法所得数额以及被告人的前科情况、认罪悔罪态度等,依法判处罚金。

【法研〔2019〕40号】 最高人民法院研究室关于对计算机技术与软件专业技术资格(水平)考试是否属于"法律规定的国家考试"征求意见的复函(2019年答复公安部11局"公网安〔2019〕2173号"函)

经研究认为,计算机技术与软件专业技术资格(水平)考试系依据部门规章《计算机技术与软件专业技术资格(水平)考试暂行规定》(国人部发〔2003〕39号)的规定举办,根据《最高人民法院、最高人民检察院关于办理组织考试作弊等刑事案件适用法律若干问题的解释》(法释〔2019〕13号)第1条第1款"刑法第284条之一规定的'法律规定的国家考试',仅限于全国人民代表大会及其常务委员会制定的法律所规定的考试"的规定,不属于刑法第284条之一规定的"法律规定的国家考试"。

【法释〔2019〕16号】 最高人民法院关于审理走私、非法经营、非法使用兴奋剂刑事案件适用法律若干问题的解释(2019年11月12日最高人民法院审判委员会第1781次会议通过,2019年11月18日公布,2020年1月1日起施行)

第4条 在普通高等学校招生、公务员录用等法律规定的国家考试涉及的体育、体能测试等体育运动中,组织考生非法使用兴奋剂的,应当依照刑法第284条之一的规定,以组织考试作弊罪定罪处罚。

明知他人实施前款犯罪而为其提供兴奋剂的,依照前款的规定定罪处罚。

第7条 实施本解释规定的行为,涉案物质属于毒品、制毒物品等,构成有关犯罪的,依照相应犯罪定罪处罚。

第8条 对于是否属于本解释规定的"兴奋剂""兴奋剂目录所列物质""体育运动""国内、国际重大体育竞赛"等专门性问题,应当依据《中华人民共和国体育法》《反兴奋剂条例》等法律法规,结合国务院体育主管部门出具的认定意见等证据材料作出认定。

第 285 条 【非法侵入计算机信息系统罪】违反国家规定，侵入国家事务、国防建设、尖端科学技术领域的计算机信息系统的，处三年以下有期徒刑或者拘役。

【非法获取计算机信息系统数据、非法控制计算机信息系统罪】违反国家规定，侵入前款规定以外的计算机信息系统或者采用其他技术手段，获取该计算机信息系统中存储、处理或者传输的数据，或者对该计算机信息系统实施非法控制，情节严重的，处三年以下有期徒刑或者拘役，并处或者单处罚金；情节特别严重的，处三年以上七年以下有期徒刑，并处罚金。[①]

【提供侵入、非法控制计算机信息系统程序、工具罪】提供专门用于侵入、非法控制计算机信息系统的程序、工具，或者明知他人实施侵入、非法控制计算机信息系统的违法犯罪行为而为其提供程序、工具，情节严重的，依照前款的规定处罚。[②]

单位犯前三款罪的，对单位判处罚金，并对其直接负责的主管人员和其他直接责任人员，依照各该款的规定处罚。[③]

第 286 条 【破坏计算机信息系统罪】违反国家规定，对计算机信息系统功能进行删除、修改、增加、干扰，造成计算机信息系统不能正常运行，后果严重的，处五年以下有期徒刑或者拘役；后果特别严重的，处五年以上有期徒刑。

违反国家规定，对计算机信息系统中存储、处理或者传输的数据和应用程序进行删除、修改、增加的操作，后果严重的，依照前款的规定处罚。

故意制作、传播计算机病毒等破坏性程序，影响计算机系统正常运行，后果严重的，依照第一款的规定处罚。

---

① 第 285 条第 2 款是根据 2009 年 2 月 28 日第 11 届全国人民代表大会常务委员会第 7 次会议通过的《刑法修正案（七）》（主席令第 10 号公布，2009 年 2 月 28 日起施行）而增设。
② 第 285 条第 3 款是根据 2009 年 2 月 28 日第 11 届全国人民代表大会常务委员会第 7 次会议通过的《刑法修正案（七）》（主席令第 10 号公布，2009 年 2 月 28 日起施行）而增设。
③ 第 285 条第 4 款是根据 2015 年 8 月 29 日第 12 届全国人民代表大会常务委员会第 16 次会议通过的《刑法修正案（九）》（主席令第 30 号公布，2015 年 11 月 1 日起施行）而增设。

单位犯前三款罪的，对单位判处罚金，并对其直接负责的主管人员和其他直接责任人员，依照第一款的规定处罚。①

第 286 条之一② 【拒不履行信息网络安全管理义务罪】网络服务提供者不履行法律、行政法规规定的信息网络安全管理义务，经监管部门责令采取改正措施而拒不改正，有下列情形之一的，处三年以下有期徒刑、拘役或者管制，并处或者单处罚金：

（一）致使违法信息大量传播的；
（二）致使用户信息泄露，造成严重后果的；
（三）致使刑事案件证据灭失，情节严重的；
（四）有其他严重情节的。

单位犯前款罪的，对单位判处罚金，并对其直接负责的主管人员和其他直接责任人员，依照前款的规定处罚。

有前两款行为，同时构成其他犯罪的，依照处罚较重的规定定罪处罚。

● **条文注释** 第 285 条、第 286 条、第 286 条之一是针对计算机信息系统和信息安全犯罪行为的处罚规定。对于非法侵入或控制计算机信息系统，或者获取信息数据等相关行为，适用第 285 条各款的规定；对于破坏计算机信息系统的行为，适用第 286 条的规定；对于网络服务提供者履行信息网络安全管理义务失职而导致严重后果的行为，适用第 286 条之一的规定。

第 285 条第 1 款规定中的"侵入"，是指未经授权的人员违反国家规定擅自进入特定计算机信息系统，包括运用计算机网络技术从后台进入，也包括使用他人的账号、密码从正常的系统入口登录等行为。只要行为人非法侵入了国家事务、国防建设、尖端科学技术领域的计算机信息系统，那么不需要满足情节或者后果等条件（无论其动机和目的如何，即使其入侵后并未实施其他任何违法行为），就可以构成第 285 条第 1 款规定的"非法侵入计算机信息系统罪"。但如果行为人侵入该计算机信息系统后，继续实施了非法获取计算机信息系统

---

① 第 286 条第 4 款是根据 2015 年 8 月 29 日第 12 届全国人民代表大会常务委员会第 16 次会议通过的《刑法修正案（九）》（主席令第 30 号公布，2015 年 11 月 1 日起施行）而增设。

② 第 286 条之一是根据 2015 年 8 月 29 日第 12 届全国人民代表大会常务委员会第 16 次会议通过的《刑法修正案（九）》（主席令第 30 号公布，2015 年 11 月 1 日起施行）而增设。

数据、非法控制计算机信息系统的行为,也无法适用第285条第2款的规定处罚。然而第285条第1款只规定了"三年以下有期徒刑或者拘役"一档刑期,无法对后续的犯罪科以更严厉的处罚,所以从立法精神看,第285条第1款应属于保留条款,即备用条款,不应当大范围适用;必须严格限缩三大领域计算机信息系统的范围,确保侵入三大领域计算机信息系统、进而实施其他犯罪活动的行为能够在刑法中找到其他可以适用的条款,如非法获取国家秘密罪,为境外窃取、刺探、收买、非法提供国家秘密、情报罪等条款,以免出现罪刑失衡。换句话说,案件能够靠上其他罪名的,就不应当适用非法侵入计算机信息系统罪。①

如果行为人非法侵入了第285条第1款规定之外的计算机信息系统,那么需要满足以下条件才能构成第285条第2款规定的"非法获取计算机信息系统数据、非法控制计算机信息系统罪":(1)非法获取系统的信息数据,或者对该信息系统实施非法控制;(2)情节严重或特别严重。如果行为人没有侵入计算机系统,而是采用其他技术手段(如设立假冒网站骗取用户信息,或者通过无线传输截获数据等)实施了第285条第2款规定的行为,也依照第285条第2款的规定定罪处罚。

行为人为他人非法入侵或控制计算机信息系统而提供计算机程序或工具,有两种情形:(1)提供专用的非法程序或工具;(2)提供通用的计算机程序或工具,但是事先明知对方是用来非法入侵或控制计算机系统。如果行为人实施上述两种情形之一的行为,并且情节严重,则依照第285条第3款的规定定罪处罚。

如果行为人违反国家规定对计算机信息系统的功能或数据进行了修改,或者故意制作、传播了计算机病毒等破坏性程序,那么只有在造成了严重后果的情形下,才能够依照第286条的规定对其进行定罪处罚。这里的"国家规定",主要包括《全国人大常委会关于维护互联网安全的决定》以及国务院颁布的《计算机信息系统安全保护条例》《计算机信息网络国际联网管理暂行规定》《计算机信息网络国际联网安全保护管理办法》《商用密码管理条例》《电信条例》和《互联网信息服务管理办法》等。

第286条第2款规定的"数据和应用程序"应当理解为择一关系②,即破坏

---

① 最高人民法院研究室编:《司法研究与指导》(总第2辑),人民法院出版社2012年版,第137页。

② 注:上述认识在其他的司法解释中也有样例可循。《最高人民法院、最高人民检察院关于办理走私刑事案件适用法律若干问题的解释》(法释〔2014〕10号,2014年8月12日公布,2014年9月10日起施行)第10条就将《刑法》第151条第2款规定的"珍贵动物及其制品"解释为珍贵动物或者其制品的择一关系。

计算机信息系统中的数据，或破坏计算机信息系统中的应用程序，都可以构成破坏计算机信息系统罪。对计算机信息系统数据、应用程序的"删除、修改、增加"，其社会危害性相同，都是破坏计算机信息系统；至于被破坏的数据、应用程序是否可以恢复到破坏前的状态，并非入罪的要件。违反本款规定构成破坏计算机信息系统罪的，并不要求达到"造成计算机信息系统不能正常运行"或者"影响计算机系统正常运行"的结果。

第286条第3款规定的"计算机病毒"，包括病毒、木马、后门程序等干扰计算机正常运行的破坏性程序。

如果行为人利用计算机实施了其他犯罪活动，则根据其具体的犯罪行为，分别依照刑法各有关的规定对其进行定罪处罚。比如，如果行为人实施了第285条第1款规定的行为，同时非法获取了其信息数据，那么可能构成《刑法》第282条规定的"非法获取国家秘密罪"或者《刑法》第110条规定的"间谍罪"。

第285条规定中的"情节严重""情节特别严重"，第286条规定中的"后果严重"，其具体界定标准依照"法释〔2011〕19号"《解释》的相关规定。

构成第286条之一所规定的犯罪，必须具备以下条件：（1）犯罪主体是网络服务提供者；（2）行为人未履行法定信息网络安全管理义务；（3）经监管部门责令改正；（4）行为人拒不改正；（5）造成严重后果。这里的"法定义务"，主要依据《全国人大常委会关于维护互联网安全的决定》《计算机信息网络国际联网管理暂行规定》《计算机信息网络国际联网安全保护管理办法》《互联网信息服务管理办法》等法律法规。这里的"责令改正"可以是口头的，也可以是书面的；"拒不改正"既包括置若罔闻、置之不顾，也包括消极怠慢、整改不力。"后果严重"的界定标准由相关的司法解释进行规定。

● **相关规定**　【人大〔2000〕19次】　**全国人民代表大会常务委员会关于维护互联网安全的决定**（2000年12月28日第9届全国人大常委会第19次会议通过；2009年8月27日第11届全国人大常委会第10次会议修正）

一、为了保障互联网的运行安全，对有下列行为之一，构成犯罪的，依照刑法有关规定追究刑事责任：

（一）侵入国家事务、国防建设、尖端科学技术领域的计算机信息系统；

（二）故意制作、传播计算机病毒等破坏性程序，攻击计算机系统及通信网络，致使计算机系统及通信网络遭受损害；

（三）违反国家规定，擅自中断计算机网络或者通信服务，造成计算机网络或者通信系统不能正常运行。

五、利用互联网实施本决定第1条、第2条、第3条、第4条所列行为以外的其他行为,构成犯罪的,依照刑法有关规定追究刑事责任。

【人大11-30决定】 全国人大常委会关于加强网络信息保护的决定(2012年12月28日第11届全国人民代表大会常务委员会第30次会议通过,同日公布施行)

为了保护网络信息安全,保障公民、法人和其他组织的合法权益,维护国家安全和社会公共利益,特作如下决定:

四、网络服务提供者和其他企业事业单位应当采取技术措施和其他必要措施,确保信息安全,防止在业务活动中收集的公民个人电子信息泄露、毁损、丢失。在发生或者可能发生信息泄露、毁损、丢失的情况时,应当立即采取补救措施。

五、网络服务提供者应当加强对其用户发布的信息的管理,发现法律、法规禁止发布或者传输的信息的,应当立即停止传输该信息,采取消除等处置措施,保存有关记录,并向有关主管部门报告。

六、网络服务提供者为用户办理网站接入服务,办理固定电话、移动电话等入网手续,或者为用户提供信息发布服务,应当在与用户签订协议或者确认提供服务时,要求用户提供真实身份信息。

七、任何组织和个人未经电子信息接收者同意或者请求,或者电子信息接收者明确表示拒绝的,不得向其固定电话、移动电话或者个人电子邮箱发送商业性电子信息。

八、公民发现泄露个人身份、散布个人隐私等侵害其合法权益的网络信息,或者受到商业性电子信息侵扰的,有权要求网络服务提供者删除有关信息或者采取其他必要措施予以制止。

十一、对有违反本决定行为的,依法给予警告、罚款、没收违法所得、吊销许可证或者取消备案、关闭网站、禁止有关责任人员从事网络服务业务等处罚,记入社会信用档案并予以公布;构成违反治安管理行为的,依法给予治安管理处罚。构成犯罪的,依法追究刑事责任。侵害他人民事权益的,依法承担民事责任。

【公复字〔1996〕8号】 公安部关于对《中华人民共和国计算机信息系统安全保护条例》中涉及的"有害数据"问题的批复(1996年5月9日答复内蒙古自治区公安厅"内公事〔1996〕30号"请示)

"有害数据"是指计算机信息系统及其存储介质中存在、出现的,以计算机程序、图象、文字、声音等多种形式表示的，含有攻击人民民主专政、社会主义制度，攻击党和国家领导人，破坏民族团结等危害国家安全内容的信息；含有宣扬封建迷信、淫秽色情、凶杀、教唆犯罪等危害社会治安秩序内容的信息，以及危害计算机信息系统运行和功能发挥，应用软件、数据可靠性、完整性和保密性，用于违法活动的计算机程序（含计算机病毒）。

【公复字〔1998〕7号】 公安部关于对破坏未联网的微型计算机信息系统是否适用《刑法》第二百八十六条的批复（1998年11月25日答复吉林省公安厅请示）

《刑法》第286条中的"违反国家规定"是指包括《中华人民共和国计算机信息系统安全保护条例》（以下简称《条例》）在内的有关行政法规、部门规章的规定①。《条例》第5条第2款规定的"未联网的微型计算机的安全保护办法，另行规定"，主要是考虑到未联入网络的单台微型计算机系统所处环境和使用情况比较复杂，且基本无安全功能，需针对这些特点另外制定相应的安全管理措施。然而，未联网的计算机信息系统也属计算机信息系统，《条例》第2、3、7条的安全保护原则、规定，对未联网的微型计算机系统完全适用。因此破坏未联网的微型计算机信息系统适用《刑法》第286条。

【法释〔2007〕13号】 最高人民法院关于审理危害军事通信刑事案件具体应用法律若干问题的解释（2007年6月18日最高人民法院审判委员会第1430次会议通过，2007年6月26日公布，2007年6月29日起施行）

第6条（第3款） 违反国家规定，侵入国防建设、尖端科学技术领域的军事通信计算机信息系统，尚未对军事通信造成破坏的，依照刑法第285条的规定定罪处罚；对军事通信造成破坏，同时构成刑法第285条、第286条、第369条第1款规定的犯罪的，依照处罚较重的规定定罪处罚。

第7条（第2款） 本解释所称军事通信的具体范围、通信中断和严重障碍的标准，参照中国人民解放军通信主管部门的有关规定确定。

【法释〔2011〕19号】 最高人民法院、最高人民检察院关于办理危害计算机信息系统安全刑事案件应用法律若干问题的解释（2011年6月20日最高人民法院审判委员会第1524次会议、2011年7月11日最高人民检察院第11届检察委员会第63次会议通过，2011年8月1日公布，2011年9月1日起施行）

第1条 非法获取计算机信息系统数据或者非法控制计算机信息系统，具

---

① 注：根据《刑法》第96条的规定，"违反国家规定"并不包括违反部门规章。

有下列情形之一的，应当认定为刑法第 285 条第 2 款规定的"情节严重"：

（一）获取支付结算、证券交易、期货交易等网络金融服务的身份认证信息 10 组以上的；

（二）获取第（一）项以外的身份认证信息 500 组以上的；

（三）非法控制计算机信息系统 20 台以上的；

（四）违法所得 5000 元以上或者造成经济损失 1 万元以上的；

（五）其他情节严重的情形。

实施前款规定行为，具有下列情形之一的，应当认定为刑法第 285 条第 2 款规定的"情节特别严重"：

（一）数量或者数额达到前款（一）项至第（四）项规定标准 5 倍以上的；

（二）其他情节特别严重的情形。

明知是他人非法控制的计算机信息系统，而对该计算机信息系统的控制权加以利用的，依照前两款的规定定罪处罚。

第 2 条　具有下列情形之一的程序、工具，应当认定为刑法第 285 条第 3 款规定的"专门用于侵入、非法控制计算机信息系统的程序、工具"：

（一）具有避开或者突破计算机信息系统安全保护措施，未经授权或者超越授权获取计算机信息系统数据的功能的；

（二）具有避开或者突破计算机信息系统安全保护措施，未经授权或者超越授权对计算机信息系统实施控制的功能的；

（三）其他专门设计用于侵入、非法控制计算机信息系统、非法获取计算机信息系统数据的程序、工具。

第 3 条　提供侵入、非法控制计算机信息系统的程序、工具，具有下列情形之一的，应当认定为刑法第 285 条第 3 款规定的"情节严重"：

（一）提供能够用于非法获取支付结算、证券交易、期货交易等网络金融服务身份认证信息的专门性程序、工具 5 人次以上的；

（二）提供第（一）项以外的专门用于侵入、非法控制计算机信息系统的程序、工具 20 人次以上的；

（三）明知他人实施非法获取支付结算、证券交易、期货交易等网络金融服务身份认证信息的违法犯罪行为而为其提供程序、工具 5 人次以上的；

（四）明知他人实施第（三）项以外的侵入、非法控制计算机信息系统的违法犯罪行为而为其提供程序、工具 20 人次以上的；

（五）违法所得 5000 元以上或者造成经济损失 1 万元以上的；

（六）其他情节严重的情形。

实施前款规定行为,具有下列情形之一的,应当认定为提供侵入、非法控制计算机信息系统的程序、工具"情节特别严重":

(一)数量或者数额达到前款第(一)项至第(五)项规定标准5倍以上的;

(二)其他情节特别严重的情形。

第4条 破坏计算机信息系统功能、数据或者应用程序,具有下列情形之一的,应当认定为刑法第286条第1款和第2款规定的"后果严重":

(一)造成10台以上计算机信息系统的主要软件或者硬件不能正常运行的;

(二)对20台以上计算机信息系统中存储、处理或者传输的数据进行删除、修改、增加操作的;

(三)违法所得5000元以上或者造成经济损失1万元以上的;

(四)造成为100台以上计算机信息系统提供域名解析、身份认证、计费等基础服务或者为1万以上用户提供服务的计算机信息系统不能正常运行累计1小时以上的;

(五)造成其他严重后果的。

实施前款规定行为,具有下列情形之一的,应当认定为破坏计算机信息系统"后果特别严重":

(一)数量或者数额达到前款第(一)项至第(三)项规定标准五倍以上的;

(二)造成为500台以上计算机信息系统提供域名解析、身份认证、计费等基础服务或者为5万以上用户提供服务的计算机信息系统不能正常运行累计1小时以上的;

(三)破坏国家机关或者金融、电信、交通、教育、医疗、能源等领域提供公共服务的计算机信息系统的功能、数据或者应用程序,致使生产、生活受到严重影响或者造成恶劣社会影响的;

(四)造成其他特别严重后果的。

第5条 具有下列情形之一的程序,应当认定为刑法第286条第3款规定的"计算机病毒等破坏性程序":

(一)能够通过网络、存储介质、文件等媒介,将自身的部分、全部或者变种进行复制、传播,并破坏计算机系统功能、数据或者应用程序的;

(二)能够在预先设定条件下自动触发,并破坏计算机系统功能、数据或者应用程序的;

(三)其他专门设计用于破坏计算机系统功能、数据或者应用程序的程序。

第6条 故意制作、传播计算机病毒等破坏性程序,影响计算机系统正常运行,具有下列情形之一的,应当认定为刑法第286条第3款规定的"后果严重":

（一）制作、提供、传输第 5 条第（一）项规定的程序，导致该程序通过网络、存储介质、文件等媒介传播的；

（二）造成 20 台以上计算机系统被植入第 5 条第（二）、（三）项规定的程序的；

（三）提供计算机病毒等破坏性程序 10 人次以上的；

（四）违法所得 5000 元以上或者造成经济损失 1 万元以上的；

（五）造成其他严重后果的。

实施前款规定行为，具有下列情形之一的，应当认定为破坏计算机信息系统"后果特别严重"：

（一）制作、提供、传输第 5 条第（一）项规定的程序，导致该程序通过网络、存储介质、文件等媒介传播，致使生产、生活受到严重影响或者造成恶劣社会影响的；

（二）数量或者数额达到前款第（二）项至第（四）项规定标准 5 倍以上的；

（三）造成其他特别严重后果的。

第 8 条　以单位名义或者单位形式实施危害计算机信息系统安全犯罪，达到本解释规定的定罪量刑标准的，应当依照刑法第 285 条、第 286 条的规定追究直接负责的主管人员和其他直接责任人员的刑事责任。

第 9 条　明知他人实施刑法第 285 条、第 286 条规定的行为，具有下列情形之一的，应当认定为共同犯罪，依照刑法第 285 条、第 286 条的规定处罚：

（一）为其提供用于破坏计算机信息系统功能、数据或者应用程序的程序、工具，违法所得 5000 元以上或者提供 10 人次以上的；

（二）为其提供互联网接入、服务器托管、网络存储空间、通讯传输通道、费用结算、交易服务、广告服务、技术培训、技术支持等帮助，违法所得 5000 元以上的；

（三）通过委托推广软件、投放广告等方式向其提供资金 5000 元以上的。

实施前款规定行为，数量或者数额达到前款规定标准 5 倍以上的，应当认定为刑法第 285 条、第 286 条规定的"情节特别严重"或者"后果特别严重"。

第 10 条　对于是否属于刑法第 285 条、第 286 条规定的"国家事务、国防建设、尖端科学技术领域的计算机信息系统"、"专门用于侵入、非法控制计算机信息系统的程序、工具"、"计算机病毒等破坏性程序"难以确定的，应当委托省级以上负责计算机信息系统安全保护管理工作的部门检验。司法机关根据检验结论，并结合案件具体情况认定。

第 11 条　本解释所称"计算机信息系统"和"计算机系统"，是指具备自动处理数据功能的系统，包括计算机、网络设备、通信设备、自动化控制设备等。

本解释所称"身份认证信息"，是指用于确认用户在计算机信息系统上操作权限的数据，包括账号、口令、密码、数字证书等。

本解释所称"经济损失"，包括危害计算机信息系统犯罪行为给用户直接造成的经济损失，以及用户为恢复数据、功能而支出的必要费用。

最高人民法院研究室关于利用计算机窃取他人游戏币非法销售获利如何定性问题的研究意见①

……虚拟财产的物理属性在本质上是电磁记录，是电子数据；在刑法上的法律属性是计算机信息系统数据，故而，盗窃虚拟财产的行为应当适用非法获取计算机信息系统数据罪。

最高人民法院研究室关于对交警部门计算机信息系统中存储的交通违章信息进行删除行为如何定性的研究意见②

违反国家规定，对交警部门计算机信息系统中存储的交通违章信息进行删除，收取违章人员的好处，应当认定为刑法第286条第2款规定的对计算机信息系统中存储、处理、传输的数据进行删除的操作，以破坏计算机信息系统罪定罪处罚。

【法发〔2016〕32号】　最高人民法院、最高人民检察院、公安部关于办理电信网络诈骗等刑事案件适用法律若干问题的意见（2016年12月19日签发，2016年12月20日新闻发布）

三、全面惩处关联犯罪

（六）网络服务提供者不履行法律、行政法规规定的信息网络安全管理义务，经监管部门责令采取改正措施而拒不改正，致使诈骗信息大量传播，或者用户信息泄露造成严重后果的，依照刑法第286条之一的规定，以拒不履行信息网络安全管理义务罪追究刑事责任。同时构成诈骗罪的，依照处罚较重的规定定罪处罚。

【法释〔2016〕29号】　最高人民法院、最高人民检察院关于办理环境污染刑事案件适用法律若干问题的解释（2016年11月7日最高人民法院审判委员会第1698次会议、2016年12月8日最高人民检察院第12届检察委员会第58次会议通过，2016年12月23日公布，2017年1月1日起施行；2013年6月19日施行的同名文件"法释〔2013〕15号"同时废止）

---

① 刊于《司法研究与指导》（总第2辑），人民法院出版社2012年版，第127页。
② 刊于《司法研究与指导》（总第2辑），人民法院出版社2012年版，第137页。

第10条① 违反国家规定,针对环境质量监测系统实施下列行为,或者强令、指使、授意他人实施下列行为的,应当依照刑法第286条的规定,以破坏计算机信息系统罪论处:

(一)修改参数或者监测数据的;
(二)干扰采样,致使监测数据严重失真的;
(三)其他破坏环境质量监测系统的行为。

重点排污单位篡改、伪造自动监测数据或者干扰自动监测设施,排放化学需氧量、氨氮、二氧化硫、氮氧化物等污染物,同时构成污染环境罪和破坏计算机信息系统罪的,依照处罚较重的规定定罪处罚。

从事环境监测设施维护、运营的人员实施或者参与实施篡改、伪造自动监测数据、干扰自动监测设施、破坏环境质量监测系统等行为的,应当从重处罚。

第11条 单位实施本解释规定的犯罪的,依照本解释规定的定罪量刑标准,对直接负责的主管人员和其他直接责任人员定罪处罚,并对单位判处罚金。

第17条(第2款) 本解释所称"重点排污单位",是指设区的市级以上人民政府环境保护主管部门依法确定的应当安装、使用污染物排放自动监测设备的重点监控企业及其他单位。

第18条 本解释自2017年1月1日起施行。本解释施行后,《最高人民法院、最高人民检察院关于办理环境污染刑事案件适用法律若干问题的解释》(法释〔2013〕15号)同时废止;之前发布的司法解释与本解释不一致的,以本解释为准。

【法释〔2017〕10号】 最高人民法院、最高人民检察院关于办理侵犯公民个人信息刑事案件适用法律若干问题的解释(2017年3月20日最高人民法院审判委员会第1712次会议、2017年4月26日最高人民检察院第12届检察委员会第63次会议通过,2017年5月8日印发,2017年6月1日起施行)

第9条 网络服务提供者拒不履行法律、行政法规规定的信息网络安全管理义务,经监管部门责令采取改正措施而拒不改正,致使用户的公民个人信息泄露,造成严重后果的,应当依照刑法第286条之一的规定,以拒不履行信息网络安全管理义务罪定罪处罚。

---

① 注:相对于"法释〔2011〕19号"《解释》第4条,本条属于针对环境质量监测系统的特殊规定。

【法释〔2019〕15号】　最高人民法院、最高人民检察院关于办理非法利用信息网络、帮助信息网络犯罪活动等刑事案件适用法律若干问题的解释

（2019年6月3日最高人民法院审判委员会第1771次会议、2019年9月4日最高人民检察院第13届检察委员会第23次会议通过，2019年10月21日公布，2019年11月1日起施行）

第1条　提供下列服务的单位和个人，应当认定为刑法第286条之一第1款规定的"网络服务提供者"：

（一）网络接入、域名注册解析等信息网络接入、计算、存储、传输服务；

（二）信息发布、搜索引擎、即时通讯、网络支付、网络预约、网络购物、网络游戏、网络直播、网站建设、安全防护、广告推广、应用商店等信息网络应用服务；

（三）利用信息网络提供的电子政务、通信、能源、交通、水利、金融、教育、医疗等公共服务。

第2条　刑法第286条之一第1款规定的"监管部门责令采取改正措施"，是指网信、电信、公安等依照法律、行政法规的规定承担信息网络安全监管职责的部门，以责令整改通知书或者其他书面形式，责令网络服务提供者采取改正措施。

认定"经监管部门责令采取改正措施而拒不改正"，应当综合考虑监管部门责令改正是否具有法律、行政法规依据，改正措施及期限要求是否明确、合理，网络服务提供者是否具有按照要求采取改正措施的能力等因素进行判断。

第3条　拒不履行信息网络安全管理义务，具有下列情形之一的，应当认定为刑法第286条之一第1款第1项规定的"致使违法信息大量传播"：

（一）致使传播违法视频文件200个以上的；

（二）致使传播违法视频文件以外的其他违法信息2000个以上的；

（三）致使传播违法信息，数量虽未达到第1项、第2项规定标准，但是按相应比例折算合计达到有关数量标准的；

（四）致使向2000个以上用户账号传播违法信息的；

（五）致使利用群组成员账号数累计3000以上的通讯群组或者关注人员账号数累计3万以上的社交网络传播违法信息的；

（六）致使违法信息实际被点击数达到5万以上的；

（七）其他致使违法信息大量传播的情形。

第4条　拒不履行信息网络安全管理义务，致使用户信息泄露，具有下列情形之一的，应当认定为刑法第286条之一第1款第2项规定的"造成严重后果"：

（一）致使泄露行踪轨迹信息、通信内容、征信信息、财产信息 500 条以上的；

（二）致使泄露住宿信息、通信记录、健康生理信息、交易信息等其他可能影响人身、财产安全的用户信息 5000 条以上的；

（三）致使泄露第 1 项、第 2 项规定以外的用户信息 5 万条以上的；

（四）数量虽未达到第 1 项至第 3 项规定标准，但是按相应比例折算合计达到有关数量标准的；

（五）造成他人死亡、重伤、精神失常或者被绑架等严重后果的；

（六）造成重大经济损失的；

（七）严重扰乱社会秩序的；

（八）造成其他严重后果的。

第 5 条　拒不履行信息网络安全管理义务，致使影响定罪量刑的刑事案件证据灭失，具有下列情形之一的，应当认定为刑法第 286 条之一第 1 款第 3 项规定的"情节严重"：

（一）造成危害国家安全犯罪、恐怖活动犯罪、黑社会性质组织犯罪、贪污贿赂犯罪案件的证据灭失的；

（二）造成可能判处 5 年有期徒刑以上刑罚犯罪案件的证据灭失的；

（三）多次造成刑事案件证据灭失的；

（四）致使刑事诉讼程序受到严重影响的；

（五）其他情节严重的情形。

第 6 条　拒不履行信息网络安全管理义务，具有下列情形之一的，应当认定为刑法第 286 条之一第 1 款第 4 项规定的"有其他严重情节"：

（一）对绝大多数用户日志未留存或者未落实真实身份信息认证义务的；

（二）2 年内经多次责令改正拒不改正的；

（三）致使信息网络服务被主要用于违法犯罪的；

（四）致使信息网络服务、网络设施被用于实施网络攻击，严重影响生产、生活的；

（五）致使信息网络服务被用于实施危害国家安全犯罪、恐怖活动犯罪、黑社会性质组织犯罪、贪污贿赂犯罪或者其他重大犯罪的；

（六）致使国家机关或者通信、能源、交通、水利、金融、教育、医疗等领域提供公共服务的信息网络受到破坏，严重影响生产、生活的；

（七）其他严重违反信息网络安全管理义务的情形。

第 14 条　单位实施本解释规定的犯罪的，依照本解释规定的相应自然人犯罪的定罪量刑标准,对直接负责的主管人员和其他直接责任人员定罪处罚,并对单位判处罚金。

第15条 综合考虑社会危害程度、认罪悔罪态度等情节,认为犯罪情节轻微的,可以不起诉或者免予刑事处罚;情节显著轻微危害不大的,不以犯罪论处。

第16条 多次拒不履行信息网络安全管理义务、非法利用信息网络、帮助信息网络犯罪活动构成犯罪,依法应当追诉的,或者2年内多次实施前述行为未经处理的,数量或者数额累计计算。

第17条 对于实施本解释规定的犯罪被判处刑罚的,可以根据犯罪情况和预防再犯罪的需要,依法宣告职业禁止;被判处管制、宣告缓刑的,可以根据犯罪情况,依法宣告禁止令。

第18条 对于实施本解释规定的犯罪的,应当综合考虑犯罪的危害程度、违法所得数额以及被告人的前科情况、认罪悔罪态度等,依法判处罚金。

【法发〔2020〕7号】 最高人民法院、最高人民检察院、公安部、司法部关于依法惩治妨害新型冠状病毒感染肺炎疫情防控违法犯罪的意见(2020年2月6日印发)

二、准确适用法律,依法严惩妨害疫情防控的各类违法犯罪

(六)依法严惩造谣传谣犯罪……

(第4款) 网络服务提供者不履行法律、行政法规规定的信息网络安全管理义务,经监管部门责令采取改正措施而拒不改正,致使虚假疫情信息或者其他违法信息大量传播的,依照刑法第286条之一的规定,以拒不履行信息网络安全管理义务罪定罪处罚。

【主席令〔2012〕67号】 中华人民共和国治安管理处罚法(2012年10月26日第11届全国人大常委会第29次会议修正,2013年1月1日起施行)

第2条 扰乱公共秩序,妨害公共安全,侵犯人身权利、财产权利,妨害社会管理,具有社会危害性,依照《中华人民共和国刑法》的规定构成犯罪的,依法追究刑事责任;尚不够刑事处罚的,由公安机关依照本法给予治安管理处罚。

第29条 有下列行为之一的,处5日以下拘留;情节较重的,处5日以上10日以下拘留:

(一)违反国家规定,侵入计算机信息系统,造成危害的;

(二)违反国家规定,对计算机信息系统功能进行删除、修改、增加、干扰,造成计算机信息系统不能正常运行的;

（三）违反国家规定，对计算机信息系统中存储、处理、传输的数据和应用程序进行删除、修改、增加的；

（四）故意制作、传播计算机病毒等破坏性程序，影响计算机信息系统正常运行的。

● 指导案例　【高检发研字〔2017〕10号】　关于印发最高人民检察院第9批指导性案例的通知（2017年10月10日最高人民检察院第12届检察委员会第70次会议讨论通过，2017年10月12日印发）

（检例第33号）李丙龙破坏计算机信息系统案

要旨：以修改域名解析服务器指向的方式劫持域名，造成计算机信息系统不能正常运行，是破坏计算机信息系统的行为。

（检例第34号）李骏杰等破坏计算机信息系统案

要旨：冒用购物网站买家身份进入网站内部评价系统删改购物评价，属于对计算机信息系统内存储数据进行修改操作，应当认定为破坏计算机信息系统的行为。[①]

（检例第35号）曾兴亮、王玉生破坏计算机信息系统案

要旨：智能手机终端，应当认定为刑法保护的计算机信息系统。锁定智能手机导致不能使用的行为，可认定为破坏计算机信息系统。

（检例第36号）卫梦龙、龚旭、薛东东非法获取计算机信息系统数据案

要旨：超出授权范围使用账号、密码登录计算机信息系统，属于侵入计算机信息系统的行为；侵入计算机信息系统后下载其储存的数据，可以认定为非法获取计算机信息系统数据。

【法〔2018〕347号】　最高人民法院关于发布第20批指导性案例的通知（2018年12月25日印发）

（指导案例102号）付宣豪、黄子超破坏计算机信息系统案

裁判要点：1. 通过修改路由器、浏览器设置、锁定主页或者弹出新窗口等技术手段，强制网络用户访问指定网站的"DNS劫持"行为，属于破坏计算机信息系统，后果严重的，构成破坏计算机信息系统罪。

2. 对于"DNS劫持"，应当根据造成不能正常运行的计算机信息系统数量、相关计算机信息系统不能正常运行的时间，以及所造成的损失或者影响等，认

[①] 注：结合最高人民法院指导案例145号的裁判要点，如果该修改存储数据的行为未造成系统不能正常运行，则不能认定为破坏计算机信息系统罪。

定其是"后果严重"还是"后果特别严重"。

(指导案例 103 号) 徐强破坏计算机信息系统案

裁判要点： 企业的机械远程监控系统属于计算机信息系统。违反国家规定，对企业的机械远程监控系统功能进行破坏，造成计算机信息系统不能正常运行，后果严重的，构成破坏计算机信息系统罪。

(指导案例 104 号) 李森、何利民、张锋勃等人破坏计算机信息系统案

裁判要点： 环境质量监测系统属于计算机信息系统。用棉纱等物品堵塞环境质量监测采样设备，干扰采样，致使监测数据严重失真，构成破坏计算机信息系统罪。①

【高检发办字〔2020〕21 号】 关于印发最高人民检察院第 18 批指导性案例的通知（最高人民检察院第 13 届检察委员会第 31 次会议通过，2020 年 3 月 28 日新闻发布会公布）

(检例第 68 号) 叶源星、张剑秋提供侵入计算机信息系统程序、谭房妹非法获取计算机信息系统数据案

要旨： 对有证据证明用途单一，只能用于侵入计算机信息系统的程序，司法机关可依法认定为"专门用于侵入计算机信息系统的程序"；难以确定的，应当委托专门部门或司法鉴定机构作出检验或鉴定。

(检例第 69 号) 姚晓杰等 11 人破坏计算机信息系统案

要旨： ……对被害互联网企业提供的证据和技术支持意见，应当结合其他证据进行审查认定，客观全面准确认定破坏计算机信息系统罪的危害后果。

【法〔2020〕352 号】 最高人民法院关于发布第 26 批指导性案例的通知（2020 年 12 月 31 日）

(指导案例 145 号) 张竣杰等非法控制计算机信息系统案

裁判要点： 1. 通过植入木马程序的方式，非法获取网站服务器的控制权限，进而通过修改、增加计算机信息系统数据，向相关计算机信息系统上传网页链接代码的，应当认定为《刑法》第 285 条第 2 款"采用其他技术手段"非法控制计算机信息系统的行为。

2. 通过修改、增加计算机信息系统数据，对该计算机信息系统实施非法控制，但未造成系统功能实质性破坏或者不能正常运行的，不应当认定为破坏计

---

① 注：本书认为，本裁判要点扩大了对破坏计算机信息系统的认定。照此理论，视频监控系统属于计算机信息系统，遮掩摄像头的行为也属于破坏计算机信息系统。

算机信息系统罪，符合《刑法》第 285 条第 2 款规定的，应当认定为非法控制计算机信息系统罪。①

第 287 条　【利用计算机实施其他犯罪】 利用计算机实施金融诈骗、盗窃、贪污、挪用公款、窃取国家秘密或者其他犯罪的，依照本法有关规定定罪处罚。

第 287 条之一②　**【非法利用信息网络罪】** 利用信息网络实施下列行为之一，情节严重的，处三年以下有期徒刑或者拘役，并处或者单处罚金：

（一）设立用于实施诈骗、传授犯罪方法、制作或者销售违禁物品、管制物品等违法犯罪活动的网站、通讯群组的；

（二）发布有关制作或者销售毒品、枪支、淫秽物品等违禁物品、管制物品或者其他违法犯罪信息的；

（三）为实施诈骗等违法犯罪活动发布信息的。

单位犯前款罪的，对单位判处罚金，并对其直接负责的主管人员和其他直接责任人员，依照第一款的规定处罚。

有前两款行为，同时构成其他犯罪的，依照处罚较重的规定定罪处罚。

第 287 条之二③　**【帮助信息网络犯罪活动罪】** 明知他人利用信息网络实施犯罪，为其犯罪提供互联网接入、服务器托管、网络存储、通讯传输等技术支持，或者提供广告推广、支付结算等帮助，情节严重的，处三年以下有期徒刑或者拘役，并处或者单处罚金。

单位犯前款罪的，对单位判处罚金，并对其直接负责的主管人员和其他直接责任人员，依照第一款的规定处罚。

有前两款行为，同时构成其他犯罪的，依照处罚较重的规定定罪处罚。

---

① 注：该裁判要点实质上对最高检 2017 年指导性案例"检例第 34 号"的要旨进行了修正，即修改存储数据的行为必须造成系统不能正常运行，才能认定为破坏计算机信息系统罪。

② 第 287 条之一是根据 2015 年 8 月 29 日第 12 届全国人民代表大会常务委员会第 16 次会议通过的《刑法修正案（九）》（主席令第 30 号公布，2015 年 11 月 1 日起施行）而增设。

③ 第 287 条之二是根据 2015 年 8 月 29 日第 12 届全国人民代表大会常务委员会第 16 次会议通过的《刑法修正案（九）》（主席令第 30 号公布，2015 年 11 月 1 日起施行）而增设。

● **条文注释** 第287条、第287条之一、第287条之二是关于利用信息网络实施犯罪相关行为的处罚规定。对于利用信息网络组建违法网站或群组，或者发布违法信息的，适用第287条之一；对于为他人利用信息网络实施犯罪提供技术支持或其他帮助的，适用第287条之二；对于利用信息网络实施其他犯罪的，适用刑法其他相关规定。这里的"信息网络"，包括以计算机、电视机、固定电话机、移动电话机等电子设备为终端的计算机互联网、广播电视网、固定通信网、移动通信网等信息网络，以及向公众开放的局域网络。

构成第287条之一、第287条之二规定之罪，必须具备以下条件：（1）行为人具有犯罪的主观故意；（2）行为人实施了相应的行为；（3）情节严重。比如：如果行为人设立网站或通讯群组时，并不知道是被人用来实施犯罪活动的，或者是受欺骗的，或者是被盗用的，这时就不应当追究该行为人的刑事责任。"情节严重"，一般是指多次实施该行为或数量较大，或者该行为造成的社会影响较大，或者导致的犯罪后果较严重。

● **相关规定** 【人大〔2000〕19次】 全国人民代表大会常务委员会关于维护互联网安全的决定（2000年12月28日第9届全国人大常委会第19次会议通过；2009年8月27日第11届全国人大常委会第10次会议修正）

二、为了维护国家安全和社会稳定，对有下列行为之一，构成犯罪的，依照刑法有关规定追究刑事责任：

（一）利用互联网造谣、诽谤或者发表、传播其他有害信息，煽动颠覆国家政权、推翻社会主义制度，或者煽动分裂国家、破坏国家统一；

（二）通过互联网窃取、泄露国家秘密、情报或者军事秘密；

（三）利用互联网煽动民族仇恨、民族歧视，破坏民族团结；

（四）利用互联网组织邪教组织、联络邪教组织成员，破坏国家法律、行政法规实施。

三、为了维护社会主义市场经济秩序和社会管理秩序，对有下列行为之一，构成犯罪的，依照刑法有关规定追究刑事责任：

（一）利用互联网销售伪劣产品或者对商品、服务作虚假宣传；

（二）利用互联网损坏他人商业信誉和商品声誉；

（三）利用互联网侵犯他人知识产权；

（四）利用互联网编造并传播影响证券、期货交易或者其他扰乱金融秩序的虚假信息；

（五）在互联网上建立淫秽网站、网页，提供淫秽站点链接服务，或者传播淫秽书刊、影片、音像、图片。

四、为了保护个人、法人和其他组织的人身、财产等合法权利，对有下列行为之一，构成犯罪的，依照刑法有关规定追究刑事责任：

（一）利用互联网侮辱他人或者捏造事实诽谤他人；

（二）非法截获、篡改、删除他人电子邮件或者其他数据资料，侵犯公民通信自由和通信秘密；

（三）利用互联网进行盗窃、诈骗、敲诈勒索。

五、利用互联网实施本决定第1条、第2条、第3条、第4条所列行为以外的其他行为，构成犯罪的，依照刑法有关规定追究刑事责任。

【公通字〔2015〕5号】 互联网危险物品信息发布管理规定（公安部、国家互联网信息办公室、工业和信息化部、环境保护部、工商总局、安全监管总局2015年2月5日印发，2015年3月1日起执行）

第2条 本规定所称危险物品，是指枪支弹药、爆炸物品、剧毒化学品、易制爆危险化学品和其他危险化学品、放射性物品、核材料、管制器具等能够危及人身安全和财产安全的物品。

第3条 本规定所称危险物品从业单位，是指依法取得危险物品生产、经营、使用资质的单位以及从事危险物品相关工作的教学、科研、社会团体、中介机构等单位。具体包括：

（一）经公安机关核发《民用枪支（弹药）制造许可证》、《民用枪支（弹药）配售许可证》的民用枪支、弹药制造、配售企业；

（二）经民用爆炸物品行业主管部门核发《民用爆炸物品生产许可证》、《民用爆炸物品销售许可证》的民用爆炸物品生产、销售企业，经公安机关核发《爆破作业单位许可证》的爆破作业单位；

（三）经安全生产监督管理部门核发《烟花爆竹安全生产许可证》、《烟花爆竹经营（批发）许可证》、《烟花爆竹经营（零售）许可证》的烟花爆竹生产、经营单位；

（四）经安全生产监督管理部门核发《危险化学品安全生产许可证》、《危险化学品经营许可证》、《危险化学品安全使用许可证》的危险化学品生产、经营、使用单位；

（五）经环境保护主管部门核发《辐射安全许可证》的生产、销售、使用放射性同位素和射线装置单位；

（六）经国务院核材料管理部门核发《核材料许可证》的核材料持有、使用、生产、储存、运输和处置单位；

（七）经公安机关批准的弩制造企业、营业性射击场，经公安机关登记备案的管制刀具制造、销售单位；

（八）从事危险物品教学、科研、服务的高等院校、科研院所、社会团体、中介机构和技术服务企业；

（九）法律、法规规定的其他危险物品从业单位。

第4条　本规定所称危险物品信息，是指在互联网上发布的危险物品生产、经营、储存、使用信息，包括危险物品种类、性能、用途和危险物品专业服务等相关信息。

第5条　危险物品从业单位从事互联网信息服务的，应当按照《互联网信息服务管理办法》规定，向电信主管部门申请办理互联网信息服务增值电信业务经营许可或者办理非经营性互联网信息服务备案手续，并按照《计算机信息网络国际联网安全保护管理办法》规定，持从事危险物品活动的合法资质材料到所在地县级以上人民政府公安机关接受网站安全检查。

第6条　危险物品从业单位依法取得互联网信息服务增值电信业务经营许可或者办理非经营性互联网信息服务备案手续后，可以在本单位网站发布危险物品信息。

禁止个人在互联网上发布危险物品信息。

第8条　危险物品从业单位应当在本单位网站主页显著位置标明可供查询的互联网信息服务经营许可证编号或者备案编号、从事危险物品活动的合法资质和营业执照等材料。

第9条　危险物品从业单位应当在本单位网站网页显著位置标明单位、个人购买相关危险物品应当具备的资质、资格条件：

（一）购买民用枪支、弹药应当持有省级或者设区的市级人民政府公安机关核发的《民用枪支（弹药）配购证》。

（二）购买民用爆炸物品应当持有国务院民用爆炸物品行业主管部门核发的《民用爆炸物品生产许可证》，或者省级人民政府民用爆炸物品行业主管部门核发的《民用爆炸物品销售许可证》，或者所在地县级人民政府公安机关核发的《民用爆炸物品购买许可证》。

（三）购买烟花爆竹的，批发企业应当持有安全生产监督管理部门核发的《烟花爆竹经营（批发）许可证》；零售单位应当持有安全生产监督管理部门核发的《烟花爆竹经营（零售）许可证》；举办焰火晚会以及其他大型焰火燃放活动的应当持有公安机关核发的《焰火燃放许可证》；个人消费者应当向持有安全生产监督管理部门核发的《烟花爆竹经营（零售）许可证》的零售单位购买。批发企业向烟花爆竹生产企业采购烟花爆竹；零售经营者向烟花爆竹批发企业采购烟花爆竹。严禁零售单位和个人购买专业燃放类烟花爆竹。

（四）购买剧毒化学品应当持有安全生产监督管理部门核发的《危险化学品安全生产许可证》，或者设区的市级人民政府安全生产监督管理部门核发的《危险化学品经营许可证》或者《危险化学品安全使用许可证》，或者县级人民政府公安机关核发的《剧毒化学品购买许可证》。

购买易制爆危险化学品应当持有安全生产监督管理部门核发的《危险化学品安全生产许可证》，或者工业和信息化部核发的《民用爆炸物品生产许可证》，或者设区的市级人民政府安全生产监督管理部门核发的《危险化学品经营许可证》或者《危险化学品安全使用许可证》，或者本单位出具的合法用途证明。

（五）购买放射性同位素的单位应当持有环境保护主管部门核发的《辐射安全许可证》。

（六）购买核材料的单位应当持有国务院核材料管理部门核发的《核材料许可证》。

（七）购买弩应当持有省级人民政府公安机关批准使用的许可文件。

（八）购买匕首、三棱刮刀应当持有所在单位的批准文件或者证明，且匕首仅限于军人、警察、专业狩猎人员和地质、勘探等野外作业人员购买，三棱刮刀仅限于机械加工单位购买。

（九）法律、法规和相关管理部门的其他规定。

第10条 禁止危险物品从业单位在本单位网站以外的互联网应用服务中发布危险物品信息及建立相关链接。

危险物品从业单位发布的危险物品信息不得包含诱导非法购销危险物品行为的内容。

第11条 禁止任何单位和个人在互联网上发布危险物品制造方法的信息。

第14条 违反规定制作、复制、发布、传播含有危险物品内容的信息，或者故意为制作、复制、发布、传播违法违规危险物品信息提供服务的，依法给予停止联网、停机整顿、吊销许可证或者取消备案、暂时关闭网站直至关闭网站等处罚；构成违反治安管理行为的，依法给予治安管理处罚；构成犯罪的，依法追究刑事责任。

【法释〔2016〕8号】 最高人民法院关于审理毒品犯罪案件适用法律若干问题的解释（2016年1月25日由最高人民法院审判委员会第1676次会议通过，2016年4月6日公布，2016年4月11日起施行）

第 14 条　利用信息网络，设立用于实施传授制造毒品、非法生产制毒物品的方法，贩卖毒品，非法买卖制毒物品或者组织他人吸食、注射毒品等违法犯罪活动的网站、通讯群组，或者发布实施前述违法犯罪活动的信息，情节严重的，应当依照刑法第 287 条之一的规定，以非法利用信息网络罪定罪处罚。

实施刑法第 287 条之一、第 287 条之二规定的行为，同时构成贩卖毒品罪、非法买卖制毒物品罪、传授犯罪方法罪等犯罪的，依照处罚较重的规定定罪处罚。

第 15 条　本解释自 2016 年 4 月 11 日起施行。《最高人民法院关于审理毒品案件定罪量刑标准有关问题的解释》（法释〔2000〕13 号）同时废止；之前发布的司法解释和规范性文件与本解释不一致的，以本解释为准。

【法发〔2016〕32 号】　最高人民法院、最高人民检察院、公安部关于办理电信网络诈骗等刑事案件适用法律若干问题的意见（2016 年 12 月 19 日签发，2016 年 12 月 20 日新闻发布）

三、全面惩处关联犯罪

（七）实施刑法第 287 条之一、第 287 条之二规定之行为，构成非法利用信息网络罪、帮助信息网络犯罪活动罪，同时构成诈骗罪的，依照处罚较重的规定定罪处罚。

（八）金融机构、网络服务提供者、电信业务经营者等在经营活动中，违反国家有关规定，被电信网络诈骗犯罪分子利用，使他人遭受财产损失的，依法承担相应责任。构成犯罪的，依法追究刑事责任。

【法发〔2021〕22 号】　最高人民法院、最高人民检察院、公安部关于办理电信网络诈骗等刑事案件适用法律若干问题的意见（二）（2021 年 6 月 17 日签发，2021 年 6 月 22 日新闻发布）

七、为他人利用信息网络实施犯罪而实施下列行为，可以认定为刑法第 287 条之二规定的"帮助"行为：

（一）收购、出售、出租信用卡、银行账户、非银行支付账户、具有支付结算功能的互联网账号密码、网络支付接口、网上银行数字证书的；

（二）收购、出售、出租他人手机卡、流量卡、物联网卡的。

八、认定刑法第 287 条之二规定的行为人明知他人利用信息网络实施犯罪，应当根据行为人收购、出售、出租前述第七条规定的信用卡、银行账户、非银行支付账户、具有支付结算功能的互联网账号密码、网络支付接口、网上银行数字证书，或者他人手机卡、流量卡、物联网卡等的次数、张数、个数，并结合行为人的认知能力、既往经历、交易对象、与实施信息网络犯罪的行为人的关系、提供技术支持或者帮助的时间和方式、获利情况以及行为人的供述等主客观因素,予以综合认定。

收购、出售、出租单位银行结算账户、非银行支付机构单位支付账户,或者电信、银行、网络支付等行业从业人员利用履行职责或提供服务便利,非法开办并出售、出租他人手机卡、信用卡、银行账户、非银行支付账户等的,可以认定为《最高人民法院、最高人民检察院关于办理非法利用信息网络、帮助信息网络犯罪活动等刑事案件适用法律若干问题的解释》第11条第(七)项规定的"其他足以认定行为人明知的情形"。但有相反证据的除外。

九、明知他人利用信息网络实施犯罪,为其犯罪提供下列帮助之一的,可以认定为《最高人民法院、最高人民检察院关于办理非法利用信息网络、帮助信息网络犯罪活动等刑事案件适用法律若干问题的解释》第12条第1款第(七)项规定的"其他情节严重的情形":

(一)收购、出售、出租信用卡、银行账户、非银行支付账户、具有支付结算功能的互联网账号密码、网络支付接口、网上银行数字证书5张(个)以上的;

(二)收购、出售、出租他人手机卡、流量卡、物联网卡20张以上的。

十、电商平台预付卡、虚拟货币、手机充值卡、游戏点卡、游戏装备等经销商,在公安机关调查案件过程中,被明确告知其交易对象涉嫌电信网络诈骗犯罪,仍与其继续交易,符合刑法第287条之二规定的,以帮助信息网络犯罪活动罪追究刑事责任。同时构成其他犯罪的,依照处罚较重的规定定罪处罚。

十二、为他人实施电信网络诈骗犯罪提供技术支持、广告推广、支付结算等帮助,或者窝藏、转移、收购、代为销售及以其他方法掩饰、隐瞒电信网络诈骗犯罪所得及其产生的收益,诈骗犯罪行为可以确认,但实施诈骗的行为人尚未到案,可以依法先行追究已到案的上述犯罪嫌疑人、被告人的刑事责任。

【法释〔2017〕10号】 最高人民法院、最高人民检察院关于办理侵犯公民个人信息刑事案件适用法律若干问题的解释(2017年3月20日最高人民法院审判委员会第1712次会议、2017年4月26日最高人民检察院第12届检察委员会第63次会议通过,2017年5月8日印发,2017年6月1日起施行)

第8条 设立用于实施非法获取、出售或者提供公民个人信息违法犯罪活动的网站、通讯群组,情节严重的,应当依照刑法第287条之一的规定,以非法利用信息网络罪定罪处罚;同时构成侵犯公民个人信息罪的,依照侵犯公民个人信息罪定罪处罚。

【法释〔2017〕13号】　最高人民法院、最高人民检察院关于办理组织、强迫、引诱、容留、介绍卖淫刑事案件适用法律若干问题的解释（2017年5月8日最高人民法院审判委员会第1716次会议、2017年7月4日最高人民检察院第12届检察委员会第66次会议通过，2017年7月21日公布，2017年7月25日起施行）

第8条（第2款）　利用信息网络发布招嫖违法信息，情节严重的，依照刑法第287条之一的规定，以非法利用信息网络罪定罪处罚。同时构成介绍卖淫罪的，依照处罚较重的规定定罪处罚。

【法释〔2019〕13号】　最高人民法院、最高人民检察院关于办理组织考试作弊等刑事案件适用法律若干问题的解释（2019年4月8日最高人民法院审判委员会第1765次会议、2019年6月28日最高人民检察院第13届检察委员会第20次会议通过，2019年9月2日公布，2019年9月4日起施行）

第10条　在法律规定的国家考试以外的其他考试中，组织作弊，为他人组织作弊提供作弊器材或者其他帮助，或者非法出售、提供试题、答案，符合非法获取国家秘密罪、非法生产、销售窃听、窃照专用器材罪、非法使用窃听、窃照专用器材罪、非法利用信息网络罪、扰乱无线电通讯管理秩序罪等犯罪构成要件的，依法追究刑事责任。

第11条　设立用于实施考试作弊的网站、通讯群组或者发布有关考试作弊的信息，情节严重的，应当依照刑法第287条之一的规定，以非法利用信息网络罪定罪处罚；同时构成组织考试作弊罪、非法出售、提供试题、答案罪、非法获取国家秘密罪等其他犯罪的，依照处罚较重的规定定罪处罚。

第12条　对于实施本解释规定的犯罪被判处刑罚的，可以根据犯罪情况和预防再犯罪的需要，依法宣告职业禁止；被判处管制、宣告缓刑的，可以根据犯罪情况，依法宣告禁止令。

第13条　对于实施本解释规定的行为构成犯罪的，应当综合考虑犯罪的危害程度、违法所得数额以及被告人的前科情况、认罪悔罪态度等，依法判处罚金。

【法释〔2019〕15号】　最高人民法院、最高人民检察院关于办理非法利用信息网络、帮助信息网络犯罪活动等刑事案件适用法律若干问题的解释（2019年6月3日最高人民法院审判委员会第1771次会议、2019年9月4日最高人民检察院第13届检察委员会第23次会议通过，2019年10月21日公布，2019年11月1日起施行）

第7条　刑法第287条之一规定的"违法犯罪"，包括犯罪行为和属于刑法分则规定的行为类型但尚未构成犯罪的违法行为。

第8条　以实施违法犯罪活动为目的而设立或者设立后主要用于实施违法犯罪活动的网站、通讯群组，应当认定为刑法第287条之一第1款第1项规定的"用于实施诈骗、传授犯罪方法、制作或者销售违禁物品、管制物品等违法犯罪活动的网站、通讯群组"。

第9条　利用信息网络提供信息的链接、截屏、二维码、访问账号密码及其他指引访问服务的，应当认定为刑法第287条之一第1款第2项、第3项规定的"发布信息"。

第10条　非法利用信息网络，具有下列情形之一的，应当认定为刑法第287条之一第1款规定的"情节严重"：

（一）假冒国家机关、金融机构名义，设立用于实施违法犯罪活动的网站的；

（二）设立用于实施违法犯罪活动的网站，数量达到3个以上或者注册账号数累计达到2000以上的；

（三）设立用于实施违法犯罪活动的通讯群组，数量达到5个以上或者群组成员账号数累计达到1000以上的；

（四）发布有关违法犯罪的信息或者为实施违法犯罪活动发布信息，具有下列情形之一的：

1. 在网站上发布有关信息100条以上的；
2. 向2000个以上用户账号发送有关信息的；
3. 向群组成员数累计达到3000以上的通讯群组发送有关信息的；
4. 利用关注人员账号数累计达到3万以上的社交网络传播有关信息的。

（五）违法所得1万元以上的；

（六）2年内曾因非法利用信息网络、帮助信息网络犯罪活动、危害计算机信息系统安全受过行政处罚，又非法利用信息网络的；

（七）其他情节严重的情形。

第11条　为他人实施犯罪提供技术支持或者帮助，具有下列情形之一的，可以认定行为人明知他人利用信息网络实施犯罪，但是有相反证据的除外：

（一）经监管部门告知后仍然实施有关行为的；

（二）接到举报后不履行法定管理职责的；

（三）交易价格或者方式明显异常的；

（四）提供专门用于违法犯罪的程序、工具或者其他技术支持、帮助的；

（五）频繁采用隐蔽上网、加密通信、销毁数据等措施或者使用虚假身份逃避监管或者规避调查的；

（六）为他人逃避监管或者规避调查提供技术支持、帮助的；

（七）其他足以认定行为人明知的情形。

第12条　明知他人利用信息网络实施犯罪，为其犯罪提供帮助，具有下列情形之一的，应当认定为刑法第287条之二第1款规定的"情节严重"：

（一）为3个以上对象提供帮助的；

（二）支付结算金额20万元以上的；

（三）以投放广告等方式提供资金5万元以上的；

（四）违法所得1万元以上的；

（五）2年内曾因非法利用信息网络、帮助信息网络犯罪活动、危害计算机信息系统安全受过行政处罚，又帮助信息网络犯罪活动的；

（六）被帮助对象实施的犯罪造成严重后果的；

（七）其他情节严重的情形。

实施前款规定的行为，确因客观条件限制无法查证被帮助对象是否达到犯罪的程度，但相关数额总计达到前款第2项至第4项规定标准5倍以上，或者造成特别严重后果的，应当以帮助信息网络犯罪活动罪追究行为人的刑事责任。

第13条　被帮助对象实施的犯罪行为可以确认，但尚未到案、尚未依法裁判或者因未达到刑事责任年龄等原因依法未予追究刑事责任的，不影响帮助信息网络犯罪活动罪的认定。

第14条　单位实施本解释规定的犯罪的，依照本解释规定的相应自然人犯罪的定罪量刑标准，对直接负责的主管人员和其他直接责任人员定罪处罚，并对单位判处罚金。

第15条　综合考虑社会危害程度、认罪悔罪态度等情节，认为犯罪情节轻微的，可以不起诉或者免予刑事处罚；情节显著轻微危害不大的，不以犯罪论处。

第16条　多次拒不履行信息网络安全管理义务、非法利用信息网络、帮助信息网络犯罪活动构成犯罪，依法应当追诉的，或者2年内多次实施前述行为未经处理的，数量或者数额累计计算。

第17条　对于实施本解释规定的犯罪被判处刑罚的，可以根据犯罪情况和预防再犯罪的需要，依法宣告职业禁止；被判处管制、宣告缓刑的，可以根据犯罪情况，依法宣告禁止令。

第18条　对于实施本解释规定的犯罪的，应当综合考虑犯罪的危害程度、违法所得数额以及被告人的前科情况、认罪悔罪态度等，依法判处罚金。

【公通字〔2019〕23 号】 最高人民法院、最高人民检察院、公安部、司法部关于依法严厉打击传播艾滋病病毒等违法犯罪行为的指导意见（2019 年 5 月 19 日）

（十一）非法利用信息网络罪。设立网站、通讯群组，用于销售谎称含有或者含有艾滋病病毒的血液等违法犯罪活动，情节严重的，依照刑法第 287 条之一的规定，以非法利用信息网络罪定罪处罚。

【高检四厅〔2020〕12 号】 最高人民法院刑事审判第三庭、最高人民检察院第四检察厅、公安部刑事侦查局关于深入推进"断卡"行动有关问题的会议纪要（2020 年 12 月 11 日召开，2020 年 12 月 21 日印发）①

三、准确把握政策，依法精准打击。……对于初犯、偶犯、未成年人、在校学生、老年人等，要以教育、挽救、惩戒、警示为主，善于运用行政处罚、

---

① 公安部《关于深入推进"断卡"行动有关问题的会议纪要》相关问题的答疑：国务院打击治理电信网络新型违法犯罪工作部际联席会议办公室部署开展"断卡"行动以来，最高人民法院、最高人民检察院和公安部高度重视，于 2020 年 12 月 11 日就"断卡"行动中的刑事政策、协作配合、法律适用等问题形成《关于深入推进"断卡"行动有关问题的会议纪要》（以下简称《会议纪要》）。由于实践中对《会议纪要》理解还存在较多疑问，为此，我们将各地反映的突出问题汇总进行梳理，经我部认真研究并咨询了高检院起草《会议纪要》的背景及本意，现解答答下。

问题一：如何理解适用《会议纪要》中宽严相济刑事政策？

答：一方面依法严厉打击涉"两卡"犯罪，一方面注意"断卡行动"打击的重点是卡头、卡商、内鬼，对于达到构罪标准的卡农，重点严惩在于出租、出售信用卡多张、多次等严重情形，对初犯、偶犯、未成年人、在校学生、老年人等，以教育、挽救、惩戒、警示为主，犯罪情节轻微的，到案后主动认罪认罚，积极退赃退赔的，可以作出相对不起诉决定，同时做好行政处罚的衔接。

问题二：《最高人民法院、最高人民检察院关于办理非法利用信息网络、帮助信息网络犯罪活动等刑事案件适用法律若干问题的解释》（以下简称《解释》）第 12 条规定，明知他人利用信息网络实施犯罪，为其犯罪提供帮助，支付结算金额 20 万元以上的，应当认定刑法第 287 条之二第 1 款规定的"情节严重"。但《会议纪要》第 5 条规定，出租、出售的信用卡被用于实施电信网络诈骗，达到犯罪程度，该信用卡内流水金额超过 30 万的，按照符合《解释》第 12 条规定的"情节严重"处理。两者对情节严重规定的金额不一致，应当如何理解适用？

答：《会议纪要》是对"两卡"案件的特殊规定，故"两卡"案件应适用 30 万元定罪标准。

问题三：是否必须证明 30 万元流水金额全部系电信网络诈骗金额？

答：《会议纪要》规定"出租、出售的信用卡被用于实施电信网络诈骗，达到犯罪程度，该信用卡内流水金额超过 30 万的，按照符合《解释》第 12 条规定的'情节严重'处理。""达到犯罪程度"应当理解为达到电信网络诈骗犯罪程度——3000 元的构罪标准，"该信用卡内流水金额超过 30 万的"应当理解达到 3000 元电信网络诈骗构罪标准的同时，该信用卡内流水金额达到 30 万元。原则上，卡内流水金额均推定为犯罪金额。犯罪嫌疑人提出反证，经查证属实，应予以扣除。

问题四：出租、出售多张信用卡，单张信用卡被用于电信网络诈骗金额均未达到 3000 元的构罪标准，但累计达到 3000 元，能否认定达到犯罪程度？

答：帮助信息网络犯罪活动罪一般以被帮助对象的行为构成犯罪为前提。因此，诈骗金额可以累计计算情形限于多张信用卡系被同一个人（团伙）使用，单张卡分别使用不能累计计算。

信用惩戒和刑事打击手段,情节显著轻微危害不大的,不以犯罪论处;到案后主动认罪认罚,积极退赃退赔的,可以依法不起诉或者免予刑事处罚。

四、全面收集证据,综合审查判断主观故意。……要准确把握《最高人民法院、最高人民检察院关于办理非法利用信息网络、帮助信息网络犯罪活动等刑事案件适用法律若干问题的解释》(法释〔2019〕15号,以下简称《解释》)第11条之规定。实践中,对于多次出租、出售信用卡或者出租、出售多张信用卡的,结合其认知能力、既往经历、生活环境、交易对象等情况,可以认定行为人明知他人利用信息网络实施犯罪。对于犯罪嫌疑人提出的主观明知方面的辩解,要高度重视,认真查证,综合认定。对于出租、出售信用卡达不到多次、多张的,认定构成犯罪要特别慎重。

五、坚持主客观相统一,准确认定犯罪情节。对于涉"两卡"案件,要全面收集主客观证据,加强对"两卡"交易细节、流向用途和造成后果的查证。对于明知他人利用信息网络实施犯罪,向3个以上的个人(团伙)出租、出售电话卡、信用卡,被帮助对象实施的诈骗行为均达到犯罪程度的;或者出租、出售的信用卡被用于实施电信网络诈骗,达到犯罪程度,该信用卡的流水金额超过30万元的①;或者利用被出租、出售的电话卡、信用卡实施的电信网络诈骗犯罪,造成被害人或其近亲属死亡、重伤、精神失常的,按照符合《解释》第12条规定的"情节严重"处理。

最高人民法院刑事审判第三庭、最高人民检察院第四检察厅、公安部刑事侦查局关于"断卡"行动中有关法律适用问题的会议纪要(2021年11月26日、2022年1月7日召开,2022年3月22日印发)

一、关于帮助信息网络犯罪活动罪中"明知他人利用信息网络实施犯罪"的理解适用。认定行为人是否"明知"他人利用信息网络实施犯罪,应当坚持主客观相一致原则,即要结合行为人的认知能力、既往经历、交易对象、与信息网络犯罪行为人的关系。提供技术支持或者帮助的时间和方式、获利情况、出租、出售"两卡"的次数、张数、个数,以及行为人的供述等主客观因素,同时注重听取行为人的辩解并根据其辩解合理与否,予以综合认定。

---

① 注:为了便于打击信用卡诈骗犯罪,减轻司法举证负担,对于已经查实用于电信网络诈骗犯罪(金额3000元以上)的信用卡,该卡内的所有资金流水(即便无法查证被害人)如果不能证明用于正规合法用途,都概然地认定为为信用卡诈骗犯罪提供的支付结算帮助。基于此思路,"高检四厅〔2020〕12号"《纪要》将"法释〔2019〕15号"《解释》第12条规定的支付结算金额20万元,扩大为卡内流水金额30万元。

司法办案中既要防止片面倚重行为人的供述认定明知；也要避免简单客观归罪，仅以行为人有出售"两卡"行为就直接认定明知。特别是对于交易双方存在亲友关系等信赖基础，一方确系偶尔向另一方出租、出售"两卡"的，要根据在案事实证据，审慎认定"明知"。

在办案过程中，可着重审查行为人是否具有以下特征及表现。综合全案证据，对其构成"明知"与否作出判断：（1）跨省或多人结伙批量办理、收购、贩卖"两卡"的；（2）出租、出售"两卡"后，收到公安机关、银行业金融机构、非银行支付机构、电信服务提供者等相关单位部门的口头或书面通知，告知其所出租、出售的"两卡"涉嫌诈骗、洗钱等违法犯罪，行为人未采取补救措施，反而继续出租、出售的；（3）出租、出售的"两卡"因涉嫌诈骗、洗钱等违法犯罪被冻结，又帮助解冻，或者注销旧卡、办理新卡，继续出租、出售的；（4）出租、出售的具有支付结算功能的网络账号因涉嫌诈骗、洗钱等违法犯罪被查封，又帮助解封，继续提供给他人使用的；（5）频繁使用隐蔽上网、加密通信、销毁数据等措施或者使用虚假身份，逃避监管或者规避调查的；（6）事先串通设计应对调查的话术口径的；（7）曾因非法交易"两卡"受过处罚或者信用惩戒、训诫谈话，又收购、出售、出租"两卡"的等。

二、关于《最高人民法院、最高人民检察院关于办理非法利用信息网络、帮助信息网络犯罪活动等刑事案件适用法律若干问题的解释》（以下简称"《解释》"）第12条第1款第（一）项的理解适用。该项所规定的"为3个以上对象提供帮助"，应理解为分别为3个以上行为人或团伙组织提供帮助，且被帮助的行为人或团伙组织实施的行为均达到犯罪程度。为同一对象提供3次以上帮助的，不宜理解为"为3个以上对象提供帮助"。

三、关于《解释》第12条第1款第（四）项的理解适用该项所规定"违法所得1万元"中的"违法所得"，应理解为行为人为他人实施信息网络犯罪提供帮助，由此所获得的所有违法款项或非法收入。行为人收卡等"成本"费用无须专门扣除。

四、关于《关于深入推进"断卡"行动有关问题的会议纪要》（以下简称"《2020年会议纪要》"）中列举的符合《解释》第12条规定的"情节严重"情形的理解适用。《2020年会议纪要》第5条规定，出租、出售的信用卡被用于实施电信网络诈骗，达到犯罪程度，该信用卡内流水金额超过30万元的，按照符合《解释》第12条规定的"情节严重"处理。在适用时应把握单向流入涉案信用卡中的资金超过30万元，且其中至少3000元经查证系涉诈骗资金。行为人能够说明资金合法来源和性质的，应当予以扣除。以上述情形认定行为"情节严重"的，要注重审查行为人的主观明知程度、出租、出售信用卡的张数、次数、非法获利的数额以及造成的其他严重后果，综合考虑与《解释》第12条第1款其他项适用的相当性。

行为人出租、出售的信用卡被用于接收电信网络诈骗资金，但行为人未实施代为转账、套现、取现等行为，或者未实施为配合他人转账、套现、取现而提供刷脸等验证服务的，不宜认定为《解释》第12条第1款第（二）项规定的"支付结算"行为。

五、关于正确区分帮助信息网络犯罪活动罪、掩饰、隐瞒犯罪所得、犯罪所得收益罪与诈骗罪的界限。在办理涉"两卡"犯罪案件中，存在准确界定前述3个罪名之间界限的问题，应当根据行为人的主观明知内容和实施的具体犯罪行为，确定其行为性质。

以信用卡为例：（1）明知他人实施电信网络诈骗犯罪，参加诈骗团伙或者与诈骗团伙之间形成较为稳定的配合关系，长期为他人提供信用卡或者转账取现的，可以诈骗罪论处。（2）行为人向他人出租、出售信用卡后，在明知是犯罪所得及其收益的情况下，又代为转账、套现、取现等，或者为配合他人转账、套现、取现而提供刷脸等验证服务的，可以掩饰、隐瞒犯罪所得、犯罪所得收益罪论处。（3）明知他人利用信息网络实施犯罪，仅向他人出租、出售信用卡，未实施其他行为，达到情节严重标准的，可以帮助信息网络犯罪活动罪论处。

在司法实践中，应当具体案情具体分析，结合主客观证据重视行为人的辩解理由，确保准确定性。

七、关于收购、出售、出租信用卡的行为，可否以窃取、收买、非法提供信用卡信息罪追究刑事责任的问题。《刑法修正案（五）》设立了窃取、收买、非法提供信用卡信息罪，主要考虑是：利用信用卡信息资料复制磁条卡的问题在当时比较突出，严重危害持卡人的财产安全和国家金融安全，故设立本罪，相关司法解释将本罪入罪门槛规定为1张（套）信用卡。其中的"信用卡信息资料"，是指用于伪造信用卡的电子数据等基础信息，如有关发卡行代码、持卡人账户、密码等内容的加密电子数据。在"断卡"行动破获的此类案件中，行为人非法交易信用卡的主要目的在于直接使用信用卡，而非利用其中的信息资料伪造信用卡。故当前办理"断卡"行动中的此类案件，一般不以窃取、收买、非法提供信用卡信息罪追究刑事责任。

八、关于收购、出售、出租信用卡"4件套"行为的处理。行为人收购、出售、出租信用卡"4件套"（一般包括信用卡、身份信息、U盾、网银），数量较大的，可能同时构成帮助信息网络犯罪活动罪、妨害信用卡管理罪等。"断卡"行动中破获的此类案件，行为人收购、出售、出租的信用卡"4件套"，主要流向电信网络诈骗犯罪团伙或人员手中，用于非法接收、转移诈骗资金，一般以帮助信息网络犯罪活动罪论处。对于涉案信用卡"4件套"数量巨大，同时符合妨害信用卡管理罪构成要件的，择一重罪论。

各级人民法院、人民检察院、公安机关要充分认识到当前持续深入推进"断卡"行动的重要意义，始终坚持依法从严惩处和全面惩处的方针，坚决严惩跨境电信网络诈骗犯罪集团和人员，贩卖"两卡"团伙头目和骨干、职业"卡商"、行业"内鬼"等。同时，还应当注重宽以济严，对于初犯、偶犯、未成年人、在校学生，特别是其中被胁迫或蒙骗出售本人名下"两卡"，违法所得、涉案数额较少且认罪认罚的，以教育、挽救为主，落实"少捕慎诉慎押"的刑事司法政策，可以依法从宽处理，确保社会效果良好。

【公通字〔2020〕14号】　最高人民法院、最高人民检察院、公安部办理跨境赌博犯罪案件若干问题的意见（2020年10月16日印发）

四、关于跨境赌博关联犯罪的认定

（五）（第2款）　为网络赌博犯罪提供互联网接入、服务器托管、网络存储、通讯传输等技术支持，或者提供广告推广、支付结算等帮助，构成赌博犯罪共犯，同时构成非法利用信息网络罪、帮助信息网络犯罪活动罪等罪的，依照处罚较重的规定定罪处罚。

【高检发办字〔2021〕3号】　人民检察院办理网络犯罪案件规定（2020年12月14日最高人民检察院第13届检察委员会第57次会议通过，2021年1月22日印发）

第62条　本规定中下列用语的含义：

（一）信息网络，包括以计算机、电视机、固定电话机、移动电话机等电子设备为终端的计算机互联网、广播电视网、固定通信网、移动通信网等信息网络，以及局域网络；

……

【高检办发〔2021〕1号】　检察机关办理长江流域非法捕捞案件有关法律政策问题的解答（最高检办公厅根据公通字〔2020〕17号《意见》解答，2021年2月24日印发）[①]

[①] 参见https://mp.weixin.qq.com/s/feePm0CyTmrjf_7mcYKeLQ，最后访问日期：2022年10月25日。

六、办理长江流域非法捕捞案件，如何准确把握非法捕捞水产品罪与其他关联犯罪的界限？

……明知是长江流域非法捕捞渔获物而利用信息网络设立用于收购、出售的网站、通讯群组，或者发布相关犯罪信息，情节严重，符合刑法第287条之一规定的，以非法利用信息网络罪定罪处罚。

【主席令〔2022〕119号】　中华人民共和国反电信网络诈骗法（2022年9月2日第13届全国人大常委第36次会议通过，2022年12月1日施行）

第38条　组织、策划、实施、参与电信网络诈骗活动或者为电信网络诈骗活动提供帮助，构成犯罪的，依法追究刑事责任。

前款行为尚不构成犯罪的，由公安机关处10日以上15日以下拘留；没收违法所得，处违法所得1倍以上10倍以下罚款，没有违法所得或者违法所得不足1万元的，处10万元以下罚款。

第288条　【扰乱无线电通讯管理秩序罪】 违反国家规定，擅自设置、使用无线电台（站），或者擅自使用无线电频率，干扰无线电通讯秩序，情节严重的，处三年以下有期徒刑、拘役或者管制，并处或者单处罚金；情节特别严重的，处三年以上七年以下有期徒刑，并处罚金。①

单位犯前款罪的，对单位判处罚金，并对其直接负责的主管人员和其他直接责任人员，依照前款的规定处罚。

● **条文注释**　构成第288条规定之罪，必须具备以下条件：（1）行为人具有扰乱无线电管理秩序的主观故意；（2）行为人违反国家规定擅自设置、使用了无线台站或无线电频率；（3）情节严重。

这里的"国家规定"主要是指《军事设施保护法》《民用航空法》《无线电管理条例》《无线电管制规定》等相关法规和相关的临时管理规定，如北京市人民政府发布的《关于在中国人民抗日战争暨世界反法西斯战争胜利70周年纪念

---

① 第288条第1款是根据2015年8月29日第12届全国人民代表大会常务委员会第16次会议通过的《刑法修正案（九）》（主席令第30号公布，2015年11月1日起施行）而修改；原第288条第1款的内容为："违反国家规定，擅自设置、使用无线电台（站），或者擅自占用频率，经责令停止使用后拒不停止使用，干扰无线电通讯正常进行，造成严重后果的，处三年以下有期徒刑、拘役或者管制，并处或者单处罚金。"

大会期间对北京市部分区域实施无线电管制的通告》①。"情节严重",主要是指严重干扰无线电通讯秩序,或者给国家、集体和个人造成严重经济损失或造成其他严重后果,或者经责令停止使用后拒不停止使用。应当注意的是,如果造成危害公共安全的后果的,则应当以危害公共安全犯罪定罪处罚。

● 相关规定 【法释〔2000〕12号】 最高人民法院关于审理扰乱电信市场管理秩序案件具体应用法律若干问题的解释(2000年4月28日最高人民法院审判委员会第1113次会议通过,2000年5月12日公布,2000年5月24日起施行)

第5条 违反国家规定,擅自设置、使用无线电台(站),或者擅自占用频率,非法经营国际电信业务或者涉港澳台电信业务进行营利活动,同时构成非法经营罪和刑法第288条规定的扰乱无线电通讯管理秩序罪的,依照处罚较重的规定定罪处罚。

【法释〔2007〕13号】 最高人民法院关于审理危害军事通信刑事案件具体应用法律若干问题的解释(2007年6月18日最高人民法院审判委员会第1430次会议通过,2007年6月26日公布,2007年6月29日起施行)

第6条(第4款) 违反国家规定,擅自设置、使用无线电台、站,或者擅自占用频率,经责令停止使用后拒不停止使用②,干扰无线电通讯正常进行,构成犯罪的,依照刑法第288条的规定定罪处罚;造成军事通信中断或者严重障碍,同时构成刑法第288条、第369条第1款规定的犯罪的,依照处罚较重的规定定罪处罚。

第7条(第2款) 本解释所称军事通信的具体范围、通信中断和严重障碍的标准,参照中国人民解放军通信主管部门的有关规定确定。

【公通字〔2014〕13号】 最高人民法院、最高人民检察院、公安部、国家安全部关于依法办理非法生产销售使用"伪基站"设备案件的意见(2014年3月14日印发)

一、准确认定行为性质

(二)非法使用"伪基站"设备干扰公用电信网络信号,危害公共安全的,依照《刑法》第124条第1款的规定,以破坏公用电信设施罪追究刑事责任;

---

① 注:根据《无线电管制规定》的授权,在省级行政区域范围内实施无线电管制,由省级人民政府和相关军区决定。因此,北京市人民政府发布的该临时管制通告,也视同为"国家规定"。

② 注:自2015年11月1日《刑法修正案(九)》施行之后,构成《刑法》第288条规定的扰乱无线电管理秩序罪已经不要以"经责令停止使用后拒不停止使用"为前提条件。

同时构成虚假广告罪、非法获取公民个人信息罪、破坏计算机信息系统罪、扰乱无线电通讯管理秩序罪的,依照处罚较重的规定追究刑事责任。

【法发〔2016〕32号】 最高人民法院、最高人民检察院、公安部关于办理电信网络诈骗等刑事案件适用法律若干问题的意见(2016年12月19日签发,2016年12月20日新闻发布)

三、全面惩处关联犯罪

(一)在实施电信网络诈骗活动中,非法使用"伪基站""黑广播",干扰无线电通讯秩序,符合刑法第288条规定的,以扰乱无线电通讯管理秩序罪追究刑事责任。同时构成诈骗罪的,依照处罚较重的规定定罪处罚。

【法释〔2017〕11号】 最高人民法院、最高人民检察院关于办理扰乱无线电通讯管理秩序等刑事案件适用法律若干问题的解释(2017年4月17日最高人民法院审判委员会第1715次会议、2017年5月25日最高人民检察院第12届检察委员会第64次会议通过,2017年6月27日公布,2017年7月1日起施行)

第1条 具有下列情形之一的,应当认定为刑法第288条第1款规定的"擅自设置、使用无线电台(站),或者擅自使用无线电频率,干扰无线电通讯秩序":

(一)未经批准设置无线电广播电台(以下简称"黑广播"),非法使用广播电视专用频段的频率的;

(二)未经批准设置通信基站(以下简称"伪基站"),强行向不特定用户发送信息,非法使用公众移动通信频率的;

(三)未经批准使用卫星无线电频率的;

(四)非法设置、使用无线电干扰器的;

(五)其他擅自设置、使用无线电台(站),或者擅自使用无线电频率,干扰无线电通讯秩序的情形。

第2条 违反国家规定,擅自设置、使用无线电台(站),或者擅自使用无线电频率,干扰无线电通讯秩序,具有下列情形之一的,应当认定为刑法第288条第1款规定的"情节严重":

(一)影响航天器、航空器、铁路机车、船舶专用无线电导航、遇险救助和安全通信等涉及公共安全的无线电频率正常使用的;

(二)自然灾害、事故灾难、公共卫生事件、社会安全事件等突发事件期间,在事件发生地使用"黑广播""伪基站"的;

(三)举办国家或者省级重大活动期间,在活动场所及周边使用"黑广播""伪基站"的;

（四）同时使用3个以上"黑广播""伪基站"的；

（五）"黑广播"的实测发射功率500瓦以上，或者覆盖范围10公里以上的；

（六）使用"伪基站"发送诈骗、赌博、招嫖、木马病毒、钓鱼网站链接等违法犯罪信息，数量在5000条以上，或者销毁发送数量等记录的；

（七）雇佣、指使未成年人、残疾人等特定人员使用"伪基站"的；

（八）违法所得3万元以上的；

（九）曾因扰乱无线电通讯管理秩序受过刑事处罚，或者2年内曾因扰乱无线电通讯管理秩序受过行政处罚，又实施刑法第288条规定的行为的；

（十）其他情节严重的情形。

第3条 违反国家规定，擅自设置、使用无线电台（站），或者擅自使用无线电频率，干扰无线电通讯秩序，具有下列情形之一的，应当认定为刑法第288条第1款规定的"情节特别严重"：

（一）影响航天器、航空器、铁路机车、船舶专用无线电导航、遇险救助和安全通信等涉及公共安全的无线电频率正常使用，危及公共安全的；

（二）造成公共秩序混乱等严重后果的；

（三）自然灾害、事故灾难、公共卫生事件和社会安全事件等突发事件期间，在事件发生地使用"黑广播""伪基站"，造成严重影响的；

（四）对国家或者省级重大活动造成严重影响的；

（五）同时使用10个以上"黑广播""伪基站"的；

（六）"黑广播"的实测发射功率3千瓦以上，或者覆盖范围20公里以上的；

（七）违法所得15万元以上的；

（八）其他情节特别严重的情形。

第5条 单位犯本解释规定之罪的，对单位判处罚金，并对直接负责的主管人员和其他直接责任人员，依照本解释规定的自然人犯罪的定罪量刑标准定罪处罚。

第6条 擅自设置、使用无线电台（站），或者擅自使用无线电频率，同时构成其他犯罪的，按照处罚较重的规定定罪处罚。

明知他人实施诈骗等犯罪，使用"黑广播""伪基站"等无线电设备为其发送信息或者提供其他帮助，同时构成其他犯罪的，按照处罚较重的规定定罪处罚。

第7条（第2款） 有查禁扰乱无线电管理秩序犯罪活动职责的国家机关工作人员，向犯罪分子通风报信、提供便利，帮助犯罪分子逃避处罚的，应当依照刑法第417条的规定，以帮助犯罪分子逃避处罚罪追究刑事责任；事先通谋的，以共同犯罪论处。

第8条 为合法经营活动，使用"黑广播""伪基站"或者实施其他扰乱无线电通讯管理秩序的行为,构成扰乱无线电通讯管理秩序罪,但不属于"情节特别严重",行为人系初犯,并确有悔罪表现的,可以认定为情节轻微,不起诉或者免予刑事处罚;确有必要判处刑罚的,应当从宽处罚。

第9条　对案件所涉的有关专门性问题难以确定的,依据司法鉴定机构出具的鉴定意见,或者下列机构出具的报告,结合其他证据作出认定:

(一)省级以上无线电管理机构、省级无线电管理机构依法设立的派出机构、地市级以上广播电视主管部门就是否系"伪基站""黑广播"出具的报告;

(二)省级以上广播电视主管部门及其指定的检测机构就"黑广播"功率、覆盖范围出具的报告;

(三)省级以上航空、铁路、船舶等主管部门就是否干扰导航、通信等出具的报告。

对移动终端用户受影响的情况,可以依据相关通信运营商出具的证明,结合被告人供述、终端用户证言等证据作出认定。

【法释〔2019〕13号】　最高人民法院、最高人民检察院关于办理组织考试作弊等刑事案件适用法律若干问题的解释(2019年4月8日最高人民法院审判委员会第1765次会议、2019年6月28日最高人民检察院第13届检察委员会第20次会议通过,2019年9月2日公布,2019年9月4日起施行)

第10条　在法律规定的国家考试以外的其他考试中,组织作弊,为他人组织作弊提供作弊器材或者其他帮助,或者非法出售、提供试题、答案,符合非法获取国家秘密罪、非法生产、销售窃听、窃照专用器材罪、非法使用窃听、窃照专用器材罪、非法利用信息网络罪、扰乱无线电通讯管理秩序罪等犯罪构成要件的,依法追究刑事责任。

第12条　对于实施本解释规定的犯罪被判处刑罚的,可以根据犯罪情况和预防再犯罪的需要,依法宣告职业禁止;被判处管制、宣告缓刑的,可以根据犯罪情况,依法宣告禁止令。

第13条　对于实施本解释规定的行为构成犯罪的,应当综合考虑犯罪的危害程度、违法所得数额以及被告人的前科情况、认罪悔罪态度等,依法判处罚金。

【主席令〔2012〕67号】　中华人民共和国治安管理处罚法(2012年10月26日第11届全国人大常委会第29次会议修正,2013年1月1日起施行)

第2条　扰乱公共秩序,妨害公共安全,侵犯人身权利、财产权利,妨害社会管理,具有社会危害性,依照《中华人民共和国刑法》的规定构成犯罪的,依法追究刑事责任;尚不够刑事处罚的,由公安机关依照本法给予治安管理处罚。

第 28 条 违反国家规定，故意干扰无线电业务正常进行的，或者对正常运行的无线电台（站）产生有害干扰，经有关主管部门指出后，拒不采取有效措施消除的，处 5 日以上 10 日以下拘留；情节严重的，处 10 日以上 15 日以下拘留。

第 289 条　【故意伤害罪、故意杀人罪、抢劫罪】聚众"打砸抢"，致人伤残、死亡的，依照本法第二百三十四条、第二百三十二条的规定定罪处罚。毁坏或者抢走公私财物的，除判令退赔外，对首要分子，依照本法第二百六十三条的规定定罪处罚。

● **条文注释**　"聚众'打砸抢'"，是指聚众多人肆意打人、毁坏或者抢劫公私财物，严重危害社会秩序的行为。这里的"聚众"，是指聚集多人进行"打砸抢"的行为。其中，"打砸抢"的行为造成他人轻伤、重伤的，按故意伤害罪的规定定罪处罚；造成他人死亡的，按故意杀人罪定罪处罚。对于毁坏或抢走公私财物的，应当判令原物退还或按价赔偿，追究首要分子抢劫罪的刑事责任。注意这里适用第 263 条的"抢劫罪"，而不是"抢夺罪"，这是为了加大对首要分子的惩处力度。

在司法实践中，聚众"打砸抢"的情况比较复杂，要具体分析其引起的原因、危害后果及其他情节，分清主从。对首要分子，要予以严厉打击；对其他参加者，罪行严重的，如实施致人伤残、死亡的直接行为人等，也应依法追究刑事责任；对于虽然参与"打砸抢"，但情节较轻的，可以进行批评教育，必要时给予治安处罚。

● **相关规定**　【法释〔2003〕8 号】　**最高人民法院、最高人民检察院关于办理妨害预防、控制突发传染病疫情等灾害的刑事案件具体应用法律若干问题的解释**（2003 年 5 月 13 日最高人民法院审判委员会第 1269 次会议、2003 年 5 月 13 日最高人民检察院第 10 届检察委员会第 3 次会议通过，2003 年 5 月 14 日公布，2003 年 5 月 15 日起施行）

第 9 条　在预防、控制突发传染病疫情等灾害期间，聚众"打砸抢"，致人伤残、死亡的，依照刑法第 289 条、第 234 条、第 232 条的规定，以故意伤害罪或者故意杀人罪定罪，依法从重处罚。对毁坏或者抢走公私财物的首要分子，依照刑法第 289 条、第 263 条的规定，以抢劫罪定罪，依法从重处罚。

第 18 条　本解释所称"突发传染病疫情等灾害"，是指突然发生，造成或者可能造成社会公众健康严重损害的重大传染病疫情、群体性不明原因疾病以及其他严重影响公众健康的灾害。

第 290 条　【聚众扰乱社会秩序罪】聚众扰乱社会秩序，情节严重，致使工作、生产、营业和教学、科研、医疗无法进行，造成严重损失的，对首要分子，处三年以上七年以下有期徒刑；对其他积极参加的，处三年以下有期徒刑、拘役、管制或者剥夺政治权利。①

【聚众冲击国家机关罪】聚众冲击国家机关，致使国家机关工作无法进行，造成严重损失的，对首要分子，处五年以上十年以下有期徒刑；对其他积极参加的，处五年以下有期徒刑、拘役、管制或者剥夺政治权利。

【扰乱国家机关工作秩序罪】多次扰乱国家机关工作秩序，经行政处罚后仍不改正，造成严重后果的，处三年以下有期徒刑、拘役或者管制。②

【组织、资助非法聚集罪】多次组织、资助他人非法聚集，扰乱社会秩序，情节严重的，依照前款的规定处罚。③

第 291 条　【聚众扰乱公共场所秩序、交通秩序罪】聚众扰乱车站、码头、民用航空站、商场、公园、影剧院、展览会、运动场或者其他公共场所秩序，聚众堵塞交通或者破坏交通秩序，抗拒、阻碍国家治安管理工作人员依法执行职务，情节严重的，对首要分子，处五年以下有期徒刑、拘役或者管制。

● **条文注释**　第 290 条、第 291 条是针对聚众扰乱社会秩序、公共场所秩序或交通秩序犯罪行为的处罚规定。对于聚众扰乱国家机关、企事业单位、人民团体及社会团体的正常秩序的，适用第 290 条的规定；这里的"国家机关"是指管理国家某一方面事务的具体工作部门，包括各级国家立法机关、党政机关、司法机关和军事机关。对于聚众扰乱车站、码头、民用航空站、商场、公园、影剧院、展览会、运动场等其他公共场所秩序或者交通秩序的，适用第 291 条的规定。

---

　① 第 290 条第 1 款是根据 2015 年 8 月 29 日第 12 届全国人民代表大会常务委员会第 16 次会议通过的《刑法修正案（九）》（主席令第 30 号公布，2015 年 11 月 1 日起施行）而修改，增加了"医疗"。

　② 第 290 条第 3 款是根据 2015 年 8 月 29 日第 12 届全国人民代表大会常务委员会第 16 次会议通过的《刑法修正案（九）》（主席令第 30 号公布，2015 年 11 月 1 日起施行）而增设。

　③ 第 290 条第 4 款是根据 2015 年 8 月 29 日第 12 届全国人民代表大会常务委员会第 16 次会议通过的《刑法修正案（九）》（主席令第 30 号公布，2015 年 11 月 1 日起施行）而增设。

第 290 条第 1 款规定的"聚众扰乱社会秩序",是指纠集多人扰乱企事业单位、人民团体及社会团体的工作、生产、营业和教学、科研、医疗秩序,如聚众侵入、占领单位、团体的工作场所,或者封闭其出入通道,进行纠缠、哄闹、辱骂等。"情节严重",一般表现为扰乱的时间长,次数多,纠集的人数多,扰乱重要的工作、生产、营业和教学、科研、医疗活动,造成的影响比较恶劣等;"造成严重损失",主要是指使经济建设、教学科研和医疗等受到严重的破坏和损失。

第 290 条第 2 款规定的"聚众冲击国家机关",主要是指聚集多人强行包围、堵塞、冲入各级国家机关的行为。"致使国家机关工作无法进行",是指国家机关及其工作人员行使管理职权、执行职务的活动,因受到聚众冲击而被迫中断或者停止。"造成严重损失",是指造成恶劣的社会影响,严重损害国家机关权威,或者致使国家机关长时间无法行使管理职能,严重影响到工作秩序,或者给国家、集体和个人造成严重经济损失,等等。

第 290 条第 3 款主要是针对个人(非聚众)严重扰乱社会秩序的犯罪行为。构成本款规定之罪,必须同时满足 3 个条件:(1)行为人多次扰乱国家机关(严格地说,不包括企事业单位和人民团体)工作秩序。"多次",一般是指 3 次以上。这里的"扰乱国家机关工作秩序",是指直接影响国家机关的正常运作,如在机关场所吵闹辱骂、砸物伤人、阻碍机关人员办公等,或者通过定向广播、网络等信息手段对国家机关的正常办公实施干扰。(2)行为人经行政处罚后仍不改正,再次实施的是扰乱国家机关工作秩序的行为,而不是指向其他违法行为(如扰乱公共场所秩序)。这里的"行政处罚"应当确实指向行为人扰乱国家机关工作秩序的行为。根据《行政处罚法》的规定,"行政处罚"包括警告、通报批评、罚款、没收违法所得、没收非法财物、暂扣许可证件、降低资质等级、吊销许可证件、限制开展生产经营活动、责令停产停业、责令关闭、限制从业、行政拘留,以及法律、行政法规规定的其他行政处罚。(3)行为人再次实施扰乱国家机关工作秩序的行为造成了严重后果。这里的"再次",应当与"行政处罚"有明显的时间区分。"造成严重后果"一般是指导致国家机关无法正常开展工作,或者造成重大损失,或者带来恶劣影响等。

这里需要注意的是:(1)对于一般的违法信访(如越级上访、缠访等),以及在敏感时期(如"两会"、国庆等)或敏感场所(如国宾馆门口、天安门广场等)静坐或者散发申诉材料的行为,公安机关可以根据《信访条例》《集会游行示威法》《治安管理处罚法》等法律法规对其作出行政处罚;但如果其行为没有直接干扰国家机关的工作秩序,则不能适用第 290 条第 3 款规定的扰乱国家机关工作秩序罪。(2) 相关的单位派员对行为人进行劝诫、遣返，可能会影响该单位的原计划工作，不能认为被扰乱了其工作秩序。

第290条第4款规定的"组织"，包括组织、指挥、策划、协调等行为；"资助"，包括联系、筹集或直接提供资金支持或其他物质性的帮助，但不包括精神上的支持和语言上的助威。"非法聚集"是指以扰乱社会秩序为目的，未经批准而在公共场所集会、集结的行为；"情节严重"一般是指因为非法聚集导致相关的交通严重堵塞或瘫痪，或者相关国家机关或企事业单位的工作不能正常进行，或者造成重大损失，或者带来恶劣影响等。

第291条规定中的"公共场所"，是指具有公共性的特点，对公众开放，供不特定的多数人随时出入、停留、使用的场所，主要包括车站、码头、民用航空站、商场、公园、影剧院、展览会、运动场、礼堂、公共食堂、游泳池、浴池、农村集市等。"抗拒、阻碍国家治安管理工作人员依法执行职务"，是指抗拒、阻碍治安民警、交通民警以及其他依法执行治安管理职务的工作人员依法维护公共场所秩序或交通秩序的行为。这里的"情节严重"，主要是指聚众的人数较多或时间较长，或造成人员伤亡、建筑物损坏、公私财物受到重大损失等严重后果，或者影响、行为手段恶劣，等等。

第290条、第291条规定的"首要分子"，主要是指在共同犯罪中起策划、组织、领导作用的犯罪分子；"其他积极参加的"，是指在共同犯罪中，积极、主动参加的或者在共同犯罪中起重要作用的犯罪分子。

● **相关规定**　【国发〔1987〕24号】　公共场所卫生管理条例（1987年4月1日国务院发布；2016年2月6日、2019年4月23日修订）

第2条　本条例适用于下列公共场所：（一）宾馆、饭馆、旅店、招待所、车马店、咖啡馆、酒吧、茶座；（二）公共浴室、理发店、美容店；（三）影剧院、录像厅（室）、游艺厅（室）、舞厅、音乐厅；（四）体育场（馆）、游泳场（馆）、公园；（五）展览馆、博物馆、美术馆、图书馆；（六）商场（店）、书店；（七）候诊室、候车（机、船）室、公共交通工具。

【主席令〔1990〕32号】　中华人民共和国铁路法（1990年9月7日第7届全国人大常委会第15次会议通过，主席令第32号公布，1991年5月1日施行；2009年8月27日主席令第18号、2015年4月24日主席令第25号修正）

第63条　聚众拦截列车、冲击铁路行车调度机构不听制止的，对首要分子和骨干分子依照刑法有关规定追究刑事责任。

【公法〔1995〕24 号】 公安部法制司关于非法扣留他人车辆该如何定性处理的批复（1995 年 3 月 6 日答复浙江省公安厅法制处"浙公法〔1995〕5 号"请示及"关于浙公明发〔1995〕132 号请示的补充情况"）①

一、对于正在行驶的车辆无理拦截或者强行登车实施扣押，情节轻微，尚不够刑事处罚的，按照《治安管理处罚条例》第 27 条第四项的规定予以处罚；经公安机关责令继续实施扣押的，按照《刑法》第 159 条破坏交通秩序罪②追究刑事责任。

【公通字〔2013〕25 号】 公安部关于公安机关处置信访活动中违法犯罪行为适用法律的指导意见（2008 年 7 月 6 日"公通字〔2008〕35 号"初次印发；2013 年 7 月 19 日修订后印发）

一、对扰乱信访工作秩序违法犯罪行为的处理

1. 违反《信访条例》第 16 条、第 18 条规定，越级走访，或者多人就同一信访事项到信访接待场所走访，拒不按照《信访条例》第 18 条第 2 款的规定推选代表，经有关国家机关工作人员劝阻、批评和教育无效的，依据《信访条例》第 47 条第 2 款规定，公安机关予以警告、训诫或者制止；符合《治安管理处罚法》第 23 条第 1 款第 1 项、第 2 款规定的，以扰乱单位秩序、聚众扰乱单位秩序依法予以治安管理处罚。

2. 违反《信访条例》第 14 条、第 15 条、第 34 条和第 35 条规定，拒不通过法定途径提出投诉请求，不依照法定程序请求信访事项复查、复核，或者信访诉求已经依法解决，仍然以同一事实和理由提出投诉请求，在信访接待场所多次缠访，经有关国家机关工作人员劝阻、批评和教育无效的，依据《信访条例》第 47 条第 2 款规定，公安机关予以警告、训诫或者制止；符合《治安管理处罚法》第 23 条第 1 款第 1 项规定的，以扰乱单位秩序依法予以治安管理处罚。

3. 在信访接待场所滞留、滋事，或者将年老、年幼、体弱、患有严重疾病、肢体残疾等生活不能自理的人弃留在信访接待场所，经有关国家机关工作人员劝阻、批评和教育无效的，依据《信访条例》第 47 条第 2 款规定，公安机关予以警告、训诫或者制止；符合《治安管理处罚法》第 23 条第 1 款第 1 项规定的，以扰

---

① 注：公安部法制局"法制在线"栏目专门针对该《批复》的效力问题作出解答：此答复未废止；但相关法律条文的内容已发生变化，你们可根据答复精神在具体案件办理中予以掌握。

② 注：原《刑法》第 159 条规定的内容对应现《刑法》第 291 条，其内容基本未变（只是删除了可以剥夺政治权利的处罚规定）；但根据相关司法解释，构成刑法第 291 条规定之罪的前提条件之一是"聚众"，实施相关行为对应的罪名也确定为"聚众扰乱交通秩序罪"。

乱单位秩序依法予以治安管理处罚。

4. 在信访接待场所摆放花圈、骨灰盒、遗像、祭品，焚烧冥币，或者停放尸体，不听有关国家机关工作人员劝阻、批评和教育，扰乱信访工作秩序，符合《治安管理处罚法》第23条第1款第1项、第65条第2项规定的，以扰乱单位秩序、违法停放尸体依法予以治安管理处罚。

5. 煽动、串联、胁迫、诱使他人采取过激方式表达诉求，扰乱信访工作秩序，符合《治安管理处罚法》第23条第1款第1项、第2款规定的，以扰乱单位秩序、聚众扰乱单位秩序依法予以治安管理处罚。

6. 聚众扰乱信访工作秩序，情节严重，符合《刑法》第290条第1款规定的，对首要分子和其他积极参加者以聚众扰乱社会秩序罪追究刑事责任。

四、对妨害社会管理秩序违法犯罪行为的处理

1. 在国家机关办公场所周围实施静坐，张贴、散发材料，呼喊口号，打横幅，穿着状衣、出示状纸，扬言自伤、自残、自杀等行为或者非法聚集，经有关国家机关工作人员劝阻、批评和教育无效的，依据《信访条例》第47条第2款规定，公安机关予以警告、训诫或者制止，收缴相关材料和横幅、状纸、状衣等物品；符合《治安管理处罚法》第23条第1款第1项、第2款规定的，以扰乱单位秩序、聚众扰乱单位秩序依法予以治安管理处罚；符合《刑法》第290条第1款规定的，对非法聚集的首要分子和其他积极参加者以聚众扰乱社会秩序罪追究刑事责任；聚集多人围堵、冲击国家机关，扰乱国家机关正常秩序，符合《刑法》第290条第2款规定的，对首要分子和其他积极参加者以聚众冲击国家机关罪追究刑事责任。

2. 在车站、码头、商场、公园、广场等公共场所张贴、散发材料，呼喊口号，打横幅，穿着状衣、出示状纸，或者非法聚集，以及在举办文化、体育等大型群众性活动或者国内、国际重大会议期间，在场馆周围、活动区域或者场内实施前述行为，经劝阻、批评和教育无效的，依据《信访条例》第47条第2款规定，公安机关予以警告、训诫或者制止，收缴相关材料和横幅、状纸、状衣等物品；符合《治安管理处罚法》第23条第1款第2项、第2款或者第24条第1款第1项、第3项、第5项规定的，以扰乱公共场所秩序、聚众扰乱公共场所秩序或者强行进入大型活动场所内、在大型活动场所内展示侮辱性物品、向大型活动场所内投掷杂物依法予以治安管理处罚；聚众扰乱公共场所秩序，抗拒、阻碍国家治安管理工作人员依法执行职务，情节严重，符合《刑法》第291条规定的，对首要分子以聚众扰乱公共场所秩序罪追究刑事责任。

3. 在信访接待场所、其他国家机关门前或者交通通道上堵塞、阻断交通或者

非法聚集，影响交通工具正常行驶，符合《治安管理处罚法》第23条第1款第4项、第2款规定的，以妨碍交通工具正常行驶、聚众妨碍交通工具正常行驶依法予以治安管理处罚；符合《刑法》第291条规定的，对首要分子以聚众扰乱交通秩序罪追究刑事责任。

4. 在外国使领馆区、国际组织驻华机构所在地实施静坐、张贴、散发材料、呼喊口号、打横幅、穿着状衣、出示状纸等行为或者非法聚集的，应当立即制止，根据《人民警察法》第8条规定，迅速带离现场，并收缴相关材料和横幅、状纸、状衣等物品；符合《治安管理处罚法》第23条第1款第1项、第2款规定的，以扰乱公共场所秩序、聚众扰乱公共场所秩序依法予以治安管理处罚；符合《刑法》第290条第1款规定的，对首要分子和其他积极参加者以聚众扰乱社会秩序罪追究刑事责任。

6. 实施跳河、跳楼、跳桥，攀爬建筑物、铁塔、烟囱、树木，或者其他自伤、自残、自杀行为，制造社会影响的，应当积极组织解救；符合《治安管理处罚法》第23条第1款第1项、第2项规定的，以扰乱单位秩序、扰乱公共场所秩序依法予以治安管理处罚；符合《刑法》第290条第1款规定的，对首要分子和其他积极参加者以聚众扰乱社会秩序罪追究刑事责任；符合《刑法》第291条规定的，对首要分子以聚众扰乱公共场所秩序罪追究刑事责任。

五、对利用计算机信息网络实施违法犯罪行为的处理

通过网站、论坛、博客、微博、微信等制作、复制、传播有关信访事项的虚假消息，煽动、组织、策划非法聚集、游行、示威活动，编造险情、疫情、警情，扬言实施爆炸、放火、投放危险物质或者自伤、自残、自杀等，符合《计算机信息网络国际联网安全保护管理办法》第20条规定的，依法予以警告、罚款或者其他处罚；符合《治安管理处罚法》、《刑法》有关规定的，依法追究法律责任。在收集、固定证据后，要依法及时删除网上有害信息。

【法发〔2014〕5号】 最高人民法院、最高人民检察院、公安部、司法部、国家卫生和计划生育委员会关于依法惩处涉医违法犯罪维护正常医疗秩序的意见（2014年4月22日印发）

二、严格依法惩处涉医违法犯罪

（二）在医疗机构私设灵堂、摆放花圈、焚烧纸钱、悬挂横幅、堵塞大门或者以其他方式扰乱医疗秩序，尚未造成严重损失，经劝说、警告无效的，要依法驱散，对拒不服从的人员要依法带离现场，依照治安管理处罚法第23条的规定处罚；聚众实施的，对首要分子和其他积极参加者依法予以治安处罚；造成严重损

失或者扰乱其他公共秩序情节严重,构成寻衅滋事罪、聚众扰乱社会秩序罪、聚众扰乱公共场所秩序、交通秩序罪的,依照刑法的有关规定定罪处罚。

在医疗机构的病房、抢救室、重症监护室等场所及医疗机构的公共开放区域违规停放尸体,影响医疗秩序,经劝说、警告无效的,依照治安管理处罚法第65条的规定处罚;严重扰乱医疗秩序或者其他公共秩序,构成犯罪的,依照前款的规定定罪处罚。

【高检发〔2016〕12号】 最高人民检察院关于全面履行检察职能为推进健康中国建设提供有力司法保障的意见（2016年9月29日印发,2016年10月21日公布）

四、加大对涉医犯罪的打击力度,保障正常医疗秩序和医务人员人身安全

8.……依法惩治聚众打砸、任意损毁占用医疗机构财物,在医疗机构起哄闹事,致使医疗无法进行的犯罪;依法惩治在医疗机构私设灵堂、违规停尸、摆放花圈、焚烧纸钱、悬挂横幅、封堵大门、阻塞交通,严重扰乱公共场所秩序的犯罪;……重点打击、从严惩处在医疗机构进行寻衅滋事、敲诈勒索、扰乱医疗秩序等犯罪行为的职业"医闹",专门捏造、寻找、介入他人医患矛盾,故意扩大事态,挑动、教唆他人实施违法犯罪的首要分子和积极参加者,从事非法行医、组织出卖人体器官、非法采供血液违法犯罪活动的游医、假医、"黑诊所""血头",以及具有幕后组织、网络策划、涉黑涉恶、内外勾结等恶劣情节的犯罪分子或者团伙。对上述重点打击对象,应当依法提出从严处理、不适用缓刑、适用禁止令等量刑建议。

【法发〔2017〕4号】 人民法院落实《保护司法人员依法履行法定职责规定》的实施办法（最高人民法院2017年2月7日印发）

第11条（第2款） 对于在审判法庭之外的人民法院其他区域,有下列行为之一的人,应当及时采取训诫、制止、控制、带离现场等处置措施,收缴、保存相关证据,及时移送公安机关处理;构成非法携带枪支、弹药、管制刀具、危险物品危及公共安全罪、妨害公务罪、寻衅滋事罪、故意毁坏财物罪等犯罪的,依法追究刑事责任:

（一）非法携带管制器具或者危险物质,逃避、抗拒安全检查的;

（二）未经允许,强行进入法官办公区域或者审判区域的;

（三）大声喧哗、哄闹,不听劝阻,严重扰乱办公秩序的;

（四）侮辱、诽谤、威胁、殴打人民法院工作人员或者诉讼参与人的;

（五）损毁法院建筑、办公设施或者车辆的;

（六）抢夺、损毁诉讼文书、证据的；

（七）工作时间之外滞留，不听劝阻，拒绝离开的；

（八）故意将年老、年幼、体弱、患有严重疾病、肢体残疾等生活不能自理的人弃留的；

（九）以自杀、自残等方式威胁人民法院工作人员的；

（十）其他危害人民法院机关安全或者扰乱办公秩序的行为。

（第3款）　对于在人民法院周边实施静坐围堵、散发材料、呼喊口号、打立横幅等行为的人，人民法院应当商请公安机关依法处理；对危害人民法院工作人员人身安全的，可以由机关安全保卫部门会同司法警察做好相关应急处置工作，并及时商请公安机关依法处理；构成聚众冲击国家机关罪、聚众扰乱社会秩序罪、聚众扰乱交通秩序罪、聚众扰乱公共场所秩序罪、妨害公务罪等犯罪的，依法追究刑事责任。

【主席令〔2012〕67号】　中华人民共和国治安管理处罚法（2012年10月26日第11届全国人大常委会第29次会议修正，2013年1月1日起施行）

第2条　扰乱公共秩序，妨害公共安全，侵犯人身权利、财产权利，妨害社会管理，具有社会危害性，依照《中华人民共和国刑法》的规定构成犯罪的，依法追究刑事责任；尚不够刑事处罚的，由公安机关依照本法给予治安管理处罚。

第23条　有下列行为之一的，处警告或者200元以下罚款；情节较重的，处5日以上10日以下拘留，可以并处500元以下罚款：

（一）扰乱机关、团体、企业、事业单位秩序，致使工作、生产、营业、医疗、教学、科研不能正常进行，尚未造成严重损失的；

（二）扰乱车站、港口、码头、机场、商场、公园、展览馆或者其他公共场所秩序的；

（三）扰乱公共汽车、电车、火车、船舶、航空器或者其他公共交通工具上的秩序的；

（四）非法拦截或者强登、扒乘机动车、船舶、航空器以及其他交通工具，影响交通工具正常行驶的；

（五）破坏依法进行的选举秩序的。

聚众实施前款行为的，对首要分子处10日以上15日以下拘留，可以并处1000元以下罚款。

第24条　有下列行为之一，扰乱文化、体育等大型群众性活动秩序的，处警告或者200元以下罚款；情节严重的，处5日以上10日以下拘留，可以并处

500元以下罚款：

（一）强行进入场内的；

（二）违反规定，在场内燃放烟花爆竹或者其他物品的；

（三）展示侮辱性标语、条幅等物品的；

（四）围攻裁判员、运动员或者其他工作人员的；

（五）向场内投掷杂物，不听制止的；

（六）扰乱大型群众性活动秩序的其他行为。

因扰乱体育比赛秩序被处以拘留处罚的，可以同时责令其12个月内不得进入体育场馆观看同类比赛；违反规定进入体育场馆的，强行带离现场。

第291条之一①　【投放虚假危险物质罪；编造、故意传播虚假恐怖信息罪】投放虚假的爆炸性、毒害性、放射性、传染病病原体等物质，或者编造爆炸威胁、生化威胁、放射威胁等恐怖信息，或者明知是编造的恐怖信息而故意传播，严重扰乱社会秩序的，处五年以下有期徒刑、拘役或者管制；造成严重后果的，处五年以上有期徒刑。

【编造、故意传播虚假信息罪】编造虚假的险情、疫情、灾情、警情，在信息网络或者其他媒体上传播，或者明知是上述虚假信息，故意在信息网络或者其他媒体上传播，严重扰乱社会秩序的，处三年以下有期徒刑、拘役或者管制；造成严重后果的，处三年以上七年以下有期徒刑。②

● **条文注释**　构成第291条之一规定之罪，必须具备以下条件：（1）行为人有扰乱社会秩序的主观故意；（2）行为人实施了第291条之一规定的3种行为之一；（3）严重扰乱社会秩序或造成严重后果。

这里的"严重扰乱社会秩序"，主要是指该行为造成社会恐慌，影响生产、工作和社会生活的正常进行。"造成严重后果"，主要是指该行为给公民、集体、国家造成重大经济损失、造成重大社会影响或由于恐慌而造成人员伤亡等的情况。

---

①　第291条之一是根据2001年12月29日第9届全国人民代表大会常务委员会第25次会议通过的《刑法修正案（三）》（主席令第64号公布，2001年12月29日起施行）而增设。

②　第291条之一第2款是根据2015年8月29日第12届全国人民代表大会常务委员会第16次会议通过的《刑法修正案（九）》（主席令第30号公布，2015年11月1日起施行）而增设。

第291条之一第1款规定中的"投放虚假的爆炸性、毒害性、放射性、传染病病原体等物质",是指以邮寄、放置、丢弃等方式将假的类似于爆炸性、毒害性、放射性、传染病病原体等物质的物品置于他人或者公众面前或周围;"编造爆炸威胁、生化威胁、放射威胁等恐怖信息",是指行为人编造的要发生爆炸、生物化学物品泄漏、放射性物品泄漏以及使用生化、放射性武器等信息;"明知是编造的恐怖信息而故意传播",是指明知该恐怖信息出于他人编造,是假的信息,而故意向他人传播的行为。

第291条之一第2款规定的"信息网络",包括以计算机、电视机、固定电话机、移动电话机等电子设备为终端的计算机互联网、广播电视网、固定通信网、移动通信网等信息网络,以及向公众开放的局域网络。"其他媒体",包括报纸、杂志、宣传板画、户外广告、传单等信息载体。

需要注意的是:

(1)要注意将由于不明真相,出于善意关心和提醒等原因而发布和传播虚假信息的行为与蓄意编造、传播虚假恐怖信息的行为加以严格区分,对前者可以给予批评教育或治安行政处罚,但不应按犯罪处理。

(2)第291条之一规定的"恐怖信息"只是一种列举性规定,并不意味着恐怖信息仅限于"爆炸威胁、生化威胁、放射威胁"这三类信息。只要能够使人产生恐惧并在一定范围内引起公众恐慌,严重扰乱社会秩序的虚假信息,都应属于恐怖信息的范畴。

(3)第291条之一规定的"编造、故意传播虚假恐怖信息罪"与《刑法》第181条规定的"编造并传播证券、期货交易虚假信息罪"不同:前者不要求虚假信息的编造者有传播行为,即使不传播、但放任传播,也构成"编造虚假恐怖信息罪";而后者要求虚假信息的编造者同时具有传播行为,才能构成犯罪。

(4)当行为人编造的虚假险情、疫情、灾情、警情属于恐怖信息时,则不能适用第291条之一第2款的规定,而应当依照第291条之一第1款的规定定罪处罚。

● 相关规定 【法释〔2003〕8号】 最高人民法院、最高人民检察院关于办理妨害预防、控制突发传染病疫情等灾害的刑事案件具体应用法律若干问题的解释(2003年5月13日最高人民法院审判委员会第1269次会议、2003年5月13日最高人民检察院第10届检察委员会第3次会议通过,2003年5月14日公布,2003年5月15日起施行)

第10条(第1款) 编造与突发传染病疫情等灾害有关的恐怖信息,或者明知是编造的此类恐怖信息而故意传播,严重扰乱社会秩序的,依照刑法第291条之一的规定,以编造、故意传播虚假恐怖信息罪定罪处罚。

第18条 本解释所称"突发传染病疫情等灾害",是指突然发生,造成或者可能造成社会公众健康严重损害的重大传染病疫情、群体性不明原因疾病以及其他严重影响公众健康的灾害。

【法发〔2020〕7号】 最高人民法院、最高人民检察院、公安部、司法部关于依法惩治妨害新型冠状病毒感染肺炎疫情防控违法犯罪的意见(2020年2月6日印发)

二、准确适用法律,依法严惩妨害疫情防控的各类违法犯罪

(六)(第1款) 依法严惩造谣传谣犯罪。编造虚假的疫情信息,在信息网络或者其他媒体上传播,或者明知是虚假疫情信息,故意在信息网络或其他媒体上传播,严重扰乱社会秩序的,依照刑法第291条之一第2款的规定,以编造、故意传播虚假信息罪定罪处罚。

(第5款) 对虚假疫情信息案件,要依法、精准、恰当处置。对恶意编造虚假疫情信息,制造社会恐慌,挑动社会情绪,扰乱公共秩序,特别是恶意攻击党和政府,借机煽动颠覆国家政权、推翻社会主义制度的,要依法严惩。对于因轻信而传播虚假信息,危害不大的,不以犯罪论处。

【高检发侦监字〔2013〕5号】 最高人民检察院关于依法严厉打击编造、故意传播虚假恐怖信息威胁民航飞行安全犯罪活动的通知(2013年5月31日)

二、准确把握犯罪构成要件,确保从重打击。根据刑法第291条之一的有关规定,编造虚假恐怖信息并向特定对象散布,严重扰乱社会秩序的,即构成编造虚假恐怖信息罪。编造虚假恐怖信息以后向不特定对象散布,严重扰乱社会秩序的,构成编造、故意传播虚假恐怖信息罪。对于编造、故意传播虚假恐怖信息,引起公众恐慌,或者致使航班无法正常起降,破坏民航正常运输秩序的,应当认定为"严重扰乱社会秩序"。工作中,要准确把握犯罪构成要件,依法引导取证,加强法律监督,防止打击不力。

【公通字〔2013〕25号】 公安部关于公安机关处置信访活动中违法犯罪行为适用法律的指导意见(2008年7月6日"公通字〔2008〕35号"初次印发;2013年7月19日修订后印发)

四、对妨害社会管理秩序违法犯罪行为的处理

8. 散布谣言,谎报险情、疫情、警情,投放虚假的爆炸性、毒害性、放射性、腐蚀性物质或者传染病病原体等危险物质,扬言实施放火、爆炸、投放危

险物质，制造社会影响、扰乱公共秩序，符合《治安管理处罚法》第25条规定的，以虚构事实扰乱公共秩序、投放虚假危险物质扰乱公共秩序、扬言实施放火、爆炸、投放危险物质扰乱公共秩序依法予以治安管理处罚；符合《刑法》第291条之一规定的，以投放虚假危险物质罪、编造、故意传播虚假恐怖信息罪追究刑事责任。

【法释〔2013〕21号】 最高人民法院、最高人民检察院关于办理利用信息网络实施诽谤等刑事案件适用法律若干问题的解释（2013年9月5日最高人民法院审判委员会第1589次会议、2013年9月2日最高人民检察院第12届检察委员会第9次会议通过，2013年9月6日公布，2013年9月10日起施行）

第9条 利用信息网络实施诽谤、寻衅滋事、敲诈勒索、非法经营犯罪，同时又构成刑法第221条规定的损害商业信誉、商品声誉罪，第278条规定的煽动暴力抗拒法律实施罪，第291条之一规定的编造、故意传播虚假恐怖信息罪等犯罪的，依照处罚较重的规定定罪处罚。

第10条 本解释所称信息网络，包括以计算机、电视机、固定电话机、移动电话机等电子设备为终端的计算机互联网、广播电视网、固定通信网、移动通信网等信息网络，以及向公众开放的局域网络。

【法释〔2013〕24号】 最高人民法院关于审理编造、故意传播虚假恐怖信息刑事案件适用法律若干问题的解释（2013年9月16日最高人民法院审判委员会第1591次会议通过，2013年9月18日公布，2013年9月30日起施行）

第1条 编造恐怖信息，传播或者放任传播，严重扰乱社会秩序的，依照刑法第291条之一的规定，应认定为编造虚假恐怖信息罪。

明知是他人编造的恐怖信息而故意传播，严重扰乱社会秩序的，依照刑法第291条之一的规定，应认定为故意传播虚假恐怖信息罪。

第2条 编造、故意传播虚假恐怖信息，具有下列情形之一，应当认定为刑法第291条之一的"严重扰乱社会秩序"：

（一）致使机场、车站、码头、商场、影剧院、运动场馆等人员密集场所秩序混乱，或者采取紧急疏散措施的；

（二）影响航空器、列车、船舶等大型客运交通工具正常运行的；

（三）致使国家机关、学校、医院、厂矿企业等单位的工作、生产、经营、教学、科研等活动中断的；

（四）造成行政村或者社区居民生活秩序严重混乱的；

（五）致使公安、武警、消防、卫生检疫等职能部门采取紧急应对措施的；

（六）其他严重扰乱社会秩序的。

第 3 条　编造、故意传播虚假恐怖信息，严重扰乱社会秩序，具有下列情形之一的，应当依照刑法第 291 条之一的规定，在 5 年以下有期徒刑范围内酌情从重处罚：

（一）致使航班备降或返航；或者致使列车、船舶等大型客运交通工具中断运行的；

（二）多次编造、故意传播虚假恐怖信息的；

（三）造成直接经济损失 20 万元以上的；

（四）造成乡镇、街道区域范围居民生活秩序严重混乱的；

（五）具有其他酌情从重处罚情节的。

第 4 条　编造、故意传播虚假恐怖信息，严重扰乱社会秩序，具有下列情形之一的，应当认定为刑法第 291 条之一的"造成严重后果"，处 5 年以上有期徒刑：

（一）造成 3 人以上轻伤或者 1 人以上重伤的；

（二）造成直接经济损失 50 万元以上的；

（三）造成县级以上区域范围居民生活秩序严重混乱的；

（四）妨碍国家重大活动进行的；

（五）造成其他严重后果的。

第 5 条　编造、故意传播虚假恐怖信息，严重扰乱社会秩序，同时又构成其他犯罪的，择一重罪处罚。

第 6 条　本解释所称的"虚假恐怖信息"，是指以发生爆炸威胁、生化威胁、放射威胁、劫持航空器威胁、重大灾情、重大疫情等严重威胁公共安全的事件为内容，可能引起社会恐慌或者公共安全危机的不真实信息。

【公通字〔2019〕23 号】　最高人民法院、最高人民检察院、公安部、司法部关于依法严厉打击传播艾滋病病毒等违法犯罪行为的指导意见（2019 年 5 月 19 日）

（三）（第 2 款）　编造致人感染艾滋病病毒等虚假信息，或者明知是编造的虚假信息，在信息网络上散布，或者组织、指使人员在信息网络上散布，起哄闹事，造成公共秩序严重混乱的，依照刑法第 293 条第 1 款第 4 项的规定，以寻衅滋事罪定罪处罚。

（第 3 款）　对前款中"明知"的认定，应当结合行为人的主观认知、行为表现、案件的具体情节等综合分析，准确认定。对无确实、充分的证据证明主观明知的，不得以犯罪论处。

【主席令〔2012〕67号】 中华人民共和国治安管理处罚法（2012年10月26日第11届全国人大常委会第29次会议修正，2013年1月1日起施行）

第2条 扰乱公共秩序，妨害公共安全，侵犯人身权利、财产权利，妨害社会管理，具有社会危害性，依照《中华人民共和国刑法》的规定构成犯罪的，依法追究刑事责任；尚不够刑事处罚的，由公安机关依照本法给予治安管理处罚。

第25条 有下列行为之一的，处5日以上10日以下拘留，可以并处500元以下罚款；情节较轻的，处5日以下拘留或者500元以下罚款：

（一）散布谣言，谎报险情、疫情、警情或者以其他方法故意扰乱公共秩序的；

（二）投放虚假的爆炸性、毒害性、放射性、腐蚀性物质或者传染病病原体等危险物质扰乱公共秩序的；

（三）扬言实施放火、爆炸、投放危险物质扰乱公共秩序的。

● 指导案例 【高检发研字〔2013〕3号】 最高人民检察院关于印发第3批指导性案例的通知（2013年5月27日最高人民检察院第12届检察委员会第6次会议讨论通过，2013年5月27日印发）

（检例第9号）李泽强编造、故意传播虚假恐怖信息案

要旨：编造、故意传播虚假恐怖信息罪是选择性罪名。编造恐怖信息以后向特定对象散布，严重扰乱社会秩序的，构成编造虚假恐怖信息罪。编造恐怖信息以后向不特定对象散布，严重扰乱社会秩序的，构成编造、故意传播虚假恐怖信息罪。

对于实施数个编造、故意传播虚假恐怖信息行为的，不实行数罪并罚，但应当将其作为量刑情节予以考虑。

（检例第10号）卫学臣编造虚假恐怖信息案

要旨：关于编造虚假恐怖信息造成"严重扰乱社会秩序"的认定，应当结合行为对正常的工作、生产、生活、经营、教学、科研等秩序的影响程度、对公众造成的恐慌程度以及处置情况等因素进行综合分析判断。对于编造、故意传播虚假恐怖信息威胁民航安全，引起公众恐慌，或者致使航班无法正常起降的，应当认定为"严重扰乱社会秩序"。

（检例第11号）袁才彦编造虚假恐怖信息案

要旨：对于编造虚假恐怖信息造成有关部门实施人员疏散，引起公众极度恐慌的，或者致使相关单位无法正常营业，造成重大经济损失的，应当认定为"造成严重后果"。

以编造虚假恐怖信息的方式，实施敲诈勒索等其他犯罪的，应当根据案件事实和证据情况，择一重罪处断。

第291条之二① 　**【高空抛物罪②】** 从建筑物或者其他高空抛掷物品，情节严重的，处一年以下有期徒刑、拘役或者管制，并处或者单处罚金。

有前款行为，同时构成其他犯罪的，依照处罚较重的规定定罪处罚。

● **条文注释**　构成第291条之二规定之罪，必须具备以下条件：（1）犯罪主体只能为自然人（单位不能构成本罪）；（2）行为人故意实施了高空抛物的行为；（3）情节严重。

这里的"高空"，在相关司法解释明确定义之前，可以参考《高处作业分级》（GB/T3608-2008），并结合可能对人体或财物产生的危害，将2米以上高度视为"高空"。这个高度，是指被抛物品从最高处直接落到最低处的垂直落差。比如，从地面往桥下或深井抛掷物品，或者往上抛掷物品（再自然地坠落或自由落体），满足上述落差标准的，也应当视为高空抛物。

需要注意的是：在《刑法修正案（十一）（一审稿）》中，本条规定拟被设为《刑法》第114条的第2款、第3款③；"二审稿"之后，被改作《刑法》第291条之二。并且，修改之后，只有情节严重的高空抛物行为才能构成本罪或其他犯罪。"情节严重"应当结合行为人的主观恶性、抛掷物品的物理特性（种类、大小、外形、硬度、温度等）、抛物地点的具体高度、下方的人员和财物状况、可能以及实际造成的人员损伤和财物损坏等情节综合判断。即便本身杀伤力不大的物品（如鸡蛋、苹果等），在较大高空重力的作用下，也有可能产生较严重的后果。

---

① 第291条之二由《刑法修正案（十一）》（2020年12月26日第13届全国人大常委会第24次会议通过，主席令第66号公布）增设，2021年3月1日起施行。

② 注：本罪名由《最高人民法院、最高人民检察院关于执行〈中华人民共和国刑法〉确定罪名的补充规定（七）》（法释〔2021〕2号，最高人民法院审判委员会第1832次会议、最高人民检察院第13届检察委员会第63次会议通过）增设，2021年3月1日执行。

③ "一审稿"内容为："从高空抛掷物品，危及公共安全的，处拘役或者管制，并处或者单处罚金。// 有前款行为，致人伤亡或者造成其他严重后果，同时构成其他犯罪的，依照处罚较重的规定定罪处罚。"

另外，利用高空抛物实施故意杀人、故意伤害，或者故意毁坏公私财物行为的，应当按《刑法》第 232 条、第 234 条，或者第 275 条追究刑事责任。当高空抛物行为足以或已经给不特定多人的人身或公私财产安全造成重大损害的，应当按第 114 条、第 115 条追究刑事责任。

● 相关规定　【法发〔2019〕25 号】　最高人民法院关于依法妥善审理高空抛物、坠物案件的意见（2019 年 10 月 21 日）

5. 准确认定高空抛物犯罪。对于高空抛物行为，应当根据行为人的动机、抛物场所、抛掷物的情况以及造成的后果等因素，全面考量行为的社会危害程度，准确判断行为性质，正确适用罪名，准确裁量刑罚。

故意从高空抛弃物品，尚未造成严重后果，但足以危害公共安全的，依照刑法第 114 条规定的以危险方法危害公共安全罪定罪处罚；致人重伤、死亡或者使公私财产遭受重大损失的，依照刑法第 115 条第 1 款的规定处罚。为伤害、杀害特定人员实施上述行为的，依照故意伤害罪、故意杀人罪定罪处罚。

6. 依法从重惩治高空抛物犯罪。具有下列情形之一的，应当从重处罚，一般不得适用缓刑：（1）多次实施的；（2）经劝阻仍继续实施的；（3）受过刑事处罚或者行政处罚后又实施的；（4）在人员密集场所实施的；（5）其他情节严重的情形。

7. 准确认定高空坠物犯罪。过失导致物品从高空坠落，致人死亡、重伤，符合刑法第 233 条、第 235 条规定的，依照过失致人死亡罪、过失致人重伤罪定罪处罚。在生产、作业中违反有关安全管理规定，从高空坠落物品，发生重大伤亡事故或者造成其他严重后果的，依照刑法第 134 条第 1 款的规定，以重大责任事故罪定罪处罚。

【主席令〔2020〕45 号】　中华人民共和国民法典（2020 年 5 月 28 日第 13 届全国人民代表大会第 3 次会议通过，2021 年 1 月 1 日起施行）

第 1254 条　禁止从建筑物中抛掷物品。从建筑物中抛掷物品或者从建筑物上坠落的物品造成他人损害的，由侵权人依法承担侵权责任；经调查难以确定具体侵权人的，除能够证明自己不是侵权人的外，由可能加害的建筑物使用人给予补偿。可能加害的建筑物使用人补偿后，有权向侵权人追偿。

物业服务企业等建筑物管理人应当采取必要的安全保障措施防止前款规定情形的发生；未采取必要的安全保障措施的，应当依法承担未履行安全保障义务的侵权责任。

发生本条第 1 款规定的情形的，公安等机关应当依法及时调查，查清责任人。

第292条 【聚众斗殴罪】聚众斗殴的，对首要分子和其他积极参加的，处三年以下有期徒刑、拘役或者管制；有下列情形之一的，对首要分子和其他积极参加的，处三年以上十年以下有期徒刑：

（一）多次聚众斗殴的；

（二）聚众斗殴人数多，规模大，社会影响恶劣的；

（三）在公共场所或者交通要道聚众斗殴，造成社会秩序严重混乱的；

（四）持械聚众斗殴的。

聚众斗殴，致人重伤、死亡的，依照本法第二百三十四条、第二百三十二条的规定定罪处罚。

● **条文注释** 构成第292条规定之罪，必须具备以下条件：（1）犯罪主体是聚众斗殴的首要分子和其他积极参加的人；（2）行为人实施了聚众斗殴的行为。

这里的"聚众斗殴"，是指出于私仇、争霸或者其他不正当目的而纠集多人成帮结伙地进行打架斗殴。这种斗殴通常是不法团伙之间大规模打群架，往往有事先准备，带有匕首、棍棒等凶器，极易造成一方或双方人身伤亡，甚至造成周围无辜群众的伤亡或者财产损失。"首要分子"，是指在聚众斗殴中起策划、组织、领导作用的犯罪分子；"其他积极参加的"，是指积极、主动参加或起重要作用的犯罪分子。

"多次聚众斗殴"，一般是指聚众斗殴3次以上；"人数多，规模大"，主要是指流氓团伙大规模打群架；"公共场所"是指在人群聚集的场所，"交通要道"是指车辆、行人频繁通行的道路上；"持械聚众斗殴"，主要是指参加聚众斗殴的人员使用棍棒、刀具以及各种枪支武器进行斗殴。

将参加聚众斗殴的人员或者周围群众打死或打成重伤，依照《刑法》第232条或第234条的规定以故意杀人罪或故意伤害罪定罪处罚。

● **相关规定** 【法研〔2004〕179号】 最高人民法院研究室关于对参加聚众斗殴受重伤或者死亡的人及其家属提出的民事赔偿请求能否予以支持问题的答复（2004年11月11日答复江苏省高级人民法院"苏高法〔2004〕296号"请示）

根据《刑法》第292条第1款的规定，聚众斗殴的参加者，无论是否首要分子，均明知自己的行为有可能产生伤害他人以及自己被他人的行为伤害的后果，其仍然参加聚众斗殴的，应当自行承担相应的刑事和民事责任。根据《刑法》第292条第2款的规定，对于参加聚众斗殴，造成他人重伤或者死亡的，行为性质发生变化，应认定为故意伤害罪或者故意杀人罪。聚众斗殴中受重伤或者死亡的人，既是故意伤害罪或者故意杀人罪的受害人，又是聚众斗殴犯罪的行为人。对于参加聚众斗殴受重伤或者死亡的人或其家属提出的民事赔偿请求，依法应予支持，并适用混合过错责任原则。

【主席令〔2012〕67号】　　中华人民共和国治安管理处罚法（2012年10月26日第11届全国人大常委会第29次会议修正，2013年1月1日起施行）

第2条　扰乱公共秩序，妨害公共安全，侵犯人身权利、财产权利，妨害社会管理，具有社会危害性，依照《中华人民共和国刑法》的规定构成犯罪的，依法追究刑事责任；尚不够刑事处罚的，由公安机关依照本法给予治安管理处罚。

第26条　有下列行为之一的，处5日以上10日以下拘留，可以并处500元以下罚款；情节较重的，处10日以上15日以下拘留，可以并处1000元以下罚款：

（一）结伙斗殴的；……

● **立案标准**　最高人民检察院、公安部关于公安机关管辖的刑事案件立案追诉标准的规定（一）（公通字〔2008〕36号，2008年6月25日公布施行）

第36条［聚众斗殴案（刑法第292条第1款）］　组织、策划、指挥或者积极参加聚众斗殴的，应予立案追诉。

狱内刑事案件立案标准（司法部令〔2001〕64号，2001年3月2日司法部部长办公会议通过，2001年3月9日发布施行）

第2条　监狱发现罪犯有下列犯罪情形的，应当立案侦查：

（二十二）聚众斗殴，情节严重的。聚众斗殴，致人重伤、死亡，依照故意伤害罪、故意杀人罪论处（聚众斗殴案）。

第3条　情节、后果严重的下列案件，列为重大案件：

（十）10人以上聚众斗殴或者聚众斗殴致3名以上罪犯重伤的。

● **量刑指导**　【法发〔2021〕21号】　最高人民法院、最高人民检察院关于常见犯罪的量刑指导意见（2021年6月16日印发，2021年7月1日试行；法发〔2017〕7号《指导意见》同时废止。删除线部分内容为2021年删除）[①]

[①] 注：《意见》要求各省高院、检察院应当总结司法实践经验，按照规范、实用、符合司法实际的原则共同研制"实施细则"，经审委会、检委会通过后，分别报最高法、最高检备案审查，与《意见》同步实施。

其他判处有期徒刑的案件，可以参照量刑的指导原则、基本方法和常见量刑情节的适用规范量刑。

四、常见犯罪的量刑

（十七）聚众斗殴罪

1. 构成聚众斗殴罪的，可以根据下列不同情形在相应的幅度内确定量刑起点：

（1）犯罪情节一般的，可以在 2 年以下有期徒刑、拘役幅度内确定量刑起点。

（2）有下列情形之一的，可以在 3 年至 5 年有期徒刑幅度内确定量刑起点：聚众斗殴 3 次的；聚众斗殴人数多，规模大，社会影响恶劣的；在公共场所或者交通要道聚众斗殴，造成社会秩序严重混乱的；持械聚众斗殴的。

2. 在量刑起点的基础上，可以根据聚众斗殴人数、次数、手段严重程度等其他影响犯罪构成的犯罪事实增加刑罚量，确定基准刑。

3. 构成聚众斗殴罪的，综合考虑聚众斗殴的手段、危害后果等犯罪事实、量刑情节，以及被告人的主观恶性、人身危险性、认罪悔罪表现等因素，决定缓刑的适用。（本款新增）

● 指导案例　【高检发研字〔2010〕12号】　最高人民检察院关于印发第 1 批指导性案例的通知（2010 年 12 月 15 日最高人民检察院第 11 届检察委员会第 53 次会议讨论通过，2010 年 12 月 31 日印发）

（检例第 1 号）施某等 17 人聚众斗殴案

要旨：检察机关办理群体性事件引发的犯罪案件，要从促进社会矛盾化解的角度，深入了解案件背后的各种复杂因素，依法慎重处理，积极参与调处矛盾纠纷，以促进社会和谐，实现法律效果与社会效果的有机统一。

第 293 条[①]　【寻衅滋事罪】有下列寻衅滋事行为之一，破坏社会秩序的，处五年以下有期徒刑、拘役或者管制：

（一）随意殴打他人，情节恶劣的；

（二）追逐、拦截、辱骂、恐吓他人，情节恶劣的；

[①]　第 293 条是根据 2011 年 2 月 25 日第 11 届全国人民代表大会常务委员会第 19 次会议通过的《刑法修正案（八）》（主席令第 41 号公布，2011 年 5 月 1 日起施行）而修改；原第 293 条只有一款，内容为："有下列寻衅滋事行为之一，破坏社会秩序的，处五年以下有期徒刑、拘役或者管制：（一）随意殴打他人，情节恶劣的；（二）追逐、拦截、辱骂他人，情节恶劣的；（三）强拿硬要或者任意损毁、占用公私财物，情节严重的；（四）在公共场所起哄闹事，造成公共场所秩序严重混乱的。"也即增加了"恐吓他人"的情形，并增加了第 2 款。

（三）强拿硬要或者任意损毁、占用公私财物，情节严重的；

（四）在公共场所起哄闹事，造成公共场所秩序严重混乱的。

纠集他人多次实施前款行为，严重破坏社会秩序的，处五年以上十年以下有期徒刑，可以并处罚金。

● **条文注释** "寻衅滋事"，是指在公共场所无事生非，起哄捣乱，无理取闹，殴打伤害无辜，肆意挑衅，横行霸道，破坏公共秩序的行为。构成第 293 条规定的"寻衅滋事罪"，必须具备以下条件：（1）行为人有寻衅滋事的主观故意；（2）行为人实施了第 293 条规定的 4 种行为；（3）情节恶劣、情节严重，或造成公共场所秩序严重混乱（具体界定标准依照"法释〔2013〕18 号"解释的相关规定）。

第 293 条规定中的"随意殴打他人"，是指出于耍威风、取乐等目的，无故、无理殴打他人；"追逐、拦截、辱骂、恐吓他人"，是指出于取乐、耍威风、寻求精神刺激等目的，无故、无理追赶、拦挡、侮辱、谩骂、恐吓他人；"强拿硬要或者任意损毁、占用公私财物"，是指以蛮不讲理的手段，强行拿走、索要市场、商店的商品或他人的财物，或者随心所欲损坏、毁灭、占用公私财物；"在公共场所起哄闹事"，主要是指出于取乐、寻求精神刺激等目的，在公共场所无事生非，制造事端，扰乱公共场所秩序的行为。

● **相关规定** 【法释〔2003〕8 号】 **最高人民法院、最高人民检察院关于办理妨害预防、控制突发传染病疫情等灾害的刑事案件具体应用法律若干问题的解释**（2003 年 5 月 13 日最高人民法院审判委员会第 1269 次会议、2003 年 5 月 13 日最高人民检察院第 10 届检察委员会第 3 次会议通过，2003 年 5 月 14 日公布，2003 年 5 月 15 日起施行）

第 11 条 在预防、控制突发传染病疫情等灾害期间，强拿硬要或者任意损毁、占用公私财物情节严重，或者在公共场所起哄闹事，造成公共场所秩序严重混乱的，依照刑法第 293 条的规定，以寻衅滋事罪定罪，依法从重处罚。

第 18 条 本解释所称"突发传染病疫情等灾害"，是指突然发生，造成或者可能造成社会公众健康严重损害的重大传染病疫情、群体性不明原因疾病以及其他严重影响公众健康的灾害。

【法发〔2020〕7 号】 **最高人民法院、最高人民检察院、公安部、司法部关于依法惩治妨害新型冠状病毒感染肺炎疫情防控违法犯罪的意见**（2020 年 2 月 6 日印发）

二、准确适用法律，依法严惩妨害疫情防控的各类违法犯罪

（二）依法严惩暴力伤医犯罪……

（第2款）　随意殴打医务人员，情节恶劣的，依照刑法第293条的规定，以寻衅滋事罪定罪处罚。

（第3款）　采取暴力或者其他方法公然侮辱、恐吓医务人员，符合刑法第246条、第293条规定的，以侮辱罪或者寻衅滋事罪定罪处罚。

（六）依法严惩造谣传谣犯罪。

（第2款）　编造虚假信息，或者明知是编造的虚假信息，在信息网络上散布，或者组织、指使人员在信息网络上散布，起哄闹事，造成公共秩序严重混乱的，依照刑法第293条第1款第4项的规定，以寻衅滋事罪定罪处罚。

【法发〔2005〕8号】　最高人民法院关于审理抢劫、抢夺刑事案件适用法律若干问题的意见（2005年6月8日印发）

九、关于抢劫罪与相似犯罪的界限

4.抢劫罪与寻衅滋事罪的界限

寻衅滋事罪是严重扰乱社会秩序的犯罪，行为人实施寻衅滋事的行为时，客观上也可能表现为强拿硬要公私财物的特征。这种强拿硬要的行为与抢劫罪的区别在于：前者行为人主观上还具有逞强好胜和通过强拿硬要来填补其精神空虚等目的，后者行为人一般只具有非法占有他人财物的目的；前者行为人客观上一般不以严重侵犯他人人身权利的方法强拿硬要财物，而后者行为人则以暴力、胁迫等方式作为劫取他人财物的手段。司法实践中，对于未成年人使用或威胁使用轻微暴力强抢少量财物的行为，一般不宜以抢劫罪定罪处罚。其行为符合寻衅滋事罪特征的，可以寻衅滋事罪定罪处罚。

【法释〔2006〕1号】　最高人民法院关于审理未成年人刑事案件具体应用法律若干问题的解释（2005年12月12日最高人民法院审判委员会第1373次会议通过，2006年1月11日公布，2006年1月23日起施行）

第8条　已满16周岁不满18周岁的人出于以大欺小、以强凌弱或者寻求精神刺激，随意殴打其他未成年人、多次对其他未成年人强拿硬要或者任意损毁公私财物，扰乱学校及其他公共场所秩序，情节严重的，以寻衅滋事罪定罪处罚。

【公通字〔2013〕25号】　公安部关于公安机关处置信访活动中违法犯罪行为适用法律的指导意见〔2008年7月6日（公通字〔2008〕35号）初次印发；2013年7月19日修订后印发〕

四、对妨害社会管理秩序违法犯罪行为的处理

10. 任意损毁、占用信访接待场所、国家机关或者他人财物，符合《治安管理处罚法》第 26 条第 3 项规定的，以寻衅滋事依法予以治安管理处罚；符合《刑法》第 293 条规定的，以寻衅滋事罪追究刑事责任。

【法释〔2013〕18 号】 最高人民法院、最高人民检察院关于办理寻衅滋事刑事案件适用法律若干问题的解释（2013 年 5 月 27 日最高人民法院审判委员会第 1579 次会议、2013 年 4 月 28 日最高人民检察院第 12 届检察委员会第 5 次会议通过，2013 年 7 月 15 日公布，2013 年 7 月 22 日起施行）

第 1 条　行为人为寻求刺激、发泄情绪、逞强耍横等，无事生非，实施刑法第 293 条规定的行为的，应当认定为"寻衅滋事"。

行为人因日常生活中的偶发矛盾纠纷，借故生非，实施刑法第 293 条规定的行为的，应当认定为"寻衅滋事"，但矛盾系由被害人故意引发或者被害人对矛盾激化负有主要责任的除外。

行为人因婚恋、家庭、邻里、债务等纠纷，实施殴打、辱骂、恐吓他人或者损毁、占用他人财物等行为的，一般不认定为"寻衅滋事"，但经有关部门批评制止或者处理处罚后，继续实施前列行为，破坏社会秩序的除外。①

第 2 条　随意殴打他人，破坏社会秩序，具有下列情形之一的，应当认定为刑法第 293 条第 1 款第 1 项规定的"情节恶劣"：

（一）致 1 人以上轻伤或者 2 人以上轻微伤的；

（二）引起他人精神失常、自杀等严重后果的；

（三）多次随意殴打他人的；

（四）持凶器随意殴打他人的；

（五）随意殴打精神病人、残疾人、流浪乞讨人员、老年人、孕妇、未成年人，造成恶劣社会影响的；

（六）在公共场所随意殴打他人，造成公共场所秩序严重混乱的；

---

① 注：2014 年 6 月 13 日最高人民法院办公厅在对第 12 届全国人大第 2 次会议第 3669 号《建议》（王文华代表关于解决"人为扩大寻衅滋事罪适用范围、以刑事手段插手民事经济纠纷"问题的建议）的答复中强调：准确界定"寻衅滋事"的内涵和外延，防止寻衅滋事罪变成新的"小口袋罪"，一直是最高人民法院重点关注的问题。根据《刑法》第 293 条的规定，实施寻衅滋事行为，破坏社会秩序的，才能构成寻衅滋事罪。如行为人因婚恋、家庭等纠纷实施的有关行为并未破坏社会秩序的，即使其此前曾受有关部门批评制止或者处理处罚，依法也不能认定为"寻衅滋事"。实践中出现的将一些不构成故意伤害罪或者其他犯罪的民事、经济纠纷按照寻衅滋事罪处理的现象，是违反了《刑法》和该《解释》规定的，应当坚决予以纠正。

（七）其他情节恶劣的情形。

第3条 追逐、拦截、辱骂、恐吓他人，破坏社会秩序，具有下列情形之一的，应当认定为刑法第293条第1款第2项规定的"情节恶劣"：

（一）多次追逐、拦截、辱骂、恐吓他人，造成恶劣社会影响的；

（二）持凶器追逐、拦截、辱骂、恐吓他人的；

（三）追逐、拦截、辱骂、恐吓精神病人、残疾人、流浪乞讨人员、老年人、孕妇、未成年人，造成恶劣社会影响的；

（四）引起他人精神失常、自杀等严重后果的；

（五）严重影响他人的工作、生活、生产、经营的；

（六）其他情节恶劣的情形。

第4条 强拿硬要或者任意损毁、占用公私财物，破坏社会秩序，具有下列情形之一的，应当认定为刑法第293条第1款第3项规定的"情节严重"：

（一）强拿硬要公私财物价值1000元以上，或者任意损毁、占用公私财物价值2000元以上的；

（二）多次强拿硬要或者任意损毁、占用公私财物，造成恶劣社会影响的；

（三）强拿硬要或者任意损毁、占用精神病人、残疾人、流浪乞讨人员、老年人、孕妇、未成年人的财物，造成恶劣社会影响的；

（四）引起他人精神失常、自杀等严重后果的；

（五）严重影响他人的工作、生活、生产、经营的；

（六）其他情节严重的情形。

第5条 在车站、码头、机场、医院、商场、公园、影剧院、展览会、运动场或者其他公共场所起哄闹事，应当根据公共场所的性质、公共活动的重要程度、公共场所的人数、起哄闹事的时间、公共场所受影响的范围与程度等因素，综合判断是否"造成公共场所秩序严重混乱"。

第6条 纠集他人3次以上实施寻衅滋事犯罪，未经处理的，应当依照刑法第293条第2款的规定处罚。

第7条 实施寻衅滋事行为，同时符合寻衅滋事罪和故意杀人罪、故意伤害罪、故意毁坏财物罪、敲诈勒索罪、抢夺罪、抢劫罪等罪的构成要件的，依照处罚较重的犯罪定罪处罚。

第8条 行为人认罪、悔罪，积极赔偿被害人损失或者取得被害人谅解的，可以从轻处罚；犯罪情节轻微的，可以不起诉或者免予刑事处罚。

【法发〔2018〕1 号】 最高人民法院、最高人民检察院、公安部、司法部关于办理黑恶势力犯罪案件若干问题的指导意见（2018 年 1 月 16 日）

四、依法惩处利用"软暴力"实施的犯罪

17. 黑恶势力为谋取不法利益或形成非法影响，有组织地采用滋扰、纠缠、哄闹、聚众造势等手段侵犯人身权利、财产权利，破坏经济秩序、社会秩序，构成犯罪的，应当分别依照《刑法》相关规定处理：

（1）有组织地采用滋扰、纠缠、哄闹、聚众造势等手段扰乱正常的工作、生活秩序，使他人产生心理恐惧或者形成心理强制，分别属于《刑法》第 293 条第 1 款第（二）项规定的"恐吓"、《刑法》第 226 规定的"威胁"，同时符合其他犯罪构成条件的，应分别以寻衅滋事罪、强迫交易罪定罪处罚。

《关于办理寻衅滋事刑事案件适用法律若干问题的解释》第 2 条至第 4 条中的"多次"一般应当理解为 2 年内实施寻衅滋事行为 3 次以上。2 年内多次实施不同种类寻衅滋事行为的，应当追究刑事责任。

（2）（第 3 款） 雇佣、指使他人有组织地采用上述手段强迫交易、敲诈勒索，构成强迫交易罪、敲诈勒索罪的，对雇佣者、指使者，一般应当以共同犯罪中的主犯论处。为强索不受法律保护的债务或者因其他非法目的，雇佣、指使他人有组织地采用上述手段寻衅滋事，构成寻衅滋事罪的，对雇佣者、指使者，一般应当以共同犯罪中的主犯论处；为追讨合法债务或者因婚恋、家庭、邻里纠纷等民间矛盾而雇佣、指使，没有造成严重后果的，一般不作为犯罪处理，但经有关部门批评制止或者处理处罚后仍继续实施的除外。

八、其他

36. 本意见颁布实施后，最高人民法院、最高人民检察院、公安部、司法部联合发布或者单独制定的其他相关规范性文件，内容如与本意见中有关规定不一致的，应当按照本意见执行。

【公通字〔2019〕15 号】 最高人民法院、最高人民检察院、公安部、司法部关于办理实施"软暴力"的刑事案件若干问题的意见（2019 年 4 月 9 日印发施行）

五、采用"软暴力"手段①，使他人产生心理恐惧或者形成心理强制，分别属于《刑法》第 226 条规定的"威胁"、《刑法》第 293 条第 1 款第（二）项规

---

① 注："软暴力"的定义、表现形式及行为认定详见《刑法》第 294 条的相关规定：《最高人民法院、最高人民检察院、公安部、司法部关于办理实施"软暴力"的刑事案件若干问题的意见》（公通字〔2019〕15 号）。

定的"恐吓",同时符合其他犯罪构成要件的,应当分别以强迫交易罪、寻衅滋事罪定罪处罚。

《关于办理寻衅滋事刑事案件适用法律若干问题的解释》第2条至第4条中的"多次"一般应当理解为2年内实施寻衅滋事行为3次以上。3次以上寻衅滋事行为既包括同一类别的行为,也包括不同类别的行为;既包括未受行政处罚的行为,也包括已受行政处罚的行为。

九、采用"软暴力"手段,同时构成两种以上犯罪的,依法按照处罚较重的犯罪定罪处罚,法律另有规定的除外。

十、根据本意见第5条、第8条规定,对已受行政处罚的行为追究刑事责任的,行为人先前所受的行政拘留处罚应当折抵刑期,罚款应当抵扣罚金。

十一、(第2款) 为强索不受法律保护的债务或者因其他非法目的,雇佣、指使他人采用"软暴力"手段非法剥夺他人人身自由构成非法拘禁罪,或者非法侵入他人住宅、寻衅滋事,构成非法侵入住宅罪、寻衅滋事罪的,对雇佣、指使者,一般应当以共同犯罪中的主犯论处;因本人及近亲属合法债务、婚恋、家庭、邻里纠纷等民间矛盾而雇佣、指使,没有造成严重后果的,一般不作为犯罪处理,但经有关部门批评制止或者处理处罚后仍继续实施的除外。

【法发〔2019〕24号】 最高人民法院、最高人民检察院、公安部、司法部关于办理非法放贷刑事案件若干问题的意见(2019年7月23日印发,2019年10月21日施行)

六、(第2款) 为强行索要因非法放贷而产生的债务,实施故意杀人、故意伤害、非法拘禁、故意毁坏财物、寻衅滋事等行为,构成犯罪的,应当数罪并罚。

(第3款) 纠集、指使、雇佣他人采用滋扰、纠缠、哄闹、聚众造势等手段强行索要债务,尚不单独构成犯罪,但实施非法放贷行为已构成非法经营罪的,应当按照非法经营罪的规定酌情从重处罚。

(第4款) 以上规定的情形,刑法、司法解释另有规定的除外。

八、本意见自2019年10月21日起施行。对于本意见施行前发生的非法放贷行为,依照最高人民法院《关于准确理解和适用刑法中"国家规定"的有关问题的通知》(法发〔2011〕155号)的规定办理。

【公通字〔2019〕1号】 最高人民法院、最高人民检察院、公安部关于依法惩治妨害公共交通工具安全驾驶违法犯罪行为的指导意见(2019年1月8日印发)

一、准确认定行为性质，依法从严惩处妨害安全驾驶犯罪

（二）乘客在公共交通工具行驶过程中，随意殴打其他乘客，追逐、辱骂他人，或者起哄闹事，妨害公共交通工具运营秩序，符合刑法第293条规定的，以寻衅滋事罪定罪处罚；妨害公共交通工具安全行驶，危害公共安全的，依照刑法第114条、第115条第1款的规定，以以危险方法危害公共安全罪定罪处罚。

（七）本意见所称公共交通工具，是指公共汽车、公路客运车，大、中型出租车等车辆。

【公通字〔2019〕23号】 最高人民法院、最高人民检察院、公安部、司法部关于依法严厉打击传播艾滋病病毒等违法犯罪行为的指导意见（2019年5月19日）

（三）寻衅滋事罪。假冒或者利用艾滋病病毒感染者或者病人身份，以谎称含有或者含有艾滋病病毒的血液为工具，追逐、拦截、恐吓他人，情节恶劣，破坏社会秩序的，依照刑法第293条第1款第2项的规定，以寻衅滋事罪定罪处罚。

编造致人感染艾滋病病毒等虚假信息，或者明知是编造的虚假信息，在信息网络上散布，或者组织、指使人员在信息网络上散布，起哄闹事，造成公共秩序严重混乱的，依照刑法第293条第1款第4项的规定，以寻衅滋事罪定罪处罚。

对前款中"明知"的认定，应当结合行为人的主观认知、行为表现、案件的具体情节等综合分析，准确认定。对无确实、充分的证据证明主观明知的，不得以犯罪论处。

【法释〔2013〕21号】 最高人民法院、最高人民检察院关于办理利用信息网络实施诽谤等刑事案件适用法律若干问题的解释（2013年9月5日最高人民法院审判委员会第1589次会议、2013年9月2日最高人民检察院第12届检察委员会第9次会议通过，2013年9月6日公布，2013年9月10日起施行）

第5条 利用信息网络辱骂、恐吓他人，情节恶劣，破坏社会秩序的，依照刑法第293条第1款第（二）项的规定，以寻衅滋事罪定罪处罚。

编造虚假信息，或者明知是编造的虚假信息，在信息网络上散布，或者组织、指使人员在信息网络上散布，起哄闹事，造成公共秩序严重混乱的，依照刑法第293条第1款第（四）项的规定，以寻衅滋事罪定罪处罚。

第8条 明知他人利用信息网络实施诽谤、寻衅滋事、敲诈勒索、非法经营等犯罪，为其提供资金、场所、技术支持等帮助的，以共同犯罪论处。

第9条 利用信息网络实施诽谤、寻衅滋事、敲诈勒索、非法经营犯罪，同时又构成刑法第221条规定的损害商业信誉、商品声誉罪，第278条规定的煽

动暴力抗拒法律实施罪，第291条之一规定的编造、故意传播虚假恐怖信息罪等犯罪的，依照处罚较重的规定定罪处罚。

第10条 本解释所称信息网络，包括以计算机、电视机、固定电话机、移动电话机等电子设备为终端的计算机互联网、广播电视网、固定通信网、移动通信网等信息网络，以及向公众开放的局域网络。

【公通字〔2019〕28号】 最高人民法院、最高人民检察院、公安部、司法部关于办理利用信息网络实施黑恶势力犯罪刑事案件若干问题的意见（2019年7月23日印发，2019年10月21日施行）

7. 利用信息网络辱骂、恐吓他人，情节恶劣，破坏社会秩序的，依照刑法第293条第1款第2项的规定，以寻衅滋事罪定罪处罚。

编造虚假信息，或者明知是编造的虚假信息，在信息网络上散布，或者组织、指使人员在信息网络上散布，起哄闹事，造成公共秩序严重混乱的，依照刑法第293条第1款第4项的规定，以寻衅滋事罪定罪处罚。

【公通字〔2019〕32号】 最高人民法院、最高人民检察院、公安部关于依法惩治袭警违法犯罪行为的指导意见（2019年12月27日印发，2020年1月10日公布）

六、在民警非执行职务期间，因其职务行为对其实施暴力袭击、拦截、恐吓等行为，符合刑法第234条、第232条、第293条等规定的，应当以故意伤害罪、故意杀人罪、寻衅滋事罪等定罪，并根据袭警的具体情节酌情从重处罚。

【公通字〔2020〕14号】 最高人民法院、最高人民检察院、公安部办理跨境赌博犯罪案件若干问题的意见（2020年10月16日印发）

四、关于跨境赌博关联犯罪的认定

（四）实施赌博犯罪，为强行索要赌债，实施故意杀人、故意伤害、非法拘禁、故意毁坏财物、寻衅滋事等行为，构成犯罪的，应当依法数罪并罚。

【法发〔2014〕5号】 最高人民法院、最高人民检察院、公安部、司法部、国家卫生和计划生育委员会关于依法惩处涉医违法犯罪维护正常医疗秩序的意见（2014年4月22日印发）

二、严格依法惩处涉医违法犯罪

（一）……故意杀害医务人员，或者故意伤害医务人员造成轻伤以上严重后果，或者随意殴打医务人员情节恶劣、任意损毁公私财物情节严重，构成故意杀人罪、故意伤害罪、故意毁坏财物罪、寻衅滋事罪的，依照刑法的有关规定定罪处罚。

（二）在医疗机构私设灵堂、摆放花圈、焚烧纸钱、悬挂横幅、堵塞大门或者以其他方式扰乱医疗秩序，尚未造成严重损失，经劝说、警告无效的，要依法驱散，对拒不服从的人员要依法带离现场，依照治安管理处罚法第23条的规定处罚；聚众实施的，对首要分子和其他积极参加者依法予以治安处罚；造成严重损失或者扰乱其他公共秩序情节严重，构成寻衅滋事罪、聚众扰乱社会秩序罪、聚众扰乱公共场所秩序、交通秩序罪的，依照刑法的有关规定定罪处罚。

（四）……采取暴力或者其他方法公然侮辱、恐吓医务人员情节严重（恶劣），构成侮辱罪、寻衅滋事罪的，依照刑法的有关规定定罪处罚。

（六）对于故意扩大事态，教唆他人实施针对医疗机构或者医务人员的违法犯罪行为，或者以受他人委托处理医疗纠纷为名实施敲诈勒索、寻衅滋事等行为的，依照治安管理处罚法和刑法的有关规定从严惩处。

【主席令〔2012〕67号】 中华人民共和国治安管理处罚法（2012年10月26日第11届全国人大常委会第29次会议修正，2013年1月1日起施行）

第2条 扰乱公共秩序，妨害公共安全，侵犯人身权利、财产权利，妨害社会管理，具有社会危害性，依照《中华人民共和国刑法》的规定构成犯罪的，依法追究刑事责任；尚不够刑事处罚的，由公安机关依照本法给予治安管理处罚。

第26条 有下列行为之一的，处5日以上10日以下拘留，可以并处500元以下罚款；情节较重的，处10日以上15日以下拘留，可以并处1000元以下罚款：

（一）结伙斗殴的；

（二）追逐、拦截他人的；

（三）强拿硬要或者任意损毁、占用公私财物的；

（四）其他寻衅滋事行为。

● **立案标准** 最高人民检察院、公安部关于公安机关管辖的刑事案件立案追诉标准的规定（一）（公通字〔2008〕36号，2008年6月25日公布施行）

第37条［寻衅滋事案（刑法第293条）］[①] 随意殴打他人，破坏社会秩

[①] 注：根据《最高人民检察院、公安部关于公安机关管辖的刑事案件立案追诉标准的规定（一）的补充规定》（公通字〔2017〕12号，2017年4月27日公布施行）修订。该条规定其实是对《最高人民法院、最高人民检察院关于办理寻衅滋事刑事案件适用法律若干问题的解释》（法释〔2013〕18号）第2-5条内容的重复叙述。

序，涉嫌下列情形之一的，应予立案追诉：

（一）致 1 人以上轻伤或者 2 人以上轻微伤的；

（二）引起他人精神失常、自杀等严重后果的；

（三）多次随意殴打他人的；

（四）持凶器随意殴打他人的；

（五）随意殴打精神病人、残疾人、流浪乞讨人员、老年人、孕妇、未成年人，造成恶劣社会影响的；

（六）在公共场所随意殴打他人，造成公共场所秩序严重混乱的；

（七）其他情节恶劣的情形。

追逐、拦截、辱骂、恐吓他人，破坏社会秩序，涉嫌下列情形之一的，应予立案追诉：

（一）多次追逐、拦截、辱骂、恐吓他人，造成恶劣社会影响的；

（二）持凶器追逐、拦截、辱骂、恐吓他人的；

（三）追逐、拦截、辱骂、恐吓精神病人、残疾人、流浪乞讨人员、老年人、孕妇、未成年人，造成恶劣社会影响的；

（四）引起他人精神失常、自杀等严重后果的；

（五）严重影响他人的工作、生活、生产、经营的；

（六）其他情节恶劣的情形。

强拿硬要或者任意损毁、占用公私财物，破坏社会秩序，涉嫌下列情形之一的，应予立案追诉：

（一）强拿硬要公私财物价值 1000 元以上，或者任意损毁、占用公私财物价值 2000 元以上的；

（二）多次强拿硬要或者任意损毁、占用公私财物，造成恶劣社会影响的；

（三）强拿硬要或者任意损毁、占用精神病人、残疾人、流浪乞讨人员、老年人、孕妇、未成年人的财物，造成恶劣社会影响的；

（四）引起他人精神失常、自杀等严重后果的；

（五）严重影响他人的工作、生活、生产、经营的；

（六）其他情节严重的情形。

在车站、码头、机场、医院、商场、公园、影剧院、展览会、运动场或者其他公共场所起哄闹事，应当根据公共场所的性质、公共活动的重要程度、公共场所的人数、起哄闹事的时间、公共场所受影响的范围与程度等因素，综合判断是否造成公共场所秩序严重混乱。

第 101 条　本规定中的"以上"，包括本数。

● 量刑指导　【法发〔2021〕21 号】　最高人民法院、最高人民检察院关于常见犯罪的量刑指导意见（2021 年 6 月 16 日印发，2021 年 7 月 1 日试行；法发〔2017〕7 号《指导意见》同时废止。删除线部分内容为 2021 年删除）①

四、常见犯罪的量刑

（十八）寻衅滋事罪

1. 构成寻衅滋事罪的，可以根据下列不同情形在相应的幅度内确定量刑起点：

（1）寻衅滋事 1 次的，可以在 3 年以下有期徒刑、拘役幅度内确定量刑起点。

（2）纠集他人 3 次寻衅滋事（每次都构成犯罪），严重破坏社会秩序的，可以在 5 年至 7 年有期徒刑幅度内确定量刑起点。

2. 在量刑起点的基础上，可以根据寻衅滋事次数、伤害后果、强拿硬要他人财物或任意损毁、占用公私财物数额等其他影响犯罪构成的犯罪事实增加刑罚量，确定基准刑。

3. 构成寻衅滋事罪，判处 5 年以上 10 年以下有期徒刑，并处罚金的，根据寻衅滋事的次数、危害后果、对社会秩序的破坏程度等犯罪情节，综合考虑被告人缴纳罚金的能力，决定罚金数额。（本款新增）

4. 构成寻衅滋事罪的，综合考虑寻衅滋事的具体行为、危害后果、对社会秩序的破坏程度等犯罪事实、量刑情节，以及被告人的主观恶性、人身危险性、认罪悔罪表现等因素，决定缓刑的适用。（本款新增）

第 293 条之一②　【催收非法债务罪③】有下列情形之一，催收高利放贷等产生的非法债务，情节严重的，处三年以下有期徒刑、拘役或者管制，并处或者单处罚金：

（一）使用暴力、胁迫方法的；

（二）限制他人人身自由或者侵入他人住宅的；

（三）恐吓、跟踪、骚扰他人的。

---

① 注：《意见》要求各省高院、检察院应当总结司法实践经验，按照规范、实用、符合司法实际的原则共同研制"实施细则"，经审委会、检委会通过后，分别报最高法、最高检备案审查，与《意见》同步实施。

其他判处有期徒刑的案件，可以参照量刑的指导原则、基本方法和常见量刑情节的适用规范量刑。

② 第 293 条之一由《刑法修正案（十一）》（2020 年 12 月 26 日第 13 届全国人大常委会第 24 次会议通过，主席令第 66 号公布）增设，2021 年 3 月 1 日起施行。

③ 注：本罪名由《最高人民法院、最高人民检察院关于执行〈中华人民共和国刑法〉确定罪名的补充规定（七）》（法释〔2021〕2 号，最高人民法院审判委员会第 1832 次会议、最高人民检察院第 13 届检察委员会第 63 次会议通过）增设，2021 年 3 月 1 日执行。

● **条文注释** 构成本罪，必须具备以下条件：（1）犯罪主体只能为自然人（单位不能构成本罪）；（2）行为人实施了条文中规定的3种催债手段之一；（3）催收的是高利贷等非法债务；（4）情节严重。

这里的"高利放贷"，应当理解为借贷利率超过当时全国银行间同业拆借中心发布的1年期贷款市场报价利率的4倍。"情节严重"，应当理解为所实施的催债手段已经达到寻衅滋事罪、非法拘禁罪、非法侵入住宅罪等相关犯罪的标准[①]。

需要注意的是：

（1）本罪第2项内容与《刑法》第238条（非法拘禁罪）第3款规定的区分：《刑法修正案（十一）》施行后，《刑法》第238条第3款规定应当理解为仅限于合法债务。

（2）本罪第2项内容与《刑法》第245条（非法侵入住宅罪）第1款规定的区分：本罪属于特别规定。

（3）本罪第1项、第3项内容与《刑法》第293条（寻衅滋事罪）的区分：实施的手段不同。

另外，《刑法修正案（十一）》删除了原"一审稿"关于本条的第2款规定，即"有前款行为，同时构成其他犯罪的，依照处罚较重的规定定罪处罚"。仍然应当理解为，对于想象竞合犯，择重处之。比如，催债时非法限制他人人身自由，致人重伤或死亡的，仍可以构成《刑法》第238条第2款规定的非法拘禁罪；如果使用暴力、胁迫方法催收的非法债务特别离谱，那么"催债"的行为可能实际上构成敲诈勒索罪。

● **相关规定** 　【法释〔2000〕19号】　最高人民法院关于对为索取法律不予保护的债务非法拘禁他人行为如何定罪问题的解释（2000年6月30日最高人民法院审判委员会第1121次会议通过，2000年7月13日公布，2000年7月19日起施行）[②]

行为人为索取高利贷、赌债等法律不予保护的债务，非法扣押、拘禁他人的，依照刑法第238条的规定定罪处罚。

[①] 注：理解本条规定，应当结合刑法关于本条的修改历程：在《刑法修正案（十一）》"一审稿"中，本条内容为："有下列情形之一，催收高利放贷产生的债务或者其他法律不予保护的债务，并以此为业的，处三年以下有期徒刑、拘役或者管制，并处或者单处罚金：（一）使用暴力、胁迫方法的；（二）限制他人人身自由或者侵入他人住宅，情节较轻的；（三）恐吓、跟踪、骚扰他人，情节严重的。// 有前款行为，同时构成其他犯罪的，依照处罚较重的规定定罪处罚。"

[②] 注：《刑法修正案（十一）》施行后，本《解释》应当不再适用。

【银发〔2002〕30号】 中国人民银行关于取缔地下钱庄及打击高利贷行为的通知（2002年1月31日）

二、……民间个人借贷利率由借贷双方协商确定，但双方协商的利率不得超过中国人民银行公布的金融机构同期、同档次贷款利率（不含浮动）的4倍①。超过上述标准的，应界定为高利借贷行为。

【法发〔2018〕1号】 最高人民法院、最高人民检察院、公安部、司法部关于办理黑恶势力犯罪案件若干问题的指导意见（2018年1月16日）

17. 黑恶势力为谋取不法利益或形成非法影响，有组织地采用滋扰、纠缠、哄闹、聚众造势等手段侵犯人身权利、财产权利，破坏经济秩序、社会秩序，构成犯罪的，应当分别依照《刑法》相关规定处理：

（2）（第3款）……为强索不受法律保护的债务或者因其他非法目的，雇佣、指使他人有组织地采用上述手段寻衅滋事，构成寻衅滋事罪的，对雇佣者、指使者，一般应当以共同犯罪中的主犯论处；为追讨合法债务或者因婚恋、家庭、邻里纠纷等民间矛盾而雇佣、指使，没有造成严重后果的，一般不作为犯罪处理，但经有关部门批评制止或者处理处罚后仍继续实施的除外。

19. 在民间借贷活动中，如有擅自设立金融机构、非法吸收公众存款、骗取贷款、套取金融机构资金发放高利贷以及为强索债务而实施故意杀人、故意伤害、非法拘禁、故意毁坏财物等行为的，应当按照具体犯罪侦查、起诉、审判。依法符合数罪并罚条件的，应当并罚。

【公通字〔2019〕15号】 最高人民法院、最高人民检察院、公安部、司法部关于办理实施"软暴力"的刑事案件若干问题的意见（2019年4月9日印发施行）

十一、（第2款）为强索不受法律保护的债务或者因其他非法目的，雇佣、指使他人采用"软暴力"手段②非法剥夺他人人身自由构成非法拘禁罪，或

---

① 注：《最高人民法院关于审理民间借贷案件适用法律若干问题的规定》（2020年8月20日法释〔2020〕6号修订施行；2020年12月23日法释〔2020〕17号修正，2021年1月1日起施行）第26条规定："出借人请求借款人按照合同约定利率支付利息的，人民法院应予支持，但是双方约定的利率超过合同成立时一年期贷款市场报价利率四倍的除外。// 前款所称'一年期贷款市场报价利率'，是指中国人民银行授权全国银行间同业拆借中心自2019年8月20日起每月发布的一年期贷款市场报价利率。"

② 注："软暴力"的定义、表现形式及行为认定详见《刑法》第294条的相关规定；《最高人民法院、最高人民检察院、公安部、司法部关于办理实施"软暴力"的刑事案件若干问题的意见》（公通字〔2019〕15号）。

者非法侵入他人住宅、寻衅滋事，构成非法侵入住宅罪、寻衅滋事罪的，对雇佣者、指使者，一般应当以共同犯罪中的主犯论处；因本人及近亲属合法债务、婚恋、家庭、邻里纠纷等民间矛盾而雇佣、指使，没有造成严重后果的，一般不作为犯罪处理，但经有关部门批评制止或者处罚处理后仍继续实施的除外。

【法发〔2021〕16 号】 最高人民法院、最高人民检察院、公安部、司法部关于适用《中华人民共和国刑法修正案（十一）》有关问题的通知（2021 年 5 月 20 日施行）（略）

第 294 条① 【组织、领导、参加黑社会性质组织罪】组织、领导黑社会性质的组织的，处七年以上有期徒刑，并处没收财产；积极参加的，处三年以上七年以下有期徒刑，可以并处罚金或者没收财产；其他参加的，处三年以下有期徒刑、拘役、管制或者剥夺政治权利，可以并处罚金。

【入境发展黑社会组织罪】境外的黑社会组织的人员到中华人民共和国境内发展组织成员的，处三年以上十年以下有期徒刑。

【包庇、纵容黑社会性质组织罪】国家机关工作人员包庇黑社会性质的组织，或者纵容黑社会性质的组织进行违法犯罪活动的，处五年以下有期徒刑；情节严重的，处五年以上有期徒刑。

犯前三款罪又有其他犯罪行为的，依照数罪并罚的规定处罚。

黑社会性质的组织应当同时具备以下特征：

（一）形成较稳定的犯罪组织，人数较多，有明确的组织者、领导者，骨干成员基本固定；

---

① 第 294 条是根据 2011 年 2 月 25 日第 11 届全国人民代表大会常务委员会第 19 次会议通过的《刑法修正案（八）》（主席令第 41 号公布，2011 年 5 月 1 日起施行）而修改；原条文内容为："组织、领导和积极参加以暴力、威胁或者其他手段，有组织地进行违法犯罪活动，称霸一方，为非作恶，欺压、残害群众，严重破坏经济、社会生活秩序的黑社会性质的组织的，处三年以上十年以下有期徒刑；其他参加的，处三年以下有期徒刑、拘役、管制或者剥夺政治权利。// 境外的黑社会组织的人员到中华人民共和国境内发展组织成员的，处三年以上十年以下有期徒刑。// 犯前两款罪又有其他犯罪行为的，依照数罪并罚的规定处罚。// 国家机关工作人员包庇黑社会性质的组织，或者纵容黑社会性质的组织进行违法犯罪活动的，处三年以下有期徒刑、拘役或者剥夺政治权利；情节严重的，处三年以上十年以下有期徒刑。"也即加重了"组织、领导黑社会性质组织罪"和"包庇、纵容黑社会性质组织罪"的刑责，并增加了第 5 款对"黑社会性质的组织"进行界定。

（二）有组织地通过违法犯罪活动或者其他手段获取经济利益，具有一定的经济实力，以支持该组织的活动；

（三）以暴力、威胁或者其他手段，有组织地多次进行违法犯罪活动，为非作恶，欺压、残害群众；

（四）通过实施违法犯罪活动，或者利用国家工作人员的包庇或者纵容，称霸一方，在一定区域或者行业内，形成非法控制或者重大影响，严重破坏经济、社会生活秩序。

● **条文注释** 第294条是针对组织、领导、参加黑社会性质组织及其相关犯罪行为的处罚规定。这里的"黑社会组织"，是指3人以上的不特定多数人，以获取非法的经济、政治利益为目的，用犯罪手段，按照企业化或帮会等方式组成的犯罪组织，它必须同时满足第294条第5款规定的4个特征。

第294条第1款规定的"组织、领导"，是指倡导、发起、策划、建立黑社会性质的组织，或者在其中处于领导地位，对该组织的活动进行策划、决策、指挥、协调的行为；"积极参加"，是指积极、主动加入黑社会性质的组织的行为。对于参加黑社会性质的组织，没有实施其他违法犯罪活动的，或受蒙蔽、胁迫参加黑社会性质的组织，情节轻微的，可以不作为犯罪处理；国家机关工作人员组织、领导、参加黑社会性质组织的，从重处罚。

第294条第2款规定的"境外的黑社会组织"，是指被境外国家和地区（包括我国台、港、澳地区）确定为黑社会的组织；"发展组织成员"，是指通过引诱、拉拢、腐蚀、强迫、威胁、暴力、贿赂等手段，在我国境内将境内、外人员吸收为组织成员的行为。

第294条第3款规定中的"国家机关工作人员"，是指国家各级权力机关、党政机关、司法机关和军事机关中执行一定职权的工作人员；在依法行使国家行政管理职权的组织中从事公务的人员，或在受国家机关委托代表国家行使职权的组织中从事公务的人员，或虽未列入国家机关人员编制但在国家机关中从事公务的人员，在代表国家机关行使职权时，视为国家机关工作人员。所谓"包庇"，是指国家机关工作人员为使黑社会性质组织及其成员逃避查禁，而通风报信，隐匿、毁灭、伪造证据，阻止他人作证、检举揭发，指使他人作伪证，帮助逃匿，或者阻挠其他国家机关工作人员依法查禁等；"纵容"，是指行为人对黑社会性质的组织的犯罪活动不依法制止，反而给予放纵、宽容。这里的"情节严重"的界定标准，依照"法释〔2000〕42号"解释的相关规定。

构成第294条各款规定之罪,要求行为人在主观方面必须有明确的故意,如明知是黑社会性质的组织而积极参加或组织、领导;如果不了解情况,参加了黑社会性质的组织,事后退出的,可能构成别的罪,而不按本罪追究刑事责任。当然,如果参加时不明知,加入后明知了仍不退出,则应按本罪追究刑事责任。本罪的追求目标是金钱和权力。

在司法实践中应当注意以下几点:

1. 黑社会性质组织与普通犯罪集团的界限。前者包含了后者所有的特征,又具有其自身独有的特征,主要是:(1)犯罪目的复杂性不同。后者一般只是单纯地追求经济利益;而前者除了以追求经济利益为主要目的以外,还具有控制、影响社会的政治化倾向。(2)实现犯罪目的所采取的手段方法不同。后者一般是实行较为单一、固定的犯罪,如走私集团、贩毒集团、抢劫集团、盗窃集团、贪污集团等;而前者实施的违法犯罪活动极为广泛,如走私、贩毒、强迫交易,等等,并且伴有各种各样的暴力违法犯罪行为。其所实施的行为,有的是为了直接获取经济利益,有的则是为了借此形成控制、影响社会的一种非法地下秩序,进而因此坐收渔利,不劳而获,危害性自然更大。(3)黑社会性质组织一般有公开的相对固定的势力范围,并在势力范围内为非作歹,按己意志为所欲为,形成与国家、政府分庭抗礼的非法地下黑秩序。

2. 黑社会性质组织与犯罪单位的界限。在司法实践中,一些黑社会性质组织常常以单位的名义进行各种违法犯罪活动。单位犯罪,是指公司、企业、事业单位、机关、团体为单位谋取不正当利益,经单位集体研究决定或者由其负责人决定实施的,触犯刑律应受刑罚惩治的危害社会的行为。两者的区别在于:(1)非法性质不同。犯罪单位在依法设立时应当具有正常的目的(如果为了进行违法犯罪活动而设立公司、企业等单位,或者单位设立后以实施犯罪为主要活动,其所实施的犯罪,就不应当以单位犯罪论)。并且,即使实施了单位犯罪,并不必然导致整个单位即属非法的后果。而黑社会性质组织一成立就具有非法性,其目的是进行违法犯罪,必须对其彻底铲除。它不可能成为单位犯罪的主体。(2)犯罪主体不同。犯罪单位的犯罪主体是整个单位;而黑社会性质组织则是共同犯罪的一种组织形式,其所实施的犯罪是该组织成员的共同所为,犯罪主体并不是黑社会性质组织,而是其中的组织者、领导者和参加者。(3)刑事责任的方式不同。黑社会性质组织作为共同犯罪的集合体,除本罪外,对首要分子、其他主犯、从犯,分别按照刑法总则关于共同犯罪的有关规定处罚。而犯罪单位作为犯罪主体则通常实行双罚制。

3. 黑社会性质组织与恶势力的界限。恶势力并非法律概念,但在司法实践中已被广泛使用。恶势力，是指以暴力、威胁、滋扰等手段，在相对固定的区域或行业内为所欲为，欺压群众，打架斗殴，强买强卖，扰乱公共秩序的团伙。其由较多人数组成，经常进行一些违法犯罪活动。与黑社会性质组织的区别在于：恶势力不具有严密的组织结构，整体处于无序状态，成员属临时纠合，犯罪目的也较单一，犯罪活动比较盲目，缺乏自觉性等。不同点则表现为：（1）在组织结构上，恶势力团体相对松散；只在犯罪时临时纠集，一般没有固定、明确的成员分工，组织者、领导者常常直接参与或指挥作案。（2）在犯罪目的及经济实力上，恶势力不一定以追求非法经济利益为目的，缺乏组织长期存续的经济实力，没有形成大规模的经济实体。（3）在渗透能力和危害程度上，恶势力的保护伞和关系网不明确或层次较低，对抗社会的实力稍弱，以扰乱社会秩序的违法犯罪为主，影响市场秩序和社会治安，势力范围相对较小。

4. 黑社会性质组织与邪教组织的界限。邪教组织，是指冒用宗教、气功或其他名义建立，神化并且绝对服从首要分子的一种非法组织。两者的区别在于：（1）组织发展成员的手段与对象不同。黑社会性质组织发展成员一般不会隐瞒其真实目的，其对象是为了谋取非法经济利益或寻求"保护"的各种意志弱的人；邪教组织则是采取迷信邪说、灌输荒唐信仰等欺骗手段蛊惑、诱骗他人，不会向信徒说明首要分子的真实意图，对象因此乃多为受骗上当不明真相的人。（2）犯罪手段不同。黑社会性质组织肆意进行各种违法犯罪活动，如走私、贩毒、非法经营、强迫交易、开设赌场、经营色情，以及杀人、伤害、绑架、聚众斗殴、寻衅滋事等，趋利性、暴力性、物质性明显；而邪教组织进行的违法犯罪活动多为传播封建迷信等。（3）组织成员的处罚范围不同。黑社会性质组织，其成员除情节显著轻微危害不大的参加者外，都应当依法承担刑事责任；邪教组织的成员，大多数参加者作为信徒，都是受害者，不属于犯罪分子。

5. 在司法实践中，应当注意区分组织犯罪和组织成员犯罪：对于组织者、领导者应依法从严惩处，其承担责任的犯罪不应限于自己组织、策划、指挥和实施的犯罪，而应对组织所犯的全部罪行承担责任；对于黑社会性质组织的参加者，应按照所参与的犯罪处罚。但对于组织成员实施的黑社会性质组织犯罪，如果组织者、领导者只是事后知晓，甚至根本不知晓，那其就只应负有一般的责任，直接实施的成员无疑应负最重的责任。

● 相关规定 　【法释〔2000〕42号】　最高人民法院关于审理黑社会性质组织犯罪的案件具体应用法律若干问题的解释（2000年12月4日最高人民法院审判委员会第1148次会议通过，2000年12月5日公布，2000年12月10日起施行）[1]

第1条　刑法第294条规定的"黑社会性质的组织"，一般应具备以下特征：

（一）组织结构比较紧密，人数较多，有比较明确的组织者、领导者，骨干成员基本固定，有较为严格的组织纪律；

（二）通过违法犯罪活动或者其他手段获取经济利益，具有一定的经济实力；

（三）通过贿赂、威胁等手段，引诱、逼迫国家工作人员参加黑社会性质组织活动，或者为其提供非法保护；

（四）在一定区域或者行业范围内，以暴力、威胁、滋扰等手段，大肆进行敲诈勒索、欺行霸市、聚众斗殴、寻衅滋事、故意伤害等违法犯罪活动，严重破坏经济、社会生活秩序。

第2条　刑法第294条第2款规定的"发展组织成员"，是指将境内、外人员吸收为该黑社会组织成员的行为。对黑社会组织成员进行内部调整等行为，可视为"发展组织成员"。

港、澳、台黑社会组织到内地发展组织成员的，适用刑法第294条第2款的规定定罪处罚。

第3条　组织、领导、参加黑社会性质的组织又有其他犯罪行为的，根据刑法第294条第3款的规定，依照数罪并罚的规定处罚；对于黑社会性质组织的组织者、领导者，应当按照其所组织、领导的黑社会性质组织所犯的全部罪行处罚；对于黑社会性质组织的参加者，应当按照其所参与的犯罪处罚。

对于参加黑社会性质的组织，没有实施其他违法犯罪活动的，或者受蒙蔽、胁迫参加黑社会性质组织，情节轻微的，可以不作为犯罪处理。

第4条　国家机关工作人员组织、领导、参加黑社会性质组织的，从重处罚。

第5条　刑法第294条第4款规定的"包庇"，是指国家机关工作人员为使黑社会性质组织及其成员逃避查禁，而通风报信，隐匿、毁灭、伪造证据，阻止他人作证、检举揭发，指使他人作伪证，帮助逃匿，或者阻挠其他国家机关

---

[1] 注：《刑法修正案（八）》（2011年5月1日起施行）调整了原《刑法》第294条第3款和第4款的顺序，并增加了第5款从立法角度对"黑社会性质的组织"进行界定。因此，本《解释》第1条的规定因与刑法规定相冲突，已经失效；第3条、第5条和第6条规定中的"第294条第3款""第294条第4款"应当分别对应现行《刑法》第294条第4款、第3款。

工作人员依法查禁等行为。

刑法294条第4款规定的"纵容",是指国家机关工作人员不依法履行职责,放纵黑社会性质组织进行违法犯罪活动的行为。

第6条 国家机关工作人员包庇、纵容黑社会性质的组织,有下列情形之一的,属于刑法第294条第4款规定的"情节严重":

(一) 包庇、纵容黑社会性质组织跨境实施违法犯罪活动的;

(二) 包庇、纵容境外黑社会组织在境内实施违法犯罪活动的;

(三) 多次实施包庇、纵容行为的;

(四) 致使某一区域或者行业的经济、社会生活秩序遭受黑社会性质组织特别严重破坏的;

(五) 致使黑社会性质组织的组织者、领导者逃匿,或者致使对黑社会性质组织的查禁工作严重受阻的;

(六) 具有其他严重情节的。

第7条 对黑社会性质组织和组织、领导、参加黑社会性质组织的犯罪分子聚敛的财物及其收益,以及用于犯罪的工具等,应当依法追缴、没收。

【高检法研字〔2002〕11号】 最高人民检察院关于认真贯彻执行全国人大常委会《关于刑法第二百九十四条第一款的解释》和《关于刑法第三百八十四条第一款的解释》的通知(2002年5月13日印发)[①]

二、……根据《解释》的规定,黑社会性质组织是否有国家工作人员充当"保护伞",即是否要有国家工作人员参与犯罪或者为犯罪活动提供非法保护,不影响黑社会性质组织的认定,对于同时具备《解释》规定的黑社会性质组织四个特征的案件,应依法予以严惩,以体现"打早打小"的立法精神。同时,对于确有"保护伞"的案件,也要坚决一查到底,绝不姑息。……

【法〔2009〕382号】 最高人民法院、最高人民检察院、公安部办理黑社会性质组织犯罪案件座谈会纪要(2009年7月15日在北京召开,2010年2月8日印发)[②]

二、会议认为,自1997年刑法增设黑社会性质组织犯罪的规定以来,全国

---

① 注:2002年4月28日全国人民代表大会常务委员会《关于〈中华人民共和国刑法〉第二百九十四条第一款的解释》的全部内容已经被2011年2月25日《刑法修正案(八)》吸收到《刑法》第294条的正文中。

② 参见:最高人民法院,https://www.court.gov.cn/shenpan-xiangqing-6610.html,最后访问日期:2022年7月20日。

人大常委会、最高人民法院分别作出了《关于〈中华人民共和国刑法〉第二百九十四条第一款的解释》（以下简称《立法解释》）、《关于审理黑社会性质组织犯罪的案件具体应用法律若干问题的解释》（以下简称《司法解释》），对于指导司法实践发挥了重要作用。但由于黑社会性质组织犯罪的构成要件和所涉及的法律关系较为复杂，在办案过程中对法律规定的理解还不尽相同。为了进一步统一司法标准，会议就实践中争议较大的问题进行了深入研讨，并取得了一致意见：

（一）关于黑社会性质组织的认定

黑社会性质组织必须同时具备《立法解释》中规定的"组织特征"、"经济特征"、"行为特征"和"危害性特征"。由于实践中许多黑社会性质组织并非这"四个特征"都很明显，因此，在具体认定时，应根据立法本意，认真审查、分析黑社会性质组织"四个特征"相互间的内在联系，准确评价涉案犯罪组织所造成的社会危害，确保不枉不纵。

1.关于组织特征。黑社会性质组织不仅有明确的组织者、领导者，骨干成员基本固定，而且组织结构较为稳定，并有比较明确的层级和职责分工。

当前，一些黑社会性质组织为了增强隐蔽性，往往采取各种手段制造"人员频繁更替、组织结构松散"的假象。因此，在办案时，要特别注意审查组织者、领导者，以及对组织运行、活动起着突出作用的积极参加者等骨干成员是否基本固定、联系是否紧密，不要被其组织形式的表象所左右。

关于组织者、领导者、积极参加者和其他参加者的认定。组织者、领导者，是指黑社会性质组织的发起者、创建者，或者在组织中实际处于领导地位，对整个组织及其运行、活动起着决策、指挥、协调、管理作用的犯罪分子，既包括通过一定形式产生的有明确职务、称谓的组织者、领导者，也包括在黑社会性质组织中被公认的事实上的组织者、领导者；积极参加者，是指接受黑社会性质组织的领导和管理，多次积极参与黑社会性质组织的违法犯罪活动，或者积极参与较严重的黑社会性质组织的犯罪活动且作用突出，以及其他在组织中起重要作用的犯罪分子，如具体主管黑社会性质组织的财务、人员管理等事项的犯罪分子；其他参加者，是指除上述组织成员之外，其他接受黑社会性质组织的领导和管理的犯罪分子。根据《司法解释》第3条第2款的规定，对于参加黑社会性质的组织，没有实施其他违法犯罪活动的，或者受蒙蔽、胁迫参加黑社会性质的组织，情节轻微的，可以不作为犯罪处理。

关于黑社会性质组织成员的主观明知问题。在认定黑社会性质组织的成员时，并不要求其主观上认为自己参加的是黑社会性质组织，只要其知道或者应当知道该组织具有一定规模，且是以实施违法犯罪为主要活动的，即可认定。

对于黑社会性质组织存在时间、成员人数及组织纪律等问题的把握。黑社会性质组织一般在短时间内难以形成，而且成员人数较多，但鉴于普通犯罪集团、"恶势力"团伙向黑社会性质组织发展是一个渐进的过程，没有明显的性质转变的节点，故对黑社会性质组织存在时间、成员人数问题不宜作出"一刀切"的规定。对于那些已存在一定时间，且成员人数较多的犯罪组织，在定性时要根据其是否已具备一定的经济实力，是否已在一定区域或行业内形成非法控制或重大影响等情况综合分析判断。此外在通常情况下，黑社会性质组织为了维护自身的安全和稳定，一般会有一些约定俗成的纪律、规约，有些甚至还有明确的规定。因此，具有一定的组织纪律、活动规约，也是认定黑社会性质组织特征时的重要参考依据。

2. 关于经济特征。一定的经济实力是黑社会性质组织坐大成势，称霸一方的基础。由于不同地区的经济发展水平、不同行业的利润空间均存在很大差异，加之黑社会性质组织存在、发展的时间也各有不同，因此，在办案时不能一般性地要求黑社会性质组织所具有的经济实力必须达到特定规模或特定数额。此外，黑社会性质组织的敛财方式也具有多样性。实践中，黑社会性质组织不仅会通过实施赌博、敲诈、贩毒等违法犯罪活动攫取经济利益，而且还往往会通过开办公司、企业等方式"以商养黑"、"以黑护商"。因此，无论其财产是通过非法手段聚敛，还是通过合法的方式获取，只要将其中部分或全部用于违法犯罪活动或者维系犯罪组织的生存、发展即可。

"用于违法犯罪活动或者维系犯罪组织的生存、发展"，一般是指购买作案工具、提供作案经费，为受伤、死亡的组织成员提供医疗费、丧葬费，为组织成员及其家属提供工资、奖励、福利、生活费用，为组织寻求非法保护以及其他与实施有组织的违法犯罪活动有关的费用支出等。

3. 关于行为特征。暴力性、胁迫性和有组织性是黑社会性质组织行为方式的主要特征，但有时也会采取一些"其他手段"。

根据司法实践经验，《立法解释》中规定的"其他手段"主要包括：以暴力、威胁为基础，在利用组织势力和影响已对他人形成心理强制或威慑的情况下，进行所谓的"谈判"、"协商"、"调解"；滋扰、哄闹、聚众等其他干扰、破坏正常经济、社会生活秩序的非暴力手段。

"黑社会性质组织实施的违法犯罪活动"主要包括以下情形：由组织者、领导者直接组织、策划、指挥、参与实施的违法犯罪活动；由组织成员以组织名义实施，并得到组织者、领导者认可或者默许的违法犯罪活动；多名组织成员为逞强争霸、插手纠纷、报复他人、替人行凶、非法敛财而共同实施，并得到组织者、领导者认可或者默许的违法犯罪活动；组织成员为组织争夺势力范围、排除竞争对手、确立强势地位、谋取经济利益、维护非法权威或者按照组织的纪律、惯例、共同遵守的约定而实施的违法犯罪活动；由黑社会性质组织实施的其他违法犯罪活动。

会议认为，在办案时还应准确理解《立法解释》中关于"多次进行违法犯罪活动"的规定。黑社会性质组织实施犯罪活动过程中，往往伴随着大量的违法活动，对此均应作为黑社会性质组织的违法犯罪事实予以认定。但如果仅实施了违法活动，而没有实施犯罪活动的，则不能认定为黑社会性质组织。此外，"多次进行违法犯罪活动"只是认定黑社会性质组织的必要条件之一，最终能否认定为黑社会性质组织，还要结合危害性特征来加以判断。即使有些案件中的违法犯罪活动已符合"多次"的标准，但根据其性质和严重程度，尚不足以形成非法控制或者重大影响的，也不能认定为黑社会性质组织。

4. 关于危害性特征。称霸一方，在一定区域或者行业内，形成非法控制或重大影响，从而严重破坏经济、社会生活秩序，是黑社会性质组织的本质特征，也是黑社会性质组织区别于一般犯罪集团的关键所在。

【法发〔2010〕9号】　最高人民法院关于贯彻宽严相济刑事政策的若干意见（2010年2月8日印发）

四、准确把握和正确适用宽严"相济"的政策要求

30. 对于恐怖组织犯罪、邪教组织犯罪、黑社会性质组织犯罪和进行走私、诈骗、贩毒等犯罪活动的犯罪集团，在处理时要分别情况，区别对待：对犯罪组织或集团中的为首组织、指挥、策划者和骨干分子，要依法从严惩处，该判处重刑或死刑的要坚决判处重刑或死刑；对受欺骗、胁迫参加犯罪组织、犯罪集团或只是一般参加者，在犯罪中起次要、辅助作用的从犯，依法应当从轻或减轻处罚，符合缓刑条件的，可以适用缓刑。

对于群体性事件中发生的杀人、放火、抢劫、伤害等犯罪案件，要注意重点打击其中的组织、指挥、策划者和直接实施犯罪行为的积极参与者；对因被煽动、欺骗、裹胁而参加，情节较轻，经教育确有悔改表现的，应当依法从宽处理。

【法刊文摘】在审理故意杀人、伤害及黑社会性质组织犯罪案件中切实贯彻宽严相济刑事政策[①]

2010年2月8日印发的《最高人民法院关于贯彻宽严相济刑事政策的若干

---

① 来源于最高人民法院刑三庭，《人民法院报》2010年4月14日。

意见》(以下简称《意见》),对于有效打击犯罪,增强人民群众安全感,减少社会对立面,促进社会和谐稳定,维护国家长治久安具有重要意义,是人民法院刑事审判工作的重要指南。现结合审判实践,就故意杀人、伤害及黑社会性质组织犯罪案件审判中如何贯彻《意见》的精神作简要阐释。

三、黑社会性质组织犯罪案件审判中宽严相济的把握

1. 准确认定黑社会性质组织。黑社会性质组织犯罪由于其严重的社会危害性,在打击处理上不能等其坐大后进行,要坚持"严打"的方针,坚持"打早打小"的策略。但黑社会性质组织的认定,必须严格依照刑法和《全国人民代表大会常务委员会关于〈中华人民共和国刑法〉第二百九十四条第一款的解释》的规定,从组织特征、经济特征、行为特征和非法控制特征4个方面进行分析。认定黑社会性质组织犯罪4个特征必须同时具备。当然,实践中许多黑社会性质组织并不是4个特征都很明显,在具体认定时,应根据立法本意,认真审查、分析黑社会性质组织4个特征相互间的内在联系,准确评价涉案犯罪组织所造成的社会危害。既要防止将已具备黑社会性质组织4个特征的案件"降格"处理,也不能因为强调严厉打击将不具备4个特征的犯罪团伙"拔高"认定为黑社会性质组织。在黑社会性质组织犯罪的审判中贯彻宽严相济刑事政策,要始终坚持严格依法办案,坚持法定标准,这是《意见》的基本要求。

2. 区别对待黑社会性质组织的不同成员。《意见》第30条明确了黑社会性质组织中不同成员的处理原则:分别情况,区别对待。对于组织者、领导者应依法从严惩处,其承担责任的犯罪不限于自己组织、策划、指挥和实施的犯罪,而应对组织所犯的全部罪行承担责任。实践中,一些黑社会性质组织的组织者、领导者,只是以其直接实施的犯罪起诉、审判,实际上是轻纵了他们的罪行。要在区分组织犯罪和组织成员犯罪的基础上,合理划定组织者、领导者的责任范围,做到不枉不纵。同时,还要注意责任范围和责任程度的区别,不能简单认为组织者、领导者就是具体犯罪中责任最重的主犯。对于组织成员实施的黑社会性质组织犯罪,组织者、领导者只是事后知晓,甚至根本不知晓,其就只应负有一般的责任,直接实施的成员无疑应负最重的责任。

对于积极参加者,应根据其在具体犯罪中的地位、作用,确定其应承担的刑事责任。确属黑社会性质组织骨干成员的,应依法从严处罚。对犯罪情节较轻的其他参加人员以及初犯、偶犯、未成年犯,则要依法从轻、减轻处罚。对于参加黑社会性质的组织,没有实施其他违法犯罪活动的,或者受蒙蔽、胁迫参加黑社会性质的组织,情节轻微的,则可以不作为犯罪处理。

此外,在处理黑社会性质组织成员间的检举、揭发问题上,既要考虑线索本

身的价值,也要考虑检举、揭发者在黑社会性质组织犯罪中的地位、作用,防止出现全案量刑失衡的现象。组织者、领导者检举揭发与该黑社会性质组织及其违法犯罪活动有关联的其他犯罪线索,即使依法构成立功或者重大立功,在考虑是否从轻量刑时也应从严予以掌握。积极参加者、其他参加者配合司法机关查办案件,有提供线索、帮助收集证据或者其他协助行为,并对侦破黑社会性质组织犯罪案件起到一定作用的,即使依法不能认定立功,一般也应酌情对其从轻处罚。

【公通字〔2012〕45号】 最高人民法院、最高人民检察院、公安部、司法部关于办理黑社会性质组织犯罪案件若干问题的规定(2012年9月11日印发施行)

一、管辖

第1条 公安机关侦查黑社会性质组织犯罪案件时,对黑社会性质组织及其成员在多个地方实施的犯罪,以及其他与黑社会性质组织犯罪有关的犯罪,可以依照法律和有关规定一并立案侦查。对案件管辖有争议的,由共同的上级公安机关指定管辖。

并案侦查的黑社会性质组织犯罪案件,由侦查该案的公安机关所在地同级人民检察院一并审查批准逮捕、受理移送审查起诉,由符合审判级别管辖要求的人民法院审判。

第2条 公安机关、人民检察院、人民法院根据案件情况和需要,可以依法对黑社会性质组织犯罪案件提级管辖或者指定管辖。

提级管辖或者指定管辖的黑社会性质组织犯罪案件,由侦查该案的公安机关所在地同级人民检察院审查批准逮捕、受理移送审查起诉,由同级或者符合审判级别管辖要求的人民法院审判。

第3条 人民检察院对于公安机关提请批准逮捕、移送审查起诉的黑社会性质组织犯罪案件,人民法院对于已进入审判程序的黑社会性质组织犯罪案件,被告人及其辩护人提出管辖异议,或者办案单位发现没有管辖权的,受案人民检察院、人民法院经审查,可以依法报请与有管辖权的人民检察院、人民法院共同的上级人民检察院、人民法院指定管辖,不再自行移交。对于在审查批准逮捕阶段,上级检察机关已经指定管辖的案件,审查起诉工作由同一人民检察院受理。

第4条 公安机关侦查黑社会性质组织犯罪案件过程中,发现人民检察院管辖的贪污贿赂、渎职侵权犯罪案件线索的,应当及时移送人民检察院。人民检察院对于公安机关移送的案件线索应当及时依法进行调查或者立案侦查。人民检察院与公安机关应当相互及时通报案件进展情况。

二、立案

第5条 公安机关对涉嫌黑社会性质组织犯罪的线索，应当及时进行审查。审查过程中，可以采取询问、查询、勘验、检查、鉴定、辨认、调取证据材料等必要的调查活动，但不得采取强制措施，不得查封、扣押、冻结财产。

立案前的审查阶段获取的证据材料经查证属实的，可以作为证据使用。

公安机关因侦查黑社会性质组织犯罪的需要，根据国家有关规定，经过严格的批准手续，对一些重大犯罪线索立案后可以采取技术侦查等秘密侦查措施。

第6条 公安机关经过审查，认为有黑社会性质组织犯罪事实需要追究刑事责任，且属于自己管辖的，经县级以上公安机关负责人批准，予以立案，同时报上级公安机关备案。

三、强制措施和羁押

第7条 对于组织、领导、积极参加黑社会性质组织的犯罪嫌疑人、被告人，不得取保候审；但是患有严重疾病、生活不能自理，怀孕或者是正在哺乳自己婴儿的妇女，采取取保候审不致发生社会危险性的除外。

第8条 对于黑社会性质组织犯罪案件的犯罪嫌疑人、被告人，看守所应当严格管理，防止发生串供、通风报信等行为。

对于黑社会性质组织犯罪案件的犯罪嫌疑人、被告人，可以异地羁押。

对于同一黑社会性质组织犯罪案件的犯罪嫌疑人、被告人，应当分别羁押，在看守所的室外活动应当分开进行。

对于组织、领导黑社会性质组织的犯罪嫌疑人、被告人，有条件的地方应当单独羁押。

四、证人保护

第9条 公安机关、人民检察院和人民法院应当采取必要措施，保障证人及其近亲属的安全。证人的人身和财产受到侵害时，可以视情给予一定的经济补偿。

第10条 在侦查、起诉、审判过程中，对于因作证行为可能导致本人或者近亲属的人身、财产安全受到严重危害的证人，分别经地市级以上公安机关主要负责人、人民检察院检察长、人民法院院长批准，应当对其身份采取保密措施。

第11条 对于秘密证人，侦查人员、检察人员和审判人员在制作笔录或者文书时，应当以代号代替其真实姓名，不得记录证人住址、单位、身份证号及其他足以识别其身份的信息。证人签名以按指纹代替。

侦查人员、检察人员和审判人员记载秘密证人真实姓名和身份信息的笔录或者文书，以及证人代号与真实姓名对照表，应当单独立卷，交办案单位档案部门封存。

第12条　法庭审理时不得公开秘密证人的真实姓名和身份信息。用于公开质证的秘密证人的声音、影像，应当进行变声、变像等技术处理。

秘密证人出庭作证，人民法院可以采取限制询问、遮蔽容貌、改变声音或者使用音频、视频传送装置等保护性措施。

经辩护律师申请，法庭可以要求公安机关、人民检察院对使用秘密证人的理由、审批程序出具说明。

第13条　对报案人、控告人、举报人、鉴定人、被害人的保护，参照本规定第9条至第12条的规定执行。

五、特殊情况的处理

第14条　参加黑社会性质组织的犯罪嫌疑人、被告人，自动投案，如实供述自己的罪行，或者在被采取强制措施期间如实供述司法机关还未掌握的本人其他罪行的，应当认定为自首。

参加黑社会性质组织的犯罪嫌疑人、被告人，积极配合侦查、起诉、审判工作，检举、揭发黑社会性质组织其他成员与自己共同犯罪以外的其他罪行，经查证属实的，应当认定为有立功表现。在查明黑社会性质组织的组织结构和组织者、领导者的地位作用，追缴、没收赃款赃物，打击"保护伞"方面提供重要线索，经查证属实的，可以酌情从宽处理。

第15条　对于有本规定第14条所列情形之一的，公安机关应当根据犯罪嫌疑人的认罪态度以及在侦查工作中的表现，经县级以上公安机关主要负责人批准，提出从宽处理的建议并说明理由。

人民检察院应当根据已经查明的事实、证据和有关法律规定，在充分考虑全案情况和公安机关建议的基础上依法作出起诉或者不起诉决定，或者起诉后向人民法院提出依法从轻、减轻或者免除刑事处罚的建议。

人民法院应当根据已经查明的事实、证据和有关法律规定，在充分考虑全案情况、公安机关和人民检察院建议和被告人、辩护人辩护意见的基础上，依法作出判决。

对参加黑社会性质组织的犯罪嫌疑人、被告人不起诉或者免予刑事处罚的，应当予以训诫或者责令具结悔过并保证不再从事违法犯罪活动。

第16条　对于有本规定第14条第2款情形的犯罪嫌疑人、被告人，可以参照第9条至第12条的规定，采取必要的保密和保护措施。

六、涉案财产的控制和处理

第17条　根据黑社会性质组织犯罪案件的诉讼需要，公安机关、人民检察院、人民法院可以依法查询、查封、扣押、冻结与案件有关的下列财产：

（一）黑社会性质组织的财产；
（二）犯罪嫌疑人、被告人个人所有的财产；
（三）犯罪嫌疑人、被告人实际控制的财产；
（四）犯罪嫌疑人、被告人出资购买的财产；
（五）犯罪嫌疑人、被告人转移至他人的财产；
（六）其他与黑社会性质组织及其违法犯罪活动有关的财产。

对于本条第1款的财产，有证据证明与黑社会性质组织及其违法犯罪活动无关的，应当依法立即解除查封、扣押、冻结措施。

第18条 查封、扣押、冻结财产的，应当一并扣押证明财产所有权或者相关权益的法律文件和文书。

在侦查、起诉、审判过程中，查询、查封、扣押、冻结财产需要其他部门配合或者执行的，应当分别经县级以上公安机关负责人、人民检察院检察长、人民法院院长批准，通知有关部门配合或者执行。

查封、扣押、冻结已登记的不动产、特定动产及其他财产，应当通知有关登记机关，在查封、扣押、冻结期间禁止被查封、扣押、冻结的财产流转，不得办理被查封、扣押、冻结财产权属变更、抵押等手续；必要时可以提取有关权证照。

第19条 对于不宜查封、扣押、冻结的经营性财产，公安机关、人民检察院、人民法院可以申请当地政府指定有关部门或者委托有关机构代管。

第20条 对于黑社会性质组织形成、发展过程中，组织及其成员通过违法犯罪活动或者其他不正当手段聚敛的财产及其孳息、收益，以及用于违法犯罪的工具和其他财物，应当依法追缴、没收。

对于其他个人或者单位利用黑社会性质组织及其成员的违法犯罪活动获得的财产及其孳息、收益，应当依法追缴、没收。

对于明知是黑社会性质组织而予以资助、支持的，依法没收资助、支持的财产。

对于被害人的合法财产及其孳息，应当依法及时返还或者责令退赔。

第21条 依法应当追缴、没收的财产无法找到、被他人善意取得、价值灭失或者与其他合法财产混合且不可分割的，可以追缴、没收其他等值财产。

对黑社会性质组织及其成员聚敛的财产及其孳息、收益的数额，办案单位可以委托专门机构评估；确实无法准确计算的，可以根据有关法律规定及查明的事实、证据合理估算。

七、律师辩护代理

第22条 公安机关、人民检察院、人民法院应当依法保障律师在办理黑社会性质组织犯罪案件辩护代理工作中的执业权利，保证律师依法履行职责。

公安机关、人民检察院、人民法院应当加强与司法行政机关的沟通和协作，及时协调解决律师辩护代理工作中的问题；发现律师有违法违规行为的，应当及时通报司法行政机关，由司法行政机关依法处理。

第23条 律师接受委托参加黑社会性质组织犯罪案件辩护代理工作的，应当严格依法履行职责，依法行使执业权利，恪守律师职业道德和执业纪律。

第24条 司法行政机关应当建立对律师办理黑社会性质组织犯罪案件辩护代理工作的指导、监督机制，加强对敏感、重大的黑社会性质组织犯罪案件律师辩护代理工作的业务指导；指导律师事务所建立健全律师办理黑社会性质组织犯罪案件辩护代理工作的登记、报告、保密、集体讨论、档案管理等制度；及时查处律师从事黑社会性质组织犯罪案件辩护代理活动中的违法违规行为。

八、刑罚执行

第25条 对于组织、领导、参加黑社会性质组织的罪犯，执行机关应当采取严格的监管措施。

第26条 对于判处10年以上有期徒刑、无期徒刑，以及判处死刑缓期2年执行减为有期徒刑、无期徒刑的黑社会性质组织的组织者、领导者，应当跨省、自治区、直辖市异地执行刑罚。

对于被判处10年以下有期徒刑的黑社会性质组织的组织者、领导者，以及黑社会性质组织的积极参加者，可以跨省、自治区、直辖市或者在本省、自治区、直辖市内异地执行刑罚。

第27条 对组织、领导和积极参加黑社会性质组织的罪犯减刑的，执行机关应当依法提出减刑建议，报经省、自治区、直辖市监狱管理机关审核后，提请人民法院裁定。监狱管理机关审核时应当向同级人民检察院、公安机关通报情况。

对被判处不满10年有期徒刑的组织、领导和积极参加黑社会性质组织的罪犯假释的，依照前款规定处理。

对因犯组织、领导黑社会性质组织罪被判处10年以上有期徒刑、无期徒刑的罪犯，不得假释。

第28条 对于组织、领导和积极参加黑社会性质组织的罪犯，有下列情形之一，确实需要暂予监外执行的，应当依照法律规定的条件和程序严格审批：

（一）确有严重疾病而监狱不具备医治条件，必须保外就医，且适用保外就医不致危害社会的；

（二）怀孕或者正在哺乳自己婴儿的妇女；

（三）因年老、残疾完全丧失生活自理能力，适用暂予监外执行不致危害社会的。

暂予监外执行的审批机关在作出审批决定前，应当向同级人民察院、公安机关通报情况。

第 29 条　办理境外黑社会组织成员入境发展组织成员犯罪案件，参照本规定执行。

【法〔2015〕291 号】　全国部分法院审理黑社会性质组织犯罪案件工作座谈会纪要（最高人民法院 2015 年 9 月 17 日在广西北海召开，全国 20 个省（市、区）高级人民法院和部分中级人民法院、基层人民法院的主管副院长、刑事审判庭庭长参加会议，2015 年 10 月 13 日印发。本《纪要》是对 2009 年《座谈会纪要》的继承与发展，原有内容仍应遵照执行；内容有所补充的，应结合执行。）

一、准确把握形势、任务，坚定不移地在法治轨道上深入推进打黑除恶专项斗争

（一）毫不动摇地贯彻依法严惩方针

会议认为，受国内国际多种因素影响，我国黑社会性质组织犯罪活跃、多发的基本态势在短期内不会改变。此类犯罪组织化程度较高，又与各种社会治安问题相互交织，破坏力成倍增加，严重威胁人民群众的生命、财产安全。而且，黑社会性质组织还具有极强的向经济领域、政治领域渗透的能力，严重侵蚀维系社会和谐稳定的根基。各级人民法院必须切实增强政治意识、大局意识、忧患意识和责任意识，进一步提高思想认识，充分发挥审判职能作用，继续深入推进打黑除恶专项斗争，在严格把握黑社会性质组织认定标准的基础上始终保持对于此类犯罪的严惩高压态势。对于黑社会性质组织犯罪分子要依法加大资格刑、财产刑的适用力度，有效运用刑法中关于禁止令的规定，严格把握减刑、假释适用条件，全方位、全过程地体现从严惩处的精神。

（二）认真贯彻落实宽严相济刑事政策

审理黑社会性质组织犯罪案件应当认真贯彻落实宽严相济刑事政策。要依照法律规定，根据具体的犯罪事实、情节以及人身危险性、主观恶性、认罪悔罪态度等因素充分体现刑罚的个别化。同时要为防止片面强调从宽或者从严，切实做到区别对待，宽严有据，罚当其罪。对于黑社会性质组织的组织者、领导者、骨干成员及其"保护伞"，要依法从严惩处。根据所犯具体罪行的严重程度，依法应当判处重刑的要坚决判处重刑。确属罪行极其严重，依法应当判处死刑的，也必须坚决判处。对于不属于骨干成员的积极参加者以及一般参加者，确有自首、立功等法定情节的，要依法从轻、减轻或免除处罚；具有初犯、偶

犯等酌定情节的,要依法酌情从宽处理。对于一般参加者,虽然参与实施了少量的违法犯罪活动,但系未成年人或是只起次要、辅助作用的,应当依法从宽处理。符合缓刑条件的,可以适用缓刑。

(三)正确把握"打早打小"与"打准打实"的关系

"打早打小",是指各级政法机关必须依照法律规定对有可能发展成为黑社会性质组织的犯罪集团、"恶势力"团伙依法早打击,绝不能允许其坐大成势,而不应被理解为对尚处于低级形态的犯罪组织可以不加区分地一律按照黑社会性质组织处理。"打准打实",就是要求审判时应当本着实事求是的态度,在准确查明事实的基础上,构成什么罪,就按什么罪判处刑罚。对于不符合黑社会性质组织认定标准的,应当根据案件事实依照刑法中的相关条款处理,从而把法律规定落到实处。由于黑社会性质组织的形成、发展一般会经历一个从小到大、由"恶"到"黑"的渐进过程,因此,"打早打小"不仅是政法机关依法惩治黑恶势力犯罪的一贯方针,而且是将黑社会性质组织及时消灭于雏形或萌芽状态,防止其社会危害进一步扩大的有效手段。而"打准打实"既是刑事审判维护公平正义的必然要求,也是确保打黑除恶工作实现预期目标的基本前提。只有打得准,才能有效摧毁黑社会性质组织;只有打得实,才能最大限度地体现惩治力度。"打早打小"和"打准打实"是分别从惩治策略、审判原则的角度对打黑除恶工作提出的要求,各级人民法院对于二者关系的理解不能简单化、片面化,要严格坚持依法办案原则,准确认定黑社会性质组织,既不能"降格",也不能"拔高",切实防止以"打早打小"替代"打准打实"。

(四)依法加大惩处"保护伞"的力度

个别国家机关工作人员的包庇、纵容,不仅会对黑社会性质组织的滋生、蔓延起到推波助澜的作用,而且会使此类犯罪的社会危害进一步加大。各级人民法院应当充分认识"保护伞"的严重危害,将依法惩处"保护伞"作为深化打黑除恶工作的重点环节和深入开展反腐败斗争的重要内容,正确运用刑法的有关规定,有效加大对于"保护伞"的惩处力度。同时,各级人民法院还应当全面发挥职能作用,对于审判工作中发现的涉及"保护伞"的线索,应当及时转往有关部门查处,确保实现"除恶务尽"的目标。

(五)严格依照法律履行审判职能

《中华人民共和国刑法修正案(八)》的颁布实施以及刑事诉讼法的再次修正,不仅进一步完善了惩处黑恶势力犯罪的相关法律规定,同时也对办理黑社会性质组织犯罪案件提出了更为严格的要求。面对新的形势和任务,各级人民法院应当以审判为中心,进一步增强程序意识和权利保障意识,严格按照法定程序独立行使审判职权,并要坚持罪刑法定、疑罪从无、证据裁判原则,依法排除非法证据,通过充分发挥庭审功能和有效运用证据审查判断规则,切实把好事实、证据与法律适用关,以令人信服的裁判说理来实现审判工作法律效果与社会效果的有机统一。同时,还应当继续加强、完善与公安、检察等机关的配合协作,保证各项长效工作机制运行更为顺畅。

二、关于黑社会性质组织的认定

(一)认定组织特征的问题

黑社会性质组织存续时间的起点,可以根据涉案犯罪组织举行成立仪式或者进行类似活动的时间来认定。没有前述活动的,可以根据足以反映其初步形成核心利益或强势地位的重大事件发生时间进行审查判断。没有明显标志性事件的,也可以根据涉案犯罪组织为维护、扩大组织势力、实力、影响、经济基础或按照组织惯例、纪律、活动规约而首次实施有组织的犯罪活动的时间进行审查判断。存在、发展时间明显过短、犯罪活动尚不突出的,一般不应认定为黑社会性质组织。

黑社会性质组织应当具有一定规模,人数较多,组织成员一般在10人以上。其中,既包括已有充分证据证明但尚未归案的组织成员,也包括虽有参加黑社会性质组织的行为但因尚未达到刑事责任年龄或因其他法定情形而未被起诉,或者根据具体情节不作为犯罪处理的组织成员。

黑社会性质组织应有明确的组织者、领导者,骨干成员基本固定,并有比较明确的层级和职责分工,一般有3种类型的组织成员,即:组织者、领导者与积极参加者、一般参加者(也即"其他参加者")。骨干成员,是指直接听命于组织者、领导者,并多次指挥或积极参与实施有组织的违法犯罪活动或者其他长时间在犯罪组织中起重要作用的犯罪分子,属于积极参加者的一部分。

对于黑社会性质组织的组织纪律、活动规约,应当结合制定、形成相关纪律、规约的目的与意图来进行审查判断。凡是为了增强实施违法犯罪活动的组织性、隐蔽性而制定或者自发形成,并用以明确组织内部人员管理、职责分工、行为规范、利益分配、行动准则等事项的成文或不成文的规定、约定,均可认定为黑社会性质组织的组织纪律、活动规约。

对于参加黑社会性质组织,没有实施其他违法犯罪活动,或者受蒙蔽、威胁参加黑社会性质组织,情节轻微的,可以不作为犯罪处理。对于参加黑社会性质组织后仅参与少量情节轻微的违法活动的,也可以不作为犯罪处理。

以下人员不属于黑社会性质组织的成员:1. 主观上没有加入社会性质组织的意愿,受雇到黑社会性质组织开办的公司、企业、社团工作,未参与或者仅参与少量黑社会性质组织的违法犯罪活动的人员；2. 因临时被纠集、雇佣或受蒙蔽为黑社会性质组织实施违法犯罪活动或者提供帮助、支持、服务的人员；3. 为维护或扩大自身利益而临时雇佣、收买、利用黑社会性质组织实施违法犯罪活动的人员。上述人员构成其他犯罪的，按照具体犯罪处理。

对于被起诉的组织成员主要为未成年人的案件，定性时应当结合"四个特征"审慎把握。

（二）认定经济特征的问题

"一定的经济实力"，是指黑社会性质组织在形成、发展过程中获取的，足以支持该组织运行、发展以及实施违法犯罪活动的经济利益。包括：1. 有组织地通过违法犯罪活动或其他不正当手段聚敛的资产；2. 有组织地通过合法的生产、经营活动获取的资产；3. 组织成员以及其他单位、个人资助黑社会性质组织的资产。通过上述方式获取的经济利益，即使是由部分组织成员个人掌控，也应计入黑社会性质组织的"经济实力"。

各高级人民法院可以根据本地区的实际情况，对黑社会性质组织所应具有的"经济实力"在20-50万元幅度内，自行划定一般掌握的最低数额标准。

是否将所获经济利益全部或部分用于违法犯罪活动或者维系犯罪组织的生存、发展，是认定经济特征的重要依据。无论获利后的分配与使用形式如何变化，只要在客观上能够起到豢养组织成员、维护组织稳定、壮大组织势力的作用即可认定。

（三）认定行为特征的问题

涉案犯罪组织仅触犯少量具体罪名的，是否应认定为黑社会性质组织要结合组织特征、经济特征和非法控制特征（危害性特征）综合判断，严格把握。

黑社会性质组织实施的违法犯罪活动包括非暴力性的违法犯罪活动，但暴力或以暴力相威胁始终是黑社会性质组织实施违法犯罪活动的基本手段，并随时可能付诸实施。因此，在黑社会性质组织所实施的违法犯罪活动中，一般应有一部分能够较明显地体现出暴力或以暴力相威胁的基本特征。否则，定性时应当特别慎重。

属于2009年《座谈会纪要》规定的五种情形之一的，一般应当认定为黑社会性质组织实施的违法犯罪活动，但确与维护和扩大组织势力、实力、影响、经济基础无任何关联，亦不是按照组织惯例、纪律、活动规约而实施，则应作为组织成员个人的违法犯罪活动处理。

组织者、领导者明知组织成员曾多次实施起因、性质类似的违法犯罪活动，但并未明确予以禁止的，如果该类行为对扩大组织影响起到一定作用，可以视为是按照组织惯例实施的违法犯罪活动。

（四）认定非法控制特征（危害性特征）的问题

黑社会性质组织所控制和影响的"一定区域"，应当具备一定空间范围，并承载一定的社会功能。既包括一定数量的自然人共同居住、生活的区域，如乡镇、街道、较大的村庄等，也包括承载一定生产、经营或社会公共服务功能的区域，如矿山、工地、市场、车站、码头等。对此，应当结合一定地域范围内的人口数量、流量、经济规模等因素综合评判。如果涉案犯罪组织的控制和影响仅存在于一座酒店、一处娱乐会所等空间范围有限的场所或者人口数量、流量、经济规模较小的其他区域，则一般不能视为是对"一定区域"的控制和影响。

黑社会性质组织所控制和影响的"一定行业"，是指在一定区域内存在的同类生产、经营活动。黑社会性质组织通过多次有组织地实施违法犯罪活动，对黄、赌、毒等非法行业形成非法控制或重大影响的，同样符合非法控制特征（危害性特征）的要求。

2009年《座谈会纪要》明确了可以认定为"在一定区域或者行业内，形成非法控制或者重大影响，严重破坏经济、社会生活秩序"的8种情形，适用时应当注意以下问题：第1种情形中的"致使合法利益受损的群众不敢举报、控告的"，是指致使多名合法利益遭受犯罪或者严重违法活动侵害的群众不敢通过正当途径维护权益；第2种情形中的"形成垄断"，是指可以操控、左右、决定与一定行业相关的准入、退出、经营、竞争等经济活动。"形成重要影响"，是指对与一定行业相关的准入、退出、经营、竞争等经济活动具有较大的干预和影响能力，或者具有在该行业内占有较大市场份额、通过违法犯罪活动或以其他不正当手段在该行业内敛财数额巨大（最低数额标准由各高院根据本地情况在20-50万元的幅度内自行划定），给该行业内从事生产、经营活动的其他单位、组织、个人造成直接经济损失100万元以上等情节之一；第3、4、5种情形中的"造成严重影响"，是指具有致人重伤或致多人轻伤、通过违法犯罪活动或以其他不正当手段敛财数额巨大（数额标准同上）、造成直接经济损失100万元以上、多次引发群体性事件或引发大规模群体性事件等情节之一；第6种情形中的"多次干扰、破坏国家机关、行业管理部门以及村委会、居委会等基层群众自治组织的工作秩序"，包括以拉拢、收买、威胁等手段多次得到国家机关工作人员包庇或纵容，或者多次对前述单位、组织中正常履行职务的工作人员进行打击、报复的情形；第7种情形中的"获取政治地位"，是指当选各级人大代表、政协委员。"担任一定职务"，是指在各级党政机关及其职能部门、基层群众自治组织中担任具有组织、领导、监督、管理职权的职务。

根据实践经验，在黑社会性质组织犯罪案件中，2009年《座谈会纪要》规定的八种情形一般不会单独存在，往往是两种以上的情形同时并存、相互交织，从而严重破坏经济、社会生活秩序。审判时，应当充分认识这一特点，准确认定该特征。

"四个特征"中其他构成要素均已具备，仅在成员人数、经济实力规模方面未达到本纪要提出的一般性要求，但已较为接近，且在非法控制特征（危害性特征）方面同时具有2009年《座谈会纪要》相关规定中的多种情形，其中至少有一种情形已明显超出认定标准的，也可以认定为黑社会性质组织。

三、关于刑事责任和刑罚适用

（一）已退出或者新接任的组织者、领导者的刑事责任问题

对于在黑社会性质组织形成、发展过程中已经退出的组织者、领导者，或者在加入黑社会性质组织之后逐步发展成为组织者、领导者的犯罪分子，应对其本人参与及其实际担任组织者、领导者期间该组织所犯的全部罪行承担刑事责任。

（二）量刑情节的运用问题

黑社会性质组织的成员虽不具有自首情节，但到案后能够如实供述自己罪行，并具有以下情形之一的，一般应当适用《刑法》第67条第3款的规定予以从轻处罚：1.如实交代大部分尚未被掌握的同种犯罪事实；2.如实交代尚未被掌握的较重的同种犯罪事实；3.如实交代犯罪事实，并对收集定案证据、查明案件事实有重要作用的。

积极参加者、一般参加者配合司法机关查办案件，有提供线索、帮助收集证据或者其他协助行为，并在侦破黑社会性质组织犯罪案件、认定黑社会性质组织及其主要成员、追缴黑社会性质组织违法所得、查处"保护伞"等方面起到较大作用的，即使依法不能认定立功，一般也应酌情对其从轻处罚。

组织者、领导者、骨干成员以及"保护伞"协助抓获同案中其他重要的组织成员，或者骨干成员能够检举揭发其他犯罪案件中罪行同样严重的犯罪分子，原则上依法应予从轻或者减轻处罚。组织者、领导者检举揭发与该黑社会性质组织及其违法犯罪活动有关联的其他犯罪线索，如果在是否认定立功的问题上存在事实、证据或法律适用方面的争议，应当严格把握。依法应认定为立功或者重大立功的，在决定是否从宽处罚、如何从宽处罚时，应当根据罪责刑相一致原则从严掌握。可能导致全案量刑明显失衡的，不予从宽处罚。

审理黑社会性质组织犯罪案件，应当通过判处和执行民事赔偿以及积极开展司法救助来最大限度地弥补被害人及其亲属的损失。被害人及其亲属确有特

殊困难，需要接受被认定为黑社会性质组织成员的被告人赔偿并因此表示谅解的，量刑时应当特别慎重。不仅应当查明谅解是否确属真实意思表示以及赔偿款项与黑社会性质组织违法所得有无关联，而且在决定是否从宽处罚、如何从宽处罚时，也应当从严掌握。可能导致全案量刑明显失衡的，不予从宽处罚。

（三）附加剥夺政治权利的适用问题

对于黑社会性质组织的组织者、领导者，可以适用《刑法》第56条第1款的规定附加剥夺政治权利。对于因犯参加黑社会性质组织罪被判处5年以上有期徒刑的积极参加者，也可以适用该规定附加剥夺政治权利。

（四）财产刑的适用问题

对于黑社会性质组织的组织者、领导者，依法应当并处没收财产。黑社会性质组织敛财数额特别巨大，但因犯罪分子转移、隐匿、毁灭证据或者拒不交代涉案财产来源、性质，导致违法所得以及其他应当追缴的财产难以准确查清和追缴的，对于组织者、领导者以及为该组织转移、隐匿资产的积极参加者可以并处没收个人全部财产。

对于确属骨干成员的积极参加者一般应当并处罚金或者没收财产。对于其他积极参加者和一般参加者，应当根据所参与实施违法犯罪活动的次数、性质、地位、作用、违法所得数额以及造成损失的数额等情节，依法决定财产刑的适用。

四、关于审判程序和证据审查

（一）分案审理问题

为便宜诉讼，提高审判效率，防止因法庭审理过于拖延而损害当事人的合法权益，对于被告人人数众多，合并审理难以保证庭审质量和庭审效率的黑社会性质组织犯罪案件，可分案进行审理。分案应当遵循有利于案件顺利审判、有利于查明案件事实、有利于公正定罪量刑的基本原则，确保有效质证、事实统一、准确定罪、均衡量刑。对于被作为组织者、领导者、积极参加者起诉的被告人，以及黑社会性质组织重大犯罪的共同作案人，分案审理影响庭审调查的，一般不宜分案审理。

（二）证明标准和证据运用问题

办理黑社会性质组织犯罪案件应当坚持"事实清楚，证据确实、充分"的法定证明标准。黑社会性质组织犯罪案件侦查取证难度大，"四个特征"往往难以通过实物证据来加以证明。审判时，应当严格依照刑事诉讼法及有关司法解释的规定对相关证据进行审查与认定。在确保被告人供述、证人证言、被害人陈述等言词证据取证合法、内容真实，且综合全案证据，已排除合理怀疑的情况下，同样可以认定案件事实。

(三) 法庭举证、质证问题

审理黑社会性质组织犯罪案件时,合议庭应当按照刑事诉讼法及有关司法解释的规定有效引导控辩双方举证、质证。不得因为案件事实复杂、证据繁多,而不当限制控辩双方就证据问题进行交叉询问、相互辩论的权利。庭审时,应当根据案件事实繁简、被告人认罪态度等采取适当的举证、质证方式,突出重点;对黑社会性质组织的"四个特征"应单独举证、质证。为减少重复举证、质证,提高审判效率,庭审中可以先就认定具体违法犯罪事实的证据进行举证、质证。对认定黑社会性质组织行为特征的证据进行举证、质证时,之前已经宣读、出示过的证据,可以在归纳、概括之后简要征询控辩双方意见。对于认定组织特征、经济特征、非法控制特征(危害性特征)的证据,举证、质证时一般不宜采取前述方式。

(四) 关于出庭证人、鉴定人、被害人的保护问题

人民法院受理黑社会性质组织犯罪案件后,应当及时了解在侦查、审查起诉阶段有无对证人、鉴定人、被害人采取保护措施的情况,确保相关保护措施在审判阶段能够紧密衔接。开庭审理时,证人、鉴定人、被害人因出庭作证,本人或其近亲属的人身安全面临危险的,应当采取不暴露外貌、真实声音等出庭作证措施。必要时,可以进行物理隔离,以音频、视频传送的方式作证,并对声音、图像进行技术处理。有必要禁止特定人员接触证人、鉴定人、被害人及其近亲属的,以及需要对证人、鉴定人、被害人及其近亲属的人身和住宅采取专门性保护措施的,应当及时与检察机关、公安机关协调,确保保护措施及时执行到位。依法决定不公开证人、鉴定人、被害人真实姓名、住址和工作单位等个人信息的,应当在开庭前核实其身份。证人、鉴定人签署的如实作证保证书应当列入审判副卷,不得对外公开。

五、关于黑社会性质组织犯罪案件审判工作相关问题

(一) 涉案财产的处置问题

审理黑社会性质组织犯罪案件时,对于依法查封、冻结、扣押的涉案财产,应当全面审查证明财产来源、性质、用途、权属及价值大小的有关证据,调查财产的权属情况以及是否属于违法所得或者依法应当追缴的其他财物。属于下列情形的,依法应当予以追缴、没收:1. 黑社会性质组织形成、发展过程中,该组织及其组织成员通过违法犯罪活动或其他不正当手段聚敛的财产及其孳息、收益,以及合法获取的财产中实际用于支持该组织存在、发展和实施违法犯罪活动的部分;2. 其他单位、个人为支持黑社会性质组织存在、发展以及实施违法犯罪活动而资助或提供的财产;3. 组织成员通过个人实施的违法犯罪活动所

聚敛的财产及其孳息、收益，以及供个人犯罪所用的本人财物；4. 黑社会性质组织及其组织成员个人非法持有的违禁品；5. 依法应当追缴的其他涉案财物。

（二）发挥庭审功能问题

黑社会性质组织犯罪案件开庭前，应当按照重大案件的审判要求做好从物质保障到人员配备等各方面的庭审准备，并制定详细的庭审预案和庭审提纲。同时，还要充分发挥庭前会议了解情况、听取意见的应有作用，提前了解控辩双方的主要意见，及时解决可能影响庭审顺利进行的程序性问题。对于庭前会议中出示的证据材料，控辩双方无异议的，庭审举证、质证时可以简化。庭审过程中，合议庭应当针对争议焦点和关键的事实、证据问题，有效引导控辩双方进行法庭调查与法庭辩论。庭审时，还应当全程录音录像，相关音视频资料应当存卷备查。

【高检发〔2016〕2号】 最高人民检察院关于充分发挥检察职能依法保障和促进非公有制经济健康发展的意见（2016年2月19日）

3. ……依法惩治黑社会性质犯罪组织和恶势力犯罪团伙以暴力、胁迫等方式向非公有制企业收取"保护费"，欺行霸市、强买强卖的犯罪。……

最高人民检察院关于充分发挥检察职能依法惩治"村霸"和宗族恶势力犯罪积极维护农村和谐稳定的意见

检察机关要主动加强与纪检监察、组织人事、公安、民政、社会治安综合治理等部门的协作配合，充分发挥惩治、教育、预防、监督、服务等多元检察职能，多措并举，综合施治，依法严厉打击危害农村和谐稳定的违法犯罪，坚决铲除"村霸"和宗族恶势力"毒瘤"。

各级检察机关要突出打击采取贿赂或者暴力、威胁等手段操纵农村"两委"换届选举，以及放纵、包庇"村霸"和宗族恶势力，致使其坐大成患，或者收受贿赂、徇私舞弊，为"村霸"和宗族恶势力充当"保护伞"的职务犯罪。

对于严重侵害农民群众切身利益、严重影响农民群众正常生产生活、有组织有计划地从事违法犯罪活动、煽动不明真相的村民对抗政府等性质恶劣、情节严重的"村霸"和宗族恶势力犯罪案件，要快捕快诉，依法从严从重打击。

各级检察机关要将打击矛头对准严重影响农村基层政权稳定、严重影响百姓安居乐业的"村霸"和宗族恶势力犯罪。对于在聚众闹事中起组织、策划、指挥作用的，采取暴力、胁迫或其他非法手段欺压群众的，多次违法犯罪经有关部门教育处理后仍不改正的，构成犯罪团伙特别是带有黑社会性质的，要依法从严从重处置，坚决打掉其嚣张气焰。

【法发〔2018〕1号】　最高人民法院、最高人民检察院、公安部、司法部关于办理黑恶势力犯罪案件若干问题的指导意见（2018年1月16日）

一、总体要求

1. 各级人民法院、人民检察院、公安机关和司法行政机关应充分发挥职能作用，密切配合，相互支持，相互制约，形成打击合力，加强预防惩治黑恶势力犯罪长效机制建设。正确运用法律规定加大对黑恶势力违法犯罪以及"保护伞"惩处力度，在侦查、起诉、审判、执行各阶段体现依法从严惩处精神，严格掌握取保候审，严格掌握不起诉，严格掌握缓刑、减刑、假释，严格掌握保外就医适用条件，充分运用《刑法》总则关于共同犯罪和犯罪集团的规定加大惩处力度，充分利用资格刑、财产刑降低再犯可能性。对黑恶势力犯罪，注意串并研判、深挖彻查，防止就案办案，依法加快办理。坚持依法办案、坚持法定标准、坚持以审判为中心，加强法律监督，强化程序意识和证据意识，正确把握"打早打小"与"打准打实"的关系，贯彻落实宽严相济刑事政策，切实做到宽严有据，罚当其罪，实现政治效果、法律效果和社会效果的统一。

2. 各级人民法院、人民检察院、公安机关和司法行政机关应聚焦黑恶势力犯罪突出的重点地区、重点行业和重点领域，重点打击威胁政治安全特别是政权安全、制度安全以及向政治领域渗透的黑恶势力；把持基层政权、操纵破坏基层换届选举、垄断农村资源、侵吞集体资产的黑恶势力；利用家族、宗族势力横行乡里、称霸一方、欺压残害百姓的"村霸"等黑恶势力；在征地、租地、拆迁、工程项目建设等过程中煽动闹事的黑恶势力；在建筑工程、交通运输、矿产资源、渔业捕捞等行业、领域，强揽工程、恶意竞标、非法占地、滥开滥采的黑恶势力；在商贸集市、批发市场、车站码头、旅游景区等场所欺行霸市、强买强卖、收保护费的市霸、行霸等黑恶势力；操纵、经营"黄赌毒"等违法犯罪活动的黑恶势力；非法高利放贷、暴力讨债的黑恶势力；插手民间纠纷，充当"地下执法队"的黑恶势力；组织或雇佣网络"水军"在网上威胁、恐吓、侮辱、诽谤、滋扰的黑恶势力；境外黑社会入境发展渗透以及跨国跨境的黑恶势力。同时，坚决深挖黑恶势力"保护伞"。

二、依法认定和惩处黑社会性质组织犯罪

3. 黑社会性质组织应同时具备《刑法》第294条第5款中规定的"组织特征""经济特征""行为特征"和"危害性特征"。由于实践中许多黑社会性质组织并非这"四个特征"都很明显，在具体认定时，应根据立法本意，认真审查、分析黑社会性质组织"四个特征"相互间的内在联系，准确评价涉案犯罪组织所造成的社会危害，做到不枉不纵。

4. 发起、创建黑社会性质组织，或者对黑社会性质组织进行合并、分立、重组的行为，应当认定为"组织黑社会性质组织"；实际对整个组织的发展、运行、活动进行决策、指挥、协调、管理的行为，应当认定为"领导黑社会性质组织"。黑社会性质组织的组织者、领导者，既包括通过一定形式产生的有明确职务、称谓的组织者、领导者，也包括在黑社会性质组织中被公认的事实上的组织者、领导者。

5. 知道或者应当知道是以实施违法犯罪为基本活动内容的组织，仍加入并接受其领导和管理的行为，应当认定为"参加黑社会性质组织"。没有加入黑社会性质组织的意愿，受雇到黑社会性质组织开办的公司、企业、社团工作，未参与黑社会性质组织违法犯罪活动的，不应认定为"参加黑社会性质组织"。

参加黑社会性质组织并具有以下情形之一的，一般应当认定为"积极参加黑社会性质组织"：多次积极参与黑社会性质组织的违法犯罪活动，或者积极参与较严重的黑社会性质组织的犯罪活动且作用突出，以及其他在组织中起重要作用的情形，如具体主管黑社会性质组织的财务、人员管理等事项。

6. 组织形成后，在一定时期内持续存在，应当认定为"形成较稳定的犯罪组织"。

黑社会性质组织一般在短时间内难以形成，而且成员人数较多，但鉴于"恶势力"团伙和犯罪集团向黑社会性质组织发展是一个渐进的过程，没有明显的性质转变的节点，故对黑社会性质组织存在时间、成员人数问题不宜作出"一刀切"的规定。

黑社会性质组织未举行成立仪式或者进行类似活动的，成立时间可以按照足以反映其初步形成非法影响的标志性事件的发生时间认定。没有标志性事件的，可以按照本意见中黑社会性质组织违法犯罪活动认定范围的规定，将组织者、领导者与其他组织成员首次共同实施该组织犯罪活动的时间认定为该组织的形成时间。该组织者、领导者因未到案或因死亡等法定情形未被起诉的，不影响认定。

黑社会性质组织成员既包括已有充分证据证明但尚未到案的组织成员，也包括虽有参加黑社会性质组织的行为但因尚未达到刑事责任年龄或因其他法定情形而未被起诉，或者根据具体情节不作为犯罪处理的组织成员。

7. 在组织的形成、发展过程中通过以下方式获取经济利益的，应当认定为"有组织地通过违法犯罪活动或者其他手段获取经济利益"：（1）有组织地通过违法犯罪活动或其他不正当手段聚敛；（2）有组织地以投资、控股、参股、合伙等方式通过合法的生产、经营活动获取；（3）由组织成员提供或通过其他单位、组织、个人资助取得。

8. 通过上述方式获得一定数量的经济利益，应当认定为"具有一定的经济实力"，同时也包括调动一定规模的经济资源用以支持该组织活动的能力。通过上述方式获取的经济利益，即使是由部分组织成员个人掌控，也应计入黑社会性质组织的"经济实力"。组织成员主动将个人或者家庭资产中的一部分用以支持该组织活动，其个人或者家庭资产可全部计入"一定的经济实力"，但数额明显较小或仅提供动产、不动产使用权的除外。

由于不同地区的经济发展水平、不同行业的利润空间均存在很大差异，加之黑社会性质组织存在、发展的时间也各有不同，在办案时不能一般性地要求黑社会性质组织所具有的经济实力必须达到特定规模或特定数额。

9. 黑社会性质组织实施的违法犯罪活动包括非暴力性的违法犯罪活动，但暴力或以暴力相威胁始终是黑社会性质组织实施违法犯罪活动的基本手段，并随时可能付诸实施。暴力、威胁色彩虽不明显，但实际是以组织的势力、影响和犯罪能力为依托，以暴力、威胁的现实可能性为基础，足以使他人产生畏惧、恐慌进而形成心理强制或者足以影响、限制人身自由、危及人身财产安全或者影响正常生产、工作、生活的手段，属于《刑法》第294条第5款第（三）项中的"其他手段"，包括但不限于所谓的"谈判""协商""调解"以及滋扰、纠缠、哄闹、聚众造势等手段。

10. 为确立、维护、扩大组织的势力、影响、利益或者按照纪律规约、组织惯例多次实施违法犯罪活动，侵犯不特定多人的人身权利、民主权利、财产权利，破坏经济秩序、社会秩序，应当认定为"有组织地多次进行违法犯罪活动，为非作恶，欺压、残害群众"。

符合以下情形之一的，应当认定为是黑社会性质组织实施的违法犯罪活动：（1）为该组织争夺势力范围、打击竞争对手、形成强势地位、谋取经济利益、树立非法权威、扩大非法影响、寻求非法保护、增强犯罪能力等实施的；（2）按照该组织的纪律规约、组织惯例实施的；（3）组织者、领导者直接组织、策划、指挥、参与实施的；（4）由组织成员以组织名义实施，并得到组织者、领导者认可或者默许的；（5）多名组织成员为逞强争霸、插手纠纷、报复他人、替人行凶、非法敛财而共同实施，并得到组织者、领导者认可或者默许的；（6）其他应当认定为黑社会性质组织实施的。

11. 鉴于黑社会性质组织非法控制和影响的"一定区域"的大小具有相对性，不能简单地要求"一定区域"必须达到某一特定的空间范围，而应当根据具体案情，并结合黑社会性质组织对经济、社会生活秩序的危害程度加以综合分析判断。

通过实施违法犯罪活动,或者利用国家工作人员的包庇或者不依法履行职责,放纵黑社会性质组织进行违法犯罪活动的行为,称霸一方,并具有以下情形之一的,可认定为"在一定区域或者行业内,形成非法控制或者重大影响,严重破坏经济、社会生活秩序":(1)致使在一定区域内生活或者在一定行业内从事生产、经营的多名群众,合法利益遭受犯罪或严重违法活动侵害后,不敢通过正当途径举报、控告的;(2)对一定行业的生产、经营形成垄断,或者对涉及一定行业的准入、经营、竞争等经济活动形成重要影响的;(3)插手民间纠纷、经济纠纷,在相关区域或者行业内造成严重影响的;(4)干扰、破坏他人正常生产、经营、生活,并在相关区域或者行业内造成严重影响的;(5)干扰、破坏公司、企业、事业单位及社会团体的正常生产、经营、工作秩序,在相关区域、行业内造成严重影响,或者致使其不能正常生产、经营、工作的;(6)多次干扰、破坏党和国家机关、行业管理部门以及村委会、居委会等基层群众自治组织的工作秩序,或者致使上述单位、组织的职能不能正常行使的;(7)利用组织的势力、影响,帮助组织成员或他人获取政治地位,或者在党政机关、基层群众自治组织中担任一定职务的;(8)其他形成非法控制或者重大影响,严重破坏经济、社会生活秩序的情形。

12. 对于组织者、领导者和因犯参加黑社会性质组织罪被判处 5 年以上有期徒刑的积极参加者,可以根据《刑法》第 56 条第 1 款的规定适用附加剥夺政治权利。对于符合《刑法》第 37 条之一规定的组织成员,应当依法禁止其从事相关职业。符合《刑法》第 66 条规定的组织成员,应当认定为累犯,依法从重处罚。

对于因有组织的暴力性犯罪被判处死刑缓期执行的黑社会性质组织犯罪分子,可以根据《刑法》第 50 条第 2 款的规定同时决定对其限制减刑。对于因有组织的暴力性犯罪被判处 10 年以上有期徒刑、无期徒刑的黑社会性质组织犯罪分子,应当根据《刑法》第 81 条第 2 款规定,不得假释。

13. 对于组织者、领导者一般应当并处没收个人全部财产。对于确属骨干成员或者为该组织转移、隐匿资产的积极参加者,可以并处没收个人全部财产。对于其他组织成员,应当根据所参与实施违法犯罪活动的次数、性质、地位、作用、违法所得数额以及造成损失的数额等情节,依法决定财产刑的适用。

三、依法惩处恶势力犯罪

14. 具有下列情形的组织,应当认定为"恶势力":经常纠集在一起,以暴力、威胁或者其他手段,在一定区域或者行业内多次实施违法犯罪活动,为非作恶,欺压百姓，扰乱经济、社会生活秩序，造成较为恶劣的社会影响，但尚未形成黑社会性质组织的违法犯罪组织。恶势力一般为3人以上，纠集者相对固定，违法犯罪活动主要为强迫交易、故意伤害、非法拘禁、敲诈勒索、故意毁坏财物、聚众斗殴、寻衅滋事等，同时还可能伴随实施开设赌场、组织卖淫、强迫卖淫、贩卖毒品、运输毒品、制造毒品、抢劫、抢夺、聚众扰乱社会秩序、聚众扰乱公共场所秩序、交通秩序以及聚众"打砸抢"等。

在相关法律文书中的犯罪事实认定部分，可使用"恶势力"等表述加以描述。

15. 恶势力犯罪集团是符合犯罪集团法定条件的恶势力犯罪组织，其特征表现为：有3名以上的组织成员，有明显的首要分子，重要成员较为固定，组织成员经常纠集在一起，共同故意实施3次以上恶势力惯常实施的犯罪活动或者其他犯罪活动。

16. 公安机关、人民检察院、人民法院在办理恶势力犯罪案件时，应当依照上述规定，区别于普通刑事案件，充分运用《刑法》总则关于共同犯罪和犯罪集团的规定，依法从严惩处。

四、依法惩处利用"软暴力"实施的犯罪

17. 黑恶势力为谋取不法利益或形成非法影响，有组织地采用滋扰、纠缠、哄闹、聚众造势等手段侵犯人身权利、财产权利，破坏经济秩序、社会秩序，构成犯罪的，应当分别依照《刑法》相关规定处理：

（1）有组织地采用滋扰、纠缠、哄闹、聚众造势等手段扰乱正常的工作、生活秩序，使他人产生心理恐惧或者形成心理强制，分别属于《刑法》第293条第1款第（二）项规定的"恐吓"、《刑法》第226规定的"威胁"，同时符合其他犯罪构成条件的，应分别以寻衅滋事罪、强迫交易罪定罪处罚。

《关于办理寻衅滋事刑事案件适用法律若干问题的解释》第2条至第4条中的"多次"一般应当理解为2年内实施寻衅滋事行为3次以上。2年内多次实施不同种类寻衅滋事行为的，应当追究刑事责任。

（2）以非法占有为目的强行索取公私财物，有组织地采用滋扰、纠缠、哄闹、聚众造势等手段扰乱正常的工作、生活秩序，同时符合《刑法》第274条规定的其他犯罪构成条件的，应当以敲诈勒索罪定罪处罚。同时由多人实施或者以统一着装、显露纹身、特殊标识以及其他明示或者暗示方式，足以使对方感知相关行为的有组织性的，应当认定为《关于办理敲诈勒索刑事案件适用法律若干问题的解释》第2条第（五）项规定的"以黑恶势力名义敲诈勒索"。

采用上述手段，同时又构成其他犯罪的，应当依法按照处罚较重的规定定罪处罚。

雇佣、指使他人有组织地采用上述手段强迫交易、敲诈勒索，构成强迫交易罪、敲诈勒索罪的，对雇佣者、指使者，一般应当以共同犯罪中的主犯论处。为强索不受法律保护的债务或者因其他非法目的，雇佣、指使他人有组织地采用上述手段寻衅滋事，构成寻衅滋事罪的，对雇佣者、指使者，一般应当以共同犯罪中的主犯论处；为追讨合法债务或者因婚恋、家庭、邻里纠纷等民间矛盾而雇佣、指使，没有造成严重后果的，一般不作为犯罪处理，但经有关部门批评制止或者处理处罚后仍继续实施的除外。

18. 黑恶势力有组织地多次短时间非法拘禁他人的，应当认定为《刑法》第238条规定的"以其他方法非法剥夺他人人身自由"。非法拘禁他人3次以上、每次持续时间在4小时以上，或者非法拘禁他人累计时间在12小时以上的，应以非法拘禁罪定罪处罚。

五、依法打击非法放贷讨债的犯罪活动

19. 在民间借贷活动中，如有擅自设立金融机构、非法吸收公众存款、骗取贷款、套取金融机构资金发放高利贷以及为强索债务而实施故意杀人、故意伤害、非法拘禁、故意毁坏财物等行为的，应当按照具体犯罪侦查、起诉、审判。依法符合数罪并罚条件的，应当并罚。

20. 对于以非法占有为目的，假借民间借贷之名，通过"虚增债务""签订虚假借款协议""制造资金走账流水""肆意认定违约""转单平账""虚假诉讼"等手段非法占有他人财产，或者使用暴力、威胁手段强立债权、强行索债的，应当根据案件具体事实，以诈骗、强迫交易、敲诈勒索、抢劫、虚假诉讼等罪名侦查、起诉、审判。对于非法占有的被害人实际所得借款以外的虚高"债务"和以"保证金""中介费""服务费"等各种名目扣除或收取的额外费用，均应计入违法所得。对于名义上为被害人所得、但在案证据能够证明实际上却为犯罪嫌疑人、被告人实施后续犯罪所使用的"借款"，应予以没收。

21. 对采用讨债公司、"地下执法队"等各种形式有组织地进行上述活动，符合黑社会性质组织、犯罪集团认定标准的，应当按照组织、领导、参加黑社会性质组织罪或者犯罪集团侦查、起诉、审判。

六、依法严惩"保护伞"

22. 《刑法》第294条第3款中规定的"包庇"行为，不要求相关国家机关工作人员利用职务便利。利用职务便利包庇黑社会性质组织的，酌情从重处罚。包庇、纵容黑社会性质组织，事先有通谋的，以具体犯罪的共犯论处。

23. 公安机关、人民检察院、人民法院对办理黑恶势力犯罪案件中发现的涉嫌包庇、纵容黑社会性质组织犯罪、收受贿赂、渎职侵权等违法违纪线索，应当及时移送有关主管部门和其他相关部门，坚决依法严惩充当黑恶势力"保护伞"的职务犯罪。

24. 依法严惩农村"两委"等人员在涉农惠农补贴申领与发放、农村基础设施建设、征地拆迁补偿、救灾扶贫优抚、生态环境保护等过程中，利用职权恃强凌弱、吃拿卡要、侵吞挪用国家专项资金的犯罪，以及放纵、包庇"村霸"和宗族恶势力，致使其坐大成患，或者收受贿赂、徇私舞弊，为"村霸"和宗族恶势力充当"保护伞"的犯罪。

25. 公安机关在侦办黑恶势力犯罪案件中，应当注意及时深挖其背后的腐败问题，对于涉嫌特别重大贿赂犯罪案件的犯罪嫌疑人，及时会同有关机关，执行《刑事诉讼法》第37条的相关规定，辩护律师在侦查期间会见在押犯罪嫌疑人的，应当经相关侦查机关许可。

七、依法处置涉案财产

26. 公安机关、人民检察院、人民法院根据黑社会性质组织犯罪案件的诉讼需要，应当依法查询、查封、扣押、冻结全部涉案财产。公安机关侦查期间，要会同工商、税务、国土、住建、审计、人民银行等部门全面调查涉黑组织及其成员的财产状况。

对于不宜查封、扣押、冻结的经营性资产，可以申请当地政府指定有关部门或者委托有关机构代管或者托管。

对黑社会性质组织及其成员聚敛的财产及其孳息、收益的数额，办案单位可以委托专门机构评估；确实无法准确计算的，可以根据有关法律规定及查明的事实、证据合理估算。

27. 对于依法查封、冻结、扣押的黑社会性质组织涉案财产，应当全面收集、审查证明其来源、性质、用途、权属及价值大小的有关证据。符合下列情形之一的，应当依法追缴、没收：（1）组织及其成员通过违法犯罪活动或其他不正当手段聚敛的财产及其孳息、收益；（2）组织成员通过个人实施违法犯罪活动聚敛的财产及其孳息、收益；（3）其他单位、组织、个人为支持该组织活动资助或主动提供的财产；（4）通过合法的生产、经营活动获取的财产或者组织成员个人、家庭合法资产中，实际用于支持该组织活动的部分；（5）组织成员非法持有的违禁品以及供犯罪所用的本人财物；（6）其他单位、组织、个人利用黑社会性质组织及其成员的违法犯罪活动获取的财产及其孳息、收益；（7）其他应当追缴、没收的财产。

28. 违法所得已用于清偿债务或者转让给他人，具有下列情形之一的，应当依法追缴：（1）对方明知是通过违法犯罪活动或者其他不正当手段聚敛的财产及其孳息、收益的；（2）对方无偿或者以明显低于市场价格取得的；（3）对方是因非法债务或者违法犯罪活动而取得的；（4）通过其他方式恶意取得的。

29. 依法应当追缴、没收的财产无法找到、被他人善意取得、价值灭失或者与其他合法财产混合且不可分割的，可以追缴、没收其他等值财产。

30. 黑社会性质组织犯罪嫌疑人、被告人逃匿，在通缉1年后不能到案，或者犯罪嫌疑人、被告人死亡的，应当依照法定程序没收其违法所得。

31. 对于依法查封、扣押、冻结的涉案财产，有证据证明确属被害人合法财产，或者确与黑社会性质组织及其违法犯罪活动无关的，应当予以返还。

八、其他

32. 司法行政机关应当加强对律师办理黑社会性质组织犯罪案件辩护代理工作的指导监督，指导律师事务所建立健全律师办理黑社会性质组织犯罪案件的请示报告、集体研究和检查督导制度。办案机关应当依法保障律师各项诉讼权利，为律师履行辩护代理职责提供便利，防止因妨碍辩护律师依法履行职责，对案件办理带来影响。

对黑恶势力犯罪案件开庭审理时，人民法院应当通知对辩护律师所属事务所具有监督管理权限的司法行政机关派员旁听。

对于律师违反会见规定的；以串联组团，联署签名、发表公开信、组织网上聚集、声援等方式或者借个案研讨之名，制造舆论压力，攻击、诋毁司法机关和司法制度，干扰诉讼活动正常进行的；煽动、教唆和组织当事人或者其他人员到司法机关或者其他国家机关静坐、举牌、打横幅、喊口号等，扰乱公共秩序、危害公共安全的；违反规定披露、散布不公开审理案件的信息、材料，或者本人、其他律师在办案过程中获悉的有关案件重要信息、证据材料的，司法行政机关应当依照有关规定予以处罚，构成犯罪的，依法追究刑事责任。对于律师辩护、代理活动中的违法违规行为，相关办案机关要注意收集固定证据，提出司法建议。

33. 监狱应当从严管理组织、领导、参加黑社会性质组织的罪犯，严格罪犯会见、减刑、假释、暂予监外执行等执法活动。对于判处10年以上有期徒刑、无期徒刑，判处死刑缓期2年执行减为有期徒刑、无期徒刑的黑社会性质组织的组织者、领导者，实行跨省、自治区、直辖市异地关押。积极开展黑恶势力犯罪线索排查，教育引导服刑人员检举揭发。社区矫正机构对拟适用社区矫正的黑恶势力犯罪案件的犯罪嫌疑人、被告人，应当认真开展调查评估，为准确适用非监禁刑提供参考。社区矫正机构对组织、领导、参加黑社会性质组织的社区服刑人员要严格监管教育。公安机关、人民检察院、人民法院、司法行政机关要加强协调联动，完善应急处置工作机制，妥善处理社区服刑人员脱管漏管和重新违法犯罪等情形。

34. 办理黑恶势力犯罪案件，要依法建立完善重大疑难案件会商、案件通报等工作机制，进一步加强政法机关之间的配合，形成打击合力；对群众关注度高、社会影响力大的黑恶势力犯罪案件，依法采取挂牌督办、上提一级、异地管辖、指定管辖以及现场联合督导等措施，确保案件质量。根据办理黑恶势力犯罪案件的实际情况，及时汇总问题，归纳经验，适时出台有关证据标准，切实保障有力打击。

35. 公安机关、人民检察院、人民法院办理黑社会性质组织犯罪案件，应当按照《刑事诉讼法》《关于办理黑社会性质组织犯罪案件若干问题的规定》《公安机关办理刑事案件证人保护工作规定》的有关规定，对证人、报案人、控告人、举报人、鉴定人、被害人采取保护措施。

犯罪嫌疑人、被告人，积极配合侦查、起诉、审判工作，在查明黑社会性质组织的组织结构和组织者、领导者的地位作用，组织实施的重大犯罪事实，追缴、没收赃款赃物，打击"保护伞"等方面提供重要线索和证据，经查证属实的，可以根据案件具体情况，依法从轻、减轻或者免除处罚，并对其参照证人保护的有关规定采取保护措施。前述规定，对于确属组织者、领导者的犯罪嫌疑人、被告人应当严格掌握。

对于确有重大立功或者对于认定重大犯罪事实或追缴、没收涉黑财产具有重要作用的组织成员，确有必要通过分案审理予以保护的，公安机关可以与人民检察院、人民法院在充分沟通的基础上作出另案处理的决定。

对于办理黑社会性质组织犯罪案件的政法干警及其近亲属，需要采取保护措施的，可以参照《刑事诉讼法》等关于证人保护的有关规定，采取禁止特定的人员接触、对人身和住宅予以专门性保护等必要的措施，以确保办理案件的司法工作人员及其近亲属的人身安全。

36. 本意见颁布实施后，最高人民法院、最高人民检察院、公安部、司法部联合发布或者单独制定的其他相关规范性文件，内容如与本意见中有关规定不一致的，应当按照本意见执行。

【法发〔2019〕10号】　最高人民法院、最高人民检察院、公安部、司法部关于办理恶势力刑事案件若干问题的意见（2019年4月9日印发施行）

二、恶势力、恶势力犯罪集团的认定标准

4. 恶势力，是指经常纠集在一起，以暴力、威胁或者其他手段，在一定区域或者行业内多次实施违法犯罪活动，为非作恶，欺压百姓，扰乱经济、社会生活秩序，造成较为恶劣的社会影响，但尚未形成黑社会性质组织的违法犯罪组织。

5. 单纯为牟取不法经济利益而实施的"黄、赌、毒、盗、抢、骗"等违法犯罪活动，不具有为非作恶、欺压百姓特征的，或者因本人及近亲属的婚恋纠纷、家庭纠纷、邻里纠纷、劳动纠纷、合法债务纠纷而引发以及其他确属事出有因的违法犯罪活动，不应作为恶势力案件处理。

6. 恶势力一般为3人以上，纠集者相对固定。纠集者，是指在恶势力实施的违法犯罪活动中起组织、策划、指挥作用的违法犯罪分子。成员较为固定且符合恶势力其他认定条件，但多次实施违法犯罪活动是由不同的成员组织、策划、指挥，也可以认定为恶势力，有前述行为的成员均可以认定为纠集者。

恶势力的其他成员，是指知道或应当知道与他人经常纠集在一起是为了共同实施违法犯罪，仍按照纠集者的组织、策划、指挥参与违法犯罪活动的违法犯罪分子，包括已有充分证据证明但尚未归案的人员，以及因法定情形不予追究法律责任，或者因参与实施恶势力违法犯罪活动已受到行政或刑事处罚的人员。仅因临时雇佣或被雇佣、利用或被利用以及受蒙蔽参与少量恶势力违法犯罪活动的，一般不应认定为恶势力成员。

7. "经常纠集在一起，以暴力、威胁或者其他手段，在一定区域或者行业内多次实施违法犯罪活动"，是指犯罪嫌疑人、被告人于2年之内，以暴力、威胁或者其他手段，在一定区域或者行业内多次实施违法犯罪活动，且包括纠集者在内，至少应有2名相同的成员多次参与实施违法犯罪活动。对于"纠集在一起"时间明显较短，实施违法犯罪活动刚刚达到"多次"标准，且尚不足以造成较为恶劣影响的，一般不应认定为恶势力。

8. 恶势力实施的违法犯罪活动，主要为强迫交易、故意伤害、非法拘禁、敲诈勒索、故意毁坏财物、聚众斗殴、寻衅滋事，但也包括具有为非作恶、欺压百姓特征，主要以暴力、威胁为手段的其他违法犯罪活动。

恶势力还可能伴随实施开设赌场、组织卖淫、强迫卖淫、贩卖毒品、运输毒品、制造毒品、抢劫、抢夺、聚众扰乱社会秩序、聚众扰乱公共场所秩序、交通秩序以及聚众"打砸抢"等违法犯罪活动，但仅有前述伴随实施的违法犯罪活动，且不能认定具有为非作恶、欺压百姓特征的，一般不应认定为恶势力。

9. 办理恶势力刑事案件，"多次实施违法犯罪活动"至少应包括1次犯罪活动。对于反复实施强迫交易、非法拘禁、敲诈勒索、寻衅滋事等单一性质的违法行为，单次情节、数额尚不构成犯罪，但按照刑法或者有关司法解释、规范性文件的规定累加后应作为犯罪处理的，在认定是否属于"多次实施违法犯罪活动"时，可将已用于累加的违法行为计为1次犯罪活动，其他违法行为单独计算违法活动的次数。

已被处理或者已作为民间纠纷调处，后经查证确属恶势力违法犯罪活动的，均可以作为认定恶势力的事实依据，但不符合法定情形的，不得重新追究法律责任。

10. 认定"扰乱经济、社会生活秩序，造成较为恶劣的社会影响"，应当结合侵害对象及其数量、违法犯罪次数、手段、规模、人身损害后果、经济损失数额、违法所得数额、引起社会秩序混乱的程度以及对人民群众安全感的影响程度等因素综合把握。

11. 恶势力犯罪集团，是指符合恶势力全部认定条件，同时又符合犯罪集团法定条件的犯罪组织。

恶势力犯罪集团的首要分子，是指在恶势力犯罪集团中起组织、策划、指挥作用的犯罪分子。恶势力犯罪集团的其他成员，是指知道或者应当知道是为共同实施犯罪而组成的较为固定的犯罪组织，仍接受首要分子领导、管理、指挥，并参与该组织犯罪活动的犯罪分子。

恶势力犯罪集团应当有组织地实施多次犯罪活动，同时还可能伴随实施违法活动。恶势力犯罪集团所实施的违法犯罪活动，参照《指导意见》第10条第2款的规定认定。

12. 全部成员或者首要分子、纠集者以及其他重要成员均为未成年人、老年人、残疾人的，认定恶势力、恶势力犯罪集团时应当特别慎重。

三、正确运用宽严相济刑事政策的有关要求

13. 对于恶势力的纠集者、恶势力犯罪集团的首要分子、重要成员以及恶势力、恶势力犯罪集团共同犯罪中罪责严重的主犯，要正确运用法律规定加大惩处力度，对依法应当判处重刑或死刑的，坚决判处重刑或死刑。同时要严格掌握取保候审，严格掌握不起诉，严格掌握缓刑、减刑、假释，严格掌握保外就医适用条件，充分利用资格刑、财产刑等法律手段全方位从严惩处。对于符合刑法第37条之一规定的，可以依法禁止其从事相关职业。

对于恶势力、恶势力犯罪集团的其他成员，在共同犯罪中罪责相对较小、人身危险性、主观恶性相对不大的，具有自首、立功、坦白、初犯等法定或酌定从宽处罚情节，可以依法从轻、减轻或免除处罚。认罪认罚或者仅参与实施少量的犯罪活动且只起要、辅助作用，符合缓刑条件的，可以适用缓刑。

14. 恶势力犯罪集团的首要分子检举揭发与该犯罪集团及其违法犯罪活动有关联的其他犯罪线索，如果在认定立功的问题上存在事实、证据或法律适用方面的争议，应当严格把握。依法应认定为立功或者重大立功的，在决定是否从宽处罚、如何从宽处罚时，应当根据罪责刑相一致原则从严掌握。可能导致全案量刑明显失衡的，不予从宽处罚。

恶势力犯罪集团的其他成员如果能够配合司法机关查办案件，有提供线索、帮助收集证据或者其他协助行为，并在侦破恶势力犯罪集团案件、查处"保护伞"等方面起到较大作用的，即使依法不能认定立功，一般也应酌情对其从轻处罚。

15. 犯罪嫌疑人、被告人同时具有法定、酌定从严和法定、酌定从宽处罚情节的，量刑时要根据所犯具体罪行的严重程度，结合被告人在恶势力、恶势力犯罪集团中的地位、作用、主观恶性、人身危险性等因素整体把握。对于恶势力的纠集者、恶势力犯罪集团的首要分子、重要成员，量刑时要体现总体从严。对于在共同犯罪中罪责相对较小、人身危险性、主观恶性相对不大，且能够真诚认罪悔罪的其他成员，量刑时要体现总体从宽。

16. 恶势力刑事案件的犯罪嫌疑人、被告人自愿如实供述自己的罪行，承认指控的犯罪事实，愿意接受处罚的，可以依法从宽处理，并适用认罪认罚从宽制度。对于犯罪性质恶劣、犯罪手段残忍、社会危害严重的犯罪嫌疑人、被告人，虽然认罪认罚，但不足以从轻处罚的，不适用该制度。

【法刊文摘】 《关于办理恶势力刑事案件若干问题的意见》的理解与适用[①]

……就恶势力"形成非法影响、谋求强势地位"的意图而言，其表征于外的便是实施违法犯罪活动必然带有"为非作恶，欺压百姓"的特征。因此，"为非作恶，欺压百姓"这一特征便成为了区分恶势力和普通共同犯罪团伙的关键标志。所谓"为非作恶，欺压百姓"，从字面上来理解，是指做坏事、施恶行，欺负、压迫群众，办案时要注意全面、准确地把握其含义。首先，"为非作恶"，不仅指行为性质具有不法性，同时也要求行为的动机、目的、起因带有不法性，因婚恋纠纷、家庭纠纷、邻里纠纷、劳动纠纷、合法债务纠纷而引发以及其他确属事出有因的违法犯罪活动，就不宜归入"为非作恶"之列。其次，"欺压百姓"，要求"为非作恶"的方式、手段带有欺凌、强制、压迫的性质，也就是要利用物理强制或心理强制手段侵害群众权益。因此，暴力、威胁应是恶势力较常采用的违法犯罪活动手段。此处需要说明的是，实践中经常会有这样的案件：

[①] 刊于《人民法院报》2019年6月13日第5版。

恶势力之间互相争斗，违法犯罪活动未伤及无辜群众，是否属于"欺压百姓"？我们认为，"欺压百姓"既包括直接以普通群众为对象实施违法犯罪活动的情形，也包括因逞强争霸、好勇斗狠、树立恶名、抢夺地盘等不法动机实施违法犯罪活动，直接或间接破坏人民群众安全感的情形。这是因为，恶势力处于不断发展过程中，违法犯罪活动对象并不特定，即便在个案中未直接侵害普通群众权益，但其发展壮大后必然会对人民群众的人身权利、财产权利、民主权利形成威胁或造成损害，故对"欺压百姓"不应作狭义理解。

【法发〔2019〕11号】　最高人民法院、最高人民检察院、公安部、司法部关于办理"套路贷"刑事案件若干问题的意见（2019年2月28日印发施行）①

10. 3人以上为实施"套路贷"而组成的较为固定的犯罪组织，应当认定为犯罪集团。对首要分子应按照集团所犯全部罪行处罚。

符合黑恶势力认定标准的，应当按照黑社会性质组织、恶势力或者恶势力犯罪集团侦查、起诉、审判。

11.（第3款）黑恶势力实施的"套路贷"犯罪案件，由侦办黑社会性质组织、恶势力或者恶势力犯罪集团案件的公安机关进行侦查。

【高检发〔2019〕6号】　最高人民法院、最高人民检察院、公安部、司法部关于办理黑恶势力刑事案件中财产处置若干问题的意见（2019年4月9日印发施行）

6. 公安机关侦查期间，要根据《公安机关办理刑事案件适用查封、冻结措施相关规定》②（公通字〔2013〕30号）等有关规定，会同有关部门全面调查黑恶势力及其成员的财产状况，并可以根据诉讼需要，先行依法对下列财产采取查询、查封、扣押、冻结等措施：（1）黑恶势力组织的财产；（2）犯罪嫌疑人个人所有的财产；（3）犯罪嫌疑人实际控制的财产；（4）犯罪嫌疑人出资购买的财产；（5）犯罪嫌疑人转移至他人名下的财产；（6）犯罪嫌疑人涉嫌洗钱以及掩饰、隐瞒犯罪所得、犯罪所得收益等犯罪涉及的财产；（7）其他与黑恶势力组织及其违法犯罪活动有关的财产。

12. 对于不宜查封、扣押、冻结的经营性财产，公安机关、人民检察院、人民法院可以申请当地政府指定有关部门或者委托有关机构代管或者托管。

---

① 本《意见》全文详见《刑法》第226条的相关规定。
② 注：经核阅原始纸质文件，"公通字〔2013〕30号"《规定》的文件名为"有关规定"，而非"相关规定"；根据本书意见，最高人民检察院已经在内网上将"相关规定"更正为"有关规定"。

对易损毁、灭失、变质等不宜长期保存的物品，易贬值的汽车、船艇等物品，或者市场价格波动大的债券、股票、基金等财产，有效期即将届满的汇票、本票、支票等，经权利人同意或者申请，并经县级以上公安机关、人民检察院或者人民法院主要负责人批准，可以依法出售、变现或者先行变卖、拍卖，所得价款由扣押、冻结机关保管，并及时告知当事人或者其近亲属。

14. 人民法院作出的判决，除应当对随案移送的涉案财产作出处理外，还应当在判决书中写明需要继续追缴尚未被足额查封、扣押的其他违法所得；对随案移送财产进行处理时，应当列明相关财产的具体名称、数量、金额、处置情况等。涉案财产或者有关当事人人数较多，不宜在判决书正文中详细列明的，可以概括叙述并另附清单。

15. 涉案财产符合下列情形之一的，应当依法追缴、没收：

（1）黑恶势力组织及其成员通过违法犯罪活动或者其他不正当手段聚敛的财产及其孳息、收益；

（2）黑恶势力组织成员通过个人实施违法犯罪活动聚敛的财产及其孳息、收益；

（3）其他单位、组织、个人为支持该黑恶势力组织活动资助或者主动提供的财产；

（4）黑恶势力组织及其成员通过合法的生产、经营活动获取的财产或者组织成员个人、家庭合法财产中，实际用于支持该组织活动的部分；

（5）黑恶势力组织成员非法持有的违禁品以及供犯罪所用的本人财物；

（6）其他单位、组织、个人利用黑恶势力组织及其成员违法犯罪活动获取的财产及其孳息、收益；

（7）其他应当追缴、没收的财产。

16. 应当追缴、没收的财产已用于清偿债务或者转让、或者设置其他权利负担，具有下列情形之一的，应当依法追缴：

（1）第三人明知是违法犯罪所得而接受的；

（2）第三人无偿或者以明显低于市场的价格取得涉案财物的；

（3）第三人通过非法债务清偿或者违法犯罪活动取得涉案财物的；

（4）第三人通过其他方式恶意取得涉案财物的。

17. 涉案财产符合下列情形之一的，应当依法返还：

（1）有证据证明确属被害人合法财产；

（2）有证据证明确与黑恶势力及其违法犯罪活动无关。

18. 有关违法犯罪事实查证属实后，对于有证据证明权属明确且无争议的被害人、善意第三人或者其他人员合法财产及其孳息，凡返还不损害其他利害关系人的利益，不影响案件正常办理的，应当在登记、拍照或者录像后，依法及时返还。

19. 有证据证明依法应当追缴、没收的涉案财产无法找到、被他人善意取得、价值灭失或者与其他合法财产混合且不可分割的，可以追缴、没收其他等值财产。

对于证明前款各种情形的证据，公安机关或者人民检察院应当及时调取。

20. 本意见第19条所称"财产无法找到"，是指有证据证明存在依法应当追缴、没收的财产，但无法查证财产去向、下落的。被告人有不同意见的，应当出示相关证据。

21. 追缴、没收的其他等值财产的数额，应当与无法直接追缴、没收的具体财产的数额相对应。

22. 本意见所称孳息，包括天然孳息和法定孳息。

本意见所称收益，包括但不限于以下情形：（1）聚敛、获取的财产直接产生的收益，如使用聚敛、获取的财产购买彩票中奖所得收益等；（2）聚敛、获取的财产用于违法犯罪活动产生的收益，如使用聚敛、获取的财产赌博赢利所得收益、非法放贷所得收益、购买并贩卖毒品所得收益等；（3）聚敛、获取的财产投资、置业形成的财产及其收益；（4）聚敛、获取的财产和其他合法财产共同投资或者置业形成的财产中，与聚敛、获取的财产对应的份额及其收益；（5）应当认定为收益的其他情形。

【公通字〔2019〕15号】 最高人民法院、最高人民检察院、公安部、司法部关于办理实施"软暴力"的刑事案件若干问题的意见（2019年4月9日印发施行）

一、"软暴力"是指行为人为谋取不法利益或形成非法影响，对他人或者在有关场所进行滋扰、纠缠、哄闹、聚众造势等，足以使他人产生恐惧、恐慌进而形成心理强制，或者足以影响、限制人身自由、危及人身财产安全，影响正常生活、工作、生产、经营的违法犯罪手段。

二、"软暴力"违法犯罪手段通常的表现形式有：

（一）侵犯人身权利、民主权利、财产权利的手段，包括但不限于跟踪贴靠、扬言传播疾病、揭发隐私、恶意举报、诬告陷害、破坏、霸占财物等；

（二）扰乱正常生活、工作、生产、经营秩序的手段，包括但不限于非法侵入他人住宅、破坏生活设施、设置生活障碍、贴报喷字、拉挂横幅、燃放鞭炮、播放哀乐、摆放花圈、泼洒污物、断水断电、堵门阻工,以及通过驱赶从业人员、派驻人员据守等方式直接或间接地控制厂房、办公区、经营场所等;

(三) 扰乱社会秩序的手段,包括但不限于摆场架势示威、聚众哄闹滋扰、拦路闹事等;

(四) 其他符合本意见第1条规定的"软暴力"手段。

通过信息网络或者通讯工具实施,符合本意见第1条规定的违法犯罪手段,应当认定为"软暴力"。

三、行为人实施"软暴力",具有下列情形之一,可以认定为足以使他人产生恐惧、恐慌进而形成心理强制或者足以影响、限制人身自由、危及人身财产安全或者影响正常生活、工作、生产、经营:

(一) 黑恶势力实施的;

(二) 以黑恶势力名义实施的;

(三) 曾因组织、领导、参加黑社会性质组织、恶势力犯罪集团、恶势力以及因强迫交易、非法拘禁、敲诈勒索、聚众斗殴、寻衅滋事等犯罪受过刑事处罚后又实施的;

(四) 携带凶器实施的;

(五) 有组织地实施的或者足以使他人认为暴力、威胁具有现实可能性的;

(六) 其他足以使他人产生恐惧、恐慌进而形成心理强制或者足以影响、限制人身自由、危及人身财产安全或者影响正常生活、工作、生产、经营的情形。

由多人实施的,编造或明示暴力违法犯罪经历进行恐吓的,或者以自报组织、头目名号、统一着装、显露纹身、特殊标识以及其他明示、暗示方式,足以使他人感知相关行为的有组织性的,应当认定为"以黑恶势力名义实施"。

由多人实施的,只要有部分行为人符合本条第1款第(一)项至第(四)项所列情形的,该项即成立。

虽然具体实施"软暴力"的行为人不符合本条第1款第(一)项、第(三)项所列情形,但雇佣者、指使者或者纠集者符合的,该项成立。

四、"软暴力"手段属于《刑法》第294条第5款第(三)项"黑社会性质组织行为特征"以及《指导意见》①第14条"恶势力"概念中的"其他手段"。

九、采用"软暴力"手段,同时构成两种以上犯罪的,依法按照处罚较重的犯罪定罪处罚,法律另有规定的除外。

---

① 注:根据本《意见》的引文(本书为节省篇幅将其删略),《指导意见》即《最高人民法院、最高人民检察院、公安部、司法部关于办理黑恶势力犯罪案件若干问题的指导意见》(法发〔2018〕1号)。

【法发〔2019〕24 号】 最高人民法院、最高人民检察院、公安部、司法部关于办理非法放贷刑事案件若干问题的意见（2019 年 7 月 23 日印发，2019 年 10 月 21 日施行）

七、有组织地非法放贷，同时又有其他违法犯罪活动，符合黑社会性质组织或者恶势力、恶势力犯罪集团认定标准的，应当分别按照黑社会性质组织或者恶势力、恶势力犯罪集团侦查、起诉、审判。

黑恶势力非法放贷的，据以认定"情节严重""情节特别严重"的非法放贷数额、违法所得数额、非法放贷对象数量起点标准，可以分别按照本意见第 2 条规定中相应数额、数量标准的 50% 确定；同时具有本意见第 3 条第 1 款规定情形的，可以分别按照相应数额、数量标准的 40% 确定。①

八、本意见自 2019 年 10 月 21 日起施行。对于本意见施行前发生的非法放贷行为，依照最高人民法院《关于准确理解和适用刑法中"国家规定"的有关问题的通知》（法发〔2011〕155 号）的规定办理。

【国监发〔2019〕3 号】 国家监察委员会、最高人民法院、最高人民检察院、公安部、司法部关于在扫黑除恶专项斗争中分工负责、互相配合、互相制约严惩公职人员涉黑涉恶违法犯罪问题的通知（2019 年 10 月 20 日印发）

三、准确适用法律

6. 国家机关工作人员包庇黑社会性质的组织，或者纵容黑社会性质的组织进行违法犯罪活动的，以包庇、纵容黑社会性质组织罪定罪处罚。

国家机关工作人员既组织、领导、参加黑社会性质组织，又对该组织进行包庇、纵容的，应当以组织、领导、参加黑社会性质组织罪从重处罚。

国家机关工作人员包庇、纵容黑社会性质组织，该包庇、纵容行为同时还构成包庇罪、伪证罪、妨害作证罪、徇私枉法罪、滥用职权罪、帮助犯罪分子逃避处罚罪、徇私舞弊不移交刑事案件罪，以及徇私舞弊减刑、假释、暂予监外执行罪等其他犯罪的，应当择一重罪处罚。

7. 非国家机关工作人员与国家机关工作人员共同包庇、纵容黑社会性质组织，且不属于该组织成员的，以包庇、纵容黑社会性质组织罪的共犯论处。非国家机关工作人员的行为同时还构成其他犯罪，应当择一重罪处罚。

8. 公职人员利用职权或职务便利实施包庇、纵容黑恶势力、伪证、妨害作证，帮助毁灭、伪造证据，以及窝藏、包庇等犯罪行为的，应酌情从重处罚。

---

① 注：《最高人民法院、最高人民检察院、公安部、司法部关于办理非法放贷刑事案件若干问题的意见》（法发〔2019〕24 号）第 2 条、第 3 条的内容详见《刑法》第 225 条的相关规定。

事先有通谋而实施支持帮助、包庇纵容等保护行为的，以具体犯罪的共犯论处。

【公通字〔2014〕33号】　公安机关讯问犯罪嫌疑人录音录像工作规定（公安部2014年9月5日印发，2014年10月1日起施行）

第3条　对讯问过程进行录音录像，应当对每一次讯问全程不间断进行，保持完整性，不得选择性地录制，不得剪接、删改。

第4条　对下列重大犯罪案件，应当对讯问过程进行录音录像：

（三）黑社会性质组织犯罪案件，包括组织、领导黑社会性质组织，入境发展黑社会组织，包庇、纵容黑社会性质组织等犯罪案件；

前款规定的"讯问"，既包括在执法办案场所进行的讯问，也包括对不需要拘留、逮捕的犯罪嫌疑人在指定地点或者其住处进行的讯问，以及紧急情况下在现场进行的讯问。

【公通字〔2019〕28号】　最高人民法院、最高人民检察院、公安部、司法部关于办理利用信息网络实施黑恶势力犯罪刑事案件若干问题的意见（2019年7月23日印发，2019年10月21日施行）

二、依法严惩利用信息网络实施的黑恶势力犯罪

4. 对通过发布、删除负面或虚假信息，发送侮辱性信息、图片，以及利用信息、电话骚扰等方式，威胁、要挟、恐吓、滋扰他人，实施黑恶势力违法犯罪的，应当准确认定，依法严惩。

三、准确认定利用信息网络实施犯罪的黑恶势力

9. 利用信息网络实施违法犯罪活动，符合刑法、《指导意见》以及最高人民法院、最高人民检察院、公安部、司法部《关于办理恶势力刑事案件若干问题的意见》等规定的恶势力、恶势力犯罪集团、黑社会性质组织特征和认定标准的，应当依法认定为恶势力、恶势力犯罪集团、黑社会性质组织。

认定利用信息网络实施违法犯罪活动的黑社会性质组织时，应当依照刑法第294条第5款规定的"四个特征"进行综合审查判断，分析"四个特征"相互间的内在联系，根据在网络空间和现实社会中实施违法犯罪活动对公民人身、财产、民主权利和经济、社会生活秩序所造成的危害，准确评价，依法予以认定。

10. 认定利用信息网络实施违法犯罪的黑恶势力组织特征，要从违法犯罪的起因、目的，以及组织、策划、指挥、参与人员是否相对固定，组织形成后是否持续进行犯罪活动、是否有明确的职责分工、行为规范、利益分配机制等方面综合判断。利用信息网络实施违法犯罪的黑恶势力组织成员之间一般通过即

时通讯工具、通讯群组、电子邮件、网盘等信息网络方式联络,对部分组织成员通过信息网络方式联络实施黑恶势力违法犯罪活动,即使相互未见面、彼此不熟识,不影响对组织特征的认定。

11. 利用信息网络有组织地通过实施违法犯罪活动或者其他手段获取一定数量的经济利益,用于违法犯罪活动或者支持该组织生存、发展的,应当认定为符合刑法第294条第5款第2项规定的黑社会性质组织经济特征。

12. 通过线上线下相结合的方式,有组织地多次利用信息网络实施违法犯罪活动,侵犯不特定多人的人身权利、民主权利、财产权利,破坏经济秩序、社会秩序的,应当认定为符合刑法第294条第5款第3项规定的黑社会性质组织行为特征。单纯通过线上方式实施的违法犯罪活动,且不具有为非作恶、欺压残害群众特征的,一般不应作为黑社会性质组织行为特征的认定依据。

13. 对利用信息网络实施黑恶势力犯罪非法控制和影响的"一定区域或者行业",应当结合危害行为发生地或者危害行业的相对集中程度,以及犯罪嫌疑人、被告人在网络空间和现实社会中的控制和影响程度综合判断。虽然危害行为发生地、危害的行业比较分散,但涉案犯罪组织利用信息网络多次实施强迫交易、寻衅滋事、敲诈勒索等违法犯罪活动,在网络空间和现实社会造成重大影响,严重破坏经济、社会生活秩序的,应当认定为"在一定区域或者行业内,形成非法控制或者重大影响"。

【高检发〔2020〕4号】 最高人民法院、最高人民检察院、公安部、司法部关于依法严惩利用未成年人实施黑恶势力犯罪的意见(2020年4月23日发布)

一、突出打击重点,依法严惩利用未成年人实施黑恶势力犯罪的行为

(一)黑社会性质组织、恶势力犯罪集团、恶势力,实施下列行为之一的,应当认定为"利用未成年人实施黑恶势力犯罪":

1. 胁迫、教唆未成年人参加黑社会性质组织、恶势力犯罪集团、恶势力,或者实施黑恶势力违法犯罪活动的;

2. 拉拢、引诱、欺骗未成年人参加黑社会性质组织、恶势力犯罪集团、恶势力,或者实施黑恶势力违法犯罪活动的;

3. 招募、吸收、介绍未成年人参加黑社会性质组织、恶势力犯罪集团、恶势力,或者实施黑恶势力违法犯罪活动的;

4. 雇佣未成年人实施黑恶势力违法犯罪活动的;

5. 其他利用未成年人实施黑恶势力犯罪的情形。

黑社会性质组织、恶势力犯罪集团、恶势力,根据刑法和《最高人民法院、

最高人民检察院、公安部、司法部关于办理黑恶势力犯罪案件若干问题的指导意见》《最高人民法院、最高人民检察院、公安部、司法部关于办理恶势力刑事案件若干问题的意见》等法律、司法解释性质文件的规定认定。

（二）利用未成年人实施黑恶势力犯罪，具有下列情形之一的，应当从重处罚：

1. 组织、指挥未成年人实施故意杀人、故意伤害致人重伤或者死亡、强奸、绑架、抢劫等严重暴力犯罪的；
2. 向未成年人传授实施黑恶势力犯罪的方法、技能、经验的；
3. 利用未达到刑事责任年龄的未成年人实施黑恶势力犯罪的；
4. 为逃避法律追究，让未成年人自首、做虚假供述顶罪的；
5. 利用留守儿童、在校学生实施犯罪的；
6. 利用多人或者多次利用未成年人实施犯罪的；
7. 针对未成年人实施违法犯罪的；
8. 对未成年人负有监护、教育、照料等特殊职责的人员利用未成年人实施黑恶势力违法犯罪活动的；
9. 其他利用未成年人违法犯罪应当从重处罚的情形。

（三）黑社会性质组织、恶势力犯罪集团利用未成年人实施犯罪的，对犯罪集团首要分子，按照集团所犯的全部罪行，从重处罚。对犯罪集团的骨干成员，按照其组织、指挥的犯罪，从重处罚。

恶势力利用未成年人实施犯罪的，对起组织、策划、指挥作用的纠集者，恶势力共同犯罪中罪责严重的主犯，从重处罚。

黑社会性质组织、恶势力犯罪集团、恶势力成员直接利用未成年人实施黑恶势力犯罪的，从重处罚。

（四）有胁迫、教唆、引诱等利用未成年人参加黑社会性质组织、恶势力犯罪集团、恶势力，或者实施黑恶势力犯罪的行为，虽然未成年人并没有加入黑社会性质组织、恶势力犯罪集团、恶势力，或者没有实际参与实施黑恶势力违法犯罪活动，对黑社会性质组织、恶势力犯罪集团、恶势力的首要分子、骨干成员、纠集者、主犯和直接利用的成员，即便有自首、立功、坦白等从轻减轻情节的，一般也不予从轻或者减轻处罚。

（五）被黑社会性质组织、恶势力犯罪集团、恶势力利用，偶尔参与黑恶势力犯罪活动的未成年人，按其所实施的具体犯罪行为定性，一般不认定为黑恶势力犯罪组织成员。

二、严格依法办案，形成打击合力

（一）……对利用未成年人实施黑恶势力犯罪的，在侦查、起诉、审判、执行各阶段，要全面体现依法从严惩处精神，及时查明利用未成年人的犯罪事实，避免纠缠细枝末节。……

（二）公安机关……从严掌握取保候审、监视居住的适用，对利用未成年人实施黑恶势力犯罪的首要分子、骨干成员、纠集者、主犯和直接利用的成员，应当依法提请人民检察院批准逮捕。

（三）人民检察院……不批准逮捕要求公安机关补充侦查、审查起诉阶段退回补充侦查的，应当分别制作详细的补充侦查提纲，写明需要补充侦查的事项、理由、侦查方向、需要补充收集的证据及其证明作用等，送交公安机关开展相关侦查补证活动。

（四）……对于虽然认罪，但利用未成年人实施黑恶势力犯罪，犯罪性质恶劣、犯罪手段残忍、严重损害未成年人身心健康，不足以从宽处罚的，在提出量刑建议时要依法从严从重。对被黑恶势力利用实施犯罪的未成年人，自愿如实认罪、真诚悔罪，愿意接受处罚的，应当依法提出从宽处理的量刑建议。

（五）人民法院……严格掌握缓刑、减刑、假释的适用，严格掌握暂予监外执行的适用条件。依法运用财产刑、资格刑，最大限度铲除黑恶势力"经济基础"。对于符合刑法第37条之一规定的，应当依法禁止其从事相关职业。

【高检发办字〔2020〕31号】　最高人民检察院关于加强新时代未成年人检察工作的意见（2020年4月21日）

8. 坚持惩治与教育相结合。……对未成年人涉黑涉恶案件要准确理解刑事政策和案件本质，认真全面审查事实证据，从严把握认定标准，不符合规定的依法坚决不予认定。对拟认定未成年人构成黑恶犯罪并提起公诉的案件，要逐级上报省级检察院审查把关。

【主席令〔2021〕101号】　中华人民共和国反有组织犯罪法（2021年12月24日第13届全国人大常委会第32次会议通过，主席令第101号公布，2022年5月1日施行）

第2条　本法所称有组织犯罪，是指《中华人民共和国刑法》第294条规定的组织、领导、参加黑社会性质组织犯罪，以及黑社会性质组织、恶势力组织实施的犯罪。

本法所称恶势力组织，是指经常纠集在一起，以暴力、威胁或者其他手段，在一定区域或者行业领域内多次实施违法犯罪活动，为非作恶，欺压群众，扰乱社会秩序、经济秩序，造成较为恶劣的社会影响，但尚未形成黑社会性质组织的犯罪组织。

境外的黑社会组织到中华人民共和国境内发展组织成员、实施犯罪，以及在境外对中华人民共和国国家或者公民犯罪的，适用本法。

第 23 条　利用网络实施的犯罪，符合本法第 2 条规定的，应当认定为有组织犯罪。

为谋取非法利益或者形成非法影响，有组织地进行滋扰、纠缠、哄闹、聚众造势等，对他人形成心理强制，足以限制人身自由、危及人身财产安全，影响正常社会秩序、经济秩序的，可以认定为有组织犯罪的犯罪手段。

第 34 条　对黑社会性质组织的组织者、领导者，应当依法并处没收财产。对其他组织成员，根据其在犯罪组织中的地位、作用以及所参与违法犯罪活动的次数、性质、违法所得数额、造成的损失等，可以依法并处罚金或者没收财产。

第 50 条（第 2 款）　国家工作人员组织、领导、参加有组织犯罪的，应当依法从重处罚。

第 67 条　发展未成年人参加黑社会性质组织、境外的黑社会组织，教唆、诱骗未成年人实施有组织犯罪，或者实施有组织犯罪侵害未成年人合法权益的，依法从重追究刑事责任。

第 69 条　有下列情形之一，尚不构成犯罪的，由公安机关处 5 日以上 10 日以下拘留，可以并处 1 万元以下罚款；情节较重的，处 10 日以上 15 日以下拘留，并处 1 万元以上 3 万元以下罚款；有违法所得的，除依法应当返还被害人的以外，应当予以没收：（一）参加境外的黑社会组织的；（二）积极参加恶势力组织的；（三）教唆、诱骗他人参加有组织犯罪组织，或者阻止他人退出有组织犯罪组织的；（四）为有组织犯罪活动提供资金、场所等支持、协助、便利的；（五）阻止他人检举揭发有组织犯罪、提供有组织犯罪证据，或者明知他人有有组织犯罪行为，在司法机关向其调查有关情况、收集有关证据时拒绝提供的。

教唆、诱骗未成年人参加有组织犯罪组织或者阻止未成年人退出有组织犯罪组织，尚不构成犯罪的，依照前款规定从重处罚。

【高检发办字〔2022〕119 号】　最高人民法院、最高人民检察院、公安部、司法部关于办理涉未成年人有组织犯罪案件若干问题的意见（第二次重印增补内容，余文见本书末尾。）

【公安部令〔2022〕165 号】　公安机关反有组织犯罪工作规定（2022 年 8 月 10 日第 9 次公安部部务会议通过，2022 年 8 月 26 日公布，2022 年 10 月 1 日施行）

第 20 条　对因组织、领导黑社会性质组织被判处刑罚的人员，其户籍地设区的市级公安机关可以决定其自刑罚执行完毕之日起向公安机关报告个人财产及日常活动，并制作责令报告个人财产及日常活动决定书。

前款规定的户籍地公安机关认为由原办案地公安机关作出决定更为适宜的，可以商请由其决定。协商不成的，由共同的上级公安机关指定。

认为无需报告的，应当报上一级公安机关同意；无需报告的情况发生变化，有报告必要的，依照本规定作出责令报告个人财产及日常活动决定。

第21条　责令报告个人财产及日常活动决定书应当载明报告期限、首次报告时间、后续报告间隔期间，报告内容、方式，接受报告的公安机关及地址、联系方式，以及不如实报告的法律责任等。

首次报告时间不迟于刑罚执行完毕后1个月，两次报告间隔期间为2至6个月。

责令报告个人财产及日常活动决定书应当在其刑罚执行完毕之日前3个月内作出并送达和宣告，可以委托刑罚执行机关代为送达和宣告。

依据本规定第20条第3款作出责令报告个人财产及日常活动决定的，不受第2款首次报告期限和前款期限限制。

第22条　作出决定的公安机关负责接受个人财产及日常活动报告。必要时，也可以指定下一级公安机关接受报告。

报告期间，经报告义务人申请，接受报告的公安机关认为确有必要的，报决定机关批准，可以变更接受报告的公安机关。跨决定机关管辖区域变更的，层报共同的上级公安机关决定。

接受报告的公安机关变更的，应当做好工作交接。

第23条　报告义务人应当按照责令报告个人财产及日常活动决定书的要求，到公安机关报告个人财产及日常活动情况。

在报告间隔期间，报告义务人的个人财产及日常活动情况可能出现较大变动或者存在重大错报、漏报等情况的，接受报告的公安机关可以通知报告义务人书面或者口头补充报告有关情况。

报告义务人住址、工作单位、通讯方式、出入境证件、重大财产发生变动的，应当在变动后的24小时内向公安机关报告。

第24条　公安机关可以要求报告义务人报告下列个人财产及日常活动情况：（一）住址、工作单位、通讯方式；（二）动产、不动产、现金、存款、财产性权利等财产状况；（三）经商办企业，从事职业及薪酬，投资收益、经营收益等非职业性经济收入，大额支出等财产变动情况；（四）日常主要社会交往、婚姻状况，接触特定人员和出入特定场所情况，出境入境情况等；（五）受到行政、刑事调查及处罚的情况，涉及民事诉讼情况。

报告义务人对前款第二、三、五项规定的报告情况，应当提供证明材料。

第25条 个人财产及日常活动报告期限不超过5年，期限届满或者报告义务人在报告期内死亡的，报告义务自动解除。

第26条 公安机关在工作中发现境外的黑社会组织的人员可能入境渗透、发展、实施违法犯罪活动的，根据工作需要，可以通知移民管理、海关、海警等部门并提出处置建议。

移民管理、海关、海警等部门发现境外的黑社会组织的人员入境并通知公安机关的，公安机关应当及时依法处理。

第35条 为谋取非法利益或者形成非法影响，有组织地进行滋扰、纠缠、哄闹、聚众造势等，对他人形成心理强制，足以限制人身自由、危及人身财产安全，影响正常社会秩序、经济秩序的，可以认定为有组织犯罪的犯罪手段。

第36条 对于利用信息网络实施的犯罪案件，符合有组织犯罪特征和认定标准的，应当按照有组织犯罪案件侦查、移送起诉。

第49条 有证据证明犯罪嫌疑人在犯罪期间获得的财产高度可能属于黑社会性质组织犯罪的违法所得及其孳息、收益，公安机关应当要求犯罪嫌疑人说明财产来源并予以查证，对犯罪嫌疑人不能说明合法来源的，应当随案移送审查起诉，并对高度可能性作出说明。

第50条（第2款） 黑社会性质组织犯罪案件，一般应当对涉案财产材料单独立卷。

第51条 黑社会性质组织犯罪案件的犯罪嫌疑人逃匿，在通缉1年后不能到案，或者犯罪嫌疑人死亡，依照《中华人民共和国刑法》规定应当追缴其违法所得及其他涉案财产的，依照《中华人民共和国刑事诉讼法》及《公安机关办理刑事案件程序规定》有关犯罪嫌疑人逃匿、死亡案件违法所得的没收程序的规定办理。

● 指导案例 【高检发研字〔2014〕4号】 最高人民检察院关于印发第5批指导性案例的通知（2014年8月28日最高人民检察院第12届检察委员会第26次会议讨论通过，2014年9月10日印发）

（检例第18号）郭明先参加黑社会性质组织、故意杀人、故意伤害案

要旨：死刑依法只适用于罪行极其严重的犯罪分子。对故意杀人、故意伤害、绑架、爆炸等涉黑、涉恐、涉暴刑事案件中罪行极其严重，严重危害国家安全和公共安全、严重危害公民生命权，或者严重危害社会秩序的被告人，依法应当判处死刑，人民法院未判处死刑的，人民检察院应当依法提出抗诉。

【法〔2022〕236号】 最高人民法院第33批指导性案例（第二次重印增补内容，余文见本书末尾。）

> **第295条**① 【传授犯罪方法罪】传授犯罪方法的，处五年以下有期徒刑、拘役或者管制；情节严重的，处五年以上十年以下有期徒刑；情节特别严重的，处十年以上有期徒刑或者无期徒刑。

● **条文注释** "传授犯罪方法"，主要是指直接或间接以语言、文字、图像、动作或其他方法，故意将实施某种犯罪的具体方法、技能、经验（包括手段、步骤、反侦方法等）传授给他人的行为。无论行为人是否教唆被传授人实施犯罪，也无论被传授人是否实施了犯罪、是否使用了该犯罪方法，以及是否造成实际的危害结果，都不影响构成第295条规定的"传授犯罪方法罪"。

行为人实施第295条规定的行为，即使情节较轻，也可以构成本罪；但根据《刑法》第37条的规定，对于犯罪情节轻微不需要判处刑罚的除外。"情节严重"主要包括以下情形：（1）传授比较严重犯罪的方法，如抢劫、强奸、故意伤害等；（2）可能对国家的公共安全、社会治安、公私财产以及他人的人身安全和其他合法权利造成严重威胁；（3）传授的对象人数较多，或者向未成年人传授；（4）被传授人实施了该犯罪方法，并造成了社会危害；（5）其他严重情节。"情节特别严重"主要包括以下情形：（1）传授的犯罪方法实际造成了严重的危害结果；（2）传授的对象人数众多；（3）向较多的未成年人传授；（4）其他特别严重的情节。

在司法实践中应当注意"传授犯罪方法罪"与《刑法》第29条规定的"教唆犯罪"的区别：前者是个独立的罪名，主要是将犯罪的方法、经验、技能等传授给他人，有时可能是出于炫耀，并无教唆他人实施犯罪的主观恶意；而后者承担的是共同犯罪的法律责任，教唆人可能对犯罪方法并不了解，但通过语言、示意、旁敲侧击等方法，促使或者怂恿他人产生犯意。

● **相关规定** **【公通字〔2000〕25号】 公安部关于打击拐卖妇女儿童犯罪适用法律和政策有关问题的意见**（2000年3月17日印发）

---

① 第295条是根据2011年2月25日第11届全国人民代表大会常务委员会第19次会议通过的《刑法修正案（八）》（主席令第41号公布，2011年5月1日起施行）而修改，原条文内容为："传授犯罪方法的，处五年以下有期徒刑、拘役或者管制；情节严重的，处五年以上有期徒刑；情节特别严重的，处无期徒刑或者死刑。"也即废除了本条罪的死刑。

二、关于拐卖妇女、儿童犯罪

（五）教唆他人实施拐卖妇女、儿童犯罪的，以拐卖妇女、儿童罪的共犯立案侦查。向他人传授拐卖妇女、儿童的犯罪方法的，以传授犯罪方法罪立案侦查。明知是拐卖妇女、儿童的犯罪分子，而在其实施犯罪后为其提供隐藏处所、财物，帮助其逃匿或者作假证明包庇的，以窝藏、包庇罪立案侦查。

【禁毒办通〔2015〕32号】 国家禁毒委员会办公室、中央宣传部、中央网络安全和信息化领导小组办公室、最高人民法院、最高人民检察院、公安部、工业和信息化部、国家工商总局、国家邮政局关于加强互联网禁毒工作的意见（2015年4月14日）

四、坚决依法打击

15. 严厉打击网络毒品犯罪……对于利用互联网发布、传播制造毒品等犯罪的方法、技术、工艺的，以传授犯罪方法罪定罪处罚，被传授者是否接受或者是否以此方法实施了制造毒品等犯罪不影响对本罪的认定……

【公通字〔2019〕23号】 最高人民法院、最高人民检察院、公安部、司法部关于依法严厉打击传播艾滋病病毒等违法犯罪行为的指导意见（2019年5月19日）

（七）传授犯罪方法罪。通过语言、文字、动作或者其他方式传授能够致人感染艾滋病病毒的具体方法的，依照刑法第295条的规定，以传授犯罪方法罪定罪处罚。

【公通字〔2019〕25号】 最高人民法院、最高人民检察院、公安部关于依法惩治民族资产解冻类诈骗及相关犯罪的意见（2019年8月8日）（略）

● **立案标准** 狱内刑事案件立案标准（司法部令〔2001〕64号，2001年3月2日司法部部长办公会议通过，2001年3月9日发布施行）

第2条 监狱发现罪犯有下列犯罪情形的，应当立案侦查：

（三十）以语言、文字、动作或者其他手段，向他人传授实施犯罪的具体经验、技能的（传授犯罪方法案）。

第296条 【非法集会、游行、示威罪】 举行集会、游行、示威，未依照法律规定申请或者申请未获许可，或者未按照主管机关许可的起止时间、地点、路线进行，又拒不服从解散命令，严重破坏社会秩序的，对集会、游行、示威的负责人和直接责任人员，处五年以下有期徒刑、拘役、管制或者剥夺政治权利。

第 297 条 【非法携带武器、管制刀具、爆炸物参加集会、游行、示威罪】违反法律规定，携带武器、管制刀具或者爆炸物参加集会、游行、示威的，处三年以下有期徒刑、拘役、管制或者剥夺政治权利。

第 298 条 【破坏集会、游行、示威罪】扰乱、冲击或者以其他方法破坏依法举行的集会、游行、示威，造成公共秩序混乱的，处五年以下有期徒刑、拘役、管制或者剥夺政治权利。

● **条文注释** "集会、游行、示威"是宪法赋予公民的一项基本政治权利。集会，是指聚集于露天公共场所，发表意见、表达意愿的活动；游行，是指在公共道路、露天公共场所列队行进、表达共同意愿的活动；示威，是指在露天公共场所或者公共道路上以集会、游行、静坐等方式，表达要求、抗议或者支持、声援等共同意愿的活动。

第 296 条至第 298 条是针对集会、游行、示威等方面犯罪行为的处罚规定。对于非法举行集会、游行、示威的，适用第 296 条的规定；对于携带违禁物品参加集会、游行、示威的，适用第 297 条的规定；对于破坏集会、游行、示威的，适用第 298 条的规定。

第 296 条、第 297 条规定的"法律规定"，主要是指《集会游行示威法》等相关法律、法规的规定。"主管机关"是指当地的县级以上公安机关。

构成第 296 条规定之罪，必须具备以下条件：（1）犯罪主体是集会、游行、示威的负责人和直接责任人员；（2）行为人举行集会、游行、示威时，未按法律规定申请并获得许可，或者未按许可的起止时间、地点、路线进行；（3）拒不服从解散命令；（4）严重破坏社会秩序。这里的"严重破坏社会秩序"主要是指造成社会秩序混乱，使生产、工作、生活和教学、科研等无法正常进行，如造成工厂停工、学校停课、交通瘫痪等。

构成第 297 条规定之罪，没有"入罪情节门槛"。只要行为人在参加集会、游行、示威时，携带了武器、管制刀具或爆炸物，就可以构成本罪。这里的"武器"主要是指可以直接杀伤人体的各种器械、枪支和弹药（对"枪支"的界定主要依据《枪支管理法》第 46 条的规定，具体是指以火药或压缩气体等为动力，利用管状器具发射金属弹丸或者其他物质，足以致人伤亡或者丧失知觉的各种枪支，包括军用枪支、体育运动枪支、麻醉注射枪和狩猎枪支等）；"管制刀具"主要是指公安部《对部分刀具实行管制的暂行规定》第 2 条所规定的匕首、三棱刮刀（包括机械加工用的三棱刮刀）、带有自锁装置的弹簧刀（跳刀）以及其他相类似的单刃、双刃、三棱尖刀，其界定标准主要依据公安部发布的《管制刀具认定标准》；"爆炸物"是指具有爆发力和破坏性能，瞬间可以造成人员伤亡、物品毁损的一切爆炸物品，如手榴弹、炸药等。

构成第298条规定之罪，必须具备以下条件：（1）行为人具有破坏集会、游行、示威的主观故意，并采用扰乱、冲击或其他方法实施了该行为；（2）造成公共秩序混乱。这里的"造成公共秩序混乱"主要是指造成集会、游行、示威的行经地或举行地的秩序混乱或交通瘫痪等。

在司法实践中需要注意的是：

（1）对于非法持有、私藏枪支弹药，同时又携带参加集会、游行、示威的，应当依照《刑法》第297条和第128条的规定，以"非法携带武器参加集会、游行、示威罪"和"非法持有、私藏枪支、弹药罪"数罪并罚。①

（2）第297条"非法携带武器、管制刀具、爆炸物参加集会、游行、示威罪"与《刑法》第130条"非法携带枪支、弹药、管制刀具、危险物品危及公共安全罪"的区别：前者是专门针对非法携带上述违禁品参加集会、游行、示威的情形，只要实施了该行为就构成犯罪；后者是针对非法携带上述违禁品进入公共场所或公共交通工具的情形，必须要危及公共安全、情节严重的才构成犯罪。当两者发生竞合时，前者属于特别法地位，并且其处罚多了一项"剥夺政治权利"；而后者属于一般法地位，所以应当适用第297条。

● 相关规定 【公复字〔2003〕7号】 公安部关于对多次以同一理由递交数份申请书申请游行示威如何处理的批复（2003年12月30日答复上海市公安局"沪公〔2003〕517号"请示）

对在公安机关审批的法定时间内多次以同一理由递交数份申请书申请游行示威的，只要申请主体不变，不论每次递交多少次申请书，公安机关可视为一个申请合并受理，作出一个是否许可的决定。

【公复字〔2007〕7号】 公安部关于公民申请个人集会游行示威如何处置的批复（2007年12月14日答复天津市公安局"津公治〔2007〕630号"请示）

《中华人民共和国集会游行示威法》中的集会游行示威，是指公民表达共同意愿的活动。公民申请个人举行集会游行示威的，公安机关依法不予受理。

---

① 全国人民代表大会常务委员会法制工作委员会编：《中华人民共和国刑法释义》，法律出版社2011年版，第535页。

【公复字〔2010〕1号】 公安部关于将陶瓷类刀具纳入管制刀具管理问题的批复（2010年4月7日答复北京市公安局"京公治字〔2010〕282号"请示）

陶瓷类刀具具有超高硬度、超高耐磨、刃口锋利等特点，其技术特性已达到或超过了部分金属刀具的性能，对符合《管制刀具认定标准》（公通字〔2007〕2号）规定的刀具类型、刀刃长度和刀尖角度等条件的陶瓷类刀具，应当作为管制刀具管理。

【公通字〔2013〕25号】 公安部关于公安机关处置信访活动中违法犯罪行为适用法律的指导意见（2008年7月6日"公通字〔2008〕35号"初次印发；2013年7月19日修订后印发）

四、对妨害社会管理秩序违法犯罪行为的处理

5. 煽动、策划非法集会、游行、示威，不听劝阻，符合《治安管理处罚法》第55条规定的，以煽动、策划非法集会、游行、示威依法予以治安管理处罚；举行集会、游行、示威活动未经主管机关许可，未按照主管机关许可的目的、方式、标语、口号、起止时间、地点、路线进行，或者在进行中出现危害公共安全、破坏社会秩序情形的，根据《集会游行示威法》第27条规定予以制止、命令解散；不听制止，拒不解散的，依法强行驱散、强行带离现场或者立即予以拘留；符合《集会游行示威法》第28条规定的，对其负责人和直接责任人员依法予以警告或者拘留；拒不服从解散命令，符合《刑法》第296条规定的，对负责人和直接责任人员，以非法集会、游行、示威罪追究刑事责任。集会游行示威过程中实施其他违法犯罪行为的，依法追究法律责任。

【主席令〔2012〕67号】 中华人民共和国治安管理处罚法（2012年10月26日第11届全国人大常委会第29次会议修正，2013年1月1日起施行）

第2条 扰乱公共秩序，妨害公共安全，侵犯人身权利、财产权利，妨害社会管理，具有社会危害性，依照《中华人民共和国刑法》的规定构成犯罪的，依法追究刑事责任；尚不够刑事处罚的，由公安机关依照本法给予治安管理处罚。

第55条 煽动、策划非法集会、游行、示威，不听劝阻的，处10日以上15日以下拘留。

● 立案标准 最高人民检察院、公安部关于公安机关管辖的刑事案件立案追诉标准的规定（一）（公通字〔2008〕36号，2008年6月25日公布施行）

第38条 [非法集会、游行、示威案（刑法第296条）] 举行集会、游行、

示威，未依照法律规定申请或者申请未获许可，或者未按照主管机关许可的起止时间、地点、路线进行，又拒不服从解散命令，严重破坏社会秩序的，应予立案追诉。

第39条〔非法携带武器、管制刀具、爆炸物参加集会、游行、示威案（刑法第297条）〕 违反法律规定，携带武器、管制刀具或者爆炸物参加集会、游行、示威的，应予立案追诉。

第40条〔破坏集会、游行、示威案（刑法第298条）〕 扰乱、冲击或者以其他方法破坏依法举行的集会、游行、示威，造成公共秩序严重混乱的，应予立案追诉。

> **第299条** 【侮辱国旗、国徽、国歌罪①】在公共场合②，故意以焚烧、毁损、涂划、玷污、践踏等方式侮辱中华人民共和国国旗、国徽的，处三年以下有期徒刑、拘役、管制或者剥夺政治权利。
>
> 在公共场合，故意篡改中华人民共和国国歌歌词、曲谱，以歪曲、贬损方式奏唱国歌，或者以其他方式侮辱国歌，情节严重的，依照前款的规定处罚。③

● **条文注释** 构成《刑法》第299条规定的侮辱国旗、国徽、国歌罪，必须具备以下条件：（1）行为人具有侮辱国旗、国徽、国歌的主观故意；（2）行为人采取某种方式，实施了侮辱国旗、国徽、国歌的行为；（3）该行为在公共场合里实施。

本条没有规定构成犯罪的"情节门槛"条件。但根据《国旗法》第23条、《国徽法》第18条、《国歌法》第15条和刑法总则第37条的规定，犯罪情节较轻的，不构成犯罪，由公安机关处以15日以下拘留。

---

① 注：本罪名由《最高人民法院、最高人民检察院关于执行〈中华人民共和国刑法〉确定罪名的补充规定（七）》（法释〔2021〕2号，最高人民法院审判委员会第1832次会议、最高人民检察院第13届检察委员会第63次会议通过）增设，2021年3月1日执行。
根据《公安部刑事案件管辖分工规定》（公通字〔2020〕9号，2020年9月1日），本罪由公安机关政治安全保卫部门管辖。
② 本处原为"公众场合"；根据2017年11月4日第12届全国人民代表大会常务委员会第30次会议通过、主席令第80号公布施行的《刑法修正案（十）》而修改为"公共场合"（并在其后增加了一个逗号"，"以在形式上与第2款相一致）。
③ 《刑法》第299条第2款是根据2017年11月4日第12届全国人民代表大会常务委员会第30次会议通过的《刑法修正案（十）》（主席令第80号公布施行）而增加。

需要注意的是：

（1）侮辱国旗、国徽、国歌的行为，并不仅限于刑法条文中列举的方式。行为人故意采用任何一种方式，只要能达到侮辱国旗、国徽、国歌的效果，都可以构成第299条规定之罪。

（2）"公共场合"与"公共场所"还是有区别的。"场合"一般是指某个特定的时间和空间，应当有"人"的参与情形。"公共场合"应当是指在公共场所里、有公众在场的情形。比如，无人的大礼堂，属于公共场所，但不应当理解为公共场合；私人聚会家庭舞会，可以理解为公众场合，但不属于公共场合。

（3）《刑法修正案（十）》增设了本条第2款规定后，《最高人民法院、最高人民检察院关于执行〈中华人民共和国刑法〉确定罪名的补充规定（七）》（法释〔2021〕2号）并未对其单独设立"侮辱国歌罪"；而是与本条第1款（侮辱国旗、国徽罪）合并设立为一个新的选择性罪名"侮辱国旗、国徽、国歌罪"。这意味着行为人同时违反本条第1款和第2款规定的，不能适用数罪并罚，而应当以单一的复合罪名谳罪科刑。

第299条之一① 【**侵害英雄烈士名誉、荣誉罪**②】侮辱、诽谤或者以其他方式侵害英雄烈士的名誉、荣誉，损害社会公共利益，情节严重的，处三年以下有期徒刑、拘役、管制或者剥夺政治权利。

● **条文注释** 构成本罪，必须具备以下条件：（1）犯罪主体只能为自然人（单位不能构成本罪）；（2）行为人故意侵害了英雄烈士的名誉、荣誉；（3）情节严重。

本条规定中的"侮辱"是指对英烈的名誉、荣誉或历史事迹进行嘲笑、辱骂、贴传单或漫画等，或者对英烈的画像、墓碑、纪念馆等进行侮辱性的损毁、破坏。"诽谤"，是指捏造、篡改或歪曲历史事实，损害英烈的名誉、荣誉。这里的"英雄烈士"应当理解为一个整体名词，而不是"英雄、烈士"。③

本条规定原拟增设为《刑法》第246条之一，后来定为第299条之一，说

---

① 第299条之一由《刑法修正案（十一）》（2020年12月26日第13届全国人大常委会第24次会议通过，主席令第66号公布）增设，2021年3月1日起施行。

② 注：本罪名由《最高人民法院、最高人民检察院关于执行〈中华人民共和国刑法〉确定罪名的补充规定（七）》（法释〔2021〕2号，最高人民法院审判委员会第1832次会议、最高人民检察院第13届检察委员会第63次会议通过）增设，2021年3月1日执行。

③ 根据《英雄烈士保护法》第2条第2款体现的立法宗旨，"英雄烈士"是已经为国献身的先烈；《英雄烈士保护法》与《民法典》也都将"英雄烈士"作为整体表述，从未分开表述成"英雄、烈士"，说

明本罪侵犯的客体并不是公民的人身权利、民主权利,而是社会公共秩序。

需要注意的是,本条规定的刑罚是"或者剥夺政治权利",即只能独立适用,不能附加适用。

● 相关规定 【主席令〔2018〕5号】 中华人民共和国英雄烈士保护法(2018年4月27日第13届全国人大常委会第2次会议通过,2018年5月1日施行)

第2条(第2款) 近代以来,为了争取民族独立和人民解放,实现国家富强和人民幸福,促进世界和平和人类进步而毕生奋斗、英勇献身的英雄烈士,功勋彪炳史册,精神永垂不朽。

第22条(第1款) 禁止歪曲、丑化、亵渎、否定英雄烈士事迹和精神。

(第2款) 英雄烈士的姓名、肖像、名誉、荣誉受法律保护。任何组织和个人不得在公共场所、互联网或者利用广播电视、电影、出版物等,以侮辱、诽谤或者其他方式侵害英雄烈士的姓名、肖像、名誉、荣誉。任何组织和个人不得将英雄烈士的姓名、肖像用于或者变相用于商标、商业广告,损害英雄烈士的名誉、荣誉。

第26条 以侮辱、诽谤或者其他方式侵害英雄烈士的姓名、肖像、名誉、荣誉,损害社会公共利益的,依法承担民事责任;构成违反治安管理行为的,由公安机关依法给予治安管理处罚;构成犯罪的,依法追究刑事责任。

【主席令〔2020〕45号】 中华人民共和国民法典(2020年5月28日第13届全国人大第3次会议通过,2021年1月1日施行)

第185条 侵害英雄烈士等的姓名、肖像、名誉、荣誉,损害社会公共利益的,应当承担民事责任。

【公通字〔2022〕5号】 最高人民法院、最高人民检察院、公安部关于依法惩治侵害英雄烈士名誉、荣誉违法犯罪的意见(2022年1月11日)

一、关于英雄烈士的概念和范围

根据英雄烈士保护法第2条的规定,刑法第299条之一规定的"英雄烈士",主要是指近代以来,为了争取民族独立和人民解放,实现国家富强和人民幸福,促进世界和平和人类进步而毕生奋斗、英勇献身的英雄烈士。

司法适用中,对英雄烈士的认定,应当重点注意把握以下几点:

(一)英雄烈士的时代范围主要为"近代以来",重点是中国共产党、人民军队和中华人民共和国历史上的英雄烈士。英雄烈士既包括个人,也包括群体;既包括有名英雄烈士,也包括无名英雄烈士。

（二）对经依法评定为烈士的，应当认定为刑法第299条之一规定的"英雄烈士"；已牺牲、去世，尚未评定为烈士，但其事迹和精神为我国社会普遍公认的英雄模范人物或者群体，可以认定为"英雄烈士"。

（三）英雄烈士是指已经牺牲、去世的英雄烈士。对侮辱、诽谤或者以其他方式侵害健在的英雄模范人物或者群体名誉、荣誉，构成犯罪的，适用刑法有关侮辱、诽谤罪等规定追究刑事责任，符合适用公诉程序条件的，由公安机关依法立案侦查，人民检察院依法提起公诉。但是，被侵害英雄烈士群体中既有已经牺牲的烈士，也有健在的英雄模范人物的，可以统一适用侵害英雄烈士名誉、荣誉罪。

二、关于侵害英雄烈士名誉、荣誉罪入罪标准

根据刑法第299条之一的规定，侮辱、诽谤或者以其他方式侵害英雄烈士的名誉、荣誉，损害社会公共利益，情节严重的，构成侵害英雄烈士名誉、荣誉罪。

司法实践中，对侵害英雄烈士名誉、荣誉的行为是否达到"情节严重"，应当结合行为方式，涉及英雄烈士的人数，相关信息的数量、传播方式、传播范围、传播持续时间，相关信息实际被点击、浏览、转发次数，引发的社会影响、危害后果以及行为人前科情况等综合判断。根据案件具体情况，必要时，可以参照适用《最高人民法院、最高人民检察院关于办理利用信息网络实施诽谤等刑事案件适用法律若干问题的解释》（法释〔2013〕21号）的规定。

侵害英雄烈士名誉、荣誉，达到入罪标准，但行为人认罪悔罪，综合考虑案件具体情节，认为犯罪情节轻微的，可以不起诉或者免予刑事处罚；情节显著轻微危害不大的，不以犯罪论处；构成违反治安管理行为的，由公安机关依法给予治安管理处罚。

● 指导案例　【高检发办字〔2022〕8号】　最高人民检察院第34批指导性案例（2021年12月14日最高检第13届检委会第82次会议通过，2022年1月26日印发）

（检例第136号）仇某侵害英雄烈士名誉、荣誉案（本罪获刑第一人）

要旨：侵害英雄烈士名誉、荣誉罪中的"英雄烈士"，是指已经牺牲、逝世的英雄烈士。在同一案件中，行为人所侵害的群体中既有烈士，又有健在的英雄模范人物时，应当整体评价为侵害英雄烈士名誉、荣誉的行为，不宜区别适用侵害英雄烈士名誉、荣誉罪和侮辱罪、诽谤罪。《刑法修正案（十一）》实施后，以侮辱、诽谤或者其他方式侵害英雄烈士名誉、荣誉的行为，情节严重的，构成侵害英雄烈士名誉、荣誉罪。行为人利用信息网络侵害英雄烈士名誉、荣

誉，引起广泛传播，造成恶劣社会影响的，应当认定为"情节严重"。英雄烈士没有近亲属或者近亲属不提起民事诉讼的，检察机关在提起公诉时，可以一并提起附带民事公益诉讼。①

第 300 条② 【组织、利用会道门、邪教组织、利用迷信破坏法律实施罪】组织、利用会道门、邪教组织或者利用迷信破坏国家法律、行政法规实施的，处三年以上七年以下有期徒刑，并处罚金；情节特别严重的，处七年以上有期徒刑或者无期徒刑，并处罚金或者没收财产；情节较轻的，处三年以下有期徒刑、拘役、管制或者剥夺政治权利，并处或者单处罚金。

【组织、利用会道门、邪教组织、利用迷信致人重伤、死亡罪】组织、利用会道门、邪教组织或者利用迷信蒙骗他人，致人重伤、死亡的，依照前款的规定处罚。

犯第一款罪又有奸淫妇女、诈骗财物等犯罪行为的，依照数罪并罚的规定处罚。

● **条文注释** "会道门"是封建迷信活动组织的总称，如我国历史上曾经出现的九宫道、哥老会等。"邪教组织"是指冒用宗教的名义而建立的、利用迷信等手段蒙骗他人，实施危害社会行为的非法组织；与正常的宗教组织相比，邪教组织没有经典和信仰，只是以一些异端邪说作为发展控制组织成员的手段。"迷信"是一种信奉鬼神的唯心主义行为，其信仰、崇拜和活动形式带有深厚的封建色彩。

组织或利用会道门、邪教组织、利用迷信蒙骗上当的群众，可以进行很多

---

① 本案指导意义：1. ……虽不属于烈士，但事迹、精神被社会普遍公认的已故英雄模范人物的名誉、荣誉被侵害的，因他们为国家、民族和人民作出巨大贡献和牺牲，其名誉、荣誉承载着社会主义核心价值观，应当纳入侵害英雄烈士名誉、荣誉罪的犯罪对象，与英雄烈士的名誉、荣誉予以刑法上的一体保护。2. ……《刑法修正案（十一）》实施前的行为，实施后尚未处理或者正在处理的，应当根据刑法第 12 条规定的"从旧兼从轻"原则，以侵害英雄烈士名誉、荣誉罪追究刑事责任。3. 侵害英雄烈士名誉、荣誉罪中"情节严重"的认定，可以参照《网络诽谤的解释》的规定，并可以结合案发时间节点、社会影响等综合认定。……对于只是在相对封闭的网络空间，如在亲友微信群、微信朋友圈等发表不当言论，没有造成大范围传播的，可以不认定为"情节严重"。

② 第 300 条是根据 2015 年 8 月 29 日第 12 届全国人民代表大会常务委员会第 16 次会议通过的《刑法修正案（九）》（主席令第 30 号公布，2015 年 11 月 1 日起施行）而修改。

危害社会的行为：破坏国家法律、法规实施的，适用第300条第1款的规定；蒙骗他人、致人重伤或死亡的，适用第300条第2款的规定；同时具有奸淫妇女或诈骗财物等行为的，则分别依照《刑法》第236条、第266条以及本条的规定，实行数罪并罚。

第300条第1款规定中的"法律"，是指全国人民代表大会及其常务委员会制定的法律和法律性文件；"行政法规"，是指国务院制定的条例、细则、办法等行政法规。"破坏国家法律、行政法规实施"有两种方式：(1) 组织和利用会道门、邪教组织，蛊惑、煽动、欺骗群众破坏国家法律、行政法规实施，其具体界定标准依照"法释〔2017〕3号"解释的相关规定。(2) 利用迷信破坏国家法律、行政法规实施，主要利用占卜、算命、看星象等形式，散布迷信谣言，制造混乱，煽动群众抗拒、破坏国家法律、行政法规的实施。

第300条第2款规定中的"致人重伤、死亡"，主要是指他人因受到蒙骗而精神失常，或进行绝食、自残自杀等行为，导致重伤或死亡后果。需要注意的是：在司法实践中，有些人利用某些邪教组织成员对邪教的深信不疑，直接组织、策划、煽动、教唆、帮助邪教组织人员自杀、自残的，应当依照《刑法》第232条、第234条规定的故意杀人罪、故意伤害罪定罪处罚。

第300条第1款（第2款依照第1款）规定中的"情节特别严重"的界定标准依照"法释〔2017〕3号"解释的相关规定。

第300条第3款规定中的"奸淫妇女"，无论其是否对妇女使用暴力、威胁手段，都应依照《刑法》第236条的规定，以强奸罪定罪处罚。

● **相关规定**　**【人大 9-12 决定】**　全国人民代表大会常务委员会关于取缔邪教组织、防范和惩治邪教活动的决定（1999年10月30日第9届全国人民代表大会常务委员会第12次会议通过）

为了维护社会稳定，保护人民利益，保障改革开放和社会主义现代化建设的顺利进行，必须取缔邪教组织、防范和惩治邪教活动。根据宪法和有关法律，特作如下决定：

一、坚决依法取缔邪教组织，严厉惩治邪教组织的各种犯罪活动。邪教组织冒用宗教、气功或者其他名义，采用各种手段扰乱社会秩序，危害人民群众生命财产安全和经济发展，必须依法取缔，坚决惩治。人民法院、人民检察院和公安、国家安全、司法行政机关要各司其职，共同做好这项工作。对组织和利用邪教组织破坏国家法律、行政法规实施，聚众闹事，扰乱社会秩序，以迷信邪说蒙骗他人，致人死亡，或者奸淫妇女、诈骗财物等犯罪活动，依法予以严惩。

二、坚持教育与惩罚相结合，团结、教育绝大多数被蒙骗的群众，依法严惩极少数犯罪分子。在依法处理邪教组织的工作中，要把不明真相参与邪教活动的人同组织和利用邪教组织进行非法活动、蓄意破坏社会稳定的犯罪分子区别开来。对受蒙骗的群众不予追究。对构成犯罪的组织者、策划者、指挥者和骨干分子，坚决依法追究刑事责任；对于自首或者有立功表现的，可以依法从轻、减轻或者免除处罚。

【人大〔2000〕19 次】 **全国人民代表大会常务委员会关于维护互联网安全的决定**（2000 年 12 月 28 日第 9 届全国人大常委会第 19 次会议通过；2009 年 8 月 27 日第 11 届全国人大常委会第 10 次会议修正）

二、为了维护国家安全和社会稳定，对有下列行为之一，构成犯罪的，依照刑法有关规定追究刑事责任：

（四）利用互联网组织邪教组织、联络邪教组织成员，破坏国家法律、行政法规实施。

【高检发研字〔1999〕22 号】 **最高人民检察院关于认真贯彻执行《关于取缔邪教组织防范和惩治邪教活动的决定》和有关司法解释的通知**（1999 年 10 月 31 日印发）

二、要充分认识"法轮功"邪教组织的性质和取缔邪教组织，防范和惩治邪教活动是一场严肃的政治斗争，增强同这类犯罪斗争的紧迫感和责任感。对邪教组织必须依法坚决取缔，对其犯罪活动必须坚决依法严厉打击。各级人民检察院要充分履行检察职能，切实加强对组织、利用"法轮功"邪教组织的犯罪案件的审查批捕、审查起诉、出庭支持公诉工作，加强对有关案件的立案监督，加强监所检察工作，在党委的统一领导和部署下，对涉嫌组织、利用"法轮功"犯罪的案件，依法批捕、及时起诉。

三、各级人民检察院在办理组织和利用"法轮功"邪教组织犯罪案件时要严肃执法，严格掌握政策法律界限。要认真学习、准确掌握党和国家的有关政策、法律规定。对于实施组织、利用邪教"法轮功"进行各种犯罪活动的，要依法追究其刑事责任。对于坚持顽固立场、继续破坏社会稳定，坑害人民群众的极少数"法轮功"幕后策划者、组织者、指挥者及骨干分子，必须依法严惩，坚决打击。要把不明真相参与"法轮功"的人，同组织、利用邪教危害社会的犯罪分子区别开来；把在"法轮功"问题上犯了错误但有悔改表现的人，同执迷不悟、拒不改正的人区别开来；对有自首、立功表现的，可依法从轻、减轻或者免除处罚，尽可能团结大多数。

四、在依法取缔邪教组织、防范和惩治邪教活动的斗争中,各级人民检察院要加强领导,严格责任,检察长要亲自过问有关案件的办理情况,对这类案件的审查逮捕、审查起诉工作,要指派业务骨干承办,各业务部门要切实负起责任,对工作各个环节周密部署,依法及时作出决定。要加强与公安、法院等有关部门的密切联系,适时介入侦查,掌握案情,审查证据,为有力指控有关犯罪打好基础。对于重大、疑难案件,上级检察院要加强对下级检察院的指导、支持和协调有关工作,确保依法、及时、准确有力地打击组织、利用邪教组织进行犯罪的斗争顺利健康进行。

【法发〔1999〕29 号】 最高人民法院关于贯彻全国人大常委会《关于取缔邪教组织、防范和惩治邪教活动的决定》和"两院"司法解释的通知(1999年11月5日印发)

一、认真学习宣传贯彻《决定》和《解释》,进一步明确审判工作指导思想和任务。近年来,邪教组织特别是"法轮功"邪教组织冒用宗教、气功或者其他名义建立、神化首要分子,大搞教主崇拜,利用制造、散布迷信邪说等手段蛊惑、蒙骗他人,发展、控制成员,从事违法犯罪活动,危害人民群众生命财产安全和经济发展,严重影响了社会稳定,必须坚决依法惩办。修订后的刑法专门对组织和利用邪教组织破坏国家法律、行政法规实施;组织和利用邪教组织蒙骗他人,致人死亡以及组织和利用邪教组织奸淫妇女、诈骗财物行为的定罪处罚问题,作了明确规定。全国人大常委会近日通过的《决定》,更为依法惩治组织和利用邪教组织的犯罪活动提供了有力的法律武器。各级人民法院要认真学习,统一思想认识,认清"法轮功"的邪教性质及其危害,深刻领会中央关于抓紧处理和解决"法轮功"问题的重要指示精神,充分认识这场斗争的重要性、复杂性、尖锐性和长期性,进一步明确指导思想,把防范和惩治各种邪教组织犯罪作为一项严肃的政治任务,认真履行职责,充分发挥人民法院的审判职能作用,对组织和利用邪教组织破坏国家法律、行政法规实施,聚众闹事,扰乱社会秩序,以迷信邪说蒙骗他人,致人死亡,或者奸淫妇女、诈骗财物等犯罪行为,坚决依法严惩。

二、依法审理组织和利用邪教组织犯罪案件,明确打击重点。各级人民法院要认真贯彻执行《决定》,按照《解释》的规定要求,严格依法办案,正确适用法律,坚决依法打击"法轮功"等邪教组织的犯罪活动。对于组织和利用邪教组织聚众围攻、冲击国家机关、企事业单位,扰乱国家机关、企事业单位的工作、生产、经营、教学和科研等秩序;非法举行集会、游行、示威,煽动、欺骗、组织其成员或者其他人聚众围攻、冲击、强占、哄闹公共场所及宗教活动场所，扰乱社会秩序；出版、印刷、复制、发行宣扬邪教内容的出版物、印制邪教组织标识的，坚决依照刑法第300条第1款的规定，以组织、利用邪教组织破坏法律实施罪定罪处罚。对于组织和利用邪教组织制造、散布迷信邪说，蒙骗其成员或者其他人实施绝食、自残、自虐等行为，或者阻止病人进行正常治疗，致人死亡的，坚决依照刑法第300条第2款的规定，以组织、利用邪教组织致人死亡罪定罪处罚，对造成特别严重后果的，依法从重处罚。对于邪教组织以各种欺骗手段敛取钱财的，依照刑法第300条第3款和第266条的规定，以诈骗罪定罪处罚。对于邪教组织和组织、利用邪教组织破坏法律实施的犯罪分子，以各种手段非法聚敛的财物，用于犯罪的工具、宣传品的，应当依法追缴、没收。

三、正确运用法律和政策，严格区分不同性质的矛盾。各级人民法院在审判工作中必须坚持教育与惩罚相结合，团结教育大多数被蒙骗的群众，坚决依法严惩极少数犯罪分子。在依法惩治构成犯罪的组织者、策划者、指挥者和积极参加者的同时，要注意团结大多数，教育大多数，解脱大多数。要把不明真相参与邪教活动的人同组织和利用邪教组织进行非法活动、蓄意破坏社会稳定的犯罪分子区别开来；要把一般"法轮功"练习者同极少数违法犯罪活动的策划者、组织者区别开来；要把正常的宗教信仰、合法的宗教活动同"法轮功"等邪教组织的活动区别开来。重点打击组织和利用邪教组织进行犯罪活动的组织、策划、指挥者和屡教不改的骨干分子。对有自首、立功表现的，可以依法从轻、减轻或者免除处罚；对于受蒙蔽、胁迫参加邪教组织并已退出和不再参加邪教组织活动的人员，不作为犯罪处理。

【法释〔2017〕3号】 最高人民法院、最高人民检察院关于办理组织、利用邪教组织破坏法律实施等刑事案件适用法律若干问题的解释（2017年1月4日最高人民法院审判委员会第1706次会议、2016年12月8日最高人民检察院第12届检察委员会第58次会议通过，2017年1月25日公布，2017年2月1日起施行）

第1条　冒用宗教、气功或者以其他名义建立，神化、鼓吹首要分子，利用制造、散布迷信邪说等手段蛊惑、蒙骗他人，发展、控制成员，危害社会的非法组织，应当认定为刑法第300条规定的"邪教组织"。

第2条　组织、利用邪教组织，破坏国家法律、行政法规实施，具有下列情形之一的，应依照刑法第300条第1款的规定，处3年以上7年以下有期徒刑，并处罚金：①

---

① 注：相比于"法释〔1999〕18号"《解释》，本条规定明确了"破坏国家法律、行政法规实施"的前提。

（一）建立邪教组织，或者邪教组织被取缔后又恢复、另行建立邪教组织的；

（二）聚众包围、冲击、强占、哄闹国家机关、企业事业单位或者公共场所、宗教活动场所，扰乱社会秩序的；

（三）非法举行集会、游行、示威，扰乱社会秩序的；

（四）使用暴力、胁迫或者以其他方法强迫他人加入或者阻止他人退出邪教组织的；

（五）组织、煽动、蒙骗成员或者他人不履行法定义务的；

（六）使用"伪基站""黑广播"等无线电台（站）或者无线电频率宣扬邪教的；

（七）曾因从事邪教活动被追究刑事责任或者2年内受过行政处罚，又从事邪教活动的；

（八）发展邪教组织成员50人以上的；

（九）敛取钱财或者造成经济损失100万元以上的；

（十）以货币为载体宣扬邪教，数量在500张（枚）以上的；

（十一）制作、传播邪教宣传品，达到下列数量标准之一的：①

1. 传单、喷图、图片、标语、报纸1000份（张）以上的；②

2. 书籍、刊物250册以上的；

3. 录音带、录像带等音像制品250盒（张）以上的；

4. 标识、标志物250件以上的；

5. 光盘、U盘、储存卡、移动硬盘等移动存储介质100个以上的；

6. 横幅、条幅50条（个）以上的。

（十二）利用通讯信息网络宣扬邪教，具有下列情形之一的：

1. 制作、传播宣扬邪教的电子图片、文章200张（篇）以上，电子书籍、刊物、音视频50册（个）以上，或者电子文档500万字符以上、电子音视频250分钟以上的；

2. 编发信息、拨打电话1000条（次）以上的；

---

① 注：《法释〔2001〕19号》《解释》曾规定："制作"，是指编写、印制、复制、绘画、出版、录制、摄制、洗印等行为；"传播"，是指散发、张贴、邮寄、上载、播放以及发送电子信息等行为。该《解释》虽然被废止了，但这一定义仍有参考作用。

② 注：《法发〔2002〕7号》《解答》规定：传单、图片、标语、报纸等形式的邪教宣传品，以独立的载体为计算份数的标准；对邮件中装有多份邪教宣传品的，根据邮件中所包含的实际份数计算总数。该《解答》虽然被废止了，但这一数目界定标准仍有参考作用。

3. 利用在线人数累计达到 1000 以上的聊天室，或者利用群组成员、关注人员等账号数累计 1000 以上的通讯群组、微信、微博等社交网络宣扬邪教的；

4. 邪教信息实际被点击、浏览数达到 5000 次以上的。

（十三）其他情节严重的情形。

第 3 条　组织、利用邪教组织，破坏国家法律、行政法规实施，具有下列情形之一的，应当认定为刑法第 300 条第 1 款规定的"情节特别严重"，处 7 年以上有期徒刑或者无期徒刑，并处罚金或者没收财产：

（一）实施本解释第 2 条第 1 项至第 7 项规定的行为，社会危害特别严重的；

（二）实施本解释第 2 条第 8 项至第 12 项规定的行为，数量或者数额达到第 2 条规定相应标准 5 倍以上的；

（三）其他情节特别严重的情形。①

第 4 条　组织、利用邪教组织，破坏国家法律、行政法规实施，具有下列情形之一的，应当认定为刑法第 300 条第 1 款规定的"情节较轻"，处 3 年以下有期徒刑、拘役、管制或者剥夺政治权利，并处或者单处罚金：

（一）实施本解释第 2 条第 1 项至第 7 项规定的行为，社会危害较轻的；

（二）实施本解释第 2 条第 8 项至第 12 项规定的行为，数量或者数额达到相应标准五分之一以上的；

（三）其他情节较轻的情形。

第 5 条　为了传播而持有、携带，或者传播过程中被当场查获，邪教宣传品数量达到本解释第 2 条至第 4 条规定的有关标准的，按照下列情形分别处理：

（一）邪教宣传品是行为人制作的，以犯罪既遂处理；

（二）邪教宣传品不是行为人制作，尚未传播的，以犯罪预备处理；

（三）邪教宣传品不是行为人制作，传播过程中被查获的，以犯罪未遂处理；

（四）邪教宣传品不是行为人制作，部分已经传播出去的，以犯罪既遂处理，对于没有传播的部分，可以在量刑时酌情考虑。

第 6 条　多次制作、传播邪教宣传品或者利用通讯信息网络宣扬邪教，未经处理的，数量或者数额累计计算。

---

① 注："法释〔1999〕18 号"《解释》曾规定"跨省、自治区、直辖市建立组织机构或者发展成员的""勾结境外机构、组织、人员进行邪教活动的"属于"情节特别严重"；新《解释》删除了该规定，只是将其作为相应刑档中的从重情节（"法释〔2017〕3 号"《解释》第 8 条）。

制作、传播邪教宣传品，或者利用通讯信息网络宣扬邪教，涉及不同种类或者形式的，可以根据本解释规定的不同数量标准的相应比例折算后累计计算。①

第7条　组织、利用邪教组织，制造、散布迷信邪说，蒙骗成员或者他人绝食、自虐等，或者蒙骗病人不接受正常治疗，致人重伤、死亡的，应当认定为刑法第300条第2款规定的组织、利用邪教组织"蒙骗他人，致人重伤、死亡"。

组织、利用邪教组织蒙骗他人，致1人以上死亡或者3人以上重伤的，处3年以上7年以下有期徒刑，并处罚金。

组织、利用邪教组织蒙骗他人，具有下列情形之一的，处7年以上有期徒刑或者无期徒刑，并处罚金或者没收财产：

（一）造成3人以上死亡的；
（二）造成9人以上重伤的；
（三）其他情节特别严重的情形。

组织、利用邪教组织蒙骗他人，致人重伤的，处3年以下有期徒刑、拘役、管制或者剥夺政治权利，并处或者单处罚金。

第8条　实施本解释第2条至第5条规定的行为，具有下列情形之一的，从重处罚：

（一）与境外机构、组织、人员勾结，从事邪教活动的；
（二）跨省、自治区、直辖市建立邪教组织机构、发展成员或者组织邪教活动的；
（三）在重要公共场所、监管场所或者国家重大节日、重大活动期间聚集滋事，公开进行邪教活动的；
（四）邪教组织被取缔后，或者被认定为邪教组织后，仍然聚集滋事，公开进行邪教活动的；
（五）国家工作人员从事邪教活动的；
（六）向未成年人宣扬邪教的；
（七）在学校或者其他教育培训机构宣扬邪教的。

第9条　组织、利用邪教组织破坏国家法律、行政法规实施，符合本解释第4条规定情形，但行为人能够真诚悔罪，明确表示退出邪教组织、不再从事邪教活动的，可以不起诉或者免予刑事处罚。其中，行为人系受蒙蔽、胁迫参

---

① 注："法发〔2002〕7号"《解答》曾规定"制作、传播两种以上邪教宣传品，同一种类的应当累计计算，不同种类的不能换算，也不能累计计算"；新《解释》则规定涉及不同种类或形式的，按相应比例折算后累计计算。

加邪教组织的，可以不作为犯罪处理。①

组织、利用邪教组织破坏国家法律、行政法规实施，行为人在一审判决前能够真诚悔罪，明确表示退出邪教组织、不再从事邪教活动的，分别依照下列规定处理：

（一）符合本解释第 2 条规定情形的，可以认定为刑法第 300 条第 1 款规定的"情节较轻"；

（二）符合本解释第 3 条规定情形的，可以不认定为刑法第 300 条第 1 款规定的"情节特别严重"，处 3 年以上 7 年以下有期徒刑，并处罚金。

第 10 条　组织、利用邪教组织破坏国家法律、行政法规实施过程中，又有煽动分裂国家、煽动颠覆国家政权或者侮辱、诽谤他人等犯罪行为的，依照数罪并罚的规定定罪处罚。②

第 11 条　组织、利用邪教组织，制造、散布迷信邪说，组织、策划、煽动、胁迫、教唆、帮助其成员或者他人实施自杀、自伤的，依照刑法第 232 条、第 234 条的规定，以故意杀人罪或者故意伤害罪定罪处罚。

第 12 条　邪教组织人员以自焚、自爆或者其他危险方法危害公共安全的，依照刑法第 114 条、第 115 条的规定，以放火罪、爆炸罪、以危险方法危害公共安全罪等定罪处罚。

第 13 条　明知他人组织、利用邪教组织实施犯罪，而为其提供经费、场地、技术、工具、食宿、接送等便利条件或者帮助的，以共同犯罪论处。

第 14 条　对于犯组织、利用邪教组织破坏法律实施罪、组织、利用邪教组织致人重伤、死亡罪，严重破坏社会秩序的犯罪分子，根据刑法第 56 条的规定，可以附加剥夺政治权利。

第 15 条　对涉案物品是否属于邪教宣传品难以确定的，可以委托地市级以上公安机关出具认定意见。

第 16 条　本解释自 2017 年 2 月 1 日起施行。《最高人民法院、最高人民检察院关于办理组织和利用邪教组织犯罪案件具体应用法律若干问题的解释》（法释〔1999〕18 号），《最高人民法院、最高人民检察院关于办理组织和利用邪教

---

① 注："法释〔1999〕18 号"《解释》曾规定"对于受蒙蔽、胁迫参加邪教组织并已退出和不再参加邪教组织活动的人员，不作为犯罪处理"；新《解释》对该情形表述为"可以不作为犯罪处理"。

② 注："法释〔1999〕18 号"《解释》曾规定"组织和利用邪教组织，组织、策划、实施、煽动分裂国家、破坏国家统一或者颠覆国家政权、推翻社会主义制度的，分别依照《刑法》第一百零三条、第一百零五条、第一百一十三条的规定定罪处罚"，"法释〔2001〕19 号"《解释》也有类似规定；新《解释》对该情形规定为数罪并罚。

组织犯罪案件具体应用法律若干问题的解释（二）》（法释〔2001〕19号），以及《最高人民法院、最高人民检察院关于办理组织和利用邪教组织犯罪案件具体应用法律若干问题的解答》（法发〔2002〕7号）同时废止。

【主席令〔2012〕67号】　中华人民共和国治安管理处罚法（2012年10月26日第11届全国人大常委会第29次会议修正，2013年1月1日起施行）

第2条　扰乱公共秩序，妨害公共安全，侵犯人身权利、财产权利，妨害社会管理，具有社会危害性，依照《中华人民共和国刑法》的规定构成犯罪的，依法追究刑事责任；尚不够刑事处罚的，由公安机关依照本法给予治安管理处罚。

第27条　有下列行为之一的，处10日以上15日以下拘留，可以并处1000元以下罚款；情节较轻的，处5日以上10日以下拘留，可以并处500元以下罚款：

（一）组织、教唆、胁迫、诱骗、煽动他人从事邪教、会道门活动或者利用邪教、会道门、迷信活动，扰乱社会秩序、损害他人身体健康的；

（二）冒用宗教、气功名义进行扰乱社会秩序、损害他人身体健康活动的。

第301条　【聚众淫乱罪】聚众进行淫乱活动的，对首要分子或者多次参加的，处五年以下有期徒刑、拘役或者管制。

【引诱未成年人聚众淫乱罪】引诱未成年人参加聚众淫乱活动的，依照前款的规定从重处罚。

● **条文注释**　"聚众淫乱"是指聚集众人（3人以上，不论男女）自愿进行群奸、群宿或其他集体淫乱活动的行为。所谓"淫乱活动"，主要是指群奸、群宿的性交行为。

构成第301条第1款规定之罪，应具备以下条件：（1）犯罪主体是聚众淫乱的首要分子或多次参加者；（2）行为人具有聚众淫乱的主观故意，并且实施了该行为。这里的"首要分子"，是指在聚众淫乱犯罪中起策划、组织、指挥、纠集作用的为首分子；"多次参加"，一般是指3次或者3次以上参加聚众淫乱的。对偶尔参加者，应当进行批评教育或者给予必要的治安处罚，不宜定罪处刑。

构成第301条第2款规定之罪，不需要具备"多次"的条件。只要行为人实施了引诱未成年人参加聚众淫乱活动的行为，即可构成本罪。这里的"引诱"，是指通过语言、宣讲性体验、性感受、传播淫秽物品、观看录像，甚至直接进行性表演及作示范等手段进行拉拢、腐蚀，诱惑未成年的男女参与淫乱活动。

● **相关规定** 【主席令〔2012〕67号】 **中华人民共和国治安管理处罚法**（2012年10月26日第11届全国人大常委会第29次会议修正，2013年1月1日起施行）

第2条 扰乱公共秩序，妨害公共安全，侵犯人身权利、财产权利，妨害社会管理，具有社会危害性，依照《中华人民共和国刑法》的规定构成犯罪的，依法追究刑事责任；尚不够刑事处罚的，由公安机关依照本法给予治安管理处罚。

第69条 有下列行为之一的，处10日以上15日以下拘留，并处500元以上1000元以下罚款：

（三）参与聚众淫乱活动的。

明知他人从事前款活动，为其提供条件的，依照前款的规定处罚。

● **立案标准** **最高人民检察院、公安部关于公安机关管辖的刑事案件立案追诉标准的规定（一）**（公通字〔2008〕36号，2008年6月25日公布施行）

第41条 ［聚众淫乱案（刑法第301条第1款）］ 组织、策划、指挥3人以上进行淫乱活动或者参加聚众淫乱活动3次以上的，应予立案追诉。

第42条 ［引诱未成年人聚众淫乱案（刑法第301条第2款）］ 引诱未成年人参加聚众淫乱活动的，应予立案追诉。

第101条 本规定中的"以上"，包括本数。

第302条[①] 【盗窃、侮辱、故意毁坏尸体、尸骨、骨灰罪[②]】盗窃、侮辱、故意毁坏尸体、尸骨、骨灰的，处三年以下有期徒刑、拘役或者管制。

● **条文注释** 第302条规定的是9个选择性罪名：盗窃尸体罪、盗窃尸骨罪、盗窃骨灰罪、侮辱尸体罪、侮辱尸骨罪、侮辱骨灰罪、故意毁坏尸体罪、故意毁坏尸骨罪、故意毁坏骨灰罪。

这里的"盗窃"，是指以秘密窃取的方式，将尸体或尸骨、骨灰置于自己实

[①] 第302条是根据2015年8月29日第12届全国人民代表大会常务委员会第16次会议通过的《刑法修正案（九）》（主席令第30号公布，2015年11月1日起施行）而修改；原第302条的内容为："盗窃、侮辱尸体的，处三年以下有期徒刑、拘役或者管制。"

[②] 注：本罪名原为"盗窃、侮辱尸体罪"；《刑法修正案（九）》对条文修改后，根据《最高人民法院、最高人民检察院关于执行〈中华人民共和国刑法〉确定罪名的补充规定（六）》（法释〔2015〕20号，最高人民法院审判委员会第1664次会议、最高人民检察院第12届检察委员会第42次会议通过，2015年11月1日起执行）而改为现名。

际支配之下的行为,如用以出卖、结阴婚等;"侮辱",是指以暴露、猥亵、奸尸、践踏等方式损害尸体或尸骨、骨灰的尊严或伤害有关人员感情的行为,但不包括以言语或文字对死者进行侮辱贬损的行为;"故意毁坏",是指对尸体或尸骨、骨灰进行毁损、涂划、焚烧、抛撒等行为。

这里的"尸体",是指自然人死亡后所遗留的躯体,包括整具遗体,也包括死胎、尸体的部分;"尸骨",是指人的尸体腐化后所剩余的遗骨;"骨灰",是指人的尸体经火化后所剩余的粉状物质。佛教中的"舍利子",是指得道高僧圆寂火化后留下珠状宝石样结晶体,又称佛骨、灵骨,因而也属于尸骨的范畴。

需要注意的是:

(1) 判断是否侮辱尸体,主要看主观上是否有侮辱尸体的故意,如医务人员、司法工作人员履行职责依法对尸体加以解剖,殡葬工作人员按照规定火化尸体等,主观上没有刑法上的侮辱或故意毁坏尸体的故意,不能适用本条规定。

(2) 对于抢夺他人尸体、尸骨、骨灰以及故意毁坏他人坟墓的行为,目前法律并没有规定其刑事责任,这是立法上的一个疏漏。

● 相关规定　【主席令〔2012〕67 号】　中华人民共和国治安管理处罚法

(2012 年 10 月 26 日第 11 届全国人大常委会第 29 次会议修正,2013 年 1 月 1 日起施行)

第 2 条　扰乱公共秩序,妨害公共安全,侵犯人身权利、财产权利,妨害社会管理,具有社会危害性,依照《中华人民共和国刑法》的规定构成犯罪的,依法追究刑事责任;尚不够刑事处罚的,由公安机关依照本法给予治安管理处罚。

第 65 条　有下列行为之一的,处 5 日以上 10 日以下拘留;情节严重的,处 10 日以上 15 日以下拘留,可以并处 1000 元以下罚款:

(一) 故意破坏、污损他人坟墓或者毁坏、丢弃他人尸骨、骨灰的;……

第 303 条[①]　【赌博罪】以营利为目的,聚众赌博或者以赌博为业的,处三年以下有期徒刑、拘役或者管制,并处罚金。

[①] 第 303 条是根据 2006 年 6 月 29 日第 10 届全国人民代表大会常务委员会第 22 次会议通过的《刑法修正案(六)》(主席令第 51 号公布,2006 年 6 月 29 日起施行) 而修改;原条文内容为:"以营利为目的,聚众赌博、开设赌场或者以赌博为业的,处三年以下有期徒刑、拘役或者管制,并处罚金。"

> 【开设赌场罪】开设赌场的,处五年以下有期徒刑、拘役或者管制,并处罚金;情节严重的,处五年以上十年以下有期徒刑,并处罚金。①
>
> 【组织参与国(境)外赌博罪②】组织中华人民共和国公民参与国(境)外赌博,数额巨大或者有其他严重情节的,依照前款的规定处罚。③

● **条文注释** 第 303 条所规定的赌博,是指以一定的赌资为本钱,意图通过各种输赢或押注的方式博取更多金钱或财物的行为。

构成第 303 条第 1 款规定之罪,必须具备以下条件:(1)以营利为目的;(2)聚众赌博或以赌博为业;(3)满足情节条件(具体界定标准依照"法释〔2005〕3 号"解释第 1 条的规定)。

这里所说的"以营利为目的",是指行为人聚众赌博或以赌博为业是为了获取金钱和财物,一般表现为以钱财作赌注,而不是为了消遣、娱乐。"聚众"是指纠集 3 人以上进行赌博;"以赌博为业"是指以赌博所得为其生活或挥霍的主要来源。

第 303 条第 2 款规定的"开设赌场",既包括开设传统意义上的赌博场所,也包括在信息网络空间里,建立赌博网站等行为。

需要注意的是:

(1)"以营利为目的",并非要求行为人一定要实际赢得钱财,只要是主观上有获取钱财的目的,即使事实上没有赢得钱财甚至输钱赔本,也不影响本罪的成立。

(2)行为人本人是否参加赌博,不影响对"聚众赌博"的认定。

(3)《刑法修正案(十一)》施行后,本条第 2 款规定的第一档刑期最高刑由 3 年改为 5 年,导致其刑事追诉期限由 5 年变成 10 年。

(4)组织公民参与国(境)外赌博,在以往的司法实践中一般认定为"聚

---

① 本款规定由《刑法修正案(十一)》(2020 年 12 月 26 日第 13 届全国人大常委会第 24 次会议通过,主席令第 66 号公布,2021 年 3 月 1 日起施行)修改,将原规定的两处"三年"改为"五年"。

② 注:本罪名由《最高人民法院、最高人民检察院关于执行〈中华人民共和国刑法〉确定罪名的补充规定(七)》(法释〔2021〕2 号,最高人民法院审判委员会第 1832 次会议、最高人民检察院第 13 届检察委员会第 63 次会议通过)增设,2021 年 3 月 1 日执行。

③ 本款规定由《刑法修正案(十一)》(2020 年 12 月 26 日第 13 届全国人大常委会第 24 次会议通过,主席令第 66 号公布,2021 年 3 月 1 日起施行)增设。

众赌博",以赌博罪定罪处罚,但要求有证据"以营利为目的";本条第3款增设之后,该行为应当以组织参与国(境)外赌博罪处罚。

● **相关规定**　**【法复〔1995〕8号】**　最高人民法院关于对设置圈套诱骗他人参赌又向索还钱财的受骗者施以暴力或暴力威胁的行为应如何定罪问题的批复（1995年11月6日答复贵州省高级人民法院）

行为人设置圈套诱骗他人参赌获取钱财,属赌博行为,构成犯罪的,应以赌博罪定罪处罚。参赌者识破骗局要求退还所输钱财,设赌者又使用暴力或者以暴力相威胁,拒绝退还的,应以赌博罪从重处罚;致参赌者伤害或者死亡的,应以赌博罪和故意伤害罪或者故意杀人罪,依法实行数罪并罚。

【公通字〔2004〕83号】　公安部、中央社会治安综合治理委员会办公室、民政部、建设部、国家税务总局、国家工商行政管理总局关于进一步加强和改进出租房屋管理工作有关问题的通知（2004年11月12日）

三、……对房主违反出租房屋管理规定的行为,按照下列规定严肃查处:

(十一)为他人进行赌博活动提供出租房屋……构成犯罪的,依照《中华人民共和国刑法》第303条的规定追究刑事责任。

【公通字〔2005〕2号】　最高人民法院、最高人民检察院、公安部关于开展集中打击赌博违法犯罪活动专项行动有关工作的通知（2005年1月10日）

二、……对以营利为目的聚众赌博、开设赌场的,无论其是否参与赌博,均应以赌博罪追究刑事责任;对以营利为目的以赌博为业的,无论其是否实际营利,也应以赌博罪追究刑事责任。对通过在中国领域内设立办事处、代表处或者散发广告等形式,招揽、组织中国公民赴境外赌博,构成犯罪的,以赌博罪定罪处罚。对具有教唆他人赌博、组织未成年人聚众赌博或者开设赌场吸引未成年人参与赌博以及国家工作人员犯赌博罪等情形的,应当依法从严处理。对实施贪污、挪用公款、职务侵占、挪用单位资金、挪用特定款物、受贿等犯罪,并将犯罪所得的款物用于赌博的,分别依照刑法有关规定从重处罚;同时构成赌博罪的,应依照刑法规定实行数罪并罚。要充分运用没收财产、罚金等财产刑,以及追缴违法所得、没收用于赌博的本人财物和犯罪工具等措施,从经济上制裁犯罪分子,铲除赌博犯罪行为的经济基础。……

要严格区分赌博违法犯罪活动与群众正常文娱活动的界限,对不以营利为目的,进行带有少量财物输赢的娱乐活动,以及提供棋牌室等娱乐场所并只收取固定的场所和服务费用的经营行为等,不得以赌博论处。对参赌且赌资较大的，可由公安机关依法给予治安处罚……对构成犯罪的，决不姑息手软，严禁以罚代刑，降格处理；对不构成犯罪或者不应当给予行政处理的，不得打击、处理，不得以禁赌为名干扰群众的正常文娱活动。

【法释〔2005〕3号】　最高人民法院、最高人民检察院关于办理赌博刑事案件具体应用法律若干问题的解释（2005年4月26日最高人民法院审判委员会第1349次会议通过，2005年5月8日最高人民检察院第10届检察委员会第34次会议通过，2005年5月11日公布，2005年5月13日起施行）

第1条　以营利为目的，有下列情形之一的，属于刑法第303条规定的"聚众赌博"：

（一）组织3人以上赌博，抽头渔利数额累计达到5000元以上的；

（二）组织3人以上赌博，赌资数额累计达到5万元以上的；

（三）组织3人以上赌博，参赌人数累计达到20人以上的；

（四）组织中华人民共和国公民10人以上赴境外赌博，从中收取回扣、介绍费的。

第2条　以营利为目的[1]，在计算机网络上建立赌博网站，或者为赌博网站担任代理，接受投注的，属于刑法第303条规定的"开设赌场"。

第3条　中华人民共和国公民在我国领域外周边地区聚众赌博、开设赌场，以吸引中华人民共和国公民为主要客源，构成赌博罪[2]的，可以依照刑法规定追究刑事责任。

第4条　明知他人实施赌博犯罪活动，而为其提供资金、计算机网络、通讯、费用结算等直接帮助的，以赌博罪的共犯论处。

第5条　实施赌博犯罪，有下列情形之一的，依照刑法第303条的规定从重处罚：

（一）具有国家工作人员身份的；

（二）组织国家工作人员赴境外赌博的；

（三）组织未成年人参与赌博，或者开设赌场吸引未成年人参与赌博的。

第8条　赌博犯罪中用作赌注的款物、换取筹码的款物和通过赌博赢取的款物属于赌资。通过计算机网络实施赌博犯罪的，赌资数额可以按照在计算机网络上投注或者赢取的点数乘以每一点实际代表的金额认定。

---

[1] 注：2006年6月29日《刑法修正案（六）》施行后，"开设赌场"犯罪行为不再要求"以营利为目的"。

[2] 注：《刑法修正案（六）》（2006年6月29日施行）另行设置了独立的"开设赌场罪"。

赌资应当依法予以追缴；赌博用具、赌博违法所得以及赌博犯罪分子所有的专门用于赌博的资金、交通工具、通讯工具等，应当依法予以没收。

第9条　不以营利为目的，进行带有少量财物输赢的娱乐活动，以及提供棋牌室等娱乐场所只收取正常的场所和服务费用的经营行为等，不以赌博论处。

【法发〔2021〕16号】　最高人民法院、最高人民检察院、公安部、司法部关于适用《中华人民共和国刑法修正案（十一）》有关问题的通知（2021年5月20日施行）（略）

【公通字〔2005〕30号】　公安部关于办理赌博违法案件适用法律若干问题的通知（2005年5月25日印发）

一、具有下列情形之一的，应当依照《中华人民共和国治安管理处罚条例》第32条[1]的规定，予以处罚：

（一）以营利为目的，聚众赌博、开设赌场或者以赌博为业，尚不够刑事处罚的；

（二）参与以营利为目的的聚众赌博、计算机网络赌博、电子游戏机赌博，或者到赌场赌博的；

（三）采取不报经国家批准，擅自发行、销售彩票的方式，为赌博提供条件，尚不够刑事处罚的；

（四）明知他人实施赌博违法犯罪活动，而为其提供资金、场所、交通工具、通讯工具、赌博工具、经营管理、网络接入、服务器托管、网络存储空间、通讯传输通道、费用结算等条件，或者为赌博场所、赌博人员充当保镖，为赌博放哨、通风报信，尚不够刑事处罚的；

（五）明知他人从事赌博活动而向其销售具有赌博功能的游戏机，尚不够刑事处罚的。

二、在中华人民共和国境内通过计算机网络、电话、手机短信等方式参与境外赌场赌博活动，或者中华人民共和国公民赴境外赌场赌博，赌博输赢结算地在境内的，应当依照《中华人民共和国治安管理处罚条例》的有关规定予以处罚。

三、赌博或者为赌博提供条件，并具有下列情形之一的，依照《中华人民共和国治安管理处罚条例》第32条的规定，可以从重处罚：

（一）在工作场所、公共场所或者公共交通工具上赌博的；

---

[1] 注：《中华人民共和国治安管理处罚条例》已被《中华人民共和国治安管理处罚法》替代。原《治安管理处罚条例》第32条的内容对应于现行《治安管理处罚法》第70条。下同。

（二）1年内曾因赌博或者为赌博提供条件受过治安处罚的；
（三）国家工作人员赌博或者为赌博提供条件的；
（四）引诱、教唆未成年人赌博的；
（五）组织、招引中华人民共和国公民赴境外赌博的；
（六）其他可以依法从重处罚的情形。

四、赌博或者为赌博提供条件，并具有下列情形之一的，依照《中华人民共和国治安管理处罚条例》第32条的规定，可以从轻或者免予处罚：

（一）主动交代，表示悔改的；
（二）检举、揭发他人赌博或为赌博提供条件的行为，并经查证属实的；
（三）被胁迫、诱骗赌博或者为赌博提供条件的；
（四）未成年人赌博的；
（五）协助查禁赌博活动，有立功表现的；
（六）其他可以依法从轻或者免予处罚的情形。

对免予处罚的，由公安机关给予批评教育，并责令具结悔过。未成年人有赌博违法行为的，应当责令其父母或者其他监护人严加管教。

五、赌博活动中用作赌注的款物、换取筹码的款物和通过赌博赢取的款物属于赌资。

在利用计算机网络进行的赌博活动中，分赌场、下级庄家或者赌博参与者在组织或者参与赌博前向赌博组织者、上级庄家或者赌博公司交付的押金，应当视为赌资。

六、赌博现场没有赌资，而是以筹码或者事先约定事后交割等方式代替的，赌资数额经调查属实后予以认定。个人投注的财物数额无法确定时，按照参赌财物的价值总额除以参赌人数的平均值计算。

通过计算机网络实施赌博活动的赌资数额，可以按照在计算机网络上投注或者赢取的总点数乘以每个点数实际代表的金额认定。赌博的次数，可以按照在计算机网络上投注的总次数认定。

七、对查获的赌资、赌博违法所得应当依法没收，上缴国库，并按照规定出具法律手续。对查缴的赌具和销售的具有赌博功能的游戏机，一律依法予以销毁、严禁截留、私分或者以其他方式侵吞赌资、赌具、赌博违法所得以及违法行为人的其他财物。违者，对相关责任人员依法予以行政处分；构成犯罪的，依法追究刑事责任。

对参与赌博人员使用的交通、通讯工具未作为赌注的，不得没收。在以营利为目的，聚众赌博、开设赌场，或者采取不报经国家批准，擅自发行、销售彩票的方式为赌博提供条件,尚不够刑事处罚的案件中,违法行为人本人所有的用于纠集、联络、运送参赌人员以及用于望风护赌的交通、通讯工具,应当依法没收。

八、对赌博或者为赌博提供条件的处罚,应当与其违法事实、情节、社会危害程度相适应。严禁不分情节轻重,一律顶格处罚;违者,对审批人、审核人、承办人依法予以行政处分。

九、不以营利为目的,亲属之间进行带有财物输赢的打麻将、玩扑克等娱乐活动,不予处罚;亲属之外的其他人之间进行带有少量财物输赢的打麻将、玩扑克等娱乐活动,不予处罚。

十、本通知自下发之日起施行。公安部原来制定的有关规定与本通知不一致的,以本通知为准。

公安部法制局关于办理赌博违法案件有关法律适用问题的电话答复(2005年9月5日答复河北、云南省公安厅法制处请示)

近日,你们就办理赌博违法案件中的赌资认定及《公安部关于办理赌博违法案件适用法律若干问题的通知》(以下简称《通知》)的适用效力问题相继请示我局。经研究,现综合电话答复如下:

二、赌博违法活动中既有赌资又有欠条的,"打欠条"属于《通知》第6条规定的"事先约定事后交割"方式,欠条所载金额经调查属实后可以认定为赌资。

三、对于《通知》施行前发生的行为,行为时没有相关的适用法律的规定,《通知》施行后尚未处理或者正在处理的案件,依照《通知》的规定办理;对于《通知》施行前发生的行为,行为时已有相关的适用法律的规定,依照行为时的规定办理,但适用《通知》对违法行为人有利的,适用《通知》;对于在《通知》施行前已办结的案件,按照当时的法律和适用法律的规定,认定事实和适用法律没有错误的,不再变动。

【公治〔2010〕4号】 公安部治安管理局关于对处置未投入使用具有赌博功能的电子游戏机有关问题的批复(2010年1月22日答复天津市公安局治安管理总队请示)

对娱乐场所设置赌博功能电子游戏机的,无论场所是否投入使用以及该电子游戏机是否投入使用,公安机关应当一律收缴。

【公通字〔2010〕40号】 最高人民法院、最高人民检察院、公安部关于办理网络赌博犯罪案件适用法律若干问题的意见(2010年8月31日印发)

一、关于网上开设赌场犯罪的定罪量刑标准

利用互联网、移动通讯终端等传输赌博视频、数据,组织赌博活动,具有下列情形之一的，属于刑法第 303 条第 2 款规定的"开设赌场"行为：

（一）建立赌博网站并接受投注的；

（二）建立赌博网站并提供给他人组织赌博的；

（三）为赌博网站担任代理并接受投注的；

（四）参与赌博网站利润分成的。

实施前款规定的行为，具有下列情形之一的，应当认定为刑法第 303 条第 2 款规定的"情节严重"：

（一）抽头渔利数额累计达到 3 万元以上的；

（二）赌资数额累计达到 30 万元以上的；

（三）参赌人数累计达到 120 人以上的；

（四）建立赌博网站后通过提供给他人组织赌博，违法所得数额在 3 万元以上的；

（五）参与赌博网站利润分成，违法所得数额在 3 万元以上的；

（六）为赌博网站招募下级代理，由下级代理接受投注的；

（七）招揽未成年人参与网络赌博的；

（八）其他情节严重的情形。

二、关于网上开设赌场共同犯罪的认定和处罚

明知是赌博网站，而为其提供下列服务或者帮助的，属于开设赌场罪的共同犯罪，依照刑法第 303 条第 2 款的规定处罚：

（一）为赌博网站提供互联网接入、服务器托管、网络存储空间、通讯传输通道、投放广告、发展会员、软件开发、技术支持等服务，收取服务费数额在 2 万元以上的；

（二）为赌博网站提供资金支付结算服务，收取服务费数额在 1 万元以上或者帮助收取赌资 20 万元以上的；

（三）为 10 个以上赌博网站投放与网址、赔率等信息有关的广告或者为赌博网站投放广告累计 100 条以上的。

实施前款规定的行为，数量或者数额达到前款规定标准 5 倍以上的，应当认定为刑法第 303 条第 2 款规定的"情节严重"。

实施本条第 1 款规定的行为，具有下列情形之一的，应当认定行为人"明知"，但是有证据证明确实不知道的除外：

（一）收到行政主管机关书面等方式的告知后，仍然实施上述行为的；

（二）为赌博网站提供互联网接入、服务器托管、网络存储空间、通讯传输通道、投放广告、软件开发、技术支持、资金支付结算等服务，收取服务费明

显异常的；

（三）在执法人员调查时，通过销毁、修改数据、账本等方式故意规避调查或者向犯罪嫌疑人通风报信的；

（四）其他有证据证明行为人明知的。

如果有开设赌场的犯罪嫌疑人尚未到案，但是不影响对已到案共同犯罪嫌疑人、被告人的犯罪事实认定的，可以依法对已到案者定罪处罚。

三、关于网络赌博犯罪的参赌人数、赌资数额和网站代理的认定

赌博网站的会员账号数可以认定为参赌人数，如果查实1个账号多人使用或者多个账号1人使用的，应当按照实际使用的人数计算参赌人数。

赌资数额可以按照在网络上投注或者赢取的点数乘以每一点实际代表的金额认定。

对于将资金直接或间接兑换为虚拟货币、游戏道具等虚拟物品，并用其作为筹码投注的，赌资数额按照购买该虚拟物品所需资金数额或者实际支付资金数额认定。

对于开设赌场犯罪中用于接收、流转赌资的银行账户内的资金，犯罪嫌疑人、被告人不能说明合法来源的，可以认定为赌资。向该银行账户转入、转出资金的银行账户数量可以认定为参赌人数。如果查实一个账户多人使用或多个账户一人使用的，应当按照实际使用的人数计算参赌人数。

有证据证明犯罪嫌疑人在赌博网站上的账号设置有下级账号的，应当认定其为赌博网站的代理。

四、关于网络赌博犯罪案件的管辖

网络赌博犯罪案件的地域管辖，应当坚持以犯罪地管辖为主、被告人居住地管辖为辅的原则。

"犯罪地"包括赌博网站服务器所在地、网络接入地、赌博网站建立者、管理者所在地，以及赌博网站代理人、参赌人实施网络赌博行为地等。

公安机关对侦办跨区域网络赌博犯罪案件的管辖权有争议的，应本着有利于查清犯罪事实、有利于诉讼的原则，认真协商解决。经协商无法达成一致的，报共同的上级公安机关指定管辖。对即将侦查终结的跨省（自治区、直辖市）重大网络赌博案件，必要时可由公安部商最高人民法院和最高人民检察院指定管辖。

为保证及时结案，避免超期羁押，人民检察院对于公安机关提请审查逮捕、移送审查起诉的案件，人民法院对于已进入审判程序的案件，犯罪嫌疑人、被告人及其辩护人提出管辖异议或者办案单位发现没有管辖权的，受案人民检察院、人民法院经审查可以依法报请上级人民检察院、人民法院指定管辖，不再

自行移送有管辖权的人民检察院、人民法院。

五、关于电子证据的收集与保全

侦查机关对于能够证明赌博犯罪案件真实情况的网站页面、上网记录、电子邮件、电子合同、电子交易记录、电子账册等电子数据,应当作为刑事证据予以提取、复制、固定。

侦查人员应当对提取、复制、固定电子数据的过程制作相关文字说明,记录案由、对象、内容以及提取、复制、固定的时间、地点、方法,电子数据的规格、类别、文件格式等,并由提取、复制、固定电子数据的制作人、电子数据的持有人签名或者盖章,附所提取、复制、固定的电子数据一并随案移送。

对于电子数据存储在境外的计算机上的,或者侦查机关从赌博网站提取电子数据时犯罪嫌疑人未到案的,或者电子数据的持有人无法签字或者拒绝签字的,应当由能够证明提取、复制、固定过程的见证人签名或者盖章,记明有关情况。必要时,可对提取、复制、固定有关电子数据的过程拍照或者录像。

【法刊文摘】 《关于办理网络赌博犯罪案件适用法律若干问题的意见》的理解与适用①

……在《意见》制定过程中,有的提出,如果赌博网站的代理仅接受投注,没有发展下级代理,其行为属于聚众赌博行为而非开设赌场行为。考虑到无论是赌博网站的总代理,还是最低级别的代理,其行为的最终目的都是通过赌博网站组织他人赌博以获利,两者的行为只有所涉参赌人员和赌资数额多少的区别,而没有本质区别,故未采纳该意见。但是,如果行为人既没有建立赌博网站,也没有为赌博网站担任代理,仅以营利为目的,通过利用自己掌握的赌博网站的网址、账户、密码等信息,组织多人进行网络赌博活动,则其行为不属于刑法规定的"开设赌场",符合刑法和《解释》规定的聚众赌博标准的,则应认定为聚众赌博罪。

【公通字〔2014〕17号】 最高人民法院、最高人民检察院、公安部关于办理利用赌博机开设赌场案件适用法律若干问题的意见(2014年3月26日印发)

一、关于利用赌博机组织赌博的性质认定

设置具有退币、退分、退钢珠等赌博功能的电子游戏设施设备,并以现金、有价证券等贵重款物作为奖品,或者以回购奖品方式给予他人现金、有价证券等贵重款物(以下简称设置赌博机)组织赌博活动的,应当认定为刑法第303

---

① 刊于《人民司法(应用)》2010年第21期。

条第 2 款规定的"开设赌场"行为。

二、关于利用赌博机开设赌场的定罪处罚标准

设置赌博机组织赌博活动,具有下列情形之一的,应当按照刑法第 303 条第 2 款规定的开设赌场罪定罪处罚:

(一)设置赌博机 10 台以上的;

(二)设置赌博机 2 台以上,容留未成年人赌博的;

(三)在中小学校附近设置赌博机 2 台以上的;

(四)违法所得累计达到 5000 元以上的;

(五)赌资数额累计达到 5 万元以上的;

(六)参赌人数累计达到 20 人以上的;

(七)因设置赌博机被行政处罚后,两年内再设置赌博机 5 台以上的;

(八)因赌博、开设赌场犯罪被刑事处罚后,5 年内再设置赌博机 5 台以上的;

(九)其他应当追究刑事责任的情形。

设置赌博机组织赌博活动,具有下列情形之一的,应当认定为刑法第 303 条第 2 款规定的"情节严重":

(一)数量或者数额达到第 2 条第 1 款第 1 项至第 6 项规定标准 6 倍以上的;

(二)因设置赌博机被行政处罚后,两年内再设置赌博机 30 台以上的;

(三)因赌博、开设赌场犯罪被刑事处罚后,5 年内再设置赌博机 30 台以上的;

(四)其他情节严重的情形。

可同时供多人使用的赌博机,台数按照能够独立供 1 人进行赌博活动的操作基本单元的数量认定。

在两个以上地点设置赌博机,赌博机的数量、违法所得、赌资数额、参赌人数等均合并计算。

三、关于共犯的认定

明知他人利用赌博机开设赌场,具有下列情形之一的,以开设赌场罪的共犯论处:

(一)提供赌博机、资金、场地、技术支持、资金结算服务的;

(二)受雇参与赌场经营管理并分成的;

(三)为开设赌场者组织客源,收取回扣、手续费的;

(四)参与赌场管理并领取高额固定工资的;

(五)提供其他直接帮助的。

五、关于赌资的认定

本意见所称赌资包括：

（一）当场查获的用于赌博的款物；

（二）代币、有价证券、赌博积分等实际代表的金额；

（三）在赌博机上投注或赢取的点数实际代表的金额。

六、关于赌博机的认定

对于涉案的赌博机，公安机关应当采取拍照、摄像等方式及时固定证据，并予以认定。对于是否属于赌博机难以确定的，司法机关可以委托地市级以上公安机关出具检验报告。司法机关根据检验报告，并结合案件具体情况作出认定。必要时，人民法院可以依法通知检验人员出庭作出说明。

七、关于宽严相济刑事政策的把握

办理利用赌博机开设赌场的案件，应当贯彻宽严相济刑事政策，重点打击赌场的出资者、经营者。对受雇佣为赌场从事接送参赌人员、望风看场、发牌坐庄、兑换筹码等活动的人员，除参与赌场利润分成或者领取高额固定工资的以外，一般不追究刑事责任，可由公安机关依法给予治安管理处罚。对设置游戏机，单次换取少量奖品的娱乐活动，不以违法犯罪论处。

【公通字〔2020〕14号】 最高人民法院、最高人民检察院、公安部办理跨境赌博犯罪案件若干问题的意见（2020年10月16日印发）

二、关于跨境赌博犯罪的认定

（一）以营利为目的，有下列情形之一的，属于刑法第303条第2款规定的"开设赌场"：

1. 境外赌场经营人、实际控制人、投资人，组织、招揽中华人民共和国公民赴境外赌博的；

2. 境外赌场管理人员，组织、招揽中华人民共和国公民赴境外赌博的；

3. 受境外赌场指派、雇佣，组织、招揽中华人民共和国公民赴境外赌博，或者组织、招揽中华人民共和国公民赴境外赌博，从赌场获取费用、其他利益的；

4. 在境外赌场包租赌厅、赌台，组织、招揽中华人民共和国公民赴境外赌博的；

5. 其他在境外以提供赌博场所、提供赌资、设定赌博方式等，组织、招揽中华人民共和国公民赴境外赌博的。

在境外赌场通过开设账户、洗码等方式，为中华人民共和国公民赴境外赌博提供资金担保服务的，以"开设赌场"论处。

（二）以营利为目的，利用信息网络、通讯终端等传输赌博视频、数据，组织中华人民共和国公民跨境赌博活动，有下列情形之一的，属于刑法第303条第2款规定的"开设赌场"：

1. 建立赌博网站、应用程序并接受投注的；
2. 建立赌博网站、应用程序并提供给他人组织赌博的；
3. 购买或者租用赌博网站、应用程序，组织他人赌博的；
4. 参与赌博网站、应用程序利润分成的；
5. 担任赌博网站、应用程序代理并接受投注的；
6. 其他利用信息网络、通讯终端等传输赌博视频、数据，组织跨境赌博活动的。

（三）组织、招揽中华人民共和国公民赴境外赌博，从参赌人员中获取费用或者其他利益的，属于刑法第303条第1款规定的"聚众赌博"。

（四）跨境开设赌场犯罪定罪处罚的数量或者数额标准，参照适用《关于办理赌博刑事案件具体应用法律若干问题的解释》《关于办理利用赌博机开设赌场案件适用法律若干问题的意见》和《关于办理网络赌博犯罪案件适用法律若干问题的意见》的有关规定。

三、关于跨境赌博共同犯罪的认定

（一）3人以上为实施开设赌场犯罪而组成的较为固定的犯罪组织，应当依法认定为赌博犯罪集团。对组织、领导犯罪集团的首要分子，按照集团所犯的全部罪行处罚。对犯罪集团中组织、指挥、策划者和骨干分子，应当依法从严惩处。

（二）明知他人实施开设赌场犯罪，为其提供场地、技术支持、资金、资金结算等服务的，以开设赌场罪的共犯论处。

（三）明知是赌博网站、应用程序，有下列情形之一的，以开设赌场罪的共犯论处：

1. 为赌博网站、应用程序提供软件开发、技术支持、互联网接入、服务器托管、网络存储空间、通讯传输通道、广告投放、会员发展、资金支付结算等服务的；
2. 为赌博网站、应用程序担任代理并发展玩家、会员、下线的。

为同一赌博网站、应用程序担任代理，既无上下级关系，又无犯意联络的，不构成共同犯罪。

（四）对受雇佣为赌场从事接送参赌人员、望风看场、发牌坐庄、兑换筹码、发送宣传广告等活动的人员及赌博网站、应用程序中与组织赌博活动无直接关联的一般工作人员，除参与赌场、赌博网站、应用程序利润分成或者领取高额固定工资的外,可以不追究刑事责任,由公安机关依法给予治安管理处罚。

四、关于跨境赌博关联犯罪的认定

(一)使用专门工具、设备或者其他手段诱使他人参赌,人为控制赌局输赢,构成犯罪的,依照刑法关于诈骗犯罪的规定定罪处罚。

网上开设赌场,人为控制赌局输赢,或者无法实现提现,构成犯罪的,依照刑法关于诈骗犯罪的规定定罪处罚。部分参赌者赢利、提现不影响诈骗犯罪的认定。

(二)通过开设赌场或者为国家工作人员参与赌博提供资金的形式实施行贿、受贿行为,构成犯罪的,依照刑法关于贿赂犯罪的规定定罪处罚。同时构成赌博犯罪的,应当依法与贿赂犯罪数罪并罚。

(三)实施跨境赌博犯罪,同时构成组织他人偷越国(边)境、运送他人偷越国(边)境、偷越国(边)境罪等罪的,应当依法数罪并罚。

(四)实施赌博犯罪,为强行索要赌债,实施故意杀人、故意伤害、非法拘禁、故意毁坏财物、寻衅滋事等行为,构成犯罪的,应当依法数罪并罚。

(五)为赌博犯罪提供资金、信用卡、资金结算等服务,构成赌博犯罪共犯,同时构成非法经营罪、妨害信用卡管理罪、窃取、收买、非法提供信用卡信息罪、掩饰、隐瞒犯罪所得、犯罪收益罪等罪的,依照处罚较重的规定定罪处罚。

为网络赌博犯罪提供互联网接入、服务器托管、网络存储、通讯传输等技术支持,或者提供广告推广、支付结算等帮助,构成赌博犯罪共犯,同时构成非法利用信息网络罪、帮助信息网络犯罪活动罪等罪的,依照处罚较重的规定定罪处罚。

为实施赌博犯罪,非法获取公民个人信息,或者向实施赌博犯罪者出售、提供公民个人信息,构成赌博犯罪共犯,同时构成侵犯公民个人信息罪的,依照处罚较重的规定定罪处罚。

五、关于跨境赌博犯罪赌资数额的认定及处理

赌博犯罪中用作赌注的款物、换取筹码的款物和通过赌博赢取的款物属于赌资。

通过网络实施开设赌场犯罪的,赌资数额可以依照开设赌场行为人在其实际控制账户内的投注金额,结合其他证据认定;如无法统计,可以按照查证属实的参赌人员实际参赌的资金额认定。

对于将资金直接或者间接兑换为虚拟货币、游戏道具等虚拟物品,并用其作为筹码投注的,赌资数额按照购买该虚拟物品所需资金数额或者实际支付资金数额认定。

对于开设赌场犯罪中主要用于接收、流转赌资的银行账户内的资金，犯罪嫌疑人、被告人不能说明合法来源的，可以认定为赌资。

公安机关、人民检察院已查封、扣押、冻结的赌资、赌博用具等涉案财物及孳息，应当制作清单。人民法院对随案移送的涉案财物，依法予以处理。赌资应当依法予以追缴。赌博违法所得、赌博用具以及赌博犯罪分子所有的专门用于赌博的财物等，应当依法予以追缴、没收。

六、关于跨境赌博犯罪案件的管辖

（一）跨境赌博犯罪案件一般由犯罪地公安机关立案侦查，由犯罪嫌疑人居住地公安机关立案侦查更为适宜的，可以由犯罪嫌疑人居住地公安机关立案侦查。犯罪地包括犯罪行为发生地和犯罪结果发生地。

跨境网络赌博犯罪地包括用于实施赌博犯罪行为的网络服务使用的服务器所在地，网络服务提供者所在地，犯罪嫌疑人、参赌人员使用的网络信息系统所在地，犯罪嫌疑人为网络赌博犯罪提供帮助的犯罪地等。

（二）多个公安机关都有权立案侦查的跨境赌博犯罪案件，由最初受理的公安机关或者主要犯罪地公安机关立案侦查。有争议的，应当按照有利于查清犯罪事实、有利于诉讼的原则，协商解决。经协商无法达成一致的，由共同上级公安机关指定有关公安机关立案侦查。

在境外实施的跨境赌博犯罪案件，由公安部商最高人民检察院和最高人民法院指定管辖。

（三）具有下列情形之一的，有关公安机关可以在其职责范围内并案侦查：

1. 1人犯数罪的；
2. 共同犯罪的；
3. 共同犯罪的犯罪嫌疑人实施其他犯罪的；
4. 多个犯罪嫌疑人实施的犯罪存在直接关联，并案处理有利于查明案件事实的。

（四）部分犯罪嫌疑人在逃，但不影响对已到案共同犯罪嫌疑人、被告人的犯罪事实认定的，可以依法先行追究已到案共同犯罪嫌疑人、被告人的刑事责任。

已确定管辖的跨境赌博共同犯罪案件，在逃的犯罪嫌疑人、被告人归案后，一般由原管辖的公安机关、人民检察院、人民法院管辖。

七、关于跨境赌博犯罪案件证据的收集和审查判断

（一）公安机关、人民检察院、人民法院在办理跨境赌博犯罪案件中应当注意对电子证据的收集、审查判断。公安机关应当遵守法定程序，遵循有关技术标准，全面、客观、及时收集、提取电子证据；人民检察院、人民法院应当围

绕真实性、合法性、关联性审查判断电子证据。

公安机关、人民检察院、人民法院收集、提取、固定、移送、展示、审查、判断电子证据应当严格依照《最高人民法院、最高人民检察院、公安部关于办理刑事案件收集提取和审查判断电子数据若干问题的规定》《最高人民法院、最高人民检察院、公安部关于办理网络犯罪案件适用刑事诉讼程序若干问题的意见》的规定进行。

（二）公安机关采取技术侦查措施收集的证据材料，能够证明案件事实的，应当随案移送，并移送批准采取技术侦查措施的法律文书。

（三）依照国际条约、刑事司法协助、互助协议或者平等互助原则，请求证据材料所在地司法机关收集，或者通过国际警务合作机制、国际刑警组织启动合作取证程序收集的境外证据材料，公安机关应当对其来源、提取人、提取时间或者提供人、提供时间以及保管移交的过程等作出说明。

当事人及其辩护人、诉讼代理人提供的来自境外的证据材料，该证据材料应当经所在国公证机关证明，所在国中央外交主管机关或者其授权机关认证，并经我国驻该国使、领馆认证。未经证明、认证的，不能作为证据使用。

来自境外的证据材料，能够证明案件事实且符合刑事诉讼法及相关规定的，经查证属实，可以作为定案的根据。

八、关于跨境赌博犯罪案件宽严相济刑事政策的运用

人民法院、人民检察院、公安机关要深刻认识跨境赌博犯罪的严重社会危害性，正确贯彻宽严相济刑事政策，运用认罪认罚从宽制度，充分发挥刑罚的惩治和预防功能。对实施跨境赌博犯罪活动的被告人，应当在全面把握犯罪事实和量刑情节的基础上，依法从严惩处，并注重适用财产刑和追缴、没收等财产处置手段，最大限度剥夺被告人再犯的能力。

（一）实施跨境赌博犯罪，有下列情形之一的，酌情从重处罚：

1. 具有国家工作人员身份的；
2. 组织国家工作人员赴境外赌博的；
3. 组织、胁迫、引诱、教唆、容留未成年人参与赌博的；
4. 组织、招揽、雇佣未成年人参与实施跨境赌博犯罪的；
5. 采用限制人身自由等手段强迫他人赌博或者结算赌资，尚不构成其他犯罪的；
6. 因赌博活动致1人以上死亡、重伤或者3人以上轻伤，或者引发其他严重后果，尚不构成其他犯罪的；
7. 组织、招揽中华人民共和国公民赴境外多个国家、地区赌博的；

8. 因赌博、开设赌场曾被追究刑事责任或者2年内曾被行政处罚的。

（二）对于具有赌资数额大、共同犯罪的主犯、曾因赌博犯罪行为被追究刑事责任、悔罪表现不好等情形的犯罪嫌疑人、被告人，一般不适用不起诉、免予刑事处罚、缓刑。

（三）对实施赌博犯罪的被告人，应当加大财产刑的适用。对被告人并处罚金时，应当根据其在赌博犯罪中的地位作用、赌资、违法所得数额等情节决定罚金数额。

（四）犯罪嫌疑人、被告人提供重要证据，对侦破、查明重大跨境赌博犯罪案件起关键作用，经查证属实的，可以根据案件具体情况，依法从宽处理。

【法发〔2022〕23号】 最高人民法院、最高人民检察院、公安部关于办理信息网络犯罪案件适用刑事诉讼程序若干问题的意见（2022年8月26日印发，2022年9月1日施行；2014年5月4日公通字〔2014〕10号《意见》同时废止）

1. 本意见所称信息网络犯罪案件包括：（1）危害计算机信息系统安全犯罪案件；（2）（本项新增）拒不履行信息网络安全管理义务、非法利用信息网络、帮助信息网络犯罪活动的犯罪案件；（3）主要行为通过信息网络（危害计算机信息系统安全）实施的盗窃、诈骗、赌博、侵犯公民个人信息（敲诈勒索）等其他犯罪案件；（3）在网络上发布信息或者设立主要用于实施犯罪活动的网站、通讯群组，针对或者组织、教唆、帮助不特定多数人实施的犯罪案件；（4）主要犯罪行为在网络上实施的其他案件。

21.（本条新增）对于涉案人数特别众多的信息网络犯罪案件，确因客观条件限制无法收集证据逐一证明、逐人核实涉案账户的资金来源，但根据银行账户、非银行支付账户等交易记录和其他证据材料，足以认定有关账户主要用于接收、流转涉案资金的，可以按照该账户接收的资金数额认定犯罪数额，但犯罪嫌疑人、被告人能够作出合理说明的除外。案外人提出异议的，应当依法审查。

【主席令〔2012〕67号】 中华人民共和国治安管理处罚法（2012年10月26日第11届全国人大常委会第29次会议修正，2013年1月1日起施行）

第70条 以营利为目的，为赌博提供条件的，或者参与赌博赌资较大的，处5日以下拘留或者500元以下罚款；情节严重的，处10日以上15日以下拘留，并处500元以上3000元以下罚款。

● **立案标准**　最高人民检察院、公安部关于公安机关管辖的刑事案件立案追诉标准的规定（一）（公通字〔2008〕36号，2008年6月25日公布施行）

第43条［赌博案（刑法第303条第1款）］　以营利为目的，聚众赌博，涉嫌下列情形之一的，应予立案追诉：

（一）组织3人以上赌博，抽头渔利数额累计5000元以上的；

（二）组织3人以上赌博，赌资数额累计5万元以上的；

（三）组织3人以上赌博，参赌人数累计20人以上的；

（四）组织中华人民共和国公民10人以上赴境外赌博，从中收取回扣、介绍费的；

（五）其他聚众赌博应予追究刑事责任的情形。

以营利为目的，以赌博为业的，应予立案追诉。

赌博犯罪中用作赌注的款物、换取筹码的款物和通过赌博赢取的款物属于赌资。通过计算机网络实施赌博犯罪的，赌资数额可以按照在计算机网络上投注或者赢取的点数乘以每一点实际代表的金额认定。

第44条［开设赌场案（刑法第303条第2款）］　开设赌场的，应予立案追诉。

在计算机网络上建立赌博网站，或者为赌博网站担任代理，接受投注的，属于本条规定的"开设赌场"。

第101条　本规定中的"以上"，包括本数。

● **指导案例**　【法〔2018〕347号】　最高人民法院关于发布第20批指导性案例的通知（2018年12月25日印发）

（指导案例105号）洪小强、洪礼沃、洪清泉、李志荣开设赌场案

裁判要点：以营利为目的，通过邀请人员加入微信群的方式招揽赌客，根据竞猜游戏网站的开奖结果等方式进行赌博，设定赌博规则，利用微信群进行控制管理，在一段时间内持续组织网络赌博活动的，属于《刑法》第303条第2款规定的"开设赌场"。

（指导案例106号）谢检军、高垒、高尔樵、杨泽彬开设赌场案

裁判要点：以营利为目的，通过邀请人员加入微信群，利用微信群进行控制管理，以抢红包方式进行赌博，在一段时间内持续组织赌博活动的行为，属于《刑法》第303条第2款规定的"开设赌场"。

【法〔2020〕352号】　最高人民法院关于发布第26批指导性案例的通知（2020年12月31日）

（**指导案例146号**）陈庆豪、陈淑娟、赵延海开设赌场案

裁判要点：以"二元期权"交易的名义，在法定期货交易场所之外利用互联网招揽"投资者"，以未来某段时间外汇品种的价格走势为交易对象，按照"买涨""买跌"确定盈亏，买对涨跌方向的"投资者"得利，买错的本金归网站（庄家）所有，盈亏结果不与价格实际涨跌幅度挂钩的，本质是"押大小、赌输赢"，是披着期权交易外衣的赌博行为。对相关网站应当认定为赌博网站。

> **第304条　【故意延误投递邮件罪】**邮政工作人员严重不负责任，故意延误投递邮件，致使公共财产、国家和人民利益遭受重大损失的，处二年以下有期徒刑或者拘役。

◉ **条文注释**　构成第304条规定之罪，必须具备以下条件：（1）犯罪主体是特殊主体，即邮政工作人员；（2）行为人具有延误投递邮件的主观故意，并实施了该行为；（3）致使公共财产、国家和人民利益遭受重大损失。

这里的"邮政工作人员"，是指邮政企业及其分支机构的营业员、投递员、押运员以及其他从事邮政工作的人员。根据《邮政法》的相关规定，"邮政企业"是指中国邮政集团公司及其提供邮政服务的全资企业、控股企业；"邮件"，是指通过邮政企业及其分支机构寄送、递交的信件、电报、传真、印刷品、邮包、汇款通知、报刊杂志等，如国家机关的公函、文件、文书，公司、企业的合同、材料，个人的款物等。

这里的"故意"，包括直接故意和间接故意，如果是过失或不可抗力原因造成邮件延误投递的，则不构成本罪；"延误投递"，是指邮政工作人员故意拖延、耽误邮件的分发、递送，没有按照国务院邮政主管部门规定的时限投交邮件。

这里的"公共财产"，是指《刑法》第91条规定的各项财产；"国家和人民利益"，是指关系到国家的政治、经济、国防、外交、社会发展等方面的各项事业的利益，以及关系到人民的生命、健康、财产、名誉等的各项权利和利益。"重大损失"的具体界定标准，依照"公通字〔2008〕36号"《立案标准》第45条的规定。

需要注意的是，普通的快递企业一般不承担公务重要邮件或机要件的运输，其承担的一般邮件的延误通常不会给公共财产、国家和人民利益造成重大损失，因此其从业人员不符合本罪的犯罪主体。快递人员故意延误投递邮件，给他人

造成损失的，应当承担民事赔偿责任；冒领、私自开拆、隐匿、毁弃、倒卖或非法检查他人快件，尚不构成犯罪的，依法给予治安管理处罚。

● **相关规定**　【主席令〔2012〕70号】　中华人民共和国邮政法（2015年4月24日第12届全国人大常委会第14次会议第2次修正，主席令第25号公布施行）

第70条　邮政企业从业人员故意延误投递邮件的，由邮政企业给予处分。

第84条　本法下列用语的含义：

邮政企业，是指中国邮政集团公司及其提供邮政服务的全资企业、控股企业。

邮件，是指邮政企业寄递的信件、包裹、汇款通知、报刊和其他印刷品等。

【国务院令〔2018〕697号】　快递暂行条例（2018年2月7日国务院第198次常务会议通过，2018年3月2日公布，2018年5月1日施行）

第42条　冒领、私自开拆、隐匿、毁弃、倒卖或者非法检查他人快件，尚不构成犯罪的，依法给予治安管理处罚。

经营快递业务的企业有前款规定行为，或者非法扣留快件的，由邮政管理部门责令改正，没收违法所得，并处5万元以上10万元以下的罚款；情节严重的，并处10万元以上20万元以下的罚款，并可以责令停业整顿直至吊销其快递业务经营许可证。

第47条　违反本条例规定，构成犯罪的，依法追究刑事责任；造成人身、财产或者其他损害的，依法承担赔偿责任。

● **立案标准**　最高人民检察院、公安部关于公安机关管辖的刑事案件立案追诉标准的规定（一）（公通字〔2008〕36号，2008年6月25日公布施行）

第45条　[故意延误投递邮件案（刑法第304条）]　邮政工作人员严重不负责任，故意延误投递邮件，涉嫌下列情形之一的，应予立案追诉：

（一）造成直接经济损失2万元以上的；

（二）延误高校录取通知书或者其他重要邮件投递，致使他人失去高校录取资格或者造成其他无法挽回的重大损失的；

（三）严重损害国家声誉或者造成其他恶劣社会影响的；

（四）其他致使公共财产、国家和人民利益遭受重大损失的情形。

第101条　本规定中的"以上"，包括本数。

第二节 妨害司法罪

> 第305条 【伪证罪】在刑事诉讼中，证人、鉴定人、记录人、翻译人对与案件有重要关系的情节，故意作虚假证明、鉴定、记录、翻译，意图陷害他人或者隐匿罪证的，处三年以下有期徒刑或者拘役；情节严重的，处三年以上七年以下有期徒刑。
>
> 第306条 【辩护人、诉讼代理人毁灭证据、伪造证据、妨害作证罪】在刑事诉讼中，辩护人、诉讼代理人毁灭、伪造证据，帮助当事人毁灭、伪造证据，威胁、引诱证人违背事实改变证言或者作伪证的，处三年以下有期徒刑或者拘役；情节严重的，处三年以上七年以下有期徒刑。
>
> 辩护人、诉讼代理人提供、出示、引用的证人证言或者其他证据失实，不是有意伪造的，不属于伪造证据。
>
> 第307条 【妨害作证罪】以暴力、威胁、贿买等方法阻止证人作证或者指使他人作伪证的，处三年以下有期徒刑或者拘役；情节严重的，处三年以上七年以下有期徒刑。
>
> 【帮助毁灭、伪造证据罪】帮助当事人毁灭、伪造证据，情节严重的，处三年以下有期徒刑或者拘役。
>
> 司法工作人员犯前两款罪的，从重处罚。
>
> 第307条之一 【虚假诉讼罪】（见第1349页）
>
> 第308条 【打击报复证人罪】对证人进行打击报复的，处三年以下有期徒刑或者拘役；情节严重的，处三年以上七年以下有期徒刑。

● 条文注释　第305条至第308条是针对不同的犯罪主体在诉讼过程中作虚假证明、伪造或毁匿证据，以及妨碍或打击报复他人作证等犯罪行为的处罚规定。其中第305条、第306条只针对刑事诉讼活动，第307条、第308条包括刑事、民事和行政诉讼活动。这里的诉讼活动，包括从立案受理到终审结束的整个诉讼过程。

构成第305条规定之罪，必须具备以下条件：（1）在刑事诉讼中；（2）犯罪主体是特殊主体，只能是证人、鉴定人、记录人、翻译人；（3）行为人具有陷害他人或隐匿罪证的主观故意；（4）行为人实施了作虚假证明、鉴定、记录、翻译的行为（只要实施行为之一，便满足条件）。

构成第 306 条规定之罪，必须具备以下条件：（1）在刑事诉讼中；（2）犯罪主体是特殊主体，只能是辩护人、诉讼代理人；（3）行为人具有毁灭或伪造证据，或者诱使他人作虚假证明的主观故意，并实施了该行为。

构成第 307 条第 1 款规定之罪，必须具备以下条件：（1）在刑事、民事或行政诉讼中；（2）犯罪主体是一般主体；（3）行为人具有阻止证人作证或指使他人作伪证的主观故意，并实施了该行为；（4）行为人使用了暴力、威胁、贿买等方法。

构成第 307 条第 2 款规定之罪，必须具备以下条件：（1）在刑事、民事或行政诉讼中；（2）犯罪主体是一般主体；（3）行为人具有毁灭或伪造证据的主观故意，并帮助当事人实施了该行为；（4）情节严重。

构成第 308 条规定之罪，必须具备以下条件：（1）在刑事、民事或行政诉讼中；（2）犯罪主体是一般主体；（3）行为人具有打击报复证人的主观故意，并实施了该行为。

这里的"证人"是指知道案件的全部或者部分真实情况，在诉讼活动中以自己的证言作为证据的人；"鉴定人"是指在诉讼活动中应侦查机关、检察机关、审判机关或有关人员的指派或聘请对案件中专门性问题进行科学鉴定和判断的具有专门知识的人员；"记录人"是指在侦查、调查、审查起诉、审判过程中，对当事人的陈述、证人证言以及各个环节的诉讼活动进行记录的人（这种记录主要由侦查员、书记员担任）；"翻译人"是指受公安机关、检察机关或人民法院的委托聘请，在刑事侦查、审查起诉、审判活动中担任外国语言文字、本国民族语言文字或者哑语等翻译工作的人。这里的"证明、鉴定、记录、翻译"，都是指在诉讼活动中作为证据的材料。

"当事人"是指：（1）刑事诉讼中的被害人、自诉人、犯罪嫌疑人、被告人；（2）民事诉讼或者行政诉讼中的原告人和被告人。"辩护人"是指在刑事诉讼中，包括在审查起诉、审判阶段，犯罪嫌疑人、被告人委托的或由人民法院指定的为犯罪嫌疑人、被告人提供法律帮助（证明其无罪或罪轻）的人。"诉讼代理人"包括三种参诉人：（1）公诉案件的被害人及其法定代理人或近亲属；（2）自诉案件的自诉人及其法定代理人委托的诉讼代理人；（3）民事诉讼的当事人及其法定代理人委托的诉讼代理人。辩护人、诉讼代理人由以下三种人担任：（1）律师；（2）人民团体或者犯罪嫌疑人、被告人所在单位推荐的人；

(3) 犯罪嫌疑人、被告人的监护人、亲友。

第 307 条规定中的"司法工作人员"是指侦查机关、检察机关、审判机关中的工作人员，包括侦查员、调查员、审查员、公诉员、审判员、书记员，以及人民警察和司法警察。

第 305 条至第 307 条规定中的"情节严重"，主要是指犯罪手段极为恶劣或造成严重后果，如致使罪恶重大的案犯逃脱法律制裁，使无辜的人受到刑事追究等。第 308 条规定中的"情节严重"，主要是指行为人犯罪手段极其恶劣，或者打击报复证人多人次，或者造成被害人精神失常、自杀等严重后果的。

（1）第 305 条规定的"伪证罪"与《刑法》第 243 条规定的"诬告陷害罪"的比较：两者都可能实施为了陷害他人而虚构事实、伪造证据的行为，但前者的犯罪主体为刑事诉讼过程中的特殊主体（只能是证人、鉴定人、记录人、翻译人），行为人的犯罪意图可能是陷害无罪之人，也可能是包庇有罪之人；而后者的犯罪主体为一般主体，行为人的犯罪意图只是陷害他人。

（2）对证人打击报复的行为人如果故意伤害、杀害证人或有其他犯罪行为的，其行为则构成伤害罪、杀人罪等，应根据刑法中从一重罪处罚的原则，按照该行为触犯的刑罚较重的犯罪规定处刑。

● 相关规定 【高检研发〔2002〕18 号】 最高人民检察院法律政策研究室关于通过伪造证据骗取法院民事裁判占有他人财物的行为如何适用法律问题的答复（2002 年 10 月 24 日答复山东省人民检察院研究室"鲁检发研字〔2001〕第 11 号"请示）①

以非法占有为目的，通过伪造证据骗取法院民事裁判占有他人财物的行为所侵害的主要是人民法院正常的审判活动可以由人民法院依照民事诉讼法的有关规定作出处理，不宜以诈骗罪追究行为人的刑事责任。如果行为人伪造证据

---

① 注：《最高人民法院研究室关于伪造证据通过诉讼获取他人财物的行为如何适用法律问题的批复》（法研〔2006〕73 号，2006 年 4 月 18 日答复黑龙江省高级人民法院）明确指出："该问题在最高人民检察院法律政策研究室 2002 年 10 月 24 日发布的《关于通过伪造证据骗取法院民事裁判占有他人财物的行为如何适用法律问题的答复》中已经明确。该《答复》在起草过程中已征求了我室意见。你院（人民法院）在审理此后发生的有关案件时可参照适用该《答复》的规定。"

《公安部经济犯罪侦查局关于伪造证据骗取法院民事裁判占有他人财物的行为如何适用法律的批复》（公经〔2007〕526 号，2007 年 3 月 14 日答复海南省公安厅经侦总队"琼公京〔2007〕55 号"《请示》）对此也再次确认。

但是，自 2015 年 11 月 1 日《刑法修正案（九）》（2015 年 8 月 29 日主席令第 30 号公布）施行之后，《刑法》第 307 条之一第 3 款明确规定，虚假诉讼行为非法占有他人财产或逃避合法债务，又构成其他犯罪的，依照处罚较重的规定定罪从重处罚。

时，实施了伪造公司、企业、事业单位、人民团体印章的行为，构成犯罪的，应当依照刑法第 280 条第 2 款的规定，以伪造公司、企业、事业单位、人民团体印章罪追究刑事责任；如果行为人有指使他人作伪证行为，构成犯罪的应当依照刑法第 307 条第 1 款的规定，以妨害作证罪追究刑事责任。

【赔他字〔2013〕5 号】 最高人民法院关于秦秀峰申请重审无罪赔偿一案的答复（2013 年 6 月 6 日答复青海省高级人民法院"青法委赔他字〔2013〕1 号"请示）

经研究认为，公民自己故意作虚伪供述是指其为欺骗、误导司法机关，或者有意替他人承担责任而主动作与事实不符的供述等情形；是否存在上述情形，应由赔偿义务机关负举证责任。本案是否符合上述情形之一种，由你院根据本案事实予以认定。

【法释〔2018〕17 号】 最高人民法院、最高人民检察院关于办理虚假诉讼刑事案件适用法律若干问题的解释（2018 年 1 月 25 日最高人民法院审判委员会第 1732 次会议、2018 年 6 月 13 日最高人民检察院第 13 届检察委员会第 2 次会议通过，2018 年 9 月 26 日公布，2018 年 10 月 1 日起施行）

第 6 条 诉讼代理人、证人、鉴定人等诉讼参与人与他人通谋，代理提起虚假民事诉讼、故意作虚假证言或者出具虚假鉴定意见，共同实施刑法第 307 条之一前三款行为的，依照共同犯罪的规定定罪处罚；同时构成妨害作证罪、帮助毁灭、伪造证据罪等犯罪的，依照处罚较重的规定定罪从重处罚。

第 7 条 采取伪造证据等手段篡改案件事实，骗取人民法院裁判文书，构成犯罪的，依照刑法第 280 条、第 307 条等规定追究刑事责任。

第 11 条 本解释所称裁判文书，是指人民法院依照民事诉讼法、企业破产法等民事法律作出的判决、裁定、调解书、支付令等文书。

【法释〔2021〕16 号】 最高人民法院、最高人民检察院关于办理窝藏、包庇刑事案件适用法律若干问题的解释（2020 年 3 月 2 日最高法审委会第 1794 次会议、2020 年 12 月 28 日最高检第 13 届检委会第 58 次会议通过，2021 年 8 月 9 日公布，2021 年 8 月 11 日施行）

第 7 条 为帮助同一个犯罪的人逃避刑事处罚，实施窝藏、包庇行为，又实施洗钱行为，或者掩饰、隐瞒犯罪所得及其收益行为，或者帮助毁灭证据行为，或者伪证行为的，依照处罚较重的犯罪定罪，并从重处罚，不实行数罪并罚。

【主席令〔2012〕67号】　中华人民共和国治安管理处罚法（2012年10月26日第11届全国人大常委会第29次会议修正，2013年1月1日起施行）

第2条　扰乱公共秩序，妨害公共安全，侵犯人身权利、财产权利，妨害社会管理，具有社会危害性，依照《中华人民共和国刑法》的规定构成犯罪的，依法追究刑事责任；尚不够刑事处罚的，由公安机关依照本法给予治安管理处罚。

第42条　有下列行为之一的，处5日以下拘留或者500元以下罚款；情节较重的，处5日以上10日以下拘留，可以并处500元以下罚款：

（四）对证人及其近亲属进行威胁、侮辱、殴打或者打击报复的；……

第60条　有下列行为之一的，处5日以上10日以下拘留，并处200元以上500元以下罚款：

（二）伪造、隐匿、毁灭证据或者提供虚假证言、谎报案情，影响行政执法机关依法办案的；……

【主席令〔2018〕10号】　中华人民共和国刑事诉讼法（2018年10月26日第13届全国人大常委会第6次会议修正，同日公布施行）

第54条（第4款）　凡是伪造证据、隐匿证据或者毁灭证据的，无论属于何方，必须受法律追究。

【主席令〔2014〕15号】　中华人民共和国行政诉讼法（1989年4月4日第7届全国人民代表大会第2次会议通过；根据2014年11月1日第12届全国人民代表大会常务委员会第11次会议《关于修改〈中华人民共和国行政诉讼法〉的决定》第一次修正；根据2017年6月27日第12届全国人民代表大会常务委员会第28次会议《关于修改〈中华人民共和国民事诉讼法〉和〈中华人民共和国行政诉讼法〉的决定》第二次修正）

第59条　诉讼参与人或者其他人有下列行为之一的，人民法院可以根据情节轻重，予以训诫、责令具结悔过或者处1万元以下的罚款、15日以下的拘留；构成犯罪的，依法追究刑事责任：

……（二）伪造、隐藏、毁灭证据或者提供虚假证明材料，妨碍人民法院审理案件的；

（三）指使、贿买、胁迫他人作伪证或者威胁、阻止证人作证的；

（五）以欺骗、胁迫等非法手段使原告撤诉的；……

人民法院对有前款规定的行为之一的单位，可以对其主要负责人或者直接责任人员依照前款规定予以罚款、拘留；构成犯罪的，依法追究刑事责任。

罚款、拘留须经人民法院院长批准。当事人不服的，可以向上一级人民法院申请复议1次。复议期间不停止执行。

【司复〔2000〕7号】 司法部关于对律师会见在押犯罪嫌疑人时将手机提供其使用行为如何进行处罚的批复（2000年8月16日答复江苏省司法厅"苏司律〔2000〕第076号"请示）

律师会见在押犯罪嫌疑人时将手机提供其使用的行为，应当依据《律师违法行为处罚办法》① 第6条第13项的规定予以处罚。

【司复〔2002〕5号】 司法部关于律师以非律师身份参与诉讼并提供伪造证据是否适用《律师法》予以处罚的批复（2002年9月12日答复江苏省司法厅"苏司法〔2001〕19号"请示）

律师以非律师身份参与诉讼并向法院提供伪造的证据，隐瞒事实真相，妨碍了人民法院诉讼程序，应适用《律师法》第45条第3款、《律师违法行为处罚办法》第7条第3款的规定，对其进行处罚。

（插）**第307条之一**② 【虚假诉讼罪】以捏造的事实提起民事诉讼，妨害司法秩序或者严重侵害他人合法权益的，处三年以下有期徒刑、拘役或者管制，并处或者单处罚金；情节严重的，处三年以上七年以下有期徒刑，并处罚金。

单位犯前款罪的，对单位判处罚金，并对其直接负责的主管人员和其他直接责任人员，依照前款的规定处罚。

有第一款行为，非法占有他人财产或者逃避合法债务，又构成其

---

① 注：2014年4月4日司法部公告第143号发布的《司法部现行有效规范性文件目录》（截至2013年年底）确认了该《批复》继续有效。1997年1月31日司法部令第50号发布的《律师违法行为处罚办法》第6条第13项规定：律师违反规定，携带他人会见在押的犯罪嫌疑人、被告人，或为犯罪嫌疑人、被告人传递信件、物品的，由住所地的省、自治区、直辖市司法厅（局）或设区的市司法局给予警告；情节严重的，给予停止执业3个月以上1年以下的处罚；有违法所得的，没收违法所得。

然而，《律师违法行为处罚办法》已经被2004年3月19日司法部令第86号《律师和律师事务所违法行为处罚办法》废止；现行《律师和律师事务所违法行为处罚办法》（2010年4月8日司法部令第122号发布，2019年3月16日司法部令第143号修正）以及《律师法》（2012年10月26日第11届全国人大常委会第29次会议第3次修正，2017年9月1日第12届全国人民代表大会常务委员会第29次会议《关于修改〈中华人民共和国法官法〉等八部法律的决定》第3次修正）都已经删除了相关的处罚规定。

② 第307条之一是根据2015年8月29日第12届全国人民代表大会常务委员会第16次会议通过的《刑法修正案（九）》（主席令第30号公布，2015年11月1日起施行）而增设。

他犯罪的，依照处罚较重的规定定罪从重处罚。

司法工作人员利用职权，与他人共同实施前三款行为的，从重处罚；同时构成其他犯罪的，依照处罚较重的规定定罪从重处罚。

● **条文注释** 构成第307条之一所规定之罪，必须同时具备以下条件：（1）行为人的主观故意是骗取国家司法机关的裁判文书（以实现其非法目的）；（2）以捏造的事实提出诉讼；（3）提起的是民事诉讼；（4）实际上妨害了司法秩序或严重损害了他人合法权益。

第307条之一第1款规定的"妨害司法秩序"，是指妨害了国家司法机关依法履行职责或进行正常的司法审判活动，如因为该虚假诉讼而浪费了司法资源，或者导致司法机关作出错误裁判而损害了司法权威和司法公信力，等等。第4款规定的"司法工作人员"，是指侦查机关、检察机关、审判机关中的工作人员，包括侦查员、调查员、审查员、公诉员、审判员、书记员，以及人民警察和司法警察。

需要注意的是：

（1）本条规定的"捏造的事实"是指完全凭空编造的根本不存在的事实。如果诉讼双方本身存在民事纠纷，行为人对其中某些情形或相关数额作了虚假的或夸张的陈述，不能适用本条的规定。

（2）对于以捏造的事实提起刑事诉讼（自诉案件或者通过司法机关提起公诉）的情形，情节严重的，则应当适用《刑法》第243条的规定，以诬告陷害罪定罪处罚；对于以捏造的事实提起行政诉讼的行为，目前法律并没有规定其刑事责任，这是立法上的一个疏漏。

（3）如果行为人同时具有非法占有他人财产或逃避合法债务的情形，则还可能构成诈骗罪，这时应当择一重罪定罪，从重处罚。

（4）"两高"关于办理虚假诉讼刑事案件的解释（法释〔2018〕17号）第1条第3款规定以及"两高两部"关于进一步加强虚假诉讼犯罪惩治工作的意见（法发〔2021〕10号）第4条规定都对"提起民事诉讼"进行了扩大解释。

● **相关规定** **【法释〔2015〕19号】** 最高人民法院关于《中华人民共和国刑法修正案（九）》时间效力问题的解释（2015年10月19日最高人民法院审判委员会第1664次会议通过，2015年10月29日公布，2015年11月1日起施行）

第7条 对于2015年10月31日以前以捏造的事实提起民事诉讼，妨害司法秩序或者严重侵害他人合法权益，根据修正前刑法应当以伪造公司、企业、事业单位、人民团体印章罪或者妨害作证罪等追究刑事责任的，适用修正前刑法的有关规定。但是，根据修正后刑法第 307 条之一的规定处刑较轻的，适用修正后刑法的有关规定。

实施第 1 款行为，非法占有他人财产或者逃避合法债务，根据修正前刑法应当以诈骗罪、职务侵占罪或者贪污罪等追究刑事责任的，适用修正前刑法的有关规定。

【法发〔2016〕13 号】 最高人民法院关于防范和制裁虚假诉讼的指导意见（2016 年 6 月 20 日印发）

1. 虚假诉讼一般包含以下要素：（1）以规避法律、法规或国家政策谋取非法利益为目的；（2）双方当事人存在恶意串通；（3）虚构事实；（4）借用合法的民事程序；（5）侵害国家利益、社会公共利益或者案外人的合法权益。

2. 实践中，要特别注意以下情形：（1）当事人为夫妻、朋友等亲近关系或者关联企业等共同利益关系；（2）原告诉请司法保护的标的额与其自身经济状况严重不符；（3）原告起诉所依据的事实和理由明显不符合常理；（4）当事人双方无实质性民事权益争议；（5）案件证据不足，但双方仍然主动迅速达成调解协议，并请求人民法院出具调解书。

11. 经查明属于虚假诉讼，原告申请撤诉的，不予准许，并应当根据民事诉讼法第 112 条的规定，驳回其请求。

12. 对虚假诉讼参与人，要适度加大罚款、拘留等妨碍民事诉讼强制措施的法律适用力度；虚假诉讼侵害他人民事权益的，虚假诉讼参与人应当承担赔偿责任；虚假诉讼违法行为涉嫌虚假诉讼罪、诈骗罪、合同诈骗罪等刑事犯罪的，民事审判部门应当依法将相关线索和有关案件材料移送侦查机关。

【法〔2017〕48 号】 最高人民法院关于依法妥善审理涉及夫妻债务案件有关问题的通知（2017 年 2 月 28 日印发）[①]

七、制裁夫妻一方与第三人串通伪造债务的虚假诉讼。对实施虚假诉讼的当事人、委托诉讼代理人和证人等，要加强罚款、拘留等对妨碍民事诉讼的强制措施的适用。对实施虚假诉讼的委托诉讼代理人，除依法制裁外，还应向司法行政部门、律师协会或者行业协会发出司法建议。对涉嫌虚假诉讼等犯罪的，应依法将犯罪的线索、材料移送侦查机关。

---

① 注：该《通知》的印发背景是 2017 年 2 月 28 日最高人民法院公布了《关于适用〈中华人民共和国婚姻法〉若干问题的解释（二）的补充规定》（法释〔2017〕6 号，2017 年 3 月 1 日起施行），补充规定了"夫妻一方与第三人串通，虚构债务，第三人主张权利的，人民法院不予支持"。"夫妻一方在从事赌博、吸毒等违法犯罪活动中所负债务，第三人主张权利的，人民法院不予支持。"

【法释〔2018〕17号】　最高人民法院、最高人民检察院关于办理虚假诉讼刑事案件适用法律若干问题的解释（2018年1月25日最高人民法院审判委员会第1732次会议、2018年6月13日最高人民检察院第13届检察委员会第2次会议通过，2018年9月26日公布，2018年10月1日起施行）

第1条　采取伪造证据、虚假陈述等手段，实施下列行为之一，捏造民事法律关系，虚构民事纠纷，向人民法院提起民事诉讼的，应当认定为刑法第307条之一第1款规定的"以捏造的事实提起民事诉讼"：

（一）与夫妻一方恶意串通，捏造夫妻共同债务的；

（二）与他人恶意串通，捏造债权债务关系和以物抵债协议的；

（三）与公司、企业的法定代表人、董事、监事、经理或者其他管理人员恶意串通，捏造公司、企业债务或者担保义务的；

（四）捏造知识产权侵权关系或者不正当竞争关系的；

（五）在破产案件审理过程中申报捏造的债权的；

（六）与被执行人恶意串通，捏造债权或者对查封、扣押、冻结财产的优先权、担保物权的；

（七）单方或者与他人恶意串通，捏造身份、合同、侵权、继承等民事法律关系的其他行为。

隐瞒债务已经全部清偿的事实，向人民法院提起民事诉讼，要求他人履行债务的，以"以捏造的事实提起民事诉讼"论。

向人民法院申请执行基于捏造的事实作出的仲裁裁决、公证债权文书，或者在民事执行过程中以捏造的事实对执行标的提出异议、申请参与执行财产分配的，属于刑法第307条之一第1款规定的"以捏造的事实提起民事诉讼"。

第2条　以捏造的事实提起民事诉讼，有下列情形之一的，应当认定为刑法第307条之一第1款规定的"妨害司法秩序或者严重侵害他人合法权益"：

（一）致使人民法院基于捏造的事实采取财产保全或者行为保全措施的；

（二）致使人民法院开庭审理，干扰正常司法活动的；

（三）致使人民法院基于捏造的事实作出裁判文书、制作财产分配方案，或者立案执行基于捏造的事实作出的仲裁裁决、公证债权文书的；

（四）多次以捏造的事实提起民事诉讼的；

（五）曾因以捏造的事实提起民事诉讼被采取民事诉讼强制措施或者受过刑事追究的；

（六）其他妨害司法秩序或者严重侵害他人合法权益的情形。

第3条　以捏造的事实提起民事诉讼，有下列情形之一的，应当认定为刑法第 307 条之一第 1 款规定的"情节严重"：

（一）有本解释第 2 条第 1 项情形，造成他人经济损失 100 万元以上的；

（二）有本解释第 2 条第 2 项至第 4 项情形之一，严重干扰正常司法活动或者严重损害司法公信力的；

（三）致使义务人自动履行生效裁判文书确定的财产给付义务或者人民法院强制执行财产权益，数额达到 100 万元以上的；

（四）致使他人债权无法实现，数额达到 100 万元以上的；

（五）非法占有他人财产，数额达到 10 万元以上的；

（六）致使他人因为不执行人民法院基于捏造的事实作出的判决、裁定，被采取刑事拘留、逮捕措施或者受到刑事追究的；

（七）其他情节严重的情形。

第 4 条 实施刑法第 307 条之一第 1 款行为，非法占有他人财产或者逃避合法债务，又构成诈骗罪，职务侵占罪，拒不执行判决、裁定罪，贪污罪等犯罪的，依照处罚较重的规定定罪从重处罚。

第 5 条 司法工作人员利用职权，与他人共同实施刑法第 307 条之一前 3 款行为的，从重处罚；同时构成滥用职权罪，民事枉法裁判罪，执行判决、裁定滥用职权罪等犯罪的，依照处罚较重的规定定罪从重处罚。

第 6 条 诉讼代理人、证人、鉴定人等诉讼参与人与他人通谋，代理提起虚假民事诉讼、故意作虚假证言或者出具虚假鉴定意见，共同实施刑法第 307 条之一前 3 款行为的，依照共同犯罪的规定定罪处罚；同时构成妨害作证罪，帮助毁灭、伪造证据罪等犯罪的，依照处罚较重的规定定罪从重处罚。

第 7 条 采取伪造证据等手段篡改案件事实，骗取人民法院裁判文书，构成犯罪的，依照刑法第 280 条、第 307 条等规定追究刑事责任。①

第 8 条 单位实施刑法第 307 条之一第 1 款行为的，依照本解释规定的定罪量刑标准，对其直接负责的主管人员和其他直接责任人员定罪处罚，并对单位判处罚金。

第 9 条 实施刑法第 307 条之一第 1 款行为，未达到情节严重的标准，行为人系初犯，在民事诉讼过程中自愿具结悔过，接受人民法院处理决定，积极退

---

① 注：本条规范的是"部分篡改型"虚假诉讼行为的定性处理，即民事法律关系和民事纠纷客观存在，行为人只是对具体的诉讼标的额、履行方式等部分事实作夸大或者隐瞒的行为。这种行为不属于刑法规定的虚假诉讼罪的范畴，不应以虚假诉讼罪定罪处罚；一般可以通过承担败诉后果、给予司法处罚使其受到制裁，因此一般也不宜以诈骗罪、职务侵占罪等侵财类犯罪定性处理。

赃、退赔的，可以认定为犯罪情节轻微，不起诉或者免予刑事处罚；确有必要判处刑罚的，可以从宽处罚。

司法工作人员利用职权，与他人共同实施刑法第307条之一第1款行为的，对司法工作人员不适用本条第1款规定。

第10条 虚假诉讼刑事案件由虚假民事诉讼案件的受理法院所在地或者执行法院所在地人民法院管辖。有刑法第307条之一第4款情形的，上级人民法院可以指定下级人民法院将案件移送其他人民法院审判。

第11条 本解释所称裁判文书，是指人民法院依照民事诉讼法、企业破产法等民事法律作出的判决、裁定、调解书、支付令等文书。

【法发〔2019〕11号】 最高人民法院、最高人民检察院、公安部、司法部关于办理"套路贷"刑事案件若干问题的意见（2019年2月28日印发施行）①

4. 实施"套路贷"过程中，未采用明显的暴力或者威胁手段，其行为特征从整体上表现为以非法占有为目的，通过虚构事实、隐瞒真相骗取被害人财物的，一般以诈骗罪定罪处罚；对于在实施"套路贷"过程中多种手段并用，构成诈骗、敲诈勒索、非法拘禁、虚假诉讼、寻衅滋事、强迫交易、抢劫、绑架等多种犯罪的，应当根据具体案件事实，区分不同情况，依照刑法及有关司法解释的规定数罪并罚或者择一重处。②

【法释〔2020〕6号】 最高人民法院关于审理民间借贷案件适用法律若干问题的规定（2020年8月18日最高人民法院审判委员会第1809次会议修订，2020年8月20日公布施行；2020年12月23日法释〔2020〕17号修正，2021年1月1日起施行）③

第18条 人民法院审理民间借贷纠纷案件时发现有下列情形之一的，应当

---

① 本《意见》全文详见《刑法》第226条的相关规定。
② 注：本书认为，在"套路贷"过程中，被害人通常并没有对"高利"产生认知错误，相反，其对虚增的还款金额一般是心知肚明却又被迫无奈，该情形与"强迫借贷"行为较相似。参照《最高人民检察院关于强迫借贷行为适用法律问题的批复》（高检发释字〔2014〕1号），对于未采用明显暴力或威胁手段的"套路贷"行为，在现行刑法下应当以强迫交易定罪为妥；但在"扫黑除恶"特定背景下，为加大打击力度，可以依照"法发〔2019〕11号"《意见》以诈骗罪定罪处罚。
③ 注：2020年12月29日最高人民法院公布《关于新民间借贷司法解释适用范围问题的批复》（2020年11月9日最高人民法院审判委员会第1815次会议通过，答复广东高院"粤高法〔2020〕108号"请示，2021年1月1日施行），关于适用范围问题：经征求金融监管部门意见，由地方金融监管部门监管的小额贷款公司、融资担保公司、区域性股权市场、典当行、融资租赁公司、商业保理公司、地方资产管理公司7类地方金融组织，属于经金融监管部门批准设立的金融机构，其因从事相关金融业务引发的纠纷，不适用新民间借贷司法解释。

严格审查借贷发生的原因、时间、地点、款项来源、交付方式、款项流向以及借贷双方的关系、经济状况等事实,综合判断是否属于虚假民事诉讼:

(一) 出借人明显不具备出借能力;

(二) 出借人起诉所依据的事实和理由明显不符合常理;

(三) 出借人不能提交债权凭证或者提交的债权凭证存在伪造的可能;

(四) 当事人双方在一定期限内多次参加民间借贷诉讼;

(五) 当事人无正当理由拒不到庭参加诉讼,委托代理人对借贷事实陈述不清或者陈述前后矛盾;

(六) 当事人双方对借贷事实的发生没有任何争议或者诉辩明显不符合常理;

(七) 借款人的配偶或者合伙人、案外人的其他债权人提出有事实依据的异议;

(八) 当事人在其他纠纷中存在低价转让财产的情形;

(九) 当事人不正当放弃权利;

(十) 其他可能存在虚假民间借贷诉讼的情形。

第19条 经查明属于虚假民间借贷诉讼,原告申请撤诉的,人民法院不予准许,并应当依据民事诉讼法第112条之规定,判决驳回其请求。

诉讼参与人或者其他人恶意制造、参与虚假诉讼,人民法院应当依据民事诉讼法第111条、第112条和第113条之规定,依法予以罚款、拘留;构成犯罪的,应当移送有管辖权的司法机关追究刑事责任。

单位恶意制造、参与虚假诉讼的,人民法院应当对该单位进行罚款,并可以对其主要负责人或者直接责任人员予以罚款、拘留;构成犯罪的,应当移送有管辖权的司法机关追究刑事责任。

【公通字〔2020〕12号】 最高人民法院、最高人民检察院、公安部关于依法办理"碰瓷"违法犯罪案件的指导意见(2020年9月22日印发)

……所谓"碰瓷",是指行为人通过故意制造或者编造其被害假象,采取诈骗、敲诈勒索等方式非法索取财物的行为。……

一、(第2款) 实施"碰瓷",捏造人身、财产权益受到侵害的事实,虚构民事纠纷,提起民事诉讼,符合刑法第307条之一规定的,以虚假诉讼罪定罪处罚;同时构成其他犯罪的,依照处罚较重的规定定罪从重处罚。

九、共同故意实施"碰瓷"犯罪,起主要作用的,应当认定为主犯,对其参与或者组织、指挥的全部犯罪承担刑事责任;起次要或者辅助作用的,应当认定为从犯,依法予以从轻、减轻处罚或者免除处罚。

3人以上为共同故意实施"碰瓷"犯罪而组成的较为固定的犯罪组织,应当认定为犯罪集团。对首要分子应当按照集团所犯全部罪行处罚。

符合黑恶势力认定标准的，应当按照黑社会性质组织、恶势力或者恶势力犯罪集团侦查、起诉、审判。

十、对实施"碰瓷"，尚不构成犯罪，但构成违反治安管理行为的，依法给予治安管理处罚。

【法发〔2021〕10号】 最高人民法院、最高人民检察院、公安部、司法部关于进一步加强虚假诉讼犯罪惩治工作的意见（2021年3月4日印发，2021年3月10日施行）

第2条　本意见所称虚假诉讼犯罪，是指行为人单独或者与他人恶意串通，采取伪造证据、虚假陈述等手段，捏造民事案件基本事实，虚构民事纠纷，向人民法院提起民事诉讼，妨害司法秩序或者严重侵害他人合法权益，依照法律应当受刑罚处罚的行为。

第4条　实施《最高人民法院、最高人民检察院关于办理虚假诉讼刑事案件适用法律若干问题的解释》第1条第1款、第2款规定的捏造事实行为，并有下列情形之一的，应当认定为刑法第307条之一第1款规定的"以捏造的事实提起民事诉讼"：

（一）提出民事起诉的；

（二）向人民法院申请宣告失踪、宣告死亡，申请认定公民无民事行为能力、限制民事行为能力，申请认定财产无主，申请确认调解协议，申请实现担保物权，申请支付令，申请公示催告的；

（三）在民事诉讼过程中增加独立的诉讼请求、提出反诉，有独立请求权的第三人提出与本案有关的诉讼请求的；

（四）在破产案件审理过程中申报债权的；

（五）案外人申请民事再审的；

（六）向人民法院申请执行仲裁裁决、公证债权文书的；

（七）案外人在民事执行过程中对执行标的提出异议，债权人在民事执行过程中申请参与执行财产分配的；

（八）以其他手段捏造民事案件基本事实，虚构民事纠纷，提起民事诉讼的。①

第6条　民事诉讼当事人有下列情形之一的，人民法院、人民检察院在履行职责过程中应当依法严格审查，及时甄别和发现虚假诉讼犯罪：

---

① 本条规定扩大了对"提起民事诉讼"的解释（但仍未将虚假行政诉讼行为纳入）。

（一）原告起诉依据的事实、理由不符合常理，存在伪造证据、虚假陈述可能的；

（二）原告诉请司法保护的诉讼标的额与其自身经济状况严重不符的；

（三）在可能影响案外人利益的案件中，当事人之间存在近亲属关系或者关联企业等共同利益关系的；

（四）当事人之间不存在实质性民事权益争议和实质性诉辩对抗的；

（五）一方当事人对于另一方当事人提出的对其不利的事实明确表示承认，且不符合常理的；

（六）认定案件事实的证据不足，但双方当事人主动迅速达成调解协议，请求人民法院制作调解书的；

（七）当事人自愿以价格明显不对等的财产抵付债务的；

（八）民事诉讼过程中存在其他异常情况的。

第7条　民事诉讼代理人、证人、鉴定人等诉讼参与人有下列情形之一的，人民法院、人民检察院在履行职责过程中应当依法严格审查，及时甄别和发现虚假诉讼犯罪：

（一）诉讼代理人违规接受对方当事人或者案外人给付的财物或者其他利益，与对方当事人或者案外人恶意串通，侵害委托人合法权益的；

（二）故意提供虚假证据，指使、引诱他人伪造、变造证据、提供虚假证据或者隐匿、毁灭证据的；

（三）采取其他不正当手段干扰民事诉讼活动正常进行的。

第24条　司法工作人员利用职权参与虚假诉讼的，应当依照法律法规从严处理；构成犯罪的，依法从严追究刑事责任。

【法〔2021〕281号】　最高人民法院关于深入开展虚假诉讼整治工作的意见（2021年11月4日印发，2021年11月10日施行）

二、……单独或者与他人恶意串通，采取伪造证据、虚假陈述等手段，捏造民事案件基本事实，虚构民事纠纷，向人民法院提起民事诉讼，损害国家利益、社会公共利益或者他人合法权益，妨害司法秩序的，构成虚假诉讼。向人民法院申请执行基于捏造的事实作出的仲裁裁决、调解书及公证债权文书，在民事执行过程中以捏造的事实对执行标的提出异议、申请参与执行财产分配的，也属于虚假诉讼。诉讼代理人、证人、鉴定人、公证人等与他人串通，共同实施虚假诉讼的，属于虚假诉讼行为人。……

三、……对存在下列情形的案件，要高度警惕、严格审查，有效防范虚假诉讼：原告起诉依据的事实、理由不符合常理；诉讼标的额与原告经济状况严重不符；当事人之间存在亲属关系、关联关系等利害关系，诉讼结果可能涉及案外人利益；当事人之间不存在实质性民事权益争议，在诉讼中没有实质性对抗辩论；当事人的自认不符合常理；当事人身陷沉重债务负担却以明显不合理的低价转让财产，以明显不合理的高价受让财产或者放弃财产权利；认定案件事实的证据不足，当事人却主动迅速达成调解协议，请求人民法院制作调解书；当事人亲历案件事实却不能完整准确陈述案件事实或者陈述前后矛盾等。

四、聚焦重点领域，加大整治力度。民间借贷纠纷，执行异议之诉，劳动争议，离婚析产纠纷，诉离婚案件一方当事人的财产纠纷，企业破产纠纷，公司分立（合并）纠纷，涉驰名商标的商标纠纷，涉拆迁的离婚、分家析产、继承、房屋买卖合同纠纷，涉房屋限购和机动车配置指标调控等宏观调控政策的买卖合同、以物抵债纠纷等各类纠纷，是虚假诉讼易发领域。对上述案件，各级人民法院应当重点关注、严格审查，加大整治虚假诉讼工作力度。

五、坚持分类施策，提高整治实效。人民法院认定为虚假诉讼的案件，原告申请撤诉的，不予准许，应当根据民事诉讼法第112条规定，驳回其诉讼请求。虚假诉讼行为情节恶劣、后果严重或者多次参与虚假诉讼、制造系列虚假诉讼案件的，要加大处罚力度。……人民法院在办理案件过程中发现虚假诉讼涉嫌犯罪的，应当依法及时将相关材料移送刑事侦查机关；……司法工作人员利用职权参与虚假诉讼的，应当依法从严惩处，构成犯罪的，应当依法从严追究刑事责任。

十七、依法认定犯罪，从严追究虚假诉讼刑事责任。虚假诉讼行为符合刑法和司法解释规定的定罪标准的，要依法认定为虚假诉讼罪等罪名，从严追究行为人的刑事责任。实施虚假诉讼犯罪，非法占有他人财产或者逃避合法债务，又构成诈骗罪、职务侵占罪、拒不执行判决、裁定罪、贪污罪等犯罪的，依照处罚较重的罪名定罪并从重处罚。对于多人结伙实施的虚假诉讼共同犯罪中罪责最突出的主犯、有虚假诉讼违法犯罪前科再次实施虚假诉讼犯罪的被告人，要充分体现从严，控制缓刑、免予刑事处罚的适用范围。

十八、保持高压态势，严惩"套路贷"虚假诉讼犯罪。及时甄别、依法严厉打击"套路贷"中的虚假诉讼违法犯罪行为，符合黑恶势力认定标准的，应当依法认定。对于被告人实施"套路贷"违法所得的一切财物，应当予以追缴或者责令退赔，依法保护被害人的财产权利。保持对"套路贷"虚假诉讼违法犯罪的高压严打态势，将依法严厉打击"套路贷"虚假诉讼违法犯罪作为常态化开展扫黑除恶斗争的重要内容，切实维护司法秩序和人民群众合法权益，满

二十、……法院工作人员利用职权与他人共同实施虚假诉讼行为，构成虚假诉讼罪的，依法从重处罚，同时构成其他犯罪的，依照处罚较重的规定定罪并从重处罚。法院工作人员不正确履行职责，玩忽职守，致使虚假诉讼案件进入诉讼程序，导致公共财产、国家和人民利益遭受重大损失，符合刑法规定的犯罪构成要件的，依照玩忽职守罪、执行判决、裁定失职罪等罪名定罪处罚。

● **立案标准** 最高人民检察院、公安部关于公安机关管辖的刑事案件立案追诉标准的规定（二）（公通字〔2022〕8号，2022年4月6日印发，2022年5月15日施行；公通字〔2010〕23号《规定》、公通字〔2011〕47号《补充规定》同时废止）

第78条 [虚假诉讼案（刑法第307条之一）] 单独或者与他人恶意串通，以捏造的事实提起民事诉讼，涉嫌下列情形之一的，应予立案追诉：（一）致使人民法院基于捏造的事实采取财产保全或者行为保全措施的；（二）致使人民法院开庭审理，干扰正常司法活动的；（三）致使人民法院基于捏造的事实作出裁判文书、制作财产分配方案，或者立案执行基于捏造的事实作出的仲裁裁决、公证债权文书的；（四）多次以捏造的事实提起民事诉讼的；（五）因以捏造的事实提起民事诉讼被采取民事诉讼强制措施或者受过刑事追究的；（六）其他妨害司法秩序或者严重侵害他人合法权益的情形。

第80条 本规定中的"多次"，是指3次以上。

第83条 本规定中的立案追诉标准，除法律、司法解释、本规定中另有规定的以外，适用于相应的单位犯罪。

第84条 本规定中的"以上"，包括本数。

● **指导案例** 【高检发办字〔2019〕58号】 关于印发最高人民检察院第14批指导性案例的通知（2019年4月22日最高人民检察院第13届检察委员会第17次会议讨论通过，2019年5月21日印发）

（检例第52号）广州乙置业公司等骗取支付令执行虚假诉讼监督案

要旨：当事人恶意串通、虚构债务，骗取法院支付令，并在执行过程中通谋达成和解协议，通过以物抵债的方式侵占国有资产，损害司法秩序，构成虚假诉讼。

（检例第53号）武汉乙投资公司等骗取调解书虚假诉讼监督案

要旨：伪造证据、虚构事实提起诉讼，骗取人民法院调解书，妨害司法秩序、损害司法权威，不仅可能损害他人合法权益，而且损害国家和社会公共利益，构成虚假诉讼。检察机关办理此类虚假诉讼监督案件，应当从交易和诉讼中的异常现象出发，追踪利益流向，查明当事人之间的通谋行为，确认是否构成虚假诉讼，依法予以监督。

（检例第 54 号） 陕西甲实业公司等公证执行虚假诉讼监督案①

要旨： 当事人恶意串通、捏造事实，骗取公证文书并申请法院强制执行，侵害他人合法权益，损害司法秩序和司法权威，构成虚假诉讼。

（检例第 55 号） 福建王某兴等人劳动仲裁执行虚假诉讼监督案

要旨： 为从执行款项中优先受偿，当事人伪造证据将普通债权债务关系虚构为劳动争议申请劳动仲裁，获取仲裁裁决或调解书，据此向人民法院申请强制执行，构成虚假诉讼。

（检例第 56 号） 江西熊某等交通事故保险理赔虚假诉讼监督案

要旨： 假冒原告名义提起诉讼，采取伪造证据、虚假陈述等手段，取得法院生效裁判文书，非法获取保险理赔款，构成虚假诉讼。

【高检发办字〔2020〕68 号】 关于印发最高人民检察院第 23 批指导性案例的通知（2020 年 11 月 6 日最高人民检察院第 13 届检察委员会第 54 次会议通过，2020 年 12 月 13 日印发）

（检例第 87 号） 李卫俊等"套路贷"虚假诉讼案②

要旨： 检察机关办理涉及"套路贷"案件时，应当查清是否存在通过虚假诉讼行为实现非法利益的情形。对虚假诉讼中涉及的民事判决、裁定、调解协议书等，应当依法开展监督。针对办案中发现的非法金融活动和监管漏洞，应当运用检察建议等方式，促进依法整治并及时堵塞行业监管漏洞。

---

① 本案指导说明：对债权文书赋予强制执行效力是法律赋予公证机关的特殊职能，经赋强公证的债权文书，可以不经诉讼直接成为人民法院的执行依据。检察机关在对人民法院执行公证债权文书等非诉执行行为进行监督时，如果发现公证机关未依照法律规定程序和要求进行公证的，应当建议公证机关予以纠正。

② 本案指导意义：（1）检察机关在办理涉黑涉恶案件存在"套路贷"行为时，应当注重强化刑事检察和民事检察职能协同。既充分发挥刑事检察职能，严格审查追诉犯罪，又发挥民事检察职能，以发现的异常案件线索为基础，开展关联案件的研判分析，并予以精准监督。（2）对涉黑涉恶案件中存在"套路贷"行为的，检察机关应当注重审查是否存在通过虚假诉讼手段实现"套路贷"非法利益的情形。发现虚假诉讼严重损害当事人利益，妨害司法秩序的，应当依职权启动监督，及时纠正错误判决、裁定和调解协议书。

第 308 条之一① 　【泄露不应公开的案件信息罪】司法工作人员、辩护人、诉讼代理人或者其他诉讼参与人，泄露依法不公开审理的案件中不应当公开的信息，造成信息公开传播或者其他严重后果的，处三年以下有期徒刑、拘役或者管制，并处或者单处罚金。

有前款行为，泄露国家秘密的，依照本法第三百九十八条的规定定罪处罚。

【披露、报道不应公开的案件信息罪】② 公开披露、报道第一款规定的案件信息，情节严重的，依照第一款的规定处罚。

单位犯前款罪的，对单位判处罚金，并对其直接负责的主管人员和其他直接责任人员，依照第一款的规定处罚。

● **条文注释**　第 308 条之一是关于泄露、公开披露或报道依法不公开审理的案件中不应当公开的信息的定罪和处罚规定。根据刑事诉讼法、民事诉讼法、行政诉讼法、未成年人保护法和保守国家秘密法等相关法律的规定，不公开审理的案件有以下几类：

（1）有关国家秘密或者个人隐私的刑事、民事或行政案件，不公开审理。

（2）审判的时候被告人不满 18 周岁的刑事案件，不公开审理。对未成年人犯罪或被性侵害的案件，新闻报道、影视节目、公开出版物、网络等不得披露该未成年人的姓名、住所、照片、图像等身份信息以及可能推断出该未成年人身份信息的资料，也不得披露涉及未成年被害人被性侵害的细节等内容。

（3）涉及商业秘密的刑事、民事或行政案件，经当事人申请，受理的人民法院可以决定不公开审理。

（4）离婚案件，当事人申请不公开审理的，受理的人民法院可以决定不公开审理。

"国家秘密"的范畴，参见本书关于《刑法》第 398 条的条文注释。

构成第 308 条之一第 1 款规定之罪，必须同时具备以下条件：（1）犯罪主

---

① 第 308 条之一是根据 2015 年 8 月 29 日第 12 届全国人民代表大会常务委员会第 16 次会议通过的《刑法修正案（九）》（主席令第 30 号公布，2015 年 11 月 1 日起施行）而增设。

② 注：本罪名是因为《刑法修正案（九）》对条文的增加，根据《最高人民法院、最高人民检察院关于执行〈中华人民共和国刑法〉确定罪名的补充规定（六）》（法释〔2015〕20 号，最高人民法院审判委员会第 1664 次会议、最高人民检察院第 12 届检察委员会第 42 次会议通过，2015 年 11 月 1 日起执行）而增设。

体是特殊主体，即司法工作人员、辩护人、诉讼代理人或者其他诉讼参与人；（2）行为人泄露了不应当公开的案件信息；（3）造成信息公开传播或其他严重后果。

这里的"司法工作人员"，是指侦查机关、检察机关、审判机关中的工作人员，包括侦查员、调查员、审查员、公诉员、审判员、书记员，以及人民警察和司法警察。"辩护人"是指在刑事诉讼中，包括在审查起诉、审判阶段，犯罪嫌疑人、被告人委托的或由人民法院指定的为犯罪嫌疑人、被告人提供法律帮助（证明其无罪或罪轻）的人。"诉讼代理人"包括三种参讼人：（1）公诉案件的被害人及其法定代理人或近亲属；（2）自诉案件的自诉人及其法定代理人委托的诉讼代理人；（3）民事诉讼的当事人及其法定代理人委托的诉讼代理人。辩护人、诉讼代理人由以下三种人担任：（1）律师；（2）人民团体或者犯罪嫌疑人、被告人所在单位推荐的人；（3）犯罪嫌疑人、被告人的监护人、亲友。"其他诉讼参与人"，是指所有参与诉讼活动的相关人员，如证人、鉴定人、记录人、翻译人等。"公开传播"是指案件信息在公众中流传，包括在报纸、书刊等传统媒体或者互联网、局域网、手机短信等信息网络中传播，也包括在个人微博、微信朋友圈或QQ群等社交媒体中流传，还包括人与人之间的口口相传。"其他严重后果"是指案件信息被泄露后，虽未被公开传播，但是造成了案件当事人精神失常或自杀，或者司法审判活动被严重干扰等社会危害。

构成第308条之一第2款规定之罪，必须同时具备以下条件：（1）犯罪主体是一般主体，但通常是指诉讼参与人或新闻媒体的记者、编辑；（2）行为人披露了或报道了不应当公开的案件信息；（3）情节严重。这里的"情节严重"，是指造成信息广泛传播，给案件的当事人带来严重的生活干扰或精神伤害，或者对司法秩序及其独立审判活动造成了严重干扰等情形。

需要注意的是：

（1）第308条之一规定中的"不应当公开的信息"，必须是属于依法不公开审理的案件中的信息。

（2）无论行为是具备主观故意还是由于过失，只要泄露、披露或报道了上述不应当公开的案件信息，都可能构成本罪。[①]

[①] 全国人大常委会法制工作委员会刑法室编：《中华人民共和国刑法解读》，中国法制出版社2015年版，第749页。

第 309 条① 【扰乱法庭秩序罪】有下列扰乱法庭秩序情形之一的，处三年以下有期徒刑、拘役、管制或者罚金：

（一）聚众哄闹、冲击法庭的；

（二）殴打司法工作人员或者诉讼参与人的；

（三）侮辱、诽谤、威胁司法工作人员或者诉讼参与人，不听法庭制止，严重扰乱法庭秩序的；

（四）有毁坏法庭设施，抢夺、损毁诉讼文书、证据等扰乱法庭秩序行为，情节严重的。

● **条文注释** 第 309 条规定了扰乱法庭秩序罪的多种行为：（1）聚众哄闹法庭，是指纠集众人在法庭上以乱嚷、乱叫、吹口哨等方式起哄捣乱的行为；（2）聚众冲击法庭，是指纠集众人，在未得到许可的情况下，进入法庭，以致法庭秩序混乱的行为；（3）殴打司法工作人员，是指殴打审判人员、公诉人员，也包括殴打维持法庭秩序的司法警察；（4）殴打诉讼参与人，是指殴打原告、被告及其诉讼代理人，或者殴打证人、鉴定人、记录人、翻译人等；（5）侮辱、诽谤、威胁司法工作人员或者诉讼参与人，并且不听法庭制止；（6）毁坏法庭设施，是指故意损毁法庭上的桌椅、门窗、水电或者计算机、打印机等设施；（7）抢夺、损毁诉讼文书、证据，包括起诉状、鉴定材料、纸质或电子证据等诉讼材料。行为人只要实施上述行为之一，严重扰乱法庭秩序或情节严重的，即可构成本罪。

这里的"法庭"，是指正在进行审判活动（包括中途短暂休庭）的法庭。"聚众"，是指纠集 3 人以上；只有一两个人哄闹、冲击法庭的，不能构成本罪。"严重扰乱法庭秩序"，主要是指扰乱法庭秩序，经制止而不听从或者扰乱法庭秩序，情节恶劣，造成很坏影响，严重影响审判正常进行等。

在司法实践中应当注意的是：

（1）第 309 条未规定对聚众哄闹、冲击法庭只处罚首要分子；但在司法实践中，应主要对首要分子和在犯罪中起主要作用的处以刑罚，对被裹挟参与的其他人员，如果情节显著轻微，应当不作为犯罪处理。

---

① 第 309 条是根据 2015 年 8 月 29 日第 12 届全国人民代表大会常务委员会第 16 次会议通过的《刑法修正案（九）》（主席令第 30 号公布，2015 年 11 月 1 日起施行）而修改；原第 309 条的内容为："聚众哄闹、冲击法庭，或者殴打司法工作人员，严重扰乱法庭秩序的，处三年以下有期徒刑、拘役、管制或者罚金。"

（2）在法庭审判中有多种扰乱法庭秩序的行为，如不尊敬法官，在法庭审判中讲话，在法庭上拍照等。第309条只规定了上述法定行为，在严重扰乱法庭秩序时才构成犯罪；对于其他扰乱法庭秩序的行为以及虽然具有起哄等行为，但尚未达到严重扰乱法庭秩序程度的，按照刑事诉讼法、民事诉讼法的规定，可以对行为人给予训诫，责令退出法庭或者罚款、拘留等处罚。

（3）故意毁坏法庭设施的行为，如果造成的损失数额巨大或有其他特别严重情节，则应当依照《刑法》第275条的规定，以故意毁坏财物罪定罪处罚。

● 相关规定　【法发〔2017〕4号】　人民法院落实《保护司法人员依法履行法定职责规定》的实施办法（最高人民法院2017年2月7日印发）

第11条（第1款）　各级人民法院应当依法维护庭审秩序。对于实施违反法庭规则行为，扰乱法庭秩序的人，根据情节轻重，依法采取警告制止、训诫、责令具结悔过、责令退出法庭、强行带出法庭、罚款、拘留等措施；对于严重扰乱法庭秩序，构成扰乱法庭秩序罪等犯罪的，依法追究刑事责任。

（第2款）　对于在审判法庭之外的人民法院其他区域，有下列行为之一的人，应当及时采取训诫、制止、控制、带离现场等处置措施，收缴、保存相关证据，及时移送公安机关处理；构成非法携带枪支、弹药、管制刀具、危险物品危及公共安全罪、妨害公务罪、寻衅滋事罪、故意毁坏财物罪等犯罪的，依法追究刑事责任：

（一）非法携带管制器具或者危险物质，逃避、抗拒安全检查的；

（二）未经允许，强行进入法官办公区域或者审判区域的；

（三）大声喧哗、哄闹，不听劝阻，严重扰乱办公秩序的；

（四）侮辱、诽谤、威胁、殴打人民法院工作人员或者诉讼参与人的；

（五）损毁法院建筑、办公设施或者车辆的；

（六）抢夺、损毁诉讼文书、证据的；

（七）工作时间之外滞留，不听劝阻，拒绝离开的；

（八）故意将年老、年幼、体弱、患有严重疾病、肢体残疾等生活不能自理的人弃留的；

（九）以自杀、自残等方式威胁人民法院工作人员的；

（十）其他危害人民法院机关安全或者扰乱办公秩序的行为。

> **第310条 【窝藏、包庇罪】** 明知是犯罪的人而为其提供隐藏处所、财物，帮助其逃匿或者作假证明包庇的，处三年以下有期徒刑、拘役或者管制；情节严重的，处三年以上十年以下有期徒刑。
>
> 犯前款罪，事前通谋的，以共同犯罪论处。

● **条文注释** 构成第310条规定之罪，必须具备以下条件：（1）行为人具有窝藏、包庇案犯的主观故意，即具备"明知"的条件；（2）行为人实施了帮助其逃匿或者作假证明包庇的行为。

这里的"明知"包括两种情形：（1）"明确知道"，即犯罪人向行为人坦述自己犯有罪行。（2）"应当知道"，即犯罪人并未明讲自己犯有罪行，但从其言谈话语和向行为人提出的要求，行为人应可以明确断定其犯罪。在司法实践中，认定行为人是否"明知"，应根据行为人的行为和案件的情况，结合其口供，综合予以认定。

本条规定了帮助犯罪人逃避法律追究的两种行为：（1）为犯罪人提供隐藏处所、财物，帮助其逃匿。即给犯罪人提供住处、隐藏处，或者给其钱财、食品、衣物等，帮助犯罪人隐藏或逃跑，逃避法律追究。（2）作假证明包庇犯罪的人。即向司法机关提供虚假证明（如表示犯罪人不在犯罪现场等）来帮助犯罪人逃避法律追究。行为人只要实施上述两种犯罪行为之一，就构成本条规定的犯罪。其中"情节严重"，是指帮助重大案犯逃匿或为其作假证明，使其逃避法律追究，帮助犯罪团伙、集团逃匿或者因其包庇行为造成严重后果等。

第310条第2款规定中的"事先通谋"，是指行为人与犯罪人在其犯罪前已共同策划好，实施犯罪后由其帮助逃匿或作假证明帮助其逃避法律追究。对于这种行为，以犯罪分子的共犯论处。

需要注意的是：

（1）根据《刑法》第362条的规定，在公安机关查处卖淫、嫖娼活动时，特定人员为违法犯罪分子通风报信的，按窝藏罪定罪处罚。这是针对特定场合的专门拟制性规定。不能将其他情形中的为帮助犯罪分子逃匿而通风报信、出谋划策或指示逃跑路线等行为界定为窝藏罪、包庇罪。

（2）故意虚假供述为他人"顶罪"的，构成包庇罪。若与相关司法工作人员合谋为他人"顶罪"，则按照择重处罚的原则，构成徇私枉法罪的共犯；对于司法工作人员，同时构成受贿罪的，则数罪并罚。对于所顶之罪，由于事实错误，应当依法宣布顶罪者无罪；同时另行追究其包庇罪（且不能用前罪被错误羁押的时间折抵包庇罪的刑期）。另外，根据国家赔偿法第19条的规定，因公民自己故意作虚伪供述，或者伪造其他有罪证据被羁押或被判处刑罚的，国家不承担赔偿责任。

● **相关规定** 最高人民法院关于窝藏、包庇罪中"事前通谋的，以共同犯罪论处"如何理解的请示答复（1986年1月15日答复上海高院1985年11月7日请示）

我国刑法……所说的"事前通谋"，是指窝藏、包庇犯与被窝藏、包庇的犯罪分子，在犯罪活动之前，就谋划或合谋，答应犯罪分子作案后给以窝藏或者包庇的，这和刑法总则规定共犯的主客观要件是一致的。……如果只是知道作案人员要去实施犯罪，事后予以窝藏、包庇或者事先知道作案人员要去实施犯罪，未去报案，犯罪发生后又窝藏、包庇犯罪分子的，都不应以共同犯罪论处，而单独构成窝藏、包庇罪。

【公通字〔2000〕25号】 公安部关于打击拐卖妇女儿童犯罪适用法律和政策有关问题的意见（公安部2000年3月17日印发）

二、关于拐卖妇女、儿童犯罪

（五）教唆他人实施拐卖妇女、儿童犯罪的，以拐卖妇女、儿童罪的共犯立案侦查。向他人传授拐卖妇女、儿童的犯罪方法的，以传授犯罪方法罪立案侦查。明知是拐卖妇女、儿童的犯罪分子，而在其实施犯罪后为其提供隐藏处所、财物，帮助其逃匿或者作假证明包庇的，以窝藏、包庇罪立案侦查。

【公通字〔2004〕83号】 公安部、中央社会治安综合治理委员会办公室、民政部、建设部、国家税务总局、国家工商行政管理总局关于进一步加强和改进出租房屋管理工作有关问题的通知（2004年11月12日）

三、……对房主违反出租房屋管理规定的行为，按照下列规定严肃查处：

（十三）明知是有犯罪行为的人而为其提供出租房屋，帮助其逃避或者为其作假证明的，由公安部门依照《中华人民共和国刑法》第310条的规定追究刑事责任。

【法释〔2017〕13号】 最高人民法院、最高人民检察院关于办理组织、强迫、引诱、容留、介绍卖淫刑事案件适用法律若干问题的解释（2017年5月8日最高人民法院审判委员会第1716次会议、2017年7月4日最高人民检察院第12届检察委员会第66次会议通过，2017年7月21日公布，2017年7月25日起施行）

第14条　根据刑法第362条、第310条的规定，旅馆业、饮食服务业、文化娱乐业、出租汽车业等单位的人员，在公安机关查处卖淫、嫖娼活动时，为违法犯罪分子通风报信，情节严重的，以包庇罪定罪处罚。事前与犯罪分子通谋的，以共同犯罪论处。

具有下列情形之一的，应当认定为刑法第362条规定的"情节严重"：

（一）向组织、强迫卖淫犯罪集团通风报信的；

（二）2年内通风报信3次以上的；

（三）1年内因通风报信被行政处罚，又实施通风报信行为的；

（四）致使犯罪集团的首要分子或者其他共同犯罪的主犯未能及时归案的；

（五）造成卖淫嫖娼人员逃跑，致使公安机关查处犯罪行为因取证困难而撤销刑事案件的；

（六）非法获利人民币1万元以上的；

（七）其他情节严重的情形。

【国监发〔2019〕3号】　国家监察委员会、最高人民法院、最高人民检察院、公安部、司法部关于在扫黑除恶专项斗争中分工负责、互相配合、互相制约严惩公职人员涉黑涉恶违法犯罪问题的通知（2019年10月20日印发）

三、准确适用法律

6. 国家机关工作人员包庇黑社会性质的组织，或者纵容黑社会性质的组织进行违法犯罪活动的，以包庇、纵容黑社会性质组织罪定罪处罚。

国家机关工作人员既组织、领导、参加黑社会性质组织，又对该组织进行包庇、纵容的，应当以组织、领导、参加黑社会性质组织罪从重处罚。

国家机关工作人员包庇、纵容黑社会性质组织，该包庇、纵容行为同时还构成包庇罪、伪证罪、妨害作证罪、徇私枉法罪、滥用职权罪、帮助犯罪分子逃避处罚罪、徇私舞弊不移交刑事案件罪，以及徇私舞弊减刑、假释、暂予监外执行罪等其他犯罪的，应当择一重罪处罚。

7. 非国家机关工作人员与国家机关工作人员共同包庇、纵容黑社会性质组织，且不属于该组织成员的，以包庇、纵容黑社会性质组织罪的共犯论处。非国家机关工作人员的行为同时还构成其他犯罪，应当择一重罪处罚。

8. 公职人员利用职权或职务便利实施包庇、纵容黑恶势力、伪证、妨害作证，帮助毁灭、伪造证据，以及窝藏、包庇等犯罪行为的，应酌情从重处罚。事先有通谋而实施支持帮助、包庇纵容等保护行为的，以具体犯罪的共犯论处。

【法释〔2021〕1号】　最高人民法院关于适用《中华人民共和国刑事诉讼法》的解释（2020年12月7日最高法审委会第1820次会议修订，2021年1月26日公布，2021年3月1日施行）

第157条　根据案件事实和法律规定，认为已经构成犯罪的被告人在取保候审期间逃匿的，如果系保证人协助被告人逃匿，或者保证人明知被告人藏匿地点但拒绝向司法机关提供，对保证人应当依法追究责任。①

【法释〔2021〕16号】　最高人民法院、最高人民检察院关于办理窝藏、包庇刑事案件适用法律若干问题的解释（2020年3月2日最高法审委会第1794次会议、2020年12月28日最高检第13届检委会第58次会议通过，2021年8月9日公布，2021年8月11日施行）

第1条　明知是犯罪的人，为帮助其逃匿，实施下列行为之一的，应当依照刑法第310条第1款的规定，以窝藏罪定罪处罚：（一）为犯罪的人提供房屋或者其他可以用于隐藏的处所的；（二）为犯罪的人提供车辆、船只、航空器等交通工具，或者提供手机等通讯工具的；（三）为犯罪的人提供金钱的；（四）其他为犯罪的人提供隐藏处所、财物，帮助其逃匿的情形。

保证人在犯罪的人取保候审期间，协助其逃匿，或者明知犯罪的人的藏匿地点、联系方式，但拒绝向司法机关提供的，应当依照刑法第310条第1款的规定，对保证人以窝藏罪定罪处罚。②

虽然为犯罪的人提供隐藏处所、财物，但不是出于帮助犯罪的人逃匿的目的，不以窝藏罪定罪处罚；对未履行法定报告义务的行为人，依法移送有关主管机关给予行政处罚。

第2条　明知是犯罪的人，为帮助其逃避刑事追究，或者帮助其获得从宽处罚，实施下列行为之一的，应当依照刑法第310条第1款的规定，以包庇罪定罪处罚：（一）故意顶替犯罪的人欺骗司法机关的；（二）故意向司法机关作虚假陈述或者提供虚假证明，以证明犯罪的人没有实施犯罪行为，或者犯罪的人所实施行为不构成犯罪的；（三）故意向司法机关提供虚假证明，以证明犯罪的人具有法定从轻、减轻、免除处罚情节的；（四）其他作假证明包庇的行为。

---

①　注："法释〔2021〕16号"《解释》第1条第2款匹应本条规定，认定保证人构成犯罪，与《刑法》第310条关于窝藏罪的定义不相符，有扩大解释之嫌。

②　注：本款规定与《刑法》第310条关于窝藏罪的定义不相符，有扩大解释之嫌。根据《刑法》第311条规定，只有拒绝向司法机关提供间谍犯罪或者恐怖主义、极端主义犯罪的相关证据时，情节严重的才构成犯罪。保证人的行为与之没有可比性，将其定罪也不符合比例原则。

第3条　明知他人有间谍犯罪或者恐怖主义、极端主义犯罪行为，在司法机关向其调查有关情况、收集有关证据时，拒绝提供，情节严重的，依照刑法第311条的规定，以拒绝提供间谍犯罪、恐怖主义犯罪、极端主义犯罪证据罪定罪处罚；作假证明包庇的，依照刑法第310条的规定，以包庇罪从重处罚。

第4条　窝藏、包庇犯罪的人，具有下列情形之一的，应当认定为刑法第310条第1款规定的"情节严重"：（一）被窝藏、包庇的人可能被判处无期徒刑以上刑罚的；（二）被窝藏、包庇的人犯危害国家安全犯罪、恐怖主义或者极端主义犯罪，或者系黑社会性质组织犯罪的组织者、领导者，且可能被判处10年有期徒刑以上刑罚的；（三）被窝藏、包庇的人系犯罪集团的首要分子，且可能被判处10年有期徒刑以上刑罚的；（四）被窝藏、包庇的人在窝藏、包庇期间再次实施故意犯罪，且新罪可能被判处5年有期徒刑以上刑罚的；（五）多次窝藏、包庇犯罪的人，或者窝藏、包庇多名犯罪的人的；（六）其他情节严重的情形。

前款所称"可能被判处"刑罚，是指根据被窝藏、包庇的人所犯罪行，在不考虑自首、立功、认罪认罚等从宽处罚情节时应当依法判处的刑罚。

第5条　认定刑法第310条第1款规定的"明知"，应当根据案件的客观事实，结合行为人的认知能力，接触被窝藏、包庇的犯罪人的情况，以及行为人和犯罪人的供述等主、客观因素进行认定。

行为人将犯罪的人所犯之罪误认为其他犯罪的，不影响刑法第310条第1款规定的"明知"的认定。

行为人虽然实施了提供隐藏处所、财物等行为，但现有证据不能证明行为人知道犯罪的人实施了犯罪行为的，不能认定为刑法第310条第1款规定的"明知"。

第6条　认定窝藏、包庇罪，以被窝藏、包庇的人的行为构成犯罪为前提。

被窝藏、包庇的人实施的犯罪事实清楚，证据确实、充分，但尚未到案、尚未依法裁判或者因不具有刑事责任能力依法未予追究刑事责任的，不影响窝藏、包庇罪的认定。但是，被窝藏、包庇的人归案后被宣告无罪的，应当依照法定程序宣告窝藏、包庇行为人无罪。

第7条　为帮助同一个犯罪的人逃避刑事处罚，实施窝藏、包庇行为，又实施洗钱行为，或者掩饰、隐瞒犯罪所得及其收益行为，或者帮助毁灭证据行为，或者伪证行为的，依照处罚较重的犯罪定罪，并从重处罚，不实行数罪并罚。

第8条　共同犯罪人之间互相实施的窝藏、包庇行为，不以窝藏、包庇罪定罪处罚,但对共同犯罪以外的犯罪人实施窝藏、包庇行为的,以所犯共同犯罪罪和窝藏、包庇罪并罚。

【法刊文摘】 《关于办理窝藏、包庇刑事案件适用法律若干问题的解释》的理解与适用[①]

……有观点认为,作假证明的目的是帮助犯罪分子逃避刑事处罚;如果作假证明的目的是让犯罪的人得到从轻、减轻、免除处罚,如假立功、假自首,则应当以伪证罪定罪处罚。理由是:1. 作假证明的目的是帮助犯罪分子逃避刑事处罚。2. 窝藏与包庇应当具有相当的社会危害性,窝藏的后果是可能造成犯罪的人无法被追究,包庇只有造成司法机关不能正常进行刑事诉讼的危险,才能与窝藏行为具有相当的社会危害性。提供从宽处罚的虚假证明显然无法造成这一风险,不宜扩大刑事的追诉范围。

经研究,我们认为,向司法机关提供虚假的书面证明,以证明犯罪的人具有法定从轻、减轻、免除处罚情节的,应当以包庇罪定罪处罚,而不以伪证罪定罪处罚。

理由是:1. 根据刑法第 305 条的规定,伪证行为要以意图陷害他人或者隐匿罪证为目的,上述行为既不是意图陷害他人,也不是隐匿罪证,而是提供虚假证明,因此不能以伪证罪论处。这也是伪证罪与包庇罪的主要区别。2. 不能简单地将窝藏与包庇两种行为可能造成的危害性进行比较,二者没有可比性。窝藏不可能使犯罪的人受到从宽处罚,而只能使其逃避处罚,这是由窝藏行为的特质决定的。实践中不存在犯罪的人由于被窝藏而受到从宽处罚的情况。

【主席令〔2012〕67 号】 中华人民共和国治安管理处罚法(2012 年 10 月 26 日第 11 届全国人大常委会第 29 次会议修正,2013 年 1 月 1 日起施行)

第 2 条 扰乱公共秩序,妨害公共安全,侵犯人身权利、财产权利,妨害社会管理,具有社会危害性,依照《中华人民共和国刑法》的规定构成犯罪的,依法追究刑事责任;尚不够刑事处罚的,由公安机关依照本法给予治安管理处罚。

第 56 条 旅馆业的工作人员对住宿的旅客不按规定登记姓名、身份证件种类和号码的,或者明知住宿的旅客将危险物质带入旅馆,不予制止的,处 200 元以上 500 元以下罚款。

旅馆业的工作人员明知住宿的旅客是犯罪嫌疑人员或者被公安机关通缉的

---

① 刊于《人民司法(应用)》2021 年第 28 期。

人员，不向公安机关报告的，处 200 元以上 500 元以下罚款；情节严重的，处 5 日以下拘留，可以并处 500 元以下罚款。

第 57 条　房屋出租人将房屋出租给无身份证件的人居住的，或者不按规定登记承租人姓名、身份证件种类和号码的，处 200 元以上 500 元以下罚款。

房屋出租人明知承租人利用出租房屋进行犯罪活动，不向公安机关报告的，处 200 元以上 500 元以下罚款；情节严重的，处 5 日以下拘留，可以并处 500 元以下罚款。

第 311 条[①]　**【拒绝提供间谍犯罪、恐怖主义犯罪、极端主义犯罪证据罪】**[②]　明知他人有间谍犯罪或者恐怖主义、极端主义犯罪行为，在司法机关向其调查有关情况、收集有关证据时，拒绝提供，情节严重的，处三年以下有期徒刑、拘役或者管制。

● **条文注释**　构成第 311 条规定之罪，必须具备以下条件：（1）行为人已经明知他人有间谍犯罪或恐怖主义、极端主义犯罪行为；（2）行为人拒绝向司法机关提供有关证据；（3）情节严重。

这里的"明知"包括两种情形：（1）"明确知道"，即他人坦述自己犯有间谍罪行或恐怖主义、极端主义罪行，或者行为人亲自发现他人犯有上述罪行。（2）"应当知道"，即行为人通过他人的言谈流露、行为表现等，已知他人犯有上述罪行。在司法实践中，认定行为人是否"明知"，应根据行为人的行为和案件的情况，结合其口供，综合予以认定。

根据《刑法》第 110 条的规定，"间谍犯罪行为"，是指以下两种行为：（1）参加间谍组织或者接受间谍组织及其代理人的任务的；（2）为敌人指示轰击目标的。"恐怖主义"，是指实施者对非武装人员有组织地使用暴力或以暴力相威胁，或者采取绑架、暗杀、爆炸、空中劫持、扣押人质等恐怖手段，置公

[①]　第 311 条是根据 2015 年 8 月 29 日第 12 届全国人民代表大会常务委员会第 16 次会议通过的《刑法修正案（九）》（主席令第 30 号公布，2015 年 11 月 1 日起施行）而修改；原第 311 条的内容为："明知他人有间谍犯罪行为，在国家安全机关向其调查有关情况、收集有关证据时，拒绝提供，情节严重的，处三年以下有期徒刑、拘役或者管制。"

[②]　注：本罪名原为"拒绝提供间谍犯罪证据罪"；《刑法修正案（九）》对条文修改后，根据《最高人民法院、最高人民检察院关于执行〈中华人民共和国刑法〉确定罪名的补充规定（六）》（法释〔2015〕20 号，最高人民法院审判委员会第 1664 次会议、最高人民检察院第 12 届检察委员会第 42 次会议通过，2015 年 11 月 1 日起执行）而改为现名。

众于恐怖之中，从而来达到其某种政治目的的行为；"极端主义"，是指通过歪曲宗教教义或者以"保护民族文化"等为借口，煽动民族歧视和民族仇恨，主张民族排斥和民族隔离，并崇尚以不惜后果的暴力手段抗拒现有的法律秩序。关于恐怖主义和极端主义的犯罪行为，参见本书关于《刑法》第120条至第120条之六的条文注释。

第311条规定中的"拒绝提供"，是指拒绝向司法机关讲述其了解的上述有关情况，或者拒绝向司法机关提交上述有关证据。"情节严重"，是指行为人在拒绝提供时使用了暴力、威胁或其他恶劣手段，或者由于其拒绝提供的行为而延误了重大间谍犯罪或者恐怖主义、极端主义犯罪案件侦破，或者使犯罪分子逃避法律追究，使国家安全、利益遭受重大损害或妨害了司法机关执行维护国家安全和社会秩序的任务等。

需要注意的是：

1. 本条规定与一般意义上的"知情不举"是有区别的。知道他人有间谍行为或恐怖主义、极端主义犯罪行为，为了维护国家安全和社会秩序，应主动向国家安全机关或其他司法机关报告是公民的义务；不报告应受到舆论的谴责，但并不构成本罪。

2. 在司法机关调查有关情况、收集有关证据时，行为人故意提供虚假的情况和证据，干扰办案人员的侦查思维和行动计划，导致犯罪人逃避法律制裁或造成其他严重后果的，应当区分以下几种情形：（1）属于包庇他人罪行的，依照《刑法》第310条的规定，以"包庇罪"定罪处罚；（2）属于其他情形的（如提供虚假的他人逃跑方向等），依照《刑法》第277条第3款的规定，以"妨害公务罪"定罪处罚；（3）在庭审中提供虚假证明的，依照《刑法》第305条的规定，以"伪证罪"定罪处罚。

● 相关规定　【主席令〔2014〕16号】　中华人民共和国反间谍法（已被2023年4月26日全国人大常委会〔14届2次〕修订，2023年7月1日起施行；更新内容见本书第八版）

第29条　明知他人有间谍犯罪行为，在国家安全机关向其调查有关情况、收集有关证据时，拒绝提供的，由其所在单位或者上级主管部门予以处分，或者由国家安全机关处15日以下行政拘留；构成犯罪的，依法追究刑事责任。

【国务院令〔2017〕692号】　反间谍法实施细则（2017年11月22日公布施行，1994年6月4日国务院令第157号《国家安全法实施细则》同时废止）

第21条　有证据证明知道他人有间谍行为，或者经国家安全机关明确告知他人有危害国家安全的犯罪行为，在国家安全机关向其调查有关情况、收集有关证据时，拒绝提供的，依照《反间谍法》第 29 条的规定处理。

【主席令〔2015〕36 号】 中华人民共和国反恐怖主义法（2015 年 12 月 27 日第 12 届全国人大常委会第 18 次会议通过，2016 年 1 月 1 日起施行；2011 年 10 月 29 日《全国人民代表大会常务委员会关于加强反恐怖工作有关问题的决定》同时废止；根据 2018 年 4 月 27 日第 13 届全国人民代表大会常务委员会第 2 次会议通过、主席令第 6 号公布、公布之日起施行的《关于修改〈中华人民共和国国境卫生检疫法〉等六部法律的决定》修正）

第 82 条 明知他人有恐怖活动犯罪、极端主义犯罪行为，窝藏、包庇，情节轻微，尚不构成犯罪的，或者在司法机关向其调查有关情况、收集有关证据时，拒绝提供的，由公安机关处 10 日以上 15 日以下拘留，可以并处 1 万元以下罚款。

【主席令〔2016〕53 号】 中华人民共和国网络安全法（2016 年 11 月 7 日第 12 届全国人大常委会第 24 次会议通过，主席令第 53 号公布，2017 年 6 月 1 日起施行）

第 28 条 网络运营者应当为公安机关、国家安全机关依法维护国家安全和侦查犯罪的活动提供技术支持和协助。

第 76 条 本法下列用语的含义：

……（三）网络运营者，是指网络的所有者、管理者和网络服务提供者。……

【法释〔2021〕16 号】 最高人民法院、最高人民检察院关于办理窝藏、包庇刑事案件适用法律若干问题的解释（2020 年 3 月 2 日最高法审委会第 1794 次会议、2020 年 12 月 28 日最高检第 13 届检委会第 58 次会议通过，2021 年 8 月 9 日公布，2021 年 8 月 11 日施行）

第 3 条 明知他人有间谍犯罪或者恐怖主义、极端主义犯罪行为，在司法机关向其调查有关情况、收集有关证据时，拒绝提供，情节严重的，依照刑法第 311 条的规定，以拒绝提供间谍犯罪、恐怖主义犯罪、极端主义犯罪证据罪定罪处罚；作假证明包庇的，依照刑法第 310 条的规定，以包庇罪从重处罚。

> **第 312 条**[1] **【掩饰、隐瞒犯罪所得、犯罪所得收益罪】**[2] 明知是犯罪所得及其产生的收益而予以窝藏、转移、收购、代为销售或者以其他方法掩饰、隐瞒的，处三年以下有期徒刑、拘役或者管制，并处或者单处罚金；情节严重的，处三年以上七年以下有期徒刑，并处罚金。
>
> 单位犯前款罪的，对单位判处罚金，并对其直接负责的主管人员和其他直接责任人员，依照前款的规定处罚。

● **条文注释** 构成第 312 条规定之罪，必须具备以下条件：（1）行为人明知是犯罪所得或者是其收益；（2）行为人对其实施了掩饰、隐瞒的行为。

这里的"明知"包括"明确知道"和"应当知道"两种情形。在司法实践中，认定行为人是否"明知"，应根据行为人的行为和案件的情况，结合其口供，综合予以认定，具体的界定标准依照"法释〔2007〕11号"《解释》第6条、"法释〔2009〕15号"《解释》第1条等相关的规定。"犯罪所得"是指犯罪直接获得的非法利益；"产生的收益"是指利用犯罪所得进行经营活动（包括表面上合法的经营）所产生的经济利益。

这里的"窝藏"，是指将赃物隐藏起来不让他人发现，或者替犯罪人保存赃物，使司法机关不能获取；"转移"，是指将赃物转移到他处，以使司法机关不能查获；"收购"，是指以出卖为目的收买犯罪所得及其收益；"代为销售"，是指代替犯罪人将犯罪所得及其收益卖出的行为；"其他方法"有很多，如代为加工、银行转账、投资经营等。

需要注意的是：

（1）犯罪行为人掩饰、隐瞒其本人的犯罪所得及其收益的，不能构成本罪，

---

[1] 第312条经历了两次修改。原第312条只有一款，内容为："明知是犯罪所得的赃物而予以窝藏、转移、收购或者代为销售的，处三年以下有期徒刑、拘役或者管制，并处或者单处罚金。"

第312条第一次修改是根据2006年6月29日第10届全国人民代表大会常务委员会第22次会议通过的《刑法修正案（六）》（主席令第51号公布，2006年6月29日起施行）而修改成现第312条第1款。

第312条第二次修改是根据2009年2月28日第11届全国人民代表大会常务委员会第7次会议通过的《刑法修正案（七）》（主席令第10号公布，2009年2月28日起施行）而增设了现第312条第2款。

[2] 刑法第312条原对应的罪名是："窝藏、转移、收购、销售赃物罪"；《刑法修正案（六）》对第312条进行修改后，《最高人民法院、最高人民检察院关于执行〈中华人民共和国刑法〉确定罪名的补充规定（三）》将第312条对应的罪名改为"掩饰、隐瞒犯罪所得、犯罪所得收益罪"，2007年11月6日起施行。

只能按其原本所犯的罪行进行处罚。

（2）第312条规定中的"收购"应以出卖为目的；如果个人为自己使用而买赃的，不能构成本罪。①

（3）行为人实施第312条规定的行为，同时又构成《刑法》第191条（洗钱罪）或第349条（窝藏、转移、隐瞒毒品、毒赃罪）规定的犯罪的，依照处罚较重的规定定罪处罚。

（4）行为人与犯罪分子事前通谋，事后对犯罪所得予以掩饰、隐瞒，或者直接参与犯罪团伙、集团的分工，负责掩饰、隐瞒犯罪所得及其收益的，应以该犯罪的共犯论处，而不应以本罪处罚。

● **立法解释** 全国人民代表大会常务委员会关于《中华人民共和国刑法》第三百四十一条、第三百一十二条的解释（2014年4月24日第12届全国人民代表大会常务委员会第8次会议通过）

知道或者应当知道是国家重点保护的珍贵、濒危野生动物及其制品，为食用或者其他目的而非法购买的，属于刑法第341条第1款规定的非法收购国家重点保护的珍贵、濒危野生动物及其制品的行为。

知道或者应当知道是刑法第341条第2款规定的非法狩猎的野生动物而购买的，属于刑法第312条第1款规定的明知是犯罪所得而收购的行为。

● **相关规定** 【公通字〔1998〕31号】 **最高人民法院、最高人民检察院、公安部、国家工商行政管理局关于依法查处盗窃、抢劫机动车案件的规定**（1998年5月8日印发）②

二、明知是盗窃、抢劫所得机动车而予以窝藏、转移、收购或者代为销售的，依照《刑法》第312条的规定处罚。

对明知是盗窃、抢劫所得机动车而予以拆解、改装、拼装、典当、倒卖的，视为窝藏、转移、收购或者代为销售，依照《刑法》第312条的规定处罚。

三、国家指定的车辆交易市场、机动车经营企业（含典当、拍卖行）以及从事机动车修理、零部件销售企业的主管人员或者其他直接责任人员，明知是盗窃、抢劫的机动车而予以窝藏、转移、拆解、拼装、收购或者代为销售的，

---

① 注：此观点来源于全国人大常委会法工委意见。在司法实践中应当把握两点：(1)对于收购数量明显超出自用范畴的，可以认定为具有出卖目的；(2)司法解释有明确规定自用入罪的，从其规定。

② 注："两高"于2007年5月9日发布了"法释〔2007〕11号"《解释》。"公通字〔1998〕31号"《规定》虽然一直未被废止，但《规定》第2条已被《解释》第1条替代，《规定》第17条与《解释》第6条相冲突，应视作已失效。

依照《刑法》第 312 条的规定处罚。单位组织实施上述行为的,由工商行政管理机关予以处罚。

四、本规定第 2 条和第 3 条中的行为人事先与盗窃、抢劫机动车辆的犯罪分子通谋的,分别以盗窃、抢劫犯罪的共犯论处。

五、机动车交易必须在国家指定的交易市场或合法经营企业进行,其交易凭证经工商行政管理机关验证盖章后办理登记或过户手续,私下交易机动车辆属于违法行为,由工商行政管理机关依法处理。

明知是赃车而购买,以收购赃物罪定罪处罚。单位的主管人员或者其他直接责任人员明知是赃车购买的,以收购赃物罪定罪处罚。

明知是赃车而介绍买卖的,以收购、销售赃物罪的共犯论处。①

十二、对明知是赃车而购买的,应将车辆无偿追缴;对违反国家规定购买车辆,经查证是赃车的,公安机关可以根据《刑事诉讼法》第 110 条和第 114 条②规定进行追缴和扣押。对不明知是赃车而购买的,结案后予以退还买主。

十三、对购买赃车后使用非法提供的入户、过户手续或者使用伪造、变造的入户、过户手续为赃车入户、过户的,应当吊销牌证,并将车辆无偿追缴;已将入户、过户车辆变卖的,追缴变卖所得并责令赔偿经济损失。

十四、对直接从犯罪分子处追缴的被盗窃、抢劫的机动车辆,经检验鉴定,查证属实后,可依法先行返还失主,移送案件时附清单、照片及其他证据。在返还失主前,按照赃物管理规定管理,任何单位和个人都不得挪用、损毁或者自行处理。

十七、本规定所称的"明知",是指知道或者应当知道。有下列情形之一的,可视为应当知道,但有证据证明属被蒙骗的除外:

(一)在非法的机动车交易场所和销售单位购买的;

(二)机动车证件手续不全或者明显违反规定的;

(三)机动车发动机号或者车架号有更改痕迹,没有合法证明的;

(四)以明显低于市场价格购买机动车的。

十八、本规定自公布之日起执行。对侵占、抢夺、诈骗机动车案件的查处参照本规定的原则办理。本规定公布后尚未办结的案件,适用本规定。

---

① 注:根据《最高人民法院、最高人民检察院关于执行〈中华人民共和国刑法〉确定罪名的补充规定(三)》(法释〔2007〕16 号,2007 年 11 月 6 日起执行),《刑法》第 312 条对应的罪名已改为"掩饰、隐瞒犯罪所得、犯罪所得收益罪",本条规定所涉及的罪名应作相应变更。

② 注:该条内容对应现行《刑事诉讼法》(2018 年 10 月 26 日修正)第 137 条、第 141 条。

【高检会〔2003〕4号】　最高人民法院、最高人民检察院、公安部、国家烟草专卖局关于办理假冒伪劣烟草制品等刑事案件适用法律问题座谈会纪要（2003年12月23日印发）

七、关于窝藏、转移非法制售的烟草制品行为的定罪处罚问题

明知是非法制售的烟草制品而予以窝藏、转移的，依照刑法第312条的规定，以窝藏、转移赃物罪定罪处罚。①

【法释〔2007〕3号】　最高人民法院、最高人民检察院关于办理盗窃油气、破坏油气设备等刑事案件具体应用法律若干问题的解释（2006年11月20日最高人民法院审判委员会第1406次会议、2006年12月11日最高人民检察院第10届检察委员会第66次会议通过，2007年1月15日公布，2007年1月19日起施行；替代废止的2002年4月10日《最高人民法院关于对采用破坏性手段盗窃正在使用的油田输油管道中油品的行为如何适用法律问题的批复》"法释〔2002〕10号"）

第5条　明知是盗窃犯罪所得的油气或者油气设备，而予以窝藏、转移、收购、加工、代为销售或者以其他方法掩饰、隐瞒的，依照刑法第312条的规定定罪处罚。

实施前款规定的犯罪行为，事前通谋的，以盗窃犯罪的共犯定罪处罚。

第8条　本解释所称的"油气"，是指石油、天然气。其中，石油包括原油、成品油；天然气包括煤层气。

本解释所称"油气设备"，是指用于石油、天然气生产、储存、运输等易燃易爆设备。

【法释〔2007〕11号】　最高人民法院、最高人民检察院关于办理与盗窃、抢劫、诈骗、抢夺机动车相关刑事案件具体应用法律若干问题的解释（2006年12月25日最高人民法院审判委员会第1411次会议、2007年2月14日最高人民检察院第10届检察委员会第71次会议通过，2007年5月9日公布，2007年5月11日起施行）

第1条　明知是盗窃、抢劫、诈骗、抢夺的机动车，实施下列行为之一的，依照刑法第312条的规定，以掩饰、隐瞒犯罪所得、犯罪所得收益罪定罪，处3

---

① 注：根据《最高人民法院、最高人民检察院关于执行〈中华人民共和国刑法〉确定罪名的补充规定（三）》（法释〔2007〕16号，2007年11月6日起执行），《刑法》第312条对应的罪名已改为"掩饰、隐瞒犯罪所得、犯罪所得收益罪"，本条规定所涉及的罪名应作相应变更。

年以下有期徒刑、拘役或者管制，并处或者单处罚金：

（一）买卖、介绍买卖、典当、拍卖、抵押或者用其抵债的；

（二）拆解、拼装或者组装的；

（三）修改发动机号、车辆识别代号的；

（四）更改车身颜色或者车辆外形的；

（五）提供或者出售机动车来历凭证、整车合格证、号牌以及有关机动车的其他证明和凭证的；

（六）提供或者出售伪造、变造的机动车来历凭证、整车合格证、号牌以及有关机动车的其他证明和凭证的。

实施第1款规定的行为涉及盗窃、抢劫、诈骗、抢夺的机动车5辆以上或者价值总额达到50万元以上的，属于刑法第312条规定的"情节严重"，处3年以上7年以下有期徒刑，并处罚金。

第4条　实施本解释第1条、第2条、第3条第1款或者第3款规定的行为，事前与盗窃、抢劫、诈骗、抢夺机动车的犯罪分子通谋的，以盗窃罪、抢劫罪、诈骗罪、抢夺罪的共犯论处。

第5条　对跨地区实施的涉及同一机动车的盗窃、抢劫、诈骗、抢夺以及掩饰、隐瞒犯罪所得、犯罪所得收益行为，有关公安机关可以依照法律和有关规定一并立案侦查，需要提请批准逮捕、移送审查起诉、提起公诉的，由该公安机关所在地的同级人民检察院、人民法院受理。

第6条　行为人实施本解释第1条、第3条第3款规定的行为，涉及的机动车有下列情形之一的，应当认定行为人主观上属于上述条款所称"明知"：

（一）没有合法有效的来历凭证；

（二）发动机号、车辆识别代号有明显更改痕迹，没有合法证明的。

【法研〔2014〕98号】　最高人民法院研究室关于《最高人民法院、最高人民检察院关于办理与盗窃、抢劫、诈骗、抢夺机动车相关刑事案件具体应用法律若干问题的解释》有关规定如何适用问题的答复（2014年7月29日答复云南省高级人民法院"云高法〔2013〕213号"请示）

根据罪责刑相适应刑法基本原则，《最高人民法院、最高人民检察院关于办理与盗窃、抢劫、诈骗、抢夺机动车相关刑事案件具体应用法律若干问题的解释》第1条第2款中规定的"机动车5辆以上"，应当是指机动车数量在5辆以上，且价值总额接近50万元。

【法释〔2009〕15 号】　最高人民法院关于审理洗钱等刑事案件具体应用法律若干问题的解释（2009 年 9 月 21 日最高人民法院审判委员会第 1474 次会议通过，2009 年 11 月 4 日公布，2009 年 11 月 11 日起施行）

第 1 条（第 1 款）　刑法第 191 条、第 312 条规定的"明知"，应当结合被告人的认知能力，接触他人犯罪所得及其收益的情况，犯罪所得及其收益的种类、数额，犯罪所得及其收益的转换、转移方式以及被告人的供述等主、客观因素进行认定。

（第 2 款）　具有下列情形之一的，可以认定被告人明知系犯罪所得及其收益，但有证据证明确实不知道的除外：

（一）知道他人从事犯罪活动，协助转换或者转移财物的；

（二）没有正当理由，通过非法途径协助转换或者转移财物的；

（三）没有正当理由，以明显低于市场的价格收购财物的；

（四）没有正当理由，协助转换或者转移财物，收取明显高于市场的"手续费"的；

（五）没有正当理由，协助他人将巨额现金散存于多个银行账户或者在不同银行账户之间频繁划转的；

（六）协助近亲属或者其他关系密切的人转换或者转移与其职业或者财产状况明显不符的财物的；

（七）其他可以认定行为人明知的情形。

第 3 条　明知是犯罪所得及其产生的收益而予以掩饰、隐瞒，构成刑法第 312 条规定的犯罪，同时又构成刑法第 191 条或者第 349 条规定的犯罪的，依照处罚较重的规定定罪处罚。

第 4 条　刑法第 191 条、第 312 条、第 349 条规定的犯罪，应当以上游犯罪事实成立为认定前提。上游犯罪尚未依法裁判，但查证属实的，不影响刑法第 191 条、第 312 条、第 349 条规定的犯罪的审判。

上游犯罪事实可以确认，因行为人死亡等原因依法不予追究刑事责任的，不影响刑法第 191 条、第 312 条、第 349 条规定的犯罪的认定。

上游犯罪事实可以确认，依法以其他罪名定罪处罚的，不影响刑法第 191 条、第 312 条、第 349 条规定的犯罪的认定。

本条所称"上游犯罪"，是指产生刑法第 191 条、第 312 条、第 349 条规定的犯罪所得及其收益的各种犯罪行为。

【法释〔2011〕19号】 最高人民法院、最高人民检察院关于办理危害计算机信息系统安全刑事案件应用法律若干问题的解释（2011年6月20日最高人民法院审判委员会第1524次会议、2011年7月11日最高人民检察院第11届检察委员会第63次会议通过，2011年8月1日公布，2011年9月1日起施行）

第7条 明知是非法获取计算机信息系统数据犯罪所获取的数据、非法控制计算机信息系统犯罪所获取的计算机信息系统控制权，而予以转移、收购、代为销售或者以其他方法掩饰、隐瞒，违法所得5000元以上的，应当依照刑法第312条第1款的规定，以掩饰、隐瞒犯罪所得罪定罪处罚。

实施前款规定行为，违法所得5万元以上的，应当认定为刑法第312条第1款规定的"情节严重"。

单位实施第1款规定行为的，定罪量刑标准依照第1款、第2款的规定执行。

【法释〔2021〕8号】 最高人民法院关于审理掩饰、隐瞒犯罪所得、犯罪所得收益刑事案件适用法律若干问题的解释（2015年5月29日法释〔2015〕11号公布，2015年6月1日施行；2021年4月7日最高法审委会第1835次会议修正，2021年4月15日施行）

第1条 明知是犯罪所得及其产生的收益而予以窝藏、转移、收购、代为销售或者以其他方法掩饰、隐瞒，具有下列情形之一的，应当依照刑法第312条第1款的规定，以掩饰、隐瞒犯罪所得、犯罪所得收益罪定罪处罚：（一）掩饰、隐瞒犯罪所得及其产生的收益价值3000元至1万元以上的1年内曾因掩饰、隐瞒犯罪所得及其产生的收益行为受过行政处罚，又实施掩饰、隐瞒犯罪所得及其产生的收益行为的；（二）掩饰、隐瞒的犯罪所得系电力设备、交通设施、广播电视设施、公用电信设施、军事设施或者救灾、抢险、防汛、优抚、扶贫、移民、救济款物的；（三）掩饰、隐瞒行为致使上游犯罪无法及时查处，并造成公私财物损失无法挽回的；（四）实施其他掩饰、隐瞒犯罪所得及其产生的收益行为，妨害司法机关对上游犯罪进行追究的。

各省、自治区、直辖市高级人民法院可以根据本地区经济社会发展状况，并考虑社会治安状况，在本条第1款第（一）项规定的数额幅度内，确定本地执行的具体数额标准，报最高人民法院备案。

人民法院审理掩饰、隐瞒犯罪所得、犯罪所得收益刑事案件，应综合考虑上游犯罪的性质、掩饰、隐瞒犯罪所得及其收益的情节、后果及社会危害程度等，依法定罪处罚。（本款2021年新增）

司法解释对掩饰、隐瞒涉及计算机信息系统数据、计算机信息系统控制权的犯罪所得及其产生的收益行为构成犯罪已有规定的，审理此类案件依照该规定。

依照全国人民代表大会常务委员会《关于〈中华人民共和国刑法〉第341条、第312条的解释》，明知是非法狩猎的野生动物而收购，数量达到50只以上的，以掩饰、隐瞒犯罪所得罪定罪处罚。

第2条 掩饰、隐瞒犯罪所得及其产生的收益行为符合本解释第1条的规定，认罪、悔罪并退赃、退赔，且具有下列情形之一的，可以认定为犯罪情节轻微，免予刑事处罚：（一）具有法定从宽处罚情节的；（二）为近亲属掩饰、隐瞒犯罪所得及其产生的收益，且系初犯、偶犯的；（三）有其他情节轻微情形的。

行为人为自用而掩饰、隐瞒犯罪所得，财物价值刚达到本解释第1条第1款第（一）项规定的标准，认罪、悔罪并退赃、退赔的，一般可不认为是犯罪；依法追究刑事责任的，应当酌情从宽。

第3条 掩饰、隐瞒犯罪所得及其产生的收益，具有下列情形之一的，应当认定为刑法第312条第1款规定的"情节严重"：（一）掩饰、隐瞒犯罪所得及其产生的收益价值总额达到10万元以上的；（二）掩饰、隐瞒犯罪所得及其产生的收益10次以上，或者3次以上且价值总额达到5万元以上的；（三）掩饰、隐瞒的犯罪所得系电力设备、交通设施、广播电视设施、公用电信设施、军事设施或者救灾、抢险、防汛、优抚、扶贫、移民、救济款物，价值总额达到5万元以上的；（四）掩饰、隐瞒行为致使上游犯罪无法及时查处，并造成公私财物重大损失无法挽回或其他严重后果的；（五）实施其他掩饰、隐瞒犯罪所得及其产生的收益行为，严重妨害司法机关对上游犯罪予以追究的。

司法解释对掩饰、隐瞒涉及机动车、计算机信息系统数据、计算机信息系统控制权的犯罪所得及其产生的收益行为认定"情节严重"已有规定的，审理此类案件依照该规定。

第4条 掩饰、隐瞒犯罪所得及其产生的收益的数额，应当以实施掩饰、隐瞒行为时为准。收购或者代为销售财物的价格高于其实际价值的，以收购或者代为销售的价格计算。

多次实施掩饰、隐瞒犯罪所得及其产生的收益行为，未经行政处罚，依法应当追诉的，犯罪所得、犯罪所得收益的数额应当累计计算。

第5条 事前与盗窃、抢劫、诈骗、抢夺等犯罪分子通谋，掩饰、隐瞒犯罪所得及其产生的收益的，以盗窃、抢劫、诈骗、抢夺等犯罪的共犯论处。

第 6 条　对犯罪所得及其产生的收益实施盗窃、抢劫、诈骗、抢夺等行为，构成犯罪的，分别以盗窃罪、抢劫罪、诈骗罪、抢夺罪等定罪处罚。

第 7 条　明知是犯罪所得及其产生的收益而予以掩饰、隐瞒，构成刑法第 312 条规定的犯罪，同时构成其他犯罪的，依照处罚较重的规定定罪处罚。

第 8 条　认定掩饰、隐瞒犯罪所得、犯罪所得收益罪，以上游犯罪事实成立为前提。上游犯罪尚未依法裁判，但查证属实的，不影响掩饰、隐瞒犯罪所得、犯罪所得收益罪的认定。

上游犯罪事实经查证属实，但因行为人未达到刑事责任年龄等原因依法不予追究刑事责任的，不影响掩饰、隐瞒犯罪所得、犯罪所得收益罪的认定。

第 9 条　盗用单位名义实施掩饰、隐瞒犯罪所得及其产生的收益行为，违法所得由行为人私分的，依照刑法和司法解释有关自然人犯罪的规定定罪处罚。

第 10 条　通过犯罪直接得到的赃款、赃物，应当认定为刑法第 312 条规定的"犯罪所得"。上游犯罪的行为人对犯罪所得进行处理后得到的孳息、租金等，应当认定为刑法第 312 条规定的"犯罪所得产生的收益"。

明知是犯罪所得及其产生的收益而采取窝藏、转移、收购、代为销售以外的方法，如居间介绍买卖、收受、持有、使用、加工、提供资金账户、协助将财物转换为现金、金融票据、有价证券、协助将资金转移、汇往境外等，应当认定为刑法第 312 条规定的"其他方法"。

第 11 条　掩饰、隐瞒犯罪所得、犯罪所得收益罪是选择性罪名，审理此类案件，应当根据具体犯罪行为及其指向的对象，确定适用的罪名。

【法释〔2021〕16 号】 最高人民法院、最高人民检察院关于办理窝藏、包庇刑事案件适用法律若干问题的解释（2020 年 3 月 2 日最高法审委会第 1794 次会议、2020 年 12 月 28 日最高检第 13 届检委会第 58 次会议通过，2021 年 8 月 9 日公布，2021 年 8 月 11 日施行）

第 7 条　为帮助同一个犯罪的人逃避刑事处罚，实施窝藏、包庇行为，又实施洗钱行为，或者掩饰、隐瞒犯罪所得及其收益行为，或者帮助毁灭证据行为，或者伪证行为的，依照处罚较重的犯罪定罪，并从重处罚，不实行数罪并罚。

【高检发释字〔2022〕1 号】 最高人民法院、最高人民检察院关于办理危害药品安全刑事案件适用法律若干问题的解释（2022 年 2 月 28 日最高法审委会第 1865 次会议、2022 年 2 月 25 日最高检第 13 届检委会第 92 次会议通过，2022 年 3 月 3 日公布，2022 年 3 月 6 日施行）

第 13 条　明知系利用医保骗保购买的药品而非法收购、销售，金额 5 万元以上的，应当依照刑法第312条的规定，以掩饰、隐瞒犯罪所得罪定罪处罚；指使、教唆、授意他人利用医保骗保购买药品，进而非法收购、销售，符合刑法第266条规定的，以诈骗罪定罪处罚。

……利用医保骗保购买药品的行为人是否被追究刑事责任，不影响对非法收购、销售有关药品的行为人定罪处罚。

对于第1款规定的主观明知，应当根据药品标志、收购渠道、价格、规模及药品追溯信息等综合认定。

最高人民法院刑事审判第三庭、最高人民检察院第四检察厅、公安部刑事侦查局关于"断卡"行动中有关法律适用问题的会议纪要（2021年11月26日、2022年1月7日召开，2022年3月22日印发）

五、关于正确区分帮助信息网络犯罪活动罪、掩饰、隐瞒犯罪所得、犯罪所得收益罪与诈骗罪的界限。在办理涉"两卡"犯罪案件中，存在准确界定前述3个罪名之间界限的问题，应当根据行为人的主观明知内容和实施的具体犯罪行为，确定其行为性质。

以信用卡为例：（1）明知他人实施电信网络诈骗犯罪，参加诈骗团伙或者与诈骗团伙之间形成较为稳定的配合关系，长期为他人提供信用卡或者转账取现的，可以诈骗罪论处。（2）行为人向他人出租、出售信用卡后，在明知是犯罪所得及其收益的情况下，又代为转账、套现、取现等，或者为配合他人转账、套现、取现而提供刷脸等验证服务的，可以掩饰、隐瞒犯罪所得、犯罪所得收益罪论处。（3）明知他人利用信息网络实施犯罪，仅向他人出租、出售信用卡，未实施其他行为，达到情节严重标准的，可以帮助信息网络犯罪活动罪论处。

在司法实践中，应当具体案情具体分析，结合主客观证据重视行为人的辩解理由，确保准确定性。

【法释〔2022〕12号】 最高人民法院、最高人民检察院关于办理破坏野生动物资源刑事案件适用法律若干问题的解释（2021年12月13日最高法审委会第1856次会议、2022年2月9日最高检第13届检委会第89次会议通过，2022年4月9日施行；法释〔2000〕37号《最高人民法院关于审理破坏野生动物资源刑事案件具体应用法律若干问题的解释》同时废止）

第9条 明知是非法捕捞犯罪所得的水产品、非法狩猎犯罪所得的猎获物而收购、贩卖或者以其他方法掩饰、隐瞒，符合刑法第312条规定的，以掩饰、隐瞒犯罪所得罪定罪处罚。

【公通字〔2022〕18号】 最高人民法院、最高人民检察院、公安部、国家文物局关于办理妨害文物管理等刑事案件若干问题的意见（2022年8月16日）

二、依法惩处文物犯罪

（三）准确认定掩饰、隐瞒与倒卖行为

1. 明知是盗窃文物、盗掘古文化遗址、古墓葬等犯罪所获取的文物，而予以窝藏、转移、收购、加工、代为销售或者以其他方法掩饰、隐瞒的，符合《文物犯罪解释》（法释〔2015〕23号）第9条规定的，以刑法第312条规定的掩饰、隐瞒犯罪所得罪追究刑事责任。

对是否"明知"，应当结合行为人的认知能力、既往经历、行为次数和手段，与实施盗掘、盗窃、倒卖文物等犯罪行为人的关系，获利情况，是否故意规避调查，涉案文物外观形态、价格等主、客观因素进行综合审查判断。具有下列情形之一，行为人不能做出合理解释的，可以认定其"明知"，但有相反证据的除外：（1）采用黑话、暗语等方式进行联络交易的；（2）通过伪装、隐匿文物等方式逃避检查，或者以暴力等方式抗拒检查的；（3）曾因实施盗掘、盗窃、走私、倒卖文物等犯罪被追究刑事责任，或者2年内受过行政处罚的；（4）有其他证据足以证明行为人应当知道的情形。

四、文物犯罪案件管辖（详见刑法第328条）

【军训〔2022〕181号】 最高人民法院、最高人民检察院、公安部、商务部、国家市场监督管理总局、中央军委后勤保障部、中央军委装备发展部、中央军委训练管理部、中央军委国防动员部关于军地共同加强部队训练场未爆弹药安全风险防控的意见（2022年10月22日）

（十三）打击违法犯罪。……明知是非法拆解的未爆弹药或者非法挖捡的炮弹残片及其所产生的收益而窝藏、转移、代为销售或者以其他方法掩饰、隐瞒，符合刑法第312条规定的，以掩饰、隐瞒犯罪所得、犯罪所得收益罪定罪处罚。……

【法释〔2015〕23号】 最高人民法院、最高人民检察院关于办理妨害文物管理等刑事案件适用法律若干问题的解释（2015年10月12日最高人民法院审判委员会第1663次会议、2015年11月18日最高人民检察院第12届检察委员会第43次会议通过，2015年12月30日公布，2016年1月1日起施行）

第9条　明知是盗窃文物、盗掘古文化遗址、古墓葬等犯罪所获取的三级以上文物，而予以窝藏、转移、收购、加工、代为销售或者以其他方法掩饰、隐瞒的，依照刑法第312条的规定，以掩饰、隐瞒犯罪所得罪追究刑事责任。

实施前款规定的行为，事先通谋的，以共同犯罪论处。

第 13 条 案件涉及不同等级的文物的，按照高级别文物的量刑幅度量刑；有多件同级文物的，5 件同级文物视为 1 件高一级文物，但是价值明显不相当的除外。

第 15 条 在行为人实施有关行为前，文物行政部门已对涉案文物及其等级作出认定的，可以直接对有关案件事实作出认定。

对案件涉及的有关文物鉴定、价值认定等专门性问题难以确定的，由司法鉴定机构出具鉴定意见，或者由国务院文物行政部门指定的机构出具报告。其中，对于文物价值，也可以由有关价格认证机构作出价格认证并出具报告。

第 16 条（第 1 款） 实施本解释第 1 条、第 2 条、第 6 条至第 9 条规定的行为，虽已达到应当追究刑事责任的标准，但行为人系初犯，积极退回或者协助追回文物，未造成文物损毁，并确有悔罪表现的，可以认定为犯罪情节轻微，不起诉或者免予刑事处罚。

第 18 条 本解释自 2016 年 1 月 1 日起施行。本解释公布施行后，《最高人民法院、最高人民检察院关于办理盗窃、盗掘、非法经营和走私文物的案件具体应用法律的若干问题的解释》（法（研）发〔1987〕32 号）同时废止；之前发布的司法解释与本解释不一致的，以本解释为准。

【法释〔2016〕25 号】 **最高人民法院、最高人民检察院关于办理非法采矿、破坏性采矿刑事案件适用法律若干问题的解释**（2016 年 9 月 26 日最高人民法院审判委员会第 1694 次会议、2016 年 11 月 4 日最高人民检察院第 12 届检察委员会第 57 次会议通过，2016 年 11 月 28 日公布，2016 年 12 月 1 日起施行）

第 7 条 明知是犯罪所得的矿产品及其产生的收益，而予以窝藏、转移、收购、代为销售或者以其他方法掩饰、隐瞒的，依照刑法第 312 条的规定，以掩饰、隐瞒犯罪所得、犯罪所得收益罪定罪处罚。

实施前款规定的犯罪行为，事前通谋的，以共同犯罪论处。

【法发〔2016〕32 号】 **最高人民法院、最高人民检察院、公安部关于办理电信网络诈骗等刑事案件适用法律若干问题的意见**（2016 年 12 月 19 日签发，2016 年 12 月 20 日新闻发布）

三、全面惩处关联犯罪

（五）明知是电信网络诈骗犯罪所得及其产生的收益，以下列方式之一予以转账、套现、取现的，依照刑法第 312 条第 1 款的规定，以掩饰、隐瞒犯罪所得、犯罪所得收益罪追究刑事责任。但有证据证明确实不知道的除外：

1. 通过使用销售点终端机具（POS机）刷卡套现等非法途径，协助转换或者转移财物的；

2. 帮助他人将巨额现金散存于多个银行账户，或在不同银行账户之间频繁划转的；

3. 多次使用或者使用多个非本人身份证明开设的信用卡、资金支付结算账户或者多次采用遮蔽摄像头、伪装等异常手段，帮助他人转账、套现、取现的；

4. 为他人提供非本人身份证明开设的信用卡、资金支付结算账户后，又帮助他人转账、套现、取现的；

5. 以明显异于市场的价格，通过手机充值、交易游戏点卡等方式套现的。

实施上述行为，事前通谋的，以共同犯罪论处。

实施上述行为，电信网络诈骗犯罪嫌疑人尚未到案或案件尚未依法裁判，但现有证据足以证明该犯罪行为确实存在的，不影响掩饰、隐瞒犯罪所得、犯罪所得收益罪的认定。

实施上述行为，同时构成其他犯罪的，依照处罚较重的规定定罪处罚。法律和司法解释另有规定的除外。

【法发〔2021〕22号】　最高人民法院、最高人民检察院、公安部关于办理电信网络诈骗等刑事案件适用法律若干问题的意见（二）（2021年6月17日签发，2021年6月22日新闻发布）

十一、明知是电信网络诈骗犯罪所得及其产生的收益，以下列方式之一予以转账、套现、取现，符合刑法第312条第1款规定的，以掩饰、隐瞒犯罪所得、犯罪所得收益罪追究刑事责任。但有证据证明确实不知道的除外。

（一）多次使用或者使用多个非本人身份证明开设的收款码、网络支付接口等，帮助他人转账、套现、取现的；

（二）以明显异于市场的价格，通过电商平台预付卡、虚拟货币、手机充值卡、游戏点卡、游戏装备等转换财物、套现的；

（三）协助转换或者转移财物，收取明显高于市场的"手续费"的。

实施上述行为，事前通谋的，以共同犯罪论处；同时构成其他犯罪的，依照处罚较重的规定定罪处罚。法律和司法解释另有规定的除外。

十二、为他人实施电信网络诈骗犯罪提供技术支持、广告推广、支付结算等帮助，或者窝藏、转移、收购、代为销售及以其他方法掩饰、隐瞒电信网络诈骗犯罪所得及其产生的收益，诈骗犯罪行为可以确认，但实施诈骗的行为人尚未到案，可以依法先行追究已到案的上述犯罪嫌疑人、被告人的刑事责任。

【法发〔2018〕18号】 最高人民法院、最高人民检察院、公安部关于办理盗窃油气、破坏油气设备等刑事案件适用法律若干问题的意见（2018年9月28日印发）

五、关于窝藏、转移、收购、加工、代为销售被盗油气行为的处理

明知是犯罪所得的油气而予以窝藏、转移、收购、加工、代为销售或者以其他方式掩饰、隐瞒，符合刑法第312条规定的，以掩饰、隐瞒犯罪所得罪追究刑事责任。

"明知"的认定，应当结合行为人的认知能力、所得报酬、运输工具、运输路线、收购价格、收购形式、加工方式、销售地点、仓储条件等因素综合考虑。

实施第1款规定的犯罪行为，事前通谋的，以盗窃罪、破坏易燃易爆设备罪等有关犯罪的共同犯罪论处。

【署缉发〔2019〕210号】 最高人民法院、最高人民检察院、海关总署打击非设关地成品油走私专题研讨会会议纪要（2019年3月27日在江苏南京召开，2019年10月24日印发）

一、关于定罪处罚

（第2款） 对不构成走私共犯的收购人，直接向走私人购买走私的成品油，数额较大的，依照刑法第155条第（一）项的规定，以走私罪论处；向非直接走私人购买走私的成品油的，根据其主观故意，分别依照刑法第191条规定的洗钱罪或者第312条规定的掩饰、隐瞒犯罪所得、犯罪所得收益罪定罪处罚。

七、其他问题

本纪要中的成品油是指汽油、煤油、柴油以及其他具有相同用途的乙醇汽油和生物柴油等替代燃料（包括添加染色剂的"红油""白油""蓝油"等）。

办理非设关地走私白糖、冻品等刑事案件的相关问题，可以参照本纪要的精神依法处理。

【法发〔2020〕7号】 最高人民法院、最高人民检察院、公安部、司法部关于依法惩治妨害新型冠状病毒感染肺炎疫情防控违法犯罪的意见（2020年2月6日印发）

二、准确适用法律，依法严惩妨害疫情防控的各类违法犯罪

（九）依法严惩破坏野生动物资源犯罪……

（第5款） 知道或者应当知道是非法狩猎的野生动物而购买，符合刑法第312条规定的，以掩饰、隐瞒犯罪所得罪定罪处罚。

【高检发〔2020〕3 号】　最高人民法院、最高人民检察院、公安部关于办理涉窨井盖相关刑事案件的指导意见（2020 年 2 月 19 日最高人民检察院第 13 届检察委员会第 33 次会议通过，2020 年 3 月 16 日印发施行）

七、知道或者应当知道是盗窃所得的窨井盖及其产生的收益而予以窝藏、转移、收购、代为销售或者以其他方法掩饰、隐瞒的，依照刑法第 312 条和《最高人民法院关于审理掩饰、隐瞒犯罪所得、犯罪所得收益刑事案件适用法律若干问题的解释》的规定，以掩饰、隐瞒犯罪所得、犯罪所得收益罪定罪处罚。

十二、本意见所称的"窨井盖"，包括城市、城乡结合部和乡村等地的窨井盖以及其他井盖。

【公通字〔2020〕14 号】　最高人民法院、最高人民检察院、公安部办理跨境赌博犯罪案件若干问题的意见（2020 年 10 月 16 日印发）

四、关于跨境赌博关联犯罪的认定

（五）（第 1 款）为赌博犯罪提供资金、信用卡、资金结算等服务，构成赌博犯罪共犯，同时构成非法经营罪、妨害信用卡管理罪、窃取、收买、非法提供信用卡信息罪、掩饰、隐瞒犯罪所得、犯罪收益罪等罪的，依照处罚较重的规定定罪处罚。

【公通字〔2020〕17 号】　最高人民法院、最高人民检察院、公安部、农业农村部依法惩治长江流域非法捕捞等违法犯罪的意见（2020 年 12 月 17 日印发施行）

二、准确适用法律，依法严惩非法捕捞等危害水生生物资源的各类违法犯罪

（三）依法严惩非法渔获物交易犯罪。明知是在长江流域重点水域非法捕捞犯罪所得的水产品而收购、贩卖，价值 1 万元以上的，应当依照刑法第 312 条的规定，以掩饰、隐瞒犯罪所得罪定罪处罚。

检察机关办理长江流域非法捕捞水产品案件刑事检察工作座谈会纪要（2020 年 11 月 13 日在重庆召开，最高检 2020 年 12 月 18 日印发长江流域 14 省市）（略）

【高检办发〔2021〕1 号】　检察机关办理长江流域非法捕捞案件有关法律政策问题的解答（最高检办公厅根据公通字〔2020〕17 号《意见》解答，2021 年 2 月 24 日印发）

六、办理长江流域非法捕捞案件，如何准确把握非法捕捞水产品罪与其他关联犯罪的界限？

一是注意把握非法捕捞水产品罪与掩饰、隐瞒犯罪所得、犯罪所得收益罪的界限。两罪是上下游犯罪的关系，后罪的成立要求上游行为达到犯罪的程度。基于处罚平衡的考虑，为避免罪刑倒挂现象，对于明知是在长江流域重点水域非法捕捞犯罪所得的水产品而予以窝藏、转移、收购、代为销售或者以其他方法掩饰、隐瞒，价值1万元以上的，一般应依照刑法第312条的规定以掩饰、隐瞒犯罪所得、犯罪所得收益罪，提出处3年以下有期徒刑、拘役或者管制，并处或者单处罚金的量刑建议。

【主席令〔2012〕67号】　中华人民共和国治安管理处罚法（2012年10月26日第11届全国人大常委会第29次会议修正，2013年1月1日起施行）

第59条　有下列行为之一的，处500元以上1000元以下罚款；情节严重的，处5日以上10日以下拘留，并处500元以上1000元以下罚款：

（一）典当业工作人员承接典当的物品，不查验有关证明、不履行登记手续，或者明知是违法犯罪嫌疑人、赃物，不向公安机关报告的；

（二）违反国家规定，收购铁路、油田、供电、电信、矿山、水利、测量和城市公用设施等废旧专用器材的；

（三）收购公安机关通报寻查的赃物或者有赃物嫌疑的物品的；

（四）收购国家禁止收购的其他物品的。

第60条　有下列行为之一的，处5日以上10日以下拘留，并处200元以上500元以下罚款：

（三）明知是赃物而窝藏、转移或者代为销售的；……

● 量刑指导　**【法发〔2021〕21号】　最高人民法院、最高人民检察院关于常见犯罪的量刑指导意见**（2021年6月16日印发，2021年7月1日试行；法发〔2017〕7号《指导意见》同时废止。删除线部分内容为2021年删除）[①]

四、常见犯罪的量刑

（十九）掩饰、隐瞒犯罪所得、犯罪所得收益罪

[①] 注：《意见》要求各省高院、检察院应当总结司法实践经验，按照规范、实用、符合司法实际的原则共同研制"实施细则"，经审委会、检委会通过后，分别报最高法、最高检备案审查，与《意见》同步实施。

其他判处有期徒刑的案件，可以参照量刑的指导原则、基本方法和常见量刑情节的适用规范量刑。

1. 构成掩饰、隐瞒犯罪所得、犯罪所得收益罪的,可以根据下列不同情形在相应的幅度内确定量刑起点:

(1) 犯罪情节一般的,可以在1年以下有期徒刑、拘役幅度内确定量刑起点。

(2) 情节严重的,可以在3年至4年有期徒刑幅度内确定量刑起点。

2. 在量刑起点的基础上,可以根据犯罪数额等其他影响犯罪构成的犯罪事实增加刑罚量,确定基准刑。

3. 构成掩饰、隐瞒犯罪所得、犯罪所得收益罪的,根据掩饰、隐瞒犯罪所得及其收益的数额、犯罪对象、危害后果等犯罪情节,综合考虑被告人缴纳罚金的能力,决定罚金数额。(本款新增)

4. 构成掩饰、隐瞒犯罪所得、犯罪所得收益罪的,综合考虑掩饰、隐瞒犯罪所得及其收益的数额、危害后果、上游犯罪的危害程度等犯罪事实、量刑情节,以及被告人的主观恶性、人身危险性、认罪悔罪表现等因素,决定缓刑的适用。(本款新增)

第313条[1] 【拒不执行判决、裁定罪】对人民法院的判决、裁定有能力执行而拒不执行,情节严重的,处三年以下有期徒刑、拘役或者罚金;情节特别严重的,处三年以上七年以下有期徒刑,并处罚金。

单位犯前款罪的,对单位判处罚金,并对其直接负责的主管人员和其他直接责任人员,依照前款的规定处罚。

● **条文注释** 判决是指人民法院根据查明和认定的案件事实,正确适用法律,以国家审判机关的名义,对案件中的民事、行政实体权利与义务争议以及刑事定罪量刑等,作出权威性的判定;裁定是指人民法院在审理案件时,对程序上的问题(如不予受理、驳回起诉、准许撤诉、中止执行等),所作的审判职务上的判定(刑事裁定也用于减刑、假释等实体问题)。第313条规定中的"判决、裁定",是指具备以下条件的刑事、民事或行政案件的判决、裁定:(1) 人民法院依法作出;(2) 具有执行内容;(3) 已发生法律效力。

---

[1] 第313条是根据2015年8月29日第12届全国人民代表大会常务委员会第16次会议通过的《刑法修正案(九)》(主席令第30号公布,2015年11月1日起施行)而修改,增加了"情节特别严重"的情形以及单位犯罪的规定。

人民法院制作的支付令、调解书,以及仲裁委员会作出的仲裁裁决等,不属于第 313 条规定的"判决、裁定";但人民法院为依法执行支付令、生效的调解书、仲裁裁决、公证债权文书等所作的裁定,则属于第 313 条规定的"裁定"。①

对第 313 条规定的"有能力执行而拒不执行,情节严重"的情形的界定,依照全国人大常委会《关于〈刑法〉第三百一十三条的解释》第 2 款以及最高人民法院《关于审理拒不执行判决、裁定刑事案件适用法律若干问题的解释》(法释〔2015〕16 号)第 2 条的规定。

需要注意的是:

(1)根据《刑法修正案(九)》的规定,行为人违反刑法第 37 条之一规定的从业禁止决定,情节严重的,也依照本条的规定,以拒不执行判决、裁定罪定罪处罚。

(2)根据《反家庭暴力法》第 34 条的规定,违反人民法院以裁定形式作出的人身安全保护令,情节严重的,也可以构成拒不执行判决、裁定罪。

● **立法解释** 全国人民代表大会常务委员会关于《中华人民共和国刑法》第三百一十三条的解释(2002 年 8 月 29 日第 9 届全国人民代表大会常务委员会第 29 次会议通过)

刑法第 313 条规定的"人民法院的判决、裁定",是指人民法院依法作出的具有执行内容并已发生法律效力的判决、裁定。人民法院为依法执行支付令、生效的调解书、仲裁裁决、公证债权文书等所作的裁定属于该条规定的裁定。

下列情形属于刑法第 313 条规定的"有能力执行而拒不执行,情节严重"的情形:

(一)被执行人隐藏、转移、故意毁损财产或者无偿转让财产、以明显不合理的低价转让财产,致使判决、裁定无法执行的;

(二)担保人或者被执行人隐藏、转移、故意毁损或者转让已向人民法院提供担保的财产,致使判决、裁定无法执行的;

---

① 注:《〈关于审理拒不执行判决、裁定刑事案件适用法律若干问题的解释〉的理解与适用》(刊于《人民司法(应用)》2015 年第 23 期第 11 页)指出:生效的诉讼保全、先予执行裁定属于具有执行内容并已发生法律效力的判决、裁定,将拒不执行此类裁定的犯罪行为纳入打击范围,符合立法精神和执行工作实际。但对于为依法执行行政处理决定或者行政处罚决定等所作的裁定,则应根据相关规定,慎重适用。

（三）协助执行义务人接到人民法院协助执行通知书后，拒不协助执行，致使判决、裁定无法执行的；

（四）被执行人、担保人、协助执行义务人与国家机关工作人员通谋，利用国家机关工作人员的职权妨害执行，致使判决、裁定无法执行的；

（五）其他有能力执行而拒不执行，情节严重的情形。

国家机关工作人员有上述第4项行为的，以拒不执行判决、裁定罪的共犯追究刑事责任。国家机关工作人员收受贿赂或者滥用职权，有上述第4项行为的，同时又构成刑法第385条、第397条规定之罪的，依照处罚较重的规定定罪处罚。

● 相关规定　【法研〔2000〕117号】　最高人民法院研究室关于拒不执行人民法院调解书的行为是否构成拒不执行判决、裁定罪的答复（2000年12月14日答复河南省高级人民法院）

刑法第313条规定的"判决、裁定"，不包括人民法院的调解书。对于行为人拒不执行人民法院调解书的行为，不能依照刑法第313条的规定定罪处罚。

【法发〔2007〕29号】　最高人民法院、最高人民检察院、公安部关于依法严肃查处拒不执行判决、裁定和暴力抗拒法院执行犯罪行为有关问题的通知（2007年8月30日印发；替代废止1998年4月17日最高人民法院发布的《关于审理拒不执行判决、裁定案件具体应用法律若干问题的解释》"法释〔1998〕6号"）

一、对下列拒不执行判决、裁定的行为，依照刑法第313条的规定，以拒不执行判决、裁定罪论处。

（一）被执行人隐藏、转移、故意毁损财产或者无偿转让财产、以明显不合理的低价转让财产，致使判决、裁定无法执行的；

（二）担保人或者被执行人隐藏、转移、故意毁损或者转让已向人民法院提供担保的财产，致使判决、裁定无法执行的；

（三）协助执行义务人接到人民法院协助执行通知书后，拒不协助执行，致使判决、裁定无法执行的；

（四）被执行人、担保人、协助执行义务人与国家机关工作人员通谋，利用国家机关工作人员的职权妨害执行，致使判决、裁定无法执行的；

（五）其他有能力执行而拒不执行，情节严重的情形。

三、负有执行人民法院判决、裁定义务的单位直接负责的主管人员和其他直接责任人员，为了本单位的利益实施本《通知》第1条、第2条所列行为之一的，对该主管人员和其他直接责任人员，依照刑法第313条和第277条的规定,分别以拒不执行判决、裁定罪和妨害公务罪论处。

四、国家机关工作人员有本《通知》第1条第4项行为的,以拒不执行判决、裁定罪的共犯追究刑事责任。

国家机关工作人员收受贿赂或者滥用职权,有本《通知》第1条第4项行为的,同时又构成刑法第385条、第397条规定罪的,依照处罚较重的规定定罪处罚。

【法发〔2010〕15号】 中共中央纪律检查委员会、中共中央组织部、中共中央宣传部、中共中央社会治安综合治理委员会办公室、最高人民法院、最高人民检察院、国务院法制办公室、公安部、司法部、监察部、国家发展和改革委员会、民政部、国土资源部、住房和城乡建设部、中国人民银行、国家税务总局、国家工商行政管理总局、中国银监会、中国证监会关于建立和完善执行联动机制若干问题的意见(2010年7月7日)

第5条 检察机关应当对拒不执行法院判决、裁定以及其他妨害执行构成犯罪的人员,及时依法从严进行追诉;依法查处执行工作中出现的渎职侵权、贪污受贿等职务犯罪案件。

第6条 公安机关应当依法严厉打击拒不执行法院判决、裁定和其他妨害执行的违法犯罪行为;对以暴力、威胁方法妨害或者抗拒执行的行为,在接到人民法院通报后立即出警,依法处置。协助人民法院查询被执行人户籍信息、下落,在履行职责过程中发现人民法院需要拘留、拘传的被执行人的,及时向人民法院通报情况;对人民法院在执行中决定拘留的人员,及时予以收押。协助限制被执行人出境;协助人民法院办理车辆查封、扣押和转移登记等手续;发现被执行人车辆等财产时,及时将有关信息通知负责执行的人民法院。

【法〔2011〕195号】 最高人民法院关于依法制裁规避执行行为的若干意见(2011年5月27日印发)①

16.对构成犯罪的规避执行行为加大刑事制裁力度。被执行人隐匿财产、虚构债务或者以其他方法隐藏、转移、处分可供执行的财产,拒不交出或者隐匿、销毁、制作虚假财务会计凭证或资产负债表等相关资料,以虚假诉讼或者仲裁手段转移财产、虚构优先债权或者申请参与分配,中介机构提供虚假证明文件或者提供的文件有重大失实,被执行人、担保人、协助义务人有能力执行而拒不执行或者拒不协助执行等,损害申请执行人或其他债权人利益,依照刑法的规定构成犯罪的,应当依法追究行为人的刑事责任。

---

① 该《意见》明确了虚构债务、虚构优先债权等多种属于隐藏、转移、处分可供执行财产的情形。

【法释〔2015〕16 号】　最高人民法院关于审理拒不执行判决、裁定刑事案件适用法律若干问题的解释（2015 年 7 月 6 日最高人民法院审判委员会第 1657 次会议通过，2015 年 7 月 20 日公布，2015 年 7 月 22 日起施行；2020 年 12 月 29 日法释〔2020〕21 号修正，2021 年 1 月 1 日施行）

第 1 条　被执行人、协助执行义务人、担保人等负有执行义务的人对人民法院的判决、裁定有能力执行而拒不执行，情节严重的，应当依照刑法第 313 条的规定，以拒不执行判决、裁定罪处罚。

第 2 条　负有执行义务的人有能力执行而实施下列行为之一的，应当认定为全国人民代表大会常务委员会关于刑法第 313 条的解释中规定的"其他有能力执行而拒不执行，情节严重的情形"：①

（一）具有拒绝报告或者虚假报告财产情况、违反人民法院限制高消费及有关消费令等拒不执行行为，经采取罚款或者拘留等强制措施后仍拒不执行的；

（二）伪造、毁灭有关被执行人履行能力的重要证据，以暴力、威胁、贿买方法阻止他人作证或者指使、贿买、胁迫他人作伪证，妨碍人民法院查明被执行人财产情况，致使判决、裁定无法执行的；

（三）拒不交付法律文书指定交付的财物、票证或者拒不迁出房屋、退出土地，致使判决、裁定无法执行的；

（四）与他人串通，通过虚假诉讼、虚假仲裁、虚假和解等方式妨害执行，致使判决、裁定无法执行的；

（五）以暴力、威胁方法阻碍执行人员进入执行现场或者聚众哄闹、冲击执行现场，致使执行工作无法进行的；

（六）对执行人员进行侮辱、围攻、扣押、殴打，致使执行工作无法进行的；

（七）毁损、抢夺执行案件材料、执行公务车辆和其他执行器械、执行人员服装以及执行公务证件，致使执行工作无法进行的；

（八）拒不执行法院判决、裁定，致使债权人遭受重大损失的。

第 3 条　申请执行人有证据证明同时具有下列情形，人民法院认为符合刑

---

① 注：本条第 5～7 项所规定的行为，在《最高人民法院、最高人民检察院、公安部关于依法严肃查处拒不执行判决、裁定和暴力抗拒法院执行犯罪行为有关问题的通知》（法发〔2007〕29 号）第 2 条中被认定性为妨害公务罪；本《解释》则规定应以拒不执行判决、裁定罪定罪处罚。如果具体案件中存在与其他犯罪行为的竞合、牵连等情形，以及负有执行义务人以外的其他人实施规定的相关行为构成共犯的，由刑事法官根据具体情况依法处理。（参见"最高人民法院执行局负责人就拒执罪司法解释答记者问"，人民法院报 2015 年 7 月 22 日第 4 版）

事诉讼法第 210 条第 3 项规定的,以自诉案件立案审理:

(一)负有执行义务的人拒不执行判决、裁定,侵犯了申请执行人的人身、财产权利,应当依法追究刑事责任的;

(二)申请执行人曾经提出控告,而公安机关或者人民检察院对负有执行义务的人不予追究刑事责任的。

第 4 条　本解释第 3 条规定的自诉案件,依照刑事诉讼法第 212 条的规定,自诉人在宣告判决前,可以同被告人自行和解或者撤回自诉。

第 5 条　拒不执行判决、裁定刑事案件,一般由执行法院所在地人民法院管辖。

第 6 条　拒不执行判决、裁定的被告人在一审宣告判决前,履行全部或部分执行义务的,可以酌情从宽处罚。

第 7 条　拒不执行支付赡养费、扶养费、抚育费、抚恤金、医疗费用、劳动报酬等判决、裁定的,可以酌情从重处罚。

第 8 条　本解释自发布之日起施行。此前发布的司法解释和规范性文件与本解释不一致的,以本解释为准。

【法释〔2018〕17 号】　最高人民法院、最高人民检察院关于办理虚假诉讼刑事案件适用法律若干问题的解释(2018 年 1 月 25 日最高人民法院审判委员会第 1732 次会议、2018 年 6 月 13 日最高人民检察院第 13 届检察委员会第 2 次会议通过,2018 年 9 月 26 日公布,2018 年 10 月 1 日起施行)

第 4 条　实施刑法第 307 条之一第 1 款行为,非法占有他人财产或者逃避合法债务,又构成诈骗罪、职务侵占罪、拒不执行判决、裁定罪、贪污罪等犯罪的,依照处罚较重的规定定罪从重处罚。

【法〔2018〕147 号】　最高人民法院关于拒不执行判决、裁定罪自诉案件受理工作有关问题的通知(2018 年 6 月 5 日印发)

近期,部分高级人民法院向我院请示,申请执行人以负有执行义务的人涉嫌拒不执行判决、裁定罪向公安机关提出控告,公安机关不接受控告材料或者接受控告材料后不予书面答复的;人民法院向公安机关移送拒不执行判决、裁定罪线索,公安机关不予书面答复或者明确答复不予立案,或者人民检察院决定不起诉的,如何处理?鉴于部分高级人民法院所请示问题具有普遍性,经研究,根据相关法律和司法解释,特通知如下:

一、申请执行人向公安机关控告负有执行义务的人涉嫌拒不执行判决、裁定罪,公安机关不予接受控告材料或者在接受控告材料后 60 日内不予书面答复,申请执行人有证据证明该拒不执行判决、裁定行为侵犯了其人身、财产权利，应当依法追究刑事责任的，人民法院可以以自诉案件立案审理。

二、人民法院向公安机关移送拒不执行判决、裁定罪线索，公安机关决定不予立案或者在接受案件线索后60日内不予书面答复，或者人民检察院决定不起诉的，人民法院可以向申请执行人释明；申请执行人有证据证明负有执行义务的人拒不执行判决、裁定侵犯了其人身、财产权利，应当依法追究刑事责任的，人民法院可以以自诉案件立案审理。

三、公安机关接受申请执行人的控告材料或者人民法院移送的拒不执行判决、裁定罪线索，经过60日之后又决定立案的，对于申请执行人的自诉，人民法院未受理的，裁定不予受理；已经受理的，可以向自诉人释明让其撤回起诉或者裁定终止审理。此后再出现公安机关或者人民检察院不予追究情形的，申请执行人可以依法重新提起自诉。

【法〔2021〕281号】 最高人民法院关于深入开展虚假诉讼整治工作的意见（2021年11月4日印发，2021年11月10日施行）

十七、……实施虚假诉讼犯罪，非法占有他人财产或者逃避合法债务，又构成诈骗罪、职务侵占罪、拒不执行判决、裁定罪、贪污罪等犯罪的，依照处罚较重的罪名定罪并从重处罚。……

● 指导案例 【法〔2016〕449号】 最高人民法院关于发布第15批指导性案例的通知（2016年12月28日印发）

（指导案例71号）毛建文拒不执行判决、裁定案

裁判要点：有能力执行而拒不执行判决、裁定的时间从判决、裁定发生法律效力时起算。具有执行内容的判决、裁定发生法律效力后，负有执行义务的人有隐藏、转移、故意毁损财产等拒不执行行为，致使判决、裁定无法执行，情节严重的，应当以拒不执行判决、裁定罪定罪处罚。

【高检发办字〔2020〕70号】 关于印发最高人民检察院第24批指导性案例的通知（2020年12月2日最高检第13届检委会第55次会议通过，2020年12月21日印发）

（检例第92号）上海甲建筑装饰有限公司、吕某拒不执行判决立案监督案

要旨：负有执行义务的单位和个人以更换企业名称、隐瞒到期收入等方式妨害执行，致使已经发生法律效力的判决、裁定无法执行，情节严重的，应当以拒不执行判决、裁定罪予以追诉。……

第314条 【非法处置查封、扣押、冻结的财产罪】 隐藏、转移、变卖、故意毁损已被司法机关查封、扣押、冻结的财产,情节严重的,处三年以下有期徒刑、拘役或者罚金。

● **条文注释** 这里的"查封",是指被司法机关依法签封(这种签封应载明查封日期、查封单位并盖章)。物品一经司法机关查封,未经查封机关批准不得私自开封、使用,更不得变卖、转移。"扣押",是指司法机关因办案需要将与案件有关的物品暂时扣留(一般将物品扣押在司法机关,但一些大宗物品也可扣押在仓库等地)。"冻结",主要是指冻结与案件相关的资金账户,一旦冻结,不经依法解冻,该项资金不得私自使用,更不得转移。

这里的"隐藏"是指将被司法机关查封、扣押的物品非法隐匿,使司法机关无法找寻;"转移"既包括将已被查封、扣押的物品转移到他处,脱离司法机关的掌握,也包括将已被冻结的资金私自取出或转移到其他账户;"变卖"是指将已被司法机关查封、扣押的物品以各种形式卖给他人(包括抵押或有偿性赠送);"毁损"还包括采用打碎、拆卸、涂抹等破坏性手段使物品失去原貌、失去原来具有的使用价值和价值。行为人只要实施上述4种行为其中之一,情节严重的就可构成第314条规定之罪。

"情节严重",主要是指严重妨害诉讼活动的正常进行或使国家、集体、公民的利益遭受了重大损失。

需要注意的是:第314条的规定不仅适用于刑事诉讼活动中,也适用于民事、行政诉讼活动中。

● **相关规定 【主席令〔2012〕67号】 中华人民共和国治安管理处罚法**(2012年10月26日第11届全国人大常委会第29次会议修正,2013年1月1日起施行)

第2条 扰乱公共秩序,妨害公共安全,侵犯人身权利、财产权利,妨害社会管理,具有社会危害性,依照《中华人民共和国刑法》的规定构成犯罪的,依法追究刑事责任;尚不够刑事处罚的,由公安机关依照本法给予治安管理处罚。

第60条 有下列行为之一的,处5日以上10日以下拘留,并处200元以上500元以下罚款:

(一)隐藏、转移、变卖或者损毁行政执法机关依法扣押、查封、冻结的财物的;

> **第 315 条　【破坏监管秩序罪】** 依法被关押的罪犯，有下列破坏监管秩序行为之一，情节严重的，处三年以下有期徒刑：
> （一）殴打监管人员的；
> （二）组织其他被监管人破坏监管秩序的；
> （三）聚众闹事，扰乱正常监管秩序的；
> （四）殴打、体罚或者指使他人殴打、体罚其他被监管人的。

● **条文注释**　构成第 315 条规定之罪，必须具备以下条件：（1）犯罪主体是特殊主体，只能是依法被关押的罪犯（如果是被非法关押，或者未被依法宣判为罪犯，都不能构成本罪）；（2）行为人有破坏监管秩序的主观故意，并且实施了第 315 条规定的 4 种行为之一；（3）情节严重。

这里的"罪犯"，是指被人民法院依法判决有罪并判处拘役以上刑罚、被送到监狱、看守所、未成年犯管教所或其他执行场所执行刑罚的犯罪分子，不包括尚未被判决有罪的被告人、犯罪嫌疑人，也不包括被处以治安拘留人员。"破坏监管秩序"，是指以各种方式破坏对罪犯的正常监管工作。

"殴打监管人员"是指用棍棒、拳脚等对监管场所的人民警察及其他管理人员实施暴力打击、伤害的行为；"组织其他被监管人破坏监管秩序"是指公开或者暗中授意、策动、指使其他被依法关押的罪犯违反监狱的纪律和管理秩序；"聚众闹事，扰乱正常监管秩序"是指策动、纠集多名被监管人闹事，如拒绝劳动、围攻监管人员、绝食等，扰乱监狱的生产、生活等方面的正常秩序；"殴打、体罚或者指使他人殴打、体罚其他被监管人"是指对其他被监管人进行殴打及身体上的折磨，或指使被监管人对其他被监管人进行殴打及身体上的折磨。实施以上破坏监管秩序的行为，既可以在监管场所（如监狱、看守所等），也可以在外出劳动作业的场所或者在押解途中。

"情节严重"，是指实施上述破坏监管秩序行为次数较多，或者造成严重影响或严重后果，等等。

● **立案标准**　狱内刑事案件立案标准（司法部令〔2001〕64号，2001年3月2日司法部部长办公会议通过，2001年3月9日发布施行）

第 2 条　监狱发现罪犯有下列犯罪情形的，应当立案侦查：

（二十三）有下列破坏监管秩序行为之一，情节严重的：①殴打监管人员的；②组织其他被监管人员破坏监管秩序的；③聚众闹事，扰乱正常监管秩序的；④殴打、体罚或者指使他人殴打、体罚其他被监管人的（破坏监管秩序案）。

第3条 情节、后果严重的下列案件，列为重大案件：

（十一）破坏监管秩序，情节恶劣、后果严重的。

第316条　【脱逃罪】依法被关押的罪犯、被告人、犯罪嫌疑人脱逃的，处五年以下有期徒刑或者拘役。

【劫夺被押解人员罪】劫夺押解途中的罪犯、被告人、犯罪嫌疑人的，处三年以上七年以下有期徒刑；情节严重的，处七年以上有期徒刑。

第317条　【组织越狱罪】组织越狱的首要分子和积极参加的，处五年以上有期徒刑；其他参加的，处五年以下有期徒刑或者拘役。

【暴动越狱罪；聚众持械劫狱罪】暴动越狱或者聚众持械劫狱的首要分子和积极参加的，处十年以上有期徒刑或者无期徒刑；情节特别严重的，处死刑；其他参加的，处三年以上十年以下有期徒刑。

● **条文注释**　第316条、第317条是关于被关押人逃脱、越狱或被劫夺等犯罪行为的处罚规定。如果是个人行为的脱逃，则适用于第316条第1款的规定；如果是集体行为的越狱，则适用于第317条的规定；如果被关押人员是在押解途中被劫夺，则适用于第316条第2款的规定；如果被关押人员是在刑罚执行场所被劫狱，则适用于第317条第2款的规定。

构成第316条第1款规定之罪，必须具备以下条件：（1）犯罪主体是特殊主体，只能是依法被关押的罪犯、被告人、犯罪嫌疑人（如果是被非法关押，则不能构成本罪）；（2）行为人有脱逃的主观故意，并且实施了该行为。这里的"脱逃"，是指依法被关押的罪犯、被告人、犯罪嫌疑人从监管场所逃逸的行为。

构成第316条第2款规定之罪，必须具备以下条件：（1）犯罪主体是一般主体，但劫夺的对象只能是依法被关押的罪犯、被告人、犯罪嫌疑人（如果是被非法关押，则不能构成本罪）；（2）劫夺的时间、地点是在押解途中（否则不构成本罪）；（3）情节严重。这里的"劫夺"，是指以暴力、威胁等手段，将罪犯、被告人、犯罪嫌疑人从司法机关工作人员的押解控制中夺走。劫夺行为，可以针对押解人员实施，也可以针对押解的车辆、船只等实施。

构成第317条第1款规定之罪，必须具备以下条件：（1）犯罪主体是特殊主体，只能是依法被关押的各类人员（包括罪犯、被告人、犯罪嫌疑人，也包括被行政拘留的人员）；（2）行为人实施或参加了有组织、有计划的越狱行为。

构成第317条第2款规定之罪的条件是：行为人组织、策划、指挥或参加了暴动越狱的行为（其犯罪主体只能是依法被关押的各类人员）；或者行为人组织、策划、指挥或参加了聚众持械劫狱的行为（其犯罪主体是一般主体）。

第316条规定的"罪犯"，是指被人民法院依法判决有罪并判处拘役以上刑罚、被送到监狱、看守所、未成年犯管教所或其他执行场所执行刑罚的犯罪分子；"被告人"，是指被司法机关依法逮捕、关押的正在接受人民法院审判的人；"犯罪嫌疑人"，是指被司法机关依法拘留或逮捕、正在接受侦查、审查起诉的人。

第317条规定的"狱"，包括监狱、看守所、拘留所、未成年犯管教所或者其他关押罪犯或羁押其他人员的场所，还包括行刑的法场。"组织越狱"，是指在首要分子的组织、策划、指挥下，在押的人员进行周密准备和分工，选择一定的方法、手段和时机，实施集体从狱中逃脱的行为。"暴动越狱"，是指被依法关押的人员使用暴力手段（如抢劫、抢夺枪支弹药，殴打、杀害监管或警卫人员，用暴力捣毁、破坏监门、窗户、围墙、拦阻网等监狱设施，暴力冲闯监门等），聚众从狱中逃跑的行为。"聚众持械劫狱"，是指在首要分子的组织、策划、指挥下，使用各种器械、刀具、武器等，实施暴力抢走狱中的在押人员。"情节特别严重"，是指行为手段特别残忍，或者造成特别严重后果，或者政治和社会影响特别恶劣等。

需要提出探讨的是：根据《刑法》第316条、第317条的规定，"劫狱"行为只有在聚众、持械的情况下，或者劫夺押解途中的人犯，才能构成犯罪；这也符合一般实际情况：个人是无法实施去狱中劫夺人犯的。因此，对于聚众而不持械，或者个人持械劫夺狱中在押人员的行为，刑法并没作出恰如其分的处罚规定；构成犯罪的，只能依照刑法其他的相关规定进行定罪处罚。

● **相关规定** 最高人民法院研究室关于因错判在服刑期"脱逃"后确有犯罪其错判服刑期限可否与后判刑期折抵问题的电话答复（1983年8月31日答复湖北高院"鄂法研字〔83〕19号"请示）

我们同意你院报告中所提出的意见，即：对被错判徒刑的在服刑期间"脱逃"的行为，可不以脱逃论罪判刑；但在脱逃期间犯罪的，应依法定罪判刑；对被错判已服刑的日期与后来犯罪所判处的刑期不宜折抵，可在量刑时酌情考虑从轻或减轻处罚。

【军法发字〔1988〕34 号】 中国人民解放军军事法院关于审理军人违反职责罪案件中几个具体问题的处理意见（1988 年 10 月 19 日印发）[1]

五、关于军人在临时看管期间逃跑的，能否以脱逃罪论处问题

脱逃罪是指被依法逮捕、关押的犯罪分子[2]，从羁押、改造场所或者在押解途中逃走的行为。军队的临时看管仅是一项行政防范措施。因此，军人在此期间逃跑的，不构成脱逃罪。但在查明他确有犯罪行为后，他的逃跑行为可以作为情节在处刑时予以考虑。

【公复字〔2001〕2 号】 公安部关于对被判处拘役的罪犯在执行期间回家问题的批复（2001 年 1 月 31 日答复北京市公安局"京公法字〔2001〕24 号"请示）

……对于被判处拘役的罪犯在回家期间逃跑的，应当按照《刑法》第 316 条的规定以脱逃罪追究其刑事责任。

【司发通〔2001〕094 号】 罪犯离监探亲和特许离监规定（司法部 2001 年 9 月 4 日）[3]

第 10 条 对逾期不归的罪犯，以脱逃论处，但因不可抗拒的原因未能按期归监的除外。

【司发通〔2014〕80 号】 最高人民法院、最高人民检察院、公安部、司法部关于监狱办理刑事案件有关问题的规定（2014 年 8 月 11 日）

四、在押罪犯脱逃后未实施其他犯罪的，由监狱立案侦查，公安机关抓获后通知原监狱押回，监狱所在地人民检察院审查起诉。罪犯脱逃期间又实施其他犯罪，在捕回监狱前发现的，由新罪犯罪地公安机关侦查新罪，并通知监狱；监狱对脱逃罪侦查终结后移送管辖新罪的公安机关，由公安机关一并移送当地

---

① 该《意见》由中国人民解放军军事法院根据 1979 年《刑法》和《惩治军人违反职责罪暂行条例》而制定，在征求了总政保卫部、解放军军事检察院的意见后，报请最高人民法院同意，于 1988 年 10 月 19 日印发给各军区、海军、空军、总直属队军事法院。1997 年修订《刑法》后，《惩治军人违反职责罪暂行条例》被废止，其内容全部被吸收纳入现行《刑法》分则第 10 章"军人违反职责罪"；但该意见一直未被废止或修订。

本书认为：该《意见》除了其中引用的原刑法和条例的条目编号需要更新之外，其实质性内容应当仍然有效；但是现行《刑法》有新规定或者新设置罪名的，应当适用现行《刑法》的规定。

② 注：现行《刑法》对"逃脱罪"的主体进行了修改。另外，根据《刑事诉讼法》的规定，未经人民法院依法判决，对任何人都不得确定有罪。因此，正在接受侦查、审查起诉的人称为"犯罪嫌疑人"；被检察机关依法起诉后，称为"被告人"；被人民法院依法判定有罪后，才称为"罪犯"或"犯罪分子"。

③ 该《规定》被 2020 年 12 月 30 日司法部公告第 12 号确认有效。

人民检察院审查起诉，人民法院判决后，送当地监狱服刑，罪犯服刑的原监狱应当配合。

● **立案标准　狱内刑事案件立案标准**（司法部令〔2001〕64号，2001年3月2日司法部部长办公会议通过，2001年3月9日发布施行）

第2条　监狱发现罪犯有下列犯罪情形的，应当立案侦查：

（二十四）狱内在押罪犯以各种方式逃离监狱警戒区域的（脱逃案）。

（二十五）罪犯使用各种暴力手段，聚众逃跑的（暴动越狱案）。

（二十六）罪犯组织、策划、指挥其他罪犯集体逃跑的，或者积极参加集体逃跑的（组织越狱案）。

第3条　情节、后果严重的下列案件，列为重大案件：

（七）以挟持人质等暴力手段脱逃，造成人员重伤的。

（十二）罪犯3人以上集体脱逃的。

（十三）尚未减刑的死缓犯、无期徒刑犯脱逃的；剩余执行刑期15年以上的罪犯脱逃的；其他被列为重要案犯的罪犯脱逃的。

（十四）暴动越狱的。

第4条　情节恶劣、后果特别严重的下列案件，列为特别重大案件：

（三）暴动越狱，造成死亡1人以上，或者重伤3人以上的，或者影响恶劣的。

第三节　妨害国（边）境管理罪

第318条　【组织他人偷越国（边）境罪】 组织他人偷越国（边）境的，处二年以上七年以下有期徒刑，并处罚金；有下列情形之一的，处七年以上有期徒刑或者无期徒刑，并处罚金或者没收财产：

（一）组织他人偷越国（边）境集团的首要分子；

（二）多次组织他人偷越国（边）境或者组织他人偷越国（边）境人数众多的；

（三）造成被组织人重伤、死亡的；

（四）剥夺或者限制被组织人人身自由的；
（五）以暴力、威胁方法抗拒检查的；
（六）违法所得数额巨大的；
（七）有其他特别严重情节的。

犯前款罪，对被组织人有杀害、伤害、强奸、拐卖等犯罪行为，或者对检查人员有杀害、伤害等犯罪行为的，依照数罪并罚的规定处罚。

第319条　【骗取出境证件罪】（见第1412页）

第320条　【提供伪造、变造的出入境证件罪；出售出入境证件罪】（见第1412页）

第321条　【运送他人偷越国（边）境罪】运送他人偷越国（边）境的，处五年以下有期徒刑、拘役或者管制，并处罚金；有下列情形之一的，处五年以上十年以下有期徒刑，并处罚金：

（一）多次实施运送行为或者运送人数众多的；
（二）所使用的船只、车辆等交通工具不具备必要的安全条件，足以造成严重后果的；
（三）违法所得数额巨大的；
（四）有其他特别严重情节的。

在运送他人偷越国（边）境中造成被运送人重伤、死亡，或者以暴力、威胁方法抗拒检查的，处七年以上有期徒刑，并处罚金。

犯前两款罪，对被运送人有杀害、伤害、强奸、拐卖等犯罪行为，或者对检查人员有杀害、伤害等犯罪行为的，依照数罪并罚的规定处罚。

第322条　【偷越国（边）境罪】违反国（边）境管理法规，偷越国（边）境，情节严重的，处一年以下有期徒刑、拘役或者管制，并处罚金；为参加恐怖活动组织、接受恐怖活动培训或者实施恐怖活动，偷越国（边）境的，处一年以上三年以下有期徒刑，并处罚金。

● **条文注释**　第318条、第321条、第322条是关于违反国（边）境管理法规，偷越国（边）境的犯罪行为的处罚规定。组织他人偷越国（边）境的，适用第

318 条的规定；运送他人偷越国（边）境的，适用第 321 条的规定；行为人自己主动偷越国（边）境的，则适用第 322 条的规定。这里所说的"国（边）境管理法规"，主要是指《出境入境管理法》。所谓"国境"，是指我国与外国的国界；"边境"，是指我国内地（大陆）与香港、澳门、台湾地区的交界。"偷越国（边）境"是指没有依法办理真实有效的出入境证件，或者使用虚假的出入境事由、身份或证件骗取出入境证件等，而出入国（边）境的行为。

第 318 条规定的"组织"，既包括领导、策划、指挥他人偷越国（边）境的行为，也包括在首要分子的指挥下，实施拉拢、引诱、介绍他人偷越国（边）境的行为。

第 321 条规定的"运送"，既包括用车辆、船只等交通工具将他人非法运送出入我国国（边）境的行为，也包括行为人没有利用交通工具，亲自带领他人通过隐蔽的路线偷越国（边）境的行为。

第 318 条、第 321 条规定的"多次"，是指 3 次以上；"人数众多"，是指 10 人以上；"数额巨大"，是指 20 万元以上。"造成重伤、死亡"，是指在组织或运送他人偷越国（边）境的过程中，由于运输工具出现故障等原因导致伤亡事故，或者由于被组织人（或被运送人）自杀而造成重伤、死亡后果。"以暴力、威胁方法抗拒检查"，是指在组织或运送他人偷越国（边）境的过程中，行为人对边防、海关等依法执行检查任务的人员实施殴打、阻挠干涉或者以杀害、伤害、损害名誉等相要挟，阻止执法人员依法进行检查。

第 322 条规定的"情节严重"的界定标准依照"法释〔2012〕17 号"解释第 5 条的规定。

需要注意的是：

（1）构成第 318 条、第 321 条、第 322 条规定之罪，都要求行为人具有明确的犯罪故意；如果行为人确实不清楚我国的国（边）境而误出或误入的，则不构成本罪。

（2）组织或运送他人偷越国（边）境，同时对被组织或被运送的人有杀害、伤害、强奸、拐卖等犯罪行为，或者对检查人员有杀害、伤害等犯罪行为的，应当分别定罪量刑，然后依照《刑法》第 69 条的规定进行数罪并罚。行为人同时有"组织"和"运送"行为的，依照处罚较重的规定定罪量刑。

● 相关规定　【法释〔2012〕17 号】　最高人民法院、最高人民检察院关于办理妨害国（边）境管理刑事案件应用法律若干问题的解释（2012 年 8 月 20 日由最高人民法院审判委员会第 1553 次会议、2012 年 11 月 19 日由最高人民检察院第 11 届检察委员会第 82 次会议通过，2012 年 12 月 12 日公布，2012 年 12 月 20 日起施行；同时废止《最高人民法院关于审理组织、运送他人偷越国（边）境等刑事案件适用法律若干问题的解释》"法释〔2002〕3 号"）

第 1 条　领导、策划、指挥他人偷越国（边）境或者在首要分子指挥下，实施拉拢、引诱、介绍他人偷越国（边）境等行为的，应当认定为刑法第 318 条规定的"组织他人偷越国（边）境"。

组织他人偷越国（边）境人数在 10 人以上的，应当认定为刑法第 318 条第 1 款第（二）项规定的"人数众多"；违法所得数额在 20 万元以上的，应当认定为刑法第 318 条第 1 款第（六）项规定的"违法所得数额巨大"。

以组织他人偷越国（边）境为目的，招募、拉拢、引诱、介绍、培训偷越国（边）境人员，策划、安排偷越国（边）境行为，在他人偷越国（边）境之前或者偷越国（边）境过程中被查获的，应当以组织他人偷越国（边）境罪（未遂）论处；具有刑法第 318 条第 1 款规定的情形之一的，应当在相应的法定刑幅度基础上，结合未遂犯的处罚原则量刑。

第 4 条　运送他人偷越国（边）境人数在 10 人以上的，应当认定为刑法第 321 条第 1 款第（一）项规定的"人数众多"；违法所得数额在 20 万元以上的，应当认定为刑法第 321 条第 1 款第（三）项规定的"违法所得数额巨大"。

第 5 条　偷越国（边）境，具有下列情形之一的，应当认定为刑法第 322 条规定的"情节严重"：

（一）在境外实施损害国家利益行为的；

（二）偷越国（边）境 3 次以上或者 3 人以上结伙偷越国（边）境的；

（三）拉拢、引诱他人一起偷越国（边）境的；

（四）勾结境外组织、人员偷越国（边）境的；

（五）因偷越国（边）境被行政处罚后 1 年内又偷越国（边）境的；

（六）其他情节严重的情形。

第 6 条　具有下列情形之一的，应当认定为刑法第 6 章第 3 节规定的"偷越国（边）境"行为：

（一）没有出入境证件出入国（边）境或者逃避接受边防检查的；

（二）使用伪造、变造、无效的出入境证件出入国（边）境的；

（三）使用他人出入境证件出入国（边）境的；

（四）使用以虚假的出入境事由、隐瞒真实身份、冒用他人身份证件等方式骗取的出入境证件出入国（边）境的；

（五）采用其他方式非法出入国（边）境的。

第 7 条 以单位名义或者单位形式组织他人偷越国（边）境、为他人提供伪造、变造的出入境证件或者运送他人偷越国（边）境的，应当依照刑法第 318 条、第 320 条、第 321 条的规定追究直接负责的主管人员和其他直接责任人员的刑事责任。

第 8 条 实施组织他人偷越国（边）境犯罪，同时构成骗取出境证件罪、提供伪造、变造的出入境证件罪、出售出入境证件罪、运送他人偷越国（边）境罪的，依照处罚较重的规定定罪处罚。

【法释〔2016〕16 号】 最高人民法院关于审理发生在我国管辖海域相关案件若干问题的规定（一）（2015 年 12 月 28 日最高人民法院审判委员会第 1674 次会议通过，2016 年 8 月 1 日公布，2016 年 8 月 2 日起施行）

第 1 条 本规定所称我国管辖海域，是指中华人民共和国内水、领海、毗连区、专属经济区、大陆架，以及中华人民共和国管辖的其他海域。

第 2 条 中国公民或组织在我国与有关国家缔结的协定确定的共同管理的渔区或公海从事捕捞等作业的，适用本规定。

【法释〔2016〕17 号】 最高人民法院关于审理发生在我国管辖海域相关案件若干问题的规定（二）（2016 年 5 月 9 日最高人民法院审判委员会第 1682 次会议通过，2016 年 8 月 1 日公布，2016 年 8 月 2 日起施行）

第 3 条 违反我国国（边）境管理法规，非法进入我国领海，具有下列情形之一的，应当认定为刑法第 322 条规定的"情节严重"：

（一）经驱赶拒不离开的；

（二）被驱离后又非法进入我国领海的；

（三）因非法进入我国领海被行政处罚或者被刑事处罚后，1 年内又非法进入我国领海的；

（四）非法进入我国领海从事捕捞水产品等活动，尚不构成非法捕捞水产品等犯罪的；

（五）其他情节严重的情形。

第 8 条（第 1 款） 实施破坏海洋资源犯罪行为，同时构成非法捕捞罪[①]、非法猎捕、杀害珍贵、濒危野生动物罪、组织他人偷越国（边）境罪、偷越国（边）境罪等犯罪的，依照处罚较重的规定定罪处罚。

---

① 注：根据《最高人民法院关于执行〈中华人民共和国刑法〉确定罪名的规定》（法释〔1997〕9 号）和《最高人民检察院关于适用刑法分则规定的犯罪的罪名的意见》（高检发释字〔1997〕3 号），《刑法》第 340 条对应的正确罪名是"非法捕捞水产品罪"，而非"非法捕捞罪"。这是最高人民法院司法解释的一个行文纰误。

【公通字〔2020〕14 号】　最高人民法院、最高人民检察院、公安部办理跨境赌博犯罪案件若干问题的意见（2020 年 10 月 16 日印发）

四、关于跨境赌博关联犯罪的认定

（三）实施跨境赌博犯罪，同时构成组织他人偷越国（边）境、运送他人偷越国（边）境、偷越国（边）境罪等罪的，应当依法数罪并罚。

【法发〔2022〕18 号】　最高人民法院、最高人民检察院、公安部、国家移民管理局关于依法惩治妨害国（边）境管理违法犯罪的意见（2022 年 6 月 29 日）

二、关于妨害国（边）境管理犯罪的认定

2. 具有下列情形之一的，应当认定为刑法第 318 条规定的"组织他人偷越国（边）境"行为：

（1）组织他人通过虚构事实、隐瞒真相等方式掩盖非法出入境目的，骗取出入境边防检查机关核准出入境的；

（2）组织依法限定在我国边境地区停留、活动的人员，违反国（边）境管理法规，非法进入我国非边境地区的。

对于前述行为，在决定是否追究刑事责任以及如何裁量刑罚时，应当综合考虑组织者前科情况、行为手段、组织人数和次数、违法所得数额及被组织人员偷越国（边）境的目的等情节，依法妥当处理。

3. 事前与组织、运送他人偷越国（边）境的犯罪分子通谋，在偷越国（边）境人员出境前或者入境后，提供接驳、容留、藏匿等帮助的，以组织他人偷越国（边）境罪或者运送他人偷越国（边）境罪的共同犯罪论处。

4. 明知是偷越国（边）境人员，分段运送其前往国（边）境的，应当认定为刑法第 321 条规定的"运送他人偷越国（边）境"，以运送他人偷越国（边）境罪定罪处罚。但是，在决定是否追究刑事责任以及如何裁量刑罚时，应当充分考虑行为人在运送他人偷越国（边）境过程中所起作用等情节，依法妥当处理。

5. 《解释》第 1 条第 2 款、第 4 条规定的"人数"，以实际组织、运送的人数计算；未到案人员经查证属实的，应当计算在内。

6. 明知他人实施骗取出境证件犯罪，提供虚假证明、邀请函件以及面签培训等帮助的，以骗取出境证件罪的共同犯罪论处；符合刑法第 318 条规定的，以组织他人偷越国（边）境罪定罪处罚。

7. 事前与组织他人偷越国（边）境的犯罪分子通谋，为其提供虚假证明、邀请函件以及面签培训等帮助，骗取入境签证等入境证件，为组织他人偷越国（边）境使用的，以组织他人偷越国（边）境罪的共同犯罪论处。

8. 对于偷越国（边）境的次数，按照非法出境、入境的次数分别计算。但是，对于非法越境后及时返回，或者非法出境后又入境投案自首的，一般应当计算为1次。

9. 偷越国（边）境人员相互配合，共同偷越国（边）境的，属于《解释》第5条第2项规定的"结伙"。偷越国（边）境人员在组织者、运送者安排下偶然同行的，不属于"结伙"。

在认定偷越国（边）境"结伙"的人数时，不满16周岁的人不计算在内。

10. 偷越国（边）境，具有下列情形之一的，属于《解释》第5条第6项规定的"其他情节严重的情形"：（1）犯罪后为逃避刑事追究偷越国（边）境的；（2）破坏边境物理隔离设施后，偷越国（边）境的；（3）以实施电信网络诈骗、开设赌场等犯罪为目的，偷越国（边）境的；（4）曾因妨害国（边）境管理犯罪被判处刑罚，刑罚执行完毕后2年内又偷越国（边）境的。

实施偷越国（边）境犯罪，又实施妨害公务、袭警、妨害传染病防治等行为，并符合有关犯罪构成的，应当数罪并罚。

11. 徒步带领他人通过隐蔽路线逃避边防检查偷越国（边）境的，属于运送他人偷越国（边）境。领导、策划、指挥他人偷越国（边）境，并实施徒步带领行为的，以组织他人偷越国（边）境罪论处。

徒步带领偷越国（边）境的人数较少，行为人系初犯，确有悔罪表现，综合考虑行为动机、一贯表现、违法所得、实际作用等情节，认为对国（边）境管理秩序妨害程度明显较轻的，可以认定为犯罪情节轻微，依法不起诉或者免予刑事处罚；情节显著轻微危害不大的，不作为犯罪处理。

12. 对于刑法第321条第1款规定的"多次实施运送行为"，累计运送人数一般应当接近10人。

三、关于妨害国（边）境管理刑事案件的管辖

13. 妨害国（边）境管理刑事案件由犯罪地的公安机关立案侦查。如果由犯罪嫌疑人居住地的公安机关立案侦查更为适宜的，可以由犯罪嫌疑人居住地的公安机关立案侦查。

妨害国（边）境管理犯罪的犯罪地包括妨害国（边）境管理犯罪行为的预备地、过境地、查获地等与犯罪活动有关的地点。

14. 对于有多个犯罪地的妨害国（边）境管理刑事案件，由最初受理的公安机关或者主要犯罪地的公安机关立案侦查。有争议的，按照有利于查清犯罪事

实、有利于诉讼的原则，由共同上级公安机关指定有关公安机关立案侦查。

15. 具有下列情形之一的，有关公安机关可以在其职责范围内并案侦查：（1）1 人犯数罪的；（2）共同犯罪的；（3）共同犯罪的犯罪嫌疑人、被告人还实施其他犯罪的；（4）多个犯罪嫌疑人、被告人实施的犯罪存在关联，并案处理有利于查明案件事实的。

四、关于证据的收集与审查

16. 对于妨害国（边）境管理案件所涉主观明知的认定，应当结合行为实施的过程、方式、被查获时的情形和环境，行为人的认知能力、既往经历、与同案人的关系、非法获利等，审查相关辩解是否明显违背常理，综合分析判断。

在组织他人偷越国（边）境、运送他人偷越国（边）境等案件中，具有下列情形之一的，可以认定行为人主观明知，但行为人作出合理解释或者有相反证据证明的除外：（1）使用遮蔽、伪装、改装等隐蔽方式接送、容留偷越国（边）境人员的；（2）与其他妨害国（边）境管理行为人使用同一通讯群组、暗语等进行联络的；（3）采取绕关避卡等方式躲避边境检查，或者出境前、入境后途经边境地区的时间、路线等明显违反常理的；（4）接受执法检查时故意提供虚假的身份、事由、地点、联系方式等信息的；（5）支付、收取或者约定的报酬明显不合理的；（6）遇到执法检查时企图逃跑，阻碍、抗拒执法检查，或者毁灭证据的；（7）其他足以认定行为人明知的情形。

17. 对于不通晓我国通用语言文字的嫌疑人、被告人、证人及其他相关人员，人民法院、人民检察院、公安机关、移民管理机构应当依法为其提供翻译。

翻译人员在案件办理规定时限内无法到场的，办案机关可以通过视频连线方式进行翻译，并对翻译过程进行全程不间断录音录像，不得选择性录制，不得剪接、删改。

翻译人员应当在翻译文件上签名。

18. 根据国际条约规定或者通过刑事司法协助和警务合作等渠道收集的境外证据材料，能够证明案件事实且符合刑事诉讼法规定的，可以作为证据使用，但提供人或者我国与有关国家签订的双边条约对材料的使用范围有明确限制的除外。

办案机关应当移送境外执法机构对所收集证据的来源、提取人、提取时间或者提供人、提供时间以及保管移交的过程等相关说明材料；确因客观条件限制，境外执法机构未提供相关说明材料的，办案机关应当说明原因，并对所收集证据的有关事项作出书面说明。

19. 采取技术侦查措施收集的材料，作为证据使用的，应当随案移送，并附采取技术侦查措施的法律文书、证据清单和有关情况说明。

20. 办理案件中发现的可用以证明犯罪嫌疑人、被告人有罪或者无罪的各种财物，应当严格依照法定条件和程序进行查封、扣押、冻结。不得查封、扣押、冻结与案件无关的财物。凡查封、扣押、冻结的财物，都要及时进行审查。经查明确实与案件无关的，应当在3日以内予以解除、退还，并通知有关当事人。

查封、扣押、冻结涉案财物及其孳息，应当制作清单，妥善保管，随案移送。待人民法院作出生效判决后，依法作出处理。

公安机关、人民检察院应当对涉案财物审查甄别。在移送审查起诉、提起公诉时，应当对涉案财物提出处理意见。人民法院对随案移送的涉案财物，应当依法作出判决。

五、关于宽严相济刑事政策的把握

23. 对于妨害国（边）境管理犯罪团伙、犯罪集团，应当重点惩治首要分子、主犯和积极参加者。对受雇佣或者被利用从事信息登记、材料递交等辅助性工作人员，未直接实施妨害国（边）境管理行为的，一般不追究刑事责任，可以由公安机关、移民管理机构依法作出行政处罚或者其他处理。

24. 对于妨害国（边）境管理犯罪所涉及的在偷越国（边）境之后的相关行为，要区分情况作出处理。对于组织、运送他人偷越国（边）境，进而在他人偷越国（边）境之后组织实施犯罪的，要作为惩治重点，符合数罪并罚规定的，应当数罪并罚。

对于为非法用工而组织、运送他人偷越国（边）境，或者明知是偷越国（边）境的犯罪分子而招募用工的，在决定是否追究刑事责任以及如何裁量刑罚时，应当综合考虑越境人数、违法所得、前科情况、造成影响或者后果等情节，恰当评估社会危害性，依法妥当处理。其中，单位实施上述行为，对组织者、策划者、实施者依法追究刑事责任的，定罪量刑应作综合考量，适当体现区别，确保罪责刑相适应。

【主席令〔2012〕67号】　中华人民共和国治安管理处罚法（2012年10月26日第11届全国人大常委会第29次会议修正，2013年1月1日起施行）

第2条　扰乱公共秩序，妨害公共安全，侵犯人身权利、财产权利，妨害社会管理，具有社会危害性，依照《中华人民共和国刑法》的规定构成犯罪的，依法追究刑事责任；尚不够刑事处罚的，由公安机关依照本法给予治安管理处罚。

第61条　协助组织或者运送他人偷越国（边）境的，处10日以上15日以下拘留，并处1000元以上5000元以下罚款。

第62条　为偷越国（边）境人员提供条件的，处5日以上10日以下拘留，并处500元以上2000元以下罚款。

偷越国（边）境的，处5日以下拘留或者500元以下罚款。

● **立案标准**　**公安部关于妨害国（边）境管理犯罪案件立案标准及有关问题的通知**（公通字〔2000〕30号，2000年3月31日印发）

（一）组织他人偷越国（边）境案

1. 组织他人偷越国（边）境的，应当立案侦查。

2. 组织他人偷越国（边）境，具有下列情形之一的，应当立为重大案件：（略）

3. 组织他人偷越国（边）境，具有下列情形之一的，应当立为特别重大案件：（略）

（五）运送他人偷越国（边）境案

1. 运送他人偷越国（边）境的，应当立案侦查。

2. 运送他人偷越国（边）境，具有下列情形之一的，应当立为重大案件：（略）

3. 运送他人偷越国（边）境，具有下列情形之一的，应当立为特别重大案件：（略）

（六）偷越国（边）境案

1. 偷越国（边）境，具有下列情形之一的，应当立案侦查[①]：（1）偷越国（边）境3次以上、屡教不改的；（2）实施违法行为后偷越国（边）境的；（3）在偷越国（边）境时对执法人员施以暴力、威胁手段的；（4）造成重大涉外事件和恶劣影响的；（5）有其他严重情节的。

2. 偷越国（边）境，具有下列情形之一的，应当立为重大案件：（略）

在组织，运送他人偷越国（边）境中，对被组织人、被运送人有杀害、伤害、强奸、拐卖等犯罪行为，重者对检查人员有杀害、伤害等犯罪行为的，应当分别依照杀人、伤害、强奸、拐卖等案件一并立案侦查。

违法所得外币的，应当按当时汇率折合为人民币，单独或者合计计算违法所得数额。

以上规定中的"以上"，均包括本数在内。

[①] 注：本《立案标准》与《最高人民法院、最高人民检察院关于办理妨害国（边）境管理刑事案件应用法律若干问题的解释》（法释〔2012〕17号，2012年12月20日起施行）不一致，应当以后者为准。

（插）**第 319 条** 【骗取出境证件罪】以劳务输出、经贸往来或者其他名义，弄虚作假，骗取护照、签证等出境证件，为组织他人偷越国（边）境使用的，处三年以下有期徒刑，并处罚金；情节严重的，处三年以上十年以下有期徒刑，并处罚金。

单位犯前款罪的，对单位判处罚金，并对其直接负责的主管人员和其他直接责任人员，依照前款的规定处罚。

（插）**第 320 条** 【提供伪造、变造的出入境证件罪；出售出入境证件罪】为他人提供伪造、变造的护照、签证等出入境证件，或者出售护照、签证等出入境证件的，处五年以下有期徒刑，并处罚金；情节严重的，处五年以上有期徒刑，并处罚金。

● **条文注释** 第 319 条、第 320 条是关于获取或提供虚假的出入境证件的犯罪行为的处罚规定。行为人骗取出境证件的，适用第 319 条的规定；为他人提供或出售出入境证件的，适用第 320 条的规定。这里的出入境证件，包括护照、签证、旅行证件、海员证、出入境通行证、中国公民往来香港、澳门、台湾地区证件、签证、签注，出国（境）证明、名单，以及其他出入境时需要查验的资料。"护照"，是指一个主权国家发给本国公民出入国境、在国外居留、旅行的合法身份证明和国籍证明；"签证"，是指一个主权国家同意外国人员进入或经过该国国境而签署的一种许可证明；"旅行证"，是指外国人前往不对外国人开放的地区旅行，而向当地出入境管理机关或大使馆、领事馆申请的旅游证件，用以代替护照使用；"海员证"是由国家的海事管理部门签发的供海员出入国境和在境外通行使用的有效身份证件。

第 319 条、第 320 条规定中的"情节严重"的界定标准，分别依照"法释〔2012〕17 号"解释第 2 条、第 3 条的规定。

需要注意的是：

（1）如果行为人骗取护照、签证等出境证件，是为了本人或他人出境，而不是为了组织他人偷越国（边）境使用的，则不构成第 319 条规定之罪。

（2）如果行为人伪造、变造的出入境证件，只是给本人使用，没有向他人提供或出售的，则不构成第 320 条规定之罪，而应当依照《刑法》第 280 条的规定，以"伪造、变造国家机关证件罪"定罪处罚。

（3）第 319 条规定的犯罪主体可以是自然人，也可以是单位；这也是《刑法》第 6 章第 3 节"妨害国（边）境管理罪"规定的所有罪行中，唯一规定有单位犯罪的罪行。对于单位实施《刑法》第 6 章第 3 节其他条款规定的行为，单位不能构成犯罪，而只能依法追究直接负责的主管人员和其他直接责任人员的刑事责任。

● 相关规定　【公境出〔2000〕881 号】　公安部关于盗窃空白因私护照有关问题的批复（2000 年 5 月 16 日答复辽宁省公安厅出入境管理处"辽公境外〔2000〕178 号"请示）

一、某某等人所盗取的空白护照属于出入境证件。护照不同于一般的身份证件，它是公民国际旅行的身份证件和国籍证明。在我国，公民因私护照的设计、研制、印刷统一由公安部出入境管理局负责。护照上设计了多项防伪措施，每本护照（包括空白护照）都有一个统一编号，空白护照是签发护照的重要构成因素，对空白护照的发放、使用有严格的管理程序。空白护照丢失，与已签发的护照一样，也由公安部出入境管理局宣布作废，空白护照是作为出入境证件加以管理的。因此，空白护照既是国家机关的证件，也是出入境证件。

三、某某等人将盗窃的护照出售，其出售护照的行为也妨害国（边）境管理秩序，触犯刑法第 320 条，涉嫌构成出售出入境证件罪。

上述意见请商当地人民检察院。

【公法〔2001〕021 号】　公安部法制局关于倒卖邀请函的行为如何处理的答复（2001 年 2 月 1 日答复新疆维吾尔自治区公安厅法制处"新公法〔2000〕59 号"请示）

办理出入境证件所需的邀请函不属于出入境证件。对仅仅是为他人联系提供办理出入境证件所需邀请函并获得报酬的行为，如果该邀请函真实有效、当事人之间没有欺诈行为，不应依据《中华人民共和国出境入境管理法实施细则》第 22 条第 1 款第 2 项规定按招摇撞骗行为予以处罚；也不应将该行为认定为组织、运送他人偷越国（边）境的行为以刑事或行政处罚。

对以联系提供办理出入境证件所需的邀请函为名，编造情况，提供假证明，骗取出入境证件以及从事诈骗、组织他人偷越国（边）境等违法犯罪活动的，应依法予以查处。

【高检研发〔2002〕19 号】　最高人民检察院法律政策研究室关于买卖尚未加盖印章的空白《边境证》行为如何适用法律问题的答复（2002 年 9 月 25 日答复重庆市人民检察院研究室"渝检（研）〔2002〕11 号"请示）

对买卖尚未加盖发证机关的行政印章或者通行专用章印鉴的空白《中华人

民共和国边境管理区通行证》的行为,不宜以买卖国家机关证件罪追究刑事责任。国家机关工作人员实施上述行为,构成犯罪的,可以按滥用职权等相关犯罪依法追究刑事责任。

【法释〔2012〕17号】 最高人民法院、最高人民检察院关于办理妨害国（边）境管理刑事案件应用法律若干问题的解释（2012年8月20日由最高人民法院审判委员会第1553次会议、2012年11月19日由最高人民检察院第11届检察委员会第82次会议通过,2012年12月12日公布,2012年12月20日起施行;同时废止《最高人民法院关于审理组织、运送他人偷越国（边）境等刑事案件适用法律若干问题的解释》"法释〔2002〕3号"）

第2条 为组织他人偷越国（边）境,编造出境事由、身份信息或者相关的境外关系证明的,应当认定为刑法第319条第1款规定的"弄虚作假"。

刑法第319条第1款规定的"出境证件",包括护照或者代替护照使用的国际旅行证件、中华人民共和国海员证、中华人民共和国出入境通行证、中华人民共和国旅行证、中国公民往来香港、澳门、台湾地区证件、边境地区出入境通行证、签证、签注、出国（境）证明、名单,以及其他出境时需要查验的资料。

具有下列情形之一的,应当认定为刑法第319条第1款规定的"情节严重":

（一）骗取出境证件5份以上的;

（二）非法收取费用30万元以上的;

（三）明知是国家规定的不准出境的人员而为其骗取出境证件的;

（四）其他情节严重的情形。

第3条 刑法第320条规定的"出入境证件",包括本解释第2条第2款所列的证件以及其他入境时需要查验的资料。

具有下列情形之一的,应当认定为刑法第320条规定的"情节严重":

（一）为他人提供伪造、变造的出入境证件或者出售出入境证件5份以上的;

（二）非法收取费用30万元以上的;

（三）明知是国家规定的不准出入境的人员而为其提供伪造、变造的出入境证件或者向其出售出入境证件的;

（四）其他情节严重的情形。

第6条 具有下列情形之一的,应当认定为刑法第6章第3节规定的"偷越国（边）境"行为:

（一）没有出入境证件出入国（边）境或者逃避接受边防检查的；

（二）使用伪造、变造、无效的出入境证件出入国（边）境的；

（三）使用他人出入境证件出入国（边）境的；

（四）使用以虚假的出入境事由、隐瞒真实身份、冒用他人身份证件等方式骗取的出入境证件出入国（边）境的；

（五）采用其他方式非法出入国（边）境的。

第 7 条　以单位名义或者单位形式组织他人偷越国（边）境、为他人提供伪造、变造的出入境证件或者运送他人偷越国（边）境的，应当依照刑法第 318 条、第 320 条、第 321 条的规定追究直接负责的主管人员和其他直接责任人员的刑事责任。

第 8 条　实施组织他人偷越国（边）境犯罪，同时构成骗取出境证件罪、提供伪造、变造的出入境证件罪、出售出入境证件罪、运送他人偷越国（边）境罪的，依照处罚较重的规定定罪处罚。

● 立案标准　公安部关于妨害国（边）境管理犯罪案件立案标准及有关问题的通知（公通字〔2000〕30 号，2000 年 3 月 31 日印发）

（二）骗取出境证件案

1. 以劳务输出、经贸往来或者其他名义弄虚作假，骗取护照、通行证、旅行证、海员证、签证（注）等出境证件（以下简称出境证件），为他人偷越国（边）境使用的，应当立案侦查。

2. 骗取出境证件，具有下列情形之一的，应当立为重大案件：（略）

3. 骗取出境证件，具有下列情形之一的，应当立为特别重大案件：（略）

（三）提供伪造、变造的出入境证件案

1. 为他人提供伪造、变造的护照、通行证、旅行证、海员证、签证（注）等出入境证件（以下简称出入境证件）的，应当立案侦查。

2. 为他人提供伪造、变造的出入境证件，具有下列情形之一的，应当立为重大案件：（略）

3. 为他人提供伪造、变造的出入境证件，具有下列情形之一的，应当立为特别重大案件：（略）

（四）出售出入境证件案

1. 出售出入境证件的，应当立案侦查。

2. 出售出入境证件，具有下列情形之一的，应当立为重大案件：（略）

3. 出售出入境证件，具有下列情形之一的，应当立为特别重大案件：（略）

违法所得外币的，应当按当时汇率折合为人民币，单独或者合计计算违法所得数额。

以上规定中的"以上"，均包括本数在内。

> **第 323 条　【破坏界碑、界桩罪；破坏永久性测量标志罪】** 故意破坏国家边境的界碑、界桩或者永久性测量标志的，处三年以下有期徒刑或者拘役。

● **条文注释**　第 323 条所说的"国家边境"，包括我国的国境和边境。"国境"，是指我国与外国的国界；"边境"，是指我国内地（大陆）与香港、澳门、台湾地区的交界。"界碑、界桩"，是指我国政府与邻国之间按条约规定或者历史上实际形成的管辖范围，在陆地接壤地区埋设的指示边境分界及走向的标志物。界碑、界桩没有实质的区别，只是形状不同，它们都涉及相邻两国的主权领土范围问题，非经双方国家的一致同意，任何人不得擅自移动和破坏，否则不仅会危害国家的领土主权，而且可能引起国际纠纷，影响国家间关系。"永久性测量标志"，是指国家测绘单位在全国各地进行测绘工作所建设的地上、地下或者水上的各种测量标志物，包括各等级的三角点、基线点、导线点、军用控制点、重力点、天文点一、水准点的木质规标、钢质规标和标石标志，全球卫星定位（GPS）控制点以及用于地形、工程和形变测量的各种固定标志和海底大地点设施等。

需要注意的是：

（1）构成第 323 条规定之罪，要求行为人具有明确的犯罪故意。如果行为人确实不明知该物体属于界碑、界桩或测量标志，或者是由于过失而破坏，则不构成本罪。

（2）无论行为人故意破坏的界碑、界桩是永久性的还是临时性的，都可以构成"破坏界碑、界桩罪"；而如果行为人故意破坏的是非永久性测量标志，如开挖河道、修建道路、铺设地下管道、建设房屋等临时设置的测量标志，则不能构成"破坏永久性测量标志罪"。

● **相关规定**　【主席令〔2017〕67 号】　中华人民共和国测绘法（2017 年 4 月 27 日第 12 届全国人大常委会第 27 次会议修订，2017 年 7 月 1 日施行）

第 41 条（第 2 款）　本法所称永久性测量标志，是指各等级的三角点、基线点、导线点、军用控制点、重力点、天文点、水准点和卫星定位点的觇标和标石标志，以及用于地形测图、工程测量和形变测量的固定标志和海底大地点设施。

【主席令〔2012〕67号】　中华人民共和国治安管理处罚法（2012年10月26日第11届全国人大常委会第29次会议修正，2013年1月1日起施行）

第2条　扰乱公共秩序，妨害公共安全，侵犯人身权利、财产权利，妨害社会管理，具有社会危害性，依照《中华人民共和国刑法》的规定构成犯罪的，依法追究刑事责任；尚不够刑事处罚的，由公安机关依照本法给予治安管理处罚。

第33条　有下列行为之一的，处10日以上15日以下拘留：

（二）移动、损毁国家边境的界碑、界桩以及其他边境标志、边境设施或者领土、领海标志设施的；

（三）非法进行影响国（边）界线走向的活动或者修建有碍国（边）境管理的设施的。

● **立案标准　公安部关于妨害国（边）境管理犯罪案件立案标准及有关问题的通知**（公通字〔2000〕30号，2000年3月31日印发）

（七）破坏界碑、界桩案

1. 采取盗取、毁坏、拆除、掩埋、移动等手段破坏国家边境的界碑、界桩的，应当立案侦查。

2. 破坏3个以上界碑、界桩的，或者造成严重后果的，应当立为重大案件。

（八）破坏永久性测量标志案

1. 采取盗取、拆毁、损坏、改变、移动、掩埋等手段破坏永久性测量标志，使其失去原有作用的，应当立案侦查。

2. 破坏3个以上永久性测量标志的，或者造成永久性测量标志严重损毁等严重后果的，应当立为重大案件。

以上规定中的"以上"，均包括本数在内。

第四节 妨害文物管理罪

● **立法解释** 全国人民代表大会常务委员会关于《中华人民共和国刑法》有关文物的规定适用于具有科学价值的古脊椎动物化石、古人类化石的解释（2005年12月29日第10届全国人大常委会第19次会议通过）

全国人民代表大会常务委员会根据司法实践中遇到的情况，讨论了关于走私、盗窃、损毁、倒卖或者非法转让具有科学价值的古脊椎动物化石、古人类化石的行为适用刑法有关规定的问题，解释如下：

刑法有关文物的规定，适用于具有科学价值的古脊椎动物化石、古人类化石。

● **相关规定** 【主席令〔2015〕28号】 中华人民共和国文物保护法（2015年4月24日第12届全国人大常委会第14次会议修正；2017年11月4日第12届全国人大常委会第30次会议批量修正）

第2条 在中华人民共和国境内，下列文物受国家保护：（一）具有历史、艺术、科学价值的古文化遗址、古墓葬、古建筑、石窟寺和石刻、壁画；（二）与重大历史事件、革命运动或者著名人物有关的以及具有重要纪念意义、教育意义或者史料价值的近代现代重要史迹、实物、代表性建筑；（三）历史上各时代珍贵的艺术品、工艺美术品；（四）历史上各时代重要的文献资料以及具有历史、艺术、科学价值的手稿和图书资料等；（五）反映历史上各时代、各民族社会制度、社会生产、社会生活的代表性实物。

文物认定的标准和办法由国务院文物行政部门制定，并报国务院批准。

具有科学价值的古脊椎动物化石和古人类化石同文物一样受国家保护。

第5条 中华人民共和国境内地下、内水和领海中遗存的一切文物，属于国家所有。

古文化遗址、古墓葬、石窟寺属于国家所有。国家指定保护的纪念建筑物、古建筑、石刻、壁画、近代现代代表性建筑等不可移动文物，除国家另有规定的以外，属于国家所有。

国有不可移动文物的所有权不因其所依附的土地所有权或者使用权的改变而改变。

下列可移动文物，属于国家所有：（一）中国境内出土的文物，国家另有规定的除外；（二）国有文物收藏单位以及其他国家机关、部队和国有企业、事业组织等收藏、保管的文物；（三）国家征集、购买的文物；（四）公民、法人和其他组织捐赠给国家的文物；（五）法律规定属于国家所有的其他文物。

属于国家所有的可移动文物的所有权不因其保管、收藏单位的终止或者变更而改变。

国有文物所有权受法律保护，不容侵犯。

第6条　属于集体所有和私人所有的纪念建筑物、古建筑和祖传文物以及依法取得的其他文物，其所有权受法律保护。文物的所有者必须遵守国家有关文物保护的法律、法规的规定。

【文化部令〔2009〕46号】　文物认定管理暂行办法（2009年8月5日文化部部务会议通过，2009年8月10日发布，2009年10月1日施行）

第2条　《中华人民共和国文物保护法》第2条第1款所列各项，应当认定为文物。

乡土建筑、工业遗产、农业遗产、商业老字号、文化线路、文化景观等特殊类型文物，按照本办法认定。

第3条　认定文物，由县级以上地方文物行政部门负责。认定文物发生争议的，由省级文物行政部门作出裁定。

省级文物行政部门应当根据国务院文物行政部门的要求，认定特定的文化资源为文物。

第9条　不可移动文物的认定，自县级以上地方文物行政部门公告之日起生效。

可移动文物的认定，自县级以上地方文物行政部门作出决定之日起生效。列入文物收藏单位藏品档案的文物，自主管的文物行政部门备案之日起生效。

第13条　对文物认定和定级决定不服的，可以依法申请行政复议。

第16条　古猿化石、古人类化石、与人类活动有关的第四纪古脊椎动物化石，以及上述化石地点和遗迹地点的认定和定级工作，按照本办法的规定执行。

历史文化名城、街区及村镇的认定和定级工作，按照有关法律法规的规定执行。

【文化部令〔2001〕19号】　文物藏品定级标准（2001年4月5日文化部部务会议通过，2001年4月9日公布施行）

文物藏品分为珍贵文物和一般文物。珍贵文物分为一、二、三级。具有特别重要历史、艺术、科学价值的代表性文物为一级文物;具有重要历史、艺术、科学价值的为二级文物;具有比较重要历史、艺术、科学价值的为三级文物。具有一定历史、艺术、科学价值的为一般文物。

一、一级文物定级标准:(一)反映中国各个历史时期的生产关系及其经济制度、政治制度,以及有关社会历史发展的特别重要的代表性文物;(二)反映历代生产力的发展、生产技术的进步和科学发明创造的特别重要的代表性文物;(三)反映各民族社会历史发展和促进民族团结、维护祖国统一的特别重要的代表性文物;(四)反映历代劳动人民反抗剥削、压迫和著名起义领袖的特别重要的代表性文物;(五)反映历代中外关系和在政治、经济、军事、科技、教育、文化、艺术、宗教、卫生、体育等方面相互交流的特别重要的代表性文物;(六)反映中华民族抗御外侮,反抗侵略的历史事件和重要历史人物的特别重要的代表性文物;(七)反映历代著名的思想家、政治家、军事家、科学家、发明家、教育家、文学家、艺术家等特别重要的代表性文物,著名工匠的特别重要的代表性作品;(八)反映各民族生活习俗、文化艺术、工艺美术、宗教信仰的具有特别重要价值的代表性文物;(九)中国古旧图书中具有特别重要价值的代表性的善本;(十)反映有关国际共产主义运动中的重大事件和杰出领袖人物的革命实践活动,以及为中国革命做出重大贡献的国际主义战士的特别重要的代表性文物;(十一)与中国近代(1840-1949)历史上的重大事件、重要人物、著名烈士、著名英雄模范有关的特别重要的代表性文物;(十二)与中华人民共和国成立以来的重大历史事件、重大建设成就、重要领袖人物、著名烈士、著名英雄模范有关的特别重要的代表性文物;(十三)与中国共产党和近代其他各党派、团体的重大事件,重要人物、爱国侨胞及其他社会知名人士有关的特别重要的代表性文物;(十四)其他具有特别重要历史、艺术、科学价值的代表性文物。

二、二级文物定级标准:(一)反映中国各个历史时期的生产力和生产关系及其经济制度、政治制度,以及有关社会历史发展的具有重要价值的文物;(二)反映一个地区、一个民族或某一个时代的具有重要价值的文物;(三)反映某一历史人物、历史事件或对研究某一历史问题有重要价值的文物;(四)反映某种考古学文化类型和文化特征,能说明某一历史问题的成组文物;(五)历史、艺术、科学价值一般,但材质贵重的文物;(六)反映各地区、各民族的重要民俗文物;(七)历代著名艺术家或著名工匠的重要作品;(八)古旧图书中有具有重要价值的善本;(九)反映中国近代(1840-1949)历史上的重大事件、重要人物、著名烈士、著名英雄模范的具有重要价值的文物;(十)反映中华人民共和国成立以来的重大历史事件、重大建设成就、重要领袖人物、著名烈士、著名英雄模范的具有重要价值的文物；（十一）反映中国共产党和近代其他各党派、团体的重大事件，重要人物、爱国侨胞及其他社会知名人士的具有重要价值的文物；（十二）其他具有重要历史、艺术、科学价值的文物。

三、三级文物定级标准：（一）反映中国各个历史时期的生产力和生产关系及其经济制度、政治制度，以及有关社会历史发展的比较重要的文物；（二）反映一个地区、一个民族或某一时代的具有比较重要价值的文物；（三）反映某一历史事件或人物，对研究某一历史问题有比较重要价值的文物；（四）反映某种考古学文化类型和文化特征的具有比较重要价值的文物；（五）具有比较重要价值的民族、民俗文物；（六）某一历史时期艺术水平和工艺水平较高，但有损伤的作品；（七）古旧图书中具有比较重要价值的善本；（八）反映中国近代（1840－1949）历史上的重大事件、重要人物、著名烈士、著名英雄模范的具有比较重要价值的文物；（九）反映中华人民共和国成立以来的重大历史事件、重大建设成就、重要领袖人物、著名烈士、著名英雄模范的具有比较重要价值的文物；（十）反映中国共产党和近代其他各党派、团体的重大事件，重要人物、爱国侨胞及其他社会知名人士的具有比较重要价值的文物；（十一）其它具有比较重要的历史、艺术、科学价值的文物。

四、一般文物定级标准：（一）反映中国各个历史时期的生产力和生产关系及其经济制度、政治制度，以及有关社会历史发展的具有一定价值的文物；（二）具有一定价值的民族、民俗文物；（三）反映某一历史事件、历史人物，具有一定价值的文物；（四）具有一定价值的古旧图书、资料等；（五）具有一定价值的历代生产、生活用具等；（六）具有一定价值的历代艺术品、工艺品等；（七）其他具有一定历史、艺术、科学价值的文物。

五、博物馆、文物单位等有关文物收藏机构，均可用本标准对其文物藏品鉴选和定级。社会上其他散存的文物，需要定级时，可照此执行。

六、本标准由国家文物局负责解释。

附：一级文物定级标准举例（略）

第 324 条　【故意损毁文物罪】 故意损毁国家保护的珍贵文物或者被确定为全国重点文物保护单位、省级文物保护单位的文物的，处三年以下有期徒刑或者拘役，并处或者单处罚金；情节严重的，处三年以上十年以下有期徒刑，并处罚金。

> 【故意损毁名胜古迹罪】故意损毁国家保护的名胜古迹，情节严重的，处五年以下有期徒刑或者拘役，并处或者单处罚金。
>
> 【过失损毁文物罪】过失损毁国家保护的珍贵文物或者被确定为全国重点文物保护单位、省级文物保护单位的文物，造成严重后果的，处三年以下有期徒刑或者拘役。

● **条文注释** 本条规定的"珍贵文物"主要是指可移动文物。根据《文物藏品定级标准》的规定，凡属一、二级的文物均属珍贵文物，部分三级文物也属于珍贵文物（应经国家文物鉴定委员会确认）。珍贵文物主要包括：（1）历史各时代珍贵的艺术品、工艺美术品；（2）重要的革命文献资料以及具有历史、艺术、科学价值的手稿、古旧图书资料；（3）反映历史上各时代、各民族社会制度、社会生产、社会生活的代表性实物；（4）具有科学价值的古脊椎动物化石、古人类化石等。"文物保护单位"是指各级人民政府依法确定的，具有历史、艺术、科学价值的革命遗址、纪念建筑物、古文化遗址、古墓葬、古建筑、石窟寺、石刻、壁画等不可移动的文物。

这里的"故意损毁"既包括故意损坏珍贵文物和省级文物保护单位的文物，也包括故意破坏名胜古迹。这里的"损毁"包括打碎、涂抹、拆散、烧毁等使文物、古迹失去文物价值的破坏行为；"名胜古迹"既包括可供人游览的著名的风景区，也包括虽未被人民政府核定为文物保护单位但具有一定历史意义的古建筑、雕塑、石刻等历史陈迹。"过失损毁"，主要是指因疏忽大意或者轻信能够避免，而致使珍贵文物或者全国重点文物保护单位、省级文物保护单位造成损毁。

"情节严重"，主要是指损毁特别珍贵的文物或者是有特别重要价值的文物保护单位的；损毁多件或者多次损毁国家保护的珍贵文物，使之无法补救、修复；多次损毁或损毁多处全国重点文物保护单位、省级文物保护单位，使之难以恢复原状，给国家文物财产造成不可弥补的损失的情形；不听劝阻或警告，率众损毁文物；造成严重不良社会影响等。"造成严重后果"，主要是指被损毁的珍贵文物数量较大，或损毁非常重要的文物保护单位，使其无法恢复原状，给国家文物财产造成无法弥补的严重损失。

● **相关规定** 【法释〔2015〕23号】最高人民法院、最高人民检察院关于办理妨害文物管理等刑事案件适用法律若干问题的解释（2015年10月12日最高人民法院审判委员会第1663次会议、2015年11月18日最高人民检察院第12届

检察委员会第43次会议通过,2015年12月30日公布,2016年1月1日起施行)

第3条 全国重点文物保护单位、省级文物保护单位的本体,应当认定为刑法第324条第1款规定的"被确定为全国重点文物保护单位、省级文物保护单位的文物"。

故意损毁国家保护的珍贵文物或者被确定为全国重点文物保护单位、省级文物保护单位的文物,具有下列情形之一的,应当认定为刑法第324条第1款规定的"情节严重":

(一)造成5件以上三级文物损毁的;

(二)造成二级以上文物损毁的;

(三)致使全国重点文物保护单位、省级文物保护单位的本体严重损毁或者灭失的;

(四)多次损毁或者损毁多处全国重点文物保护单位、省级文物保护单位的本体的;

(五)其他情节严重的情形。

实施前款规定的行为,拒不执行国家行政主管部门作出的停止侵害文物的行政决定或者命令的,酌情从重处罚。

第4条 风景名胜区的核心景区以及未被确定为全国重点文物保护单位、省级文物保护单位的古文化遗址、古墓葬、古建筑、石窟寺、石刻、壁画、近代现代重要史迹和代表性建筑等不可移动文物的本体,应当认定为刑法第324条第2款规定的"国家保护的名胜古迹"。

故意损毁国家保护的名胜古迹,具有下列情形之一的,应当认定为刑法第324条第2款规定的"情节严重":

(一)致使名胜古迹严重损毁或者灭失的;

(二)多次损毁或者损毁多处名胜古迹的;

(三)其他情节严重的情形。

实施前款规定的行为,拒不执行国家行政主管部门作出的停止侵害文物的行政决定或者命令的,酌情从重处罚。

故意损毁风景名胜区内被确定为全国重点文物保护单位、省级文物保护单位的文物的,依照刑法第324条第1款和本解释第3条的规定定罪量刑。

第5条 过失损毁国家保护的珍贵文物或者被确定为全国重点文物保护单位、省级文物保护单位的文物,具有本解释第3条第2款第1项至第3项规定情形之一的,应当认定为刑法第324条第3款规定的"造成严重后果"。

第 11 条（第 2 款）　公司、企业、事业单位、机关、团体等单位实施盗窃文物，故意损毁文物、名胜古迹，过失损毁文物，盗掘古文化遗址、古墓葬等行为的，依照本解释规定的相应定罪量刑标准，追究组织者、策划者、实施者的刑事责任。

第 13 条　案件涉及不同等级的文物的，按照高级别文物的量刑幅度量刑；有多件同级文物的，5 件同级文物视为 1 件高一级文物，但是价值明显不相当的除外。

第 15 条　在行为人实施有关行为前，文物行政部门已对涉案文物及其等级作出认定的，可以直接对有关案件事实作出认定。

对案件涉及的有关文物鉴定、价值认定等专门性问题难以确定的，由司法鉴定机构出具鉴定意见，或者由国务院文物行政部门指定的机构出具报告。其中，对于文物价值，也可以由有关价格认证机构作出价格认证并出具报告。

第 16 条（第 2 款）　实施本解释第 3 条至第 5 条规定的行为，虽已达到应当追究刑事责任的标准，但行为人系初犯，积极赔偿损失，并确有悔罪表现的，可以认定为犯罪情节轻微，不起诉或者免予刑事处罚。

第 17 条　走私、盗窃、损毁、倒卖、盗掘或者非法转让具有科学价值的古脊椎动物化石、古人类化石的，依照刑法和本解释的有关规定定罪量刑。

第 18 条　本解释自 2016 年 1 月 1 日起施行。本解释公布施行后，《最高人民法院、最高人民检察院关于办理盗窃、盗掘、非法经营和走私文物的案件具体应用法律的若干问题的解释》（法（研）发〔1987〕32 号）同时废止；之前发布的司法解释与本解释不一致的，以本解释为准。

【法〔2021〕305 号】　最高人民法院服务保障黄河流域生态保护和高质量发展工作推进会会议纪要（2021 年 11 月 24 日）

11. 依法严惩妨害文物管理犯罪。加大对损毁文物，损毁名胜古迹，盗掘古文化遗址、古墓葬，盗掘古人类化石、古脊椎动物化石等刑事案件的审判力度，严厉惩治破坏黄河流域人文遗迹、自然遗迹的犯罪。对于情节恶劣、社会反映强烈的犯罪行为，依法不得适用缓刑、免予刑事处罚。

【公通字〔2022〕18 号】　最高人民法院、最高人民检察院、公安部、国家文物局关于办理妨害文物管理等刑事案件若干问题的意见（2022 年 8 月 16 日）

二、依法惩处文物犯罪

（一）准确认定盗掘行为

2. 以盗掘为目的，在古文化遗址、古墓葬表层进行钻探、爆破、挖掘等作业，因意志以外的原因，尚未损害古文化遗址、古墓葬的历史、艺术、科学价值的，属于盗掘古文化遗址、古墓葬未遂，应当区分情况分别处理：

（1）以被确定为全国重点文物保护单位、省级文物保护单位的古文化遗址、古墓葬为盗掘目标的，应当追究刑事责任；

（2）以被确定为市、县级文物保护单位的古文化遗址、古墓葬为盗掘目标的，对盗掘团伙的纠集者、积极参加者，应当追究刑事责任；

（3）以其他古文化遗址、古墓葬为盗掘目标的，对情节严重者，依法追究刑事责任。

实施前款规定的行为，同时构成刑法第324条第1款、第2款规定的故意损毁文物罪、故意损毁名胜古迹罪的，依照处罚较重的规定定罪处罚。

（二）准确认定盗窃行为

采用破坏性手段盗窃古建筑、石窟寺、石刻、壁画、近现代重要史迹和代表性建筑等不可移动文物未遂，具有下列情形之一的，应当依法追究刑事责任：1. 针对全国重点文物保护单位、省级文物保护单位中的建筑构件、壁画、雕塑、石刻等实施盗窃，损害文物本体历史、艺术、科学价值，情节严重的；2. 以被确定为市、县级以上文物保护单位整体为盗窃目标的；3. 造成市、县级以上文物保护单位的不可移动文物本体损毁的；4. 针对不可移动文物中的建筑构件、壁画、雕塑、石刻等实施盗窃，所涉部分具有等同于三级以上文物历史、艺术、科学价值的；5. 其他情节严重的情形。

实施前款规定的行为，同时构成刑法第324条第1款、第2款规定的故意损毁文物罪、故意损毁名胜古迹罪的，依照处罚较重的规定定罪处罚。

四、文物犯罪案件管辖（详见《刑法》第328条）

【主席令〔2012〕67号】 中华人民共和国治安管理处罚法（2012年10月26日第11届全国人大常委会第29次会议修正，2013年1月1日起施行）

第2条 扰乱公共秩序，妨害公共安全，侵犯人身权利、财产权利，妨害社会管理，具有社会危害性，依照《中华人民共和国刑法》的规定构成犯罪的，依法追究刑事责任；尚不够刑事处罚的，由公安机关依照本法给予治安管理处罚。

第63条 有下列行为之一的，处警告或者200元以下罚款；情节较重的，处5日以上10日以下拘留，并处200元以上500元以下罚款：

（一）刻划、涂污或者以其他方式故意损坏国家保护的文物、名胜古迹的；

（二）违反国家规定，在文物保护单位附近进行爆破、挖掘等活动，危及文物安全的。

● **立案标准** 最高人民检察院、公安部关于公安机关管辖的刑事案件立案追诉标准的规定（一）（公通字〔2008〕36号，2008年6月25日公布施行）

第46条 ［故意损毁文物案（刑法第324条第1款）］ 故意损毁国家保护的珍贵文物或者被确定为全国重点文物保护单位、省级文物保护单位的文物的，应予立案追诉。

第47条 ［故意损毁名胜古迹案（刑法第324条第2款）］ 故意损毁国家保护的名胜古迹，涉嫌下列情形之一的，应予立案追诉：

（一）造成国家保护的名胜古迹严重损毁的；

（二）损毁国家保护的名胜古迹3次以上或者3处以上，尚未造成严重损毁后果的；

（三）损毁手段特别恶劣的；

（四）其他情节严重的情形。

第48条 ［过失损毁文物案（刑法第324条第3款）］ 过失损毁国家保护的珍贵文物或者被确定为全国重点文物保护单位、省级文物保护单位的文物，涉嫌下列情形之一的，应予立案追诉：

（一）造成珍贵文物严重损毁的；

（二）造成被确定为全国重点文物保护单位、省级文物保护单位的文物严重损毁的；

（三）造成珍贵文物损毁3件以上的；

（四）其他造成严重后果的情形。

第101条 本规定中的"以上"，包括本数。

● **指导案例** 【法〔2020〕352号】 最高人民法院关于发布第26批指导性案例的通知（2020年12月31日）

（**指导案例147号**）张永明、毛伟明、张鹭故意损毁名胜古迹案

裁判要点：1.风景名胜区的核心景区属于《刑法》第324条第2款规定的"国家保护的名胜古迹"。对核心景区内的世界自然遗产实施打岩钉等破坏活动，严重破坏自然遗产的自然性、原始性、完整性和稳定性的，综合考虑有关地质遗迹的特点、损坏程度等，可以认定为故意损毁国家保护的名胜古迹"情节严重"。

2.对刑事案件中的专门性问题需要鉴定，但没有鉴定机构的，可以指派、聘请有专门知识的人就案件的专门性问题出具报告，相关报告在刑事诉讼中可以作为证据使用。

第 325 条 【非法向外国人出售、赠送珍贵文物罪】违反文物保护法规，将收藏的国家禁止出口的珍贵文物私自出售或者私自赠送给外国人的，处五年以下有期徒刑或者拘役，可以并处罚金。

单位犯前款罪的，对单位判处罚金，并对其直接负责的主管人员和其他直接责任人员，依照前款的规定处罚。

第 326 条 【倒卖文物罪】以牟利为目的，倒卖国家禁止经营的文物，情节严重的，处五年以下有期徒刑或者拘役，并处罚金；情节特别严重的，处五年以上十年以下有期徒刑，并处罚金。

单位犯前款罪的，对单位判处罚金，并对其直接负责的主管人员和其他直接责任人员，依照前款的规定处罚。

第 327 条 【非法出售、私赠文物藏品罪】违反文物保护法规，国有博物馆、图书馆等单位将国家保护的文物藏品出售或者私自送给非国有单位或者个人的，对单位判处罚金，并对其直接负责的主管人员和其他直接责任人员，处三年以下有期徒刑或者拘役。

● **条文注释** 第 325 条至第 327 条是针对非法买卖或赠送文物的犯罪行为的处罚规定。非法向外国人出售、赠送珍贵文物的，适用第 325 条的规定；非法向国内非国有单位或个人出售、赠送的，适用第 327 条的规定；倒卖文物的，适用第 326 条的规定。这里的"文物保护法规"主要是指《文物保护法》。

第 325 条规定的"禁止出口的珍贵文物"，是指国家有关主管部门规定禁止出口的珍贵文物。为了严格禁止具有重要价值珍贵文物出口，《文物进出境审核管理办法》第 8 条规定，下列文物出境应当经过审核：（1）1949 年（含）以前的各类艺术品、工艺美术品、手稿、文献资料、图书资料，以及与各民族社会制度、社会生产、社会生活有关的实物；（2）1949 年以后的与重大事件或著名人物有关的代表性实物，以及反映各民族生产活动、生活习俗、文化艺术和宗教信仰的代表性实物；（3）国家文物局公布限制出境的已故现代著名书画家、工艺美术家作品；（4）古猿化石、古人类化石，以及与人类活动有关的第四纪古脊椎动物化石。文物出境审核标准，由国家文物局定期修订并公布。

需要说明的是，之所以禁止单位和公民将收藏的珍贵文物私自出售或私自赠送给外国人（包括无国籍的人），是因为国家从根本上禁止这类珍贵文物出口。虽然按照一般财产所有权的理论，非国有单位或个人对自己拥有的珍贵文物是有权出售和赠与他人的,但珍贵文物不是一般性的财产,而是一个国家、民族的文化遗产,国家要予以特殊保护。同时,根据《关于禁止和防止非法进出口文化财产和非法转让其所有权的方法的公约》规定,对文化财产(珍贵文物属于文化财产)出口时,缔约国应发放适当证件,出口国将在证件中说明有关文化财产的出口已经过批准;除非附有上述出口证件,禁止文化财产从本国领土出口。

第326条规定的"倒卖国家禁止经营的文物"包括两层意思:(1)无权从事文物商业经营活动的单位或个人,从事国家禁止经营的文物的收购和销售业务活动。根据我国《文物保护法》第53条至第55条的规定,除经批准的文物商店、经营文物拍卖的拍卖企业外,其他单位或个人不得从事文物的商业经营活动。文物商店应当由省级以上人民政府文物行政部门批准设立,并且不得从事文物拍卖活动;拍卖企业应取得国务院文物行政部门颁发的文物拍卖许可证,并且不得从事文物购销等活动。(2)有权从事文物商业经营活动的文物商店或拍卖企业,以及有收藏权的其他单位和个人,经营国家禁止自由买卖的文物。国家禁止买卖的文物范围,依照《文物保护法》第5条、第50条和第51条的相关规定。"情节严重",是指以牟利为目的,倒卖国家禁止经营的文物,数量大,造成珍贵文物流失或者获取非法利益数额较大等情形;"情节特别严重",是指以牟利为目的,倒卖国家禁止经营的文物,造成国家特别珍贵文物流失,造成大量珍贵文物流失或者获取非法利益数额巨大等情形。

第327条规定的犯罪主体是国家拥有所有权的博物馆、图书馆、纪念馆和文物考古事业机构等单位[1]。"文物藏品",包括珍贵文物和一般文物[2]。"非国有单位",是指集体所有制的单位、私营企业、中外合资企业、外资企业以及非国有的社会团体、事业组织。需要注意的是:根据第327条的规定,国有博物馆、图书馆等单位将国家保护的文物藏品出售或私自送给国家机关或其他国有企事业单位的,不能构成"非法出售、私赠文物藏品罪";构成犯罪的,可以依照刑

---

[1] 注:根据2015年12月30日公布的《最高人民法院、最高人民检察院关于办理妨害文物管理等刑事案件适用法律若干问题的解释》(法释〔2015〕23号,2016年1月1日起施行)第7条的扩大解释,《刑法》第327条的犯罪主体还包括"其他国有单位",这样涵盖了所有的国有公司、企业、事业单位、机关、团体。

[2] 注:根据2015年12月30日公布的《最高人民法院、最高人民检察院关于办理妨害文物管理等刑事案件适用法律若干问题的解释》(法释〔2015〕23号,2016年1月1日起施行)第7条的扩大解释,《刑法》第327条规定的犯罪对象为"收藏或者管理的国家保护的文物藏品",也就是说,行政执法单位和司法机关依法暂扣、管理的涉案文物,也属于《刑法》第327条规定的"国家保护的文物藏品"。

法其他相关规定定罪处罚（如第 225 条规定的"非法经营罪"、第 168 条规定的"国有事业单位人员滥用职权罪"等）。

● **相关规定**　**【法释〔2015〕23 号】**　最高人民法院、最高人民检察院关于办理妨害文物管理等刑事案件适用法律若干问题的解释（2015 年 10 月 12 日最高人民法院审判委员会第 1663 次会议、2015 年 11 月 18 日最高人民检察院第 12 届检察委员会第 43 次会议通过，2015 年 12 月 30 日公布，2016 年 1 月 1 日起施行）

第 6 条　出售或者为出售而收购、运输、储存《中华人民共和国文物保护法》规定的"国家禁止买卖的文物"的，应当认定为刑法第 326 条规定的"倒卖国家禁止经营的文物"。

倒卖国家禁止经营的文物，具有下列情形之一的，应当认定为刑法第 326 条规定的"情节严重"：

（一）倒卖三级文物的；

（二）交易数额在 5 万元以上的；

（三）其他情节严重的情形。

实施前款规定的行为，具有下列情形之一的，应当认定为刑法第 326 条规定的"情节特别严重"：

（一）倒卖二级以上文物的；

（二）倒卖三级文物 5 件以上的；

（三）交易数额在 25 万元以上的；

（四）其他情节特别严重的情形。

第 7 条　国有博物馆、图书馆以及其他国有单位，违反文物保护法规，将收藏或者管理的国家保护的文物藏品出售或者私自送给非国有单位或者个人的，依照刑法第 327 条的规定，以非法出售、私赠文物藏品罪追究刑事责任。

第 11 条（第 1 款）　单位实施走私文物、倒卖文物等行为，构成犯罪的，依照本解释规定的相应自然人犯罪的定罪量刑标准，对直接负责的主管人员和其他直接责任人员定罪处罚，并对单位判处罚金。

第 12 条　针对不可移动文物整体实施走私、盗窃、倒卖等行为的，根据所属不可移动文物的等级，依照本解释第 1 条、第 2 条、第 6 条的规定定罪量刑：

（一）尚未被确定为文物保护单位的不可移动文物，适用一般文物的定罪量刑标准；

（二）市、县级文物保护单位，适用三级文物的定罪量刑标准；

（三）全国重点文物保护单位、省级文物保护单位，适用二级以上文物的定罪量刑标准。

针对不可移动文物中的建筑构件、壁画、雕塑、石刻等实施走私、盗窃、倒卖等行为的，根据建筑构件、壁画、雕塑、石刻等文物本身的等级或者价值，依照本解释第1条、第2条、第6条的规定定罪量刑。建筑构件、壁画、雕塑、石刻等所属不可移动文物的等级，应当作为量刑情节予以考虑。

第13条 案件涉及不同等级的文物的，按照高级别文物的量刑幅度量刑；有多件同级文物的，5件同级文物视为1件高一级文物，但是价值明显不相当的除外。

第14条 依照文物价值定罪量刑的，根据涉案文物的有效价格证明认定文物价值；无有效价格证明，或者根据价格证明认定明显不合理的，根据销赃数额认定，或者结合本解释第15条规定的鉴定意见、报告认定。

第15条 在行为人实施有关行为前，文物行政部门已对涉案文物及其等级作出认定的，可以直接对有关案件事实作出认定。

对案件涉及的有关文物鉴定、价值认定等专门性问题难以确定的，由司法鉴定机构出具鉴定意见，或者由国务院文物行政部门指定的机构出具报告。其中，对于文物价值，也可以由有关价格认证机构作出价格认证并出具报告。

第16条（第1款） 实施本解释第1条、第2条、第6条至第9条规定的行为，虽已达到应当追究刑事责任的标准，但行为人系初犯，积极退回或者协助追回文物，未造成文物损毁，并确有悔罪表现的，可以认定为犯罪情节轻微，不起诉或者免予刑事处罚。

第17条 走私、盗窃、损毁、倒卖、盗掘或者非法转让具有科学价值的古脊椎动物化石、古人类化石的，依照刑法和本解释的有关规定定罪量刑。

第18条 本解释自2016年1月1日起施行。本解释公布施行后，《最高人民法院、最高人民检察院关于办理盗窃、盗掘、非法经营和走私文物的案件具体应用法律的若干问题的解释》（法（研）发〔1987〕32号）同时废止；之前发布的司法解释与本解释不一致的，以本解释为准。

【公通字〔2022〕18号】 最高人民法院、最高人民检察院、公安部、国家文物局关于办理妨害文物管理等刑事案件若干问题的意见（2022年8月16日）

二、依法惩处文物犯罪

（三）准确认定掩饰、隐瞒与倒卖行为

2. 出售或者为出售而收购、运输、储存《中华人民共和国文物保护法》第

51条规定的"国家禁止买卖的文物",可以结合行为人的从业经历、认知能力、违法犯罪记录、供述情况,交易的价格、次数、件数、场所,文物的来源、外观形态等综合审查判断,认定其行为系刑法第326条规定的"以牟利为目的",但文物来源符合《中华人民共和国文物保护法》第50条规定的除外。

四、文物犯罪案件管辖(详见刑法第328条)

第328条 【盗掘古文化遗址、古墓葬罪】 盗掘具有历史、艺术、科学价值的古文化遗址、古墓葬的,处三年以上十年以下有期徒刑,并处罚金;情节较轻的,处三年以下有期徒刑、拘役或者管制,并处罚金;有下列情形之一的,处十年以上有期徒刑或者无期徒刑,并处罚金或者没收财产:①

(一)盗掘确定为全国重点文物保护单位和省级文物保护单位的古文化遗址、古墓葬的;

(二)盗掘古文化遗址、古墓葬集团的首要分子;

(三)多次盗掘古文化遗址、古墓葬的;

(四)盗掘古文化遗址、古墓葬,并盗窃珍贵文物或者造成珍贵文物严重破坏的。

【盗掘古人类化石、古脊椎动物化石罪】 盗掘国家保护的具有科学价值的古人类化石和古脊椎动物化石的,依照前款的规定处罚。

● **条文注释** 第328条规定中的"盗掘"是指以出卖或者非法占有为目的,私自秘密发掘古文化遗址和古墓葬的行为。"古文化遗址"是指在人类历史发展中由古代人类创造并留下的表明其文化发展水平的地区,如周口店;"古墓葬"是指古代(一般是指清代以前,包括清代)人类将逝者及其生前遗物按一定方式放置于特定场所并建造的固定设施。辛亥革命以后,与著名历史事件有关的名

---

① 第328条第1款是根据2011年2月25日第11届全国人民代表大会常务委员会第19次会议通过的《刑法修正案(八)》(主席令第41号公布,2011年5月1日起施行)而修改(废除了本罪的死刑);原第328条第1款内容为:"盗掘具有历史、艺术、科学价值的古文化遗址、古墓葬的,处三年以上十年以下有期徒刑,并处罚金;情节较轻的,处三年以下有期徒刑、拘役或者管制,并处罚金;有下列情形之一的,处十年以上有期徒刑、无期徒刑或者死刑,并处罚金或者没收财产:(一)盗掘确定为全国重点文物保护单位和省级文物保护单位的古文化遗址、古墓葬的;(二)盗掘古文化遗址、古墓葬集团的首要分子;(三)多次盗掘古文化遗址、古墓葬的;(四)盗掘古文化遗址、古墓葬,并盗窃珍贵文物或者造成珍贵文物严重破坏的。"

人墓葬、遗址和纪念地，也视同古墓葬、古遗址，受国家保护。

这里的"全国重点文物保护单位"有两种：（1）国家文化行政管理部门在各级文物保护单位中，直接指定并报国务院核定公布的单位；（2）国家行政管理部门在各级文物保护单位中，选择出来的具有重大历史、艺术、科学价值并报国务院核定公布的单位。"省级文物保护单位"是由省、自治区、直辖市人民政府核定并报国务院备案的文物保护单位。"首要分子"是指在盗掘古文化遗址、古墓葬犯罪活动中起组织、策划、指挥作用的犯罪分子。"多次"一般是指3次以上。"珍贵文物"包括一级文物、二级文物、三级文物。

"古脊椎动物化石"是指石化的古脊椎动物的遗骸或遗迹（主要是指1万年以前埋藏地下的古爬行动物、哺乳动物和鱼类化石等）；"古人类化石"是指石化的古人类的遗骸或遗迹（主要是指距今1万年前的直立人、早期、晚期智人的遗骸，如牙齿、头盖骨、骨骼等）。

● 相关规定　【文化部令〔2006〕38号】　古人类化石和古脊椎动物化石保护管理办法（2006年7月3日文化部部务会议通过，2006年8月7日公布施行）

第2条　本办法所称古人类化石和古脊椎动物化石，指古猿化石、古人类化石及其与人类活动有关的第四纪古脊椎动物化石。

第4条　古人类化石和古脊椎动物化石分为珍贵化石和一般化石；珍贵化石分为3级。古人类化石、与人类有祖裔关系的古猿化石、代表性的与人类有旁系关系的古猿化石、代表性的与人类起源演化有关的第四纪古脊椎动物化石为一级化石；其他与人类有旁系关系的古猿化石、系统地位暂不能确定的古猿化石、其他重要的与人类起源演化有关的第四纪古脊椎动物化石为二级化石；其他有科学价值的与人类起源演化有关的第四纪古脊椎动物化石为三级化石。

一、二、三级化石和一般化石的保护和管理，按照国家有关一、二、三级文物和一般文物保护管理的规定实施。

【国务院令〔2010〕580号】　古生物化石保护条例（2010年8月25日国务院第123次常务会议通过，2010年9月5日公布，2011年1月1日施行；2019年3月2日国务院令第709号修正）

第2条（第2款）　本条例所称古生物化石，是指地质历史时期形成并赋存于地层中的动物和植物的实体化石及其遗迹化石。

【法刊文摘】 最高人民法院研究室关于盗掘古文化遗址罪适用法律问题的研究意见①

盗掘古文化遗址罪的犯罪对象为古文化遗址的保护范围，不包括建设控制地带。因行为人对保护范围与建设控制地带的界限认识不清，而在建设控制地带进行盗掘，从而未能实现盗掘古文化遗址的犯罪目的，构成盗掘古文化遗址罪（未遂）。

【法释〔2015〕23号】 最高人民法院、最高人民检察院关于办理妨害文物管理等刑事案件适用法律若干问题的解释（2015年10月12日最高人民法院审判委员会第1663次会议、2015年11月18日最高人民检察院第12届检察委员会第43次会议通过，2015年12月30日公布，2016年1月1日起施行）

第8条 刑法第328条第1款规定的"古文化遗址、古墓葬"包括水下古文化遗址、古墓葬。"古文化遗址、古墓葬"不以公布为不可移动文物的古文化遗址、古墓葬为限。

实施盗掘行为，已损害古文化遗址、古墓葬的历史、艺术、科学价值的，应当认定为盗掘古文化遗址、古墓葬罪既遂。

采用破坏性手段盗窃古文化遗址、古墓葬以外的古建筑、石窟寺、石刻、壁画、近代现代重要史迹和代表性建筑等其他不可移动文物的，依照刑法第264条的规定，以盗窃罪追究刑事责任。

第11条（第2款） 公司、企业、事业单位、机关、团体等单位实施盗窃文物，故意损毁文物、名胜古迹，过失损毁文物，盗掘古文化遗址、古墓葬等行为的，依照本解释规定的相应定罪量刑标准，追究组织者、策划者、实施者的刑事责任。

第13条 案件涉及不同等级的文物的，按照高级别文物的量刑幅度量刑；有多件同级文物的，5件同级文物视为1件高一级文物，但是价值明显不相当的除外。

第15条 在行为人实施有关行为前，文物行政部门已对涉案文物及其等级作出认定的，可以直接对有关案件事实作出认定。

对案件涉及的有关文物鉴定、价值认定等专门性问题难以确定的，由司法鉴定机构出具鉴定意见，或者由国务院文物行政部门指定的机构出具报告。其中，对于文物价值，也可以由有关价格认证机构作出价格认证并出具报告。

第16条（第1款） 实施本解释第1条、第2条、第6条至第9条规定的

---

① 刊于《司法研究与指导》（总第1辑），人民法院出版社2012年版，第156页。

行为,虽已达到应当追究刑事责任的标准,但行为人系初犯,积极退回或者协助追回文物,未造成文物损毁,并确有悔罪表现的,可以认定为犯罪情节轻微,不起诉或者免予刑事处罚。

第 17 条 走私、盗窃、损毁、倒卖、盗掘或者非法转让具有科学价值的古脊椎动物化石、古人类化石的,依照刑法和本解释的有关规定定罪量刑。

第 18 条 本解释自 2016 年 1 月 1 日起施行。本解释公布施行后,《最高人民法院、最高人民检察院关于办理盗窃、盗掘、非法经营和走私文物的案件具体应用法律的若干问题的解释》(法(研)发〔1987〕32 号)同时废止;之前发布的司法解释与本解释不一致的,以本解释为准。

【法〔2021〕305 号】 最高人民法院服务保障黄河流域生态保护和高质量发展工作推进会会议纪要(2021 年 11 月 24 日)

11. 依法严惩妨害文物管理犯罪。加大对损毁文物,损毁名胜古迹,盗掘古文化遗址、古墓葬,盗掘古人类化石、古脊椎动物化石等刑事案件的审判力度,严厉惩治破坏黄河流域人文遗迹、自然遗迹的犯罪。对于情节恶劣、社会反映强烈的犯罪行为,依法不得适用缓刑、免予刑事处罚。

【文物博发〔2018〕4 号】 涉案文物鉴定评估管理办法(最高法、最高检、国家文物局、公安部、海关总署 2018 年 6 月 14 日印发;详见《刑事诉讼法全厚细》第二编第 2 章第 7 节"鉴定")

【公通字〔2022〕18 号】 最高人民法院、最高人民检察院、公安部、国家文物局关于办理妨害文物管理等刑事案件若干问题的意见(2022 年 8 月 16 日)

二、依法惩处文物犯罪

(一)准确认定盗掘行为

1. 针对古建筑、石窟寺等不可移动文物中包含的古文化遗址、古墓葬部分实施盗掘,符合刑法第 328 条规定的,以盗掘古文化遗址、古墓葬罪追究刑事责任。

盗掘对象是否属于古文化遗址、古墓葬,应当按照《文物犯罪解释》(法释〔2015〕23 号)第 8 条、第 15 条的规定作出认定。

2. 以盗掘为目的,在古文化遗址、古墓葬表层进行钻探、爆破、挖掘等作业,因意志以外的原因,尚未损害古文化遗址、古墓葬的历史、艺术、科学价值的,属于盗掘古文化遗址、古墓葬未遂,应当区分情况分别处理:

(1)以被确定为全国重点文物保护单位、省级文物保护单位的古文化遗址、古墓葬为盗掘目标的,应当追究刑事责任;

(2)以被确定为市、县级文物保护单位的古文化遗址、古墓葬为盗掘目标

的,对盗掘团伙的纠集者、积极参加者,应当追究刑事责任;

(3) 以其他古文化遗址、古墓葬为盗掘目标的,对情节严重者,依法追究刑事责任。

实施前款规定的行为,同时构成刑法第324条第1款、第2款规定的故意损毁文物罪、故意损毁名胜古迹罪的,依照处罚较重的规定定罪处罚。

3. 刑法第328条第1款第三项规定的"多次盗掘"是指盗掘3次以上。对于行为人基于同一或者概括犯意,在同一古文化遗址、古墓葬本体周边一定范围内实施连续盗掘,已损害古文化遗址、古墓葬的历史、艺术、科学价值的,一般应认定为1次盗掘。

(二) 准确认定盗窃行为

采用破坏性手段盗窃古建筑、石窟寺、石刻、壁画、近现代重要史迹和代表性建筑等不可移动文物未遂,具有下列情形之一的,应当依法追究刑事责任:1. 针对全国重点文物保护单位、省级文物保护单位中的建筑构件、壁画、雕塑、石刻等实施盗窃,损害文物本体历史、艺术、科学价值,情节严重的;2. 以被确定为市、县级以上文物保护单位整体为盗窃目标的;3. 造成市、县级以上文物保护单位的不可移动文物本体损毁的;4. 针对不可移动文物中的建筑构件、壁画、雕塑、石刻等实施盗窃,所涉部分具有等同于三级以上文物历史、艺术、科学价值的;5. 其他情节严重的情形。

实施前款规定的行为,同时构成刑法第324条第1款、第2款规定的故意损毁文物罪、故意损毁名胜古迹罪的,依照处罚较重的规定定罪处罚。

三、涉案文物的认定和鉴定评估

对案件涉及的文物等级、类别、价值等专门性问题,如是否属于古文化遗址、古墓葬、古建筑、石窟寺、石刻、壁画、近代现代重要史迹和代表性建筑等不可移动文物,是否具有历史、艺术、科学价值,是否属于各级文物保护单位,是否属于珍贵文物,以及有关行为对文物造成的损毁程度和对文物价值造成的影响等,案发前文物行政部门已作认定的,可以直接对有关案件事实作出认定;案发前未作认定的,可以结合国务院文物行政部门指定的机构出具的《涉案文物鉴定评估报告》作出认定,必要时,办案机关可以依法提请文物行政部门对有关问题作出说明。《涉案文物鉴定评估报告》应当依照《涉案文物鉴定评估管理办法》(文物博发〔2018〕4号)规定的程序和格式文本出具。

四、文物犯罪案件管辖

文物犯罪案件一般由犯罪地的公安机关管辖,包括文物犯罪的预谋地、工具准备地、勘探地、盗掘地、盗窃地、途经地、交易地、倒卖信息发布地、出口（境）地、涉案不可移动文物的所在地、涉案文物的实际取得地、藏匿地、转移地、加工地、储存地、销售地等。多个公安机关都有权立案侦查的文物犯罪案件，由主要犯罪地公安机关立案侦查。

具有下列情形之一的，有关公安机关可以在其职责范围内并案处理：（1）1人犯数罪的；（2）共同犯罪的；（3）共同犯罪的犯罪嫌疑人还实施其他犯罪的；（4）3人以上时分时合，交叉结伙作案的；（5）多个犯罪嫌疑人实施的盗掘、盗窃、倒卖、掩饰、隐瞒、走私等犯罪存在直接关联，或者形成多层级犯罪链条，并案处理有利于查明案件事实的。

五、宽严相济刑事政策的应用

（一）要着眼出资、勘探、盗掘、盗窃、倒卖、收赃、走私等整个文物犯罪网络开展打击，深挖幕后金主，斩断文物犯罪链条，对虽未具体参与实施有关犯罪实行行为，但作为幕后纠集、组织、指挥、筹划、出资、教唆者，在共同犯罪中起主要作用的，可以依法认定为主犯。

（二）对曾因文物违法犯罪而受过行政处罚或者被追究刑事责任、多次实施文物违法犯罪行为、以及国家工作人员实施本意见规定相关犯罪行为的，可以酌情从重处罚。

第329条　【抢夺、窃取国有档案罪】 抢夺、窃取国家所有的档案的，处五年以下有期徒刑或者拘役。

【擅自出卖、转让国有档案罪】 违反档案法的规定，擅自出卖、转让国家所有的档案，情节严重的，处三年以下有期徒刑或者拘役。

有前两款行为，同时又构成本法规定的其他犯罪的，依照处罚较重的规定定罪处罚。

● **条文注释**　根据《档案法》第2条的规定，"档案"是指过去和现在的国家机构、社会组织以及个人从事政治、军事、经济、科学、技术、文化、宗教等活动直接形成的对国家和社会有保存价值的多种文字、图表、声像等不同形式的历史记录。"国家所有的档案"是指涉及国家和社会有重要保存价值的历史记录，由国家具有所有权及处置权的档案（不适当地公布可能会造成不良的后果）。

这里的"抢夺"国家所有的档案，是指以非法占有或使用为目的，公然夺取国家所有的档案，当然也应包含抢劫档案的行为。"窃取"国家所有的档案，是指以非法占有或使用为目的，以秘密手段，非法取得国家所有的档案。"擅自出卖、转让国家所有的档案"实际上是改变了档案的所有权,也意味着国家所有的档案随时可能被公布。

需要注意的是:刑法虽然将关于档案的犯罪放在妨害文物管理罪一节,这并不是说档案都属于文物,档案中只有一部分属于文物。如果行为人抢夺、盗窃,或者擅自出卖、转让的档案属于文物或国家秘密,那么行为人可能同时触犯数个罪名,在这种情况下,应当从一重罪处罚。

第五节 危害公共卫生罪

第330条 【妨害传染病防治罪】 违反传染病防治法的规定,有下列情形之一,引起甲类传染病以及依法确定采取甲类传染病预防、控制措施的传染病传播或者有传播严重危险的,处三年以下有期徒刑或者拘役;后果特别严重的,处三年以上七年以下有期徒刑:[1]

(一)供水单位供应的饮用水不符合国家规定的卫生标准的;

(二)拒绝按照疾病预防控制机构提出的卫生要求,对传染病病原体污染的污水、污物、场所和物品进行消毒处理的;

(三)准许或者纵容传染病病人、病原携带者和疑似传染病病人从事国务院卫生行政部门规定禁止从事的易使该传染病扩散的工作的;

(四)出售、运输疫区中被传染病病原体污染或者可能被传染病病原体污染的物品,未进行消毒处理的;

(五)拒绝执行县级以上人民政府、疾病预防控制机构依照传染病防治法提出的预防、控制措施的。

---

[1] 本款规定原为:"违反传染病防治法的规定,有下列情形之一,引起甲类传染病传播或者有传播严重危险的,处三年以下有期徒刑或者拘役;后果特别严重的,处三年以上七年以下有期徒刑:(一)供水单位供应的饮用水不符合国家规定的卫生标准的;(二)拒绝按照卫生防疫机构提出的卫生要求,对传染病病原体污染的污水、污物、粪便进行消毒处理的;(三)准许或者纵容传染病病人、病原携带者和疑似传染病病人从事国务院卫生行政部门规定禁止从事的易使该传染病扩散的工作的;(四)拒绝执行卫生防疫机构依照传染病防治法提出的预防、控制措施的。"2020年12月26日第13届全国人大常委会第24次会议通过的《刑法修正案(十一)》(主席令第66号公布,2021年3月1日起施行)增加了"以及依法确定采取甲类传染病预防、控制措施的传染病",并修改了适用情形。

> 　　单位犯前款罪的，对单位判处罚金，并对其直接负责的主管人员和其他直接责任人员，依照前款的规定处罚。
>
> 　　甲类传染病的范围，依照《中华人民共和国传染病防治法》和国务院有关规定确定。

● **条文注释**　第330条规定的"传染病"，是指由于致病性微生物（如细菌、病毒、立克次体、寄生虫等）侵入人体，而发生使人体健康受到某种损害以致危及生命的疾病。根据《传染病防治法》第3条的规定，传染病分为甲类、乙类和丙类。"甲类传染病"[①] 有：鼠疫、霍乱；按甲类传染病管理（采取甲类传染病的预防、控制措施）的乙类传染病有：传染性非典型肺炎、炭疽中的肺炭疽、新型冠状病毒感染的肺炎。其他乙类传染病和突发原因不明的传染病需要按甲类传染病管理的，由国务院卫生行政部门及时报经国务院批准后公布实施。

　　第1款第1项规定中的"供水单位"主要是指城乡自来水厂和厂矿、企业、学校、部队等有自备水源的集中式供水单位。"国家规定的卫生标准"主要是指《传染病防治法实施办法》和《生活饮用水卫生标准》规定的卫生标准。

　　第1款第2项规定中的"疾病预防控制机构"是指卫生防疫站、结核病防治研究所（院）、寄生虫病防治研究所（站）、血吸虫病防治研究所（站）、皮肤病性病防治研究所（站）、地方病防治研究所（站）、鼠疫防治站（所）、乡镇预防保健站（所）及与上述机构专业相同的单位。"消毒处理"，是指对传染病病人的排污所污染的以及因其他原因被传染病病原体所污染的环境、物品、空气、水源和可能被污染的物品、场所等都要同时、全面、彻底地进行消毒，即用化学、物理、生物的方法杀灭或者消除环境中的致病性微生物，达到无害化。

　　第1款第3项规定中的"准许"，是指传染病病人、病原携带者和疑似传染病病人的所在单位领导人员或主管人员明知（不明知则除外）上述传染病病人、病原携带者和疑似传染病病人违反规定从事易使传染病扩散的工作，而未采取调离其工作等措施，默许其继续从事易使传染病扩散的工作；"纵容"，是指传染病病人、病原携带者和疑似传染病病人所在单位的领导人员和主管人员，明知其违反规定从事易使传染病扩散的工作，不仅不采取措施，而且为其提供方便条件，

[①] 注：依据1969年7月25日第22届世界卫生大会制定、2005年5月23日第58届世界卫生大会修订的《国际卫生条例》的统一规定，世界卫生组织将鼠疫、霍乱和黄热病3种烈性传染病列为国际检疫传染病，一经发现，必须及时向世界卫生组织通报。我国境内没有黄热病，因此只将鼠疫、霍乱列为甲类传染病。

或听之任之放纵其继续从事这一工作。"传染病病人""疑似传染病病人"是指根据2010年5月卫生部发布的《传染病防治法规定管理的传染病诊断标准》(卫生行业标准)中规定的,符合传染病病人和疑似传染病病人诊断标准的人,如乙型肝炎患者;"病原携带者"是指感染原体无临床症状但能排出病原体的人。

根据国家法律、行政法规和卫生部门的有关规定,属于"易使传染病扩散"的工作主要有以下几类:1.接触直接入口食品的工作(《食品安全法》第34条)。2.饮水、饮食、整容、保育等工作(《传染病防治法实施办法》第19条),具体有:(1)饮用水的生产、管理、供应等工作;(2)饮食服务行业的经营、服务等工作;(3)食品行业的生产、加工、销售、运输及保管等工作;(4)托幼机构的保育、教育等工作;(5)美容、整容等工作;(6)其他与人群接触密切的工作。3.公共场所直接为顾客服务的工作(《公共场所卫生管理条例》第7条)。4.化妆品生产工作(《化妆品卫生监督条例》第7条)。

第1款第5项规定中的"预防、控制措施"是指卫生防疫机构根据预防传染的需要采取的措施。主要包括:(1)对甲类传染病病人和病原携带者,予以隔离治疗或对严重发病区采取隔离措施;(2)对疑似甲类传染病病人,在明确诊断前,在指定场所进行医学观察;(3)对传染病人禁止从事与人群接触密切的工作;(4)对易感染人畜共患传染病的野生动物,未经当地或者接收地的政府畜牧兽医部门检疫,禁止出售或者运输;(5)对从事传染病预防、医疗、科研、教学的人员预先接种有关接触的传染病疫苗;(6)执行职务时穿防护服装;(7)对传染病病人、病原携带者、疑似传染病人污染的场所、物品和密切接触的人员,实施必要的卫生处理和预防措施等。

第330条规定的"后果特别严重"主要是指造成众多的人感染甲类传染病以及多人死亡等特别严重的后果,其具体的界定标准尚未有法律法规或司法解释作出规定。

需要注意的是:构成第330条规定之罪的情节要求是"引起甲类传染病……传播或者有传播严重危险"。如果没达到这一情节,则不构成本罪;可以视其情节和后果给予行政处罚,构成犯罪的,依照刑法其他的相关规定定罪处罚(如《刑法》第168条规定的"国有事业单位人员失职罪")。

● 相关规定　【主席令〔2004〕17号】　中华人民共和国传染病防治法(2004年8月28日第10届全国人大常委会第11次会议修订,2004年12月1日施行;2013年6月29日第12届全国人大常委会第3次会议修正)

第3条　本法规定的传染病分为甲类、乙类和丙类。

甲类传染病是指：鼠疫、霍乱。

乙类传染病是指：传染性非典型肺炎、艾滋病、病毒性肝炎、脊髓灰质炎、人感染高致病性禽流感、麻疹、流行性出血热、狂犬病、流行性乙型脑炎、登革热、炭疽、细菌性和阿米巴性痢疾、肺结核、伤寒和副伤寒、流行性脑脊髓膜炎、百日咳、白喉、新生儿破伤风、猩红热、布鲁氏菌病、淋病、梅毒、钩端螺旋体病、血吸虫病、疟疾。

丙类传染病是指：流行性感冒、流行性腮腺炎、风疹、急性出血性结膜炎、麻风病、流行性和地方性斑疹伤寒、黑热病、包虫病、丝虫病，除霍乱、细菌性和阿米巴性痢疾、伤寒和副伤寒以外的感染性腹泻病。

国务院卫生行政部门根据传染病暴发、流行情况和危害程度，可以决定增加、减少或者调整乙类、丙类传染病病种并予以公布。

第4条 对乙类传染病中传染性非典型肺炎、炭疽中的肺炭疽和人感染高致病性禽流感①，采取本法所称甲类传染病的预防、控制措施。其他乙类传染病和突发原因不明的传染病需要采取本法所称甲类传染病的预防、控制措施的，由国务院卫生行政部门及时报经国务院批准后予以公布、实施。

需要解除依照前款规定采取的甲类传染病预防、控制措施的，由国务院卫生行政部门报经国务院批准后予以公布。

省、自治区、直辖市人民政府对本行政区域内常见、多发的其他地方性传染病，可以根据情况决定按照乙类或者丙类传染病管理并予以公布，报国务院卫生行政部门备案。

【国卫疾控发〔2013〕28号】 国家卫生计生委关于调整部分法定传染病病种管理工作的通知（2013年10月28日）

一、将人感染H7N9禽流感纳入法定乙类传染病；将甲型H1N1流感从乙类调整为丙类，并纳入现有流行性感冒进行管理；解除对人感染高致病性禽流感采取的传染病防治法规定的甲类传染病预防、控制措施。

【卫健委公告〔2020〕1号】 国家卫生健康委员会关于将新型冠状病毒感染的肺炎纳入法定传染病管理的公告（经国务院批准，2020年1月20日公告）

一、将新型冠状病毒感染的肺炎纳入《中华人民共和国传染病防治法》规定的乙类传染病，并采取甲类传染病的预防、控制措施。

---

① 注：根据"国卫疾控发〔2013〕28号"《通知》，人感染高致病性禽流感病种于2013年10月28日被解除按甲类传染病管理。

【法发〔2020〕7号】 最高人民法院、最高人民检察院、公安部、司法部关于依法惩治妨害新型冠状病毒感染肺炎疫情防控违法犯罪的意见（2020年2月6日印发）①

二、准确适用法律，依法严惩妨害疫情防控的各类违法犯罪

（一）②依法严惩抗拒疫情防控措施犯罪。故意传播新型冠状病毒感染肺炎病原体，具有下列情形之一，危害公共安全的，依照刑法第114条、第115条第1款的规定，以以危险方法危害公共安全罪定罪处罚：

1. 已经确诊的新型冠状病毒感染肺炎病人、病原携带者，拒绝隔离治疗或者隔离期未满擅自脱离隔离治疗，并进入公共场所或者公共交通工具的；

2. 新型冠状病毒感染肺炎疑似病人拒绝隔离治疗或者隔离期未满擅自脱离隔离治疗，并进入公共场所或者公共交通工具，造成新型冠状病毒传播的。

其他拒绝执行卫生防疫机构依照传染病防治法提出的防控措施，引起新型冠状病毒传播或者有传播严重危险的，依照刑法第330条的规定，以妨害传染病防治罪定罪处罚。

（十）依法严惩妨害疫情防控的违法行为。实施上述（一）至（九）规定的行为，不构成犯罪的，由公安机关根据治安管理处罚法有关……拒不执行紧急状态下的决定、命令，阻碍执行职务……等规定，予以治安管理处罚，或者由有关部门予以其他行政处罚。

中共中央政法委员会、最高人民法院、最高人民检察院、公安部、司法部关于政法机关依法保障疫情防控期间复工复产的意见（2020年2月25日印发）

五、准确把握法律政策界限，营造良好司法环境。……对于因生产经营需要，提前复工复产，引发新型冠状病毒传播或有传播风险的，要根据企业是否依法采取有关疫情防控措施，是否建立严格的岗位责任制，综合认定行为性质，依法妥善处理。在涉企业案件办理中，积极推进认罪认罚从宽制度适用，落实少捕慎诉司法理念……

【卫健委公告〔2022〕7号】 国家卫生健康委员会关于将新型冠状病毒肺炎更名并解除按照甲类传染病预防、控制措施的公告（第二次重印增补内容，余文见本书末尾。）

---

① 注：2022年12月26日国家卫健委公告（2022年第7号）将新型冠状病毒肺炎更名为新型冠状病毒感染，并自2023年1月8日起解除按照甲类传染病管理，实行"乙类乙管"。因此，本《意见》已经失去了实施背景和法律依据。

② 注：根据最高法、最高检、公安部、司法部、海关总署《关于适应新阶段疫情防控政策调整依法妥善办理相关刑事案件的通知》（高检发〔2023〕2号），本款规定自2023年1月8日起不再适用。

【高检发〔2023〕2号】 最高人民法院、最高人民检察院、公安部、司法部、海关总署关于适应新阶段疫情防控政策调整依法妥善办理相关刑事案件的通知（第二次重印增补内容，余文见本书末尾。）

【主席令〔2012〕67号】 中华人民共和国治安管理处罚法（2012年10月26日第11届全国人大常委会第29次会议修正，2013年1月1日起施行）

第50条 有下列行为之一的，处警告或者200元以下罚款；情节严重的，处5日以上10日以下拘留，可以并处500元以下罚款：

（一）拒不执行人民政府在紧急状态情况下依法发布的决定、命令的；……

● **立案标准** 最高人民检察院、公安部关于公安机关管辖的刑事案件立案追诉标准的规定（一）（公通字〔2008〕36号，2008年6月25日公布施行）

第49条 [妨害传染病防治案（刑法第330条）] 违反传染病防治法的规定，引起甲类或者按照甲类管理的传染病传播或者有传播严重危险，涉嫌下列情形之一的，应予立案追诉：

（一）供水单位供应的饮用水不符合国家规定的卫生标准的；

（二）拒绝按照疾病预防控制机构提出的卫生要求，对传染病病原体污染的污水、污物、粪便进行消毒处理的；

（三）准许或者纵容传染病病人、病原携带者和疑似传染病病人从事国务院卫生行政部门规定禁止从事的易使该传染病扩散的工作的；

（四）拒绝执行疾病预防控制机构依照传染病防治法提出的预防、控制措施的。

本条……规定的"甲类传染病"，是指鼠疫、霍乱；"按甲类管理的传染病"，是指乙类传染病中传染性非典型肺炎、炭疽中的肺炭疽、人感染高致病性禽流感[①]以及国务院卫生行政部门根据需要报经国务院批准公布实施的其他需要按甲类管理的乙类传染病和突发原因不明的传染病。

第331条 【传染病菌种、毒种扩散罪】 从事实验、保藏、携带、运输传染病菌种、毒种的人员，违反国务院卫生行政部门的有关规定，造成传染病菌种、毒种扩散，后果严重的，处三年以下有期徒刑或者拘役；后果特别严重的，处三年以上七年以下有期徒刑。

● **条文注释** 构成第331条规定之罪，必须具备以下条件：（1）犯罪主体只能是从事实验、保藏、携带、运输传染病菌种、毒种的人员，即因工作需要而接

[①] 注：根据"国卫疾控发〔2013〕28号"《通知》，人感染高致病性禽流感病种于2013年10月28日被解除按甲类传染病管理。

触传染病菌种、毒种，从而负有特定防治义务的人员；（2）违反了国务院卫生行政部门的有关规定（如果没违反规定，或违反的是其他规定，则也不构成本罪）；（3）造成传染病菌种、毒种扩散（如果造成的是其他的严重后果，也不构成本罪）；（4）后果严重。

这里的"传染病菌种、毒种"主要分为 3 类：一类包括鼠疫耶尔森氏菌、霍乱弧菌、天花病毒、艾滋病病毒。二类包括布氏菌、炭疽菌、麻风杆菌；肝炎病毒、狂犬病毒、出血热病毒、登革热病毒；斑疹伤寒立克次体；三类包括脑膜炎双球菌、链球菌、淋病双球菌、结核杆菌、百日咳嗜血杆菌、白喉棒状杆菌、沙门氏菌、志贺氏菌、破伤风梭状杆菌；钩端螺旋体、梅毒螺旋体；乙型脑炎病毒、脊髓灰质炎病毒、流感病毒、流行性腮腺炎病毒、麻疹病毒、风疹病毒。

这里的"有关规定"主要包括以下 4 个方面的内容：（1）菌种、毒种的保藏由国务院卫生行政部门指定的单位负责。（2）一、二类菌种、毒种由国务院卫生行政部门指定的保藏管理单位供应。三类菌种、毒种由设有专业实验室的单位或者国务院卫生行政部门指定的保藏管理单位供应。（3）使用菌种、毒种的单位，必须经国务院卫生行政部门批准；使用二类菌种、毒种的单位，必须经省级政府卫生行政部门批准；使用三类菌种、毒种的单位，应当经县级政府卫生行政部门批准。（4）一、二类菌种、毒种，应派专人向供应单位领取，不得邮寄；三类菌种、毒种的邮寄必须持有邮寄单位的证明，并按菌种、毒种邮寄与包装的有关规定办理。此外，对菌种、毒种的引进、使用、供应和审批，必须严格按照国务院卫生行政部门的规定进行。

"造成传染病菌种、毒种扩散"是指造成传染病菌种、毒种传播，使他人受到传染。"后果严重"主要是指传染病菌种、毒种传播面积较大，使多人受到传染，或者造成被传染病人因病死亡等；"后果特别严重"是指引起传染病大面积传播或长时间传播，或者造成人员死亡或多人残疾，或者引起民心极度恐慌造成社会秩序严重混乱，或者致使国家对于传染病防治的正常活动受到特别严重干扰的，等等。

● **相关规定**　【法释〔2003〕8 号】　**最高人民法院、最高人民检察院关于办理妨害预防、控制突发传染病疫情等灾害的刑事案件具体应用法律若干问题的解释**（2003 年 5 月 13 日最高人民法院审判委员会第 1269 次会议、2003 年 5 月 13 日最高人民检察院第 10 届检察委员会第 3 次会议通过，2003 年 5 月 14 日公布，2003 年 5 月 15 日起施行）

第 13 条　违反传染病防治法等国家有关规定，向土地、水体、大气排放、倾倒或者处置含传染病病原体的废物、有毒物质或者其他危险废物，造成突发传染病传播等重大环境污染事故，致使公私财产遭受重大损失或者人身伤亡的严重后果的，依照刑法第338条的规定，以重大环境污染事故罪[1]定罪处罚。

【法发〔2020〕7号】 最高人民法院、最高人民检察院、公安部、司法部关于依法惩治妨害新型冠状病毒感染肺炎疫情防控违法犯罪的意见（2020年2月6日印发）

二、准确适用法律，依法严惩妨害疫情防控的各类违法犯罪

（七）依法严惩疫情防控失职渎职、贪污挪用犯罪。……

（第3款）从事实验、保藏、携带、运输传染病菌种、毒种的人员，违反国务院卫生行政部门的有关规定，造成新型冠状病毒毒种扩散，后果严重的，依照刑法第331条的规定，以传染病毒种扩散罪定罪处罚。

● **立案标准** 最高人民检察院、公安部关于公安机关管辖的刑事案件立案追诉标准的规定（一）（公通字〔2008〕36号，2008年6月25日公布施行）

第49条（第2款）……第50条规定的"甲类传染病"，是指鼠疫、霍乱；"按甲类管理的传染病"，是指乙类传染病中传染性非典型肺炎、炭疽中的肺炭疽、人感染高致病性禽流感[2]以及国务院卫生行政部门根据需要报经国务院批准公布实施的其他需要按甲类管理的乙类传染病和突发原因不明的传染病。

第50条〔传染病菌种、毒种扩散案（刑法第331条）〕从事实验、保藏、携带、运输传染病菌种、毒种的人员，违反国务院卫生行政部门的有关规定，造成传染病菌种、毒种扩散，涉嫌下列情形之一的，应予立案追诉：

（一）导致甲类和按甲类管理的传染病传播的；
（二）导致乙类、丙类传染病流行、暴发的；
（三）造成人员重伤或者死亡的；
（四）严重影响正常的生产、生活秩序的；
（五）其他造成严重后果的情形。

第332条 【妨害国境卫生检疫罪】 违反国境卫生检疫规定，引起检疫传染病传播或者有传播严重危险的，处三年以下有期徒刑或者拘役，并处或者单处罚金。

单位犯前款罪的，对单位判处罚金，并对其直接负责的主管人员和其他直接责任人员，依照前款的规定处罚。

---

[1] 随着《刑法修正案（八）》对《刑法》第338条的修改，最高人民法院、最高人民检察院于2011年4月27日发布《关于执行〈中华人民共和国刑法〉确定罪名的补充规定（五）》，将"重大环境污染事故罪"改为"污染环境罪"，2011年5月1日起施行（与《刑法修正案（八）》同步施行）。

[2] 注：根据"国卫疾控发〔2013〕28号"《通知》，人感染高致病性禽流感病种于2013年10月28日被解除按甲类传染病管理。

● **条文注释**　第332条规定中的"国境卫生检疫规定",是指《国境卫生检疫法》中关于检疫的规定,主要包括以下几个方面:(1)对入境的交通工具和人员,必须在最先到达的国境口岸指定地点接受检疫;出境的交通工具和人员,必须在最后离开的国境口岸接受检疫。(2)对来自疫区的、被检疫传染病污染的或者可能成为检疫传染病传播媒介的行李、货物、邮包等物品,应当进行卫生检查,实施消毒、除鼠、除虫或者其他卫生处理。(3)对出入境的尸体、骸骨,其托运人或者代理人必须向卫生检疫机关申报,经卫生检疫合格后,发给出入境许可证,方准运进或者运出。"检疫传染病",是指鼠疫、霍乱、黄热病以及国务院确定和公布的其他传染病。

第332条第2款规定的"单位",是指出入境应当接受检疫的单位。

● **相关规定**　**【署法发〔2020〕50号】最高人民法院、最高人民检察院、公安部、司法部、海关总署关于进一步加强国境卫生检疫工作依法惩治妨害国境卫生检疫违法犯罪的意见**(2020年3月13日印发)

二、依法惩治妨害国境卫生检疫的违法犯罪行为

(二)依法惩治妨害国境卫生检疫犯罪。根据刑法第332条规定,违反国境卫生检疫规定,实施下列行为之一的,属于妨害国境卫生检疫行为:

1. 检疫传染病染疫人或者染疫嫌疑人拒绝执行海关依照国境卫生检疫法等法律法规提出的健康申报、体温监测、医学巡查、流行病学调查、医学排查、采样等卫生检疫措施,或者隔离、留验、就地诊验、转诊等卫生处理措施的;

2. 检疫传染病染疫人或者染疫嫌疑人采取不如实填报健康申明卡等方式隐瞒疫情,或者伪造、涂改检疫单、证等方式伪造情节的;

3. 知道或者应当知道实施审批管理的微生物、人体组织、生物制品、血液及其制品等特殊物品可能造成检疫传染病传播,未经审批仍逃避检疫,携运、寄递出入境的;

4. 出入境交通工具上发现有检疫传染病染疫人或者染疫嫌疑人,交通工具负责人拒绝接受卫生检疫或者拒不接受卫生处理的;

5. 来自检疫传染病流行国家、地区的出入境交通工具上出现非意外伤害死亡且死因不明的人员,交通工具负责人故意隐瞒情况的;

6. 其他拒绝执行海关依照国境卫生检疫法等法律法规提出的检疫措施的。

实施上述行为,引起鼠疫、霍乱、黄热病以及新冠肺炎等国务院确定和公布的其他检疫传染病传播或者有传播严重危险的,依照刑法第332条的规定,以妨害国境卫生检疫罪定罪处罚。

对于单位实施妨害国境卫生检疫行为，引起鼠疫、霍乱、黄热病以及新冠肺炎等国务院确定和公布的其他检疫传染病传播或者有传播严重危险的，应当对单位判处罚金，并对其直接负责的主管人员和其他直接责任人员定罪处罚。

【高检发〔2023〕2号】 最高人民法院、最高人民检察院、公安部、司法部、海关总署关于适应新阶段疫情防控政策调整依法妥善办理相关刑事案件的通知（第二次重印增补内容，余文见本书末尾）。

● **立案标准** 最高人民检察院、公安部关于公安机关管辖的刑事案件立案追诉标准的规定（一）（公通字〔2008〕36号，2008年6月25日公布施行）

第51条 [妨害国境卫生检疫案（刑法第332条）] 违反国境卫生检疫规定，引起检疫传染病传播或者有传播严重危险的，应予立案追诉。

本条规定的"检疫传染病"，是指鼠疫、霍乱、黄热病以及国务院确定和公布的其他传染病。

第333条 【非法组织卖血罪；强迫卖血罪】 非法组织他人出卖血液的，处五年以下有期徒刑，并处罚金；以暴力、威胁方法强迫他人出卖血液的，处五年以上十年以下有期徒刑，并处罚金。

有前款行为，对他人造成伤害的，依照本法第二百三十四条的规定定罪处罚。

第334条 【非法采集、供应血液、制作、供应血液制品罪】 非法采集、供应血液或者制作、供应血液制品，不符合国家规定的标准，足以危害人体健康的，处五年以下有期徒刑或者拘役，并处罚金；对人体健康造成严重危害的，处五年以上十年以下有期徒刑，并处罚金；造成特别严重后果的，处十年以上有期徒刑或者无期徒刑，并处罚金或者没收财产。

【采集、供应血液、制作、供应血液制品事故罪】 经国家主管部门批准采集、供应血液或者制作、供应血液制品的部门，不依照规定进行检测或者违背其他操作规定，造成危害他人身体健康后果的，对单位判处罚金，并对其直接负责的主管人员和其他直接责任人员，处五年以下有期徒刑或者拘役。

● **条文注释** 第333条、第334条是针对在血液与血液制品的提供、采集、制作、供应过程中的犯罪行为的处罚规定。非法组织卖血或强迫卖血的，适用第

333 条的规定；非法采集、制作、供应血液或血液制品的，适用第 334 条的规定。这里的"血液"，包括全血、成分血和特殊血液成分。

第 333 条第 1 款规定的"非法组织他人出卖血液"指的是"血头""血霸"为牟取非法利益，未经卫生行政主管部门批准或者委托，擅自组织他人向血站、红十字会或者其他采集血液的医疗机构提供血液。"以暴力、威胁方法强迫他人出卖血液"，是指"血头""血霸"以牟取非法利益为目的，用限制人身自由、殴打等暴力方法，强行、迫使不愿提供血液的人，向血站、红十字会或其他采集血液的医疗机构提供血液。

第 333 条第 2 款规定的"对他人造成伤害"，主要包括三种情况：（1）组织患有疾病或者有其他原因不宜供血的人供血，造成被采血人健康受到严重损害；（2）由于长期过度供血，使供血者身体健康受到严重损害；（3）为了抽取他人血液，使用暴力手段致人身体伤害的情况。有上述情况之一的，依照《刑法》第 234 条关于故意伤害罪的规定定罪处罚。

第 334 条第 1 款规定的"非法采集、供应血液"是指未经国家主管部门批准而采集、供应血液。为了保证血液纯净，保证安全使用，国家卫生部门规定，只有经卫生部门特别批准的血站等单位才有采血权、供血权，未经批准的均属非法。"血液制品"是指人血（胎盘）球蛋白、白蛋白、丙种球蛋白、浓缩Ⅷ因子、纤维蛋白原等各种人血浆蛋白制品。"不符合国家规定的标准"，包括两种情形：（1）非法采集、供应的血液不符合《献血法》和《献血者健康检查要求》[①] 的相关规定；（2）非法制作、供应的血液制品，不符合《血液制品管理条例》和《中国生物制品规程》[②] 的相关规定。

"足以危害人体健康"是指血液和血液制品，一旦被使用，就可能让使用者

[①]《献血者健康检查要求》（GB 18467-2011）由 2011 年 11 月 30 日卫生部和国家标准化管理委员会发布，2012 年 7 月 1 日起施行，替代 GB 18467-2001。

此前，1998 年 9 月 21 日卫生部令第 2 号发布《献血者健康检查标准》，作为《血站管理办法（暂行）》的附件，自 1998 年 10 月 1 日起施行；同时废止 1993 年 3 月 20 日卫生部令第 29 号颁布的《采供血机构和血液管理办法》和 1993 年 2 月 17 日颁布的"关于发布《血站基本标准》的通知书"〔卫医发〔1993〕第 2 号〕的附件 2《供血者健康检查标准》。

2005 年 11 月 17 日卫生部令第 44 号发布《血站管理办法》，自 2006 年 3 月 1 日起施行；同时废止 1998 年 9 月 21 日卫生部令第 2 号发布的《血站管理办法（暂行）》。

[②]《中国生物制品规程》由原国家药品监督管理局（前身为国家医药管理局）制定，是我国生物制品生产、检定、经营和使用的技术法规，是监督检验生物制品质量的法定标准，每五年修订出版一次，并不定期出版增补本。从 2005 年起，《中国生物制品规程》纳入国家药典委员会编纂的《中华人民共和国药典》三部（生物制品部分），同样每五年修订出版一次，并不定期出版增补本。

《中华人民共和国药典》2010 年版由 2010 年 3 月 22 日卫生部公告第 5 号颁布，2010 年 10 月 1 日起执行。

感染疾病。"对人体健康造成严重危害",是指不符合国家规定的卫生标准的血液、血液制品,在医疗应用中让使用者感染严重疾病。"造成特别严重后果"是指造成他人死亡,或致使多人感染严重的血源性传染病;或者由于血源流动大,没有记录等原因,无法查清感染人数和感染区域,但是却存在传播血源性传染病的重大危险等。

构成第334条第1款规定之罪的犯罪主体只能是自然人,单位不能构成该罪;如果单位实施该款规定的行为,只能对其直接负责的主管人员和其他直接责任人员依法追究刑事责任。

第334条第2款规定之罪的犯罪主体是特殊主体,即经过国家主管部门批准采集、供应血液或者制作、供应血液制品的部门。它们如果违反规定,造成危害他人身体健康后果的,构成单位犯罪。这里的"规定"既包括上述"国家规定的标准",还包括其他操作规程。

● 相关规定 　【法释〔2008〕12号】　最高人民法院、最高人民检察院关于办理非法采供血液等刑事案件具体应用法律若干问题的解释(2008年2月18日最高人民法院审判委员会第1444次会议、2008年5月8日最高人民检察院第11届检察委员会第1次会议通过,2008年9月22日公布,2008年9月23日起施行)

第1条　对未经国家主管部门批准或者超过批准的业务范围,采集、供应血液或者制作、供应血液制品的,应认定为刑法第334条第1款规定的"非法采集、供应血液或者制作、供应血液制品"。

第2条　对非法采集、供应血液或者制作、供应血液制品,具有下列情形之一的,应认定为刑法第334条第1款规定的"不符合国家规定的标准,足以危害人体健康",处5年以下有期徒刑或者拘役,并处罚金:

(一)采集、供应的血液含有艾滋病病毒、乙型肝炎病毒、丙型肝炎病毒、梅毒螺旋体等病原微生物的;

(二)制作、供应的血液制品含有艾滋病病毒、乙型肝炎病毒、丙型肝炎病毒、梅毒螺旋体等病原微生物,或者将含有上述病原微生物的血液用于制作血液制品的;

(三)使用不符合国家规定的药品、诊断试剂、卫生器材,或者重复使用一次性采血器材采集血液,造成传染病传播危险的;

(四)违反规定对献血者、供血浆者超量、频繁采集血液、血浆,足以危害人体健康的;

(五)其他不符合国家有关采集、供应血液或者制作、供应血液制品的规定标准，足以危害人体健康的。

第3条　对非法采集、供应血液或者制作、供应血液制品，具有下列情形之一的，应认定为刑法第334条第1款规定的"对人体健康造成严重危害"，处5年以上10年以下有期徒刑，并处罚金：

（一）造成献血者、供血浆者、受血者感染乙型肝炎病毒、丙型肝炎病毒、梅毒螺旋体或者其他经血液传播的病原微生物的；

（二）造成献血者、供血浆者、受血者重度贫血、造血功能障碍或者其他器官组织损伤导致功能障碍等身体严重危害的；

（三）对人体健康造成其他严重危害的。

第4条　对非法采集、供应血液或者制作、供应血液制品，具有下列情形之一的，应认定为刑法第334条第1款规定的"造成特别严重后果"，处10年以上有期徒刑或者无期徒刑，并处罚金或者没收财产：

（一）因血液传播疾病导致人员死亡或者感染艾滋病病毒的；

（二）造成5人以上感染乙型肝炎病毒、丙型肝炎病毒、梅毒螺旋体或者其他经血液传播的病原微生物的；

（三）造成5人以上重度贫血、造血功能障碍或者其他器官组织损伤导致功能障碍等身体严重危害的；

（四）造成其他特别严重后果的。

第5条　对经国家主管部门批准采集、供应血液或者制作、供应血液制品的部门，具有下列情形之一的，应认定为刑法第334条第2款规定的"不依照规定进行检测或者违背其他操作规定"：

（一）血站未用两个企业生产的试剂对艾滋病病毒抗体、乙型肝炎病毒表面抗原、丙型肝炎病毒抗体、梅毒抗体进行两次检测的；

（二）单采血浆站不依照规定对艾滋病病毒抗体、乙型肝炎病毒表面抗原、丙型肝炎病毒抗体、梅毒抗体进行检测的；

（三）血液制品生产企业在投料生产前未用主管部门批准和检定合格的试剂进行复检的；

（四）血站、单采血浆站和血液制品生产企业使用的诊断试剂没有生产单位名称、生产批准文号或者经检定不合格的；

（五）采供血机构在采集检验标本、采集血液和成分血分离时，使用没有生产单位名称、生产批准文号或者超过有效期的一次性注射器等采血器材的；

（六）不依照国家规定的标准和要求包装、储存、运输血液、原料血浆的；

（七）对国家规定检测项目结果呈阳性的血液未及时按照规定予以清除的；

（八）不具备相应资格的医务人员进行采血、检验操作的；

（九）对献血者、供血浆者超量、频繁采集血液、血浆的；

（十）采供血机构采集血液、血浆前，未对献血者或供血浆者进行身份识别，采集冒名顶替者、健康检查不合格者血液、血浆的；

（十一）血站擅自采集原料血浆，单采血浆站擅自采集临床用血或者向医疗机构供应原料血浆的；

（十二）重复使用一次性采血器材的；

（十三）其他不依照规定进行检测或者违背操作规定的。

第6条　对经国家主管部门批准采集、供应血液或者制作、供应血液制品的部门，不依照规定进行检测或者违背其他操作规定，具有下列情形之一的，应认定为刑法第334条第2款规定的"造成危害他人身体健康后果"，对单位判处罚金，并对其直接负责的主管人员和其他直接责任人员，处5年以下有期徒刑或者拘役：

（一）造成献血者、供血浆者、受血者感染艾滋病病毒、乙型肝炎病毒、丙型肝炎病毒、梅毒螺旋体或者其他经血液传播的病原微生物的；

（二）造成献血者、供血浆者、受血者重度贫血、造血功能障碍或者其他器官组织损伤导致功能障碍等身体严重危害的；

（三）造成其他危害他人身体健康后果的。

第7条　经国家主管部门批准的采供血机构和血液制品生产经营单位，应认定为刑法第334条第2款规定的"经国家主管部门批准采集、供应血液或者制作、供应血液制品的部门"。

第8条　本解释所称"血液"，是指全血、成分血和特殊血液成分。

本解释所称"血液制品"，是指各种人血浆蛋白制品。

本解释所称"采供血机构"，包括血液中心、中心血站、中心血库、脐带血造血干细胞库和国家卫生行政主管部门根据医学发展需要批准、设置的其他类型血库、单采血浆站。

【公通字〔2019〕23号】　最高人民法院、最高人民检察院、公安部、司法部关于依法严厉打击传播艾滋病病毒等违法犯罪行为的指导意见（2019年5月19日）

二、准确认定行为性质

（十）非法采集、供应血液罪。非法采集、供应血液，含有艾滋病病毒的，依照刑法第334条第1款的规定，以非法采集、供应血液罪定罪处罚。

三、依法收集证据查明案件事实

公安机关应依法、及时、全面收集固定证据，确保证据真实性、合法性。突出以下取证重点：

（三）查明非法采集供应血液情况。及时讯问犯罪嫌疑人获取对非法采集供应血液过程、使用器械工具的供述。收集工商登记营业执照等书证，查明犯罪嫌疑人未经国家主管部门批准或者超过批准的业务范围采集供应血液的情况，及时对非法采集供应的血液进行艾滋病病毒抗体检测，查明是否含有艾滋病病毒。询问被害人获取其使用非法供应血液的时间、地点、经过等陈述。调查参与非法采集供应血液过程的中间介绍人、血液供应者以及其他参与人员，查明是否参与共同犯罪。

● **立案标准　最高人民检察院、公安部关于公安机关管辖的刑事案件立案追诉标准的规定（一）**（公通字〔2008〕36号，2008年6月25日公布施行）

第52条 [非法组织卖血案（刑法第333条第1款）]　非法组织他人出卖血液，涉嫌下列情形之一的，应予立案追诉：

（一）组织卖血3人次以上的；

（二）组织卖血非法获利2000元以上的；

（三）组织未成年人卖血的；

（四）被组织卖血的人的血液含有艾滋病病毒、乙型肝炎病毒、丙型肝炎病毒、梅毒螺旋体等病原微生物的；

（五）其他非法组织卖血应予追究刑事责任的情形。

第53条 [强迫卖血案（刑法第333条第1款）]　以暴力、威胁方法强迫他人出卖血液的，应予立案追诉。

第54条 [非法采集、供应血液、制作、供应血液制品案（刑法第334条第1款）]　非法采集、供应血液或者制作、供应血液制品，涉嫌下列情形之一的，应予立案追诉：

（一）采集、供应的血液含有艾滋病病毒、乙型肝炎病毒、丙型肝炎病毒、梅毒螺旋体等病原微生物的；

（二）制作、供应的血液制品含有艾滋病病毒、乙型肝炎病毒、丙型肝炎病毒、梅毒螺旋体等病原微生物，或者将含有上述病原微生物的血液用于制作血液制品的；

（三）使用不符合国家规定的药品、诊断试剂、卫生材料，或者重复使用一次性采血器材采集血液，造成传染病传播危险的；

（四）违反规定对献血者、供血浆者超量、频繁采集血液、血浆，足以危害人体健康的；

（五）其他不符合国家有关采集、供应血液或者制作、供应血液制品的规定，足以危害人体健康或者对人体健康造成严重危害的情形。

未经国家主管部门批准或者超过批准的业务范围，采集、供应血液或者制作、供应血液制品的，属于本条规定的"非法采集、供应血液或者制作、供应血液制品"。

本条和本规定第52条、第53条、第55条规定的"血液"，是指全血、成分血和特殊血液成分。

本条和本规定第55条规定的"血液制品"，是指各种人血浆蛋白制品。

第55条 ［采集、供应血液、制作、供应血液制品事故案（刑法第334条第2款）］ 经国家主管部门批准采集、供应血液或者制作、供应血液制品的部门，不依照规定进行检测或者违背其他操作规定，涉嫌下列情形之一的，应予立案追诉：

（一）造成献血者、供血浆者、受血者感染艾滋病病毒、乙型肝炎病毒、丙型肝炎病毒、梅毒螺旋体或者其他经血液传播的病原微生物的；

（二）造成献血者、供血浆者、受血者重度贫血、造血功能障碍或者其他器官组织损伤导致功能障碍等身体严重危害的；

（三）其他造成危害他人身体健康后果的情形。

经国家主管部门批准的采供血机构和血液制品生产经营单位，属于本条规定的"经国家主管部门批准采集、供应血液或者制作、供应血液制品的部门"。采供血机构包括血液中心、中心血站、中心血库、脐带血造血干细胞库和国家卫生行政主管部门根据医学发展需要批准、设置的其他类型血库、单采血浆站。

具有下列情形之一的，属于本条规定的"不依照规定进行检测或者违背其他操作规定"：

（一）血站未用两个企业生产的试剂对艾滋病病毒抗体、乙型肝炎病毒表面抗原、丙型肝炎病毒抗体、梅毒抗体进行两次检测的；

（二）单采血浆站不依照规定对艾滋病病毒抗体、乙型肝炎病毒表面抗原、丙型肝炎病毒抗体、梅毒抗体进行检测的；

（三）血液制品生产企业在投料生产前未用主管部门批准和检定合格的试剂进行复检的；

（四）血站、单采血浆站和血液制品生产企业使用的诊断试剂没有生产单位名称、生产批准文号或者经检定不合格的；

（五）采供血机构在采集检验样本、采集血液和成分血分离时，使用没有生产单位名称、生产批准文号或者超过有效期的一次性注射器等采血器材的；

（六）不依照国家规定的标准和要求包装、储存、运输血液、原料血浆的；

（七）对国家规定检测项目结果呈阳性的血液未及时按照规定予以清除的；

（八）不具备相应资格的医务人员进行采血、检验操作的；

（九）对献血者、供血浆者超量、频繁采集血液、血浆的；

（十）采供血机构采集血液、血浆前，未对献血者或者供血浆者进行身份识别，采集冒名顶替者、健康检查不合格者血液、血浆的；

（十一）血站擅自采集原料血浆，单采血浆站擅自采集临床用血或者向医疗机构供应原料血浆的；

（十二）重复使用一次性采血器材的；

（十三）其他不依照规定进行检测或者违背操作规定的。

第334条之一① 【**非法采集人类遗传资源、走私人类遗传资源材料罪②**】违反国家有关规定，非法采集我国人类遗传资源或者非法运送、邮寄、携带我国人类遗传资源材料出境，危害公众健康或者社会公共利益，情节严重的，处三年以下有期徒刑、拘役或者管制，并处或者单处罚金；情节特别严重的，处三年以上七年以下有期徒刑，并处罚金。

● **条文注释**　第334条之一是针对国家人类遗传资源（包括人类遗传资源材料和人类遗传资源信息）的保护。人类遗传资源材料是指含有人体基因组、基因等遗传物质的器官、组织、细胞等遗传材料；人类遗传资源信息是指利用人类遗传资源材料产生的数据等信息资料。

构成本罪，须满足以下条件：（1）犯罪主体只能为自然人（单位不能构成本罪）；（2）实施了采集或者非法运送、邮寄、携带出境的行为；（3）该行为违反了国家有关规定；（4）情节严重。

本条规定中的"危害公众健康或者社会公共利益"是一个提示性规定，不是独立的构罪条件。

---

① 第334条之一由《刑法修正案（十一）》（2020年12月26日第13届全国人大常委会第24次会议通过，主席令第66号公布）增设，2021年3月1日起施行。

② 注：本罪名由《最高人民法院、最高人民检察院关于执行〈中华人民共和国刑法〉确定罪名的补充规定（七）》（法释〔2021〕2号，最高人民法院审判委员会第1832次会议、最高人民检察院第13届检察委员会第63次会议通过）增设，2021年3月1日执行。

在《刑法修正案（十一）》"一审稿"中，原本还规定了"未经安全审查，将国家人类遗传资源信息向境外组织、个人及其设立或实际控制的机构提供或者开放使用"的构罪情形；该情形最终被删除。

● **相关规定**　【国务院令〔2019〕717号】　**人类遗传资源管理条例**（2019年3月20日国务院第41次常务会议通过，2019年5月28日公布，2019年7月1日起施行）

第2条　本条例所称人类遗传资源包括人类遗传资源材料和人类遗传资源信息。

人类遗传资源材料是指含有人体基因组、基因等遗传物质的器官、组织、细胞等遗传材料。

人类遗传资源信息是指利用人类遗传资源材料产生的数据等信息资料。

第7条　外国组织、个人及其设立或者实际控制的机构不得在我国境内采集、保藏我国人类遗传资源，不得向境外提供我国人类遗传资源。

第27条（第1款）　利用我国人类遗传资源开展国际合作科学研究，或者因其他特殊情况确需将我国人类遗传资源材料运送、邮寄、携带出境的，应当符合下列条件，并取得国务院科学技术行政部门出具的人类遗传资源材料出境证明：

（一）对我国公众健康、国家安全和社会公共利益没有危害；

（二）具有法人资格；

（三）有明确的境外合作方和合理的出境用途；

（四）人类遗传资源材料采集合法或者来自合法的保藏单位；

（五）通过伦理审查。

（第3款）　将我国人类遗传资源材料运送、邮寄、携带出境的，凭人类遗传资源材料出境证明办理海关手续。

【主席令〔2020〕56号】　**中华人民共和国生物安全法**（2020年10月17日第13届全国人大常委会第22次会议通过，2021年4月15日施行）

第55条　采集、保藏、利用、对外提供我国人类遗传资源，应当符合伦理原则，不得危害公众健康、国家安全和社会公共利益。

第56条　从事下列活动，应当经国务院科学技术主管部门批准：

（一）采集我国重要遗传家系、特定地区人类遗传资源或者采集国务院科学技术主管部门规定的种类、数量的人类遗传资源；

（二）保藏我国人类遗传资源；

（三）利用我国人类遗传资源开展国际科学研究合作；

（四）将我国人类遗传资源材料运送、邮寄、携带出境。

前款规定不包括以临床诊疗、采供血服务、查处违法犯罪、兴奋剂检测和殡葬等为目的采集、保藏人类遗传资源及开展的相关活动。

为了取得相关药品和医疗器械在我国上市许可，在临床试验机构利用我国人类遗传资源开展国际合作临床试验、不涉及人类遗传资源出境的，不需要批准；但是，在开展临床试验前应当将拟使用的人类遗传资源种类、数量及用途向国务院科学技术主管部门备案。

境外组织、个人及其设立或者实际控制的机构不得在我国境内采集、保藏我国人类遗传资源，不得向境外提供我国人类遗传资源。

第57条　将我国人类遗传资源信息向境外组织、个人及其设立或者实际控制的机构提供或者开放使用的，应当向国务院科学技术主管部门事先报告并提交信息备份。

第335条　【医疗事故罪】 医务人员由于严重不负责任，造成就诊人死亡或者严重损害就诊人身体健康的，处三年以下有期徒刑或者拘役。

第336条　【非法行医罪】 未取得医生执业资格的人非法行医，情节严重的，处三年以下有期徒刑、拘役或者管制，并处或者单处罚金；严重损害就诊人身体健康的，处三年以上十年以下有期徒刑，并处罚金；造成就诊人死亡的，处十年以上有期徒刑，并处罚金。

【非法进行节育手术罪】 未取得医生执业资格的人擅自为他人进行节育复通手术、假节育手术、终止妊娠手术或者摘取宫内节育器，情节严重的，处三年以下有期徒刑、拘役或者管制，并处或者单处罚金；严重损害就诊人身体健康的，处三年以上十年以下有期徒刑，并处罚金；造成就诊人死亡的，处十年以上有期徒刑，并处罚金。

● **条文注释**　第335条、第336条是针对在医疗过程中造成就诊人身体健康受损等犯罪行为的处罚规定。如果行医人属于医务人员，适用第335条的规定；如果行医人属于非法行医，则适用第336条的规定。"就诊人"是指接受以下诊疗业务的人：（1）治疗疾患；（2）身体健康检查；（3）为计划生育而治疗。

构成第335条规定之罪的犯罪主体仅限于"医务人员"，即在医疗机构从事救治、护理等工作的医生和护士；其主观原因是"严重不负责任"，即医务人员由于严重疏于职守，而导致就诊人死亡或严重损害就诊人身体健康的后果。主要表现在以下几个方面：（1）擅离职守；（2）对就诊人的生命和身体健康漠不关心，不及时救治；（3）严重违反明确的操作规程；（4）擅自开展试验性医疗；（5）经别人指出后，仍不改正对就诊人的错误处置。如果因为其他原因（如药品匮乏、器械故障等）而造成医疗事故，则医务人员不构成本罪；但其他人员构成犯罪的，可以依照刑法其他相关规定对其进行定罪处罚（如《刑法》第145条规定的"生产、销售不符合标准的医用器材罪"等）。

构成第336条规定之罪的犯罪主体仅限于"未取得医生执业资格的人"。根据《执业医师法》的规定，"医生执业资格"包括执业医师资格、执业助理医师资格和乡村医生执业资格；根据《母婴保健法》第22条和《中医药法》第62条的规定，经过培训合格的接生人员（家庭接生员）和按国家有关规定取得医疗按摩人员资格的盲人在一定范围内也具有合法行医资格。最高人民法院"法释〔2016〕27号"解释第1条规定对"非法行医"界定了4种情形，包括以非法手段取得医师资格、虽然取得医师资格但被依法吊销医师执业证书、家庭接生员实施家庭接生以外的医疗行为[①]等。

第335条、第336条规定的"严重损害就诊人身体健康"的界定标准，分别依照"公通字〔2008〕36号"立案标准第56条和"法释〔2016〕27号"解释第3条的规定。第336条第1款规定的"情节严重"的界定标准，依照"法释〔2003〕8号"解释第12条和"法释〔2016〕27号"解释第2条的规定；第336条第2款规定的"情节严重"的界定标准，相关司法解释没有作出明确规定；在司法实践中包括上述第336条第1款规定的"情节严重"的界定标准，另外还包括多次非法进行节育手术的情形。

需要注意的是：

（1）"法释〔2016〕27号"解释第2条、第3条虽然只对第336条第1款规定的"情节严重""严重损害就诊人身体健康"进行了界定，但在司法实践中，该界定标准同样适用于第336条第2款。这是因为就刑法的立法本意和两罪的本质而言，认为非法行医罪与非法进行节育手术罪之间是一般与特殊的关系，所以特殊法没有特别规定时，依一般法的规定。

（2）"法释〔2008〕5号"解释曾把"个人未取得《医疗机构执业许可证》

---

① 注：根据2001年6月20日国务院令第308号公布并施行的《母婴保健法实施办法》，家庭接生员由县级地方卫生行政部门许可并颁发《家庭接生员技术合格证》；但国家法律法规或司法解释均没有对取得《家庭接生员技术合格证》的人员的执业范围作出明确规定。

开办医疗机构"规定为非法行医,但"法释〔2016〕27号"解释将该规定删除。

(3)人类辅助生殖技术(人工授精、体外受精-胚胎移植)一般针对性交障碍、精子少弱或无精,或者夫妻间免疫不相容或特异血型、男方有遗传疾病等生殖疾病(障碍)人群,属于医疗活动的一种。

● **相关规定** 【卫生部令〔2002〕30号】 医疗事故技术鉴定暂行办法(2002年7月19日卫生部部务会通过,2002年7月31日发布,2002年9月1日起施行)[①]

第3条 医疗事故技术鉴定分为首次鉴定和再次鉴定。

设区的市级和省、自治区、直辖市直接管辖的县(市)级地方医学会负责组织专家鉴定组进行首次医疗事故技术鉴定工作。

省、自治区、直辖市地方医学会负责组织医疗事故争议的再次鉴定工作。

负责组织医疗事故技术鉴定工作的医学会(以下简称医学会)可以设立医疗事故技术鉴定工作办公室,具体负责有关医疗事故技术鉴定的组织和日常工作。

第8条 专家库成员聘用期为4年。在聘用期间出现下列情形之一的,应当由专家库成员所在单位及时报告医学会,医学会应根据实际情况及时进行调整:

(一)因健康原因不能胜任医疗事故技术鉴定的;

(二)变更受聘单位或被解聘的;

(三)不具备完全民事行为能力的;

(四)受刑事处罚的;

(五)省级以上卫生行政部门规定的其他情形。

聘用期满需继续聘用的,由医学会重新审核、聘用。

第13条 有下列情形之一的,医学会不予受理医疗事故技术鉴定:

(一)当事人一方直接向医学会提出鉴定申请的;

(二)医疗事故争议涉及多个医疗机构,其中一所医疗机构所在地的医学会已经受理的;

(三)医疗事故争议已经人民法院调解达成协议或判决的;

(四)当事人已向人民法院提起民事诉讼的(司法机关委托的除外);

(五)非法行医造成患者身体健康损害的;

(六)卫生部规定的其他情形。

---

① 注:该《标准》被2018年1月2日"国家卫生和计划生育委员会公告2018年第1号"确认有效。

第16条 有下列情形之一的,医学会中止组织医疗事故技术鉴定:
(一)当事人未按规定提交有关医疗事故技术鉴定材料的;
(二)提供的材料不真实的;
(三)拒绝缴纳鉴定费的;
(四)卫生部规定的其他情形。

第17条 医学会应当根据医疗事故争议所涉及的学科专业,确定专家鉴定组的构成和人数。

专家鉴定组组成人数应为3人以上单数。

医疗事故争议涉及多学科专业的,其中主要学科专业的专家不得少于专家鉴定组成员的1/2。

第20条 当事人要求专家库成员回避的,应当说明理由。符合下列情形之一的,医学会应当将回避的专家名单撤出,并经当事人签字确认后记录在案:
(一)医疗事故争议当事人或者当事人的近亲属的;
(二)与医疗事故争议有利害关系的;
(三)与医疗事故争议当事人有其他关系,可能影响公正鉴定的。

第24条 从其他医学会建立的专家库中抽取的专家无法到场参加医疗事故技术鉴定,可以以函件的方式提出鉴定意见。

第27条 医学会应当自接到双方当事人提交的有关医疗事故技术鉴定的材料、书面陈述及答辩之日起45日内组织鉴定并出具医疗事故技术鉴定书。

第33条 鉴定由专家鉴定组组长主持,并按照以下程序进行:
(一)双方当事人在规定的时间内分别陈述意见和理由。陈述顺序先患方,后医疗机构;
(二)专家鉴定组成员根据需要可以提问,当事人应当如实回答。必要时,可以对患者进行现场医学检查;
(三)双方当事人退场;
(四)专家鉴定组对双方当事人提供的书面材料、陈述及答辩等进行讨论;
(五)经合议,根据半数以上专家鉴定组成员的一致意见形成鉴定结论。专家鉴定组成员在鉴定结论上签名。专家鉴定组成员对鉴定结论的不同意见,应当予以注明。

第34条 医疗事故技术鉴定书应当根据鉴定结论作出,其文稿由专家鉴定组组长签发。

医疗事故技术鉴定书盖医学会医疗事故技术鉴定专用印章。

医学会应当及时将医疗事故技术鉴定书送达移交鉴定的卫生行政部门,经卫生行政部门审核，对符合规定作出的医疗事故技术鉴定结论，应当及时送达双方当事人；由双方当事人共同委托的，直接送达双方当事人。

第35条　医疗事故技术鉴定书应当包括下列主要内容：

（一）双方当事人的基本情况及要求；

（二）当事人提交的材料和医学会的调查材料；

（三）对鉴定过程的说明；

（四）医疗行为是否违反医疗卫生管理法律、行政法规、部门规章和诊疗护理规范、常规；

（五）医疗过失行为与人身损害后果之间是否存在因果关系；

（六）医疗过失行为在医疗事故损害后果中的责任程度；

（七）医疗事故等级；

（八）对医疗事故患者的医疗护理医学建议。

经鉴定为医疗事故的，鉴定结论应当包括上款（四）至（八）项内容；经鉴定不属于医疗事故的，应当在鉴定结论中说明理由。

医疗事故技术鉴定书格式由中华医学会统一制定。

第36条　专家鉴定组应当综合分析医疗过失行为在导致医疗事故损害后果中的作用、患者原有疾病状况等因素，判定医疗过失行为的责任程度。医疗事故中医疗过失行为责任程度分为：

（一）完全责任，指医疗事故损害后果完全由医疗过失行为造成。

（二）主要责任，指医疗事故损害后果主要由医疗过失行为造成，其他因素起次要作用。

（三）次要责任，指医疗事故损害后果主要由其他因素造成，医疗过失行为起次要作用。

（四）轻微责任，指医疗事故损害后果绝大部分由其他因素造成，医疗过失行为起轻微作用。

第40条　任何一方当事人对首次医疗事故技术鉴定结论不服的，可以自收到首次医疗事故技术鉴定书之日起15日内，向原受理医疗事故争议处理申请的卫生行政部门提出再次鉴定的申请，或由双方当事人共同委托省、自治区、直辖市医学会组织再次鉴定。

第41条　县级以上地方人民政府卫生行政部门对发生医疗事故的医疗机构和医务人员进行行政处理时，应当以最后的医疗事故技术鉴定结论作为处理依据。

【法工委复字〔2005〕29号】 全国人民代表大会常务委员会法制工作委员会关于对法医类鉴定与医疗事故技术鉴定关系问题的意见（2005年9月22日答复卫生部2005年4月18日"卫政法函〔2005〕75号"请示）

问：2005年2月28日，第10届全国人大常委会第14次会议通过了《全国人民代表大会常务委员会关于司法鉴定管理问题的决定》。《全国人民代表大会常务委员会关于司法鉴定管理问题的决定》规定，国家对从事法医类鉴定等鉴定业务的鉴定人和鉴定机构实行登记管理制度，法律另有规定的从其规定。

《全国人民代表大会常务委员会关于司法鉴定管理问题的决定》出台后，卫生系统特别是负责组织医疗事故技术鉴定的各级医学会，对《全国人民代表大会常务委员会关于司法鉴定管理问题的决定》中所规定的法医类鉴定是否包括医疗事故技术鉴定，认识不一。我国现行医疗事故技术鉴定的依据是2002年4月国务院制定的《医疗事故处理条例》。该条例规定由医学会负责组织医疗事故技术鉴定工作。3年多来，我部围绕医疗事故技术鉴定工作相继制定了《医疗事故技术鉴定暂行办法》、《医疗事故分级标准（试行）》等一系列配套规定，全国各地医学会根据条例规定已经建立了包括医疗卫生专业技术人员和法医在内的医疗事故技术鉴定专家库，全面开展了医疗事故技术鉴定工作。最高人民法院也于2003年1月6日下发了《最高人民法院关于参照〈医疗事故处理条例〉审理医疗纠纷民事案件的通知》，规定对于医疗事故引起的医疗赔偿纠纷案件，参照条例的有关规定办理，需要进行医疗事故司法鉴定的，交由条例所规定的医学会组织鉴定。

由于《医疗事故处理条例》是行政法规，不包括在《全国人民代表大会常务委员会关于司法鉴定管理问题的决定》所规定的法律另有规定的从其规定的范围内，为进一步做好医疗事故技术鉴定工作，妥善解决医疗纠纷，维护社会稳定，特提请全国人大常委会法制工作委员会对《全国人民代表大会常务委员会关于司法鉴定管理问题的决定》规定的法医类鉴定的具体含义即是否包括医疗事故技术鉴定的问题予以明确。

答：《全国人民代表大会常务委员会关于司法鉴定管理问题的决定》第2条规定，国家对从事法医类鉴定的鉴定人和鉴定机构实行登记管理制度。医疗事故技术鉴定的组织方式与一般的法医类鉴定有很大区别，医疗事故技术鉴定的内容也不都属于法医类鉴定。但医疗事故技术鉴定中涉及的有关问题，如尸检、伤残等级鉴定等，属于法医类鉴定范围。对此类鉴定事项，在进行医疗事故技术鉴定时，由已列入鉴定人名册的法医参加鉴定为宜。①

---

① 注：卫生部于2005年11月10日印发"卫政法发〔2005〕432号"《通知》，将该《意见》转发给各省级卫生厅（局）以及中华医学会。

【卫法监函〔2001〕122号】　卫生部关于对非法行医罪犯罪条件征询意见函的复函（2001年8月8日答复最高人民法院"法函〔2001〕23号"征询意见函[①]）

一、关于非法行医罪犯罪主体的概念

1998年6月26日第9届全国人民代表大会常务委员会第3次会议通过《执业医师法》[②]，根据该法规定，医师是取得执业医师资格，经注册在医疗、预防、保健机构中执业的医学专业人员。医师分为执业医师和执业助理医师，《刑法》中的"医生执业资格的人"应当是按照《执业医师法》的规定，取得执业医师资格并经卫生行政部门注册的医学专业人员[③]。

二、关于《执业医师法》颁布以前医师资格认定问题

《执业医师法》第43条规定："本法颁布之日前按照国家有关规定取得医学专业技术职称和医学专业技术职务的人员，由所在机构报请县级以上人民政府卫生行政部门认定，取得相应的医师资格。"

卫生部、人事部下发了《具有医学专业技术职务任职资格人员认定医师资格及执业注册办法》。目前各级卫生行政部门正在对《执业医师法》颁布之前，按照国家有关规定已取得医学专业技术职务任职资格的人员认定医师资格，并为仍在医疗、预防、保健机构执业的医师办理执业注册。

三、关于在"未被批准行医的场所"行医问题

具有医生执业资格的人在"未被批准行医的场所"行医属非法行医。其中，"未被批准行医的场所"是指没有卫生行政部门核发的《医疗机构执业许可证》的场所[④]。但是，下列情况不属于非法行医：

（一）随急救车出诊或随采血车出车采血的；

（二）对病人实施现场急救的；

（三）经医疗、预防、保健机构批准的家庭病床、卫生支农、出诊、承担政

[①] 注：《最高人民法院关于非法行医罪犯罪主体条件征询意见函》（法函〔2001〕23号，2001年4月29日），向卫生部征询以下问题及其相关依据：（1）医生资格和医生执业资格是不是同一概念？如果不是同一概念，二者的内涵是什么？（2）1997年10月1日《中华人民共和国刑法》施行以后至1999年5月1日《中华人民共和国执业医师法》施行以前，对"未取得医生执业资格的人"应当如何理解？是否包括具有医生资格，并被医院或者其他卫生单位聘为医生，但在未被批准行医的场所行医的人？

[②] 《执业医师法》已被2022年3月1日起施行的《医师法》替代、废止。

[③] 注：根据《母婴保健法》和《中医药法》的相关规定，经过培训具备相应接生能力的家庭接生人员和按国家有关规定取得医疗按摩人员资格的盲人在一定范围内也具有合法行医资格。

[④] 注：根据2017年7月31日国家卫生计生委主任会议通过的《中医诊所备案管理暂行办法》（2017年9月22日卫计委令第14号公布，2017年12月1日起施行），举办中医诊所的，报拟举办诊所所在地县级中医药主管部门备案后即可开展执业活动。

府交办的任务和卫生行政部门批准的义诊等。

四、关于乡村医生及家庭接生员的问题

《执业医师法》规定，不具备《执业医师法》规定的执业医师资格或者执业助理医师资格的乡村医生，由国务院另行制定管理办法。经过卫生行政部门审核的乡村医生应当在注册的村卫生室执业。除第3条所列情况外，其他凡超出其申请执业地点的，应视为非法行医。

根据《母婴保健法》的规定"不能住院分娩的孕妇应当经过培训合格的接生人员实行消毒接生"，"从事家庭接生的人员，必须经过县级以上地方人民政府卫生行政部门的考核，并取得相应的合格证书"①。取得合法资格的家庭接生人员为不能住院分娩的孕妇接生，不属于非法行医。

【卫办医发〔2002〕58号】　卫生部办公厅关于正规医学专业学历毕业生试用期间的医疗活动是否属于非法行医的批复（2002年5月29日答复河北省卫生厅"冀卫医字〔2002〕43号"请示）

取得省级以上教育行政部门认可的医学院校医学专业学历的毕业生在医疗机构内试用，可以在上级医师的指导下从事相应的医疗活动，不属于非法行医。

全国人大常委会法制工作委员会关于见习医生出现医疗纠纷是否属于"非法行医"的答复（2002年6月21日答复河北省人大常委会法制工作委员会2002年6月11日请示）

根据执业医师法的规定，高等学校医学专业本科毕业的人，应当在执业医师指导下在医疗单位试用1年，才能参加国家统一考试取得执业医师资格。因此，医科大学本科毕业，分配到医院担任见习医生，在试用期内从事相应的医疗活动，不属于非法行医。

【卫医发〔2004〕373号】　卫生部关于对使用医疗器械开展理疗活动有关定性问题的批复（2004年11月11日答复北京市卫生局"京卫法〔2004〕32号"请示）

根据《医疗机构管理条例实施细则》第88条规定，"理疗"属于诊疗活动。根据《医疗机构管理条例》第24条规定，任何单位和个人未取得《医疗机构执业许可证》不得开展诊疗活动，否则为非法行医。

---

① 注：根据2017年11月4日第12届全国人大常委会第30次会议修改的《中华人民共和国母婴保健法》（主席令第81号公布，2017年11月5日起施行），家庭接生人员应当经过培训、具备相应接生能力，但取消了必须取得相应合格证书的规定。

【卫医发〔2005〕63号】 卫生部关于医疗事故争议中超范围行医性质认定问题的批复（2005年2月22日答复上海市卫生局"沪卫医政〔2004〕218号"请示）

该医疗机构是你局核准登记的全民、综合性医疗机构，其执业登记所核准的一级诊疗科目中有"外科"，但二级诊疗科目中没有"脑外科"。根据《医疗机构管理条例》（以下简称"条例"）及有关规定，其开展脑外科手术的行为是属于诊疗活动超过登记范围，不属于"非法行医"。因此，应根据"条例"第47条进行处理；由此引发的医疗事故争议应按照《医疗事故处理条例》处理。

【卫政法发〔2005〕357号】 卫生部关于医学生毕业后暂未取得医师资格从事诊疗活动有关问题的批复（2005年9月5日答复河南省卫生厅"豫卫函监督〔2005〕5号"请示）

医学专业毕业生在毕业第1年后未取得医师资格的，可以在执业医师指导下进行临床实习，但不得独立从事临床活动，包括不得出具任何形式的医学证明文件和医学文书。

医疗机构违反规定安排未取得医师资格的医学专业毕业生独立从事临床工作的，按照《医疗机构管理条例》第48条的规定处理；造成患者人身损害的，按照《医疗事故处理条例》处理。

未取得医师资格的医学专业毕业生违反规定擅自在医疗机构中独立从事临床工作的，按照《执业医师法》第39条的规定处理；造成患者人身损害的，按照《医疗事故处理条例》第61条的规定处理。

【卫政法发〔2007〕185号】 卫生部关于非法行医有关问题的批复（2007年6月7日答复甘肃省卫生厅"甘卫法监函〔2007〕15号"请示）

已取得《医师资格证书》，并具备申请执业医师注册条件的医师，非本人原因导致未获得《医师执业证书》前，在其受聘的医疗预防保健机构和工作时间内的执业活动不属于非法行医。

【卫医管函〔2009〕84号】 卫生部关于法医参加医疗事故技术鉴定有关问题的批复（2009年3月16日答复天津市卫生局"津卫报〔2009〕13号"请示）

医疗事故技术鉴定过程中，患者死亡原因不明或需要确定伤残等级的，应当抽取法医参加鉴定专家组；患者死因明确或无需进行伤残等级鉴定的，可以不抽取法医参加鉴定专家组。

【法释〔2003〕8号】　最高人民法院、最高人民检察院关于办理妨害预防、控制突发传染病疫情等灾害的刑事案件具体应用法律若干问题的解释（2003年5月13日最高人民法院审判委员会第1269次会议、2003年5月13日最高人民检察院第10届检察委员会第3次会议通过，2003年5月14日公布，2003年5月15日起施行）

第12条　未取得医师执业资格非法行医，具有造成突发传染病病人、病原携带者、疑似突发传染病病人贻误诊治或者造成交叉感染等严重情节的，依照刑法第336条第1款的规定，以非法行医罪定罪，依法从重处罚。

【高检研〔2014〕2号】　最高人民检察院法律政策研究室关于非法行医被刑事处罚后再次非法行医适用法律问题的答复意见（2014年2月13日）

行为人因非法行医被刑事处罚以后，又非法行医的，属于《最高人民法院关于审理非法行医刑事案件具体应用法律若干问题的解释》第2条第（五）项、《最高人民检察院、公安部关于公安机关管辖的刑事案件立案追诉标准的规定（一）》第57条第1款第（五）项规定的"其他情节严重"的情形，应予追究刑事责任。请示所涉及案件，建议根据具体情况依法处理。①

【法释〔2016〕27号】　最高人民法院关于审理非法行医刑事案件具体应用法律若干问题的解释（2008年4月28日最高人民法院审判委员会第1446次会议通过，2008年4月29日（法释〔2008〕5号）公布，2008年5月9日起施行；2016年12月12日最高人民法院审判委员会第1703次会议修正，2016年12月16日公布，2016年12月20日起施行）

第1条　具有下列情形之一的，应认定为刑法第336条第1款规定的"未取得医生执业资格的人非法行医"：②

（一）未取得或者以非法手段取得医师资格从事医疗活动的；

（二）被依法吊销医师执业证书期间从事医疗活动的；

（三）未取得乡村医生执业证书，从事乡村医疗活动的；

（四）家庭接生员实施家庭接生以外的医疗行为的。

---

① 注：该案，犯罪嫌疑人王某某既无医师执业资格，也无医疗机构执业许可证，曾于2011年9月、2012年5月2次因非法行医被行政处罚；后于2012年9月再次非法行医，于2012年11月被以非法行医罪判刑1年，缓期2年执行。2013年5月，王某某又一次非法对他人进行诊疗，被公安机关当场查获。

② 注：本条规定原有第2项"个人未取得《医疗机构执业许可证》开办医疗机构的"，2016年12月20日施行的"法释〔2016〕27号"《解释》将其删除。

第 2 条　具有下列情形之一的，应认定为刑法第 336 条第 1 款规定的"情节严重"：

（一）造成就诊人轻度残疾、器官组织损伤导致一般功能障碍的；

（二）造成甲类传染病传播、流行或者有传播、流行危险的；

（三）使用假药、劣药或不符合国家规定标准的卫生材料、医疗器械，足以严重危害人体健康的；

（四）非法行医被卫生行政部门行政处罚 2 次以后，再次非法行医的；

（五）其他情节严重的情形。

第 3 条　具有下列情形之一的，应认定为刑法第 336 条第 1 款规定的"严重损害就诊人身体健康"：

（一）造成就诊人中度以上残疾、器官组织损伤导致严重功能障碍的；

（二）造成 3 名以上就诊人轻度残疾、器官组织损伤导致一般功能障碍的。

第 4 条①　非法行医行为系造成就诊人死亡的直接、主要原因的，应认定为刑法第 336 条第 1 款规定的"造成就诊人死亡"。

非法行医行为并非造成就诊人死亡的直接、主要原因的，可不认定为刑法第 336 条第 1 款规定的"造成就诊人死亡"。但是，根据案件情况，可以认定为刑法第 336 条第 1 款规定的"情节严重"。

第 5 条　实施非法行医犯罪，同时构成生产、销售假药罪，生产、销售劣药罪，诈骗罪等其他犯罪的，依照刑法处罚较重的规定定罪处罚。

第 6 条　本解释所称"医疗活动""医疗行为"，参照《医疗机构管理条例实施细则》中的"诊疗活动""医疗美容"认定。②

本解释所称"轻度残疾、器官组织损伤导致一般功能障碍""中度以上残疾、器官组织损伤导致严重功能障碍"，参照卫生部《医疗事故分级标准（试行）》认定。

【卫计委令〔2017〕12 号】　医疗机构管理条例实施细则（2017 年 2 月 3 日国家卫生计生委主任会议修正，2017 年 2 月 21 日公布，2017 年 4 月 1 日施行）

第 88 条　条例及本细则中下列用语的含义：

诊疗活动：是指通过各种检查，使用药物、器械及手术等方法，对疾病作出判断和消除疾病、缓解病情、减轻痛苦、改善功能、延长生命、帮助患者恢复健康的活动。

---

① 注：本条规定为 2016 年 12 月 20 日施行的"法释〔2016〕27 号"新增内容。
② 注：本条第 1 款规定为 2016 年 12 月 20 日施行的"法释〔2016〕27 号"新增内容。

医疗美容：是指使用药物以及手术、物理和其他损伤性或者侵入性手段进行的美容。

特殊检查、特殊治疗：是指具有下列情形之一的诊断、治疗活动：（1）有一定危险性，可能产生不良后果的检查和治疗；（2）由于患者体质特殊或者病情危笃，可能对患者产生不良后果和危险的检查和治疗；（3）临床试验性检查和治疗；（4）收费可能对患者造成较大经济负担的检查和治疗。

● **立案标准** 最高人民检察院、公安部关于公安机关管辖的刑事案件立案追诉标准的规定（一）（公通字〔2008〕36号，2008年6月25日公布施行）

第56条［医疗事故案（刑法第335条）］ 医务人员由于严重不负责任，造成就诊人死亡或者严重损害就诊人身体健康的，应予立案追诉。

具有下列情形之一的，属于本条规定的"严重不负责任"：

（一）擅离职守的；

（二）无正当理由拒绝对危急就诊人实行必要的医疗救治的；

（三）未经批准擅自开展试验性医疗的；

（四）严重违反查对、复核制度的；

（五）使用未经批准使用的药品、消毒药剂、医疗器械的；

（六）严重违反国家法律法规及有明确规定的诊疗技术规范、常规的；

（七）其他严重不负责任的情形。

本条规定的"严重损害就诊人身体健康"，是指造成就诊人严重残疾、重伤、感染艾滋病、病毒性肝炎等难以治愈的疾病或者其他严重损害就诊人身体健康的后果。

第57条［非法行医案（刑法第336条第1款）］ 未取得医生执业资格的人非法行医，涉嫌下列情形之一的，应予立案追诉：

（一）造成就诊人轻度残疾、器官组织损伤导致一般功能障碍，或者中度以上残疾、器官组织损伤导致严重功能障碍，或者死亡的；

（二）造成甲类传染病传播、流行或者有传播、流行危险的；

（三）使用假药、劣药或不符合国家规定标准的卫生材料、医疗器械，足以严重危害人体健康的；

（四）非法行医被卫生行政部门行政处罚两次以后，再次非法行医的；

（五）其他情节严重的情形。

具有下列情形之一的，属于本条规定的"未取得医生执业资格的人非法行医"：

（一）未取得或者以非法手段取得医师资格从事医疗活动的；

（二）个人未取得《医疗机构执业许可证》开办医疗机构的；①

（三）被依法吊销医师执业证书期间从事医疗活动的；

（四）未取得乡村医生执业证书，从事乡村医疗活动的；

（五）家庭接生员实施家庭接生以外的医疗活动的。

本条规定的"轻度残疾、器官组织损伤导致一般功能障碍"、"中度以上残疾、器官组织损伤导致严重功能障碍"，参照卫生部《医疗事故分级标准（试行）》认定。

第58条 [非法进行节育手术案（刑法第336条第2款）] 未取得医生执业资格的人擅自为他人进行节育复通手术、假节育手术、终止妊娠手术或者摘取宫内节育器，涉嫌下列情形之一的，应予立案追诉：

（一）造成就诊人轻伤、重伤、死亡或者感染艾滋病、病毒性肝炎等难以治愈的疾病的；

（二）非法进行节育复通手术、假节育手术、终止妊娠手术或者摘取宫内节育器5人次以上的；

（三）致使他人超计划生育的；

（四）非法进行选择性别的终止妊娠手术的；

（五）非法获利累计5000元以上的；

（六）其他情节严重的情形。

第101条 本规定中的"以上"，包括本数。

● **指导案例** 司法部发布关于司法鉴定指导案例的通知（2018年4月12日公布）

（指导案例8号）王惠医疗损害责任纠纷鉴定案②

要旨：医疗损害责任纠纷鉴定主要包括：（1）实施诊疗行为有无过错；（2）诊疗行为与损害后果之间是否存在因果关系以及原因力大小；（3）医疗机构是否尽到了说明义务、取得患者或者患者近亲属书面同意的义务；（4）医疗

---

① 注：本项规定与2008年5月9日施行的"法释〔2008〕5号"《解释》原第2项的内容相一致；2016年12月20日施行的"法释〔2016〕27号"《解释》将该项规定删除后，本项规定也应当不再适用。

② 本案意义：医疗纠纷的鉴定需要占尽可能全面的材料。对于死亡案例，如需确定死亡原因，一般均应当进行尸体解剖与病理组织学检验。虽然在病历资料完整的情况下，也可以进行死因分析，但分析结果可能与实际情况有所出入，甚至无法彻底查清死因，影响鉴定。

产品是否有缺陷、该缺陷与损害后果之间是否存在因果关系以及原因力的大小。

患者主张医疗机构承担赔偿责任的，应当保存和提交在该医疗机构就诊、受到损害的证据。患者无法提交医疗机构及其医务人员有过错、医疗机构的诊疗行为与受到损害之间具有因果关系的证据，依法提出医疗损害鉴定申请的，人民法院应予准许。

> **第 336 条之一**[①] 【**非法植入基因编辑、克隆胚胎罪**[②]】将基因编辑、克隆的人类胚胎植入人体或者动物体内，或者将基因编辑、克隆的动物胚胎植入人体内，情节严重的，处三年以下有期徒刑或者拘役，并处罚金；情节特别严重的，处三年以上七年以下有期徒刑，并处罚金。

● **条文注释** 第 336 条之一是对人类遗传风险的保护性规定[③]。构成本罪，须满足以下条件：（1）犯罪主体只能为自然人（单位不能构成本罪）；（2）实施了涉及人类、人体的非法移植行为；（3）情节严重。

在《刑法修正案（十一）》"一审稿"中，原本还规定了"违反国家有关规定"为入罪条件，但考虑到我国在基因编辑、克隆方面的法规特别匮乏，该条件最终被删除。

所谓"基因编辑"，是指通过对目标基因（DNA）及其转录产物（RNA）进行编辑（定向改造），实现特定片段/碱基的加入、删除、替换等，以改变目的基因或调控元件的序列、表达量或功能。所谓"克隆"（Clone），是指利用生物遗传技术（人工操作）实现无性繁殖，或者选择性地复制出一段 DNA 序列（分子克隆）、细胞（细胞克隆）或生物个体（活体克隆）。

---

① 第 336 条之一由《刑法修正案（十一）》（2020 年 12 月 26 日第 13 届全国人大常委会第 24 次会议通过，主席令第 66 号公布）增设，2021 年 3 月 1 日起施行。

② 注：本罪名由《最高人民法院、最高人民检察院关于执行〈中华人民共和国刑法〉确定罪名的补充规定（七）》（法释〔2021〕2 号，最高人民法院审判委员会第 1832 次会议、最高人民检察院第 13 届检察委员会第 63 次会议通过）增设，2021 年 3 月 1 日执行。

③ 注：增设第 336 条之一的导火索为：2018 年 11 月 26 日（第 2 届国际人类基因组编辑峰会召开前日），南方科技大学生物系副教授贺建奎（深圳市"孔雀计划"引进人才）宣布世界首例天然免疫艾滋病的基因编辑婴儿（露露和娜娜）于 2018 年 11 月在中国健康诞生，引发全球科学界和医学伦理界强烈质疑批判。

● **相关规定** 【国科发生字〔2003〕460号】 人胚胎干细胞研究伦理指导原则（科技部、卫生部2003年12月24日）

第2条 本指导原则所称的人胚胎干细胞包括人胚胎来源的干细胞、生殖细胞起源的干细胞和通过核移植所获得的干细胞。

第4条 禁止进行生殖性克隆人的任何研究。

第6条 进行人胚胎干细胞研究，必须遵守以下行为规范：

（一）利用体外受精、体细胞核移植、单性复制技术或遗传修饰获得的囊胚，其体外培养期限自受精或核移植开始不得超过14天。

（二）不得将前款中获得的已用于研究的人囊胚植入人或任何其他动物的生殖系统。

（三）不得将人的生殖细胞与其他物种的生殖细胞结合。

第7条 禁止买卖人类配子、受精卵、胚胎或胎儿组织。

【主席令〔2020〕45号】 中华人民共和国民法典（2020年5月28日第13届全国人民代表大会第3次会议通过，2021年1月1日起施行）

第1009条 从事与人体基因、人体胚胎等有关的医学和科研活动，应当遵守法律、行政法规和国家有关规定，不得危害人体健康，不得违背伦理道德，不得损害公共利益。

第337条 【妨害动植物防疫、检疫罪】违反有关动植物防疫、检疫的国家规定，引起重大动植物疫情的，或者有引起重大动植物疫情危险，情节严重的，处三年以下有期徒刑或者拘役，并处或者单处罚金。①

单位犯前款罪的，对单位判处罚金，并对其直接负责的主管人员和其他直接责任人员，依照前款的规定处罚。

● **条文注释** 第337条所说的"国家规定"，主要是指《动植物防疫法》《进出境动植物检疫法》《植物检疫条例》等相关法律法规。

这里的"重大动植物疫情"是指动物传染病在某一地区暴发、流行，在短

---

① 第337条第1款是根据2009年2月28日第11届全国人民代表大会常务委员会第7次会议通过的《刑法修正案（七）》（主席令第10号公布，2009年2月28日起施行）而修改；原第337条第1款内容为："违反进出境动植物检疫法的规定，逃避动植物检疫，引起重大动植物疫情的，处三年以下有期徒刑或者拘役，并处或者单处罚金。"

期内突发众多患同一传染病的动物,使某一种类动物大量死亡甚至灭绝;或者植物病、虫、杂草的迅速蔓延,使粮食、瓜果、蔬菜严重减产,给某一地区造成巨大经济损失;或者有害植物大面积入侵,致使当地植物种群退化、消失,造成生态环境恶化,进而造成巨大经济损失或环境资源的破坏。

对于"有引起重大动植物疫情危险,情节严重"的界定标准,目前尚无法律法规或司法解释作出规定。

● **立案标准** 最高人民检察院、公安部关于公安机关管辖的刑事案件立案追诉标准的规定(一)的补充规定(公通字〔2017〕12号,2017年4月27日公布施行)

第59条〔妨害动植物防疫、检疫案(刑法第337条)〕 违反有关动植物防疫、检疫的国家规定,引起重大动植物疫情的,应予立案追诉。

违反有关动植物防疫、检疫的国家规定,有引起重大动植物疫情危险,涉嫌下列情形之一的,应予立案追诉:

(一)非法处置疫区内易感动物或者其产品,货值金额5万元以上的;

(二)非法处置因动植物防疫、检疫需要被依法处理的动植物或者其产品,货值金额2万元以上的;

(三)非法调运、生产、经营感染重大植物检疫性有害生物的林木种子、苗木等繁殖材料或者森林植物产品的;

(四)输入《中华人民共和国进出境动植物检疫法》规定的禁止进境物逃避检疫,或者对特许进境的禁止进境物未有效控制与处置,导致其逃逸、扩散的;

(五)进境动植物及其产品检出有引起重大动植物疫情危险的动物疫病或者植物有害生物后,非法处置导致进境动植物及其产品流失的;

(六)1年内携带或者寄递《中华人民共和国禁止携带、邮寄进境的动植物及其产品名录》所列物品进境逃避检疫2次以上,或者窃取、抢夺、损毁、抛洒动植物检疫机关截留的《中华人民共和国禁止携带、邮寄进境的动植物及其产品名录》所列物品的;

(七)其他情节严重的情形。

本条规定的"重大动植物疫情",按照国家行政主管部门的有关规定认定。

第六节 破坏环境资源保护罪

第338条① 【污染环境罪②】违反国家规定，排放、倾倒或者处置有放射性的废物、含传染病病原体的废物、有毒物质或者其他有害物质，严重污染环境的，处三年以下有期徒刑或者拘役，并处或者单处罚金；情节严重的，处三年以上七年以下有期徒刑，并处罚金；有下列情形之一的，处七年以上有期徒刑，并处罚金：

（一）在饮用水水源保护区、自然保护地核心保护区等依法确定的重点保护区域排放、倾倒、处置有放射性的废物、含传染病病原体的废物、有毒物质，情节特别严重的；

（二）向国家确定的重要江河、湖泊水域排放、倾倒、处置有放射性的废物、含传染病病原体的废物、有毒物质，情节特别严重的；

（三）致使大量永久基本农田基本功能丧失或者遭受永久性破坏的；

（四）致使多人重伤、严重疾病，或者致人严重残疾、死亡的。

有前款行为，同时构成其他犯罪的，依照处罚较重的规定定罪处罚。

---

① 第338条原规定为："违反国家规定，向土地、水体、大气排放、倾倒或者处置有放射性的废物、含传染病病原体的废物、有毒物质或者其他危险废物，造成重大环境污染事故，致使公私财产遭受重大损失或者人身伤亡的严重后果的，处三年以下有期徒刑或者拘役，并处或者单处罚金；后果特别严重的，处三年以上七年以下有期徒刑，并处罚金。"

2011年2月25日第11届全国人大常委会第19次会议通过的《刑法修正案（八）》（主席令第41号公布，2011年5月1日起施行）将其修改为："违反国家规定，排放、倾倒或者处置有放射性的废物、含传染病病原体的废物、有毒物质或者其他有害物质，严重污染环境的，处三年以下有期徒刑或者拘役，并处或者单处罚金；后果特别严重的，处三年以上七年以下有期徒刑，并处罚金。"即降低了入罪条件。

2020年12月26日第13届全国人大常委会第24次会议通过的《刑法修正案（十一）》（主席令第66号公布，2021年3月1日起施行）降低了第二档刑期的适用条件，并增加了第三档刑期。

② 根据《最高人民法院、最高人民检察院关于执行〈中华人民共和国刑法〉确定罪名的补充规定（五）》（法释〔2011〕10号，2011年4月27日发布），将《刑法》第338条对应的罪名由"重大环境污染事故罪"改为"污染环境罪"，2011年5月1日起施行。

> **第339条** 【非法处置进口的固体废物罪】违反国家规定,将境外的固体废物进境倾倒、堆放、处置的,处五年以下有期徒刑或者拘役,并处罚金;造成重大环境污染事故,致使公私财产遭受重大损失或者严重危害人体健康的,处五年以上十年以下有期徒刑,并处罚金;后果特别严重的,处十年以上有期徒刑,并处罚金。
>
> 【擅自进口固体废物罪】未经国务院有关主管部门许可,擅自进口固体废物用作原料,造成重大环境污染事故,致使公私财产遭受重大损失或者严重危害人体健康的,处五年以下有期徒刑或者拘役,并处罚金;后果特别严重的,处五年以上十年以下有期徒刑,并处罚金。
>
> 以原料利用为名,进口不能用作原料的固体废物、液态废物和气态废物的,依照本法第一百五十二条第二款、第三款的规定定罪处罚。①

● **条文注释** 第338条、第339条是针对违反国家规定,造成污染环境相关犯罪行为的处罚规定。其中,擅自进口固体废物或者非法处置进口的固体废物的,适用第339条的规定(要造成重大环境污染事故才能构成犯罪);其他污染环境的行为,适用第338条的规定(只要严重污染环境,就能构成犯罪)。这里的"国家规定",主要是指《环境保护法》《海洋环境保护法》《固体废物污染环境防治法》《医疗废物管理条例》等相关法律法规。

第338条、第339条第1款规定中的"排放"是指将有害物质排入水体、土地、滩涂或大气等,包括泵出、溢出、泄出、喷出和倒出等行为;"堆放"是指向土地、草原、森林等直接弃置固体废弃物的行为;"倾倒"是指通过船舶、航空器、平台或其他运载工具,向水体、土地、森林、草原或大气等处置放射性废物、含传染病原体的废物、有毒物质或者其他有害物质的行为;"处置"主要是指以焚烧、填埋等方式处理有害物质的活动。

"放射性的废物"是指放射性核素含量超过国家规定限值的各种废弃物;

---

① 第339条第3款是根据2002年12月28日第9届全国人民代表大会常务委员会第31次会议通过的《刑法修正案(四)》(主席令第83号公布,2002年12月28日起施行)而修改;原第339条第3款内容为:"以原料利用为名,进口不能用作原料的固体废物的,依照本法第一百五十五条的规定定罪处罚。"

"含传染病病原体的废物"是指含有传染病病菌的污水、粪便等废弃物;"有毒物质"是指对人体有毒害或者会对环境造成严重危害的物质。"有害物质"包括以废气、废渣、废水、污水等多种形态存在的各种危险废物以及其他具有放射性或毒害性的物质;这里的"危险废物"是指列入《国家危险废物名录》《医疗废物分类目录》以及根据国家规定的危险废物鉴别标准和鉴别方法认定的具有危险特性的废物,在实践中主要参考《控制危险废物越境转移及其处置巴塞尔公约》所列的危险废物名录。

第339条规定的"固体废物"是指在社会活动中产生的各种(固态、半固态或封装的气态)废弃物;它们有些可以用作原料加以利用。2020年9月1日起施行的《固体废物污染环境防治法》规定:国家逐步实现固体废物零进口。生态环境部、商务部、国家发改委、海关总署2020年第53号公告宣布:自2021年1月1日起全面禁止进口固体废物。①

● **相关规定** 　**【法释〔2003〕8号】**　**最高人民法院、最高人民检察院关于办理妨害预防、控制突发传染病疫情等灾害的刑事案件具体应用法律若干问题的解释**(2003年5月13日最高人民法院审判委员会第1269次会议、2003年5月13日最高人民检察院第10届检察委员会第3次会议通过,2003年5月14日公布,2003年5月15日起施行)

第13条　违反传染病防治法等国家有关规定,向土地、水体、大气排放、倾倒或者处置含传染病病原体的废物、有毒物质或者其他危险废物,造成突发传染病传播等重大环境污染事故,致使公私财产遭受重大损失或者人身伤亡的严重后果的,依照刑法第338条的规定,以重大环境污染事故罪②定罪处罚。

【法发〔2011〕20号】　**最高人民法院关于进一步加强危害生产安全刑事案件审判工作的意见**(最高人民法院2011年12月30日印发)

10(第2款)　违反安全生产管理规定,非法采矿、破坏性采矿或排放、倾倒、处置有害物质严重污染环境,造成重大伤亡事故或者其他严重后果,同时构成危害生产安全犯罪和破坏环境资源保护犯罪的,依照数罪并罚的规定处罚。

---

① 自此,我国将不存在"进口"固体废物;第339条第1款的罪名"非法处置进口的固体废物罪"也随之欠妥(本书建议改为"非法处置固体废物罪")。同时,刑法第339条第2款(擅自进口固体废物罪)也将难以适用,被《刑法》第152条第2款(走私废物罪)替代。

② 随着《中华人民共和国刑法修正案(八)》对《刑法》第338条的修改,最高人民法院、最高人民检察院于2011年4月27日发布《关于执行〈中华人民共和国刑法〉确定罪名的补充规定(五)》,将"重大环境污染事故罪"改为"污染环境罪",2011年5月1日起施行(与《刑法修正案(八)》同步施行)。

【法释〔2016〕29 号】　最高人民法院、最高人民检察院关于办理环境污染刑事案件适用法律若干问题的解释［2016 年 11 月 7 日最高人民法院审判委员会第 1698 次会议、2016 年 12 月 8 日最高人民检察院第 12 届检察委员会第 58 次会议通过，2016 年 12 月 23 日公布，2017 年 1 月 1 日起施行；2013 年 6 月 19 日施行的同名文件（法释〔2013〕15 号）[①] 同时废止］

第 1 条　实施刑法第 338 条规定的行为，具有下列情形之一的，应当认定为"严重污染环境"：

（一）在饮用水水源一级保护区、自然保护区核心区排放、倾倒、处置有放射性的废物、含传染病病原体的废物、有毒物质的；

（二）非法排放、倾倒、处置危险废物 3 吨以上的；

（三）排放、倾倒、处置含铅、汞、镉、铬、砷、铊、锑的污染物，超过国家或者地方污染物排放标准 3 倍以上的；

（四）排放、倾倒、处置含镍、铜、锌、银、钒、锰、钴的污染物，超过国家或者地方污染物排放标准 10 倍以上的；

（五）通过暗管、渗井、渗坑、裂隙、溶洞、灌注等逃避监管的方式排放、倾倒、处置有放射性的废物、含传染病病原体的废物、有毒物质的；

（六）2 年内曾因违反国家规定，排放、倾倒、处置有放射性的废物、含传染病病原体的废物、有毒物质受过 2 次以上行政处罚，又实施前列行为的；

（七）重点排污单位篡改、伪造自动监测数据或者干扰自动监测设施，排放化学需氧量[②]、氨氮、二氧化硫、氮氧化物等污染物的；

（八）违法减少防治污染设施运行支出 100 万元以上的；

（九）违法所得或者致使公私财产损失 30 万元以上的；

（十）造成生态环境严重损害的；

（十一）致使乡镇以上集中式饮用水水源取水中断 12 小时以上的；

（十二）致使基本农田、防护林地、特种用途林地 5 亩以上，其他农用地 10

---

① 注：《最高人民法院、最高人民检察院关于办理环境污染刑事案件适用法律若干问题的解释》（法释〔2013〕15 号）由 2013 年 6 月 8 日最高人民法院审判委员会第 1581 次会议、2013 年 6 月 8 日最高人民检察院第 12 届检察委员会第 7 次会议通过，2013 年 6 月 17 日公布，2013 年 6 月 19 日起施行；同时废止 2006 年 6 月 26 日最高人民法院审判委员会第 1391 次会议通过的《最高人民法院关于审理环境污染刑事案件具体应用法律若干问题的解释》（法释〔2006〕4 号）。

② 注：化学需氧量（Chemical Oxygen Demand）是指以化学方法测量水样中需要被氧化的还原性物质的量，能够反映出水体的污染程度（COD 的数值越大表明水体的污染情况越严重）。本书认为，"化学需氧量"只是水体有机污染的一项评判指标；"法释〔2016〕29 号"解释将其直接视作污染物，有待斟酌。

亩以上，其他土地 20 亩以上基本功能丧失或者遭受永久性破坏的；

（十三）致使森林或者其他林木死亡 50 立方米以上，或者幼树死亡 2500 株以上的；

（十四）致使疏散、转移群众 5000 人以上的；

（十五）致使 30 人以上中毒的；

（十六）致使 3 人以上轻伤、轻度残疾或者器官组织损伤导致一般功能障碍的；

（十七）致使 1 人以上重伤、中度残疾或者器官组织损伤导致严重功能障碍的；

（十八）其他严重污染环境的情形。

第 2 条 实施刑法第 339 条、第 408 条规定的行为，致使公私财产损失 30 万元以上，或者具有本解释第 1 条第 10 项至第 17 项规定情形之一的，应当认定为"致使公私财产遭受重大损失或者严重危害人体健康"或者"致使公私财产遭受重大损失或者造成人身伤亡的严重后果"。

第 3 条 实施刑法第 338 条、第 339 条规定的行为，具有下列情形之一的，应当认定为"后果特别严重"：

（一）致使县级以上城区集中式饮用水水源取水中断 12 小时以上的；

（二）非法排放、倾倒、处置危险废物 100 吨以上的；

（三）致使基本农田、防护林地、特种用途林地 15 亩以上，其他农用地 30 亩以上，其他土地 60 亩以上基本功能丧失或者遭受永久性破坏的；

（四）致使森林或者其他林木死亡 150 立方米以上，或者幼树死亡 7500 株以上的；

（五）致使公私财产损失 100 万元以上的；

（六）造成生态环境特别严重损害的；

（七）致使疏散、转移群众 15000 人以上的；

（八）致使 100 人以上中毒的；

（九）致使 10 人以上轻伤、轻度残疾或者器官组织损伤导致一般功能障碍的；

（十）致使 3 人以上重伤、中度残疾或者器官组织损伤导致严重功能障碍的；

（十一）致使 1 人以上重伤、中度残疾或者器官组织损伤导致严重功能障碍，并致使 5 人以上轻伤、轻度残疾或者器官组织损伤导致一般功能障碍的；

（十二）致使 1 人以上死亡或者重度残疾的；

（十三）其他后果特别严重的情形。

第4条 实施刑法第338条、第339条规定的犯罪行为，具有下列情形之一的，应当从重处罚：①

（一）阻挠环境监督检查②或者突发环境事件调查，尚不构成妨害公务等犯罪的；③

（二）在医院、学校、居民区等人口集中地区及其附近，违反国家规定排放、倾倒、处置有放射性的废物、含传染病病原体的废物、有毒物质或者其他有害物质的；

（三）在重污染天气预警期间、突发环境事件处置期间或者被责令限期整改期间，违反国家规定排放、倾倒、处置有放射性的废物、含传染病病原体的废物、有毒物质或者其他有害物质的；

（四）具有危险废物经营许可证的企业违反国家规定排放、倾倒、处置有放射性的废物、含传染病病原体的废物、有毒物质或者其他有害物质的。

第5条 实施刑法第338条、第339条规定的行为，刚达到应当追究刑事责任的标准，但行为人及时采取措施，防止损失扩大、消除污染，全部赔偿损失，积极修复生态环境，且系初犯，确有悔罪表现的，可以认定为情节轻微，不起诉或者免予刑事处罚；确有必要判处刑罚的，应当从宽处罚。

第6条 无危险废物经营许可证从事收集、贮存、利用、处置危险废物经营活动，严重污染环境的，按照污染环境罪定罪处罚；同时构成非法经营罪的，依照处罚较重的规定定罪处罚。

---

① 注："法释〔2013〕15号"《解释》第4条原规定有"闲置、拆除污染防治设施或者使污染防治设施不正常运行"的从重处罚情形，"法释〔2016〕29号"《解释》将该规定删除了。

最高人民法院研究室编撰的《司法研究与指导》（总第4辑，人民法院出版社2014年3月1日出版）曾对"使污染防治设施不正常运行"作出解释，指违反污染防治设施正常运行规范的情形。以使水污染物处理设施不正常运行为例，根据原国家环保总局《关于"不正常使用"水污染物处理设施的认定和处罚问题的复函》（环办〔1998〕98号），通常表现为如下情形之一：①将部分或者全部污水不经过处理设施而直接排入环境；②将未处理达标的污水从处理设施的中间程序引出直接排入环境；③将部分或者全部处理设施停止运行；④违反操作规程使用处理设施，或者不按规程进行检查和维修，致使处理设施不能正常运行；⑤违反处理设施正常运行所需的条件，致使处理设施不能正常运行的其他情形。

② 注：这里的"环境监督检查"，是指负有环境保护监督管理职责的机关对环境监督检查，包括但不限于环保部门，如对水污染的监督检查可由水利部门实施，对海洋污染的监督检查可由海洋行政主管部门实施。[最高人民法院研究室编撰的《司法研究与指导》（总第4辑），人民法院出版社2014年版。]

③ 注："法释〔2013〕15号"《解释》原规定：构成污染环境罪，同时阻挠环境监督检查或突发环境事件调查、构成妨害公务罪的，实行数罪并罚。"法释〔2016〕29号"《解释》将该规定删除了。

实施前款规定的行为，不具有超标排放污染物、非法倾倒污染物或者其他违法造成环境污染的情形的，可以认定为非法经营情节显著轻微危害不大，不认为是犯罪；构成生产、销售伪劣产品等其他犯罪的，以其他犯罪论处。

第 7 条　明知他人无危险废物经营许可证①，向其提供或者委托其收集、贮存、利用、处置危险废物，严重污染环境的，以共同犯罪论处。

第 8 条　违反国家规定，排放、倾倒、处置含有毒害性、放射性、传染病病原体等物质的污染物，同时构成污染环境罪、非法处置进口的固体废物罪、投放危险物质罪等犯罪的，依照处罚较重的规定定罪处罚。

第 11 条　单位实施本解释规定的犯罪的，依照本解释规定的定罪量刑标准，对直接负责的主管人员和其他直接责任人员定罪处罚，并对单位判处罚金。

第 12 条　环境保护主管部门及其所属监测机构在行政执法过程中收集的监测数据，在刑事诉讼中可以作为证据使用。②

公安机关单独或者会同环境保护主管部门，提取污染物样品进行检测获取的数据，在刑事诉讼中可以作为证据使用。

第 13 条　对国家危险废物名录所列的废物，可以依据涉案物质的来源、产生过程、被告人供述、证人证言以及经批准或者备案的环境影响评价文件等证据，结合环境保护主管部门、公安机关等出具的书面意见作出认定。

对于危险废物的数量，可以综合被告人供述、涉案企业的生产工艺、物耗、能耗情况，以及经批准或者备案的环境影响评价文件等证据作出认定。

第 14 条　对案件所涉的环境污染专门性问题难以确定的，依据司法鉴定机构出具的鉴定意见，或者国务院环境保护主管部门、公安部门指定的机构出具的报告，结合其他证据作出认定。

第 15 条　下列物质应当认定为刑法第 338 条规定的"有毒物质"：③

（一）危险废物，是指列入国家危险废物名录，或者根据国家规定的危险废物鉴别标准和鉴别方法认定的，具有危险特性的废物；

（二）《关于持久性有机污染物的斯德哥尔摩公约》附件所列物质；

---

① 注："法释〔2013〕15 号"《解释》原规定以共同犯罪论处的情形还包括行为人明知他人"超出经营许可范围"。"法释〔2016〕29 号"《解释》将该规定删除了。

② 注："法释〔2013〕15 号"《解释》原规定这些监测数据必须"经省级以上环境保护部门认可"。"法释〔2016〕29 号"《解释》将该证据认可程序规定删除了。

③ 注："法释〔2013〕15 号"《解释》原规定《刑法》第 338 条规定的"有毒物质"还包括剧毒化学品、列入重点环境管理危险化学品名录的化学品，以及含有上述化学品的物质。"法释〔2016〕29 号"《解释》将该规定删除了。

（三）含重金属的污染物；①

（四）其他具有毒性，可能污染环境的物质。

第 16 条　无危险废物经营许可证，以营利为目的，从危险废物中提取物质作为原材料或者燃料，并具有超标排放污染物、非法倾倒污染物或者其他违法造成环境污染的情形的行为，应当认定为"非法处置危险废物"。

第 17 条　本解释所称"2 年内"，以第一次违法行为受到行政处罚的生效之日与又实施相应行为之日的时间间隔计算确定。

本解释所称"重点排污单位"，是指设区的市级以上人民政府环境保护主管部门依法确定的应当安装、使用污染物排放自动监测设备的重点监控企业及其他单位。

本解释所称"违法所得"，是指实施刑法第 338 条、第 339 条规定的行为所得和可得的全部违法收入。

本解释所称"公私财产损失"，包括实施刑法第 338 条、第 339 条规定的行为直接造成财产损毁、减少的实际价值，为防止污染扩大、消除污染而采取必要合理措施所产生的费用，以及处置突发环境事件的应急监测费用。

本解释所称"生态环境损害"，包括生态环境修复费用，生态环境修复期间服务功能的损失和生态环境功能永久性损害造成的损失，以及其他必要合理费用。

本解释所称"无危险废物经营许可证"，是指未取得危险废物经营许可证，或者超出危险废物经营许可证的经营范围。

第 18 条　本解释自 2017 年 1 月 1 日起施行。本解释施行后，《最高人民法院、最高人民检察院关于办理环境污染刑事案件适用法律若干问题的解释》（法释〔2013〕15 号）同时废止；之前发布的司法解释与本解释不一致的，以本解释为准。

【高检会〔2019〕3 号】 最高人民法院、最高人民检察院、公安部、司法部、生态环境部关于办理环境污染刑事案件有关问题座谈会纪要（2018 年 12 月在北京召开，2019 年 2 月 20 日印发）

1. 关于单位犯罪的认定

……办理环境污染犯罪案件，认定单位犯罪时，应当依法合理把握追究刑

---

① 注：在环境污染领域中，重金属主要是指对生物有明显毒性的金属元素或者类金属元素。不同于其他污染物的可降解性，重金属污染物具有长期性、累积性、潜伏性和不可逆性等特点，很难在自然环境中降解。2011 年 2 月，国务院正式批复《重金属污染综合防治"十二五"规划》（国函〔2011〕13 号），确定了"十二五"期间重点防控的重金属污染物是铅（Pb）、汞（Hg）、镉（Cd）、铬（Cr）和类金属砷（As）等，兼顾镍（Ni）、铜（Cu）、锌（Zn）、银（Ag）、钒（V）、锰（Mn）、钴（Co）、铊（Tl）、锑（Sb）等其他重金属污染物。

事责任的范围,贯彻宽严相济刑事政策,重点打击出资者、经营者和主要获利者,既要防止不当缩小追究刑事责任的人员范围,又要防止打击面过大。

为了单位利益,实施环境污染行为,并具有下列情形之一的,应当认定为单位犯罪:(1)经单位决策机构按照决策程序决定的;(2)经单位实际控制人、主要负责人或者授权的分管负责人决定、同意的;(3)单位实际控制人、主要负责人或者授权的分管负责人得知单位成员个人实施环境污染犯罪行为,并未加以制止或者及时采取措施,而是予以追认、纵容或者默许的;(4)使用单位营业执照、合同书、公章、印鉴等对外开展活动,并调用单位车辆、船舶、生产设备、原辅材料等实施环境污染犯罪行为的。

单位犯罪中的"直接负责的主管人员",一般是指对单位犯罪起决定、批准、组织、策划、指挥、授意、纵容等作用的主管人员,包括单位实际控制人、主要负责人或者授权的分管负责人、高级管理人员等;"其他直接责任人员",一般是指在直接负责的主管人员的指挥、授意下积极参与实施单位犯罪或者对具体实施单位犯罪起较大作用的人员。

对于应当认定为单位犯罪的环境污染犯罪案件,公安机关未作为单位犯罪移送审查起诉的,人民检察院应当退回公安机关补充侦查。对于应当认定为单位犯罪的环境污染犯罪案件,人民检察院只作为自然人犯罪起诉的,人民法院应当建议人民检察院对犯罪单位补充起诉。

2. 关于犯罪未遂的认定

……对于行为人已经着手实施非法排放、倾倒、处置有毒有害污染物的行为,由于有关部门查处或者其他意志以外的原因未得逞的情形,可以污染环境罪(未遂)追究刑事责任。

3. 关于主观过错的认定

……判断犯罪嫌疑人、被告人是否具有环境污染犯罪的故意,应当依据犯罪嫌疑人、被告人的任职情况、职业经历、专业背景、培训经历、本人因同类行为受到行政处罚或者刑事追究情况以及污染物种类、污染方式、资金流向等证据,结合其供述,进行综合分析判断。

实践中,具有下列情形之一,犯罪嫌疑人、被告人不能作出合理解释的,可以认定其故意实施环境污染犯罪,但有证据证明确系不知情的除外:(1)企业没有依法通过环境影响评价,或者未依法取得排污许可证,排放污染物,或者已经通过环境影响评价并且防治污染设施验收合格后,擅自更改工艺流程、原辅材料,导致产生新的污染物质的;(2)不使用验收合格的防治污染设施或者不按规范要求使用的;(3)防治污染设施发生故障,发现后不及时排除,继续生产放任污染物排放的;(4)生态环境部门责令限制生产、停产整治或者予以行政处罚后,继续生产放任污染物排放的;(5)将危险废物委托第三方处置,没有尽到查验经营许可的义务,或者委托处置费用明显低于市场价格或者处置成本的;(6)通过暗管、渗井、渗坑、裂隙、溶洞、灌注等逃避监管的方式排放污染物的;(7)通过篡改、伪造监测数据的方式排放污染物的;(8)其他足以认定的情形。

4. 关于生态环境损害标准的认定

……在生态环境损害赔偿制度试行阶段,全国各省(自治区、直辖市)可以结合本地实际情况,因地制宜,因时制宜,根据案件具体情况准确认定"造成生态环境严重损害"和"造成生态环境特别严重损害"。

5. 关于非法经营罪的适用

……准确理解和适用《环境解释》第6条的规定应当注意把握两个原则:一要坚持实质判断原则,对行为人非法经营危险废物行为的社会危害性作实质性判断。比如,一些单位或者个人虽未依法取得危险废物经营许可证,但其收集、贮存、利用、处置危险废物经营活动,没有超标排放污染物、非法倾倒污染物或者其他违法造成环境污染情形的,则不宜以非法经营罪论处。二要坚持综合判断原则,对行为人非法经营危险废物行为根据其在犯罪链条中的地位、作用综合判断其社会危害性。比如,有证据证明单位或者个人的无证经营危险废物行为属于危险废物非法经营产业链的一部分,并且已经形成了分工负责、利益均沾、相对固定的犯罪链条,如果行为人或者与其联系紧密的上游或者下游环节具有排放、倾倒、处置危险废物违法造成环境污染的情形,且交易价格明显异常的,对行为人可以根据案件具体情况在污染环境罪和非法经营罪中,择一重罪处断。

6. 关于投放危险物质罪的适用

……司法实践中对环境污染行为适用投放危险物质罪追究刑事责任时,应当重点审查判断行为人的主观恶性、污染行为恶劣程度、污染物的毒害性危险性、污染持续时间、污染结果是否可逆、是否对公共安全造成现实、具体、明确的危险或者危害等各方面因素。对于行为人明知其排放、倾倒、处置的污染物含有毒害性、放射性、传染病病原体等危险物质,仍实施环境污染行为放任其危害公共安全,造成重大人员伤亡、重大公私财产损失等严重后果,以污染环境罪论处明显不足以罚当其罪的,可以按投放危险物质罪定罪量刑。实践中,此类情形主要是向饮用水水源保护区,饮用水供水单位取水口和出水口,南水北调水库、干渠、涵洞等配套工程,重要渔业水体以及自然保护区核心区等特殊保护区域，排放、倾倒、处置毒害性极强的污染物，危害公共安全并造成严重后果的情形。

7. 关于涉大气污染环境犯罪的处理

……对重污染天气预警期间，违反国家规定，超标排放二氧化硫、氮氧化物，受过行政处罚后又实施上述行为或者具有其他严重情节的，可以适用《环境解释》第1条第18项规定的"其他严重污染环境的情形"追究刑事责任。

8. 关于非法排放、倾倒、处置行为的认定

……司法实践中认定非法排放、倾倒、处置行为时，应当根据《固体废物污染环境防治法》和《环境解释》的有关规定精神，从其行为方式是否违反国家规定或者行业操作规范、污染物是否与外环境接触、是否造成环境污染的危险或者危害等方面进行综合分析判断。对名为运输、贮存、利用，实为排放、倾倒、处置的行为应当认定为非法排放、倾倒、处置行为，可以依法追究刑事责任。比如，未采取相应防范措施将没有利用价值的危险废物长期贮存、搁置，放任危险废物或者其有毒有害成分大量扬散、流失、泄漏、挥发，污染环境的。

9. 关于有害物质的认定

……实践中，常见的有害物质主要有：工业危险废物以外的其他工业固体废物；未经处理的生活垃圾；有害大气污染物、受控消耗臭氧层物质和有害水污染物；在利用和处置过程中必然产生有毒有害物质的其他物质；国务院生态环境保护主管部门会同国务院卫生主管部门公布的有毒有害污染物名录中的有关物质等。

10. 关于从重处罚情形的认定

……实践中，对于发生在长江经济带11省（直辖市）的下列环境污染犯罪行为，可以从重处罚：（1）跨省（直辖市）排放、倾倒、处置有放射性的废物、含传染病病原体的废物、有毒物质或者其他有害物质的；（2）向国家确定的重要江河、湖泊或者其他跨省（直辖市）江河、湖泊排放、倾倒、处置有放射性的废物、含传染病病原体的废物、有毒物质或者其他有害物质的。

11. 关于严格适用不起诉、缓刑、免予刑事处罚

……具有下列情形之一的，一般不适用不起诉、缓刑或者免予刑事处罚：（1）不如实供述罪行的；（2）属于共同犯罪中情节严重的主犯的；（3）犯有数个环境污染犯罪依法实行并罚或者以一罪处理的；（4）曾因环境污染违法犯罪行为受过行政处罚或者刑事处罚的；（5）其他不宜适用不起诉、缓刑、免予刑事处罚的情形。

……对于情节恶劣、社会反映强烈的环境污染犯罪，不得适用缓刑、免予刑事处罚。人民法院对判处缓刑的被告人，一般应当同时宣告禁止令，禁止其

在缓刑考验期内从事与排污或者处置危险废物有关的经营活动。生态环境部门根据禁止令，对上述人员担任实际控制人、主要负责人或者高级管理人员的单位，依法不得发放排污许可证或者危险废物经营许可证。

【主席令〔2020〕43号】　中华人民共和国固体废物污染环境防治法（2020年4月29日第13届全国人大常委会第17次会议修订，主席令第43号公布，2020年9月1日起施行）

第124条　本法下列用语的含义：

（一）固体废物，是指在生产、生活和其他活动中产生的丧失原有利用价值或者虽未丧失利用价值但被抛弃或者放弃的固态、半固态和置于容器中的气态的物品、物质以及法律、行政法规规定纳入固体废物管理的物品、物质。经无害化加工处理，并且符合强制性国家产品质量标准，不会危害公众健康和生态安全，或者根据固体废物鉴别标准和鉴别程序认定为不属于固体废物的除外。

（六）危险废物，是指列入国家危险废物名录或者根据国家规定的危险废物鉴别标准和鉴别方法认定的具有危险特性的固体废物。

（七）贮存，是指将固体废物临时置于特定设施或者场所中的活动。

（八）利用，是指从固体废物中提取物质作为原材料或者燃料的活动。

（九）处置，是指将固体废物焚烧和用其他改变固体废物的物理、化学、生物特性的方法，达到减少已产生的固体废物数量、缩小固体废物体积、减少或者消除其危险成分的活动，或者将固体废物最终置于符合环境保护规定要求的填埋场的活动。

【部令〔2020〕15号】　国家危险废物名录（2021年版）（2020年11月5日生态环境部部务会议修订，2020年11月5日生态环境部、国家发改委、公安部、交通运输部、国家卫健委联合发布，2021年1月1日起施行；2016年8月1日起施行的《国家危险废物名录》同时废止）

第2条　具有下列情形之一的固体废物（包括液态废物），列入本名录：[1]

（一）具有毒性、腐蚀性、易燃性、反应性或者感染性一种或者几种危险特

---

[1] 本条为2021年版《国家危险废物名录》新增。2016年版曾规定：医疗废物属于危险废物；列入《危险化学品目录》的化学品废弃后属于危险废物。2021年版《名录》删除了此规定，改为在附表中列出医疗废物有关种类（按《医疗废物分类目录》执行）；明确了纳入危险废物环境管理的废弃危险化学品的范围。

注：《危险化学品目录》中危险化学品并不是都具有环境危害特性，废弃危险化学品不能简单等同于危险废物（例如"液氧""液氮"等危险化学品仅具有"加压气体"物理危险性）。

性的；

（二）不排除具有危险特性，可能对生态环境或者人体健康造成有害影响，需要按照危险废物进行管理的。

第3条 列入本名录附录《危险废物豁免管理清单》中的危险废物，在所列的豁免环节，且满足相应的豁免条件时，可以按照豁免内容的规定实行豁免管理。

第4条 危险废物与其他物质混合后的固体废物，以及危险废物利用处置后的固体废物的属性判定，按照国家规定的危险废物鉴别标准执行。

第5条 本名录中有关术语的含义如下：

……

（四）危险特性，是指对生态环境和人体健康具有有害影响的毒性（Toxicity，T）、腐蚀性（Corrosivity，C）、易燃性（Ignitability，I）、反应性（Reactivity，R）和感染性（Infectivity，In）。

第6条（第1款） 对不明确是否具有危险特性的固体废物，应当按照国家规定的危险废物鉴别标准和鉴别方法予以认定。

【环办环监〔2017〕17号】 环境保护行政执法与刑事司法衔接工作办法
（环境保护部、公安部、最高人民检察院2017年1月25日印发）

第5条 环保部门在查办环境违法案件过程中，发现涉嫌环境犯罪案件，应当核实情况并作出移送涉嫌环境犯罪案件的书面报告。本机关负责人应当自接到报告之日起3日内作出批准移送或者不批准移送的决定。向公安机关移送的涉嫌环境犯罪案件，应当符合下列条件：

（一）实施行政执法的主体与程序合法。

（二）有合法证据证明有涉嫌环境犯罪的事实发生。

第6条 环保部门移送涉嫌环境犯罪案件，应当自作出移送决定后24小时内向同级公安机关移交案件材料，并将案件移送书抄送同级人民检察院。

环保部门向公安机关移送涉嫌环境犯罪案件时，应当附下列材料：

（一）案件移送书，载明移送机关名称、涉嫌犯罪罪名及主要依据、案件主办人及联系方式等。案件移送书应当附移送材料清单，并加盖移送机关公章。

（二）案件调查报告，载明案件来源、查获情况、犯罪嫌疑人基本情况、涉嫌犯罪的事实、证据和法律依据、处理建议和法律依据等。

（三）现场检查（勘察）笔录、调查询问笔录、现场勘验图、采样记录单等。

（四）涉案物品清单，载明已查封、扣押等采取行政强制措施的涉案物品名称、数量、特征、存放地等事项，并附采取行政强制措施、现场笔录等表明涉案物品来源的相关材料。

（五）现场照片或者录音录像资料及清单，载明需证明的事实、对象、拍摄人、拍摄时间、拍摄地点等。

（六）监测、检验报告、突发环境事件调查报告、认定意见。

（七）其他有关涉嫌犯罪的材料。

对环境违法行为已经作出行政处罚决定的，还应当附行政处罚决定书。

第7条　对环保部门移送的涉嫌环境犯罪案件，公安机关应当依法接受，并立即出具接受案件回执或者在涉嫌环境犯罪案件移送书的回执上签字。

第8条　公安机关审查发现移送的涉嫌环境犯罪案件材料不全的，应当在接受案件的24小时内书面告知移送的环保部门在3日内补正。但不得以材料不全为由，不接受移送案件。

公安机关审查发现移送的涉嫌环境犯罪案件证据不充分的，可以就证明有犯罪事实的相关证据等提出补充调查意见，由移送案件的环保部门补充调查。环保部门应当按照要求补充调查，并及时将调查结果反馈公安机关。因客观条件所限，无法补正的，环保部门应当向公安机关作出书面说明。

第9条　公安机关对环保部门移送的涉嫌环境犯罪案件，应当自接受案件之日起3日内作出立案或者不予立案的决定；涉嫌环境犯罪线索需要查证的，应当自接受案件之日起7日内作出决定；重大疑难复杂案件，经县级以上公安机关负责人批准，可以自受案之日起30日内作出决定。接受案件后对属于公安机关管辖但不属于本公安机关管辖的案件，应当在24小时内移送有管辖权的公安机关，并书面通知移送案件的环保部门，抄送同级人民检察院。对不属于公安机关管辖的，应当在24小时内退回移送案件的环保部门。

公安机关作出立案、不予立案、撤销案件决定的，应当自作出决定之日起3日内书面通知环保部门，并抄送同级人民检察院。公安机关作出不予立案或者撤销案件决定的，应当书面说明理由，并将案卷材料退回环保部门。

第10条　环保部门应当自接到公安机关立案通知书之日起3日内将涉案物品以及与案件有关的其他材料移交公安机关，并办理交接手续。

涉及查封、扣押物品的，环保部门和公安机关应当密切配合，加强协作，防止涉案物品转移、隐匿、损毁、灭失等情况发生。对具有危险性或者环境危害性的涉案物品，环保部门应当组织临时处置处理，公安机关应当积极协助；对无明确责任人、责任人不具备履行责任能力或者超出部门处置能力的，应当呈报涉案物品所在地政府组织处置。上述处置费用清单随附处置合同、缴费凭证等作为犯罪获利的证据,及时补充移送公安机关。

第 11 条　环保部门认为公安机关不予立案决定不当的,可以自接到不予立案通知书之日起 3 个工作日内向作出决定的公安机关申请复议,公安机关应当自收到复议申请之日起 3 个工作日内作出立案或者不予立案的复议决定,并书面通知环保部门。

第 12 条　环保部门对公安机关逾期未作出是否立案决定、以及对不予立案决定、复议决定、立案后撤销案件决定有异议的,应当建议人民检察院进行立案监督。人民检察院应当受理并进行审查。

第 13 条　环保部门建议人民检察院进行立案监督的案件,应当提供立案监督建议书、相关案件材料,并附公安机关不予立案、立案后撤销案件决定及说明理由材料,复议维持不予立案决定材料或者公安机关逾期未作出是否立案决定的材料。

第 14 条　人民检察院发现环保部门不移送涉嫌环境犯罪案件的,可以派员查询、调阅有关案件材料,认为涉嫌环境犯罪应当移送的,应当提出建议移送的检察意见。环保部门应当自收到检察意见后 3 日内将案件移送公安机关,并将执行情况通知人民检察院。

第 15 条　人民检察院发现公安机关可能存在应当立案而不立案或者逾期未作出是否立案决定的,应当启动立案监督程序。

第 16 条　环保部门向公安机关移送涉嫌环境犯罪案件,已作出的警告、责令停产停业、暂扣或者吊销许可证的行政处罚决定,不停止执行。未作出行政处罚决定的,原则上应当在公安机关决定不予立案或者撤销案件、人民检察院作出不起诉决定、人民法院作出无罪判决或者免予刑事处罚后,再决定是否给予行政处罚。涉嫌犯罪案件的移送办理期间,不计入行政处罚期限。

对尚未作出生效裁判的案件,环保部门依法应当给予或者提请人民政府给予暂扣或者吊销许可证、责令停产停业等行政处罚,需要配合的,公安机关、人民检察院应当给予配合。

第 17 条　公安机关对涉嫌环境犯罪案件,经审查没有犯罪事实,或者立案侦查后认为犯罪事实显著轻微、不需要追究刑事责任,但经审查依法应当予以行政处罚的,应当及时将案件移交环保部门,并抄送同级人民检察院。

第 18 条　人民检察院对符合逮捕、起诉条件的环境犯罪嫌疑人,应当及时批准逮捕、提起公诉。人民检察院对决定不起诉的案件,应当自作出决定之日起 3 日内,书面告知移送案件的环保部门,认为应当给予行政处罚的,可以提出予以行政处罚的检察意见。

第19条　人民检察院对公安机关提请批准逮捕的犯罪嫌疑人作出不批准逮捕决定,并通知公安机关补充侦查的,或者人民检察院对公安机关移送审查起诉的案件审查后,认为犯罪事实不清、证据不足,将案件退回补充侦查的,应当制作补充侦查提纲,写明补充侦查的方向和要求。

对退回补充侦查的案件,公安机关应当按照补充侦查提纲的要求,在1个月内补充侦查完毕。公安机关补充侦查和人民检察院自行侦查需要环保部门协助的,环保部门应当予以协助。

第20条　环保部门在行政执法和查办案件过程中依法收集制作的物证、书证、视听资料、电子数据、监测报告、检验报告、认定意见、鉴定意见、勘验笔录、检查笔录等证据材料,在刑事诉讼中可以作为证据使用。

第21条　环保部门、公安机关、人民检察院收集的证据材料,经法庭查证属实,且收集程序符合有关法律、行政法规规定的,可以作为定案的根据。

第22条　环保部门或者公安机关依据《国家危险废物名录》或者组织专家研判等得出认定意见的,应当载明涉案单位名称、案由、涉案物品识别认定的理由,按照"经认定,……属于\不属于……危险废物,废物代码……"的格式出具结论,加盖公章。

第36条　各省、自治区、直辖市的环保部门、公安机关、人民检察院可以根据本办法制定本行政区域的实施细则。

第37条　环境行政执法中部分专有名词的含义:

(一)"现场勘验图",是指描绘主要生产及排污设备布置等案发现场情况、现场周边环境、各采样点位、污染物排放途径的平面示意图。

(二)"外环境",是指污染物排入的自然环境。满足下列条件之一的,视同为外环境。

1. 排污单位停产或没有排污,但依法取得的证据证明其有持续或间歇排污,而且无可处理相应污染因子的措施的,经核实生产工艺后,其产污环节之后的废水收集池(槽、罐、沟)内。

2. 发现暗管,虽无当场排污,但在外环境有确认由该单位排放污染物的痕迹,此暗管连通的废水收集池(槽、罐、沟)内。

3. 排污单位连通外环境的雨水沟(井、渠)中任何一处。

4. 对排放含第一类污染物的废水,其产生车间或车间处理设施的排放口。无法在车间或者车间处理设施排放口对含第一类污染物的废水采样的,废水总排放口或查实由企业排入其他外环境处。

第38条　本办法所涉期间除明确为工作日以外,其余均以自然日计算。期间开始之日不算在期间以内。期间的最后一日为节假日的，以节假日后的第一日为期满日期。

第 39 条 本办法自发布之日起施行。原国家环保总局、公安部和最高人民检察院《关于环境保护行政主管部门移送涉嫌环境犯罪案件的若干规定》（环发〔2007〕78 号）① 同时废止。

【浙检发办字〔2021〕135 号】 浙江省人民检察院、浙江省高级人民法院、浙江省公安厅、浙江省司法厅、浙江省自然资源厅、浙江省生态环境厅、浙江省水利厅、浙江省林业局关于进一步完善生态环境和资源保护行政执法与司法协作机制的意见

二、建立快速鉴定评估机制。建立生态环境和资源保护违法犯罪损害鉴定评估绿色通道，加快推进专家评估意见的应用。建立司法鉴定机构无法接受鉴定评估委托的救济渠道，对案件中的专门性问题，根据司法解释规定可以不委托鉴定的，以及难以鉴定或鉴定费用明显过高的，可以组建专家组，专家组不少于 3 人，其中每个鉴定领域应包含司法鉴定人 1 人。出具专家损害评估意见的，应由所有专家签字并承担相应责任。该意见结合其他证据，可以作为认定违法犯罪和生态环境损害赔偿的参考依据。……

● **立案标准** 最高人民检察院、公安部关于公安机关管辖的刑事案件立案追诉标准的规定（一）（公通字〔2008〕36 号，2008 年 6 月 25 日公布施行）

第 60 条 ［环境污染案（刑法第 338 条）］② 违反国家规定，排放、倾倒或者处置有放射性的废物、含传染病病原体的废物、有毒物质或者其他有害物质，涉嫌下列情形之一的，应予立案追诉：

（一）在饮用水水源一级保护区、自然保护区核心区排放、倾倒、处置有放射性的废物、含传染病病原体的废物、有毒物质的；

（二）非法排放、倾倒、处置危险废物 3 吨以上的；

（三）排放、倾倒、处置含铅、汞、镉、铬、砷、铊、锑的污染物，超过国家或者地方污染物排放标准 3 倍以上的；

---

① 注：本《办法》第 39 条的原文表述为《关于环境保护主管部门移送涉嫌环境犯罪案件的若干规定》，遗漏"行政"二字（属于立法校核上的疏忽），本书予以校正。

② 注：根据《最高人民检察院、公安部关于公安机关管辖的刑事案件立案追诉标准的规定（一）的补充规定》（公通字〔2017〕12 号，2017 年 4 月 27 日公布施行）修订。本条规定其实是对《最高人民法院、最高人民检察院关于办理环境污染刑事案件适用法律若干问题的解释》（法释〔2016〕29 号）第 1 条、第 15－17 条内容的重复叙述。

（四）排放、倾倒、处置含镍、铜、锌、银、钒、锰、钴的污染物，超过国家或者地方污染物排放标准10倍以上的；

（五）通过暗管、渗井、渗坑、裂隙、溶洞、灌注等逃避监管的方式排放、倾倒、处置有放射性的废物、含传染病病原体的废物、有毒物质的；

（六）2年内曾因违反国家规定，排放、倾倒、处置有放射性的废物、含传染病病原体的废物、有毒物质受过两次以上行政处罚，又实施前列行为的；

（七）重点排污单位篡改、伪造自动监测数据或者干扰自动监测设施，排放化学需氧量、氨氮、二氧化硫、氮氧化物等污染物的；

（八）违法减少防治污染设施运行支出100万元以上的；

（九）违法所得或者致使公私财产损失30万元以上的；

（十）造成生态环境严重损害的；

（十一）致使乡镇以上集中式饮用水水源取水中断12小时以上的；

（十二）致使基本农田、防护林地、特种用途林地5亩以上，其他农用地10亩以上，其他土地20亩以上基本功能丧失或者遭受永久性破坏的；

（十三）致使森林或者其他林木死亡50立方米以上，或者幼树死亡2500株以上的；

（十四）致使疏散、转移群众5000人以上的；

（十五）致使30人以上中毒的；

（十六）致使3人以上轻伤、轻度残疾或者器官组织损伤导致一般功能障碍的；

（十七）致使1人以上重伤、中度残疾或者器官组织损伤导致严重功能障碍的；

（十八）其他严重污染环境的情形。

本条规定的"有毒物质"，包括列入国家危险废物名录或者根据国家规定的危险废物鉴别标准和鉴别方法认定的具有危险特性的废物，《关于持久性有机污染物的斯德哥尔摩公约》附件所列物质，含重金属的污染物，以及其他具有毒性可能污染环境的物质。

本条规定的"非法处置危险废物"，包括无危险废物经营许可证，以营利为目的，从危险废物中提取物质作为原材料或者燃料，并具有超标排放污染物、非法倾倒污染物或者其他违法造成环境污染情形的行为。

本条规定的"重点排污单位"，是指设区的市级以上人民政府环境保护主管部门依法确定的应当安装、使用污染物排放自动监测设备的重点监控企业及其他单位。

本条规定的"公私财产损失",包括直接造成财产损毁、减少的实际价值,为防止污染扩大、消除污染而采取必要合理措施所产生的费用,以及处置突发环境事件的应急监测费用。

本条规定的"生态环境损害",包括生态环境修复费用,生态环境修复期间服务功能的损失和生态环境功能永久性损害造成的损失,以及其他必要合理费用。

本条规定的"无危险废物经营许可证",是指未取得危险废物经营许可证,或者超出危险废物经营许可证的经营范围。

第61条 [非法处置进口的固体废物案(刑法第339条第1款)] 违反国家规定,将境外的固体废物进境倾倒、堆放、处置的,应予立案追诉。

第62条 [擅自进口固体废物案(刑法第339条第2款)] 未经国务院有关主管部门许可,擅自进口固体废物用作原料,造成重大环境污染事故,涉嫌下列情形之一的,应予立案追诉:①

(一)致使公私财产损失30万元以上的;

(二)致使基本农田、防护林地、特种用途林地5亩以上,其他农用地10亩以上,其他土地20亩以上基本功能丧失或者遭受永久性破坏的;

(三)致使森林或者其他林木死亡50立方米以上,或者幼树死亡2500株以上的;

(四)致使1人以上死亡、3人以上重伤、10人以上轻伤,或者1人以上重伤并且5人以上轻伤的;

(五)致使传染病发生、流行或者人员中毒达到《国家突发公共卫生事件应急预案》中突发公共卫生事件分级Ⅲ级以上情形,严重危害人体健康的;

(六)其他致使公私财产遭受重大损失或者严重危害人体健康的情形。

第101条 本规定中的"以上",包括本数。

● **指导案例** 【高检发研字〔2016〕13号】 **关于印发最高人民检察院第8批指导性案例的通知**(2016年12月26日最高人民检察院第12届检察委员会第59次会议讨论通过,2017年1月4日印发)

---

① 注:"法释〔2016〕29号"《解释》第1-2条降低了环境污染罪和擅自进口固体废物罪的入罪门槛。该《解释》施行后,最高检、公安部"公通字〔2017〕12号"《补充规定》对环境污染罪的追诉标准进行了一致性调整,但并未同步修改擅自进口固体废物罪的追诉标准。根据最高法关于适用《刑事诉讼法》的解释(法释〔2021〕1号)第297条,人民法院发现新的犯罪事实,应当通知人民检察院补查补证;人民检察院不同意补充、变更、追加起诉或补充侦查的,人民法院应当就起诉指控的事实进行判决、裁定。

(检例第 28 号） 江苏省常州市人民检察院诉许建惠、许玉仙民事公益诉讼案

要旨： 1. 侵权人因同一行为已经承担行政责任或者刑事责任的，不影响承担民事侵权责任。

2. 环境污染导致生态环境损害无法通过恢复工程完全恢复的，恢复成本远远大于其收益的或者缺乏生态环境损害恢复评价指标的，可以参考虚拟治理成本法计算修复费用。

3. 专业技术问题，可以引入专家辅助人。专家意见经质证，可以作为认定事实的根据。

(检例第 29 号） 吉林省白山市人民检察院诉白山市江源区卫生和计划生育局及江源区中医院行政附带民事公益诉讼案

要旨： 检察机关在履行职责中发现负有监督管理职责的行政机关存在违法行政行为，导致发生污染环境，侵害社会公共利益的行为，且违法行政行为是民事侵权行为的先决或者前提行为，在履行行政公益诉讼和民事公益诉讼诉前程序后，违法行政行为和民事侵权行为未得到纠正，在没有适格主体或者适格主体不提起诉讼的情况下，检察机关可以参照《中华人民共和国行政诉讼法》第 61 条第 1 款的规定，向人民法院提起行政附带民事公益诉讼，由法院一并审理。

【高检发办字〔2020〕68 号】 关于印发最高人民检察院第 23 批指导性案例的通知（2020 年 11 月 6 日最高检第 13 届检委会第 54 次会议通过，2020 年 12 月 13 日印发）

(检例第 86 号） 盛开水务公司污染环境刑事附带民事公益诉讼案

要旨： 检察机关办理环境污染民事公益诉讼案件，可以在查清事实明确责任的基础上，遵循自愿、合法和最大限度保护公共利益的原则，积极参与调解。造成环境污染公司的控股股东自愿加入诉讼，愿意承担连带责任并提供担保的，检察机关可以依申请将其列为第三人，让其作为共同赔偿主体，督促其运用现金赔偿、替代性修复等方式，承担生态损害赔偿的连带责任。对办案中发现的带有普遍性的问题，检察机关可以通过提出检察建议、立法建议等方式，促进社会治理创新。

第 340 条　【非法捕捞水产品罪】 违反保护水产资源法规，在禁渔区、禁渔期或者使用禁用的工具、方法捕捞水产品，情节严重的，处三年以下有期徒刑、拘役、管制或者罚金。

● **条文注释**　第340条规定的"保护水产资源法规",主要有《海洋环境保护法》《渔业法》以及其他保护水产资源的法律、法规。

"禁渔区"是指对某些重要鱼、虾、贝类产卵场、越冬场,幼体索饵场洄游通道及生长繁殖场所等,划定禁止全部作业或者限制作业的一定区域;"禁渔期"是指对某些鱼类幼苗出现的不同盛期,规定禁止作业或者限制作业的一定期限。"禁用的工具"是指禁止使用的捕捞工具,即超过国家按照不同的捕捞对象所分别规定的最小网眼尺寸的网具和其他禁止使用的渔具(最小网眼尺寸就是容许捕捞各种鱼、虾类所使用的渔具网眼的最低限制,有利于释放未成熟的鱼、虾的幼体);禁用的方法,是指禁止使用的捕捞方法,也就是严重损害水产资源正常繁殖和生长的方法,如炸鱼、毒鱼、电鱼、使用鱼鹰以及敲舴作业。

"情节严重"主要是指非法捕捞水产品数量较大,或者是组织或聚众非法捕捞水产品的首要分子,或者多次非法捕捞水产品,或者使用禁用的工具、方法捕捞水产品,造成水资源重大损失等,具体的界定标准依照"公通字〔2008〕36号"立案标准第63条的规定。

● **相关规定**　【法释〔2016〕16号】　**最高人民法院关于审理发生在我国管辖海域相关案件若干问题的规定(一)**(2015年12月28日最高人民法院审判委员会第1674次会议通过,2016年8月1日公布,2016年8月2日起施行)

第1条　本规定所称我国管辖海域,是指中华人民共和国内水、领海、毗连区、专属经济区、大陆架,以及中华人民共和国管辖的其他海域。

第2条　中国公民或组织在我国与有关国家缔结的协定确定的共同管理的渔区或公海从事捕捞等作业的,适用本规定。

第3条　中国公民或者外国人在我国管辖海域实施非法猎捕、杀害珍贵濒危野生动物或者非法捕捞水产品等犯罪的,依照我国刑法追究刑事责任。

【法释〔2016〕17号】　**最高人民法院关于审理发生在我国管辖海域相关案件若干问题的规定(二)**(2016年5月9日最高人民法院审判委员会第1682次会议通过,2016年8月1日公布,2016年8月2日起施行)

第4条　违反保护水产资源法规,在海洋水域,在禁渔区、禁渔期或者使用禁用的工具、方法捕捞水产品,具有下列情形之一的,应当认定为刑法第340条规定的"情节严重":

(一)非法捕捞水产品1万公斤以上或者价值10万元以上的;

(二)非法捕捞有重要经济价值的水生动物苗种、怀卵亲体2000公斤以上或者价值2万元以上的；

（三）在水产种质资源保护区内捕捞水产品2000公斤以上或者价值2万元以上的；

（四）在禁渔区内使用禁用的工具或者方法捕捞的；

（五）在禁渔期内使用禁用的工具或者方法捕捞的；

（六）在公海使用禁用渔具从事捕捞作业，造成严重影响的；

（七）其他情节严重的情形。

第8条　实施破坏海洋资源犯罪行为，同时构成非法捕捞罪[1]、非法猎捕、杀害珍贵、濒危野生动物罪、组织他人偷越国（边）境罪、偷越国（边）境罪等犯罪的，依照处罚较重的规定定罪处罚。

有破坏海洋资源犯罪行为，又实施走私、妨害公务等犯罪的，依照数罪并罚的规定处理。

重庆市高级人民法院、重庆市人民检察院、重庆市公安局2016年刑事工作座谈会综述（略）

【公通字〔2020〕17号】　最高人民法院、最高人民检察院、公安部、农业农村部依法惩治长江流域非法捕捞等违法犯罪的意见（2020年12月17日印发施行）

二、准确适用法律，依法严惩非法捕捞等危害水生生物资源的各类违法犯罪

（一）依法严惩非法捕捞犯罪。违反保护水产资源法规，在长江流域重点水域非法捕捞水产品，具有下列情形之一的，依照刑法第340条的规定，以非法捕捞水产品罪定罪处罚：

1. 非法捕捞水产品500公斤以上或者1万元以上的；

2. 非法捕捞具有重要经济价值的水生动物苗种、怀卵亲体或者在水产种质资源保护区内捕捞水产品50公斤以上或者1千元以上的；

3. 在禁捕区域使用电鱼、毒鱼、炸鱼等严重破坏渔业资源的禁用方法捕捞的；

4. 在禁捕区域使用农业农村部规定的禁用工具捕捞的；

5. 其他情节严重的情形。

（四）依法严惩危害水生生物资源的单位犯罪。水产品交易公司、餐饮公司

---

[1] 注：根据《最高人民法院关于执行〈中华人民共和国刑法〉确定罪名的规定》（法释〔1997〕9号）和《最高人民检察院关于适用刑法分则规定的犯罪的罪名的意见》（高检发释字〔1997〕3号），《刑法》第340条对应的正确罪名是"非法捕捞水产品罪"，而非"非法捕捞罪"。这是最高人民法院司法解释的一个行文纰误。

等单位实施本意见规定的行为，构成单位犯罪的，依照本意见规定的定罪量刑标准，对直接负责的主管人员和其他直接责任人员定罪处罚，并对单位判处罚金。

（七）贯彻落实宽严相济刑事政策。多次实施本意见规定的行为构成犯罪，依法应当追诉的，或者2年内2次以上实施本意见规定的行为未经处理的，数量数额累计计算。

实施本意见规定的犯罪，具有下列情形之一的，从重处罚：（1）暴力抗拒、阻碍国家机关工作人员依法履行职务，尚未构成妨害公务罪的；（2）2年内曾因实施本意见规定的行为受过处罚的；（3）对长江生物资源或水域生态造成严重损害的；（4）具有造成重大社会影响等恶劣情节的。具有上述情形的，一般不适用不起诉、缓刑、免予刑事处罚。

非法捕捞水产品，根据渔获物的数量、价值和捕捞方法、工具等情节，认为对水生生物资源危害明显较轻的，可以认定为犯罪情节轻微，依法不起诉或者免予刑事处罚，但是曾因破坏水产资源受过处罚的除外。

三、健全完善工作机制，保障相关案件的办案效果

（四）准确认定相关专门性问题。……其他渔获物的价值，根据销赃数额认定；无销赃数额、销赃数额难以查证或者根据销赃数额认定明显偏低的，根据市场价格核算；仍无法认定的，由农业农村（渔政）部门认定或者由有关价格认证机构作出认证并出具报告。对于涉案的禁捕区域、禁捕时间、禁用方法、禁用工具、渔获物品种以及对水生生物资源的危害程度等专门性问题，由农业农村（渔政）部门于2个工作日以内出具认定意见；难以确定的，由司法鉴定机构出具鉴定意见，或者由农业农村部指定的机构出具报告。

【公通字〔2020〕19号】　最高人民法院、最高人民检察院、公安部、司法部关于依法惩治非法野生动物交易犯罪的指导意见（2020年12月18日印发施行）

一、依法严厉打击非法猎捕、杀害野生动物的犯罪行为，从源头上防控非法野生动物交易。

（第3款）　违反保护水产资源法规，在禁渔区、禁渔期或者使用禁用的工具、方法捕捞水产品，情节严重，符合刑法第340条规定的，以非法捕捞水产品罪定罪处罚。

四、2次以上实施本意见第1条至第3条规定的行为构成犯罪，依法应当追诉的，或者2年内2次以上实施本意见第1条至第3条规定的行为未经处理的，数量、数额累计计算。

（第5~9条详见《刑法》第341条的相关规定）

【主席令〔2020〕65号】 中华人民共和国长江保护法（2020年12月26日第13届全国人大常委会第24次会议通过，2021年3月1日起施行）

第86条（第1款） 违反本法规定，在长江流域水生生物保护区内从事生产性捕捞，或者在长江干流和重要支流、大型通江湖泊、长江河口规定区域等重点水域禁捕期间从事天然渔业资源的生产性捕捞的，由县级以上人民政府农业农村主管部门没收渔获物、违法所得以及用于违法活动的渔船、渔具和其他工具，并处1万元以上5万元以下罚款；采取电鱼、毒鱼、炸鱼等方式捕捞，或者有其他严重情节的，并处5万元以上50万元以下罚款。①

检察机关办理长江流域非法捕捞水产品案件刑事检察工作座谈会纪要（2020年11月13日在重庆召开，最高检2020年12月18日印发长江流域14省市）（略）

【高检办发〔2021〕1号】 检察机关办理长江流域非法捕捞案件有关法律政策问题的解答（最高检办公厅根据公通字〔2020〕17号《意见》解答，2021年2月24日印发）

一、办理长江流域非法捕捞案件，如何准确把握"长江流域重点水域"禁捕范围？

答：根据《意见》规定，办理涉长江流域重点水域的非法捕捞等危害水生生物资源的各类违法犯罪案件应当适用《意见》。司法实践中，检察机关要依照《农业农村部关于长江流域重点水域禁捕范围和时间的通告》（农业农村部通告〔2019〕4号）和《农业农村部关于设立长江口禁捕管理区的通告》（农业农村部通告〔2020〕3号），准确把握"长江流域重点水域"禁捕范围。禁捕范围包括5类区域：

（一）长江流域水生生物保护区。包括《农业部关于公布率先全面禁捕长江流域水生生物保护区名录的通告》（农业部通告〔2017〕6号）公布的长江上游珍稀特有鱼类国家级自然保护区等332个自然保护区和水产种质资源保护区，以及今后长江流域范围内新建立的以水生生物为主要保护对象的自然保护区和水产种质资源保护区。

（二）长江干流和重要支流。包括青海省曲麻莱县以下至长江河口（东经122°、北纬31°36′30″、北纬30°54′之间的区域）的长江干流江段，岷江、沱江、赤水河、嘉陵江、乌江、汉江等重要通江河流在甘肃省、陕西省、云南省、贵

---

① 注：从本款规定可知，在禁渔区、禁渔期或者使用禁用的工具、方法捕捞水产品，并非一律入罪。

州省、四川省、重庆市、湖北省境内的干流江段，大渡河在青海省和四川省境内的干流河段，以及各省确定的其他重要支流。

（三）长江口禁捕管理区。长江口禁捕管理区范围为东经122°15′、北纬31°41′36″、北纬30°54′形成的框型区线，向西以水陆交界线为界。

（四）大型通江湖泊。相关省级渔业行政主管部门划定的鄱阳湖、洞庭湖等大型通江湖泊除水生生物自然保护区和水产种质资源保护区以外的禁捕天然水域。

（五）其他重点水域。相关省级渔业行政主管部门划定的与长江干流、重要支流、大型通江湖泊连通的其他禁捕天然水域。

对于涉案的禁捕区域，检察机关可以根据《意见》规定，结合案件具体情况，商请农业农村（渔政）部门出具认定意见。

二、办理长江流域非法捕捞案件，如何准确把握非法捕捞水产品罪的入罪标准？

答：根据刑法第340条的规定，非法捕捞水产品罪是指违反保护水产资源法规，在禁渔区、禁渔期或者使用禁用的工具、方法捕捞水产品，情节严重的行为。《意见》明确了在长江流域重点水域非法捕捞水产品，构成非法捕捞水产品罪的入罪标准：1. 非法捕捞水产品500公斤以上或者价值1万元以上的；2. 非法捕捞具有重要经济价值的水生动物苗种、怀卵亲体或者在水产种质资源保护区内捕捞水产品50公斤以上或者价值1千元以上的；3. 在禁捕区域使用电鱼、毒鱼、炸鱼等严重破坏渔业资源的禁用方法捕捞的；4. 在禁捕区域使用农业农村部规定的禁用工具捕捞的；5. 其他情节严重的情形。

司法实践中，检察机关要依照刑法和《意见》相关规定，根据案件具体情况，从行为人犯罪动机、主观故意、所使用的方法、工具、涉案水生生物的珍贵、濒危程度、案发后修复生态环境情况等方面，综合判断其行为的社会危害性。既要用足用好法律规定，总体体现依法从严惩治的政策导向，又要准确把握司法办案尺度，切实避免"一刀切"简单司法、机械办案。

要注意防止"唯数量论"与"唯结果论"的做法。对于刚达到《意见》规定的数量或价值标准，行为人积极配合调查并接受且具有本解答规定的从宽处罚情形之一的，可以不追究刑事责任；需要给予行政处罚的，移送有关主管部门进行行政处罚。

三、办理长江流域非法捕捞案件，如何准确认定"电鱼、毒鱼、炸鱼等严重破坏渔业资源的禁用方法"和"农业农村部规定的禁用工具"？

答：根据《意见》规定，"在禁捕区域使用电鱼、毒鱼、炸鱼等严重破坏渔业资源的禁用方法捕捞"和"在禁捕区域使用农业农村部规定的禁用工具捕捞",是构成非法捕捞水产品罪的两项入罪追诉标准。

在认定"禁用方法"时,要注意审查具体方法对渔业资源的严重危害程度。对于在禁捕区域使用电鱼、毒鱼、炸鱼方法的,一般应当以非法捕捞水产品罪追究刑事责任。对于确属情节轻微、对渔业资源危害不大,依法不需要判处刑罚或者可以免除刑罚的,可以依法作出不起诉决定。对于电鱼、毒鱼、炸鱼以外的其他严重破坏渔业资源的禁用方法,注意从两个方面来把握:一是具有破坏渔业资源正常生长繁殖的现实危害或危险性;二是与电鱼、毒鱼、炸鱼方法的社会危害程度大致相当。对于虽使用禁用方法但尚未严重破坏渔业资源的行为,检察机关在依法作出不起诉决定的同时,应当依照长江保护法、渔业法等相关规定,移送有关主管部门给予行政处罚。

在认定"禁用工具"时,应当适用农业农村部出台的标准。办案中可参照《农业部关于长江干流禁止使用单船拖网等14种渔具的通告(试行)》(农业部通告〔2017〕2号)的规定,将单船拖网、双船拖网、多船拖网、多桩有翼单囊张网、双锚框架张网、拦河撑架敷网、岸敷箕状敷网、岸敷撑架敷网、拦截插网陷阱、拦截箔筌陷阱、导陷插网陷阱、导陷箔筌陷阱、拖曳齿耙耙刺、定置延绳滚钩耙刺等14种渔具,认定为"农业农村部规定的禁用工具"。农业农村部没有相应标准的,对相关工具不应认定为非法捕捞水产品罪中的"禁用工具";前述认定不影响对相应行为的行政处罚。

四、办理长江流域非法捕捞案件,如何准确认定行为人的主观故意?

答:在认定行为人是否具有非法捕捞水产品犯罪的主观故意时,应当依据其生活背景、职业经历、捕捞方法、捕捞工具、渔获物去向、获利资金流向,以及本人有无因同类行为受到行政处罚或者刑事追究情况等方面的证据,进行综合分析判断。

在办理非法捕捞水产品的案件中,认定主观故意原则上不要求行为人对有关禁渔区、禁渔期或者禁用的工具、方法等法律规定具有明确的认知,只要其认识到行为可能违法、被禁止即可。对于行为人作出合理解释,或者有证据证明其确系对禁捕区域、禁捕时间、禁用方法或者禁用工具不知情的,依法可不作为犯罪处理,但应当做好宣传教育工作,移送有关主管部门予以行政处罚。

五、办理长江流域非法捕捞案件,如何贯彻宽严相济刑事政策?

答:检察机关办理非法捕捞水产品案件,应当贯彻宽严相济刑事政策,准确判断行为人的责任轻重和刑事追究的必要性,综合运用刑事、行政、经济手段惩治违法犯罪,做到惩处少数、教育挽救大多数,实现罪责刑相适应。对于不同性质案件的处理,要体现区别对待的原则:一方面,要从严惩处有组织的、经常性的或者形成产业链的危害水生生物资源犯罪；另一方面，对个人偶尔实施的不具有生产性、经营性的非法捕捞行为要慎用刑罚，危害严重构成犯罪的，在处罚时应与前一类犯罪案件有所区别。

除《意见》规定的从重处罚情形外，对具有下列情形之一的，一般可以认定为非法捕捞水产品罪的从严处罚情形，并依法提出从严的量刑建议：1. 在繁育期非法捕捞的；2. 纠集多条船只或者使用大型设施设备非法捕捞的；3. 以非法捕捞为业的；4. 与黑恶势力犯罪相交织的；5. 其他严重破坏渔业资源或者生态环境的情形。

对具有下列情形之一的，一般可以认定为非法捕捞水产品罪的从宽处罚情形，并依法提出从宽的量刑建议：1. 不以生产、经营为目的，使用小型网具、钓具等对渔业资源和生态环境危害较轻的工具、方法非法捕捞的；2. 自愿认罪认罚的；3. 具有积极承诺及履行生态环境修复义务等悔罪表现的；4. 其他对渔业资源、生态环境损害较轻的情形。如果行为人主观恶性不大，并综合捕捞方法、工具、渔获物的数量、价值等情节，认为对水生生物资源危害明显较轻的，可以认定为犯罪情节轻微，依法作出不起诉决定。

六、办理长江流域非法捕捞案件，如何准确把握非法捕捞水产品罪与其他关联犯罪的界限？

答：《意见》要求全力摧毁危害长江流域水生生物资源的"捕、运、销"地下产业链，并明确了关联犯罪的定罪量刑标准。司法实践中，检察机关要注意从以下几个方面把握非法捕捞水产品罪与关联犯罪的界限，推动形成"水上不捕、市场不卖、餐厅不做、群众不吃"的良好氛围。

一是注意把握非法捕捞水产品罪与掩饰、隐瞒犯罪所得、犯罪所得收益罪的界限。两罪是上下游犯罪的关系，后罪的成立要求上游行为达到犯罪的程度。基于处罚平衡的考虑，为避免罪刑倒挂现象，对于明知是在长江流域重点水域非法捕捞犯罪所得的水产品而予以窝藏、转移、收购、代为销售或者以其他方法掩饰、隐瞒，价值1万元以上的，一般应依照刑法第312条的规定以掩饰、隐瞒犯罪所得、犯罪所得收益罪，提出处3年以下有期徒刑、拘役或者管制，并处或者单处罚金的量刑建议。

二是注意把握非法捕捞水产品罪与非法猎捕、杀害珍贵、濒危野生动物罪的界限。前罪的保护对象是"水产品"，包括一般的水生动物与珍贵、濒危的水生动物，后罪的保护对象是"国家重点保护的珍贵、濒危野生动物"。行为人基于同一主观故意，实施同一非法捕捞行为，但捕捞对象同时涉及一般水生动物与珍贵、濒危水生动物的，应区分以下情况处理：第1种情况，同一行为同时构成两罪，应当从一重罪论处，对涉案一般水生生物的数量或价值作为量刑情节考虑，以非法猎捕、杀害珍贵、濒危野生动物罪定性并酌情从重处理；第 2 种情况，同一行为不能分别构成两罪，但涉案水生生物的数量或价值按相应比例折算后合计达到非法捕捞水产品罪入罪标准的，应以非法捕捞水产品罪定性处理；第 3 种情况，同一行为构成非法捕捞水产品罪，但尚不构成非法猎捕、杀害珍贵、濒危野生动物罪的，对涉案珍贵、濒危水生动物的数量或价值按相应比例折算后，一并以非法捕捞水产品罪定性处理；第 4 种情况，同一行为构成非法猎捕、杀害珍贵、濒危野生动物罪，但尚不构成非法捕捞水产品罪的，对涉案一般水生生物的数量或价值作为量刑情节考虑，以非法猎捕、杀害珍贵、濒危野生动物罪定性并酌情从重处理。

三是注意把握非法捕捞水产品罪与非法收购、运输、出售珍贵、濒危野生动物、珍贵、濒危野生动物制品罪的界限。根据刑法和《意见》的规定，非法收购、运输、出售在长江流域重点水域非法猎捕、杀害的中华鲟、长江鲟、长江江豚或者其他国家重点保护的珍贵、濒危水生野生动物及其制品，达到相应价值标准的，以非法收购、运输、出售珍贵、濒危野生动物、珍贵、濒危野生动物制品罪定罪处罚。同时，根据全国人大常委会《关于〈中华人民共和国刑法〉第三百四十一条、第三百一十二条的解释》，知道或者应当知道是国家重点保护的珍贵、濒危野生动物及其制品，为食用或者其他目的而非法购买，符合刑法第 341 条第 1 款规定的，以非法收购珍贵、濒危野生动物、珍贵、濒危野生动物制品罪定罪处罚。

四是注意认定非法捕捞水产品犯罪的其他关联犯罪。制造、销售禁用渔具，情节严重，符合刑法第 140 条或者第 146 条规定的，以生产、销售伪劣产品罪或者生产、销售不符合安全标准的产品罪定罪处罚。明知是长江流域非法捕捞渔获物而利用信息网络设立用于收购、出售的网站、通讯群组，或者发布相关犯罪信息，情节严重，符合刑法第 287 条之一规定的，以非法利用信息网络罪定罪处罚。

五是注意认定非法捕捞水产品犯罪的共同犯罪。事前通谋，按照分工分别实施非法捕捞、运输、销售等行为的，以共同犯罪论处。明知他人从事非法捕捞，仍为其提供工具、运输、加工、销售等帮助的，以共同犯罪论处。

【农业部通告〔2017〕2 号】　农业部关于长江干流禁止使用单船拖网等 14 种渔具的通告（2017 年 1 月 18 日公布，2017 年 7 月 1 日试行）[①]

一、实行时间和范围：

自 2017 年 7 月 1 日起，青海省曲麻莱县以下至长江河口（东经 122°）的长

---

① 注：本《通知》已被《农业农村部关于发布长江流域重点水域禁用渔具目录的通告》（农业农村部通告〔2021〕4 号）替代。

江干流江段全面禁止使用单船拖网等14种渔具。

二、禁用渔具目录：

除继续执行国家现有规定外，长江干流全面禁止使用单船拖网、双船拖网、多船拖网、多桩有翼单囊张网、双锚框架张网、拦河撑架敷网、岸敷箕状敷网、岸敷撑架敷网、拦截插网陷阱、拦截箔筌陷阱、导陷插网陷阱、导陷箔筌陷阱、拖曳齿耙耙刺、定置延绳滚钩耙刺等14种渔具，禁用渔具目录详见附件。

各省（自治区、直辖市）渔业行政主管部门，可在本通告规定的基础上，根据本辖区渔业资源保护和捕捞生产实际，制定更严格的本辖区禁用渔具目录，并适当扩展适用水域。

附件：长江干流禁用渔具目录（本书对表格格式有改动）

序号	类别	渔具名称	俗名或地方名（括号内为所在省域）
1	拖网	单船拖网	
2	拖网	双船拖网	
3	拖网	多船拖网	
4	张网	多桩有翼单囊张网	桩张网（湘、鄂），深水张网（沪）
5	张网	双锚框架张网	
6	敷网	拦河撑架敷网	拦河大濠（鄂），拦河罾、鱼捂子（皖）
7	敷网	岸敷箕状敷网	罾网（川），板罾（渝、鄂）
8	敷网	岸敷撑架敷网	抬网（渝、鄂）
9	陷阱	拦截插网陷阱	矮围、泥围（湘、鄂），围子捕捞（湘），插网（鄂）
10	陷阱	拦截箔筌陷阱	
11	陷阱	导陷插网陷阱	迷魂阵（湘、鄂、皖），密阵、稀阵、软籪（湘），网箔（皖）
12	陷阱	导陷箔筌陷阱	（同上）
13	耙刺	拖曳齿耙耙刺	机动船拖齿耙（湘），吸螺机、吊杆捕螺机（赣），机吸蚬子（沪）
14	耙刺	定置延绳滚钩耙刺	滚钩（川、湘）

【农业部通告〔2017〕4号】 农业部关于发布珠江、闽江及海南省内陆水域禁渔期制度的通告（2017年2月24日公布，2017年3月1日起实施）

一、禁渔区：云南省曲靖市沾益区珠江源以下至广东省珠江口（上川岛－北尖岛联线以北）的珠江干流、支流、通江湖泊、珠江三角洲河网及重要独立入海河流。珠江干流包括南盘江、红水河、黔江、浔江和西江；支流包括东江、北江及西江水系的北盘江、柳江、融江、郁江、左江、右江、邕江、潇江、桂江、漓江、北流河、罗定江和新兴江等；珠三角河网包括流溪河、潭江等；通江湖泊包括抚仙湖、星云湖、异龙湖、杞麓湖和阳宗海等；重要独立入海河流包括广东省、广西壮族自治区境内的韩江、北仑河、茅岭江、钦江、南流江、榕江、漠阳江、鉴江、九洲江的干流江（河）段。福建闽江及海南省南渡江、万泉河、昌化江的干流江（河）段。各省（区）可根据本地实际，将其他相关河流、湖泊纳入禁渔范围。

二、禁渔期：每年3月1日0时至6月30日24时。各省（区）可根据本地实际，在执行统一禁渔规定的基础上，适当延长禁渔时间和扩大禁渔范围。

三、禁止类型：除休闲渔业、娱乐性垂钓外，在规定的禁渔区和禁渔期内，禁止所有捕捞作业。因养殖生产或科研调查需要采捕天然渔业资源的，应当按照《中华人民共和国渔业法》的规定，经省级以上渔业行政主管部门批准。

各级渔业行政主管部门及其渔政渔港监督管理机构要在各级政府的领导下，联合相关部门在辖区水域内加强组织领导，广泛宣传动员，强化执法管理，保障渔民生活，确保禁渔期制度顺利实施。

凡违反者，由渔业行政主管部门及其渔政监督管理机构根据《中华人民共和国渔业法》予以处罚。

【农业部通告〔2018〕2号】　农业部关于实行黄河禁渔期制度的通告（2018年2月8日公布，2018年4月1日起实施）

一、禁渔区：黄河干流；扎陵湖、鄂陵湖、东平湖等3个主要通江湖泊；白河、黑河、洮河、湟水、大黑河、窟野河、无定河、汾河、渭河、洛河、沁河、金堤河、大汶河等13条主要支流的干流河段。

二、禁渔期：每年4月1日12时至6月30日12时。

三、禁止作业类型：所有捕捞作业类型。

四、其他要求：

（一）各省（自治区）可根据本地实际，在上述禁渔规定基础上，适当扩大禁渔区范围，延长禁渔期时间。

（二）在上述禁渔区和禁渔期内，因科学研究和驯养繁殖等活动需采捕黄河天然渔业资源的，须经省级以上渔业主管部门批准。

【农业农村部通告〔2019〕1号】　农业农村部关于实行海河、辽河、松花江和钱塘江等4个流域禁渔期制度的通告（2019年1月15日公布，2019年3月1日起实施）

一、海河流域禁渔期制度

（一）禁渔区：滦河、蓟运河、潮白河、北运河、永定河、海河、大清河、子牙河、漳卫河、徒骇河、马颊河等主要河流的干、支流，位于上述河流之间独立入海的小型河流和人工水道，以及主要河流干、支流所属的水库、湖泊、湿地。

（二）禁渔期：每年5月16日12时至7月31日12时。

（三）禁止作业类型：除钓具之外的所有作业方式。

二、辽河流域禁渔期制度

（一）禁渔区：辽河及大凌河、小凌河和洋河水系。辽河包括西辽河、东辽河、辽河干流，西拉木伦河、老哈河、教来河、布哈腾河、招苏台河、清河、柴河、秀水河、柳河、绕阳河、浑河、太子河等支流，以及干、支流所属的水库、湖泊、湿地。

（二）禁渔期：每年的5月16日12时至7月31日12时。

（三）禁止作业类型：除钓具之外的所有作业方式。

三、松花江流域禁渔期制度

（一）禁渔区：嫩江、松花江吉林省段和松花江三岔河口至同江段，以及上述江段所属的支流、水库、湖泊、水泡等水域。

（二）禁渔期：每年5月16日12时至7月31日12时。

（三）禁止作业类型：除钓具之外的所有作业方式。

四、钱塘江流域禁渔期制度

（一）禁渔区：钱塘江干流（含南北支源头）、支流及湖泊、水库。

（二）禁渔期：钱塘江干流统一禁渔时间为每年3月1日0时至6月30日24时。

钱塘江支流、湖泊、水库的渔业管理制度由省级渔业主管部门制定。

（三）禁止作业类型：除娱乐性游钓和休闲渔业以外的所有作业方式。

五、其他事项

（一）各省级渔业主管部门可根据本地实际，在上述禁渔规定基础上，制定更严格的禁渔管理措施。

（二）禁渔区和禁渔期内，因科学研究和驯养繁殖等活动需采捕天然渔业资源的，须经省级渔业主管部门批准。

（三）松花江、辽河、海河水库内和钱塘江千岛湖水域增殖渔业资源的利用和管理，可由省级渔业主管部门另行规定。

【农业农村部通告〔2019〕4号】 农业农村部关于长江流域重点水域禁捕范围和时间的通告（2019年12月27日公布）

一、水生生物保护区

《农业部关于公布率先全面禁捕长江流域水生生物保护区名录的通告》（农业部通告〔2017〕6号）公布的长江上游珍稀特有鱼类国家级自然保护区等332个自然保护区和水产种质资源保护区，自2020年1月1日0时起，全面禁止生产性捕捞。有关地方政府或渔业主管部门宣布在此之前实行禁捕的，禁捕起始时间从其规定。

今后长江流域范围内新建立的以水生生物为主要保护对象的自然保护区和水产种质资源保护区，自建立之日起纳入全面禁捕范围。

二、干流和重要支流

长江干流和重要支流是指《农业部关于调整长江流域禁渔期制度的通告》（农业部通告〔2015〕1号）公布的有关禁渔区域，即青海省曲麻莱县以下至长江河口（东经122°、北纬31°36′30″、北纬30°54′之间的区域）的长江干流江段；岷江、沱江、赤水河、嘉陵江、乌江、汉江等重要通江河流在甘肃省、陕西省、云南省、贵州省、四川省、重庆市、湖北省境内的干流江段；大渡河在青海省和四川省境内的干流河段；以及各省确定的其他重要支流。

长江干流和重要支流除水生生物自然保护区和水产种质资源保护区以外的天然水域，最迟自2021年1月1日0时起实行暂定为期10年的常年禁捕，期间禁止天然渔业资源的生产性捕捞。鼓励有条件的地方在此之前实施禁捕。有关地方政府或渔业主管部门宣布在此之前实行禁捕的，禁捕起始时间从其规定。

三、大型通江湖泊

鄱阳湖、洞庭湖等大型通江湖泊除水生生物自然保护区和水产种质资源保护区以外的天然水域，由有关省级渔业主管部门划定禁捕范围，最迟自2021年1月1日0时起，实行暂定为期10年的常年禁捕，期间禁止天然渔业资源的生产性捕捞。鼓励有条件的地方在此之前实施禁捕。有关地方政府或渔业主管部门宣布在此之前实行禁捕的，禁捕起始时间从其规定。

四、其他重点水域

与长江干流、重要支流、大型通江湖泊连通的其他天然水域，由省级渔业行政主管部门确定禁捕范围和时间。

五、专项（特许）捕捞

禁捕期间，因育种、科研、监测等特殊需要采集水生生物的，或在通江湖泊、大型水库针对特定渔业资源进行专项（特许）捕捞的，由有关省级渔业主管部门根据资源状况制定管理办法,对捕捞品种、作业时间、作业类型、作业区域、准用网具和捕捞限额等作出规定,报农业农村部批准后组织实施。专项(特许)捕捞作业需要跨越省级管辖水域界限的,由交界水域有关省级渔业主管部门办商管理。

在特定水域开展增殖渔业资源的利用和管理,由省级渔业主管部门另行规定并组织实施,避免对禁捕管理产生不利影响。

六、执法监督管理(略)

七、其他事项

本通告自2020年1月1日0时起实施。原《农业部关于调整长江流域禁渔期制度的通告》(农业部通告〔2015〕1号)自2021年1月1日0时起废止,原通告规定的淮河干流河段禁渔期制度,在我部另行规定前继续按照每年3月1日0时至6月30日24时执行。

【农长渔发〔2020〕1号】 农业农村部关于加强长江流域禁捕执法管理工作的意见(2020年3月18日印发)

二、主要任务

(六)加强休闲垂钓管理。各地要综合考虑本地区水生生物资源情况和公众休闲垂钓合理需求,制定并发布垂钓管理办法,依法划定允许垂钓区域范围,合理控制垂钓总体规模,严格限定钓具、钓法、钓饵。钓具数量原则上一人最多允许使用一杆、一钩,禁止在长江流域重点水域禁捕范围和时间内使用船艇、排筏等水上漂浮物进行垂钓,规范渔获物的品种、数量、规格,禁止垂钓渔获物上市交易,避免对禁捕管理和资源保护产生不利影响。要将垂钓行为纳入渔政日常执法管理范畴,有条件的地方应率先探索实行持证垂钓管理制度,引导公众有序规范参与以休闲娱乐为目的的垂钓活动。

【农业农村部通告〔2020〕3号】 农业农村部关于设立长江口禁捕管理区的通告(2020年11月20日公布,2021年1月1日施行)

一、禁捕区:长江口禁捕管理区范围为东经122°15′、北纬31°41′36″、北纬30°54′形成的框型区线,向西以水陆交界线为界。

二、禁渔期:长江口禁捕管理区内的上海市长江口中华鲟自然保护区、长江刀鲚国家级水产种质资源保护区等水生生物保护区水域,全面禁止生产性捕捞;水生生物保护区以外水域,自2021年1月1日0时起实行与长江流域重点水域相同的禁捕管理措施。

三、禁止类型:长江口禁捕管理区以内水域,实行长江流域禁捕管理制度。

禁渔期内禁止天然渔业资源的生产性捕捞，并停止发放刀鲚（长江刀鱼）、凤鲚（凤尾鱼）、中华绒螯蟹（河蟹）和鳗苗专项（特许）捕捞许可证。在上述禁渔区内因科研、监测、育种等特殊需要采捕的，须经省级渔业行政主管部门专项特许。

长江口禁捕管理区以外海域，继续实行海洋渔业捕捞管理制度。有关省级渔业行政主管部门应根据渔业资源状况和长江口禁捕管理需要，进一步加强海洋渔业捕捞生产管理，适时调整压减生产性专项（特许）捕捞许可证发放规模，清理取缔各类非法捕捞行为，避免对长江口禁捕管理和水生生物保护效果产生不利影响。

江苏省高级人民法院、江苏省人民检察院、江苏省公安厅、江苏省农业农村厅关于依法严惩长江流域重点水域非法捕捞刑事犯罪若干问题的意见（2020年7月29日印发）

三、依法严惩非法捕捞犯罪行为

（一）明确定罪标准。在长江流域重点水域非法捕捞，具有下列情形之一的，应当认定为刑法第340条规定的"情节严重"：（1）非法捕捞水产品50公斤以上的；（2）使用禁用方法或者禁用工具捕捞的；（3）2年内曾因非法捕捞受过行政处罚又实施非法捕捞的；（4）实施非法捕捞行为被发现后，以销毁、抛弃捕捞工具、水产品等方式逃避检查或拒绝、阻碍公安、渔政等职能部门依法检查尚未构成其他犯罪的；（5）其他情节严重情形。

采用"电毒炸"等危险方法捕捞，同时符合刑法第114条、第115条第1款、第116条、第117条规定，危害公共安全的，分别以爆炸罪、投放危险物质罪、以危险方法危害公共安全罪、破坏交通工具（设施）罪定罪处罚。

非法捕捞、收购、出售水生生物，同时触犯刑法第341条第1款规定的非法猎捕、收购、出售珍贵、濒危野生动物罪的，择一重罪处罚。

（二）明确从重处罚情节。在长江流域重点水域实施非法捕捞犯罪行为，具有下列情形之一的，从重处罚：（1）使用大型电鱼设备、底拖网、"绝户网"、吸螺机等严重破坏生态环境的方法或工具捕捞的；（2）非法捕捞刀鲚、鳗鱼苗等珍稀或高价值水产品的；（3）在繁育期实施非法捕捞的；（4）使用快艇或者纠集多条船只进行非法捕捞的；（5）曾因非法捕捞受过刑事追究或在1年内受过行政处罚的；（6）对水资源负有保护、监管职责或者从事水产资源研究工作的单位或个人参与、实施非法捕捞的；（7）其他应当从重处罚的情形。

四、实施全链条打击

行为人在长江流域重点水域具有下列情形之一的，以非法捕捞水产品罪共犯论处：（1）事先通谋，进行内部分工，分别实施非法捕捞、运输、销售等行为的；（2）知道或者应当知道他人从事非法捕捞活动，仍长期为他人提供运输工具、交易场所、便利设施，牟取利益的。

实施非法捕捞犯罪行为，并采用暴力、威胁等方式阻碍公安、渔政等部门依法执行公务，符合刑法第277条第1款规定的，依照数罪并罚的规定追究刑事责任。

五、强化行政执法与刑事司法衔接

（一）非法捕捞犯罪案件由犯罪地的公安机关管辖。如果由犯罪嫌疑人居住地的公安机关管辖更为适宜的，可以由犯罪嫌疑人居住地的公安机关管辖。犯罪地包括非法捕捞行为发生地和结果发生地。"非法捕捞行为发生地"包括捕捞行为的实施地以及预备地、开始地、途经地、结束地等地点；非法捕捞行为有连续、持续或者继续状态的，相关地方都属于非法捕捞行为发生地。"非法捕捞结果发生地"包括水产品的销售地、加工地等。

（二）相关行政部门在依法查处非法捕捞违法行为过程中，发现非法捕捞行为涉嫌犯罪的，应当依照有关规定向有管辖权的公安机关移送。司法机关认为在捕捞次数、方法、工具、水产品数量等方面情节显著轻微，对水生生物资源、生态环境等危害不大的，按照刑事诉讼法第16条第（一）项规定处理；需要追究行政责任的，应当及时将案件移送同级公安、渔政等部门处理。

（三）人民法院、人民检察院、公安机关办理非法捕捞刑事案件中，需要对捕捞工具或者捕捞方法是否属于禁用范围作出判断的，可向县级以上渔政部门提出书面协助申请，渔政部门及时出具认定意见。

江苏省高级人民法院关于长江流域重点水域非法捕捞刑事案件审理指南
（2020年7月江苏高院审委会第17次全体会议通过，2020年7月29日印发）

三、在长江流域重点水域非法捕捞，具有下列情形之一的，应当认定为刑法第340条规定的"情节严重"：

（一）非法捕捞水产品50公斤以上的；

（二）使用禁用方法或者禁用工具捕捞的；

（三）2年内曾因非法捕捞受过行政处罚又实施非法捕捞的；

（四）实施非法捕捞行为被发现后，以销毁、抛弃捕捞工具、水产品等方式逃避公安、渔政等职能部门检查的；

（五）实施非法捕捞行为被发现后，拒绝、阻碍公安、渔政等职能部门依法检查，尚未构成其他犯罪的；

（六）其他情节严重的情形。

四、行为人具有下列情形之一的,以非法捕捞水产品罪共犯论处:

(一)与非法捕捞犯罪分子事先通谋,进行内部分工,实施运输、销售等行为的;

(二)知道或者应当知道他人从事非法捕捞活动,仍长期为他人提供运输工具、交易场所、便利设施,牟取利益的;

五、使用电鱼、毒鱼、炸鱼等危险方法捕捞,同时符合刑法第114条、第115条第1款、第116条、第117条规定情形,危害公共安全的,分别以爆炸罪、投放危险物质罪、以危险方法危害公共安全罪、破坏交通工具(设施)罪定罪处罚。

非法捕捞、收购、出售水生生物,同时触犯刑法第341条第1款规定的非法猎捕、收购、出售珍贵、濒危野生动物罪的,择一重罪处罚。

六、实施非法捕捞行为,符合刑法第340条规定;同时又实施妨害公务行为,符合刑法第277条第1款规定的,依照数罪并罚的规定追究刑事责任。

七、长江流域重点水域实施非法捕捞犯罪的,量刑起点为拘役4个月;使用小型电鱼设备、地笼网等禁用工具或禁用方法捕捞的,量刑起点为有期徒刑6个月;使用大型电鱼设备、底拖网、吸螺机、毒鱼、炸鱼等严重破坏水生态环境的工具或方法捕捞的,量刑起点为有期徒刑9个月。

八、在长江流域重点水域实施非法捕捞犯罪行为,非法捕捞水产品达50公斤以上,每增加50公斤的,相应增加1-3个月刑期确定基准刑。具有下列从重处罚情形之一的,增加1-3个月刑期确定基准刑:

(一)非法捕捞刀鲚、鳗鱼苗等珍稀或高价值水产品的;

(二)在繁育期实施非法捕捞的;

(三)使用快艇或者纠集多条船只进行非法捕捞的;

(四)曾因非法捕捞水产品受过刑事处罚或在1年内受过行政处罚的;

(五)对水资源负有保护、监管职责或者从事水产资源研究工作的单位或个人参与、实施非法捕捞的;

(六)其他应当从重处罚的情形。

九、严格控制非监禁刑适用,对使用大型电鱼设备、底拖网、吸螺机、毒鱼、炸鱼等危险方法或者使用绝户网、底拖网等灭绝式工具非法捕捞的,一般不适用缓刑。

十、不具有本指南第9条规定的情形,同时符合下列条件的,经审判委员会讨论决定,可以适用缓刑或单处罚金。单处罚金的数额不低于2000元。

(一)初次犯罪;

(二)未对渔业资源、生态环境造成严重损害后果,或者通过履行修复义务、缴纳修复费用等方式确保受损渔业资源、生态环境能够得到有效恢复的。

十一、非法捕捞犯罪中形成的违法所得，应当予以追缴。非法捕捞犯罪中的违法所得，不扣除犯罪成本；犯罪使用的捕捞工具等财物，应当依照刑法第64条的规定予以没收。

被告人退赃是否到位，是判断被告人认罚程度的重要考虑因素。

十二、本指南所称长江流域重点水域的范围，依照苏政发〔2020〕58号《关于全面推进我省长江流域禁捕退捕工作的实施方案》中的江苏省长江流域禁捕退捕重点水域范围确定。

其他内水水域非法捕捞案件的定罪量刑，根据水域生态重要性等，参照适用本指南的规定。

【法释〔2022〕12号】 最高人民法院、最高人民检察院关于办理破坏野生动物资源刑事案件适用法律若干问题的解释（2021年12月13日最高法审委会第1856次会议、2022年2月9日最高检第13届检委会第89次会议通过，2022年4月9日施行；法释〔2000〕37号《最高人民法院关于审理破坏野生动物资源刑事案件具体应用法律若干问题的解释》同时废止）

第3条 在内陆水域，违反保护水产资源法规，在禁渔区、禁渔期或者使用禁用的工具、方法捕捞水产品，具有下列情形之一的，应当认定为刑法第340条规定的"情节严重"，以非法捕捞水产品罪定罪处罚：（一）非法捕捞水产品500公斤以上或者价值1万元以上的；（二）非法捕捞有重要经济价值的水生动物苗种、怀卵亲体或者在水产种质资源保护区内捕捞水产品50公斤以上或者价值1000元以上的；（三）在禁渔区使用电鱼、毒鱼、炸鱼等严重破坏渔业资源的禁用方法或者禁用工具捕捞的；（四）在禁渔期使用电鱼、毒鱼、炸鱼等严重破坏渔业资源的禁用方法或者禁用工具捕捞的；（五）其他情节严重的情形。

实施前款规定的行为，具有下列情形之一的，从重处罚：（一）暴力抗拒、阻碍国家机关工作人员依法履行职务，尚未构成妨害公务罪、袭警罪的；（二）2年内曾因破坏野生动物资源受过行政处罚的；（三）对水生生物资源或者水域生态造成严重损害的；（四）纠集多条船只非法捕捞的；（五）以非法捕捞为业的。

实施第1款规定的行为，根据渔获物的数量、价值和捕捞方法、工具等，认为对水生生物资源危害明显较轻的，综合考虑行为人自愿接受行政处罚、积极修复生态环境等情节，可以认定为犯罪情节轻微，不起诉或者免予刑事处罚；情节显著轻微危害不大的，不作为犯罪处理。

第9条 明知是非法捕捞犯罪所得的水产品、非法狩猎犯罪所得的猎获物而收购、贩卖或者以其他方法掩饰、隐瞒，符合刑法第 312 条规定的，以掩饰、隐瞒犯罪所得罪定罪处罚。

第 17 条　对于……非法捕捞、狩猎的工具、方法……等专门性问题，可以由野生动物保护主管部门、侦查机关依据现场勘验、检查笔录等出具认定意见；难以确定的，依据司法鉴定机构出具的鉴定意见、本解释第 16 条（详见刑法第 341 条）所列机构出具的报告，被告人及其辩护人提供的证据材料，结合其他证据材料综合审查，依法作出认定。

● **量刑指导**　**重庆市高级人民法院关于非法捕捞犯罪的量刑指引**（2021 年 7 月 1 日试行）

三、基本量刑情节

规范非法捕捞犯罪的量刑，应当客观、全面、准确把握当前长江水生生物多样性和长江水域生态环境的整体现状，对于同一地区同一时期、案情相似的案件，所判处的刑罚应当基本均衡。量刑时应当充分考虑各种法定和酌定量刑情节，根据非法捕捞案件的全部犯罪事实及量刑情节的不同情形，依法确定量刑情节的适用及其调节比例。

1. 依法应当判处 3 年以下有期徒刑或者拘役，符合刑法规定的缓刑适用条件的，可以适用缓刑，但具有下列情形之一的一般不适用缓刑：

（1）暴力抗拒、阻碍国家机关工作人员依法履行职务，尚未构成妨害公务罪、袭警罪的；

（2）2 年内曾因非法捕捞水产品受过处罚的；

（3）其他不宜适用缓刑的情形。

2. 不具有本部分第 1 条规定的不适用缓刑的情形，且符合下列情形之一的，可以适用缓刑：

（1）具有未成年人犯罪、又聋又哑的人或者盲人犯罪、犯罪未遂、犯罪中止、从犯等法定从宽处罚情节的；

（2）行为人系初次犯罪，主观恶性小，情节较轻，犯罪后确有悔罪表现，且未对水生生物资源、水域生态环境造成严重损害后果，或者通过履行修复义务、缴纳修复费用等方式使水生生物资源、水域生态环境得到有效修复的。

符合上述可以适用缓刑情形的，也可以单处罚金。单处罚金的数额不低于 3000 元。

3. 非法捕捞水产品，根据渔获物的生态价值和捕捞工具、方法等情节，认为对水生生物资源及水域生态环境损害明显较轻的，可以认定为犯罪情节轻微，免予刑事处罚，但是曾因破坏水产资源受过处罚的除外。

4. 对确有必要宣告禁止令和从业禁止的，应当根据行为人的犯罪原因、犯罪性质、犯罪手段、悔罪表现等，充分考虑与行为人所犯罪行的关联程度，有针对性地决定禁止从事特定的职业、活动，进入特定区域、场所等。

四、具体量刑情节

结合当前长江流域重庆市范围内非法捕捞犯罪的规律特点，具体量刑时应当以行为人实施非法捕捞所使用的捕捞工具、捕捞方法确定量刑起点。在量刑起点的基础上，综合考虑行为人实施非法捕捞的水域性质、河流等级、作案时间、作案范围、作案次数、渔获物重量、种类和受保护级别等因素，根据非法捕捞行为对水生生物资源和水域生态环境造成的损害程度，结合行为人实施生态修复的实际情况，合理确定非法捕捞犯罪各个量刑情节的调节比例，确保罪责刑相适应。

1. 根据非法捕捞犯罪的基本犯罪构成事实，以捕捞工具、捕捞方法为区分标准，在相应的法定刑幅度内确定量刑起点。具体量刑起点如下：

（1）使用电鱼、毒鱼、炸鱼或者单船拖网、双船拖网、定置延绳滚钩耙刺等严重破坏水生生物资源和水域生态环境的禁用工具或禁用方法捕捞的，量刑起点为有期徒刑6个月。

（2）使用其他禁用方法或农业农村部规定的其他禁用工具捕捞的，量刑起点为拘役3个月。

2. 在长江流域重点水域非法捕捞的，根据水域性质及河流分级增加基准刑，但同时具有2种以上情形的，累计不得超过基准刑的40%。

（1）在国家级自然保护区非法捕捞的，按照核心区、缓冲区、实验区依次增加基准刑的40%、30%、20%以下。

（2）在地方级自然保护区非法捕捞的，按照核心区、缓冲区、实验区依次增加基准刑的30%、25%、20%以下。

（3）在长江及其重要支流非法捕捞的，增加基准刑的30%以下。

（4）在国家级水产种质资源保护区非法捕捞的，按照核心区、实验区依次增加基准刑的30%、20%以下。

（5）在地方级水产种质资源保护区非法捕捞的，按照核心区、实验区依次增加基准刑的20%、10%以下。

3. 具有下列情形之一的，根据非法捕捞行为对水生生物生长、发育、繁殖及栖息地的破坏程度增加基准刑，但同时具有2种情形的，累计不得超过基准刑的30%。

（1）在3月1日至6月30日水生生物主要繁育期实施非法捕捞的，增加基准刑的30%以下。

（2）在22时至次日6时实施非法捕捞的，增加基准刑的10%以下。

4. 使用船艇、排筏等水上漂浮物实施非法捕捞的，根据水上漂浮物的类型、大小、数量等不同情形，增加基准刑的20%以下。

5. 行为人多次实施非法捕捞的，增加基准刑的30%以下。

6. 具有下列情形之一的，根据渔获物的重量、种类和受保护级别增加基准刑，但同时具有2种以上情形的，累计不得超过基准刑的30%。

（1）重量：20公斤以上的，增加基准刑的20%以下。

（2）种类：11种以上的，增加基准刑的20%以下；6种以上10种以下的，增加基准刑的10%以下。

（3）受保护级别：渔获物中含有重庆市重点保护水生野生动物，增加基准刑的20%以下。

7. 对水生生物资源和水域生态环境负有特定保护、监管职责或者从事水生生物资源研究工作的单位或个人，参与、实施非法捕捞的，增加基准刑的10%以下。

8. 积极退赃并自愿缴纳生态修复费用、自愿采取增殖放流、劳务代偿等替代方式修复生态环境的，综合考虑退赃数额、主动程度、修复程度等，可以适当减少基准刑的40%以下。

9. 本量刑指引未规定的其他常见量刑情节，可参考《最高人民法院、最高人民检察院关于常见犯罪的量刑指导意见（试行）》。

五、附则

1. 本量刑指引所称以上、以下，均包括本数。

2. 本量刑指引所称"2年内"，以第一次违法犯罪行为受到处罚的生效之日与又实施相应行为之日的时间间隔计算确定。

3. 本量刑指引所称"长江流域重点水域"，依据农业农村部关于长江流域重点水域禁捕的有关通告确定。

● **立案标准** 最高人民检察院、公安部关于公安机关管辖的刑事案件立案追诉标准的规定（一）（公通字〔2008〕36号，2008年6月25日公布施行）

第63条［非法捕捞水产品案（刑法第340条）］ 违反保护水产资源法规，在禁渔区、禁渔期或者使用禁用的工具、方法捕捞水产品，涉嫌下列情形之一的，应予立案追诉：[①]

[①] 注：本条规定的在内陆水域的非法捕捞价值标准与"法释〔2022〕12号"《最高人民法院、最高人民检察院关于办理破坏野生动物资源刑事案件适用法律若干问题的解释》第3条规定不一致，应当以后者为准。

（一）在内陆水域非法捕捞水产品 500 公斤以上或者价值 5000 元以上的，或者在海洋水域非法捕捞水产品 2000 公斤以上或者价值 2 万元以上的；

（二）非法捕捞有重要经济价值的水生动物苗种、怀卵亲体或者在水产种质资源保护区内捕捞水产品，在内陆水域 50 公斤以上或者价值 500 元以上，或者在海洋水域 200 公斤以上或者价值 2000 元以上的；

（三）在禁渔区内使用禁用的工具或者禁用的方法捕捞的；

（四）在禁渔期内使用禁用的工具或者禁用的方法捕捞的；

（五）在公海使用禁用渔具从事捕捞作业，造成严重影响的；

（六）其他情节严重的情形。

第 101 条　本规定中的"以上"，包括本数。

第 341 条　**【危害珍贵、濒危野生动物罪】**[①] 非法猎捕、杀害国家重点保护的珍贵、濒危野生动物的，或者非法收购、运输、出售国家重点保护的珍贵、濒危野生动物及其制品的，处五年以下有期徒刑或者拘役，并处罚金；情节严重的，处五年以上十年以下有期徒刑，并处罚金；情节特别严重的，处十年以上有期徒刑，并处罚金或者没收财产。

【非法狩猎罪】违反狩猎法规，在禁猎区、禁猎期或者使用禁用的工具、方法进行狩猎，破坏野生动物资源，情节严重的，处三年以下有期徒刑、拘役、管制或者罚金。

【非法猎捕、收购、运输、出售陆生野生动物罪】[②] 违反野生动物保护管理法规，以食用为目的非法猎捕、收购、运输、出售第一款规定以外的在野外环境自然生长繁殖的陆生野生动物，情节严重的，依照前款的规定处罚。[③]

---

① 注：本罪名原为"非法猎捕、杀害珍贵、濒危野生动物罪；非法收购、运输、出售珍贵、濒危野生动物、珍贵、濒危野生动物制品罪"，最高法审委会第 1832 次会议、最高检第 13 届检委会第 63 次会议通过的《关于执行〈中华人民共和国刑法〉确定罪名的补充规定（七）》（法释〔2021〕2 号）将其改为现罪名，2021 年 3 月 1 日执行。这意味着本条第 1 款规定的多种行为不再适用数罪并罚，而应当以单一的复合罪名减罪科刑。

② 注：本罪名由《最高人民法院、最高人民检察院关于执行〈中华人民共和国刑法〉确定罪名的补充规定（七）》（法释〔2021〕2 号，最高人民法院审判委员会第 1832 次会议、最高人民检察院第 13 届检察委员会第 63 次会议通过）增设，2021 年 3 月 1 日执行。

③ 本款规定由《刑法修正案（十一）》（2020 年 12 月 26 日第 13 届全国人大常委会第 24 次会议通过，主席令第 66 号公布）增设，2021 年 3 月 1 日起施行。

● **条文注释** 第341条规定的"珍贵、濒危野生动物"是指列入《国家重点保护野生动物名录》①以及经国务院野生动物保护主管部门核准实行国家重点保护的野生动物。"制品"是指用上述动物的毛皮骨肉等为材料制作而成的各种用品或工艺品。需要注意的是：（1）列入《濒危野生动植物种国际贸易公约》②附录Ⅰ、附录Ⅱ的野生动物，应经国务院野生动物保护主管部门核准后才能按照国家重点保护的野生动物管理；（2）人工驯养繁殖的上述物种不再按照国家重点保护的野生动物管理。

关于珍贵、濒危野生动物的收购、运输、出售，国家有严格的规定。主要包括2种情况：（1）为满足国家医药研究和市场需求而收购某些国家重点保护的野生动物或者其制品，如麝香、熊胆、猕猴、黄羊、马鹿等；（2）为从事展览、科学研究、驯养繁殖等活动，经有关部门审核批准后收购或出售某些国家重点保护的野生动物或者其制品。根据《野生动物保护法》规定，野生动物及其制品，是指野生动物的整体（含卵、蛋）、部分及其衍生物。因特殊情况需要出售、收购、利用国家一级保护野生动物或者其制品的，必须经国务院野生动物行政主管部门批准或者其授权的单位批准；需要出售、收购、利用国家二级保护野生动物或者其制品的，必须经省、自治区、直辖市人民政府野生动物行政主管部门批准或者其授权的单位批准。任何单位收购的国家重点保护的野生动物或者其制品，必须是依法获得，如果属于猎产品必须具有《特许猎捕证》；如果属于驯养繁殖的，则必须是取得《驯养繁殖许可证》。

这里的"收购"，包括以营利、自用等为目的的购买行为；"运输"，包括利用飞机、火车、汽车、轮船等交通工具，也包括通过邮寄、利用他人或者随身携带等方式；"出售"，包括出卖和以营利为目的的加工利用行为。

第341条第2款规定中的"违反狩猎法规"是指未经合法批准，未持有《特许猎捕证》或《狩猎证》，对野生动物进行猎捕的行为。"禁猎区"是指国家划定一定的范围（一般是某些珍贵动物的主要栖息、繁殖的地区），禁止在其中进行狩猎活动的地区。此外，城镇、工矿区、革命圣地、名胜古迹地区、风景区，也是禁猎区。"禁猎期"是指国家规定禁止狩猎的期限，主要是为了保护

---

① 《国家重点保护野生动物名录》于1988年12月10日获国务院批准，1989年1月14日林业部、农业部令第1号发布施行；国务院2021年1月4日批准修订，国家林业和草原局、农业农村部2021年2月1日公布施行。

② 《濒危野生动植物种国际贸易公约》于1973年3月3日在美国首都华盛顿签署，也即华盛顿公约（CITES）；1975年7月1日正式生效。中国于1980年12月25日加入该《公约》（1981年4月8日对中国正式生效）。中国《国家重点保护野生动物名录》中所规定保护的野生动物，全部隶属于公约附录Ⅰ、Ⅱ、Ⅲ。

野生动物资源，根据野生动物的繁殖的季节，规定禁止猎捕的期限。"禁用的工具、方法"是指能够破坏野生动物资源，危害人畜安全的工具、方法，如地弓、地枪，以及用毒药、炸药、火攻、烟熏等方法。施行这些规定，并不是绝对禁止猎捕野生动物，而是将猎捕野生动物的行为限定在一定范围内。

第341条第2款规定的"狩猎法规"和第3款规定的"野生动物保护管理法规"，应当理解为包括了国家法律、行政法规、地方性法规以及县级以上地方人民政府依照法律授权而发布的相关命令和规定等。如：相比于《野生动物保护法》的规定，国务院发布的《陆生野生动物保护实施条例》增加了军用武器、汽枪、自动狩猎装置等狩猎禁用工具；《江西省实施〈中华人民共和国野生动物保护法〉办法》增加了挖洞、陷井、捡蛋、掏巢等狩猎禁用方法；《陕西省人民政府关于严禁破坏野生动物资源的通告》增加了猎犬围猎的禁用方法。

第341条第2款规定的"野生动物"和第3款规定的"陆生野生动物"，应当理解为依法受保护的、被列入《国家保护的有益的或者有重要经济、科学研究价值的陆生野生动物名录》（2000年8月1日国家林业局令第7号发布实施）和各省"重点保护野生动物名录"中的野生动物。对于无较大保护价值的其他野生动物，可以理解为情节显著轻微危害不大；但可能引发当地生态平衡失调或传染疫病风险的除外。

另外，从野生动物资源保护以及司法辨识成本等方面考虑，经人工繁育后放归自然的野生动物也应当视为第341条第3款规定的"在野外环境自然生长繁殖的陆生野生动物"。

● **立法解释** 全国人民代表大会常务委员会关于《中华人民共和国刑法》第三百四十一条、第三百一十二条的解释（2014年4月24日第12届全国人民代表大会常务委员会第8次会议通过）

知道或者应当知道是国家重点保护的珍贵、濒危野生动物及其制品，为食用或者其他目的而非法购买的，属于刑法第341条第1款规定的非法收购国家重点保护的珍贵、濒危野生动物及其制品的行为。

知道或者应当知道是刑法第341条第2款规定的非法狩猎的野生动物而购买的，属于刑法第312条第1款规定的明知是犯罪所得而收购的行为。

● **相关规定** 【主席令〔2018〕16号】 **中华人民共和国野生动物保护法**（2018年10月26日第13届全国人大常委会第6次会议修正，主席令第16号公布施行）①

---

① 注：本法已于2022年12月30日被修订，2023年5月1日起施行。

第 24 条　禁止使用毒药、爆炸物、电击或者电子诱捕装置以及猎套、猎夹、地枪、排铳等工具进行猎捕，禁止使用夜间照明行猎、歼灭性围猎、捣毁巢穴、火攻、烟熏、网捕等方法进行猎捕，但因科学研究确需网捕、电子诱捕的除外。

前款规定以外的禁止使用的猎捕工具和方法，由县级以上地方人民政府[①]规定并公布。

第 28 条（第 1 款）　对人工繁育技术成熟稳定的国家重点保护野生动物，经科学论证，纳入国务院野生动物保护主管部门制定的人工繁育国家重点保护野生动物名录。对列入名录的野生动物及其制品，可以凭人工繁育许可证，按照省、自治区、直辖市人民政府野生动物保护主管部门核验的年度生产数量直接取得专用标识，凭专用标识出售和利用，保证可追溯。

第 35 条（第 1 款）　中华人民共和国缔结或者参加的国际公约禁止或者限制贸易的野生动物或者其制品名录，由国家濒危物种进出口管理机构制定、调整并公布。

（第 4 款）列入本条第 1 款名录的野生动物，经国务院野生动物保护主管部门核准，在本法适用范围内可以按照国家重点保护的野生动物管理。

【公约 CITES】　濒危野生动植物种国际贸易公约（华盛顿公约，1973 年 6 月 21 日在美国华盛顿签署；1980 年 12 月 25 日中国加入，1981 年 4 月 8 日对中国生效）

第 2 条　基本原则

（一）附录一应包括所有受到和可能受到贸易的影响而有灭绝危险的物种。这些物种的标本的贸易必须加以特别严格的管理，以防止进一步危害其生存，并且只有在特殊的情况下才能允许进行贸易。

（二）附录二应包括：

1. 所有那些目前虽未濒临灭绝，但如对其贸易不严加管理，以防止不利其生存的利用，就可能变成有灭绝危险的物种；

2. 为了使本款第 1 项中指明的某些物种标本的贸易能得到有效的控制，而必须加以管理的其它物种。

（三）附录三应包括任一成员国认为属其管辖范围内，应进行管理以防止或限制开发利用而需要其他成员国合作控制贸易的物种。

（四）除遵守本公约各项规定外，各成员国均不应允许就附录一、附录二、附录三所列物种标本进行贸易。

---

① 注意：规定的主体为人民政府，而非人民政府下属的主管部门。

【林策通字〔1992〕29号】　中华人民共和国陆生野生动物保护实施条例（2016年1月13日国务院第119次常务会议第2次修正，2016年2月6日国务院令第666号公布施行）

第18条　禁止使用军用武器、汽枪、毒药、炸药、地枪、排铳、非人为直接操作并危害人畜安全的狩猎装置、夜间照明行猎、歼灭性围猎、火攻、烟熏以及县级以上各级人民政府或者其野生动物行政主管部门[①]规定禁止使用的其他狩猎工具和方法狩猎。

【林策发〔2016〕127号】　国家林业局关于猎捕野生动物禁用工具和方法有关问题的复函（2016年9月12日答复云南省林业厅"云林法策〔2016〕号"请示）

根据《野生动物保护法》和《陆生野生动物保护实施条例》的有关规定，凡是没有针对特定的野生动物物种并且在实施中不是人为控制的狩猎工具，均是非人为直接操作并危害人畜安全的狩猎装置，包括但不限于粘网、电网、猎夹、铁夹等在各地称谓不同的工具；以放火、围网、哄赶等方法对某一类或者某群野生动物进行围堵，可能导致该种群在特定时期或者区域毁灭性消失的，均属于歼灭性围猎。

【林濒发〔2012〕239号】　最高人民法院、最高人民检察院、国家林业局、公安部、海关总署关于破坏野生动物资源刑事案件中涉及的CITES附录Ⅰ和附录Ⅱ所列陆生野生动物制品价值核定问题的通知（2012年9月17日）

一、CITES附录Ⅰ、附录Ⅱ所列陆生野生动物制品的价值，参照与其同属的国家重点保护陆生野生动物的同类制品价值标准核定；没有与其同属的国家重点保护陆生野生动物的，参照与其同科的国家重点保护陆生野生动物的同类制品价值标准核定；没有与其同科的国家重点保护陆生野生动物的，参照与其同目的国家重点保护陆生野生动物的同类制品价值标准核定；没有与其同目的国家重点保护陆生野生动物的，参照与其同纲或者同门的国家重点保护陆生野生动物的同类制品价值标准核定。

二、同属、同科、同目、同纲或者同门中，如果存在多种不同保护级别的国家重点保护陆生野生动物的，应当参照该分类单元中相同保护级别的国家重点保护陆生野生动物的同类制品价值标准核定；如果存在多种相同保护级别的

[①] 注意：此处规定的主体涵盖了人民政府下属的主管部门，扩大了《野生动物保护法》规定的主体。

国家重点保护陆生野生动物的，应当参照该分类单元中价值标准最低的国家重点保护陆生野生动物的同类制品价值标准核定；如果CITES附录Ⅰ和附录Ⅱ所列陆生野生动物所处分类单元有多种国家重点保护陆生野生动物，但保护级别不同的，应当参照该分类单元中价值标准最低的国家重点保护陆生野生动物的同类制品价值标准核定；如果仅有一种国家重点保护陆生野生动物的，应当参照该种国家重点保护陆生野生动物的同类制品价值标准核定。

三、同一案件中缴获的同一动物个体的不同部分的价值总和，不得超过该种动物个体的价值。

四、核定价值低于非法贸易实际交易价格的，以非法贸易实际交易价格认定。

五、犀牛角、象牙等野生动物制品的价值，继续依照《国家林业局关于发布破坏野生动物资源刑事案件中涉及走私的象牙及其制品价值标准的通知》（林濒发〔2001〕234号），以及《国家林业局关于发布破坏野生动物资源刑事案件中涉及犀牛角价值标准的通知》（林护发〔2002〕130号）的规定核定。①

人民法院、人民检察院、公安、海关等办案单位可以依据上述价值标准，核定破坏野生动物资源刑事案件中涉及的CITES附录Ⅰ和附录Ⅱ所列陆生野生动物制品的价值。核定有困难的，县级以上林业主管部门、国家濒危物种进出口管理机构或其指定的鉴定单位应该协助。

【发改价证办〔2014〕246号】 野生动物及其产品（制品）价格认定规则
（国家发展改革委价格认证中心2014年11月20日印发，2015年1月1日执行）

第3条 本规则所称"野生动物"，是指经办案机关确认，依法受保护的陆生、水生野生动物和驯养繁殖的上述物种。

本规则所称"野生动物产品（制品）"，是指野生动物的任何部分及其衍生物。

第5条 国家重点保护野生动物，依法获得出售、收购行政许可的，按野生动物许可交易市场的中等价格认定。未依法获得出售、收购行政许可的，按国家野生动物价值标准相关规定进行价格认定。

第6条 《濒危野生动植物种国际贸易公约》附录Ⅰ中非原产于我国的野生动物，比照与国家一级重点保护野生动物同一分类单元的野生动物进行价格认定。

《濒危野生动植物种国际贸易公约》附录Ⅱ、Ⅲ中非原产于我国的野生动物，比照与国家二级重点保护野生动物同一分类单元的野生动物进行价格认定。

---

① 注："林濒发〔2001〕234号"和"林护发〔2002〕130号"《通知》的内容见本书关于《刑法》第151条的注释。

第7条　地方重点保护野生动物，依法获得出售、收购行政许可的，按野生动物许可交易市场的中等价格认定。未依法获得出售、收购行政许可的，地方制定野生动物价值标准的，按地方标准进行价格认定。无地方标准的，比照与国家重点保护野生动物同一分类单元中价值标准最低的野生动物进行价格认定。

第8条　有益的或有重要经济、科学研究价值的陆生野生动物，依法获得出售、收购行政许可的，按野生动物许可交易市场的中等价格认定。未依法获得出售、收购行政许可的，地方制定野生动物价值标准的，按地方标准进行价格认定。无地方标准的，比照与国家重点保护野生动物同一分类单元中价值标准最低的野生动物进行价格认定。

第9条　野生动物产品（制品），依法获得出售、收购行政许可的，按野生动物产品（制品）许可交易市场的中等价格认定。未依法获得出售、收购行政许可的，按国家野生动物产品（制品）价值标准相关规定进行价格认定。

犀牛角、象牙等国家有特别规定的野生动物（产品）制品，按国家特别规定的价值标准进行价格认定。

第10条　国家重点保护野生动物标本，按国家野生动物价值标准相关规定进行价格认定。其他非国家重点保护野生动物标本，比照国家重点保护野生动物标本进行价格认定。

第11条　新发现的且没有市场交易的野生动物，可经办案机关确认，比照与国家重点保护野生动物同一分类单元的野生动物进行价格认定。

第12条　办案机关已查明实际交易价格的，原则上不进行价格认定。

第13条　野生动物及其产品（制品）非法市场交易价格不作为价格认定依据。

第14条　同一案件中缴获的同一野生动物个体的不同部分的价值总和，不得超过该种野生动物个体的价值。

第15条　在价格认定结论书中，价格认定机构应根据办案机关提供的资料以及实物勘验的情况，对案件涉及的野生动物及其产品（制品）的基本情况进行描述，并对价格认定结论所对应的价格认定目的、基准日期、价格定义、所处市场区域等前提条件进行限定说明。

第16条　法律、法规另有规定的，从其规定。

【国家林业局令〔2017〕46号】　野生动物及其制品价值评估方法（2017年9月29日国家林业局局务会议通过，2017年11月1日公布，2017年12月15日施行）

第2条（第2款）　本方法所称野生动物，是指陆生野生动物的整体（含卵、蛋);所称野生动物制品,是指陆生野生动物的部分及其衍生物,包括产品。

第4条 野生动物整体的价值,按照《陆生野生动物基准价值标准目录》所列该种野生动物的基准价值乘以相应的倍数核算。具体方法是:

(一)国家一级保护野生动物,按照所列野生动物基准价值的10倍核算;国家二级保护野生动物,按照所列野生动物基准价值的5倍核算;

(二)地方重点保护的野生动物和有重要生态、科学、社会价值的野生动物,按照所列野生动物基准价值核算。

两栖类野生动物的卵、蛋的价值,按照该种野生动物整体价值的1‰核算;爬行类野生动物的卵、蛋的价值,按照该种野生动物整体价值的1/10核算;鸟类野生动物的卵、蛋的价值,按照该种野生动物整体价值的1/2核算。

第5条 野生动物制品的价值,由核算其价值的执法机关或者评估机构根据实际情况予以核算,但不能超过该种野生动物的整体价值。但是,省级以上人民政府林业主管部门对野生动物标本和其他特殊野生动物制品的价值核算另有规定的除外。

第6条 野生动物及其制品有实际交易价格的,且实际交易价格高于按照本方法评估的价值的,按照实际交易价格执行。

第7条 人工繁育的野生动物及其制品的价值,按照同种野生动物及其制品价值的50%执行。

人工繁育的列入《人工繁育国家重点保护野生动物名录》的野生动物及其制品的价值,按照同种野生动物及其制品价值的25%执行。

第8条 《濒危野生动植物种国际贸易公约》附录所列在我国没有自然分布的野生动物,已经国家林业局核准按照国家重点保护野生动物管理的,该野生动物及其制品的价值按照与其同属、同科或者同目的国家重点保护野生动物的价值核算。

《濒危野生动植物种国际贸易公约》附录所列在我国没有自然分布的野生动物、未经国家林业局核准的,以及其他没有列入《濒危野生动植物种国际贸易公约》附录的野生动物及其制品的价值,按照与其同属、同科或者同目的地方重点保护野生动物或者有重要生态、科学、社会价值的野生动物的价值核算。

第9条 本方法施行后,新增加的重点保护野生动物和有重要生态、科学、社会价值的野生动物,尚未列入《陆生野生动物基准价值标准目录》的,其基准价值按照与其同属、同科或者同目的野生动物的基准价值核算。

附件:陆生野生动物基准价值标准目录(本书删略了英文名称,并对表格样式有调整)

动物类群	基准价值（元）	动物类群	基准价值（元）	动物类群	基准价值（元）
（哺乳纲）		豪猪科·所有种	500	（爬行纲）	
猬科·所有种	200	树鼩科·所有种	80	鳄形目·扬子鳄	10000
鼹科·所有种	100	羽尾树鼩科·所有种	80	鳄形目·其他所有种	500
鼩鼱科·所有种	100	鼠兔科·所有种	80	龟科·所有种水生野生动物除外	500
树鼩科·所有种	100	兔科·所有种	80	平胸龟科·所有种	500
翼手目·所有种	50	针鼹科·所有种	200	陆龟科·四爪陆龟	8000
犰狳科·所有种	1000	豚足袋狸科·所有种	200	陆龟科·凹甲陆龟	1000
袋鼩科·所有种	150	袋狸科·所有种	200	陆龟科·其他所有种	500
袋狼科·所有种	200	兔袋狸科·所有种	200	壁虎科·大壁虎	1000
硕袋鼠科·所有种	150	（鸟纲）		壁虎科·其他所有种	500
泊托袋鼠科·所有种	150	潜鸟目·所有种	200	鳄蜥科·所有种	10000
袋熊科·所有种	200	䴙䴘目·所有种	200	巨蜥科·巨蜥	1000
蛛猴科·所有种	300	信天翁科·所有种	300	巨蜥科·其他所有种	500
鼠猴科·所有种	300	鹱科·所有种	100	避役科·所有种	300
狐猴科·所有种	400	海燕科·所有种	100	蜥蜴目·其他所有种	300
嬉猴科·所有种	400	鹲科·所有种	200	蟒科·蟒	3000
大狐猴科·所有种	450	鹈鹕科·所有种	1000	蟒科·其他所有种	1000
指猴科·所有种	500	鲣鸟科·所有种	400	蚺科·所有种	1000
眼镜猴科·所有种	500	鸬鹚科·所有种	600	蝰科·莽山烙铁头	3000
狨科·所有种	500	军舰鸟科·所有种	200	蝰科·其他所有种	300
卷尾猴科·所有种	500	鹭科·所有种	500	眼镜蛇科·所有种（海蛇除外）	1000
夜猴科·所有种	300	鹳科·东方白鹳	10000	蛇目·其他所有种（水蛇、瘰鳞蛇除外）	300
懒猴科·蜂猴属	2000	鹳科·黑鹳	10000	蚓螈目·版纳鱼螈	500
懒猴科·其他所有属	1000	鹳科·其他所有种	2000	小鲵科·安吉小鲵	2500
猴科·猕猴属	2000	鹮科·朱鹮	100000	蝾螈科·海南疣螈	300
猴科·叶猴属	15000	鹮科·黑脸琵鹭	15000	无尾目·所有种	100
猴科·仰鼻猴属	50000	鹮科·其他所有种	5000	（海蛙、棘腹蛙、棘胸蛙、威宁趾沟蛙、叶氏隆肛蛙除外）	
猴科·白臀叶猴属	15000	鲸头鹳科·所有种	5000
猴科·其他所有属	2000	红鹳科·所有种	8000

续表

动物类群	基准价值（元）	动物类群	基准价值（元）	动物类群	基准价值（元）
长臂猿科·所有种	50000	鸭科·中华秋沙鸭	10000	（昆虫纲）	
人科·猩猩属	50000	鸭科天鹅属·所有种	3000	蟥科	20
人科·黑猩猩属	50000	鸭科·其他所有种	500	扁蟥科	20
人科·大猩猩属	50000	鹰科·金雕	8000	螳螂目·怪螳科	20
象科·亚洲象	200000	鹰科·虎头海雕	8000	竹节虫科	20
象科·非洲象	100000	鹰科·白尾海雕	8000	叶虫䗛科	20
穿山甲科·所有种	8000	鹰科·其他所有种	5000	杆虫䗛科	20
树懒科·所有种	300	鹗科·所有种	3000	异虫䗛科	20
二趾树懒科·所有种	300	隼科·猎隼	5000	围啮科	20
食蚁兽科·所有种	500	隼科·其他所有种	3000	啮科	20
犬科·豺属	1500	美洲鹫科·所有种	2000	纹蓟马科	20
犬科·其他所有属	800	松鸡科·所有种	1000	蛾蜡蝉科	20
食蚁狸科·所有种	1000	雉科·绿孔雀	15000	蜡蝉科	20
熊科·懒熊属	2000	雉科·雉鸡	300	颜蜡蝉科	20
熊科·眼镜熊属	2000	雉科·其他所有种	1000	蝉科	20
熊科·棕熊属	8000	凤冠雉科·所有种	500	犁胸蝉科	20
熊科·黑熊属	8000	冢雉科·所有种	500	角蝉科	20
熊科·马来熊属	10000	三趾鹑科·所有种	500	棘蝉科	20
大熊猫科·大熊猫	500000	鹤科·所有种	10000	毛管蚜科	20
小熊猫科·小熊猫	8000	秧鸡科·所有种	300	扁蚜科	20
臭鼬科·所有种	500	鸨科·所有种	10000	负子蝽科	20
鼬科·所有种	800	鹭鹤科·所有种	500	盾蝽科	20
浣熊科·所有种	500	雉鸻科·所有种	500	猎蝽科	20
灵猫科·所有种	1200	彩鹬科·所有种	500	齿蛉科	20
獴科·所有种	1000	蛎鹬科·所有种	500	盲蛇蛉科	20
鬣狗科·所有种	500	鸻科·所有种	300	旌蛉科	20
猫科豹属·虎	100000	鹬科·所有种	300	虎甲科	50
猫科豹属·豹	50000	反嘴鹬科·所有种	300	步甲科	200
猫科豹属·其他种	15000	鹮嘴鹬科·所有种	300	两栖甲科	20
猫·雪豹属	50000	蹼蹼鹬科·所有种	300	叩甲科	20

续表

动物类群	基准价值（元）	动物类群	基准价值（元）	动物类群	基准价值（元）
猫科·云豹属	30000	石鸻科·所有种	300	吉丁虫科	20
猫科·猎豹属	10000	燕鸻科·所有种	300	瓢虫科	20
猫科·其他所有属	1500	贼鸥科·所有种	300	拟步甲科	50
犀科·白犀	100000	鸥科·遗鸥	5000	臂金龟科	200
犀科·其他所有种	200000	鸥科·黑嘴鸥	2000	犀金龟科	200
貘科·所有种	5000	鸥科·其他所有种	300	鳃金龟科	20
马科·所有种	60000	燕鸥科·所有种	300	花金龟科	20
猪科·所有种	500	剪嘴鸥科·所有种	300	锹甲科	20
骆驼科·骆驼属	50000	海雀科·所有种	300	天牛科	20
骆驼科·小羊驼属	5000	鸠鸽科·所有种	300	叶甲科	20
鼷鹿科·所有种	2000	沙鸡科	300	锥象科	20
麝科·所有种	3000	鹦鹉科	2000	梼虫扇科	20
鹿科·所有种	3000	凤头鹦鹉科	2000	蝎蛉科	20
河马科·所有种	3000	吸蜜鹦鹉科	500	石蛾科	20
牛科·野牛属	50000	杜鹃科	500	蚕蛾科	20
牛科·山羊属	10000	蕉鹃科	300	燕蛾科	20
牛科·鬣羚属	10000	草鸮科	3000	灯蛾科	20
牛科·羚羊属	5000	鸱鸮科	3000	桦蛾科	20
牛科原羚属·普氏原羚	20000	蟆口鸱科	1000	大蚕蛾科	20
牛科原羚属·其他种	5000	夜鹰科	1000	萝纹蛾科	20
牛科·藏羚属	50000	雨燕目·所有种	300	凤蝶科·金斑喙凤蝶	1000
牛科·高鼻羚羊属	20000	鹳形目·所有种	300	凤蝶科·其他所有种	200
牛科·羚牛属	50000	咬鹃目·所有种	300	粉蝶科	200
牛科·斑羚属	10000	佛法僧目·所有种	500	蛱蝶科	200
牛科·塔尔羊属	10000	戴胜目·所有种	300	绢蝶科	200
牛科·岩羊属	5000	犀鸟目·所有种	50000	眼蝶科	200
牛科·盘羊属	10000	䴕形目·所有种	1000	环蝶科	200
牛科·其他所有属	3000	阔嘴鸟科·所有种	500	灰蝶科	200
毛丝鼠科·所有种	20	八色鸫科·所有种	500	弄蝶科	200
兔豚鼠科·所有种	20	百灵科·蒙古百灵	1000	食虫虻科	20

续表

动物类群	基准价值（元）	动物类群	基准价值（元）	动物类群	基准价值（元）
美洲豪猪科·所有种	300	百灵科·其他种	300	突眼蝇科	20
松鼠科·巨松鼠属	300	椋鸟科·鹩哥	1000	甲蝇科	20
松鼠科·其他属	150	椋鸟科·其他种	300	叶蜂科	20
河狸科·所有种	500	鹛科·画眉	1000	姬蜂科	20
仓鼠科·所有种	50	鹛科·红嘴相思鸟	1000	茧蜂科	20
鼠科·所有种	50	鹛科·其他所有种	300	金小蜂科	20
刺山鼠科·所有种	50	雀形目·其他所有种	300	离颚细蜂科	20
竹鼠科·小竹鼠属	200	鸵形目·所有种	1500	虫系蜂科	20
竹鼠科·竹鼠属	200	美洲鸵目·所有种	1500	泥蜂科	20
睡鼠科·所有种	50	企鹅目·所有种	3000	蚁科	20
跳鼠科·所有种	50			蜜蜂科	20

【农业农村部令〔2019〕5号】　水生野生动物及其制品价值评估办法（农业农村部2019年第8次常务会议通过，2019年8月27日公布，2019年10月1日施行）

第2条　《中华人民共和国野生动物保护法》规定的水生野生动物及其制品价值的评估，适用本办法。

本办法规定的水生野生动物，是指国家重点保护水生野生动物及《濒危野生动植物种国际贸易公约》附录水生物种的整体（含卵）。

本办法规定的水生野生动物制品，是指水生野生动物的部分及其衍生物。

第3条　水生野生动物成年整体的价值，按照对应物种的基准价值乘以保护级别系数计算。

农业农村部负责制定、公布并调整《水生野生动物基准价值标准目录》。

第4条　国家一级重点保护水生野生动物的保护级别系数为10。国家二级重点保护水生野生动物的保护级别系数为5。

《濒危野生动植物种国际贸易公约》附录所列水生物种，已被农业农村部核准为国家重点保护野生动物的，按照对应保护级别系数核算价值；未被农业农村部核准为国家重点保护野生动物的，保护级别系数为1。

第5条　水生野生动物幼年整体的价值，按照该物种成年整体价值乘以发育阶段系数计算。

发育阶段系数不应超过1，由核算其价值的执法机关或者评估机构综合考虑该物种繁殖力、成活率、发育阶段等实际情况确定。

第6条　水生野生动物卵、蛋的价值，有单独基准价值的，按照其基准价值乘以保护级别系数计算；没有单独基准价值的，按照该物种成年整体价值乘以繁殖力系数计算。

爬行类野生动物卵的繁殖力系数为1/10；两栖类野生动物卵的繁殖力系数为1‰；无脊椎、鱼类野生动物卵的繁殖力系数综合考虑该物种繁殖力、成活率进行确定。

第7条　水生野生动物制品的价值，按照该物种整体价值乘以涉案部分系数计算。

涉案部分系数不应超过1；系该物种主要利用部分的，涉案部分系数不应低于0.7。具体由核算其价值的执法机关或者评估机构综合考虑该制品利用部分、对动物伤害程度等因素确定。

第8条　人工繁育的水生野生动物及其制品的价值，根据本办法第4至7条规定计算后的价值乘以物种来源系数计算。

列入人工繁育国家重点保护水生野生动物名录物种的人工繁育个体及其制品，物种来源系数为0.25；其它物种的人工繁育个体及其制品，物种来源系数为0.5。

第9条　水生野生动物及其制品有实际交易价格，且实际交易价格高于按照本方法评估价值的，按照实际交易价格执行。

第10条　本办法施行后，新列入《国家重点保护野生动物名录》或《濒危野生动植物种国际贸易公约》附录，但尚未列入《水生野生动物基准价值标准目录》的水生野生动物，其基准价值参照与其同属、同科或同目的最近似水生野生动物的基准价值核算。

第11条　未被列入《濒危野生动植物种国际贸易公约》附录的地方重点保护水生野生动物，可参照本办法计算价值，保护级别系数可按1计算。

附表：水生野生动物基准价值标准目录（本书删略了英文名称，并对表格样式有调整）

物种名称	基准价值（元）	物种名称	基准价值（元）	物种名称	基准价值（元）
水獭亚科·小爪水獭	2000	地龟科·金头闭壳龟	30000	鳗鲡科·花鳗鲡	500
水獭亚科·其他种	1800	地龟科·潘氏闭壳龟	30000	鳗鲡科·其他种	50

续表

动物类群	基准价值（元）	动物类群	基准价值（元）	动物类群	基准价值（元）
毛皮海狮属·所有种	8000	地龟科·周氏闭壳龟	30000	胭脂鱼科·胭脂鱼	200
海象科·海象	3000	地龟科·黄额闭壳龟	600	胭脂鱼科·其他种	150
海豹科·斑海豹	10000	地龟科·图纹闭壳龟	600	鲤科·唐鱼	50
海豹科·南象海豹	5000	地龟科·布氏闭壳龟	600	鲤科·大头鲤	100
僧海豹属·所有种	10000	地龟科·其他种	500	鲤科·金线䰾	100
鳍足类①·其他种	2000	侧颈龟科·所有种	500	鲤科·新疆大头鱼	500
露脊鲸科·所有种	150000	鳖科·山瑞鳖	1000	鲤科·大理裂腹鱼	100
须鲸科·所有种	120000	鳖科·斑鳖	200000	鲤科·其他种	50
灰鲸科·所有种	100000	鳖科·鼋属所有种	150000	巨巴西骨舌鱼	500
海豚科·中华白海豚	200000	鳖科·其他种	500	美丽硬仆骨舌鱼（包括丽纹硬骨舌鱼）	500
海豚科·其他种	50000	隐鳃鲵科·大鲵	2500	波纹唇鱼（苏眉）	5000
亚马孙河豚科·白鱀豚	600000	隐鳃鲵科·其他种	500	杜父鱼科·松江鲈鱼	100
亚马孙河豚科·其他种	50000	蝾螈科·细痣疣螈	400	石首鱼科·黄唇鱼	16000
鼠海豚科·窄脊江豚长江种群（长江江豚）	250000	蝾螈科·镇海疣螈	400	石首鱼科·加利福尼亚湾石首鱼	16000
鼠海豚科·其他种	50000	蝾螈科·贵州疣螈	400	海龙鱼科·克氏海马	200
抹香鲸科·所有种	150000	蝾螈科·大凉疣螈	500	海马属·其他种	30
鲸目·其他（科）种	75000	蝾螈科·红瘰疣螈	350	鲑科·川陕哲罗鲑	2000
儒艮科·儒艮	250000	有尾目·其他种	300	鲑科·秦岭细鳞鲑	1000
海牛科·所有种	150000	无尾目·其他种	100	澳大利亚肺鱼	100
鳄目·所有种（除鼍）	500	姥鲨科·姥鲨	50000	矛尾鱼属·所有种	100000
蛇目·所有种（仅瘰鳞蛇、水蛇及海蛇）	300	鼠鲨科·噬人鲨	20000	文昌鱼科·文昌鱼	10
两爪鳖科·所有种	500	鲼科·所有种	200	多鳃孔舌形虫	100
蛇颈龟科·所有种	500	江魟科·所有种	150	玉钩虫科·黄岛长吻虫	100

① 注：鳍足类也称为鳍足亚目，被归属于食肉目。斑海豹是唯一在我国有分布的鳍足类生物。

续表

动物类群	基准价值（元）	动物类群	基准价值（元）	动物类群	基准价值（元）
海龟科·绿海龟	15000	鲸鲨科·鲸鲨	40000	海参纲[①]·所有种	10
海龟科·玳瑁	20000	鲨类·其他种	200	医蛭科·所有种	10
海龟科·蠵龟	1.5万	锯鳐科·所有种	5000	宝贝科·虎斑宝贝	50
海龟科·太平洋丽龟	1.5万	鲟科·中华鲟	50000	冠螺科·冠螺	100
海龟科·其他种	10000	鲟科·中华鲟（卵）	2万元/万粒	珍珠贝科·大珠母贝	100
棱皮龟科·棱皮龟	20000	鲟科·达氏鲟	50000	砗磲科·库氏砗磲	5000元/只 60元/千克
鳄龟科·所有种	300	鲟科·达氏鲟（卵）	2万元/万粒	砗磲科·其他种	200
泥龟科·所有种	500	匙吻鲟科·白鲟	500000	蚌科·佛耳丽蚌	100
龟科·所有种	500	匙吻鲟科·白鲟（卵）	20万元/万粒	鹦鹉螺科·所有种	3000
地龟科·三线闭壳龟	10000	鲟形目·其他种	5000	红珊瑚科·所有种	5万元/千克
地龟科·云南闭壳龟	30000	鲟形目·其他种（卵）	2千元/万粒	珊瑚类·其他种	500元/千克
地龟科·百色闭壳龟	30000				

【法研〔2016〕23号】 最高人民法院研究室关于收购、运输、出售部分人工驯养繁殖技术成熟的野生动物适用法律问题的复函（2016年3月2日答复国家林业局森林公安局"林公刑便字〔2015〕49号"请示）

我院《关于被告人郑喜和非法收购珍贵、濒危野生动物、珍贵、濒危野生动物制品罪请示一案的批复》（〔2011〕刑他字第86号，以下简称《批复》）是根据贵局《关于发布商业性经营利用驯养繁殖技术成熟的梅花鹿等54种陆生野生动物名单的通知》（林护发〔2003〕121号，以下简称《通知》）的精神作出的。虽然《通知》于2012年被废止，但从实践看，《批复》的内容仍符合当前野生动物保护与资源利用实际，即：由于驯养繁殖技术的成熟，对有的珍贵、

---

① 注：同属于棘皮动物门下的海星纲、海胆纲、蛇尾纲等水生动物未被列入本表。

濒危野生动物的驯养繁殖、商业利用在某些地区已成规模,有关野生动物的数量极大增加,收购、运输、出售这些人工驯养繁殖的野生动物实际已无社会危害性。

来函建议对我院 2000 年《关于审理破坏野生动物资源刑事案件具体应用法律若干问题的解释》进行修改,提高收购、运输、出售有关人工驯养繁殖的野生动物的定罪量刑标准。此一思路虽能将一些行为出罪,但不能完全解决问题。如将运输人工驯养繁殖梅花鹿行为的入罪标准规定为 20 只以上后,还会有相当数量的案件符合定罪乃至判处重刑的条件。按此思路修订解释、对相关案件作出判决后,恐仍难保障案件处理的法律与社会效果。

鉴此,我室认为,彻底解决当前困境的办法,或者是尽快启动国家重点保护野生动物名录的修订工作,将一些实际已不再处于濒危状态的动物从名录中及时调整出去,同时将有的已处于濒危状态的动物增列进来;或者是在修订后司法解释中明确,对某些经人工驯养繁殖、数量已大大增多的野生动物,附表所列的定罪量刑数量标准,仅适用于真正意义上的野生动物,而不包括驯养繁殖的。

【法释〔2016〕16 号】　最高人民法院关于审理发生在我国管辖海域相关案件若干问题的规定(一)(2015 年 12 月 28 日最高法审委会第 1674 次会议通过,2016 年 8 月 1 日公布,2016 年 8 月 2 日施行)

第 1 条　本规定所称我国管辖海域,是指中华人民共和国内水、领海、毗连区、专属经济区、大陆架,以及中华人民共和国管辖的其他海域。

第 2 条　中国公民或组织在我国与有关国家缔结的协定确定的共同管理的渔区或公海从事捕捞等作业的,适用本规定。

第 3 条　中国公民或者外国人在我国管辖海域实施非法猎捕、杀害珍贵濒危野生动物或者非法捕捞水产品等犯罪的,依照我国刑法追究刑事责任。

【法释〔2016〕17 号】　最高人民法院关于审理发生在我国管辖海域相关案件若干问题的规定(二)(2016 年 5 月 9 日最高法审委会第 1682 次会议通过,2016 年 8 月 1 日公布,2016 年 8 月 2 日施行)

第 5 条　非法采捕珊瑚、砗磲或者其他珍贵、濒危水生野生动物,具有下列情形之一的,应当认定为刑法第 341 条第 1 款规定的"情节严重":(一)价值在 50 万元以上的;(二)非法获利 20 万元以上的;(三)造成海域生态环境严重破坏的;(四)造成严重国际影响的;(五)其他情节严重的情形。

实施前款规定的行为,具有下列情形之一的,应当认定为刑法第 341 条第 1

款规定的"情节特别严重":(一)价值或者非法获利达到本条第1款规定标准5倍以上的;(二)价值或者非法获利达到本条第1款规定的标准,造成海域生态环境严重破坏的;(三)造成海域生态环境特别严重破坏的;(四)造成特别严重国际影响的;(五)其他情节特别严重的情形。

第6条 非法收购、运输、出售珊瑚、砗磲或者其他珍贵、濒危水生野生动物及其制品,具有下列情形之一的,应当认定为刑法第341条第1款规定的"情节严重":(一)价值在50万元以上的;(二)非法获利在20万元以上的;(三)具有其他严重情节的。

非法收购、运输、出售珊瑚、砗磲或者其他珍贵、濒危水生野生动物及其制品,具有下列情形之一的,应当认定为刑法第341条第1款规定的"情节特别严重":(一)价值在250万元以上的;(二)非法获利在100万元以上的;(三)具有其他特别严重情节的。

第7条 对案件涉及的珍贵、濒危水生野生动物的种属难以确定的,由司法鉴定机构出具鉴定意见,或者由国务院渔业行政主管部门指定的机构[①]出具报告。

珍贵、濒危水生野生动物或者其制品的价值,依照国务院渔业行政主管部门的规定核定。核定价值低于实际交易价格的,以实际交易价格认定。

本解释所称珊瑚、砗磲,是指列入《国家重点保护野生动物名录》中国家一、二级保护的,以及列入《濒危野生动植物种国际贸易公约》附录一、附录二中的珊瑚、砗磲的所有种,包括活体和死体。

第8条 实施破坏海洋资源犯罪行为,同时构成非法捕捞罪[②]、非法猎捕、杀害珍贵、濒危野生动物罪、组织他人偷越国(边)境罪、偷越国(边)境罪等犯罪的,依照处罚较重的规定定罪处罚。

有破坏海洋资源犯罪行为,又实施走私、妨害公务等犯罪的,依照数罪并罚的规定处理。

【公告〔2017〕13号】 人工繁育国家重点保护陆生野生动物名录(第一批)(国家林业局2017年6月28日公告,2017年7月1日生效。*为境外引进)

[①] 注:该"指定的机构"名单见《农业部珍稀濒危水生野生动植物种鉴定单位名单》(2017年11月13日公告第2607号)。

[②] 注:根据《最高人民法院关于执行〈中华人民共和国刑法〉确定罪名的规定》(法释〔1997〕9号)和《最高人民检察院关于适用刑法分则规定的犯罪的罪名的意见》(高检发释字〔1997〕3号),《刑法》第340条对应的正确罪名是"非法捕捞水产品罪",而非"非法捕捞罪"。这是最高法司法解释的一个行文纰误。

序号	中文名	序号	中文名	序号	中文名
1	梅花鹿	4	美洲鸵*	7	湾鳄*
2	马鹿	5	大东方龟*	8	暹罗鳄*
3	鸵鸟*	6	尼罗鳄*	9	虎纹蛙

【公告〔2017〕2608号】　人工繁育国家重点保护水生野生动物名录（第一批）（农业部2017年11月13日）

序号	中文名	序号	中文名	序号	中文名
1	三线闭壳龟	3	胭脂鱼	5	松江鲈
2	大鲵	4	山瑞鳖	6	金线钯

【公告〔2019〕200号】　人工繁育国家重点保护水生野生动物名录（第二批）（农业农村部2019年7月29日）

序号	中文名	序号	中文名	序号	中文名
1	黄喉拟水龟	7	暹罗鳄	13	小体鲟
2	花龟	8	尼罗鳄	14	鳇
3	黑颈乌龟	9	湾鳄	15	匙吻鲟
4	安南龟	10	施氏鲟	16	唐鱼
5	黄缘闭壳龟	11	西伯利亚鲟	17	大头鲤
6	黑池龟	12	俄罗斯鲟	18	大珠母贝

【公告〔2021〕490号】　人工繁育国家重点保护水生野生动物名录（第三批）（农业农村部2021年11月16日）

序号	中文名	序号	中文名	序号	中文名
1	岩原鲤	5	细鳞鲑	9	虎纹蛙
2	细鳞裂腹鱼	6	花羔红点鲑	10	乌龟
3	重口裂腹鱼	7	马苏大马哈鱼	11	北鲑（公示期被删除）
4	哲罗鲑	8	鸭绿江茴鱼（北极茴鱼）		

【人大〔2020〕16 次】　全国人民代表大会常务委员会关于全面禁止非法野生动物交易、革除滥食野生动物陋习、切实保障人民群众生命健康安全的决定（2020 年 2 月 24 日第 13 届全国人大常委会第 16 次会议通过）

一、凡《中华人民共和国野生动物保护法》和其他有关法律禁止猎捕、交易、运输、食用野生动物的，必须严格禁止。

对违反前款规定的行为，在现行法律规定基础上加重处罚。①

农业农村部关于贯彻落实《全国人民代表大会常务委员会关于全面禁止非法野生动物交易、革除滥食野生动物陋习、切实保障人民群众生命健康安全的决定》进一步加强水生野生动物保护管理的通知（2020 年 3 月 4 日）

二、加强衔接配合，形成水生野生动物保护工作合力

……中华鳖、乌龟等列入上述水生动物相关名录的两栖爬行类动物，按照水生动物管理。

【林护发〔2020〕22 号】　国家林业和草原局关于贯彻落实《全国人民代表大会常务委员会关于全面禁止非法野生动物交易、革除滥食野生动物陋习、切实保障人民群众生命健康安全的决定》的通知（2020 年 2 月 27 日）

三、全面整顿野生动物人工繁育和经营利用从业机构，依法清理许可证件及文书

……对从业机构人工繁育种类列入《人工繁育国家重点保护水生野生动物名录》或《国家重点保护经济水生动植物资源名录》，林业和草原主管部门已核发人工繁育许可证件或文书的，也一律撤回并注销所核发的许可证件或文书，今后按水生野生动物管理；……

【林护发〔2020〕90 号】　国家林业和草原局关于规范禁食野生动物分类管理范围的通知（2020 年 9 月 30 日）

一、禁食野生动物是指《全国人民代表大会常务委员会关于全面禁止非法野生动物交易、革除滥食野生动物陋习、切实保障人民群众生命健康安全的决定》发布前养殖食用、不属于畜禽范围的陆生野生动物，不包括水生野生动物和以保护繁育、科学研究、观赏展示、药用、宠物等为目的的陆生野生动物。

二、积极引导停止养殖禁食野生动物。对附件类别一所列 45 种野生动物，要积极引导有关养殖户在 2020 年 12 月底前停止养殖活动，并按有关规定完成处

---

① 注：本款规定突破了刑法关于量刑的适用规则，可以理解为"特别刑法"，这在当前立法中极为罕见。

置工作。确需适量保留种源用于科学研究等非食用性目的的,要充分论证工作方案的可行性,并严格履行相关手续。

三、规范管理允许养殖禁食野生动物。对附件类别二所列 19 种野生动物,要会同有关部门分类制定管理措施和养殖技术规范,加强政策指导和服务,强化日常监督管理,严格落实防疫检疫相关要求。

附表:禁食野生动物分类管理范围

类别	物种名称	分类管理范围
一	竹鼠、果子狸、豪猪、王锦蛇、草兔、东北兔、蒙古兔、豆雁、灰雁、石鸡、蓝胸鹑、山斑鸠、灰斑鸠、斑头雁、鸿雁、斑嘴鸭、赤麂、小麂、狍、苍鹭、夜鹭、赤麻鸭、翘鼻麻鸭、针尾鸭、绿翅鸭、花脸鸭、罗纹鸭、赤膀鸭、赤颈鸭、白眉鸭、赤嘴潜鸭、红头潜鸭、白眼潜鸭、斑背潜鸭、灰胸竹鸡、黑水鸡、白骨顶、寒露林蛙、赤链蛇、赤峰锦蛇、双斑锦蛇、金环蛇、短尾蝮、竹叶青蛇、白腹巨鼠(共 45 种)	禁止以食用为目的的养殖活动,除适量保留种源等特殊情形外,引导养殖户停止养殖。
二	刺猬、猪獾、狗獾、豚鼠、海狸鼠、蓝孔雀、中华蟾蜍、黑眶蟾蜍、齿缘龟、锯缘摄龟、缅甸陆龟、黑眉锦蛇、眼镜王蛇、乌梢蛇、银环蛇、尖吻蝮、灰鼠蛇、滑鼠蛇、眼镜蛇(共 19 种)	禁止以食用为目的的养殖活动,允许用于药用、展示、科研等非食用性目的的养殖。

【法发〔2020〕7号】 最高人民法院、最高人民检察院、公安部、司法部关于依法惩治妨害新型冠状病毒感染肺炎疫情防控违法犯罪的意见(2020 年 2 月 6 日)

二、准确适用法律,依法严惩妨害疫情防控的各类违法犯罪

(九)依法严惩破坏野生动物资源犯罪。非法猎捕、杀害国家重点保护的珍贵、濒危野生动物的,或者非法收购、运输、出售国家重点保护的珍贵、濒危野生动物及其制品的,依照刑法第 341 条第 1 款的规定,以非法猎捕、杀害珍贵、濒危野生动物罪或者非法收购、运输、出售珍贵、濒危野生动物、珍贵、濒危野生动物制品罪定罪处罚。

违反狩猎法规,在禁猎区、禁猎期或者使用禁用的工具、方法进行狩猎,破坏野生动物资源,情节严重的,依照刑法第 341 条第 2 款的规定,以非法狩猎

罪定罪处罚。

违反国家规定,非法经营非国家重点保护野生动物及其制品(包括开办交易场所、进行网络销售、加工食品出售等),扰乱市场秩序,情节严重的,依照刑法第225条第四项的规定,以非法经营罪定罪处罚。

知道或者应当知道是国家重点保护的珍贵、濒危野生动物及其制品,为食用或者其他目的而非法购买,符合刑法第341条第1款规定的,以非法收购珍贵、濒危野生动物、珍贵、濒危野生动物制品罪定罪处罚。

知道或者应当知道是非法狩猎的野生动物而购买,符合刑法第312条规定的,以掩饰、隐瞒犯罪所得罪定罪处罚。

【公通字〔2020〕17号】 最高人民法院、最高人民检察院、公安部、农业农村部依法惩治长江流域非法捕捞等违法犯罪的意见(2020年12月17日印发施行)

二、准确适用法律,依法严惩非法捕捞等危害水生生物资源的各类违法犯罪

(二)依法严惩危害珍贵、濒危水生野生动物资源犯罪。在长江流域重点水域非法猎捕、杀害中华鲟、长江鲟、长江江豚或者其他国家重点保护的珍贵、濒危水生野生动物,价值2万元以上不满20万元的,应当依照刑法第341条的规定,以非法猎捕、杀害珍贵、濒危野生动物罪,处5年以下有期徒刑或者拘役,并处罚金;价值20万元以上不满200万元的,应当认定为"情节严重",处5年以上10年以下有期徒刑,并处罚金;价值200万元以上的,应当认定为"情节特别严重",处10年以上有期徒刑,并处罚金或者没收财产。

(三)(第2款)非法收购、运输、出售在长江流域重点水域非法猎捕、杀害的中华鲟、长江鲟、长江江豚或者其他国家重点保护的珍贵、濒危水生野生动物及其制品,价值2万元以上不满20万元的,应当依照刑法第341条的规定,以非法收购、运输、出售珍贵、濒危野生动物、珍贵、濒危野生动物制品罪,处5年以下有期徒刑或者拘役,并处罚金;价值20万元以上不满200万元的,应当认定为"情节严重",处5年以上10年以下有期徒刑,并处罚金;价值200万元以上的,应当认定为"情节特别严重",处10年以上有期徒刑,并处罚金或者没收财产。

(四)依法严惩危害水生生物资源的单位犯罪。水产品交易公司、餐饮公司等单位实施本意见规定的行为,构成单位犯罪的,依照本意见规定的定罪量刑标准,对直接负责的主管人员和其他直接责任人员定罪处罚,并对单位判处

罚金。

（七）贯彻落实宽严相济刑事政策。多次实施本意见规定的行为构成犯罪，依法应当追诉的，或者2年内2次以上实施本意见规定的行为未经处理的，数量数额累计计算。

实施本意见规定的犯罪，具有下列情形之一的，从重处罚：（1）暴力抗拒、阻碍国家机关工作人员依法履行职务，尚未构成妨害公务罪的；（2）2年内曾因实施本意见规定的行为受过处罚的；（3）对长江生物资源或水域生态造成严重损害的；（4）具有造成重大社会影响等恶劣情节的。具有上述情形的，一般不适用不起诉、缓刑、免予刑事处罚。

非法猎捕、收购、运输、出售珍贵、濒危水生野生动物，尚未造成动物死亡，综合考虑行为手段、主观罪过、犯罪动机、获利数额、涉案水生生物的濒危程度、数量价值以及行为人的认罪悔罪态度、修复生态环境情况等情节，认为适用本意见规定的定罪量刑标准明显过重的，可以结合具体案件的实际情况依法作出妥当处理，确保罪责刑相适应。

【公通字〔2020〕19号】 最高人民法院、最高人民检察院、公安部、司法部关于依法惩治非法野生动物交易犯罪的指导意见（2020年12月18日印发施行）

一、依法严厉打击非法猎捕、杀害野生动物的犯罪行为，从源头上防控非法野生动物交易。

非法猎捕、杀害国家重点保护的珍贵、濒危野生动物，符合刑法第341条第1款规定的，以非法猎捕、杀害珍贵、濒危野生动物罪定罪处罚。

违反狩猎法规，在禁猎区、禁猎期或者使用禁用的工具、方法进行狩猎，破坏野生动物资源，情节严重，符合刑法第341条第2款规定的，以非法狩猎罪定罪处罚。

违反保护水产资源法规，在禁渔区、禁渔期或者使用禁用的工具、方法捕捞水产品，情节严重，符合刑法第340条规定的，以非法捕捞水产品罪定罪处罚。

二、依法严厉打击非法收购、运输、出售、进出口野生动物及其制品的犯罪行为，切断非法野生动物交易的利益链条。

非法收购、运输、出售国家重点保护的珍贵、濒危野生动物及其制品，符合刑法第341条第1款规定的，以非法收购、运输、出售珍贵、濒危野生动物、珍贵、濒危野生动物制品罪定罪处罚。

走私国家禁止进出口的珍贵动物及其制品，符合刑法第151条第2款规定的，以走私珍贵动物、珍贵动物制品罪定罪处罚。

三、依法严厉打击以食用或者其他目的非法购买野生动物的犯罪行为，坚决革除滥食野生动物的陋习。

知道或者应当知道是国家重点保护的珍贵、濒危野生动物及其制品，为食用或者其他目的而非法购买，符合刑法第341条第1款规定的，以非法收购珍贵、濒危野生动物、珍贵、濒危野生动物制品罪定罪处罚。

四、2次以上实施本意见第1条至第3条规定的行为构成犯罪，依法应当追诉的，或者2年内2次以上实施本意见第1条至第3条规定的行为未经处理的，数量、数额累计计算。

五、明知他人实施非法野生动物交易行为，有下列情形之一的，以共同犯罪论处：

（一）提供贷款、资金、账号、车辆、设备、技术、许可证件的；

（二）提供生产、经营场所或者运输、仓储、保管、快递、邮寄、网络信息交互等便利条件或者其他服务的；

（三）提供广告宣传等帮助行为的。

六、对涉案野生动物及其制品价值，可以根据国务院野生动物保护主管部门制定的价值评估标准和方法核算。对野生动物制品，根据实际情况予以核算，但核算总额不能超过该种野生动物的整体价值。具有特殊利用价值或者导致动物死亡的主要部分，核算方法不明确的，其价值标准最高可以按照该种动物整体价值标准的80%予以折算，其他部分价值标准最高可以按整体价值标准的20%予以折算，但是按照上述方法核算的价值明显不当的，应当根据实际情况妥当予以核算。核算价值低于实际交易价格的，以实际交易价格认定。

根据前款规定难以确定涉案野生动物及其制品价值的，依据下列机构出具的报告，结合其他证据作出认定：（一）价格认证机构出具的报告；（二）国务院野生动物保护主管部门、国家濒危物种进出口管理机构、海关总署等指定的机构出具的报告；（三）地、市级以上人民政府野生动物保护主管部门、国家濒危物种进出口管理机构的派出机构、直属海关等出具的报告。

七、对野生动物及其制品种属类别、非法捕捞、狩猎的工具、方法，以及对野生动物资源的损害程度、食用涉案野生动物对人体健康的危害程度等专门性问题，可以由野生动物保护主管部门、侦查机关或者有专门知识的人依据现场勘验、检查笔录等出具认定意见。难以确定的，依据司法鉴定机构出具的鉴定意见，或者本意见第6条第2款所列机构出具的报告，结合其他证据作出认定。

八、办理非法野生动物交易案件中，行政执法部门依法收集的物证、书证、视听资料、电子数据等证据材料，在刑事诉讼中可以作为证据使用。

对不易保管的涉案野生动物及其制品，在做好拍摄、提取检材或者制作足以反映原物形态特征或者内容的照片、录像等取证工作后，可以移交野生动物保护主管部门及其指定的机构依法处置。对存在或者可能存在疫病的野生动物及其制品，应立即通知野生动物保护主管部门依法处置。

九、实施本意见规定的行为，在认定是否构成犯罪以及裁量刑罚时，应当考虑涉案动物是否系人工繁育、物种的濒危程度、野外存活状况、人工繁育情况、是否列入国务院野生动物保护主管部门制定的人工繁育国家重点保护野生动物名录，以及行为手段、对野生动物资源的损害程度、食用涉案野生动物对人体健康的危害程度等情节，综合评估社会危害性，确保罪责刑相适应。相关定罪量刑标准明显不适宜的，可以根据案件的事实、情节和社会危害程度，依法作出妥当处理。

【农渔发〔2020〕15号】　农业农村部、国家林业和草原局关于进一步规范蛙类保护管理的通知（2020年5月28日）

一、明确管理责任，完善名录调整

根据专家研究论证意见，对于目前存在交叉管理、养殖历史较长、人工繁育规模较大的黑斑蛙、棘胸蛙、棘腹蛙、中国林蛙（东北林蛙）、黑龙江林蛙等相关蛙类（以下简称"相关蛙类"），由渔业主管部门按照水生动物管理。……

【林护发〔2021〕29号】　国家林业和草原局关于妥善解决人工繁育鹦鹉有关问题的函（2021年4月2日函复河南省林业局）

一、切实做好审发管理证件服务

按照《野生动物保护法》《陆生野生动物保护实施条例》《林业部关于核准部分濒危野生动物为国家重点保护野生动物的通知》（林护通字〔1993〕48号）规定，除桃脸牡丹鹦鹉、虎皮鹦鹉、鸡尾鹦鹉外，从境外引进的《濒危野生动植物种国际贸易公约》（CITES）附录所列鹦鹉种类均按国家重点保护野生动物管理，其人工繁育活动依法应取得人工繁育许可证。……

检察机关办理长江流域非法捕捞水产品案件刑事检察工作座谈会纪要（2020年11月13日在重庆召开，最高检2020年12月18日印发长江流域14省市）（略）

【高检办发〔2021〕1号】 检察机关办理长江流域非法捕捞案件有关法律政策问题的解答（最高检办公厅根据公通字〔2020〕17号《意见》解答，2021年2月24日印发）

六、办理长江流域非法捕捞案件，如何准确把握非法捕捞水产品罪与其他关联犯罪的界限？

二是注意把握非法捕捞水产品罪与非法猎捕、杀害珍贵、濒危野生动物罪[1]的界限。前罪的保护对象是"水产品"，包括一般的水生动物与珍贵、濒危的水生动物，后罪的保护对象是"国家重点保护的珍贵、濒危野生动物"。行为人基于同一主观故意，实施同一非法捕捞行为，但捕捞对象同时涉及一般水生动物与珍贵、濒危水生动物的，应区分以下情况处理：第一种情况，同一行为同时构成2罪，应当从一重罪论处，对涉案一般水生生物的数量或价值作为量刑情节考虑，以非法猎捕、杀害珍贵、濒危野生动物罪定性并酌情从重处理；第二种情况，同一行为不能分别构成2罪，但涉案水生生物的数量或价值按相应比例折算后合计达到非法捕捞水产品罪入罪标准的，应以非法捕捞水产品罪定性处理；第三种情况，同一行为构成非法捕捞水产品罪，但尚不构成非法猎捕、杀害珍贵、濒危野生动物罪的，对涉案珍贵、濒危水生动物的数量或价值按相应比例折算后，一并以非法捕捞水产品罪定性处理；第四种情况，同一行为构成非法猎捕、杀害珍贵、濒危野生动物罪，但尚不构成非法捕捞水产品罪的，对涉案一般水生生物的数量或价值作为量刑情节考虑，以非法猎捕、杀害珍贵、濒危野生动物罪定性并酌情从重处理。

三是注意把握非法捕捞水产品罪与非法收购、运输、出售珍贵、濒危野生动物、珍贵、濒危野生动物制品罪[2]的界限。根据刑法和《意见》的规定，非法收购、运输、出售在长江流域重点水域非法猎捕、杀害的中华鲟、长江鲟、长江江豚或者其他国家重点保护的珍贵、濒危水生野生动物及其制品，达到相应价值标准的，以非法收购、运输、出售珍贵、濒危野生动物、珍贵、濒危野生动物制品罪定罪处罚。同时，根据全国人大常委会《关于〈中华人民共和国刑法〉第三百四十一条、第三百一十二条的解释》，知道或者应当知道是国家重点保护的珍贵、濒危野生动物及其制品，为食用或者其他目的而非法购买，符合刑法第341条第1款规定的，以非法收购珍贵、濒危野生动物、珍贵、濒危野生动物制品罪定罪处罚。

---

[1] 注：本罪名已改为"危害珍贵、濒危野生动物罪"，2021年3月1日执行。
[2] 注：本罪名已改为"危害珍贵、濒危野生动物罪"，2021年3月1日执行。

【公告〔2021〕3 号】　国家重点保护野生动物名录（国务院 2021 年 1 月 4 日批准修订，国家林业和草原局、农业农村部 2021 年 2 月 1 日公布施行；下列表格为本书独创，并根据农业农村部 2021 年 11 月 16 日公告第 491 号《濒危野生动植物种国际贸易公约附录水生物种核准为国家重点保护野生动物名录》更新）①

注：＊由渔业部门主管，无＊由林草部门主管；◎所有种均列入名录，○为该类其他种，△仅限野外种群，※为依公约核准，◇为暂缓核准；★☆为一级、二级保护；保护等级与公约附录不一致的，分别注明公约附录Ⅰ、Ⅱ、Ⅲ；↑↓为与原保护等级相比的变化；删除线为曾拟等级；/为原名录名称。

脊索动物门·哺乳纲			
灵长目◎·懒猴科	※长尾水獭Ⅰ☆	豚鹿★	＊※亚马逊海牛Ⅰ☆
蜂猴★	※智利水獭Ⅰ☆	驼鹿★↑	＊鲸目◎·灰鲸科
倭蜂猴★	欧亚水獭/水獭Ⅰ☆	梅花鹿△★	灰鲸★↑
灵长目◎·猴科	※日本水獭Ⅰ☆	水鹿☆	＊鲸目◎·须鲸科
台湾猴★	江獭Ⅰ☆	马鹿△☆	塞鲸★↑
北豚尾猴/豚尾猴★	※大水獭Ⅰ☆	西藏马鹿，含白臀鹿★↑	布氏鲸★↑
喜山长尾叶猴★	※水獭亚科○☆	塔里木马鹿△★↑	蓝鲸★↑
印支灰叶猴★	食肉目·灵猫科	坡鹿★	大村鲸★↑
黑叶猴★	大斑灵猫★	白唇鹿★	大翅鲸★↑
菲氏叶猴★	大灵猫★↑	麋鹿★	长须鲸★↑
戴帽叶猴★	小灵猫★↑	毛冠鹿☆	小须鲸（除Ⅱ种群）★↑
白头叶猴★	熊狸★	獐/河麂☆	※南极须鲸Ⅰ☆
肖氏乌叶猴★	小齿狸★	贡山麂☆	＊鲸目◎·抹香鲸科
滇金丝猴★	缟灵猫★	海南麂☆	抹香鲸★↑
黔金丝猴★	椰子猫☆	偶蹄目·牛科	小抹香鲸☆
川金丝猴★	食肉目·林狸科	野牛★	侏抹香鲸☆

---

① 注：相比于 1988 年 12 月 10 日国务院批准、1989 年 1 月 14 日原林业部、农业部发布的原《名录》，除 2003 年和 2020 年分别将麝类、穿山甲所有种升级为国家一级保护野生动物外，新《名录》将豺、长江江豚等 65 种野生动物由国家二级升为一级，将熊猴、北山羊、蟒蛇等 3 种野生动物由国家一级降为二级；并新增大斑灵猫等 43 种一级、狼等 474 种（类）二级国家重点保护野生动物。

第341条 1537

续表

怒江金丝猴★	斑林狸☆	爪哇野牛★	*鲸目◎·喙鲸科
熊猴☆↓	食肉目·猫科◎	野牦牛★	贝氏喙鲸Ⅰ☆
短尾猴☆	丛林猫★	蒙原羚/黄羊★↑	※贝喙鲸属○Ⅰ☆
白颊猕猴☆	荒漠猫★↑	藏原羚☆	※巨齿鲸属○Ⅰ☆
猕猴☆	金猫★↑	普氏原羚★	鹅喙鲸☆
藏南猕猴☆	云豹★	藏羚（曾拟降为二级）★	柏氏中喙鲸☆
藏酋猴☆	雪豹★	高鼻羚羊★	银杏齿中喙鲸☆
灵长目◎·长臂猿科	豹★	秦岭羚牛★	小中喙鲸☆
西白眉长臂猿★	虎★	四川羚牛★	朗氏喙鲸☆
东白眉长臂猿★	野猫/草原斑猫☆	不丹羚牛★	*鲸目◎·露脊鲸科
高黎贡白眉长臂猿★	渔猫☆	贡山羚牛/扭角羚★	北太平洋露脊鲸★↑
白掌长臂猿★	兔狲☆	赤斑羚★	※北极露脊鲸Ⅰ☆
西黑冠长臂猿★	猞猁☆	喜马拉雅斑羚/斑羚★↑	※露脊鲸属○Ⅰ☆
东黑冠长臂猿★	云猫☆	中华斑羚☆	*鲸目◎·侏露脊鲸科
海南长臂猿★	豹猫☆	长尾斑羚☆	※侏露脊鲸Ⅰ☆
北白颊长臂猿★	*食肉目·海狮科/海狗科◎	缅甸斑羚☆	*鲸目◎·淡水豚科
鳞甲目◎·鲮鲤科	北海狗☆	鹅喉羚☆	亚马逊河豚属白鱀豚★
印度穿山甲★	北海狮☆	塔尔羊★	恒河豚★↑
马来穿山甲★	※北美毛皮海狮Ⅰ☆	北山羊☆↓	※恒河豚属○★Ⅰ
穿山甲★	※毛皮海狮属○☆	岩羊☆	*鲸目◎·海豚科
食肉目·犬科	*食肉目·海豹科◎	西藏盘羊★↑	中华白海豚★
豺★↑	西太平洋斑海豹★↑	阿尔泰盘羊/盘羊☆	※白海豚属○Ⅰ☆
狼☆	髯海豹☆	哈萨克盘羊☆	※伊洛瓦底江豚Ⅰ☆
亚洲胡狼☆	环海豹☆	戈壁盘羊☆	※矮鳍海豚Ⅰ☆
貉Δ☆	※南象海豹☆	天山盘羊☆	※驼海豚属○Ⅰ☆
沙狐☆	※僧海豹属◎Ⅰ	帕米尔盘羊☆	糙齿海豚☆

续表

藏狐☆	*食肉目·海象科	台湾鼹羚★	热带点斑原海豚☆
赤狐☆	※海象 [加拿大] Ⅲ☆	喜马拉雅鼹羚★↑	条纹原海豚☆
食肉目·熊科◎	长鼻目◎·象科	中华鼹羚/鼹羚☆	飞旋原海豚☆
马来熊★	亚洲象★	红鼹羚☆	长喙真海豚☆
懒熊☆	奇蹄目·马科	啮齿目·河狸科	真海豚☆
棕熊☆	普氏野马/野马★	河狸★	印太瓶鼻海豚☆
黑熊☆	蒙古野驴★	啮齿目·松鼠科	瓶鼻海豚☆
食肉目·大熊猫科◎	藏野驴/西藏野驴★ （曾拟降为二级）	巨松鼠☆	弗氏海豚☆
大熊猫★	偶蹄目·骆驼科/驼科	兔形目·鼠兔科	里氏海豚☆
食肉目·小熊猫科◎	野骆驼★	贺兰山鼠兔☆	太平洋斑纹海豚☆
小熊猫☆	偶蹄目·鼷鹿科◎	伊犁鼠兔☆	瓜头鲸☆
食肉目·鼬科	威氏鼷鹿/鼷鹿★	兔形目·兔科	虎鲸☆
紫貂★	偶蹄目·麝科◎	粗毛兔☆	伪虎鲸☆
貂熊★	安徽麝★	海南兔☆	小虎鲸☆
黄喉貂☆	林麝★	雪兔☆	短肢领航鲸☆
石貂☆	马麝★	塔里木兔☆	*鲸目·鼠海豚科
*食肉目·鼬科· 水獭亚科	黑麝★	*海牛目◎·儒艮科	※加湾鼠海豚★
※扎伊尔小爪水獭 （仅含喀麦隆和 尼日利亚种群）Ⅰ☆	喜马拉雅麝★	儒艮★	长江江豚/ 窄脊江豚★↑
小爪水獭Ⅰ☆	原麝★	*海牛目◎·海牛科	东亚江豚☆
※海獭南方亚种Ⅰ☆	偶蹄目·鹿科	※美洲海牛Ⅰ☆	印太江豚Ⅰ☆
※秘鲁水獭Ⅰ☆	黑鹿☆	※非洲海牛Ⅰ☆	※鲸目○☆
脊索动物门·鸟纲			
鸡形目·雉科	鹤形目·鹤科◎	雀鹰☆	雀形目·八色鸫科◎
绿孔雀★	白鹤★	苍鹰☆	双辫八色鸫☆
灰孔雀雉/孔雀雉★	沙丘鹤☆	白头鹞☆	蓝枕八色鸫☆

续表

海南孔雀雉★	白枕鹤★↑	白腹鹬☆	蓝背八色鸫☆
白颈长尾雉★	赤颈鹤★	白尾鹬☆	栗头八色鸫☆
黑颈长尾雉★	蓑羽鹤☆	草原鹬☆	蓝八色鸫☆
黑长尾雉★	丹顶鹤★	鹊鹬☆	绿胸八色鸫☆
白冠长尾雉★↑	灰鹤☆	乌灰鹬☆	仙八色鸫☆
棕尾虹雉★	白头鹤★	黑鸢☆	蓝翅八色鸫☆
白尾梢虹雉★	黑颈鹤★	栗鸢☆	雀形目·阔嘴鸟科◎
绿尾虹雉★	鸽形目·石鸻科	白腹海雕★↑	长尾阔嘴鸟☆
黑头角雉★	大石鸻☆	玉带海雕★	银胸丝冠鸟☆
红胸角雉★	鹦嘴鹬科	白尾海雕★	雀形目·黄鹂科
灰腹角雉★	鹦嘴鹬☆	虎头海雕★	鹊鹂☆
黄腹角雉★	鸻形目·鸻科	渔雕☆	雀形目·卷尾科
红腹角雉☆	黄颊麦鸡☆	白眼鵟鹰☆	小盘尾☆
血雉☆	鸻形目·水雉科	棕翅鵟鹰☆	大盘尾☆
四川山鹧鸪★	水雉☆	灰脸鵟鹰☆	雀形目·鸦科
海南山鹧鸪★	铜翅水雉☆	毛脚鵟☆	黑头噪鸦★
环颈山鹧鸪☆	鸻形目·鹬科	大鵟☆	蓝绿鹊☆
红喉山鹧鸪☆	林沙锥☆	普通鵟☆	黄胸绿鹊☆
白眉山鹧鸪☆	半蹼鹬☆	喜山鵟☆	黑尾地鸦☆
白颊山鹧鸪☆	小杓鹬☆	欧亚鵟☆	白尾地鸦☆
褐胸山鹧鸪☆	白腰杓鹬☆	棕尾鵟☆	雀形目·山雀科
红胸山鹧鸪☆	大杓鹬☆	鸮形目◎·鸱鸮科	白眉山雀☆
台湾山鹧鸪☆	小青脚鹬★↑	黄嘴角鸮☆	红腹山雀☆
绿脚树鹧鸪☆	翻石鹬☆	领角鸮☆	雀形目·百灵科
斑尾榛鸡★	大滨鹬☆	北领角鸮☆	歌百灵☆
花尾榛鸡☆	勺嘴鹬★	纵纹角鸮☆	蒙古百灵☆
镰翅鸡☆	阔嘴鹬☆	西红角鸮☆	云雀☆
松鸡☆	鸽形目·燕鸻科	红角鸮☆	雀形目·苇莺科

续表

黑嘴松鸡/细嘴松鸡★	灰燕鸻☆	优雅角鸮☆	细纹苇莺☆
黑琴鸡★↑	鸻形目·鸥科	雪鸮☆	雀形目·鹟科
岩雷鸟☆	黑嘴鸥★	雕鸮☆	台湾鹟☆
柳雷鸟☆	小鸥☆	林雕鸮☆	雀形目·莺鹛科
红喉雉鹑/雉鹑★	遗鸥★	毛腿雕鸮★↑	金胸雀鹛☆
黄喉雉鹑★	大凤头燕鸥☆	褐渔鸮☆	宝兴鹛雀
暗腹雪鸡☆	中华凤头燕鸥/黑嘴端凤头燕鸥★↑	黄腿渔鸮☆	中华雀鹛☆
藏雪鸡☆	河燕鸥/黄嘴河燕鸥★↑	褐林鸮☆	三趾鸦雀
阿尔泰雪鸡☆	黑腹燕鸥☆	灰林鸮☆	白眶鸦雀
大石鸡☆	黑浮鸥☆	长尾林鸮☆	暗色鸦雀
勺鸡☆	鸻形目·海雀科	四川林鸮★↑	灰冠鸦雀★
红原鸡/原鸡☆	冠海雀☆	乌林鸮☆	短尾鸦雀
黑鹇☆	鹱形目·信天翁科	猛鸮☆	震旦鸦雀
白鹇☆	黑脚信天翁★	花头鸺鹠☆	雀形目·绣眼鸟科
蓝腹鹇/蓝鹇★	短尾信天翁★	领鸺鹠☆	红胁绣眼鸟☆
白马鸡/藏马鸡☆	鹱形目·鹱科	斑头鸺鹠☆	雀形目·林鹛科
藏马鸡☆	彩鹮★↑	纵纹腹小鸮☆	淡喉鹩鹛☆
褐马鸡★	黑鹳★	横斑腹小鸮☆	弄岗穗鹛☆
蓝马鸡☆	白鹳★	鬼鸮☆	雀形目·幽鹛科
红腹锦鸡☆	东方白鹳★	鹰鸮☆	金额雀鹛★
白腹锦鸡☆	秃鹳☆	日本鹰鸮☆	雀形目·噪鹛科
雁形目·鸭科	鲣鸟目·军舰鸟科	长耳鸮☆	大草鹛☆
栗树鸭☆	白腹军舰鸟★	短耳鸮☆	棕草鹛☆
鸿雁☆	黑腹军舰鸟	鸮形目◎·草鸮科	画眉☆
白额雁☆	白斑军舰鸟	仓鸮☆	海南画眉
小白额雁☆	鲣鸟目·鲣鸟科◎	草鸮☆	台湾画眉
红胸黑雁☆	蓝脸鲣鸟	栗鸮☆	褐胸噪鹛☆

续表

疣鼻天鹅☆	红脚鲣鸟☆	咬鹃目◎·咬鹃科	黑额山噪鹛★
小天鹅☆	褐鲣鸟☆	橙胸咬鹃☆	斑背噪鹛☆
大天鹅☆	鲣鸟目·鸬鹚科	红头咬鹃☆	白点噪鹛★
鸳鸯☆	黑颈鸬鹚☆	红腹咬鹃☆	大噪鹛☆
棉凫☆	海鸬鹚☆	犀鸟目·犀鸟科◎	眼纹噪鹛☆
花脸鸭☆	鹈形目·鹮科	白喉犀鸟★↑	黑喉噪鹛☆
云石斑鸭☆	黑头白鹮/白鹮★↑	冠斑犀鸟★	蓝冠噪鹛☆
青头潜鸭★	白肩黑鹮/黑鹮★↑	双角犀鸟★↑	棕噪鹛☆
斑头秋沙鸭☆	朱鹮★	棕颈犀鸟★↑	橙翅噪鹛☆
中华秋沙鸭★	彩鹮☆↑	花冠皱盔犀鸟★↑	红翅噪鹛☆
白头硬尾鸭★	白琵鹭☆	佛法僧目·蜂虎科	红尾噪鹛☆
白翅栖鸭☆	黑脸琵鹭★↑	赤须蜂虎☆	黑冠薮鹛★
䴙䴘目·䴙䴘科	鹈形目·鹭科	蓝须蜂虎☆	灰胸薮鹛★
赤颈䴙䴘☆	小苇鳽☆	绿喉蜂虎☆	银耳相思鸟☆
角䴙䴘☆	海南鳽/海南虎斑鳽★↑	蓝颊蜂虎☆	红嘴相思鸟☆
黑颈䴙䴘☆	栗头鳽☆	栗喉蜂虎☆	雀形目·旋木雀科
鸽形目·鸠鸽科	黑冠鳽☆	彩虹蜂虎☆	四川旋木雀☆
中亚鸽☆	白腹鹭★	蓝喉蜂虎☆	雀形目·鹟科
斑尾林鸽☆	岩鹭☆	栗头蜂虎/黑胸蜂虎☆	滇鹛☆
紫林鸽☆	黄嘴白鹭★↑	佛法僧目·翠鸟科	巨鹛☆
斑尾鹃鸠☆	鹈形目·鹈鹕科◎	鹳嘴翡翠/鹳嘴翠鸟☆	丽鹛☆
菲律宾鹃鸠☆	白鹈鹕★↑	白胸翡翠☆	椋鸟科
小鹃鸠/棕头鹃鸠★↑	斑嘴鹈鹕★↑	蓝耳翠鸟☆	鹩哥☆
橙胸绿鸠☆	卷羽鹈鹕★↑	斑头大翠鸟☆	雀形目·鸫科
灰头绿鸠☆	鹰形目◎·鹗科	啄木鸟目·啄木鸟科	褐头鸫☆
厚嘴绿鸠☆	鹗☆	白翅啄木鸟☆	紫宽嘴鸫☆
黄脚绿鸠☆	鹰形目◎·鹰科	三趾啄木鸟☆	绿宽嘴鸫☆
针尾绿鸠☆	黑翅鸢☆	白腹黑啄木鸟☆	雀形目·鹟科

续表

楔尾绿鸠☆	胡兀鹫★	黑啄木鸟☆	棕头歌鸲★
红翅绿鸠☆	白兀鹫☆	大黄冠啄木鸟☆	红喉歌鸲☆
红顶绿鸠☆	鹃头蜂鹰☆	黄冠啄木鸟☆	黑喉歌鸲☆
黑颈果鸠☆	凤头蜂鹰☆	红颈绿啄木鸟☆	金胸歌鸲☆
绿皇鸠☆	褐冠鹃隼☆	大灰啄木鸟☆	蓝喉歌鸲☆
山皇鸠☆	黑冠鹃隼☆	隼形目◎·隼科	新疆歌鸲☆
沙鸡目·沙鸡科	兀鹫☆	猎隼★↑	棕腹林鸲
黑腹沙鸡	长嘴兀鹫☆	矛隼★↑	贺兰山红尾鸲☆
夜鹰目·蛙口夜鹰科	白背兀鹫/拟兀鹫★	红腿小隼☆	白喉石䳭
黑顶蛙口夜鹰☆	高山兀鹫☆	白腿小隼☆	白喉林鹟
凤头雨燕科	黑兀鹫★↑	黄爪隼☆	棕腹大仙鹟
凤头雨燕☆	秃鹫★↑	红隼☆	大仙鹟☆
夜鹰目·雨燕科	蛇雕☆	西红脚隼☆	雀形目·岩鹨科
爪哇金丝燕	短趾雕☆	红脚隼☆	贺兰山岩鹨☆
灰喉针尾雨燕	凤头鹰雕☆	灰背隼☆	雀形目·朱鹨科
鹃形目·杜鹃科	鹰雕☆	燕隼☆	朱鹨☆
褐翅鸦鹃☆	棕腹隼雕☆	猛隼☆	雀形目·燕雀科
小鸦鹃☆	林雕☆	游隼☆	褐头朱雀☆
鸨形目◎·鸨科	乌雕★↑	鹦形目◎·鹦鹉科	藏雀☆
大鸨★	靴隼雕☆	短尾鹦鹉☆	北朱雀☆
波斑鸨★	草原雕★↑	蓝腰鹦鹉☆	红交嘴雀☆
小鸨★	白肩雕★	亚历山大鹦鹉☆	雀形目·鹀科
鹤形目·秧鸡科	金雕★	红领绿鹦鹉☆	蓝鹀☆
花田鸡☆	白腹隼雕☆	青头鹦鹉☆	栗斑腹鹀★
长脚秧鸡☆	凤头鹰☆	灰头鹦鹉☆	黄胸鹀★
棕背田鸡☆	褐耳鹰☆	花头鹦鹉☆	藏鹀☆
姬田鸡☆	赤腹鹰☆	大紫胸鹦鹉☆	绿喉蜂虎☆
斑胁田鸡☆	日本松雀鹰☆	绯胸鹦鹉☆	

续表

紫水鸡☆	松雀鹰☆		
脊索动物门·爬行纲			
*龟鳖目·龟科	※粗颈龟△☆	*龟鳖目·两爪鳖科	有鳞目·游蛇科
※牟氏水龟△Ⅰ☆	※雷岛粗颈龟△☆	※两爪鳖△☆	三索蛇☆
※科阿韦拉箱龟△Ⅰ☆	※蔗林龟△☆	有鳞目·壁虎科	团花锦蛇☆
※箱龟属○△☆	*龟鳖目·海龟科◎	大壁虎☆	横斑锦蛇☆
※斑点水龟△☆	红海龟/蠵龟★↑	黑疣大壁虎☆	尖喙蛇☆
※布氏拟龟△☆	绿海龟★↑	有鳞目·球趾虎科	西藏温泉蛇★
※木雕水龟△☆	玳瑁★↑	伊犁沙虎☆	香格里拉温泉蛇★
※钻纹龟△☆	太平洋丽龟★↑	吐鲁番沙虎☆	四川温泉蛇★
※图龟属◎[美国]Ⅲ◇	※海龟科○★	有鳞目·睑虎科◎	黑网乌梢蛇☆
龟鳖目·陆龟科◎	*龟鳖目·平胸龟科◎	英德睑虎☆	*有鳞目·瘰鳞蛇科
缅甸陆龟★	平胸龟△Ⅰ☆	越南睑虎☆	瘰鳞蛇☆
凹甲陆龟★↑	※平胸龟科◎△Ⅰ☆	霸王岭睑虎☆	有鳞目·眼镜蛇科
四爪陆龟★	*龟鳖目·侧颈龟科	海南睑虎☆	眼镜王蛇☆
*龟鳖目·地龟科	※马达加斯加大头侧颈龟△☆	嘉道理睑虎☆	*蓝灰扁尾海蛇☆
※潮龟△Ⅰ☆	※亚马逊大头侧颈龟△☆	广西睑虎☆	*扁尾海蛇☆
※马来潮龟△Ⅰ☆	※南美侧颈龟属◎△☆	荔波睑虎☆	*半环扁尾海蛇☆
※黑池龟△Ⅰ☆	*龟鳖目·棱皮龟科◎	凭祥睑虎☆	*龟头海蛇☆
※安南龟△Ⅰ☆	棱皮龟★↑	蒲氏睑虎☆	*青环海蛇☆
※三脊棱龟△Ⅰ☆	*龟鳖目·蛇颈龟科	周氏睑虎☆	*环纹海蛇☆
※眼斑沼龟△Ⅰ☆	※短颈龟△Ⅰ☆	有鳞目·鬣蜥科	*黑头海蛇☆
※印度泛棱背龟△Ⅰ☆	※麦氏长颈龟△☆	巴塘龙蜥☆	*淡灰海蛇☆
※泛棱背龟属○△☆	*龟鳖目·泥龟科	短尾龙蜥☆	*棘眦海蛇☆
※印度沼龟△☆	※泥龟△☆	侏龙蜥☆	*棘鳞海蛇☆

续表

※咸水龟△☆	*龟鳖目·鳄龟科	滑腹龙蜥☆	*青灰海蛇☆
※三棱潮龟△☆	※拟鳄龟[美国]Ⅲ◇	宜兰龙蜥☆	*平颏海蛇☆
※红冠潮龟△☆	※大鳄龟[美国]Ⅲ◇	溪头龙蜥☆	*小头海蛇☆
※缅甸潮龟△☆	*龟鳖目·鳖科	帆背龙蜥☆	*长吻海蛇☆
欧氏摄龟☆	鼋★	蜡皮蜥☆	*截吻海蛇☆
※摄龟属○△☆	※鼋属○△☆	贵南沙蜥☆	*海蝰☆
※黑山龟△☆	斑鳖★	大耳沙蜥★	有鳞目·蝰科
※果龟△☆	※小头鳖△Ⅰ☆	长鬣蜥☆	泰国圆斑蝰☆
※巨龟△☆	※缅甸小头鳖△Ⅰ☆	有鳞目·蛇蜥科◎	蛇岛蝮☆
黑颈乌龟△☆	※小头鳖属○△☆	细脆蛇蜥☆	角原矛头蝮☆
乌龟[中国]△Ⅲ☆	※恒河鳖△Ⅰ☆	海南脆蛇蜥☆	莽山烙铁头蛇★
※大头乌龟[中国]△Ⅲ☆	※宏鳖△Ⅰ☆	脆蛇蜥☆	极北蝰☆
花龟[中国]△Ⅲ☆	※黑鳖△Ⅰ☆	有鳞目·鳄蜥科	东方蝰☆
※缺颌花龟[中国]△Ⅲ☆	※刺鳖深色亚种△Ⅰ☆	鳄蜥★	*鳄目·鼍科◎
※费氏花龟[中国]△Ⅲ☆	※亚洲鳖△☆	有鳞目·巨蜥科◎	鼍/扬子鳄(原林管)★
闭壳龟属◎①△☆	※非洲鳖△☆	孟加拉巨蜥★	※中美短吻鼍△Ⅰ☆
地龟☆	※努比亚盘鳖△☆	圆鼻巨蜥/巨蜥★	※南美短吻鼍(除Ⅱ种群)△Ⅰ☆
※日本地龟△☆	※塞内加尔盘鳖△☆	有鳞目·石龙子科	※亚马逊鼍(除Ⅱ种群)△Ⅰ☆
※苏拉威西地龟△☆	※欧氏圆鳖△☆	桓仁滑蜥☆	*鳄目·鳄科
※冠背草龟△☆	※赞比亚圆鳖△☆	有鳞目·双足蜥科	※窄吻鳄(除Ⅱ种群)△Ⅰ☆

---

① 注：该属中，布氏闭壳龟、图纹闭壳龟均列入公约附录Ⅰ，但在我国仍属于二级保护。

续表

※庙龟 Δ☆	※马来鳖 Δ☆	香港双足蜥☆	※尖吻鳄 ΔI☆
※扁东方龟 Δ☆	※缘板鳖 Δ☆	有鳞目·盲蛇科	※中介鳄 ΔI☆
※大东方龟 Δ☆	※缅甸缘板鳖 Δ☆	香港盲蛇☆	※菲律宾鳄 ΔI☆
※锯缘东方龟 Δ☆	※斯里兰卡缘板鳖 Δ☆	有鳞目·筒蛇科	※佩滕鳄（除II种群）ΔI☆
※马来龟 Δ☆	※孔雀鳖 Δ☆	红尾筒蛇	※尼罗鳄（除II种群）ΔI☆
※大头马来龟 Δ☆	※莱氏鳖 Δ☆	有鳞目·闪鳞蛇科	※恒河鳄 ΔI☆
※日本拟水龟 Δ☆	山瑞鳖 Δ☆	闪鳞蛇☆	※湾鳄（除II种群）ΔI☆
※艾氏拟水龟[中国] ΔIII☆	※砂鳖 Δ☆	有鳞目·蚺科◎	※菱斑鳄 ΔI☆
※腊戌拟水龟[中国] ΔIII☆	※东北鳖 Δ☆	红沙蟒☆	※暹罗鳄 ΔI☆
※日本拟水龟 Δ☆	※小鳖 Δ☆	东方沙蟒	※短吻鳄 ΔI☆
黄喉拟水龟 Δ☆	※大食斑鳖 Δ☆	有鳞目·蟒科◎	※马来鳄 ΔI☆
眼斑水龟 Δ☆	※珍珠鳖[美国] III◇	蟒蛇/蟒☆↓	*鳄目·食鱼鳄科
四眼斑水龟 Δ☆	※滑鳖[美国] III◇	有鳞目·闪皮蛇科	※食鱼鳄 ΔI☆
※拟眼斑水龟[中国] ΔIII☆	※刺鳖[美国] III◇	井冈山脊蛇☆	※鳄目○Δ☆
脊索动物门·两栖纲			
*有尾目·小鲵科◎	楚南小鲵☆	橙脊瘰螈☆	峨眉髭蟾☆
中国小鲵★	义乌小鲵☆	尾斑瘰螈☆	雷山髭蟾☆
安吉小鲵III★	*有尾目·隐鳃鲵科	中国瘰螈☆	原髭蟾☆
挂榜山小鲵★	大鲵○ΔI☆	越南瘰螈☆	南澳岛角蟾☆
猫儿山小鲵★	※美洲大鲵[美国] III◇	富钟瘰螈☆	水城角蟾☆
普雄原鲵★	*有尾目·蝾螈科	广西瘰螈☆	无尾目·蟾蜍科

续表

辽宁爪鲵★	镇海棘螈/ 镇海疣螈★↑	香港瘰螈☆	史氏蟾蜍☆
吉林爪鲵☆	※桔斑螈Ⅰ☆	无斑瘰螈☆	鳞皮小蟾☆
新疆北鲵☆	潮汕蝾螈☆	龙里瘰螈☆	乐东蟾蜍☆
极北鲵☆	大凉螈/大凉疣螈☆	茂兰瘰螈☆	无棘溪蟾☆
巫山巴鲵☆	贵州疣螈☆	七溪岭瘰螈☆	*无尾目·叉舌蛙科
秦巴巴鲵☆	川南疣螈☆	武陵瘰螈☆	虎纹蛙△ （原由林管）☆
黄斑拟小鲵☆	丽色疣螈☆	云雾瘰螈☆	脆皮大头蛙☆
贵州拟小鲵☆	红瘰螈☆	织金瘰螈☆	叶氏肛刺蛙☆
金佛拟小鲵☆	棕黑疣螈/细瘰螈☆	※瘰螈属○☆	*无尾目·蛙科
宽阔水拟小鲵☆	滇南疣螈☆	※北非真螈 [阿尔及利亚]Ⅲ◇	海南湍蛙☆
水城拟小鲵☆	※疣螈属○☆	*有尾目·钝口螈科	香港湍蛙☆
弱唇褶山溪鲵☆	安徽瑶螈☆	※钝口螈△☆	小腺蛙☆
无斑山溪鲵☆	细痣瑶螈/细痣疣螈☆	※墨西哥钝口螈△☆	务川臭蛙☆
龙洞山溪鲵☆	宽脊瑶螈☆	无尾目·角蟾科	※六趾蛙△☆
山溪鲵☆	大别瑶螈☆	抱龙角蟾☆	※印度牛蛙△☆
西藏山溪鲵☆	海南瑶螈☆	凉北齿蟾☆	无尾目·树蛙科
盐源山溪鲵☆	浏阳瑶螈☆	金顶齿突蟾☆	巫溪树蛙☆
阿里山小鲵☆	莽山瑶螈☆	九龙齿突蟾☆	老山树蛙☆
台湾小鲵☆	文县瑶螈☆	木里齿突蟾☆	罗默刘树蛙☆
观雾小鲵☆	蔡氏瑶螈☆	宁陕齿突蟾☆	洪佛树蛙☆
南湖小鲵☆	琉球棘螈☆	平武齿突蟾☆	蚓螈目·鱼螈科
东北小鲵☆	高山棘螈☆	哀牢髭蟾☆	版纳鱼螈☆
*脊索动物门·软骨鱼纲/板鳃亚纲			
真鲨目·真鲨科	鼠鲨目·鼠鲨科	须鲨目·鲸鲨科	鳐目·江魟科
※镰状真鲨Ⅱ◇	噬人鲨☆	鲸鲨	※江魟属◎ [巴西种群]Ⅲ◇

续表

※长鳍真鲨Ⅱ◇	※鼠鲨Ⅱ◇	锯鳐目·锯鳐科	※巴西副江魟[哥伦比亚]Ⅲ◇
真鲨目·双髻鲨科	※尖吻鲭鲨Ⅱ◇	※锯鳐科◎Ⅰ◇	※密星江魟[哥伦比亚]Ⅲ◇
※路氏双髻鲨Ⅱ◇	※长鳍鲭鲨Ⅱ◇	犁头鳐目·圆犁头鳐科	※乌氏江魟[哥伦比亚]Ⅲ◇
※无沟双髻鲨Ⅱ◇	鼠鲨目·长尾鲨科	※圆犁头鳐属◎Ⅱ◇	※南美江魟[哥伦比亚]Ⅲ◇
※锤头双髻鲨Ⅱ◇	※长尾鲨属◎Ⅱ◇	犁头鳐目·蓝吻犁头鳐科	※奥氏江魟[哥伦比亚]Ⅲ◇
鼠鲨目·姥鲨科	鳐目·鳐科	※蓝吻犁头鳐属◎Ⅱ	※施罗德氏江魟[哥伦比亚]Ⅲ◇
姥鲨☆	※蝠鲼属◎Ⅱ◇	鳐目·魟科	※耶氏江魟[哥伦比亚]Ⅲ◇
	※前口蝠鲼属◎Ⅱ◇	黄魟（限陆封种群）☆	※铧棘江魟[哥伦比亚]Ⅲ◇
*脊索动物门·硬骨鱼纲/辐鳍亚纲			
鲟形目◎·鲟科	四川白甲鱼☆	鲤形目·亚口鱼科/胭脂鱼科	鲇形目·骨鲶科
※鲟ΔⅠ☆	多鳞白甲鱼Δ☆	胭脂鱼Δ☆	※斑马下钩鲶[巴西]Ⅲ◇
※短吻鲟ΔⅠ☆	金沙鲈鲤Δ☆	※丘裂鳍亚口鱼Ⅰ☆	鲑形目·鲑科
中华鲟Ⅱ★	花鲈鲤Δ☆	鲤形目·鳅科	细鳞鲑属◎Δ☆
长江鲟/达氏鲟Ⅱ★	后背鲈鲤Δ☆	红唇薄鳅Δ☆	川陕哲罗鲑★↑
鳇ΔⅡ★	张氏鲈鲤Δ☆	黄线薄鳅☆	哲罗鲑Δ☆
西伯利亚鲟Δ☆	裸腹盲鲃☆	长薄鳅Δ☆	石川氏哲罗鲑☆
裸腹鲟Δ☆	角鱼☆	鲤形目·条鳅科	花羔红点鲑Δ☆
小体鲟Δ☆	骨唇黄河鱼	无眼岭鳅☆	马苏大马哈鱼☆
施氏鲟Δ☆	极边扁咽齿鱼Δ☆	拟鲇高原鳅Δ☆	北鲑☆
鲟形目◎·匙吻鲟科	细鳞裂腹鱼Δ☆	湘西盲高原鳅☆	北极茴鱼☆
白鲟Ⅱ★	巨须裂腹鱼☆	小头高原鳅☆	下游黑龙江茴鱼Δ☆

续表

鳗鲡目·鳗鲡科	重口裂腹鱼 Δ☆	鲤形目·爬鳅科	鸭绿江茴鱼 Δ☆
花鳗鲡☆	拉萨裂腹鱼 Δ☆	厚唇原吸鳅☆	海龙鱼目·海龙鱼科
※欧洲鳗鲡Ⅱ◇	塔里木裂腹鱼 Δ☆	鲇形目·鲇科	海马属◎Δ☆
鲱形目·鲱科	大理裂腹鱼 Δ☆	昆明鲇☆	鲈形目·石首鱼科
鲥★	厚唇裸重唇鱼 Δ☆	鲇形目·鲿科	黄唇鱼★↑
鲤形目·鲤科	斑重唇鱼☆	长丝鲿★	※加利福尼亚湾石首鱼★
北方铜鱼★	尖裸鲤 Δ☆	※巨无齿鲿Ⅰ☆	鲈形目·隆头鱼科
扁吻鱼/新疆大头鱼★	大头鲤 Δ☆	鲇形目·鳠科	波纹唇鱼 Δ☆
唐鱼 Δ☆	小鲤☆	斑鳠 Δ☆	※波纹唇鱼/苏眉 Δ☆
稀有鮈鲫 Δ☆	抚仙鲤☆	鲇形目·钝头鮠科	鲈形目·盖刺鱼科
鯮☆	岩原鲤 Δ☆	金氏䱀☆	※克拉里昂刺蝶鱼☆
多鳞白鱼☆	乌原鲤☆	鲇形目·鮡科	鲉形目·
山白鱼☆	大鳞鲢☆	长丝黑鮡☆	松江鲈/松江鲈鱼 Δ☆
圆口铜鱼 Δ☆	※湄公河原鲃Ⅰ☆	青石爬鮡☆	骨舌鱼目·骨舌鱼科
大鼻吻鮈☆	※刚果盲鲃☆	黑斑原鮡☆	※美丽硬骨舌鱼 ΔⅠ☆
长鳍吻鮈☆	鲤形目·双孔鱼科	鳂☆	※丽纹硬骨舌鱼 ΔⅠ☆
平鳍鳅鮀☆	双孔鱼 Δ☆	红鳂☆	骨舌鱼目·巨骨舌鱼科
单纹似鳡☆	鲤形目·裸吻鱼科	巨鳂☆	※巨巴西骨舌鱼 Δ☆
金线鲃属◎☆	平鳍裸吻鱼☆		
*脊索动物门·文昌鱼纲（文昌鱼目·文昌鱼科◎）			
厦门文昌鱼/文昌鱼 Δ☆	青岛文昌鱼 Δ☆		
*脊索动物门·圆口纲（七鳃鳗目·七鳃鳗科◎）			
日本七鳃鳗☆	东北七鳃鳗☆	雷氏七鳃鳗☆	
*脊索动物门·肺鱼亚纲（角齿肺鱼目·角齿肺鱼科）			
※澳大利亚肺鱼☆			

续表

*脊索动物门·腔棘亚纲（腔棘鱼目·矛尾鱼科）			
※矛尾鱼属◎★			
*半索动物门·肠鳃纲			
柱头虫目· 殖翼柱头虫科	短殖舌形虫	柱头虫目· 史氏柱头虫科	柱头虫目·玉钩虫科
多鳃孔舌形虫★	肉质柱头虫	青岛橡头虫☆	黄岛长吻虫★
三崎柱头虫☆	黄殖翼柱头虫		
节肢动物门·昆虫纲			
双尾目·铗虫八科	脉翅目·旌蛉科	格彩臂金龟☆	金裳凤蝶☆
伟铗☆	中华旌蛉☆	台湾长臂金龟☆	荧光裳凤蝶☆
蜻目·叶蜻科◎	鞘翅目·步甲科	阳彩臂金龟☆	鸟翼裳凤蝶☆
丽叶蜻☆	拉步甲☆	印度长臂金龟☆	珂裳凤蝶☆
中华叶蜻☆	细胸大步甲☆	昭沼氏长臂金龟☆	楔纹裳凤蝶☆
泛叶蜻☆	巫山大步甲☆	鞘翅目·金龟科	小斑裳凤蝶☆
翔叶蜻☆	库班大步甲☆	艾氏泽蜣螂☆	多尾凤蝶☆
东方叶蜻☆	桂北大步甲☆	拜氏蜣螂☆	不丹凤蝶☆
独龙叶蜻☆	贞大步甲☆	悍马巨蜣螂☆	双尾褐凤蝶☆
同叶蜻☆	蓝鞘大步甲☆	上帝巨蜣螂☆	玄裳尾凤蝶☆
滇叶蜻☆	滇川大步甲☆	迈达斯巨蜣螂☆	三尾褐凤蝶☆
藏叶蜻☆	硕步甲☆	鞘翅目·犀金龟科	玉龙尾凤蝶☆
珍叶蜻☆	鞘翅目·两栖甲科	戴叉犀金龟/ 叉犀金龟☆	丽斑尾凤蝶☆
蜻蜓目·箭蜓科	中华两栖甲☆	粗尤犀金龟☆	锤尾凤蝶☆
扭尾曦春蜓/ 尖板曦箭蜓☆	鞘翅目·长阎甲科	细角尤犀金龟☆	中华虎凤蝶☆
棘角蛇纹春蜓/ 宽纹北箭蜓☆	中华长阎甲☆	胫晓扁犀金龟☆	鳞翅目·蛱蝶科
缺翅目·缺翅虫科	大卫长阎甲☆	鞘翅目·锹甲科	最美紫蛱蝶☆
中华缺翅虫☆	玛氏长阎甲☆	安达刀锹甲☆	黑紫蛱蝶☆

续表

墨脱缺翅虫☆	鞘翅目·臂金龟科	巨叉深山锹甲☆	鳞翅目·绢蝶科
蚤蠊目·蚤蠊科	戴氏棕臂金龟☆	鳞翅目·凤蝶科	阿波罗绢蝶☆
中华蚤蠊★	玛氏棕臂金龟☆	喙凤蝶☆	君主娟蝶☆
陈氏西蚤蠊★	越南臂金龟☆	金斑喙凤蝶★	大斑霾灰蝶☆
	福氏彩臂金龟☆	裳凤蝶☆	秀山霾灰蝶☆
节肢动物门			
蛛形纲·蜘蛛目·捕鸟蛛科	肢口纲·剑尾目·鲎科◎	软甲纲·十足目·龙虾科	
海南塞勒蛛☆	*中国鲎	*圆尾蝎鲎☆	*锦绣龙虾△☆
*软体动物门·双壳纲			
蚌目·蚌科	※舵瘤前嵴蚌Ⅰ◇	※中间方蚌Ⅰ	蚌目·珍珠蚌科
佛耳丽蚌☆	※瓦氏前嵴蚌Ⅰ◇	※稀少方蚌Ⅰ	珠母珍珠蚌△☆
绢丝丽蚌☆	※膨大前嵴蚌Ⅰ◇	※柱状扁弓蚌Ⅰ◇	珍珠贝目·珍珠贝科
背瘤丽蚌☆	※水蚌Ⅰ◇	※横条多毛蚌Ⅰ	大珠母贝△☆
多瘤丽蚌☆	※楔状水蚌Ⅰ◇	※德ману马坦比哥珠蚌Ⅰ◇	帘蛤目·砗磲科◎
刻裂丽蚌☆	※球美丽蚌Ⅰ◇	※V线珠蚌Ⅰ◇	大砗磲/库氏砗磲★
※雕刻射蚌Ⅰ◇	※绿美丽蚌Ⅰ◇	※阿氏前膨大Ⅱ◇	无鳞砗磲△☆
※走蚌Ⅰ◇	※多彩美丽蚌Ⅰ◇	※行瘤前嵴蚌Ⅱ◇	鳞砗磲△☆
※冠前嵴蚌Ⅰ◇	※希氏美丽蚌Ⅰ◇	※棒形侧底蚌Ⅱ◇	长砗磲△☆
※闪光前嵴蚌Ⅰ◇	※皱疤丰底蚌Ⅰ◇	蚌目·截蛏科	番红砗磲△☆
※沙氏前嵴蚌Ⅰ◇	※古柏丰底蚌Ⅰ◇	中国淡水蛏☆	砗蚝△☆
※全斜沟前嵴蚌Ⅰ◇	※满侧底蚌Ⅰ◇	龙骨蛏蚌☆	※砗磲科○△☆
※瘤前嵴蚌Ⅰ◇	※大河蚌Ⅰ◇		贻贝目·贻贝科
			※普通石蛏Ⅱ◇
软体动物门·头足纲（鹦鹉螺目·鹦鹉螺科）			
*鹦鹉螺Ⅱ★	*※鹦鹉螺科○Ⅱ★		
*软体动物门·腹足纲			
（田螺科）螺蛳☆	（宝贝科）虎斑宝贝☆	（法螺科）法螺☆	

续表

（蝾螺科）夜光蝾螺☆	（冠螺科）唐冠螺☆	（凤螺科）※大凤螺Δ☆	
* 刺胞动物门·珊瑚虫纲			
黑珊瑚目/角珊瑚目◎☆	多茎目/软珊瑚目·笙珊瑚科	软珊瑚目·红珊瑚科◎①Ⅲ★	细枝竹节柳珊瑚☆
石珊瑚目◎☆（不含化石）	笙珊瑚☆	软珊瑚目·竹节柳珊瑚科	网枝竹节柳珊瑚☆
苍珊瑚目·苍珊瑚科◎☆（不含化石）	※苍珊瑚科〇☆（不含化石）	粗糙竹节柳珊瑚☆	
* 刺胞动物门·水螅纲			
花裸螅目·多孔螅科◎	阔叶多孔螅☆	花裸螅目·柱星螅科◎	细巧柱星螅☆
分叉多孔螅☆	扁叶多孔螅☆	无序双孔螅☆	佳丽柱星螅☆
节块多孔螅☆	娇嫩多孔螅☆	紫色双孔螅☆	艳红柱星螅☆
窝形多孔螅☆	※多孔螅科〇☆（不含化石）	佳丽刺柱螅☆	粗糙柱星螅☆
错综多孔螅☆		扇形柱星螅☆	※柱星螅科〇☆（不含化石）
* 环节动物门·蛭纲			
无吻蛭目·医蛭科	※欧洲医蛭☆	※侧纹医蛭☆	
* 棘皮动物门·海参纲			
海参目·海参科	※黑乳海参Ⅱ◇	楯手目·刺参科	
※黄乳海参Ⅱ◇	※印度洋黑乳海参Ⅱ◇	※暗色刺参[厄瓜多尔]Ⅲ◇	

【农办渔〔2021〕4号】 农业农村部办公厅关于贯彻落实《国家重点保护野生动物名录》加强水生野生动物保护管理的通知（2021年3月30日）

三、明确分类要求，规范开展行政审批

《名录》公布后，《国家保护的有益的或者有重要经济、科学研究价值的陆

---

① 注：含瘦长红珊瑚、日本红珊瑚、皮滑红珊瑚、巧红珊瑚。

生野生动物名录》《国家重点保护经济水生动植物资源名录（第一批）》《〈濒危野生动植物种国际贸易公约〉附录水生动物物种核准为国家重点保护野生动物名录》以及地方重点保护野生动物名录中与《名录》内容不一致的，要以《名录》规定为准。各省（自治区、直辖市）渔业主管部门要对照《名录》，对各地发布的地方重点保护水生野生动物名录进行梳理并推动尽快调整。对于大鲵等仅野外种群列入《名录》的物种，以及尼罗鳄等仅野外种群被核准为国家重点保护野生动物的物种，其野外种群严格按照《野生动物保护法》有关要求管理，人工繁育种群实行与野外种群不同的管理措施；经营利用上述物种人工繁育种群的，不再适用《市场监管总局、农业农村部、国家林草局关于禁止野生动物交易的公告》有关管理要求。对于乌龟等仅野外种群被列入《名录》、且名录发布前已经核准为国家重点保护野生动物的物种，其人工繁育种群在6月30日前可继续按《农业农村部办公厅关于规范濒危野生动植物种国际贸易公约附录水生动物物种审批管理工作的通知》（农办渔〔2018〕78号）规定管理。下一步，我部将研究对相关物种采取标识管理。

【法〔2021〕304号】 最高人民法院贯彻实施《长江保护法》工作推进会会议纪要（2021年11月24日）

3. 严格贯彻实施《长江保护法》第39条、第42条和第59条规定，审理涉濒危物种、生态破坏和生物遗传资源流失等案件，坚持保护和可持续利用自然资源原则，既要保护珍贵、濒危野生动物、珍贵树木或者国家重点保护的其他植物，又要保护其赖以生存的生态环境，既要打击非法猎杀、捕捞、采伐、毁坏行为，又要打击非法收购、运输、加工、出售行为，切实保护珍贵、濒危野生动植物及其栖息地、分布区生态环境。

【法研〔2021〕16号】 最高人民法院研究室关于刑法第三百四十一条第一款犯罪对象问题征求意见的复函（2021年答复最高检法律政策研究室"高检研函字〔2021〕2号"函）

经研究，倾向赞同贵室意见，即刑法第341条第1款规定的"野生动物"指珍贵、濒危野生动物的整体，包括活体与死体；"野生动物制品"指动物的部分、衍生物以及经人为处置、加工形成的产品等。主要考虑：

一、《野生动物及其制品价值评估方法》第2条规定："本方法所称野生动物，是指陆生野生动物的整体（含卵、蛋）；所称野生动物制品，是指陆生野生动物的部分及其衍生物，包括产品。"《水生野生动物及其制品价值评估办法》第2条规定："本办法规定的水生野生动物，是指国家重点保护水生野生动物及

《濒危野生动植物种国际贸易公约》附录水生物种的整体（含卵）。本办法规定的水生野生动物制品，是指水生野生动物的部分及其衍生物。"将野生动物理解为动物整体，将野生动物制品理解动物的部分、衍生物以及产品等，符合野生动物保护部门规章的明确规定。

二、区分动物和动物制品，宜综合考虑物理形态的完整性和是否经过人为处置、加工等因素。实践中，对于动物的活体、部分以及产品应如何认定，似无大的争议。例如，将虎皮、象牙等动物的部分认定为动物制品，将用完整昆虫制成的琥珀等人工制造物品也作为动物制品等。对于死亡动物的整体，一般应当认定为动物，以准确评价涉案行为的特征和社会危害性，也更符合社会公众的一般认知，确保准确适用法律、实现罪责刑相适应。

......

【法释〔2022〕12号】 最高人民法院、最高人民检察院关于办理破坏野生动物资源刑事案件适用法律若干问题的解释（2021年12月13日最高法审委会第1856次会议、2022年2月9日最高检第13届检委会第89次会议通过，2022年4月9日施行；法释〔2000〕37号《最高人民法院关于审理破坏野生动物资源刑事案件具体应用法律若干问题的解释》同时废止）

第4条 刑法第341条第1款规定的"国家重点保护的珍贵、濒危野生动物"包括：

（一）列入《国家重点保护野生动物名录》的野生动物；

（二）经国务院野生动物保护主管部门核准按照国家重点保护的野生动物管理（列入《濒危野生动植物种国际贸易公约》附录一、附录二）的野生动物；

（三）驯养繁殖的上述物种。

第5条 刑法第341条第1款规定的"收购"包括以营利、自用等为目的的购买行为；"运输"包括采用携带、邮寄、利用他人、使用交通工具等方法进行运送的行为；"出售"包括出卖和以营利为目的的加工利用行为。

刑法第341条第3款规定的"收购""运输""出售"，是指以食用为目的，实施前款规定的相应行为。

第6条① 非法猎捕、杀害国家重点保护的珍贵、濒危野生动物，或者非法收购、运输、出售国家重点保护的珍贵、濒危野生动物及其制品，价值2万元以上不满20万元的，应当依照刑法第341条第1款的规定，以危害珍贵、濒危

---

① 注："法释〔2000〕37号"《解释》依据所涉野生动物的种类和数量界定情节严重或特别严重。

野生动物罪处 5 年以下有期徒刑或者拘役,并处罚金;价值 20 万元以上不满 200 万元①的,应当认定为"情节严重",处 5 年以上 10 年以下有期徒刑,并处罚金;价值 200 万元以上②的,应当认定为"情节特别严重",处 10 年以上有期徒刑,并处罚金或者没收财产。

实施前款规定的行为,具有下列情形之一的,从重处罚:(一)属于犯罪集团的首要分子的;(二)为逃避监管,使用特种交通工具实施的;(三)以武装掩护方法实施犯罪的;(三)严重影响野生动物科研、养殖等工作的;(四)2年内曾因破坏野生动物资源受过行政处罚的。

实施第 1 款规定的行为,不具有第 2 款规定的情形,且未造成动物死亡或者动物、动物制品无法追回,行为人全部退赃退赔,确有悔罪表现的,按照下列规定处理:

(一)珍贵、濒危野生动物及其制品价值 200 万元以上的,可以认定为"情节严重",处 5 年以上 10 年以下有期徒刑,并处罚金;

(二)珍贵、濒危野生动物及其制品价值 20 万元以上不满 200 万元的,可以处 5 年以下有期徒刑或者拘役,并处罚金;

(三)珍贵、濒危野生动物及其制品价值 2 万元以上不满 20 万元的,可以认定为犯罪情节轻微,不起诉或者免予刑事处罚;情节显著轻微危害不大的,不作为犯罪处理。

第 7 条　违反狩猎法规,在禁猎区、禁猎期或者使用禁用的工具、方法进行狩猎,破坏野生动物资源,具有下列情形之一的,应当认定为刑法第 341 条第 2 款规定的"情节严重",以非法狩猎罪定罪处罚:(一)非法猎捕野生动物价值 1 万元以上的;(二)在禁猎区使用禁用的工具或者方法狩猎的;(三)在禁猎期使用禁用的工具或者方法狩猎的;(四)其他情节严重的情形。

实施前款规定的行为,具有下列情形之一的,从重处罚:(一)暴力抗拒、阻碍国家机关工作人员依法履行职务,尚未构成妨害公务罪、袭警罪的;(二)对野生动物资源或者栖息地生态造成严重损害的;(三)2 年内曾因破坏野生动物资源受过行政处罚的。

实施第 1 款规定的行为,根据猎获物的数量、价值和狩猎方法、工具等,

---

① 注:对于野生动物制品,"法释〔2000〕37 号"《解释》规定价值在 10 万元以上或者非法获利 5 万元以上视为"情节严重"。

② 注:对于野生动物制品,"法释〔2000〕37 号"《解释》规定价值在 20 万元以上或者非法获利 10 万元以上视为"情节特别严重"。

认为对野生动物资源危害明显较轻的,综合考虑猎捕的动机、目的、行为人自愿接受行政处罚、积极修复生态环境等情节,可以认定为犯罪情节轻微,不起诉或者免予刑事处罚;情节显著轻微危害不大的,不作为犯罪处理。

第8条 违反野生动物保护管理法规,以食用为目的,非法猎捕、收购、运输、出售刑法第341条第1款规定以外的在野外环境自然生长繁殖的陆生野生动物,具有下列情形之一的,应当认定为刑法第341条第3款规定的"情节严重",以非法猎捕、收购、运输、出售陆生野生动物罪定罪处罚:(一)非法猎捕、收购、运输、出售有重要生态、科学、社会价值的陆生野生动物或者地方重点保护陆生野生动物价值1万元以上的;(二)非法猎捕、收购、运输、出售第一项规定以外的其他陆生野生动物价值5万元以上的;(三)其他情节严重的情形。

实施前款规定的行为,同时构成非法狩猎罪的,应当依照刑法第341条第3款的规定,以非法猎捕陆生野生动物罪定罪处罚。

第9条 明知是非法捕捞犯罪所得的水产品、非法狩猎犯罪所得的猎获物而收购、贩卖或者以其他方法掩饰、隐瞒,符合刑法第312条规定的,以掩饰、隐瞒犯罪所得罪定罪处罚。①

第11条 对于"以食用为目的",应当综合涉案动物及其制品的特征、被查获的地点、加工、包装情况,以及可以证明来源、用途的标识、证明等证据作出认定。

实施本解释规定的相关行为,具有下列情形之一的,可以认定为"以食用为目的":(一)将相关野生动物及其制品在餐饮单位、饮食摊点、超市等场所作为食品销售或者运往上述场所的;(二)通过包装、说明书、广告等介绍相关野生动物及其制品的食用价值或者方法的;(三)其他足以认定以食用为目的的情形。

第12条 2次以上实施本解释规定的行为构成犯罪,依法应当追诉的,或者2年内实施本解释规定的行为未经处理的,数量、数额累计计算。

第13条 实施本解释规定的相关行为,在认定是否构成犯罪以及裁量刑罚时,应当考虑涉案动物是否系人工繁育、物种的濒危程度、野外存活状况、人工繁育情况、是否列入人工繁育国家重点保护野生动物名录,行为手段、对野

---

① 注:对于明知是非法猎捕犯罪所得的陆生野生动物,而以食用为目的非法收购、出售的,应当按照特殊规定优于一般规定的原则,适用刑法第341条第3款定罪处罚。

生动物资源的损害程度，以及对野生动物及其制品的认知程度①等情节，综合评估社会危害性，准确认定是否构成犯罪，妥当裁量刑罚，确保罪责刑相适应；根据本解释的规定定罪量刑明显过重的，可以根据案件的事实、情节和社会危害程度，依法作出妥当处理。

涉案动物系人工繁育，具有下列情形之一的，对所涉案件一般不作为犯罪处理；需要追究刑事责任的，应当依法从宽处理：（一）列入人工繁育国家重点保护野生动物名录的；（二）人工繁育技术成熟、已成规模，作为宠物买卖、运输的。

第14条　对于实施本解释规定的相关行为被不起诉或者免予刑事处罚的行为人，依法应当给予行政处罚、政务处分或者其他处分的，依法移送有关主管机关处理。

第15条　对于涉案动物及其制品的价值，应当根据下列方法确定：

（一）对于国家禁止进出口的珍贵动物及其制品、国家重点保护的珍贵、濒危野生动物及其制品的价值，根据国务院野生动物保护主管部门制定的评估标准和方法核算；

（二）对于有重要生态、科学、社会价值的陆生野生动物、地方重点保护野生动物、其他野生动物及其制品的价值，根据销赃数额认定；无销赃数额、销赃数额难以查证或者根据销赃数额认定明显偏低的，根据市场价格核算，必要时，也可以参照②相关评估标准和方法核算。

第16条　根据本解释第15条规定难以确定涉案动物及其制品价值的，依据司法鉴定机构出具的鉴定意见，或者下列机构出具的报告，结合其他证据作出认定：

（一）价格认证机构出具的报告；

（二）国务院野生动物保护主管部门、国家濒危物种进出口管理机构或者海关总署等指定的机构出具的报告；

（三）地、市级以上人民政府野生动物保护主管部门、国家濒危物种进出口管理机构的派出机构或者直属海关等出具的报告。

第17条　对于涉案动物的种属类别、是否系人工繁育，非法捕捞、狩猎的工具、方法，以及对野生动物资源的损害程度等专门性问题，可以由野生动物

---

① 注：修订后的《名录》新增了五百多种国家重点保护野生动物，公众的认知需要过程。
② 注：此处为"参照"而非"依照""根据"，表明办案人员可以根据案件实际情况发挥自由裁量权。

保护主管部门、侦查机关依据现场勘验、检查笔录等出具认定意见;难以确定的,依据司法鉴定机构出具的鉴定意见、本解释第16条所列机构出具的报告,被告人及其辩护人提供的证据材料,结合其他证据材料综合审查,依法作出认定。

第18条 餐饮公司、渔业公司等单位实施破坏野生动物资源犯罪的,依照本解释规定的相应自然人犯罪的定罪量刑标准,对直接负责的主管人员和其他直接责任人员定罪处罚,并对单位判处罚金。

第19条 在海洋水域,非法捕捞水产品,非法采捕珊瑚、砗磲或者其他珍贵、濒危水生野生动物,或者非法收购、运输、出售珊瑚、砗磲或者其他珍贵、濒危水生野生动物及其制品的,定罪量刑标准适用《最高人民法院关于审理发生在我国管辖海域相关案件若干问题的规定(二)》(法释〔2016〕17号)的相关规定。

● 立案标准 【立案标准】 最高人民检察院、公安部关于公安机关管辖的刑事案件立案追诉标准的规定(一)(公通字〔2008〕36号,2008年6月25日公布施行)①

第342条② 【非法占用农用地罪】违反土地管理法规,非法占用耕地、林地等农用地,改变被占用土地用途,数量较大,造成耕地、林地等农用地大量毁坏的,处五年以下有期徒刑或者拘役,并处或者单处罚金。

● 条文注释 第342条规定中的"土地管理法规",包括《土地管理法》《城市房地产管理法》《森林法》《草原法》等法律和国务院行政法规中有关土地管理的规定。

根据《土地管理法》的规定,土地按用途分为农用地、建设用地和未利用地。"农用地"是指直接用于农业生产的土地,包括耕地、林地、草地、农田

---

① 注:本部分内容与法释〔2022〕12号《最高人民法院、最高人民检察院关于办理破坏野生动物资源刑事案件适用法律若干问题的解释》相关规定重复或冲突,本书予以省略。

② 第342条根据2001年8月31日第9届全国人民代表大会常务委员会第23次会议通过的《刑法修正案(二)》(主席令第56号公布,2001年8月31日起施行)而修改;原条文内容为:"违反土地管理法规,非法占用耕地改作他用,数量较大,造成耕地大量毁坏的,处五年以下有期徒刑或者拘役,并处或者单处罚金。"

水利地、养殖水面等。"耕地"是指种植农作物的土地，也包括菜地、园地；"林地"主要包括郁闭度0.2以上的乔木林地以及竹林地、灌木林地、疏林地、采伐迹地、火烧迹地、未成林造林地、苗圃地和县级以上人民政府规划的宜林地。

"非法占用耕地、林地等农用地"是指违反土地利用总体规划或计划，未经批准或骗取批准擅自将耕地改为建设用地或者作其他用途，或者擅自占用林地进行建设或者开垦林地进行种植、养殖以及实施采石、采沙等活动。"改变被占用土地用途"是指未经依法办理农用地转用批准手续、土地征用、占用审批手续，非法占用耕地、林地、草地等农用地，在被占用的农用地上从事建设、采矿、养殖等活动，改变土地利用总体规划规定的农用地的原用途。

"大量毁坏"主要是指农用地原有的农用条件遭到破坏，功能丧失或者质量严重下降，无法或者难以恢复等情形。如将耕地改作垃圾场，使耕地的水源被严重污染，种植层被破坏，即使退耕也无法再耕作；林地、草地改作耕地，造成植被毁坏，土地荒漠化、水土流失，使生态环境遭到破坏，即使退耕还林、还草，也很难再恢复原有植被。这里的"大量"以及"数量较大"的界定标准依照"法释〔2000〕14号"解释第3条、"法释〔2005〕15号"解释第1条和"法释〔2012〕15号"解释第2条的规定。

● **立法解释** 全国人民代表大会常务委员会关于《中华人民共和国刑法》第二百二十八条、第三百四十二条、第四百一十条的解释（2001年8月31日第9届全国人民代表大会常务委员会第23次会议通过）

（第1款） 刑法第228条、第342条、第410条规定的"违反土地管理法规"是指违反土地管理法、森林法、草原法等法律以及有关行政法规中关于土地管理的规定。

● **相关规定** 【法释〔2000〕14号】 最高人民法院关于审理破坏土地资源刑事案件具体应用法律若干问题的解释（2000年6月16日最高人民法院审判委员会第1119次会议通过，2000年6月19日公布，2000年6月22日起施行）

第3条 违反土地管理法规，非法占用耕地改作他用，数量较大，造成耕地大量毁坏的，依照刑法第342条的规定，以非法占用耕地罪①定罪处罚：

（一）非法占用耕地"数量较大"，是指非法占用基本农田5亩以上或者非

---

① 注：2001年8月31日《刑法修正案（二）》施行后，"非法占用耕地罪"已经被修改为"非法占用农用地罪"。

法占用基本农田以外的耕地 10 亩以上。

（二）非法占用耕地"造成耕地大量毁坏"，是指行为人非法占用耕地建窑、建坟、建房、挖沙、采石、采矿、取土、堆放固体废弃物或者进行其他非农业建设，造成基本农田 5 亩以上或者基本农田以外的耕地 10 亩以上种植条件严重毁坏或者严重污染。

第 8 条　单位犯非法转让、倒卖土地使用权罪、非法占有耕地罪①的定罪量刑标准，依照本解释第 1 条、第 2 条、第 3 条的规定执行。

第 9 条　多次实施本解释规定的行为依法应当追诉的，或者 1 年内多次实施本解释规定的行为未经处理的，按照累计的数量、数额处罚。

【法释〔2005〕15 号】　最高人民法院关于审理破坏林地资源刑事案件具体应用法律若干问题的解释（2005 年 12 月 19 日最高人民法院审判委员会第 1374 次会议通过，2005 年 12 月 26 日公布，2005 年 12 月 30 日起施行）

第 1 条　违反土地管理法规，非法占用林地，改变被占用林地用途，在非法占用的林地上实施建窑、建坟、建房、挖沙、采石、采矿、取土、种植农作物、堆放或排泄废弃物等行为或者进行其他非林业生产、建设，造成林地的原有植被或林业种植条件严重毁坏或者严重污染，并具有下列情形之一的，属于《中华人民共和国刑法修正案（二）》②规定的"数量较大，造成林地大量毁坏"，应当以非法占用农用地罪判处五年以下有期徒刑或者拘役，并处或者单处罚金：

（一）非法占用并毁坏防护林地、特种用途林地数量分别或者合计达到 5 亩以上；

（二）非法占用并毁坏其他林地数量达到十亩以上；

（三）非法占用并毁坏本条第（一）项、第（二）项规定的林地，数量分别达到相应规定的数量标准的 50% 以上；

（四）非法占用并毁坏本条第（一）项、第（二）项规定的林地，其中一项数量达到相应规定的数量标准的 50% 以上，且两项数量合计达到该项规定的

---

① 注：根据《最高人民法院关于执行〈中华人民共和国刑法〉确定罪名的规定》（法释〔1997〕9 号）和《最高人民检察院关于适用刑法分则规定的犯罪的罪名的意见》（高检发释字〔1997〕3 号），该罪名的正确名称为"非法占用耕地罪"。这是最高人民法院司法解释的一个行文纰误。

另，2001 年 8 月 31 日《刑法修正案（二）》施行后，"非法占用耕地罪"已经被修改为"非法占用农用地罪"。

② 注：2001 年 8 月 31 日第 9 届全国人民代表大会常务委员会第 23 次会议通过的《刑法修正案（二）》只对《刑法》第 342 条作了修改，本书已经据此修正了第 342 条的条文。

数量标准。

第6条　单位实施破坏林地资源犯罪的，依照本解释规定的相关定罪量刑标准执行。

第7条　多次实施本解释规定的行为依法应当追诉且未经处理的，应当按照累计的数量、数额处罚。

【法〔2010〕395号】　最高人民法院关于个人违法建房出售行为如何适用法律问题的答复（经征求并综合全国人大常委会法工委、国务院法制办、最高人民检察院、公安部、国土资源部、农业部、住房和城乡建设部等相关部门意见，2010年11月1日答复贵州省高级人民法院"黔高法研请字〔2010〕2号"请示；2011年2月16日以"法〔2011〕37号"《通知》印发全国法院）

一、你院请示的在农村宅基地、责任田上违法建房出售如何处理的问题，涉及面广，法律、政策性强。据了解，有关部门正在研究制定政策意见和处理办法，在相关文件出台前，不宜以犯罪追究有关人员的刑事责任。

最高人民检察院法律政策研究室关于对《"在禁牧区偷牧造成草场大量毁坏"行为性质的认定和法律适用问题的请示》的答复（2018年9月29日答复甘肃省检法律政策研究室）

依据《中华人民共和国刑法》第342条和《最高人民法院关于审理破坏草原资源刑事案件应用法律若干问题的解释》的规定，在禁牧区偷牧造成草场大量毁坏的行为，不构成非法占用农用地罪。目前，应根据现行法律法规的规定，由草原行政主管部门依法对在禁牧区偷牧行为给予行政处罚。

【法释〔2012〕15号】　最高人民法院关于审理破坏草原资源刑事案件应用法律若干问题的解释（2012年10月22日最高人民法院审判委员会第1558次会议通过，2012年11月2日公布，2012年11月22日起施行）

第1条　违反草原法等土地管理法规，非法占用草原，改变被占用草原用途，数量较大，造成草原大量毁坏的，依照刑法第342条的规定，以非法占用农用地罪定罪处罚。

第2条　非法占用草原，改变被占用草原用途，数量在20亩以上的，或者曾因非法占用草原受过行政处罚，在3年内又非法占用草原，改变被占用草原用途，数量在10亩以上的，应当认定为刑法第342条规定的"数量较大"。

非法占用草原，改变被占用草原用途，数量较大，具有下列情形之一的，应当认定为刑法第342条规定的"造成耕地、林地等农用地大量毁坏"：

（一）开垦草原种植粮食作物、经济作物、林木的；

（二）在草原上建窑、建房、修路、挖砂、采石、采矿、取土、剥取草皮的；

（三）在草原上堆放或者排放废弃物，造成草原的原有植被严重毁坏或者严重污染的；

（四）违反草原保护、建设、利用规划种植牧草和饲料作物，造成草原沙化或者水土严重流失的；

（五）其他造成草原严重毁坏的情形。

第5条　单位实施刑法第342条规定的行为，对单位判处罚金，并对其直接负责的主管人员和其他直接责任人员，依照本解释规定的定罪量刑标准定罪处罚。

第6条　多次实施破坏草原资源的违法犯罪行为，未经处理，应当依法追究刑事责任的，按照累计的数量、数额定罪处罚。

第7条　本解释所称"草原"，是指天然草原和人工草地，天然草原包括草地、草山和草坡，人工草地包括改良草地和退耕还草地，不包括城镇草地。

【主席令〔2019〕32号】　中华人民共和国土地管理法（2019年8月26日第13届全国人大常委会第12次会议修订，2020年1月1日施行）

第4条　国家实行土地用途管制制度。

国家编制土地利用总体规划，规定土地用途，将土地分为农用地、建设用地和未利用地。严格限制农用地转为建设用地，控制建设用地总量，对耕地实行特殊保护。

前款所称农用地是指直接用于农业生产的土地，包括耕地、林地、草地、农田水利用地、养殖水面等；……

第79条（第1款）　……非法批准、使用的土地应当收回，有关当事人拒不归还的，以非法占用土地论处。

【标准GB/T21010-2017】　土地利用现状分类（国家质检总局、国家标管委2017年11月1日发布实施）

表1　土地利用现状分类和编码（本书对表格格式有调整；仅摘录与《土地管理法》"农用地"对应的部分）

01　耕地：指种植农作物的土地，包括熟地、新开发、复垦、整理地，休闲地（含轮歇地、休耕地），以种植农作物（含蔬菜）为主，间有零星果树、桑树或其他树木的土地；平均每年能保证收获一季的已垦滩地和海涂。耕地中包括南方宽度<1.0m，北方宽度<2.0m固定的沟、渠、路和地坎（埂）；临时种植药材、草皮、花卉、苗木等的耕地，临时种植果树、茶树和林木且耕作层未破坏的耕地，以及其他临时改变用途的耕地。

0101　水田：指用于种植水稻，莲藕等水生农作物的耕地。包括实行水生、旱生农作物轮种的耕地。

0102　水浇地：指有水源保证和灌溉设施，在一般年景能正常灌溉，种植旱生农作物（含蔬菜）的耕地。包括种植蔬菜的非工厂化的大棚用地。

0103　旱地：指无灌溉设施，主要靠天然降水种植旱生农作物的耕地，包括没有灌溉设施，仅靠引洪淤灌的耕地。

02　园地：指种植以采集果、叶、根、茎、汁等为主的集约经营的多年生木本和草本作物，覆盖度大于50%或每亩株数大于合理株数70%的土地。包括用于育苗的土地。

0201　果园：指种植果树的园地。

0202　茶园：指种植茶树的园地。

0203　橡胶园：指种植橡胶树的园地。

0204　其他园地：指种植桑树、可可、咖啡、油棕、胡椒、药材等其他多年生作物的园地。

03　林地：指生长乔木、竹类、灌木的土地，及沿海生长红树林的土地。包括迹地，不包括城镇、村庄范围内的绿化林木用地，铁路、公路征地范围内的林木，以及河流、沟渠的护堤林。

0301　乔木林地：指乔木郁闭度≥0.2的林地，不包括森林沼泽。

0302　竹林地：指生长竹类植物，郁闭度≥0.2的林地。

0303　红树林地：指沿海生长红树植物的林地。

0304　森林沼泽：以乔木森林植物为优势群落的淡水沼泽。

0305　灌木林地：指灌木覆盖度≥40%的林地，不包括灌丛沼泽。

0306　灌丛沼泽：以灌丛植物为优势群落的淡水沼泽。

0307　其他林地：包括疏林地（树木郁闭度≥0.1、<0.2的林地）、未成林地、迹地、苗圃等林地。

04　草地：指生长草本植物为主的土地。

0401　天然牧草地：指以天然草本植物为主，用于放牧或割草的草地，包括实施禁牧措施的草地，不包括沼泽草地。

0402　沼泽草地：指以天然草本植物为主的沼泽化的低地草甸、高寒草甸。

0403　人工牧草地：指人工种植牧草的草地。

1006　农村道路：在农村范围内，南方宽度≥1.0m、<8m，北方宽度≥2.0m、<8m，用于村间、田间交通运输，并在国家公路网络体系之外，以服务于农村农业生产为主要用途的道路（含机耕道）。

1104　坑塘水面：指人工开挖或天然形成的蓄水量<10万m3的坑塘常水位岸线所围成的水面。

1107　沟渠：指人工修建，南方宽度≥1.0m、北方宽度≥2.0m用于引、排、灌的渠道，包括渠槽、渠堤、护堤林及小型泵站。

1202　设施农用地：指直接用于经营性畜禽养殖生产设施及附属设施用地；直接用于作物栽培或水产养殖等农产品生产的设施及附属设施用地；直接用于设施农业项目辅助生产的设施用地；晾晒场、粮食果品烘干设施、粮食和农资临时存放场所、大型农机具临时存放场所等规模化粮食生产所必需的配套设施用地。

1203　田坎：指梯田及梯状坡地耕地中，主要用于拦蓄水和护坡、南方宽度≥1.0m、北方宽度≥2.0m的地坎。

【主席令〔2002〕82号】　中华人民共和国草原法（2021年4月29日修正）

第63条（第1款）　……非法批准征收、征用、使用的草原应当收回，当事人拒不归还的，以非法使用草原论处。

【国务院令〔1998〕257号】　基本农田保护条例（1998年12月24日国务院第12次常务会议通过，1998年12月27日公布，1999年1月1日施行；2011年1月8日国务院令第588号修正）

第17条　禁止任何单位和个人在基本农田保护区内建窑、建房、建坟、挖砂、采石、采矿、取土、堆放固体废弃物或者进行其他破坏基本农田的活动。

禁止任何单位和个人占用基本农田发展林果业和挖塘养鱼。

【自然资规〔2019〕1号】　自然资源部、农业农村部关于加强和改进永久基本农田保护工作的通知（2019年1月3日）

（五）依法处置违法违规建设占用问题。……对违法违规占用永久基本农田建窑、建房、建坟、挖沙、采石、采矿、取土、堆放固体废弃物或者从事其他活动破坏永久基本农田，毁坏种植条件的，按《土地管理法》、《基本农田保护条例》等法律法规进行查处，构成犯罪的，依法移送司法机关追究刑事责任。

（六）严格规范永久基本农田上农业生产活动。……永久基本农田不得种植杨树、桉树、构树等林木，不得种植草坪、草皮等用于绿化装饰的植物，不得种植其他破坏耕作层的植物。……

【标准SF/T0074-2020】　耕地和林地破坏司法鉴定技术规范（司法部2020年5月29日发布实施）

6　鉴定意见

根据现场调查和现场分析的情况，必要时应结合实验室检测结果等，对需鉴定的耕地和林地的种植条件进行综合评价，并根据下列标准判断其是否遭严重毁坏：

a）在耕地或林地上建窑、建坟、建房、修路、压占、硬化或建设其他建筑物及构筑物的，可判断土地种植条件遭严重毁坏；

b）在耕地或林地上挖砂、采石、采矿、取土和开挖地基等的，致使土地原有耕作层或表土全部被破坏，可判断土地种植条件遭严重毁坏；

c）耕地的基础灌溉设施被破坏，导致耕地原有种植条件严重毁坏的，可判断耕地种植条件遭严重毁坏；

d）破坏林地原有植被的，导致林地种植条件遭严重毁坏，可判断林地被破坏；

e）在耕地或林地上堆放建筑垃圾、医疗废物和工业污秽等固体废弃物，排放有害废水、污水及粉（烟）尘及其它污染物的，污染物含量高于风险管制值的，可判断土地种植条件遭严重毁坏；污染物含量介于筛选值和管制值之间的需要进行风险评价，根据风险评价结果判断土地种植条件是否遭受严重毁坏。

【国土资发〔2008〕203号】 国土资源部、最高人民检察院、公安部关于国土资源行政主管部门移送涉嫌国土资源犯罪案件的若干意见（2008年9月8日）

（三）移送涉嫌国土资源犯罪案件，……需要对耕地破坏程度进行鉴定的，由市（地）级或者省级国土资源行政主管部门[①]出具鉴定结论。

● **立案标准 最高人民检察院、公安部关于公安机关管辖的刑事案件立案追诉标准的规定（一）（公通字〔2008〕36号，2008年6月25日公布施行）**

第67条 ［非法占用农用地案（刑法第342条）］ 违反土地管理法规，非法占用耕地、林地等农用地，改变被占用土地用途，造成耕地、林地等农用地大量毁坏，涉嫌下列情形之一的，应予立案追诉：

（一）非法占用基本农田5亩以上或者基本农田以外的耕地10亩以上的；

（二）非法占用防护林地或者特种用途林地数量单种或者合计5亩以上的；

（三）非法占用其他林地10亩以上的；

（四）非法占用本款第（二）项、第（三）项规定的林地，其中一项数量

[①] 注：2018年3月国家机构改革后，耕地管理职能由自然资源部/厅/局（而非农业农村局）承担。

达到相应规定的数量标准的 50% 以上，且两项数量合计达到该项规定的数量标准的；

（五）非法占用其他农用地数量较大的情形。

违反土地管理法规，非法占用耕地建窑、建坟、建房、挖沙、采石、采矿、取土、堆放固体废弃物或者进行其他非农业建设，造成耕地种植条件严重毁坏或者严重污染，被毁坏耕地数量达到以上规定的，属于本条规定的"造成耕地大量毁坏"。

违反土地管理法规，非法占用林地，改变被占用林地用途，在非法占用的林地上实施建窑、建坟、建房、挖沙、采石、采矿、取土、种植农作物、堆放或者排泄废弃物等行为或者进行其他非林业生产、建设，造成林地的原有植被或者林业种植条件严重毁坏或者严重污染，被毁坏林地数量达到以上规定的，属于本条规定的"造成林地大量毁坏"。

第 101 条　本规定中的"以上"，包括本数。

● 指导案例　【高检发办字〔2019〕114 号】　关于印发最高人民检察院第 16 批指导性案例的通知（最高人民检察院第 13 届检察委员会第 28 次会议讨论通过，2019 年 12 月 20 日新闻发布会公布）

（检例第 60 号）刘强非法占用农用地案

要旨：行为人违反土地管理法规，在耕地上建设"大棚房""生态园""休闲农庄"等，非法占用耕地数量较大，造成耕地等农用地大量毁坏的，应当以非法占用农用地罪追究实际建设者、经营者的刑事责任。

第 342 条之一[①]　【破坏自然保护地罪】[②] 违反自然保护地管理法规，在国家公园、国家级自然保护区进行开垦、开发活动或者修建建筑物，造成严重后果或者有其他恶劣情节的，处五年以下有期徒刑或者拘役，并处或者单处罚金。

有前款行为，同时构成其他犯罪的，依照处罚较重的规定定罪处罚。

---

① 第 342 条之一由《刑法修正案（十一）》（2020 年 12 月 26 日第 13 届全国人大常委会第 24 次会议通过，主席令第 66 号公布）增设，2021 年 3 月 1 日起施行。

② 注：本罪名由《最高人民法院、最高人民检察院关于执行〈中华人民共和国刑法〉确定罪名的补充规定（七）》（法释〔2021〕2 号，最高人民法院审判委员会 1832 次会议、最高人民检察院第 13 届检察委员会第 63 次会议通过）增设，2021 年 3 月 1 日执行。

● **条文注释** 构成第342条之一规定之罪，必须满足以下4个条件：（1）实施了开垦、开发活动或修建建筑物的行为；（2）实施地点在国家公园、国家级自然保护区范围内；（3）违反了自然保护地管理法规；（4）造成严重后果或者有其他恶劣情节。

这里的"国家公园"是指以保护具有国家代表性的自然生态系统为主要目的，实现自然资源科学保护和合理利用的特定陆域或海域。"自然保护区"是指保护典型的自然生态系统、珍稀濒危野生动植物种的天然集中分布区、有特殊意义的自然遗迹的区域。

需要注意的是，依照相关规定，"国家公园、国家级自然保护区"与森林公园、地质公园、海洋公园、湿地公园等各类自然公园是不同的概念。比如，目前的"国家级森林公园"不能等同为"国家公园"——前者的设立依据是2005年6月16日国家林业局令第16号《国家级森林公园设立、撤销、合并、改变经营范围或者变更隶属关系审批管理办法》，后者是根据2019年6月26日《中共中央办公厅、国务院办公厅关于建立以国家公园为主体的自然保护地体系的指导意见》而建立的新型自然保护地。

● **相关规定** 中共中央办公厅、国务院办公厅关于建立以国家公园为主体的自然保护地体系的指导意见（2019年6月26日）

二、构建科学合理的自然保护地体系

（五）科学划定自然保护地类型。按照自然生态系统原真性、整体性、系统性及其内在规律，依据管理目标与效能并借鉴国际经验，将自然保护地按生态价值和保护强度高低依次分为3类。

国家公园：是指以保护具有国家代表性的自然生态系统为主要目的，实现自然资源科学保护和合理利用的特定陆域或海域，是我国自然生态系统中最重要、自然景观最独特、自然遗产最精华、生物多样性最富集的部分，保护范围大，生态过程完整，具有全球价值、国家象征，国民认同度高。

自然保护区：是指保护典型的自然生态系统、珍稀濒危野生动植物种的天然集中分布区、有特殊意义的自然遗迹的区域。具有较大面积，确保主要保护对象安全，维持和恢复珍稀濒危野生动植物种群数量及赖以生存的栖息环境。

自然公园：是指保护重要的自然生态系统、自然遗迹和自然景观，具有生态、观赏、文化和科学价值，可持续利用的区域。确保森林、海洋、湿地、水域、冰川、草原、生物等珍贵自然资源，以及所承载的景观、地质地貌和文化多样性得到有效保护。包括森林公园、地质公园、海洋公园、湿地公园等各类自然公园。

制定自然保护地分类划定标准，对现有的自然保护区、风景名胜区、地质公园、森林公园、海洋公园、湿地公园、冰川公园、草原公园、沙漠公园、草原风景区、水产种质资源保护区、野生植物原生境保护区（点）、自然保护小区、野生动物重要栖息地等各类自然保护地开展综合评价，按照保护区域的自然属性、生态价值和管理目标进行梳理调整和归类，逐步形成以国家公园为主体、自然保护区为基础、各类自然公园为补充的自然保护地分类系统。

> **第343条** 【非法采矿罪】违反矿产资源法的规定，未取得采矿许可证擅自采矿，擅自进入国家规划矿区、对国民经济具有重要价值的矿区和他人矿区范围采矿，或者擅自开采国家规定实行保护性开采的特定矿种，情节严重的，处三年以下有期徒刑、拘役或者管制，并处或者单处罚金；情节特别严重的，处三年以上七年以下有期徒刑，并处罚金。①
>
> 【破坏性采矿罪】违反矿产资源法的规定，采取破坏性的开采方法开采矿产资源，造成矿产资源严重破坏的，处五年以下有期徒刑或者拘役，并处罚金。

● **条文注释** 第343条规定的"未取得采矿许可证擅自采矿"是指未取得国务院、省、自治区、直辖市人民政府、国务院授权的有关主管部门颁发的采矿许可证而开采矿产资源的行为。"国家规划矿区"是指在一定时期内，根据国民经济建设长期的需要和资源分布情况，经国务院或国务院有关主管部门依法定程序审查、批准，确定列入国家矿产资源开发长期或中期规划的矿区，以及作为老矿区后备资源基地的矿区；"对国民经济具有重要价值的矿区"是指经济价值重大或经济效益很高，对国家经济建设的全局性、战略性重要影响的矿区；"国家规定实行保护性开采的特定矿种"是指黄金、钨、锡、锑、离子型稀土矿产，其中，钨、锡、锑、离子型稀土是我国的优质矿产，在世界上有举足轻重的地位。

"破坏性的开采方法开采矿产资源"是指在开采矿产资源过程中，违反矿产

---

① 第343条第1款是根据2011年2月25日第11届全国人民代表大会常务委员会第19次会议通过的《刑法修正案（八）》（主席令第41号公布，2011年5月1日起施行）而修改；原第343条第1款内容为："违反矿产资源法的规定，未取得采矿许可证擅自采矿的，擅自进入国家规划矿区、对国民经济具有重要价值的矿区和他人矿区范围采矿的，擅自开采国家规定实行保护性开采的特定矿种，经责令停止开采后拒不停止开采，造成矿产资源破坏的，处三年以下有期徒刑、拘役或者管制，并处或者单处罚金；造成矿产资源严重破坏的，处三年以上七年以下有期徒刑，并处罚金。"

资源法及有关规定,采易弃难,采富弃贫,严重违反开采回采率、采矿贫化率和选矿回收率的指标进行采矿的行为。矿产资源是不可再生的资源,一旦被破坏,几乎是难以补救。有些矿种在世界范围内都是稀有矿种,如铌、钽、铍,一旦被破坏,对人类的财富都是一项损失;有些矿种虽然不是稀有的矿种,如煤、石油,但过度的破坏性的开采也会造成矿产资源的破坏和损耗。"造成矿产资源严重破坏"的界定标准见"法释〔2016〕25号"解释。

● **相关规定** 【法释〔2007〕3号】 最高人民法院、最高人民检察院关于办理盗窃油气、破坏油气设备等刑事案件具体应用法律若干问题的解释(2006年11月20日最高人民法院审判委员会第1406次会议、2006年12月11日最高人民检察院第10届检察委员会第66次会议通过,2007年1月15日公布,2007年1月19日起施行;替代废止的2002年4月10日《最高人民法院关于对采用破坏性手段盗窃正在使用的油田输油管道中油品的行为如何适用法律问题的批复》"法释〔2002〕10号")

第6条 违反矿产资源法的规定,非法开采或者破坏性开采石油、天然气资源的,依照刑法第343条以及《最高人民法院关于审理非法采矿、破坏性采矿刑事案件具体应用法律若干问题的解释》①的规定追究刑事责任。

【法释〔2016〕25号】 最高人民法院、最高人民检察院关于办理非法采矿、破坏性采矿刑事案件适用法律若干问题的解释(2016年9月26日最高人民法院审判委员会第1694次会议、2016年11月4日最高人民检察院第12届检察委员会第57次会议通过,2016年11月28日公布,2016年12月1日起施行)

第1条 违反《中华人民共和国矿产资源法》《中华人民共和国水法》等法律、行政法规有关矿产资源开发、利用、保护和管理的规定的,应当认定为刑法第343条规定的"违反矿产资源法的规定"。

第2条 具有下列情形之一的,应当认定为刑法第343条第1款规定的"未取得采矿许可证":

(一)无许可证的;

(二)许可证被注销、吊销、撤销的;

(三)超越许可证规定的矿区范围或者开采范围的;

---

① 注:《最高人民法院关于审理非法采矿、破坏性采矿刑事案件具体应用法律若干问题的解释》(法释〔2003〕9号)已经被《最高人民法院、最高人民检察院关于办理非法采矿、破坏性采矿刑事案件适用法律若干问题的解释》(法释〔2016〕25号,2016年12月1日起施行)替代、废止。

（四）超出许可证规定的矿种的（共生、伴生矿种除外）；
（五）其他未取得许可证的情形。

第3条 实施非法采矿行为，具有下列情形之一的，应当认定为刑法第343条第1款规定的"情节严重"：

（一）开采的矿产品价值或者造成矿产资源破坏的价值在10万元至30万元以上的；

（二）在国家规划矿区、对国民经济具有重要价值的矿区采矿，开采国家规定实行保护性开采的特定矿种，或者在禁采区、禁采期内采矿，开采的矿产品价值或者造成矿产资源破坏的价值在5万元至15万元以上的；

（三）2年内曾因非法采矿受过两次以上行政处罚，又实施非法采矿行为的；

（四）造成生态环境严重损害的；

（五）其他情节严重的情形。

实施非法采矿行为，具有下列情形之一的，应当认定为刑法第343条第1款规定的"情节特别严重"：

（一）数额达到前款第1项、第2项规定标准5倍以上的；

（二）造成生态环境特别严重损害的；

（三）其他情节特别严重的情形。

第4条 在河道管理范围内采砂，具有下列情形之一，符合刑法第343条第1款和本解释第2条、第3条规定的，以非法采矿罪定罪处罚：

（一）依据相关规定应当办理河道采砂许可证，未取得河道采砂许可证的；

（二）依据相关规定应当办理河道采砂许可证和采矿许可证，既未取得河道采砂许可证，又未取得采矿许可证的。

实施前款规定行为，虽不具有本解释第3条第1款规定的情形，但严重影响河势稳定，危害防洪安全的，应当认定为刑法第343条第1款规定的"情节严重"。

第5条 未取得海砂开采海域使用权证，且未取得采矿许可证，采挖海砂，符合刑法第343条第1款和本解释第2条、第3条规定的，以非法采矿罪定罪处罚。

实施前款规定行为，虽不具有本解释第3条第1款规定的情形，但造成海岸线严重破坏的，应当认定为刑法第343条第1款规定的"情节严重"。

第6条 造成矿产资源破坏的价值在50万元至100万元以上，或者造成国家规划矿区、对国民经济具有重要价值的矿区和国家规定实行保护性开采的特定矿种资源破坏的价值在25万元至50万元以上的，应当认定为刑法第343条第2款规定的"造成矿产资源严重破坏"。

第7条 明知是犯罪所得的矿产品及其产生的收益，而予以窝藏、转移、收购、代为销售或者以其他方法掩饰、隐瞒的,依照刑法第312条的规定,以掩饰、隐瞒犯罪所得、犯罪所得收益罪定罪处罚。

实施前款规定的犯罪行为,事前通谋的,以共同犯罪论处。

第8条 多次非法采矿、破坏性采矿构成犯罪,依法应当追诉的,或者2年内多次非法采矿、破坏性采矿未经处理的,价值数额累计计算。

第9条 单位犯刑法第343条规定之罪的,依照本解释规定的相应自然人犯罪的定罪量刑标准,对直接负责的主管人员和其他直接责任人员定罪处罚,并对单位判处罚金。

第10条 实施非法采矿犯罪,不属于"情节特别严重",或者实施破坏性采矿犯罪,行为人系初犯,全部退赃退赔,积极修复环境,并确有悔改表现的,可以认定为犯罪情节轻微,不起诉或者免予刑事处罚。

第11条 对受雇佣为非法采矿、破坏性采矿犯罪提供劳务的人员,除参与利润分成或者领取高额固定工资的以外,一般不以犯罪论处,但曾因非法采矿、破坏性采矿受过处罚的除外。

第12条 对非法采矿、破坏性采矿犯罪的违法所得及其收益,应当依法追缴或者责令退赔。

对用于非法采矿、破坏性采矿犯罪的专门工具和供犯罪所用的本人财物,应当依法没收。

第13条 非法开采的矿产品价值,根据销赃数额认定;无销赃数额,销赃数额难以查证,或者根据销赃数额认定明显不合理的,根据矿产品价格和数量认定。

矿产品价值难以确定的,依据下列机构出具的报告,结合其他证据作出认定:

(一)价格认证机构出具的报告;

(二)省级以上人民政府国土资源、水行政、海洋等主管部门出具的报告;

(三)国务院水行政主管部门在国家确定的重要江河、湖泊设立的流域管理机构出具的报告。

第14条 对案件所涉的有关专门性问题难以确定的,依据下列机构出具的鉴定意见或者报告,结合其他证据作出认定:

(一)司法鉴定机构就生态环境损害出具的鉴定意见;

(二)省级以上人民政府国土资源主管部门就造成矿产资源破坏的价值、是否属于破坏性开采方法出具的报告;

(三)省级以上人民政府水行政主管部门或者国务院水行政主管部门在国家确定的重要江河、湖泊设立的流域管理机构就是否危害防洪安全出具的报告;

(四)省级以上人民政府海洋主管部门就是否造成海岸线严重破坏出具的

报告。

第15条 各省、自治区、直辖市高级人民法院、人民检察院,可以根据本地区实际情况,在本解释第3条、第6条规定的数额幅度内,确定本地区执行的具体数额标准,报最高人民法院、最高人民检察院备案。

第16条 本解释自2016年12月1日起施行。本解释施行后,《最高人民法院关于审理非法采矿、破坏性采矿刑事案件具体应用法律若干问题的解释》(法释〔2003〕9号)同时废止。

【浙检发办字〔2021〕135号】 浙江省人民检察院、浙江省高级人民法院、浙江省公安厅、浙江省司法厅、浙江省自然资源厅、浙江省生态环境厅、浙江省水利厅、浙江省林业局关于进一步完善生态环境和资源保护行政执法与司法协作机制的意见

二、建立快速鉴定评估机制。建立生态环境和资源保护违法犯罪损害鉴定评估绿色通道,加快推进专家评估意见的应用。建立司法鉴定机构无法接受鉴定评估委托的救济渠道,对案件中的专门性问题,根据司法解释规定可以不委托鉴定的,以及难以鉴定或鉴定费用明显过高的,可以组建专家组,专家组不少于3人,其中每个鉴定领域应包含司法鉴定人1人。出具专家损害评估意见的,应由所有专家签字并承担相应责任。该意见结合其他证据,可以作为认定违法犯罪和生态环境损害赔偿的参考依据。……

对于造成公私财产损失明显超过30万元、非法采矿开采的矿产品价值或者造成矿产资源破坏的价值在20万元以上等涉嫌犯罪案件,为避免证据灭失,可将具有司法鉴定资质或生态环境部等相关部委推荐的环境损害鉴定评估机构根据案件侦办需要出具的阶段性评估报告作为办案依据。……

【法发〔2022〕19号】 最高人民法院关于充分发挥环境资源审判职能作用依法惩处盗采矿产资源犯罪的意见(2022年7月1日)

二、正确适用法律,充分发挥依法惩处盗采矿产资源犯罪的职能作用

5. 严格依照刑法第343条及《最高人民法院、最高人民检察院关于办理非法采矿、破坏性采矿刑事案件适用法律若干问题的解释》(以下简称《解释》)的规定……

6. 正确理解和适用《解释》第2条、第4条第1款、第5条第1款规定,准确把握盗采矿产资源行为入罪的前提条件。对是否构成"未取得采矿许可证"情形,要在综合考量案件具体事实、情节的基础上依法认定。

7. 正确理解和适用《解释》第3条、第4条第2款、第5条第2款规定,

对实施盗采矿产资源行为同时构成2种以上"情节严重"或者"情节特别严重"情形的，要综合考虑各情节，精准量刑。对在河道管理范围、海域实施盗采砂石行为的，要充分关注和考虑其危害堤防安全、航道畅通、通航安全或者造成岸线破坏等因素。

8. 充分关注和考虑实施盗采矿产资源行为对生态环境的影响，加强生态环境保护力度。对具有破坏生态环境情节但非依据生态环境损害严重程度确定法定刑幅度的，要酌情从重处罚。盗采行为人积极修复生态环境、赔偿损失的，可以依法从轻或者减轻处罚；符合《解释》第10条规定的，可以免予刑事处罚。

9. 正确理解和适用《解释》第13条规定，准确把握矿产品价值认定规则。为获取非法利益而对矿产品进行加工、保管、运输的，其成本支出一般不从销赃数额中扣除。销赃数额与评估、鉴定的矿产品价值不一致的，要结合案件的具体事实、情节作出合理认定。

10. 依法用足用好罚金刑，提高盗采矿产资源犯罪成本，要综合考虑矿产品价值或者造成矿产资源破坏的价值、生态环境损害程度、社会影响等情节决定罚金数额。法律、行政法规对同类盗采矿产资源行为行政罚款标准有规定的，决定罚金数额时可以参照行政罚款标准。盗采行为人就同一事实已经支付了生态环境损害赔偿金、修复费用的，决定罚金数额时可予酌情考虑，但不能直接抵扣。

11. 准确理解和把握刑法第72条规定，依法正确适用缓刑。对盗采矿产资源犯罪分子具有"涉黑""涉恶"或者属于"沙霸""矿霸"，曾因非法采矿或者破坏性采矿受过刑事处罚，与国家工作人员相互勾结实施犯罪或者以行贿等非法手段逃避监管，毁灭、伪造、隐藏证据或者转移财产逃避责任，或者数罪并罚等情形的，要从严把握缓刑适用。依法宣告缓刑的，可以根据犯罪情况，同时禁止犯罪分子在缓刑考验期限内从事与开采矿产资源有关的特定活动。

12. ……对明知他人盗采矿产资源，而为其提供重要资金、工具、技术、单据、证明、手续等便利条件或者居间联络，结合全案证据可以认定为形成通谋的，以共同犯罪论处。

13. 正确理解和适用《解释》第12条规定，加强涉案财物处置力度。……对在盗采、运输、销赃等环节使用的机械设备、车辆、船舶等大型工具，要综合考虑案件的具体事实、情节及工具的属性、权属等因素，依法妥善认定是否用于盗采矿产资源犯罪的专门工具。

14. ……鼓励根据不同环境要素的修复需求，依法适用劳务代偿、补种复绿、替代修复等多种修复责任承担方式，以及代履行、公益信托等执行方式。支持各方依法达成调解协议，鼓励盗采行为人主动、及时承担民事责任。

● **立案标准** 最高人民检察院、公安部关于公安机关管辖的刑事案件立案追诉标准的规定（一）（公通字〔2008〕36 号，2008 年 6 月 25 日公布施行）

第 68 条 ［非法采矿案（刑法第 343 条第 1 款）］① 违反矿产资源法的规定，未取得采矿许可证擅自采矿，或者擅自进入国家规划矿区、对国民经济具有重要价值的矿区和他人矿区范围采矿，或者擅自开采国家规定实行保护性开采的特定矿种，涉嫌下列情形之一的，应予立案追诉：

（一）开采的矿产品价值或者造成矿产资源破坏的价值在 10 万元至 30 万元以上的；

（二）在国家规划矿区、对国民经济具有重要价值的矿区采矿，开采国家规定实行保护性开采的特定矿种，或者在禁采区、禁采期内采矿，开采的矿产品价值或者造成矿产资源破坏的价值在 5 万元至 15 万元以上的；

（三）2 年内曾因非法采矿受过 2 次以上行政处罚，又实施非法采矿行为的；

（四）造成生态环境严重损害的；

（五）其他情节严重的情形。

在河道管理范围内采砂，依据相关规定应当办理河道采砂许可证而未取得河道采砂许可证，或者应当办理河道采砂许可证和采矿许可证，既未取得河道采砂许可证又未取得采矿许可证，具有本条第 1 款规定的情形之一，或者严重影响河势稳定危害防洪安全的，应予立案追诉。

采挖海砂，未取得海砂开采海域使用权证且未取得采矿许可证，具有本条第 1 款规定的情形之一，或者造成海岸线严重破坏的，应予立案追诉。

具有下列情形之一的，属于本条规定的"未取得采矿许可证"：

（一）无许可证的；

（二）许可证被注销、吊销、撤销的；

（三）超越许可证规定的矿区范围或者开采范围的；

（四）超出许可证规定的矿种的（共生、伴生矿种除外）；

（五）其他未取得许可证的情形。

多次非法采矿构成犯罪，依法应当追诉的，或者 2 年内多次非法采矿未经处理的，价值数额累计计算。

---

① 注：根据《最高人民检察院、公安部关于公安机关管辖的刑事案件立案追诉标准的规定（一）的补充规定》（公通字〔2017〕12 号，2017 年 4 月 27 日公布施行）修订。该条规定其实是对《最高人民法院、最高人民检察院关于办理非法采矿、破坏性采矿刑事案件适用法律若干问题的解释》（法释〔2016〕25 号）相关内容的重复叙述。

非法开采的矿产品价值，根据销赃数额认定；无销赃数额，销赃数额难以查证，或者根据销赃数额认定明显不合理的，根据矿产品价格和数量认定。

矿产品价值难以确定的，依据价格认证机构，省级以上人民政府国土资源、水行政、海洋等主管部门，或者国务院水行政主管部门在国家确定的重要江河、湖泊设立的流域管理机构出具的报告，结合其他证据作出认定。

第69条 [破坏性采矿案（刑法第343条第2款）] 违反矿产资源法的规定，采取破坏性的开采方法开采矿产资源，造成矿产资源严重破坏，价值在30万至50万元以上的，应予立案追诉。①

本条规定的"采取破坏性的开采方法开采矿产资源"，是指行为人违反地质矿产主管部门审查批准的矿产资源开发利用方案开采矿产资源，并造成矿产资源严重破坏的行为。

破坏性的开采方法以及造成矿产资源严重破坏的价值数额，由省级以上地质矿产主管部门出具鉴定结论，经查证属实后予以认定。

第101条 本规定中的"以上"，包括本数。

第344条② **【危害国家重点保护植物罪③】** 违反国家规定，非法采伐、毁坏珍贵树木或者国家重点保护的其他植物的，或者非法收购、运输、加工、出售珍贵树木或者国家重点保护的其他植物及其制品的，处三年以下有期徒刑、拘役或者管制，并处罚金；情节严重的，处三年以上七年以下有期徒刑，并处罚金。

---

① 注：本条与"法释〔2016〕25号"《解释》第6条规定不一致。"法释〔2016〕25号"《解释》施行后，最高检、公安部印发"公通字〔2017〕12号"《补充规定》对非法采矿罪的追诉标准进行了一致性调整，但并未同步修改破坏性采矿罪的追诉标准。这可能会导致检方求刑与法院判决之间存在偏差。

② 第344条是根据2002年12月28日第9届全国人民代表大会常务委员会第31次会议通过的《刑法修正案（四）》（主席令第83号公布，2002年12月28日起施行）而修订；原条文内容为："违反森林法的规定，非法采伐、毁坏珍贵树木的，处三年以下有期徒刑、拘役或者管制，并处罚金；情节严重的，处三年以上七年以下有期徒刑，并处罚金。"

③ 注：本罪名原为"非法采伐、毁坏珍贵树木罪"；因为刑法条文的修改，《最高人民法院、最高人民检察院关于执行〈中华人民共和国刑法〉确定罪名的补充规定（二）》（法释〔2003〕12号，最高人民法院审判委员会第1283次会议、最高人民检察院第10届检察委员会第7次会议通过，2003年8月12日施行）修改为两个并列罪名"非法采伐、毁坏国家重点保护植物罪""非法收购、运输、加工、出售国家重点保护植物、国家重点保护植物制品罪"；《最高人民法院、最高人民检察院关于执行〈中华人民共和国刑法〉确定罪名的补充规定（七）》（法释〔2021〕2号，最高人民法院审判委员会第1832次会议、最高人民检察院第13届检察委员会第63次会议通过）改为现罪名，2021年3月1日执行。

● **条文注释** 第344条规定的"珍贵树木""国家重点保护的其他植物"包括2类：(1) 国家禁止、限制出口的珍贵树木[①]以及被列入《国家重点保护野生植物名录》中的植物。(2) 省级以上林业主管部门或其他部门确定的具有重大历史纪念意义、科学研究价值或者年代久远的古树名木。

第344条规定的"毁坏"是指采用剥皮、砍枝、取脂等方式使珍贵树木或者国家重点保护的其他植物死亡或者影响其正常生长。"非法收购、运输、加工、出售"是指违反《森林法》及其他有关法规，对珍贵树木或者国家重点保护的其他植物及其制品进行收购、运输、加工、出售的行为。

需要注意的是：本条原为2个并列的选择性罪名"非法采伐、毁坏国家重点保护植物罪""非法收购、运输、加工、出售国家重点保护植物、国家重点保护植物制品罪"；最高法、最高检关于执行《中华人民共和国刑法》确定罪名的补充规定（七）（法释〔2021〕2号）将其合并为单一罪名"危害国家重点保护植物罪"。这意味着行为人即使实施了本条规定的多种行为，也不能再适用数罪并罚。

另，1992年10月8日林业部《关于保护珍贵树种的通知》（林护字〔1992〕56号）公布了《国家珍贵树种名录》（第1批）[②]。随着该《通知》被2004年4月11日国家林业局第10号令宣布废止，该《名录》应当视为已经失效。

● **相关规定** 【法释〔2000〕36号】 **最高人民法院关于审理破坏森林资源刑事案件具体应用法律若干问题的解释**（2000年11月17日最高人民法院审判委员会第1141次会议通过，2000年11月22日公布，2000年12月11日起施行）

第1条 刑法第344条规定的"珍贵树木"，包括由省级以上林业主管部门或者其他部门确定的具有重大历史纪念意义、科学研究价值或者年代久远的古树名木，国家禁止、限制出口的珍贵树木以及列入国家重点保护野生植物名录的树木。

第2条 具有下列情形之一的，属于非法采伐、毁坏珍贵树木行为"情节严重"：

（一）非法采伐珍贵树木2株以上或者毁坏珍贵树木致使珍贵树木死亡3株以上的；

[①] 《森林法》规定，"禁止、限制出口的珍贵树木及其制品、衍生物的名录"由国务院林业主管部门会同国务院有关部门制定，报国务院批准。但该"名录"一直未见发布。

[②] 该《名录》在1975年12月10日农林部《关于保护、发展和合理利用珍贵树种的通知》（农林〔林〕字〔1975〕120号）确定的珍贵树种的基础上修订而成。1975年确定的一类珍贵树种有15种：①坡垒、子京、降香黄檀、银杉、格木、金丝李、宪木、铁力木、紫檀；②水杉、珙桐、香果树、台湾杉、秃杉的原生种；二类珍贵树种有11种：楠木、花榈木、红椿、石梓、桂花木、麻楝、野荔枝、麦吊杉、黄杉、红杉、青梅。修订后一级珍贵树种37种，二级珍贵树种95种，共132种。

(二)非法采伐珍贵树木 2 立方米以上的;

(三)为首组织、策划、指挥非法采伐或者毁坏珍贵树木的;

(四)其他情节严重的情形。

第 8 条 盗伐、滥伐珍贵树木,同时触犯刑法第 344 条、第 345 条规定的,依照处罚较重的规定定罪处罚。

第 11 条 具有下列情形之一的,属于在林区非法收购盗伐、滥伐的林木"情节严重":①

(二)非法收购盗伐、滥伐的珍贵树木 2 立方米以上或者 5 株以上的;

具有下列情形之一的,属于在林区非法收购盗伐、滥伐的林木"情节特别严重":

(二)非法收购盗伐、滥伐的珍贵树木 5 立方米以上或者 10 株以上的。

第 16 条 单位犯刑法第 344 条、第 345 条规定之罪,定罪量刑标准按照本解释的规定执行。

第 17 条(第 1 款) 本解释规定的林木数量以立木蓄积计算,计算方法为:原木材积除以该树种的出材率。

【林策发〔2013〕207 号】 国家林业局关于人工培育的珍贵树木采伐管理有关问题的复函(2013 年 12 月 6 日答复四川省林业厅"川林〔2013〕200 号"请示)

一、根据森林法、野生植物保护条例等有关法律、法规规定,珍贵树木是指省级以上林业主管部门或者其他部门确定的具有重大历史纪念意义、科学研究价值或者年代久远的古树名木,国家禁止、限制出口的珍贵树木以及列入国家重点保护野生植物名录的树木。

二、目前,国家禁止、限制出口的珍贵树木名录尚未出台。因此,除古树名木外,列入国家重点保护野生植物名录、但属于人工培育的树木,可按照一般树木进行采伐利用管理。

【法释〔2020〕2 号】 最高人民法院、最高人民检察院关于适用《中华人民共和国刑法》第三百四十四条有关问题的批复(2019 年 11 月 19 日最高人民法院审判委员会第 1783 次会议、2020 年 1 月 13 日最高人民检察院第 13 届检察委员会第 32 次会议通过,2020 年 3 月 19 日公布,2020 年 3 月 21 日起施行)

---

① 注:本条规定的原意是解释《刑法》第 345 条第 3 款。但因为法条的竞合关系,根据特别法优于一般法的原则,本条第 1 款第 2 项及第 2 款第 2 项规定的情形,应当适用《刑法》第 344 条的规定。

然而,《刑法》第 344 条并没有规定"情节特别严重"的量刑幅度。这是立法及释法技术的问题。

一、古树名木以及列入《国家重点保护野生植物名录》的野生植物，属于刑法第344条规定的"珍贵树木或者国家重点保护的其他植物"。

二、根据《中华人民共和国野生植物保护条例》的规定，野生植物限于原生地天然生长的植物。人工培育的植物，除古树名木外，不属于刑法第344条规定的"珍贵树木或者国家重点保护的其他植物"。非法采伐、毁坏或者非法收购、运输人工培育的植物（古树名木除外），构成盗伐林木罪、滥伐林木罪、非法收购、运输盗伐、滥伐的林木罪等犯罪的，依照相关规定追究刑事责任。

三、对于非法移栽珍贵树木或者国家重点保护的其他植物，依法应当追究刑事责任的，依照刑法第344条的规定，以非法采伐国家重点保护植物罪定罪处罚。

鉴于移栽在社会危害程度上与砍伐存在一定差异，对非法移栽珍贵树木或者国家重点保护的其他植物的行为，在认定是否构成犯罪以及裁量刑罚时，应当考虑植物的珍贵程度、移栽目的、移栽手段、移栽数量、对生态环境的损害程度等情节，综合评估社会危害性，确保罪责刑相适应。

【法〔2022〕66号】 最高人民法院关于进一步加强涉种子刑事审判工作的指导意见（2022年3月2日）

五、保护种质资源，依法严惩破坏种质资源犯罪。非法采集或者采伐天然种质资源，符合刑法第344条规定的，以危害国家重点保护植物罪定罪处罚。

在种质资源库、种质资源保护区或者种质资源保护地实施上述行为的，应当酌情从重处罚。

【公告〔2021〕15号】 国家重点保护野生植物名录（2021年8月7日国务院批准，2021年9月7日国家林业和草原局、农业农村部公告施行；1999年9月9日《名录》同时废止。本书调整了表格样式：＊归农业口，无＊归林业口；◎包含所有种，▽包含种下等级；＋表示并入该种；下划线/删除线表示新增/删除；★为Ⅰ级保护；↑↓为等级变化）

苔藓植物			
白发藓科·桧叶白发藓	＊泥炭藓科·多纹泥炭藓	＊泥炭藓科·粗叶泥炭藓	藻苔科·藻苔、角叶藻苔
石松类和蕨类植物			
石松科	水韭科	瓶尔小草科	＊凤尾蕨科	冷蕨科	水龙骨科
石杉属◎	水韭属◎★	七指蕨	荷叶铁线蕨★	光叶蕨★	绿孢鹿角蕨

续表

马尾杉属◎	金毛狗科	带状瓶尔小草	水蕨属◎	铁角蕨科	扇蕨
合囊蕨科	金毛狗蕨属◎	桫椤科	鳞毛蕨科	对开蕨	中国蕨科
观音座莲属◎①	水蕨科	桫椤属◎②	单叶贯众	乌毛蕨科	中国蕨
天星蕨	水蕨属◎	蚌壳蕨科	玉龙蕨★	苏铁蕨	
裸子植物					
苏铁科	柏科	朝鲜崖柏	梵净山冷杉★	金钱松	红豆杉科
苏铁属◎★	翠柏	越南黄金柏	元宝山冷杉★	兴凯赤松	红豆杉属◎★
银杏科	岩生翠柏	杉科	银杉★	红松	白豆杉
银杏★	红桧	水松★、水杉★	油杉属◎③	大果青扦	穗花杉属◎↓④
罗汉松科	岷江柏木	台湾杉（秃杉）	大白红杉	巧家五针松★	海南粗榧
罗汉松属◎	巨柏★	松科	四川红杉	长白松↓	榧树属◎
麻黄科	西藏柏木★	百山祖冷杉★	油麦吊云杉	毛枝五针松★↑	三尖杉科
斑子麻黄	福建柏	资源冷杉（大院冷杉）★	华南五针松（广东松）	大别山五针松★↑	贡山三尖杉
木贼麻黄	崖柏★	秦岭冷杉	雅加松	黄杉属◎	蓖子三尖杉
被子植物					
木兰科	兰科	*鸢尾科	蔷薇科	漆树科	龙脑香科
长蕊木兰↓	香花指甲兰	水仙花莺尾	大行花	林生杧果	东京龙脑香★
厚朴▽（+凹叶厚朴）	美花卷瓣兰	罂粟科	山楂海棠	锦葵科	西藏坡垒
长喙厚朴	独龙虾脊兰	红花绒蒿	丽江山荆子	柄翅果	坡垒★
大叶木兰	大黄花虾脊兰★	红花绿绒蒿	新疆野苹果	滇桐	无翼坡垒（铁凌）
馨香玉兰（馨香木兰）	金线兰属（开唇兰属）◎	石生黄堇（岩黄连）	锡金海棠	梧桐属◎（梧桐除外）⑤	狭叶坡垒（+多毛坡垒）↓
鹅掌楸（马褂木）	白及	小檗科	绵刺	广西火桐★↑	望天树★
广东含笑	独花兰	八角莲属◎	新疆野杏	海南梭	云南娑罗双★
石碌含笑	大理铠兰	小叶十大功劳	新疆樱桃李	蚬木	广西青梅★↑
峨眉含笑	杜鹃兰	靖西十大功劳	甘肃桃	蝴蝶树	青皮（青梅）
华盖木★	美花兰★	桃儿七	蒙古扁桃	平当树	叠珠树科
香子含笑（香杆含笑）	兰属◎（兔耳兰除外）	星叶草科	矮扁桃（野巴旦、野扁桃）	勐仑翅子树（曾拟移除）	伯乐树（钟萼木）↓

① 注：1999年《名录》原只列入法斗观音座莲、二回原始观音座莲、亨利原始观音座莲。

② 注：小黑桫椤和粗齿桫椤除外。

③ 注：铁坚油杉、云南油杉、油杉除外。1999年《名录》该属只列入台湾油杉、海南油杉、柔毛油杉。

④ 注：1999年《名录》原只列入台湾穗花杉、云南穗花杉，均为Ⅰ级保护。

⑤ 注：1999年《名录》原只列入丹霞梧桐、海南梧桐。

第 344 条 1579

续表

圆叶天女花（圆叶玉兰）	文山红柱兰★	独叶草↓	光核桃	景东翅子树	铁青树科
西康天女花（西康玉兰）	杓兰属◎（离萼杓兰除外）	莲科	政和杏	粗齿梭罗	蒜头果
香木莲	暖地杓兰★	莲	银粉蔷薇	紫椴	瓣鳞花科
大叶木莲	丹霞兰◎	金缕梅科	小檗叶蔷薇	芸香科	瓣鳞花
落叶木莲↓	石斛属◎	山铜材	单瓣月季花	*宜昌橙	柽柳科
大果木莲	曲茎石斛★	长柄双花木	广东蔷薇	*道县野桔	疏花水柏枝
厚叶木莲	霍山石斛★	半枫荷	亮叶月季	*红河橙	沙生柽柳
毛果木莲	原天麻	四药门花	大花香水月季	*莽山野桔	蓝果树科
峨眉拟单性木兰★（曾拟降级）	天麻	银缕梅★（曾拟降级）	中甸刺玫	川黄檗（黄皮树）（曾拟移除）	珙桐▽（+光叶珙桐）★（曾拟珙桐降级）
云南拟单性木兰	手参	*毛茛科	玫瑰	*金豆	喜树（旱莲木）
合果木	西南手参	北京水毛茛	胡颓子科	黄檗（黄菠椤）	云南蓝果树★
单性木兰★	血叶兰	槭叶铁线莲▽	翅果油树	*山橘	*苋科
宝华玉兰	兜兰属◎★	黄连属◎	鼠李科	*富民枳	苞藜
水青树	带叶兜兰	阿丁枫科	小勾儿茶	楝科	阿拉善单刺蓬
*莼菜科	硬叶兜兰	赤水蕈树	榆科	粗树崖摩	*蓼科
莼菜↓	海南鹤顶兰	藤黄科	长序榆	红椿（+毛红椿）	金荞麦
*睡莲科	文山鹤顶兰	金丝李	大叶榉树	木果楝	茅膏菜科
莲	罗氏蝴蝶兰	*双杆藤黄	桑科	无患子科	*貉藻
雪白睡莲	麻栗坡蝴蝶兰	马尾树科	南川木波罗	*韶子	绣球花科
贵州萍逢草	华西蝴蝶兰	马尾树	奶桑	海南假韶子	黄山梅
五味子科	象鼻兰	连香树科	*川桑	爪耳木	蛛网萼
地枫皮	独蒜兰属◎	连香树	*长穗桑	*野生荔枝	五列木科
大果五味子	火焰兰属◎	景天科	荨麻科	*龙眼	猪血木★
肉豆蔻科	钻喙兰	长白红景天	*光叶苎麻	云南金钱槭	山榄科
风吹楠属◎①	大花万代兰	大花红景天	*长叶苎麻	伞花木	滇藏榄
云南肉豆蔻	深圳香荚兰	长鞭红景天	*秋海棠科	掌叶木↓	海南紫荆木
番荔枝科	天门冬科	喜马拉雅红景天	蛛网脉秋海棠	梓叶槭	紫荆木
蕉木	剑叶龙血树	红景天	阳春秋海棠	庙台槭（+羊角槭）	安息香科
文采木（裹瓣亮花木、亮花假鹰爪）	柬埔寨龙血树（海南龙血树）	四裂红景天	黑峰秋海棠（刺秋海棠）	五小叶槭（五小叶枫）	秤锤树属◎（原只列秤锤树）

---

① 注：1999年《名录》原只列入海南风吹楠、滇南风吹楠。

续表

马兜铃科	兰花蕉科	库页红景天	古林箐秋海棠	漾濞槭（漾濞枫）	长果安息香
囊花马兜铃	海南兰花蕉	圣地红景天	古龙山秋海棠	瑞香科	*报春花科
金耳环	云南兰花蕉	唐古红景天	海南秋海棠	土沉香	羽叶点地梅
马蹄香	姜科	粗茎红景天	香港秋海棠	云南沉香	山茶科
腊梅科	海南豆蔻	云南红景天	桦木科	半日花科	圆籽荷
夏腊梅	宽丝豆蔻（拟豆蔻）	小二仙草科	盐桦	*半日花	杜鹃红山茶（杜鹃叶山茶）★
莲叶桐科	细莪术	*乌苏里狐尾藻	金平桦	*柿树科	山茶属茶组◎
莲叶桐	长果姜（曾拟移除）	锁阳科	普陀鹅耳枥★	小萼柿	山茶属金花茶组◎
樟科	茴香砂仁	*锁阳	天台鹅耳枥	川柿	大叶茶（普洱茶）
樟树（香樟）	禾木科	葡萄科	天目铁木★	车前科	大理茶
油丹	酸竹	百花山葡萄★	葫芦科	胡黄连	*猕猴桃科
皱皮油丹	*短芒芨芨草	浙江蘡薁	*野黄瓜	*丰都车前	中华猕猴桃
茶果樟	沙芦草	葵藜科	卫矛科	玄参科	软枣猕猴桃
普陀樟（天竺桂）	*异颖草	四合木	永瓣藤	*长柱玄参	金花猕猴桃
油樟	三刺草	豆科	十齿花	*狸藻科	条叶猕猴桃
卵叶桂	山涧草	沙冬青	斜翼	盾鳞狸藻	大籽猕猴桃
润楠	流苏香竹	紫荆叶羊蹄甲	安神木科	唇形科	杜鹃花科
舟山新木姜子	莎禾	丽豆	膝柄木★	海南石梓（苦梓）	江西杜鹃
楠木	阿拉善披碱草	线苞两型豆	金莲木科	子宫草	井冈山杜鹃
闽楠	黑紫披碱草	花榈木（花梨木）	合柱金莲木↓	保亭花	尾叶杜鹃
浙江楠	短柄披碱草	红豆属◎①	*川苔草科	*列当科	圆叶杜鹃
细叶楠	内蒙披碱草	小叶红豆★	川苔草属◎	草苁蓉	茜草科
孔药楠	紫芒披碱草	冬麻豆◎	川藻属◎（石蔓）	肉苁蓉	绣球茜
泽泻科	新疆披碱草	格木	水石衣	管花肉苁蓉	香果树
拟花蔺	短芒披碱草	山豆根（胡豆莲）	海人树科	呆白菜（崖白菜）	异形玉叶金花★
长喙毛茛泽泻↓	无芒披碱草	绒毛皂荚★↑	海人树	冬青科	丁芮
浮叶慈菇	毛披碱草	野大豆	青钟麻科	扣树	巴戟天
冰沼草科	铁竹★	烟豆	海南大风子	*桔梗科	龙胆科
冰沼草	贡山竹	短绒野大豆	杨柳科	刺萼参	辐花
棕榈科	纪如竹	胀果甘草	额河杨	菊科	夹竹桃科
董棕（曾拟移除）	水禾	甘草（乌拉尔甘草）	钻天柳	画笔菊	富宁藤（曾拟移除）

---

① 注：1999 年《名录》原只列入红豆树、缘毛红豆。

续表

琼棕	内蒙古大麦	浙江马鞍树	大花草科	白菊木	驼峰藤
矮琼棕	青海以礼草	海南黄檀	寄生花	巴朗山雪莲	蛇根木
水椰	青海固沙草	降香（降香黄檀）	千屈菜科	雪兔子	*紫草科
小钩叶藤	稻属◎①	卵叶黄檀	水芫花	雪莲（雪莲花）	橙花破布木
龙棕（曾拟移除）	四川狼尾草	黑黄檀（版纳黑檀）	*细果野菱（野菱）	绵头雪兔子	新疆紫草（软紫草）
百合科	华山新麦草↓	紫檀（青龙木）	尾叶紫薇	水母雪兔子	*茄科
贝母属◎	三蕊草	油楠（蚌壳树）	川黔紫薇	阿尔泰雪莲花	山莨菪
荞麦叶大百合	拟高粱	任豆（任木）	大戟科	革苞菊↓	黑果枸杞
秀丽百合	箭叶大油芒	越南槐（广豆根）	东京桐	博洛塔绢蒿	云南枸杞
绿花百合	中华结缕草	壳斗科	使君子科	忍冬科	木犀科
乳头百合	香蒲科	华南锥（华南栲）	萼翅藤★	七子花	水曲柳
天山百合	无柱黑三棱（北方黑三棱）	西畴青冈	*红榄李★	丁香叶忍冬	天山梣（小叶白蜡）
青岛百合	昆栏树科	台湾水青冈	千果榄仁	匙叶甘松（甘松）	毛柄木犀
郁金香属◎	水青树	三棱栎	苦苣苔科	*伞形科	毛木犀
藜芦科	芍药科	坝王栎（霸王栎）	瑶山苣苔↓	山茴香	*五加科
重楼属◎（北重楼除外）	芍药属牡丹组（牡丹除外）	胡桃科	辐花苣苔★（曾拟降级）	明党参	人参属◎
翡若翠科	卵叶牡丹★	喙核桃	单座苣苔	川明参	华参
芒苞草科（曾拟移除）	紫斑牡丹★	贵州山核桃	秦岭大蝴蝶	阜康阿魏	水鳖科
防己科	白花芍药	石竹科	报春苣苔↓	麝香阿魏	高雄茨藻
藤枣↓	四数木科	金铁锁	野牡丹科	新疆阿魏	拟纤细茨藻
古山龙	四数木	裸果木	*虎颜花	珊瑚菜（北沙参）	水车前属◎②
藻类					
*马尾藻科·砲洲马尾藻		*墨角藻科·鹿角菜		*红翎菜科·珍珠麒麟菜★	念珠藻科·发菜★（曾拟降级）
*马尾藻科·黑叶马尾藻		*巨藻科·昆布		*红翎菜科·耳突卡帕藻	
真菌					
麦角菌科·冬虫夏草		白蘑科·蒙古口蘑		白蘑科·松口蘑（松茸）	块菌科·中华夏块菌

注：本《名录》保护的对象仅指原生地天然生长的珍贵植物和原生地天然生长并具有重要经济、科学研究、文化价值的濒危、稀有植物。

---

① 注：1999年《名录》原只列入药用野生稻、普通野生稻。
② 注：也称海菜花属。1999年《名录》原只列入水菜花。

● 立案标准　最高人民检察院、公安部关于公安机关管辖的刑事案件立案追诉标准的规定（一）（公通字〔2008〕36号，2008年6月25日公布施行）

第70条〔非法采伐、毁坏国家重点保护植物案（刑法第344条）〕　违反国家规定，非法采伐、毁坏珍贵树木或者国家重点保护的其他植物的，应予立案追诉。

本条和本规定第71条规定的"珍贵树木或者国家重点保护的其他植物"，包括由省级以上林业主管部门或者其他部门确定的具有重大历史纪念意义、科学研究价值或者年代久远的古树名木，国家禁止、限制出口的珍贵树木以及列入《国家重点保护野生植物名录》的树木或者其他植物。

第71条〔非法收购、运输、加工、出售国家重点保护植物、国家重点保护植物制品案（刑法第344条）〕　违反国家规定，非法收购、运输、加工、出售珍贵树木或者国家重点保护的其他植物及其制品的，应予立案追诉。

第101条　本规定中的"以上"，包括本数。

第344条之一①　【非法引进、释放、丢弃外来入侵物种罪②】
违反国家规定，非法引进、释放或者丢弃外来入侵物种，情节严重的，处三年以下有期徒刑或者拘役，并处或者单处罚金。

● 条文注释　构成本罪，须满足以下条件：（1）实施了引进、释放、丢弃外来入侵物种的行为；（2）该行为违反了国家规定；（3）情节严重。

"外来入侵物种"，是指原产地在国外、通过自然或人为的途径迁移到我国境内繁殖和扩散，可能会破坏我国景观的自然性和完整性、摧毁我国生态系统、危害我国动植物多样性的生物物种，包括动物物种和植物物种。

本条的"国家规定"主要是指《进出境动植物检疫法》及其实施条例，以及《生物安全法》等。2003年至2016年，原国家环境保护等部门先后发布了4批《中国外来入侵物种名单》（共71种）；2012年2月，原农业部也公布了《国家重点管理外来入侵物种名录（第一批）》；2016年9月，原国家林业局修订发布了《引进陆生野生动物外来物种种类及数量审批管理办法》。

---

① 第344条之一由《刑法修正案（十一）》（2020年12月26日第13届全国人大常委会第24次会议通过，主席令第66号公布）增设，2021年3月1日起施行。
② 注：本罪名由《最高人民法院、最高人民检察院关于执行〈中华人民共和国刑法〉确定罪名的补充规定（七）》（法释〔2021〕2号，最高人民法院审判委员会第1832次会议、最高人民检察院第13届检察委员会第63次会议通过）增设，2021年3月1日执行。

● **相关规定** 【环发〔2003〕11号】 **中国第1批外来入侵物种名单**（国家环保总局2003年1月10日）

紫茎泽兰（解放草、破坏草），薇甘菊，空心莲子草，豚草，毒麦，互花米草，飞机草（香泽兰），凤眼莲（凤眼蓝、水葫芦），假高粱（石茅、阿拉伯高粱），蔗扁蛾（香蕉蛾），湿地松粉蚧（火炬松粉蚧），强大小蠹（红脂大小蠹），美国白蛾（秋幕毛虫、秋幕蛾），非洲大蜗牛（褐云玛瑙螺、东风螺、菜螺、花螺、法国螺），福寿螺（大瓶螺、苹果螺、雪螺），牛蛙（美国青蛙）。

【环发〔2010〕4号】 **中国第2批外来入侵物种名单**（环境保护部2010年1月7日）

一、外来入侵植物名单：

马缨丹（五色梅、如意草），三裂叶豚草（大破布草），大藻（水浮莲），加拿大一枝黄花（黄莺、米兰、幸福花），蒺藜草（野巴夫草），银胶菊，黄顶菊，土荆芥（臭草、杀虫芥、鸭脚草），刺苋（野苋菜（该属统称）、土苋菜、刺刺菜、野勒苋），落葵薯（藤三七、藤子三七、川七、洋落葵）。

二、外来入侵动物名单：桉树枝瘿姬小蜂，稻水象甲（稻水象），红火蚁，克氏原螯虾（小龙虾、淡水小龙虾、喇蛄、红色螯虾），苹果蠹蛾（苹果小卷蛾、苹果食心虫），三叶草斑潜蝇（三叶斑潜蝇），松材线虫，松突圆蚧，椰心叶甲。

【公告〔2014〕57号】 **中国外来入侵物种名单（第3批）**（环境保护部、中国科学院2014年8月15日）

反枝苋（野苋菜），钻形紫菀（钻叶紫菀），三叶鬼针草（粘人草、蟹钳草、对叉草、豆渣草、鬼针草、引线草），小蓬草（加拿大飞蓬、飞蓬、小飞蓬、小白酒菊），苏门白酒草（苏门白酒菊），一年蓬（白顶飞蓬、千层塔、治疟草、野蒿），假臭草（猫腥菊），刺苍耳，圆叶牵牛（牵牛花、喇叭花、紫花牵牛），长刺蒺藜草（草蒺藜），巴西龟，豹纹脂身鲇（清道夫、琵琶鼠、垃圾鱼），红腹锯鲑脂鲤（食人鲳或食人鱼），尼罗罗非鱼（罗非鱼、吴郭鱼、非鲫），红棕象甲，悬铃木方翅网蝽，扶桑绵粉蚧，刺桐姬小蜂。

【公告〔2016〕78号】 **中国自然生态系统外来入侵物种名单（第4批）**（环境保护部、中国科学院2016年12月12日）

长芒苋（绿苋、野苋），垂序商陆（十蕊商陆、美商陆、美洲商陆、美国商陆、洋商陆、见肿消），光荚含羞草（簕仔树、光叶含羞草），五爪金龙（假土瓜藤、黑牵牛、牵牛藤、上竹龙、五爪龙），喀西茄（苦颠茄、苦天茄、刺天茄)、黄花刺茄(刺萼龙葵、刺茄、尖嘴茄)、刺果瓜(刺果藤、棘瓜、单子刺黄瓜、星刺黄瓜)、藿香蓟(胜红蓟)、大狼杷草(接力草、外国脱力草、大花咸丰草、大狼把草)、野燕麦(燕麦草、乌麦、香麦、铃铛麦)、水盾草、食蚊鱼、美洲大蠊(蟑螂、蜚蠊、偷油婆、香娘子、石姜、负盘、滑虫、茶婆虫)、德国小蠊(德国蟑螂、德国姬蠊)、无花果蜡蚧(榕龟蜡蚧、拟叶红蜡蚧、锈红蜡蚧、蔷薇蜡蚧)、枣实蝇、椰子木蛾(黑头履带虫、椰蛀虫、椰子织蛾)、松树蜂(云杉树蜂、辐射松树蜂)。

【公告〔2012〕1897号】 **国家重点管理外来入侵物种名录(第1批)**(农业部2012年2月1日)

节节麦、紫茎泽兰、水花生(空心莲子草)、长芒苋、刺苋、豚草、三裂叶豚草、少花蒺藜草、飞机草、水葫芦(凤眼莲)、黄顶菊、马缨丹、毒麦、薇甘菊、银胶菊、大藻、假臭草、刺萼龙葵、加拿大一枝黄花、假高粱、互花米草、非洲大蜗牛、福寿螺、纳氏锯脂鲤(食人鲳)、牛蛙、巴西龟、螺旋粉虱、桔小实蝇、瓜实蝇、烟粉虱、椰心叶甲、枣实蝇、悬铃木方翅网蝽、苹果蠹蛾、红脂大小蠹、西花蓟马、松突圆蚧、美国白蛾、马铃薯甲虫、桉树枝瘿姬小蜂、美洲斑潜蝇、三叶草斑潜蝇、稻水象甲、扶桑绵粉蚧、刺桐姬小蜂、红棕象甲、红火蚁、松材线虫、香蕉穿孔线虫、尖镰孢古巴专化型4号小种、大豆疫霉病菌、番茄细菌性溃疡病菌。

【主席令〔2020〕56号】 **中华人民共和国生物安全法**(2020年10月17日第13届全国人大常委会第22次会议通过,2021年4月15日施行)

第60条(第3款) 任何单位和个人未经批准,不得擅自引进、释放或者丢弃外来物种。

第81条 违反本法规定,未经批准,擅自引进外来物种的,由县级以上人民政府有关部门根据职责分工,没收引进的外来物种,并处5万元以上25万元以下的罚款。

违反本法规定,未经批准,擅自释放或者丢弃外来物种的,由县级以上人民政府有关部门根据职责分工,责令限期捕回、找回释放或者丢弃的外来物种,处1万元以上5万元以下的罚款。

第345条① 【盗伐林木罪】盗伐森林或者其他林木，数量较大的，处三年以下有期徒刑、拘役或者管制，并处或者单处罚金；数量巨大的，处三年以上七年以下有期徒刑，并处罚金；数量特别巨大的，处七年以上有期徒刑，并处罚金。

【滥伐林木罪】违反森林法的规定，滥伐森林或者其他林木，数量较大的，处三年以下有期徒刑、拘役或者管制，并处或者单处罚金；数量巨大的，处三年以上七年以下有期徒刑，并处罚金。

【非法收购、运输盗伐、滥伐的林木罪】非法收购、运输明知是盗伐、滥伐的林木，情节严重的，处三年以下有期徒刑、拘役或者管制，并处或者单处罚金；情节特别严重的，处三年以上七年以下有期徒刑，并处罚金。

盗伐、滥伐国家级自然保护区内的森林或者其他林木的，从重处罚。

● **条文注释** 第345条适用于采伐《刑法》第344条规定的树种之外的林木。构成第345条各款规定之罪，要求盗伐、滥伐或者非法收购、运输的林木数量较大或情节严重。

这里的"盗伐"，不仅包括盗伐他人所有或承包经营管理的林木，也包括擅自砍伐本人承包的林木。需要注意的是，即使办理了《林木采伐许可证》，如果在规定的地点以外采伐他人所有或承包的林木，也按"盗伐"论处；如果超过规定的数量采伐他人所有的林木，则属于"滥伐"。

如果是砍伐本人所有（非承包）的林木，未办理《林木采伐许可证》，或者未按许可规定的时间、数量、树种或方式砍伐，则属于"滥伐"。需要注意的是，如果林木权属发生争议，那么，在林木权属确权之前，任何一方的砍伐行为都按"滥伐"论处。

上述的"人"，既包括自然人，也包括单位（含国家、集体）。"数量较大"的界定标准，依照"法释〔2000〕36号"解释第4条、第6条的规定。

---

① 第345条是根据2002年12月28日第9届全国人民代表大会常务委员会第31次会议通过的《刑法修正案（四）》（主席令第83号公布，2002年12月28日起施行）而修改；实际上只修改了本条第3款。原第345条第3款的内容为："以牟利为目的，在林区非法收购明知是盗伐、滥伐的林木，情节严重的，处三年以下有期徒刑、拘役或者管制，并处或者单处罚金；情节特别严重的，处三年以上七年以下有期徒刑，并处罚金。"也即删除了"以牟利为目的，在林区"，并增加了"运输"的情形。

第345条第3款规定的非法收购明知（包括知道或者应当知道）是盗伐、滥伐的林木，其实际上是为盗伐、滥伐林木的犯罪销赃的行为。"明知"，以及"情节严重""情节特别严重"的具体界定标准，依照"法释〔2000〕36号"解释第10条、第11条的规定。

根据《森林法》第37条规定：从林区运出木材，必须持有林业主管部门发给的运输证件，国家统一调拨的木材除外。因此，对于无证运输的行为，属于第345条第3款规定的"非法运输"。

根据《自然保护区条例》，第345条第4款规定的"国家级自然保护区"是指在国内外有典型意义，在科学上有重大国际影响或有特殊科学研究价值的，由国家主管机关确认的自然保护区，如湖北神农架国家级自然保护区、四川卧龙国家级自然保护区、江西鄱阳湖国家级自然保护区等。截止到2013年6月5日，全国一共设置了384个国家级自然保护区，分为森林生态、荒漠生态、草原草甸、内陆湿地、海洋海岸、野生植物、野生动物、古生物遗迹、地质遗迹九个类别。

● 相关规定　【法释〔2000〕36号】　最高人民法院关于审理破坏森林资源刑事案件具体应用法律若干问题的解释（2000年11月17日最高人民法院审判委员会第1141次会议通过，2000年11月22日公布，2000年12月11日起施行）

第3条　以非法占有为目的，具有下列情形之一，数量较大的，依照刑法第345条第1款的规定，以盗伐林木罪定罪处罚：

（一）擅自砍伐国家、集体、他人所有或他人承包经营管理的森林或者其他林木的；

（二）擅自砍伐本单位或者本人承包经营管理的森林或者其他林木的；

（三）在林木采伐许可证规定的地点以外采伐国家、集体、他人所有或者他人承包经营管理的森林或者其他林木的。

第4条　盗伐林木"数量较大"，以2至5立方米或者幼树100至200株为起点；盗伐林木"数量巨大"，以20至50立方米或者幼树1000至2000株为起点；盗伐林木"数量特别巨大"，以100至200立方米或者幼树5000至1万株为起点。

第5条　违反森林法的规定，具有下列情形之一，数量较大的，依照刑法第345条第2款的规定，以滥伐林木罪定罪处罚：

（一）未经林业行政主管部门及法律规定的其他主管部门批准并核发林木采伐许可证，或者虽持有林木采伐许可证，但违反林木采伐许可证规定的时间、数量、树种或者方式，任意采伐本单位所有或者本人所有的森林或者其他林木的；

（二）超过林木采伐许可证规定的数量采伐他人所有的森林或者其他林木的。

林木权属争议一方在林木权属确权之前，擅自砍伐森林或者其他林木，数量较大的，以滥伐林木罪论处。

第6条 滥伐林木"数量较大"，以10至20立方米或者幼树500至1000株为起点；滥伐林木"数量巨大"，以50至100立方米或者幼树2500至5000株为起点。

第7条 对于1年内多次盗伐、滥伐少量林木未经处罚的，累计其盗伐、滥伐林木的数量，构成犯罪的，依法追究刑事责任。

第8条 盗伐、滥伐珍贵树木，同时触犯刑法第344条、第345条规定的，依照处罚较重的规定定罪处罚。

第10条 刑法第345条规定的"非法收购明知是盗伐、滥伐的林木"中的"明知"，是指知道或者应当知道。具有下列情形之一的，可以视为应当知道，但是有证据证明确属被蒙骗的除外：

（一）在非法的木材交易场所或者销售单位收购木材的；

（二）收购以明显低于市场价格出售的木材的；

（三）收购违反规定出售的木材的。

第11条 具有下列情形之一的，属于在林区非法收购盗伐、滥伐的林木"情节严重"：[1]

（一）非法收购盗伐、滥伐的林木20立方米以上或者幼树1000株以上的；

（二）非法收购盗伐、滥伐的珍贵树木2立方米以上或者5株以上的；

（三）其他情节严重的情形。

具有下列情形之一的，属于在林区非法收购盗伐、滥伐的林木"情节特别严重"：

（一）非法收购盗伐、滥伐的林木100立方米以上或者幼树5000株以上的；

（二）非法收购盗伐、滥伐的珍贵树木5立方米以上或者10株以上的；

（三）其他情节特别严重的情形。

第16条 单位犯刑法第344条、第345条规定之罪，定罪量刑标准按照本解释的规定执行。

第17条 本解释规定的林木数量以立木蓄积计算，计算方法为：原木材积除以该树种的出材率。

---

[1] 注：本条规定的原意是解释《刑法》第345条第3款。但因为法条的竞合关系，根据特别法优于一般法的原则，本条第1款第2项及第2款第2项规定的情形，应当适用《刑法》第344条的规定。

另，2002年12月28日《刑法修正案（四）》施行后，"非法收购、运输明知是盗伐、滥伐的林木"不再限制"在林区"。

本解释所称"幼树",是指胸径5厘米以下的树木。

滥伐林木的数量,应在伐区调查设计允许的误差额以上计算。

第18条 盗伐、滥伐以生产竹材为主要目的的竹林的定罪量刑问题,有关省、自治区、直辖市高级人民法院可以参照上述规定的精神,规定本地区的具体标准,并报最高人民法院备案。

第19条 各省、自治区、直辖市高级人民法院可以根据本地区的实际情况,在本解释第4条、第6条规定的数量幅度内,确定本地区执行的具体数量标准,并报最高人民法院备案。

【法释〔2004〕3号】 最高人民法院关于在林木采伐许可证规定的地点以外采伐本单位或者本人所有的森林或者其他林木的行为如何适用法律问题的批复(2004年3月23日最高人民法院审判委员会第1312次会议通过,2004年3月26日公布,2004年4月1日起施行)

违反森林法的规定,在林木采伐许可证规定的地点以外,采伐本单位或者本人所有的森林或者其他林木的,除农村居民采伐自留地和房前屋后个人所有的零星林木以外,属于《最高人民法院关于审理破坏森林资源刑事案件具体应用法律若干问题的解释》第5条第1款第(一)项"未经林业行政主管部门及法律规定的其他主管部门批准并核发林木采伐许可证"规定的情形,数量较大的,应当依照刑法第345条第2款的规定,以滥伐林木罪定罪处罚。

【法研〔2007〕144号】 最高人民法院研究室关于非法运输盗伐滥伐林木罪定罪量刑标准的答复(2007年12月12日答复国家森林林业局"林公刑〔2007〕58号"请示)①

对于非法运输盗伐、滥伐的林木的行为,应当适用《最高人民法院关于审理破坏森林资源刑事案件具体应用法律若干问题的解释》第11条规定的非法收购盗伐、滥伐林木罪的定罪量刑标准执行。

【法释〔2020〕2号】 最高人民法院、最高人民检察院关于适用《中华人民共和国刑法》第三百四十四条有关问题的批复(2019年11月19日最高人民法院审判委员会第1783次会议、2020年1月13日最高人民检察院第13届检察委员会第32次会议通过,2020年3月19日公布,2020年3月21日起施行)

二、根据《中华人民共和国野生植物保护条例》的规定,野生植物限于原

---

① 注:国家林业局森林公安局2008年1月8日"林公刑〔2008〕3号"《通知》将该答复转发至全国森林公安系统。

生地天然生长的植物。人工培育的植物，除古树名木外，不属于刑法第344条规定的"珍贵树木或者国家重点保护的其他植物"。非法采伐、毁坏或者非法收购、运输人工培育的植物（古树名木除外），构成盗伐林木罪、滥伐林木罪、非法收购、运输盗伐、滥伐的林木罪等犯罪的，依照相关规定追究刑事责任。

【法复〔1993〕5号】 最高人民法院关于滥伐自己所有权的林木其林木应如何处理的问题的批复（1993年7月24日答复吉林省高级人民法院请示）

属于个人所有的林木，也是国家森林资源的一部分。被告人滥伐属于自己所有权的林木，构成滥伐林木罪的，其行为已违反国家保护森林法规，破坏了国家的森林资源，所滥伐的林木即不再是个人的合法财产，而应当作为犯罪分子违法所得的财物，依照刑法第60条①的规定予以追缴。

● **立案标准** 最高人民检察院、公安部关于公安机关管辖的刑事案件立案追诉标准的规定（一）（公通字〔2008〕36号，2008年6月25日公布施行）

第72条 ［盗伐林木案（刑法第345条第1款）］ 盗伐森林或者其他林木，涉嫌下列情形之一的，应予立案追诉：

（一）盗伐2至5立方米以上的；

（二）盗伐幼树100至200株以上的。

以非法占有为目的，具有下列情形之一的，属于本条规定的"盗伐森林或者其他林木"：

（一）擅自砍伐国家、集体、他人所有或者他人承包经营管理的森林或者其他林木的；

（二）擅自砍伐本单位或者本人承包经营管理的森林或者其他林木的；

（三）在林木采伐许可证规定的地点以外采伐国家、集体、他人所有或者他人承包经营管理的森林或者其他林木的。

本条和本规定第73条、第74条规定的林木数量以立木蓄积计算，计算方法为：原木材积除以该树种的出材率；"幼树"，是指胸径5厘米以下的树木。

第73条 ［滥伐林木案（刑法第345条第2款）］ 违反森林法的规定，滥伐森林或者其他林木，涉嫌下列情形之一的，应予立案追诉：

（一）滥伐10至20立方米以上的；

（二）滥伐幼树500至1000株以上的。

违反森林法的规定，具有下列情形之一的，属于本条规定的"滥伐森林或

---

① 注：此处为1979年《刑法》第60条，其规定内容对应现行《刑法》第64条。

者其他林木"：

（一）未经林业行政主管部门及法律规定的其他主管部门批准并核发林木采伐许可证，或者虽持有林木采伐许可证，但违反林木采伐许可证规定的时间、数量、树种或者方式，任意采伐本单位所有或者本人所有的森林或者其他林木的；

（二）超过林木采伐许可证规定的数量采伐他人所有的森林或者其他林木的。

违反森林法的规定，在林木采伐许可证规定的地点以外，采伐本单位或者本人所有的森林或者其他林木的，除农村居民采伐自留地和房前屋后个人所有的零星林木以外，属于本条第2款第（一）项"未经林业行政主管部门及法律规定的其他主管部门批准并核发林木采伐许可证"规定的情形。

林木权属争议一方在林木权属确权之前，擅自砍伐森林或者其他林木的，属于本条规定的"滥伐森林或者其他林木"。

滥伐林木的数量，应在伐区调查设计允许的误差额以上计算。

第74条 [非法收购、运输盗伐、滥伐的林木案（刑法第345条第3款）]

非法收购、运输明知是盗伐、滥伐的林木，涉嫌下列情形之一的，应予立案追诉：

（一）非法收购、运输盗伐、滥伐的林木20立方米以上或者幼树1000株以上的；

（二）其他情节严重的情形。

本条规定的"非法收购"的"明知"，是指知道或者应当知道。具有下列情形之一的，可以视为应当知道，但是有证据证明确属被蒙骗的除外：

（一）在非法的木材交易场所或者销售单位收购木材的；

（二）收购以明显低于市场价格出售的木材的；

（三）收购违反规定出售的木材的。

第101条 本规定中的"以上"，包括本数。

● 指导案例 【法〔2021〕286号】 最高人民法院第31批指导性案例（2021年12月1日）

（指导案例172号）秦家学滥伐林木刑事附带民事公益诉讼案

裁判要点：1. 人民法院确定被告人森林生态环境修复义务时，可以参考专家意见及林业规划设计单位、自然保护区主管部门等出具的专业意见，明确履行修复义务的树种、树龄、地点、数量、存活率及完成时间等具体要求。

2. 被告人自愿交纳保证金作为履行生态环境修复义务担保的，人民法院可以将该情形作为从轻量刑情节。

第 346 条　【单位犯破坏环境资源保护罪的处罚规定】 单位犯本节第三百三十八条至第三百四十五条规定之罪的，对单位判处罚金，并对其直接负责的主管人员和其他直接责任人员，依照本节各该条的规定处罚。

● **条文注释**　根据第 346 条的规定，本节所有的犯罪行为都存在单位犯罪，并且对单位犯罪行为都实行"双罚制"原则，即对单位判处罚金，并对其直接负责的主管人员和其他直接责任人员，依照各条的规定处罚。

对单位罚金数额的具体标准，目前尚没有法律法规或司法解释进行统一规定；在司法实践中，一般按对个人罚金数额的 3 倍至 5 倍掌握。

第七节　走私、贩卖、运输、制造毒品罪

第 347 条　【走私、贩卖、运输、制造毒品罪】 走私、贩卖、运输、制造毒品，无论数量多少，都应当追究刑事责任，予以刑事处罚。

走私、贩卖、运输、制造毒品，有下列情形之一的，处十五年有期徒刑、无期徒刑或者死刑，并处没收财产：

（一）走私、贩卖、运输、制造鸦片一千克以上、海洛因或者甲基苯丙胺五十克以上或者其他毒品数量大的；

（二）走私、贩卖、运输、制造毒品集团的首要分子；

（三）武装掩护走私、贩卖、运输、制造毒品的；

（四）以暴力抗拒检查、拘留、逮捕，情节严重的；

（五）参与有组织的国际贩毒活动的。

走私、贩卖、运输、制造鸦片二百克以上不满一千克、海洛因或者甲基苯丙胺十克以上不满五十克或者其他毒品数量较大的，处七年以上有期徒刑，并处罚金。

走私、贩卖、运输、制造鸦片不满二百克、海洛因或者甲基苯丙胺不满十克或者其他少量毒品的,处三年以下有期徒刑、拘役或者管制,并处罚金;情节严重的,处三年以上七年以下有期徒刑,并处罚金。

单位犯第二款、第三款、第四款罪的,对单位判处罚金,并对其直接负责的主管人员和其他直接责任人员,依照各该款的规定处罚。

利用、教唆未成年人走私、贩卖、运输、制造毒品,或者向未成年人出售毒品的,从重处罚。

对多次走私、贩卖、运输、制造毒品,未经处理的,毒品数量累计计算。

第348条 【非法持有毒品罪】 非法持有鸦片一千克以上、海洛因或者甲基苯丙胺五十克以上或者其他毒品数量大的,处七年以上有期徒刑或者无期徒刑,并处罚金;非法持有鸦片二百克以上不满一千克、海洛因或者甲基苯丙胺十克以上不满五十克或者其他毒品数量较大的,处三年以下有期徒刑、拘役或者管制,并处罚金;情节严重的,处三年以上七年以下有期徒刑,并处罚金。

● **条文注释** 第347条、第348条是对走私、贩卖、运输、制造、非法持有毒品等相关犯罪行为的处罚规定以及毒品数量的计量规定。

第347条是针对走私、贩卖、运输、制造毒品犯罪行为的定罪量刑和加重情节规定。只要实施了上述行为,"无论数量多少",一律定罪科刑。这是刑法所有条款中唯一明确规定的行为犯,并且按照从重刑到轻刑的量刑档次顺序例举,体现了我国从严打击毒品犯罪的决心和力度。这里的"走私"毒品是指携带、运输、邮寄毒品非法进出国、边境;"贩卖"毒品包括非法销售(批发、零售)毒品,也包括以贩卖为目的收买毒品;"运输"毒品是指利用飞机、火车、汽车、轮船等交通工具或随身携带,将毒品从这一地点运往另一地点;"制造"毒品是指非法从毒品原植物中提炼毒品或者利用化学分解、合成等方法制成毒品。

第348条规定的"非法持有毒品"是指除依照国家有关规定生产、经营、管理、运输、使用麻醉药品、精神药品的以外而持有毒品。"持有"应作广义理解,凡行为人可以控制和自由支配毒品的方式,均属于持有,比如暗藏于自己家中，或者委托他人代为收藏，或者随身携带，或者置于车船之内，等等。

第 347 条、第 348 条规定的"其他毒品"的范围和数量界定，依照"法释〔2016〕8 号"《解释》的相关规定。对于其他没有明确定罪量刑标准的毒品，在司法实践中，其立案追诉标准主要是参照国家食品药品监督管理局药品安全监管司 2004 年 10 月制定的《非法药物折算表》折算成海洛因数量后，再适用刑罚。但该折算表只规定了 156 种麻醉药品、精神药品与海洛因的折算标准，对我国国内生产并已出现滥用的其他种类的麻醉药品和精神药品则没有相应的折算标准。

需要注意的是：

（1）贩毒者运输毒品的，应按照贩卖毒品定罪；贩毒集团或者共同犯罪中分工负责运输毒品的，应按照集团犯罪、共同犯罪的罪名定罪。

（2）对于被查获的非法持有毒品者，首先应当尽力调查犯罪事实，如果经查证是以走私、贩卖毒品为目的而非法持有毒品的，应当以走私、贩卖毒品罪定罪量刑。只有在确实难以查实犯罪分子走私、贩卖毒品证据的情况下，才能适用第 348 条的规定。

● **相关规定　最高人民法院研究室关于如何处理边民出境种植罂粟问题的答复**（1995 年 8 月 2 日答复全国禁毒工作领导小组办公室《关于处理边民出境种植罂粟的批复（征求意见稿）》）[1]

根据刑法第 3 条[2]的规定，对于外国边民入境非法种植罂粟构成犯罪的，应当依照《全国人民代表大会常务委员会关于禁毒的决定》（以下简称《决定》）第 6 条[3]的规定追究刑事责任；对于我国边民出境非法种植罂粟，如果查明其又以非法种植的罂粟为原料制造毒品的，应当根据《决定》第 13 条[4]的规定，以制造毒品罪追究刑事责任。

【公禁毒〔2002〕434 号】　公安部禁毒局关于非法制造贩卖安钠咖立案问题的答复（2002 年 11 月 5 日答复甘肃省公安厅禁毒处请示）

安钠咖属于《刑法》规定的毒品。根据《刑法》第 347 条第 1 款的规定，贩卖、制造毒品，无论数量多少，都应当追究刑事责任，予以刑事处罚。因此，

---

[1] 注：该《答复》一直未被废止，且未与其他规定相冲突，应视为继续有效。
[2] 注：1979 年刑法第 3 条的内容对应现《刑法》第 6 条。
[3] 注：《全国人民代表大会常务委员会关于禁毒的决定》第 6 条的内容对应现《刑法》第 351 条。
[4] 注：《全国人民代表大会常务委员会关于禁毒的决定》第 13 条的内容对应现《刑法》第 7-9 条。

对于非法制造、贩卖安钠咖的,不论查获的数量多少,公安机关都应当按照非法制造、贩卖毒品罪立案侦查。

【公通字〔2007〕84号】 最高人民法院、最高人民检察院、公安部办理毒品犯罪案件适用法律若干问题的意见（2007年12月18日）

一、关于毒品犯罪案件的管辖问题

根据刑事诉讼法的规定,毒品犯罪案件的地域管辖,应当坚持以犯罪地管辖为主、被告人居住地管辖为辅的原则。

"犯罪地"包括犯罪预谋地,毒资筹集地,交易进行地,毒品生产地,毒资、毒赃和毒品的藏匿地、转移地,走私或者贩运毒品的目的地以及犯罪嫌疑人被抓获地①等。

"被告人居住地"包括被告人常住地、户籍地及其临时居住地。

对怀孕、哺乳期妇女走私、贩卖、运输毒品案件,查获地公安机关认为移交其居住地管辖更有利于采取强制措施和查清犯罪事实的,可以报请共同的上级公安机关批准,移送犯罪嫌疑人居住地公安机关办理,查获地公安机关应继续配合。

公安机关对侦办跨区域毒品犯罪案件的管辖权有争议的,应本着有利于查清犯罪事实,有利于诉讼,有利于保障案件侦查安全的原则,认真协商解决。经协商无法达成一致的,报共同的上级公安机关指定管辖。对即将侦查终结的跨省（自治区、直辖市）重大毒品案件,必要时可由公安部商最高人民法院和最高人民检察院指定管辖。

为保证及时结案,避免超期羁押,人民检察院对于公安机关移送审查起诉的案件,人民法院对于已进入审判程序的案件,被告人及其辩护人提出管辖异议或者办案单位发现没有管辖权的,受案人民检察院、人民法院经审可以依法报请上级人民检察院、人民法院指定管辖,不再自行移送有管辖权的人民检察院、人民法院。

二、关于毒品犯罪嫌疑人、被告人主观明知的认定问题

走私、贩卖、运输、非法持有毒品主观故意中的"明知",是指行为人知道或者应当知道所实施的行为是走私、贩卖、运输、非法持有毒品行为。具有下列情形之一,并且犯罪嫌疑人、被告人不能做出合理解释的,可以认定其"应当知道",但有证据证明确属被蒙骗的除外:（一）执法人员在口岸、机场、车

---

① 注:为打击毒品犯罪,便于办案,本处将"目的地"（不仅仅是结果发生地）和"被抓获地"解释为"犯罪地",值得商榷。另,"大连会议纪要"（法〔2008〕324号）第11条关于毒品犯罪的地域管辖,已经删除了"被抓获地",应当注意。

站、港口和其他检查站检查时,要求行为人申报为他人携带的物品和其他疑似毒品物,并告知其法律责任,而行为人未如实申报,在其所携带的物品内查获毒品的;(二)以伪报、藏匿、伪装等蒙蔽手段逃避海关、边防等检查,在其携带、运输、邮寄的物品中查获毒品的;(三)执法人员检查时,有逃跑、丢弃携带物品或逃避、抗拒检查等行为,在其携带或丢弃的物品中查获毒品的;(四)体内藏匿毒品的;(五)为获取不同寻常的高额或不等值的报酬而携带、运输毒品的;(六)采用高度隐蔽的方式携带、运输毒品的;(七)采用高度隐蔽的方式交接毒品,明显违背合法物品惯常交接方式的;(八)其他有证据足以证明行为人应当知道的。

三、关于办理氯胺酮等毒品案件定罪量刑标准问题

(一)走私、贩卖、运输、制造、非法持有下列毒品,应当认定为刑法第347条第2款第(一)项、第348条规定的"其他毒品数量大":1. 二亚甲基双氧安非他明(MDMA)等苯丙胺类毒品(甲基苯丙胺除外)100克以上;2. 氯胺酮、美沙酮1千克以上[①];3. 三唑仑、安眠酮50千克以上;4. 氯氮䓬、艾司唑仑、地西泮、溴西泮500千克以上;5. 上述毒品以外的其他毒品数量大的。

(二)走私、贩卖、运输、制造、非法持有下列毒品,应当认定为刑法第347条第3款、第348条规定的"其他毒品数量较大":1. 二亚甲基双氧安非他明(MDMA)等苯丙胺类毒品(甲基苯丙胺除外)20克以上不满100克的;2. 氯胺酮、美沙酮200克以上不满1千克的[②];3. 三唑仑、安眠酮10千克以上不满50千克的;4. 氯氮䓬、艾司唑仑、地西泮、溴西泮100千克以上不满500千克的;5. 上述毒品以外的其他毒品数量较大的。

(三)走私、贩卖、运输、制造下列毒品,应当认定为刑法第347条第4款规定的"其他少量毒品":1. 二亚甲基双氧安非他明(MDMA)等苯丙胺类毒品(甲基苯丙胺除外)不满20克的;2. 氯胺酮、美沙酮不满200克的[③];3. 三唑仑、安眠酮不满10千克的;4. 氯氮䓬、艾司唑仑、地西泮、溴西泮不满100

---

① 注:根据《最高人民法院关于审理毒品犯罪案件适用法律若干问题的解释》(法释〔2016〕8号,2016年4月11日施行)第1条第1款第(七)项的规定,氯胺酮"数量大"的认定标准被改为500克以上。

② 注:根据《最高人民法院关于审理毒品犯罪案件适用法律若干问题的解释》(法释〔2016〕8号,2016年4月11日施行)第2条第(七)项的规定,氯胺酮"数量较大"的认定标准被改为100克以上不满500克。

③ 注:根据《最高人民法院关于审理毒品犯罪案件适用法律若干问题的解释》(法释〔2016〕8号,2016年4月11日施行)第2条第(七)项的规定,氯胺酮"数量大""数量较大""少量"的认定标准分别被改为500克以上、100克以上不满500克、不满100克。

千克的；5. 上述毒品以外的其他少量毒品的。

（四）上述毒品品种包括其盐和制剂。毒品鉴定结论中毒品品名的认定应当以国家食品药品监督管理局、公安部、卫生部最新发布的《麻醉药品品种目录》、《精神药品品种目录》为依据。

四、关于死刑案件的毒品含量鉴定问题

可能判处死刑的毒品犯罪案件，毒品鉴定结论中应有含量鉴定的结论。

【法〔2008〕324号】　全国部分法院审理毒品犯罪案件工作座谈会纪要（2008年9月23日至24日在大连召开，最高法2008年12月1日印发；替代法〔2000〕42号《全国法院审理毒品犯罪案件工作座谈会纪要》）

一、毒品案件的罪名确定和数量认定问题

刑法第347条规定的走私、贩卖、运输、制造毒品罪是选择性罪名，对同一宗毒品实施了2种以上犯罪行为并有相应确凿证据的，应当按照所实施的犯罪行为的性质并列确定罪名，毒品数量不重复计算，不实行数罪并罚。对同一宗毒品可能实施了2种以上犯罪行为，但相应证据只能认定其中一种或者几种行为，认定其他行为的证据不够确实充分的，则只按照依法能够认定的行为的性质定罪。如涉嫌为贩卖而运输毒品，认定贩卖的证据不够确实充分的，则只定运输毒品罪。对不同宗毒品分别实施了不同种犯罪行为的，应对不同行为并列确定罪名，累计毒品数量，不实行数罪并罚。对被告人1人走私、贩卖、运输、制造两种以上毒品的，不实行数罪并罚，量刑时可综合考虑毒品的种类、数量及危害，依法处理。

罪名不以行为实施的先后、毒品数量或者危害大小排列，一律以刑法条文规定的顺序表述。如对同一宗毒品制造后又走私的，以走私、制造毒品罪定罪。下级法院在判决中确定罪名不准确的，上级法院可以减少选择性罪名中的部分罪名或者改动罪名顺序，在不加重原判刑罚的情况下，也可以改变罪名，但不得增加罪名。

对于吸毒者实施的毒品犯罪，在认定犯罪事实和确定罪名时要慎重。吸毒者在购买、运输、存储毒品过程中被查获的，如没有证据证明其是为了实施贩卖等其他毒品犯罪行为，毒品数量未超过刑法第348条规定的最低数量标准的，一般不定罪处罚；查获毒品数量达到较大以上的，应以其实际实施的毒品犯罪行为定罪处罚[1]。

---

[1] 注：《全国法院毒品犯罪审判工作座谈会纪要》（法〔2015〕129号）第二部分之（一）"罪名认定问题"第2款对该规定进行了修改，降低了将吸毒者运输毒品的行为认定为运输毒品罪的门槛。即：对吸毒者运输毒品的行为，直接以数量较大标准作为区分运输毒品罪与非罪的界限，而无需证明其是为了实际实施贩卖等其他毒品犯罪行为，也不再另行设置更高的"合理吸食量"标准。

对于以贩养吸的被告人，其被查获的毒品数量应认定为其犯罪的数量，但量刑时应考虑被告人吸食毒品的情节，酌情处理；被告人购买了一定数量的毒品后，部分已被其吸食的，应当按能够证明的贩卖数量及查获的毒品数量认定其贩毒的数量，已被吸食部分不计入在内。①

有证据证明行为人不以牟利为目的，为他人代购仅用于吸食的毒品，毒品数量超过刑法第 348 条规定的最低数量标准的，对托购者、代购者应以非法持有毒品罪定罪②。代购者从中牟利，变相加价贩卖毒品的，对代购者应以贩卖毒品罪定罪。明知他人实施毒品犯罪而为其居间介绍、代购代卖的，无论是否牟利，都应以相关毒品犯罪的共犯论处。

盗窃、抢夺、抢劫毒品的，应当分别以盗窃罪、抢夺罪或者抢劫罪定罪，但不计犯罪数额，根据情节轻重予以定罪量刑。盗窃、抢夺、抢劫毒品后又实施其他毒品犯罪的，对盗窃罪、抢夺罪、抢劫罪和所犯的具体毒品犯罪分别定罪，依法数罪并罚。走私毒品，又走私其他物品构成犯罪的，以走私毒品罪和其所犯的其他走私罪分别定罪，依法数罪并罚。

二、毒品犯罪的死刑适用问题

审理毒品犯罪案件，应当切实贯彻宽严相济的刑事政策，突出毒品犯罪的打击重点。必须依法严惩毒枭、职业毒犯、再犯、累犯、惯犯、主犯等主观恶性深、人身危险性大、危害严重的毒品犯罪分子，以及具有将毒品走私入境、多次、大量或者向多人贩卖，诱使多人吸毒，武装掩护、暴力抗拒检查、拘留或者逮捕，或者参与有组织的国际贩毒活动等情节的毒品犯罪分子。对其中罪行极其严重依法应当判处死刑的，必须坚决依法判处死刑。

毒品数量是毒品犯罪案件量刑的重要情节，但不是唯一情节。对被告人量刑时，特别是在考虑是否适用死刑时，应当综合考虑毒品数量、犯罪情节、危

---

① 注：《全国法院毒品犯罪审判工作座谈会纪要》（法〔2015〕129 号）第二部分之（三）"毒品数量认定问题"第 3 款对该规定进行了修改，一是改变了适用主体，将"法〔2008〕324 号"《纪要》规定的"以贩养吸"被告人修改为"有吸毒情节的贩毒人员"，以便于认定。二是改变了认定原则，即，对于有吸毒情节的贩毒人员，一般应当将其购买的毒品数量（而不是被查获的毒品数量）全部认定为其贩卖的毒品数量，并据此确定适用的法定刑幅度，只在量刑时酌情考虑其吸食毒品的情节。三是提高了证明标准，对于不计入贩毒数量的例外情形，必须是"确有证据证明"，高于"法〔2008〕324 号"《纪要》要求的证明标准。

② 注：《全国法院毒品犯罪审判工作座谈会纪要》（法〔2015〕129 号）第二部分之（一）"罪名认定问题"第 3 款对该情形的规定如下：行为人为吸毒者代购毒品，在运输过程中被查获，没有证据证明托购者、代购者是为了实施贩卖毒品等其他犯罪，毒品数量达到较大以上的，对托购者、代购者以运输毒品罪的共犯论处。

害后果、被告人的主观恶性、人身危险性以及当地禁毒形势等各种因素，做到区别对待。近期，审理毒品犯罪案件掌握的死刑数量标准，应当结合本地毒品犯罪的实际情况和依法惩治、预防毒品犯罪的需要，并参照最高人民法院复核的毒品死刑案件的典型案例，恰当把握。量刑既不能只片面考虑毒品数量，不考虑犯罪的其他情节，也不能只片面考虑其他情节，而忽视毒品数量。

对虽然已达到实际掌握的判处死刑的毒品数量标准，但是具有法定、酌定从宽处罚情节的被告人，可以不判处死刑；反之，对毒品数量接近实际掌握的判处死刑的数量标准，但具有从重处罚情节的被告人，也可以判处死刑。毒品数量达到实际掌握的死刑数量标准，既有从重处罚情节，又有从宽处罚情节的，应当综合考虑各方面因素决定刑罚，判处死刑立即执行应当慎重。

具有下列情形之一的，可以判处被告人死刑：(1) 具有毒品犯罪集团首要分子、武装掩护毒品犯罪、暴力抗拒检查、拘留或者逮捕、参与有组织的国际贩毒活动等严重情节的；(2) 毒品数量达到实际掌握的死刑数量标准，并具有毒品再犯、累犯，利用、教唆未成年人走私、贩卖、运输、制造毒品，或者向未成年人出售毒品等法定从重处罚情节的；(3) 毒品数量达到实际掌握的死刑数量标准，并具有多次走私、贩卖、运输、制造毒品，向多人贩毒，在毒品犯罪中诱使、容留多人吸毒，在戒毒监管场所贩毒，国家工作人员利用职务便利实施毒品犯罪，或者职业犯、惯犯、主犯等情节的；(4) 毒品数量达到实际掌握的死刑数量标准，并具有其他从重处罚情节的；(5) 毒品数量超过实际掌握的死刑数量标准，且没有法定、酌定从轻处罚情节的。

毒品数量达到实际掌握的死刑数量标准，具有下列情形之一的，可以不判处被告人死刑立即执行：(1) 具有自首、立功等法定从宽处罚情节的；(2) 已查获的毒品数量未达到实际掌握的死刑数量标准，到案后坦白尚未被司法机关掌握的其他毒品犯罪，累计数量超过实际掌握的死刑数量标准的；(3) 经鉴定毒品含量极低，掺假之后的数量才达到实际掌握的死刑数量标准的，或者有证据表明可能大量掺假但因故不能鉴定的；(4) 因特情引诱毒品数量才达到实际掌握的死刑数量标准的；(5) 以贩养吸的被告人，被查获的毒品数量刚达到实际掌握的死刑数量标准的；(6) 毒品数量刚达到实际掌握的死刑数量标准，确属初次犯罪即被查获，未造成严重危害后果的；(7) 共同犯罪毒品数量刚达到实际掌握的死刑数量标准，但各共同犯罪人作用相当，或者责任大小难以区分的；(8) 家庭成员共同实施毒品犯罪，其中起主要作用的被告人已被判处死刑立即执行，其他被告人罪行相对较轻的；(9) 其他不是必须判处死刑立即执行的。

有些毒品犯罪案件，往往由于毒品、毒资等证据已不存在，导致审查证据和认定事实困难。在处理这类案件时，只有被告人的口供与同案其他被告人供述吻合，并且完全排除诱供、逼供、串供等情形，被告人的口供与同案被告人的供述才可以作为定案的证据。仅有被告人口供与同案被告人供述作为定案证据的，对被告人判处死刑立即执行要特别慎重。

三、运输毒品罪的刑罚适用问题

对于运输毒品犯罪，要注意重点打击指使、雇佣他人运输毒品的犯罪分子和接应、接货的毒品所有者、买家或者卖家。对于运输毒品犯罪集团首要分子，组织、指使、雇佣他人运输毒品的主犯或者毒枭、职业毒犯、毒品再犯，以及具有武装掩护、暴力抗拒检查、拘留或者逮捕、参与有组织的国际毒品犯罪、以运输毒品为业、多次运输毒品或者其他严重情节的，应当按照刑法、有关司法解释和司法实践实际掌握的数量标准，从严惩处，依法应判处死刑的必须坚决判处死刑。

毒品犯罪中，单纯的运输毒品行为具有从属性、辅助性特点，且情况复杂多样。部分涉案人员系受指使、雇佣的贫民、边民或者无业人员，只是为了赚取少量运费而为他人运输毒品，他们不是毒品的所有者、买家或者卖家，与幕后的组织、指使、雇佣者相比，在整个毒品犯罪环节中处于从属、辅助和被支配地位，所起作用和主观恶性相对较小，社会危害性也相对较小。因此，对于运输毒品犯罪中的这部分人员，在量刑标准的把握上，应当与走私、贩卖、制造毒品和前述具有严重情节的运输毒品犯罪分子有所区别，不应单纯以涉案毒品数量的大小决定刑罚适用的轻重。

对有证据证明被告人确属受人指使、雇佣参与运输毒品犯罪，又系初犯、偶犯的，可以从轻处罚，即使毒品数量超过实际掌握的死刑数量标准，也可以不判处死刑立即执行。

毒品数量超过实际掌握的死刑数量标准，不能证明被告人系受人指使、雇佣参与运输毒品犯罪的，可以依法判处重刑直至死刑。

涉嫌为贩卖而自行运输毒品，由于认定贩卖毒品的证据不足，因而认定为运输毒品罪的，不同于单纯的受指使为他人运输毒品行为，其量刑标准应当与单纯的运输毒品行为有所区别。

四、制造毒品的认定与处罚问题

鉴于毒品犯罪分子制造毒品的手段复杂多样、不断翻新，采用物理方法加工、配制毒品的情况大量出现，有必要进一步准确界定制造毒品的行为、方法。制造毒品不仅包括非法用毒品原植物直接提炼和用化学方法加工、配制毒品的行为，也包括以改变毒品成分和效用为目的，用混合等物理方法加工、配制毒品的行为,如将甲基苯丙胺或者其他苯丙胺类毒品与其他毒品混合成麻古或者摇头丸。为便于隐蔽运输、销售、使用、欺骗购买者,或者为了增重,对毒品掺杂使假,添加或者去除其他非毒品物质,不属于制造毒品的行为。

已经制成毒品,达到实际掌握的死刑数量标准的,可以判处死刑;数量特别巨大的,应当判处死刑。已经制造出粗制毒品或者半成品的,以制造毒品罪的既遂论处。购进制造毒品的设备和原材料,开始着手制造毒品,但尚未制造出粗制毒品或者半成品的,以制造毒品罪的未遂论处。

五、毒品含量鉴定和混合型、新类型毒品案件处理问题

鉴于大量掺假毒品和成分复杂的新类型毒品不断出现,为做到罪刑相当、罚当其罪,保证毒品案件的审判质量,并考虑目前毒品鉴定的条件和现状,对可能判处被告人死刑的毒品犯罪案件,应当根据最高人民法院、最高人民检察院、公安部2007年12月颁布的《办理毒品犯罪案件适用法律若干问题的意见》,作出毒品含量鉴定;对涉案毒品可能大量掺假或者系成分复杂的新类型毒品的,亦应当作出毒品含量鉴定。

对于含有2种以上毒品成分的毒品混合物,应进一步作成分鉴定,确定所含的不同毒品成分及比例。对于毒品中含有海洛因、甲基苯丙胺的,应以海洛因、甲基苯丙胺分别确定其毒品种类;不含海洛因、甲基苯丙胺的,应以其中毒性较大的毒品成分确定其毒品种类;如果毒性相当或者难以确定毒性大小的,以其中比例较大的毒品成分确定其毒品种类,并在量刑时综合考虑其他毒品成分、含量和全案所涉毒品数量。对于刑法、司法解释等已规定了量刑数量标准的毒品,按照刑法、司法解释等规定适用刑罚;对于刑法、司法解释等没有规定量刑数量标准的毒品,有条件折算为海洛因的,参照国家食品药品监督管理局制定的《非法药物折算表》,折算成海洛因的数量后适用刑罚。

对于国家管制的精神药品和麻醉药品,刑法、司法解释等尚未明确规定量刑数量标准,也不具备折算条件的,应由有关专业部门确定涉案毒品毒效的大小、有毒成分的多少、吸毒者对该毒品的依赖程度,综合考虑其致瘾癖性、戒断性、社会危害性等依法量刑。因条件限制不能确定的,可以参考涉案毒品非法交易的价格因素等,决定对被告人适用的刑罚,但一般不宜判处死刑立即执行。

六、特情介入案件的处理问题

运用特情侦破毒品案件,是依法打击毒品犯罪的有效手段。对特情介入侦破的毒品案件,要区别不同情形予以分别处理。

对已持有毒品待售或者有证据证明已准备实施大宗毒品犯罪者,采取特情贴靠、接洽而破获的案件,不存在犯罪引诱,应当依法处理。

行为人本没有实施毒品犯罪的主观意图，而是在特情诱惑和促成下形成犯意，进而实施毒品犯罪的，属于"犯意引诱"①。对因"犯意引诱"实施毒品犯罪的被告人，根据罪刑相适应原则，应当依法从轻处罚，无论涉案毒品数量多大，都不应判处死刑立即执行。行为人在特情既为其安排上线，又提供下线的双重引诱，即"双套引诱"下实施毒品犯罪的，处刑时可予以更大幅度的从宽处罚或者依法免予刑事处罚。

行为人本来只有实施数量较小的毒品犯罪的故意，在特情引诱下实施了数量较大甚至达到实际掌握的死刑数量标准的毒品犯罪的，属于"数量引诱"。对因"数量引诱"实施毒品犯罪的被告人，应当依法从轻处罚，即使毒品数量超过实际掌握的死刑数量标准，一般也不判处死刑立即执行。

对不能排除"犯意引诱"和"数量引诱"的案件，在考虑是否对被告人判处死刑立即执行时，要留有余地。

对被告人受特情间接引诱实施毒品犯罪的，参照上述原则依法处理。

七、毒品案件的立功问题（详见刑法第 68 条）

八、毒品再犯问题（详见刑法第 356 条）

九、毒品案件的共同犯罪问题

毒品犯罪中，部分共同犯罪人未到案，如现有证据能够认定已到案被告人为共同犯罪，或者能够认定为主犯或者从犯的，应当依法认定。没有实施毒品犯罪的共同故意，仅在客观上为相互关联的毒品犯罪上下家，不构成共同犯罪，但为了诉讼便利可并案审理。审理毒品共同犯罪案件应当注意以下几个方面的问题：

一是要正确区分主犯和从犯。区分主犯和从犯，应当以各共同犯罪人在毒品共同犯罪中的地位和作用为根据。要从犯意提起、具体行为分工、出资和实际分得毒赃多少以及共犯之间相互关系等方面，比较各个共同犯罪人在共同犯罪中的地位和作用。在毒品共同犯罪中，为主出资者、毒品所有者或者起意、策划、纠集、组织、雇佣、指使他人参与犯罪以及其他起主要作用的是主犯；起次要或者辅助作用的是从犯。受雇佣、受指使实施毒品犯罪的，应根据其在

---

① 注：2012 年 3 月 14 日第 11 届全国人大常委会第 5 次会议修改了《刑事诉讼法》（2013 年 1 月 1 日施行），专门增加了"技术侦查措施"相关规定，明确规定："为了查明案情……可以由有关人员隐匿其身份实施侦查。但是，不得诱使他人犯罪，不得采用可能危害公共安全或者发生重大人身危险的方法。"《公安机关办理刑事案件程序规定》（公安部令第 127 号，2013 年 1 月 1 日施行）也规定："隐匿身份实施侦查时，不得使用促使他人产生犯罪意图的方法诱使他人犯罪"。因此，本书认为，纯粹的"犯意引诱"属于非法行为，由此取得的证据应当视为非法证据。但是，如果只是提供作案机会（如美女引诱强奸犯现身），或者在行为人主动犯意的基础上"配合"完成作案（如针对贩毒广告而假装买毒品），则不属于犯意引诱。

犯罪中实际发挥的作用具体认定为主犯或者从犯。对于确有证据证明在共同犯罪中起次要或者辅助作用的，不能因为其他共同犯罪人未到案而不认定为从犯，甚至将其认定为主犯或者按主犯处罚。只要认定为从犯，无论主犯是否到案，均应依照刑法关于从犯的规定从轻、减轻或者免除处罚。

二是要正确认定共同犯罪案件中主犯和从犯的毒品犯罪数量。对于毒品犯罪集团的首要分子，应按集团毒品犯罪的总数量处罚；对一般共同犯罪的主犯，应按其所参与的或者组织、指挥的毒品犯罪数量处罚；对于从犯，应当按照其所参与的毒品犯罪的数量处罚。

三是要根据行为人在共同犯罪中的作用和罪责大小确定刑罚。不同案件不能简单类比，一个案件的从犯参与犯罪的毒品数量可能比另一案件的主犯参与犯罪的毒品数量大，但对这一案件从犯的处罚不是必然重于另一案件的主犯。共同犯罪中能分清主从犯的，不能因为涉案的毒品数量特别巨大，就不分主从犯而一律将被告人认定为主犯或者实际上都按主犯处罚，一律判处重刑甚至死刑。对于共同犯罪中有多个主犯或者共同犯罪人的，处罚上也应做到区别对待。应当全面考察各主犯或者共同犯罪人在共同犯罪中实际发挥作用的差别，主观恶性和人身危险性方面的差异，对罪责或者人身危险性更大的主犯或者共同犯罪人依法判处更重的刑罚。

十、主观明知的认定问题

毒品犯罪中，判断被告人对涉案毒品是否明知，不能仅凭被告人供述，而应依据被告人实施毒品犯罪行为的过程、方式、毒品被查获时的情形等证据，结合被告人的年龄、阅历、智力等情况，进行综合分析判断。

具有下列情形之一，被告人不能做出合理解释的，可以认定其"明知"是毒品，但有证据证明确属被蒙骗的除外：(1) 执法人员在口岸、机场、车站、港口和其他检查站点检查时，要求行为人申报为他人携带的物品和其他疑似毒品物，并告知其法律责任，而行为人未如实申报，在其携带的物品中查获毒品的；(2) 以伪报、藏匿、伪装等蒙蔽手段，逃避海关、边防等检查，在其携带、运输、邮寄的物品中查获毒品的；(3) 执法人员检查时，有逃跑、丢弃携带物品或者逃避、抗拒检查等行为，在其携带或者丢弃的物品中查获毒品的；(4) 体内或者贴身隐秘处藏匿毒品的；(5) 为获取不同寻常的高额、不等值报酬为他人携带、运输物品，从中查获毒品的；(6) 采用高度隐蔽的方式携带、运输物品，从中查获毒品的；(7) 采用高度隐蔽的方式交接物品，明显违背合法物品惯常交接方式，从中查获毒品的；(8) 行程路线故意绕开检查站点，在其携带、运输的物品中查获毒品的；(9) 以虚假身份或者地址办理托运手续，在其托运物品中查获毒品的；(10) 有其他证据足以认定行为人应当知道的。

十一、毒品案件的管辖问题

毒品犯罪的地域管辖，应当依照刑事诉讼法的有关规定，实行以犯罪地管辖为主、被告人居住地管辖为辅的原则。考虑到毒品犯罪的特殊性和毒品犯罪侦查体制，"犯罪地"不仅可以包括犯罪预谋地、毒资筹集地、交易进行地、运输途经地以及毒品生产地，也包括毒资、毒赃和毒品藏匿地、转移地、走私或者贩运毒品目的地等。"被告人居住地"，不仅包括被告人常住地和户籍所在地，也包括其临时居住地。

对于已进入审判程序的案件，被告人及其辩护人提出管辖异议，经审查异议成立的，或者受案法院发现没有管辖权，而案件由本院管辖更适宜的，受案法院应当报请与有管辖权的法院共同的上级法院依法指定本院管辖。

十二、特定人员参与毒品犯罪问题

近年来，一些毒品犯罪分子为了逃避打击，雇佣孕妇、哺乳期妇女、急性传染病人、残疾人或者未成年人等特定人员进行毒品犯罪活动，成为影响我国禁毒工作成效的突出问题。对利用、教唆特定人员进行毒品犯罪活动的组织、策划、指挥和教唆者，要依法严厉打击，该判处重刑直至死刑的，坚决依法判处重刑直至死刑。对于被利用、被诱骗参与毒品犯罪的特定人员，可以从宽处理。

要积极与检察机关、公安机关沟通协调，妥善解决涉及特定人员的案件管辖、强制措施、刑罚执行等问题。对因特殊情况依法不予羁押的，可以依法采取取保候审、监视居住等强制措施，并根据被告人具体情况和案情变化及时变更强制措施；对于被判处有期徒刑或者拘役的罪犯，符合刑事诉讼法第214条规定情形的，可以暂予监外执行。

十三、毒品案件财产刑的适用和执行问题

刑法对毒品犯罪规定了并处罚金或者没收财产刑，司法实践中应当依法充分适用。不仅要依法追缴被告人的违法所得及其收益，还要严格依法判处被告人罚金刑或者没收财产刑，不能因为被告人没有财产，或者其财产难以查清、难以分割或者难以执行，就不依法判处财产刑。

要采取有力措施，加大财产刑执行力度。要加强与公安机关、检察机关的协作，对毒品犯罪分子来源不明的巨额财产，依法及时采取查封、扣押、冻结等措施，防止犯罪分子及其亲属转移、隐匿、变卖或者洗钱，逃避依法追缴。要加强不同地区法院之间的相互协作配合。毒品犯罪分子的财产在异地的，第一审人民法院可以委托财产所在地人民法院代为执行。要落实和运用有关国际禁毒公约规定，充分利用国际刑警组织等渠道，最大限度地做好境外追赃工作。

【公复字〔2009〕1号】　公安部关于在成品药中非法添加阿普唑仑和曲马多进行销售能否认定为制造贩卖毒品有关问题的批复（经商最高检，2009年3月19日答复海南省公安厅"琼公发〔2009〕2号"请示）

一、阿普唑仑和曲马多为国家管制的二类精神药品。根据《中华人民共和国刑法》第355条的规定，如果行为人具有生产、管理、使用阿普唑仑和曲马多的资质，却将其掺加在其他药品中，违反国家规定向吸食、注射毒品的人提供的，构成非法提供精神药品罪；向走私、贩卖毒品的犯罪分子或以牟利为目的向吸食、注射毒品的人提供的，构成走私、贩卖毒品罪。根据《中华人民共和国刑法》第347条的规定，如果行为人没有生产、管理、使用阿普唑仑和曲马多的资质，而将其掺加在其他药品中予以贩卖，构成贩卖、制造毒品罪。

二、在办案中应当注意区别为治疗、戒毒依法合理使用的行为与上述犯罪行为的界限。只有违反国家规定，明知是走私、贩卖毒品的人员而向其提供阿普唑仑和曲马多，或者明知是吸毒人员而向其贩卖或超出规定的次数、数量向其提供阿普唑仑和曲马多的，才可以认定为犯罪。

公安部禁毒局关于办理非法贩卖曲马多案件相关问题的批复（2009年3月19日答复辽宁省公安厅禁毒总队"辽公禁毒〔2009〕38号"请示）[①]

一、对非法贩卖、非法持有曲马多的行为应追究刑事责任

曲马多作为麻醉性镇痛处方药，含有阿片类成分，属国家二类精神管制药品，长期大量服用可使人产生耐药性和成瘾性；一些吸毒人员将其作为海洛因、冰毒等毒品的替代品，依照我国《禁毒法》第2条、《刑法》第357条之规定，曲马多应视为毒品，非法贩卖、持有曲马多的行为是犯罪行为，应依照刑法第347条、第348条等相关规定，依法追究刑事责任。

二、对曲马多的量刑标准可参照最高法大连会议纪要精神执行

2008年9月，最高人民法院在辽宁省大连市召开了全国部分法院审理毒品犯罪案件工作座谈会，并形成"会议纪要"印发各地法院。针对"毒品含量鉴定和混合型、新类型毒品案件处理问题"，纪要明确指出，"对于刑法、司法解释等已规定了量刑数量标准的毒品，按照刑法、司法解释等规定适用刑罚；对于刑法、司法解释等没有规定量刑数量标准的毒品，有条件折算为海洛因的，参照国家食品药品监督管理局制定的《非法药物折算表》，折算成海洛因的数量后适用刑罚。对于国家管制的精神药品和麻醉药品，刑法、司法解释等尚未明

---

① 注：本《批复》由辽宁省公安厅禁毒总队于2009年4月1日以"辽公禁毒〔2009〕87号"《通知》转发全省各地公安局禁毒支队。

确规定量刑数量标准,也不具备折算条件的,应由有关专业部门确定涉案毒品毒效的大小、有毒成分的多少、吸毒者对该毒品的依赖程度,综合考虑其致瘾癖性、戒断性、社会危害性等依法量刑。因条件限制不能确定的,可以参考涉案毒品非法交易的价格因素等,决定对被告人适用的刑罚,但一般不宜判处死刑立即执行。"鉴此,请你们在办理非法贩卖曲马多案件中,注意收集、完善相关法律证据,并根据本地区实际,在与检、法机关充分协商的基础上,达成刑事处罚标准共识,严厉打击此类涉毒违法犯罪活动。

【法研〔2009〕146 号】 最高人民法院研究室关于被告人对不同种毒品实施同一犯罪行为是否按比例折算成一种毒品予以累加后量刑的答复(2009 年 8 月 17 日答复四川高院"川高法〔2009〕390 号"请示)

根据《全国部分法院审理毒品犯罪案件工作座谈会纪要》的规定,对被告人 1 人走私、贩卖、运输、制造 2 种以上毒品的,不实行数罪并罚,量刑时可综合考虑毒品的种类、数量及危害,依法处理。故同意你院处理意见,即:处理该类案件应当将案件涉及的不同种毒品按一定比例折算后予以累加进行量刑。

【赣高法〔2009〕151 号】 江西省高级人民法院关于审理毒品犯罪案件适用死刑问题的指导意见(2009 年 7 月 16 日江西高院第 19 次审委会通过,2009 年 7 月 7 日印发施行)

一、审理毒品犯罪案件适用死刑时,应当综合考虑毒品数量、犯罪情节、危害后果、被告人的主观恶性、人身危险性以及我省禁毒形势等因素。

走私、贩卖、运输、制造海洛因或甲基苯丙胺达到我省近期实际掌握的毒品犯罪适用死刑的数量标准的可以适用死刑。

走私、贩卖、运输、制造刑法、司法解释尚未明确规定量刑数量标准毒品的,判处死刑立即执行时应当慎重,严格把握。

二、毒品犯罪案件可以判处被告人死刑立即执行的情形:

1. 具有毒品犯罪集团首要分子、武装掩护毒品犯罪、暴力抗拒检查、拘留或者逮捕、参与有组织的国际贩毒活动等严重情节的。

2. 毒品数量达到实际掌握的死刑数量标准,且具有下列情形之一的:

(1)具有毒品再犯、累犯,利用、教唆未成年人走私、贩卖、运输、制造毒品,或者向未成年人出售毒品等法定从重处罚情节的;

(2)具有多次走私、贩卖、运输、制造毒品,向多人贩毒,在毒品犯罪中诱使、容留多人吸毒,在戒毒监管场所贩毒,国家工作人员利用职务便利实施毒品犯罪,或者职业犯、惯犯、主犯等情节的;

(3) 具有其他从重处罚情节的。

3. 毒品数量接近实际掌握的死刑数量标准（毒品数量达到实际掌握的死刑数量标准的 80% 以上或其他数量相当毒品），具有法定从重处罚情节，或者具有对量刑有重要影响的酌定从重处罚情节，且综合全案把握，宜判处死刑立即执行的。

4. 毒品数量超过实际掌握的死刑数量标准，没有法定、酌定从轻处罚情节的。

5. 运输毒品犯罪数量达到实际掌握的死刑数量标准，且系组织、指使、雇佣他人运输毒品的主犯或者毒枭、职业毒犯、毒品再犯，以及具有以运输毒品为业、多次运输毒品或者其他严重情节的。

6. 运输毒品犯罪数量明显超过实际掌握的死刑数量标准（一般掌握为达到实际掌握的死刑数量标准的 2 倍以上或其他数量相当毒品），不能证明被告人系受人指使、雇佣参与运输毒品犯罪的。

三、毒品数量达到实际掌握的死刑数量标准，可以不判处被告人死刑立即执行的情形：

1. 具有自首、立功等法定从宽处罚情节的。

2. 已查获的毒品数量未达到实际掌握的死刑数量标准，到案后坦白尚未被司法机关掌握的其他毒品犯罪，累计数量达到实际掌握的死刑数量标准的。

3. 经鉴定毒品含量极低，掺假之后的数量才达到实际掌握的死刑数量标准的（海洛因含量较低，但折合成 25% 含量后，其数量仍达到或超过实际掌握的死刑数量标准的除外），或者有证据表明可能大量掺假但因故不能鉴定的。

4. 因特情引诱毒品数量才达到实际掌握的死刑数量标准的。

5. 以贩养吸的被告人，被查获的毒品数量刚达到实际掌握的死刑数量标准的。

6. 毒品数量刚达到实际掌握的死刑数量标准，确属初次犯罪即被查获，未造成严重危害后果的。

7. 共同犯罪毒品数量刚达到实际掌握的死刑数量标准，但各共同犯罪人作用相当，或者责任大小难以区分的。

8. 家庭成员共同实施毒品犯罪，其中起主要作用的被告人已被判处死刑立即执行，其他被告人罪行相对较轻的。

9. 有证据证明被告人确属受人指使、雇佣参与运输毒品犯罪，又系初犯、偶犯的。

10. 认定犯罪事实的证据有瑕疵，量刑上需要留有余地的。

11. 其他不是必须判处死刑立即执行的。

四、毒品数量达到实际掌握的死刑数量标准，既有从重处罚情节，又有从宽处罚情节的，应当综合考虑各方面因素决定刑罚，判处死刑立即执行应当慎重。

五、对可能判处被告人死刑的毒品犯罪案件，应当根据最高人民法院、最高人民检察院、公安部2007年12月颁布的《办理毒品犯罪案件适用法律若干问题的意见》，作出毒品含量鉴定。

对于毒品中含有海洛因、甲基苯丙胺的，应以海洛因、甲基苯丙胺分别确定其毒品种类；不含海洛因、甲基苯丙胺的，应以其中毒性较大的毒品成分确定其毒品种类；如果毒性相当或者难以确定毒性大小的，以其中比例较大的毒品成分确定其毒品种类，并在量刑时综合考虑其他毒品成分、含量和全案所涉毒品数量。

对于刑法、司法解释等已规定了量刑数量标准的毒品，按照刑法、司法解释等规定适用刑罚；对于刑法、司法解释等没有规定量刑数量标准的毒品，有条件折算为海洛因的，参照国家食品药品监督管理局制定的《非法药物折算表》，折算成海洛因的数量后适用刑罚。

对于被告人走私、贩卖、运输、制造两种以上毒品的，可以将不同种类的毒品统一折算为海洛因的相当量作为毒品数量予以量刑，但在裁判文书中不明确表述折算问题。

【法研〔2010〕168号】　最高人民法院研究室关于贩卖、运输经过取汁的罂粟壳废渣是否构成贩卖、运输毒品罪的答复（2010年9月27日答复四川高院"川高法〔2010〕438号"请示）

最高人民法院研究室认为，根据你院提供的情况，对本案被告人不宜以贩卖、运输毒品罪论处。主要考虑：

（1）被告人贩卖、运输的是经过取汁的罂粟壳废渣，吗啡含量只有0.01%，含量极低，从技术和成本看，基本不可能用于提取吗啡；①

（2）国家对经过取汁的罂粟壳并无明文规定予以管制，实践中有关药厂也未按照管制药品对其进行相应处理；②

---

① 注：从慎重适用毒品犯罪规定的角度来看，经过取汁的罂粟壳废渣与罂粟壳在物理属性上差异甚大，不宜认定为罂粟壳，不宜认定为毒品。但在适用中应当注意，本《答复》仅针对经过取汁的罂粟壳废渣案件的处理，而不适用于犯罪嫌疑人大量掺假造成的"毒品含量低"案件的定性处理。大量掺假造成的"毒品含量低"，往往是犯罪分子逃避查处的一种手段，一般还可进行毒品的提纯，故不影响依法追究刑事责任。

② 注：根据检验规则，只要1项检验不符合《中国药典》（目前为2020年版，2020年12月1日实施）关于罂粟壳的规定，被检物就不能认定为罂粟壳，不能作为药品使用。从技术和成本看，经过取汁的罂粟壳废渣已基本不可能用于提取吗啡，已不具有作为毒品管制的罂粟壳的基本特征。

(3) 无证据证明被告人购买、加工经过取汁的罂粟壳废渣是为了将其当作毒品出售,具有贩卖、运输毒品的故意。如果查明行为人有将罂粟壳废渣作为制售毒品原料予以利用的故意,可建议由公安机关予以治安处罚。①

【法刊文摘】　在毒品案件审判工作中切实贯彻宽严相济刑事政策②

一、突出打击重点,依法严惩严重毒品犯罪

……实践中,对于毒品数量达到实际掌握的死刑数量标准,并具有毒品再犯、累犯、职业犯、惯犯、主犯等情节的被告人,通常判处死刑,以体现法律的严惩立场。

……对于毒枭等严重毒品犯罪分子立功的,如果其检举、揭发的是其他犯罪案件中罪行同样严重的犯罪分子,或者协助抓获的是同案中的其他首要分子、主犯,功足以抵罪的,原则上可以从轻或者减轻处罚;如果协助抓获的只是同案中的从犯或者马仔,功不足以抵罪,或者从轻处罚后全案处刑明显失衡的,不予从轻处罚。同时,对于同监犯将本人或者他人尚未被司法机关掌握的犯罪事实告知被告人,由被告人检举揭发的,如经查证属实,虽可认定立功,但是否从宽处罚以及从宽幅度的大小,应与通常的立功有所区别。对于通过非法手段或者非法途径获取他人犯罪信息,由被告人检举揭发的,不能认定为立功,也不能作为酌情从轻处罚情节。

二、坚持区别对待,充分考虑从宽处罚情节

……对于毒品数量达到实际掌握的死刑数量标准,但犯罪情节较轻,或者具有法定、酌定从宽处罚情节,符合下列情形之一的,可以不判处被告人死刑立即执行:(1)具有自首、立功等法定从宽处罚情节的;(2)已查获的毒品数量未达到实际掌握的死刑数量标准,到案后坦白尚未被司法机关掌握的其他毒品犯罪,累计数量超过实际掌握的死刑数量标准的;(3)经鉴定毒品含量极低,掺假之后的数量才达到实际掌握的死刑数量标准的,或者有证据表明可能大量掺假但因故不能鉴定的;(4)因特情引诱毒品数量才达到实际掌握的死刑数量标准的;(5)以贩养吸的被告人,被查获的毒品数量刚达到实际掌握的死刑数量标准的;(6)毒品数量刚达到实际掌握的死刑数量标准,确属初次犯罪即被查获,未造成严重危害后果的;等等。

---

① 注:虽然贩卖、运输经过取汁的、吗啡含量极低的罂粟壳废渣不宜认定为贩卖、运输毒品罪,但是如果查明行为人有将罂粟壳废渣作为制售毒品原料予以利用的故意,则说明被告人具有一定的主观恶性,虽不追究其刑事责任,但是可以建议由公安机关予以治安处罚。

② 来源于最高人民法院刑五庭,《人民法院报》2010年4月28日第6版。

此方面要特别重视对运输毒品罪的处理。刑法把运输毒品罪同走私、贩卖、制造毒品罪并列规定，并配置了相同法定刑，但实践中运输毒品犯罪的情况较为复杂。部分被告人系受指使、雇佣的贫民、边民或者无业人员，只是为赚取少量运费而为他人运输毒品，他们不是毒品的所有者、买家或者卖家，与幕后的指使、雇佣者相比，在毒品犯罪中处于从属和被支配地位，所起作用和主观恶性相对较小，社会危害性也相对较小，故量刑时应与走私、贩卖、制造毒品和具有严重情节的运输毒品犯罪分子有所区别。即，在运输毒品案件中要重点打击指使、雇佣他人运输毒品的犯罪分子和接应、接货的毒品所有者、买家或者卖家。对于运输毒品犯罪集团首要分子，组织、指使、雇佣他人运输毒品的主犯或者毒枭、职业毒犯、毒品再犯，以及具有武装掩护、暴力抗拒检查、拘留或者逮捕、参与有组织的国际毒品犯罪、以运输毒品为业、多次运输毒品或者其他严重情节的，应当依法从严惩处。但是，对有证据证明被告人确属受人指使、雇佣而运输毒品，又系初犯、偶犯的，可以从轻处罚，即使毒品数量超过实际掌握的死刑数量标准，也可以不判处死刑立即执行。

三、把握量刑平衡，稳妥实现宽严"相济"

……要特别重视的是，毒品数量并非量刑的唯一情节。对被告人量刑时，尤其是在考虑是否适用死刑时，应当综合考虑毒品数量、犯罪情节、危害后果、被告人的主观恶性、人身危险性以及当地禁毒形势等各种因素，予以区别对待。有的案件中毒品数量虽大，但被告人因具有法定从宽处罚情节而可能不判处死刑，有的案件中毒品数量较小，但超过了实际掌握的死刑数量标准，被告人也不具有法定或者酌定从宽处罚情节，故仍可能被判处死刑。这种处理不仅不违背宽严相济刑事政策，而恰恰是该政策的要求和体现。

……具体到毒品共同犯罪案件，首先，对能分清主从犯的，不能因为涉案毒品数量巨大，就不分主从犯而将被告人均认定为主犯或者实际上都按主犯处罚，一律判处重刑甚至死刑。要根据《意见》第30条的规定，依法从严惩处毒品犯罪组织或集团中的为首组织、指挥、策划者和骨干分子，该判处重刑或死刑的要坚决判处；但对受欺骗、胁迫参加犯罪组织、犯罪集团或只是一般参加者，在犯罪中起次要、辅助作用的从犯，应依法从轻或减轻处罚。其次，对于共同犯罪中有多个主犯的，处罚上也应做到区别对待，要全面考察各主犯在共同犯罪中实际发挥作用的差别，主观恶性和人身危险性方面的差异，对罪责更重的主犯判处更重的刑罚。如果共同犯罪中毒品数量刚达到实际掌握的死刑数量标准，但各共同犯罪人作用相当，或者责任大小难以区分的，可以不判处死刑立即执行。同时，从人道主义考虑，对于家庭成员共同实施毒品犯罪，毒品数量达到实际掌握的死刑数量标准,其中起主要作用的被告人已被判处死刑立即执行的,对其他罪行相对较轻的被告人可以不判处死刑立即执行。

【法发〔2012〕12号】 最高人民法院、最高人民检察院、公安部关于办理走私、非法买卖麻黄碱类复方制剂等刑事案件适用法律若干问题的意见(2012年6月18日)

一、关于走私、非法买卖麻黄碱类复方制剂等行为的定性

(第1款)以加工、提炼制毒物品制造毒品为目的,购买麻黄碱类复方制剂,或者运输、携带、寄递麻黄碱类复方制剂进出境的,依照刑法第347条的规定,以制造毒品罪定罪处罚。

二、关于利用麻黄碱类复方制剂加工、提炼制毒物品行为的定性

(第1款) 以制造毒品为目的,利用麻黄碱类复方制剂加工、提炼制毒物品的,依照刑法第347条的规定,以制造毒品罪定罪处罚。

【公通字〔2013〕16号】 最高人民法院、最高人民检察院、公安部、农业部、食品药品监管总局关于进一步加强麻黄草管理严厉打击非法买卖麻黄草等违法犯罪活动的通知(2013年5月21日)

三、依法查处非法采挖、买卖麻黄草等犯罪行为

各地人民法院、人民检察院、公安机关要依法查处非法采挖、买卖麻黄草等犯罪行为,区别情形予以处罚:(一)以制造毒品为目的,采挖、收购麻黄草的,依照刑法第347条的规定,以制造毒品罪定罪处罚。

(三)明知他人制造毒品或者走私、非法买卖制毒物品,向其提供麻黄草或者提供运输、储存麻黄草等帮助的,分别以制造毒品罪、走私制毒物品罪、非法买卖制毒物品罪的共犯论处。

(五)实施以上行为,以制造毒品罪、走私制毒物品罪、非法买卖制毒物品罪定罪处罚的,涉案制毒物品的数量按照300千克麻黄草折合1千克麻黄碱计算;以制造毒品罪定罪处罚的,无论涉案麻黄草数量多少,均应追究刑事责任。

【公禁毒传发〔2012〕188号】 公安部禁毒局关于非法滥用、买卖复方曲马多片处理意见的通知(2012年6月印发)①

---

① 注:本文件源自新疆维吾尔自治区食品药品监督管理局《关于明确复方曲马多片监管和移送涉嫌犯罪案件有关问题的通知》(新食药监法〔2012〕246号,2012年8月21日)。

对于非法买卖复方曲马多片①、涉嫌构成犯罪的行为，不宜按照贩卖毒品罪或者非法提供麻醉药品、精神药品罪立案追诉。

个人非法买卖复方曲马多片经营数额在 5 万元以上，或者违法所得数额在 1 万元以上的；或者单位非法买卖复方曲马多片经营数额在 50 万元以上，或者违法所得数额在 10 万元以上的；或者虽未达到上述数额标准，但 2 年内因同种非法经营行为受过 2 次以上行政处罚，又进行同种非法经营行为的，应按照《最高人民检察院、公安部关于公安机关管辖的刑事案件立案追诉标准的规定（二）》第 79 条第（八）项以"非法经营案"移交公安机关立案追诉。

【法释〔2014〕10 号】 最高人民法院、最高人民检察院关于办理走私刑事案件适用法律若干问题的解释（2014 年 2 月 24 日最高法审委会第 1608 次会议、2014 年 6 月 13 日最高检第 12 届检委会第 23 次会议通过，2014 年 8 月 12 日公布，2014 年 9 月 10 日施行）

第 20 条　直接向走私人非法收购走私进口的货物、物品，在内海、领海、界河、界湖运输、收购、贩卖国家禁止进出口的物品，或者没有合法证明，在内海、领海、界河、界湖运输、收购、贩卖国家限制进出口的货物、物品，构成犯罪的，应当按照走私货物、物品的种类，分别依照刑法第 151 条、第 152 条、第 153 条、第 347 条、第 350 条的规定定罪处罚。

第 22 条　在走私的货物、物品中藏匿刑法第 151 条、第 152 条、第 347 条、第 350 条规定的货物、物品，构成犯罪的，以实际走私的货物、物品定罪处罚；构成数罪的，实行数罪并罚。

第 23 条　实施走私犯罪，具有下列情形之一的，应当认定为犯罪既遂：（一）在海关监管现场被查获的；（二）以虚假申报方式走私，申报行为实施完毕的；（三）以保税货物或者特定减税、免税进口的货物、物品为对象走私，在境内销售的，或者申请核销行为实施完毕的。

第 25 条　本解释发布实施后，《最高人民法院关于审理走私刑事案件具体应用法律若干问题的解释》（法释〔2000〕30 号）、《最高人民法院关于审理走私刑事案件具体应用法律若干问题的解释（二）》（法释〔2006〕9 号）同时废止。之前发布的司法解释与本解释不一致的，以本解释为准。

---

① 注：根据国家食品药品监督管理总局、公安部、国家卫生和计划生育委员会联合公布的《麻醉药品和精神药品品种目录》（2013 年版）和国家食品药品监管局《关于加强曲马多等麻醉药品和精神药品监管的通知》（国食药监办〔2007〕749 号），曲马多的盐和单方制剂列入第二类精神药品管理，曲马多的复方制剂不列入第二类精神药品管理。因此，复方曲马多片不属第二类精神药品。

【禁毒办通〔2015〕32号】 国家禁毒委员会办公室、中央宣传部、中央网络安全和信息化领导小组办公室、最高人民法院、最高人民检察院、公安部、工业和信息化部、国家工商总局、国家邮政局关于加强互联网禁毒工作的意见（2015年4月14日）

四、坚决依法打击

15. 严厉打击网络毒品犯罪。……对于利用互联网贩卖毒品，或者在境内非法买卖用于制造毒品的原料、配剂构成犯罪的，分别以贩卖毒品罪、非法买卖制毒物品罪定罪处罚；……

【法〔2015〕129号】 全国法院毒品犯罪审判工作座谈会纪要（2014年12月11日至12日在湖北武汉召开，全国各高院、解放军军事法院和新疆高院生产建设兵团分院刑事主管副院长、刑庭庭长参会；2015年4月7日最高法刑事审判专委会第238次会议通过，最高法2015年5月18日印发）

二、关于毒品犯罪法律适用的若干具体问题

会议认为，2008年印发的《全国部分法院审理毒品犯罪案件工作座谈会纪要》（以下简称《大连会议纪要》）较好地解决了办理毒品犯罪案件面临的一些突出法律适用问题，其中大部分规定在当前的审判实践中仍有指导意义，应当继续参照执行。同时，随着毒品犯罪形势的发展变化，近年来出现了一些新情况、新问题，需要加以研究解决。与会代表对审判实践中反映较为突出，但《大连会议纪要》没有作出规定，或者规定不尽完善的毒品犯罪法律适用问题进行了认真研究讨论，就下列问题取得了共识。

（一）罪名认定问题

贩毒人员被抓获后，对于从其住所、车辆等处查获的毒品，一般均应认定为其贩卖的毒品。确有证据证明查获的毒品并非贩毒人员用于贩卖，其行为另构成非法持有毒品罪、窝藏毒品罪等其他犯罪的，依法定罪处罚。

吸毒者在购买、存储毒品过程中被查获，没有证据证明其是为了实施贩卖毒品等其他犯罪，毒品数量达到刑法第348条规定的最低数量标准的，以非法持有毒品罪定罪处罚。吸毒者在运输毒品过程中被查获，没有证据证明其是为了实施贩卖毒品等其他犯罪，毒品数量达到较大以上的，以运输毒品罪定罪处罚。[①]

[①] 注：根据该规定，吸毒者在购买、运输、存储毒品过程中被查获，毒品未达到数量较大标准的，不作为犯罪处理；毒品数量达到较大以上的，根据其具体的行为状态定罪：处于购买、存储状态的认定为非法持有毒品罪，处于运输状态的认定为运输毒品罪。认定犯罪数量情节时，也不再考虑"合理吸食量"标准。

行为人为吸毒者代购毒品，在运输过程中被查获，没有证据证明托购者、代购者是为了实施贩卖毒品等其他犯罪，毒品数量达到较大以上的，对托购者、代购者以运输毒品罪的共犯论处。行为人为他人代购仅用于吸食的毒品，在交通、食宿等必要开销之外收取"介绍费""劳务费"，或者以贩卖为目的收取部分毒品作为酬劳的，应视为从中牟利，属于变相加价贩卖毒品，以贩卖毒品罪定罪处罚。

购毒者接收贩毒者通过物流寄递方式交付的毒品，没有证据证明其是为了实施贩卖毒品等其他犯罪，毒品数量达到刑法第348条规定的最低数量标准的，一般以非法持有毒品罪定罪处罚。代收者明知是物流寄递的毒品而代购毒者接收，没有证据证明其与购毒者有实施贩卖、运输毒品等犯罪的共同故意，毒品数量达到刑法第348条规定的最低数量标准的，对代收者以非法持有毒品罪定罪处罚。

行为人利用信息网络贩卖毒品、在境内非法买卖用于制造毒品的原料或者配剂、传授制造毒品等犯罪的方法，构成贩卖毒品罪、非法买卖制毒物品罪、传授犯罪方法罪等犯罪的，依法定罪处罚。行为人开设网站、利用网络聊天室等组织他人共同吸毒，构成引诱、教唆、欺骗他人吸毒罪等犯罪的，依法定罪处罚。

（二）共同犯罪认定问题

办理贩卖毒品案件，应当准确认定居间介绍买卖毒品行为，并与居中倒卖毒品行为相区别。居间介绍者在毒品交易中处于中间人地位，发挥介绍联络作用，通常与交易一方构成共同犯罪，但不以牟利为要件；居中倒卖者属于毒品交易主体，与前后环节的交易对象是上下家关系，直接参与毒品交易并从中获利。居间介绍者受贩毒者委托，为其介绍联络购毒者的，与贩毒者构成贩卖毒品罪的共同犯罪；明知购毒者以贩卖为目的购买毒品，受委托为其介绍联络贩毒者的，与购毒者构成贩卖毒品罪的共同犯罪；受以吸食为目的的购毒者委托，为其介绍联络贩毒者，毒品数量达到刑法第348条规定的最低数量标准的，一般与购毒者构成非法持有毒品罪的共同犯罪；同时与贩毒者、购毒者共谋，联络促成双方交易的，通常认定与贩毒者构成贩卖毒品罪的共同犯罪。居间介绍者实施为毒品交易主体提供交易信息、介绍交易对象等帮助行为，对促成交易起次要、辅助作用的，应当认定为从犯；对于以居间介绍者的身份介入毒品交易，但在交易中超出居间介绍者的地位，对交易的发起和达成起重要作用的被告人，可以认定为主犯。

2人以上同行运输毒品的，应当从是否明知他人带有毒品，有无共同运输毒品的意思联络，有无实施配合、掩护他人运输毒品的行为等方面综合审查认定是否构成共同犯罪。受雇于同一雇主同行运输毒品，但受雇者之间没有共同犯罪故意,或者虽然明知他人受雇运输毒品,但各自的运输行为相对独立,既没有实施配合、掩护他人运输毒品的行为,又分别按照各自运输的毒品数量领取报酬的,不应认定为共同犯罪。受雇于同一雇主分段运输同一宗毒品,但受雇者之间没有犯罪共谋的,也不应认定为共同犯罪。雇用他人运输毒品的雇主,及其他对受雇者起到一定组织、指挥作用的人员,与各受雇者分别构成运输毒品罪的共同犯罪,对运输的全部毒品数量承担刑事责任。

(三)毒品数量认定问题

走私、贩卖、运输、制造、非法持有2种以上毒品的,可以将不同种类的毒品分别折算为海洛因的数量,以折算后累加的毒品总量作为量刑的根据。对于刑法、司法解释或者其他规范性文件明确规定了定罪量刑数量标准的毒品,应当按照该毒品与海洛因定罪量刑数量标准的比例进行折算后累加。对于刑法、司法解释及其他规范性文件没有规定定罪量刑数量标准,但《非法药物折算表》规定了与海洛因的折算比例的毒品,可以按照《非法药物折算表》折算为海洛因后进行累加。对于既未规定定罪量刑数量标准,又不具备折算条件的毒品,综合考虑其致瘾癖性、社会危害性、数量、纯度等因素依法量刑。在裁判文书中,应当客观表述涉案毒品的种类和数量,并综合认定为数量大、数量较大或者少量毒品等,不明确表述将不同种类毒品进行折算后累加的毒品总量。

对于未查获实物的甲基苯丙胺片剂(俗称"麻古"等)、MDMA片剂(俗称"摇头丸")等混合型毒品,可以根据在案证据证明的毒品粒数,参考本案或者本地区查获的同类毒品的平均重量计算出毒品数量。在裁判文书中,应当客观表述根据在案证据认定的毒品粒数。

对于有吸毒情节的贩毒人员,一般应当按照其购买的毒品数量认定其贩卖毒品的数量,量刑时酌情考虑其吸食毒品的情节;购买的毒品数量无法查明的,按照能够证明的贩卖数量及查获的毒品数量认定其贩毒数量;确有证据证明其购买的部分毒品并非用于贩卖的①,不应计入其贩毒数量。

办理毒品犯罪案件,无论毒品纯度高低,一般均应将查证属实的毒品数量认定为毒品犯罪的数量,并据此确定适用的法定刑幅度,但司法解释另有规定或者为了隐蔽运输而临时改变毒品常规形态的除外。涉案毒品纯度明显低于同类毒品的正常纯度的,量刑时可以酌情考虑。

制造毒品案件中,毒品成品、半成品的数量应当全部认定为制造毒品的数

---

① 注:这里的"并非用于贩卖",包括被其本人吸食、赠送他人、非牟利性地为吸食者代购等情形。

量，对于无法再加工出成品、半成品的废液、废料则不应计入制造毒品的数量。对于废液、废料的认定，可以根据其毒品成分的含量、外观形态，结合被告人对制毒过程的供述等证据进行分析判断，必要时可以听取鉴定机构的意见。

（四）死刑适用问题

当前，我国毒品犯罪形势严峻，审判工作中应当继续坚持依法从严惩处毒品犯罪的指导思想，充分发挥死刑对于预防和惩治毒品犯罪的重要作用。要继续按照《大连会议纪要》的要求，突出打击重点，对罪行极其严重、依法应当判处死刑的被告人，坚决依法判处。同时，应当全面、准确贯彻宽严相济刑事政策，体现区别对待，做到罚当其罪，量刑时综合考虑毒品数量、犯罪性质、情节、危害后果、被告人的主观恶性、人身危险性及当地的禁毒形势等因素，严格审慎地决定死刑适用，确保死刑只适用于极少数罪行极其严重的犯罪分子。

1. 运输毒品犯罪的死刑适用

对于运输毒品犯罪，应当继续按照《大连会议纪要》的有关精神，重点打击运输毒品犯罪集团首要分子，组织、指使、雇用他人运输毒品的主犯或者毒枭、职业毒犯、毒品再犯，以及具有武装掩护运输毒品、以运输毒品为业、多次运输毒品等严重情节的被告人，对其中依法应当判处死刑的，坚决依法判处。

对于受人指使、雇用参与运输毒品的被告人，应当综合考虑毒品数量、犯罪次数、犯罪的主动性和独立性、在共同犯罪中的地位作用、获利程度和方式及其主观恶性、人身危险性等因素，予以区别对待，慎重适用死刑。对于有证据证明确属受人指使、雇用运输毒品，又系初犯、偶犯的被告人，即使毒品数量超过实际掌握的死刑数量标准，也可以不判处死刑；尤其对于其中被动参与犯罪，从属性、辅助性较强，获利程度较低的被告人，一般不应当判处死刑。对于不能排除受人指使、雇用初次运输毒品的被告人，毒品数量超过实际掌握的死刑数量标准，但尚不属数量巨大的，一般也可以不判处死刑。

一案中有多人受雇运输毒品的，在决定死刑适用时，除各被告人运输毒品的数量外，还应结合其具体犯罪情节、参与犯罪程度、与雇用者关系的紧密性及其主观恶性、人身危险性等因素综合考虑，同时判处2人以上死刑要特别慎重。

2. 毒品共同犯罪、上下家犯罪的死刑适用

毒品共同犯罪案件的死刑适用应当与该案的毒品数量、社会危害及被告人的犯罪情节、主观恶性、人身危险性相适应。涉案毒品数量刚超过实际掌握的死刑数量标准，依法应当适用死刑的，要尽量区分主犯间的罪责大小，一般只对其中罪责最大的1名主犯判处死刑；各共同犯罪人地位作用相当，或者罪责大小难以区分的，可以不判处被告人死刑；2名主犯的罪责均很突出，且均具有

法定从重处罚情节的，也要尽可能比较其主观恶性、人身危险性方面的差异，判处2人死刑要特别慎重。涉案毒品数量达到巨大以上，2名以上主犯的罪责均很突出，或者罪责稍次的主犯具有法定、重大酌定从重处罚情节，判处2人以上死刑符合罪刑相适应原则，并有利于全案量刑平衡的，可以依法判处。

对于部分共同犯罪人未到案的案件，在案被告人与未到案共同犯罪人均属罪行极其严重，即使共同犯罪人到案也不影响对在案被告人适用死刑的，可以依法判处在案被告人死刑；在案被告人的罪行不足以判处死刑，或者共同犯罪人归案后全案只宜判处其1人死刑的，不能因为共同犯罪人未到案而对在案被告人适用死刑；在案被告人与未到案共同犯罪人的罪责大小难以准确认定，进而影响准确适用死刑的，不应对在案被告人判处死刑。

对于贩卖毒品案件中的上下家，要结合其贩毒数量、次数及对象范围，犯罪的主动性，对促成交易所发挥的作用，犯罪行为的危害后果等因素，综合考虑其主观恶性和人身危险性，慎重、稳妥地决定死刑适用。对于买卖同宗毒品的上下家，涉案毒品数量刚超过实际掌握的死刑数量标准的，一般不能同时判处死刑；上家主动联络销售毒品，积极促成毒品交易的，通常可以判处上家死刑；下家积极筹资，主动向上家约购毒品，对促成毒品交易起更大作用的，可以考虑判处下家死刑。涉案毒品数量达到巨大以上的，也要综合上述因素决定死刑适用，同时判处上下家死刑符合罪刑相适应原则，并有利于全案量刑平衡的，可以依法判处。

一案中有多名共同犯罪人、上下家针对同宗毒品实施犯罪的，可以综合运用上述毒品共同犯罪、上下家犯罪的死刑适用原则予以处理。

办理毒品犯罪案件，应当尽量将共同犯罪案件或者密切关联的上下游案件进行并案审理；因客观原因造成分案处理的，办案时应当及时了解关联案件的审理进展和处理结果，注重量刑平衡。

3. 新类型、混合型毒品犯罪的死刑适用

甲基苯丙胺片剂（俗称"麻古"等）是以甲基苯丙胺为主要毒品成分的混合型毒品，其甲基苯丙胺含量相对较低，危害性亦有所不同。为体现罚当其罪，甲基苯丙胺片剂的死刑数量标准一般可以按照甲基苯丙胺（冰毒）的2倍左右掌握，具体可以根据当地的毒品犯罪形势和涉案毒品含量等因素确定。

涉案毒品为氯胺酮（俗称"K粉"）的，结合毒品数量、犯罪性质、情节及危害后果等因素，对符合死刑适用条件的被告人可以依法判处死刑。综合考虑氯胺酮的致瘾癖性、滥用范围和危害性等因素，其死刑数量标准一般可以按照海洛因的10倍掌握。

涉案毒品为其他滥用范围和危害性相对较小的新类型、混合型毒品的，一般不宜判处被告人死刑。但对于司法解释、规范性文件明确规定了定罪量刑数量标准，且涉案毒品数量特别巨大，社会危害大，不判处死刑难以体现罚当其罪的，必要时可以判处被告人死刑。

（五）缓刑、财产刑适用及减刑、假释问题

对于毒品犯罪应当从严掌握缓刑适用条件。对于毒品再犯，一般不得适用缓刑。对于不能排除多次贩毒嫌疑的零包贩毒被告人，因认定构成贩卖毒品等犯罪的证据不足而认定为非法持有毒品罪的被告人，实施引诱、教唆、欺骗、强迫他人吸毒犯罪及制毒物品犯罪的被告人，应当严格限制缓刑适用。

办理毒品犯罪案件，应当依法追缴犯罪分子的违法所得，充分发挥财产刑的作用，切实加大对犯罪分子的经济制裁力度。对查封、扣押、冻结的涉案财物及其孳息，经查确属违法所得或者依法应当追缴的其他涉案财物的，如购毒款、供犯罪所用的本人财物、毒品犯罪所得的财物及其收益等，应当判决没收，但法律另有规定的除外。判处罚金刑时，应当结合毒品犯罪的性质、情节、危害后果及被告人的获利情况、经济状况等因素合理确定罚金数额。对于决定并处没收财产的毒品犯罪，判处被告人有期徒刑的，应当按照上述确定罚金数额的原则确定没收个人部分财产的数额；判处无期徒刑的，可以并处没收个人全部财产；判处死缓或者死刑的，应当并处没收个人全部财产。

对于具有毒枭、职业毒犯、累犯、毒品再犯等情节的毒品罪犯，应当从严掌握减刑条件，适当延长减刑起始时间、间隔时间，严格控制减刑幅度，延长实际执行刑期。对于刑法未禁止假释的前述毒品罪犯，应当严格掌握假释条件。

（七）非法贩卖麻醉药品、精神药品行为的定性问题

行为人向走私、贩卖毒品的犯罪分子或者吸食、注射毒品的人员贩卖国家规定管制的能够使人形成瘾癖的麻醉药品或者精神药品的，以贩卖毒品罪定罪处罚。

行为人出于医疗目的，违反有关药品管理的国家规定，非法贩卖上述麻醉药品或者精神药品，扰乱市场秩序，情节严重的，以非法经营罪定罪处罚。

【法释〔2016〕8号】　最高人民法院关于审理毒品犯罪案件适用法律若干问题的解释（2016年1月25日最高法审委会第1676次会议通过，2016年4月6日公布，2016年4月11日施行；法释〔2000〕13号《最高人民法院关于审理毒品案件定罪量刑标准有关问题的解释》同时废止）

第1条　走私、贩卖、运输、制造、非法持有下列毒品，应当认定为刑法

第347条第2款第一项、第348条规定的"其他毒品数量大"：（一）可卡因50克以上；（二）3，4-亚甲二氧基甲基苯丙胺（MDMA）等苯丙胺类毒品（甲基苯丙胺除外）、吗啡100克以上；（三）芬太尼125克以上；（四）甲卡西酮200克以上；（五）二氢埃托啡十毫克以上；（六）哌替啶（度冷丁）250克以上；（七）氯胺酮500克以上；（八）美沙酮1千克以上；（九）曲马多、γ-羟丁酸2千克以上；（十）大麻油5千克、大麻脂10千克、大麻叶及大麻烟150千克以上；（十一）可待因、丁丙诺啡5千克以上；（十二）三唑仑、安眠酮50千克以上；（十三）阿普唑仑、恰特草100千克以上；（十四）咖啡因、罂粟壳200千克以上；（十五）巴比妥、苯巴比妥、安钠咖、尼美西泮250千克以上；（十六）氯氮卓、艾司唑仑、地西泮、溴西泮500千克以上；（十七）上述毒品以外的其他毒品数量大的。

国家定点生产企业按照标准规格生产的麻醉药品或者精神药品被用于毒品犯罪的，根据药品中毒品成分的含量认定涉案毒品数量。

第2条 走私、贩卖、运输、制造、非法持有下列毒品，应当认定为刑法第347条第3款、第348条规定的"其他毒品数量较大"：（一）可卡因10克以上不满50克；（二）3，4-亚甲二氧基甲基苯丙胺（MDMA）等苯丙胺类毒品（甲基苯丙胺除外）、吗啡20克以上不满100克；（三）芬太尼25克以上不满125克；（四）甲卡西酮40克以上不满200克；（五）二氢埃托啡2毫克以上不满10毫克；（六）哌替啶（度冷丁）50克以上不满250克；（七）氯胺酮100克以上不满500克；（八）美沙酮200克以上不满1千克；（九）曲马多、γ-羟丁酸400克以上不满2千克；（十）大麻油1千克以上不满5千克、大麻脂2千克以上不满10千克、大麻叶及大麻烟30千克以上不满150千克；（十一）可待因、丁丙诺啡1千克以上不满5千克；（十二）三唑仑、安眠酮10千克以上不满50千克；（十三）阿普唑仑、恰特草20千克以上不满100千克；（十四）咖啡因、罂粟壳40千克以上不满200千克；（十五）巴比妥、苯巴比妥、安钠咖、尼美西泮50千克以上不满250千克；（十六）氯氮卓、艾司唑仑、地西泮、溴西泮100千克以上不满500千克；（十七）上述毒品以外的其他毒品数量较大的。

第3条 在实施走私、贩卖、运输、制造毒品犯罪的过程中，携带枪支、弹药或者爆炸物用于掩护的，应当认定为刑法第347条第2款第三项规定的"武装掩护走私、贩卖、运输、制造毒品"。枪支、弹药、爆炸物种类的认定，依照相关司法解释的规定执行。

在实施走私、贩卖、运输、制造毒品犯罪的过程中，以暴力抗拒检查、拘留、逮捕，造成执法人员死亡、重伤、多人轻伤或者具有其他严重情节的，应当认定为刑法第347条第2款第四项规定的"以暴力抗拒检查、拘留、逮捕，情节严重"。

第4条 走私、贩卖、运输、制造毒品，具有下列情形之一的，应当认定为刑法第347条第4款规定的"情节严重"：（一）向多人贩卖毒品或者多次走私、贩卖、运输、制造毒品的；（二）在戒毒场所、监管场所贩卖毒品的；（三）向在校学生贩卖毒品的；（四）组织、利用残疾人、严重疾病患者、怀孕或者正在哺乳自己婴儿的妇女走私、贩卖、运输、制造毒品的；（五）国家工作人员走私、贩卖、运输、制造毒品的；（六）其他情节严重的情形。

第5条 非法持有毒品达到刑法第348条或者本解释第2条规定的"数量较大"标准，且具有下列情形之一的，应当认定为刑法第348条规定的"情节严重"：（一）在戒毒场所、监管场所非法持有毒品的；（二）利用、教唆未成年人非法持有毒品的；（三）国家工作人员非法持有毒品的；（四）其他情节严重的情形。

【浙高法〔2018〕40号】 浙江省高级人民法院、浙江省人民检察院、浙江省公安厅关于办理毒品案件中代购毒品有关问题的会议纪要（2018年3月22日）

一、行为人向吸毒者收取毒资并给付毒品的，应当认定为贩卖毒品的行为。确属为吸毒者代购毒品且未从中牟利构成其他犯罪的，也应依法定罪处罚。

前款所称的代购毒品，一般是指吸毒者与毒品卖家联系后委托代购者前去购买仅用于吸食的毒品，或者虽未联系但委托代购者到其指定的毒品卖家处购买仅用于吸食的毒品，且代购者未从中牟利的行为。

二、行为人提出系代购毒品未从中牟利的，应当提供具体线索或者材料。侦查机关应当对相关线索或者材料进行调查核实。

三、代购者向托购者收取必要的交通、食宿等开销，不属于从中牟利。但代购者应当如实供述毒品来源、价格、食宿地点、交通路线、交通方式及具体开支等，提供相关材料，以供核查。

根据前款查证属实的交通、食宿等证据，证明代购者运输了毒品且毒品数量达到较大以上的，对代购者、托购者以运输毒品罪的共犯论处。

代购者在交通、食宿等必要开销之外收取"介绍费"、"劳务费"以及其他费用的，或者从中截留、获取部分毒品的，应视为从中牟利，以贩卖毒品罪论处。

四、行为人为吸毒者代购并运输毒品的事实清楚，证据确实、充分，但没有证据证明托购者、代购者是为了实施贩卖毒品等其他犯罪，毒品数量达到较大以上的，对托购者、代购者以运输毒品罪的共犯论处。

国家禁毒委员会办公室关于防范非药用类麻醉药品和精神药品及制毒物品违法犯罪的通告（2019年8月1日发布）

二、根据《中华人民共和国刑法》相关规定，明知某种非列管物质将被用于非法制造非药用类麻醉药品或精神药品而仍然为其生产、销售、运输或进出口的，按照制造毒品犯罪共犯论处。

【法二巡（会）〔2019〕25号】 从吸毒人员处查获毒品后的罪名认定（最高法第二巡回法庭2019年第15次法官会议纪要）

运输毒品过程的结束应当以到达最终目的地为准。本案被告人供述，其准备将毒品运回家中。其被抓获时尚在家门口，并未进入家中，即仍在运输毒品过程中，故应认定在运输毒品过程中被抓获。①

只要有足够证据证实吸毒人员有运输毒品行为的，且毒品数量达到较大以上的，即应认定构成运输毒品罪。《武汉会议纪要》之所以规定"吸毒者在购买、存储毒品过程中被查获，没有证据证明其是为了实施贩卖毒品等其他犯罪，毒品数量达到刑法第348条规定的最低数量标准的，以非法持有毒品罪定罪处罚"，是针对没有证据证实吸毒者犯有其他毒品犯罪，只能从轻认定为非法持有毒品罪。如果有证据证实其有运输毒品（其他毒品犯罪）行为的，仍然可以认定构成运输毒品罪。也就是说，即使本案被告人已经将毒品运回家中，只要现有证据能认定其有运输毒品行为，仍然可以认定其构成运输毒品罪。

【高检发刑字〔1997〕55号】 最高人民检察院关于加强毒品犯罪批捕起诉工作的通知（1997年6月17日）

二、对公安机关提请批准逮捕的毒品犯罪嫌疑人，检察机关要本着严厉惩治毒品犯罪的精神，对有证据证明有毒品犯罪事实的即应批准逮捕。对走私、贩卖、运输、制造毒品的，不论毒品数量多少均应批准逮捕，以保证毒品案件侦查工作的顺利进行。坚决防止在批捕环节出现打击不力。

三、对公安机关移送审查起诉的毒品犯罪案件，检察机关要及时依法审查。

---

① 未被法官会议采纳的意见为：被告人运输毒品的目的地是家中，其将毒品已经运至家门，实际上已经完成了运输行为，被告人此时已经转入准备将毒品予以藏匿、储存的状态，应认定为进入了储存毒品过程，即应以非法持有毒品罪论处。

对犯罪嫌疑人的犯罪事实已经查清,证据确实充分,应依法追究刑事责任的,要及时提起公诉。对走私、贩卖、运输、制造毒品的,不论毒品数量多少均应提起公诉。

【高检诉发〔2005〕32号】　最高人民检察院公诉厅毒品犯罪案件公诉证据标准指导意见(试行)(2005年4月25日)

根据毒品犯罪案件证据的共性和特性,公诉证据标准可分为一般证据标准和特殊证据标准。一般证据标准,是指毒品犯罪通常具有的证据种类和形式;特殊证据标准,是指对某些毒品犯罪除一般证据种类和形式外,还应具有的特殊证据形式。

一、一般证据标准

一般证据标准,包括证明毒品犯罪的客体、客观方面、主体和主观方面的证据种类和形式。毒品犯罪侵犯的客体主要是国家对毒品的管理制度,在一些特殊的毒品犯罪中,还同时侵害了国家海关管理制度等。对此,一般可通过犯罪事实的认定予以明确。《指导意见(试行)》主要针对的是证明毒品犯罪的主体、主观方面和客观方面的证据种类和形式问题。

(一)关于犯罪主体的证据

毒品犯罪的主体既有一般主体,也有特殊主体,包括自然人和单位。关于犯罪主体(自然人)的证据主要参考以下内容:(1)居民身份证、临时居住证、工作证、护照、港澳居民来往内地通行证、台湾居民来往大陆通行证、中华人民共和国旅行证,以及边民证;(2)户口簿或微机户口卡;(3)个人履历表或入学、入伍、招工、招干等登记表;(4)医院出生证明;(5)犯罪嫌疑人、被告人的供述;(6)有关人员(如亲属、邻居等)关于犯罪嫌疑人、被告人情况的证言。

通过上述证据证明犯罪嫌疑人、被告人的姓名(曾用名)、出生年月日、居民身份证号、民族、籍贯、出生地、职业、住所地等基本情况。贩卖毒品罪的犯罪嫌疑人、被告人必须是年满14周岁的自然人;其它毒品犯罪的犯罪嫌疑人、被告人必须是年满16周岁的自然人。

收集、审查、判断上述证据需要注意的问题:

1. 居民身份证、工作证等身份证明文件的核实

对居民身份证、临时居住证、工作证、护照、港澳居民来往内地通行证、台湾居民来往大陆通行证、中华人民共和国旅行证,以及边民证的真实性存在疑问,如有其他证据能够证明犯罪嫌疑人、被告人真实情况的,可根据其他证

据予以认定;现有证据无法证明的,应向证明身份文件上标明的原出具机关予以核实;原机关已撤消或者变更导致无法核实的,应向有权主管机关予以核查。经核查证明材料不真实的,应当向犯罪嫌疑人、被告人户籍所在地的公安机关、原用人单位调取证据。犯罪嫌疑人、被告人的真实姓名、住址无法查清的,应按其绰号或自报情况起诉,并在起诉书中注明。被告人自报姓名可能造成损害他人名誉、败坏道德风俗等不良影响的,可以对被告人进行编号并按编号制作起诉书,同时在起诉书中附具被告人的照片。犯罪嫌疑人、被告人认为公安机关提取的法定书证(户口簿、身份证等)所记载的个人情况不真实,但没有证据证明的,应以法定书证为准。对于年龄有争议的,一般以户籍登记文件为准;出生原始记录证明户籍登记确有错误的,可以根据原始记录等有效证据予以认定。对年龄有争议,又缺乏证据的情况下,可以采用"骨龄鉴定法",并结合其他证据予以认定。

2. 国籍的认定

国籍的认定,涉及案件的审判管辖级别。审查起诉毒品犯罪案件时,应当查明犯罪嫌疑人、被告人的国籍。外国人的国籍,以其入境时的有效证件予以证明。对于没有护照的,可根据边民证认定其国籍;缅甸的个别地区使用"马帮丁"作为该地区居民的身份证明,故根据"马帮丁"也可认定其国籍。此外,根据有关国家有权管理机关出具的证明材料(同时附有我国司法机关的《委托函》或者能够证明该份证据取证合法的证明材料),也可以认定其国籍。国籍不明的,可商请我国出入境管理部门或者我国驻外使领馆予以协助查明。无法查明国籍的,以无国籍人论。无国籍人,属于外国人。

3. 刑事责任能力的确定

犯罪嫌疑人、被告人的言行举止反映他(她)可能患有精神性疾病的,应当尽量收集能够证明其精神状况的证据。证人证言可作为证明犯罪嫌疑人、被告人刑事责任能力的证据。经查不能排除犯罪嫌疑人、被告人具有精神性疾病可能性的,应当作司法精神病鉴定。

(二)关于犯罪主观方面的证据

毒品犯罪的主观方面为故意。关于主观方面的证据主要参考以下内容:(1)犯罪嫌疑人、被告人及其同案犯的供述和辩解;(2)有关证人证言;(3)有关书证(书信、电话记录、手机短信记录);(4)其他有助于判断主观故意的客观事实。

通过证据1、证据2和证据3,证明毒品犯罪案件的起因、犯罪动机、犯罪目的等主观特征。当以上证据均无法证明犯罪嫌疑人、被告人在主观上是否具有毒品犯罪的"明知"时,可通过证据4,即根据一定的客观事实判定"明知"。

收集、审查、判断上述证据需要注意的问题:

1. 对于毒品犯罪中目的犯的认定,应注意收集证明犯罪嫌疑人、被告人主观犯罪目的之证据,例如,刑法第355条第2款规定的"以牟利为目的"。

2. 对于毒品犯罪中共同犯罪的认定,应注意收集证明共同故意的证据。

3. 推定"明知"应当慎重使用。对于具有下列情形之一,并且犯罪嫌疑人、被告人不能做出合理解释的,可推定其明知,但有相反证据的除外:(1)故意选择没有海关和边防检查站的边境路段绕行出入境的;(2)经过海关或边检站时,以假报、隐匿、伪装等蒙骗手段逃避海关、边防检查的;(3)采用假报、隐匿、伪装等蒙骗手段逃避邮检的;(4)采用体内藏毒的方法运输毒品的。对于具有下列情形之一的,能否推定明知还需结合其他证据予以综合判断:(1)受委托或雇佣携带毒品,获利明显超过正常标准的;(2)犯罪嫌疑人、被告人所有物、住宅、院落里藏有毒品的;(3)毒品包装物上留下的指纹与犯罪嫌疑人、被告人的指纹经鉴定一致的;(4)犯罪嫌疑人、被告人持有毒品的。

(三)关于犯罪客观方面的证据

毒品犯罪在客观方面表现为各种形式的毒品犯罪行为,如走私、贩卖、运输、制造毒品、非法持有毒品等。证明毒品犯罪客观方面的证据主要参考以下内容:(1)物证及其照片,包括毒品、毒品的半成品、毒品的前体化学物、毒品原植物、毒品原植物的种子或幼苗、制毒物品、毒资、盛装毒品的容器或包装物、作案工具等实物及其照片;(2)毒资转移的凭证,如银行的支付凭证(如存折、本票、汇票、支票)和记账凭证,毒品、制毒物品、毒品原植物等物品的交付凭证(托运单、货单、仓单、邮寄单),交通运输凭证(车票、船票、机票),同案犯之间的书信等;(3)报案记录、投案记录、举报记录(信件)、控告记录(信件)、破案报告、吸毒记录等能说明案件及相关情况的书面材料;(4)毒品、毒资、作案工具及其它涉案物品的扣押清单;(5)相关证人证言,包括海关、边防检查人员、侦查人员的证言,以及鉴定人员对鉴定所作的说明;(6)辨认笔录、指认笔录及其照片情况的文字记录,包括有关知情人员对犯罪嫌疑人、被告人的辨认和犯罪嫌疑人、被告人对毒品、毒资等犯罪对象的指认情况;(7)犯罪嫌疑人、被告人的供述和辩解;(8)毒品鉴定和检验报告,包括毒品鉴定、制毒物品鉴定、毒品原植物鉴定、毒品原植物的种子或幼苗鉴定、文检鉴定、指纹鉴定、犯罪嫌疑人或被告人是否吸食毒品的检验报告,以及被引诱、教唆、欺骗、强迫吸毒的被害人和被容留吸毒的人员是否吸食毒品的检验报告；（9）现场勘验、检查笔录及照片、录像、现场制图，包括对现场的勘验、对人身的检查、对物品的检查；（10）毒品数量的称量笔录；（11）视听资料，包括录音带、录像带、电子数据等。

通过上述证据证明：毒品犯罪事实是否存在；犯罪嫌疑人、被告人是否实施毒品犯罪行为；犯罪嫌疑人、被告人实施毒品犯罪行为的性质；犯罪的时间、地点、手段、后果；毒品的种类及其数量；共同犯罪中，犯罪嫌疑人、被告人之间的关系及其在共同犯罪中所起的作用和地位；犯罪嫌疑人、被告人的财产状况；是否具有法定或酌定从重、从轻、减轻或免除处罚的情节；涉及管辖、强制措施、诉讼期限的事实；其他与定罪量刑有关的事实。

收集、审查、判断上述证据需要注意的问题：

1. 毒品犯罪案件中所涉及的毒品、制毒物品，以及毒品原植物、种子、幼苗，都必须属于刑法规定的范围。

2. 收集证据过程中，应注意固定、保全证据，防止证据在转移过程中因保管失当而发生变化或灭失。

3. 公安机关对作为证据使用的实物应当随案移送检察机关，对不宜或不便移送的，应将这些物品的扣押清单、照片或者其他证明文件随案移送检察机关。

4. 注意审查犯罪嫌疑人、被告人的供述等言词证据，对于以刑讯逼供、诱供、指供、骗供等非法方法收集的言词证据，坚决依法予以排除。

5. 在毒品、制毒物品等物证灭失的情况下，仅有犯罪嫌疑人、被告人自己的供述，不能定罪；但是，当犯罪嫌疑人、被告人的供述与同案犯的供述吻合，并且完全排除诱供、刑讯逼供、串供等情形，能够相互印证的口供可以作为定罪的证据。

6. 毒品数量是指毒品净重。称量时，要扣除包装物和容器的重量。毒品称量应由二名以上侦查人员当场、当面进行，并拍摄现场照片。查获毒品后，应当场制作称量笔录，要求犯罪嫌疑人当场签字；犯罪嫌疑人拒绝签字的，应作出情况说明。

7. 审查鉴定时，要注意鉴定主体是否合格、鉴定内容和范围是否全面、鉴定程序是否符合规范（包括检材提取、检验、鉴定方法、鉴定过程、鉴定人有无签字等）、鉴定结论是否明确具体、鉴定报告的体例形式是否符合规范要求，以及鉴定结论是否告知犯罪嫌疑人、被告人。

8. 公安机关依法使用技术侦查手段秘密收集的证据，因为涉及保密问题，不能直接作为证据使用；必须使用技术侦查手段秘密收集的证据证明犯罪事实时，应将其转化为诉讼证据。

二、特殊证据标准

特殊证据标准主要包括主体特殊的毒品犯罪、有被害人的毒品犯罪、毒品犯罪的再犯，以及某些个罪所需的特殊证据形式。

（一）单位犯罪的特殊证据

刑法第347条走私、贩卖、运输、制造毒品罪、第350条走私制毒物品罪、非法买卖制毒物品罪、第355条非法提供麻醉药品、精神药品罪都规定单位可以构成本罪主体。单位毒品犯罪除一般证据标准外，还需要参考以下内容：（1）证明单位犯罪主体身份的证据，例如，单位注册登记证明、单位代表身份证明、营业执照、办公地和主要营业地证明等；（2）证明单位犯罪主观故意的证据，例如，证明单位犯罪的目的、实施犯罪的决定形成等证明材料；（3）证明单位犯罪非法所得归属的证据，例如，证明单位、金流动、非法利益分配情况等证明材料；（4）证明单位犯罪中直接负责的主管人员和其他直接责任人员的证据。

通过上述证据证明犯罪系单位行为，与自然人犯罪相区分。

收集、审查、判断上述证据需要注意以下问题：

1. 我国刑法中规定的单位，既包括国有、集体所有的公司、企业、事业单位，也包括依法设立的合资经营、合作经营企业和具有法人资格的独资、私营等公司、企业、事业单位。

2. 个人为进行违法犯罪活动而设立的公司、企业、事业单位实施犯罪的，或者公司、企业、事业单位设立后，以实施犯罪为主要活动的，以自然人犯罪论处。

3. 盗用单位名义实施犯罪，违法所得由实施犯罪的个人私分的，依照刑法有关自然人犯罪的规定定罪处刑。

（五）走私、贩卖、运输、制造毒品罪的特殊证据

刑法第347条第2款（四）、（五）项规定：走私、贩卖、运输、制造毒品，以暴力抗拒检查、拘留、逮捕，情节严重的，或者参与有组织的国际贩毒活动的，应当处15年有期徒刑、无期徒刑或者死刑，并处没收财产。符合这两项规定的走私、贩卖、运输、制造毒品罪的特殊证据主要参考下列内容：（1）公安、海关、边检部门出具的证明犯罪嫌疑人、被告人暴力抗拒检查、拘留、逮捕的材料；（2）证明犯罪嫌疑人、被告人参与有组织的国际贩毒活动的材料或者犯罪记录。

通过上述证据证明犯罪嫌疑人、被告人是否具有以暴力抗拒检查、拘留、逮捕的严重情节，是否参与有组织的国际贩毒活动。符合上述两种情形的，应依法适用加重的法定刑。

刑事公诉案件证据审查指引（经最高检检委会各委员审核，最高检公诉厅 2015 年 7 月公布；走私、贩卖、运输、制造毒品罪部分）

一、关于本罪主体的证据

本罪的主体为一般主体，即自然人和单位。根据《刑法》第 17 条第 1 款、第 2 款的规定，该罪的自然人主体又根据其实施行为的不同，可分为 2 类，一类是实施走私、运输、制造毒品行为的，要求行为人是已满 16 周岁且具有刑事责任能力的人；另一类是实施贩卖毒品行为的，行为人是已满 14 周岁且具有刑事责任能力的人。具体证据参见"关于犯罪主体的证据审查"的相关内容。

二、关于本罪主观方面的证据

（一）证明犯罪主观方面的主要共性证据

1. 犯罪嫌疑、被告人的供述和辩解，重点证明以下几个方面：

（1）行为人走私、贩卖、运输、制造毒品的动机、目的及时间、地点、方式、经过、结果；

（2）共同犯罪中的组织策划的时间、地点、参与人、经过、分工；

（3）行为人通过谎报、藏匿、伪装、绕关、隐瞒等手段故意逃避海关监管、检查，非法运输、携带毒品进出境的行为；

（4）行为人非法转手倒卖、销售自制毒品、介绍贩毒从中牟利等的行为；

（5）行为人非法运载、携带、邮寄、输送毒品的行为；

（6）行为人配制毒品或者将一种毒品加工为另一种毒品的行为；

（7）其他可参照 2012 年 5 月 16 日最高人民检察院、公安部《关于公安机关管辖的刑事案件立案追诉标准的规定（三）》有关主观明知方面的规定。

2. 证人证言，用以证实行为人走私、贩卖、运输、制造毒品的主观故意。

3. 物证，包括毒品原料、毒品成品实物、运输工具（如特种车辆、改装车等）、毒品及运输凭证等。

（二）证明犯罪主观方面的特性证据

1. 证实单位走私、贩卖、运输、制造毒品的主观故意时，还需要通过收集和提取单位的法定代表人、直接主管人员和其他负责人员的供述、单位集体讨论记录、有关负责人签署的文件、单位的财务账目等书证及相关证人证言等证据材料，以证明其行为系由单位集体研究决定，或者由单位的负责人或被授权的其他人员决定、同意，谋取的不正当利益或者违法所得大部分归单位所有。

2. 对于向走私、贩卖毒品的犯罪分子提供国家规定管制的能够使人形成瘾癖的麻醉药品、精神药品的行为，还需要重点了解行为人是否明知对方是走私、贩卖毒品的犯罪分子。

通过上述证据，证实行为人知道或者应当知道所实施的是走私、贩卖、运输、制造毒品。一般来讲，走私、贩卖、运输、制造毒品行为的动机都是为了获取巨额利润，但不论其是否获利，均不影响本罪的成立。

三、关于本罪客体的证据

通过犯罪嫌疑人、被告人供述与辩解、相关证人证言鉴定意见、视听资料等证据，综合证明行为人的行为侵犯了国家对毒品的管理制度、对外贸易管理制度和社会管理秩序。

四、关于本罪客观方面的证据

（一）犯罪嫌疑人、被告人供述和辩解

1. 实施走私、贩卖、运输、制造毒品的时间、地点、参与人；
2. 毒品的来源、产地、特征、种类、数量、价值、去向；
3. 走私毒品的方式、手段，包括将非法入境或者在境内购买的毒品偷运出境、将境外毒品偷运入境、在内地与走私毒品犯罪分子相勾结直接购买毒品、为走私毒品犯罪分子提供货款、资金、实物或为其提供运输、保管、藏匿以及其他方便的；
4. 贩卖毒品的方式、手段，包括买入后转手卖出、自制自销、介绍贩毒从中牟利、赊销毒品、以毒品支付劳务或偿还债务等；
5. 运输毒品的方式、手段，运输毒品的空间范围应以不超越国（边）境线为要求，否则构成走私毒品行为，一般包括以交通工具运输（如特种车辆、改装车等）、人体隐藏和携带、由交通部门托运或邮电部门邮寄、毒贩和毒品分开而行（即人货分离、人货分行）等；
6. 制造毒品的方式、手段，包括从毒品原植物中析离毒品、将低级毒品炼制成精制毒品、以化学原料合成毒品等；
7. 作案工具的来源、数量、特征、下落；
8. 走私、贩卖的毒品是否是依法从事生产、运输、管理、使用国家管制的麻醉药品、精神药品的单位或人员违反国家规定提供的；
9. 具体、详细的犯罪经过；
10. 非法所得数额、去向及用途；
11. 共同犯罪中的起意、策划、分工、实施、分赃等情况，查明每一个犯罪嫌疑人在共同犯罪中的地位和作用。

（二）证人证言

1. 知情人、见证人、关系人、中介人的证言；
2. 购买人、被利用人、被教唆人的证言，以证实行为人贩卖毒品的时间、地点、数量、方式、经过等情况；

3. 从依法从事生产、运输、管理、使用国家管制的麻醉药品精神药品的单位或人员处购买毒品的吸食注射者的证言；

4. 海关人员、国（边）境检查人员的证言，以证实行为人走私毒品的时间、地点、数量、经过等情况。

（三）物证、书证

1. 走私、贩卖、运输、制造的毒品实物或照片；

2. 作案工具，包括汽车、轮船、飞机等交通工具（如特种车辆、改装车等）、邮件、行李、人体、夹带物、藏匿物、提包等，证实行为人走私、贩卖、运输、制造毒品的手段、方式等情况；

3. 货单、邮单、托运单、藏匿毒品的货物报关单等书证，证实行为人走私、贩卖、运输毒品的方式、数量、起始地、终止地等情况；

4. 信件、电报、支票、汇票、发票、银行账、现金账等书证，以证实行为人走私、贩卖、运输、制造毒品的联络方式、预谋经过、非法所得、赃款用途等情况。

（四）走私、贩卖、运输、制造的毒品种类、数量鉴定意见，对于可能判处死刑的毒品犯罪案件，毒品鉴定中应含有含量鉴定的鉴定意见

（五）勘验检查笔录

1. 现场的勘验检查笔录及照片，包括截获现场、走私现场、贩卖现场、运输现场、制造现场；

2. 物证的勘验检查笔录及照片；

3. 人身检查笔录及照片。

（六）视听资料。包括录音、录像带及照片等。

（七）搜查、扣押、收缴、封存、销毁笔录。通过上述证据，证实行为人明知违反毒品管制法规，而实施了走私、贩卖、运输、制造毒品的行为。共同犯罪的，应收集和运用有助于证明犯意联络、分工、手段、危害后果等方面的证据，来确认行为人在犯罪中所处的地位、作用。

（八）行为人的财产情况。

【公禁毒〔2010〕333号】　公安机关勘验检查及处置制造毒品案件现场规定（公安部2010年6月7日）

第2条　制毒案件现场，是指利用毒品原植物或者制毒物品非法提炼、化学合成毒品以及以改变毒品成分和效用为目的，用混合等物理方法加工、配制

毒品的地点，以及与制造毒品犯罪行为相关的场所。

第4条 制毒案件现场勘查及处置的任务，是发现、固定、提取与制造毒品犯罪有关的物品、痕迹等证据及其他信息，分析判断制造毒品的种类、工艺流程，处理现场遗留物品，为侦查办案、刑事诉讼提供线索和证据。

第5条 勘查制毒案件现场的公安民警应当具备制毒案件现场勘查的专业知识和技能，具有现场勘查资格。根据需要，可以聘请具有化学等相关专业知识的人员协助勘查。

第8条 发现制毒现场应当进行保护。制毒案件的现场保护由现场所在地公安机关负责，具体保护的期限和措施由案件侦查部门决定。

第9条 负责保护现场的公安民警应当根据案件侦查部门统一部署，划定保护范围，设置警示标志，禁止无关人员进入现场。

第10条 负责保护现场的公安民警除抢救伤员、保护物证等紧急情况外，不得进入现场。处理紧急情况时，应当尽可能避免破坏现场。

第12条 公安机关应当为进入现场人员配备必要的专用安全防护装备，以防止有毒、有害、易燃、易爆或者腐蚀性物质对人身造成伤害。

安全防护装备的配备应当符合制毒案件现场勘查工作的需要。根据不同的防护等级，现场勘查人员应当配备适当等级的安全防护装备进入现场开展工作。

第13条 进入制毒案件现场人员应当注意以下事项：（一）在无法确认制毒现场是否存在易燃、易爆等危险情况时，严禁触动电源、水源、气源开关；（二）在触动或者搬动物品仪器设备前，应当先观察有无危险；（三）严禁靠近打开的化学品容器闻吸；（四）严禁将化学品接近热源或者火源；（五）严禁品尝可疑或者未知化学品；（六）严禁吸烟、饮水和进食；（七）严禁直接接触化学品。

第16条 现场指挥员由具有制毒案件现场勘查专业知识和组织指挥能力的公安民警担任。现场指挥员应当履行下列职责：（一）制定和实施现场勘查的工作方案；（二）对参加现场勘查的人员进行分工；（三）组织现场安全评估；（四）决定采取适当的人身安全防护措施；（五）确定现场勘查工作区域或者范围；（六）确定现场勘查的见证人；（七）组织现场分析；（八）组织现场实验；（九）审核现场勘查的工作记录；（十）决定对现场的处理。

第17条 现场安全员由具有制毒案件现场勘查专业安全知识的公安民警担任。现场安全员应当履行下列职责：（一）制定现场紧急处置方案；（二）检测现场空气状态并进行记录；（三）撰写现场安全评估报告；（四）监控现场工作人员安全及健康状态；（五）与现场指挥员和化学物证技术员协同评估化学及其他危险；（六）与化学物证技术员协调，确定现场工作人员应当配备的个人防护装备；（七）对现场处置提出安全意见。

第18条　化学物证技术员由具有制毒案件现场勘查专业化学知识的公安民警担任。化学物证技术员应当履行下列职责：（一）确认和评估现场化学危险，并制定现场处置方案；（二）根据需要终止正在进行的化学反应；（三）发现、固定、提取和送检现场化学物证；（四）记录现场保护情况、现场原始情况和现场勘查的过程与所见，制作现场勘查工作记录；（五）组织、实施现场实验；（六）参与现场分析；（七）对毒品案件侦查员及其他技术人员提出工作建议。

第19条　其他技术人员由具有刑事案件现场勘查专业知识的公安民警担任。其他技术人员应当履行下列职责：（一）发现、固定、提取和送检除化学物证以外的其他痕迹物证；（二）履行第18条中的第四、六、七项职责。

第21条　现场安全评估前，应当由现场安全员首先进入现场了解并记录现场状况。进入重大、复杂的封闭式现场时应当配备最高等级的安全防护装备。

第22条　现场安全评估由现场指挥员、化学物证技术员和现场安全员共同进行。

第23条　现场安全评估应当重点考虑水、电、气和危险化学品等因素，对于存在的危险应当制定排除方案，并形成现场安全评估结论。

第24条　现场安全员应当向进入现场人员通报现场存在的危险，介绍个人安全防护装备的使用方法、清洗去污程序和注意事项。

第25条　对现场危险进行排除，不能排除的要做出警示性说明并设置警示标志。

第26条　现场安全评估活动应当进行录像。

第27条　制毒案件现场勘查按照以下工作步骤进行：（一）巡视现场，制定现场勘查方案；（二）在勘查较大规模、较复杂制毒案件现场时，要划分勘查区域；（三）初步勘查现场，固定和记录制毒各功能区域的原始状态；（四）详细勘查现场，发现、固定、记录和提取毒品、毒品半成品、制毒物品、制毒文字图像资料、制毒设备和相关犯罪工具、痕迹等；（五）制作制毒案件现场勘查报告。

第28条　现场勘查中，应当对现场各区域以及毒品、毒品半成品、制毒物品、废液、制毒设备、工具等进行统一编号。

第29条　现场照相、录像应当在化学物证技术员指导下进行，以制毒工艺流程为序。具体包括以下基本内容：（一）制毒现场方位、概貌；（二）制毒设备、工具及其连接方式；（三）制毒物品；（四）最终产品、中间产品和废液。

第31条 现场勘查中与制毒案件有关的下列物品、痕迹应当固定、提取：（一）可疑毒品；（二）可疑毒品半成品；（三）制毒物品；（四）主要制毒设备内的可疑物质；（五）制毒物品包装物、标签等；（六）其他与制毒案件有关的物品、痕迹。

第32条 现场勘查中与制毒案件有关的下列文件、影像资料应当固定、提取：（一）制毒工艺流程；（二）制毒过程记录；（三）台账和物品清单；（四）制毒物品买卖票据、运输单据；（五）监控录像；（六）其他应当固定提取的资料。

第33条 现场勘查中，应当由2人以上对现场缴获的毒品、毒品半成品、制毒物品等称量、提取，并对物品种类、颜色、气味、状态、数量、包装等进行规范描述、记录。

第34条 可疑毒品、毒品半成品、制毒物品应当分别提取，分开包装，注明提取的区域、部位、名称、数量、方法、提取人和日期。

第35条 现场勘查中，可疑物品应当混匀后取样并编号。液体检材应当采用试管或者瓶子盛装，试管口密封，盛装液体的容器中要留有1/4至1/3空间。固体检材应当采用专用物证袋盛装。

第36条 对固定、提取的下列物品、文件应当扣押：（一）可疑毒品、毒品半成品、制毒物品；（二）制毒设备；（三）与制毒案件有关的文件、影像资料；（四）其他应当扣押的物品、文件。

第38条 现场访问包括以下内容：（一）制毒现场使用的水、电、气等情况，制毒现场周围水质、空气、动植物等异常变化；（二）在制毒现场存续期间，出入现场可疑人员的数量、体貌特征以及可疑交通工具等；（三）其他与制毒现场相关的内容。

第39条 现场勘查中，根据需要可以进行现场实验。进行现场实验应当经地（市）级以上公安机关负责人批准。

第40条 现场实验的目的：（一）验证在现场条件下能否制造出毒品或者毒品半成品；（二）确定在现场条件下制毒的规模和周期；（三）其他需要通过现场实验进一步研究、分析、判断的情况。

第41条 现场实验应当在化学物证技术员研究现场环境、制毒设备、制毒物品及犯罪嫌疑人供述的基础上进行。

第42条 现场实验应制作实验报告。

第43条 现场分析应当由现场指挥员主持，现场安全员、化学物证技术员、办案人员及其他相关人员参加，必要时可以邀请有关专家参加。

第44条 现场分析的内容包括：（1）判断现场是否为制毒现场；（2）判断

制造毒品的种类以及是否能制成毒品、毒品半成品；(3) 判断制造毒品的方法、制作工艺流程图；(4) 分析现场制毒物品用途；(5) 认定制毒设备及其功能；(6) 判断制毒现场的生产规模和周期；(7) 分析现场周围废气、废水、废渣排放情况；(8) 判断是否存在其他制毒关联现场；(9) 决定是否需要进一步勘查现场；(10) 推断制毒物品来源及毒品去向；(11) 提出现场处置意见；(12) 提出下一步侦查方向和范围；(13) 其他需要分析解决的问题。

第 45 条　现场分析结束后，应当及时撰写现场分析报告。

第 46 条　现场勘查结束后，现场指挥员决定是否保留现场。需要进一步勘查现场的，应当整体或者局部保留现场，并妥善保护。对不需要保留的现场，应当及时处理。

第 47 条　对周围环境已经或者可能造成污染的现场，应当采取封闭、隔离、清洗、消毒等措施进行清理。

第 48 条　对现场中的废液、废弃的化学器皿等由公安机关会同相关部门依法进行无害化处理。

第 49 条　在离开现场前，应当消除可能存在的安全隐患，对于暂时不能排除的危险，应当在现场设置警示标志。

第 50 条　现场处置结束后，应当将处置意见以书面形式存档。

第 51 条　本规定所涉及的毒品、制毒物品的名称以《麻醉药品和精神药品品种目录》、《易制毒化学品管理条例》等有关规定为准。

第 52 条　对于制毒案件现场勘查和处置本规定没有规定的，应当遵守《公安机关刑事案件现场勘验检查规则》的有关规定。

【公通字〔2014〕33 号】　公安机关讯问犯罪嫌疑人录音录像工作规定
（公安部 2014 年 9 月 5 日印发，2014 年 10 月 1 日施行）

第 3 条　对讯问过程进行录音录像，应当对每一次讯问全程不间断进行，保持完整性，不得选择性地录制，不得剪接、删改。

第 4 条　对下列重大犯罪案件，应当对讯问过程进行录音录像：

（四）严重毒品犯罪案件，包括走私、贩卖、运输、制造毒品，非法持有毒品数量大的，包庇走私、贩卖、运输、制造毒品的犯罪分子情节严重的，走私、非法买卖制毒物品数量大的犯罪案件；

前款规定的"讯问"，既包括在执法办案场所进行的讯问，也包括对不需要拘留、逮捕的犯罪嫌疑人在指定地点或者其住处进行的讯问，以及紧急情况下在现场进行的讯问。

【公禁毒〔2016〕486号】 公安机关缴获毒品管理规定（公安部2016年5月19日印发，2016年7月1日施行；2001年8月23日公禁毒〔2001〕218号同名《规定》同时废止）

第12条 对办理毒品案件过程中发现的毒品，办案人员应当及时固定、提取，依法予以扣押、收缴。

办案人员应当在缴获毒品的现场对毒品及其包装物进行封装，并及时完成称量、取样、送检等工作；确因客观原因无法在现场实施封装的，应当经办案部门负责人批准。

第24条 缴获毒品不随案移送人民检察院、人民法院，但办案部门应当将其清单、照片或者其他证明文件随案移送。

对需要作为证据使用的毒品，不起诉决定或者判决、裁定（含死刑复核判决、裁定）发生法律效力，或者行政处罚决定已过复议诉讼期限后方可销毁。

第26条 需要销毁毒品的，应当由负责毒品集中统一保管的禁毒部门提出销毁毒品的种类、数量和销毁的地点、时间、方式等，经省级公安机关负责人批准，方可销毁。

【公禁毒〔2016〕511号】 最高人民法院、最高人民检察院、公安部办理毒品犯罪案件毒品提取、扣押、称量、取样和送检程序若干问题的规定（2016年5月24日印发，2016年7月1日施行）

第一章 总则

第3条 人民检察院、人民法院办理毒品犯罪案件，应当审查公安机关对毒品的提取、扣押、称量、取样、送检程序以及相关证据的合法性。

毒品的提取、扣押、称量、取样、送检程序存在瑕疵，可能严重影响司法公正的，人民检察院、人民法院应当要求公安机关予以补正或者作出合理解释。经公安机关补正或者作出合理解释的，可以采用相关证据；不能补正或者作出合理解释的，对相关证据应当依法予以排除，不得作为批准逮捕、提起公诉或者判决的依据。

第二章 提取、扣押

第4条 侦查人员应当对毒品犯罪案件有关的场所、物品、人身进行勘验、检查或者搜查，及时准确地发现、固定、提取、采集毒品及内外包装物上的痕迹、生物样本等物证，依法予以扣押。必要时，可以指派或者聘请具有专门知识的人，在侦查人员的主持下进行勘验、检查。

侦查人员对制造毒品、非法生产制毒物品犯罪案件的现场进行勘验、检查或者搜查时，应当提取并当场扣押制造毒品、非法生产制毒物品的原料、配剂、成品、半成品和工具、容器、包装物以及上述物品附着的痕迹、生物样本等物证。

提取、扣押时，不得将不同包装物内的毒品混合。

现场勘验、检查或者搜查时，应当对查获毒品的原始状态拍照或者录像，采取措施防止犯罪嫌疑人及其他无关人员接触毒品及包装物。

第5条　毒品的扣押应当在有犯罪嫌疑人在场并有见证人的情况下，由2名以上侦查人员执行。

毒品的提取、扣押情况应当制作笔录，并当场开具扣押清单。

笔录和扣押清单应当由侦查人员、犯罪嫌疑人和见证人签名。犯罪嫌疑人拒绝签名的，应当在笔录和扣押清单中注明。

第6条　对同一案件在不同位置查获的2个以上包装的毒品，应当根据不同的查获位置进行分组。

对同一位置查获的2个以上包装的毒品，应当按照以下方法进行分组：（一）毒品或者包装物的外观特征不一致的，根据毒品及包装物的外观特征进行分组；（二）毒品及包装物的外观特征一致，但犯罪嫌疑人供述非同一批次毒品的，根据犯罪嫌疑人供述的不同批次进行分组；（三）毒品及包装物的外观特征一致，但犯罪嫌疑人辩称其中部分不是毒品或者不知是否为毒品的，对犯罪嫌疑人辩解的部分疑似毒品单独分组。

第7条　对查获的毒品应当按其独立最小包装逐一编号或者命名，并将毒品的编号、名称、数量、查获位置以及包装、颜色、形态等外观特征记录在笔录或者扣押清单中。

在毒品的称量、取样、送检等环节，毒品的编号、名称以及对毒品外观特征的描述应当与笔录和扣押清单保持一致；不一致的，应当作出书面说明。

第8条　对体内藏毒的案件，公安机关应当监控犯罪嫌疑人排出体内的毒品，及时提取、扣押并制作笔录。笔录应当由侦查人员和犯罪嫌疑人签名；犯罪嫌疑人拒绝签名的，应当在笔录中注明。在保障犯罪嫌疑人隐私权和人格尊严的情况下，可以对排毒的主要过程进行拍照或者录像。

必要时，可以在排毒前对犯罪嫌疑人体内藏毒情况进行透视检验并以透视影像的形式固定证据。

体内藏毒的犯罪嫌疑人为女性的，应当由女性工作人员或者医师检查其身体，并由女性工作人员监控其排毒。

第9条　现场提取、扣押等工作完成后，一般应当由2名以上侦查人员对提取、扣押的毒品及包装物进行现场封装，并记录在笔录中。

封装应当在有犯罪嫌疑人在场并有见证人的情况下进行；应当使用封装袋封装毒品并加密封口，或者使用封条贴封包装，作好标记和编号，由侦查人员、犯罪嫌疑人和见证人在封口处、贴封处或者指定位置签名并签署封装日期。犯罪嫌疑人拒绝签名的，侦查人员应当注明。

确因情况紧急、现场环境复杂等客观原因无法在现场实施封装的，经公安机关办案部门负责人批准，可以及时将毒品带至公安机关办案场所或者其他适当的场所进行封装，并对毒品移动前后的状态进行拍照固定，作出书面说明。

封装时，不得将不同包装内的毒品混合。对不同组的毒品，应当分别独立封装，封装后可以统一签名。

第三章　称量

第12条　毒品的称量一般应当由2名以上侦查人员在查获毒品的现场完成。不具备现场称量条件的，应当按照本规定第9条的规定对毒品及包装物封装后，带至公安机关办案场所或者其他适当的场所进行称量。

第13条　称量应当在有犯罪嫌疑人在场并有见证人的情况下进行，并制作称量笔录。

对已经封装的毒品进行称量前，应当在有犯罪嫌疑人在场并有见证人的情况下拆封，并记录在称量笔录中。

称量笔录应当由称量人、犯罪嫌疑人和见证人签名。犯罪嫌疑人拒绝签名的，应当在称量笔录中注明。

第14条　称量应当使用适当精度和称量范围的衡器。称量的毒品质量不足100克的，衡器的分度值应当达到0.01克；100克以上且不足1千克的，分度值应当达到0.1克；1千克以上且不足10千克的，分度值应当达到1克；10千克以上且不足100千克的，分度值应当达到10克；100千克以上且不足1吨的，分度值应当达到100克；1吨以上的，分度值应当达到1千克。

称量前，称量人应当将衡器示数归零，并确保其处于正常的工作状态。

称量所使用的衡器应当经过法定计量检定机构检定并在有效期内，一般不得随意搬动。

法定计量检定机构出具的计量检定证书复印件应当归入证据材料卷，并随案移送。

第15条　对2个以上包装的毒品，应当分别称量，并统一制作称量笔录，不得混合后称量。

对同一组内的多个包装的毒品，可以采取全部毒品及包装物总质量减去包装物质量的方式确定毒品的净质量;称量时,不同包装物内的毒品不得混合。

第 16 条 多个包装的毒品系包装完好、标识清晰完整的麻醉药品、精神药品制剂的,可以按照其包装、标识或者说明书上标注的麻醉药品、精神药品成分的含量计算全部毒品的质量,或者从相同批号的药品制剂中随机抽取 3 个包装进行称量后,根据麻醉药品、精神药品成分的含量计算全部毒品的质量。

第 17 条 对体内藏毒的案件,应当将犯罪嫌疑人排出体外的毒品逐一称量,统一制作称量笔录。

犯罪嫌疑人供述所排出的毒品系同一批次或者毒品及包装物的外观特征相似的,可以按照本规定第 15 条第 2 款规定的方法进行称量。

第 18 条 对同一容器内的液态毒品或者固液混合状态毒品,应当采用拍照或者录像等方式对其原始状态进行固定,再统一称量。必要时,可以对其原始状态固定后,再进行固液分离并分别称量。

第 19 条 现场称量后将毒品带回公安机关办案场所或者送至鉴定机构取样的,应当按照本规定第 9 条的规定对毒品及包装物进行封装。

第 20 条 侦查人员应当对称量的主要过程进行拍照或者录像。

照片和录像资料应当清晰显示毒品的外观特征、衡器示数和犯罪嫌疑人对称量结果的指认情况。

第四章 取样

第 21 条 毒品的取样一般应当在称量工作完成后,由 2 名以上侦查人员在查获毒品的现场或者公安机关办案场所完成。必要时,可以指派或者聘请具有专门知识的人进行取样。

在现场或者公安机关办案场所不具备取样条件的,应当按照本规定第 9 条的规定对毒品及包装物进行封装后,将其送至鉴定机构并委托鉴定机构进行取样。

第 22 条 在查获毒品的现场或者公安机关办案场所取样的,应当在有犯罪嫌疑人在场并有见证人的情况下进行,并制作取样笔录。

对已经封装的毒品进行取样前,应当在有犯罪嫌疑人在场并有见证人的情况下拆封,并记录在取样笔录中。

取样笔录应当由取样人、犯罪嫌疑人和见证人签名。犯罪嫌疑人拒绝签名的,应当在取样笔录中注明。

必要时,侦查人员应当对拆封和取样的主要过程进行拍照或者录像。

第 23 条 委托鉴定机构进行取样的,对毒品的取样方法、过程、结果等情况应当制作取样笔录，但鉴定意见包含取样方法的除外。

取样笔录应当由侦查人员和取样人签名，并随案移送。

第 24 条　对单个包装的毒品，应当按照下列方法选取或者随机抽取检材：

（一）粉状。将毒品混合均匀，并随机抽取约 1 克作为检材；不足 1 克的全部取作检材。

（二）颗粒状、块状。随机选择 3 个以上不同的部位，各抽取一部分混合作为检材，混合后的检材质量不少于 1 克；不足 1 克的全部取作检材。

（三）膏状、胶状。随机选择 3 个以上不同的部位，各抽取一部分混合作为检材，混合后的检材质量不少于 3 克；不足 3 克的全部取作检材。

（四）胶囊状、片剂状。先根据形状、颜色、大小、标识等外观特征进行分组；对于外观特征相似的一组，从中随机抽取 3 粒作为检材，不足 3 粒的全部取作检材。

（五）液态。将毒品混合均匀，并随机抽取约 20 毫升作为检材；不足 20 毫升的全部取作检材。

（六）固液混合状态。按照本款以上各项规定的方法，分别对固态毒品和液态毒品取样；能够混合均匀成溶液的，可以将其混合均匀后按照本款第五项规定的方法取样。

对其他形态毒品的取样，参照前款规定的取样方法进行。

第 25 条　对同一组内 2 个以上包装的毒品，应当按照下列标准确定选取或者随机抽取独立最小包装的数量，再根据本规定第 24 条规定的取样方法从单个包装中选取或者随机抽取检材：（一）少于 10 个包装的，应当选取所有的包装；（二）10 个以上包装且少于 100 个包装的，应当随机抽取其中的 10 个包装；（三）100 个以上包装的，应当随机抽取与包装总数的平方根数值最接近的整数个包装。

对选取或者随机抽取的多份检材，应当逐一编号或者命名，且检材的编号、名称应当与其他笔录和扣押清单保持一致。

第 26 条　多个包装的毒品系包装完好、标识清晰完整的麻醉药品、精神药品制剂的，可以从相同批号的药品制剂中随机抽取 3 个包装，再根据本规定第 24 条规定的取样方法从单个包装中选取或者随机抽取检材。

第 27 条　在查获毒品的现场或者公安机关办案场所取样的，应当使用封装袋封装检材并加密封口，作好标记和编号，由取样人、犯罪嫌疑人和见证人在封口处或者指定位置签名并签署封装日期。犯罪嫌疑人拒绝签名的，侦查人员应当注明。

从不同包装中选取或者随机抽取的检材应当分别独立封装，不得混合。

对取样后剩余的毒品及包装物，应当按照本规定第 9 条的规定进行封装。选取或者随机抽取的检材应当由专人负责保管。在检材保管和送检过程中，应当采取妥善措施防止其发生变质、泄漏、遗失、损毁或者受到污染等。

第 28 条　委托鉴定机构进行取样的，应当使用封装袋封装取样后剩余的毒品及包装物并加密封口，作好标记和编号，由侦查人员和取样人在封口处签名并签署封装日期。

第 29 条　对取样后剩余的毒品及包装物，应当及时送至公安机关毒品保管场所或者涉案财物管理场所进行妥善保管。

对需要作为证据使用的毒品，不起诉决定或者判决、裁定（含死刑复核判决、裁定）发生法律效力后可处理。

第五章　送检①

第 30 条　对查获的全部毒品或者从查获的毒品中选取或者随机抽取的检材，应当由 2 名以上侦查人员自毒品被查获之日起 3 日以内，送至鉴定机构进行鉴定。

具有案情复杂、查获毒品数量较多、异地办案、在交通不便地区办案等情形的，送检时限可以延长至 7 日。

公安机关应当向鉴定机构提供真实、完整、充分的鉴定材料，并对鉴定材料的真实性、合法性负责。

第 31 条　侦查人员送检时，应当持本人工作证件、鉴定聘请书等材料，并提供鉴定事项相关的鉴定资料；需要复核、补充或者重新鉴定的，还应当持原鉴定意见复印件。

第 32 条　送检的侦查人员应当配合鉴定机构核对鉴定材料的完整性、有效性，并检查鉴定材料是否满足鉴定需要。

公安机关鉴定机构应当在收到鉴定材料的当日作出是否受理的决定，决定受理的，应当与公安机关办案部门签订鉴定委托书；不予受理的，应当退还鉴

---

① 公安部禁毒局于 2013 年 10 月 25 日发布了一系列"检验鉴定技术规范"，2013 年 12 月 1 日起实施：缴获物品中海洛因的检测（JD/Y JY01.01 - 2013）；缴获物品中甲基苯丙胺的检测（JD/Y JY01.02 - 2013）；缴获物品中可卡因的检测（JD/Y JY01.03 - 2013）；缴获物品中氯胺酮和羟亚胺的检测（JD/Y JY01.04 - 2013）；缴获物品中 7 种合成大麻素的检测（JD/Y JY01.05 - 2013）；缴获物品中 1 - 戊基 - 3 -（1 - 萘甲酰基）吲哚（JWH - 018）的检测（JD/Y JY01.06 - 2013）；缴获物品中 1 - [3,4 -（亚甲二氧基）苯基] - 2 -（N - 吡咯烷基）- 1 - 戊酮（MDPV）、4 - 溴 - 2,5 - 二甲氧基苯乙胺（2C - B）、乙喹酮、1 - 苄基哌嗪（BZP）的检测（JD/Y JY01.07 - 2013）；缴获物品中甲卡西酮的检测（JD/Y JY01.08 - 2013）。

定材料并说明理由。

第33条　具有下列情形之一的，公安机关应当委托鉴定机构对查获的毒品进行含量鉴定：（一）犯罪嫌疑人、被告人可能被判处死刑的；（二）查获的毒品系液态、固液混合物或者系毒品半成品的；（三）查获的毒品可能大量掺假的；（四）查获的毒品系成分复杂的新类型毒品，且犯罪嫌疑人、被告人可能被判处7年以上有期徒刑的；（五）人民检察院、人民法院认为含量鉴定对定罪量刑有重大影响而书面要求进行含量鉴定的。

进行含量鉴定的检材应当与进行成分鉴定的检材来源一致，且一一对应。

第六章　附则

第35条　本规定所称的毒品，包括毒品的成品、半成品、疑似物以及含有毒品成分的物质。

毒品犯罪案件中查获的其他物品，如制毒物品及其半成品、含有制毒物品成分的物质、毒品原植物及其种子和幼苗的提取、扣押、称量、取样和送检程序，参照本规定执行。

第36条　本规定所称的"以上""以内"包括本数，"日"是指工作日。

第37条　扣押、封装、称量或者在公安机关办案场所取样时，无法确定犯罪嫌疑人、犯罪嫌疑人在逃或者犯罪嫌疑人在异地被抓获且无法及时到场的，应当在有见证人的情况下进行，并在相关笔录、扣押清单中注明。

犯罪嫌疑人到案后，公安机关应当以告知书的形式告知其扣押、称量、取样的过程、结果。犯罪嫌疑人拒绝在告知书上签名的，应当将告知情况形成笔录，一并附卷；犯罪嫌疑人对称量结果有异议，有条件重新称量的，可以重新称量，并制作称量笔录。

第38条　毒品的提取、扣押、封装、称量、取样活动有见证人的，笔录材料中应当写明见证人的姓名、身份证件种类及号码和联系方式，并附其常住人口信息登记表等材料。

下列人员不得担任见证人：（一）生理上、精神上有缺陷或者年幼，不具有相应辨别能力或者不能正确表达的人；（二）犯罪嫌疑人的近亲属，被引诱、教唆、欺骗、强迫吸毒的被害人及其近亲属，以及其他与案件有利害关系并可能影响案件公正处理的人；（三）办理该毒品犯罪案件的公安机关、人民检察院、人民法院的工作人员、实习人员或者其聘用的协勤、文职、清洁、保安等人员。

由于客观原因无法由符合条件的人员担任见证人或者见证人不愿签名的，应当在笔录材料中注明情况，并对相关活动进行拍照并录像。

【法发〔2019〕13号】 **最高人民法院、最高人民检察院、公安部关于办理毒品犯罪案件收集与审查证据若干问题的意见**（2019年4月30日印发，2019年5月1日施行）（略）

【主席令〔2012〕67号】 **中华人民共和国治安管理处罚法**（2012年10月26日第11届全国人大常委会第29次会议修正，主席令第67号公布，2013年1月1日施行）

第72条 有下列行为之一的，处10日以上15日以下拘留，可以并处2000元以下罚款；情节较轻的，处5日以下拘留或者500元以下罚款：（一）非法持有鸦片不满200克、海洛因或者甲基苯丙胺不满10克或者其他少量毒品的；

● 立案标准 **最高人民检察院、公安部关于公安机关管辖的刑事案件立案追诉标准的规定（三）**（公通字〔2012〕26号，2012年5月16日公布施行）

第1条 [走私、贩卖、运输、制造毒品案（刑法第347条）] 走私、贩卖、运输、制造毒品，无论数量多少，都应予立案追诉。

本条规定的"走私"是指明知是毒品而非法将其运输、携带、寄递进出国（边）境的行为。直接向走私人非法收购走私进口的毒品，或者在内海、领海、界河、界湖运输、收购、贩卖毒品的，以走私毒品罪立案追诉。

本条规定的"贩卖"是指明知是毒品而非法销售或者以贩卖为目的而非法收买的行为。

有证据证明行为人以牟利为目的，为他人代购仅用于吸食、注射的毒品，对代购者以贩卖毒品罪立案追诉。不以牟利为目的，为他人代购仅用于吸食、注射的毒品，毒品数量达到本规定第2条规定的数量标准的，对托购者和代购者以非法持有毒品罪立案追诉。明知他人实施毒品犯罪而为其居间介绍、代购代卖的，无论是否牟利，都应以相关毒品犯罪的共犯立案追诉。

本条规定的"运输"是指明知是毒品而采用携带、寄递、托运、利用他人或者使用交通工具等方法非法运送毒品的行为。

本条规定的"制造"是指非法利用毒品原植物直接提炼或者用化学方法加工、配制毒品，或者以改变毒品成分和效用为目的，用混合等物理方法加工、配制毒品的行为。为了便于隐蔽运输、销售、使用、欺骗购买者，或者为了增重，对毒品掺杂使假，添加或者去除其他非毒品物质，不属于制造毒品的行为。

为了制造毒品而采用生产、加工、提炼等方法非法制造易制毒化学品的，以制造毒品罪（预备）立案追诉。购进制造毒品的设备和原材料，开始着手制造毒品，尚未制造出毒品或者半成品的，以制造毒品罪（未遂）立案追诉。明知他人制造毒品而为其生产、加工、提炼、提供醋酸酐、乙醚、三氯甲烷等制毒物品的，以制造毒品罪的共犯立案追诉。

走私、贩卖、运输毒品主观故意中的"明知"，是指行为人知道或者应当知道所实施的是走私、贩卖、运输毒品行为。具有下列情形之一，结合行为人的供述和其他证据综合审查判断，可以认定其"应当知道"，但有证据证明确属被蒙骗的除外：

（1）执法人员在口岸、机场、车站、港口、邮局和其他检查站点检查时，要求行为人申报携带、运输、寄递的物品和其他疑似毒品物，并告知其法律责任，而行为人未如实申报，在其携带、运输、寄递的物品中查获毒品的；

（2）以伪报、藏匿、伪装等蒙蔽手段逃避海关、边防等检查，在其携带、运输、寄递的物品中查获毒品的；

（3）执法人员检查时，有逃跑、丢弃携带物品或者逃避、抗拒检查等行为，在其携带、藏匿或者丢弃的物品中查获毒品的；

（4）体内或者贴身隐秘处藏匿毒品的；

（5）为获取不同寻常的高额或者不等值的报酬为他人携带、运输、寄递、收取物品，从中查获毒品的；

（6）采用高度隐蔽的方式携带、运输物品，从中查获毒品的；

（7）采用高度隐蔽的方式交接物品，明显违背合法物品惯常交接方式，从中查获毒品的；

（8）行程路线故意绕开检查站点，在其携带、运输的物品中查获毒品的；

（9）以虚假身份、地址或者其他虚假方式办理托运、寄递手续，在托运、寄递的物品中查获毒品的；

（10）有其他证据足以证明行为人应当知道的。

制造毒品主观故意中的"明知"，是指行为人知道或者应当知道所实施的是制造毒品行为。有下列情形之一，结合行为人的供述和其他证据综合审查判断，可以认定其"应当知道"，但有证据证明确属被蒙骗的除外：

（1）购置了专门用于制造毒品的设备、工具、制毒物品或者配制方案的；

（2）为获取不同寻常的高额或者不等值的报酬为他人制造物品，经检验是毒品的；

（3）在偏远、隐蔽场所制造，或者采取对制造设备进行伪装等方式制造物品，经检验是毒品的；

（4）制造人员在执法人员检查时，有逃跑、抗拒检查等行为，在现场查获制造出的物品，经检验是毒品的；

（5）有其他证据足以证明行为人应当知道的。

走私、贩卖、运输、制造毒品罪是选择性罪名,对同一宗毒品实施了两种以上犯罪行为,并有相应确凿证据的,应当按照所实施的犯罪行为的性质并列适用罪名,毒品数量不重复计算。对同一宗毒品可能实施了两种以上犯罪行为,但相应证据只能认定其中一种或者几种行为,认定其他行为的证据不够确实充分的,只按照依法能够认定的行为的性质适用罪名。对不同宗毒品分别实施了不同种犯罪行为的,应对不同行为并列适用罪名,累计计算毒品数量。

第2条 [非法持有毒品案(刑法第348条)] 明知是毒品而非法持有,涉嫌下列情形之一的,应予立案追诉:

(1)鸦片200克以上、海洛因、可卡因或者甲基苯丙胺10克以上;

(2)二亚甲基双氧安非他明(MDMA)等苯丙胺类毒品(甲基苯丙胺除外)、吗啡20克以上;

(3)度冷丁(杜冷丁)50克以上(针剂100mg/支规格的500支以上,50mg/支规格的1000支以上;片剂25mg/片规格的2000片以上,50mg/片规格的1000片以上);

(4)盐酸二氢埃托啡2毫克以上(针剂或者片剂20mg/支、片规格的100支、片以上);

(5)氯胺酮、美沙酮200克以上;①

(6)三唑仑、安眠酮10千克以上;

(7)咖啡因50千克以上;②

(8)氯氮卓、艾司唑仑、地西泮、溴西泮100千克以上;

(9)大麻油1千克以上,大麻脂2千克以上,大麻叶及大麻烟30千克以上;

(10)罂粟壳50千克以上;③

(11)上述毒品以外的其他毒品数量较大的。

非法持有2种以上毒品,每种毒品均没有达到本条第1款规定的数量标准,但按前款规定的立案追诉数量比例折算成海洛因后累计相加达到10克以上的,

---

① 注:根据《最高人民法院关于审理毒品犯罪案件适用法律若干问题的解释》(法释〔2016〕8号,2016年4月11日施行)第2条第7项的规定,非法持有氯胺酮的立案追诉标准应当被改为100克以上。

② 注:根据《最高人民法院关于审理毒品犯罪案件适用法律若干问题的解释》(法释〔2016〕8号,2016年4月11日施行)第2条第14项的规定,非法持有咖啡因的立案追诉标准应当被改为40千克以上。

③ 注:根据《最高人民法院关于审理毒品犯罪案件适用法律若干问题的解释》(法释〔2016〕8号,2016年4月11日施行)第2条第14项的规定,非法持有罂粟壳的立案追诉标准应当被改为40千克以上。

应予立案追诉。

本条规定的"非法持有",是指违反国家法律和国家主管部门的规定,占有、携带、藏有或者以其他方式持有毒品。

非法持有毒品主观故意中的"明知",依照本规定第 1 条第 8 款的有关规定予以认定。

第 14 条 本规定中未明确立案追诉标准的毒品,有条件折算为海洛因的,参照有关麻醉药品和精神药品折算标准进行折算。

第 16 条 本规定中的"以上",包括本数。

● 量刑指导 【法发〔2021〕21 号】 最高人民法院、最高人民检察院关于常见犯罪的量刑指导意见(2021 年 6 月 16 日印发,2021 年 7 月 1 日试行;法发〔2017〕7 号《指导意见》同时废止)①

四、常见犯罪的量刑

(二十)走私、贩卖、运输、制造毒品罪(划线部分为原"法发〔2017〕7 号"《意见》的内容)

1. 构成走私、贩卖、运输、制造毒品罪的,可以根据下列不同情形在相应的幅度内确定量刑起点:

(1)走私、贩卖、运输、制造鸦片 1 千克,海洛因、甲基苯丙胺 50 克或者其它毒品数量达到数量大起点的,量刑起点为 15 年有期徒刑。依法应当判处无期徒刑以上刑罚的除外。

(2)走私、贩卖、运输、制造鸦片 200 克,海洛因、甲基苯丙胺 10 克或者其它毒品数量达到数量较大起点的,可以在 7 年至 8 年有期徒刑幅度内确定量刑起点。

(3)走私、贩卖、运输、制造鸦片不满 200 克,海洛因、甲基苯丙胺不满 10 克或者其他少量毒品的,可以在 3 年以下有期徒刑、拘役幅度内确定量刑起点;情节严重的,可以在 3 年至 4 年有期徒刑幅度内确定量刑起点。

2. 在量刑起点的基础上,可以根据毒品犯罪次数、人次、毒品数量等其他影响犯罪构成的犯罪事实增加刑罚量,确定基准刑。

---

① 注:《意见》要求各省高院、检察院应当总结司法实践经验,按照规范、实用、符合司法实际的原则共同研制"实施细则",经审委会、检委会通过后,分别报最高法、最高检备案审查,与《意见》同步实施。其他判处有期徒刑的案件,可以参照量刑的指导原则、基本方法和常见量刑情节的适用规范量刑。

另,本《意见》实际替代了 2017 年 3 月 9 日印发、2017 年 5 月 1 日起在指定法院试行的《最高人民法院关于常见犯罪的量刑指导意见(二)(试行)》(法〔2017〕74 号)。

3. 有下列情节之一的，可以增加基准刑的 10%－30%：（1）利用、教唆未成年人走私、贩卖、运输、制造毒品的；（2）向未成年人出售毒品的；（3）毒品再犯。

4. 有下列情节之一的，可以减少基准刑的 30% 以下：（1）受雇运输毒品的；（2）毒品含量明显偏低的；（3）存在数量引诱情形的。

5. 构成走私、贩卖、运输、制造毒品罪的，根据走私、贩卖、运输、制造毒品的种类、数量、危害后果等犯罪情节，综合考虑被告人缴纳罚金的能力，决定罚金数额。（本款新增）

6. 构成走私、贩卖、运输、制造毒品罪的，综合考虑走私、贩卖、运输、制造毒品的种类、数量、危害后果等犯罪事实、量刑情节，以及被告人的主观恶性、人身危险性、认罪悔罪表现等因素，从严把握缓刑的适用。（本款新增）

（二十一）非法持有毒品罪（划线部分为原试行的"法〔2017〕74 号"《意见（二）》的内容）

1. 构成非法持有毒品罪的，可以根据下列不同情形在相应的幅度内确定量刑起点：

（1）非法持有鸦片 1 千克以上、海洛因或者甲基苯丙胺 50 克以上或者其他毒品数量大的，可以在 7 年至 9 年有期徒刑幅度内确定量刑起点。依法应当判处无期徒刑的除外。

（2）非法持有毒品情节严重的，可以在 3 年至 4 年有期徒刑幅度内确定量刑起点。

（3）非法持有鸦片 200 克、海洛因或者甲基苯丙胺 10 克或者其他毒品数量较大的，可以在 1 年以下有期徒刑、拘役幅度内确定量刑起点。

2. 在量刑起点的基础上，可以根据毒品数量等其他影响犯罪构成的犯罪事实增加刑罚量，确定基准刑。

3. 构成非法持有毒品罪的，根据非法持有毒品的种类、数量等犯罪情节，综合考虑被告人缴纳罚金的能力，决定罚金数额。（本款新增）

4. 构成非法持有毒品罪的，综合考虑非法持有毒品的种类、数量等犯罪事实、量刑情节，以及被告人主观恶性、人身危险性、认罪悔罪表现等因素，从严把握缓刑的适用。（本款新增）

● 指导案例 【高检发办字〔2022〕85 号】 最高人民检察院第 37 批指导性案例（2022 年 6 月 16 日最高检第 13 届检委会第 101 次会议通过，2022 年 6 月 21 日印发）

（检例第150号）王某贩卖、制造毒品案

要旨：行为人利用未列入国家管制的化学品为原料，生产、销售含有国家管制的麻醉药品、精神药品成分的食品，明知该成分毒品属性的，应当认定为贩卖、制造毒品罪。检察机关办理新型毒品犯罪案件，应当审查毒品含量，依法准确适用刑罚。对于毒品犯罪所得的财物及其孳息、收益和供犯罪所用的本人财物，应当依法予以追缴、没收。

（检例第151号）马某某走私、贩卖毒品案

要旨：行为人明知系国家管制的麻醉药品、精神药品，出于非法用途走私、贩卖的，应当以走私、贩卖毒品罪追究刑事责任。行为人出于非法用途，以贩卖为目的非法购买国家管制的麻醉药品、精神药品的，应当认定为贩卖毒品罪既遂。检察机关应当综合评价新型毒品犯罪的社会危害性，依法提出量刑建议。

（检例第153号）何某贩卖、制造毒品案

要旨：行为人利用原生植物为原料，通过提炼等方法制成含有国家管制的麻醉药品、精神药品的物质，并予以贩卖的，应当认定为贩卖、制造毒品罪。办理新型毒品犯罪案件，检察机关应当依法引导侦查机关开展侦查实验，查明案件事实。

第349条 【包庇毒品犯罪分子罪；窝藏、转移、隐瞒毒品、毒赃罪】包庇走私、贩卖、运输、制造毒品的犯罪分子的，为犯罪分子窝藏、转移、隐瞒毒品或者犯罪所得的财物的，处三年以下有期徒刑、拘役或者管制；情节严重的，处三年以上十年以下有期徒刑。

缉毒人员或者其他国家机关工作人员掩护、包庇走私、贩卖、运输、制造毒品的犯罪分子的，依照前款的规定从重处罚。

犯前两款罪，事先通谋的，以走私、贩卖、运输、制造毒品罪的共犯论处。

● **条文注释** 这里的"包庇"，是指采取窝藏犯罪分子或作假证明等方法，帮助犯罪分子逃避法律追究的行为；"窝藏"，是指将犯罪分子的毒品或进行毒品犯罪得到的财物隐藏在自己的住所或者其他隐蔽的场所，以逃避司法机关追查的行为；"转移"，是指将犯罪分子的毒品或者进行毒品犯罪所得的财物从一地转移到另一地，以抗拒司法机关对毒品或进行毒品犯罪所得财物进行追缴的行

为；"隐瞒"是指当司法机关追查毒品和赃物，向其询问时，故意不讲毒品、犯罪所得财物隐藏处的行为。

"缉毒人员"，是指因公负责查处毒品犯罪的国家工作人员；"国家机关工作人员"，是指在国家机关中从事公务的人员，包括在各级国家立法机关、行政机关、司法机关和军事机关中从事公务的人员。在依照法律法规规定行使国家行政管理职权的组织中从事公务的人员，或者在受国家机关委托代表国家行使职权的组织中从事公务的人员，或者虽未列入国家机关人员编制但在国家机关中从事公务的人员，在代表国家机关行使职权时，视为国家机关工作人员。在乡（镇）以上中国共产党机关、人民政协机关中从事公务的人员，视为国家机关工作人员。

这里的"掩护"，是指缉毒人员或其他国家机关工作人员采取警戒、牵制、压制等手段，帮助进行走私、贩卖、运输、制造毒品的犯罪分子的犯罪活动。"事先通谋"，是指在犯罪分子进行毒品犯罪活动之前，与犯罪分子共同策划、商议并事后包庇犯罪分子或为其窝藏、转移、隐瞒毒品及犯罪所得的财物的行为，它表明行为人与犯罪分子有共同的犯罪故意，所以属于刑法中的共犯。

● 相关规定　【法释〔2009〕15号】　**最高人民法院关于审理洗钱等刑事案件具体应用法律若干问题的解释**（2009年9月21日最高人民法院审判委员会第1474次会议通过，2009年11月4日公布，2009年11月11日起施行）

第3条　明知是犯罪所得及其产生的收益而予以掩饰、隐瞒，构成刑法第312条规定的犯罪，同时又构成刑法第191条或者第349条规定的犯罪的，依照处罚较重的规定定罪处罚。

第4条　刑法第191条、第312条、第349条规定的犯罪，应当以上游犯罪事实成立为认定前提。上游犯罪尚未依法裁判，但查证属实的，不影响刑法第191条、第312条、第349条规定的犯罪的审判。

上游犯罪事实可以确认，因行为人死亡等原因依法不予追究刑事责任的，不影响刑法第191条、第312条、第349条规定的犯罪的认定。

上游犯罪事实可以确认，依法以其他罪名定罪处罚的，不影响刑法第191条、第312条、第349条规定的犯罪的认定。

本条所称"上游犯罪"，是指产生刑法第191条、第312条、第349条规定的犯罪所得及其收益的各种犯罪行为。

【法〔2015〕129 号】　　全国法院毒品犯罪审判工作座谈会纪要（2014 年 12 月 11 日至 12 日在湖北武汉召开，全国各高级人民法院、解放军军事法院和新疆高级人民法院生产建设兵团分院主管刑事审判工作的副院长、刑事审判庭庭长出席会议；最高人民法院 2015 年 5 月 18 日印发）

二、关于毒品犯罪法律适用的若干具体问题

（一）罪名认定问题

贩毒人员被抓获后，对于从其住所、车辆等处查获的毒品，一般均应认定为其贩卖的毒品。确有证据证明查获的毒品并非贩毒人员用于贩卖，其行为另构成非法持有毒品罪、窝藏毒品罪等其他犯罪的，依法定罪处罚。

【法释〔2016〕8 号】　　最高人民法院关于审理毒品犯罪案件适用法律若干问题的解释（2016 年 1 月 25 日由最高人民法院审判委员会第 1676 次会议通过，2016 年 4 月 6 日公布，2016 年 4 月 11 日起施行）

第 1 条（第 1 款）　　走私、贩卖、运输、制造、非法持有下列毒品，应当认定为刑法第 347 条第 2 款第 1 项、第 348 条规定的"其他毒品数量大"：

（一）可卡因 50 克以上；

（二）3，4 - 亚甲二氧基甲基苯丙胺（MDMA）等苯丙胺类毒品（甲基苯丙胺除外）、吗啡 100 克以上；

（三）芬太尼 125 克以上；

（四）甲卡西酮 200 克以上；

（五）二氢埃托啡 10 毫克以上；

（六）哌替啶（度冷丁）250 克以上；

（七）氯胺酮 500 克以上；

（八）美沙酮 1 千克以上；

（九）曲马多、γ - 羟丁酸 2 千克以上；

（十）大麻油 5 千克、大麻脂 10 千克、大麻叶及大麻烟 150 千克以上；

（十一）可待因、丁丙诺啡 5 千克以上；

（十二）三唑仑、安眠酮 50 千克以上；

（十三）阿普唑仑、恰特草 100 千克以上；

（十四）咖啡因、罂粟壳 200 千克以上；

（十五）巴比妥、苯巴比妥、安纳咖、尼美西泮 250 千克以上；

（十六）氯氮卓、艾司唑仑、地西泮、溴西泮 500 千克以上；

（十七）上述毒品以外的其他毒品数量大的。

第6条　包庇走私、贩卖、运输、制造毒品的犯罪分子，具有下列情形之一的，应当认定为刑法第349条第1款规定的"情节严重"：

（一）被包庇的犯罪分子依法应当判处15年有期徒刑以上刑罚的；

（二）包庇多名或者多次包庇走私、贩卖、运输、制造毒品的犯罪分子的；

（三）严重妨害司法机关对被包庇的犯罪分子实施的毒品犯罪进行追究的；

（四）其他情节严重的情形。

为走私、贩卖、运输、制造毒品的犯罪分子窝藏、转移、隐瞒毒品或者毒品犯罪所得的财物，具有下列情形之一的，应当认定为刑法第349条第1款规定的"情节严重"：

（一）为犯罪分子窝藏、转移、隐瞒毒品达到刑法第347条第2款第1项或者本解释第1条第1款规定的"数量大"标准的；

（二）为犯罪分子窝藏、转移、隐瞒毒品犯罪所得的财物价值达到5万元以上的；

（三）为多人或者多次为他人窝藏、转移、隐瞒毒品或者毒品犯罪所得的财物的；

（四）严重妨害司法机关对该犯罪分子实施的毒品犯罪进行追究的；

（五）其他情节严重的情形。

包庇走私、贩卖、运输、制造毒品的近亲属，或者为其窝藏、转移、隐瞒毒品或者毒品犯罪所得的财物，不具有本条前两款规定的"情节严重"情形，归案后认罪、悔罪、积极退赃，且系初犯、偶犯，犯罪情节轻微不需要判处刑罚的，可以免予刑事处罚。

第15条　本解释自2016年4月11日起施行。《最高人民法院关于审理毒品案件定罪量刑标准有关问题的解释》（法释〔2000〕13号）同时废止；之前发布的司法解释和规范性文件与本解释不一致的，以本解释为准。

【公通字〔2014〕33号】　公安机关讯问犯罪嫌疑人录音录像工作规定

（公安部2014年9月5日印发，2014年10月1日起施行）

第3条　对讯问过程进行录音录像，应当对每一次讯问全程不间断进行，保持完整性，不得选择性地录制，不得剪接、删改。

第4条　对下列重大犯罪案件，应当对讯问过程进行录音录像：

……

（四）严重毒品犯罪案件，包括走私、贩卖、运输、制造毒品，非法持有毒品数量大的，包庇走私、贩卖、运输、制造毒品的犯罪分子情节严重的，走私、非法买卖制毒物品数量大的犯罪案件；

......

前款规定的"讯问"，既包括在执法办案场所进行的讯问，也包括对不需要拘留、逮捕的犯罪嫌疑人在指定地点或者其住处进行的讯问，以及紧急情况下在现场进行的讯问。

● **立案标准** 最高人民检察院、公安部关于公安机关管辖的刑事案件立案追诉标准的规定（三）（公安部公通字〔2012〕26号，2012年5月16日公布施行）

第3条 ［包庇毒品犯罪分子案（刑法第349条）］ 包庇走私、贩卖、运输、制造毒品的犯罪分子，涉嫌下列情形之一的，应予立案追诉：

（一）作虚假证明，帮助掩盖罪行的；

（二）帮助隐藏、转移或者毁灭证据的；

（三）帮助取得虚假身份或者身份证件的；

（四）以其他方式包庇犯罪分子的。

实施前款规定的行为，事先通谋的，以走私、贩卖、运输、制造毒品罪的共犯立案追诉。

第4条 ［窝藏、转移、隐瞒毒品、毒赃案（刑法第349条）］ 为走私、贩卖、运输、制造毒品的犯罪分子窝藏、转移、隐瞒毒品或者犯罪所得的财物的，应予立案追诉。

实施前款规定的行为，事先通谋的，以走私、贩卖、运输、制造毒品罪的共犯立案追诉。

第13条 本规定中的毒品是指鸦片、海洛因、甲基苯丙胺（冰毒）、吗啡、大麻、可卡因以及国家规定管制的其他能够使人形成瘾癖的麻醉药品和精神药品。具体品种以国家食品药品监督管理局、公安部、卫生部发布的《麻醉药品品种目录》、《精神药品品种目录》为依据。

本规定中的"制毒物品"是指刑法第350条第1款规定的醋酸酐、乙醚、三氯甲烷或者其他用于制造毒品的原料或者配剂，具体品种范围按照国家关于易制毒化学品管理的规定确定。

第14条 本规定中未明确立案追诉标准的毒品，有条件折算为海洛因的，参照有关麻醉药品和精神药品折算标准进行折算。

第 350 条[①] 【**非法生产、买卖、运输制毒物品、走私制毒物品罪**[②]】违反国家规定，非法生产、买卖、运输醋酸酐、乙醚、三氯甲烷或者其他用于制造毒品的原料、配剂，或者携带上述物品进出境，情节较重的，处三年以下有期徒刑、拘役或者管制，并处罚金；情节严重的，处三年以上七年以下有期徒刑，并处罚金；情节特别严重的，处七年以上有期徒刑，并处罚金或者没收财产。

明知他人制造毒品而为其生产、买卖、运输前款规定的物品的，以制造毒品罪的共犯论处。

单位犯前两款罪的，对单位判处罚金，并对其直接负责的主管人员和其他直接责任人员，依照前两款的规定处罚。

● **条文注释**　《联合国禁止非法贩运麻醉药品和精神药物公约》中列举了几种可用于制造毒品的化学物品，包括醋酸酐、乙醚、三氯甲烷等（它们既是医药和工农业生产原料，又是制造毒品必不可少的配剂）。公约还规定，明知用于制造毒品而为其生产、销售上述物品的行为属于犯罪行为。我国也于 1988 年 10 月发布了《关于对三种特殊化学品实行出口准许证管理的通知》[③]，规定对醋酸酐、乙醚、三氯甲烷等三种化学品实行出口准许证制度。

"用于制造毒品的原料、配剂"，是指提炼、分解毒品使用的原材料及辅助性配料。没有依照国家有关规定办理法定审批手续，任何生产、买卖、运输这些原料或配剂或者携带物品进出境的行为，都属于"非法生产、买卖、运输、携带"。如果上述行为达到了"法释〔2016〕8 号"《解释》第 7 条、第 8 条规定的数量，就构成第 350 条规定的"走私制毒物品罪""非法买卖制毒物品罪"。

需要注意的是：

（1）上述原料或配剂中，有些原料本身就是毒品，如提炼海洛因的鸦片、黄皮、吗啡等，如果有非法携带进出境或买卖行为的，应依照《刑法》第 347

[①] 第 350 条第 1 款、第 2 款是根据 2015 年 8 月 29 日第 12 届全国人民代表大会常务委员会第 16 次会议通过的《刑法修正案（九）》（主席令第 30 号公布，2015 年 11 月 1 日起施行）而修改。

[②] 本罪名原为"走私制毒物品罪、非法买卖制毒物品罪"，《刑法修正案（九）》对条文修改后，根据《最高人民法院、最高人民检察院关于执行〈中华人民共和国刑法〉确定罪名的补充规定（六）》（法释〔2015〕20 号，最高人民法院审判委员会第 1664 次会议、最高人民检察院第 12 届检察委员会第 42 次会议通过，2015 年 11 月 1 日起执行）而改为现名。

[③] 《关于对三种特殊化学品实行出口准许证管理的通知》于 1988 年 10 月 10 日由卫生部、对外经济贸易部、公安部、海关总署发布，自 1989 年 1 月 1 日起执行，至今有效。

条的规定，以"走私、贩卖毒品罪"定罪处罚。

（2）明知他人制造毒品而为其提供（包括出售、赠送，或以物易物等方式）上述原料或配剂的，依照《刑法》第347条的规定以制造毒品罪的共犯论处。

● 相关规定　【公通字〔2009〕33号】　最高人民法院、最高人民检察院、公安部关于办理制毒物品犯罪案件适用法律若干问题的意见（2009年6月23日印发）

一、关于制毒物品犯罪的认定

（一）本意见中的"制毒物品"，是指刑法第350条第1款规定的醋酸酐、乙醚、三氯甲烷或者其他用于制造毒品的原料或者配剂，具体品种范围按照国家关于易制毒化学品管理的规定确定。

（二）违反国家规定，实施下列行为之一的，认定为刑法第350条规定的非法买卖制毒物品行为：

1. 未经许可或者备案，擅自购买、销售易制毒化学品的；

2. 超出许可证明或者备案证明的品种、数量范围购买、销售易制毒化学品的；

3. 使用他人的或者伪造、变造、失效的许可证明或者备案证明购买、销售易制毒化学品的；

4. 经营单位违反规定，向无购买许可证明、备案证明的单位、个人销售易制毒化学品的，或者明知购买者使用他人的或者伪造、变造、失效的购买许可证明、备案证明，向其销售易制毒化学品的；

5. 以其他方式非法买卖易制毒化学品的。

（三）易制毒化学品生产、经营、使用单位或者个人未办理许可证明或者备案证明，购买、销售易制毒化学品，如果有证据证明确实用于合法生产、生活需要，依法能够办理只是未及时办理许可证明或者备案证明，且未造成严重社会危害的，可不以非法买卖制毒物品罪论处。

（四）为了制造毒品或者走私、非法买卖制毒物品犯罪而采用生产、加工、提炼等方法非法制造易制毒化学品的，根据刑法第22条的规定，按照其制造易制毒化学品的不同目的，分别以制造毒品、走私制毒物品、非法买卖制毒物品的预备行为论处。

（五）明知他人实施走私或者非法买卖制毒物品犯罪，而为其运输、储存、代理进出口或者以其他方式提供便利的，以走私或者非法买卖制毒物品罪的共犯论处。

（六）走私、非法买卖制毒物品行为同时构成其他犯罪的，依照处罚较重的规定定罪处罚。

二、关于制毒物品犯罪嫌疑人、被告人主观明知的认定

对于走私或者非法买卖制毒物品行为，有下列情形之一，且查获了易制毒化学品，结合犯罪嫌疑人、被告人的供述和其他证据，经综合审查判断，可以认定其"明知"是制毒物品而走私或者非法买卖，但有证据证明确属被蒙骗的除外：

1. 改变产品形状、包装或者使用虚假标签、商标等产品标志的；
2. 以藏匿、夹带或者其他隐蔽方式运输、携带易制毒化学品逃避检查的；
3. 抗拒检查或者在检查时丢弃货物逃跑的；
4. 以伪报、藏匿、伪装等蒙蔽手段逃避海关、边防等检查的；
5. 选择不设海关或者边防检查站的路段绕行出入境的；
6. 以虚假身份、地址办理托运、邮寄手续的；
7. 以其他方法隐瞒真相，逃避对易制毒化学品依法监管的。

三、关于制毒物品犯罪定罪量刑的数量标准（略）①

【公禁毒〔2010〕166号】　公安部禁毒局关于对已去除糖衣包装的新康泰克药品混合颗粒能否认定为制毒物品的意见（经商国家食药监管局，2010年3月28日答复北京市公安局禁毒处"禁毒办字〔2010〕12号"请示）

根据《药品管理法》规定，药品是指用于预防、治疗、诊断人的疾病，有目的地调节人的生理机能并规定有适应症或者功能主治、用法和用量的物质，包括中药材、中药饮片、中成药、化学原料及其制剂、抗生素、生化药品、放射性药品、血清、疫苗、血液制品和诊断药品等。你处查获的已去除糖衣包装的新康泰克药品混合颗粒实为去除了空心胶囊的颗粒，不用于预防、治疗、诊断人的疾病，且不具有功能主治、用法和用量，已不属于《药品管理法》规定的药品范畴。伪麻黄素是属于《易制毒化学品管理条例》列管的第一类易制毒化学品，依据《最高人民法院关于审理毒品案件定罪量刑标准有关问题的解释》（法释〔2009〕13号）、《最高人民法院、最高人民检察院、公安部关于办理制毒物品犯罪案件适用法律若干问题的意见》（公通字〔2009〕33号）规定，若检验发现缴获的新康泰克药品混合颗粒中含有伪麻黄素且成分含量达到制毒物品犯罪定罪量刑的有关数量标准，即应当依法处理。

---

① 注：由于《刑法》的修改（主席令第30号公布，2015年11月1日起施行）和《最高人民法院关于审理毒品犯罪案件适用法律若干问题的解释》（法释〔2016〕8号，2016年4月11日起施行）的发布，本数量标准已经不再适用，本书予以删节。现行量刑的数量标准以"法释〔2016〕8号"《解释》第7条、第8条的规定为准。

【法发〔2012〕12号】 最高人民法院、最高人民检察院、公安部关于办理走私、非法买卖麻黄碱类复方制剂等刑事案件适用法律若干问题的意见
(2012年6月18日印发)

一、关于走私、非法买卖麻黄碱类复方制剂等行为的定性

以加工、提炼制毒物品制造毒品为目的,购买麻黄碱类复方制剂,或者运输、携带、寄递麻黄碱类复方制剂进出境的,依照刑法第347条的规定,以制造毒品罪定罪处罚。

以加工、提炼制毒物品为目的,购买麻黄碱类复方制剂,或者运输、携带、寄递麻黄碱类复方制剂进出境的,依照刑法第350条第1款、第3款的规定,分别以非法买卖制毒物品罪、走私制毒物品罪定罪处罚。

将麻黄碱类复方制剂拆除包装、改变形态后进行走私或者非法买卖,或者明知是已拆除包装、改变形态的麻黄碱类复方制剂而进行走私或者非法买卖的,依照刑法第350条第1款、第3款的规定,分别以走私制毒物品罪、非法买卖制毒物品罪定罪处罚。

非法买卖麻黄碱类复方制剂或者运输、携带、寄递麻黄碱类复方制剂进出境,没有证据证明系用于制造毒品或者走私、非法买卖制毒物品,或者未达到走私制毒物品罪、非法买卖制毒物品罪的定罪数量标准,构成非法经营罪、走私普通货物、物品罪等其他犯罪的,依法定罪处罚。

实施第1款、第2款规定的行为,同时构成其他犯罪的,依照处罚较重的规定定罪处罚。

二、关于利用麻黄碱类复方制剂加工、提炼制毒物品行为的定性

以制造毒品为目的,利用麻黄碱类复方制剂加工、提炼制毒物品的,依照刑法第347条的规定,以制造毒品罪定罪处罚。

以走私或者非法买卖为目的,利用麻黄碱类复方制剂加工、提炼制毒物品的,依照刑法第350条第1款、第3款的规定,分别以走私制毒物品罪、非法买卖制毒物品罪定罪处罚。

三、关于共同犯罪的认定

明知他人利用麻黄碱类制毒物品制造毒品,向其提供麻黄碱类复方制剂,为其利用麻黄碱类复方制剂加工、提炼制毒物品,或者为其获取、利用麻黄碱类复方制剂提供其他帮助的,以制造毒品罪的共犯论处。

明知他人走私或者非法买卖麻黄碱类制毒物品,向其提供麻黄碱类复方制剂,为其利用麻黄碱类复方制剂加工、提炼制毒物品,或者为其获取、利用麻黄碱类复方制剂提供其他帮助的,分别以走私制毒物品罪、非法买卖制毒物品

罪的共犯论处。

四、关于犯罪预备、未遂的认定

实施本意见规定的行为，符合犯罪预备或者未遂情形的，依照法律规定处罚。

五、关于犯罪嫌疑人、被告人主观目的与明知的认定

对于本意见规定的犯罪嫌疑人、被告人的主观目的与明知，应当根据物证、书证、证人证言以及犯罪嫌疑人、被告人供述和辩解等在案证据，结合犯罪嫌疑人、被告人的行为表现，重点考虑以下因素综合予以认定：

1. 购买、销售麻黄碱类复方制剂的价格是否明显高于市场交易价格；
2. 是否采用虚假信息、隐蔽手段运输、寄递、存储麻黄碱类复方制剂；
3. 是否采用伪报、伪装、藏匿或者绕行进出境等手段逃避海关、边防等检查；
4. 提供相关帮助行为获得的报酬是否合理；
5. 此前是否实施过同类违法犯罪行为；
6. 其他相关因素。

六、关于制毒物品数量的认定

实施本意见规定的行为，以走私制毒物品罪、非法买卖制毒物品罪定罪处罚的，应当以涉案麻黄碱类复方制剂中麻黄碱类物质的含量作为涉案制毒物品的数量。

实施本意见规定的行为，以制造毒品罪定罪处罚的，应当将涉案麻黄碱类复方制剂所含的麻黄碱类物质可以制成的毒品数量作为量刑情节考虑。

多次实施本意见规定的行为未经处理的，涉案制毒物品的数量累计计算。

七、关于定罪量刑的数量标准

实施本意见规定的行为，以走私制毒物品罪、非法买卖制毒物品罪定罪处罚的，涉案麻黄碱类复方制剂所含的麻黄碱类物质应当达到以下数量标准（略）[①]

实施本意见规定的行为，以制造毒品罪定罪处罚的，无论涉案麻黄碱类复方制剂所含的麻黄碱类物质数量多少，都应当追究刑事责任。

八、关于麻黄碱类复方制剂的范围

本意见所称麻黄碱类复方制剂是指含有《易制毒化学品管理条例》（国务院令第445号）品种目录所列的麻黄碱（麻黄素）、伪麻黄碱（伪麻黄素）、消旋

[①] 注：由于刑法的修改（主席令第30号公布，2015年11月1日起施行）和《最高人民法院关于审理毒品犯罪案件适用法律若干问题的解释》（法释〔2016〕8号，2016年4月11日起施行）的发布，本数量标准已经不再适用，本书予以删节。现行量刑的数量标准以"法释〔2016〕8号"《解释》第7条、第8条的规定为准。

麻黄碱（消旋麻黄素）、去甲麻黄碱（去甲麻黄素）、甲基麻黄碱（甲基麻黄素）及其盐类，或者麻黄浸膏、麻黄浸膏粉等麻黄碱类物质的药品复方制剂。

【公通字〔2013〕16号】 最高人民法院、最高人民检察院、公安部、农业部、食品药品监管总局关于进一步加强麻黄草管理严厉打击非法买卖麻黄草等违法犯罪活动的通知（2013年5月21日印发）

三、依法查处非法采挖、买卖麻黄草等犯罪行为

各地人民法院、人民检察院、公安机关要依法查处非法采挖、买卖麻黄草等犯罪行为，区别情形予以处罚：

（二）以提取麻黄碱类制毒物品后进行走私或者非法贩卖为目的，采挖、收购麻黄草，涉案麻黄草所含的麻黄碱类制毒物品达到相应定罪数量标准的，依照刑法第350条第1款、第3款的规定，分别以走私制毒物品罪、非法买卖制毒物品罪定罪处罚。

（三）明知他人制造毒品或者走私、非法买卖制毒物品，向其提供麻黄草或者提供运输、储存麻黄草等帮助的，分别以制造毒品罪、走私制毒物品罪、非法买卖制毒物品罪的共犯论处。

（五）实施以上行为，以制造毒品罪、走私制毒物品罪、非法买卖制毒物品罪定罪处罚的，涉案制毒物品的数量按照300千克麻黄草折合1千克麻黄碱计算；以制造毒品罪定罪处罚的，无论涉案麻黄草数量多少，均应追究刑事责任。

【法释〔2014〕10号】 最高人民法院、最高人民检察院关于办理走私刑事案件适用法律若干问题的解释（2014年2月24日由最高人民法院审判委员会第1608次会议、2014年6月13日由最高人民检察院第12届检察委员会第23次会议通过，2014年8月12日公布，2014年9月10日起施行）

第20条（第1款） 直接向走私人非法收购走私进口的货物、物品，在内海、领海、界河、界湖运输、收购、贩卖国家禁止进出口的物品，或者没有合法证明，在内海、领海、界河、界湖运输、收购、贩卖国家限制进出口的货物、物品，构成犯罪的，应当按照走私货物、物品的种类，分别依照刑法第151条、第152条、第153条、第347条、第350条的规定定罪处罚。

第22条 在走私的货物、物品中藏匿刑法第151条、第152条、第347条、第350条规定的货物、物品，构成犯罪的，以实际走私的货物、物品定罪处罚；构成数罪的，实行数罪并罚。

第23条 实施走私犯罪，具有下列情形之一的，应当认定为犯罪既遂：

（一）在海关监管现场被查获的；

（二）以虚假申报方式走私，申报行为实施完毕的；

（三）以保税货物或者特定减税、免税进口的货物、物品为对象走私，在境内销售的，或者申请核销行为实施完毕的。

第25条 本解释发布实施后，《最高人民法院关于审理走私刑事案件具体应用法律若干问题的解释》（法释〔2000〕30号）、《最高人民法院关于审理走私刑事案件具体应用法律若干问题的解释（二）》（法释〔2006〕9号）同时废止。之前发布的司法解释与本解释不一致的，以本解释为准。

【公通字〔2014〕32号】 最高人民法院、最高人民检察院、公安部关于办理邻氯苯基环戊酮等三种制毒物品犯罪案件定罪量刑数量标准的通知（2014年9月5日发布施行）（略）①

【禁毒办通〔2015〕32号】 国家禁毒委员会办公室、中央宣传部、中央网络安全和信息化领导小组办公室、最高人民法院、最高人民检察院、公安部、工业和信息化部、国家工商总局、国家邮政局关于加强互联网禁毒工作的意见（2015年4月14日）

四、坚决依法打击

15. 严厉打击网络毒品犯罪。……对于利用互联网贩卖毒品，或者在境内非法买卖用于制造毒品的原料、配剂构成犯罪的，分别以贩卖毒品罪、非法买卖制毒物品罪定罪处罚；……

【法释〔2016〕8号】 最高人民法院关于审理毒品犯罪案件适用法律若干问题的解释（2016年1月25日由最高人民法院审判委员会第1676次会议通过，2016年4月6日公布，2016年4月11日起施行）

第7条 违反国家规定，非法生产、买卖、运输制毒物品、走私制毒物品，达到下列数量标准的，应当认定为刑法第350条第1款规定的"情节较重"：

（一）麻黄碱（麻黄素）、伪麻黄碱（伪麻黄素）、消旋麻黄碱（消旋麻黄素）1千克以上不满5千克；

（二）1-苯基-2-丙酮、1-苯基-2-溴-1-丙酮、3,4-亚甲基二氧苯基-2-丙酮、羟亚胺2千克以上不满10千克；

---

① 注：由于刑法的修改（主席令第30号公布，2015年11月1日起施行）和《最高人民法院关于审理毒品犯罪案件适用法律若干问题的解释》（法释〔2016〕8号，2016年4月11日起施行）的发布，本《通知》已经不再适用，本书予以删节。现行量刑的数量标准应以"法释〔2016〕8号"《解释》第7条、第8条的规定为准。

（三）3-氧-2-苯基丁腈、邻氯苯基环戊酮、去甲麻黄碱（去甲麻黄素）、甲基麻黄碱（甲基麻黄素）4千克以上不满20千克；

（四）醋酸酐10千克以上不满50千克；

（五）麻黄浸膏、麻黄浸膏粉、胡椒醛、黄樟素、黄樟油、异黄樟素、麦角酸、麦角胺、麦角新碱、苯乙酸20千克以上不满100千克；

（六）N-乙酰邻氨基苯酸、邻氨基苯甲酸、三氯甲烷、乙醚、哌啶50千克以上不满250千克；

（七）甲苯、丙酮、甲基乙基酮、高锰酸钾、硫酸、盐酸100千克以上不满500千克；

（八）其他制毒物品数量相当的。

违反国家规定，非法生产、买卖、运输制毒物品、走私制毒物品，达到前款规定的数量标准最低值的50%，且具有下列情形之一的，应当认定为刑法第350条第1款规定的"情节较重"：

（一）曾因非法生产、买卖、运输制毒物品、走私制毒物品受过刑事处罚的；

（二）2年内曾因非法生产、买卖、运输制毒物品、走私制毒物品受过行政处罚的；

（三）一次组织5人以上或者多次非法生产、买卖、运输制毒物品、走私制毒物品，或者在多个地点非法生产制毒物品的；

（四）利用、教唆未成年人非法生产、买卖、运输制毒物品、走私制毒物品的；

（五）国家工作人员非法生产、买卖、运输制毒物品、走私制毒物品的；

（六）严重影响群众正常生产、生活秩序的；

（七）其他情节较重的情形。

易制毒化学品生产、经营、购买、运输单位或者个人未办理许可证明或者备案证明，生产、销售、购买、运输易制毒化学品，确实用于合法生产、生活需要的，不以制毒物品犯罪论处。

第8条　违反国家规定，非法生产、买卖、运输制毒物品、走私制毒物品，具有下列情形之一的，应当认定为刑法第350条第1款规定的"情节严重"：

（一）制毒物品数量在本解释第7条第1款规定的最高数量标准以上，不满最高数量标准5倍的；

（二）达到本解释第7条第1款规定的数量标准，且具有本解释第7条第2款第3项至第6项规定的情形之一的；

（三）其他情节严重的情形。

违反国家规定，非法生产、买卖、运输制毒物品、走私制毒物品，具有下

列情形之一的,应当认定为刑法第350条第1款规定的"情节特别严重":

(一)制毒物品数量在本解释第7条第1款规定的最高数量标准5倍以上的;

(二)达到前款第1项规定的数量标准,且具有本解释第7条第2款第3项至第6项规定的情形之一的;

(三)其他情节特别严重的情形。

第15条　本解释自2016年4月11日起施行。《最高人民法院关于审理毒品案件定罪量刑标准有关问题的解释》(法释〔2000〕13号)同时废止;之前发布的司法解释和规范性文件与本解释不一致的,以本解释为准。

【国务院令〔2005〕445号】　易制毒化学品管理条例(2005年8月17日国务院第102次常务会议通过,2005年8月26日国务院令第445号公布,2005年11月1日起施行;2014年7月9日国务院第54次常务会议第1次修正,2014年7月29日国务院令第653号公布施行;2016年1月13日国务院第119次常务会议第2次修正,2016年2月6日国务院令第666号公布施行)

第2条(第1款)　国家对易制毒化学品的生产、经营、购买、运输和进口、出口实行分类管理和许可制度。

(第2款)　易制毒化学品分为3类。第一类是可以用于制毒的主要原料,第二类、第三类是可以用于制毒的化学配剂。易制毒化学品的具体分类和品种,由本条例附表列示。

第20条　跨设区的市级行政区域(直辖市为跨市界)或者在国务院公安部门确定的禁毒形势严峻的重点地区跨县级行政区域运输第一类易制毒化学品的,由运出地的设区的市级人民政府公安机关审批;运输第二类易制毒化学品的,由运出地的县级人民政府公安机关审批。经审批取得易制毒化学品运输许可证后,方可运输。

运输第三类易制毒化学品的,应当在运输前向运出地的县级人民政府公安机关备案。公安机关应当于收到备案材料的当日发给备案证明。

第23条　运输供教学、科研使用的100克以下的麻黄素样品和供医疗机构制剂配方使用的小包装麻黄素以及医疗机构或者麻醉药品经营企业购买麻黄素片剂6万片以下、注射剂1.5万支以下,货主或者承运人持有依法取得的购买许可证明或者麻醉药品调拨单的,无须申请易制毒化学品运输许可。

第25条　因治疗疾病需要,患者、患者近亲属或者患者委托的人凭医疗机构出具的医疗诊断书和本人的身份证明,可以随身携带第一类中的药品类易制毒化学品药品制剂,但是不得超过医用单张处方的最大剂量。

医用单张处方最大剂量,由国务院卫生主管部门规定、公布。

附表:易制毒化学品的分类和品种目录(本书对表格样式有调整)

第一类	1-苯基-2-丙酮、3,4-亚甲基二氧苯基-2-丙酮、胡椒醛、黄樟素、黄樟油、异黄樟素、N-乙酰邻氨基苯酸、邻氨基苯甲酸、羟亚胺①、邻氯苯基环戊酮②、1-苯基-2-溴-1-丙酮、3-氧-2-苯基丁腈③、N-苯乙基-4-哌啶酮(NPP)、4-苯胺基-N-苯乙基哌啶(4-ANPP)、N-甲基-1-苯基-1-氯-2-丙胺(氯代麻黄碱)④、麦角酸*、麦角胺*、麦角新碱*、麻黄素类物质*(麻黄素、伪麻黄素、消旋麻黄素、去甲麻黄素、甲基麻黄素、麻黄浸膏、麻黄浸膏粉等)
第二类	苯乙酸、醋酸酐、三氯甲烷、乙醚、哌啶、溴素、1-苯基-1-丙酮⑤、α-苯乙酰乙酸甲酯(MAPA)、α-乙酰乙酰苯胺(APAA)、3,4-亚甲基二氧苯基-2-丙酮缩水甘油酸、3,4-亚甲基二氧苯基-2-丙酮缩水甘油酯⑥
第三类	甲苯、丙酮、甲基乙基酮、高锰酸钾、硫酸、盐酸、苯乙腈、γ-丁内酯⑦
说明	1. 第一类、第二类所列物质可能存在的盐类,也纳入管制。 2. 带有*标记的品种为第一类中的药品类易制毒化学品,它包括原料药及其单方制剂。

① 注:羟亚胺是制造毒品氯胺酮(俗称"K"粉)的重要原料,根据2008年7月8日公安部、商务部、卫生部、海关总署、国家安全监督管理总局、国家食品药品监督管理局《关于将羟亚胺列入<易制毒化学品管理条例>的公告》而增列,2008年8月1日施行。

② 注:邻氯苯基环戊酮是制造毒品氯胺酮(俗称"K"粉)的前体原料,根据2012年8月29日公安部、商务部、卫生部、海关总署、国家安全生产监督管理总局《关于管制邻氯苯基环戊酮的公告》而增列,2012年9月15日施行。

③ 注:根据2014年3月31日《国务院办公厅关于同意将1-苯基-2-溴-1-丙酮和3-氧-2-苯基丁腈列入易制毒化学品品种目录的函》(国办函〔2014〕40号)而增列;公安部、商务部、海关总署、国家安全生产监督管理总局、国家食品药品监督管理局2014年5月12日联合公告(2014年第1851号)施行。

④ 注:根据2017年11月6日《国务院办公厅关于同意将N-苯乙基-4-哌啶酮、4-苯胺基-N-苯乙基哌啶、N-甲基-1-苯基-1-氯-2-丙胺、溴素、1-苯基-1-丙酮列入易制毒化学品品种目录的函》(国办函〔2017〕120号)而增列;公安部、商务部、卫生计生委、海关总署、安全监管总局、食品药品监管总局2017年12月22日公告、2018年2月1日施行。

⑤ 注:根据2017年11月6日《国务院办公厅关于同意将N-苯乙基-4-哌啶酮、4-苯胺基-N-苯乙基哌啶、N-甲基-1-苯基-1-氯-2-丙胺、溴素、1-苯基-1-丙酮列入易制毒化学品品种目录的函》(国办函〔2017〕120号)而增列;公安部、商务部、卫生计生委、海关总署、安全监管总局、食品药品监管总局2017年12月22日公告、2018年2月1日施行。

⑥ 注:根据2021年5月28日《国务院办公厅关于同意将α-苯乙酰乙酸甲酯等6种物质列入易制毒化学品品种目录的函》(国办函〔2021〕58号)而增列;公安部、商务部、卫生健康委、应急管理部、海关总署、药监局2021年8月16日公告、2021年9月20日施行。

⑦ 注:根据2021年5月28日《国务院办公厅关于同意将α-苯乙酰乙酸甲酯等6种物质列入易制毒化学品品种目录的函》(国办函〔2021〕58号)而增列;公安部、商务部、卫生健康委、应急管理部、海关总署、药监局2021年8月16日公告、2021年9月20日施行。

【公禁毒〔2006〕891号】　公安部禁毒局关于汽车蓄电池标准液是否列入管制问题的答复（2006年12月29日答复）

（1）对正规厂家生产的以稀硫酸为主的最终产品电瓶液不予管制。汽车蓄电池标准液（电瓶液、电解液）是80%~90%的浓硫酸加水及铁、砷、氯等物质组成的混合物，混合后以37%的稀硫酸为主，主要用作汽车蓄电池的添加液。考虑到汽车电瓶液、电解液的生产、经营和使用涉及面广量大，如果将其列入易制毒化学品管制的范围，将会增加公安机关的工作量。同时，就执法实践看，也尚未发现有汽车电瓶液、电解液流入非法渠道制造毒品的案例。综合以上因素，暂对正规厂家生产的以稀硫酸为主的汽车电瓶液、电解液不予管制。因此，购买和运输汽车蓄电池标准液均不需要办理备案证明。

（2）同时要加强对硫酸生产、经营和使用的监管，防止不法分子利用运输汽车电瓶液、电解液为名进行走私贩运硫酸制造毒品的活动。

【公复字〔2007〕6号】　公安部关于无运输备案证明承运易制毒化学品如何适用法律问题的批复（2007年11月19日答复江苏省公安厅"苏公通〔2007〕238号"请示）

一、《易制毒化学品购销和运输管理办法》第18条规定："运输易制毒化学品，应当由货主向公安机关申请运输许可证或者进行备案。"这里所称的"货主"指货物的所有权人。

二、对无运输备案证明承运易制毒化学品的，应当分别情况作出如下处理：

（一）对经过许可或者备案货主委托承运人运输易制毒化学品，而承运人未全程携带许可证或者备案证明的，根据《易制毒化学品管理条例》第41条对承运人进行处罚。

（二）对未经许可或者备案擅自运输易制毒化学品的，根据《易制毒化学品管理条例》第38条对货主进行处罚；根据《易制毒化学品管理条例》第41条对承运人进行处罚。

【公通字〔2014〕33号】　公安机关讯问犯罪嫌疑人录音录像工作规定（公安部2014年9月5日印发，2014年10月1日起施行）

第3条　对讯问过程进行录音录像，应当对每一次讯问全程不间断进行，保持完整性，不得选择性地录制，不得剪接、删改。

第4条　对下列重大犯罪案件，应当对讯问过程进行录音录像：

（四）严重毒品犯罪案件，包括走私、贩卖、运输、制造毒品，非法持有毒品数量大的，包庇走私、贩卖、运输、制造毒品的犯罪分子情节严重的，走私、

非法买卖制毒物品数量大的犯罪案件;

前款规定的"讯问",既包括在执法办案场所进行的讯问,也包括对不需要拘留、逮捕的犯罪嫌疑人在指定地点或者其住处进行的讯问,以及紧急情况下在现场进行的讯问。

【公禁毒〔2016〕511号】 最高人民法院、最高人民检察院、公安部办理毒品犯罪案件毒品提取、扣押、称量、取样和送检程序若干问题的规定(2016年5月24日印发,2016年7月1日起施行)

第33条 具有下列情形之一的,公安机关应当委托鉴定机构对查获的毒品进行含量鉴定:

(一)犯罪嫌疑人、被告人可能被判处死刑的;

(二)查获的毒品系液态、固液混合物或者系毒品半成品的;

(三)查获的毒品可能大量掺假的;

(四)查获的毒品系成分复杂的新类型毒品,且犯罪嫌疑人、被告人可能被判处7年以上有期徒刑的;

(五)人民检察院、人民法院认为含量鉴定对定罪量刑有重大影响而书面要求进行含量鉴定的。

进行含量鉴定的检材应当与进行成分鉴定的检材来源一致,且一一对应。

国家禁毒委员会办公室关于防范非药用类麻醉药品和精神药品及制毒物品违法犯罪的通告(2019年8月1日发布)

一、根据《中华人民共和国刑法》第350条之规定,严禁任何组织和个人非法生产、买卖、运输醋酸酐、乙醚、三氯甲烷或者其他用于制造毒品的原料、配剂,或者携带上述物品进出境。严禁任何组织和个人明知他人制造毒品而为其生产、买卖、运输前款规定的物品。

五、根据《易制毒化学品管理条例》第5条之规定,严禁任何组织和个人走私或者非法生产、经营、购买、转让、运输易制毒化学品。严禁使用现金或者实物进行易制毒化学品交易。严禁个人携带易制毒化学品进出境,个人合理自用的药品类复方制剂和高锰酸钾除外。

六、根据《易制毒化学品进出口管理规定》第47条之规定,严禁任何组织和个人未经许可或超出许可范围进出口易制毒化学品,严禁个人携带易制毒化学品进出境,个人合理自用的药品类复方制剂和高锰酸钾除外。

● **立案标准**　最高人民检察院、公安部关于公安机关管辖的刑事案件立案追诉标准的规定（三）（公安部公通字〔2012〕26号，2012年5月16日公布施行）

第5条〔走私制毒物品案（刑法第350条）〕　违反国家规定，非法运输、携带制毒物品进出国（边）境，涉嫌下列情形之一的，应予立案追诉：（略）[1]

第6条〔非法买卖制毒物品案（刑法第350条）〕　违反国家规定，在境内非法买卖制毒物品，数量达到本规定第5条第1款规定情形之一的，应予立案追诉。

非法买卖两种以上制毒物品，每种制毒物品均没有达到本条第1款规定的数量标准，但按前款规定的立案追诉数量比例折算成一种制毒物品后累计相加达到上述数量标准的，应予立案追诉。

违反国家规定，实施下列行为之一的，认定为本条规定的非法买卖制毒物品行为：

（一）未经许可或者备案，擅自购买、销售易制毒化学品的；

（二）超出许可证明或者备案证明的品种、数量范围购买、销售易制毒化学品的；

（三）使用他人的或者伪造、变造、失效的许可证明或者备案证明购买、销售易制毒化学品的；

（四）经营单位违反规定，向无购买许可证明、备案证明的单位、个人销售易制毒化学品的，或者明知购买者使用他人的或者伪造、变造、失效的许可证明或者备案证明，向其销售易制毒化学品的；

（五）以其他方式非法买卖易制毒化学品的。

易制毒化学品生产、经营、使用单位或者个人未办理许可证明或者备案证明，购买、销售易制毒化学品，如果有证据证明确实用于合法生产、生活需要，依法能够办理只是未及时办理许可证明或者备案证明，且未造成严重社会危害的，可不以非法买卖制毒物品罪立案追诉。

为了非法买卖制毒物品而采用生产、加工、提炼等方法非法制造易制毒化学品的，以非法买卖制毒物品罪（预备）立案追诉。

非法买卖制毒物品主观故意中的"明知"，依照本规定第5条第4款的有关规定予以认定。

---

[1] 注：《最高人民法院关于审理毒品犯罪案件适用法律若干问题的解释》（法释〔2016〕8号，2016年4月11日起施行）发布后，《刑法》第350条的立案追诉标准应当以该《解释》第7条的规定为准；本款规定与之相冲突，已经不再适用，本书予以删节。

明知他人实施非法买卖制毒物品犯罪，而为其运输、储存、代理进出口或者以其他方式提供便利的，以非法买卖制毒物品罪的共犯立案追诉。

第13条　本规定中的毒品是指鸦片、海洛因、甲基苯丙胺（冰毒）、吗啡、大麻、可卡因以及国家规定管制的其他能够使人形成瘾癖的麻醉药品和精神药品。具体品种以国家食品药品监督管理局、公安部、卫生部发布的《麻醉药品品种目录》、《精神药品品种目录》为依据。

本规定中的"制毒物品"是指刑法第350条第1款规定的醋酸酐、乙醚、三氯甲烷或者其他用于制造毒品的原料或者配剂，具体品种范围按照国家关于易制毒化学品管理的规定确定。

第14条　本规定中未明确立案追诉标准的毒品，有条件折算为海洛因的，参照有关麻醉药品和精神药品折算标准进行折算。

第16条　本规定中的"以上"，包括本数。

第351条　【非法种植毒品原植物罪】 非法种植罂粟、大麻等毒品原植物的，一律强制铲除。有下列情形之一的，处五年以下有期徒刑、拘役或者管制，并处罚金：

（一）种植罂粟五百株以上不满三千株或者其他毒品原植物数量较大的；

（二）经公安机关处理后又种植的；

（三）抗拒铲除的。

非法种植罂粟三千株以上或者其他毒品原植物数量大的，处五年以上有期徒刑，并处罚金或者没收财产。

非法种植罂粟或者其他毒品原植物，在收获前自动铲除的，可以免除处罚。

第352条　【非法买卖、运输、携带、持有毒品原植物种子、幼苗罪】 非法买卖、运输、携带、持有未经灭活的罂粟等毒品原植物种子或者幼苗，数量较大的，处三年以下有期徒刑、拘役或者管制，并处或者单处罚金。

● **条文注释**　第351条、第352条是对非法种植罂粟、大麻等毒品原植物或者买卖、持有其种子、幼苗等犯罪行为的处罚规定。其中，对于非法种植的行为，适用第351条的规定；对于非法买卖、运输、携带、持有的行为，适用第352条的规定。

《麻醉药品和精神药品管理条例》[①] 第 9 条规定：麻醉药品药用原植物种植企业由国务院药品监督管理部门和国务院农业主管部门共同确定，其他单位和个人不得种植麻醉药品药用原植物。除上述企业依法种植的情形之外，其他任何单位或个人种植毒品原植物的行为，都属于第 351 条规定的"非法种植"。

"经公安机关处理"，是指过去曾因为种植毒品原植物被公安机关给予治安管理处罚或者强制铲除过，也包括被依法追究过刑事责任。"抗拒铲除"是指在公安机关或政府有关部门依法强制铲除非法种植的毒品原植物时，行为人直接使用暴力、威胁等方法抗拒铲除，或采用设置障碍等方法阻碍铲除。在上述这两种情况下，只要再次种植毒品原植物，无论数量多少，都构成犯罪。

第 351 条第 3 款规定的"收获"是指收获毒品，例如对罂粟进行割浆等。

第 352 条规定中的"未经灭活"，是指罂粟等毒品原植物种子没有经过烘烤、放射线照射等处理手段，还能继续繁殖、发芽。罂粟籽本身不具毒性，联合国严禁贩运毒品的公约和我国麻醉药品表中都未将其列为毒品，但联合国公约中明确规定对罂粟籽应严格加以管制。

需要注意的是：

（1）第 351 条第 3 款规定的"自动铲除"，必须是在种植的毒品原植物收获之前。这种情形"可以"免除处罚；如果种植情节严重，也可以酌情予以处罚。

（2）第 352 条规定的毒品原植物种子或幼苗，必须是未经灭活的。否则，不构成该罪。

● **相关规定　最高人民法院研究室关于如何处理边民出境种植罂粟问题的答复**（1995 年 8 月 2 日答复全国禁毒工作领导小组办公室《关于处理边民出境种植罂粟的批复（征求意见稿）》）[②]

根据刑法第 3 条[③]的规定，对于外国边民入境非法种植罂粟构成犯罪的，应当依照《全国人民代表大会常务委员会关于禁毒的决定》（以下简称《决定》）第 6 条[④]的规定追究刑事责任；对于我国边民出境非法种植罂粟，如果查明其又

[①]《麻醉药品和精神药品管理条例》由 2005 年 7 月 26 日国务院第 100 次常务会议通过，国务院令第 442 号公布，2005 年 11 月 1 日起施行；同时废止 1987 年 11 月 28 日国务院发布的《麻醉药品管理办法》和 1988 年 12 月 27 日国务院发布的《精神药品管理办法》。
[②] 注：该《答复》一直未被废止，且未与其他规定相冲突，应视为继续有效。
[③] 注：1979 年《刑法》第 3 条的内容对应现行《刑法》第 6 条。
[④] 注：《全国人民代表大会常务委员会关于禁毒的决定》第 6 条的内容对应现行《刑法》第 351 条。

以非法种植的罂粟为原料制造毒品的，应当根据《决定》第13条①的规定，以制造毒品罪追究刑事责任。

【公法〔1998〕7号】　公安部法制司对麻黄草收购有关问题的批复（经征求国家禁毒委办公室、卫生部、国家医药管理局、国家工商行政管理局意见，1998年1月11日答复青海省公安厅法制处请示）

一、麻黄草既是生产麻黄素的主要原料，也是应用比较广泛的中草药，不能视为毒品原植物。

【法释〔2016〕8号】　最高人民法院关于审理毒品犯罪案件适用法律若干问题的解释（2016年1月25日由最高人民法院审判委员会第1676次会议通过，2016年4月6日公布，2016年4月11日起施行）

第9条　非法种植毒品原植物，具有下列情形之一的，应当认定为刑法第351条第1款第1项规定的"数量较大"：

（一）非法种植大麻5000株以上不满3万株的；

（二）非法种植罂粟200平方米以上不满1200平方米、大麻2000平方米以上不满12000平方米，尚未出苗的；

（三）非法种植其他毒品原植物数量较大的。

非法种植毒品原植物，达到前款规定的最高数量标准的，应当认定为刑法第351条第2款规定的"数量大"。

第10条　非法买卖、运输、携带、持有未经灭活的毒品原植物种子或者幼苗，具有下列情形之一的，应当认定为刑法第352条规定的"数量较大"：

（一）罂粟种子50克以上、罂粟幼苗5000株以上的；

（二）大麻种子50千克以上、大麻幼苗5万株以上的；

（三）其他毒品原植物种子或者幼苗数量较大的。

第15条　本解释自2016年4月11日起施行。《最高人民法院关于审理毒品案件定罪量刑标准有关问题的解释》（法释〔2000〕13号）同时废止；之前发布的司法解释和规范性文件与本解释不一致的，以本解释为准。

【公禁毒〔2016〕511号】　最高人民法院、最高人民检察院、公安部办理毒品犯罪案件毒品提取、扣押、称量、取样和送检程序若干问题的规定（2016年5月24日印发，2016年7月1日起施行）

---

① 注：《全国人民代表大会常务委员会关于禁毒的决定》第13条的内容对应现行《刑法》第7条至第9条。

第34条　对毒品原植物及其种子、幼苗，应当委托具备相应资质的鉴定机构进行鉴定。当地没有具备相应资质的鉴定机构的，可以委托侦办案件的公安机关所在地的县级以上农牧、林业行政主管部门，或者设立农林相关专业的普通高等学校、科研院所出具检验报告。

【法发〔2019〕13号】　最高人民法院、最高人民检察院、公安部关于办理毒品犯罪案件收集与审查证据若干问题的意见（2019年4月30日印发，2019年5月1日施行；之前发布的有关规范性文件的规定与本意见不一致的，适用本意见）（略）

【高检诉发〔2005〕32号】　最高人民检察院公诉厅毒品犯罪案件公诉证据标准指导意见（试行）（2005年4月25日印发）

二、特殊证据标准

（六）非法种植毒品原植物罪的特殊证据

根据刑法第351条第1款（2）、（3）项之规定，行为人非法种植毒品原植物，经公安机关处理后又种植的，或者抗拒铲除的，构成本罪。本罪的特殊证据主要参考以下内容：

1. 公安机关对原种植行为的处理情况说明；
2. 公安机关的处理决定（包括行政处罚决定）；
3. 公安机关责令铲除毒品原植物的通知书；
4. 公安机关警告或责令改正的记录。

通过上述证据证明公安机关曾处理过犯罪嫌疑人、被告人种植毒品原植物的行为，或者公安机关曾责令犯罪嫌疑人、被告人铲除其非法种植的毒品原植物，或者强制铲除犯罪嫌疑人、被告人种植的毒品原植物，但是犯罪嫌疑人、被告人拒绝铲除。非法种植毒品原植物数量没有达到刑法第351条第1款第（1）项规定的数量较大程度，又不能证实行为人具有上述两种情形之一的，不构成犯罪。

【主席令〔2012〕67号】　中华人民共和国治安管理处罚法（2012年10月26日第11届全国人大常委会第29次会议修正，2013年1月1日起施行）

第2条　扰乱公共秩序，妨害公共安全，侵犯人身权利、财产权利，妨害社会管理，具有社会危害性，依照《中华人民共和国刑法》的规定构成犯罪的，依法追究刑事责任；尚不够刑事处罚的，由公安机关依照本法给予治安管理处罚。

第71条　有下列行为之一的，处10日以上15日以下拘留，可以并处3000

元以下罚款；情节较轻的，处 5 日以下拘留或者 500 元以下罚款：

（一）非法种植罂粟不满 500 株或者其他少量毒品原植物的；

（二）非法买卖、运输、携带、持有少量未经灭活的罂粟等毒品原植物种子或者幼苗的；

（三）非法运输、买卖、储存、使用少量罂粟壳的。

有前款第 1 项行为，在成熟前自行铲除的，不予处罚。

● **立案标准** 最高人民检察院、公安部关于公安机关管辖的刑事案件立案追诉标准的规定（三）（公安部公通字〔2012〕26 号，2012 年 5 月 16 日公布施行）

第 7 条 ［非法种植毒品原植物案（刑法第 351 条）］ 非法种植罂粟、大麻等毒品原植物，涉嫌下列情形之一的，应予立案追诉：

（一）非法种植罂粟 500 株以上的；

（二）非法种植大麻 5000 株以上的；

（三）非法种植其他毒品原植物数量较大的；

（四）非法种植罂粟 200 平方米以上、大麻 2000 平方米以上或者其他毒品原植物面积较大，尚未出苗的；

（五）经公安机关处理后又种植的；

（六）抗拒铲除的。

本条所规定的"种植"，是指播种、育苗、移栽、插苗、施肥、灌溉、割取津液或者收取种子等行为。非法种植毒品原植物的株数一般应以实际查获的数量为准。因种植面积较大，难以逐株清点数目的，可以抽样测算每平方米平均株数后按实际种植面积测算出种植总株数。

非法种植罂粟或者其他毒品原植物，在收获前自动铲除的，可以不予立案追诉。

第 8 条 ［非法买卖、运输、携带、持有毒品原植物种子、幼苗案（刑法第 352 条）］ 非法买卖、运输、携带、持有未经灭活的罂粟等毒品原植物种子或者幼苗，涉嫌下列情形之一的，应予立案追诉：

（一）罂粟种子 50 克以上、罂粟幼苗 5000 株以上；

（二）大麻种子 50 千克以上、大麻幼苗 5 万株以上；

（三）其他毒品原植物种子、幼苗数量较大的。

第 13 条 本规定中的毒品是指鸦片、海洛因、甲基苯丙胺（冰毒）、吗啡、大麻、可卡因以及国家规定管制的其他能够使人形成瘾癖的麻醉药品和精神药品。具体品种以国家食品药品监督管理局、公安部、卫生部发布的《麻醉药品品种目录》、《精神药品品种目录》为依据。

本规定中的"制毒物品"是指刑法第350条第1款规定的醋酸酐、乙醚、三氯甲烷或者其他用于制造毒品的原料或者配剂，具体品种范围按照国家关于易制毒化学品管理的规定确定。

第14条　本规定中未明确立案追诉标准的毒品，有条件折算为海洛因的，参照有关麻醉药品和精神药品折算标准进行折算。

第16条　本规定中的"以上"，包括本数。

第353条　【引诱、教唆、欺骗他人吸毒罪】 引诱、教唆、欺骗他人吸食、注射毒品的，处三年以下有期徒刑、拘役或者管制，并处罚金；情节严重的，处三年以上七年以下有期徒刑，并处罚金。

【强迫他人吸毒罪】 强迫他人吸食、注射毒品的，处三年以上十年以下有期徒刑，并处罚金。

引诱、教唆、欺骗或者强迫未成年人吸食、注射毒品的，从重处罚。

第354条　【容留他人吸毒罪】 容留他人吸食、注射毒品的，处三年以下有期徒刑、拘役或者管制，并处罚金。

● 条文注释　第353条、第354条是对引诱、教唆、欺骗或强迫、容留他人吸毒的犯罪行为的处罚规定。这里的"吸毒"，包括吸食和注射毒品。

第353条规定的"引诱、教唆"，是指通过向他人宣传吸毒后的体验，示范吸毒方法，或者对他人进行蛊惑，从而促使他人吸食、注射毒品；"欺骗"，是指在他人不知道的情况下，通过各种手段给他人吸食、注射毒品。这里的"强迫"，是指违背他人的意愿，以暴力、胁迫或其他手段，迫使他人吸食、注射毒品。

第354条规定的"容留"，是指提供场所，供他人吸食、注射毒品。该场所可以是自己的住所，也可以是其经营的场所，如酒吧等。其重点打击的应当是以牟利为目的，为他人吸毒提供处所和集中为多人提供吸毒场所的行为；对于不知某人吸毒，而为其提供旅馆等场所住宿的，不应按犯罪处理。

行为人只要实施了第353条规定的行为，就可以构成犯罪；其中引诱、教唆、欺骗或者强迫未成年人吸毒的，属于"情节严重"的情形，从重处罚。行为人实施第354条规定的行为的，应当满足"公通字〔2012〕26号"立案标准

第 11 条的规定，才能构成犯罪。

需要注意的是：在公安部 1993 年 7 月 24 日印发的《关于坚决制止、查处在食品中掺用罂粟壳违法犯罪行为的通知》(公通字〔1993〕70 号) 中曾经规定：罂粟壳属国家管制的毒品，国家法律对罂粟壳管理使用有明确规定，禁止非法供应、运输、使用；在食品中掺用罂粟壳招徕顾客、吸引回头客，属于欺骗他人吸食毒品的违法犯罪行为。该通知已经在公安部 2009 年 12 月 11 日印发的《关于废止和修改部分禁毒工作部门规章及规范性文件的通知》(公通字〔2009〕56 号) 中被废止。

● **相关规定　【法〔2015〕129 号】　全国法院毒品犯罪审判工作座谈会纪要**(2014 年 12 月 11 日至 12 日在湖北武汉召开，全国各高级人民法院、解放军军事法院和新疆高级人民法院生产建设兵团分院主管刑事审判工作的副院长、刑事审判庭庭长出席会议；最高人民法院 2015 年 5 月 18 日印发)

二、关于毒品犯罪法律适用的若干具体问题

(一) 罪名认定问题

行为人利用信息网络贩卖毒品、在境内非法买卖用于制造毒品的原料或者配剂、传授制造毒品等犯罪的方法，构成贩卖毒品罪、非法买卖制毒物品罪、传授犯罪方法罪等犯罪的，依法定罪处罚。行为人开设网站、利用网络聊天室等组织他人共同吸毒，构成引诱、教唆、欺骗他人吸毒罪等犯罪的，依法定罪处罚。

(五) 缓刑、财产刑适用及减刑、假释问题

对于毒品犯罪应当从严掌握缓刑适用条件。对于毒品再犯，一般不得适用缓刑。对于不能排除多次贩毒嫌疑的零包贩毒被告人，因认定构成贩卖毒品等犯罪的证据不足而认定为非法持有毒品罪的被告人，实施引诱、教唆、欺骗、强迫他人吸毒犯罪及制毒物品犯罪的被告人，应当严格限制缓刑适用。

【法释〔2016〕8 号】　最高人民法院关于审理毒品犯罪案件适用法律若干问题的解释(2016 年 1 月 25 日由最高人民法院审判委员会第 1676 次会议通过，2016 年 4 月 6 日公布，2016 年 4 月 11 日起施行)

第 11 条　引诱、教唆、欺骗他人吸食、注射毒品，具有下列情形之一的，应当认定为刑法第 353 条第 1 款规定的"情节严重"：

(一) 引诱、教唆、欺骗多人或者多次引诱、教唆、欺骗他人吸食、注射毒品的；

(二) 对他人身体健康造成严重危害的；

（三）导致他人实施故意杀人、故意伤害、交通肇事等犯罪行为的；

（四）国家工作人员引诱、教唆、欺骗他人吸食、注射毒品的；

（五）其他情节严重的情形。

第12条　容留他人吸食、注射毒品，具有下列情形之一的，应当依照刑法第354条的规定，以容留他人吸毒罪定罪处罚：

（一）1次容留多人吸食、注射毒品的；

（二）2年内多次容留他人吸食、注射毒品的；

（三）2年内曾因容留他人吸食、注射毒品受过行政处罚的；

（四）容留未成年人吸食、注射毒品的；

（五）以牟利为目的容留他人吸食、注射毒品的；

（六）容留他人吸食、注射毒品造成严重后果的；

（七）其他应当追究刑事责任的情形。

向他人贩卖毒品后又容留其吸食、注射毒品，或者容留他人吸食、注射毒品并向其贩卖毒品，符合前款规定的容留他人吸毒罪的定罪条件的，以贩卖毒品罪和容留他人吸毒罪数罪并罚。

容留近亲属吸食、注射毒品，情节显著轻微危害不大的，不作为犯罪处理；需要追究刑事责任的，可以酌情从宽处罚。

第15条　本解释自2016年4月11日起施行。《最高人民法院关于审理毒品案件定罪量刑标准有关问题的解释》（法释〔2000〕13号）同时废止；之前发布的司法解释和规范性文件与本解释不一致的，以本解释为准。

【高检诉发〔2005〕32号】 最高人民检察院公诉厅毒品犯罪案件公诉证据标准指导意见（试行）（2005年4月25日印发）

二、特殊证据标准

（三）有被害人的毒品犯罪的特殊证据

刑法第353条规定的引诱、教唆、欺骗他人吸毒罪、强迫他人吸毒罪属于有被害人的毒品犯罪。这一类犯罪的特殊证据主要参考以下内容：

1. 被引诱、教唆、欺骗吸食、注射毒品的被害人的陈述；

2. 被强迫吸食、注射毒品的被害人的陈述；

3. 被引诱、教唆、欺骗、强迫吸食、注射毒品的未成年人的法定代理人及其亲属的证言。

通过上述证据证明被害人的客观存在，以及被告人引诱、教唆、欺骗他人吸毒、强迫他人吸毒的客观事实。

【主席令〔2012〕67号】 中华人民共和国治安管理处罚法（2012年10月26日第11届全国人大常委会第29次会议修正，2013年1月1日起施行）

第2条 扰乱公共秩序，妨害公共安全，侵犯人身权利、财产权利，妨害社会管理，具有社会危害性，依照《中华人民共和国刑法》的规定构成犯罪的，依法追究刑事责任；尚不够刑事处罚的，由公安机关依照本法给予治安管理处罚。

第73条 教唆、引诱、欺骗他人吸食、注射毒品的，处10日以上15日以下拘留，并处500元以上2000元以下罚款。

第74条 旅馆业、饮食服务业、文化娱乐业、出租汽车业等单位的人员，在公安机关查处吸毒、赌博、卖淫、嫖娼活动时，为违法犯罪行为人通风报信的，处10日以上15日以下拘留。

● **立案标准** 最高人民检察院、公安部关于公安机关管辖的刑事案件立案追诉标准的规定（三）（公安部公通字〔2012〕26号，2012年5月16日公布施行）

第9条 ［引诱、教唆、欺骗他人吸毒案（刑法第353条）］ 引诱、教唆、欺骗他人吸食、注射毒品的，应予立案追诉。

第10条 ［强迫他人吸毒案（刑法第353条）］ 违背他人意志，以暴力、胁迫或者其他强制手段，迫使他人吸食、注射毒品的，应予立案追诉。

第11条 ［容留他人吸毒案（刑法第354条）］ 提供场所，容留他人吸食、注射毒品，涉嫌下列情形之一的，应予立案追诉：

（一）容留他人吸食、注射毒品两次以上的；①

（二）1次容留3人以上吸食、注射毒品的；

（三）因容留他人吸食、注射毒品被行政处罚，又容留他人吸食、注射毒品的；②

（四）容留未成年人吸食、注射毒品的；

（五）以牟利为目的容留他人吸食、注射毒品的；

（六）容留他人吸食、注射毒品造成严重后果或者其他情节严重的。

---

① 注：根据《最高人民法院关于审理毒品犯罪案件适用法律若干问题的解释》（法释〔2016〕8号，2016年4月11日起施行）第12条第1款第2项的规定，容留他人吸食、注射毒品的行为应当同时满足以下两个条件才构成容留他人吸毒罪：①2年之内；②多次。而在司法实务中，"多次"一般理解为3次以上。

② 注：根据《最高人民法院关于审理毒品犯罪案件适用法律若干问题的解释》（法释〔2016〕8号，2016年4月11日起施行）第12条第1款第3项的规定，曾因容留他人吸食、注射毒品受过行政处罚，再次容留他人吸食、注射毒品的行为应当发生在2年之内才构成容留他人吸毒罪。

第 13 条 本规定中的毒品是指鸦片、海洛因、甲基苯丙胺（冰毒）、吗啡、大麻、可卡因以及国家规定管制的其他能够使人形成瘾癖的麻醉药品和精神药品。具体品种以国家食品药品监督管理局、公安部、卫生部发布的《麻醉药品品种目录》、《精神药品品种目录》为依据。

本规定中的"制毒物品"是指刑法第 350 条第 1 款规定的醋酸酐、乙醚、三氯甲烷或者其他用于制造毒品的原料或者配剂，具体品种范围按照国家关于易制毒化学品管理的规定确定。

第 14 条 本规定中未明确立案追诉标准的毒品，有条件折算为海洛因的，参照有关麻醉药品和精神药品折算标准进行折算。

第 16 条 本规定中的"以上"，包括本数。

● 量刑指导 【法发〔2021〕21 号】 最高人民法院、最高人民检察院关于常见犯罪的量刑指导意见（2021 年 6 月 16 日印发，2021 年 7 月 1 日试行；法发〔2017〕7 号《指导意见》同时废止）①

四、常见犯罪的量刑

（二十二）容留他人吸毒罪（删除线部分为原试行"法〔2017〕74 号"《指导意见（二）》的内容）

1. 构成容留他人吸毒罪的，可以在 1 年以下有期徒刑、拘役幅度内确定量刑起点。

2. 在量刑起点的基础上，可以根据容留他人吸毒的人数、次数等其他影响犯罪构成的犯罪事实增加刑罚量，确定基准刑。

3. 构成容留他人吸毒罪，根据容留他人吸毒的人数、次数、违法所得数额、危害后果等犯罪情节，综合考虑被告人缴纳罚金的能力，决定罚金数额。（本款新增）

4. 构成容留他人吸毒罪的，综合考虑容留他人吸毒的人数、次数、危害后果等犯罪事实、量刑情节，以及被告人主观恶性、人身危险性、认罪悔罪表现等因素，决定缓刑的适用。（本款新增）

---

① 注：《意见》要求各省高院、检察院应当总结司法实践经验，按照规范、实用、符合司法实际的原则共同研制"实施细则"，经审委会、检委会通过后，分别报最高法和最高检备案审查，与《意见》同步实施。

其他判处有期徒刑的案件，可以参照量刑的指导原则、基本方法和常见量刑情节的适用规范量刑。

另，本《意见》实际替代了 2017 年 3 月 9 日印发、2017 年 5 月 1 日起在指定法院试行的《最高人民法院关于常见犯罪的量刑指导意见（二）（试行）》（法〔2017〕74 号）。

● 指导案例 【高检发办字〔2022〕85号】 最高人民检察院第37批指导性案例（2022年6月16日最高检第13届检委会第101次会议通过，2022年6月21日印发）

（检例第152号）郭某某欺骗他人吸毒案

要旨：行为人明知系国家管制的麻醉药品、精神药品而向他人的饮料、食物中投放，欺骗他人吸食的，应当以欺骗他人吸毒罪追究刑事责任。对于有证据证明行为人为实施强奸、抢劫等犯罪而欺骗他人吸食麻醉药品、精神药品的，应当按照处罚较重的罪名追究刑事责任。检察机关应当加强自行补充侦查，强化电子数据等客观性证据审查，准确认定犯罪事实。

第355条 【非法提供麻醉药品、精神药品罪】依法从事生产、运输、管理、使用国家管制的麻醉药品、精神药品的人员，违反国家规定，向吸食、注射毒品的人提供国家规定管制的能够使人形成瘾癖的麻醉药品、精神药品的，处三年以下有期徒刑或者拘役，并处罚金；情节严重的，处三年以上七年以下有期徒刑，并处罚金。向走私、贩卖毒品的犯罪分子或者以牟利为目的，向吸食、注射毒品的人提供国家规定管制的能够使人形成瘾癖的麻醉药品、精神药品的，依照本法第三百四十七条的规定定罪处罚。

单位犯前款罪的，对单位判处罚金，并对其直接负责的主管人员和其他直接责任人员，依照前款的规定处罚。

● 条文注释 这里的"依法"，主要是指依照《麻醉药品和精神药品管理条例》的规定。"生产"是指依照国家医药监督管理部门的指定，种植用于加工提炼麻醉药品的原植物，制造或者试制麻醉药品、精神药品的成品、半成品和制剂；"运输"是指将国家管制的麻醉药品和精神药品通过陆路、水路或者空中，由一地运往另一地，包括进出口；"管理"是指对国家管制的麻醉药品和精神药品存放的保管以及批发、调拨、供应等；"使用"是指有关人员依照国家有关规定将国家管制的麻醉药品和精神药品用于医疗、教学、科研的行为，如医生为癌症病人开具吗啡、杜冷丁用药处方等。

"违反国家规定，向吸食、注射毒品的人提供国家规定管制的能够使人形成瘾癖的麻醉药品、精神药品"是指上述人员明知某种药品属于麻醉药品或精神药品而违反国家有关规定，将该药品提供给吸毒者的行为。如果是向走私、贩卖毒品的犯罪分子提供，或者以牟利为目的向吸毒者提供，则依照《刑法》第347条的规定，以"走私毒品罪"或"贩卖毒品罪"定罪处罚。

需要特别注意的是，对于以牟利为目的，虽然违反国家规定向他人提供国家管制的麻醉药品和精神药品，但用于医疗、教学、科研的，不能适用第355条的规定，而应依照其他有关法律追究责任。①

● 相关规定　【高检研发〔2002〕23号】　最高人民检察院法律政策研究室关于安定注射液是否属于刑法第三百五十五条规定的精神药品问题的答复（2002年10月24日答复福建省人民检察院研究室"闽检〔2001〕6号"请示）

根据《精神药品管理办法》等国家有关规定，"能够使人形成瘾癖"的精神药品，是指使用后能使人的中枢神经系统兴奋或者抑制连续使用能使人产生依赖性的药品。安定注射液属于刑法第355条第1款规定的"国家规定管制的能够使人形成瘾癖的"精神药品。鉴于安定注射液属于《精神药品管理办法》规定的第二类精神药品，医疗实践中使用较多，在处理此类案件时，应当慎重掌握罪与非罪的界限。对于明知他人是吸毒人员而多次向其出售安定注射液，或者贩卖安定注射液数量较大的，可以依法追究行为人的刑事责任。

【公复字〔2009〕1号】　公安部关于在成品药中非法添加阿普唑仑和曲马多进行销售能否认定为制造贩卖毒品有关问题的批复（经商最高人民检察院，2009年3月19日答复海南省公安厅"琼公发〔2009〕2号"请示）

一、阿普唑仑和曲马多为国家管制的二类精神药品。根据《中华人民共和国刑法》第355条的规定，如果行为人具有生产、管理、使用阿普唑仑和曲马多的资质，却将其掺加在其他药品中，违反国家规定向吸食、注射毒品的人提供的，构成非法提供精神药品罪；向走私、贩卖毒品的犯罪分子或以牟利为目的向吸食、注射毒品的人提供的，构成走私、贩卖毒品罪。根据《中华人民共和国刑法》第347条的规定，如果行为人没有生产、管理、使用阿普唑仑和曲马多的资质，而将其掺加在其他药品中予以贩卖，构成贩卖、制造毒品罪。

二、在办案中应当注意区别为治疗、戒毒依法合理使用的行为与上述犯罪行为的界限。只有违反国家规定，明知是走私、贩卖毒品的人员而向其提供阿普唑仑和曲马多，或者明知是吸毒人员而向其贩卖或超出规定的次数、数量向其提供阿普唑仑和曲马多的，才可以认定为犯罪。

---

① 全国人民代表大会常务委员会法制工作委员会编：《中华人民共和国刑法释义》，法律出版社2011年版，第618页。

【公禁毒传发〔2012〕188号】 公安部禁毒局关于非法滥用、买卖复方曲马多片处理意见的通知（2012年6月印发）

（第1款） 对于非法买卖复方曲马多片①、涉嫌构成犯罪的行为，不宜按照贩卖毒品罪或者非法提供麻醉药品、精神药品罪立案追诉。

【食药监药化监〔2013〕230号】 国家食品药品监督管理总局、公安部、国家卫生和计划生育委员会关于公布麻醉药品和精神药品品种目录的通知（2013年11月11日公布，2014年1月1日施行；替代"国食药监安〔2007〕633号"《麻醉药品和精神药品品种目录（2007年版）》）②

附件1：麻醉药品品种目录（2013年版）

序号	中文名	CAS号	序号	中文名	CAS号
1	醋托啡	25333-77-1	62	美沙酮中间体［4-氰基-2-二甲氨基-4,4-二苯基丁烷］	125-79-1
2	乙酰阿法甲基芬太尼	101860-00-8	63	甲地索啡	16008-36-9
3	醋美沙多	509-74-0	64	甲二氢吗啡	509-56-8
4	阿芬太尼	71195-58-9	65	3-甲基芬太尼	42045-86-3
5	烯丙罗定	25384-17-2	66	3-甲基硫代芬太尼	86052-04-2
6	阿醋美沙多	17199-58-5	67	美托酮	143-52-2
7	阿法美罗定	468-51-9	68	吗拉胺中间体	3626-55-9
8	阿法美沙多	17199-54-1	69	吗哌利定	469-81-8
9	阿法甲基芬太尼	79704-88-4	70	吗啡［包括吗啡阿托品注射液］*	57-27-2
10	阿法甲基硫代芬太尼	103963-66-2	71	吗啡甲溴化物③	125-23-5
11	阿法罗定	77-20-3	72	吗啡-N-氧化物	639-46-3

---

① 注：根据国家食品药品监督管理总局、公安部、国家卫生和计划生育委员会联合公布的《麻醉药品和精神药品品种目录》（2013年版）和国家食品药品监督管理局《关于加强曲马多等麻醉药品和精神药品监管的通知》（国食药监办〔2007〕749号），曲马多的盐和单方制剂列入第二类精神药品管理，曲马多的复方制剂不列入第二类精神药品管理。因此，复方曲马多片不属于第二类精神药品。

② 注：1. 若无另行规定，下列品种均包括其可能存在的盐和单方制剂、异构体、酯及醚。2. 标*的麻醉药品、精神药品为我国生产及使用的品种。3. 为节省篇幅，本书略去了其英文名称，并对表格格式有调整，〔〕内为原备注栏内容。

③ 注：包括其他五价氮吗啡衍生物，特别包括吗啡-N-氧化物，其中一种是可待因-N-氧化物。

续表

序号	中文名	CAS 号	序号	中文名	CAS 号
12	阿尼利定	144－14－9	73	1－甲基－4－苯基－4－哌啶丙酸酯[MPPP]	13147－09－6
13	苄替啶	3691－78－9	74	麦罗啡	467－18－5
14	苄吗啡	36418－34－5	75	尼可吗啡	639－48－5
15	倍醋美沙多	17199－59－6	76	诺美沙多	1477－39－0
16	倍他羟基芬太尼	78995－10－5	77	去甲左啡诺	1531－12－0
17	倍他羟基－3－甲基芬太尼	78995－14－9	78	去甲美沙酮	467－85－6
18	倍他美罗定	468－50－8	79	去甲吗啡	466－97－7
19	倍他美沙多	17199－55－2	80	诺匹哌酮	561－48－8
20	倍他罗定	468－59－7	81	阿片[包括复方樟脑酊、阿桔片]*	8008－60－4
21	贝齐米特	15301－48－1	82	奥列巴文	467－04－9
22	大麻和大麻树脂与大麻浸膏和酊	8063－14－7 6465－30－1	83	羟考酮*	76－42－5
23	氯尼他秦	3861－76－5	84	羟吗啡酮	76－41－5
24	古柯叶		85	对氟芬太尼	90736－23－5
25	可卡因*	50－36－2	86	哌替啶*	57－42－1
26	可多克辛	7125－76－0	87	哌替啶中间体A[4－氰基－1－甲基－4－苯基哌啶]	3627－62－1
27	罂粟浓缩物[包括罂粟果提取物、提取物粉]*		88	哌替啶中间体B[4－苯基哌啶－4－羧酸乙酯]	77－17－8
28	地索吗啡	427－00－9	89	哌替啶中间体C[1－甲基－4－苯基哌啶－4－羧酸]	3627－48－3
29	右吗拉胺	357－56－2	90	苯哌庚酮	467－84－5
30	地恩丙胺	552－25－0	91	非那丙胺	129－83－9

续表

序号	中文名	CAS 号	序号	中文名	CAS 号
31	二乙噻丁	86-14-6	92	非那佐辛	127-35-5
32	地芬诺辛	28782-42-5	93	1-苯乙基-4-苯基-4-哌啶乙酸酯[PEPAP]	64-52-8
33	二氢埃托啡*	14357-76-7	94	非诺啡烷	468-07-5
34	双氢吗啡	509-60-4	95	苯哌利定	562-26-5
35	地美沙多	509-78-4	96	匹米诺定	13495-09-5
36	地美庚醇	545-90-4	97	哌腈米特	302-41-0
37	二甲噻丁	524-84-5	98	普罗庚嗪	77-14-5
38	吗苯丁酯	467-86-7	99	丙哌利定	561-76-2
39	地芬诺酯*	915-30-0	100	消旋甲啡烷	510-53-2
40	地匹哌酮	467-83-4	101	消旋吗拉胺	545-59-5
41	羟蒂巴酚	3176-03-2	102	消旋啡烷	297-90-5
42	芽子碱	481-37-8	103	瑞芬太尼*	132875-61-7
43	乙甲噻丁	441-61-2	104	舒芬太尼*	56030-54-7
44	依托尼秦	911-65-9	105	醋氢可酮	466-90-0
45	埃托啡	14521-96-1	106	蒂巴因*	115-37-7
46	依托利定	469-82-9	107	硫代芬太尼	1165-22-6
47	芬太尼*	437-38-7	108	替利定	20380-58-9
48	呋替啶	2385-81-1	109	三甲利定	64-39-1
49	海洛因	561-27-3	110	醋氢可待因	3861-72-1
50	氢可酮*	125-29-1	111	可待因*	76-57-3
51	氢吗啡醇	2183-56-4	112	右丙氧芬*	469-62-5
52	氢吗啡酮*	466-99-9	113	双氢可待因*	125-28-0
53	羟哌替啶	468-56-4	114	乙基吗啡*	76-58-4
54	异美沙酮	466-40-0	115	尼可待因	3688-66-2
55	凯托米酮	469-79-4	116	烟氢可待因	808-24-2
56	左美沙芬	125-70-2	117	去甲可待因	467-15-2

序号	中文名	CAS 号	序号	中文名	CAS 号
57	左吗拉胺	5666－11－5	118	福尔可定*	509－67－1
58	左芬啡烷	10061－32－2	119	丙吡兰	15686－91－6
59	左啡诺	77－07－6	120	布桂嗪*	
60	美他佐辛	3734－52－9	121	罂粟壳*	
61	美沙酮*	76－99－3			

附件2：精神药品品种目录（2013年版）
第一类

序号	中文名	CAS 号	序号	中文名	CAS 号
1	布苯丙胺［DOB］	64638－07－9	34	芬乙茶碱	3736－08－1
2	卡西酮	71031－15－7	35	左苯丙胺	156－34－3
3	二乙基色胺［DET］	7558－72－7	36	左甲苯丙胺	33817－09－3
4	二甲氧基安非他明［DMA］	2801－68－5	37	甲氯喹酮	340－57－8
5	（1，2－二甲基庚基）羟基四氢甲基二苯吡喃［DMHP］	32904－22－6	38	去氧麻黄碱	537－46－2
6	二甲基色胺［DMT］	61－50－7	39	去氧麻黄碱外消旋体	7632－10－2
7	二甲氧基乙基安非他明［DOET］	22139－65－7	40	甲喹酮	72－44－6
8	乙环利定［PCE］	2201－15－2	41	哌醋甲酯*	113－45－1
9	乙色胺	2235－90－7	42	苯环利定［PCP］	77－10－1
10	羟芬胺［N－hydroxy MDA］	74698－47－8	43	芬美曲秦	134－49－6
11	麦角二乙胺［LSD］	50－37－3	44	司可巴比妥*	76－73－3
12	乙芬胺［N－ethyl MDA］	82801－81－8	45	齐培丙醇	34758－83－3
13	二亚甲基双氧安非他明［MDMA］	42542－10－9	46	安非拉酮	90－84－6
14	麦司卡林	54－04－6	47	苄基哌嗪［BZP］	2759－28－6

续表

序号	中文名	CAS 号	序号	中文名	CAS 号
15	甲卡西酮（右旋体）	5650-44-2	48	丁丙诺啡*	52485-79-7
15	甲卡西酮（右旋体盐酸盐）	49656-78-2	49	1-丁基-3-（1-萘甲酰基）吲哚［JWH-073］	208987-48-8
15	甲卡西酮（左旋体）	112117-24-5	50	恰特草［Khat］	
15	甲卡西酮（左旋体盐酸盐）	66514-93-0	51	2,5-二甲氧基-4-碘苯乙胺［2C-I］	69587-11-7
16	甲米雷司	3568-94-3	52	2,5-二甲氧基苯乙胺［2C-H］	3600-86-0
17	甲羟芬胺［MMDA］	13674-05-0	53	二甲基安非他明	4075-96-1
18	4-甲基硫基安非他明	14116-06-4	54	依他喹酮	7432-25-9
19	六氢大麻酚	117-51-1	55	［1-（5-氟戊基）-1H-吲哚-3-基］（2-碘苯基）甲酮［AM-694］	335161-03-0
20	副甲氧基安非他明［PMA］	64-13-1	56	1-（5-氟戊基）-3-（1-萘甲酰基）-1H-吲哚［AM-2201］	335161-24-5
21	赛洛新	520-53-6	57	γ-羟丁酸*［GHB］	591-81-1
22	赛洛西宾	520-52-5	58	氯胺酮*	6740-88-1
23	咯环利定［PHP］	2201-39-0	59	马吲哚*	22232-71-9
24	二甲氧基甲苯异丙胺［STP］	15588-95-1	60	2-（2-甲氧基苯基）-1-（1-戊基-1H-吲哚-3-基）乙酮［JWH-250］	864445-43-2
25	替苯丙胺［MDA］	4764-17-4	61	亚甲基二氧吡咯戊酮［MDPV］	687603-66-3
26	替诺环定［TCP］	21500-98-1	62	4-甲基乙卡西酮［4-MEC］	1225617-18-4

续表

序号	中文名	CAS号	序号	中文名	CAS号
27	四氢大麻酚［包括同分异构体及其立体化学变体］		63	4-甲基甲卡西酮［4-MMC］	5650-44-2
28	三甲氧基安非他明［TMA］	1082-88-8	64	3,4-亚甲二氧基甲卡西酮［Methylone］	186028-79-5
29	苯丙胺	300-62-9	65	莫达非尼	68693-11-8
30	氨奈普汀	57574-09-1	66	1-戊基-3-（1-萘甲酰基）吲哚［JWH-018］	209414-07-3
31	2,5-二甲氧基-4-溴苯乙胺［2-CB］	66142-81-2	67	他喷他多	175591-23-8
32	右苯丙胺	51-64-9	68	三唑仑*	28911-01-5
33	屈大麻酚［δ-9-四氢大麻酚及其立体化学异构体］	1972-08-3	69①	含羟考酮碱口服固体制剂每剂量单位>5mg	

第二类

序号	中文名	CAS号	序号	中文名	CAS号
1	异戊巴比妥*	57-43-2	44	美索卡	34262-84-5
2	布他比妥	77-26-9	45	甲苯巴比妥	115-38-8
3	去甲伪麻黄碱	492-39-7	46	甲乙哌酮	125-64-4
4	环己巴比妥	52-31-3	47	咪达唑仑*	59467-70-8
5	氟硝西泮	1622-62-4	48	尼美西泮	2011-67-8
6	格鲁米特	77-21-4	49	硝西泮*	146-22-5
7	喷他佐辛*	55643-30-6	50	去甲西泮	1088-11-5
8	戊巴比妥*	76-74-4	51	奥沙西泮*	604-75-1
9	阿普唑仑*	28981-97-7	52	奥沙唑仑	24143-17-7

---

① 根据2019年7月11日国家药监局、公安部、国家卫生健康委关于将含羟考酮复方制剂等品种列入精神药品管理的公告（2019年第63号）而增列，2019年9月1日起施行。

续表

序号	中文名	CAS 号	序号	中文名	CAS 号
10	阿米雷司	2207-50-3	53	匹莫林*	2152-34-3
11	巴比妥*	57-44-3	54	苯甲曲秦	634-03-7
12	苄非他明	156-08-1	55	苯巴比妥*	50-06-6
13	溴西泮	1812-30-2	56	芬特明	122-09-8
14	溴替唑仑	57801-81-7	57	匹那西泮	52463-83-9
15	丁巴比妥	77-28-1	58	哌苯甲醇	467-60-7
16	卡马西泮	36104-80-0	59	普拉西泮	2955-38-6
17	氯氮䓬	58-25-3	60	吡咯戊酮	3563-49-3
18	氯巴占	22316-47-8	61	仲丁比妥	125-40-6
19	氯硝西泮*	1622-61-3	62	替马西泮	846-50-4
20	氯拉䓬酸	23887-31-2	63	四氢西泮	10379-14-3
21	氯䓬西泮	33671-46-4	64	乙烯比妥	2430-49-1
22	氯噁唑仑	24166-13-0	65	唑吡坦*	82626-48-0
23	地洛西泮	2894-67-9	66	阿洛巴比妥	58-15-1
24	地西泮*	439-14-5	67	丁丙诺啡透皮贴剂	
25	艾司唑仑	29975-16-4	68	布托啡诺及其注射剂*	42408-82-2
26	乙氯维诺	113-18-8	69	咖啡因*	58-08-2
27	炔己蚁胺	126-52-3	70	安钠咖*〔CNB〕	
28	氯氟䓬乙酯	29177-84-2	71	右旋芬芬拉明	3239-44-9
29	乙非他明	457-87-4	72	地佐辛及其注射剂*	53648-55-8
30	芬坎法明	1209-98-9	73	麦角胺咖啡因片*	379-79-3
31	芬普雷司	16397-28-7	74	芬氟拉明	458-24-2
32	氟地西泮	3900-31-0	75	呋芬雷司	3776-93-0
33	氟西泮*	17617-23-1	76	纳布啡及其注射剂	20594-83-6
34	哈拉西泮	23092-17-3	77	氨酚氢可酮片*	
35	卤沙唑仑	59128-97-1	78	丙己君	101-40-6
36	凯他唑仑	27223-35-4	79	曲马多*	27203-92-5

续表

序号	中文名	CAS 号	序号	中文名	CAS 号
37	利非他明［SPA］	7262-75-1	80	扎来普隆*	151319-34-5
38	氯普唑仑	61197-73-7	81	佐匹克隆	43200-80-2
39	劳拉西泮*	846-49-1	82①	可待因复方口服液体制剂（包括口服溶液剂、糖浆剂）	
40	氯甲西泮	848-75-9	83②	含羟考酮碱口服固体制剂每剂量单位≤5mg	
41	美达西泮	2898-12-6	84③	丁丙诺啡与纳洛酮的复方口服固体制剂	
42	美芬雷司	17243-57-1	85④	瑞马唑仑（包括其可能存在的盐、单方制剂和异构体）	
43	甲丙氨酯*	57-53-4			

【法〔2015〕129号】　全国法院毒品犯罪审判工作座谈会纪要（2014年12月11日至12日在湖北武汉召开，全国各高级人民法院、解放军军事法院和新疆高级人民法院生产建设兵团分院主管刑事审判工作的副院长、刑事审判庭庭长出席会议；最高人民法院2015年5月18日印发）

二、关于毒品犯罪法律适用的若干具体问题

（七）非法贩卖麻醉药品、精神药品行为的定性问题

行为人向走私、贩卖毒品的犯罪分子或者吸食、注射毒品的人员贩卖国家规定管制的能够使人形成瘾癖的麻醉药品或者精神药品的，以贩卖毒品罪定罪

---

① 根据2015年4月3日国家食品药品监督管理总局、公安部、国家卫生和计划生育委员会关于将含可待因复方口服液体制剂列入第二类精神药品管理的公告（2015年第10号）而增列，2015年5月1日起施行。

② 根据2019年7月11日国家药监局、公安部、国家卫生健康委关于将含羟考酮复方制剂等品种列入精神药品管理的公告（2019年第63号）而增列，2019年9月1日起施行。

③ 根据2019年7月11日国家药监局、公安部、国家卫生健康委关于将含羟考酮复方制剂等品种列入精神药品管理的公告（2019年第63号）而增列，2019年9月1日起施行。

④ 根据2019年12月16日国家药监局、公安部、国家卫生健康委关于将瑞马唑仑列入第二类精神药品管理的公告（2019年第108号）而增列，2020年1月1日起施行。

处罚。

行为人出于医疗目的，违反有关药品管理的国家规定，非法贩卖上述麻醉药品或者精神药品，扰乱市场秩序，情节严重的，以非法经营罪定罪处罚。

【公通字〔2015〕27号】　非药用类麻醉药品和精神药品列管办法（公安部、国家卫生和计划生育委员会、国家食品药品监督管理总局、国家禁毒委员会办公室2015年9月24日印发，2015年10月1日起施行）①

第2条　本办法所称的非药用类麻醉药品和精神药品，是指未作为药品生产和使用，具有成瘾性或者成瘾潜力且易被滥用的物质。

第3条　麻醉药品和精神药品按照药用类和非药用类分类列管。除麻醉药品和精神药品管理品种目录已有列管品种外，新增非药用类麻醉药品和精神药品管制品种由本办法附表列示。非药用类麻醉药品和精神药品管制品种目录的调整由国务院公安部门会同国务院食品药品监督管理部门和国务院卫生计生行政部门负责。

非药用类麻醉药品和精神药品发现医药用途，调整列入药品目录的，不再列入非药用类麻醉药品和精神药品管制品种目录。

第4条　对列管的非药用类麻醉药品和精神药品，禁止任何单位和个人生产、买卖、运输、使用、储存和进出口。因科研、实验需要使用非药用类麻醉药品和精神药品，在药品、医疗器械生产、检测中需要使用非药用类麻醉药品和精神药品标准品、对照品，以及药品生产过程中非药用类麻醉药品和精神药品中间体的管理，按照有关规定执行。

各级公安机关和有关部门依法加强对非药用类麻醉药品和精神药品违法犯罪行为的打击处理。

附表：非药用类麻醉药品和精神药品管制品种增补目录

---

①　注：本《办法》列表《非药用类麻醉药品和精神药品管制品种增补目录》列管了116种非药用类麻醉药品和精神药品（即"新精神活性物质"，包括其可能存在的盐类、旋光异构体及其盐类，另有规定的除外）。

"新精神活性物质"又称"策划药"或"实验室毒品"，是不法分子为逃避打击而对管制毒品进行化学结构修饰得到的毒品类似物，具有与管制毒品相似或更强的兴奋、致幻、麻醉等效果。新精神活性物质在全球迅速蔓延，已成为世界各国关注的焦点，联合国毒品与犯罪问题办公室预测该类物质将成为继传统毒品、合成毒品后全球流行的第三代毒品。

序号	中文名（注：为节省节省篇幅，本书删略了英文名）	CAS 号	备注
1	N-（2-甲氧基苄基）-2-（2,5-二甲氧基-4-溴苯基）乙胺	1026511-90-9	2C-B-NBOMe
2	2,5-二甲氧基-4-氯苯乙胺	88441-14-9	2C-C
3	N-（2-甲氧基苄基）-2-（2,5-二甲氧基-4-氯苯基）乙胺	1227608-02-7	2C-C-NBOMe
4	2,5-二甲氧基-4-甲基苯乙胺	24333-19-5	2C-D
5	N-（2-甲氧基苄基）-2-（2,5-二甲氧基-4-甲苯基）乙胺	1354632-02-2	2C-D-NBOMe
6	2,5-二甲氧基-4-乙基苯乙胺	71539-34-9	2C-E
7	N-（2-甲氧基苄基）-2-（2,5-二甲氧基-4-碘苯基）乙胺	919797-19-6	2C-I-NBOMe
8	2,5-二甲氧基-4-丙基苯乙胺	207740-22-5	2C-P
9	2,5-二甲氧基-4-乙硫基苯乙胺	207740-24-7	2C-T-2
10	2,5-二甲氧基-4-异丙基硫基苯乙胺	207740-25-8	2C-T-4
11	2,5-二甲氧基-4-丙硫基苯乙胺	207740-26-9	2C-T-7
12	2-氟苯丙胺	1716-60-5	2-FA
13	2-氟甲基苯丙胺	1017176-48-5	2-FMA
14	1-（2-苯并呋喃基）-N-甲基-2-丙胺	806596-15-6	2-MAPB
15	3-氟苯丙胺	1626-71-7	3-FA
16	3-氟甲基苯丙胺	1182818-14-9	3-FMA
17	4-氯苯丙胺	64-12-0	4-CA
18	4-氟苯丙胺	459-02-9	4-FA
19	4-氟甲基苯丙胺	351-03-1	4-FMA
20	1-〔5-（2,3-二氢苯并呋喃基）〕-2-丙胺	152624-03-8	5-APDB
21	1-（5-苯并呋喃基）-N-甲基-2-丙胺	1354631-77-8	5-MAPB
22	6-溴-3,4-亚甲二氧基甲基苯丙胺		6-Br-MDMA

续表

序号	中文名（注：为节省节省篇幅，本书删略了英文名）	CAS 号	备注
23	6-氯-3,4-亚甲二氧基甲基苯丙胺	319920-71-3	6-Cl-MDMA
24	1-（2,5-二甲氧基-4-氯苯基）-2-丙胺	123431-31-2	DOC
25	1-（2-噻吩基）-N-甲基-2-丙胺	801156-47-8	MPA
26	N-（1-氨甲酰基-2-甲基丙基）-1-（5-氟戊基）吲哚-3-甲酰胺	1801338-26-0	5F-ABICA
27	N-（1-氨甲酰基-2-甲基丙基）-1-（5-氟戊基）吲唑-3-甲酰胺	1800101-60-3	5F-AB-PINACA
28	N-（1-氨甲酰基-2,2-二甲基丙基）-1-（5-氟戊基）吲哚-3-甲酰胺	1801338-27-1	5F-ADBICA
29	N-（1-甲氧基羰基-2-甲基丙基）-1-（5-氟戊基）吲唑-3-甲酰胺	1715016-74-2	5F-AMB
30	N-（1-金刚烷基）-1-（5-氟戊基）吲唑-3-甲酰胺	1400742-13-3	5F-APINACA
31	1-（5-氟戊基）吲哚-3-甲酸-8-喹啉酯	1400742-41-7	5F-PB-22
32	1-（5-氟戊基）-3-（2,2,3,3-四甲基环丙甲酰基）吲哚	1364933-54-9	5F-UR-144
33	1-〔2-（N-吗啉基）乙基〕-3-（2,2,3,3-四甲基环丙甲酰基）吲哚	895155-26-7	A-796,260
34	1-（4-四氢吡喃基甲基）-3-（2,2,3,3-四甲基环丙甲酰基）吲哚	895155-57-4	A-834,735
35	N-（1-氨甲酰基-2-甲基丙基）-1-（环己基甲基）吲唑-3-甲酰胺	1185887-21-1	AB-CHMINACA
36	N-（1-氨甲酰基-2-甲基丙基）-1-（4-氟苄基）吲唑-3-甲酰胺	1629062-56-1	AB-FUBINACA
37	N-（1-氨甲酰基-2-甲基丙基）-1-戊基吲唑-3-甲酰胺	1445583-20-9	AB-PINACA
38	N-（1-氨甲酰基-2,2-二甲基丙基）-1-戊基吲唑-3-甲酰胺	1445583-48-1	ADBICA

续表

序号	中文名 （注：为节省节省篇幅，本书删略了英文名）	CAS 号	备注
39	N－（1－氨甲酰基－2，2－二甲基丙基）－1－戊基吲唑－3－甲酰胺	1633766－73－0	ADB－PINACA
40	1－〔（N－甲基－2－哌啶基）甲基〕－3－（1－萘甲酰基）吲哚	137642－54－7	AM－1220
41	1－〔（N－甲基－2－哌啶基）甲基〕－3－（1－金刚烷基甲酰基）吲哚	335160－66－2	AM－1248
42	1－〔（N－甲基－2－哌啶基）甲基〕－3－（2－碘苯甲酰基）吲哚	444912－75－8	AM－2233
43	N－（1－金刚烷基）－1－戊基吲哚－3－甲酰胺	1345973－50－3	APICA
44	N－（1－金刚烷基）－1－戊基吲唑－3－甲酰胺	1345973－53－6	APINACA
45	1－（1－萘甲酰基）－4－戊氧基萘	432047－72－8	CB－13
46	N－（1－甲基－1－苯基乙基）－1－（4－四氢吡喃基甲基）吲唑－3－甲酰胺	1400742－50－8	CUMYL－THPINACA
47	1－（5－氟戊基）－3－（4－乙基－1－萘甲酰基）吲哚	1364933－60－7	EAM－2201
48	1－（4－氟苄基）－3－（1－萘甲酰基）吲哚		FUB－JWH－018
49	1－（4－氟苄基）吲哚－3－甲酸－8－喹啉酯	1800098－36－5	FUB－PB－22
50	2－甲基－1－戊基－3－（1－萘甲酰基）吲哚	155471－10－6	JWH－007
51	2－甲基－1－丙基－3－（1－萘甲酰基）吲哚	155471－08－2	JWH－015
52	1－己基－3－（1－萘甲酰基）吲哚	209414－08－4	JWH－019
53	1－戊基－3－（4－甲氧基－1－萘甲酰基）吲哚	210179－46－7	JWH－081

续表

序号	中文名（注：为节省节省篇幅，本书删略了英文名）	CAS 号	备注
54	1-戊基-3-（4-甲基-1-萘甲酰基）吲哚	619294-47-2	JWH-122
55	1-戊基-3-（2-氯苯乙酰基）吲哚	864445-54-5	JWH-203
56	1-戊基-3-（4-乙基-1-萘甲酰基）吲哚	824959-81-1	JWH-210
57	1-戊基-2-（2-甲基苯基）-4-（1-萘甲酰基）吡咯	914458-22-3	JWH-370
58	1-（5-氟戊基）-3-（4-甲基-1-萘甲酰基）吲哚	1354631-24-5	MAM-2201
59	N-（1-甲氧基羰基-2,2-二甲基丙基）-1-（环己基甲基）吲哚-3-甲酰胺	1715016-78-6	MDMB-CHMICA
60	N-（1-甲氧基羰基-2,2-二甲基丙基）-1-（4-氟苄基）吲唑-3-甲酰胺	1715016-77-5	MDMB-FUBINACA
61	1-戊基吲哚-3-甲酸-8-喹啉酯	1400742-17-7	PB-22
62	N-（1-氨甲酰基-2-苯基乙基）-1-（5-氟戊基）吲唑-3-甲酰胺		PX-2
63	1-戊基-3-（4-甲氧基苯甲酰基）吲哚	1345966-78-0	RCS-4
64	N-（1-金刚烷基）-1-（5-氟戊基）吲哚-3-甲酰胺	1354631-26-7	STS-135
65	1-戊基-3-（2,2,3,3-四甲基环丙甲酰基）吲哚	1199943-44-6	UR-144
66	2-氟甲卡西酮	1186137-35-8	2-FMC
67	2-甲基甲卡西酮	1246911-71-6	2-MMC
68	3,4-二甲基甲卡西酮	1082110-00-6	3,4-DMMC
69	3-氯甲卡西酮	1049677-59-9	3-CMC
70	3-甲氧基甲卡西酮	882302-56-9	3-MeOMC
71	3-甲基甲卡西酮	1246911-86-3	3-MMC

续表

序号	中文名（注：为节省篇幅，本书删略了英文名）	CAS号	备注
72	4-溴甲卡西酮	486459-03-4	4-BMC
73	4-氯甲卡西酮	1225843-86-6	4-CMC
74	4-氟甲卡西酮	447-40-5	4-FMC
75	1-（4-氟苯基）-2-（N-吡咯烷基）-1-戊酮	850352-62-4	4-F-α-PVP
76	1-（4-甲基苯基）-2-甲氨基-1-丁酮	1337016-51-9	4-MeBP
77	1-（4-甲氧基苯基）-2-（N-吡咯烷基）-1-戊酮	14979-97-6	4-MeO-α-PVP
78	1-苯基-2-甲氨基-1-丁酮	408332-79-6	Buphedrone
79	2-甲氨基-1-〔3,4-（亚甲二氧基）苯基〕-1-丁酮	802575-11-7	Butylone
80	2-二甲氨基-1-〔3,4-（亚甲二氧基）苯基〕-1-丙酮	765231-58-1	Dimethylone
81	乙卡西酮	18259-37-5	Ethcathinone
82	3,4-亚甲二氧基乙卡西酮	1112937-64-0	Ethylone
83	1-〔3,4-（亚甲二氧基）苯基〕-2-（N-吡咯烷基）-1-丁酮	784985-33-7	MDPBP
84	1-〔3,4-（亚甲二氧基）苯基〕-2-（N-吡咯烷基）-1-丙酮	783241-66-7	MDPPP
85	4-甲氧基甲卡西酮	530-54-1	Methedrone
86	1-苯基-2-乙氨基-1-丁酮	1354631-28-9	NEB
87	1-苯基-2-甲氨基-1-戊酮	879722-57-3	Pentedrone
88	1-苯基-2-（N-吡咯烷基）-1-丁酮	13415-82-2	α-PBP
89	1-苯基-2-（N-吡咯烷基）-1-己酮	13415-86-6	α-PHP
90	1-苯基-2-（N-吡咯烷基）-1-庚酮	13415-83-3	α-PHPP

续表

序号	中文名 （注：为节省节省篇幅，本书删略了英文名）	CAS 号	备注
91	1－苯基－2－（N－吡咯烷基）－1－戊酮	14530－33－7	α－PVP
92	1－（2－噻吩基）－2－（N－吡咯烷基）－1－戊酮	1400742－66－6	α－PVT
93	2－（3－甲氧基苯基）－2－乙氨基环己酮	1239943－76－0	MXE
94	乙基去甲氯胺酮	1354634－10－8	NENK
95	N,N－二烯丙基－5－甲氧基色胺	928822－98－4	5－MeO－DALT
96	N,N－二异丙基－5－甲氧基色胺	4021－34－5	5－MeO－DiPT
97	N,N－二甲基－5－甲氧基色胺	1019－45－0	5－MeO－DMT
98	N－甲基－N－异丙基－5－甲氧基色胺	96096－55－8	5－MeO－MiPT
99	α－甲基色胺	299－26－3	AMT
100	1,4－二苄基哌嗪	1034－11－3	DBZP
101	1－（3－氯苯基）哌嗪	6640－24－0	mCPP
102	1－（3－三氟甲基苯基）哌嗪	15532－75－9	TFMPP
103	2－氨基茚满	2975－41－9	2－AI
104	5,6－亚甲二氧基－2－氨基茚满	132741－81－2	MDAI
105	2－二苯甲基哌啶	519－74－4	2－DPMP
106	3,4－二氯哌甲酯	1400742－68－8	3,4－CTMP
107	乙酰芬太尼	3258－84－2	Acetylfentanyl
108	3,4－二氯－N－〔（1－二甲氨基环己基）甲基〕苯甲酰胺	55154－30－8	AH－7921
109	丁酰芬太尼	1169－70－6	Butyrylfentanyl
110	哌乙酯	57413－43－1	Ethylphenidate
111	1－〔1－（2－甲氧基苯基）－2－苯基乙基〕哌啶	127529－46－8	Methoxphenidine
112	芬纳西泮	51753－57－2	Phenazepam
113	β－羟基硫代芬太尼	1474－34－6	β－Hydroxythiofentanyl

续表

序号	中文名 (注:为节省节省篇幅,本书删略了英文名)	CAS 号	备注
114	4-氟丁酰芬太尼	244195-31-1	4-Fluorobutyrfentanyl
115	异丁酰芬太尼	119618-70-1	Isobutyrfentanyl
116	奥芬太尼	101343-69-5	Ocfentanyl

注:上述品种包括其可能存在的盐类、旋光异构体及其盐类(另有规定的除外)。

【联合公告〔2017〕】 公安部、国家食品药品监督管理总局、国家卫生和计划生育委员会关于将卡芬太尼等4种芬太尼类物质列入非药用类麻醉药品和精神药品管制品种增补目录的公告(2017年1月25日发布,2017年3月1日施行)

序号	中文名	CAS 号	备注
1	丙烯酰芬太尼	82003-75-6	Acrylfentanyl
2	卡芬太尼	59708-52-0	Carfentanyl Carfentanil
3	呋喃芬太尼	101345-66-8	Furanylfentanyl
4	戊酰芬太尼	122882-90-0	Valerylfentanyl

【联合公告〔2017〕】 公安部、国家食品药品监督管理总局、国家卫生和计划生育委员会关于将U-47700等4种芬太尼类物质列入非药用类麻醉药品和精神药品管制品种增补目录的公告(2017年6月19日国家禁毒办召开新闻通气会发布,2017年7月1日施行)

序号	中文名	CAS 号	备注
1	N-甲基-N-(2-二甲氨基环己基)-3,4-二氯苯甲酰胺	121348-98-9	U-47700
2	1-环己基-4-(1,2-二苯基乙基)哌嗪	52694-55-0	MT-45
3	4-甲氧基甲基苯丙胺	22331-70-0	PMMA
4	2-氨基-4-甲基-5-(4-甲基苯基)-4,5-二氢恶唑	1445569-01-6	4,4'-DMAR

【联合公告〔2018〕】 公安部、国家卫生健康委员会、国家药品监督管理局关于将4-氯乙卡西酮等32种物质列入非药用类麻醉药品和精神药品管制品种增补目录的公告(2018年8月16日发布,2018年9月1日起施行)

根据《麻醉药品和精神药品管理条例》《非药用类麻醉药品和精神药品列管办法》的有关规定，公安部、国家卫生健康委员会和国家药品监督管理局决定将4-氯乙卡西酮等32种物质列入非药用类麻醉药品和精神药品管制品种增补目录。

附表：非药用类麻醉药品和精神药品管制品种增补目录

（注：为节省篇幅，本书删略了表中的英文名称及CAS号）

序号	中文名	备注
1	4-氯乙卡西酮	4-CEC
2	1-［3,4-（亚甲二氧基）苯基］-2-乙氨基-1-戊酮	N-Ethylpentylone
3	1-（4-氯苯基）-2-（N-吡咯烷基）-1-戊酮	4-Cl-α-PVP
4	1-［3,4-（亚甲二氧基）苯基］-2-二甲氨基-1-丁酮	Dibutylone
5	1-［3,4-（亚甲二氧基）苯基］-2-甲氨基-1-戊酮	Pentylone
6	1-苯基-2-乙氨基-1-己酮	N-Ethylhexedrone
7	1-（4-甲基苯基）-2-（N-吡咯烷基）-1-己酮	4-MPHP
8	1-（4-氯苯基）-2-（N-吡咯烷基）-1-丙酮	4-Cl-α-PPP
9	1-［2-（5,6,7,8-四氢萘基）］-2-（N-吡咯烷基）-1-戊酮	β-TH-Naphyrone
10	1-（4-氟苯基）-2-（N-吡咯烷基）-1-己酮	4-F-α-PHP
11	4-乙基甲卡西酮	4-EMC
12	1-（4-甲基苯基）-2-乙氨基-1-戊酮	4-MEAPP
13	1-（4-甲基苯基）-2-甲氨基-3-甲氧基-1-丙酮	Mexedrone
14	1-［3,4-（亚甲二氧基）苯基］-2-（N-吡咯烷基）-1-己酮	MDPHP
15	1-（4-甲基苯基）-2-甲氨基-1-戊酮	4-MPD
16	1-（4-甲基苯基）-2-二甲氨基-1-丙酮	4-MDMC
17	3,4-亚甲二氧基丙卡西酮	Propylone
18	1-（4-氯苯基）-2-乙氨基-1-戊酮	4-Cl-EAPP
19	1-苯基-2-（N-吡咯烷基）-1-丙酮	α-PPP
20	1-（4-氯苯基）-2-甲氨基-1-戊酮	4-Cl-Pentedrone
21	3-甲基-2-［1-（4-氟苄基）吲唑-3-甲酰氨基］丁酸甲酯	AMB-FUBINACA
22	1-（4-氟苄基）-N-（1-金刚烷基）吲唑-3-甲酰胺	FUB-APINACA
23	N-（1-氨甲酰基-2,2-二甲基丙基）-1-（环己基甲基）吲唑-3-甲酰胺	ADB-CHMINACA

续表

序号	中文名	备注
24	N-（1-氨甲酰基-2,2-二甲基丙基）-1-（4-氟苄基）吲唑-3-甲酰胺	ADB-FUBINACA
25	3,3-二甲基-2-［1-（5-氟戊基）吲唑-3-甲酰氨基］丁酸甲酯	5F-ADB
26	3-甲基-2-［1-（环己基甲基）吲哚-3-甲酰氨基］丁酸甲酯	AMB-CHMICA
27	1-（5-氟戊基）-2-（1-萘甲酰基）苯并咪唑	BIM-2201
28	1-（5-氟戊基）吲哚-3-甲酸-1-萘酯	NM-2201
29	2-苯基-2-甲氨基环己酮	DCK
30	3-甲基-5-［2-（8-甲基-3-苯基-8-氮杂环［3,2,1］辛烷基）］-1,2,4-噁二唑	RTI-126
31	4-氟异丁酰芬太尼	4-FIBF
32	四氢呋喃芬太尼	THF-F

【联合公告〔2019〕】 公安部、国家卫生健康委员会、国家药品监督管理局关于将芬太尼类物质列入非药用类麻醉药品和精神药品管制品种增补目录的公告（2019年4月1日发布，2019年5月1日起施行）①

根据《麻醉药品和精神药品管理条例》《非药用类麻醉药品和精神药品列管办法》有关规定，公安部、国家卫生健康委员会和国家药品监督管理局决定将芬太尼类物质列入《非药用类麻醉药品和精神药品管制品种增补目录》。"芬太尼类物质"是指化学结构与芬太尼（N-［1-（2-苯乙基）-4-哌啶基］-N-苯基丙酰胺）相比，符合以下一个或多个条件的物质：

一、使用其他酰基替代丙酰基；

二、使用任何取代或未取代的单环芳香基团替代与氮原子直接相连的苯基；

三、哌啶环上存在烷基、烯基、烷氧基、酯基、醚基、羟基、卤素、卤代

---

① 公安部、原国家食药监管总局、原国家卫计委于2017年1月25日和2017年6月19日发布联合公告，于2017年3月1日起将卡芬太尼、呋喃芬太尼、丙烯酰芬太尼、戊酰芬太尼等4种芬太尼类物质，于2017年7月1日起将N-甲基-N-（2-二甲氨基环己基）-3,4-二氯苯甲酰胺（U-47700）、1-环己基-4-（1,2-二苯基乙基）哌嗪（MT-45）、4-甲氧基甲基苯丙胺（PMMA）和2-氨基-4-甲基-5-（4-甲基苯基）-4,5-二氢噁唑（4,4'-DMAR）等4种芬太尼类物质列入非药用类麻醉药品和精神药品管制品种增补目录。

烷基、氨基及硝基等取代基；

四、使用其他任意基团（氢原子除外）替代苯乙基。

上述所列管物质如果发现有医药、工业、科研或者其他合法用途，按照《非药用类麻醉药品和精神药品列管办法》第3条第2款规定予以调整。

已列入《麻醉药品和精神药品品种目录》和《非药用类麻醉药品和精神药品管制品种增补目录》的芬太尼类物质依原有目录予以管制。

【法释〔2016〕8号】 最高人民法院关于审理毒品犯罪案件适用法律若干问题的解释（2016年1月25日由最高人民法院审判委员会第1676次会议通过，2016年4月6日公布，2016年4月11日起施行）

第2条 走私、贩卖、运输、制造、非法持有下列毒品，应当认定为刑法第347条第3款、第348条规定的"其他毒品数量较大"：

（一）可卡因10克以上不满50克；

（二）3，4-亚甲二氧基甲基苯丙胺（MDMA）等苯丙胺类毒品（甲基苯丙胺除外）、吗啡20克以上不满100克；

（三）芬太尼25克以上不满125克；

（四）甲卡西酮40克以上不满200克；

（五）二氢埃托啡2毫克以上不满10毫克；

（六）哌替啶（度冷丁）50克以上不满250克；

（七）氯胺酮100克以上不满500克；

（八）美沙酮200克以上不满1千克；

（九）曲马多、γ-羟丁酸400克以上不满2千克；

（十）大麻油1000克以上不满5千克、大麻脂2千克以上不满10千克、大麻叶及大麻烟30千克以上不满150千克；

（十一）可待因、丁丙诺啡1千克以上不满5千克；

（十二）三唑仑、安眠酮10千克以上不满50千克；

（十三）阿普唑仑、恰特草20千克以上不满100千克；

（十四）咖啡因、罂粟壳40千克以上不满200千克；

（十五）巴比妥、苯巴比妥、安钠咖、尼美西泮50千克以上不满250千克；

（十六）氯氮卓、艾司唑仑、地西泮、溴西泮100千克以上不满500千克；

（十七）上述毒品以外的其他毒品数量较大的。

第13条 依法从事生产、运输、管理、使用国家管制的麻醉药品、精神药品的人员，违反国家规定，向吸食、注射毒品的人提供国家规定管制的能够使人形成瘾癖的麻醉药品、精神药品，具有下列情形之一的，应当依照刑法第355条第1款的规定，以非法提供麻醉药品、精神药品罪定罪处罚：

（一）非法提供麻醉药品、精神药品达到刑法第347条第3款或者本解释第2条规定的"数量较大"标准最低值的50%，不满"数量较大"标准的；

（二）2年内曾因非法提供麻醉药品、精神药品受过行政处罚的；

（三）向多人或者多次非法提供麻醉药品、精神药品的；

（四）向吸食、注射毒品的未成年人非法提供麻醉药品、精神药品的；

（五）非法提供麻醉药品、精神药品造成严重后果的；

（六）其他应当追究刑事责任的情形。

具有下列情形之一的，应当认定为刑法第355条第1款规定的"情节严重"：

（一）非法提供麻醉药品、精神药品达到刑法第347条第3款或者本解释第2条规定的"数量较大"标准的；

（二）非法提供麻醉药品、精神药品达到前款第1项规定的数量标准，且具有前款第3项至第5项规定的情形之一的；

（三）其他情节严重的情形。

第15条　本解释自2016年4月11日起施行。《最高人民法院关于审理毒品案件定罪量刑标准有关问题的解释》（法释〔2000〕13号）同时废止；之前发布的司法解释和规范性文件与本解释不一致的，以本解释为准。

【公禁毒〔2016〕511号】　最高人民法院、最高人民检察院、公安部办理毒品犯罪案件毒品提取、扣押、称量、取样和送检程序若干问题的规定（2016年5月24日印发，2016年7月1日起施行）

第16条　多个包装的毒品系包装完好、标识清晰完整的麻醉药品、精神药品制剂的，可以按照其包装、标识或者说明书上标注的麻醉药品、精神药品成分的含量计算全部毒品的质量，或者从相同批号的药品制剂中随机抽取3个包装进行称量后，根据麻醉药品、精神药品成分的含量计算全部毒品的质量。

国家禁毒委员会办公室关于防范非药用类麻醉药品和精神药品及制毒物品违法犯罪的通告（2019年8月1日发布）

二、根据《中华人民共和国刑法》相关规定，明知某种非列管物质将被用于非法制造非药用类麻醉药品或精神药品而仍然为其生产、销售、运输或进出口的，按照制造毒品犯罪共犯论处。

三、根据《中华人民共和国禁毒法》第21条、第22条之规定，严禁任何组织和个人非法生产、买卖、运输、储存、提供、持有、使用麻醉药品、精神药品和易制毒化学品。严禁任何组织和个人走私麻醉药品、精神药品和易制毒化学品。

四、根据《非药用类麻醉药品和精神药品列管办法》之规定，非药用类麻醉药品和精神药品除《非药用类麻醉药品和精神药品管制品种增补目录》中列明的品种外，还包括其可能存在的盐类、旋光异构体及其盐类。

【高检诉发〔2005〕32 号】 最高人民检察院公诉厅毒品犯罪案件公诉证据标准指导意见（试行）（2005 年 4 月 25 日印发）

二、特殊证据标准

（二）特殊主体的特殊证据

刑法第 355 条规定的非法提供麻醉药品、精神药品罪的主体是特殊主体，即依法从事生产、运输、管理、使用国家管制的精神药品和麻醉药品的单位和个人。该罪的特殊证据主要参考以下内容：

1. 国家主管部门颁发的生产、运输、管理、使用国家管制的精神药品、麻醉药品的"许可证"；

2. 有关单位对国家管制的精神药品和麻醉药品的来源、批号的证明及管理规定；

3. 特殊行业专营证；

4. 有关批文；

5. 有关个人的工作证、职称证明、授权书、职务任命书。

通过上述证据证明犯罪主体具有从事生产、运输、管理、使用国家管制的麻醉药品、精神药品的权力和职能。

【联合公告〔2021〕】 公安部、国家卫生健康委员会、国家药品监督管理局关于将合成大麻素类物质和氟胺酮等 18 种物质列入《非药用类麻醉药品和精神药品管制品种增补目录》的公告（2021 年 5 月 11 日公告，2021 年 7 月 1 日施行）（略）

【主席令〔2012〕67 号】 中华人民共和国治安管理处罚法（2012 年 10 月 26 日第 11 届全国人大常委会第 29 次会议修正，2013 年 1 月 1 日起施行）

第 5 条 扰乱公共秩序，妨害公共安全，侵犯人身权利、财产权利，妨害社会管理，具有社会危害性，依照《中华人民共和国刑法》的规定构成犯罪的，依法追究刑事责任；尚不够刑事处罚的，由公安机关依照本法给予治安管理处罚。

第 72 条 有下列行为之一的，处 10 日以上 15 日以下拘留，可以并处 2000 元以下罚款；情节较轻的，处 5 日以下拘留或者 500 元以下罚款：

（四）胁迫、欺骗医务人员开具麻醉药品、精神药品的。

● **立案标准** 最高人民检察院、公安部关于公安机关管辖的刑事案件立案追诉标准的规定（三）（公安部公通字〔2012〕26号，2012年5月16日公布施行）

第12条 ［非法提供麻醉药品、精神药品案（刑法第355条）］ 依法从事生产、运输、管理、使用国家管制的麻醉药品、精神药品的个人或者单位，违反国家规定，向吸食、注射毒品的人员提供国家规定管制的能够使人形成瘾癖的麻醉药品、精神药品，涉嫌下列情形之一的，应予立案追诉：①

（一）非法提供鸦片20克以上、吗啡2克以上、度冷丁（杜冷丁）5克以上（针剂100mg/支规格的50支以上，50mg/支规格的100支以上；片剂25mg/片规格的200片以上，50mg/片规格的100片以上）、盐酸二氢埃托啡0.2毫克以上（针剂或者片剂20mg/支、片规格的10支、片以上）、氯胺酮、美沙酮20克以上、三唑仑、安眠酮1千克以上、咖啡因5千克以上、氯氮卓、艾司唑仑、地西泮、溴西泮10千克以上，以及其他麻醉药品和精神药品数量较大的；

（二）虽未达到上述数量标准，但非法提供麻醉药品、精神药品两次以上，数量累计达到前项规定的数量标准80%以上的；

（三）因非法提供麻醉药品、精神药品被行政处罚，又非法提供麻醉药品、精神药品的；

（四）向吸食、注射毒品的未成年人提供麻醉药品、精神药品的；

（五）造成严重后果或者其他情节严重的。

依法从事生产、运输、管理、使用国家管制的麻醉药品、精神药品的人员或者单位，违反国家规定，向走私、贩卖毒品的犯罪分子提供国家规定管制的能够使人形成瘾癖的麻醉药品、精神药品的，或者以牟利为目的，向吸食、注射毒品的人提供国家规定管制的能够使人形成瘾癖的麻醉药品、精神药品的，以走私、贩卖毒品罪立案追诉。

第13条 本规定中的毒品是指鸦片、海洛因、甲基苯丙胺（冰毒）、吗啡、大麻、可卡因以及国家规定管制的其他能够使人形成瘾癖的麻醉药品和精神药品。具体品种以国家食品药品监督管理局、公安部、卫生部发布的《麻醉药品品种目录》、《精神药品品种目录》为依据。

本规定中的"制毒物品"是指刑法第350条第1款规定的醋酸酐、乙醚、三氯甲烷或者其他用于制造毒品的原料或者配剂，具体品种范围按照国家关于易制毒化学品管理的规定确定。

第14条 本规定中未明确立案追诉标准的毒品，有条件折算为海洛因的，

---

① 注：本条规定与"法释〔2016〕8号"《解释》第13条规定不一致。

参照有关麻醉药品和精神药品折算标准进行折算。

第 16 条　本规定中的"以上",包括本数。

第 355 条之一①　【**妨害兴奋剂管理罪②**】引诱、教唆、欺骗运动员使用兴奋剂参加国内、国际重大体育竞赛,或者明知运动员参加上述竞赛而向其提供兴奋剂,情节严重的,处三年以下有期徒刑或者拘役,并处罚金。

组织、强迫运动员使用兴奋剂参加国内、国际重大体育竞赛的,依照前款的规定从重处罚。

● **条文注释**　本条规定的"兴奋剂",是指国家体育管理等部门每一年度发布的《兴奋剂目录》所列的禁用物质。《2023 年兴奋剂目录》共列入了 375 种兴奋剂(比 2022 年增加了 8 种),由国家体育总局、商务部、国家卫生健康委员会、海关总署、国家药品监督管理局 2022 年 12 月 30 日第 61 号公告发布,2023 年 1 月 1 日执行。

本条规定的"重大体育竞赛",由国家体育总局公布。

● **相关规定**　【**国务院令〔2004〕398 号**】　**反兴奋剂条例**(2003 年 12 月 31 日国务院第 33 次常务会议通过,2004 年 1 月 13 日公布,2004 年 3 月 1 日起施行;2011 年 1 月 8 日国务院令第 588 号、2014 年 7 月 29 日国务院令第 653 号、2018 年 9 月 18 日国务院令第 703 号修订)

第 2 条　本条例所称兴奋剂,是指兴奋剂目录所列的禁用物质等。兴奋剂目录由国务院体育主管部门会同国务院药品监督管理部门、国务院卫生主管部门、国务院商务主管部门和海关总署制定、调整并公布。

第 39 条(第 1 款)　体育社会团体、运动员管理单位向运动员提供兴奋剂或者组织、强迫、欺骗运动员在体育运动中使用兴奋剂的,由国务院体育主管部门或者省、自治区、直辖市人民政府体育主管部门收缴非法持有的兴奋剂;负有责任的主管人员和其他直接责任人员 4 年内不得从事体育管理工作和运动

---

① 第 355 条之一由《刑法修正案(十一)》(2020 年 12 月 26 日第 13 届全国人大常委会第 24 次会议通过,主席令第 66 号公布)增设,2021 年 3 月 1 日起施行。

② 注:本罪名由《最高人民法院、最高人民检察院关于执行〈中华人民共和国刑法〉确定罪名的补充规定(七)》(法释〔2021〕2 号,最高人民法院审判委员会第 1832 次会议、最高人民检察院第 13 届检察委员会第 63 次会议通过)增设,2021 年 3 月 1 日执行。

员辅助工作；情节严重的，终身不得从事体育管理工作和运动员辅助工作；造成运动员人身损害的，依法承担民事赔偿责任；构成犯罪的，依法追究刑事责任。

第40条　运动员辅助人员组织、强迫、欺骗、教唆运动员在体育运动中使用兴奋剂的，由国务院体育主管部门或者省、自治区、直辖市人民政府体育主管部门收缴非法持有的兴奋剂；4年内不得从事运动员辅助工作和体育管理工作；情节严重的，终身不得从事运动员辅助工作和体育管理工作；造成运动员人身损害的，依法承担民事赔偿责任；构成犯罪的，依法追究刑事责任。

运动员辅助人员向运动员提供兴奋剂，或者协助运动员在体育运动中使用兴奋剂，或者实施影响采样结果行为的，由国务院体育主管部门或者省、自治区、直辖市人民政府体育主管部门收缴非法持有的兴奋剂；2年内不得从事运动员辅助工作和体育管理工作；情节严重的，终身不得从事运动员辅助工作和体育管理工作；造成运动员人身损害的，依法承担民事赔偿责任；构成犯罪的，依法追究刑事责任。

【国家体育总局令〔2014〕20号】　反兴奋剂管理办法（已被2021年7月14日国体总局第12次局长办公会修订，2021年7月20日公布施行；更新内容见本书第八版）

第2条　本办法所称兴奋剂，是指年度《兴奋剂目录》所列的禁用物质和禁用方法。

第49条　运动员管理单位应当加强对运动员治疗用药的管理，指定专门机构或者人员负责管理药品和医疗器械。运动员因医疗目的确需使用含有《兴奋剂目录》所列禁用物质的药物或者禁用方法时，应按照运动员治疗用药豁免的有关规定使用。

【法释〔2019〕16号】　最高人民法院关于审理走私、非法经营、非法使用兴奋剂刑事案件适用法律若干问题的解释（2019年11月12日最高人民法院审判委员会第1781次会议通过，2019年11月18日公布，2020年1月1日起施行）

第3条　对未成年人、残疾人负有监护、看护职责的人组织未成年人、残疾人在体育运动中非法使用兴奋剂，具有下列情形之一的，应当认定为刑法第260条之一规定的"情节恶劣"，以虐待被监护、看护人罪定罪处罚：

（一）强迫未成年人、残疾人使用的；

（二）引诱、欺骗未成年人、残疾人长期使用的；

（三）其他严重损害未成年人、残疾人身心健康的情形。①

第7条 实施本解释规定的行为，涉案物质属于毒品、制毒物品等，构成有关犯罪的，依照相应犯罪定罪处罚。

第8条 对于是否属于本解释规定的"兴奋剂""兴奋剂目录所列物质""体育运动""国内、国际重大体育竞赛"等专门性问题，应当依据《中华人民共和国体育法》《反兴奋剂条例》等法律法规，结合国务院体育主管部门出具的认定意见等证据材料作出认定。

【主席令〔2022〕114号】 **中华人民共和国体育法**（2022年6月24日第13届全国人大常委会第35次会议修订，2023年1月1日施行）

第118条 组织、强迫、欺骗、教唆、引诱运动员在体育运动中使用兴奋剂的，由国务院体育行政部门或者省、自治区、直辖市人民政府体育行政部门没收非法持有的兴奋剂；直接负责的主管人员和其他直接责任人员4年内不得从事体育管理工作和运动员辅助工作；情节严重的，终身不得从事体育管理工作和运动员辅助工作。

向运动员提供或者变相提供兴奋剂的，由国务院体育行政部门或者省、自治区、直辖市人民政府体育行政部门没收非法持有的兴奋剂，并处5万元以上50万元以下的罚款；有违法所得的，没收违法所得；并给予禁止一定年限直至终身从事体育管理工作和运动员辅助工作的处罚。

第356条 【毒品犯罪的再犯】因走私、贩卖、运输、制造、非法持有毒品罪被判过刑，又犯本节规定之罪的，从重处罚。

● **条文注释** 第356条是对涉毒"再犯"的特别处罚规定。这里"再犯"的概念，突破了刑法第65条关于累犯的认定标准，没有设定再犯罪的期限，也没有要求前罪必须被判处有期徒刑以上刑罚。对于曾犯过第347条、第348条规定之罪并被科刑的行为人，再犯第347条至第355条规定之罪的任何一种罪行，都从重处罚。

● **相关规定** **【法〔2008〕324号】** **全国部分法院审理毒品犯罪案件工作座谈会纪要**（2008年9月23日至24日在大连召开，最高法2008年12月1日印发；替代法〔2000〕42号《全国法院审理毒品犯罪案件工作座谈会纪要》）

---

① 注：在国内外重大体育竞赛中实施本条所列行为，应当适用《刑法》第355条之一的规定。

八、毒品再犯问题

根据刑法第 356 条规定，只要因走私、贩卖、运输、制造、非法持有毒品罪被判过刑，不论是在刑罚执行完毕后，还是在缓刑、假释或者暂予监外执行期间，又犯刑法分则第六章第七节规定的犯罪的，都是毒品再犯，应当从重处罚。

因走私、贩卖、运输、制造、非法持有毒品罪被判刑的犯罪分子，在缓刑、假释或者暂予监外执行期间又犯刑法分则第六章第七节规定的犯罪的，应当在对其所犯新的毒品犯罪适用刑法第 356 条从重处罚的规定确定刑罚后，再依法数罪并罚。

对同时构成累犯和毒品再犯的被告人，应当同时引用刑法关于累犯和毒品再犯的条款从重处罚。

【法发〔2010〕9 号】 最高人民法院关于贯彻宽严相济刑事政策的若干意见（2010 年 2 月 8 日）

二、准确把握和正确适用依法从"严"的政策要求

11. 要依法从严惩处累犯和毒品再犯。凡是依法构成累犯和毒品再犯的，即使犯罪情节较轻，也要体现从严惩处的精神。尤其是对于前罪为暴力犯罪或被判处重刑的累犯，更要依法从严惩处。

【法刊文摘】 在毒品案件审判工作中切实贯彻宽严相济刑事政策[①]

一、突出打击重点，依法严惩严重毒品犯罪

……实践中，对于毒品数量达到实际掌握的死刑数量标准，并具有毒品再犯、累犯、职业犯、惯犯、主犯等情节的被告人，通常判处死刑，以体现法律的严惩立场。

【法〔2015〕129 号】 全国法院毒品犯罪审判工作座谈会纪要（2014 年 12 月 11 日至 12 日在湖北武汉召开，全国各高院、解放军军事法院和新疆高院生产建设兵团分院刑事主管副院长、刑庭庭长参会；2015 年 4 月 7 日最高法刑事审判专委会第 238 次会议通过，最高法 2015 年 5 月 18 日印发）

二、关于毒品犯罪法律适用的若干具体问题

（六）累犯、毒品再犯问题

累犯、毒品再犯是法定从重处罚情节，即使本次毒品犯罪情节较轻，也要体现从严惩处的精神。尤其对于曾因实施严重暴力犯罪被判刑的累犯、刑满释放后短期内又实施毒品犯罪的再犯，以及在缓刑、假释、暂予监外执行期间又

---

① 来源于最高人民法院刑五庭，《人民法院报》2010 年 4 月 28 日第 6 版。

实施毒品犯罪的再犯,应当严格体现从重处罚。

对于因同一毒品犯罪前科同时构成累犯和毒品再犯的被告人,在裁判文书中应当同时引用刑法关于累犯和毒品再犯的条款,但在量刑时不得重复予以从重处罚。对于因不同犯罪前科同时构成累犯和毒品再犯的被告人,量刑时的从重处罚幅度一般应大于前述情形。

【高检发释字〔2019〕2号】 最高人民检察院关于《非药用类麻醉药品和精神药品管制品种增补目录》能否作为认定毒品依据的批复(2018年12月12日最高检第13届检委会第11次会议通过,2019年4月29日公布,答复河南省检请示,2019年4月30日施行)

根据《中华人民共和国刑法》第357条和《中华人民共和国禁毒法》第2条的规定,毒品是指鸦片、海洛因、甲基苯丙胺(冰毒)、吗啡、大麻、可卡因以及国家规定管制的其他能够使人形成瘾癖的麻醉药品和精神药品。

2015年10月1日施行的公安部、国家食品药品监督管理总局、国家卫生和计划生育委员会、国家禁毒委员会办公室《非药用类麻醉药品和精神药品列管办法》及其附表《非药用类麻醉药品和精神药品管制品种增补目录》,是根据国务院《麻醉药品和精神药品管理条例》第3条第2款授权制定的,《非药用类麻醉药品和精神药品管制品种增补目录》可以作为认定毒品的依据。

【禁毒办通〔2016〕38号】 **104种非药用类麻醉药品和精神药品管制品种依赖性折算表**(经商最高法、最高检、国家卫生计生委、国家食药监管总局同意,国家禁毒委办公室2016年6月24日印发。本书对表格格式有调整)

序号	中文名称	1克相当于海洛因	分类
1	2-氨基茚满	1克	氨基茚
2	5,6-亚甲二氧基-2-氨基茚满	1克	氨基茚
3	N-(2-甲氧基苄基)-2-(2,5-二甲氧基-4-溴苯基)乙胺	1克	苯乙胺
4	2,5-二甲氧基-4-氯苯乙胺	1克	苯乙胺
5	N-(2-甲氧基苄基)-2-(2,5-二甲氧基-4-氯苯基)乙胺	1克	苯乙胺
6	2,5-二甲氧基-4-甲基苯乙胺	1克	苯乙胺

续表

序号	中文名称	1克相当于海洛因	分类
7	N-（2-甲氧基苄基）-2-（2,5-二甲氧基-4-甲基苯基）乙胺	1克	苯乙胺
8	2,5-二甲氧基-4-乙基苯乙胺	1克	苯乙胺
9	N-（2-甲氧基苄基）-2-（2,5-二甲氧基-4-碘苯基）乙胺	16克	苯乙胺
10	2,5-二甲氧基-4-丙基苯乙胺	1克	苯乙胺
11	2,5-二甲氧基-4-乙硫基苯乙胺	0.73克	苯乙胺
12	2,5-二甲氧基-4-异丙基硫基苯乙胺	1克	苯乙胺
13	2,5-二甲氧基-4-丙硫基苯乙胺	0.75克	苯乙胺
14	N-（1-氨甲酰基-2-甲基丙基）-1-（5-氟戊基）吲哚-3-甲酰胺	1.44克	合成大麻素
15	N-（1-氨甲酰基-2-甲基丙基）-1-（5-氟戊基）吲唑-3-甲酰胺	1.44克	合成大麻素
16	N-（1-氨甲酰基-2,2-二甲基丙基）-1-（5-氟戊基）吲哚-3-甲酰胺	1.44克	合成大麻素
17	N-（1-甲氧基羰基-2-甲基丙基）-1-（5-氟戊基）吲唑-3-甲酰胺	1.44克	合成大麻素
18	N-（1-金刚烷基）-1-（5-氟戊基）吲唑-3-甲酰胺	3.48克	合成大麻素
19	1-（5-氟戊基）吲哚-3-甲酸-8-喹啉酯	21.8克	合成大麻素
20	1-（5-氟戊基）-3-（2,2,3,3-四甲基环丙甲酰基）吲哚	1.43克	合成大麻素
21	1〔2-（N-吗啉基）乙基〕-3-（2,2,3,3-四甲基环丙甲酰基）吲哚	1.43克	合成大麻素
22	1-（4-四氢吡喃基甲基）-3-（2,2,3,3-四甲基环丙甲酰基）吲哚	1.43克	合成大麻素
23	N-（1-氨甲酰基-2-甲基丙基）-1-（环己基甲基）吲唑-3-甲酰胺	14.79克	合成大麻素
24	N-（1-氨甲酰基-2-甲基丙基）-1-（4-氟苄基）吲唑-3-甲酰胺	4.7克	合成大麻素

续表

序号	中文名称	1克相当于海洛因	分类
25	N-（1-氨甲酰基-2-甲基丙基）-1-戊基吲唑-3-甲酰胺	1.5克	合成大麻素
26	N-（1-氨甲酰基-2,2-二甲基丙基）-1-戊基吲哚-3-甲酰胺	10.5克	合成大麻素
27	N-（1-氨甲酰基-2,2-二甲基丙基）-1-戊基吲唑-3-甲酰胺	2克	合成大麻素
28	1-〔（N-甲基-2-哌啶基）甲基〕-3-（1-萘甲酰基）吲哚	1.43克	合成大麻素
29	1-〔（N-甲基-2-哌啶基）甲基〕-3-（1-金刚烷基甲酰基）吲哚	1.43克	合成大麻素
30	1-〔（N-甲基-2-哌啶基）甲基〕-3-（2-碘苯甲酰基）吲哚	2克	合成大麻素
31	N-（1-金刚烷基）-1-戊基吲哚-3-甲酰胺	1.7克	合成大麻素
32	N-（1-金刚烷基）-1-戊基吲唑-3-甲酰胺	4克	合成大麻素
33	1-（1-萘甲酰基）-4-戊氧基萘	23.6克	合成大麻素
34	N-（1-甲基-1-苯基乙基）-1-（4-四氢吡喃基甲基）吲唑-3-甲酰胺	4克	合成大麻素
35	1-（5-氟戊基）-3-（4-乙基-1-萘甲酰基）吲哚	10克	合成大麻素
36	1-（4-氟苄基）-3-（1-萘甲酰基）吲哚	4克	合成大麻素
37	1-（4-氟苄基）吲哚-3-甲酸-8-喹啉酯	2克	合成大麻素
38	2-甲基-1-戊基-3-（1-萘甲酰基）吲哚	4克	合成大麻素
39	2-甲基-1-丙基-3-（1-萘甲酰基）吲哚	4克	合成大麻素
40	1-己基-3-（1-萘甲酰基）吲哚	4克	合成大麻素
41	1-戊基-3-（4-甲氧基-1-萘甲酰基）吲哚	34克	合成大麻素
42	1-戊基-3-（4-甲基-1-萘甲酰基）吲哚	3.7克	合成大麻素
43	1-戊基-3-（2-氯苯乙酰基）吲哚	0.37克	合成大麻素

续表

序号	中文名称	1克相当于海洛因	分类
44	1-戊基-3-(4-乙基-1-萘甲酰基)吲哚	10克	合成大麻素
45	1-戊基-2-(2-甲基苯基)-4-(1-萘酰基)吡咯	10克	合成大麻素
46	1-(5-氟戊基)-3-(4-甲基-1-萘甲酰基)吲哚	10克	合成大麻素
47	N-(1-甲氧基羰基-2,2-二甲基丙基)-1-(环己基甲基)吲哚-3-甲酰胺	10.5克	合成大麻素
48	N-(1-甲氧基羰基-2,2-二甲基丙基)-1-(4-氟苄基)吲唑-3-甲酰胺	4.7克	合成大麻素
49	1-戊基吲哚-3-甲酸-8-喹啉酯	49克	合成大麻素
50	N-(1-氨甲酰基-2-苯基乙基)-1-(5-氟戊基)吲唑-3-甲酰胺	1.44克	合成大麻素
51	1-戊基-3-(4-甲氧基苯甲酰基)吲哚	0.03克	合成大麻素
52	N-(1-金刚烷基)-1-(5-氟戊基)吲哚-3-甲酰胺	19克	合成大麻素
53	1-戊基-3-(2,2,3,3-四甲基环丙甲酰基)吲哚	0.714克	合成大麻素
54	2-氟甲卡西酮	0.476克	卡西酮
55	2-二甲氨基-1-〔3,4-(亚甲二氧基)苯基〕-1-丙酮	1克	卡西酮
56	1-〔3,4-(亚甲二氧基)苯基〕-2-(N-吡咯烷基)-1-丁酮	1克	卡西酮
57	1-〔3,4-(亚甲二氧基)苯基〕-2-(N-吡咯烷基)-1-丙酮	1克	卡西酮
58	1-苯基-2-甲氨基-1-戊酮	0.3克	卡西酮
59	2-(3-甲氧基苯基)-2-乙氨基环己酮	0.025克	氯胺酮及苯环利定
60	乙基去甲氯胺酮	0.025克	氯胺酮及苯环利定
61	1,4-二苄基哌嗪	4克	哌嗪
62	1-(3-氯苯基)哌嗪	4克	哌嗪

续表

序号	中文名称	1克相当于海洛因	分类
63	1-(3-三氟甲基苯基)哌嗪	0.33克	哌嗪
64	N,N-二烯丙基-5-甲氧基色胺	1克	色胺
65	N,N-二甲基-5-甲氧基色胺	1克	色胺
66	N-甲基-N-异丙基-5-甲氧基色胺	1克	色胺
67	α-甲基色胺	0.134克	色胺
68	乙酰芬太尼	6克	其他（芬太尼）
69	丁酰芬太尼	1.25克	其他（芬太尼）
70	β-羟基硫代芬太尼	40克	其他（芬太尼）
71	4-氟丁酰芬太尼	1.25克	其他（芬太尼）
72	异丁酰芬太尼	1.25克	其他（芬太尼）
73	奥芬太尼	66.8克	其他（芬太尼）
74	2-二苯甲基哌啶	1.165克	其他
75	3,4-二氯-N-〔(1-二甲氨基环己基)甲基〕苯甲酰胺	0.4克	其他
76	1-〔1-(2-甲氧基苯基)-2-苯基乙基〕哌啶	1.165克	其他
77	芬纳西泮	0.005克	其他
78	乙卡西酮	0.03克	卡西酮
79	4-溴甲卡西酮	0.14克	卡西酮
80	4-氯甲卡西酮	0.14克	卡西酮
81	4-氟甲卡西酮	0.14克	卡西酮
82	2-甲氨基-1-〔3,4-(亚甲二氧基)苯基〕-1-丁酮	0.15克	卡西酮
83	3,4-亚甲二氧基乙卡西酮	0.19克	卡西酮
84	2-甲基甲卡西酮	0.3克	卡西酮
85	3,4-二甲基甲卡西酮	0.3克	卡西酮
86	3-氯甲卡西酮	0.3克	卡西酮
87	3-甲氧基甲卡西酮	0.3克	卡西酮

续表

序号	中文名称	1克相当于海洛因	分类
88	3-甲基甲卡西酮	0.3克	卡西酮
89	1-(4-甲基苯基)-2-甲氨基-1-丁酮	0.3克	卡西酮
90	1-苯基-2-甲氨基-1-丁酮	0.3克	卡西酮
91	4-甲氧基甲卡西酮	0.3克	卡西酮
92	1-苯基-2-乙氨基-1-丁酮	0.3克	卡西酮
93	1-(4-氟苯基)-2-(N-吡咯烷基)-1-戊酮	0.4克	卡西酮
94	1-(4-甲氧基苯基)-2-(N-吡咯烷基)-1-戊酮	0.4克	卡西酮
95	1-苯基-2-(N-吡咯烷基)-1-丁酮	0.4克	卡西酮
96	1-苯基-2-(N-吡咯烷基)-1-己酮	0.4克	卡西酮
97	1-苯基-2-(N-吡咯烷基)-1-庚酮	0.4克	卡西酮
98	1-苯基-2-(N-吡咯烷基)-1-戊酮	0.4克	卡西酮
99	N,N-二异丙基-5-甲氧基色胺	1克	色胺
100	1-(2-噻吩基)-2-(N-吡咯烷基)-1-戊酮	0.4克	其他
101	1-(2-苯并呋喃基)-N-甲基-2-丙胺	1克	其他
102	1-(2-噻吩基)-N-甲基-2-丙胺	1克	其他
103	哌乙酯	1克	其他
104	3,4-二氯哌甲酯	8克	其他

【禁毒办通〔2017〕52号】 100种麻醉药品和精神药品管制品种依赖性折算表（经商最高法、最高检、国家卫计委、国家食药监管总局同意，国家禁毒委办公室2017年10月20日印发。本书对表格格式有调整）

序号	中文名称	1克相当于海洛因	序号	中文名称	1克相当于海洛因
1	炔己蚁胺	0.001毫克	48	利非他明	0.5克
2	依他喹酮	0.007毫克	49	纳布啡及其注射剂	0.5克

续表

序号	中文名称	1克相当于海洛因	序号	中文名称	1克相当于海洛因
3	哌替啶中间体A	0.015克	50	氨酚氢可酮片*	0.5克
4	哌替啶中间体B	0.015克	51	羟哌替啶	0.63克
5	哌替啶中间体C	0.015克	52	依托利定	0.69克
6	乙氯维诺	0.01毫克	53	双氢吗啡	0.6克
7	非那丙胺	0.024克	54	二乙噻丁	0.85克
8	佐匹克隆	0.025毫克	55	二甲噻丁	0.85克
9	消旋甲啡烷	0.025克	56	乙甲噻丁	0.85克
10	消旋啡烷	0.025克	57	可多克辛	1.3克
11	氯拉口酸	0.05毫克	58	醋氢可酮	1.3克
12	去甲左啡诺	0.05克	59	美托酮	1.43克
13	去甲美沙酮	0.05克	60	氯尼他秦	1.5克
14	诺匹哌酮	0.05克	61	右吗拉胺	1.5克
15	奥列巴文	0.05克	62	左吗拉胺	1.5克
16	苯吗庚酮	0.05克	63	诺美沙多	1.62克
17	匹米诺定	0.05克	64	苄替啶	1.84克
18	普罗庚嗪	0.05克	65	吗拉胺中间体	1.9克
19	丙哌利定	0.05克	66	烯丙罗定	11.5克
20	阿米雷司	0.132克	67	倍他关罗定	11.5克
21	他喷他多	0.145克	68	倍他罗定	11.5克
22	齐培丙醇	0.15毫克	69	左美沙芬	2.25克
23	甲二氢吗啡	0.17克	70	醋美沙多	2.5克
24	氨奈普汀	0.1毫克	71	阿醋美沙多	2.5克
25	氯巴占	0.1毫克	72	阿法美沙多	2.5克
26	氯噻西泮	0.1毫克	73	倍酷美沙多	2.5克
27	氯嗯唑仑	0.1毫克	74	倍他美沙多	2.5克
28	氯氟口乙酯	0.1毫克	75	地美沙多	2.5克
29	甲乙哌酮	0.1克	76	地美庚醇	2.5克

续表

序号	中文名称	1克相当于海洛因	序号	中文名称	1克相当于海洛因
30	吗苯丁酯	0.204 克	77	古柯叶	2.8 毫克
31	异美沙酮	0.22 克	78	吗啡甲溴化物	20 毫克
32	地匹哌酮	0.258 克	79	麦罗啡	20 毫克
33	三甲利定	0.25 克	80	左芬啡烷	2 克
34	吗哌利定	0.29 克	81	非那佐辛	2 克
35	仲丁比妥	0.2 毫克	82	罂粟浓缩物	3.38 毫克
36	乙烯比妥	0.2 毫克	83	呋替啶	3.68 克
37	美沙酮中间体	0.32 克	84	依托尼秦	30 克
38	地芬诺辛	0.375 克	85	非那啡烷	35 克
39	哌晴米特	0.375 克	86	苯哌利定	5 克
40	阿法美罗定	0.46 克	87	贝齐米特	6.4 克
41	格鲁米特	0.4 毫克	88	吗啡-N-氧化物	6 毫克
42	美他佐辛	0.545 克	89	甲地索啡	7.5 克
43	地恩丙胺	0.5 克	90	阿尼利定	8.9 克
44	尼可吗啡	0.5 克	91	羟蒂巴酚	80 毫克
45	消旋吗拉胺	0.5 克	92	苄吗啡	85 毫克
46	蒂巴因	0.5 克	93	芽子碱	88 毫克
47	芬坎法明	0.5 克			
94	麦角胺咖啡因片*	0.001 毫克	98	2,5-二甲氧基-4溴苯乙胺	1 克
95	丙己君	0.02 克	99	呋芬雷司	1 克
96	2,5-二甲氧基苯乙胺	0.02 克	100	4-甲基甲卡西酮	1 克
97	哌苯甲醇	0.1 克			

【禁毒办通〔2019〕6 号】 3 种合成大麻素依赖性折算表（经商最高法、最高检、国家药监局同意，国家禁毒委办公室 2019 年 1 月 16 日印发。本书对表格格式有调整）

序号	中文名称	1克相当于海洛因	分类
1	3-甲基-2-〔1-(4-氟苄基)吲唑-3-甲酰氨基〕丁酸甲酯	5.5克	合成大麻素
2	N-(1-氨甲酰基-2,2-二甲基丙基)-1-(4-氟苄基)吲唑-3-甲酰胺	2.5克	合成大麻素
3	3,3-二甲基-2〔1-(5-氟戊基)吲唑-3-甲酰胺基〕丁酸甲酯	14.0克	合成大麻素

【禁毒办通〔2021〕42号】 氟胺酮和7种合成大麻素依赖性折算表（经商最高法、最高检、国家卫健委、国家药监局同意，国家禁毒委办公室2021年11月12日印发。本书对表格格式有调整）

序号	中文名称	1克相当于海洛因	分类
1	氟胺酮	0.1克	氯胺酮及苯环利啶
2	N-(1-氨基-3,3-二甲基-1-氧亚基丁-2-基)-1-(戊-4-烯-1-基)-1H-吲唑-3-甲酰胺	0.2克	合成大麻素
3	3,3-二甲基-2-〔1-(戊-4-烯-1-基)-1H-吲唑-3-甲酰氨基〕丁酸甲酯	0.2克	合成大麻素
4	N-(1-氨基-3,3-二甲基-1-氧亚基丁-2-基)-1-丁基-1H-吲唑-3-甲酰胺	0.5克	合成大麻素
5	1-(4-氰基丁基)-N-(2-苯基丙-2-基)-1H-吲唑-3-甲酰胺	0.5克	合成大麻素
6	2-〔1-(5-氟戊基)-1H-吲哚-3-甲酰氨基〕-3-甲基丁酸乙酯	0.5克	合成大麻素
7	2-〔1-(5-氟戊基)-1H-吲唑-3-甲酰氨基-3,3-二甲基丁酸甲酯	0.5克	合成大麻素
8	2-〔1-(4-氟丁基)-1H-吲哚-3-甲酰氨基〕-3,3-二甲基丁酸甲酯	5.0克	合成大麻素

【高检诉发〔2005〕32号】 最高人民检察院公诉厅毒品犯罪案件公诉证据标准指导意见（试行）（2005年4月25日）

二、特殊证据标准

（四）毒品犯罪再犯的特殊证据

刑法第356条规定，因走私、贩卖、运输、制造、非法持有毒品罪被判过刑，又犯本节规定之罪的，从重处罚。毒品犯罪再犯的特殊证据主要是证明犯罪嫌疑人、被告人具有走私、贩卖、运输、制造毒品罪、非法持有毒品罪前科的生效判决和裁定。

收集、审查、判断这类证据需要注意以下问题：

1. 毒品再犯前科的罪名仅指走私、贩卖、运输、制造毒品罪和非法持有毒品罪；

2. 对于同时构成毒品再犯和刑法总则规定累犯的犯罪嫌疑人、被告人，一律适用刑法分则第356条关于毒品再犯的从重处罚规定，不再援引刑法总则中关于累犯的规定。

第357条　【毒品犯罪及毒品数量的计算】 本法所称的毒品，是指鸦片、海洛因、甲基苯丙胺（冰毒）、吗啡、大麻、可卡因[①]以及国家规定管制的其他能够使人形成瘾癖的麻醉药品和精神药品[②]。

[①] 注：鸦片、海洛因、吗啡同属罂粟类毒品。罂粟就是通常所说的生鸦片；海洛因和吗啡是鸦片的精制品。大麻又叫印度大麻，是当今世界使用最多、范围最广的麻醉品，经常或者过量吸食大麻，会对人体的许多器官造成危害。可卡因又称古柯碱，具有强烈的麻醉作用。甲基苯丙胺，又称去氧麻黄碱、去氧麻黄素，其固体形状为结晶体，酷似冰糖，故又被俗称为"冰毒"，是安非他明类兴奋剂中药性非常强的一种兴奋剂，具有兴奋神经中枢的作用，会使吸食、注射者变得兴奋、易激动和焦躁不安，会出现暴力倾向。

[②] 注："麻醉药品"和"精神药品"的具体品种目录由国家食品药品监督管理总局、公安部、国家卫生和计划生育委员会根据《麻醉药品和精神药品管理条例》而制定、调整，目前主要是以《麻醉药品品种目录（2013年版）》和《精神药品品种目录（2013年版）》为依据。详见本书关于《刑法》第355条的相关规定。

《麻醉药品和精神药品管理条例》由2005年7月26日国务院第100次常务会议通过，国务院令第442号公布，2005年11月1日施行（同时废止1987年11月28日国务院发布的《麻醉药品管理办法》和1988年12月27日国务院发布的《精神药品管理办法》）；2013年12月4日国务院第32次常务会议修正，2013年12月7日国务院令第645号公布施行；2016年1月13日国务院第119次常务会议第2次修正，2016年2月6日国务院令第666号公布施行。

另外，公安部、国家食品药品监督管理总局、国家卫生和计划生育委员会、国家禁毒委员会办公室于2015年9月24日印发了《非药用类麻醉药品和精神药品列管办法》（公通字〔2015〕27号，2015年10月1日施行），规定麻醉药品和精神药品按照药用类和非药用类分类列管，其中"非药用类麻醉药品和精神药品"，是指未作为药品生产和使用，具有成瘾性或成瘾潜力且易被滥用的物质（也即属于刑法第357条定义的"毒品"）；对正式列入《非药用类麻醉药品和精神药品管制品种增补目录》（而非临时列管）的非药用类麻醉药品和精神药品，禁止任何单位和个人非法生产、买卖、运输、使用、储存和进出口；因科研、实验、生产、检测中需要使用非药用类麻醉药品和精神药品（标准品、对照品），按照有关规定执行。

> 毒品的数量以查证属实的走私、贩卖、运输、制造、非法持有毒品的数量计算，不以纯度折算。

● **条文注释** 第357条规定的"毒品"，不仅包括鸦片、海洛因、甲基苯丙胺（冰毒）、吗啡、大麻、可卡因等常规概念上的毒品，还包括国家规定管制的其他能够使人形成瘾癖的麻醉药品和精神药品；上述麻醉药品或精神药品被用于毒品犯罪的，根据药品中毒品成分的含量认定涉案毒品数量。

另外，根据《禁毒法》的规定，根据医疗、教学、科研的需要，依法可以生产、经营、使用、储存、运输麻醉药品和精神药品；相关人员非法提供麻醉药品、精神药品的，依照刑法第355条的规定定罪处罚。

● **相关规定** 非法药物折算表[①]（本折算表药物均以纯品计。本书对表格格式有调整）

一、阿片类

（一）药物依赖性（身体依赖性和精神依赖性）很强且医疗上不准许使用的品种

药物名称	1克相当于海洛因（克）	药物名称	1克相当于海洛因（克）
醋托啡	1	海洛因	1
乙酰阿法甲基芬太尼	10	凯托米酮	1
阿法甲基芬太尼	10	3-甲基芬太尼	10
阿法甲基硫代芬太尼	10	3-甲基硫代芬太尼	10
倍它羟基芬太尼	10	1-甲基-4-苯基-4-哌啶丙盐酸	1
倍它羟基-3-甲基芬太尼	10	仲氟代芬太尼	10
地索吗啡	1	1-苯乙基-4-苯基-4-哌啶丙盐酸	1
埃托啡	100	硫代芬太尼	10

[①] 注：本表内容来源于最高人民法院毒品犯罪审判指导小组编写的《毒品犯罪审判理论与实务》（人民法院出版社，2009年版）；上海市高级人民法院关于试行《上海法院量刑指南——毒品犯罪之一》的通知（沪高法〔2005〕56号）也对本表予以了转发。

(二) 药物依赖性强,但医疗上广泛使用的品种

药物名称	1克相当于海洛因(克)	药物名称	1克相当于海洛因(克)
阿芬太尼	15	吗啡	0.5
安那度尔	0.05	去甲吗啡	0.02
二氢埃托啡	50	阿片	0.05
芬太尼	40	羟考酮	0.5
氢可酮	0.5	羟吗啡酮	0.5
氢吗啡酮	0.02	哌替啶(度冷丁)	0.05
氢吗啡醇	0.02	瑞芬太尼	40
左啡诺	0.2	舒芬太尼	40
美沙酮	0.5	替利定	0.5

(三) 药物依赖定相对较弱,且医疗上广泛使用的品种

药物名称	1克相当于海洛因(克)	药物名称	1克相当于海洛因(克)
醋氢可待因	0.02	地芬诺脂(苯乙哌啶)	0.05
布桂嗪(强痛定)	0.005	乙基吗啡	0.05
丁丙诺非	0.01	尼可待因	0.02
布托啡诺	0.005	尼二可待因	0.02
可待因	0.02	去甲可待因	0.02
右丙氧芬	0.02	喷他佐辛(镇痛新)	0.005
地唑辛	0.01	吗啉乙基吗啡(福尔克定)	0.02
双氧可待因	0.02	丙吡胺	0.02

二、苯丙胺类(含致幻剂)

(一) 致幻型苯丙胺类、致幻剂及甲喹酮:精神依赖性很强且医疗上不准使用的品种

药物名称	1克相当于海洛因（克）	药物名称	1克相当于海洛因（克）
布苯丙胺（DOB）	1	乙芬胺（MDA）	1
卡西酮	1	羟芬胺（MDA）	1
二乙基色胺（DET）	1	六氢大麻酚	1
二甲氧基安非他明（DMA）	1	副甲氧基安非他明（PMA）	1
羟基四氢甲基二苯吡喃（DMHP）	1	塞洛新	1
二甲基色胺（DMT）	1	塞洛西宾	1
二甲氧基乙基安非他明（DOET）	1	咯环利定（PHP，PCPY）	1
乙环利定（PCE）	1	二甲氧基甲苯异丙胺（STP，DOM）	1
乙色胺	1	替苯丙胺（MDA）	1
麦角乙二胺（+）（LSD，LSD-25）	1	替诺环定（TCP）	1
麦司卡林	1	四氢大麻酚（包括其同分异构物及其立体化学变体）	1
二亚甲基双氧安非他明（MDMA）	1	三甲氧基安非他明（TMA）	1
甲卡西酮	1	δ-9-四氢大麻酚及其立体化学变体	1
甲米雷司	1	4-甲基硫基安非他明	1
甲羟芬胺（MMDA）	1	甲喹酮（安眠酮）	0.007

（二）苯丙胺类兴奋剂及致幻型麻醉剂：精神依赖性强尚有医疗用途的品种

药物名称	1克相当于海洛因（克）	药物名称	1克相当于海洛因（克）
苯丙胺（安非他明）	0.2	美索卡	0.025
苄非他明	0.025	去氧麻黄碱（冰毒）	1
右苯丙胺	0.2	去氧麻黄碱外消旋体	1
芬乙茶碱	0.04	哌醋甲酯（利他林）	0.1

续表

药物名称	1克相当于海洛因（克）	药物名称	1克相当于海洛因（克）
芬普雷司	0.025	苯环利定（PCP）	0.1
氯胺酮	0.1	苯甲曲秦	0.025
左苯丙胺	0.04	芬美曲秦（苯甲吗啉）	0.025
左甲苯丙胺	0.04	吡咯戊酮	0.025
甲氯喹酮	0.1	γ-羟丁酸（GHB）	0.1
美芬雷司	0.025		

（三）若苯丙胺类，精神依赖性相对较弱有医疗用途的品种

药物名称	1克相当于海洛因（克）	药物名称	1克相当于海洛因（克）
安非拉酮	0.05	氟苯丙胺（芬氟拉明）	0.05
去甲麻黄碱（苯丙醇胺）	0.025	马吲哚	0.025
右旋氟苯丙胺	0.05	匹莫林	0.05
乙非他明	0.025	芬特明	0.025

三、可卡因类

药物名称	1克相当于海洛因（克）	药物名称	1克相当于海洛因（克）
可卡因	0.5	可卡因碱	20

四、大麻类

药物名称	1克相当于海洛因（克）	药物名称	1克相当于海洛因（克）
大麻	0.001	大麻脂	0.005

五、其他兴奋剂

药物名称	1克相当于海洛因（克）	药物名称	1克相当于海洛因（克）
咖啡因	0.00001	莫达芬尼	0.01
麻黄碱（左旋右旋）	0.01		

六、苯二氮䓬类镇静安眠药

药物名称	1克相当于海洛因（克）	药物名称	1克相当于海洛因（克）
溴西泮	0.0001	劳拉西泮	0.0001
澳替唑仑	0.0001	氯甲西泮	0.0001
卡马西泮	0.0001	美达西泮	0.0001
氯硝西泮	0.0001	咪达唑仑	0.0001
氯氮䓬（利眠宁）	0.0001	硝甲西泮	0.0001
地咯西泮	0.0001	硝西泮（硝基安定）	0.0001
地西泮（安定）	0.0001	去甲西泮	0.0001
艾司唑仑（舒乐安定）	0.0001	奥沙西泮	0.0001
氟地西泮	0.001	恶唑仑	0.0001
氟硝西泮	0.0001	匹那西泮	0.0001
氟西泮	0.0001	普拉西泮	0.0001
哈拉西泮	0.0001	替马西泮	0.0001
卤恶唑仑	0.0001	四氢西泮	0.0001
凯他唑仑	0.0001	三唑仑（海乐神）	0.001
氯普唑仑	0.0001	唑吡坦	0.0001

七、巴比妥类

药物名称	1克相当于海洛因（克）	药物名称	1克相当于海洛因（克）
阿洛巴比妥	0.0002	环己巴比妥	0.0002
异戊巴比妥	0.0002	甲苯巴比妥	0.0002
巴比妥	0.0002	戊巴比妥	0.0002
布他比妥	0.0002	苯巴比妥	0.0002
丁巴比妥	0.0002	司可巴比妥	0.002

八、其他类镇静安眠药

药物名称	1克相当于海洛因（克）	药物名称	1克相当于海洛因（克）
甲丙胺脂（眠尔通）	0.0002	扎来普隆	0.0002

【标准】 国际几种常见毒品与海洛因相关数据的换算标准

序号	换算标准	相当于海洛因	相当于大麻
	一、鸦片类毒品		
	1克海洛因	1克	1000克
1	1克吗啡	0.5克	500克
2	1克鸦片	0.05克	50克
3	1克可待因	0.08克	80克
4	1克6-单乙酰吗啡（合成海洛因中间产物）	1克	1000克
	二、可卡因类毒品		
1	1克可卡因（可卡因盐）	0.2克	200克
2	1克可卡因碱"crack"	20克	20000克
	三、大麻类毒品		
1	1克大麻（大麻植物，大麻草）	0.001克	1克
2	1克大麻树脂	0.005克	5克
3	1克大麻油	0.05克	50克
4	1克四氢大麻酚	0.167克	167克
	四、安非他明类毒品		
1	1克安非他明	0.2克	200克
2	1克"冰"（即甲基安非他明）	10克	10000克
	五、致幻剂		
1	1克L.S.D（麦角酰二乙胺）	0.1克	100克
2	1克P.C.P（苯环哌啶）	1克	1000克
	六、其他		
1	1克杜冷丁	0.05克	50克

最高人民法院刑一庭关于审理若干新型毒品案件定罪量刑的指导意见（2006年8月11日）[①]

近年来，新型毒品案件频发，呈上升趋势。为坚决打击和有效遏制这类毒

---

① 注：参见河北省保定市定兴县公安局官网http://www.dxgaw.gov.cn/zfgk/show.asp?article_id=142，最后访问日期：2022年10月25日。

品犯罪的发展蔓延势头,统一司法标准,现作如下规定:

一、新类型毒品的定罪量刑数量标准暂按以下比例与海洛因进行折算:

1克海洛因=20克氯胺酮(化学名:2-(2-氯苯)2-甲氨基环巳酮,俗称:K粉);

1克海洛因=20克美沙酮;

1克海洛因=10克替甲基苯丙胺(MDMA)(化学名:N,a-3,4亚甲基二氧甲基苯丙胺,俗称:摇头丸,迷魂药);

1克海洛因=10克替苯丙胺(MDA)(化学名:a-3,4亚甲基二氧苯丙胺,俗称:摇头丸,迷魂药);

1克海洛因=1000克三唑仑(化学名:8-氯-6-(邻-氯苯基)-1-甲基-4H-s-三氮唑(4,3-)1,4苯丙二氮杂卓,俗称:蓝精灵,海乐神);

1克海洛因=1500克安眠酮(又称甲喹酮);

1克海洛因=10000克氯氮卓(化学名:7-氯-2-甲氨基-5-苯基-3H1,4-苯丙二氮杂卓-4-氧化物,俗称:利眠宁,绿豆仔);

1克海洛因=10000克地西泮(化学名:俗称:安定);

1克海洛因=10000克艾西唑仑(化学名:俗称:舒乐安定);

1克海洛因=10000克溴西泮(化学名:俗称:宁神定);

二、对新型毒品要做含量鉴定,确定单一型毒品还是混合型毒品;如果是混合型毒品,要鉴定主要毒品成份及比例。对不符合要求的鉴定结论,应作重新鉴定或补充鉴定,否则不能作为定罪量刑的证据使用。因某种原因不能作出重新鉴定或补充鉴定的,应按有利于被告人的原则进行处理,判处重刑及死刑的应特别慎重。

三、对新型混合毒品的量刑应以其主要毒品成分为依据。将危害较大的主要几类毒品成分按其比例折算成海洛因后再确定数量量刑。

四、新型毒品案件适用死刑的主要对象是从事制造、走私等源头犯罪行为的首要分子和其他主犯,对仅从事了运输、贩卖等中间环节行为的犯罪分子,原则上可不适用死刑,尤其是立即执行。

……

【禁毒字〔1993〕048号】　全国禁毒工作领导小组关于盐酸二氢埃托啡管理问题的复函(1993年3月1日答复海关总署调查司征询函)

你司《关于盐酸二氢埃托啡管理的函》收悉。卫生部1992年12月30日印发的《关于盐酸二氢埃托啡管理的规定》(卫药发〔1992〕第72号文件)中已明确盐酸二氢埃托啡原料及舌下含片属麻醉药品管理品种。所以,盐酸二氢埃托啡原料及舌下含片的出口,应严格按照《麻醉药品管理办法》的规定,经卫生部审查发给《麻醉药品出口准许证》后,方可办理出口手续。走私盐酸二氢埃托啡原料及其舌下含片的,应依照《关于禁毒的决定》的有关规定处罚。

【禁毒通字〔1993〕3 号】　全国禁毒工作领导小组关于滥用盐酸二氢埃托啡是否属于吸毒行为的批复(1993 年 4 月 8 日答复内蒙古自治区禁毒工作领导小组办公室请示)

卫生部 1991 年 5 月 7 日发布的《关于盐酸二氢埃托啡管理的暂行规定》和 1992 年 12 月 30 日发布的《关于盐酸二氢埃托啡管理的规定》中都已明确盐酸二氢埃托啡原料及其舌下含片属麻醉药品管理品种。所以,根据国务院发布的《麻醉药品管理办法》第 3 条的规定,盐酸二氢埃托啡是国务院主管部门规定管制的麻醉药品。依照全国人大常委会《关于禁毒的决定》[①] 第 1 条规定,凡非法吸食、注射盐酸二氢埃托啡的,即属于吸毒行为,应当依照《关于禁毒的决定》第 8 条的规定处罚;对医院、药店等单位的工作人员违反国家规定,向吸毒人员提供盐酸二氢埃托啡的,依照《关于禁毒的决定》第 10 条的规定处罚。

对非法走私、贩卖、运输、制造盐酸二氢埃托啡和非法持有盐酸二氢埃托啡的,应依照《关于禁毒的决定》相应条款处罚。司法部门正研究有关司法解释。

【卫药发〔1994〕13 号】　卫生部、国家医药管理局关于加强天然咖啡因管理的通知(1994 年 3 月 14 日)[②]

咖啡因(包括从茶叶中提取的天然咖啡因)系国务院颁布的《精神药品管理办法》[③] 规定中第一类管制的品种。其生产、销售、使用及广告宣传都要严格依法办理,违者要按《药品管理法》及其实施办法规定从重处罚,触犯刑律的要由司法部门追究刑事责任。

---

① 注:该《决定》被 2007 年 12 月 29 日第 10 届全国人大常委会第 31 次会议通过的《中华人民共和国禁毒法》(主席令第 79 号公布,2008 年 6 月 1 日施行)废止。

② 注:本《通知》于 1994 年 4 月 11 日被《全国禁毒工作领导小组关于加强天然咖啡因管理的通知》(禁毒通字〔1994〕2 号)原文转发,并指出:天然咖啡因的生产、销售和进出口必须由经过卫生部与国家医药管理局批准的指定单位经营。

③ 注:1988 年 12 月 27 日国务院发布的《精神药品管理办法》已经被 2005 年 7 月 26 日国务院第 100 次常务会议通过的《麻醉药品和精神药品管理条例》(国务院令第 442 号公布,2005 年 11 月 1 日施行)宣布废止;《麻醉药品和精神药品管理条例》先后 2 次被修正(2013 年 12 月 7 日国务院令第 645 号、2016 年 2 月 6 日国务院令第 666 号)。

（一）根据《精神药品管理办法》第 3 条的规定，咖啡因（包括天然和人工合成）为第一类管理的精神药品。第 4 条规定，咖啡因生产单位由卫生部会同国家医药管理局确定。凡申请定点生产天然咖啡因的单位须向所在地的省级卫生厅（局）和医药管理局（总公司）提出申请，经初审同意后报卫生部和国家医药管理局批准。任何单位未经批准不得擅自生产、销售和进出口，违者由司法部门追究刑事责任。

（二）咖啡因（包括天然和人工合成）的生产、供应和进出口管理要按照《精神药品管理办法》和《咖啡因管理规定》① 执行。

【公禁毒〔2002〕236 号】　　公安部关于认定海洛因有关问题的批复（2002 年 6 月 28 日答复甘肃省公安厅"甘公禁〔2002〕27 号"请示）

一、海洛因是以"二乙酰吗啡"或"盐酸二乙酰吗啡"为主要成分的化学合成的精制鸦片类毒品，"单乙酰吗啡"和"单乙酰可待因"是只有在化学合成海洛因过程中才会衍生的化学物质，属于同一种类的精制鸦片类毒品。海洛因在运输、贮存过程中，因湿度、光照等因素的影响，会出现"二乙酰吗啡"自然降解为"单乙酰吗啡"的现象，即"二乙酰吗啡"含量呈下降趋势，"单乙酰吗啡"含量呈上升趋势，甚至出现只检出"单乙酰吗啡"成分而未检出"二乙酰吗啡"成分的检验结果。因此，不论是否检出"二乙酰吗啡"成分，只要检出"单乙酰吗啡"或"单乙酰吗啡和单乙酰可待因"的，根据化验部门出具的检验报告，均应当认定送检样品为海洛因。

二、根据海洛因的毒理作用，海洛因进入吸毒者的体内代谢后，很快由"二乙酰吗啡"转化为"单乙酰吗啡"，然后再代谢为吗啡。在海洛因滥用者或中毒者的尿液或其他检材检验中，只能检出少量"单乙酰吗啡"及吗啡成分，无法检出"二乙酰吗啡"成分。因此，在尿液及其他检材中，只要检验出"单乙酰吗啡"，即证明涉嫌人员服用了海洛因。

【公禁毒〔2002〕434 号】　　公安部禁毒局关于非法制造贩卖安钠咖立案问题的答复（2002 年 11 月 5 日答复甘肃省公安厅禁毒处请示）

安钠咖属于《刑法》规定的毒品。根据《刑法》第 347 条第 1 款的规定，贩卖、制造毒品，无论数量多少，都应当追究刑事责任，予以刑事处罚。因此，

---

① 注：卫生部和国家医药管理局 1991 年 7 月 1 日制定的《咖啡因管理规定》于 1997 年 12 月 1 日被修订（卫药发〔1997〕85 号）；国家药品监督管理局 2001 年 2 月 1 日局务会议再次审议通过新的《咖啡因管理规定》（2001 年 3 月 16 日国家药品监督管理局令第 28 号公布，2001 年 5 月 1 日施行）。

对于非法制造、贩卖安钠咖的，不论查获的数量多少，公安机关都应当按照非法制造、贩卖毒品罪立案侦查。

【法〔2008〕324号】　全国部分法院审理毒品犯罪案件工作座谈会纪要（2008年9月23日至24日在大连召开，最高法2008年12月1日印发；替代法〔2000〕42号《全国法院审理毒品犯罪案件工作座谈会纪要》）

五、毒品含量鉴定和混合型、新类型毒品案件处理问题

对于含有二种以上毒品成分的毒品混合物，应进一步作成分鉴定，确定所含的不同毒品成分及比例。对于毒品中含有海洛因、甲基苯丙胺的，应以海洛因、甲基苯丙胺分别确定其毒品种类；不含海洛因、甲基苯丙胺的，应以其中毒性较大的毒品成分确定其毒品种类；如果毒性相当或者难以确定毒性大小的，以其中比例较大的毒品成分确定其毒品种类，并在量刑时综合考虑其他毒品成分、含量和全案所涉毒品数量。对于刑法、司法解释等已规定了量刑数量标准的毒品，按照刑法、司法解释等规定适用刑罚；对于刑法、司法解释等没有规定量刑数量标准的毒品，有条件折算为海洛因的，参照国家食品药品监督管理局制定的《非法药物折算表》，折算成海洛因的数量后适用刑罚。

对于国家管制的精神药品和麻醉药品，刑法、司法解释等尚未明确规定量刑数量标准，也不具备折算条件的，应由有关专业部门确定涉案毒品毒效的大小、有毒成分的多少、吸毒者对该毒品的依赖程度，综合考虑其致瘾癖性、戒断性、社会危害性等依法量刑。因条件限制不能确定的，可以参考涉案毒品非法交易的价格因素等，决定对被告人适用的刑罚，但一般不宜判处死刑立即执行。

【公通字〔2012〕26号】　最高人民检察院、公安部关于公安机关管辖的刑事案件立案追诉标准的规定（三）（2012年5月16日公布施行）

第13条（第1款）　本规定中的毒品是指鸦片、海洛因、甲基苯丙胺（冰毒）、吗啡、大麻、可卡因以及国家规定管制的其他能够使人形成瘾癖的麻醉药品和精神药品。具体品种以国家食品药品监督管理局、公安部、卫生部发布的《麻醉药品品种目录》、《精神药品品种目录》为依据。

【法〔2014〕224号】　最高人民法院、最高人民检察院、公安部关于规范毒品名称表述若干问题的意见（2014年8月20日）

一、规范毒品名称表述的基本原则

（一）毒品名称表述应当以毒品的化学名称为依据，并与刑法、司法解释及相关规范性文件中的毒品名称保持一致。刑法、司法解释等没有规定的，可以

参照《麻醉药品品种目录》《精神药品品种目录》中的毒品名称进行表述。

（二）对于含有二种以上毒品成分的混合型毒品，应当根据其主要毒品成分和具体形态认定毒品种类、确定名称。混合型毒品中含有海洛因、甲基苯丙胺的，一般应当以海洛因、甲基苯丙胺确定其毒品种类；不含海洛因、甲基苯丙胺，或者海洛因、甲基苯丙胺的含量极低的，可以根据其中定罪量刑数量标准较低且所占比例较大的毒品成分确定其毒品种类。混合型毒品成分复杂的，可以用括号注明其中所含的一至二种其他毒品成分。

（三）为体现与犯罪嫌疑人、被告人供述的对应性，对于犯罪嫌疑人、被告人供述的毒品常见俗称，可以在文书中第一次表述该类毒品时用括号注明。

二、几类毒品的名称表述

（一）含甲基苯丙胺成分的毒品

1. 对于含甲基苯丙胺成分的晶体状毒品，应当统一表述为甲基苯丙胺（冰毒），在下文中再次出现时可以直接表述为甲基苯丙胺。

2. 对于以甲基苯丙胺为主要毒品成分的片剂状毒品，应当统一表述为甲基苯丙胺片剂。如果犯罪嫌疑人、被告人供述为"麻古""麻果"或者其他俗称的，可以在文书中第一次表述该类毒品时用括号注明，如表述为甲基苯丙胺片剂（俗称"麻古"）等。

3. 对于含甲基苯丙胺成分的液体、固液混合物、粉末等，应当根据其毒品成分和具体形态进行表述，如表述为含甲基苯丙胺成分的液体、含甲基苯丙胺成分的粉末等。

（二）含氯胺酮成分的毒品

1. 对于含氯胺酮成分的粉末状毒品，应当统一表述为氯胺酮。如果犯罪嫌疑人、被告人供述为"K粉"等俗称的，可以在文书中第一次表述该类毒品时用括号注明，如表述为氯胺酮（俗称"K粉"）等。

2. 对于以氯胺酮为主要毒品成分的片剂状毒品，应当统一表述为氯胺酮片剂。

3. 对于含氯胺酮成分的液体、固液混合物等，应当根据其毒品成分和具体形态进行表述，如表述为含氯胺酮成分的液体、含氯胺酮成分的固液混合物等。

（三）含MDMA等成分的毒品

对于以MDMA、MDA、MDEA等致幻性苯丙胺类兴奋剂为主要毒品成分的丸状、片剂状毒品，应当根据其主要毒品成分的中文化学名称和具体形态进行表述，并在文书中第一次表述该类毒品时用括号注明下文中使用的英文缩写简称，如表述为3,4-亚甲二氧基甲基苯丙胺片剂（以下简称MDMA片剂）、3,

4-亚甲二氧基苯丙胺片剂（以下简称 MDA 片剂）、3，4-亚甲二氧基乙基苯丙胺片剂（以下简称 MDEA 片剂）等。如果犯罪嫌疑人、被告人供述为"摇头丸"等俗称的，可以在文书中第一次表述该类毒品时用括号注明，如表述为 3，4-亚甲二氧基甲基苯丙胺片剂（以下简称 MDMA 片剂，俗称"摇头丸"）等。

（四）"神仙水"类毒品

对于俗称"神仙水"的液体状毒品，应当根据其主要毒品成分和具体形态进行表述。毒品成分复杂的，可以用括号注明其中所含的一至二种其他毒品成分，如表述为含氯胺酮（咖啡因、地西泮等）成分的液体等。如果犯罪嫌疑人、被告人供述为"神仙水"等俗称的，可以在文书中第一次表述该类毒品时用括号注明，如表述为含氯胺酮（咖啡因、地西泮等）成分的液体（俗称"神仙水"）等。

（五）大麻类毒品

对于含四氢大麻酚、大麻二酚、大麻酚等天然大麻素类成分的毒品，应当根据其外形特征分别表述为大麻叶、大麻脂、大麻油或者大麻烟等。

【法〔2015〕129 号】　全国法院毒品犯罪审判工作座谈会纪要（2014 年 12 月 11 日至 12 日在湖北武汉召开，全国各高院、解放军军事法院和新疆高院生产建设兵团分院刑事主管副院长、刑庭庭长参会；2015 年 4 月 7 日最高法刑事审判专委会第 238 次会议通过，最高法 2015 年 5 月 18 日印发）

二、关于毒品犯罪法律适用的若干具体问题

（三）毒品数量认定问题

走私、贩卖、运输、制造、非法持有两种以上毒品的，可以将不同种类的毒品分别折算为海洛因的数量，以折算后累加的毒品总量作为量刑的根据。对于刑法、司法解释或者其他规范性文件明确规定了定罪量刑数量标准的毒品，应当按照该毒品与海洛因定罪量刑数量标准的比例进行折算后累加。对于刑法、司法解释及其他规范性文件没有规定定罪量刑数量标准，但《非法药物折算表》规定了与海洛因的折算比例的毒品，可以按照《非法药物折算表》折算为海洛因后进行累加。对于既未规定定罪量刑数量标准，又不具备折算条件的毒品，综合考虑其致瘾癖性、社会危害性、数量、纯度等因素依法量刑。在裁判文书中，应当客观表述涉案毒品的种类和数量，并综合认定为数量大、数量较大或者少量毒品等，不明确表述将不同种类毒品进行折算后累加的毒品总量。

对于未查获实物的甲基苯丙胺片剂（俗称"麻古"等）、MDMA 片剂（俗称"摇头丸"）等混合型毒品，可以根据在案证据证明的毒品粒数，参考本案或者本地区查获的同类毒品的平均重量计算出毒品数量。在裁判文书中,应当客观表述根据在案证据认定的毒品粒数。

(七)非法贩卖麻醉药品、精神药品行为的定性问题

行为人向走私、贩卖毒品的犯罪分子或者吸食、注射毒品的人员贩卖国家规定管制的能够使人形成瘾癖的麻醉药品或者精神药品的,以贩卖毒品罪定罪处罚。

行为人出于医疗目的,违反有关药品管理的国家规定,非法贩卖上述麻醉药品或者精神药品,扰乱市场秩序,情节严重的,以非法经营罪定罪处罚。

第八节 组织、强迫、引诱、容留、介绍卖淫罪

第358条① 【组织卖淫罪;强迫卖淫罪】组织、强迫他人卖淫的,处五年以上十年以下有期徒刑,并处罚金;情节严重的,处十年以上有期徒刑或者无期徒刑,并处罚金或者没收财产。

组织、强迫未成年人卖淫的,依照前款的规定从重处罚。

犯前两款罪,并有杀害、伤害、强奸、绑架等犯罪行为的,依照数罪并罚的规定处罚。

【协助组织卖淫罪】为组织卖淫的人招募、运送人员或者有其他协助组织他人卖淫行为的,处五年以下有期徒刑,并处罚金;情节严重的,处五年以上十年以下有期徒刑,并处罚金。②

---

① 第358条第1款、第2款、第3款是根据2015年8月29日第12届全国人民代表大会常务委员会第16次会议通过的《刑法修正案(九)》(主席令第30号公布,2015年11月1日起施行)而修改;修改前对应原第358条第1款、第2款,其内容为:"组织他人卖淫或者强迫他人卖淫的,处五年以上十年以下有期徒刑,并处罚金;有下列情形之一的,处十年以上有期徒刑或者无期徒刑,并处罚金或者没收财产:(一)组织他人卖淫,情节严重的;(二)强迫不满十四周岁的幼女卖淫的;(三)强迫多人卖淫或者多次强迫他人卖淫的;(四)强奸后迫使卖淫的;(五)造成被强迫卖淫的人重伤、死亡或者其他严重后果的。//有前款所列情形之一,情节特别严重的,处无期徒刑或者死刑,并处没收财产。"

② 第358条第3款是根据2011年2月25日第11届全国人民代表大会常务委员会第19次会议通过的《刑法修正案(八)》(主席令第41号公布,2011年5月1日起施行)而修改;原第358条第3款内容为:"协助组织他人卖淫的,处五年以下有期徒刑,并处罚金;情节严重的,处五年以上十年以下有期徒刑,并处罚金。"也即明确了"协助组织他人卖淫"的具体行为。

> **第359条** 【引诱、容留、介绍卖淫罪】引诱、容留、介绍他人卖淫的,处五年以下有期徒刑、拘役或者管制,并处罚金;情节严重的,处五年以上有期徒刑,并处罚金。
>
> 【引诱幼女卖淫罪】引诱不满十四周岁的幼女卖淫的,处五年以上有期徒刑,并处罚金。

● **条文注释** 第358条、第359条是针对组织、强迫、引诱、容留、介绍卖淫等犯罪行为的处罚规定。

"组织他人卖淫"主要是指通过纠集或者雇用、招募等方式集结(管理或控制)3人以上妇女进行卖淫,从中牟利的行为。这里的"组织"通常表现为以下两种形式:(1)行为人设置卖淫场所或者以发廊、旅店、饭店、按摩房、出租屋等为名设置变相卖淫场所,招募一些卖淫人员在此进行卖淫活动。(2)行为人利用其从事服务行业的便利条件,在经营服务业的同时,组织、操纵他所控制的卖淫人员有组织地进行卖淫活动。如一些按摩院、发廊、酒店的老板,公然唆使服务人员同顾客到店外进行卖淫、嫖娼活动,从中收取钱财,或者以提供服务为名,向顾客提供各种名义的陪伴女郎,实际上是提供卖淫妇女进行卖淫活动。无论以上哪种形式,行为人均构成组织他人卖淫罪。

"强迫他人卖淫"主要是指行为人采取暴力、暴力威胁或者其他逼迫手段(如以揭发他人隐私或者以可能使他人某种利害关系遭受损失相威胁,或者通过使用某种手段和方法,使他人陷入绝境,别无出路),违背他人意志,迫使他人卖淫的行为。强迫的对象可以是没有卖淫习性的人,也可以是曾经有卖淫恶习,但由于某种原因不愿卖淫的人。

第358条第1款规定的"情节严重",一般是指强迫多人卖淫或者多次强迫他人卖淫,或者组织卖淫的人数较多,或者被害人的年龄较小(不满14周岁),或者被害人由于被强迫卖淫而自残或逃跑等而造成的伤亡,或者造成被害人的亲属重伤或死亡,或者社会影响极其恶劣等情形。根据第358条第3款的规定,如果行为人在组织或强迫被害人卖淫时对其实施故意杀害、伤害、强奸、绑架等犯罪行为,则应依照《刑法》第232条、第234条、第236条、第239条的规定,以"故意杀人罪""故意伤害罪""强奸罪""绑架罪"分别定罪,数罪并罚。

"协助组织他人卖淫",主要是指在组织他人卖淫的活动中,起协助、帮助作用的行为。如为"老鸨"充当打手,为组织卖淫活动看门望哨等。这种"协助组织他人卖淫"行为实质上也是组织他人卖淫活动的一个部分,但因为其性质和作用与组织卖淫者有很大的不同，所以刑法对这种犯罪行为进行了单独规定。

"引诱他人卖淫"，是指行为人为了达到某种目的，以金钱诱惑或通过宣扬腐朽生活方式等手段，诱使没有卖淫习性的人从事卖淫活动的行为。"容留他人卖淫"，是指故意为他人从事卖淫、嫖娼活动提供场所，既包括在自己所有的、管理的、使用的、经营的固定或临时租借的场所容留他人卖淫，也包括在流动场所，如在车辆、船舶等运输工具中容留他人卖淫、嫖娼。"介绍他人卖淫"，是指为卖淫人员与嫖客寻找对象，并在他们中间牵线搭桥的行为，即人们通常所说的"拉皮条"。

需要注意的是：

（1）第358条、第359条规定中的"他人"，既包括女性，也包括男性。[1]

（2）对于组织、强迫未成年人卖淫的，应当视其其他情节是否严重，然后确定刑档，再在该刑档的量刑范围内从重处罚；但如果该未成年人未满14周岁，则一般应当认为"情节严重"，视其其他情节是否严重，处10年以上有期徒刑或者无期徒刑，并处罚金或者没收财产。

（3）对于在组织、强迫他人卖淫的过程中强奸妇女的行为，应当分别定罪，实行数罪并罚。如果该强奸行为与组织、强迫他人卖淫的行为之间没有联系，则强奸行为不能成为组织、强迫他人卖淫的量刑加重情节；如果犯罪分子对不服从其意志卖淫的妇女，先行强奸，然后以此为手段强迫妇女卖淫，则该强奸行为应当认为是第358条第1款规定中的"情节严重"。

（4）第359条规定的引诱、容留、介绍卖淫罪，是一个选择性罪名，只要实施了其中的一种行为，均构成犯罪；但如果同时实施了这3种行为的，一般不实行数罪并罚。

● 相关规定　【行他字〔1999〕27号】　最高人民法院关于如何适用《治安管理处罚条例》第三十条规定的答复（2000年2月29日答复重庆市高级人民法院"关于董国亮不服重庆市公安局大渡口区分局治安管理处罚抗诉再审请示一案的请示报告"）

《治安管理处罚条例》第30条规定的"卖淫嫖娼"，一般是指异性之间通过金钱交易，一方向另一方提供性服务以满足对方性欲的行为。至于具体性行为采用什么方式，不影响对卖淫嫖娼行为的认定。

---

[1]　全国人民代表大会常务委员会法制工作委员会编：《中华人民共和国刑法释义》，法律出版社2011年版，第623页。

【公复字〔2001〕4号】　公安部关于对同性之间以钱财为媒介的性行为定性处理问题的批复（2001年1月28日答复广西壮族自治区公安厅"桂公传发〔2001〕325号"请示）

根据《中华人民共和国治安管理处罚条例》和全国人大常委会《关于严禁卖淫嫖娼的决定》的规定，不特定的异性之间或者同性之间以金钱、财物为媒介发生不正当性关系的行为，包括口淫、手淫、鸡奸等行为，都属于卖淫嫖娼行为，对行为人应当依法处理。

自本批复下发之日起，《公安部关于以营利为目的的手淫、口淫等行为定性处理问题的》（公复字〔1995〕6号）同时废止。

【国法函〔2003〕155号】　国务院法制办公室对浙江省人民政府法制办公室《关于转送审查处理公安部公复字〔2001〕4号批复的请示》的复函（2003年5月22日答复浙江省人民政府法制办公室"浙府法〔2003〕5号"请示）

我们征求了全国人大常委会法工委意见，他们认为，公安部对卖淫嫖娼的含义进行解释符合法律规定的权限，公安部公复字〔2001〕4号批复的内容与法律的规定是一致的，卖淫嫖娼是指通过金钱交易一方向另一方提供性服务，以满足对方性欲的行为，至于具体性行为采用什么方式，不影响对卖淫嫖娼行为的认定。据此，公安部公复字〔2001〕4号批复的规定是合法的。

【公复字〔2003〕5号】　公安部关于以钱财为媒介尚未发生性行为或发生性行为尚未给付钱财如何定性问题的批复（2003年9月24日答复山东省公安厅"鲁公发〔2003〕114号"请示）

卖淫嫖娼是指不特定的异性之间或同性之间以金钱、财物为媒介发生性关系的行为。行为主体之间主观上已经就卖淫嫖娼达成一致，已经谈好价格或者已经给付金钱、财物，并且已经着手实施，但由于其本人主观意志以外的原因，尚未发生性关系的；或者已经发生性关系，但尚未给付金钱、财物，都可以按卖淫嫖娼行为依法处理。对前一种行为，应当从轻处罚。

【粤高法刑四他字〔2007〕2号】　广东省高级人民法院关于被告人朱承保介绍、容留妇女卖淫案适用法律问题的批复（第二次重印增补内容，余文见本书末尾。）

【刑他复字〔2008〕38号】　最高人民法院关于被告人林珠明组织卖淫、被告人程梅英协助组织卖淫一案的批复（第二次重印增补内容，余文见本书末尾。）

【法发〔2013〕12号】　最高人民法院、最高人民检察院、公安部、司法部关于依法惩治性侵害未成年人犯罪的意见（2013年10月23日印发施行；2023年6月1日起被"法发〔2023〕4号"《意见》替代、废止，详见本书第八

版更新）

一、基本要求

1. 本意见所称性侵害未成年人犯罪，包括刑法第236条、第337条、第358条、第359条、第360条第2款规定的针对未成年人实施的强奸罪，强制猥亵、侮辱妇女罪，猥亵儿童罪，组织卖淫罪，强迫卖淫罪，引诱、容留、介绍卖淫罪，引诱幼女卖淫罪，嫖宿幼女罪等。

二、办案程序要求

14. 询问未成年被害人，审判人员、检察人员、侦查人员和律师应当坚持不伤害原则，选择未成年人住所或者其他让未成年人心理上感到安全的场所进行，并通知其法定代理人到场。无法通知、法定代理人不能到场或者法定代理人是性侵害犯罪嫌疑人、被告人的，也可以通知未成年被害人的其他成年亲属或者所在学校、居住地基层组织、未成年人保护组织的代表等有关人员到场，并将相关情况记录在案。

询问未成年被害人，应当考虑其身心特点，采取和缓的方式进行。对与性侵害犯罪有关的事实应当进行全面询问，以一次询问为原则，尽可能避免反复询问。

三、准确适用法律

20. 以金钱财物等方式引诱幼女与自己发生性关系的；知道或者应当知道幼女被他人强迫卖淫而仍与其发生性关系的，均以强奸罪论处。

26. 组织、强迫、引诱、容留、介绍未成年人卖淫构成犯罪的，应当从重处罚。强迫幼女卖淫、引诱幼女卖淫的，应当分别按照刑法第358条第1款第（二）项、第359条第2款的规定定罪处罚。

对未成年人负有特殊职责的人员、与未成年人有共同家庭生活关系的人员、国家工作人员，实施组织、强迫、引诱、容留、介绍未成年人卖淫等性侵害犯罪的，更要依法从严惩处。

四、其他事项

28.（第2款）对于性侵害未成年人的犯罪分子确定是否适用缓刑，人民法院、人民检察院可以委托犯罪分子居住地的社区矫正机构，就对其宣告缓刑对所居住社区是否有重大不良影响进行调查。受委托的社区矫正机构应当及时组织调查，在规定的期限内将调查评估意见提交委托机关。

【法释〔2017〕13号】 最高人民法院、最高人民检察院关于办理组织、强迫、引诱、容留、介绍卖淫刑事案件适用法律若干问题的解释（2017年5月8日最高人民法院审判委员会第1716次会议、2017年7月4日最高人民检察院第12届检察委员会第66次会议通过，2017年7月21日公布，2017年7月25日起施行）

第 1 条　以招募、雇佣、纠集等手段，管理或者控制他人卖淫，卖淫人员在 3 人以上的，应当认定为刑法第 358 条规定的"组织他人卖淫"。

组织卖淫者是否设置固定的卖淫场所、组织卖淫者人数多少、规模大小，不影响组织卖淫行为的认定。

第 2 条　组织他人卖淫，具有下列情形之一的，应当认定为刑法第 358 条第 1 款规定的"情节严重"：

（一）卖淫人员累计达 10 人以上的；

（二）卖淫人员中未成年人、孕妇、智障人员、患有严重性病的人累计达 5 人以上的；

（三）组织境外人员在境内卖淫或者组织境内人员出境卖淫的；[①]

（四）非法获利人民币 100 万元以上的；

（五）造成被组织卖淫的人自残、自杀或者其他严重后果的；

（六）其他情节严重的情形。

第 3 条　在组织卖淫犯罪活动中，对被组织卖淫的人有引诱、容留、介绍卖淫行为的，依照处罚较重的规定定罪处罚。但是，对被组织卖淫的人以外的其他人有引诱、容留、介绍卖淫行为的，应当分别定罪，实行数罪并罚。

第 4 条　明知他人实施组织卖淫犯罪活动而为其招募、运送人员或者充当保镖、打手、管账人等的[②]，依照刑法第 358 条第 4 款的规定，以协助组织卖淫罪定罪处罚，不以组织卖淫罪的从犯论处。

在具有营业执照的会所、洗浴中心等经营场所担任保洁员、收银员、保安员等，从事一般服务性、劳务性工作，仅领取正常薪酬，且无前款所列协助组织卖淫行为的，不认定为协助组织卖淫罪。

第 5 条　协助组织他人卖淫，具有下列情形之一的，应当认定为刑法第 358 条第 4 款规定的"情节严重"：

（一）招募、运送卖淫人员累计达 10 人以上的；

（二）招募、运送的卖淫人员中未成年人、孕妇、智障人员、患有严重性病的人累计达 5 人以上的；

---

① 注：结合本《解释》第 1 条以及本条第 1 项、第 2 项的规定，本项应当理解为组织跨境卖淫累计 3 人以上。

② 注：结合最高人民检察院、公安部 2017 年 4 月 27 日公布施行的《关于公安机关管辖的刑事案件立案追诉标准的规定（一）的补充规定》（公通字〔2017〕12 号），帮助招募、运送、培训人员应当满足一定的人数（3 人以上）才构成协助组织卖淫罪。同样的道理，偶尔地一两次充当保镖、打手、管账人，也不宜认定为协助组织卖淫罪。

（三）协助组织境外人员在境内卖淫或者协助组织境内人员出境卖淫的；①

（四）非法获利人民币50万元以上的；

（五）造成被招募、运送或者被组织卖淫的人自残、自杀或者其他严重后果的；

（六）其他情节严重的情形。

第6条 强迫他人卖淫，具有下列情形之一的，应当认定为刑法第358条第1款规定的"情节严重"：

（一）卖淫人员累计达5人以上的；

（二）卖淫人员中未成年人、孕妇、智障人员、患有严重性病的人累计达3人以上的；

（三）强迫不满14周岁的幼女卖淫的；

（四）造成被强迫卖淫的人自残、自杀或者其他严重后果的；

（五）其他情节严重的情形。

行为人既有组织卖淫犯罪行为，又有强迫卖淫犯罪行为，且具有下列情形之一的，以组织、强迫卖淫"情节严重"论处：

（一）组织卖淫、强迫卖淫行为中具有本解释第2条、本条前款规定的"情节严重"情形之一的；

（二）卖淫人员累计达到本解释第2条第1、2项规定的组织卖淫"情节严重"人数标准的；

（三）非法获利数额相加达到本解释第2条第4项规定的组织卖淫"情节严重"数额标准的。

第7条 根据刑法第358条第3款的规定，犯组织、强迫卖淫罪②，并有杀害、伤害、强奸、绑架等犯罪行为的，依照数罪并罚的规定处罚。协助组织卖淫行为人参与实施上述行为的，以共同犯罪论处。

根据刑法第358条第2款的规定，组织、强迫未成年人卖淫的，应当从重处罚。

第8条 引诱、容留、介绍他人卖淫，具有下列情形之一的，应当依照刑法第359条第1款的规定定罪处罚：

（一）引诱他人卖淫的；

（二）容留、介绍2人以上卖淫的；

---

① 注：结合本《解释》第1条以及本条第1项、第2项的规定，本项应当理解为协助组织跨境卖淫累计3人以上。

② 注：在法律或司法解释修改之前，此处的"组织、强迫卖淫罪"不能理解成一个独立的罪名，而应理解为"组织卖淫或强迫卖淫的罪行"。

(三) 容留、介绍未成年人、孕妇、智障人员、患有严重性病的人卖淫的;

(四) 1年内曾因引诱、容留、介绍卖淫行为被行政处罚,又实施容留、介绍卖淫行为的;

(五) 非法获利人民币1万元以上的。

利用信息网络发布招嫖违法信息,情节严重的,依照刑法第287条之一的规定,以非法利用信息网络罪定罪处罚。同时构成介绍卖淫罪的,依照处罚较重的规定定罪处罚。

引诱、容留、介绍他人卖淫是否以营利为目的,不影响犯罪的成立。

引诱不满14周岁的幼女卖淫的,依照刑法第359条第2款的规定,以引诱幼女卖淫罪定罪处罚。

被引诱卖淫的人员中既有不满14周岁的幼女,又有其他人员的,分别以引诱幼女卖淫罪和引诱卖淫罪定罪,实行并罚。

第9条 引诱、容留、介绍他人卖淫,具有下列情形之一的,应当认定为刑法第359条第1款规定的"情节严重":

(一) 引诱5人以上或者引诱、容留、介绍10人以上卖淫的;

(二) 引诱3人以上的未成年人、孕妇、智障人员、患有严重性病的人卖淫,或者引诱、容留、介绍5人以上该类人员卖淫的;

(三) 非法获利人民币5万元以上的;

(四) 其他情节严重的情形。

第10条 组织、强迫、引诱、容留、介绍他人卖淫的次数,作为酌定情节在量刑时考虑。

第13条 犯组织、强迫、引诱、容留、介绍卖淫罪的,应当依法判处犯罪所得2倍以上的罚金。共同犯罪的,对各共同犯罪人合计判处的罚金应当在犯罪所得的2倍以上。

对犯组织、强迫卖淫罪①被判处无期徒刑的,应当并处没收财产。

【公通字〔2019〕23号】 最高人民法院、最高人民检察院、公安部、司法部关于依法严厉打击传播艾滋病病毒等违法犯罪行为的指导意见(2019年5月19日)

(二)(第2款) 明知他人感染艾滋病病毒或者患有艾滋病,介绍其卖淫,同时构成介绍卖淫罪、故意伤害罪的,依照处罚较重的规定定罪处罚。

---

① 注:在法律或司法解释修改之前,此处的"组织、强迫卖淫罪"不能理解成一个独立的罪名,而应理解为"组织卖淫罪或强迫卖淫罪"。

【京高法发〔2012〕45号】 北京市高级人民法院关于正确适用刑法第三百五十九条第一款引诱、容留、介绍卖淫罪定罪量刑标准的通知（经请示最高人民法院，最高人民法院答复原则同意该研究意见；2012年2月15日印发）

因对刑法第359条第1款定罪量刑标准认识不一致，市一中院、大兴区法院向我院请示。我院研究后认为，对引诱、容留、介绍卖淫情节显著轻微危害不大的，可不作为犯罪处理；在"入罪标准"和"情节严重"认定标准的把握上，应当综合考虑案件的整体情况，包括行为次数、行为对象、行为主动性、被告人有无前科劣迹等因素，单纯的引诱、容留、介绍卖淫3人次不宜再作为"情节严重"的认定标准；被告人分别实施引诱、容留、介绍卖淫行为的，应当对人次数累计计算，但被告人出于同一或者概括的故意，对同一对象实施不同行为的，可不进行累计。我院将以上意见请示最高人民法院。最高人民法院答复原则同意我院研究意见。请各院在今后的刑事审判工作中，对刑法第359条第1款引诱、容留、介绍卖淫罪的定罪量刑标准问题，按照最高人民法院答复意见办理。

【主席令〔2012〕67号】 中华人民共和国治安管理处罚法（2012年10月26日第11届全国人大常委会第29次会议修正，2013年1月1日起施行）

第2条 扰乱公共秩序，妨害公共安全，侵犯人身权利、财产权利，妨害社会管理，具有社会危害性，依照《中华人民共和国刑法》的规定构成犯罪的，依法追究刑事责任；尚不够刑事处罚的，由公安机关依照本法给予治安管理处罚。

第66条 卖淫、嫖娼的，处10日以上15日以下拘留，可以并处5000元以下罚款；情节较轻的，处5日以下拘留或者500元以下罚款。

在公共场所拉客招嫖的，处5日以下拘留或者500元以下罚款。

第67条 引诱、容留、介绍他人卖淫的，处10日以上15日以下拘留，可以并处5000元以下罚款；情节较轻的，处5日以下拘留或者500元以下罚款。

【法释〔2016〕28号】 最高人民法院关于审理拐卖妇女儿童犯罪案件具体应用法律若干问题的解释（2016年11月14日最高人民法院审判委员会第1699次会议通过，2016年12月21日公布，2017年1月1日起施行）

第6条 收买被拐卖的妇女、儿童后又组织、强迫卖淫或者组织乞讨、进行违反治安管理活动等构成其他犯罪的，依照数罪并罚的规定处罚。

● 立案标准 最高人民检察院、公安部关于公安机关管辖的刑事案件立案追诉标准的规定（一）（公通字〔2008〕36号，2008年6月25日公布施行）

第75条［组织卖淫案（刑法第358条第1款）］ 以招募、雇佣、强迫、引诱、容留等手段，组织他人卖淫的，应予立案追诉。

第 76 条 ［强迫卖淫案（刑法第 358 条第 1 款）］ 以暴力、胁迫等手段强迫他人卖淫的，应予立案追诉。

第 77 条 ［协助组织卖淫案（刑法第 358 条第 4 款）］① 在组织卖淫的犯罪活动中，帮助招募、运送、培训人员 3 人以上，或者充当保镖、打手、管账人等，起帮助作用的，应予立案追诉。

第 78 条 ［引诱、容留、介绍卖淫案（刑法第 359 条第 1 款）］ 引诱、容留、介绍他人卖淫，涉嫌下列情形之一的，应予立案追诉：

（一）引诱、容留、介绍 2 人次以上卖淫的；②

（二）引诱、容留、介绍已满 14 周岁未满 18 周岁的未成年人卖淫的；

（三）被引诱、容留、介绍卖淫的人患有艾滋病或者患有梅毒、淋病等严重性病。

（四）其他引诱、容留、介绍卖淫应予追究刑事责任的情形。

第 79 条 ［引诱幼女卖淫案（刑法第 359 条第 2 款）］ 引诱不满 14 周岁的幼女卖淫的，应予立案追诉。

第 101 条 本规定中的"以上"，包括本数。

● 量刑指导 【法发〔2021〕21 号】 最高人民法院、最高人民检察院关于常见犯罪的量刑指导意见（2021 年 6 月 16 日印发，2021 年 7 月 1 日试行；法发〔2017〕7 号《指导意见》同时废止）③

（二十三）引诱、容留、介绍卖淫罪（删除线部分为原试行的"法〔2017〕74 号"《指导意见（二）》的内容）

---

① 注：根据《最高人民检察院、公安部关于公安机关管辖的刑事案件立案追诉标准的规定（一）的补充规定》（公通字〔2017〕12 号，2017 年 4 月 27 日公布施行）修订，增加了"帮助招募、运送、培训人员三人以上"的追诉标准。

② 注：本项内容与《最高人民法院、最高人民检察院关于办理组织、强迫、引诱、容留、介绍卖淫刑事案件适用法律若干问题的解释》（法释〔2017〕13 号，2017 年 7 月 25 日起施行）第 8 条的规定不一致，应当以后者为准：引诱他人 1 人以上卖淫，即可构成引诱卖淫罪；容留、介绍 2 人（而不是 2 人次）以上卖淫，才可构成容留、介绍卖淫罪。

③ 注：《意见》要求各省高院、检察院应当总结司法实践经验，按照规范、实用、符合司法实际的原则共同研制"实施细则"，经审委会、检委会通过后，分别报最高法、最高检备案审查，与《意见》同步实施。

其他判处有期徒刑的案件，可以参照量刑的指导原则、基本方法和常见量刑情节的适用规范量刑。

另，本《意见》实际替代了 2017 年 3 月 9 日印发、2017 年 5 月 1 日起在指定法院试行的《最高人民法院关于常见犯罪的量刑指导意见（二）（试行）》（法〔2017〕74 号）。

1. 构成引诱、容留、介绍卖淫罪的,可以根据下列不同情形在相应的幅度内确定量刑起点:

(1) 情节一般的,可以在 2 年以下有期徒刑、拘役幅度内确定量刑起点。

(2) 情节严重的,可以在 5 年至 7 年有期徒刑幅度内确定量刑起点。

2. 在量刑起点基础上,可以根据引诱、容留、介绍卖淫的人数、次数等其他影响犯罪构成的犯罪事实增加刑罚量,确定基准刑。

3. 旅馆业、饮食服务业、文化娱乐业、出租汽车业等单位的主要负责人,利用本单位的条件,引诱、容留、介绍他人卖淫的,可以增加基准刑的 10% -20%。

4. 构成引诱、容留、介绍卖淫罪的,根据引诱、容留、介绍卖淫的人数、次数、违法所得数额、危害后果等犯罪情节,综合考虑被告人缴纳罚金的能力,决定罚金数额。(本款新增)

5. 构成引诱、容留、介绍卖淫罪的,综合考虑引诱、容留、介绍卖淫的人数、次数、危害后果等犯罪事实、量刑情节,以及被告人主观恶性、人身危险性、认罪悔罪表现等因素,决定缓刑的适用。(本款新增)

第 360 条 【传播性病罪】明知自己患有梅毒、淋病等严重性病卖淫、嫖娼的,处五年以下有期徒刑、拘役或者管制,并处罚金。

【嫖宿幼女罪】嫖宿不满十四周岁的幼女的,处五年以上有期徒刑,并处罚金。①

● **条文注释** 本条规定源自《关于严禁卖淫嫖娼的决定》②。但是对于嫖宿不满 14 周岁的幼女的行为,该决定原规定以强奸罪定罪处罚,1997 年修订《刑法》时将其独立成罪。

性病是主要通过性接触传染,通过性行为传播的疾病,不仅严重摧残人体健康,而且危及子孙后代,关系到国家民族的兴衰,所以应该严惩传播性病的行为。世界卫生组织(WHO)将性传播疾病分类为四级,共 31 种:(1) 一级

---

① 注:根据 2015 年 8 月 29 日第 12 届全国人民代表大会常务委员会第 16 次会议通过的《刑法修正案(九)》(主席令第 30 号公布,2015 年 11 月 1 日起施行),原《刑法》第 360 条第 2 款被删除,对应的"嫖宿幼女罪"自然随之废除。

② 《关于严禁卖淫嫖娼的决定》由 1991 年 9 月 4 日第 7 届全国人民代表大会常务委员会第 21 次会议通过,主席令第 51 号公布施行。该《决定》有关刑事责任的规定已纳入现行刑法,有关行政处罚和行政措施的规定继续有效。

性病；艾滋病；(2) 二级性病：梅毒、淋病、软下疳、性病性淋巴肉芽肿、腹股沟肉芽肿、非淋菌性尿道炎（以"生殖道沙眼衣原体感染"为主）、性病性衣原体病、泌尿生殖道支原体病、滴虫性阴道炎、细菌性阴道炎、性病性阴道炎、性病性盆腔炎；(3) 三级性病：尖锐湿疣、生殖器疱疹、阴部念珠菌病、传染性软疣、阴部单纯疱疹、加特纳菌阴道炎、性病性肝周炎、瑞特氏综合症、B群佐球菌病、乙型肝炎、疥疮、阴虱病、人巨细胞病毒病；(4) 四级性病：梨形鞭毛虫病、弯曲杆菌病、阿米巴病、沙门氏菌病、志贺氏菌病。

第360条规定的"严重性病"，不是指性病的病情严重，而是指对人体健康危害较重或者传染性较强、发病率较高的性病。在司法实践中，主要包括《性病防治管理办法》和《艾滋病防治条例》规定的以下6种性病：艾滋病、梅毒、淋病、生殖道沙眼衣原体感染、尖锐湿疣、生殖器疱疹。

"明知自己患有梅毒、淋病等严重性病"是指行为人清楚地知道自己患有严重性病，从事卖淫、嫖娼活动会造成性病被传播的后果，而放任或希望这种危害后果的发生。因此，"明知"在这里是划分罪与非罪的主要界限。

需要注意的是：对于以金钱财物等方式引诱幼女与自己发生性关系，或者知道或应当知道幼女被他人强迫卖淫而仍与其发生性关系的，在以前的司法实践中很多是以"嫖宿幼女罪"定罪处罚；第360条第2款被删除后，应当一律以强奸罪论处。

● **相关规定**　【法释〔2017〕13号】**最高人民法院、最高人民检察院关于办理组织、强迫、引诱、容留、介绍卖淫刑事案件适用法律若干问题的解释**（2017年5月8日最高人民法院审判委员会第1716次会议、2017年7月4日最高人民检察院第12届检察委员会第66次会议通过，2017年7月21日公布，2017年7月25日起施行）

第11条　具有下列情形之一的，应当认定为刑法第360条规定的"明知"：

（一）有证据证明曾到医院或者其他医疗机构就医或者检查，被诊断为患有严重性病的；

（二）根据本人的知识和经验，能够知道自己患有严重性病的；

（三）通过其他方法能够证明行为人是"明知"的。

传播性病行为是否实际造成他人患上严重性病的后果，不影响本罪的成立。

刑法第360条规定所称的"严重性病"，包括梅毒、淋病等。其他性病是否认定为"严重性病"，应当根据《中华人民共和国传染病防治法》《性病防治管理办法》的规定，在国家卫生与计划生育委员会规定实行性病监测的性病范围内，依照其危害、特点与梅毒、淋病相当的原则，从严掌握。

第 12 条　明知自己患有艾滋病或者感染艾滋病病毒而卖淫、嫖娼的，依照刑法第 360 条的规定，以传播性病罪定罪，从重处罚。

具有下列情形之一，致使他人感染艾滋病病毒的，认定为刑法第 95 条第 3 项"其他对于人身健康有重大伤害"所指的"重伤"，依照刑法第 234 条第 2 款的规定，以故意伤害罪定罪处罚：

（一）明知自己感染艾滋病病毒而卖淫、嫖娼的；

（二）明知自己感染艾滋病病毒，故意不采取防范措施而与他人发生性关系的。

【公通字〔2019〕23 号】　最高人民法院、最高人民检察院、公安部、司法部关于依法严厉打击传播艾滋病病毒等违法犯罪行为的指导意见（2019 年 5 月 19 日）

二、准确认定行为性质

（一）故意伤害罪。明知自己感染艾滋病病毒或者患有艾滋病而卖淫、嫖娼或者故意不采取防范措施与他人发生性关系，致人感染艾滋病病毒的，依照刑法第 234 条第 2 款的规定，以故意伤害罪定罪处罚。

故意采取针刺等方法，致人感染艾滋病病毒的，依照刑法第 234 条第 2 款的规定，以故意伤害罪定罪处罚；未致人感染艾滋病病毒，但造成他人身体轻伤以上伤害的，依照刑法第 234 条的规定，以故意伤害罪定罪处罚。

明知他人感染艾滋病病毒或者患有艾滋病而隐瞒情况，介绍与其他人发生性关系，致人感染艾滋病病毒的，以故意伤害罪的共犯论处。

告知对方自己感染艾滋病病毒或者患有艾滋病，或者明知他人感染艾滋病病毒或者患有艾滋病，双方仍自愿发生性关系的，不作为犯罪处理。

（二）传播性病罪。明知自己感染艾滋病病毒或者患有艾滋病而卖淫、嫖娼，未致人感染艾滋病病毒的，依照刑法第 360 条的规定，以传播性病罪定罪，并从重处罚。

明知他人感染艾滋病病毒或者患有艾滋病，介绍其卖淫，同时构成介绍卖淫罪、故意伤害罪的，依照处罚较重的规定定罪处罚。

三、依法收集证据查明案件事实

公安机关应依法、及时、全面收集固定证据，确保证据真实性，合法性。突出以下取证重点：

（一）查明违法犯罪嫌疑人明知自己感染艾滋病病毒或者患有艾滋病的情

况。通过调查违法犯罪嫌疑人背景,患病状况,含有艾滋病病毒的血液来源等,查明其明知自己感染艾滋病病毒或者患有艾滋病的情况。特别要调取违法犯罪嫌疑人被医院或者其他医疗机构诊断感染艾滋病病毒或者患有艾滋病的有关证据,询问被害人获取违法犯罪嫌疑人事后告知其患病情况的陈述,收集违法犯罪嫌疑人亲属、朋友有关患病、就医等方面的证人证言等。

（二）查明发生性关系的情况。鉴于发生性行为情况比较隐蔽,办案中应当加大收集取证力度。对发生性行为后即报案报警的,应当及时提取痕迹物证。对发生性行为距报案报警时间较长的,应当多方收集证据,形成证据链,例如及时讯问犯罪嫌疑人、询问被害人、被害人家属等人,查明犯罪嫌疑人、被害人进出案发场所的时间、持续时长,查明犯罪嫌疑人、被害人联系情况,事后犯罪嫌疑人向他人炫耀情况等。

（五）查明危害后果。及时收集被害人事后就医、诊断证明、病例等情况,对其进行艾滋病病毒抗体检测,查明其是否已经感染艾滋病病毒,及时询问被害人,及时鉴定其伤害情况,查明其财产损失情况等。收集固定编造、传播的虚假信息在信息网络上被转发、评论、报道,造成公共秩序严重混乱的相关证据。

● **立案标准** 最高人民检察院、公安部关于公安机关管辖的刑事案件立案追诉标准的规定（一）（公通字〔2008〕36号,2008年6月25日公布施行）

第80条［传播性病案（刑法第360条第1款）］ 明知自己患有梅毒、淋病等严重性病卖淫、嫖娼的,应予立案追诉。

具有下列情形之一的,可以认定为本条规定的"明知"：

（一）有证据证明曾到医疗机构就医,被诊断为患有严重性病的；

（二）根据本人的知识和经验,能够知道自己患有严重性病的；

（三）通过其他方法能够证明是"明知"的。

第361条 【其他入罪规定】旅馆业、饮食服务业、文化娱乐业、出租汽车业等单位的人员,利用本单位的条件,组织、强迫、引诱、容留、介绍他人卖淫的,依照本法第三百五十八条、第三百五十九条的规定定罪处罚。

前款所列单位的主要负责人,犯前款罪的,从重处罚。

第 362 条 【包庇罪】旅馆业、饮食服务业、文化娱乐业、出租汽车业等单位的人员，在公安机关查处卖淫、嫖娼活动时，为违法犯罪分子通风报信，情节严重的，依照本法第三百一十条的规定定罪处罚。

● **条文注释** 第 361 条、第 362 条是关于旅馆业、饮食服务业、文化娱乐业、出租汽车业等特定单位的人员实施卖淫相关犯罪行为的处罚规定。

这里的"旅馆业"，根据《旅馆业治安管理办法》的规定，是指经营接待旅客住宿的旅馆、饭店、宾馆、招待所、客货栈、车马店、浴池等，包括专营或兼营、常年经营或季节性经营。"饮食服务业"包括了两个方面的内容①：（1）"饮食业"，即餐厅、饭馆、酒吧、咖啡厅等；（2）"服务业"，是指利用一定的设备、工具，提供劳动或物品，为社会生活服务的行业，包括发廊、按摩院、美容院、浴池等。"文化娱乐业"是指提供场所（包括歌舞、游艺等场所）、设备、服务，以供群众娱乐的行业，如歌厅、舞厅、音乐茶座、康乐宫、夜总会、影剧院等。"出租汽车业"是指出租汽车服务的行业，包括城市客运出租车和其他汽车出租服务行业。

● **相关规定** 【法释〔2017〕13 号】 最高人民法院、最高人民检察院关于办理组织、强迫、引诱、容留、介绍卖淫刑事案件适用法律若干问题的解释（2017 年 5 月 8 日最高人民法院审判委员会第 1716 次会议、2017 年 7 月 4 日最高人民检察院第 12 届检察委员会第 66 次会议通过，2017 年 7 月 21 日公布，2017 年 7 月 25 日起施行）

第 14 条 根据刑法第 362 条、第 310 条的规定，旅馆业、饮食服务业、文化娱乐业、出租汽车业等单位的人员，在公安机关查处卖淫、嫖娼活动时，为违法犯罪分子通风报信，情节严重的，以包庇罪定罪处罚。事前与犯罪分子通谋的，以共同犯罪论处。

---

① 全国人民代表大会常务委员会法制工作委员会编：《中华人民共和国刑法释义》，法律出版社 2011 年版，第 628 页。

注：本书认为，《中华人民共和国刑法释义》把"饮食服务业"理解成"饮食业"+"服务业"的解释有待商榷。因为服务业的范畴较宽，包括旅馆业、饮食业、文化娱乐业、出租汽车业，甚至家电维修、道路运输等都属于服务行业，这不符合刑法的立法本意。第 361 条、第 362 条规定中的"饮食服务业"，应该就是指餐饮业，即通过即时加工制作、商业销售和服务性劳动等，向消费者提供食品、消费场所及设施的经营性单位。

具有下列情形之一的,应当认定为刑法第362条规定的"情节严重":

(一)向组织、强迫卖淫犯罪集团通风报信的;

(二)2年内通风报信3次以上的;

(三)1年内因通风报信被行政处罚,又实施通风报信行为的;

(四)致使犯罪集团的首要分子或者其他共同犯罪的主犯未能及时归案的;

(五)造成卖淫嫖娼人员逃跑,致使公安机关查处犯罪行为因取证困难而撤销刑事案件的;

(六)非法获利人民币1万元以上的;

(七)其他情节严重的情形。

第九节 制作、贩卖、传播淫秽物品罪

第363条 【制作、复制、出版、贩卖、传播淫秽物品牟利罪】以牟利为目的,制作、复制、出版、贩卖、传播淫秽物品的,处三年以下有期徒刑、拘役或者管制,并处罚金;情节严重的,处三年以上十年以下有期徒刑,并处罚金;情节特别严重的,处十年以上有期徒刑或者无期徒刑,并处罚金或者没收财产。

【为他人提供书号出版淫秽书刊罪】为他人提供书号,出版淫秽书刊的,处三年以下有期徒刑、拘役或者管制,并处或者单处罚金;明知他人用于出版淫秽书刊而提供书号的,依照前款的规定处罚。

● **条文注释** 第363条第1款规定的行为,最大的特征就是"以牟利为目的"。这是它与第364条规定的传播淫秽物品行为最重要的区别。

这里的"制作",是指生产、录制、编写、译著、绘画、印刷、刻印、摄制、洗印等行为;"复制",是指通过翻印、翻拍、复印、复写、复录等方式对已有的淫秽物品进行重复制作的行为;"出版",是指编辑、印刷、出版、发行淫秽书刊;"贩卖",是指销售淫秽物品的行为,包括发行、批发、零售、倒卖等;"传播",是指通过播放、出租、出借、承运、邮寄等方式致使淫秽物品流传的行为。

第363条第2款规定了两种犯罪行为:(1)为他人提供书号,出版淫秽书刊的,构成"为他人提供书号出版淫秽书刊罪";(2)明知他人用于出版淫秽书

刊而提供书号的，构成"出版淫秽物品牟利罪"。构成这两种罪的犯罪主体都应该是出版单位或其他相关人员，因为只有他们才能合法地（或滥用职权地）获得图书出版书号；这两种罪的区别在于，前者不明知他人是用来出版淫秽书刊，而后者为明知。

这里所说的"出版淫秽书刊"是指违反国家规定，非法向他人提供书号，造成了淫秽书刊出版的后果。"书号"（包括"中国标准书号"和"全国统一书号"），是国家为了规范出版物管理而设置的出版物的唯一标识，从某种意义上说，相当于图书出版的许可证，没有书号就不能出版图书。《出版管理条例》规定：出版单位不得向任何单位或个人出售或者以其他形式转让本单位的书号。

● 相关规定　【法释〔1998〕30号】　最高人民法院关于审理非法出版物刑事案件具体应用法律若干问题的解释（1998年12月11日最高人民法院审判委员会第1032次会议通过，1998年12月17日公布，1998年12月23日起施行）

第8条　以牟利为目的，实施刑法第363条第1款规定的行为，具有下列情形之一的，以制作、复制、出版、贩卖、传播淫秽物品牟利罪定罪处罚：

（一）制作、复制、出版淫秽影碟、软件、录像带50至100张（盒）以上，淫秽音碟、录音带100至200张（盒）以上，淫秽扑克、书刊、画册100至200副（册）以上，淫秽照片、画片500至1000张以上的；

（二）贩卖淫秽影碟、软件、录像带100至200张（盒）以上，淫秽音碟、录音带200至400张（盒）以上，淫秽扑克、书刊、画册200至400副（册）以上，淫秽照片、画片1000至2000张以上的；

（三）向他人传播淫秽物品达200至500人人次以上，或者组织播放淫秽影、像达10至20场次以上的；

（四）制作、复制、出版、贩卖、传播淫秽物品，获利5000至1万元以上的。

以牟利为目的，实施刑法第363条第1款规定的行为，具有下列情形之一的，应当认定为制作、复制、出版、贩卖、传播淫秽物品牟利罪"情节严重"：

（一）制作、复制、出版淫秽影碟、软件、录像带250至500张（盒）以上，淫秽音碟、录音带500至1000张（盒）以上，淫秽扑克、书刊、画册500至1000副（册）以上，淫秽照片、画片2500至5000张以上的；

（二）贩卖淫秽影碟、软件、录像带500至1000张（盒）以上，淫秽音碟、录音带1000至2000张（盒）以上，淫秽扑克、书刊、画册1000至2000副（册）以上，淫秽照片、画片5000至1万张以上的；

（三）向他人传播淫秽物品达1000至2000人次以上，或者组织播放淫秽影、像达50至100场次以上的；

（四）制作、复制、出版、贩卖、传播淫秽物品，获利3万至5万元以上的。

以牟利为目的，实施刑法第363条第1款规定的行为，其数量（数额）达到前款规定的数量（数额）5倍以上的，应当认定为制作、复制、出版、贩卖、传播淫秽物品牟利罪"情节特别严重"。

第9条　为他人提供书号、刊号，出版淫秽书刊的，依照刑法第363条第2款的规定，以为他人提供书号出版淫秽书刊罪定罪处罚。

为他人提供版号，出版淫秽音像制品的，依照前款规定定罪处罚。明知他人用于出版淫秽书刊而提供书号、刊号的，依照刑法第363条第1款的规定，以出版淫秽物品牟利罪定罪处罚。

第16条　出版单位与他人事前通谋，向其出售、出租或者以其他形式转让该出版单位的名称、书号、刊号、版号，他人实施本解释第2条、第4条、第8条、第9条、第10条、第11条规定的行为，构成犯罪的，对该出版单位应当以共犯论处。

第17条　本解释所称"经营数额"，是指以非法出版物的定价数额乘以行为人经营的非法出版物数量所得的数额。

本解释所称"违法所得数额"，是指获利数额。

非法出版物没有定价或者以境外货币定价的，其单价数额应当按照行为人实际出售的价格认定。

第18条　各省、自治区、直辖市高级人民法院可以根据本地的情况和社会治安状况，在本解释第8条、第10条、第12条、第13条规定的有关数额、数量标准的幅度内，确定本地执行的具体标准，并报最高人民法院备案。

【法释〔2004〕11号】　最高人民法院、最高人民检察院关于办理利用互联网、移动通讯终端、声讯台制作、复制、出版、贩卖、传播淫秽电子信息刑事案件具体应用法律若干问题的解释（2004年9月1日由最高人民法院审判委员会第1323次会议、2004年9月2日由最高人民检察院第10届检察委员会第26次会议通过，2004年9月3日公布，2004年9月6日起施行）

第1条　以牟利为目的，利用互联网、移动通讯终端制作、复制、出版、贩卖、传播淫秽电子信息，具有下列情形之一的，依照刑法第363条第1款的规定，以制作、复制、出版、贩卖、传播淫秽物品牟利罪定罪处罚：

（一）制作、复制、出版、贩卖、传播淫秽电影、表演、动画等视频文件20个以上的；

（二）制作、复制、出版、贩卖、传播淫秽音频文件100个以上的；

（三）制作、复制、出版、贩卖、传播淫秽电子刊物、图片、文章、短信息等200件以上的；

（四）制作、复制、出版、贩卖、传播的淫秽电子信息，实际被点击数达到1万次以上的；

（五）以会员制方式出版、贩卖、传播淫秽电子信息，注册会员达200人以上的；

（六）利用淫秽电子信息收取广告费、会员注册费或者其他费用，违法所得1万元以上的；

（七）数量或者数额虽未达到第（一）项至第（六）项规定标准，但分别达到其中两项以上标准一半以上的；

（八）造成严重后果的。

利用聊天室、论坛、即时通信软件、电子邮件等方式，实施第1款规定行为的，依照刑法第363条第1款的规定，以制作、复制、出版、贩卖、传播淫秽物品牟利罪定罪处罚。

第2条　实施第1条规定的行为，数量或者数额达到第1条第1款第（一）项至第（六）项规定标准5倍以上的，应当认定为刑法第363条第1款规定的"情节严重"；达到规定标准25倍以上的，应当认定为"情节特别严重"。

第4条　明知是淫秽电子信息而在自己所有、管理或者使用的网站或者网页上提供直接链接的，其数量标准根据所链接的淫秽电子信息的种类计算。①

第5条　以牟利为目的，通过声讯台传播淫秽语音信息，具有下列情形之一的，依照刑法第363条第1款的规定，对直接负责的主管人员和其他直接责任人员以传播淫秽物品牟利罪定罪处罚：

（一）向100人次以上传播的；

（二）违法所得1万元以上的；

（三）造成严重后果的。

实施前款规定行为，数量或者数额达到前款第（一）项至第（二）项规定标准5倍以上的，应当认定为刑法第363条第1款规定的"情节严重"；达到规

---

① 注：有观点认为：“法释〔2004〕11号"《解释》第4条的规定已经被"法释〔2010〕3号"《解释（二）》第4条替代；本书认为这两条是互为补充的关系。

定标准 25 倍以上的，应当认定为"情节特别严重"。

第 6 条　实施本解释前五条规定的犯罪，具有下列情形之一的，依照刑法第 363 条第 1 款、第 364 条第 1 款的规定从重处罚：

（一）制作、复制、出版、贩卖、传播具体描绘不满 18 周岁未成年人性行为的淫秽电子信息的；

（二）明知是具体描绘不满 18 周岁的未成年人性行为的淫秽电子信息而在自己所有、管理或者使用的网站或者网页上提供直接链接的；

（三）向不满 18 周岁的未成年人贩卖、传播淫秽电子信息和语音信息的；

（四）通过使用破坏性程序、恶意代码修改用户计算机设置等方法，强制用户访问、下载淫秽电子信息的。

第 7 条　明知他人实施制作、复制、出版、贩卖、传播淫秽电子信息犯罪，为其提供互联网接入、服务器托管、网络存储空间、通讯传输通道、费用结算等帮助，对直接负责的主管人员和其他直接责任人员，以共同犯罪论处。①

第 8 条　利用互联网、移动通讯终端、声讯台贩卖、传播淫秽书刊、影片、录像带、录音带等以实物为载体的淫秽物品的，依照《最高人民法院关于审理非法出版物刑事案件具体应用法律若干问题的解释》的有关规定定罪处罚。

【公通字〔2004〕83 号】　　公安部、中央社会治安综合治理委员会办公室、民政部、建设部、国家税务总局、国家工商行政管理总局关于进一步加强和改进出租房屋管理工作有关问题的通知（2004 年 11 月 12 日）

三、……对房主违反出租房屋管理规定的行为，按照下列规定严肃查处：

（十二）为他人制作、贩卖淫秽图书、光盘或者其他淫秽物品提供出租房屋……构成犯罪的，依照《中华人民共和国刑法》第 363 条的规定追究刑事责任。

【法释〔2010〕3 号】　　最高人民法院、最高人民检察院关于办理利用互联网、移动通讯终端、声讯台制作、复制、出版、贩卖、传播淫秽电子信息刑事案件具体应用法律若干问题的解释（二）（2010 年 1 月 18 日最高人民法院审判委员会第 1483 次会议、2010 年 1 月 14 日最高人民检察院第 11 届检察委员会第 28 次会议通过，2010 年 2 月 2 日公布，2010 年 2 月 4 日起施行）

第 1 条　以牟利为目的，利用互联网、移动通讯终端制作、复制、出版、贩卖、传播淫秽电子信息的，依照《最高人民法院、最高人民检察院关于办理

---

① 注："法释〔2010〕3 号"《解释（二）》第 5 条（详见《刑法》第 364 条）、第 6 条针对特殊主体实施本条规定的行为，作了不同的定性规定。

利用互联网、移动通讯终端、声讯台制作、复制、出版、贩卖、传播淫秽电子信息刑事案件具体应用法律若干问题的解释》第 1 条、第 2 条的规定定罪处罚。

以牟利为目的，利用互联网、移动通讯终端制作、复制、出版、贩卖、传播内容含有不满 14 周岁未成年人的淫秽电子信息，具有下列情形之一的，依照刑法第 363 条第 1 款的规定，以制作、复制、出版、贩卖、传播淫秽物品牟利罪定罪处罚：

（一）制作、复制、出版、贩卖、传播淫秽电影、表演、动画等视频文件 10 个以上的；

（二）制作、复制、出版、贩卖、传播淫秽音频文件 50 个以上的；

（三）制作、复制、出版、贩卖、传播淫秽电子刊物、图片、文章等 100 件以上的；

（四）制作、复制、出版、贩卖、传播的淫秽电子信息，实际被点击数达到 5000 次以上的；

（五）以会员制方式出版、贩卖、传播淫秽电子信息，注册会员达 100 人以上的；

（六）利用淫秽电子信息收取广告费、会员注册费或者其他费用，违法所得 5000 元以上的；

（七）数量或者数额虽未达到第（一）项至第（六）项规定标准，但分别达到其中两项以上标准一半以上的；

（八）造成严重后果的。

实施第 2 款规定的行为，数量或者数额达到第 2 款第（一）项至第（七）项规定标准 5 倍以上的，应当认定为刑法第 363 条第 1 款规定的"情节严重"；达到规定标准 25 倍以上的，应当认定为"情节特别严重"。

第 4 条 以牟利为目的，网站建立者、直接负责的管理者明知他人制作、复制、出版、贩卖、传播的是淫秽电子信息，允许或者放任他人在自己所有、管理的网站或者网页上发布，具有下列情形之一的，依照刑法第 363 条第 1 款的规定，以传播淫秽物品牟利罪定罪处罚：①

（一）数量或者数额达到第 1 条第 2 款第（一）项至第（六）项规定标准 5 倍以上的；

（二）数量或者数额分别达到第 1 条第 2 款第（一）项至第（六）项两项

---

① 注：有一种观点认为："法释〔2010〕3 号"《解释（二）》第 4 条的规定是对"法释〔2004〕11 号"《解释》第 4 条作出的新的定量规定；本书认为这两条是互为补充的关系。

以上标准2倍以上的；

（三）造成严重后果的。

实施前款规定的行为，数量或者数额达到第1条第2款第（一）项至第（七）项规定标准25倍以上的，应当认定为刑法第363条第1款规定的"情节严重"；达到规定标准100倍以上的，应当认定为"情节特别严重"。

第6条　电信业务经营者、互联网信息服务提供者明知是淫秽网站，为其提供互联网接入、服务器托管、网络存储空间、通讯传输通道、代收费等服务，并收取服务费，具有下列情形之一的，对直接负责的主管人员和其他直接责任人员，依照刑法第363条第1款的规定，以传播淫秽物品牟利罪定罪处罚：

（一）为5个以上淫秽网站提供上述服务的；

（二）为淫秽网站提供互联网接入、服务器托管、网络存储空间、通讯传输通道等服务，收取服务费数额在2万元以上的；

（三）为淫秽网站提供代收费服务，收取服务费数额在5万元以上的；

（四）造成严重后果的。

实施前款规定的行为，数量或者数额达到前款第（一）项至第（三）项规定标准5倍以上的，应当认定为刑法第363条第1款规定的"情节严重"；达到规定标准25倍以上的，应当认定为"情节特别严重"。

第7条　明知是淫秽网站，以牟利为目的，通过投放广告等方式向其直接或者间接提供资金，或者提供费用结算服务，具有下列情形之一的，对直接负责的主管人员和其他直接责任人员，依照刑法第363条第1款的规定，以制作、复制、出版、贩卖、传播淫秽物品牟利罪的共同犯罪处罚：

（一）向10个以上淫秽网站投放广告或者以其他方式提供资金的；

（二）向淫秽网站投放广告20个以上的；

（三）向10个以上淫秽网站提供费用结算服务的；

（四）以投放广告或者其他方式向淫秽网站提供资金数额在5万元以上的；

（五）为淫秽网站提供费用结算服务，收取服务费数额在2万元以上的；

（六）造成严重后果的。

实施前款规定的行为，数量或者数额达到前款第（一）项至第（五）项规定标准5倍以上的，应当认定为刑法第363条第1款规定的"情节严重"；达到规定标准25倍以上的，应当认定为"情节特别严重"。

第8条　实施第4条至第7条规定的行为，具有下列情形之一的，应当认定行为人"明知"，但是有证据证明确实不知道的除外：

（一）行政主管机关书面告知后仍然实施上述行为的；

（二）接到举报后不履行法定管理职责的；

（三）为淫秽网站提供互联网接入、服务器托管、网络存储空间、通讯传输通道、代收费、费用结算等服务，收取服务费明显高于市场价格的；

（四）向淫秽网站投放广告，广告点击率明显异常的；

（五）其他能够认定行为人明知的情形。

第9条　1年内多次实施制作、复制、出版、贩卖、传播淫秽电子信息行为未经处理，数量或者数额累计计算构成犯罪的，应当依法定罪处罚。

第11条　对于以牟利为目的，实施制作、复制、出版、贩卖、传播淫秽电子信息犯罪的，人民法院应当综合考虑犯罪的违法所得、社会危害性等情节，依法判处罚金或者没收财产。罚金数额一般在违法所得的1倍以上5倍以下。

第12条　《最高人民法院、最高人民检察院关于办理利用互联网、移动通讯终端、声讯台制作、复制、出版、贩卖、传播淫秽电子信息刑事案件具体应用法律若干问题的解释》和本解释所称网站，是指可以通过互联网域名、IP地址等方式访问的内容提供站点。

以制作、复制、出版、贩卖、传播淫秽电子信息为目的建立或者建立后主要从事制作、复制、出版、贩卖、传播淫秽电子信息活动的网站，为淫秽网站。

最高人民法院研究室关于淫秽视频个数如何认定的研究意见

对淫秽视频以自然的个数计算认定，即不考虑各个视频的内容之间是否存在关联，只要行为人提供直接链接的视频是独立的视频文件，就认定为一个视频。

最高人民法院研究室关于在局域网内制作、复制、传播淫秽电子信息的行为适用法律问题的研究意见

互联网是指直接进行国际联网的计算机信息网络。互联网上网服务营业场所为部局域网不属于互联网，在互联网上网服务营业场所内部局域网内制作、复制、传播淫秽电子信息的行为不适用《最高人民法院、最高人民检察院关于办理利用互联网、移动通讯终端、声讯台制作、复制、出版、贩卖、传播淫秽电子信息刑事案件具体应用法律若干问题的解释》的规定。

最高人民检察院法律政策研究室关于利用移动存储介质复制、贩卖淫秽视频电子信息牟利如何适用法律问题的答复意见（2015年4月7日答复北京市人民检察院"京检字〔2014〕167号"请示）

以牟利为目的，利用手机存储卡、U盘等移动存储介质复制、贩卖淫秽电子信息的，依照刑法第363条第1款的规定定罪处罚。有关定罪量刑标准可以参考《最高人民法院关于审理非法出版物刑事案件具体应用法律若干问题的解释》第

8条规定，同时综合考虑移动存储介质数量、传播人数、获利金额等情节。对于移动存储介质中淫秽视频电子信息的数量计算以电子视频文件的个数为单位，1个淫秽文件视为1张影碟、1个软件、1盘录像带；具体定罪量刑标准，可以参考制作、复制、贩卖淫秽影碟、软件、录像带的相关规定。

【法释〔2017〕19号】 最高人民法院、最高人民检察院关于利用网络云盘制作、复制、贩卖、传播淫秽电子信息牟利行为定罪量刑问题的批复（2017年8月28日最高人民法院审判委员会第1724次会议、2017年10月10日最高人民检察院第12届检察委员会第70次会议通过，2017年11月22日公布，2017年12月1日起施行）

一、对于以牟利为目的，利用网络云盘制作、复制、贩卖、传播淫秽电子信息的行为，是否应当追究刑事责任，适用刑法和《最高人民法院、最高人民检察院关于办理利用互联网、移动通讯终端、声讯台制作、复制、出版、贩卖、传播淫秽电子信息刑事案件具体应用法律若干问题的解释》（法释〔2004〕11号）、《最高人民法院、最高人民检察院关于办理利用互联网、移动通讯终端、声讯台制作、复制、出版、贩卖、传播淫秽电子信息刑事案件具体应用法律若干问题的解释（二）》（法释〔2010〕3号）的有关规定。

二、对于以牟利为目的，利用网络云盘制作、复制、贩卖、传播淫秽电子信息的行为，在追究刑事责任时，鉴于网络云盘的特点，不应单纯考虑制作、复制、贩卖、传播淫秽电子信息的数量，还应充分考虑传播范围、违法所得、行为人一贯表现以及淫秽电子信息、传播对象是否涉及未成年人等情节，综合评估社会危害性，恰当裁量刑罚，确保罪责刑相适应。

● **立案标准** 最高人民检察院、公安部关于公安机关管辖的刑事案件立案追诉标准的规定（一）（公通字〔2008〕36号，2008年6月25日公布施行）

第82条 [制作、复制、出版、贩卖、传播淫秽物品牟利案（刑法第363条第1款、第2款）] 以牟利为目的，制作、复制、出版、贩卖、传播淫秽物品，涉嫌下列情形之一的，应予立案追诉：

（一）制作、复制、出版淫秽影碟、软件、录像带50至100张（盒）以上，淫秽音碟、录音带100至200张（盒）以上，淫秽扑克、书刊、画册100至200副（册）以上，淫秽照片、画片500至1000张以上的；

（二）贩卖淫秽影碟、软件、录像带100至200张（盒）以上，淫秽音碟、录音带200至400张（盒）以上，淫秽扑克、书刊、画册200至400副（册）以上，淫秽照片、画片1000至2000张以上的；

（三）向他人传播淫秽物品达 200 至 500 人次以上，或者组织播放淫秽影像达 10 至 20 场次以上的；

（四）制作、复制、出版、贩卖、传播淫秽物品，获利 5000 至 1 万元以上的。

以牟利为目的，利用互联网、移动通讯终端制作、复制、出版、贩卖、传播淫秽电子信息，涉嫌下列情形之一的，应予立案追诉：

（一）制作、复制、出版、贩卖、传播淫秽电影、表演、动画等视频文件 20 个以上的；

（二）制作、复制、出版、贩卖、传播淫秽音频文件 100 个以上的；

（三）制作、复制、出版、贩卖、传播淫秽电子刊物、图片、文章、短信息等 200 件以上的；

（四）制作、复制、出版、贩卖、传播的淫秽电子信息，实际被点击数达到 1 万次以上的；

（五）以会员制方式出版、贩卖、传播淫秽电子信息，注册会员达 200 人以上的；

（六）利用淫秽电子信息收取广告费、会员注册费或者其他费用，违法所得 1 万元以上的；

（七）数量或者数额虽未达到本款第（一）项至第（六）项规定标准，但分别达到其中两项以上标准的 50% 以上的；

（八）造成严重后果的。

利用聊天室、论坛、即时通信软件、电子邮件等方式，实施本条第 2 款规定行为的，应予立案追诉。

以牟利为目的，通过声讯台传播淫秽语音信息，涉嫌下列情形之一的，应予立案追诉：

（一）向 100 人次以上传播的；

（二）违法所得 1 万元以上的；

（三）造成严重后果的。

明知他人用于出版淫秽书刊而提供书号、刊号的，应予立案追诉。

第 83 条 ［为他人提供书号出版淫秽书刊案（刑法第 363 条第 2 款）］ 为他人提供书号、刊号出版淫秽书刊，或者为他人提供版号出版淫秽音像制品的，应予立案追诉。

第 101 条 本规定中的"以上"，包括本数。

● 指导案例 【高检发办字〔2022〕8号】 最高人民检察院第34批指导性案例（2021年12月14日最高检第13届检委会第82次会议通过，2022年1月26日印发）

（检例第139号）钱某制作、贩卖、传播淫秽物品牟利案

要旨：自然人在私密空间的日常生活属于民法典保护的隐私。行为人以牟利为目的，偷拍他人性行为并制作成视频文件，以贩卖、传播方式予以公开，不仅侵犯他人隐私，而且该偷拍视频公开后具有描绘性行为、宣扬色情的客观属性，符合刑法关于"淫秽物品"的规定，构成犯罪的，应当以制作、贩卖、传播淫秽物品牟利罪追究刑事责任。以牟利为目的提供互联网链接，使他人可以通过偷拍设备实时观看或者下载视频文件的，属于该罪的"贩卖、传播"行为。检察机关办理涉及偷拍他人隐私的刑事案件时，应当根据犯罪的主客观方面依法适用不同罪名追究刑事责任。①

第364条 【传播淫秽物品罪】传播淫秽的书刊、影片、音像、图片或者其他淫秽物品，情节严重的，处二年以下有期徒刑、拘役或者管制。

【组织播放淫秽音像制品罪】组织播放淫秽的电影、录像等音像制品的，处三年以下有期徒刑、拘役或者管制，并处罚金；情节严重的，处三年以上十年以下有期徒刑，并处罚金。

制作、复制淫秽的电影、录像等音像制品组织播放的，依照第二款的规定从重处罚。

向不满十八周岁的未成年人传播淫秽物品的，从重处罚。

---

① 本案指导意义：1.……有偿提供互联网链接，他人付费后可以实时在线观看，与建立并运营"点对面"式互联网直播平台的传播行为性质相同，应当认定为贩卖、传播行为。2.行为人偷拍他人隐私，行为方式、目的多样，应当区分不同情形依法惩处。行为人非法使用偷拍设备窥探他人隐私，未贩卖、传播的，如果相关设备经鉴定属于窃听、窃照专用器材，造成严重后果的，应当以非法使用窃听、窃照专用器材罪追究刑事责任；如果行为人又将偷拍的内容贩卖、传播的，应当按照处罚较重的罪名追究刑事责任。行为人通过远程操控侵入他人自行安装的摄像头后台信息系统，对他人私密空间、行为进行窥探，进行遥控并自行观看，情节严重的，应当以非法控制计算机信息系统罪追究刑事责任；如果行为人在侵入上述计算机信息系统以后，又将偷拍的视频贩卖、传播的，应当按照处罚较重的罪名追究刑事责任。行为人以非法占有他人财物为目的，通过偷拍获取他人隐私，进而要挟他人、获取财物，构成犯罪的，应当以敲诈勒索罪追究刑事责任。上述行为尚未构成犯罪的，应当依法从严追究其行政违法责任。

● **条文注释** 第364条所规定的传播淫秽物品的行为，最重要的特征（也是它与第363条第1款规定的传播淫秽物品行为最大的区别）就是没有以牟利为目的。否则，就适用第363条第1款的规定。

这里的"传播"，是指在公共场所或公众之中进行（公开或私下）传播，主要是通过传阅、出借、展示、赠送、讲解等方式散布、流传淫秽物品。其传播不是为了牟取非法利益。"情节严重"主要是指多次、经常性地在社会上传播淫秽物品，或者所传播的淫秽物品数量较大，或者虽然传播淫秽物品数量不大、次数不多，但被传播对象人数众多，或者造成的后果严重等。

第364条第2款规定的"组织播放"，是指召集多人播放淫秽电影、录像等音像制品的行为。播放淫秽音像制品，实质上也是一种传播淫秽物品的方式，鉴于这种行为在传播淫秽物品的各项活动中比较突出，且危害也比较严重，所以刑法将其规定为一个独立的罪行。这里的"音像制品"，除了淫秽的电影、录像外，还包括淫秽的幻灯片、录音带、激光唱片等。

● **相关规定** 【人大〔2000〕19次】 **全国人民代表大会常务委员会关于维护互联网安全的决定**（2000年12月28日第9届全国人大常委会第19次会议通过；2009年8月27日第11届全国人大常委会第10次会议修正）

三、为了维护社会主义市场经济秩序和社会管理秩序，对有下列行为之一，构成犯罪的，依照刑法有关规定追究刑事责任：

（五）在互联网上建立淫秽网站、网页，提供淫秽站点链接服务，或者传播淫秽书刊、影片、音像、图片的。

【法释〔1998〕30号】 最高人民法院关于审理非法出版物刑事案件具体应用法律若干问题的解释（1998年12月11日最高人民法院审判委员会第1032次会议通过，1998年12月17日公布，1998年12月23日起施行）

第10条 向他人传播淫秽的书刊、影片、音像、图片等出版物达300至600人次以上或者造成恶劣社会影响的，属于"情节严重"，依照刑法第364条第1款的规定，以传播淫秽物品罪定罪处罚。

组织播放淫秽的电影、录像等音像制品达15至30场次以上或者造成恶劣社会影响的，依照刑法第364条第2款的规定，以组织播放淫秽音像制品罪定罪处罚。

第16条 出版单位与他人事前通谋，向其出售、出租或者以其他形式转让该出版单位的名称、书号、刊号、版号，他人实施本解释第2条、第4条、第8条、第9条、第10条、第11条规定的行为，构成犯罪的，对该出版单位应当以共犯论处。

第 18 条 各省、自治区、直辖市高级人民法院可以根据本地的情况和社会治安状况,在本解释第 8 条、第 10 条、第 12 条、第 13 条规定的有关数额、数量标准的幅度内,确定本地执行的具体标准,并报最高人民法院备案。

【公复字〔1998〕6 号】 公安部关于携带、藏匿淫秽 VCD 是否属于传播淫秽物品问题的批复(1998 年 11 月 9 日答复江苏省公安厅"苏公厅〔1998〕449 号"请示)

1990 年 7 月 6 日最高人民法院、最高人民检察院《关于办理淫秽物品刑事案件具体应用法律的规定》,已于 1994 年 8 月 29 日被废止,不再执行。对于携带、藏匿淫秽 VCD 的行为,不能简单地视为"传播",而应注意广泛搜集证据,根据主客观相统一的原则,来判断是否构成"传播"行为。如果行为人主观上没有"传播"故意,只是为了自己观看,不能认定为"传播淫秽物品",但应当没收淫秽 VCD,并对当事人进行必要的法制教育。此外,还应注意扩大线索,挖掘来源,及时查获有关违法犯罪活动。

【法释〔2004〕11 号】 最高人民法院、最高人民检察院关于办理利用互联网、移动通讯终端、声讯台制作、复制、出版、贩卖、传播淫秽电子信息刑事案件具体应用法律若干问题的解释(2004 年 9 月 1 日由最高人民法院审判委员会第 1323 次会议、2004 年 9 月 2 日由最高人民检察院第 10 届检察委员会第 26 次会议通过,2004 年 9 月 3 日公布,2004 年 9 月 6 日起施行)

第 1 条(第 1 款) 以牟利为目的,利用互联网、移动通讯终端制作、复制、出版、贩卖、传播淫秽电子信息,具有下列情形之一的,依照刑法第 363 条第 1 款的规定,以制作、复制、出版、贩卖、传播淫秽物品牟利罪定罪处罚:

(一)制作、复制、出版、贩卖、传播淫秽电影、表演、动画等视频文件 20 个以上的;

(二)制作、复制、出版、贩卖、传播淫秽音频文件 100 个以上的;

(三)制作、复制、出版、贩卖、传播淫秽电子刊物、图片、文章、短信息等 200 件以上的;

(四)制作、复制、出版、贩卖、传播的淫秽电子信息,实际被点击数达到 1 万次以上的;

(五)以会员制方式出版、贩卖、传播淫秽电子信息,注册会员达 200 人以上的;

(六)利用淫秽电子信息收取广告费、会员注册费或者其他费用,违法所得

1万元以上的；

（七）数量或者数额虽未达到第（一）项至第（六）项规定标准，但分别达到其中两项以上标准一半以上的；

（八）造成严重后果的。

第3条　不以牟利为目的，利用互联网或者移动通讯终端传播淫秽电子信息，具有下列情形之一的，依照刑法第364条第1款的规定，以传播淫秽物品罪定罪处罚：

（一）数量达到第1条第1款第（一）项至第（五）项规定标准2倍以上的；

（二）数量分别达到第1条第1款第（一）项至第（五）项两项以上标准的；

（三）造成严重后果的。

利用聊天室、论坛、即时通信软件、电子邮件等方式，实施第1款规定行为的，依照刑法第364条第1款的规定，以传播淫秽物品罪定罪处罚。

第6条　实施本解释前5条规定的犯罪，具有下列情形之一的，依照刑法第363条第1款、第364条第1款的规定从重处罚：

（一）制作、复制、出版、贩卖、传播具体描绘不满18周岁未成年人性行为的淫秽电子信息的；

（二）明知是具体描绘不满18周岁的未成年人性行为的淫秽电子信息而在自己所有、管理或者使用的网站或者网页上提供直接链接的；

（三）向不满18周岁的未成年人贩卖、传播淫秽电子信息和语音信息的；

（四）通过使用破坏性程序、恶意代码修改用户计算机设置等方法，强制用户访问、下载淫秽电子信息的。

第8条　利用互联网、移动通讯终端、声讯台贩卖、传播淫秽书刊、影片、录像带、录音带等以实物为载体的淫秽物品的，依照《最高人民法院关于审理非法出版物刑事案件具体应用法律若干问题的解释》的有关规定定罪处罚。

【法释〔2010〕3号】　最高人民法院、最高人民检察院关于办理利用互联网、移动通讯终端、声讯台制作、复制、出版、贩卖、传播淫秽电子信息刑事案件具体应用法律若干问题的解释（二）（2010年1月18日最高人民法院审判委员会第1483次会议、2010年1月14日最高人民检察院第11届检察委员会第28次会议通过，2010年2月2日公布，2010年2月4日起施行）

第2条　利用互联网、移动通讯终端传播淫秽电子信息的，依照《最高人民法院、最高人民检察院关于办理利用互联网、移动通讯终端、声讯台制作、复制、出版、贩卖、传播淫秽电子信息刑事案件具体应用法律若干问题的解释》第3条的规定定罪处罚。

利用互联网、移动通讯终端传播内容含有不满14周岁未成年人的淫秽电子信息，具有下列情形之一的，依照刑法第364条第1款的规定，以传播淫秽物品罪定罪处罚：

（一）数量达到第1条第2款第（一）项至第（五）项规定标准2倍以上的；

（二）数量分别达到第1条第2款第（一）项至第（五）项两项以上标准的；

（三）造成严重后果的。

第3条　利用互联网建立主要用于传播淫秽电子信息的群组，成员达30人以上或者造成严重后果的，对建立者、管理者和主要传播者，依照刑法第364条第1款的规定，以传播淫秽物品罪定罪处罚。

第5条　网站建立者、直接负责的管理者明知他人制作、复制、出版、贩卖、传播的是淫秽电子信息，允许或者放任他人在自己所有、管理的网站或者网页上发布，具有下列情形之一的，依照刑法第364条第1款的规定，以传播淫秽物品罪定罪处罚：

（一）数量达到第1条第2款第（一）项至第（五）项规定标准10倍以上的；

（二）数量分别达到第1条第2款第（一）项至第（五）项两项以上标准5倍以上的；

（三）造成严重后果的。

第8条　实施第4条至第7条规定的行为，具有下列情形之一的，应当认定行为人"明知"，但是有证据证明确实不知道的除外：

（一）行政主管机关书面告知后仍然实施上述行为的；

（二）接到举报后不履行法定管理职责的；

（三）为淫秽网站提供互联网接入、服务器托管、网络存储空间、通讯传输通道、代收费、费用结算等服务，收取服务费明显高于市场价格的；

（四）向淫秽网站投放广告，广告点击率明显异常的；

（五）其他能够认定行为人明知的情形。

第9条　1年内多次实施制作、复制、出版、贩卖、传播淫秽电子信息行为未经处理，数量或者数额累计计算构成犯罪的，应当依法定罪处罚。

第11条 对于以牟利为目的，实施制作、复制、出版、贩卖、传播淫秽电子信息犯罪的，人民法院应当综合考虑犯罪的违法所得、社会危害性等情节，依法判处罚金或者没收财产。罚金数额一般在违法所得的1倍以上5倍以下。

第12条 《最高人民法院、最高人民检察院关于办理利用互联网、移动通讯终端、声讯台制作、复制、出版、贩卖、传播淫秽电子信息刑事案件具体应用法律若干问题的解释》和本解释所称网站，是指可以通过互联网域名、IP地址等方式访问的内容提供站点。

以制作、复制、出版、贩卖、传播淫秽电子信息为目的建立或者建立后主要从事制作、复制、出版、贩卖、传播淫秽电子信息活动的网站，为淫秽网站。

【主席令〔2012〕67号】 中华人民共和国治安管理处罚法（2012年10月26日第11届全国人大常委会第29次会议修正，2013年1月1日起施行）

第2条 扰乱公共秩序，妨害公共安全，侵犯人身权利、财产权利，妨害社会管理，具有社会危害性，依照《中华人民共和国刑法》的规定构成犯罪的，依法追究刑事责任；尚不够刑事处罚的，由公安机关依照本法给予治安管理处罚。

第42条 有下列行为之一的，处5日以下拘留或者500元以下罚款；情节较重的，处5日以上10日以下拘留，可以并处500元以下罚款：

（五）多次发送淫秽、侮辱、恐吓或者其他信息，干扰他人正常生活的。

第68条 制作、运输、复制、出售、出租淫秽的书刊、图片、影片、音像制品等淫秽物品或者利用计算机信息网络、电话以及其他通讯工具传播淫秽信息的，处10日以上15日以下拘留，可以并处3000元以下罚款；情节较轻的，处5日以下拘留或者500元以下罚款。

第69条 有下列行为之一的，处10日以上15日以下拘留，并处500元以上1000元以下罚款：

（一）组织播放淫秽音像的；

明知他人从事前款活动，为其提供条件的，依照前款的规定处罚。

● 立案标准 最高人民检察院、公安部关于公安机关管辖的刑事案件立案追诉标准的规定（一）（公通字〔2008〕36号，2008年6月25日公布施行）

第84条 [传播淫秽物品案（刑法第364条第1款）] 传播淫秽的书刊、影片、音像、图片或者其他淫秽物品，涉嫌下列情形之一的，应予立案追诉：

（一）向他人传播300至600人次以上的；

（二）造成恶劣社会影响的。

不以牟利为目的，利用互联网、移动通讯终端传播淫秽电子信息，涉嫌下列情形之一的，应予立案追诉：

（一）数量达到本规定第82条第2款第（一）项至第（五）项规定标准2倍以上的；

（二）数量分别达到本规定第82条第2款第（一）项至第（五）项两项以上标准的；

（三）造成严重后果的。

利用聊天室、论坛、即时通信软件、电子邮件等方式，实施本条第2款规定行为的，应予立案追诉。

第85条 [组织播放淫秽音像制品案（刑法第364条第2款）] 组织播放淫秽的电影、录像等音像制品，涉嫌下列情形之一的，应予立案追诉：

（一）组织播放15至30场次以上的；

（二）造成恶劣社会影响的。

第101条 本规定中的"以上"，包括本数。

第365条 【组织淫秽表演罪】 组织进行淫秽表演的，处三年以下有期徒刑、拘役或者管制，并处罚金；情节严重的，处三年以上十年以下有期徒刑，并处罚金。

● **条文注释** "组织进行淫秽表演"是指组织他人当众进行淫秽性的表演。其中"组织"是指策划表演过程，纠集、招募、雇用表演者，寻找、租用表演场地，招揽观众等组织演出的行为。"淫秽表演"，是指关于性行为或露骨宣扬色情的诲淫性的表演，如进行性交表演、手淫口淫表演、脱衣舞表演等。"情节严重"是指多次组织淫秽表演、造成非常恶劣影响，或以暴力、胁迫的方式迫使他人进行淫秽表演，以及犯罪集团首要分子等严重的情节。

需要注意的是：

（1）构成第365条规定之罪的犯罪主体是淫秽表演的组织者，如"穴头"或酒吧老板等（所雇演员的多少以及观众的多少，一般不影响本罪的构成）；表演者不构成本罪（但可以对表演者进行批评教育或行政处罚）。

（2）对于明知他人组织淫秽表演，仍为其提供场所或其他便利条件的，以组织淫秽表演罪的共犯论处，根据其在犯罪中的作用处刑；对于为组织淫秽表演活动卖票或者进行其他服务性活动的，应根据实际情况区别对待，对于犯罪团伙、集团的成员应当按共犯处理,对于犯罪分子雇用的服务员,一般可不视作犯罪。

(3) 在聚众进行淫乱活动中,也经常出现由数人作性交表演,其他人观看的情况,这种表演属于聚众进行淫乱的一部分,应当适用《刑法》第301条规定的"聚众淫乱罪"。

● **相关规定** 【公治〔1999〕520号】 公安部治安管理局关于对"关于对人妖和假人妖表演活动如何定性和处理问题的请示"的答复 (1999年4月15日答复广东省公安厅治安巡警总队1999年3月31日请示)

在娱乐场所及其他场所出现的"人妖"和"假人妖"表演活动,应属于非法演出活动,按国务院颁布的《营业性演出条例》规定,非法演出活动由文化部门负责查处。但如果利用人妖进行淫秽表演的,由公安机关根据刑法第365条规定,追究有关人员的法律责任。

【主席令〔2012〕67号】 中华人民共和国治安管理处罚法 (2012年10月26日第11届全国人大常委会第29次会议修正,2013年1月1日起施行)

第69条 有下列行为之一的,处10日以上15日以下拘留,并处500元以上1000元以下罚款:

(二) 组织或者进行淫秽表演的;

明知他人从事前款活动,为其提供条件的,依照前款的规定处罚。

● **立案标准** 最高人民检察院、公安部关于公安机关管辖的刑事案件立案追诉标准的规定 (一)(公通字〔2008〕36号,2008年6月25日公布施行)

第86条 [组织淫秽表演案(刑法第365条)] 以策划、招募、强迫、雇用、引诱、提供场地、提供资金等手段,组织进行淫秽表演,涉嫌下列情形之一的,应予立案追诉:

(一) 组织表演者进行裸体表演的;

(二) 组织表演者利用性器官进行诲淫性表演的;

(三) 组织表演者半裸体或者变相裸体表演并通过语言、动作具体描绘性行为的;

(四) 其他组织进行淫秽表演应予追究刑事责任的情形。

> **第 366 条　【单位犯本节罪的处罚】** 单位犯本节第三百六十三条、第三百六十四条、第三百六十五条规定之罪的，对单位判处罚金，并对其直接负责的主管人员和其他直接责任人员，依照各该条的规定处罚。

● **条文注释**　根据第 366 条的规定，本节所有的犯罪行为都存在单位犯罪，并且对单位犯罪行为都实行"双罚制"原则，即对单位判处罚金，并对其直接负责的主管人员和其他直接责任人员，依照各条的规定处罚。对单位犯罪进行追究，在认定直接责任人员或者直接负责的主管人员时，应当把握两点：（1）行为人在主观上必须对单位所从事的犯罪活动是明知的；（2）行为人在客观上具有批准、默许、纵容本单位实施或直接参与实施了本条规定的违法犯罪活动的行为。两者缺一不可。

对单位罚金数额的具体标准，目前尚没有法律法规或司法解释进行统一规定；在司法实践中，一般按对个人罚金数额的 3 倍至 5 倍掌握。

● **相关规定**　**【法释〔2010〕3 号】**　最高人民法院、最高人民检察院关于办理利用互联网、移动通讯终端、声讯台制作、复制、出版、贩卖、传播淫秽电子信息刑事案件具体应用法律若干问题的解释（二）（2010 年 1 月 18 日最高人民法院审判委员会第 1483 次会议、2010 年 1 月 14 日最高人民检察院第 11 届检察委员会第 28 次会议通过，2010 年 2 月 2 日公布，2010 年 2 月 4 日起施行）

第 10 条　单位实施制作、复制、出版、贩卖、传播淫秽电子信息犯罪的，依照《中华人民共和国刑法》、《最高人民法院、最高人民检察院关于办理利用互联网、移动通讯终端、声讯台制作、复制、出版、贩卖、传播淫秽电子信息刑事案件具体应用法律若干问题的解释》和本解释规定的相应个人犯罪的定罪量刑标准，对直接负责的主管人员和其他直接责任人员定罪处罚，并对单位判处罚金。

> **第 367 条　【淫秽物品的界定】** 本法所称淫秽物品，是指具体描绘性行为或者露骨宣扬色情的诲淫性的书刊、影片、录像带、录音带、图片及其他淫秽物品。
>
> 有关人体生理、医学知识的科学著作不是淫秽物品。
>
> 包含有色情内容的有艺术价值的文学、艺术作品不视为淫秽物品。

● **条文注释** "具体描绘性行为"包括以下几种情形：(1) 详尽、具体地描写性行为的过程及其心理感受；(2) 具体描写通奸、淫乱、卖淫、乱伦、强奸的过程细节；(3) 描写少年儿童的性行为、同性恋的性行为或者其他性变态行为及与性变态有关的暴力、虐待、侮辱行为和令普通人不能容忍的对性行为等的淫亵描写。"露骨宣扬色情"包括以下几种情形：(1) 公然地、赤裸裸地宣扬色情淫荡形象；(2) 着力表现人体生殖器官；(3) 挑动人们的性欲；(4) 足以导致普通人腐化堕落的具有刺激、挑逗性的文字和画面。

"有关人体生理、医学知识的科学著作"是指有关人体的解剖生理知识、生育知识、疾病防治和其他有关性知识、性道德、性社会等自然科学和社会科学作品。这类作品不是淫秽物品。

"有艺术价值"，是指在现实生活中以及文化艺术发展的历史长河中具有较高文学、艺术价值，同时也包含对性行为、色情等内容描绘的文学、艺术作品。如古典名著《金瓶梅》不仅在文学史上有一定的地位，而且在今天看来仍有较高的文学、艺术价值，是人类文化的遗产。但应注意的是，对这类作品本身虽不视为淫秽物品，但对这类作品的复制、贩卖、传播仍应加以必要的管理和限制，不能任其随意传播。

● **相关规定** 中央宣传部、公安部、文化部、商业部、交通部、旅游总局、工商行政管理总局、海关总署关于查禁淫书淫画和其他诲淫性物品的通知（1981年4月4日）

一、以描绘性行为为主要内容的小说、杂志、画报。如香港出版的《新奇周报》、《鬼节物辑》、《新素女经》、《老爷车》、《蓝皮书》、《新文摘》、《狐狸精》《禁果园》《男女》、《性潮》《新知》《异性》《黑云》、《神趣》、《龙屋》等；美国小说《斯克普鲁公司》；美国、日本出版的杂志《花花公子》等。

二、诲淫的裸体女人图照。包括平面的、立体的和可变形态的裸体女人图照。

三、"春宫"图照。包括"春宫"电影、电视片、录像带、幻灯片、视盘。

四、录有淫荡歌曲的唱片、录音带。如《花弄影》《一夜销魂》《毛毛歌》以及性行为对话《性欲奇谈》等。

五、淫药。如"印度神油""欢乐今宵"等药水、药片、药丸。

六、诲淫性物品。装有裸体女人像的圆珠笔、玩具盒，印有裸体女人像和性行为图照的扑克牌、日历、电动淫具等。

【〔88〕新出办字 1512 号】 新闻出版署关于认定淫秽及色情出版物的暂行规定（1988 年 12 月 27 日印发）

第 2 条 淫秽出版物是指在整体上宣扬淫秽行为，具有下列内容之一，挑动人们的性欲，足以导致普通人腐化堕落，而又没有艺术价值或者科学价值的出版物：

（一）淫亵性地具体描写性行为、性交及其心理感受；

（二）公然宣扬色情淫荡形象；

（三）淫亵性地描述或者传授性技巧；

（四）具体描写乱伦、强奸或者其他性犯罪的手段、过程或者细节，足以诱发犯罪的；

（五）具体描写少年儿童的性行为；

（六）淫亵性地具体描写同性恋的性行为或者其他性变态行为，或者具体描写与性变态有关的暴力、虐待、侮辱行为；

（七）其他令普通人不能容忍的对性行为淫亵性描写。

第 3 条 色情出版物是指在整体上不是淫秽的，但其中一部分有第 2 条（一）至（七）项规定的内容，对普通人特别是未成年人的身心健康有毒害，而缺乏艺术价值或者科学价值的出版物。

第 4 条 夹杂淫秽、色情内容而具有艺术价值的文艺作品；表现人体美的美术作品；有关人体的解剖生理知识、生育知识、疾病防治和其他有关性知识、性道德、性社会学等自然科学和社会科学作品，不属于淫秽出版物、色情出版物的范围。

第 5 条 淫秽出版物、色情出版物由新闻出版署负责鉴定或者认定。新闻出版署组织有关部门的专家组成淫秽及色情出版物鉴定委员会，承担淫秽出版物、色情出版物的鉴定工作。

各省、自治区、直辖市新闻出版局组织有关部门的专家组成淫秽及色情出版物鉴定委员会，对本行政区域内发现的淫秽出版物、色情出版物提出鉴定或者认定意见报新闻出版署。

【新出联〔1993〕第 1 号】 新闻出版署、公安部关于鉴定淫秽录像带、淫秽图片有关问题的通知（1993 年 1 月 19 日印发）

一、办理走私、制作、贩卖、传播淫秽物品案件中，对查获的录像带、图片、扑克、手抄本等，需审查认定是否为淫秽物品的，国内出版单位正式出版发行的录像带、图片等出版物由省级以上新闻出版管理部门、音像归口管理部门负责鉴定；其他由地、市以上公安机关治安部门负责鉴定。

淫秽录像带、淫秽图片的鉴定标准依照全国人大常委会《关于惩治走私、制作、贩卖、传播淫秽物品的犯罪分子的决定》[1]、国务院《关于严禁淫秽物品的规定》[2] 和新闻出版署发布的《关于认定淫秽及色情出版物的暂行规定》（〔88〕新出办字第1512号）执行。

二、鉴定机关进行鉴定工作时，应当指定3名具有专业知识，熟悉鉴定标准，办事公正，坚持原则，作风正派的同志负责审查鉴定。其他人员一律不得参加。严禁借审查鉴定之机扩大观看范围。

四、当事人对鉴定结论提出不同意见需重新鉴定的，应当由地、市级的宣传、新闻出版、音像归口管理机关、公安机关等部门组成的鉴定组重新鉴定。

出版单位对鉴定结论提出不同意见时，由省级新闻出版管理部门、音像归口管理部门报新闻出版署鉴定。

其他出版物的审查鉴定，仍按规定执行。

【公复字〔1998〕8号】 公安部对《关于鉴定淫秽物品有关问题的请示》的批复（1998年11月27日答复江苏省公安厅"苏公厅〔1998〕459号"请示）

鉴于近年来各地公安机关查获淫秽物品数量不断增加、查禁任务日趋繁重的情况，为及时打击处理走私、制作、贩卖、传播淫秽物品的违法犯罪分子，今后各地公安机关查获的物品，需审查认定是否为淫秽物品的，可以由县级以上公安机关治安部门负责鉴定工作，但要指定两名政治、业务素质过硬的同志共同进行，其他人员一律不得参加。当事人提出不同意见需重新鉴定的，由上一级公安机关治安部门会同同级新闻出版、音像归口管理等部门重新鉴定。对送审鉴定和收缴的淫秽物品，由县级以上公安机关治安部门统一集中，登记造册，适时组织全部销毁。

对于淫秽物品鉴定工作中与新闻出版、音像归口管理等部门的配合问题，仍按现行规定执行。

【新出法规〔2005〕61号】 新闻出版总署关于认定淫秽与色情声讯的暂行规定（2005年1月31日印发）

---

[1] 注：该《决定》有关行政处罚和行政措施的规定继续有效，有关刑事责任的规定已经被纳入刑法。

[2] 注：《国务院关于严禁淫秽物品的规定》（国发〔1985〕57号，1985年4月17日发布）已被《刑法》代替，于2001年10月6日被《国务院关于废止2000年底以前发布的部分行政法规的决定》（国务院令第319号）宣布废止。

第 1 条 本规定所称声讯,是指利用固定网电话传送的声音等信息。

第 2 条 淫秽声讯是指在总体上宣扬下列内容,足以挑动、引诱普通人产生性欲的声音等信息:

(一) 淫亵性地具体描述性行为、性交及其心理感受;

(二) 淫亵性地描述或者传授性技巧;

(三) 具体描述乱伦、强奸或者其他性犯罪手段、过程或者细节;

(四) 具体描述少年儿童性交,或者具体描述成年人与少年儿童的性行为;

(五) 淫亵性地具体描述同性恋的性行为或者其他性变态行为;

(六) 具体描述与性变态有关的暴力、虐待、侮辱行为;

(七) 淫亵性地突出描述性器官;

(八) 淫亵性地传送有关性行为的声响;

(九) 其他令普通人不能容忍的对性行为、性器官的淫亵性描述。

第 3 条 色情声讯是指具有部分淫秽内容,对普通人特别是未成年人的身心健康有毒害的声音等信息。

第 4 条 描述表现人体美的美术作品,介绍具有艺术价值的文学作品、有关人体解剖生理知识以及生育知识、疾病防治和其他性知识、性道德、性社会学等的自然科学和社会科学作品,不属于淫秽、色情声讯。

第 5 条 受公安部门、电信管理部门等部门的请求,新闻出版总署或者省、自治区、直辖市新闻出版行政部门对淫秽、色情声讯作出鉴定。

公安部门、电信管理部门等部门请求新闻出版总署或者省、自治区、直辖市新闻出版行政部门鉴定淫秽、色情声讯,须提交载明案件名称、声讯台名称、所截取声讯的时间和长度的鉴定委托书,同时提供足够清晰和时间长度的声讯材料。

新闻出版总署或者省、自治区、直辖市新闻出版行政部门应当组织有关专家组成淫秽、色情声讯鉴定委员会或者指定专门机构,承担淫秽、色情声讯的鉴定工作。

淫秽、色情声讯鉴定委员会或者被指定的专门机构根据公安部门、电信管理部门的委托书,对所提供的声讯材料作出鉴定,制作鉴定书送委托的公安部门或者电信管理部门等部门。

第 6 条 本规定所称普通人系指生理和精神正常的成年人。

【国食药监械〔2003〕220 号】 **国家食品药品监督管理局关于仿真式性辅助器具不作为医疗器械管理的通知**(2003 年 8 月 28 日)

……现明确仿真式性辅助器具产品不属医疗器械管理范围,已发放的该产品注册证及生产企业许可证到期时不再换发。①

【法释〔2004〕11号】 最高人民法院、最高人民检察院关于办理利用互联网、移动通讯终端、声讯台制作、复制、出版、贩卖、传播淫秽电子信息刑事案件具体应用法律若干问题的解释（2004年9月1日由最高人民法院审判委员会第1323次会议、2004年9月2日由最高人民检察院第10届检察委员会第26次会议通过，2004年9月3日公布，2004年9月6日起施行）

第9条 刑法第367条第1款规定的"其他淫秽物品"，包括具体描绘性行为或者露骨宣扬色情的诲淫性的视频文件、音频文件、电子刊物、图片、文章、短信息等互联网、移动通讯终端电子信息和声讯台语音信息。

有关人体生理、医学知识的电子信息和声讯台语音信息不是淫秽物品。包含色情内容的有艺术价值的电子文学、艺术作品不视为淫秽物品。

【公复字〔2010〕3号】 公安部关于对出售带有淫秽内容的文物的行为可否予以治安管理处罚问题的批复（2010年5月22日答复北京市公安局"京公法字〔2010〕500号"请示）

公安机关查获的带有淫秽内容的物品可能是文物的，应当依照《中华人民共和国文物保护法》等有关规定进行文物认定。经文物部门认定为文物的，不得对合法出售文物的行为予以治安管理处罚。

第七章　危害国防利益罪

第368条 【阻碍军人执行职务罪】以暴力、威胁方法阻碍军人依法执行职务的，处三年以下有期徒刑、拘役、管制或者罚金。

【阻碍军事行动罪】故意阻碍武装部队军事行动，造成严重后果的，处五年以下有期徒刑或者拘役。

● **条文注释** 这里的"军人"，包括以下3个方面人员：（1）中国人民解放军

---

① 注：据本《通知》可以看出，仿真式性辅助器具（如硅胶充气娃娃）曾被合法地注册及生产许可。因此，在相关规定明确之前，不能一味地将其视为淫秽物品。

的现役军官、文职干部、士兵及具有军籍的学员；（2）中国人民武装警察部队的现役警官、文职干部、士兵及具有军籍的学员；（3）正执行军事任务的预备役人员和其他人员，如专职武装人员、文职人员等。"武装部队"是指：（1）中国人民解放军分队建制以上的单位；（2）中国人民武装警察部队班建制以上的单位；（3）正在执行军事任务的预备役部队。

构成第368条第1款规定之罪，必须具备以下条件：（1）行为人有故意阻碍军人依法执行职务的主观故意，并实施了阻碍行为；（2）采用暴力、威胁的方法实施阻碍；（3）阻碍的对象必须是军人；（4）受到阻碍的必须是军人依法执行职务的行为。

这里的"暴力"是指对依法执行职务的军人施以捆绑、伤害、殴打等行为。"威胁"是指以杀害、伤害、毁坏名誉、毁坏财物等方式对依法执行职务的军人进行要挟、恐吓的行为。

构成第368条第2款规定之罪，必须具备以下条件：（1）行为人有故意阻碍武装部队军事行动的主观故意，如果是过失，则不构成本罪；（2）行为人实施了阻碍行为；（3）阻碍的对象必须是武装部队的整体，而不是其中的某个人；（4）受到阻碍的必须是武装部队的军事行动，否则不构成本罪；（5）造成严重后果。

需要注意的是：

（1）构成第368条规定之罪的犯罪主体必须是非军人；如果是军人实施本条规定的行为，则应当依照《刑法》第426条的规定定罪处罚。

（2）如果对违反法律规定，滥用、擅用、超越职权及其他违法行为进行抵制的，不是本条所说的阻碍。

第369条[①] **【破坏武器装备、军事设施、军事通信罪】** 破坏武器装备、军事设施、军事通信的，处三年以下有期徒刑、拘役或者管制；破坏重要武器装备、军事设施、军事通信的，处三年以上十年以下有期徒刑；情节特别严重的，处十年以上有期徒刑、无期徒刑或者死刑。

[①] 第369条是根据2005年2月28日第10届全国人民代表大会常务委员会第14次会议通过的《刑法修正案（五）》（主席令第32号公布，2005年2月28日起施行）而修改；原条文内容为："破坏武器装备、军事设施、军事通信的，处三年以下有期徒刑、拘役或者管制；破坏重要武器装备、军事设施、军事通信的，处三年以上十年以下有期徒刑；情节特别严重的，处十年以上有期徒刑、无期徒刑或者死刑。战时从重处罚。"

【过失损坏武器装备、军事设施、军事通信罪】过失犯前款罪，造成严重后果的，处三年以下有期徒刑或者拘役；造成特别严重后果的，处三年以上七年以下有期徒刑。

　　战时犯前两款罪的，从重处罚。

● 条文注释　　"武器装备"是指部队用于实施和保障作战行动的武器、武器系统和军事技术器材的统称，也包括备用武器装备的重要零件、部件；"重要武器装备"主要是指战略导弹及其他导弹武器系统、飞机、直升机、作战舰艇、登陆舰和一定吨位以上辅助船、坦克、装甲车辆、较大口径的地面火炮、岸炮、高炮、雷达、声纳、指挥仪、较大功率电台和电子对抗装备、舟桥、较大功率的工程机械、汽车、陆军船艇等。"军事设施"是指《军事设施保护法》第2条所规定的设施，即国家直接用于军事目的的建筑、场地和设备；"重要军事设施"主要是指指挥中心，大型作战工程，各类通信、导航、观测枢纽，导弹基地，机场，港口，大型仓库，重要管线等。"军事通信"是指军事通信设备、通信枢纽等；"重要军事通信"主要是指：（1）军事首脑机关（师级以上军事部门或团级以上野战部队）及重要指挥中心的通信；（2）部队作战中的通信；（3）等级战备通信；（4）飞行航行训练、抢险救灾、军事演习或者处置突发性事件中的通信；（5）执行试飞试航、武器装备科研试验或者远洋航行等重要军事任务中的通信。

　　这里的"破坏"，是指对上述特定对象的物理性损毁以及对其功能的损害。破坏行为有多种表现形式，如砸毁、炸毁、干扰军事通信等积极方式，也可以表现为不履行保管、修缮义务而使其遭到破坏。

　　需要注意的是，如果是故意破坏，只要是实施了破坏行为就构成第369条第1款规定之罪，并不要求破坏行为造成一定的后果；如果是过失损坏，则要求造成严重后果才构成第369条第2款规定之罪。"情节特别严重"主要是指：（1）破坏大量重要武器装备、军事设施、军事通信；（2）或者影响部队完成重要任务；（3）或者造成人员重大伤亡的等。

　　第369条第3款规定的"战时"，参照《刑法》第451条的规定，是指国家宣布进入战争状态、部队受领作战任务或者遭敌突然袭击时；部队执行戒严任务或者处置突发性暴力事件时，以战时论。

● **相关规定** 【法释〔2007〕13号】 最高人民法院关于审理危害军事通信刑事案件具体应用法律若干问题的解释（2007年6月18日最高人民法院审判委员会第1430次会议通过，2007年6月26日公布，2007年6月29日起施行）

第1条 故意实施损毁军事通信线路、设备，破坏军事通信计算机信息系统，干扰、侵占军事通信电磁频谱等行为的，依照刑法第369条第1款的规定，以破坏军事通信罪定罪，处3年以下有期徒刑、拘役或者管制；破坏重要军事通信的，处3年以上10年以下有期徒刑。

第2条 实施破坏军事通信行为，具有下列情形之一的，属于刑法第369条第1款规定的"情节特别严重"，以破坏军事通信罪定罪，处10年以上有期徒刑、无期徒刑或者死刑：

（一）造成重要军事通信中断或者严重障碍，严重影响部队完成作战任务或者致使部队在作战中遭受损失的；

（二）造成部队执行抢险救灾、军事演习或者处置突发性事件等任务的通信中断或者严重障碍，并因此贻误部队行动，致使死亡3人以上、重伤10人以上或者财产损失100万元以上的；

（三）破坏重要军事通信3次以上的；

（四）其他情节特别严重的情形。

第3条 过失损坏军事通信，造成重要军事通信中断或者严重障碍的，属于刑法第369条第2款规定的"造成严重后果"，以过失损坏军事通信罪定罪，处3年以下有期徒刑或者拘役。

第4条 过失损坏军事通信，具有下列情形之一的，属于刑法第369条第2款规定的"造成特别严重后果"，以过失损坏军事通信罪定罪，处3年以上7年以下有期徒刑：

（一）造成重要军事通信中断或者严重障碍，严重影响部队完成作战任务或者致使部队在作战中遭受损失的；

（二）造成部队执行抢险救灾、军事演习或者处置突发性事件等任务的通信中断或者严重障碍，并因此贻误部队行动，致使死亡3人以上、重伤10人以上或者财产损失100万元以上的；

（三）其他后果特别严重的情形。

第5条 建设、施工单位直接负责的主管人员、施工管理人员，明知是军事通信线路、设备而指使、强令、纵容他人予以损毁的，或者不听管护人员劝阻，指使、强令、纵容他人违章作业，造成军事通信线路、设备损毁的，以破坏军事通信罪定罪处罚。

建设、施工单位直接负责的主管人员、施工管理人员，忽视军事通信线路、设备保护标志，指使、纵容他人违章作业，致使军事通信线路、设备损毁，构成犯罪的，以过失损坏军事通信罪定罪处罚。

第 6 条　破坏、过失损坏军事通信，并造成公用电信设施损毁，危害公共安全，同时构成刑法第 124 条和第 369 条规定的犯罪的，依照处罚较重的规定定罪处罚。

盗窃军事通信线路、设备，不构成盗窃罪，但破坏军事通信的，依照刑法第 369 条第 1 款的规定定罪处罚；同时构成刑法第 124 条、第 264 条和第 369 条第 1 款规定的犯罪的，依照处罚较重的规定定罪处罚。

违反国家规定，侵入国防建设、尖端科学技术领域的军事通信计算机信息系统，尚未对军事通信造成破坏的，依照刑法第 285 条的规定定罪处罚；对军事通信造成破坏，同时构成刑法第 285 条、第 286 条、第 369 条第 1 款规定的犯罪的，依照处罚较重的规定定罪处罚。

违反国家规定，擅自设置、使用无线电台、站，或者擅自占用频率，经责令停止使用后拒不停止使用，干扰无线电通讯正常进行，构成犯罪的，依照刑法第 288 条的规定定罪处罚；造成军事通信中断或者严重障碍，同时构成刑法第 288 条、第 369 条第 1 款规定的犯罪的，依照处罚较重的规定定罪处罚。

第 7 条　本解释所称"重要军事通信"，是指军事首脑机关及重要指挥中心的通信，部队作战中的通信，等级战备通信，飞行航行训练、抢险救灾、军事演习或者处置突发性事件中的通信，以及执行试飞试航、武器装备科研试验或者远洋航行等重要军事任务中的通信。

本解释所称军事通信的具体范围、通信中断和严重障碍的标准，参照中国人民解放军通信主管部门的有关规定确定。

【军训〔2022〕181 号】　最高人民法院、最高人民检察院、公安部、商务部、国家市场监督管理总局、中央军委后勤保障部、中央军委装备发展部、中央军委训练管理部、中央军委国防动员部关于军地共同加强部队训练场未爆弹药安全风险防控的意见（2022 年 10 月 22 日）

（十三）打击违法犯罪。非法进入训练场、不听制止的，破坏训练场围墙、围网等周界防护设施的，依照军事设施保护法的有关规定处罚，符合刑法第 369 条第 1 款、第 371 条规定的，分别以破坏军事设施罪、聚众冲击军事禁区罪、聚众扰乱军事管理区秩序罪定罪处罚。……

第370条 【故意提供不合格武器装备、军事设施罪】明知是不合格的武器装备、军事设施而提供给武装部队的,处五年以下有期徒刑或者拘役;情节严重的,处五年以上十年以下有期徒刑;情节特别严重的,处十年以上有期徒刑、无期徒刑或者死刑。

【过失提供不合格武器装备、军事设施罪】过失犯前款罪,造成严重后果的,处三年以下有期徒刑或者拘役;造成特别严重后果的,处三年以上七年以下有期徒刑。

单位犯第一款罪的,对单位判处罚金,并对其直接负责的主管人员和其他直接责任人员,依照第一款的规定处罚。

● **条文注释** 关于"武器装备"和"军事设施"的概念,见《刑法》第369条的注释;"不合格的武器装备、军事设施"是指不符合规定的质量标准的武器、武器系统、军事技术器材和直接用于军事目的的建筑物、场地和设备等。

这里的"提供",是指由生产厂家或供应商交付给部队使用。因此,第370条规定之罪的犯罪主体一般是指国家指定的武器装备和军事设施生产单位及其供应商;本条规定的个人犯罪,多指在这些军工企业中负责产品检验、质量验收职责的人员,由于徇私舞弊或谋取私利、失职等,而将不合格的武器装备、军事设施放任过关,导致最终提供给武装部队。需要注意的是,单位只有在明知武器装备、军事设施不合格,仍向武装部队提供的情况下,才构成犯罪,所以不存在过失的情况。

如果是故意提供不合格的武器装备、军事设施,并且造成了"公通字〔2008〕36号"《立案标准》第87条规定的后果,就构成第370条第1款规定之罪;如果是过失提供,则要求造成"公通字〔2008〕36号"《立案标准》第88条规定的严重后果才构成第370条第2款规定之罪。

● **立案标准** 最高人民检察院、公安部关于公安机关管辖的刑事案件立案追诉标准的规定(一)(公通字〔2008〕36号,2008年6月25日公布施行)

第87条 [故意提供不合格武器装备、军事设施案(刑法第370条第1款)]
明知是不合格的武器装备、军事设施而提供给武装部队,涉嫌下列情形之一的,应予立案追诉:

(一)造成人员轻伤以上的;

(二)造成直接经济损失10万元以上的;

(三) 提供不合格的枪支 3 支以上、子弹 100 发以上、雷管 500 枚以上、炸药 5 千克以上或者其他重要武器装备、军事设施的；

(四) 影响作战、演习、抢险救灾等重大任务完成的；

(五) 发生在战时的；

(六) 其他故意提供不合格武器装备、军事设施应予追究刑事责任的情形。

第 88 条 [过失提供不合格武器装备、军事设施案（刑法第 370 条第 2 款）]

过失提供不合格武器装备、军事设施给武装部队，涉嫌下列情形之一的，应予立案追诉：

(一) 造成死亡 1 人或者重伤 3 人以上的；

(二) 造成直接经济损失 30 万元以上的；

(三) 严重影响作战、演习、抢险救灾等重大任务完成的；

(四) 其他造成严重后果的情形。

第 101 条 本规定中的"以上"，包括本数。

第 371 条 【聚众冲击军事禁区罪】聚众冲击军事禁区，严重扰乱军事禁区秩序的，对首要分子，处五年以上十年以下有期徒刑；对其他积极参加的，处五年以下有期徒刑、拘役、管制或者剥夺政治权利。

【聚众扰乱军事管理区秩序罪】聚众扰乱军事管理区秩序，情节严重，致使军事管理区工作无法进行，造成严重损失的，对首要分子，处三年以上七年以下有期徒刑；对其他积极参加的，处三年以下有期徒刑、拘役、管制或者剥夺政治权利。

● **条文注释** 军事禁区、军事管理区的确定及其范围的划定，以及军事禁区外围安全控制范围的划定，依照《军事设施保护法》和国务院、中央军事委员会的有关规定办理。军事禁区或军事管理区的秩序，包括作战、演习、训练、生产、教学、生活、科研等各方面的活动和秩序。

这里的"聚众冲击"是指纠集多人强行进入军事禁区、占据办公地点、毁坏财物等暴力性的干扰活动；"聚众扰乱"，包括各种对军事管理区秩序进行暴力和非暴力的干扰、破坏活动，如纠集多人在军事管理区进行故意喧闹、辱骂、纠缠，冲砸军事管理区的各种设施等。

需要注意的是：聚众冲击军事禁区的，必须"严重扰乱"军事禁区秩序才构成第371条第1款规定的"聚众冲击军事禁区罪";聚众扰乱军事管理区秩序的,必须"情节严重"才构成第371条第2款规定的"聚众扰乱军事管理区秩序罪"。这里的"严重扰乱"是指致使军事禁区的各项工作无法正常进行;"情节严重",主要是指行为人多次实施扰乱的行为,经军事管理区工作人员制止仍不停止其扰乱活动的,或者采取暴力扰乱军事管理区秩序,或者致使军事管理区工作无法进行,造成人员伤亡或财物严重损失等情况。

● **相关规定** 【军训〔2022〕181号】 最高人民法院、最高人民检察院、公安部、商务部、国家市场监督管理总局、中央军委后勤保障部、中央军委装备发展部、中央军委训练管理部、中央军委国防动员部关于军地共同加强部队训练场未爆弹药安全风险防控的意见(2022年10月22日)

(十三)打击违法犯罪。非法进入训练场、不听制止的,破坏训练场围墙、围网等周界防护设施的,依照军事设施保护法的有关规定处罚,符合刑法第369条第1款、第371条规定的,分别以破坏军事设施罪、聚众冲击军事禁区罪、聚众扰乱军事管理区秩序罪定罪处罚。……

● **立案标准** 最高人民检察院、公安部关于公安机关管辖的刑事案件立案追诉标准的规定(一)(公通字〔2008〕36号,2008年6月25日公布施行)

第89条[聚众冲击军事禁区案(刑法第371条第1款)] 组织、策划、指挥聚众冲击军事禁区或者积极参加聚众冲击军事禁区,严重扰乱军事禁区秩序,涉嫌下列情形之一的,应予立案追诉:

(一)冲击3次以上或者1次冲击持续时间较长的;

(二)持械或者采取暴力手段冲击的;

(三)冲击重要军事禁区的;

(四)发生在战时的;

(五)其他严重扰乱军事禁区秩序应予追究刑事责任的情形。

第90条[聚众扰乱军事管理区秩序案(刑法第371条第2款)] 组织、策划、指挥聚众扰乱军事管理区秩序或者积极参加聚众扰乱军事管理区秩序,致使军事管理区工作无法进行,造成严重损失,涉嫌下列情形之一的,应予立案追诉:

(一)造成人员轻伤以上的;

(二)扰乱3次以上或者1次扰乱持续时间较长的;

(三)造成直接经济损失5万元以上的;

（四）持械或者采取暴力手段的；
（五）扰乱重要军事管理区秩序的；
（六）发生在战时的；
（七）其他聚众扰乱军事管理区秩序应予追究刑事责任的情形。

第 101 条　本规定中的"以上"，包括本数。

第 372 条　**【冒充军人招摇撞骗罪】** 冒充军人招摇撞骗的，处三年以下有期徒刑、拘役、管制或者剥夺政治权利；情节严重的，处三年以上十年以下有期徒刑。

● **条文注释**　"招摇撞骗"是指假借军人名义到处炫耀，利用人民群众对子弟兵的信任、爱戴进行欺骗活动，以牟取非法利益的行为。构成"冒充军人招摇撞骗罪"，必须同时具备以下条件：

（1）行为人冒充的对象是军人。这里的"军人"仅指具有中国人民解放军军籍的现役军人及中国人民武装警察部队的现役武警，不包括执行军事任务的预备役人员和其他人员；这里的"冒充"，既包括非军人冒充军人的行为，也包括行为人本身是军人，但冒充与其身份（职务、衔级等）不相符的其他军人的行为。如士兵冒充军官，一般军官冒充部队首长等。

（2）行为人实施了假冒军人名义进行欺骗活动的行为。如冒充军队征兵或接兵干部，骗取应征青年或其亲属的财物；与他人开办企业、签订合同等诈骗他人钱财；骗取组织、单位信任，捞取政治资本；等等。

（3）行为人牟取了非法利益，损害了军队的威信及其正常活动。如果行为人只是由于军人在群众中的形象好、威信高而冒充军人以满足自己的虚荣心，并没有假借军人身份进行招摇撞骗的活动，不构成本罪；如果行为人是以结婚（重婚、骗婚除外）为目的而冒充军人身份，因为结婚并不是"非法利益"，所以不宜以本罪论处（如果构成其他犯罪，可以依照刑法其他相关规定进行定罪处罚）。如果行为人冒充军人是为了骗取旅游景点免费或优先购票等军人待遇，一般也不宜以本罪论处，可以对其进行批评教育或行政处罚等。

上述条件必须同时具备，并且存在有机的联系，才满足第 372 条规定的冒充军人招摇撞骗罪的要素。如果行为人既有冒充军人的行为，又有骗取非法利益的行为，但其骗取非法利益的行为并不是以冒充军人为手段，即两种行为之间不存在有机联系的，也不构成冒充军人招摇撞骗罪。

另外，如果行为人冒充军人去骗取财物，则可能同时触犯第 372 条规定的

"冒充军人招摇撞骗罪"和第266条规定的"诈骗罪"（罪名竞合），这时应当依照处罚较重的规定定罪处罚：（1）在骗取财物没达到"数额较大"时，不能构成诈骗罪，只能构成冒充军人招摇撞骗罪；（2）数额较大、但没达到数额巨大时，冒充军人招摇撞骗罪（情节严重）的法定最高刑为10年，而诈骗罪的法定最高刑是3年，显然也应以冒充军人招摇撞骗罪定罪；（3）如果达到"数额巨大"时，两者的处刑都是3年至10年有期徒刑，但是诈骗罪还要并处罚金，并且情节特别严重的，处刑最高可达无期徒刑，这时显然应以诈骗罪定罪量刑。

● **相关规定**　【法释〔2011〕16号】　最高人民法院、最高人民检察院关于办理妨害武装部队制式服装、车辆号牌管理秩序等刑事案件具体应用法律若干问题的解释（2011年3月28日最高人民法院审判委员会第1516次会议、2011年4月13日最高人民检察院第11届检察委员会第60次会议通过，2011年7月20日公布，2011年8月1日起施行；替代废止2002年4月10日最高人民法院发布的《关于审理非法生产、买卖武装部队车辆号牌等刑事案件具体应用法律若干问题的解释》"法释〔2002〕9号"）

第6条　实施刑法第375条规定的犯罪行为，同时又构成逃税、诈骗、冒充军人招摇撞骗等犯罪的，依照处罚较重的规定定罪处罚。

【公通字〔2021〕21号】　最高人民法院、最高人民检察院、公安部关于依法惩治招摇撞骗等违法犯罪行为的指导意见（第二次重印增补内容，余文见本书末尾。）

第373条　【煽动军人逃离部队罪；雇用逃离部队军人罪】煽动军人逃离部队或者明知是逃离部队的军人而雇用，情节严重的，处三年以下有期徒刑、拘役或者管制。

● **条文注释**　这里的"军人"仅指具有中国人民解放军军籍的现役军人及中国人民武装警察部队的现役武警，不包括执行军事任务的预备役人员和其他人员。

构成煽动军人逃离部队罪，必须具备以下条件：（1）行为人具有故意煽动军人逃离部队的主观恶意（即有明确的目的要使军人脱离所在部队，不履行服兵役义务），并实施了该行为；（2）情节严重。

这里的"煽动"是指宣传、鼓动的行为，如发表演说，进行广播或者邮寄宣传材料、散发标语传单等；但要注意的是：军人的家属、亲友因确有困难，劝说服役的军人早日退役回家等情况，不能按犯罪处理。"情节严重"是指多次实施煽动行为、煽动多名军人或者军队的高级或重要人员离开部队等情况。

构成雇用逃离部队军人罪，必须具备以下条件：（1）行为人明知对方是逃离部队的军人，仍然雇用了该军人；（2）情节严重。

这里的"明知"，包括知道和应当知道，具体应当根据案件的实际情况而综合分析。"情节严重"是指雇用多名或多次雇用部队的军人等情况。

● **立案标准**　最高人民检察院、公安部关于公安机关管辖的刑事案件立案追诉标准的规定（一）（公通字〔2008〕36号，2008年6月25日公布施行）

第91条［煽动军人逃离部队案（刑法第373条）］　煽动军人逃离部队，涉嫌下列情形之一的，应予立案追诉：

（一）煽动3人以上逃离部队的；

（二）煽动指挥人员、值班执勤人员或者其他负有重要职责人员逃离部队的；

（三）影响重要军事任务完成的；

（四）发生在战时的；

（五）其他情节严重的情形。

第92条［雇用逃离部队军人案（刑法第373条）］　明知是逃离部队的军人而雇用，涉嫌下列情形之一的，应予立案追诉：

（一）雇用1人6个月以上的；

（二）雇用3人以上的；

（三）明知是逃离部队的指挥人员、值班执勤人员或者其他负有重要职责人员而雇用的；

（四）阻碍部队将被雇用军人带回的；

（五）其他情节严重的情形。

第101条　本规定中的"以上"，包括本数。

第374条　【接送不合格兵员罪】在征兵工作中徇私舞弊，接送不合格兵员，情节严重的，处三年以下有期徒刑或者拘役；造成特别严重后果的，处三年以上七年以下有期徒刑。

● **条文注释**　构成第374条规定之罪，必须具备以下条件：（1）犯罪主体是特殊主体，即负责接送新兵的工作人员，包括军队中负责征兵工作的人员，也包括地方负责征召、审查和向部队输送兵员工作的人员；（2）行为人具有徇私舞弊，接送不合格兵员的主观犯罪故意，并实施了将不合格的兵员接送到部队的行为；(3) 情节严重。

这里的"征兵"是指征召中国人民解放军和中国人民武装警察部队现役的兵员。"徇私舞弊"主要是指徇私情（如看在是老同学、老同事、老部下、老上级或亲属朋友的面子），违反《兵役法》《征兵工作条例》《征兵政治审查工作规定》《应征公民体格检查标准》《女兵征集工作试行办法》等法律、法规中对兵员的身体、政治、文化素质等各方面的审查要求，将不符合要求的人员送进部队。特别要注意的是：如果行为人在征兵工作中收受贿赂，构成犯罪的，应当依照《刑法》第385条、第386条的规定，以"受贿罪"定罪处罚；而不能适用本条规定。

这里的"情节严重"，主要是指被送到部队的不合格人员，到部队后，不接受部队教育，又进行其他犯罪活动，造成恶劣影响等情况，其他界定标准依照"公通字〔2008〕36号"《立案标准》第98条的规定。"造成特别严重后果"主要是指被送到部队的不合格兵员，不接受部队教育，进行违法犯罪造成严重后果，或者接送不合格兵员多人等情况。

● **立案标准** 最高人民检察院、公安部关于公安机关管辖的刑事案件立案追诉标准的规定（一）（公通字〔2008〕36号，2008年6月25日公布施行）

第93条 [接送不合格兵员案（刑法第374条）] 在征兵工作中徇私舞弊，接送不合格兵员，涉嫌下列情形之一的，应予立案追诉：

（一）接送不合格特种条件兵员1名以上或者普通兵员3名以上的；
（二）发生在战时的；
（三）造成严重后果的；
（四）其他情节严重的情形。

第101条 本规定中的"以上"，包括本数。

第375条 【伪造、变造、买卖武装部队公文、证件、印章罪；盗窃、抢夺武装部队公文、证件、印章罪】 伪造、变造、买卖或者盗窃、抢夺武装部队公文、证件、印章的，处三年以下有期徒刑、拘役、管制或者剥夺政治权利；情节严重的，处三年以上十年以下有期徒刑。

【非法生产、买卖武装部队制式服装罪】非法生产、买卖武装部队制式服装，情节严重的，处三年以下有期徒刑、拘役或者管制，并处或者单处罚金。①

【伪造、盗窃、买卖、非法提供、非法使用武装部队专用标志罪】伪造、盗窃、买卖或者非法提供、使用武装部队车辆号牌等专用标志，情节严重的，处三年以下有期徒刑、拘役或者管制，并处或者单处罚金；情节特别严重的，处三年以上七年以下有期徒刑，并处罚金。②

单位犯第二款、第三款罪的，对单位判处罚金，并对其直接负责的主管人员和其他直接责任人员，依照各该款的规定处罚。③

● **条文注释** 这里的"武装部队"是指中国人民解放军现役部队和中国人民武装警察部队，不包括中国人民解放军的预备役部队和民兵组织。

第375条第1款规定的"公文"是指在执行公务或履行日常工作职责的活动中所形成或发布的文件、公函、通告、命令等公务文件；"证件"是指武装部队制发的人员身份证件、通行证件以及一些特别证件；"印章"是指武装部队用于各种公务性文件、公函、命令、通告等文件中能够代表部队的印章。

第375条第2款规定的"非法生产"，既包括无权生产的单位私自制造，也包括有权生产的单位不按规定，擅自超量生产。"制式服装"是指武装部队的军装，包括各种制服、领带、领带夹、纽扣、专用色布等。

第375条第3款规定的"买卖或者非法提供、使用"专用标志，既包括真实有效的专用标志，也包括伪造、变造的假的专用标志。"专用标志"，是指武装部队的车辆号牌等便于外界识别武装部队身份的各种专用外形标志，如军衔、

---

① 第375条第2款是根据2009年2月28日第11届全国人民代表大会常务委员会第7次会议通过的《刑法修正案（七）》（主席令第10号公布，2009年2月28日起施行）而修改；原第375条第2款内容为："非法生产、买卖武装部队制式服装、车辆号牌等专用标志，情节严重的，处三年以下有期徒刑、拘役或者管制，并处或者单处罚金。"

② 第375条第3款是根据2009年2月28日第11届全国人民代表大会常务委员会第7次会议通过的《刑法修正案（七）》（主席令第10号公布，2009年2月28日起施行）而增设。

③ 第375条第4款是原第375条第3款，并根据2009年2月28日第11届全国人民代表大会常务委员会第7次会议通过的《刑法修正案（七）》（主席令第10号公布，2009年2月28日起施行）而修改；原第375条第3款内容为："单位犯第二款罪的，对单位判处罚金，并对其直接负责的主管人员和其他直接责任人员，依照该款的规定处罚。"

军徽、臂章、胸章以及特种部队或者某些部队执行特别任务时专用的特别标志等。

第375条各款规定的"情节严重"的界定标准，依照"法释〔2011〕16号"《解释》的相关规定。

● 相关规定　【政保〔2008〕7号】　公安部、交通运输部、解放军总参谋部、解放军总政治部、解放军总后勤部关于加强涉及军车号牌及相关证件违法犯罪活动查处工作的意见（2008年4月22日印发）

一、涉嫌非法生产、买卖、伪造、变造军车号牌及相关证件。使用假冒军车偷逃税费、冒充军队单位和人员招摇撞骗或者从事其他犯罪活动的，依据《中华人民共和国刑法》和《最高人民法院关于审理非法生产、买卖武装部队车辆号牌等刑事案件具体应用法律若干问题的解释》[①]立案侦查。立案后符合刑事拘留条件的，依据《中华人民共和国刑事诉讼法》有关规定拘留，不得以罚代刑，降格或变通处理。

二、地方人员盗窃军车号牌，使用假冒军车冒充军人招摇撞骗，伪造、变造、买卖或者使用伪造、变造的军车驾驶证、军车行车执照、军人身份证等，不构成犯罪的，依据《中华人民共和国治安管理处罚法》第49条、第51条、第52条等规定处罚。符合劳动教养条件的，依法决定劳动教养。

三、地方人员无有效驾驶证驾驶假冒军车的，分别依据《中华人民共和国道路交通安全法》第96条和第99条规定处罚，合并执行。

四、假冒军车拖欠、逃缴公路交通规费，非法超限行驶，未依法取得道路运输经营许可擅自从事道路运输经营的，依据《中华人民共和国公路管理条例》第35条、《中华人民共和国公路管理条例实施细则》第61条、《中华人民共和国公路法》第76条、《中华人民共和国道路运输条例》第64条以及《收费公路管理条例》有关规定从重处罚。构成犯罪的，依法追究刑事责任。

五、军队人员涉嫌伪造、变造或者使用伪造、变造的军车号牌、军车驾驶证、军车行车执照等证件，出具虚假证明材料、干扰查处假冒军车执法工作的，依据军队有关规定严肃处理。构成犯罪的，依法追究刑事责任。

六、对正常行驶军车的检查纠察，由军队有关部门负责。对使用军队通报

---

① 注：《最高人民法院关于审理非法生产、买卖武装部队车辆号牌等刑事案件具体应用法律若干问题的解释》已经被2011年7月20日发布的《最高人民法院、最高人民检察院关于办理妨害武装部队制式服装、车辆号牌管理秩序等刑事案件具体应用法律若干问题的解释》（法释〔2011〕16号）所替代。

被盗军车号牌的车辆，有证据证明使用伪造、变造军车号牌的车辆，以及悬挂军车号牌载重量10吨（不含）以上运输车（不含军队编制装备的重装备运输车，自卸车、牵引车、运加油车等），特别是集装箱车和货柜车，公安机关和交通部门可以滞留车辆，通报军队有关部门。军队有关部门应当积极协助核实当事人身份、车辆性质、号牌和相关证件真伪，及时出具相关证明材料。属于军队车辆的，移交军队有关部门严肃处理；属于假冒军车的，由公安机关和交通部门依法处理。

七、对查扣的假冒军车，属被盗抢车辆或涉嫌其他违法犯罪行为的车辆，由有案件管辖权的部门处理；属非法拼装和报废车辆的，予以强制报废；有合法手续的车辆，在作出相应处罚后予以返还。

【法释〔2011〕16号】　最高人民法院、最高人民检察院关于办理妨害武装部队制式服装、车辆号牌管理秩序等刑事案件具体应用法律若干问题的解释（2011年3月28日最高人民法院审判委员会第1516次会议、2011年4月13日最高人民检察院第11届检察委员会第60次会议通过，2011年7月20日公布，2011年8月1日起施行；替代废止的2002年4月10日最高人民法院发布的《关于审理非法生产、买卖武装部队车辆号牌等刑事案件具体应用法律若干问题的解释》"法释〔2002〕9号"）

第1条　伪造、变造、买卖或者盗窃、抢夺武装部队公文、证件、印章，具有下列情形之一的，应当依照刑法第375条第1款的规定，以伪造、变造、买卖武装部队公文、证件、印章罪或者盗窃、抢夺武装部队公文、证件、印章罪定罪处罚：

（一）伪造、变造、买卖或者盗窃、抢夺武装部队公文1件以上的；

（二）伪造、变造、买卖或者盗窃、抢夺武装部队军官证、士兵证、车辆行驶证、车辆驾驶证或者其他证件2本以上的；

（三）伪造、变造、买卖或者盗窃、抢夺武装部队机关印章、车辆牌证印章或者其他印章1枚以上的。

实施前款规定的行为，数量达到第1至3项规定标准5倍以上或者造成严重后果的，应当认定为刑法第375条第1款规定的"情节严重"。

第2条　非法生产、买卖武装部队现行装备的制式服装，具有下列情形之一的，应当认定为刑法第375条第2款规定的"情节严重"，以非法生产、买卖武装部队制式服装罪定罪处罚：

（一）非法生产、买卖成套制式服装30套以上，或者非成套制式服装100

件以上的;

（二）非法生产、买卖帽徽、领花、臂章等标志服饰合计100件（副）以上的;

（三）非法经营数额2万元以上的;

（四）违法所得数额5000元以上的;

（五）具有其他严重情节的。

第3条　伪造、盗窃、买卖或者非法提供、使用武装部队车辆号牌等专用标志，具有下列情形之一的，应当认定为刑法第375条第3款规定的"情节严重"，以伪造、盗窃、买卖、非法提供、非法使用武装部队专用标志罪定罪处罚:

（一）伪造、盗窃、买卖或者非法提供、使用武装部队军以上领导机关车辆号牌1副以上或者其他车辆号牌3副以上的;

（二）非法提供、使用军以上领导机关车辆号牌之外的其他车辆号牌累计6个月以上的;

（三）伪造、盗窃、买卖或者非法提供、使用军徽、军旗、军种符号或者其他军用标志合计100件（副）以上的;

（四）造成严重后果或者恶劣影响的。

实施前款规定的行为，具有下列情形之一的，应当认定为刑法第375条第3款规定的"情节特别严重":

（一）数量达到前款第（一）、（三）项规定标准5倍以上的;

（二）非法提供、使用军以上领导机关车辆号牌累计6个月以上或者其他车辆号牌累计1年以上的;

（三）造成特别严重后果或者特别恶劣影响的。

第4条　买卖、盗窃、抢夺伪造、变造的武装部队公文、证件、印章的，买卖仿制的现行装备的武装部队制式服装情节严重的，盗窃、买卖、提供、使用伪造、变造的武装部队车辆号牌等专用标志情节严重的，应当追究刑事责任。定罪量刑标准适用本解释第1至第3条的规定。

第5条　明知他人实施刑法第375条规定的犯罪行为，而为其生产、提供专用材料或者提供资金、账号、技术、生产经营场所等帮助的，以共犯论处。

第6条　实施刑法第375条规定的犯罪行为，同时又构成逃税、诈骗、冒充军人招摇撞骗等犯罪的，依照处罚较重的规定定罪处罚。

第7条　单位实施刑法第375条第2款、第3款规定的犯罪行为，对单位判处罚金，并对其直接负责的主管人员和其他直接责任人员，分别依照本解释的有关规定处罚。

● **立案标准** 最高人民检察院、公安部关于公安机关管辖的刑事案件立案追诉标准的规定（一）（公通字〔2008〕36号，2008年6月25日公布施行）

第94条［非法生产、买卖武装部队制式服装案（刑法第375条第2款）］[①] 非法生产、买卖武装部队制式服装，涉嫌下列情形之一的，应予立案追诉：

（一）非法生产、买卖成套制式服装30套以上，或者非成套制式服装100件以上的；

（二）非法生产、买卖帽徽、领花、臂章等标志服饰合计100件（副）以上的；

（三）非法经营数额2万元以上的；

（四）违法所得数额5000元以上的；

（五）其他情节严重的情形。

买卖仿制的现行装备的武装部队制式服装，情节严重的，应予立案追诉。

第94条之一［伪造、盗窃、买卖、非法提供、非法使用武装部队专用标志案（刑法第375条第3款）][②] 伪造、盗窃、买卖或者非法提供、使用武装部队车辆号牌等专用标志，涉嫌下列情形之一的，应予立案追诉：

（一）伪造、盗窃、买卖或者非法提供、使用武装部队军以上领导机关车辆号牌1副以上或者其他车辆号牌3副以上的；

（二）非法提供、使用军以上领导机关车辆号牌之外的其他车辆号牌累计6个月以上的；

（三）伪造、盗窃、买卖或者非法提供、使用军徽、军旗、军种符号或者其他军用标志合计100件（副）以上的；

（四）造成严重后果或者恶劣影响的。

盗窃、买卖、提供、使用伪造、变造的武装部队车辆号牌等专用标志，情节严重的，应予立案追诉。

第101条 本规定中的"以上"，包括本数。

[①] 注：根据《最高人民检察院、公安部关于公安机关管辖的刑事案件立案追诉标准的规定（一）的补充规定》（公通字〔2017〕12号，2017年4月27日公布施行）修订。该规定其实是对《最高人民法院、最高人民检察院关于办理妨害武装部队制式服装、车辆号牌管理秩序等刑事案件具体应用法律若干问题的解释》（法释〔2011〕16号）相关内容的重复叙述。

[②] 注：本条规定根据《最高人民检察院、公安部关于公安机关管辖的刑事案件立案追诉标准的规定（一）的补充规定》（公通字〔2017〕12号，2017年4月27日公布施行）而增加；其实是对《最高人民法院、最高人民检察院关于办理妨害武装部队制式服装、车辆号牌管理秩序等刑事案件具体应用法律若干问题的解释》（法释〔2011〕16号）相关内容的重复叙述。

> **第 376 条** 【战时拒绝、逃避征召、军事训练罪】预备役人员战时拒绝、逃避征召或者军事训练，情节严重的，处三年以下有期徒刑或者拘役。
> 【战时拒绝、逃避服役罪】公民战时拒绝、逃避服役，情节严重的，处二年以下有期徒刑或者拘役。

● **条文注释** 第 376 条是针对战时拒绝或逃避征召、服役行为的处罚规定。其中，第 1 款的犯罪主体是特定主体，即预备役人员；第 2 款的犯罪主体是一般主体。他们都只能是自然人（单位不能够构成本罪），并且要"情节严重"才构成犯罪。

根据《国防法》和《兵役法》的规定，"预备役人员"是指编入民兵组织或者经过登记服预备役的人员，战时根据国家发布的动员令转为现役人员。这里的"战时"，参照《刑法》第 451 条的规定，是指国家宣布进入战争状态、部队受领作战任务或者遭敌突然袭击时；部队执行戒严任务或者处置突发性暴力事件时，以战时论。

第 376 条规定的"拒绝、逃避"，主要是指以暴力、威胁、欺骗等手段，或采取自伤、自残等方式，或无任何理由有意不接受或躲避征召、服役。除此之外，根据《国防动员法》第 68 条的规定，"拒绝、逃避"的行为还包括：（1）预编到现役部队和编入预备役部队的预备役人员、预定征召的其他预备役人员离开预备役登记地 1 个月以上未向兵役机关报告；（2）国家决定实施国防动员后，预定征召的预备役人员未经预备役登记的兵役机关批准离开预备役登记地，或未按照兵役机关要求及时返回，或未到指定地点报到。这里的"服役"，是指服现役；"征召"，是指兵役机关依法向预备役人员发出通知，要其按规定的时间地点报到，准备转服现役。"情节严重"，主要是指无故拒绝、逃避，经多次教育仍不改正或其他严重情节。但对于有些预备役人员因生病或家中确有实际困难不能或不能及时应召或参加军事训练的，不能定罪处刑。

● **立案标准** 最高人民检察院、公安部关于公安机关管辖的刑事案件立案追诉标准的规定（一）（公通字〔2008〕36 号，2008 年 6 月 25 日公布施行）

第 95 条［战时拒绝、逃避征召、军事训练案（刑法第 376 条第 1 款）］预备役人员战时拒绝、逃避征召或者军事训练，涉嫌下列情形之一的，应予立案追诉：

（一）无正当理由经教育仍拒绝、逃避征召或者军事训练的；

（二）以暴力、威胁、欺骗等手段，或者采取自伤、自残等方式拒绝、逃避征召或者军事训练的；

（三）联络、煽动他人共同拒绝、逃避征召或者军事训练的；

（四）其他情节严重的情形。

第96条［战时拒绝、逃避服役案（刑法第376条第2款）］ 公民战时拒绝、逃避服役，涉嫌下列情形之一的，应予立案追诉：

（一）无正当理由经教育仍拒绝、逃避服役的；

（二）以暴力、威胁、欺骗等手段，或者采取自伤、自残等方式拒绝、逃避服役的；

（三）联络、煽动他人共同拒绝、逃避服役的；

（四）其他情节严重的情形。

第377条 【战时故意提供虚假敌情罪】 战时故意向武装部队提供虚假敌情，造成严重后果的，处三年以上十年以下有期徒刑；造成特别严重后果的，处十年以上有期徒刑或者无期徒刑。

第378条 【战时造谣扰乱军心罪】 战时造谣惑众，扰乱军心的，处三年以下有期徒刑、拘役或者管制；情节严重的，处三年以上十年以下有期徒刑。

● **条文注释** 第377条、第378条是针对战时故意提供或传播虚假信息行为的处罚规定。其中，以干扰部队军事决策或军事行为为目的的，适用第377条的规定；以扰乱军心为目的的，适用第378条的规定。这里的"战时"，参照《刑法》第451条的规定，是指国家宣布进入战争状态、部队受领作战任务或者遭敌突然袭击时；部队执行戒严任务或者处置突发性暴力事件时，以战时论。

构成第377条规定之罪，必须具备以下条件：（1）行为人有向武装部队提供虚假敌情的主观故意，并实施了该行为；（2）该行为发生在战时；（3）造成严重后果以上。

这里的"虚假"包括无中生有，凭空编造根本不存在的情况，也包括歪曲、颠倒已存在的事实情况。"造成严重后果"主要是指贻误了战机，或使我方作出错误的军事行动决定，或者造成重大损失等情况。"造成特别严重后果"主要是指致使战斗、战役遭受重大损失等后果。

构成第378条规定之罪，必须具备以下条件：（1）行为人具有造谣惑众的主观故意，并实施了该行为；（2）该行为发生在战时，并且足以或已经扰乱军心；（3）行为人是非军人，即除军人以外的其他任何人。

这里的"造谣惑众"是指行为人捏造事实制造谣言，或将听说的谣言在部队中进行传播，迷惑众人的行为。"扰乱军心"是指行为人通过传播虚假事实或谣言，在部队中散布怯战、厌战或恐怖情绪，造成军心不稳，斗志涣散，如夸大敌方某种武器的杀伤力，制造恐怖气氛，编造我军军需物资供应困难等。

需要注意的是：

1. 第377条规定的"提供虚假敌情"应该具有主观恶意。对于有些老百姓对敌情不太知道，或道听途说，或是由于心理紧张害怕而夸大敌情的情况，不能认为是向武装部队提供虚假敌情。

2. 第378条规定的"造谣惑众"必须是面向多数人实施该行为。如果行为人只是向个别人散布谣言，没有引起众惑的后果，则不构成犯罪。

3. 刑法第378条和第433条规定的犯罪行为都是"战时造谣惑众，扰乱（动摇）军心"，它们的主要区别在于：（1）后者的犯罪主体只能是军人，包括中国人民解放军的现役军官、文职干部、士兵及具有军籍的学员和中国人民武装警察部队的现役警官、文职干部、士兵及具有军籍的学员以及执行军事任务的预备役人员和其他人员；而前者的犯罪主体是非军人，即除军人以外的其他任何人。（2）后者增加了两档加重处罚的情形，即对于勾结敌人造谣惑众，动摇军心的，最高可判处死刑。

第379条 【战时窝藏逃离部队军人罪】 战时明知是逃离部队的军人而为其提供隐蔽处所、财物，情节严重的，处三年以下有期徒刑或者拘役。

● **条文注释** 构成第379条规定之罪，必须具备以下条件：（1）行为人在主观上有"明知"的故意，即明知对方是逃离部队的军人；（2）行为人实施了为该军人提供隐蔽处所、财物的行为；（3）该行为发生在战时，即国家宣布进入战争状态、部队受领作战任务或遭敌突然袭击时；部队执行戒严任务或处置突发性暴力事件时，以战时论。

"提供隐蔽处所"是指将逃离部队的军人隐藏起来，以逃避我方部队或有关部门的查找。"财物"包括能帮助逃离部队的军人进一步逃跑或隐藏的一切物质资助。"情节严重"，主要是指在我方部队或有关部门、组织进行查找时，行为人故意编造虚假情况进行隐瞒，或者多次提供财物帮助多名逃离部队的军人潜逃等。

● **立案标准** 最高人民检察院、公安部关于公安机关管辖的刑事案件立案追诉标准的规定（一）（公通字〔2008〕36号，2008年6月25日公布施行）

第97条 [战时窝藏逃离部队军人案（刑法第379条）] 战时明知是逃离部队的军人而为其提供隐蔽处所、财物，涉嫌下列情形之一的，应予立案追诉：

（一）窝藏3人次以上的；

（二）明知是指挥人员、值班执勤人员或者其他负有重要职责人员而窝藏的；

（三）有关部门查找时拒不交出的；

（四）其他情节严重的情形。

第101条 本规定中的"以上"，包括本数。

> **第380条** 【战时拒绝、故意延误军事订货罪】战时拒绝或者故意延误军事订货，情节严重的，对单位判处罚金，并对其直接负责的主管人员和其他直接责任人员，处五年以下有期徒刑或者拘役；造成严重后果的，处五年以上有期徒刑。
>
> **第381条** 【战时拒绝军事征收、征用罪】[1] 战时拒绝军事征收、征用[2]，情节严重的，处三年以下有期徒刑或者拘役。

● **条文注释** 第380条、第381条是针对在战时拒绝或故意延误军事订货、军事征收征用等行为的处罚规定。这里的"战时"，是指国家宣布进入战争状态、部队受领作战任务或遭敌突然袭击时；部队执行戒严任务或者处置突发性暴力事件时，以战时论。

构成第380条规定之罪，必须具备以下条件：（1）犯罪主体是与军事单位签订军事订货合同的当事人，且当事人是单位；（2）行为人具有拒绝或延误军事订货的主观故意，并实施了该行为；（3）该行为发生在战时；（4）情节严重。

这里的"军事订货"包括武器装备和其他军用物资。"拒绝"是指拒不履行

---

[1] 本罪名原为"战时拒绝军事征用罪"；《最高人民法院、最高人民检察院关于执行〈中华人民共和国刑法〉确定罪名的补充规定（六）》（法释〔2015〕20号，最高人民法院审判委员会第1664次会议、最高人民检察院第12届检察委员会第42次会议通过）改为现名，2015年11月1日执行。

[2] 本部分内容原为"征用"；本书根据2009年8月27日全国人大常委会《关于修改部分法律的决定》（主席令第18号公布施行）改为"征收、征用"。

规定的供货义务;"延误"是指不按规定的时间供货。"情节严重"主要是指拒绝手段恶劣,或者由于急需的武器装备、后勤给养供应不及时,使我方陷入不利境地,严重影响战斗任务的顺利完成等,具体界定标准依照"公通字〔2008〕36号"《立案标准》第98条的规定。"造成严重后果"主要是指使战斗、战役遭受重大损失,造成不必要的人员伤亡等严重后果。

构成第381条规定之罪,必须具备以下条件:(1)犯罪主体是一般主体,但只能是个人,不能是单位;(2)行为人有拒绝军事征收、征用的主观故意,并实施了该行为;(3)该行为发生在战时;(4)情节严重。

这里的"拒绝军事征收、征用"是指行为人故意不将被征收、征用的物品交付部队使用的行为。"情节严重"主要是指影响了部队完成任务或造成严重后果,或者经反复教育、动员仍不交付等情况,具体界定标准依照"公通字〔2008〕36号"《立案标准》第99条的规定。

● **立案标准**　最高人民检察院、公安部关于公安机关管辖的刑事案件立案追诉标准的规定（一）（公通字〔2008〕36号,2008年6月25日公布施行）

第98条 [战时拒绝、故意延误军事订货案（刑法第380条）]　战时拒绝或者故意延误军事订货,涉嫌下列情形之一的,应予立案追诉:

（一）拒绝或者故意延误军事订货3次以上的;
（二）联络、煽动他人共同拒绝或者故意延误军事订货的;
（三）拒绝或者故意延误重要军事订货,影响重要军事任务完成的;
（四）其他情节严重的情形。

第99条 [战时拒绝军事征收、征用案（刑法第381条）][①]　战时拒绝军事征收、征用,涉嫌下列情形之一的,应予立案追诉:

（1）无正当理由拒绝军事征收、征用3次以上的;
（2）采取暴力、威胁、欺骗等手段拒绝军事征收、征用的;
（3）联络、煽动他人共同拒绝军事征收、征用的;
（4）拒绝重要军事征收、征用,影响重要军事任务完成的;
（5）其他情节严重的情形。

第101条　本规定中的"以上",包括本数。

---

① 注:根据《最高人民检察院、公安部关于公安机关管辖的刑事案件立案追诉标准的规定（一）的补充规定》（公通字〔2017〕12号,2017年4月27日公布施行）修订;其实根据2009年8月27日第11届全国人民代表大会常务委员会第10次会议《关于修改部分法律的决定》（主席令第18号公布施行）,将原规定中的"征用"改为了"征收、征用"。

第八章 贪污贿赂罪

第 382 条 【贪污罪】国家工作人员利用职务上的便利，侵吞、窃取、骗取或者以其他手段非法占有公共财物的，是贪污罪。

受国家机关、国有公司、企业、事业单位、人民团体委托管理、经营国有财产的人员，利用职务上的便利，侵吞、窃取、骗取或者以其他手段非法占有国有财物的，以贪污论。

与前两款所列人员勾结，伙同贪污的，以共犯论处。

第 383 条[①] 【贪污罪的处罚】对犯贪污罪的，根据情节轻重，分别依照下列规定处罚：

（一）贪污数额较大或者有其他较重情节的，处三年以下有期徒刑或者拘役，并处罚金。

（二）贪污数额巨大或者有其他严重情节的，处三年以上十年以下有期徒刑，并处罚金或者没收财产。

（三）贪污数额特别巨大或者有其他特别严重情节的，处十年以上有期徒刑或者无期徒刑，并处罚金或者没收财产；数额特别巨大，并使国家和人民利益遭受特别重大损失的，处无期徒刑或者死刑，并处没收财产。

[①] 第 383 条是根据 2015 年 8 月 29 日第 12 届全国人民代表大会常务委员会第 16 次会议通过的《刑法修正案（九）》（主席令第 30 号公布，2015 年 11 月 1 日起施行）而修改；原第 383 条的内容为："对犯贪污罪的，根据情节轻重，分别依照下列规定处罚：（一）个人贪污数额在十万元以上的，处十年以上有期徒刑或者无期徒刑，可以并处没收财产；情节特别严重的，处死刑，并处没收财产。（二）个人贪污数额在五万元以上不满十万元的，处五年以上有期徒刑，可以并处没收财产；情节特别严重的，处无期徒刑，并处没收财产。（三）个人贪污数额在五千元以上不满五万元的，处一年以上七年以下有期徒刑；情节严重的，处七年以上十年以下有期徒刑。个人贪污数额在五千元以上不满一万元，犯罪后有悔改表现、积极退赃的，可以减轻处罚或者免予刑事处罚，由其所在单位或者上级主管机关给予行政处分。（四）个人贪污数额不满五千元，情节较重的，处二年以下有期徒刑或者拘役；情节较轻的，由其所在单位或者上级主管机关酌情给予行政处分。//对多次贪污未经处理的，按照累计贪污数额处罚。"

> 对多次贪污未经处理的，按照累计贪污数额处罚。
>
> 犯第一款罪，在提起公诉前如实供述自己罪行、真诚悔罪、积极退赃，避免、减少损害结果的发生，有第一项规定情形的，可以从轻、减轻或者免除处罚；有第二项、第三项规定情形的，可以从轻处罚。
>
> 犯第一款罪，有第三项规定情形被判处死刑缓期执行的，人民法院根据犯罪情节等情况可以同时决定在其死刑缓期执行二年期满依法减为无期徒刑后，终身监禁，不得减刑、假释。
>
> **（插）第394条　【贪污罪】**国家工作人员在国内公务活动或者对外交往中接受礼物，依照国家规定应当交公而不交公，数额较大的，依照本法第三百八十二条、第三百八十三条的规定定罪处罚。

● **条文注释**　构成贪污罪，必须满足以下条件：

1. 犯罪主体是特殊主体。主要包括两大类：（1）国家工作人员（具体的界定范围见《刑法》第93条的注释）；（2）受国有单位委托，管理、经营国有财产的人员。

2. 犯罪侵犯的对象是公共财物。公共财物的界定范围，依照《刑法》第91条的规定，主要包括：（1）国有财产；（2）劳动群众集体所有的财产；（3）用于扶贫和其他公益事业的社会捐助或者专项基金的财产；（4）在国家机关、国有公司、企业集体企业和人民团体管理、使用或者运输中的私人财产，以公共财产论。另外，国家工作人员在国内公务活动或对外交往中接受的、按国家规定应当交公的礼物，也以公共财产论。

3. 行为人利用了职务上的便利非法占有公共财物。这里的"职务上的便利"，是指自己职务范围内的权力和地位所形成的主管、管理、经手公共财物的便利条件。"侵吞"，是指将自己主管、管理、经手的公共财物非法占为己有；"窃取"，是指用秘密获取的方法，将自己主管、管理、经手的公共财物占为己有，即通常所说的"监守自盗"；"骗取"，是指使用欺骗的方法非法占有公共财物，如会计、出纳员伪造、涂改单据，虚报冒领等。

第383条规定的贪污数额"较大""巨大""特别巨大"以及情节"较重""严重""特别严重"的界定标准，依照"法释〔2016〕9号"司法解释的规定。

第383条第3款规定的对贪污犯罪的从宽处理，行为人的悔罪必须同时符合以下条件：（1）在案件侦查终结、提起公诉之前；（2）如实供述全部罪行，并真诚悔改、积极退赃；（3）实际避免或减少了损害的结果。

第 383 条第 4 款规定的对贪污犯罪的终身监禁，实际上并不是独立的刑种，而是对死刑的一种替代性措施，它由人民法院在作出死缓判决的同时（而不是在死缓 2 年期满减为无期徒刑的同时）作出决定，并在判决书上明确记载。被决定终身监禁的罪犯，不得再被减刑或假释；根据《刑事诉讼法》第 254 条的规定，也不得予以监外执行。

第 394 条规定中的"国家规定"，主要是指《国家行政机关及其工作人员在国内公务活动中不得赠送和接受礼品的规定》《国务院关于在对外活动中不赠礼、不受礼的决定》等规定。

需要注意的是：

（1）第 382 条第 2 款规定的"国有财物"与"公共财物"是有区别的：前者只限于国家、全民所有的财产，后者还包括集体所有的财产、用于社会公益事业的财产等。

（2）非国家工作人员与国家工作人员伙同贪污的，以贪污罪的共犯论处。

● 相关规定　【军法发字〔1988〕34 号】　中国人民解放军军事法院关于审理军人违反职责罪案件中几个具体问题的处理意见（1988 年 10 月 19 日印发）①

三、关于监守自盗军用物资的行为应如何定罪处罚问题

军职人员利用职务上的便利，盗窃自己经手、管理的军用物资的，符合贪污罪的基本特征，依照《刑法》第 155 条和全国人大常委会《关于惩治贪污罪贿赂罪的补充规定》，以贪污罪论处，从重处罚。

【法释〔2000〕15 号】　最高人民法院关于审理贪污、职务侵占案件如何认定共同犯罪几个问题的解释（2000 年 6 月 27 日最高人民法院审判委员会第 1120 次会议通过，2000 年 6 月 30 日公布，2000 年 7 月 8 日起施行）

第 1 条　行为人与国家工作人员勾结，利用国家工作人员的职务便利，共同侵吞、窃取、骗取或者以其他手段非法占有公共财物的，以贪污罪共犯论处。

第 3 条　公司、企业或者其他单位中，不具有国家工作人员身份的人与国

---

① 该《意见》由中国人民解放军军事法院根据 1979 年《刑法》和《惩治军人违反职责罪暂行条例》而制定，在征求了总政保卫部、解放军军事检察院的意见后，报请最高人民法院同意，于 1988 年 10 月 19 日印发给各军区、海军、空军、总直属队军事法院。1997 年修订《刑法》后，《惩治军人违反职责罪暂行条例》被废止，其内容全部被吸收纳入现行《刑法》分则第 10 章"军人违反职责罪"；但该《意见》一直未被废止或修订。

本书认为：该《意见》除了其中引用的原刑法和《条例》的条目编号需要更新之外，其实质性内容应当仍然有效；但是现行《刑法》有新规定或者新设置罪名的，应当适用现行《刑法》的规定。

家工作人员勾结,分别利用各自的职务便利,共同将本单位财物非法占为己有的,按照主犯的犯罪性质定罪。

【法刊文摘】　国家出资企业人员职务犯罪研讨会综述[①]

四、关于共同盗窃本单位财物的定性

一种意见认为,根据《最高人民法院关于审理贪污、职务侵占案件如何认定共同犯罪几个问题的解释》第1、2条的规定,行为人与国家工作人员或者公司、企业人员勾结,利用国家工作人员或者公司、企业的职务便利,共同将该单位财产非法占为己有、数额较大的,应当根据工作人员的身份,按照贪污罪或者职务侵占罪定罪处罚。

另一种意见认为,在对上述犯罪行为定性时应当考察在共同犯罪中谁居于支配地位,从而确定共同犯罪的性质。若外部人员为主犯,应当以盗窃罪定罪处罚;若内部人员处于支配地位则应当以贪污罪或者职务侵占罪定罪处罚;在不能区分主从犯时,应当分别定罪处罚。

多数意见认为,对于国家出资企业中的国家工作人员利用职务便利,积极为外部不具有身份的人员盗窃财物创造条件或者便利的,应当认定为共同犯罪,按照贪污罪定罪处罚。对于国家出资企业中的国家工作人员未参与预谋、不知道盗窃财物的具体内容且不参与分赃,仅因收受贿赂而消极作为,从而客观上为外部人员盗窃财物提供条件或者便利的,不宜认定为共同犯罪,对国家出资企业的国家工作人员和外部人员应当分别按照受贿罪、盗窃罪定罪处罚;如果国家出资企业中的国家工作人员收受贿赂后还构成其他渎职犯罪的,应当数罪并罚。

【法释〔2003〕8号】　最高人民法院、最高人民检察院关于办理妨害预防、控制突发传染病疫情等灾害的刑事案件具体应用法律若干问题的解释(2003年5月13日最高人民法院审判委员会第1269次会议、2003年5月13日最高人民检察院第10届检察委员会第3次会议通过,2003年5月14日公布,2003年5月15日起施行)

第14条(第1款)　贪污、侵占用于预防、控制突发传染病疫情等灾害的款物或者挪用归个人使用,构成犯罪的,分别依照刑法第382条、第383条、第271条、第384条、第272条的规定,以贪污罪、职务侵占罪、挪用公款罪、挪

[①] 2012年12月8日最高人民法院刑二庭会同山东省高级人民法院、东营市中级人民法院在东营市组织召开研讨会,研讨了《最高人民法院、最高人民检察院关于办理国家出资企业中职务犯罪案件具体应用法律若干问题的意见》的理解适用问题。刊于最高人民法院刑事审判第一、二、三、四、五庭主办:《刑事审判参考》(2012年第6集)(总第89集),法律出版社2013年版。

用资金罪定罪,依法从重处罚。

第 18 条 本解释所称"突发传染病疫情等灾害",是指突然发生,造成或者可能造成社会公众健康严重损害的重大传染病疫情、群体性不明原因疾病以及其他严重影响公众健康的灾害。

【法发〔2020〕7号】 最高人民法院、最高人民检察院、公安部、司法部关于依法惩治妨害新型冠状病毒感染肺炎疫情防控违法犯罪的意见(2020年2月6日印发)

二、准确适用法律,依法严惩妨害疫情防控的各类违法犯罪

(七)依法严惩疫情防控失职渎职、贪污挪用犯罪。……

(第4款) 国家工作人员,受委托管理国有财产的人员,公司、企业或者其他单位的人员,利用职务便利,侵吞、截留或者以其他手段非法占有用于防控新型冠状病毒感染肺炎的款物,或者挪用上述款物归个人使用,符合刑法第382条、第383条、第271条、第384条、第272条规定的,以贪污罪、职务侵占罪、挪用公款罪、挪用资金罪定罪处罚。挪用用于防控新型冠状病毒感染肺炎的救灾、优抚、救济等款物,符合刑法第273条规定的,对直接责任人员,以挪用特定款物罪定罪处罚。

【法〔2003〕167号】 全国法院审理经济犯罪案件工作座谈会纪要(2002年6月4日至6日在重庆市召开,各省、自治区、直辖市高级人民法院和解放军军事法院主管刑事审判工作的副院长和刑庭庭长参加,全国人大常委会法制工作委员会、最高人民检察院、公安部应邀派员参加;2003年11月13日印发)

二、关于贪污罪

(一)贪污罪既遂与未遂的认定

贪污罪是一种以非法占有为目的的财产性职务犯罪,与盗窃、诈骗、抢夺等侵犯财产罪一样,应当以行为人是否实际控制财物作为区分贪污罪既遂与未遂的标准。对于行为人利用职务上的便利,实施了虚假平账等贪污行为,但公共财物尚未实际转移,或者尚未被行为人控制就被查获的,应当认定为贪污未遂。行为人控制公共财物后,是否将财物据为己有,不影响贪污既遂的认定。

(二)"受委托管理、经营国有财产"的认定

刑法第382条第2款规定的"受委托管理、经营国有财产",是指因承包、租赁、临时聘用等管理、经营国有财产。

(三)国家工作人员与非国家工作人员勾结共同非法占有单位财物行为的认定

对于国家工作人员与他人勾结,共同非法占有单位财物的行为,应当按照

《最高人民法院关于审理贪污、职务侵占案件如何认定共同犯罪几个问题的解释》的规定定罪处罚。对于在公司、企业或者其他单位中，非国家工作人员与国家工作人员勾结，分别利用各自的职务便利，共同将本单位财物非法占有的，应当尽量区分主从犯，按照主犯的犯罪性质定罪。司法实践中，如果根据案件的实际情况，各共同犯罪人在共同犯罪中的地位、作用相当，难以区分主从犯的，可以贪污罪定罪处罚。

（四）共同贪污犯罪中"个人贪污数额"的认定①

刑法第383条第1款规定的"个人贪污数额"，在共同贪污犯罪案件中应理解为个人所参与或者组织、指挥共同贪污的数额，不能只按个人实际分得的赃款数额来认定。对共同贪污犯罪中的从犯，应当按照其所参与的共同贪污的数额确定量刑幅度，并依照刑法第27条第2款的规定，从轻、减轻处罚或者免除处罚。

四、关于挪用公款罪

（八）挪用公款转化为贪污的认定

挪用公款罪与贪污罪的主要区别在于行为人主观上是否具有非法占有公款的目的。挪用公款是否转化为贪污，应当按照主客观相一致的原则，具体判断和认定行为人主观上是否具有非法占有公款的目的。在司法实践中，具有以下情形之一的，可以认定行为人具有非法占有公款的目的：

1. 根据《最高人民法院关于审理挪用公款案件具体应用法律若干问题的解释》第6条的规定，行为人"携带挪用的公款潜逃的"，对其携带挪用的公款部分，以贪污罪定罪处罚。

2. 行为人挪用公款后采取虚假发票平账、销毁有关账目等手段，使所挪用的公款已难以在单位财务账目上反映出来，且没有归还行为的，应当以贪污罪定罪处罚。

3. 行为人截取单位收入不入账，非法占有，使所占有的公款难以在单位财务账目上反映出来，且没有归还行为的，应当以贪污罪定罪处罚。

4. 有证据证明行为人有能力归还所挪用的公款而拒不归还，并隐瞒挪用的公款去向的，应当以贪污罪定罪处罚。

【法研〔2004〕38号】 最高人民法院研究室关于对行为人通过伪造国家机关公文、证件担任国家工作人员职务并利用职务上的便利侵占本单位财物、收受贿赂、挪用本单位资金等行为如何适用法律问题的答复（2004年3月20日

---

① 注：《刑法修正案（九）》（2015年11月1日起施行）已经将《刑法》第383条原规定的"个人贪污数额"修改为"贪污数额"。

答复北京市高级人民法院"京高法〔2004〕15号"请示）

行为人通过伪造国家机关公文、证件担任国家工作人员职务以后，又利用职务上的便利实施侵占本单位财物、收受贿赂、挪用本单位资金等行为，构成犯罪的，应当分别以伪造国家机关公文、证件罪和相应的贪污罪、受贿罪、挪用公款罪等追究刑事责任，实行数罪并罚。

【公通字〔2005〕2号】 最高人民法院、最高人民检察院、公安部关于开展集中打击赌博违法犯罪活动专项行动有关工作的通知（2005年1月10日）

二、……对实施贪污、挪用公款、职务侵占、挪用单位资金、挪用特定款物、受贿等犯罪，并将犯罪所得的款物用于赌博的，分别依照刑法有关规定从重处罚；同时构成赌博罪的，应依照刑法规定实行数罪并罚。……

【法发〔2010〕49号】 最高人民法院、最高人民检察院关于办理国家出资企业中职务犯罪案件具体应用法律若干问题的意见（2010年11月26日印发）

一、关于国家出资企业工作人员在改制过程中隐匿公司、企业财产归个人持股的改制后公司、企业所有的行为的处理

国家工作人员或者受国家机关、国有公司、企业、事业单位、人民团体委托管理、经营国有财产的人员利用职务上的便利，在国家出资企业改制过程中故意通过低估资产、隐瞒债权、虚设债务、虚构产权交易等方式隐匿公司、企业财产，转为本人持有股份的改制后公司、企业所有，应当依法追究刑事责任的，依照刑法第382条、第383条的规定，以贪污罪定罪处罚。贪污数额一般应当以所隐匿财产全额计算；改制后公司、企业仍有国有股份的，按股份比例扣除归于国有的部分。

所隐匿财产在改制过程中已为行为人实际控制，或者国家出资企业改制已经完成的，以犯罪既遂处理。

第1款规定以外的人员实施该款行为的，依照刑法第271条的规定，以职务侵占罪定罪处罚；第1款规定以外的人员与第1款规定的人员共同实施该款行为的，以贪污罪的共犯论处。

在企业改制过程中未采取低估资产、隐瞒债权、虚设债务、虚构产权交易等方式故意隐匿公司、企业财产的，一般不应当认定为贪污；造成国有资产重大损失，依法构成刑法第168条或者第169条规定的犯罪的，依照该规定定罪处罚。

二、关于国有公司、企业在改制过程中隐匿公司、企业财产归职工集体持股的改制后公司、企业所有的行为的处理

国有公司、企业违反国家规定，在改制过程中隐匿公司、企业财产，转为

职工集体持股的改制后公司、企业所有的，对其直接负责的主管人员和其他直接责任人员，依照刑法第396条第1款的规定，以私分国有资产罪定罪处罚。

改制后的公司、企业中只有改制前公司、企业的管理人员或者少数职工持股，改制前公司、企业的多数职工未持股的，依照本意见第1条的规定，以贪污罪定罪处罚。

四、关于国家工作人员在企业改制过程中的渎职行为的处理

（第3款）国家出资企业中的国家工作人员在公司、企业改制或者国有资产处置过程中徇私舞弊，将国有资产低价折股或者低价出售给特定关系人持有股份或者本人实际控制的公司、企业，致使国家利益遭受重大损失的，依照刑法第382条、第383条的规定，以贪污罪定罪处罚。贪污数额以国有资产的损失数额计算。

五、关于改制前后主体身份发生变化的犯罪的处理

（第1款）国家工作人员在国家出资企业改制前利用职务上的便利实施犯罪，在其不再具有国家工作人员身份后又实施同种行为，依法构成不同犯罪的，应当分别定罪，实行数罪并罚。

（第2款）国家工作人员利用职务上的便利，在国家出资企业改制过程中隐匿公司、企业财产，在其不再具有国家工作人员身份后将所隐匿财产据为己有的，依照刑法第382条、第383条的规定，以贪污罪定罪处罚。

六、关于国家出资企业中国家工作人员的认定

经国家机关、国有公司、企业、事业单位提名、推荐、任命、批准等，在国有控股、参股公司及其分支机构中从事公务的人员，应当认定为国家工作人员。具体的任命机构和程序，不影响国家工作人员的认定。

经国家出资企业中负有管理、监督国有资产职责的组织批准或者研究决定，代表其在国有控股、参股公司及其分支机构中从事组织、领导、监督、经营、管理工作的人员，应当认定为国家工作人员。

国家出资企业中的国家工作人员，在国家出资企业中持有个人股份或者同时接受非国有股东委托的，不影响其国家工作人员身份的认定。

七、关于国家出资企业的界定

本意见所称"国家出资企业"，包括国家出资的国有独资公司、国有独资企业，以及国有资本控股公司、国有资本参股公司。

是否属于国家出资企业不清楚的，应遵循"谁投资、谁拥有产权"的原则进行界定。企业注册登记中的资金来源与实际出资不符的，应根据实际出资情况确定企业的性质。企业实际出资情况不清楚的，可以综合工商注册、分配形

式、经营管理等因素确定企业的性质。

八、关于宽严相济刑事政策的具体贯彻

办理国家出资企业中的职务犯罪案件时，要综合考虑历史条件、企业发展、职工就业、社会稳定等因素，注意具体情况具体分析，严格把握犯罪与一般违规行为的区分界限。对于主观恶意明显、社会危害严重、群众反映强烈的严重犯罪，要坚决依法从严惩处；对于特定历史条件下、为了顺利完成企业改制而实施的违反国家政策法律规定的行为，行为人无主观恶意或者主观恶意不明显，情节较轻，危害不大的，可以不作为犯罪处理。

对于国家出资企业中的职务犯罪，要加大经济上的惩罚力度，充分重视财产刑的适用和执行，最大限度地挽回国家和人民利益遭受的损失。不能退赃的，在决定刑罚时，应当作为重要情节予以考虑。

【法发〔2012〕17 号】 最高人民法院、最高人民检察院关于办理职务犯罪案件严格适用缓刑、免予刑事处罚若干问题的意见（2012 年 8 月 8 日印发）

二、具有下列情形之一的职务犯罪分子，一般不适用缓刑或者免予刑事处罚：

（一）不如实供述罪行的；

（二）不予退缴赃款赃物或者将赃款赃物用于非法活动的；

（三）属于共同犯罪中情节严重的主犯的；

（四）犯有数个职务犯罪依法实行并罚或者以一罪处理的；

（五）曾因职务违纪违法行为受过行政处分的；

（六）犯罪涉及的财物属于救灾、抢险、防汛、优抚、扶贫、移民、救济、防疫等特定款物的；

（七）受贿犯罪中具有索贿情节的；

（八）渎职犯罪中徇私舞弊情节或者滥用职权情节恶劣的；

（九）其他不应适用缓刑、免予刑事处罚的情形。

三、（第 1 款）不具有本意见第 2 条规定的情形，全部退缴赃款赃物，依法判处 3 年有期徒刑以下刑罚，符合刑法规定的缓刑适用条件的贪污、受贿犯罪分子，可以适用缓刑；符合刑法第 383 条第 1 款第 3 项[①]的规定，依法不需要判处刑罚的，可以免予刑事处罚。

四、人民法院审理职务犯罪案件时应当注意听取检察机关、被告人、辩护

---

① 注：《刑法修正案（九）》（2015 年 11 月 1 日起施行）已经将原《刑法》第 383 条第 1 款第 3 项的规定修改为《刑法》第 383 条第 3 款。

人提出的量刑意见,分析影响性案件案发前后的社会反映,必要时可以征求案件查办等机关的意见。对于情节恶劣、社会反映强烈的职务犯罪案件,不得适用缓刑、免予刑事处罚。

刑事公诉案件证据审查指引(经最高检检委会各委员审核,最高检公诉厅2015年7月公布;关于犯罪主体的证据审查部分)

五、证明职务犯罪特殊主体身份的证据

(一)受国家机关、国有公司、企业、事业单位、人民团体委托管理、经营国有财产的人员

1. 自然人身份证据(详见《刑事诉讼法全厚细》第50条)

2. 职务身份证据:(1)组织机构代码证复印件、企业营业执照等证据证明委托单位的情况;(2)国有资产登记表等书证证实委托标的系国有财产的情况;(3)企业营业执照、企业年检登记表证实犯罪嫌疑人、被告人所在单位的情况;(4)公司章程、会议纪要、犯罪嫌疑人、被告人所在单位出的关于其具体职责的证明文件等证实犯罪嫌疑人、被告人所承担的具体职责;(5)任命文件、会议纪要、推荐函、合同等书证证实犯罪嫌疑人、被告人系受国家机关、国有公司、企业事业单位、人民团体委托管理、经营国有财产;(6)犯罪嫌疑人、被告人供述和辩解、相关证人证言等证据证实犯罪嫌疑人、被告人确实是受委托管理、经营国有资产。

【法释〔2015〕19号】 最高人民法院关于《中华人民共和国刑法修正案(九)》时间效力问题的解释(2015年10月19日最高人民法院审判委员会第1664次会议通过,2015年10月29日公布,2015年11月1日起施行)

第7条 对于2015年10月31日以前以捏造的事实提起民事诉讼,……

实施第1款行为,非法占有他人财产或者逃避合法债务,根据修正前刑法应当以诈骗罪①、职务侵占罪或者贪污罪等追究刑事责任的,适用修正前刑法的有关规定。

第8条 对于2015年10月31日以前实施贪污、受贿行为,罪行极其严重,

---

① 注:本处规定与"高检研发〔2002〕18号"《答复》相冲突。《人民司法》2015年第7期刊发的《〈关于刑法修正案(九)时间效力问题的解释〉的理解与适用》对此解释道:鉴于诈骗罪、职务侵占罪、贪污罪的手段多样,通过虚假诉讼已经非法占有他人财产或者已经逃避合法债务的案例时有发生,给被害人造成重大损失,且社会影响恶劣,如果不依法惩治,并追缴违法所得,势将放纵犯罪。而且,在高检研究室的答复出台后,各地已有不少生效判例已经按照诈骗罪定罪处罚,且裁判结果符合罪刑法定、罪刑相当原则,社会反应良好,理论界也普遍认同。故未采纳《答复》意见。

根据修正前刑法判处死刑缓期执行不能体现罪刑相适应原则，而根据修正后刑法判处死刑缓期执行同时决定在其死刑缓期执行2年期满依法减为无期徒刑后，终身监禁，不得减刑、假释可以罚当其罪的，适用修正后刑法第383条第4款的规定。根据修正前刑法判处死刑缓期执行足以罚当其罪的，不适用修正后刑法第383条第4款的规定。

【法释〔2016〕9号】　最高人民法院、最高人民检察院关于办理贪污贿赂刑事案件适用法律若干问题的解释（2016年3月28日最高人民法院审判委员会第1680次会议、2016年3月25日最高人民检察院第12届检察委员会第50次会议通过，2016年4月18日公布施行）

第1条（第1款）　贪污或者受贿数额在3万元以上不满20万元的，应当认定为刑法第383条第1款规定的"数额较大"，依法判处3年以下有期徒刑或者拘役，并处罚金。

（第2款）　贪污数额在1万元以上不满3万元，具有下列情形之一的，应当认定为刑法第383条第1款规定的"其他较重情节"，依法判处3年以下有期徒刑或者拘役，并处罚金：

（一）贪污救灾、抢险、防汛、优抚、扶贫、移民、救济、防疫、社会捐助等特定款物的；①

（二）曾因贪污、受贿、挪用公款受过党纪、行政处分的；②

（三）曾因故意犯罪受过刑事追究的；③

（四）赃款赃物用于非法活动的；④

（五）拒不交待赃款赃物去向或者拒不配合追缴工作，致使无法追缴的；

（六）造成恶劣影响或者其他严重后果的。

---

① 注：特定款物不限于列明的9种款物；但是其他特定款物的认定要从严掌握，只有与所列举的款物具有实质相当性的款物才可以认定为特定款物，具体可以从事项重要性、用途特定性以及时间紧迫性等方面进行判断。

② 注：处分事由明确为"贪污、受贿、挪用公款"3种具体职务违纪违法行为；但本书认为，不应当缩限理解为3种具体的罪名。比如：私分国有资产、私分罚没财物等行为，应当理解为贪污的一种特殊形态。

③ 注：文字表述上之所以用"刑事追究"而非"刑事处罚"，主要是考虑到较轻的刑事犯罪还有不起诉或免予刑事处罚等处理措施，"刑事追究"一词更具包容性。

本书认为，结合"故意犯罪"的前提，"刑事追究"应当是指被追究了刑事责任，包括了定罪判刑和定罪免刑两种情形，但不包括未被起诉的情形；若未被起诉，则谈不上故意犯罪一说，当然就无从刑事追究了。

④ 注：不要求赃款赃物全部或者大部分用于非法活动；但对于用于非法活动的赃款赃物占比特别小的，也不宜适用本项规定。

第2条（第1款） 贪污或者受贿数额在20万元以上不满300万元的，应当认定为刑法第383条第1款规定的"数额巨大"，依法判处3年以上10年以下有期徒刑，并处罚金或者没收财产。

（第2款） 贪污数额在10万元以上不满20万元，具有本解释第1条第2款规定的情形之一的，应当认定为刑法第383条第1款规定的"其他严重情节"，依法判处3年以上10年以下有期徒刑，并处罚金或者没收财产。

第3条（第1款） 贪污或者受贿数额在300万元以上的，应当认定为刑法第383条第1款规定的"数额特别巨大"，依法判处10年以上有期徒刑、无期徒刑或者死刑，并处罚金或者没收财产。①

（第2款） 贪污数额在150万元以上不满300万元，具有本解释第1条第2款规定的情形之一的，应当认定为刑法第383条第1款规定的"其他特别严重情节"，依法判处10年以上有期徒刑、无期徒刑或者死刑，并处罚金或者没收财产。②

第4条 贪污、受贿数额特别巨大，犯罪情节特别严重、社会影响特别恶劣、给国家和人民利益造成特别重大损失的，可以判处死刑。

符合前款规定的情形，但具有自首、立功，如实供述自己罪行、真诚悔罪、积极退赃，或者避免、减少损害结果的发生等情节，不是必须立即执行的，可以判处死刑缓期2年执行。

符合第1款规定情形的，根据犯罪情节等情况可以判处死刑缓期2年执行，同时裁判决定在其死刑缓期执行2年期满依法减为无期徒刑后，终身监禁，不得减刑、假释。

第16条（第1款） 国家工作人员出于贪污、受贿的故意，非法占有公共财物、收受他人财物之后，将赃款赃物用于单位公务支出或者社会捐赠的，不影响贪污罪、受贿罪的认定，但量刑时可以酌情考虑。

第18条 贪污贿赂犯罪分子违法所得的一切财物，应当依照刑法第64条的规定予以追缴或者责令退赔，对被害人的合法财产应当及时返还。对尚未追缴到案或者尚未足额退赔的违法所得，应当继续追缴或者责令退赔。

第19条（第1款） 对贪污罪、受贿罪判处3年以下有期徒刑或者拘役的，应当并处10万元以上50万元以下的罚金；判处3年以上10年以下有期徒

---

① 注：根据《刑法》第383条第1款第3项的规定，只有同时满足"数额特别巨大""并使国家和人民利益遭受特别重大损失"的条件，才能适用死刑。单纯的"数额特别巨大"并不能适用死刑。这是最高人民法院司法解释的一个技术纰误。

② 注：根据《刑法》第383条第1款第3项的规定，"其他特别严重情节"并不能适用死刑。这是最高人民法院司法解释的一个技术纰误。

刑的，应当并处 20 万元以上犯罪数额 2 倍以下的罚金或者没收财产；判处 10 年以上有期徒刑或者无期徒刑的，应当并处 50 万元以上犯罪数额 2 倍以下的罚金或者没收财产。

第 20 条　本解释自 2016 年 4 月 18 日起施行。最高人民法院、最高人民检察院此前发布的司法解释与本解释不一致的，以本解释为准。

【高检发释字〔2017〕1 号】　最高人民检察院关于贪污养老、医疗等社会保险基金能否适用《最高人民法院、最高人民检察院关于办理贪污贿赂刑事案件适用法律若干问题的解释》第一条第二款第一项规定的批复（2017 年 7 月 19 日最高人民检察院第 12 届检察委员会第 67 次会议通过，2017 年 7 月 26 日公布，2017 年 8 月 7 日起施行）

养老、医疗、工伤、失业、生育等社会保险基金可以认定为《最高人民法院、最高人民检察院关于办理贪污贿赂刑事案件适用法律若干问题的解释》第 1 条第 2 款第 1 项规定的"特定款物"。

根据刑法和有关司法解释规定，贪污罪和挪用公款罪中的"特定款物"的范围有所不同，实践中应注意区分，依法适用。

【高检研〔2017〕6 号】　最高人民检察院法律政策研究室对《关于界定"退耕还林补助款"性质的请示》的答复（2017 年 2 月 17 日答复陕西省检法律政策研究室）

《最高人民法院、最高人民检察院关于办理贪污贿赂刑事案件适用法律若干问题的解释》（以下简称《解释》）第 1 条第 2 款第（一）项规定的"特定款物"应当严格适用范围，不能随意做扩大解释。除了明确规定的救灾、抢险、防汛、优抚、扶贫、移民、救济、防疫、社会捐助 9 种特定款物以外，只有与所列举的特定款物具有实质相当性的款物才可以认定为本条规定的"特定款物"，具体可以从事项重要性、用途特定性以及时间紧迫性等方面进行判断。

来函请示的退耕还林补助款不属于中央财政转移支付体系中的"财政专项扶贫资金"，不具有与《解释》所列 9 种款物的实质相当性，不宜认定为《解释》所规定的"特定款物"。

【高检研〔2020〕4 号】　最高人民检察院法律政策研究室对《关于贪污困难职工帮扶资金能否适用〈最高人民法院、最高人民检察院关于办理贪污贿赂刑事案件适用法律若干问题的解释〉的请示》的答复（2020 年 5 月 25 日答复河南省检法律政策研究室"豫检研文〔2019〕3 号"请示）

困难职工帮扶资金属于社会救助的组成部分，是工会履行社会救助的职责范畴。困难职工帮扶资金救助对象为困难职工群体,与民政部门的最低生活保障等救助资金具有相同性质,应属于"救济"款物。

【刑他字〔2016〕5934号】　最高人民法院关于被告人林少钦受贿请示一案的答复（2017年2月13日答复福建省高级人民法院"闽高法〔2016〕250号"《关于立案追诉后因法律司法解释修改导致追诉时效发生变化的案件法律适用问题的请示》）

追诉时效是依照法律规定对犯罪分子追究刑事责任的期限,在追诉时效期限内,司法机关应当依法追究犯罪分子刑事责任。对于法院正在审理的贪污贿赂案件,应当依据司法机关立案侦查时的法律规定认定追诉时效。依据立案侦查时的法律规定未过时效,且已经进入诉讼程序的案件,在新的法律规定生效后应当继续审理。

【高检发〔2016〕9号】　最高人民检察院关于充分发挥检察职能依法保障和促进科技创新的意见（2016年7月7日印发）

4.……依法惩治知识产权申报和重大科研项目申报、实施中,利用审批、验收等职权索贿、受贿的犯罪,以及行政管理人员贪污、挪用、私分国家科研项目投资基金、科研经费的犯罪。……

7.准确把握法律政策界限。……办案中要正确区分罪与非罪界限：……要区分科研人员合法的股权分红、知识产权收益、科技成果转化收益分配与贪污、受贿之间的界限；……要区分突破现有规章制度,按照科技创新需求使用科研经费与贪污、挪用、私分科研经费的界限；……坚持罪刑法定原则和刑法谦抑性原则,禁止以刑事手段插手民事经济纠纷。对于法律和司法解释规定不明确、法律政策界限不明、罪与非罪界限不清的,不作为犯罪处理；对于认定罪与非罪争议较大的案件,及时向上级检察机关请示报告。

【法释〔2018〕17号】　最高人民法院、最高人民检察院关于办理虚假诉讼刑事案件适用法律若干问题的解释（2018年1月25日最高人民法院审判委员会第1732次会议、2018年6月13日最高人民检察院第13届检察委员会第2次会议通过,2018年9月26日公布,2018年10月1日起施行）

第4条　实施刑法第307条之一第1款行为,非法占有他人财产或者逃避合法债务,又构成诈骗罪,职务侵占罪,拒不执行判决、裁定罪,贪污罪等犯罪的,依照处罚较重的规定定罪从重处罚。

【高检发〔2020〕10号】　最高人民检察院关于充分发挥检察职能服务保障"六稳""六保"的意见（2020年7月21日第13届最高人民检察院党组第119次会议通过，2020年7月22日印发）①

4. 加大知识产权司法保护力度。充分认识知识产权保护在疫情防控常态化条件下对企业生存发展、创新创业的重要意义，坚决惩治侵犯知识产权犯罪。……四是依法妥善办理科研人员涉嫌职务犯罪案件，为激发科技创新活力营造宽松有序的环境。对科研经费管理使用中的问题，坚持以科研经费政策为遵循，严格区分罪与非罪界限，不以形式违规简单依数额作犯罪评价。

【法〔2021〕281号】　最高人民法院关于深入开展虚假诉讼整治工作的意见（2021年11月4日印发，2021年11月10日施行）

十七、……实施虚假诉讼犯罪，非法占有他人财产或者逃避合法债务，又构成诈骗罪、职务侵占罪、拒不执行判决、裁定罪、贪污罪等犯罪的，依照处罚较重的罪名定罪并从重处罚。……

● **立案标准　最高人民检察院关于人民检察院直接受理立案侦查案件立案标准的规定（试行）**②（高检发释字〔1999〕2号，1999年8月6日最高人民检察院第9届检察委员会第41次会议讨论通过，1999年9月9日以"高检发研字〔1999〕10号"《通知》印发施行）

一、贪污贿赂犯罪案件

（一）贪污案（第382条、第383条，第183条第2款，第271条第2款，第394条）

"利用职务上的便利"是指利用职务上主管、管理、经手公共财物的权力及方便条件。

"受委托管理、经营国有财产"是指因承包、租赁、聘用等而管理、经营国有财产。

国有保险公司的工作人员和国有保险公司委派到非国有保险公司从事公务的人员利用职务上的便利，故意编造未曾发生的保险事故进行虚假理赔，骗取保险金归自己所有的，以贪污罪追究刑事责任。

国有公司、企业或者其他国有单位中从事公务的人员和国有公司、企业或

---

① 本《意见》（司法解释性质的检察业务文件）由最高人民检察院党组（而非检委会）讨论通过，较罕见。

② 注：国家监察体制改革实施之后，人民检察院已经不直接受理职务犯罪案件的立案侦查。在国家监委未出台新的规定、本规定未被宣布废止之前，相关立案标准可以继续参照适用。

者其他国有单位委派到非国有公司、企业以及其他非国有单位从事公务的人员，利用职务上的便利，将本单位财物非法占为己有的，以贪污罪追究刑事责任。

国家工作人员在国内公务活动或者对外交往中接受礼物，依照国家规定应当交公而不交公，数额较大的，以贪污罪追究刑事责任。

涉嫌下列情形之一的，应予立案：①

1. 个人贪污数额在5千元以上的；

2. 个人贪污数额不满5千元，但具有贪污救灾、抢险、防汛、防疫、优抚、扶贫、移民、救济款物及募捐款物、赃款赃物、罚没款物、暂扣款物，以及贪污手段恶劣、毁灭证据、转移赃物等情节的。

四、附则

（二）本规定中有关犯罪数额"不满"，是指接近该数额且已达到该数额的80%以上。

● **指导案例** 【法〔2012〕227号】 最高人民法院关于发布第3批指导性案例的通知（2012年9月18日印发）

（指导案例11号）杨延虎等贪污案

裁判要点：1. 贪污罪中的"利用职务上的便利"，是指利用职务上主管、管理、经手公共财物的权力及方便条件，既包括利用本人职务上主管、管理公共财物的职务便利，也包括利用职务上有隶属关系的其他国家工作人员的职务便利。

2. 土地使用权具有财产性利益，属于《刑法》第382条第1款规定中的"公共财物"，可以成为贪污的对象。

【高检发办字〔2020〕44号】 关于印发最高人民检察院第20批指导性案例的通知（2020年7月6日最高人民检察院第13届检察委员会第42次会议通过，2020年7月16日印发）

（检例第76号）张某受贿、郭某行贿、职务侵占、诈骗案

指导意义：……根据主客观相统一原则，准确区分受贿罪和贪污罪。对于国家工作人员收受贿赂后故意不履行监管职责，使非国家工作人员非法占有财物的，如该财物又涉及公款，应根据主客观相统一原则，准确认定案件性质。一要看主观上是否对侵吞公款进行过共谋，二要看客观上是否共同实施侵吞公

---

① 注：《最高人民法院、最高人民检察院关于办理贪污贿赂刑事案件适用法律若干问题的解释》（法释〔2016〕9号，2016年4月18日起施行）发布后，贪污罪的立案追诉标准应当以《解释》第1条的规定为准。

款行为。如果具有共同侵占公款故意，且共同实施了侵占公款行为，应认定为贪污罪共犯；如果国家工作人员主观上没有侵占公款故意，只是收受贿赂后放弃职守，客观上使非国家工作人员任意处理其经手的钱款成为可能，应认定为为他人谋取利益，国家工作人员构成受贿罪，非国家工作人员构成行贿罪。如果国家工作人员行为同时构成玩忽职守罪的，以受贿罪和玩忽职守罪数罪并罚。

> **第384条　【挪用公款罪】** 国家工作人员利用职务上的便利，挪用公款归个人使用，进行非法活动的，或者挪用公款数额较大、进行营利活动的，或者挪用公款数额较大、超过三个月未还的，是挪用公款罪，处五年以下有期徒刑或者拘役；情节严重的，处五年以上有期徒刑。挪用公款数额巨大不退还的，处十年以上有期徒刑或者无期徒刑。
>
> 挪用用于救灾、抢险、防汛、优抚、扶贫、移民、救济款物归个人使用的，从重处罚。

● **条文注释**　构成挪用公款罪必须具备以下几个条件：

1. 犯罪主体是国家工作人员。"国家工作人员"的界定范围见《刑法》第93条的注释。

2. 行为人明知是公款而故意挪作他用。这里的"公款"作广义解释，既包括货币，也包括有价证券和特定款物。

3. 行为人在主观方面是故意挪用（即非法取得公款的临时使用权，但准备以后归还），而不是非法占有。这是挪用公款罪与贪污罪的根本区别。

4. 行为人利用了职务上的便利挪用公款。"职务上的便利"，是指自己因职务关系（包括岗位、职权和地位等）所形成的主管、管理、经手公共款物的便利条件。

5. 行为人挪用公款具备以下3种情形之一：（1）归个人使用，并且用作非法活动。"归个人使用"的界定范围见2002年4月28日全国人大常委会颁布的"立法解释"[①]。"非法活动"是指各种违法犯罪活动，如赌博、走私等。对于这

---

① 注：2001年10月17日最高人民法院发布的《关于如何认定挪用公款归个人使用有关问题的解释》（法释〔2001〕29号）因与该"立法解释"相冲突，已在《最高人民法院关于废止1997年7月1日至2011年12月31日期间发布的部分司法解释和司法解释性质文件（第十批）的决定》（法释〔2013〕7号，2013年4月8日起施行）中被废止。

种情形,不论挪用公款的时间长短,构成挪用公款罪的数额均是3万元以上。(2)数额较大,进行营利活动,即经商投产、投资证券、放贷等经营性活动。对于这种情形,无论挪用时间长短,原则上也构成本罪;但情节轻微,在案发前已全部归还本息的,可以免除处罚。(3)数额较大,超过3个月未还。这种挪用主要指用于个人生活,如购房、买车、挥霍等。这里所说的"未还",是指案发前(被司法机关、主管部门或者有关单位发现前)未还;如果在案发前已全部归还本息的,不作为犯罪处理。

需要注意的是:

(1)挪用公款存入银行、用于集资、购买股票、国债等,属于挪用公款进行营利活动。所获取的利息、收益等违法所得,应当追缴,但不计入挪用公款的数额。

(2)挪用公款给他人使用,有证据表明行为人确实不知道他人用以营利或非法活动的,不构成本罪;但满足"数额较大、超过3个月未还"的,构成挪用公款罪。

(3)本条第1款规定的"不退还",是指主观上想还而还不了。如果在主观上就想非法占有挪用款,则应当依照《刑法》第382条、第383条的规定,以"贪污罪"定罪处罚。

(4)本条第2款所规定的"从重处罚",是指根据挪用特定款物行为的情节①,分别适用第1款规定的量刑幅度,在各量刑幅度内从重处罚,具体标准依照"法释〔2016〕9号"解释第5条第2项、第6条第2项的规定。

(5)关于"数额较大""数额巨大"的界定标准,"法释〔1998〕9号"解释第3条只规定了一个数额幅度,并授权各高级人民法院确定本地区执行的具体数额标准;"法释〔2016〕9号"《解释》公布施行后,应当统一按照"法释〔2016〕9号"《解释》第5条、第6条的规定进行界定。

● **立法解释** 全国人民代表大会常务委员会关于《中华人民共和国刑法》第三百八十四条第一款的解释(2002年4月28日第9届全国人民代表大会常务委员会第27次会议通过)

有下列情形之一的,属于挪用公款"归个人使用":

---

① 注:"法释〔2016〕9号"《解释》第1条第2款第1项针对贪污罪规定了9种(等)特定款物,它与挪用公款罪中"特定款物"的范围不同。前者适用于类推,而后者仅限定于明列的7种特定款物。

（一）将公款供本人、亲友或者其他自然人使用的；
（二）以个人名义将公款供其他单位使用的；
（三）个人决定以单位名义将公款供其他单位使用，谋取个人利益的。

● 相关规定　【高检法研字〔2002〕11号】　最高人民检察院关于认真贯彻执行全国人大常委会《关于刑法第二百九十四条第一款的解释》和《关于刑法第三百八十四条第一款的解释》的通知（2002年5月13日印发）

二、……对于国家工作人员利用职务上的便利，实施《解释》规定的挪用公款"归个人使用"的3种情形之一的，无论使用公款的是个人还是单位以及单位的性质如何，均应认定为挪用公款归个人使用，构成犯罪的，应依法严肃查处。

【高检发释字〔1997〕5号】　最高人民检察院关于挪用国库券如何定性问题的批复（1997年10月13日答复宁夏回族自治区人民检察院"宁检发字〔1997〕43号"请示）

国家工作人员利用职务上的便利，挪用公有或本单位的国库券的行为以挪用公款论；符合刑法第384条、第272条第2款规定的情形构成犯罪的，按挪用公款罪追究刑事责任。

【法释〔1998〕9号】　最高人民法院关于审理挪用公款案件具体应用法律若干问题的解释（1998年4月6日最高人民法院审判委员会第972次会议通过，1998年4月29日公布，1998年5月9日起施行）

第1条　刑法第384条规定的"挪用公款归个人使用"，包括挪用者本人使用或者给他人使用。

挪用公款给私有公司、私有企业使用的，属于挪用公款归个人使用。

第2条　对挪用公款罪，应区分3种不同情况予以认定：

（一）挪用公款归个人使用，数额较大、超过3个月未还的，构成挪用公款罪。

挪用正在生息或者需要支付利息的公款归个人使用，数额较大，超过3个月但在案发前全部归还本金的，可以从轻处罚或者免除处罚。给国家、集体造成的利息损失应予追缴。挪用公款数额巨大，超过3个月，案发前全部归还的，可以酌情从轻处罚。

（二）挪用公款数额较大，归个人进行营利活动的，构成挪用公款罪，不受挪用时间和是否归还的限制。在案发前部分或者全部归还本息的，可以从轻处罚；情节轻微的，可以免除处罚。

挪用公款存入银行、用于集资、购买股票、国债等，属于挪用公款进行营利活动。所获取的利息、收益等违法所得，应当追缴，但不计入挪用公款的数额。

（三）挪用公款归个人使用，进行赌博、走私等非法活动的，构成挪用公款罪，不受"数额较大"和挪用时间的限制。①

挪用公款给他人使用，不知道使用人用公款进行营利活动或者用于非法活动，数额较大、超过3个月未还的，构成挪用公款罪；明知使用人用于营利活动或者非法活动的，应当认定为挪用人挪用公款进行营利活动或者非法活动。

第3条 （略）②

第4条 多次挪用公款不还，挪用公款数额累计计算；多次挪用公款，并以后次挪用的公款归还前次挪用的公款，挪用公款数额以案发时未还的实际数额认定。

第5条 "挪用公款数额巨大不退还的"，是指挪用公款数额巨大，因客观原因在一审宣判前不能退还的。

第6条 携带挪用的公款潜逃的，依照刑法第382条、第383条的规定定罪处罚。

第7条 因挪用公款索取、收受贿赂构成犯罪的，依照数罪并罚的规定处罚。

挪用公款进行非法活动构成其他犯罪的，依照数罪并罚的规定处罚。

第8条 挪用公款给他人使用，使用人与挪用人共谋，指使或者参与策划取得挪用款的，以挪用公款罪的共犯定罪处罚。

【高检发释字〔2000〕1号】 最高人民检察院关于国家工作人员挪用非特定公物能否定罪的请示的批复（2000年3月6日最高人民检察院第9届检察委员会第57次会议通过，2000年3月15日公布，答复山东省人民检察院"鲁检发研字〔1999〕第3号"请示）

刑法第384条规定的挪用公款罪中未包括挪用非特定公物归个人使用的行为，对该行为不以挪用公款罪论处。如构成其他犯罪的，依照刑法的相关规定定罪处罚。

---

① 注：《最高人民法院、最高人民检察院关于办理贪污贿赂刑事案件适用法律若干问题的解释》（法释〔2016〕9号，2016年4月18日起施行）发布后，挪用公款归个人使用，进行非法活动的，数额应在3万元以上才构成挪用公款罪。

② 注：《最高人民法院、最高人民检察院关于办理贪污贿赂刑事案件适用法律若干问题的解释》（法释〔2016〕9号，2016年4月18日起施行）发布后，"法释〔1998〕7号"《解释》第3条规定与"法释〔2016〕9号"《解释》第5条、第6条规定相冲突，已经实际失效，本书予以删节。

【法〔2001〕8 号】　全国法院审理金融犯罪案件工作座谈会纪要（最高人民法院 2001 年 1 月 21 日印发）

（二）关于破坏金融管理秩序罪

3. 用账外客户资金非法拆借、发放贷款行为的认定和处罚

（第 2 款）　审理银行或者其他金融机构及其工作人员用账外客户资金非法拆借、发放贷款案件，要注意将用账外客户资金非法拆借、发放贷款的行为与挪用公款罪和挪用资金罪区别开来。对于利用职务上的便利，挪用已经记入金融机构法定存款账户的客户资金归个人使用的，或者吸收客户资金不入账，却给客户开具银行存单，客户也认为将款已存入银行，该款却被行为人以个人名义借贷给他人的，均应认定为挪用公款罪或者挪用资金罪。

最高人民法院关于挪用公款存单为本人或他人质押贷款行为定性的批复（2002 年答复陕西省高级人民法院《关于挪用集体存单为他人质押贷款是否构成挪用公款罪的请示》）①

国家工作人员利用职务上的便利，挪用公款存单为本人或者他人质押贷款的，属于挪用公款行为，构成犯罪的，应当依照刑法第 384 条的规定定罪处罚。

【高检发释字〔2003〕1 号】　最高人民检察院关于挪用失业保险基金和下岗职工基本生活保障资金的行为适用法律问题的批复（2003 年 1 月 13 日最高人民检察院第 9 届检察委员会第 118 次会议通过，2003 年 1 月 28 日公布，答复辽宁省人民检察院"辽检发研字〔2002〕9 号"请示，2003 年 1 月 30 日起施行）

挪用失业保险基金和下岗职工基本生活保障资金属于挪用救济款物。挪用失业保险基金和下岗职工基本生活保障资金，情节严重，致使国家和人民群众利益遭受重大损害的，对直接责任人员，应当依照刑法第 273 条的规定，以挪用特定款物罪追究刑事责任；国家工作人员利用职务上的便利，挪用失业保险基金和下岗职工基本生活保障资金归个人使用，构成犯罪的，应当依照刑法第 384 条的规定，以挪用公款罪追究刑事责任。

---

①　注：本《批复》析出于《刑事审判参考》2002 年第 5 辑（总第 28 辑）。
《请示》有 3 种不同意见：(1) 公款应是以货币形式存在，而不是票据、存单等形式。法律未明文规定的，不应扩大解释。(2) 将存单质押后，要区分两种情况：①不能按期归还贷款，导致存单被扣兑的，构成挪用公款罪，其挪用数额以被扣兑的金额认定；②按期归还贷款的，因为存单质押不改变公款的所有人性质，贷款人也没使用存单上的公款，没有挪用公款的故意，不构成挪用公款罪。(3) 挪用存单质押实质上在公款上设立了他物权，在质押期内转给了贷款银行行使，存款用途发生改变，符合挪用公款罪的特征。最高人民法院采纳了意见 3。但本书认为，意见 2 更为合理。

【法释〔2003〕8号】　最高人民法院、最高人民检察院关于办理妨害预防、控制突发传染病疫情等灾害的刑事案件具体应用法律若干问题的解释（2003年5月13日最高人民法院审判委员会第1269次会议、2003年5月13日最高人民检察院第10届检察委员会第3次会议通过，2003年5月14日公布，2003年5月15日起施行）

第14条（第1款）　贪污、侵占用于预防、控制突发传染病疫情等灾害的款物或者挪用归个人使用，构成犯罪的，分别依照刑法第382条、第383条、第271条、第384条、第272条的规定，以贪污罪、职务侵占罪、挪用公款罪、挪用资金罪定罪，依法从重处罚。

第18条　本解释所称"突发传染病疫情等灾害"，是指突然发生，造成或者可能造成社会公众健康严重损害的重大传染病疫情、群体性不明原因疾病以及其他严重影响公众健康的灾害。

【法发〔2020〕7号】　最高人民法院、最高人民检察院、公安部、司法部关于依法惩治妨害新型冠状病毒感染肺炎疫情防控违法犯罪的意见（2020年2月6日印发）

二、准确适用法律，依法严惩妨害疫情防控的各类违法犯罪

（七）依法严惩疫情防控失职渎职、贪污挪用犯罪。……

（第4款）　国家工作人员，受委托管理国有财产的人员，公司、企业或者其他单位的人员，利用职务便利，侵吞、截留或者以其他手段非法占有用于防控新型冠状病毒感染肺炎的款物，或者挪用上述款物归个人使用，符合刑法第382条、第383条、第271条、第384条、第272条规定的，以贪污罪、职务侵占罪、挪用公款罪、挪用资金罪定罪处罚。挪用用于防控新型冠状病毒感染肺炎的救灾、优抚、救济等款物，符合刑法第273条规定的，对直接责任人员，以挪用特定款物罪定罪处罚。

【法释〔2003〕16号】　最高人民法院关于挪用公款犯罪如何计算追诉期限问题的批复（2003年9月18日最高人民法院审判委员会第1290次会议通过，2003年9月22日公布，答复天津市高级人民法院"津高法〔2003〕4号"请示，2003年10月10日起施行）

根据刑法第89条、第384条的规定，挪用公款归个人使用，进行非法活动的，或者挪用公款数额较大、进行营利活动的，犯罪的追诉期限从挪用行为实施完毕之日起计算；挪用公款数额较大、超过3个月未还的，犯罪的追诉期限从挪用公款罪成立之日起计算。挪用公款行为有连续状态的，犯罪的追诉期限

应当从最后一次挪用行为实施完毕之日或者犯罪成立之日起计算。

【法〔2003〕167号】 全国法院审理经济犯罪案件工作座谈会纪要（2002年6月4日至6日在重庆市召开，各省、自治区、直辖市高级人民法院和解放军军事法院主管刑事审判工作的副院长和刑庭庭长参加，全国人大常委会法制工作委员会、最高人民检察院、公安部应邀派员参加；2003年11月13日印发）

四、关于挪用公款罪

（一）单位决定将公款给个人使用行为的认定

经单位领导集体研究决定将公款给个人使用[①]，或者单位负责人为了单位的利益[②]，决定将公款给个人使用的，不以挪用公款罪定罪处罚。上述行为致使单位遭受重大损失，构成其他犯罪的，依照刑法的有关规定对责任人员定罪处罚。

（二）挪用公款供其他单位使用行为的认定

根据全国人大常委会《关于〈中华人民共和国刑法〉第384条第1款的解释》的规定，"以个人名义将公款供其他单位使用的"、"个人决定以单位名义将公款供其他单位使用，谋取个人利益的"，属于挪用公款"归个人使用"。在司法实践中，对于将公款供其他单位使用的，认定是否属于"以个人名义"，不能只看形式，要从实质上把握。对于行为人逃避财务监管，或者与使用人约定以个人名义进行，或者借款、还款都以个人名义进行，将公款给其他单位使用的，应认定为"以个人名义"。"个人决定"既包括行为人在职权范围内决定，也包括超越职权范围决定。"谋取个人利益"，既包括行为人与使用人事先约定谋取个人利益实际尚未获取的情况，也包括虽未事先约定但实际已获取了个人利益的情况。其中的"个人利益"，既包括不正当利益，也包括正当利益；既包括财产性利益，也包括非财产性利益，但这种非财产性利益应当是具体的实际利益，如升学、就业等。

（三）国有单位领导向其主管的具有法人资格的下级单位借公款归个人使用的认定

国有单位领导利用职务上的便利指令具有法人资格的下级单位将公款供个

[①] 注：全国人大常委会2014年关于单位犯罪的立法解释（详见本书关于《刑法》第30条的内容）已经规定，对于无法构成单位犯罪的集体行为，可以追究相关个人的刑事责任。

[②] 本书认为：《刑法》第384条以及全国人大常委会2002年关于挪用公款"归个人使用"的立法解释（详见本书关于《刑法》第384条的内容）都没有将"为了单位利益"的挪用行为排除在犯罪构成之外，本《纪要》的该规定有缩限解释之嫌。

人使用的,属于挪用公款行为,构成犯罪的,应以挪用公款罪定罪处罚。

(四)挪用有价证券、金融凭证用于质押行为性质的认定

挪用金融凭证、有价证券用于质押,使公款处于风险之中,与挪用公款为他人提供担保没有实质的区别,符合刑法关于挪用公款罪规定的,以挪用公款罪定罪处罚,挪用公款数额以实际或者可能承担的风险数额认定。

(五)挪用公款归还个人欠款行为性质的认定

挪用公款归还个人欠款的,应当根据产生欠款的原因,分别认定属于挪用公款的何种情形。归还个人进行非法活动或者进行营利活动产生的欠款,应当认定为挪用公款进行非法活动或者进行营利活动。

(六)挪用公款用于注册公司、企业行为性质的认定

申报注册资本是为进行生产经营活动作准备,属于成立公司、企业进行营利活动的组成部分。因此,挪用公款归个人用于公司、企业注册资本验资证明的,应当认定为挪用公款进行营利活动。

(七)挪用公款后尚未投入实际使用的行为性质的认定

挪用公款后尚未投入实际使用的,只要同时具备"数额较大"和"超过三个月未还"的构成要件,应当认定为挪用公款罪,但可以酌情从轻处罚。

(八)挪用公款转化为贪污的认定

挪用公款罪与贪污罪的主要区别在于行为人主观上是否具有非法占有公款的目的。挪用公款是否转化为贪污,应当按照主客观相一致的原则,具体判断和认定行为人主观上是否具有非法占有公款的目的。在司法实践中,具有以下情形之一的,可以认定行为人具有非法占有公款的目的:

1. 根据《最高人民法院关于审理挪用公款案件具体应用法律若干问题的解释》第6条的规定,行为人"携带挪用的公款潜逃的",对其携带挪用的公款部分,以贪污罪定罪处罚。

2. 行为人挪用公款后采取虚假发票平账、销毁有关账目等手段,使所挪用的公款已难以在单位财务账目上反映出来,且没有归还行为的,应当以贪污罪定罪处罚。

3. 行为人截取单位收入不入账,非法占有,使所占有的公款难以在单位财务账目上反映出来,且没有归还行为的,应当以贪污罪定罪处罚。

4. 有证据证明行为人有能力归还所挪用的公款而拒不归还,并隐瞒挪用的公款去向,应当以贪污罪定罪处罚。

【法研〔2004〕102 号】 最高人民法院研究室关于挪用退休职工社会养老金行为如何适用法律问题的复函（2004 年 7 月 9 日答复公安部经济犯罪侦查局"公经〔2004〕916 号"请示）

退休职工养老保险金不属于我国刑法中的救灾、抢险、防汛、优抚、扶贫、移民、救济等特定款物的任何一种。因此，对于挪用退休职工养老保险金的行为，构成犯罪时，不能以挪用特定款物罪追究刑事责任，而应当按照行为人身份的不同，分别以挪用资金罪或者挪用公款罪追究刑事责任。

【公通字〔2005〕2 号】 最高人民法院、最高人民检察院、公安部关于开展集中打击赌博违法犯罪活动专项行动有关工作的通知（2005 年 1 月 10 日）

二、……对实施贪污、挪用公款、职务侵占、挪用单位资金、挪用特定款物、受贿等犯罪，并将犯罪所得的款物用于赌博的，分别依照刑法有关规定从重处罚；同时构成赌博罪的，应依照刑法规定实行数罪并罚。……

【法发〔2010〕49 号】 最高人民法院、最高人民检察院关于办理国家出资企业中职务犯罪案件具体应用法律若干问题的意见（2010 年 12 月 2 日印发）

三、关于国家出资企业工作人员使用改制公司、企业的资金担保个人贷款，用于购买改制公司、企业股份的行为的处理

国家出资企业的工作人员在公司、企业改制过程中为购买公司、企业股份，利用职务上的便利，将公司、企业的资金或者金融凭证、有价证券等用于个人贷款担保的，依照刑法第 272 条或者第 384 条的规定，以挪用资金罪或者挪用公款罪定罪处罚。①

行为人在改制前的国家出资企业持有股份的，不影响挪用数额的认定，但量刑时应当酌情考虑。

经有关主管部门批准或者按照有关政策规定，国家出资企业的工作人员为购买改制公司、企业股份实施前款行为的，可以视具体情况不作为犯罪处理。

六、关于国家出资企业中国家工作人员的认定

经国家机关、国有公司、企业、事业单位提名、推荐、任命、批准等，在国有控股、参股公司及其分支机构中从事公务的人员，应当认定为国家工作人员。具体的任命机构和程序，不影响国家工作人员的认定。

---

① 注：如果行为人的身份属于国家工作人员，则依照《刑法》第 384 条的规定，以挪用公款罪定罪处罚；如果行为人的身份属于非国家工作人员，则依照《刑法》第 272 条的规定，以挪用资金罪定罪处罚。

经国家出资企业中负有管理、监督国有资产职责的组织批准或者研究决定，代表其在国有控股、参股公司及其分支机构中从事组织、领导、监督、经营、管理工作的人员，应当认定为国家工作人员。

国家出资企业中的国家工作人员，在国家出资企业中持有个人股份或者同时接受非国有股东委托的，不影响其国家工作人员身份的认定。

七、关于国家出资企业的界定

本意见所称"国家出资企业"，包括国家出资的国有独资公司、国有独资企业，以及国有资本控股公司、国有资本参股公司。

是否属于国家出资企业不清楚的，应遵循"谁投资、谁拥有产权"的原则进行界定。企业注册登记中的资金来源与实际出资不符的，应根据实际出资情况确定企业的性质。企业实际出资情况不清楚的，可以综合工商注册、分配形式、经营管理等因素确定企业的性质。

八、关于宽严相济刑事政策的具体贯彻

办理国家出资企业中的职务犯罪案件时，要综合考虑历史条件、企业发展、职工就业、社会稳定等因素，注意具体情况具体分析，严格把握犯罪与一般违规行为的区分界限。对于主观恶意明显、社会危害严重、群众反映强烈的严重犯罪，要坚决依法从严惩处；对于特定历史条件下、为了顺利完成企业改制而实施的违反国家政策法律规定的行为，行为人无主观恶意或者主观恶意不明显，情节较轻，危害不大的，可以不作为犯罪处理。

对于国家出资企业中的职务犯罪，要加大经济上的惩罚力度，充分重视财产刑的适用和执行，最大限度地挽回国家和人民利益遭受的损失。不能退赃的，在决定刑罚时，应当作为重要情节予以考虑。

【法发〔2012〕17号】　最高人民法院、最高人民检察院关于办理职务犯罪案件严格适用缓刑、免予刑事处罚若干问题的意见（2012年8月8日印发）

二、具有下列情形之一的职务犯罪分子，一般不适用缓刑或者免予刑事处罚：

（一）不如实供述罪行的；

（二）不予退缴赃款赃物或者将赃款赃物用于非法活动的；

（三）属于共同犯罪中情节严重的主犯的；

（四）犯有数个职务犯罪依法实行并罚或者以一罪处理的；

（五）曾因职务违纪违法行为受过行政处分的；

（六）犯罪涉及的财物属于救灾、抢险、防汛、优抚、扶贫、移民、救济、

防疫等特定款物的;

(七) 受贿犯罪中具有索贿情节的;

(八) 渎职犯罪中徇私舞弊情节或者滥用职权情节恶劣的;

(九) 其他不应适用缓刑、免予刑事处罚的情形。

三、(第2款) 不具有本意见第2条所列情形,挪用公款进行营利活动或者超过3个月未还构成犯罪,一审宣判前已将公款归还,依法判处3年有期徒刑以下刑罚,符合刑法规定的缓刑适用条件的,可以适用缓刑;在案发前已归还,情节轻微,不需要判处刑罚的,可以免予刑事处罚。

四、人民法院审理职务犯罪案件时应当注意听取检察机关、被告人、辩护人提出的量刑意见,分析影响性案件案发前后的社会反映,必要时可以征求案件查办等机关的意见。对于情节恶劣、社会反映强烈的职务犯罪案件,不得适用缓刑、免予刑事处罚。

【法释〔2016〕9号】 最高人民法院、最高人民检察院关于办理贪污贿赂刑事案件适用法律若干问题的解释(2016年3月28日最高人民法院审判委员会第1680次会议、2016年3月25日最高人民检察院第12届检察委员会第50次会议通过,2016年4月18日公布施行)

第5条 挪用公款归个人使用,进行非法活动,数额在3万元以上的,应当依照刑法第384条的规定以挪用公款罪追究刑事责任;数额在300万元以上的,应当认定为刑法第384条第1款规定的"数额巨大"。具有下列情形之一的,应当认定为刑法第384条第1款规定的"情节严重":

(一) 挪用公款数额在100万元以上的;

(二) 挪用救灾、抢险、防汛、优抚、扶贫、移民、救济特定款物,数额在50万元以上不满100万元的;

(三) 挪用公款不退还,数额在50万元以上不满100万元的;

(四) 其他严重的情节。

第6条 挪用公款归个人使用,进行营利活动或者超过3个月未还,数额在5万元以上的,应当认定为刑法第384条第1款规定的"数额较大";数额在500万元以上的,应当认定为刑法第384条第1款规定的"数额巨大"。具有下列情形之一的,应当认定为刑法第384条第1款规定的"情节严重":

(一) 挪用公款数额在200万元以上的;

(二) 挪用救灾、抢险、防汛、优抚、扶贫、移民、救济特定款物,数额在100万元以上不满200万元的;

（三）挪用公款不退还，数额在100万元以上不满200万元的；

（四）其他严重的情节。

第20条　本解释自2016年4月18日起施行。最高人民法院、最高人民检察院此前发布的司法解释与本解释不一致的，以本解释为准。

【高检发〔2016〕9号】　最高人民检察院关于充分发挥检察职能依法保障和促进科技创新的意见（2016年7月7日印发）

4.……依法惩治知识产权申报和重大科研项目申报、实施中，利用审批、验收等职权索贿、受贿的犯罪，以及行政管理人员贪污、挪用、私分国家科研项目投资基金、科研经费的犯罪。……

7. 准确把握法律政策界限。……办案中要正确区分罪与非罪界限：……要区分突破现有规章制度，按照科技创新需求使用科研经费与贪污、挪用、私分科研经费的界限；……坚持罪刑法定原则和刑法谦抑性原则，禁止以刑事手段插手民事经济纠纷。对于法律和司法解释规定不明确、法律政策界限不明、罪与非罪界限不清的，不作为犯罪处理；对于认定罪与非罪争议较大的案件，及时向上级检察机关请示报告。

● **立案标准　最高人民检察院关于人民检察院直接受理立案侦查案件立案标准的规定（试行）**[①]（高检发释字〔1999〕2号，最高人民检察院第9届检察委员会第41次会议讨论通过，1999年9月9日公布施行）

一、贪污贿赂犯罪案件

（二）挪用公款案（第384条，第185条第2款，第272条第2款）

国有金融机构工作人员和国有金融机构委派到非国有金融机构从事公务的人员，利用职务上的便利，挪用本单位或者客户资金的，以挪用公款罪追究刑事责任。[②]

国有公司、企业或者其他国有单位中从事公务的人员和国有公司、企业或者其他国有单位委派到非国有公司、企业以及其他单位从事公务的人员，利用职务上的便利，挪用本单位资金归个人使用或者借贷给他人，数额较大、超过3个月未还的，或者虽未超过3个月，但数额较大，进行营利活动的，或者进行

---

① 注：国家监察体制改革实施之后，人民检察院已经不直接受理职务犯罪案件的立案侦查。在国家监察委未出台新的规定、本规定未被宣布废止之前，相关立案标准可以继续参照适用。

② 注：根据《最高人民法院关于农村合作基金会从业人员犯罪如何定性问题的批复》（法释〔2000〕10号，2000年5月12日起施行），农村合作基金会从业人员，除具有金融机构现职工作人员身份的以外，不属于金融机构工作人员。对其实施的犯罪行为，应当依照刑法的有关规定定罪处罚。

非法活动的，以挪用公款罪追究刑事责任。

涉嫌下列情形之一的，应予立案：（略）①

"挪用公款归个人使用"，既包括挪用者本人使用，也包括给他人使用。

多次挪用公款不还的，挪用公款数额累计计算，多次挪用公款并以后次挪用的公款归还前次挪用的公款，挪用公款数额以案发时未还的数额认定。

挪用公款给其他个人使用的案件，使用人与挪用人共谋，指使或者参与策划取得挪用款的，对使用人以挪用公款罪的共犯追究刑事责任。

四、附则

（四）本规定中有关挪用公款罪案中的"非法活动"，既包括犯罪活动，也包括其他违法活动。

第385条 【受贿罪】 国家工作人员利用职务上的便利，索取他人财物的，或者非法收受他人财物，为他人谋取利益的，是受贿罪。

国家工作人员在经济往来中，违反国家规定，收受各种名义的回扣、手续费，归个人所有的，以受贿论处。

第386条 【受贿罪的处罚】 对犯受贿罪的，根据受贿所得数额及情节，依照本法第三百八十三条的规定处罚。索贿的从重处罚。

第387条 【单位受贿罪】 国家机关、国有公司、企业、事业单位、人民团体，索取、非法收受他人财物，为他人谋取利益，情节严重的，对单位判处罚金，并对其直接负责的主管人员和其他直接责任人员，处五年以下有期徒刑或者拘役。

前款所列单位，在经济往来中，在帐外暗中收受各种名义的回扣、手续费的，以受贿论，依照前款的规定处罚。

第388条 【受贿罪】 国家工作人员利用本人职权或者地位形成的便利条件，通过其他国家工作人员职务上的行为，为请托人谋取不正当利益，索取请托人财物或者收受请托人财物的，以受贿论处。

---

① 注：《最高人民法院、最高人民检察院关于办理贪污贿赂刑事案件适用法律若干问题的解释》（法释〔2016〕9号，2016年4月18日起施行）发布后，本款规定与"法释〔2016〕9号"《解释》第5条、第6条规定相冲突，已经实际失效，本书予以删节。

● **条文注释** 第385条至第388条是关于国家工作人员或国有单位利用职务、职责上的便利索取或非法收受他人财物，为他人谋取利益行为的处罚规定。这里的"国家工作人员"的界定范围，见《刑法》第93条的注释。国有单位包括国家立法机关、行政机关、司法机关和军事机关，乡镇以上的中国共产党机关和人民政协视同国家机关。

这里的"职务上的便利"，是指因职务或职责关系（包括岗位、职权和地位等）所形成的主管、负责或承办某种公共事务的职权所造成的便利条件。"索取他人财物"，是指行为人在职务活动中主动向他人索要财物；这是严重的受贿行为，比一般受贿具有更大的主观恶性和社会危害性，因此法律对个人索贿的行为没有规定要以"为他人谋取利益"为条件，不论是否为他人谋取利益，均可构成受贿罪；但对于单位，因为索取他人财物的情形很多，所以仍规定以"为他人谋取利益"为条件。"非法收受他人财物"，是指行贿人向受贿人主动给予财物时，受贿人非法收受他人财物的行为。"为他人谋取利益"也就是通常所说的"权钱交易"；至于为他人谋取的利益是否正当，为他人谋取的利益是否实现，不影响受贿罪的成立。

第385条第2款所说的"国家规定"，是指全国人大及其常委会制定的法律，国务院制定的行政法规和行政措施、发布的决定和命令。如《反不正当竞争法》等，对在经济往来中禁止收受回扣以及各种名义的手续费都作了规定。

所谓"帐外暗中"，是指未在依法设立的财务帐目上按照财物会计制度如实记载。在帐外暗中给予对方回扣的，以行贿论；在帐外暗中收受回扣的，以受贿论。"手续费"是指在经济活动中，除回扣以外，违反国家规定支付给对方的各种名义的钱或物，如佣金、信息费、顾问费、劳务费、辛苦费、好处费。

需要注意的是：

（1）行为人实施第388条规定的行为，必须是为请托人谋取"不正当利益"（即根据法律及有关政策规定不应得到的利益）时，才能构成受贿罪。

（2）以"借款"为名（甚至有书面借款手续）索取或非法收受财物的行为，也可以被认定为受贿罪。具体的界定标准依据"法〔2003〕167号"座谈会纪要第3条第6项的规定。

● **立法解释** 全国人民代表大会常务委员会关于《中华人民共和国刑法》第三百一十三条的解释（2002年8月29日第9届全国人民代表大会常务委员会第29次会议通过）

（第 2 款）　下列情形属于刑法第 313 条规定的"有能力执行而拒不执行，情节严重"的情形：

（四）被执行人、担保人、协助执行义务人与国家机关工作人员通谋，利用国家机关工作人员的职权妨害执行，致使判决、裁定无法执行的；

国家机关工作人员有上述第 4 项行为的，以拒不执行判决、裁定罪的共犯追究刑事责任。国家机关工作人员收受贿赂或者滥用职权，有上述第 4 项行为的，同时又构成刑法第 385 条、第 397 条规定之罪的，依照处罚较重的规定定罪处罚。

● 相关规定　【公通字〔1998〕31 号】　最高人民法院、最高人民检察院、公安部、国家工商行政管理局关于依法查处盗窃、抢劫机动车案件的规定（1998 年 5 月 8 日印发）

八、公安、工商行政管理人员利用职务上的便利，索取或者非法收受他人财物，为赃车入户、过户、验证构成犯罪的，依照《刑法》第 385 条、第 386 条的规定处罚。

【法释〔2000〕21 号】　最高人民法院关于国家工作人员利用职务上的便利为他人谋取利益离退休后收受财物行为如何处理问题的批复（2000 年 6 月 30 日最高人民法院审判委员会第 1121 次会议通过，2000 年 7 月 13 日公布，答复江苏省高级人民法院〔苏高法〔1999〕65 号〕请示，2000 年 7 月 21 日起施行）

国家工作人员利用职务上的便利为请托人谋取利益，并与请托人事先约定，在其离退休后收受请托人财物，构成犯罪的，以受贿罪定罪处罚。

【高检研发〔2003〕2 号】　最高人民检察院法律政策研究室关于佛教协会工作人员能否构成受贿罪或者公司、企业人员受贿罪主体问题的答复（2003 年 1 月 13 日答复浙江省人民检察院研究室"检研请〔2002〕9 号"请示）

佛教协会属于社会团体，其工作人员除符合刑法第 93 条第 2 款的规定属于受委托从事公务的人员外，既不属于国家工作人员，也不属于公司、企业人员[①]。根据刑法的规定，对非受委托从事公务的佛教协会的工作人员利用职务之便收受他人财物，为他人谋取利益的行为，不能按受贿罪或者公司、企业人员受贿罪追究刑事责任。

---

① 注：2006 年 6 月 29 日《刑法修正案（六）》扩大了刑法第 163 条的犯罪主体，佛教协会工作人员可以适用该条规定的"其他单位的工作人员"。另，2007 年 11 月 6 日施行的《罪名补充规定（三）》（法释〔2007〕16 号）将该条对应的"公司、企业人员受贿罪"修改为"非国家工作人员受贿罪"。

【高检研发〔2003〕9号】 最高人民检察院法律政策研究室关于集体性质的乡镇卫生院院长利用职务之便收受他人财物的行为如何适用法律问题的答复（函）（2003年4月2日答复山东省人民检察院研究室"鲁检发研字〔2001〕第10号"请示）

经过乡镇政府或者主管行政机关任命的乡镇卫生院院长，在依法从事本区域卫生工作的管理与业务技术指导，承担医疗预防保健服务工作等公务活动时，属于刑法第93条第2款规定的其他依照法律从事公务的人员。对其利用职务上的便利，索取他人财物的，或者非法收受他人财物，为他人谋取利益的，应当依照刑法第385条、第386条的规定，以受贿罪追究刑事责任。

【法〔2003〕167号】 全国法院审理经济犯罪案件工作座谈会纪要（2002年6月4日至6日在重庆市召开，各省、自治区、直辖市高级人民法院和解放军军事法院主管刑事审判工作的副院长和刑庭庭长参加，全国人大常委会法制工作委员会、最高人民检察院、公安部应邀派员参加；2003年11月13日印发）

三、关于受贿罪

（一）关于"利用职务上的便利"的认定

刑法第385条第1款规定的"利用职务上的便利"，既包括利用本人职务上主管、负责、承办某项公共事务的职权，也包括利用职务上有隶属、制约关系的其他国家工作人员的职权。担任单位领导职务的国家工作人员通过不属自己主管的下级部门的国家工作人员的职务为他人谋取利益的，应当认定为"利用职务上的便利"为他人谋取利益。

（二）"为他人谋取利益"的认定

为他人谋取利益包括承诺、实施和实现三个阶段的行为。只要具有其中一个阶段的行为，如国家工作人员收受他人财物时，根据他人提出的具体请托事项，承诺为他人谋取利益的，就具备了为他人谋取利益的要件。明知他人有具体请托事项而收受其财物的，视为承诺为他人谋取利益。

（三）"利用职权或地位形成的便利条件"的认定

刑法第388条规定的"利用本人职权或者地位形成的便利条件"，是指行为人与被其利用的国家工作人员之间在职务上虽然没有隶属、制约关系，但是行为人利用了本人职权或者地位产生的影响和一定的工作联系，如单位内不同部门的国家工作人员之间、上下级单位没有职务上隶属、制约关系的国家工作人员之间、有工作联系的不同单位的国家工作人员之间等。

（四）离职国家工作人员收受财物行为的处理

参照《最高人民法院关于国家工作人员利用职务上的便利为他人谋取利益离退休后收受财物行为如何处理问题的批复》规定的精神，国家工作人员利用职务上的便利为请托人谋取利益，并与请托人事先约定，在其离职后收受请托人财物，构成犯罪的，以受贿罪定罪处罚。

（五）共同受贿犯罪的认定

根据刑法关于共同犯罪的规定，非国家工作人员与国家工作人员勾结，伙同受贿的，应当以受贿罪的共犯追究刑事责任。非国家工作人员是否构成受贿罪共犯，取决于双方有无共同受贿的故意和行为。国家工作人员的近亲属向国家工作人员代为转达请托事项，收受请托人财物并告知该国家工作人员，或者国家工作人员明知其近亲属收受了他人财物，仍按照近亲属的要求利用职权为他人谋取利益的，对该国家工作人员应认定为受贿罪，其近亲属以受贿罪共犯论处。近亲属以外的其他人与国家工作人员通谋，由国家工作人员利用职务上的便利为请托人谋取利益，收受请托人财物后双方共同占有的，构成受贿罪共犯。国家工作人员利用职务上的便利为他人谋取利益，并指定他人将财物送给其他人，构成犯罪的，应以受贿罪定罪处罚。

（六）以借款为名索取或者非法收受财物行为的认定

国家工作人员利用职务上的便利，以借为名向他人索取财物，或者非法收受财物为他人谋取利益的，应当认定为受贿。具体认定时，不能仅仅看是否有书面借款手续，应当根据以下因素综合判定：（1）有无正当、合理的借款事由；（2）款项的去向；（3）双方平时关系如何、有无经济往来；（4）出借方是否要求国家工作人员利用职务上的便利为其谋取利益；（5）借款后是否有归还的意思表示及行为；（6）是否有归还的能力；（7）未归还的原因；等等。

（七）涉及股票受贿案件的认定

在办理涉及股票的受贿案件时，应当注意：（1）国家工作人员利用职务上的便利，索取或非法收受股票，没有支付股本金，为他人谋取利益，构成受贿罪的，其受贿数额按照收受股票时的实际价格计算。（2）行为人支付股本金而购买较有可能升值的股票，由于不是无偿收受请托人财物，不以受贿罪论处。（3）股票已上市且已升值，行为人仅支付股本金，其"购买"股票时的实际价格与股本金的差价部分应认定为受贿。

【法研〔2004〕38号】　最高人民法院研究室关于对行为人通过伪造国家机关公文、证件担任国家工作人员职务并利用职务上的便利侵占本单位财物、收受贿赂、挪用本单位资金等行为如何适用法律问题的答复（2004年3月20日

答复北京市高级人民法院"京高法〔2004〕15号"请示）

行为人通过伪造国家机关公文、证件担任国家工作人员职务以后，又利用职务上的便利实施侵占本单位财物、收受贿赂、挪用本单位资金等行为，构成犯罪的，应当分别以伪造国家机关公文、证件罪和相应的贪污罪、受贿罪、挪用公款罪等追究刑事责任，实行数罪并罚。

【公通字〔2005〕2号】 最高人民法院、最高人民检察院、公安部关于开展集中打击赌博违法犯罪活动专项行动有关工作的通知（2005年1月10日）

二、……对实施贪污、挪用公款、职务侵占、挪用单位资金、挪用特定款物、受贿等犯罪，并将犯罪所得的款物用于赌博的，分别依照刑法有关规定从重处罚；同时构成赌博罪的，应依照刑法规定实行数罪并罚。……

【法释〔2005〕3号】 最高人民法院、最高人民检察院关于办理赌博刑事案件具体应用法律若干问题的解释（2005年4月26日最高人民法院审判委员会第1349次会议通过，2005年5月8日最高人民检察院第10届检察委员会第34次会议通过，2005年5月11日公布，2005年5月13日起施行）

第7条 通过赌博或者为国家工作人员赌博提供资金的形式实施行贿、受贿行为，构成犯罪的，依照刑法关于贿赂犯罪的规定定罪处罚。

【高检研发〔2006〕8号】 最高人民检察院法律政策研究室关于国有单位的内设机构能否构成单位受贿罪主体问题的答复（2006年9月12日答复陕西省人民检察院法律政策研究室"陕检研发〔2005〕13号"请示）

国有单位的内设机构利用其行使职权的便利，索取、非法收受他人财物并归该内设机构所有或者支配，为他人谋取利益，情节严重的，依照刑法第387条的规定以单位受贿罪追究刑事责任。

上述内设机构在经济往来中，在账外暗中收受各种名义的回扣、手续费的，以受贿论。

【法发〔2007〕22号】 最高人民法院、最高人民检察院关于办理受贿刑事案件适用法律若干问题的意见（2007年7月8日印发）

一、关于以交易形式收受贿赂问题

国家工作人员利用职务上的便利为请托人谋取利益，以下列交易形式收受请托人财物的，以受贿论处：

（1）以明显低于市场的价格向请托人购买房屋、汽车等物品的；
（2）以明显高于市场的价格向请托人出售房屋、汽车等物品的；

(3) 以其他交易形式非法收受请托人财物的。

受贿数额按照交易时当地市场价格与实际支付价格的差额计算。

前款所列市场价格包括商品经营者事先设定的不针对特定人的最低优惠价格。根据商品经营者事先设定的各种优惠交易条件，以优惠价格购买商品的，不属于受贿。

二、关于收受干股问题

干股是指未出资而获得的股份。国家工作人员利用职务上的便利为请托人谋取利益，收受请托人提供的干股的，以受贿论处。进行了股权转让登记，或者相关证据证明股份发生了实际转让的，受贿数额按转让行为时股份价值计算，所分红利按受贿孳息处理。股份未实际转让，以股份分红名义获取利益的，实际获利数额应当认定为受贿数额。

三、关于以开办公司等合作投资名义收受贿赂问题

国家工作人员利用职务上的便利为请托人谋取利益，由请托人出资，"合作"开办公司或者进行其他"合作"投资的，以受贿论处。受贿数额为请托人给国家工作人员的出资额。

国家工作人员利用职务上的便利为请托人谋取利益，以合作开办公司或者其他合作投资的名义获取"利润"，没有实际出资和参与管理、经营的，以受贿论处。

四、关于以委托请托人投资证券、期货或者其他委托理财的名义收受贿赂问题

国家工作人员利用职务上的便利为请托人谋取利益，以委托请托人投资证券、期货或者其他委托理财的名义，未实际出资而获取"收益"，或者虽然实际出资，但获取"收益"明显高于出资应得收益的，以受贿论处。受贿数额，前一情形，以"收益"额计算；后一情形，以"收益"额与出资应得收益额的差额计算。

五、关于以赌博形式收受贿赂的认定问题

根据《最高人民法院、最高人民检察院关于办理赌博刑事案件具体应用法律若干问题的解释》第7条规定，国家工作人员利用职务上的便利为请托人谋取利益，通过赌博方式收受请托人财物的，构成受贿。

实践中应注意区分贿赂与赌博活动、娱乐活动的界限。具体认定时，主要应当结合以下因素进行判断：（1）赌博的背景、场合、时间、次数；（2）赌资来源；（3）其他赌博参与者有无事先通谋；（4）输赢钱物的具体情况和金额大小。

六、关于特定关系人"挂名"领取薪酬问题

国家工作人员利用职务上的便利为请托人谋取利益，要求或者接受请托人以给特定关系人安排工作为名，使特定关系人不实际工作却获取所谓薪酬的，

以受贿论处。

七、关于由特定关系人收受贿赂问题

国家工作人员利用职务上的便利为请托人谋取利益,授意请托人以本意见所列形式,将有关财物给予特定关系人的,以受贿论处。

特定关系人与国家工作人员通谋,共同实施前款行为的,对特定关系人以受贿罪的共犯论处。特定关系人以外的其他人与国家工作人员通谋,由国家工作人员利用职务上的便利为请托人谋取利益,收受请托人财物后双方共同占有的,以受贿罪的共犯论处。

八、关于收受贿赂物品未办理权属变更问题

国家工作人员利用职务上的便利为请托人谋取利益,收受请托人房屋、汽车等物品,未变更权属登记或者借用他人名义办理权属变更登记的,不影响受贿的认定。

认定以房屋、汽车等物品为对象的受贿,应注意与借用的区分。具体认定时,除双方交代或者书面协议之外,主要应当结合以下因素进行判断:(1)有无借用的合理事由;(2)是否实际使用;(3)借用时间的长短;(4)有无归还的条件;(5)有无归还的意思表示及行为。

九、关于收受财物后退还或者上交问题

国家工作人员收受请托人财物后及时退还或者上交的,不是受贿。

国家工作人员受贿后,因自身或者与其受贿有关联的人、事被查处,为掩饰犯罪而退还或者上交的,不影响认定受贿罪。

十、关于在职时为请托人谋利,离职后收受财物问题

国家工作人员利用职务上的便利为请托人谋取利益之前或者之后,约定在其离职后收受请托人财物,并在离职后收受的,以受贿论处。

国家工作人员利用职务上的便利为请托人谋取利益,离职前后连续收受请托人财物的,离职前后收受部分均应计入受贿数额。

十一、关于"特定关系人"的范围

本意见所称"特定关系人",是指与国家工作人员有近亲属、情妇(夫)以及其他共同利益关系的人。

十二、关于正确贯彻宽严相济刑事政策的问题

依照本意见办理受贿刑事案件,要根据刑法关于受贿罪的有关规定和受贿罪权钱交易的本质特征,准确区分罪与非罪、此罪与彼罪的界限,惩处少数,教育多数。在从严惩处受贿犯罪的同时,对于具有自首、立功等情节的,依法从轻、减轻或者免除处罚。

【法发〔2007〕29号】　最高人民法院、最高人民检察院、公安部关于依法严肃查处拒不执行判决、裁定和暴力抗拒法院执行犯罪行为有关问题的通知（2007年8月30日印发；替代废止1998年4月17日最高人民法院发布的《关于审理拒不执行判决、裁定案件具体应用法律若干问题的解释》"法释〔1998〕6号"）

一、对下列拒不执行判决、裁定的行为，依照刑法第313条的规定，以拒不执行判决、裁定罪论处。

（四）被执行人、担保人、协助执行义务人与国家机关工作人员通谋，利用国家机关工作人员的职权妨害执行，致使判决、裁定无法执行的；

四、（第2款）国家机关工作人员收受贿赂或者滥用职权，有本《通知》第1条第4项行为的，同时又构成刑法第385条、第397条规定罪的，依照处罚较重的规定定罪处罚。

【法〔2008〕286号】　最高人民法院关于依法惩处涉抗震救灾款物犯罪确保灾后恢复重建工作顺利进行的通知（2008年9月24日）

二、依法严惩涉抗震救灾资金物资犯罪，坚决维护灾区社会稳定。对抗震救灾和灾后恢复重建期间发生的针对抗震救灾资金物资的以下犯罪行为，人民法院要坚持特殊时期、特殊案件、特殊办理的方针，依法及时受理，依法从重从快审判：

（三）国家工作人员利用管理、分配、拨付、发放、使用和监督检查抗震救灾资金物资的职务便利，索取他人财物或者非法收受他人财物的犯罪行为。

【法发〔2008〕33号】　最高人民法院、最高人民检察院关于办理商业贿赂刑事案件适用法律若干问题的意见（2008年11月20日）

四、（第1款）医疗机构中的国家工作人员，在药品、医疗器械、医用卫生材料等医药产品采购活动中，利用职务上的便利，索取销售方财物，或者非法收受销售方财物，为销售方谋取利益，构成犯罪的，依照刑法第385条的规定，以受贿罪定罪处罚。①

五、（第1款）学校及其他教育机构中的国家工作人员，在教材、教具、校服或者其他物品的采购等活动中，利用职务上的便利，索取销售方财物，或者非法收受销售方财物，为销售方谋取利益，构成犯罪的，依照刑法第385条的规

---

① 注：本意见的《理解与适用》（刊于最高法刑庭主办的《中国刑事审判指导案例3》（增订第3版，法律出版社2017年版，第464页）指出：国有医院的科室主任接受医药产品销售方请托向院里推荐或建议采购该医药产品的行为属于从事公务的行为。对于非国有医院而言，除认定为国家工作人员的以外，均应按非国家工作人员受贿处理。

定,以受贿罪定罪处罚。

六、(第2款)依法组建的评标委员会、竞争性谈判采购中谈判小组、询价采购中询价小组中国家机关或者其他国有单位的代表有前款行为的,依照刑法第385条的规定,以受贿罪定罪处罚。

七、商业贿赂中的财物,既包括金钱和实物,也包括可以用金钱计算数额的财产性利益,如提供房屋装修、含有金额的会员卡、代币卡(券)、旅游费用等。具体数额以实际支付的资费为准。

八、收受银行卡的,不论受贿人是否实际取出或者消费,卡内的存款数额一般应全额认定为受贿数额。使用银行卡透支的,如果由给予银行卡的一方承担还款责任,透支数额也应当认定为受贿数额。

十一、非国家工作人员与国家工作人员通谋,共同收受他人财物,构成共同犯罪的,根据双方利用职务便利的具体情形分别定罪追究刑事责任:

(1)利用国家工作人员的职务便利为他人谋取利益的,以受贿罪追究刑事责任。

(2)利用非国家工作人员的职务便利为他人谋取利益的,以非国家工作人员受贿罪追究刑事责任。

(3)分别利用各自的职务便利为他人谋取利益的,按照主犯的犯罪性质追究刑事责任,不能分清主从犯的,可以受贿罪追究刑事责任。

【法刊文摘】 宽严相济在经济犯罪和职务犯罪案件审判中的具体贯彻[①]

(二)关于政策法律界限。……以贿赂犯罪为例说明如下:(1)对于收受财物后于案发前退还或上交所收财物的,应当区分情况做出不同处理:收受请托人财物后及时退还或者上交的,因其受贿故意不能确定,同时为了感化、教育潜在受贿犯罪分子,故不宜以受贿处理;受贿后因自身或者与其受贿有关联的人、事被查处,为掩饰犯罪而退还或者上交的,因受贿行为既已完毕,且无主动悔罪之意思,故不影响受贿罪的认定。……

【法发〔2010〕49号】 最高人民法院、最高人民检察院关于办理国家出资企业中职务犯罪案件具体应用法律若干问题的意见(2010年11月26日印发)

四、关于国家工作人员在企业改制过程中的渎职行为的处理

(第1款)国家出资企业中的国家工作人员在公司、企业改制或者国有资产处置过程中严重不负责任或者滥用职权,致使国家利益遭受重大损失的,依照

[①] 最高人民法院刑二庭,刊于《人民法院报》2010年4月7日第6版。

刑法第 168 条的规定，以国有公司、企业人员失职罪或者国有公司、企业人员滥用职权罪定罪处罚。

（第 2 款）国家出资企业中的国家工作人员在公司、企业改制或者国有资产处置过程中徇私舞弊，将国有资产低价折股或者低价出售给其本人未持有股份的公司、企业或者其他个人，致使国家利益遭受重大损失的，依照刑法第 169 条的规定，以徇私舞弊低价折股、出售国有资产罪定罪处罚。

（第 4 款）国家出资企业中的国家工作人员因实施第 1 款、第 2 款行为收受贿赂，同时又构成刑法第 385 条规定之罪的，依照处罚较重的规定定罪处罚。[①]

五、关于改制前后主体身份发生变化的犯罪的处理

（第 3 款）国家工作人员在国家出资企业改制过程中利用职务上的便利为请托人谋取利益，事先约定在其不再具有国家工作人员身份后收受请托人财物，或者在身份变化前后连续收受请托人财物的，依照刑法第 385 条、第 386 条的规定，以受贿罪定罪处罚。

六、关于国家出资企业中国家工作人员的认定

经国家机关、国有公司、企业、事业单位提名、推荐、任命、批准等，在国有控股、参股公司及其分支机构中从事公务的人员，应当认定为国家工作人员。具体的任命机构和程序，不影响国家工作人员的认定。

经国家出资企业中负有管理、监督国有资产职责的组织批准或者研究决定，代表其在国有控股、参股公司及其分支机构中从事组织、领导、监督、经营、管理工作的人员，应当认定为国家工作人员。

国家出资企业中的国家工作人员，在国家出资企业中持有个人股份或者同时接受非国有股东委托的，不影响其国家工作人员身份的认定。

七、关于国家出资企业的界定

本意见所称"国家出资企业"，包括国家出资的国有独资公司、国有独资企业，以及国有资本控股公司、国有资本参股公司。

是否属于国家出资企业不清楚的，应遵循"谁投资、谁拥有产权"的原则进行界定。企业注册登记中的资金来源与实际出资不符的，应根据实际出资情况确定企业的性质。企业实际出资情况不清楚的，可以综合工商注册、分配形式、经营管理等因素确定企业的性质。

八、关于宽严相济刑事政策的具体贯彻

[①] 注：根据《最高人民法院、最高人民检察院关于办理贪污贿赂刑事案件适用法律若干问题的解释》（法释〔2016〕9 号，2016 年 4 月 18 日公布施行）第 17 条的规定，此处应当适用数罪并罚。

办理国家出资企业中的职务犯罪案件时,要综合考虑历史条件、企业发展、职工就业、社会稳定等因素,注意具体情况具体分析,严格把握犯罪与一般违规行为的区分界限。对于主观恶意明显、社会危害严重、群众反映强烈的严重犯罪,要坚决依法从严惩处;对于特定历史条件下、为了顺利完成企业改制而实施的违反国家政策法律规定的行为,行为人无主观恶意或者主观恶意不明显、情节较轻,危害不大的,可以不作为犯罪处理。

对于国家出资企业中的职务犯罪,要加大经济上的惩罚力度,充分重视财产刑的适用和执行,最大限度地挽回国家和人民利益遭受的损失。不能退赃的,在决定刑罚时,应当作为重要情节予以考虑。

【法研〔2012〕23号】 最高人民法院研究室关于共同受贿案件中受贿数额认定问题的研究意见[①]

对于共同受贿犯罪,被告人"受贿所得数额"原则上应当以其参与或者组织、指挥的共同受贿数额认定,在量刑上对从犯依法适当从轻、减轻处罚或者免除处罚。但在难以区分主从犯的共同受贿案件中,如果行贿人的贿赂款分别或明确送给多人,且按照各被告人实际所得数额处罚更能体现罪刑相适应的,应依法按照被告人实际所得数额,并考虑共同受贿犯罪的情节严重程度予以处罚。

【法释〔2016〕9号】 最高人民法院、最高人民检察院关于办理贪污贿赂刑事案件适用法律若干问题的解释(2016年3月28日最高人民法院审判委员会第1680次会议、2016年3月25日最高人民检察院第12届检察委员会第50次会议通过,2016年4月18日公布施行)

第1条 贪污或者受贿数额在3万元以上不满20万元的,应当认定为刑法第383条第1款规定的"数额较大",依法判处3年以下有期徒刑或者拘役,并处罚金。

贪污数额在1万元以上不满3万元,具有下列情形之一的,应当认定为刑法第383条第1款规定的"其他较重情节",依法判处3年以下有期徒刑或者拘役,并处罚金:

(一)贪污救灾、抢险、防汛、优抚、扶贫、移民、救济、防疫、社会捐助等特定款物的;[②]

---

① 刊于《司法研究与指导》(总第2辑),人民法院出版社2012年版,第148页。

② 注:特定款物不限于列明的九种款物;但是其他特定款物的认定要从严掌握,只有与所列举的款物具有实质相当性的款物才可以认定为特定款物,具体可以从事项重要性、用途特定性以及时间紧迫性等方面进行判断。

（二）曾因贪污、受贿、挪用公款受过党纪、行政处分的；①

（三）曾因故意犯罪受过刑事追究的；②

（四）赃款赃物用于非法活动的；③

（五）拒不交待赃款赃物去向或者拒不配合追缴工作，致使无法追缴的；

（六）造成恶劣影响或者其他严重后果的。

受贿数额在1万元以上不满3万元，具有前款第2项至第6项规定的情形之一，或者具有下列情形之一的，应当认定为刑法第383条第1款规定的"其他较重情节"，依法判处3年以下有期徒刑或者拘役，并处罚金：

（一）多次索贿的；④

（二）为他人谋取不正当利益，致使公共财产、国家和人民利益遭受损失的；

（三）为他人谋取职务提拔、调整的。⑤

第2条（第1款） 贪污或者受贿数额在20万元以上不满300万元的，应当认定为刑法第383条第1款规定的"数额巨大"，依法判处3年以上10年以下有期徒刑，并处罚金或者没收财产。

（第3款） 受贿数额在10万元以上不满20万元，具有本解释第1条第3款规定的情形之一的，应当认定为刑法第383条第1款规定的"其他严重情节"，依法判处3年以上10年以下有期徒刑，并处罚金或者没收财产。

第3条（第1款） 贪污或者受贿数额在300万元以上的，应当认定为刑法第383条第1款规定的"数额特别巨大"，依法判处10年以上有期徒刑、无

---

① 注：处分事由明确为"贪污、受贿、挪用公款"3种具体职务违纪违法行为；但本书认为，不应当缩限理解为3种具体的罪名。比如，私分国有资产、私分罚没财物等行为，应当理解为贪污的一种特殊形态。

② 注：文字表述上之所以用"刑事追究"而非"刑事处罚"，主要是考虑到较轻的刑事犯罪还有不起诉或免予刑事处罚等处理措施，"刑事追究"一词更具包容性。（刊于《人民司法》2016年第19期，作者裴显鼎等。）

本书认为，结合"故意犯罪"的前提，"刑事追究"应当是指被追究了刑事责任，包括了定罪判刑和定罪免刑两种情形，但不包括未被起诉的情形；若未被起诉，则谈不上故意犯罪一说，当然就无从刑事追究了。

③ 注：不要求赃款赃物全部或者大部分用于非法活动；但对于用于非法活动的赃款赃物占比特别小的，也不宜适用本项规定。

④ 注：这里的"多次"没有时间限定，同时向多个不同的对象索贿的，也应当认定为多次索贿；但基于同一个索贿目的经多次要才陆续得逞的，不宜认定为多次索贿。

⑤ 注：职务"调整"包括职务的平级调整；但是，离职、退休等不再具有国家工作人员公职身份的调整，一般不宜认定为这里的职务调整。

期徒刑或者死刑,并处罚金或者没收财产。①

(第 3 款) 受贿数额在 150 万元以上不满 300 万元,具有本解释第 1 条第 3 款规定的情形之一的,应当认定为刑法第 383 条第 1 款规定的"其他特别严重情节",依法判处 10 年以上有期徒刑、无期徒刑或者死刑,并处罚金或者没收财产。②

第 4 条 贪污、受贿数额特别巨大,犯罪情节特别严重、社会影响特别恶劣、给国家和人民利益造成特别重大损失的,可以判处死刑。

符合前款规定的情形,但具有自首、立功,如实供述自己罪行、真诚悔罪、积极退赃,或者避免、减少损害结果的发生等情节,不是必须立即执行的,可以判处死刑缓期 2 年执行。

符合第 1 款规定情形的,根据犯罪情节等情况可以判处死刑缓期 2 年执行,同时裁判决定在其死刑缓期执行 2 年期满依法减为无期徒刑后,终身监禁,不得减刑、假释。

第 12 条 贿赂犯罪中的"财物",包括货币、物品和财产性利益。财产性利益包括可以折算为货币的物质利益如房屋装修、债务免除等,以及需要支付货币的其他利益如会员服务、旅游等。后者的犯罪数额,以实际支付或者应当支付的数额计算。

第 13 条 具有下列情形之一的,应当认定为"为他人谋取利益",构成犯罪的,应当依照刑法关于受贿犯罪的规定定罪处罚:

(一)实际或者承诺为他人谋取利益的;

(二)明知他人有具体请托事项的;

(三)履职时未被请托,但事后基于该履职事由收受他人财物的。

国家工作人员索取、收受具有上下级关系的下属或者具有行政管理关系的被管理人员的财物价值 3 万元以上,可能影响职权行使的,视为承诺为他人谋取利益。

第 15 条 对多次受贿未经处理的,累计计算受贿数额。

国家工作人员利用职务上的便利为请托人谋取利益前后多次收受请托人财物,受请托之前收受的财物数额在 1 万元以上的,应当一并计入受贿数额。

第 16 条 国家工作人员出于贪污、受贿的故意,非法占有公共财物、收受

---

① 注:根据《刑法》第 383 条第 1 款第 3 项的规定,只有同时满足"数额特别巨大""并使国家和人民利益遭受特别重大损失"的条件,才能适用死刑。单纯的"数额特别巨大"并不能适用死刑。这是最高人民法院司法解释的一个技术纰误。

② 注:根据《刑法》第 383 条第 1 款第 3 项的规定,"其他特别严重情节"并不能适用死刑。这是最高人民法院司法解释的一个技术纰误。

他人财物之后，将赃款赃物用于单位公务支出或者社会捐赠的，不影响贪污罪、受贿罪的认定，但量刑时可以酌情考虑。

特定关系人索取、收受他人财物，国家工作人员知道后未退还或者上交的，应当认定国家工作人员具有受贿故意。

第17条 国家工作人员利用职务上的便利，收受他人财物，为他人谋取利益，同时构成受贿罪和刑法分则第3章第3节、第9章规定的渎职犯罪的，除刑法另有规定外，以受贿罪和渎职犯罪数罪并罚。

第18条 贪污贿赂犯罪分子违法所得的一切财物，应当依照刑法第64条的规定予以追缴或者责令退赔，对被害人的合法财产应当及时返还。对尚未追缴到案或者尚未足额退赔的违法所得，应当继续追缴或者责令退赔。

第19条 对贪污罪、受贿罪判处3年以下有期徒刑或者拘役的，应当并处10万元以上50万元以下的罚金；判处3年以上10年以下有期徒刑的，应当并处20万元以上犯罪数额2倍以下的罚金或者没收财产；判处10年以上有期徒刑或者无期徒刑的，应当并处50万元以上犯罪数额2倍以下的罚金或者没收财产。

对刑法规定并处罚金的其他贪污贿赂犯罪，应当在10万元以上犯罪数额2倍以下判处罚金。

第20条 本解释自2016年4月18日起施行。最高人民法院、最高人民检察院此前发布的司法解释与本解释不一致的，以本解释为准。

【高检发〔2016〕9号】 最高人民检察院关于充分发挥检察职能依法保障和促进科技创新的意见（2016年7月7日印发）

4.……依法惩治知识产权申报和重大科研项目申报、实施中，利用审批、验收等职权索贿、受贿的犯罪，以及行政管理人员贪污、挪用、私分国家科研项目投资基金、科研经费的犯罪。……

7.准确把握法律政策界限。……办案中要正确区分罪与非罪界限：对于身兼行政职务的科研人员特别是学术带头人，要区分其科研人员与公务人员的身份，特别是要区分科技创新活动与公务管理，正确把握科研人员以自身专业知识提供咨询等合法兼职获利的行为，与利用审批、管理等行政权力索贿受贿的界限；要区分科研人员合法的股权分红、知识产权收益、科技成果转化收益分配与贪污、受贿之间的界限；……坚持罪刑法定原则和刑法谦抑性原则，禁止以刑事手段插手民事经济纠纷。对于法律和司法解释规定不明确、法律政策界限不明、罪与非罪界限不清的，不作为犯罪处理；对于认定罪与非罪争议较大的案件，及时向上级检察机关请示报告。

【高检发〔2020〕3号】 最高人民法院、最高人民检察院、公安部关于办理涉窨井盖相关刑事案件的指导意见（2020年2月19日最高人民检察院第13届检察委员会第33次会议通过，2020年3月16日印发施行）

十一、国家机关工作人员利用职务上的便利，收受他人财物，为他人谋取与窨井盖相关利益，同时构成受贿罪和刑法分则第九章规定的渎职犯罪的，除刑法另有规定外，以受贿罪和渎职犯罪数罪并罚。

十二、本意见所称的"窨井盖"，包括城市、城乡结合部和乡村等地的窨井盖以及其他井盖。

【公通字〔2020〕14号】 最高人民法院、最高人民检察院、公安部办理跨境赌博犯罪案件若干问题的意见（2020年10月16日印发）

四、关于跨境赌博关联犯罪的认定

（二）通过开设赌场或者为国家工作人员参与赌博提供资金的形式实施行贿、受贿行为，构成犯罪的，依照刑法关于贿赂犯罪的规定定罪处罚。同时构成赌博犯罪的，应当依法与贿赂犯罪数罪并罚。

【刑他字〔2016〕5934号】 最高人民法院关于被告人林少钦受贿请示一案的答复（2017年2月13日答复福建省高级人民法院"闽高法〔2016〕250号"《关于立案追诉后因法律司法解释修改导致追诉时效发生变化的案件法律适用问题的请示》）

追诉时效是依照法律规定对犯罪分子追究刑事责任的期限，在追诉时效期限内，司法机关应当依法追究犯罪分子刑事责任。对于法院正在审理的贪污贿赂案件，应当依据司法机关立案侦查时的法律规定认定追诉时效。依据立案侦查时的法律规定未过时效，且已经进入诉讼程序的案件，在新的法律规定生效后应当继续审理。

● **立案标准** 最高人民检察院关于人民检察院直接受理立案侦查案件立案标准的规定（试行）（高检发释字〔1999〕2号，最高人民检察院第9届检察委员会第41次会议讨论通过，1999年9月9日公布施行）

一、贪污贿赂犯罪案件

（三）受贿案（第385条、第386条、第388条、第163条第3款、第184条第2款）

"利用职务上的便利"，是指利用单人职务范围内的权力，即自己职务上主管、负责或者承办某项公共事务的职权及其所形成的便利条件。

索取他人财物的，不论是否"为他人谋取利益"，均可构成受贿罪，非法收受他人财物的，必须同时具备"为他人谋取利益"的条件，才能构成受贿罪，但是为他人谋取的利益是否正当，为他人谋取的利益是否实现，不影响受贿罪的认定。

国有公司、企业中从事公务的人员和国有公司、企业委派到非国有公司、企业从事公务的人员利用职务上的便利，索取他人财物或者非法收受他人财物，为他人谋取利益，或者在经济往来中，违反国家规定，收受各种名义的回扣、手续费，归个人所有的，以受贿罪追究刑事责任。

国有金融机构工作人员和国有金融机构委派到非国有金融机构从事公务的人员在金融业务活动中索取他人财物或者非法收受他人财物，为他人谋取利益的，或者违反国家规定，收受各种名义的回扣、手续费归个人所有的，以受贿罪追究刑事责任。

涉嫌下列情形之一的，应予立案：（略）①

（四）单位受贿案（第387条）

索取他人财物或者非法收受他人财物，必须同时具备为他人谋取利益的条件，且是情节严重的行为，才能构成单位受贿罪。

国家机关、国有公司，企业、事业单位、人民团体，在经济往来中，在账外暗中收受各种名义的回扣、手续费的，以单位受贿罪追究刑事责任。

涉嫌下列情形之一的，应予立案：

1. 单位受贿数额在10万元以上的；
2. 单位受贿数额不满10万元，但具有下列情形之一的；
（1）故意刁难、要挟有关单位、个人，造成恶劣影响的；
（2）强行索取财物的；
（3）致使国家或者社会利益遭受重大损失的；

四、附则

（二）本规定中有关犯罪数额"不满"，是指接近该数额且已达到该数额的80%以上。

（五）本规定中有关贿赂罪案中的"谋取不正当利益"，是指谋取违反法律、法规、国家政策和国务院各部门规章规定的利益，以及谋取违反法律、法规、国家政策和国务院各部门规章规定的帮助或者方便条件。

---

① 注：《最高人民法院、最高人民检察院关于办理贪污贿赂刑事案件适用法律若干问题的解释》（法释〔2016〕9号，2016年4月18日起施行）发布后，本款规定与"法释〔2016〕9号"《解释》第1条的规定不一致，应以后者为准，故本书对本款内容予以删节。

● **指导案例**　【法〔2011〕354号】　最高人民法院关于发布第1批指导性案例的通知（2011年12月20日印发）

（指导案例3号）潘玉梅、陈宁受贿案

裁判要点：1. 国家工作人员利用职务上的便利为请托人谋取利益，并与请托人以"合办"公司的名义获取"利润"，没有实际出资和参与经营管理的，以受贿论处。

2. 国家工作人员明知他人有请托事项而收受其财物，视为承诺"为他人谋取利益"，是否已实际为他人谋取利益或谋取到利益，不影响受贿的认定。

3. 国家工作人员利用职务上的便利为请托人谋取利益，以明显低于市场的价格向请托人购买房屋等物品的，以受贿论处，受贿数额按照交易时当地市场价格与实际支付价格的差额计算。

4. 国家工作人员收受财物后，因与其受贿有关联的人、事被查处，为掩饰犯罪而退还的，不影响认定受贿罪。

【高检发研字〔2012〕5号】　最高人民检察院关于印发第2批指导性案例的通知（2012年10月31日最高人民检察院第11届检察委员会第81次会议讨论通过，2012年11月15日印发）

（检例第8号）杨某玩忽职守、徇私枉法、受贿案

要旨：1. 渎职犯罪因果关系的认定。如果负有监管职责的国家机关工作人员没有认真履行其监管职责，从而未能有效防止危害结果发生，那么，这些对危害结果具有"原因力"的渎职行为，应认定与危害结果之间具有刑法意义上的因果关系。

2. 渎职犯罪同时受贿的处罚原则。对于国家机关工作人员实施渎职犯罪并收受贿赂，同时构成受贿罪的，除《刑法》第399条有特别规定的外，以渎职犯罪和受贿罪数罪并罚。

【高检发研字〔2014〕2号】　最高人民检察院关于印发第4批指导性案例的通知（2014年2月19日最高人民检察院第12届检察委员会第17次会议讨论通过，2014年2月20日印发）

（检例第15号）胡林贵等人生产、销售有毒、有害食品，行贿；骆梅等人销售伪劣产品；朱伟全等人生产、销售伪劣产品；黎达文等人受贿，食品监管渎职案

要旨：负有食品安全监督管理职责的国家机关工作人员，滥用职权，向生产、销售有毒、有害食品的犯罪分子通风报信，帮助逃避处罚的，应当认定为

食品监管渎职罪；在渎职过程中受贿的，应当以食品监管渎职罪和受贿罪实行数罪并罚。

（检例第 16 号） 赛跃、韩成武受贿、食品监管渎职案

要旨：负有食品安全监督管理职责的国家机关工作人员，滥用职权或玩忽职守，导致发生重大食品安全事故或者造成其他严重后果的，应当认定为食品监管渎职罪。在渎职过程中受贿的，应当以食品监管渎职罪和受贿罪实行数罪并罚。

【高检发办字〔2020〕44 号】 关于印发最高人民检察院第 20 批指导性案例的通知（2020 年 7 月 6 日最高人民检察院第 13 届检察委员会第 42 次会议通过，2020 年 7 月 16 日印发）

（检例第 73 号） 浙江省某县图书馆及赵某、徐某某单位受贿、私分国有资产、贪污案

要旨：人民检察院在对职务犯罪案件审查起诉时，如果认为相关单位亦涉嫌犯罪，且单位犯罪事实清楚、证据确实充分，经与监察机关沟通，可以依法对犯罪单位提起公诉。检察机关在审查起诉中发现遗漏同案犯或犯罪事实的，应当及时与监察机关沟通，依法处理。

（检例第 76 号） 张某受贿，郭某行贿、职务侵占、诈骗案指导

意义：根据主客观相统一原则，准确区分受贿罪和贪污罪。对于国家工作人员收受贿赂后故意不履行监管职责，使非国家工作人员非法占有财物的，如该财物又涉及公款，应根据主客观相统一原则，准确认定案件性质。一要看主观上是否对侵吞公款进行过共谋，二要看客观上是否共同实施侵吞公款行为。如果具有共同侵占公款故意，且共同实施了侵占公款行为，应认定为贪污罪共犯；如果国家工作人员主观上没有侵占公款故意，只是收受贿赂后放弃职守，客观上使非国家工作人员任意处理其经手的钱款成为可能，应认定为为他人谋取利益，国家工作人员构成受贿罪，非国家工作人员构成行贿罪。如果国家工作人员行为同时构成玩忽职守罪的，以受贿罪和玩忽职守罪数罪并罚。

> **第388条之一**① 　【利用影响力受贿罪】国家工作人员的近亲属或者其他与该国家工作人员关系密切的人，通过该国家工作人员职务上的行为，或者利用该国家工作人员职权或者地位形成的便利条件，通过其他国家工作人员职务上的行为，为请托人谋取不正当利益，索取请托人财物或者收受请托人财物，数额较大或者有其他较重情节的，处三年以下有期徒刑或者拘役，并处罚金；数额巨大或者有其他严重情节的，处三年以上七年以下有期徒刑，并处罚金；数额特别巨大或者有其他特别严重情节的，处七年以上有期徒刑，并处罚金或者没收财产。
>
> 离职的国家工作人员或者其近亲属以及其他与其关系密切的人，利用该离职的国家工作人员原职权或者地位形成的便利条件实施前款行为的，依照前款的规定定罪处罚。

● **条文注释** 　《联合国反腐败公约》中规定了"影响力交易"犯罪，即非国家工作人员利用国家工作人员的职权、地位或其他影响，通过其他国家工作人员的职权行为，收取或索取财物，为他人谋取不正当利益的行为。我国加入该《公约》后，相应地在刑法中增设了"利用影响力受贿罪"。

构成"利用影响力受贿罪"，必须同时具备以下条件：

1. 犯罪主体是特殊主体，主要包括3类人员：(1) 国家工作人员（含离职人员）的近亲属；(2) 与国家工作人员（含离职人员）关系密切的人；(3) 离职（包括离休、退休、辞职、辞退等）的国家工作人员本人。"国家工作人员"的具体界定范围，见《刑法》第93条的注释。

这里的"近亲属"，是指配偶、父母、子女、同胞兄弟姊妹。"关系密切的人"包括：(1) 其他直系亲属和三代以内旁系亲属；(2) 基于学习、工作、生活等原因而形成的同学、同事、同乡、师生、战友等关系；(3) 基于感情而产生的朋友、恋人、情人等关系；(4) 基于其他共同利益而形成的特定关系。

2. 行为人利用了国家工作人员（或离职的国家工作人员自己）职权影响，或者利用该国家工作人员对其他国家工作人员的影响力，进而利用了其他国家工作人员职权的行为。这种"影响力"可以是该国家工作人员职务上的行为，

---

① 第388条之一是根据2009年2月28日第11届全国人民代表大会常务委员会第7次会议通过的《刑法修正案（七）》（主席令第10号公布，2009年2月28日起施行）而增设。

也可以是该国家工作人员职权或地位形成的便利条件。"利用影响力"是第388条之一所规定之罪与其他贿赂犯罪的根本区别。

3. 行为人所谋取的是请托人的"不正当利益",即根据法律及有关政策规定不应得到的利益。

4. 行为人索取或收受了请托人的财物。这里的"财物"应当作广义理解,包括各种有价证券、货币、实物,也包括其他的物质利益。

5. 数额"较大"以上,或者情节"较重"以上。

需要注意的是:

(1) 在刑事、民事、行政法律中,"近亲属"的概念(范围)是各不相同的。具体参见《刑法》第257条的注释。

(2) 与某国家工作人员"关系密切的人",应该在足以影响该国家工作人员职务决定的情形下,实施利用该国家工作人员的影响力让其他国家工作人员为请托人谋取不正当利益的行为,才能构成本罪。

(3) 行为人实施第388条之一所规定的行为,应以行为人没有与该国家工作人员存在共同的受贿故意为前提;如果行为人与该国家工作人员存在共同的受贿故意,则行为人未必构成利用影响力受贿罪,而要根据具体情况以受贿罪共犯论处。

● 相关规定 【法释〔2016〕9号】 最高人民法院、最高人民检察院关于办理贪污贿赂刑事案件适用法律若干问题的解释(2016年3月28日最高人民法院审判委员会第1680次会议、2016年3月25日最高人民检察院第12届检察委员会第50次会议通过,2016年4月18日公布施行)

第10条(第1款) 刑法第388条之一规定的利用影响力受贿罪的定罪量刑适用标准,参照本解释关于受贿罪的规定执行。

第18条 贪污贿赂犯罪分子违法所得的一切财物,应当依照刑法第64条的规定予以追缴或者责令退赔,对被害人的合法财产应当及时返还。对尚未追缴到案或者尚未足额退赔的违法所得,应当继续追缴或者责令退赔。

第19条(第1款) 对贪污罪、受贿罪……

(第2款) 对刑法规定并处罚金的其他贪污贿赂犯罪,应当在10万元以上犯罪数额2倍以下判处罚金。①

---

① 注:根据"法释〔2016〕9号"《解释》第1条、第10条的规定,《刑法》第388条之一(利用影响力受贿罪)"数额较大"的门槛是3万元,"其他较重情节"的门槛是1万元。在此情形下判处罚金,无法同时满足"10万元以上""犯罪数额2倍以下"。这是最高人民法院司法解释的技术性纰误。

第 20 条　本解释自 2016 年 4 月 18 日起施行。最高人民法院、最高人民检察院此前发布的司法解释与本解释不一致的,以本解释为准。

【湘高法〔2020〕21 号】　湖南省高级人民法院关于贪污贿赂案件审判适用法律若干问题的解答（2020 年 9 月 24 日湖南高院以线上新闻发布会形式公布）

问题 11：如何认定特定关系人收受财物的行为？

答：特定关系人，是指与国家工作人员有近亲属、情妇（夫）以及其他共同利益关系的人。共同利益关系主要是指经济利益关系，但不限于共同财产关系。

（1）特定关系人向国家工作人员代为转达请托事项，收受请托人财物并告知该国家工作人员，对该特定关系人以受贿罪的共犯论处；

（2）特定关系人通过该国家工作人员职务上的行为，或者利用该国家工作人员职权或者地位形成的便利条件，通过其他国家工作人员职务上的行为，为请托人谋取不正当利益，收受请托人财物，对该特定关系人以利用影响力受贿罪定罪处罚；

（3）特定关系人未参与为请托人谋取利益行为，或者对国家工作人员为请托人谋取利益不知情，仅仅是奉命收受财物的，因不具有在为他人谋利方面的意思联络，该特定关系人不构成受贿罪。

第 389 条　**【行贿罪】**为谋取不正当利益，给予国家工作人员以财物的，是行贿罪。

在经济往来中，违反国家规定，给予国家工作人员以财物，数额较大的，或者违反国家规定，给予国家工作人员以各种名义的回扣、手续费的，以行贿论处。

因被勒索给予国家工作人员以财物，没有获得不正当利益的，不是行贿。

第 390 条[①]　**【行贿罪的处罚】**对犯行贿罪的，处五年以下有期徒刑或者拘役，并处罚金；因行贿谋取不正当利益，情节严重的，或

[①]　第 390 条是根据 2015 年 8 月 29 日第 12 届全国人民代表大会常务委员会第 16 次会议通过的《刑法修正案（九）》（主席令第 30 号公布，2015 年 11 月 1 日起施行）而修改；原第 390 条的内容为："对犯行贿罪的，处五年以下有期徒刑或者拘役；因行贿谋取不正当利益，情节严重的，或者使国家利益遭受重大损失的，处五年以上十年以下有期徒刑；情节特别严重的，处十年以上有期徒刑或者无期徒刑，可以并处没收财产。//行贿人在被追诉前主动交待行贿行为的，可以减轻处罚或者免除处罚。"

者使国家利益遭受重大损失的,处五年以上十年以下有期徒刑,并处罚金;情节特别严重的,或者使国家利益遭受特别重大损失的,处十年以上有期徒刑或者无期徒刑,并处罚金或者没收财产。

行贿人在被追诉前主动交待行贿行为的,可以从轻或者减轻处罚。其中,犯罪较轻的,对侦破重大案件起关键作用的,或者有重大立功表现的,可以减轻或者免除处罚。

第390条之一[①] 【对有影响力的人行贿罪】为谋取不正当利益,向国家工作人员的近亲属或者其他与该国家工作人员关系密切的人,或者向离职的国家工作人员或其近亲属以及其他与其关系密切的人行贿的,处三年以下有期徒刑或者拘役,并处罚金;情节严重的,或者使国家利益遭受重大损失的,处三年以上七年以下有期徒刑,并处罚金;情节特别严重的,或者使国家利益遭受特别重大损失的,处七年以上十年以下有期徒刑,并处罚金。

单位犯前款罪的,对单位判处罚金,并对其直接负责的主管人员和其他直接责任人员,处三年以下有期徒刑或者拘役,并处罚金。

第391条 【对单位行贿罪】为谋取不正当利益,给予国家机关、国有公司、企业、事业单位、人民团体以财物的,或者在经济往来中,违反国家规定,给予各种名义的回扣、手续费的,处三年以下有期徒刑或者拘役,并处罚金。[②]

单位犯前款罪的,对单位判处罚金,并对其直接负责的主管人员和其他直接责任人员,依照前款的规定处罚。

第392条 【介绍贿赂罪】(见第1844页)

第393条[③] 【单位行贿罪】单位为谋取不正当利益而行贿,或者违反国家规定,给予国家工作人员以回扣、手续费,情节严重的,对单位判处罚金,并对其直接负责的主管人员和其他直接责任人员,

---

① 第390条之一是根据2015年8月29日第12届全国人民代表大会常务委员会第16次会议通过的《刑法修正案(九)》(主席令第30号公布,2015年11月1日起施行)而增设。
② 第391条第1款是根据2015年8月29日第12届全国人民代表大会常务委员会第16次会议通过的《刑法修正案(九)》(主席令第30号公布,2015年11月1日起施行)而修改;增设了财产刑。
③ 第393条是根据2015年8月29日第12届全国人民代表大会常务委员会第16次会议通过的《刑法修正案(九)》(主席令第30号公布,2015年11月1日起施行)而修改;增设了财产刑。

处五年以下有期徒刑或者拘役，并处罚金。因行贿取得的违法所得归个人所有的，依照本法第三百八十九条、第三百九十条的规定定罪处罚。

第394条 【贪污罪】（见第1784页）

● **条文注释** 第389条至第391条、第393条是针对对个人行贿、对有影响力的人行贿、对单位行贿、单位行贿等行为的处罚规定。构成上述规定之罪，要求行为人（个人或单位）有行贿的主观故意，并以谋取不正当利益为目的。这里说的"不正当利益"，既包括直接违反法律、法规、国家政策和国务院各部门规章规定的利益，也包括国家工作人员或有关单位提供的违反法律、法规的帮助或方便条件。

上述各条所规定的"国家规定"，是指全国人大及其常委会制定的法律和决定，国务院制定的行政法规和行政措施、发布的决定和命令。"回扣"，是指在经济活动中违反国家规定，在账外暗中给国家工作人员（或国有单位）返回一定比例的价款；"手续费"是指除回扣以外，违反国家规定支付给对方的各种名义的款物，如佣金、信息费、顾问费、劳务费、辛苦费、好处费等。

第390条第1款规定的"使国家利益遭受重大损失"，是指给国家造成的损失在100万元以上。情节"严重""特别严重"的界定标准依照"法释〔2016〕9号"《解释》第8条、第9条的规定。第390条第2款规定的"被追诉前"是指检察机关对行为人的行贿行为立案侦查之前。这里的"犯罪较轻"，是指行贿数额较少，或谋取的不正当利益的非法性较轻，或者其行贿行为没有获得非法利益，并结合是否造成严重后果、是否初犯或偶犯等因素综合确定；"重大立功"的认定，参照《刑法》第78条的规定以及本书对该条文的注释。

第390条之一规定中的行贿犯罪主体是一般主体，行贿对象主要包括3类人员：（1）国家工作人员（含离职人员）的近亲属；（2）与国家工作人员（含离职人员）关系密切的人；（3）离职（包括离休、退休、辞职、辞退等）的国家工作人员本人。"国家工作人员"的具体界定范围，见刑法总则第93条的注释。刑事诉讼中的"近亲属"，是指配偶、父母、子女、同胞兄弟姊妹；"关系密切的人"包括：（1）其他直系亲属和3代以内旁系亲属；（2）基于学习、工作、生活等原因而形成的同学、同事、同乡、师生、战友等关系；（3）基于感情而产生的朋友、恋人、情人等关系；（4）基于其他共同利益而形成的特定关系。

第393条规定中的"单位"，包括各类公司、企业、事业单位以及国家机关和人民团体。

需要注意的是：

（1）如果行为人（个人或单位）实际上获得了不正当利益，则不论其是主动行贿还是被索贿，都可以构成行贿罪；如果行为人谋取的是正当利益，迫于某种压力或屈于惯例不得已而为之的，则不构成本罪。

（2）第390条第2款规定的"被追诉前"与《刑法》第383条第3款规定的"提起公诉前"是有区别的。行贿人在被追诉前主动交待行贿行为的，属于自首行为，所以依法可以从轻或减轻处罚；它同时也是对受贿者的检举揭发，所以也属于立功行为，如果对侦破重大案件起关键作用，则属于重大立功，依法可以减轻或免除处罚。

● 相关规定　【高检会〔1999〕1号】　最高人民法院、最高人民检察院关于在办理受贿犯罪大要案的同时要严肃查处严重行贿犯罪分子的通知（1999年3月4日印发）

二、对于为谋取不正当利益而行贿，构成行贿罪、向单位行贿罪、单位行贿罪的，必须依法追究刑事责任。"谋取不正当利益"是指谋取违反法律、法规、国家政策和国务院各部门规章规定的利益，以及要求国家工作人员或者有关单位提供违反法律、法规、国家政策和国务院各部门规章规定的帮助或者方便条件。

对于向国家工作人员介绍贿赂，构成犯罪的案件，也要依法查处。

三、当前要特别注意依法严肃惩处下列严重行贿犯罪行为：

1. 行贿数额巨大、多次行贿或者向多人行贿的；

2. 向党政干部和司法工作人员行贿的；

3. 为进行走私、偷税、骗税、骗汇、逃汇、非法买卖外汇等违法犯罪活动，向海关、工商、税务、外汇管理等行政执法机关工作人员行贿的；

4. 为非法办理金融、证券业务，向银行等金融机构、证券管理机构工作人员行贿，致使国家利益遭受重大损失的；

5. 为非法获取工程、项目的开发、承包、经营权，向有关主管部门及其主管领导行贿，致使公共财产、国家和人民利益遭受重大损失的；

6. 为制售假冒伪劣产品，向有关国家机关、国有单位及国家工作人员行贿，造成严重后果的；

7. 其他情节严重的行贿犯罪行为。

四、在查处严重行贿、介绍贿赂犯罪案件中，既要坚持从严惩处的方针，又要注意体现政策。行贿人、介绍贿赂人具有刑法第390条第2款、第392条第

2款规定的在被追诉前主动交代行贿、介绍贿赂犯罪情节的,依法分别可以减轻或者免除处罚;行贿人、介绍贿赂人在被追诉后如实交待行贿、介绍贿赂行为的,也可以酌情从轻处罚。

【法释〔2005〕3号】 最高人民法院、最高人民检察院关于办理赌博刑事案件具体应用法律若干问题的解释(2005年4月26日最高人民法院审判委员会第1349次会议通过,2005年5月8日最高人民检察院第10届检察委员会第34次会议通过,2005年5月11日公布,2005年5月13日起施行)

第7条 通过赌博或者为国家工作人员赌博提供资金的形式实施行贿、受贿行为,构成犯罪的,依照刑法关于贿赂犯罪的规定定罪处罚。

【法发〔2011〕20号】 最高人民法院关于进一步加强危害生产安全刑事案件审判工作的意见(最高人民法院2011年12月30日印发)

10(第1款)、以行贿方式逃避安全生产监督管理,或者非法、违法生产、作业,导致发生重大生产安全事故,构成数罪的,依照数罪并罚的规定处罚。

【法释〔2012〕22号】 最高人民法院、最高人民检察院关于办理行贿刑事案件具体应用法律若干问题的解释(2012年5月14日最高人民法院审判委员会第1547次会议、2012年8月21日最高人民检察院第11届检察委员会第77次会议通过,2012年12月26日公布,2013年1月1日起施行)

第1条~第4条 (略)①

第5条 多次行贿未经处理的,按照累计行贿数额处罚。

第6条 行贿人谋取不正当利益的行为构成犯罪的,应当与行贿犯罪实行数罪并罚。

第7条 因行贿人在被追诉前主动交待行贿行为而破获相关受贿案件的,对行贿人不适用刑法第68条关于立功的规定,依照刑法第390条第2款的规定,可以减轻或者免除处罚。

单位行贿的,在被追诉前,单位集体决定或者单位负责人决定主动交待单位行贿行为的,依照刑法第390条第2款的规定,对单位及相关责任人员可以减轻处罚或者免除处罚;受委托直接办理单位行贿事项的直接责任人员在被追诉

---

① 注:《最高人民法院、最高人民检察院关于办理贪污贿赂刑事案件适用法律若干问题的解释》(法释〔2016〕9号,2016年4月18日起施行)发布后,"法释〔2012〕22号"《解释》第1条至第4条的规定与"法释〔2016〕9号"《解释》的相关规定不一致,应以后者为准,故本书对这部分内容予以删节。

前主动交待自己知道的单位行贿行为的，对该直接责任人员可以依照刑法第 390 条第 2 款的规定减轻处罚或者免除处罚。

第 10 条　实施行贿犯罪，具有下列情形之一的，一般不适用缓刑和免予刑事处罚：

（一）向 3 人以上行贿的；

（二）因行贿受过行政处罚或者刑事处罚的；

（三）为实施违法犯罪活动而行贿的；

（四）造成严重危害后果的；

（五）其他不适用缓刑和免予刑事处罚的情形。

具有刑法第 390 条第 2 款规定的情形的，不受前款规定的限制。

第 12 条　行贿犯罪中的"谋取不正当利益"，是指行贿人谋取的利益违反法律、法规、规章、政策规定，或者要求国家工作人员违反法律、法规、规章、政策、行业规范的规定，为自己提供帮助或者方便条件。

违背公平、公正原则，在经济、组织人事管理等活动中，谋取竞争优势的，应当认定为"谋取不正当利益"。

第 13 条　刑法第 390 条第 2 款规定的"被追诉前"，是指检察机关对行贿人的行贿行为刑事立案前。①

【法释〔2015〕22 号】　最高人民法院、最高人民检察院关于办理危害生产安全刑事案件适用法律若干问题的解释（2015 年 11 月 9 日最高人民法院审判委员会第 1665 次会议、2015 年 12 月 9 日最高人民检察院第 12 届检察委员会第 44 次会议通过，2015 年 12 月 14 日公布，2015 年 12 月 16 日起施行）

第 12 条　实施刑法第 132 条、第 134 条至第 139 条之一规定的犯罪行为，具有下列情形之一的，从重处罚：

（五）采取弄虚作假、行贿等手段，故意逃避、阻挠负有安全监督管理职责的部门实施监督检查的；

---

① 注：有观点认为：因为国家监察体制改革后，行贿罪的管辖权由检察机关改为监察机关，因此此处的"（检察机关）刑事立案前"也应该同步理解为监察机关刑事（调查）立案前。但本书认为：2018 年《监察法》施行后，监察机关被定位为"政治机关"（而非司法机关），国家也对相关刑事法规作了同步调整，并把监察机关的调查活动排除在《刑事诉讼法》规制之外。而 2020 年通过的《刑法修正案（十一）》仍未对《刑法》第 390 条进行修改。因此条文中的"追诉"也应当恪守刑事活动中的原有概念，即司法机关启动刑事程序；没必要也不应当曲意对此作出不同的理解。从司法实务的角度，行贿人在被移送检察机关审查起诉之前主动交代犯罪事实，即便不构成自首，也可以适用《刑法》第 67 条第 2 款（坦白）从轻或减轻处罚。

实施前款第5项规定的行为,同时构成刑法第389条规定的犯罪的,依照数罪并罚的规定处罚。

【法释〔2016〕9号】 最高人民法院、最高人民检察院关于办理贪污贿赂刑事案件适用法律若干问题的解释(2016年3月28日最高人民法院审判委员会第1680次会议、2016年3月25日最高人民检察院第12届检察委员会第50次会议通过,2016年4月18日公布施行)

第7条 为谋取不正当利益,向国家工作人员行贿,数额在3万元以上的,应当依照刑法第390条的规定以行贿罪追究刑事责任。

行贿数额在1万元以上不满3万元,具有下列情形之一的,应当依照刑法第390条的规定以行贿罪追究刑事责任:

(一)向3人以上行贿的;

(二)将违法所得用于行贿的;

(三)通过行贿谋取职务提拔、调整的;

(四)向负有食品、药品、安全生产、环境保护等监督管理职责的国家工作人员行贿,实施非法活动的;

(五)向司法工作人员行贿,影响司法公正的;

(六)造成经济损失数额在50万元以上不满100万元的。

第8条 犯行贿罪,具有下列情形之一的,应当认定为刑法第390条第1款规定的"情节严重":

(一)行贿数额在100万元以上不满500万元的;

(二)行贿数额在50万元以上不满100万元,并具有本解释第7条第2款第1项至第5项规定的情形之一的;

(三)其他严重的情节。

为谋取不正当利益,向国家工作人员行贿,造成经济损失数额在100万元以上不满500万元的,应当认定为刑法第390条第1款规定的"使国家利益遭受重大损失"。

第9条 犯行贿罪,具有下列情形之一的,应当认定为刑法第390条第1款规定的"情节特别严重":

(一)行贿数额在500万元以上的;

(二)行贿数额在250万元以上不满500万元,并具有本解释第7条第2款第1项至第5项规定的情形之一的;

(三)其他特别严重的情节。

为谋取不正当利益，向国家工作人员行贿，造成经济损失数额在 500 万元以上的，应当认定为刑法第 390 条第 1 款规定的"使国家利益遭受特别重大损失"。

第 10 条（第 2 款）　刑法第 390 条之一规定的对有影响力的人行贿罪的定罪量刑适用标准，参照本解释关于行贿罪的规定执行。

（第 3 款）　单位对有影响力的人行贿数额在 20 万元以上的，应当依照刑法第 390 条之一的规定以对有影响力的人行贿罪追究刑事责任。

第 12 条　贿赂犯罪中的"财物"，包括货币、物品和财产性利益。财产性利益包括可以折算为货币的物质利益如房屋装修、债务免除等，以及需要支付货币的其他利益如会员服务、旅游等。后者的犯罪数额，以实际支付或者应当支付的数额计算。

第 14 条　根据行贿犯罪的事实、情节，可能被判处 3 年有期徒刑以下刑罚的，可以认定为刑法第 390 条第 2 款规定的"犯罪较轻"。

根据犯罪的事实、情节，已经或者可能被判处 10 年有期徒刑以上刑罚的，或者案件在本省、自治区、直辖市或者全国范围内有较大影响的，可以认定为刑法第 390 条第 2 款规定的"重大案件"。

具有下列情形之一的，可以认定为刑法第 390 条第 2 款规定的"对侦破重大案件起关键作用"：

（一）主动交待办案机关未掌握的重大案件线索的；

（二）主动交待的犯罪线索不属于重大案件的线索，但该线索对重大案件侦破有重要作用的；

（三）主动交待行贿事实，对于重大案件的证据收集有重要作用的；

（四）主动交待行贿事实，对于重大案件的追逃、追赃有重要作用的。

第 18 条　贪污贿赂犯罪分子违法所得的一切财物，应当依照刑法第 64 条的规定予以追缴或者责令退赔，对被害人的合法财产应当及时返还。对尚未追缴到案或者尚未足额退赔的违法所得，应当继续追缴或者责令退赔。

第 19 条（第 1 款）　对贪污罪、受贿罪……

（第 2 款）　对刑法规定并处罚金的其他贪污贿赂犯罪，应当在 10 万元以上犯罪数额 2 倍以下判处罚金。①

第 20 条　本解释自 2016 年 4 月 18 日起施行。最高人民法院、最高人民检察院此前发布的司法解释与本解释不一致的，以本解释为准。

---

① 注：根据"法释〔2016〕9 号"《解释》第 7 条、第 10 条的规定，行贿罪、对有影响力的人行贿罪的入罪数额为 3 万元（特殊情节 1 万元）。在此情形下判处罚金，无法同时满足"10 万元以上""犯罪数额 2 倍以下"。这是最高人民法院司法解释的技术性纰误。

【高检发〔2016〕9号】　最高人民检察院关于充分发挥检察职能依法保障和促进科技创新的意见（2016年7月7日印发）

5. 依法查办危害科技创新发展公平竞争环境的行贿犯罪。重点查办为谋取科研项目、资金进行行贿的犯罪，科技创新成果验收、转化、应用、推广过程中的行贿犯罪，知识产权申报、审查和诉讼等过程中的行贿犯罪，以及技术职称评定、科技带头人评选中谋取竞争优势的行贿犯罪。要加大对行贿数额巨大或者向多人、多次行贿犯罪的打击力度，促进形成有利于激发科技创新活力的公平竞争环境。

【高检发〔2016〕12号】　最高人民检察院关于全面履行检察职能为推进健康中国建设提供有力司法保障的意见（2016年9月29日印发，2016年10月21日公布）

五、积极发挥查办和预防职务犯罪职能，为健康中国建设营造风清气正的环境

10. 依法查办医疗、医保、医药和食品等重点领域的贪污贿赂犯罪。突出查办……医药卫生、食药安全、安全生产等领域，为谋取不正当利益或者寻求庇护，拉拢腐蚀围猎国家工作人员，大搞利益输送，情节严重、性质恶劣的行贿犯罪。

【湘高法〔2020〕21号】　湖南省高级人民法院关于贪污贿赂案件审判适用法律若干问题的解答（2020年9月24日湖南高院以线上新闻发布会形式公布）

问题9：如何区分单位行贿罪与行贿罪？

答：要结合单位意志尤其是单位利益来把握。单位负责人或受单位委托的人为单位利益实施行贿的，应认定为单位行贿行为。在单位负责人个人决策已经形成惯例的，将单位负责人个人决策认定为单位意志应特别慎重，但在使用单位资金行贿的情况下，一般可以认定为单位意志。

1人有限公司可以成为单位行贿罪的主体。公司财产与个人财产、家庭财产混同，不能有效区分，其以公司名义从事的犯罪应认定为自然人犯罪，不宜认定为单位犯罪。

利益归属作为区别单位行贿罪与行贿罪的标准之一，对于因行贿所获利益归属于单位的，属于单位行贿罪；利益归属于个人的属于行贿罪；单位从中获取利益、代表单位行贿的个人也因行贿行为获利的，一般以行贿罪定罪处罚。

【公通字〔2020〕14号】　最高人民法院、最高人民检察院、公安部办理跨境赌博犯罪案件若干问题的意见（2020年10月16日印发）

四、关于跨境赌博关联犯罪的认定

（二）通过开设赌场或者为国家工作人员参与赌博提供资金的形式实施行贿、受贿行为，构成犯罪的，依照刑法关于贿赂犯罪的规定定罪处罚。同时构成赌博犯罪的，应当依法与贿赂犯罪数罪并罚。

【法释〔2022〕19号】　最高人民法院、最高人民检察院关于办理危害生产安全刑事案件适用法律若干问题的解释（二）（第二次重印增补内容，余文见本书末尾。）

【高检发办字〔2022〕162号】　最高人民检察院关于加强行贿犯罪案件办理工作的指导意见（第二次重印增补内容，余文见本书末尾。）

● **立案标准**　最高人民检察院关于人民检察院直接受理立案侦查案件立案标准的规定（试行）[①]（高检发释字〔1999〕2号，最高人民检察院第9届检察委员会第41次会议讨论通过，1999年9月9日公布施行）

一、贪污贿赂犯罪案件

（五）行贿案（第389条、第390条）

涉嫌下列情形之一的，应予立案：（略）[②]

因被勒索给予国家工作人员以财物，已获得不正当利益的，以行贿罪追究刑事责任。

（六）对单位行贿案（第391条）

涉嫌下列情形之一的，应予立案：

1. 个人行贿数额在10万元以上、单位行贿数额在20万元以上的；

2. 个人行贿数额不满10万元、单位行贿数额在10万元以上不满20万元，但具有下列情形之一的：

（1）为谋取非法利益而行贿的；

（2）向3个以上单位行贿的；

（3）向党政机关、司法机关、行政执法机关行贿的；

（4）致使国家或者社会利益遭受重大损失的。

[①] 注：国家监察体制改革实施之后，人民检察院已经不直接受理职务犯罪案件的立案侦查。在国家监察委未出台新的规定、本规定未被宣布废止之前，相关立案标准可以继续参照适用。

[②] 注：《最高人民法院、最高人民检察院关于办理贪污贿赂刑事案件适用法律若干问题的解释》（法释〔2016〕9号，2016年4月18日起施行）发布后，本款规定与"法释〔2016〕9号"《解释》第1条的规定不一致，应以后者为准，故本书对本款内容予以删节。

（八）单位行贿案（第393条）

涉嫌下列情形之一的，应予以立案：

1. 单位行贿数额在20万元以上的；

2. 单位为谋取不正当利益而行贿，数额在10万元以上不满20万元，但具有下列情形之一的：

（1）为谋取非法利益而行贿的；

（2）向3人以上行贿的；

（3）向党政领导、司法工作人员、行政执法人员行贿的；

（4）致使国家或者社会利益遭受重大损失的。

因行贿取得的违法所得归个人所有的，依照本规定关于个人行贿的规定立案，追究其刑事责任。

四、附则

（二）有关犯罪数额"不满"，是指接近该数额且已达到该数额的80%以上。

（五）有关贿赂罪案中的"谋取不正当利益"，是指谋取违反法律、法规、国家政策和国务院各部门规章规定的利益，以及谋取违反法律、法规、国家政策和国务院各部门规章规定的帮助或者方便条件。

● **指导案例** 【高检发研字〔2014〕2号】 最高人民检察院第4批指导性案例（2014年2月19日最高检第12届检委会第17次会议通过，2014年2月20日印发）

（检例第15号） 胡林贵等人生产、销售有毒、有害食品，行贿；骆梅等人销售伪劣产品；朱伟全等人生产、销售伪劣产品；黎达文等人受贿，食品监管渎职案

要旨： 实施生产、销售有毒、有害食品犯罪，为逃避查处向负有食品安全监管职责的国家工作人员行贿的，应当以生产、销售有毒、有害食品罪和行贿罪实行数罪并罚。

【高检发办字〔2022〕53号】 国家监察委员会、最高人民检察院关于印发行贿犯罪典型案例的通知（2022年3月31日）[①]

（案例1） 山东薛某某行贿、串通投标案

要旨： 推进受贿行贿一起查，监察机关、检察机关应当切实履行职责，加强协作配合，加大对招标投标等重点领域行贿犯罪查处力度，服务保障优化营商环境。要准确适用法律，对以行贿犯罪手段开路进行串通投标犯罪的，应实

[①] 本通知印发的案例，名为"典型案例"，但形式、体例与"指导性案例"相同。

行数罪并罚。对案件暴露出的普遍性、典型性问题，检察机关可以依法提出检察建议，促进专项整治，提高社会治理能力。

（案例2） 浙江贵某贵金属有限公司、李某某单位行贿案

要旨： 办理行贿案件要落实中央受贿行贿一起查的精神，准确把握单位犯罪和自然人犯罪的区别和联系[①]，精准打击犯罪。要充分发挥监检职能，加强配合制约，深化融合监督，一体推进不敢腐、不能腐、不想腐，在案件办理、追赃挽损、生态修复等方面打好反腐败"组合拳"，实现办理行贿犯罪案件"三个效果"有机统一。

（案例3） 江西王某某行贿案[②]

要旨： 监察机关与检察机关要加强协作配合，统筹推进行贿受贿犯罪案件查处。准确认定行贿人谋取的不正当利益数额，发挥能动检察职能，与监察机关协作配合开展追赃挽损工作。对于"零口供"行贿犯罪嫌疑人，监察机关调查时要注重收集证人证言、书证、物证、视听资料和电子证据等，夯实证据基础，检察机关要充分运用各种证据，形成完善的指控证据体系，依法追究刑事责任。[③]

（案例4） 河南高某某行贿案

要旨： 监察机关与检察机关要加强衔接配合，对医疗药品等重点领域多次行贿、巨额行贿违法犯罪行为，依法惩处，形成联合惩戒行贿犯罪的工作合力。要贯彻宽严相济刑事政策，准确认定从宽情节，积极适用认罪认罚从宽制度办理。要注重综合运用多种措施及适用刑罚，从提高违法犯罪经济成本上进一步遏制行贿犯罪，提高打击行贿的精准性、有效性。

（案例5） 四川刘某富行贿、非法采矿案

[①] 从案件事实来看，李某某作为公司法定代表人，行贿出发点是为单位谋取不正当利益，使公司在办理危险许可证、经营生产、逃避环保执法检查等方面得到照顾，其行贿资金绝大多数来源于公司经营所得，应当认定其行贿体现的是单位意志，且最终受益对象系单位，对该行为认定为单位行贿更符合案件事实，更能体现罪责刑相适应原则。

[②] 2020年10月，经江西省监察委员会商请，省检察院提前介入钟某某受贿一案。监检一致认为王某某为谋取不正当利益，向钟某某行贿500万元，情节特别严重，涉嫌行贿犯罪。检察机关提出了补充证据的意见；江西省监察委员会统筹王某某行贿、钟某某受贿案件办理进度，协调证据收集、调取工作。同年12月31日，经江西省、抚州市监察机关逐级指定管辖，金溪县监察机关对王某某行贿案立案调查。

[③] 检察机关认为，本案虽为"零口供"，但在案证人证言、企业账目、银行流水、股票、生效判决书等书证足以形成完整的证据链条，证实王某某为谋取不正当利益，向钟某某行贿500万元的事实，证据达到确实、充分的证明标准，可以依法提起公诉。

对于"零口供"的行贿案件，应根据证据标准，注重运用受贿人有罪供述、特定关系人或者经手贿赂款的证人证言，特别是转账的书证等证据，证明行贿受贿犯罪事实，形成完整的证据链条。

要旨： 检察机关在办理公安机关移送案件的过程中，发现行为人可能涉嫌监察机关管辖的职务犯罪的，应当依照规定将线索移送监察机关。监察机关为主调查互涉案件时，应当统筹协调调查、侦查、审查起诉进度，并就事实认定、法律适用等重要事项进行充分论证，确保关联的受贿行贿案件均衡适用法律。检察机关对监察机关、公安机关分别移送起诉的互涉案件，可以依职权并案处理。在办案中应当注重追赃挽损，依法处理行贿犯罪违法所得及有关不正当利益，不让行贿人从中获利。

（插）第392条　【介绍贿赂罪】 向国家工作人员介绍贿赂，情节严重的，处三年以下有期徒刑或者拘役，并处罚金。

介绍贿赂人在被追诉前主动交待介绍贿赂行为的，可以减轻处罚或者免除处罚。

● **条文注释**　介绍贿赂罪是指在行贿人和受贿人之间进行联系、沟通，促使贿赂得以实现的行为。

构成"介绍贿赂罪"，必须具备以下条件：（1）行为人具有介绍贿赂的主观故意，即明知请托人是要对国家工作人员行贿，仍充当两者之间沟通的桥梁；（2）介绍的对象应当是国家工作人员，其具体界定范围见《刑法》第93条的注释；（3）行为人在客观上实施了介绍贿赂的行为；（4）情节严重，其具体界定标准依照《立案标准》第7条的规定。

介绍人的自首，其实也是对行贿、受贿者的检举揭发，属于立功表现，所以依法可以减轻或免除处罚；但该自首行为必须发生在"被追诉前"，即检察机关对该行贿者的行贿行为刑事立案之前。

需要注意的是：

（1）如果行为人主观上没有介绍贿赂的故意（即不知道请托人有向国家工作人员行贿的意图），只是从中帮忙联系，那么即使请托人事实上暗中给予了国家工作人员财物，该介绍人也不构成介绍贿赂罪。

（2）如果行为人有介绍贿赂的主观故意，那么行贿受贿有没有实现，不影响介绍贿赂罪的成立。

（3）介绍贿赂罪与《刑法》第25条"共同犯罪"的区别：前者是介绍人本人并无贿赂犯罪的本意，只是帮请托人联系沟通和引见；而后者是双方存在共同犯罪的主观故意，在实施犯罪活动时分工合作。

（4）介绍贿赂罪与《刑法》第29条"教唆犯罪"的区别：前者是请托人

已经具有贿赂犯罪的本意，介绍人只是起到联系沟通、引见的作用；而后者是被教唆人原本没有犯罪意图，被教唆而实施犯罪行为。

● **相关规定**　**【湘高法〔2020〕21 号】**　湖南省高级人民法院关于贪污贿赂案件审判适用法律若干问题的解答（2020 年 9 月 24 日湖南高院以线上新闻发布会形式公布）

问题 16：如何区分受贿与斡旋型受贿？

答：首先，谋取的利益类型不同。斡旋型受贿要求为他人谋取不正当利益，受贿对为他人谋取的利益是否正当在所不问。其次，利用职权类型不同。斡旋型受贿利用的是其他国家工作人员的职权，这种职权是通过本人职权或者地位形成的便利条件获取的。受贿利用的既包括本人职务上主管、负责、承办某项公共事务的职权，也包括利用职务上的隶属、制约关系的其他国家工作人员的职权。在本人担任单位领导职务的情况下，还包括利用不属自己主管的下级部门的国家工作人员的职权。

● **立案标准**　最高人民检察院关于人民检察院直接受理立案侦查案件立案标准的规定（试行）[①]（高检发释字〔1999〕2 号，最高人民检察院第 9 届检察委员会第 41 次会议讨论通过，1999 年 9 月 9 日公布施行）

（七）介绍贿赂案（第 392 条）

"介绍贿赂"是指在行贿人与受贿人之间沟通关系、撮合条件，使贿赂行为得以实现的行为。

涉嫌下列情形之一的，应予立案：

1. 介绍个人向国家工作人员行贿，数额在 2 万元以上的；介绍单位向国家工作人员行贿，数额在 20 万元以上的；

2. 介绍贿赂数额不满上述标准，但具有下列情形之一的：

（1）为使行贿人获取非法利益而介绍贿赂的；

（2）3 次以上或者为 3 人以上介绍贿赂的；

（3）向党政领导、司法工作人员、行政执法人员介绍贿赂的；

（4）致使国家或者社会利益遭受大损失的。

四、附则

（二）本规定中有关犯罪数额"不满"，是指接近该数额且已达到该数额的 80% 以上。

[①] 注：国家监察体制改革实施之后，人民检察院已经不直接受理职务犯罪案件的立案侦查。在国家监察委未出台新的规定、本规定未被宣布废止之前，相关立案标准可以继续参照适用。

第 395 条 【巨额财产来源不明罪】国家工作人员的财产、支出明显超过合法收入，差额巨大的，可以责令该国家工作人员说明来源，不能说明来源的，差额部分以非法所得论，处五年以下有期徒刑或者拘役；差额特别巨大的，处五年以上十年以下有期徒刑。财产的差额部分予以追缴。①

【隐瞒境外存款罪】国家工作人员在境外的存款，应当依照国家规定申报。数额较大、隐瞒不报的，处二年以下有期徒刑或者拘役；情节较轻的，由其所在单位或者上级主管机关酌情给予行政处分。

● **条文注释** 对照比较第 395 条第 1 款规定在《刑法修正案（七）》修改之前与之后的内容表述，可知：这里的"明显超过"，既包括财产、支出中的一项明显超过合法收入的情形，也包括财产与支出的总和明显超过合法收入的情形。"不能说明来源"，既包括行为人拒不说明或无法说明来源，也包括"说明"的内容经调查证明不属实或无法查实，但可以排除合法来源的情况。根据修改后的内容表述，国家工作人员只要能说明其巨额财产的来源，无论该来源是否合法，都不构成本罪；但是根据该非法来源，可以追究其相关责任人的相应法律责任。

需要注意的是：在清查、核实行为人的财产来源时，司法机关应当尽量查清楚其财产的非法取得方式，如果是以贪污、受贿或者其他犯罪方法取得的，应当按照贪污、受贿或者其他犯罪追究刑事责任。

根据"高检发释字〔1999〕2 号"《立案标准》第 9 条、第 10 条的规定，国家工作人员巨额财产来源不明，或者隐瞒境外存款，折合人民币数额在 30 万元以上的，分别构成第 395 条第 1 款规定的"巨额财产来源不明罪"和第 2 款规定的"隐瞒境外存款罪"。

需要特别说明的是：自从 1997 年刑法设立"巨额财产来源不明罪"以来，围绕该罪的举证责任应该由谁承担的问题，司法界一直争议不断：有认为"谁主张，谁举证"，应该由公诉机关承担证明被告人有罪的举证责任；也有认为该罪为特殊、例外，应该"举证倒置"，由被告人承担证明自己无罪的举证责任。两种观点都有各自的理由。本书认为：根据《刑事诉讼法》第 51 条规定：公诉

---

① 第 395 条第 1 款是根据 2009 年 2 月 28 日第 11 届全国人民代表大会常务委员会第 7 次会议通过的《刑法修正案（七）》（主席令第 10 号公布，2009 年 2 月 28 日起施行）而修改；原第 395 条第 1 款内容为："国家工作人员的财产或者支出明显超过合法收入，差额巨大的，可以责令说明来源。本人不能说明其来源是合法的，差额部分以非法所得论，处五年以下有期徒刑或者拘役，财产的差额部分予以追缴。"

案件中被告人有罪的举证责任由人民检察院承担。因此，该罪也不存在"举证倒置"的问题。但是公诉机关指控某行为人涉嫌构成"巨额财产来源不明罪"时，仍需要犯罪嫌疑人说明自己的巨额财产来源，也即证明自己无罪。

● **相关规定**　【法〔2003〕167号】　全国法院审理经济犯罪案件工作座谈会纪要（2002年6月4日至6日在重庆市召开，各省、自治区、直辖市高级人民法院和解放军军事法院主管刑事审判工作的副院长和刑庭庭长参加，全国人大常委会法制工作委员会、最高人民检察院、公安部应邀派员参加；2003年11月13日印发）

五、关于巨额财产来源不明罪

（一）行为人不能说明巨额财产来源合法的认定

刑法第395条第1款规定的"不能说明"，包括以下情况：（1）行为人拒不说明财产来源；（2）行为人无法说明财产的具体来源；（3）行为人所说的财产来源经司法机关查证并不属实；（4）行为人所说的财产来源因线索不具体等原因，司法机关无法查实，但能排除存在来源合法的可能性和合理性的。

（二）"非法所得"的数额计算

刑法第395条规定的"非法所得"，一般是指行为人的全部财产与能够认定的所有支出的总和减去能够证实的有真实来源的所得。在具体计算时，应注意以下问题：（1）应把国家工作人员个人财产和与其共同生活的家庭成员的财产、支出等一并计算，而且一并减去他们所有的合法收入以及确属与其共同生活的家庭成员个人的非法收入。（2）行为人所有的财产包括房产、家具、生活用品、学习用品及股票、债券、存款等动产和不动产；行为人的支出包括合法支出和不合法的支出，包括日常生活、工作、学习费用、罚款及向他人行贿的财物等；行为人的合法收入包括工资、奖金、稿酬、继承等法律和政策允许的各种收入。（3）为了便于计算犯罪数额，对于行为人的财产和合法收入，一般可以从行为人有比较确定的收入和财产时开始计算。

【法刊文摘】　最高人民法院研究室关于如何执行没收个人全部财产问题的研究意见①

作为附加刑的没收个人全部财产，应当是没收犯罪分子个人合法所有的全部财产。如相关财产属于违法所得，应通过追缴、退赔程序予以追回；如相关财产确属犯罪分子家属所有或者应有的财产，也不得作为没收对象。在没收财

---

① 最高人民法院研究室编：《司法研究与指导》（总第1辑），人民法院出版社2012年版，第170页。

产前，如犯罪分子的财产与其他家庭成员的财产处于共有状态，应当从中分割出属于犯罪分子个人所有的财产后予以没收。

对于能够认定为违法所得的，应当根据刑法第64条的规定裁定予以追缴；对于有证据证明确系国家工作人员来源不明的巨额财产，而没有依法追诉和判决的，应当建议检察机关依法追诉，人民法院依法作出判决后根据刑法第395条的规定予以追缴。

● **立案标准** 最高人民检察院关于人民检察院直接受理立案侦查案件立案标准的规定（试行）[①]（高检发释字〔1999〕2号，最高人民检察院第9届检察委员会第41次会议讨论通过，1999年9月9日公布施行）

一、贪污贿赂犯罪案件

（九）巨额财产来源不明案（第395条第1款）

巨额财产来源不明罪是指国家工作人员的财产或者支出明显超出合法收入，差额巨大，而本人又不能说明其来源是合法的行为。

涉嫌巨额财产来源不明，数额在30万元以上的，应予立案。

（十）隐瞒境外存款案（第395条第2款）

隐瞒境外存款罪是指国家工作人员违反国家规定，故意隐瞒不报在境外的存款，数额较大的行为。

涉嫌隐瞒境外存款，折合人民币数额在30万元以上的，应予立案。

> **第396条** 【私分国有资产罪】国家机关、国有公司、企业、事业单位、人民团体，违反国家规定，以单位名义将国有资产集体私分给个人，数额较大的，对其直接负责的主管人员和其他直接责任人员，处三年以下有期徒刑或者拘役，并处或者单处罚金；数额巨大的，处三年以上七年以下有期徒刑，并处罚金。
>
> 【私分罚没财物罪】司法机关、行政执法机关违反国家规定，将应当上缴国家的罚没财物，以单位名义集体私分给个人的，依照前款的规定处罚。

[①] 注：国家监察体制改革实施之后，人民检察院已经不直接受理职务犯罪案件的立案侦查。在国家监察委未出台新的规定、本规定未被宣布废止之前，相关立案标准可以继续参照适用。

● 条文注释　第396条规定的其实是一种单位犯罪行为，但采用了单罚制，即只对犯罪单位直接负责的主管人员和其他直接责任人员判处刑罚，而没有依照《刑法》第31条规定的"双罚制"原则同时对该单位判处罚金。这是因为构成第396条各款规定之罪的犯罪主体都是国有单位，其犯罪对象本身就是国有资产，再将该国有资产"罚归国有"，没有实际意义，在理论上也行不通。

"国有资产"是法律上确定为国家所有并能为国家提供经济和社会效益的各种经济资源的总和，也即属于国家所有的一切财产和财产权利的总称，包括各类国家机关和其他国有单位的动产和不动产、固定资产、流动资金、办公经费，以及各类应该上缴国库的税费、罚没财物等。"罚没财物"主要包括以下几类：（1）人民法院对犯罪分子判处的罚金、没收的财产；（2）行政执法机关对违法行为所给予的罚款；（3）司法机关、行政执法机关在执法中没收违法犯罪人用于违法犯罪行为的金钱、物品及各种违法所得。

这里的"国家机关"包括权力机关、党政机关、司法机关和军事机关。"司法机关"包括人民检察院、人民法院、国家安全机关、公安机关和监狱机关。"行政执法机关"，主要是指依照行政处罚法的规定，对公民和单位有行政处罚权的政府机关，如工商、税务、海关、环保、林业、交通、城管等有关行政部门，包括法律、法规授权的具有管理公共事务职能的组织，以及行政机关在其法定权限内依法书面委托实施行政处罚的组织；海警部队在承担海上安全保卫行政执法职责时，视同行政执法机关。

需要注意的是："私分国有资产"是指以单位名义将国有资产集体地私分给个人，即由单位负责人决定，或者单位决策机构集体讨论决定，分给单位所有职工。如果不是分给所有职工，而是几个负责人暗中私分，则不应以"私分国有资产罪"定罪处罚，而应依照《刑法》第382条的规定，以贪污罪追究私分者的刑事责任。

依照《立案标准》第11条、第12条的规定，第396条规定的"数额较大"，是指私分国有资产或罚没财物累计金额在10万元以上。

● 相关规定　【法发〔2010〕49号】　最高人民法院、最高人民检察院关于办理国家出资企业中职务犯罪案件具体应用法律若干问题的意见（2010年11月26日印发）

二、关于国有公司、企业在改制过程中隐匿公司、企业财产归职工集体持股的改制后公司、企业所有的行为的处理

国有公司、企业违反国家规定，在改制过程中隐匿公司、企业财产，转为

职工集体持股的改制后公司、企业所有的,对其直接负责的主管人员和其他直接责任人员,依照刑法第396条第1款的规定,以私分国有资产罪定罪处罚。

改制后的公司、企业中只有改制前公司、企业的管理人员或者少数职工持股,改制前公司、企业的多数职工未持股的,依照本意见第1条的规定,以贪污罪定罪处罚。

七、关于国家出资企业的界定

本意见所称"国家出资企业",包括国家出资的国有独资公司、国有独资企业,以及国有资本控股公司、国有资本参股公司。

是否属于国家出资企业不清楚的,应遵循"谁投资、谁拥有产权"的原则进行界定。企业注册登记中的资金来源与实际出资不符的,应根据实际出资情况确定企业的性质。企业实际出资情况不清楚的,可以综合工商注册、分配形式、经营管理等因素确定企业的性质。

八、关于宽严相济刑事政策的具体贯彻

办理国家出资企业中的职务犯罪案件时,要综合考虑历史条件、企业发展、职工就业、社会稳定等因素,注意具体情况具体分析,严格把握犯罪与一般违规行为的区分界限。对于主观恶意明显、社会危害严重、群众反映强烈的严重犯罪,要坚决依法从严惩处;对于特定历史条件下、为了顺利完成企业改制而实施的违反国家政策法律规定的行为,行为人无主观恶意或者主观恶意不明显,情节较轻,危害不大的,可以不作为犯罪处理。

对于国家出资企业中的职务犯罪,要加大经济上的惩罚力度,充分重视财产刑的适用和执行,最大限度地挽回国家和人民利益遭受的损失。不能退赃的,在决定刑罚时,应当作为重要情节予以考虑。

【法刊文摘】 最高人民法院研究室关于如何理解私分国有资产问题的研究意见[①]

县交通局稽查队代征的车船使用税、代办的个体工商管理费的返还款均属于利用国家公权力收取的费用,虽然系违法代收,但仍无法改变款项的公款性质。县交通局稽查队收到的停车费也属于公款。因此,县交通局稽查队代征的车船使用税、代办的个体工商管理费的返还款及停车费属于刑法第396条第1款所规定的"国有资产"。

行政单位以经费紧张等名义向有关企业、事业单位索要的"赞助费",单位

[①] 最高人民法院研究室编:《司法研究与指导》(总第1辑),人民法院出版社2012年版,第173页。

隐瞒、截留应当上交国家的行政收费或其他收入，单位虚报冒领、骗取国家财政拨款或补贴等等，而后予以私分的行为，所私分的对象实质均是国有资产，故对有关责任人员应以私分国有资产罪追究刑事责任。

【湘高法〔2020〕21号】 湖南省高级人民法院关于贪污贿赂案件审判适用法律若干问题的解答（2020年9月24日湖南高院以线上新闻发布会形式公布）

问题19：私分国有资产犯罪与共同贪污犯罪如何区分？

答：一是犯罪对象不同。私分国有资产行为的对象是国有资产，一般参照《国有资产产权界定和产权纠纷处理暂行办法》有关规定综合认定。共同贪污的对象是公共财产，依照刑法第91条的规定认定。二是犯罪主体不同。私分国有资产罪的犯罪主体是单位，即国家机关、国有公司、企业、事业单位、人民团体；贪污罪的犯罪主体是自然人。三是行为特征不同。以单位名义集体私分给个人，是私分国有资产罪最本质的特征。但是不能机械地将"单位"理解为本单位的全体或者大多数职工，他们也可以是一个单位内部某一层次的所有人或者大多数人。由于单位的领导层、管理层的意志、行为所起的决定作用，单位领导集体作出决定或者由负责人决定，违反国家规定给本单位集体或者一定层次以上的领导、管理层"发奖金""发红包"，并且决策者不仅仅是为了个人利益的，符合单位犯罪的特征，以私分国有资产罪定罪处罚。相反，如果单位领导研究决定私分行为，署名为单位，实为单位领导个人牟取私利，犯意形成、行为特征与单位犯罪有明显不同的，则应以贪污罪定罪处罚。

● **立案标准** 最高人民检察院关于人民检察院直接受理立案侦查案件立案标准的规定（试行）[①]（高检发释字〔1999〕2号，最高人民检察院第9届检察委员会第41次会议讨论通过，1999年9月9日公布施行）

一、贪污贿赂犯罪案件

（十一）私分国有资产案（第396条第1款）

私分国有资产罪是指国家机关、国有公司、企业、事业单位、人民团体，违反国家规定，以单位名义将国有资产集体私分给个人，数额较大的行为。

涉嫌私分国有资产，累计数额在10万元以上的，应予立案。

（十二）私分罚没财物案（第396条第2款）

私分罚没财物罪是指司法机关、行政执法机关违反国家规定，将应当上缴

---

① 注：国家监察体制改革实施之后，人民检察院已经不直接受理职务犯罪案件的立案侦查。在国家监察委未出台新的规定、本规定未被宣布废止之前，相关立案标准可以继续参照适用。

国家的罚没财物，以单位名义集体私分给个人的行为。

涉嫌私分罚没财物，累计数额在 10 万元以上，应予立案。

四、附则

（六）本规定中有关私分国有资产罪案中的"国有资产"，是指国家依法取得和认定的，或者国家以各种形式对企业投资和投资收益、国家向行政事业单位拨款等形成的资产。

第九章　渎职罪

● **立法解释**　全国人民代表大会常务委员会关于《中华人民共和国刑法》第九章渎职罪主体适用问题的解释（2002年12月28日第9届全国人民代表大会常务委员会第31次会议通过）

在依照法律、法规规定行使国家行政管理职权的组织中从事公务的人员，或者在受国家机关委托代表国家机关行使职权的组织中从事公务的人员，或者虽未列入国家机关人员编制但在国家机关中从事公务的人员，在代表国家机关行使职权时，有渎职行为，构成犯罪的，依照刑法关于渎职罪的规定追究刑事责任。

● **相关规定**　【高检发释字〔2002〕3号】　最高人民检察院关于企业事业单位的公安机构在机构改革过程中其工作人员能否构成渎职侵权犯罪主体问题的批复（2002年4月24日最高人民检察院第9届检察委员会第107次会议通过，答复陕西省人民检察院"陕检发研〔2001〕159号"请示）

企业事业单位的公安机构在机构改革过程中虽尚未列入公安机关建制，其工作人员在行使侦查职责时，实施渎职侵权行为的，可以成为渎职侵权犯罪的主体。

【法发〔2010〕9号】　最高人民法院关于贯彻宽严相济刑事政策的若干意见（2010年2月8日印发）

二、准确把握和正确适用依法从"严"的政策要求

8. 对于国家工作人员贪污贿赂、滥用职权、失职渎职的严重犯罪，黑恶势力犯罪、重大安全责任事故、制售伪劣食品药品所涉及的国家工作人员职务犯罪，发生在社会保障、征地拆迁、灾后重建、企业改制、医疗、教育、就业等领域严重损害群众利益、社会影响恶劣、群众反映强烈的国家工作人员职务犯罪，发生

在经济社会建设重点领域、重点行业的严重商业贿赂犯罪等,要依法从严惩处。

对于国家工作人员职务犯罪和商业贿赂犯罪中性质恶劣、情节严重、涉案范围广、影响面大的,或者案发后隐瞒犯罪事实、毁灭证据、订立攻守同盟、负案潜逃等拒不认罪悔罪的,要坚决依法从严惩处。

对于被告人犯罪所得数额不大,但对国家财产和人民群众利益造成重大损失、社会影响极其恶劣的职务犯罪和商业贿赂犯罪案件,也应依法从严惩处。

要严格掌握职务犯罪法定减轻处罚情节的认定标准与减轻处罚的幅度,严格控制依法减轻处罚后判处3年以下有期徒刑适用缓刑的范围,切实规范职务犯罪缓刑、免予刑事处罚的适用。

【高检会〔2006〕2号】 最高人民检察院、全国整顿和规范市场经济秩序领导小组办公室、公安部、监察部关于在行政执法中及时移送涉嫌犯罪案件的意见(2006年1月26日印发)

十五、国家机关工作人员以及在依照法律、法规规定行使国家行政管理职权的组织中从事公务的人员,或者在受国家机关委托代表国家机关行使职权的组织中从事公务的人员,或者虽未列入国家机关人员编制但在国家机关中从事公务的人员,利用职权干预行政执法机关和公安机关执法,阻挠案件移送和刑事追诉,构成犯罪的,人民检察院应当依照刑法关于渎职罪的规定追究其刑事责任。国家行政机关和法律、法规授权的具有管理公共事务职能的组织以及国家行政机关依法委托的组织及其工勤人员以外的工作人员,利用职权干预行政执法机关和公安机关执法,阻挠案件移送和刑事追诉,构成违纪的,监察机关应当依法追究其纪律责任。

中共中央纪律检查委员会、中共中央政法委员会、中共中央组织部、最高人民法院、最高人民检察院、公安部、监察部、司法部、国务院法制办公室关于加大惩治和预防渎职侵权违法犯罪工作力度的若干意见(2010年12月21日印发)

一、充分认识新形势下惩治和预防渎职侵权违法犯罪工作的重要意义。

(第1款)……当前反腐倡廉形势依然严峻,特别是工程建设、征地拆迁、生产安全、食品药品监管和行政执法、司法等领域渎职侵权违法犯罪问题易发多发,不仅严重扰乱市场秩序,破坏资源环境,损害国计民生,而且危害公平正义,败坏党和政府形象,影响经济发展与社会和谐稳定。……

二、进一步加大惩治和预防渎职侵权违法犯罪工作力度。

(第1款)严肃查办渎职侵权违法犯罪案件。紧紧围绕党和国家工作大局,针对人民群众反映强烈的突出问题，查处影响科学发展、损害国计民生、危害公平正义、破坏和谐稳定的渎职侵权违法犯罪案件，重点查处发生在领导机关和领导干部中的滥用职权、失职渎职等违法犯罪案件，滥用司法权、行政执法权、行政审批权给国家和人民利益造成重大损失的案件，严重侵害群众利益案件，群体性事件和重大责任事故背后的渎职侵权违法犯罪案件，经济发展重大决策、重大项目和重点投资中失职渎职违法犯罪案件，为黑恶势力充当"保护伞"的渎职犯罪案件。

三、积极推进惩治和预防渎职侵权违法犯罪的体制、机制、制度创新。

（第2款）加强纪检监察机关和人民检察院在查处渎职侵权案件中的协作配合。纪检监察机关依纪查处渎职侵权违纪案件，人民检察院依法查处渎职侵权犯罪案件。建立案件线索相互移送制度，对违纪违法与犯罪界限相对清晰的案件，要依据分工，各司其职，各负其责。对明显涉嫌犯罪的案件线索，人民检察院要依法查处，并及时与纪检监察机关沟通，对是否涉嫌犯罪难以界定的案件线索，一般先由纪检监察机关调查，必要时检察机关可以参与，涉嫌犯罪的，依法移送人民检察院。

（第4款）健全行政执法与刑事司法相衔接的机制。进一步完善行政执法联网查询、信息共享机制，注意发现渎职侵权等违法犯罪线索。行政执法机关在依法查处违法行为过程中，发现国家机关工作人员渎职侵权等违法犯罪线索的，应当根据案件的性质，及时向纪检监察机关或者人民检察院移送；行政执法机关可以就违法违纪行为性质的认定向纪检监察机关或者人民检察院咨询，纪检监察机关或者人民检察院应当及时答复。进一步完善重大安全生产事故、重大食品药品安全事件、重大环境污染事件、重大危害国土资源案件和重大工程建设中发生案件的调查机制，纪检监察机关要参加事故、事件、案件的调查；检察机关要同步介入调查工作，把检察调查与行政调查有机结合起来，严肃查处事故、事件、案件涉及的渎职侵权等职务犯罪；纪检监察机关、组织人事部门与人民法院、人民检察院要建立党员干部和国家机关工作人员非法干预查处渎职侵权违法犯罪案件工作情况沟通和处理机制。对压案不查、办案不力的执法执纪机关和领导干部，以及非法干预、阻挠纪检监察机关和人民法院、人民检察院查处渎职侵权等违法犯罪案件的，要提出警告或诫勉谈话；情节严重、性质恶劣、造成社会负面影响，要严肃追究责任并进行通报，由中央纪委牵头起草党政机关和党员干部非法干预查处渎职侵权等违法犯罪案件责任追究的具体规定。

（第6款）推进惩治和预防渎职侵权违法犯罪工作监督制度建设。加大对行政执法活动的监督力度，对群众反映和举报的行政处罚决定，纪检监察机关和人民检察院有权进行调查，发现违法违纪和犯罪的，应当及时查处；对行政执法机关徇私舞弊不移交刑事案件的，依法依纪严肃处理，涉嫌犯罪的依法追究刑事责任。强化对办理渎职侵权犯罪案件的监督制约，人民法院要加强审判监督和指导工作，保证对渎职侵权犯罪案件依法审判；人民检察院要落实职务犯罪案件审查逮捕程序改革措施，严格执行人民监督员制度和讯问犯罪嫌疑人全程同步录音录像制度等各项规定。加大对渎职侵权犯罪案件审判活动的法律监督力度，对认定事实和适用法律错误、量刑畸轻畸重、严重违反法定诉讼程序的，人民检察院要依法提出抗诉。加大对渎职侵权罪犯刑罚执行情况的监督力度，坚决纠正和查处违法减刑、假释和暂予监外执行等问题。……

【法释〔2012〕18号】 最高人民法院、最高人民检察院关于办理渎职刑事案件适用法律若干问题的解释（一）（2012年7月9日由最高人民法院审判委员会第1552次会议、2012年9月12日由最高人民检察院第11届检察委员会第79次会议通过，2012年12月7日公布，2013年1月9日起施行）

第2条 国家机关工作人员实施滥用职权或者玩忽职守犯罪行为，触犯刑法分则第九章第398条至第419条规定的，依照该规定定罪处罚。

国家机关工作人员滥用职权或者玩忽职守，因不具备徇私舞弊等情形，不符合刑法分则第九章第398条至第419条的规定，但依法构成第397条规定的犯罪的，以滥用职权罪或者玩忽职守罪定罪处罚。

第3条 国家机关工作人员实施渎职犯罪并收受贿赂，同时构成受贿罪的，除刑法另有规定外，以渎职犯罪和受贿罪数罪并罚。

第4条 国家机关工作人员实施渎职行为，放纵他人犯罪或者帮助他人逃避刑事处罚，构成犯罪的，依照渎职罪的规定定罪处罚。

国家机关工作人员与他人共谋，利用其职务行为帮助他人实施其他犯罪行为，同时构成渎职犯罪和共谋实施的其他犯罪共犯的，依照处罚较重的规定定罪处罚。

国家机关工作人员与他人共谋，既利用其职务行为帮助他人实施其他犯罪，又以非职务行为与他人共同实施该其他犯罪行为，同时构成渎职犯罪和其他犯罪的共犯的，依照数罪并罚的规定定罪处罚。

第5条 国家机关负责人员违法决定，或者指使、授意、强令其他国家机关工作人员违法履行职务或者不履行职务，构成刑法分则第九章规定的渎职犯罪的，应当依法追究刑事责任。

以"集体研究"形式实施的渎职犯罪，应当依照刑法分则第九章的规定追究国家机关负有责任的人员的刑事责任。对于具体执行人员，应当在综合认定其行为性质、是否提出反对意见、危害结果大小等情节的基础上决定是否追究刑事责任和应当判处的刑罚。

第6条 以危害结果为条件的渎职犯罪的追诉期限，从危害结果发生之日起计算；有数个危害结果的，从最后一个危害结果发生之日起计算。

第7条 依法或者受委托行使国家行政管理职权的公司、企业、事业单位的工作人员，在行使行政管理职权时滥用职权或者玩忽职守，构成犯罪的，应当依照《全国人民代表大会常务委员会关于〈中华人民共和国刑法〉第九章渎职罪主体适用问题的解释》的规定，适用渎职罪的规定追究刑事责任。

第9条 负有监督管理职责的国家机关工作人员滥用职权或者玩忽职守，致使不符合安全标准的食品、有毒有害食品、假药、劣药等流入社会，对人民群众生命、健康造成严重危害后果的，依照渎职罪的规定从严惩处。

第10条 最高人民法院、最高人民检察院此前发布的司法解释与本解释不一致的，以本解释为准。

第397条 【滥用职权罪；玩忽职守罪】国家机关工作人员滥用职权或者玩忽职守，致使公共财产、国家和人民利益遭受重大损失的，处三年以下有期徒刑或者拘役；情节特别严重的，处三年以上七年以下有期徒刑。本法另有规定的，依照规定。

国家机关工作人员徇私舞弊，犯前款罪的，处五年以下有期徒刑或者拘役；情节特别严重的，处五年以上十年以下有期徒刑。本法另有规定的，依照规定。

● **条文注释** 第397条是关于国家机关工作人员滥用职权罪和玩忽职守罪的一般性规定。刑法其他条款对国家机关工作人员滥用职权或玩忽职守的行为有专门规定的，依照该特别规定定罪量刑；没有专门规定的，依照本条规定定罪量刑。

构成滥用职权罪或玩忽职守罪，必须具备以下条件：(1) 犯罪主体是国家工作人员，其具体界定范围见本章章头全国人大常委会的《立法解释》（2002年12月28日公布）；(2) 行为人实施了滥用职权或玩忽职守的行为；(3) 致使公共财产、国家和人民利益遭受重大损失。

这里所称的"滥用职权"，是指国家机关工作人员违反法律规定的权限和程序，滥用职权或者超越职权，违法决定或处理无权事项，或者违规处理公务。"玩忽职守"是指国家机关工作人员违反国家的工作纪律和规章制度，不履行、不正确履行或放弃履行其职责;通常表现是工作马虎草率,极端不负责任,或是放弃职守,对自己应当负责的工作撒手不管等。"徇私舞弊"是指为徇个人私利或者亲友私情的行为;这种行为是从个人利益出发,置国家利益于不顾,所以主观恶性比第397条第1款规定的严重,刑法规定了较重的处罚。

"重大损失"主要包括人员伤亡、经济损失、损害国家声誉等情形,具体的界定标准见"法释〔2012〕18号"《解释》第1条以及"法释〔2007〕11号"《解释》第3条等规定。"情节特别严重",主要是指造成人员伤亡后果特别严重,或经济损失数额特别巨大,或者造成特别严重的政治影响,如严重损害国家信誉、形象、威望、地位等情形,在司法实践中,一般参照"重大损失"数额标准的3倍至5倍把握。

● **立法解释 全国人民代表大会常务委员会关于《中华人民共和国刑法》第三百一十三条的解释**(2002年8月29日第9届全国人民代表大会常务委员会第29次会议通过)

(第2款) 下列情形属于刑法第313条规定的"有能力执行而拒不执行,情节严重"的情形:

(四)被执行人、担保人、协助执行义务人与国家机关工作人员通谋,利用国家机关工作人员的职权妨害执行,致使判决、裁定无法执行的;

国家机关工作人员有上述第4项行为的,以拒不执行判决、裁定罪的共犯追究刑事责任。国家机关工作人员收受贿赂或者滥用职权,有上述第4项行为的,同时又构成刑法第385条、第397条规定之罪的,依照处罚较重的规定定罪处罚。

● **相关规定 【主席令〔1998〕14号】 全国人民代表大会常务委员会关于惩治骗购外汇、逃汇和非法买卖外汇犯罪的决定**(1998年12月29日第9届全国人民代表大会常务委员会第6次会议通过,主席令第14号公布施行)

六、海关、外汇管理部门的工作人员严重不负责任,造成大量外汇被骗购或者逃汇,致使国家利益遭受重大损失的,依照刑法第397条的规定定罪处罚。

八、犯本决定规定之罪,依法被追缴、没收的财物和罚金,一律上缴国库。

【公通字〔1998〕31号】 最高人民法院、最高人民检察院、公安部、国家工商行政管理局关于依法查处盗窃、抢劫机动车案件的规定(1998年5月8日印发)

九、公安、工商行政管理人员或者其他国家机关工作人员滥用职权或者玩忽职守、徇私舞弊,致使赃车入户、过户、验证的,给予行政处分;致使公共财产、国家和人民利益遭受重大损失的,依照《刑法》第397条的规定处罚。

【公明发〔2000〕1186 号】　公安部关于加强爆炸案件和爆炸物品丢失被盗案件倒查责任追究工作的通知（2000 年 5 月 9 日）

三、……对因监管、收缴工作失职或乱审批、乱发证导致爆炸物品被犯罪分子获取制造重大爆炸案件的，依照《刑法》第 397 条的规定，移送检察机关追究责任民警和有关领导的刑事责任；……对检查和督促整改隐患不力导致发生爆炸物品丢失被盗的，依照《人民警察法》等有关规定，给予责任民警和有关领导行政处分。

【高检发研字〔2000〕20 号】　最高人民检察院关于合同制民警能否成为玩忽职守罪主体问题的批复（2000 年 10 月 9 日答复辽宁省人民检察院"辽检发诉字〔1999〕76 号"请示）

根据刑法第 93 条第 2 款的规定，合同制民警在依法执行公务期间，属其他依照法律从事公务的人员，应以国家机关工作人员论。对合同制民警在依法执行公务活动中的玩忽职守行为，符合刑法第 397 条规定的玩忽职守罪构成条件的，依法以玩忽职守罪追究刑事责任。

【高检研发〔2002〕19 号】　最高人民检察院法律政策研究室关于买卖尚未加盖印章的空白《边境证》行为如何适用法律问题的答复（2002 年 9 月 25 日答复重庆市人民检察院研究室"渝检（研）〔2002〕11 号"请示）

对买卖尚未加盖发证机关的行政印章或者通行专用章印鉴的空白《中华人民共和国边境管理区通行证》的行为，不宜以买卖国家机关证件罪追究刑事责任。国家机关工作人员实施上述行为，构成犯罪的，可以按滥用职权等相关犯罪依法追究刑事责任。

【高检研发〔2003〕1 号】　最高人民检察院法律政策研究室关于对海事局工作人员如何适用法律问题的答复（2003 年 1 月 13 日答复辽宁省人民检察院研究室"辽检发渎检字〔2002〕1 号"请示）

根据国办发〔1999〕90 号、中编办函〔2000〕184 号等文件的规定，海事局负责行使国家水上安全监督和防止船舶污染及海上设施检验、航海保障的管理职权，是国家执法监督机构。海事局及其分支机构工作人员在从事上述公务活动中，滥用职权或者玩忽职守，致使公共财产、国家和人民利益遭受重大损失的，应当依照刑法第 397 条的规定，以滥用职权罪或者玩忽职守罪追究刑事责任。

【高检发研字〔2003〕1 号】　关于认真贯彻执行《中华人民共和国刑法修正案（四）》和《全国人大常委会关于〈中华人民共和国刑法〉第九章渎职罪主体适用问题的解释》的通知（2003 年 1 月 14 日）

三、……对于1997年修订刑法施行以后、《刑法修正案（四）》施行以前发生的枉法执行判决、裁定犯罪行为，应当依照《刑法》第397条的规定追究刑事责任。根据《立法法》第47条的规定，法律解释的时间效力与它所解释的法律的时间效力相同。对于1997年修订刑法施行以后、《解释》施行以前发生的行为，在《解释》施行以后尚未处理或者正在处理的案件，应当依照《解释》的规定办理。对于在《解释》施行前已经办结的案件，不再变动。

【法〔2003〕163号】　最高人民法院、最高人民检察院、公安部关于严格执行刑事诉讼法，切实纠防超期羁押的通知（2003年11月12日印发）

五、严格执行超期羁押责任追究制度。超期羁押侵犯犯罪嫌疑人、被告人的合法权益，损害司法公正，对此必须严肃查处，绝不姑息。本通知发布以后，凡违反刑事诉讼法和本通知的规定，造成犯罪嫌疑人、被告人超期羁押的，对于直接负责的主管人员和其他直接责任人员，由其所在单位或者上级主管机关依照有关规定予以行政或者纪律处分；造成犯罪嫌疑人、被告人超期羁押，情节严重的，对于直接负责的主管人员和其他直接责任人员，依照刑法第397条的规定，以玩忽职守罪或者滥用职权罪追究刑事责任。

【法〔2003〕167号】　全国法院审理经济犯罪案件工作座谈会纪要（2002年6月4日至6日在重庆市召开，各高级人民法院和解放军军事法院的刑事主管副院长和刑庭庭长参加，全国人大常委会法制工作委员会、最高人民检察院、公安部应邀派员参加；2003年11月13日印发）

六、关于渎职罪

（一）渎职犯罪行为造成的公共财产重大损失的认定

根据刑法规定，玩忽职守、滥用职权等渎职犯罪是以致使公共财产、国家和人民利益遭受重大损失为构成要件的。其中，公共财产的重大损失，通常是指渎职行为已经造成的重大经济损失。在司法实践中，有以下情形之一的，虽然公共财产作为债权存在，但已无法实现债权的，可以认定为行为人的渎职行为造成了经济损失：（1）债务人已经法定程序被宣告破产；（2）债务人潜逃，去向不明；（3）因行为人责任，致使超过诉讼时效；（4）有证据证明债权无法实现的其他情况。

（二）玩忽职守罪的追诉时效

玩忽职守行为造成的重大损失当时没有发生，而是玩忽职守行为之后一定时间发生的，应从危害结果发生之日起计算玩忽职守罪的追诉期限。

（三）国有公司、企业人员渎职犯罪的法律适用

对于1999年12月24日《中华人民共和国刑法修正案》实施以前发生的国

有公司、企业人员渎职行为（不包括徇私舞弊行为），尚未处理或者正在处理的，不能按照刑法修正案追究刑事责任。

（四）关于"徇私"的理解

徇私舞弊型渎职犯罪的"徇私"应理解为徇个人私情、私利。国家机关工作人员为了本单位的利益，实施滥用职权、玩忽职守行为，构成犯罪的，依照刑法第397条第1款的规定定罪处罚。

【法研〔2004〕136号】 最高人民法院研究室关于对滥用职权致使公共财产、国家和人民利益遭受重大损失如何认定问题的答复（2004年11月22日答复浙江省高级人民法院"浙〔2004〕194号"请示）[①]

人民法院在审判过程中，对于行为人滥用职权，致使公共财产、国家和人民利益遭受的损失计算至侦查机关立案之时。立案以后，判决宣告以前追回的损失，作为量刑情节予以考虑。

【法释〔2003〕8号】 最高人民法院、最高人民检察院关于办理妨害预防、控制突发传染病疫情等灾害的刑事案件具体应用法律若干问题的解释（2003年5月13日最高人民法院审判委员会第1269次会议、2003年5月13日最高人民检察院第10届检察委员会第3次会议通过，2003年5月14日公布，2003年5月15日起施行）

第15条 在预防、控制突发传染病疫情等灾害的工作中，负有组织、协调、指挥、灾害调查、控制、医疗救治、信息传递、交通运输、物资保障等职责的国家机关工作人员，滥用职权或者玩忽职守，致使公共财产、国家和人民利益遭受重大损失的，依照刑法第397条的规定，以滥用职权罪或者玩忽职守罪定罪处罚。

第18条 本解释所称"突发传染病疫情等灾害"，是指突然发生，造成或者可能造成社会公众健康严重损害的重大传染病疫情、群体性不明原因疾病以及其他严重影响公众健康的灾害。

【法发〔2020〕7号】 最高人民法院、最高人民检察院、公安部、司法部关于依法惩治妨害新型冠状病毒感染肺炎疫情防控违法犯罪的意见（2020年2月6日印发）

二、准确适用法律，依法严惩妨害疫情防控的各类违法犯罪

（七）依法严惩疫情防控失职渎职、贪污挪用犯罪。在疫情防控工作中，负

---

① 注：本《答复》一直未被废止，但其内容与"法释〔2012〕18号"《解释》第8条的规定不一致，应当以后者为准。

有组织、协调、指挥、灾害调查、控制、医疗救治、信息传递、交通运输、物资保障等职责的国家机关工作人员，滥用职权或者玩忽职守，致使公共财产、国家和人民利益遭受重大损失的，依照刑法第397条的规定，以滥用职权罪或者玩忽职守罪定罪处罚。

【法释〔2007〕3号】 最高人民法院、最高人民检察院关于办理盗窃油气、破坏油气设备等刑事案件具体应用法律若干问题的解释（2006年11月20日最高人民法院审判委员会第1406次会议、2006年12月11日最高人民检察院第10届检察委员会第66次会议通过，2007年1月15日公布，2007年1月19日起施行；替代废止2002年4月10日《最高人民法院关于对采用破坏性手段盗窃正在使用的油田输油管道中油品的行为如何适用法律问题的批复》"法释〔2002〕10号"）

第7条 国家机关工作人员滥用职权或者玩忽职守，实施下列行为之一，致使公共财产、国家和人民利益遭受重大损失的，依照刑法第397条的规定，以滥用职权罪或者玩忽职守罪定罪处罚：

（一）超越职权范围，批准发放石油、天然气勘查、开采、加工、经营等许可证的；

（二）违反国家规定，给不符合法定条件的单位、个人发放石油、天然气勘查、开采、加工、经营等许可证的；

（三）违反《石油天然气管道保护条例》等国家规定，在油气设备安全保护范围内批准建设项目的；

（四）对发现或者经举报查实的未经依法批准、许可擅自从事石油、天然气勘查、开采、加工、经营等违法活动不予查封、取缔的。

第8条 本解释所称的"油气"，是指石油、天然气。其中，石油包括原油、成品油；天然气包括煤层气。

本解释所称"油气设备"，是指用于石油、天然气生产、储存、运输等易燃易爆设备。

【法释〔2007〕11号】 最高人民法院、最高人民检察院关于办理与盗窃、抢劫、诈骗、抢夺机动车相关刑事案件具体应用法律若干问题的解释（2006年12月25日最高人民法院审判委员会第1411次会议、2007年2月14日最高人民检察院第10届检察委员会第71次会议通过，2007年5月9日公布，2007年5月11日起施行）

第3条 国家机关工作人员滥用职权，有下列情形之一，致使盗窃、抢劫、诈骗、抢夺的机动车被办理登记手续，数量达到3辆以上或者价值总额达到30万元以上的，依照刑法第397条第1款的规定，以滥用职权罪定罪，处3年以下有期徒刑或者拘役：

（一）明知是登记手续不全或者不符合规定的机动车而办理登记手续的；

（二）指使他人为明知是登记手续不全或者不符合规定的机动车办理登记手续的；

（三）违规或者指使他人违规更改、调换车辆档案的；

（四）其他滥用职权的行为。

国家机关工作人员疏于审查或者审查不严，致使盗窃、抢劫、诈骗、抢夺的机动车被办理登记手续，数量达到5辆以上或者价值总额达到50万元以上[①]的，依照刑法第397条第1款的规定，以玩忽职守罪定罪，处3年以下有期徒刑或者拘役。

国家机关工作人员实施前两款规定的行为，致使盗窃、抢劫、诈骗、抢夺的机动车被办理登记手续，分别达到前两款规定数量、数额标准5倍以上的，或者明知是盗窃、抢劫、诈骗、抢夺的机动车而办理登记手续的，属于刑法第397条第1款规定的"情节特别严重"，处3年以上7年以下有期徒刑。

国家机关工作人员徇私舞弊，实施上述行为，构成犯罪的，依照刑法第397条第2款的规定定罪处罚。

第4条　实施本解释第1条、第2条、第3条第1款或者第3款规定的行为，事前与盗窃、抢劫、诈骗、抢夺机动车的犯罪分子通谋的，以盗窃罪、抢劫罪、诈骗罪、抢夺罪的共犯论处。

第5条　对跨地区实施的涉及同一机动车的盗窃、抢劫、诈骗、抢夺以及掩饰、隐瞒犯罪所得、犯罪所得收益行为，有关公安机关可以依照法律和有关规定一并立案侦查，需要提请批准逮捕、移送审查起诉、提起公诉的，由该公安机关所在地的同级人民检察院、人民法院受理。

第6条　行为人实施本解释第1条、第3条第3款规定的行为，涉及的机动车有下列情形之一的，应当认定行为人主观上属于上述条款所称"明知"：

（一）没有合法有效的来历凭证；

（二）发动机号、车辆识别代号有明显更改痕迹，没有合法证明的。

[①] 注：本处内容与"法释〔2012〕18号"《解释》第1条的规定不一致，应当以后者为准。

【高检发释字〔2007〕1号】 最高人民检察院关于对林业主管部门工作人员在发放林木采伐许可证之外滥用职权、玩忽职守致使森林遭受严重破坏的行为适用法律问题的批复（2007年5月14日最高人民检察院第10届检察委员会第77次会议通过，2007年5月16日公布，答复福建省人民检察院"闽检〔2007〕14号"请示）

林业主管部门工作人员违法发放林木采伐许可证，致使森林遭受严重破坏的，依照刑法第407条的规定，以违法发放林木采伐许可证罪追究刑事责任；以其他方式滥用职权或者玩忽职守，致使森林遭受严重破坏的，依照刑法第397条的规定，以滥用职权罪或者玩忽职守罪追究刑事责任，立案标准依照《最高人民检察院关于渎职侵权犯罪案件立案标准的规定》第一部分渎职犯罪案件第18条第3款的规定①执行。

【法释〔2012〕18号】 最高人民法院、最高人民检察院关于办理渎职刑事案件适用法律若干问题的解释（一）（2012年7月9日由最高人民法院审判委员会第1552次会议、2012年9月12日由最高人民检察院第11届检察委员会第79次会议通过，2012年12月7日公布，2013年1月9日起施行）

第1条 国家机关工作人员滥用职权或者玩忽职守，具有下列情形之一的，应当认定为刑法第397条规定的"致使公共财产、国家和人民利益遭受重大损失"：

（一）造成死亡1人以上，或者重伤3人以上，或者轻伤9人以上，或者重伤2人、轻伤3人以上，或者重伤1人、轻伤6人以上的；

（二）造成经济损失30万元以上的；

（三）造成恶劣社会影响的；

（四）其他致使公共财产、国家和人民利益遭受重大损失的情形。

具有下列情形之一的，应当认定为刑法第397条规定的"情节特别严重"：

（一）造成伤亡达到前款第（一）项规定人数3倍以上的；

（二）造成经济损失150万元以上的；

（三）造成前款规定的损失后果，不报、迟报、谎报或者授意、指使、强令他人不报、迟报、谎报事故情况，致使损失后果持续、扩大或者抢救工作延误的；

（四）造成特别恶劣社会影响的；

---

① 注：《最高人民检察院关于渎职侵权犯罪案件立案标准的规定》第一部分渎职犯罪案件第18条第3款的规定参见《刑法》第407条的注释。

（五）其他特别严重的情节。

第2条　国家机关工作人员实施滥用职权或者玩忽职守犯罪行为，触犯刑法分则第9章第398条至第419条规定的，依照该规定定罪处罚。

国家机关工作人员滥用职权或者玩忽职守，因不具备徇私舞弊等情形，不符合刑法分则第九章第398条至第419条的规定，但依法构成第397条规定的犯罪的，以滥用职权罪或者玩忽职守罪定罪处罚。

第8条　本解释规定的"经济损失"，是指渎职犯罪或者与渎职犯罪相关联的犯罪立案时已经实际造成的财产损失，包括为挽回渎职犯罪所造成损失而支付的各种开支、费用等。立案后至提起公诉前持续发生的经济损失，应一并计入渎职犯罪造成的经济损失。

债务人经法定程序被宣告破产，债务人潜逃、去向不明，或者因行为人的责任超过诉讼时效等，致使债权已经无法实现的，无法实现的债权部分应当认定为渎职犯罪的经济损失。

渎职犯罪或者与渎职犯罪相关联的犯罪立案后，犯罪分子及其亲友自行挽回的经济损失，司法机关或者犯罪分子所在单位及其上级主管部门挽回的经济损失，或者因客观原因减少的经济损失，不予扣减，但可以作为酌定从轻处罚的情节。

第10条　最高人民法院、最高人民检察院此前发布的司法解释与本解释不一致的，以本解释为准。

【法释〔2015〕22号】　最高人民法院、最高人民检察院关于办理危害生产安全刑事案件适用法律若干问题的解释（2015年11月9日最高人民法院审判委员会第1665次会议、2015年12月9日最高人民检察院第12届检察委员会第44次会议通过，2015年12月14日公布，2015年12月16日起施行）

第15条　国家机关工作人员在履行安全监督管理职责时滥用职权、玩忽职守，致使公共财产、国家和人民利益遭受重大损失的，或者徇私舞弊，对发现的刑事案件依法应当移交司法机关追究刑事责任而不移交，情节严重的，分别依照刑法第397条、第402条的规定，以滥用职权罪、玩忽职守罪或者徇私舞弊不移交刑事案件罪定罪处罚。

公司、企业、事业单位的工作人员在依法或者受委托行使安全监督管理职责时滥用职权或者玩忽职守，构成犯罪的，应当依照《全国人民代表大会常务委员会关于〈中华人民共和国刑法〉第九章渎职罪主体适用问题的解释》的规定，适用渎职罪的规定追究刑事责任。

第17条　本解释自2015年12月16日起施行。本解释施行后，《最高人民法院、最高人民检察院关于办理危害矿山生产安全刑事案件具体应用法律若干问题的解释》（法释〔2007〕5号）同时废止。最高人民法院、最高人民检察院此前发布的司法解释和规范性文件与本解释不一致的，以本解释为准。

【法释〔2017〕11号】 最高人民法院、最高人民检察院关于办理扰乱无线电通讯管理秩序等刑事案件适用法律若干问题的解释（2017年4月17日最高人民法院审判委员会第1715次会议、2017年5月25日最高人民检察院第12届检察委员会第64次会议通过，2017年6月27日公布，2017年7月1日起施行）

第7条（第1款） 负有无线电监督管理职责的国家机关工作人员滥用职权或者玩忽职守，致使公共财产、国家和人民利益遭受重大损失的，应当依照刑法第397条的规定，以滥用职权罪或者玩忽职守罪追究刑事责任。

【法释〔2018〕17号】 最高人民法院、最高人民检察院关于办理虚假诉讼刑事案件适用法律若干问题的解释（2018年1月25日最高人民法院审判委员会第1732次会议、2018年6月13日最高人民检察院第13届检察委员会第2次会议通过，2018年9月26日公布，2018年10月1日起施行）

第5条 司法工作人员利用职权，与他人共同实施刑法第307条之一前3款行为的，从重处罚；同时构成滥用职权罪，民事枉法裁判罪，执行判决、裁定滥用职权罪等犯罪的，依照处罚较重的规定定罪从重处罚。

【公安部令〔2018〕153号】 公安机关维护民警执法权威工作规定（2018年12月7日公安部部长办公会议通过，2018年12月19日公安部令第153号发布，2019年2月1日起施行）

第16条 公安机关应当根据行为事实、情节、后果，综合考虑主客观因素，客观评价民警行为性质，区分执法过错、瑕疵、意外，依法依规作出责任认定。

对于民警依法履职尽责，受主观认知、客观条件、外来因素影响造成一定损失和负面影响的行为或者出现的失误，以及民警非因故意违法违规履职，及时发现并主动纠正错误，积极采取措施避免或者减轻危害后果与影响的，公安机关应当从轻、减轻或免于追究民警的责任，或者向检察机关、审判机关提出从轻、减轻或者免于追究民警刑事责任的建议。

第17条 对于民警行为是否属于依法履行职责、行使职权行为，以及执法是否存在过错等问题存在较大争议的，公安机关维护民警执法权威工作委员会应当组织相关专业人员成立专家组进行审查，出具书面论证意见，作为公安机关内部责任认定的重要参考依据。纪检监察机关、检察机关介入调查的，公安机关应当及时提供论证意见，加强沟通。

【高检会〔2019〕2 号】　最高人民法院、最高人民检察院、公安部关于办理非法集资刑事案件若干问题的意见（2019 年 1 月 30 日印发）

十二、关于国家工作人员相关法律责任问题

国家工作人员具有下列行为之一，构成犯罪的，应当依法追究刑事责任：

（一）明知单位和个人所申请机构或者业务涉嫌非法集资，仍为其办理行政许可或者注册手续的；

（二）明知所主管、监管的单位有涉嫌非法集资行为，未依法及时处理或者移送处置非法集资职能部门的；

（三）查处非法集资过程中滥用职权、玩忽职守、徇私舞弊的；

（四）徇私舞弊不向司法机关移交非法集资刑事案件的；①

（五）其他通过职务行为或者利用职务影响，支持、帮助、纵容非法集资的。

【法释〔2019〕16 号】　最高人民法院关于审理走私、非法经营、非法使用兴奋剂刑事案件适用法律若干问题的解释（2019 年 11 月 12 日最高人民法院审判委员会第 1781 次会议通过，2019 年 11 月 18 日公布，2020 年 1 月 1 日起施行）

第 6 条　国家机关工作人员在行使反兴奋剂管理职权时滥用职权或者玩忽职守，造成严重兴奋剂违规事件，严重损害国家声誉或者造成恶劣社会影响，符合刑法第 397 条规定的，以滥用职权罪、玩忽职守罪定罪处罚。

依法或者受委托行使反兴奋剂管理职权的单位的工作人员，在行使反兴奋剂管理职权时滥用职权或者玩忽职守的，依照前款规定定罪处罚。

第 7 条　实施本解释规定的行为，涉案物质属于毒品、制毒物品等，构成有关犯罪的，依照相应犯罪定罪处罚。

第 8 条　对于是否属于本解释规定的"兴奋剂""兴奋剂目录所列物质""体育运动""国内、国际重大体育竞赛"等专门性问题，应当依据《中华人民共和国体育法》《反兴奋剂条例》等法律法规，结合国务院体育主管部门出具的认定意见等证据材料作出认定。

【高检发〔2020〕3 号】　最高人民法院、最高人民检察院、公安部关于办理涉窨井盖相关刑事案件的指导意见（2020 年 2 月 19 日最高人民检察院第 13 届检察委员会第 33 次会议通过，2020 年 3 月 16 日印发施行）

八、在窨井盖采购、施工、验收、使用、检查过程中负有决定、管理、监

---

① 注：本项规定适用《刑法》第 402 条。因无实质性内容，本书在《刑法》第 402 条的"相关规定"中不再罗列。

督等职责的国家机关工作人员玩忽职守或者滥用职权，致使公共财产、国家和人民利益遭受重大损失的，依照刑法第397条的规定，分别以玩忽职守罪、滥用职权罪定罪处罚。

九、在依照法律、法规规定行使窨井盖行政管理职权的公司、企业、事业单位中从事公务的人员以及在受国家机关委托代表国家机关行使窨井盖行政管理职权的组织中从事公务的人员，玩忽职守或者滥用职权，致使公共财产、国家和人民利益遭受重大损失的，依照刑法第397条和《全国人民代表大会常务委员会关于〈中华人民共和国刑法〉第九章渎职罪主体适用问题的解释》的规定，分别以玩忽职守罪、滥用职权罪定罪处罚。

十一、国家机关工作人员利用职务上的便利，收受他人财物，为他人谋取与窨井盖相关利益，同时构成受贿罪和刑法分则第九章规定的渎职犯罪的，除刑法另有规定外，以受贿罪和渎职犯罪数罪并罚。

十二、本意见所称的"窨井盖"，包括城市、城乡结合部和乡村等地的窨井盖以及其他井盖。

【司发通〔2020〕59号】 中华人民共和国社区矫正法实施办法（2020年6月18日最高人民法院、最高人民检察院、公安部、司法部印发，2020年7月1日施行；2012年1月10日司发通〔2012〕12号《社区矫正实施办法》同时废止）

第56条（第4款） 对社区矫正工作人员追究法律责任，应当根据其行为的危害程度、造成的后果、以及责任大小予以确定，实事求是，过罚相当。社区矫正工作人员依法履职的，不能仅因社区矫正对象再犯罪而追究其法律责任。

【公通字〔2020〕17号】 最高人民法院、最高人民检察院、公安部、农业农村部依法惩治长江流域非法捕捞等违法犯罪的意见（2020年12月17日印发施行）

二、准确适用法律，依法严惩非法捕捞等危害水生生物资源的各类违法犯罪

（五）（第1款）依法严惩危害水生生物资源的渎职犯罪。对长江流域重点水域水生生物资源保护负有监督管理、行政执法职责的国家机关工作人员，滥用职权或者玩忽职守，致使公共财产、国家和人民利益遭受重大损失的，应当依照刑法第397条的规定，以滥用职权罪或者玩忽职守罪定罪处罚。

【法〔2021〕281号】 最高人民法院关于深入开展虚假诉讼整治工作的意见（2021年11月4日印发，2021年11月10日施行）

二十、……法院工作人员不正确履行职责，玩忽职守，致使虚假诉讼案件

进入诉讼程序,导致公共财产、国家和人民利益遭受重大损失,符合刑法规定的犯罪构成要件的,依照玩忽职守罪、执行判决、裁定失职罪等罪名定罪处罚。

【法释〔2022〕12号】 最高人民法院、最高人民检察院关于办理破坏野生动物资源刑事案件适用法律若干问题的解释(2021年12月13日最高法审委会第1856次会议、2022年2月9日最高检第13届检委会第89次会议通过,2022年4月9日施行;法释〔2000〕37号《最高人民法院关于审理破坏野生动物资源刑事案件具体应用法律若干问题的解释》同时废止)

第10条(第1款) 负有野生动物保护和进出口监督管理职责的国家机关工作人员,滥用职权或者玩忽职守,致使公共财产、国家和人民利益遭受重大损失的,应当依照刑法第397条的规定,以滥用职权罪或者玩忽职守罪追究刑事责任。

● **立案标准** 最高人民检察院关于渎职侵权犯罪案件立案标准的规定(高检发释字〔2006〕2号,2005年12月29日最高人民检察院第10届检察委员会第49次会议通过,2006年7月26日公布施行)

一、渎职犯罪案件

(一)滥用职权案(第397条)

滥用职权罪是指国家机关工作人员超越职权,违法决定、处理其无权决定、处理的事项,或者违反规定处理公务,致使公共财产、国家和人民利益遭受重大损失的行为。

涉嫌下列情形之一的,应予立案:①

1. 造成死亡1人以上,或者重伤2人以上,或者重伤1人、轻伤3人以上,或者轻伤5人以上的;

2. 导致10人以上严重中毒的;

3. 造成个人财产直接经济损失10万元以上,或者直接经济损失不满10万元,但间接经济损失50万元以上的;

4. 造成公共财产或者法人、其他组织财产直接经济损失20万元以上,或者直接经济损失不满20万元,但间接经济损失100万元以上的;

5. 虽未达到3、4两项数额标准,但3、4两项合计直接经济损失20万元以上,或者合计直接经济损失不满20万元,但合计间接经济损失100万元以上的;

---

① 注:本立案标准第1、3、4、5点与"法释〔2012〕18号"《解释》第1条第1款第1项、第2项的规定不一致,应当以后者为准。

6. 造成公司、企业等单位停业、停产6个月以上，或者破产的；

7. 弄虚作假，不报、缓报、谎报或者授意、指使、强令他人不报、缓报、谎报情况，导致重特大事故危害结果继续、扩大，或者致使抢救、调查、处理工作延误的；①

8. 严重损害国家声誉，或者造成恶劣社会影响的；

9. 其他致使公共财产、国家和人民利益遭受重大损失的情形。

国家机关工作人员滥用职权，符合刑法第九章所规定的特殊渎职罪构成要件的，按照该特殊规定追究刑事责任；主体不符合刑法第九章所规定的特殊渎职罪的主体要件，但滥用职权涉嫌前款第1项至第9项规定情形之一的，按照刑法第397条的规定以滥用职权罪追究刑事责任。

(二) 玩忽职守案 (第397条)

玩忽职守罪是指国家机关工作人员严重不负责任，不履行或者不认真履行职责，致使公共财产、国家和人民利益遭受重大损失的行为。

涉嫌下列情形之一的，应予立案：②

1. 造成死亡1人以上，或者重伤3人以上，或者重伤2人、轻伤4人以上，或者重伤1人、轻伤7人以上，或者轻伤10人以上的；

2. 导致20人以上严重中毒的；

3. 造成个人财产直接经济损失15万元以上，或者直接经济损失不满15万元，但间接经济损失75万元以上的；

4. 造成公共财产或者法人、其他组织财产直接经济损失30万元以上，或者直接经济损失不满30万元，但间接经济损失150万元以上的；

5. 虽未达到3、4两项数额标准，但3、4两项合计直接经济损失30万元以上，或者合计直接经济损失不满30万元，但合计间接经济损失150万元以上的；

6. 造成公司、企业等单位停业、停产1年以上，或者破产的；

7. 海关、外汇管理部门的工作人员严重不负责任，造成100万美元以上外汇被骗购或者逃汇1000万美元以上的；

8. 严重损害国家声誉，或者造成恶劣社会影响的；

9. 其他致使公共财产、国家和人民利益遭受重大损失的情形。

---

① 注：根据"法释〔2012〕18号"《解释》第1条第2款第3项的规定，如果行为人的渎职行为已经达到"致使公共财产、国家和人民利益遭受重大损失"的后果，又实施弄虚作假行为，则属于"情节特别严重"的情形。

② 注：本《立案标准》第1、3、4、5、7点与"法释〔2012〕18号"《解释》第1条第1款第1项、第2项的规定不一致，应当以后者为准。

国家机关工作人员玩忽职守,符合刑法第九章所规定的特殊渎职罪构成要件的,按照该特殊规定追究刑事责任;主体不符合刑法第九章所规定的特殊渎职罪的主体要件,但玩忽职守涉嫌前款第1项至第9项规定情形之一的,按照刑法第397条的规定以玩忽职守罪追究刑事责任。

(十八)违法发放林木采伐许可证案(第407条)

(第3款)林业主管部门工作人员之外的国家机关工作人员,违反森林法的规定,滥用职权或者玩忽职守,致使林木被滥伐40立方米以上或者幼树被滥伐2000株以上,或者致使防护林、特种用途林被滥伐10立方米以上或者幼树被滥伐400株以上,或者致使珍贵树木被采伐、毁坏4立方米或者4株以上,或者致使国家重点保护的其他植物被采伐、毁坏后果严重的,或者致使国家严禁采伐的林木被采伐、毁坏情节恶劣的,按照刑法第397条的规定以滥用职权罪或者玩忽职守罪追究刑事责任。

三、附则

(一)本规定中每个罪案名称后所注明的法律条款系《中华人民共和国刑法》的有关条款。

(二)本规定所称"以上"包括本数;有关犯罪数额"不满",是指已达到该数额80%以上的。

(三)本规定中的"国家机关工作人员",是指在国家机关中从事公务的人员,包括在各级国家权力机关、行政机关、司法机关和军事机关中从事公务的人员。在依照法律、法规规定行使国家行政管理职权的组织中从事公务的人员,或者在受国家机关委托代表国家行使职权的组织中从事公务的人员,或者虽未列入国家机关人员编制但在国家机关中从事公务的人员,在代表国家机关行使职权时,视为国家机关工作人员。在乡(镇)以上中国共产党机关、人民政协机关中从事公务的人员,视为国家机关工作人员。

(四)本规定中的"直接经济损失",是指与行为有直接因果关系而造成的财产损毁、减少的实际价值;"间接经济损失",是指由直接经济损失引起和牵连的其他损失,包括失去的在正常情况下可以获得的利益和为恢复正常的管理活动或者挽回所造成的损失所支付的各种开支、费用等。

有下列情形之一的,虽然有债权存在,但已无法实现债权的,可以认定为已经造成了经济损失:(1)债务人已经法定程序被宣告破产,且无法清偿债务;(2)债务人潜逃,去向不明;(3)因行为人责任,致使超过诉讼时效;(4)有证据证明债权无法实现的其他情况。

直接经济损失和间接经济损失,是指立案时确已造成的经济损失。移送审查起诉前,犯罪嫌疑人及其亲友自行挽回的经济损失,以及由司法机关或者犯罪嫌疑人所在单位及其上级主管部门挽回的经济损失,不予扣减,但可作为对犯罪嫌疑人从轻处理的情节考虑。

● **指导案例** 【高检发研字〔2012〕5号】 最高人民检察院关于印发第2批指导性案例的通知(2012年10月31日最高人民检察院第11届检察委员会第81次会议讨论通过,2012年11月15日印发)

(检例第5号)陈某、林某、李甲滥用职权案

要旨:随着我国城镇建设和社会主义新农村建设逐步深入推进,村民委员会、居民委员会等基层组织协助人民政府管理社会发挥越来越重要的作用。实践中,对村民委员会、居民委员会等基层组织人员协助人民政府从事行政管理工作时,滥用职权、玩忽职守构成犯罪的,应当依照刑法关于渎职罪的规定追究刑事责任。

(检例第6号)罗甲、罗乙、朱某、罗丙滥用职权案

要旨:根据刑法规定,滥用职权罪是指国家机关工作人员滥用职权,致使"公共财产、国家和人民利益遭受重大损失"的行为。实践中,对滥用职权"造成恶劣社会影响的",应当依法认定为"致使公共财产、国家和人民利益遭受重大损失"。

(检例第8号)杨某玩忽职守、徇私枉法、受贿案

要旨:1. 渎职犯罪因果关系的认定。如果负有监管职责的国家机关工作人员没有认真履行其监管职责,从而未能有效防止危害结果发生,那么,这些对危害结果具有"原因力"的渎职行为,应认定与危害结果之间具有刑法意义上的因果关系。

2. 渎职犯罪同时受贿的处罚原则。对于国家机关工作人员实施渎职犯罪并收受贿赂,同时构成受贿罪的,除《刑法》第399条有特别规定的外,以渎职犯罪和受贿罪数罪并罚。

第398条 【故意泄露国家秘密罪;过失泄露国家秘密罪】国家机关工作人员违反保守国家秘密法的规定,故意或者过失泄露国家秘密,情节严重的,处三年以下有期徒刑或者拘役;情节特别严重的,处三年以上七年以下有期徒刑。

非国家机关工作人员犯前款罪的,依照前款的规定酌情处罚。

● **条文注释** 根据《保守国家秘密法》的规定，国家秘密主要包括：（1）国家事务重大决策中的秘密事项；（2）国防建设和武装力量活动中的秘密事项；（3）外交和外事活动中的秘密事项以及对外承担保密义务的事项；（4）国民经济和社会发展中的秘密事项；（5）科学技术中的秘密事项；（6）维护国家安全活动和追查刑事犯罪中的秘密事项；（7）经国家保密行政管理部门确定的其他秘密事项。另外，政党的秘密事项中符合上述规定的，也属于国家秘密。设定国家秘密的依据和具体范围见《保守国家秘密法实施办法》的规定。

第398条规定的"情节严重"主要根据所泄露的国家秘密的密级（秘密、机密、绝密）和数量来确定，具体的界定标准依照"高检发释字〔2006〕2号"《立案标准》第一部分第3条、第4条的规定。

需要注意的是：

（1）构成第398条规定之罪，其犯罪主体主要是国家机关工作人员，但也包括非国家机关工作人员。对于非国家机关工作人员，本条第2款规定"酌情处罚"，即在本条第1款规定的量刑幅度内，根据其具体情节予以适当处罚。

（2）如果非国家机关工作人员以窃取、刺探、收买方法，非法获取国家秘密后又泄露的，则应当依照《刑法》第282条第1款的规定定罪处罚；如果非法获取后向境外的机构、组织、个人泄露的，应当依照《刑法》第111条的规定定罪处罚。

（3）泄露"绝密级"国家秘密的，不论是故意泄露还是过失泄露，只要泄露1件就可以构成犯罪。

● **相关规定** 【人大〔2000〕19次】 全国人民代表大会常务委员会关于维护互联网安全的决定（2000年12月28日第9届全国人大常委会第19次会议通过；2009年8月27日第11届全国人大常委会第10次会议修正）

二、为了维护国家安全和社会稳定，对有下列行为之一，构成犯罪的，依照刑法有关规定追究刑事责任：

（二）通过互联网窃取、泄露国家秘密、情报或者军事秘密。

【国家保密局令〔2014〕1号】 国家秘密定密管理暂行规定（2014年3月9日公布施行，1990年9月19日"国家保密局令第2号"《国家秘密保密期限的规定》和1990年10月6日"国家保密局、国家技术监督局令第3号"《国家秘密文件、资料和其他物品标志的规定》同时废止）

第7条 中央国家机关可以在主管业务工作范围内作出授予绝密级、机密级和秘密级国家秘密定密权的决定。省级机关可以在主管业务工作范围内或者本行政区域内作出授予绝密级、机密级和秘密级国家秘密定密权的决定。设区的市、自治州一级的机关可以在主管业务工作范围内或者本行政区域内作出授予机密级和秘密级国家秘密定密权的决定。

定密授权不得超出授权机关的定密权限。被授权机关、单位不得再行授权。

第18条　机关、单位确定国家秘密应当依据保密事项范围进行。保密事项范围没有明确规定但属于保密法第9条、第10条规定情形的，应当确定为国家秘密。

第19条　下列事项不得确定为国家秘密：（一）需要社会公众广泛知晓或者参与的；（二）属于工作秘密、商业秘密、个人隐私的；（三）已经依法公开或者无法控制知悉范围的；（四）法律、法规或者国家有关规定要求公开的。

第24条（第1款）　国家秘密一经确定，应当同时在国家秘密载体上作出国家秘密标志。国家秘密标志形式为"密级★保密期限"、"密级★解密时间"或者"密级★解密条件"。

（第4款）　无法作出或者不宜作出国家秘密标志的，确定该国家秘密的机关、单位应当书面通知知悉范围内的机关、单位或者人员。凡未标明保密期限或者解密条件，且未作书面通知的国家秘密事项，其保密期限按照绝密级事项30年、机密级事项20年、秘密级事项10年执行。①

第32条　国家秘密的具体保密期限已满、解密时间已到或者符合解密条件的，自行解密。

第34条（第1款）　除自行解密的外，国家秘密解除应当按照国家秘密确定程序进行并作出书面记录。

第44条　本规定下列用语的含义：（一）"中央国家机关"包括中国共产党中央机关及部门、各民主党派中央机关、全国人大机关、全国政协机关、最高人民法院、最高人民检察院，国务院及其组成部门、直属特设机构、直属机构、办事机构、直属事业单位、部委管理国家局，以及中央机构编制管理部门直接管理机构编制的群众团体机关；（二）"省级机关"包括省（自治区、直辖市）党委、人大、政府、政协机关，以及人民法院、人民检察院；（三）"设区的市和自治州一级的机关"包括地（市、州、盟、区）党委、人大、政府、政协机关，以及人民法院、人民检察院，省（自治区、直辖市）直属机关和人民团体，

---

① 注：《国家秘密保密期限的规定》（1990年9月19日国家保密局令第2号）曾规定："确定国家秘密事项的保密期限，确需长于……所限定的保密期限（即10/20/30年）的，应当上报有关中央国家机关批准。"

中央国家机关设在省（自治区、直辖市）的直属机构，省（自治区、直辖市）在地区、盟设立的派出机构；（四）第9条所指"经常"，是指近3年来年均产生6件以上国家秘密事项的情形。

【保发〔2020〕2号】　人民法院、保密行政管理部门办理侵犯国家秘密案件若干问题的规定（最高法、国家保密局2020年3月11日）

第2条　人民法院、保密行政管理部门办理《中华人民共和国刑法》第109条第2款、第110条、第111条、第282条、第398条、第431条、第432条规定的侵犯国家秘密案件，适用本规定。

第3条　人民法院审理侵犯国家秘密案件，需要对有关事项是否属于国家秘密以及属于何种密级或者是否属于情报进行鉴定的，应当由有关机关依据《密级鉴定工作规定》向国家保密行政管理部门或者省、自治区、直辖市保密行政管理部门提起。

【保发〔2020〕3号】　人民检察院、保密行政管理部门办理案件若干问题的规定（最高检、国家保密局2020年3月12日印发；《人民检察院、保密行政管理部门查办泄密案件若干问题的规定》（国保发〔2016〕42号）同时废止）

第2条　人民检察院、保密行政管理部门办理《中华人民共和国刑法》第109第2款、第110条、第111条、第282条、第398条、第431条、第432条规定的侵犯国家秘密案件，适用本规定。

第4条　人民检察院办理侵犯国家秘密案件，需要对有关事项是否属于国家秘密以及属于何种密级或者是否属于情报进行鉴定的，应当依据《密级鉴定工作规定》向国家保密行政管理部门或者省、自治区、直辖市保密行政管理部门提起。

【保发〔2020〕7号】　国家秘密解密暂行办法（国家保密局2020年6月28日）

第7条　国家秘密解密由确定该事项为国家秘密的机关、单位（以下简称原定密机关、单位）负责。其他机关、单位可以向原定密机关、单位提出解密建议。

原定密机关、单位被撤销或者合并的，由承担其职能或者合并后的机关、单位负责解密。没有相应机关、单位的，由原定密机关、单位的上级机关、单位或者同级保密行政管理部门指定的机关、单位负责解密。

第8条　多个机关、单位共同确定的国家秘密，由牵头负责的机关、单位或者文件制发机关、单位负责解密，同时征求其他相关机关、单位的意见。

（决策）议事协调机构、临时性工作机构确定的国家秘密，由承担该机构日常工作的机关、单位，或者牵头成立该机构的机关、单位负责解密。

第9条 下级机关、单位产生的国家秘密，以上级机关、单位名义制发的，由上级机关、单位负责解密。下级机关、单位可以就该国家秘密提出解密建议。

上级机关、单位或者业务主管部门发现下级机关、单位确定的国家秘密应当解密的，可以通知下级机关、单位解密或者直接予以解密。

第11条 明确标注保密期限、解密时间或者解密条件的国家秘密，保密期限已满、解密时间已到或者符合解密条件，且未延长保密期限的，自行解密；解密时间为保密期限届满、解密时间到达或者解密条件达成之时。未明确标注保密期限、解密时间或者解密条件，且未就保密期限作出书面通知的，保密期限按照绝密级30年、机密级20年、秘密级10年执行。国家另有规定的，从其规定。

第12条 国家秘密的保密期限尚未届满、解密时间尚未到达或者解密条件尚未达成，经审核认为符合下列情形之一的，应当及时解密：（一）保密法律法规或者保密事项范围调整后，有关事项不再属于国家秘密的；（二）定密时的形势、条件发生变化，有关事项公开后不会损害国家安全和利益、不需要继续保密的；或者根据现行法律、法规和国家有关规定，有关事项应予公开、需要社会公众广泛知晓或者参与的。

符合上述情形国家秘密的解密时间为该事项公开之日或者解密通知注明之日。

第13条 机关、单位因执行或者办理已定密事项而产生的国家秘密，所执行或者办理的国家秘密解密的，由此产生的国家秘密应当解密。

第14条 机关、单位经审核认为，国家秘密部分内容符合本办法第12条、第13条规定情形，确有必要对该部分内容解密且不影响其他内容继续保密的，可以进行部分解密。

第15条 保密事项范围明确规定保密期限为长期的国家秘密，不得擅自解密。机关、单位经审核认为确需解密的，应当报规定该保密事项范围的中央和国家机关批准。

第16条 国家秘密尚未解密的，该国家秘密产生过程中形成的相关涉密事项不得解密。原定密机关、单位认为该相关事项符合解密条件，确有必要解密且解密后不影响国家秘密保密的可以解密。

国家秘密已经解密，但该国家秘密产生过程中形成的相关涉密事项泄露后会损害国家安全和利益的，该相关事项不得解密。

第19条 只标注密级没有标注保密期限的国家秘密,经审核决定按原密级继续保密或者决定变更密级后继续保密的,机关、单位应当按照国家秘密变更程序重新确定保密期限、解密时间或者解密条件,并在书面通知中说明该保密期限、解密时间或者解密条件的起算时间。没有说明起算时间的,自通知印发之日起计算。

延长保密期限使累计保密期限超过保密事项范围规定的,应当报制定该保密事项范围的中央和国家机关批准,中央和国家机关应当在接到报告后30日内作出决定。

第25条 国家秘密事项已解密,但符合工作秘密条件的,应当确定为工作秘密,未经原定密机关、单位同意不得擅自公开。

机关、单位公开已解密事项,应当履行相关审查程序;公开已解密事项,不得保留国家秘密标志。涉密档案资料公开形式按照国家有关规定办理。

第27条 2010年10月1日保密法修订施行前产生的国家秘密,原定密机关、单位应当组织进行解密审核,符合本办法规定的解密条件的,予以解密;解密后符合工作秘密条件的,确定为工作秘密进行管理;需要继续保密的,应当重新履行定密程序,并及时做好书面通知等相关工作。

【国家保密局令〔2021〕1号】 国家秘密鉴定工作规定(国家保密局2021年7月13日局务会会议通过,2021年7月30日公布,2021年9月1日施行;2013年7月15日"国保发〔2013〕5号"《密级鉴定工作规定》同时废止)

第2条 本规定所称国家秘密鉴定,是指保密行政管理部门对涉嫌泄露国家秘密案件中有关事项是否属于国家秘密以及属于何种密级进行鉴别和认定的活动。

第5条 办理涉嫌泄露国家秘密案件的纪检监察、侦查、公诉、审判机关(以下统称办案机关)可以申请国家秘密鉴定。

国家保密行政管理部门、省(自治区、直辖市)保密行政管理部门负责国家秘密鉴定。

第6条 国家秘密鉴定应当以保密法律法规、保密事项范围和国家秘密确定、变更、解除文件为依据。

第7条 下列事项不得鉴定为国家秘密:(一)需要公众广泛知晓或者参与的;(二)属于工作秘密、商业秘密、个人隐私的;(三)已经依法公开或者泄露前已经无法控制知悉范围的;(四)法律、法规或者国家有关规定要求公开的;(五)其他泄露后对国家安全和利益不会造成损害的。

第 8 条　中央一级办案机关申请国家秘密鉴定的，应当向国家保密行政管理部门提出。省级及以下办案机关申请国家秘密鉴定的，应当向所在地省（自治区、直辖市）保密行政管理部门提出。

国家保密行政管理部门可以根据工作需要，对省（自治区、直辖市）保密行政管理部门负责鉴定的重大、疑难、复杂事项直接进行鉴定。

第 9 条　办案机关申请国家秘密鉴定，应当提交下列材料：（一）申请国家秘密鉴定的公文；（二）需要进行国家秘密鉴定的事项（以下简称鉴定事项）及鉴定事项清单；（三）进行国家秘密鉴定需要掌握的有关情况说明，包括案件基本情况、鉴定事项来源、泄露对象和时间、回避建议等。

第 10 条　申请国家秘密鉴定的公文应当以办案机关名义作出，说明认为相关事项涉嫌属于国家秘密的理由或者依据。

鉴定事项属于咨询意见、聊天记录、讯（询）问笔录、视听资料、电子数据、物品等的，办案机关应当进行筛查和梳理，明确其中涉嫌属于国家秘密、需要申请鉴定的具体内容。

鉴定事项不属于中文的，办案机关应当同时提供中文译本。保密行政管理部门就办案机关提供的中文译本进行鉴定。

第 14 条　受理鉴定申请后，保密行政管理部门应当就下列情况向鉴定事项产生单位征求鉴定意见：

（一）鉴定事项是否由其产生，内容是否真实；

（二）鉴定事项是否已经按照法定程序确定、变更、解除国家秘密，及其时间、理由和依据；

（三）鉴定事项是否应当属于国家秘密及何种密级，是否应当变更或者解除国家秘密，及其理由和依据。

第 15 条　存在鉴定事项产生单位不明确，涉及多个机关、单位以及行业、领域，或者有关单位鉴定意见不明确、理由和依据不充分等情形的，保密行政管理部门可以向有关业务主管部门或者相关机关、单位征求鉴定意见。

鉴定事项属于执行、办理已经确定的国家秘密事项的，受理鉴定的保密行政管理部门可以根据工作需要，向原定密单位或者有关业务主管部门征求鉴定意见。

第 16 条　国家保密行政管理部门受理鉴定后，对属于地方各级机关、单位产生的鉴定事项，可以征求鉴定事项产生地省（自治区、直辖市）保密行政管理部门鉴定意见。

省（自治区、直辖市）保密行政管理部门受理鉴定后，对属于中央和国家机关产生的鉴定事项,应当直接征求该中央和国家机关鉴定意见;对属于其他地方机关、单位产生的鉴定事项,应当征求相关省(自治区、直辖市)保密行政管理部门鉴定意见。

第18条 鉴定事项重大、疑难、复杂或者专业性强、涉及专门技术等问题的,保密行政管理部门可以向相关领域专家进行咨询,为作出国家秘密鉴定结论提供参考。

第19条 对拟鉴定为国家秘密的事项,保密行政管理部门可以根据工作需要,组织有关机关、单位或者专家对其泄露后已经或者可能造成的危害进行评估。

第21条 省(自治区、直辖市)保密行政管理部门对中央和国家机关、其他省(自治区、直辖市)保密行政管理部门答复的鉴定意见有异议的,或者认为本地区产生的绝密级事项鉴定依据不明确、有争议的,报国家保密行政管理部门审核后,作出鉴定结论。

第22条 保密行政管理部门作出鉴定结论应当出具国家秘密鉴定书。国家秘密鉴定书应当包括以下内容:(一)鉴定事项名称或者内容;(二)鉴定依据和鉴定结论;(三)其他需要说明的情况;(四)鉴定机关名称和鉴定日期。

国家秘密鉴定书应当加盖保密行政管理部门印章。

第23条 保密行政管理部门应当在受理国家秘密鉴定申请后30日内作出鉴定结论并出具国家秘密鉴定书。因鉴定事项疑难、复杂等不能按期出具国家秘密鉴定书的,经保密行政管理部门负责人批准,可以适当延长工作时限,延长时限最长不超过30日。

保密行政管理部门征求有关机关、单位鉴定意见,进行专家咨询时,应当明确答复期限,一般不超过15日;对鉴定事项数量较多、疑难、复杂等情况的,经双方协商,可以延长15日。

机关、单位提出鉴定意见,专家咨询等时间不计入保密行政管理部门国家秘密鉴定办理期限。

第24条 办案机关有明确理由或者证据证明保密行政管理部门作出的鉴定结论可能错误的,可以向国家保密行政管理部门申请复核。

第28条 国家保密行政管理部门作出复核结论应当出具国家秘密鉴定复核决定书。

国家秘密鉴定复核决定书维持国家秘密鉴定结论的,应当说明依据或者理由;改变原国家秘密鉴定结论的,应当作出最终的鉴定结论并说明依据或者理由。

国家秘密鉴定复核决定书应当以国家保密行政管理部门名义作出,并加盖印章，抄送作出原国家秘密鉴定结论的省（自治区、直辖市）保密行政管理部门。

第29条 国家保密行政管理部门应当在受理国家秘密鉴定复核申请后60日内作出复核结论并出具复核决定书。因鉴定事项疑难、复杂等不能按期出具国家秘密鉴定复核决定书的，经国家保密行政管理部门主要负责人批准，可以适当延长工作时限，延长时限最长不超过30日。

征求机关、单位鉴定意见，专家咨询时限按照本规定第23条第2、3款办理。

第33条 国家秘密鉴定结论与机关、单位定密情况不一致的，保密行政管理部门应当通知机关、单位予以变更或者纠正；对机关、单位未依法履行定密管理职责、情节严重的，予以通报。

第37条 保密行政管理部门办理涉嫌泄露国家秘密案件时，可以根据工作需要，按照本规定直接进行国家秘密鉴定。

鉴定事项产生单位属于军队或者鉴定事项涉嫌属于军事秘密的，由军队相关军级以上单位保密工作机构进行国家秘密鉴定或者协助提出鉴定意见。

刑事公诉案件证据审查指引（经最高检检委会各委员审核，最高检公诉厅2015年7月公布；关于犯罪主体的证据审查部分）

（二）故意（过失）泄露国家秘密罪的非国家机关工作人员

1. 自然人身份证据（详见《刑事诉讼法全厚细》第50条）

2. 犯罪嫌疑人、被告人具有掌握、知悉国家秘密身份的证据：（1）犯罪嫌疑人、被告人供述和辩解；（2）相关知情人的证言；（3）任职证明、劳动合同、保密协议等相关书证；（4）录音录像等视听资料及电子邮件、QQ聊天记录、个人电脑内存数据等电子数据。

● **立案标准** 最高人民检察院关于渎职侵权犯罪案件立案标准的规定（高检发释字〔2006〕2号，2005年12月29日最高人民检察院第10届检察委员会第49次会议通过，2006年7月26日公布施行）

一、渎职犯罪案件

（三）故意泄露国家秘密案（第398条）

故意泄露国家秘密罪是指国家机关工作人员或者非国家机关工作人员违反保守国家秘密法，故意使国家秘密被不应知悉者知悉，或者故意使国家秘密超出了限定的接触范围，情节严重的行为。

涉嫌下列情形之一的，应予立案：

1. 泄露绝密级国家秘密1项（件）以上的；

2. 泄露机密级国家秘密2项（件）以上的；

3. 泄露秘密级国家秘密 3 项（件）以上的；

4. 向非境外机构、组织、人员泄露国家秘密，造成或者可能造成危害社会稳定、经济发展、国防安全或者其他严重危害后果的；

5. 通过口头、书面或者网络等方式向公众散布、传播国家秘密的；

6. 利用职权指使或者强迫他人违反国家保守秘密法的规定泄露国家秘密的；

7. 以牟取私利为目的泄露国家秘密的；

8. 其他情节严重的情形。

（四）过失泄露国家秘密案（第 398 条）

过失泄露国家秘密罪是指国家机关工作人员或者非国家机关工作人员违反保守国家秘密法，过失泄露国家秘密，或者遗失国家秘密载体，致使国家秘密被不应知悉者知悉或者超出了限定的接触范围，情节严重的行为。

涉嫌下列情形之一的，应予立案：

1. 泄露绝密级国家秘密 1 项（件）以上的；

2. 泄露机密级国家秘密 3 项（件）以上的；

3. 泄露秘密级国家秘密 4 项（件）以上的；

4. 违反保密规定，将涉及国家秘密的计算机或者计算机信息系统与互联网相连接，泄露国家秘密的；

5. 泄露国家秘密或者遗失国家秘密载体，隐瞒不报、不如实提供有关情况或者不采取补救措施的；

6. 其他情节严重的情形。

三、附则

（一）本规定中每个罪案名称后所注明的法律条款系《中华人民共和国刑法》的有关条款。

（二）本规定所称"以上"包括本数；有关犯罪数额"不满"，是指已达到该数额 80% 以上的。

（三）本规定中的"国家机关工作人员"，是指在国家机关中从事公务的人员，包括在各级国家权力机关、行政机关、司法机关和军机关中从事公务的人员。在依照法律、法规规定行使国家行政管理职权的组织中从事公务的人员，或者在受国家机关委托代表国家行使职权的组织中从事公务的人员，或者虽未列入国家机关人员编制但在国家机关中从事公务的人员，在代表国家机关行使职权时，视为国家机关工作人员。在乡（镇）以上中国共产党机关、人民政协机关中从事公务的人员，视为国家机关工作人员。

第 399 条① 　【徇私枉法罪】 司法工作人员徇私枉法、徇情枉法，对明知是无罪的人而使他受追诉、对明知是有罪的人而故意包庇不使他受追诉，或者在刑事审判活动中故意违背事实和法律作枉法裁判的，处五年以下有期徒刑或者拘役；情节严重的，处五年以上十年以下有期徒刑；情节特别严重的，处十年以上有期徒刑。

【民事、行政枉法裁判罪】 在民事、行政审判活动中故意违背事实和法律作枉法裁判，情节严重的，处五年以下有期徒刑或者拘役；情节特别严重的，处五年以上十年以下有期徒刑。

【执行判决、裁定失职罪；执行判决、裁定滥用职权罪】 在执行判决、裁定活动中，严重不负责任或者滥用职权，不依法采取诉讼保全措施、不履行法定执行职责，或者违法采取诉讼保全措施、强制执行措施，致使当事人或者其他人的利益遭受重大损失的，处五年以下有期徒刑或者拘役；致使当事人或者其他人的利益遭受特别重大损失的，处五年以上十年以下有期徒刑。

司法工作人员收受贿赂，有前三款行为的，同时又构成本法第三百八十五条规定之罪的，依照处罚较重的规定定罪处罚。

● **条文注释**　第 399 条是针对司法工作人员在刑事案件、民事或行政审判，或者执行判决、裁定活动中渎职、枉法行为的处罚规定。这里的"司法工作人员"，依照《刑法》第 94 条的规定，是指有侦查、检察、审判、监管职责的工作人员。其中，本条第 1 款的犯罪主体是司法工作人员（监管人员在依法对监狱内的犯罪案件进行侦查时，也可以构成本罪的主体）；第 2 款的犯罪主体只是特殊的司法工作人员，即审判工作人员；第 3 款的犯罪主体主要是指人民法院的工作人员。

第 399 条第 1 款规定中的"徇私枉法、徇情枉法"是指司法工作人员在侦查、检察、审判等工作中，为徇个人私利或亲戚朋友之情，利用职权实施对明知是无罪的人而使他受追诉、对明知是有罪的人而故意包庇不使他受追诉，或

---

① 第 399 条是根据 2002 年 12 月 28 日第 9 届全国人民代表大会常务委员会第 31 次会议通过的《刑法修正案（四）》（主席令第 83 号公布，2002 年 12 月 28 日起施行）而修改（原第 399 条只有 3 款内容）。其实就是增加了现在的第 399 条第 3 款；将原第 3 款改作现在的第 4 款，并将内容作相应修正。

在刑事审判活动中作枉法裁判的行为；具体表现为收集、制造假的证据材料，篡改、销毁足以证明事实真相的证据材料，曲解或滥用法律条文，玩弄或违反诉讼程序等。

第399条第2款规定中的"枉法裁判"是指故意作出不符合事实或者违反法律规定的裁定、判决，如该胜诉的判败诉，该败诉的判胜诉等。只有在"情节严重"的情况下，才能构成本款规定之罪。

第399条第3款规定中的"严重不负责任或者滥用职权"的具体表现为：对应当采取诉讼保全措施的不采取或不及时采取，对不应当采取诉讼保全措施的违法采取诉讼保全措施；对能够执行的案件不予执行或故意拖延执行，对不应当采取强制执行措施的案件违法采取强制执行措施。

需要注意的是：

（1）司法工作人员徇私枉法、徇情枉法的行为必须是利用职权来实施，才能构成第399条第1款规定之罪；如果在没有利用职权的情况下，包庇罪犯、诬告陷害好人或作伪证，可能构成包庇罪、诬告陷害罪或伪证罪，而不能构成徇私枉法罪。

（2）徇私枉法是严重损害司法公正、破坏社会秩序的行为，因此，如同故意杀人、强奸、贩卖毒品等行为一样，法律对此没有设定行政处罚。只要实施了第399条第1款规定的行为即可构成徇私枉法罪，无须造成实质后果，也不论情节轻重——相比之下，第399条第2款要求情节严重，第399条第3款要求重大损失。对于徇私枉法情节轻微的，可以依法从轻、减轻或免于刑事处罚。

（3）在审理刑事附带民事诉讼案件中，如果仅就附带民事案件部分作枉法裁判构成犯罪的，应适用本条第2款的规定；如果刑事部分和民事部分都作了枉法裁判的，从一重罪处罚。

● 相关规定　【高检发研字〔2003〕1号】　关于认真贯彻执行《中华人民共和国刑法修正案（四）》和《全国人大常委会关于〈中华人民共和国刑法〉第九章渎职罪主体适用问题的解释》的通知（2003年1月14日）

三、……对于1997年修订刑法施行以后、《刑法修正案（四）》施行以前发生的枉法执行判决、裁定犯罪行为，应当依照《刑法》第397条的规定追究刑事责任。根据《立法法》第47条的规定，法律解释的时间效力与它所解释的法律的时间效力相同。对于在1997年修订刑法施行以后、《解释》施行以前发生的行为，在《解释》施行以后尚未处理或者正在处理的案件，应当依照《解释》的规定办理。对于在《解释》施行前已经办结的案件，不再变动。

【高检研发〔2003〕11 号】　最高人民检察院法律政策研究室关于非司法工作人员是否可以构成徇私枉法罪共犯问题的答复（函）（2003 年 4 月 16 日答复江西省人民检察院法律政策研究室"赣检发研字〔2002〕7 号"请示）

非司法工作人员与司法工作人员勾结，共同实施徇私枉法行为，构成犯罪的，应当以徇私枉法罪的共犯追究刑事责任。

【法〔2003〕167 号】　全国法院审理经济犯罪案件工作座谈会纪要（2002 年 6 月 4 日至 6 日在重庆市召开，各高院和解放军军事法院的刑事主管副院长和刑庭庭长参加，全国人大常委会法工委、最高检、公安部派员参加；2003 年 11 月 13 日印发）

（四）关于"徇私"的理解

徇私舞弊型渎职犯罪的"徇私"应理解为徇个人私情、私利。国家机关工作人员为了本单位的利益，实施滥用职权、玩忽职守行为，构成犯罪的，依照刑法第 397 条第 1 款的规定定罪处罚。

【法发〔2015〕13 号】　最高人民法院关于完善人民法院司法责任制的若干意见（2015 年 9 月 21 日印发）

四、审判责任的认定和追究

（一）审判责任范围

25.（第 1 款）法官应当对其履行审判职责的行为承担责任，在职责范围内对办案质量终身负责。

（第 2 款）法官在审判工作中，故意违反法律法规的，或者因重大过失导致裁判错误并造成严重后果的，依法应当承担违法审判责任。

26. 有下列情形之一的，应当依纪依法追究相关人员的违法审判责任：

（1）审理案件时有贪污受贿、徇私舞弊、枉法裁判行为的；

（2）违反规定私自办案或者制造虚假案件的；

（3）涂改、隐匿、伪造、偷换和故意损毁证据材料的，或者因重大过失丢失、损毁证据材料并造成严重后果的；

（4）向合议庭、审判委员会汇报案情时隐瞒主要证据、重要情节和故意提供虚假材料的，或者因重大过失遗漏主要证据、重要情节导致裁判错误并造成严重后果的；

（5）制作诉讼文书时，故意违背合议庭评议结果、审判委员会决定的，或者因重大过失导致裁判文书主文错误并造成严重后果的；

（6）违反法律规定，对不符合减刑、假释条件的罪犯裁定减刑、假释的，或

者因重大过失对不符合减刑、假释条件的罪犯裁定减刑、假释并造成严重后果的;

(7)其他故意违背法定程序、证据规则和法律明确规定违法审判的,或者因重大过失导致裁判结果错误并造成严重后果的。

【高检发〔2015〕10号】 最高人民检察院关于完善人民检察院司法责任制的若干意见(2015年8月18日中央全面深化改革领导小组第15次会议审议通过,2015年9月25日印发)

六、严格司法责任认定和追究

32. 检察人员应当对其履行检察职责的行为承担司法责任,在职责范围内对办案质量终身负责。

司法责任包括故意违反法律法规责任、重大过失责任和监督管理责任。检察人员与司法办案活动无关的其他违纪违法行为,依照法律及《检察人员纪律处分条例(试行)》等有关规定处理。

33. 司法办案工作中虽有错案发生,但检察人员履行职责中尽到必要注意义务,没有故意或重大过失的,不承担司法责任。

检察人员在事实认定、证据采信、法律适用、办案程序、文书制作以及司法作风等方面不符合法律和有关规定,但不影响案件结论的正确性和效力的,属司法瑕疵,依照相关纪律规定处理。

34. 检察人员在司法办案工作中,故意实施下列行为之一的,应当承担司法责任:

(一)包庇、放纵被举报人、犯罪嫌疑人、被告人,或使无罪的人受到刑事追究的;

(二)毁灭、伪造、变造或隐匿证据的;

(三)刑讯逼供、暴力取证或以其他非法方法获取证据的;

(四)违反规定剥夺、限制当事人、证人人身自由的;

(五)违反规定限制诉讼参与人行使诉讼权利,造成严重后果或恶劣影响的;

(六)超越刑事案件管辖范围初查、立案的;

(七)非法搜查或损毁当事人财物的;

(八)违法违规查封、扣押、冻结、保管、处理涉案财物的;

(九)对已经决定给予刑事赔偿的案件拒不赔偿或拖延赔偿的;

(十)违法违规使用武器、警械的;

(十一)其他违反诉讼程序或司法办案规定,造成严重后果或恶劣影响的。

35. 检察人员在司法办案工作中有重大过失,怠于履行或不正确履行职责,

造成下列后果之一的,应当承担司法责任:
（一）认定事实、适用法律出现重大错误,或案件被错误处理的;
（二）遗漏重要犯罪嫌疑人或重大罪行的;
（三）错误羁押或超期羁押犯罪嫌疑人、被告人的;
（四）涉案人员自杀、自伤、行凶的;
（五）犯罪嫌疑人、被告人串供、毁证、逃跑的;
（六）举报控告材料或其他案件材料、扣押财物遗失、严重损毁的;
（七）举报控告材料内容或其他案件秘密泄露的;
（八）其他严重后果或恶劣影响的。

36. 负有监督管理职责的检察人员因故意或重大过失怠于行使或不当行使监督管理权,导致司法办案工作出现严重错误的,应当承担相应的司法责任。

【法释〔2018〕17号】 最高人民法院、最高人民检察院关于办理虚假诉讼刑事案件适用法律若干问题的解释（2018年1月25日最高人民法院审判委员会第1732次会议、2018年6月13日最高人民检察院第13届检察委员会第2次会议通过,2018年9月26日公布,2018年10月1日起施行）

第5条 司法工作人员利用职权,与他人共同实施刑法第307条之一前3款行为的,从重处罚;同时构成滥用职权罪,民事枉法裁判罪,执行判决、裁定滥用职权罪等犯罪的,依照处罚较重的规定定罪从重处罚。

【法〔2021〕281号】 最高人民法院关于深入开展虚假诉讼整治工作的意见（2021年11月4日印发,2021年11月10日施行）

二十、……法院工作人员不正确履行职责,玩忽职守,致使虚假诉讼案件进入诉讼程序,导致公共财产、国家和人民利益遭受重大损失,符合刑法规定的犯罪构成要件的,依照玩忽职守罪、执行判决、裁定失职罪等罪名定罪处罚。

● **立案标准** 最高人民检察院关于渎职侵权犯罪案件立案标准的规定（高检发释字〔2006〕2号,2005年12月29日最高人民检察院第10届检察委员会第49次会议通过,2006年7月26日公布施行）

一、渎职犯罪案件
（五）徇私枉法案（第399条第1款）
徇私枉法罪是指司法工作人员徇私枉法、徇情枉法,对明知是无罪的人而使他受追诉、对明知是有罪的人而故意包庇不使他受追诉,或者在刑事审判活动中故意违背事实和法律作枉法裁判的行为。

涉嫌下列情形之一的,应予立案:

1. 对明知是没有犯罪事实或者其他依法不应当追究刑事责任的人,采取伪造、隐匿、毁灭证据或者其他隐瞒事实、违反法律的手段,以追究刑事责任为目的立案、侦查、起诉、审判的;

2. 对明知是有犯罪事实需要追究刑事责任的人,采取伪造、隐匿、毁灭证据或者其他隐瞒事实、违反法律的手段,故意包庇使其不受立案、侦查、起诉、审判的;

3. 采取伪造、隐匿、毁灭证据或者其他隐瞒事实、违反法律的手段,故意使罪重的人受较轻的追诉,或者使罪轻的人受较重的追诉的;

4. 在立案后,采取伪造、隐匿、毁灭证据或者其他隐瞒事实、违反法律的手段,应当采取强制措施而不采取强制措施,或者虽然采取强制措施,但中断侦查或者超过法定期限不采取任何措施,实际放任不管,以及违法撤销、变更强制措施,致使犯罪嫌疑人、被告人实际脱离司法机关侦控的;

5. 在刑事审判活动中故意违背事实和法律,作出枉法判决、裁定,即有罪判无罪、无罪判有罪,或者重罪轻判、轻罪重判的;

6. 其他徇私枉法应予追究刑事责任的情形。

(六)民事、行政枉法裁判案(第399条第2款)

民事、行政枉法裁判罪是指司法工作人员在民事、行政审判活动中,故意违背事实和法律作出枉法裁判,情节严重的行为。

涉嫌下列情形之一的,应予立案:

1. 枉法裁判,致使当事人或者其近亲属自杀、自残造成重伤、死亡,或者精神失常的;

2. 枉法裁判,造成个人财产直接经济损失10万元以上,或者直接经济损失不满10万元,但间接经济损失50万元以上的;

3. 枉法裁判,造成法人或者其他组织财产直接经济损失20万元以上,或者直接经济损失不满20万元,但间接经济损失100万元以上的;

4. 伪造、变造有关材料、证据,制造假案枉法裁判的;

5. 串通当事人制造伪证,毁灭证据或者篡改庭审笔录而枉法裁判的;

6. 徇私情、私利,明知是伪造、变造的证据予以采信,或者故意对应当采信的证据不予采信,或者故意违反法定程序,或者故意错误适用法律而枉法裁判的;

7. 其他情节严重的情形。

(七)执行判决、裁定失职案(第399条第3款)

执行判决、裁定失职罪是指司法工作人员在执行判决、裁定活动中,严重不负责任，不依法采取诉讼保全措施、不履行法定执行职责，或者违法采取保全措施、强制执行措施，致使当事人或者其他人的利益遭受重大损失的行为。

涉嫌下列情形之一的，应予立案：

1. 致使当事人或者其近亲属自杀、自残造成重伤、死亡，或者精神失常的；
2. 造成个人财产直接经济损失15万元以上，或者直接经济损失不满15万元，但间接经济损失75万元以上的；
3. 造成法人或者其他组织财产直接经济损失30万元以上，或者直接经济损失不满30万元，但间接经济损失150万元以上的；
4. 造成公司、企业等单位停业、停产1年以上，或者破产的；
5. 其他致使当事人或者其他人的利益遭受重大损失的情形。

（八）执行判决、裁定滥用职权案（第399条第3款）

执行判决、裁定滥用职权罪是指司法工作人员在执行判决、裁定活动中，滥用职权，不依法采取诉讼保全措施、不履行法定执行职责，或者违法采取保全措施、强制执行措施，致使当事人或者其他人的利益遭受重大损失的行为。

涉嫌下列情形之一的，应予立案：

1. 致使当事人或者其近亲属自杀、自残造成重伤、死亡，或者精神失常的；
2. 造成个人财产直接经济损失10万元以上，或者直接经济损失不满10万元，但间接经济损失50万元以上的；
3. 造成法人或者其他组织财产直接经济损失20万元以上，或者直接经济损失不满20万元，但间接经济损失100万元以上的；
4. 造成公司、企业等单位停业、停产6个月以上，或者破产的；
5. 其他致使当事人或者其他人的利益遭受重大损失的情形。

三、附则

（一）本规定中每个罪案名称后所注明的法律条款系《中华人民共和国刑法》的有关条款。

（二）本规定所称"以上"包括本数；有关犯罪数额"不满"，是指已达到该数额80%以上的。

（四）本规定中的"直接经济损失"，是指与行为有直接因果关系而造成的财产损毁、减少的实际价值；"间接经济损失"，是指由直接经济损失引起和牵连的其他损失，包括失去的在正常情况下可以获得的利益和为恢复正常的管理活动或者挽回所造成的损失所支付的各种开支、费用等。

有下列情形之一的，虽然有债权存在，但已无法实现债权的，可以认定为已经造成了经济损失：（1）债务人已经法定程序被宣告破产，且无法清偿债务；

(2)债务人潜逃,去向不明;(3)因行为人责任,致使超过诉讼时效;(4)有证据证明债权无法实现的其他情况。

直接经济损失和间接经济损失,是指立案时确已造成的经济损失。移送审查起诉前,犯罪嫌疑人及其亲友自行挽回的经济损失,以及由司法机关或者犯罪嫌疑人所在单位及其上级主管部门挽回的经济损失,不予扣减,但可作为对犯罪嫌疑人从轻处理的情节考虑。

● **指导案例** 【高检发研字〔2012〕5号】 最高人民检察院关于印发第2批指导性案例的通知(2012年10月31日最高人民检察院第11届检察委员会第81次会议审议,2012年11月15日印发)

(检例第8号)杨某玩忽职守、徇私枉法、受贿案

要旨:1. 渎职犯罪因果关系的认定。如果负有监管职责的国家机关工作人员没认真履行其监管职责,从而未能有效防止危害结果发生,那么,这些对危害结果具有"原因力"的渎职行为,应认定与危害结果之间具有刑法意义上的因果关系。

2. 渎职犯罪同时受贿的处罚原则。对于国家机关工作人员实施渎职犯罪并收受贿赂,同时构成受贿罪的,除《刑法》第399条有特别规定的外,以渎职犯罪和受贿罪数罪并罚。

> **第399条之一**① 【枉法仲裁罪】依法承担仲裁职责的人员,在仲裁活动中故意违背事实和法律作枉法裁决,情节严重的,处三年以下有期徒刑或者拘役;情节特别严重的,处三年以上七年以下有期徒刑。

● **条文注释** 仲裁是指纠纷的当事人按事前或事后达成的协议,或者按照法律的规定,提请仲裁机构对有关争议进行评判和裁决的一种准司法纠纷解决机制;仲裁的结果具有法律效力,并由国家强制力保障执行。根据《仲裁法》《劳动争议调解仲裁法》和《农村土地承包经营纠纷调解仲裁法》的规定,在

---

① 注:第399条之一是根据2006年6月29日第10届全国人民代表大会常务委员会第22次会议通过的《刑法修正案(六)》(主席令第51号公布,2006年6月29日起施行)而增设。在增设草案中,该条规定有第2款,前款规定人员收受贿赂,有前款行为的,同时又构成刑法第385条规定之罪的,依照处罚较重的规定定罪处罚。在公布的正式条文中,该款规定被删除。也就是说,"承担仲裁职责的人员"不能成为贪污罪的犯罪主体。

我国，仲裁机构是依法设立的各种仲裁委员会，如各地人事争议仲裁委员会、劳动争议仲裁委员会、农村土地承包仲裁委员会、中国国际经济贸易仲裁委员会（2000年10月1日起同时启用"中国国际商会仲裁院"名称）、中国海事仲裁委员会等①，它们与行政机关没有隶属关系，不按行政区划层层设立。仲裁委员会的自律性组织是中国仲裁协会②；仲裁委员会依法聘任仲裁员进行仲裁活动。

构成第399条之一规定之罪，必须具备以下条件：

1. 犯罪主体是特殊主体，即依法承担仲裁职责的人员，主要有：（1）仲裁委员会的组成人员（主任、副主任和委员）；（2）仲裁委员会依法聘任的仲裁员；（3）根据《劳动法》《公务员法》《著作权法》《体育法》《反兴奋剂条例》《文职人员条例》等法律法规，对特殊争议承担仲裁职责的人员。

其中，各法律、法规中关于仲裁委员会的组成人员以及仲裁员的规定如下：

《仲裁法》第12条第2款规定：仲裁委员会的主任、副主任和委员由法律、经济贸易专家和有实际工作经验的人员担任。仲裁委员会的组成人员中，法律、经济贸易专家不得少于三分之二。第13条第2款规定：仲裁员应当符合下列条件之一：（1）通过国家统一法律职业资格考试取得法律职业资格，从事仲裁工作满8年的；（2）从事律师工作满8年的；（3）曾任法官满8年的；（4）从事法律研究、教学工作并具有高级职称的；（5）具有法律知识、从事经济贸易等专业工作并具有高级职称或者具有同等专业水平的。

《劳动争议调解仲裁法》第19条第1款规定：劳动争议仲裁委员会由劳动行政部门代表、工会代表和企业方面代表组成。劳动争议仲裁委员会组成人员应当是单数。第20条第2款规定：仲裁员应当公道正派并符合下列条件之一：（1）曾任审判员的；（2）从事法律研究、教学工作并具有中级以上职称的；（3）具有法律知识、从事人力资源管理或者工会等专业工作满5年的；（4）律师执业

---

① 注：国际上著名的仲裁机构有：（1）国际商会仲裁院（由国际商会于1923年在总部巴黎设立）；（2）解决投资争议国际中心（根据1965年3月18日由国际复兴开发银行提交各国政府在华盛顿签署的《解决国家与他国民间投资争议公约》设立，具有完全的国际法人资格）；（3）瑞典斯德哥尔摩仲裁院（由斯德哥尔摩商会于1917年设立，但在职能上独立，是中国对外经济贸易促进委员会推荐的优先考虑国际仲裁院）；（4）美国仲裁协会（1926年设立于纽约）；（5）香港国际仲裁中心（1985年设立，无自己的国际商事仲裁规则，实践中，依《联合国国际贸易法委员会仲裁规则》进行操作）。

② 注：《仲裁法》第15条规定，中国仲裁协会是依照《仲裁法》和《民事诉讼法》的有关规定制定仲裁规则的社会团体法人。据此，国务院办公厅曾于1994年11月13日印发《关于做好重新组建仲裁机构和筹建中国仲裁协会筹备工作的通知》（国办发〔1994〕99号），但由于种种原因，该协会至今没有成立。

满3年的。

《农村土地承包经营纠纷调解仲裁法》第13条第1款规定：农村土地承包仲裁委员会由当地人民政府及其有关部门代表、有关人民团体代表、农村集体经济组织代表、农民代表和法律、经济等相关专业人员兼任组成，其中农民代表和法律、经济等相关专业人员不得少于组成人员的二分之一。第15条第2款规定：仲裁员应当符合下列条件之一：（1）从事农村土地承包管理工作满五年；（2）从事法律工作或者人民调解工作满五年；（3）在当地威信较高，并熟悉农村土地承包法律以及国家政策的居民。

《劳动法》第81条规定：劳动争议仲裁委员会由劳动行政部门代表、同级工会代表、用人单位方面的代表组成。劳动争议仲裁委员会主任由劳动行政部门代表担任。

《公务员法》第105条第1款、第2款规定，聘任制公务员与所在机关之间因履行聘任合同发生争议的，可以自争议发生之日起60日内申请仲裁。省级以上公务员主管部门根据需要设立人事争议仲裁委员会，受理仲裁申请。人事争议仲裁委员会由公务员主管部门的代表、聘用机关的代表、聘任制公务员的代表以及法律专家组成。

《著作权法》第60条规定，著作权纠纷可以调解，也可以根据当事人达成的书面仲裁协议或者著作权合同中的仲裁条款，向仲裁机构申请仲裁。当事人没有书面仲裁协议，也没有在著作权合同中订立仲裁条款的，可以直接向人民法院起诉。

《体育法》第32条规定：在竞技体育活动中发生纠纷，由体育仲裁机构负责调解、仲裁。体育仲裁机构的设立办法和仲裁范围由国务院另行规定。①

《反兴奋剂条例》第46条第2款规定：运动员因受到前款规定的处理不服的，可以向体育仲裁机构申请仲裁。

《中国人民解放军文职人员条例》第44条规定：聘用单位与文职人员因履行聘用合同发生争议的，双方可以协商解决；不愿意协商或者协商不成的，当事人可以向聘用单位的上一级单位申请调解。不愿意调解或者调解不成的，当事人可以向聘用单位所在地的人事争议仲裁机构申请仲裁；对仲裁裁决不服的，当事人可以依法向人民法院提起诉讼。

2. 行为人具有故意枉法仲裁的主观恶意，并实施了该行为。即仲裁人员故

---

① 注：国务院或者其他相关部门（如国家体育总局等）至今没有制定"体育仲裁机构的设立办法和仲裁范围"，也没有设立"体育仲裁机构"。

意背离案件的客观事实，歪曲法律法规和司法解释的原意，并作出了不公正的仲裁裁决。仲裁活动中的办案规则，除了依照上述的三部"仲裁法"之外，还有《人事争议处理规定》《劳动人事争议仲裁办案规则》等规定。

3. 情节"严重"以上。这里的"情节严重"，是指在仲裁活动中收受贿赂、给仲裁当事人造成重大财产损失或者造成其他严重后果等情形。

需要说明的是：

（1）《劳动争议调解仲裁法》与《劳动法》关于仲裁活动的规定是有区别的。主要体现在：后者要求有"用人单位方面的代表"参加仲裁活动；而前者对此没有要求，只是要求有"企业方面代表"组成劳动争议仲裁委员会，然后由劳动争议仲裁委员会聘任仲裁员进行仲裁活动。

（2）自《体育法》颁布至今，国务院或者其他相关部门（如国家体育总局等）并没有制定"体育仲裁机构的设立办法和仲裁范围"，也没有设立"体育仲裁机构"。

第 400 条 【私放在押人员罪】司法工作人员私放在押的犯罪嫌疑人、被告人或者罪犯的，处五年以下有期徒刑或者拘役；情节严重的，处五年以上十年以下有期徒刑；情节特别严重的，处十年以上有期徒刑。

【失职致使在押人员脱逃罪】司法工作人员由于严重不负责任，致使在押的犯罪嫌疑人、被告人或者罪犯脱逃，造成严重后果的，处三年以下有期徒刑或者拘役；造成特别严重后果的，处三年以上十年以下有期徒刑。

● 条文注释 这里的"犯罪嫌疑人、被告人或者罪犯"是指在刑事诉讼（不包括民事诉讼和行政诉讼）活动中的 3 个不同阶段，对刑事案件的行为人或嫌疑人的称谓。其中，"嫌疑人"是指对因涉嫌犯罪而受到刑事追诉的人，在检察机关正式向法院对其提起公诉以前的称谓；在检察机关正式向法院对其提起公诉后，对"嫌疑人"的称谓变更为"被告人"；若人民法院依法判处"被告人"构成犯罪，则对其称为"罪犯"。

第 400 条规定的"在押"，是指被执行刑事拘留或逮捕的被监管人员，以及被押解的上述人员。"司法工作人员"的范围依照《刑法》第 94 条的规定，是指有侦查、检察、审判、监管职责的工作人员；在本条规定中主要是指负有监管或押解职责的司法工作人员。

对于故意擅自放走（私放）在押人员的，只要行为人实施了该行为，就可以构成第 400 条第 1 款规定之罪；如果是由于行为人失职而致使在押人员逃脱，则应造成严重后果时才构成第 400 条第 2 款规定之罪。这里的"私放"，包括行为人亲自放走，或者授意、指使或强迫他人放走，或者伪造有关法律文书致使在押人员被释放，或者为在押人员逃脱提供便利条件和帮助等。"造成严重后果"的界定标准依照"高检发释字〔2006〕2 号"《立案标准》第一部分第 10 条的规定。

需要注意的是：司法工作人员是否构成第 400 条各款规定之罪的犯罪主体，关键是看该工作人员是否负有监管或押解职责；而与司法工作人员的身份属性（行政编制或事业编制，以及是否正式编制等）无关。

● **相关规定** 最高人民检察院研究室就值勤武警战士私放罪犯出监进行违法活动，后罪犯又返回监舍，该武警战士是否构成私放罪犯罪问题征求法制工作委员会刑法室意见（1989 年 7 月 1 日）

法制工作委员会刑法室研究后认为：1. 值勤武警可以构成私放罪犯罪；2. 值勤武警与那犯事先通谋并参与犯罪活动，应构成共同犯罪，以私放罪犯罪从重处理。上述意见属内部交换意见，仅供执法部门在执法中参考。

● **【高检发释字〔2001〕2 号】** 最高人民检察院关于工人等非监管机关在编监管人员私放在押人员行为和失职致使在押人员脱逃行为适用法律问题的解释（2001 年 1 月 2 日最高人民检察院第 9 届检察委员会第 79 次会议通过，2001 年 3 月 2 日公布施行）

工人等非监管机关在编监管人员在被监管机关聘用受委托履行监管职责的过程中私放在押人员的，应当依照刑法第 400 条第 1 款的规定，以私放在押人员罪追究刑事责任；由于严重不负责任，致使在押人员脱逃，造成严重后果的，应当依照刑法第 400 条第 2 款的规定，以失职致使在押人员逃脱罪追究刑事责任。

● **立案标准** 最高人民检察院关于渎职侵权犯罪案件立案标准的规定（高检发释字〔2006〕2 号，2005 年 12 月 29 日最高人民检察院第 10 届检察委员会第 49 次会议通过，2006 年 7 月 26 日公布施行）

一、渎职犯罪案件

（九）私放在押人员案（第 400 条第 1 款）

私放在押人员罪是指司法工作人员私放在押（包括在羁押场所和押解途中）

的犯罪嫌疑人、被告人或者罪犯的行为。

涉嫌下列情形之一的，应予立案：

1. 私自将在押的犯罪嫌疑人、被告人、罪犯放走，或者授意、指使、强迫他人将在押的犯罪嫌疑人、被告人、罪犯放走的；

2. 伪造、变造有关法律文书、证明材料，以使在押的犯罪嫌疑人、被告人、罪犯逃跑或者被释放的；

3. 为私放在押的犯罪嫌疑人、被告人、罪犯，故意向其通风报信、提供条件，致使该在押的犯罪嫌疑人、被告人、罪犯脱逃的；

4. 其他私放在押的犯罪嫌疑人、被告人、罪犯应予追究刑事责任的情形。

（十）失职致使在押人员脱逃案（第400条第2款）

失职致使在押人员脱逃罪是指司法工作人员由于严重不负责任，不履行或者不认真履行职责，致使在押（包括在羁押场所和押解途中）的犯罪嫌疑人、被告人、罪犯脱逃，造成严重后果的行为。

涉嫌下列情形之一的，应予立案：

1. 致使依法可能判处或者已经判处10年以上有期徒刑、无期徒刑、死刑的犯罪嫌疑人、被告人、罪犯脱逃的；

2. 致使犯罪嫌疑人、被告人、罪犯脱逃3人次以上的；

3. 犯罪嫌疑人、被告人、罪犯脱逃以后，打击报复报案人、控告人、举报人、被害人、证人和司法工作人员等，或者继续犯罪的；

4. 其他致使在押的犯罪嫌疑人、被告人、罪犯脱逃，造成严重后果的情形。

三、附则

（一）本规定中每个罪案名称后所注明的法律条款系《中华人民共和国刑法》的有关条款。

（二）本规定所称"以上"包括本数；有关犯罪数额"不满"，是指已达到该数额80%以上的。

第401条　【徇私舞弊减刑、假释、暂予监外执行罪】 司法工作人员徇私舞弊，对不符合减刑、假释、暂予监外执行条件的罪犯，予以减刑、假释或者暂予监外执行的，处三年以下有期徒刑或者拘役；情节严重的，处三年以上七年以下有期徒刑。

● **条文注释**　本条规定的"徇私舞弊"，是指司法工作人员利用职权，为徇私情，违法给罪犯办理减刑、假释或监外执行等手续，或者不办手续而直接实际执行减刑、假释或监外执行等行为。

构成本罪须同时具备以下条件：

（1）犯罪主体为特殊主体，即司法工作人员，主要是刑罚执行机关和审判机关中有权决定减刑、假释、暂予监外执行的司法工作人员。

（2）行为人具有徇私舞弊的主观故意，并实施了该行为。如果是因为对事实或法律的认识错误等原因，过失地实施了第401条规定的行为，不能构成本罪；致使公共财产、国家和人民利益遭受重大损失的，可依照《刑法》第398条的规定定罪处罚。

（3）行为人犯罪的对象是不符合减刑、假释、暂予监外执行条件的罪犯。如果该罪犯符合减刑、假释、暂予监外执行条件，只是未按规定办理相关手续，行为人擅自让罪犯减刑、假释、暂予监外执行的，不能构成本罪；构成其他犯罪的，可依照刑法其他的相关规定定罪处罚。

根据《刑法》第78条、第50条的规定，"减刑"是指对被判处管制、拘役、有期徒刑、无期徒刑的犯罪分子，因其在执行期间，认真遵守监规、接受教育改造，确有悔改表现或者立功表现的，适当减轻刑种或者原判刑罚的一种制度；死刑缓期执行的罪犯，在死刑缓期执行期间，如果没故意犯罪或者确有重大立功表现，2年期满后，可以分别减为无期徒刑或者25年有期徒刑。根据《刑法》第81条的规定，"假释"是指对被判处有期徒刑的犯罪分子，执行原判刑期二分之一以上，被判处无期徒刑的犯罪分子，实际执行13年以上，如果其认真遵守监规、接受教育改造，确有悔改表现，不致再危害社会的，予以提前释放的一种制度。根据2012年3月14日修正的《刑事诉讼法》第254条的规定，"暂予监外执行"是指对于被判处有期徒刑或者拘役的罪犯，如果患有严重疾病需要保外就医或者妇女怀孕以及正在哺乳自己婴儿，或者生活不能自理，适用暂予监外执行不致危害社会的，对其不在监管场所执行刑罚，而是暂时放在社会由有关部门予以监管的一种措施；对于被判处无期徒刑的罪犯，如果是妇女怀孕以及正在哺乳自己婴儿的，也可以暂予监外执行。同时规定：对自伤自残或者适用保外就医可能有社会危险性的罪犯，不得保外就医；对确有严重疾病，必须保外就医的罪犯，由省级人民政府指定的医院诊断并开具证明文件。

关于减刑、假释的程序，根据《刑法》第79条、第82条规定，由执行机关向中级以上人民法院提出减刑、假释建议书，由人民法院组成合议庭进行审理，对符合条件的予以减刑、假释。具体规定依照最高人民法院2016年11月15日公布的《关于办理减刑、假释案件具体应用法律的规定》（法释〔2016〕23号）等相关规定。

● **立案标准** 最高人民检察院关于渎职侵权犯罪案件立案标准的规定（高检发释字〔2006〕2号，2005年12月29日最高人民检察院第10届检察委员会第49次会议通过，2006年7月26日公布施行）

一、渎职犯罪案件

（十一）徇私舞弊减刑、假释、暂予监外执行案（第401条）

徇私舞弊减刑、假释、暂予监外执行罪是指司法工作人员徇私舞弊，对不符合减刑、假释、暂予监外执行条件的罪犯予以减刑、假释、暂予监外执行的行为。

涉嫌下列情形之一的，应予立案：

1. 刑罚执行机关的工作人员对不符合减刑、假释、暂予监外执行条件的罪犯，捏造事实，伪造材料，违法报请减刑、假释、暂予监外执行的；

2. 审判人员对不符合减刑、假释、暂予监外执行条件的罪犯，徇私舞弊，违法裁定减刑、假释或者违法决定暂予监外执行的；

3. 监狱管理机关、公安机关的工作人员对不符合暂予监外执行条件的罪犯，徇私舞弊，违法批准暂予监外执行的；

4. 不具有报请、裁定、决定或者批准减刑、假释、暂予监外执行权的司法工作人员利用职务上的便利，伪造有关材料，导致不符合减刑、假释、暂予监外执行条件的罪犯被减刑、假释、暂予监外执行的；

5. 其他徇私舞弊减刑、假释、暂予监外执行应予追究刑事责任的情形。

三、附则

（三）本规定中的"国家机关工作人员"，是指在国家机关中从事公务的人员，包括在各级国家权力机关、行政机关、司法机关和军事机关中从事公务的人员。在依照法律、法规规定行使国家行政管理职权的组织中从事公务的人员，或者在受国家机关委托代表国家行使职权的组织中从事公务的人员，或者虽未列入国家机关人员编制但在国家机关中从事公务的人员，在代表国家机关行使职权时，视为国家机关工作人员。在乡（镇）以上中国共产党机关、人民政协机关中从事公务的人员，视为国家机关工作人员。

（五）本规定中的"徇私舞弊"，是指国家机关工作人员为徇私情、私利，故意违背事实和法律，伪造材料，隐瞒情况，弄虚作假的行为。

● **相关规定** 【法〔2003〕167号】 全国法院审理经济犯罪案件工作座谈会纪要（2002年6月4日至6日在重庆市召开，各高院和解放军军事法院的刑事主管副院长和刑庭庭长参加，全国人大常委会法工委、最高检、公安部派员参

加；2003年11月13日印发）

（四）关于"徇私"的理解

徇私舞弊型渎职犯罪的"徇私"应理解为徇个人私情、私利。国家机关工作人员为了本单位的利益，实施滥用职权、玩忽职守行为，构成犯罪的，依照刑法第397条第1款的规定定罪处罚。

● **指导案例** 【高检发研字〔2010〕12号】 最高人民检察院关于印发第1批指导性案例的通知（2010年12月15日最高人民检察院第11届检察委员会第53次会议讨论通过，2010年12月31日印发）

（检例第3号）林志斌徇私舞弊暂予监外执行案

要旨：司法工作人员收受贿赂，对不符合减刑、假释、暂予监外执行条件的罪犯，予以减刑、假释或者暂予监外执行的，应根据案件的具体情况，依法追究刑事责任。

【高检发办字〔2020〕24号】 关于印发最高人民检察院第19批指导性案例的通知（2019年12月31日最高人民检察院第13届检察委员会第30次会议通过，2020年2月28日印发，2020年6月3日公布）

（检例第72号）罪犯王某某暂予监外执行监督案

要旨：人民检察院对违法暂予监外执行进行法律监督时，应当注意发现和查办背后的相关司法工作人员职务犯罪。对司法鉴定意见、病情诊断意见的审查，应当注重对其及所依据的原始资料进行重点审查。发现不符合暂予监外执行条件的罪犯通过非法手段暂予监外执行的，应当依法监督纠正。办理暂予监外执行案件时，应当加强对鉴定意见等技术性证据的联合审查。

第402条 【徇私舞弊不移交刑事案件罪】行政执法人员徇私舞弊，对依法应当移交司法机关追究刑事责任的不移交，情节严重的，处三年以下有期徒刑或者拘役；造成严重后果的，处三年以上七年以下有期徒刑。

● **条文注释** 根据《行政处罚法》和《行政执法机关移送涉嫌犯罪案件的规定》的相关规定，行政执法机关在依法查处违法行为过程中，发现违法事实涉嫌构成犯罪的，必须向公安机关移送。

构成第402条规定之罪，必须同时具备以下条件：

1. 犯罪主体为特殊主体，即行政执法人员，具体包括两类人员：（1）在具有行政执法权的行政机关中从事公务的人员，如税务执法人员、工商管理人员、质量技术监督人员等；(2) 依照法律法规授权，具有管理公共事务职能，在法定授权范围内实施行政处罚的组织（如银保监会、证监会等）的相关工作人员。

2. 行为人具有故意徇私舞弊不移交刑事案件罪的主观恶意，并且明知自己不移交的行为会产生危害社会的后果，仍然实施了该行为。如果行政执法人员不是出于徇私的动机，而是由于没有认真了解情况，存在对事实认识上的偏差，或者由于工作上的失误，则不构成本罪。

3. 情节严重。具体的界定标准依照"高检发释字〔2006〕2号"《立案标准》第一部分第12条的规定。

需要注意的是：公安机关或国家安全机关的工作人员行使行政执法权时，如果徇私舞弊，对于明知是构成犯罪应当提交立案进行刑事侦查的，不移送，应当依照《刑法》第399条的规定，以"徇私枉法罪"追究其刑事责任。

● **相关规定**　**【国务院令〔2020〕730号】**　**行政执法机关移送涉嫌犯罪案件的规定**（2001年7月4日国务院第42次常务会议通过，2001年7月9日国务院令第310号公布施行；2020年8月7日国务院令第730号修订）

第2条　本规定所称行政执法机关，是指依照法律、法规或者规章的规定，对破坏社会主义市场经济秩序、妨害社会管理秩序以及其他违法行为具有行政处罚权的行政机关，以及法律、法规授权的具有管理公共事务职能、在法定授权范围内实施行政处罚的组织。

第6条　行政执法机关向公安机关移送涉嫌犯罪案件，应当附有下列材料：

（一）涉嫌犯罪案件移送书；

（二）涉嫌犯罪案件情况的调查报告；

（三）涉案物品清单；

（四）有关检验报告或者鉴定结论；

（五）其他有关涉嫌犯罪的材料。

第16条　行政执法机关违反本规定，逾期不将案件移送公安机关的，由本级或者上级人民政府，或者实行垂直管理的上级行政执法机关，责令限期移送，并对其正职负责人或者主持工作的负责人根据情节轻重，给予记过以上的处分；构成犯罪的，依法追究刑事责任。

行政执法机关违反本规定，对应当向公安机关移送的案件不移送，或者以行政处罚代替移送的，由本级或者上级人民政府，或者实行垂直管理的上级行政执法机关，责令改正，给予通报；拒不改正的，对其正职负责人或者主持工作的负责人给予记过以上的处分；构成犯罪的，依法追究刑事责任。

对本条第 1 款、第 2 款所列行为直接负责的主管人员和其他直接责任人员，分别比照前两款的规定给予行政处分；构成犯罪的，依法追究刑事责任。

第 17 条　公安机关违反本规定，不接受行政执法机关移送的涉嫌犯罪案件，或者逾期不作出立案或者不予立案的决定的，除由人民检察院依法实施立案监督外，由本级或者上级人民政府责令改正，对其正职负责人根据情节轻重，给予记过以上的处分；构成犯罪的，依法追究刑事责任。

对前款所列行为直接负责的主管人员和其他直接责任人员，比照前款的规定给予处分；构成犯罪的，依法追究刑事责任。

第 18 条　有关机关存在本规定第 15 条、第 16 条、第 17 条所列违法行为，需要由监察机关依法给予违法的公职人员政务处分的，该机关及其上级主管机关或者有关人民政府应当依照有关规定将相关案件线索移送监察机关处理。

第 19 条　行政执法机关在依法查处违法行为过程中，发现公职人员有贪污贿赂、失职渎职或者利用职权侵犯公民人身权利和民主权利等违法行为，涉嫌构成职务犯罪的，应当依照刑法、刑事诉讼法、监察法等法律规定及时将案件线索移送监察机关或者人民检察院处理。

【高检发释字〔2021〕4 号】　最高人民检察院关于推进行政执法与刑事司法衔接工作的规定（2021 年 6 月 2 日最高检第 13 届检委会第 68 次会议通过，2021 年 9 月 6 日印发施行；2001 年 12 月 3 日高检发释字〔2001〕4 号《人民检察院办理行政执法机关移送涉嫌犯罪案件的规定》同时废止）

第 3 条　人民检察院开展行政执法与刑事司法衔接工作由负责捕诉的部门按照管辖案件类别办理。负责捕诉的部门可以在办理时听取其他办案部门的意见。

本院其他办案部门在履行检察职能过程中，发现涉及行政执法与刑事司法衔接线索的，应当及时移送本院负责捕诉的部门。

第 4 条　人民检察院依法履行职责时，应当注意审查是否存在行政执法机关对涉嫌犯罪案件应当移送公安机关立案侦查而不移送，或者公安机关对行政执法机关移送的涉嫌犯罪案件应当立案侦查而不立案侦查的情形。

第 5 条　公安机关收到行政执法机关移送涉嫌犯罪案件后应当立案侦查而不立案侦查，行政执法机关建议人民检察院依法监督的，人民检察院应当依法受理并进行审查。

第6条　对于行政执法机关应当依法移送涉嫌犯罪案件而不移送，或者公安机关应当立案侦查而不立案侦查的举报，属于本院管辖且符合受理条件的，人民检察院应当受理并进行审查。

第7条　人民检察院对本规定第4条至第6条的线索审查后，认为行政执法机关应当依法移送涉嫌犯罪案件而不移送的，经检察长批准，应当向同级行政执法机关提出检察意见，要求行政执法机关及时向公安机关移送案件并将有关材料抄送人民检察院。人民检察院应当将检察意见抄送同级司法行政机关，行政执法机关实行垂直管理的，应当将检察意见抄送其上级机关。

行政执法机关收到检察意见后无正当理由仍不移送的，人民检察院应当将有关情况书面通知公安机关。

对于公安机关可能存在应当立案而不立案情形的，人民检察院应当依法开展立案监督。

第12条　人民检察院发现行政执法人员涉嫌职务违法、犯罪的，应当将案件线索移送监察机关处理。

第13条　行政执法机关就刑事案件立案追诉标准、证据收集固定保全等问题咨询人民检察院，或者公安机关就行政执法机关移送的涉嫌犯罪案件主动听取人民检察院意见建议的，人民检察院应当及时答复。书面咨询的，人民检察院应当在7日以内书面回复。

人民检察院在办理案件过程中，可以就行政执法专业问题向相关行政执法机关咨询。

第14条　人民检察院应当定期向有关单位通报开展行政执法与刑事司法衔接工作的情况。发现存在需要完善工作机制等问题的，可以征求被建议单位的意见，依法提出检察建议。

【公通字〔2016〕16号】　公安机关受理行政执法机关移送涉嫌犯罪案件规定（公安部2016年6月16日印发）

第2条　对行政执法机关移送的涉嫌犯罪案件，公安机关应当接受，及时录入执法办案信息系统，并检查是否附有下列材料：

（一）案件移送书，载明移送机关名称、行政违法行为涉嫌犯罪罪名、案件主办人及联系电话等。案件移送书应当附移送材料清单，并加盖移送机关公章；

（二）案件调查报告，载明案件来源、查获情况、嫌疑人基本情况、涉嫌犯罪的事实、证据和法律依据、处理建议等；

（三）涉案物品清单，载明涉案物品的名称、数量、特征、存放地等事项，并附采取行政强制措施、现场笔录等表明涉案物品来源的相关材料；

（四）附有鉴定机构和鉴定人资质证明或者其他证明文件的检验报告或者鉴定意见；

（五）现场照片、询问笔录、电子数据、视听资料、认定意见、责令整改通知书等其他与案件有关的证据材料。

移送材料表明移送案件的行政执法机关已经或者曾经作出有关行政处罚决定的，应当检查是否附有有关行政处罚决定书。

对材料不全的，应当在接受案件的 24 小时内书面告知移送的行政执法机关在 3 日内补正。但不得以材料不全为由，不接受移送案件。

第 3 条　对接受的案件，公安机关应当按照下列情形分别处理：

（一）对属于本公安机关管辖的，迅速进行立案审查；

（二）对属于公安机关管辖但不属于本公安机关管辖的，移送有管辖权的公安机关，并书面告知移送案件的行政执法机关；

（三）对不属于公安机关管辖的，退回移送案件的行政执法机关，并书面说明理由。

第 4 条　对接受的案件，公安机关应当立即审查，并在规定的时间内作出立案或者不立案的决定。

决定立案的，应当书面通知移送案件的行政执法机关。对决定不立案的，应当说明理由，制作不予立案通知书，连同案卷材料在 3 日内送达移送案件的行政执法机关。

第 7 条　单位或者个人认为行政执法机关办理的行政案件涉嫌犯罪，向公安机关报案、控告、举报或者自首的，公安机关应当接受，不得要求相关单位或者人员先行向行政执法机关报案、控告、举报或者自首。

【法释〔1998〕7 号】　最高人民法院关于在审理经济纠纷案件中涉及经济犯罪嫌疑若干问题的规定（1998 年 4 月 9 日最高人民法院审判委员会第 974 次会议通过，1998 年 4 月 21 日公布，1998 年 4 月 29 日起施行；根据法释〔2020〕17 号修正，2021 年 1 月 1 日起施行）

第 10 条　人民法院在审理经济纠纷案件中，发现与本案有牵连，但与本案不是同一法律关系的经济犯罪嫌疑线索、材料，应将犯罪嫌疑线索、材料移送有关公安机关或检察机关查处，经济纠纷案件继续审理。

第 11 条　人民法院作为经济纠纷受理的案件，经审理认为不属经济纠纷案件而有经济犯罪嫌疑的，应当裁定驳回起诉，将有关材料移送公安机关或检察机关。

第12条 人民法院已立案审理的经济纠纷案件,公安机关或检察机关认为有经济犯罪嫌疑,并说明理由附有关材料函告受理该案的人民法院的,有关人民法院应当认真审查。经过审查,认为确有经济犯罪嫌疑的,应当将案件移送公安机关或检察机关,并书面通知当事人,退还案件受理费;如认为确属经济纠纷案件的,应当依法继续审理,并将结果函告有关公安机关或检察机关。

【公通字〔2000〕25号】 公安部关于打击拐卖妇女儿童犯罪适用法律和政策有关问题的意见(2000年3月17日印发)

六、关于不解救或者阻碍解救被拐卖的妇女、儿童等渎职犯罪

(三)行政执法人员徇私情、私利,伪造材料,隐瞒情况,弄虚作假,对依法应当移交司法机关追究刑事责任的拐卖妇女、儿童犯罪案件不移交司法机关处理,构成犯罪的,以徇私舞弊不移交刑事案件罪移送人民检察院追究刑事责任。

【公经〔2002〕1104号】 公安部经济犯罪侦查局关于对人民法院判决生效的经济纠纷案件发现有经济犯罪嫌疑可否立案侦查问题的批复(2002年9月19日答复广西壮族自治区公安厅"桂公请〔2002〕85号"请示)

对人民法院判决生效的经济纠纷案件,公安机关发现有经济犯罪嫌疑时,应严格按照《刑法》、《刑事诉讼法》的相关规定以及1987年3月11日最高人民法院、最高人民检察院、公安部联合下发的《关于在审理经济纠纷案件中发现经济犯罪必须及时移送的通知》(法(研)发〔1987〕7号文件)① 精神办理。

【法〔2003〕167号】 全国法院审理经济犯罪案件工作座谈会纪要(2002年6月4日至6日在重庆市召开,各高院和解放军军事法院的刑事主管副院长和刑庭庭长参加,全国人大常委会法工委、最高检、公安部派员参加;2003年11月13日印发)

六、关于渎职罪

(四)关于"徇私"的理解

徇私舞弊型渎职犯罪的"徇私"应理解为徇个人私情、私利。国家机关工

---

① 注:法(研)发〔1987〕7号《通知》已经被2013年1月4日《最高人民法院、最高人民检察院关于废止1980年1月1日至1997年6月30日期间制发的部分司法解释和司法解释性质文件的决定》(法释〔2013〕1号,2013年1月18日起施行)宣布废止;废止理由:通知精神已被刑事诉讼法及相关司法解释所吸收。

作人员为了本单位的利益,实施滥用职权、玩忽职守行为,构成犯罪的,依照刑法第397条第1款的规定定罪处罚。

【高检会〔2006〕2号】 最高人民检察院、全国整顿和规范市场经济秩序领导小组办公室、公安部、监察部关于在行政执法中及时移送涉嫌犯罪案件的意见(2006年1月26日印发)

一、行政执法机关在查办案件过程中,对符合刑事追诉标准、涉嫌犯罪的案件,应当制作《涉嫌犯罪案件移送书》,及时将案件向同级公安机关移送,并抄送同级人民检察院。对未能及时移送并已作出行政处罚的涉嫌犯罪案件,行政执法机关应当于作出行政处罚10日以内向同级公安机关、人民检察院抄送《行政处罚决定书》副本,并书面告知相关权利人。

现场查获的涉案货值或者案件其他情节明显达到刑事追诉标准、涉嫌犯罪的,应当立即移送公安机关查处。

九、公安机关对发现的违法行为,经审查,没有犯罪事实,或者立案侦查后认为犯罪情节显著轻微,不需要追究刑事责任,但依法应当追究行政责任的,应当及时将案件移送行政执法机关,有关行政执法机关应当依法作出处理,并将处理结果书面告知公安机关和人民检察院。

十四、人民检察院依法对行政执法机关移送涉嫌犯罪案件情况实施监督,发现行政执法人员徇私舞弊,对依法应当移送的涉嫌犯罪案件不移送,情节严重,构成犯罪的,应当依照刑法有关的规定追究其刑事责任。

【法释〔2015〕22号】 最高人民法院、最高人民检察院关于办理危害生产安全刑事案件适用法律若干问题的解释(2015年11月9日最高人民法院审判委员会第1665次会议、2015年12月9日最高人民检察院第12届检察委员会第44次会议通过,2015年12月14日公布,2015年12月16日起施行)

第15条 国家机关工作人员在履行安全监督管理职责时滥用职权、玩忽职守,致使公共财产、国家和人民利益遭受重大损失的,或者徇私舞弊,对发现的刑事案件依法应当移交司法机关追究刑事责任而不移交,情节严重的,分别依照刑法第397条、第402条的规定,以滥用职权罪、玩忽职守罪或者徇私舞弊不移交刑事案件罪定罪处罚。

公司、企业、事业单位的工作人员在依法或者受委托行使安全监督管理职责时滥用职权或者玩忽职守,构成犯罪的,应当依照《全国人民代表大会常务委员会关于〈中华人民共和国刑法〉第九章渎职罪主体适用问题的解释》的规定,适用渎职罪的规定追究刑事责任。

第 17 条　本解释自 2015 年 12 月 16 日起施行。本解释施行后,《最高人民法院、最高人民检察院关于办理危害矿山生产安全刑事案件具体应用法律若干问题的解释》(法释〔2007〕5 号) 同时废止。最高人民法院、最高人民检察院此前发布的司法解释和规范性文件与本解释不一致的,以本解释为准。

【应急〔2019〕54 号】　安全生产行政执法与刑事司法衔接工作办法(应急管理部、公安部、最高人民法院、最高人民检察院 2019 年 4 月 16 日印发施行)

第 7 条　应急管理部门在查处违法行为过程中发现涉嫌安全生产犯罪案件的,应当立即指定 2 名以上行政执法人员组成专案组专门负责,核实情况后提出移送涉嫌犯罪案件的书面报告。应急管理部门正职负责人或者主持工作的负责人应当自接到报告之日起 3 日内作出批准移送或者不批准移送的决定。批准移送的,应当在 24 小时内向同级公安机关移送;不批准移送的,应当将不予批准的理由记录在案。

第 11 条　公安机关对移送的涉嫌安全生产犯罪案件,应当自接受案件之日起 3 日内作出立案或者不予立案的决定;涉嫌犯罪线索需要查证的,应当自接受案件之日起 7 日内作出决定;重大疑难复杂案件,经县级以上公安机关负责人批准,可以自受案之日起 30 日内作出决定。依法不予立案的,应当说明理由,相应退回案件材料。

对属于公安机关管辖但不属于本公安机关管辖的案件,应当在接受案件后 24 小时内移送有管辖权的公安机关,并书面通知移送案件的应急管理部门,抄送同级人民检察院。对不属于公安机关管辖的案件,应当在 24 小时内退回移送案件的应急管理部门。

第 17 条　人民检察院发现应急管理部门不移送涉嫌安全生产犯罪案件的,可以派员查询、调阅有关案件材料,认为应当移送的,应当提出检察意见。应急管理部门应当自收到检察意见后 3 日内将案件移送公安机关,并将案件移送书抄送人民检察院。

【法释〔2021〕24 号】　最高人民法院、最高人民检察院关于办理危害食品安全刑事案件适用法律若干问题的解释(2021 年 12 月 13 日最高法审委会第 1856 次会议、2021 年 12 月 29 日最高检第 13 届检委会第 84 次会议通过,2021 年 12 月 30 日公布,2022 年 1 月 1 日施行;法释〔2013〕12 号《解释》同时废止)

第 20 条(第 1 款)　负有食品安全监督管理职责的国家机关工作人员,滥用职权或者玩忽职守,构成食品监管渎职罪,同时构成徇私舞弊不移交刑事案件罪、商检徇私舞弊罪、动植物检疫徇私舞弊罪、放纵制售伪劣商品犯罪行为罪等其他渎职犯罪的，依照处罚较重的规定定罪处罚。

非法干预查处渎职侵权违法犯罪案件违纪行为适用《中国共产党纪律处分条例》若干问题的解释（中共中央纪委2012年10月29日印发）

五、在执纪、行政执法和司法工作中有下列情形之一的，对有关责任人员，依照《中国共产党纪律处分条例》第134条的规定处理：

（二）对依照规定应当移交纪检监察机关或者检察机关的渎职侵权违法犯罪案件不移交的。

● **立案标准** **最高人民检察院关于渎职侵权犯罪案件立案标准的规定**（高检发释字〔2006〕2号，2005年12月29日最高人民检察院第10届检察委员会第49次会议通过，2006年7月26日公布施行）

一、渎职犯罪案件

（十二）徇私舞弊不移交刑事案件案（第402条）

徇私舞弊不移交刑事案件罪是指工商行政管理、税务、监察等行政执法人员，徇私舞弊，对依法应当移交司法机关追究刑事责任的案件不移交，情节严重的行为。

涉嫌下列情形之一的，应予立案：

1. 对依法可能判处3年以上有期徒刑、无期徒刑、死刑的犯罪案件不移交的；
2. 不移交刑事案件涉及3人次以上的；
3. 司法机关提出意见后，无正当理由仍然不予移交的；
4. 以罚代刑，放纵犯罪嫌疑人，致使犯罪嫌疑人继续进行违法犯罪活动的；
5. 行政执法部门主管领导阻止移交的；
6. 隐瞒、毁灭证据，伪造材料，改变刑事案件性质的；
7. 直接负责的主管人员和其他直接责任人员为牟取本单位私利而不移交刑事案件，情节严重的；①
8. 其他情节严重的情形。

三、附则

（一）本规定中每个罪案名称后所注明的法律条款系《中华人民共和国刑

---

① 注：本项规定与"法〔2003〕167号"《纪要》第6点第4条相冲突，存在适用争议。本书认为，结合本《立案标准》附则第5条也对"徇私舞弊"作了与《纪要》相一致的解释，而仍然另外作了本项规定，因此，可以将本项规定视为"徇私"型渎职犯罪的特殊情形。

法》的有关条款。

（二）本规定所称"以上"包括本数；有关犯罪数额"不满"，是指已达到该数额80%以上的。

（三）本规定中的"国家机关工作人员"，是指在国家机关中从事公务的人员，包括在各级国家权力机关、行政机关、司法机关和军事机关中从事公务的人员。在依照法律、法规规定行使国家行政管理职权的组织中从事公务的人员，或者在受国家机关委托代表国家行使职权的组织中从事公务的人员，或者虽未列入国家机关人员编制但在国家机关中从事公务的人员，在代表国家机关行使职权时，视为国家机关工作人员。在乡（镇）以上中国共产党机关、人民政协机关中从事公务的人员，视为国家机关工作人员。

（五）本规定中的"徇私舞弊"，是指国家机关工作人员为徇私情、私利，故意违背事实和法律，伪造材料，隐瞒情况，弄虚作假的行为。

● **指导案例**　【高检发研字〔2012〕5号】　最高人民检察院关于印发第2批指导性案例的通知（2012年10月31日最高人民检察院第11届检察委员会第81次会议讨论通过，2012年11月15日印发）

（检例第7号）胡某、郑某徇私舞弊不移交刑事案件案

要旨：诉讼监督，是人民检察院依法履行法律监督的重要内容。实践中，检察机关和办案人员应当坚持办案与监督并重，建立健全行政执法与刑事司法有效衔接的工作机制，善于在办案中发现各种职务犯罪线索；对于行政执法人员徇私舞弊，不移送有关刑事案件构成犯罪的，应当依法追究刑事责任。

第403条 【滥用管理公司、证券职权罪】国家有关主管部门的国家机关工作人员，徇私舞弊，滥用职权，对不符合法律规定条件的公司设立、登记申请或者股票、债券发行、上市申请，予以批准或者登记，致使公共财产、国家和人民利益遭受重大损失的，处五年以下有期徒刑或者拘役。

上级部门强令登记机关及其工作人员实施前款行为的，对其直接负责的主管人员，依照前款的规定处罚。

● **条文注释**　《公司法》第23条和第77条分别对有限责任公司和股份有限公司的设立条件作了明确规定，工商行政管理机关负责公司的设立与登记申请工作；《公司法》和《证券法》对股票、债券的发行和上市申请作了详细规定，其

审批与监管工作由国务院证券监督管理部门负责。

构成第 403 条规定之罪，必须同时具备以下条件：

（1）犯罪主体必须是国家有关主管部门的国家机关工作人员，如工商行政管理机关和国务院证券监督管理部门的工作人员。

（2）行为人明知公司设立、登记申请或者股票、债券发行、上市申请不符合法律规定的条件，仍予以批准或者登记。行为人的动机如何，不影响本罪的成立。

（3）致使公共财产、国家和人民利益遭受重大损失。"重大损失"的具体界定标准依照"高检发释字〔2006〕2 号"《立案标准》第一部分第 13 条的规定。

需要注意的是：第 403 条第 2 款规定中的"上级部门"是广义的，既包括本系统的上级业务对口部门，也包括当地政府直接负责的主管人员；既包括上级部门的主管领导和具体工作人员，也包括本部门内部的负责人（主管领导）。①

● **立案标准** 最高人民检察院关于渎职侵权犯罪案件立案标准的规定（高检发释字〔2006〕2 号，2005 年 12 月 29 日最高人民检察院第 10 届检察委员会第 49 次会议通过，2006 年 7 月 26 日公布施行）

一、渎职犯罪案件

（十三）滥用管理公司、证券职权案（第 403 条）

滥用管理公司、证券职权罪是指工商行政管理、证券管理等国家有关主管部门的工作人员徇私舞弊，滥用职权，对不符合法律规定条件的公司设立、登记申请或者股票、债券发行、上市申请予以批准或者登记，致使公共财产、国家和人民利益遭受重大损失的行为，以及上级部门、当地政府强令登记机关及其工作人员实施上述行为的行为。

涉嫌下列情形之一的，应予立案：

1. 造成直接经济损失 50 万元以上的；

2. 工商管理部门的工作人员对不符合法律规定条件的公司设立、登记申请，违法予以批准、登记，严重扰乱市场秩序的；

3. 金融证券管理机构工作人员对不符合法律规定条件的股票、债券发行、上市申请，违法予以批准，严重损害公众利益，或者严重扰乱金融秩序的；

4. 工商管理部门、金融证券管理机构的工作人员对不符合法律规定条件的

---

① 全国人民代表大会常务委员会法制工作委员会编：《中华人民共和国刑法释义》，法律出版社 2011 年版，第 689 页。

公司设立、登记申请或者股票、债券发行、上市申请违法予以批准或者登记，致使犯罪行为得逞的；

5. 上级部门、当地政府直接负责的主管人员强令登记机关及其工作人员，对不符合法律规定条件的公司设立、登记申请或者股票、债券发行、上市申请予以批准或者登记，致使公共财产、国家或者人民利益遭受重大损失的；

6. 其他致使公共财产、国家和人民利益遭受重大损失的情形。

三、附则

（一）本规定中每个罪案名称后所注明的法律条款系《中华人民共和国刑法》的有关条款。

（二）本规定所称"以上"包括本数；有关犯罪数额"不满"，是指已达到该数额80%以上的。

（三）本规定中的"国家机关工作人员"，是指在国家机关中从事公务的人员，包括在各级国家权力机关、行政机关、司法机关和军事机关中从事公务的人员。在依照法律、法规规定行使国家行政管理职权的组织中从事公务的人员，或者在受国家机关委托代表国家行使职权的组织中从事公务的人员，或者虽未列入国家机关人员编制但在国家机关中从事公务的人员，在代表国家机关行使职权时，视为国家机关工作人员。在乡（镇）以上中国共产党机关、人民政协机关中从事公务的人员，视为国家机关工作人员。

（四）本规定中的"直接经济损失"，是指与行为有直接因果关系而造成的财产损毁、减少的实际价值；"间接经济损失"，是指由直接经济损失引起和牵连的其他损失，包括失去的在正常情况下可以获得的利益和为恢复正常的管理活动或者挽回所造成的损失所支付的各种开支、费用等。

有下列情形之一的，虽然有债权存在，但已无法实现债权的，可以认定为已经造成了经济损失：（1）债务人已经法定程序被宣告破产，且无法清偿债务的；（2）债务人潜逃，去向不明；（3）因行为人责任，致使超过诉讼时效；（4）有证据证明债权无法实现的其他情况。

直接经济损失和间接经济损失，是指立案时已造成的经济损失。移送审查起诉前，犯罪嫌疑人及其亲友自行挽回的经济损失，以及由司法机关或者犯罪嫌疑人所在单位及其上级主管部门挽回的经济损失，不予扣减，但可作为对犯罪嫌疑人从轻处理的情节考虑。

（五）本规定中的"徇私舞弊"，是指国家机关工作人员为徇私情、私利，故意违背事实和法律，伪造材料，隐瞒情况，弄虚作假的行为。

> **第 404 条** 【徇私舞弊不征、少征税款罪】税务机关的工作人员徇私舞弊，不征或者少征应征税款，致使国家税收遭受重大损失的，处五年以下有期徒刑或者拘役；造成特别重大损失的，处五年以上有期徒刑。
>
> **第 405 条** 【徇私舞弊发售发票、抵扣税款、出口退税罪】税务机关的工作人员违反法律、行政法规的规定，在办理发售发票、抵扣税款、出口退税工作中，徇私舞弊，致使国家利益遭受重大损失的，处五年以下有期徒刑或者拘役；致使国家利益遭受特别重大损失的，处五年以上有期徒刑。
>
> 【违法提供出口退税凭证罪】其他国家机关工作人员违反国家规定，在提供出口货物报关单、出口收汇核销单等出口退税凭证的工作中，徇私舞弊，致使国家利益遭受重大损失的，依照前款的规定处罚。

● **条文注释** 第 404 条、第 405 条是针对税务人员徇私舞弊，违反《税收征收管理法》《增值税暂行条例》《消费税暂行条例》《营业税暂行条例》《出口货物劳务增值税和消费税管理办法》和《发票管理办法》等法律法规的相关规定，危害国家税收的犯罪行为的处罚规定。

构成第 404 条规定之罪，必须具备以下条件：（1）犯罪主体是特殊主体，必须是税务机关（包括各级税务局、税务分局和税务所）的工作人员；（2）行为人有徇私舞弊的主观恶意；（3）行为人故意实施了不征或少征应征税款的行为；（4）致使国家利益遭受重大损失。

构成第 405 条第 1 款规定之罪，必须具备以下条件：（1）犯罪主体是特殊主体，必须是税务机关（包括各级税务局、税务分局和税务所）的工作人员；（2）行为人有徇私舞弊的主观恶意；（3）行为人实施了违法办理发售发票、抵扣税款、出口退税的行为；（4）致使国家利益遭受重大损失。

构成第 405 条第 2 款规定之罪，必须具备以下条件：（1）犯罪主体是特殊主体，即除税务机关之外的其他国家机关的工作人员（主要是指对进出口货物检验、出具进出口货物证明的其他国家机关工作人员，如海关工作人员、银行工作人员等）；（2）行为人有徇私舞弊的主观恶意；（3）行为人实施了违法提供出口退税凭证的行为；（4）致使国家利益遭受重大损失。

这里的"应征税款"是指税务机关根据法律、行政法规规定的税种、税率，应当向纳税人征收的税款。行为人不征或少征应征税款的具体表现为：擅自决定税收的停征、减征或免征，或者对纳税人的欠缴税款不予以催缴或追缴、扣缴，或者对应当扣押、查封、拍卖价值与欠税人应纳税款相当的物品，而不扣押、查封或拍卖等。"发售发票"是指税务机关根据已依法办理税务登记的单位或个人提出的领购发票申请，向其发售发票的活动；"抵扣税款"是指税务机关对购货方在购进商品时已由供货方收取的增值税款抵扣掉，只征收购货方作为生产者、经营者在销售其产品或商品环节增值部分的税款；"出口退税"是指税务机关依法在出口环节向出口商品的生产者或经营单位退还该商品在生产环节、流通环节已征收的增值税和消费税。

第404条、第405条规定的"重大损失"，其具体界定标准依照"高检发释字〔2006〕2号"《立案标准》第一部分第14条至第16条的规定。

● **相关规定** 【法〔2003〕167号】 **全国法院审理经济犯罪案件工作座谈会纪要**（2002年6月4日至6日在重庆市召开，各高院和解放军军事法院的刑事主管副院长和刑庭庭长参加，全国人大常委会法工委、最高检、公安部派员参加；2003年11月13日印发）

（四）关于"徇私"的理解

徇私舞弊型渎职犯罪的"徇私"应理解为徇个人私情、私利。国家机关工作人员为了本单位的利益，实施滥用职权、玩忽职守行为，构成犯罪的，依照刑法第397条第1款的规定定罪处罚。

【高检会〔2005〕5号】 最高人民检察院、国家税务总局关于加强检察机关税务机关在开展集中查办破坏社会主义市场经济秩序渎职犯罪专项工作中协作配合的联席会议纪要（2005年12月30日）

……查处税务人员渎职犯罪，要准确把握一般工作失误与渎职犯罪的界限，严格遵循法定犯罪构成的主、客观要件，认真查清已造成的损失与税务人员的行为是否有法定的因果关系。要区分一般违反内部规定和触犯刑法的关系，要根据违规的程度和造成的危害综合考虑，不能笼统和简单地把税务机关内部的工作规定作为认定税务人员渎职犯罪的依据。对那些主观罪过轻，仅仅是违反税务机关内部工作规定造成的工作失误，或由于政策性原因，或者在现有征管条件下，一般税务人员尚难完全达到规定要求，又未造成严重危害后果的，由税务机关作内部行政处理。

【法研〔2012〕59号】　最高人民法院研究室关于违反经行政法规授权制定的规范一般纳税人资格的文件应否认定为"违反法律、行政法规的规定"问题的答复（2012年5月3日答复宁夏回族自治区高级人民法院"宁高法〔2012〕33号"请示）

国家税务总局《关于加强新办商贸企业增值税征收管理有关问题的紧急通知》（国税发明电〔2004〕37号）和《关于加强新办商贸企业增值税征收管理有关问题的补充通知》（国税发明电〔2004〕62号），是根据1993年制定的《中华人民共和国增值税暂行条例》的规定对一般纳税人资格认定的细化，且2008年修订后的《中华人民共和国增值税暂行条例》第13条明确规定："小规模纳税人以外的纳税人应当向主管税务机关申请资格认定。具体认定办法由国务院主管部门制定。"因此，违反上述两个通知关于一般纳税人资格的认定标准及相关规定，授予不合格单位一般纳税人资格的，相应违反了《中华人民共和国增值税暂行条例》的有关规定，应当认定为刑法第405条第1款规定的"违反法律、行政法规的规定"。①

● **立案标准　最高人民检察院关于渎职侵权犯罪案件立案标准的规定**（高检发释字〔2006〕2号，2005年12月29日最高人民检察院第10届检察委员会第49次会议通过，2006年7月26日公布施行）

一、渎职犯罪案件

（十四）徇私舞弊不征、少征税款案（第404条）

徇私舞弊不征、少征税款罪是指税务机关工作人员徇私舞弊，不征、少征应征税款，致使国家税收遭受重大损失的行为。

涉嫌下列情形之一的，应予立案：

1. 徇私舞弊不征、少征应征税款，致使国家税收损失累计达10万元以上的；

2. 上级主管部门工作人员指使税务机关工作人员徇私舞弊不征、少征应征税款，致使国家税收损失累计达10万元以上的；

3. 徇私舞弊不征、少征应征税款不满10万元，但具有索取或者收受贿赂或

---

① 注：1. 根据《立法法》的规定，行政法规由国务院根据宪法和法律制定，由国务院总理签署国务院令（或与中央军委主席共同签署国务院、中央军事委员会令）公布。国家税务总局颁发的37号和62号文件不属于行政法规。但是该两个文件是根据《增值税暂行条例》的明确授权而制定的细化规定，违反了它，必然也违反了《增值税暂行条例》的相关规定。

2. 国税发明电〔2004〕37号紧急通知和国税发明电〔2004〕62号补充通知于2010年3月20日被废止，相关内容被《增值税一般纳税人纳税辅导期管理办法》（国税发〔2010〕40号）吸收。

者其他恶劣情节的；

4. 其他致使国家税收遭受重大损失的情形。

（十五）徇私舞弊发售发票、抵扣税款、出口退税案（第405条第1款）

徇私舞弊发售发票、抵扣税款、出口退税罪是指税务机关工作人员违反法律、行政法规的规定，在办理发售发票、抵扣税款、出口退税工作中徇私舞弊，致使国家利益遭受重大损失的行为。

涉嫌下列情形之一的，应予立案：

1. 徇私舞弊，致使国家税收损失累计达10万元以上的；

2. 徇私舞弊，致使国家税收损失累计不满10万元，但发售增值税专用发票25份以上或者其他发票50份以上或者增值税专用发票与其他发票合计50份以上，或者具有索取、收受贿赂或者其他恶劣情节的；

3. 其他致使国家利益遭受重大损失的情形。

（十六）违法提供出口退税凭证案（第405条第2款）

违法提供出口退税凭证罪是指海关、外汇管理等国家机关工作人员违反国家规定，在提供出口货物报关单、出口收汇核销单等出口退税凭证的工作中徇私舞弊，致使国家利益遭受重大损失的行为。

涉嫌下列情形之一的，应予立案：

1. 徇私舞弊，致使国家税收损失累计达10万元以上的；

2. 徇私舞弊，致使国家税收损失累计不满10万元，但具有索取、收受贿赂或者其他恶劣情节的；

3. 其他致使国家利益遭受重大损失的情形。

三、附则

（一）本规定中每个罪案名称后所注明的法律条款系《中华人民共和国刑法》的有关条款。

（二）本规定所称"以上"包括本数；有关犯罪数额"不满"，是指已达到该数额80%以上的。

（三）本规定中的"国家机关工作人员"，是指在国家机关中从事公务的人员，包括在各级国家权力机关、行政机关、司法机关和军事机关中从事公务的人员。在依照法律、法规规定行使国家行政管理职权的组织中从事公务的人员，或者在受国家机关委托代表国家行使职权的组织中从事公务的人员，或者虽未列入国家机关人员编制但在国家机关中从事公务的人员，在代表国家机关行使职权时，视为国家机关工作人员。在乡（镇）以上中国共产党机关、人民政协机关中从事公务的人员，视为国家机关工作人员。

（五）本规定中的"徇私舞弊"，是指国家机关工作人员为徇私情、私利，故意违背事实和法律，伪造材料，隐瞒情况，弄虚作假的行为。

第406条　【国家机关工作人员签订、履行合同失职被骗罪】
国家机关工作人员在签订、履行合同过程中，因严重不负责任被诈骗，致使国家利益遭受重大损失的，处三年以下有期徒刑或者拘役；致使国家利益遭受特别重大损失的，处三年以上七年以下有期徒刑。

● **条文注释**　构成第406条规定之罪，必须具备以下条件：(1)犯罪主体是国家机关工作人员，即在国家立法机关、党政机关、司法机关和军事机关中从事公务的工作人员；(2)行为人由于严重不负责任而在签订、履行合同过程中被诈骗；(3)致使国家利益遭受"重大"以上损失。

这里的"严重不负责任"，主要表现以下几个方面：(1)未向主管单位或有关单位了解对方当事人的合同主体资格、资信情况、履约能力和资源等情况，盲目同无资金或无货源的另一方签订购销合同而被诈骗；(2)对供方销售的以次充好不符合质量要求、质次价高的货物，应当检查而未检查，擅自同意发货，不坚持按合同验收，致使被诈骗；(3)被诈骗后，对质次货劣的商品，不及时采取措施，延误索赔期或者擅自决定不索赔，造成重大经济损失等。

"重大损失"的具体界定标准依照"高检发释字〔2006〕2号"《立案标准》第一部分第14条至第16条的规定。

需要注意的是：

(1)构成本条规定之罪，主观上主要是过失，即行为人应当预见自己的行为可能导致被诈骗的结果，由于主观上马马虎虎、疏忽大意没有预见，或者已经预见而轻信能够避免，严重不负责任，致使造成重大损失。但也有部分是由间接故意构成，即行为人明知自己不负责任签订、履行合同的行为，会造成被诈骗的危害后果，而放任这种结果的发生。

(2)司法实践中，应当区分由于市场行情剧变、受个人本身水平限制以及出现不可抗力等情况的原因，使国家机关工作人员在签订、履行合同过程中，致使国家利益遭受重大损失与本罪的界限，如果出现上述情况，应当具体情况具体分析，不能简单地以本罪论处。

● **相关规定** 最高人民法院刑事审判第二庭关于签订、履行合同失职被骗犯罪是否以对方当事人的行为构成诈骗犯罪为要件的意见（2001年4月最高人民法院刑二庭专门召开审判长会议的研究意见）①

认定签订、履行合同失职被骗罪和国家机关工作人员签订、履行合同失职诈骗罪，应当以对方当事人涉嫌诈骗，行为构成犯罪为前提。但司法机关在办理或者审判行为人被指控犯有上述两罪的案件过程中，不能以对方当事人已经被人民法院判决构成诈骗犯罪作为认定本案当事人构成签订、履行合同失职被骗罪或者国家机关工作人员签订、履行合同失职罪的前提。也就是说，司法机关在办理案件过程中，只要认定对方当事人的行为已经涉嫌构成诈骗犯罪，就可依法认定行为人构成签订、履行合同失职被骗罪或者国家机关工作人员签订、履行合同失职罪，而不需要搁置或者中止审理，直至对方当事人被人民法院审理并判决构成诈骗犯罪。

● **立案标准** 最高人民检察院关于渎职侵权犯罪案件立案标准的规定（高检发释字〔2006〕2号，2005年12月29日最高人民检察院第10届检察委员会第49次会议通过，2006年7月26日公布施行）

一、渎职犯罪案件

（十七）国家机关工作人员签订、履行合同失职被骗案（第406条）

国家机关工作人员签订、履行合同失职被骗罪是指国家机关工作人员在签订、履行合同过程中，因严重不负责任，不履行或者不认真履行职责被诈骗，致使国家利益遭受重大损失的行为。

涉嫌下列情形之一的，应予立案：

1. 造成直接经济损失30万元以上，或者直接经济损失不满30万元，但间接经济损失150万元以上的；

2. 其他致使国家利益遭受重大损失的情形。

三、附则

（一）本规定中每个罪案名称后所注明的法律条款系《中华人民共和国刑法》的有关条款。

（二）本规定所称"以上"包括本数；有关犯罪数额"不满"，是指已达到该数额80%以上的。

---

① 注：本文件源自公安部经济犯罪侦查局编：《公安机关办理经济犯罪案件相关法律适用问题批复汇编》，中国人民公安大学出版社2015年1版，第360页。

（三）本规定中的"国家机关工作人员"，是指在国家机关中从事公务的人员，包括在各级国家权力机关、行政机关、司法机关和军事机关中从事公务的人员。在依照法律、法规规定行使国家行政管理职权的组织中从事公务的人员，或者在受国家机关委托代表国家行使职权的组织中从事公务的人员，或者虽未列入国家机关人员编制但在国家机关中从事公务的人员，在代表国家机关行使职权时，视为国家机关工作人员。在乡（镇）以上中国共产党机关、人民政协机关中从事公务的人员，视为国家机关工作人员。

（四）本规定中的"直接经济损失"，是指与行为有直接因果关系而造成的财产损毁、减少的实际价值；"间接经济损失"，是指由直接经济损失引起和牵连的其他损失，包括失去的在正常情况下可以获得的利益和为恢复正常的管理活动或者挽回所造成的损失所支付的各种开支、费用等。

有下列情形之一的，虽然有债权存在，但已无法实现债权的，可以认定为已经造成了经济损失：（1）债务人已经法定程序被宣告破产，且无法清偿债务；（2）债务人潜逃，去向不明；（3）因行为人责任，致使超过诉讼时效；（4）有证据证明债权无法实现的其他情况。

直接经济损失和间接经济损失，是指立案时已已造成的经济损失。移送审查起诉前，犯罪嫌疑人及其亲友自行挽回的经济损失，以及由司法机关或者犯罪嫌疑人所在单位及其上级主管部门挽回的经济损失，不予扣减，但可作为对犯罪嫌疑人从轻处理的情节考虑。

第407条 【违法发放林木采伐许可证罪】 林业主管部门的工作人员违反森林法的规定，超过批准的年采伐限额发放林木采伐许可证或者违反规定滥发林木采伐许可证，情节严重，致使森林遭受严重破坏的，处三年以下有期徒刑或者拘役。

● **条文注释** 根据《森林法》第29条、第32条的规定，国家根据用材林的消耗量低于生长量的原则，严格控制森林年采伐量；采伐林木必须申请采伐许可证，按许可证的规定进行采伐。第41条规定，对违反森林法规定，超过批准的年采伐限额发放林木采伐许可证或超越职权发放林木采伐许可证、木材运输证件、批准出口文件、允许进出口证明书，构成犯罪的，依法追究刑事责任。

构成第407条规定之罪，必须具备以下条件：（1）犯罪主体是林业主管部门的工作人员；（2）行为人实施了违法发放林木采伐许可证的行为；（3）情节严重。

这里的"林业主管部门"是指县级以上地方人民政府中主管本地区林业工作的机构以及国务院的林业主管部门。"情节严重"的界定标准依照"高检发释字〔2006〕2号"《立案标准》第一部分第18条的规定。

需要注意的是：林业主管部门之外的其他国家机关工作人员同样可能因为违反森林法的规定，滥用职权或者玩忽职守，致使森林遭受严重破坏，但这种情形不能构成第407条规定之罪，而应当依照《刑法》第397条的规定，以滥用职权罪或者玩忽职守罪定罪处罚。

● **相关规定** 【法释〔2000〕36号】 最高人民法院关于审理破坏森林资源刑事案件具体应用法律若干问题的解释（2000年11月17日最高人民法院审判委员会第1141次会议通过，2000年11月22日公布，2000年12月11日起施行）

第12条 林业主管部门的工作人员违反森林法的规定，超过批准的年采伐限额发放林木采伐许可证或者违反规定滥发林木采伐许可证，具有下列情形之一的，属于刑法第407条规定的"情节严重，致使森林遭受严重破坏"，以违法发放林木采伐许可证罪定罪处罚：

（一）发放林木采伐许可证允许采伐数量累计超过批准的年采伐限额，导致林木被采伐数量在10立方米以上的；

（二）滥发林木采伐许可证，导致林木被滥伐20立方米以上的；

（三）滥发林木采伐许可证，导致珍贵树木被滥伐的；

（四）批准采伐国家禁止采伐的林木，情节恶劣的；

（五）其他情节严重的情形。

● **立案标准** 最高人民检察院关于渎职侵权犯罪案件立案标准的规定（高检发释字〔2006〕2号，2005年12月29日最高人民检察院第10届检察委员会第49次会议通过，2006年7月26日公布施行）

一、渎职犯罪案件

（十八）违法发放林木采伐许可证案（第407条）

违法发放林木采伐许可证罪是指林业主管部门的工作人员违反森林法的规定，超过批准的年采伐限额发放林木采伐许可证或者违反规定滥发林木采伐许可证，情节严重，致使森林遭受严重破坏的行为。

涉嫌下列情形之一的，应予立案：

1.发放林木采伐许可证允许采伐数量累计超过批准的年采伐限额，导致林木被超限额采伐10立方米以上的；

2. 滥发林木采伐许可证，导致林木被滥伐 20 立方米以上，或者导致幼树被滥伐 1000 株以上的；

3. 滥发林木采伐许可证，导致防护林、特种用途林被滥伐 5 立方米以上，或者幼树被滥伐 200 株以上的；

4. 滥发林木采伐许可证，导致珍贵树木或者国家重点保护的其他树木被滥伐的；

5. 滥发林木采伐许可证，导致国家禁止采伐的林木被采伐的；

6. 其他情节严重，致使森林遭受严重破坏的情形。

林业主管部门工作人员之外的国家机关工作人员，违反森林法的规定，滥用职权或者玩忽职守，致使林木被滥伐 40 立方米以上或者幼树被滥伐 2000 株以上，或者致使防护林、特种用途林被滥伐 10 立方米以上或者幼树被滥伐 400 株以上，或者致使珍贵树木被采伐、毁坏 4 立方米或者 4 株以上，或者致使国家重点保护的其他植物被采伐、毁坏后果严重的，或者致使国家严禁采伐的林木被采伐、毁坏情节恶劣的，按照刑法第 397 条的规定以滥用职权罪或者玩忽职守罪追究刑事责任。

三、附则

（一）本规定中每个罪案名称后所注明的法律条款系《中华人民共和国刑法》的有关条款。

（二）本规定所称"以上"包括本数；有关犯罪数额"不满"，是指已达到该数额 80% 以上的。

（三）本规定中的"国家机关工作人员"，是指在国家机关中从事公务的人员，包括在各级国家权力机关、行政机关、司法机关和军事机关中从事公务的人员。在依照法律、法规规定行使国家行政管理职权的组织中从事公务的人员，或者在受国家机关委托代表国家行使职权的组织中从事公务的人员，或者虽未列入国家机关人员编制但在国家机关中从事公务的人员，在代表国家机关行使职权时，视为国家机关工作人员。在乡（镇）以上中国共产党机关、人民政协机关中从事公务的人员，视为国家机关工作人员。

（四）本规定中的"直接经济损失"，是指与行为有直接因果关系而造成的财产损毁、减少的实际价值；"间接经济损失"，是指由直接经济损失引起和牵连的其他损失，包括失去的在正常情况下可以获得的利益和为恢复正常的管理活动或者挽回所造成的损失所支付的各种开支、费用等。

有下列情形之一的，虽然有债权存在，但已无法实现债权的，可以认定为已经造成了经济损失：（1）债务人已经法定程序被宣告破产，且无法清偿债务；

（2）债务人潜逃，去向不明；（3）因行为人责任，致使超过诉讼时效；（4）有证据证明债权无法实现的其他情况。

直接经济损失和间接经济损失，是指立案时确已造成的经济损失。移送审查起诉前，犯罪嫌疑人及其亲友自行挽回的经济损失，以及由司法机关或者犯罪嫌疑人所在单位及其上级主管部门挽回的经济损失，不予扣减，但可作为对犯罪嫌疑人从轻处理的情节考虑。

第408条 【环境监管失职罪】 负有环境保护监督管理职责的国家机关工作人员严重不负责任，导致发生重大环境污染事故，致使公私财产遭受重大损失或者造成人身伤亡的严重后果的，处三年以下有期徒刑或者拘役。

● **条文注释** 《环境保护法》《海洋环境保护法》《固体废物污染环境防治法》《医疗废物管理条例》等法律法规都规定了有关环境监督与管理的内容。根据相关的法律法规，负有环境保护监督管理职责的国家机关工作人员包括：（1）在国务院环境保护行政主管部门、县级以上地方人民政府环境保护行政主管部门从事环境保护监督管理工作的人员；（2）在国家海洋行政主管部门、港务监督、渔政渔港监督、军队环境保护部门和各级公安、交通、铁道、民航管理部门中，依照有关法律的规定对环境污染防治实施监督管理的人员；（3）在县级以上人民政府的土地、矿产、林业、农业、水利行政主管部门中，依照有关法律的规定对资源的保护实施监督管理的人员。

第408条规定的"重大环境污染事故"是指造成大气、水源、海洋、土地等环境质量标准严重不符合国家规定标准，造成公私财产重大损失或人身伤亡的严重事件；其中"污染"是指在生产建设或者其他活动中产生的足以危害人体健康的废气、废水、废渣、粉尘、恶臭气体、放射性物质以及噪声、振动、电磁波辐射等。"致使公私财产遭受重大损失"或者"造成人身伤亡的严重后果"的具体界定标准依照"法释〔2016〕29号"《解释》第2条以及"高检发释字〔2006〕2号"《立案标准》第一部分第19条的规定。

● **相关规定** 【法释〔2016〕29号】 **最高人民法院、最高人民检察院关于办理环境污染刑事案件适用法律若干问题的解释**（2016年11月7日最高人民法院审判委员会第1698次会议、2016年12月8日最高人民检察院第12届检察委员会第58次会议通过，2016年12月23日公布，2017年1月1日起施行；2013年

6月19日施行的同名文件"法释〔2013〕15号"同时废止）

第1条 实施刑法第338条规定的行为，具有下列情形之一的，应当认定为"严重污染环境"：

（十）造成生态环境严重损害的；

（十一）致使乡镇以上集中式饮用水水源取水中断12小时以上的；

（十二）致使基本农田、防护林地、特种用途林地5亩以上，其他农用地10亩以上，其他土地20亩以上基本功能丧失或者遭受永久性破坏的；

（十三）致使森林或者其他林木死亡50立方米以上，或者幼树死亡2500株以上的；

（十四）致使疏散、转移群众5000人以上的；

（十五）致使30人以上中毒的；

（十六）致使3人以上轻伤、轻度残疾或者器官组织损伤导致一般功能障碍的；

（十七）致使1人以上重伤、中度残疾或者器官组织损伤导致严重功能障碍的；

（十八）其他严重污染环境的情形。

第2条 实施刑法第339条、第408条规定的行为，致使公私财产损失30万元以上，或者具有本解释第1条第10项至第17项规定情形之一的，应当认定为"致使公私财产遭受重大损失或者严重危害人体健康"或者"致使公私财产遭受重大损失或者造成人身伤亡的严重后果"。

第17条（第4款） 本解释所称"公私财产损失"，包括实施刑法第338条、第339条规定的行为直接造成财产损毁、减少的实际价值，为防止污染扩大、消除污染而采取必要合理措施所产生的费用，以及处置突发环境事件的应急监测费用。

（第5款） 本解释所称"生态环境损害"，包括生态环境修复费用，生态环境修复期间服务功能的损失和生态环境功能永久性损害造成的损失，以及其他必要合理费用。

第18条 本解释自2017年1月1日起施行。本解释施行后，《最高人民法院、最高人民检察院关于办理环境污染刑事案件适用法律若干问题的解释》（法释〔2013〕15号）同时废止；之前发布的司法解释与本解释不一致的，以本解释为准。

● **立案标准** 最高人民检察院关于渎职侵权犯罪案件立案标准的规定（高检发释字〔2006〕2号，2005年12月29日最高人民检察院第10届检察委员会第49次会议通过，2006年7月26日公布施行）

一、渎职犯罪案件

（十九）环境监管失职案（第408条）

环境监管失职罪是指负有环境保护监督管理职责的国家机关工作人员严重不负责任，不履行或者不认真履行环境保护监管职责导致发生重大环境污染事故，致使公私财产遭受重大损失或者造成人身伤亡的严重后果的行为。

涉嫌下列情形之一的，应予立案：

1. 造成死亡1人以上，或者重伤3人以上，或者重伤2人、轻伤4人以上，或者重伤1人、轻伤7人以上，或者轻伤10人以上的；

2. 导致30人以上严重中毒的；

3. 造成个人财产直接经济损失15万元以上，或者直接经济损失不满15万元，但间接经济损失75万元以上的；

4. 造成公共财产、法人或者其他组织财产直接经济损失30万元以上，或者直接经济损失不满30万元，但间接经济损失150万元以上的；

5. 虽未达到3、4两项数额标准，但3、4两项合计直接经济损失30万元以上，或者合计直接经济损失不满30万元，但合计间接经济损失150万元以上的；

6. 造成基本农田或者防护林地、特种用途林地10亩以上，或者基本农田以外的耕地50亩以上，或者其他土地70亩以上被严重毁坏的；

7. 造成生活饮用水地表水源和地下水源严重污染的；

8. 其他致使公私财产遭受重大损失或者造成人身伤亡严重后果的情形。

三、附则

（一）本规定中每个罪案名称后所注明的法律条款系《中华人民共和国刑法》的有关条款。

（二）本规定所称"以上"包括本数；有关犯罪数额"不满"，是指已达到该数额80%以上的。

（三）本规定中的"国家机关工作人员"，是指在国家机关中从事公务的人员，包括在各级国家权力机关、行政机关、司法机关和军事机关中从事公务的人员。在依照法律、法规规定行使国家行政管理职权的组织中从事公务的人员，或者在受国家机关委托代表国家行使职权的组织中从事公务的人员，或者虽未列入国家机关人员编制但在国家机关中从事公务的人员，在代表国家机关行使职权时，视为国家机关工作人员。在乡（镇）以上中国共产党机关、人民政协机关中从事公务的人员,视为国家机关工作人员。

(四)本规定中的"直接经济损失",是指与行为有直接因果关系而造成的财产损毁、减少的实际价值;"间接经济损失",是指由直接经济损失引起和牵连的其他损失,包括失去的在正常情况下可以获得的利益和为恢复正常的管理活动或者挽回所造成的损失所支付的各种开支、费用等。

有下列情形之一的,虽然有债权存在,但已无法实现债权的,可以认定为已经造成了经济损失:(1)债务人已经法定程序被宣告破产,且无法清偿债务;(2)债务人潜逃,去向不明;(3)因行为人责任,致使超过诉讼时效;(4)有证据证明债权无法实现的其他情况。

直接经济损失和间接经济损失,是指立案时确已造成的经济损失。移送审查起诉前,犯罪嫌疑人及其亲友自行挽回的经济损失,以及由司法机关或者犯罪嫌疑人所在单位及其上级主管部门挽回的经济损失,不予扣减,但可作为对犯罪嫌疑人从轻处理的情节考虑。

● 指导案例 【高检发研字〔2012〕5号】 最高人民检察院关于印发第2批指导性案例的通知(2012年10月31日最高人民检察院第11届检察委员会第81次会议讨论通过,2012年11月15日印发)

(检例第4号)崔某环境监管失职案

要旨:实践中,一些国有公司、企业和事业单位经合法授权从事具体的管理市场经济和社会生活的工作,拥有一定管理公共事务和社会事务的职权,这些实际行使国家行政管理职权的公司、企业和事业单位工作人员,符合渎职罪主体要求;对其实施渎职行为构成犯罪的,应当依照刑法关于渎职罪的规定追究刑事责任。

第 408 条之一① 　【食品、药品监管渎职罪②】负有食品药品安全监督管理职责的国家机关工作人员，滥用职权或者玩忽职守，有下列情形之一，造成严重后果或者有其他严重情节的，处五年以下有期徒刑或者拘役；造成特别严重后果或者有其他特别严重情节的，处五年以上十年以下有期徒刑：③

（一）瞒报、谎报食品安全事故、药品安全事件的；

（二）对发现的严重食品药品安全违法行为未按规定查处的；

（三）在药品和特殊食品审批审评过程中，对不符合条件的申请准予许可的；

（四）依法应当移交司法机关追究刑事责任不移交的；

（五）有其他滥用职权或者玩忽职守行为的。

徇私舞弊犯前款罪的，从重处罚。

● **条文注释** 　根据《食品安全法》的规定，县级以上地方人民政府组织本级食品安全监督管理、农业行政等部门制订本行政区域的食品安全年度监督管理计划，向社会公布并组织实施。根据《药品管理法》的规定，县级以上地方人民政府对本行政区域内的药品监督管理工作负责。因此，构成"食品、药品监管渎职罪"的犯罪主体主要包括在国务院和地方各级人民政府以及卫生行政、农业行政、市场监督管理等部门负有食品安全监督管理职责的工作人员。

这里所称的"滥用职权"，是指国家机关工作人员违反法律规定的权限和程序，滥用职权或者超越职权，违法决定或处理无权事项，或者违规处理公务。

---

① 第 408 条之一由 2011 年 2 月 25 日第 11 届全国人大常委会第 19 次会议通过的《刑法修正案（八）》（主席令第 41 号公布，2011 年 5 月 1 日起施行）增设。

② 本罪名原为"食品监管渎职罪"，由《最高人民法院、最高人民检察院关于执行〈中华人民共和国刑法〉确定罪名的补充规定（五）》（法释〔2011〕10 号，最高人民法院审判委员会第 1520 次会议、最高人民检察院第 11 届检察委员会第 60 次会议通过）增设，2011 年 5 月 1 日执行；《最高人民法院、最高人民检察院关于执行〈中华人民共和国刑法〉确定罪名的补充规定（七）》（法释〔2021〕2 号，最高人民法院审判委员会第 1832 次会议、最高人民检察院第 13 届检察委员会第 63 次会议通过）改为现罪名，2021 年 3 月 1 日执行。

③ 本款规定原为："负有食品安全监督管理职责的国家机关工作人员，滥用职权或者玩忽职守，导致发生重大食品安全事故或者造成其他严重后果的，处五年以下有期徒刑或者拘役；造成特别严重后果的，处五年以上十年以下有期徒刑。"2020 年 12 月 26 日第 13 届全国人大常委会第 24 次会议通过的《刑法修正案（十一）》（主席令第 66 号公布，2021 年 3 月 1 日起施行）增加了药品类犯罪主体，并细化了适用情形。

"玩忽职守"是指国家机关工作人员违反国家的工作纪律和规章制度，不履行、不正确履行或放弃履行其职责；通常表现是工作马虎草率，极端不负责任，或是放弃职守，对自己应当负责的工作撒手不管等。"徇私舞弊"是指为徇个人私利或者亲友私情的行为；这种行为从个人利益出发，置国家利益和人民群众的身体健康于不顾，所以主观恶性比第408条之一第1款的规定严重，刑法对其规定了较重的处罚。

● 相关规定　【法发〔2010〕38号】　最高人民法院、最高人民检察院、公安部、司法部关于依法严惩危害食品安全犯罪活动的通知（2010年9月15日印发）

（第4段）依法遏制和从严打击危害食品安全犯罪活动，必须依法严惩相关的职务犯罪行为。对于包庇、纵容危害食品安全违法犯罪活动的腐败分子，以及在食品安全监管和查处危害食品安全违法犯罪活动中收受贿赂、玩忽职守、滥用职权、徇私枉法、不履行法定职责的国家工作人员，要排除一切阻力和干扰，加大查处力度，依法从重处罚。对与危害食品安全相关的职务犯罪分子，一般不得适用缓刑或者判处免予刑事处罚。

最高人民法院关于进一步加大力度，依法严惩危害食品安全及相关职务犯罪的通知（2011年5月27日印发）

（第2段）各级人民法院……要把危害食品安全及相关职务犯罪案件审判工作摆在更加突出的位置抓紧抓好。要坚决贯彻中央部署，认真落实《最高人民法院、最高人民检察院、公安部、司法部关于依法严惩危害食品安全犯罪活动的通知》的各项要求，对危害食品安全犯罪及相关职务犯罪务必依法严惩，特别是对影响恶劣、社会关注的重大危害食品安全犯罪案件，必须依法从重、从快判处。

（第4段）要从严惩处涉及食品安全的职务犯罪。对于包庇、纵容危害食品安全违法犯罪活动的腐败分子，以及在食品安全监管和查处危害食品安全违法犯罪活动中收受贿赂、玩忽职守、滥用职权、徇私枉法、不履行法定职责的国家工作人员，构成犯罪的，应当依法从重处罚。2011年4月30日以前实施食品安全监管渎职行为，依法构成滥用职权罪、玩忽职守罪或其他渎职犯罪，在5月1日以后审理的，适用修正前刑法的规定定罪处罚。5月1日以后实施食品安全监管渎职行为，未导致发生重大食品安全事故或者造成其他严重后果，不构成食品监管渎职罪，但符合其他渎职犯罪构成要件的，依照刑法相关规定对其定罪处罚。

【法释〔2021〕24号】 最高人民法院、最高人民检察院关于办理危害食品安全刑事案件适用法律若干问题的解释（2021年12月13日最高法审委会第1856次会议、2021年12月29日最高检第13届检委会第84次会议通过，2021年12月30日公布，2022年1月1日施行；法释〔2013〕12号《解释》同时废止）

第20条 负有食品安全监督管理职责的国家机关工作人员，滥用职权或者玩忽职守，构成食品监管渎职罪，同时构成徇私舞弊不移交刑事案件罪、商检徇私舞弊罪、动植物检疫徇私舞弊罪、放纵制售伪劣商品犯罪行为罪等其他渎职犯罪的，依照处罚较重的规定定罪处罚。

负有食品安全监督管理职责的国家机关工作人员滥用职权或者玩忽职守，不构成食品监管渎职罪，但构成前款规定的其他渎职犯罪的，依照该其他犯罪定罪处罚。

负有食品安全监督管理职责的国家机关工作人员与他人共谋，利用其职务行为帮助他人实施危害食品安全犯罪行为，同时构成渎职犯罪和危害食品安全犯罪共犯的，依照处罚较重的规定定罪从重处罚。

【高检发释字〔2022〕1号】 最高人民法院、最高人民检察院关于办理危害药品安全刑事案件适用法律若干问题的解释（2022年2月28日最高法审委会第1865次会议、2022年2月25日最高检第13届检委会第92次会议修改，2022年3月3日公布，2022年3月6日施行）

第14条 负有药品安全监督管理职责的国家机关工作人员，滥用职权或者玩忽职守，构成药品监管渎职罪，同时构成商检徇私舞弊罪、商检失职罪等其他渎职犯罪的，依照处罚较重的规定定罪处罚。

负有药品安全监督管理职责的国家机关工作人员滥用职权或者玩忽职守，不构成药品监管渎职罪，但构成前款规定的其他渎职犯罪的，依照该其他犯罪定罪处罚。

负有药品安全监督管理职责的国家机关工作人员与他人共谋，利用其职务便利帮助他人实施危害药品安全犯罪行为，同时构成渎职犯罪和危害药品安全犯罪共犯的，依照处罚较重的规定定罪从重处罚。

● 指导案例 **【高检发研字〔2014〕2号】** 最高人民检察院关于印发第4批指导性案例的通知（2014年2月19日最高人民检察院第12届检察委员会第17次会议讨论通过，2014年2月20日印发）

（检例第15号）胡林贵等人生产、销售有毒、有害食品，行贿；骆梅等人销售伪劣产品；朱伟全等人生产、销售伪劣产品；黎达文等人受贿，食品监管渎职案

要旨： 负有食品安全监督管理职责的国家机关工作人员，滥用职权，向生产、销售有毒、有害食品的犯罪分子通风报信，帮助逃避处罚的，应当认定为食品监管渎职罪；在渎职过程中受贿的，应当以食品监管渎职罪和受贿罪实行数罪并罚。

（检例第 16 号） 赛跃、韩成武受贿、食品监管渎职案

要旨： 负有食品安全监督管理职责的国家机关工作人员，滥用职权或玩忽职守，导致发生重大食品安全事故或者造成其他严重后果的，应当认定为食品监管渎职罪。在渎职过程中受贿的，应当以食品监管渎职罪和受贿罪实行数罪并罚。

第 409 条　【传染病防治失职罪】 从事传染病防治的政府卫生行政部门的工作人员严重不负责任，导致传染病传播或者流行，情节严重的，处三年以下有期徒刑或者拘役。

● **条文注释**　根据《传染病防治法》第 53 条规定，县级以上人民政府卫生行政部门对传染病防治工作履行下列监督检查职责：（1）对下级人民政府卫生行政部门履行本法规定的传染病防治职责进行监督检查；（2）对疾病预防控制机构、医疗机构的传染病防治工作进行监督检查；（3）对采供血机构的采供血活动进行监督检查；（4）对用于传染病防治的消毒产品及其生产单位进行监督检查，并对饮用水供水单位从事生产或者供应活动以及涉及饮用水卫生安全的产品进行监督检查；（5）对传染病菌种、毒种和传染病检测样本的采集、保藏、携带、运输、使用进行监督检查；（6）对公共场所和有关单位的卫生条件和传染病预防、控制措施进行监督检查。

构成第 409 条规定之罪，必须具备以下条件：（1）犯罪主体是卫生行政部门中从事传染病防治的工作人员；（2）行为人由于严重不负责任，导致传染病传播或者流行；（3）情节严重。

这里的"传染病传播或者流行"，是指在一定范围内出现《传染病防治法》第 3 条规定的甲类、乙类或丙类传染病疫情的发生。"情节严重"的界定标准依照"法释〔2003〕8 号"《解释》第 16 条和"高检发释字〔2006〕2 号"《立案标准》第一部分第 20 条的规定。

需要注意的是：根据 2004 年修订的《传染病防治法》第 8 章的相关规定，除卫生行政部门以外，地方各级人民政府及其履行传染病防治和保障职责的其他相关部门、疾病预防控制机构、医疗机构、采供血机构、国境卫生检疫机关、动物防疫机构和病原微生物实验单位等单位的工作人员，都可能因为传染病防

治失职而构成犯罪。但第409条规定传染病防治失职罪的犯罪主体为卫生行政部门的工作人员，因此，非卫生行政部门的工作人员因为传染病防治失职构成犯罪时，应当依据2002年12月28日第9届全国人大常委会发布的关于渎职罪主体适用问题的解释，以玩忽职守罪追究刑事责任。

● 相关规定 【法释〔2003〕8号】 最高人民法院、最高人民检察院关于办理妨害预防、控制突发传染病疫情等灾害的刑事案件具体应用法律若干问题的解释（2003年5月13日最高人民法院审判委员会第1269次会议、2003年5月13日最高人民检察院第10届检察委员会第3次会议通过，2003年5月14日公布，2003年5月15日起施行）

第16条 在预防、控制突发传染病疫情等灾害期间，从事传染病防治的政府卫生行政部门的工作人员，或者在受政府卫生行政部门委托代表政府卫生行政部门行使职权的组织中从事公务的人员，或者虽未列入政府卫生行政部门人员编制但在政府卫生行政部门从事公务的人员，在代表政府卫生行政部门行使职权时，严重不负责任，导致传染病传播或者流行，情节严重的，依照刑法第409条的规定，以传染病防治失职罪定罪处罚。

在国家对突发传染病疫情等灾害采取预防、控制措施后，具有下列情形之一的，属于刑法第409条规定的"情节严重"：

（一）对发生突发传染病疫情等灾害的地区或者突发传染病病人、病原携带者、疑似突发传染病病人，未按照预防、控制突发传染病疫情等灾害工作规范的要求做好防疫、检疫、隔离、防护、救治等工作，或者采取的预防、控制措施不当，造成传染范围扩大或者疫情、灾情加重的；

（二）隐瞒、缓报、谎报或者授意、指使、强令他人隐瞒、缓报、谎报疫情、灾情，造成传染范围扩大或者疫情、灾情加重的；

（三）拒不执行突发传染病疫情等灾害应急处理指挥机构的决定、命令，造成传染范围扩大或者疫情、灾情加重的；

（四）具有其他严重情节的。

第18条 本解释所称"突发传染病疫情等灾害"，是指突然发生，造成或者可能造成社会公众健康严重损害的重大传染病疫情、群体性不明原因疾病以及其他严重影响公众健康的灾害。

【法发〔2020〕7号】 最高人民法院、最高人民检察院、公安部、司法部关于依法惩治妨害新型冠状病毒感染肺炎疫情防控违法犯罪的意见（2020年2月6日印发）

二、准确适用法律，依法严惩妨害疫情防控的各类违法犯罪

（七）依法严惩疫情防控失职渎职、贪污挪用犯罪。……

（第2款）　卫生行政部门的工作人员严重不负责任，不履行或者不认真履行防治监管职责，导致新型冠状病毒感染肺炎传播或者流行，情节严重的，依照刑法第409条的规定，以传染病防治失职罪定罪处罚。

● **立案标准**　最高人民检察院关于渎职侵权犯罪案件立案标准的规定（高检发释字〔2006〕2号，2005年12月29日最高人民检察院第10届检察委员会第49次会议通过，2006年7月26日公布施行）

一、渎职犯罪案件

（二十）传染病防治失职案（第409条）

传染病防治失职罪是指从事传染病防治的政府卫生行政部门的工作人员严重不负责任，不履行或者不认真履行传染病防治监管职责，导致传染病传播或者流行，情节严重的行为。

涉嫌下列情形之一的，应予立案：

1. 导致甲类传染病传播的；
2. 导致乙类、丙类传染病流行的；
3. 因传染病传播或者流行，造成人员重伤或者死亡的；
4. 因传染病传播或者流行，严重影响正常的生产、生活秩序的；
5. 在国家对突发传染病疫情等灾害采取预防、控制措施后，对发生突发传染病疫情等灾害的地区或者突发传染病病人、病原携带者、疑似突发传染病病人，未按照预防、控制突发传染病疫情等灾害工作规范的要求做好防疫、检疫、隔离、防护、救治等工作，或者采取的预防、控制措施不当，造成传染范围扩大或者疫情、灾情加重的；
6. 在国家对突发传染病疫情等灾害采取预防、控制措施后，隐瞒、缓报、谎报或者授意、指使、强令他人隐瞒、缓报、谎报疫情、灾情，造成传染范围扩大或者疫情、灾情加重的；
7. 在国家对突发传染病疫情等灾害采取预防、控制措施后，拒不执行突发传染病疫情等灾害应急处理指挥机构的决定、命令，造成传染范围扩大或者疫情、灾情加重的；
8. 其他情节严重的情形。

第 410 条① 【非法批准征收、征用、占用土地罪②；非法低价出让国有土地使用权罪】国家机关工作人员徇私舞弊，违反土地管理法规，滥用职权，非法批准征收、征用、占用土地，或者非法低价出让国有土地使用权，情节严重的，处三年以下有期徒刑或者拘役；致使国家或者集体利益遭受特别重大损失的，处三年以上七年以下有期徒刑。

● **条文注释** 根据相关的立法解释，这里的"土地管理法规"主要是指《土地管理法》《城市房地产管理法》《森林法》《草原法》《矿产资源法》等法律以及有关行政法规对土地管理的规定。

构成第 410 条规定之罪，必须具备以下条件：(1) 犯罪主体是特殊主体，必须是国家机关工作人员；(2) 行为人实施了非法批准征收、征用、占用土地或者非法低价出让国有土地使用权的行为；(3) 情节严重。

这里的"国家机关工作人员"，是指在国家机关中从事公务的人员，包括在各级国家立法机关、行政机关、司法机关和军事机关中从事公务的人员。在依照法律、法规规定行使国家行政管理职权的组织中从事公务的人员，或者在受国家机关委托代表国家行使职权的组织中从事公务的人员，或者虽未列入国家机关人员编制但在国家机关中从事公务的人员，在代表国家机关行使职权时，视为国家机关工作人员。在乡（镇）以上中国共产党机关、人民政协机关中从事公务的人员，视为国家机关工作人员。

"情节严重"的界定标准，依照"法释〔2000〕14 号"解释第 4 条、第 6 条以及"法释〔2005〕15 号"解释第 2 条、第 4 条和"法释〔2012〕15 号"解释第 3 条的规定。

需要注意的是：

(1) 本条规定的"非法低价出让国有土地使用权罪"与刑法第 228 条规定

---

① 注：本书根据 2009 年 8 月 27 日第 11 届全国人民代表大会常务委员会第 10 次会议通过的《关于修改部分法律的决定》(主席令第 18 号公布施行)，将原《刑法》第 410 条规定中的"征用"改为了"征收、征用"。

② 注：本罪名原为"非法批准征用、占用土地罪"；2009 年 8 月 27 日全国人民代表大会常务委员会《关于修改部分法律的决定》(主席令 18 号公布施行) 对条文修改后，根据《最高人民法院、最高人民检察院关于执行〈中华人民共和国刑法〉确定罪名的补充规定（六）》（法释〔2015〕20 号，最高人民法院审判委员会第 1664 次会议、最高人民检察院第 12 届检察委员会第 42 次会议通过，2015 年 11 月 1 日起执行）而改为现名。

的"非法转让、倒卖土地使用权罪"的区别：本条的犯罪主体是国家机关工作人员，犯罪的对象是国有土地的使用权，犯罪的结果是国有土地使用权以低价而又"合法"形式地发生转移，实质上造成了国有资产的流失；而第228条的犯罪主体是一般主体，其犯罪对象可以是国有土地或集体土地的使用权，也可以是私有的土地使用权，其犯罪行为导致的土地使用权的转移是非法的、无效的。

（2）如果军队人员擅自出卖或转让军队的房地产，情节严重的，则应当依照《刑法》第442条的规定定罪处罚。

● **立法解释**　全国人民代表大会常务委员会关于《中华人民共和国刑法》第二百二十八条、第三百四十二条、第四百一十条的解释（2001年8月31日第9届全国人民代表大会常务委员会第23次会议通过）

刑法第228条、第342条、第410条规定的"违反土地管理法规"是指违反土地管理法、森林法、草原法等法律以及有关行政法规中关于土地管理的规定。

刑法第410条规定的"非法批准征收、征用、占用土地"，是指非法批准征收、征用、占用耕地、林地等农用地以及其他土地。[①]

注：本解释主要是明确了四个问题：[②]

第一，刑法中土地管理法规的含义。《刑法》第228条、第342条、第410条中规定的"土地管理法规"是按照土地法这个法律部门划分的，并不仅指《土地管理法》，还包括其他法律中有关土地管理的规定以及国务院有关土地管理的行政法规。《土地管理法》是土地管理的基本法律，根据该法第4条的规定，土地包括农用地、建设用地和未利用地，其中农用地又包括耕地、林地、草地、农田水利用地、养殖水面等。因此，林地属于土地的重要组成部分。《森林法》及其实施条例有关林地管理的规定，《草原法》《矿产资源法》等法律及其实施细则等行政法规中有关土地管理的规定，这些均属于本条中土地管理法规的范围。

[①] 《全国人民代表大会常务委员会关于〈中华人民共和国刑法〉第二百二十八条、第三百四十二条、第四百一十条的解释》第2款规定中的原文为"非法批准征用、占用土地"，根据2009年8月27日第11届全国人民代表大会常务委员会第10次会议通过的《关于修改部分法律的决定》（主席令第18号公布施行），将条文中的"征用"修改为"征收、征用"。

[②] 本说明摘自中国人大网"全国人民代表大会常务委员会关于《中华人民共和国刑法》第二百二十八条、第三百四十二条、第四百一十条的解释释义"，http://www.npc.gov.cn/npc/flsyywd/xingfa/2004-10/20/content_337785.htm，最后访问日期：2021年10月1日。

第二，《刑法》第410条规定的国家机关工作人员的含义。《刑法》第410条中规定的国家机关工作人员是指负有土地管理职权的国家机关中从事土地管理工作的人员。需要特别说明的是，国务院提出对刑法第410条的修改建议，主要目的是明确《刑法》第410条规定中的国家工作人员包括各级人民政府的林业主管机关工作人员。全国人大常委会经过讨论认为刑法第410条是包括林业主管机关在内的，因此不需要作修改。

此外，国务院林业主管部门反映，实践中有一些地方的非林业主管机关及其工作人员也非法批准单位或者个人占用林地进行毁林开垦或者养殖等活动，造成林地大量毁坏，对于这种行为是否也应当按照刑法第410条的规定追究刑事责任，实践中存在不同认识。从刑法的规定看，刑法第410条是对依法行使土地管理职权的国家机关及其工作人员违反土地管理法规，非法批准征用、占用土地构成犯罪的规定，对于土地管理机关以外的其他国家机关及其工作人员超越职权范围，非法批准其他单位或者个人占用土地的行为，不应当适用刑法第410条。其他本不具有或者不直接行使土地管理职权的国家机关及其工作人员，超越其本身所具有的职权非法批准占用土地的行为实际上属于对其本身所具有的职权的滥用。上述国家机关工作人员滥用职权，非法批准占用土地，致使公共财产、国家和人民利益遭受重大损失的，应当依照刑法第397条的规定，以滥用职权罪追究刑事责任。

第三，刑法第410条规定的"非法批准"的含义。关于土地的使用，土地管理法规规定了严格的审批制度。任何单位和个人进行建设需要占用土地的，必须依法申请批准。申请使用的土地属于农民集体所有的土地的，除兴办乡镇企业或者村民建设住宅经依法批准使用本集体经济组织农民集体所有土地，或者乡（镇）村公共设施和公益事业建设经依法批准使用农民集体所有的土地的以外，必须首先办理国家土地征用手续，将该集体土地征用为国家所有。对于因建设征用土地的审批程序和条件，土地管理法规作了明确的规定。非法批准是指违反土地管理法规规定的关于土地征用、占用审批程序、条件，非法准许单位或者个人征用或者占用土地的行为。

国务院林业主管机关反映，实践中一些地方司法机关，在林业机关工作人员违法办理林地征用审核同意手续的行为是否属于刑法第410条规定的"非法批准征用、占用土地"的问题上，认识不一致。上述规定中的批准应作广义理解，是指国家机关及其工作人员行使职权的行为，即指依法享有土地管理职权的国家机关，包括各级土地管理机关、林业主管部门及其工作人员，审核、批准单位或者个人征用、占用土地，包括林地的行为。整个土地征用、使用审核、批准的各个环节都属于土地征用、占用的审批。根据土地管理法和森林法有关林地管理的规定，勘察、开采矿藏和修建道路、水利、电力、通讯等工程，需要占用或者征用林地的，用地单位应当首先向县级以上人民政府林业主管部门提出用地申请，经审核同意后，按照国家规定的标准预交森林植被恢复费，领取使用林地审核同意书。用地单位凭使用林地审核同意书依法办理建设用地审批手续。占用或者征用林地未经林业主管部门审核同意的，土地行政主管部门不得受理建设用地申请。需要临时占用林地的，应当经县级以上人民政府林业主管部门批准。林业主管部门依照上述规定进行的审核同意的过程，属于国家土地管理法规规定的林地征用、占用审批程序的组成部分。林业主管部门及其工作人员在审核过程中，违反土地管理法规规定的程序和条件，违法准许单位或者个人征用、占用林地的，属于刑法第410条规定的非法批准征用、占用土地，情节严重，构成犯罪的，应当依法追究刑事责任。

第四，"土地"的含义。根据《土地管理法》第4条的规定，刑法第410条规定的"非法批准征收、征用、占用土地"中的土地包括农用地、建设用地和未利用地。其中农用地是指直接用于农业生产的土地，包括耕地、林地、草地、农田水利用地、养殖水面等。建设用地是指建造建筑物、构筑物的土地，包括城乡住宅和公共设施用地、工矿用地、交通水利设施用地、旅游用地、军事设施用地等。未利用地是指农用地和建设用地以外的土地。

需要特别说明的是，本解释是全国人大常委会在审议国务院提请审议的关于修改刑法第342条、第410条的议案的过程中，经过讨论作出的，与《中华人民共和国刑法修正案（二）》同时通过。国务院原建议对刑法第410条修改为"国家机关工作人员违反土地管理法规、森林管理法规，非法批准征用、占用土地，或者非法审核批准开垦林地、占用林地并改作他用，或者非法低价出让国有土地使用权，情节严重的，处三年以下有期徒刑或者拘役；致使国家或者集体利益遭受特别重大损失的，处三年以上七年以下有期徒刑"，其主要目的是追究一些地方林业主管机关工作人员在涉及林地转用、征用、占用的审核、批准过程中，违法审核同意林地转用或者非法批准占用林地的行为。全国人大常委会在讨论过程中认为，刑法第410条规定的"非法批准"本身包括了各级林业主管机关工作人员非法办理林地转用审核和林地占用手续的行为，因此不需要对刑法第410条作修改，但是为了统一实践中在此问题上的不同认识，有必要通过立法解释予以明确，即各级人民政府林业主管机关的工作人员，在土地征用过程中，违反土地管理法规，非法审核同意征用林地或者批准占用林地，情节严重的，也应当依照刑法第410条的规定追究刑事责任。同时，全国人大常委会还认为，为了切实保护耕地、林地以外的其他土地资源，防止实践中有关部门对于刑法第410条中的土地的含义产生其他不一致的认识，有必要一并明确该条中的"土地"除了包括耕地、林地以外，还包括草地、农田水利用地、养殖水面等其他农用地以及建设用地、未利用地。

● **相关规定** 【**法释〔2000〕14号**】 **最高人民法院关于审理破坏土地资源刑事案件具体应用法律若干问题的解释**（2000年6月16日最高人民法院审判委员会第1119次会议通过，2000年6月19日公布，2000年6月22日起施行）

第4条 国家机关工作人员徇私舞弊，违反土地管理法规，滥用职权，非法批准征用、占用土地，具有下列情形之一的，属于非法批准征用、占用土地"情节严重"，依照刑法第410条的规定，以非法批准征用、占用土地罪定罪处罚：

（一）非法批准征用、占用基本农田10亩以上的；

（二）非法批准征用、占用基本农田以外的耕地30亩以上的；

（三）非法批准征用、占用其他土地50亩以上的；

（四）虽未达到上述数量标准，但非法批准征用、占用土地造成直接经济损失30万元以上；造成耕地大量毁坏等恶劣情节的。

第5条 实施第4条规定的行为，具有下列情形之一的，属于非法批准征用、占用土地"致使国家或者集体利益遭受特别重大损失"：

（一）非法批准征用、占用基本农田20亩以上的；

（二）非法批准征用、占用基本农田以外的耕地60亩以上的；

（三）非法批准征用、占用其他土地100亩以上的；

（四）非法批准征用、占用土地，造成基本农田5亩以上，其他耕地10亩以上严重毁坏的；

（五）非法批准征用、占用土地造成直接经济损失50万元以上等恶劣情节的。

第6条 国家机关工作人员徇私舞弊，违反土地管理法规，非法低价出让国有土地使用权，具有下列情形之一的，属于"情节严重"，依照刑法第410条的规定，以非法低价出让国有土地使用权罪定罪处罚：

（一）出让国有土地使用权面积在30亩以上，并且出让价额低于国家规定的最低价额标准的60%的；

（二）造成国有土地资产流失价额在30万元以上的。

第7条 实施第6条规定的行为，具有下列情形之一的，属于非法低价出让

国有土地使用权,"致使国家和集体利益遭受特别重大损失":

(一)非法低价出让国有土地使用权面积在 60 亩以上,并且出让价额低于国家规定的最低价额标准的 40%的;

(二)造成国有土地资产流失价额在 50 万元以上的。

第 9 条　多次实施本解释规定的行为依法应当追诉的,或者 1 年内多次实施本解释规定的行为未经处理的,按照累计的数量、数额处罚。

【法释〔2005〕15 号】　最高人民法院关于审理破坏林地资源刑事案件具体应用法律若干问题的解释(2005 年 12 月 19 日最高人民法院审判委员会第 1374 次会议通过,2005 年 12 月 26 日公布,2005 年 12 月 30 日起施行)

第 2 条　国家机关工作人员徇私舞弊,违反土地管理法规,滥用职权,非法批准征用、占用林地,具有下列情形之一的,属于刑法第 410 条规定的"情节严重",应当以非法批准征用、占用土地罪判处 3 年以下有期徒刑或者拘役:

(一)非法批准征用、占用防护林地、特种用途林地数量分别或者合计达到 10 亩以上;

(二)非法批准征用、占用其他林地数量达到 20 亩以上的;

(三)非法批准征用、占用林地造成直接经济损失数额达到 30 万元以上,或者造成本条第(一)项规定的林地数量分别或者合计达到 5 亩以上或者本条第(二)项规定的林地数量达到 10 亩以上毁坏的。

第 3 条　实施本解释第 2 条规定的行为,具有下列情形之一的,属于刑法第 410 条规定的"致使国家或者集体利益遭受特别重大损失",应当以非法批准征用、占用土地罪判处 3 年以上 7 年以下有期徒刑:

(一)非法批准征用、占用防护林地、特种用途林地数量分别或者合计达到 20 亩以上;

(二)非法批准征用、占用其他林地数量达到 40 亩以上的;

(三)非法批准征用、占用林地造成直接经济损失数额达到 60 万元以上,或者造成本条第(一)项规定的林地数量分别或者合计达到 10 亩以上或者本条第(二)项规定的林地数量达到 20 亩以上毁坏的。

第 4 条　国家机关工作人员徇私舞弊,违反土地管理法规,非法低价出让国有林地使用权,具有下列情形之一的,属于刑法第 410 条规定的"情节严重",应当以非法低价出让国有土地使用权罪判处 3 年以下有期徒刑或者拘役:

(一)林地数量合计达到 30 亩以上,并且出让价额低于国家规定的最低价

额标准的60%;

(二)造成国有资产流失价额达到30万元以上。

第5条 实施本解释第4条规定的行为,造成国有资产流失价额达到60万元以上的,属于刑法第410条规定的"致使国家和集体利益遭受特别重大损失",应当以非法低价出让国有土地使用权罪判处3年以上7年以下有期徒刑。

第6条 单位实施破坏林地资源犯罪的,依照本解释规定的相关定罪量刑标准执行。

第7条 多次实施本解释规定的行为依法应当追诉且未经处理的,应当按照累计的数量、数额处罚。

【高检发渎检字〔2008〕12号】 最高人民检察院关于加强查办危害土地资源渎职犯罪工作的指导意见(2008年11月6日)

二、准确确定损失后果。在查办案件中,对损失后果的认定,既要考虑被破坏的土地资源的经济价值,按照有关部门做出的鉴定结论,以经济损失计算损失后果,也要充分考虑土地作为特殊资源,被破坏土地的性质、地理位置、实际用处等差异所产生的土地价值,受损后无法用经济价值数额衡量的特殊性,可以采取经济标准或者面积标准认定损失后果,准确适用《中华人民共和国刑法》第397条和第410条的规定以及相关司法解释查处犯罪。

三、严格区分责任。在查办案件中,要分清渎职行为对危害后果所起的作用大小,正确区分主要责任人与次要责任人、直接责任人与间接责任人。对多因一果的有关责任人员,要分清主次,分别根据他们在造成危害土地资源损失结果发生过程中所起的作用,确定其罪责。

要正确区分决策者与实施人员、监管人员的责任。对于决策者滥用职权、玩忽职守、徇私舞弊违法决策,严重破坏土地资源的,或者强令、胁迫其他国家机关工作人员实施破坏土地资源行为的,或者阻挠监管人员执法,导致国家土地资源被严重破坏的,应当区分决策者和实施人员、监管人员的责任大小,重点查处决策者的渎职犯罪;实施人员、监管人员贪赃枉法、徇私舞弊,隐瞒事实真相,提供虚假信息,影响决策者的正确决策,造成危害后果发生的,要严肃追究实施人员和监管人员的责任;实施人员、监管人员明知决策者决策错误,而不提出反对意见,或者不进行纠正、制止、查处,造成国家土地资源被严重破坏的,应当视其情节追究渎职犯罪责任;对于决策者与具体实施人员、监管人员相互勾结,共同实施危害土地资源渎职犯罪的,要依法一并查处。

要严格区分集体行为和个人行为的责任。对集体研究做出的决定违反法律法规的，要具体案件具体分析。对于采取集体研究决策形式，实为个人滥用职权、玩忽职守、贪赃枉法、徇私舞弊等，构成危害土地资源渎职犯罪的，应当依法追究决策者的刑事责任。

四、正确把握法律政策界限。……对一时难以区分罪与非罪的，要放到具体时代背景、政策环境中去研究判断，对当时国家有关土地管理法律政策界限不清，以土地资源换取国家和集体经济发展的行为，要慎重对待，一般不作犯罪处理。

在查办案件中，要严格依法办案，既要认真执行国家刑事法律，也要认真掌握国土资源管理方面的规章制度和规范性文件。……对《国务院关于深化改革严格土地管理的决定》颁布以前的危害土地资源行为，要着力查办有徇私舞弊行为的滥用职权，玩忽职守，非法批准征收、征用、占用土地和非法低价出让国有土地使用权的渎职犯罪案件。

【法释〔2012〕15号】 最高人民法院关于审理破坏草原资源刑事案件应用法律若干问题的解释（2012年10月22日最高人民法院审判委员会第1558次会议通过，2012年11月2日公布，2012年11月22日起施行）

第3条 国家机关工作人员徇私舞弊，违反草原法等土地管理法规，具有下列情形之一的，应当认定为刑法第410条规定的"情节严重"：

（一）非法批准征收、征用、占用草原40亩以上的；

（二）非法批准征收、征用、占用草原，造成20亩以上草原被毁坏的；

（三）非法批准征收、征用、占用草原，造成直接经济损失30万元以上，或者具有其他恶劣情节的。

具有下列情形之一，应当认定为刑法第410条规定的"致使国家或者集体利益遭受特别重大损失"：

（一）非法批准征收、征用、占用草原80亩以上的；

（二）非法批准征收、征用、占用草原，造成40亩以上草原被毁坏的；

（三）非法批准征收、征用、占用草原，造成直接经济损失60万元以上，或者具有其他特别恶劣情节的。

第6条 多次实施破坏草原资源的违法犯罪行为，未经处理，应当依法追究刑事责任的，按照累计的数量、数额定罪处罚。

第7条 本解释所称"草原"，是指天然草原和人工草地，天然草原包括草地、草山和草坡，人工草地包括改良草地和退耕还草地，不包括城镇草地。

【高检研〔2017〕9号】　最高人民检察院法律政策研究室关于对刑法第四百一十条"违反土地管理法规"如何理解问题的答复（2017年3月14日答复贵州省检法律政策研究室请示）

1. 根据全国人大常委会有关立法解释，刑法第410条规定的"违反土地管理法规"是指违反土地管理法、森林法、草原法等法律以及有关行政法规中关于土地管理的规定。农业部《草原征占用审核审批管理办法》是有关行政主管部门为执行草原法所作出的细化规定，属部门规章，不属于刑法第410条规定的"土地管理法规"。

2. 请示所附案件涉嫌受贿和渎职犯罪。对于有关渎职行为，可以根据本案事实和证据情况，参照《土地管理法》第78条、《草原法》第63条，结合刑法第410条的规定认定处理；构成犯罪的，以非法批准征收、征用、占用土地罪追究刑事责任。

【国发〔2004〕82号】　国务院关于深化改革严格土地管理的决定（2004年10月21日）

（四）禁止非法压低地价招商。省、自治区、直辖市人民政府要依照基准地价制定并公布协议出让土地最低价标准。协议出让土地除必须严格执行规定程序外，出让价格不得低于最低价标准。违反规定出让土地造成国有土地资产流失的，要依法追究责任；情节严重的，依照《中华人民共和国刑法》的规定，以非法低价出让国有土地使用权罪追究刑事责任。

（五）……对非法批准占用土地、征收土地和非法低价出让国有土地使用权的国家机关工作人员，依照《监察部 国土资源部关于违反土地管理规定行为行政处分暂行办法》给予行政处分；构成犯罪的，依照《中华人民共和国刑法》、《中华人民共和国土地管理法》、《最高人民法院关于审理破坏土地资源刑事案件具体应用法律若干问题的解释》和最高人民检察院关于渎职犯罪案件立案标准的规定，追究刑事责任。对非法批准征收、使用土地，给当事人造成损失的，还必须依法承担赔偿责任。

【主席令〔2019〕32号】　中华人民共和国土地管理法（2019年8月26日第13届全国人大常委会第12次会议修正，2020年1月1日起施行）

第79条（第1款）　无权批准征收、使用土地的单位或者个人非法批准占用土地的，超越批准权限非法批准占用土地的，不按照土地利用总体规划确定的用途批准用地的，或者违反法律规定的程序批准占用、征收土地的，其批准文件无效，对非法批准征收、使用土地的直接负责的主管人员和其他直接责任人员，依法给予处分；构成犯罪的，依法追究刑事责任。……

【主席令〔2002〕82号】 中华人民共和国草原法（2021年4月29日修正）

第63条（第1款） 无权批准征收、征用、使用草原的单位或者个人非法批准征收、征用、使用草原的，超越批准权限非法批准征收、征用、使用草原的，或者违反法律规定的程序批准征收、征用、使用草原，构成犯罪的，依法追究刑事责任；尚不够刑事处罚的，依法给予行政处分。……

● **立案标准** 最高人民检察院关于渎职侵权犯罪案件立案标准的规定（高检发释字〔2006〕2号，2005年12月29日最高人民检察院第10届检察委员会第49次会议通过，2006年7月26日公布施行）

一、渎职犯罪案件

（二十一）非法批准征用、占用土地案（第410条）

非法批准征用、占用土地罪是指国家机关工作人员徇私舞弊，违反土地管理法、森林法、草原法等法律以及有关行政法规中关于土地管理的规定，滥用职权，非法批准征用、占用耕地、林地等农用地以及其他土地，情节严重的行为。

涉嫌下列情形之一的，应予立案：

1. 非法批准征用、占用基本农田10亩以上的；
2. 非法批准征用、占用基本农田以外的耕地30亩以上的；
3. 非法批准征用、占用其他土地50亩以上的；
4. 虽未达到上述数量标准，但造成有关单位、个人直接经济损失30万元以上，或者造成耕地大量毁坏或者植被遭到严重破坏的；
5. 非法批准征用、占用土地，影响群众生产、生活，引起纠纷，造成恶劣影响或者其他严重后果的；
6. 非法批准征用、占用防护林地、特种用途林地分别或者合计10亩以上的；
7. 非法批准征用、占用其他林地20亩以上的；
8. 非法批准征用、占用林地造成直接经济损失30万元以上，或者造成防护林地、特种用途林地分别或者合计5亩以上或者其他林地10亩以上毁坏的；
9. 其他情节严重的情形。

（二十二）非法低价出让国有土地使用权案（第410条）

非法低价出让国有土地使用权罪是指国家机关工作人员徇私舞弊，违反土地管理法、森林法、草原法等法律以及有关行政法规中关于土地管理的规定，滥用职权，非法低价出让国有土地使用权，情节严重的行为。

涉嫌下列情形之一的,应予立案:

1. 非法低价出让国有土地30亩以上,并且出让价额低于国家规定的最低价额标准的60%的;

2. 造成国有土地资产流失价额30万元以上的;

3. 非法低价出让国有土地使用权,影响群众生产、生活,引起纠纷,造成恶劣影响或者其他严重后果的;

4. 非法低价出让林地合计30亩以上,并且出让价额低于国家规定的最低价额标准的60%的;

5. 造成国有资产流失30万元以上的;

6. 其他情节严重的情形。

三、附则

(一)本规定中每个罪案名称后所注明的法律条款系《中华人民共和国刑法》的有关条款。

(二)本规定所称"以上"包括本数;有关犯罪数额"不满",是指已达到该数额80%以上的。

(三)本规定中的"国家机关工作人员",是指在国家机关中从事公务的人员,包括在各级国家权力机关、行政机关、司法机关和军事机关中从事公务的人员。在依照法律、法规规定行使国家行政管理职权的组织中从事公务的人员,或者在受国家机关委托代表国家行使职权的组织中从事公务的人员,或者虽未列入国家机关人员编制但在国家机关中从事公务的人员,在代表国家机关行使职权时,视为国家机关工作人员。在乡(镇)以上中国共产党机关、人民政协机关中从事公务的人员,视为国家机关工作人员。

(四)本规定中的"直接经济损失",是指与行为有直接因果关系而造成的财产损毁、减少的实际价值;"间接经济损失",是指由直接经济损失引起和牵连的其他损失,包括失去的在正常情况下可以获得的利益和为恢复正常的管理活动或者挽回所造成的损失所支付的各种开支、费用等。

有下列情形之一的,虽然有债权存在,但已无法实现债权的,可以认定为已经造成了经济损失:(1)债务人已经法定程序被宣告破产,且无法清偿债务;(2)债务人潜逃,去向不明;(3)因行为人责任,致使超过诉讼时效;(4)有证据证明债权无法实现的其他情况。

直接经济损失和间接经济损失,是指立案时确已造成的经济损失。移送审查起诉前,犯罪嫌疑人及其亲友自行挽回的经济损失,以及由司法机关或者犯罪嫌疑人所在单位及其上级主管部门挽回的经济损失,不予扣减,但可作为对犯罪嫌疑人从轻处理的情节考虑。

（五）本规定中的"徇私舞弊"，是指国家机关工作人员为徇私情、私利，故意违背事实和法律，伪造材料，隐瞒情况，弄虚作假的行为。

第411条　【放纵走私罪】海关工作人员徇私舞弊，放纵走私，情节严重的，处五年以下有期徒刑或者拘役；情节特别严重的，处五年以上有期徒刑。

● **条文注释**　第411条规定的犯罪主体是特殊主体，必须为海关工作人员。《海关法》的规定，国家在对外开放的口岸和海关监管业务集中的地点设立依法独立行使职权的海关机构，向海关总署负责。目前，全国海关共有3个派出机构（广东分署、驻天津特派员办事处、驻上海特派员办事处），41个直属海关，600多个隶属海关（由直属海关领导，负责办理具体海关业务的海关）和办事处，通关监管点近4000个，主要设置地点如下：（1）开放对外贸易的港口；（2）边境火车站、汽车站和主要国际联运火车站；（3）边境地区的陆路和江河上准许货物和人员进出的地点；（4）国际航空站；（5）国际邮件互换局（站）；（6）其他对外开放口岸和海关监管业务比较集中的地点；（7）国务院特许或者其他需要设立海关的地点。

这里的"徇私舞弊、放纵走私"是指海关工作人员为袒护亲友或徇其他私情私利，违背法律，对明知是走私行为而予以放纵，使之不受查究的行为。既包括明知是走私货物而私自放行，也包括应当没收走私货物、物品、违法所得而不予没收，应当予以罚款的不予罚款；既包括放纵走私犯罪分子，也包括放纵不构成犯罪的走私行为人。

"情节严重"的界定标准，依照"高检发释字〔2006〕2号"《立案标准》第一部分第23条的规定。

需要注意的是：

（1）如果海关工作人员与走私分子通谋，在放纵走私过程中以积极的行为配合走私分子逃避海关监管或者在放纵走私之后分得赃款的，应以共同走私犯罪追究刑事责任。

（2）海关工作人员收受贿赂又放纵走私的，应以受贿罪和放纵走私罪数罪并罚。

● **相关规定** 【法〔2002〕139号】 最高人民法院、最高人民检察院、海关总署关于办理走私刑事案件适用法律若干问题的意见（2002年7月8日印发）

十六、关于放纵走私罪的认定问题

依照刑法第411条的规定，负有特定监管义务的海关工作人员徇私舞弊，利用职权，放任、纵容走私犯罪行为，情节严重的，构成放纵走私罪。放纵走私行为，一般是消极的不作为。如果海关工作人员与走私分子通谋，在放纵走私过程中以积极的行为配合走私分子逃避海关监管或者在放纵走私之后分得赃款的，应以共同走私犯罪追究刑事责任。

海关工作人员收受贿赂又放纵走私的，应以受贿罪和放纵走私罪数罪并罚。

【法释〔2012〕18号】 最高人民法院、最高人民检察院关于办理渎职刑事案件适用法律若干问题的解释（一）（2012年7月9日最高法审委会第1552次会议、2012年9月12日最高检第11届检委会第79次会议通过，2012年12月7日公布，2013年1月9日施行）

第4条 国家机关工作人员实施渎职行为，放纵他人犯罪或者帮助他人逃避刑事处罚，构成犯罪的，依照渎职罪的规定定罪处罚。

国家机关工作人员与他人共谋，利用其职务行为帮助他人实施其他犯罪行为，同时构成渎职犯罪和共谋实施的其他犯罪共犯的，依照处罚较重的规定定罪处罚。

国家机关工作人员与他人共谋，既利用其职务行为帮助他人实施其他犯罪，又以非职务行为与他人共同实施该其他犯罪行为，同时构成渎职犯罪和其他犯罪的共犯的，依照数罪并罚的规定定罪处罚。

第10条 最高人民法院、最高人民检察院此前发布的司法解释与本解释不一致的，以本解释为准。

● **立案标准** 最高人民检察院关于渎职侵权犯罪案件立案标准的规定（高检发释字〔2006〕2号，2005年12月29日最高人民检察院第10届检察委员会第49次会议通过，2006年7月26日公布施行）

一、渎职犯罪案件

（二十三）放纵走私案（第411条）

放纵走私罪是指海关工作人员徇私舞弊，放纵走私，情节严重的行为。

涉嫌下列情形之一的，应予立案：

1. 放纵走私犯罪的；
2. 因放纵走私致使国家应收税额损失累计达10万元以上的；

3. 放纵走私行为3起次以上的；
4. 放纵走私行为，具有索取或者收受贿赂情节的；
5. 其他情节严重的情形。

三、附则

（一）本规定中每个罪案名称后所注明的法律条款系《中华人民共和国刑法》的有关条款。

（二）本规定所称"以上"包括本数；有关犯罪数额"不满"，是指已达到该数额80%以上的。

（三）本规定中的"国家机关工作人员"，是指在国家机关中从事公务的人员，包括在各级国家权力机关、行政机关、司法机关和军事机关中从事公务的人员。在依照法律、法规规定行使国家行政管理职权的组织中从事公务的人员，或者在受国家机关委托代表国家行使职权的组织中从事公务的人员，或者虽未列入国家机关人员编制但在国家机关中从事公务的人员，在代表国家机关行使职权时，视为国家机关工作人员。在乡（镇）以上中国共产党机关、人民政协机关中从事公务的人员，视为国家机关工作人员。

（五）本规定中的"徇私舞弊"，是指国家机关工作人员为徇私情、私利，故意违背事实和法律，伪造材料，隐瞒情况，弄虚作假的行为。

第412条 【商检徇私舞弊罪】国家商检部门、商检机构的工作人员徇私舞弊，伪造检验结果的，处五年以下有期徒刑或者拘役；造成严重后果的，处五年以上十年以下有期徒刑。

【商检失职罪】前款所列人员严重不负责任，对应当检验的物品不检验，或者延误检验出证、错误出证，致使国家利益遭受重大损失的，处三年以下有期徒刑或者拘役。

第413条 【动植物检疫徇私舞弊罪】动植物检疫机关的检疫人员徇私舞弊，伪造检疫结果的，处五年以下有期徒刑或者拘役；造成严重后果的，处五年以上十年以下有期徒刑。

【动植物检疫失职罪】前款所列人员严重不负责任，对应当检疫的检疫物不检疫，或者延误检疫出证、错误出证，致使国家利益遭受重大损失的，处三年以下有期徒刑或者拘役。

● **条文注释** 第412条、第413条是针对国家检验检疫部门及其分支机构的工作人员在工作中渎职行为的处罚规定。

根据《进出口商品检验法》等相关规定，对列入《出入境检验检疫机构实施检验检疫的进出境商品目录》的进出口商品，由国家商检机构实施检验。上述进口商品未经检验的，不准销售、使用；上述出口商品未经检验合格的，不准出口。根据《进出境动植物检疫法》等相关规定，动植物及其产品和其他检疫物，应当在进出境口岸实施检疫。检疫不合格又无有效方法作除害处理的，不准进出境。

构成第412条各款规定之罪，必须具备以下条件：（1）犯罪主体是特殊主体，即国家商检部门、商检机构的工作人员；（2）行为人在商检工作中徇私舞弊或者失职；（3）对于商检失职行为，还要求致使国家利益遭受重大损失。

构成第413条各款规定之罪，必须具备以下条件：（1）犯罪主体是特殊主体，即动植物检疫机关的检疫人员；（2）行为人在动植物检疫工作中徇私舞弊或者失职；（3）对于动植物检疫失职行为，还要求致使国家利益遭受重大损失。

这里的"国家商检部门、商检机构的工作人员""动植物检疫机关的检疫人员"是指在国家商检部门及其分支机构中，从事进出口商品检验、动植物检疫工作的人员。①

"伪造检验、检疫结果"是指对检验检疫不合格的商品或动植物故意出具检验或检疫合格证明；或者对明知是合格的商品、动植物故意出具不合格的检验检疫证明。"造成严重后果"是指因伪造检验检疫结果，致使不合格或残损短缺的进出口商品进出口，造成国家利益遭受严重损失，或者致使带有传染病、寄生虫病和植物危险性病、虫害传入、传出国境，造成重大疫情或者遭受重大损失的情形，具体的界定标准依照"高检发释字〔2006〕2号"《立案标准》第一部分第24条至第27条的规定。

---

① 注：第412条规定的"国家商检部门、商检机构"是指原国家进出口商品检验局及其分支机构，第413条规定的"动植物检疫机关"是指原国家动植物检疫局及其分支机构；1998年3月，根据国务院"三检合一"机构改革方案和《国务院关于机构设置的通知》（国发〔1998〕5号），国家进出口商品检验局、国家动植物检疫局和国家卫生检疫局合并组建"国家出入境检验检疫局"；2005年9月，国务院决定将国家质量技术监督局与国家出入境检验检疫局合并，组建"国家质量监督检验检疫总局"（正部级，简称国家质检总局）。根据2018年3月17日第13届全国人大第1次会议关于国务院机构改革方案的决定，国家质量监督检验检疫总局并入新组建的"国家市场监督管理总局"，其中的出入境检验检疫管理职责划入海关总署。

● 相关规定 【法〔2003〕167号】 全国法院审理经济犯罪案件工作座谈会纪要（2002年6月4日至6日在重庆市召开，各高院和解放军军事法院的刑事主管副院长和刑庭庭长参加，全国人大常委会法工委、最高检、公安部派员参加；2003年11月13日印发）

（四）关于"徇私"的理解

徇私舞弊型渎职犯罪的"徇私"应理解为徇个人私情、私利。国家机关工作人员为了本单位的利益，实施滥用职权、玩忽职守行为，构成犯罪的，依照刑法第397条第1款的规定定罪处罚。

【法释〔2021〕24号】 最高人民法院、最高人民检察院关于办理危害食品安全刑事案件适用法律若干问题的解释（2021年12月13日最高法审委会第1856次会议、2021年12月29日最高检第13届检委会第84次会议通过，2021年12月30日公布，2022年1月1日施行；法释〔2013〕12号《解释》同时废止）

第20条 负有食品安全监督管理职责的国家机关工作人员，滥用职权或者玩忽职守，构成食品监管渎职罪，同时构成徇私舞弊不移交刑事案件罪、商检徇私舞弊罪、动植物检疫徇私舞弊罪、放纵制售伪劣商品犯罪行为罪等其他渎职犯罪的，依照处罚较重的规定定罪处罚。

负有食品安全监督管理职责的国家机关工作人员滥用职权或者玩忽职守，不构成食品监管渎职罪，但构成前款规定的其他渎职犯罪的，依照该其他犯罪定罪处罚。

负有食品安全监督管理职责的国家机关工作人员与他人共谋，利用其职务行为帮助他人实施危害食品安全犯罪行为，同时构成渎职犯罪和危害食品安全犯罪共犯的，依照处罚较重的规定定罪从重处罚。

【高检发释字〔2022〕1号】 最高人民法院、最高人民检察院关于办理危害药品安全刑事案件适用法律若干问题的解释（2022年2月28日最高法审委会第1865次会议、2022年2月25日最高检第13届检委会第92次会议修改，2022年3月3日公布，2022年3月6日施行）

第14条（第1款） 负有药品安全监督管理职责的国家机关工作人员，滥用职权或者玩忽职守，构成药品监管渎职罪，同时构成商检徇私舞弊罪、商检失职罪等其他渎职犯罪的，依照处罚较重的规定定罪处罚。

（第2款） 负有药品安全监督管理职责的国家机关工作人员滥用职权或者玩忽职守，不构成药品监管渎职罪，但构成前款规定的其他渎职犯罪的，依照该其他犯罪定罪处罚。

● **立案标准** 最高人民检察院关于渎职侵权犯罪案件立案标准的规定（高检发释字〔2006〕2号，2005年12月29日最高人民检察院第10届检察委员会第49次会议通过，2006年7月26日公布施行）

一、渎职犯罪案件

（二十四）商检徇私舞弊案（第412条第1款）

商检徇私舞弊罪是指出入境检验检疫机关、检验检疫机构工作人员徇私舞弊，伪造检验结果的行为。

涉嫌下列情形之一的，应予立案：

1. 采取伪造、变造的手段对报检的商品的单证、印章、标志、封识、质量认证标志等作虚假的证明或者出具不真实的证明结论的；

2. 将送检的合格商品检验为不合格，或者将不合格商品检验为合格的；

3. 对明知是不合格的商品，不检验而出具合格检验结果的；

4. 其他伪造检验结果应予追究刑事责任的情形。

（二十五）商检失职案（第412条第2款）

商检失职罪是指出入境检验检疫机关、检验检疫机构工作人员严重不负责任，对应当检验的物品不检验，或者延误检验出证、错误出证，致使国家利益遭受重大损失的行为。

涉嫌下列情形之一的，应予立案：

1. 致使不合格的食品、药品、医疗器械等商品出入境，严重危害生命健康的；

2. 造成个人财产直接经济损失15万元以上，或者直接经济损失不满15万元，但间接经济损失75万元以上的；

3. 造成公共财产、法人或者其他组织财产直接经济损失30万元以上，或者直接经济损失不满30万元，但间接经济损失150万元以上的；

4. 未经检验，出具合格检验结果，致使国家禁止进口的固体废物、液态废物和气态废物等进入境内的；

5. 不检验或者延误检验出证、错误出证，引起国际经济贸易纠纷，严重影响国家对外经贸关系，或者严重损害国家声誉的；

6. 其他致使国家利益遭受重大损失的情形。

（二十六）动植物检疫徇私舞弊案（第413条第1款）

动植物检疫徇私舞弊罪是指出入境检验检疫机关、检验检疫机构工作人员徇私舞弊，伪造检疫结果的行为。

涉嫌下列情形之一的，应予立案：

1. 采取伪造、变造的手段对检疫的单证、印章、标志、封识等作虚假的证明或者出具不真实的结论的；

2. 将送检的合格动植物检疫为不合格，或者将不合格动植物检疫为合格的；

3. 对明知是不合格的动植物，不检疫而出具合格检疫结果的；

4. 其他伪造检疫结果应予追究刑事责任的情形。

（二十七）动植物检疫失职案（第413条第2款）

动植物检疫失职罪是指出入境检验检疫机关、检验检疫机构工作人员严重不负责任，对应当检疫的检疫物不检疫，或者延误检疫出证、错误出证，致使国家利益遭受重大损失的行为。

涉嫌下列情形之一的，应予立案：

1. 导致疫情发生，造成人员重伤或者死亡的；

2. 导致重大疫情发生、传播或者流行的；

3. 造成个人财产直接经济损失15万元以上，或者直接经济损失不满15万元，但间接经济损失75万元以上的；

4. 造成公共财产或者法人、其他组织财产直接经济损失30万元以上，或者直接经济损失不满30万元，但间接经济损失150万元以上的；

5. 不检疫或者延误检疫出证、错误出证，引起国际经济贸易纠纷，严重影响国家对外经贸关系，或者严重损害国家声誉的；

6. 其他致使国家利益遭受重大损失的情形。

三、附则

（一）本规定中每个罪案名称后所注明的法律条款系《中华人民共和国刑法》的有关条款。

（二）本规定所称"以上"包括本数；有关犯罪数额"不满"，是指已达到该数额80%以上的。

（三）本规定中的"国家机关工作人员"，是指在国家机关中从事公务的人员，包括在各级国家权力机关、行政机关、司法机关和军事机关中从事公务的人员。在依照法律、法规规定行使国家行政管理职权的组织中从事公务的人员，或者在受国家机关委托代表国家行使职权的组织中从事公务的人员，或者虽未列入国家机关人员编制但在国家机关中从事公务的人员，在代表国家机关行使职权时，视为国家机关工作人员。在乡（镇）以上中国共产党机关、人民政协机关中从事公务的人员，视为国家机关工作人员。

（四）本规定中的"直接经济损失"，是指与行为有直接因果关系而造成的财产损毁、减少的实际价值；"间接经济损失"，是指由直接经济损失引起和牵连的其他损失，包括失去的在正常情况下可以获得的利益和为恢复正常的管理活动或者挽回所造成的损失所支付的各种开支、费用等。

有下列情形之一的，虽然有债权存在，但已无法实现债权的，可以认定为已经造成了经济损失：（1）债务人已经法定程序被宣告破产，且无法清偿债务；（2）债务人潜逃，去向不明；（3）因行为人责任，致使超过诉讼时效；（4）有证据证明债权无法实现的其他情况。

直接经济损失和间接经济损失，是指立案时确已造成的经济损失。移送审查起诉前，犯罪嫌疑人及其亲友自行挽回的经济损失，以及由司法机关或者犯罪嫌疑人所在单位及其上级主管部门挽回的经济损失，不予扣减，但可作为对犯罪嫌疑人从轻处理的情节考虑。

（五）本规定中的"徇私舞弊"，是指国家机关工作人员为徇私情、私利，故意违背事实和法律，伪造材料，隐瞒情况，弄虚作假的行为。

> **第 414 条 【放纵制售伪劣商品犯罪行为罪】** 对生产、销售伪劣商品犯罪行为负有追究责任的国家机关工作人员，徇私舞弊，不履行法律规定的追究职责，情节严重的，处五年以下有期徒刑或者拘役。

● **条文注释** 第 414 条是对应《刑法》分则第 3 章第 1 节"生产、销售伪劣商品罪"的渎职犯罪处罚规定。构成第 414 条规定之罪，必须具备以下条件：（1）犯罪主体是特殊主体，即对生产、销售伪劣商品犯罪行为负有追究责任（也即查禁职责）的国家机关工作人员，如工商行政管理人员、食品药品监管人员、司法工作人员等；（2）行为人具有徇私舞弊，不履行法定职责的主观故意，并实施了该行为；（3）情节严重。

这里的"伪劣商品"，包括伪劣食品、药品（含人体用药、农药和兽药）、化肥、种子，不符合标准的化妆用品、卫生器材、特种设备或其他器材，以及其他假冒伪劣产品。

"情节严重"的界定标准，综合权衡"法释〔2001〕10 号"《解释》和"高检发释字〔2006〕2号"《立案标准》的规定。①

● **相关规定** 　**【法释〔2001〕10号】** 　最高人民法院、最高人民检察院关于办理生产、销售伪劣商品刑事案件具体应用法律若干问题的解释（2001年4月5日最高人民法院审判委员会第1168次会议、2001年3月30日最高人民检察院第9届检察委员会第84次会议通过，2001年4月9日公布，2001年4月10日起施行）

第8条　国家机关工作人员徇私舞弊，对生产、销售伪劣商品犯罪不履行法律规定的查处职责，具有下列情形之一的，属于刑法第414条规定的"情节严重"：

（一）放纵生产、销售假药或者有毒、有害食品犯罪行为的；

（二）放纵依法可能判处2年有期徒刑以上刑罚的生产、销售伪劣商品犯罪行为的；

（三）对3个以上有生产、销售伪劣商品犯罪行为的单位或者个人不履行追究职责的；

（四）致使国家和人民利益遭受重大损失或者造成恶劣影响的。

【法释〔2021〕24号】 　最高人民法院、最高人民检察院关于办理危害食品安全刑事案件适用法律若干问题的解释（2021年12月13日最高法审委会第1856次会议、2021年12月29日最高检第13届检委会第84次会议通过，2021年12月30日公布，2022年1月1日施行；法释〔2013〕12号《解释》同时废止）

第20条　负有食品安全监督管理职责的国家机关工作人员，滥用职权或者玩忽职守，构成食品监管渎职罪，同时构成徇私舞弊不移交刑事案件罪、商检徇私舞弊罪、动植物检疫徇私舞弊罪、放纵制售伪劣商品犯罪行为罪等其他渎职犯罪的，依照处罚较重的规定定罪处罚。

负有食品安全监督管理职责的国家机关工作人员滥用职权或者玩忽职守，

---

① 注："法释〔2001〕10号"《解释》第8条的规定与"高检发释字〔2006〕2号"《立案标准》第一部分第28条的规定不一致，后者规定的范围比前者宽广。特别注意的是，此处的《立案标准》是正式的"高检发释字"司法解释（不同于最高检、公安部联合印发的"公通字"立案标准），它与"法释号"《解释》的法律位阶是相同的。本着从严打击犯罪行为的思想，以及"新法优于旧法"的原则，本书认为刑法第414条规定中"情节严重"的界定标准应该依照后者的规定。

但需要注意的是，前者第（二）项的规定与后者第3项的规定相冲突。如果依照后者，那么行为人放纵刑法第140条规定的生产、销售伪劣产品犯罪行为，就可能不被追诉。因此本书认为，按照从严惩治国家机关工作人员渎职犯罪的指导思想，此处应该适用前者的规定。

不构成食品监管渎职罪，但构成前款规定的其他渎职犯罪的，依照该其他犯罪定罪处罚。

负有食品安全监督管理职责的国家机关工作人员与他人共谋，利用其职务行为帮助他人实施危害食品安全犯罪行为，同时构成渎职犯罪和危害食品安全犯罪共犯的，依照处罚较重的规定定罪从重处罚。

● **立案标准**　最高人民检察院关于渎职侵权犯罪案件立案标准的规定（高检发释字〔2006〕2号，2005年12月29日最高人民检察院第10届检察委员会第49次会议通过，2006年7月26日公布施行）

一、渎职犯罪案件

（二十八）放纵制售伪劣商品犯罪行为案（第414条）

放纵制售伪劣商品犯罪行为罪是指对生产、销售伪劣商品犯罪行为负有追究责任的国家机关工作人员徇私舞弊，不履行法律规定的追究职责，情节严重的行为。

涉嫌下列情形之一的，应予立案：①

1. 放纵生产、销售假药或者有毒、有害食品犯罪行为的；
2. 放纵生产、销售伪劣农药、兽药、化肥、种子犯罪行为的；
3. 放纵依法可能判处3年有期徒刑以上刑罚的生产、销售伪劣商品犯罪行为的；
4. 对生产、销售伪劣商品犯罪行为不履行追究职责，致使生产、销售伪劣商品犯罪行为得以继续的；
5. 3次以上不履行追究职责，或者对3个以上有生产、销售伪劣商品犯罪行为的单位或者个人不履行追究职责的；
6. 其他情节严重的情形。

三、附则

（一）本规定中每个罪案名称后所注明的法律条款系《中华人民共和国刑法》的有关条款。

---

① 注：本款规定比"法释〔2001〕10号"《解释》第8条的追诉情形更宽广。本着从严打击犯罪的思想，以及"新法优于旧法"的原则，应当适用本款规定。

但要注意者，本款第3项的规定与"法释〔2001〕10号"《解释》第8条第（二）项相冲突。如果依照本款规定，那么行为人放纵刑法第140条规定的生产、销售伪劣产品犯罪行为，就可能不被追诉。因此，本书认为，按照从严惩治国家机关工作人员渎职犯罪的指导思想，此处应该适用"法释〔2001〕10号"《解释》的规定。

（二）本规定所称"以上"包括本数；有关犯罪数额"不满"，是指已达到该数额 80% 以上的。

（三）本规定中的"国家机关工作人员"，是指在国家机关中从事公务的人员，包括在各级国家权力机关、行政机关、司法机关和军事机关中从事公务的人员。在依照法律、法规规定行使国家行政管理职权的组织中从事公务的人员，或者在受国家机关委托代表国家行使职权的组织中从事公务的人员，或者虽未列入国家机关人员编制但在国家机关中从事公务的人员，在代表国家机关行使职权时，视为国家机关工作人员。在乡（镇）以上中国共产党机关、人民政协机关中从事公务的人员，视为国家机关工作人员。

（五）本规定中的"徇私舞弊"，是指国家机关工作人员为徇私情、私利，故意违背事实和法律，伪造材料，隐瞒情况，弄虚作假的行为。

第415条　【办理偷越国（边）境人员出入境证件罪；放行偷越国（边）境人员罪】 负责办理护照、签证以及其他出入境证件的国家机关工作人员，对明知是企图偷越国（边）境的人员，予以办理出入境证件的，或者边防、海关等国家机关工作人员，对明知是偷越国（边）境的人员，予以放行的，处三年以下有期徒刑或者拘役；情节严重的，处三年以上七年以下有期徒刑。

● **条文注释**　"护照"是指一国主管机关发给本国公民出国履行公务、旅行或者在外居留，用以证明其国籍和身份的证件，一般有外交护照、公务护照和普通护照；"签证"是指一国国内或驻国外主管机关在本国或外国公民所持的护照或其他旅行证件上签证、盖印，表示准其出入本国国境或者过境的手续[①]。"其他出入境证件"包括出境、入境和过境的证件，如边防证、海员证、过境证等。负责办理上述证件的国家机关主要有：（1）外交部及其授权的地方外事部门；（2）家海事局及其授权的海事部门；（3）公安部及其授权的地方公安机关。上述国家机关的相关工作人员，是构成"办理偷越国（边）境人员出入境证件罪"的犯罪主体。

第415条所说的"边防"是指边防机构，即为保卫国家主权、领土完整和安全，防御侵犯和防止人员非法偷越国（边）境，在边境地区为采取防卫措施

[①] 注：中国的签证类型主要有：旅游签证（L）、访问签证（F）、学习签证（X）、职业签证（Z）、定居签证（D）、过境签证（G）、乘务签证（C）、记者签证（J）等。

而设立的机构，包括解放军边防部队和公安边防警察。"海关"是指根据国家规定，对进出国境的货物、邮递物品、旅客行李、货币、金银、证券和运输工具等进行监督检查、征收关税及其他税费并执行查禁走私任务的国家行政管理机关。上述国家机关的工作人员，是构成"放行偷越国（边）境人员罪"的犯罪主体。

"偷越国（边）境"是指非经一国有关主管机关批准，通过不正当手段出入或穿越该国国（边）境的行为。行为人如果明知对方是偷越国（边）境的人员，而故意为其办理可以放行的有效出入境证件，或者准许其出入或通过国（边）境，则构成第415条规定之罪。

"情节严重"是指多次实施本条规定的犯罪行为，情节恶劣或者造成严重后果的情形。

需要注意的是：构成第415条规定之罪，要求行为人具有故意犯罪的主观恶意。如果行为人由于疏忽大意或其他非主观原因而实施上述行为，则不能构成本罪。

● **立案标准** 最高人民检察院关于渎职侵权犯罪案件立案标准的规定（高检发释字〔2006〕2号，2005年12月29日最高人民检察院第10届检察委员会第49次会议通过，2006年7月26日公布施行）

一、渎职犯罪案件

（二十九）办理偷越国（边）境人员出入境证件案（第415条）

办理偷越国（边）境人员出入境证件罪是指负责办理护照、签证以及其他出入境证件的国家机关工作人员，对明知是企图偷越国（边）境的人员，予以办理出入境证件的行为。

负责办理护照、签证以及其他出入境证件的国家机关工作人员涉嫌在办理护照、签证以及其他出入境证件的过程中，对明知是企图偷越国（边）境的人员而予以办理出入境证件的，应予立案。

（三十）放行偷越国（边）境人员案（第415条）

放行偷越国（边）境人员罪是指边防、海关等国家机关工作人员，对明知是偷越国（边）境的人员予以放行的行为。

边防、海关等国家机关工作人员涉嫌在履行职务过程中，对明知是偷越国（边）境的人员而予以放行的，应予立案。

三、附则

（三）本规定中的"国家机关工作人员"，是指在国家机关中从事公务的人员，包括在各级国家权力机关、行政机关、司法机关和军事机关中从事公务的人员。在依照法律、法规规定行使国家行政管理职权的组织中从事公务的人员，或者在受国家机关委托代表国家行使职权的组织中从事公务的人员，或者虽未列入国家机关人员编制但在国家机关中从事公务的人员，在代表国家机关行使职权时，视为国家机关工作人员。在乡（镇）以上中国共产党机关、人民政协机关中从事公务的人员，视为国家机关工作人员。

> **第416条** 【不解救被拐卖、绑架妇女、儿童罪】对被拐卖、绑架的妇女、儿童负有解救职责的国家机关工作人员，接到被拐卖、绑架的妇女、儿童及其家属的解救要求或者接到其他人的举报，而对被拐卖、绑架的妇女、儿童不进行解救，造成严重后果的，处五年以下有期徒刑或者拘役。
>
> 【阻碍解救被拐卖、绑架妇女、儿童罪】负有解救职责的国家机关工作人员利用职务阻碍解救的，处二年以上七年以下有期徒刑；情节较轻的，处二年以下有期徒刑或者拘役。

● **条文注释** 构成第416条第1款规定之罪，必须具备以下条件：（1）犯罪主体是负有解救职责的国家机关工作人员；（2）接到解救要求或举报，不进行解救；（3）造成严重后果。

构成第416条第2款规定之罪，必须具备以下条件：（1）犯罪主体是负有解救职责的国家机关工作人员；（2）行为人实施了利用职务阻碍解救的行为。

这里的"负有解救职责的国家机关工作人员"主要包括：（1）各级政府中主管打击拐卖、绑架妇女、儿童，解救被拐卖、绑架的妇女、儿童的工作人员；（2）公安机关工作人员；（3）负有会同公安机关解救被拐卖、绑架的妇女、儿童职责的工作人员。"解救要求""举报"，既可以是口头的，也可以是书面的；"不进行解救"是指对被害人及其家属或者其他人的解救要求和举报置之不理，不采取任何解救措施，或者推诿、拖延解救工作。

"利用职务阻碍解救"是指负有解救职责的国家机关工作人员，利用职务给解救工作设置障碍，或者利用自己的身份、权力，阻止和干扰解救工作的进行。

"严重后果"主要是指造成被害人及其家属重伤、死亡或者引发其他恶性案件的情形，具体界定标准依照"高检发释字〔2006〕2号"《立案标准》第一部分第31条的规定。

● **立案标准** 最高人民检察院关于渎职侵权犯罪案件立案标准的规定（高检发释字〔2006〕2号，2005年12月29日最高人民检察院第10届检察委员会第49次会议通过，2006年7月26日公布施行）

一、渎职犯罪案件

（三十一）不解救被拐卖、绑架妇女、儿童案（第416条第1款）

不解救被拐卖、绑架妇女、儿童罪是指对被拐卖、绑架的妇女、儿童负有解救职责的公安、司法等国家机关工作人员接到被拐卖、绑架的妇女、儿童及其家属的解救要求或者接到其他人的举报，而对被拐卖、绑架的妇女、儿童不进行解救，造成严重后果的行为。

涉嫌下列情形之一的，应予立案：

1. 导致被拐卖、绑架的妇女、儿童或者其家属重伤、死亡或者精神失常的；
2. 导致被拐卖、绑架的妇女、儿童被转移、隐匿、转卖，不能及时进行解救的；
3. 对被拐卖、绑架的妇女、儿童不进行解救3人次以上的；
4. 对被拐卖、绑架的妇女、儿童不进行解救，造成恶劣社会影响的；
5. 其他造成严重后果的情形。

（三十二）阻碍解救被拐卖、绑架妇女、儿童案（第416条第2款）

阻碍解救被拐卖、绑架妇女、儿童罪是指对被拐卖、绑架的妇女、儿童负有解救职责的公安、司法等国家机关工作人员利用职务阻碍解救被拐卖、绑架的妇女、儿童的行为。

涉嫌下列情形之一的，应予立案：

1. 利用职权，禁止、阻止或者妨碍有关部门、人员解救被拐卖、绑架的妇女、儿童的；
2. 利用职务上的便利，向拐卖、绑架者或者收买者通风报信，妨碍解救工作正常进行的；
3. 其他利用职务阻碍解救被拐卖、绑架的妇女、儿童应予追究刑事责任的情形。

三、附则

（一）本规定中每个罪案名称后所注明的法律条款系《中华人民共和国刑法》的有关条款。

（二）本规定所称"以上"包括本数；有关犯罪数额"不满"，是指已达到该数额80%以上的。

（三）本规定中的"国家机关工作人员"，是指在国家机关中从事公务的人员，包括在各级国家权力机关、行政机关、司法机关和军事机关中从事公务的人员。在依照法律、法规规定行使国家行政管理职权的组织中从事公务的人员，或者在受国家机关委托代表国家行使职权的组织中从事公务的人员，或者虽未列入国家机关人员编制但在国家机关中从事公务的人员，在代表国家机关行使职权时，视为国家机关工作人员。在乡（镇）以上中国共产党机关、人民政协机关中从事公务的人员，视为国家机关工作人员。

> **第417条　【帮助犯罪分子逃避处罚罪】** 有查禁犯罪活动职责的国家机关工作人员，向犯罪分子通风报信、提供便利，帮助犯罪分子逃避处罚的，处三年以下有期徒刑或者拘役；情节严重的，处三年以上十年以下有期徒刑。

● **条文注释**　构成第417条规定之罪，必须具备以下条件：（1）犯罪主体是特殊主体，即负有查禁犯罪活动职责的国家机关工作人员，主要是指公安机关（含边防和海关缉私部门）、国家安全机关、检察机关、审判机关中的司法工作人员；（2）行为人具有故意帮助犯罪分子逃避处罚的主观恶意，并实施了该行为。

这里的"通风报信"是指向犯罪分子有意泄露或者直接告知犯罪分子有关部门查禁活动的部署、措施、时间、地点等情况的行为；"提供便利"是指为犯罪分子提供隐藏处所、交通工具、通讯设备或者其他便利条件，协助其逃避法律追究的行为。

需要注意的是：如果行为人是无意中泄露有关情况，或者是在不知情的情况下为犯罪分子提供了便利，则不能适用本条的规定。

● **相关规定**　**【公通字〔1998〕31号】**　**最高人民法院、最高人民检察院、公安部、国家工商行政管理局关于依法查处盗窃、抢劫机动车案件的规定**（1998年5月8日印发）

十、公安人员对盗窃、抢劫的机动车辆，非法提供机动车牌证或者为其取得机动车牌证提供便利，帮助犯罪分子逃避处罚的，依照《刑法》第417条规定处罚。

【公通字〔2000〕25号】　**公安部关于打击拐卖妇女儿童犯罪适用法律和政策有关问题的意见**（公安部2000年3月17日印发）

六、关于不解救或者阻碍解救被拐卖的妇女、儿童等渎职犯罪

对被拐卖的妇女、儿童负有解救职责的国家机关工作人员不履行解救职责，

或者袒护、纵容甚至支持买卖妇女、儿童，为买卖妇女、儿童人员通风报信，或者以其他方法阻碍解救工作的，要依法处理：

（四）有查禁拐卖妇女、儿童犯罪活动职责的国家机关工作人员，向拐卖妇女、儿童的犯罪分子通风报信、提供便利，帮助犯罪分子逃避处罚，构成犯罪的，以帮助犯罪分子逃避处罚罪移送人民检察院追究刑事责任。

【法释〔2017〕11号】　最高人民法院、最高人民检察院关于办理扰乱无线电通讯管理秩序等刑事案件适用法律若干问题的解释（2017年4月17日最高人民法院审判委员会第1715次会议、2017年5月25日最高人民检察院第12届检察委员会第64次会议通过，2017年6月27日公布，2017年7月1日起施行）

第7条（第2款）　有查禁扰乱无线电管理秩序犯罪活动职责的国家机关工作人员，向犯罪分子通风报信、提供便利，帮助犯罪分子逃避处罚的，应当依照刑法第417条的规定，以帮助犯罪分子逃避处罚罪追究刑事责任；事先通谋的，以共同犯罪论处。

【公通字〔2020〕17号】　最高人民法院、最高人民检察院、公安部、农业农村部依法惩治长江流域非法捕捞等违法犯罪的意见（2020年12月17日印发施行）

二、准确适用法律，依法严惩非法捕捞等危害水生生物资源的各类违法犯罪

（五）（第2款）负有查禁破坏水生生物资源犯罪活动职责的国家机关工作人员，向犯罪分子通风报信、提供便利，帮助犯罪分子逃避处罚的，应当依照刑法第417条的规定，以帮助犯罪分子逃避处罚罪定罪处罚。

【法释〔2022〕12号】　最高人民法院、最高人民检察院关于办理破坏野生动物资源刑事案件适用法律若干问题的解释（2021年12月13日最高法审委会第1856次会议、2022年2月9日最高检第13届检委会第89次会议通过，2022年4月9日施行；法释〔2000〕37号《最高人民法院关于审理破坏野生动物资源刑事案件具体应用法律若干问题的解释》同时废止）

第10条（第2款）　负有查禁破坏野生动物资源犯罪活动职责的国家机关工作人员，向犯罪分子通风报信、提供便利，帮助犯罪分子逃避处罚的，应当依照刑法第417条的规定，以帮助犯罪分子逃避处罚罪追究刑事责任。

● **立案标准**　最高人民检察院关于渎职侵权犯罪案件立案标准的规定（高检发释字〔2006〕2号，2005年12月29日最高人民检察院第10届检察委员会第49次会议通过，2006年7月26日公布施行）

一、渎职犯罪案件

（三十三）帮助犯罪分子逃避处罚案（第417条）

帮助犯罪分子逃避处罚罪是指有查禁犯罪活动职责的司法及公安、国家安全、海关、税务等国家机关工作人员，向犯罪分子通风报信、提供便利，帮助犯罪分子逃避处罚的行为。

涉嫌下列情形之一的，应予立案：

1. 向犯罪分子泄漏有关部门查禁犯罪活动的部署、人员、措施、时间、地点等情况的；

2. 向犯罪分子提供钱物、交通工具、通讯设备、隐藏处所等便利条件的；

3. 向犯罪分子泄漏案情的；

4. 帮助、示意犯罪分子隐匿、毁灭、伪造证据，或者串供、翻供的；

5. 其他帮助犯罪分子逃避处罚应予追究刑事责任的情形。

三、附则

（三）本规定中的"国家机关工作人员"，是指在国家机关中从事公务的人员，包括在各级国家权力机关、行政机关、司法机关和军事机关中从事公务的人员。在依照法律、法规规定行使国家行政管理职权的组织中从事公务的人员，或者在受国家机关委托代表国家行使职权的组织中从事公务的人员，或者虽未列入国家机关人员编制但在国家机关中从事公务的人员，在代表国家机关行使职权时，视为国家机关工作人员。在乡（镇）以上中国共产党机关、人民政协机关中从事公务的人员，视为国家机关工作人员。

第418条　【招收公务员、学生徇私舞弊罪】 国家机关工作人员在招收公务员、学生工作中徇私舞弊，情节严重的，处三年以下有期徒刑或者拘役。

● **条文注释**　构成第418条规定之罪，必须具备以下条件：1. 犯罪主体是特殊主体，即国家机关工作人员，主要包括：（1）国家机关中负有招收公务员工作的主管人员以及有关负责具体招收工作的人事部门的工作人员；（2）主管教育和负责招生工作的负责人以及其他具体工作人员。2. 在招收公务员、学生工作中实施了徇私舞弊的行为。3. 情节严重。

这里的"公务员"，是指依法履行公职、被纳入国家行政编制或事业编制、由国家财政负担工资福利的工作人员。"学生"，主要是指在由各级政府或教育行政部门依法批准或登记注册的各类国民教育学校或者研究机构中学习的人，如小学生、中学生、大学生、研究生等，包括学历教育学生和职业技能教育学生，但不包括社会上各种培训或教育机构招收的学生。

这里的"徇私舞弊"，是指在招收或录用公务员、学生的工作中，利用职权，弄虚作假，为亲友徇私情，将不合格的人员冒充合格人员予以招收、录用，或者将合格人员应当予以招收、录用的而不予招收、录用。"情节严重"的具体界定标准依照"高检发释字〔2006〕2号"《立案标准》第一部分第34条的规定。

● **相关规定　最高人民法院刑事审判第二庭关于教师能否成为招收学生徇私舞弊罪主体问题的会议纪要**（2001年4月最高人民法院刑二庭审判长会议研究意见）[①]

刑法第418条所规定的招收学生徇私舞弊的主体是国家机关工作人员，学校的教师属于文教事业单位人员，不属于国家机关工作人员，因此不能成为招收学生徇私舞弊的构成主体；教师接受委托或者聘请临时担任考试监考员等与招收学生相关职务的，并不具有国家机关工作人员身份，同样不能成为招收学生徇私舞弊罪的犯罪主体。

● **立案标准　最高人民检察院关于渎职侵权犯罪案件立案标准的规定**（高检发释字〔2006〕2号，2005年12月29日最高人民检察院第10届检察委员会第49次会议通过，2006年7月26日公布施行）

一、渎职犯罪案件

（三十四）招收公务员、学生徇私舞弊案（第418条）

招收公务员、学生徇私舞弊罪是指国家机关工作人员在招收公务员、省级以上教育行政部门组织招收的学生工作中徇私舞弊，情节严重的行为。

涉嫌下列情形之一的，应予立案：

1. 徇私舞弊，利用职务便利，伪造、变造人事、户口档案、考试成绩或者其他影响招收工作的有关资料，或者明知是伪造、变造的上述材料而予以认可的；

2. 徇私舞弊，利用职务便利，帮助5名以上考生作弊的；

3. 徇私舞弊招收不合格的公务员、学生3人次以上的；

4. 因徇私舞弊招收不合格的公务员、学生，导致被排挤的合格人员或者其近亲属自杀、自残造成重伤、死亡，或者精神失常的；

5. 因徇私舞弊招收公务员、学生，导致该项招收工作重新进行的；

[①] 注：本文件源自最高人民法院刑事审判第一、二庭主编：《刑事审判参考》（2001年第2辑，总第13辑），法律出版社2001年版，第86页。

6. 其他情节严重的情形。

三、附则

（一）本规定中每个罪案名称后所注明的法律条款系《中华人民共和国刑法》的有关条款。

（二）本规定所称"以上"包括本数；有关犯罪数额"不满"，是指已达到该数额 80% 以上的。

（三）本规定中的"国家机关工作人员"，是指在国家机关中从事公务的人员，包括在各级国家权力机关、行政机关、司法机关和军事机关中从事公务的人员。在依照法律、法规规定行使国家行政管理职权的组织中从事公务的人员，或者在受国家机关委托代表国家行使职权的组织中从事公务的人员，或者虽未列入国家机关人员编制但在国家机关中从事公务的人员，在代表国家机关行使职权时，视为国家机关工作人员。在乡（镇）以上中国共产党机关、人民政协机关中从事公务的人员，视为国家机关工作人员。

（五）本规定中的"徇私舞弊"，是指国家机关工作人员为徇私情、私利，故意违背事实和法律，伪造材料，隐瞒情况，弄虚作假的行为。

第419条 【失职造成珍贵文物损毁、流失罪】国家机关工作人员严重不负责任，造成珍贵文物损毁或者流失，后果严重的，处三年以下有期徒刑或者拘役。

● **条文注释** 构成第419条规定之罪，必须具备以下条件：（1）犯罪主体是特殊主体，即国家机关工作人员；（2）行为人因为严重不负责任，而造成珍贵文物损毁或流失；（3）后果严重。

这里的"严重不负责任"是指对自己经手管理、运输、使用的珍贵文物，不认真管理和保管，或者对可能造成珍贵文物损毁或流失的隐患，不采取措施，情节恶劣的行为。"珍贵文物"的范围见《刑法》第324条的注释，主要包括：（1）历史各时代珍贵的艺术品、工艺美术品；（2）重要的革命文献资料以及具有历史、艺术、科学价值的手稿、古旧图书资料；（3）反映历史上各时代、各民族社会制度、社会生产、社会生活的代表性实物；（4）具有科学价值的古脊椎动物化石、古人类化石等。

这里的"损毁"是指在考古发掘或者管理、保护过程中，造成上述珍贵文物破坏、损坏，或者毁灭，无法恢复原貌的行为；"流失"是指造成珍贵文物的丢失、流传到国外等情形。"后果严重"主要是指造成损毁的文物价值昂贵、损毁的文物数量大、面积广，以及造成文物流失情况严重等情形，具体的界定标准依照"法释〔2015〕23号"《解释》第10条的规定。

需要注意的是：第419条规定的犯罪主体是文物行政部门、公安机关、工商行政管理部门、海关、城乡建设规划部门等国家机关的工作人员；但根据2002年12月28日第9届全国人大常委会《关于渎职罪主体适用问题的解释》，博物馆、纪念馆、展览馆等事业单位的工作人员也可以构成本罪。

● **相关规定** 【法释〔2015〕23号】 **最高人民法院、最高人民检察院关于办理妨害文物管理等刑事案件适用法律若干问题的解释**（2015年10月12日最高人民法院审判委员会第1663次会议、2015年11月18日最高人民检察院第12届检察委员会第43次会议通过，2015年12月30日公布，2016年1月1日起施行）

第10条 国家机关工作人员严重不负责任，造成珍贵文物损毁或者流失，具有下列情形之一的，应当认定为刑法第419条规定的"后果严重"：

（一）导致二级以上文物或者5件以上三级文物损毁或者流失的；

（二）导致全国重点文物保护单位、省级文物保护单位的本体严重损毁或者灭失的；

（三）其他后果严重的情形。

第13条 案件涉及不同等级的文物的，按照高级别文物的量刑幅度量刑；有多件同级文物的，5件同级文物视为1件高一级文物，但是价值明显不相当的除外。

第15条 在行为人实施有关行为前，文物行政部门已对涉案文物及其等级作出认定的，可以直接对有关案件事实作出认定。

对案件涉及的有关文物鉴定、价值认定等专门性问题难以确定的，由司法鉴定机构出具鉴定意见，或者由国务院文物行政部门指定的机构出具报告。其中，对于文物价值，也可以由有关价格认证机构作出价格认证并出具报告。

第18条 本解释自2016年1月1日起施行。本解释公布施行后，《最高人民法院、最高人民检察院关于办理盗窃、盗掘、非法经营和走私文物的案件具体应用法律的若干问题的解释》（法（研）发〔1987〕32号）同时废止；之前发布的司法解释与本解释不一致的，以本解释为准。

● **立案标准** **最高人民检察院关于渎职侵权犯罪案件立案标准的规定**（高检发释字〔2006〕2号，2005年12月29日最高人民检察院第10届检察委员会第49次会议通过，2006年7月26日公布施行）

一、渎职犯罪案件

（三十五）失职造成珍贵文物损毁、流失案（第419条）
失职造成珍贵文物损毁、流失罪是指文物行政部门、公安机关、工商行政管理部门、海关、城乡建设规划部门等国家机关工作人员严重不负责任，造成珍贵文物损毁或者流失，后果严重的行为。

涉嫌下列情形之一的，应予立案：
1. 导致国家一、二、三级珍贵文物损毁或者流失的；[①]
2. 导致全国重点文物保护单位或者省、自治区、直辖市级文物保护单位损毁的；
3. 其他后果严重的情形。

三、附则

（三）本规定中的"国家机关工作人员"，是指在国家机关中从事公务的人员，包括在各级国家权力机关、行政机关、司法机关和军事机关中从事公务的人员。在依照法律、法规规定行使国家行政管理职权的组织中从事公务的人员，或者在受国家机关委托代表国家行使职权的组织中从事公务的人员，或者虽未列入国家机关人员编制但在国家机关中从事公务的人员，在代表国家机关行使职权时，视为国家机关工作人员。在乡（镇）以上中国共产党机关、人民政协机关中从事公务的人员，视为国家机关工作人员。

第十章　军人违反职责罪

第420条　【军人违反职责罪】 军人违反职责，危害国家军事利益，依照法律应当受刑罚处罚的行为，是军人违反职责罪。

● **条文注释**　第420条规定了"军人违反职责罪"的定义。根据我国刑事诉讼法的相关规定，军队内部发生的刑事案件，由军队保卫部门行使侦查权，由军事检察院、军事法院分别行使公诉权、审判权。（详见《刑事诉讼法全厚细》第308条的相关规定）

---

① 注：本项规定与"法释〔2015〕23号"《解释》不一致，应当以后者为准。

● **立案标准** 军人违反职责罪案件立案标准的规定（最高人民检察院、解放军总政治部2013年2月26日印发，2013年3月28日起施行；同时废止2002年10月31日解放军总政治部印发的《关于军人违反职责罪案件立案标准的规定（试行）》）

第34条 本规定中的"违反职责"，是指违反国家法律、法规，军事法规、军事规章所规定的军人职责，包括军人的共同职责，士兵、军官和首长的一般职责，各类主管人员和其他从事专门工作的军人的专业职责等。

第421条 【战时违抗命令罪】 战时违抗命令，对作战造成危害的，处三年以上十年以下有期徒刑；致使战斗、战役遭受重大损失的，处十年以上有期徒刑、无期徒刑或者死刑。

● **条文注释** 构成第421条规定之罪，必须具备以下条件：（1）犯罪主体是军人；（2）行为人具有违抗命令的主观故意，并且实施了该行为；（3）该行为发生在战时；（4）对作战造成了危害。

这里的"违抗命令"，是指军人故意违背上级的命令，不按照命令的具体要求，错误地执行或拒不执行命令的行为。如果行为人主观上不是故意违抗，而是由于没有及时接到命令或由于对命令发生误解而没有正确执行命令的，则不能构成本罪。

"造成危害"的界定标准依照总政发布的《立案标准》第1条的规定。"致使战斗、战役遭受重大损失"，是指造成我军人员的严重伤亡、物质的严重损失，甚至整个战斗、战役失利等严重后果。

● **立案标准** 军人违反职责罪案件立案标准的规定（最高人民检察院、解放军总政治部2013年2月26日印发，2013年3月28日起施行；同时废止2002年10月31日解放军总政治部印发的《关于军人违反职责罪案件立案标准的规定（试行）》）

第1条 战时违抗命令案（刑法第421条）

战时违抗命令罪是指战时违抗命令，对作战造成危害的行为。

违抗命令，是指主观上出于故意，客观上违背、抗拒首长、上级职权范围内的命令，包括拒绝接受命令、拒不执行命令，或者不按照命令的具体要求行动等。

战时涉嫌下列情形之一的，应予立案：

（一）扰乱作战部署或者贻误战机的；
（二）造成作战任务不能完成或者迟缓完成的；
（三）造成我方人员死亡1人以上，或者重伤2人以上，或者轻伤3人以上的；
（四）造成武器装备、军事设施、军用物资损毁，直接影响作战任务完成的；
（五）对作战造成其他危害的。

第35条　本规定所称"以上"，包括本数；有关犯罪数额"不满"，是指已达到该数额80%以上。

第37条　本规定中的"武器装备"，是实施和保障军事行动的武器、武器系统和军事技术器材的统称。

第38条　本规定中的"军用物资"，是除武器装备以外专供武装力量使用的各种物资的统称，包括装备器材、军需物资、医疗物资、油料物资、营房物资等。

第422条　【隐瞒、谎报军情罪；拒传、假传军令罪】故意隐瞒、谎报军情或者拒传、假传军令，对作战造成危害的，处三年以上十年以下有期徒刑；致使战斗、战役遭受重大损失的，处十年以上有期徒刑、无期徒刑或者死刑。

● **条文注释**　构成第422条规定之罪，必须具备以下条件：（1）犯罪主体是军人；（2）行为人具有隐瞒、谎报军情或者拒传、假传军令的主观故意，并且实施了该行为；（3）对作战造成了危害。

这里的"军情"，是指与军事行动有关的我军、友军和敌军的情报，如敌军的位置和数量，敌军的作战动向，敌军火力点的分布情况等。"军令"，是指与部队军事活动有关的命令（包括口头的、书面的、利用网络信息等各种方式发布的命令），如军队调动命令、进攻命令，撤换指挥人员命令等。

需要注意的是，构成本罪，要求行为人具备主观故意。如果行为人是由于认识的错误而错报了军情，或者由于不可抗拒的原因无法传达军令的，不能构成本条之罪。

"造成危害"的界定标准依照总政发布的《立案标准》第2条、第3条的规定。"致使战斗、战役遭受重大损失"，是指造成我军人员的严重伤亡、物质的严重损失，甚至整个战斗、战役失利等严重后果。

● **立案标准　军人违反职责罪案件立案标准的规定**（最高人民检察院、解放军总政治部2013年2月26日印发，2013年3月28日起施行；同时废止2002年10月31日解放军总政治部印发的《关于军人违反职责罪案件立案标准的规定（试行）》）

第2条　隐瞒、谎报军情案（刑法第422条）

隐瞒、谎报军情罪是指故意隐瞒、谎报军情，对作战造成危害的行为。

涉嫌下列情形之一的，应予立案：

（一）造成首长、上级决策失误的；

（二）造成作战任务不能完成或者迟缓完成的；

（三）造成我方人员死亡1人以上，或者重伤2人以上，或者轻伤3人以上的；

（四）造成武器装备、军事设施、军用物资损毁，直接影响作战任务完成的；

（五）对作战造成其他危害的。

第3条　拒传、假传军令案（刑法第422条）

拒传军令罪是指负有传递军令职责的军人，明知是军令而故意拒绝传递或者拖延传递，对作战造成危害的行为。

假传军令罪是指故意伪造、篡改军令，或者明知是伪造、篡改的军令而予以传达或者发布，对作战造成危害的行为。

涉嫌下列情形之一的，应予立案：

（一）造成首长、上级决策失误的；

（二）造成作战任务不能完成或者迟缓完成的；

（三）造成我方人员死亡1人以上，或者重伤2人以上，或者轻伤3人以上的；

（四）造成武器装备、军事设施、军用物资损毁，直接影响作战任务完成的；

（五）对作战造成其他危害的。

第35条　本规定所称"以上"，包括本数；有关犯罪数额"不满"，是指已达到该数额80%以上。

第37条　本规定中的"武器装备"，是实施和保障军事行动的武器、武器系统和军事技术器材的统称。

第38条　本规定中的"军用物资"，是除武器装备以外专供武装力量使用的各种物资的统称，包括装备器材、军需物资、医疗物资、油料物资、营房物资等。

> **第 423 条 【投降罪】** 在战场上贪生怕死，自动放下武器投降敌人的，处三年以上十年以下有期徒刑；情节严重的，处十年以上有期徒刑或者无期徒刑。
>
> 投降后为敌人效劳的，处十年以上有期徒刑、无期徒刑或者死刑。
>
> **第 424 条 【战时临阵脱逃罪】** 战时临阵脱逃的，处三年以下有期徒刑；情节严重的，处三年以上十年以下有期徒刑；致使战斗、战役遭受重大损失的，处十年以上有期徒刑、无期徒刑或者死刑。

● **条文注释** 第 423 条、第 424 条是对军人在作战时向敌人投降或临阵脱逃行为的处罚规定。

构成第 423 条规定之罪，必须具备以下条件：（1）犯罪主体是军人；（2）行为人具有贪生怕死的主观故意；（3）行为人实施了自动放下武器投降敌人的行为；（4）该行为发生在战时。

构成第 424 条规定之罪，必须具备以下条件：（1）犯罪主体是军人；（2）行为人具有临阵脱逃的主观故意；（3）行为人实施了擅自脱离岗位逃避战斗的行为；（4）该行为发生在战时。

换句话说，军人只要在战时实施了自动放下武器投降敌人或者临阵脱逃的行为，就可以构成投降罪或战时临阵脱逃罪。"投降后为敌人效劳"的性质更为恶劣，其表现形式可能有许多方式，如向敌人提供军事秘密，为敌人进行煽动、动摇我军战斗意志，甚至为敌人作战等，这些更是背叛祖国和人民的犯罪行为，因此第 423 条对此作了单独规定，并加重了处罚。

"情节严重"，主要包括以下几种情形：（1）率领部队投降或临阵脱逃；（2）策动或者胁迫他人投降或临阵脱逃；（3）指挥人员或者负有重要职责的人员投降或临阵脱逃；（4）在关键时刻投降或临阵脱逃；（5）造成较为严重的后果等情况。

"致使战斗、战役遭受重大损失"，是指造成我军人员的严重伤亡、物质的严重损失，甚至整个战斗、战役失利等严重后果。

需要注意的是：

（1）第 423 条规定的"投降罪"与《刑法》第 108 条规定的"投敌叛变罪"的区别：投降罪的犯罪主体是特殊主体，只能是军人，并且只能发生在战场上；而投敌叛变罪的犯罪主体是一般主体，可以发生在任何时间和地点。

(2)第424条规定的"战时临阵脱逃"行为与《刑法》第428条规定中的战时"临阵畏缩"行为的区别:前者规定的是在战时临阵脱离自己岗位的情形,犯罪主体是所有的军人;后者规定的是在战时临阵畏缩、消极作战的情形,犯罪主体是部队的各级指挥人员,并且要造成严重后果才能构成犯罪。

● **立案标准** 军人违反职责罪案件立案标准的规定(最高人民检察院、解放军总政治部2013年2月26日印发,2013年3月28日起施行;同时废止2002年10月31日解放军总政治部印发的《关于军人违反职责罪案件立案标准的规定(试行)》)

第4条 投降案(刑法第423条)投降罪是指在战场上贪生怕死,自动放下武器投降敌人的行为。

凡涉嫌投降敌人的,应予立案。

第5条 战时临阵脱逃案(刑法第424条)

战时临阵脱逃罪是指在战斗中或者在接受作战任务后,逃离战斗岗位的行为。

凡战时涉嫌临阵脱逃的,应予立案。

第425条 【擅离、玩忽军事职守罪】 指挥人员和值班、值勤人员擅离职守或者玩忽职守,造成严重后果的,处三年以下有期徒刑或者拘役;造成特别严重后果的,处三年以上七年以下有期徒刑。

战时犯前款罪的,处五年以上有期徒刑。

● **条文注释** 构成第425条规定之罪,必须具备以下条件:(1)犯罪主体是负有特殊职责的军人,只能是指挥人员和值班、值勤人员;(2)行为人具有擅离职守或者玩忽职守的主观故意,并且实施了该行为;(3)造成严重后果。

这里的"指挥人员",是指对部队、部属或某项军事任务或行动等负有组织、领导、管理职责的军人;专业主管人员在其业务管理范围内,也属于指挥人员。"值班人员",是指军队各单位、各部门为保持指挥或职责不间断而设立的、定期轮流负责处理本单位、本部门特定事务的人员。"值勤人员",是指正在担任警卫、守候、巡逻、观察、纠察、押运等勤务工作的人员。

"造成严重后果"的界定标准依照总政发布的《立案标准》第6条的规定。

应当注意区分"战时临阵脱逃罪"与战时"擅离军事职守罪"的不同:前者的犯罪主体是所有军人,并且不要求造成后果即可构成犯罪;后者的犯罪主体只能是指挥人员和值班、值勤人员，并且要求造成了严重的后果才构成犯罪。两者的行为性质也不同：前者是因为贪生怕死、畏惧战斗而临阵脱逃；后者只是一般的擅离职守行为。

● **立案标准** 军人违反职责罪案件立案标准的规定（最高人民检察院、解放军总政治部2013年2月26日印发，2013年3月28日起施行；同时废止2002年10月31日解放军总政治部印发的《关于军人违反职责罪案件立案标准的规定（试行）》）

第6条 擅离、玩忽军事职守案（刑法第425条）

擅离、玩忽军事职守罪是指指挥人员和值班、值勤人员擅自离开正在履行职责的岗位，或者在履行职责的岗位上，严重不负责任，不履行或者不正确履行职责，造成严重后果的行为。

指挥人员，是指对部队或者部属负有组织、领导、管理职责的人员。专业主管人员在其业务管理范围内，视为指挥人员。

值班人员，是指军队各单位、各部门为保持指挥或者履行职责不间断而设立的、负责处理本单位、本部门特定事务的人员。

值勤人员，是指正在担任警卫、巡逻、观察、纠察、押运等勤务，或者作战勤务工作的人员。

涉嫌下列情形之一的，应予立案：

（一）造成重大任务不能完成或者迟缓完成的；

（二）造成死亡1人以上，或者重伤3人以上，或者重伤2人、轻伤4人以上，或者重伤1人、轻伤7人以上，或者轻伤10人以上的；

（三）造成枪支、手榴弹、爆炸装置或者子弹10发、雷管30枚、导火索或者导爆索30米、炸药1千克以上丢失、被盗，或者不满规定数量，但后果严重的，或者造成其他重要武器装备、器材丢失、被盗的；

（四）造成武器装备、军事设施、军用物资或者其他财产损毁，直接经济损失30万元以上，或者直接经济损失、间接经济损失合计150万元以上的；

（五）造成其他严重后果的。

第35条 本规定所称"以上"，包括本数；有关犯罪数额"不满"，是指已达到该数额80%以上。

第36条 本规定中的"直接经济损失"，是指与行为有直接因果关系而造成的财产损毁、减少的实际价值；"间接经济损失"，是指由直接经济损失引起和牵连的其他损失，包括失去在正常情况下可能获得的利益和为恢复正常管理活动或者为挽回已经造成的损失所支付的各种费用等。

第37条 本规定中的"武器装备",是实施和保障军事行动的武器、武器系统和军事技术器材的统称。

第38条 本规定中的"军用物资",是除武器装备以外专供武装力量使用的各种物资的统称,包括装备器材、军需物资、医疗物资、油料物资、营房物资等。

第39条 本规定中财物价值和损失的确定,由部队驻地人民法院、人民检察院和公安机关指定的价格事务机构进行估价。武器装备、军事设施、军用物资的价值和损失,由部队军以上单位的主管部门确定;有条件的,也可以由部队驻地人民法院、人民检察院和公安机关指定的价格事务机构进行估价。

第426条[①] **【阻碍执行军事职务罪】** 以暴力、威胁方法,阻碍指挥人员或者值班、值勤人员执行职务的,处五年以下有期徒刑或者拘役;情节严重的,处五年以上十年以下有期徒刑;情节特别严重的,处十年以上有期徒刑或者无期徒刑。战时从重处罚。

● **条文注释** 构成第426条规定之罪,必须具备以下条件:(1)犯罪主体是军人;(2)行为人具有阻碍指挥人员或者值班、值勤人员执行职务的主观故意,并且实施了该行为;(3)行为人使用了暴力或威胁的方法。

这里的"执行职务",是指指挥人员或者执勤人员正在履行的特定职责。这里的"暴力",包括殴打、捆绑等严重侵害人身安全的行为,也包括关押、禁闭等限制人身自由的行为;"威胁",是指以将要危害人身、财产等切身利益为要挟,对被威胁人员实施精神强制,迫使其不能或不敢正常执行职务。

"情节严重",是指使用武器或纠集多人阻碍指挥人员或值班、值勤人员执行职务,或者阻碍的行为给军事利益造成重大损失的等情况。"情节特别严重的",是指聚众使用武器暴力阻碍执行职务,或者阻碍的行为造成军事利益重大损失等情况。

在这里需要注意的是:

(1)《刑法》第368条第1款规定的"阻碍军人执行职务罪"与本条规定的"阻碍执行军事职务罪"的区别:前者的犯罪主体只能是非军人,阻碍的对象是

---

① 第426条是根据2015年8月29日第12届全国人民代表大会常务委员会第16次会议通过的《刑法修正案(九)》(主席令第30号公布,2015年11月1日起施行)而修改。

任何依法执行职务的军人;而后者的犯罪主体必须是军人,阻碍的对象是负有特定岗位职责的军人,即指挥人员或值班、值勤人员。

(2) 如果军人以暴力、威胁方法阻碍除指挥、值班、值勤人员之外的其他军人依法执行职务的,应当依照《刑法》第277条的规定,以"妨害公务罪"定罪处罚。

(3) 如果军人以暴力方法阻碍执行军事职务,情节或手段特别恶劣,造成指挥人员或管理、值勤人员死亡或重伤的,可以依照《刑法》第232条、第234条的规定,以故意杀人罪、故意伤害罪定罪处罚。

● **立案标准** 军人违反职责罪案件立案标准的规定(最高人民检察院、解放军总政治部2013年2月26日印发,2013年3月28日起施行;同时废止2002年10月31日解放军总政治部印发的《关于军人违反职责罪案件立案标准的规定(试行)》)

第7条 阻碍执行军事职务案(刑法第426条)

阻碍执行军事职务罪是指以暴力、威胁方法,阻碍指挥人员或者值班、值勤人员执行职务的行为。

凡涉嫌阻碍执行军事职务的,应予立案。

第427条 【指使部属违反职责罪】 滥用职权,指使部属进行违反职责的活动,造成严重后果的,处五年以下有期徒刑或者拘役;情节特别严重的,处五年以上十年以下有期徒刑。

● **条文注释** 构成第427条规定之罪,必须具备以下条件:(1) 犯罪主体是军人,一般是部队各级指挥(含军事指挥、政治指挥和后勤装备保障指挥)人员;(2) 行为人具有滥用职权的主观故意;(3) 行为人指使部属进行违反职责的活动;(4) 造成严重后果。

这里的"滥用职权",是指行为人不正当运用职权,超越职权,违法决定、处理无权决定处理的事宜,或违反规定处理公务的行为。"严重后果",是指造成了恶劣影响的,影响部队任务完成的,造成人员伤亡或者重大物质损失的等情况,具体的界定标准依照总政发布的《立案标准》第8条的规定。

"情节特别严重",是指滥用职权手段特别恶劣的,影响特别恶劣的,造成人员重大伤亡的,严重妨害重要军事任务的完成的等情况。

● **立案标准** 军人违反职责罪案件立案标准的规定（最高人民检察院、解放军总政治部2013年2月26日印发，2013年3月28日起施行；同时废止2002年10月31日解放军总政治部印发的《关于军人违反职责罪案件立案标准的规定（试行）》）

第8条 指使部属违反职责案（刑法第427条）

指使部属违反职责罪是指指挥人员滥用职权，指使部属进行违反职责的活动，造成严重后果的行为。

涉嫌下列情形之一的，应予立案：

（一）造成重大任务不能完成或者迟缓完成的；

（二）造成死亡1人以上，或者重伤2人以上，或者重伤1人、轻伤3人以上，或者轻伤5人以上的；

（三）造成武器装备、军事设施、军用物资或者其他财产损毁，直接经济损失20万元以上，或者直接经济损失、间接经济损失合计100万元以上的；

（四）造成其他严重后果的。

第34条 本规定中的"违反职责"，是指违反国家法律、法规，军事法规、军事规章所规定的军人职责，包括军人的共同职责，士兵、军官和首长的一般职责，各类主管人员和其他从事专门工作的军人的专业职责等。

第35条 本规定所称"以上"，包括本数；有关犯罪数额"不满"，是指已达到该数额80%以上。

第36条 本规定中的"直接经济损失"，是指与行为有直接因果关系而造成的财产损毁、减少的实际价值；"间接经济损失"，是指由直接经济损失引起和牵连的其他损失，包括失去在正常情况下可能获得的利益和为恢复正常管理活动或者为挽回已经造成的损失所支付的各种费用等。

第37条 本规定中的"武器装备"，是实施和保障军事行动的武器、武器系统和军事技术器材的统称。

第38条 本规定中的"军用物资"，是除武器装备以外专供武装力量使用的各种物资的统称，包括装备器材、军需物资、医疗物资、油料物资、营房物资等。

第39条 本规定中财物价值和损失的确定，由部队驻地人民法院、人民检察院和公安机关指定的价格事务机构进行估价。武器装备、军事设施、军用物资的价值和损失，由部队军以上单位的主管部门确定；有条件的，也可以由部队驻地人民法院、人民检察院和公安机关指定的价格事务机构进行估价。

第 428 条 【违令作战消极罪】 指挥人员违抗命令，临阵畏缩，作战消极，造成严重后果的，处五年以下有期徒刑；致使战斗、战役遭受重大损失或者有其他特别严重情节的，处五年以上有期徒刑。

● **条文注释** 构成第428条规定之罪，必须具备以下条件：（1）犯罪主体是负有特殊职责的军人，只能是部队的各级指挥人员；（2）行为人具有违抗命令的主观故意，并且实施了临阵畏缩、作战消极的行为；（3）造成严重后果。

这里的"临阵畏缩、作战消极"，是指指挥人员在作战中不尽全力、不求进取，畏惧害怕而消极避战、怠战的行为。"严重后果"，是指贻误了作战时机，没有完成作战任务，妨害了协同作战等情况，具体的界定标准依照总政发布的《立案标准》第9条的规定。

"致使战斗、战役遭受重大损失"，是指由于指挥人员的消极作战行为而导致我军人员重大伤亡、武器装备等的严重物质损失，甚至战斗、战役失利等情况。

需要注意的是：

（1）本条规定之罪与《刑法》第421条规定的"战时违抗命令罪"的区别：第421条规定的是违抗命令的一般犯罪情形，犯罪主体是所有的军人；本条规定的是专门针对消极作战的情形，犯罪主体是部队的各级指挥人员。

（2）本条规定之罪与《刑法》第424条规定的"战时临阵脱逃罪"的区别：第424条规定的是在战时临阵脱离自己岗位的情形，犯罪主体是所有的军人；本条规定的是在战时消极作战的情形，犯罪主体是部队的各级指挥人员，并且要造成严重后果才能构成犯罪。

● **立案标准** 军人违反职责罪案件立案标准的规定（最高人民检察院、解放军总政治部2013年2月26日印发，2013年3月28日起施行；同时废止2002年10月31日解放军总政治部印发的《关于军人违反职责罪案件立案标准的规定（试行）》）

第9条 违令作战消极案（刑法第428条）

违令作战消极罪是指指挥人员违抗命令，临阵畏缩，作战消极，造成严重后果的行为。

违抗命令，临阵畏缩，作战消极，是指在作战中故意违背、抗拒执行首长、上级的命令，面临战斗任务而畏难怕险，怯战怠战，行动消极。

涉嫌下列情形之一的，应予立案：

（一）扰乱作战部署或者贻误战机的；

（二）造成作战任务不能完成或者迟缓完成的；

（三）造成我方人员死亡1人以上，或者重伤2人以上，或者轻伤3人以上的；

（四）造成武器装备、军事设施、军用物资或者其他财产损毁，直接经济损失20万元以上，或者直接经济损失、间接经济损失合计100万元以上的；

（五）造成其他严重后果的。

第35条　本规定所称"以上"，包括本数；有关犯罪数额"不满"，是指已达到该数额80%以上。

第36条　本规定中的"直接经济损失"，是指与行为有直接因果关系而造成的财产损毁、减少的实际价值；"间接经济损失"，是指由直接经济损失引起和牵连的其他损失，包括失去在正常情况下可能获得的利益和为恢复正常管理活动或者为挽回已经造成的损失所支付的各种费用等。

第37条　本规定中的"武器装备"，是实施和保障军事行动的武器、武器系统和军事技术器材的统称。

第38条　本规定中的"军用物资"，是除武器装备以外专供武装力量使用的各种物资的统称，包括装备器材、军需物资、医疗物资、油料物资、营房物资等。

第39条　本规定中财物价值和损失的确定，由部队驻地人民法院、人民检察院和公安机关指定的价格事务机构进行估价。武器装备、军事设施、军用物资的价值和损失，由部队军以上单位的主管部门确定；有条件的，也可以由部队驻地人民法院、人民检察院和公安机关指定的价格事务机构进行估价。

第429条　【拒不救援友邻部队罪】在战场上明知友邻部队处境危急请求救援，能救援而不救援，致使友邻部队遭受重大损失的，对指挥人员，处五年以下有期徒刑。

● 条文注释　构成第429条规定之罪，必须具备以下条件：（1）犯罪主体是负有特殊职责的军人，只能是部队的各级指挥人员；（2）行为人明知友邻部队处境危急，并且友邻部队请求救援；（3）行为人实施了能救援而不救援的行为；（4）发生在战时（战场上）；（5）致使友邻部队遭受重大损失。

这里的"友邻部队"，是指由于驻地、配置地域或执行任务而相邻的部队，既包括有隶属关系的部队，也包括没有隶属关系的部队。"处境危急"，是指友邻部队受到敌人的围困、追击或者阵地将被攻陷等处于危难之中迫切需要救援的紧急情形。"能救援而不救援"，是指根据当时行为人所指挥的部队所处的环境、作战能力和所担负的作战任务，有条件对处境危急的友邻部队进行救援，但不予以救援的行为。

"重大损失"，是指由于见危不救的行为，致使友邻部队遭受重大的人员伤亡、物质损失、阵地失陷、舰船被击沉、飞行器被击落、进攻严重受挫等情况，具体的界定标准依照总政发布的《立案标准》第10条的规定。

● **立案标准** 军人违反职责罪案件立案标准的规定（最高人民检察院、解放军总政治部2013年2月26日印发，2013年3月28日起施行；同时废止2002年10月31日解放军总政治部印发的《关于军人违反职责罪案件立案标准的规定（试行）》）

第10条 拒不救援友邻部队案（刑法第429条）

拒不救援友邻部队罪是指指挥人员在战场上，明知友邻部队面临被敌人包围、追击或者阵地将被攻陷等危急情况请求救援，能救援而不救援，致使友邻部队遭受重大损失的行为。

能救援而不救援，是指根据当时自己部队（分队）所处的环境、作战能力及所担负的任务，有条件组织救援却没有组织救援。

涉嫌下列情形之一的，应予立案：

（一）造成战斗失利的；

（二）造成阵地失陷的；

（三）造成突围严重受挫的；

（四）造成我方人员死亡3人以上，或者重伤10人以上，或者轻伤15人以上的；

（五）造成武器装备、军事设施、军用物资损毁，直接经济损失100万元以上的；

（六）造成其他重大损失的。

第35条 本规定所称"以上"，包括本数；有关犯罪数额"不满"，是指已达到该数额80%以上。

第36条 本规定中的"直接经济损失"，是指与行为有直接因果关系而造成的财产损毁、减少的实际价值；"间接经济损失"，是指由直接经济损失引起和牵连的其他损失，包括失去在正常情况下可能获得的利益和为恢复正常管理活动或者为挽回已经造成的损失所支付的各种费用等。

第37条 本规定中的"武器装备"，是实施和保障军事行动的武器、武器系统和军事技术器材的统称。

第38条 本规定中的"军用物资",是除武器装备以外专供武装力量使用的各种物资的统称,包括装备器材、军需物资、医疗物资、油料物资、营房物资等。

第39条 本规定中财物价值和损失的确定,由部队驻地人民法院、人民检察院和公安机关指定的价格事务机构进行估价。武器装备、军事设施、军用物资的价值和损失,由部队军以上单位的主管部门确定;有条件的,也可以由部队驻地人民法院、人民检察院和公安机关指定的价格事务机构进行估价。

第430条 【军人叛逃罪】 在履行公务期间,擅离岗位,叛逃境外或者在境外叛逃,危害国家军事利益的,处五年以下有期徒刑或者拘役;情节严重的,处五年以上有期徒刑。

驾驶航空器、舰船叛逃的,或者有其他特别严重情节的,处十年以上有期徒刑、无期徒刑或者死刑。

● **条文注释** 构成第430条规定之罪,必须具备以下条件:(1)犯罪主体是军人;(2)行为人具有叛逃境外或在境外叛逃的主观故意,并且实施了该行为;(3)该行为发生在行为人履行公务期间;(4)该行为危害了国家的军事利益。

这里的"叛逃",是指以反对社会主义制度、危害祖国和人民的利益为目的,逃往境外的行为,既包括从境内逃往境外,也包括合法出境而在境外叛逃。这里所称的"境外",是指在中华人民共和国国境、边境以外的国家和地区,包括港澳台地区和外国驻华使、领馆。

"危害国家军事利益"的界定标准依照总政发布的《立案标准》第11条的规定。

"情节严重",是指策动他人叛逃的,指挥人员或者负有重要职责的人员叛逃的,携带军事秘密叛逃的或者叛逃后公开发表叛国言论,申请政治避难或进行其他危害国防安全活动的等情况。"特别严重情节",是指胁迫他人叛逃的,携带重要武器装备叛逃的,携带大量或者重要的军事机密叛逃的,叛逃后进行严重危害国家国防利益活动的等情况。

需要注意的是:

(1)如果行为人的叛逃行为不是发生在履行公务期间,或者没危害国家的军事利益,则不构成本罪;情节严重的,可以依照《刑法》第435条的规定,以"逃离部队罪"定罪处罚。

(2)本罪与《刑法》第109条规定的"叛逃罪"的区别:第109条规定的

犯罪主体是国家机关工作人员,但不包括军人;而本条规定的犯罪主体只能是军人,并且要危害了国家的军事利益才能构成犯罪。

(3) 行为人实施本条规定的犯罪行为,必然会触犯《刑法》第435条规定的"逃离部队罪",因此,根据重罪吸收轻罪的原则,此时应当依照本条的规定以"军人叛逃罪"定罪处罚,不再实行数罪并罚。

● **立案标准** 军人违反职责罪案件立案标准的规定(最高人民检察院、解放军总政治部2013年2月26日印发,2013年3月28日起施行;同时废止2002年10月31日解放军总政治部印发的《关于军人违反职责罪案件立案标准的规定(试行)》)

第11条 军人叛逃案(刑法第430条)

军人叛逃罪是指军人在履行公务期间,擅离岗位,叛逃境外或者在境外叛逃,危害国家军事利益的行为。

涉嫌下列情形之一的,应予立案:

(一) 因反对国家政权和社会主义制度而出逃的;
(二) 掌握、携带军事秘密出境后滞留不归的;
(三) 申请政治避难的;
(四) 公开发表叛国言论的;
(五) 投靠境外反动机构或者组织的;
(六) 出逃至交战对方区域的;
(七) 进行其他危害国家军事利益活动的。

第431条 【非法获取军事秘密罪】 以窃取、刺探、收买方法,非法获取军事秘密的,处五年以下有期徒刑;情节严重的,处五年以上十年以下有期徒刑;情节特别严重的,处十年以上有期徒刑。

【为境外窃取、刺探、收买、非法提供军事秘密罪】 为境外的机构、组织、人员窃取、刺探、收买、非法提供军事秘密的,处五年以上十年以下有期徒刑;情节严重的,处十年以上有期徒刑、无期徒刑或者死刑。[①]

[①] 本款规定原为:"为境外的机构、组织、人员窃取、刺探、收买、非法提供军事秘密的,处十年以上有期徒刑、无期徒刑或者死刑。"2020年12月26日第13届全国人大常委会第24次会议通过的《刑法修正案(十一)》(主席令第66号公布,2021年3月1日起施行)降低了量刑,并增加了第二档刑期。

第 432 条 【故意泄露军事秘密罪；过失泄露军事秘密罪】 违反保守国家秘密法规，故意或者过失泄露军事秘密，情节严重的，处五年以下有期徒刑或者拘役；情节特别严重的，处五年以上十年以下有期徒刑。

战时犯前款罪的，处五年以上十年以下有期徒刑；情节特别严重的，处十年以上有期徒刑或者无期徒刑。

● **条文注释** 第 431 条、第 432 条是针对非法获取、提供或泄露军事秘密犯罪行为的处罚规定。

根据《保守国家秘密法》和《解放军保密条例》的相关规定，军事秘密，是关系国防安全和军事利益，依照规定的权限和程序确定，在一定时间内只限一定范围的人员知悉的事项。军事秘密可分为三个等级：秘密（一般的军事秘密，由团级以上单位确定）、机密（重要的军事秘密，由师级以上单位确定）、绝密（最重要的军事秘密，由军级以上单位确定）。泄露秘密级、机密级、绝密级军事秘密，分别会使国防和军队的安全与利益遭受损害、严重的损害、特别严重的损害。

军事秘密主要包括：（1）国防和武装力量建设规划及其实施情况；（2）军事部署，作战、训练以及处置突发事件等军事行动中需要控制知悉范围的事项；（3）军事情报及其来源，军事通信、信息对抗以及其他特种业务的手段、能力，密码以及有关资料；（4）武装力量的组织编制，部队的任务、实力、状态等情况中需要控制知悉范围的事项，特殊单位以及师级以下部队的番号；（5）国防动员计划及其实施情况；（6）武器装备的研制、生产、配备情况和补充、维修能力，特种军事装备的战术技术性能；（7）军事学术和国防科学技术研究的重要项目、成果及其应用情况中需要控制知悉范围的事项；（8）军队政治工作中不宜公开的事项；（9）国防费分配和使用的具体事项，军事物资的筹措、生产、供应和储备等情况中需要控制知悉范围的事项；（10）军事设施及其保护情况中不宜公开的事项；（11）对外军事交流与合作中不宜公开的事项；（12）其他需要保密的事项。

第 431 条规定的"境外的机构、组织"也包括了外国驻我国的使馆、领事馆、办事处等，以及社会团体、经济组织（如跨国企业）和宣传组织；"境外的人员"是指外国公民、无国籍人员和外籍华人等。

第 432 条规定的"泄露军事秘密"，可以表现为"作为"，即行为人通过口头告知、书信提供或者其他各种形式等主动地泄露，使不应知悉的人知悉；也可以表现为"不作为"，即行为人没有按照有关保守军事秘密的规定，采取必要的防范措施，以致泄露了军事秘密的行为。

需要注意的是：

（1）第431条第1款规定的"非法获取军事秘密罪"与《刑法》第282条规定的"非法获取国家秘密罪"的区别：第282条规定的犯罪主体是一般主体，犯罪的对象包括军事秘密，也包括其他国家秘密；而第431条第1款规定的犯罪主体只能是军人，并且犯罪的对象只能是军事秘密。

（2）第431条第2款规定的"为境外窃取、刺探、收买、非法提供军事秘密罪"与《刑法》第111条规定的"为境外窃取、刺探、收买、非法提供国家秘密、情报罪"的区别：第111条规定的犯罪主体是一般主体，犯罪的对象包括军事秘密，也包括其他的国家秘密和情报；而第431条第2款规定的犯罪主体只能是军人，并且犯罪的对象只能是军事秘密。

（3）第432条规定的"故意泄露军事秘密罪；过失泄露军事秘密罪"与《刑法》第398条规定的"故意泄露国家秘密罪；过失泄露国家秘密罪"的区别：第398条规定的犯罪主体是一般主体（主要是国家机关工作人员，也可以是非国家机关工作人员），犯罪的对象包括军事秘密，也包括其他国家秘密；而第432条规定的犯罪主体只能是军人，并且犯罪的对象只能是军事秘密。

另外，根据总政发布的《立案标准》第14条的规定，军人故意泄露机密级军事秘密1件以上，就构成第432条规定的"故意泄露军事秘密罪"；其他人故意泄露机密级国家秘密2件以上，才构成第398条规定的"故意泄露国家秘密罪"。

● **相关规定** 【人大〔2000〕19次】 全国人民代表大会常务委员会关于维护互联网安全的决定（2000年12月28日第9届全国人大常委会第19次会议通过；2009年8月27日第11届全国人大常委会第10次会议修正）

二、为了维护国家安全和社会稳定，对有下列行为之一，构成犯罪的，依照刑法有关规定追究刑事责任：

（二）通过互联网窃取、泄露国家秘密、情报或者军事秘密。

● **立案标准** 军人违反职责罪案件立案标准的规定（最高人民检察院、解放军总政治部2013年2月26日印发，2013年3月28日起施行；同时废止2002年10月31日解放军总政治部印发的《关于军人违反职责罪案件立案标准的规定（试行）》）

第 12 条　非法获取军事秘密案（刑法第 431 条第 1 款）

非法获取军事秘密罪是指违反国家和军队的保密规定，采取窃取、刺探、收买方法，非法获取军事秘密的行为。

军事秘密，是关系国防安全和军事利益，依照规定的权限和程序确定，在一定时间内只限一定范围的人员知悉的事项。内容包括：

（一）国防和武装力量建设规划及其实施情况；

（二）军事部署，作战、训练以及处置突发事件等军事行动中需要控制知悉范围的事项；

（三）军事情报及其来源，军事通信、信息对抗以及其他特种业务的手段、能力，密码以及有关资料；

（四）武装力量的组织编制，部队的任务、实力、状态等情况中需要控制知悉范围的事项，特殊单位以及师级以下部队的番号；

（五）国防动员计划及其实施情况；

（六）武器装备的研制、生产、配备情况和补充、维修能力，特种军事装备的战术技术性能；

（七）军事学术和国防科学技术研究的重要项目、成果及其应用情况中需要控制知悉范围的事项；

（八）军队政治工作中不宜公开的事项；

（九）国防费分配和使用的具体事项，军事物资的筹措、生产、供应和储备等情况中需要控制知悉范围的事项；

（十）军事设施及其保护情况中不宜公开的事项；

（十一）对外军事交流与合作中不宜公开的事项；

（十二）其他需要保密的事项。

凡涉嫌非法获取军事秘密的，应予立案。

第 13 条　为境外窃取、刺探、收买、非法提供军事秘密案（刑法第 431 条第 2 款）

为境外窃取、刺探、收买、非法提供军事秘密罪是指违反国家和军队的保密规定，为境外的机构、组织、人员窃取、刺探、收买、非法提供军事秘密的行为。

凡涉嫌为境外窃取、刺探、收买、非法提供军事秘密的，应予立案。

第 14 条　故意泄露军事秘密案（刑法第 432 条）

故意泄露军事秘密罪是指违反国家和军队的保密规定，故意使军事秘密被不应知悉者知悉或者超出了限定的接触范围，情节严重的行为。

涉嫌下列情形之一的，应予立案：

（一）泄露绝密级或者机密级军事秘密1项（件）以上的；
（二）泄露秘密级军事秘密3项（件）以上的；
（三）向公众散布、传播军事秘密的；
（四）泄露军事秘密造成严重危害后果的；
（五）利用职权指使或者强迫他人泄露军事秘密的；
（六）负有特殊保密义务的人员泄密的；
（七）以牟取私利为目的泄露军事秘密的；
（八）执行重大任务时泄密的；
（九）有其他情节严重行为的。

第15条 过失泄露军事秘密案（刑法第432条）
过失泄露军事秘密罪是指违反国家和军队的保密规定，过失泄露军事秘密，致使军事秘密被不应知悉者知悉或者超出了限定的接触范围，情节严重的行为。

涉嫌下列情形之一的，应予立案：
（一）泄露绝密级军事秘密1项（件）以上的；
（二）泄露机密级军事秘密3项（件）以上的；
（三）泄露秘密级军事秘密4项（件）以上的；
（四）负有特殊保密义务的人员泄密的；
（五）泄露军事秘密或者遗失军事秘密载体，不按照规定报告，或者不如实提供有关情况，或者未及时采取补救措施的；
（六）有其他情节严重行为的。

第35条 本规定所称"以上"，包括本数；有关犯罪数额"不满"，是指已达到该数额80%以上。

第37条 本规定中的"武器装备"，是实施和保障军事行动的武器、武器系统和军事技术器材的统称。

第433条[①] 【战时造谣惑众罪】战时造谣惑众，动摇军心的，处三年以下有期徒刑；情节严重的，处三年以上十年以下有期徒刑；情节特别严重的，处十年以上有期徒刑或者无期徒刑。

● **条文注释** 构成第433条规定之罪，必须具备以下条件：（1）犯罪主体是军

[①] 第433条是根据2015年8月29日第12届全国人民代表大会常务委员会第16次会议通过的《刑法修正案（九）》（主席令第30号公布，2015年11月1日起施行）而修改。

人；（2）行为人具有造谣惑众的主观故意，并实施了该行为；（3）该行为发生在战时，并且足以或已经动摇军心。

这里的"造谣惑众"，是指在战时，行为人捏造事实，制造谎言，并在部队中散布以迷惑他人的行为。"动摇军心"，是指行为人通过造谣惑众，造成部队情绪恐慌、士气不振、军心涣散，思想不稳定的行为。散布谣言的方式，可以是在公开场合散布，也可以是在私下向多人传播；可以是口头散布，也可以是通过文字、图像、计算机网络、通信网络或其他途径散布。"情节严重"，是指谣言煽动性大，对作战或军事行动造成危害，或者在紧急关头或危急时刻造谣惑众等情况。"情节特别严重"，主要是指造谣惑众的行为，造成部队军心涣散、部队怯战、厌战或者引起其他严重后果等情况。

需要注意的是：

1. 第433条规定的"造谣惑众"必须是面向多数人实施该行为。如果行为人只是向个别人散布谣言，并没有在部队中传播，也没有引起众惑的后果，则不构成犯罪。对于在部队中发牢骚、讲怪话，甚至散布谣言，但没有动摇军心，也不足以动摇军心的，则不能构成本罪，应当加以批评制止。

2.《刑法》第378条"战时造谣扰乱军心罪"和第433条"战时造谣惑众罪"都是针对"战时造谣惑众，扰乱（动摇）军心"犯罪行为的处罚规定，它们的定罪表述和量刑规定基本相同，主要区别在于：（1）后者的犯罪主体只能是军人；而前者的犯罪主体是非军人，即除军人外的其他任何人。（2）后者增加了第三档加重处罚的情形，最高可判处无期徒刑。

3. 在战时勾结敌人造谣惑众、动摇军心的行为，其性质是投敌叛变，并且行为人在主观上有变节投敌的故意，在客观上实施了为敌效劳的叛变行为，对这种行为可以依照《刑法》第108条的规定，以投敌叛变罪定罪处罚。

● **立案标准** 军人违反职责罪案件立案标准的规定（最高人民检察院、解放军总政治部2013年2月26日印发，2013年3月28日起施行；同时废止2002年10月31日解放军总政治部印发的《关于军人违反职责罪案件立案标准的规定（试行）》）

第16条 战时造谣惑众案（刑法第433条）

战时造谣惑众罪是指在战时造谣惑众，动摇军心的行为。

造谣惑众，动摇军心，是指故意编造、散布谣言，煽动怯战、厌战或者恐怖情绪，蛊惑官兵，造成或者足以造成部队情绪恐慌、士气不振、军心涣散的行为。

凡战时涉嫌造谣惑众，动摇军心的，应予立案。

第434条 【战时自伤罪】 战时自伤身体,逃避军事义务的,处三年以下有期徒刑;情节严重的,处三年以上七年以下有期徒刑。

● **条文注释** 构成第434条规定之罪,必须具备以下条件:(1)犯罪主体是军人;(2)行为人具有逃避军事义务的主观故意;(3)行为人实施了自伤身体的行为;(4)该行为导致了行为人不能履行军事义务。

这里的"自伤",是指行为人自己故意伤害身体或者授意他人伤害自己身体的行为,也包括行为人通过各种手段和方式故意加重自己已有的伤害。"军事义务"是一个广义的概念,包括军人根据职责应该履行的各种军事义务以及依法执行的各种军事任务,如巡逻任务、值班、值勤任务、作战任务等。

"情节严重",主要包括以下几种情形:(1)行为人属于负有重要职责的人员;(2)行为发生在紧要关头或危急时刻;(3)对军事利益造成严重危害后果等情况。

需要注意的是:

(1)行为人对于自身的伤害必须具有直接的故意,如果行为人是在战斗中或者是在军事行动中,由于过失自伤身体的,不能构成犯罪。

(2)如果行为人自伤身体不是发生在战时,或者不是为了逃避军事义务,而是为了骗取某种荣誉或者掩盖自己的过失的,则也不能构成本罪。

● **立案标准** 军人违反职责罪案件立案标准的规定(最高人民检察院、解放军总政治部2013年2月26日印发,2013年3月28日起施行;同时废止2002年10月31日解放军总政治部印发的《关于军人违反职责罪案件立案标准的规定(试行)》)

第17条 战时自伤案(刑法第434条)

战时自伤罪是指在战时为了逃避军事义务,故意伤害自己身体的行为。

逃避军事义务,是指逃避临战准备、作战行动、战场勤务和其他作战保障任务等与作战有关的义务。

凡战时涉嫌自伤致使不能履行军事义务的,应予立案。

第435条 【逃离部队罪】 违反兵役法规,逃离部队,情节严重的,处三年以下有期徒刑或者拘役。

战时犯前款罪的,处三年以上七年以下有期徒刑。

● **条文注释** 构成第435条规定之罪，必须具备以下条件：（1）犯罪主体是军人；（2）行为人具有逃离部队的主观故意，并且实施了该行为；（3）情节严重。

这里所说的"兵役法规"，主要是指《国防法》和《兵役法》等法律以及相关的行政法规和军队的条令条例。

"逃离部队"，是指行为人未经过批准，为了逃避履行兵役义务而擅自离开部队的行为。"情节严重"，主要是指多次逃离部队、屡教不改的，组织他人一同逃离部队的等情况，具体的界定标准依照总政发布的《立案标准》第18条的规定。

需要注意的是：

（1）如果行为人是由于迷失方向而脱离部队或受伤掉队，或者因其他无法克服的原因而没有按期归队，都不能认为是逃离部队，更不构成犯罪；对于行为人确系家庭有困难，或其他特殊原因，确需本人处理而擅自离开部队的，应当说服教育，可以给必要的纪律处分，而不能一律按犯罪处理。①

（2）本条规定的"逃离部队罪"与《刑法》第424条规定的"战时临阵脱逃罪"的区别：在战时逃离部队，是以脱离部队、逃避军事义务为目的，必须情节严重才构成本条规定的犯罪；而战时临阵脱逃是指行为人在战场上、战斗中或者临战状态下，由于畏惧战斗等原因而逃离战场和岗位，不论其是否已逃离了部队，只要实施了临阵脱逃的行为，就构成《刑法》第424条规定的犯罪。

（3）本条规定的"逃离部队罪"与《刑法》第430条规定的"军人叛逃罪"的区别：逃离部队罪的行为人是以逃避军事义务为目的，而军人叛逃罪的行为人则是以背叛祖国、叛逃境外为目的，危害国家军事利益。行为人实施叛逃境外、危害国家军事利益的行为，必然会同时触犯"军人叛逃罪"和"逃离部队罪"，因此，根据重罪吸收轻罪的原则，此时应当依照《刑法》第430条的规定以"军人叛逃罪"定罪处罚，不实行数罪并罚。

● **相关规定** 【法释〔2000〕39号】 最高人民法院、最高人民检察院关于对军人非战时逃离部队的行为能否定罪处罚问题的批复（2000年9月28日最高人民法院审判委员会第1132次会议、2000年11月13日最高人民检察院第9届检察委员会第74次会议通过，2000年12月5日公布，答复军事法院、军事检察院"〔1999〕军法呈字第19号"请示，2000年12月8日起施行）

---

① 全国人民代表大会常务委员会法制工作委员会编：《中华人民共和国刑法释义》，法律出版社2011年版，第729页。

军人违反兵役法规,在非战时逃离部队,情节严重的,应当依照刑法第435条第1款的规定定罪处罚。

● **立案标准** 军人违反职责罪案件立案标准的规定（最高人民检察院、解放军总政治部2013年2月26日印发,2013年3月28日起施行;同时废止2002年10月31日解放军总政治部印发的《关于军人违反职责罪案件立案标准的规定（试行）》）

第18条 逃离部队案（刑法第435条）

逃离部队罪是指违反兵役法规,逃离部队,情节严重的行为。

违反兵役法规,是指违反国防法、兵役法和军队条令条例以及其他有关兵役方面的法律规定。

逃离部队,是指擅自离开部队或者经批准外出逾期拒不归队。

涉嫌下列情形之一的,应予立案:

（一）逃离部队持续时间达3个月以上或者3次以上或者累计时间达6个月以上的;

（二）担负重要职责的人员逃离部队的;

（三）策动3人以上或者胁迫他人逃离部队的;①

（四）在执行重大任务期间逃离部队的;

（五）携带武器装备逃离部队的;②

（六）有其他情节严重行为的。

第35条 本规定所称"以上",包括本数;有关犯罪数额"不满",是指已达到该数额80%以上。

---

① 注:这里应当是指行为人本身是军人,在自己逃离部队的同时,策动或胁迫他人逃离部队的情形。如果行为人自己没有逃离部队,只是策动或胁迫他人逃离部队的,应当依照《刑法》第373条的规定定罪处罚。

② 注:携带武器装备逃离部队的行为,本身应该属于"盗窃武器装备"和"逃离部队"的复合表现形式,应当依照《刑法》第438条和第435条的规定分别定罪、数罪并罚（从法理上,如果只能构成其中一种犯罪的,另外的那种行为则作为从重情节予以考虑）。但立案标准将"携带武器装备逃离部队"作为"逃离部队、情节严重"的界定标准之一,则造成了"盗窃武器装备罪"与"逃离部队罪"的罪名竞合关系:如果军人携带武器装备逃离部队,毫无疑问属于盗窃武器装备的行为,根据《立案标准》第21条的规定,可以构成《刑法》第438条规定的"盗窃武器装备罪";同时,根据《立案标准》第18条的规定,该行为又构成了《刑法》第435条规定的"逃离部队罪"。另外,《刑法》第438条的处刑规定比第435条更重,所以"盗窃武器装备罪"不应该被"逃离部队罪"吸收。

综上所述,解放军总政治部发布的《立案标准》第18条第5款第5项的规定值得商榷。

第 37 条 本规定中的"武器装备",是实施和保障军事行动的武器、武器系统和军事技术器材的统称。

> **第 436 条** 【武器装备肇事罪】违反武器装备使用规定,情节严重,因而发生责任事故,致人重伤、死亡或者造成其他严重后果的,处三年以下有期徒刑或者拘役;后果特别严重的,处三年以上七年以下有期徒刑。
>
> **第 437 条** 【擅自改变武器装备编配用途罪】违反武器装备管理规定,擅自改变武器装备的编配用途,造成严重后果的,处三年以下有期徒刑或者拘役;造成特别严重后果的,处三年以上七年以下有期徒刑。

● **条文注释** 第 436 条、第 437 条是关于军人因违反武器装备的使用或管理规定而造成严重后果的处罚规定。这里的"武器装备",是实施和保障军事行动的武器、武器系统和军事技术器材的统称,如枪支、导弹、战车、坦克、通信系统、导航系统、侦听器材、瞄准器材等。另外,备用的武器装备的重要零件、部件,应视为武器装备;部队饲养的用作军事用途的军马、军犬、军鸽等,也应视为军用装备。

构成第 436 条规定之罪,必须具备以下条件:(1)犯罪主体是军人;(2)行为人实施了违反武器装备使用规定、情节严重的行为;(3)发生责任事故,并且造成严重后果。

这里的"情节严重",是指严重违反了武器装备使用程序,或者在使用中严重不负责任。如行为人没有使用武器装备的任务,却违反规定擅自动用装备而发生事故,或者经常使用武器开玩笑,不听劝阻而发生事故,或者故意违反武器装备使用规定等。

这里的"严重后果"的界定标准依照总政发布的《立案标准》第 19 条的规定。"后果特别严重",是指造成多人重伤、死亡的,造成了重大的火灾、核污染或者使公私财产遭受特别重大损失的,严重危害军事行动或者军事研究的等情况。

构成第 437 条规定之罪,必须具备以下条件:(1)犯罪主体是军人;(2)行为人实施了违反武器装备管理规定、擅自改变武器装备的编配用途的行为;(3)造成严重后果。

这里的"武器装备管理规定",是指有关法规中关于武器装备的性能、动用权限、使用范围编配用途等规定。"擅自改变武器装备的编配用途",是指行为人违反武器装备的管理规定,未经批准而自行将编配的武器装备改作其他用途的行为。

这里的"严重后果"的界定标准依照总政发布的《立案标准》第20条的规定。"特别严重后果",是指造成大量主要武器损毁的,造成多人伤亡后果的等情况。

● **相关规定**　【**军法发字〔1988〕34号**】　**中国人民解放军军事法院关于审理军人违反职责罪案件中几个具体问题的处理意见**（1988年10月19日印发）①

一、关于军职人员玩弄枪支、弹药走火或者爆炸,致人重伤、死亡或者造成其他严重后果的案件,是否一概以武器装备肇事罪论处的问题②

军职人员在执勤、训练、作战时使用、操作武器装备,或者在管理、维修、保养武器装备的过程中,违反武器装备使用规定和操作规程,情节严重,因而发生重大责任事故,致人重伤、死亡或者造成其他严重后果的,依照《条例》第3条的规定,以武器装备肇事罪论处;凡违反枪支、弹药管理使用规定,私自携带枪支、弹药外出,因玩弄而造成走火或者爆炸,致人重伤、死亡或者使公私财产遭受重大损失的,分别依照《刑法》第135条、第133条、第106条的规定,以过失重伤罪、过失杀人罪或者过失爆炸罪论处。

二、关于军职人员擅自将自己保管、使用的枪支、弹药借给他人,因而造成严重后果的,应当如何定性和适用法律问题③

军职人员确实不知他人借用枪支、弹药是为实施犯罪,私自将自己保管、

---

① 该《意见》由中国人民解放军军事法院根据1979年《刑法》和《惩治军人违反职责罪暂行条例》而制定,在征求了总政保卫部、解放军军事检察院的意见后,报请最高人民法院同意,于1988年10月19日印发给各军区、海军、空军、总直属队军事法院。1997年修订《刑法》后,《惩治军人违反职责罪暂行条例》被废止,其内容全部被吸收纳入现行《刑法》分则第10章"军人违反职责罪";但该意见一直未被废止或修订。

本书认为:该意见除了其中引用的原刑法和条例的条目编号需要更新之外,其实质性内容应当仍然有效;但是现《刑法》有新规定或者新设置罪名的,应当适用现行《刑法》的规定。

② 注:《条例》第3条和《刑法》第135条、第133条、第106条分别对应现《刑法》第436条和第235条、第233条、第115条。其中,"过失重伤罪""过失杀人罪"分别改为"过失致人重伤罪""过失致人死亡罪"。

③ 注:现行刑法已经设置了"非法出租、出借枪支罪"(第128条第2款)和"擅自改变武器装备编配用途罪"(第437条),因此,意见第2条第1款规定的内容应当适用新刑法的规定;但意见第2条第2款规定的内容可以继续适用。

使用的枪支、弹药借给他人，致使公共财产、国家和人民利益遭受重大损失的，以《刑法》第187条规定的玩忽职守罪论处；如果在值班、值勤等执行职务时，擅自将自己使用、保管的枪支、弹药借给他人，因而造成严重后果的，以《条例》第5条规定的玩忽职守罪论处。

如果明知他人借用枪支、弹药是为了实施犯罪，仍将枪支、弹药借给他人的，以共同犯罪论处。

四、关于军职人员驾驶军用装备车辆肇事的，是定交通肇事罪还是定武器装备肇事罪的问题①

军职人员驾驶军用装备车辆，违反武器装备使用规定和操作规程，情节严重，因而发生重大责任事故，致人重伤、死亡或者造成其他严重后果的，即使同时违反交通运输规章制度，也应当依照《条例》第3条的规定，以武器装备肇事罪论处；如果仅因违反交通运输规章制度而发生重大事故，致人重伤、死亡或者使公私财产遭受重大损失的，则依照《刑法》第113条的规定，以交通肇事罪论处。

● **立案标准** 军人违反职责罪案件立案标准的规定（最高人民检察院、解放军总政治部2013年2月26日印发，2013年3月28日起施行；同时废止2002年10月31日解放军总政治部印发的《关于军人违反职责罪案件立案标准的规定（试行）》）

第19条 武器装备肇事案（刑法第436条）

武器装备肇事罪是指违反武器装备使用规定，情节严重，因而发生责任事故，致人重伤、死亡或者造成其他严重后果的行为。

情节严重，是指故意违反武器装备使用规定，或者在使用过程中严重不负责任。

涉嫌下列情形之一的，应予立案：

（一）影响重大任务完成的；

（二）造成死亡1人以上，或者重伤2人以上，或者轻伤3人以上的；

（三）造成武器装备、军事设施、军用物资或者其他财产损毁，直接经济损失30万元以上，或者直接经济损失、间接经济损失合计150万元以上的；

（四）严重损害国家和军队声誉，造成恶劣影响的；

---

① 注：意见中的"《条例》第3条""《刑法》第113条"分别对应现《刑法》第436条、第133条。

（五）造成其他严重后果的。

第20条 擅自改变武器装备编配用途案（刑法第437条）

擅自改变武器装备编配用途罪是指违反武器装备管理规定，未经有权机关批准，擅自将编配的武器装备改作其他用途，造成严重后果的行为。

涉嫌下列情形之一的，应予立案：

（一）造成重大任务不能完成或者迟缓完成的；

（二）造成死亡1人以上，或者重伤3人以上，或者重伤2人、轻伤4人以上，或者重伤1人、轻伤7人以上，或者轻伤10人以上的；

（三）造成武器装备、军事设施、军用物资或者其他财产损毁，直接经济损失30万元以上，或者直接经济损失、间接经济损失合计150万元以上的；

（四）造成其他严重后果的。

第35条 本规定所称"以上"，包括本数；有关犯罪数额"不满"，是指已达到该数额80%以上。

第36条 本规定中的"直接经济损失"，是指与行为有直接因果关系而造成的财产损毁、减少的实际价值；"间接经济损失"，是指由直接经济损失引起和牵连的其他损失，包括失去在正常情况下可能获得的利益和为恢复正常管理活动或者为挽回已经造成的损失所支付的各种费用等。

第37条 本规定中的"武器装备"，是实施和保障军事行动的武器、武器系统和军事技术器材的统称。

第38条 本规定中的"军用物资"，是除武器装备以外专供武装力量使用的各种物资的统称，包括装备器材、军需物资、医疗物资、油料物资、营房物资等。

第39条 本规定中财物价值和损失的确定，由部队驻地人民法院、人民检察院和公安机关指定的价格事务机构进行估价。武器装备、军事设施、军用物资的价值和损失，由部队军以上单位的主管部门确定；有条件的，也可以由部队驻地人民法院、人民检察院和公安机关指定的价格事务机构进行估价。

第438条 【盗窃、抢夺武器装备、军用物资罪】盗窃、抢夺武器装备或者军用物资的，处五年以下有期徒刑或者拘役；情节严重的，处五年以上十年以下有期徒刑；情节特别严重的，处十年以上有期徒刑、无期徒刑或者死刑。

盗窃、抢夺枪支、弹药、爆炸物的，依照本法第一百二十七条的规定处罚。

● **条文注释** 这里的"武器装备",是实施和保障军事行动的武器、武器系统和军事技术器材的统称,如枪支、导弹、战车、坦克、通信系统、导航系统、侦听器材、瞄准器材等。另外,备用的武器装备的重要零件、部件,应视为武器装备;部队饲养的用作军事用途的军马、军犬、军鸽等,也应视为军用装备。

"军用物资",是指除武器装备外专供武装力量使用的各种物资的统称,包括装备器材、军需物资、医疗物资、油料物资、营房物资等。

构成第 438 条规定之罪,必须具备以下条件:(1)犯罪主体是军人。(2)行为人具有盗窃、抢夺武器装备或军用物资的主观故意,并且实施了该行为。(3)该武器装备或军用物资是部队正在保管或使用的。(4)盗窃、抢夺军用物资的,要求价值在 2000 元以上,或者后果严重。

"情节严重",是指盗窃或抢夺大量武器装备、军用物资或者主要武器装备,或者多次盗窃或抢夺武器装备、军用物资等情况。"情节特别严重",是指盗窃、抢夺大量主要武器装备,或者盗窃、抢夺武器装备或军用物资的数量特别巨大,或者战时盗窃、抢夺武器装备或军用物资,严重危害军事利益等情况。

需要注意的是:

1. 过失行为不能构成本罪。如军人在盗窃他人财物的过程中,意外地取得了部队的枪支、弹药,应以盗窃罪定罪处罚,而不能以盗窃武器装备罪或盗窃枪支、弹药罪定罪处罚;该行为人事后又将该枪支、弹药非法持有或私藏的,则应当以盗窃罪和非法持有、私藏枪支、弹药罪数罪并罚。

2. 军人盗窃、抢夺枪支、弹药、爆炸物的,只是依照《刑法》第 127 条的规定处罚,但是不能以"盗窃、抢夺枪支、弹药、爆炸物罪"(选择性罪名)定罪;确定罪名时,仍然应当依照第 438 条的规定,以"盗窃、抢夺武器装备罪"定罪。

3. 军人盗窃、抢夺武器装备后,又用于其他犯罪活动的,应当依照《刑法》第 438 条和其他条款的规定分别定罪,数罪并罚。如军人盗窃、抢夺枪支、弹药、爆炸物后又将其出售的,应当依照第 438 条和《刑法》第 125 条的规定,以"非法盗窃、抢夺武器装备罪"和"非法买卖枪支、弹药、爆炸物罪"数罪并罚。① 但下列情形只依照第 438 条的规定,以"非法盗窃、抢夺武器装备罪"定罪:

(1)盗窃、抢夺除枪支、弹药、爆炸物之外的其他武器装备或者军用物资

---

① 注:此处并不能适用《刑法》第 439 条规定的"非法出卖、转让武器装备罪",因为该罪的犯罪主体是武器装备的合法管理或使用者。详见《刑法》第 439 条的注释。

后,又将其非法出售的。

(2)盗窃、抢夺枪支、弹药后,非法持有或私藏的,不同时以"非法持有、私藏枪支、弹药罪"追究其刑事责任。

(3)盗窃、抢夺武器装备后,又破坏或遗失了该武器装备的,其破坏或遗失行为不构成"破坏武器装备罪"或"遗失武器装备罪",但作为"非法盗窃、抢夺武器装备罪"的加重量刑情节。

4.如果军人盗窃、抢夺武器装备的重要零部件,同时构成《刑法》第369条规定的"破坏武器装备罪"的,依照处罚较重的规定定罪处罚。

5.如果军人盗窃、抢夺的不是部队正在保管或使用的武器装备、军用物资(如部队报废的武器装备或者其他政法机关的枪支、弹药、非军用物资等),则不能适用第438条的规定;而应当依照刑法的其他规定定罪处罚,如《刑法》第127条规定的盗窃、抢夺枪支、弹药、爆炸物罪,或者264条规定的盗窃罪、第267条规定的抢夺罪。

6.如果军人携带武器装备逃离部队,也应视为盗窃武器装备的行为。但按照总政发布的《立案标准》第18条的规定,该行为属于"逃离部队、情节严重"的情形,因此,在新的司法解释出台之前,只能依照《刑法》第435条的规定,以"逃离部队罪"定罪处罚。

7.对于军人抢劫武器装备、军用物资的行为,"军人违反职责罪"没有规定。军人抢劫部队枪支、弹药、爆炸物的,可以直接按《刑法》第127条第2款规定的抢劫枪支、弹药、爆炸物罪定罪处罚;如果军人抢劫的是其他的武器装备或军用物资,可以按《刑法》第263条规定的抢劫罪定罪处罚。

8.对于军人利用职务之便侵吞武器装备的行为,应当视为一种特殊形式的盗窃行为,依照第438条第1款或第2款的规定定罪处罚;对于军人利用职务之便侵吞军用物资的行为,应当视为贪污行为,依照《刑法》第382条、第383条的规定定罪处罚。

● **立案标准** 军人违反职责罪案件立案标准的规定(最高人民检察院、解放军总政治部2013年2月26日印发,2013年3月28日起施行;同时废止2002年10月31日解放军总政治部印发的《关于军人违反职责罪案件立案标准的规定(试行)》)

第21条 盗窃、抢夺武器装备、军用物资案(刑法第438条)

盗窃武器装备罪是指以非法占有为目的,秘密窃取武器装备的行为。

抢夺武器装备罪是指以非法占有为目的,乘人不备,公然夺取武器装备的行为。

凡涉嫌盗窃、抢夺武器装备的,应予立案。

盗窃军用物资罪是指以非法占有为目的,秘密窃取军用物资的行为。

抢夺军用物资罪是指以非法占有为目的,乘人不备,公然夺取军用物资的行为。

凡涉嫌盗窃、抢夺军用物资价值2000元以上,或者不满规定数额,但后果严重的,应予立案。

第35条 本规定所称"以上",包括本数;有关犯罪数额"不满",是指已达到该数额80%以上。

第37条 本规定中的"武器装备",是实施和保障军事行动的武器、武器系统和军事技术器材的统称。

第38条 本规定中的"军用物资",是除武器装备以外专供武装力量使用的各种物资的统称,包括装备器材、军需物资、医疗物资、油料物资、营房物资等。

第39条 本规定中财物价值和损失的确定,由部队驻地人民法院、人民检察院和公安机关指定的价格事务机构进行估价。武器装备、军事设施、军用物资的价值和损失,由部队军以上单位的主管部门确定;有条件的,也可以由部队驻地人民法院、人民检察院和公安机关指定的价格事务机构进行估价。

第439条 【非法出卖、转让武器装备罪】 非法出卖、转让军队武器装备的,处三年以上十年以下有期徒刑;出卖、转让大量武器装备或者有其他特别严重情节的,处十年以上有期徒刑、无期徒刑或者死刑。

● **条文注释** 这里的"武器装备",是指实施和保障军事行动的武器、武器系统和军事技术器材的统称,如枪支、导弹、战车、坦克、通信系统、导航系统、侦听器材、瞄准器材等。另外,备用的武器装备的重要零件、部件,应视为武器装备;部队饲养的用作军事用途的军马、军犬、军鸽等,也应视为军用装备。

构成第439条规定之罪,必须具备以下条件:(1)犯罪主体是军人;(2)行为人实施了非法出卖、转让军队武器装备的行为;(3)满足情节条件(具体的界定标准依照总政发布的《立案标准》第22条的规定)。

这里的"非法出卖、转让",是指行为人未经有权机关的批准而擅自将其保管或使用的武器装备出售、出租、出借、赠送他人或者以武器装备换取其他物品的行为。

"特别严重情节",是指非法出卖、转让武器装备进行犯罪活动,或者非法出卖、转让给境外的机构、组织、人员,或者非法出卖、转让武器装备造成严重后果等情况。

需要注意的是:

(1)非法出卖、转让武器装备的行为人应当是合法管理或使用这些武器装备的人员。如果军人将盗窃或抢夺的枪支、弹药、爆炸物出卖、转让的,不能适用第439条规定的"非法出卖、转让武器装备罪",而应当按《刑法》第438条规定的"盗窃、抢夺武器装备罪"(选择性罪名)与第125条规定的"非法买卖枪支、弹药、爆炸物罪"(选择性罪名)数罪并罚。[①]

(2)对于非法出卖、转让军用物资的行为,应当依照《刑法》第438条的规定,以"盗窃军用物资罪"定罪处罚。

● **立案标准** 军人违反职责罪案件立案标准的规定(最高人民检察院、解放军总政治部2013年2月26日印发,2013年3月28日起施行;同时废止2002年10月31日解放军总政治部印发的《关于军人违反职责罪案件立案标准的规定(试行)》)

第22条 非法出卖、转让武器装备案(刑法第439条)

非法出卖、转让武器装备罪是指非法出卖、转让武器装备的行为。

出卖、转让,是指违反武器装备管理规定,未经有权机关批准,擅自用武器装备换取金钱、财物或者其他利益,或者将武器装备馈赠他人的行为。

涉嫌下列情形之一的,应予立案:

(一)非法出卖、转让枪支、手榴弹、爆炸装置的;

(二)非法出卖、转让子弹10发、雷管30枚、导火索或者导爆索30米、炸药1千克以上,或者不满规定数量,但后果严重的;

(三)非法出卖、转让武器装备零部件或者维修器材、设备,致使武器装备报废或者直接经济损失30万元以上的;

[①] 全国人民代表大会常务委员会法制工作委员会编:《中华人民共和国刑法释义》,法律出版社2011年版,第734页。
注:该释义相当于对《刑法》第439条(非法出卖、转让武器装备罪)的犯罪主体范围进行了限制(只能是武器装备的合法管理或使用者),对于司法实践中的定罪科刑具有很大的影响。该释义目前并未见于正式的法律法规或司法解释的规定中,许多其他的法学论著也对此有不同的认识;本书采纳人大法工委的观点。

（四）非法出卖、转让其他重要武器装备的。

第 35 条　本规定所称"以上"，包括本数；有关犯罪数额"不满"，是指已达到该数额 80% 以上。

第 36 条　本规定中的"直接经济损失"，是指与行为有直接因果关系而造成的财产损毁、减少的实际价值；"间接经济损失"，是指由直接经济损失引起和牵连的其他损失，包括失去在正常情况下可能获得的利益和为恢复正常管理活动或者为挽回已经造成的损失所支付的各种费用等。

第 37 条　本规定中的"武器装备"，是实施和保障军事行动的武器、武器系统和军事技术器材的统称。

第 38 条　本规定中的"军用物资"，是除武器装备以外专供武装力量使用的各种物资的统称，包括装备器材、军需物资、医疗物资、油料物资、营房物资等。

第 39 条　本规定中财物价值和损失的确定，由部队驻地人民法院、人民检察院和公安机关指定的价格事务机构进行估价。武器装备、军事设施、军用物资的价值和损失，由部队军以上单位的主管部门确定；有条件的，也可以由部队驻地人民法院、人民检察院和公安机关指定的价格事务机构进行估价。

第 440 条　【遗弃武器装备罪】违抗命令，遗弃武器装备的，处五年以下有期徒刑或者拘役；遗弃重要或者大量武器装备的，或者有其他严重情节的，处五年以上有期徒刑。

第 441 条　【遗失武器装备罪】遗失武器装备，不及时报告或者有其他严重情节的，处三年以下有期徒刑或者拘役。

● **条文注释**　第 440 条、第 441 条是针对军人故意遗弃或疏忽大意遗失武器装备犯罪行为的处罚规定。这里的"武器装备"，是指实施和保障军事行动的武器、武器系统和军事技术器材的统称，如枪支、导弹、战车、坦克、通信系统、导航系统、侦听器材、瞄准器材等。另外，备用的武器装备的重要零件、部件，应当视为武器装备；部队饲养的用作军事用途的军马、军犬、军鸽等，也应视为军用装备。

构成第 440 条规定之罪，必须具备以下条件：（1）犯罪主体是军人；（2）行为人具有遗弃武器装备的主观故意；（3）行为人实施了擅自遗弃武器装备的行为；（4）满足情节条件（具体的界定标准依照总政发布的《立案标准》第 23 条的规定)。

构成第441条规定之罪，必须具备以下条件：(1) 犯罪主体是军人；(2) 行为人遗失了其保管或使用的武器装备；(3) 行为人没有及时报告，或者虽然及时报告了，但是遗失的情节较严重(具体的界定标准依照总政发布的《立案标准》第24条的规定)。

需要注意的是：

(1) 第440条规定的"遗弃武器装备罪"与《刑法》第421条规定的"战时违抗命令罪"都有违抗命令的情节，其区别为：战时违抗命令，只要对作战造成了危害，就构成"战时违抗命令罪"，但该罪仅限于战时；而在非战时，违抗命令只是个条件，行为人只有实施了遗弃武器装备的行为才能构成"遗弃武器装备罪"。如果行为人是根据上级的命令、决定而遗弃武器装备的，则不构成犯罪。

(2) 第441条规定的"遗失武器装备罪"与《刑法》第129条规定的"丢失枪支不报罪"的区别：第129条规定的犯罪主体是依法配备公务用枪的人员(具体范围依照《枪支管理法》第5条的规定)，只要他们在丢失枪支后及时报告，就不能构成丢失枪支不报罪；而第441条规定的犯罪主体只能是军人，他们如果遗失武器装备没及时报告，或者即使及时报告了，但遗失的情节较严重，都可以构成遗失武器装备罪。

● **立案标准** 军人违反职责罪案件立案标准的规定(最高人民检察院、解放军总政治部2013年2月26日印发，2013年3月28日起施行；同时废止2002年10月31日解放军总政治部印发的《关于军人违反职责罪案件立案标准的规定(试行)》)

第23条 遗弃武器装备案(刑法第440条)

遗弃武器装备罪是指负有保管、使用武器装备义务的军人，违抗命令，故意遗弃武器装备的行为。

涉嫌下列情形之一的，应予立案：

(一) 遗弃枪支、手榴弹、爆炸装置的；

(二) 遗弃子弹10发、雷管30枚、导火索或者导爆索30米、炸药1千克以上，或者不满规定数量，但后果严重的；

(三) 遗弃武器装备零部件或者维修器材、设备，致使武器装备报废或者直接经济损失30万元以上的；

(四) 遗弃其他重要武器装备的。

第 24 条　遗失武器装备案（刑法第 441 条）

遗失武器装备罪是指遗失武器装备，不及时报告或者有其他严重情节的行为。

其他严重情节，是指遗失武器装备严重影响重大任务完成的；给人民群众生命财产安全造成严重危害的；遗失的武器装备被敌人或者境外的机构、组织和人员或者国内恐怖组织和人员利用，造成严重后果或者恶劣影响的；遗失的武器装备数量多、价值高的；战时遗失的，等等。

凡涉嫌遗失武器装备不及时报告或者有其他严重情节的，应予立案。

第 35 条　本规定所称"以上"，包括本数；有关犯罪数额"不满"，是指已达到该数额 80% 以上。

第 36 条　本规定中的"直接经济损失"，是指与行为有直接因果关系而造成的财产损毁、减少的实际价值；"间接经济损失"，是指由直接经济损失引起和牵连的其他损失，包括失去在正常情况下可能获得的利益和为恢复正常管理活动或者为挽回已经造成的损失所支付的各种费用等。

第 37 条　本规定中的"武器装备"，是实施和保障军事行动的武器、武器系统和军事技术器材的统称。

第 39 条　本规定中财物价值和损失的确定，由部队驻地人民法院、人民检察院和公安机关指定的价格事务机构进行估价。武器装备、军事设施、军用物资的价值和损失，由部队军以上单位的主管部门确定；有条件的，也可以由部队驻地人民法院、人民检察院和公安机关指定的价格事务机构进行估价。

第 442 条　**【擅自出卖、转让军队房地产罪】**违反规定，擅自出卖、转让军队房地产，情节严重的，对直接责任人员，处三年以下有期徒刑或者拘役；情节特别严重的，处三年以上十年以下有期徒刑。

● **条文注释**　这里的"违反规定"，是指行为人违反军队《中国人民解放军内务条令（试行）》《中国人民解放军房地产管理条例》等有关军队房地产管理和使用的规定。

构成第 442 条规定之罪，必须具备以下条件：（1）犯罪主体是军人（一般是部队后勤部门管理营房和地产的人员和其他负责人员）；（2）行为人具有擅自出卖、转让军队房地产的主观故意，并实施了该行为；（3）情节严重。

这里的"情节严重"，主要是指擅自出卖、转让军队房地产数量较大，或对国家军事利益造成严重危害，或军队造成严重经济损失的，或者出卖、转让军事禁区的房地产等情况,具体的界定标准依照总政发布的《立案标准》第25条的规定。"情节特别严重",主要是指擅自出卖、转让军队房地产数量巨大,或者造成巨大经济损失,或给国家军事利益造成特别严重损害等情况。

应注意的是,本条规定的"擅自出卖、转让军队房地产罪"与《刑法》第228条规定的"非法转让、倒卖土地使用权罪"、第410条规定的"非法低价出让国有土地使用权罪"之间的区别:

(1)第228条规定的犯罪主体是一般主体,其犯罪对象可以是国有土地或集体土地的使用权,也可以是私有的土地使用权,其犯罪行为导致的土地使用权的转移是非法的、无效的。

(2)第410条规定的犯罪主体是国家机关工作人员,犯罪的对象是国有土地的使用权,犯罪的结果是国有土地使用权以低价而又"合法"的形式发生转移,实质上造成了国有资产的流失。

(3)第442条规定的犯罪主体是军队相关人员,犯罪的对象是军队房地产的产权或者使用权,犯罪的结果是军队房地产产权或使用权的转移。

● **立案标准** **军人违反职责罪案件立案标准的规定**(最高人民检察院、解放军总政治部2013年2月26日印发,2013年3月28日起施行;同时废止2002年10月31日解放军总政治部印发的《关于军人违反职责罪案件立案标准的规定(试行)》)

第25条 擅自出卖、转让军队房地产案(刑法第442条)

擅自出卖、转让军队房地产罪是指违反军队房地产管理和使用规定,未经有权机关批准,擅自出卖、转让军队房地产,情节严重的行为。

军队房地产,是指依法由军队使用管理的土地及其地上地下用于营房保障的建筑物、构筑物、附属设施设备,以及其他附着物。

涉嫌下列情形之一的,应予立案:

(一)擅自出卖、转让军队房地产价值30万元以上的;

(二)擅自出卖、转让军队房地产给境外的机构、组织、人员的;

(三)擅自出卖、转让军队房地产严重影响部队正常战备、训练、工作、生活和完成军事任务的;

(四)擅自出卖、转让军队房地产给军事设施安全造成严重危害的;

(五)有其他情节严重行为的。

第35条 本规定所称"以上",包括本数;有关犯罪数额"不满",是指已达到该数额80%以上。

> **第 443 条 【虐待部属罪】** 滥用职权，虐待部属，情节恶劣，致人重伤或者造成其他严重后果的，处五年以下有期徒刑或者拘役；致人死亡的，处五年以上有期徒刑。

● **条文注释** 构成第 443 条规定之罪，必须具备以下条件：（1）犯罪主体是军人；（2）行为人具有故意虐待部属的主观恶意，并滥用职权实施了该行为；（3）情节恶劣；（4）致人重伤或造成其他严重后果。

这里的"部属"，是指与行为人存在一定隶属关系的下级军人。"虐待部属"，是指采取有损身心健康的手段对部属进行折磨和摧残，如殴打、体罚、冻饿等。"情节恶劣"，是指虐待手段残酷，或者虐待的人数或次数较多（3 人次以上），或者虐待伤病残部属等。"致人重伤"的界定标准参见《刑法》第 234 条的注释。"其他严重后果"，是指引发重大的暴力事件，或者导致部属不堪忍受虐待而自杀或逃离部队，或者在部队、社会造成极坏的影响等情况，具体的界定标准依照总政发布的《立案标准》第 26 条的规定。

需要注意的是：

（1）如果行为人没有利用职权，对没有隶属关系的其他军人进行殴打等行为，不构成"虐待部属罪"；致人伤亡的，可依照《刑法》第 232 条至第 235 条关于伤害、杀人的有关规定定罪处罚。

（2）如果行为人的虐待行为没有造成严重后果，则不构成本罪；但是应当按照《纪律条令》等有关军纪进行处理。

● **立案标准** 军人违反职责罪案件立案标准的规定（最高人民检察院、解放军总政治部 2013 年 2 月 26 日印发，2013 年 3 月 28 日起施行；同时废止 2002 年 10 月 31 日解放军总政治部印发的《关于军人违反职责罪案件立案标准的规定（试行）》）

第 26 条 虐待部属案（刑法第 443 条）

虐待部属罪是指滥用职权，虐待部属，情节恶劣，致人重伤、死亡或者造成其他严重后果的行为。

虐待部属，是指采取殴打、体罚、冻饿或者其他有损身心健康的手段，折磨、摧残部属的行为。

情节恶劣，是指虐待手段残酷的；虐待 3 人以上的；虐待部属 3 次以上的；虐待伤病残部属的，等等。

其他严重后果，是指部属不堪忍受虐待而自杀、自残造成重伤或者精神失常的；诱发其他案件、事故的；导致部属1人逃离部队3次以上，或者2人以上逃离部队的；造成恶劣影响的，等等。

凡涉嫌虐待部属，情节恶劣，致人重伤、死亡或者造成其他严重后果的，应予立案。

第35条 本规定所称"以上"，包括本数；有关犯罪数额"不满"，是指已达到该数额80%以上。

> **第444条 【遗弃伤病军人罪】**在战场上故意遗弃伤病军人，情节恶劣的，对直接责任人员，处五年以下有期徒刑。
>
> **第445条 【战时拒不救治伤病军人罪】**战时在救护治疗职位上，有条件救治而拒不救治危重伤病军人的，处五年以下有期徒刑或者拘役；造成伤病军人重残、死亡或者有其他严重情节的，处五年以上十年以下有期徒刑。

● **条文注释** 第444条、第445条是针对在战时遗弃或者拒不救治伤病军人的犯罪行为的处罚规定。

构成第444条规定之罪，必须具备以下条件：（1）犯罪主体是军人；（2）行为人具有故意遗弃伤病军人的主观恶意，并实施了该行为；（3）该行为发生在战场上；（4）情节恶劣。

这里的"故意遗弃"，是指行为人明知有伤病军人而不予抢救，弃置不顾的行为。"直接责任人员"是指以下几类人员：（1）对遗弃的伤病军人有条件救护而故意不予救护的人员；（2）将自己负责救护的伤病军人遗弃的人员；（3）对故意遗弃伤病军人负有直接责任的指挥人员。

"情节恶劣"的界定标准依照总政发布的《立案标准》第27条的规定。

构成第445条规定之罪，必须具备以下条件：（1）犯罪主体是在救护治疗职位上的人员；（2）行为人有条件救治而拒不救治危重伤病军人；（3）该行为发生在战时。

这里的"有条件救治而拒不救治"，是指行为人有医疗条件、技术条件救护、治疗危重伤病军人，而以种种理由拒绝救治的行为。"危重伤病军人"，是指伤势、病情严重、危险的军人。"在救护治疗职位上"，是指正在当班的医务人员或者临时执行救护治疗任务的其他人员。

第445条规定的"重残"，是指依照《军人残疾等级评定标准》，评定残疾等级在六级以上。"其他严重情节"主要是指为挟嫌报复而拒不救治,或阻止他人救治,或者造成恶劣影响、引发严重事件等情况。

需要注意的是:

(1)第444条和第445条的犯罪主体,应当包括通常意义上的军人,也包括战场上或在战时临时执行救护治疗任务的其他人员。但根据《刑法》第450条的规定,此时,"执行军事任务"的其他人员也属于第10章刑法意义上的"军人"。

(2)第444条和第445条的救治对象,应该是我方的伤病军人;如果遗弃或拒不救治敌方的伤病军人,则不能构成犯罪。其中,第445条的救治对象应当是"危重"的伤病军人。拒不救治有一般伤病的军人,一般不会造成严重的后果,因而不构成犯罪;对于情节恶劣的,应当给予教育批评或纪律处分。

● 立案标准　军人违反职责罪案件立案标准的规定(最高人民检察院、解放军总政治部2013年2月26日印发,2013年3月28日起施行;同时废止2002年10月31日解放军总政治部印发的《关于军人违反职责罪案件立案标准的规定(试行)》)

第27条　遗弃伤病军人案(刑法第444条)

遗弃伤病军人罪是指在战场上故意遗弃我方伤病军人,情节恶劣的行为。

涉嫌下列情形之一的,应予立案:

(一)为挟嫌报复而遗弃伤病军人的;

(二)遗弃伤病军人3人以上的;

(三)导致伤病军人死亡、失踪、被俘的;

(四)有其他恶劣情节的。

第28条　战时拒不救治伤病军人案(刑法第445条)

战时拒不救治伤病军人罪是指战时在救护治疗职位上,有条件救治而拒不救治危重伤病军人的行为。

有条件救治而拒不救治,是指根据伤病军人的伤情或者病情,结合救护人员的技术水平、医疗单位的医疗条件及当时的客观环境等因素,能够给予救治而拒绝抢救、治疗。

凡战时涉嫌拒不救治伤病军人的,应予立案。

第35条　本规定所称"以上",包括本数;有关犯罪数额"不满",是指已达到该数额80%以上。

> **第446条** 【战时残害居民、掠夺居民财物罪】战时在军事行动地区，残害无辜居民或者掠夺无辜居民财物的，处五年以下有期徒刑；情节严重的，处五年以上十年以下有期徒刑；情节特别严重的，处十年以上有期徒刑、无期徒刑或者死刑。

● **条文注释** 构成第446条规定之罪，必须具备以下条件：（1）犯罪主体是军人；（2）行为人具有故意残害无辜居民或者掠夺无辜居民财物的主观恶意，并实施了该行为；（3）该行为发生在战时；（4）该行为发生在军事行动地区；（5）满足情节条件（具体界定标准依照总政发布的《立案标准》第29条的规定）。

这里的"军事行动地区"，是指我军作战或活动的区域。"无辜居民"，是指在战区居住的对我军无敌对行动的居民，包括我方、敌方以及第三方管辖的居民。"残害"，是指对无辜居民实施伤害、杀害、奸淫、损毁财物等侵犯人身和财产安全的暴力行为。"掠夺"，是指行为人用暴力或以暴力相威胁，抢夺无辜居民的钱财或其他物品。

"情节严重"，是指多次或结伙实施犯罪行为，或者残害、掠夺无辜居民的人数较多或手段恶劣，或者造成极坏的影响等情况。"情节特别严重"，是指残害、掠夺人数众多或手段特别残忍，或者掠夺财物数量特别巨大等情况。

● **立案标准** 军人违反职责罪案件立案标准的规定（最高人民检察院、解放军总政治部2013年2月26日印发，2013年3月28日起施行；同时废止2002年10月31日解放军总政治部印发的《关于军人违反职责罪案件立案标准的规定（试行）》）

第29条 战时残害居民、掠夺居民财物案（刑法第446条）

战时残害居民罪是指战时在军事行动地区残害无辜居民的行为。

无辜居民，是指对我军无敌对行动的平民。

战时涉嫌下列情形之一的，应予立案：

（一）故意造成无辜居民死亡、重伤或者轻伤3人以上的；

（二）强奸无辜居民的；

（三）故意损毁无辜居民财物价值5000元以上，或者不满规定数额，但手段恶劣、后果严重的。

战时掠夺居民财物罪是指战时在军事行动地区抢劫、抢夺无辜居民财物的行为。

战时涉嫌下列情形之一的,应予立案:
(一)抢劫无辜居民财物的;
(二)抢夺无辜居民财物价值 2000 元以上,或者不满规定数额,但手段恶劣、后果严重的。

第 35 条 本规定所称"以上",包括本数;有关犯罪数额"不满",是指已达到该数额 80% 以上。

> **第 447 条** 【私放俘虏罪】私放俘虏的,处五年以下有期徒刑;私放重要俘虏、私放俘虏多人或者有其他严重情节的,处五年以上有期徒刑。
>
> **第 448 条** 【虐待俘虏罪】虐待俘虏,情节恶劣的,处三年以下有期徒刑。

● **条文注释** 第 447 条、第 448 条是针对私放俘虏或者虐待俘虏的犯罪处罚规定。"俘虏",是在作战中被我方俘获的敌方武装人员及其他为敌方武装部队服务的人员;"重要俘虏",是指敌军的中、高级军官,掌握重要情况的人员,以及为了解敌情而专门抓获的俘虏等。

"私放俘虏",是指行为人未经批准而擅自将俘虏放走。这种行为严重违反了军队的战场纪律,不利于消灭敌人和获取敌方的情况,还有可能暴露我军的情况,危害我军的作战行动和军事利益。因此,根据第 447 条的规定,行为人只要实施私放俘虏的行为就可构成犯罪。"其他严重情节",是指除私放重要俘虏和私放俘虏多人外的其他严重情况,如因私放俘虏而严重影响作战任务完成的,暴露我军军事秘密,危害我军军事利益的,以及因收受财物、贪图女色而私放俘虏的等情况。

"虐待俘虏",是指违背人道主义,违反《日内瓦公约》以及我军的俘虏政策,对被我军俘获后不再反抗的敌方人员,进行肉体上的摧残,或者在生活上不给予人道待遇的行为。"情节恶劣"的界定标准,依照总政发布的《立案标准》第 31 条的规定。

● **立案标准** 军人违反职责罪案件立案标准的规定(最高人民检察院、解放军总政治部 2013 年 2 月 26 日印发,2013 年 3 月 28 日起施行;同时废止 2002 年 10 月 31 日解放军总政治部印发的《关于军人违反职责罪案件立案标准的规定(试行)》)

第30条　私放俘虏案（刑法第447条）
私放俘虏罪是指擅自将俘虏放走的行为。
凡涉嫌私放俘虏的，应予立案。

第31条　虐待俘虏案（刑法第448条）
虐待俘虏罪是指虐待俘虏，情节恶劣的行为。
涉嫌下列情形之一的，应予立案：
（一）指挥人员虐待俘虏的；
（二）虐待俘虏3人以上，或者虐待俘虏3次以上的；
（三）虐待俘虏手段特别残忍的；
（四）虐待伤病俘虏的；
（五）导致俘虏自杀、逃跑等严重后果的；
（六）造成恶劣影响的；
（七）有其他恶劣情节的。

第35条　本规定所称"以上"，包括本数；有关犯罪数额"不满"，是指已达到该数额80%以上。

第449条　【战时缓刑】在战时，对被判处三年以下有期徒刑没有现实危险宣告缓刑的犯罪军人，允许其戴罪立功，确有立功表现时，可以撤销原判刑罚，不以犯罪论处。

● 条文注释　第449条规定了军人在战时"将功赎罪"的条件。
军人"将功赎罪"必须具备以下条件：(1) 主体是被宣告缓刑的犯罪军人；(2) 行为人有立功表现；(3) 该行为发生在战时。犯罪的军人在缓刑考验期间，确有杀敌立功或者其他突出表现的，可以由原审法院作出撤销原判决的决定；但如果犯新罪或发现判决宣告以前还有其他罪没有判决，或者违反有关部门关于缓刑的监督管理规定或人民法院判决中的禁止令，应当依照《刑法》总则第77条的规定撤销缓刑，决定执行的刑罚。

特别需要说明的是，根据立法本意，"将功赎罪"的主体应当是所有被宣告缓刑的犯罪军人，而并不是仅限于"在战时"被宣告缓刑的犯罪军人。所有被宣告缓刑的犯罪军人，只要在战时确实有立功表现，都应当可以适用第449条的规定，撤销原判刑罚，不以犯罪论处。

第 450 条[①] 　【**本章适用的主体范围**】本章适用于中国人民解放军的现役军官、文职干部、士兵及具有军籍的学员和中国人民武装警察部队的现役警官、文职干部、士兵及具有军籍的学员以及文职人员、执行军事任务的预备役人员和其他人员。

● **条文注释** 　第 450 条对"军人违反职责罪"的适用对象("军人"的界定范围)进行了规定。

本章规定的"军人"(犯罪主体)包括执行军事任务的预备役人员和其他人员。这里的"军事任务",是指由军事主管机关下达、分配或者指挥的与国防、军事和社会安全稳定有关的各种行动和任务,包括作战、演习、巡逻、训练(包含军政训练和科学研究等)、军事部署、调防换防、装备维护,以及戒严、解救、处置突发事件等。"其他人员"包括军队的职工、地方院校的国防生等。

地方院校的国防生(不具有军籍)在校期间接受军事训练或其他军事任务时,以军人论。但地方院校其他的普通学生在接受军训时,不宜以军人论,不适用本章的规定;他们如果实施本章规定的行为,构成犯罪的,应当按照刑法其他的相关规定定罪处罚。

● **相关规定** 　【**国务院、中央军委令第 689 号**】　**中国人民解放军文职人员条例**(2017 年 9 月 27 日修订施行)

第 2 条　本条例所称文职人员,是指在军民通用、非直接参与作战且社会化保障不宜承担的军队编制岗位从事管理工作和专业技术工作的非现役人员,是军队人员的组成部分。

文职人员在军队和社会生活中,依法享有国家工作人员相应的权利,履行相应的义务。

【**主席令〔2020〕48 号**】　**中华人民共和国人民武装警察法**(2020 年 6 月 20 日第 13 届全国人大常委会第 19 次会议修订,2020 年 6 月 21 日施行)

第 9 条　人民武装警察部队由内卫部队、机动部队、海警部队和院校、研究机构等组成。

[①] 第 450 条由 2020 年 12 月 26 日第 13 届全国人大常委会第 24 次会议通过的《刑法修正案(十一)》(主席令第 66 号公布,2021 年 3 月 1 日起施行)修改,增加了"文职人员"。

内卫部队按照行政区划编设，机动部队按照任务编设，海警部队在沿海地区按照行政区划和任务区域编设。具体编设由中央军事委员会确定。

> **第451条** 【战时的概念】本章所称战时，是指国家宣布进入战争状态、部队受领作战任务或者遭敌突然袭击时。
> 部队执行戒严任务或者处置突发性暴力事件时，以战时论。

● **条文注释** 第451条对"战时"的界定范围进行了规定。

部队执行戒严任务或者处置突发性暴力事件时，以战时论。根据《戒严法》的规定，全国或者个别省、自治区、直辖市的戒严，由国务院提请全国人大常委会决定，由国家主席发布戒严令；省、自治区、直辖市的范围内部分地区的戒严，由国务院决定，由国务院总理发布戒严令。

附　则

> **第452条　【施行日期】**本法自1997年10月1日起施行。
>
> 列于本法附件一的全国人民代表大会常务委员会制定的条例、补充规定和决定，已纳入本法或者已不适用，自本法施行之日起，予以废止。
>
> 列于本法附件二的全国人民代表大会常务委员会制定的补充规定和决定予以保留。其中，有关行政处罚和行政措施的规定继续有效；有关刑事责任的规定已纳入本法，自本法施行之日起，适用本法规定。

● **条文注释**　第452条对刑法的生效时间以及以往发布的"单行刑法"的效力作了明确规定。对于刑法生效以前发生的行为，应当依照本法总则第12条关于刑法溯及力的规定进行处理。

另外，1997年10月1日新刑法实施以后，全国人大常委会先后颁布了1个"单行刑法"和多个刑法修正案。这些修改和补充，根据其生效日期，同样适用《刑法》总则第12条关于刑法溯及力的规定。

需要注意的是：对于最高人民法院或者最高人民检察院之前发布的有关司法解释和司法解释性文件，如果同时满足以下的条件［（1）所针对的刑法条文内容没有发生实质性的变化；（2）全国人大常委会没有作出更权威的解释；（3）"两高"也没有作出新的解释；（4）原解释没有被废止，也没有与上位法律或更新的司法解释相冲突］，那么，原解释的司法精神和内容应当视为继续有效。

● **相关规定**　**【法发〔1997〕3号】　最高人民法院关于认真学习宣传贯彻修订的《中华人民共和国刑法》的通知**（1997年3月25日印发）

五、修订的刑法实施后，对已明令废止的全国人大常委会有关决定和补充规定，最高人民法院原作出的有关司法解释不再适用。但是如果修订的刑法有关条文实质内容没有变化的，人民法院在刑事审判工作中，在没有新的司法解释前，可参照执行。其他对于与修订的刑法规定相抵触的司法解释，不再适用。

【法办〔2007〕396号】　最高人民法院办公厅关于规范司法解释施行日期有关问题的通知（2007年8月23日）①

为进一步规范我院司法解释的制定、发布工作，避免社会公众对司法解释施行日期产生误解，确保司法解释的正确适用，根据《最高人民法院关于司法解释工作的规定》第25条规定，现将我院制定、发布司法解释确定其施行日期的有关事项通知如下：

一、今后各部门起草的司法解释对施行日期没有特别要求的，司法解释条文中不再规定"本解释（规定）自公布之日施行"的条款，施行时间一律以发布司法解释的最高人民法院公告中明确的日期为准。

二、司法解释对施行日期有特别要求的，应当在司法解释条文中规定相应条款，明确具体施行时间，我院公告的施行日期应当与司法解释的规定相一致。

【法办发〔2019〕2号】　最高人民法院办公厅关于司法解释施行日期问题的通知（2019年2月15日）

为进一步规范和统一我院司法解释的施行日期，保证司法解释的正确适用，根据《最高人民法院关于司法解释工作的规定》第25条的规定，现将有关事项通知如下：

一、司法解释的施行日期是司法解释时间效力的重要内容，司法解释应当在主文作出明确规定："本解释（规定或者决定）自×年×月×日起施行"。批复类解释在批复最后载明的发布日期作为施行日期。

二、确定司法解释的施行日期应当充分考虑司法解释实施准备工作的实际需要。

三、司法解释的施行日期应当在提交审判委员会的送审稿中拟出，并提请审判委员会审议确定。

四、发布司法解释公告中的施行日期应当与司法解释中的施行日期一致。

---

① "法办〔2007〕396号"《通知》印发后，在实践中仍然屡被违反。比如"法释〔2011〕4号"《解释》第11条规定"本解释自公布之日起施行"，但公告显示公布日期为2011年2月28日，而施行日期为2011年3月18日；"法释〔2011〕6号"《规定》第24条规定"本规定自公布之日起施行"，但公告显示公布日期为2011年3月17日，而施行日期为2011年3月22日。
2019年2月15日，最高法办公厅重新印发"法办发〔2019〕2号"《通知》，要求在司法解释主文中明确规定施行日期；却未宣布废止"法办〔2007〕396号"《通知》，这是最高人民法院梳理司法文件时的疏漏。

【法释〔2012〕7号】　最高人民法院关于在裁判文书中如何表述修正前后刑法条文的批复（2012年2月20日由最高人民法院审判委员会第1542次会议通过，2012年5月15日公布，2012年6月1日起施行）

一、根据案件情况，裁判文书引用1997年3月14日第八届全国人民代表大会第五次会议修订的刑法条文，应当根据具体情况分别表述：

（一）有关刑法条文在修订的刑法施行后未经修正，或者经过修正，但引用的是现行有效条文，表述为"《中华人民共和国刑法》第××条"。

（二）有关刑法条文经过修正，引用修正前的条文，表述为"1997年修订的《中华人民共和国刑法》第××条"。

（三）有关刑法条文经两次以上修正，引用经修正、且为最后一次修正前的条文，表述为"经××××年《中华人民共和国刑法修正案（×）》修正的《中华人民共和国刑法》第××条"。

二、根据案件情况，裁判文书引用1997年3月14日第八届全国人民代表大会第五次会议修订前的刑法条文，应当表述为"1979年《中华人民共和国刑法》第××条"。

三、根据案件情况，裁判文书引用有关单行刑法条文，应当直接引用相应该条例、补充规定或者决定的具体条款。

四、《最高人民法院关于在裁判文书中如何引用修订前、后刑法名称的通知》（法〔1997〕192号）、《最高人民法院关于在裁判文书中如何引用刑法修正案的批复》（法释〔2007〕7号）不再适用。

附件一：

全国人民代表大会常务委员会制定的下列条例、补充规定和决定，已纳入本法或者已不适用，自本法施行之日起，予以废止：①
1. 中华人民共和国惩治军人违反职责罪暂行条例
2. 关于严惩严重破坏经济的罪犯的决定
3. 关于严惩严重危害社会治安的犯罪分子的决定
4. 关于惩治走私罪的补充规定
5. 关于惩治贪污罪贿赂罪的补充规定②
6. 关于惩治泄露国家秘密犯罪的补充规定
7. 关于惩治捕杀国家重点保护的珍贵、濒危野生动物犯罪的补充规定
8. 关于惩治侮辱中华人民共和国国旗国徽罪的决定
9. 关于惩治盗掘古文化遗址古墓葬犯罪的补充规定
10. 关于惩治劫持航空器犯罪分子的决定
11. 关于惩治假冒注册商标犯罪的补充规定
12. 关于惩治生产、销售伪劣商品犯罪的决定
13. 关于惩治侵犯著作权的犯罪的决定
14. 关于惩治违反公司法的犯罪的决定
15. 关于处理逃跑或者重新犯罪的劳改犯和劳教人员的决定

---

① 注：在上述15件条例、补充规定和决定中，第1至第14件规定的内容被修改后纳入了修订后的刑法；第15件《关于处理逃跑或者重新犯罪的劳改犯和劳教人员的决定》不再适用，被直接废止。
② 注：1989年11月6日最高人民法院、最高人民检察院《关于执行〈关于惩治贪污罪贿赂罪的补充规定〉若干问题的解答》也在2013年1月4日发布的《最高人民法院、最高人民检察院关于废止1980年1月1日至1997年6月30日期间制发的部分司法解释和司法解释性质文件的决定（法释〔2013〕1号，2013年1月18日起施行）》中被宣布废止。

附件二：

全国人民代表大会常务委员会制定的下列补充规定和决定予以保留，其中，有关行政处罚和行政措施的规定继续有效；有关刑事责任的规定已纳入本法，自本法施行之日起，适用本法规定：

1. 关于禁毒的决定①
2. 关于惩治走私、制作、贩卖、传播淫秽物品的犯罪分子的决定
3. 关于严禁卖淫嫖娼的决定②
4. 关于严惩拐卖、绑架妇女、儿童的犯罪分子的决定
5. 关于惩治偷税、抗税犯罪的补充规定③
6. 关于严惩组织、运送他人偷越国（边）境犯罪的补充规定④
7. 关于惩治破坏金融秩序犯罪的决定
8. 关于惩治虚开、伪造和非法出售增值税专用发票犯罪的决定

---

① 根据《中华人民共和国禁毒法》第71条的规定，本决定自2008年6月1日起废止。
② 根据《全国人民代表大会常务委员会关于废止有关收容教育法律规定和制度的决定》，该决定第4条第2款、第4款，以及据此实行的收容教育制度自2019年12月29日起废止。
③ 根据《全国人民代表大会常务委员会关于废止部分法律的决定》，该补充规定自2009年6月27日起废止。
④ 根据《全国人民代表大会常务委员会关于废止部分法律的决定》，该补充规定自2009年6月27日起废止。

附　录

中华人民共和国刑法（1979年版）

（1979年7月1日第五届全国人民代表大会第二次会议通过　1979年7月6日全国人民代表大会常务委员会委员长令第5号公布　自1980年1月1日起施行）

第一编　总　则
第一章　刑法的指导思想、任务和适用范围

第一条　中华人民共和国刑法，以马克思列宁主义毛泽东思想为指针，以宪法为根据，依照惩办与宽大相结合的政策，结合我国各族人民实行无产阶级领导的、工农联盟为基础的人民民主专政即无产阶级专政和进行社会主义革命、社会主义建设的具体经验及实际情况制定。

第二条　中华人民共和国刑法的任务，是用刑罚同一切反革命和其他刑事犯罪行为作斗争，以保卫无产阶级专政制度，保护社会主义的全民所有的财产和劳动群众集体所有的财产，保护公民私人所有的合法财产，保护公民的人身权利、民主权利和其他权利，维护社会秩序、生产秩序、工作秩序、教学科研秩序和人民群众生活秩序，保障社会主义革命和社会主义建设事业的顺利进行。

第三条　凡在中华人民共和国领域内犯罪的，除法律有特别规定的以外，都适用本法。

凡在中华人民共和国船舶或者飞机内犯罪的，也适用本法。

犯罪的行为或者结果有一项发生在中华人民共和国领域内的，就认为是在中华人民共和国领域内犯罪。

第四条　中华人民共和国公民在中华人民共和国领域外犯下列各罪的，适用本法：

（一）反革命罪；

（二）伪造国家货币罪（第一百二十二条），伪造有价证券罪（第一百二十三条）；

（三）贪污罪（第一百五十五条），受贿罪（第一百八十五条），泄露国家机密罪（第一百八十六条）；

（四）冒充国家工作人员招摇撞骗罪（第一百六十六条），伪造公文、证件、印章罪（第一百六十七条）。

第五条 中华人民共和国公民在中华人民共和国领域外犯前条以外的罪，而按本法规定的最低刑为三年以上有期徒刑的，也适用本法；但是按照犯罪地的法律不受处罚的除外。

第六条 外国人在中华人民共和国领域外对中华人民共和国国家或者公民犯罪，而按本法规定的最低刑为三年以上有期徒刑的，可以适用本法；但是按照犯罪地的法律不受处罚的除外。

第七条 凡在中华人民共和国领域外犯罪、依照本法应当负刑事责任的，虽然经过外国审判，仍然可以依照本法处理；但是在外国已经受过刑罚处罚的，可以免除或者减轻处罚。

第八条 享有外交特权和豁免权的外国人的刑事责任问题，通过外交途径解决。

第九条 本法自一九八〇年一月一日起生效。中华人民共和国成立以后本法施行以前的行为，如果当时的法律、法令、政策不认为是犯罪的，适用当时的法律、法令、政策。如果当时的法律、法令、政策认为是犯罪的，依照本法总则第四章第八节的规定应当追诉的，按照当时的法律、法令、政策追究刑事责任。但是，如果本法不认为是犯罪或者处刑较轻的，适用本法。

第二章 犯 罪

第一节 犯罪和刑事责任

第十条 一切危害国家主权和领土完整，危害无产阶级专政制度，破坏社会主义革命和社会主义建设，破坏社会秩序，侵犯全民所有的财产或者劳动群众集体所有的财产，侵犯公民私人所有的合法财产，侵犯公民的人身权利、民主权利和其他权利，以及其他危害社会的行为，依照法律应当受刑罚处罚的，都是犯罪；但是情节显著轻微危害不大的，不认为是犯罪。

第十一条 明知自己的行为会发生危害社会的结果，并且希望或者放任这种结果发生，因而构成犯罪的，是故意犯罪。

故意犯罪，应当负刑事责任。

第十二条 应当预见自己的行为可能发生危害社会的结果，因为疏忽大意而没有预见，或者已经预见而轻信能够避免，以致发生这种结果的，是过失犯罪。

过失犯罪，法律有规定的才负刑事责任。

第十三条 行为在客观上虽然造成了损害结果，但是不是出于故意或者过失，而是由于不能抗拒或者不能预见的原因所引起的，不认为是犯罪。

第十四条 已满十六岁的人犯罪，应当负刑事责任。

已满十四岁不满十六岁的人，犯杀人、重伤、抢劫、放火、惯窃罪或者其他严重破坏社会秩序罪的，应当负刑事责任。

已满十四岁不满十八岁的人犯罪，应当从轻或者减轻处罚。

因不满十六岁不处罚的，责令他的家长或者监护人加以管教；在必要的时候，也可以由政府收容教养。

第十五条 精神病人在不能辨认或者不能控制自己行为的时候造成危害结果的，不负刑事责任；但是应当责令他的家属或者监护人严加看管和医疗。

间歇性的精神病人在精神正常的时候犯罪，应当负刑事责任。

醉酒的人犯罪，应当负刑事责任。

第十六条 又聋又哑的人或者盲人犯罪，可以从轻、减轻或者免除处罚。

第十七条 为了使公共利益、本人或者他人的人身和其他权利免受正在进行的不法侵害，而采取的正当防卫行为，不负刑事责任。

正当防卫超过必要限度造成不应有的危害的，应当负刑事责任；但是应当酌情减轻或者免除处罚。

第十八条 为了使公共利益、本人或者他人的人身和其他权利免受正在发生的危险，不得已采取的紧急避险行为，不负刑事责任。

紧急避险超过必要限度造成不应有的危害的，应当负刑事责任；但是应当酌情减轻或者免除处罚。

第一款中关于避免本人危险的规定，不适用于职务上、业务上负有特定责任的人。

第二节 犯罪的预备、未遂和中止

第十九条 为了犯罪，准备工具、制造条件的，是犯罪预备。

对于预备犯，可以比照既遂犯从轻、减轻处罚或者免除处罚。

第二十条 已经着手实行犯罪，由于犯罪分子意志以外的原因而未得逞的，是犯罪未遂。

对于未遂犯，可以比照既遂犯从轻或者减轻处罚。

第二十一条 在犯罪过程中，自动中止犯罪或者自动有效地防止犯罪结果发生的，是犯罪中止。

对于中止犯，应当免除或者减轻处罚。

第三节 共同犯罪

第二十二条 共同犯罪是指二人以上共同故意犯罪。

二人以上共同过失犯罪，不以共同犯罪论处；应当负刑事责任的，按照他们所犯的罪分别处罚。

第二十三条 组织、领导犯罪集团进行犯罪活动的或者在共同犯罪中起主要作用的，是主犯。

对于主犯，除本法分则已有规定的以外，应当从重处罚。

第二十四条 在共同犯罪中起次要或者辅助作用的，是从犯。

对于从犯，应当比照主犯从轻、减轻处罚或者免除处罚。

第二十五条 对于被胁迫、被诱骗参加犯罪的，应当按照他的犯罪情节，比照从犯减轻处罚或者免除处罚。

第二十六条 教唆他人犯罪的，应当按照他在共同犯罪中所起的作用处罚。教唆不满十八岁的人犯罪的，应当从重处罚。

如果被教唆的人没有犯被教唆的罪，对于教唆犯，可以从轻或者减轻处罚。

第三章 刑 罚

第一节 刑罚的种类

第二十七条 刑罚分为主刑和附加刑。

第二十八条 主刑的种类如下：

（一）管制；

（二）拘役；

（三）有期徒刑；

（四）无期徒刑；

（五）死刑。

第二十九条 附加刑的种类如下：

（一）罚金；

（二）剥夺政治权利；

（三）没收财产。

附加刑也可以独立适用。

第三十条 对于犯罪的外国人，可以独立适用或者附加适用驱逐出境。

第三十一条 由于犯罪行为而使被害人遭受经济损失的，对犯罪分子除依法给予刑事处分外，并应根据情况判处赔偿经济损失。

第三十二条 对于犯罪情节轻微不需要判处刑罚的，可以免予刑事处分，但可以根据案件的不同情况，予以训诫或者责令具结悔过、赔礼道歉、赔偿损失，或者由主管部门予以行政处分。

第二节 管 制

第三十三条 管制的期限，为三个月以上二年以下。

管制由人民法院判决，由公安机关执行。

第三十四条 被判处管制的犯罪分子，在执行期间，必须遵守下列规定：

（一）遵守法律、法令，服从群众监督，积极参加集体劳动生产或者工作；

（二）向执行机关定期报告自己的活动情况；

（三）迁居或者外出必须报经执行机关批准。

对于被判处管制的犯罪分子，在劳动中应当同工同酬。

第三十五条 被判处管制的犯罪分子，管制期满，执行机关应即向本人和有关的群众宣布解除管制。

第三十六条 管制的刑期，从判决执行之日起计算；判决执行以前先行羁押的，羁押一日折抵刑期二日。

第三节 拘 役

第三十七条 拘役的期限，为十五日以上六个月以下。

第三十八条 被判处拘役的犯罪分子，由公安机关就近执行。

在执行期间，被判处拘役的犯罪分子每月可以回家一天至两天；参加劳动的，可以酌量发给报酬。

第三十九条 拘役的刑期，从判决执行之日起计算；判决以前先行羁押的，羁押一日折抵刑期一日。

第四节 有期徒刑、无期徒刑

第四十条 有期徒刑的期限，为六个月以上十五年以下。

第四十一条 被判处有期徒刑、无期徒刑的犯罪分子，在监狱或者其他劳动改造场所执行；凡有劳动能力的，实行劳动改造。

第四十二条 有期徒刑的刑期，从判决执行之日起计算；判决执行以前先行羁押的，羁押一日折抵刑期一日。

第五节 死　刑

第四十三条 死刑只适用于罪大恶极的犯罪分子。对于应当判处死刑的犯罪分子，如果不是必须立即执行的，可以判处死刑同时宣告缓期二年执行，实行劳动改造，以观后效。

死刑除依法由最高人民法院判决的以外，都应当报请最高人民法院核准。死刑缓期执行的，可以由高级人民法院判决或者核准。

第四十四条 犯罪的时候不满十八岁的人和审判的时候怀孕的妇女，不适用死刑。已满十六岁不满十八岁的，如果所犯罪行特别严重，可以判处死刑缓期二年执行。

第四十五条 死刑用枪决的方法执行。

第四十六条 判处死刑缓期执行的，在死刑缓期执行期间，如果确有悔改，二年期满以后，减为无期徒刑；如果确有悔改并有立功表现，二年期满以后，减为十五年以上二十年以下有期徒刑；如果抗拒改造情节恶劣、查证属实的，由最高人民法院裁定或者核准，执行死刑。

第四十七条 死刑缓期执行的期间，从判决确定之日起计算。死刑缓期执行减为有期徒刑的刑期，从裁定减刑之日起计算。

第六节 罚　金

第四十八条 判处罚金，应当根据犯罪情节决定罚金数额。

第四十九条 罚金在判决指定的期限内一次或者分期缴纳。期满不缴纳的，强制缴纳。如果由于遭遇不能抗拒的灾祸缴纳确实有困难的，可以酌情减少或者免除。

第七节 剥夺政治权利

第五十条 剥夺政治权利是剥夺下列权利：

（一）选举权和被选举权；

（二）宪法第四十五条规定的各种权利；（注）

（三）担任国家机关职务的权利；

（四）担任企业、事业单位和人民团体领导职务的权利。

第五十一条　剥夺政治权利的期限，除本法第五十三条规定外，为一年以上五年以下。

判处管制附加剥夺政治权利的，剥夺政治权利的期限与管制的期限相等，同时执行。

第五十二条　对于反革命分子应当附加剥夺政治权利；对于严重破坏社会秩序的犯罪分子，在必要的时候，也可以附加剥夺政治权利。

第五十三条　对于被判处死刑、无期徒刑的犯罪分子，应当剥夺政治权利终身。

在死刑缓期执行减为有期徒刑或者无期徒刑减为有期徒刑的时候，应当把附加剥夺政治权利的期限改为三年以上十年以下。

第五十四条　附加剥夺政治权利的刑期，从徒刑、拘役执行完毕之日或者从假释之日起计算；剥夺政治权利的效力当然施用于主刑执行期间。

第八节　没收财产

第五十五条　没收财产是没收犯罪分子个人所有财产的一部或者全部。

在判处没收财产的时候，不得没收属于犯罪分子家属所有或者应有的财产。

第五十六条　查封财产以前犯罪分子所负的正当债务，需要以没收的财产偿还的，经债权人请求，由人民法院裁定。

第四章　刑罚的具体运用

第一节　量　刑

第五十七条　对于犯罪分子决定刑罚的时候，应当根据犯罪的事实、犯罪的性质、情节和对于社会的危害程度，依照本法的有关规定判处。

第五十八条　犯罪分子具有本法规定的从重处罚、从轻处罚情节的，应当在法定刑的限度以内判处刑罚。

第五十九条　犯罪分子具有本法规定的减轻处罚情节的，应当在法定刑以下判处刑罚。

犯罪分子虽然不具有本法规定的减轻处罚情节，如果根据案件的具体情况，判处法定刑的最低刑还是过重的，经人民法院审判委员会决定，也可以在法定刑以下判处刑罚。

第六十条　犯罪分子违法所得的一切财物，应当予以追缴或者责令退赔；违禁品和供犯罪所用的本人财物，应当予以没收。

第二节 累　犯

第六十一条　被判处有期徒刑以上刑罚的犯罪分子，刑罚执行完毕或者赦免以后，在三年以内再犯应当判处有期徒刑以上刑罚之罪的，是累犯，应当从重处罚；但是过失犯罪除外。

前款规定的期限，对于被假释的犯罪分子，从假释期满之日起计算。

第六十二条　刑罚执行完毕或者赦免以后的反革命分子，在任何时候再犯反革命罪的，都以累犯论处。

第三节 自　首

第六十三条　犯罪以后自首的，可以从轻处罚。其中，犯罪较轻的，可以减轻或者免除处罚；犯罪较重的，如果有立功表现，也可以减轻或者免除处罚。

第四节 数罪并罚

第六十四条　判决宣告以前一人犯数罪的，除判处死刑和无期徒刑的以外，应当在总和刑期以下、数刑中最高刑期以上，酌情决定执行的刑期；但是管制最高不能超过三年，拘役最高不能超过一年，有期徒刑最高不能超过二十年。

如果数罪中有判处附加刑的，附加刑仍须执行。

第六十五条　判决宣告以后，刑罚还没有执行完毕以前，发现被判刑的犯罪分子在判决宣告以前还有其他罪没有判决的，应当对新发现的罪作出判决，把前后两个判决所判处的刑罚，依照本法第六十四条的规定，决定执行的刑罚。已经执行的刑期，应当计算在新判决决定的刑期以内。

第六十六条　判决宣告以后，刑罚还没有执行完毕以前，被判刑的犯罪分子又犯罪的，应当对新犯的罪作出判决，把前罪没有执行的刑罚和后罪所判处的刑罚，依照本法第六十四条的规定，决定执行的刑罚。

第五节 缓　刑

第六十七条　对于被判处拘役、三年以下有期徒刑的犯罪分子，根据犯罪分子的犯罪情节和悔罪表现，认为适用缓刑确实不致再危害社会的，可以宣告缓刑。

被宣告缓刑的犯罪分子，如果被判处附加刑，附加刑仍须执行。

第六十八条　拘役的缓刑考验期限为原判刑期以上一年以下，但是不能少于一个月。

有期徒刑的缓刑考验期限为原判刑期以上五年以下,但是不能少于一年。缓刑考验期限,从判决确定之日起计算。

第六十九条 对于反革命犯和累犯,不适用缓刑。

第七十条 被宣告缓刑的犯罪分子,在缓刑考验期限内,由公安机关交所在单位或者基层组织予以考察,如果没有再犯新罪,缓刑考验期满,原判的刑罚就不再执行;如果再犯新罪,撤销缓刑,把前罪和后罪所判处的刑罚,依照本法第六十四条的规定,决定执行的刑罚。

第六节 减 刑

第七十一条 被判处管制、拘役、有期徒刑、无期徒刑的犯罪分子,在执行期间,如果确有悔改或者立功表现,可以减刑。但是经过一次或者几次减刑以后实际执行的刑期,判处管制、拘役、有期徒刑的,不能少于原判刑期的二分之一;判处无期徒刑的,不能少于十年。

第七十二条 无期徒刑减为有期徒刑的刑期,从裁定减刑之日起计算。

第七节 假 释

第七十三条 被判处有期徒刑的犯罪分子,执行原判刑期二分之一以上,被判处无期徒刑的犯罪分子,实际执行十年以上,如果确有悔改表现,不致再危害社会,可以假释。如果有特殊情节,可以不受上述执行刑期的限制。

第七十四条 有期徒刑的假释考验期限,为没有执行完毕的刑期;无期徒刑的假释考验期限,为十年。

假释考验期限,从假释之日起计算。

第七十五条 被假释的犯罪分子,在假释考验期限内,由公安机关予以监督,如果没有再犯新罪,就认为原判刑罚已经执行完毕;如果再犯新罪,撤销假释,把前罪没有执行的刑罚和后罪所判处的刑罚,依照本法第六十四条的规定,决定执行的刑罚。

第八节 时 效

第七十六条 犯罪经过下列期限不再追诉:

(一)法定最高刑为不满五年有期徒刑的,经过五年;

(二)法定最高刑为五年以上不满十年有期徒刑的,经过十年;

(三)法定最高刑为十年以上有期徒刑的,经过十五年;

(四)法定最高刑为无期徒刑、死刑的,经过二十年。如果二十年以后认为必须追诉的,须报请最高人民检察院核准。

第七十七条 在人民法院、人民检察院、公安机关采取强制措施以后,逃避侦查或者审判的,不受追诉期限的限制。

第七十八条 追诉期限从犯罪之日起计算;犯罪行为有连续或者继续状态的,从犯罪行为终了之日起计算。

在追诉期限以内又犯罪的,前罪追诉的期限从犯后罪之日起计算。

第五章 其他规定

第七十九条 本法分则没有明文规定的犯罪,可以比照本法分则最相类似的条文定罪判刑,但是应当报请最高人民法院核准。

第八十条 民族自治地方不能全部适用本法规定的,可以由自治区或者省的国家权力机关根据当地民族的政治、经济、文化的特点和本法规定的基本原则,制定变通或者补充的规定,报请全国人民代表大会常务委员会批准施行。

第八十一条 本法所说的公共财产是指下列财产:
(一) 全民所有的财产;
(二) 劳动群众集体所有的财产。

在国家、人民公社、合作社、合营企业和人民团体管理、使用或者运输中的私人财产,以公共财产论。

第八十二条 本法所说的公民私人所有的合法财产是指下列财产:
(一) 公民的合法收入、储蓄、房屋和其他生活资料;
(二) 依法归个人、家庭所有或者使用的自留地、自留畜、自留树等生产资料。

第八十三条 本法所说的国家工作人员是指一切国家机关、企业、事业单位和其他依照法律从事公务的人员。

第八十四条 本法所说的司法工作人员是指有侦讯、检察、审判、监管人犯职务的人员。

第八十五条 本法所说的重伤是指有下列情形之一的伤害:
(一) 使人肢体残废或者毁人容貌的;
(二) 使人丧失听觉、视觉或者其他器官机能的;
(三) 其他对于人身健康有重大伤害的。

第八十六条 本法所说的首要分子是指在犯罪集团或者聚众犯罪中起组织、策划、指挥作用的犯罪分子。

第八十七条 本法所说的告诉才处理,是指被害人告诉才处理。如果被害人因受强制、威吓无法告诉的,人民检察院和被害人的近亲属也可以告诉。

第八十八条 本法所说的以上、以下、以内,都连本数在内。

第八十九条 本法总则适用于其他有刑罚规定的法律、法令,但是其他法律有特别规定的除外。

第二编 分　则

第一章 反革命罪

第九十条 以推翻无产阶级专政的政权和社会主义制度为目的的、危害中华人民共和国的行为,都是反革命罪。

第九十一条 勾结外国,阴谋危害祖国的主权、领土完整和安全的,处无期徒刑或者十年以上有期徒刑。

第九十二条 阴谋颠覆政府、分裂国家的,处无期徒刑或者十年以上有期徒刑。

第九十三条 策动、勾引、收买国家工作人员、武装部队、人民警察、民兵投敌叛变或者叛乱的,处无期徒刑或者十年以上有期徒刑。

第九十四条 投敌叛变的,处三年以上十年以下有期徒刑;情节严重的或者率众投敌叛变的,处十年以上有期徒刑或者无期徒刑。

率领武装部队、人民警察、民兵投敌叛变的,处无期徒刑或者十年以上有期徒刑。

第九十五条 持械聚众叛乱的首要分子或者其他罪恶重大的,处无期徒刑或者十年以上有期徒刑;其他积极参加的,处三年以上十年以下有期徒刑。

第九十六条 聚众劫狱或者组织越狱的首要分子或者其他罪恶重大的,处无期徒刑或者十年以上有期徒刑;其他积极参加的,处三年以上十年以下有期徒刑。

第九十七条 进行下列间谍或者资敌行为之一的,处十年以上有期徒刑或者无期徒刑;情节较轻的,处三年以上十年以下有期徒刑;

(一)为敌人窃取、刺探、提供情报的;

(二)供给敌人武器军火或者其他军用物资的;

(三)参加特务、间谍组织或者接受敌人派遣任务的。

第九十八条 组织、领导反革命集团的,处五年以上有期徒刑;其他积极参加反革命集团的,处五年以下有期徒刑、拘役、管制或者剥夺政治权利。

第九十九条 组织、利用封建迷信、会道门进行反革命活动的,处五年以上有期徒刑；情节较轻的，处五年以下有期徒刑、拘役、管制或者剥夺政治权利。

第一百条 以反革命为目的，进行下列破坏行为之一的，处无期徒刑或者十年以上有期徒刑；情节较轻的，处三年以上十年以下有期徒刑：

（一）爆炸、放火、决水、利用技术或者以其他方法破坏军事设备、生产设施、通讯交通设备、建筑工程、防险设备或者其他公共建设、公共财物的；

（二）抢劫国家档案、军事物资、工矿企业、银行、商店、仓库或者其他公共财物的；

（三）劫持船舰、飞机、火车、电车、汽车的；

（四）为敌人指示轰击目标的；

（五）制造、抢夺、盗窃枪支、弹药的。

第一百零一条 以反革命为目的，投放毒物、散布病菌或者以其他方法杀人、伤人的，处无期徒刑或者十年以上有期徒刑；情节较轻的，处三年以上十年以下有期徒刑。

第一百零二条 以反革命为目的，进行下列行为之一的，处五年以下有期徒刑、拘役、管制或者剥夺政治权利；首要分子或者其他罪恶重大的，处五年以上有期徒刑：

（一）煽动群众抗拒、破坏国家法律、法令实施的；

（二）以反革命标语、传单或者其他方法宣传煽动推翻无产阶级专政的政权和社会主义制度的。

第一百零三条 本章上述反革命罪行中，除第九十八条、第九十九条、第一百零二条外，对国家和人民危害特别严重、情节特别恶劣的，可以判处死刑。

第一百零四条 犯本章之罪的，可以并处没收财产。

第二章 危害公共安全罪

第一百零五条 放火、决水、爆炸或者以其他危险方法破坏工厂、矿场、油田、港口、河流、水源、仓库、住宅、森林、农场、谷场、重要管道、公共建筑物或者其他公私财产、危害公共安全，尚未造成严重后果的，处三年以上十年以下有期徒刑。

第一百零六条 放火、决水、爆炸、投毒或者以其他危险方法致人重伤、死亡或者使公私财产遭受重大损失的，处十年以上有期徒刑、无期徒刑或者死刑。

过失犯前款罪的，处七年以下有期徒刑或者拘役。

第一百零七条 破坏火车、汽车、电车、船只、飞机,足以使火车、汽车、电车、船只、飞机发生倾覆、毁坏危险,尚未造成严重后果的,处三年以上十年以下有期徒刑。

第一百零八条 破坏轨道、桥梁、隧道、公路、机场、航道、灯塔、标志或者进行其他破坏活动,足以使火车、汽车、电车、船只、飞机发生倾覆、毁坏危险,尚未造成严重后果的,处三年以上十年以下有期徒刑。

第一百零九条 破坏电力、煤气或者其他易燃易爆设备,危害公共安全,尚未造成严重后果的,处三年以上十年以下有期徒刑。

第一百一十条 破坏交通工具、交通设备、电力煤气设备、易燃易爆设备造成严重后果的,处十年以上有期徒刑、无期徒刑或者死刑。

过失犯前款罪的,处七年以下有期徒刑或者拘役。

第一百一十一条 破坏广播电台、电报、电话或者其他通讯设备,危害公共安全的,处七年以下有期徒刑或者拘役;造成严重后果的,处七年以上有期徒刑。

过失犯前款罪的,处七年以下有期徒刑或者拘役。

第一百一十二条 非法制造、买卖、运输枪支、弹药的,或者盗窃、抢夺国家机关、军警人员、民兵的枪支、弹药的,处七年以下有期徒刑;情节严重的,处七年以上有期徒刑或者无期徒刑。

第一百一十三条 从事交通运输的人员违反规章制度,因而发生重大事故,致人重伤、死亡或者使公私财产遭受重大损失的,处三年以下有期徒刑或者拘役;情节特别恶劣的,处三年以上七年以下有期徒刑。

非交通运输人员犯前款罪的,依照前款规定处罚。

第一百一十四条 工厂、矿山、林场、建筑企业或者其他企业、事业单位的职工,由于不服管理、违反规章制度,或者强令工人违章冒险作业,因而发生重大伤亡事故,造成严重后果的,处三年以下有期徒刑或者拘役;情节特别恶劣的,处三年以上七年以下有期徒刑。

第一百一十五条 违反爆炸性、易燃性、放射性、毒害性、腐蚀性物品的管理规定,在生产、储存、运输、使用中发生重大事故,造成严重后果的,处三年以下有期徒刑或者拘役;后果特别严重的,处三年以上七年以下有期徒刑。

第三章 破坏社会主义经济秩序罪

第一百一十六条 违反海关法规,进行走私,情节严重的,除按照海关法规没收走私物品并且可以罚款外,处三年以下有期徒刑或者拘役,可以并处没收财产。

第一百一十七条 违反金融、外汇、金银、工商管理法规，投机倒把，情节严重的，处三年以下有期徒刑或者拘役，可以并处、单处罚金或者没收财产。

第一百一十八条 以走私、投机倒把为常业的，走私、投机倒把数额巨大的或者走私、投机倒把集团的首要分子，处三年以上十年以下有期徒刑，可以并处没收财产。

第一百一十九条 国家工作人员利用职务上的便利，犯走私、投机倒把罪的，从重处罚。

第一百二十条 以营利为目的，伪造或者倒卖计划供应票证，情节严重的，处三年以下有期徒刑或者拘役，可以并处、单处罚金或者没收财产。

犯前款罪的首要分子或者情节特别严重的，处三年以上七年以下有期徒刑，可以并处处没收财产。

第一百二十一条 违反税收法规，偷税、抗税，情节严重的，除按照税收法规补税并且可以罚款外，对直接责任人员，处三年以下有期徒刑或者拘役。

第一百二十二条 伪造国家货币或者贩运伪造的国家货币的，处三年以上七年以下有期徒刑，可以并处罚金或者没收财产。

犯前款罪的首要分子或者情节特别严重的，处七年以上有期徒刑或者无期徒刑，可以并处没收财产。

第一百二十三条 伪造支票、股票或者其他有价证券的，处七年以下有期徒刑，可以并处罚金。

第一百二十四条 以营利为目的，伪造车票、船票、邮票、税票、货票的，处二年以下有期徒刑、拘役或者罚金；情节严重的，处二年以上七年以下有期徒刑，可以并处罚金。

第一百二十五条 由于泄愤报复或者其他个人目的，毁坏机器设备、残害耕畜或者以其他方法破坏集体生产的，处二年以下有期徒刑或者拘役；情节严重的，处二年以上七年以下有期徒刑。

第一百二十六条 挪用国家救灾、抢险、防汛、优抚、救济款物，情节严重，致使国家和人民群众利益遭受重大损害的，对直接责任人员，处三年以下有期徒刑或者拘役；情节特别严重的，处三年以上七年以下有期徒刑。

第一百二十七条 违反商标管理法规，工商企业假冒其他企业已经注册的商标的，对直接责任人员，处三年以下有期徒刑、拘役或者罚金。

第一百二十八条 违反保护森林法规，盗伐、滥伐森林或者其他林木，情节严重的，处三年以下有期徒刑或者拘役，可以并处或者单处罚金。

第一百二十九条　违反保护水产资源法规，在禁渔区、禁渔期或者使用禁用的工具、方法捕捞水产品，情节严重的，处二年以下有期徒刑、拘役或者罚金。

第一百三十条　违反狩猎法规，在禁猎区、禁猎期或者使用禁用的工具、方法进行狩猎，破坏珍禽、珍兽或者其他野生动物资源，情节严重的，处二年以下有期徒刑、拘役或者罚金。

第四章　侵犯公民人身权利、民主权利罪

第一百三十一条　保护公民的人身权利、民主权利和其他权利，不受任何人、任何机关非法侵犯。违法侵犯情节严重的，对直接责任人员予以刑事处分。

第一百三十二条　故意杀人的，处死刑、无期徒刑或者十年以上有期徒刑；情节较轻的，处三年以上十年以下有期徒刑。

第一百三十三条　过失杀人的，处五年以下有期徒刑；情节特别恶劣的，处五年以上有期徒刑。本法另有规定的，依照规定。

第一百三十四条　故意伤害他人身体的，处三年以下有期徒刑或者拘役。

犯前款罪，致人重伤的，处三年以上七年以下有期徒刑；致人死亡的，处七年以上有期徒刑或者无期徒刑。本法另有规定的，依照规定。

第一百三十五条　过失伤害他人致人重伤的，处二年以下有期徒刑或者拘役；情节特别恶劣的，处二年以上七年以下有期徒刑。本法另有规定的，依照规定。

第一百三十六条　严禁刑讯逼供。国家工作人员对人犯实行刑讯逼供的，处三年以下有期徒刑或者拘役。以肉刑致人伤残的，以伤害罪从重论处。

第一百三十七条　严禁聚众"打砸抢"。因"打砸抢"致人伤残、死亡的，以伤害罪、杀人罪论处。毁坏或者抢走公私财物的，除判令退赔外，首要分子以抢劫罪论处。

犯前款罪，可以单独判处剥夺政治权利。

第一百三十八条　严禁用任何方法、手段诬告陷害干部、群众。凡捏造事实诬告陷害他人（包括犯人）的，参照所诬陷的罪行的性质、情节、后果和量刑标准给予刑事处分。国家工作人员犯诬陷罪的，从重处罚。

不是有意诬陷，而是错告，或者检举失实的，不适用前款规定。

第一百三十九条　以暴力、胁迫或者其他手段强奸妇女的，处三年以上十年以下有期徒刑。

奸淫不满十四岁幼女的，以强奸论，从重处罚。

犯前两款罪，情节特别严重的或者致人重伤、死亡的，处十年以上有期徒刑、无期徒刑或者死刑。

二人以上犯强奸罪而共同轮奸的，从重处罚。

第一百四十条 强迫妇女卖淫的，处三年以上十年以下有期徒刑。

第一百四十一条 拐卖人口的，处五年以下有期徒刑；情节严重的，处五年以上有期徒刑。

第一百四十二条 违反选举法的规定，以暴力、威胁、欺骗、贿赂等非法手段破坏选举或者妨害选民自由行使选举权和被选举权的，处三年以下有期徒刑或者拘役。

第一百四十三条 严禁非法拘禁他人，或者以其他方法非法剥夺他人人身自由。违者处三年以下有期徒刑、拘役或者剥夺政治权利。具有殴打、侮辱情节的，从重处罚。

犯前款罪，致人重伤的，处三年以上十年以下有期徒刑；致人死亡的，处七年以上有期徒刑。

第一百四十四条 非法管制他人，或者非法搜查他人身体、住宅，或者非法侵入他人住宅的，处三年以下有期徒刑或者拘役。

第一百四十五条 以暴力或者其他方法，包括用"大字报"、"小字报"，公然侮辱他人或者捏造事实诽谤他人，情节严重的，处三年以下有期徒刑、拘役或者剥夺政治权利。

前款罪，告诉的才处理。但是严重危害社会秩序和国家利益的除外。

第一百四十六条 国家工作人员滥用职权、假公济私，对控告人、申诉人、批评人实行报复陷害的，处二年以下有期徒刑或者拘役；情节严重的，处二年以上七年以下有期徒刑。

第一百四十七条 国家工作人员非法剥夺公民的正当的宗教信仰自由和侵犯少数民族风俗习惯，情节严重的，处二年以下有期徒刑或者拘役。

第一百四十八条 在侦查、审判中，证人、鉴定人、记录人、翻译人对与案件有重要关系的情节，故意作虚假证明、鉴定、记录、翻译，意图陷害他人或者隐匿罪证的，处二年以下有期徒刑或者拘役；情节严重的，处二年以上七年以下有期徒刑。

第一百四十九条 隐匿、毁弃或者非法开拆他人信件，侵犯公民通信自由权利，情节严重的，处一年以下有期徒刑或者拘役。

第五章　侵犯财产罪

第一百五十条　以暴力、胁迫或者其他方法抢劫公私财物的，处三年以上十年以下有期徒刑。

犯前款罪，情节严重的或者致人重伤、死亡的，处十年以上有期徒刑、无期徒刑或者死刑，可以并处没收财产。

第一百五十一条　盗窃、诈骗、抢夺公私财物数额较大的，处五年以下有期徒刑、拘役或者管制。

第一百五十二条　惯窃、惯骗或者盗窃、诈骗、抢夺公私财物数额巨大的，处五年以上十年以下有期徒刑；情节特别严重的，处十年以上有期徒刑或者无期徒刑，可以并处没收财产。

第一百五十三条　犯盗窃、诈骗、抢夺罪，为窝藏赃物、抗拒逮捕或者毁灭罪证而当场使用暴力或者以暴力相威胁的，依照本法第一百五十条抢劫罪处罚。

第一百五十四条　敲诈勒索公私财物的，处三年以下有期徒刑或者拘役；情节严重的，处三年以上七年以下有期徒刑。

第一百五十五条　国家工作人员利用职务上的便利，贪污公共财物的，处五年以下有期徒刑或者拘役；数额巨大、情节严重的，处五年以上有期徒刑；情节特别严重的，处无期徒刑或者死刑。

犯前款罪的，并处没收财产，或者判令退赔。

受国家机关、企业、事业单位、人民团体委托从事公务的人员犯第一款罪的，依照前两款的规定处罚。

第一百五十六条　故意毁坏公私财物，情节严重的，处三年以下有期徒刑、拘役或者罚金。

第六章　妨害社会管理秩序罪

第一百五十七条　以暴力、威胁方法阻碍国家工作人员依法执行职务的，或者拒不执行人民法院已经发生法律效力的判决、裁定的，处三年以下有期徒刑、拘役、罚金或者剥夺政法权利。

第一百五十八条　禁止任何人利用任何手段扰乱社会秩序。扰乱社会秩序情节严重，致使工作、生产、营业和教学、科研无法进行，国家和社会遭受严重损失的，对首要分子处五年以下有期徒刑、拘役、管制或者剥夺政治权利。

第一百五十九条　聚众扰乱车站、码头、民用航空站、商场、公园、影剧院、展览会、运动场或者其他公共场所秩序，聚众堵塞交通或者破坏交通秩序，抗拒、阻碍国家治安管理工作人员依法执行职务，情节严重的，对首要分子处五年以下有期徒刑、拘役、管制或者剥夺政治权利。

第一百六十条　聚众斗殴，寻衅滋事，侮辱妇女或者进行其他流氓活动，破坏公共秩序，情节恶劣的，处七年以下有期徒刑、拘役或者管制。

流氓集团的首要分子，处七年以上有期徒刑。

第一百六十一条　依法被逮捕、关押的犯罪分子脱逃的，除按其原犯罪行判处或者按其原判刑期执行外，加处五年以下有期徒刑或者拘役。

以暴力、威胁方法犯前款罪的，处二年以上七年以下有期徒刑。

第一百六十二条　窝藏或者作假证明包庇反革命分子的，处三年以下有期徒刑、拘役或者管制；情节严重的，处三年以上十年以下有期徒刑。

窝藏或者作假证明包庇其他犯罪分子的，处二年以下有期徒刑、拘役或者管制；情节严重的，处二年以上七年以下有期徒刑。

犯前两款罪，事前通谋的，以共同犯罪论处。

第一百六十三条　违反枪支管理规定，私藏枪支、弹药，拒不交出的，处二年以下有期徒刑或者拘役。

第一百六十四条　以营利为目的，制造、贩卖假药危害人民健康的，处二年以下有期徒刑、拘役或者管制，可以并处或者单处罚金；造成严重后果的，处二年以上七年以下有期徒刑，可以并处罚金。

第一百六十五条　神汉、巫婆借用迷信进行造谣、诈骗财物活动的，处二年以下有期徒刑、拘役或者管制；情节严重的，处二年以上七年以下有期徒刑。

第一百六十六条　冒充国家工作人员招摇撞骗的，处三年以下有期徒刑、拘役、管制或者剥夺政治权利；情节严重的，处三年以上十年以下有期徒刑。

第一百六十七条　伪造、变造或者盗窃、抢夺、毁灭国家机关、企业、事业单位、人民团体的公文、证件、印章的，处三年以下有期徒刑、拘役、管制或者剥夺政治权利；情节严重的，处三年以上十年以下有期徒刑。

第一百六十八条　以营利为目的，聚众赌博或者以赌博为业的，处三年以下有期徒刑、拘役或者管制，可以并处罚金。

第一百六十九条　以营利为目的，引诱、容留妇女卖淫的，处五年以下有期徒刑、拘役或者管制；情节严重的，处五年以上有期徒刑，可以并处罚金或者没收财产。

第一百七十条　以营利为目的，制作、贩卖淫书、淫画的，处三年以下有期徒刑、拘役或者管制，可以并处罚金。

第一百七十一条 制造、贩卖、运输鸦片、海洛因、吗啡或者其他毒品的，处五年以下有期徒刑或者拘役，可以并处罚金。

一贯或者大量制造、贩卖、运输前款毒品的，处五年以上有期徒刑，可以并处没收财产。

第一百七十二条 明知是犯罪所得的赃物而予以窝藏或者代为销售的，处三年以下有期徒刑、拘役或者管制，可以并处或者单处罚金。

第一百七十三条 违反保护文物法规，盗运珍贵文物出口的，处三年以上十年以下有期徒刑，可以并处罚金；情节严重的，处十年以上有期徒刑或者无期徒刑，可以并处没收财产。

第一百七十四条 故意破坏国家保护的珍贵文物、名胜古迹的，处七年以下有期徒刑或者拘役。

第一百七十五条 故意破坏国家边境的界碑、界桩或者永久性测量标志的，处三年以下有期徒刑或者拘役。

以叛国为目的的，按照反革命罪处罚。

第一百七十六条 违反出入国境管理法规，偷越国（边）境，情节严重的，处一年以下有期徒刑、拘役或者管制。

第一百七十七条 以营利为目的，组织、运送他人偷越国（边）境的，处五年以下有期徒刑、拘役或者管制，可以并处罚金。

第一百七十八条 违反国境卫生检疫规定，引起检疫传染病的传播，或者有引起检疫传染病传播严重危险的，处三年以下有期徒刑或者拘役，可以并处或者单处罚金。

第七章 妨害婚姻、家庭罪

第一百七十九条 以暴力干涉他人婚姻自由的，处二年以下有期徒刑或者拘役。

犯前款罪，引起被害人死亡的，处二年以上七年以下有期徒刑。

第一款罪，告诉的才处理。

第一百八十条 有配偶而重婚的，或者明知他人有配偶而与之结婚的，处二年以下有期徒刑或者拘役。

第一百八十一条 明知是现役军人的配偶而与之同居或者结婚的，处三年以下有期徒刑。

第一百八十二条 虐待家庭成员，情节恶劣的，处二年以下有期徒刑、拘役或者管制。

犯前款罪，引起被害人重伤、死亡的，处二年以上七年以下有期徒刑。

第一款罪，告诉的才处理。

第一百八十三条 对于年老、年幼、患病或者其他没有独立生活能力的人，负有扶养义务而拒绝扶养，情节恶劣的，处五年以下有期徒刑、拘役或者管制。

第一百八十四条 拐骗不满十四岁的男、女，脱离家庭或者监护人的，处五年以下有期徒刑或者拘役。

第八章 渎职罪

第一百八十五条 国家工作人员利用职务上的便利，收受贿赂的，处五年以下有期徒刑或者拘役。赃款、赃物没收，公款、公物追还。

犯前款罪，致使国家或者公民利益遭受严重损失的，处五年以上有期徒刑。

向国家工作人员行贿或者介绍贿赂的，处三年以下有期徒刑或者拘役。

第一百八十六条 国家工作人员违反国家保密法规，泄露国家重要机密，情节严重的，处七年以下有期徒刑、拘役或者剥夺政治权利。

非国家工作人员犯前款罪的，依照前款的规定酌情处罚。

第一百八十七条 国家工作人员由于玩忽职守，致使公共财产、国家和人民利益遭受重大损失的，处五年以下有期徒刑或者拘役。

第一百八十八条 司法工作人员徇私舞弊，对明知是无罪的人而使他受追诉、对明知是有罪的人而故意包庇不使他受追诉，或者故意颠倒黑白做枉法裁判的，处五年以下有期徒刑、拘役或者剥夺政治权利；情节特别严重的，处五年以上有期徒刑。

第一百八十九条 司法工作人员违反监管法规，对被监管人实行体罚虐待，情节严重的，处三年以下有期徒刑或者拘役；情节特别严重的，处三年以上十年以下有期徒刑。

第一百九十条 司法工作人员私放罪犯的，处五年以下有期徒刑或者拘役；情节严重的，处五年以上十年以下有期徒刑。

第一百九十一条 邮电工作人员私自开拆或者隐匿、毁弃邮件、电报的，处二年以下有期徒刑或者拘役。

犯前款罪而窃取财物的，依照第一百五十五条贪污罪从重处罚。

第一百九十二条 国家工作人员犯本章之罪，情节轻微的，可以由主管部门酌情予以行政处分。

第二次重印增补内容

第 47 页【高检发办字〔2022〕167 号】详文：

【高检发办字〔2022〕167 号】 最高人民检察院、公安部关于依法妥善办理轻伤害案件的指导意见（2022 年 12 月 22 日）（主文见《刑法》第 234 条）

（九）准确区分正当防卫与互殴型故意伤害。人民检察院、公安机关要坚持主客观相统一的原则，综合考察案发起因、对冲突升级是否有过错、是否使用或者准备使用凶器、是否采用明显不相当的暴力、是否纠集他人参与打斗等客观情节，准确判断犯罪嫌疑人的主观意图和行为性质。因琐事发生争执，双方均不能保持克制而引发打斗，对于过错的一方先动手且手段明显过激，或者一方先动手，在对方努力避免冲突的情况下仍继续侵害，还击一方造成对方伤害的，一般应当认定为正当防卫。故意挑拨对方实施不法侵害，借机伤害对方的，一般不认定为正当防卫。

第 176 页【高检发办字〔2022〕162 号】详文：

【高检发办字〔2022〕162 号】 最高人民检察院关于加强行贿犯罪案件办理工作的指导意见（2022 年 11 月 25 日最高检检委会 13 届 110 次通过，2022 年 12 月 3 日印发施行）

6. 加大力度追缴和纠正行贿所获不正当利益。对于行贿犯罪取得的不正当财产性利益，严格依照刑法第 64 条的规定予以追缴、责令退赔或者返还被害人。对于行贿犯罪取得的不正当非财产性利益，应当建议相关单位依照法律法规等规定通过取消、撤销、变更等措施及时予以纠正。办案中，要认真审查行贿犯罪所获不正当利益情况，会同监察机关、审判机关共同做好接收退赃、追缴和督促纠正等工作，及时查封、扣押、冻结不正当利益所涉财产。积极会同相关部门探索建立追缴和纠正不正当利益的专门工作机制，完善间接财产性利益追缴的计算方法、非财产性利益纠正的具体程序，注重引入司法鉴定等专业支持。对于受贿既遂后，为逃避查处而将受贿财物退还行贿人或者交由行贿人保管的，应当从行贿人处依法予以追缴。对犯罪嫌疑人、被告人逃匿、死亡的行贿犯罪案件，依法适用违法所得没收程序。

第312页【高检发〔2023〕2号】详文：

【高检发〔2023〕2号】 最高人民法院、最高人民检察院、公安部、司法部、海关总署关于适应新阶段疫情防控政策调整依法妥善办理相关刑事案件的通知（2023年1月7日）（主文见《刑法》第330条）

二、依法准确适用法律

（一）自2023年1月8日对新型冠状病毒感染实施"乙类乙管"之日起，《意见》（法发〔2020〕7号）以下条款不再适用。

2.《意见》二、（一）第1款关于依照刑法第114条、第115条第1款以危险方法危害公共安全罪追究行为人刑事责任的条款不再适用。

第424页【法释〔2022〕19号】详文：

【法释〔2022〕19号】 最高人民法院、最高人民检察院关于办理危害生产安全刑事案件适用法律若干问题的解释（二）（2022年9月19日最高法第1875次审委会、2022年10月25日最高检第13届检委会第106次会议通过，2022年12月15日公布，2022年12月19日起施行）

第1条 明知存在事故隐患，继续作业存在危险，仍然违反有关安全管理的规定，有下列情形之一的，属于刑法第134条第2款规定的"强令他人违章冒险作业"：（一）以威逼、胁迫、恐吓等手段，强制他人违章作业的；（二）利用组织、指挥、管理职权，强制他人违章作业的；（三）其他强令他人违章冒险作业的情形。

明知存在重大事故隐患，仍然违反有关安全管理的规定，不排除或者故意掩盖重大事故隐患，组织他人作业的，属于刑法第134条第2款规定的"冒险组织作业"。①

第2条 刑法第134条之一规定的犯罪主体，包括对生产、作业负有组织、指挥或者管理职责的负责人、管理人员、实际控制人、投资人等人员，以及直接从事生产、作业的人员。

第3条 因存在重大事故隐患被依法责令停产停业、停止施工、停止使用

---

① 注：根据《刑法修正案十一》，本款规定对"法释〔2015〕22号"《解释》第5条第3项作出了修改。

有关设备、设施、场所或者立即采取排除危险的整改措施，有下列情形之一的，属于刑法第134条之一第2项规定的"拒不执行"：（一）无正当理由故意不执行各级人民政府或者负有安全生产监督管理职责的部门依法作出的上述行政决定、命令的；（二）虚构重大事故隐患已经排除的事实，规避、干扰执行各级人民政府或者负有安全生产监督管理职责的部门依法作出的上述行政决定、命令的；（三）以行贿等不正当手段，规避、干扰执行各级人民政府或者负有安全生产监督管理职责的部门依法作出的上述行政决定、命令的。

有前款第3项行为，同时构成刑法第389条行贿罪、第393条单位行贿罪等犯罪的，依照数罪并罚的规定处罚。

认定是否属于"拒不执行"，应当综合考虑行政决定、命令是否具有法律、行政法规等依据，行政决定、命令的内容和期限要求是否明确、合理，行为人是否具有按照要求执行的能力等因素进行判断。

第4条　刑法第134条第2款和第134条之一第2项规定的"重大事故隐患"，依照法律、行政法规、部门规章、强制性标准以及有关行政规范性文件进行认定。

刑法第134条之一第3项规定的"危险物品"，依照安全生产法第117条的规定确定。

对于是否属于"重大事故隐患"或者"危险物品"难以确定的，可以依据司法鉴定机构出具的鉴定意见、地市级以上负有安全生产监督管理职责的部门或者其指定的机构出具的意见，结合其他证据综合审查，依法作出认定。

第5条　在生产、作业中违反有关安全管理的规定，有刑法第134条之一规定情形之一，因而发生重大伤亡事故或者造成其他严重后果，构成刑法第134条、第135条至139条等规定的重大责任事故罪、重大劳动安全事故罪、危险物品肇事罪、工程重大安全事故罪等犯罪的，依照该规定定罪处罚。

（第6~9条见《刑法》第229条）

第10条　有刑法第134条之一行为，积极配合公安机关或者负有安全生产监督管理职责的部门采取措施排除事故隐患，确有悔改表现，认罪认罚的，可以依法从宽处罚；犯罪情节轻微不需要判处刑罚的，可以不起诉或者免予刑事处罚；情节显著轻微危害不大的，不作为犯罪处理。

第11条　有本解释规定的行为，被不起诉或者免予刑事处罚，需要给予行政处罚、政务处分或者其他处分的，依法移送有关主管机关处理。

第12条　本解释自2022年12月19日起施行。最高人民法院、最高人民检察院此前发布的司法解释与本解释不一致的，以本解释为准。

第 432 页【法释〔2022〕19 号】详文：

【法释〔2022〕19 号】 最高人民法院、最高人民检察院关于办理危害生产安全刑事案件适用法律若干问题的解释（二）（2022 年 9 月 19 日最高法第 1875 次审委会、2022 年 10 月 25 日最高检第 13 届检委会第 106 次会议通过，2022 年 12 月 15 日公布，2022 年 12 月 19 日起施行）

第 5 条　在生产、作业中违反有关安全管理的规定，有刑法第 134 条之一规定情形之一，因而发生重大伤亡事故或者造成其他严重后果，构成刑法第 134 条、第 135 条至第 139 条等规定的重大责任事故罪、重大劳动安全事故罪、危险物品肇事罪、工程重大安全事故罪等犯罪的，依照该规定定罪处罚。

第 435 页【法释〔2022〕19 号】详文：

【法释〔2022〕19 号】 最高人民法院、最高人民检察院关于办理危害生产安全刑事案件适用法律若干问题的解释（二）（2022 年 9 月 19 日最高法第 1875 次审委会、2022 年 10 月 25 日最高检第 13 届检委会第 106 次会议通过，2022 年 12 月 15 日公布，2022 年 12 月 19 日起施行）

第 5 条　在生产、作业中违反有关安全管理的规定，有刑法第 134 条之一规定情形之一，因而发生重大伤亡事故或者造成其他严重后果，构成刑法第 134 条、第 135 条至第 139 条等规定的重大责任事故罪、重大劳动安全事故罪、危险物品肇事罪、工程重大安全事故罪等犯罪的，依照该规定定罪处罚。

第 891 页【法释〔2022〕19 号】详文：

【法释〔2022〕19 号】 最高人民法院、最高人民检察院关于办理危害生产安全刑事案件适用法律若干问题的解释（二）（2022 年 9 月 19 日最高法第 1875 次审委会、2022 年 10 月 25 日最高检第 13 届检委会第 106 次会议通过，2022 年 12 月 15 日公布，2022 年 12 月 19 日起施行）

（第 1～5、10～11 条见《刑法》第 134 条、第 134 条之一）

第 6 条　承担安全评价职责的中介组织的人员提供的证明文件有下列情形之一的，属于刑法第 229 条第 1 款规定的"虚假证明文件"：（一）故意伪造的；（二）在周边环境、主要建（构）筑物、工艺、装置、设备设施等重要内容上弄虚作假，导致与评价期间实际情况不符，影响评价结论的；（三）隐瞒生产经营单位重大事故隐患及整改落实情况、主要灾害等级等情况，影响评价结论的；（四）伪造、篡改生产经营单位相关信息、数据、技术报告或者结论等内容，影响评价结论的；（五）故意采用存疑的第三方证明材料、监测检验报告，影响评价结论的；（六）有其他弄虚作假行为，影响评价结论的情形。

生产经营单位提供虚假材料、影响评价结论，承担安全评价职责的中介组织的人员对评价结论与实际情况不符无主观故意的，不属于刑法第229条第1款规定的"故意提供虚假证明文件"。

有本条第2款情形，承担安全评价职责的中介组织的人员严重不负责任，导致出具的证明文件有重大失实，造成严重后果的，依照刑法第229条第3款的规定追究刑事责任。

第7条 承担安全评价职责的中介组织的人员故意提供虚假证明文件，有下列情形之一的，属于刑法第229条第1款规定的"情节严重"：（一）造成死亡1人以上或者重伤3人以上安全事故的；（二）造成直接经济损失50万元以上安全事故的；（三）违法所得数额10万元以上的；（四）2年内因故意提供虚假证明文件受过2次以上行政处罚，又故意提供虚假证明文件的；（五）其他情节严重的情形。

在涉及公共安全的重大工程、项目中提供虚假的安全评价文件，有下列情形之一的，属于刑法第229条第1款第3项规定的"致使公共财产、国家和人民利益遭受特别重大损失"：（一）造成死亡3人以上或者重伤10人以上安全事故的；（二）造成直接经济损失500万元以上安全事故的；（三）其他致使公共财产、国家和人民利益遭受特别重大损失的情形。

承担安全评价职责的中介组织的人员有刑法第229条第1款行为，在裁量刑罚时，应当考虑其行为手段、主观过错程度、对安全事故的发生所起作用大小及其获利情况、一贯表现等因素，综合评估社会危害性，依法裁量刑罚，确保罪责刑相适应。①

第8条 承担安全评价职责的中介组织的人员，严重不负责任，出具的证明文件有重大失实，有下列情形之一的，属于刑法第229条第3款规定的"造成严重后果"：（一）造成死亡1人以上或者重伤3人以上安全事故的；（二）造

---

① 注：考虑到《刑法修正案十一》对提供虚假证明文件罪所作修改体现出的依法严惩中介组织出具虚假证明文件犯罪的总体刑事政策导向，本款规定内容仅涉及提供虚假证明文件罪适用第二档法定刑的标准，不涉及定罪标准。在具体案件处理过程中，如果根据《解释》第7条第2款规定的标准适用第二档量刑幅度明显处罚过重的，可以根据案件事实、情节和社会危害程度，依法作出妥当处理。对于犯提供虚假证明文件罪、未达到《解释》第7条第2款规定的适用第二档法定刑标准，以及犯出具证明文件重大失实罪的安全评价中介组织人员，在量刑时也应注意与关联的危害生产安全犯罪人之间的量刑平衡。见本解释《理解与适用》（刊于《中国应用法学》2022年第6期，作者为最高法刑四庭滕伟、叶邵生、李加玺）。

成直接经济损失100万元以上安全事故的；（三）其他造成严重后果的情形。

第9条　承担安全评价职责的中介组织犯刑法第229条规定之罪的，对该中介组织判处罚金，并对其直接负责的主管人员和其他直接责任人员，依照本解释第7条、第8条的规定处罚。

第12条　本解释自2022年12月19日起施行。最高人民法院、最高人民检察院此前发布的司法解释与本解释不一致的，以本解释为准。

第901页【高检发〔2023〕2号】详文：

【高检发〔2023〕2号】　最高人民法院、最高人民检察院、公安部、司法部、海关总署关于适应新阶段疫情防控政策调整依法妥善办理相关刑事案件的通知（2023年1月7日）（主文见《刑法》第330条）

二、依法准确适用法律

（一）自2023年1月8日对新型冠状病毒感染实施"乙类乙管"之日起，《意见》（法发〔2020〕7号）以下条款不再适用。

3.《意见》二、（二）第1款中"致使医务人员感染新型冠状病毒的"，以故意伤害罪定罪处罚的条款内容不再适用。

第935页【高检发办字〔2023〕24号】详文：

【高检发办字〔2023〕24号】　最高人民检察院第43批指导性案例（2023年2月1日最高检第13届检委会第113次会议通过，2023年2月24日印发）

（检例第172号）阻断性侵犯罪未成年被害人感染艾滋病风险综合司法保护案[①]

要旨：检察机关办理性侵害未成年人案件，在受邀介入侦查时，应当及时协同做好取证和未成年被害人保护救助工作。对于遭受艾滋病病人或感染者性侵的未成年被害人，应当立即开展艾滋病暴露后预防并进行心理干预、司法救助，最大限度降低犯罪给其造成的危害后果和长期影响。行为人明知自己系艾滋病病人或感染者，奸淫幼女，造成艾滋病传播重大现实风险的，应当认定为奸淫幼女"情节恶劣"。对于犯罪情节恶劣，社会危害严重，主观恶性大的成年人性侵害未成年人案件，即使认罪认罚也不足以从宽处罚的，依法不予从宽。发现类案风险和社会治理漏洞，应当积极推动风险防控和相关领域制度完善。

[①] 本案被告人王某某明知自己确诊艾滋病，仍暴力强奸13岁幼女林某某，被判处有期徒刑15年，剥夺政治权利5年。

第1001页【法〔2022〕265号】详文：

【法〔2022〕265号】 最高人民法院第35批指导性案例（2022年12月26日）
（指导案例192号）李开祥侵犯公民个人信息刑事附带民事公益诉讼案

裁判要点：使用人脸识别技术处理的人脸信息以及基于人脸识别技术生成的人脸信息均具有高度的可识别性，能够单独或者与其他信息结合识别特定自然人身份或者反映特定自然人活动情况，属于刑法规定的公民个人信息。行为人未经公民本人同意，未具备获得法律、相关部门授权等个人信息保护法规定的处理个人信息的合法事由，利用软件程序等方式窃取或者以其他方法非法获取上述信息，情节严重的，应依照《最高人民法院、最高人民检察院关于办理侵犯公民个人信息刑事案件适用法律若干问题的解释》第5条第1款第4项等规定定罪处罚。

（指导案例193号）闻巍等侵犯公民个人信息案

裁判要点：居民身份证信息包含自然人姓名、人脸识别信息、身份号码、户籍地址等多种个人信息，属于《最高人民法院、最高人民检察院关于办理侵犯公民个人信息刑事案件适用法律若干问题的解释》第5条第1款第4项规定的"其他可能影响人身、财产安全的公民个人信息"。非法获取、出售或者提供居民身份证信息，情节严重的，依照刑法第253条之一第1款规定，构成侵犯公民个人信息罪。

（指导案例194号）熊昌恒等侵犯公民个人信息案

裁判要点：1.违反国家有关规定，购买已注册但未使用的微信账号等社交媒体账号，通过具有智能群发、添加好友、建立讨论群组等功能的营销软件，非法制作带有公民个人信息可用于社交活动的微信账号等社交媒体账号出售、提供给他人，情节严重的，属于《刑法》第253条之一第1款规定的"违反国家有关规定，向他人出售或者提供公民个人信息"行为，构成侵犯公民个人信息罪。2.未经公民本人同意，或未具备具有法律授权等个人信息保护法规定的理由，通过购买、收受、交换等方式获取在一定范围内已公开的公民个人信息进行非法利用，改变了公民公开个人信息的范围、目的和用途，不属于法律规定的合理处理，属于《刑法》第253条之一第3款规定的"以其他方法非法获取公民个人信息"行为，情节严重的，构成侵犯公民个人信息罪。

（指导案例195号）罗文君、瞿小珍侵犯公民个人信息刑事附带民事公益诉讼案

裁判要点：服务提供者专门发给特定手机号码的数字、字母等单独或者其

组合构成的验证码具有独特性、隐秘性,能够单独或者与其他信息结合识别特定自然人身份或者反映特定自然人活动情况的,属于刑法规定的公民个人信息。行为人将提供服务过程中获得的验证码及对应手机号码出售给他人,情节严重的,依照侵犯公民个人信息罪定罪处罚。

第1025页【指导案例】详文:

【高检发办字〔2023〕24号】 最高人民检察院第43批指导性案例(2023年2月1日最高检第13届检委会第113次会议通过,2023年2月24日印发)

(检例第173号) 惩治组织未成年人进行违反治安管理活动犯罪综合司法保护案①

要旨:对组织未成年人在KTV等娱乐场所进行有偿陪侍的,检察机关应当以组织未成年人进行违反治安管理活动罪进行追诉,并可以从被组织人数、持续时间、组织手段、陪侍情节、危害后果等方面综合认定本罪的"情节严重"。检察机关应当针对案件背后的家庭监护缺失、监护不力问题开展督促监护工作,综合评估监护履责中存在的具体问题,制发个性化督促监护令,并跟踪落实。检察机关应当坚持未成年人保护治罪与治理并重,针对个案发生的原因开展诉源治理。

第1088页【公通字〔2021〕21号】详文:

【公通字〔2021〕21号】 最高人民法院、最高人民检察院、公安部关于依法惩治招摇撞骗等违法犯罪行为的指导意见(2021年12月16日)

二、冒充党和国家领导人或者其他领导干部的亲属、身边工作人员,骗取公私财物,符合刑法第266条规定的,以诈骗罪定罪处罚;诈骗数额接近"数额巨大""数额特别巨大"的标准,并且严重损害国家机关、军队形象和威信或者诈骗手段恶劣、造成其他严重后果的,应当分别认定为刑法第266条规定的"其他严重情节""其他特别严重情节"。

三、伪造党和国家领导人或者其他领导干部的题词、书法、绘画或者合影照片、音频、视频等,骗取公私财物,符合刑法第266条规定的,以诈骗罪定罪处罚。

---

① 本案被告人张某(女)采用殴打、言语威胁等暴力手段,以及专人看管、"打欠条"经济控制、扣押身份证等限制人身自由的手段,控制并要求17名未成年女性着装暴露,在其经营的KTV内提供陪酒以及让客人搂抱、摸胸等色情陪侍服务。一审判处张某有期徒刑2年,罚金10万元;张某上诉后,二审以"积极主动缴纳罚金"为由改判有期徒刑1年6个月,罚金10万元;检察机关抗诉后,山东高院再审改判张某有期徒刑5年,罚金30万元。

四、冒充国家机关工作人员或者军人招摇撞骗，同时构成非法吸收公众存款罪、集资诈骗罪、合同诈骗罪、组织、领导传销活动罪、诈骗罪的，依照处罚较重的规定定罪处罚。

第1162页【公通字〔2021〕21号】详文：

【公通字〔2021〕21号】 最高人民法院、最高人民检察院、公安部关于依法惩治招摇撞骗等违法犯罪行为的指导意见（2021年12月16日）

一、冒充国家机关工作人员、军人，骗取财物、荣誉、地位、待遇、感情等，符合刑法第279条、第372条规定的，分别以招摇撞骗罪、冒充军人招摇撞骗罪定罪处罚；严重损害国家机关、军队形象和威信，或者造成其他严重后果的，应当认定为刑法第279条、第372条规定的"情节严重"。

四、冒充国家机关工作人员或者军人招摇撞骗，同时构成非法吸收公众存款罪、集资诈骗罪、合同诈骗罪、组织、领导传销活动罪、诈骗罪的，依照处罚较重的规定定罪处罚。

五、对下列情形之一的，应当分别认定为刑法第279条、第372条规定的"冒充国家机关工作人员""冒充军人"：

1. 冒充国家机关中真实存在或者虚构的工作人员、军人的；
2. 冒充虚构的国家机关中的工作人员、军人，易让他人信以为真的；
3. 身为国家机关工作人员、军人冒充其他国家机关工作人员、军人的；
4. 以骗取非法利益为目的，制造假象，诱使他人误以为系国家机关工作人员、军人的。

六、实施招摇撞骗，尚不构成犯罪，但构成违反治安管理行为的，依法给予治安管理处罚。

七、查办相关案件过程中，发现有关国家机关工作人员、军人存在失职渎职、行贿受贿等情况的，应当依法移送有关部门处理。

第1301页【高检发办字〔2022〕119号】详文：

【高检发办字〔2022〕119号】 最高人民法院、最高人民检察院、公安部、司法部关于办理涉未成年人有组织犯罪案件若干问题的意见（2022年8月17日）

1. 本意见所称未成年人涉有组织犯罪，是指未成年人实施《中华人民共和国刑法》第294条规定的组织、领导、参加黑社会性质组织犯罪，以及参与黑社会性质组织、恶势力组织实施的犯罪。

未成年人被境外的黑社会组织发展为组织成员并在我国境内实施犯罪,以及在我国境外对我国国家或者公民犯罪的,适用本意见。

2. 本意见所称组织未成年人犯罪,是指成年人采取胁迫、教唆、拉拢、引诱、雇佣、欺骗等手段,利用未成年人实施犯罪。

3. 本意见所称未成年人犯罪组织,是指全部成员或者组织者、领导者以及骨干成员主要为未成年人的犯罪组织。

8. 办理未成年人涉有组织犯罪案件应当积极适用认罪认罚从宽制度。未成年犯罪嫌疑人、被告人自愿如实供述自己的罪行,承认指控的犯罪事实,愿意接受处罚的,可以依法从宽处理。在校学生犯罪、积极赔偿取得被害人谅解、具有有效的家庭监护或者社会化帮教条件等情形,可以依法适用非羁押措施、非刑罚处罚措施或非监禁刑罚措施。

9. 认定未成年人犯罪组织是否具有黑社会性质组织的组织特征,应当重点审查该犯罪组织的犯罪目的性、稳定性、组织性,将未成年人因身心发育特点而一时成群结队、跟风盲从实施危害社会行为,与黑社会性质组织的组织特征相区别。

对主要系同学伙伴关系,出于模仿、好奇、炫耀等动机,以团伙的形式经常纠集在一起,以帮派、帮会、家族等命名,并无严格帮规等管束、人员流动性大,不以实施违法犯罪为主要目的的,不认定具备黑社会性质组织的组织特征。

10. 认定未成年人犯罪组织是否具有黑社会性质组织的经济特征,应当重点审查该组织获取经济利益的途径,支持组织生存、发展的经济来源、数额大小以及具体用途。对于主要费用为未成年人父母,家庭提供或劳动所得,犯罪所得主要用于组织成员日常消费、吃喝玩乐的,不认定具有黑社会性质组织的经济特征。

11. 认定未成年人犯罪组织是否具有黑社会性质组织的行为特征,应当重点审查违法犯罪行为的暴力性、胁迫性及有组织性。

下列情形一般不认定具有黑社会性质组织的行为特征:(1)虽多次实施违法犯罪活动,但暴力性显著轻微或者其中仅有少数行为具有暴力性特征的;(2)多为临时起意或事出有因实施的违法犯罪行为,犯罪具有偶发性的;(3)其他不宜认定的情形。

12. 认定未成年人犯罪组织是否具有黑社会性质组织的危害性特征,应当重点审查区域或者行业的空间及人员范围,形成非法控制或者重大影响的程度,违法犯罪发生在未成年人集中的学校及周边、酒吧、网吧、娱乐场所等地,但并未在这些区域或行业形成控制和影响的,一般不认定具有黑社会性质组织的危害性特征。

13. 认定未成年人是否系黑社会性质组织成员,应当结合未成年人的年龄、文化程度、生活经历、就学就业等情况,重点审查其是否明知该组织是以实施违法犯罪为主要活动仍加入,并接受领导和管理;应根据其参与实施的具体违法犯罪行为、在组织中的地位作用,准确区分其属于积极参加者还是一般参加者。下列情形一般不认定为黑社会性质组织成员:(1)主观上没有加入黑社会性质组织意愿,受雇到黑社会性质组织开办的公司、企业、社团工作,未参与或者仅参与少量黑社会性质组织实施的违法犯罪活动的;(2)因临时被纠集、雇佣或受蒙蔽、教唆参与黑社会性质组织实施的违法犯罪活动的;(3)被胁迫、诱骗加入黑社会性质组织,未参与或者仅参与少量黑社会性质组织实施的违法犯罪活动的;(4)被黑社会性质组织利用,偶尔参与黑社会性质组织实施的违法犯罪活动的;(5)其他不宜认定的情形。

14. 认定未成年人犯罪组织是否系恶势力组织,应当重点审查是否具有为非作恶,欺压百姓特征,不能仅因未成年人犯罪组织纠集人数较多、组织内成员有明确分工或者形成是级就认定为恶势力组织。下列情形一般不认定为恶势力组织:(1)未成年人犯罪组织存续时间明显较短,或者因民间纠纷引发及其他事出有因实施的违法犯罪活动,虽对特定对象造成伤害,但不具有一贯为非作恶、欺压百姓特征的;(2)未成年人团伙在校园内外以大欺小、恃强凌弱,组织未成年人打架斗殴等,未对老师、学生形成心理强制或威慑,尚未严重扰乱学校教学管理秩序的;(3)其他不宜认定的情形。

15. 未成年人被胁迫、临时被纠集、受蒙蔽参与少量恶势力组织违法犯罪活动的,不应认定为恶势力组织成员。不能仅因未成年人是即时通讯软件或社交软件的群管理者或者与纠集者、首要分子关系密切,而认定为骨干成员。

16. 未成年人犯罪组织针对未成年人、残疾人、老年人等弱势群体多次实施违法犯罪行为,即使受害人数少,但危害严重、性质恶劣的,应当认定具有欺压百姓特征。

17. 对成年人采取胁迫、教唆、拉拢、引诱、雇佣、欺骗等手段,组织未成年人实施犯罪,侵害未成年人合法权益的行为,应当依法严厉打击。

18. 组织未成年人犯罪,具有下列情形之一的,应依法从严惩处:(1)使用暴力手段的;(2)系对未成年人负有照护职责的人员;(3)被组织者中有不满16周岁未成年人的;(4)被组织者中有残疾未成年人或者精神智力发育迟滞未成年人的;(5)被组织者中有留守未成年人、未成年学生的;(6)导致被组织未成年人辍学、吸毒或者精神抑郁、自残、自杀的；（7）其他应当从严处罚的情形。

19. 对组织未成年人犯罪的案件，应当严格掌握涉案成年人的取保候审、不起诉、缓刑、减刑、假释和暂予监外执行适用条件，认罪认罚从宽幅度应当从严把握，充分适用剥夺政治权利、没收财产、罚金等刑罚，降低再犯可能性。

20. 对利用职业便利，或者违背职业要求的特定义务，组织未成年人犯罪的罪犯，人民法院可以依照刑法有关从业禁止的规定，判决禁止其从事相关职业，并通报相关行业主管部门。

第1304页【法〔2022〕236号】详文：

【法〔2022〕236号】 最高人民法院第33批指导性案例（2022年11月29日）

（指导案例186号） 龚品文等组织、领导、参加黑社会性质组织案

裁判要点： 犯罪组织以其势力、影响和暴力手段的现实可能性为依托，有组织地长期采用多种"软暴力"手段实施大量违法犯罪行为，同时辅之以"硬暴力"，"软暴力"有向"硬暴力"转化的现实可能性，足以使群众产生恐惧、恐慌进而形成心理强制，并已造成严重危害后果，严重破坏经济、社会生活秩序的，应认定该犯罪组织具有黑社会性质组织的行为特征。

（指导案例187号） 吴强等敲诈勒索、抢劫、故意伤害案

裁判要点： 恶势力犯罪集团是符合犯罪集团法定条件的恶势力犯罪组织。恶势力犯罪集团应当具备"为非作恶、欺压百姓"特征，其行为"造成较为恶劣的社会影响"，因而实施违法犯罪活动必然具有一定的公然性，且手段应具有较严重的强迫性、压制性。普通犯罪集团实施犯罪活动如仅为牟取不法经济利益，缺乏造成较为恶劣社会影响的意图，在行为方式的公然性、犯罪手段的强迫压制程度等方面与恶势力犯罪集团存在区别，可按犯罪集团处理，但不应认定为恶势力犯罪集团。

（指导案例188号） 史广振等组织、领导、参加黑社会性质组织案（详见《刑事诉讼法全厚细》）

第1441页【卫健委公告〔2022〕7号】详文：

【卫健委公告〔2022〕7号】 国家卫生健康委员会关于将新型冠状病毒肺炎更名并解除按照甲类传染病预防、控制措施的公告（经国务院批准，2022年12月26日公告）

一、将新型冠状病毒肺炎更名为新型冠状病毒感染。

二、经国务院批准，自 2023 年 1 月 8 日起，解除对新型冠状病毒感染采取的《中华人民共和国传染病防治法》规定的甲类传染病预防、控制措施；新型冠状病毒感染不再纳入《中华人民共和国国境卫生检疫法》规定的检疫传染病管理。

第 1442 页【高检发〔2023〕2 号】详文：

【高检发〔2023〕2 号】 最高人民法院、最高人民检察院、公安部、司法部、海关总署关于适应新阶段疫情防控政策调整依法妥善办理相关刑事案件的通知（2023 年 1 月 7 日）

二、依法准确适用法律

（一）自 2023 年 1 月 8 日对新型冠状病毒感染实施"乙类乙管"之日起，《意见》（法发〔2020〕7 号）以下条款不再适用。

1.《意见》二、（一）第 2 款关于以刑法第 330 条妨害传染病防治罪追究行为人刑事责任的条款不再适用。

2.《意见》二、（一）第 1 款关于依照刑法第 114 条、第 115 条第 1 款以危险方法危害公共安全罪追究行为人刑事责任的条款不再适用。

3.（见《刑法》第 234 条）

（二）《意见》其他条款应综合"乙类乙管"后新型冠状病毒感染疫情防控形势，结合案件具体情况依法准确适用。刑法修正案（十一）及相关司法解释对《意见》有关条款作出调整的，依照修正后刑法及相关司法解释的规定处理。

（三）（见《刑法》第 332 条）

（四）其他涉疫执法司法政策文件、司法解释等与相关法律及调整后的疫情防控政策措施不一致的，不再适用。

四、工作要求

（一）依法妥善处理在办妨害传染病防治、妨害国境卫生检疫刑事案件

对于在办的因违反防疫规定涉嫌妨害传染病防治罪、妨害国境卫生检疫罪的相关刑事案件，总体按照从旧兼从轻原则依法及时妥善处理。

1. 对于违反相关防疫规定的行为，侦查机关不再以妨害传染病防治罪、妨害国境卫生检疫罪立案侦查。

2. 已经处于侦查阶段的案件，由侦查机关撤销案件，不再提请逮捕或者移送审查起诉。

3. 已经处于审查起诉阶段的案件，由人民检察院依据刑事诉讼法第 177 条第 1 款作出不起诉决定，对被不起诉人需要给予行政处罚、处分的，人民检察院应当提出检察意见，移送有关主管机关处理。

4. 已经提起公诉的一审案件，由人民检察院商人民法院撤回起诉，并依据刑事诉讼法第 177 条第 1 款作出不起诉决定。

5. 已经进入二审环节的案件，由人民法院发回重审后，人民检察院撤回起诉，并依据刑事诉讼法第 177 条第 1 款作出不起诉决定。

以上在办案件中，犯罪嫌疑人、被告人处于被羁押状态的，各办案机关应当依法及时解除羁押性强制措施；涉案财物被查封扣押、冻结的，应当依法及时解除。

（二）依法维护司法权威和裁判既判力

对于已经作出的不起诉决定和生效的法院裁判，按照当时的法律和司法解释，认定事实和适用法律没有错误的，相关决定和裁判效力不再变动。

第 1446 页【高检发〔2023〕2 号】详文：

【高检发〔2023〕2 号】 最高人民法院、最高人民检察院、公安部、司法部、海关总署关于适应新阶段疫情防控政策调整依法妥善办理相关刑事案件的通知（2023 年 1 月 7 日）（主文见《刑法》第 330 条）

（三）自 2023 年 1 月 8 日新型冠状病毒感染不再纳入《国境卫生检疫法》规定的检疫传染病管理之日起，《检疫意见》（署法发〔2020〕50 号）中涉"新冠肺炎"条款的有关内容不再适用，其他涉及检疫传染病的有关规定继续适用。

第 1726 页【粤高法刑四他字〔2007〕2 号】、【刑他复字〔2008〕38 号】详文：

【粤高法刑四他字〔2007〕2 号】 广东省高级人民法院关于被告人朱承保介绍、容留妇女卖淫案适用法律问题的批复（2008 年 1 月 28 日答复东莞中院《关于刑法第六章第八节中组织、强迫、引诱、容留、介绍卖淫罪之"卖淫行为"如何界定的请示》）

被告人朱承保以营利为目的，介绍、容留妇女为他人提供手淫服务的行为，刑法未明文规定为犯罪行为，不宜以介绍、容留妇女卖淫罪论。建议由公安机关适用《治安管理处罚法》进行处理。

【刑他复字〔2008〕38号】 最高人民法院关于被告人林珠明组织卖淫、被告人程梅英协助组织卖淫一案的批复（2008年9月29日答复福建高院请示）①

你院报送的案卷收悉。经研究认为，在司法解释没有明确作出规定之前，对该行为似不宜适用刑法358条追究刑事责任。其违反治安管理行政法规的行为，可由公安机关依法予以行政处罚。

第1770页【公通字〔2021〕21号】详文：

【公通字〔2021〕21号】 最高人民法院、最高人民检察院、公安部关于依法惩治招摇撞骗等违法犯罪行为的指导意见（2021年12月16日）

一、冒充国家机关工作人员、军人，骗取财物、荣誉、地位、待遇、感情等，符合刑法第279条、第372条规定的，分别以招摇撞骗罪、冒充军人招摇撞骗罪定罪处罚；严重损害国家机关、军队形象和威信，或者造成其他严重后果的，应当认定为刑法第279条、第372条规定的"情节严重"。

四、冒充国家机关工作人员或者军人招摇撞骗，同时构成非法吸收公众存款罪、集资诈骗罪、合同诈骗罪、组织、领导传销活动罪、诈骗罪的，依照处罚较重的规定定罪处罚。

五、对下列情形之一的，应当分别认定为刑法第279条、第372条规定的"冒充国家机关工作人员""冒充军人"：

1. 冒充国家机关中真实存在或者虚构的工作人员、军人的；
2. 冒充虚构的国家机关中的工作人员、军人，易让他人信以为真的；
3. 身为国家机关工作人员、军人冒充其他国家机关工作人员、军人的；
4. 以骗取非法利益为目的，制造假象，诱使他人误以为系国家机关工作人员、军人的。

六、实施招摇撞骗，尚不构成犯罪，但构成违反治安管理行为的，依法给予治安管理处罚。

七、查办相关案件过程中，发现有关国家机关工作人员、军人存在失职渎职、行贿受贿等情况的，应当依法移送有关部门处理。

---

① 注：该案，被告人组织妇女为他人提供手淫服务。

第1841页【法释〔2022〕19号】、【高检发办字〔2022〕162号】详文：

【法释〔2022〕19号】 最高人民法院、最高人民检察院关于办理危害生产安全刑事案件适用法律若干问题的解释（二）（2022年9月19日最高法第1875次审委会、2022年10月25日最高检第13届检委会第106次会议通过，2022年12月15日公布，2022年12月19日起施行）

第3条 因存在重大事故隐患被依法责令停产停业、停止施工、停止使用有关设备、设施、场所或者立即采取排除危险的整改措施，有下列情形之一的，属于刑法第134条之一第2项规定的"拒不执行"：……（三）以行贿等不正当手段，规避、干扰执行各级人民政府或者负有安全生产监督管理职责的部门依法作出的上述行政决定、命令的。

有前款第3项行为，同时构成刑法第389条行贿罪、第393条单位行贿罪等犯罪的，依照数罪并罚的规定处罚。

【高检发办字〔2022〕162号】 最高人民检察院关于加强行贿犯罪案件办理工作的指导意见（2022年11月25日最高检第13届检委会第110次会议通过，2022年12月3日印发施行）

3. 依法准确认定行贿犯罪。刑法及相关司法解释等对行贿犯罪定罪量刑的标准已作出明确规定，办案中要严格执行。要根据案件的事实、证据，充分审查谋取的利益本身和获取利益的手段是否违反相关规定，是否属于违背公平、公正原则谋取竞争优势等，准确认定"谋取不正当利益"。对不同类型的行贿犯罪要准确区分，依法认定具体罪名。要坚持主客观相一致的原则，通过审查行贿犯罪体现的是个人意志还是单位意志、不正当利益由个人获得还是单位获得，准确区分个人行贿与单位行贿。对以单位名义实施行贿、获得的不正当利益归个人所有的，应当认定为个人行贿。行贿人谋取不正当利益的相关行为单独构成犯罪的，应当依法与行贿犯罪数罪并罚。

5. 严格把握行贿犯罪的从宽处理。认定坦白、自首、立功、积极退赃等法定或者酌定从宽情节，要认真审查相关证据，区分不同的情形、程度，做到罪责相适、宽严得当。监察机关移送起诉时未对行贿人提出从宽处罚建议，检察机关在审查中认为具有从宽情节，拟从宽处理的，应当及时与监察机关沟通。对于应当从严追究的性质恶劣的行贿犯罪，原则上应当依法提起公诉，同时有从轻或者减轻处罚情节的，可以把握全案处理，依法向审判机关提出从宽或者不予从宽处理的建议。行贿人认罪认罚，可依法适用认罪认罚从宽制度的，根据案件具体情况依法决定是否从宽、如何从宽。对涉行贿犯罪的企业，符合适用涉案企业合规监管条件的，要按照规定认真做好相关工作，并通过第三方监督评估机制严格督促企业合规整改，不认真落实整改的要依法提起公诉。

9. 加强对行贿犯罪案件办理工作的指导。对拟作出不起诉决定的行贿案件，要严格执行报上一级人民检察院批准的规定，并层报最高人民检察院备案。上级人民检察院要加强工作指导，在做好个案审核把关和具体指导的同时，定期对行贿犯罪办案情况和业务数据进行综合分析研判，有针对性地提出指导性意见和要求，不断完善制度规范，及时解决办案中存在的问题。

第三次重印增补内容

第 933 页【法释〔2023〕3 号】详文：

【法释〔2023〕3 号】 最高人民法院、最高人民检察院关于办理强奸、猥亵未成年人刑事案件适用法律若干问题的解释（2023 年 1 月 3 日最高法审委会〔1878 次〕、2023 年 3 月 2 日最高检检委会〔13 届 114 次〕通过，2023 年 5 月 24 日公布，2023 年 6 月 1 日起施行）（余文见刑法第 237 条）

第 1 条　奸淫幼女的，依照刑法第 236 条第 2 款的规定从重处罚。具有下列情形之一的，应当适用较重的从重处罚幅度：（一）负有特殊职责的人员实施奸淫的；（二）采用暴力、胁迫等手段实施奸淫的；（三）侵入住宅或者学生集体宿舍实施奸淫的；（四）对农村留守女童、严重残疾或者精神发育迟滞的被害人实施奸淫的；（五）利用其他未成年人诱骗、介绍、胁迫被害人的；（六）曾因强奸、猥亵犯罪被判处刑罚的。

强奸已满 14 周岁的未成年女性，具有前款第 1 项、第 3 项至第 6 项规定的情形之一，或者致使被害人轻伤、患梅毒、淋病等严重性病的，依照刑法第 236 条第 1 款的规定定罪，从重处罚。

第 2 条　强奸已满 14 周岁的未成年女性或者奸淫幼女，具有下列情形之一的，应当认定为刑法第 236 条第 3 款第 1 项规定的"强奸妇女、奸淫幼女情节恶劣"：（一）负有特殊职责的人员多次实施强奸、奸淫的；（二）有严重摧残、凌辱行为的；（三）非法拘禁或者利用毒品诱骗、控制被害人的；（四）多次利用其他未成年人诱骗、介绍、胁迫被害人的；（五）长期实施强奸、奸淫的；（六）奸淫精神发育迟滞的被害人致使怀孕的；（七）对强奸、奸淫过程或者被害人身体隐私部位制作视频、照片等影像资料，以此胁迫对被害人实施强奸、奸淫，或者致使影像资料向多人传播，暴露被害人身份的；（八）其他情节恶劣的情形。

第 3 条　奸淫幼女，具有下列情形之一的，应当认定为刑法第 236 条第 3 款第 5 项规定的"造成幼女伤害"：（一）致使幼女轻伤的；（二）致使幼女患梅毒、淋病等严重性病的；（三）对幼女身心健康造成其他伤害的情形。

第4条　强奸已满14周岁的未成年女性或者奸淫幼女，致使其感染艾滋病病毒的，应当认定为刑法第236条第3款第6项规定的"致使被害人重伤"。

第5条　对已满14周岁不满16周岁的未成年女性负有特殊职责的人员，与该未成年女性发生性关系，具有下列情形之一的，应当认定为刑法第236条之一规定的"情节恶劣"：（一）长期发生性关系的；（二）与多名被害人发生性关系的；（三）致使被害人感染艾滋病病毒或者患梅毒、淋病等严重性病的；（四）对发生性关系的过程或者被害人身体隐私部位制作视频、照片等影像资料，致使影像资料向多人传播，暴露被害人身份的；（五）其他情节恶劣的情形。

第6条　对已满14周岁的未成年女性负有特殊职责的人员，利用优势地位或者被害人孤立无援的境地，迫使被害人与其发生性关系的，依照刑法第236条的规定，以强奸罪定罪处罚。

第11条　强奸、猥亵未成年人的成年被告人认罪认罚的，是否从宽处罚及从宽幅度应当从严把握。

第12条　对强奸未成年人的成年被告人判处刑罚时，一般不适用缓刑。

对于判处刑罚同时宣告缓刑的，可以根据犯罪情况，同时宣告禁止令，禁止犯罪分子在缓刑考验期限内从事与未成年人有关的工作、活动，禁止其进入中小学校、幼儿园及其他未成年人集中的场所。确因本人就学、居住等原因，经执行机关批准的除外。

第13条　对于利用职业便利实施强奸、猥亵未成年人等犯罪的，人民法院应当依法适用从业禁止。

第14条　对未成年人实施强奸、猥亵等犯罪造成人身损害的，应当赔偿医疗费、护理费、交通费、营养费、住院伙食补助费等为治疗和康复支付的合理费用，以及因误工减少的收入。

根据鉴定意见、医疗诊断书等证明需要对未成年人进行精神心理治疗和康复，所需的相关费用，应当认定为前款规定的合理费用。

第15条　本解释规定的"负有特殊职责的人员"，是指对未成年人负有监护、收养、看护、教育、医疗等职责的人员，包括与未成年人具有共同生活关系且事实上负有照顾、保护等职责的人员。

第939页【法释〔2023〕3号】详文：

【法释〔2023〕3号】　最高人民法院、最高人民检察院关于办理强奸、猥亵未成年人刑事案件适用法律若干问题的解释（2023年1月3日最高法审委会

[1878 次]、2023 年 3 月 2 日最高检检委会［13 届 114 次］通过，2023 年 5 月 24 日公布，2023 年 6 月 1 日起施行）（余文见刑法第 236 条）

第 7 条　猥亵儿童，具有下列情形之一的，应当认定为刑法第 237 条第 3 款第 3 项规定的"造成儿童伤害或者其他严重后果"：（一）致使儿童轻伤以上的；（二）致使儿童自残、自杀的；（三）对儿童身心健康造成其他伤害或者严重后果的情形。

第 8 条　猥亵儿童，具有下列情形之一的，应当认定为刑法第 237 条第 3 款第 4 项规定的"猥亵手段恶劣或者有其他恶劣情节"：（一）以生殖器侵入肛门、口腔或者以生殖器以外的身体部位、物品侵入被害人生殖器、肛门等方式实施猥亵的；（二）有严重摧残、凌辱行为的；（三）对猥亵过程或者被害人身体隐私部位制作视频、照片等影像资料，以此胁迫对被害人实施猥亵，或者致使影像资料向多人传播，暴露被害人身份的；（四）采取其他恶劣手段实施猥亵或者有其他恶劣情节的情形。

第 9 条　胁迫、诱骗未成年人通过网络视频聊天或者发送视频、照片等方式，暴露身体隐私部位或者实施淫秽行为，符合刑法第 237 条规定的，以强制猥亵罪或者猥亵儿童罪定罪处罚。

胁迫、诱骗未成年人通过网络直播方式实施前款行为，同时符合刑法第 237 条、第 365 条的规定，构成强制猥亵罪、猥亵儿童罪、组织淫秽表演罪的，依照处罚较重的规定定罪处罚。

第 10 条　实施猥亵未成年人犯罪，造成被害人轻伤以上后果，同时符合刑法第 234 条或者第 232 条的规定，构成故意伤害罪、故意杀人罪的，依照处罚较重的规定定罪处罚。

第 11 条　强奸、猥亵未成年人的成年被告人认罪认罚的，是否从宽处罚及从宽幅度应当从严把握。

第 13 条　对于利用职业便利实施强奸、猥亵未成年人等犯罪的，人民法院应当依法适用从业禁止。

第 14 条　对未成年人实施强奸、猥亵等犯罪造成人身损害的，应当赔偿医疗费、护理费、交通费、营养费、住院伙食补助费等为治疗和康复支付的合理费用，以及因误工减少的收入。

根据鉴定意见、医疗诊断书等证明需要对未成年人进行精神心理治疗和康复，所需的相关费用，应当认定为前款规定的合理费用。

图书在版编目（CIP）数据

刑法全厚细／冯江编著． —7 版． —北京：中国法制出版社，2022.11（2023.6 重印）
ISBN 978 - 7 - 5216 - 3000 - 8

Ⅰ.①刑… Ⅱ.①冯… Ⅲ.①刑法 - 法律解释 - 中国 Ⅳ.①D924.05

中国版本图书馆 CIP 数据核字（2022）第 203959 号

策划编辑：王林林　　　　　　　　　　　　　封面设计：周黎明

刑法全厚细
XINGFA QUANHOUXI

编著／冯江
经销／新华书店
印刷／三河市紫恒印装有限公司
开本／880 毫米×1230 毫米　32 开　　　　　印张／66　字数／2046 千
版次／2022 年 11 月第 7 版　　　　　　　　2023 年 6 月第 4 次印刷

中国法制出版社出版
书号 ISBN 978 - 7 - 5216 - 3000 - 8　　　　　　　　定价：168.00 元

北京市西城区西便门西里甲 16 号西便门办公区
邮政编码：100053　　　　　　　　　　　　传真：010 - 63141600
网址：http：//www.zgfzs.com　　　　　　编辑部电话：010 - 63141672
市场营销部电话：010 - 63141612　　　　　印务部电话：010 - 63141606

（如有印装质量问题，请与本社印务部联系。）